新中国民法典
草案总览

（增订本）

何勤华 李秀清 陈 颐 编

中卷

增订本序

2015年3月,新中国第五次民法典编纂工作正式启动。① 在北京大学出版社的建议和支持下,我们决定增订再版15年前编辑的《新中国民法典草案总览》,以纪念为新中国民法典编纂事业呕心沥血的几代法律人。

本次增订情况如下:

一、对原书的调整

(一)据1957年4月4日的"[借贷]说明",借贷不包括使用借贷(借用),因此将原书第一部分"50年代""四、债法分则""(四)借贷"中的有关借用契约的内容独立成章。

---

① 关于新中国民法典编纂历程的著述已有不少,现仅就前四次立法过程简要说明如下:

第一次民法典编纂工作始自1954年下半年,1956年9月中共八大后进展迅速,于同年年底草拟了民法草稿。1957年"反右运动"开始后,民法典编纂工作偃旗息鼓。1958年8月,毛泽东在北戴河中央政治局扩大会议上的讲话中明确,"民法和刑法那一类法律都不需要了"。

1962年3月22日,毛泽东在谈话中突然提出"没有法律不行,刑法、民法一定要搞",第二次民法典编纂工作随之启动。随着1965年年初开始接踵而来的"四清运动"("社会主义教育运动")和"文化大革命",第二次民法典编纂工作无疾而终。

1978年10月13日,中央政法小组召开法制建设座谈会,重提毛泽东1962年3月22日制定刑法、民法的讲话,同年12月13日,邓小平在中央工作会议闭幕会上讲话中明确"应该集中力量制定刑法、民法、诉讼法和其他各种必要的法律",第三次民法典编纂工作于1979年11月正式启动。不过,邓小平在上述讲话中同时指出,"修改补充法律,成熟一条就修改补充一条,不要等待'成套设备'",因此,在第三次民法典编纂工作中,彭真最终认为"民法不是短期间可以制定的",主张"一方面要搞民法,另一方面要搞单行法……先搞单行法,成熟了,再吸收到民法中来"("在民法座谈会上的讲话",1981年5月27日),其结果是1982年5月以后,民法典编纂工作三度搁置。

2000年3月,李鹏委员长在《全国人大常委会工作报告》中明确提出"力争在本届(第九届)人大任期内编纂一部比较完整的民法典",第四次民法典编纂工作正式启动。2003年3月,全国人大换届,之前于2002年12月23日曾提交全国人大常委会审议的民法典草案因批评意见甚多被搁置,十届全国人大继续单行立法的思路,整体性的民法典编纂工作第四次搁置。

（二）原书第一部分"50年代""四、债法分则""（七）信托、行纪"部分的"说明"（1958年3月21日）及四次草稿均只写做"信托"，因此删去目录中"行纪"二字。

（三）1957年《保障出版物著作权暂行规定（草案）》原放在全书附录，现调整至第一部分"20世纪50年代"附录。

（四）原书第二部分"60年代"增加了二级标题，相应标题据1963年7月9日《中华人民共和国民法（草稿）》和1964年7月1日《中华人民共和国民法草案（试拟稿）》确定，该部分收录文献的顺序亦依照这两稿重新调整。

（五）1963年3月《中华人民共和国经济法（草案）》原放在全书附录，现调整至第二部分"20世纪60年代"附录。

二、增补的内容

（一）第一部分"20世纪50年代"附录增加了陈绍禹于1950年4月14日所作的《关于〈中华人民共和国婚姻法〉起草经过和起草理由的报告》。

（二）自第三次民法典编纂开始，三次民法典编纂均主张民法典起草与民事单行法制定工作并行不悖。在第三次民法典编纂时，主持立法工作的全国人大常委会副委员长彭真就主张"先搞单行法，成熟了，再吸收到民法中来"①；在第四次民法典编纂时，全国人大常委会委员长李鹏在《全国人大常委会工作报告》（2000年）中提出，"在民事主体制度、物权制度、债权制度、知识产权制度、婚姻家庭制度等单项法律基本齐备的基础上，力争在本届人大任期内编纂一部比较完整的民法典"②；在第五次民法典编纂中，立法者认为，婚姻法、民法通则、继承法、收养法、担保法、合同法、物权法、侵权责任法等一系列民事法律，为编纂民法典准备了较好的条件，而编纂工作也将按照"两步走"的工作思路进行：第一步，编纂民法典总则编（即"中华人民共和国民法总则"）；第二步，编纂民法典各分编，从而形成统一的民法典。③

因此，本次增补，除增加了2002年12月23日《中华人民共和国民法（草案）》外，还尽可能完整地收录了20世纪70年代末以来民法通则、民法总则、物权法、担保法、经济合同法、涉外经济合同法、技术合同法、合同法、婚姻法、收养法、继承法、著作权法、专利法、商标法以及涉外民事关系法律适用法的立法草案、修正案草案以及相关立法文献，并分别列入第三部分"20世纪70年代末至90年代中期"、第四部分"20世纪90年代末以来"。

---

① 彭真：《在民法座谈会上的讲话》（1981年5月27日），载《彭真文选》（1941—1990），人民出版社1991年版，第424页。

② 李鹏：《全国人民代表大会常务委员会工作报告（2000年）——2000年3月9日在第九届全国人民代表大会第三次会议上》，载中国人大网（http://www.npc.gov.cn/wxzl/wxzl/2000-12/14/content_8939.htm），2016年10月20日访问。

③ 参见《关于〈中华人民共和国民法总则（草案）〉的说明》，载中国人大网（http://www.npc.gov.cn/npc/lfzt/rlyw/2016-07/05/content_1993422.htm），2016年10月20日访问。

此外,为便利使用,本次增订对原文的序号按照现行规范作了统一调整,对个别字如"帐"与"账"、"的""地""得"、"作"与"做"的用法作了统一,对阿拉伯数字与汉语数字的使用按照现行规范作了调整。同时,在尊重历史文件原貌的基础上,我们对极少数字词缺漏影响句意完整的,作了谨慎的填补,并以"[   ]"标明;个别无法索解的表达,仍予以保留,以待通人。

本次增订工作,得到了北京大学出版社蒋浩先生以及华东政法大学戴永盛副教授、金可可教授、浙江大学陆青副教授、中山大学韩光明副教授的大力帮助;华东政法大学法律史专业硕士研究生李琴、陈梅、曾润轩、柴雯协助校阅了初稿;蒋浩先生以及王建君、陈康编辑努力的工作确保了本书的品质。在此,一并表达我们诚挚的谢意。

本次增订,规模庞大,资料繁多,错误缺点在所难免,敬请读者诸君务必批评指正。我们虽然是搞法史研究的,但也想为我国民法典的编纂——这一凝聚了数代法律人梦想的伟大事业尽一点绵薄之力。

本书,就是我们献给学界的一点心意。

何勤华 李秀清 陈 颐
于华东政法大学
法律文明史研究院
2017 年 3 月 27 日

要 目

上 卷

20 世纪 50 年代

一、总则 ………………………………………… 3
二、所有权 ……………………………………… 38
三、债篇通则 …………………………………… 136
四、债篇分则 …………………………………… 197
五、继承 ………………………………………… 809
附录 ……………………………………………… 815

中 卷

20 世纪 60 年代

一、民法 ………………………………………… 851
二、总则 ………………………………………… 1061
三、财产的流转关系 …………………………… 1063
附录 ……………………………………………… 1143

20 世纪 70 年代末至 90 年代中期

一、民法 ………………………………………… 1151

二、民法通则 …………………………… 1343
三、经济合同法（修改）………………… 1361
附录 …………………………………………… 1384

下 卷

20世纪90年代末以来

一、民法 ……………………………………… 1483
二、民法总则 ………………………………… 1548
三、物权法 …………………………………… 1695
四、合同法 …………………………………… 1848
五、侵权责任法 ……………………………… 2211
六、婚姻法（修改）………………………… 2279
七、著作权法（修改）……………………… 2347
八、专利法（修改）………………………… 2431
九、商标法（修改）………………………… 2527
十、涉外民事关系法律适用法 …………… 2596

附录 中华人民共和国民法总则 ……………… 2611

详 目

中 卷

20世纪60年代

一、民法 851

中华人民共和国民法(草稿)(1963年6月8日) 851
  办公室小组讨论民法(1963年6月8日草稿)第一、二部分提出的问题和
  意见(1963年6月8日) 859
  对民法(1963年6月8日草稿)第一、二部分提出的问题和意见
  (1963年6月21日) 865
中华人民共和国民法(草稿)(1963年7月9日) 870
  办公室小组讨论民法(1963年7月9日草稿)第一、二部分提出的问题和
  意见(1963年7月9日) 877
  中华人民共和国民法第一、二篇(草稿)意见汇辑(1964年2月12日) 880
中华人民共和国民法草案(试拟稿)(1964年7月1日) 908
  对民法(1964年7月1日试拟稿)第一编的修改意见(1964年9月25日) 939
  对民法(1964年7月1日试拟稿)第二编的修改意见(1964年9月25日) 942
  对民法(1964年7月1日试拟稿)第三编的修改意见(1964年9月25日) 947
中华人民共和国民法草案(试拟稿)(1964年11月1日) 957

附

民法大纲的初步设想 993
关于建立新的民法体系的一些想法(1962年10月) 1000
民法草案大纲(草稿)(1962年12月) 1002
中华人民共和国民法草案(初稿)(1963年) 1005

中华人民共和国民法(草稿)(1963年4月) …………………………… 1013
建国以来有关民事重要法规目录(草稿)(1962年10月12日) …… 1021
有关民法问题的重要文件目录(1963年3月) ……………………… 1045

二、总则 …………………………………………………………………… 1061

中华人民共和国民法(草稿)(修改稿)[总则第一章](1964年3月) …… 1061

三、财产的流转关系 ………………………………………………… 1063

税收关系(试拟稿)(1963年12月) …………………………………… 1063
    中华人民共和国民法第三篇税收关系(试拟稿)意见汇辑(一)
      (1964年3月5日) ……………………………………………… 1065
结算关系(试拟稿)(1963年11月19日) ……………………………… 1071
    中华人民共和国民法第三篇结算关系(1963年11月19日试拟稿)
      意见汇辑(1964年3月2日) ……………………………………… 1073
基本建设关系(试拟稿)(1963年11月5日) ………………………… 1076
    中华人民共和国民法第三篇基本建设关系(试拟稿)意见汇辑(一)
      (1964年2月29日) ……………………………………………… 1080
第 章 租赁关系(草稿)(1963年10月31日) ………………………… 1093
    中华人民共和国民法第三篇租赁关系(1963年10月31日草稿)
      意见汇辑(一)(1964年3月6日) ………………………………… 1096

  附

    中华人民共和国民法第三篇运输关系(1963年12月4日草稿)
      意见汇辑(一)(1964年2月27日) ……………………………… 1115
    中华人民共和国民法第三篇劳动报酬关系和福利关系
      (1963年11月7日试拟稿)意见汇辑(一)(1964年2月27日) …… 1126
    中华人民共和国民法第三篇家庭财产关系(1963年9月3日草稿)
      意见汇辑(一)(1964年2月25日) ……………………………… 1136

附录 …………………………………………………………………………… 1143

中华人民共和国经济法(草案)(1963年3月) ……………………… 1143

20世纪70年代末至90年代中期

一、民法 ……………………………………………………………………… 1151

中华人民共和国民法草案(征求意见稿)(1980年8月15日) ……… 1151

中华人民共和国民法草案(征求意见二稿)(1981年4月10日) ……… 1201
中华人民共和国民法草案(第三稿)(1981年7月31日) ……… 1244
中华人民共和国民法草案(第四稿)(1982年5月1日) ……… 1295

二、民法通则 …………………………………………………… 1343

中华人民共和国民法总则(讨论稿)(1985年7月10日) ……… 1343
 彭真委员长在全国《民法通则(草案)》座谈会上的讲话要点
  (1985年12月4日) ……………………………………… 1345
 彭冲副委员长在全国《民法通则(草案)》座谈会上的讲话
  (1985年12月4日) ……………………………………… 1347
 陈丕显副委员长在全国《民法通则(草案)》座谈会上的讲话
  (1985年12月4日) ……………………………………… 1350
 彭冲副委员长在全国《民法通则(草案)》座谈会各组召集人会议上的讲话
  (1985年12月11日) …………………………………… 1352
 关于《中华人民共和国民法通则(草案)》的说明(1986年4月2日) ……… 1353
 第六届全国人民代表大会法律委员会关于三个法律草案审议结果的
  报告(1986年4月11日) ……………………………… 1358

三、经济合同法(修改) …………………………………………… 1361

中华人民共和国经济合同法(修订草案) …………………………… 1361
中华人民共和国经济合同法修正案(草案)(1993年6月) ………… 1372
 关于《中华人民共和国经济合同法修正案(草案)》的说明
  (1993年6月22日) …………………………………… 1375
 全国人大法律委员会关于《中华人民共和国经济合同法修正案(草案)》
  审议结果的报告(1993年8月25日) ………………… 1379
 关于对修改经济合同法的决定(草案)和反不正当竞争法(草案修改稿)
  修改意见的汇报(节选)(1993年9月1日) ………… 1382

附录 …………………………………………………………… 1384

关于《中华人民共和国担保法(草案)》的说明(1995年2月21日) ……… 1384
全国人大法律委员会关于《中华人民共和国担保法(草案)》审议结果的
 报告(1995年6月23日) ……………………………………… 1387
关于担保法(草案修改稿)、保险法(草案修改稿)和惩治破坏金融秩序犯罪
 的决定(草案修改稿)修改意见的汇报(节选)(1995年6月29日) … 1390

关于《中华人民共和国经济合同法草案》的说明(1981年12月) ·········· 1392
全国人大法案委员会关于三个法律草案的审查报告(节选)
　　(1981年12月11日) ··· 1395
关于《中华人民共和国涉外经济合同法(草案)》的说明(1985年1月10日)
　　 ·· 1397
全国人大法律委员会对《中华人民共和国涉外经济合同法(草案)》
　　审议结果的报告(1985年3月15日) ································ 1399
关于《中华人民共和国涉外经济合同法(草案)》(修改稿)几点修改
　　意见的说明(1985年3月21日) ······································ 1402
关于《中华人民共和国技术合同法(草案)》的说明(1987年1月12日) ···· 1403
关于《中华人民共和国技术合同法(草案)》(修改稿)几点修改意见的
　　说明(1987年6月15日) ·· 1408
关于《中华人民共和国技术合同法(草案)》(修改稿)的几点修改意见
　　的汇报(1987年6月20日) ·· 1410
关于《中华人民共和国婚姻法(修改草案)》和《中华人民共和国
　　国籍法(草案)》的说明(节选)(1980年9月2日) ······················· 1411
全国人大法案委员会关于四个法律草案的审查报告(节选)(1980年9月9日)
　　 ·· 1414
关于《中华人民共和国收养法(草案)》的说明(1991年6月21日) ·········· 1416
全国人大法律委员会对《中华人民共和国收养法(草案)》审议结果
　　的报告(1991年12月23日) ·· 1419
全国人大法律委员会关于对收养法草案修改意见的汇报(1991年12月28日)
　　 ·· 1421
关于《中华人民共和国收养法(修订草案)》的说明(1998年8月24日) ······ 1423
全国人大法律委员会关于《中华人民共和国收养法(修订草案)》
　　审议结果的报告(1998年10月27日) ·································· 1426
关于村民委员会组织法(修订草案修改稿)和修改收养法的决定
　　(草案)修改意见的报告(节选)(1998年11月4日) ······················ 1428
关于《中华人民共和国继承法(草案)》的说明(1985年4月3日) ············ 1430
全国人大法律委员会关于《继承法(草案)》几个问题的说明
　　(1985年4月9日) ·· 1434
全国人民代表大会法律委员会对《中华人民共和国继承法(草案)》
　　审议结果的报告(1985年4月9日) ···································· 1436
关于《中华人民共和国著作权法(草案)》的说明(1989年12月20日) ······ 1438

全国人大法律委员会对《中华人民共和国著作权法(草案)》审议
　　结果的报告(1990年6月20日) ·················· 1443
全国人大法律委员会关于《中华人民共和国著作权法(草案修改稿)》
　　修改意见的汇报(1990年8月30日) ················ 1446
全国人大法律委员会关于著作权法(草案修改稿)、铁路法(草案修改
　　稿)、归侨侨眷权益保护法(草案修改稿)的修改意见的汇报(节选)
　　(1990年9月6日) ························· 1452
关于《中华人民共和国专利法(草案)》的说明(1983年12月2日) ······ 1454
全国人民代表大会法律委员会对《中华人民共和国专利法(草案)》
　　审议结果的报告(1984年2月23日) ················ 1459
关于《中华人民共和国专利法修正案(草案)》的说明(1992年6月23日)
　　································· 1462
全国人大法律委员会对《中华人民共和国专利法修正案(草案)》审议
　　结果的报告(1992年8月28日) ··················· 1466
全国人大法律委员会关于对税收征收管理法(草案修改稿)和关于修改
　　专利法的决定(草案)修改意见的汇报(节选)(1992年9月3日) ···· 1469
关于《中华人民共和国商标法(草案)》的说明(1982年8月19日) ······ 1471
关于《中华人民共和国商标法修正案(草案)》的说明(1992年12月22日)
　　································· 1474
全国人大法律委员会关于《中华人民共和国商标法修正案(草案)》
　　审议结果的报告(1993年2月15日) ················· 1477
全国人大法律委员会关于国家安全法(草案修改稿)、修改商标法的决定
　　(草案)、关于惩治假冒注册商标犯罪的补充规定(草案)、产品质量法
　　(草案修改稿)修改意见的汇报(节选)(1993年2月22日) ······· 1479

20世纪60年代

一、民　法

中华人民共和国民法（草稿）

1963 年 6 月 8 日

第一篇　总　则

第一章　民法的任务和调整范围

第一条　【立法的根据】

中华人民共和国民法是调整我国经济关系的基本准则。它是根据宪法，依照党的社会主义建设总路线和以农业为基础、以工业为主导的发展国民经济的总方针制定的。

第二条　【民法的任务】

中华人民共和国民法的任务是通过调整单位之间、个人之间以及单位和个人之间的经济关系，保证实现国民经济计划，保护国家所有的和集体所有的公共财产，保护公民所有的合法财产，禁止一切资本主义经济活动，维护社会主义经济秩序，以巩固和发展社会主义公有制，增强人民内部团结，巩固人民民主专政，保障社会主义革命和社会主义建设事业的顺利进行。

第三条　【调整的范围】

本法调整的经济关系是以社会主义公有制为基础，以财产的归谁所有和财产的流动转移为内容的各种经济关系：

（一）财产的所有关系；

（二）财产的流转关系，包括预决算关系、税收关系、信贷关系、结算关系、供应关系、买卖关系、基本建设包工关系、运送关系、租赁关系、委托关系、劳动报酬关系、家庭财产关系、损害赔偿关系。

第四条　【所有制的种类】

我国的生产资料所有制,在社会主义建设的现阶段,主要有全民所有制和集体所有制,它们是我国社会主义公有制的两种形式。此外,还有在社会主义经济领导下的个体劳动者所有制。

全民所有制经济是国民经济中的领导力量,是国家实现社会主义革命和社会主义建设的物质基础。国家保证全民所有制经济的优先发展。

集体所有制经济是国民经济的重要组成部分,国家保护、鼓励、指导和支援集体所有制经济的发展。

国家依法保护个体劳动者所有制,鼓励个体劳动者根据自愿的原则成立或者加入各种社会主义集体经济组织。

第二章 民法的基本原则

第五条 【计划原则】

我国社会主义经济是计划经济。国家用统一计划指导国民经济按比例地高速度发展。全民所有制单位和集体所有制单位的主要经济活动,必须直接、间接地纳入国家计划。

全民所有制单位必须严格按照国家计划办事,不准擅自修改或者拒不执行国家计划;集体所有制单位应当接受国家计划的指导,根据国家计划的要求,组织经济活动。

国家禁止一切破坏国家经济计划的非法行为。

第六条 【民主集中制原则】

国家根据民主集中制的原则,对经济工作实行统一领导、分级管理。一切单位进行经济活动,都必须服从国家集中统一的领导,在国家集中统一的领导下,发挥主动性、积极性,不得有分散主义、本位主义行为。

第七条 【兼顾国家、集体和个人利益的原则】

在我国社会主义制度下,国家利益、集体利益、个人利益在根本上是一致的。在各项经济工作和经济活动中都必须贯彻在局部利益服从整体利益、暂时利益服从长远利益的前提下,兼顾国家、集体和个人利益的原则。

第八条 【勤俭建国和经济核算原则】

一切单位进行经济活动,都必须贯彻勤俭建国、勤俭办一切事业的方针,精打细算、厉行节约,尽可能合理地利用人力、物力和财力,不得铺张浪费。

经济单位必须按照规定认真实行经济核算,改善经营管理。

第九条 【等价交换原则】

一切单位、公民个人在进行商品交换或者经济协作的时候,都必须贯彻等价交换的原则。各单位之间物资的调用,除法律另有规定的以外,也必须按照等价交换的原则进行。

第十条 【按劳分配原则】
我国社会主义的分配原则是各尽所能，按劳分配。全民所有制单位、集体所有制单位对职工、社员的劳动报酬，必须贯彻这个原则。

国家和集体所有制单位对于生活困难、年老体弱、患病或者丧失劳动能力的职工和社员，依法给予必要的物质帮助。

第十一条 【遵守国家政策、法律、法令的原则】
一切单位和公民个人进行经济活动，都必须遵守国家的政策、法律、法令和规章制度。

第三章 经济关系中的单位和个人

第十二条 【主体的种类】
作为本法所调整的一定经济关系一方的单位和个人，包括：
（一）行使国家财政、金融管理权力的国家机关；
（二）实行独立核算、单独预算或者其他能对外负担独立财产责任的单位，包括国营企业、国家机关、事业单位、人民公社各级组织、各种合作社和其他合作组织以及社会团体；
（三）中华人民共和国公民。

法律规定需要登记的工商企业、个体工商业者和社会团体，只有在登记后才能作为一定业务范围内的经济关系的一方。

第十三条 【经济活动的业务范围】
各单位和个体工商业者在进行经济活动的时候，不得超越主管部门规定或者批准的业务范围。

第十四条 【单位从事经济活动的代表】
各单位对外的经济活动，由单位的负责人或者它指定的人员以单位的名义进行。

第十五条 【未成年人和精神病患者的监护人】
未满十八岁的公民在必需从事与他年龄不相适应的经济活动的时候，应当由他的监护人代为进行。

精神病患者在需要从事经济活动的时候，应当由他的监护人代为进行。

第十六条 【委托代理人】
各单位和公民个人在进行经济活动的时候，可以委托其他单位或者公民代理。

第四章 制裁和时效

第十七条 【民事制裁】
单位或者公民个人如果违反本法的规定，应当由人民法院、仲裁机关或者有关主管机关依法分别不同情节给予行政处分或者经济制裁。

有下列情况之一的,可以免予制裁:

(一)不可抗拒的原因;

(二)不是故意或者没有过失。

第十八条 【请求解决纠纷的有效期限】

向人民法院或者仲裁机关提出请求解决经济纠纷的有效期限,除法律另有规定的以外,各单位之间为(1)年;各单位同公民之间为(2)年;公民相互之间为(4)年。

如果提出请求时已经超过前款规定的期限,人民法院或者仲裁机关认为有正当理由的可以适当延长,但最多不得超过前款规定期限的一倍。本条规定的期限从违法行为发生之日起计算。

第五章 民法的适用

第十九条 【民法的适用地区】

中华人民共和国领域内的一切地区,都适用本法。

民族自治地方不能全都适用本法规定的,可以由自治区的最高权力机关根据当地民族的政治、经济、文化的特点和本法规定的基本原则,制定变通或者补充的规定,报请全国人民代表大会常务委员会批准施行。

第二十条 【民法对外国人和外国机构的适用】

经中华人民共和国准许在中国设立的外国机构和在中国居留的外国人进行的经济活动,除另有特殊规定的以外,都适用本法。

第二一条 【民法的实施】

本法自公布之日起施行。

在本法公布以前所颁布的法律、法令与本法有抵触的,以本法为准。

第二篇 财产的所有关系

第一章 通 则

第二二条 【财产的分类】

根据我国社会主义建设现阶段的生产资料所有制,财产分为:

(一)国家所有的财产(国家财产);

(二)集体所有的财产(集体财产);

(三)公民所有的财产(个人财产)。

第二三条 【财产所有人的权利】

财产的所有人对自己的财产依法享有经营管理、使用、支配(或写为处理)和收益的权利。

第二四条 【所有权的保护】

国家依照法律保护前条规定的财产所有人的权利。

财产所有人在他的财产受到侵犯的时候,有权要求退还原物、赔偿损失。

第二五条 【财产的征购、征用和收归国有】

国家为了公共利益的需要,可以依照法律规定的程序和条件,对城乡土地和其他财产实行征购、征用或者收归国有。

第二六条 【共有财产】

两个或者两个以上的单位、公民共同所有的财产是共有财产。

共有人对共有财产行使权利、负担义务,必须在遵守国家政策、法律的前提下,由共有人协商议定。

第二章 国家所有的财产

第二七条 【国家财产的性质和所有人】

国家财产是社会主义的全民所有制的财产。

国家财产属于中华人民共和国国家所有。

第二八条 【国家财产的范围】

国家财产主要包括:

(一)矿藏、水流等重要自然资源;

(二)国营企业、国家机关和事业单位经营管理的财产;

(三)法律规定属于国家的土地、山林、文物和其他一切财产。

第二九条 【国家财产的授权管理】

国家根据法律、法令的规定和统一领导、分级管理的原则,授权国营企业、国家机关和事业单位对国家财产行使本法第二三条规定的权利。

第三〇条 【国营企业、国家机关和事业单位对固定资产的管理】

国营企业、国家机关和事业单位对国家交给的固定资产必须建立保管和使用制度。固定资产的增减、转移,必须按照规定办理。

第三一条 【国营企业、国家机关和事业单位对资金和预算拨款的管理】

国营企业必须加强资金管理,严格按照主管机关核定的资金定额,合理和节约地使用资金,加速资金周转。

国营企业的流动资金只能用于生产周转和商品流通的需要,不能用于财政性开支。流动资金和基本建设投资以及其他专用资金,必须严格划清、分别管理、分别使用,不得相互挪用。

国家机关和事业单位的预算拨款,必须按照计划专款专用。

第三二条 【国家财产由集体所有制单位经营】

国家依照法律、法令的规定,可以把属于国家所有的零星或者小片的山林、荒地、水面等资源交给集体所有制单位经营管理,收益分配由双方议定。

第三三条 【国家财产的保护】

国家财产神圣不可侵犯。任何单位或者个人侵占的国家财产必须归还。国家在追回被侵占的国家财产的时候,不受本法第十八条关于时效规定的限制。

第三章 集体所有的财产

第一节 农村人民公社财产

第三四条 【农村人民公社财产的性质和所有人】

农村人民公社财产是社会主义的集体所有制的财产。

农村人民公社财产分别属于公社、生产队两级集体所有,或者分别属于公社、生产大队、生产队三级集体所有。

第三五条 【农村人民公社各级所有人的经济活动和财产责任】

公社、生产大队、生产队都独立进行经济活动,独立负担财产责任。

农村人民公社的基本核算单位通常是生产队。

第三六条 【公社生产大队的财产范围】

公社一级的财产或者生产大队一级的财产主要包括:水利设施和其他农田基本建设,大型中型的农业机具、运输工具和大牲畜,山林、水面、草原等资源和自办的企业等。

第三七条 【生产队的财产范围】

生产队一级的财产主要包括:土地,农田水利设施,生产工具和运输工具,大牲畜和幼畜,山林、水面、草原等资源以及生产队经营农、林、牧、副、渔各业的其他设备和产品等。

第三八条 【农村人民公社财产的经营管理】

农村人民公社的各级组织,必须按照国家政策、法律的规定,根据勤俭办社和民主办社的方针,经营管理集体所有的财产。

农村人民公社的各级组织,对自有的财产可以自行经营管理;公社、生产大队也可以把自有的某些财产包给下级组织经营管理。

生产队、生产大队在经营管理集体财产的时候,应当接受上级组织的指导和帮助。

第三九条 【公积金、公益金的提取和使用】

农村人民公社各级组织,必须按照规定、根据需要和可能扣留或者提取公积金、公益金。

农村人民公社各级组织的公积金、公益金,必须按照规定使用。

第二节 合作社财产

第四〇条 【合作社财产的性质和所有人】
合作社财产是社会主义的集体所有制的财产。
合作社财产分别属于各个合作社集体所有。

第四一条 【合作社的经济活动】
手工业生产合作社、供销合作社、信用合作社、运输合作社等各种合作社,都必须依照社章规定的方针、任务、业务范围和财产权限进行经济活动。

第四二条 【合作社的领导关系】
合作社在经营管理集体财产的时候,应当接受国家主管部门和上级社的领导。

第四三条 【合作社的财产责任】
合作社的各级社,都有权管理使用自己的固定资产和流动资金,实行独立核算,自负盈亏。

第四四条 【合作社的基金提取和使用】
合作社必须根据社章规定从盈余中提取公积金、公益金、上缴基金和其他基金,并且严格按照基金的用途专款专用。

第四章 公民所有的财产

第四五条 【公民所有的生活资料】
公民所有的生活资料,归个人所有。
公民所有的生活资料,是指满足个人和家庭物质文化生活需要的各项财产。

第四六条 【公民房屋所有权】
公民所有的房屋,包括自住的和依法少量出租的房屋,归个人所有。

第四七条 【公民的劳动收入、其他合法收入和储蓄的所有权】
公民的劳动收入和其他合法收入以及在银行、信用合作社的储蓄,归个人所有。

第四八条 【社员生产资料所有权】
集体所有制单位的成员依照法律自有的农具、工具等生产资料和牲畜、果树、竹木,归个人所有。

第四九条 【农村人民公社社员对家庭副业的经营】
农村人民公社社员在保证完成集体劳动任务、积极办好集体经济的条件下,依法可以耕种自留地和经营其他家庭副业。
农村人民公社社员经营家庭副业所得的产品和收入,都归社员所有。

第五〇条 【个体劳动者生产资料所有权】
个体劳动者的生产资料,依照法律归个人所有。
个体劳动者从事生产和经营活动,必须遵守国家的政策、法令,服从有关部门的领导和管理。

第五一条 【禁止滥用个人财产】

国家严格禁止任何人利用个人财产危害公共利益,扰乱社会经济秩序;严格禁止投机倒把、雇工剥削、放高利贷等一切非法活动。

第三篇　财产的流转关系

（正在起草中）

办公室小组讨论民法(1963年6月8日草稿)第一、二部分提出的问题和意见

1963年6月8日

第一条

1. 在"社会主义建设总路线"之前加上"社会主义革命"。
2. 关于正确处理人民内部矛盾问题是否在本条提？还是另在序言中提？有四种设想：甲. 放在第一条；乙. 把它作为民法调整经济关系的一个方法放在第二条前段；丙. 把它作为民法的任务放在第二条后半段；丁. 作为民法的基本原则放在第五条以下。（有的主张民法不提正确处理人民内部矛盾问题）
3. "发展经济、保障供给"的财经工作总方针是否能作为民法的一种立法根据？
4. 加上"在党的社会主义建设总路线、大跃进、人民公社三面红旗指引下"。

第二条

1. "禁止一切资本主义经济活动"放在"保障社会主义革命……"之前。（有的主张放在"保证实现国民经济计划……"之前）
2. "禁止一切资本主义经济活动"可改为：
 (1)"反对资本主义倾向(行为、势力、自发势力)"或
 (2)"取缔资本主义非法活动"或
 (3)"取缔(或防止)资本主义自发势力，禁止资本主义经济活动"。
3. 在"通过调整……关系"之后加上"禁止贪污盗窃、投机倒把、雇工剥削等非法行为"。
4. "禁止一切资本主义经济活动"之后加"彻底(或逐步)消灭剥削"。
5. "巩固人民民主专政"改为"加强人民民主专政"。
6. "增强人民内部团结"放在"巩固人民民主专政"之后。

第四条

1. "所有制"是否包括生活资料？
2. "所有制"中的个人部用什么名称较好？有三种设想：甲. "社会主义经济领导下的个体劳动者所有制"；乙. "合法的个人所有制"；丙. "合法的个人所有权"。
3. 第二款"国家保证全民所有制经济的优先发展"与农、轻、重的方针如何联系起来？
4. 第四款最后的"集体经济组织"中"集体"两字可删。

第五条

1. 第一款"必须直接、间接地纳入国家计划"可改成"采取适当形式纳入国家计划"。

2.第三款可改为:"国家禁止任何单位和个人破坏国家经济计划的非法行为。"

第六条

1."分散主义、本位主义"可改为"分散主义和本位主义"。

第八条

1.经济核算是否能算做民法的基本原则?

2.第二款中的"经济核算"可改为"全面的经济核算";"改善经营管理"改为"不断改善经营管理"。

第九条

1.对劳动力可否提"实行等价交换"?

2.等价交换能否作为民法的基本原则?可否列入第三部分的"买卖关系"中去?

3.把本条第二句"各单位之间物资的调用"改为:"各单位之间调用物资"。

4."调用"二字用指上下级之间,不包括同级之间的调用,改成"合法调用"较好。有的认为应改为"正当调用",以免与"除法律另有规定"重复。

5.称"公民"还是"公民个人"?"公民"在第十二条才正式出现,第九条宜只提"个人"。有的主张所有条文一律改用"公民",不用"个人"。

6."调用"是指全民所有制单位上下级之间的调用,这在三〇条中已经解决,本条不一定提。至于平级之间的物资调用,改称"调剂"较好。

第十条

1.本条规定集体所有制单位只对职工、社员贯彻按劳分配原则,实际上公社对五类分子和其他非社员采取同工同酬办法,民法对这一情况需否反映?

2.称"全民所有制单位""集体所有制单位"并不能包括一切单位(武术团体和联合诊所不能包括在"集体所有制单位"之内),可否改成"单位"或"一切单位"?

3.第二款"国家"和"集体所有制单位"之间应加入"全民所有制单位"。

4.不把"按劳分配"算做民法的基本原则,把它放到第三部分"劳动报酬关系"中去。

第十一条

1.本条可与第六条合并。

2.本条应放在第五条之前,另列一条。

3.本条移至第七条后,作为第八条。

第十二条

1.第一款另有五种方案:

(1)"下列单位和个人有权利或者有义务作为本法所调整的经济关系的一方:";

(2)"构成本法所调整的经济关系一方的单位和个人包括:……";

(3)"一方"二字应予删去,改成:"下列单位和个人有权按照规定参加本法所调整的经济关系:";

(4)"按照规定可以(能够)成为(作为)本法所调整的经济关系的单位和个人包括:……";

(5)"本法所指的参加各种经济关系的单位和个人,包括:……"。

2.另加第四项:"上述各单位和个人,根据所参加的经济关系的性质,依法可以同时享有一定的权利,负担一定的义务,也可以只享有一定的权利或者只负担一定的义务。"

3. 财产所有关系包括哪几方?
4. 第二项中加入"部队"。
5. 国家能否作为经济关系的一方,是否要明确提出国家?
6. 独立核算、单独预算的单位可否分为两款分别说明?

第十四条

"指定的人员"是否包括外单位的人?

第十五条

1. 间歇性精神病患者在良好状态时算不算"精神病患者"?
2. 监护人、代理人、代表人需予以明确区别?
3. "必需""代为"等字可以不要。

第十六条

1. 银行委托个人代办储蓄,邮局委托公民代办邮务是什么性质?单位委托公民个人代理需否反映?
2. "委托"之前加"依法"二字。
3. 被剥夺政治权利的人可否为代理人?

第十七条

1. 制裁的范围如何?税收、财政、信贷方面的制裁是否都包括在内?强制收购、罚税是否算做制裁?
2. 各种制裁在第一款条文中列举较好,方案如下:"单位或者公民个人如果违反本法的规定,应当由人民法院、仲裁机关或者主管机关依法分别不同情节给予下列一种或数种制裁:批评教育,宣布所进行的经济活动无效,返还原物,赔偿损失,罚款,补税,没收等。"
3. 第一款第一句改为:"违反本法规定的单位或者个人应当由人民法院……(下同)"。
4. "应当由人民法院"之前,宜加"如双方发生争议时"。

第十八条

1. "经济纠纷"改成"经济争议"。
2. "有效"二字可以不要,如要,应在本条所有"期限"字样之前都加"有效"二字。
3. "但最多不得超过前款规定期限的一倍"可以不要,使法院在保护国家利益和集体利益方面有更大的灵活性。(有的主张仍要,对稳定财产关系有好处)
4. 对集体财产如何保护,没有规定。在追回被侵占的集体财产时,是否还要适用本条关于有效期限的规定?
5. 有些违法行为发生后,受害人当时不察觉,有的甚至在很长时间以后才发现或受到实际损害。第三款规定时效"从违法行为发生之日起计算",似不够全面。

第十九条

本条只规定民法适用于中华人民共和国领域内的一切地区,华侨、驻外人员如何处理?

第二十条

1. 外国机构的设立程序是否需要简单地加以规定?

2. 本条可以取消,另由特别法规定。

第二一条

第一款可以不要。

关于第二篇(财产的所有关系)的问题

有关第二篇总的方面的问题:

1. 第二篇的篇名、章名怎样写比较符合实际?
2. 第二篇与总则中有关所有制的规定如何挂钩?
3. 所有权中要不要规定无主财产问题?
4. 生产队的土地不得出租和买卖,有无必要在第二篇中明确规定出来?

第二二条

1. 能否把总则第四条关于所有制的全部规定分为几条,放入"通则"?
2. 把二二条的原文删去,改写第四条第一款的内容。
3. 关于财产的范围问题要不要单列一款?如写为:"本法所指的财产包括生产资料、生活资料、货币资金以及其他一切财物。"

第二三条

1. 所有权应包括哪些内容?
2. 经营管理与使用、支配和收益的关系怎样?有什么区别?

第二四条

对各种所有人的权利的保护,应否全部写入"通则"?

第二六条

1. 共有财产的分割和共有人的优先购买权要不要规定?
2. 共有与联营的关系如何?第三篇应否再规定联营问题?

第二八条

1. 国家专有问题要不要提?
2. 集体所有制中包含的国家财产要不要提?
3. 是笼统地提全民所有制单位,还[是]把国营企业、国家机关和事业单位等都具体列出?
4. 全民所有制的一切财产是否都是国家财产?如工会财产。工会财产怎样反映?
5. 本条的另案:

国家财产主要包括:

(一)矿藏、水流等自然资源;

(二)国营工商企业、银行、邮电、铁路、公路、港口等属于国家经济命脉和有关国防安全的重要财产;

(三)法律规定属于国家的土地、山林、文物等财产;

(四)国家机关和事业单位经营管理的一切财产。

第二九条

1. 本条中的"国家机关"是否包括第十二条第一款"行使国家财政、金融管理权力的国家机关"?
2. 需不需要提"国家授权"?提出"国家授权"的目的是什么?这样是否意味着国家成了主体?
3. 要不要提管理体制和职权划分?

第三〇条

1. 转移的概念应当怎样理解?是否指所有权的转移?是否包括出卖和转让、有偿和无偿?
2. 本条第一款"固定资产的增减"之后,是否加上"报废"?

第三一条

1. 对流动资金也应规定"不经批准,不得转移"的意思,流动资金有无"转移"问题?有无"转让"或变相"转让"问题?流动资金的转让要不要规定?
2. 企业的专用基金要不要规定?

第三三条

1. "任何单位"是否包括全民所有制单位?如包括,全民所有制单位侵占的国家财产要交还给国家。这在逻辑上是否有问题?
2. 国家追回财产不受时效限制,请求赔偿是否也不受时效限制?

第三五条

1. 基本核算单位问题是否需要在民法中反映?
2. 生产队作为基本核算单位应否充实一下内容?规定既有生产管理权,也有分配决定权等。

第三八条

1. 第一款中"必须按照国家政策、法律的规定"与总则重复。
2. 农村人民公社各级组织对财产的经营管理有哪些权限?是否需要列举?和第二三条的关系如何?和"公社六十条"如何配合?

有关"合作社财产"总的方面的问题

1. 各种合作社是分别写,还是合在一起概括地写?
2. 各级合作组织由于公有化程度不同而有不同形式,如手工业方面就有合作小组、供销生产社、合作社、合作工厂,等等。这些形式都写在条文中,还是只写主要形式?
3. 合作社部分在体例上与总则不大一致,过于简单,应否规定合作社的地位、作用、任务和办社原则?
4. 合作社的财产范围是否可以像农村人民公社财产那样列举出来?
5. 可以增加一款:"各种合作社的财产范围由它们的社章规定。"
6. 渔业合作社应否列举进去?

第四二条

本条可以并入第四一条。

第四三条

合作总社是什么性质?其财产是属于哪一种所有制?

第四四条

社员的股金和入社费是合作财产的重要来源,应当规定。

第四五条

1. 本条可改写为:

"公民所有的财产包括:

(一)公民所有的生活资料;

(二)依法归集体所有制单位成员所有的生产资料;

(三)依法归个体劳动者所有的生产资料。"

2. 自本条至第四九条,"归个人所有"前是否加上"永远"二字?

对民法(1963年6月8日草稿)第一、二部分提出的问题和意见

民法研究小组办公室整理 1963年6月21日

第一、二篇总的方面

内容比较简单,不够具体。

1. 现在的草稿,主要问题是过于一般,表现在:(1)"依法""按照规定""另有规定"等类似词句太多,有的地方可以具体些。(2)"责任"方面,不具体,不清楚。此外,民法所要解决的特殊矛盾和解决这一矛盾的特殊方法,如对象、基本原则、制裁方式等表现得还不突出。(北大)

2. 整个说来内容较简单,其中又以"集体财产"部分为突出,在"集体财产"部分中又以合作社财产更突出,使人感到没有把合作社的特点反映出来。(政法学院)

3. 我们认为有些条文还可以再规定得具体些,如第十五条中关于哪些公民或单位对哪些人为监护人的问题、关于监护人的义务和权利问题;第十六条中代理人与被代理人之间的关系问题、代理人的权限问题;第二十六条中共有人间的权利义务关系;等等,似乎都规定得具体些才好。(人大)

第一条

1. 第一条规定"……民法是调整我国经济关系的基本准则",是否把民法的位置摆得过高,因为在我国调整经济关系的基本准则,首先应该是党的政策和国家的计划。民法只是"法律上调整我国经济关系的基本准则",或者是"调整我国经济关系的基本法"。(法学所、北大)

2. 这一条主要解决立法的根据,关于民法的性质(即第一句)是否单列出来,自成一条或者与第二条合并。(政法学院)

3. 第一款中提"……经济关系",不太恰当,因为经济关系,就是生产关系,我国民法调整的范围既是"财产的所有关系"和"财产的流转关系",而不是整个基础的关系,所以,"经济关系"改为"财产关系"或"经济生活"似乎更为确切。(北大)

第二条

1. 对民法的作用估计太高了,应该把"保证实现国民经济计划"改为"促进国民经济计划的实现"(卓萍),把"保障社会主义革命和社会主义建设事业的顺利进行"改为"维护和促进社会主义革命和社会主义建设事业的顺利进行"。(政法学院)

2."禁止一切资本主义经济活动"应删去,否则就把问题看得太严重了,好像我国还有很多资本主义经济活动一样,同时在总则中写这句话也不合适。(北大、政法学院、卓萍)

3.应该加入"逐步消灭私有制"的内容,并把两条道路的斗争提出来。(政法学院)

第三条

1."财产的流动转移"和"财产的流转"最好统一起来。(法学所)

2.建议将"流转"改为"交换"或"分配"。(北大)

3.财产的流转关系不能概括劳动报酬关系、家庭财产关系。(北大)

预决算关系是否流转关系,可进一步考虑。(法学所)

4.财产的流转关系应包括邮电通讯、加工、赠与等关系。(政法学院)

劳动保护中的财产流转关系应否包括到流转关系中去。(法学所)

第四条

1.这一条取消,放在这里既与前三条联系不上,第一章的标题也管不住它。取消以后,它的第一款可移作第二条第一款;第二、三、四款可考虑:(1)取消。(2)第二款适当改写后与第三三条合并。(3)第四款适当改写后与第五一条合并。(卓萍)

2.取消此条,只需在原则中加以概括的保护规定。理由是与宪法重复。(北大)

第二章"民法的基本原则"总的方面

1.什么算民法的基本原则?立法的基本原则是什么?这里提的基本原则是立法的基本原则还是经济活动的基本原则?(政法学院)

2.这里提出的基本原则,基本上还是中范围的,而现在既搞大范围的民法,那么它的基本原则就应该包括预结算、税收等的基本原则。预决算和税收的基本原则是什么呢?(北大)

3.应该加上"社会主义公共财产神圣不可侵犯"的原则。(人大、北大)

第五条

1."全民所有制单位……主要经济活动"纳入国家计划,这个提法对全民所有制单位是否合适?对全民所有制单位应是全部经济活动都纳入国家计划。

两种所有制的计划最好分开提。(政法学院)

2."经济活动"改为"财产活动"似乎更为确切。(北大)

第六条

关于民主集中制的原则,似可不在民法中规定,这一原则的主要内容已在计划原则中和三者利益结合中有了规定,同时这一原则已在我国宪法中有了规定。(北大)

第八条

本条所规定的原则,不仅是指导原则,而且又是各单位具体经营管理的原则,是否可以写得再详细一点。(法学所)

第十条

应当适当提一下政治挂帅、政治思想教育的问题。(法学所)

第十一条

把"政策"两字去掉,其他地方如类似本条提政策的,一并考虑去掉,(如第二六条)因为党和国家的政策,已经上升为法律的,就已经属于法律的范畴了;未上升为法律的、未经国家用法律形式公布的,党员、干部违反了,要受批评或纪律处分,但人民群众对某一政策不满意、不赞成或不愿意实行,不能与违反法律一样相提并论,不能因此而给以法律制裁。(卓萍)

第十二条

1. 本条(一)的国家机关虽有其特点,从参加经济活动所必须的具体条件看来,可以包括在(二)中,如无特殊必要,可删去。(人大、政法学院)(一)与(二)的界限不清楚,(一)的国家机关是否有不具备单独预算,不能对外负担独立财产责任的?(卓萍)

2. "作为本法所调整的一定经济关系一方的单位和个人",改为"参与本法所调整的经济关系的单位和个人"。(人大)

"一方"两字很别扭,应该改写。(卓萍)

第十七条

1. 行政处分与经济制裁如何区分?(政法学院)

2. "经济制裁"就其含义说,还不能包括"民事责任"或说"经济责任",而本条中有必要规定"经济责任"问题。(人大)

3. 最近中央有指示:因自然灾害和国家变更计划而引起的损失,单位也要负经济赔偿责任。这样可以严肃合同制度,稳定正常的经济关系;补偿对方的损失,避免连锁反应,需要赔偿的款项由国家解决,这和第二款精神不一致。(政法学院)

4. 考虑到"无过失责任"在我国司法实践中并不绝对排除,因此可将本条第二款前面加上"除法律另有规定外"。(人大)

那些虽无过失,但造成严重后果影响极坏[的]也可考虑给予制裁。(北大)

第十八条

1. 关于民事纠纷的产生原因并不都是由"违法行为"所引起,因此,在第十八条中应加上"有请求权",或者只规定为"请求权发生之日起……"而不必提违法行为。(人大)

2. 第十八条时效的起算规定,在被侵害人长期不知道或不应该知道违法行为的发生的情况下,如何计算?(法学所)

3. 时效的时间,感到有些过长。这样容易造成案件积压。(政法学院)

第十九条

1. 本条在"自治区"的前面加"省",因为有的省也有自治州、自治县等少数民族聚居的地区,此外,"最高权力机关"的"最高"二字不要,因为最高权力机关只能是全国人民代表大会,省和自治区的人民代表大会,则是地方权力机关。(法学所)

2. 民族自治县有无制定交通规定的权力?(政法学院)

第二篇 "财产的所有关系"总的方面

1. 为什么不提所有权?如果提所有权,有好多问题就容易写了,还是提所有权好。

(政法学院、北大)

2. 个体劳动者的生产资料所有权要不要在"公民所有的财产"一章中反映？与集体比较起来，个人部分就显得□了些。本章对个体劳动者生产资料所有制可不反映，社员的生产资料放到集体财产部分，剩下的只是公民的生活资料。(政法学院)

第二二条

1. 这一条规定"根据我国社会主义建设现阶段的生产资料所有制,财产分为……(三)公民所有的财产(个人财产)"，但是，个体劳动者所有制并不派生绝大多数公民的生活资料，可见这一提法不很妥帖。(法学所)

2. 财产和所有制是什么关系？二者怎样挂钩？(政法学院)

第二三条

1. 第二三条中的"经营管理"从字面上来看，似乎可以包括使用、支配、收益等。我们认为不如规定"占有、使用、收益、处分"，显得明确。(人大)

2. "经营管理"不能作为一般所有权的内容来规定。第一，个人财产很难笼统说都有经营管理问题。第二，国家企业有经营管理权，但没有所有权。第三，国家企业在经营管理国家财产时，就是在实现国家所有权，而不仅只是行使"经营管理权"。第四，"经营管理"本意又有占有、使用、支配的问题。此外收益似不宜单独提出。(北大)

3. 为什么不提"占有"？所有权的核心究竟是什么？有人认为是"所有"。经营管理能否作为所有权的内容？(政法学院)

第二四条

1. 只规定"退还原物"和"赔偿损失"还嫌不够，所有权中即包括使用权，所以应该补充规定"排除妨害"。(人大)

保护方法是否就是这么两条？还可再细些。(政法学院)

第二八条

我们认为第二八条中所以要规定国家财产的范围，目的不在于明确"国家可以有哪些财产"而在于"哪些财产只能属于国家所有"，因为这样规定才有意义，所以建议把本条中"国家财产主要包括"改成"下列财产只能属于国家所有"。(人大)

第三三条

1. 第三三条规定国家在追回被白占的国家财产的时候，不受本法第十八条关于时效规定的限制，而以后的章节对集体财产没有类似的规定，这是否意味着集体经济组织的财产被他人非法占有以后，如八年不追要，就完全丧失了所有权？如果这样，对于保护集体所有制单位的财产是不利的。(法学所)

2. 关于集体所有的财产是否也和三三条对国家财产一样保护，其他条文中没有提。(北大)

3. 国家财产的保护考虑放在第二章里好，还是放在第一章通则里好？(政法学院)

4. 损害国家财产的赔偿问题要不要规定？(政法学院)

主张把"赔偿"问题规定上。(人大)

第二篇第三章第一节"农村人民公社财产"总的方面

农村人民公社[财产]一节里,是否可以把将在相当长的时期内不变的东西,再规定得详细一点。(法学所)

第二篇第四章"公民所有的财产"总的方面

这里的几条不如宪法写得清楚,不如写成一条,分成几款,只说生活资料。(政法学院、北大)

第四五条
本条和第四六、四七条两条在"归个人所有"之前,加"永远"二字。

第四八条
本条与下一条有些交错,如副业问题。本条可以放在下一条作为第二款。(政法学院)

中华人民共和国民法(草稿)[①]

1963年7月9日

第一篇 总 则

第一章 民法的任务和调整范围

第一条 中华人民共和国民法是调整我国经济关系的基本准则。

本法是根据中华人民共和国宪法,依照中国共产党的社会主义建设总路线和以农业为基础、以工业为主导的发展国民经济的总方针制定的。

第二条 中华人民共和国民法的任务是通过调整单位之间、单位同个人之间以及个人之间的经济关系,保护国家所有的和集体所有的公共财产,保护公民所有的合法财产,禁止一切资本主义的经济活动,维护社会主义经济秩序,以保证实现国民经济计划,巩固和发展社会主义公有制,巩固工人阶级领导的、以工农联盟为基础的人民民主专政,增强人民内部团结,保障社会主义革命和社会主义建设事业的顺利进行。

第三条 本法调整的经济关系是以社会主义公有制为基础,以财产的所有和流转为内容的下列经济关系:

(一)财产的所有关系,包括国家财产的所有关系,集体财产的所有关系,个人财产的所有关系;

(二)财产的流转关系,主要包括预决算关系、税收关系、信贷关系、结算关系,物资调拨供应关系、农副产品收购关系、货物运输关系、仓储保管关系、基本建设包工关系,劳动报酬关系、买卖关系、租赁关系、借贷关系、信托服务关系,家庭财产关系,损害赔偿关系。

第四条 我国的生产资料所有制,在社会主义建设的现阶段,主要有全民所有制和集体所有制,它们是我国社会主义公有制的两种形式。此外,还有在社会主义经济

[①] 本件原件正文首页有如下手写标注:"说明:这是第二次起草民法时,第一篇、第二篇的第一次草稿,曾分送中央和各地有关业务单位征求意见,并报送中央政法小组。"

领导下的个体所有制。

全民所有制经济是国民经济中的领导力量,是国家实现社会主义革命和社会主义建设的物质基础,国家保证全民所有制经济的优先发展。

集体所有制经济是国民经济的重要组成部分,国家保护、鼓励、指导和支援集体所有制经济的发展。

国家依法保护个体所有制,鼓励个体劳动者根据自愿的原则参加社会主义集体经济组织。

第二章 民法的基本原则

第五条 我国社会主义经济是计划经济。国家用统一计划指导国民经济按比例地高速度发展。全民所有制单位和集体所有制单位的经济活动,必须采取适当的形式纳入国家计划。

全民所有制单位必须严格按照国家计划办事,不准擅自修改或者拒不执行国家计划;集体所有制单位应当接受国家计划的指导,根据国家计划的要求,组织经济活动。

国家禁止一切破坏国家经济计划的非法行为。

第六条 国家根据民主集中制的原则,对经济工作实行统一领导、分级管理。一切单位进行经济活动,都必须服从国家集中统一的领导,在国家集中统一的领导下,发挥主动性、积极性,不得有分散主义、本位主义行为。

第七条 一切单位、个人进行经济活动,都必须遵守党的政策和国家的法律、法令、财政金融制度以及其他有关的规章制度。

任何单位、个人不得利用公共财产、个人财产、职权和其他手段危害公共利益,扰乱社会经济秩序;不得进行贪污盗窃、投机倒把、买卖土地、雇工剥削、放高利贷等非法活动。

第八条 国家所有的财产和集体所有的财产都是社会主义的公共财产。社会主义的公共财产神圣不可侵犯。一切单位、个人都必须爱护公共财产,积极地保护公共财产不受损害。

第九条 一切单位进行经济活动,都必须发扬自力更生的精神,贯彻勤俭建国、勤俭办一切事业的方针,必须精打细算,努力挖掘潜力,合理地利用人力、物力和财力,不得铺张浪费。

经济单位必须按照规定认真实行经济核算,改善经营管理,厉行增产节约。

第十条 在我国社会主义制度下,国家利益、集体利益、个人利益在根本上是一致的。在各项经济工作和经济活动中都必须贯彻在局部利益服从整体利益、当前利益服从长远利益的前提下,兼顾国家、集体和个人利益的原则。

第十一条 一切单位、个人在进行商品交换或者各单位之间在进行经济协作的时候,都必须贯彻等价交换的原则。各单位之间物资的调剂或者调用,除法律另有规定的以外,也必须按照等价交换的原则进行。

第十二条　我国社会主义的分配原则是各尽所能,按劳分配。全民所有制单位、集体所有制单位对职工、社员的劳动报酬,必须贯彻这个原则。

国家和集体所有制单位对于年老体弱、患病或者丧失劳动能力和生活困难的职工和社员,依法给予必要的物质帮助。

第十三条　政治是统帅,是灵魂,政治工作是一切经济工作的生命线。全民所有制单位、集体所有制单位在进行经济工作或者从事经济活动的时候,都必须坚持政治挂帅,贯彻经济工作和政治工作相结合的原则,反对单纯的经济观点和其他一切忽视政治的现象。

第三章　参与经济关系的单位和个人

第十四条　参与本法所调整的一定经济关系的单位和个人,包括:

(一)行使国家财政、金融管理权力的或者实行单独预算的国家机关;

(二)实行独立核算、单独预算或者其他能对外负担独立财产责任的单位,包括国营企业、事业单位、人民公社各级组织、各种合作组织、人民团体和其他社会组织;

(三)中华人民共和国公民。

法律规定需要登记的工商企业、个体工商业者和社会组织,只有在登记后才能参与一定业务范围内的经济关系。

第十五条　各单位和个体工商业者在进行经济活动的时候,不得超越主管部门规定或者批准的业务范围。

第十六条　各单位对外的经济活动,由单位的负责人或者它指定的人员以单位的名义进行。

第十七条　未满十六岁的公民在必需进行同他年龄不相适应的经济活动的时候,应当由他的监护人代理。

精神病患者在需要进行经济活动的时候,应当由他的监护人代理。

第十八条　单位和个人在进行经济活动的时候,可以委托其单位或者其他人代理。

第四章　制裁和时效

第十九条　单位或者个人违反本法的规定,应当承担一定的经济责任,或者受到一定的行政处分、经济制裁。违反本法并且构成犯罪的人,还应当依照刑法的规定负刑事责任。

因违反本法而发生的经济纠纷,分别由人民法院、仲裁机关或者有关主管机关依法处理。

第二〇条 向人民法院或者仲裁机关提出请求解决经济纠纷的有效期限,除法律另有规定的以外,单位之间为(1)年;单位同个人之间为(2)年;个人之间为(4)年。

如果提出请求时已经超过前款规定的期限,人民法院或者仲裁机关认为有正当理由的,可以适当延长。

本条规定的期限从引起纠纷的原因发生之日起计算。

第五章 民法的适用

第二一条 中华人民共和国领域内的一切地区,都适用本法。

民族自治地方不能全部适用本法规定的,可以由省、自治区的人民代表大会根据当地民族的政治、经济、文化的特点和本法的基本精神,制定变通或者补充的规定,报请全国人民代表大会常务委员会批准施行。

第二二条 经中华人民共和国准许在中国设立的外国机构和在中国居留的外国人进行的经济活动,除另有特殊规定的以外,都适用本法。

第二三条 本法自公布之日起施行。

在本法公布以前所颁布的法律、法令与本法有抵触的,以本法为准。

第二篇 财产的所有关系

第一章 通 则

第二四条 根据我国社会主义建设现阶段的生产资料所有制,财产分为:

(一)国家所有的财产,即国家财产;

(二)集体所有的财产,即集体财产;

(三)公民所有的财产,即个人财产。

本法所说的财产,是指生产资料、生活资料、货币、有价证券以及其他一切财物。

第二五条 财产所有人对自己的财产依法享有所有权。

所有权包括经营管理、使用、收益和处理的权利。

第二六条 国家依法保护财产所有人的所有权。

财产所有人在他的财产受到侵犯的时候,有权要求退还原物、赔偿损失、消除妨害。

第二七条 国家为了公共利益的需要,可以依照法律规定的程序和条件,对城乡土地和其他财产实行征购、征用或者收归国有。

第二八条 两个或者两个以上的单位、公民共同所有的财产是共有财产。

共有人对共有财产行使权利、负担义务,必须在遵守国家政策、法律的前提下,由共有人协商议定。

第二章 国家财产的所有关系

第二九条 国家财产是社会主义的全民所有制的财产。

国家财产属于中华人民共和国国家所有。

第三〇条 国家财产主要包括：

（一）矿藏、水流等重要自然资源；

（二）国营企业、国家机关和事业单位经营管理的财产；

（三）法律规定属于国家的土地、山林、文物和其他一切财产。

第三一条 国家根据法律、法令的规定和统一领导、分级管理的原则，授权国营企业、国家机关和事业单位对国家财产行使本法第二五条规定的权利。

第三二条 国营企业、国家机关和事业单位对国家交给它经营管理的财产，必须负全部责任，必须建立和健全财产的保管和使用制度，管好用好国家财产。

每个国营企业、国家机关和事业单位，都要有财产目录，建立财产管理的责任制度，使每项财产都有专人负责，妥善保管，定期清查，经常保养、维修，保证主要设备的使用期限，切实防止财产遭受损失。

第三三条 国营企业、国家机关和事业单位对固定资产的增减、转移，必须按照规定程序办理，非经国家主管机关的批准，不得擅自处理。

第三四条 国营企业必须加强资金管理，严格按照国家主管机关核定的资金定额，合理和节约地使用资金，加速资金周转。

国营企业的流动资金只能用于生产周转和商品流通的需要，不能用于基本建设、行政、事业和其他财政性开支。流动资金和基本建设投资以及其他专用资金，必须严格划清，分别管理、分别使用，不得相互挪用。

国家机关和事业单位的预算拨款，必须按照计划专款专用。

第三五条 国营企业的一切产品都归国家所有。国家对这些产品实行统一调拨。非经国家主管机关的批准，任何国营企业不得擅自销售和处理这些产品。

第三六条 国家依照法律、法令的规定，可以把属于国家所有的零星或者小片的山林、荒地、水面等资源交给集体所有制单位经营管理，收益分配由双方议定。

第三七条 任何单位、个人都不得侵犯国家财产。一切被侵犯的国家财产都必须退赔。国家在要求退赔国家财产的时候，不受本法第二〇条关于时效规定的限制。

第三章 集体财产的所有关系

第一节 农村人民公社财产的所有关系

第三八条 农村人民公社财产是社会主义的集体所有制的财产。

农村人民公社财产分别属于公社、生产队两级集体所有，或者分别属于公社、生产大队、生产队三级集体所有。

第三九条 公社、生产大队都独立进行经济活动，独立负担财产责任。

生产队通常是人民公社的基本核算单位。它实行独立核算，自负盈亏，直接组织生产，组织收益分配。

第四〇条 公社一级的财产或者生产大队一级的财产主要包括：水利设施和其他农田基本建设，大型中型的农业机具、运输工具和大牲畜，山林、水面、草原等资源和自办的企业等。

第四一条 生产队一级的财产主要包括：土地，农田水利设施，生产工具和运输工具，大牲畜和幼畜，山林、水面、草原等资源以及生产队经营农、林、牧、副、渔各业的其他设备和产品等。

第四二条 农村人民公社的各级组织，必须遵守党的政策和国家的法律，贯彻执行党在农村中的阶级路线和民主办社、勤俭办社的方针，充分调动广大社员的积极性，经营管理好集体财产，巩固集体经济，发展农业生产。

第四三条 公社应当根据国家规定的粮食和其他农副产品的征购、派购任务，在各生产队之间进行合理的分配。生产队应当在公社和生产大队的监督下，积极完成国家规定的征购、派购任务。

第四四条 农村人民公社的各级组织，必须建立和健全财务制度和各项集体财产的管理制度，切实管好账目、仓库、财物和工分，并且依靠群众进行检查和监督。

第四五条 公社和生产大队应当对生产队的生产工作、财务管理工作和分配工作，经常进行指导、检查和督促，帮助生产队改善经营管理。

第四六条 公社、生产大队从有利于生产出发，可以把自己所有的一部分财产包给下级组织经营管理。

第四七条 农村人民公社各级组织，必须按照规定，根据需要和可能扣留或者提取公积金、公益金。

农村人民公社各级组织的公积金、公益金，必须按照规定使用。

第二节 合作社财产的所有关系

第四八条 合作社财产是社会主义的集体所有制的财产。

合作社财产分别属于各个合作社集体所有。

第四九条 我国的合作社主要有：手工业生产合作社、供销合作社、信用合作社、运输合作社、渔业合作社等。

各种合作社都必须遵守党的政策和国家的法律，服从国家的计划管理，按照社章规定的任务、业务范围和财产权限进行经济活动。

第五〇条 各种合作社必须贯彻执行民主办社和勤俭办社的方针，建立和健全财务管理制度和各项财产的责任制度，在有利于生产、适应社会需要、便利群众的原则下,不断地改善经营管理。

第五一条 合作社在经营管理集体财产的时候,应当接受国家主管部门和上级社的领导。

第五二条 合作社的各级社,都有权管理使用自己的固定资产和流动资金,实行独立核算,自负盈亏。

第五三条 合作社必须根据社章规定从盈余中提取公积金、公益金、上缴基金和其他基金,并且严格按照基金的用途使用。

第四章 个人财产的所有关系

第五四条 公民所有的财产主要包括:
(一)公民所有的生活资料;
(二)依法归集体所有制单位成员所有的生产资料;
(三)依法归个体劳动者所有的生产资料。

第五五条 公民所有的生活资料,归个人所有。

公民所有的生活资料,是指为满足个人和家庭物质文化生活需要的各项财产。

第五六条 公民所有的房屋,包括自住的和依法少量出租的房屋,归个人所有。

第五七条 公民的劳动收入和其他合法收入以及在银行、信用合作社的储蓄,归个人所有。

第五八条 农村人民公社和各种合作社的成员依法自有的农具、工具等生产资料和牲畜、果树、竹木,归个人所有。

第五九条 农村人民公社社员的家庭副业是社会主义经济的必要的补充部分。社员在保证完成集体劳动任务的条件下,依法可以耕种自留地、饲养家畜家禽和经营其他家庭副业。经营家庭副业所得的产品和收入,都归个人所有。

农村人民公社社员经营家庭副业,不得妨碍集体经济的发展。

第六〇条 个体劳动者的生产资料,依法归个人所有。

个体劳动者从事生产和经营活动,必须遵守国家的政策、法律,服从有关部门的领导和管理,不得损害国家和集体的利益。

第三篇 财产的流转关系

本篇主要包括:预决算关系、税收关系、信贷关系、结算关系、物资调拨供应关系、农副产品收购关系、货物运输关系、仓储保管关系、基本建设包工关系、劳动报酬关系、买卖关系、租赁关系、借贷服务关系、信托服务关系、家庭财产关系、损害赔偿关系。具体结构和内容,拟商请有关部门共同研究确定。

办公室小组讨论民法(1963年7月9日草稿)第一、二部分提出的问题和意见

1963年7月9日

第一篇

总的方面

(1)等价交换原则和按劳分配原则,可以放入第三篇有关部分,不作为民法的基本原则。

(2)第二章的标题改写为"基本原则"或"经济活动的基本原则"。

第一条

(1)改写为:"中华人民共和国民法是调整我国经济关系的基本准则。它是依据宪法、党的社会主义建设总路线、大跃进、人民公社三面红旗和以农业为基础,以工业为主导的发展国民经济的总方针制定的。"

(2)本条删去,有关三面红旗的问题,可以在第二条民法的任务中反映。

(3)"立法依据""指导思想"和"基本原则"三者之间的区别和联系如何?

第二条

(1)"发展生产、改善生活"也是民法的任务之一,应该写进去,放在"维护社会主义经济秩序"一句之后。

(2)"以保证实现国民经济计划"中的"以"字删去,在"保障社会主义革命"前加"以"字。

(3)在"保障社会主义革命……"前,增加"在社会主义和资本主义两条道路的斗争中"。

第三条

(1)"主要"删去。

(2)第一项改写为"所有制"。

(3)第一项改写为"所有权"。

(4)"流转"改写为"转移"或"移转"等通俗的提法。

第八条

(1)改写为:"社会主义公共财产是我国建成社会主义的物质基础和人民物质福利的源泉。各单位必须经常教育自己的成员自觉地爱护公共财产,与一切不爱护公共财产的

行为作斗争。对于那些破坏、挥霍、浪费或因不负责任使公共财产受到损害的人,应严肃追查责任,对于那些爱护和保护公共财产有特殊表现的人,应予以鼓励和表扬。"

(2)改写为:"中华人民共和国的公共财产神圣不可侵犯。集体所有制单位的财产,必须加强保护。各单位应当经常教育自己的成员爱护公共财产,反对不爱护公共财产的行为,对于那些保护公共财产有卓著成效的人,应予以奖励和表扬。"

(3)集体所有的公共财产也提神圣不可侵犯,是否妥当?

第九条

(1)本条最后一句应当写明:"凡是有条件实行经济核算制的经济单位,应当实行经济核算制,不断改善经营管理。"

(2)"经济单位"之后,增加"特别是生产单位"。

(3)本条分为两款。关于经济核算制问题可以独立一款。①

(4)"合理地利用人力、物力和财力"前,增加"尽可能"。

第十条

增加"个人利益服从集体利益和国家利益"。

第十一条

"或者各单位之间在进行经济协作"删去。

第十三条

(1)"反对"改写为"防止和反对"。

(2)"现象"改写为"倾向"。

第十四条

(1)(一)、(二)合并。

(2)第一款中"包括"两字改写为"是""有"或"为"。

第十六条

在对外进行的经济活动中,单位和经办人的关系及责任如何?

第十七条

"十六岁"改写为"十八岁"。

第十九条

(1)"依照刑法的规定"删去。

(2)"违反本法并且构成犯罪的人"改写为"情节严重构成犯罪的人"。

第二〇条

"引起纠纷的原因"改写为"违法行为"。

第二篇

总的方面

通则中第二五条已直接提出所有权问题,因此以后各章有关条文就可以更多地使用

---

① 同日(1963年7月9日)《中华人民共和国民法(草稿)》打印稿中已据此修改。

"所有权"这一名词。

第二四条
第二款增加"资金"。

第二五条
(1)增加"占有",删去"经营管理"。
(2)改写为:"财产的所有人对自己的财产依法享有所有权、使用权和处理权。"
(3)使用可以包括收益,收益不必单独列出来。
(4)本条删去。

第二六条
"消除妨害"改写为"排除妨害"。

第三〇条
"国家财产主要包括:"改写为"下列财产都是国家财产:"。

第三一条
"行使本法第二五条规定的权利"改写为"行使所有权"。

第五四条
改写为:"公民所有的财产包括:
(一)公民所有的生活资料;
(二)依法归集体所有制单位成员和个体劳动者所有的生产资料;
(三)公民所有的劳动收入和其他合法收入以及在银行、信用合作社的储蓄。"

第五五条
"满足"改写为"用于"。

第五六条
华侨房屋所有权有特殊规定,应该如何规定?

第五九条
(1)第一款中"依法可以"改写为"可以依法"。
(2)第二款增写"不得弃农经商"。
(3)"归社员所有"改写为"归个人所有"。①
(4)城市居民的家庭副业要不要规定?

---

① 同日(1963年7月9日)《中华人民共和国民法(草稿)》打印稿中已据此修改。

中华人民共和国民法第一、二篇(草稿)意见汇辑

全国人民代表大会常务委员会办公厅法律室民法组　1964年2月12日

说　明

民法第一、二篇草稿,是在1963年7月试拟出来的,曾在小范围内向中央和地方的有关政法部门、财经部门共计八十三个单位征求意见,这份汇辑是根据下列四十九个单位的意见整理的。

一、国家计划委员会、国务院财贸办公室、国务院农林办公室、内务部、第一机械工业部、农业机械部、煤炭工业部、轻工业部、交通部、农业部、粮食部、水产部、邮电部、中国人民银行、中华全国手工业合作总社、手工业管理总局、陕西省人民委员会、上海市人民委员会、天津市人民委员会。

二、河北、山西、内蒙古、江苏、浙江、江西、福建、湖北、湖南、河南、广东、广西、辽宁、黑龙江、四川、云南、陕西、甘肃、宁夏、青海、新疆等二十一个省(自治区)的高级人民法院。

三、科学院法学研究所、中央政法干部学校、中国人民大学、北京大学、吉林大学、湖北大学、北京政法学院、西南政法学院、西北政法学院。

除了二十三个单位至今没有答复以外,通过复信或电话告诉我们,对民法一、二篇草稿提不出意见的有十一个单位:国家经济委员会、国务院工交办公室、国务院文教办公室、冶金工业部、水利电力部、地质部、林业部、外贸部、全国总工会、四川省人民委员会、华东政法学院。

一、有关总的方面的意见

(一)认为内容符合党的政策、符合我国实际情况,同意草稿现在的写法

民法草稿第一、二篇写的比较好,比较明确、完整,是从我国实际出发,依据党的方针、政策,总结了建国十四年来的实践经验,反映了当前我国所有制的实际情况,并且打破了老的一套,成为我国社会主义民法的新篇章。(新疆、内蒙、河北、江苏、江西、广西、青海、宁夏、辽宁等高院,人民大学,交通部)

草稿的结构基本上是合理的,有的内容也比较切合我国实际。为了适合过渡时期不断发展的情况,这个法宜简不宜繁,宜原则不宜具体,同时最好带有纲领性,不宜规定过死。(中央政法干校)

(二)认为草稿有些原则,不够具体,提出应当增补的内容

1. 总的来看,务虚的内容较多,有些条文不够具体。(交通部,内蒙、广西高院、中央政法干校)例如,有关民法的基本原则,在第一篇第二章中已经阐明,不需要在其他章节中再有重复;在第二篇第二章"国家财产的所有关系"一章中,应该明确一些具体内容,但是第四二条的内容与第一篇第二章第六、第七、第九各条的规定,有些类似。又如第五一条的内容,实质上也是第六条的重复。(交通部)

2. 草稿相对的也有某些不足之处,表现在:(1)政策原则的规定较丰富,但进一步使经济政策在实际行动上具体化方面还嫌不足;(2)对单位内部活动问题规定得比较全面,这在所有权问题上是完全必要的,但在外部关系问题的规定上还嫌不足;(3)对正常的经济秩序、纪律规定得比较详细,而在易于出现问题、发生纠纷的关键之处还嫌过于粗略;(4)对现行法令的归纳整理做得较好,但对现行法令中没有规定或无法规定而在本法中应予解决的某些问题似乎注意得不够;(5)面对财经工作者的条文较多,而面对审判工作者的条文较少。我们认为相对的存在以上不足之处,建议对代理、共有问题、山林、水利、草原、地界的养护使用而易于发生纠纷的问题,房屋产权登记问题,单位(公社、合作社)对外代表人问题,单位对外财产责任范围……等问题,尽可能作些具体规定。(人民大学)

从每章每条看,绝大多数是从正面提倡什么、保护什么,但约束什么、禁止什么提得太少。(广西高院、福建高院)

3. 建议将条文中关于"代理""时效""所有制""债""合同"等方面的问题详细阐述。(天津市人委、青海高院)

4. 在第一篇总则中,对民法的阶级性和体现的阶级关系,能够写得明显些、充分些。(黑龙江高院)

5. 希望民法条文详细规定出我国民事诉讼中常见的大量问题的具体条文,如债务、婚姻、继承、扶养、房屋、土地、山林、水利、租赁、合同、损害赔偿等。(内蒙、福建、甘肃等高院)

6. 个别同志看了一、二篇以后,觉得民法需要解决什么问题,实践中有哪些问题,目的是什么,都还不太清楚。(法学所)

(三)认为某些内容规定过细、过多

1. 有些规定像一个经济组织的章程、工作细则之类的东西,看来有必要与法律区别开来。(国家计委物价计划局)

2. 有些问题是法律解释不了的,是否应订入,还值得考虑。如贯彻等价交换的原则,究竟怎样才算是等价？现在的收购价和销售价是否就是等价的,看来就很难说得清楚。(国家计委物价计划局)

(四)认为草稿没有和行政法分开

草稿没有把民法和行政法分开。(福建高院)

民法和行政法是否有所区别,需要明确。如民法草稿第二篇第二章国家财产的所有关系中有关财产保管、资金使用、产品调拨等,是否属于行政法,是否应由法院来调整。(黑龙江高院)

(五)对名称、前言、名词、用语的意见

1. 民法的名称问题,有的同志提出,根据民法草稿的内容来看,都是调整以社会主义公有制为基础的经济关系的,是否可以不称民法而称为"经济法"或"经济关系法"。(甘肃高院)

2. 条文前可以写一段前言,阐明我国经济的发展、阶级斗争的形势、民法制度的目的、主要的根据、根本的精神以及如何适用,等等,而在正文里再具体化。(吉林大学)

3. 民法中的一些名词,如企业、事业、公积金、公益金,等等,能否在民法条文中有个统一规定,以免解释不一致或发生错误。(甘肃高院)

同意不用"法人"这个名词,但对外条约如《中朝通商航海条约》等,是有法人的名词的,是否需要考虑一下。(湖北大学)

4. 在文字方面,某些用语不够一致。如第一条前句用"中华人民共和国民法",后句改用"本法",第二条又用"中华人民共和国民法";又如"法律、法令"与"法律";"个人"与"公民"等,前后用法不一;条文是否要求一律"汉语化",如"第二五条"改为"第二十五条"等。(上海市人委)

二、有关第一篇的意见

1. 第一篇总则中需要增加一章关于法律行为的规定。(江西高院)

2. 从民事实践工作中,我们常常遇到下列几个问题不好解决:(1)失踪问题,即当事人多年出外没有音信,按照其他国家民法规定,有死亡宣告,我们没有这项规定;(2)有关法律行为的规定还不具体,建议在修改总则时加以考虑。(河南高院)

三、有关第一篇第一章的意见

1. 第一章的题目改称"民法的任务","调整范围"可以不写入标题,因为这是规定任务必须涉及的一个方面。(中央政法干校)

2. 民法的任务应当包括两方面:一是调整经济关系;二是调整婚姻家庭关系,我们意见,在总则第一章有关条文中加上"调整婚姻家庭关系"的内容,并另加一篇婚姻法。(四川、陕西高院)

3. 民法范围太广,过于庞杂。民法虽是调整经济关系,但是经济关系不一定都要由民法来调整。民法调整的那一部分经济关系应是与商品交换、价值规律有联系的经济关系(财产关系)。不由民法调整的那部分经济关系应划归其他法的部门来调整。如果要把草案已定的范围全部放在一个法典里面,就不一定叫民法,而可以叫经济法。(吉林大学)

4. 搞"小民法"。理由是:(1)我国的经济情况发展变化很快,许多条例正在试行,还要不断补充修改,而民法则应当有一定稳定性。(2)搞"大民法"必然订得比较原则;搞"小民法"可以订得比较具体。(湖北大学)

对第一条的意见:

1. "经济关系"前加"各种"两字。(中央政法干校)

民法调整的对象是经济关系,我们认为民法是调整我国"一定"经济关系的基本准则。

（西北政法学院）

2. 调整经济关系，改为调整财产关系。理由是：第三条既规定民法只是调整财产的所有关系和财产的流转关系，似乎改称调整财产关系为宜，也有人主张调整对象应提调整经济关系。（湖北大学）

3. 第一款是否可以具体一些，把调整经济关系或财产关系的权利、义务和人民内部问题的含意概括进去。（新疆高院）

4. 从二款规定看来，一款所称："民法是调整我国经济关系的基本准则"，显然没有把民法看作为调整经济关系的最高准则，而似乎只是表明了民法与单行法规的关系。如果是如此，不用"基本准则"，另换一个提法，似乎要恰当一些。（湖北大学）

5. 三面红旗可以更响亮地提出来。（北京政法学院）

二款应该提到正确处理人民内部矛盾的原则。（湖北大学）

"发展经济、保障供给，是我们的经济工作和财政工作的总方针"应在本条二款或第二条中规定。（湖北大学）

第二款末句是否再加"并以中国共产党所确定的向共产主义过渡整个历史时期的有关方针、政策作为基本指导原则"，以进一步体现我国民法的原则性和灵活性。（青海高院）

6. 本条只提立法的根据，即第二款，第一款作为第二条。另外在"依照中国共产党"之后加上"提出的我国现阶段"几个字，以说明现在党的总路线和总方针具有现阶段性质。（江西高院）

对第二条的意见：

1. 最好在"经济关系"之前加上"一定范围"四字，或"一定"二字，因为民法不同宪法，它的任务和调整范围，不是调整所有的经济关系。（广西高院、西北政法学院）

2. "经济关系"的范围没有说明，建议改为"以社会主义公有制为基础、以财产的所有和流转为内容的经济关系"，即将第三条第一款的内容移到第二条去。（北京大学）

3. 经济关系有的是财产纠纷，有的是不属财产但属于应保护的权益纠纷，因此在"财产"后面加上"权益"二字较为完整。（福建高院）

在两个"保护"之后，加"保护各种合法的财产流转关系（或经济活动）"，这才较全面一些。（中央政法干校）

4. 民法调整的关系，除经济关系外，是否还包括和经济关系相联系的人身非财产关系？（河北高院）这一条是否包括人身非财产权利？（国务院财贸办公室）本条和第三条完全不提到人身关系是否合适？（法学所）

民法调整的对象应包括财产关系和人身非财产关系。著作出版、创造发明、商标等人身非财产关系也应调整，或者明确规定这些人身非财产关系由单行法规调整。（江西高院）

5. 第一句中"……单位之间、单位同个人之间以及个人之间……"可否改为"国家、集体、个人之间"。（青海、湖北、新疆等高院）

"单位"一词的含义不很明确，可改为"全民所有制和集体所有制单位"，以下条文中可简写为"单位"。（四川高院）

笼统地说"单位"，含义不明确，提法也不够确切，是否可以改为"中华人民共和国民法的任务是通过调整在法律上依法行使权利义务的单位之间、单位同个人……",或者在"单位后括号引注参考本法第十四条规定"。(广东高院)

6.可否将"保证实现国民经济计划"一语中的"保证"改为"保障"。因为对我国国民经济计划的胜利完成,民法的重要作用为"保障",而其他有关部门的共同努力才是"保证"。(内务部)

"中华人民共和国民法……保护"改为"保障";"增强人民内部团结,保障……"改为"保证"。(计委冶分局)

"保障社会主义革命和社会主义建设事业的顺利进行,"可否把"保障"改为"促进","进行"改为"发展"。(北京政法学院)

7.由于考虑到我国过渡时期的一些具体情况,同时避免"总则"与以后"分则"中的某些规定不太衔接,因此条文中"……禁止一切资本主义的经济活动……",可以考虑根据宪法序言及有关规定,改为"禁止资本主义经济的一切非法活动和各种资本主义自发倾向",以进一步体现正确处理人民内部问题和个体工商业者等具体问题。(青海高院)

"禁止一切资本主义的经济活动"的提法可改为"禁止一切非法的资本主义的经济活动"。因为我国目前还存在少数独立的手工业劳动者和小商小贩,这些仍属资本主义性质的经济,但不在禁止之列。(四川、福建高院)

8."调整"二字太笼统,这一词没有包括制裁的含义在内。其他条文中有关"调整"的字,是否也可考虑用其他词?(邮电部)

9."社会主义公有制"的提法可改为"社会主义所有制"。(四川高院)

10.第三行"公共"二字宜删除。(人民大学)

11.第五行"巩固和发展社会主义公有制"可提在"实现国民经济计划"前面;第六行"增强人民内部团结"可提在"巩固……专政"前面。(人民大学)

对第三条的意见:

1.本条和其他条中的调整"经济关系""财产所有关系""财产流转关系"等名词不易理解,能否再通俗一些?(粮食部)

2.第二行"流转"二字建议改成"分配、移转",因"流转"易被理解为"商品流转",不能概括所要概括的各种关系,而"分配、移转"似能概括预决算、财政信贷、物资调拨、商品流通等第三篇中各方面关系。(人民大学)流转关系可否改为财产移转关系?(中国人民银行)

"财产的流转关系"一语很好,不过从下面列出的各种关系来看,有的不尽是流转问题,如预决算关系,基本建设包工关系,信托服务关系,家庭财产关系,都包括有不属于流转关系的内容。(中央政法干校)建议将财产流转关系换个提法。(湖北大学)

本条所指的财产流转关系,意思不容易弄懂,而且像货物运输关系、仓储保管关系、基本建设包工关系、劳动报酬关系、信托服务关系、损害赔偿关系等,都难以说财产已经发生所有权的转移。可以考虑不用流转关系这一概语,而实事求是地用各种经济关系本来的名称。(法学所)

3.本条所规定的民法调整范围似乎太广,预算、决算关系,税收关系,劳动报酬关系属于财政法、行政法、劳动法范围,可考虑不包括在民法之内。(法学所)

预决算问题,由于我国国家和地方的预决算是由全国人民代表大会和地方各级人民代表大会审查批准的,国家机关、企业、团体、学校等单位的行政、事业经费的预决算也是由主管财政部门批准的,这类问题可以不在民法中规定。(四川高院)

第二项财产的流转关系中包括"家庭财产关系",我们认为,家庭财产关系中的抚养、赡养关系,家庭成员的财产共有关系似乎不应列为民法的调整范围,而应由婚姻法来调整。因为这些关系是属婚姻关系和家庭关系,处理这些关系,应该根据婚姻家庭法的基本原则,以巩固和改善婚姻家庭关系。(湖北高院、湖北大学)

家庭财产关系不应列在财产流转关系里,可放在公民个人财产中,更重要的是家庭财产关系不应同家庭关系割裂开来。(北京大学)

4. 第(二)项中,"结算关系"意义不太明确,认为"结算"本身没有什么对立面;"物资调拨供应关系",最好改为"供求关系";"农副产品收购关系",最好改为"产品购销关系",这样面就广些;"基本建设包工关系"最好改为"承揽包工关系",因为基本建设只是包工的大部分,还不完全包括所有建设包工;"家庭财产关系"是否包括继承问题,婚姻法不能完全解决继承问题,继承关系应该规定。(广西高院)

(二)项中的"仓储保管关系"建议改为"保管关系",即不仅包括仓储保管,也包括仓储以外的保管。"基本建设包工关系"建议改为"承揽包工关系",即不仅包括基本建设包工,也包括基本建设范围以外的技术措施、修理等包工。(轻工业部)

5. 第(二)项"财产的流转关系,主要包括……",其中"主要"二字应该省去。(广东高院)

6. 把民法调整的范围放大一些。从三条(二)[项]看来,一些工农业生产很重要的劳动交换关系,比如工业企业之间的加工协作、生产队之间的劳力协作以及农具、农业机械的修理,没有包括进去,值得考虑。(湖北大学)建议增加:协作关系(农机部),加工协作关系(上海市人委),加工关系(辽宁高院、人民大学),加工订货关系。(四川高院)

既搞"大民法"可进一步考虑把劳力调配或者劳动力的支配使用也包括进去,才能与一条一款规定更对上口径,因为经济关系无疑应当包括劳动力的关系在内。至于目前经济学界争论的劳动力所有权问题,劳动力的公有或私有问题,可作为学术问题,民法不作规定。(湖北大学)建议增加劳保关系。(福建高院)

建议增加承揽和委托关系(北京经济学院),委托代理关系(交通部),委托代管关系(福建高院),委托承托关系。(广东高院)

有的同志提出,民法的调整范围,除了所有关系和流转关系以外,还应该包括不属于这两个方面的其他财产关系,例如继承。这个草案第一章第三条规定:本法调整的经济关系是以公有制为基础,以财产的所有和流转为内容的经济关系。因而不包括继承。虽然我国婚姻法第十二条、第十四条规定:"夫妻有互相继承遗产的权利","父母子女有互相继承遗产的权利"。除此以外,继承的原则,继承人的范围等问题,还需要民法加以规定。(宁夏高院)关于遗产的流转关系,是否包括在家庭的财产关系范围内,应予明确。(交通部)建议增加继承关系。(江西高院)

建议增加赠与关系(轻工业部、上海市人委、福建高院、青海高院)或者捐赠关系。(交通部)

信贷关系能否概括银行的各种存、放款活动,值得研究。(中央政法干校)建议加上"储蓄关系",这是国家和个人之间的很重要的财产流转关系。(中国人民银行)

建议增加典当关系。(福建、辽宁、黑龙江高院)

建议增加外贸、经租(赎买)关系。(江西高院)

建议增加保险关系。(黑龙江高院)

建议增加其他根据合同的交付、交换关系。(青海高院)

也有同志提出,著作、发明的权利问题,是否在民法中加以规定。(宁夏高院)

7.(二)项中各种关系排列顺序似应将工农业产品的分配、流通这些直接反映生产的,最活跃,最积极的经济关系放在前面;基建、储运次之;信贷结算靠后;借贷可并入信贷;劳动报酬(如单指工资报酬)放在家庭财产关系前面。(人民大学)

对第四条的意见:

1.本条放在第一章值得考虑。因为它既不是任务,也不是范围,如果作为一项原则的话,可以适当安排在第二章里。(吉林大学)

本条并入第八条。理由:(1)与第一章标题不甚符合;(2)与第八条重复且第八条原文也不够明确。(西南政法学院)

本条放在第二篇第一章中比较合适。(西北政法学院)

2.一款第三行"个体所有制"宜改为"个体劳动者所有制"。(人民大学)

3.国家保证全民所有制经济优先发展,如何与以农业为基础,以工业为主导的总方针联系起来?(国务院财贸办公室)

第二款增写集体所有制经济的地位问题。(北京政法学院)

4.保护"所有制"改为保护所有权较好。第三款后半句可以不提所有制,只提集体经济,因为不好说保护集体所有制。(国务院财贸办公室)

5.第四款是从国家角度来提保护,还是从法的角度来提保护。作为宪法可以提"国家保护",作为某一种类的法提"法律保护"比较妥当。(北京政法学院)

末款在"国家依法保护个体所有制"后,可以考虑再加"指导和帮助其改善经营,并且鼓励……"。因为我国在过渡时期还有相当数量的个体手工业者和非农业的个体劳动者。(青海高院)

个体工商业、个体手工业是否应规定限制、利用、改造。(计委交通局)

6.本条末尾是否可以加上"国家依法保护公民生活资料所有权"字样。(法学所)是否增加一条或一款公民生活资料所有权问题。(北京政法学院)

四、有关第一篇第二章的意见

1.标题是"民法的基本原则",可改为一切单位和个人必须遵守的基本原则。(邮电部)

2.民法的基本原则应说明是民事立法和民事活动的基本原则。民法调整对象既然包括原"行政法"和"财政法"的对象,应增加一些财经、行政方面的基本原则。(北京大学)

增加一条互助合作的原则。(湖北大学)

公民在民事法律地位上一律平等,是否可在这一章提一下?(国务院财贸办公室)

3. 对第二章各条顺序,建议按问题的内在逻辑作下列调整,即:第七条放在最前面,以下是第八条、第十条、第六条、第五条、第九条、第十一条、第十二条和第十三条。(人民大学)

第二章民法的基本原则中,为了更加明确我国民法的社会主义原则的各个方面是以保护社会主义公共财产、巩固与发展社会主义所有制为核心,因此,可以考虑把第八条排到本章的首要地位,并在文词方面斟酌上述情况,作适当的修改与补充。(青海高院)

对第五条的意见:

1. 建议改写为:

"我国社会主义经济是计划经济。国家用统一计划指导国民经济按比例地高速度发展。禁止一切破坏国家经济计划的非法行为。

全民所有制单位和集体所有制单位的经济活动,必须纳入国家计划。全民所有制单位必须严格按国家计划办事,不准擅自修改或者拒不执行国家计划;集体所有制单位应当接受国家计划的指导,根据国家计划的要求,组织经济活动。"

理由:(1)第一款作原则规定;第二款作具体规定,这样更明确;(2)"采取适当的形式"七字删去,是因为不够明确具体。(西南政法学院)

2. "我国社会主义经济是计划经济"之前加上说明我国经济是以社会主义公有制为基础的经济的字样。(北京大学)

本条第一句可删除,因为下面已经详细、具体地把第一句中的原则说明得很清楚,显得重复。但有的同志认为为了加强法律的宣传教育作用,在第一句将原则明显地提出,还是必要的,不同意删除。(人民大学)

3. "全民所有制单位和集体所有制单位的经济活动,必须采取适当的形式纳入国家计划"一句删去。因为:(1)全民所有制单位的经济活动必须服从国家计划,"采取适当的形式纳入国家计划"的提法不合适;(2)第二款对全民所有制和集体所有制的要求已有规定。(北京大学、人民大学、湖北高院)

4. "……集体所有制单位应当接受国家计划的指导,根据国家计划的要求,组织经济活动",这样写法是否合适? 因为农业计划现在还是间接的,人民公社还是集体经济。因此,就应考虑到公社本身的具体情况和要求。这条是否可以根据农村人民公社工作条例修正草案第二十三条的精神改写为:"集体所有制单位,根据国家计划要求和本队生产、生活的需要,组织经济活动。"(农业部办公厅)

5. 计划与合同的关系,订货合同和计划不一致,执行了合同算不算破坏国家计划。(计委长期局)

本条第三款中的第二个"国家"两字可删除。(人民大学)

6. 对个体经营的单位,也应当要求在国营经济领导下,在国家允许的范围内从事生产经营活动。(国务院财贸办公室)

对第六条的意见:

1. 第一篇第二章条条都是民法中的重要原则,其中第六条所表明的是民主集中制的领导原则。但最后"不得有分散主义、本位主义行为"一句,我们认为可以删去。该条前段在阐明民主集中制的时候,已能充分表明不容许有分散主义和本位主义行为的存在,因此

勿须在条文中再从反面规定。(交通部)

2."不得有……本位主义行为"需要单独作为一条原则。(湖北大学)

3.这一条及其他有关各条中的"不得"二字可否改为"不准",这样就更硬性一些,也可以把不得有分散主义、铺张浪费改为反对分散主义,反对铺张浪费。(国务院财贸办公室)

4."一切单位进行经济活动,都必须服从国家集中统一的领导"这是关于集中统一总的要求。"全民所有制单位必须严格按照国家计划办事","集体所有制单位应当接受国家计划的指导……",这只是五个统一之中的一个统一,即统一计划的规定。草案把关于集中统一的总的规定反而放在后一条,把仅关于其中一个统一的规定反而放在前一条,次序上可以考虑。(湖北大学)

对第七条的意见:

1."财政金融制度"删去。理由:单独突出"财政金融制度"没有多大必要,在后边"其他有关的规章制度"一句中可以包括它。(西南政法学院、北京大学)

在"财政金融"后面应写上"物资管理等"制度。(中国人民银行)

2.与有关各条的"经济活动"一词,如系泛指,一般可以。但在谈到单位或公民某一项具体的经济活动时,以用"行为"一类的词为宜。本条"非法活动"改为"非法行为"。(中央政法干校)

3.可以考虑在前面加一个帽子,把禁止资本主义经营活动、与自发势力作斗争的精神反映进去。(国务院财贸办公室)

4.违法行为一定一一列举出来可以概括写,或分几个方面写,原文写法列举不完全,如经济合同中的违法行为,条文中就没有明确指出。(北京政法学院)

末句中"不得进行贪污盗窃……等非法活动",有的已属于刑事犯罪问题,因此可以考虑将此句改为"彻底消灭一切剥削行为,彻底排除资本主义的因素和影响"。从民法角度提出这些规定,是符合我国宪法的精神的。(青海高院)

5."任何单位、个人不得……雇工剥削、放高利贷……",提法不确切。可否关于单位,写一段,关于个人,另写一段。(中国人民银行)

6."贪污盗窃、投机倒把"一句应删去,因不属于民法调整范围。(山西高院、浙江高院)可否改为"不得损公肥私",这样改后包含的面更广一些。(湖南高院)

"不得进行贪污盗窃"改为"严禁贪污盗窃"。(邮电部)

应将贪污盗窃、投机倒把和买卖土地等分开来,即"严禁贪污盗窃、投机倒把,不准进行买卖土地、雇工剥削、放高利贷等非法活动"。(新疆高院)

7."……不得进行贪污盗窃……等非法活动"中可加入不得扰乱金融一节。不得化大公为小公的意思也可写进适当的条款中。(陕西省人委)

走私漏税亦属非法,应增列在第二款中。(轻工部)

8.本条规定"任何单位、个人不得……买卖土地……"。我们建议将此条规定再具体些。如农村的土地买卖问题,农村人民公社六十条已有明确规定,而城市在房屋买卖的同时,要担负房地产税,其中也就包括了房屋地基的买卖,这样,城市和农村的土地买卖问题应有所区别。(天津市人委)

建议在这一条内增加农村宅基地不得买卖的内容。(陕西高院)

9. 关于禁止进行的民法行为,有人认为,没有规定土地能不能出租,基地出租合法不合法,城市与农村有无不同,在实际工作中无所适从。(福建高院)建议增加在农村不得出租土地的内容。(陕西高院)

出租土地亦属非法,应列在第二款中。(轻工部)

10. 是否将放高利贷改为不得用金钱剥削。(河北高院)

对高利贷和一般正常的借贷关系的界限,最好在分则中加以区别,说明多少利率以上的为高利贷。(陕西高院)

对第八条的意见:

1. 第八条改为第五条,以突出"社会主义公共财产神圣不可侵犯"的原则,其他有关基本原则的条文,依序列在第五条之后。(北京大学、广西高院)

2. 是否考虑增加"国家依法保护公民所有的合法财产"这样一个原则,作为第八条的内容之一。把它放在第八条,在于它必须是[在]"社会主义的公共财产神圣不可侵犯;一切单位、个人都必须爱护公共财产,积极地保护公共财产不受损害"的原则前提下才能实现和获得保护的。(云南高院)

3. 和第五条一样,对本条第一句,也有主张删除或者保留的两种不同意见。(人民大学)

4. 第八条应添写"社会"二字即:"……都是社会主义社会的公共财产。"(计委交通局)

对第九条的意见:

1. 第九条与第十条的次序对调,因第十条的原则包括范围更广。(北京大学)

2. 建议改写为:"一切单位进行经济活动,都必须发扬自力更生的精神,贯彻勤俭建国、勤俭办一切事业的方针。各经济单位必须按照规定认真实行经济核算,改善经营管理,厉行增产节约,不得铺张浪费。"这样文字要简练一些。(西南政法学院)

3. "一切单位进行经济活动"一句,建议改为"凡进行经济活动的单位"。(交通部)

4. "一切单位进行经济活动,都必须发扬自力更生的精神,贯彻……",建议加以修改:(1)补充发扬顾全大局、积极协作的精神;或(2)改为"都必须在国家计划的指导下,发扬自力更生的精神";或(3)"都必须在有利于完成国家计划的原则下,发扬自力更生的精神"。(粮食部)

第一行"发扬自力更生的精神"几字可删除。"自力更生"会使企业单位对分工协作发生误解,对公社安排生产规划也易发生误解。(人民大学、北京大学)或保持原文,增加"各单位之间的经济活动应发扬共产主义协作的精神"。(北京大学)

从条文上看,似乎要求一切单位"发扬自力更生的精神"。我们要求整个国民经济安排实现自力更生的要求,并不要求每一单位都这样办,词句上是否修改一下?(中国人民银行、法学所)

5. "勤俭办企业"应加上,即改写为:"……贯彻勤俭建国、勤俭办企业、勤俭办一切事业的方针。"(湖北大学)

6. "……努力挖掘潜力,合理地利用人力、物力和财力,不能铺张浪费"等,可以不放在民法中写。(河北高院)

7. 经济核算制是指导社会主义企业经济活动一项重要原则,也是实现国民经济计划的重要手段,应该特别强调作为基本原则规定出来。(吉林大学)

8. 本条可以不要,因为这条是从正面提倡什么,而且都是一切单位进行经济活动应注意贯彻什么方针原则问题。(广西高院)

这一条是属于行政工作和政治思想工作方面的问题,可以不在民法中加以规定。(四川高院)

对第十条的意见:

1. 本条可与第六条合并。即在第六条后面,接第十条"在各项经济工作和经济活动中都必须贯彻局部利益服从整体利益,当前利益服从长远利益的前提下,兼顾国家、集体和个人利益的原则"。(广西高院)

2. 和第五条一样,对本条第一句也有主张删除或者保留的两种不同意见。(人民大学)

3. 最后一句"兼顾国家、集体和个人利益的原则",最好改为"首先在保护国家、集体利益的前提下,兼顾个体利益"。以明确保护的主次先后。(浙江高院、福建高院)

应明确指出个人利益必须服从国家集体利益,否则不够全面。(西北政法学院、湖北大学)

对第十一条的意见:

1. 本条应与第十二条合并比较合适。(西北政法学院)

2. 建议在这一条中,把遵守中央和地方的管理规定和自愿互利的原则同等价交换的原则并提。(粮食部)

3. 本条规定"一切单位、个人……都必须贯彻等价交换的原则"。但目前国营工业企业之间固定资产的调拨都是无偿调拨,故建议在民法中将此点给予明确。(天津市人委)

4. 本条关于贯彻等价交换原则的问题,在实际工作中曾经遇到有些单位、部门之间,以协作为名,违反国家计划,搞不正当的物资交换,这种交换虽然是等价的,但是不利于生产的发展,因此,在此条中,能否加上一个前提,既是等价交换,又必须是合法的和正当的交换。(上海市人委)

5. 目前集市贸易以及供销社议价收购的物资,很难完全体现等价交换的原则,似应另列但书,加以规定。(轻工业部)

6. 原文前加上一句:"我国社会主义商品交换原则是等价交换。"理由是:(1)表明本条根据;(2)同第十二条的格调一致。(西南政法学院)

7. 第二行"时候"字样,可删除。(人民大学)

对第十二条的意见:

1. 可否提一下"统筹兼顾,适当安排"?(国务院财贸办公室)

2. 在第一句"分配原则"之前加写"个人消费品"等字。(湖北大学)

3. 和第五条一样,对本条第一句,也有主张删除或者保留的两种不同意见。(人民大学)

4. 部分同志认为这条第二款可不要,因本条主要是贯穿社会主义分配原则,各尽所能,按劳分配,无第二款影响不大。(浙江高院)

5."国家和集体所有制单位对于年老体弱……依法给予必要的物质帮助。"建议最好把国家和集体所有制单位区别对待。如集体所有制单位应结合经济条件,原则上也要依法给予适当的物质帮助。(手工业合作总社)

6.增加关于职工享受劳动保险待遇的内容,以体现社会主义制度的优越性。(北京大学)

7."体弱"删去,因为不能因体弱就给予物质帮助。对于年老患病和丧失劳动能力的也不一定都给予物质帮助。这些人如不符合劳动保险条例等有关规定,不能取得相应的物质帮助而生活困难者,可给予必要的生活困难补助。(北京大学)

8.第二款不应单独将生活困难的作为一个帮助对象,而应将"生活困难"作为年老体弱、患病或者丧失劳动能力应予物质帮助的前提,即:对年老体弱、患病或丧失劳动能力而生活困难的职工和社员,依法给予必要的物质帮助。(甘肃、浙江高院)

9.第二款中"依法给予必要的物质帮助",可改成依照法律、章程给予物质帮助。(人民大学)

对第十三条的意见:

1.这一条可以不要,因为民法的整个条款中都应贯穿政治挂帅的内容。(浙江高院)
本条内容,已贯穿在前几条之内,似乎不必另列一条。(湖北高院)
这一条是属于行政工作和政治思想工作方面的问题,可以不在民法中加以规定。(四川高院)

2.应明确指出加强党的统一领导问题。(西北政法学院)

3.和第五条一样,对本条第一句,也有主张删除或者保留的两种不同意见。(人民大学)
"政治是统帅,是灵魂……"可以不放在民法中写。(河北高院)"政治是统帅、是灵魂",是口号性质的词句,不必写上。(福建高院)

4."在进行经济工作或者"删去,因为"经济活动"更确切,而且包括"经济工作"的意思。(北京大学)

5."时候"字样,可删除。(人民大学)

五、有关第一篇第三章的意见

第三章标题"参与经济关系的",含义不明确。(中国人民银行)

对第十四条的意见:

1."其他能对外负担独立财产责任的单位"一句,是指哪些类型的单位,应在今后解释中具体化。(西南政法学院)

2.第二款并入第十五条。理由:都是规定参加经济活动的条件,可以合并。(西南政法学院)

3.第二款中"只有在登记后才能参与一定业务范围内的经济关系",建议改为"只有在登记后,才能依法参与经济关系"。删去"一定业务范围内",可免去与第十五条的内容重复。(人民大学)

第二款"才能参与一定业务范围内的经济关系",可考虑改为"才能参与法定业务范围

内的经济关系",这样似更明确一些。(法学所)

4. 第二款"只有在登记后才能参与一定业务范围内的经济关系"一语中的"经济关系",似当改为"经济活动"。(内务部)

(对第十五条没有提出意见)

对第十六条的意见:

是否还应规定必须有单位的委托书并指定活动的业务范围,这样防止少数人借机搞投机倒把活动。(黑龙江高院)

对第十七条的意见:

1. 关于年龄问题,讨论中有两种意见。大多数同志认为,我国宪法和选举法规定年满十八岁的公民享有选举权和被选举权。这就是说,十八岁是我国公民政治生活上成年的标准。此外,其他前已发布的有关法律(如婚姻法等),也都是以十八岁作为我国公民各种成年的标准。为了统一起见,我国民法关于公民在经济生活上成年的标准,亦应订为十八岁。少数同志认为,规定十六岁是恰当的,如果规定为十八岁,那么有很多人所进行的经济活动要受到限制,尤其是农村青年,由于他们从小直接参加农业生产劳动,年满十六岁时已具有一定的社会经验和认识能力,能够参与一定的经济活动。(云南、山西高院)

2. 很多单位建议将未满十六岁改为未满十八岁。理由除了引用宪法和其他法律的规定以外,还提出:(1)本条所指的"进行同他年龄不相适应的经济活动",应当是指一些关系比较重大的经济活动。对于这类活动,即使满了十六岁的人,其智力与经验仍嫌不足,且我国民间习惯未满十八岁的人与人订立契约一般也都有监护人参加。(福建高院)(2)关于经济活动不仅是参加集体的活动而且也包括不少个人财产的处理。这就需要有一定认识能力和批判能力。(吉林大学、湖南高院)(3)以十八岁为公民成年标准合适,十六岁左右的人具有部分行为能力。(青海、辽宁高院)(4)不满"十六岁",这是否意味着十六周岁是法定有诉讼权的年龄呢? 而一般法定有诉讼权的年龄是十八周岁。(天津市人委)(主张将十六岁改为十八岁的单位还有煤炭部,交通部,四川、江西、甘肃高院)

3. 可否将"未满十六岁的公民"改为"未满十八岁和有生理缺陷缺乏辨别能力的公民"。(江苏高院)

"未满十六岁的公民"改为"未满十六岁的青年",因为未满十六岁的不是公民。(邮电部)

4. 所提"十六岁"是否周岁,建议予以明确。(天津市人委)

5. 对"同他年龄不相适应"的话,感到有点笼统,不好理解,主要包括哪些内容,最好明确写出来。(山西、广东、四川高院,天津市人委)

6. "同他年龄不相适应的经济活动",改写为:"同他年龄不相适应的重大经济活动",这样明确一些。(西南政法学院)

是否改为"……必须进行其应承担民法上负有权利义务的经济活动……",或者"……必须进行参与本法所规定的经济活动……"。(广东高院)

可否对经济活动的数额有个规定,便于具体执行。(黑龙江高院)

7. "精神病患者在需要进行经济活动的时候"改写为"精神病患者在患病期间需要进行经济活动的时候"。理由:这样修改就把间歇性的精神病患者包括在内了。(西南政法学院、上海市人委)

8. 患瘫痪病者在他需要进行经济活动时,是否也应当由一定的合法人代理,可否纳入条文或用"无行为能力者"一句概括。(北京政法学院)

盲聋哑人在需要进行经济活动的时候,也应当由他的监护人代理。(辽宁高院)哑巴、白痴等人的经济活动也应代理。(福建高院)

9. "应当由他的监护人代理"建议改为"应经他的监护人同意或者由他的监护人代理",因为有些事情经过监护人同意是可以做的。(北京大学)"应当由他的监护人代理"改为"须由……"。(北京政法学院)

10. 监护人对被监护人的主要权利义务应有所规定,以加强责任心。(北京大学)

11. 关于什么人可以充当监护人的问题,有人主张要在民法上作出具体规定,这样可以制止某些人利用"监护"的名义而非法占有未成年人的经济利益。(云南高院、西北政法学院)

对第十八条的意见:

1. 与十七条对调,"其他人"改为"公民"。(中央政法干校)

2. 这条的法律意义不明确,可以不要。如要的话,可在这条后面加上"委托与被委托单位或个人要承担义务"。并注明要合什么条件的人才能委托,如商人委托农民进行商业活动就不大妥当。(广西高院)

3. 可将委任代理人的手续及其职权范围作些具体规定。(西北政法学院)

六、有关第一篇第四章的意见

1. 标题"制裁和时效"改为"制裁、调解和时效"。(邮电部)

2. 第四章关于时效问题中,对诉讼时效已作了具体规定,如果在以后财产关系或物权等篇章中,对于占有时效问题不一一作具体规定,那么还可以考虑是否在总则中对于占有时效问题,作些原则性的规定。(青海高院)

3. 第四章可以更充实一些。(中央政法干校)

对第十九条的意见:

1. 第一款可以改为"……应承担相应的责任,依法受到一定的行政处分或经济制裁。对于违反本法……"。(国务院财贸办公室)

第一款改写为:"单位或者个人违反本法的规定,视情节轻重,应当承担财产责任,或者受经济制裁、行政处分。违反本法并且构成犯罪的人,还应当依照刑法规定负刑事责任。"(西南政法学院)

2. 关于涉及刑法的问题,本法可以不提。(北京政法学院)

单位能否受行政处分? 存疑。(人民大学)

第一款中受到的"到"字可以不要。(粮食部)

3. "经济责任""经济制裁"的含义是否规定具体一些。(湖北大学)

"经济责任"和"经济制裁"应如何理解？为什么这样规定？"承担一定的经济责任"删去，只要经济制裁就可以了。（北京大学）

4. 第一款所指的经济制裁，有人认为过于笼统，应当具体规定如何制裁。（福建、广东高院）

民事制裁方法应有具体规定，可列举赔偿损失、罚款……等方法。"行政处分"改为"法纪制裁"。（北京大学）

5. 建议在第一款中作具体惩处规定。如因工作失职、物资保管不善造成浪费，没严格按照国家计划办事造成损失，影响国家计划……等等具体谈如何惩处，在民法中应规定惩处界限。（天津、上海市人委，吉林大学）

6. 第二款"仲裁机关"前加"相应的"三字，因仲裁机关有好多个。（国务院财贸办公室）

第二款关于"仲裁机关"问题，这个名词不够通俗，不容易理解，最好用一个通俗的词句来代替，或者写为"有裁决权的机关"。（广西高院）

7. 第二款的规定，仲裁机关是指的什么机关能行使仲裁权利？能否予以明确规定。（福建、湖北高院）哪些机关是仲裁机关，要另列一款说明。（云南高院）

8. 能否划分出法院、仲裁机关、主管机关处理的业务范围和职责范围，防止互相推脱，便于执行。（黑龙江、福建、云南、辽宁高院）

9. 经仲裁机关处理的纠纷，如当事人不服，是否允许上诉？向哪里上诉？仲裁机关和人民法院的关系如何？（福建高院）

建议第二款改为"因违反本法而发生的经济纠纷，应先由主管的机关（或者它的上级机关）、仲裁机关进行处理；如不服主管机关（或上级机关）或仲裁机关的处理或仲裁，由人民法院依法处理。"（天津市人委）

对于单位与单位之间发生的经济纠纷，应先经有关主管机关处理，确无法解决时，再由人民法院或仲裁机关依法处理。（广东高院）

10. 关于公与公之间的纠纷由法院处理困难不少，究竟由哪里处理为宜，最好也能作相应规定。（福建高院）

建议第二款的规定再具体一些，即在国营企业之间最好进一步明确："纠纷的双方如属同一主管机关领导的，由主管机关处理；双方不属同一部门的，由人民法院仲裁。"（轻工业部）

对第二〇条的意见：

1. 时效问题是个复杂的问题，其中有民法制定前与制定后的不同情况，有一般经济关系和不动产所有关系的不同情况，有时效的起讫和中断等问题，规定过于原则，执行起来就不容易。（福建高院）

时效规定的法律效力是否溯及既往呢？根据条约二十三条"本法自公布之日起施行"的规定，说明是从公布之日起发生效力的，是不溯及既往的。但是，在法院的实际工作中有时会遇到一些年代久远的纠纷，当事人至今才向法院提出起诉，并要求胜诉权。对于这些纠纷，如果根据第二十三条的规定，是不受时效的限制的，而且往往因为年代久远和人事的变迁等，难于查明事实、确定性质和进行处理。因此，关于时效规定的法律效力是否

溯及既往的问题,请修改时参考。(云南高院)

对远年的家庭财产分割、债务、买卖典当纠纷的时效问题,应当有个规定。(陕西高院)

2. 时效问题很必要,但年限短了一些。(内蒙、山西高院)

3. "向人民法院或者仲裁机关提出请求解决经济纠纷的有效期限……单位之间为(1)年",按单位与单位之间如果发生经济纠纷,以致需要向人民法院或者仲裁机关提出请求解决,往往是事先已经经过多次往返交涉无效或层层上报请示得不到解决的。这种往返交涉辗转上报,有些花费的时间比较长,民法规定有效期限为一年似乎过短。(煤炭部、一机部、甘肃高院)

解决经济纠纷的有效期限,单位之间为一年,短了一些。(河北高院)改为二年较为合适。(广东、辽宁高院,天津市人委)

4. 时效问题,如果从保护国家和集体利益出发,单位同个人之间的期限可长一些。(甘肃高院)"单位同个人之间为(3)年……"较为适当。(广东高院)

个人之间的可稍短一些。(甘肃高院)是否考虑改为三年。(云南高院)

"个人之间为(4)年"的时间太短,最好调查研究后再规定,有的同志提出可以改为五年,也有同志提出可以改为十年。(浙江高院)

5. 按照仲裁的一般规定,双方当事人同意才提请仲裁,也既经双方同意提请仲裁,也就不受时效的限制。因此建议将第二款中"或者仲裁机关"删去。(交通部)

6. 第二款可改为"如果提出请求的时间……仲裁机关可以根据实际情况,对于有正当理由的,有权适当延长其期限"。(国务院财贸办公室)

7. "适当延长",应规定可追诉多少年。(山西高院)

"适当延长"的伸缩性很大,应该有个限度,最长不能超过有效期限的一倍。(辽宁、江苏、四川高院)

8. 第二款只规定时效可以延长,我们认为还应规定时效的中止、中断和延长的最长时限。(江西高院)

9. 第二款与第三款可以对调,或者把第三款并入第一款。(湖北大学)

10. 第三款再规定具体一些。(西南政法学院)

11. 第三款有关诉讼时效的计算问题,究竟是从纠纷发生的那天算起,还是要追溯到酿成纠纷原因的那天算起?(福建高院)

关于时效期限开始之日的规定还不够明确。如债务关系中,有些没有具体规定偿还日期,在一段较长的时期中,债权人未要求权利,债务人亦未履行义务。如果发生了纠纷,那么引起纠纷的原因发生之日是哪一天呢?(云南高院)

"发生纠纷的原因"如何理解?比如借贷纠纷是从债务人到期不还债算引起纠纷,或是从债权人要债,债务人不还债引起纠纷呢?又如侵犯所有权的时效是从侵犯所有权时开始起算,还是从所有人发现所有权被侵犯时起算呢?(西北政法学院)

12. 第三款"引起纠纷的原因"可能被作多种解释,时间不易确定,如不愿用"请求权发生"字样,宜另找适当的字句。(人民大学)

"从引起纠纷的原因发生之日起计算","原因"两字不好理解,最好加以解释。如债务应从约定期满时开始等。(广西高院、北京政法学院)

13. 第三款"本条规定的期限……"可考虑将"期限"二字改为"时效"或"有效期限";将"从引起纠纷的原因发生之日起计算"改为"从造成纠纷之日计算"。(陕西高院)可否改为"从引起纠纷发生之日起计算"。(湖北高院)可否改为"从纠纷发生之日起"。(中国人民银行)改为"从引起纠纷的直接原因发生之日起计算"。(粮食部)

七、有关第一篇第五章的意见

1. 第五章"民法的适用"应放在第二章,内容只要第二一、二二条。第二三条可以不要,因为将来民法经最高权力机关讨论通过,即会说明公布施行的日期;至于这条第二款,根据"后法优于前法"的原则,也可以不要。民法的适用,除第二一、二二条外,还需增加住在外国领事馆的中华人民共和国的单位和个人之间所进行的法律行为,也必须适用本法的规定。(江西高院)

2. 民法的适用中,在对人效力问题上,要考虑对我国公民的效力和是否在今后法律上还运用"法人"这个名词的问题。(青海高院)

3. 第一篇第五章"民法的适用",最好放在最后一章,作附则说明,不应放在整个民法条文的中间。(广西高院)

对第二一条的意见:

1. 第一款中"的一切地区"可删除。(人民大学)

2. 第二款改为"可以由各该省、自治区……根据本法的基本精神,结合当地……"(国务院财贸办公室、西南政法学院)

3. 关于民族自治地方可以制定变通或补充规定的问题,如果制定的变通或者补充的规定的内容与本法不尽一致时,在调整一般地区的单位同民族自治地区的单位的经济关系时,似应明确规定适用本法的规定。(粮食部)

4. 加上"各部门也可作补充规定报人大常委会批准"。因为省、市、自治区有需要,中央各部门也有需要。(邮电部)

对第二二条的意见:

1. 外国人问题最好待全部草稿完成后,逐步研究是否适用外国人,如不适用,再查有无特殊规定。然后,再写这条。(中央政法干校)

2. 关于"……在中国设立的外国机构和在中国居留的外国人进行的经济活动……"一句,从词义上似乎可以解释为他们两者之间进行的经济活动,也可以解释为他们和我国的单位或个人之间进行的经济活动。究竟属于哪一种? 外国机构与在中国居留的外国人之间进行的经济活动是否也适用本法? 建议在文字上能更明确一些。(江苏高院)

3. "外国人"后加"所"字。(国务院财贸办公室)

4. "除另有特殊规定的以外"改为"除我国法律另有特殊规定的以外"。(甘肃高院)

对第二三条的意见:

1. 本条可放在全部条文的最后一条。(邮电部)

2. 第一款可以删去。因为民法的生效另有命令公布,不必在条文中规定。(交通部)

3. 第二款改为"法律、法令如果与本法有抵触,应该以本法为准。"(国务院财贸办公室)

八、有关第二篇的意见

1. 第二篇财产的所有关系,在第一章通则第二八条中规定了共有财产的定义,可以考虑对共有财产的所有关系也作些具体规定,以便在共有财产的占有、使用和处理时,有法可依。(青海高院)

2. 供销合作社各级联社的财产,据了解有相当部分是国家财产,其他如手工业联社也有类似情况,这是否需要在民法上把它反映出来。(湖北高院)

3. 第二篇的标题"财产的所有关系",不知是指财产所有制关系,还是所有权关系,而且"财产的所有关系"也容易误解为财产的一切关系。

第二篇第二、三、四章的标题,即国家财产的所有关系、集体财产的所有关系、个人财产的所有关系,还可进一步研究,因为国家财产、集体财产、个人财产,实质上已经说明了归谁所有的问题,后面的"的所有关系"等字样,实际上是多余的。(法学所)

九、有关第二篇第一章的意见

对第二四条的意见:

1. 自然资源也应作为财产的内容,明确写入条文。(北京政法学院)

2. "生产资料"应补充说明属于公民所有的生产资料是依法所有,以区别于国家和集体所有的生产资料。(北京大学)

3. 第二款中对"本法"所说的"财产"是指"……及其他一切财物"的提法,似有将本法所说的财产限定在有体财物的范围内,不能包括"商标权、著作权、发明专利等……",而这对国内或国际的某些民事关系是有意义的,我们认为与其对财产作这样的解释,反不如将本条款删除。(人民大学)

4. "有价证券"最好改为别的名称,以区别于资本主义国家的有价格的、可以买卖的"有价证券",我国没有证券市场。(北京大学)

5. 有些同志认为应在"有价证券"后面加上"无价证券",因现在粮票、布票、肉票、侨汇票还可能成为争执标的,也有人认为只要在"有价证券"后加一"等"字,并且删去"其他一切财产"六字便可。(福建、浙江高院)

对第二五条意见:

1. 财产所有"人"应改为"者"。(计委冶分局)

2. 本条和下条对地主、富农的多余房屋,是否也在保护之列,不明确。(浙江高院)

3. "经营管理"这个词不确切。它的含义实际上还要更广一些,可改为"支配",否则像第三一条的分级"管理",就会有局限性。实际上第三一条的"管理"包含有所有权的全部内容。(中央政法干校)

4. "经营管理权"不能适用于公民个人所有权,因为经营管理权意味着进行生产或经营活动。(北京大学)

5. 请考虑把第二行的经营管理改成占有,理由是:(1)占有权在民事流转中常常单独存在,作这样改动并不影响在其他条文,如第三〇、三二、三六、四六、五〇等条中使用经营管理的字样。(人民大学)(2)从法律角度来说,占有是所有权的要素之一,占有具有法的意义,有合法占有与非法占有。(青海高院)(3)企业的经营管理权的具体内容上无非是对于生产资料和产品或商品的占有、使用、收益和处理的权利。(湖北高院、湖北大学)(4)根据审判实践,在"占有"问题上也有很多纠纷。(新疆高院)

6. 对所有权的规定过于简略,有些同志认为所有权应包括对财产的占有、使用和处理的权利。经营管理和收益的权利实质上也是使用权,给予指出并无不可,但占有权不能略而不提。(福建高院)

7. 二款改写为"所有权包括管理、使用和处理的权利"。理由:"使用"包括了"经营"和"收益"。(西南政法学院)

8. "收益"可不可不提,包括在"处理"中。"经营管理"前加"依法进行"。(国务院财贸办公室)

9. 二款改写为"所有权包括管理使用、收益和处理的权利"。因为《苏俄民法典》把占有、使用并列为所有权的内容,是与马克思列宁主义经典著作上一般所称占有及占有权的涵义不相符的。(湖北大学)

10. 维持原文不变。理由:(1)原文通俗易懂,并且"使用"也不能完全包括"经营和收益",如商业部对商品有经营权利而没有使用权利。(西南政法学院)(2)人民日报社论曾指出过"经营管理权是所有权的一个最重要方面"。(湖北大学)

11. 把"处理"改成"处置"似更合适。(人民大学)

12. 这条规定有的和《农村人民公社工作条例修正草案》的规定有矛盾。如人民公社社员的"自留地"、"房宅地",只能经营管理、使用、收益,而没有处理的权利。(黑龙江高院)

13. 我们考虑所谓处理权应具体规定的"买卖、赠送他人、传给继承人"。因为私有财产包括票证、货币、房产、重要文物,等等,如果不对其处理权加以限制,当财产所有人对其重要财产(如文物、房屋等)进行破坏时,则不能依法惩处。(天津市人委)

对第二六条的意见:

1. 一、二款中"财产所有人"应改为"财产所有者"。(计委冶分局)

2. 为什么没有规定确认所有权问题。(西北政法学院)

3. 具体写了所有权的保护方法,但又写得不完全,可以概括写一下或按几个方面来写。(北京政法学院)

4. "财产所有人在他的财产受到侵犯的时候"改写为"财产所有人在他的财产及其所有权受到侵犯的时候"。(北京政法学院)

5. "在他的"三字删去。(西南政法学院)

6. 第二款最后可加上"及其他合法的请求"。(人民大学)

对第二七条的意见:

1. 我们在实践中常遇到动员群众拆迁房屋问题,不易解决。因此,建议将此条规定改为"国家为了公共利益的需要……对城乡的土地、房屋和其他财产实行征购、征用或者收归国有。"以利于今后在实践中引用。(天津市人委)

2. 原文中"城乡"二字可以省略。(青海高院)

3. "其他财产"可改为"生产资料",因为对生活资料不能征用或征购。(国务院财贸办公室)

4. 条文中的"其他财产"是否包括公民个人的财产,是指的哪些财产,最好加以明确。(河北高院)

5. "征用或者收归国有",是否还要规定适当补偿价款?(江西高院)

6. 根据《农村人民公社工作条例(修正草案)》第二十一条精神,是否还可以增加一句:"如系基建征购、征用城乡土地,要尽可能地不占或少占耕地"。(农业部办公厅)

对第二八条意见:

"共有人"改为"共有者",理由:更便于避免涉及法人的概念。(西南政法学院)

共有人之间的权利义务是否需要规定一下。(法学所)

在我市审判实践中,常遇到共有人对共有财产不尽义务,只享受权利而发生纠纷,不能达成协议的情况。因此,建议加上"共有人如协商不能达成协议,由仲裁机关仲裁或人民法院依法判决"。(天津市人委)

十、有关第二篇第二章的意见

1. 国营企业之间在协作中享有哪些权利,应尽哪些义务?建议在第二篇第二章中作出原则规定,在第三篇中作出详细规定。(农机部)

2. 建议对不能履行协作经济合同的企业应负的法律责任作出规定。(农机部)

3. 建议对国营企业之间的订货、买卖合同关系在一方不能履行合同发生纠纷时应如何分别具体情况进行不同处理作出规定。(农机部)

4. 国营企业的产品卖给国营企业、人民公社或农民个人,当产品质量有问题发生纠纷时,应如何处理?现实生活中有退赔的做法,民法中可以根据对退赔经验的总结,作出具体规定。(农机部)

5. 建议补充以下内容:国营企业的设备、人员非经主管机关批准,地方党政机关和企业本身不得擅自调拨处理,以保持设备、人员的稳定性。(农机部)

对第二九条的意见:

本条和三十条可以合并为一条。(云南高院)

对第三〇条的意见:

1. (一)项是否改为"矿藏、水流、森林等重要自然资源"。(云南高院)

2. "国家财产主要包括:(一)矿藏、水流等重要自然资源",应加上"湖泊",同时认为"水流"界限不清,目前有些小河流,为争水,争打鱼等引起纠纷也有。(广西高院)

3. (一)项中可考虑将"重要"二字略去;(三)项中可在"文物"二字后边增加"古迹"二字。(陕西高院)

4. 本条(三)项中未提到部队经管的财产,部队是否包括在国家机关之内,部队经管的财产及国防设备是否包括在国家机关经管的财产之内,最好在条文中加以明确。(湖

南高院)

5. 本条规定是否包括集体经济组织中的国家财产,否则应添写进去。(北京政法学院)

6. 本条规定的目的性不明确,因为国家所能拥有的财产是不受种类限制的,只作种类的例举意义不大,建议将"国家财产主要包括"改成"国家专有财产主要包括"或者"下列财产为国家专有财产",并把本条中的(二)项删除。(人民大学)

对第三一条的意见:

1. "根据法律、法令的规定",可否再加上"政策"等字。(湖北高院、湖北大学)

2. 建议改写为:"国营企业、国家机关和事业单位可以在国家授权的范围内对国家财产行使本法第二五条规定的权利。"这样可以说明国家财产的主体是国家。原文易被误解,第二五条规定的权利好像都由国营企业、国家机关和事业单位行使。(北京大学)

3. 鉴于在目前的管理体制下,就一个单位讲,一般并不具有"经营管理、使用、收益和处理"的全部权利,应在权利之后加"或部分权利"字样。这样才能与第三三条规定的"……不得擅自处理"一致起来。(轻工业部)"授权国营企业……行使本法第二五条规定的权利"是否可以加上"在一定范围的"等字。(湖北大学)

对第三二条的意见:

1. 本条似应补充一段,说明国营企业、国家机关和事业单位,必须服从上级对国家财产的统一调度。(粮食部)

2. 本条似乎还应当增加一个不得擅自转让的意见,以杜绝化全民财产为集体财产,化国家财产为个人财产的违法行为。(法学所)

3. 第一款中"全部责任"可改为"完全的责任",以后的半句可以不要。(国务院财贸办公室)

4. 第一款在全民所有制单位经营管理国家财产中,还应加上移交制度。(四川高院)

在本条"必须建立和健全财产的保管和使用制度"后,是否可把"财务会计制度"加进去。(上海市人委)

5. 第二款可以不要,与"国家财产的所有关系"关系不大,因为这是各个企业、国家和事业单位的具体工作制度。(广西、湖北、浙江高院)但可在这条的第一款后面加上"切实防止财产遭受损失"一句。(广西高院)

6. 第二款中"……都要有财产目录……",建议改为"……都要有固定财产目录……",从本款理解似指"固定财产",而不是泛指第一款的"财产"以及第二十四条所规定的财产。如果各单位要将生活资料、低值易耗品一一列入目录,则经常变化,不胜其烦,也无必要。(轻工业部、上海市人委)

第二款中"财产目录"前加"详细"二字,后半句改为"建立和健全各项财务管理制度和财产管理的责任制度"。以后的半句不要。(国务院财贸办公室)

7. 第二款中"使每项财产都有专人负责,妥善保管,定期清查,经常保养、维修"等规定,是属于行政管理工作问题,可以删去。(四川高院)

8. 二款中"主要"两字删去。理由:应当保证所有设备的使用期限。(西南政法学院)

对第三三条的意见：

1. 建议在"增减、转移"之后加一项"报废"。（轻工业部）
2. 建议在"转移"后增加"调拨"二字。（天津市人委）

对第三四条的意见：

1. 有的同志认为从本条内容看，可要可不要，因而还是不要好。（浙江高院）
2. 第一款可以删去。（四川高院）
3. 是否可以增加以下内容：国营企业要实行全面核算，加强管理，减少费用，提高质量，增加国家积累。（国务院财贸办公室）
4. 一款"国营企业必须加强资金管理"中，"资金"两字之前应加"流动"，因为这一条只包括流动资产，不包括固定资产。（北京大学）
5. 第二款中"行政"一词的概念不清楚，行政费中的办公费、杂费也要用一部分流动资金，并允许列入成本。可以不提"行政、事业"四字。（国务院财贸办公室、中国人民银行）
6. 关于国营企业流动资金管理问题，除企业本身及其主管单位应负责任外，财政金融机关对企业流动资金管理的权责似乎又有必要在条文中反映出来。（湖北大学）
7. 本条规定"……国营企业的流动资金……不能用于基本建设、行政、事业和其他财政性开支……"这一规定是完全正确的。但实际上，由于财务监督不够，企业仍有挪用流动资金的现象，问题发生后，责任者没有受到制裁，而银行和财政部门只从追回挪用的流动资金出发，要求主管部门用国家拨款的措施费中予以弥补，这样就助长了某些企业违反财政制度的现象。为此，我们建议，在民法条文中对私自挪用流动资金[用]于基建、行政、事业或其他财政性开支的责任者，应规定进行惩处以及惩处原则和界限。（天津市人委）
8. 关于国营企业、国家机关和事业单位财经行政管理制度的规定，有的应由行政法来调整，有的有其他现行法规为依据，可不列进民法调整范围。（福建高院）
9. 第二款可以不要，因为内容主要是每个单位专款专用的制度问题。（广西、四川高院）
10. 第三款"国家机关和事业单位的预算拨款，必须按照计划专款专用"，可放在第三三条的后面。（广西高院）

第三款单列一条，因为"预算拨款"和流动资金不是一个问题。（北京大学）

对第三五条的意见：

1. "一切"删去。（北京大学）
2. 增写：企业生产的样品按国家的规定处理。（北京大学）
3. 只规定"国营企业的一切产品都归国家所有"，对于国营商业企业的商品应归谁所有，似乎也应该有所规定。又关于产品的统一调拨问题估计在第三篇物资调拨供应关系里会有规定。因此，第三五条是否可以改写为"国营企业的一切产品和商品都归国家所有，国营企业关于产品和商品的处理，都必须按照国家规定。"（湖北大学）
4. 第一句"国营企业的一切产品……"，改成"国营企业所生产的一切产品……"。因"产品"有物资的意思，其中也可能包括国营商业企业中待售的"商品"，如作上述解释，会与本条的原意不符。（人民大学）

5. 国营企业的产品,由国家统一调拨只是交换的一种形式,而且只适用于国家规定的统一分配物资。但是,按照本条规定,不统一调拨的产品似乎是例外的,与实际情况不符。(国家计委物价计划局、国家计委办公厅)

对地方国营企业的产品,不能在全国统一调拨。条文中第二句可以讲灵活一些。(国务院财贸办公室)

国营企业的产品除统一调拨外,尚有包销、销售以及处理、储备等情况,建议增列。(轻工业部)

当前有些国营企业生产的自销产品或加工协作产品,国家不控制,由企业自行处理。故建议民法中将这种情况作个规定,否则今后这些小商品自销就将变成非法。(天津市人委)

对第三六条的意见:

"水面"的含义应加以说明。(北京大学)

对第三七条的意见:

1. 除"一切被侵犯的国家财产都必须退赔"外,是否还应明确"按第十九条的规定处理"?(手工业合作总社、甘肃高院)

2. 我们建议对"侵犯"再具体规定下它的范围。贪污盗窃是侵犯,失职造成浪费是侵犯,而失职造成的浪费致使国家财产遭到损失是否也应负经济责任予以赔偿呢?应予明确。(天津市人委)

3. 时效规定应集中在第一篇第四章中。并增加:集体所有制单位要求公民个人退赔国家财产的时候,不受本法第二〇条关于时效规定的限制。(北京大学)

4. 本条中"的时候"字样可删除。(人民大学)

十一、有关第二篇第三章的意见

1. 第二篇第三章可以考虑在对于集体财产保护方面,作不受时效限制的补充规定,以和第八条相适应。(福建高院)

2. 本章的第一、二节中,建议增加对公社、合作社财产的保护的规定,还可以增加有关公社、合作社权利、执行、监察机关的规定。(人民大学)

3. 第二篇第三章是否还应当增加两条:

第一,是关于社员自留地、自留山、宅基地,等等,也都涉及到财产所有权和使用权问题。民法是否可以根据《农村人民公社工作条例(修正草案)》中的精神作些规定,即:"社员的自留地、宅基地,不超过规定的小片开荒,以及根据需要与习惯划给社员的柴山、荒坡等,其所有权仍为集体所有、为社员长期使用,但不得出租和买卖。社员不能任意占用土地,必须占用时,须经过上级有关单位的批准。"

第二,是关于入社股份基金问题,我们经常收到已退社转入城市工厂的工人来信询问股金的处理等等。关于股金问题,高级社社章中有规定,一九五八年一月九日国务院又颁发了《关于农业合作社股份基金的补充规定》,这些规定,都解决不了当前发生的某些问题,所以在处理人民来信来访时无所遵循;下边做具体工作的也感到不好解决。希望民法对这一问题也能有所规定。这类问题究竟如何规定,我们没有成熟的意见,请和国务院农

办研究。(农业部公社局)

对第一节的意见：

1. 第二篇第三章第一节,应兼顾牧区的情况。(中央政法干校)
2. 建议根据"六十条"原则和中央有关农村政策,作进一步的研究,能够比较具体地将党在所有制方面的方针、政策从法律上肯定下来。(国务院农村办公室)
3. 第三章第一节中,应增加"上级不得平调下级的财产"、"个人不得侵占集体耕地和财产"的内容。(农林办公室)

对第三八条的意见：

1. 两级所有和三级所有应倒换一下。(农林办公室)
2. 第三八条、第四〇条和第四一条也可以合并为一条。(云南高院)

对第三九条的意见：

1. 本条对生产队有无独立进行经济活动,独立负担财产的责任,不够明确。在第一篇第十四条(二)项,提到的人民公社各级组织应该包括生产队,而本条并未提到生产队有独立进行经济活动,独立负担财产的责任。(广东高院)"生产大队"之后应加"生产队",因为生产队也独立进行经济活动。(北京大学)第一款"公社、生产大队……"改成"公社各级组织……"第二款不动。(人民大学)
2. "公社、生产大队都独立进行经济活动,独立负担财产责任",是否改为"公社、生产大队都应在国家统一计划之下独立进行经济活动,独立负担财产责任"。(云南高院)
3. "……生产队通常是人民公社的基本核算单位……",现在全国以生产大队为基本核算单位的占大队总数的3%多,所以,是否把大队也写上,改为"生产队(有的是生产大队)是人民公社的基本核算单位……"。(农业部公社局)

对第四〇条的意见：

1. 公社各级有哪些财产不宜具体划分,因为一方面不好划分,一方面列举不尽,而且今后还会有变动。(北京大学)
2. 公社一级和生产大队一级可以分为两条来写。为何对城市人民公社未作任何规定？(西北政法学院)
3. 可考虑在"水利设施"后边增加"动力设施";"大牲畜"可改为"牲畜"。(陕西高院)

对第四一条的意见：

1. 本条规定土地归为生产队一级的财产,是否可以列入为公社财产之内,以利调剂使用。(甘肃高院)
2. "大牲畜和幼畜"可考虑改为"牲畜",含义更广些。(陕西高院)

对第四二条的意见：

1. 本条与"农村人民公社财产的所有关系"关系不大,可以不要。(浙江高院)
2. 最后一句"发展农业生产"可增加"和其他副业生产"。(陕西高院)
3. "社员的积极性"改为:"社员的社会主义积极性"。(北京政法学院)

对第四三条的意见：

本条内容移入农产品收购关系。(北京大学)

对第四四条的意见：

1. 本条和四五两条有关公社、大队财经行政管理制度的规定，有的应由行政法来调整，有的已有"六十条"和其他现行法规为依据，可以不列进民法调整范围。(福建高院)

2. 本条、四五、四六三条所规定的内容在《农村人民公社工作条例》内已有所规定，实际工作可按"六十条"办事；而内容又属于制度范围，在民法中可不必规定。(湖北、浙江高院)

3. "……并且依靠群众进行检查和监督"中应强调依靠贫下中农和人民公社各级监察委员会的检察和监督。(陕西省人委)

对第四五条、第四六条未提出意见。

对第四七条的意见：

1. 第一款中"根据需要和可能"以下的"扣留或者"四字可以删去，改写"根据需要和可能提取公积金、公益金"。(交通部、广西高院)

2. 第四七条是否可以根据《高级社社章》第二十二条和《农村人民公社工作条例(修正草案)》第三十五条的精神，把公积金、公益金分成两条来写，要明确所有权及其用途。这样改是否可以：

(1)"农村人民公社各级组织，扣留或提取的公积金，为各级集体所有，用于扩大生产所需要的生产费用，增添固定财产和进行基本建设，不能挪作他用或任意分掉。"

(2)"农村人民公社各级组织，扣留或提取的公益金，为各级集体所有，用于老、弱、孤寡、残疾的社员和烈军属、生活困难的社员的补助以及用来发展其他文化福利事业。"(农业部公社局)

对第二节的意见：

1. 合作社所有权部分不够具体。(北京大学)

2. 第二篇第三章第二节内，合作社与个人的关系没有提到，最好予以补充，否则合作社社员要退社的怎么办？(浙江高院)

3. 建议增加类似第三七条的内容。(手工业合作总社)

对第四八条的意见：

1. 目前在城市里还有合作商店、合作小组的组织，因此在"合作社"后面加上一个"店"字，以符合实际情况。(福建高院)

2. 供销社各级联社的财产，据了解有相当部分是国家财产，其他如手工业联社也有类似情形，这是否需要在民法上把它反映出来。(湖北大学)

3. 第二款"集体所有"前加"劳动者"三字。(国务院财贸办公室)

对第四九条的意见：

1. 建议在"手工业生产合作社"后，增加"包括手工业供销生产合作社、手工业合作小组"等字样。(手工业合作总社)

2. 合作商店、合作小组是否提？"合作社"可改为"合作组织"。（国务院财贸办公室）

3. 关于渔业合作社的问题，根据我国渔业当前的情况，集体渔业属于农业的范畴，是农业的一个重要组成部分。集体所有制的渔业经济组织是渔业公社、人民公社中的渔业生产大队、渔业生产队和渔农结合的生产队。一般都不用"渔业合作社"的名称。因此，这一条中的"渔业合作社"似以删去为宜。（水产部）

4. 第一款中加上"其他合作社"，因为除条文所列的合作社外，在修理、服务行业中还有很多不同名称的合作社。（四川高院）

5. 本条"党的政策和国家法律"，第六〇条提"国家的政策、法律"，可否统一？我们有两种意见：(1)按第四九条统一提。(2)维持原文，不一定要统一，对象不同，提法应有所不同。（西南政法学院）

6. 第二款改写"……在国营经济领导下，按照社章的规定进行业务活动"。（国务院财贸办公室）

7. 增写：合作社章程必须经过主管机关批准。（北京大学）

对第五〇条的意见：

1. 有的同志认为本条与"合作社财产的所有关系"关系不大，可以不要。（浙江高院）

关于合作社财经行政管理制度的规定，有的应由行政法来调整，有的已由其他现行法规为依据，可以不列进民法调整范围。（福建高院）

2. 建立和健全制度一句的提法，与第三二条取得一致。"经营管理"后加"降低成本，提高质量"。（国务院财贸办公室）

3. "便利群众"的原则似乎不能适用于所有的合作社，比如渔业合作社。（法学所）

对第五一条的意见：

1. "应当"前加"都"字，"上级社"改写"上级联社"。（国务院财贸办公室）

2. "国家主管部门"改为"主管国家机关"。（中央政法干校）

对第五二条的意见：

"合作社的各级社……"，建议改为"基层合作社和各级联社"。（手工业合作总社）

对第五三条未提出意见。

十二、有关第二篇第四章的意见

1. 本章把公民的生活资料所有权同个体所有制放在一起写，是否合适？（法学所）

2. 本章标题改为"公民个人财产的所有关系"，并将五四、五五、五六、五七条中的"个人"统一提作"公民个人"。理由：这样更明确，也更统一。（西南政法学院）

3. 本章"个人财产的所有关系"问题，我国城乡之间有些问题的处理往往是有不同的。例如在房屋问题上，特别对房屋基地问题的处理，农村及小的镇市已有明确规定，但城市目前还没有明文规定。因此，像这类问题，建议在有关条文中加以规定。我们意见是城市房屋的基地应属国家，只有使用权，一律不准出租和买卖。（江苏高院）

4. 对公民个人间的财产所有关系，阐述不够具体，希望能再加以充实。（辽宁高院）

对第五四条的意见:

(二)项"依法归集体所有制单位成员所有的生产资料",应如何理解,所指的是什么?(黑龙江、辽宁高院)

(二)项"依法归集体所有制单位成员所有的生产资料",最好在成员后面加上"个人"两字,比较明确。(广东高院、西南政法学院)

对第五五条的意见:

1. 第五五条至第五七条合并为一条,分为若干款。(北京大学)

2. 第五五条至第五九条,与六〇条规定社员生活资料及自用的农具、工具等生产资料永久归个人所有,其精神是否一样?(西北政法学院)

对第五六条的意见:

1. 第五六、五七条作为一款并入五五条。理由:这三条都是关于生活资料的规定,并后就更为集中一些了。(西南政法学院)

2. 有的同志认为必须对"依法少量出租的房屋"明确规定限度。(轻工业部、福建高院)提出超限度的处理原则,并在第三篇租赁关系一章中加以具体规定。(福建高院)

3. 房屋问题"少量出租"只是一种情况,此外实际上还有如借、典等情况,尚未包括进去。宅基地、自留地的使用权问题,应有原则规定。(中央政法干校)

4. 据了解,目前,城镇还有私有房屋地基,有人问是否可以允许私人买卖或出租?似需在法律上作出明确规定。(内务部)

对第五七条未提出意见。

对第五八条的意见:

1. 工具、农具等生产资料,应当明确指定是大型、中型还是小型的。(福建高院)

2. 工具、农具等生产资料,既然归个人所有,个人对此就有四种处理权,即社员可以将牲畜出租,或者把果树、竹木出租或出卖,这样就会冲击集体经济,不利消灭剥削。(福建高院)

3. 牲畜中的牛、马等也可能是生产资料,如何列举才更为妥当,可考虑。(法学所)

4. "果树"之前加上"零星"二字,因为只有零星的果树、竹木才能归个人所有。(浙江高院)

5. 第二行"果树、竹木"后面加"等"字。(人民大学)

6. 合作社一般已没有个人所有的生产工具,都已折价入股。(如手工业社),某些低级的社可能还有个人所有的生产工具,详细情况可问问合作总社。(国务院财贸办公室)

对五九条的意见:

1. 一款中"补充部分"中的"部分"二字删去。并将此条与五八条合并为一条。因为这两条都是对农村社员的规定。(西南政法学院)

2. 有人提出一些社员没有完成集体劳动任务而去搞自己副业,其副业收入法律上要不要给予保护,规定得还不明确。(福建高院)

3. 二款"……社员经营家庭副业,不得……",可写为"不得经营商业等活动,妨碍集体经济的发展"。(陕西省人委)

对第六〇条未提出意见:

附:有关第三篇的意见

1. 建议将民法(草稿)所列举的十几种经济关系调整的主要内容和主要调整方法作具体规定。(天津市人委)

2. 关于财产的流转关系,我们认为既要按财产的流转过程的各个环节划分经济责任,以保证财产发生损失时,弄清责任,解决纠纷,又要按财产的所有制给以区分,即把全民所有制、集体所有制、个人所有制分开,以保证国家财产不受侵犯,集体、个人所有财产得到保护。因此,建议在民法条文中规定:产品出厂、发运、仓储、使用、原料进厂……等各个流转环节,都必须对质量、数量规定严格的责任制,发生产品补缺,质量不合标准,毁损、变质或丢失等问题,应按流转过程的各个环节追究责任,哪个环节发生问题,负责那个环节的部门单位要严肃认真地负经济责任。因不负责任而使国家或集体财产遭受损失的,应予赔偿。(天津市人委)

3. 关于经济合同。我们认为经济合同本身有"法"的意义,但在实际执行过程中,甲、乙双方时常发生纠纷,长期解决不了,而加大损失。因此建议在民法条文中规定"经济合同必须执行,不得违犯或不予执行。因不执行经济合同而发生纠纷,先由仲裁机关仲裁,仲裁仍不能解决者,由人民法院依法处理。"(天津市人委)

4. 合同问题是否可单列一章?在履行合同中,法的观念很淡薄,合同订得草率,执行不严格。(国务院财贸办公室)

5. 增加"通则"对经济活动(如合同)作出原则规定,以免各章重复共同性的东西。(中央政法干校)

6. 将"合同关系"专列一篇,并以通则一章对有关合同的基本原则加以规定。(西南政法学院)

7. 税收关系和预算、决算关系性质相近,而与其他财产流转关系的性质却不相同,可另列一篇。(西南政法学院)

8. "劳动报酬关系"是否包括"日常生活承揽关系"在内?如包括在内,我们认为两者性质不同,将后者单独列出来,更恰当一些。如不包括在内,应作规定。(西南政法学院)

9. "家庭财产关系"中包括哪些内容?关于夫妻财产关系,已在婚姻法中作了规定。如果包括继承关系,则觉得将"家庭财产关系"这一标题改为"继承关系",并另列一篇更妥当。(西南政法学院)

10. 著作发明也有其独立性,亦应单列一篇。(西南政法学院)

中华人民共和国民法草案(试拟稿)[①]

全国人民代表大会常务委员会办公厅　1964年7月1日

目　录

第一编　总　则
　第一章　民法的任务
　第二章　基本原则
　第三章　参与经济关系的单位和个人
　第四章　制裁和时效
　第五章　适用范围
第二编　财产的所有
　第一章　通　则
　第二章　国家财产
　第三章　集体财产
　　第一节　农村人民公社财产
　　第二节　合作社财产
　第四章　个人财产
第三编　财产的流转
　第一章　通　则
　第二章　预算关系
　第三章　税收关系
　第四章　信贷关系
　第五章　借贷关系
　第六章　储蓄关系
　第七章　结算关系
　第八章　物资分配关系

---

① 本件原件系1978年5月15日中国社会科学院法学研究所翻印件。原件第一编总则部分已被裁剪，今据1964年11月1日民法起草小组拟定《中华人民共和国民法草案试拟稿》(该稿系直接在1964年7月1日草案打印稿上手写改动而成)增补，但部分条文段落已无法复原。

第九章 商品购销关系
第一〇章 农副产品收购关系
第一一章 买卖关系
第一二章 基本建设工程关系
第一三章 运输关系
第一节 一般规定
第二节 货物运输
第三节 旅客运输
第一四章 租赁关系
第一节 一般规定
第二节 房屋租赁关系
第三节 其他财产租赁关系
第一五章 劳动报酬福利关系
第一节 一般规定
第二节 职工和社员的劳动报酬
第三节 职工和社员的福利待遇
第四节 著译、创作的报酬和发明、技术改进的奖励

第一编 总 则

第一章 民法的任务

第一条 中华人民共和国民法是根据中华人民共和国宪法,依据中国共产党的社会主义建设总路线和以农业为基础、以工业为主导的发展国民经济的总方针制定的。

第二条 本法是调整我国经济关系的基本准则。它的任务是通过调整单位之间、单位同个人之间以及个人之间的经济关系,保护国家所有的和集体所有的公共财产,保护公民所有的合法财产,严格禁止一切资本主义的经济活动,维护社会主义经济秩序,以保证实现国民经济计划,巩固和发展社会主义公有制,增强人民内部团结,巩固工人阶级领导的、以工农联盟为基础的人民民主专政,保障社会主义革命和社会主义建设事业的顺利进行。

第三条 我国社会主义公有制现在有两种形式:全民所有制和集体所有制。

全民所有制经济是国民经济的领导力量,是国家实现社会主义革命和社会主义建设的物质基础,国家保证全民所有制经济的优先发展。

集体所有制经济是国民经济的重要组成部分,国家保护和支援集体所有制经济,根据生产力发展的水平和群众的要求,指导和扶助集体所有制经济不断提高公有化

程度,逐步向全民所有制发展。

国家依法保护社会主义经济领导下的个体所有制,鼓励个体劳动者根据自愿的原则参加社会主义集体经济组织。

第二章　基本原则

第四条①

第五条　发展经济、保障供给是我国经济工作和财政工作的总方针,一切单位进行经济活动,必须贯彻执行这一总方针。

第六条　我国社会主义经济是计划经济。国家用统一计划指导国民经济按比例地高速度发展。全民所有制单位必须严格按照国家计划办事,不准擅自修改或者拒不执行国家计划;集体所有制单位应当接受国家计划的指导,根据国家计划的要求和本单位的具体情况,组织经济活动。

第七条　国家根据民主集中制的原则,对经济工作实行统一领导、分级管理。一切单位进行经济活动,都必须服从国家集中统一的领导,在国家集中统一领导下,充分发挥主动性、积极性,不得有分散主义、本位主义。

全民所有制单位、集体所有制单位的各级负责人员,②

第八条　一切单位、个人进行经济活动,都必须遵守国家的政策、法律、法令以及有关的规章制度。

任何单位、个人不得利用公共财产、个人财产、职权或者其他手段,进行损公肥私、投机倒把、雇工剥削、放高利贷等非法活动,扰乱社会经济秩序,危害公共利益,侵犯公民的合法权益。

第九条　国家所有的财产和集体所有的财产都是社会主义的公共财产。社会主义的公共财产神圣不可侵犯,一切单位、个人都必须爱护公共财产,积极地保护公共财产不受损害。

第一〇条　一切单位进行经济活动,都必须发扬自力更生、艰苦奋斗的革命精神,贯彻勤俭建国、勤俭办一切事业的方针,必须精打细算,努力挖掘潜力,合理地利用人力、物力、财力,不得铺张浪费。

各经济单位必须按照规定认真实行经济核算,改善经营管理,厉行增产节约。

第一一条　在我国社会主义制度下,国家利益、集体利益、个人利益在根本上是一致的。一切单位、个人进行经济活动,都必须贯彻在局部利益服从整体利益、当前利益服从长远利益的前提下,兼顾国家、集体和个人利益的原则。

第一二条　政治工作是一切经济工作的生命线。全民所有制单位、集体所有制

---

① 原件本条已被1964年11月1日"试拟稿"完全覆盖。
② 原件本款已被1964年11月1日"试拟稿"完全覆盖。

单位进行经济工作或者从事经济活动,都必须坚持政治挂帅,把经济工作同政治工作密切结合起来,反对单纯的经济观点和其他一切忽视政治的现象。

第三章　参与经济关系的单位和个人

第一三条　参与本法所调整的经济关系的单位和个人,包括:
(一)行使国家财政、经济管理权力的国家机关;
(二)实行单独预算、独立核算或者其他能对外独立承担财产责任的单位,包括国家机关、国营企业、事业单位、人民公社各级组织、各种合作组织、人民团体和其他社会组织;
(三)中华人民共和国公民。
法律规定需要登记的工商企业、个体工商业者和社会组织,只有在登记以后才可以参与经济关系。

第一四条　一切单位和个体工商业者进行的经济活动,不得超越主管部门规定或者批准的业务范围。

第一五条　单位对其他单位或者个人的经济活动,应当由它的负责人或者它指定的人员以单位的名义,持规定的证明文件,①

第一六条　单位合并、分立、撤销或者解散的时候,应当及时对财产进行清理;对于同其他单位或者个人未了的经济关系,应当由该单位或者它的主管部门确定的单位继续负责,行使权利,承担义务,不得擅自终止,或者逃避责任。

第一七条　单位、个人进行经济活动,可以委托其他单位或者个人代理。

第一八条　未满十八岁的公民,在需要进行同他年龄不相适应的经济活动的时候,应当由他的监护人代理。

公民由于患精神病或者其他原因而神志不清的,在需要进行经济活动的时候,应当由他的监护人代理。

监护人必须维护被监护人的合法权益。监护人对被监护人造成的公共财产的损失或者他人财产上的损失,应当负赔偿责任。

第四章　制裁和时效

第一九条　单位之间、单位同个人之间、个人之间的经济纠纷,应当由双方根据本法的有关规定,本着团结互助的精神,协商解决。协商不成,由行政主管机关、仲裁机关或者人民法院依法处理。②

---

① 原件本条已被 1964 年 11 月 1 日"试拟稿"完全覆盖。
② 原件本条已被 1964 年 11 月 1 日"试拟稿"完全覆盖。

第二〇条 向仲裁机关或者人民法院提出请求解决经济纠纷的有效期限,除法律另有规定的以外,单位之间为(1)年;单位同个人之间为(2)年;个人之间为(4)年。

单位或者个人提出解决经济纠纷的请求,如果已经超过法律规定的有效期限,仲裁机关或者人民法院认为有正当理由的,可以适当延长。

第二一条 请求解决经济纠纷的有效期限的起算时间如下:

(一)有期限的经济关系从期限届满的次日起计算;

(二)无期限的经济关系从经济关系发生之日起计算;

(三)由于侵犯或者损害其他单位或者个人的财产而发生的经济关系,从侵犯或者损害事实发生之日起计算。

第五章 适用范围

第二二条 本法适用于中华人民共和国的一切领域。

民族自治地方不能全部适用本法规定的,可以由省、自治区的人民代表大会根据本法的基本精神,结合当地民族的政治、经济、文化的特点,制定变通或者补充的规定,报请全国人民代表大会常务委员会批准施行。

第二三条 在中华人民共和国领域内经中国政府准许设立的外国机构、居留的外国人所进行的经济活动,除中华人民共和国的法律、法令和中华人民共和国签订的国际条约另有规定的以外,都适用本法。

第二四条 本法自公布之日起施行。

在本法公布以前颁布的法律、法令,与本法有抵触的,以本法为准。

第二编 财产的所有

第一章 通 则

第二五条 根据我国现在的生产资料所有制,财产分为:

(一)国家所有的财产,即国家财产;

(二)集体所有的财产,即集体财产;

(三)公民所有的财产,即个人财产。

第二六条 财产所有人对自己的财产依法享有所有权。

所有权包括经营管理、使用、收益和处理的权利。

第二七条 国家依法保护财产所有人的所有权。

财产所有人在他的财产受到侵犯、损害的时候,有权提出退还原物、赔偿损失或者其他合法请求。

第二八条　国家为了公共利益的需要,可以按照法律规定的程序和条件,对城乡土地和其他财产实行征购、征用或者收归国有。

第二九条　两个或者两个以上的单位、公民共同享有所有权的财产是共有财产。共有财产的所有人对共有财产行使权利、负担义务,必须在遵守国家的政策、法律、法令的前提下,协商议定。

第三〇条　无主财产按照法律规定收归国家所有或者集体所有。

第二章　国家财产

第三一条　国家财产是社会主义的全民所有制的财产。

国家财产属于中华人民共和国国家所有。

第三二条　国家财产包括：

(一)矿藏、水流等重要自然资源；

(二)国家机关、国营企业和事业单位经营管理的财产；

(三)法律规定属于国家的土地、山林、文物和其他一切财产。

第三三条　国家根据法律、法令的规定和统一领导、分级管理的原则,授权国家机关、国营企业和事业单位对国家财产行使本法第二六条第二款规定的权利。

第三四条　国家机关、国营企业和事业单位对国家交给它经营管理的财产,必须负全部责任,必须建立和健全财产的保护管理和使用制度,切实防止国家财产遭受损失。

第三五条　国家机关、国营企业和事业单位对固定资产的增减、转移,必须按照规定程序办理,非经国家主管机关的批准,不得擅自处理。

第三六条　国营企业必须加强资金管理。国营企业的流动资金和基本建设投资以及其他专用资金,必须严格划清,分别管理、分别使用,不得相互挪用。

国家机关和事业单位的经费,必须按照规定管理和使用。

第三七条　国营企业的一切产品都归国家所有。国家对这些产品按照规定实行统一调拨,非经主管机关的批准,任何国营企业不得擅自销售和处理。

第三八条　国家按照法律、法令的规定,可以把属于国家所有的零星或者小片的山林、荒地、水面等资源,交给集体所有制单位经营管理。

第三九条　任何单位、个人都不得侵犯国家财产。一切被侵犯的国家财产都必须退赔。国家要求退赔国家财产不受本法第二〇条关于时效规定的限制。

第三章　集体财产

第一节　农村人民公社财产

第四〇条　农村人民公社财产是社会主义的集体所有制的财产。

农村人民公社财产分别属于公社、生产队两级所有,或者分别属于公社、生产大队、生产队三级所有。

第四一条 生产队通常是人民公社的基本核算单位。公社、生产大队和作为基本核算单位的生产队,都实行独立核算,自负盈亏,独立进行经济活动,独立负担财产责任。

第四二条 公社一级的财产或者生产大队一级的财产主要包括:水利设施和其他农田基本建设,大型中型的农业机具和运输工具,牲畜,山林、水面、草原等资源和自办的企业等。

第四三条 生产队一级的财产主要包括:土地,农田水利设施,生产工具和运输工具,牲畜,山林、水面、草原等资源以及生产队经营农、林、牧、副、渔各业的其他设备和产品等。

第四四条 农村人民公社的各级组织,必须贯彻执行党在农村中的阶级路线和民主办社、勤俭办社的方针,依靠贫下中农组织,充分调动广大社员的社会主义积极性,经营管理好集体财产,巩固集体经济,发展农业生产。

第四五条 农村人民公社的各级组织,必须建立和健全财务制度和各项集体财产的管理制度,切实管好账目、仓库、财物和工分,并且依靠群众进行检查和监督。

第四六条 公社和生产大队应当对生产队的生产工作、财务管理工作和分配工作,经常进行指导、检查和督促,帮助生产队改善经营管理。

公社和生产大队在进行上述各项工作的时候,应当尊重生产队的意见,不能管得太多太死,不许强迫命令。

第四七条 公社应当根据国家规定的粮食和其他农副产品的征购、派购任务,在各生产队之间进行合理的分配。生产队应当在公社和生产大队的监督下,积极完成国家规定的征购、派购任务。

在国家规定的征购、派购任务以外,公社和生产大队都不许另立名目,增加任务。

第四八条 公社、生产大队从有利于生产出发,可以把自己所有的一部分财产包给下级组织经营管理。

生产队应当按照规定将队有的部分土地,分给社员作为自留地(山)、宅基地长期使用。社员不得任意占用土地。

第四九条 农村人民公社各级组织,必须按照规定,根据需要和可能,经过社员民主讨论决定扣留、提取、使用公积金和公益金。

第二节 合作社财产

第五〇条 合作社财产是社会主义的集体所有制的财产。

合作社财产分别属于各个合作社的社员集体所有。

第五一条 我国的合作社主要有:手工业生产合作社、供销合作社、信用合作社、运输合作社等。

各种合作社都必须遵守国家的政策、法律、法令,服从国家计划的指导和管理,按照社章规定的任务、业务范围和财产权限进行经济活动。

第五二条 各种合作社都必须贯彻执行民主办社和勤俭办社的方针,建立和健全财务制度和各项财产的管理制度,有利于生产、适应社会需要、便利群众的原则下,不断地改善经营管理。

第五三条 合作社应当在国家主管部门、上级联社的领导下,接受社员群众的监督,社内的生产或者经营计划、财务、盈余分配、劳动报酬和福利等重大问题,必须经过社员民主讨论决定。合作社应当团结全体社员管好用好集体财产,切实防止集体财产遭受损失。

第五四条 合作社的基层社和各级联社,都有权管理使用自己的固定资产和流动资金,实行独立核算,自负盈亏。

第五五条 合作社必须按照社章规定从盈余中提取公积金、公益金、上缴基金和其他基金,并且在社员群众的监督下,严格按照基金的用途使用。

第四章 个人财产

第五六条 个人财产是公民在社会主义公有制基础上通过劳动或者其他合法方式取得的财产。

个人财产依法归公民个人所有。

第五七条 个人财产主要包括:

(一)满足个人和家庭物质文化生活需要的一切生活资料;

(二)法律允许集体所有制单位成员个人所有的生产资料;

(三)法律允许个体劳动者所有的生产资料。

第五八条 公民的房屋,包括自住的和依法少量出租的,归个人所有。

第五九条 公民的劳动收入和其他合法收入以及在银行、信用合作社的储蓄,归个人所有。

第六〇条 农村人民公社和各种生产合作社的成员依法自有的农具、工具、牲畜、果树和竹木等,归个人所有。

第六一条 农村人民公社社员的家庭副业,是社会主义经济的必要的补充部分。社员在保证完成集体劳动任务的条件下,依法耕种自留地,饲养家畜家禽和经营其他家庭副业所得的产品和收入,归个人所有。

农村人民公社社员不得擅自扩大家庭副业的范围,不得弃农经商和进行任何妨碍全民所有制经济、集体所有制经济发展的非法活动。

第六二条 个体劳动者的生产资料,依法归个人所有。

个体劳动者从事生产和经营活动,必须遵守国家的政策、法律、法令,服从有关部门的领导和管理,不得损害国家、集体和其他公民的利益。

第六三条 公民死亡后的遗产,按照规定可以由其配偶、子女和父母继承。

第三编 财产的流转

第一章 通 则

第六四条 财产的流转是根据法律、计划、合同或者口头约定,在单位之间、单位同个人之间以及个人之间所发生的有关财产的分配、交换关系,包括:预算关系、税收关系、信贷关系、借贷关系、储蓄关系、结算关系、物资分配关系、商品购销关系、农副产品收购关系、买卖关系、基本建设工程关系、运输关系、租赁关系、劳动报酬福利关系。

第六五条 行使国家财政、金融管理权力的主管机关,根据国民经济计划的要求和法律、法令的规定,有权对参与有关经济关系的单位或者个人,实行财政监督和金融监督。

第六六条 各单位应当在国家计划的统一指导下,相互支援,积极协作,发扬把方便让给别人,把困难留给自己的共产主义协作精神,反对资本主义的经营思想和作风,反对假借协作的名义,损害国家或者集体的利益。

单位之间进行经济协作,应当根据具体情况,提出需要的协作要求,承担协作任务,建立各种形式的经济协作关系。

第六七条 一切单位、个人在进行商品交换的时候,必须贯彻等价交换的原则;全民所有制单位同集体所有制单位之间、集体所有制单位相互之间的经济协作,也必须贯彻等价交换的原则。

第六八条 合同是实现经济计划、加强经济协作和便利人民生活的重要手段。

合同的签订必须符合国家的政策、法律、法令的规定;双方的权利和义务必须明确肯定。合同的修改或者解除,应当按照有关主管部门的规定协商办理。

合同应当以书面形式订立。契约或者其他书面形式的协议,与合同有同等的法律效力。

以口头形式建立的经济关系,只要不违反国家的政策、法律、法令的规定,也受到法律的保护。

第六九条 各种经济关系确定以后,承担义务的一方或者双方,必须严格履行,全部或者部分没有履行义务的,应当接受相应的制裁,承担经济上、行政上的责任。但是,由于自然灾害或者其他人力不可抗拒的原因不能履行义务的除外。

第二章 预算关系

第七〇条 预算关系是国家各级财政为了有计划地集中和分配资金,根据国家预算,在各级财政之间,各级财政同部门预算单位之间,以及各部门预算单位上下级之间所发生的组织预算收入、拨付预算资金和进行年终决算的关系。

第七一条　国家预算由中央预算和地方预算组成。中央一级财政成立中央预算,省、自治区、直辖市一级财政成立省、自治区、直辖市预算,县(市)一级财政成立县(市)预算;省、自治区、直辖市预算和县(市)预算构成地方预算。中央预算和地方预算是国家预算的不可分割的部分。

中央预算由中央各部门预算组成,省、自治区、直辖市预算由本级主管部门及其所属单位预算和下一级预算汇总组成;县(市)级预算由县(市)级主管部门及其所属单位预算汇总组成。

部门预算单位包括:国务院各部门、其他中央部门及其直属机关,省、自治区、直辖市、县(市)人民委员会的各部门、其他同级部门及其直属机关,各级主管部门所属的国营企业和事业单位。各部门预算单位,除国营企业要成立财务收支计划外,都要成立单位预算。

第七二条　地方各级财政和各部门预算单位,都有根据国家批准的计划和预算使用资金的权利,有按照法律、法令的规定上交各项收入的义务。

在国家财政体制规定的范围内,地方各级财政享有相应的财政管理权;省、自治区、直辖市一级财政享有预算调剂权,并且有自行平衡预算的责任。

第七三条　各级财政应当根据国民经济计划和有关法律、法令编制预算。国家预算从中央到地方必须坚持全国一盘棋的原则,实行统筹安排、综合平衡。

第七四条　各级财政编制预算时,必须根据积极又落实的收入,合理安排支出,坚持收支平衡、略有结余的原则,一律不准打赤字预算。

第七五条　各级财政组织国家预算收入,必须严格遵守国家的政策。各项收入怎样收、向谁收、收多少、上交给谁,都必须严格按照国家的规定办理。

第七六条　地方各级财政和各部门预算单位应当上交的国家收入,必须按时地、足额地上交,不得拖欠、扣留或者占用。

第七七条　地方各级财政和各部门预算单位,不经国务院批准,不得自行增设预算外资金项目,或者擅自扩大收入的提取比例。

地方各级财政和各部门预算单位,不准以任何方式化大公为小公,化预算内收入为预算外收入。不得有打埋伏,私设"小钱柜"、"小家当",只顾局部、不顾大局的分散主义和本位主义。

第七八条　财政资金和信贷资金必须划清界限,分口管理。一切非偿还性开支由财政拨款;一切周转性的临时需要由银行贷款。不准挪用信贷资金解决财政性支出或者交纳利润、税款和其他应当上交的收入。

第七九条　各级财政安排国家预算支出,必须符合国家计划的要求。地方各级财政和各部门预算单位执行各项预算支出,应当本着勤俭建国的精神,精打细算,少花钱,多办事,力求充分发挥资金的使用效能,不得有讲究排场、铺张浪费、假公济私等破坏国家制度、滥用国家资财的非法行为。

第八〇条 各级财政和各部门预算单位，都应当坚持专款专用的原则，严禁乱拉乱用国家资金。

对于没有计划、没有预算和超过规定标准的开支，财政部门一律不予拨款。

第八一条 所有预算支出的追加，都必须按照规定的程序办理。任何部门和任何人，都不准"先斩后奏"，或者向所属单位任意增加任务、打乱财政预算和国家的计划。

第八二条 各级财政和各部门预算单位，必须按照预算报告制度的规定，按时地、完整地报送有关预算执行情况的报告和报表。

第八三条 各级财政和各部门预算单位应当按照规定的期限，认真进行年终结算，编报决算。

决算中的收支数字必须落实，资金界限必须划清，并须逐级负责审查，保证如实反映情况。

严禁以落实收支为名，预提收入，虚列支出。

第八四条 各级财政和各部门预算单位一切应当列报支出的款项，除另有规定的以外，不准采取冲减收入的办法解决；不应当列入报销的款项，要坚决剔除；既要防止虚报、重报，也要防止该报不报，挪占其他资金；一切预算外支出，都不得在决算内列支。

第八五条 各项决算数字应当由各级财政部门、金库、监交机关会同交款单位和用款单位共同核对一致。各级财政部门、监交机关应当加强对年终对账工作的领导和检查。

第八六条 各级财政部门和各企业、事业主管部门，应当经常检查国家财政制度和财政纪律的执行情况，同一切不遵守国家财政制度、违反国家财政纪律的行为进行斗争。

第八七条 财政部门和国家银行必须切实监督预算资金的使用情况。属于基本建设资金的使用，由中国人民建设银行进行监督；属于农业资金的使用，由中国农业银行进行监督；其他资金的使用，由各级财政部门和中国人民银行分别进行监督。

各级税务机关负责监督国营企业按期地、正确地、足额地解交各项预算收入。

第八八条 任何单位或者个人，如果违反财政纪律，必须受到经济制裁或者纪律处分。财政经济工作人员隐瞒真相、弄虚作假、谎报数字、窜改账目、分散资金、贪污盗窃、营私舞弊的，应当分别情况，依法给予行政纪律处分或者刑事制裁。

财政部门和财务部门的负责人员，不检查、不报告，放松财政监督的，以失职论处；如果自己违反财政纪律，应当从重处分。

第三章 税收关系

第八九条 税收关系是国家为了组织预算收入、积累社会主义建设资金、贯彻国家财政经济政策、促进生产发展,由国家的财政机关、税收机关和海关(以下统称税务主管机关)依法向有纳税义务的单位和个人征收现金或者实物的关系。

国家税收包括工商税收、农业税收、海关税收、盐业税收和法律规定的其他税收。

第九〇条 一切单位和个人,有下列情况之一的,都有依法向国家纳税的义务。

(一)从事工农业生产、农副产品采购、商品交易、交通运输和服务性业务;

(二)从事货物进出口;

(三)有应当纳税的财产;

(四)其他应当纳税的事项。

第九一条 税收工作由中央统一领导。全国性的税收,管理权限属于中央。地区性的税收,可以由中央授权省、自治区、直辖市管理。

在税收管理体制所规定的权限以外,任何单位和个人都不得擅自改变税法,更动税目和税率。

不经国务院批准,各地区、各部门不得自行扩大地方附加税的项目或者提高附加税的比例。

第九二条 国家实行简化税制、合理负担的税收政策,从有利于生产出发,兼顾国家、集体和个人的利益;既要保证社会主义建设所需要的资金积累,又要保证人民生活的逐步改善。

第九三条 国家对不同经济成分采取区别对待的税收政策,以利于进一步巩固和发展社会主义经济和彻底改造非社会主义经济。

第九四条 国家对进出口货物,实行平等互利、保护国家利益的关税政策,以保证对外贸易管制的有效实施,促进国内生产的发展。

第九五条 有纳税义务的单位和个人,必须按照税法规定和税务主管机关核定的数额、期限纳税;并且向税务主管机关报告有关情况和提供所需资料。

第九六条 纳税单位和个人,对税务主管机关规定的纳税事项有不同意见时,有权向上级税务主管机关申诉,但在上级税务主管机关最后决定前,仍应当按照原定数额、期限先行纳税。

第九七条 税务主管机关应当正确执行税收政策法令,力求简化纳税手续,积极辅导纳税单位和个人正确履行纳税义务;在纳税单位和个人纳税后,应当发给国家规定的纳税凭证。

税务主管机关,如果多征或者少征税收,应当向纳税单位和个人退还或者补征。

第九八条 税务主管机关对逾期纳税的单位和个人,应当依法加收滞纳金。税务主管机关对逾期不交的纳税单位催交无效时,可以按照规定通知当地银行从欠交单位的存款中扣收。

第九九条 纳税单位和个人有偷税、漏税、抗税或者其他违反税法的行为时,税务主管机关除追交税款外,可以根据情节轻重给予批评教育,处以罚金,没收财物;情节严重的,由人民法院依法制裁。

第一〇〇条 纳税单位和个人不服税务主管机关的处罚时,可以向上级税务主管机关申诉。

上级税务主管机关接到纳税单位或者个人的申诉后,应当及时调查处理。

第一〇一条 任何单位和个人对于偷税漏税的行为,都有检举的权利。税务主管机关对维护国家税收有贡献的单位和个人,可以酌情给予表扬或者奖励。

第四章 信贷关系

第一〇二条 信贷关系是国家银行和信用合作社为了集中闲置资金,有计划地调剂资金,支持工农业生产和商品流通,帮助公民解决临时性的资金需要,而同其他单位、公民之间,或者在银行同信用合作社之间所发生的存款贷款关系。

第一〇三条 信贷工作必须集中统一。存款贷款业务,由中国人民银行、中国农业银行、中国人民建设银行和信用合作社按照规定的分工办理。其他任何单位,不得办理存款贷款业务。

国家禁止商业信用,非经国务院批准,任何单位不得赊销商品和预收、预付货款。

第一〇四条 实行现金管理的单位,必须按照规定在银行或者信用合作社开立存款账户,除按照国家现金管理制度的规定,准许保留的库存现金以外,必须把其余的现金全部存入银行。

各单位的现金库存限额,由当地中国人民银行核定,报当地人民委员会批准。

第一〇五条 实行现金管理的单位,只能在国家规定的现金使用范围内,向银行支取现金,超出现金使用范围的,只能按照规定办理转账结算。

第一〇六条 不实行现金管理的单位,是否把现金存入银行或者信用合作社,应当根据自愿原则,由它们自己决定。

第一〇七条 各单位在银行或者信用合作社的存款,受国家保护,任何单位和个人都不得侵犯。

银行和信用合作社对各单位的存款,应当保证支付,除按照规定依据人民法院的裁决书、仲裁机关的仲裁书、税务机关的缴纳税款通知书、银行的信贷制裁通知书和国家的特别法令以外,非经存款单位同意,银行和信用合作社不代任何单位和个人扣款。

第一〇八条 银行发放贷款的对象:

(一)经过国家批准设置或者依法登记注册、拥有规定的自有流动资金的独立核算工商企业和国营农业企业;

(二)农村人民公社的基本核算单位和农村人民公社各级组织举办的独立核算企业;

(三)信用合作社;

(四)互助储金组织。

银行一般不直接向公民个人发放贷款,但为了解决公民临时性的困难,打击高利贷活动,可以发放小额贷款。

第一〇九条 信用合作社发放贷款的对象,主要是农民,特别是贫农、下中农;在资金有余时,也可以向生产大队、生产队发放贷款。

第一一〇条 国营企业的自有流动资金,按照规定由国家财政拨款,银行对国营企业只发放在生产和商品流通中所需要的短期周转资金的贷款。

集体所有制单位的流动资金,应当根据自力更生为主、国家支援为辅的原则,自行筹集,如有不足,银行才给予贷款。

第一一一条 国家贷款计划是国民经济计划的重要组成部分,必须严格执行。银行必须按照计划发放贷款,如果需要追加贷款,必须按照规定的程序报经批准。

使用贷款的单位,必须按照计划使用贷款,专款专用,不得相互挪用。

第一一二条 工商企业向银行申请贷款,必须拥有适用的物资作保证;没有适用的物资作保证,银行不予贷款。

第一一三条 银行和信用合作社在发放贷款时,应当按照规定确定贷款的期限;使用贷款的单位和个人,必须如数按期偿还贷款。

第一一四条 银行办理的存款是否给付利息,贷款是否收取利息,以及利率的大小,由国务院统一规定,各单位应当严格遵守,不得擅自变更。

信用合作社的存款利率,应当同中国人民银行的存款利率一致。信用合作社的贷款利率,可以略高于中国农业银行的农业贷款利率,其幅度由省、自治区、直辖市人民委员会规定。信用合作社在规定的幅度内结合当地情况,具体确定自己的贷款利率。

第一一五条 银行应当加强信贷监督,监督各单位严格遵守国家的现金管理制度和信贷制度。对于违反现金管理制度和信贷制度的单位,银行应当按照规定给予制裁。

对于违反现金管理制度、信贷制度的工作人员,主管部门应当根据具体情况,给予批评教育、行政处分,情节严重的,由人民法院依法制裁。

第五章 借贷关系

第一一六条 借贷关系是公民之间为了互助互济,在遵守国家反对高利贷的政策、法令的条件下,依照约定由出借人把现金或者实物贷给借用人,借用人按期把数额相同的现金或者价值相等的实物归还出借人的关系。

第一一七条 借贷双方应当遵守自愿协商,有借有还的原则。

金银及其制品和外币不准借贷。

第一一八条 借贷可以是无息借贷,也可以是有息借贷。

有息借贷的利率,不得超过或者变相超过国家规定的借贷利率,并且禁止复利。

第一一九条 出借时有约定归还期限的借贷,借用人应当按照约定的期限归还。出借时没有约定归还期限的借贷,归还时间,由双方随时协商议定。

第一二〇条 现金借贷应当归还现金,实物借贷应当归还同种类的实物。现金借贷不能归还现金的,经双方协商,可以用实物偿还。实物借贷不能归还同种类的实物的,经双方协商,可以用现金或者其他种类的实物偿还。偿还实物或者现金,应当按照偿还时当地市场国家零售牌价折算。但是不准利用折算变相地超过国家规定的借贷利率。

第一二一条 有息借贷的借用人,应当按照约定的期限向出借人给付利息。没有约定利息给付期限的,应当在还本的时候给付利息。禁止出借人预扣利息。

第一二二条 超过或者变相超过国家规定的借贷利率的借贷,就是高利贷。高利贷是一种非法的剥削行为,是资本主义和封建势力在金融战线上向社会主义进攻的一种表现。国家严格取缔高利贷。

对于放高利贷的人,应当由有关主管机关,区别不同情况,根据有宽有严的原则,依法给予批评教育,责令向借用人退还高利部分,没收高利部分,取消或者没收全部或者一部债款的制裁;情节严重的,由人民法院给予刑事制裁。

对于放高利贷的地主、富农、资本家、投机倒把分子和其他一贯进行高利剥削的分子从严处理。

第六章 储蓄关系

第一二三条 储蓄关系是中国人民银行和信用合作社为了鼓励公民厉行节约、勤俭持家,集中社会上零星的闲置资金支援国家社会主义建设而同公民发生的现金储存和支取的关系。

第一二四条 储蓄是人民银行和信用合作社的专营业务。除人民银行、信用合作社和人民银行委托代办储蓄的机构(以下统称储蓄机构)以外,任何单位和个人都不得办理储蓄业务。

第一二五条 储蓄机构办理储蓄,必须坚持存款自愿、取款自由、加强服务、便利群众的原则,并且按照规定为公民保守秘密。

第一二六条 储蓄的利率,由国家统一规定。

人民银行办理储蓄的种类、存取手续和利息的计算方法,由人民银行规定。信用合作社办理储蓄的种类、存取手续和利息的计算方法,由信用合作社参照人民银行的规定,结合自己的具体情况制定,报中国农业银行批准。

第一二七条 公民对于自己在储蓄机构的储蓄,按照人民银行的储蓄章程和信用合作社的有关规定可以随时支取。

储蓄机构对公民的储蓄,必须保证支付,并且按照规定给付利息。

第一二八条 公民遗失储蓄凭证,除不得挂失的以外,可以向储蓄机构挂失和申请补发。在挂失以前所发生的损失,由储蓄户负责。

第一二九条 国家保护公民在储蓄机构的储蓄。任何单位和个人都不得向储蓄机构查询、要求止付、提取或者没收公民的储蓄。但是,国家的公安、检察和司法机关依法采取的上述措施不在此限。

第七章 结算关系

第一三〇条 结算关系是国家银行为了节约现金使用,加强企业经济核算,加速商品流通和资金周转而同收款单位和付款单位之间发生的办理转账收付的关系。

第一三一条 中国人民银行是全国的结算中心。它统一领导、经办和监督各单位之间的转账结算工作。

中国人民银行按照规定把同中国农业银行、中国人民建设银行业务有关的转账结算工作,分别委托中国农业银行、中国人民建设银行办理。

银行为各单位办理转账结算,必须严格遵守国家的现金管理制度和结算制度。

第一三二条 实行现金管理的单位,对外的一切经济往来,除了国家现金管理制度允许使用现金的部分以外,都必须通过银行办理转账结算。

不实行现金管理的单位对外的经济往来,使用现金还是转账结算,由它们自己决定。

第一三三条 银行和结算单位必须遵守下列的结算原则:

(一)钱货两清,不得拖欠;

(二)维护结算双方的正当权益;

(三)银行不予垫款。

第一三四条 结算单位应当在当地银行开立结算账户。开立结算账户的条件和手续,由中国人民银行总行统一规定。

第一三五条 结算双方应当按照结算制度的规定,选用一定的结算方式。订有经济合同的结算双方,应当把选用的结算方式在合同中加以规定。经济合同中有关结算的内容,不得与结算制度抵触。

第一三六条 结算单位应当按照结算制度的规定使用结算凭证。结算凭证一律记名,不准转让。银行对于不按规定使用支票的结算单位,应当依法处以罚款,并且停止这个单位在一定时期内使用支票的权利。

结算单位遗失结算凭证,应当按照规定向银行挂失。在挂失以前所发生的损失,由遗失单位负责。

第一三七条 收款单位只有在发货或者提供劳务以后,才能委托银行代收款项。收款单位在发货或者提供劳务以前提出的委托收款,除法律另有规定的以外,银行应当拒绝受理。

收款单位应当在结算制度规定的期限内委托银行代收款项。对于在规定期限内不委托银行代收款项的收款单位,银行应当停止发放结算贷款。

收款单位对于委托银行代收的款项,只有在银行收妥入账以后,才能支取。

第一三八条　几个收款单位同时委托银行向同一个付款单位代收款项,如果这个付款单位在银行的存款不够支付,银行应当按照国务院规定的扣款顺序,依次为各收款单位代收。

第一三九条　付款单位委托银行代付款项,不得超过自己存款的数额;商业单位委托银行代付收购商品的款项,不得超过银行核定贷款的数额。如果超过存款或者核定贷款的数额,银行有权拒绝代付。

第一四〇条　付款单位应当按照结算制度或者合同规定的期限付款。银行对于迟延或者无理拒绝付款的单位,有权按照国家的规定,代收款单位扣收欠款和迟延付款的罚款;有权在一定时期内对该付款单位选用结算方式加以限制。

付款单位如果发现收款单位托收的款项与合同不符,或者金额计算有错误,可以向银行提出全部或者部分拒绝付款。如果付款单位因收款单位交付的货物不符合合同的规定而提出拒绝付款,它对于这些货物,除鲜活易腐的或者合同另有规定的以外,必须妥善保管,不得动用;如果发现动用,银行有权按照规定代收款单位扣收全部货款和迟延付款的罚款。

第一四一条　银行应当积极地为结算单位服务,根据结算单位签发的结算凭证或者仲裁机关、人民法院对结算纠纷的裁决,正确地及时地为结算单位代收或者代付款项。银行对于自己在办理转账结算中所造成的差错,必须负责更正,并赔偿结算单位的利息损失。

结算的迟延和差错,如果是运输、邮电部门造成的,应当由运输、邮电部门按照有关规定承担赔偿责任。

第一四二条　银行应当加强结算监督,监督结算双方严格遵守国家的现金管理制度和结算制度。对于违反制度的单位,银行应当按照规定,给予制裁。

对于违反国家现金管理制度和结算制度的工作人员,应当由有关主管机关根据具体情况,给予必要的行政处分;情节严重的,由人民法院依法制裁。

第八章　物资分配关系

第一四三条　物资分配关系是全民所有制单位之间、全民所有制单位同集体所有制单位之间,为了保证生产的需要,促进生产的发展,根据国家物资分配计划,或者根据国家物资管理部门、生产主管部门的组织和衔接,进行物资的调拨、调剂而发生的产品供需关系。

第一四四条　国家对各类产品的分配,实行集中统一、分级管理的原则,根据各类产品对国计民生影响的大小,分别确定由国务院、国务院各主管部(局)或者省、自治区、直辖市平衡分配。

国营企业生产的主要产品、按照国家计划进口的产品和从集体所有制单位计划收购的产品,都应当纳入国家物资分配计划,由国家主管分配的部门统一平衡分配,并且在物资管理部门和商业部门的分工管理下,按计划组织调拨和供应。

第一四五条　物资分配计划是国民经济计划的重要组成部分,一切有关单位必须严格执行,非经主管部门批准,不得变更。

生产单位对于本单位所生产的属于国家计划分配的产品,一律不得在国家计划外自行动用。各单位对国家分配给本单位的计划产品,必须按照计划规定的用途使用,不得挪用或者私自转让。

第一四六条　为了发挥物资潜力,各单位之间对于下列范围以内的物资,可以互通有无,进行余缺调剂,作为计划分配的补充:

(一)根据国家计划分配给本单位的产品中,由于节约或者其他原因而产生的多余的、不适用的部分;

(二)不属于国家统一分配的产品。

各单位之间的物资余缺调剂,必须按照规定,通过有关主管部门的安排,有组织、有原则地进行;不得以物易物,化大公为小公。各单位之间,为了完成国家紧急任务或者抢救紧急事故,临时需要少量的、特殊的物资,可以互相支援,但是事后必须报告有关主管部门备案。

第一四七条　生产部门和物资管理部门在实现供需衔接上,必须互相支持,密切配合。生产部门要按照国家计划安排生产,保证完成生产任务。物资管理部门对生产部门所生产的产品和所需要的物资,应当根据国家在物资管理工作上实行集中统一的方针,进行全面管理,并按国家规定的产品经营的具体分工,认真负责地在各单位之间组织供应。对于生产部门所生产的暂时没有供应对象的产品,物资管理部门应当根据国家计划组织收购。

第一四八条　物资管理部门必须认真贯彻从生产出发、为生产服务的方针,不断改善经营管理,提高服务质量。在组织物资供应工作中,应当加强供需衔接,根据需要固定供需关系,实行定点供应;并按照经济合理的原则组织物资调运,减少流转环节,降低费用。

第一四九条　生产部门和物资管理部门应当把保证产品质量当做首要任务,严格按照国家规定的或者双方议定的质量标准生产和供应产品,不得粗制滥造,以次充好。

生产部门和物资管理部门应当互相监督,加强对供应产品的检验工作,建立和健全产品检验制度,不经检验不得交接。检验中发现的问题,应当严格按照有关主管部门的规定处理。

第一五〇条　供应单位供应的产品,如果不符合规定的品种、规格和质量,需要单位根据具体情况可以要求供应单位按质论价、免费修理、调换产品、返工制造,必要时还可以要求退货。由此而产生的损失,由供应单位负责。

第一五一条 凡是需要包装的产品,都应当包装。国家或者有关主管部门有规定包装标准的,应当按照规定的标准包装;国家或者有关主管部门没有规定包装标准的,可以按照供需双方议定的标准包装。产品的包装,应当符合产品安全的需要和运输的要求。

第一五二条 参与物资分配关系的一切单位,必须按照国家规定,认真执行有关物价主管部门规定的产品价格。对于没有规定价格的产品,供需双方可以协商议价,报有关物价主管部门批准或者备案。供需双方对于规定或者议定的价格,不得擅自变动。

第一五三条 供应单位必须按照规定的数量向需要单位供应产品。供应单位供应的产品,如果不符合规定的数量,需要单位对于多交的部分有权拒付货款,但应当代为保管,并且通知供应单位对多交的产品进行处理;对于少交的部分,有权要求补充。由此而产生的损失,由供应单位负责。

第一五四条 供需双方都必须按照规定的时间履行自己所承担的义务。需要单位未按照规定的时间提供应交的技术资料、接收产品和付款,供应单位未按照规定的时间供应产品,都应当承担相应的经济责任,按照规定赔偿对方所遭受的损失。

第一五五条 供需合同是实现国家物资分配计划,组织供需衔接的工具。供需双方应当根据国家的物资分配计划或者双方议定的内容,及时、认真地签订合同,严格执行。

第一五六条 供需合同应当规定供应产品的品种、规格、数量、质量、价格、包装和交货日期、交货地点、验收方法、结算方式等具体内容,明确供需双方的权利、义务和违反合同应负的责任。

第九章　商品购销关系

第一五七条 商品购销关系是工业部门和商业部门之间,商业部门的批发单位相互之间,商业部门的批发单位和零售单位之间,为了促进生产发展,保证市场供应,根据国家计划或者双方的协议,供应和销售工农业产品的关系。

第一五八条 工商双方应当加强全面观点,在国家统一计划的基础上,根据国家建设和人民生活的需要,密切协作,互相支援,共同平衡产销,衔接计划。

工业部门在制定工业品生产计划的时候,应当根据商业部门提出的各种商品的品种、规格、数量、质量的要求安排生产,尽可能地满足市场的需要。商业部门在编制原料、材料供应计划的时候,应当根据工业部门提出的原料、材料的品种、规格、数量、质量的要求,安排供应,尽可能地满足工业生产的需要。

工商之间的产销计划衔接确定后,必须严格执行,任何一方都无权自行修改;如果计划必须调整时,应当由工商双方协商,达成协议,并报有关主管部门批准或者备案。

第一五九条 经国家确定或者工商双方议定,由商业部门向工业部门供应的原料、材料,商业部门应当负责组织供应。

商业部门向工业部门供应的原料、材料中,属于国家物资分配计划统一分配的原料、材料,商业部门应当按照本法第三编第八章的有关规定组织供应。对于不属于国家物资分配计划统一分配的原料、材料,商业部门应当根据工业部门的需要,积极组织货源,努力保证供应;国营工业企业和手工业部门也可以在县级以上的工业主管部门的统一领导和原料产地的商业部门的统一安排下,同原料产地建立联系,进行采购。

第一六〇条 手工业企业在服从国家计划和市场管理的前提下,可以用一部分自产自销的产品,向原料产地换购一部分自用的原料、材料。

第一六一条 经国家确定或者工商双方议定由商业部门包销的工业部门的产品,由商业部门统一收购和销售。工业部门对包销的产品不得自销,商业部门也不得拒绝包销。

第一六二条 经国家确定或者工商双方议定由商业部门选购的工业部门的产品,商业部门应当按照规定进行选购,工业部门不得拒绝。

工业部门自销的产品,商业部门应当积极帮助推销,如果国家需要,商业部门可以优先选购。

第一六三条 工业部门应当积极试制质量优良、规格合适、价格便宜的新产品,增加产品的花色品种。商业部门应当积极帮助工业部门试制新产品。属于商业部门包销和选购范围以内的新产品,商业部门应当负责收购,积极试销。不属于商业部门包销和选购范围以内的新产品,工业部门可以自行试销,商业部门应当积极代为试销。

第一六四条 国营商业是我国社会主义市场的领导力量,供销合作社商业是国营商业的有力助手。国营商业部门和供销合作社,应当按照国家规定的经营范围,分工负责,密切协作,做好商品的收购和供应工作;不断改善经营管理,加速资金周转,减少经营环节,降低商品流转费用。

第一六五条 商业部门的批发单位相互之间,批发单位和零售单位之间,国营商业部门和供销合作社之间,应当实行计划分配商品和选购商品相结合的制度,不得硬性摊派和好坏搭配。

第一六六条 工商企业之间、商业部门的各单位之间的商品购销,都必须严格执行规定的商品质量标准和包装标准,加强商品检验工作,认真执行规定的商品价格,并且应当按照规定签订合同,明确双方的权利和义务,其办法适用本法第三编第八章的有关规定。

第一〇章 农副产品收购关系

第一六七条 农副产品收购关系是国营商业单位、供销合作社同农业生产单位、农民为了完成国家农副产品收购计划,促进工农业生产发展和城乡物资交流,所发生的收购与交售农副产品的关系。

第一六八条 国家根据各种农副产品对国计民生的重要程度,把农副产品分为一、二、三类;对第一类产品实行统购政策,对第二类产品实行派购政策,对第三类产品实行议购政策。

第一六九条 农副产品收购工作必须贯彻兼顾国家、集体、个人三方面利益的原则和工农兼顾、城乡兼顾、丰歉兼顾、内外兼顾的原则,实行及时布置收购、同时安排生活的方针。

农副产品收购单位必须正确贯彻国家的收购政策,从促进农副业生产和工业生产的发展出发,及时和积极地组织收购工作;在深入调查研究,贯彻群众路线的基础上,根据国家计划的要求和国家规定的购留比例,通过协商,实事求是地确定购留数量。

第一七〇条 向国家交售统购、派购的农副产品是每一个农业生产单位和农民应尽的光荣义务。每一个农业生产单位和农民都应当努力增产,积极交售,按质按量地、及时地完成国家的统购、派购任务。

第一七一条 集体所有制农业生产单位和农民应当在增产的基础上,根据国家需要,尽可能多地向国家交售农副产品。

国家严格禁止集体所有制农业生产单位和农民在完成统购、派购任务以前,任意处理统购、派购的农副产品。完成统购、派购任务以后,剩余的属于第一、二两类的农副产品,能否上市出售,应当按照国家的具体规定办理;如果国家允许上市出售,集体所有制农业生产单位和农民也应当根据国家需要,尽先交售给国家。

第一七二条 农副产品收购单位必须正确执行国家的价格政策,对各类农副产品,根据国家规定,按照计划价格收购,或者按照按质论价的原则议价收购;不得任意提级提价和压级压价。

第一七三条 农副产品收购单位,对第一、二类产品不得拒绝收购;对第三类产品应当加强收购工作的计划性,根据国家需要,积极组织收购。

第一七四条 国家根据需要实行农副产品预购办法。对集体所有制农业生产单位,付给预购订金;对全民所有制农业生产单位,不付给预购订金,实行信用预购。

第一七五条 国营商业单位和供销合作社应当做好对农村的工业品供应工作,以支持农副业生产的发展。产量高,交售数量多的地区和单位,应当优先和较多地得到工业品的供应。

第一七六条 供销合作社应当把完成国家农副产品收购任务放在业务经营的第一位,按照国家要求保证完成或者超额完成国家收购计划。

第一七七条 农副产品收购单位收购农副产品应当实行检验、检疫制度;对不符合规定或者约定的规格、质量的产品,可以降价收购或者拒绝收购;对带有疫病的农副产品,可以拒绝收购。

第一七八条 农副产品收购一般都应当采取合同形式,由收购和交售的双方签订收购合同。

收购和交售的双方,根据需要也可以签订购销结合合同和预购合同。购销结合合同应当同时规定农副产品收购和工业品供应两方面的内容。

第一一章　买卖关系

第一七九条 买卖关系是单位之间、单位同个人之间、个人之间,为了满足生产和生活的需要,在法律允许的范围内,根据自愿和等价原则而发生的零售商品或者出售其他物品关系。

第一八〇条 我国市场是统一的社会主义市场,它以计划市场为根本,以国家领导管理下的集市贸易为补充。

国家不断巩固和扩大社会主义商业阵地,通过经济措施和行政管理,对集市贸易加强领导,利用它的积极作用,限制它的消极作用。

国家保护合法买卖,禁止投机倒把、黑市交易等非法活动。

第一八一条 商业零售单位应当根据国家计划的要求和生产、消费的需要,积极组织货源,做好商品销售工作;应当不断地提高服务质量,改善服务态度,便利群众购买,接受群众监督。

第一八二条 买卖双方必须遵守国家的价格政策。对国家规定按照国家牌价交易的商品,买卖双方必须严格执行国家牌价,不得自行变动。对国家允许议价交易的商品,买卖双方可以按照国家牌价成交,也可以参照国家牌价议价成交,严格禁止哄抬物价。

第一八三条 卖方不得有违反社会主义商业道德,侵犯买方利益的行为。卖方对出售的商品必须保质保量,不得掺杂使假,以次充好,短尺少秤,不得硬性搭配。卖方如果违反社会主义商业道德,侵犯买方利益,造成买方的财产损失,应当负赔偿责任,并且承认错误。

卖方对按照规定可以退换或者保修的商品,应当承担退换或者保修的责任。

第一八四条 商业零售单位的工作人员,不得有徇私舞弊,私分多占,或者有其他违反商业工作纪律的行为。对于违反商业工作纪律的人员,应当根据情节轻重,由有关主管部门给予批评教育,行政处分;或者由人民法院依法制裁。

第一八五条 参加集市贸易的单位和个人,必须遵守国家的政策、法律、法令和市场管理的规定。

参加集市贸易的农村人民公社各级组织、社员、手工业生产合作组织和个体手工业者,只准按照规定出卖自己生产的产品,购买自己需要的产品,不得转手倒卖,长途运销。

第一八六条 法律规定需要具有一定证明文件的买卖,只有在具备了有关证明文件以后,才能进行。

法律规定需要办理一定手续的买卖,只有在办理了有关手续以后,才能生效。

第一八七条　禁止买卖土地和法律规定不得买卖的其他物品。金银只准卖给中国人民银行,不准私相买卖。金银制品只能由国家指定的商业单位经营。

第一八八条　对进行违法买卖的单位或者个人,有关主管机关应当根据情节轻重,给予批评教育,或者按国家规定的价格收购其出售物品,罚款,没收其出售物品和非法收入。情节严重构成犯罪的人,由人民法院给予刑事制裁。

第一二章　基本建设工程关系

第一八九条　基本建设工程关系是全民所有制单位之间、全民所有制单位和集体所有制单位之间以及集体所有制单位之间,为了顺利实现基本建设计划,促进我国社会主义物质技术基础的不断扩大和人民生活的逐步改善,在进行新建、扩建、改建的建筑工程和设备安装工程中,从批准建设项目的设计任务书起到竣工验收交付生产或者使用止,所发生的经济、协作关系。

参与基本建设工程关系的单位包括:建设单位、中国人民建设银行或者中国农业银行、勘察单位、设计单位、施工单位、供应单位以及配合协作单位。

第一九〇条　参与基本建设工程关系的一切单位,都必须根据国家基本建设方针、任务结合各部门工作的特点,充分利用一切可能条件,加强协作,密切配合,共同保证多快好省地完成各项基本建设工程任务。

第一九一条　一切基本建设工程,必须按照计划进行。基本建设的计划管理,必须贯彻统一计划、分级管理的原则。全民所有制单位的基本建设计划必须经过国家有关机关批准,集体所有制单位的基本建设计划必须经过主管部门批准。严格禁止计划外的基本建设。

第一九二条　参与基本建设工程关系的一切单位,都必须贯彻集中力量打歼灭战的方针,力求最迅速地、最充分地发挥投资效果,确保工程质量,切实做到适用、坚固、经济合理,在可能条件下做到技术先进、注意美观。

第一九三条　参与基本建设工程关系的一切单位,都必须严格执行国家规定的基本建设程序。基本建设工程项目必须具有批准的设计任务书和可靠的勘察设计基础资料,才能进行设计;必须具有经过批准的年度基本建设计划和审查定案的设计文件并做好施工准备,才能施工;必须经过验收,证明已经符合设计要求时,才能交付生产或者使用。

第一九四条　基本建设工程的财政拨款,由中国人民建设银行或者中国农业银行负责管理。中国人民建设银行或者中国农业银行应当根据批准的年度基本建设计划,对基本建设工程拨款的支付和使用进行监督。建设单位必须执行国家规定的基本建设拨款制度,严格禁止挪用基本建设资金作其他开支;也不得挪用其他资金进行基本建设。

第一九五条　各单位用专项资金安排的基本建设工程项目,必须编报计划,按照规定的程序报经主管部门审查批准,分别纳入部门或者地方的基本建设计划。用于建设工程的专项资金,必须专户存入中国人民建设银行或者中国农业银行,并接受银行的拨款监督。

第一九六条　建设单位、施工单位和供应单位之间,对基本建设工程材料、设备的供应所签订的合同或者协议书,按照具体情况适用本法第三编第八章、第九章的规定。

建设单位、施工单位同参与基本建设工程关系的配合协作单位之间,应当根据主管部门的规定和双方的协议,认真履行各自承担的义务。

第一九七条　建设单位和勘察单位,应当根据勘察计划的要求和设计工作的需要,签订勘察协议书。建设单位应当积极协助勘察单位做好勘察工作。勘察单位必须及时向建设单位提出符合要求、准确可靠的勘察资料报告。

第一九八条　建设单位和设计单位,应当根据国家下达的设计计划和批准的设计任务书,签订设计协议书。建设单位应当根据设计协议书的要求,按时提交设计基础资料,并对设计基础资料的质量负责;设计单位必须对设计基础资料认真核对,并参与设计基础资料的补充搜集工作。

设计单位应当根据已经批准的设计任务书和准确可靠的设计基础资料,选择经济合理的设计方案,按照设计协议书规定的期限和程序,向建设单位提交优良的设计和概(预)算文件。

第一九九条　同一建设工程需要由两个或者两个以上的设计单位进行设计时,必须确定主体设计单位。主体设计单位对建设单位负责,配合设计单位对主体设计单位负责。

主体设计单位和配合设计单位,应当签订协议书,明确规定双方在设计技术、控制投资限额和提交所需设计基础资料等方面的责任。

第二〇〇条　设计单位有权监督建设单位和施工单位按照设计进行施工。建设单位和施工单位如果发现设计有差错,应当及时通知设计单位,但不得擅自修改设计。

设计单位必须对设计的工程负责到底,同施工单位密切配合,保证工作质量。在工程建成交付生产或者使用后,必须了解工程情况,解决需要由设计单位解决的问题。

第二〇一条　建设单位和施工单位,应当根据基本建设计划的要求和有关建筑安装工程包工的规定,在施工前签订基本建设承发包工程合同。合同应当规定工程项目的预计开工和竣工日期、技术供应、材料供应、预算与结算、施工、交工验收和奖励、惩罚等条款,明确双方的权利义务。

经国家特许的紧急工程,可以在施工前签订工程协议书,但必须限期补订工程合同。

第二〇二条 建设单位应当向施工单位按时提供设计、概(预)算文件和合同规定由建设单位供应的材料和设备,及时通过银行办理拨款结算,并对工程进度、质量进行监督和检查。

第二〇三条 施工单位必须根据批准的设计文件和施工验收技术规范的规定进行施工,保证工程质量,保证按期竣工。

第二〇四条 工程竣工后,建设单位、施工单位应当会同有关单位,按照国家规定的基本建设工程验收制度,进行验收。

在竣工验收中发现,或者在验收后的保修期内发现,由于施工不良造成的质量事故,施工单位应当负责修理或者返工,并且负担修理或者返工的费用。

第二〇五条 凡是需要由两个或者两个以上的施工单位进行施工的工程,应当实行总承包责任制。总承包单位向建设单位负责,分承包单位向总承包单位负责。

总承包单位与分承包单位之间,应当签订分包合同,具体划分施工界限,明确双方的权利义务。在统一施工计划执行中,分承包单位应当服从总承包单位的统一安排。

经建设单位和施工单位协商同意,建设单位可以将某些专业工程直接发包给其他施工单位。

第一三章 运输关系

第一节 一般规定

第二〇六条 运输关系是承运人为了促进工农业生产、活跃城乡物资交流和便利人民生活,同托运人、旅客之间发生的运输货物或者旅客、收取运输费用的关系。

第二〇七条 运输企业必须实行计划运输的原则。全民所有制运输企业应当严格执行国家运输计划;集体所有制运输企业应当在当地人民委员会的领导下,把运输业务纳入国家计划轨道,积极完成所承担的运输任务。

第二〇八条 运输企业必须坚持安全、及时、准确、经济的运输原则,按照货物的流量、流向和运输能力,分别缓急,统筹兼顾,组织合理运输和均衡运输,并且根据需要与可能,采用直达运输或者联运的方式,以加速物资周转,节省运输费用,合理使用运输工具,提高运输效率。

第二〇九条 承运人和托运人、旅客必须遵守交通运输主管部门有关货物运输和旅客运输的规章制度,严格执行国家规定的运价。

国家严格禁止承运人和托运人、旅客利用运输工具从事倒卖贩运的非法活动。

第二一〇条 个体运输业者经营运输业务,必须按照规定经主管部门核准登记,服从有关部门的领导和管理,不得有破坏运输秩序的非法行为。

第二一一条 非运输企业单位,只有在交通运输主管部门的统一组织安排下,才可以用自己的运输工具从事营业运输。

第二一二条 我国和其他国家间的运输关系,适用我国同有关国家签订的协议,没有签订协议的,适用我国的特别法令,不适用本章的规定。

第二节 货物运输

第二一三条 托运人应当按照国家规定,提出货物托运计划,承运人应当根据货物的合理流向和运输能力,进行综合平衡,编制货物运输计划。

货物运输计划承运人的上级主管部门批准后,托运人和承运人都必须严格执行。托运人应当按照货物运输计划及时托运货物,承运人应当按时、按量承运货物。任何一方违反货物运输计划,都应当按照规定承担罚款责任。

第二一四条 托运人托运货物,应当如实填写托运凭证和提交有关货物运输所必需的证明文件。承运人承运货物,应当发给托运人承运凭证。

承运人在必要时,可以会同托运人查验托运的货物。

第二一五条 托运人托运按照规定应当包装的货物,必须根据规定的标准包装完整,没有规定包装标准的,应当根据货物的性质、重量、体积、运输距离以及气候条件等妥为包装,以保证货物运输的安全。

凡是没有按照前款规定进行包装的货物,承运人有权拒绝承运。

第二一六条 托运人托运危险货物,应当遵守交通运输主管部门有关危险货物运输的规定,如果由于故意隐瞒、没有正确说明货物的性质或者违反危险货物运输的其他规定,造成承运人或者第三人的损害,应当承担赔偿责任,情节严重的,还应当受到刑事制裁。

第二一七条 承运人应当在规定的期限内,将货物运到指定地点,并且及时向收货人发出货物到达通知;如果超过运到期限,承运人应当按照规定承担罚款责任。

收货人应当及时提取货物,不得借故拖延或者拒绝提取;对超过规定保管期限提取的,应当向承运人支付保管费用。

承运人对无人提取或者收货人拒绝提取的货物,应当在规定期限内负责妥善保管;对超过规定期限仍然无法交付的货物,有权按照有关规定处理。

第二一八条 承运人对承运的货物,自收受货物签发承运凭证起,至运到目的地交付收货人止,应当负责保管,如果发生灭失、损坏,应当承担赔偿责任。

由于下列原因造成货物灭失、损坏,免除承运人的责任:

(一)人力不可抗拒;

(二)货物本身的自然性质;

(三)托运人的过错。

第二一九条 承运的货物发生灭失、损坏,应当由承运人承担赔偿责任的,按照下列原则赔偿:

(一)灭失的,按灭失货物的价格赔偿;

(二)损坏的,按损坏货物所减低的价格赔偿。

第二二〇条 联运的货物发生灭失、损坏,应当由承运人承担赔偿责任的,终点站(港)的承运人应当先按照规定赔偿,然后再向有责任的承运人清算。

第三节 旅客运输

第二二一条 旅客搭乘运输工具,应当持有有效的客票。承运人应当按时将旅客安全运到目的地。

在运输过程中,承运人对遇险的旅客,应当尽力抢救;对发生疾病或者分娩的旅客,应当尽可能给予医疗和照顾。

第二二二条 旅客有下列情况之一的,承运人可以拒绝运送:
(一)不遵守交通运输法令、规章,扰乱公共秩序,不听劝止的;
(二)精神失常无人护送的;
(三)患有严重的传染病足以危害其他旅客的。

第二二三条 承运人应当按照规定办理行李、包裹运输业务。旅客可以按照规定向承运人托运行李,并且在规定的范围内免费携带随身用品。

承运人保管行李、包裹的责任,包裹发生灭失、损坏的赔偿原则,旅客、收件人没有及时提取行李、包裹的责任和无人提取行李、包裹的处理,适用本法第二一七条、第二一八条、第二一九条的规定。

行李、包裹的运输条件和行李发生灭失、损坏的赔偿,按照交通运输主管部门的规定办理。

第二二四条 旅客、托运人在行李、随身用品或者包裹中,都不得夹带危险品、违禁品和影响公共卫生的物品,如果由于违反规定对承运人或者第三人造成损害,应当承担赔偿责任,情节严重的,还应当受到刑事制裁。

第二二五条 承运人由于自己的过错,致使旅客遭受伤害,应当承担赔偿责任。

办有旅客运输保险业务的承运人,对旅客在运输过程中所遭受的意外伤害,应当按照旅客运输保险制度的规定承担赔偿责任。

第一四章 租赁关系

第一节 一般规定

第二二六条 租赁关系是为了解决全民所有制单位、集体所有制单位和公民在生产上、工作上和生活上的需要,在出租人和承租人之间发生的出租财产和交纳租金的关系。

第二二七条 租赁关系的范围包括国家所有、集体所有、公民个人所有的房屋租赁关系和其他财产租赁关系。

第二二八条 租赁关系的建立,必须由出租人和承租人依法订立租约。租约不论采用什么形式,都应当明确双方的权利和义务。

第二二九条　财产租赁的租金标准,应当由主管部门统一规定。没有统一规定的,由出租人和承租人根据公平合理的原则协商议定。

第二节　房屋租赁关系

第二三〇条　国有房屋的租赁,必须贯彻统一分配、合理使用的原则。国有房屋的出租,除另有规定以外,都由国家房地产管理部门统一经营。

按照规定由各单位自行管理的国有房屋,在出租的时候,必须遵守国家房地产管理部门的有关规定。

第二三一条　集体所有房屋的租赁,由集体所有制单位各自经营。

集体所有制单位出租各自所有的房屋,必须遵守国家有关房屋管理的政策、法令。

第二三二条　国家鼓励公民出租依法归个人所有的房屋,并且保障他的合法权益。出租人和承租人应当根据国家有关房屋管理的政策、法令的规定,本着团结互助、自愿两利的精神,建立租赁关系。

公民出租个人所有的房屋,不得索取高租、押租或者其他变相的非法收入。

第二三三条　任何单位或者个人在房屋租赁关系建立以前,都不得自行占用国家所有、集体所有或者公民个人所有的房屋。

违反前款规定的,由国家房地产管理部门或者人民法院责令迁出,情节严重的,由人民法院给予法律制裁。

第二三四条　房屋租赁关系建立以后,出租人应当按期将租约规定的房屋交给承租人使用。

由于出租人方面的原因,致使承租人不能按期使用租约规定的房屋,出租人应当负责解决;如果造成承租人损失,还应当负担赔偿责任。

第二三五条　在房屋租赁关系的有效期间,承租人应当依照租约规定的数额交纳租金。

定期或者不定期的租赁关系,一般应当按月计算租金。承租人必须按期交纳,不得拖欠。

租金的数额在房屋的建筑、使用等条件改变的情况下,应当由租赁双方协商调整,在租金调整之前,承租人仍按原定数额交纳。

承租人故意欠租,经出租人交涉和有关部门调解无效的,出租人可以诉请人民法院处理。人民法院对于情节严重的,除判决承租人偿还欠租以外,并可责令交出租用的房屋。

第二三六条　在房屋租赁关系的有效期间,除租约另有规定以外,出租人应当负责修缮房屋,保障承租人正常的使用和居住的安全。

出租人没有及时修缮房屋,致使房屋损毁、倒塌,造成承租人或者第三人的损害,应当负担赔偿责任。但是由于承租人方面的原因或者人力不可抗拒的原因造成的损害除外。

第二三七条 承租人应当依照租约的规定,爱护和正当使用房屋。

承租人不得有下列行为:
(一)损害或者私自拆改添建房屋、设备及其附属物;
(二)私自改变房屋用途;
(三)私自转租、转兑、转借、转让或者私自交换房屋;
(四)没有正当理由空闲房屋;
(五)利用房屋进行其他非法活动。

承租人有上述行为之一时,由国家房地产管理部门或者人民法院分别情况,责令承租人赔偿损失、恢复原状、交出房屋和非法所得,情节严重的,由人民法院给予其他的法律制裁。

第二三八条 房屋租赁关系可以因为公共利益的需要、出租人自用、承租人退租而解除。

因为公共利益的需要,必须解除租赁关系的,有关部门应当对承租人给予适当安置。

出租人确实因为自用,需要收回房屋的,应当事先通知承租人,经过协商,解除租赁关系。

承租人要求退租的,应当通知出租人,并且在办清退租手续后,解除租赁关系。

第三节 其他财产租赁关系

第二三九条 其他财产租赁关系是指房屋以外的财产租赁关系。

单位经营出租业务,应当经有关主管部门审查批准。单位和个人出租财产,仅限于国家的政策、法律、法令允许的物品。

国家禁止利用出租财产获取非法收入。

第二四〇条 其他财产的租赁,依照主管部门规定需要交纳押金的,承租人应当在租约订立的时候交纳;租约终止的时候,出租人应当退还押金。

第二四一条 承租人应当按期交还租用的财产,超过期限交还的,应当依照租约的规定补交租金、交纳罚款。

第二四二条 承租人应当正当使用和爱护租用的财产。如果因为使用、保管不当,致使租用的财产损坏、灭失的,应当依照规定负责赔偿。

第一五章 劳动报酬福利关系

第一节 一般规定

第二四三条 劳动报酬福利关系是全民所有制单位、集体所有制单位,为了贯彻执行国家关于发展生产和科学文化事业、保障人民生活的政策,同职工、社员、著译者、创作者、发明者、技术改进者之间,由于劳动、著译、创作、发明、技术改进所发生的给予报酬、福利和奖励的关系。

第二四四条 国家实行在发展生产的基础上逐步改善人民生活的方针。全民所有制单位必须根据国家的统一规定,逐步提高职工的工资和福利。集体所有制单位必须努力增加生产,在生产发展的条件下,逐步增加社员的收入。

第二四五条 全民所有制单位和集体所有制单位必须贯彻执行思想政治教育和物质鼓励相结合的方针,在做好思想政治工作的前提下,实行各种符合实际情况的劳动报酬制度和福利待遇制度。

第二四六条 职工和社员应当积极参加社会劳动,努力学习政治、技术、业务,提高思想政治觉悟和技术业务水平,充分发挥建设社会主义的积极性。

第二节 职工和社员的劳动报酬

第二四七条 全民所有制单位和集体所有制单位必须贯彻执行各尽所能、按劳分配的社会主义原则,按照职工和社员劳动的数量和质量支付报酬。反对平均主义和高低悬殊。

第二四八条 全民所有制单位和集体所有制单位对职工和社员不分民族、性别、年龄,实行同工同酬的原则。

第二四九条 职工和社员应当自觉地遵守劳动纪律和工作制度,积极负责地完成任务。

第二五〇条 全民所有制单位必须严格执行国家规定的有关企业、事业单位和国家机关职工的各种工资、奖励和津贴制度。

第二五一条 全民所有制企业从有利于提高劳动生产率和职工团结出发,根据生产条件、技术特征和生产发展的需要,按照规定可以采用计时工资,计件工资,计时工资加奖励、津贴,计件工资加奖励、津贴等工资形式。

第二五二条 农村人民公社有劳动能力的社员,都应当参加集体生产劳动,完成经过民主评议规定的基本劳动日。

农村人民公社的生产大队和生产队的干部,都要以普通劳动者身份积极参加集体生产劳动,同其他社员一样评工记分。干部因公误工补贴工分的办法,必须严格按照规定执行。

第二五三条 农村人民公社计算劳动报酬的办法,有定额的工作应当按定额记工分,没有定额或者无法制订定额的工作,可以采用评工记分或者经社员民主讨论同意的其他计酬办法。

第二五四条 供销合作社和信用合作社工作人员的劳动报酬,参照执行相应的国营企业职工的劳动报酬制度。

前款以外的各种合作社,应当根据不同行业、不同工种、不同情况,参照相应的国营企业的工资制度,经过社员民主讨论,制定社员和职工的劳动报酬制度。

第三节 职工和社员的福利待遇

第二五五条 全民所有制单位和集体所有制单位应当根据国家规定结合本单位的经济条件,以及职工和社员生活的必需,给予职工和社员适当的福利待遇,建立和健全必要的集体福利设施。

第二五六条 全民所有制单位的职工按照规定可以享受下列福利待遇:在生、老、病、死、伤、残时享受劳动保险;在生产发生困难时得到必要的补助;享受其他的福利待遇。

第二五七条 农村人民公社生产队对于生活没有依靠的老、弱、孤、寡、残疾的社员,遭到不幸事故、生活发生困难的社员,经过社员大会讨论和同意,实行供给或者给予补助;对于生活有困难的烈属、军属、残废军人,应当给予适当的优待;对于因公负伤的社员给予补助;对于因公死亡的社员的家属给予抚恤。以上费用从公益金内开支。

第二五八条 供销合作社和信用合作社工作人员的福利待遇,参照执行相应的国营企业职工的福利制度。

前款以外的各种合作社社员和职工的福利待遇,应当根据本单位的生产发展水平和经济条件,参照相应的国营企业的福利制度,经过社员民主讨论确定。

第四节 著译、创作的报酬和发明、技术改进的奖励

第二五九条 国家鼓励公民从事科学、文学、艺术的著译、创作和发明、技术改进的积极性。有关单位应当根据需要与可能,对从事著译、创作和发明、技术改进的集体或者个人提供便利条件。

第二六○条 发表或者采用科学、文学、艺术作品的有关单位,应当按照规定,根据作品的数量和质量,对从事著译、创作的集体或者个人付给合理的报酬。

第二六一条 对于科学技术的发明,国家主管部门应当根据其贡献大小,按照有关发明奖励的规定,给予发明人荣誉奖励和物质奖励。

第二六二条 对于技术改进的建议,有关单位应当根据其对生产或者工作所起作用的大小和技术复杂程度,按照有关技术改进奖励的规定,给予建议人荣誉奖励和物质奖励。

对民法（1964年7月1日试拟稿）第一编的修改意见

1964年9月25日

第一章 民法的任务

第一条 中华人民共和国民法是根据中华人民共和国宪法，中国共产党的鼓足干劲、力争上游，多、快、好、省地建设社会主义的总路线和以农业为基础、以工业为主导的发展国民经济的总方针，以及毛泽东同志关于在社会主义过渡时期存在着阶级矛盾和阶级斗争的学说而制定的。

第二条 本法是调整我国经济关系的基本准则。它的任务是：调整单位内部、单位之间、单位同个人之间以及个人之间的经济关系，以增强人民内部团结；加强基础工业，支援农业生产，巩固国防建设，以保证国民经济计划的实现；防止修正主义的产生和资本主义复辟的危险，以维护社会主义的经济秩序；保护国家所有的和集体所有的公共财产，保护公民所有的合法财产，巩固和发展社会主义公有制；巩固工人阶级领导的，以工农联盟为基础的人民民主专政，保障社会主义革命和社会主义建设事业的顺利进行。

另案：把第一、二两条合并如下：

中华人民共和国民法是根据中国共产党建设社会主义的总路线、总方针和毛泽东思想制定的。它是调整我国经济关系的基本准则。它的任务是通过正确处理我国国民经济和人民生活中的主要经济关系，限制、改造非社会主义经济，巩固和发展社会主义经济，以便把我国建设成为一个具有现代农业、现代工业、现代国防和现代科学、文化的社会主义国家。

第二章 基本原则

一、原第一二条改为第五条，内容修改如下：

第五条 中国共产党是领导我国革命和建设事业的核心力量。全民所有制单位、集体所有制单位进行经济工作或者从事经济活动，都必须坚持党的领导，贯彻执行党的阶级路线、群众路线，坚持政治挂帅，把经济工作同政治工作密切结合起来。反对脱离党的领导，违反党的阶级路线、群众路线的行为。反对单纯的经济观点和其他一切忽视政治的现象。

二、原第五条改为第六条,内容修改如下:

第六条 以农业为基础、以工业为主导,是我国发展国民经济的总方针。发展经济、保障供给,是我国经济工作和财政工作的总方针。一切单位进行经济工作或者从事经济活动,必须贯彻执行上述总方针。

三、原第七条第一款改为第八条,内容不变。

四、原第七条第二款改为第九条,内容修改如下:

第九条 全民所有制单位、集体所有制单位的各级负责人员,在各项经济工作中,应当深入实际,深入群众,加强调查研究,充分发挥广大群众的革命积极性,接受群众的监督,不得脱离实际、脱离群众的官僚主义作风。

五、原第九条第二句第二个逗点的后面,增加"与一切侵犯公共财产的现象进行坚决的斗争"。

六、原第一一条最后的句号改为逗点,增加"反对不从全局出发、统筹兼顾的片面观点"。

第三章 参与经济关系的单位和个人

第一条 参与本法所调整的经济关系的单位和个人,包括:

(一)行使国家财政、经济管理权力的国家机关;

(二)实行单独预算、独立核算或者其他能对外独立承担财产责任的单位,包括国家机关、国营企业、事业单位、人民公社各级组织、各种合作社组织、人民团体和其他社会组织;

(三)中华人民共和国公民。

法律规定需要登记的工商企业、个体工商业者和社会组织,只有在登记以后才可以参与经济关系。

第二条 一切单位和个体工商业者进行的经济活动,不得超越主管部门规定或者批准的业务范围;公民个人进行的经济活动,不得超越国家政策、法律允许的范围。

第三条 单位对其他单位或者个人的经济活动,应当由它的负责人或者它指定的人员以单位的名义,持规定的证明文件进行。

第四条 代表全民所有制单位、集体所有制单位进行经济活动的工作人员,必须认真执行党政干部的三大纪律、八项注意,模范地遵守本法的有关规定,树立明确的政治观点、生产观点和群众观点。

全民所有制单位、集体所有制单位的负责人,必须是真正的马克思列宁主义者,全心全意为中国和世界的绝大多数人服务,团结绝大多数人一道工作,模范地执行党的民主集中制,谦虚谨慎,戒骄戒躁,富于自我批评的精神,勇于改正自己工作中的缺点和错误。

另案:代表全民所有制单位、集体所有制单位进行经济活动的工作人员,必须具有坚定的革命立场,全心全意为社会主义服务;在各项经济活动中,必须认真执行党政干部三大纪律、八项注意,模范地遵守本法的有关规定,树立明确的政治观点、生产观点和群众观点。

第五条 单位合并、分立、撤销或者解散的时候,应当及时对财产进行清理;对于同其他单位或者个人未了的经济关系,应当由合并后的单位或者由它的主管部门确定的单位继续负责,行使原单位的权利,承担原单位的义务,不得擅自终止,或者逃避责任。

第六条 单位、个人进行经济活动,可以委托其他单位或者个人代理。

地主分子、富农分子、反革命分子、坏分子、一切反抗社会主义革命和敌视、破坏社会主义建设的分子,不得代理单位进行经济活动。

第七条 未满十八岁的公民,在需要进行同他年龄不相适应的经济活动的时候,应当由他的监护人代理。

公民由于患精神病或者其他原因而神志不清的,在需要进行经济活动的时候,应当由他的监护人代理。

监护人必须维护被监护人的合法权益。监护人对被监护人造成的公共财产的损失或者他人财产上的损失,应当负赔偿责任。

第四章 制裁和时效

一、第一九条增加第三款:

行政主管机关、仲裁机关或者人民法院处理违反本法的行为或者经济纠纷,必须严格区分并且正确处理两类不同性质的矛盾。对于违反本法的单位、劳动人民和其他拥护社会主义的人民,应当按照"团结—批评—团结"的公式,主要是采用民主说服的方法,进行批评教育,必要时予以一定的制裁,对于违反本法的地主、富农、反革命分子、坏分子以及其他反抗社会主义革命和敌视、破坏社会主义建设的分子,必须从对阶级敌人实行专政的原则出发,依法制裁。

有的同志认为第一九条的三个内容的次序可以另外安排(方案待提)。

二、在第一九条之后增加一条:

任何单位和个人,对于违反本法的行为,都应当检举、揭发。有关主管机关对于检举、揭发违法行为有功的单位和个人,应当给予必要的表扬或者奖励。

被检举、揭发的单位或者个人,对于检举、揭发的单位和个人,不得进行打击报复。有关主管机关,对于进行打击报复的单位和个人,应当给予批评教育、行政处分;情节严重的,应当送交人民法院依法制裁。

三、在第二〇条第二款的后面增加一句:

人民法院对于单位和工人、贫农、下中农等劳动人民向敌对阶级分子提出的经济请求,应当根据具体情况进行处理,可以不受前款规定的有效期限的限制。

对民法(1964年7月1日试拟稿)第二编的修改意见

1964年9月25日

第一章 通　则

拟在第二七条之后,依次增加下列三条

第　条 财产所有人在行使财产所有权的时候,必须严格遵守国家的政策、法律、法令,服从有关主管部门的管理。

国家严格禁止任何单位、个人滥用财产所有权,损公肥私、投机倒把、雇工剥削、放高利贷等危害公共利益、侵犯公民合法权益、牟取非法收入的资本主义行为。

第　条 全民所有制单位和集体所有制单位,必须在中国共产党领导下,充分依靠群众,采取有效措施,坚决同阶级敌人的复辟行为进行斗争,严格防止社会主义经济演变为资本主义经济,不得变国家财产为地方的、部门的、单位的、集团的或者个人的财产,不得变大集体财产为小集体财产,不得变集体财产为个人财产。

第　条 全民所有制单位和集体所有制单位的干部,必须按照规定积极参加集体生产劳动,密切联系群众,深入了解实际,改进思想作风,及时发现并解决生产或者工作中的问题。

第二章　国家财产

一、原三一、三二条未动。

二、原三三条一款未动,增加二款:

国家机关、国营企业和事业单位经国家授权在行使本法第二六条第二款规定的权利的时候,必须从国家和人民的整体利益出发,反对片面强调本单位的利益,弄虚作假不报真情,不服从国家的统一调度;反对不遵守国家的政策、法令和规定制度,不积极完成国家规定的任务等资本主义的行为。

三、原三四条改为:

国家机关、国营企业和事业单位对国家交给它经营管理的财产,必须负全部责任,必须建立和健全财产的保护管理和使用制度。经常教育全体职工爱护国家财产,同铺张浪费、损公肥私、贪污盗窃国家财产等行为作斗争,切实防止国家财产遭受损失。

四、增加三五条：

国营企业在生产行政上实行党委领导下的厂长(经理)负责制，实行集体领导和个人负责相结合的制度。

国营企业的生产、技术、财务、生活等经营管理上的重大问题，必须由企业党委讨论和决定，厂长(经理)对党委的决定必须认真负责地组织执行，统一指挥日常的经营管理活动并对完成党和国家交给的任务负完全责任。

五、增加三六条：

国营企业必须依靠工人阶级办好企业，在企业党委的领导下实行职工代表大会制度，吸收职工群众参加企业管理和监督行政工作。

国营企业的职工代表大会和职工大会，应当讨论和解决企业管理工作中的重要问题和职工群众最关心的问题，并保证大会决议的实行；职工代表大会有权对企业经营管理工作中的缺点或者错误提出批评；有权对严重失职、作风恶劣的工作人员向上级建议给予处分。以保证管好国家财产，办好国营企业。

六、增加三七条：

国营企业应当不断地改善经营管理，实行全面的经济核算，认真开展增产节约运动，组织社会主义劳动竞赛，以保证提高劳动生产率、增加产量、提高质量、减少费用、降低成本、增加国家积累、完成国家计划。

七、原三五、三六条依次改为三八、三九条。

八、增加四〇条：

国家机关、国营企业和事业单位的干部，必须按照国家规定的制度参加工农业生产劳动。国营企业在经营管理工作中应当实行"两参、一改、三结合"的制度，对生产和技术上的重大问题应当采取领导干部、技术人员和工人群众相结合的办法解决，不断地改善经营管理。

九、原三七、三八、三九条依次改为四一、四二、四三条。

第三章　集体财产

第一节　农村人民公社财产

一、原四〇条未动。

二、原四一条前面加上："现阶段……"。

三、原四二、四三条未动。

四、增加四四条：

农村人民公社的各级组织，必须在中国共产党的领导下，认真贯彻执行党的农村中的依靠贫农、下中农、团结中农的阶级路线，充分发挥贫农、下中农组织的作用，进一步巩固社会主义在农村的阵地，发展集体经济，巩固工农联盟，加强无产阶级专政。

贫农、下中农协会的各级组织，应当在中国共产党的领导下，教育全体社员积极响应党和毛主席的号召,模范地遵守党和国家的政策、法令,坚决走社会主义道路;发动社员群众积极协助有关部门加强对地、富、反、坏分子的监督改造,同资本主义势力和封建势力进行坚决的斗争,防止被推翻的剥削阶级复辟;协助和监督农村人民公社的各级组织和干部办好集体经济;并且经常关心贫农、下中农和其他有困难的社员生活,维护他们的合法权益。

五、原四四条取消,增加四五条:

农村人民公社各级组织,必须认真贯彻民主办社的方针。农村人民公社的社员代表大会或者社员大会是农村人民公社各级组织的权力机关,有权决定人民公社各级的重大问题,有关生产计划、分配方案、财务预算和决算、基本建设等,都必须由各级的社员代表大会或者社员大会民主讨论决定,反对少数人独断专行。

由社员代表大会或者社员大会选举产生的管理委员会和监察委员会,必须正确地、认真地履行国家规定的职责和社员代表大会或者社员大会的决议。必须接受贫农、下中农组织和社员群众的监督,充分调动广大社员的社会主义积极性,经营管理好集体财产,巩固集体经济,发展生产。

六、增加四六条:

农村人民公社各级组织,必须贯彻执行勤俭办社和自力更生的方针,充分利用人力、物力和财力,办好集体经济发展生产,精打细算,厉行节约,反对铺张浪费的行为和依赖国家投资的思想。

七、原四五条变四七条改为:

农村人民公社各级组织,必须建立和健全财务制度和各项财产的管理制度,切实管好账目、仓库、财务和工分,并且依靠群众经常进行彻底的清查和全面监督。经常教育全体社员爱护集体财产,同徇私舞弊、贪污盗窃、投机倒把等破坏公共财产的行为进行坚决斗争。切实防止集体所有制变为个人所有制。

八、增加四八条:

农村人民公社各级组织的干部,必须参加集体生产劳动,认清坚持劳动才能坚持革命,要同广大社员保持经常的密切联系,及时了解阶级的关系、群众的问题和生产的情况,及时地同群众商议,通过群众路线解决问题。

九、原四六条变四九条。

十、原四七条变五〇条,前面加上:"公社应当接受国家计划的指导,根据……"。

十一、原四八、四九条依次变为五一、五二条。

第二节　合作社财产

一、原五〇条未动。

二、原五一条一款未动,二款改为:

合作社必须接受中国共产党的领导,遵守国家的政策、法律、法令,服从国家计划的指导和管理,按照社章规定的任务、业务范围和财产权限进行经济活动。坚决反对资本主义的经营思想和作风。

三、原五二条一款未动,增加二款为:

合作社的各项财产,都要有人负责,切实防止手续不清、责任不明造成财产的损失和混乱现象。

四、增加五三条:

合作社应当在国家计划指导下,根据社会需要结合各自生产或者经营的任务和条件,制订生产或者经营计划,并认真执行。如果需要修改计划,必须报经上级社和主管机关审查批准后,才可以改变原计划。

合作社在制订和执行计划过程中,应当加强调查研究,了解有关单位和个人对生产、生活的供需情况,防止盲目经营和单纯业务观点。

五、原五三条取消,增加五四条为:

合作社的社员代表大会或者社员大会,是合作社的权力机关,有权决定合作社的重大问题,有关生产经营计划、财务、盈余分配、劳动报酬和福利等重要事项,必须由社员代表大会或者社员大会民主讨论决定,切实防止少数人独断专行。

六、增加五五条:

由合作社社员代表大会或者社员大会选举产生的理事会和监事会,必须正确地、认真地执行社章规定的职责和社员代表大会或者社员大会的决议;必须接受国家主管部门、上级社的领导;必须接受社员群众的监督,团结全体社员管好用好集体财产,办好合作社。切实防止公私不分、损公肥私、铺张浪费、贪污盗窃等损害集体财产的非法行为。

七、增加五六条

合作社的干部,必须按照规定积极参加集体生产劳动。合作社的企业应当根据自己的情况和条件,实行"两参、一改、三结合"的制度。认真改善经营管理。

第四章 个人财产

第 条 个人财产是公民在社会主义公有制基础上通过劳动或者其他合法方式取得的财产。个人财产依法归公民个人所有。

国家鼓励公民积极参加社会主义建设,通过劳动取得生活资料,反对不劳而获、好逸恶劳、坐享其成和剥削他人的思想和行为。

第 条 个人财产主要包括:

(一)满足个人和家庭物质文化生活需要的一切生活资料;
(二)法律允许集体所有制单位成员个人所有的生产资料;
(三)法律允许个体劳动者所有的生产资料。

第 条 公民的劳动收入和其他合法收入以及在银行、信用合作社的储蓄,归个人所有。

公民的房屋,包括自住的和依法少量出租的,归个人所有。

第 条 农村人民公社和各种生产合作社的成员依法自有的农具、工具,牲畜,果树和竹木等,归个人所有。

第 条 农村人民公社社员的家庭副业,是社会主义经济的必要的补充部分。社员在办好集体经济、保证完成集体劳动任务的条件下,可以按照规定利用剩余时间和假期耕种自留地、饲养家畜和经营其他家庭副业。

农村人民公社社员不得擅自扩大家庭副业范围、侵占公有土地、出租自留地、破坏集体山林、弃农经商和进行任何妨碍全民所有制经济、集体所有制经济的非法活动。

第　条　国家职工必须爱护国家财产,不得铺张浪费,假公济私、破坏制度,滥用国家资财、贪污盗窃,参加地下工厂等,以侵犯和破坏社会主义经济利益。

各种合作社社员,必须爱护集体财产,巩固与发展合作社集体经济,支持社会主义方向,不得闹退社、搞单干、揽私活,不得粗制滥造,投机取巧,牟取暴利。

另案:国家职工和各种合作社的社员,应当积极巩固和发展社会主义经济、爱护公共财产,遵守规章制度,不得利用贪污盗窃、投机取巧、假公济私、铺张浪费、包揽私活和参加地下经济组织等手段,牟取非法利益。

第　条　个体劳动者的生产资料,依法归个人所有。个体劳动者的生产和经营活动,必须遵守国家的政策、法律、法令,服从有关部门的领导和管理。

个体农民必须在农村人民公社的领导和监督下,进行生产和经营活动,并按时完成公粮和农副产品征购、派购的任务,交纳应摊的公益事业费或行政管理费,完成应出的公益劳动的任务。严格禁止个体农民弃农经商、买卖、出租土地,雇工剥削和其他损害国家和集体利益的行为。

个体手工业者和其他个体劳动者,必须接受有关部门的管理和改造,逐步走向集体化的道路,树立爱国守法,为人民服务的经营作风,不准投机倒把、偷工减料、偷税漏税、哄抬价格,扰乱市场和以收徒工为名进行雇工剥削。

另案:第二、三两款合并如下:

国家鼓励和帮助个体劳动者走社会主义道路,严格禁止个体劳动者进行投机倒把、雇工剥削、哄抬价格、偷税漏税、逃避合理负担以及违反国家对农副产品实行统购派购的政策和物资管理制度等损害国家、集体和其他公民的利益的非法行为。

第　条　国家严厉打击剥削阶级分子侵犯社会主义经济,企图复辟资本主义经济和封建主义经济的破坏活动,严格禁止地主、富农、坏分子和资产阶级分子反攻倒算、投机剥削和利用其他手段破坏社会主义经济、骗取群众钱财等非法行为。

对民法(1964年7月1日试拟稿)第三编的修改意见

1964年9月25日

第一章 通 则

一、增加第六五条(原六五条移在原六七条前边):

参与本编各种经济关系的单位,必须在中国共产党的领导下,认真贯彻群众路线,深入调查研究,切实了解和掌握供、需的情况,正确处理产、供、销、人、物、财的关系,防止脱离实际、脱离群众的盲目经营和单纯业务观点,以保证财产流转正常进行。

二、第六六条改为:

各单位在国家计划统一指导下,应当互相支援,积极协作,互通有无,互补短长,发扬服从整体照顾大局、把方便让给别人、把困难留给自己的共产主义协作精神,反对假借协作名义,损害国家或者集体的利益。

进行经济协作的单位,应当按照集中领导、全面规划、分工协作的精神,根据具体情况,提出需要的协作要求,承担协作任务,建立各种形式的经济协作关系。

三、第六九条改为:

本编各种经济关系确定以后,承担义务的一方或者双方,必须严格履行。全部或者部分没有履行义务的,应当接受相应的制裁,承担经济上、行政上的责任。但是,由于自然灾害或者其他人力不可抗拒的原因不能履行义务,除法律、法令另有规定的以外,可以免除责任。

第二章 预算关系

第七○条 预算关系是国家为了有计划地集中和分配资金,根据国家预算,在中央和地方之间,各级财政同部门预算单位之间,以及各部门预算单位上下级之间,组织预算收入,拨付预算资金和进行年终决算所发生的财政收支关系。

第七一条 国家预算由中央预算和地方预算组成。

中央一级财政成立中央预算,省、自治区、直辖市一级财政成立省、自治区、直辖市预算,县(市)一级财政成立县(市)预算,乡(镇)一级成立乡(镇)预算;省、自治区、直辖市预算和县(市)、乡(镇)预算构成地方预算。中央预算和地方预算是国家预算的不可分割的部分。

中央预算由中央各部门预算和企业财务收支计划组成,省、自治区、直辖市预算由本级主管部门及其所属单位预算、企业财务收支计划和下一级预算汇总组成;县(市)预算由县(市)级主管部门及其所属单位预算、企业财务收支计划和下一级预算汇总组成;乡(镇)预算由划给乡(镇)的收支组成。

部门预算单位包括:国务院各部门、其他中央部门及其直属机关;省、自治区、直辖市、县(市)、乡(镇)人民委员会的各部门、其他同级部门及其直属机关;各级主管部门所属的国营企业和事业单位。各部门预算单位,除国营企业要成立财务收支计划外,都要成立单位预算。

第七二条 地方各级财政和各部门预算单位都有根据国家批准的计划和预算使用资金的权利,有按照法律、法令的规定上交各项收入的义务。

在国家财政体制规定的范围内,各级财政享有相应的财政管理权和预算调剂权,并有自行平衡预算的责任。

第七三条 各级财政应当根据国民经济计划和有关方针、政策编制预算。国家预算从中央到地方必须坚持全国一盘棋的原则,在加强基础工业,保证发展农业和巩固国防的前提下,实行统筹安排、综合平衡。

第七四条 各级财政编制预算时,收入要积极可靠,留有余地,支出要打紧打实,不留缺口,坚持当年收支平衡、略有结余的原则,一律不准打赤字预算。

第七五条 各级财政组织国家预算收入,必须严格遵守国家的政策。各项收入怎样收、向谁收、收多少、上交给谁,都必须严格按照国家的规定办理。

第七六条 地方各级财政和各部门预算单位应当上交的国家收入,必须按时地、足额地上交,不准拖欠、扣留或者挪用。

第七七条 地方各级财政和各部门预算单位不经国务院批准,不准自行增设预算外资金项目,或者擅自扩大预算外收入的提取比例。

地方各级财政和各部门预算单位不准以任何方式化大公为小公,化预算内收入为预算外收入。绝对不容许有打埋伏,私设"小钱柜"、"小家当",只顾局部、不顾大局的分散主义和本位主义。

第七八条 财政资金和信贷资金必须划清界限,分口管理。一切非偿还性开支由财政拨款;一切周转性的临时需要由银行贷款。不准挪用信贷资金解决财政性支出,或者交纳利润、税款和其他应当上交的收入。

第七九条 各级财政安排国家预算支出,必须符合国家计划的要求。地方各级财政和各部门预算单位执行各项预算支出,应当本着勤俭建国、自力更生的精神,精打细算,少花钱,多办事,力求充分发挥资金的使用效能,绝对不容许有讲究排场、铺张浪费、假公济私等破坏国家制度,滥用国家资财的非法行为。

第八〇条 各级财政和各部门预算单位都应当按照规定的用途使用资金,严禁乱拉乱用国家资金。

对于没有计划、没有预算和违反制度、超过规定标准的开支,财政部门一律不予拨款。

第八一条 所有预算支出的追加、预算收入的追减,都必须按照规定的程序办理。追加支出必须有相应的资金来源,追减收入必须经上级领导机关批准。任何人和任何部门都不准"先斩后奏",或者向所属单位任意增加任务、打乱财政预算和国家计划。

第八二条 各级财政和各部门预算单位,必须按照预算报告制度和会计制度的规定,正确地、及时地、完整地报送有关预算执行情况的报告和会计报表。

第八三条 各级财政和各部门预算单位应当按照会计制度的规定,认真办理年终结算,编报结算报告。

决算中的收支数字必须落实,资金界限必须划清,并须逐级负责审查,保证如实反映情况。

严禁以落实收支为名,预提收入,虚列支出。

第八四条 各级财政和各部门预算单位一切应当列报支出的款项,除另有规定的外,不准采取冲减收入的办法解决;不应当列入报销的款项,要坚决剔除;既要防止虚报、重报,也要防止该报不报,挪占其他资金;凡属用预算外资金解决的支出,都不准在决算内列支。

第八五条 各项决算数字应当由各级财政部门、金库、监交机关会同交款单位和用款单位共同核对一致。各级财政部门、监交机关应当加强对年终对账工作的领导和检查。

第八六条 各级财政部门和各企业、事业主管部门,应该经常检查国家财政制度和财政纪律的执行情况,同一切不遵守国家财政制度、违反国家财政纪律的行为进行斗争。

第八七条 财政部门和国家银行必须切实监督预算资金的使用情况。属于基本建设资金的使用,由中国人民建设银行进行监督;属于农业资金的使用,由中国农业银行进行监督;其他资金的使用,由各级财政部门和有关单位进行监督。

各级税务机关负责监督国营企业按期地、正确地、足额地解交各项预算收入。

第八八条 任何单位或者个人,如果违反财政纪律,必须受到经济制裁或者纪律处分。

财政经济工作人员隐瞒真相,弄虚作假,谎报数字,窜改账目,分散资金,贪污盗窃,营私舞弊的,应当分别情况,给予行政纪律处分或者依法惩处。对于情节严重,使国家财产受重大损失的,应当送人民法院依法处理。

财政部门和财务部门的负责人员,不检查、不报告,放松财政监督的,以失职论处;如果自己违反财政纪律,应当从重处分。

第三章 税收关系

一、第九三条 国家对不同经济成分采取区别对待的税收政策,以利于进一步巩固和发展社会主义经济,彻底改造非社会主义经济,打击资本主义势力,防止封建主义和资本主义复辟。

二、在第一〇〇条后面增加一条:

税务工作人员必须分清敌我,站稳立场,廉洁奉公,联系群众,正确地贯彻执行国家的税收政策和税收法令。

有关主管机关对有贪污受贿、营私舞弊等非法行为的税务工作人员,应当根据具体情况给予批评教育、纪律处分,情节严重的,送人民法院处理。

三、**第一〇一条** 税务机关应当依靠群众,做好国家税收工作,在加强专业管理的基础上,建立和健全必要的群众性协税护税组织,同偷税漏税行为作斗争。

任何单位和个人对于偷税漏税的行为,都应当检举揭发。税务主管机关对维护国家税收有贡献的单位和个人,可以酌情给予表扬或者奖励。

第四章 信贷关系

一、第一〇八条第一款第一项修改如下:
(一)具备国家贷款制度规定的申请条件的工商企业和国营农业企业。

二、第一〇九条增加如下一款作为第一款:
信用合作社是农村劳动人民的资金互助组织,它的任务是帮助农民解决副业生产和生活上的临时性的资金困难,同高利贷作斗争。

三、在一一二条后增加如下一条:
银行向集体所有制农业生产单位发放贷款,应当同商业部门对农村的生产资料供应工作密切配合,使所发放的贷款切实符合"确有物资、物资适用、群众欢迎"的要求。

四、**第一一三条** 银行、信用合作社在发放贷款时,应当按照规定确定贷款的期限;使用贷款的单位和个人,必须积极主动地按期如数偿还贷款,不得只顾局部不顾整体,无故拖延不还。

第五章 借贷关系

一、第一一六条的"互助互济,"之后加"解决生产和生活上的临时困难"。"反对高利贷"改为"取缔高利贷"。"依照约定由出借人……的关系"改为"发生的贷钱贷物和还钱还物的关系"。

二、第一一七条第二款的"及其制品"删掉,"外币"改为"外汇"。

三、在第一一八条之后增加一条:借用人只能把贷得的现金或者实物用以解决生产和生活上的困难,不得转贷他人,从中取利。

四、第一一九条的"按照约定的期限归还"之后加"也可以提前归还"。

五、第一二〇条的"但是不准利用折算变相地超过国家规定的借贷利率"改为"禁止出借人用不合理的折算方法索取超过原定利率或者国家规定的借贷利率的利息"。

六、第一二二条增加第四款:对于借高利贷进行投机倒把或者加息转贷的人,必须依法制裁。

七、最后增加一条:任何单位和个人,对于放高利贷的行为,都应当检举、揭发。有关主管机关对于检举、揭发高利贷有功的单位和个人,应当给予表扬。

第六章 储蓄关系

一、第一二五条改为两款:

储蓄对于支援国家建设和鼓励公民勤俭节约具有积极的作用。储蓄机构应当积极宣传,加强服务,做到存取方便,努力增加储蓄。

储蓄机构办理储蓄,必须支持存款自愿、取款自由的原则,并且按照规定为储蓄户保守秘密。

二、在第一二五条之后增加一条:勤俭节约、艰苦朴素是每个劳动人民应当具有的美德,积极支援国家社会主义建设是每个公民应尽的光荣义务。每个公民都应当本着勤俭节约、艰苦朴素的精神,合理安排家庭生活,把节余的现金积极地存入储蓄机构。

(这一条,有的同志认为可以与一二五条合并)

三、第一二八条的"在挂失以前所发生的损失"改为"在挂失以前,如果储蓄被人冒领"。本条最后增加一个但书:"但是,储蓄机构应当积极地协助储蓄户或者政法机关查找冒领人。"

第七章 结算关系

一、第一三一条的第三款删掉。

二、第一三二条第二款增加一个但书:"但是,银行应当积极地向它们宣传转账结算对于节约现金使用、加强企业经济核算、加速商品流通和资金周转、减少商品流通费用等方面的重要意义。"

三、第一三三条第一款的"不得拖欠"删掉。

四、第一三六条第一款的"银行对于不按规定……使用支票的权利"整句话删掉。第二款的"在挂失以前所发生的损失"改为"在挂失以前,如果款项被人冒领"。第二款还增加一个但书:"但是,银行应当积极地协助遗失单位或政法机关查找冒领人。"

五、在第一三六条之后增加一条:

一切结算单位都不得利用结算账户、结算方式和结算凭证,进行套取现金转账结算、诈取银行资金、投机倒把等非法活动。

对于进行前款禁止的非法活动的结算单位,银行应当立即追回被套取的现金或者被诈取的资金,限制该单位在一定时期内选用结算方式、使用结算凭证的权利,并且向当地人民委员会报告情况;对于情节严重的,应当报送当地人民委员会处理。

六、第一三九条最后的"银行有权拒绝代付"改为"银行除拒绝代付以外,并且有权按照结算制度的规定,对该付款单位处以罚款"。

七、第一四○条第一款"……合同规定的期限付款"之后加"不得借口刁难,迟延或者无理拒绝付款"。

八、第一四一条和第一四二条的位置互换。

九、原第一四一条第一款的"银行应当积极地为结算单位服务",改为"银行办理转账结算,必须严格遵守国家的现金管理制度和结算制度,本着积极地为结算单位服务的精神"。原第二款作为第三款。增加下列内容作为第二款:银行工作人员必须认真执行党政干部"三大纪律、八项注意",在转账结算工作中,不得有任何营私舞弊的非法行为。对于利用职权进行营私舞弊的银行工作人员,应当由主管机关根据不同情况,分别予以批评教育、行政处分;情节严重的,应当由人民法院依法制裁。

十、原第一四二条的第一款,最后增加"并将该单位违反制度的情况如实地向当地人民委员会报告"。

十一、最后再加一条:银行在办理转账结算的过程中,应当注意了解各结算单位的经营管理工作和财务会计工作的情况,总结推广先进经验,协助各结算单位不断改善经营管理工作和财务会计工作。

第八章 物资分配关系

一、第一四五条第二款最后,增加一句:"严格禁止物资分配工作中'讲人情'、'走后门'等不按计划、不按原则办事的行为。"

二、第一四七条第一句中"必须"后面加"从全局出发,"。

三、第一四八条第一句改为:"物资管理部门必须认真贯彻从生产出发、为生产服务的方针,充分发挥广大职工的革命精神,不断改善经营管理,提高服务质量,以保证社会主义经济建设和国防建设所需要的物资的供应。"以下不变。

四、第一四九条增加第三款,内容如下:

检验人员必须以身作则做好检验工作。任何单位或者个人,不得对检验人员进行刁难和打击报复。

第九章 商品购销关系

一、第一五七条第三行"根据国家"后面加"有关商品生产和商品销售的"十二字。

二、第一五八条第一款第三行中"共同"二字删去。

三、第一六二条第二款最后增加一句:"工业部门和商业部门之间,不得互相排斥,争夺市场。"

四、第一六四条第二句修改如下:

国营商业部门和供销合作社,应当按照国家规定的经营范围,分工负责,密切协作,不断改善经营管理,做好商品的收购和供应工作;不得有只顾局部、不顾全局的分散主义、本位主义和资本主义的经营作风。

第一一章 买卖关系

一、第一七九条第四行"关系"二字前加"的"字。

二、第一八〇条第三款改为:

国家保护合法买卖,严格取缔投机倒把、黑市交易、套购或者倒卖国家统购、派购物资和计划分配的工业品等非法活动。

增加第四款:

国家鼓励公民、单位检举揭发任何公民或者单位的非法买卖活动。

三、第一八一条原文";应当不断地提高服务质量,改善服务态度,便利群众购买,接受群众监督。"删去,改为"为工农业生产服务,为人民生活服务。"

另增加两款:

商业零售单位的设置、售货形式、营业时间等,应当尽量做到便利顾客。

商业零售单位,应当通过适当的方式,积极征求群众意见,了解群众要求,接受群众监督,不断地改进工作。

四、第一八一条之后增加一条:

做好商品零售工作,是社会主义商业零售单位营业人员的光荣职责,营业人员应当处处为消费者着想,改善服务态度,不断地提高服务质量。消费者应当尊重营业人员的劳动,支持和协助营业人员做好工作。

五、第一八二条改为:

买卖双方必须遵守国家的价格政策。对国家规定按照国家牌价交易的商品,必须严格执行国家牌价,不得擅自变动。对主管部门规定由商业零售单位具体确定零售价格的商品,按照商业零售单位确定的价格执行;但是,商业零售单位具体确定价格的时候,不得违背主管部门规定的原则和价格计算公式。对国家允许议价交易的商品,可以按照国家牌价成交,也可以参照国家牌议价成交,严格禁止哄抬物价。

六、第一八四条原文第一行的"徇"字改为"营"字。

原文第二行"占,"之后增加"开后门,"。

七、第一八四条之后增加一条:

商业零售单位及其工作人员,应当做移风移俗的促进派,如果发现带有资本主义和封建的色彩和内容,违背社会主义风尚的商品,应当及时建议有关部门改进,或者报请主管部门处理。

八、第一八五条原文第四行"和"字改为顿号。

原文第四行"个体手工业者"之后加"和其他成员"。

九、第一八六条原文第一、二两款中的"有关"字样均改为"规定的"。

十、第一八七条原文"禁止买卖土地"后增加"、武器、外汇"字样。

第一二章　基本建设工程关系

一、原第一八九条未动。

二、原第一九〇条移作第一九六条,改为:

参与基本建设工程关系的一切单位,都必须根据国家基本建设方针、任务和各自的工作特点,结合农业生产、工业生产、国防建设和科学文化事业发展的需要,充分利用一切可能条件,加强协作,密切配合,共同保证多快好省地完成各项基本建设工程任务。

三、原第一九一、一九二条依次移作第一九〇、一九一条。

四、增加第一九二条:

一切基本建设工程,必须从党和国家发展国民经济的方针出发,按照国民经济计划和国防的要求,根据需要与可能恰当地安排基本建设项目。在建设场所的选择和建设项目的总体布置上必须合理,不宜过于分散也不宜过于集中。

五、原第一九三条未动。

六、原第一九四条改为:

基本建设工程的财政拨款,由中国人民建设银行或者中国农业银行负责管理。中国人民建设银行和中国农业银行,应当督促建设单位落实投资并对建设工程拨款的支付和使用进行监督。严格按照国家的建设计划和基本建设程序拨款;严格按照国家批准的预算和工程进度拨款。中国人民建设银行或者中国农业银行,发现有不执行国家建设计划、违反基本建设程序、突破预算指标、虚报工程进度的,应当及时向有关单位提出意见,加以劝阻。劝阻无效的,有权拒绝拨款,并且应当及时向有关部门反映情况。

七、增加第一九五条:

建设单位必须在国家确定的投资指标范围内和批准的设计文件,合理地安排投资,不得分散使用资金,不得故意留投资缺口,严格禁止挪用基本建设资金作其他开支;也不得挪用其他资金进行基本建设。

八、增加第一九七条:

一切基本建设工程,必须贯彻合理用地的原则。占用土地必须经过国家主管机关批准。征用土地,必须严格执行有关国家建设征用土地的政策、法令的规定,不得早占地、占好地,尽可能不占或者少占耕地。建设单位应当在有关部门的领导下,及时检查土地的使用情况,发现问题应当及时处理。

九、原第一九五条至第一九九条依次变作第一九八条至第二〇二条。

十、增加第二〇三条:

设计单位应当同施工单位、科学研究单位和其他有关单位,建立固定的技术协作关系,交流科学技术经验,互相学习,把经过试验的科学研究和技术革命方面的成果,及时地、正确地运用到设计或者施工中去。

十一、原第二〇〇、二〇一、二〇二条依次变作第二〇四、二〇五、二〇六条。

十二、原第二〇三条变作第二〇七条,改为:

施工单位必须根据批准的设计文件和施工验收技术规范的规定进行施工。建立和健全各种管理制度,教育全体职工牢固地树立"百年大计、质量第一"的思想,在确保工程质量的条件下,努力降低工程造价,节约资金、材料和设备,保证按期竣工。

十三、原第二〇四、二〇五条依次变作第二〇八、二〇九条。

十四、增加第二一〇条:

国家严格禁止一切单位未经批准私自施工、私自改变建筑和安装物的主体结构或者使用性质、私自占用土地或者在借用土地上擅自修建以及临时建筑逾期不拆等违章建设的行为。

有关主管部门应当加强对违章建设的检查和处理,对于违章建设,不听劝告,情节严重的,应当严肃处理。

第一三章　运输关系

一、第二〇六条在"活跃城乡物资交流"之后,增加"保证国防需要"一句。

二、第二〇八条之后,增加下列两条:

第 条 运输企业为了便利托运人、收货人和旅客,在组织运输工作中,应当按照距离远近、货物种类、客货流向等因素,进行各种不同运输方式之间的分工协作,大力推行联运制度。

第 条 运输企业必须明确树立全心全意地为农业生产、工业生产、人民生活和国防需要的服务观点,最大限度地满足各方面的运输需要,接受托运人、收货人和旅客的监督,不断改善经营管理。反对单纯的业务观点和盈利观点。

三、第二〇九条第二款改为:

运输企业的工作人员不得贪污盗窃、营私舞弊、收受贿赂以及勾结不法奸商进行投机倒把活动;托运人和旅客不得利用托运货物、行李和旅行的便利条件,进行投机倒把、长途贩运、走私偷税等非法活动。

四、第二一〇条之后,增加一条:

第 条 农村人民公社的各级组织利用农忙时间,以自己的运输工具参加社会短途运输,必须按照规定经主管部门核准登记,服从交通运输部门统一分配货源,执行国家规定的运价,不得私自对外经营运输业务。

五、第二一五条增加第三款:

承运人应当教育职工爱护承运的货物,严格遵守装、运、卸货物的操作规程,及时整修破损的包装,以免造成社会财富的损失。

第一四章 租赁关系

一、第二二八条取消。

二、第二三〇条第一款不动,第二款改为:

按照规定由各单位自行管理的国有房屋,在出租的时候,应当执行国家有关房产管理的规定,并且接受房地产管理部门的指导和监督。

增加第三款:

国家房地产管理部门要管理好自己统一经营和管理的房屋,同时做好对各自管单位的房管业务的指导和监督工作。

三、第二三一条(新增):

国家房地产管理部门,要做好房屋维修工作,实行修、养、爱并举的方针,把房屋的修缮、养护同群众性的爱房教育结合起来,坚决克服重新建、轻维修的思想和不依靠群众的作风。

国家房地产管理部门,要采取切实有效的办法,做好单位之间的房屋的合理调配和余缺调剂工作,做好住户之间的换房工作。提倡艰苦朴素、节约用房、挖掘房屋潜力,支援兄弟单位的共产主义风格和互助、互利的思想,克服调配工作的"有房就分,无房不管"的简单化作风和消极畏难情绪。教育调配单位克服本位主义思想和换房住户的个人主义思想。

四、第二三二条(新增):

国家房地产管理部门和各单位自行管理国有房屋的工作人员,必须坚决正确地贯彻执行房产管理的方针、政策和规章制度,一切工作必须走群众路线,深入基层,倾听群众意见,取得他们的协助和支持,爱护国家财产,关心群众生活,全心全意用房单位和住户服务。

五、第二三四条(原七月一日稿第二三二条改写):

国家鼓励公民出租依法归个人所有的房屋,并且保障他的合法权益。出租人和承租人应当根据国家有关房屋管理的政策、法令的规定,本着团结互助、自愿两利的精神,建立租赁关系。

公民对出租的房屋,必须积极进行维修,并且接受国家房产部门的管理和监督。

公民出租房屋,不得索取高租、押租或者其他变相的非法收入。

六、第二三七条(原七月一日稿第二三五条改写):

在房屋租赁关系有效期间,承租[人]应当依照租约规定的数额和期限交纳租金,不得拖欠。

租金的数额在房屋的建筑、使用等条件改变的情况下,应当由租赁双方协商调整,在租金调整之前,承租人仍按原定数额交纳。

承租人欠租,经出租人交涉和有关部门调解无效的,出租人可以诉请人民法院处理。人民法院对于故意欠租、情节严重的,除判决承租人偿还欠租以外,并可责令交出租用的房屋。

七、第二三九条(原七月一日稿第二三七条)第一款不动,第二款改写为:

承租人不得损坏房屋、设备,不得私自转租转让,不得私自改变房屋用途以及利用承租房屋进行其他非法活动。承租人有上述行为的,必须承担法律责任。

第三款取消。

第一五章 劳动报酬福利关系

一、第二四四条增加第二款:

国家应当合理地逐步缩小全民所有制单位和集体所有制单位工作人员同人民群众之间的个人收入的差距,坚决反对对少数人实行高薪制度。

二、第二五〇条改为:

全民所有制单位,必须严格执行国家规定的有关企业、事业单位和国家机关职工的各种工资、奖励和津贴制度。不得有擅自变动职工的工资标准和进行职工升级、任意提高奖金率、津贴标准和生活福利待遇等违反国家所确定的方针、政策和规章制度的做法。

三、第二五一条增加第二款:

全民所有制企业,无论采取哪种工资形式,都必须教育职工搞好生产,保证质量,注意安全,厉行节约,爱护机器设备,防止只顾个人利益,不顾国家利益,单纯追求数量,忽视质量等不良现象。

中华人民共和国民法草案(试拟稿)[①]

全国人民代表大会常务委员会办公厅　1964年11月1日

说　明

这是1963年中央工作会议以后,根据会议精神初步修改的稿子,也是第二次起草民法工作的最后一次稿。

这个稿子改出以后,经赵伯平看过,没有付印,也没有经党组讨论,以后因参加社教运动,起草工作就停止了。

目　录

第一编　总　则
　第一章　民法的任务
　第二章　基本原则
　第三章　参与经济关系的单位和个人
　第四章　制裁和时效
　第五章　适用范围
第二编　财产的所有
　第一章　通　则
　第二章　国家财产
　第三章　集体财产
　　第一节　农村人民公社财产
　　第二节　合作社财产
　第四章　个人财产
第三编　财产的流转
　第一章　通　则

---

①　本试拟稿系在1964年7月1日《中华人民共和国民法草案(试拟稿)》铅印本上直接改写而成。封面题有"请赵副秘书长审阅。孙立明。26/11"字样。另写有"付印稿"三字。

第二章　预算关系
第三章　税收关系
第四章　信贷关系
第五章　借贷关系
第六章　储蓄关系
第七章　结算关系
第八章　物资分配关系
第九章　商品购销关系
第一〇章　农副产品收购关系
第一一章　买卖关系
第一二章　基本建设工程关系
第一三章　运输关系
　第一节　一般规定
　第二节　货物运输
　第三节　旅客运输
第一四章　租赁关系
　第一节　一般规定
　第二节　房屋租赁关系
　第三节　其他财产租赁关系
第一五章　劳动报酬福利关系
　第一节　一般规定
　第二节　职工和社员的劳动报酬
　第三节　职工和社员的福利待遇
　第四节　著译、创作的报酬和发明、技术改进的奖励

第一编　总　则

第一章　民法的任务

第一条　中华人民共和国民法是以毛泽东思想为指导，根据中华人民共和国宪法、中国共产党的鼓足干劲、力争上游、多快好省地建设社会主义的总路线和以农业为基础、以工业为主导的发展国民经济的总方针制定的。

第二条　本法是调整我国经济关系的基本准则。它的任务是通过调整以社会主义公有制为基础、以财产的所有和财产的流转为内容的经济关系，保护国家所有的和集体所有的公共财产，保护公民所有的合法财产，严格禁止一切资本主义的经济活动，维护社会主义经济秩序，以保证实现国民经济计划，巩固和发展社会主义公有制，

巩固无产阶级专政,加强工农联盟,团结占人口百分之九十五以上的人民群众,防止修正主义的产生和资本主义的复辟,保障社会主义革命和社会主义建设事业的顺利进行。

第三条 我国社会主义公有制现在有两种形式:全民所有制和集体所有制。

全民所有制经济是国民经济中的领导力量,是国家实现社会主义革命和社会主义建设的物质基础,国家保证全民所有制经济的优先发展。

集体所有制经济是国民经济的重要组成部分,国家保护和支援集体所有制经济,根据生产力发展的水平和群众的要求,指导和扶助集体所有制经济不断提高公有化程度,逐步向全民所有制发展。

国家依法保护社会主义经济领导下的个体所有制,鼓励和指导个体劳动者根据自愿的原则参加社会主义集体经济组织。

第二章　基本原则

第四条 中国共产党是领导我国革命和建设事业的核心力量。全民所有制单位、集体所有制单位进行经济工作或者从事经济活动,都必须坚持党的领导,坚持政治挂帅,把经济工作同政治工作密切结合起来。反对脱离党的领导,反对单纯的经济观点和其他一切忽视政治的现象。

第五条 发展经济、保障供给是我国经济工作和财政工作的总方针。一切单位必须在这一总方针的指导下,进行经济工作或者从事经济活动,积极地为工农业生产、国防建设和人民生活服务。

第六条 我国社会主义经济是计划经济。国家用统一计划指导国民经济按比例地高速度发展。全民所有制单位必须严格按照国家计划办事,不准擅自修改或者拒不执行国家计划;集体所有制单位应当接受国家计划的指导,根据国家计划的要求和本单位的具体情况,组织经济活动。

第七条 国家根据民主集中制的原则,对经济工作实行统一领导、分级管理。一切单位进行经济活动,都必须服从国家集中统一的领导,在国家集中统一的领导下,充分发挥主动性、积极性,不得有分散主义、本位主义。

第八条 全民所有制单位、集体所有制单位的工作人员,在各项经济工作中,必须认真贯彻执行党的阶级路线、群众路线,坚定地依靠工人群众、贫农、下中农和工人阶级知识分子,深入实际,深入群众,加强调查研究,充分发挥广大群众的革命积极性,接受群众的监督,切实改正脱离实际、脱离群众的官僚主义作风。

第九条 国家所有的财产和集体所有的财产都是社会主义的公共财产。社会主义的公共财产神圣不可侵犯,一切单位、个人都必须爱护公共财产,积极地保护公共财产不受损害,与一切侵犯公共财产的现象进行坚决的斗争。

第十条 一切单位、个人进行经济活动,都必须遵守国家的政策、法律、法令以及有关的规章制度,并且不得超越主管部门规定或者批准的业务范围。

任何单位、个人不得利用公共财产、个人财产、职权或者其他手段,扰乱社会经济秩序,危害公共利益,侵犯公民的合法权益。

第一一条 一切单位进行经济活动,都必须发扬自力更生、艰苦奋斗的革命精神,贯彻勤俭建国、勤俭办一切事业的方针,必须精打细算,努力挖掘潜力,合理地利用人力、物力、财力,不得铺张浪费。

各经济单位必须按照规定认真实行经济核算,改善经营管理,厉行增产节约。

第一二条 在我国社会主义制度下:国家利益、集体利益、个人利益在根本上是一致的。一切单位、个人进行经济活动,都必须贯彻在局部利益服从整体利益、当前利益服从长远利益的前提下,兼顾国家、集体和个人利益的原则。

第三章　参与经济关系的单位和个人

第一三条 参与本法所调整的经济关系的单位和个人,包括:

(一)行使国家财政、经济管理权力的国家机关;

(二)实行单独预算、独立核算或者其他能对外独立承担财产责任的单位,包括国家机关、国营企业、事业单位、人民公社各级组织、各种合作组织、人民团体和其他社会组织;

(三)中华人民共和国公民。

法律规定需要登记的工商企业、个体工商业者和社会组织,只有在登记以后才可以参与经济关系。

第一四条 单位对外的经济活动,应当由它的负责人或者它指定的人员以单位的名义进行。如果按照规定需要有证明文件的,要□具备证明文件。

第一五条 代表全民所有制单位、集体所有制单位进行经济活动的工作人员,必须具有坚定的革命立场,树立明确的政治观点、生产观点和群众观点,廉洁奉公,全心全意为社会主义服务,模范地遵守本法的有关规定,认真执行党政干部三大纪律、八项注意。

第一六条 单位合并、分立、撤销或者解散的时候,必须及时清理财产,结清各种经济关系;对于未了的经济关系,应当由合并后的单位或者由它的主管部门确定继续负责的单位,行使权利,承担义务。

第一七条 单位、个人进行经济活动,可以委托其他符合法律规定条件的单位或者个人代理。

第一八条 未满十八岁的公民,在需要进行同他年龄不相适应的经济活动的时候,应当由他的监护人代理。

公民由于患精神病或者其他原因而神志不清的,在需要进行经济活动的时候,应当由他的监护人代理。

监护人必须依照法律保证被监护人的权益不受侵犯。监护人对被监护人造成的公共财产的损失或者他人财产的损失,应当负赔偿责任。

第四章 制裁和时效

第一九条 单位之间、单位同个人之间、个人之间属于人民内部性质的经济纠纷,应当由双方根据党的方针政策和本法的有关规定,协商解决。协商不成,由行政主管机关、仲裁机关或者人民法院依法处理。

对于单位、个人违反本法的规定,侵犯或者损害其他单位、个人的财产,不履行自己应当履行的经济上的义务而引起的经济纠纷,行政主管机关、仲裁机关或者人民法院必须严格区分人民内部和敌我两种性质的问题,从不同的原则出发,根据不同的情况,依法给予批评教育和一定的行政纪律处分、经济制裁;对于情节严重构成犯罪的人,应当由人民法院依法给予刑事制裁。

第二〇条 任何单位和个人,对于侵犯公共财产、扰乱社会经济秩序的行为,都应当检举、揭发。有关主管机关对于检举、揭发违法行为有功的单位和个人,应当给予适当的表扬或者奖励。

被检举、被揭发的单位或者个人,对于检举、揭发的单位和个人,不得打击报复。有关主管机关,对于进行打击报复的单位或者个人,应当给予批评教育、行政纪律处分;情节严重的,应当由人民法院依法制裁。

第二一条 向仲裁机关或者人民法院提出请求解决经济纠纷的有效期限,除法律另有规定的以外,单位之间为(1)年;单位同个人之间为(2)年;个人之间为(4)年。

单位或者个人提出解决经济纠纷的请求,如果已经超过法律规定的有效期限,具有下列情形之一的,仲裁机关或者人民法院可以适当延长:

(一)劳动人民请求保护被敌对阶级分子侵犯的合法权益。

(二)其他正当理由。

第二二条 请求解决经济纠纷的有效期限的起算时间如下:

(一)有期限的经济关系从期限届满的次日起计算;

(二)无期限的经济关系从经济关系发生之日起计算;

(三)由于侵犯或者损害其他单位或者个人的财产而发生的经济关系,从侵犯或者损害事实发生之日起计算。

第五章 适用范围

第二三条 本法适用于中华人民共和国的一切领域。

民族自治地方不能全部适用本法规定的,可以由省、自治区的人民代表大会根据本法的基本精神,结合当地民族的政治、经济、文化的特点,制定变通或者补充的规定,报请全国人民代表大会常务委员会批准施行。

第二四条 在中华人民共和国领域内经中国政府准许设立的外国机构、居留的外国人所进行的经济活动,除中华人民共和国的法律、法令和中华人民共和国签订的国际条约另有规定的以外,都适用本法。

第二五条 本法自公布之日起施行。

在本法公布以前颁布的法律、法令,与本法有抵触的,以本法为准。

第二编　财产的所有

第一章　通　则

第二六条 根据我国现在的生产资料所有制,财产分为:

(一)国家所有的财产,即国家财产;

(二)集体所有的财产,即集体财产;

(三)公民所有的财产,即个人财产。

第二七条 财产所有人对自己的财产依法享有所有权。

所有权包括经营管理、使用、收益和处理的权利。

第二八条 国家依法保护财产所有人的所有权。

财产所有人在他的财产受到侵犯、损害的时候,有权提出退还原物、赔偿损失或者其他合法要求。

第二九条 国家为了公共利益的需要,可以按照法律规定的程序和条件,对城乡土地和其他财产实行征购、征用或者收归国有。

第三〇条 两个或者两个以上的单位、公民共同享有所有权的财产是共有财产。

共有财产的所有人对共有财产行使权利、负担义务,必须在遵守国家的政策、法律、法令的前提下,协商确定。

第三一条 无主财产按照法律规定收归国家所有或者集体所有。

第二章　国家财产

第三二条 国家财产是社会主义的全民所有制的财产。

国家财产属于中华人民共和国国家所有。

第三三条 国家财产包括:

(一)矿藏、水流等重要自然资源;

(二)国家机关、国营企业和事业单位经营管理的财产;

(三)法律规定属于国家的土地、山林、文物和其他一切财产。

第三四条　国家根据法律、法令的规定和统一领导、分级管理的原则,授权国家机关、国营企业和事业单位对国家财产行使本法第二七条第二款规定的权利。

第三五条　国家机关、国营企业和事业单位对国家交给它经营管理的财产,必须负全部责任,必须建立和健全财产的保护管理和使用制度,经常教育全体职工爱护国家财产,同铺张浪费、弄虚作假、营私舞弊、损公肥私、贪污盗窃国家财产等行为进行坚决的斗争;不得变国家财产为地方的、部门的、单位的、集团的或者个人的财产;严格防止全民所有制的社会经济演变为资本主义经济。

第三六条　国营企业在生产行政上实行党委领导下的厂长(经理)负责制,实行集体领导和个人负责相结合的制度。

国营企业的生产、技术、财务、生活等经营管理上的重大问题,必须由企业党委讨论和决定。厂长(经理)对党委的决定必须认真贯彻执行,统一指挥日常的经营管理活动,并且对完成党和国家交给的任务负完全责任。

第三七条　国营企业必须依靠工人阶级办好企业,在企业党委的领导下实行职工代表大会制度,吸收职工群众参加企业管理和监督行政工作。

国营企业的职工代表大会和职工大会,应当讨论和解决企业管理工作中的重要问题,并且保证大会决议的实行;有权对企业经营管理工作中的缺点或者错误提出批评;有权对严重失职、作风恶劣的工作人员向上级建议给予处分,以保证管好国家财产,办好国营企业。

第三八条　国营企业应当不断地改善经营管理,实行全面的经济核算,认真开展增产节约运动,组织社会主义劳动竞赛,以保证提高劳动生产率、增加产量、提高质量、减少费用、降低成本、增加国家积累,完成国家计划。

第三九条　国家机关、国营企业和事业单位对固定资产的增减、转移,必须按照规定程序办理,非经国家主管机关的批准,不得擅自处理。

第四〇条　国营企业必须加强资金管理。国营企业的流动资金和基本建设投资以及其他专用资金,必须严格划清,分别管理、分别使用,不得相互挪用。

国家机关和事业单位的经费,必须按照规定管理和使用。

第四一条　国家机关、国营企业和事业单位的干部,必须按照国家规定的制度参加工农业生产劳动。国营企业在经营管理工作中应当实行"两参、一改、三结合"的制度,不断地改善经营管理。

第四二条　国营企业的一切产品都归国家所有。国家对这些产品按照规定实行统一调拨,非经主管机关的批准,任何国营企业不得擅自销售和处理。

第四三条　国家按照法律、法令的规定,可以把属于国家所有的零星或者小片的山林、荒地、水面等资源,交给集体所有制单位经营管理。

第四四条　任何单位、个人都不得侵犯国家财产。一切被侵犯的国家财产都必须退赔。国家要求退赔国家财产不受本法第二一条关于时效规定的限制。

第三章　集体财产

第一节　农村人民公社财产

第四五条　农村人民公社财产是社会主义的集体所有制的财产。

农村人民公社财产分别属于公社、生产队两级所有,或者分别属于公社、生产大队、生产队三级所有。

第四六条　在现阶段,生产队通常是人民公社的基本核算单位。公社、生产大队和作为基本核算单位的生产队,都实行独立核算,自负盈亏,独立进行经济活动,独立负担财产责任。

第四七条　公社一级的财产或者生产大队一级的财产主要包括:水利设施和其他农田基本建设,大型中型的农业机具和运输工具,牲畜、山林、水面、草原等资源和自办的企业等。

第四八条　生产队一级的财产主要包括:土地,农田水利设施,生产工具和运输工具,牲畜,山林、水面、草原等资源以及生产队经营农、林、牧、副、渔各业的其他设备和产品等。

第四九条　农村人民公社的各级组织,必须在中国共产党的领导下,认真贯彻执行党在农村的依靠贫农、下中农阶级路线□□,团结其他中农的阶级政策,充分发挥贫农、下中农组织的作用,进一步巩固社会主义在农村的阵地,巩固工农联盟,加强无产阶级专政,发展集体经济。

第五〇条　农村人民公社各级贫农、下中农组织,必须在中国共产党的领导下,积极响应党和毛主席的号召,模范地遵守党和国家的政策、法令,坚决走社会主义道路;发动社员群众积极协助有关部门加强对地、富、反、坏分子的监督改造,同资本主义势力和封建势力进行坚决的斗争,防止被推翻的剥削阶级复辟;协助和监督农村人民公社的各级组织和干部,办好集体经济;积极发挥生产中的骨干作用,努力发展集体生产;对贫农、下中农和其他社员群众进行阶级教育和社会主义教育,提高他们的政治觉悟,并且经常关心贫农、下中农和其他有困难的社员的生活,维护他们的合法权益。

第五一条　农村人民公社各级组织,必须认真贯彻执行民主办社的方针。农村人民公社各级的社员代表大会或者社员大会是农村人民公社各级组织的权力机关,有关生产计划、分配方案、财务预算和决算、基本建设等重大问题,必须由社员代表大会或者社员大会民主决定,反对少数人独断专行。

农村人民公社的各级管理委员会和各级监察组织,由社员代表大会或者社员大会选举产生。各级管理委员会和各级监察组织,必须正确地、认真地履行国家规定的职责和社员代表大会或者社员大会的决议;必须接受贫农、下中农组织和社员群众的监督,充分调动广大社员的社会主义积极性,经营管理好集体财产,巩固集体经济、发展生产。

第五二条 农村人民公社各级组织,必须认真贯彻执行自力更生和勤俭办社的方针。充分利用人力、物力和财力,精打细算,厉行节约,办好集体经济,发展生产,反对铺张浪费的行为,反对单纯依靠国家支援的思想。

第五三条 农村人民公社各级组织,必须建立和健全财务制度和各项财产的管理制度,切实管好账目、仓库、财务和工分,依靠群众经常进行清查和监督,并且教育全体社员爱护集体财产,同营私舞弊、贪污盗窃、投机倒把、打击报复、违法乱纪等破坏行为进行坚决的斗争。严格禁止变大集体财产为小集体财产,变社会主义经济为资本主义、封建主义经济,变集体所有制为个人所有制。

第五四条 农村人民公社各级组织的干部,必须参加集体生产劳动,与广大社员经常保持密切的联系,同甘共苦,及时地了解阶级的关系、群众的问题和生产的情况,及时地同群众商议,通过群众路线解决问题。

第五五条 公社和生产大队应当对生产队的生产工作、财务管理工作和分配工作,经常进行指导、检查和督促,帮助生产队改善经营管理。

公社和生产大队在进行上述各项工作的时候,应当尊重生产队的意见,不能管得太多太死,不许强迫命令。

第五六条 农村人民公社应当接受国家计划的指导。公社、生产大队应当根据国家计划的要求和下达的主要农副产品的征购任务,在各生产队之间进行合理的分配,协助生产队制订生产计划;对生产队上报的生产计划,必要时可以进行合理的调整,但是,只准协商,不得强迫,不得在国家规定的统购、派购任务以外,另立名目,增加任务。

生产队应当接受公社和生产大队的指导和监督,在保证完成国家征购任务和履行统购、派购等经济合同的条件下,因时因地制宜地制订生产计划,合理地安排集体生产和社员生活。

第五七条 公社、生产大队从有利于生产出发,可以把自己所有的一部分财产包给下级组织经营管理。

生产队应当按照规定将队有的部分土地,分给社员作为自留地(山)、宅基地长期使用。社员不得任意占用土地。

第五八条 农村人民公社各级组织,必须按照规定,根据需要和可能;经过社员民主讨论决定扣留、提取、使用公积金和公益金。

第二节 合作社财产

第五九条 合作社财产是社会主义的集体所有制的财产。

合作社财产分别属于各个合作社的社员集体所有。

第六〇条 我国的合作社主要有:手工业生产合作社、供销合作社、信用合作社、运输合作社等。

合作社必须接受中国共产党的领导,遵守国家的政策、法律、法令,服从国家计划的指导和管理,按照社章规定的任务、业务范围和财产权限进行经济活动。坚决反对资本主义的经营思想和作风。

第六一条　合作社必须认真贯彻执行民主办社的方针。合作社的社员代表大会或者社员大会,是合作社的权力机关,有关生产经营计划、财务、盈余分配、劳动报酬和福利等重大问题,必须由社员代表大会或者社员大会民主决定,切实防止少数人独断专行。

合作社的理事会和监事会,由合作社社员代表大会或者社员大会选举产生。理事会和监事会必须正确地、认真地执行社章规定的职责和社员代表大会或者社员大会的决议;必须接受国家主管部门、上级社的领导;必须接受社员群众的监督,团结全体社员管好用好集体财产,办好合作社。严格禁止公私不分、损公肥私、铺张浪费、贪污盗窃等损害集体财产的非法行为。

第六二条　合作社必须认真贯彻执行自力更生和勤俭办社的方针,建立和健全财务制度和各项财产的管理制度,在有利于生产、适应社会需要、便利群众的原则下,不断地改善经营管理。

第六三条　合作社应当在国家计划指导下,根据社会需要,结合各自生产或者经营的任务和条件,制订生产或者经营计划。合作社制订或者修改计划,都必须报经上级社和主管机关审查批准。

合作社在制订和执行计划过程中,应当加强调查研究,了解有关单位和群众生产、生活的供需情况,反对盲目经营和单纯业务观点。

第六四条　合作社的干部,必须按照规定积极参加集体生产劳动。合作社企业应当根据自己的情况和条件,实行"两参、一改、三结合"的制度,认真改善经营管理。

第六五条　合作社的基层社和各级联社,都有权管理使用自己的固定资产和流动资金,实行独立核算,自负盈亏。

第六六条　合作社必须按照社章规定从盈余中提取公积金、公益金、上缴基金和其他基金,并且在社员群众的监督下,严格按照基金的用途使用。

第四章　个人财产

第六七条　个人财产是公民在社会主义公有制基础上通过劳动或者其他合法方式取得的财产。个人财产依法归公民个人所有。

国家鼓励公民积极参加社会主义建设,通过劳动取得生活资料,反对不劳而获、好逸恶劳、坐享其成和剥削他人的思想和行为。

第六八条　个人财产主要包括:

(一)满足个人和家庭物质文化生活需要的一切生活资料;

(二)法律允许集体所有制单位成员个人所有的生产资料;

(三)法律允许个体劳动者所有的生产资料。

第六九条 公民的劳动收入和其他合法收入以及在银行、信用合作社的储蓄,归个人所有。

公民的房屋,包括自住的和依法少量出租的,归个人所有。

第七〇条 农村人民公社和各种生产合作社的成员依法自有的农具、工具、牲畜、果树和竹木等,归个人所有。

第七一条 农村人民公社社员的家庭副业,是社会主义经济的必要的补充部分。社员在办好集体经济,保证完成集体劳动任务的条件下,可以按照规定利用剩余时间和假期耕种自留地、饲养家畜家禽和经营其他家庭副业。

农村人民公社社员不得擅自扩大家庭副业的范围,不得侵占公有土地、出租自留地、破坏集体山林、弃农经商和进行任何妨碍全民所有制经济、集体所有制经济和剥削其他社员的非法活动。

第七二条 个体劳动者的生产资料,依法归个人所有。个体劳动者从事生产经营活动,必须遵守国家的政策、法律、法令,服从有关部门的领导和管理。

国家鼓励和指导个体劳动者走社会主义道路,严格禁止个体劳动者投机倒把、雇工剥削、哄抬物价、偷税漏税、逃避合理负担、违反国家的农副产品统购、派购政策和物资管理制度等非法行为。

第三编 财产的流转

第一章 通 则

第七三条 财产的流转是根据法律、计划、合同或者口头约定,在单位之间、单位同个人之间以及个人之间所发生的有关财产的分配、交换关系,包括:预算关系、税收关系、信贷关系、借贷关系、储蓄关系、结算关系、物资分配关系、商品购销关系、农副产品收购关系、买卖关系、基本建设工程关系、运输关系、租赁关系、劳动报酬福利关系。

第七四条 行使国家财政、金融管理权力的主管机关,根据国民经济计划的要求和法律、法令的规定,有权对参与有关经济关系的单位或者个人,实行财政监督和金融监督。

第七五条 各单位应当在国家计划统一指导下,互相支援,积极协作,互通有无,互补短长,发扬服从整体照顾大局、把方便让给别人、把困难留给自己的共产主义协作精神,反对假借协作名义,损害国家或者集体的利益。

进行经济协作的单位,应当按照集中领导、全面规划、分工协作的精神,根据具体情况,提出需要的协作要求,承担协作任务,建立各种形式的经济协作关系。

第七六条　一切单位、个人在进行商品交换的时候,必须贯彻等价交换的原则;全民所有制单位同集体所有制单位之间、集体所有制单位相互之间的经济协作,也必须贯彻等价交换的原则。

第七七条　合同是实现经济计划、加强经济协作和便利人民生活的重要手段。

合同的签订必须符合国家的政策、法律、法令的规定;双方的权利和义务必须明确肯定。合同的修改或者解除,应当按照有关主管部门的规定协商办理。

合同应当以书面形式订立。契约或者其他书面形式的协议,与合同有同等的法律效力。

以口头形式建立的经济关系,只要不违反国家的政策、法律、法令的规定,也受到法律的保护。

第七八条　各种财产的流转关系确定以后,承担义务的一方或双方,必须严格履行。全部或者部分没有履行义务的,应当接受相应的制裁,承担经济上、行政上的责任。但是,除法律、法令另有规定以外,由于自然灾害或者其他人力不可抗拒的原因不能履行义务的,可以免除责任。

第二章　预算关系

第七九条　预算关系是国家为了有计划地集中和分配资金,在中央和地方之间,各级财政同部门预算单位之间,以及各部门预算单位上下级之间,根据国家预算,所发生的组织预算收入、拨付预算资金和进行年终决算的关系。

第八〇条　国家预算由中央预算和地方预算组成。

中央一级财政成立中央预算,省、自治区、直辖市一级财政成立省、自治区、直辖市预算,县(市)一级财政成立县(市)预算,乡(镇)一级成立乡(镇)预算;省、自治区、直辖市预算和县(市)、乡(镇)预算构成地方预算。中央预算和地方预算是国家预算的不可分割的部分。

中央预算由中央各部门预算和企业财务收支计划组成,省、自治区、直辖市预算由本级主管部门及其所属单位预算、企业财务收支计划和下一级预算汇总组成;县(市)级预算由县(市)级主管部门及其所属单位预算、企业财务收支计划和下一级预算汇总组成;乡(镇)预算由划给乡(镇)的收支组成。

部门预算单位包括:国务院各部门、其他中央部门及其直属机关,省、自治区、直辖市、县(市)、乡(镇)人民委员会的各部门、其他同级部门及其直属机关,各级主管部门所属的国营企业和事业单位。各部门预算单位,除国营企业要成立财务收支计划外,都要成立单位预算。

第八一条　地方各级财政和各部门预算单位,都有根据国家批准的计划和预算使用资金的权利,有按照法律、法令的规定上交各项收入的义务。

在国家财政体制规定的范围内,各级财政享有相应的财政管理权和预算调剂权,并且有自行平衡预算的责任。

第八二条　各级财政应当根据国民经济计划和有关法律、法令编制预算。国家预算从中央到地方必须坚持全国一盘棋的原则,在加强基础工业,保证发展农业和巩固国防的前提下实行统筹安排、综合平衡。

第八三条　各级财政编制预算时,收入要积极可靠留有余地,支出要打紧打实不留缺口,坚持当年收支平衡、略有结余的原则,一律不准打赤字预算。

第八四条　各级财政组织国家预算收入,必须严格遵守国家的政策。各项收入怎样收、向谁收、收多少、上交给谁,都必须严格按照国家的规定办理。

第八五条　地方各级财政和各部门预算单位应当上交的国家收入,必须按时地、足额地上交,不准拖欠、扣留或者挪用。

第八六条　地方各级财政和各部门预算单位,不经国务院批准,不准自行增设预算外资金项目,或者擅自扩大收入的提取比例。

地方各级财政和各部门预算单位,不准以任何方式化大公为小公,化预算内收入为预算外收入。不容许有打埋伏,私设"小钱柜"、"小家当",只顾局部、不顾大局的分散主义和本位主义。

第八七条　财政资金和信贷资金必须划清界限,分口管理。一切非偿还性开支由财政拨款;一切周转性的临时需要由银行贷款。不准挪用信贷资金解决财政性支出或者交纳利润、税款和其他应当上交的收入。

第八八条　各级财政安排国家预算支出,必须符合国家计划的要求。地方各级财政和各部门预算单位执行各项预算支出,应当本着勤俭建国、自力更生的精神,精打细算,少花钱,多办事,力求充分发挥资金的使用效能,不容许有讲究排场、铺张浪费、假公济私等破坏国家制度,滥用国家资财的非法行为。

第八九条　各级财政和各部门预算单位,都应当按照规定的用途使用资金,严格禁止乱拉乱用国家资金。

对于没有计划、没有预算和违反制度、超过规定标准的开支,财政部门一律不予拨款。

第九〇条　所有预算支出的追加、预算收入的追减,都必须按照规定的程序办理。追加支出必须有相应的资金来源。追加支出和追减收入都必须经上级领导机关批准。任何部门和任何人,都不准"先斩后奏",或者向所属单位任意增加任务、打乱财政预算和国家的计划。

第九一条　各级财政和各部门预算单位,必须按照预算报告制度和会计制度的规定,正确地、及时地、完整地报送有关预算执行情况的报告和会计报表。

第九二条　各级财政和各部门预算单位应当按照会计制度的规定,认真办理年终结算,编报决算报告。

决算中的收支数字必须落实,资金界限必须划清,并且须逐级负责审查,保证如实反映情况。严格禁止以落实收支为名,预提收入,虚列支出。

第九三条　各级财政和各部门预算单位一切应当列报支出的款项,除另有规定的以外,不准采取冲减收入的办法解决;不应当列入报销的款项,要坚决剔除;既要防止虚报、重报,也要防止该报不报,挪占其他资金;凡属用预算外资金解决的支出,都不准在决算内列支。

第九四条　各项决算数字应当由各级财政部门、金库、监交机关会同交款单位和用款单位共同核对一致。各级财政部门、监交机关应当加强对年终对账工作的领导和检查。

第九五条　各级财政部门和各企业、事业主管部门,应当经常检查国家财政制度和财政纪律的执行情况,同一切不遵守国家财政制度、违反国家财政纪律的行为进行斗争。

第九六条　财政部门和国家银行必须切实监督预算资金的使用情况。属于基本建设资金的使用,由中国人民建设银行进行监督;属于农业资金的使用,由中国农业银行进行监督;其他资金的使用,由各级财政部门和有关单位进行监督。

各级税务机关负责监督国营企业按期地、正确地、足额地解交各项预算收入。

第九七条　任何单位或者个人,如果违反财政纪律,必须分别受到批评教育、行政纪律处分或者经济制裁。财政经济工作人员隐瞒真相、弄虚作假、谎报数字、窜改账目、分散资金、贪污盗窃、营私舞弊的,应当分别情况,依法给予行政纪律处分或者刑事制裁。

财政部门和财务部门的负责人员,不检查、不报告,放松财政监督的,以失职论处;如果自己违反财政纪律,应当从重处分。

第三章　税收关系

第九八条　税收关系是国家为了组织预算收入、积累社会主义建设资金、贯彻国家财政经济政策、促进生产发展,由国家的财政机关、税务机关和海关(以下统称税务主管机关)依法向有纳税义务的单位和个人征收现金或者实物的关系。

国家税收包括工商税收、农业税收、海关税收、盐业税收和法律规定的其他税收。

第九九条　一切单位和个人,有下列情况之一的,都有依法向国家纳税的义务。

(一)从事工农业生产、农副产品采购、商品交易、交通运输和服务性业务;

(二)从事货物进出口;

(三)有应当纳税的财产;

(四)其他应当纳税的事项。

第一〇〇条　税收工作由中央统一指导。全国性的税收,管理权限属于中央。地区性的税收,可以由中央授权省、自治区、直辖市管理。

在税收管理体制所规定的权限以外,任何单位和个人都不得擅自改变税法,更动税目和税率。

不经国务院批准,各地区、各部门不得自行扩大地方附加税的项目或者提高附加税的比例。

第一〇一条　国家实行简化税制、合理负担的税收政策,从有利于生产出发,兼顾国家、集体和个人的利益;既要保证社会主义建设所需要的资金积累,又要保证人民生活的逐步改善。

第一〇二条　国家对不同经济成分采取区别对待的税收政策,以利于进一步巩固和发展社会主义经济,彻底改造非社会主义经济,打击资本主义势力,防止资本主义复辟。

第一〇三条　国家对进出口货物,实行平等互利、保护国家利益的关税政策,以保证对外贸易管制的有效实施,促进国内生产的发展。

第一〇四条　有纳税义务的单位和个人,必须按照税法规定和税务主管机关核定的数额、期限纳税;并且向税务主管机关报告有关情况和提供所需资料。

第一〇五条　纳税单位和个人,对税务主管机关规定的纳税事项有不同意见时,有权向上级税务主管机关申诉,但在上级税务主管机关最后决定以前,仍应当按照原定数额、期限先行纳税。

第一〇六条　税务主管机关应当正确贯彻执行国家的税收政策法令,力求简化纳税手续,积极辅导纳税单位和个人正确履行纳税义务;在纳税单位和个人纳税以后,应当发给国家规定的纳税凭证。

税务主管机关,如果多征或者少征纳税单位或者个人的税款,应当及时退还或者补征。

第一〇七条　税务主管机关对逾期纳税的单位和个人,应当依法加收滞纳金。税务主管机关对逾期不交的纳税单位催交无效时,可以按照规定通知当地银行从欠交单位的存款中扣收。

第一〇八条　纳税单位和个人有偷税、漏税、抗税或者其他违反税法的行为时,税务主管机关除追交税款外,可以根据情节轻重给予批评教育,处以罚金,没收财物;情节严重的,由人民法院依法制裁。

第一〇九条　纳税单位和个人不服税务主管机关的处罚时,可以向上级税务主管机关申诉。

上级税务主管机关接到纳税单位或者个人的申诉以后,应当及时调查处理。

第一一〇条　税务工作人员必须分清敌我,站稳立场,廉洁奉公,联系群众,正确地贯彻执行国家的税收政策和法令。

有关主管机关对有贪污受贿、营私舞弊等非法行为的税务工作人员,应当根据具体情况给予批评教育、行政纪律处分;情节严重的,由人民法院依法制裁。

第一一一条　税务机关应当依靠群众,做好国家税收工作,在加强专业管理的基础上,积极与有关部门配合,组织群众同偷税漏税的行为作斗争。

任何单位和个人对于偷税漏税的行为,都有检举的权利。税务主管机关对维护国家税收有贡献的单位和个人,应当酌情给予表扬或者奖励。

第四章 信贷关系

第一一二条 信贷关系是国家银行和信用合作社为了集中闲置资金,有计划地调剂资金,支持工农业生产和商品流通,帮助公民解决临时性的资金需要,而同其他单位、公民之间,或者在银行同信用合作社之间所发生的存款贷款关系。

第一一三条 信贷工作必须集中统一。存款贷款业务,由中国人民银行、中国农业银行、中国人民建设银行和信用合作社按照规定分工办理。除法律另有规定的以外,其他任何单位,不得办理存款贷款业务。

国家禁止商业信用,非经国务院批准,任何单位不得赊销商品和预收、预付货款。

第一一四条 实行现金管理的单位,必须按照规定在银行或者信用合作社开立存款账户,除按照国家现金管理制度的规定,准许保留的库存现金以外,必须把其余的现金全部存入银行。

各单位的现金库存限额,由当地中国人民银行核定,报当地人民委员会批准。

第一一五条 实行现金管理的单位,只能在国家规定的现金使用范围内,向银行支取现金,超出现金使用范围的,只能按照规定办理转账结算。

第一一六条 不实行现金管理的单位,是否把现金存入银行或者信用合作社,应当根据自愿原则,由它们自己决定。

第一一七条 各单位在银行或者信用合作社的存款,受国家保护,任何单位和个人都不得侵犯。

银行和信用合作社对各单位的存款,应当保证支付,除按照规定依据人民法院的判决书、仲裁机关的仲裁书、税务机关的缴纳税款通知书、银行的信贷制裁通知书和国家的特别法令以外,非经存款单位同意,银行和信用合作社不代任何单位扣款。

第一一八条 银行发放贷款的对象:
(一)具有国家贷款制度规定的申请条件的工商企业和国营农业企业;
(二)农村人民公社的基本核算单位;
(三)信用合作社;
(四)互助储金组织。

银行一般不向公民个人发放贷款,但为了解决公民个人临时性的困难,打击高利贷活动,可以发放小额贷款。

第一一九条 信用合作社是农村劳动人民的资金互助组织。它的任务是帮助农民解决生产和生活上的临时性的资金困难,同高利贷作斗争。

信用合作社发放贷款的对象,主要是农民,特别是贫农、下中农;在资金有余时,也可以向生产大队、生产队发放贷款。

第一二〇条 国营企业的定额流动资金,按照规定由国家财政拨款,银行对国营企业只发放在生产和商品流通中所需要的短期周转资金的贷款。

集体所有制单位的流动资金,应当根据自力更生为主、国家支援为辅的原则,自行筹集,如有不足,银行才给予贷款。

第一二一条 国家贷款计划是国民经济计划的重要组成部分,必须严格执行。银行必须按照计划发放贷款,如果需要追加贷款,必须按照规定的程序报经批准。

使用贷款的单位,必须按照计划使用贷款,专款专用,不得相互挪用。

第一二二条 工商企业向银行申请贷款,必须拥有适用的物资作保证;没有适用的物资作保证,银行不予贷款。

第一二三条 银行向集体所有制农业生产单位发放贷款,应当同商业部门对农村的生产资料供应工作密切配合,使所发放的贷款切实符合"确有物资、物资适用、群众欢迎"的要求。

第一二四条 银行和信用合作社在发放贷款时,应当按照规定确定贷款的期限;使用贷款的单位和个人,必须积极主动地按期如数偿还贷款,不得只顾局部不顾整体,拖延不还。

第一二五条 银行办理的存款是否给付利息,贷款是否收取利息,以及利率的大小,由国务院统一规定,各单位应当严格遵守,不得擅自变更。

信用合作社的存款利率,应当同中国人民银行的存款利率一致。信用合作社的贷款利率,可以略高于中国农业银行的农业贷款利率,其幅度由省、自治区、直辖市人民委员会规定。信用合作社在规定的幅度内结合当地情况,具体确定自己的贷款利率。

第一二六条 银行应当加强信贷监督,监督各单位严格遵守国家的现金管理制度和信贷制度。对于违反现金管理制度和信贷制度的单位,银行应当按照规定给予制裁。

对于违反现金管理制度、信贷制度的工作人员,主管部门应当根据具体情况,给予批评教育、行政处分,情节严重的,由人民法院依法制裁。

第五章 借贷关系

第一二七条 借贷关系是公民为了互助互济,解决生产和生活上的临时困难,在遵守国家取缔高利贷的政策、法令的前提下,在出借人同借用人之间所发生的贷钱贷物的关系。

第一二八条 出借人和借用人应当遵守自愿协商、有借有还的原则。

金银及其制品和外币不准借贷。

第一二九条 借贷可以是无息借贷,也可以是有息借贷。

有息借贷的利率,不得超过或者变相超过国家规定的借贷利率,并且禁止复利。借用人不得以借来的现金或者实物加息转贷,从中取利。

第一三〇条 借贷时有约定归还期限的,借用人应当在约定的期限内归还。借贷时没有约定归还期限的,由双方随时协商归还。

第一三一条 现金借贷应当归还现金,实物借贷应当归还同种类的实物。现金借贷不能归还现金的,经双方协商,可以用实物偿还。实物借贷不能归还同种类的实物的,经双方协商,可以用现金或者其他种类的实物偿还。偿还实物或者现金,应当按照偿还时当地市场国家零售牌价折算。但是,出借人不得利用折算索取超过原来约定利率的利息或者国家规定的借贷利率的利息。

第一三二条 有息借贷的借用人,应当按照约定的期限向出借人给付利息。没有约定利息给付期限的,应当在还本的时候给付利息。严格禁止出借人预扣利息。

第一三三条 超过或者变相超过国家规定的借贷利率的借贷,就是高利贷。高利贷是一种非法的剥削行为,是资本主义和封建势力在金融战线上向社会主义进攻的一种表现。国家严格取缔高利贷。每一个公民对于放高利贷的人,都应当检举、揭发。

对于放高利贷的人,应当由有关主管机关,区别不同情况,根据有宽有严的原则,给予批评教育,并且依法责令退还高利部分、没收高利部分、取消或者没收全部或者一部本利;情节严重的,由人民法院依法给予刑事制裁。

对于放高利贷的敌对阶级分子和一贯进行高利剥削的分子,从严处理。

第六章 储蓄关系

第一三四条 储蓄关系是中国人民银行和信用合作社为了鼓励公民厉行节约、勤俭持家,集中社会上零星的闲置资金支援国家社会主义建设而同公民发生的现金储存和支取的关系。

第一三五条 储蓄业务由人民银行和信用合作社专营。除人民银行、信用合作社和人民银行委托代办储蓄的机构(以下统称储蓄机构)以外,任何单位和个人都不得办理储蓄业务。

第一三六条 储蓄对于支援国家建设和鼓励公民勤俭节约具有积极的作用。储蓄机构应当积极宣传,加强服务,做到存取方便,努力增加储蓄。

储蓄机构办理储蓄,必须坚持存款自愿、取款自由的原则,并且按照规定为储蓄户保守秘密。

第一三七条 储蓄的利率,由国家统一规定。

人民银行办理储蓄的种类、存取手续和利息的计算方法,由人民银行规定。信用合作社办理储蓄的种类、存取手续和利息的计算方法,由信用合作社参照人民银行的规定,结合自己的具体情况制定,报中国农业银行批准。

第一三八条 公民对于自己在储蓄机构的储蓄,按照人民银行的储蓄存款章程和信用合作社的有关规定,可以随时支取。

储蓄机构对公民的储蓄,必须保证支付,并且按照规定给付利息。

第一三九条 储蓄户遗失储蓄凭证,除按照规定不得挂失的以外,可以向储蓄机构挂失和申请补发。在挂失以前,如果储蓄被人冒领,所受损失由储蓄户负责。但是,储蓄机构应当积极协助储蓄户查找冒领人。

第一四〇条 国家保护公民在储蓄机构的储蓄。任何单位和个人都不得向储蓄机构查询、要求止付、提取或者没收公民的储蓄。但是,国家的公安、检察和司法机关依法采取的上述措施不在此限。

第七章 结算关系

第一四一条 结算关系是国家银行为了节约现金使用,加强企业经济核算,加速商品流通和资金周转而同收款单位和付款单位之间发生的办理转账收付的关系。

第一四二条 中国人民银行是全国的结算中心。它统一组织和经办各单位之间的转账结算工作。

中国人民银行按照规定可以把同中国农业银行、中国人民建设银行业务有关的转账结算工作,分别委托中国农业银行、中国人民建设银行办理。

银行为各单位办理转账结算,必须严格遵守国家的现金管理制度和结算制度。

第一四三条 实行现金管理的单位,对外的一切经济往来,除了国家现金管理制度允许使用现金的部分以外,都必须通过银行办理转账结算。

不实行现金管理的单位对外的经济往来,使用现金还是转账结算,由它们自己决定。

第一四四条 银行和结算单位必须遵守下列的结算原则:

(一)钱货两清;

(二)维护结算双方的正当权益;

(三)银行不予垫款。

第一四五条 结算单位应当在当地银行开立结算账户。开立结算账户的条件和手续,由中国人民银行总行统一规定。

第一四六条 结算双方应当按照结算制度的规定,选用一定的结算方式。订有经济合同的结算双方,应当把选用的结算方式在合同中加以规定。经济合同中有关结算的内容,不得与结算制度相抵触。

第一四七条 结算单位应当按照结算制度的规定使用结算凭证。结算凭证一律记名,不准转让。银行对于不按规定使用支票的结算单位,应当依法处以罚款,并且停止这个单位在一定时期内使用支票的权利。

结算单位遗失结算凭证,应当按照规定向银行挂失。在挂失以前,如果款项被人冒领,由遗失单位负责。但是,银行应当积极协助遗失单位查找冒领人。

第一四八条 收款单位只有在发货或者提供劳务以后,才能委托银行代收款项。

收款单位在发货或者提供劳务以前提出的委托收款,除法律另有规定的以外,银行应当拒绝受理。

收款单位应当在结算制度规定的期限内委托银行代收款项。对于在规定期限内不委托银行代收款项的收款单位,银行应当停止发放结算贷款。

收款单位对于委托银行代收的款项,只有在银行收妥入账以后,才能支取。

第一四九条　几个收款单位同时委托银行向同一个付款单位代收款项,如果这个付款单位在银行的存款不够支付,银行应当按照国务院规定的扣款顺序,依次代各收款单位扣收。

第一五〇条　付款单位委托银行代付款项,不得超过自己存款的数额;商业单位委托银行代付收购商品的款项,不得超过银行核定贷款的数额。如果超过存款或者核定贷款的数额,银行有权拒绝代付。

第一五一条　付款单位应当按照结算制度或者合同规定的期限付款,不得迟延或者无理拒绝付款。银行对于迟延或者无理拒绝付款的单位,有权按照国家的规定,代收款单位扣收欠款和迟延付款的罚款;有权在一定时期内限制该付款单位选用结算方式的权利。

付款单位如果发现收款单位托收的款项与合同不符,或者金额计算有错误,可以向银行提出全部或者部分拒绝付款。如果付款单位因收款单位交付的货物与合同不符而提出拒绝付款,它对于这些货物,除另有规定的以外,必须妥善保管,不得动用;如果发现动用,银行有权按照规定代款单位扣收全部货款和迟延付款的罚款。

第一五二条　银行应当积极地为结算单位服务,根据结算单位签发的结算凭证或者仲裁机关、人民法院对结算纠纷的裁决,正确地及时地为结算单位代收或者代付款项。银行对于自己在办理转账结算中所造成的差错,必须负责更正,并赔偿结算单位的利息损失。

结算的迟延和差错,如果是运输、邮电部门造成的,应当由运输、邮电部门按照有关规定承担赔偿责任。

第一五三条　银行应当加强结算监督,监督结算双方严格遵守国家的现金管理制度和结算制度。对于违反制度的结算单位,银行应当按照规定,给予制裁,并且将该单位违反制度的情况向当地人民委员会报告。

对于违反国家现金管理制度和结算制度的工作人员,应当由有关主管机关根据具体情况,分别给予批评教育、行政纪律处分;情节严重的,由人民法院依法制裁。

第八章　物资分配关系

第一五四条　物资分配关系是全民所有制单位之间、全民所有制单位同集体所有制单位之间,为了保证社会主义经济建设和国防建设的需要,促进生产的发展,根据国家物资分配计划,或者根据国家物资管理部门、生产主管部门的组织和衔接,进行物资的调拨、调剂而发生的产品供需关系。

第一五五条 国家对各类产品的分配,实行集中统一、分级管理的原则,根据各类产品对国计民生影响的大小,分别确定由国务院、国务院各主管部(局)或者省、自治区、直辖市平衡分配。

国营企业生产的主要产品、按照国家计划进口的产品和从集体所有制单位计划收购的产品,都应当纳入国家物资分配计划,由国家主管分配的部门统一平衡分配,并且在物资管理部门和商业部门的分工管理下,按计划组织调拨和供应。

第一五六条 物资分配计划是国民经济计划的重要组成部分,一切有关单位必须严格执行,非经主管部门批准,不得变更。

生产单位对于本单位所生产的属于国家计划分配的产品,一律不得在国家计划外自行动用。各单位对国家分配给本单位的计划产品,必须按照计划规定的用途使用,不得挪用或者私自转让。严格禁止物资分配工作中"讲人情"、"走后门"等不按计划、不按原则办事的行为。

第一五七条 为了发挥物资潜力,各单位之间对于下列范围以内的物资,可以互通有无,进行余缺调剂,作为计划分配的补充:

(一)根据国家计划分配给本单位的产品中,由于节约或者其他原因而产生的多余的、不适用的部分;

(二)不属于国家统一分配的产品。

各单位之间的物资余缺调剂,必须按照规定,通过有关主管部门的安排,有组织、有原则地进行;不得以物易物,化大公为小公。各单位之间,为了完成国家紧急任务或者抢救紧急事故,临时需要少量的、特殊的物资,可以互相支援,但是事后必须报告有关主管部门备案。

第一五八条 生产部门和物资管理部门在实现供需衔接上,必须从全局出发,互相支持,密切配合。生产部门要按照国家计划安排生产,保证完成生产任务。物资管理部门对生产部门所生产的产品和所需要的物资,应当根据国家在物资管理工作上实行集中统一的方针,进行全面管理,并且按照国家规定的产品经营的具体分工,认真负责地在各单位之间组织供应。对于生产部门所生产的暂时没有供应对象的产品,物资管理部门应当根据国家计划组织收购。

第一五九条 物资管理部门必须认真贯彻从生产出发、为生产服务的方针,充分发挥广大职工的革命精神,不断改善经营管理,提高服务质量。在组织物资供应工作中,应当加强供需衔接,根据需要固定供需关系,实行定点供应;按照经济合理的原则组织物资调运,减少流转环节,降低费用。

第一六〇条 生产部门和物资管理部门应当把保证产品质量当做首要任务,严格按照国家规定的或者双方议定的质量标准生产和供应产品,不得粗制滥造,以次充好。

第一六一条 供应单位和需要单位应当互相监督,加强对供应产品的检验工作,建立和健全产品检验制度,不经检验不得交接。检验中发现的问题,应当严格按照有关主管部门的规定处理。

检验人员必须认真负责地做好检验工作。任何单位或者个人,不得对检验人员进行刁难和打击报复。

第一六二条　供应单位供应的产品,如果不符合规定的品种、规格和质量,需要单位根据具体情况可以要求供应单位按质论价、免费修理、调换产品、返工制造,必要时还可以要求退货。由此而产生的损失,由供应单位负责。

第一六三条　凡是需要包装的产品,都应当包装。国家或者有关主管部门有规定包装标准的,应当按照规定的标准包装;国家或者有关主管部门没有规定包装标准的,可以按照供需双方议定的标准包装。产品的包装,应当符合产品安全的需要和运输的要求。

第一六四条　参与物资分配关系的一切单位,必须按照国家规定,严格执行有关物价主管部门规定的产品价格。对于没有规定价格的产品,供需双方可以协商议价,报有关物价主管部门批准或者备案。供需双方对于规定或者议定的价格,不得擅自变动。

第一六五条　供应单位必须按照规定的数量向需要单位供应产品。供应单位供应的产品,如果不符合规定的数量,需要单位对于多交的部分有权拒付货款,但应当代为保管,并且通知供应单位对多交的产品进行处理;对于少交的部分,有权要求补交。由此而产生损失,由供应单位负责。

第一六六条　供需双方都必须按照规定的时间履行自己所承担的义务。需要单位未按照规定的时间提供应交的技术资料、接收产品和付款,供应单位未按照规定的时间供应产品,都应当承担相应的经济责任,按照规定赔偿对方所遭受的损失。

第一六七条　供需合同是实现国家物资分配计划,组织供需衔接的工具。供需双方应当根据国家的物资分配计划或者双方议定的内容,及时、认真地签订合同,严格执行。

第一六八条　供需合同应当具体规定供应产品的品种、规格、数量、质量、价格、包装和交货日期、交货地点、验收方法、结算方式等内容,明确供需双方的权利、义务和违反合同应负的责任。

第九章　商品购销关系

第一六九条　商品购销关系是工业部门和商业部门之间,商业部门的批发单位相互之间,商业部门的批发单位和零售单位之间,为了促进生产发展,保证市场供应,根据国家有关商品产销的计划和双方的协议,购买和销售工农业产品的关系。

第一七○条　工商双方应当加强全面观点,在国家统一计划的基础上,根据国家建设和人民生活的需要,密切协作,互相支援,平衡产销,衔接计划。

工业部门在制订工业品生产计划的时候,应当根据商业部门提出的各种商品的品种、规格、数量、质量的要求安排生产,尽可能地满足市场的需要。商业部门在编制原料、材料供应计划的时候,应当根据工业部门提出的原料、材料的品种、规格、数量、质量的要求,安排供应,尽可能地满足工业生产的需要。

工商之间的产销计划衔接确定后,必须严格执行,任何一方都无权自行修改;如果计划必须调整时,应当由工商双方协商,达成协议,并报有关主管部门批准或者备案。

第一七一条　经国家确定或者工商双方议定,由商业部门向工业部门供应的原料、材料,商业部门应当负责组织供应。

商业部门向工业部门供应的原料、材料中,属于国家物资分配计划统一分配的原料、材料,商业部门应当按照本法第三编第八章的有关规定组织供应。对于不属于国家物资分配计划统一分配的原料、材料,商业部门应当根据工业部门的需要,积极组织货源,努力保证供应;国营工业企业和手工业部门也可以在县级以上的工业主管部门的统一领导和原料产地的商业部门的统一安排下,同原料产地建立联系,进行采购。

第一七二条　手工业企业在服从国家计划和市场管理的前提下,可以用一部分自产自销的产品,向原料产地换购一部分自用的原料、材料。

第一七三条　经国家确定或者工商双方议定由商业部门包销的工业部门的产品,由商业部门统一收购和销售。工业部门对包销的产品不得自销,商业部门也不得拒绝包销。

第一七四条　经国家确定或者工商双方议定由商业部门选购的工业部门的产品,商业部门应当按照规定进行选购,工业部门不得拒绝。

工业部门自销的产品,商业部门应当积极帮助推销,如果国家需要,商业部门可以优先选购。反对工商企业之间互相排斥,争夺市场。

第一七五条　工业部门应当积极试制质量优良、规格合适、价格便宜的新产品,增加产品的花色品种。商业部门应当积极帮助工业部门试制新产品。属于商业部门包销和选购范围以内的新产品,商业部门应当负责收购,积极试销。不属于商业部门包销和选购范围以内的新产品,工业部门可以自行试销,商业部门应当积极代为试销。

第一七六条　国营商业是我国社会主义市场的领导力量,供销合作社商业是国营商业的有力助手。国营商业部门和供销合作社,应当按照国家规定的经营范围,分工负责,密切协作,做好商品的收购和供应工作;不断改善经营管理,加速资金周转,减少经营环节,降低商品流转费用。

第一七七条　商业部门的批发单位相互之间,批发单位和零售单位之间,国营商业部门和供销合作社之间,应当实行计划分配商品和选购商品相结合的制度,不得硬性摊派和好坏搭配。

第一七八条 工商企业之间、商业部门的各单位之间的商品购销,都必须严格执行规定的商品质量标准和包装标准,加强商品检验工作,认真执行规定的商品价格,并且应当按照规定签订合同,明确双方的权利和义务,其办法适用本法第三编第八章的有关规定。

第一○章　农副产品收购关系

第一七九条 农副产品收购关系是国营商业单位、供销合作社同农业生产单位、农民为了完成国家农副产品收购计划,促进工农业生产发展和城乡物资交流,所发生的收购与交售农副产品的关系。

第一八○条 国家对有关国计民生的重要农副产品实行统购、派购政策。

向国家交售统购、派购的农副产品是每一个农业生产单位和农民应尽的光荣义务。每一个农业生产单位和农民都应当树立全局观点,努力增产,积极交售,按质按量地、及时地完成国家的统购、派购任务。不得少报土地、多报人口、瞒产私分、以次充好,损害国家利益。

第一八一条 集体所有制农业生产单位和农民应当在增产的基础上,根据国家需要,尽可能多地向国家交售农副产品。

国家严格禁止集体所有制农业生产单位和农民在完成统购、派购任务以前,擅自处理统购、派购的农副产品,在完成统购、派购任务以后,能否上市出售,应当按照国家的具体规定办理;如果国家允许上市出售,集体所有制农业生产单位和农民也应当根据国家需要,尽先出售给国家。

第一八二条 农副产品收购工作必须贯彻兼顾国家、集体、个人三方面的利益和工农兼顾、城乡兼顾、丰歉兼顾、内外兼顾的原则,实行及时收购、同时安排的方针。

农副产品收购单位必须正确贯彻执行国家的收购政策,从促进农副业生产和工业生产的发展出发,及时地积极地组织收购工作;在依靠贫农、下中农,贯彻阶级路线、群众路线,深入调查研究的基础上,根据国家计划的要求和国家规定的购留比例,通过协商,实事求是地确定购留数量。

第一八三条 农副产品收购单位应当积极完成国家的农副产品收购计划。供销合作社在收购工作中应当把完成国家农副产品收购任务放在第一位。

第一八四条 农副产品收购单位必须正确执行国家的价格政策,不得任意压级压价,提级提价。

第一八五条 国家根据需要对农副产品可以实行预购。对集体所有制农业生产单位,付给预购订金;对全民所有制农业生产单位,实行信用预购,不付给预购订金。

第一八六条 国营商业单位和供销合作社应当做好对农村的工业品供应工作,以支持农副业生产的发展。产量高、交售数量多的地区和单位,应当优先和较多地得到工业品的供应。

第一八七条　农副产品收购单位收购农副产品应当实行检验、检疫制度；对不符合规定或者约定的规格、质量的产品，可以降价收购或者拒绝收购；对带有疫病的农副产品，可以拒绝收购。

第一八八条　农副产品收购一般都应当采取合同形式，由收购和交售的双方签订预购合同、购销结合合同或者收购合同。

第一一章　买卖关系

第一八九条　买卖关系是单位之间、单位同个人之间、个人之间，为了满足生产和生活的需要，在法律允许的范围内，根据自愿和等价原则而发生的零售商品或者出售其他物品的关系。

第一九〇条　我国市场是统一的社会主义市场，它以计划市场为根本，以国家领导管理下的集市贸易为补充。

国家不断巩固和扩大社会主义商业阵地，通过经济措施和行政管理，对集市贸易加强领导，利用它的积极作用，限制它的消极作用。

国家保护合法买卖，取缔投机倒把、黑市交易、套购倒卖等非法活动。

第一九一条　商业零售单位必须树立为工农业生产和为人民生活服务的观点，根据国家销售计划和消费者的需要，积极组织货源，及时调配商品，做好商品销售工作。

商业零售单位应当经常主动地征求群众意见，不断地改善经营管理，并且把群众对商品的意见，及时地反映给有关生产部门，促进生产部门增加商品的花色品种，提高商品的质量。

第一九二条　做好商品零售工作，是社会主义商业零售单位营业人员的光荣职责，营业人员应当处处为消费者着想，改善服务态度，不断地提高服务质量。顾客应当尊重营业人员的劳动，支持和协助营业人员做好工作。

第一九三条　买卖双方必须遵守国家的价格政策。对国家规定按照国家牌价交易的商品，买卖双方必须严格执行国家牌价，不得自行变动。对国家允许议价交易的商品，买卖双方可以按照国家牌价成交，也可参照国家牌价议价成交，严格禁止哄抬物价。

第一九四条　卖方必须遵守社会主义商业道德，对出售的商品必须保质保量，不得掺杂使假，以次充好，短尺少秤，不得硬性搭配。

商业零售单位的工作人员，不得有营私舞弊、私分多占、"开后门"和其他违反商业工作纪律的行为。

第一九五条　卖方对按照规定可以退换或者保修的商品，应当承担退换或者保修的责任。

第一九六条　商业零售单位及其工作人员，应当作移风易俗的促进派，如果发现带有资本主义和封建主义色彩和内容、违背社会主义风尚的商品,应当及时建议有关部门改进,或者报请主管部门处理。

第一九七条 参加集市贸易的单位和个人,必须遵守国家的政策、法律、法令和市场管理的规定。

参加集市贸易的单位和个人,除法律另有规定的以外,只准按照规定出卖自己生产的商品,购买自己需要的商品,不得转手倒卖,长途运销。

第一九八条 法律规定需要具有一定证明文件的买卖,只有在具备了规定的证明文件以后,才能进行。

法律规定需要办理一定手续的买卖,只有在办理了有关手续以后,才能生效。

第一九九条 禁止买卖土地和法律规定不得买卖的其他物品。金银、外币只准卖给中国人民银行,不准私相买卖。金银制品只能由国家指定商业单位经营。

第二○○条 国家鼓励单位、公民检举揭发一切非法的买卖活动。

对进行违法买卖的单位或者个人,有关主管机关应当分别情况,给予批评教育、行政纪律处分或者经济制裁;对于情节严重构成犯罪的人,由人民法院依法制裁。

第一二章 基本建设工程关系

第二○一条 基本建设工程关系是全民所有制单位之间、全民所有制单位和集体所有制单位之间以及集体所有制单位之间,为了保证工农业生产、国防建设和科学文化事业发展的需要,顺利实现基本建设计划,促进我国社会主义物质技术基础的不断扩大和人民生活的逐步改善,在进行新建、扩建、改建的建筑工程和设备安装工程中,从批准建设项目的设计任务书起到竣工验收交付生产或者使用止,所发生的经济、协作关系。

参与基本建设工程关系的单位包括:建设单位、中国人民建设银行或者中国农业银行、勘察单位、设计单位、施工单位、供应单位以及配合协作单位。

第二○二条 参与基本建设工程关系的一切单位,都必须根据国家基本建设方针、任务结合各部门工作的特点,充分利用一切可能条件,加强协作,密切配合,共同保证多快好省地完成所承担的基本建设工程任务。

第二○三条 一切基本建设工程,必须按照计划进行。基本建设的计划管理,必须贯彻统一计划、分级管理的原则。全民所有制单位的基本建设计划必须经过国家有关机关批准,集体所有制单位的基本建设计划必须经过主管部门批准。严格禁止计划外的基本建设。

第二○四条 参与基本建设工程关系的一切单位,都必须贯彻集中力量打歼灭战的方针,力求最迅速地、最充分地发挥投资效果,确保工程质量,切实做到适用、坚固、经济合理,在可能条件下做到技术先进、注意美观。

第二○五条 一切基本建设工程项目,必须从党和国家发展国民经济的方针出发,按照国民经济计划和国防的要求,根据需要与可能恰当安排,合理布局。

第二〇六条 参与基本建设工程关系的一切单位,都必须严格执行国家规定的基本建设程序。基本建设工程项目必须具有批准的设计任务书和可靠的勘察设计基础资料,才能进行设计;必须具有经过批准的年度基本建设计划和审查定案的设计文件并做好施工准备,才能施工;必须经过验收,证明已经符合设计要求时,才能交付生产或者使用。

第二〇七条 基本建设工程的财政拨款,由中国人民建设银行或者中国农业银行负责管理。中国人民建设银行和中国农业银行,应当督促建设单位落实投资,监督建设工程拨款的支付和使用,严格按照国家的建设计划和基本建设程序拨款,严格按照国家批准的预算和工程进度拨款。

中国人民建设银行或者中国农业银行,发现有不执行国家建设计划、违反基本建设程序、突破预算指标、虚报工程进度的,应当及时向有关单位提出意见,加以劝阻。劝阻无效的,有权拒绝拨款,并且及时向有关部门反映情况。

第二〇八条 建设单位必须在国家确定的投资指标范围内根据批准的设计文件,合理安排投资,不得分散使用资金,不得故意留投资缺口。严格禁止挪用基本建设资金作其他开支,也不得挪用其他资金进行基本建设。

第二〇九条 各单位用专项资金安排的基本建设工程项目,必须编报计划,按照规定的程序报经主管部门审查批准,分别纳入部门或者地方的基本建设计划。用于建设工程的专项资金,必须专户存入中国人民建设银行或者中国农业银行,并接受银行的拨款监督。

第二一〇条 一切基本建设工程,必须贯彻合理用地的原则。占用土地必须经过国家主管机关批准。征用土地,必须严格执行有关国家建设征用土地的政策、法令的规定,不得早占地,尽可能不占或者少占耕地。建设单位应当在有关部门的领导下,及时检查土地的使用情况,发现问题应当及时处理。

第二一一条 建设单位、施工单位同参与基本建设工程关系的配合协作单位之间,应当根据主管部门的规定和双方的协议,认真履行各自承担的义务。

建设单位、施工单位和供应单位之间,对基本建设工程材料、设备的供应,适用本法第三编第八章、第九章、第十一章的有关规定。

第二一二条 建设单位和勘察单位,应当根据勘察计划的要求和设计工作的需要,签订勘察协议书。建设单位应当积极协助勘察单位做好勘察工作。勘察单位必须及时向建设单位提出符合要求、准确可靠的勘察资料报告。

第二一三条 建设单位和设计单位,应当根据国家下达的设计计划和批准的设计任务书,签订设计协议书。建设单位应当根据设计协议书的要求,按时提交设计基础资料,并对设计基础资料的质量负责;设计单位必须对设计基础资料认真核对,并参与设计基础资料的补充搜集工作。

设计单位应当根据已经批准的设计任务书和准确可靠的设计基础资料,选择经济合理的设计方案,按照设计协议书规定的期限和程序,向建设单位提交优良的设计和概(预)算文件。

第二一四条 同一建设工程需要由两个或者两个以上的设计单位进行设计时,必须确定主体设计单位。主体设计单位对建设单位负责,配合设计单位对主体设计单位负责。

主体设计单位和配合设计单位,应当签订协议书,明确规定双方在设计技术、控制投资限额和提交所需设计基础资料等方面的责任。

第二一五条 设计单位、施工单位、科学研究单位和其他有关单位,应当建立固定的技术协作关系,交流科学技术经验,互相学习。设计单位和施工单位应当把经过试验的科学研究和技术革新的成果,及时地、正确地运用到设计或者施工中去。

第二一六条 设计单位有权监督建设单位和施工单位按照设计进行施工。建设单位和施工单位如果发现设计有差错,应当及时通知设计单位,但不得擅自修改设计。

设计单位必须对设计的工程负责到底,同施工单位密切配合,保证工程质量。在工程建成交付生产或者使用后,必须了解工程情况,解决需要由设计单位解决的问题。

第二一七条 建设单位和施工单位,应当根据基本建设计划的要求和有关建筑安装工作包工的规定,在施工前签订基本建设承发包工程合同。合同应当规定工程项目的预计开工和竣工日期、技术供应、材料供应、预算与结算、施工、交工验收和奖励、惩罚等条款,明确双方的权利义务。

经国家特许的紧急工程,可以在施工前签订工程协议书,但必须限期补订工程合同。

第二一八条 建设单位应当向施工单位按时提供设计、概(预)算文件和合同规定由建设单位供应的材料和设备,及时通过银行办理拨款结算,并对工程进度、质量进行监督和检查。

第二一九条 施工单位必须根据批准的设计文件和施工验收技术规范的规定进行施工,建立和健全各种管理制度,教育全体职工牢固地树立"百年大计、质量第一"的思想,在确保工程质量的条件下,努力降低工程造价,节约资金、材料和设备,保证按期竣工。

第二二〇条 工程竣工后,建设单位、施工单位应当会同有关单位,按照国家规定的基本建设工程验收制度,进行验收。

在竣工验收中发现,或者在验收后的保修期内发现,由于施工不良造成的质量事故,施工单位应当负责修理或者返工,并且负担修理或者返工的费用。

第二二一条 凡是需要由两个或者两个以上的施工单位进行施工的工程,应当实行总承包负责制。总承包单位向建设单位负责,分承包单位向总承包单位负责。

总承包单位与分承包单位之间,应当签订分包合同,具体划分施工界限,明确双方的权利义务。在统一施工计划执行中,分承包单位应当服从总承包单位的统一安排。

经建设单位和施工单位协商同意,建设单位可以将某些专业工程直接发包给其他施工单位。

第二二二条 国家严格禁止任何单位未经批准私自施工、私自改变建筑和安装物的主体结构或者使用性质、私自占用土地进行修建或者在借用土地上擅自修建以及进行临时建筑逾期不拆等违章建设的行为。

有关主管部门应当加强对违章建设的检查和处理,对于违章建设,不听劝告,情节严重的,应当从严处理。

第一三章 运输关系

第一节 一般规定

第二二三条 运输关系是承运人为了促进工农业生产、活跃城乡物资交流、保证国防需要和便利人民生活,同托运人、旅客之间所发生的运输货物或者旅客、收取运输费用的关系。

第二二四条 运输企业必须实行计划运输的原则。全民所有制运输企业应当严格执行国家运输计划;集体所有制运输企业应当在当地人民委员会的领导下,把运输业务纳入国家计划轨道,积极完成所承担的运输任务。

第二二五条 运输企业必须坚持安全、及时、准确、经济的运输原则,按照货物的流量、流向和运输能力,分别缓急,统筹兼顾,组织合理运输和均衡运输,并且根据需要与可能,采用直达运输或者联运的方式,以加速物资周转,节省运输费用,合理使用运输工具,提高运输效率。

第二二六条 运输企业为了便利托运人、收货人和旅客,在组织运输工作中,应当按照距离远近、货物种类、客货流向等因素,进行各种不同运输方式之间的分工协作,大力推行联运制度。

第二二七条 运输企业必须明确树立全心全意地为农业生产、工业生产、人民生活和国防需要服务的观点,最大限度地满足各方面的运输需要,接受托运人、收货人和旅客的监督,不断改善经营管理。反对单纯的业务观点和盈利观点。

第二二八条 承运人和托运人、旅客必须遵守交通运输主管部门有关货物运输和旅客运输的规章制度,严格执行国家规定的运价。

运输企业的工作人员不得营私舞弊、收受贿赂以及勾结不法奸商进行投机倒把活动;托运人和旅客不得利用托运货物、行李和旅行的便利条件,进行投机倒把、长途贩运、走私偷税等非法活动。

第二二九条 个体运输业者经营运输业务,必须按照规定经主管部门核准登记,服从有关部门的领导和管理,不得有破坏运输秩序的非法行为。

第二三〇条 农村人民公社的各级组织利用农闲时间,以自己的运输工具参加社会短途运输,必须按照规定经主管部门核准登记,服从交通运输部门统一分配货源,执行国家规定的运价,不得私自对外经营运输业务。

第二三一条 非运输企业单位,只有在交通运输主管部门的统一组织安排下,才可以用自己的运输工具从事营业运输。

第二三二条 我国和其他国家间的运输关系,适用我国同有关国家签订的协议,没有签订协议的,适用我国的特别法令,不适用本章的规定。

第二节 货物运输

第二三三条 托运人应当按照国家规定,提出货物托运计划,承运人应当根据货物的合理流向和运输能力,进行综合平衡,编制货物运输计划。

货物运输计划经承运人的上级主管部门批准后,托运人和承运人都必须严格执行。托运人应当按照货物运输计划及时托运货物,承运人应当按时、按量承运货物。任何一方违反货物运输计划,都应当按照规定承担罚款责任。

第二三四条 托运人托运货物,应当如实填写托运凭证和提交有关货物运输所必需的证明文件。承运人承运货物,应当发给托运人承运凭证。

承运人在必要时,可以会同托运人查验托运的货物。

第二三五条 托运人托运按照规定应当包装的货物,必须根据规定的标准包装完整,没有规定包装标准的,应当根据货物的性质、重量、体积、运输距离以及气候条件等妥为包装,以保证货物运输的安全。

凡是没有按照前款规定进行包装的货物,承运人有权拒绝承运。

承运人应当不断教育职工严格遵守货物装卸运输的操作规程,及时整修破损的包装,以免造成社会财富的损失。

第二三六条 托运人托运危险货物,应当遵守交通运输主管部门有关危险货物运输的规定,如果由于故意隐瞒、没有正确说明货物的性质或者违反危险货物运输的其他规定,造成承运人或者第三人的损害,应当承担赔偿责任,情节严重的,还应当受到刑事制裁。

第二三七条 承运人应当在规定的期限内,将货物运到指定地点,并且及时向收货人发出货物到达通知;如果超过运到期限,承运人应当按照规定承担罚款责任。

收货人应当及时提取货物,不得借故拖延或者拒绝提取;对超过规定保管期限提取的,应当向承运人支付保管费用。

承运人对无人提取或者收货人拒绝提取的货物,应当在规定期限内负责妥善保管;对超过规定期限仍然无法交付的货物,有权按照有关规定处理。

第二三八条 承运人对承运的货物,自收受货物签发承运凭证起,至运到目的地交付收货人止,应当负责保管,如果发生灭失、损坏,应当承担赔偿责任。

由于下列原因造成货物灭失、损坏,免除承运人的责任:

(一)人力不可抗拒；
(二)货物本身的自然性质；
(三)托运人的过错。

第二三九条 承运的货物发生灭失、损坏，应当由承运人承担赔偿责任的，按照下列原则赔偿：
(一)灭失的，按灭失货物的价格赔偿；
(二)损坏的，按损坏货物所减低的价格赔偿。

第二四○条 联运的货物发生灭失、损坏，应当由承运人承担赔偿责任的，终点站(港)的承运人应当先按照规定赔偿，然后再向有责任的承运人清算。

第三节 旅客运输

第二四一条 旅客搭乘运输工具，应当持有有效的客票。承运人应当按时将旅客安全送到目的地。

在运输过程中，承运人对遇险的旅客，应当尽力抢救；对发生疾病或者分娩的旅客，应当尽可能给予医疗和照顾。

第二四二条 旅客有下列情况之一的，承运人可以拒绝运送：
(一)不遵守交通运输法令、规章，扰乱公共秩序，不听劝止的；
(二)精神失常无人护送的；
(三)患有严重的传染病足以危害其他旅客的。

第二四三条 承运人应当按照规定办理行李、包裹运输业务。旅客可以按照规定向承运人托运行李，并且在规定的范围内免费携带随身用品。

承运人保管行李、包裹的责任，包裹发生灭失、损坏的赔偿原则，旅客、收件人没有及时提取行李、包裹的责任和无人提取行李、包裹的处理，适用本法第二三七条、第二三八条、第二三九条的规定。

行李、包裹的运输条件和行李发生灭失、损坏的赔偿，按照交通运输主管部门的规定办理。

第二四四条 旅客、托运人在行李、随身用品或者包裹中，都不得夹带危险品、违禁品和影响公共卫生的物品，如果由于违反规定对承运人或者第三人造成损害，应当承担赔偿责任，情节严重的，还应当受到刑事制裁。

第二四五条 承运人由于自己的过错，致使旅客遭受伤害，应当承担赔偿责任。

办有旅客运输保险业务的承运人，对旅客在运输过程中所遭受的意外伤害，应当按照旅客运输保险制度的规定承担赔偿责任。

第一四章 租赁关系

[第一节 一般规定]①

第二四六条 租赁关系是为了解决全民所有制单位、集体所有制单位和公民在生产上、工作上和生活上的需要,在出租人和承租人之间发生的出租财产和交纳租金的关系。

第二四七条 租赁关系的范围包括国家所有、集体所有、公民个人所有的房屋租赁关系和其他财产租赁关系。

第二四八条 财产租赁的租金标准,应当由主管部门统一规定。没有统一规定的,由出租人和承租人根据公平合理的原则协商议定。

第二节 房屋租赁关系

第二四九条 国有房屋的租赁,必须贯彻统一分配、合理使用的原则。国有房屋的出租,除另有规定以外,都由国家房地产管理部门统一经营。

按照规定由各单位自行管理的国有房屋,在出租的时候,应当执行国家有关房产管理的规定,并且接受房地产管理部门的指导和监督。

国家房地产管理部门要管理好自己统一经营管理的房屋,同时做好对各自管单位的房管业务的指导和监督工作。

第二五〇条 国家房地产管理部门,要做好房屋维修工作,实行修、养、爱并举,把房屋的修缮、养护同群众性的爱房教育结合起来,坚决克服重新建、轻维修的思想和不依靠群众的作风。

国家房地产管理部门,应当采取有效的办法,做好单位之间的房屋的合理调配和余缺调剂工作,做好住户之间的换房工作,克服调配工作中的简单化做法和消极畏难情绪;教育用户节约用房,克服本位主义思想和个人主义思想。

第二五一条 国家房地产管理部门和各单位自行管理国有房屋的工作人员,必须坚决正确地贯彻执行国家有关房屋管理的方针、政策和规章制度,大公无私、克己奉公。一切工作必须走群众路线,深入基层,倾听群众意见,取得群众的协助和支持,全心全意为用户服务。不得利用职权多占房、占好房,不得徇私情、"开后门"。

第二五二条 集体所有房屋的租赁,由集体所有制单位各自经营。

集体所有制单位出租各自所有的房屋,必须遵守国家有关房屋管理的政策、法令。

第二五三条 国家鼓励公民出租依法归个人所有的房屋,并且保障他的合法权益。出租人和承租人应当根据国家有关房屋管理的政策、法令的规定,本着团结互

---

① 原件缺第一节节目,据目录补。

助、自愿两利的精神,建立租赁关系。

第二五四条 任何单位或者个人在房屋租赁关系建立以前,都不得自行占用国家所有、集体所有或者公民个人所有的房屋。

违反前款规定的,由国家房地产管理部门或者人民法院责令迁出,情节严重的,由人民法院给予法律制裁。

第二五五条 房屋租赁关系建立以后,出租人应当按期将租约规定的房屋交给承租人使用。

由于出租人方面的原因,致使承租人不能按期使用租约规定的房屋,出租人应当负责解决;如果造成承租人损失,还应当负担赔偿责任。

第二五六条 在房屋租赁关系有效期间,承租人应当依照租约规定的数额和期限交纳租金,不得拖欠。

租金的数额在房屋的建筑、使用等条件改变的情况下,应当由租赁双方及时协商调整,在租金调整之前承租人仍按原定数额交纳。

承租人欠租,经出租人交涉和有关部门调解无效的,出租人可以诉请人民法院处理。人民法院对于故意欠租的承租人,应当判决偿还欠租,情节严重的,还可以责令交出租用的房屋。

第二五七条 在房屋租赁关系的有效期间,除租约另有规定以外,出租人应当负责修缮房屋,保障承租人正常的使用和居住的安全。

出租人没有及时修缮房屋,致使房屋损毁、倒塌,造成承租人或者第三人的损害,应当负担赔偿责任。但是由于承租人方面的原因或者人力不可抗拒的原因造成的损害除外。

第二五八条 承租人应当依照租约的规定,爱护和正当使用房屋。

承租人不得损坏房屋、设备,不得私自转租转让,不得私自改变房屋用途以及利用承租房屋进行其他非法活动。承租人有上述行为的,必须承担法律责任。

第二五九条 房屋租赁关系可以因为公共利益的需要、出租人自用、承租人退租而解除。

因为公共利益的需要,必须解除租赁关系的,有关部门应当对承租人给予适当安置。

出租人确实因为自用,需要收回房屋的,应当事先通知承租人,经过协商,解除租赁关系。

承租人要求退租的,应当通知出租人,并且在办清退租手续后,解除租赁关系。

第三节 其他财产租赁关系

第二六〇条 其他财产租赁关系是指房屋以外的财产租赁关系。

单位经营出租业务,应当经有关主管部门审查批准。单位和个人出租财产,仅限于国家的政策、法律、法令允许的物品。

国家禁止利用出租财产获取非法收入。

第二六一条 其他财产的租赁,依照主管部门规定需要交纳押金的,承租人应当在租约订立的时候交纳;租约终止的时候,出租人应当退还押金。

第二六二条 承租人应当按期交还租用的财产,超过期限交还的,应当依照租约的规定补交租金、交纳罚款。

第二六三条 承租人应当正当使用和爱护租用的财产。如果因为使用、保管不当,致使租用的财产损坏、灭失的,应当依照规定负责赔偿。

第一五章 劳动报酬福利关系

第一节 一般规定

第二六四条 劳动报酬福利关系是全民所有制单位、集体所有制单位,为了贯彻执行国家关于发展生产和科学文化事业、保障人民生活的政策,同职工、社员、著译者、创作者、发明者、技术改进者之间,由于劳动、著译、创作、发明、技术改进所发生的给予报酬、福利和奖励的关系。

第二六五条 国家实行在发展生产的基础上逐步改善人民生活的方针。全民所有制单位必须根据国家的统一规定,逐步提高职工的工资和福利。集体所有制单位必须努力增加生产,在生产发展的条件下,逐步增加社员的收入。

国家应当合理调整、逐步缩小全民所有制单位和集体所有制单位工作人员同人民群众之间的个人收入的差距,坚决反对少数人的高薪制度。

第二六六条 全民所有制单位和集体所有制单位必须贯彻执行思想政治教育和物质鼓励相结合的方针,在做好思想政治工作的前提下,实行各种符合实际情况的劳动报酬制度和福利待遇制度。

第二六七条 职工和社员应当积极参加社会劳动,努力学习政治、技术、业务,提高思想政治觉悟和技术业务水平,充分发挥建设社会主义的积极性。

第二节 职工和社员的劳动报酬

第二六八条 全民所有制单位和集体所有制单位必须贯彻执行各尽所能、按劳分配的社会主义原则,按照职工和社员劳动的数量和质量支付报酬。反对平均主义和高低悬殊。

第二六九条 全民所有制单位和集体所有制单位对职工和社员不分民族、性别、年龄,实行同工同酬的原则。

第二七〇条 职工和社员应当自觉地遵守劳动纪律和工作制度,积极负责地完成任务。

第二七一条 全民所有制单位,必须严格执行国家规定的有关企业、事业单位和国家机关职工的各种工资、奖励和津贴制度,不得擅自改变职工的工资标准和津贴标准,不得任意提高或者降低奖金率和生活福利待遇。

第二七二条 全民所有制企业从有利于提高劳动生产率和职工团结出发,根据生产条件、技术特征和生产发展的需要,按照规定可以采用计时工资,计件工资,计时工资加奖励、津贴,计件工资加奖励、津贴等工资形式。

第二七三条 农村人民公社有劳动能力的社员,都应当参加集体生产劳动,完成经过民主评议规定的基本劳动日。

农村人民公社的生产大队和生产队的干部,都要以普通劳动者身份积极参加集体生产劳动,同其他社员一样评工记分。干部因公误工补贴工分的办法,必须严格按照规定执行。

第二七四条 农村人民公社计算劳动报酬的办法,有定额的工作应当按定额记工分,没有定额或者无法制订定额的工作,可以采用评工记分或者经社员民主讨论同意的其他计酬办法。

第二七五条 供销合作社和信用合作社工作人员的劳动报酬,参照执行相应的国营企业职工的劳动报酬制度。

前款以外的各种合作社,应当根据不同行业、不同工种、不同情况,参照相应的国营企业的工资制度,经过社员民主讨论,制定社员和职工的劳动报酬制度。

第三节 职工和社员的福利待遇

第二七六条 全民所有制单位和集体所有制单位应当根据国家规定结合本单位的经济条件,以及职工和社员生活的必需,给予职工和社员适当的福利待遇,建立和健全必要的集体福利设施。

第二七七条 全民所有制单位的职工按照规定可以享受下列福利待遇:在生、老、病、死、伤、残时享受劳动保险;在生活发生困难时得到必要的补助;享受其他的福利待遇。

第二七八条 农村人民公社生产队对于生活没有依靠的老、弱、孤、寡、残疾的社员,遭到不幸事故、生活发生困难的社员,经过社员大会讨论和同意,实行供给或者给予补助;对于生活有困难的烈属、军属、残废军人,应当给予适当的优待;对于因公负伤的社员给予补助;对于因公死亡的社员的家属给予抚恤。以上费用从公益金内开支。

第二七九条 供销合作社和信用合作社工作人员的福利待遇,参照执行相应的国营企业职工的福利制度。

前款以外的各种合作社社员和职工的福利待遇,应当根据本单位的生产发展水平和经济条件,参照相应的国营企业的福利制度,经过社员民主讨论确定。

第四节 著译、创作的报酬和发明、技术改进的奖励

第二八〇条 国家鼓励公民从事科学、文学、艺术的著译、创作和发明、技术改进

的积极性。有关单位应当根据需要与可能,对从事著译、创作和发明、技术改进的集体或者个人提供便利条件。

第二八一条 发表或者采用科学、文学、艺术作品的有关单位,应当按照规定,根据作品的数量和质量,对从事著译、创作的集体或者个人付给合理的报酬。

第二八二条 对于科学技术的发明,国家主管部门应当根据其对国家建设所起作用的大小,按照有关发明奖励的规定,给予发明人荣誉奖励和物质奖励。

第二八三条 对于技术改进的建议,有关单位应当根据其对生产或者工作所起作用的大小和技术复杂程度,按照有关技术改进奖励的规定,给予建议人荣誉奖励和物质奖励。

附

民法大纲的初步设想[①]

第一篇 总 则

第一条 中华人民共和国民法是我国经济生活的基本(或写为:共同)准则。它是根据宪法和党的社会主义建设总路线(有的主张加上:以农业为基础、以工业为主导发展国民经济的总方针;还有主张加上:发展经济、保障供给的财经工作总方针)制定的。它的任务是通过调整全民所有制单位之间、集体所有制单位之间、公民个人之间和他们相互间的(有的主张不要列举主体)各种经济关系,正确处理人民内部矛盾,调动一切积极因素,增强全国人民的团结、巩固和发展社会主义全民所有制和集体所有制,保护公民的权利和合法权益(有人主张加上:禁止危害公共利益,扰乱社会经济秩序,破坏国家经济计划的一切非法行为),保障社会主义革命和社会主义建设事业的顺利进行。

(有的同志主张,总则前面要有一个序言,写上民法的依据、作用、目的和所有制的变革过程等内容。第一条只写任务和调整范围。)

第二条 一切单位(有的主张写为:一切国家机关、企业、事业单位、社会团体;还有主张写为:一切全民所有制单位和集体所有制单位、社会团体)和公民个人,在从事经济活动的时候,必须遵循下列原则:

(一)遵守党和国家的政策、法令(或加上:禁止扰乱社会经济秩序的非法行为);
(二)公共财产神圣不可侵犯(或加上:禁止危害公共利益的非法行为);
(三)服从国家的统一计划(或加上:禁止破坏国家经济计划的非法行为);
(四)贯彻执行民主集中制(或加上:反对本位主义和分散主义);
(五)勤俭建国,勤俭办一切事业(或加上:反对铺张浪费)。

有的主张把基本原则分条写:

第 条 中华人民共和国公共财产神圣不可侵犯。国家保障社会主义经济的不断发展,继续限制资本主义的自发倾向,逐步消灭产生剥削制度的一切根源。

第 条 所有经济活动,都要遵守法律、法令、遵守国家的政策,服从国家统一计划。

第 条 国家、集体、个人在从事各种经济活动的时候必须遵循民主集中制的原则,实行统一领导,分级管理;并且在个人利益服从国家和集体利益、局部利益服从整体利益的前提下,兼顾国家、集体和个人利益。

---

① 本件原件未注明日期、起草人。

第 条 一切经济单位,都要进行经济核算,并且都要贯彻勤俭建国,勤俭办一切事业的原则。

第三条 有权从事经济活动、享有权利、承担义务的单位,包括一切具有单独预算或独立核算的国家机关、企业、事业单位、社会团体、人民公社各级组织、手工业合作社各级组织、供销合作社各级组织、信用合作社和其他集体组织。

前款各单位属于工商企业和社会团体的,必须按照规定进行登记以后,才能从事经济活动。

第四条 各单位从事经济活动的范围,必须依照国家和上级主管部门的规定,符合本身业务的需要。

第五条 各单位从事经济活动由它的代表人进行。单位的代表人包括:

(一)单位的负责人;

(二)单位的管理机构;

(三)单位指定的代理人。

第六条 中华人民共和国公民都有在法律规定的范围内从事经济活动的权利,但是精神病人从事经济活动和未成年人从事同他的年龄不相适应的经济活动,应该由他的监护人或代理人代为办理。

第七条 经中华人民共和国批准在中国设立的外国机构和居留在中华人民共和国的外国人,在从事经济活动的时候,除法律另有特殊规定的以外,必须遵守本法的规定。

第八条 全民所有制单位之间、集体所有制单位之间和他们相互间的经济纠纷和财产争议(有的主张写为权利义务的争议),由各级经济委员会或主管部门裁决。

全民所有制单位、集体所有制单位同公民个人之间的经济纠纷和财产争议,由人民法院或主管部门裁决。

公民个人之间的经济纠纷和财产争议,由调解委员会调处解决或由人民法院处理。

第九条 违反本法规定的单位和公民,应视不同情节担负法律上的责任。但有下列情况的可以除外:

(一)由于不能抗拒的原因;

(二)不是由于故意或者过失造成的损害;

(三)正当防卫和紧急避险的行为。

第十条 请求解决经济纠纷和财产争议的期限,除法律另有规定以外,全民所有制单位之间、全民所有制单位和集体所有制单位之间为×年;集体所有制单位之间、全民所有制单位同公民个人之间、集体所有制单位同公民个人之间为×年;公民个人之间及其他单位之间为×年。

债权人超过期限提出请求的,人民法院或仲裁机关如果认定迟误是由于不可抗拒的原因或者有其他正当理由的,可以适当延长,但最多不得超过原定期间的一倍。

第十一条 前条期限的计算,侵犯人身和财产权利的,从侵害行为发生之日起算;不履行合同的,从合同到期之日起算;合同未定履行期限的,从合同成立之日起算。

第十二条 本法公布以后,过去颁布的法律、法令与本法规定相抵触的,以本法的规定为准。

第十三条 民族自治地方不能全部适用本法规定的,可以由自治机关,根据本法规定的基本原则,结合当地情况,制定变通或者补充的规定,报请全国人民代表大会常务委员会批准施行。

第二篇 所有制

第一章 通 则

第十四条 中华人民共和国全民所有制和劳动群众集体所有制,是我国社会主义公有制的两种形式。

全民所有制财产的所有权属于国家,国家保证全民所有制经济的优先发展。集体所有制财产的所有权属于各集体所有制单位,国家保护社会主义的集体财产,并且鼓励、指导和帮助集体所有制经济的发展。

社会主义经济领导下的个体劳动者所有制财产,其所有权属于各个体劳动者本人,国家依照法律保护个体劳动者的生产资料所有权,并且鼓励他们根据自愿的原则组织起来走合作化的道路。

有的同志主张,所有制的分类可写为:"中华人民共和国的生产资料所有制现在主要的有社会主义的全民所有制、社会主义的集体所有制和社会主义经济领导下的个体劳动者所有制。"

关于国家对各种所有制的政策,可以分别在所有制各章中去写(见后)。

第十五条 财产所有人对自己的财产,依照法律享有(有的主张加上:占有)经营、使用、收益、处置的权利,任何单位和公民都不得侵犯。①

当财产被他人不法占有的时候,所有人有请求退还原物的权利;当财产遭受损害的时候,所有人有请求赔偿的权利;当财产所有权的行使受到妨碍的时候,所有人有请求并加以制止的权利。

第十六条 财产所有人行使他的权利,必须严格依照法律的规定,不得违反公共利益,妨害其他单位和公民的权利和合法利益。

国家为了公共利益的需要,可以依照法律规定的条件,对集体和公民个人所有的财产,实行征购、征用或者收归国有。

第十七条 两个或者两个以上的单位、公民共同所有的财产是共有财产。

共有财产的所有人,对共有财产有共同行使经营、使用、收益、处置的权利,并且分担由此产生的各项费用和其他义务。

共有财产的所有人之间行使权利、分担义务的办法,在不违背法律规定的前提下,共

---

① 原件本款手写改作:"财产所有人对自己的财产,依照法律享有经营、使用、收益、处置(有的主张加上:占有)的权利,任何单位和公民都不得侵犯。"

同协商议定。全民所有制单位、集体所有制单位对于他们的共有财产,应该签订关于联合经营或者承包经营,分配收益和分担义务的书面合同。

共有财产的所有人在出让自己的份额时,其他共有人在同等条件下,有优先受让的权利。

第十八条　各单位、公民间财产的转移,必须依照法律规定的程序进行。

第十九条　财产所有人,由于公共利益的急需或者在他人遇到紧急危险的时候,有义务把自己的财产供作救急使用。如果所有人因此而受到损失,有权请求补偿。

第二章　全民所有制

第二十条　全民所有制经济是整个国民经济的领导力量,是国家进行社会主义革命和社会主义建设的物质基础。国家保证全民所有制经济优先发展。

第二十一条　全民所有制财产的唯一所有人是代表全体人民的国家。

第二十二条　矿藏、森林、水力资源和其他有关国家经济命脉,足以操纵国计民生的事业,除了法律另有规定的以外,都应当①由国家统一经营管理。

有的主张本条写为:

全民所有制财产的范围,没有任何限制。

矿藏、水流,由法律规定为国有的森林、荒地和其他资源,是国家的专有财产。

第二十三条　国家根据法律、法令和国民经济计划,依照统一领导分级管理的原则,授权国家机关、企业、事业单位经营管理国家的财产。

经营管理国家财产的单位对国家财产负全部责任,没有经过主管机关的批准,不能变卖和转让。

第二十四条　全民所有制单位对于国家财产的经营管理,必须纳入收支有计划、拨款有根据、基建按程序的轨道。②

全民所有制单位对于国家交给的全部资金,都必须专款专用,不准任意挪用、抵补。

第二十五条　国营工业企业的产品,由国家统一调拨。企业之间不准以产品原料、材料进行交易。

第二十六条　国营企业应当上交的利润、税金,必须及时上交,不准拖欠、占用。

第二十七条　全民所有制财产,可以依照法律的特别规定,包给集体所有制单位经营管理。

第二十八条　国家对全民所有制财产进行特殊保护,在适用本法第十五条规定的保护方法时,不受本法第十条规定的期间所限制。

第三章　集体所有制

第二十九条　集体所有制经济是我国劳动群众按照自愿原则组织起来的社会主义性

---

① 原件此处"应当"二字被涂去。
② 原件删去本款。

质的经济。

集体所有制经济有人民公社经济和合作社经济。

集体所有制财产的所有人是组成各该集体组织的全体成员。

国家保护集体所有制财产,鼓励、指导和帮助集体所有制经济的发展。

第三十条　一切集体所有制单位除了执行国家的政策和法令,还必须在国家计划的指导下,根据自己的章程的规定,从事经济活动。

第三十一条　一切集体所有制单位,都必须贯彻民主办社的方针,充分发挥社员群众当家作主的积极性;必须贯彻勤俭办社的方针,精打细算,讲求经济效果,反对铺张浪费。

第三十二条　一切集体所有制单位的财产和资金,在需要调出或调入的时候,应该实行等价交换,不得无偿调拨。

第三十三条　一切集体所有制单位,在分配劳动收入的时候,必须贯彻按劳分配、多劳多得的原则,反对平均主义。

第一节　农村人民公社

第三十四条　农村人民公社(是政社合一的组织,是我国社会主义社会在农村中的基层单位,又是我国社会主义政权在农村中的基层单位。它在一个很长的历史时期内),是社会主义的互助、互利的集体经济组织。国家要尽可能地从各方面支援人民公社集体经济,发展农业生产,逐步进行农业技术改革,在农业集体化的基础上,实现农业的机械化和电气化。

第三十五条　农村人民公社的各级组织,按照民主集中制的原则办事。

农村人民公社的各级组织,首先是生产队,在经济工作中,必须坚持自愿、示范、互助、互利的原则。

第三十六条　农村人民公社的组织,可以是两级,即公社和生产队;也可以是三级,即公社、生产大队和生产队。

农村人民公社的基本核算单位是生产队。

农村人民公社的各级组织,都必须执行国家的政策和法令,在国家计划指导下,因地制宜地,合理地管理和组织生产。

第三十七条　农村人民公社的土地,根据有利于改良土壤、培养地力、保持水土和增加水利建设的原则,确定归生产队所有或归生产大队所有。

固定归生产大队所有的土地,应该固定给生产队长期使用。

第三十八条　农村人民公社集体所有的农具、农业机械、牲畜、水利设施、山林、水面、草原以及为农业生产和农民生活服务的企业,根据归谁所有,对经营、管理更为有利的原则,分别归由①公社、生产大队、生产队所有或共有。

公社、生产大队所有和生产队所有的山林,可以按照法定的程序和办法,分别包给生产队和社员经营。

---

① 原件此处删去"由"字。

第三十九条 农村人民公社的生产队,应当分配给社员一定数量的自留地,长期归社员家庭使用。

在有柴山的地方,可以根据历史习惯和社员要求,分配给社员一定数量的自留山。长期归社员家庭使用。

第二节 手工业生产合作社

第四十条 手工业生产合作社是手工业劳动者按照自愿原则组织起来的社会主义性质的集体经济组织。

第四十一条 手工业生产合作社按照社会主义的原则,在生产资料集体所有制的基础上,有计划地进行生产,不断地改善经营管理,提高技艺,改进技术设备,提高劳动生产率,为农业生产服务,为城乡人民生活服务,为国家工业建设服务。

第四十二条 手工业生产合作社是独立核算,自负盈亏的经济组织,它的生产资料和资金受国家法律的保护,任何部门或者个人不得无偿调用。

第四十三条 手工业生产合作社的基金,包括股金、公积金、折旧基金、特种基金等,归手工业合作社集体所有。

第四十四条 手工业生产合作社自行销售产品时,必须遵守国家的价格政策。

第四十五条 手工业生产合作社应该同国营商业和合作社商业密切配合,按照国家的规定推销产品。

第三节 供销合作社

第四十六条 供销合作社是合作社商业,是社会主义集体所有制经济,是国营商业的有力助手。

第四十七条 供销合作社应当在国营商业的领导下,积极地为生产服务,为人民生活服务,为出口贸易服务,做好城乡间、地区间的物资交流工作,做好农村集市贸易的领导工作。

供销合作社应该积极地、适当地开展自营业务。

第四十八条 供销合作社必须执行国家的政策法令,执行国家的商业计划。国营商业应当积极扶助供销合作社的发展。

第四十九条 各级供销合作社必须根据为生产服务、为人民生活服务的社会主义原则,认真地改善经营管理,实行经济核算,加强业务经营的计划性。

第四节 消费合作社

第五节 信用合作社

第四章 个人所有制[①]

第五十条 公民个人的劳动收入和其他合法收入,永远归个人所有,任何人不得侵犯。

第五十一条 公民个人所有的住房、生活用品,在银行、信用社的存款和其他一切生活资料,永远归个人所有,任何人不得侵犯。

公民在城市出租的房产,不在改造范围以内的,归个人所有。

第五十二条 农村人民公社的社员和各种合作组织的成员自有的、小型的、少量的农具、工具等生产资料和牲畜永远归个人所有,任何人不得侵犯。

第五十三条 个体农民、个体手工业者和其他个体劳动者,对于在从事生产、社会服务中自有的工具和其他生产资料,有所有权。国家依照法律予以保护。

第五十四条 农村人民公社社员,在不影响参加集体劳动的前提下,种好由公社分配的自留地、自留山,经营小规模的家庭副业,以及在房前屋后、路旁水边种植零星树木,其产品和收入都归社员所有。社员在完成同国营商业和合作社商业订立的收购合同以后,其余产品都可以由社员按照法律的规定自行支配。

第五十五条 公民死亡后,他的配偶、子女和父母有依照法律继承遗产的权利。

[①] 原件此处改为"个体劳动者所有制和公民个人生活资料所有权"。

关于建立新的民法体系的一些想法

中国人民大学民法教研室　1962年10月

我们在教学与研究工作中早就感到旧的民法体系与我国实际建设经验中所提出的问题有很多格格不入之处,为了摆脱旧体系、旧概念的限制和束缚,虽然曾做过一些努力,但是由于没有弄清问题的关键,结果没有显著的成效。最近在常委办公厅所召集的关于整理我国民法资料的会议上听了领导同志的指示,我们觉得启发很大。根据指示的精神,我室同志们交换了意见,对建立新的民法体系问题有下列几点极不成熟的想法,现仅提出以便进一步展开研究。

一、以主体、物权、债权、著作权、发明权、继承权等抽象的法律形式所组成的旧的民法体系是与私有制为中心的,以个人为本位,以"国家不干预民事活动"为原则的资产阶级民法内容相适应的,这种体系极不符合我国社会主义民法内容的要求,因之必须抛弃,并应对建立符合我国社会主义革命和建设实际情况的民法体系作大胆的尝试。

二、既然民法的核心问题是所有制问题,那么就应以所有制为纲来建立新的民法体系,也就是应该以所有制作为一条红线把许许多多错综复杂的民事关系和制度有系统地贯串起来。

三、为了确定民法所解决问题的范围和它的体系,必须首先明确民法的基本任务,我们认为民法的基本任务应该是"保护和发展社会主义所有制;调动一切积极因素促进生产力稳步而迅速地发展,保障社会主义建设事业的顺利完成"。在上述任务要求下,我国民法解决问题的范围宜包括我国国民经济生活中的国家、集体和个人之间的全部的经济关系和经济活动,即我国社会主义所有制以及为它所决定的生产、分配、交换、消费过程中的全部经济关系。因此,我国民法体系中不仅应包括所有关系以及与价值规律和按劳分配规律有关的财产关系等内容,而且还应包括与实现民法基本任务有关的行政法、财政法、土地法、劳动法和婚姻家庭法的某些内容。

四、根据以上想法,我们认为新的民法体系和内容大致如下:

(一)总纲——其中包括社会主义建设总路线和正确处理人民内部矛盾的思想,以及中央关于经济建设的各项基本方针政策。(如我国当前所有制形式;国民经济建设的计划指导;国家、集体与个人三者的关系;经济管理的民主集中制;勤俭建国;等等)

(二)关于全民所有制

1.全民财产的性质、内容、保护原则和方法。

2.全民所有制的各种组织在经济活动中的任务、权限,以及与此有关的行政、财政隶属体制和关系。

3. 全民财产的民主集中管理原则、责任制、经济核算制等。

4. 全民所有制组织内部劳动关系方面的基本问题(如劳动力调配、劳动纪律、劳动保护、劳动保险以及工资福利等)。

5. 社会主义组织间的经济协作：

(1) 协作关系的原则；

(2) 协作关系的保证和监督；

(3) 各种协作关系的内容和形式——全民所有制之间；全民所有制与集体所有制之间；全民所有制与个人之间的买卖、供应、加工、储运、信托、信贷……等关系。

(三) 关于集体所有制——包括两大方面

1. 人民公社：

(1) 人民公社财产的性质、范围、内容、保护；

(2) 人民公社经营管理的各级组织、管理权限、原则和方法等；

(3) 人民公社内部劳动关系；

(4) 人民公社之间及其各级组织之间、人民公社与合作社间、人民公社与个人间有关农副产品、工业品的买卖、加工，以及人力物力相互调剂而发生的协作关系等。

2. 合作社：

(1) 合作社财产的性质、合作社的种类、其财产的范围、内容和保护；

(2) 合作社的各级组织，它们的管理机关、管理权限和管理原则；

(3) 合作社内部劳动关系；

(4) 合作社之间、合作社与个人之间的买卖、加工、信贷等关系。

(四) 关于公民个人财产及其他合法权益

1. 公民成年年龄和民事权利能力、行为能力等。

2. 公民个人财产的性质、内容及其保护。

3. 公民的劳动权、休息权、发明权、著作权等权利。

4. 公民之间的买卖、赠与、借贷、租赁以及损害赔偿等关系。

5. 关于夫妻、父母子女以及其他家庭成员之间对家庭财产的共有、分割和继承等关系。

民法草案大纲(草稿)

中国人民大学民法教研室 1962年12月

第一章 总 纲

(一)民法调整社会关系的范围、任务和指导原则

(二)所有制基本形式、财产经营管理的主要方法

社会主义生产资料所有制的两种形式
以社会主义公有制为基础的公民个人所有权
国家对国民经济生活的计划指导
社会主义公有经济的集中领导和分级管理、管理社会主义公有经济的民主集中原则
各种社会主义组织在行使所有权过程中所发生的协作关系

(三)财产的权利及其行使

本法所规定的权利都受国家的保护,非依法律不得限制和剥夺
各项财产权利的主体(社会主义组织和公民)
主体行使权利时不得违反法律、计划,不得妨害国家集体和个人的合法利益
无行为能力人行使[的]权利负担的义务
行使财产权利的代理关系

第二章 所 有 制

一、通 则

国家、集体、个体劳动者和个人财产的性质、相互关系
所有者对其财产的占有、使用和处分的权利
社会主义经济组织的经济核算原则
保护所有权的方法:请求返还、排除妨碍、损害赔偿
财产的共有(按份共有和共同共有)和联营

二、国家所有制

(一)关于国家所有权的规定

国家财产的范围、专有财产、专营事业

国库

未经特别准许不得为集体或个人所有或持有的财产

(二)国家财产的经营管理

管理国家财产单位对国家和上级的责任

管理国家财产单位的内部关系、财产管理中的责任制

管理国家财产单位的对外财产责任。单位的名称和代表,单位撤销、合并和分解时的财产关系

(三)全民所有制企业、机关的工资福利

核算单位、预算单位职工的工资、福利和社会保险

三、集体所有制

(一)关于农村人民公社的规定

公社财产的性质和范围

公社各级组织内部在财产上的相互关系和责任、公社各级组织的对外财产责任和对外代表

公社财产的基金形式。各种基金的作用和目的

社员的工资和实物的劳动报酬、福利和社会保险

(二)关于合作社的规定

合作组织财产的性质和范围

各种合作组织上下级之间的关系

各级合作组织内部在财产上的相互关系和责任,各级合作组织的对外财产责任和对外代表

合作组织财产的基金形式、作用和目的

社员工资(分红)、福利和社会保险

四、公民个人的财产权利和人身权利

公民个人财产的性质和目的

公民个人财产的范围(生活资料和依法所有的少量生产资料)

公民个人财产权利的行使

公民的劳动权和取得报酬的权利

公民基于著作和发明所获得人身上和财产上的权利

夫妻对家庭财产的权利
公民的继承权

第三章　社会主义制度下的经济协作关系

一、通　则

协作关系的指导原则（计划原则、民主协商原则、等价有偿原则、实际履行原则、经济赔偿原则）

协作关系的法律形式及其特征

二、分　则

供应、统购、定购、议购和其他买卖的法律形式和法律关系
基本建设包工和一般加工的法律形式和法律关系
计划运送和一般运送的法律形式和法律关系
专业仓储和一般保管的法律形式和法律关系
国营、供销社营和其他各种信托业务的法律形式和法律关系
公有和私有房屋以及其他财产租赁的法律形式和法律关系
社会主义组织的信贷、结算和公民间借贷的法律形式和法律关系

第四章　附　则

关于时效的规定
关于时间计算的规定
关于适用范围的规定
关于与单行法规关系的规定
关于解释权的规定

中华人民共和国民法草案(初稿)[①]

1963 年

第一编 总 则

第一条 为维护和发展社会主义公有制,保障公共财产不受侵犯,逐步彻底地实现对一切非社会主义经济成分的社会主义改造,正确处理国家、集体与个人的经济关系,增强人民内部团结,调动一切积极因素促进社会主义建设事业胜利进行,特制定本法。

第二条 中华人民共和国宪法,社会主义建设总路线、大跃进、人民公社三面红旗和"以农业为基础,以工业为主导"发展国民经济的总方针是制定本法的根本依据。

第三条 中华人民共和国民法是我国一切社会主义组织、社会团体和个人进行经济活动的基本准则。

第四条 中国共产党是一切工作的领导核心,一切经济部门和企业都必须贯彻执行党的路线方针政策。

第五条 政治工作是一切经济工作的灵魂,经济工作必须与政治工作相结合,必须把做好政治工作放在一切经济工作的首要地位。

第六条 国家对国民经济实行计划管理。

国民经济计划是一切社会主义经济组织进行经济活动的依据。任何经济活动都不得违反和破坏国民经济计划。

第七条 一切社会主义经济,在经营管理中,必须贯彻民主集中制,实行统一领导与分级管理相结合的制度。

勤俭节约是社会主义经济的基本原则。

第八条 国家、集体与个人的一切经济活动都必须贯彻勤俭节约原则,勤俭办工厂、勤俭办商店、勤俭办一切国营企业、勤俭办社和勤俭办一切事业。

第九条 一切社会主义企业和经济都必须认真实行经济核算制。

第十条 在国家、集体和个人之间,以及个人相互之间,产品的交换必须遵守等价交换的原则。

第十一条 对人民内部经济关系的处理,必须贯彻正确处理人民内部矛盾的原则,从

[①] 原件此处手写标注"北京政法学院民法教研室1963年"字样。

有利于生产、有利于团结出发,正确处理国家、集体和个人三者之间的关系,在个人利益服从国家和集体利益、局部利益服从整体利益、暂时利益服从长远利益的前提下,兼顾国家、集体和个人利益。

第十二条 凡实行独立经济核算,自负盈亏的国营企业、农村人民公社各级组织和各种合作组织,具有单独预算的国家机关、事业单位和社会团体,以及法定成年公民个人,得依法独立地参加经济活动,并根据法律享有权利和承担义务。

本条规定之各种组织、单位或团体的负责人,对外代表其机构负责参加经济往来关系。

第十三条 工商企业、社会团体的单位,必须依法向工商行政管理部门或指定机关进行登记,并依照登记项目从事经济活动。

第十四条 未成年人和精神病人在经济活动中,可以由其监护人或代理人代为行使权利和承担义务。

第十五条 本法第十二条规定之一切组织、单位和个人,都应该遵守有关法律时效的规定。

人民法院和仲裁机关认为有正当理由时,可以延长时效期限,但最多不得超过原定期限的一倍。

第十六条 全民所有制单位之间,全民所有制和集体所有制单位之间的经济纠纷由各级经济委员会或主管部门裁决。

集体所有制之间,以及全民所有制、集体所有制与公民之间的经济纠纷由人民法院或主管部门裁决。

公民之间的经济纠纷由人民法院处理或由人民调处委员会调处解决。

第十七条 违反本法规定的单位和个人应视不同情节由人民法院或仲裁机关给以批评教育,经济制裁或行政处分。

第十八条 经中华人民共和国政府批准或同意在中国设立的外国机构和居留在中华人民共和国境内的外国人,在从事经济活动时,除法律另有规定的以外,必须遵守本法。

第十九条 凡属中华人民共和国境内的一切地区,均适用本法。

民族自治地方可由自治机关,根据本法的基本规定,结合当地情况制定补充规定,报请全国人民代表大会常务委员会批准施行。

第二十条 本法自公布之日起实行。

凡本法公布前颁布的法律、法令与本法相抵触的,以本法为准。

第二编 所有制关系和分配关系

第一章 通 则

第廿一条 全民所有制和集体所有制是社会主义公有制的两种形式。

全民所有制经济是国民经济中的领导力量和国家实现社会主义改造的物质基础。国家保障优先发展全民所有制经济。

集体所有制经济是社会主义经济的重要组成部分。国家鼓励、指导和帮助集体所有制经济的发展,促进其由集体所有制逐步过渡到全民所有制。

第廿二条 公共财产神圣不可侵犯。国家禁止一切破坏公共财产的行为。

公共财产包括全民所有的财产和集体所有的财产。

第廿三条 国家依法保护个体劳动者的生产资料所有权,同时,积极地、逐步地引导和帮助个体劳动者根据自愿原则组织各种集体经济组织。

个体劳动者对在生产经营和服务工作中自有的小型农具、工具等生产资料享有所有权,任何人不得侵犯。

个体劳动者在生产经营中,必须遵守国家的政策法令,履行自己对国家应尽的一切义务。

第廿四条 国家对资本主义工商业采取利用、限制和改造的政策,通过对它们的社会主义改造,把私营经济转变为国营经济。

第廿五条 两个或两个以上不同所有人共同所有的财产是共有财产。

共有财产的每个所有人都具有与其财产数量相应的权利和义务,对共有财产的使用和支配,在不违反国家的政策法令和公共利益的前提下,由共有人协商议定。

第廿六条 财产所有人对自己的财产依法享有占有、支配、使用和收益的权利。

第廿七条 国家依法保护所有权,任何人不得侵犯。

国家财产为他人不法占有时,不论占有时间长短和占有方式如何,都必须退还给国家。

集体和个人财产受到侵害时,所有人有权通过行政或诉讼程序请求返还原物,赔偿损失和排除损害。

第廿八条 一切社会主义经济组织必须正确处理积累和消费的关系。应当在发展生产的基础上逐步地改善职工和社员的生活。

第廿九条 "各尽所能,按劳分配"是我们社会主义阶段的根本分配制度。在贯彻按劳分配的时候,必须加强对职工和社员的政治思想教育。贯彻政治挂帅与物质鼓励相结合的原则。

第二章 全民所有制

第三十条 全民所有制即国家所有制,全民所有财产亦即国家财产。大森林、大水利工程、大荒地、大荒山、大盐田和矿山及湖、沼、江河、铁路、公路、海港、飞机场等,均归国家所有。

法律规定的土地、文物、古迹,及其他财产均归国家所有。

国营企业、国家机关和事业单位的一切财产都属于国家财产。

第卅一条　依法没收战犯、汉奴①、官僚资本家和其他一切反革命罪犯的财产,归国家所有。

在上述被没收财产中,如有被反革命罪犯侵吞/霸占或抢劫的人民财物,而原物仍在者,经原主请求返还,查明属实后,应退还原主。(注:此段可去掉)

第卅二条　国家为了公共利益的需要,可以依照法律规定的条件,对城乡土地、生产资料和其他财产实行征购、征用或收归国有。

第卅三条　为了国家安全和我国人民的公共利益,可以依照法律的规定对在我国境内的外国机构和外国人的财产实行征用和管制。

第卅四条　国家是全民所有制财产的唯一所有人。

全民所有制财产的管理体制由中央统一规定。

国家依照法律的规定和统一领导、分级管理的原则委派国家机关、企业和事业单位,根据上级主管机关的规定,对交付给它们的一定的国家财产进行管理或生产经营。

全民所有制财产,可以依照法律的特别规定,包给集体所有制单位经营管理。集体所有制单位可以从中取得收益。

第卅五条　国营企业是社会主义的全民所有制的经济组织,它有按照国家规定独立进行经济核算的权利;它有权使用国家交给的固定资产和流动资金,按照国家计划进行生产或经营;它有权使用国家发给的企业奖金,来改善企业的劳动条件和职工生活;它有权同别的企业订立合同。

第卅六条　国营企业的生产经营必须服从国家的统一计划;它的产品,由国家统一调拨;它按照国家的规定,上缴利润和交纳税款,不准拖欠和占用;它对国家交给的固定资产和流动资金负全部责任,企业财产的增减、转移,一定要按照规定程序办理,没有经过国家主管机关的批准,不准变卖或转让;它必须建立财产的保管和使用制度,管好用好国家财产。企业之间,不准以产品和原料、材料进行交易。

第卅七条　国营企业必须实行全面的经济核算,认真做好经济活动分析;必须勤俭经营,节约人力,节约劳动时间,节约物质消耗,节约非生产性开支,不断降低成本,增加盈利。

第卅八条　国营企业必须加强资金管理,严格按照主管部门核定的资金定额,节约使用资金,加速资金周转。

流动资金只能用于生产周转和商品流通,不能用于基本建设和其他财政性开支。流动资金和基本建设投资必须严格划清,分别管理,分别使用,不得相互挪用。

具有单独预算的单位,对于国家的拨款,必须按计划,专款专用。

第卅九条　国营企业必须严格按照国家规定的产品出厂价格出售产品。国家指定由企业自定的产品价格,要经过主管部门报请国家机关批准。企业不执行规定的出厂价格的,使用部门有权拒付货款的抬价部分。

企业生产的不合格的但是可以使用的产品,应当按质降价,由国家有关部门统一收

---

① 原件如此,或为"汉奸"。

购,不许自销。

第四十条 为了促进企业的经济核算,上级管理部门应当正确地制定计划,做好物资供销工作。由于企业的上级机关变更计划而造成的损失,由上级机关负责。

在正常条件下,企业由于经营管理不善而发生的亏本赔钱、设备损坏、财产损失等情况,应当给有关人员以批评教育,严重失职和屡教不改的,应当给以处分。

第四十一条 全民所有制单位职工的工资奖励制度,必须遵守"各尽所能,按劳分配"原则,按照本人业务技术的熟练程度和劳动的数量质量来决定。

第四十二条 国营企业职工的工资形式,根据需要和可能,实行计时工资制或计件工资制,不论实行哪种工资形式,都要有利于提高劳动生产率。

实行计时工资制和计件工资制,都要有合理的劳动定额。劳动定额应当随着生产条件的变化,及时修改。

第三章 农村人民公社集体所有制

第四十三条 农村人民公社是政社合一的组织,是我国社会主义社会在农村中的基层单位,又是我国社会主义政权在农村中的基层单位。它在一个很长的历史时期内,是社会主义的互助、互利的集体经营组织。

第四十四条 农村人民公社的组织可以是两级,即公社和生产队;也可以是三级,即公社、生产大队、生产队。

生产队是农村人民公社的基本核算单位,它实行独立核算,自负盈亏,直接组织生产、组织收益分配。

第四十五条 农村人民公社各级组织都必须执行国家的政策法令,在国家计划指导下,因地制宜地、合理地管理和组织生产。

第四十六条 公社或生产大队对属其所有的生产资料和资金有权使用和进行经营管理。公社和生产大队有权根据生产的需要,按照自愿互利、等价交换的原则,组织生产队、生产大队以及公社之间的协作,领导兴办全社、全大队或几个大队、几个生产队范围内水利建设和其他农田基本建设。

第四十七条 公社和生产大队对生产队的生产、财务、物资管理和分配工作,有权进行正确的指导、检查和督促,帮助它们改善经营管理。

第四十八条 公社管理委员会有权根据国家规定的粮食和其他农副产品的征购、派购任务,在各生产队之间进行合理的分配。公社和生产大队有权督促生产队完成国家规定的粮食和其他农副产品的征购、派购任务。

第四十九条 农村人民公社各级组织之间的财产转移,除另有规定的以外,必须根据自愿互利、等价交换的原则,按照规定程序办理。

第五十条 农村人民公社的土地,在有利于改良土壤、培养地力,保持水土和增加水利建设等前提下,可以确定归生产队所有;或者归生产大队所有,固定给生产队使用。

生产队范围内的土地都归生产队所有。生产队所有的土地,包括社员的自留地、自留山、宅基地等等,一律不准出租和买卖;不经过县以上人民委员会的审查和批准任何单位和个人都不得占用。

第五十一条 凡是适合于生产队所有和使用的农具、小型农业机械和大牲畜,应该归生产队所有;不适合于一个生产队所有和使用的,可以归公社或生产大队所有。也可以归几个生产队共有,联合经营。

生产队集体所有的大牲畜、农具,公社和大队都不能抽调。少数情况特殊的社队,大牲畜仍归生产大队所有的,个别归公社所有的,也必须把使用和经营管理权固定给生产队,并且按畜作价,保本保值,所繁殖的幼畜归生产队所有。

生产队所有的牲畜,可以拿到牲畜交易市场上出售或调换。

第五十二条 大片集中的山林,可以根据情况归生产大队所有或归生产队所有。归大队所有的山林,可以由大队直接经营,也可以包给生产队经营。原来归高级社所有的山林,一般应该归生产大队所有。

分散在各生产队土地上的小片林木和零星林木,一般地应当归生产队所有;如果因为分布不均,难予分配的,也可以归生产大队所有,包给生产队经营。高级社时期划归生产队所有的山林,仍归生产队所有。

由几个公社或几个生产大队协作营造的林木,一般应该划给所在地的公社或大队所有,由取得所有权的单位付给一定数量的造林费用;也可以归各单位共有,委托给所在地的生产大队或生产队经营。

第五十三条 集体所有的水面、草原,凡是归生产队所有比较有利的,都归生产队所有。

第五十四条 根据生产的需要,经过上级的批准,几个生产大队或几个生产队共同举办的水利建设和其他农田基本建设,属于该几个生产大队和该几个生产队共有。

对于一个生产队无力经营的生产项目,可以根据自愿互利原则,由几个生产队联合经营。

第五十五条 农村人民公社社员家庭副业是社会主义经济的必要的补充部分,要附属于集体所有制经济和全民所有制经济,是它们的助手。

第五十六条 农村人民公社社员应该在保证完成集体劳动任务、积极办好集体经济、不妨碍集体经济发展、保证集体经济占优势的前提下,经营各项副业生产。农村人民公社社员必须完成应该做的基本劳动日,必须完成规定的交售肥料的任务;不得破坏劳动纪律,不得远途贩运,不得投机倒把,不得损害公共利益。

第五十七条 农村人民公社社员经营的家庭副业有:

耕种由集体分配的自留地;

饲养家畜家禽,也可以饲养母猪和大牲畜;

经过生产队社员大会讨论和公社或生产大队批准,在统一规划下,开垦零星荒地;

进行编织、缝纫、刺绣等家庭手工业;

从事采集、渔猎、养蚕、养蜂等副业生产;

经营由集体分配的自留果树、桑树和竹木。

第五十八条 农村人民公社社员家庭副业的产品和收入,都归社员个人所有。

农村人民公社社员必须完成向国家的副业产品交售任务。对于完成交售任务以外的一切产品,应该由社员自己支配;可以卖给国家,可以由供销合作社议价收购,也可以拿到集市上出售。

第五十九条 生产队对于社员的劳动,按照劳动的质量和数量付给合理的报酬。

生产队应该逐步制定各种劳动定额,在制定劳动定额时,要根据各种劳动的技术高低、辛苦程度和在生产中的重要性,确定合理的工分标准。

不论男女老少,不论干部和社员,一律同工同酬。

第六十条 生产队根据每年的需要和可能,可以从队的收益中扣留一定数量的公积金,其数量多少,如何使用,由社员大会讨论决定。受了严重自然灾害的队,可以少留或不留公积金。

第六十一条 生产队根据需要和可能,从每年可分配的收益中扣留一定数量的公积金,作为社会保险和集体福利事业的费用。其数量多少,如何使用,由社员大会讨论决定。

第六十二条 生产队按照丰歉情况,经过社员大会决定可以适当留些储备粮。生产队的储备粮由自己保管,生产大队和公社都无权调用,储备粮的使用,要由社员大会讨论决定。

第六十三条 在保证完成国家规定的农副产品交售任务的前提下,生产队经营所得的产品和现金,在全队范围内进行分配。这些产品和现金的分配和处理,由社员大会讨论决定。

第四章 合作社集体所有制

第六十四条 合作社是城乡劳动人民按照自愿原则组织起来的社会主义性质的集体经济组织。

第六十五条 合作社实行独立核算,自负盈亏。合作社的财产来源包括:社员入社费、股金、公积金、折旧基金、特种基金,社员折价入社的生产资料,和其他不返还收入。合作社的生产资料、资金和其他财产属于各该合作社集体所有,不经社员大会决定和上级联社批准,不许出卖或转让。上级联社不得无偿调拨下级社的生产资料、资金和其他财产。

第六十六条 合作社的收益分配应该从有利于巩固发展合作社,有利于调动企业经营和社员生产积极性出发,兼顾国家、集体和个人利益,正确处理积累和分配的关系。

合作社有盈余时,应当在交纳所得税和弥补上年亏损后,以大部分提作公积金,以一部分提作特种基金,以一部分提作合作事业基金,上缴上级联社,然后再以一部分留作社员股金分红和劳动分红。

合作社发生亏损时,应以公积金和股金弥补。

第六十七条 手工业生产合作社的经营方针是:为农业生产服务,为人民生活服务,为出口服务,为国家工业建设服务。

手工业生产合作社必须遵守国家政策法令,在国家计划指导下,结合本身具体情况,有计划地进行生产和经营。

第六十八条 手工业生产合作社所需的原料,应当根据国家分配和自力更生相结合的原则解决。

手工业生产合作社应当同国营商业和供销合作社密切配合,按照国家的规定,推销产品,在自销产品时,必须遵守国家的价格政策。

第六十九条　手工业生产合作社的工资形式,根据不同行业、不同工种、不同情况,可以实行计件工资或小组计件工资,可以实行计时工资加奖励,也可以实行分成工资。

第七十条　供销合作社应当在国营商业领导下,积极地为农业生产服务,为人民生活服务,为出口贸易服务,做好城乡间、地区间的物资交流工作,做好对农村集市贸易的领导工作。

第七十一条　供销合作社必须执行国家的政策法令,接受国营商业的领导,执行国家的商业计划。在业务经营上,必须把国家委托的购销业务放在第一位,保证完成国家规定的农产品收购计划,做好农业生产资料和农民基本生活资料的供应。农产原料,在完成收购任务以后,供销合作社可以议价收购。

供销合作社应当在保证完成国家农副产品收购任务的同时,积极开展自营业务。

第七十二条　信用合作社的主要任务是:办理社员储蓄和生产队的存款;办理对社员的短期放款;办理国家银行委托的业务。

第七十三条　信用合作社对社员的放款,只能用于支持社员发展副业生产和帮助社员解决生活上的临时困难;不得放款给社员经营商业。信用合作社对生产队、生产大队的放款,只能用于生产费用;不能用于基本建设,发工资、进行分配以及其他非生产性开支。信用合作社的放款应当按期收回。对于确实无力归还的,可以缓期或分期收回。

第七十四条　信用合作社办理社员储蓄,必须贯彻存款自愿、取款自由的原则,信用合作社不得办理实物储蓄,不得把储蓄存单借给社、队发工资和进行收益分配。

第五章　个人生活资料所有权

第七十五条　公民个人生活资料永远归个人所有,任何人不得侵犯。

个人生活资料是指为满足本人及其家庭生活需要的各项财产。它主要包括房屋、家具、衣被、自行车、缝纫机和存款等。

由于公共利益的需要,必须征用个人的房屋时,应当按照法律规定,给房屋所有人以适当补偿。

第七十六条　夫妻双方对家庭财产享有平等的所有权。夫妻对家庭财产的使用和支配,应该本着勤俭持家精神,通过民主协商,合理安排。

夫妻离婚时,对家庭财产的处理,除女方婚前财产仍归女方外,对其他家庭财产,应由双方协议。协议不成时,由人民法院根据家庭财产具体情况,照顾女方及子女利益和有利发展生产的原则判决。

第七十七条　夫妻有互相继承遗产的权利。

父母子女有互相继承遗产的权利。

国家依法保护公民的财产继承权。

第七十八条　国家依法保护公民由于在生产和工作中的发明创造和著作而得到的一切物质报酬,不受他人侵犯。

国家禁止一切剽窃和侵犯他人的发明、创造和著作的非法行为。

中华人民共和国民法(草稿)

中国科学院法学研究所 1963年4月

第一编 总 纲

第一章 民法的任务和调整的范围

第一条 中华人民共和国民法,以宪法为根据,遵循党的社会主义革命总路线和社会主义建设总路线,依照以农业为基础、工业为主导的发展国民经济的总方针和正确处理人民内部矛盾的原则制定。

第二条 中华人民共和国民法的任务,是通过民事法律调整保证实现国民经济计划,保护国家所有的和集体所有的公共财产,保护公民所有的合法财产,维护社会主义经济秩序,以巩固和发展社会主义公有制,巩固人民民主专政,保障社会主义革命和社会主义建设事业的顺利进行。

第三条 中华人民共和国民法,调整全民所有制单位之间、集体所有制单位之间、公民之间以及三者相互之间的以社会主义公有制为基础的各种财产关系。

本法所调整的财产关系,是指所有权关系、经济合同关系以及其他民事财产权利和义务关系。

凡是属于财政、税收、行政管理范围内的财产关系,由其他法规调整,不在本法调整之列。

第二章 民法的基本原则

第四条 我国是社会主义国家。一切单位和公民个人都必须积极促进全民所有制经济和集体所有制经济的发展,坚决反对资本主义的经济活动。

第五条 一切单位和公民个人的经济活动,必须遵守国家统一的政策、法令和规章制度,不得违反。

第六条 国家用统一计划指导国民经济按比例地高速度发展。全民所有制单位必须严格按照国家计划办事,不准擅自修改或拒不执行国家计划;集体所有制单位应当接受国家计划的指导或安排,根据国家计划的要求,组织经济活动。一切破坏国家经济计划的行为都是非法的。

第七条 国家根据民主集中制原则,对经济工作实行集中领导、分级管理的原则。一切单位都必须服从国家的统一领导,并在国家的统一领导下发挥主动性和积极性,反对分散主义和本位主义。

第八条 一切单位和个人都必须贯彻勤俭建国、勤俭办企业、勤俭办社、勤俭办一切事业和勤俭持家的原则,增加生产,厉行节约,反对铺张浪费。

经济单位必须加强全面的经济核算,改善经济管理,提高劳动生产率,提高质量,增加品种,降低成本,把多快好省全面地结合起来。

第九条 在我国社会主义制度下,国家利益、集体利益、个人利益在根本上是一致的。在任何经济工作中都必须在局部利益服从整体利益、暂时利益服从长远利益的前提下,兼顾国家、集体和个人的利益。

第十条 一切单位之间的商品交换或经济协作,必须按照等价交换的原则进行。

第三章 权利的主体

第十一条 一切实行独立核算或独立预算的单位,包括国家机关、企业、事业单位、人民公社各级组织、各种合作社和社会团体等,都有权作为一方参加本法所调整的财产关系。

法律规定需要登记的工商企业和社会团体,只有在登记后才能作为一方参加财产关系。

第十二条 各单位的经济活动,必须严格符合主管部门规定和批准的业务范围,不得擅自超越。

第十三条 各单位的经济活动,由它的管理机构、负责人或指定的代表进行。

第十四条 中华人民共和国公民,都有权依法作为一方参加本法所调整的财产关系。

未成年人可以参加他们能以①正确处理的民事财产关系。

精神病人参加民事财产关系和未成年人参加他们不能正确处理的民事财产关系时,应当由他[的]监护人或代理人协助。

第四章 民事制裁和诉讼时效

第十五条 一切单位和公民的合法权利,都受国家法律的保护。

全民所有制单位之间的财产纠纷,由各级经济委员会的仲裁机构解决。

全民所有制单位和集体所有制单位之间,集体所有制单位之间,全民所有制单位、集体所有制和公民个人之间以及公民个人相互之间的财产纠纷,由各级人民法院处理。

第十六条 一切单位和公民向人民法院或仲裁机构请求解决纠纷的时候,必须遵守

---

① 原件如此,或为"能够"。

时效期限。时效期限一过,请求权即行消失。

请求解决纠纷的时效期限,除法律另有规定以外,全民所有制单位之间为1年;

全民所有制单位和集体所有制单位之间,集体所有制单位之间为2年;

全民所有制单位、集体所有制单位和公民个人之间、公民个人之间为4年。

人民法院或仲裁机构,如果认为时效期限的迟误具有正当理由,可以酌情适当予以延长。

第十七条 时效期限,从侵犯人身或财产权利行为发生之日或不按规定履行合同之日起开始计算。

第十八条 人民法院、仲裁机构,对于违反本法规定的单位和公民,除了不可抗拒的原因和无故意或过失的情况以外,都酌情分别给予下列一种或数种制裁:宣布所进行的经济活动无效,返还原物、赔偿损失、罚款。

第五章 民法适用的范围

第十九条 本法适用于在中华人民共和国领域内所发生的一切民事关系。

对外国机构和外国人在中华人民共和国领域内所发生的民事财产关系,如果没有特殊的法律规定,也适用本法。

第二十条 民族自治地方,不能全部适用本法规定的,可以由自治区的最高权力机关根据当地民族的政治、经济、文化的特点和本法规定的基本原则,制定变通或者补充的规定,报请全国人民代表大会常务委员会批准施行。

第二十一条 本法未作明文规定的民事关系,可以比照本法最相类似的条文或者按照本法基本原则的精神加以处理。

第二十二条 本法自公布之日起实行。

在本法公布以前所颁布的法律、法令与本法有抵触的,一律以本法为准。

第二编 所 有 权

第六章 通 则

第二十三条 所有权是所有制在法律上的表现。

中华人民共和国的生产资料所有制有:国家所有制,即全民所有制;劳动群众集体所有制;社会主义经济领导下的个体劳动者所有制。全民所有制和劳动群众集体所有制是我国社会主义公有制的两种形式。

第二十四条 全民所有制的社会主义经济,是国民经济中的领导力量和国家实现社会主义革命和社会主义建设的物质基础。国家保证优先发展全民所有制的社会主义经济。

第二十五条 劳动群众集体所有制的社会主义经济,是国民经济的重要组成部分,是劳动群众集体提高生活水平的主要来源。国家指导和支援集体所有制经济的发展。

第二十六条 国家依照法律保护社会主义经济领导下的个体劳动者所有制,鼓励个体劳动者根据自愿的原则成立或加入各种社会主义经济组织。

第二十七条 国家依照法律没收战犯、汉奸、官僚资本家以及其他反革命分子的财产归国家所有。

第二十八条 国家对资本主义工商业采取利用、限制和改造的政策,并通过社会主义改造逐步把它们变为全民所有制的国家财产。

第二十九条 财产所有人对于自己的财产有依照法律使用、经营管理和处理的权利。
财产所有人行使前款规定的权利,必须遵守国家的政策、法律,不得违反。

第三十条 国家为了公共利益的需要,可以依照法律所规定的条件和程序,对城乡土地和其他生产资料实行征购、征用或者收归国有。

第三十一条 财产可以为两个以上的单位或个人所共有。
共有财产的使用、管理和处理,由各共有人在遵守国家政策、法律的前提下协商议定。

第三十二条 国家依照法律保护财产所有人的权利。
所有人在他的权利受到侵犯的时候,有权通过行政和诉讼程序请求返还原物,赔偿损失和排除侵害。

第七章 国家所有权

第三十三条 国家财产是社会主义的全民所有制的财产。
国家财产的唯一所有人,是代表全体人民的中华人民共和国。

第三十四条 矿藏、水流、海港、铁路、公路、飞机场、国营企业、由法律规定为国有的山林、土地、湖泊、荒地、草原、盐田、其他资源、建筑物、文物、古迹以及国家交给国家机关和事业单位的一切财产,都是国家财产。

第三十五条 国家根据统一领导、分级管理的原则,把国家财产分别交给国家机关、国营企业和事业单位经营管理。国家财产的管理体制、政策和计划,由中央统一规定。

第三十六条 国家机关、国营企业和事业单位有权按照国家统一的政策和计划实行经营管理。
国家机关有权按照国家规定管理使用国家交给的固定资产和预算拨款,和从事经济活动。
国营企业有权使用国家交给的固定资产和流动资金,按照国家计划进行生产和经营;有权按照国家规定实行独立的经济核算;有权按照政策法律和计划同别的企业订立合同;有权根据制度使用国家发给的企业奖金,来改善企业的劳动条件和职工生活。
国家机关、国营企业和事业单位对国家交给的财产负全部责任,非经主管部门的批准,任何单位不得调用属它管理的财产。

第三十七条 国家机关、国营企业和事业单位对于固定资产的管理、使用和处理,必须依照法律和有关规章制度的规定进行。
固定资产必须妥善保管,要有详细的财产目录,基本建设工程在交付使用后,要立即列入财产目录。国家机关、国营企业和事业单位根据本单位工作和生产的需要使用固定资产时,必须注意爱惜和节约,加强维修和保护。固定资产的增减、转移,一定按照规定程序办理,非经主管部门的批准,国家机关、国营企业和事业单位不得擅自变卖或转让。

第三十八条 国家机关、国营企业和事业单位必须依照法律、制度和计划的规定管理和使用拨款和资金,坚决制止一切侵占国家资金的行为。

国营企业必须加强资金管理,严格按照主管机关核定的资金定额,合理和节约地使用资金,加速资金周转。国营企业的流动资金,只能用于生产周转和商品流通的需要,不能用于基本建设和其他财政性开支。财政资金和信贷资金必须严格分开,不能相互挪用。具有专门用途的一切资金,都必须按计划和规定的用途使用,不得挪用冲抵。

国家机关和事业单位的预算拨款,必须按照计划专款专用。

第三十九条 国家机关、国营企业和事业单位不得以物易物,不准用原材料和其他国家计划分配的物资进行交易。

第四十条 国家所有的山林,必须认真管理好,保护好。严格执行护林法令和山林管理制度,严禁乱砍乱伐。

第四十一条 国家依照法律的规定和根据自愿互利的原则,可以把属于国家所有的零星或小片的山林、荒地、部分水面等资源交给集体所有制单位经营管理,收益分配的办法由双方议定。

第四十二条 国家财产神圣不可侵犯。国家可以向任何单位和个人追回被侵占的国家财产,并不受本法第十六条有关时效规定的限制。

第八章 劳动群众集体所有权

第一节 人民公社集体所有权

第四十三条 农村人民公社集体所有权,可以是公社和生产队两级集体所有权,也可以是公社、生产大队和生产队三级集体所有权。农村人民公社集体所有权,是高级农业生产合作社集体所有权的进一步发展,并将由二级或三级集体所有权发展成公社一级所有权。

第四十四条 公社一级的主要财产是:属于公社所有的水利建设和其他农田基本建设,大中型农业机具的运输工具、企业、山林等财产和资源。

公社对于属其所有的财产有权使用、经营管理、分配收益和在法定范围内进行处理。它们也有权把上述财产包给生产队或生产大队经营。

公社为了面向生产队,充分调动社员群众的积极性,发展农业、畜牧业、林业、副业等生产事业,有权对生产队的计划制定工作,生产工作、财务工作和物资管理工作给予正确指导,进行检查督促和帮助;根据生产的需要和实际的可能,按照自愿互利、等价交换的原则组织有关队或社的协作,领导兴办共同的水利建设和其他农田基本建设。

第四十五条 在保留三级组织的人民公社中,生产大队一级的财产主要是:属于生产大队所有的水利建设和其他农田基本建设,大中型农业机具和运输工具、企业、山林等财产和资源。

生产大队对于属其所有的财产有权使用、经营管理、分配收益和在法定范围内进行处理。它们也有权把自己的财产包给生产队经营。

生产大队在公社领导下也对生产队的计划、生产、财务、协作、农田水利建设进行帮助、督促和组织。

第四十六条 生产队一级的财产主要是:生产队所有的土地、大牲畜、小型农业机具、运输工具、划归生产队的山林、水面和草原,为农业生产和农民生活服务的企业(作坊),以及生产队生产经营所得的产品和现金等。

生产队为农村人民公社的基本核算单位。它们对于属其所有的土地、生产资料、资金、产品等享有使用、经营管理、分配收益的自主权。除土地外,它们对于属其所有的财产还有依法处理的权利。

第四十七条 生产队年终按照一定比例提出的公积金和公益金,属于生产队所有。公积金和公益金的使用,必须符合其目的。

第四十八条 生产队所有的土地,包括社员的自留地、自留山、宅基地等,一律不准出租和买卖。

生产队所有的土地,不经过县级以上人民委员会的审查和批准,任何单位和个人都不得占用。要爱惜耕地。基本建设必须尽可能地不占用或者少占用耕地。

第四十九条 人民公社各级组织对于它们所有的山林,都有下列各项权利:

(一)根据国家颁布的护林法令,根据集体规定的护林公约和当地习惯,制止任何单位和个人破坏山林,乱砍乱伐;

(二)结合森林抚育,砍取烧柴,小农具材和其他零星用材;

(三)根据森林成长的规律,进行合理的采伐和更新;

(四)利用山林资源,在不破坏山林、不破坏水土保持的条件下,因地制宜地安排林、农、牧各项生产;

(五)支配自己的林产品、副产品和收入。

第五十条 属于几个生产大队或者生产队共同举办的各项农田基本建设,为各参与单位所共有。它们应该在公社的领导和参加下,由有关的生产大队或者生产队联合选举管理机构,制定公约,共同管理,共同维修。

第五十一条 农村人民公社的权力机关,是各级的社员代表大会或社员大会。农村人民公社的管理机关,是各级的管理委员会。凡是有关使用、经营管理、收益分配和处理财产等重大问题,都由各级的社员代表大会或社员大会决定。各级的管理委员会在行使自己的经济职权时,必须符合各级权力机关的决定。

第五十二条 农村人民公社集体所有的财产,是我国社会主义公共财产的重要组成部分,任何单位或个人不得无偿调用和侵犯。

第二节 合作社集体所有权

第五十三条 合作社集体所有权,是手工业生产合作社所有权、供销合作社所有权、信用合作社所有权等。

各种合作社经济,是个体劳动者自愿结合的集体经济。它们是国营经济在手工业生产、商业、金融信贷方面的有力助手,是改造个体经济的重要形式。

第五十四条　各种独立核算、自负盈亏的合作社组织,对于它们的生产资料和资金享有所有权。它们在国家和上级组织的领导下,根据政策和法令对于自己财产的使用、经营管理、收益分配和依法处理,有自主权。

第五十五条　各种合作社组织的基金,包括股金、公积金、折旧基金、特种基金等,为各该合作社组织所有。它们必须按照基金的目的,专款专用。

第五十六条　各种合作社组织的权力机关,是它们的社员代表大会或社员大会。各种合作社组织的管理机关,是它们的理事会。凡是有关使用、经营管理、收益分配和处理财产等重大问题,都由它们的权力机关民主决定。理事会在行使自己的经济职权时,必须符合各该权力机关的决定。

第五十七条　各种合作社集体所有的财产,受国家法律的保护,任何单位或个人都不得无偿调用和侵犯。

第九章　公民个人所有权

第五十八条　公民个人所有权,是公民对其依法取得的生活资料和生产资料的所有权。国家依法保护这种权利。

第五十九条　公民个人所有的一切生活资料,包括房屋、家具、满足精神和物质生活需要的物品、储蓄和合法收入,永远归公民个人所有,任何人不得侵犯。

第六十条　公民个人所有的房屋,包括自用或依法少量出租的房屋,永远归公民个人所有。

公民有修建、买卖、租赁、赠与、继承住房的权利。

任何单位或个人,不得非法占用公民个人所有的房屋,强迫公民搬家。

第六十一条　公民对其在银行和信用社的存款,有权自行支配,任何人不得干涉。

第六十二条　公民个人依法所有的一切生产资料,包括农具、工具、家禽、家畜、牲畜、宅旁或生产队指定的其他地方的果树、桑树、竹木,永远归公民个人所有,任何人不得侵犯。

第六十三条　公民对于自留山和个人所有的林木,享有第四十八条[①]所规定的各项权利。

第六十四条　农村人民公社社员的家庭副业,是社会主义经济的必要补充部分。社员家庭副业的产品和收入,都归社员所有,都归社员支配。在完成同国家订立的定购和派购合同以后,除了国家有特殊规定的以外,其余的产品,都可以以自由价的形式向供销社或通过集市上出售。

---

① 原件如此,据正文,应为第"四十九条"。

第六十五条 国家依法保护尚未参加集体所有制经济组织的个体劳动者的合法权益。

单独经营的个体劳动者的生产资料,归个人所有。他们在有关的国家机关和集体所有制经济组织的领导下,进行独立劳动,收入在依照法律缴纳税金以后归己所有。

个体劳动者在从事经济活动时,必须遵守国家的法令,服从市场管理,不得投机倒把。

第六十六条 生活资料和小量的生产资料,也可以依法属于公民家庭所有。

家庭的所有成员对家庭共有的财产,享有平等的权利。

第六十七条 公民行使个人所有权时,不得侵犯公共的或他人的利益,不得以牟取非劳动收入为目的。

建国以来有关民事重要法规目录(草稿)

1962年10月12日

说 明

这份目录取材主要是根据中央人民政府法令汇编、中华人民共和国法规汇编(1949—1961),并参考了有关业务部门编辑的法令汇编(交通、铁道、粮食、民政、海关、林业、劳动、卫生、财经、税务、金融、文教、邮电)和政法院校编的民法资料汇编;此外,还编入了一小部分党中央的内部文件。对一些还没有全国性规定的,我们选择了地方一些有代表性的法规编入。有些法规还是没有正式公布施行的草案,为了便于参考,也一并编入。

这份目录汇辑法规文件共358件,其中比较更重要的有100件(注有☆的)。我们初步按问题分为20类,并按时间顺序排列。

分类目录

一、指导原则
二、所有制的变革
三、管理体制
四、工矿企业
五、基本建设
六、交通运输
七、内外贸易
八、财政税收
九、信贷结算
十、土地房产
十一、山林保护
十二、文物保护
十三、特种财物管理
十四、合同债务
十五、劳动工资
十六、社会福利

十七、著作发明
十八、婚姻继承
十九、涉外民事
二十、其　他

一、指导原则

☆中国人民政治协商会议共同纲领
(1949年9月29日中国人民政治协商会议第一届全体会议通过)
☆中华人民共和国宪法
(1954年9月20日第一届全国人民代表大会第一次会议通过,同日第一届全国人民代表大会第一次会议主席团公布)
☆中国共产党中央委员会向第八次全国代表大会的政治报告
(刘少奇,1956年9月15日)
☆关于正确处理人民内部矛盾的问题
(毛泽东,1957年2月27日在最高国务会议第十一次扩大会议上的报告)
☆中国共产党中央委员会向第八届全国代表大会第二次会议的工作报告
(刘少奇,1958年5月5日)
☆政务院关于统一国家财政经济工作的决定
(1950年3月3日政务院第二十二次政务会议通过,同日发布)
☆中华人民共和国发展国民经济的第一个五年计划(1953—1957)
(1955年7月30日第一届全国人民代表大会第二次会议通过)
☆中国共产党第八次全国代表大会关于发展国民经济的第二个五年计划(1958—1962)的建议
(1956年9月27日中国共产党第八次全国代表大会通过)

二、所有制的变革

1. 对帝国主义、官僚资产阶级财产的处理
☆政务院关于管制美国在华财产冻结美国在华存款的命令
(1950年12月28日)
☆政务院关于征用英国在我国的亚细亚火油公司财产的命令
(1951年4月30日)
☆政务院关于没收战犯、汉奸、官僚资本家及反革命分子财产的指示
(1951年2月4日)
企业中公股公产清理办法
(1951年1月5日政务院第六十六次政务会议通过,同年2月4日政务院公布)
政务院关于没收反革命罪犯财产的规定
(1951年6月22日政务院第九十次政务会议通过,同日发布)

2. 土地改革
☆中华人民共和国土地改革法
(1950年6月28日中央人民政府委员会第八次会议通过,同年6月30日公布施行)
☆城市郊区土地改革条例
(1950年11月10日政务院第五十八次政务会议通过,同年11月21日公布)
土地改革中对华侨土地财产的处理办法
(1950年11月6日)
西藏地区减租减息办法
(1959年7月23日西藏自治区筹备委员会第二次全体委员会议通过,同年9月16日国务院全体会议第九十二次会议批准)
3. 农业社会主义改造
☆关于农业合作化问题
(毛泽东,1955年7月)
☆中国共产党第七届中央委员会第六次全体会议(扩大)关于农业合作化问题的决议
(1955年10月)
☆农业生产合作社示范章程
(1956年3月17日全国人民代表大会常务委员会第三十三次会议通过)
☆高级农业生产合作社示范章程
(1956年6月30日第一届全国人民代表大会第三次会议通过,同日中华人民共和国主席公布)
全国人民代表大会常务委员会关于增加农业生产合作社社员自留地的决定
(1957年6月25日全国人民代表大会常务委员会第七十六次会议通过)
国务院关于正确对待个体农户的指示
(1957年12月13日国务院全体会议第六十五次会议通过,同年12月21日发布)
☆1956年到1967年全国农业发展纲要
(1960年4月10日第二届全国人民代表大会第二次会议通过,同年4月11日中华人民共和国主席公布)
☆中国共产党中央委员会关于在农村建立人民公社问题的决议
(1958年8月29日公布)
☆关于人民公社若干问题的决议
(1958年12月10日中国共产党第八届中央委员会第六次全体会议通过)
中国共产党中央委员会批发中共湖北省委关于做好当前人民生活的几项工作的规定
(1958年12月19日)
☆中共中央关于农村人民公社当前政策问题的紧急指示信
(党内文件,1960年11月3日)
☆中央关于改变农村人民公社基本核算单位问题的指示
(党内文件,1962年2月13日)
☆农村人民公社工作条例修正草案(修改稿)

(党内文件,1962年8月)
☆中央关于讨论"关于巩固人民公社集体经济、发展农业生产的决定(草案)"的通知
(党内文件,1962年9月)
☆关于巩固人民公社集体经济、发展农业生产的决定(草案)
(党内文件,1962年9月)

4. 手工业社会主义改造

☆中央手工业管理局、中华全国手工业生产合作社联合总社筹备委员会关于对手工业的社会主义改造工作进行全面规划的通知
(1955年11月29日)
☆中央手工业管理局、中华全国手工业生产合作社联合总社筹备委员会关于在集镇和农村发展手工业合作社的通知
(1956年1月5日)
国务院关于目前私营工商业和手工业的社会主义改造中若干事项的决定
(1956年2月8日国务院全体会议第二十四次会议通过)
国务院关于对私营工商业、手工业、私营运输业社会主义改造中若干问题的指示
(1956年7月28日)
☆中共中央关于城乡手工业若干政策问题的规定(试行草案)
(党内文件,1961年6月19日)

5. 私营工商业社会主义改造

☆私营企业暂行条例
(1950年12月29日政务院第六十五次政务会议通过,同年12月30日公布)
北京市人民政府在"五反"运动中关于工商户分类处理的标准和办法
(1952年3月8日政务院第一二七次政务会议批准,同年3月11日政务院公布)
政务院关于结束"五反"运动中几个问题的指示
(1952年6月13日)
上海市加工订货管理暂行办法
(1953年8月7日上海市人民政府公布)
武汉市人民政府贸易局关于资本主义代销店的规定
☆公私合营工业企业暂行条例
(1954年9月2日政务院第二二三次政务会议通过,同年9月5日公布)
国务院关于目前私营工商业和手工业的社会主义改造中若干事项的决定
(1956年2月8日国务院全体会议第二十四次会议通过)
☆国务院关于在公私合营企业中推行定息办法的规定
(1956年2月8日国务院全体会议第二十四次会议通过)
国务院关于私营企业实行公私合营的时候对财产清理估价几项主要问题的规定
(1956年2月8日国务院全体会议第二十四次会议通过)
中华全国供销合作总社关于当前农村私营商业社会主义改造中应注意的若干问题的指示

(1956年2月28日)
国务院关于对私营工商业、手工业、私营运输业社会主义改造中若干问题的指示
(1956年7月28日)

三、管理体制

☆政务院关于划分中央与地方在财政经济工作上管理职权的决定
(1951年5月4日政务院第八十三次政务会议通过,同年5月24日公布)
☆国务院关于改进工业管理体制的规定
(1957年11月14日全国人民代表大会常务委员会第八十四次会议批准,同年11月15日国务院公布,自1958年起施行)
☆国务院关于改进商业管理体制的规定
(1957年11月14日全国人民代表大会常务委员会第八十四次会议批准,同年11月15日国务院公布,自1958年起施行)
国务院关于改进粮食管理体制的几项规定
(1958年4月11日国务院全体会议第七十五次会议通过,同日发布)
中国共产党中央委员会、国务院关于物价管理权限和有关商业管理体制的几项规定
(1958年4月11日国务院全体会议第七十五次会议通过,同日发布)
中国共产党中央委员会、国务院关于工业企业下放的几项规定
(1958年4月11日国务院全体会议第七十五次会议通过,同日发布)
国务院关于改进税收管理体制的规定
(1958年4月11日国务院全体会议第七十五次会议通过,同年6月5日全国人民代表大会常务委员会第九十七次会议通过,同年6月9日国务院公布施行)
中国共产党中央委员会、国务院关于改进计划管理体制的规定
(1958年9月24日国务院全体会议第八十次会议通过,同日发布)
中国共产党中央委员会、国务院关于适应人民公社化的形势改进农村财政贸易管理体制的决定
(1958年12月20日发布)
☆中央批转财政部关于改进财政体制加强财贸管理的报告
(党内文件,1961年×月)
☆中央关于调整管理体制的若干暂行规定
(党内文件,1961年×月)
☆中央关于讨论"中共中央、国务院关于改进商业体制的决定(初稿)"的通知
(党内文件,1962年7月19日)
☆中共中央、国务院关于改进商业体制的决定(初稿)
(党内文件,1962年7月)

四、工矿企业

☆中央关于讨论和试行"国营工业企业工作条例(草案)"的指示

（党内文件，1961年×月）

☆国营工业企业工作条例（草案）

（党内文件，1961年×月）

政务院财政经济委员会关于国营企业清理资产核定资金的决定

（1951年6月1日）

国营企业提用企业奖励基金暂行办法

（1952年1月15日政务院财政经济委员会公布）

国务院关于提取企业奖励基金的工资总额范围的规定

（1955年1月14日）

财政部、中国人民银行总行关于企业多余流动资金转移银行的具体规定

（1958年3月）

财政部、中国人民银行总行关于国营企业流动资金改由人民银行统一管理的补充规定

（1959年2月3日国务院转发）

财政部、中国人民银行关于改进国营企业流动资金供应办法的报告

（1961年4月17日）

财政部关于合作社系统与国营企业、机关间不需用固定资产相互转移处理的规定的通函

（1955年1月27日）

财政部关于企业、事业、行政机关之间固定资产调拨转移处理原则的通知

（1958年9月1日）

商业部、财政部关于公私合营商业企业利润上缴的临时规定

（1957年4月25日）

国务院关于实行企业利润留成制度的几项规定

（1958年5月22日发布）

商业部关于农村人民公社对基层国营商业实行利润提成的规定

（1960年2月8日）

公私营煤矿暂行管理办法

（1950年11月20日政务院财政经济委员会批准）

☆中华人民共和国矿业暂行条例

（1950年12月22日政务院第六十四次政务会议通过，1951年4月18日政务院公布）

五、基本建设

☆基本建设工作暂行办法

（1952年1月9日政务院财政经济委员会公布）

中华人民共和国建筑工程部勘察设计工作承包暂行办法

（1955年2月11日）

☆1955年建筑安装工程包工暂行办法
(1955年4月11日中华人民共和国国家建设委员会颁发)
基本建设工程设计和预算文件审核批准暂行办法
(1955年7月8日国务院常务会议通过,同年7月12日国务院发布)
基本建设工程设计任务书审查批准暂行办法
(1955年11月2日国务院常务会议通过,同年11月19日国务院发布)
中国共产党中央委员会、国务院关于改进限额以上基本建设项目设计任务书审批办法的规定
(1958年9月24日国务院全体会议第八十次会议通过,同日发布)
基本建设拨款暂行条例草案
(1956年2月8日国务院颁布施行)
国务院关于改进基本建设财务管理制度的几项规定
(1958年7月5日国务院全体会议第七十八次会议通过,同日发布)

六、交通运输

1. 铁路
☆铁路货物运送规则及补则
(1954年6月23日铁道部公布)
☆旅客行李包裹运送规则
(1956年7月15日铁道部公布,1956年9月1日起实行)
2. 海上
船舶登记暂行章程
(1953年4月29日交通部修正公布)
☆交通部直属企业轮船旅客、行李和包裹运输规则
(1959年8月5日发布,1959年10月1日起实行)
☆海损事故调查处理规则
(1959年9月19日交通部发布,1959年10月15日起施行)
交通部关于海损赔偿的几项规定
(1959年9月19日发布,1959年10月15日起施行)
1950年约克安特华普共同海损规则
(1949年9月国际海事委员会在阿姆斯特丹会议上通过)
3. 公路
☆公路汽车货物运输规则
(1954年3月15日交通部公布)
☆公路旅客运输规则
(1954年3月15日交通部公布)
4. 航空

中国民用航空局国内航线旅客、行李、货物载运章程(草案)

5. 短途

中共中央、国务院关于开展群众短途运输的指示

(1959年9月25日)

6. 联运、中转

海陆货物中转工作暂行办法

(1953年11月11日交通部发布)

江海联运试行办法

(1954年3月10日交通部公布)

7. 邮电

邮政业务使用规则

(1960年1月19日邮电部颁发实行)

七、内外贸易

☆中共中央关于讨论和试行商业工作条例(试行草案)的指示(草稿)

(党内文件,1961年12月25日)

商业工作条例(试行草案)

(党内文件,1961年12月25日)

1. 三条渠道

政务院关于统一全国国营贸易实施办法的决定

(1950年3月10日政务院第二三次政务会议通过)

商业部、中华全国供销合作总社关于划分国营商业与合作社对工业品、手工业品经营范围的共同决定

(1953年12月2日)

☆中华全国供销合作总社章程

(1954年7月25日中华全国合作社第一次代表大会通过)

☆中共中央、国务院关于组织农村集市贸易的指示

(1959年9月16日国务院全体会议第九二次会议原则通过,1959年9月23日发布)

☆中共中央、国务院关于国营商业和供销合作社分工的决定

(党内文件,1962年×月×日)

☆中共中央、国务院关于积极开展供销合作社自营业务和组织城市消费合作社的指示

(党内文件,1962年×月×日)

2. 统购统销

政务院财政经济委员会关于统购棉纱的决定

(1951年1月4日)

☆政务院关于实行粮食的计划收购和计划供应的命令

(1953年11月19日政务院第一九四次政务会议通过,1953年11月23日发布)
粮食市场管理暂行办法
(1953年11月19日政务院第一九四次政务会议通过,1953年11月23日发布)
☆政务院关于实行棉布计划收购和计划供应的命令
(1954年9月9日政务院第二二四次政务会议通过,1954年9月14日公布)
☆政务院关于实行棉花计划收购的命令
(1954年9月9日政务院第二二四次政务会议通过,1954年9月14日公布)
中共中央、国务院关于加紧整顿粮食统销的工作的指示
(1955年4月28日)
市镇粮食定量供应暂行办法
(1955年8月5日国务院全体会议第十七次会议通过,1955年8月25日国务院发布)
农村粮食统购统销暂行办法
(1955年8月5日国务院全体会议第十七次会议通过,1955年8月25日国务院发布)
国务院关于农业生产合作社粮食统购统销的规定
(1956年10月6日发布)
国务院关于由国家计划收购(统购)和统一收购的农产品和其他物资不准进入自由市场的规定
(1957年8月9日国务院全体会议第五六次会议通过,1957年8月17日发布)
粮食部、农垦部、公安部关于国营农牧场粮食统购统销的联合指示
(1957年12月26日)
国务院关于实行棉籽短绒计划收购和统一分配的通知
(1957年12月23日)

3. 物资分配
林业部一九五四年全国木材统一支拨暂行办法
(1954年1月8日政务院财政经济委员会批准试行)
全国木材送货暂行办法
(1955年5月10日国务院批复)
关于轻工业计划产品分工管理的试行办法
(1955年11月1日国务院公布)
煤炭统一送货暂行办法
(1955年11月16日国务院批准)
煤炭供应条例(草案)
(1956年2月)
中国百货公司供应合同共同条件
(1956年6月1日起实行)
重工业部产品供应合同暂行基本条款
(1956年7月1日起实行)
国务院批转国家经济委员会关于今后组织调剂企业部门库存多余物资问题的报告的

通知

(1957年5月7日)

☆中共中央、国务院关于改进物资公配制度的几项规定

(1958年9月24日国务院全体会议第八十次会议通过,1958年9月24日发布)

国务院关于农副产品、食品、畜产品、丝、绸等商品分级管理办法的规定

(1958年11月19日发布)

国务院批转商业部、粮食部、对外贸易部、卫生部、水产部、轻工业部关于商品分级管理办法的报告的通知

(1959年2月12日)

4. 市场管理

贸易部关于取缔投机商业的几项指示

(1950年11月14日)

商品检验暂行条例

(1951年11月15日政务院批准,1951年11月22日政务院财政经济委员会公布)

国务院关于放宽农村市场管理问题的指示

(1956年10月24日)

国务院关于禁止在城市套购计划商品的通知

(1957年8月21日)

国务院批转中央工商行政管理局关于当前城市市场管理工作若干问题的报告的通知(附原报告)

(1957年10月3日)

☆中共中央、国务院关于市场物价分级管理的规定

(1958年9月24日国务院全体会议第八十次会议通过,1958年10月18日发布)

☆商标注册暂行条例

(1950年7月28日政务院第四三次政务会议批准,1950年8月28日公布)

国务院转发中央工商行政管理局关于实行商标全面注册的意见的通知(附原意见)

(1957年1月17日)

5. 信托仓储

国营上海市贸易信托公司旧货商店接受个人委托代销简章

(1955年1月)

北京市信托公司寄售营业部接受个人委托寄售简章

(1955年12月13日)

北京市国营商业仓储公司经营规章(重订草案)

(1955年8月1日)

6. 外贸海关

☆对外贸易管理暂行条例

(1950年12月8日政务院第六二次政务会议通过,1950年12月9日公布)

☆中华人民共和国暂行海关法

(1951年3月23日政务院第七七次政务会议通过,1951年4月18日政务院公布,自5月1日起施行)

八、财政税收

1. 金库
☆中央金库条例
(1950年3月3日政务院第二二次政务会议通过,同日发布)
中央金库条例施行细则
(1959年11月第五次修订)

2. 现金和货币管理
☆政务院关于实行国家机关现金管理的决定
(1950年4月7日政务院第二七次政务会议通过,同日发布)
☆货币管理实施办法
(1950年12月25日政务院财政经济委员会批准)
中华人民共和国禁止国家货币出入国境办法
(1951年3月6日政务院公布)
中华人民共和国禁止国家货币、票据及证券出入国境暂行办法
(1952年10月15日中国人民银行公布)
关于各级行应负责监督禁止变相货币的发行使用的指示
(1955年1月7日中国人民银行总行发布)

3. 预算决算
☆预算决算暂行条例
(1951年7月20日政务院第九四次政务会议通过,1951年8月19日政务院公布)

4. 公债
中央人民政府委员会关于发行人民胜利折实公债的决定
(1949年12月2日中央人民政府委员会第四次会议通过,1949年12月3日发布)
一九五四年国家经济建设公债条例、一九五五年国家经济建设公债条例、一九五六年国家经济建设公债条例、一九五七年国家经济建设公债条例、一九五八年国家经济建设公债条例
(均由中央人民政府委员会或全国人民代表大会常务委员会通过,主席公布)
关于以1954年经建公债抵债、转让等问题的规定的通知
(1955年1月31日中国人民银行总行)
中华人民共和国地方经济建设公债条例
(1958年6月5日全国人民代表大会常务委员会第九七次会议通过,1958年6月5日中华人民共和国主席公布)

5. 税收
☆全国税收实施要则

(1950年1月27日政务院第十七次政务会议通过,1950年1月31日发布)

货物税暂行条例

(1950年1月27日政务院第十七次政务会议通过,同年1月31日公布,1950年12月15日政务院第六三次政务会议修正,同年12月19日公布)

工商业税暂行条例

(1950年1月27日政务院第十七次政务会议通过,同年1月31日公布;1950年12月15日政务院第六三次政务会议修正,同年12月19日公布)

契税暂行条例

(1950年3月31日政务院第二六次政务会议通过,1950年4月3日公布)

新解放区农业税暂行条例

(1950年9月5日中央人民政府委员会第九次会议通过,同日公布)

屠宰税暂行条例

(1950年12月15日政务院第六三次政务会议通过,同年12月19日公布)

印花税暂行条例

(1950年12月15日政务院第六三次政务会议通过,同年12月19日公布)

利息所得税暂行条例

(1950年12月15日政务院第六三次政务会议通过,同年12月19日公布)

特种消费行为税暂行条例

(1951年1月16日政务院公布)

城市房地产税暂行条例

(1951年8月8日政务院公布)

车辆使用牌照税暂行条例

(1951年9月13日政务院批准,同日政务院公布)

船舶吨税暂行办法

(1952年9月16日政务院财政经济委员会批准,同年9月29日海关总署发布施行)

政务院财政经济委员会关于税制若干修正及实行日期的通告

(1952年12月31日)

商品流通税试行办法

(1952年12月26日政务院第一六四次政务会议批准,1952年12月31日政务院财政经济委员会公布)

文化娱乐税条例

(1956年5月3日全国人民代表大会常务委员会第三五次会议通过,同日中华人民共和国主席公布)

财政部关于农村工商税收的暂行规定

(1956年12月5日国务院批准,同年12月17日财政部发布)

☆中华人民共和国农业税条例

(1958年6月3日全国人民代表大会常务委员会第九六次会议通过,同日中华人民共和国主席公布)

财政部关于试行改革工商税制的规定
(1958年6月20日公布)
☆中华人民共和国工商统一税条例(草案)
(1958年9月11日全国人民代表大会常务委员会第一〇一次会议原则通过,同年9月13日国务院发布试行)
国务院关于同意从1959年起停止征收存款利息所得税给财政部的批复
(1959年1月6日)
6. 保险
☆中央人民政府政务院关于实行国家机关、国营企业、合作社财产强制保险及旅客强制保险的决定
(1951年2月3日)
铁路车辆强制保险条例
(1951年4月24日政务院财政经济委员会公布)
船舶强制保险条例
(1951年4月24日政务院财政经济委员会公布)
☆财产强制保险条例
(1954年4月24日政务院财政经济委员会公布)
关于停办地方国营航运企业船舶强制保险的联合通知
(1957年12月14日财政部、交通部发布)
火灾保险条款
(1951年1月1日颁订)
轮船运输保险条款
(1951年3月15日颁订)
木船运输保险条款
(1951年3月15日颁订)
火车运输保险条款
(1951年3月15日颁订)
汽车运输保险条款
(1951年3月15日颁订)
驿运运输保险条款
(1951年3月15日颁订)
航空运输保险条款
(1951年3月15日颁订)
船舶保险基本条款
(1950年7月7日颁订)
木船船舶保险条款
(1951年7月1日颁订)
汽车保险条款

(1951年1月1日颁订)
电车保险条款
(1951年4月3日颁订)
牲畜自愿保险办法
(1956年1月12日)
公民财产自愿保险办法
(1957年4月6日财政部发布)
关于农作物自愿保险办法几个主要问题的意见
(1958年1月21日财政部)
铁路旅客意外伤害强制保险条例
(1951年4月24日政务院财政经济委员会公布)
轮船旅客意外伤害强制保险条例
(1951年4月24日政务院财政经济委员会公布)
飞机旅客意外伤害强制保险条例
(1951年4月24日政务院财政经济委员会公布)
个人人寿保险办法
(1951年9月8日颁订)
简易人身保险办法
(1951年3月28日颁订)
团体人身保险办法
(1951年9月27日颁订)
解放前保险业未清偿的人寿保险契约给付办法
(1954年12月15日财政部发布)
关于在职工间所办的自愿人身保险的指示
(1957年2月21日财政部、中华全国总工会发布)
关于在职工间办理团体人身保险业务的通知
(1958年5月19日财政部、中华全国总工会发布)
☆国务院关于改进保险工作管理制度的规定
(1958年7月5日国务院全体会议第七八次会议通过,同日发布)

九、信贷结算

1. 存储
中国人民银行国内代收款项章程
(1951年8月)
☆中国人民银行存款章程
(1951年8月发布)
中国人民银行农村单一折实储蓄存款章程

(1951年)
中国人民银行城市储蓄存款章程
(1954年6月22日颁发)
中国银行华侨定期储蓄存款章程
(1955年10月订)
国务院批转"中国人民银行关于进一步发展人民储蓄事业的报告"
(1955年11月5日)
活期有奖储蓄存款章程(草案)
(中国人民银行总行1955年12月15日指示试办)
外币存款章程
(1956年10月15日中国人民银行发布)
华侨投资于国营华侨投资公司的优待办法
(1957年8月1日全国人民代表大会常务委员会第七十八次会议通过,同年8月2日国务院公布)
优待华侨外币存款章程
(中国人民银行总行1960年6月)
关于停办有奖储蓄的通知
[中国人民银行总行1960年11月11日(60)银储乔字第75号]
2.信贷
☆中国人民银行放款总则
(1951年1月23日发布)
中国人民银行工业放款章程
(1951年1月23日发布)
中国人民银行交通、运输、公用事业放款章程
(1951年1月23日发布)
中国人民银行贸易放款章程
(1951年1月23日发布)
中国人民银行合作事业放款章程
(1951年1月23日发布)
中国人民银行农业生产放款章程
(1951年1月23日发布)
中国人民银行农田水利放款章程
(1951年1月23日发布)
中国人民银行质押放款办法
(1951年1月23日发布)
中国人民银行手工业生产放款章程
(1951年1月23日发布)
中国人民银行小额放款章程

(1951年1月23日发布)
中国人民银行埠外购销放款暂行办法
(1951年4月)
关于签订放款契约应列入缴纳罚金的规定的指示
(中国人民银行总行1952年6月3日发布)
中国人民银行办理基层供销合作社供应业务短期放款暂行办法
(1955年5月14日)
中国人民银行办理国营工业生产企业短期放款暂行办法
(1955年5月24日)
中国人民银行办理国营商业短期放款暂行办法
(1955年5月28日商业部、中国人民银行总行联合颁布)
商业部中国人民银行关于取消国营商业系统内部以及与各部门之间所存在的商业信用的规定
(1955年5月28日)
中国人民银行办理基层供销合作社短期放款暂行规定
(1955年5月发布)
中国人民银行办理基层供销合作社采购农产品放款暂行办法
(1955年5月发布)
中国人民银行办理国营粮食单位短期放款暂行办法
(1955年6月9日)
关于办理贫农合作基金放款的通知
(1955年6月20日中国人民银行总行发布)
中国人民银行对手工业合作组织短期放款暂行办法
(1955年6月28日颁布施行)
中国农业银行办理农业生产合作社贷款暂行办法
(1955年10月5日)
中国人民银行办理手工业生产合作社短期放款试行办法(草案)
(1955年)
中国人民银行森林工业企业短期放款暂行办法(草案)
(1956年3月27日试行)
中国人民银行办理农产品采购短期放款暂行办法(草案)
(1956年5月15日试行)
中国农业银行办理国营机械农(牧)场短期放款暂行办法
(1956年12月19日)
国务院关于对投资公司今后方针的指示
(1957年1月24日)
中国人民银行办理国营商业短期放款办法
(1957年4月9日)

中国人民银行办理供销合作社短期放款办法
(1957年4月30日)
关于国营企业和中央公私合营企业实行定额信贷和有关编审财务收支计划的几项规定
(1958年3月3日中国人民银行、财政部发布)
关于国营企业和中央公私合营企业实行定额放款的几项原则规定
(1958年3月3日中国人民银行、财政部发布)
关于垦荒移民贷款的指示
(中国人民银行总行1958年3月12日)
国务院关于人民公社信用部工作中几个问题和国营企业流动资金问题的规定
(1958年12月20日国务院全体会议第八十三次会议通过,1958年12月20日发布)
对外贸易部、中国人民银行关于对外贸易信贷工作的指示
(1959年6月10日)
☆中国人民银行工业放款办法(草案)
(1959年8月27日)

3. 汇兑
☆中国人民银行国内汇兑章程
(1951年8月)
国务院关于贯彻保护侨汇政策的命令
(1955年2月17日国务院全体会议第五次会议通过,1955年2月23日发布)

4. 结算
国务院批转"中国人民银行关于取消国营工业间以及国营工业和其他国营企业间的商业信用代以银行结算的报告"的通知(附原报告)
(1955年5月6日)
国营企业、供销合作社、国家机关、部队、团体间非现金结算暂行办法
(1955年9月前)
中国人民银行结算放款暂行办法
(1955年5月)
国务院关于在农村中恢复非现金结算的问题给各省、自治区、直辖市人民委员会的一封信
(1959年6月2日)
☆中国人民银行非现金结算暂行办法
(1959年9月1日实行)

5. 信用合作
农村信用合作社章程准则(草案)
(1951年)

十、土地房产

铁路留用土地办法
(1950年6月24日政务院公布)
国务院关于农村土地的移转及契税工作的通知
(1955年5月7日)
华侨申请使用国有的荒山荒地条例
(1955年8月6日全国人民代表大会常务委员会第二十次会议通过,1955年8月6日中华人民共和国主席公布)
国务院关于长期保护测量标志的命令
(1955年12月21日国务院全体会议第二十一次会议通过,1955年12月29日发布)
☆国家建设征用土地办法
(1957年10月18日国务院全体会议第五十八次会议修正,1958年1月6日全国人民代表大会常务委员会第九十次会议批准,1958年1月6日国务院公布施行)
上海市房地产管理暂行条例
(1949年6月23日上海市军管会公布)
关于城市房屋、房租的性质和政策
(1949年8月11日新华社信箱)
关于城市房屋问题的答复
(1950年1月22日人民信箱答复平原省人民政府民政厅)
东北城市房产管理暂行条例
(1950年3月28日东北人民政府公布)
东北区城市公有房产管理暂行条例
(1950年8月21日东北人民政府公布)
中南区关于城市房产权的几项原则规定
(1950年11月26日政务院修正批准,1950年12月15日中南行政委员会公布施行,1953年中南军政委员会呈奉政务院核示修正)
武汉市房地产交易暂行办法
(1951年7月14日)
北京市人民政府房地产管理局公用房地产租赁契约
北京市人民政府房地产管理局民用公产租赁契约
北京市人民政府房地产管理局商市场房地产租赁契约
修正北京市私有房屋租赁暂行规则
(1951年8月17日北京市人民政府公布)
修正北京市城区房地产权登记暂行规则
(1951年10月20日公布)
中央人民政府华侨事务委员会对华侨在国内房地产委托代理问题的处理意见

(1952年7月26日)
北京市公有房屋管理暂行办法
(1953年3月17日)
☆中共中央批转中央书记处第二办公室关于目前城市私有房屋基本情况及进行社会主义改造的意见
(党内文件,1956年1月18日)
纺织职工自建公助建筑住宅暂行办法
(1956年6月28日纺织工业部、中国纺织工会全国委员会发布)

十一、山林保护

中央人民政府政务院关于适当地处理林权明确管理保护责任的指示
(1951年4月21日)
林业部关于1952年春季造林工作的指示
(1952年2月16日)
政务院关于发动群众开展造林、育林、护林工作的指示
(1953年7月9日政务院第一八五次政务会议通过,1953年9月30日发布)
☆中共中央关于确保林权、保护山林和发展林业的若干政策规定(试行草案)
(党内文件,1961年6月26日)

十二、文物保护

禁止珍贵文物图书出口暂行办法
(1950年5月24日政务院公布)
政务院为规定古迹、珍贵文物、图书及稀有生物保护办法并颁发"古文化遗址及古墓葬之调查发掘暂行办法"令
(1950年5月24日)
政务院关于保护古文物建筑的指示
(1950年7月7日)
政务院关于在基本建设工程中保护历史及革命文物的指示
(1953年10月12日)
国务院关于在农业生产建设中保护文物的通知
(1956年4月2日)
国务院批转对外文化联络委员会关于我国珍贵动物出口问题的请示报告的通知
(1959年4月1日)
☆文物保护管理暂行条例
(1960年11月17日国务院全体会议第一〇五次会议通过,1961年3月4日国务院公布)
国务院转发中国科学院关于保护古脊椎动物化石问题的报告的通知
(1961年3月18日)

十三、特种财物管理

中央人民政府政务院严禁鸦片烟毒的通令
(1950年2月24日发布)
管理麻醉药品暂行条例
(中央人民政府卫生部1950年11月1日公布)
无线电器材管理条例
(1954年9月25日中央人民政府政务院批准,1955年7月23日公安部发布)
物资运输限制暂行办法(摘录)
(1956年8月22日国务院发布作为内部文件,不向外公布)
爆炸物品管理规则
(1957年11月29日国务院全体会议第六十三次会议通过,1957年12月9日公安部发布)
农业部、化学工业部、卫生部、劳动部、第一机械工业部、商业部、铁道部、公安部关于爆炸物品管理规则的补充规定(草案)
(1959年9月7日发布试行)
农业部、化学工业部、卫生部、劳动部、第一机械工业部、商业部、铁道部、公安部关于加强农药安全管理的规定(草案)
(1959年9月7日发布试行)

十四、合同债务

1. 合同
☆机关、国营企业、合作社签订合同契约暂行办法
(政务院批准,1950年9月27日政务院财政经济委员会公布)
中央人民政府贸易部关于认真订立与严格执行合同的决定
(1950年)
2. 债务
新区农村债务纠纷处理办法
(1950年10月20日政务院第五十五次政务会议通过)
最高人民法院华东分院关于城市债务纠纷中如何区别城乡债务问题的通令
(1951年4月17日)
最高人民法院华东分院关于城市债务处理问题的批复
(1951年2月23日)

十五、劳动工资

政务院关于劳动就业问题的决定
(1952年7月25日政务院第一四六次政务会议通过,1952年8月1日公布)

☆国营企业内部劳动规则纲要
(1954年5月6日政务院第二一五次政务会议通过,1954年7月14日公布)
国务院关于国家机关工作人员全部实行工资制和改行货币工资制的命令
(1955年8月31日发布)
国务院关于地方事业单位实行货币工资制和调整工资标准问题的通知
(1955年11月21日)
☆国务院关于工资改革的决定
(1956年6月16日国务院全体会议第三十二次会议通过,1956年7月4日发布)
国务院关于工资改革中若干具体问题的规定
(1956年6月16日国务院全体会议第三十二次会议通过,1956年7月4日发布)
国务院关于新公私合营企业工资改革中若干问题的规定
(1956年10月12日国务院全体会议第三十九次会议通过,1956年10月15日发布)

十六、社会福利

☆革命烈士家属革命军人家属优待暂行条例
(政务院批准,1950年12月11日内务部公布)
☆革命残废军人优待抚恤暂行条例
(政务院批准,1950年12月11日内务部公布)
☆革命军人牺牲、病故褒恤暂行条例
(政务院批准,1950年12月11日内务部公布)
☆革命工作人员伤亡褒恤暂行条例
(政务院批准,1950年12月11日内务部公布)
☆民兵民工伤亡抚恤暂行条例
(政务院批准,1950年12月11日内务部公布)
全国铁路职工疾病伤残补助试行办法
(中央人民政府铁道部1950年7月31日公布)
全国邮电职工疾病伤残补助试行办法
(中央人民政府邮电部公布,1950年)
政务院关于全国各级人民政府、党派、团体及所属事业单位的国家工作人员实行公费医疗预防的指示
☆附:国家工作人员公费医疗预防实施办法
(1952年6月27日)
☆中华人民共和国劳动保险条例
(1951年2月26日政务院公布,1953年1月2日政务院修正公布)
政务院关于中华人民共和国劳动保险条例若干修正的决定
(1953年1月2日政务院第一六五次政务会议通过,1953年1月9日公布)
复员建设军人安置暂行办法

(内务部制定,1954年10月23日国务院批准)
关于经济建设工程民工伤亡抚恤问题的暂行规定
(中央人民政府政务院1954年5月22日批准)
☆国家机关工作人员退休处理暂行办法
(1955年12月21日国务院全体会议第二十一次会议通过,1955年12月29日国务院发布)
☆国家机关工作人员退职处理暂行办法
(1955年12月21日国务院全体会议第二十一次会议通过,1955年12月29日国务院发布)
国家机关工作人员病假期间生活待遇试行办法
(1955年12月21日国务院全体会议第二十一次会议通过,1955年12月29日国务院发布)
☆全国高等学校(不包括高等师范学校)一般学生人民助学金实施办法
(1955年8月22日高等教育部发布)
内务部关于改善城市残老、儿童教养院工作的通知
(1956年3月16日)
国务院关于国家机关工作人员退休后仍享受公费医疗待遇给卫生部的批复
(1956年6月29日)
☆国务院关于工人职员退休处理的暂行规定
(1957年11月16日全国人民代表大会常务委员会第八十五次会议批准,1958年2月6日国务院全体会议第七十次会议修改通过,1958年2月9日国务院公布施行)
国务院关于工人职员回家探亲的假期和工资待遇的暂行规定
(1957年11月16日全国人民代表大会常务委员会第八十五次会议原则批准,1958年2月6日国务院全体会议第七十次会议修改通过,1958年2月9日国务院公布施行)
☆国务院关于工人职员退职处理的暂行规定(草案)
(1958年3月7日全国人民代表大会常务委员会第九十四次会议批准,1958年3月8日国务院公布施行)
国务院关于现役军官退休处理的暂行规定
(1958年7月5日国务院全体会议第七十八次会议通过,1958年7月5日发布)

十七、著作、发明

人民出版社出版合同、约稿合同及稿酬办法
(1955年1月修订实行)
文化部关于国营剧团试行付给剧作者剧目上演报酬的通知
(1956年12月19日)
☆中华人民共和国文化部关于文学和社会科学书籍稿酬的暂行规定
(1959年10月19日颁布,1962年5月4日中共中央批准恢复)

政务院关于奖励有关生产的发明、技术改进及合理化建议的决定
(1950年8月11日政务院第四十五次政务会议通过,1950年8月16日发布)
保障发明权与专利权暂行条例
(1950年8月11日政务院第四十五次政务会议批准,1950年8月17日政务院财政经济委员会公布)
☆有关生产的发明、技术改进及合理化建议的奖励暂行条例
(1954年5月6日政务院第二一五次政务会议通过,1954年8月27日公布)
国务院对执行"有关生产的发明、技术改进及合理化建议的奖励暂行条例"若干问题的解释
(1955年2月18日)
中国科学院科学奖金暂行条例
(1955年8月5日国务院全体会议第十七次会议通过,1955年8月31日国务院发布)

十八、婚姻、继承

☆中华人民共和国婚姻法
(1950年4月13日中央人民政府委员会第七次会议通过,1950年4月30日主席公布)
中央人民政府法制委员会有关婚姻问题的解答
(1953年3月19日)
婚姻登记办法
(1955年5月20日国务院批准,1955年6月1日内务部发布)
中央司法部对华东司法部关于无人继承的遗产应收归国有的批复
(1950年10月)
最高人民法院华东分院关于有关亲属继承等问题的批复
(1951年4月17日复苏南人民法院)
中央人民政府最高人民法院关于兄弟姊妹互相继承问题的复函
(1953年4月8日复华北分院)
最高人民法院华东分院对有关继承问题的批复意见
(1953年5月14日复福建省人民法院)
国务院关于农业合作社中五保户死后的私有财产处理问题给司法部的批复
(1958年3月29日)

十九、涉外民事

外国侨民出入及居留暂行规则
(1951年11月28日政务院公布)
外国侨民居留登记及居留证签发暂行办法
(国务院批准,1954年8月10日公安部公布)

外国侨民旅行暂行办法
(国务院批准,1954年8月10日公安部公布)
外国侨民出境暂行办法
(国务院批准,1954年8月10日公安部公布)
中央人民政府外交部、最高人民法院颁发外人在华遗产继承问题处理原则
(1954年9月)
☆中共中央批转中央外事小组关于处理现在华外人工商业、房产的报告
(党内文件,1958年×月×日)

十二、其他

社会团体登记暂行办法
(中央人民政府政务院1950年9月29日第五十二次政务院会议通过)
社会团体登记暂行办法施行细则
(中央人民政府内务部1951年3月23日公布)
中华人民共和国国务院关于建立经常户口登记制度的指示
(1955年6月9日国务院全体会议第十一次会议通过)
中华人民共和国户口登记条例
(1958年1月9日全国人民代表大会常务委员会第九十一次会议通过,1958年1月9日中华人民共和国主席公布)
中华人民共和国治安管理处罚条例
(1957年10月22日全国人民代表大会常务委员会第八十一次会议通过,1957年10月22日中华人民共和国主席公布)

有关民法问题的重要文件目录

1963年3月

中共中央文件

1956年

中共中央批转中央书记处第二办公室《关于目前城市私有房产基本情况及进行社会主义改造的意见》(1956年1月18日)

1960年

中央关于加强农村人民公社财务工作的指示(1960年7月4日)

中共中央关于农村人民公社当前政策问题的紧急指示信(1960年11月3日)

中央关于纠正锦州市委和锦州第一机械厂以小公共大公的变相"共产风"的批示(1960年12月11日)《河北建设》第521期

中央关于冬季农业生产和备耕工作的指示(1960年12月20日)《北京工作》第370期

财政部党组关于调低企业利润留成比例加强企业利润留成资金管理的报告(已经中央批转)(1960年12月20日)《北京工作》第373期

财政部党组关于改进财政体制、加强财政管理的报告(已经中央批转)(1960年12月31日)《山东工作》第387期

1961年

中央关于目前农产品收购工作中几个政策问题的规定(1961年1月15日)《北京工作》第373期

中央批转财政部党组《关于改进财政体制、加强财政管理的报告》(1961年1月15日)《山东工作》第387期

中央关于调整管理体制的若干暂行规定(1961年1月20日)《宁夏工作》(增刊)第2期

中共中央、国务院关于进一步压缩社会集团购买力的规定(1961年1月23日)《北京工作》第373期

总政治部关于部队退还人民公社土地问题的几项规定(已经中央批转)(1961年2月7日)《北京工作》第379期

中央关于立即停止粮食损失、抓紧粮食翻晒的通知(1961年2月20日)《北京工作》

第 379 期

上海市财政局党委关于上钢五厂违反财政纪律的检查报告(已经上海市委、中央批转)(1961年3月10日)《北京工作》第392期

中共上海市委批转财政党委关于上钢五厂违反财政纪律的检查报告(已经中央批转)(1961年3月13日)《北京工作》第392期

中南局批转韩克华同志在中南区经委主任会议上关于手工业问题的发言(1961年5月5日)《河南通讯》第575期

韩克华同志在中南区经委主任会议上关于手工业问题的发言(1961年5月5日)(已经中南局批转)《河南通讯》第575期

中央关于讨论和试行农村人民公社工作条例(修正草案)的指示(1961年6月15日)《北京工作》第405期

中央关于城乡手工业若干政策问题的规定(试行草案)(1961年6月19日)《北京工作》第405期

中央关于坚决纠正平调错误、彻底退赔的规定(1961年6月19日)《北京工作》第405期

中央关于改进商业工作若干规定(试行草案)(1961年6月19日)《北京工作》第405期

中央关于转发人民银行党组《关于农村人民公社动员社员投资的一些情况的报告》的批示(1961年6月19日)《北京工作》第404期

中央关于确定林权、保护山林和发展林业的若干政策规定(试行草案)(1961年6月25日)《北京工作》第405期

中共中央关于确定林权、保护山林和发展林业的若干政策规定(试行草案)(1961年6月26日)

林业部党组关于鼓励人口上山建设山林区问题的报告(已经中央批转)(1961年7月28日)《宁夏工作》第8期

中共中央关于当前工业问题的指示(1961年9月15日)《宁夏工作》第10期

中共湖南省委批转省委工业办公室关于当前经办企业设备,物资等保管情况的报告(经中央批转)(1961年9月30日)《山东工作》第406期

全国粮食、商业厅局长联席会议纪要

国务院财贸办公室(1961年10月7日)《四川工作》第159期

扩大利用和培植发展木本粮、油资源——中央转发河北省农林厅、粮食厅党组的报告(1961年10月13日)《河南通讯》第30期

农业部党组关于大牲畜问题的报告(1961年10月21日)(已经中央批转)《西藏工作》第48期

山西省委批转万荣县发展大牲畜的经验(中央批转)(1961年10月24日)《北京工作》第418期

华北局批转华北局农业办公室关于农村工作部长会议情况的报告(1961年10月30日)《河北建设》第543期

河北省委批转省计委工作组关于定县东亭大队在农村办电中又出现新的平调错误的报告(中央批转)(1961年11月8日)《北京工作》第420期

中央批转肇东县委关于在征购粮后期"爬好坡"、"不打退"、一气呵成征购粮任务的报告(1961年11月23日)《北京工作》第419期

中央关于木材生产和造林问题的指示(1961年11月23日)《北京工作》第420期

农业部和水利电力部关于加强水利管理工作的十条意见(中央批转)(1961年11月25日)《河北建设》第548期

中央批转人民银行党组关于鸡西银行干部制止挪用流通资金受到压制的反映(1961年12月4日)《北京工作》第423期

中共中央、国务院关于颁发民兵工作条例和各级民兵工作组改为人民武装委员会的通知(1961年12月11日)《山东工作》第413期

中央批转水电部党组关于当前水利工作的报告(1961年12月18日)《北京工作》第424期

中共中央批转农业部党组关于大牲畜问题的报告(1961年12月19日)《安徽工作》第18期

中共中央关于讨论和试行商业工作条例(试行草案)的指示(草稿)(1961年12月25日)

商业工作条例(试行草案初稿)(1961年12月25日)

中央批转农业部党组关于大牲畜问题的报告(1961年12月29日)《北京工作》第429期

中央农业部党组关于大牲畜问题的报告(1961年12月29日)(已经中央批转)《北京工作》第429期

1962年

严格财政纪律反对违法乱纪行为(1962年1月4日)《北京工作》第433期

中央关于改变农村人民公社基本核算单位问题的指示(1962年2月13日)《北京工作》第434期

中央和国务院关于彻底清仓核资、充分发挥物资潜力的指示(1962年2月22日)《北京工作》第436期

中共中央、国务院关于切实加强银行工作的集中统一,严格控制货币发行的决定(1962年3月10日)

中共中央、国务院关于厉行节约的紧急规定(1962年3月14日)《北京工作》第436期

国营工业企业工作条例(草案)(1962年3月18日印发)

国务院关于招待工作的规定(1962年3月15日)《党的生活》第74期

中央、国务院关于加强商业资金的统一管理和改进商业利润解缴办法的决定(1962年4月3日)《北京工作》第438期

中共中央、国务院关于严格控制财政管理的决定(1962年4月21日)

中共中央、国务院关于国营商业和供销合作社分工的决定(1962年4月26日)《北京

工作》第 439 期

中央、国务院关于供销合作社几个问题的通知(1962 年 5 月 4 日)《北京工作》第 441 期。

中共中央、国务院关于当前民间运输业调整工作中若干政策问题的指示(1962 年 5 月 6 日)《西藏工作》第 13 期

中央、国务院关于积极开展供销合作社自营业务和组织城市消费合作社的指示(1962 年 5 月 18 日)《北京工作》第 442 期

中央、国务院关于改变中国人民银行在国家组织中地位的通知(1962 年 6 月 13 日)《陕西工作》第 210 期

中央、国务院关于加强公路养护和管理工作的指示(1962 年 6 月 15 日)《北京工作》第 453 期

中共中央、国务院关于严肃处理清产核资工作中违法乱纪行为的几项规定(1962 年 6 月 19 日)《西藏工作》第 15 期

中央批转财政部党组和人民银行党组关于全国会计工作会议情况的报告(1962 年 6 月 23 日)《北京工作》第 452 期

中央、国务院关于严肃处理清仓核资工作中违法乱纪行为的几项规定(1962 年 6 月 29 日)《北京工作》第 448 期

国家经委党组《关于 1962 年全国物资工作会议的报告》(已经中央批转)(1962 年 7 月 7 日)《北京工作》第 460 期

中央批转清仓核资领导小组关于全国清仓核资工作情况的报告(1962 年 7 月 31 日)《西藏工作》第 17 期

中共中央、国务院关于农业生产资金问题的通知(1962 年 8 月 28 日)《北京工作》第 460 期

中央批发经委党组《关于 1962 年全国物资工作会议的报告》的批示(1962 年 8 月 28 日)《北京工作》第 460 期

中央同意人民银行总行党组《关于对生产队不实行现金管理和转账结算的请示报告》(1962 年 9 月 4 日)《北京工作》第 460 期

轻工业部党组关于改进地方轻工业管理体制的报告(已经中央批转)(1962 年 9 月 17 日)

关于进一步巩固人民公社集体经济、发展农业生产的决定(1962 年 9 月 27 日八届十中全会通过)《北京工作》第 465 期

关于商业工作问题的决定(1962 年 9 月 27 日八届十中全会通过)《北京工作》第 465 期

农村人民公社工作条例修正草案(1962 年 9 月 27 日八届十中全会通过)

全国手工业合作总社党组关于调整手工业队伍巩固手工业合作社的报告(1962 年 9 月 29 日)(已经中央批转)《北京工作》第 470 期

中共中央、国务院关于当前城市工作若干问题的指示(1962 年 10 月 6 日)《北京工作》第 466 期

中共中央、国务院关于抓紧当前农产品收购工作的紧急通知(1962年10月18日)《北京工作》第467期

中共中央批转全国手工业合作总社党组关于调整手工业队伍、巩固手工业合作社的报告(1962年10月20日)《北京工作》第470期

中央批转贵州省委关于森林破坏情况和制止措施的报告(1962年11月2日)《贵州工作》第364期

中央关于检查和纠正错误的商品价格补贴的指示(1962年11月7日)

中央批转轻工业部党组《关于改进地方轻工业管理体制的报告》(1962年11月7日)

国营商业企业管理条例(试行草案初稿)(1962年11月8日)

中共中央、国务院关于继续抓紧农产品收购、粮食销售和安排农村人民生活的通知(1962年11月14日)《安徽工作》第1期

中共中央、国务院关于当前财政金融方面若干问题的通知(1962年11月19日)《北京工作》第474期

国营农场领导管理体制的规定(中共中央1962年11月22日批发)

中共中央、国务院关于发展农村副业生产的决定(1962年11月22日)《北京工作》第476期

中共中央、国务院关于发展大牲畜的几项规定(1962年11月22日)《北京工作》第476期

中共中央、国务院关于整顿和改进拖拉机站工作的决定(1962年11月22日)《北京工作》第476期

中共中央、国务院关于加强种籽工作的决定(1962年11月22日)《北京工作》第476期

中共中央、国务院关于严格执行基本建设程序严格执行经济合同的通知(1962年12月10日)

中央关于发放耕畜贷款问题的通知(1962年12月12日)《中央文件》中发(62)667号

中共中央、国务院关于坚决执行国家计划和预算,严格管理资金和物资的指示(1962年12月25日)

中央、国务院关于一九六三年发展棉花生产的决定(1962年12月26日)《北京工作》第481期

1963年

中央批转薄一波同志在全国工业工作会议上的总结发言(1963年1月2日)《北京工作》第483期

政府文件

1950年

全国税政实施要则(1950年1月31日)《中央人民政府法令汇编》(1949—1950)

中央金库条例(1950年3月3日)《中央人民政府法令汇编》(1949—1950)

政务院关于实行国家机关现金管理的决定(1950年4月7日)《中央人民政府法令汇编》(1949—1950)

中华人民共和国婚姻法(1950年4月13日)《中央人民政府法令汇编》(1949—1950)

中央人民政府法制委员会有关婚姻法施行的若干问题与解答(1950年6月26日)《北京政法学院民法资料汇编》(第三册)

保障发明权与专利权暂行条例(1950年8月11日)《中央人民政府法令汇编》(1949—1950)

城市郊区土地改革条例(1950年11月10日)《中央人民政府法令汇编》(1949—1950)

1951年

中华人民共和国暂行海关法(1951年4月18日)《中央人民政府法令汇编》(1951)

预算决算暂行条例(1951年8月19日)《中央人民政府法令汇编》(1951)

1953年

劳动保险条例(1953年1月2日)《中央人民政府法令汇编》(1953)

1954年

国营企业内部劳动规则纲要(1954年7月14日)《中央人民政府法令汇编》(1954年1月—9月)

有关生产的发明、技术改进、合理化建议的奖励暂行条例(1954年8月27日)《中央人民政府法令汇编》(1954年1月—9月)

1955年

一机部、农业部、全国供销合作总社关于一九五五年推广制造和供应双轮双铧犁、双轮一铧犁协议书《国务院公报》1955年第1号

国务院关于贯彻保护侨汇政策的命令(1955年2月23日)《国务院公报》1955年第2号

中国人民银行关于取消国营工业间的及国营工业和其他国营企业间的商业信用代以银行结算的报告(已经国务院批转)(1955年3月30日)《国务院公报》1955年第9号

华侨申请使用国有的荒山荒地条例(1955年8月6日)《中华人民共和国法令汇编》①(1955年7—12月)

中国科学院科学奖金暂行条例(1955年8月31日)《中华人民共和国法令汇编》(1955年7—12月)

中国科学院科学奖金暂行条例(1955年8月31日)《国务院公报》1955年第14号

最高人民法院、司法部关于加强司法工作保障农业合作社运动的指示(1955年10月15日)《国务院公报》1955年第20号

手工业合作组织交纳工商业税暂行办法(1955年11月1日)《国务院公报》1955年第

---

① 原件如此,应为"中华人民共和国法规汇编"。

20号

国家机关工作人员退休处理暂行办法(1955年12月19日)《中华人民共和国法规汇编》(1955年7—12月)

1956年

财政部关于试行改革工商税制的规定(1956)

1956年到1967年全国农业发展纲要(草案)(1956年1月23日)《国务院公报》1956年第5号

国务院关于纠正与防止国家建设征用土地中浪费现象的通知(1956年1月24日)《国务院公报》1956年第5号

国务院关于在农业生产建设中保护文物的通知(1956年4月2日)《国务院公报》1956年第14号

文化娱乐税条例(1956年5月3日)《中华人民共和国法规汇编》(1956年1—6月)

国务院关于加强设计工作的决定(1956年5月8日)《国务院公报》1956年第25号

国务院关于加强和发展建筑工业的决定(1956年5月8日)《国务院公报》1956年第25号

国务院关于委托各部、会、局和各省、自治区、直辖市人民委员会审批设计任务书的通知(1956年6月8日)《国务院公报》1956年第25号

国务院关于工资改革的决定(1956年7月4日)《中华人民共和国法规汇编》(1956年7—12月)

国务院关于纠正若干地区银行、信用合作社在吸收存款,扩大股金工作中强迫命令现象的指示(1956年7月7日)《国务院公报》1956年第27号

商业部、纺织工业部、食品工业部、轻工业部、中央手工业管理局关于目前加工订货工作中几个问题的通知(1956年7月30日)《国务院公报》1956年第31号

财政部关于1957年地方国营企业流动资金在省(市)预算中安排办法的通知(1956年9月30日)《国务院公报》1956年第38号

财政部关于1956年国营企业超计划利润分成和使用的规定(1956年10月11日)《国务院公报》1956年第63号

中共中央、国务院关于当前粮食工作的指示(1956年11月21日)《中华人民共和国法规汇编》(1956年7—12月)

1957年

财政部关于监督国营企业解交利润的临时规定(1957年1月4日)《中华人民共和国法规汇编》(1957年1—6月)

国务院关于职工生活方面若干问题的指示(1957年1月11日)《中华人民共和国法规汇编》(1957年1—6月)

森林工业部关于在森林工业系统中贯彻增产节约的指示(1957年1月18日)《国务院公报》1957年第9号

劳动部关于精简时辞退人员问题的两点意见的报告(1957年3月16日)《国务院公

报》1957年第17号

中共中央、国务院关于耕畜问题的指示(1957年3月19日)《国务院公报》1957年第12号

国家经济委员会关于今后组织调剂企业部门库存多余物资问题的报告(1957年5月7日)《国务院公报》1957年第29号

国务院关于合理地组织和运用机关、企业的货运汽车的指示(1957年5月11日)《国务院公报》1957年第20号

中华人民共和国水土保持暂行纲要(1957年7月25日)《中华人民共和国法规汇编》(1957年7—12月)

华侨投资于国营华侨投资公司的优待办法(1957年8月1日)《国务院公报》1957年第34号

中华人民共和国打捞沉船管理办法(1957年10月11日)《国务院公报》1957年第44号

国务院批转中国人民银行关于清理农业贷款问题的报告的通知(1957年10月10日)《国务院公报》1957年第47号

第四次修订中央金库条例施行细则(1957年12月10日)

国务院关于正确对待个体农户的指示(1957年12月21日)《国务院公报》1958年第1号

水利部关于灌区水费征收和使用的几点意见的报告(1957年12月27日)《国务院公报》1958年第5号

1958年

国家建设征用土地办法(1958年1月6日)《中华人民共和国法规汇编》(1958年1—6月)

第二商业部关于加强牲畜经营的报告(1958年2月15日)《国务院公报》1958年第11号

国务院关于农业生产合作社中五保户死后的私有财产处理问题给司法部的批复(1958年3月29日)《中华人民共和国法规汇编》(1958年1—6月)

中共中央、国务院关于物价管理权限和有关商业管理体制的几项规定(1958年4月11日)《国务院公报》1958年第14号

农业税条例(1958年6月3日)《中华人民共和国法规汇编》(1958年1—6月)

地方经济建设公债条例(1958年6月5日)《中华人民共和国法规汇编》(1958年1—6月)

国务院关于改进税收管理体制的规定(1958年6月9日)《国务院公报》1958年第20号

工商统一税条例(草案)(1958年9月13日)《中华人民共和国法规汇编》(1958年7—12月)

国务院关于工人、职员退职处理的暂行规定(草案)(1958年3月7日)《国务院公报》1958年第10号

1959年

财政部、中国人民银行关于国营企业流动资金改由人民银行统一管理的补充规定(1959年1月10日)《国务院公报》1959年第2号

国务院转发财政部、中国人民银行关于国营企业流动资金改由人民银行统一管理的补充规定的通知(1959年2月3日)《国务院公报》1959年第2号

商业部、粮食部、对外贸易部、卫生部、水产部、轻工业部关于商品分级管理办法的报告(1959年2月6日)《国务院公报》1959年第3号

国务院关于1959年农产品预购的指示(1959年2月10日)《国务院公报》1959年第3号

财政部关于目前企业财务工作中存在的几个问题的报告(1959年2月25日)(已经国务院批转)《中华人民共和国法规汇编》(1959年1—6月)

中国人民银行关于加强采购资金管理问题的报告(1959年3月6日)(已经国务院批转)《中华人民共和国法规汇编》(1959年1—6月)

商业部关于逐级召开物资交流会进一步做好城乡物资交流的报告(1959年3月10日)《国务院公报》1959年第6号

国务院转发中国人民银行关于加强采购资金管理问题的报告的通知(1959年3月20日)《国务院公报》1959年第7号

海关对进口、出口货样、广告监管办法(1959年3月22日)《国务院公报》1959年第7号

国务院关于改进基本建设财务管理制度的几项补充规定(1959年5月20日)《国务院公报》1959年第11号

外贸部、人民银行关于对外贸易信贷工作的指示(1959年6月10日)《中华人民共和国法规汇编》(1959年1—6月)

财政部关于国营企业会计核算工作的若干规定(1959年8月17日)《国务院公报》1959年第23号

中国人民银行关于进一步加强现金出纳计划工作的报告(1959年12月18日)《国务院公报》1959年第30号

1960年

国务院关于加强综合财政计划工作的决定(1960年1月14日)《国务院公报》1960年第3期

国务院关于1960年农产品预购的指示(1960年1月21日)《国务院公报》1960年第4期

国务院关于对今年蓖麻籽、葵花籽采收、收益分配问题的通知(1960年11月30日)《国务院公报》1960年第34号

1961年

文物保护管理暂行条例(1961年3月4日公布)《国务院公报》1961年第4号

国务院关于厂矿企业办运输的几项规定(1961年8月26日)《国务院公报》1961年第13号

中共中央、国务院关于切实做好秋季农产品收购工作的指示(1961年10月12日)《国务院公报》1961年第15号

铁道部、交通部、商业部、中华全国供销合作总社关于切实做好秋季农产品运输工作的指示(1961年10月24日)《国务院公报》1961年第16号

1962年

中华人民共和国海关对入境旅客行李物品和个人邮递物品征收进口税办法(1962年1月16日)《国务院公报》1962年第1号

国务院关于对内招待工作的规定(1962年3月15日)《西藏工作》第49期

国务院关于国营企业使用临时职工的暂行规定(1962年10月14日)《国务院公报》1962年第11号

国务院工农业产品和工程建设技术标准管理办法(1962年12月16日)《国务院公报》1962年第13号

工商企业登记管理暂行办法(1962年12月30日)《国务院公报》1962年第15号

1963年

会计人员职权试行条例(1963年1月3日)《国务院公报》1963年第1号

地方党委文件

1960年

北京市人民银行党组关于严格实行现金管理制度的报告(1960年10月26日)(已经市委批转)《北京工作》第370期

中共辽宁省委关于加强财政制度严肃财政纪律的几项规定(1960年12月29日)《党的生活》第242期

1961年

中共山东省委财贸部、交通部关于物资运输中存在的问题和改进意见的报告(1961年2月3日)(已经省委批转)《山东工作》第389期

中共山东省委统战部关于动用资产阶级分子的房屋、家具处理意见的报告(1961年2月13日)《山东工作》第393期

中共河南省委关于农村人民公社当前政策的若干补充规定(1961年2月14日)《河南通讯》第3期

北京市委关于宣武机修厂等六个单位违反政策到农村高价购买或者换取副食品的通报(1961年3月2日)《北京工作》第381期

北京市委关于加强农业机械管理工作的指示(1961年3月2日)《北京工作》第380期

中共山东省委、山东省人委关于大力组织财政收入,紧缩财政支出,压缩社会集团购买力、控制货币投放、组织货币回笼的紧急指示(1961年3月6日)《山东工作》第390期

宁夏自治区党委批转计委党组关于银川电动机滚珠轴承厂的检查报告(1961年3月9日)《宁夏工作》1961年第5期

关于城市中大搞农业生产和大种蔬菜的两个文件(1961年3月14日)《河南通讯》第572期

本市郊区绿化造林取得很大成绩(1961年3月15日)《北京工作》第389期

中共辽宁省财政厅党组关于改进财政体制、加强财政管理的报告(1961年3月24日)《党的生活》第205期

中共河南省委关于充分利用小片荒地和空闲地扩大种植面积的注意事项(1961年3月29日)《河南通讯》第570期

中共安徽省委、安徽省人委关于加强财政纪律和严格执行财政制度的若干规定(1961年3月30日)《安徽工作》第7期

中共辽宁省委关于贯彻执行中央关于农产品收购工作中几个政策问题的规定(1961年4月13日)《党的生活》第250期

中共辽宁省委批转省财政厅党组《关于改进财政体制、加强财政管理的报告》(1961年4月14日)《党的生活》第250期

市委建筑工程部关于建筑市政施工机械使用情况的检查报告(1961年4月17日)《北京工作》第396期

中共山东省委、山东省人民委员会关于收购重要经济作物和副食品实行实物奖励办法的紧急指示(1961年4月21日)《山东工作》第392期

中共山东省委关于工业、交通、基建、财贸方面广泛开展增产节约运动的指示(1961年4月24日)《山东工作》第393期

辽宁省阜新市平安煤矿工作十二条(草案)(1961年5月4日)《党的生活》增刊70号

关于南阳专区在许昌积存物资清查处理的报告(1961年5月6日)《河南通讯》第575期

中共北京市委关于实行三包一奖、评工记分的意见向中央、华北局的报告(1961年5月17日)《北京工作》第394期

中共北京市委关于发展农村手工业和恢复供销社的意见向中央、华北局的报告(1961年5月17日)《北京工作》第401期

中共北京市委关于耕畜农具等的所有制问题向中央、华北局的报告(1961年5月17日)《北京工作》第401期

中共北京市委关于去年超产粮征购和余粮分配的意见向中央、华北局的报告(1961年5月17日)《北京工作》第402期

中共山东省劳动厅党组关于当前企业职工工资中几个问题的处理意见的报告(1961年5月23日)《山东工作》第396期

中共山东省委、山东省人民委员会关于进一步加强农村集市贸易领导的指示(1961年6月3日)《山东工作》第396期

中共西藏工委关于牧区当前若干具体政策的规定(草案)(1961年6月12日)《西藏工作》1961年第9期

经武同志在第二次牧区工作会议上总结报告(记录稿)(1961年6月21日)《西藏工作》1961年第9期

关于对杞县陈敏屯公社继续刮"共产风"的通报(1961年7月2日)《河南通讯》1961年第23期

中共辽宁省委关于退赔的若干补充规定(1961年7月20日)《党的生活》第258期

中共山东省委关于执行《中央关于坚决纠正平调错误、彻底退赔的规定》的决定(1961年7月25日)《山东工作》第400期

中共承德地委关于动员全党全民树立良好秋收秩序的紧急指示(1961年7月26日)《河北建设》第538期

河北省委批转省委政法领导小组关于召开秋收安全工作会议向省委的报告及承德地委关于动员全党全民树立良好的秋收秩序的紧急指示(1961年8月11日)《河北建设》第538期

中共辽宁省委关于贯彻执行《中共中央关于确定林权、保护山林和发展林业的若干政策规定(试行草案)的补充规定(试行草案)》(1961年8月17日)《党的生活》第260期

省委关于调整城乡基层财贸管理体制的若干规定(试行草案)(1961年8月25日)《河南通讯》1961年第26期

市委关于郊区农村少数地方错误地收回社员小片开荒地和十边地的通报(1961年9月2日)《北京工作》第413期

河北省委批转财政厅党组关于违反财政纪律的报告(1961年9月13日)《河北建设》第541期

北京市人民银行党组关于郊区农村金融机构设置意见的请示报告(1961年9月27日)《北京工作》第425期

中共湖南省委批转省委工业办公室关于当前停办企业的设备、物资等保管情况的报告(1961年9月30日)《河北建设》第542期

中共辽宁省委、省人委关于加强国营农场工作的规定(1961年10月5日)《党的生活》第26期①

中共辽宁省委关于加强对农副产品议价管理的通知(1961年10月6日)《党的生活》第261期

中共辽宁省委关于机关、企业、学校自给性副食品生产农场的若干规定(草案)(1961年10月11日)《党的生活》第264期

中共辽宁省委关于今年机关、企业、学校自办农场的产品处理办法的通知(1961年10月12日)《党的生活》第261期

市委关于严禁某些工厂企业私自外销商品的通报(1961年10月18日)《北京工作》第416期

包头市检查组对包头矿务局贯彻执行国家财经政策情况的检查报告(1961年10月

---

① 原件如此,或为"第261期"之误。

19 日)《北京工作》第 433 期

省委统战部关于当前宗教工作中几个具体问题处理意见的请示报告(1961 年 10 月 20 日)《山东工作》第 415 期

中共山东省委清查物资处理办法(1961 年 10 月 21 日)《山东工作》第 406 期

市委关于贯彻执行中央当前工业问题的指示的若干措施(1961 年 10 月 25 日)《北京工作》第 416 期

中共河北省委第十二次会议(扩大)关于当前市场物价问题的讨论纪要(1961 年 10 月 30 日)《河北建设》第 544 期

关于调整航运组织形式、清理所有制、调动船民积极性、组织好内河运输的方案(1961 年 11 月 2 日)《河南通讯》第 32 期

关于调整城镇搬运装卸所有制和管理体制的方案(1961 年 11 月 2 日)《河南通讯》第 32 期

关于组织农村群众运输的方案(1961 年 11 月 2 日)《河南通讯》第 32 期

中共山东省委、山东省人民委员会关于加速发展林业生产的决定(1961 年 11 月 7 日)《山东工作》第 408 期

山东省物资清理指挥部关于全省物资清理工作会议情况的报告(1961 年 11 月 24 日)《山东工作》第 410 期

市委批发市工商行政管理局关于某些单位以化肥与外地换取物资问题的报告(1961 年 12 月 16 日)《北京工作》第 422 期

市工商行政管理局党组关于打击黑市和投机倒把活动情况的报告(1961 年 12 月 18 日)《北京工作》第 426 期

中共中央西北局农村工作办公室关于西北地区国营农场工作座谈会情况的报告(1961 年 12 月 23 日)《陕西工作》第 195 期

关于淮北地区发展农业生产的几点意见(1961 年 12 月 26 日)《河南通讯》第 599 期

中共安徽省委关于今冬明春开展造林运动的指示(1961 年 12 月 30 日)《安徽工作》第 1 期

南尼乡调查研究报告(1961 年 12 月 31 日)《西藏工作》第 47 期

1962 年

张经武同志在工委第二次宣传工作会议上的讲话《西藏工作》1962 年第 2 期

省委农工部关于制止购买耕牛中违法乱纪现象的报告(1962 年 1 月 1 日)《安徽工作》第 2 期

市委关于坚决制止机关企业、学校等单位私自下乡采购水果蔬菜等副食品的通报(1962 年 1 月 3 日)《北京工作》第 425 期

中共安徽省委批转蚌埠市委关于扭转工业企业亏损的通报(1962 年 1 月 5 日)《安徽工作》第 1 期

中共辽宁省委批转省计委党组关于安东、本溪等五市执行基本建设计划存在问题的检查报告(1962 年 1 月 5 日)《党的生活》第 73 期

关于农村人民公社1961年年终分配决算工作的报告(1962年1月14日)《河南通讯》第597期

中共安徽省委、安徽省人民委员会关于加强耕畜保护工作的紧急通知(1962年1月15日)《安徽工作》第2期

省委批转省委监委《关于城市厂矿企业单位浪费粮食情况的报告》(1961年1月15日)《河南通讯》第597期

那曲分工委对班戈县委和麦地卡党委请示的退赔问题的批复及其两个原件(1962年1月16日)《西藏工作》第48期

市委批转市公安局党组关于连续查获投机分子利用生产队名义进行倒卖活动的报告(1962年1月19日)《北京工作》第433期

省委关于侨汇问题的紧急指示(1962年1月19日)《山东工作》第415期

中共中央华北局转发华北农业工作会议纪要(1962年2月15日)《河北建设》第4期

西藏工委财贸部、农牧部关于地方国营农场和机关生产的资金等问题的若干试行规定(1962年2月16日)《西藏工作》第6期

市委批转粮食局党组关于1961年蓖麻生产和收购情况及1962年种植意见的报告(1962年2月17日)《北京工作》第435期

关于保护和发展大牲畜工作的意见(1962年2月28日)《河南通讯》第601期

中南局批转中南局财办《关于征收集市交易税会议的纪要》(1962年3月7日)《河南通讯》第602期

省计委党组关于基本建设计划外施工项目应立即停工并进行检查的报告(1962年3月24日)《陕西工作》第201期

中共辽宁省委员会、辽宁省人民委员会关于迅速恢复与发展畜牧业的决定(1962年3月28日)《党的生活》第4期

中共河南省委工作会议纪要(1962年4月3日)《河南通讯》总第606期

省委关于检查农村人民公社基本核算单位下放情况的报告(1962年4月11日)《陕西工作》第203期

市委关于坚决执行国家统一计划的通知(1962年4月16日)《北京工作》第438期

中共辽宁省委关于农产品收购任务大包干几个问题的指示(1962年4月22日)《党的生活》总第75号

工委关于彻底清仓核资、充分发挥物资潜力的决定(1962年5月5日)《西藏工作》第50期

中共安徽省委一届十二次全体会议关于省委常务委员会的工作报告的决议(1962年5月18日)《安徽工作》第6期

北京市委向北京市党的第三届代表大会的工作报告(1962年5月29日)《北京工作》第447期

关于方城县赵河镇各单位占用民房情况的报告(1962年5月30日)《河南通讯》总第611期

北京市委批发市委研究室关于废旧物资收回、利用问题的调查报告(1962年6月8

日)《北京工作》第451期

湖北省委关于农村人民公社几项具体政策的补充规定(1962年6月25日)《湖北通讯》第180期

彻底清查和制止机关、企业、事业单位擅自与生产队以物易物的行为(华北局1962年6月26日)《北京工作》第448期

北京市委批发冶金局党组关于组织本市钢材定点供应工作的报告(1962年7月7日)《北京工作》第451期

河北省委关于贯彻执行改变农村人民公社基本核算单位中若干具体政策问题的规定的通知(1962年7月10日)《河北建设》1962年第12期

四川省林业厅分党组《关于认真处理林木所有权的意见》(1962年7月18日)《四川工作》第161期

河南省委关于切实改进与加强小城镇工作的指示(1962年7月24日)《河南通讯》总第614期

四川省委批转省供销社分党组《关于扩大供销社社员股金的意见》(1962年7月24日)《四川工作》第162期

北京市委批转市民政局党组关于加强优待军属工作的报告(1962年8月15日)《北京工作》第456期

西南局批转西南局农办工作组《关于四川仁寿县千佛公社蓄水保水情况调查》(1962年9月10日)《四川工作》第162期

湖北省经济委员会对农村手工业若干问题的规定(1962年9月14日)《湖北工作》第184期

北京市委批发顺义工委、怀柔县委关于解决山区盲目开荒问题的报告(1962年9月22日)《北京工作》第462期

湖北省委关于农村人民公社几项具体政策的补充规定(1962年10月16日)《湖北工作》第183期

安徽省委关于坚决贯彻执行中央《关于进一步巩固人民公社集体经济、发展农业生产的决定》的决议(1962年11月12日)《安徽工作》第13期

贵州省委关于山地、山林所有权问题的讨论纪要(1962年11月15日)《贵州工作》第366期

贵州省委关于贯彻执行农村人民公社工作条例草案的意见(1962年11月15日)《贵州工作》第366期

安徽省委、人委关于加强集市贸易管理工作的通知(1962年12月10日)《安徽工作》第15期

专业会议文件

1962年

中国人民银行全国分行行长会议简报(1962年11月)第1、5、8、12、18、24、26、28、

30号

农业部畜牧兽医局:关于民间兽医问题的意见(1962年11月3日)全国农业会议文件

计划工作条例(1962年11月16日)全国计划会议文件

国家计委、财政部关于1963年度国营企业若干费用划分的规定(1962年11月19日)全国财政厅(局)长会议文件

关于1963年基本建设财务拨款制度的几项规定(草稿)(1962年11月24日)全国财政厅(局)长会议文件

关于1963年财政预算管理制度的几项规定(草稿)(1962年11月29日)全国财政厅(局)长会议文件

全国财政厅(局)长会议简报(1962年12月)第9、21号

发放长期农业贷款暂行办法(草案)(1962年12月)全国财政厅(局)长会议文件

关于支援穷队投资的分配、使用和管理的几项规定(草稿)(1962年12月)全国财政厅(局)长会议文件

关于1963年农业、农垦、林业、水利、水产、气象事业费中若干项目的使用范围的意见(草稿)(1962年12月)全国财政厅(局)长会议文件

手工业生产合作社示范章程(草案)(1962年12月)全国手工业联社主任厅局长会议文件

中共中央关于农村人民公社渔业若干政策问题的补充规定(草案)(1962年12月)全国水产工作会议文件

手工业生产合作社财务管理暂行办法(1962年12月)全国手工业联社主任厅局长会议文件

关于劳改企业财务收支纳入预算管理的意见(草案)(1962年12月5日)全国财政厅(局)长会议文件

《集中主要力量办好手工业生产合作社为更好地支援农业生产,保证市场供应而努力》(1962年12月10日)全国手工业联社主任厅局长会议文件

在中华全国供销合作社第一届全国委员会第四次(扩大)会议上的报告(1962年12月10日)

一九六二年银行工作基本总结(1962年12月15日)中国人民银行全国分行行长会议文件

一九六三年银行工作安排(1962年12月27日)中国人民银行全国分行行长会议文件

国家计委、国家经委、财政部:关于1962年基本建设应完未完投资结转的通知(草稿)全国财政厅(局)长会议文件

二、总 则

中华人民共和国民法（草稿）（修改稿）
[总则第一章]

1964年3月

第一篇 总 则

第一章 民法的任务

第一条 中华人民共和国民法是根据中华人民共和国宪法，依照中国共产党的社会主义建设总路线和以农业为基础、以工业为主导的发展国民经济的总方针制定的。

第二条 本法是调整我国经济关系的基本准则。它的任务是通过调整单位之间，单位同个人之间以及个人之间的经济关系，保护国家所有的和集体所有的公共财产，保护公民所有的合法财产，禁止一切资本主义的经济活动，维护社会主义经济秩序，以保证实现国民经济计划。巩固和发展社会主义公有制，增强人民内部团结，巩固工人阶级领导的、以工农联盟为基础的人民民主专政，保障社会主义革命和社会主义建设事业的顺利进行。

第三条 在社会主义建设的现阶段，我国社会主义公有制有两种形式：全民所有制和集体所有制。

全民所有制经济是国民经济中的领导力量，是国家实现社会主义革命和社会主义建设的物质基础，国家保证全民所有制经济的优先发展。

集体所有制经济是国民经济的重要组成部分，国家保护和支援集体所有制经济的发展。国家根据生产力发展的水平和群众的要求，指导和扶助集体所有制逐步提高公有化程度，并在条件成熟的时候，过渡到全民所有制。

国家依法保护社会主义经济领导下的个体所有制,鼓励个体劳动者根据自愿的原则参加社会主义集体经济组织。

第四条 本法调整的经济关系是以社会主义公有制为基础,以财产的所有、财产的分配和流转为内容的经济关系。

本法所说的财产,是指生产资料、生活资料、货币以及其他一切财物。

三、财产的流转关系

税收关系(试拟稿)

1963年12月

第一条 税收关系是国家为了组织预算收入、积累社会主义资金、贯彻执行国家财政经济政策、促进生产发展,由国家的财政、税务和海关机关依法向负有纳税义务的单位和个人征收现金或实物所发生的财产流转关系。

第二条 国家税收包括工商税收、农业税收、海关税收、盐业税收和法律规定的其他税收。

第三条 一切单位和个人,有下列情况之一的,都有依法向国家纳税的义务。

(一)从事工农业生产;

(二)从事商品交易、货物进出口;

(三)从事货物运输和服务性业务;

(四)有应当纳税的财产;

(五)其他应当纳税的事项。

第四条 税收工作由中央统一领导。全国性的税收,一律由中央集中管理,地区性的税收,可以由中央授权省、市、自治区管理。

在税收管理体制所规定的权限以外,任何单位和个人都不得擅自改变税法,更动税目和税率。

第五条 国家实行简化税制、合理负担的税收政策,从有利于生产出发,兼顾国家、集体和个人的利益;应当既要保证社会主义建设所需要的资金积累,又要保证人民生活的逐步改善。

第六条 国家对不同经济成分采取区别对待的税收政策,以利于进一步巩固和发展社会主义经济,彻底完成对非社会主义经济的改造。

第七条 国家对进出口货物的管理,实行平等互利、保护国家利益的关税政策,以贯彻对外贸易管制的有效实施,促进国内生产的发展。

第八条 应该纳税的单位和个人,必须按照税法规定和税务主管机关核定的数额、期限纳税;并向税务主管机关报告有关情况和提供所需资料。

第九条 纳税的单位和个人对税务主管机关规定的纳税事项有不同意见时,有权向税务主管机关申诉,但在税务主管机关最后决定前,仍应按照原定数额、期限先行纳税。

第一〇条 税务主管机关应当正确执行税收政策法令,力求简化纳税手续,积极辅助纳税的单位和个人正确履行纳税义务;在纳税的单位和个人纳税后,应当发给正式纳税凭证。

第一一条 税务主管机关对逾期纳税的单位和个人,应依法加收滞纳金。税务主管机关对逾期不交的纳税单位追交无效时,可以按照规定提请当地人民银行从欠交单位的存款中扣收。

第十二条 纳税的单位和个人偷税、漏税、抗税或有其他违反税法的行为时,税务主管机关除追交税款外,可以根据情节轻重给予批评教育;处以罚金,没收财物;情节严重的,并应交由人民法院给予刑事制裁。

第十三条 纳税的单位和个人不服税务主管机关的处罚时,可以向上级主管部门申诉。

中华人民共和国民法第三篇
税收关系（试拟稿）意见汇辑（一）

全国人民代表大会常务委员会办公厅法律室民法组　1964年3月5日

说　明

民法第三篇税收关系（试拟稿）是在1963年12月与财政部税务总局等单位共同起草的，以后曾向37个有关业务部门和政法院校征求意见。这一汇辑是根据下列19个单位的意见整理的：

（一）商业部、全国手工业合作总社、全国供销合作总社、陕西省工商行政管理局、河北省对外贸易局、河南省供销合作社、江苏省手工业生产合作社联合社。

（二）外贸部海关管理局、北京市税务局、上海市税务局、四川省财务局、黑龙江省税务局、广东省税务局、北京政法学院。

（三）表示完全同意或提不出意见的单位有：吉林省商业厅、上海市对外贸易局、大连海关、北京海关、西北政法学院。

一、对总的方面的意见

1."我们组织部分干部，并邀请黑龙江省财政干部学校的老师共同进行了座谈讨论。大家一致认为：办公厅起草的《税收关系（试拟稿）》，概括了我国现行税收制度的全部内容，从税收性质到税收政策、税收管理体制、征税对象、纳税义务人以致处理税收争议的原则，都作了原则性的规定。把这些基本原则，通过'民法'固定下来，将使我国的税收制度更好地为社会主义革命和社会主义建设事业服务。这是完全必要的、正确的。"（黑龙江省税务局）

2."税收关系"一词不够通俗。从全章内容来看，我们理解就是"国家税收"，一般习惯称为"征纳关系"。"税收关系"是整个税收的一个方面，不是全部概念，如生产方式包括生产关系与生产力的情况相似，因此，只说"税收"或"国家税收"，还需要更加明确。（广东省税务局）

3.税收是国家财政收入的一个方面，应将"发展生产，保障供给"的方针写进去。（商业部）

二、对第一条的意见

1."……财产流转关系"应改为"……所发生的一种国民收入分配关系"。理由有二：

(1) 恩格斯在"论住宅问题"中指出"然而不言而喻，即令是在受现代工业制约的社会生产条件下，每个人也能保证获得'自己劳动的十足收入'……即必须理解成这样：不是每一单个工人成为这种自己劳动的十足收入的所有者，而是整个纯由工人组成的社会全体成为他们劳动的全部生产品的所有者，由这个社会把这生产品的一部分配给自己的成员以供消费，一部分用以补偿和增大自己的生产资料，一部分积累起来作为生产和消费的后备基金。"我们理解，这段话的意思是：不论积累或消费，都是分配的部分之一，并且称为分配。

(2) 商务印书馆在1949年出版的大学丛书《赋税论》里曾说："税收为强制移转关系，国内资源除偿还外债以外，并不因赋税而减少，仅只是取之于甲，用之于乙……"这种理论很显然是用来隐蔽资产阶级的剥削本质的。……因此，不宜称为"财产流转关系"。（黑龙江省税务局）

2.(1) 第一条中只提财政、税务和海关机关，能否包括农业税在内？

(2) 第一条"税收关系……所发生的财产流转关系"是否改为"……所发生的分配关系"因为：

①流转关系包括分配与交换两个方面的关系，而税收关系仅仅只是分配关系的问题。

②财产流转是容易与流转课税相混淆。（湖北大学法律系）

3. 原条文第一条把税收关系说成是"财产流转关系"。但是，税收关系不单纯是财产流转关系，它与借贷、租赁、买卖等关系有原则的区别，为了能更好地表现税收关系的特点，建议将"财产流转关系"改为"义务缴纳关系"。如果这样，原条文可修改为："税收关系是国家为了组织预算收入，积累社会主义资金、贯彻执行国家财政经济政策，促进生产发展，由负有纳税义务的单位和个人向国家的财政、税务和海关机关依法缴纳现金或实物的义务缴纳关系"。如维持原来提法，建议将税收的强制性、无偿性等表示出来。（四川省税务局）

4. "促进生产发展"改为"促进社会主义经济发展"较妥。（黑龙江税务局）

5. "……积累社会主义资金……"可改为"……积累社会主义建设资金……"。（供销总社、广东省税务局）

三、对第二条的意见

在第二条内最好提一提集市贸易的纳税。（商业部）

四、对第三条的意见

1. "从事工农业生产"应改为"从事工农业生产及农副产品采购"较为全面。因为某些农副产品应由采购单位纳税。"从事货物运输和服务性业务"应改为"从事客、货运输和服务性业务"，把客运也包括进去，比较确切。（黑龙江省税务局）

2. 建议在"从事商品交易、货物进出口"一句后面加"个人物品进出口"一句。（外贸部海关管理局）

3. 第三项"从事货物运输和服务性业务"中的"货物运输"建议改为"交通运输"，因为运输收入应纳税的,不仅限于"货运",而且还包括"客运"。

第四项可改为"有应当纳税的财产和行为",因屠宰税、文化娱乐税、车船牌照税是属于行为税、收益税性质。(四川省税务局)

4. 第三项"从事货物运输和服务性业务"似改为"从事交通运输和服务性业务"比较全面,因从事运输业务的单位既经营货运,也经营客运,都在依法征税的范围内。(上海市税务局、广东省税务局)

5. 第三项的"货物运输",改为"运输"。(北京市税务局)

6. 第三条列举了应当纳税的情况,对明确单位和个人应尽纳税义务来说,是有好处的。但如何列举才更妥帖,还需要进一步研究。从现在的写法看,有以下几个毛病:

(1) 只包括了工农业生产,没有提到林、牧、副、渔。

(2) 没有把国家工薪人员、集体所有制单位的社员同个体劳动者分开,笼统称之为个人。但是,这三种人在纳不纳税、纳什么税等问题上,是截然不同的。

(3) 第4、5点指的也不够明确。(法学研究所)

五、对第四条的意见

1. 第四条第二款末句"更动税目和税率"改为"更动税目、税率和税额。也不得下达与税法有抵触的文件"。(北京市税务局)

2. 第四条中的"管理",含义不够明确,可以指权限管理,也可以指征收管理。建议将"全国性的税收,一律由中央集中管理"改为"全国性的税收,管理权限属于中央"。另建议加上:"税法的解释权限属于税务主管机关,其他部门不得擅自解释。"原文对税法的解释权限未予明确。(四川省税务局)

3. 建议在第四条第二段后增加"今后不经国务院批准,各地区、各部门不得自行扩大地方附加税的项目来提高附加税的比例"。(供销总社)

4. 建议在"税收关系"中应明确"地方附加"的审批权限。如果除税法规定应纳税款外,允许地方课征地方附加,应在民法中明文规定下来。否则亦应在民法中明确规定除正税外,不得课征地方附加。(江苏省手工业联社)

六、对第五、六、七条的意见

1. 可修改为:"适应国民经济各部门的工作,国家实行……以有利生产发展,有利于城乡物资交流,有利于物价稳定,有利于经济的发展。"(商业部)

2. 我们国家税收政策,总的是"区别对待,合理负担"。因此,可以考虑把五、六两条合并起来。(黑龙江省税务局)

3. 第六条第一句改为:"国家对不同性质的经济成分或同一性质的经济成分,不同的生产与消费方面采取区别对待的税收政策……(下同)。"(北京政法学院)

4. 第五、六、七条都讲税收政策,建议合并为一条,并列为第二条。原第二条改为第三条,余类推。(供销总社)

5. 第五、六、七条可合并为一条,先说明总的税收政策精神,然后再分三款叙述具体政

策。(广东省税务局)

七、对第七条的意见

1. 第七条"国家对进出口货物的管理,实行……关税政策,""管理"二字似乎不当。(法学研究所)

2. 建议改为:"国家对进出口货物实行平等互利、保护国家利益的关税政策,以保证对外贸易管制政策的有效实施,促进国内生产的发展。"这样,词意比较更为确切。(河北省外贸局)

八、对第九条的意见

1. "……有权向税务主管机关申诉……"是否可改为"……有权向上级税务主管机关申诉,但在上级税务主管机关最后决定前……"。(陕西工商局)

2. "……有权向税务主管机关申诉……"应改为"……有权向税务主管机关或上级税务主管机关申诉……"这样比较明确,且能体现发扬民主的精神。(黑龙江省税务局)

3. 第二句改为:"有权按照法规规定的程序向当地或上级税务机关提出申诉。"(外贸部海关管理局)

4. 第九条改为:"纳税单位对纳税事项与税务主管机关意见不一致时,应上报省以上(包括省级)税务主管机关及企业主管部门协商决定,但在税务主管机关最后决定与原规定有出入时,多交税款应退还纳税单位。"(河南省供销合作社)

5. 海关的主要任务是贯彻对外贸易管制和执行关税政策,第九、十一、十二、十三条中只提"税务主管机关",不能确切地包括海关在内,似应加以明确。(外贸部海关管理局)

6. 第九条与第十三条可以合并。(广东省税务局)

九、对第十条的意见

1. 第十条"积极辅助"四字的口气可考虑改一下。(法学研究所)

2. "应当发给正式纳税凭证"改为"应当发给国家规定的纳税凭证",因为对零星税收的票据,难于和其他票证一致,如规定为正式与非正式之分,将会在执行中发生困难,如改为"国家规定的纳税凭证",便不会产生这种困难,同时也可防止流弊。(广东省税务局)

十、对第十一条的意见

1. 建议补充对个人欠交税款由人民法院追交的规定。(外贸部海关管理局)

2. 十一条第二句"税务主管机关对逾期不交的纳税单位……"改为"税务主管机关对无正当理由逾期不交的纳税单位……"。(手工业总社财会局)

3. "……提请当地人民银行从欠交单位的存款中扣收。"应改为"……提请企业开户的银行从欠交单位的存款中扣收。"因为一般的工商企业在人民银行开立户头,基本建设单位都在基本建设银行开立户头,所以只提人民银行不够全面。(黑龙江省税务局)

4. "当地人民银行"改为"当地银行"较为适宜,因为除人民银行外,还有中国、农业、

建设、交通等银行。(广东省税务局)

5."提请当地人民银行"中的"提请"两字改为"通知"。如为"提请",银行也可不予扣款,容易形成基层单位互相扯皮。如果是"通知",便不能不扣。况且税法是由税务机关执行,不是由银行执行,所以银行必须依通知扣款。(广东省税务局)

十一、对第十二条的意见

1. 纳税的单位和个人偷税、漏税、抗税或有其他违反税法的行为时,应分别对象进行处理;对公私合营、合作店(组)、小商小贩的偷、漏税行为应按情节轻重给予制裁,对国营商业、供销合作社应交税款漏交,主要是对税法掌握的熟悉问题,税务主管机关有责任经常进行宣传。至于有意偷漏国税,应该说是个别的。因此,在这一条文的确定上,是否可以有区别对待的精神。(河南供销合作社)

2. 对于偷税、漏税、抗税的单位不能说给予刑事制裁。(北京政法学院)

3. 对纳税的单位和个人如有拒不履行第十二条关于补税、处罚、没收的决定,税务主管机关是否有权强制执行,还是应当移请人民法院强制执行?尚不够明确,希望加以补充。(上海市税务局)

4. "没收财务"没有规定具体范围,似嫌笼统。(外贸部海关管理局)

5. 第十二条"处以罚金,没收财物"以前加"根据税法"四字。(北京政法学院)

6. 删去第十二条第二句"税务主管机关除追交税款外……"中的"除追交税款外",末句"并应交由……刑事制裁"改为"移交人民法院追交应纳税款,并给予刑事制裁"。(北京市税务局)

7. 在第十二条加上:"对有偷漏税收的单位和个人,任何人都有检举的权利","对积极维护国家税收有贡献的,酌情予以表扬或适当奖励"。(广东省税务局)

十二、对第十三条的意见

1. "上级主管部门"的概念不明确,是税务主管部门呢?还是企业主管部门?可改为:"应由省以上(包括省级)税务主管机关及企业主管部门协商决定。"(河南省供销合作社)

2. "……可以向上级主管部门申诉。"不够明确,应改为:"……可以向上级税务主管部门申诉。"(北京市税务局、黑龙江省税务局、法学研究所)

3. 第十三条最后加上:"上级主管部门接到纳税的单位或个人的申诉时,应及时调查处理之。"(手工业总社财会局)

十三、其他修改建议

1. 是否要加征税人员违法失职营私舞弊的规定。(湖北大学法律系)

2. "税收关系"似应包括国家税收机关和纳税人在征税方面的相互关系。稿中对纳税人的责任作了比较具体的规定,但是对于国家税收机关和人员的责任规定似感不足,建议作适当的补充规定。(外贸部海关管理局)

3. 可否另加一条或在其他条款中明确一下税务机关对纳税单位和个人的监督检查问

题。初步意见规定如下:

"税务主管机关,对纳税单位和个人有权进行监督检查,纳税单位和个人应积极提供资料,不得以任何借口,拒绝检查。"(北京市税务局)

4. 建议在原稿中增加一条:"税务主管机关如在交纳税款之日起一年内发现溢征、短征或漏征,可以向纳税单位或个人退税或补征税款;但对于违章短交的税款,可以在三年内追征。"(河北省外贸局)

5. "单位"一词是否仅指国内的机关、团体组织。如果包括海关税收在内,那么外国商业机构,与我国进行贸易的组织,似乎也应算作"单位",但是外国经济组织的法律地位如何?不够明确,这一问题,应否反映?(北京政法学院)

结算关系（试拟稿）[1]

1963年11月19日

第一条 结算关系是国家银行依照国务院颁布的现金管理制度和结算制度，为了节约现金使用，加速商品流通和资金周转，促进国民经济计划的顺利实现，办理和监督各单位之间经济往来的转账收付而发生的财产流转关系。

第二条 中国人民银行是全国的结算中心，统一组织、经办和监督各单位之间的结算工作。

中国人民银行依照国务院的规定，可以把一定的结算工作，委托国家的专业银行办理。专业银行办理结算工作，应当接受中国人民银行的监督。

第三条 依法实行现金管理的单位，对外的一切经济往来，除了现金管理制度允许使用现金的部分以外，都必须通过银行办理转账结算。

农村人民公社的生产大队、生产队同国家和集体组织之间的经济往来，使用现金还是转账结算，应当根据自愿原则，由生产大队、生产队自己决定。银行为生产大队、生产队办理转账结算，必须保证谁的钱进谁的账，谁的钱由谁支取。

第四条 银行和结算单位，都必须遵守下列的结算原则：

（一）钱货两清，不得拖欠；

（二）维护结算双方的正当权益；

（三）银行不予垫款。

第五条 通过银行办理转账结算的单位，必须在当地银行开立结算账户。开立结算账户的条件和手续，由中国人民银行总行统一规定。

结算双方必须按照结算制度的规定，选用一定的结算方式，并在经济合同中加以规定。经济合同中关于结算的条款，不得与结算制度相矛盾。如有矛盾，银行应当坚决执行结算制度的规定。

通过银行办理转账结算的单位，必须按照银行的规定使用结算凭证。结算凭证

---

[1] 本件原件附有全国人民代表大会常务委员会办公厅的函件，内容如下："中央政法干部学校：现寄上中华人民共和国民法第三篇中'结算关系'一章（试拟稿）2份，请你们组织力量研究，提出修改意见。并于十二月十五日以前，将原试拟稿和修改意见一并寄交本厅法律室。全国人民代表大会常务委员会办公厅一九六三年十一月十九日。"另有手写批语："蔡、张负责处理此事。□ 22/11。"

一律记名,不准流通转让,不准涂改、伪造。结算单位如果遗失结算凭证,必须按照结算制度的规定,立即向银行挂失,挂失以前所发生的损失,概由遗失单位负责。

第六条 收款单位只有在发货或提供劳务以后(法律另有规定的除外),才能委托银行代收款项。银行对于收款单位在发货或提供劳务以前提出的委托收款,应当拒绝受理。

收款单位委托银行代收款项,必须在结算制度规定的期限以内进行。银行对于在规定期限内不提出委托收款的收款单位,有权停止发放结算贷款。

各单位委托银行代收的款项,只有在银行收妥入账以后,才能支取。

第七条 各单位委托银行代付款项,不得超过自己存款的数额;商业单位委托银行代付款项,不得超过银行贷给的款额。如果超过存款或贷款的数额,银行有权拒绝代付。

采用支票进行结算的单位,必须严格按照结算制度的规定使用支票。对于不按规定使用支票的单位,银行有权按照规定处以罚金,有权停止这个单位在一定时期内使用支票的权利。

第八条 付款单位必须按照结算制度规定的期限付款。银行对于拖延或无理拒绝付款的单位,有权按照国家的规定,代收款单位扣收货款和延付罚金;有权按照规定指定付款单位在一定时期内必须采用或者不得采用某种结算方式。

付款单位如果发现收款单位托收的款项违反了合同的规定,或者金额计算有错误,可以按照结算制度的规定,向银行提出全部或部分拒绝付款。但对拒绝付款的货物,除合同另有规定的以外,必须妥善保管,不得动用。如果发现动用,银行有权按照规定代收款单位扣收全部货款和延付罚金。

第九条 银行应当根据结算单位签发的结算凭证或者人民法院、国家指定的仲裁机关对结算双方合同纠纷的裁决,正确地及时地办理转账结算工作。由于银行本身的原因在结算中所造成的差错,银行应当负责更正,并赔偿结算单位的利息损失。银行在更正结算差错,收回错入结算账户的款项的时候,不受扣款顺序的限制。

结算的迟延和差错,如果是运输、邮电部门造成的,应当由运输、邮电部门按照本法第三篇第　章和第　章的有关规定承担责任。

第十条 银行应当加强结算监督,监督结算双方严格遵守国家的现金管理制度和结算制度。对于违反制度的单位,银行必须按照规定,给予制裁。

对于违反国家现金管理制度和结算制度的人员,应当由有关主管机关根据具体情况,给予必要的行政处分;手段恶劣、情节严重的,应当由人民法院依法制裁。

中华人民共和国民法第三篇结算关系
(1963年11月19日试拟稿)意见汇辑

全国人民代表大会常务委员会办公厅法律室民法组　1964年3月2日

说　明

民法第三篇结算关系(试拟稿),是我们同中国人民银行总行会计发行局会计处在1963年11月共同草拟出来的,曾在中央财经、银行、政法等部门和全国各政法院校共十八个单位征求意见。这个汇辑就是根据下列单位的意见整理的：

一、人民银行和农业银行全国分行行长和会计处长会议、中国人民建设银行；

二、中国科学院法学研究所、北京大学、湖北大学、吉林大学、北京政法学院。

除国务院财贸办公室、国家经委、财政部、中国农业银行总行、华东政法学院、西南政法学院、西北政法学院已经电话或者公函通知我们没有意见或者提不出意见以外,尚有最高人民法院、最高人民检察院、中央政法干部学校和中国人民大学未作答复。

一、关于总的方面的意见

1. 结算关系不仅包括转账,而且还包括现金,但试拟稿中所定的结算关系仅仅是转账收付的问题,这不全面,范围应当广一些。(湖北大学)

2. 本章的规定,总的看来,似乎偏重于银行的监督作用,对于服务方面似乎规定得太简略了一些。(湖北大学)

3. 建议在第八条和第九条之间补充一条："结算双方在转账结算中发生纠纷,如互相争执不能解决时,应当报请国家指定的仲裁机关或人民法院裁决。结算双方和银行必须认真执行仲裁机关或人民法院的裁决。"(北京政法学院)

二、关于条文方面的意见

(一)对第一条的意见

建议把本条改成："结算关系是国家为了节约现金使用,加速商品流通和资金周转,加强企业经济核算,促进国民经济计划的顺利实现,国家银行依照国务院颁布的现金管理制度和结算制度,办理和监督各单位之间经济往来的转账收付而发生的财产流转关系。"(北京政法学院)

（二）对第二条的意见

"专业银行办理结算工作,应当接受中国人民银行的监督"一句,建议改为:"专业银行应当按照国家结算制度的要求,经办和监督其业务范围内的各单位之间的结算工作"。(中国人民建设银行)

（三）对第三条的意见

1. "银行为生产大队、生产队办理转账结算,必须保证谁的钱进谁的账,谁的钱由谁支取"这个提法,应该考虑。因为,不仅对生产大队、生产队应该如此,对其他各单位也都应该如此。(人民银行、农业银行全国分行行长和会计处长会议,北京大学)

2. 建议在"必须保证谁的钱进谁的账,谁的钱由谁支取"的后面,加上"银行不扣款,也不代任何部门扣款"。因为前者是一切单位非现金结算都是如此的,后者才是目前生产大队、生产队非现金结算的特点。(湖北大学)

3. 建议把第二款的后一句话改为第三款:"银行为各单位办理转账结算,必须保证谁的钱进谁的账,谁的钱由谁支取。"(北京政法学院)

（四）对第四条的意见

我们认为"钱货两清,不得拖欠"原则中的"不得拖欠"四字可以不要,因为钱货两清原则不仅指不得拖欠,而且也包括不得预收预付的意思。(湖北大学)

（五）对第六条的意见

"有权停止发放结算贷款"可以改为:"应当停止发放结算贷款"。(人民银行、农业银行全国分行行长和会计处长会议)

（六）对第七条的意见

1. "商业单位……不得超过银行贷给的款额。如果超过……贷款的款额",应该改为:"商业单位……不得超过银行核定贷给的款额。如果超过……核定的贷款款额"。(人民银行、农业银行全国分行行长和会计处长会议)

2. 建议本条补充如下内容:"各单位的存款,除了按照结算条例及其细则的规定,由银行代付款项、银行执行强制扣款、或者依照法院判决书、仲裁机关仲裁书、税务机关税款通知书、银行信贷制裁通知书、或者依照国务院的特别命令以外,非经存款单位同意,不得动用。"(人民银行、农业银行全国分行行长和会计处长会议)

3. 第一款的"各单位"改为"付款单位"。(北京政法学院)

（七）对第八条的意见

1. 只规定了托收,而承付问题规定得太一般化。究竟用什么方法承付问题,草案中没有规定。建议也具体规定一点。(湖北大学)

2. 本条中的"罚金"应该改为"罚款"。因为"罚金"是我国刑罚中的一种,为避免混淆,改为"罚款"为宜。(吉林大学)

（八）对第九条的意见

1. "银行在更正结算差错,收回错入结算账户的款项的时候,不受扣款顺序的限制"。

关于扣款顺序问题,民法草稿中应作具体规定。(湖北大学)

2."银行在更正结算差错,收回错入结算账户的款项的时候,不受扣款顺序的限制",似乎可以删去。因为错入结算账户的款项,并不是结算账户的,收回仅是为了更正错误,根本不涉及扣其自有款项问题。(法学研究所)

(九)对第十条的意见

第二款关于对违反国家现金管理制度和结算制度人员的行政处分和法律制裁,似乎可以不在民法中规定。(法学研究所)

基本建设关系(试拟稿)

1963年11月5日

第一条 基本建设关系是全民所有制单位根据国家批准的基本建设计划和集体所有制单位根据主管部门批准的基本建设计划,在进行新建、扩建、改建的建设工程中各有关单位之间发生的经济关系。

本法通过对基本建设关系的调整,顺利实现我国国民经济的简单再生产和扩大再生产,促进我国社会主义经济的发展和人民生活的改善,保证迅速实现我国的农业、工业、国防和科学文化事业的现代化。

第二条 基本建设关系包括:

(一)全民所有制单位、集体所有制单位按照计划进行的一切建筑工程、设备安装工程和交通运输、电讯以及某些重要的农田水利等建设工程;

(二)在建设工程活动中,国家机关(包括建设银行、农业银行)、主管部门、建设单位、勘测单位、设计单位①、施工单位(包括总承包单位与分承包单位),从批准建设项目的设计任务书起,经过委托设计、施工、办理拨款、结算,一直到竣工验收交付生产和使用止,相互之间的关系。

第三条 参与基本建设关系的一切单位,都必须根据发展国民经济的方针、任务和各部门工作的特点以及企业各自独立经营管理的原则,充分利用一切可能条件,调动各方面的积极因素,加强协作,密切配合,共同保证多快好省地完成各项基本建设任务。

第四条 一切基本建设工程,必须做到布局合理,按照国民经济发展的需要和建设条件的可能有计划地进行。

基本建设的计划管理,必须坚决贯彻全国统一计划的原则。所有的建设项目(包括专用资金安排的建设项目),都必须按照国家规定的计划程序和计划编制办法,编报基本建设计划,并且按照国家的规定,履行批准手续。严格禁止计划外的基本建设。

第五条 一切基本建设工程,必须认真贯彻适用、坚固、经济合理,在可能条件下

---

① 原件此处"设计单位"一句系由手写添加。

做到技术先进、注意美观的方针,确保工程质量,严格控制国家基本建设投资,正确确定工程造价,力求最迅速地、最充分地发挥投资效果。

第六条 为了正确地编制基本建设计划和建设工程概(预)算文件,各有关主管部门,必须根据国家各个时期的建设方针、经济政策,加强技术经济资料的标定和分析工作,做好准确反映生产实际情况的原始记录,充分掌握可靠的技术经济数据,正确制订各项编制基本建设计划和工程概(预)算文件的依据。

第七条 参与基本建设关系的一切单位,都必须严格执行国家规定的基本建设程序。所有的建设工程项目,都必须具有批准的设计任务书,经过勘测,具有可靠的设计基础资料,才能进行设计;必须具有经过批准的扩大初步设计或者技术设计,才能列入年度基本建设计划。列入年度计划的基本建设项目,必须具有施工图和预算文件,按照规定的程序审查定案,并做好施工准备,落实劳动力、材料、设备、机具后才能施工。

基本建设计划经批准后,在施工过程中,非经有关机关审查批准,不得擅自改变原来的建设规模和设计。基本建设项目在建成以后,必须经过验收,证明已经符合设计要求时,才能投入生产或者交付使用。

第八条 基本建设的拨款,由建设银行和农业银行根据国家批准的年度基本建设计划负责办理。建设单位必须执行国家规定的基本建设拨款制度。建设银行、农业银行对于基本建设拨款的支付和使用,有监督的权利。

一切基本建设计划外的开支都不予拨款,严格禁止挪用基本建设资金作其他开支,也不得挪用银行贷款、流动资金、事业费或者其他资金进行基本建设。

第九条 各单位用专用资金安排的基本建设项目,由国家确定投资总额,专用资金必须交由建设银行、农业银行专户存储,按照计划监督拨款;所需的材料、设备必须落实,不得占用国家投资安排项目的材料和设备。

第十条 根据国家下达的计划和建设单位的委托,勘测、设计单位应当按照设计任务书的要求,在严格保证勘测、设计质量的基础上,按期或者提前完成各项勘测、设计任务。

建设单位和勘测单位、设计单位之间,应当根据国家计划的要求和批准的设计任务书,结合具体条件,签订勘测、设计协议书,明确规定双方的责任和协作关系。勘测或者设计协议书签订后,必须认真履行。

第十一条 建设单位应当根据设计工作的需要,及时地委托勘测单位进行勘测工作,设计单位应当积极协助勘测单位做好勘测工作。勘测单位必须按照勘测协议书的规定,及时地提出符合要求、准确可靠的勘测资料报告,经建设单位和设计单位审查后,作为设计的依据。

第十二条 建设单位应当根据设计单位的要求,及时地提交设计所必须的设计基础资料,并对设计基础资料的质量负责;设计单位应当认真审核,并积极参与设计基础资料的补充搜集工作。

设计单位必须根据已经批准的设计任务书,准确可靠地设计基础资料,编制设计文件,选择经济合理的设计方案,按照设计协议书规定的期限和程序,提交优良的设计文件。

第十三条 同一建设工程由一个以上设计单位进行设计时,为保证设计的完整性、工艺流程、施工组织设计的合理性,必须确定主体设计单位。主体设计单位对建设单位负责,配合设计单位对主体设计单位负责。主体设计单位应当负责组织各配合设计单位之间的协作,负责组织完成整体设计工作,并对整体设计的质量负责;配合设计单位对本身担负的设计的质量负责。

主体设计单位与配合设计单位之间应当签订设计协议书,明确规定双方在设计技术、控制投资限额和提交设计所需基础资料等方面的责任和协作关系。

第十四条 设计单位有权监督建设单位和施工单位按照设计进行施工。建设单位和施工单位不得擅自修改设计。

设计单位必须对设计的工程关心到底、负责到底,做好施工中的技术交底工作,同施工单位密切配合,以保证工程质量。工程建成交付生产和使用后,还须同生产和使用单位密切联系,了解工程使用情况,解决需要由设计单位解决的问题。

第十五条 一切基本建设承(发)包工程,建设单位(发包人)和施工单位(承包人)之间,应当根据国家计划的要求和建筑安装工程包工条例等文件的规定,结合设计和施工的具体条件,经过协商,签订工程合同,工程期限在一年以上的,应当签订总合同。经国家特许的紧急工程任务,可以在施工前先签订工程协议书,划清建设单位与施工单位的技术、经济责任和委托承办的协作关系,但必须限期编出工程预算,补订工程合同。

第十六条 建设单位和施工单位之间签订的总合同和年度合同中,都必须规定工程项目的预计开工和竣工日期、技术供应、材料供应、预算与结算、施工、交工验收等条款,明确双方的权利义务和奖励与惩罚条件。

第十七条 建设单位必须在工程开工前办妥建筑用地、建筑执照等证件;确定主要建筑物及道路、线路、上下水道的定位标桩和中心线;办妥施工用水、用电来源及电讯设备并负责接到施工现场。对原有的水电、动力、运输设备、其他辅助设施和文化福利、公用事业设施,应当供给施工单位使用,施工单位必须遵守使用规则并负担费用。

施工单位必须在工程开工前编制施工组织设计,进行现场布置,做好劳动力、机具调配和本身的材料供应以及预制构件加工的准备工作。

第十八条 建设单位应当保证设计、概(预)算、工程项目一览表及时获得上级主管机关批准;按时供应技术资料和合同规定由建设单位供应的材料和设备;向银行提交拨款所需要的文件,按时拨款;及时办理结算;对工程进度和质量进行监督和检查,并负责验收工作。

第十九条 施工单位应当根据批准的设计、施工图、说明书、预算和施工验收技术规范的规定，按照施工程序进行施工，保证工程质量，保证按照合同规定的时间完工和交付使用。

施工单位有权使用合同规定的材料、设备和拨付的建设资金，在保证实现国家计划和承包合同的原则下，有权根据实际情况，具体安排工程进度，部署施工力量，调动人力、物力和财力。

第二十条　工程竣工后，建设单位、施工单位应会同有关单位，按照国家颁发的工程验收制度和规定，进行验收并办理交工验收手续。

在交工验收中或者在交工后按照合同规定的保修期间内，发现由于施工不良造成的质量事故，施工单位应当负责修理或者返工，并负担修理或者返工的费用。

第廿一条　凡是有设备安装公司或者其他专业公司参加施工的工程，应当实行总包负责制。某些专业工程，经建设单位和施工单位协商同意，也可以由建设单位直接发包。

总承包单位与分承包单位之间，应当签订分包合同，具体划分施工界限，明确双方的权利和义务，确定分承包单位应当分摊的各项费用。分包工程仍由总承包单位向建设单位负责。

总承包单位与分承包单位之间必须加强联系，密切协作，总承包单位应当主动帮助分承包单位解决工作条件上的困难，在统一施工计划执行中，分承包单位应当服从总承包单位的统一指挥。

第廿二条　建设单位和施工单位、总承包单位和分承包单位，都必须认真遵守和履行工程合同所规定的各项条款，如果由于合同签订的一①方未能履行或者违反合同规定的条款因而造成另一方的损失，应当由责任一方赔偿对方的损失。

第廿三条　工程合同经建设单位和施工单位、总承包单位和分承包单位签订并经单位及负责人签章后生效，至工程竣工验收、结清工程价款后失效。

在合同履行中，由于违犯合同规定而发生的争议，应当本着加强团结、密切协作的精神充分协商解决，经过协商仍有争议时，可以由争议的任何一方提请仲裁机构或者人民法院裁决。

---

① "一"字系由手写添加。

中华人民共和国民法第三篇基本建设关系（试拟稿）意见汇辑（一）

全国人民代表大会常务委员会办公厅法律室民法组　1964年2月29日

说　明

民法第三篇基本建设关系（试拟稿），在1963年11月草拟出来后，送给了中央有关部、委、银行、法院、法学研究所和政法院校共28个单位征询意见。我们将各单位提出的意见分成两个部分：

一是关于总的方面的意见；二是关于具体条文的意见。并且按照条文的次序作了分解和整理，编成这份汇辑。已经提出意见的有下列18个单位：

军委总后勤部、三机部、冶金部、煤炭工业部、交通部、建设银行总行、水电部、石油工业部、一机部、化工部、中国农业银行、法学研究所、北京大学法律系、北京政法学院、吉林大学法律系、湖北大学法律系、西南政法学院、西北政法学院。

此外，还有10个单位的意见未送来，准备以后对他们提出的意见另行整理。

一、关于总的方面的意见

1. 总的来说，"基本建设关系"中所规定的各项条款比较具体、全面，作为法律的形式固定下来，我们表示十分赞同。（化工部）

原则上同意这个"试拟稿"。这里主要是：基本建设计划的统一性与严肃性，必须得到切实的维护。甲乙方的关系，必须以共同遵守的形式固定下来，加强协作。基本建设的程序，必须共同遵守。（水利电力部电力建设总局）

2. 基本建设关系包括全民所有制单位和集体所有制单位的基本建设关系，从"试拟稿"条文来看，除第一条第一款在计划根据方面有不同外，二者似乎没有其他区别。我们考虑，集体所有制单位进行基本建设的资金来源、计划批准的权限、程序与建设工程有关的各单位之间的关系等，都与全民所有制单位的基本建设有所不同。是否加以分别规定。（北京政法学院）

3. 国防尖端、科学研究基本建设项目，是否也包括在本规定的范围之内？请研究。（化工部）

4. 建议补充建设单位、施工单位与物资部门的关系：

物资部门应当按照国家计划和建设项目的设计文件分配物资，组织订货。建设部门库存的物资应当充分利用,不得重复订货,物资部门不得重复分配。在国家计划之外擅自进行的建设工程,一律不得分配和供应物资。

建议补充建设单位、施工单位与销货单位的关系:

一切设备和材料订货,建设单位、施工单位与销货单位之间,应当根据国家计划、设计文件、结算办法以及规定的价格,签订订货合同。订货合同签订以后,必须认真履行。对于不符合合同规定的到货,建设单位、施工单位有权拒绝付款;建设单位、施工单位无故不付货款的,销货单位有权要求赔偿损失。(建设银行)

5. 希望补充以下的内容:

(1)对建设单位所在地的省市规划、水电、煤气、施工等一切单位,如何配合问题,应列有专款。

(2)建设单位与施工单位的关系写得比较少,而预算、材料供应、计划口径等方面的关系很多,希望列有较详细的专款。

(3)关于材料设备供货合同的执行,应作出规定;建设单位的设备供应程序,亦希望列有专款。目前设备分交是根据当年计划分交,不能满足建设进度要求,希望改为凡有条件的建设项目应按总体设计分交,一次分交完。

(4)建设单位的生活福利设施,究竟应由城市统一搞,还是由建设单位搞,希望能明确一下。(一机部)

6. 根据我部建设的经验,一个建设项目的顺利竣工,必须国务院有关各个部门协同配合,如供电、交通运输、城市建设等。因此建议在条例中考虑增加一条:"重大建设项目的设计任务书,应由国家计划委员会负责审批,在项目中有关供电、交通运输、城市建设等工程,由国务院有关部门负责与主体建设工程一并施工建成。"(煤炭工业部)

7. 根据我们煤炭工业系统的情况,一个建设工程项目(如某一矿井),在设计任务书编制前,首先应由地质勘探单位根据长期计划的要求进行地下资源勘探,待勘探报告提出并经全国储委或省(区)储委批准后,再由设计单位根据建设单位的委托和批准的勘探报告编制设计方案,在设计方案的基础上,再与编报设计任务书的主管单位共同编制设计任务书,根据批准的设计任务书和勘探报告再编制初步设计或扩大初步设计。(煤炭工业部)

8. 建议明确补充以下几点:

(1)制订设计任务书之前的勘测工作如何办理委托,依据什么?应有明确规定。

(2)对于小型建设项目可否灵活些,各项程序要求是否可以与大中型工程有所区别,最好予以明确。

(3)对于施工单位在施工期间由于设计变更或建设单位的影响造成停工损失及工期拖延、窝工损失等,是否应由责任方负责赔偿应予以明确。

(4)对于施工单位在施工期间遭受自然灾害等影响,其损失如何处理,也希予以明确。(交通部)

9. 参与基本建设关系的一切单位,都必须贯彻"勤俭建国,勤俭办一切事业"的方针,应写入条文。(三机部)

建议文内应强调主管部门、建设单位、施工部门要贯彻厉行节约,反对铺张浪费,专业银行有责任进行监督检查。(中国农业银行)

10. 在基本建设关系中,最重要的是参与建设的一切单位都以多快好省地完成建设任务为共同的目标,从建设的整体要求出发,积极主动,互相创造条件,共同负责到底,把建设搞好。因此,对基本建设中的设计、施工和建设单位的关系,必须有一个相互促进的全面的规定。我们觉得"试拟稿"中比较偏重于满足施工、设计单位的要求,对建设单位的要求考虑不够。但是建设物归根结底是要交给建设单位使用的。对几个方面的相互结合考虑也还不充分。(石油工业部)

11. 一个建设工程的总造价应由哪个部门负责,是设计单位?建设单位?(化工部)

12. 应规定各建设银行、农业银行必须根据国家批准的预算文件来控制投资与拨款。(水利电力部电力建设总局)

13. 是否增加一条关于对基本建设材料的管理,如国拨材料、地方材料的供应管理,建设单位与施工单位对材料的供管关系等。(军委总后勤部)

14. 基本建设工程虽然绝大多数是采取发包的形式,但目前似乎也还有少数是自营的。关于基本建设程序的规定,关于基本建设拨款的现金,是否应该也适用于自营的情形。但是草案只规定了发包的形式,没有提到自营。

草案没有提到预付款的问题,是否需要加进去?

关于所谓隐蔽工程的检查规定,是否也需要加进去?(湖北大学法律系)

15. 在基本建设关系中各单位各应负哪些责任,发生问题时各应负什么责任,规定得不够具体。(北京大学法律系)

16. 基本建设关系中各单位发生争议时,可由仲裁机构解决,不必由人民法院处理。(北京大学法律系)

17. 所列各条内容、文字提法,应注意和"国务院关于加强基本建设管理的三项规定"一致起来。(水利电力部电力建设总局)

18. 本章的标题同第一篇第三条"基本建设包工关系"提法不一致。(法学所)

文字、结构方面有待进一步加工。(北京大学法律系)

建议在本章内也分若干节。理由:(1)分节后,眉目更清楚;(2)与其他章的格式统一。(西北政法学院民法教研室)

这一部分与以前各部分风格不一致。如果作为临时办法还不细致;如果作为法,感到规定得又过于细致,有必要大大概括。有些属于常变的程序手续办法,就不必一一列入了,以后可根据民法制定实施细则。(吉林大学法律系)

19. (1)我们感觉,本章条条文有些繁琐,不够精简。例如:原文第二条一、二项可以合并叙述,即改为:"在全民所有制单位集体所有制单位按照计划进行的一切基本建设工程活动中,建设银行和农业银行、主管部门、建设单位、勘测单位、设计单位、施工单位(包括总承包单位与分承包单位),从批准建设项目的设计任务书起,经过委托设计、施工、办理拨款、结算,一直到竣工验收交付生产和使用止,相互之间的关系。"

(2)个别用词应与其他各章用词统一。如"仲裁机构"可改为"仲裁机关"。(西北政法学院民法教研室)

20. 在条文安排上是否可以再系统些,如十五、十六条是说的发包工程签订工程合同的问题,而二十一、二十二、二十三条也是说的这一方面的问题,这几条最好安排在一起。

(军委总后勤部)

二、关于具体条文方面的意见

对第一条的意见

1. 应对"基本建设"下明确定义,并大致划清基建范围,并对"新建、扩建、改建"加以说明。(一机部三局基建处)

2. 第一条一款"……在进行新建、扩建、改建"之后,建议增加"恢复"二字。有些建设工程停工以后再恢复建设,或使用年久,重作恢复建设。(交通部)

3. 基本建设关系是"……各有关单位之间发生的经济关系"。"经济"二字应去掉,因下文所述不限于经济关系。(三机部)

4. "……本法通过对基本建设关系的调整,顺利实现……","顺利"二字是否可改为"多快好省地"。(三机部)

5. 本条把基本建设关系称之为"在进行新建、扩建、改建的建设工程中各有关单位之间发生的经济关系",似乎所指的太广。第二段对于民法调整基本建设关系所能起的作用,看来估计过高。(法学所)

本条中所列民法中基本建设关系的作用是否估计大了些。(吉林大学法律系)

第二款规定的基本建设任务太大。可就调整基本建设关系的直接目的加以规定,如"通过对基本建设关系的调整,保证基本建设有计划地、多快好省地进行,以促进我国社会主义经济的发展"。(北京大学法律系)

6. "试拟稿"第二条规定基本建设关系包括的范围第(一)项,我们考虑,似有不确,故拟将第二条中的(一)和第一条第一款合并,将第二条中的(二)作为第一条第二款;将原第一条第二款改为第一条第三款;具体修改意见如下:

"**第一条** 基本建设关系是全民所有制单位根据国家批准的基本建设计划和集体所有制单位根据主管部门批准的基本建设计划,在进行新建、扩建、改建的一切建筑工程、设备安装工程和交通运输、电讯以及某些重要的农田水利等建设工程中各有关单位之间发生的经济关系。

基本建设关系包括:在建设工程活动中,国家机关(包括建设银行、农业银行)、主管部门、建设单位、勘测单位、施工单位(包括总承包单位与分承包单位),从批准建设项目的设计任务书起,经过委托设计、施工、办理拨款、结算,一直到竣工验收交付生产和使用止,相互之间的关系。

本法通过对基本建设关系的调整,顺利实现我国国民经济的简单再生产和扩大再生产,促进我国社会主义经济的发展和人民生活的改善,保证迅速实现我国的农业、工业、国防和科学文化事业的现代化。"(北京政法学院)

对第二条的意见

1. 第一项是否可改为:"全民所有制单位、集体所有制单位(包括交通运输、电讯以及某些重要的农田水利等建设工程)按照计划进行的一切建筑工程、设备安装工程"。

第二项建议补充"生产设备、材料的企业",并相应地对物资供应关系能单独阐述一

下,规定一些具体处理关系的办法。(一机部)

2. 第二项建议增加建设协作单位(如城市的供电、水、热、煤气、下水排除、道路及产品工艺协作单位等)。(一机部七、八局)

3. "在建设工程活动中,国家机关……",目前有多种形式,如自营、半自营、联合企业内部承包等,是否都应概括进去。(化工部)

4. 第二段,在各部门、各单位的关系中,有几个单位应该包括在内,如地质勘探单位、科学试验研究单位。建议改为:"在建设工程活动中,国家机关(包括建设银行、农业银行)、主管部门、建设单位、地质勘探单位、科学试验研究单位、勘察单位、设计单位、施工单位……"同时在工作关系上也要相应增加一些内容,即:"……经过委托地质勘探、试验研究、勘察设计、施工、办理拨款、结算、一直到竣工验收交付生产和使用止,相互之间的关系。"(冶金部)

5. 建议增加物质供应单位。(一机部七、八局)

设备购置亦属于基本建设范围,但第二条的基本建设关系中未包括。应补充一些条文,规定在设备供应工作中建设单位与设备承制单位的关系,其他条文内有关的部分亦应作相应的修改。(三机部)

第一段最后建议增加"一切设备购置和所有其他基本建设工作"。(煤炭工业部)

6. 第一项落脚于工程不恰当。第二项中把国家机关同主管部门、建设单位等并提也不恰当。(法学所)

第二项把国家机关和主管部门并列起来的理由,我们还不太明确。主管部门也是国家机关,是否不必并列提出。(湖北大学法律系)

第二项中"国家机关"与以下"主管部门……"等并列,不太恰当。在我国全民所有制的"国家机关"与"主管部门"难以划分清楚,建议在条文中用专业表明单位的性质,不宜用"国家机关"等一般性的名称。(交通部)

7. 第一、二项应分为两条,一条写基本建设的范围,一条写参加基本建设关系的单位,并应把包工关系包括进去。

"国家机关"和"主管部门"是否有区别不明确,建议不要"国家机关"字样,只要"主管部门"字样。

"从批准建设项目的设计任务书起"之前应加上"根据国家计划"。(北京大学法律系)

对第三条的意见

1. 在"加强协作,密切配合"后面,建议增加"严肃履行各项协议合同"的内容。

建议在"参加基本建设关系的一切单位……加强协作,密切配合"句子后面,增加:"严肃履行各项协议合同,共同保证多快好省地完成各项基本建设任务。"

对于未履行合同协议而造成的建设损失,应视情况大小,追究责任或予以经济赔偿。(一机部七、八局)

2. 是否需要提一下银行的财政监督作用。(法学所)

对第四条的意见

1. "一切基本建设工程,必须做到布局合理……",这是对谁的要求? 该由谁做到布局

合理？是否可明确规定，使责任分明。（湖北大学法律系）

2. 本条似应更加强调全面考虑统一规划，合理布局，因地制宜，配套成龙，讲究效益，尽量集中人力、物力、财力，先搞投资小、见效快，集中力量打歼灭战的方针。农田水利更应如此。（中国农业银行）

3. "做到布局合理"应移在下句的后面。（北京大学法律系）

4. "……必须坚决贯彻全国统一计划的原则"，建议改为"……必须坚决贯彻全国统一计划，分级管理的原则"。（煤炭工业部）

对第五条的意见

1. "必须认真贯彻适用、坚固……的方针"，这个提法过去我们未见提到过，而且"在可能条件下做到技术先进、注意美观……"的提法也不够很确切。（水利电力部电力建设总局）

为了避免在一些不必要注意美观的工程也去搞美观而造成浪费。建议第五条中"在可能条件下做到技术先进、注意美观的方针"，改为"在必要与可能的条件下做到技术先进、注意美观的方针"。（煤炭工业部）

第五条"在可能条件下做到技术先进、注意美观"，是否可以改为"尽可能地做到技术先进、适当地注意美观"。（湖北大学法律系）

2. 关于控制基本建设投资的内容可不在本条写，移在建设银行部分去。（北京大学法律系）

3. 最后第二行中"正确确定工程造价"措词较硬，建议改为"合理确定工程造价"。（交通部）

4. 本条提到的"坚固"，建议改为"安全"。（一机部）

对第六条的意见

1. 本条"……基本建设计划和建设工程……"，可否将"计划"改为"设计文件"，因年度计划系根据设计文件编制的。（一机部）

2. 概算和预算应当区分开。（法学所）

3. 末句，"预算文件的依据"，"依据"二字是指什么不清楚，如果是指本条所述内容，文字上应确切说明。（北京大学法律系）

对第七条的意见

1. 第七条规定我们非常拥护。但目前执行有些困难。主要是长远计划迟迟定不下来，影响到一系列工作。在设计工作方面，由于设计年度未能提前一年半至二年左右。如扩大初步设计要求进度急、时间短、质量不易保证；有些项目，年度基建计划早已确定，而设计任务书还未审批等。

另外，"非经有关机关审查批准"不够明确，是否指出在什么情况下由原批准机关审查批准，或由企业自行办理。（化工部）

2. "所有的建设工程项目……必须具有经过批准的扩大初步设计或者技术设计，才能列入年度基本建设计划……"是否可考虑改为："大中型建设工程项目……必须具有经过批准的扩大初步设计或技术设计；或者已经落实的扩大初步设计或技术设计进度才能列

入年度基本建设计划。"(一机部六局)

"所有的建设工程项目,都必须具有批准的设计任务书……必须具有经过批准的扩大初步设计或者技术设计,才能列入年度基本建设计划。"但《国务院关于编制和审批基本建设计划任务书的规定》第一条规定:"……所有大中型的建设项目,都必须具备经过批准的设计任务书,才能据以进行设计。"对小型建设项目,未作硬性规定。建议斟酌修改。(交通部)

3. 本条似应补充说明:没有批准的设计任务书不能成立筹备机构,不能拨付任何款项;没有批准的基本建设计划和设计文件,不能拨付工程价款等。(中国农业银行)

"都必须严格执行国家规定的基本建设程序",可改为:"都必须严格按照国家规定的基本建设程序办事"。(北京大学法律系)

4. 第二行:"所有的建设工程项目,都必须具有……"。建议将"建设工程项目",改为"基本建设项目"。因为"建设工程项目"的概念,可以包括两个含义,即建设项目和工程项目。而这两个含义在进行建设时需要的条件是不一样的。(冶金部)

"基本建设项目在建成以后,必须经过验收……才能投入生产或者交付使用","基本建设项目"应改为"工程项目"。(三机部)

"……所有的建设工程项目,都必须具有批准的设计任务书……","建设工程项目"应改为"建设项目"。(三机部)

"列入年度计划的基本建设项目,必须具有施工图……才能施工","基本建设项目"应改为"工程项目"(意即单项工程,因不必要整个建设项目的各个单项工程都具有施工图……等才开始施工)。(三机部)

5. 在第七条中有以下几处不够明确:

(1)"列入年度计划的基本建设项目",最好写成"列入年度基本建设计划的项目",前后提法一致。

(2)"必须具有施工图……"这里是指全部施工图还是部分施工图?如果是全部施工图则目前事实上很难做到,也不一定要这样做。

(3)"按照规定的程序审查定案……",这句话所包含的内容不清楚。(水利电力部电力建设总局)

6. 关于"基本建设项目在建成以后,必须经过验收,证明已经符合设计要求时,才能投入生产或者交付使用"问题,是否可增加:"根据不同类型的生产特点,某些车间建成后,由于生产准备的需要,经过一定机关的批准,可以单项交付生产使用。"(一机部)

7. "必须具有施工图和预算文件,按照规定的程序审查定案,并做好施工准备……"这段中"具有"两个字容易引起误解,建议改成:"列入年度计划的基本建设项目,必须按照规定的程序审查施工图和预算文件,并做好施工准备,落实劳动力……才能施工。"(冶金部)

8. 建议在"落实劳动力、材料、设备、机具后才能施工"一句中增加"落实投资"。(建设银行)

9. "所有的建设工程项目,都必须具有批准的设计任务书……具有可靠的设计基础资料,才能进行设计",建议改为:"所有的建设工程项目,都必须具有批准的勘测报告和设计任务书,才能进行设计";在"不得擅自改变原来的建设规模和设计"后,补充"不得加大原来的总概算"。(煤炭工业部)

对第八条的意见

1.建议补充对建设银行进行拨款监督的要求:

建设银行应当严格按照国家计划、按照建设程序、按照国家预算、按照工程进度办理拨款,实施财政监督。(建设银行)

2."一切基本建设计划外的开支都不予拨款",不够明确,是否应指出怎么样算是计划外,更明确些。(化工部)

"由建设银行和农业银行……""和"字应改为"或"字,因为一个单位的基本建设并不同时涉及这两个银行。(北京大学法律系)

对第九条的意见

1."专用资金"应改为"专项资金"。(建设银行)

"专用资金"的概念是否包括"自筹资金"? 应予明确。"专用资金"、"自筹资金"既经正式纳入计划,所需物资应该统筹安排保证供应。(一机部)

"各单位用专用资金安排的基本建设项目……",是否具体指自筹资金及四项费用安排的项目?(一机部六局)

2."存储"提法不合适,因为国家的公款是不能储蓄的。(法学所)

3."各单位用专用资金安排的基本建设项目,由国家确定投资总额……",与国务院文件国计字714号《国务院关于适当改变用自筹资金安排的基本建设审批权限的通知》中规定的"用自筹资金安排的小型建设项目,可以按隶属关系分别由各省、自治区、直辖市人民委员会和中央各部、委、国务院各直属机构自行审查批准,报国家计委、财政部备案,各省、自治区、直辖市并应同时报送大区计委、财办备案……",似有矛盾。(三机部)

4.本条末一句"不得占用国家投资安排项目的材料和设备",建议改成:"不得占用国家当年投资安排项目的材料和设备"。(一机部七、八局)

5.用专项资金安排的项目所需的材料,目前无来源,国家应明确这些材料通过什么途径解决?(三机部)

为了防止假借国家批准的建设项目的名义购置项目以外的设备、材料,建议第九条最后增加"也不得假借国家批准的建设项目而占用这些项目的投资、设备和材料"。(煤炭工业部)

对第十条的意见

1.第一段建议改为:"根据国家下达的长期计划和建设单位的委托,勘测单位应在严格保证勘测质量的基础上,按期或者提前完成各项勘测任务;根据批准的勘测报告、设计任务书的要求和建设单位的委托,设计单位应在严格保证设计质量的基础上,按期或者提前完成各项设计任务。"(煤炭工业部)

2.我们考虑完成各项勘测、设计任务应在签订勘测、设计协议书之后,故拟将第十条一、二两款改为一款。具体修改如下:

"根据国家下达的基本建设计划和批准的设计任务书,建设单位应和它委托的勘测、设计单位,结合具体条件,签订勘测、设计协议书,明确规定双方的责任和协作关系,必须认真履行。勘测设计单位应当按照设计任务书的要求和勘测、设计协议书的规定,在严格保证勘测、设计质量的基础上,按期或者提前完成各项勘测、设计任务。"(北京政法学院)

对第十一条的意见

建议改为:"建设单位应当根据国家下达的长期计划及时地委托勘测单位进行勘测工作,设计单位应当积极协助勘测单位做好勘测工作。勘测单位必须按照勘测协议书的规定,及时提出符合要求、准确可靠的勘测资料报告,经指定的审查单位审查批准后,作为设计依据。"(煤炭工业部)

对第十二条的意见

1. 对设计单位职责的规定,建议补充编制工程概(预)算。(建设银行)

2. 提到"设计单位应当认真审核,并积极参与设计基础资料的补充搜集工作",这是很好的。最好去掉"补充"两字,以明确设计单位要积极参与搜集基础资料更好。(石油工业部)

3. 中间应加入一节:"工程竣工后,建设单位与施工单位应严格按照批准的预算和包工合同进行财务结算。"(三机部)

4. 第二段建议改为:"设计单位必须根据批准的勘测报告和设计任务书编制设计文件,选择经济合理的设计方案,按照设计协议书规定的期限和程序,提交优良的设计文件。"(煤炭工业部)

5. 本条规定:"建设单位……应及时地提交设计所必须的设计基础资料,并对设计基础资料的质量负责……",我们建议有些设计基础资料可由勘探设计部门负责。(北京大学法律系)

对第十三条的意见

1. "为保证设计的完整性,工艺流程、施工组织设计的合理性,必须确定主体设计单位。"按此规定的精神,主体设计单位应对设计的完整性和工艺流程、施工组织设计的合理性负责。但主体设计单位要对配合设计单位所承担设计的工艺流程和施工组织设计的合理性负责是有困难的。建议取消工艺流程和施工组织设计的字样。(煤炭工业部)

"为保证设计的完整性、工艺流程、施工组织设计的合理性",应改为"为保证设计的完整性、工艺流程和施工组织设计的合理性"。(法学所)

2. "主体设计单位"的提法,是否可以改为"主体工程设计单位"或"主要设计单位"。(法学所)

"主体设计单位"和"配合设计单位",最好改为:"总包设计单位"和"分包设计单位",否则容易引起不同的理解。(冶金部)

3. "必须确定主体设计单位"一句以后建议增加"厂外设计可以除外"。(一机部七、八局)

4. "主体设计单位与配合设计单位之间应当签订设计协议书……提交设计所需基础资料……",是建设单位提出的设计所需基础资料提交各设计单位,抑是统一由主体单位转发?(一机部六局)

5.(1)主体设计单位与配合设计单位之间应当签订设计协议,目前形式很多,如何将主体设计单位与配合设计单位和建设单位共同签订协议或由建设单位直接与分包设计单位签订协议等形式概括进去?

(2)"主体设计单位对整体设计质量负责",目前实行有些困难,根据我部设计部门现有设计技术力量和水平来看,作为某一个工程项目的主体设计单位,对整体设计的质量是负不了责任的。如我部泸州天然气化工厂分由12个设计单位(七个中央主管部)负责设计,如果叫西南化工设计院负责整体设计质量,看来有困难。(化工部)

对第十四条的意见

1.关于"建设单位和施工单位不得擅自修改设计"问题。我们考虑到修改设计的具体问题较多,建议按《国务院关于基本建设设计文件编制和审批办法》的几项规定的原则改写。(一机部)

2.第一段建议改为:"设计单位有权监督建设单位和施工单位按照设计施工,与建设银行协作,提出对投资使用的意见。建设单位和施工单位对设计错误或发现设计中的浪费,有义务向设计单位提出修改意见,但不得擅自修改设计。"另在第二段"……以保证工程质量"之后,增加"保证顺利施工"。(煤炭工业部)

3.应增加:"设计单位要修改已经批准的设计应经主管部门批准"。(北京大学法律系)

4."设计单位必须对设计的工程关心到底、负责到底",这是很好的。但在内容上还需要加上设计单位对重点建设工程应参加施工、参加竣工验收和试运转。这是设计、施工、生产密切结合的一项重要措施,是生产和建设的客观要求,也是提高设计水平的重要方法。(石油工业部)

5.第二款,在"以保证工程质量"之后,建议加入:"重大或技术复杂的工程,设计单位还必须在现场派驻代表"。另外,在该款最后一句中所指"密切联系",没有一定期限。建议改为:"工程……使用后,在施工单位规定保修期限内,还须同生产和使用单位密切联系,了解工程使用情况,按原设计要求解决需要解决的问题。"(交通部)

对第十五条的意见

1."一切基本建设承(发)包工程,建设单位(发包人)和施工单位(承包人)之间"的文字不清楚。(法学所)

2.在"应当签订总合同"之后,建议加上:"和每一年度的年度合同"等字。(湖北大学法律系)

对第十六条的意见

1.对建设单位与施工单位的材料供应关系,建议作如下规定:"所有基本建设承(发)包工程,一般应由施工单位包工包料。国家分配给建设单位的材料,亦由施工单位负责付款提货,统一管理。"(建设银行)

2.建议在"……总合同和年度合同中,都必须规定"之后增加:"设计文件提交日期"。(交通部)

3.第十六、十八两条:

(1)根据当前国家物资供应体制是由甲方供应材料、设备,乙方不负责包料,今后的物资体制变不变,值得研究。

(2)按当年情况材料订货、设备成套分交是在制订年度基本建设计划之前就订下一年度的材料、设备,当然制造周期长的设备应该早订。但所有设备材料都在计划定下以前订货,易造成积压又不能保证当年基建计划的完成,问题不少。关于物资体制问题牵涉到国家体制,应全面研究一下。(化工部)

4. 第三行:"……技术供应、材料供应、预算和结算……",建议将材料供应改为物资供应,这样可以把设备供应也包括在内。(冶金部)

5. 对总合同和年度合同的要求应有所区别。(北京大学法律系)

6. 在"都必须"的后面加上:"写明工程名称、地点,规定……"。(北京政法学院)

对第十七条的意见

1. 关于"办妥施工用水、用电来源及电讯设备并负责接到施工现场"问题,作为责任来讲,应由建设单位负责解决,但对于平地兴建的新建单位实际上仍须委托施工单位来具体施工,建议在条文中予以明确。(一机部)

2. 建设单位对建设项目必须负统筹安排的责任,必须为设计、施工创造必要的条件,这是毫无疑义的;但是,单靠建设单位、施工单位,设计单位不主动参加进去做好工作,有些问题就不好解决,时间就要拖长。"试拟稿"中第十七条提出建设单位要"办妥施工用水、用电来源及电讯设备并负责接到施工现场。对原有的水电、动力……应当供给施工单位使用",其中有些是建设单位所办不到的。把水源、电源负责接到现场,有些建设单位没有施工力量就办不到,施工单位应自己采取主动。否则是否建设单位另找一个丙施工单位来为乙施工单位接通水电呢?那么又谁为丙施工单位来接通水电呢?特别是提到实行总包责任制,既实行总包制,又要建设单位供这供那,怎样供法呢?(石油工业部)

3. 首句,建议改为:"建设单位必须在设计之前办妥建筑用地,开工前办妥建筑执照等证件。"(交通部)

4.(1)"施工用水、用电来源及电讯设备并负责接到施工现场",是否可以委托施工单位代办。

(2)"应当供给施工单位使用"是否改为:"应当尽量供给施工单位使用"。(化工部)

第三行:"……办妥施工用水、用电来源及电讯设备并负责接到施工现场……",建议改为:"……办妥施工用水、用电来源及电讯设施并负责接到规定地点……"。(冶金部)

第一段:"……办妥施工用水、用电来源及电讯设备并负责接到施工现场"后,建议增加:"或委托施工单位负责接到施工现场"。(煤炭工业部)

5. 第一段:"应当供给施工单位使用",可改为:"应当根据实际需要供给施工单位使用"。(法学所)

主要建设物及道路、线路、上下水道的定位标桩和中心线建设由建设单位和施工单位共同协商决定,也可以由施工单位具体执行。

用水用电来源可以由建设单位办理,至于由谁接到现场,建议可由双方协商,不必规定都由建设单位负责。

"对原有的水电……应当供给施工单位使用",不宜规定为建设单位的义务。
"本身的材料供应"提法不确切。(北京大学法律系)

6. 第二款第一句应当改成:"施工单位在工程开工前必须根据设计文件编制施工组织设计……"(北京政法学院)

最好改写成:"……施工单位必须在工程开工前,根据国家批准的设计文件中的施工组织与概算部分,正确编制施工组织设计,编制施工预算,进行现场布置,学习施工图纸,做好……"(水利电力部电力建设总局)

对第十八条的意见

1. 建议补充建设单位和施工单位对完成国家计划共同应负的责任:"建设单位和施工单位应当按照国家计划和设计文件的要求组织施工,在批准的年度基本建设计划内,按照工程概(预)算使用拨款,密切配合,互相协作,保证全面完成国家计划。"(建设银行)

2. 最后规定建设单位"并负责验收工作"与国务院颁发的基本建设三大文件的规定略有出入,因为有些重大项目还须组织验收委员会验收。因此在措词上请斟酌修改。(交通部)

3. 建议增加:"建设单位应根据批准的施工组织设计的规定安排年度工程项目和投资,并按规定的工程进度拨款;合理安排各类工程的衔接,防止建筑、安装以及其他有关工程工期的脱节,拖长全部工期,加大维护费用。"(煤炭工业部)

4. 从第七条的精神看来,原则上应该是必须设计文件先经过批准,才能签订工程合同,而不是先签订合同,由建设单位保证设计文件能及时获得批准。第十八条第一句究竟指的是什么情形?是指签订了工程协议书的情形,是指1957年国家建设委员会批准的《建筑安装工程包工办法》第二十三条第一个附注的情形,抑或认为在特殊的情况之下,连年度合同也可以先订。希望能把它明确地规定出来,以便更好地防止计划外的基本建设。(湖北大学法律系)

5. 本条"按时拨款"一语,似可改为"按基本建设程序和工程进度拨款",比较更明确些。

对第十九条的意见

1. 最好改写成:"……施工单位在保证实现国家计划和承包合同的原则下,在遵守国家批准的施工组织设计文件的条件下,有权使用合同规定的材料、设备和拨付的建设资金,有权根据实际情况,安排具体的工程进度……"(水利电力部电力建设总局)

2. 具体内容可以简略一些。(一机部六局)

3. 为了确保按质按时完成承包工程,建议在十九条后边增加:"但在建设单位供应材料的情况下,施工单位只能在一个建设项目内各个单项工程之间调动物力和财力,不能在建设单位之间调动物力和财力。"(军委总后勤部)

对第二十条的意见

1. 本条规定:"……合同规定的保修期间内,发现由于施工不良造成的质量事故,施工单位应当负责修理或者返工,并负担修理或者返工的费用",但二十三条内又规定:"工程合同……工程竣工验收、结算工程价款后失效"。这样施工单位在工程合同失效后，不再受合同的约束，原合同规定的保修问题，即不起作用。这两条最好能对起口来。（军委总后勤部）

2. 本条的开头可否加上"第一项"三字？（湖北大学法律系）

对第二十一条的意见

1. 提出："凡是有设备安装公司或者其他专业公司参加施工的工程，应当实行总包负责制"。我们认为是否实行总包负责制，应根据具体情况，由建设单位和施工单位商定，不必在民法中规定。因为在实际上存在几种不同的形式。其中一种是不搞总包负责制，而实行建设单位负责制，即由建设单位负责统筹安排整个建设项目的施工计划。直接发包给几个土建和安装单位施工，并帮助各施工单位解决施工中的问题。这种办法比通过总包到分包减少一道环节，对建设更有利。目前在一个比较大的工地上，常有几个土建和安装单位参加施工，由谁负责总包呢？总包怎样把分包组织在一起呢？又怎样帮助分包单位解决工作条件上的困难呢？都不能和建设单位的工作分开，多增加一道环节，多增加一套搞总包的班子，不如建设单位直接负责的好。总之，把一个不成熟，且意见不一致的具体工作制度，写在国家法律中，太不严肃了。（石油工业部）

2. "分包工程仍由总承包单位向建设单位负责"，不够明确。总承包单位应负什么责任？（化工部）

3. 第一行："凡是有设备安装公司或者其他专业公司参加施工的工程，应当实行总包负责制"，建议改为："凡是有一个以上施工单位施工的工程，应当实行总包负责制"。（冶金部）

4. 第二段建议增加："实行总承包负责制时，总承包单位对分承包的工程有办理发包工作及负责工程管理的权利和义务，由此引起的费用开支应由建设单位负责。"（煤炭工业部）

对第二十二条的意见

关于赔偿损失问题，可规定具体些。（北京大学）

对第二十三条的意见

1. 第一段后建议增加："合同规定的保修条款到包修期满失效"。另对由于设计文件的影响而造成施工单位的材料、设备积压等损失，应由谁负责赔偿损失？不够明确，希在本条中加以明确。（煤炭工业部）

2. 第二款："在合同履行中，由于违犯合同规定而发生的争议，应当本着加强团结，密切协作的精神充分协商解决"的规定，似乎对维护国家利益的精神体现不够。因为如果由于一方严重不负责任，不执行党的政策，不按国家计划办事，因而违犯了合同规定的时候，不分清是非，明确责任，而一味强制"加强团结、密切协作"，容易产生不顾国家利益而和稀泥偏向。（法学所）

3. "违犯合同规定"一句，改为："违反合同规定"更妥当些。（西南政法学院）

4. 第一款最后一句是否可以不要。因为这与第二十条第二款关于保修期间的规定有抵触。（湖北大学法律系）

第 章　租赁关系（草稿）①

1963年10月31日

第一节　房屋租赁关系

第一条　房屋租赁关系就是依照法律、法令和双方约定，出租人将房屋租给承租人使用，承租人向出租人缴纳租金，并且在租赁关系终止的时候，将房屋交还出租人的财产流转关系。

第二条　房屋租赁关系的范围包括国家所有、集体所有、公民个人所有以及纳入社会主义改造的房屋所发生的租赁关系。

国家授权房地产管理部门依法通过对前款各种租赁关系的管理，解决租用单位在生产上、工作上的用房需要，以及公民在生活上的住房需要，为社会主义建设和人民生活服务。

第三条　国有房屋的租赁，除法律、法令另有规定以外，都由国家房地产管理部门统一经营。

国家房地产管理部门在出租国有房屋的时候，必须贯彻统一分配、合理使用的原则。

依照规定由各单位自行管理的国有房屋，在出租的时候，必须遵守国家有关房屋管理的政策法令。

第四条　集体所有的房屋的租赁，由农村人民公社、各种合作组织自行经营。

农村人民公社、各种合作组织，在出租各自所有房屋的时候，必须遵守国家有关房屋管理的政策法令。

第五条　国家鼓励公民出租个人所有的多余房屋，并且保障他的合法权益。出租人、承租人应当依照法律、法令的规定，根据团结互助、公平合理的原则，议定租金，建立租赁关系。

公民出租个人所有的房屋，不许索取高租、押租和其他变相的非法收入。

第六条　建立房屋租赁关系的出租人和承租人，应当依法议定租约。租约②不论

---

① 原件章序号未填。
② 原件此处"租约"二字系由手写添加。

采用什么形式,都必须明确规定双方的权利和义务。

第七条 在房屋租赁关系中,出租人应[①]将依照租约规定的房屋按规定的时间[②]交给承租人使用是出租人应尽的义务。

由于出租人方面的原因,致使承租人使用房屋受到影响的时候,出租人应当负责解决,如果造成承租人损失时,还应负担相应的赔偿责任。

第八条 在房屋租赁关系中,依照法律、法令和租约的规定缴纳租金是承租人应尽的义务。

定期或者不定期的租赁关系,原则上应当按月计算租金,承租人必须按月缴纳,不得拖欠。

租金的数额在房屋的使用性质、建筑条件、使用条件等方面改变的情况下,应当由租赁双方协商调整,在租金调整之前,承租人仍按原定租金缴纳。

承租人故意拖延不缴租金,经出租人交涉无效的,可以诉请人民法院依法裁决,对于情节严重屡教不改的,人民法院在判决偿还欠租的同时,并可责令交出租用的房屋。

第九条 在房屋租赁关系中,除法律、法令和租约另有规定以外,修缮房屋是出租人应尽的义务。

出租人必须经常检查、认真修缮房屋,保障正常的使用和居住的安全。

出租人没有及时履行修缮房屋的义务,致使房屋毁损、倒塌,造成承租人或者第三人的人身、财产损害时,应负赔偿的责任。

第十条 在房屋租赁关系中,依照法律、法令和租约的规定,爱护和正当使用房屋是承租人应尽的义务。

承租人不得有下列行为:

(一)损坏房屋、私自拆改添建房屋及其装修设备,或者改变房屋用途;

(二)没有正当理由空闲房屋不用;

(三)私自转租、转倒、转借、转让或者私相交换;

(四)利用租用房屋进行其他非法活动。

承租人有上述行为时,根据具体情况,承担赔偿损失、交出房屋和非法所得的责任,情节严重的,还应当给予其他的法律制裁。

第十一条 房屋租赁关系可以因为国家需要、出租人自用、承租人退租而解除。

国家因为建设和其他需要,必须收回房屋解除租赁关系的时候,应当对承租人给予适当安置。

公民确实因为自用的需要,必须收回出租房屋的时候,应当事先通知承租人,经过协商,解除租赁关系。

---

① 原件此处"出租人应"四字系由手写添加。
② 原件此处"按规定的时间"六字系由手写添加。

承租人要求退租的时候,应当通知出租人,并且在办清退租手续后,解除租赁关系。

第二节 其他财产租赁关系

第十二条 其他财产租赁关系是指房屋以外的财产租赁关系。

第十三条 依照主管部门规定的租赁办法或者双方约定的条件,出租人把财产租给承租人使用,承租人应当向出租人缴纳租金或者押金,在租赁关系终止的时候,承租人把租用的财产交还出租人,出租人应当把押金退还给承租人。

第十四条 承租人应当爱护租用的财产,如果因为使用保管不当,致使租用财产毁损、灭失的,应当依照规定负责赔偿。

中华人民共和国民法第三篇租赁关系
(1963年10月31日草稿)意见汇辑(一)

全国人民代表大会常务委员会办公厅法律室民法组　1964年3月6日

说　明

民法第三篇租赁关系一章的草稿,是在1963年10月和国家房产管理局共同试拟出来的。曾在小范围内向各地的法院、房地产管理部门、法学研究和教学部门共计47个单位征求意见,这份汇辑是根据下列36个单位的意见整理的:

一、北京市高级人民法院;天津、西安、广州、重庆4市的中级人民法院。

二、辽宁、吉林、黑龙江、江苏4省的建设厅;北京、上海、天津、武汉、重庆、西安、长春、哈尔滨、太原、青岛、杭州、郑州、长沙、南宁、昆明、兰州、乌鲁木齐等17个市的房地产管理单位(局、处);辽宁省开原县人民委员会交通建设科、河南省禹县房地产管理委员会。

三、科学院法学研究所、中央政法干校、北京大学、吉林大学、湖北大学、北京政法学院、西北政法学院、西南政法学院。

一、有关总的方面的意见

(一)认为租赁关系一章规定得很全面、很具体,符合实际情况。(武汉市房管局、太原市房管局、哈尔滨市房管局)完全同意。(黑龙江省建设厅、青岛市房管局)基本同意。(上海市房管局、江苏省建设厅)内容符合本市情况,完全拥护。(西安市房管局)提不出新的意见。(乌鲁木齐市房管局)

(二)认为目前起草民法意义很大,对实际工作有很大帮助

国家立此大法,对今后房管工作促进很大,使工作有所遵循,莫不欢欣鼓舞。(上海市房管局、重庆市房管局)

这个材料(租赁关系)给今后的城市房屋工作,指出了明确的方向。(哈尔滨市房管局)

拟制我国民法,是非常及时和必要的,把租赁关系列入民法,是给正确处理人民内部在租赁关系方面的矛盾以法律根据;是对房管部门的工作,在政治上和法律上的支持;是对广大人民提高政治观点的具体措施。(兰州市公用事业管理局)

是适时的必要的,在国家的民法中把租赁关系固定下来,这对今后房屋管理工作,有

着重要意义。将更好地加强现有城市房屋的管理,改善使用制度,为国民经济的发展和促进生产,解决广大群众住房的问题,奠定了良好基础。(吉林省建设厅、太原市房管局)

(三)认为结构方面需要修改

1. 房屋租赁关系共十一条,大致分四个单元。我们意见将第十一条改为第十二条。增加一条关于租金的规定。修改后共十二条,大致分为五个单元,即:第一、二条为第一单元,内容是租赁关系的含义、范围和社会主义国家租赁关系的性质;第三、四、五条为第二单元,是规定对我国现有几种租赁关系的政策;第六、七、八、九、十条为第三单元,是规定双方的权利和义务;第十一条为第四单元,是关于租金的规定;第十二条为第五单元,是有关租赁关系的解除。(长春市房管局)

2. 草稿第七条、第九条全是关于出租人应尽义务的规定,分列两条易重复,如赔偿责任两条中都有类似规定。同时,第八条、第十条是承租人应尽义务的规定,而这两条中的第九条是出租人的义务,这样排列就使出租人和承租人的义务显得不连贯、不完整。建议把第九条与第七条合并,第十条与第八条合并,使出租人与承租人义务能在一条中完整地列举出来,这样还可避免重复。(天津市中级法院)

3. 房屋租赁关系和其他财产租赁关系,在租赁原则、办法和双方当事人的权利义务等方面,是否有一些共同的地方。如果有,可考虑将共同之点综合单独写出,然后分别规定二者不同的方面;如果没有,关于其他财产的租赁关系,应具体规定适用的原则、办法和双方的权利义务。草稿第三、四、五、六等条的规定,是否适用于"其他财产租赁关系",第一节的各项规定与第二节有什么内在联系,是否考虑加以写明。(北京政法学院)

4. 权利和义务最好集中起来写。(中央政法干校、兰州市公用事业管理局)

(四)对名称、定义的意见

1. 少数同志主张将"租赁关系"改为"租赁合同",以便区别于经济关系。个别同志主张将"租赁关系"改为"租赁法律关系",以便区别于经济关系。(西北政法学院)

2. 租赁关系定义问题。草稿中只对房屋租赁关系下了定义,未对"租赁关系"下个总定义。查阅民法第一、二篇对此也未明确。建议本章一开始即对"租赁关系"下个明确的定义。(天津市中级法院)

3. 条文中的"出租人、承租人"的名称,改为"出租者、承租者"为宜,因为房屋[出租者、]承租者不仅是个人,还有的是单位。(北京市房管局)

(五)对增加条文内容的意见

1. 房地产管理部门对各种租赁关系的管理,各地已有许多经验,是否可以进一步总结这些经验,在相应各条作出比较具体的规定。(湖北大学)

2. 建议对房地产管理部门与公有房屋承租人的关系,作适当修改补充,并增加处理非法占有公有房地产的规定。

因为房管部门是国家管理房地产的行政机构,而不完全是经租公司性质的事业单位,公房承租人(或使用单位)既是租赁者,又是房屋的主人。因此房管部门与公房承租人的关系,不能与私有出租房屋一般概念的出租人和承租人的关系相混同。

对私有出租房屋的租赁关系,法律应具有利用、限制、改造的性质。(上海市房管局)

3. 为了具体贯彻统一分配合理使用的原则,根据各地现行的管理办法,关于国有房屋和已纳入社会主义改造的房屋的租赁,是否可以增加以下两点规定:

(1)任何单位或个人租用国有房屋和已纳入社会主义改造的房屋都必须按照一定的手续,先提出申请,经过审核批准后,办理承租手续,才准迁入。

(2)租用房屋如超过实际需要,应把多余房间退还管理部门或者由管理部门加以合理的调整。(湖北大学)

4. 关于房屋修缮问题,是否可以增加以下两点规定:

(1)公民个人出租的房屋,如出租人无力修缮或经过催告,怠于修缮,可由承租人经过房地产管理部门的批准,自己进行修缮,其修缮费由租金中扣除。

(2)公民个人出租房屋,为了修缮的必要,如果确实需要承租人迁出,经过一定机关的批准,出租人得请求承租人迁出;但修好后,原承租人应有优先承租的权利。(湖北大学)

5. 对承租人户口迁移或死亡后的租赁关系问题,建议补充规定:"承租人户口迁移或死亡后,租赁关系即行终止。由出租人收回房屋或由出租人与原承租人原来共同居住生活的继承人另行建立租赁关系,但原来没有和承租人共同居住生活的继承人或其亲友等,均无权居住房屋。"(天津市房管局)

6. 对纳入社会主义改造的房屋房管①问题建议补充规定:"纳入社会主义改造的房屋,由国家房地产管理部门统一管理,除按照规定,付给房主定租外,所有已纳入改造房屋的经营管理使用调配以及维修等均与原房主无关。"(天津市房管局)

7. 在房屋租赁关系一节,建议补充一条:"严禁'房屋经纪'、'二房东'利用介绍租房关系,从中非法索取暴利的行为,屡教不改者应依法处理。"(广州市中级法院)

8. 为了很好贯彻我国民法有关租赁关系的规定,除了公布民法外,还应着重解决下列主要问题:租金过低,以租养不了房。我省住宅租金,每平方米一角三分六厘,仅占租金成本百分之三十左右,因此入不抵出,投资修缮维护不了现有房屋,缺口逐年增大,房屋破漏不能根治,出现"吃老本"的现象,因此建议中央适当地确定调整租金幅度,以便逐渐解决这个问题。(吉林省建设厅)

9. 目前我市由于住房紧张,有些公民个人和机关、团体经常发生抢住公房现象,对这类问题,是否考虑也列入民法其他章则以内。(西安市房地局)

对于制止非法强占公房的行为,可否补充规定:"未经出租人同意,任何单位和公民个人不得私自强占房屋,违者由司法部门责令迁出,并追缴其占用期间的房屋租金,情节严重者,并应给以法律制裁。"(天津市房管局)

10. 是否应规定,房屋出卖时,承租人有优先购买权。(吉林大学)

11. 可否增加一条:房屋租赁关系原则适用于非租赁关系。如亲友借用、保姆用房等产生的纠纷。(北京政法学院)

12. 典当关系是否可以附入?否则在其他有关章节也应作明确规定。(中央政

---

① 原件如此,或为"管理"之误。

法干校）

13. 房屋附属物也应予以指明。（兰州公用事业管理局）

14. 第二节的规定似乎定得太简单，显得太单薄，是否可以再从实际中摸一摸这方面的问题，多写几条。比如目前家具租赁就比较普遍，而且比较乱。（法学所、湖北大学）

15. 第二节关于"其他财产租赁关系"的规定，应明确规定：出租人仅限于有准许经营该项业务的人。（天津市中级法院）

16. 对第二节其他财产租赁关系，建议明确财产的维修责任。（上海市房管局）

17. 其他财产租赁关系中的租赁财产，可根据国家政策法律规定，加以限制。如土地等不能租赁。第十二条可考虑改为"其他财产租赁关系是指房屋以外的国家政策、法令所许可的财产租赁关系。"（北京政法学院）

18. 城市土地，尚未统一明令宣布收归国有，如我市已将地租压低至每平方米月租四厘，但未完全收归国有，因此仍存在土地租赁关系。而且目前还有部分市民私有自住房屋系租用国有土地，这个问题如何处理，是否需在本章中增列条款加以规定。（长沙市房管局）

当前城市公、私土地租赁关系仍然存在，可否增列"城市土地租赁关系"一节。（太原市房管局）我市仍有公私地皮出租，可否考虑列入民法其他章则规定以内。（西安市房管局）

19. 国有土地的租赁关系，也应列入民法，但对城市公民所有房占基地周围之空闲土地，在私人之间是否允许建立租赁关系，我们意见根据农村人民公社工作条例第二十一条规定"一律不准私人出租和买卖"。应当由当地房地产管理部门统一管理使用。（郑州市房管局）

20. 城镇私有土地问题也很大。目前还残留着城镇土地私人占有的剥削关系，有的地方甚至连群众走的"路"，土地所有人都按月收费，其手段恶劣和剥削程度如同封建地主相比，是有过之而无不及，成为建设社会主义的绊脚石，是城镇中最后的资本主义的残余。显然这种关系不应继续下去，建议国家及早宣布城镇土地收归国有，以便杜绝城镇土地私人占有，和土地租赁方面纠纷，有利于社会主义建设的发展。（吉林省建设厅）

(六)对条文、文字上的修改意见

1. 有些条文的规定比较原则，还可以适当具体一些。（中央政法干校、湖北大学）

2. 文字上多加锤炼、修饰，如"依照法律、法令"等字样是否可减免一些，不经常在条款中出现为好。租赁关系本身即是法律，如果条款的内容也用其他单行法规或部门法调整，即可用其他办法解决，不一定总使之重复出现。（北京大学）

二、有关具体条文的意见

(一)对第一节房屋租赁关系条文的意见

对第一条的意见：

1. 去掉"依照法律、法令……"中依照二字。（北京大学）

2. "房屋租赁关系就是依照法律、法令和双方约定……"可改为"由双方约定"。这样就明确地指出,建立租赁关系的前提条件必须是根据法律和法令,不符或违反法律和法令的租赁关系,法律不予保护。(西安市中级法院)

原条文写法易为人理解为"双方的约定"和"法律"、"法令"平行。建议修改为:"房屋租赁关系就是依照法律、法令,经双方约定……"。其他条文(如第十条)同类情况者,可否也照此意见修改。(北京政法学院)

3. 本条和以下各条所用的"承租人"一词,可否改为"承租单位和个人"。(兰州市公用事业管理局)

4. 将"……并且在租赁关系终止的时候"改为"并且在租赁关系终止时",使语句更加简练。(西北政法学院)

5. 本条最后一句建议改成:"……将房屋交还出租人的财产'使用'流转关系。"我们认为:房屋租赁是"使用权"的流转,而不是产权的流转。故增添"使用"二字较为确切。(辽宁省建设厅)

"将房屋交还出租人的财产流转关系"一句中的"财产流转关系"含义再明确一下,是否已包含承租人"交还空房"、"不能转让给第三者"的内容。(天津市房管局)

"……财产流转关系",从字义上理解,含有产权也流转的意思,是否可在字句上修改为只是租赁的含义。(昆明市房管局)

感到"流转"一词不够确切,可否作如下修改:"房屋租赁关系是房屋租赁双方,依照法律法令和双方约定的出租房屋和承租房屋使用的关系,是伴随租赁关系的成立和终止而发生的财产(房屋)流转关系。"(兰州市公用事业管理局)

"……将房屋交还出租人的财产流转关系",措词不够通俗。(上海市房管局)

去掉最后一句中"财产流转"四个字。(北京大学)

对第二条的意见:

1. 建议不提"纳入社会主义改造的房屋",因为纳入社会主改造的房屋与国家所有的房屋仅仅表现在定租上,将来取消定租,就与国有房屋相同了。民法是长期适用的法律,所以不提为宜。如果要规定,应别列条款。(天津市中级法院)

"纳入社会主义改造的房屋"与其他三种租赁关系并列,而在以后各条中未作单独安排,实际上这类房屋的所有权关系,目前只是反映在"定租"上,其管理形式与国有房产并无分别。因而,可否改为"房屋租赁关系"的范围包括国家所有(包括纳入社会主义改造的房屋)……(太原市房管局)

2. "纳入社会主义改造的房屋所发生的租赁关系"一句,易使人理解为:除"所发生的租赁关系"外,还包括社会主义改造所发生的其他纠纷,可否改为:"纳入社会主义改造的房屋的租赁关系",去掉"所发生的"几字。(北京政法学院)

第二条中"纳入社会主义改造的房屋"的提法,可以再斟酌一下。(法学所)

3. 关于社会主义改造的房屋问题,希专列一项规定。这种房屋究竟属于哪种所有的房屋,最好也分别规定。(北京大学)

4. 对"纳入社会主义改造的房屋所发生的租赁关系"的性质不够清楚。(西北政法学院)

5. 这条规定的租赁关系范围,基本上包括了目前城市房屋所有制的实际情况。但我市目前还存在着社会团体出租房屋,如清真寺、喇嘛寺、天主教、基督教等,不明确应包括在上述哪种范围内?(西安市房管局)

宗教界所出租的房屋(有的是营业用房、多数是住宅),应属于哪个范围,我们认为它既非国有,也非集体所有,更非个人所有。(吉林省建设厅)

家祠、家庙出租房屋,应属哪一方面?(江苏省建设厅)

6. 关于国有房屋租赁关系范围,对拨用房屋没有规定。拨用房屋原为房产部门经营,于1956年拨给机关、团体单位使用,这部分房屋使用单位既不交纳租金,又不维修,致使房屋破坏情况相当严重。我们意见,今后不再拨用,并将已拨用房屋收回,由房产部门经营,依照租约规定交纳租金。(黑龙江省建设厅)

7. 在房屋租赁关系的范围中,公民个人所有的房屋可以发生租赁关系,但对被剥夺政治权利者之房产,除本人自住外,多余部分是否允许发生租赁关系,应予明确规定。(郑州市房管局)

8. 第二款的内容,应更详细些,另列一条。(北京大学)

9. 二款"国家授权房地产管理部门依法通过对前款各种租赁关系的管理",改为:"国家授权房地产管理部门依法管理前款各种租赁关系"。(法学所)

建议将"国家授权房地产管理部门依法通过对前款各种租赁关系的管理……"一句中"管理"二字前的"的"字,改为"进行"。(长沙市房管局)

按"国家授权房地产管理部门依法通过对前款各种租赁关系的管理……"的规定,城乡房屋租赁关系概由房地产管理部门管理。我们觉得农村的房屋租赁关系由房地产管理部门管理比较不方便,是否可由国家授权人民公社或其他部门进行管理。

10. 二款"……房地产管理部门……解决租用单位在生产上、工作上的用房需要,以及公民在生活上的住房需要……",在短时期内是否办得到?是否在"解决"之前加上一个"以"字。(法学所、长沙市房管局)

可否在二款"……解决……的用房需要……"一句中,"解决"二字前加入"适当"二字,或将该句取消。这是考虑到目前房屋缺乏,供求之间还有很大距离,如规定各单位生产、工作及公民个人住房需要,完全由国家房地产管理部门解决,会造成工作被动。(天津市房管局)

对第二款规定我们感到,是否意味着在目前对城市房屋建筑投资大部分仍按"条条"的安排的情况下,房管部门承担解决所有用房需要的任务,如系单指发生租赁关系以后的用房需要,可将"解决租用单位……"改为"保障承租单位……",这样较为明确一些。(太原市房管局)

对第三条的意见:

1. 第二条规定的租赁关系的范围,包括有纳入社会主义改造的房屋。但第三、四、五条内未包括这类房屋。我们意见将第三条内"国有房屋的租赁"改为"国有房屋的租赁(包括社会主义改造房屋)。"(长沙市房管局)"国有房屋的租赁"改为"国有房屋和已纳入社会主义改造的房屋的租赁"。(湖北大学)

一款建议改为"国有房屋以及国家代管和纳入社会主义改造房屋的租赁,除法律、法令另有规定之外,都由国家房地产管理部门统一经营管理"。(天津市房管局)

2. "除法律、法令……统一经营"改为"根据法律法令有关规定,由国家房地产管理部门管理"。(兰州市公用事业管理局)

第一款"……房屋的租赁……由……经营"的提法,措词上不够妥帖。(法学所)

3. 国有房屋(包括财政部门房屋、企业自建、房管部门房屋,其他单位用自筹资金建设的房屋,已移交文化部门的影、剧院等)应由房管部门统一管理、租赁、修缮、调整……(禹县房管会)

4. 城镇房屋应根据情况,房管部门设机构管理,农村国有房屋,应由区、乡代房管部门管理。

党政机关、团体、学校等单位占用城镇房屋,应由房管部门统管、统调、统修,财政部门拨租赁房租款。(禹县房管会)

5. 第二款有两种理解和意见:

(1)纯属管理规定,不宜写在租赁关系一章;

(2)有另一种含义,即:不公开暴露矛盾,"统一分配"包括不准违章迁入、强占房屋的意义;"合理使用"也可理解为当前房挤,应节约用房,不得多占。

如果原意可作后一种理解,把这一款写进去是适宜的。(长春市房管局)

6. 第二款"国家房地产管理部门在出租国有房屋的时候……"建议在"出租国有房屋之后",加上"以及纳入社会主义改造的房屋"。(江苏省建设厅)

无论由国家房地产管理部门统一经营的房屋,或者依照规定由各单位自行管理的房屋,出租的时候,都必须贯彻统一分配、合理使用的原则。(湖北大学)

7. 二款建议改为:"国家房地产管理部门在出租国有房屋、国家代管和纳入社会主义改造房屋的时候,必须贯彻统一分配、统一管理、合理使用、节约使用的原则。"(天津市房管局)

"必须贯彻……的原则"改为"必须贯彻先急后缓,先重后轻,统筹兼顾,合理使用的原则"。(兰州市公用事业管理局)

8. 在第三款前面加上"国家可以将国有房屋交与各单位管理"。(北京大学)

第三款"依照规定由各单位自行管理的国有房屋",可改为"各单位依法自行管理的国有房屋"。(法学所)

9. 第三款"在出租的时候"一句,建议改为:"在出租或调换的时候"。(广州市中级法院)

10. 第三款"在出租的时候",根据中央第二次城市工作会议对通用房屋逐步实现统一管理的要求,各单位自管房屋除特殊用房外,已不存在出租房屋的条件,因此,各单位不能代替房产部门向社会上出租,建议删掉"出租"二字。(吉林省建设厅)

第三款我们考虑可以取消。因为,根据北京市的情况,国有房屋除法律、法令另有规定者外,一般单位自行管理的,不允许单位自行对外出租。(北京市房管局)

11. 第三款"……在出租的时候",在"在"字后面加上"对内部职工"。(江苏省建设厅)

12. 第三款我们建议增加这样的内容:"在房屋未实行统一管理的地区,各系统单位自行管理的房屋中,如有多余房屋可对外出租(内部职工除外),其出租的房屋应交给房产部门统一经营管理。"(江苏省建设厅)

13. 第三款"必须遵守国家有关房屋管理的政策法令",是否可以删掉,因为在民法草案第一篇民法的基本原则中已有规定。而且不仅是由各单位自行管理的国有房屋及集体所有的房屋在出租的时候必须遵守国家有关房屋管理的政策法令,而是一切房屋租赁关系,包括由国家房地产管理部门出租的情形在内,都必须遵守国家有关的政策和法令。(湖北大学)

14. 我市的职工住房是很紧张的,每人平均居住面积只有二点六一平方米,在这种情况下,居民私自迁入房屋的现象比较严重,特别是发生私迁后,虽经多次说服教育动员迁出,也不解决问题。条文中没有明文规定,为保证正常租赁关系,我们意见,可在第三条中加入:"单位和个人需用房屋时,必须建立租赁关系后方准迁入,私自迁入者,出租人有权制止,对强行迁入或在迁入后说服动员仍不迁出者,应给予法律制裁。"(哈尔滨市房管局)

对第四条的意见:

1. 城镇的集体所有房屋(包括社、队和社队企业、公私合营和合作社的房屋等)亦应由房管部门统管、统调、租赁、维修。……(禹县房管会)

2. 一款"集体所有房屋的租赁,由农村人民公社、各种合作组织自行经营。"此款只规定了农村人民公社,但是城市人民公社也有出租少量房屋的。建议将"农村人民公社"的"农村"二字删去。这样城市人民公社和农村人民公社都可适用。(天津市中级法院、天津市房管局、北京政法学院)"由……经营",建议改为:"由城、乡人民公社、各种合作组织自行经营"。(黑龙江省建设厅)

3. 第一款是否可改为:"集体所有房屋的租赁,由农村人民公社各级组织、各种合作社组织自行经营。"因农村人民公社实行的是各级所有制。(西北政法学院)实际上不仅公社一级有房屋出租的问题。(中央政法干校)

4. "……由……经营"的提法,措词上不够妥帖。(法学所)

5. 基于前述理由,将本条二款中"农村人民公社"改为"农村人民公社各级组织"。将"在出租各自所有房屋的时候"改为"在出租各自所有房屋时",使语句更加简练。(西北政法学院)

6. 二款:"必须遵守国家有关房屋管理的政策法令"是否可以删掉,其理由见对第三条三款的意见。(湖北大学)

7. 本条和第五条对集体所有和公民个人所有的少量出租房屋可增加:"如已委托房屋所在区房屋管理部门代理经租的,被委托出租人为出租人。"(上海市房管局)

对第五条的意见:

1. 私有房屋、公民个人所有住房,应归个人所有,其出租住房部分,应服从国家私房管理办法。在城镇的营业、生产用房,应列入改造范围,由国家统一管理,调整,租赁,维修。(禹县房管会)

2. 一款规定"国家鼓励公民出租个人所有的多余房屋,并且保障他的合法权益"。我们考虑,目前大城市还有一些在过去进行社会主义改造时漏改的,中小城市还有未进行过社会主义改造的,这样规定,是否就意味着不再进行社会主义改造,否则,在什么条件下可以这样做,应予明确。(天津市房管局)

3."国家鼓励公民出租个人所有的多余房屋",我们认为公民出租个人所有的多余房屋应该有个限制(例如一百五十平方米以内),即属生活资料性质的多余房屋,也就是属于改造起点以内的多余房屋,如果不加限制,就会影响私房的社会主义改造。但在武汉已经发生私人出租房屋超过改造起点的情况,根据国家目前鼓励私人新建房屋的方针来看,将来也会出现出租房屋超过改造起点的情况,如果加以限制又是否意味着私房改造永远不能结束,这对鼓励私人建房和出租多余房屋又有一定的作用。(武汉市房管局)

4.将"国家鼓励公民出租个人所有的多余房屋"的"鼓励"改为"准许",或者改为"国家保护公民出租个人所有的多余房屋的合法权益"。(西北政法学院)

5."国家鼓励公民出租个人所有的多余房屋,并且保证他的合法权益。……"我们考虑到:鼓励私人出租多余的房屋,这"多余"两字没界限,容易给今后对私人出租房屋进行社会主义改造带来一些阻力,甚至抗拒改造。另外是否会引起更多的私房主要求退还被改造的房屋呢?具体怎么修改:有两种意见,一种认为:加上"少量"两字,改为鼓励私人出租"少量多余房屋";一种认为:不要这"多余"二字,改为"国家鼓励公民出租个人所有的房屋",今后私改或补改时,按有关私改政策界限办理。(重庆市房管局)

6.一款"……出租人、承租人应当依照法律、法令的规定……"一语中,可增加"政策"二字。(西北政法学院)

7.一款"……公平合理的原则"规定不够具体,执行起来不易掌握,是否可以在条文中比较原则地规定一个公平合理的租金幅度。(西北政法学院)建议改为:"根据团结互助、公平合理的原则,比照国有房屋租金标准,议定租金",以便实践中更易掌握。(西南政法学院)是否可在"公平合理的原则"后面加上"参照当地附近同等"民用公房租金的×%,另外,应加"未经同意或未按规定办理正式租赁手续,不得先行强占房屋"。(昆明市房管局)

8.在议定租金、建立租赁关系的原则中应增加"自愿"原则;即建议将原文改为"……根据团结互助、自愿互利、公平合理的原则,议定租金,建立租赁关系"。(西北政法学院)

在"团结互助、公平合理的原则"中,加上"双方自愿"。(中央政法干校)

9.这条规定是否意味着今后房屋租赁关系中,不再由国家规定统一的私房租金标准。如我市原执行的私房租金标准是否和出租人、承租人双方议定租金有抵触?同时,条文中规定公民出租个人所有的房屋,不许索取高租,这个高租,不依据租金标准衡量,而又以什么标准计算呢?(西安市房管局)

10.二款中"不许索取高租",高租所指的范围,不知是指高于租金成本或者是高于当地现行公房的租金标准,应加以进一步明确。(吉林省建设厅)

11.……由于当前房屋租金很不统一,索取高租的不少,至于超过什么标准才算高租,房管部门虽有掌握幅度,但法院不能对外说明,有关纠纷案件不易处理。因而,建议规定一个对外的统一租金标准。(广州市中级法院、上海市房管局、黑龙江省建设厅)

可否在第二款加上如下字样:"公民出租个人所有房屋的租金,一般不得超出国有房屋租金的×%。"(青岛市房管局、中央政法干校)

12. 建议二款增添"上打租"的内容,即"公民出租个人所有的房屋,不许索取高租、上打租、押租和其他变相的非法收入"。由于目前私人在出租房屋时,预收两三个月甚至半年和一年的房租是不少的,所以应增添上这个内容。(辽宁省建设厅、北京市房管局)

13. 二款"公民出租个人所有的房屋,不许索取高租、押租和其他变相的非法收入",我们认为非法部分应予没收。(开原县人委交通建设科)

"……非法收入"后加上"否则人民法院可责令出租人将非法收入部分或全部退还承租人,或依具体情节予以罚没"[与第十条第二款第(四)项相应]。(兰州市公用事业管理局)

14. 二款"公民出租个人所有的房屋,不许索取高租、押租和其他变相的非法收入",改为:"公民出租个人所有房屋的时候,必须遵守国家有关的房屋管理的政策法令"。因为:(1)实际上现行私房租金,多高于公房,而这种普遍性的高租,就出租人的实际建房投资计算,并无利可图,因而事实上已经是合法的高租。(2)公民在出租个人所有的房屋,除租金外,还有许多由政府进行行政管理的问题。(3)一款已提到了"依照法律、法令的规定……议定租金……",勿须再在第五条第二款里规定"不许索取高租……"。(长春市房管局)

15. 公民个人房屋的使用和管理,也应遵守政策、法令,加强维修等方面,也应有所规定。(北京大学)

对第六条的意见:

1. "建立房屋租赁关系的出租人和承租人",可改为"房屋出租人和承租人"。(法学所)

可将原文第一句中"建立房屋租赁关系的……"九字删去,因感觉是多余的。但也有的同志不同意,主张将第一句改为"建立房屋租赁关系的双方当事人",还有的主张改为"出租人和承租人建立房屋租赁关系时,应当依法议定合同"。(西北政法学院)

2. 对"建立房屋租赁关系的出租人和承租人,应当依法议定租约"的规定,我们考虑,因公对私和私对公的租赁关系性质不同,"议定租约"只能适用于私对私的租赁关系,而公对私的租赁关系应用"签订租约"字样比较适当,建议应明确规定。(天津市房管局)

"建立房屋租赁关系的出租人和承租人,应当依法议定租约"。将"依法议定"改为"依法建立"或"依法订立"。因为房屋租赁双方的权利义务,都有相应的行政法规定,租赁双方必须遵守,没有什么议定的条款。(天津市中级法院)

3. 将"租约"改为"合同",因为民法(草案)其他各章中有的采用"合同",以求统一。(西北政法学院)

4. 租约最好采用书面形式来确定双方的权利和义务。将原文"租约不论采用什么形式"改为"租约应采用书面形式"。(西安市中级法院)

……采用口头契约易于使出租人与承租人双方发生争执,且事实难予查清,可否强调一般以书面契约为宜。(重庆市中级法院、法学所)

5. "……租约不论采用什么形式"中"不论采用什么形式"等字去掉,即"租约都必须明确规定双方的权利和义务"。(北京大学)

6. 应当进一步列出租约中必须载明的最低限度的权利和义务。租约应有见证人。(中央政法干校)

7.建议在本条末尾,加上"未依法定租约迁入者,均属非法,必须限期迁出",其原因是非法迁入,抢占房屋住宅的现象比较严重,所以发生这类问题,除因目前房屋住宅较紧外,也有一部分人趁房产部门管理上的某些问题,企图改善居住条件,如:以小换大、以坏换好、以远换近,等等。(吉林省建设厅)

建议本条再增加如下条款:"任何人欲行租赁国有、集体所有、个人所有的房产,必须取得出租人的同意,并签订租约。如发生强行租赁,经出租人交涉无效的,可以诉请人民法院依法裁决、令其迁出。"由于在目前房屋租赁中强租的案件是很多的,而且也是最难处理的问题,应在法律中有所规定,以便遵循。(辽宁省建设厅)

对第七条的意见:

1.一款"……将依照租约规定的房屋……交给……",改为"将依照租约规定的房屋在一定期限内交给……"。

2.主张将一款改为:"将合同规定的房屋交给承租人使用是出租人应尽的义务。"(西北政法学院)

3.将第二款"……致使承租人使用房屋受到影响的时候"改为"致使承租人使用房屋受到影响时"。(西北政法学院)

4.二款"由于出租人方面的原因,致使承租人使用房屋受到影响的时候……","受到影响"具体范围包括哪些,不明确。(杭州市房管处、中央政法干校)

第二款的规定,建议能够提得具体些,否则范围太广,执行时有困难。本款与第九条第三款有关联,更应提得具体些。(上海市房管局)

5.第二款关于赔偿责任的规定,建议都加上过错条件。(湖北大学)

"由于出租人方面的原因……如造成承租人损失的,还应负相应的赔偿责任"中的由于出租人的原因,应改为由于出租人的过错。(吉林大学)

6."由于出租人方面的原因……还应负担相应的赔偿责任",与第九条二款有相同意义,应删去,并入第九条最后一款,并作如下修改:"由于出租人"之后加"其他"二字;"还应负担相应的责任"的"还"字改为"也"。(长春市房管局)

7."由于出租人方面的原因……如果造成承租人损失时,还应负担相应的赔偿责任。"我们考虑到:我市旧有房屋仍占百分之五十左右,这部分房屋结构简陋,破烂不堪,多数超过安全使用年限,尽管我们采取一切措施,加强对房屋的维修,但因质量差,需修量大,仍然不可能完全避免造成承租人不同程度的微小的损失,例如隐蔽的漏水、漏电,承租人就可能要求赔偿损失,目前物资和财力都没有可能允许全部换装超龄水电管道线路。就是突然发生明显的水管破裂,龙头漏水,承租人反映需修,到派人整修换装时,必然有一个长短不等的时间过程,漏掉的水,按上述规定,亦应由出租人负责。甚至还有一些隐患,我们尚未发现,承租人亦未要求维修,突然发生平顶、门窗脱落,打烂瓶瓶罐罐等,出租人如要负责赔偿,那每年房管部门就将支出大量的赔偿资金,减少维修房屋的财力,有的同志还设想,为此,私房业主虽有少量多余空房,也怕出租,宁愿空置,不利于缓和住宅紧张状况。我们考虑到:第九条所规定:"出租人没有及时履行修缮房屋的义务,致使房屋毁损、倒塌,造成承租人或者第三人的人身、财产损害时,应负赔偿的责任"就已经是出租人的义务了。

我们建议,最好在目前的情况下,能将本条中规定的,由于出租人方面的原因……"如果造成承租人损失时,还应负担相应的赔偿责任"这一段话删掉。(重庆市房管局)

对第八条的意见:

1. 国家对租赁价格组成,应作统一规定。(禹县房管会)

租金使用应受同级财政部门监督,但租金结余,财政部门不应收回或挪用。(禹县房管会)

2. 二款"……原则上应当按月计算租金,承租人必须按月缴纳,不得拖欠"。"原则上"与"必须",措词的灵活和肯定应当统一起来。(上海市房管局)

3. 二款"承租人必须按月缴纳"租金,规定太死,可改为"承租人必须按期缴纳"租金。(西北政法学院)

4. 二款的"不得拖欠",是否可改为"不得拒付、少付或者拖欠"。(北京政法学院)

"……不得拖欠",是否加上"如有意拖欠者,属公房应加收滞纳罚金;属集体所有或私房应赔偿损失费"。(昆明市房管局)

5. 三款"租金的数额在房屋的使用性质、建筑条件、使用条件等方面改变的情况……"改变应明确指明哪一方,我们的意见,改为:"出租人或承租人取得出租人同意将房屋的使用性质……改变的情况下"。因为承租人乱改变是不合法的。(昆明市房管局)

建议在"使用条件"之后加上"以及租金标准"。(江苏省建设厅)

6. 三款规定"租金的数额在房屋的使用性质、建筑条件、使用条件等方面改变的情况下,应当由租赁双方协商调整……",其中"应当"用的欠妥,可改为:"租金的数额在房屋的使用性质、建筑条件、使用条件等方面改变的情况下,需要调整时,由双方协商调整"。(西北政法学院、北京大学)

7. "租金的数额在房屋的使用性质……改变的情况下,应当由租赁双方协商调整……",我们建议,是否可以考虑改为:"应当由租赁双方按有关规定调整"。理由是:当房屋的建筑结构、使用性质、使用条件改变后,调整租金的标准要遵循有关规定的幅度,可以避免出租人或承租人单方坚持己见,难以调高或降低,引起租赁纠纷。"租赁双方……调整"即包括有协商的意思,但这个协商必须是在有关规定的幅度以内。(重庆市房管局)

三款调整租金问题,建议改为"……应当由租赁双方按照国家有关房屋管理的政策法令进行调整……"。(天津市房管局)可否改为:"应当依照法律、法令和有关规定进行调整……"。(青岛市房管局)在"应当"之前加上"根据有关房屋租金标准和规定"一句,以避免调整时的争议。(杭州市房管处)

8. 三款租金调整问题,如属于国有房产,应当根据国有房产的租金标准或租约规定调整;属于集体所有或公民个人所有的房产,应当由租赁双方协商调整。(北京市房管局、黑龙江省建设厅)

私有出租房屋可通过双方协商调整,公有出租房屋,应按照有关房管规定调整,不是双方协商问题。(上海市房管局)

9. 第三款我们认为调整后的租金,起租日期应从房屋的使用性质、建筑条件、使用条件变更之日算起,在协商调整租金的过程中,承租人暂按原定租金缴纳,待租金调整之后,

再多追少补。(天津市中级法院)

一般应当从房屋条件改变之日起调整租金,对国有房屋应按有关法令执行;对集体和私有房屋,经过协商有异议者,可由司法部门调解或仲裁。(太原市房管局)

10. 三款"……在租金调整之前,承租人仍按原定租金缴纳。"对私有出租房屋来说,应补充限制私房房主高租剥削的内容。(上海市房管局)

11. 在一、二、三款后,增列一款:"因水灾或其他人力不可抗拒的原因,致使承租人对所租房屋无法使用在半月以上者,应由双方协商,适当减免不能使用期间的租金,不能达成协议时,可诉请人民法院裁决。"(长沙市房管局)

12. 在末款前,我们意见应增加"因房屋自然损坏,在修缮时,一般不停交房租,如因修缮时间较长,应由双方协商解决"。(郑州市房管局)

13. "承租人故意拖延不缴租金……"的"故意"可改为"承租人有经济能力,无正当理由拖延不缴纳租金"。因为对"故意"不同的人有不同的解释。(天津市中级法院)

14. "经出租人交涉无效的,可以诉请人民法院依法裁决",改为"经出租人反复交涉和有关部门协助调解无效的,可以……","依法裁决"后的逗点改用"句点",这样可以把当事人的作为与人民法院的作为分开。(天津市中级法院)

应当明确欠租纠纷主要由房产管理部门解决,责令交出房屋的权限主要属于房产管理部门,有严重违法情节的再移送法院。如果把欠租纠纷都移送法院、把责令交出房屋的权限全让法院行使,则势必增加法院负担,而且由于法院不熟悉这方面的业务,问题也难于解决。(法学所)

15. 四款中的"屡教不改"是否改为一再拖延或拖延不给,因屡教不改是刑法中的用语,为了避免与它混同,可否不用这类术语。(吉林大学)

第四款"对于情节严重屡教不改的"一句,我们认为这一句文词对本项规定的问题的性质来说,不够妥当,建议删去,改为"对于无特殊原因,故意长期拖欠租金的"。(西南政法学院)

16. 末句"责令交出租用的房屋",改为"责令限期交出租用的房屋"。(中央政法干校)

末句,可改为"酌情罚款,并可责令终止租约,交出租用房屋"。(兰州市公用事业管理局)

末句改为"可责令交出租用的房屋或赔偿因拖欠租金致使出租人在经济上受到的损失"。(天津市中级法院)

在第四款中,应说明出租人有权要求承租人退租。用此代替"并可责令交出租用的房屋"一句。(北京大学)

17. 四款"承租人故意拖延不缴租金……"我们原则上欢迎这一规定,但如承租人拒不交出租用的房屋,或者甘愿交出又无处迁让,这就不好执行了。根据武汉市过去情况,曾经有过对故意拖延不缴租金的承租人,经法院判决迁让,但我们一面责令迁让,腾空房屋,一面又要替他安排住房。因此,在目前房屋紧张的情况下,要执行这一段,还存在着困难。(武汉市房管局)

"……人民法院在判决偿还欠租的同时,并可责令交出租用的房屋",这在执行中我们认为是行不通的。因为欠租就叫他交出租用房屋,那别的人又怎么会给他房住呢?我们意见:可改为"加收滞纳罚金或进行其他适当处理"。(昆明市房管局)

18. 鉴于以下原因,建议删去第八条第二、三、四款,另组成第十一条:

(1)第七、九两条是单方面规定出租人的义务和责任;第八、十两条是单方面规定承租人的义务和责任,这样排列,在条文上既对称,表示的又非常明确是很合适的。但唯独第八条的一些词句的含义,带有双方共同应尽的义务和各自的权利,与第七、九、十条有不够对称的地方。

(2)租金是租赁关系中的主要问题,单独组成一条关于租金问题的规定是很必要的。

(3)建议另组成的第十一条全文(稿):

"**第十一条**　在房屋租赁关系中,应依照法律、法令的规定,评定租金和调整租金。

租金的数额,在房屋的使用性质、建筑条件、使用条件等方面改变的情况下,应当依照政策法令的规定调整或由租赁双方协商调整,在租金调整之前,承租人仍按原定租金缴纳。

定期或者不定期的租赁关系,原则上应按月计算租金,承租人应按月缴纳,不得拖欠。

承租人故意拖欠不缴租金,经出租人交涉无效的,可以诉请人民法院依法裁决,对于情节严重屡教不改的,人民法院在判决偿还欠租的同时,可以责令交出一部或全部房屋。"(长春市房管局)

对第九条的意见:

1. 一款"在房屋租赁关系中,除法律、法令和契约另有规定的以外,修缮房屋是出租人的义务"。应将其中"和契约"三字删去。因当前城市房屋紧张,承租人为了居住需要,不得不接受出租人的苛刻条件,除缴租金外,还得"自住自修"。这既违反我国《私人房屋暂行条例》中关于"房屋修缮,概由房主负责"的规定,又不利于对房屋的保护。如果明确租约规定修缮房屋由承租人负责也是合法行为,就会使许多不合法的租约变成合法,促使出租人在出租房屋时以"自住自修"为条件要挟承租人。(天津市中级法院)

2. 一款"……除法律、法令和租约另有规定以外,修缮房屋是出租人应尽的义务"的规定,有点过死。从有利保养和维修房屋出发,建议参照各地有关现行规定和习惯,适当予以修改。(西北政法学院)

3. 一款"在房屋租赁关系中……"的规定是必要的,但对出租人如因经济困难无法修缮,或者故意不予修缮时,为了保障房屋的正常使用和居住的安全,可否规定由承租人与出租人协商或者通过有关部门审查核准后代为修缮,其修缮费用在承租人应付出租人的租金内如数扣除。(重庆市、西安市中级法院,开原县人委交通建设科,长沙市房管局)

4. 建议增加这样的内容:"如房屋确有损坏时,而业主不在当地,又无代理人者,经当地机关出具证明,可由承租人垫款修理。所需非修理费用,经过当地居委会或政府部门证明,在租金项下扣除。修理时要本着节约合理原则。"(西宁市房管局)

5. 修缮范围,应予以原则规定,出租人负责修缮,保证安全,至于便于使用或美观等应由承租人负责。(兰州市公用事业管理局)

本条或第十条应规定有关零星修缮应由承租人负责的问题。(吉林大学)

"修缮房屋是出租人应尽的义务",是否只指大修,或者小修也包括在内,建议加以明确的规定。(湖北大学)

6. 二款"……保障正常的使用和居住的安全"可否改为"保障承租人(或者居住人)正常的使用和居住的安全"。(北京政法学院、北京大学)

7. 二款"保障正常的使用和居住的安全"应改为"保障居住的安全和正常的使用"。(长春市房管局)

8. 第三款关于赔偿责任的规定,建议加上过错条件。(湖北大学)

9. 第三款"……致使房屋毁损、倒塌……"所谓"毁损",是否包括房屋损坏漏雨?(上海市房管局)

10. 三款的规定,从爱护人民群众生命、财产出发,提出这样的要求是应该的。从长远来看这一规定是可行的。但目前在执行上有些困难。当前,我省和哈尔滨市由于修房资金、材料、劳动力不足,特别是住宅房租过低,达不到成本租金应包括的内容,以租养不了房,房屋失修的现象比较严重,有很多房屋应修而没有修。因此,在雨季,有的地区,不少房屋倒塌或漏雨,有些住户的衣物被淋湿或损坏。因此,目前执行这一规定是有困难的,建议在规定赔偿责任的时候,在提法上能适当考虑分寸。(黑龙江省建设厅、哈尔滨市房管局)

11. 第三款对出租人的责任规定得重了一些,因为房屋倒塌情况复杂,某些情况(如房屋陈旧)引起房屋倒塌,就不一定让出租人负什么赔偿责任。把这一款规定得详细些为好。(北京大学)

三款中规定,因出租人没有修缮房屋而遭致的损失,应负赔偿的责任。从我们实际工作中有以下一些情况:(1)在国有房产中往往房屋已发现危险,并已另行指定房屋,而住户借故拒不迁移,结果房屋倒塌造成损失;(2)私人房主确实无力修缮,早已告知住户迁移,并停收租金,结果造成损失。类似这些情况,可否在条文中作些补充。(太原市房地局)

三款出租人应负赔偿责任的规定要有个界限,如对应修房屋不作计划安排,不进行及时修理,或承租人申请不理,致使房屋倒塌,造成承租人或第三人的人身、财产损害时,就应负赔偿责任。如果是由承租人不爱护房屋或者经出租人通知暂时迁让一下,承租人置之不理,因而造成损害,就应由承租人负责。(武汉市房管局)

12. 三款"出租人没有及时履行修缮房屋的义务……"可改为"如果出租人有能力维修而拒不修理,或出租人自己无力修理而又拒绝承租人修理,因而使承租人或其他人生命财产造成损失时,除应负赔偿责任外,情节严重的,还应给予其他的法律处分"。(西安市中级法院)

三款"出租人……应负赔偿的责任",可否改为"……出租人……应负赔偿责任,情节严重的,还应当给予其他的法律制裁"。(北京政法学院)"情节严重的,并应负法律责任"。(上海市房管局)"造成……严重损害时,还应负刑事责任"。(长沙市房管局)

三款末句"应负赔偿的责任"改为"应负赔偿和法律责任"。(昆明市房管局)

13. 三款末补充"但因人力不可抗拒的自然灾害和承租人使用不当,致使房屋毁损、倒塌,造成承租人或者第三人的人身、财产损害时除外"。(青岛市房产局)

建议补充:"对于因遭受人力无法抗拒的自然灾害(例如雷电、台风等)而致使房屋倒

塌的除外"的内容。(江苏省建设厅、黑龙江省建设厅、兰州市公用事业管理局)

应补充:"由于自然灾害所造成的对出租人或承租人的损失,互不负担赔偿责任"。(杭州市房管处)

14. 还应加上"承租人发现承租房屋危险时,应及时向出租人反映"的规定。(昆明市房管局)

对第十条的意见:

1. 建议一款中"依照法令"字句去掉。(北京大学)
2. 一款"爱护和正当使用房屋是承租人应尽的义务"建议改为"爱护和正当使用房屋和装修设备是承租人应尽的义务"。(天津市房管局)
3. 建议二款(一)、(二)两项改为:
(一)损坏房屋、设备、附属物,或者私自拆改添建房屋及其装修设备;
(二)私自改变房屋用途。
本款原(二)、(三)、(四)项,改为(三)、(四)、(五)项。(杭州市房管处)
4. 建议二款(一)项中"添建"字句去掉。(北京大学)
5. 建议二款(一)项是否可以加上"毁灭"二字,即"(一)损坏、毁灭房屋……",这样,既可以维护出租人的财产,人为毁灭房屋要赔偿,又可以使承租人爱护房屋,从多方面防止城市房屋火灾。(重庆市房管局)
6. 二款(一)项中,建议加上"盗卖装修设备"的内容。(天津市房管局)
7. 建议增加:"一切装修设备和定、附着物(例如树木、花草、水井、假山等)"的内容。(江苏省建设厅)
8. 二款(一)项"损坏房屋……或者改变房屋用途"应改为"损坏房屋……或者私自改变房屋用途"。(上海市房管局、北京政法学院)并增加:对损害房屋及其装修设备,应负责修复。(上海市房管局)
9. "承租人不得有下列行为:……(二)没有正当理由空闲房间不用;""空闲"二字,执行时较难掌握。(上海市房管局)

二款(二)项,建议改为"留有空房不用"。(天津市房管局)

二款(二)项中"不用"两字删去。(长春市房管局)

10. 将二款(二)项去掉。(中央政法干校)
11. 二款(三)、(四)项是否可以合并?(湖北大学)
12. 二款(三)项"转租、转倒、转借、转让"的含义怎样解释。(昆明市房管局)

"转倒"与"转让"如何区别?(湖北大学)

"转倒"是指什么意思,不够明确。(广州市中级法院)"转倒"不知外地是否明白其意思。如系指出典、出售等,是否可以写明。(法学所)"转倒"是否属于倒买、捣卖?(吉林省建设厅)

将"转倒"建议改为:"转兑"。(辽宁省建设厅)

建议将"转倒"字句去掉。(北京大学)

应增加"转兑"的内容,因"转兑"公产的现象还时有发生,甚至不易处理。(吉林省建

设厅）

可否将"转让"改为"转卖"，更通俗易懂。（西北政法学院）

13. 二款（三）项内，在"转让"之后加"迁出"一项，更为全面。（长春市房管局）

14. 根据我省私自迁入的情况比较严重，建议在第二款（三）项中把不准私自迁入加进去。（黑龙江省建设厅）

15. 二款（三）项中"……私相交换"改为"……私相交换使用"为宜。（北京市房管局）

16. "或者私相交换"一词宜删去。近几年大城市为便利职工居住，减少交通拥挤现象，提倡职工、居民互换房屋，有些私房出租人也常以不同意承租人互换住房而无理阻拦，甚至以不同意换房为理由，要求收回房屋。（天津市中级法院）

"或者私相交换"六字可不要。单按权利来说要是对的，但按便利生产与工作来说有它是不利的，如果要的话可以加上："如承租人因工作与生产的需要与第三者交换使用所租之房屋时，出租人应积极协助，不得借故阻挠。"（北京市高院）

17. 二款（四）项中"其他"两字删去。（长春市房管局）

18. 三款"承租人有上述行为时"改为"承租人有上述行为之一时"。（长春市房管局）

19. 鉴于有些时候是由承租人的人为过失，如失火、屋顶放置笨重物品等损坏了房屋，或使用不当毁坏了安装设备。可否将第三款改为"承租人有上述行为及其他人为的过失损坏房屋时，根据具体情况……"（太原市房管局）

未提到承租人由于对房屋使用保管不当，发生损毁，焚烧房屋的，应当依照规定负责赔偿。（西安市房地局）

20. 三款"承租人有上述行为时，根据具体情况，承担赔偿损失、交出房屋和非法所得的责任"，建议改为"承租人有上述行为时，根据具体情况，由国家房地产管理部门或由司法部门责令承租人赔偿损失，交出房屋和非法所得……"。（天津市房管局）

21. 三款中"交出……非法所得"写得不明确。对于"非法所得"，应予没收，不应交给出租人。（中央政法干校）

22. 三款"……还应当给予其他的法律制裁"，可改为"……还应当承担其他的法律制裁"。（北京市房管局）

23. 三款"承租人有上述行为时……"建议增加："出租人得有权终止租赁关系"。（上海市房管局）

24. 建议增加这样的内容："租户如因使用上的需要，改修部分房屋、内部间隔、设备或内、外粉饰、油漆与装修，需要先报请房地产管理部门批准后，始能施工，其所需之材料及费用，均由租户自负，不得抵扣租金或其他取偿顶手。搬迁时，不得拆毁，一律为公有。"（南宁市房管局）

25. 在第十条中补充规定"承租人租用国家的房屋多，用房浪费的，应服从国家调整"。（天津市中级法院）

26. 我市住宅十分紧张，供求之间矛盾相当突出，经常发生未经出租人同意，私自强占住房的事件，破坏了房屋"统一分配、合理使用"的原则，但是占用后没有处理的法制依据，不好处理，在人民群众中造成不良影响，甚至有的说，"申请分配租用不行，还是先占到才能解决问题"。进而发生无房者的占房，住小房的占大房，住单间的占套间。仅市中心区今年1—10月份不完全统计,占房事件就发生119起,使我们工作十分被动。为此,我们建议,是否在租赁关系中增加:"承租人在未取得出租人同意,并办妥租赁手续,签订租约之前,不得先行强占房屋,否则出租人可诉请人民法院依法判决并勒令迁出。"但是有的同志又认为:这一条属于"租赁关系"章则之前,纳入这一章不一定恰当。其他一些同志又认为:这是当前人民内部矛盾中较为突出的矛盾,有必要提请中央考虑,纳入其他有关章则之内。(重庆市房管局)

对第十一条的意见:

1. 一款是否可改为"房屋租赁关系可以因为国家或集体需要、出租人自用、承租人退租而解除"。(北京政法学院)

2. 一款"因为国家建设需要"之后,应加"权利变动"一项。(长春市房管局)

3. 二款改为"国家或集体因为建设和其他需要……"。(北京政法学院)

4. 二款"……必须收回房屋解除租赁关系的时候"后面应加"承租人不得拒绝"。"应对承租人给予适当安置"后面应加"承租人不得对安排的房屋提出过高要求"。(昆明市房管局)

5. 二款最后加上"并给予必要的迁移费"。(中央政法干校)

6. 建议三款改为"公民确因居住拥挤困难,必须收回部分或全部房屋自用的时候……经过协商,改订租赁契约或解除租赁关系。"并增加:"不得强行逼迁"。(上海市房管局)

7. 三款"公民确实因为自用的需要",改为"公民确实因为自住的需要"。因为房子首先是解决居住问题。(天津市中级法院)

三款"公民确实因为自用的需要"可否改为"公民确实因为自己合理使用的需要",以防止房主过分的浪费房屋,或借口自用在撵走承租人后另行出租。(太原市房地局)

8. 建议在三款"公民确实因为自用的需要",之后增加"和出卖、权利变动的原因"。(长春市房管局)

9. 三款对出租人确实需要收回出租房屋自用时,应当事先通知承租人问题,可否对通知承租人迁走的时间期限作一原则规定,以便在一定期限内给承租人觅屋搬迁……(重庆市、广州市中级法院)应当规定"在×月以前"。(中央政法干校)我们初步意见是:一般出租人应在三个月以前通知承租人。(西北政法学院、北京市高院)

10. 三款"应当事先通知承租人,经过协商,解除租赁关系"建议改为"应当事先通知承租人,本着团结互助的精神,经过充分协商,加以合理的解决"。(湖北大学)

11. 三款经过协商很难办,主要问题在于承租人的住房安置。可否改为:"应当事先通知承租人,并找妥住用房屋后,解除租赁关系。"(青岛市房产局)

12. 三款"解除租赁关系"后应加"或另行议定租约"。(长春市房管局)

13. 建议增加:"租赁期满,原承租人有继续租赁房屋的优先权,出租人如因自住需要,收回房屋时,在承租人没有另外找妥住房前,不得撵承租人搬家"的内容。(江苏省建设厅)

14. 根据有些公民基于自用要求收房影响到国家或集体单位的生产或其他事业的实际情况,是否可以在本条中补充规定:国家或集体单位租用公民个人房屋,公民因为自用要求收回房屋、国家或集体单位腾房又有困难时,可由国家或集体单位协助公民另找房屋,对公民住房予以妥善安置,原租赁合同不一定解除。(西北政法学院)

15. 四款"应当通知出租人",改为"应当事先通知出租人"或"应当在×个月前通知出租人"。(中央政法干校)可改为"应于一个月前通知出租人"。(北京市高院)

16. 四款"……并且在办清退租手续后,解除租赁关系",建议改为"……并且在办清退租手续、腾交空房后,解除租赁关系"。(天津市房管局)

"……并且在办清退租手续后"应改为"并且在按规定法清①退租手续后"。(昆明市房管局)

17. 四款规定"退租手续",不够明确,是否可以不规定"退租手续"。(北京大学)

18. 建议四款加上"出租人或承租人不得借故不办理退租手续,否则,由此造成的经济损失,应当由责任者负责"。(天津市中级法院)

(二)对第二节其他财产租赁关系条文的意见

对第十二条的意见:

1. 第十二条"其他财产租赁关系是指房屋以外的租赁关系",是否指任何财产都可以出租?我们认为应规定一定的财产范围,如土地就不准出租,请加以明确。(广州市中级法院)

2. 其他财产租赁关系的规定必须符合党和国家的法律政策的内容。(北京大学)

对第十三条的意见:

1. 第十三条"依照主管部门规定的租赁办法或者双方约定的条件"中的"双方约定的条件",应改为"双方依法约定的条件"。(北京政法学院)

2. 十三条"……在租赁关系终止的时候,承租人把租用的财产交还出租人,出租人应当把押金退还给承租人。"一句,从字面理解,似乎承租人向出租人缴纳了押金即可不缴纳租金,即押金可以代替租金的错觉。写法上,可否加以修改一下。(重庆市中级法院)

3. 将"……承租人应当向出租人缴纳租金或者押金"可改为"承租人应当按照合同规定向出租人缴纳租金,如果合同有押金规定的还应缴纳押金",因为不是所有的合同都有押金规定。(西北政法学院)

对第十四条没有提出意见。

---

① 原件如此,或为"办清"之误。

附

中华人民共和国民法第三篇运输关系（1963年12月4日草稿）意见汇辑（一）

全国人民代表大会常务委员会办公厅法律室民法组　1964年2月27日

说　明

民法第三篇运输关系（草稿），是1963年12月4日试拟出来的，曾在小范围内向中央和地方的财经部门、交通运输部门等37个单位征求意见，这份汇辑是根据下列21个单位的意见整理的。

一、国家计划委员会、冶金部、商业部、中华全国供销合作总社。

二、交通部、中国民用航空总局、空军司令部航行局、上海铁路局、上海海运局、上海航运局、上海港务局、河北交通厅、辽宁交通厅、四川交通厅、北京交通局、浙江萧山县交通局、长沙市交通局、中国民用航空北京管理局。

三、科学院法学研究所、北京大学、西北政法学院。

一、有关总的方面的意见

1. 根据河北省情况，各条规定是适宜的、可行的，认真贯彻执行这些规定，对于改善运输关系，提高运输质量必将起巨大促进作用，因此，我们希望能够早日公布施行。（河北省交通厅）

2. 总的认为这些规定是正确的。（四川省交通厅）

3. 草案中有些规定与国际航海运输的情况不同。例如，第十三条向收货人发出货物到达通知，第十四条运送人的免责原则，第十五条的赔偿原则，第十八条、第二十一条及第二十二条的赔偿要求期限等，这些内容在国际运输方面都有特殊规定。因此，建议再进一步考虑：如果国际航海运输可以另行规定，不受民法"运输关系"一章的约束，则在条文中应予明确；否则，有关上述几个问题的条文应修改为概括性的规定，使国际航海运输也能包括进去。（交通部）

4. 经组织讨论，提不出修改意见，但在实际工作中碰到以下一些问题，请研究：

（1）我县在水利建设中开掘了大量的人工河道，不仅解决了水利问题，而且绝大部分成为主要的通航河道，加快了物资运输，节约了流转费用。但有一部分生产队利用天然的和新开的主要通航河道，养殖水生作物，在轮船驶过时，借口搞坏作物，鱼箔磨损，河床塌陷，有的还讲："河道是俺开的"等等，用泥土、石块抛扔，甚至扣留轮船，殴打船员和旅客，不准轮船通过。

(2)在搬运上有部分生产队土地被国家征用建造工厂,借口土地减少,生活困难,也有的借口搞副业增加收入,争夺搬运业务,使专业搬运工人生活没有保障。

我们意见:第一,在水利建设中新开掘的河道所有权问题应该明确,属谁所有。第二,在主要通航河道内禁止种植水生作物及建筑物,如生产急需必须通过当地交通主管部门同意,采取有效的安全措施,符合航行的要求。水上运输是国家交通经济命脉,任何部门都不得借故扣船、殴打船员,妨碍航行安全的行为。第三,凡未经工商行政登记者,任何企业单位、农村生产队都不得经营、兼营联运、搬运、运输等一切业务。对个别生产队土地被征用后,生活确实困难以及农闲搞副业增加收入,都必须通过有关部门统筹安排,不能擅自争夺专业部门的业务。(萧山县工业交通局)

5.民法条文对运送人、旅客间发生的运输关系只作原则的规定,有关的具体规定需要其他法则中制定,如在航空运输方面有《中华人民共和国航空法》和《航空客货运输规则》等。为此,建议在民法中授权有关机构制定颁发,以便运送人与托运人、旅客共同遵守。(民航总局)

6.远洋运输、铁路国际联运、国际航空运输都属国际运输范围,应按照我国参加的有关国际法和协定办理,不适用本章的规定。此点是否也应在民法中明确,以免在国内处理有关国际运输事项时国内法与国际法在权责方面的不一致而发生争执。(民航总局)

7.我国民用航空除担任运输任务外,每年都担任大量的农业、探矿、护林、摄影等专业飞行任务,在执行任务中同样发生财产流转关系,但在运输关系中不好包括,请考虑是否能在民法的其他篇章中适当反映这一情况。(民航总局)

8.有些词句需要统一起来,如运输企业与交通运输企业,交运与托运等。(空军司令部航行局)

二、建议增加条文的意见

1.为了加强运输市场的统一管理,第一节补充一条:"实行三统管理:统一调度、统一货源、统一运价。"(河北省交通厅)

2.为明确责任,确保安全,应有运货人、托运人对运输货物当面检验的规定。(中国民用航空北京管理局)

3.自然灾害及事故造成的紧急运输,如运送医药和救生物资为政治性的紧急任务,应简化手续优先运输,但对所发生的运输费用结算应有明文规定,是由有关部门负担还是运输主管部门向国家报销,要有个原则的规定以为依据。(中国民用航空北京管理局)

4.关于邮件的运输问题是否需要作一些规定,请予考虑。(空军司令部航行局)

5.运输关系涉及国内运输和国际运输,这两种运输是有区别的,参加或者未参加国际运输协定也有区别,关于国际运输关系问题,是否需要写,很没有把握,请予考虑。(空军司令部航行局)

6.建议根据原则规定授权各地运输主管部门制定实施细则。(长沙市交通局)

7.在整个运输工作中,不仅存在运、托双方关系,也存在运送人与运送人之间的关系,如海、航、公、铁等业务部门之间的关系。正确处理这些关系，对促进整个国民经济和协调运输关系有很大好处，建议本章最后专列一节，对运送人与运送人之间的关系，制定相应的条款。至于应订些什么条款，建议由中央有关部门考虑为宜。（上海铁路局）

8. 民法（草稿）中仅列入全民所有制的运输企业、集体所有制的运输企业和个体运输业者几个部分，但目前我国许多工业企业中都设有工业铁路运输，除担任本企业生产原材料和产品的运输业务外，还担任若干其他企业的运输业务，对这一部分运输的运送人和托运人的相互关系，也似应以明文列入民法。我们的意见似应增加一条或一项：

"非交通运输企业的全民所有制企业的运输部门，在不影响本身运输任务的条件下，应当发扬社会主义协作精神，对位于企业运输网内的其他企业的运输业务，尽可能给予方便与照顾，积极承担并完成其委托的运输任务。

委托人应按照运送部门的规定，提编运输计划和支付费用，并应承担因本企业运输量的变化所引起的一切投资和需要增添的运输设备。"（冶金工业部）

9. 对城市公共交通的运输关系没有反映在内。（北京市交通运输局）

10. 对托运人的权利义务、保护事项有规定，对运送人的权利义务及保护事项没有规定。（北京市交通运输局）

11. 海损事故调查处理赔偿的原则，本章没有规定，请在草拟第三篇"损害赔偿关系"时，一并考虑，以免遗漏。（交通部）

12. 目前有的运输规章上有"留置权"的规定，这种权利是什么性质，怎样行使，在民法中应予明确。建议在适当章节中加以规定。（交通部）

13. 第一节内可否考虑增加一条"全民所有制的运输企业，应在国家规定分工范围内，经营货物运输或者旅客运输业务，不得超越分工范围，破坏运输秩序"。（上海港务局）

14. 对旅客运输部分建议增列：

（1）运送人对运输旅客的交通工具（客货班轮客车）必须贯彻"安全第一，准点运行，以客为主，方便旅客"的方针。运输工具的一切设备如各等客位行李包裹的放置……等力求齐全，又要符合安全的要求。

（2）经营旅客运输业务的运送人，应经常改进工作，在交通工具互相衔接的情况下，可根据需要和可能开办水路与铁路、公路、民用航空的旅客、行李联运业务为旅客旅行创造便利条件，旅客按规定交付联运部分的有关费用。（上海港务局）

15. 在第一节运输关系的概念和原则中，建议增加有关原则性的一些条款，如关于运输计划应明确以运送人上级主管部门批准的运输计划，作为双方共同遵守的依据，又如发生货物赔偿问题，应明确以货物交付地点为理赔的依据，以便与第二、三节前后相呼应。（上海海运局）

三、有关条文的意见

对第一条的意见：

1. "运送人"改为"承运人"比较确切和符合惯例。（长江航运管理局、交通部、河北省交通厅、北京市交通运输局）

2."托送人(包括发货人、收货人或者收件人)"似应增加"发件人"以区别发出货物的发货人。(空军司令部航行局)

3."托运人(包括发货人、收货人或收件人)"的提法不妥,因为收货人、收件人不一定都是托运人。(法学研究所)

4.第一句实际上是受了财产流转关系这一概念的拘束,并没有说明运输关系的实质。旅客运输很难说是财产流转,因这是人的流动,而不是财产的转移。(法学研究所)

5.定义中所称"财产流转关系",对旅客运输来讲并不够恰当,建议改为"各种经济关系"。(交通部)

6."……所发生的财产流转关系……"一句中的"财产"两字可以删去。(国家计委)

对第二条的意见:

1.本条规定的是运输企业本身的方针、任务,是否需要写进来,值得考虑。(法学研究所)

2.考虑到运输业在军事上和国防上的重要作用,强调一下巩固国防似有必要,建议改为:"……为发展工农业生产、繁荣国民经济、活跃城乡交流、巩固国防、便利人民生活服务。"(上海铁路局)

3."……便利人民生活服务。"我们认为含义较狭,运输企业应广泛地为人民生活服务。是否将"便利"二字改为"及"人民生活服务,较确切。(上海港务管理局)

对第三条的意见:

1.按照本条运输企业必须实现计划运输的原则,我们意见:集体所有制的运输企业也应当建立和健全计划运输制度,同时应明确规定集体所有制的运输企业,必须严格执行国家运输政策,在当地人民委员会和国营运输企业的领导下,把运输纳入国家"统一"的计划轨道,积极完成承担的运输任务。(辽宁省交通厅)

2.文首规定"运输企业必须实行计划运输的原则"。我们体会,计划运输是我国社会主义计划经济在运输方面的客观要求和反映,运输关系既是运托双方的,则计划运输的体现也有赖于运托双方的互相监督与执行。简言之,就是运送人和托运人都必须有计划地在组织运输,计划运输才能得到保证。建议改为"运输企业和托运人都必须实行计划运输的原则"。并在具体条文中申述此意。(上海铁路局)

3."积极完成承担的运输任务",拟改为"积极完成本企业所承担的运输任务"。(北京市交通运输局)

对第四条的意见:

1.运输"安全"应放在首位,第四条改为"……安全、及时、准确和经济的原则"。(中国民用航空北京管理局、空军司令部航行局、上海铁路局)

2.第三、四条是从运输企业出发的,是否可以从运输关系的角度来写,把承运人和托运人都包括在内,事实上这两项原则运输业自然应当坚持,托运人特别是国营企业也应当遵守。(法学研究所)

3.本条改为:"运输企业必须坚持及时、安全、准确、均衡和经济的原则。

运送人和托运人应当按照货物的流量、流向和运输能力、收发货人的装卸车能力,组织合理均衡运输,根据需要与可能,采用直达或者联运的方式……"

理由:目前铁路运输还不够均衡,忽多忽少,波动很大,影响收发货单位合理组织装卸车的作业能力。此外,在组织直达运输方面,因往往只考虑了运输能力而忽略了收发货人,特别是收货人的卸车能力,以致到达后不能迅速卸车而造成大量车辆的长期待卸、积压。因此,铁路运输有必要设法做到均衡运输,并根据收货人的卸车能力,在可能的条件下,合理地组织直达运输。(冶金工业部)

4. 第一款建议修改为"运输企业必须坚持安全、优质、及时、经济的原则"。这样,对于"安全质量第一"、快速运到和费用低廉等方面,照顾较全。第二款建议改为:"承运人和托运人应当按照货物的流量、流向、运输方式、运输能力和国家规定组织合理运输……"(交通部)

对第六条的意见:

建议在"不得擅自更改"之后,增加"或巧立名目增加附加费用等"内容。(供销总社)

对第七条的意见:

1. "国家严格禁止争夺货源,哄抬运价以及其他破坏运输秩序的非法行为"这个规定,不仅个体运输业者应当遵守,凡是有车单位从事社会流通过程运输时,都应当遵守,因此单列一条较好。(河北省交通厅)

2. 我们意见拟改为"……国家严格禁止争夺货源,哄抬或降低运价以及其他非法破坏运输秩序的非法行为"。(上海港务局)

对第八条的意见:

1. 不明确。从条文上看,好像非交通运输企业的单位,只要服从运输主管部门的统一安排和遵守有关的交通运输规章制度,就可以经营运输业务。这不是说国家机关、国营企业、事业单位,在一定条件下可以做运输生意赚钱吗?看来是不妥当的。"社会流通"的含义不明确。(法学研究所)

2. 目前商业部门有一部分运输工具,运输本系统的货物,不直接从事系统外社会流通过程的运输,建议把"非交通运输企业的单位,以自有的运输工具参加社会流通过程的运输……"改为:"非交通运输企业的单位自己掌握部分运输工具,主要运输本系统的货物,如果承担系统外的社会流通过程的运输……"。(商业部)

3. 现在还有人民公社马车参加运输问题,在第八条内应考虑提出。(北京市交通运输局)

4. "……以自有的运输工具参加社会流通过程的运输",建议改为"以自有的运输工具参加本系统以外的社会流通过程的运输"。因为,运输自己的物质,交通部门不应限制。(供销总社)

5. 拟增加"必须事先按参加航区的交通运输主管部门有关规定提出月度运力计划,核准后执行统一分配任务,统一运价费率和商务手续"的规定。(上海海运局)

对第九条的意见:

1. "任何一方违反计划"一句,拟写明违反货物运输计划。(空军司令部航行局)

2. 第一款中"……把托运计划综合后",改为:"……进行综合平衡……",第二款"……及时托运货物……"改为"……及时交运货物……"(辽宁省交通厅)

3. "……运送人应当根据货物的合理流向和运输能力,把托运计划综合后,编成货物运输计划"改为"……运送人应当根据国家政策、货物的合理流向和运输能力,把托运计划综合平衡后,编成货物运输计划"。这样使运送人在编制运输计划综合平衡时,不仅要掌握货物的合理流向和运输能力的可能,而且更要符合国家方针政策。(上海铁路局)

4. 第二款最后规定"任何一方违反计划,都应当按照规定承担罚款责任",这个问题对国家计划的贯彻关系很大,但目前对于是否采取罚款办法,各方意见分歧。因此,建议作专题研究,妥善解决。(交通部)

5. 拟增加"托运人对填报货物的品名、数量、重量不得虚报"的规定。(上海海运局)

对第十条的意见:

是否再加一款或另列一条:"货物在运到目的地向收货人发出通知前,所有权属托运人,托运人有权支配货物;但在运送人向收货人发出通知后,货物所有权即转移给收货人,收货人有权支配货物。"以明确货物在运输中支配权的转移,也便于在发生问题时运送人和货物的支配人联系。(民航总局)

对第十一条的意见:

1. 托运人交运货物,应当按照规定的标准包装完整,增加:"按件或按重量点交……"

凡是没有按照前款规定进行包装的货物,或"无人点交时",运送人有权拒绝承运。(长沙市交通局)

2. 同意这条规定,但这一问题涉及生产、运输、供销三个方面,首先在生产方面,建议对生产部门的要求,在条文上加以补充规定。(商业部)

3. "……应当按照规定的标准包装完整",建议改为"……应当按照国家规定的标准包装完整"。此外,本条还应增加"对于有些不能进行包装的货物,如耕牛、毛竹、木材等,运送人不应拒绝承运"的内容。(供销总社)

4. 在"……以保证货物运输的安全"之前可加上"运送人应选用适用的运输工具装运"一句。(国家计委)

对第十二条的意见:

1. 补充:"情节严重者,还应受到刑事处分。"(河北省交通厅、中国民用航空北京管理局、长江航运管理局)

2. 没有提到引起人员伤亡,如何处理。根据我省情况,载货汽车不附搭旅客,问题不大,但有客货轮系客货混装,如发生事故将引起人员伤亡,因此建议在这一条上增加:"情节严重或影响人身安全,应受到刑事处分"。(四川省交通厅)

3. 只规定违章拖运危险货物造成损失的赔偿责任,但未规定违章拖运危险货物行为本身就应当按规定受到处分(如罚款或其他行政处分)。(法学研究所)

4. ……如果故意隐瞒或者没有正确说明货物的性质以及违反危险货物运输的其他规定,增加"而造成货物、运输工具损坏或人身伤亡",应当承担赔偿(改为全部)责任。(长

沙市交通局）

5. 运送人必须按照有关规章制度认真进行运输、装卸操作，如果违章作业造成损失，应当承担赔偿责任。（商业部）

6. 本条应分两种情况区别对待：第一，凡是违反危险货物运输规定而造成他人财产损失时应负赔偿责任；第二，如果违反危险货物运输规定，虽然未造成他人货物损失，亦应进行适当罚款。（北京大学）

7. 最后一句"应当承担赔偿责任"之前，似应参照第二十三条，加上"造成运送人或者第三人的损失或者伤害"一语。（北京市交通运输局）

8. "……应当承担赔偿责任。"因危险品发生事故不但经济造成损失，有时甚至危及人身安全，因此不单承担经济赔偿责任，尚须承担法律等其他责任。建议改为"……应当承担由此而发生的一切责任。"（上海港务局）

9. 在"如果故意隐瞒或者没有正确说明货物的性质以及违反危险货物运输的其他规定"之后，建议加一句："由此而引起的一切损失……"。（上海海运局）

10. 为了确保安全，防止货物和行李中夹带危禁品，在第十二条中是否再加一句"必要时，运送人有权查看货物内容"。（民航总局）

对第十三条的意见：

1. 增加："运送人将货物运到指定地点后，如找不到收货人，应通知托运人迅速处理。在货物规定保管期限内，托运人有权处理货物。"（空军司令部航行局）

2. 第二款增加："如果超过保管期限货物变质毁损，运送人不负责任。"（长沙市交通局）

3. 为了促进运送人及时运送货物，防止由于运送人工作上的过失而超过规定期限，建议补充规定运送人延误时间所承担的责任。（商业部）

4. 第三款"……应当在规定期限内保管"改为"……应当在规定期限内负责妥善保管"。（商业部）

5. 建议增加收货人自卸车船时，不得积压运输工具的规定。这是鉴于在当前实际工作中，有些收货人在自卸车船时，只考虑本身的工作条件，对如何帮助运送人加速车船的周转，提高设备利用率方面注意不够。规定了"不得积压工具"一点，对收货人的工作是有促进作用的。（上海铁路局）

6. "……将货物送到指定地点"后增加"如果超过规定的限期，运送人应当向收货人支付规定的延期费用并承担因此所引起的一切直接和间接损失的责任。……"

理由："延期罚款"在铁路货运规程中已有规定，但仍有必要在民法中确定下来，另外鉴于因货物送运延期，往往给收货人造成极大损失，非收些许延期费用所能补偿。因此，为了促进交通运输企业能够做到按规定期限运到货物，有必要加重其责任。（冶金工业部）

7. 第二款"如果超过保管期限的"，建议改为："如果超过规定保管期限的"。（交通部）

8. 建议增加"如遇特殊情况，收货人不能及时提取货物时，收货、运送双方可以通过协议解决"的内容。（供销总社）

9. 第三段"……超过规定期限,仍然无法交付的货物,有权按照有关规定处理。"拟请在此条文后面增加"处理后的货物,不足抵付运费及港口费用时,应由发货人负责补偿"。(上海港务局)

10. 拟对规定的期限增加"一般货物按照规定的运到期限期满后二十天尚未运到,易腐货物于规定运到期限届期之日尚未运到,托运人或收货人可以认为该项货物业已灭失,提出赔偿要求,并可以声明保留该项货物的领取权",借以加强承运人的责任。(上海海运局)

11. 在第二款后可否再加一款"运到的货物外部包装良好,没有碰撞损坏或盗窃的痕迹,运送人对内部货物的数量短少,重量不足和质量变坏或性能失效等不负责任",因为运送人在接受货物时对货物质量是否完好与内容是否与托运人所报相符不负检查鉴定的责任。(民航总局)

对第十四条的意见:

1. "……自签发承运凭证时起……"改为"自货物起运时起至运到目的地交付收货人止,负保管完整的责任……"(长沙市交通局)

2. "二、货物本身的自然性质"、"三、托运人的过失"这两句含义不够确切,也过于笼统,执行中容易产生不同理解,建议加以修改充实。(商业部)

3. 补充:"运送人和托运人议定有些货物由托运人押运,而不属于运输责任的损失,免除运送人的责任。"(辽宁省交通厅)

4. "……由于下列原因造成的灭失、毁损"后增加"减量"。(下同)

理由:认为"灭失"似乎意味着全部货物的消灭或丢失,而"毁损"也似乎意味货物的"毁坏",不能包括整批货物重量的减少,为了更明确,似应增加"减量"字样。(冶金工业部)

5. "灭失"一词,改为较通俗易懂的词,十五、十六、二十一条同。(北京市交通运输局)

6. "毁损"一词,建议改为"损坏",以便与现行规定用词一致,第十五、十六条同。(交通部)

7. 第一款关于运送人对承运货物的负责期限,规定"自签发承运凭证时起",还不够完备。事实上,运送人签发承运凭证时,货物已经由运送人接收并已在他的保管之下。因此,建议改为:"自收受的时候起"。(交通部)

8. 一、二两项是否应规定具体些;第三项,由于第五、第九、第十三条对托运人已明确了责任范围,建议取消。(供销总社)

9. 关于"……由于下列原因造成灭失、毁损、免除运送人的责任"中除原列三条原因外,希增加"四、政府命令。五、军事行动。"(上海港务局)

10. 对"人力不可抗拒"的具体范围,建议予以明确列举以利分清责任。(上海海运局)

对第十五条的意见:

1. 本条所指的价格,是起运地还是到达地价格,是零售价还是批发价,不甚明确,为了避免处理问题时发生纠纷,建议作如下修改:

(1)灭失的,按货物当地的批发价格赔偿。

(2)毁损的,按货物当地批发价所减低的价格赔偿。(四川省交通厅)

2."二、毁损的,按货物所减低的价格赔偿",拟改为"二、毁损的,按货物因毁损减低价格所受的损失赔偿"。(北京市交通运输局)

3."货物发生灭失、毁损按照下列原则赔偿:"不够确切,可改为"由于运送人的过失致使货物发生灭失、毁损时,应按照下列原则赔偿:"。(西北政法学院)

4.货物发生灭失,如属国家调拨的货物,我们认为可按批发价格赔偿。(供销总社)

5.本条货物发生灭失、毁损赔偿价格,拟请明确"以货物交付或运到期限满期日,到达港当地的国营企业供销部门的调拨价或批发价为准,发货人、收货人已缴纳的运杂费概不退还。如到达港没有上述价格标准时,可以根据起运港当地调拨价或批发标准时,可以根据起运港当地的调拨价或批发价加已缴纳税款、实际支出、运杂费赔偿。赔偿价格不能确定时,可以邀请鉴定人鉴定"。(上海海运局)

对第十六条的意见:

1.联运货物发生灭失、毁损,规定先由终点站(港)的运送人赔偿。考虑到有时联运货物在未运出前或在运输过程中,还没有交第二运送人之前就发生了灭失、毁损。在这种情况下,由终点站(港)运送人先行赔偿,似乎不尽合理。(空军司令部航行局)

2."再向有责任的运送人清算"之前,应加主语"终点站(港)的运送人"。(北京大学)

对第十八条的意见:

1.一百八十元是从收费时算起还是货物到达时算起应当明确。(中国民用航空北京管理局)

2.没有明确从哪一天算起。另外还应当明确一下答复赔偿要求和提出诉讼的期限,以保障运送人和托运人的合法权益。(空军司令部航行局)

3.是否应明确赔偿要求有效期限的起算日期。(民航总局)

对第十九条的意见:

1."……应持有规定的客票。"改为:"应持有规定的有效期间的客票"。(长沙市交通局)

2.第一款中"给旅客以必要的便利和舒适"和第二款中的规定是属于应当尽可能做的事,不宜作为运送人的义务用法律形式固定下来。(北京大学)

3.第一款"给予旅客以必要的便利和舒适"之规定是否有些过高,可否将原话改为:"在可能的情况下,给予旅客以必要的便利和舒适"(西北政法学院)

4."舒适"两字可以删去。(法学研究所)

5.旅客运输一节中,没有提到军事运输。我们意见军运也应按这个办法执行。建议在本条内(或另加一条)加上"有关军事运输,在非战争时期适用本办法"。(长江航运管理局)

对第二○条的意见:

1."患有传染病足以危害其他旅客的"改为"患有严重的传染病……"这样可避免误解为凡是有传染病的就拒绝乘车。(北京大学)

2.第二款"精神失常无人护送的"在我们实际执行中,精神失常的病患者,即使有人护

送往往仍足以危害影响其他旅客,故我们对精神失常病患者是作为拒绝运送范围的。(上海海运局)

对第二一条的意见:

1. 从保证运输安全和防止超载方面考虑,随身携带的物品应当有所限制。(空军司令部航行局)

2. 旅客托运行李和免费携带随身应用物品,若无重量限制,会使车辆超载过重,影响安全。建议改为"旅客凭有效客票,可以按规定向办有行李运输业务的运送人,托送行李和免费携带随身应用物品"。(四川省交通厅)

3. "随身应用物品"改为"随身物品"。(北京大学)

4. 第一款第一句改为"旅客凭有效客票可以按照规定免费携带随身应用物品或向办有行李运输业务的运送人托运行李。……"(辽宁交通厅)

5. 第一款"……和免费携带随身应用物品",建议改为:"和按照规定免费携带随身物品"。(交通部)

6. "免费携带随身应用物品"改为:"免费携带不超过规定数量的随身应用物品"。(中国民用航空北京管理局)

7. "适用本章第二节货物运输的有关规定"可改为"一百八十天",这样可省略文字,也免得再查阅。(北京大学)

对第二二条的意见:

本条可移到第二节货物运输部分去。(北京大学)

对第二三条的意见:

1. "情节严重的,还应当受到刑事处分",拟改为"情节严重的,还应由司法机关另行依法处理"。(北京市交通运输局)

2. "随身携带的应用物品"句中,建议取消"应用"两字。(交通部)

3. 加"必要时,运送人有权查看旅客托运的行李和随身携带的物品"。(民航总局)

对第二四条的意见:

1. "旅客在运输过程中受到的伤害"改为"旅客在运输过程中由于运送人的责任受到的伤害"。另外,应说明海洋运输另有规定。(北京大学)

2. 城市公共交通的损失、损害问题,也应考虑列入。(北京市交通运输局)

3. 本条规定运送人对旅客伤害与保险的关系,其中有以下两个问题:

(1) 运送人的双重责任问题:现行的旅客强制保险是意外保险,自从由运送人接办保险以后,实际上负了双重责任,即既负担运送人所应负的责任,又负担原来保险人应负的责任。原草案的规定,对上述双重责任的表达不够明确。

(2) 最高赔偿限额问题:原草案后段规定,"运送人没有办理保险业务的,按照……损害赔偿关系的有关规定承担赔偿责任"。损害赔偿的一般规定没有最高赔偿限额,对于旅客伤亡赔偿的处理,困难较多。

因此,建议本条修改为如下两条:

(1)旅客在运送中由于运送而遭受人身伤害或者死亡,由承运人负责赔偿,但是,不是由于承运人的过失所造成的除外。

(2)承运人对旅客伤害或者死亡的赔偿,如果实行旅客保险制度的,赔偿的最高限额,按照保险的规定处理;如果不实行旅客保险制度的,应当根据本法第三篇第×章损害赔偿关系并参照保险的规定办理。(交通部)

中华人民共和国民法第三篇劳动报酬关系和福利关系(1963年11月7日试拟稿)意见汇辑(一)

全国人民代表大会常务委员会办公厅法律室民法组　1964年2月27日

说　明

民法第三篇"劳动报酬关系和福利关系(试拟稿)",是在1963年11月7日拟就的,之后曾向中央机关、政法部门和政法院校等31个单位征求意见。

到1964年2月为止,已有17个单位提出了意见,这个汇辑就是根据他们的意见整理的。这些单位是:国务院工交办公室、国务院农林办公室公社组、劳动部、中华全国总工会、中华全国手工业合作总社、中华全国供销合作总社、国家科学技术委员会发明局、国家计划委员会劳动工资局、中国科学院经济研究所、中国科学院法学研究所、北京大学、北京政法学院、湖北大学、西北政法学院、西南政法学院、北京经济学院、北京市劳动局。

一、有关总的方面的意见

(一)从总的文稿来说,写得简单扼要。内容基本上概括了现行的全民所有制和集体所有制单位对职工或社员的劳动报酬的关系。

该文稿的缺点是对全民所有制和集体所有制单位的福利关系方面,阐述得比较少而且内容不全面。根据文稿作者的意图看来,从第一节到第二、三节,都是要叙述两个方面的关系:即劳动报酬关系和福利关系,但是作者只是较多地阐述了前一方面,而相对地说,忽视了后一方面,或者说只是笼统地叙述一、二句。实际上,福利关系在我国现行的分配关系上是甚为重要的一个组成部分。而且随着今后生产发展后,福利的比重将愈来愈突出。支配福利关系的原则并不是按劳分配原则,作者在第一节所叙述的概念和原则都没有对福利关系的原则,明确地提出。就第二、三节所涉及叙述福利关系,也仍然过于简单,并未能全面反映这方面的关系。(中国科学院经济研究所)

(二)有人认为这一章(尤其是第二节关于全民所有制单位的劳动报酬和福利)规定得过于简单,多半是一些原则,难以作为处理实际问题的依据。希望能再具体一些。例如,特殊情况下的工资支付办法等,最好规定进去。(北京经济学院劳动经济系)

(三)本章共列有四节,其中第一节是关于概念和原则的规定,第二、三、四节是具体规定。但第一节的概念原则没有包括第四节的内容,因此不相配合。这个问题,修改时可考虑(西南政法学院民法教研室)

（四）我们觉得本稿有关我国工资政策写得较少，建议结合我国经验，结合反对修正主义增加工资政策方面的内容。条文规定较原则，建议写具体一些，例如稿酬部分就显得很不够，第二节和第三节也应该再具体些。文字上有些地方可以省略，如"全民所有制单位和集体所有制单位"字样就显得重复太多。（北京大学）

二、有关范围问题的意见

（一）"试拟稿"中除了规定全民所有制单位和集体所有制单位与个人间的劳动报酬关系而外，是否还须对个人与个人之间的劳动报酬关系有所规定？例如私人雇佣保姆、个人行医和从事理发、修理、缝补等服务性劳动等。（劳动部）

（二）除去全民所有制和集体所有制单位的职工和社员以外，还有个体劳动者的劳动报酬关系问题，如个人开业的医生和他的助手之间、雇佣劳动者的劳动报酬关系问题，是否也应作出规定？（国家计委劳动工资局）

（三）第二节对于女工和未成年工人的特殊福利问题是否应加以明确规定。（北京政法学院民刑法教研室）

（四）有些教师认为劳动报酬关系和福利关系，在社会主义法律体系中，应该由劳动法来调整，不应该由民法来调整。理由是：在社会主义制度下，劳动报酬和福利关系虽然也包含着财产关系，但是和一般的财产关系不同。这种关系是社会主义劳动关系的一个重要方面，它是由于公民参加社会劳动、加入了某一个劳动集体而发生的，因此，它和劳动关系的其他方面，如，劳动合同、工作时间、劳动纪律、劳动保护等密切联系，不可分割。如果将劳动报酬和福利关系单独分出来由民法来调整，势必割裂了劳动关系的完整性。正因为如此，所以其他社会主义国家都将这方面的关系和其他劳动关系一并列入劳动法中，而不将其包括在民法之内。在社会主义国家的法律体系中，劳动法已是一个独立的法律部门，多数国家已经制定了统一的劳动法典。少数国家采用单行法规形式。我国现在虽然没有统一的劳动法典，但是建国以来，政府陆续颁布了不少的有关劳动关系的单行法规（其中包括劳动报酬和福利方面的），事实上已经形成了一个独立的劳动法部门。同时，解放以来，无论在法规汇编或学术研究中，我们也都未将劳动报酬和福利关系列为民法的内容之一。根据以上理由，这些同志认为在我国民法中最好不列入有关劳动报酬和福利关系这一章，而将这方面的规定和劳动关系其他方面的规定结合起来，另外制定一部"中华人民共和国劳动法"。他们认为制定一部劳动法，对于正确处理职工的和社员的劳动关系，从而进一步调动全体劳动者的生产积极性、加速我国的社会主义建设，具有非常重要的意义。同时他们还认为制定劳动法的条件目前也基本上具备了，因为建国十四年来，我们在调整劳动关系方面已经积累了不少的经验，而且也颁布了不少的单行法规。如果我们能系统地总结一下过去的经验，并根据当前的情况，将现行法规加以分析、整理、修正、补充，一部包括劳动关系基本规定的劳动法也不难制定出来。

另一些教师认为如果从保护职工和社员收入的角度出发，在民法中列入劳动报酬和福利问题的规定也是可以的。但内容不要过于全面，主要应规定企业单位应按照国家规定的标准付给职工劳动报酬和福利待遇，不得拖欠工资或任意扣除工资等，至于其他问题

可以由劳动法详细规定。(北京经济学院劳动经济系)

(五)福利关系是否规定在民法里,值得进一步考虑。由于福利关系带有按需分配的共产主义因素,规定了是有好处的。但是,福利措施在全民所有制单位、集体所有制单位各有不同,而且像福利补助费用等并不直接对职工产生权利与义务。要获得补助,还需要经过自报了公议、一定组织批准等手续。看来,同劳动报酬规定在一起,似乎也有些问题。(法学研究所)

(六)关于劳动报酬和福利关系的范围,草案中只是指全民所有制单位和集体所有制单位对职工或者社员的劳动支付报酬,和给予各种福利待遇所发生的财产流转关系,至于国家给予其他公民的社会救济,或者因社会保险而发生的财产流转关系,草案中没有明文规定。(湖北大学)

三、有关第一节总的意见

在第一节劳动报酬关系和福利关系的原则中,我们认为还应加上以下四条原则:
(1)政治挂帅与物质鼓励原则。
(2)从六亿人口出发,统筹兼顾,适当安排的原则。
(3)勤俭建国,勤俭办一切企业,坚持少花钱、多办事、节约实惠的原则,防止铺张浪费。
(4)既要反对平均主义,又要反对高低悬殊的原则。(湖北大学)

四、有关第一节条文的意见

对第一条的意见:

(一)第二段中的"全民所有制单位"容易被理解为职工所在的单位,而实际上职工所享受的福利待遇并不是完全由职工所在单位给予的,是否将"全民所有制单位"改为"国家"。(财政部)

(二)第一段,在"给予……福利待遇"后边,加上:"和对农村人民公社的五保户、困难的烈属、军属、工属、残废军人及其他困难户的补助、照顾等所发生的财务流转关系"。(国务院农林办公室)

(三)"财产流转关系"改为"财产关系"。(北京政法学院)

(四)"财产流转关系"一概念,似乎不很确切,因为一般人并不把劳动报酬和福利关系看做是财产流转关系,而是把它看做是消费品分配的关系。(北京经济学院劳动经济系)

(五)部分同志觉得第二款中,全民所有制单位和集体所有制单位给予职工或者社员的"各种福利待遇"不一定都发生财产流转关系。如各种集体福利设施,是归职工或社员集体享受的福利待遇,但它并不发生财产流转关系,因此认为该款对"福利关系"概念的理解欠确切。(西北政法学院)

(六)如果把劳动报酬也当做财产流转关系,容易造成劳动也是商品的理解。(法学研究所)

(七)"流转"二字可以不要,因为一方面显得多余,另一方面也不够确切。福利关系实际上包括的面很广,民法所调整的福利关系是指哪些应明确规定。(北京大学)

对第二条的意见：

（一）建议改为："全民所有制单位和集体所有制单位必须贯彻执行'各尽所能、按劳分配'的社会主义原则，职工和社员应当尽其所能地劳动，全民所有制单位应当按照职工或者社员的劳动的数量和质量支付劳动报酬。"（劳动部）

（二）支付劳动报酬的依据中，有"劳动态度"似乎不妥当。因为，在贯彻按劳分配的时候，要加强对职工的政治思想教育，但是在确定每个人劳动报酬的时候，只能是按劳分配，即是按劳动的数量和质量支付劳动报酬。（中华全国总工会）

（三）"做好政治思想工作"改为"政治挂帅"。"职工和社员应尽其所能地劳动……"以后全部删去。（北京政法学院）

（四）"必须在做好政治思想工作的前提下"，删去。"社会主义原则"改为"社会主义分配原则"。"的劳动态度"五字删去。最后加："必须贯彻政治思想教育和物质鼓励相结合的原则。反对平均主义和高低悬殊。"（国家经济委员会）

（五）有人认为开头所说的"在做好政治思想工作的前提下，实行'各尽所能、按劳分配'的社会主义原则"，不如明确提出"政治思想工作与物质鼓励相结合的原则"，因为物质鼓励不仅指的是按劳分配的劳动报酬，也包括具有按需分配萌芽的福利待遇。有人认为末了所规定的支付劳动报酬的依据，最好不把劳动态度列在前面，因为按劳分配的内容主要是按照劳动的数量和质量支付劳动报酬。（北京经济学院劳动经济系）

（六）把劳动态度和劳动数量、质量相提并论，同时作为支配劳动报酬的依据，这是有争论的问题。劳动态度好坏归根到底还是要表现在劳动数量和质量上，是否可以不另列。（中国科学院经济研究所）

（七）"在做好政治思想工作的前提下，实行'各尽所能、按劳分配'的社会主义原则"的提法，似乎改为政治经济工作相结合的提法为好。

把"劳动态度"作为支付劳动报酬的首要标准，是否合适，需要进一步研究。（法学研究所）

（八）原文"……必须在做好政治思想工作的前提下"，只能说明全民所有制单位和集体所有制单位应做好政治思想工作，而未说明职工和社员也应该政治挂帅。按"劳动态度、劳动的数量和质量支付劳动报酬"可删去，因为这样规定在内容上和"各尽所能、按劳分配"的原则重复，执行时也容易发生误解。

建议改为实行"各尽所能、按劳分配"的原则，再加上有关政治挂帅方面的内容。（北京大学）

对第三条的意见：

（一）本条所规定的同工同酬原则不够妥帖。因为在全民所有制单位和集体所有制单位，老工业地区和新工业地区，先进生产队和落后生产队之间，实际上不能实行同工同酬。似乎只有在同一单位之内才能真正实行不分民族、性别、年龄的同工同酬。（法学研究所）

（二）本条是反映了社会主义的生产关系和社会主义制度的优越性，但我们考虑到实际生活中能否完全做到"一律同工同酬"的问题。因实际工作中有徒工做技术工的活，低级工做高级工的活，高级工做低级活，以及同工种在不同部门工资标准也不一样，因此，考

虑本条中是否可以把"一律"两字删掉,换以更恰当的字,使这一原则也能照顾到这些特殊情况。(湖北大学)

对第四条的意见:

(一)建议删除第四条,将原来的第三条改为第四条,另外再新增加第三条,这条的内容是:全民所有制单位和集体所有制单位必须贯彻执行思想政治教育和物质鼓励相结合的方针,在做好思想政治工作的前提下,实行各种符合按劳分配原则的劳动报酬制度。(劳动部)

(二)在最后是否可加上:"农村人民公社社员的劳动报酬制度,由社员民主决定。"(国务院农林办公室)

(三)"有利于团结"后面加"和进步"。(北京政法学院)

(四)"……应当根据有关规定和生产特点",改为"……应当根据有关规定,生产特点和生产发展的需要"。(国家经济委员会)

(五)"采用"改为"实行";"有利于生产"改为"有利于生产和工作";并增加"有利于进步"。即将原该条文"全民所有制单位和集体所有制单位应当根据有关规定和生产特点,采用有利于生产、有利于团结的劳动报酬制度。"改为"全民所有制单位和集体所有制单位应当根据有关规定和生产特点,实行有利于团结、有利于进步、有利于生产和工作的劳动报酬制度。"(西北政法学院)

(六)这条似乎还应补充"劳动报酬形式"才能是完整的。(中国科学院经济研究所)

(七)从文字上来看,好像全民所有制单位对采取什么样的劳动报酬制度有很大自由权,这似乎不合乎国家职工的劳动报酬制度统一由国家规定的精神。(法学研究所)

(八)可与第二条合并为一条,作为第二条的第二款。(北京大学)

对第五条的意见:

(一)建议改为:"全民所有制单位和集体所有制单位应当根据国家的规定和本单位的经济条件,给予职工或者社员适当的福利待遇。"(劳动部)

(二)"根据有关规定"是否改为"根据国家计划和有关规定"。"逐步地提高职工或者社员的福利待遇"是否改为"……劳动报酬和福利待遇"。(国家计委劳动工资计划局)

(三)"逐步地提高职工或者社员的福利待遇"改成"逐步地提高职工或者社员的劳动报酬和福利待遇"。(北京政法学院)

(四)"逐步地提高职工或者社员的福利待遇",改为"逐步地提高职工或者社员的劳动报酬标准和福利待遇水平"。(国家经济委员会)

(五)这条还应补充"逐步提高职工和社员的工资以及津贴等"。(中国科学院经济研究所)

(六)"……在发展生产,提高劳动生产率的基础上,逐步地提高职工或者社员的福利待遇",是否改为"……逐步地提高职工或者社员的物质文化生活水平"。还要提出反对两种倾向:既反对单纯的福利主义倾向,又反对漠不关心群众生活的工作作风。(湖北大学)

五、有关第二节总的意见

(一)第二节同第三节比较起来,似乎太简略了一些。是否可以将国家统一规定工资

制度、工资基金来源等问题明确规定一下,突出同现代修正主义迥然不同的地方。(法学研究所)

(二)第二节,全民所有制单位的劳动报酬和福利订得太简单,在内容上是否再充实些,订具体些。(湖北大学)

六、有关第二节条文的意见

对第六条的意见:

(一)建议删除"各项"二字,并将"并积极地、保质保量地完成任务"改为"积极负责地完成任务"。(劳动部)

(二)"各项工作制度"改为"各项规章制度"。"保质保量地完成任务"改为"保质保量地完成生产任务和工作任务"。(国家经济委员会)

(三)该条最后增加"并力争超额完成",即将原文改为"全民所有制单位的职工必须自觉地遵守劳动纪律和各项工作制度,积极地、保质保量地完成任务,并力争超额完成"。这样,该条规定就有具体积极意义。(西北政法学院)

(四)"并积极地、保质保量地完成任务",这条并没有体现"多、快"的精神。(中国科学院经济研究所)

对第七条的意见:

(一)"……执行国家统一规定的企业……"改为"……执行国家规定的有关企业……"。(国家经济委员会)

(二)建议删除。(劳动部)

(三)在"从有利于职工的团结出发"前面,再加上一句"从有利于生产出发"为好。同时,目前的工资形式,一般也只提"计时和计件工资"。但是在实际工作中,实行计时工资制的工人,往往又同时实行一定的奖励形式,即是计时加奖励的形式。(中华全国总工会)

(四)本条是否可改成:"全民所有制企业,应当从有利于生产和职工团结出发,根据生产条件、技术特征和生产发展的需要,可以按照规定,采用计时工资、计件工资、奖励工资和津贴等工资形式。"(国家计委劳动工资局)

(五)对全民所有制企业的工资形式加以具体规定了,国家机关和事业单位的工资形式是否也可以加以具体规定。(北京政法学院)

(六)"从有利于职工团结出发,"改为"从有利提高劳动生产率、有利于职工团结出发。""和奖励工资等工资形式。"改为"和计时、计件加奖励工资等工资形式。"(国家经济委员会)

(七)在原该条文中应加上"有利进步、有利生产和工作"的内容。即将原文中"……从有利于职工团结出发……"改为"……从有利于职工团结、有利于进步、有利于生产和工作出发……"。(西北政法学院)

(八)"……可以按照规定,采用计时工资、计件工资和奖励工资等工资形式。"这条不妥当,采用何种工资形式和奖励形式,并不是随心所欲,应当严格依据企业的生产过程的特点和企业管理条件。如果既可以采用这种形式,又可以采用那种形式,这样说,法是抹

煞了工资形式和奖励形式的客观规定性。(中国科学院经济研究所)

(九)奖励工资不是一种独立的工资形式,不应与计时工资和计件工资并列。(北京大学)

对第九条的意见:

(一)建议将第二段中的"逐步健全各种福利设施"改为"建立和健全必要的集体福利设施"。(劳动部)

(二)"逐步健全各种集体福利设施"改为"逐步建立与健全各种集体福利设施"。(国家经济委员会)

(三)应说明有关职工的劳动保险由单行法规定。(北京大学)

(四)在文字上是否应推敲一下,把"……发生困难的时候,按照规定……"可改为"……发生困难时,可以按照规定……"(湖北大学)

七、有关第三节总的意见

最后加一条:"集体所有制社员的劳动报酬,应发给社员本人或家庭,由社员本人或家庭支配。"(北京政法学院)

八、有关第三节条文的意见

对第十条的意见:

(一)"完成规定的基本劳动日"一句,可否改为:"完成民主评定的基本劳动日"。(国务院农林办公室)

(二)"……社员都应当参加集体生产劳动",改为"社员都应当努力参加集体生产劳动"。(北京政法学院)

(三)"保证农活质量"改为"保证农活和工作质量"。(国家经济委员会)

(四)"农村人民公社有劳动能力的社员都应当参加集体生产劳动……"改为"农村人民公社有劳动能力的人都应当参加集体生产劳动……"(西北政法学院)

对第十一条的意见:

(一)在最后一句中,加上"必须严格按照农村人民公社工作条例修正草案的规定执行"。(国务院农林办公室)

(二)应该把干部一定要完成一定的劳动日的精神加进去。(法学研究所)

对第十二条的意见:

(一)建议在原第十二条中增加反映国家、集体和个人三者关系的内容。(劳动部)

(二)在最后可否加上:"避免社员和社员之间,在计算劳动报酬上的平均主义。"(国务院农林办公室)

(三)在第十二条后边,可否加上这样一段:"农村人民公社社员所得的劳动工分,要定期(譬如一个月)进行清理和公布。"(国务院农林办公室)

对第十三条的意见：

（一）建议将"……困难户及因公伤亡的社员及其家属"改为"……因公伤亡的社员的家庭及其他困难户"。（劳动部）

（二）本条只提到农村人民公社和各级组织对五保户、生活有困难的烈属、军属、残废军人及困难户的补助和抚恤，是否将国家对他们的抚恤和救济也补充进去，或者单列一条。（财政部）

（三）可否这样写："农村人民公社各级组织，都应当在各级每年的总收入分配中，扣留一定数量的公益金，以搞好五保户、烈属、军属、工属、残废军人和其他困难户的照顾、补助和因公伤亡的社员及其家属的抚恤、救济。"（国务院农林办公室）

（四）本条是否把从公益金中开支这些费用的意思加进去。（法学研究所）

（五）生活困难的烈属、军属，困难户等的补助和抚恤是分别由公社各级组织进行的，而不是各级组织同时都进行，因此原文"农村人民公社各级组织"应改为"农村人民公社有关组织"。（北京大学）

对第十四条的意见：

（一）建议将"的劳动态度"五字删去。（劳动部、国家经济委员会）

（二）在最后边应加上"在收益分配上避免社员和社员之间的平均主义"。（国务院农林办公室）

（三）"各种生产合作社"是否改为"各种集体所有制单位"？如果这样改比较好，第十七条就可以取消，不再平列。（国家计委劳动工资局）

（四）"除去利润留存后的收益"，删去。（手工业合作总社）

（五）劳动态度作为分配的标准不够妥当。（法学研究所）

（六）本条可以取消，另在第十一条前增加一段，规定公社、生产合作社的积累和分配的关系问题。（北京大学）

（七）本条中主要内容和基本精神在第一节总的原则中已有规定，这条是否可以删去不要。（湖北大学）

（八）第一句中"利润留存"四字，是否可以作些修改，使意思表达更明确些，避免与国营企业过去曾实行过的"利润留成"制度相混淆。（湖北大学）

对第十五条的意见：

（一）建议将第一段中的"采用计件工资、计时工资、奖励工资或者分成工资等工资形式"改为"采用适当的工资形式"；第二段末尾的"过分"改为"相差"。（劳动部）

（二）第二款可不要作为法律明文规定，只作为内部掌握的政策。（北京大学）

对第十六条的意见：

（一）建议将开头的"各种生产合作社社员和职工的福利待遇，应当根据合作社生产发展水平和经济条件而定"两句，移到"……给予适当的补助"后面，并在"合作社"前面加上"各种生产"字样。（劳动部）

（二）"合作社对因公伤亡的社员、职工及其家属应当给予补助和抚恤；对年老、疾病、生育和生活发生困难的社员和职工给予适当的补助"是否改为"合作社对因公伤亡和生活发生困难的社员、职工及其家属应当给予抚恤和适当补助"。(国家计委劳动工资局)

(三)"对年老、疾病"后面加"残废"。(手工业合作总社)

(四)第三句"合作社对因公伤亡的社员、职工及其家属,应当给予补助和抚恤"是否改为"……合作社对因公伤亡的社员、职工本人或其家属应当给予合理的照顾、补助和抚恤",因为从实际情况来看,对公伤的同志,我们不仅是给予补助,如果因公伤使工作能力有所变化,在工作上还要给予照顾安排;对公亡的同志的家属,我们不仅是给予抚恤,有的还对其家属给予另外一些照顾。(湖北大学)

对第十七条的意见:

对供销合作社的有关规定,最好改为:"供销合作社工作人员的劳动报酬和福利待遇,可根据国家计划,按照与全民所有制单位(国营商业)职工待遇一致的精神,制定适合供销合作社业务特点的工资和奖励等制度。"(供销合作总社)

九、有关第四节总的意见

(一)应增加"中国科学院科学奖金条例"的有关内容。(科学技术委员会发明局)

(二)对第四节,关于稿酬、发明和技术改进的奖励,应该根据国务院发布"发明奖励条例"和"技术改进奖励"的指示作相应的修改与补充。(中国科学院经济研究所)

(三)对第四节的规定,我们有两种意见:

第一种意见:建议将第四节分为两节,即稿酬为一节,发明和技术改进的奖励为一节。理由是:(1)关于稿酬,目前尚未有统一的规定,此外有作较细致规定的必要,如上演、出版等都应作规定;(2)两者性质有所不同。

第二种意见:可以不再分节,但须在原有基础上进一步规定详细些。(西南政法学院民法教研室)

(四)第四节中关于与财产关系相关联的其他人身非财产关系问题,也应包括在内,但草案中没有规定。(湖北大学)

十、有关第四节条文的意见

对第十八条的意见:

(一)"……从事科学、文学、艺术创作和发明、技术改进……"似可改为"……从事科学发明、技术改进和文学、艺术创作……"(劳动部)

(二)"有关单位应当根据需要和可能,对从事创作、发明和技术改进的集体和个人提供便利条件"一句可否取消。因为如果有关单位由于认识问题,没有提供便利条件,法律也不能给予制裁,那是属于教育范围的问题,不属法律所规定的问题。(北京政法学院)

(三)在"国家鼓励公民"之后,加:"为促进我国社会主义事业的发展而……"。(北京政法学院)

(四)供销合作社和信用合作社工作人员的劳动报酬和福利待遇问题,应当有其特点,

不能只是参照国营企业职工。(中国科学院经济研究所)①

对第十九条的意见:

(一)"……艺术"后面似可加"作品"二字。(劳动部)

(二)内部刊物发表的作品是否给予报酬?在第十九条中写的还不明确。(国家计委劳动工资局)

(三)"经有关单位发表或采用"可改为"经出版单位发表或采用"。(北京大学)

对第二十一条的意见:

(一)"可能"似可改为"能够"。(劳动部)

(二)"……可能促进生产或者改进工作的……"应改为"……凡能促进生产或者改进工作的……"。(科学技术委员会发明局)

(三)"……可能促进生产或者改进工作的"改为"……能够促进生产或者改进工作的"。因为按原条文规定这已是"经过科学实验和实际应用"而后得到证明的。(西北政法学院)

---

① 原件如此,应归入前文"对第十七条的意见"项下。

中华人民共和国民法第三篇家庭财产关系
（1963年9月3日草稿）意见汇辑（一）

全国人民代表大会常务委员会办公厅法律室民法组　1964年2月25日

说　明

民法第三篇家庭财产关系（草稿），是由我们同最高人民法院民庭共同起草在1963年9月试拟出来的，曾在中央和地方的有关政法部门共计22个单位征求意见。这份汇辑是根据下列13个单位意见整理的。

一、浙江、山东、陕西、四川、湖南、河南、山西、河北、贵州、黑龙江等十个高级人民法院。

二、北京大学、吉林大学、湖北大学三个大学的法律系。

尚未提出意见的有下列9个单位：最高人民检察院、北京市高级人民法院、中央政法干部学校、法学研究所、中国人民大学、北京政法学院、西北政法学院、西南政法学院、华东政法学院。

一、关于总的方面的意见

1. 家庭财产关系不宜放在民法财产流转关系范围内。理由如下：

（1）家庭财产关系是一种特殊性质的财产关系，它的存在是以人身关系的存在为前提的，把它与人身关系割裂开来，放在一般的财产流转关系范围内，似乎不妥。

（2）家庭财产关系的调整，受婚姻法有关男女平等、保护妇女和子女合法利益、尊老爱幼等原则的指导，而不适用民法的基本原则。

（3）民法的权利主体和家庭财产关系的权利主体的概念有所不同：前者的范围比较广泛，适用于一切国家机关和企业组织以及个人，而家庭财产关系的权利主体的范围很狭，仅限于有一定身份关系的自然人。

（4）一般的财产关系的发生是基于经济利益，而家庭财产关系的发生是基于感情，以自然条件为基础，两者的处理也有所不同：前者可以从经济利益出发，而后者则侧重感情，从亲属间生活上的相互关怀、互相帮助方面来考虑。

（5）这里所指的家庭规模似乎是大家庭，和婚姻法的规定不同：婚姻法没有规定兄弟姐妹的"共同财产"。（湖北大学）

2. 对于少数民族和华侨的家庭财产关系有没有特殊规定？（湖北大学）

二、关于第一节的意见

(一) 对第一条的意见

1. "财产共有关系"的"共有"二字不要,因为家庭成员对财产不一定就有共有关系。(吉林大学)

2. 把家庭成员间的赡养、扶养、扶助关系也看成是家庭成员间的财产关系,不妥。因为赡养、扶养、扶助关系主要是家庭成员间的人的关系,不能因和财产关系有联系就看成财产关系。(北京大学)

3. 在第二款中希望明确地提到家庭财产的来源包括:合法收入和家庭成员原来所有的财产。(北京大学)

4. "共同取得"中的"共同"二字不要。因为:(1)含义不明确;(北京大学)(2)与婚姻法起草理由报告的精神不符;(湖北大学)(3)不一定要在共同生活中共同取得的才算家庭财产,只要共同生活,不共同取得的财产也是家庭财产,如夫妻间的家庭财产就不一定完全是共同取得的。(浙江高院)

5. "和各成员交给家庭共有的"不要。因为放上后可能会产生负作用,如交给家庭就为家庭财产,不交给家庭就为他的个人财产,这样他就不高兴交给家庭而藏私蓄了。(浙江高院、北京大学)

6. 由于对共同生活共同取得的财产已强调了用合法方式取得,那么在"各成员交给家庭共有的生活资料"中,最好也强调一下取得的方式是合法的,是否可以改为:"各成员用合法方式取得的交给家庭共有的生活资料"。(山东高院)

7. 第一款有扶养关系的其他成员,是否均为"家庭其他成员"?(湖北大学)

8. 第二款中的"原来共有的",具体指什么情形?(湖北大学)

9. "各成员交给家庭共有的生活资料",希望在草案说明中加以解释。(陕西高院)

(二) 对第二条的意见

1. 婚姻法上写的男女权利平等、保护妇女和子女合法利益、尊老爱幼原则,似乎比这里所规定的内容文字上更精炼一些。(湖北大学)

2. "妇女和子女利益"应加"合法"二字。(湖北大学)

3. "保护老人和子女利益"改为"保护老人、妇女和子女利益";"漠视妇女和子女利益"改为"漠视老人、妇女和子女利益"。(贵州高院)

4. 第二款应加"勤俭持家"原则。(湖北大学)

5. "虐待遗弃"可以不要。因为这是指人身关系而言,而在这里只是规定财产关系问题。(北京大学)

6. 第一款第二句的"国家"二字可以删去。(陕西高院)

(三) 对第三条的意见

1. 与第二条重复,可并入第二条。(北京大学)

2. 与第五条在内容上有重复,可否并为一条。(湖北大学)

3."夫妻在家庭中地位平等"、"教育子女"不是财产关系。(湖北大学)

4."有平等的权利"不如写为"有平等的所有权和处理权"好。(湖北大学)

5.这里的老人含义不明确,是否包括公婆和岳父母?(湖北大学)

6."互相扶养"和"互相帮助"的次序可以调换一下,把"互相帮助"放在前面。因为夫妻间互相帮助是主要的。(浙江高院)

(四)对第四条的意见

1.建议将"夫妻离婚时,除女方婚前财产归女方所有外"中的两个"女方"都改为"各人"。因为:(1)现在的家庭财产主要是生活资料,如果把女方婚前的财物归女方所有,而男方婚前的财物则作为共同财产分配,这样不合理,而且实际工作中也执行不通;(湖南高院)(2)审判实践中,男方婚前的财产一般也划归男方所有。(北京大学)

2.是否也规定男方婚前财产归男方所有?如婚前男方有个人财产,婚后时间很短离婚的。(黑龙江高院)

3."除女方婚前财产归女方所有外"可以不要。理由是:(1)与第一条的家庭财产范围有矛盾;(2)不论男、女婚前的财产,结婚后都视为共同财产处理,特别是结婚时间长的夫妻,财产情况变化很大,这样规定反而会使问题复杂化,纠缠不清。(山西高院)

4.所谓婚前财产,界限不好划,尤其是结婚多年的夫妇更容易混淆,在实际工作中常常纠缠不清。可否在修改时提的更具体一些。(河南、黑龙江高院)

5.离婚时财产的处理,是根据男女对这些财产贡献的劳动的大小好呢还是结婚时间的长短好呢?(湖北大学)

6.离婚财产的处理原则,除草稿列举的以外,是否可再增加一项"对家庭财产劳动贡献的大小"的内容。(贵州高院)

7.既规定了女方婚前财产归女方所有,也应该考虑入赘的男方婚前财产归男方所有的问题。(陕西省、贵州高院)

8.共同负债与单独负债问题,从审判实践中看情况复杂,往往各有理不易区分,因此何谓单独债务,最好能有个明确的概念,以资掌握。(山东高院)

9."由一方或双方偿还"可以改为"由双方或一方偿还",或者改"由双方偿还",删去"一方"二字。(山西高院)

10.一方单独负债"由本人偿还"是应该的,但实践中有些当事人由于负债的原因很多,离婚后本人确无能力偿还,在这种情况下,为使其离婚后不致无法生活,对方如有可能,经过工作同意,可以代为偿还。因此,对这种债务,文件中"由本人偿还"的规定是否可改为:"一般由本人偿还"更灵活一些。(山东高院)

11.男女一方单独所负的债务,应该区别情况对待,不能笼统规定"由本人偿还"。因为,在实践中,往往因一方在提出离婚时,男方对女方施行经济封锁,女方为了生活或治病需要而借债,这样就应由男方偿还。所以,单独负债,要区别对待。(黑龙江高院)

12.第三款可以取消。因为既经离婚,一方没有义务帮助对方,如果有这一条反而增加纠纷。在实际工作中,常有离婚妇女,自己不劳动,养成依赖思想,借此向对方纠缠,形成难办案件。(河南高院)

13. 第三款应该规定，但不够具体，如"实际需要"没有标准，是否要符合当地群众的生活水平，也请规定得具体些。（河南高院）

14. 法院在处理生活费时，是否也要考虑被帮助的一方有无劳动能力的问题。（湖北大学）

15. 本条请补充如下问题：寡妇改嫁的带产问题。根据我省情况，现在农村还有人干涉，需要通过法律加以保护。（河北高院）

（五）对第五条的意见

1. 有些内容的本身并不是财产关系。（湖北大学）

2. 与第二、三条有些重复，可以考虑把本条的精神，并入第二、三条之内。（陕西高院）

3. 建议把这条放在第四条的前面，先规定夫妻关系存续期间父母与子女之间的权利义务，然后再规定离婚的问题。（北京大学）

（六）对第六条的意见

1. "离婚后父母对于所生的子女，仍有抚养和教育的责任"一句可以删去；或者在其后加"子女对父母仍有赡养的义务"。（四川高院）

2. 本条体现了男女平等，保护子女利益的原则。但根据目前我国妇女的经济地位，有些妇女在离婚后分担抚养费还有一定困难。为了使子女利益切实得到保护，是否参照婚姻法第十五、二十一条的精神，适当加以修改。（河北高院）

3. 本条有些内容并不是财产关系。（湖北大学）

（七）对第七条的意见

1. 第一款的"兄弟姐妹"可以改为"家庭成员"。（吉林大学）

2. 第一款的规定，如果兄弟姐妹很多，年岁不一，而对财产贡献的大小不一，那么如何行使平等权利呢？（湖北大学）

3. 第二款只写了未成年的弟妹，我们认为对于已成年的身体残废的和有精神病的弟妹，也要加以同样规定。（河南高院）

4. "无劳动能力的兄姐"之后应加"弟妹"，"有经济能力的弟妹"改为"有经济能力的兄弟姐妹"，这样就更全面一些。本条第三行的"帮助"删掉，因为对于无父母的未成年的弟妹来说，兄姐是理所当然的扶养人。另外，第二款之末还应加"如调解不成，由法院判决的字样"。（山西高院）

5. 第一款可以删掉，因为该款的内容在其他条内已有所规定。（北京大学）

6. 就第一款来说，已出嫁的姐妹是否也算家庭成员，对家庭财产是否也有平等的权利？姘居、入赘的算不算家庭成员，有没有平等的财产权利？（黑龙江高院）

7. 第一篇没有"成年"的规定，这里却提出了"未成年"，如何解决这个问题？（湖北大学）

（八）对第八条的意见

"有扶养关系的"几个字不要，因为无扶养关系的家庭成员之间也会产生本条规定的要求。（北京大学）

（九）对第九条的意见

1. 建议把"……并参照各股人口的多少,对家庭财产贡献的大小,以及经济状况和劳动力多少……"改为比较笼统的"……参照各股的具体情况……"。因为标准规定得太繁琐,可能发生人口多的即可多分的偏向。(北京大学)

2. 建议把"股数"改为"份数",这样更通俗一些。(山东高院)"股数"的提法似乎不妥。(湖北大学)

3. 关于分家析产,对无劳动能力的家庭成员,最好明文规定给予必要的生活保证。是否在本条末尾加上"对于无劳动能力的成员,应该给从优照顾"。(山东高院)

4. "根据股数,并参照各股人口多少……合理解决",我省过去在解决农村分家纠纷时,是根据土改时的产权确定的情况,参照现有人口和经济状况来处理的。这样做,就适当地照顾了人多劳少的股,使各股分家后在经济上不致过于悬殊。(河南高院)

5. 分家析产,除应本着团结、互助、友爱的精神和有利生产的原则外,我们意见,主要应根据人口、劳动力强弱和经济状况,合理解决。(四川高院)

三、关于第二节的意见

（一）对第十条的意见

"个人财产"的范围不明确,究竟包括哪些财产?是否可以规定一个比较明确的一般原则?(吉林大学)

（二）对第十一条的意见

1. 第三个原则可否改为"男女权利平等"原则,因为儿童和无劳动能力的人的继承,可以在第二个原则中解决了。(湖北大学)

2. 第二个原则所指的赡养、扶助关系,是指法律上规定的关系,还是指实际的经济上的联系?如果被继承人与继承人在法律上虽有赡养的义务,而在被继承人生前各住两地,经济上毫无联系,是否可以继承?(吉林大学)

3. "国家"二字可以删去。(陕西高院)

（三）对第十二条的意见

1. 养子女对其生父母的遗产,有无继承权?应作规定。我们认为,一般不采用双份继承为宜。已嫁女儿是否有继承权?也应规定。(吉林大学)

2. 第一款第一项的第二点似乎不能一目了然,可否改为:"继承人先于父母死亡的,其应得遗产由其子女代替继承"?(山东高院)

3. "代替"改为"代位",似乎更好一些。(湖北大学)

4. 孙子女、外孙子女有代替继承权,亦应规定其有赡养祖父母、外祖父母的义务。(山西高院)

5. 在第一款第二项的第二点之后,还应加上下列内容的"但书":"但是,如果第一顺序继承人年幼无力尽赡养义务,而由第二顺序继承人尽赡养义务者,该第二顺序继承人亦可参与第一顺序继承人继承遗产。"(山西高院)

6. 第一款第二项的"兄弟姐妹"是指同胞的，还是同父异母、同母异父的兄弟姊妹，堂兄弟姊妹是否包括？如果系指同胞的，最好在文字上也加以明确。(浙江高院)

7. 第二顺序继承人的范围，为了更符合民间习惯，建议扩大为"兄弟姊妹"。其中被继承人有过经济上的帮助和扶养关系的，有权在第二顺序继承人中优先继承。(贵州高院)

8. 第一款第二项一点前半句的限制不要，因为第一项的第二点没加限制，这里也不必加上限制。(北京大学)

9. 第一款的第三项中的"家庭其他成员"是否改为"其他人"？(湖北大学)

10. 第二款的剥夺继承问题，可以单列一条。因为这个问题是很重要的。(北京大学)

11. 同一顺序的继承人有无先后之分？如先父母，后妻、子。(黑龙江高院)

12. 兄弟间都是单身，并分居多年，没有经济往来和扶养关系，一方死亡，他方是否有权继承？(黑龙江高院)

13. 被继承人(单身)和第二顺序继承人一起生活(叔侄关系)，被继承人死亡，第一顺序继承人(死者女儿，已嫁)要继承，应当谁先谁后？(黑龙江高院)

14. 关于继承人的顺序和范围问题，我们考虑需要把下列问题予以澄清，即被继承人的儿子已死，与被继承人生前一起生活的儿媳能否继承公婆的财产？女儿已死，与被继承人生前一起生活的女婿能否继承岳父母的遗产？(陕西高院)

(四)对第十三条的意见

1. 已婚而与父母分居的子女如何继承的问题没有规定。已嫁女儿由于本条的限制，对父母和公婆的遗产都继承不到，这似乎不合男女平等的原则。这方面的诉讼纠纷也比较多，请研究解决。(北京大学)

2. 第一款是否可以考虑"共同生活"的事实？(湖北大学)

3. 关于遗产分配应按照继承人的具体情况分配一节，从理论上说是好的。但实际运用时，就比较困难。因为一个人死后，他的遗产谁继承多少，首先处于不确定状态，最容易引起纠纷。所以，不如规定，首先平均继承，有争执时再由法院根据扶养关系以及经济情况酌定。这样既符合我国的习惯，也可以减少实际中的纠纷。(吉林大学)

(五)对第十四条的意见

1. 关于遗嘱继承问题，我们认为遗嘱是合情合理合法的，法律应予以承认和保护，如果有明显偏向的，法律不应保护。所以，遗嘱只能作为处理案件的参考，不能作为判案的根据。(陕西高院)

2. 但书只写"与法律、法令不得抵触"就可以概括其中的全部内容了。(湖北大学)

3. "非法剥夺"一语似乎与全文意义不相吻合，是否把"不得非法剥夺未成年子女和其他无劳动能力的继承人应得的遗产份额"，改为"不能将未成年子女和无劳动能力的继承人应得份额遗赠他人"。(山东高院)

4. "应得份额"不清楚，前面既无份额规定，这个份额以何为准？(吉林大学)

5. 既规定了公民可以立遗嘱，是否对遗嘱的形式也应作出规定？是书面遗嘱，还是口头遗嘱？(黑龙江高院)

(六)对第十五条的意见

应该明确规定继承的时效,免得长期拖延不定。(吉林大学)

(七)对第十六条的意见

1. 建议把第三款改为:"全体继承人、遗嘱受赠人已知被继承人死亡,虽未声明放弃继承或/和拒绝受赠,但二年后仍未继承和受赠的遗产。"因为继承人和受赠人本人虽不在家,但一般都有人代管遗产,即使已过二年,也不好作无主财产处理。尤其是继承人如系在外工作或支援、保卫边疆建设的职工与现役军人,由于长年在外,不知被继承人死亡已过二年的,即将其应继承的遗产收归公有,更觉不妥。(山东高院)

2. "绝户财产"应下明确的定义。我们认为,所谓绝户,是指被继承人既无第一、二顺序继承人,又无受扶养的无劳动能力的其他家庭成员。(贵州高院)

3. "绝户财产"一词,既不明确,又是一个旧概念。建议改为"无法定继承人和遗嘱继承人,或者上述继承人抛弃继承的财产"。(吉林大学)

(八)对第十七条的意见

1. 在"未成年的子女"之后加上"孙子女",因为未成年的孙子女与五保户共同生活的较多,保护他们的继承权是必要的。(浙江高院)

2. 在"其他亲属"的前面加上"无劳动能力的",因为如果有劳动能力的其他亲属不应享有继承五保户遗产的权利。(浙江高院)

3. 取消"和其他亲属"五字,因为五保户遗产继承人的范围不宜过宽。(浙江高院)

4. 五保户的出嫁女儿继承五保户的遗产,不应加"尽过赡养义务"的限制,只要偿还生产队的五保费用就可以了。因为根据目前农村的实际情况,要出嫁女儿负担父母生活费是不可能的,而继承遗产是父母子女间的权利。(浙江高院)

5. 建议补充:五保户出赘的儿子如果对五保户生前尽过赡养义务,也可以继承财产。(四川高院)

6. 对于出嫁女儿的赡养义务与继承权是怎样看的?(湖北大学)

(九)对第十八条的意见

1. 应该规定一些偿还的原则,如同一顺序继承人间如何共同偿还债务?(吉林大学)

2. 实践中这种债务的情况很复杂,特别是有的被继承人生前欠债较多,其遗产不仅不足还债,而且继承人还必须依此为生。类似情况如何偿还,亦须明确。为此,可否在原文末尾加上:"但在清偿这种债务时,对继承人的实际生活情况,应有所照顾。"(山东高院)

3. 如果遗产不够清偿债务时,应由第一顺序继承人负责偿还。因为有继承权,就有偿还债务的责任。(山西高院)

4. 应加上"超过遗产的债务,应由继承人来偿还"的内容。当然,如何偿还,偿还多少,也应考虑继承人的经济情况。(北京大学)

5. 如果遗产不足还债,是否债务关系即算消灭,或者由继承人承担偿还义务?最好也在条文中明确规定。(黑龙江、浙江高院)

附　录

中华人民共和国经济法(草案)

中国人民大学民法教研室　1963年3月

第一章　总　纲

第一条　本法是以中国共产党的社会主义建设总路线和中华人民共和国宪法为根据而制定的各种组织和公民经济活动的准绳,借以促进社会主义全民经济和集体经济的巩固与发展、保护公民的财产权利与其他合法权益,保证社会主义革命和社会主义建设的顺利进行。

第二条　在各种经济活动中必须遵守巩固社会主义所有制、服从国家经济计划、贯彻民主集中制、实行经济核算、勤俭建国、国家、集体和个人利益相结合的原则。

第三条　有权参与本法所调整的各种关系,依法享受权利、负担义务者,为下列之组织和个人:

(一)具有独立核算和预算,并能对外负担独立财产责任的各种组织。
法律规定需要经过登记程序始得成立的组织,在登记后才能参与本法所调整的各种关系。
(二)中华人民共和国公民。

第四条　前条所称之各种组织,在行使本法所规定的财产权利时,必须符合本身业务的需要,不得违反政策、法律和章程之规定。

第五条　第三条所称之各种组织,在参与本法调整的各种关系时,由其管理机构或负责人为代表人。

第六条　中华人民共和国公民的成年年龄为十八岁。未成年公民和其他法律认为欠缺参与经济关系能力的公民,由其监护人为代表人。

未成年的公民,也可以不通过监护人,参与他们能够处理的某些经济关系。

第七条　第三条所称之组织和个人,在参与本法调整的各种关系时,得委托他人为其代理人。

第八条　基于本法所调整的各种关系而生之争议,按照诉讼法与其他法令的规定,由该管人民法院、经济委员会或其他主管部门裁决和处理。

第九条 发生前条所称之争议时,当事人的请求权经过法定的时效期限而消灭。各种请求权的时效期限,除法律另有规定者外,一般为×年。

第十条 民族自治地区在适用本法时,可以根据本法规定的各项基本原则,因地制宜地提出变通的或补充的办法,报请全国人民代表大会常务委员会批准施行。

第十一条 本法的解释权属于全国人民代表大会常务委员会。

第二章 所有权

第一节 通则

第十二条 生产资料的社会主义公有制,是我国生产关系的基础,任何人不得侵犯。

生产资料的社会主义公有制,分为国家所有制和劳动群众集体所有制两种。

国家鼓励、指导和帮助个体劳动者根据自愿的原则,成立或加入各种社会主义的集体经济组织。

第十三条 国家所有权、集体所有权、公民个人所有权均受法律的严格保护。

国家依法保护个体劳动者享有的少量生产资料所有权。

第十四条 所有人对其财产依法享有占有、使用和处分的权利。

第十五条 所有权得按照份额属于二人或数人共有。

共有财产的占有、使用和处分,需经各共有人的协议、根据全体或多数的同意行使之。

第十六条 所有权除法律另有规定者外,仅得依让与人和受让人之间的协议而移转。

第十七条 所有人在其权利受到侵犯时,可以通过行政程序和诉讼程序,请求返还原物,排除侵害和赔偿损失。

第二节 国家所有权

第十八条 国家财产是全民财产,是我国社会主义革命和社会主义建设的物质基础。

第十九条 一切资源和财富都可以作为国家财产。国家财产所有权集中地属于国家。

第二十条 地下蕴藏、水流、港口、铁路、公路、飞机场以及法律规定只能为国家所有的山林、土地、文物、古迹和其他资源财富都是国家专有的财产,不得为集体或个人所有。

第二十一条 应收归国有的战犯、汉奸、官僚资本家的财产;司法判决应予没收的财产;无人继承的财产以及不属于集体和个人所有的财产,其所有权均属于国家。

第二十二条 国家为了公共利益的需要,可以依照法律规定的条件,对城乡土地和其他生产资料实行征购、征用和收归国有。

第二十三条 国家根据长远和年度规划制定国民经济计划以指导国民经济的发展。国家预算、核算组织无条件地执行分配给自己的计划任务是对国家应尽的义务。

第二十四条 国家通过财政预算,集中和供应资金为保证国民经济计划的实现、提高人民物质文化生活水平和巩固国防而服务。国家预算、核算组织均应遵守财政纪律、严格按规定使用预算拨款,准确及时地向国库缴纳税收和上缴利润等款项。

第二十五条 国家预算、核算组织在计划、法令和国家批准的规章制度所限定的范围内,享有国家财产的管理权。国家预算、核算组织对国家财产的管理应依行政和财政体制,向其上级和主管部门负责,并应接受其监督。

第二十六条 国家预算、核算组织必须根据规定建立健全的经济核算、财务、会计制度,按照国家的统一规定严格执行国家的各项计划任务。

第二十七条 国家预算、核算组织对固定资产非依行政命令不得移转。对流动资金非为实现计划任务和事业使命不得处分。货币资金必须按照国家规定特定用途的项目,分别管理,专门使用。

第二十八条 国有财产可以依照法律的特别规定,委托集体所有制单位经营管理。

第二十九条 国家财产神圣不可侵犯。非法侵占国家财产的一切组织和个人,均应无条件地把财产返还给国家。

第三十条 国家预算、核算组织实行党委领导下的首长负责制。国家预算、核算组织的首长(国家机关的首长、国营企业的经理或厂长等)对内负责行政领导,对外代表本组织。

第三十一条 国家预算、核算组织中工人、职员的工资制度和奖励制度,必须体现按劳分配的原则。

第三十二条 国家企业中职工的工资形式,应根据实际情况,实行计件工资制和计时工资制。应当确定合理的劳动定额,建立综合奖励制度和必要的单项奖。

国家机关工作人员的工资制度应按有关规定处理。

第三十三条 国家机关和企业行政应当关心职工的生活,切实做好生活福利工作。符合劳动保险条例规定条件的企业,应使职工在年老和丧失劳动能力时,获得必要的物质帮助。

第三节 农村人民公社集体所有权

第三十四条 农村人民公社的集体财产,是我国社会主义财产的重要组成部分。农村人民公社集体经济和国营经济互相支援、共同促进我国国民经济的繁荣。

第三十五条 农村人民公社集体所有权可以分为公社和生产队两级或者公社、生产大队、生产队三级。各级组织都有独立的财产,独立进行经济活动并独立负担经济责任。

第三十六条 农村人民公社组织中公社一级的财产主要是:属于全公社范围内的水利建设和其他农田基本建设;大型的农业机具和运输工具;大片的山林、水面等资源以及公社经营的企业。

公社对上述财产可以自行经营管理,也可以包给下级组织,特别是生产队来经营管理。

第三十七条 农村人民公社组织中生产大队一级的财产主要是:属于全大队范围内的水利建设和其他农田基本建设;大型中型的农业机具和运输工具;大牲畜;山林、水面等资源和经营的企业。

大队对于上述财产可以自行经营管理,也可以包给生产队来经营管理。

第三十八条 农村人民公社组织中生产队一级的财产主要是：土地及其产品；大牲畜及幼畜；小型的农具、农业机械；小片的山林、水面等资源；经营副业的设备、产品及其收入。

第三十九条 作为基本核算单位的生产队,应按农村人民公社工作条例的规定,在年终分配时,提出一定比例的公积金和公益金。人民公社各级组织对于公积金、公益金必须按其目的加以使用。

第四十条 农村人民公社的权力机关是各级的社员代表大会或社员大会。各级范围内有关所有与分配交换的重大经济的活动,分别由各级的权力机关决定。

农村人民公社的管理机关是各级的管理委员会。各级管理委员会及其领导人代表社员从事经济活动时,必须符合各级权力机关的决定,必须符合社员的利益。

第四十一条 农村人民公社实行各尽所能、按劳分配和同工同酬的原则。

生产队应制定各种劳动定额,实行定额管理,无法制度定额的工作,可采用评工记分的办法。

第四十二条 农村人民公社各级组织,对于生活没有依靠的老、弱、孤、寡、残疾的社员；遭到不幸事故,生活发生困难的社员；生活有困难的烈军属和残废军人；家庭人口多劳力少的社员,都应给以适当的照顾和必要的补助。

对于因公负伤的社员要给予适当补贴。对于因公死亡的家属,应给以适当的抚恤,对于女社员应根据其生理特点加以照顾,在产假期间生活有困难的,应该给以补贴。

第四节 合作社集体所有权

第四十三条 合作社集体财产是我国社会主义财产的一个组成部分。合作社经济是个体劳动者自愿结合的集体经济,是国营经济的有力助手和改造个体经济的重要形式。

第四十四条 合作社所有权根据它们的业务性质,分为手工业生产合作社所有权、供销合作社所有权、信用合作社所有权等不同种类,各种合作组织必须依据社章所确定的目的、任务、财产范围和权限等来进行经济活动。

第四十五条 手工业生产合作社是手工业劳动者的集体经济组织。它是整个社会主义阶段手工业组织的主要形式。

第四十六条 供销合作社是劳动人民经营商业的集体经济组织,它是领导和管理自由市场的重要力量。

第四十七条 信用合作社是劳动农民开展资金互助的集体经济组织,它是我国社会主义金融体系的一个组成部分。

第四十八条 各种合作组织中的基层社,在行政活动方面应接受国家有关部门和上级社或人民公社的领导。但在从事本身业务范围以内的经济活动时,无论基层社或上级联社,均为独立的经济核算组织,独立对外进行经济活动,独立负担经济责任。

第四十九条 各种合作组织的固定资产和流动资金表现为股金、公积金、公益金、折旧基金、上缴基金、特种基金等各种形式。各种合作组织必须严格按照基金的目的专款专用。

第五十条 各种合作组织的权力机关是各级的社员代表大会或社员大会。各级范围内有关所有与分配交换的重大经济活动,分别由各级的权力机关决定。

各种合作组织的管理机关是各级的理事会。各级的理事会及其领导人代表社员从事经济活动时,必须符合各级权力机关的决定,必须符合社员的利益。

第五十一条 各种合作组织中的社员按照社会主义的分配原则和社章规定的办法取得劳动报酬或利润分成,例如手工业生产合作社采用计件工资、计时工资加奖励等办法;供销合作社采用按劳动贡献和股份分成等办法。

各种合作组织通过上述分配制度,充分调动社员的劳动积极性,促进生产的发展。

第五十二条 各种合作组织中社员福利待遇的多少,应该根据合作组织生产发展的水平和经营的好坏决定,对于失去劳动能力、生活有困难的老弱社员应该给以帮助,保障他们的生活。

第五节 公民个人所有权

第五十三条 国家依法保护公民的个人财产以及与财产有关的其他权利,保证在社会主义生产不断发展的基础上,改善劳动人民的物质和文化生活。

第五十四条 公民在社会主义的全民经济和集体经济中劳动所得的财产,通过其他合法方法所得的财产,都是公民的个人财产。

社会主义的全民财产和集体财产,是公民个人财产的源泉。

第五十五条 公民个人财产的范围主要包括个人所有的一切生活资料和从事家庭副业的自有的少量生产资料,这些财产永远归公民所有,任何人不得侵犯。

第五十六条 公民个人所有的生活资料,是指包括合法收入、储蓄、房屋、家具等为满足物质生活和精神生活需要的各项财产。

第五十七条 公民通过劳动取得的收入(职工的工资、人民公社和合作社社员的劳动报酬、经营家庭副业的收入);通过著作、发明、继承、赠与和其他合法原因取得的收入;奖金、恤金、补助金等收入;公民个人财产的孳息等,都是公民的合法收入。

第五十八条 公民在人民银行和信用社的储蓄,都由公民个人支配,任何人不得加以干涉。

第五十九条 公民个人所有的房屋,包括自用的或依法少量的出租的房屋。

公民得以自建或自建公助、买卖、赠与、继承的方式,取得房屋所有权。公民个人的房屋永远归个人所有。

第六十条 本法第五十五条所称之少量生产资料,是指从事集体生产或家庭副业的小型农具、工具以及一定数量的家畜、家禽、牲畜、果树、桑竹、林木等各项财产。

第六十一条 公民有在社会主义的全民经济和集体经济中从事劳动的权利,有根据自己劳动的数量和质量领取劳动报酬的权利。

从事劳动的公民,不论男女老少,不论干部、社员和职工,一律实行同工同酬。

第六十二条 公民基于劳动关系而应得的奖金、恤金、退休金以及其他依照劳动保险条例、人民公社五保制度和合作社的有关福利制度等规定而享有的一切物质福利,均受国家的保障。

第六十三条 公民对于自己进行的科学、文学、艺术等创作活动的成果,享有著作权。国家鼓励著作的出版和上演,作者对其作品的出版和上演,依法享有人身上和财产上的权利。

公民的著作权受法律严格保护,禁止剽窃他人作品和利用其他手段侵犯他人著作权的一切非法行为。

禁止公民利用著作侵犯国家利益。

第六十四条 公民对于自己在生产上的革新成果享有发明创造权。国家鼓励发明创造者对社会主义建设事业的贡献,根据革新成果的不同情况分别确认发明、技术改进和合理化建议。发明人、技术改进人和合理化建议人可以依照规定自国家有关部门、单位领受奖章、奖状、勋章、荣誉称号和奖金。

公民的发明创造权受到法律的严格保护,禁止剽窃他人发明和利用其他手段侵犯他人发明创造的一切非法行为。

禁止公民将秘密发明私自公布,禁止利用发明创造侵犯国家利益。

第六十五条 夫妻双方对家庭财产有平等的所有权和处理权。

夫妻可以根据平等自愿的原则和家庭生活的需要,对财产问题作出约定,逃避法律关于夫妻、父母子女间扶养义务的约定无效。

第六十六条 夫妻对于共有财产的所有权,应该本着勤俭持家的精神,通过民主协商的方法,共同行使,以便合理地安排家庭经济生活。

夫妻共有财产因离婚等原因需要分割时,应该根据财产状况、生活需要、照顾妇女和子女利益以及有利发展生产、有利团结的原则进行协商,协议不成时由人民法院判决。

第六十七条 公民个人财产的继承权受到国家的保护,其目的在于保障公民的合法财产权益,巩固家庭团结,便于家庭成员间实现扶养赡养的义务。

第六十八条 法定继承人的顺序是:

(一)夫妻、子女(包括养子女)、父母(包括养父母);

(二)兄弟姊妹(包括同父异母、同母异父的兄弟姐妹)、祖父母。

此外对于与被继承人生前长期生活在一起,具有扶养关系的人,应在分割遗产时加以照顾。

继承财产必须依照顺序进行,在没有第一顺序的继承人或者第一顺序的继承人放弃继承权时,才能由第二顺序的继承人继承。

同一顺序中的几个继承人其继承份额应以平均分配为原则,同时应照顾扶养、赡养关系和继承人间的经济情况。

继承人对于被继承人生前的债务,应在继承遗产的价值范围内负清偿责任。

第六十九条 公民得以遗嘱方式对个人财产作合理的处分,被继承人可以按照自己意愿通过遗嘱方式,把他个人财产的全部或一部指定法定继承人中的一人或数人继承;也可以赠给国家、人民公社、合作社、社会团体或其他公民。

禁止利用遗嘱恶意地剥夺无劳动能力或女子等合法继承人的继承权利。

遗嘱继承人对于被继承人生前的债务,应在继承遗产的价值范围内负清偿责任。

第七十条 公民个人所有权的行使,不得侵犯国家的、集体的和他人的利益。

20世纪70年代末至90年代中期

一、民　法

中华人民共和国民法草案（征求意见稿）

全国人大常委会法制委员会民法起草小组　1980年8月15日

第一编　总　则

第一章　指导思想、任务和基本原则

第一条　中华人民共和国民法，以马克思列宁主义毛泽东思想为指针，以宪法为根据，依照我国社会主义革命、社会主义建设在新的历史发展时期的要求，结合调整民事关系的实践经验制定。

第二条　中华人民共和国民法主要是调整国家机关之间、经济组织之间、事业单位之间、社会团体之间、公民之间以及他们相互之间的财产关系，也调整公民的人身权利义务关系。中华人民共和国民法的任务是通过调整这些民事关系，保护社会主义公有制，保护公民的合法权益，维护社会经济秩序，发扬社会主义道德风尚，巩固安定团结，保障社会主义现代化建设的顺利进行，以促进经济发展，不断满足公民的物质和文化生活需要。

第三条　社会主义制度是民事关系的基础。任何组织和公民，为了取得民事权利和承担民事义务所进行的民事活动，都必须坚持社会主义道路。

第四条　社会主义的公共财产不可侵犯，任何民事活动都不得扰乱社会经济秩序，损害公共财产。

第五条　全民所有制组织和集体所有制组织，应当以国民经济计划为指导进行经济活动，扬长避短，发挥优势，实行经济核算，讲求经济效果，充分发挥积极主动精神，努力完成计划任务。

第六条　全民所有制组织和集体所有制组织的合法经济活动，任何人不得以任何方式加以妨碍和限制。国家保护经济组织之间在国家计划指导下的正当竞争，鼓

励通过竞争,提高经营管理水平,促进技术革新,实现专业化协作。

第七条 国家鼓励全民所有制组织之间、集体所有制组织之间以及它们相互之间建立各种形式的经济联合体。

第八条 任何组织和公民行使民事权利和承担民事义务,都必须遵守国家法律和社会主义道德。

第九条 民事活动应当坚持权利和义务一致的原则;除法律特别规定的以外,应当实行平等互利、等价有偿的原则。

第十条 民事活动应当兼顾国家、集体和个人三方的利益。任何一方都不得利用非法手段损害他方的利益。

第十一条 全民所有制组织和集体所有制组织应当全心全意为人民服务,广泛吸收群众参加管理,接受群众监督,认真改进工作,提高服务质量。

第二章 公　民

第十二条 公民从出生的时候起到死亡的时候止,都具有权利能力,可以享受民事权利和承担民事义务。

第十三条 公民的权利能力一律平等,除法律特别规定的以外,不受任何限制。

第十四条 公民年满十八岁的是成年人,具有行为能力,可以通过自己的行为取得民事权利和承担民事义务。

第十五条 公民不满十八岁的是未成年人。

不满六岁的未成年人,是没有行为能力的人。他们所享有的民事权利和承担的民事义务,应当由他们的父母或其他法定代理人代理。

六岁以上不满十八岁的未成年人,是行为能力受限制的人。他们可以进行满足日常生活需要的民事活动,并享受自己取得的荣誉权、发明权、著作权等民事权利;其他民事活动,应当由他们的父母或其他法定代理人代理,或者征得法定代理人的同意后进行。

第十六条 精神病患者或其他精神失常不能独立处理自己事务的人,经利害关系人申请,人民法院查明事实后,可以宣告为无行为能力的人,并对他们设置监护人。

间歇性精神病人,在精神正常的时候,不受前款的限制。

第十七条 监护人可以由人民法院指定无行为能力人的配偶、父母或其他近亲属担任;没有近亲属的,可以指定无行为能力人的所属单位或其他人担任。

第十八条 被宣告为无行为能力的人,在精神恢复正常,并能独立处理自己事务的时候,经本人或利害关系人申请,人民法院应当宣告他恢复行为能力,并且撤销对他的监护。

第十九条 公民以他的经常居住地为住所。

未成年人以他的法定代理人的住所为住所。

被监护人以监护人的住所为住所。

第二十条 公民离开自己的住所没有任何消息满一年的,经利害关系人申请,户籍管理机关查明事实后,可以宣告失踪。

失踪人的财产应当由失踪人的配偶、父母、其他近亲属,或者由宣告失踪机关指定的人,代为管理。失踪人负担的扶养费和所欠的债务,以及因管理失踪人的财产所必需的费用,从失踪人财产中支付。

第二十一条 公民有下列情况之一的,经利害关系人申请,可以由人民法院依照审判程序宣告死亡:

(一)离开自己住所,没有任何消息满三年的;

(二)因遇危险事故而失踪,从危险事故发生之日起满一年的;

(三)因军事行动而失踪,从军事行动结束之日起满二年的;

(四)因遇危险事故或军事行动而失踪,根据已知情况能推定他死亡已满六个月的。

人民法院宣告死亡之日,就是失踪人死亡的日期。

第二十二条 被宣告死亡的人生还,或者有人得知他的下落的时候,经本人或利害关系人申请,人民法院应当撤销对他的死亡宣告。

被宣告死亡的人生还后,要求返还财产的时候,凡在宣告死亡后他的财产已由公民无偿取得的,应当返还尚存的财产;他的财产已由国家或集体组织无偿接收的,如果原物存在,应当返还原物;如果原物已不存在,应当给予适当补偿。

第二十三条 公民依法享有个人财产所有权、公共财产使用权、劳动报酬权、财产继承权和其他民事权利。

公民的姓名权、名誉权、肖像权、著作权、发现发明权等人身权受法律的保护,任何人不得侵犯。

第二十四条 公民在他的合法权益受到侵犯的时候,有权向人民法院和其他主管国家机关请求保护。

第二十五条 公民进行民事活动,要遵守信用,认真履行自己所承担的义务。对于弄虚作假,利用非法手段谋取私利的,应当分别情况给予法律制裁。

第二十六条 公民彼此之间应当互相尊重人格;对人要文明礼貌。

第二十七条 公民应当不畏强暴,敢于同坏人坏事作斗争。对于不顾个人安危、见义勇为的公民,国家给予精神或物质奖励;对于有条件、有责任救助而见危不救、听任坏人为非作歹的,应当分别情况追究法律责任。

第二十八条 公民应当关心青少年的健康成长,教育他们遵守国家法律和社会主义道德,防止他们沾染不良习气。

禁止一切危害青少年身心健康的营业和活动。

第二十九条 公民在进行民事活动的时候,对于不同民族、种族、国籍和不同职业、职务的人,应当一视同仁,平等对待,互相尊重彼此的风俗习惯。

第三十条 公民的民事活动,不得妨碍他人的宗教信仰自由和伤害宗教感情。不准利用宗教迷信活动,扰乱社会治安,危害公共利益和他人的人身、财产。

第三十一条 拾金不昧,是公民的美德。公民拾得遗失物,应当妥善保管并如数交还失主。失主不明的时候,应当交给公安机关或有关单位。

第三章 法 人

第三十二条 凡有一定的组织机构和独立的财产,能够以自己的名义享受民事权利和承担民事义务,并且依照法定程序核准成立的国家机关、企业(包括公司和其他形式的联合企业)、事业单位、人民公社各级组织、社会团体和其他组织,都是法人。

第三十三条 作为法人成立的经济联合体,不受行业、地区和所有制的限制,不改变联合各方的所有制、隶属关系和财务关系。经济联合体内实行平等、自愿、互利的原则。形式可以灵活多样。经济联合体内的各企业,可以作为法人进行活动,实行独立核算。

经济联合体的各方,根据各自提供的资金、原料、技术、劳办场地、设备、设施等条件,确定分配经济收益和承担债务的比例。

第三十四条 法人分别依照下列程序核准成立。

国家机关和它下属的事业单位根据有关的法规或者主管行政机关的命令成立。

企业(包括公司和其他形式的联合企业)应当具有自己的章程和法律规定的条件,经主管机关核准并登记后成立。

社会团体、人民公社和其他集体组织,根据自己的章程和有关法规规定的程序成立。

中外合资经营企业依照有关专门法规的规定成立。

第三十五条 法人的权利能力和行为能力从核准成立之日起开始,到解散时终止。

第三十六条 法人在法律规定或主管机关批准的业务范围内有权独立地开展业务活动,并有义务全面承担对国家、社会应尽的责任。

第三十七条 全民所有制组织和集体所有制组织依法享有自主权。自主权在职工和社员的监督下行使,用以改善经营管理,提高劳动生产率,增加社会财富。

第三十八条 法人的活动由它的领导机构和负责人代表进行。

法人对他的领导机构和负责人在执行任务时的违法行为,承担法律上的责任。

第三十九条 法人应当有特定的名称和固定住所。

国家依法保护法人的名称、荣誉、专利和商标等权利不受侵害。

第四十条 法人的合并、分立、转产或其他变更,应当根据主管业务机关的决定,或经社员(会员)大会决议后,报请主管机关批准,并按公告程序实行公告。依法需要登记的,还应当向主管登记机关登记。

法人发生合并、分立、转产或其他变更的时候,它的权利义务,除法律另有规定的以外,应当由合并、分立、转产或其他变更后的法人接受,并担负财产清理的责任。

第四十一条 法人履行自己的财产义务的时候,应当以自己所有的或者经营管理的财产为限。它的上级机构不负清偿的责任。依法不得强制执行的财产,不能用来抵偿财产义务。

第四十二条 法人可以因下列原因解散:

(一)经法律、法令或主管机关的行政命令撤销;

(二)设立法人的任务已经完成;

(三)法人的行为严重违反法律或社会公共利益,经登记机关撤销登记,或者经人民法院宣告解散;

(四)经社员(会员)大会三分之二多数决议解散,并经主管机关批准;

(五)法人经营不善,经限期整顿仍无好转,由主管机关决定解散。

依法登记的法人,解散时应向主管登记机关登记,并且按照公告程序实行公告。

第四十三条 法人解散后,由主管机关指定专人成立清理委员会,在主管机关的监督下,对法人的财产进行清理。必要的时候,人民法院可以参与监督,也可以另行指定清算人。

对法人财产的清偿,应当按照职工工资、国家税收、其他财产权的顺序依次进行。经清理后剩余的财产,按照法律和章程的规定处理;没有规定的,由主管机关处理。

第四十四条 外国法人按照我国法律规定,经我国政府核准或者认可后,才能在我国境内进行民事活动。

第四章 法律行为[①]

第四十五条 法律行为是公民或者法人确定、变更或者终止民事权利和民事义务的行为。

第四十六条 法律行为可以是单方的行为,也可以是双方或者多方意思一致的行为。

第四十七条 法律行为可以采用书面方式、口头方式或者其他方式。法律特别规定必须用书面方式的,依照法律的规定。

第四十八条 法律行为的内容和方式都符合法律规定的,是有效的法律行为。有效的法律行为从实施的时候起,就发生法律效力。

第四十九条 下列法律行为无效:

---

① 原件此处有以下注文:"此章有同志主张不要。"

（一）无行为能力人的行为；
（二）行为能力受限制的人，依法不能实施的行为；
（三）行为人在神志不清，不能辨认自己行为后果的情况下所实施的行为；
（四）违反法律、社会公共利益或社会主义道德的行为；
（五）行为人有意逃避法律约束的行为。

被确认为无效的法律行为，从实施的时候起，就没有法律效力。

第五十条 一方采取欺骗、威吓、强迫命令、乘人急需、恶意串通的手段，使对方违背本人意志实施的法律行为，以及因重大误解实施的法律行为，受害人有权请求撤销。

被撤销的法律行为从实施的时候起，就没有法律效力。

第五十一条 法律行为部分无效的，如果不影响其余部分成立，其余部分仍然有效。

第五十二条 法律行为被确认为无效或者被撤销后，当事人依据该法律行为所取得的财产，应当返还给对方，并且由有过错的一方赔偿对方因此所受的损失，如果双方都有过错，各自承担相应的责任。

第五章　代　理

第五十三条 代理人在代理权限内，以被代理人的名义进行的民事活动，直接对被代理人产生权利和义务。

第五十四条 代理人依照被代理人的委托（委托代理），或者根据法律规定（法定代理），或者由主管机关指定（指定代理）行使代理权。

第五十五条 法人和法人、法人和公民之间的委托代理，应当用书面方式。公民相互之间的委托代理，可以用书面方式，也可以用口头方式。

指定代理可以用书面方式，也可以用口头方式。

第五十六条 委托书或指定书（证明信、介绍信等）要载明代理人的姓名、代理的事项、权限、有效期限和委托或指定日期，并且由被代理人或指定机关签名盖章。不符合上述要求的委托书或指定书无效。

法律规定需要鉴证或公证的委托书，必须经主管机关鉴证或公证机关公证，才能有效。

第五十七条 代理人必须在双方约定或者法律规定的权限内进行代理活动。代理人由于滥用代理权给被代理人造成损害的，应当承担赔偿责任。

第五十八条 代理人不得以被代理人的名义同自己或同自己所代理的其他人，订立合同或实施其他法律行为。

第五十九条 委托代理和指定代理因下列情况终止：
（一）代理期限届满或者代理任务已经完成；

(二)被代理人撤销委托或者代理人辞去委托,指定代理的机关撤销指定;
(三)被代理人和代理人中一方死亡,或者代理人丧失行为能力;
(四)作为被代理人或代理人的法人解散或者撤销。

第六十条 法定代理因下列情况终止:
(一)被代理人取得或恢复行为能力;
(二)代理人和被代理人之间的亲属关系或监护关系,已经不存在。

第六章 诉讼时效

第六十一条 向人民法院或仲裁机关请求保护财产权益的诉讼时效期限,除法律另有规定的以外,公民之间为五年,公民与法人之间为三年,法人之间为二年。

第六十二条 已过诉讼时效期限的请求权,除法律特别规定的以外,人民法院或仲裁机关不予保护。但是,当事人自愿履行的不受此限。

第六十三条 时效期限,从权利受到侵害的人知道或者应当知道权利受侵害事实的时候起,开始计算。

第六十四条 在时效期限内,权利人由于不可抗力或者不是由于自己的过错无法提出请求的,时效期限暂停进行。暂停期间不计算时效期限。从暂停原因消灭之日起,时效期限继续计算,继续计算的期限不足六个月的,可以延长到六个月。

第六十五条 权利受到侵害的人向仲裁机关或者人民法院提出请求,时效期限就停止。

期限计算

第六十六条 本法规定的期限,按公历年、月、日计算。

以日、星期、月或年规定期限的,从确定期限之日第二天起,开始计算。

期限的最后一天是星期日、纪念日或者其他休假日的,以休假日的第二天作为期限的最后一天。

期限最后一天的截止时间为第二十四点;有法定业务时间的,到停止业务活动的时间截止。

第七章 民事制裁

第六十七条 公民和法人的民事权利受到侵害的时候,人民法院、仲裁机关或其他国家机关,可以采取本章规定的民事制裁方法予以保护。

第六十八条 人民法院、仲裁机关或其他国家机关在当事人的权利受到侵害的事实查明后,可以根据违法行为的性质和后果,采取下列的民事制裁方法:
(一)罚款;

（二）收缴非法所得；
（三）赔偿损失；
（四）具结悔过；
（五）责令赔礼道歉；
（六）通报批评。

第六十九条 前条规定的民事制裁方法，可以单独适用，也可以合并适用。

第七十条 适用民事制裁方法，不排除依法对违法人给以行政处分或者追究刑事责任。

第八章 适用范围

第七十一条 中华人民共和国公民和法人在中华人民共和国领域内的一切民事活动，都适用本法的规定。

第七十二条 中华人民共和国公民和法人在国外的民事活动，依照中华人民共和国的法律、法令和她所签订的国际条约或者依照国际惯例，应当适用本国法的，也适用本法的规定。

第七十三条 在中华人民共和国领域内经中国政府准许设立的外国机构，居留的外国人所进行的民事活动，除中华人民共和国的法律、法令和她所签订的国际条约另有规定的以外，适用本法的规定。

在中华人民共和国居留的无国籍人的民事活动，也适用本法的规定。

第七十四条 在民族自治地方或者其他地区，不能全部适用本法规定的，可以由省、市、自治区的人民代表大会根据本法的基本精神，结合当地的政治、经济、文化的特点，制定某些变通的或补充的规定，提请全国人民代表大会常务委员会批准后施行。

第二编 财产所有权

第一章 通 则

第七十五条 国家保护下列财产所有权：

社会主义全民财产所有权（即国家财产所有权）；

社会主义劳动群众集体财产所有权；

公民个人财产所有权。

国家保护有利于国计民生的私人投资、私人企业和个体工商户。具体办法，由专门法规另行规定。

第七十六条　财产所有人对他的财产享有占有、使用、处分的权利。

第七十七条　所有权受到非法侵犯的时候,所有人有权请求恢复原状、返还原物、排除妨碍、赔偿损失。

第七十八条　行使所有权,必须注意环境保护和生态平衡;不得破坏森林、草原和其他自然资源。

行使所有权,不得破坏名胜古迹、国家规定的风景区、游览区、自然保护区和依法保护的寺庙。

为了保护公共利益和公民健康,国家可以对所有权的行使进行必要的限制。

第七十九条　使用土地、山林、水利、草原、牧场、建筑物、房屋或公共场所,应当有利于发展生产、促进团结,不得损害邻人的合法权益。

第八十条　为了公共利益的需要,国家可以按照法律规定的条件和程序,对土地实行征购、征用或收归国有。

禁止买卖或变相买卖土地;禁止非法出租土地和擅自转让土地。

中外合资经营企业用地,由专门法规另行规定。

第八十一条　无主财产,归国家或集体所有。

第八十二条　所有人不明的埋藏物和隐藏物,归国家所有。埋藏物或隐藏物的发现人,有义务把所发现的财物交给国家。有关部门,可以根据具体情况给予发现人以适当的精神、物质奖励。

第二章　国家财产所有权

第八十三条　国家财产是社会主义全民所有的财产。

国家财产所有权属于中华人民共和国。

第八十四条　国家财产包括:

(一)属于国家专有的铁路、公路、邮电通讯设施、航天器、军事设施和武器等;

(二)属于国家所有的土地、矿藏、水流、森林、草原、荒地、水库、港口、油气田、银行、工厂、企业、电站、运输工具和设施、农、林、牧场、商店、仓库、建筑物、储备物资等;

(三)属于国家所有的文化、教育、卫生、科学、体育的设施、历史文物、名胜古迹、自然保护区等;

(四)不能证实属于个人或者集体所有的,具有经济、文化、科学价值的财产;

(五)国家在国外的资产;

(六)属于国家所有的其他财产。

第八十五条　国家按照统一领导、分级管理的原则,授权国家机关、国营企业和事业单位经营管理国家财产。国家机关、国营企业和事业单位在国家授权的范围内,代表国家对国家财产行使占有、使用、处分的权利;同时负有保护国家财产不受损失的义务。

第八十六条　国营企业和事业单位,可以把多余的固定资产出租或者有偿转让。但重要固定资产的转让,必须经国家主管机关批准。

出租或者转让所得的价款,应当用于购置固定资产,或者进行技术改造。

第八十七条　属于国家所有的固定资产不得根据任何人的请求,予以强制执行。

第八十八条　国营企业、事业单位必须按照国家规定,有计划地使用流动资金,严格遵守财政纪律,接受财政部门和银行的监督。

第八十九条　属于国家所有的小面积的山林、荒地、沙地、滩涂、水面,经县和县以上人民政府批准,可以无偿地或者有偿地交给集体组织或社员经营管理,收益归集体组织或者社员所有。

第九十条　下列行为是侵犯国家财产所有权的行为:
(一)侵占国有土地、非法砍伐国家林木和破坏国家自然资源;
(二)损毁或占用国家文物、名胜古迹;
(三)违反财政纪律,挥霍浪费,请客送礼,无偿或者降价私分产品;
(四)擅自挪用国家公款;
(五)为骗取荣誉或信任,弄虚作假,给国家财产造成损失;
(六)玩忽职守,不负责任,给国家财产造成损失;
(七)其他侵犯国家财产的行为。

第九十一条　侵犯国家财产所有权的行为,不论是否追究行政责任或刑事责任,一律要追究民事责任。

第三章　集体财产所有权

第九十二条　社会主义劳动群众集体财产所有权,分别属于下列集体组织:
(一)人民公社、生产大队和生产队;
(二)人民公社、生产大队、生产队所属的实行独立经济核算的企业、事业单位;
(三)城镇集体所有制的工业企业、商业企业、联合企业、服务性企业和事业单位;
(四)手工业生产合作社、供销合作社、运输合作社、信用合作社;
(五)其他合法的集体组织。

第九十三条　集体组织的财产包括:
(一)人民公社、生产大队和生产队所有的土地、山林、草场、滩涂、水面和农田水利设施,以及上述集体组织经营的农、林、牧、副、渔各业的资金、设备和产品;
(二)集体组织自有的生产资料和生活资料;
(三)集体组织的收益和积累;
(四)国家无偿拨给的财产;
(五)集体组织劳动创造和合法取得的其他财产。

第九十四条　人民公社、生产大队、生产队的土地(包括社员使用的自留地、自留山、饲料地、宅基地)分别归人民公社、生产大队、生产队所有。

社员房屋所有权转移的时候,宅基地使用权随同转移;但宅基地的所有权仍归生产队。

任何人不得任意扩大宅基地,侵占集体土地。

第九十五条 人民公社、生产大队和生产队经县和县以上人民政府批准,可以在国有的荒山、荒地、沙区和道路两旁植树、造林和种草。社造的归社所有,队造的归队所有。

第九十六条 国家保护集体组织的财产所有权,集体组织有权依法独立自主地处理属于它的财产。任何单位和个人不得侵犯。

第九十七条 下列行为是侵犯集体财产所有权的行为:

(一)对集体组织的财产非法实行平调,包括无偿占有,克扣挪用,非自愿借用,不等价协作,不符合法定手续的征用、征购和收归国有;

(二)违背国家法律、法令规定不顾集体组织多数成员的意愿和利益,强迫集体组织向全民所有制形式过渡;

(三)国家机关或上级主管单位巧立名目,非法提取或征收各种费用,影响集体组织的积累及其成员的收益;

(四)无偿抽调集体组织的劳力或虚报所属集体组织的产量,给集体组织造成损失;

(五)以社队企业的资金抵偿人民公社或其他集体组织的欠款;

(六)其他非法侵犯集体财产的行为。

第四章 公民个人财产所有权

第九十八条 公民个人财产是公民通过劳动或其他合法方式取得的财产。

第九十九条 公民个人财产包括:

(一)公民的劳动收入、继承的财产、侨汇、外汇和其他合法收入;

(二)公民的储蓄、房屋、日常生活用品和其他生活资料;

(三)公民个人在自留地、自留山、饲料地上从事劳动所取得的收益和合法经营手工业家庭副业所取得的收益;

(四)公民个人的自留树、果树、竹木、饲养的家禽、家畜或者自留畜;

(五)公民个人自有自用的农具、工具和其他生产资料;

(六)依法归个体劳动者所有的生产资料。

第一百条 国家保护公民个人财产不受侵犯,任何单位和个人不得非法侵占、冻结或没收公民的个人财产。

第一百零一条 公民个人所有和使用的房屋,不经法定程序,任何人不得查封、占用或没收。

因公共建设需要拆迁公民个人房屋的时候,须经有关主管机关批准,建设单位对于迁出的公民要进行妥善安置,给予适当的补偿。限期迁出的公民没有正当理由而拒绝搬迁的时候,人民法院可以强制执行。

第一百零二条 严禁利用个人财产进行投机倒把、放高利贷,或者从事其他破坏社会经济秩序和违背社会主义道德的活动。

第一百零三条 国家依法保护个体劳动者的生产资料所有权。个体劳动者在法律许可的范围内可以私人出资从事有益社会的生产经营活动。

第五章 共 有

第一百零四条 财产可以由两个或两个以上的公民或者法人所共有。
共有分为按份共有和共同共有。

第一百零五条 按份共有人分别按照各自的份额对共有财产享有权利、承担义务。

第一百零六条 共有人使用和处分按份共有财产,应当通过协商取得一致意见。意见不一致的时候,按照拥有财产份额一半以上的共有人的意见实行,但不得损害其他共有人的利益。

第一百零七条 按份共有人对于自己的财产份额有权转让和要求分割。
按份共有财产的分割,依照共有人的协议进行。共有人在出卖他的财产份额的时候,其他共有人有优先购买的权利。

第一百零八条 对于共同共有财产,共有人同等地享有权利、承担义务。

第一百零九条 家庭成员交给家庭共有的个人劳动收入和在共同生活期间经营副业所得的共同劳动收入,以及共同购置、积累的生活资料和生产资料,是家庭共有财产。
家庭共有财产,归家庭成员共同共有。

第一百一十条 家庭成员对家庭共有财产进行分割的时候,应当本着团结和睦、互助互让的精神协商处理。意见不一致的时候,由调解组织或人民法院根据共有人对家庭的贡献大小、经济状况、每个人的生产和生活需要,确定各自应得的财产份额,对于幼小、老、弱、病、残,应当给予适当照顾。

第一百一十一条 关于中外合资经营的企业、事业单位的财产权益,由专门法规另行规定。

第三编 合 同

第一章 合同的一般规定

第一百一十二条 合同(契约)是法人之间、法人与公民之间以及公民之间确立相互的民事权利义务关系所签订的书面协议。

当事人确立相互民事权利义务关系的口头协议,符合本法规定的,与合同具有同等的法律效力。

第一百一十三条 社会主义组织应当实行经济合同制度;通过合同协调生产、供应、销售和运输各个环节的联系,落实计划任务,明确经济责任,活跃城乡市场,加强经济监督。

社会主义组织之间可以依法直接签订合同,任何地区或部门的领导机构不得限制。

第一百一十四条 法人之间订立合同,必须遵守国家的有关法律、法令,必须符合国民经济计划的要求。

第一百一十五条 合同关系的当事人在法律上的地位一律平等。任何一方都不得把自己的意志强加给对方。

第一百一十六条 当事人应当发扬互助协作精神,努力完成合同规定的义务。如果发生纠纷,应当及时协商解决;协商不成的,由仲裁机关或人民法院解决。

合同的订立

第一百一十七条 合同当事人经过协商,就合同主要条款签订书面协议,合同就成立。

法律规定需要鉴证、公证或者核准登记的合同,必须履行法定手续,才能生效。

第一百一十八条 全民所有制组织之间的重要经济合同和全民所有制组织与集体所有制组织之间的经济合同必须经过工商行政管理机关或其他主管机关的鉴证。其他合同,法律规定需要鉴证、公证、第三人证明,或者在有关机关登记的,必须履行法定手续,才能生效。

第一百一十九条 用口头或通过电话的方式提出订立合同建议的,如果对方没有立即同意,提议一方不受建议的约束。

第一百二十条 当事人一方用书信或电报的方式提出订立合同的建议,如果指明了等待答复的期限,对方应当在期限届满前作出答复;如果没有指明期限,应当立即作出答复。接受建议的答复及时发出,但因送达迟误而超过了期限的,建议的一方应当立即将逾期收到答复的情况通知对方,否则认为建议已被接受。

第一百二十一条 改变建议条件的答复,或者超过期限的答复,都认为是订立合同的新建议。

第一百二十二条 法人之间的合同,除要求特别规定的条款以外,应当具备以下主要条款:

(一)当事人的名称、住所;

(二)标的的数量、质量、价款和交付的期限、地点、方法;

(三)各种必需费用的承担;

（四）合同的变更和解除的条件；
（五）奖励条款和违约罚款。

第一百二十三条　当事人在订立合同的时候,必须采取严肃认真的态度,充分考虑自己的实际需要和履行能力,使合同建立在切实可行的基础上。

合同的履行

第一百二十四条　合同的当事人应当按照合同的规定,全面履行自己承担的义务。

第一百二十五条　法律和合同对于某些条款没有作出明确规定的,双方当事人在履行合同中发生争议的时候,按照下列规定处理：

标的的质量,应按同类物资或劳务的中等以上的质量标准履行。

履行的期限,当事人任何一方都可以随时向另一方履行义务；也可以随时请求另一方履行义务,但请求履行的时候,应当给予对方必要的准备时间。

履行的地点,交付建筑物的,在建筑物所在地履行；支付金钱的,在接受支付一方的所在地履行；其他义务可以在履行义务一方的所在地履行。

价格,应按物价管理机关规定的价格履行；没有规定价格的,按合同履行时当地的市场价格履行。

第一百二十六条　用货币履行的义务,除法律、法令另有规定的以外,必须用人民币计算和支付。

第一百二十七条　根据法律或者合同的规定,几个人负有连带义务的时候,有请求权的一方可以向其中任何一人请求履行全部义务。负有连带义务的人中一人履行全部义务后,其他人的义务即行解除。

履行全部义务的人,有权向其他负有连带义务的人请求偿付他们各自应当负担的份额。

第一百二十八条　根据法律或者合同的规定,几个人享有连带权利的时候,其中任何一人都有权请求对方履行全部义务。享有连带权利的人中一人接受履行义务的人履行全部义务后,其他人的请求权即行消灭。

接受履行全部义务的连带权利人,应当补偿其他连带权利人各自应得的份额。

第一百二十九条　一方没有正当理由,拒绝接受另一方履行义务,或者应当接受履行义务的一方下落不明,致使对方不能履行义务的时候,经人民法院或公证机关同意,履行义务的一方可以将履行的标的物向有关主管机关提存。标的物提存后,合同义务即认为已经履行。

合同的变更和解除

第一百三十条　当事人经过协商同意,可以变更或者解除合同。但是,对于变更或解除合同负有责任的一方,应当赔偿对方因此所受的损失。

为执行国民经济计划而订立的合同,需要变更或者解除的时候,必须经过主管机关的批准。

第一百三十一条 合同当事人一方不经对方同意擅自变更或者解除合同的,对方可以请求人民法院或仲裁机关强制执行并责令赔偿损失。

第一百三十二条 由于主管机关、上级领导人或其他第三人的过错,必须变更或者解除合同,因而造成损失的,应当由有过错的主管机关或有关人员承担责任。

违反合同的责任

第一百三十三条 由于当事人一方的过错致使合同不能履行或不能完全按照合同履行的时候,有过错的一方应当赔偿对方因此所受的损失。

第一百三十四条 由于当事人双方的过错,致使合同不能履行或不能完全按照合同履行的时候,应当根据实际情况,分别确定各自应负的责任。

第一百三十五条 当事人一方不能履行或不能完全按照合同履行的时候,应当按照合同规定向对方支付违约罚款。如果违约罚款不足弥补损失,违反合同的一方还应当补偿差额。

第一百三十六条 违反合同的一方,在支付违约罚款、赔偿损失后,如果合同并没有因此解除,仍应按照合同的规定履行自己应尽的义务。但下列情况除外:

(一)合同的履行在客观上已不可能;
(二)合同的履行已经没有实际意义;
(三)法律规定不再需要履行。

第一百三十七条 由于不可抗力,或者由于国家计划的变更,致使合同不能履行或者不能完全按照合同履行的时候,违约的一方,在提供证明并经主管机关核实后,不承担责任。

第一百三十八条 当事人一方已经尽了最大努力,仍然不能履行或不能完全按照合同履行的时候,应当及时向对方说明情况,以便避免或减轻可能给对方造成的损失。但不能因此免除造成损失的一方应当承担的责任。

对方在接到通知后,应当立即采取措施,防止损失的发生或扩大。

合同的担保

第一百三十九条 担保是合同关系当事人一方,为了履行合同,向对方提供的一种保证。

担保的形式,除法律另有规定的以外,由双方当事人协商确定。

第一百四十条 保证人是以书面形式保证当事人一方履行合同的第三人。保证人和被保证人对履行合同承担连带义务。

保证人履行合同后,有权向被保证人请求补偿。

第一百四十一条 定金是合同当事人一方为保证履行合同向对方预先支付的金

额。合同履行后,定金应当收回,或者作为支付价款的一部分。

预付定金的一方不履行合同的,无权请求返还定金。接受定金的一方不履行合同的,应当返还定金,并支付违约罚款。

第一百四十二条 当事人一方按照合同规定,保管他人的财产,或者接受来料加工,在对方不按期和如数交付保管费或加工费的时候,有权扣留他的财物。不履行合同超过六个月的,保管人或加工人可以变卖扣留的财物,并从价款中优先得到清偿。

第一百四十三条 抵押是合同当事人一方或第三人为了履行合同向对方提供的财产保证。提供抵押财产的一方不履行合同的时候,抵押权人有权从变卖抵押财产所得的价款中优先得到清偿。

变卖抵押财产的价款,不足支付应当清偿的数额的,抵押权人有权向负有清偿义务的一方请求偿付不足的部分。

法律、法令禁止流通和禁止强制执行的财产,都不得作为抵押财产。

抵押财产可以交由抵押权人保管,也可以由提供抵押财产的人自己保管。抵押权人对抵押财产保管不善造成损坏或灭失的,应当承担财产责任。

第二章 买 卖

第一百四十四条 商业企业向顾客供应商品,工矿企业和农业生产单位自销产品,以及公民依法出售自己的物品,都是买卖关系,适用本章的规定。

第一百四十五条 出售物品的所有权或者经营管理权,自卖方将物品交付买方的时候起移转。

第一百四十六条 买卖双方应当遵守国家关于物价管理的规定。物价管理机关规定价格的商品,按照规定的价格出售;没有规定价格的商品,允许自行定价或者由买卖双方按质论价,议定合理的价格。严禁擅自提价或者变相提价。

第一百四十七条 出售的商品应当符合国家规定的质量标准或者买卖双方约定的质量标准。严禁以次充好,掺杂使假。

商品不符合标准的,买方可以请求卖方更换或者修理;不能更换或修理的,可以退货;经双方协商同意,也可以适当降低价格。

第一百四十八条 卖方减价出售有缺陷的商品,应当向买方说明商品的缺陷。卖方隐瞒商品的重大缺陷的,买方有权请求按照本法第一百四十七条第二款的规定处理。

第一百四十九条 出售商品不得硬性搭配。对于硬性搭配的商品,买方有权拒绝购买;买方选定购买的商品,卖方不得拒绝出售。

第一百五十条 买方接受所购商品后发现规格不适宜使用的时候,在商品未经使用的条件下,买方有权请求卖方更换或者退货。但对售出的食品和药品,买方无权请求退换。

第一百五十一条 买方接受商品后,发现商品有缺陷的时候,应当及时向卖方提出。除法律、法令和合同另有规定的以外,对商品缺陷提出请求权的期限为六个月,从接受商品之日起计算;对建筑物的缺陷提出请求权的期限为一年,从发现建筑物缺陷之日起计算。

第一百五十二条 需要包装的商品,卖方应当根据商品的性能进行包装。食品、药品的包装必须符合卫生条件。

第一百五十三条 卖方应当按照双方约定的数量交付商品。买方发现商品数量不足,有权请求卖方补足数量,或者减收价款,或者退货。

第一百五十四条 卖方应当按照双方约定的期限交付商品。逾期交货的,买方有权请求对方偿付逾期罚款。提前交货的,买方应当代为保管,保管费用由卖方支付,买方可以仍按原定期限付款。

第一百五十五条 买方应当按照双方约定的期限接受所购商品。逾期接受的,卖方有权请求对方偿付逾期罚款。

第一百五十六条 买方应当按约定的期限支付价款。逾期付款的,卖方有权请求对方偿付逾期罚款。

第一百五十七条 凭证商品、委托寄售物品以及其他需要证明文件才能买卖的商品,必须具备有关证明文件后才能买卖。

第一百五十八条 房屋买卖必须经过房产管理机关或农村基层政权机关审查,评定价格,并经纳税和更换房产证后,才能生效。

零售商业

第一百五十九条 零售商店应当根据顾客的需要,采取灵活多样的售货方式,主动调剂商品的花色品种,并将待售商品的全部样品标明价格,加以陈列,以便顾客选购。

第一百六十条 零售商店应当接受顾客的监督,虚心听取和认真研究顾客的意见,不断改进经营作风,提高服务质量。

第一百六十一条 售货人员有义务向顾客介绍商品的性能、质量以及使用和保养的方法,耐心回答顾客提出的问题,热情帮助顾客选购商品。

顾客应当尊重售货人员的劳动,自觉遵守和维护社会主义市场秩序。

第一百六十二条 零售商店应当实行商品保用制度。

在保用期内,发现商品不符合质量标准的,买方有权按本法第一百四十七条第二款的规定处理。

第一百六十三条 售货人员出售商品不得利用职权"开后门""走后门",徇私损公。对于违反本规定的售货人员,顾客有权检举揭发,有关主管机关应当根据情节轻重,给以批评教育或者追究法律责任。

第一百六十四条 商业企业应当根据需要设立专门零售商店,或者在零售商店内设立专柜,出售少数民族特需的或者特别体型的服装鞋帽,以及顾客特殊需要的其他商品。

第一百六十五条 采取分期付款或者赊销方式出售商品的时候,买卖双方应当用书面约定分期或者一次付清价款的数额和日期。买方应当按照约定的数额和日期付清价款。

第一百六十六条 用邮购方法出售商品,可以先寄商品后收价款,或者先收价款后寄商品。

禁止事项

第一百六十七条 国家保护合法买卖,禁止黑市交易、走私、投机倒把等非法活动。

第一百六十八条 禁止买卖有价证券和票证,禁止买卖违反社会主义道德、有害公民身心健康的商品和法律规定不得买卖的其他商品。

黄金、白银、外币禁止私相买卖;需要兑换的,应当到中国人民银行办理兑换。

违反前两款规定的,应当根据情节轻重追究直接责任人员的法律责任。

互 易

第一百六十九条 在法律、法令规定的范围内,允许以物易物。

互易双方的权利义务适用本章的有关规定。

第三章 供 应

第一百七十条 社会主义组织之间供应产品,必须根据国家各级主管机关的产品分配计划订立供应合同。

物资部门、商业部门在计划外选购和供应产品,也应当订立供应合同。

第一百七十一条 供应合同可以委托有关单位代签。代签单位应当严格按照委托单位的要求办理。

代签单位不按委托单位的要求代签合同,因而造成委托单位损失的,应当承担财产责任。

第一百七十二条 供方交付的产品少于合同规定的数量的,需方有权要求供方补足少交的部分并偿付逾期罚款。

供方交付的产品多于合同规定的数量的,对超过部分,需方有权拒付货款,但应当代为保管,并立即通知供方处理。保管费用由供方负担。

第一百七十三条 供方没有按照合同规定交付随机配套产品、备品、配件和安装、修理工具的,需方有权要求补配成套。供方在约定的期限内没有补配成套而由需方补配成套的,供方应当偿付罚款。需方无法配套的,有权退货,并请求供方赔偿损失。

第一百七十四条 工矿产品应当符合质量标准。有国家标准的,实行国家标准;没有国家标准的,实行部颁标准;没有国家标准和部颁标准的,实行企业标准。没有上述标准的,可以由双方议定标准。

工矿产品的质量不符合规定或议定标准的,应当由供方负责修理、更换或者退货;经双方协商同意,也可以按质论价。

第一百七十五条 工矿产品的价格,适用本法第一百四十六条的规定。

工矿产品的价格在合同规定的交货期限内由物价管理机关作了调整的时候,如果供方按照合同规定的期限交货,按调整后的价格计算;如果供方逾期交货,价格提高了的,仍按合同规定的计算;降低了的,按降低的计算。

需方逾期接受产品或者逾期付款的时候,价格提高了的,按提高的计算;降低了的,仍按合同规定的计算。

第一百七十六条 供方应当按合同规定的期限向需方交付产品。逾期交付产品的时候,需方如果已不再需要,应当及时通知供方停止发送;供方在接到通知前已发送的产品,需方应当代为保管,由供方支付保管费用和逾期罚款。提前交付的产品,需方应当接受,但仍按合同规定的时间付款。保管费用由供方负担。

第一百七十七条 需方逾期提货,除偿付逾期罚款外,还应当向供方支付保管费用。

第一百七十八条 产品的包装,应当符合主管机关规定的标准。如果一方要求特殊包装或用代用品包装,在保障物资运输保管安全的前提下,由供需双方协商解决。合同规定由需方提供包装物而需方不按时提供因而造成供方逾期交货的,需方仍应按合同规定的时间付款,并偿付逾期罚款。

由于供方包装不良造成产品损坏的时候,参照本法第一百七十四条第二款的规定处理。但需方提供包装物的质量不符合双方约定标准的除外。

第一百七十九条 需方收到产品后,应当按照主管机关规定或者合同约定的标准、方法、期限进行验收。如果发现产品的数量、质量不符合合同的规定,需方应当在规定时间内向供方提出书面异议。如果需方在规定的时间内不提出书面异议,就认为所交产品符合合同规定。如果供方接到需方书面异议后,没有在规定的时间内提出不同意见,就认为同意需方的书面异议,并承担相应的责任。

第四章 农副产品收购

第一百八十条 农副产品收购,应当由粮食收购单位、商业收购单位同农业生产单位在国家计划指导下,根据有关规定订立合同。

第一百八十一条 收购与交售农副产品,必须贯彻国家、集体、个人三方利益兼顾的原则。

交售方应当努力发展生产,积极交售农副产品,支援国家建设。收购方应当积极收购农副产品,并向交售方提供农用物资。

第一百八十二条 农副产品收购可以采取购销结合合同的方式进行。购销结合合同应当同时规定农副产品收购和工业品供应两方面的内容。

第一百八十三条 对重要的农副产品的收购可以采取预购合同的方式进行。预购农副产品,对集体所有制农业生产单位可以付给预购定金。

第一百八十四条 收购方对各类农副产品应当根据物价管理机关的规定,按照计划价格或者议定价格收购。

收购方收购农副产品应当按质论价,不得擅自压级压价、提级提价。擅自压级压价的,应当补足压价部分的价款。徇私舞弊提级提价的,应当追究直接责任人员的法律责任。

第一百八十五条 交售方不能按合同规定的品种交售的时候,经收购方同意,交售方可以交售其他品种的农副产品,或者偿付罚款。

第一百八十六条 交售方确因重大自然灾害,不能按照合同规定的数量交售农副产品的时候,经双方协商同意,并报上级主管机关批准后,可以减少交售数量,或者免予交售。

第一百八十七条 农副产品收购实行检验、检疫制度。收购方收到农副产品后,应当及时进行检验、检疫。对不符合国家规定或合同约定的规格、质量的农副产品,可以拒绝收购或者降价收购;对带有疫病的农副产品,应当拒绝收购。

第五章 基本建设包工

第一百八十八条 基本建设工程,必须根据国家批准的基本建设计划,以及设计、概算和预算等文件签订包工合同。按照包工合同的规定,施工单位应当按期、按质、按量完成与建设单位约定的建设项目;建设单位应当按时提供必要的基本建设条件,及时验收竣工工程,并支付报酬。

第一百八十九条 凡属计划外的和擅自扩大规模的基本建设工程,设计施工单位都有权拒绝签订合同。

第一百九十条 一项建设工程由两个或者两个以上施工单位同时承包的时候,建设单位可以将该项工程交由一个建筑安装单位总包,签订总包合同。

总包单位与各参加建筑、安装的施工单位签订分包合同。分包单位对总包单位负责,总包单位对建设单位负责。

对于大型的基本建设工程,建设单位可以分别与勘察、设计、建筑、安装等单位直接签订有关的合同。

第一百九十一条 在不妨碍正常施工的原则下,建设单位有权对建设工程的规模、进度、质量、技术水平和经济效果随时进行检查和监督。

对工程中的缺陷或工程所用材料、设备的缺陷,应当由有过错的一方以自己的费用负责消除。如果双方都有过错,应当共同消除,并各自承担相应的费用。

第一百九十二条 建设单位没有按时提供场地和施工图纸,或者合同规定的一方没有按时提供材料、设备和资金的,应当按照规定付给对方违约罚款,并赔偿对方的损失。

施工单位组织施工不当,或者对材料、设备保管不善,造成毁损以致延误竣工日期的,应当按照规定付给对方违约罚款,并赔偿对方的损失。

由于勘察或设计不当而造成工程损失的,应当分别由勘察单位或设计单位承担相应的责任。

第一百九十三条 隐蔽工程在隐蔽以前,施工单位应当通知建设单位检查。施工单位没有通知建设单位检查,自行隐蔽工程的,建设单位有权要求检查,检查费用由施工单位负担。

建设单位没有按时到场检查,施工单位可以自行检查,填写隐蔽工程检查记录,加以隐蔽,并将记录送交建设单位。建设单位以后提出检查的时候,如果工程符合合同要求,检查费用由建设单位负担;如果工程不符合要求,检查费用和返工费用由施工单位负担。

第一百九十四条 建设工程(包括单项工程)竣工后,建设单位应当按期进行验收。经验收工程合格的,由建设单位负责接收保管。

建设单位不按期进行验收给施工单位造成的损失,由建设单位负责赔偿。

第一百九十五条 竣工验收中发现工程质量不符合合同要求,需要返工的,由施工单位在约定期限内完成返工任务,并承担返工费用;建设单位如果也有过错,应当承担一部分返工费用。

第一百九十六条 建设工程竣工验收后,在保修期限内,确因施工单位的责任造成屋面漏雨,管道漏水、漏气、堵塞,以及设备安装中的质量事故,应当由施工单位在约定的期限内负责修理,并负担全部费用。

第一百九十七条 因改变基本建设的计划、方案、规模或者工艺流程需要修改合同或者另订补充合同,当事人双方必须协商一致,报请主管机关批准后才能进行。如果因此造成损失,应当由提出改变的一方承担赔偿责任。

第一百九十八条 安排计划的主管机关应当保证工程所需要的全部资金、材料和设备的供应,不得留有缺口。因留有缺口致使合同不能履行的,应当由改变计划的主管机关承担责任。

第一百九十九条 施工单位应当对建设工程的质量和工期全面负责。在施工中由于组织管理不善,浪费人力物力和偷工减料等原因致使工程质量下降或者延误工期的,施工单位应当承担责任。

第二百条 施工单位在保证质量、工艺水平和规模的前提下,提前竣工、节约投资或成本的,按照合同规定可以从节约的投资中提取一定比例的金额,奖给施工单位和有关人员。

由于建设工程提前投产而使建设单位增加盈利的,受益单位可以从盈利中提取一定比例的金额,奖给建筑、安装、勘察、设计等有关单位及人员。

第二百零一条 不属于国家基本建设的小型工程和民间的修建工程,签订包工合同的时候,可以参照本章的有关规定办理。

第六章 承 揽

第二百零二条 承揽人根据定作人的要求,用自己的设备、技术和劳力,使用定作人的全部或部分材料,或者用自己的材料,为定作人加工、定作、修理、修缮、复制物品或完成其他工作;定作人应当接受承揽人完成的物品或工作成果,并且按照规定或约定付给报酬。

第二百零三条 承揽人接受加工、定作、修缮任务的主要部分,必须以自己的设备、技术和劳力去完成;非经定作人同意,不得转给第三人。

承揽人违反前款规定,定作人有权解除合同,并请求支付违约罚款。

第二百零四条 材料由定作人提供的时候,定作人如果没有按时、按质、按量提供,因此造成加工、修缮延期的,由定作人承担责任。

承揽人对定作人提供的材料应当及时检验,发现不符合约定要求的,应当立即通知定作人调换或者补齐。

第二百零五条 承揽人使用定作人提供的材料,应当精打细算,节约用料。剩余的材料,应当归还定作人,或者征得定作人的同意,由承揽人折价收购。

第二百零六条 承揽人对定作人提供的材料不得以次换好;对定作人修理的物品不得偷换零件。违反上述规定的,应当赔偿损失,情节严重的,追究其他民事责任。

第二百零七条 承揽人对定作人提供的材料和物品应当妥善保管。因为保管不当造成损坏、灭失的,由承揽人负责赔偿。由于不可抗力造成损坏、灭失的,承揽人不负赔偿责任。

第二百零八条 承揽人修缮房屋、成批加工非标准化的物品,应当接受定作人必要的检查监督。但定作人不得因此妨碍承揽人的正常工作。

第二百零九条 承揽人承接录音、录像、誊印、描图、晒图、广告和物品性能测试、检验等任务,应当做到图样、字样清楚,数据准确。定作人要求保密的,应当严格遵守;不经定作人同意,不得留存复制品。

定作人刻制公章,必须出具有关主管机关的证明。

第二百一十条 承揽人应当按照约定的质量、数量交付所完成的工作物或工作成果,定作人应当及时检查验收。由于承揽人的责任,致使质量、数量不符合约定要求的,定作人可以要求承揽人在一定期限内进行修整,消除缺陷,补足数量,或者降低报酬。如果工作物有重大缺陷,定作人有权拒绝接收,并可请求赔偿损失。

第二百一十一条　定作人没有按照约定的期限领取的定作或修理物品,承揽人应当负责保管,并收取保管费。超过约定的领取期限六个月,并经承揽人通知催领,定作人仍不领取的时候,承揽人有权将定作或修理的物品变卖,所得价款在扣除报酬、保管费以后,用定作人的名义存入银行。

定作人超过约定期限没有领取的工作物,因不可抗力造成损坏、灭失的,由定作人承担责任。

第七章　社会服务

第二百一十二条　国家保护和发展社会服务事业。从事社会服务劳动是光荣的,应当受到社会尊重。

本章规定的社会服务范围包括医疗保健、法律服务,文娱体育、旅游事业,交通邮电、公用事业和其他服务。

第二百一十三条　从事社会服务的单位和个人,应当按照规定或约定提供服务;接受服务的公民或者单位,应当积极协助并付给报酬。

第二百一十四条　服务单位及其主管部门应当根据社会物质文化需要和城乡特点合理设置服务网点,灵活安排营业时间,简化手续,方便群众。

第二百一十五条　从事社会服务的单位和个人,对承担的服务项目,应当按时按质按量加以完成。

接受服务的一方,发现服务质量低劣,不符合规定或约定要求的时候,可以请求免费重作、修理或者减少报酬。

第二百一十六条　服务人员应当做到业务熟悉,诚实无欺,热情周到。

服务单位应当重视顾客提出的批评和建议,积极采取措施,改进工作,并将处理结果及时答复或者公布于众。

第二百一十七条　服务单位和服务人员应当按照统一规定的标准收费;没有统一规定的,可以同顾客议定报酬。不准接受小费。服务项目有统一规定收费标准的,应当公布。

第二百一十八条　公民或者单位对于服务单位所提供的场所、设备、娱乐品、装饰品、展览品、花卉等,应当爱护,保持整洁,不得损坏;造成污损的,应当赔偿。

第二百一十九条　公共场所的服务人员应当保持环境卫生,维护公共秩序,注意顾客安全。对于破坏公共秩序的,服务人员有权制止,或者责令退出场所;情节严重的,报请有关单位处理。

第二百二十条　任何单位和个人不得以社会服务为名进行有损社会主义道德和公民身心健康的非法活动。违反的,应当收缴非法所得,或者处以罚款。

医疗保健

第二百二十一条　医疗保健单位和医务人员应当努力提高医疗技术和服务质

量,对病人认真检查,精心治疗和耐心护理,积极防止医疗事故的发生,并有责任对病人或他的家属说明病情、治疗方法和应该注意的事项。

第二百二十二条 医疗保健单位应当实行中西医结合、预防为主的方针,积极采取各种措施,对环境卫生、饮食卫生、妇幼卫生等进行督促检查,以保障公民身体健康。有关单位和公民应当积极配合。

第二百二十三条 公民个人开业行医应当向主管机关登记,领取营业执照。

第二百二十四条 利用迷信,以治病为名,或者贩卖假药、假方、骗取财物、损害公民健康的,除情节严重,依法追究刑事责任外,还应当给予民事制裁。

法律服务

第二百二十五条 公民与法人有权聘请律师或请求人民法院指派他所合意的律师,提供法律帮助。

公民与法人对律师提供的法律帮助,应当按照规定或约定付给报酬。

第二百二十六条 律师应当维护聘请人的合法权益。律师与聘请人的意见发生分歧不能取得一致的时候,律师有权辞去聘请。

第二百二十七条 公民与法人有权对聘请的律师随时解除聘请,但应当补偿律师所支出的必要费用。

第二百二十八条 国家保障律师严格依法执行职务,任何人不得干涉。

文娱体育

第二百二十九条 文化娱乐和体育服务单位应当为公民提供内容健康的各种节目。

一切损害公民身心健康、违背社会主义道德风尚的文娱体育活动,主管单位有责任加以制止,情节严重的,应当给予民事制裁。

第二百三十条 游人应当遵守公园、风景游览区、名胜古迹保护区的游览规则,爱护它的建筑物、设施,花草树木;不得涂抹刻画,不得攀折损坏。

第二百三十一条 公共文娱体育场所以及风景游览区和名胜古迹保护区的土地、设施,任何人不得非法侵占。

第二百三十二条 影院、剧院、体育场的入场券应公开出售,不得私留私分;对进行套购、高价转售入场券等非法活动的单位和个人,应当收缴非法所得。

影院、剧院和体育场的房屋、设备,主管单位应经常注意安全措施的检查和改进。

旅游事业

第二百三十三条 旅游服务单位应当按照约定的计划、条件提供服务。旅游人应当遵守约定和有关游览事项的规定。

第二百三十四条 旅游服务单位解除或者变更旅游约定的时候,应当返还已收的定金;对旅游人造成损失的,还应当负责赔偿。

旅游人解除或者变更旅游约定的时候,旅游服务单位不再返还定金,并由旅游人赔偿因此造成的损失。

第二百三十五条 旅馆、饭店有义务为顾客提供整洁舒适的住房,并提供与住宿、用餐有关的辅助性服务。

顾客应当遵守旅馆、饭店的规则,爱护设备、用具,并支付费用。

第二百三十六条 旅馆、饭店对预定的房间应当按照约定提供;如果不能提供造成对方损失的,应当负赔偿责任。

顾客到期不使用或者不按照约定办理退房手续的,应当赔偿给对方所造成的损失。

第二百三十七条 顾客将贵重物品交给旅馆、饭店保管的,如有丢失、损坏,旅馆、饭店应负赔偿责任。

第二百三十八条 饮食服务单位提供的食品,必须符合卫生要求;不准出售腐烂变质的食品,餐具必须消毒。

交通邮电

第二百三十九条 城乡公共交通服务适用本编第八章的有关规定。

第二百四十条 邮电通讯服务单位应当迅速、准确、安全地为用户邮寄信件、物品和传递信息;用户应当遵守有关的邮电规章,并支付费用。

关于损毁丢失邮件的责任,按照有关的邮电规章处理。

公用事业

第二百四十一条 公用事业单位,应当保证用户对水、电、气等的正常使用。不能正常使用的,应立即修缮,否则,用户有权少交或者不交费用;造成用户损失的,公用事业单位应负赔偿责任。

用户对水、电、气等设施应当爱护。因用户的责任造成损坏的,用户应负赔偿责任,或者支付修理费用。

第二百四十二条 环境卫生服务单位和服务人员,应当加强卫生管理,提供必要的卫生设施,及时清除污物污水,做好环境卫生工作。

公民有义务遵守卫生管理规定,爱护公共卫生设施;损坏公共卫生设施的,应负赔偿责任。

其他服务

第二百四十三条 理发、洗澡等服务单位和服务人员应当讲究卫生,保证服务质量,采取有效措施防止疾病传染。

第二百四十四条 公民可以接受聘请担任家庭教师,也可以向有关机关登记自行办学,传授文化科学知识、技艺,并收取一定的费用。

公民可以接受聘请帮助照料家务或进行医疗护理等工作,并取得合理报酬。

聘请人和受聘人应当互相尊重,互相帮助。服务的范围、内容、期限和报酬等,由双方根据平等互利的原则议定。

第八章 运 输

第二百四十五条 运输包括铁路运输、公路运输、水上运输、航空运输以及其他方式的运输。

不同运输方式的承运人可以实行联运。联运的各个承运人对托运人或者旅客负连带责任。

第二百四十六条 承运人可以是法人,也可以是从事短途运输的公民。

货物运输

第二百四十七条 承运人接受托运人托运的货物并签发承运凭证(货运单或提货单),货物运输合同就认为成立。

第二百四十八条 承运人应当根据及时、准确、安全、经济的原则和计划运输、合理运输的原则运输货物,并且根据需要与可能,对大宗货物尽量采用直达或者联运的方式,提高运输效率。

第二百四十九条 按照计划组织的运输,托运人和承运人应当根据运输计划签订合同。

不是按照计划组织的运输和零星货物的运输,承运人与托运人应当按照有关的运输规章签订合同。

第二百五十条 托运人托运货物,应当如实填写托运单,必要时还应当向承运人提交货物运输证明文件。

承运人对符合运输要求的货物,应当为托运人办理交接手续,签发承运凭证(货运单或提货单)。

第二百五十一条 托运人不按照合同规定的时间和数量交付托运货物,或者承运人不按照合同规定提供运输工具,因而给对方造成损失的,都应当按照规定承担赔偿责任。

第二百五十二条 托运人托运的货物按照规定应当包装的,必须按照国家规定的标准或者部颁标准包装完整。没有统一规定包装标准的,托运人应当根据保证货物运输安全的原则进行包装。

没有按照前款规定进行包装的货物,承运人有权拒绝承运。

第二百五十三条 托运人托运危险货物,必须按照有关危险品运输的规定办理。由于托运人隐瞒或者没有正确说明危险品的性质,或者由于托运人有其他违反危品运输规定的行为,对承运人或第三人造成损害的,托运人应当承担赔偿责任。

承运人发现托运人在托运的货物中夹带国家禁止运输或限制运输的物品,或者危险物品在运输途中发生危及运输安全的情况,承运人有权按照有关的运输规章处理。

第二百五十四条 货物托运后,托运人需要变更到货地点或收货人,或者取消托运的时候,应当立即通知承运人,并且按照有关的运输规章,付给承运人相应的费用。

第二百五十五条 承运人应当在合同规定的运达期限内,将货物运送到指定的地点,并且按时向收货人发出货物到达通知。由于承运人的过错超过运达期限,因而给对方造成损失的,承运人应当承担赔偿责任。

第二百五十六条 收货人接到提货通知后,应当按时提取,超过规定期限的,应当向承运人支付保管费用。

第二百五十七条 收货人在接受货物的时候,应当会同承运人进行交接验收。如果发现货物损坏或者与提货单不符,收货人应当立即向承运人提出异议,如果需要对货物进一步检验,收货人应当在规定或约定的时间内提出建议。

收货人在接受货物的时候没有提出异议,或者在规定或约定的时间内没有提出进一步检验的建议,认为货物已经验收。

第二百五十八条 收货人拒绝提取货物或者查找不到收货人的时候,承运人应当及时与托运人联系,并且应在规定的期限内负责妥善保管。超过规定期限仍然无法交付的货物,承运人有权按照有关的运输规章处理。

第二百五十九条 承运人对承运的货物,自接受承运的时候起,应当负责安全运输和妥善保管。承运的货物发生灭失、短少、变质、损坏的时候,除法律另有规定的以外,承运人应当按照下列原则赔偿:

(一)货物灭失、短少、变质的,按照货物的实际价值赔偿;无法确定货物实际价值的时候,按照有关赔偿限额的规定赔偿;

(二)货物损坏的,按照损坏货物所减低的价值赔偿。

第二百六十条 除法律另有规定的以外,由于下列原因造成货物灭失、短少、变质、损坏的,承运人不负赔偿责任:

(一)不可抗力;

(二)货物本身的自然性能;

(三)货物的合理损耗;

(四)托运人本身的过错。

第二百六十一条 联运的货物发生灭失、短少、变质、损坏应当由承运人承担赔偿责任的,先由终点站(港)的承运人按照规定赔偿,再由终点站(港)的承运人向负有连带义务的其他承运人追偿。

旅客运输

第二百六十二条 旅客搭乘运输工具,应当持有承运人发售的有效客票。承人应当将旅客按时、安全运送到目的地。

第二百六十三条　旅客无票或者使用失效、伪造、涂改的客票搭乘运输工具，承运人有权按照有关运输规章处理。

第二百六十四条　承运人在运输过程中，应当给旅客提供必要的生活服务；对遇险的旅客，应当尽力抢救；对发生疾病或分娩的旅客，应当给予必要的医疗和照顾。

第二百六十五条　旅客有下列情形之一的，承运人可以拒绝运送：

（一）不遵守交通运输规章，破坏公共秩序，不听劝阻的；

（二）精神失常无人护送和没有采取特殊措施的；

（三）患有严重传染病足以危害其他旅客的；

（四）因其他情况不适宜搭乘该项运输工具的。

第二百六十六条　旅客按照有关的运输规章可以免费携带随身物品，也可以向承运人托运行李、包裹。

第二百六十七条　旅客托运的行李、包裹，承运人应当安全运送，妥善保管，发生灭失、短少、变质、损坏的时候，除本法第二百六十条规定的情形外，承运人应当承担赔偿责任。

第二百六十八条　旅客在运输过程中遭受伤害或死亡的，承运人应当承担责任。但是，对由于旅客本人的过错或者疾病造成的损害，承运人不承担责任。

第九章　保　管

第二百六十九条　按照国家计划组织的物资储存，应当由存货人和保管人按照物资储存计划签订合同。

计划外的或零星的物资储存，由存货人和保管人按照有关仓储业务的规定签订合同。

第二百七十条　存货人应当按照合同的规定存货、取货，并支付保管费。

保管人应当按照合同的规定接收并保管好储存物资。

第二百七十一条　存货人应当向保管人提供必要的物资验收资料，否则，出现物资品种不符、数量短少、质量不符的情况，保管人不承担责任。

保管人对入库物资应当按照合同规定的包装外观、物资品种、数量和一般质量进行验收，发现有不符合合同规定的，应当及时通知存货人协商解决。保管人验收后出现物资品种不符、数量短少和质量不符的情况，由保管人承担责任。

第二百七十二条　储存物资的包装必须符合主管机关规定的或合同规定的包装标准，因包装不合标准造成物资损坏的，由存货人承担责任。

包装不完好的物资或者整存零取的物资，需要保管人代为整修、改装或者重新包装的，存货人应当供给保管人必需的包装材料，并支付包装费用。

第二百七十三条　保管人对储存的物资，应当妥善保管。因保管不善造成物资灭失、短少、损坏、变质的,保管人应负赔偿责任。

由于不可抗力、货物的自然损耗造成储存物资损失的,保管人不承担赔偿责任。

第二百七十四条 易燃、易爆、有毒等危险物资和易腐物资的存货人,必须将物资的性质在合同中注明,并且提供必要的资料。否则,造成物资毁损或人身伤亡的,存货人应当承担赔偿责任。

危险物资和易腐物资,必须按照有关规定储存保管。保管人不按照规定妥善保管,造成物资毁损或人身伤亡的,应当承担赔偿责任。

第二百七十五条 储存物资入库、出库的时候,应当按照操作规程装卸搬运。在装卸搬运中造成物资损失的,由装卸或搬运单位和直接责任人承担赔偿责任。

第二百七十六条 存货人应当按照合同规定的期限提取物资。到期不提取的,保管人应当通知存货人提取并对超过储存期限的物资,按照储存累进收费的规定,收取保管费。

超过储存期限的储存物资,虽经保管人采取必要的措施,仍然出现短少、损坏、变质的,由存货人自己负责。

超过保管期限,久存不取的物资,保管人有权报请有关部门批准后处理。

第二百七十七条 按照合同规定由保管人负责发运的物资,保管人应当按期发运。由于保管人的过错致使不能按期发货或者发错到货地点,因而造成收货人损失的,由保管人承担赔偿责任。

第二百七十八条 保管人与存货人应当按照合同的规定,定期或不定期地对库存物资进行共同检查。发现问题的时候,及时采取相应措施处理,必要时还应当积极向有关上级机关反映。

第二百七十九条 存货人或保管人需要变更或者解除合同的时候,应当在变更或者解除合同前一个月通知对方;否则,对因此造成的损失,应当承担赔偿责任。

寄 存

第二百八十条 寄存是寄存人把日常生活用品交给保管人保管所发生的关系。有偿的寄存,寄存人应当按照规定向保管人交付保管费。

第二百八十一条 寄存不论有偿或无偿,保管人都应当妥善保管寄存物品。寄存物品由于保管人的过错发生灭失、短少或损坏的,保管人应当承担赔偿责任。

第二百八十二条 寄存人有权在规定的期限内随时取回寄存物品。

有偿寄存超过规定期限的,保管人有权增收保管费。对于超过寄存期限三个月的和虽然不到三个月但不易保存的寄存物品,保管人有权送交有关单位处理。

第二百八十三条 寄存人遗失取物凭证的时候,应当立即通知保管人;遗失取物凭证的寄存人只有在提供证明后才能取回寄存物品。寄存物品在寄存人挂失前已经被人冒领的,保管人不负赔偿责任,但应当将冒领情况告诉寄存人,并报告公安机关。

第二百八十四条 保管人发现寄存物品是赃物或违禁物品的时候,应当立即报告有关机关处理。

第二百八十五条　寄存物品灭失、短少或者损坏的,寄存人应当立即向保管人提出赔偿请求,超过三个月不提出的,诉讼请求权即行丧失。

第十章　信贷、结算

信　贷

第二百八十六条　信贷是中国人民银行、专业银行(包括中国人民建设银行、中国农业银行、中国银行)、信用合作社同其他法人、公民之间以及中国人民银行同专业银行、信用合作社之间发生的存款、贷款关系。

第二百八十七条　法人应当依法在人民银行、专业银行、信用合作社开立账户,按照国家关于现金管理的规定,将库存限额以外的现金全部存入账户。

账户不准出租、出借或者转让。

第二百八十八条　信贷业务由人民银行、专业银行和信用合作社办理,但国家特许的除外。

第二百八十九条　人民银行、专业银行、信用合作社根据国家贷款计划,按照区别对待、择优扶植的原则,讲求经济效果,统筹管理和运用信贷资金。

人民银行、专业银行,信用合作社的信贷资金,任何人都不得强制抽调、挪用;不准强令发放或不发放贷款。违反本款规定造成损失的,有关单位和直接责任人员应负相应的民事责任。

第二百九十条　存款、贷款一律计息,但国家另有规定的除外。

存款、贷款的利率,由国家统一规定。

第二百九十一条　存款受法律保护。除非根据国家的规定、人民法院的判决或者仲裁机关的裁决,人民银行、专业银行、信用合作社不得冻结存款或强制扣款。

第二百九十二条　人民银行、专业银行、信用合作社在存款数额内应当保证支付,计息的,应当按照规定利率支付利息。

第二百九十三条　国家鼓励公民储蓄,支援国家经济建设。银行办理个人储蓄,必须坚持存款自愿、取款自由、存款有息、为储户保密的原则。

国家保护公民个人的储蓄不受侵犯。除人民法院、人民检察院依法采取的措施以外,任何人不得向人民银行、专业银行、信用合作社要求查询、冻结、提取或者没收公民个人的储蓄。

第二百九十四条　法人、公民向人民银行、专业银行、信用合作社借款,必须有借有还,按期归还,按期付息。贷款应当按照规定或约定的用途使用。

第二百九十五条　贷款应当按照计划签订合同,明确规定贷款的数额、用途、期限、利率和违反合同应负的民事责任。

第二百九十六条 人民银行、专业银行、信用合作社违反合同规定,使借款人遭受损失的,应负赔偿责任。

第二百九十七条 借款人违反合同规定的,人民银行、专业银行、信用合作社有权根据不同情况分别实行提高贷款利率、扣收逾期贷款本息、停止发放新贷款、提前收回一部或全部贷款等信贷制裁;如有必要,还可以提请人民法院封存或处理库存物资。

第二百九十八条 人民银行、专业银行、信用合作社有权向借款的法人了解计划执行、经营管理、财务活动、物资库存等情况,并进行监督。借款的法人有义务提供必要的报表和资料。

结 算

第二百九十九条 结算是人民银行、专业银行、信用合作社办理法人之间以转账方式进行的收款和付款关系。

第三百条 法人之间的经济往来,除按照国家规定可以使用现金的以外,都必须由人民银行、专业银行、信用合作社办理转账结算。

人民银行、专业银行、信用合作社通过结算活动,准确及时地为法人收款、付款,并对法人之间的经济往来实行监督。

第三百零一条 人民银行、专业银行、信用合作社和发生转账结算关系的法人,都必须严格遵守结算制度,尊重各方的合法权益,维护社会主义经济秩序,保障合同的信用。

第三百零二条 法人之间在签订合同的时候,必须按照结算制度,明确选用相应的结算方式,共同遵守。

违反结算制度的,人民银行、专业银行、信用合作社在必要的时候有权改变它们的结算方式。

第三百零三条 收款方履行了合同条款的,人民银行、专业银行、信用合作社应当在结算制度规定的时间内,从付款方账户中转出相应金额给收款方。

付款方因账户上的资金不足,在规定的期限内不能如数付出款项,造成全部或者部分金额逾期付款的,应当按照规定向收款方交付违约罚款。

第三百零四条 收款方违反了合同条款的,付款方可以向开户的人民银行、专业银行、信用合作社声明拒绝付款;人民银行、专业银行、信用合作社审查核实后即应按照规定办理。付款方无理拒绝付款的,人民银行、专业银行、信用合作社有权强制划拨。

第三百零五条 人民银行、专业银行、信用合作社依法对付款方实行强制划拨的时候,应当按照国家规定的扣款顺序从付款方的收入中扣除,连同违约罚款一并转给收款方。

第三百零六条 禁止签发空头支票。

对签发空头支票的付款方,应当依法处以罚款。对连续签发空头支票的付款方,应当停止他使用支票结算。

第三百零七条 遗失支票所造成的损失,由遗失者负责,但遗失者向银行、信用合作社挂失后存款被人冒领的,由银行、信用合作社负责赔偿。

第三百零八条 禁止伪造、转让结算凭证。

伪造、转让结算凭证造成损失的,应当根据情节轻重对伪造者、转让者追究法律责任。

第三百零九条 人民银行、专业银行、信用合作社办理结算发生差错,造成结算延误的,应当负责查明、更正,并赔偿损失。

因运输、邮电单位的过错造成结算延误的,应当由运输、邮电单位按照有关规定赔偿损失。

第十一章 借 贷

第三百一十条 公民之间可以互通有无,实行借贷。出借的一方把货币或者实物借给对方,对方按约定的时间或者依出借人的要求予以归还。

第三百一十一条 借贷应当双方自愿、有借有还。法律保护公民之间的这种互济互助的借贷关系。

第三百一十二条 金、银、外币,除法律另有规定的以外,不准借贷。

第三百一十三条 明知借用人作不正当用途的借贷,出借人应当拒绝。违反的,双方负连带的民事责任。

第三百一十四条 借贷自出借人把货币或者实物交付给借用人的时候起生效。

第三百一十五条 借贷如果计算利息,必须双方事先约定。

利率不得超过银行放款的最高利率。

禁止复利。不准预先扣除利息。严禁高利剥削。

第三百一十六条 定期借贷,借用人应当按期归还。

不定期借贷,借用人应当主动归还,或从出借人要求归还的时候起,一个月内归还。

第三百一十七条 实物借贷应该归还同等质量、数量的实物;不能归还实物的,可以按照归还时当地的市场零售价格折价归还。

第三百一十八条 实物借贷如果是日常用具或者是观赏性的物品,需要原物归还的,借用人应当注意爱护。在不能归还原物的时候,借用人征得出借人同意,可以用其他的实物或者货币抵偿。

第三百一十九条 实物借贷,出借人或借用人都不能以次充好。出借人或借用人故意隐瞒实物的缺陷,致使对方遭受损失的,应负赔偿责任。

第三百二十条 借贷关系经过中间人成立的,中间人不得从中取利。违反的应返还或收缴非法所得；情节严重的，并处以罚款。

第三百二十一条 中华人民共和国成立以前的借贷，本法公布施行后不再受司法机关的保护。但特殊情况经法院审查同意的不在此限。

中华人民共和国成立以后的借贷，诉讼时效从本法颁布之日起算。

法律、法令已经废除的借贷，一律无效。

第三百二十二条 职工群众为了互助节约，可以建立互助储金会，根据有借有还、不计利息的原则，向会员贷款。国家鼓励并保护这种储蓄借贷关系。

第三百二十三条 集体组织为举办公共事业，向它的成员筹集资金的借贷，适用本章的规定。

第十二章 租　赁

房屋租赁

第三百二十四条 房屋租赁必须签订合同，出租人应当将出租的房屋提供给承租人住用，承租人应当付给租金，并在合同终止时将房屋返还出租人。

第三百二十五条 国家所有房屋和集体所有房屋的出租，分别由国家房产管理机关和集体房屋的产权单位管理，并由它们与承租人签订租赁合同。

公民个人房屋的出租，由房屋的所有人同承租人本着协商一致、团结互助和自愿两利的原则签订租赁合同。

第三百二十六条 房屋租赁合同应当明确规定租赁房屋的位置、建筑结构、数量、装饰、设备、租金的数额和交纳办法，以及双方的权利义务。

第三百二十七条 租金标准，由国家房产管理机关统一规定；没有统一规定的，由出租人和承租人根据公平合理的原则约定。

出租人不得向承租人索取押租或过高的租金，不得预收租金和其他额外费用。

第三百二十八条 出租人应当按照约定的时间和条件将房屋交给承租人使用。

由于出租人的责任，使承租人不能按期使用或无法使用合同中规定的房屋，出租人应当向承租人提供其他相当的房屋，并赔偿承租人由此所受到的损失。

第三百二十九条 承租人应当按照合同规定的期限、数额交纳租金，不得拖欠。

第三百三十条 承租人为了工作和生活的需要，可以在征得出租人同意后，同第三人互换房屋居住，出租人应当积极给予协助。

承租人与第三人互换房屋后，第三人应当直接和出租人订立房屋租赁合同，原来的承租人和出租人订立的房屋租赁合同即行终止。

第三百三十一条 出租人应当负责修缮出租的房屋和设备，保障承租人正常使用和居住安全。

出租人不及时修缮，造成房屋和设备损毁、倒塌，使承租人受到损害的，出租人应负赔偿责任。

第三百三十二条　出租的房屋由于陈旧、损毁或其他原因需要进行重大修缮的时候,出租人应当提前通知承租人在房屋修缮期间暂时搬出,但双方的租赁合同并不解除。

第三百三十三条　出租的房屋由于陈旧、损毁或其他原因需要拆除重建的时候,出租人可以解除合同。但重建后的房屋如果继续出租,承租人按照同等的条件有优先承租的权利。

第三百三十四条　出租的房屋在进行重大修缮或拆除重建期间,承租人确实无力自行解决住房的,当地房产管理机关应当积极给予协助。

第三百三十五条　出租人对已出租的房屋需要出卖的时候,应当于六个月前通知承租人。承租人在同等条件下有优先购买权。

第三百三十六条　承租人应当按照房屋租赁合同的规定,爱护和正当使用房屋。承租人有下列行为之一的,出租人有权根据具体情况要求承租人恢复原状、赔偿损失、交出房屋,或者诉请人民法院处理:

(一)擅自拆改房屋、设备及其附属物;

(二)擅自改变房屋用途;

(三)擅自转租、转让房屋;

(四)没有正当理由闲置房屋三个月以上;

(五)利用房屋进行非法活动。

第三百三十七条　对出租房屋的楼梯间、门道、走廊等公用场所和设施,承租人在使用时不能影响他人正常使用;影响他人使用的,应予排除。

第三百三十八条　房屋租赁合同可以因公共利益的需要、出租人自用、承租人退租而解除。

因公共利益的需要必须解除租赁合同的时候,有关机关应当对承租人的住房给予适当安置。

公民个人出租的房屋,确实因为自用而需要收回的,应当在六个月前通知承租人。承租人接到通知后,应当积极另找住房,当地房产管理机关和有关单位也应当积极给予协助。

承租人要求退租的,应当于退租七日前通知出租人解除租赁合同。

第三百三十九条　任何单位或者个人不得强占国家所有、集体所有或者公民个人所有的房屋。

违反前款规定的,国家房产管理机关或房屋所有人有权令其搬出,或者由人民法院裁决强制搬出,并责令赔偿损失。

财产租赁

第三百四十条　财产租赁应当由出租人和承租人订立租用合同或者口头协议。按照合同或口头协议的规定,出租人将法律允许出租的物品,交付承租人使用,承租人向出租人交付租金。

第三百四十一条　财产租赁关系成立后,出租人应当按照约定的时间和标准将出租的物品提供给承租人使用。由于出租人的原因,使承租人不能按期使用或者不能正常使用所租用的物品的,出租人应当赔偿承租人的损失。

第三百四十二条　承租人应当按照约定付给出租人租金。租金的数额,主管机关有统一规定的,按照统一规定交纳;没有统一规定的,由出租人和承租人根据公平合理的原则约定。

禁止出租人向承租人索取高额租金或其他不合理的费用。

第三百四十三条　租用财产依照主管机关的规定需要交纳押金的,承租人应当在租赁关系成立的时候交纳。租赁关系终止的时候,出租人应当将押金退还给承租人。

第三百四十四条　承租人应当按照约定的期限交还租用的物品。超过期限交还的,应当补交租金。

第三百四十五条　承租人应当合理使用和爱护所租用的物品。因为使用、保管不当,使租用的物品损坏、灭失的,承租人应当负责赔偿。

第十三章　赠　与

第三百四十六条　赠与是公民自愿把自己的财物无偿地赠给国家机关、企业、事业单位、社会团体、集体所有制组织或者个人所有。

第三百四十七条　赠与从受赠人接受赠与物的时候起生效。

如果赠与物不是在赠与的时候立即交付,赠与应当采取书面形式。

第三百四十八条　赠与房屋或者依法需要办理登记过户手续的财产,要用书面方式进行;赠与价值在(二千元)以上的物品,如果不是采用书面方式,在交付的时候,要有两个以上的人证明。

第三百四十九条　公民把珍贵文物、文献资料、藏书等赠给国家,受赠单位应当给他适当的精神的、物质的奖励。

第三百五十条　赠与人把财物赠给国家机关、企业、事业单位和社会团体的时候,可以要求把所赠送的财物用于有益社会的特定目的。

第十四章　委托、信托

委　托

第三百五十一条　委托是委托人授权受托人以委托人的名义和费用办理委托的事务。

第三百五十二条　委托人和受托人可以是公民,也可以是法人。

第三百五十三条 受托人应当按照委托人的指示办理委托事务。

受托人为了委托人的利益,在不能事先同委托人商量的情况下,有权改变委托人的指示。但必须将变更情况及时报告委托人。

第三百五十四条 受托人应当亲自办理委托的事务。

为了保护委托人的利益,受托人需要将委托的事务转托第三人再代理的时候,受托人应当事先取得委托人的同意。

如果不能事先取得委托人的同意,为了委托人的利益受托人也可以不经委托人同意转托他人代理,但应当及时通知委托人,并对再代理人的行为承担责任。

第三百五十五条 受托人应当按照委托人的请求,随时告知办理委托事务的一切情况;办理完毕,应当报告执行任务的全过程,并提交必要的证明文件。

第三百五十六条 受托人因办理委托事务所得到的一切收益,应当及时转交给委托人。

受托人办理委托事务的时候,由于自己的过错给委托人造成损失的,应当承担赔偿责任。

第三百五十七条 委托人对于受托人在委托权限内进行的活动,必须承担责任;对于受托人在委托权限外进行的活动,委托人只有在表示同意或者默认的时候,才负责任。

第三百五十八条 委托人应当向受托人提供和补偿为办理委托事务所必需的费用;约定报酬的,应当向完成委托任务的受托人给付报酬。

第三百五十九条 委托关系的终止适用本法第五十九条的规定。

第三百六十条 委托人或受托人有权随时终止委托关系。

在委托任务全部完成之前,因委托人的原因或因任务无法继续执行而终止委托关系的时候,委托人应当给受托人支付已经完成部分的报酬和费用;因受托人的过错而终止委托关系,并使委托人受到损失的时候,受托人应当负赔偿责任。

第三百六十一条 因受托人死亡而终止委托关系的时候,受托人的继承人应当及时通知委托人,并采取必要措施保护委托人所委托的财产。

如果受托人是法人,因被撤销而终止委托关系的时候,由清理机构承担前款规定的义务。

信 托

第三百六十二条 信托是信托人受委托人的委托,以自己的名义为委托人办理购、销、寄售等事务并收取手续费。

第三百六十三条 委托人可以是公民,也可以是法人。但信托人只能是经营信托业务的法人。

第三百六十四条 信托合同应当明确规定信托的物品、规格、质量、数量、包装、价格以及手续费和违约责任等。

协议书、委托书、委托寄售单以及符合合同内容的其他单据,都具有合同的法律效力。

第三百六十五条 委托人交给信托人出售的物品,以及信托人为委托人购进的物品,都属于委托人所有。

信托人发现信托物品是赃物或者是非法物品的时候,应当扣留,并报告有关单位处理。

第三百六十六条 信托人应当选择对委托人最有利的条件执行信托任务;对于出售时增加的收益或者购进时节省的费用,按照规定的比例收取手续费。

第三百六十七条 信托物品的价格,不得高于物价管理机关规定的同类物品价格;没有同类价格的,由双方议定公平合理的价格;特殊的物品按照专门估价确定。

第三百六十八条 信托人低于约定的价格出售物品,或者高于约定的价格购进物品的时候,应当取得委托人的同意。

第三百六十九条 信托人与第三人订立的合同,由信托人取得权利和承担义务。

第三百七十条 信托人接受寄售物品的时候,应当和委托人共同进行检查,发现损坏或缺陷的,应当作出记录,并由双方签名盖章存证。

信托人保管的寄售物品发生损坏和灭失的时候,如果他不能证明损坏和灭失是不可抗力所造成的,应当承担赔偿责任。

第三百七十一条 委托人接到信托人购进物品的通知后,应当及时检查所购物品的质量。在委托人接受物品后,信托人的义务即行解除。

第三百七十二条 委托人应当向完成出售物品或购进物品任务的信托人支付规定的手续费。信托合同经双方同意撤销的,委托人应当向信托人支付物品的保管费用以及其他必要的开支。

第三百七十三条 委托人死亡、失踪或者丧失行为能力,以及作为委托人的法人撤销的时候,信托人没有收到相应的通知以前,信托合同继续有效。

第十五章 保 险

第三百七十四条 保险关系的成立,除法律另有规定外,应当订立合同。保险合同一般采用保险单的方式。

第三百七十五条 保险分为财产保险和人身保险。

关于财产或人身的强制保险,由专门法规另行规定。

第三百七十六条 财产保险的投保人,应当是被保险财产的所有人或经营管理人,或者是对这项财产有利害关系的人。

人身保险的投保人,应当是被保险人本人,或者是经被保险人同意的配偶、近亲属和有扶养关系的人。

国家机关、企业、事业单位和社会团体,可以作为投保人,为它的成员投保人身保险。

第三百七十七条 保险人应当是中国人民保险公司、各专业保险公司,或者是其他办理保险业务的法人。

第三百七十八条 财产保险的保险人,对于因保险事故造成的财产损失,在保险金额的范围内承担赔偿责任。

人身保险的保险人,在保险事故发生或者约定期限届满的时候,承担给付保险金的责任。

第三百七十九条 投保人应当按照保险合同的规定,一次或者分期向保险人交纳保险费。除合同另有规定外,投保人不按期交纳保险费的,保险人可以请求补交保险费和利息,或者按比例减少保险金额,或者终止合同。

第三百八十条 人身保险的被保险人,可以在保险合同里指定一人或者数人为受益人。如果需要变更受益人,应当书面通知保险人或者用遗嘱方式重新指定。

被保险人没有指定受益人,或者指定的受益人先于被保险人死亡没有再指定受益人的,被保险人的继承人就成为受益人,没有受益人的保险金,按照无人继承的财产处理。

第三百八十一条 财产保险的投保人应当遵守法律、法令或主管机关的有关规定,维护被保险财产的安全。保险人可以对被保险财产的安全情况进行检查,发现有危险情况,应当通知投保人消除。

投保人没有正当理由不积极采取措施消除危险的,保险人可以解除合同,或者对因此发生的事故所造成的损失,不负或少负赔偿责任。

第三百八十二条 投保人或受益人在保险事故发生的时候,应当采取防护措施,避免损失扩大,并及时将事故发生的情况通知保险人。

投保人或者受益人,如果不履行上款的规定,保险人对于损失的扩大部分可以不负或少负赔偿责任。

第三百八十三条 财产保险的投保人将被保险财产转移给第三人的时候,按照合同的规定必须通知保险人的,应当及时通知。如果没有通知,保险人对发生保险事故造成的损失,不负赔偿责任。

第三百八十四条 由于投保人的故意,以致发生保险事故,造成被保险财产损失的,保险人不负赔偿责任;由于受益人的故意,造成被保险人死亡、残废的,保险人不负给付保险金的责任。但对于与事故无关的受益人应得的保险金,保险人不得拒付。

第三百八十五条 保险人在保险合同规定的保险事故发生的时候,应当按照合同的规定将保险金额赔偿投保人,或者给付受益人。

对支付保险金没有争议的,应当从收到投保人提出请求赔偿或者受益人提出请求给付的全部证件之日起,最迟在三个月内付清;有争议的,从人民法院裁决确定之日起三个月内付清。如果延迟赔偿或给付,从满三个月的次日起,加付延迟利息。

第三百八十六条 保险人除了对保险事故直接造成被保险财产的损失负赔偿责

任外,对于因为进行救护而造成被保险财产的损失,以及因此支出的合理费用,也应当承担赔偿责任。

第三百八十七条 人身保险的投保人或受益人从保险人取得人身保险金,并不排除他们同时接受因劳动保险和社会福利所发给的款项,以及第三人给付的损害赔偿金。

第三百八十八条 被保险的财产以全部价值投保的,因发生保险事故遭到全部损失的时候,保险人应当向投保人偿付全部保险金额;以部分价值投保的,应当根据损失情况按比例偿付。

第三百八十九条 保险合同签订的时候,如果保险事故已经发生,保险合同无效,保险人应当将保险费退给投保人。但是投保人知道保险事故已经发生而故意隐瞒的,保险人有权不退还保险费。

保险合同签订以后,如果发现投保人对决定保险事故发生的主要危险情况有隐瞒,在保险事故发生前,保险人有权解除合同;在保险事故发生后,保险人有权向法院提出确认合同无效的请求。

第三百九十条 被保险财产的损失应当由第三人负责赔偿的,投保人有权向第三人追偿。如果投保人向保险人首先提出请求,保险人应当按照合同规定支付保险金额。同时取得向第三人追偿的权利。

第四编 劳动的报酬和奖励

第一章 通 则

第三百九十一条 劳动是一切有劳动能力的公民的光荣职责。从事体力劳动或者脑力劳动的工人、农民、知识分子,都是劳动人民。

从事劳动的公民有权取得劳动报酬,成绩优异的有权获得奖励。国家关心职工和社员的生活,随着生产的发展逐步增加他们的劳动收入。

第三百九十二条 全民所有制组织和集体所有制组织,一律实行"各尽所能、按劳分配"的社会主义原则。按照职工和社员的劳动数量和质量,付给工资,或者评记工分。

第三百九十三条 公民不分民族、性别、年龄,一律实行同工同酬。

公民丧失劳动能力、生活没有依靠的,有获得物质帮助的权利。

第三百九十四条 国家保护公民和法人的著作、发明、发现、技术革新和合理化建议,并根据贡献大小,给予相应的报酬或奖励。

第三百九十五条 职工和社员必须遵守劳动纪律和工作制度,积极负责地完成任务。违反劳动纪律和工作制度造成损害的,应当依法追究民事责任。

第三百九十六条 个体劳动者从事法律允许的劳动,有权获得公平合理的收入,对他们不得歧视。

第二章 工资、工分、奖金

第三百九十七条 国家机关、企业、事业单位、社会团体,可以根据生产或工作的需要,在职工中采取计时工资、计件工资等工资形式。

第三百九十八条 职工的工资标准,应当根据技术繁简、熟练程度、劳动轻重、条件好坏、责任大小确定。

第三百九十九条 国家根据不同的工作部门、工作岗位、工作地区、工作年限,对职工实行津贴制度。

第四百条 在国家规定的休假期间,职工的工资应当照发。因工作需要在休假期间加班劳动的,应给予相应的报酬。

第四百零一条 城镇集体企业或其他集体组织的劳动报酬形式,可以参照执行相应的国营企业、事业单位的工资制度,也可以经过民主讨论,定出自己的劳动报酬制度。

第四百零二条 人民公社、生产大队、生产队及其所属经济组织对农业劳动的报酬,可以采取下列办法:

(一)按定额记工分;

(二)按时记工分加评议;

(三)在生产队(或者生产大队)统一核算和分配的前提下,可以包工到作业组,联系产量计算报酬;

(四)社员民主讨论决定的,不违反社会主义分配原则的其他计算报酬的办法。

第四百零三条 人民公社的社队企业,可以实行"厂评等级、队记工分,厂(社)队结算,回队分配"的计酬办法;也可以采取其他适当的办法。

第四百零四条 生产大队和生产队的干部,因公误工减少收入的,应当给予误工补贴。干部、社员因参加县或县以上各单位组织的活动误工的,由组织活动的单位补贴。

第四百零五条 一切有劳动能力的人民公社社员,都要积极参加生产劳动,严格遵守劳动纪律。

社员对非法克扣工分等滥施经济制裁的社、队干部,有权向上级机关或人民法院提出控告,并请求赔偿损失。

第四百零六条 公民在生产、工作中做出突出成绩,对国家和人民有较大贡献的,国家应当给予奖金或授予荣誉称号。

奖金应当以奖励先进为原则,不得平均发放。

第四百零七条 禁止巧立名目滥发奖金;违反的,应当对直接责任人员处以罚款或给予其他处分。

第四百零八条 中外合资经营企业职工的劳动报酬和奖励,由专门法规另行规定。

第三章 著作的报酬和奖励

第四百零九条 公民和法人对自己的科学研究成果、文艺创作和其他著作,享有著作权。

第四百一十条 适用著作权的作品包括:
(一)文字作品:论著、创作、翻译、记述、改编、选编、译注等;
(二)口头作品:演讲、报告、说唱等;
(三)其他作品:乐谱、绘画、书法、雕塑、舞蹈、电影、摄影、录音、录像、地图、图表等。

第四百一十一条 著作人对自己的作品有权决定署真名、笔名或者不署名;有权保护自己作品的完整性,或者对它修改、收回。

第四百一十二条 作品被出版发行、排演、制片或者以其他方式加以采用的,有关单位应当给予作者相应的报酬。

有重大价值的优秀作品,有关单位可以发给奖金。

第四百一十三条 两人或两人以上合著作品的著作权,归合著人共同享有。合著人之间因著作权产生的相互关系由他们自行商定。

第四百一十四条 学校、科学研究机构、出版单位或其他单位集体写作、编纂的教材、辞书、丛书、参考读物等著作,著作权归写作、编纂单位享有。

报纸、杂志的著作权,归编辑单位享有。

以上两款所列著作的各个著作人,如果没有别的协议,对自己独立写作的那部分作品享有著作权。

第四百一十五条 著作权归著作人终身享有。著作人死亡后,著作权归国家所有。但是,作品在著作人死亡后出版的,作品的报酬归著作人的继承人所有。

写作、编纂单位享有的著作权,有效期限为三十年。超过有效期限的,归国家所有。

第四百一十六条 已经出版的作品译成其他文字,必须保持作品的原意。译著人对完成的翻译作品享有著作权。对同一作品的不同译著人,都享有独立的著作权。

翻译著作的出版,应标明原著人和译著人的真名或笔名,并分别给予相应的报酬。

第四百一十七条 下列行为是对著作权的侵害:
(一)剽窃他人作品,以自己的名义发表的;
(二)作品已经出版、上演、放映或以其他方式采用,拒不付给报酬的;

（三）未经著作人同意,将他的作品首次出版、上演、放映或以其他方式采用的;
（四）未经著作人同意,将他的作品删节、修改出版发表的;
（五）未经著作人同意,将他在书报杂志上发表的作品编辑成册出版的;
（六）公开曲解作品内容,并不让著作人申辩的。

著作权受到侵害的时候,著作权所有人有权向人民法院请求排除侵害、恢复名誉和责令侵害人赔偿损失。

第四百一十八条　下列使用作品的情况,如果注明原著名称和原著人姓名的,不是对著作权的侵害:
（一）将作品改编、转载、广播或编入教科书的;
（二）将作品影印、复制、摘译,供单位内部使用的;
（三）不以营利为目的演出戏剧、音乐、舞蹈、曲艺或其他文艺作品的;
（四）公开举办绘画、雕塑、书法或其他美术作品展览的;
（五）在自己作品中少量引用他人著作中的文字、地图、乐谱、绘画、书法、照片、图表或其他材料供说明参考之用,并注明出处的。

第四百一十九条　作品内容有下列情形之一的,不给予著作权并根据具体情况予以取缔,或追究法律责任:
（一）有煽动推翻无产阶级专政政权和社会主义制度内容的;
（二）有淫秽的、败坏社会主义道德内容的;
（三）有泄露国家机密内容的。

第四百二十条　被判处徒刑的公民,对自己在服刑期间创作的有益于国家、人民的作品,享有著作权;任何人不得歧视。

第四百二十一条　公民的遗著,经国家机关、团体审查,认为有益于国家、人民并加以利用的,适用本法第四百一十五条第一款的规定。如果遗著没有完成,有关国家机关认为必要时应当组织适当人员帮助完成;出版后分给继承人相应的一部分报酬。

第四百二十二条　国家在必要的情况下,可以向著作人征购作品的著作权。

第四百二十三条　中华人民共和国公民对自己在国外首次发表的作品或存放在国外的作品享有著作权。

第四百二十四条　外国公民对自己在中华人民共和国首次发表的作品或存放的作品,依法享有与中国公民同等的著作权。

第四章　发现、发明的奖励

第四百二十五条　国家保护公民和法人的发现权和发明权。有关单位应当提供条件,支持和鼓励公民和法人的发现、发明的积极性。

第四百二十六条　公民和法人的发现、发明,经国家主管机关审查合格的,授予发现证书、发明证书,并给予荣誉奖和奖金。

全民所有制组织和集体所有制组织所作出的发现、发明的成果,分别归国家、集体组织所有。

第四百二十七条 法人对自己的发明、实用新型和外观设计可以申请专利,经国家主管机关审查合格后授予专利权。

公民在职务上做出的发明、设计,专利权属于所在单位。

公民不在职务上做出的发明、设计申请专利,由专门法规规定。

第四百二十八条 二人或二人以上共同做出发现、发明的,共同获得荣誉奖和奖金。奖金的分配由他们协商确定。

第四百二十九条 相同内容的发现、发明,由不同的人在未通情报的情况下做出的,荣誉奖和奖金给予先提出的人;但是对后提出的人也可以给予适当的奖励。

二个或二个以上法人就同一内容的发明、设计申请专利的,专利权授予最先提出申请的法人。

第四百三十条 经国家奖励的发明、发明的成果,全国各单位都可以使用。

法人或公民使用享有专利权的发明、设计,应当取得专利权所有人的同意,并依法支付使用费。

第四百三十一条 取得专利权的发明、设计,无正当理由,超过法定期限没有实施或没有充分实施的,国家专利主管机关可以予以强制实施。

危害公共利益、违背社会主义道德风尚的发明、设计,一律禁止实施利用。

第四百三十二条 因发现、发明取得报酬或奖金的权利,可以依继承方式转移。

第四百三十三条 压制、剽窃、封锁发现、发明或者故意歪曲、隐瞒发现、发明的科学价值的,应依法追究责任。

第四百三十四条 技术革新、合理化建议的奖励和保护,适用本章的有关规定。

第四百三十五条 国家保护传统的特种技艺,对献出绝技、秘方的公民,国家给予荣誉奖和奖金。

第四百三十六条 公民和法人向外国申请专利,由专门法规规定。

第四百三十七条 外国人向中国申请专利,根据中华人民共和国和该国参加签订的条约或按对等的原则,给予保护。

第五编 损害责任

第一章 损害的预防

第四百三十八条 公民和法人都有义务防止和避免对社会主义公共财产或者公民的人身、财产造成损害。

第四百三十九条 公民在社会主义公共财产和他人的人身、财产遭受损害或者有遭受损害危险的时候,不顾个人安危,积极援救或者设法防止的,应当受到表扬或奖励。

公民因防止他人受损害而使自己遭受损害的,有关单位或者受益人应当给予补偿。

第四百四十条 对社会主义公共财产或者公民的生命、健康、财产负有直接保护责任的人员,有条件防止损害而听任损害发生的,应当分别情况依法对他们追究责任。

第四百四十一条 公民和法人面临遭受损害严重危险的时候,有权要求造成危险的一方或者有关单位消除危险;必要的时候,还可以请求公安、司法机关给予保护。

第二章 损害责任的一般规定

第四百四十二条 公民和法人由于自己的过错对社会主义公共财产或者他人的人身、财产造成损害的,应当承担民事责任。

第四百四十三条 二个或二个以上共同造成损害的人,是共同致害人,应当承担连带的民事责任。

教唆或者帮助造成损害的人,都是共同致害人。

第四百四十四条 受害人对于损害的发生也有过错的时候,自己应当承担相应的责任;并且根据具体情况减轻或者免除致害人的责任。

第四百四十五条 因正当防卫造成损害的,不承担赔偿责任。但是,正当防卫超过限度,造成不应有的损害的,应当承担适当的赔偿责任。

第四百四十六条 因紧急避险造成损害的,如果危险不是他所引起的,不承担赔偿责任。但是,造成的损害过大的,应当承担适当的赔偿责任。

危险的发生如果是由第三人造成的,由造成危险的第三人承担赔偿责任。

第四百四十七条 损害责任的诉讼时效期限为一年,自受害人知道损害事实和致害人的时候起计算。但自损害发生的时候起超过三年的,不再受司法机关的保护。

第三章 损害责任的特殊规定

第四百四十八条 无行为能力人和行为能力受限制的人不法造成的损害,由他们的父母、监护人或者有义务对他们进行监护的组织承担责任。但是,未成年人能够辨认自己行为的后果并且已有独立经济收入的,应当对自己造成的损害承担连带责任。

父母、监护人或实行监护的组织如果能够证明已经尽到了监护责任,可以酌情减轻或者免除他们的责任。

第四百四十九条 间歇性精神病人在精神病发作期间造成损害的,不承担责任。

有行为能力的人,因病一时处于不能控制自己行为或者不能辨认自己行为后果的状态中所造成的损害,不承担责任。但是因酗酒、服用麻醉品等使自己处于上述状态的,应当承担责任。

第四百五十条 法人对它的工作人员在执行职务中由于过错造成的损害,应当承担责任。

第四百五十一条 国家工作人员因违法渎职、独断专行等行为使他人受到损害的,应当由工作人员本人承担责任。

第四百五十二条 国家工作人员贪污、盗窃、强占、私分或者挥霍浪费公共财产的,都应当承担民事责任;人民法院或者主管机关应当根据情况,责令赔偿损失,处以罚款或者通报批评。

第四百五十三条 公民的姓名权、名誉权、肖像权等人身权受到侵犯的时候,受害人有权要求停止侵害或者请求人民法院分别情况责令致害人立即停止侵害,在相应范围内消除影响,对致害人给予通报批评。

法人的名称、名誉、信用等权利受到侵犯的时候,适用前款的规定。

第四百五十四条 公民的宗教信仰、民族习惯受到非法破坏、侮辱的时候,受害人有权要求停止侵害、消除影响、赔礼道歉。

第四百五十五条 从事高空、高压、易燃、易爆、剧毒、放射性等对周围环境有高度危险的作业而造成损害的,应当承担民事责任;如果能够证明损害是不可抗力或者受害人的故意造成的,可以不承担民事责任。

第四百五十六条 交通运输工具的驾驶人员,在执行职务中造成交通事故致人损害的,驾驶人员所在的单位应当承担赔偿责任。不是在执行职务中造成交通事故致人损害的,由驾驶人员承担责任。受害人对事故的发生有过错的,应当承担相应的责任。损害完全由受害人或者第三人的过错造成的,由受害人或者第三人承担责任。

第四百五十七条 医疗单位的工作人员,由于严重不负责任致使伤病员死亡、残废、组织器官损伤并累及功能障碍,或者发生病情加剧等不良后果,构成医疗事故的,除对有过错的医务人员依法追究责任外,医疗单位应负赔偿责任。

个人行医造成医疗事故的,由行医人员承担责任。

第四百五十八条 企业、事业单位违反国家规定的废气、废渣、废水、粉尘、放射性物质等的排放标准和噪音、震动、恶臭等的控制标准,造成环境污染,损害公民健康,危害生产建设事业或者破坏自然资源等后果的,应当承担民事责任。

对于有条件治理而没有在规定期限内积极治理、消除污染的企业、事业单位,人民法院可以责令停产、停业治理或者搬迁。

第四百五十九条 在生活居住区、水源保护区、名胜古迹、风景游览区、温泉、疗养区和自然保护区不准建立污染环境的企业、事业单位。违反上述规定造成损害的,人民法院可以责令停产、停业或者搬迁,并赔偿损失。

第四百六十条 任何单位或者个人毁坏森林、草原,破坏水土保持或者在自然保护区内非法狩猎,给公共财产和生态环境造成损害的,应当承担民事责任。

第四百六十一条 损坏国家重点保护的文物、名胜古迹和风景游览区的公共设施的,除责令负责修复或者折价赔偿外,还可以处以罚款或者通报批评。

第四百六十二条 在公共场所、道旁和通道上堆放物品或者挖坑凿洞,修缮、安装地下设施,没有设置明显标志和采取安全措施,造成人身、财产损害的,堆放人或施工单位应当承担民事责任。

第四百六十三条 建筑物或其他设施,由于设置或管理不善发生倒塌、脱落造成人身、财产损害的,它的所有人或管理人应当承担民事责任。

第四百六十四条 饲养的动物造成他人人身、财产损害的,除损害是受害人故意引起的情形外,动物的所有人或管理人应当承担民事责任。

第四百六十五条 没有合法根据取得利益,而造成他人损害的,应当将所取得的利益返还给受损害的人,或者上交给国家。

取得利益的时候,虽有合法根据,但以后根据已经消失的(如法律行为被撤销),也应当返还所取得的利益。

取得利益的人不知道没有合法根据,而所得的利益已不存在的时候,可以不负返还的责任。

第四章 赔偿的范围和方法

第四百六十六条 侵害社会主义公共财产或者个人财产的,应当返还原物或者恢复原状;能返还原物或者恢复原状的,可以用质量相当的实物赔偿,也可以按照财产的实际价值折价赔偿。

第四百六十七条 损害他人身体健康或者造成他人死亡的,应当分别不同情况赔偿下列费用和损失:

(一)必要的医疗费用;

(二)误工的工资或者工分;

(三)残废者的生活补助费;

(四)死者的丧葬费和死者生前扶养的人的生活补助费;

(五)其他必需的费用。

第四百六十八条 受害人因医治伤病所需的假期以及伤害的程度都必须以医院诊断证明书为根据。

第四百六十九条 受害人因人身遭受侵害对致害人请求赔偿损害的权利,和依照人身保险合同向保险人请求给付保险金的权利,可以同时行使。

第四百七十条 对造成损害的责任人员的罚款,最高数额不得超过本人六个月的实际收入。

罚款应当归国家所有。

第四百七十一条 赔偿费和罚款,可以一次支付或者分期支付;也可以由工作单位分期扣付。

第四百七十二条 对于致害人的赔偿责任,人民法院可以根据损害发生的原因、给社会造成不良影响的程度、致害人的经济状况以及对待过错的态度等情况,适当减免。

第六编　财产继承

第一章　通　则

第四百七十三条 国家保护公民个人财产的继承权。

财产继承实行权利义务相一致和男女平等的原则,发扬养老育幼、互让互助、和睦团结的精神。

第四百七十四条 继承依照法定方式进行。如果有遗嘱,依照遗嘱方式进行。

第四百七十五条 遗产的范围,包括死者生前个人所有的财产和法律规定可以继承的其他合法权益。

遗产中如果有重要的历史文物,或者机密的档案文件、物件,适宜于国家保存的,应当归国家所有。但是,有关国家机关应当给予适当报酬。此项报酬列入遗产。

死者生前使用的自留地、自留山、开荒地、宅基地,不得列入遗产;是否交给继承人使用,应当由死者所属集体组织决定。

第四百七十六条 继承从被继承人死亡或者宣告死亡的时候开始。

第四百七十七条 继承的地点,是死者生前的住所所在地,也可以是主要遗产所在地。

第四百七十八条 继承开始的时候,在继承地点的继承人应当负责通知不在继承地点的继承人和遗赠受领人,并保管遗产,但不得擅自分割。

继承开始的时候,在继承地点如果没有继承人,或者继承人无行为能力,或者继承人之间意见不一致,死者生前所在单位、所在基层组织或公证机关有权对遗产采取暂时保全措施,并派人主持或者协助处理继承事务。

第四百七十九条 继承人或遗赠受领人,应当在知道被继承人死亡后六个月内作出是否接受继承或遗赠的表示。到期没有作接受表示的,就认为放弃继承或遗赠。

第四百八十条 继承人对死者生前有谋夺财产、虐待遗弃、拒不承担扶养义务的,人民法院除追究相应的法律责任外,可以剥夺他的继承权。

第二章 法定继承

第四百八十一条 死者的配偶、子女(包括非婚生子女、养子女)、父母(包括养父母)、兄弟姐妹、祖父母(包括外祖父母)都有继承权。

子女在父亲死后出生的,也享有继承权。

丧失配偶的儿媳与公婆之间、丧失配偶的女婿与岳父母之间有扶养关系并且长期共同生活的,互有继承权。

第四百八十二条 继承人按照下列顺序依次继承:

第一顺序:配偶、子女(包括非婚生子女、养子女)、父母(包括养父母)。

第二顺序:兄弟姐妹、祖父母(包括外祖父母)。

没有第一顺序继承人或者第一顺序继承人全部放弃或丧失继承权的时候,第二顺序继承人才能继承。

本法第四百八十一条第三款的继承人适用第一顺序。

第四百八十三条 同一顺序的各继承人继承财产的份额,应当根据他们对死者生前所尽扶养义务的多少和劳动能力的有无、强弱、经济状况的好坏等情况进行分配。所尽扶养义务较多的,没有劳动能力的,劳动能力弱的,或者经济状况差的,应该多分配些。

第四百八十四条 被继承人的子女先于被继承人死亡或者被宣告死亡的时候,被继承人子女的晚辈直系血亲可以代位继承。

代位继承人只能继承他们的父母有权继承的遗产份额。

第四百八十五条 对于法定继承人以外的受死者生前扶养的未成年人和无劳动能力的人,或者长期扶养过死者的人,应当在遗产中适当地分给他们一部分。

第三章 遗嘱继承

第四百八十六条 公民可以用书面的或者口述的遗嘱,将遗产的一部或全部,指定由法定继承人中的一人、数人或者其他人继承。

第四百八十七条 遗嘱必须是遗嘱人的真实意思;由于威胁、强迫或欺骗所立的遗嘱和伪造、篡改的遗嘱一律无效。

第四百八十八条 书面遗嘱应当由遗嘱人亲自书写,注明时间、地点,并签名盖章。遗嘱人不能书写的,可以由他人代写,并由遗嘱人和代写人签名盖章。

书面遗嘱,如果遗嘱人认为有必要,也可以经公证机关、所在单位或居住地基层组织证明。

第四百八十九条 口述遗嘱应当由无利害关系的二个以上的见证人证明。

遗嘱人也可以向公证机关、所在单位或者居住地基层组织口述遗嘱,由上述单位作出记录,并由上述单位和记录人签名盖章后存证。

第四百九十条　遗嘱内容不得违反国家法律和公共利益。

遗嘱不得取消或减少法定继承人中的未成年人和无劳动能力人应得的继承份额。

第四百九十一条　遗嘱人可以变更或者撤销他所立的遗嘱,但仍应按本法第四百八十八、四百八十九、四百九十条的规定办理。

遗　赠

第四百九十二条　公民可以用遗嘱将遗产的一部或全部遗赠给国家、集体组织、社会团体或公民。但是不得违反本法第四百九十条的规定。

第四百九十三条　遗赠可以由遗赠人指定继承人执行,也可以由所在单位或公证机关执行。

第四百九十四条　受赠人如果不接受遗赠,遗赠财产可以按法定方式继承。

第四百九十五条　遗赠人如有债务,应当先清偿债务,然后将遗赠财产交给遗赠受领人。

第四章　"五保户"遗产和无人继承遗产的处理

第四百九十六条　"五保户"的遗产,除用于丧葬和清偿死者生前的债务外,其余部分,有遗嘱的,按遗嘱处理;没有遗嘱的,归所属集体组织所有。

"五保户"的亲友近邻对死者生前有过一定扶助的,可以从遗产中给予适当的照顾。

第四百九十七条　死者没有继承人,或者全部继承人放弃或丧失继承权的时候,遗产归国家所有;如果死者是公社社员,遗产归所在集体组织所有。

居住在中华人民共和国境内的无国籍人死后财产无人继承的,依照前款的规定办理。

第五章　债务的清偿

第四百九十八条　继承人对死者生前所欠的个人债务,应当负责清偿,但以遗产的实际价值为限。

继承人有二人或二人以上的时候,根据各人继承遗产的多少,按比例分担债务。

第四百九十九条　遗产归国家或集体组织所有的时候,死者的债务,由遗产接受单位在遗产实际价值内负责清偿。

第六章　其他规定

第五百条　法定继承人中如果有人因犯罪被判处徒刑,除本法第四百八十条所列犯罪外,不影响他享有继承权;他的应继份额应当保留,由他的代理人或有关机关代为保管;被判处死刑已经执行的,由他的子女代位继承。

第五百零一条　因犯罪被判处徒刑或死刑的人死亡后的遗产,可以按照法定方式继承,如果有遗嘱,按遗嘱方式处理。

中华人民共和国民法草案（征求意见二稿）

全国人大常委会法制委员会民法起草小组　1981年4月10日

目　录

第一编　总　则
　第一章　任务和基本原则
　第二章　公　民
　第三章　法　人
　第四章　法律行为
　第五章　代　理
　第六章　期限和计算
　第七章　诉讼时效
　第八章　民事制裁
　第九章　适用范围
第二编　财产所有权
　第一章　通　则
　第二章　国有财产所有权
　第三章　集体财产所有权
　第四章　个人财产所有权
　第五章　共　有
第三编　合　同
　第一章　通　则
　第二章　买　卖
　第三章　供　应
　第四章　农副产品收购
　第五章　赠　与
　第六章　信　贷
　第七章　民间借贷
　第八章　借　用

第九章 租赁
第十章 承揽
第十一章 基本建设
第十二章 运输
第十三章 保管
第十四章 委托、信托、居间
第十五章 社会服务
第十六章 保险

第四编 侵权损害的责任
第一章 一般规定
第二章 特殊规定
第三章 赔偿的范围和方法

第五编 智力成果权
第一章 通则
第二章 著作权
第三章 发现权、发明权

第六编 财产继承
第一章 通则
第二章 法定继承
第三章 遗嘱继承
第四章 "五保户"遗产和无人继承遗产的处理
第五章 债务的清偿
第六章 其他规定

第一编 总则

第一章 任务和基本原则

第一条 中华人民共和国民法调整公民之间、国家机关之间、经济组织之间、事业单位之间、社会团体之间以及他们相互之间的财产关系和人身关系，保护他们的合法权益，维护社会经济秩序，发扬社会主义道德风尚，巩固和发展社会主义公有制，保障社会主义现代化建设的顺利进行，不断改善和提高公民的物质和精神生活。

第二条 任何公民和组织进行民事活动，都必须坚持社会主义原则，遵守国家的法律、法令和社会主义道德准则。

第三条 全民所有制组织和集体所有制组织，必须在国民经济计划指导下进行经济活动，实行经济核算，讲求经济效果，厉行节约。

第四条 在民事活动中,实行当事人法律地位平等、权利义务一致的原则。

第五条 民事活动应当兼顾国家、集体和个人三方的利益。任何一方都不得非法损害他方的利益。

第六条 任何公民和组织在民事活动中应当恪守信用,坚持社会主义互助协作的原则。

第二章 公 民

第七条 公民从出生的时候起到死亡的时候止,都具有权利能力,可以享有民事权利和承担民事义务。

第八条 公民的权利能力一律平等,不受任何限制。法律有特别规定的除外。

第九条 年满十八岁的公民是成年人,具有行为能力,可以通过自己的行为取得民事权利和承担民事义务。

第十条 不满十八岁的公民是未成年人。

不满六岁的未成年人,是无行为能力人。他们取得民事权利和承担民事义务的行为,应当由他们的父母或监护人代理。

六岁以上不满十八岁的未成年人,是行为能力受限制的人,他们可以进行日常生活需要的民事活动;其他民事活动,应当由他们的法定代理人代理,或者征得法定代理人的同意。

第十一条 对于精神病患者或其他精神失常不能独立处理自己事务的人,经利害关系人申请,人民法院在查明事实后,可以宣告为无行为能力的人,并对他设置监护人。

间歇性精神病人,在精神正常的时候,可以进行民事活动。

第十二条 监护人应当由无行为能力人的配偶、父母、子女或其他近亲属担任;没有近亲属或者近亲属不宜作监护人的,可以由人民法院指定无行为能力人的所属单位或其他人担任。

监护人应当保护被监护人的健康、财产和其他合法权益。

第十三条 对于被宣告为无行为能力的人,在他精神恢复正常,并能独立处理自己事务的时候,经本人或利害关系人申请,人民法院在查明属实后,应当宣告他恢复行为能力,并且撤销对他的监护。

第十四条 公民以他的经常居住地为住所。

被监护人以监护人的住所为住所。

第十五条 公民离开自己的住所没有任何消息满一年的,经利害关系人申请,人民法院在查明事实后,可以宣告他为失踪人。

失踪人的财产应当由失踪人的配偶、父母、子女或者由其他近亲属代管,没有近亲属的,由人民法院指定的人代管,失踪人负担的扶养费和所欠的债务,以及因管理失踪人的财产所必需的费用,从失踪人的财产中支付。

第十六条 公民有下列情况之一的,经利害关系人申请,可以由人民法院依照审判程序宣告死亡:

(一)离开自己住所,没有任何消息满三年的;

(二)因遇危险事故而失踪,从危险事故发生之日起满二年的;

(三)因军事行动而失踪,从军事行动结束之日起满二年的;

(四)因遇危险事故或军事行动而失踪,根据已知情况能推定他死亡已满一年的。

人民法院宣告死亡的日期,就是失踪人死亡的日期。

第十七条 被宣告死亡的人生还,或者有人确知他的下落的时候,经本人或利害关系人申请,人民法院应当撤销对他的死亡宣告。

被宣告死亡的人生还,要求返还财产的时候,他的财产已由公民无偿取得的,应当返还现在存在的财产;他的财产已由国家或集体组织无偿接收的,如果原物存在,应当返还原物;如果原物已不存在,应当给予适当的补偿。

第十八条 公民依法享有个人财产所有权、公共财产使用权、劳动报酬权、财产继承权和其他财产权利。

公民的生命健康权、姓名权、名誉权、肖像权、婚姻自主权、著作权、发现权、发明权、合理化建议权和其他人身权利受法律保护。

第十九条 公民在他的合法权益受到侵犯的时候,有权向人民法院和其他主管机关请求保护。

第二十条 在民事活动中,不同民族、种族、性别和不同职业、职务的公民,应当互相尊重,一视同仁,平等对待,不得歧视。

第三章 法 人

第二十一条 具有一定的组织机构和独立的财产,能够以自己的名义进行民事活动,享受权利和承担义务的国家机关、企业事业单位、社会团体及其他组织,都是法人。法人可以在人民法院或仲裁机关起诉和应诉。

第二十二条 法人应当有特定的名称、固定的住所和组织条例或章程。

第二十三条 法人的成立,必须按照法律的规定,经过批准、登记程序。

第二十四条 法人的权利能力和行为能力,从成立的时候开始,到解散的时候终止。

第二十五条 法人在法律规定或主管机关批准的业务范围内,有权独立自主地开展业务活动,并有义务履行对国家、社会应尽的责任。

第二十六条 法人的对外活动,由它的领导机构负责人代表进行。法人对它的领导机构负责人在权限范围内的活动,承担法律上的责任。

第二十七条 国家依法保护法人的名称、住所、荣誉、发明、发现、著作、专利和商标等权利不受侵害。

第二十八条 法人的合并、归并、分立、转产、解散或其他组织变更,应当根据主管机关的决定,或按照章程经职工(社员、会员)大会或代表大会决议,由主管机关批准或者登记后,按法定程序公告。

第二十九条 法人发生合并、归并、分立或其他组织变更的时候,它的权利义务,除法律另有规定的以外,应当由合并、归并、分立或其他组织变更后的法人接受。

第三十条 法人清偿债务的时候,以自己所有的或者经营管理的财产为限。

第三十一条 法人可以因下列原因而解散:
(一)依照法律、法令或主管机关的行政命令撤销;
(二)法人的任务已经完成;
(三)法人的行为严重违反法律或社会公共利益,经人民法院或登记或宣告解散;
(四)经职工(社员、会员)大会或代表大会成员三分之二多数决议,并经主管机关批准解散;
(五)法人失去清偿债务能力。

第三十二条 法人解散后,应当由主管机关指定专人成立清理委员会,在主管机关的监督下,对法人的财产和债务进行清理。

法人解散后的债务清偿,应当按照职工工资、银行贷款、国家税收、其他债权的顺序依次进行。

第四章 法律行为

第三十三条 法律行为是公民或者法人设定、变更、终止民事权利和民事义务的行为。

第三十四条 法律行为可以由单方的意思表示而成立,也可以由双方或者多方一致的意思表示而成立。

第三十五条 法律行为可以采用书面形式、口头形式或者其他形式。但是法律规定必须用特定形式的,依照法律的规定。

第三十六条 法律行为从成立的时候起发生法律效力。法律另有规定的除外。

第三十七条 下列法律行为无效:
(一)无行为能力人所实施的;
(二)行为能力受限制的人依法不能独立实施的;
(三)行为人在神志不清不能辨认自己行为后果的情况下所实施的;
(四)违反法律、社会公共利益或社会主义道德准则的;
(五)不符合法律规定的特定形式的;
(六)行为人有意逃避法律约束的。

无效的法律行为,从实施的时候起,就没有法律效力。

第三十八条　一方采取欺骗、威吓、强迫命令、乘人急需,与他人恶意串通的手段,使对方违背本人意志实施的法律行为,受害的一方有权撤销。

被撤销的法律行为,从实施的时候起,就没有法律效力。

第三十九条　民事法律行为部分无效的,如果不影响其余部分成立,其余部分仍然有效。

第四十条　民事法律行为被确认无效或者被撤销后,当事人依据该法律行为所取得的财产,应当返还给对方。有过错的一方应当赔偿对方因此所受的损失;如果双方都有过错,各自承担相应的责任。

第四十一条　民事法律行为的实施显然违反国家利益和社会公共利益,如果双方都是故意的,则应追缴双方已经取得或约定取得的财产,收归国家所有;如果只有一方是故意的,则故意的一方应当将所得的财产返还对方,非故意的一方已经取得或约定取得的财产,收归国家所有。

第四十二条　法律行为当事人可以约定以将来某种事件是否发生作为权利义务产生或消灭的条件,但是不得为自己的利益以不正当手段促使或阻碍条件的形成。

第五章　代　理

第四十三条　代理人在代理权限内,以被代理人的名义进行的民事活动,直接对被代理人发生效力。

第四十四条　代理人依照被代理人的委托(委托代理),或者根据法律规定(法定代理),或者由人民法院或主管机关指定(指定代理)行使代理权。

第四十五条　指定代理和公民之间的委托代理,可以用书面形式,也可以用口头形式。

法人和法人、法人和公民之间的委托代理,必须用书面形式。

第四十六条　委托书或指定书应当载明代理人的姓名、代理的事项、权限、有效期限和委托或指定的日期,并且由被代理人或指定机关签名盖章。不符合上述要求的委托书或指定书无效。

法律规定需要公证的委托书,必须经公证机关公证。

第四十七条　代理人必须在被代理人授权、法律规定或者指定的权限内进行代理活动。代理人由于超越代理权给被代理人造成损害的,应当承担赔偿责任。

没有代理权的人所进行的代理活动,只有经过被代理人的追认,才能发生法律效力。

第四十八条　代理人为了保护被代理人的利益,需要转托第三人再代理的时候,应当事先取得被代理人的同意;如果不能事先取得被代理人同意,应当在事后及时通知被代理人,并对再代理人的行为承担责任。

第四十九条　代理人不得以被代理人的名义同自己或同自己所代理的其他人,

订立合同或实施其他法律行为。

第五十条　委托代理和指定代理因下列情况而终止：

（一）代理期限届满或者代理任务已经完成；

（二）被代理人取消委托或者代理人辞去委托，指定代理的机关取消指定；

（三）被代理人和代理人中一方死亡，或者代理人丧失行为能力；

（四）作为被代理人或代理人的法人解散。

第五十一条　法定代理因下列情况而终止：

（一）被代理人取得或恢复行为能力；

（二）代理人和被代理人之间的亲属关系或监护关系已经不存在。

第六章　期限和计算

第五十二条　法律、法律行为、人民法院和仲裁机关规定的期限，按公历年、月、日、小时计算。

第五十三条　规定按小时计算期限的，从规定的小时起开始计算。规定按日、星期、月或年计算期限的，开始的当天不算入，从下一天开始计算。

第五十四条　期限的最后一天是星期日或者其他法定休假日的，以休假日的下一天作为期限的最后一天。

期限最后一天的截止时间为第二十四点。有规定业务时间的，到停止业务活动的时间截止。

第五十五条　期限不是按日历连续计算的，一个月为三十天；一年为三百六十五天。

第七章　诉讼时效

第五十六条　公民或法人在民事权利受到侵害的时候，向人民法院或仲裁机关请求保护的诉讼时效期限，公民之间为五年，公民与法人之间为三年，法人之间为二年。但法律另有规定的不在此限。

请求返还被非法侵占的社会主义公共财产的权利，不受时效限制。

第五十七条　人身权利受到侵害的时候，除法律另有规定的以外，请求保护的权利不受诉讼时效的限制。

第五十八条　已过诉讼时效期限的请求权，除法律特别规定的以外，人民法院或仲裁机关不予保护。但是，当事人自愿履行的不在此限。

第五十九条　时效期限，从权利受到侵害的人知道或者应当知道侵害事实的时候起，开始计算。

第六十条　在时效期限内，权利人由于不可抗力或者不是由于自己的过错无法提出请求的,时效期限暂停计算。从暂停原因消灭之日起,时效期限继续计算,继续计算的期限不足六个月的,可以延长到六个月。

第六十一条 权利受到侵害的人向仲裁机关或者人民法院提出请求,时效期限就停止计算。从仲裁机关或人民法院的裁决或判决生效的时候起,时效期限重新开始计算。

第八章 民事制裁

第六十二条 公民或法人的民事权利受到侵害的时候,人民法院可以根据侵权行为的性质和后果,采取本章规定的民事制裁方法予以保护。民事制裁方法包括:

(一)责令排除妨碍;

(二)责令返还原物、恢复原状;

(三)责令赔偿损失;

(四)收缴非法所得;

(五)罚款;

(六)责令赔礼道歉;

(七)责令具结悔过;

(八)训诫;

(九)剥夺某项民事权利;

(十)责令停业或搬迁;

(十一)查封或撤销登记;

(十二)民事拘留。

第六十三条 前条规定的民事制裁方法,可以单独适用,也可以合并适用。

第六十四条 第六十二条第四、五项收入应当上缴国库。

对公民个人罚款不得超过本人六个月的收入。

民事拘留最长不得超过十五天。

第六十五条 适用民事制裁,不排除依法对侵权人追究行政责任或刑事责任。

第九章 适用范围

第六十六条 中华人民共和国公民和法人在中华人民共和国领域内的一切民事活动,都适用本法的规定。

第六十七条 中华人民共和国公民和法人在国外的民事活动,依照中华人民共和国的法律、法令和中华人民共和国所签订的国际条约或者依照国际惯例,应当适用本国法的,也适用本法的规定。

第六十八条 外国人、无国籍人和外国机构在中华人民共和国领域内所进行的民事活动,除中华人民共和国的法律、法令和中华人民共和国所签订的国际条约另有规定的以外,适用本法的规定。

第六十九条 本法自公布之日起施行,除法律特别规定的以外,没有溯及既往的效力。

第七十条 民族自治地方的人民代表大会,对本法的实施,可以根据本法的基本精神,结合当地的政治、经济、文化的特点,制定某些变通或补充的规定,提请全国人民代表大会常务委员会批准后施行。

第二编　财产所有权

第一章　通　则

第七十一条 国家保护下列财产所有权:
国家财产所有权;
劳动群众集体财产所有权;
个人财产所有权。

第七十二条 财产所有人在法律规定的范围内,对他的财产享有占有、使用、处分的权利。

第七十三条 财产所有权的取得,必须符合法律、法令的规定。
依照合同或其他合法方式取得财产的,除法律另有规定或者当事人另有约定的以外,财产所有权自财产交付的时候起转移。

第七十四条 财产所有权发生争议的,由人民法院予以确认。
财产所有权受到非法侵犯,所有人有权请求恢复原状,返还原物,排除妨碍,赔偿损失。

第七十五条 对于侵犯财产所有权的行为,不论是否追究行政责任或者刑事责任,一律应当追究民事责任。

第七十六条 行使所有权,必须符合环境保护、自然资源的合理利用和生态平衡的要求,不得妨害社会公共利益和公民的合法权益。
行使所有权,不得破坏名胜古迹、国家规定的风景区、游览区、自然保护区和依法保护的寺庙。
为了保护公共利益和公民健康,国家可以对所有权的行使进行必要的限制。

第七十七条 营造山林、兴修农田水利、围垦滩涂荒地,使用草原、牧场,修造建筑物,以及从事其他事业,应当正确处理相邻关系,不得只顾自己的利益而不顾他人的合法权益。

第七十八条 国家禁止非法出租、转让、买卖或变相买卖土地。

为了公共利益的需要,国家可以按照法律规定的条件和程序,对土地实行征购、征用或者收归国有。

第七十九条 没有所有人或所有不明的财产是无主财产。无主财产归国家所有。

第八十条 所有人不明的埋藏物和隐藏物,归国家所有。埋藏物和隐藏物的发现人把所发现的财物交给国家的,有关部门应当给予发现人以适当的精神或物质奖励。

第八十一条 拾得遗失物的人,应当把拾得物如数交还失主,如果失主不明,应当交给公安机关或有关单位;因保管遗失物而支付的费用,失主应当如数偿还。

拾得物经公安机关或有关单位公告招领满六个月无人认领的,归国家所有。

第八十二条 拾得漂流物和失散的饲养动物,适用前条的规定。

第八十三条 违背第八十条、第八十一条、第八十二条的规定,不把财物交出的,视为对他人财产所有权的侵犯。

第二章 国家财产所有权

第八十四条 国家财产是社会主义全民所有的财产,国家财产所有权属于中华人民共和国。

第八十五条 国家财产包括:

(一)国家专有的矿藏、水流、铁路、公路、飞机场、航天器和军事设施等;

(二)国家所有的土地、森林、草原、荒地、滩涂和其他自然资源;

(三)国家所有的银行、工厂、商店、电站、水库、矿山、矿井、仓库、农场、林场、渔场、牧场以及交通、运输、邮电、建筑等企业和其他企业;

(四)国家所有的建筑物和文化、教育、卫生、科学、体育等设施;

(五)国家所有的历史文物、古建筑、古墓葬、古遗址;

(六)不能证实属于个人或者集体所有的财产;

(七)国家在国外的财产;

(八)国家所有的其他财产。

第八十六条 国家机关、国营企业和事业单位在国家授权的范围内,对它经营管理的国家财产行使占有、使用、处分的权利。

第八十七条 国营企业和事业单位,经国家主管机关批准,可以把多余的固定资产转让。

第八十八条 国家所有的小面积的荒土、荒地、沙地、滩涂、水面等经县和县以上人民政府批准,可以无偿或者有偿或交给集体组织或社员经营管理,所有权仍属国家,收益归集体组织或者社员所有。

第八十九条 下列行为是侵犯国家财产所有权的行为:

(一)侵占、损毁国家财产；
(二)违反财经纪律，挥霍浪费、请客送礼、私分产品和财物；
(三)违反国家规定，挪用公款；
(四)玩忽职守，不负责任，给国家财产造成损失；
(五)其他侵犯国家财产的行为。

为骗取荣誉和信任，弄虚作假，给国家财产造成损失的，视为侵犯国家财产所有权的行为。

第三章　集体财产所有权

第九十条　集体财产是社会主义劳动群众集体所有的财产。
集体财产所有权属于劳动群众的集体组织。

第九十一条　集体组织的财产包括：
(一)集体组织所有的土地、山林、草场、滩涂、水面和农田水利设施；
(二)集体组织所有的工厂、商店、电站、水库、仓库、农场、林场、渔场、牧场以及交通、运输、建筑等企业和其他企业；
(三)集体组织所有的建筑物和文化、教育、卫生、科学、体育等设施；
(四)国有无偿拨归集体组织所有的财产；
(五)集体组织合法取得的其他财产。

第九十二条　人民公社、生产大队、生产队交给社员使用的自留地、自留山、饲料地、宅基地的所有权，仍归集体组织。

第九十三条　集体组织行使所有权的时候，必须按照法律的规定，接受国家计划的指导，不得利用自己所有的财产进行损害国家和他人利益的活动。

第九十四条　下列行为是侵犯集体财产所有权的行为：
(一)对集体组织的财产无偿占有，克扣挪用；
(二)不符合法定手续的征用、征购和收归国有；
(三)向集体组织非法摊派、征收各种费用；
(四)挥霍浪费集体财物，或者违反制度用集体财物请客送礼；
(五)社员违反规定，任意扩大自留地、饲料地、自留山、宅基地；
(六)侵占、损毁和其他非法侵犯集体财产的行为。

无偿抽调集体组织的劳力或者虚报所属集体组织的产量，给集体组织造成损失的，视为侵犯集体财产所有权的行为。

第四章　个人财产所有权

第九十五条　个人财产是公民通过劳动或其他合法方式取得的财产。

个人财产所有权属于公民个人。

第九十六条 个人财产包括：

（一）公民的劳动收入、经营自留地、自留山、家庭副业所得的收益；

（二）公民的房屋、储蓄和日常生活用品；

（三）公民合法所得的侨汇、外汇和继承、受赠的财产以及其他合法收入；

（四）公民自有竹木、果树、家禽和牲畜；

（五）公民自有自用的农具、工具；

（六）依法可以归个人所有的生产资料。

第九十七条 国家保护公民个人财产不受侵犯。任何单位和个人不得非法冻结、查封、没收或侵占公民的个人财产。

第九十八条 公民个人所有的房屋，因公共建设需要拆迁的时候，必须经县和县以上人民政府批准，建设单位对于迁出公民的住房要进行妥善安置，给予相当的补偿。限期迁出的公民没有正当理由不得拒绝搬迁。

第九十九条 公民在法律许可的范围内可以用个人财产从事有益社会的生产经营活动和其他社会事业。

第一百条 严禁利用个人财产进行投机倒把、放高利贷，或者从事其他破坏社会经济秩序和违背社会主义道德的活动。

第五章 共 有

第一百零一条 财产可以由两个或两个以上的公民或者法人所共有。

共有分为按份共有和共同共有。

第一百零二条 按份共有人分别按照各自所有的份额，对共有财产享有权利、承担义务。

第一百零三条 按份共有人使用和处理共有财产的时候，有协议的，按照协议办理；没有协议的，应当通过协商取得一致意见。意见不一致的时候，按照拥有财产份额一半以上的共有人的意见办理，但不得损害其他共有人的利益。

第一百零四条 按份共有人对于自己的财产份额有权转让和要求分割。

按份共有人在出卖他的财产份额的时候，其他共有人有优先购买的权利。

第一百零五条 每个共同共有人对于全部共同共有财产，享有权利和承担义务。

第一百零六条 家庭积累、购置、受赠的财产，家庭成员交给家庭的财产和共同生活期间共同劳动的收入，是家庭共有财产。

家庭共有财产，归家庭成员共同共有。

第一百零七条 家庭成员在分家析产的时候，应当本着团结和睦、互助互让的精神协商处理。意见不一致的时候，由调解组织或人民法院根据共有人对家庭贡献大小、经济状况、每个人的生产和生活需要，确定各自应得的财产份额；对于幼小、老、弱、病、残应当给予优先照顾。

第一百零八条 共有人对共有财产进行分割的时候,对不能分割或者分割后会降低或损害使用价值的财产,应当作价分割。

第三编 合 同

第一章 通 则

一般规定

第一百零九条 合同(契约)是当事人之间确立、变更、终止民事权利义务关系的意思表示一致的行为。

第一百一十条 合同可以用书面形式订立,也可以用口头或者其他形式订立。法律、法令规定必须用书面形式的,只有用书面形式,合同才有法律效力。

第一百一十一条 合同的内容不得违反法律、社会公共利益或社会主义道德准则。

法人之间订立的经济合同,必须符合国家计划的要求。

第一百一十二条 当事人应当根据自己的要求和条件,采取严肃认真的态度,平等协商订立合同。任何一方不得把自己的意志强加给对方,任何单位和个人不得非法干预。

第一百一十三条 当事人应当发扬互助协作精神,努力履行合同规定的义务。如果发生纠纷,应当及时协商解决;协商不成的,由仲裁机关或人民法院解决。

合同的订立

第一百一十四条 当事人双方就合同的主要条款达成协议后,合同即为成立。

法律、法令规定合同需要鉴证、公证、第三人证明或者在有关机关核准登记的,必须履行法定手续,合同才能生效。

第一百一十五条 当事人一方用口头或通过电话的方式作出订约提议的,如果对方没有立即作出相应的答复,或者没有按照约定期限作出答复,不再受订约提议的约束。

第一百一十六条 用书信或电报的方式作出订约提议,同时指明等待答复的期限的,对方应当在期限届满以前作出答复;如果没有指明期限,应当及时作出答复。接受订约提议的答复及时发出,但因送达迟误而超过期限的,提议订约的一方应当立即将逾期收到答复的情况通知对方,否则认为订约提议已被接受。

改变订约提议的答复,或者超过期限的答复,应当看做是对方作出的新的订约提议。

第一百一十七条　为执行国家指令性计划,一个经济组织同另一个经济组织必须订立合同的,任何一方都有权请求对方订立合同。如果一方拒绝订立合同或者发生其他争议,另一方有权请求上级主管机关或仲裁机关解决。

第一百一十八条　合同应当具备以下的主要条款:
(一)标的(交付财产,实施或不实施一定的行为);
(二)数量和质量;
(三)价款或酬金;
(四)期限;
(五)有关违约责任的规定。

法律、法令要求特别规定的和当事人任何一方要求必须规定的条款,也是合同的主要条款。

第一百一十九条　禁止订立假合同、倒卖合同以及利用合同进行投机倒把的活动;违反的,应当分别情况追究法律责任。

合同的履行

第一百二十条　合同一经订立,双方当事人都必须严格按照合同规定,全面履行自己的义务。

第一百二十一条　合同中有关质量、期限、地点和价款规定不明确,在履行中发生争议的,适用下列规定。

质量要求不明确的,按照同类物品或者同类劳务的中等质量标准履行。

履行期限不明确的,当事人任何一方都可以随时向对方履行义务,也可以随时请求对方履行义务,但是应当给对方必要的准备时间。

履行地点不明确的,交付建筑物的,在建筑物所在地履行;给付货币的,在接受给付一方的所在地履行;其他义务在履行义务一方的所在地履行。

价款不明确的,按照物价管理机关或者劳动管理机关的规定履行;没有规定的,参照同类物品的价格或者同类劳务的报酬履行。

第一百二十二条　用货币履行义务,除法律、法令另有规定的以外,必须用人民币计算和给付。

法人之间用货币履行义务,除按照国家规定可以使用现金履行的以外,必须通过银行或信用合作社办理转账结算。

第一百二十三条　当事人一方有二人以上的时候,如果合同标的是可分的,每个当事人就各自的财产份额取得相应的请求权,或者承担相应的清偿义务。但法律或合同另有规定的除外。

第一百二十四条　二个以上的人享有连带权利的,任何一人都有权请求对方履行部分或全部义务;其中一人接受履行部分或全部义务后,其他连带权利人的请求权即部分或全部消灭。

接受履行部分或全部义务的人,应当偿付其他连带权利人各自应得的份额。

第一百二十五条 二个以上的人负有连带义务的,有请求权的一方可以向其中任何一人请求履行部分或全部义务。其中一人履行部分或全部义务后,其他连带义务人的义务即部分或全部解除。

履行部分或全部义务的人,有权向其他负有连带义务的人请求偿付他们各自应当承担的份额。

第一百二十六条 有履行义务的一方因对方下落不明而无法履行,或者对方没有正当理由拒绝接受履行的时候,经公证机关证明或者人民法院裁定,可以将履行的标的物向有关主管机关提存。提存费用由对方负担。标的物提存后,合同义务即认为已经履行。

合同的担保

第一百二十七条 担保是法律、法令规定的或者当事人协商确定的保证履行的方法。

第一百二十八条 保证人是保证当事人一方履行合同的第三人。被保证的当事人不履行合同的时候,保证人和被保证人一起承担连带责任。保证有二人以上的,他们应当共同承担连带责任。

保证人履行合同以后,有权向被保证人请求偿还。

第一百二十九条 定金是当事人一方为保证履行合同向对方给付的金额。合同履行后,定金应当收回,或者抵作价款。

给付定金的一方不履行合同,无权请求返还定金。接受定金的一方不履行合同的,应当返还定金,并依照本法第一百三十七条的规定承担责任。

第一百三十条 当事人一方依照合同规定,保管对方的财物或者接受来料加工,在对方不按期或不如数给付保管费或者加工费的时候,有权留置他的财物,不履行合同超过六个月的,保管人或加工人在法律、法令许可的范围内,可以变卖留置的财物,从价款中优先得到清偿。

第一百三十一条 抵押是当事人一方或者第三人为履行合同向对方提供的财产保证。负有义务的一方不履行义务的时候,抵押权人在法律、法令许可的范围内,可以从变卖抵押物所得的价款中优先得到清偿。变卖抵押物的价款,不足给付应当清偿的数额的,抵押权人有权向负有清偿义务的一方请求给付不足的部分。

法律、法令禁止流通和禁止强制执行的财产,都不得作为抵押物。

经当事人双方同意,抵押物可以交由抵押权人保管,也可以由提供抵押物的人自己保管。抵押权人由于保管不善造成抵押物损坏或者灭失的,应当承担赔偿责任。

合同的变更和解除

第一百三十二条 当事人双方经过协商一致,可以变更或者解除合同,但不得因此影响国家计划的执行。因变更或者解除合同使一方遭受损失的,由提出变更或者解除合同的一方承担赔偿责任。

第一百三十三条 根据国家指令性计划订立的合同,如果当事人需要变更或者解除的,必须报请国家主管机关批准。

第一百三十四条 由于国家计划的调整而变更或者解除合同的时候,当事人一方或双方因此遭受的损失,应当由国家主管机关负责处理。

第一百三十五条 当事人一方不经对方同意,擅自变更或者解除合同的,对方有权请求仲裁机关或者人民法院责令履行合同,并赔偿损失;如果当事人是根据国家指令性计划订立合同的经济组织,还应当分别情况对有关责任人员追究法律责任。

第一百三十六条 当事人一方可能把自己享有的请求权或者应当履行的义务转让给第三人。但是与人身相联系的权利义务不得转让。

权利的转让必须及时通知对方,义务的转让必须征得对方的同意;否则,此项转让没有法律效力。

违反合同的责任

第一百三十七条 当事人一方因过错致使合同不能履行或者不能完全履行的时候,应当按照合同规定,向对方给付违约金;如果违约金不足弥补损失,还应当补足差额。

损失包括财产上的直接减少和失去的实际上可以获得的利益。但是,法律、法令另有规定或当事人另有约定的除外。

第一百三十八条 当事人双方对合同的不能履行或者不能完全履行都有过错的时候,应当根据实际情况,适当减轻不能履行或者不能完全履行合同一方应负的经济责任。

第一百三十九条 由于主管机关、上级领导人的过错,致使合同不能履行或者不能完全履行的时候,应当由有过错的主管机关或上级领导人承担责任。

第一百四十条 违反合同的一方在承担经济责任以后,仍应按照合同的规定履行义务。但是,下列情况除外:

(一)合同的履行在事实上已经不可能;

(二)合同的履行已经没有实际意义;

(三)经过国家主管机关批准不再需要履行。

第一百四十一条 当事人一方已经尽了最大努力,仍然不能履行或者不能完全履行的时候,应当及时向对方说明情况,以避免或者减轻可能造成的损失。但不能因此免除他对所造成的损失应当承担的责任。

对方在接到通知以后,如果没有及时采取有效措施,防止损失的发生或者扩大;不能履行或者不能完全履行合同的一方对由此发生或者扩大的损失不承担责任。

第一百四十二条 当事人一方由于不可抗力而不履行或者不能完全履行合同

的,在提供证明并经主管机关核实后,可以不承担责任。但是,法律、法令另有特别规定的除外。

合同的终止

第一百四十三条 当事人双方按照合同的规定,完全履行合同义务,合同即行终止。

合同也可以由于下列原因而终止:
(一)由于国家计划变更而解除合同;
(二)当事人双方协商一致解除合同;
(三)由于国家主管机关的命令或者仲裁机关、人民法院的裁决而解除合同;
(四)当事人双方互有权利义务的同类合同已经到期,因一方声明而抵销;
(五)当事人双方混同为一人;
(六)不是由于当事人的过错致使合同义务不能履行;
(七)合同规定的权利义务与当事人的人身相联系的,因当事人一方的死亡;
(八)法人撤销。

第一百四十四条 合同终止,当事人之间根据合同确定的权利义务即行消灭。

第二章 买 卖

第一百四十五条 按照买卖合同,卖方应当将物品出售给买方,买方应当接受物品并支付价款。

商业企业向顾客供应商品,工矿企业和农业生产单位自销产品,以及公民依法出售自己的物品,都是买卖关系,适用本章的规定。

第一百四十六条 当事人双方必须按照国家物价管理机关规定的价格进行买卖。没有规定价格的物品,可以由买卖双方议定合理的价格。

卖方违反物价管理规定擅自提价的,应当收缴非法所得,并赔偿买方的损失。

第一百四十七条 出售的物品应当符合国家规定的质量标准或者买卖双方约定的质量标准,不得以次充好,掺杂使假;违反的,应当追究民事责任。

物品不符合标准的,买方可以请求卖方更换或者修理;不能更换或修理的,可以退货;经双方协商一致,也可以适当降低价格。

第一百四十八条 卖方减价出售有缺陷的物品,应当向买方说明物品的缺陷。卖方隐瞒物品的重大缺陷,买方有权请求按照本法第一百四十七条第二款的规定处理。

第一百四十九条 买方接受所购物品后发现规格不适宜使用的时候,在物品未经使用、损坏的条件下,买方有权请求卖方更换或者退货。但对零售的食品和药品,买方无权请求退换。

第一百五十条　买方接受物品后,发现物品有缺陷,应当及时向卖方提出。除法律、法令另有规定的以外,对物品缺陷提出请求权的期限为六个月,从接受物品之日起计算;对建筑物的缺陷提出请求权的期限为二年,从发现建筑物缺陷之日起计算。

第一百五十一条　卖方对于需要包装的物品,应当根据它的性能进行包装。食品和药品的包装必须符合卫生条件。

第一百五十二条　卖方应当按照双方约定的数量交付物品。买方发现物品数量不足,有权请求卖方补足数量,或者减收价款,或者退货。

第一百五十三条　卖方应当按照双方约定的期限交付物品。过期交付的,买方有权退货,并要求给付违约金,赔偿损失。提前交货的,买方应当代为保管,保管费用由卖方支付,买方仍按原定期限付款。

第一百五十四条　买方应当按照双方约定的期限支付价款,过期付款的,卖方有权请求对方给付违约金,赔偿损失。

第一百五十六条①　买卖房屋的合同必须经过房产管理机关或农村基层政权机关审查,并经纳税和更换房产证以后,才能生效。

第一百五十七条　商业企业售货人员有义务诚实地向顾客介绍商品的性能、质量以及使用和保养的方法,帮助顾客选购商品。

顾客选购商品的时候,应当爱护商品,遵守制度。如果损坏或污染商品,应当承担赔偿责任。

第一百五十八条　国家保护法律、法令许可的买卖,禁止走私、投机倒把等非法活动。国家机关干部和军人有走私、投机倒把等非法活动的,应当从严追究法律责任。

第一百五十九条　禁止买卖票证;禁止买卖赌博工具、毒品、淫秽书画以及其他违反社会主义道德、有害公民身心健康的物品。

金、银、外币和珍贵文物,禁止私相买卖;需要和出售的,应当到中国人民银行兑换或专门的收购商店出售。

违反前两款规定的,应当根据情节轻重追究直接责任人员的法律责任。

第一百六十条　在法律、法令规定的范围之内,可以以物易物。

互易双方的权利义务适用本章的有关规定。

第三章　供　应

第一百六十一条　社会主义组织之间供应产品的合同,必须根据主管机关的产

---

① 原件无第一百五十五条,前一稿(1980年8月15日《中华人民共和国民法草案(征求意见稿)》)对应条文为第一百五十七条(凭证商品、委托寄售物品以及其他需要证明文件才能买卖的商品,必须具备有关证明文件后才能买卖。)该条在此后两份草案中均不载。或是在本草案中删除,但未能调整条文序号,致使第一百五十五条阙文。

品分配计划用书面形式订立。

第一百六十二条 供应合同可以委托有关单位代签。代签单位应当严格按照委托单位的要求办理。

代签单位不按委托的要求代签合同,因而使委托单位遭受损失的,应当承担经济责任。

第一百六十三条 供方交付的产品少于合同规定的数量的,需方有权要求供方补足少交的部分并给付违约金,赔偿损失。

供方交付的产品多于合同规定的数量的,对超过部分,需方有权拒付货款,但应当代为保管,并立即通知供方处理。保管费用由供方负担。

第一百六十四条 供方没有按照合同规定交付随机配套产品、备品、配件和安装、修理工具的,需方有权要求补配成套,供方在约定的期限内没有补配成套而由需方补配成套的,供方应当给付违约金。需方无法配套的,有权退货,并请求供方赔偿损失。

第一百六十五条 工矿产品必须符合国家主管机关规定的质量标准,国家机关没有规定质量标准的,可以由双方议定标准。

工矿产品的质量不符合规定或议定标准的,应当由供方负责修理、更换或者退货;经双方协商一致,也可以按质论价。

第一百六十六条 工矿产品的价格,适用本法第一百四十六条的规定。

工矿产品的价格在合同规定的交货期限内由物价管理机关作了调整的时候,如果供方按照合同规定的期限交货,按调整后的价格计算;如果供方过期交货,价格提高了的,仍按合同规定的计算;降低了的,按降低的计算。

需方过期接受产品或者过期付款的时候,价格提高了的,按提高的计算;降低了的,仍按合同规定的计算。

第一百六十七条 供方应当按合同规定的期限向需方交付产品。过期交付产品的,需方如果已不再需要,应当及时通知供方停止发送;供方在接到通知前已发送的产品,需方应当代为保管,由供方支付保管费用,并给付违约金。提前交付的产品,需方应当接受,但仍按合同规定的时间付款。保管费用由供方负担。

第一百六十八条 需方过期提货的,适用本法第一百五十四条的规定。

第一百六十九条 产品的包装,应当符合主管机关规定的标准。如果一方要求特殊包装或用代用品包装,在符合物资运输保管安全规定的前提下,由供需双方协商解决。合同规定由需方提供包装物而需方不按时提供因而造成供方过期交货的,需方仍应按合同规定的时间付款,并给付违约金。

由于供方包装不良造成产品损坏的时候,参照本法第一百六十五条第二款的规定处理。但损坏是由于需方提供包装物的质量不符合约定标准所造成的情形除外。

第一百七十条 需方收到产品后,应当按照主管机关规定或者合同约定的标准、方法、期限进行验收。如果发现产品的数量、质量不符合合同的规定,需方应当在规定时间内向供方提出书面异议。如果需方在规定的时间内不提出书面异议,就认为所交产品符合合同规定。如果供方接到书面异议后,没有在规定的时间内提出不同意见,就认为同意需方的书面异议,并承担相应的责任。

第四章　农副产品收购

第一百七十一条　农副产品收购合同,应当由收购单位同农业生产单位在国家计划指导下,根据有关规定订立。

根据国家统购、派购计划订立的合同,必须采用书面形式。

第一百七十二条　农业生产单位在没有完成国家规定的交售任务以前不得擅自销售和互易农副产品。社员自有的农副产品有交售任务的,也必须在完成交售任务以后,才能自行处理多余部分。

第一百七十三条　农副产品收购可以采取购销结合合同的方式进行。购销结合合同应当同时规定农副产品收购和工业品供应两方面的内容。

第一百七十四条　对重要的农副产品的收购可以采取预购合同的方式进行。预购农副产品,对集体所有制农业生产单位可以给付预购定金。

第一百七十五条　收购方应当按照国家规定的或者同交售方议定的价格收购农副产品,不得擅自提级提价或压级压价;违反的,应当追究民事责任。

第一百七十六条　交售方不能按合同规定的品种交售的时候,经收购方同意,可以交售其他品种的农副产品,或者给付违约金。

第一百七十七条　交售方确因重大自然灾害,不能按照合同规定的数量交售农副产品的时候,经双方协商一致,并报上级主管机关批准后,可以减少交售数量,或者解除合同。

第一百七十八条　收购农副产品的时候,应当及时进行检验、检疫。对不符合国家规定的或合同约定的规格、质量的农副产品,收购方可以拒绝收购或者以质论价;对带有疾病的或污染的农副产品,应当拒绝收购。

第五章　赠　与

第一百七十九条　赠与是一方自愿把自己的财物无偿地交给另一方所有。

第一百八十条　赠与从受赠人接受赠与物的时候起生效。

第一百八十一条　赠与房屋或者依法需要办理登记手续的财物,应当采用书面形式订立合同。赠与物价值在一千元以上的,如果不用书面形式订立合同,在给付的时候,应当有二个以上的人证明。

第一百八十二条　公民把珍贵文物、文献资料、藏书、标本等赠给国家的,接受单位应当给予适当的精神或物质奖励。

第一百八十三条 赠与人把财物赠给国家机关、企业事业单位和社会团体的时候,有权要求把所赠送的财物用于有益社会的特定目的。

第六章 信 贷

第一百八十四条 信贷是中国人民银行、专业银行(包括中国人民建设银行、中国农业银行、中国银行等)、信用合作社和其他合法的金融机构同其他法人、公民之间以及中国人民银行同专业银行、信用合作社及其他合法的金融机构之间发生的存款、贷款关系。

第一百八十五条 一切信贷活动必须由人民银行、专业银行、信用合作社和其他合法的金融机构统一办理,任何地方和单位不准擅自开设金融机构,办理存款、贷款业务。

第一百八十六条 人民银行、专业银行、信用合作社和其他合法的金融机构根据国家贷款计划统筹管理和运作信贷资金。

人民银行、专业银行、信用合作社和其他合法的金融机构的信贷资金,任何人都不得强制抽调、挪用,不准强令发放或不发放贷款,违反上述规定造成损失的,有关单位和直接责任人员应当承担相应的民事责任。

第一百八十七条 法人、公民向人民银行、专业银行、信用合作社和其他合法的金融机构借款,必须订立书面合同明确规定贷款的数额、用途、期限、利率和违反合同的民事责任。

第一百八十八条 人民银行、专业银行、信用合作社和其他合法的金融机构有权向借款的法人了解计划执行,经营管理,财务活动,物资库存等情况,并进行监督。借款的法人有义务按照规定提供必要的报表和资料。

第一百八十九条 借款人违反合同规定的,人民银行、专业银行、信用合作社和其他合法的金融机构有权扣收逾期贷款本息,提前收回一部或全部贷款。

第一百九十条 存款、贷款的利率,由国家统一规定,中国人民银行统一管理。

第一百九十一条 法人在人民银行、专业银行、信用合作社的存款一律计息,但国家另有规定的除外。

人民银行、专业银行、信用合作社在法人存款数额内应当保证支付;计息的,应当按照国家统一规定的利率支付利息。

第一百九十二条 法人存款受法律保护。除非根据国家主管机关的决定、人民法院的判决或者仲裁机关的裁决,人民银行、专业银行、信用合作社不得冻结存款或强制扣款。

第一百九十三条 国家鼓励公民储蓄,支援国家经济建设。人民银行、专业银行、信用合作社办理个人储蓄,必须坚持存款自愿、取款自由、存款有息、为储户保密的原则。

国家保护公民个人的储蓄不受侵犯。非经人民法院裁定或人民检察院决定,任何人不得向人民银行、专业银行、信用合作社要求查询、冻结、提取或者没收公民个人的储蓄存款。

第一百九十四条　法人应当依法在人民银行、专业银行、信用合作社开立账户,按照国家关于现金管理的规定,将超过库存限额的现金,及时存入银行。

第一百九十五条　法人之间的经济往来,除按照国家规定可以使用现金以外,都必须由人民银行、专业银行、信用合作社办理转账结算。

人民银行、专业银行、信用合作社通过办理转账结算,准确及时地为法人收款、付款。并按照国家有关规定,对法人之间的经济往来实行必要的监督。

第一百九十六条　账户不准出租和转让。禁止伪造、转让结算凭证。伪造、转让结算凭证的,应当根据情节轻重对伪造者、转让者追究法律责任。

第一百九十七条　人民银行、专业银行、信用合作社办理结算发生差错,造成结算延误的,应当负责查明、更正,并按有关规定赔偿损失。

因运输、邮电单位的过错造成结算延误的,应当由运输、邮电单位按照有关规定赔偿损失。

第七章　民间借贷

第一百九十八条　按照借贷合同出借人应当把一定数量的货币或实物交付借用人所有;借用人应当归还同等数量的货币或实物,并按照约定给付利息。

第一百九十九条　借贷合同自出借人把货币或实物交付借用人的时候起生效。

第二百条　定期的借贷,借用人应当按照约定的期限归还。

不定期的借贷,借用人可以随时归还,或从出借人请求归还的时候起,一个月内归还。

第二百零一条　国家提倡公民之间为了互济互助,实行不计利息的借贷。如果计算利息,双方必须事先约定。公民之间的有息借贷,利率可以略高于国家银行的贷款利率,但最高不得超过一倍。

禁止复利或预先扣除利息;禁止高利贷;违反的,应当追究法律责任。

第二百零二条　实物借贷应该归还同等数量、质量的实物,或者双方约定的其他实物;不能归还实物的,可以按照归还时当地的市场零售价格折价归还。

第二百零三条　金、银、外币不准借贷,但法律、法令另有规定的除外。

第二百零四条　禁止利用借贷进行或支持投机倒把和其他非法活动;违反的,应当追究法律责任。

第二百零五条　借贷关系经过中间人成立的,中间人不得从中牟利;违反的,应当追究法律责任。

第二百零六条　职工群众为了互济互助,可以建立互助储金会,根据有借有还、不计利息的原则,向会员贷款;国家鼓励并保护这种储蓄借贷关系。

第二百零七条 法人之间、法人与公民之间的实物借贷,适用本法第一百九十八条至第二百条、第二百零二条、第二百零四条和第二百零五条规定。

第二百零八条 中华人民共和国成立以前的借贷,不适用本法。但特殊情况,经人民法院审查同意的不在此限。

中华人民共和国成立以后的借贷,诉讼时效从本法施行之日起算。

第八章 借 用

第二百零九条 按照借用合同,出借人应当把一定物品无偿交给借用人暂时使用,借用人应当把原物归还给出借人。

第二百一十条 借用人应当按照借用物的用途或者商定的方法使用借用物。

第二百一十一条 借用到期,或者借用目的已经达到,借用人应当及时把借用物归还给出借人。不能归还原物的,借用人取得出借人的同意,可以用其他的实物或者货币抵偿。

不定期的借用,出借人有权随时请求返还借用物。

由于借用人不爱惜借用物或者出借人自己需用,出借人有权随时收回借用物。

第二百一十二条 借用人应当妥善保养借用物。借用人因自己的过错造成借用物损坏、灭失的,应当承担赔偿责任;对于借用物因自身的缺陷在使用中发生的损坏、灭失,借用人不承担赔偿责任。

第二百一十三条 出借人或借用人隐瞒实物的缺陷,致使对方遭受损失的,应当承担赔偿责任。

第九章 租 赁

财产租赁

第二百一十四条 按照财产租赁合同,出租人应当将财产交付承租人使用,承租人应当向出租人给付租金。

租期达一年以上的租赁合同,必须用书面形式订立。

第二百一十五条 出租人应当按照约定的时间和标准将出租的财产交给承租人使用。出租人由于自己的过错使承租人对所租财产不能按期使用或不能正常使用的,应当赔偿承租人因此所受的损失。

第二百一十六条 出租人将出租财产的所有权转移第三人的时候,租赁合同对财产新的所有人继续有效。

第二百一十七条 承租人应当按照约定的数额和时间给付租金。

租金的标准,有统一规定的,按统一规定;没有统一规定的,由当事人双方根据公平合理的原则商定。

第二百一十八条　承租人依照合同规定交纳的押金,出租人应当在租赁关系终止时退还承租人。

第二百一十九条　承租人应当按照合同规定的用途正当使用租赁的财产。

第二百二十条　承租人有下列行为之一的,出租人有权解除合同:

(一)不依照合同规定或财产的用途使用财产的;

(二)擅自将租赁的财产进行非法活动的;

(三)利用租赁的财产进行非法活动的;

(四)承租人没有正当理由逾期不交纳租金,经出租人限期交纳仍不交纳的;

(五)按合同规定应由承租人对租赁的财产进行维修而不维修的。

第二百二十一条　承租人应当爱护租赁财产,保持财产的完好状态。承租人因自己的过错使租赁财产发生损坏、灭失的,应当承担赔偿责任。

第二百二十二条　承租人为了工作和生活的需要,在征得出租人同意后,可以把所租赁的财产转让给第三人承租。

第二百二十三条　承租人应当按照约定的期限交还租赁的财产。超过期限交还的,除应按照合同规定交纳延期租金外,还应当赔偿出租人因此所受的损失。

房屋租赁

第二百二十四条　按照房屋租赁合同出租人应当将出租的房屋提供给承租人使用,承租人应当按期给付租金,并在合同终止时将房屋返还出租人。

房屋租赁合同应当用书面形式订立。

第二百二十五条　国家所有房屋和集体所有房屋的租赁合同,应当根据主管单位的住房分配计划或分配决议订立。公民个人房屋的租赁合同,由房屋的所有人同承租人本着协商一致、自愿互利的原则订立。

第二百二十六条　房屋租赁合同应当明确规定租赁房屋的位置、建筑结构、数量、装饰、设备、租赁期限、租金的数额、交纳期限和方法。

第二百二十七条　出租人应当按照约定的时间和标准将出租的房屋交给承租人使用。出租人因自己的过错使承租人不能按照约定使用租赁房屋的,应当赔偿承租人由此所受的损失,并向承租人提供与合同规定标准相当的住房。

第二百二十八条　出租人应当负责修缮出租的房屋和设备,保障承租人正常使用和居住安全。

出租人对出租的房屋和设备不及时修缮,因而造成损毁、倒塌,使承租人受到损害的,出租人应当承担赔偿责任。

第二百二十九条　出租人的房屋需要进行重大修缮的时候,出租人应当提前一个月通知承租人在房屋修缮期间暂时搬出,双方的租赁合同可以暂时中止,但不解除。

第二百三十条　出租的房屋需要拆除重建的时候，原租赁合同可以解除。但重建后房屋如果继续出租，原承租人有按照同等条件优先承租的权利。

第二百三十一条　承租人应当按照合同规定的数额、期限交纳租金。承租人没有正当理由逾期或拒不交纳租金的，出租人有权限期交纳，仍不交纳的，出租人可以请求人民法院处理。

第二百三十二条　租金标准适用本法第二百一十七条第二款的规定。

第二百三十三条　承租人应当按照合同规定爱护和正当使用房屋。承租人违反本条规定或者没有正当理由闲置房屋达半年以上的，适用本法第二百一十九条、第二百二十一条的规定。

第二百三十四条　对于出租房屋的楼梯间、过道、门道、走廊等公用场所和设施，承租人之间应当本着互谅互让、照顾公共利益和合理使用的原则共同使用。对于恃强霸占、妨害他人合理使用的，其他承租人有权请求排除妨碍。

第二百三十五条　房屋租赁合同因公共利益需要而必须解除的，有关单位应当给承租人提供适当的住房。

第二百三十六条　承租人为了工作和生活的需要，可以同第三人互换房屋居住，但必须征得出租人的同意。出租人对于换房应当积极给予协助。

承租人与第三人互换房屋后，第三人应当直接和出租人订立房屋租赁合同，原租人和出租人订立的房屋租赁合同即行终止。

第十章　承　揽

第二百三十七条　按照承揽合同，承揽人应当用自己的设备、技术和劳力为定作人加工、定作、修理、修缮、复制物品或完成其他工作；定作人应当接受承揽人完成的物品或工作成果，并且给付报酬。

第二百三十八条　承揽人接受加工、定作、修缮任务的主要部分，必须以自己的设备、技术和劳力去完成，承揽人不经定作人同意，不得把接受的任务转让给第三人。

承揽人违反前款规定，定作人有权解除合同。

第二百三十九条　合同规定应当由定作人提供材料，而定作人没有按时、按质、按量提供，因此造成工作延期的，应当由定作人承担经济责任。

承揽人对定作人提供的材料应当及时检验，发现不符合约定要求的，应当立即通知定作人调换或者补齐。

第二百四十条　承揽人对定作人提供的材料不得以次换好；对定作人修理的物品不得偷换零件。违反上述规定的应当追究民事责任。

第二百四十一条　承揽人对定作人提供的材料和物品应当妥善保管。承揽人由于自己的过错造成材料或物品损坏、灭失的，应当承担赔偿责任。

第二百四十二条　承揽人修缮房屋、成批加工非标准化的物品的，应当接受定作人必要的检查和监督。但定作人不得因此妨碍承揽人的正常工作。

第二百四十三条 承揽人承揽的复制、设计、翻译和物品性能测试、检验等任务,定作人要求保密的,应当严格遵守;不经定作人同意,不得留存复制品。

第二百四十四条 承揽人应当按照约定的质量、数量交付所完成的工作成果,定作人应当及时检查验收。由于承揽人的过错,致使工作成果的质量、数量不符合约定要求的,定作人可以请求承揽人在一定期限内进行修整,消除缺陷,补足数量,或者降低报酬。如果工作成果有重大缺陷,定作人有权拒绝接收,并请求赔偿损失。

第二百四十五条 对于定作人没有按照约定期限领取定作的或修理的物品,承揽人应当负责保管,并按规定或约定收取保管费。超过领取期限六个月,并经承揽人通知催领,定作人仍不领取的,承揽人有权将定作的或修理的物品变卖,所得价款在扣除报酬、保管费以后,用定作人的名义存入银行。

第十一章　基本建设

第二百四十六条 按照基本建设合同的规定,勘察、设计、建筑、安装单位应当按时、按质、按量完成与建设单位约定的项目;建设单位应当按时提供必要的技术文件、资料和其他工作条件,验收竣工工程、并付给报酬。

第二百四十七条 基本建设合同必须根据国家批准的计划和规定的程序用书面形式订立。

凡属计划的、擅自扩大规模的和违反基本建设程序所签订的合同一律无效。

第二百四十八条 一项工程由二个以上施工单位同时承担的,建设单位可以将该项工程交由一个施工单位总包,订立总包合同。

总包单位和其他承担工程的单位订立分包合同,分包单位对总包单位负责。

第二百四十九条 建设单位在不妨碍对方正常作业的条件下,有权对工程的规模、进度、质量、技术水平和经济效果随时进行检查和监督。

第二百五十条 建设单位没有按时提供必要的技术文件、资料和其他工作条件的,应当按照合同规定向对方给付违约金,赔偿损失。

施工单位应当对工程的质量、规模和工期全面负责。由于组织施工不当或工程所用材料、设备和缺陷,致使工程质量下降、缩小规模或延误工期的,应当按照合同规定向对方给付违约金,赔偿损失。

由于勘察或设计不当造成工程损失的,应当分别由勘察、设计单位承担相应的赔偿责任。

第二百五十一条 隐蔽工程在隐蔽以前,施工单位应当通知建设单位检查。施工单位没有通知建设单位检查,自行隐蔽工程的,建设单位有权要求检查,检查费用由施工单位负责。

建设单位没有按时到现场检查,施工单位可以自行检查,填写隐蔽工程检查记录,加以隐蔽,并将记录送交建设单位。建设单位以后提出检查的时候,如果工程符合合同要求,检查费用由建设单位负担;如果工程不符合要求,检查费用和返工费用由施工单位负担。

第二百五十二条 建设工程(包括单项工程)竣工后,建设单位应当按期验收。验收合格的,由建设单位负责接收保管。

建设单位不按时进行验收,给施工单位造成损失的,应当给付违约金,赔偿损失。

第二百五十三条 竣工验收中发现工程质量不符合合同规定,需要返工的,由施工单位在约定期限内完成返工任务,并承担返工费用;建设单位如果也有过错,应当承担相应的返工费用。

第二百五十四条 建设工程竣工验收后,在保修期限内,确因施工单位的过错,发生质量事故的,应当由施工单位在约定期限内负责修理,并负担全部费用。

第二百五十五条 因变更基本建设工程的计划、方案、规模或者工艺流程,需要修改合同或另订补充合同的,当事人双方必须协商一致,经上级主管机关批准后才能进行。如果因此造成损失,由提出变更的一方承担赔偿责任。

第二百五十六条 安排计划的主管机关应当保证工程所需要的资金、材料和设备,不得留有缺口。因留有缺口致使合同不能履行的,应当由安排计划的主管机关承担责任。

第二百五十七条 不属于国家基本建设的工程可以参照本章的有关规定订立合同。

第十二章 运 输

一般规定

第二百五十八条 运输分为货物运输和旅客运输。运输方式包括铁路运输、公路运输、水上运输、航空运输、管道运输以及其他的运输。

两个或两个以上不同运输方式的承运人可以实行联合运输。

第二百五十九条 公民可以在法律、法令许可的范围内,承办货物运输或旅客运输,但必须经主管机关核准登记。

第二百六十条 托运人、收货人或旅客与承运人相互之间对赔偿提出请求权的时效期限为六个月,从受害人得知遭到损害之日起计算。

货物运输

第二百六十一条 国家机关、国营企业事业单位和集体组织的货物运输合同,应当根据对托运人和承运人双方都有约束力的运输计划订立。

运输计划外的货物运输合同,承运人与托运人应当按照有关规定订立。

第二百六十二条 承运人接受托运人托运的货物并签发运输凭证(货运单或提

货单），货物运输合同就认为成立。

第二百六十三条 按照货物运输合同，承运人应当将托运货物运送到指定的地点并交给收货人，托运人应当给付规定的运费。

第二百六十四条 托运人不按照合同规定的时间和数量交付托运货物，或者承运人不按照合同规定的时间、地点提供适于运输的运输工具，因而给对方造成损失的，都应当承担赔偿责任。

第二百六十五条 托运的货物按照规定应当包装的，托运人应当按照主管机关规定的标准包装；没有统一规定包装标准的，应当根据保证货物运输安全的原则进行包装。

没有按照前款规定进行包装的货物，承运人有权拒绝承运。

第二百六十六条 托运人托运危险货物，必须按照有关危险物品运输的规定办理。托运人隐瞒或者没有正确说明危险物品的性质，或者有其他违反危险物品运输规定的行为，因而给承运人或第三人造成损害的，应当承担赔偿责任。

托运人在托运的货物中夹带国家禁止运输或限制运输的物品，或者危险物品在运输途中发生危及运输安全情况的，承运人有权按照有关的运输规定处理。

第二百六十七条 承运人应当在合同规定的期限内将货送到指定的地点，并及时向收货人发出货物到达通知。承运人由于自己的过错没有按期将货物运到，因而给对方造成损失的，应当承担赔偿责任。

收货人接到提货通知后，应当按时提取；超过规定期限提货的，应当向承运人给付保管费用。

第二百六十八条 收货人在接受货物的时候，应当会同承运人进行交接验收；如果发现货物损坏或者与提货单不符，应当立即向承运人提出异议。收货人认为需要对货物进一步检验的，应当在合同规定的期限内向承运人提出建议。

收货人在接受货物的时候没有提出异议，或者在合同规定的期限内没有提出进一步检验的建议，即认为货物已经验收。

第二百六十九条 承运人在查找不到收货人或者收货人拒绝提取货物的时候，应当及时与托运人联系，并在合同规定的期限内对货物负责妥善保管。超过规定期限仍然无法交付的货物，承运人有权按照有关的运输规定处理。

第二百七十条 承运人对承运的货物，自接受的时候起到交付收货人为止，应当负责安全运输和妥善保管。承运的货物发生损坏、灭失、短少、污染，除法律、法令另有规定的以外，承运人应当按照下列原则承担赔偿责任：

（一）货物灭失、短少的，按照货物损失的实际价值赔偿；无法确定货物实际价值的，按照有关赔偿限额的规定赔偿；

（二）货物损坏、变质、污染的，按照货物损坏、变质、污染所减低的价值赔偿。

第二百七十一条 承运货物由于下列原因发生损坏、灭失、短少、变质、污染的，除法律、法令另有规定的以外，承运人不负赔偿责任：

（一）不可抗力；
（二）货物本身的自然性质；
（三）货物的合理损耗；
（四）托运人或收货人的过错。

第二百七十二条 两个或两个以上不同运输方式的承运人联合运输的货物发生损坏、灭失、短少、变质、污染的,应当由联合承运人承担连带责任,先由终点站（港）的承运人按照规定赔偿,再由终点站（港）的承运人向其他承运人追偿。

旅客运输

第二百七十三条 按照旅客运输合同,承运人应当将旅客和他的行李按时运送到目的地,旅客应当给付规定的运费。

第二百七十四条 承运人由于自己的过错使旅客没有按时到达目的地,给旅客造成直接经济损失的,应当承担赔偿责任。

第二百七十五条 旅客无票或者使用失效、伪造、涂改的客票搭乘运输工具,或者在随身携带的行李、包裹中夹带危险物品、禁运物品等,承运人有权依法处理。

第二百七十六条 承运人在运输过程中,有义务给旅客提供必要的生活服务;对遇险的旅客,应当尽力抢救;对发生急病或分娩的旅客,应当给必要的医疗和照顾;对老人、残废人、幼儿,应当给予必要的帮助。

第二百七十七条 旅客在运输过程中遭受伤害或死亡的,承运人如果不能证明损害是由于不可抗力或旅客本人的过错造成,应当承担责任。但是,旅客在航空运输中遭受伤害或死亡的,承运人只有在能证明其损害的发生是由于旅客本人的过错造成的时候,才能不负责任。

第二百七十八条 旅客托运的行李、包裹,承运人应当安全运送,妥善保管;发生损坏、灭失、短少、变质、污染的时候,除本法第二百七十一条规定的情形外,承运人应当承担赔偿责任。

第十三章 保 管

第二百七十九条 按照保管合同,保管人应当接收和保管好存货人交给他储存的货物,并在保管届满时完好地返还该货物,存货人应当给付规定的保管费。

第二百八十条 存货人应当向保管人提供必要的货物验收资料,否则,发生货物品种不符、数量短少、质量不符的情况,保管人不承担责任。

保管人对入库货物应当按照合同规定的包装外观、货物品种、数量和一般质量进行验收,如果发现不符合合同规定,应当及时通知存货人。保管人验收后发生货物品种不符、数量短少和质量不符的情况,由保管人承担责任。

第二百八十一条 储存货物的包装必须符合主管机关规定的标准,因包装不合标准造成货物损坏的,由存货人承担责任。

包装不牢固的货物或者整存零取的货物,需要保管人代为整修、改装或者重新包装的,存货人应当供给保管人必需的包装材料,并给付包装费用。

第二百八十二条　保管人对储存的货物,应当妥善保管和养护。因保管不善造成货物损坏、灭失、短少、变质、污染的,保管人应当承担赔偿责任。

由于不可抗力、货物的自然损耗或者由于存货人的过错造成储存货物损失的,保管人不承担赔偿责任。

第二百八十三条　易燃、易爆等危险货物和易腐货物的存货人,必须将货物的性质和预防危险的方法在合同中注明,并且提供必要的资料。存货人不履行该项义务因而造成他人货物毁损或人身伤亡的,应当承担赔偿责任。

第二百八十四条　存货人应当按照合同规定的期限提取货物,到期不提取的,保管人应当通知存货人提取,并对超过储存期限的货物加收保管费。

对于超过合同规定储存期限半年以上不取的货物,保管人有权报请有关机关批准后处理。

第二百八十五条　按照合同规定由保管人负责办理发运的货物,保管人应当按期办理发运。由于保管人的过错不能按期发货或者发错到货地点,因而造成收货人损失的,由保管人承担赔偿责任。

第二百八十六条　寄存人把日常生活用品或其他财物交给车站、旅馆、浴室和其他保管人保管所发生的保管关系,可以参照适用本章的有关规定。

第十四章　委托、信托、居间

委　托

第二百八十七条　按照委托合同,受托人应当以委托人的名义和费用办理委托事务。

第二百八十八条　受托人应当按照委托人的指示办理委托事务。

受托人确实为了委托人的利益,在不能事先同委托人商量的情况下,有权改变委托人的指示,但必须将变更情况及时报告委托人。

第二百八十九条　受托人应当按照委托人的要求,随时告知办理委托事务的情况;办理完毕,应将执行任务的全过程和处理结果告知委托人,并提交必要的证明文件。

第二百九十条　受托人因办理委托事务所得到的一切利益,应当及时转交给委托人。

受托人办理委托事务的时候,由于自己的过错给委托人造成损失的,应当承担赔偿责任。

第二百九十一条　委托人对于受托人在委托权限内进行的活动,必须承担责任;

对于受托人在委托权限外进行的活动,委托人只有在表示同意的时候,才承担责任。

第二百九十二条 委托人应当向受托人提供和补偿办理委托事务所必需的费用;约定报酬的,应当向完成委托任务的受托人给付报酬。

第二百九十三条 委托人或受托人有权随时终止委托关系。

在委托任务全部完成之前委托人终止委托关系或者因委托任务无法继续执行而终止委托关系的时候,委托人应当向受托人给付已完成部分的报酬和所支出的费用,如果受托人因此而受到损失,委托人应当承担赔偿责任。因受托人的过错而终止委托关系,并使委托人受到损失的,受托人应当承担赔偿责任。

第二百九十四条 因受托人死亡而终止委托关系的时候,受托人的继承人应当及时通知委托人,并采取必要措施保护委托人的利益。

作为受托人的法人,因被撤销而终止委托关系的时候,由清理机构承担前款规定的义务。

信 托

第二百九十五条 按照信托合同,信托人应当根据委托人的委托,以自己的名义为委托人办理购、销、寄售等事务,并收取手续费。

委托人可以是公民,也可以是法人。但信托人只能是经营信托业务的法人。

第二百九十六条 委托人交给信托人出售的物品,以及信托人为委托人购进的物品,都属于委托人所有。

信托人发现信托物品是赃物或是非法物品的时候,应当予以扣留,并报告有关机关处理。

第二百九十七条 委托人应当向完成出售物品或购进物品任务的信托人给付规定的手续费。信托合同经双方同意撤销的时候,委托人应当向信托人给付物品的保管费用以及其他必要的开支。

第二百九十八条 信托人应当选择对委托人最有利的条件履行信托义务;对于出售时增加的收益或者购进时节省的费用,按照主管机关有关规定的比例增收手续费。

第二百九十九条 信托物品的价格,不得高于物价管理机关规定的同类物品的价格;没有同类物品价值的,由双方议定公平合理的价格;特殊的物品按照专门估价确定。

信托人低于约定的价格出售物品,或者高于约定的价格购进物品的时候,应当取得委托人的同意。

第三百条 信托人接受寄售物品的时候,应当和委托人共同对物品进行检查,发现损坏或缺陷的,应当作出记录,并由双方签名盖章存证。

信托人保管的寄售物品发生损坏、灭失、短少、变质、污染的时候,适用本法第二百八十二条的有关规定。

第三百零一条　委托人接到信托人购进物品的通知后,应当及时验收。在委托人接受物品后,信托人的义务即行解除。

第三百零二条　委托人死亡、失踪或者丧失行为能力,以及作为委托人的法人撤销的时候,在信托人没有收到相应的通知以前,信托合同继续有效。

居　间

第三百零三条　居间是居间人为了使委托人与第三人之间发生财产关系而进行的介绍活动。

委托人与第三人的合同关系因居间活动而成立的时候,委托人应当向居间人给付约定的合理报酬。

第三百零四条　居间人应当是从事居间业务的法人,居间活动必须在法律、法令许可的范围内进行。

第三百零五条　居间人必须忠实于当事人的利益,如果有欺骗或显失公平的行为,委托人有权拒绝给付报酬并请求赔偿损失。

第十五章　社会服务

一般规定

第三百零六条　从事社会服务的单位和公民,应当按照规定和约定提供服务,接受服务的一方,应当配合完成服务工作,并给付报酬。

本章的规定适用于公用事业服务、文化知识服务和生活服务。

第三百零七条　服务单位和公民应当按照规定的标准收费。没有规定的,可以与接受服务的一方议定合理的报酬。

第三百零八条　社会服务工作应当保证质量。接受服务的一方发现服务质量低劣,不符合规定、约定或通常要求的,有权请求改进质量或者解除合同。

第三百零九条　接受服务的一方对于服务单位提供的场所和设备,应当爱护,不得污损;造成污损的,应当赔偿。

第三百一十条　任何单位和公民都不得以社会服务为名,经营有损社会主义道德和公民身心健康的非法活动。违反的,应当分别情况追究法律责任。

对于任何有损社会主义道德和公民身心健康的服务要求,服务单位和公民都应当拒绝。

特殊规定

第三百一十一条　医疗单位和医务人员对伤病员必须认真检查诊断,精心治疗护理,积极防止医疗事故。伤病员应当严格遵守医疗制度,主动配合治疗。

第三百一十二条　医疗单位的医务人员,由于严重不负责任,致使伤病员死亡、残废、组织器官损伤并累及功能障碍,或者发生病情加剧等不良后果,构成医疗事故的,医疗单位应当根据本法第三百四十七条的规定承担责任。

公民开业行医,须经主管机关核准。公民行医造成医疗事故的,由行医的公民承担责任。

第三百一十三条　公用事业服务单位,应当保证用户对水、电、气和卫生等设备的正常使用。公用事业服务单位由于自己的过错,使公用设施不能正常使用,给用户造成损失的,应当承担赔偿责任,用户损坏公用设施的,应当承担修理费用。

第三百一十四条　邮电通讯服务单位应当迅速、准确、安全地邮寄信件、物品、传递讯息。邮电通讯服务单位损坏、丢失邮寄物品,或者错译电码,传递失误,给用户造成损失的,应当承担赔偿责任。

第三百一十五条　旅游服务单位应当按照约定的旅游计划、条件提供交通、饮食、住宿、游览等综合性的服务。旅游服务单位未经旅客同意,擅自变更或解除约定,给旅客在旅途食宿上直接造成损失的,应当承担赔偿责任,如果已经收取定金,还应当如数退回定金。旅客未经旅游服务单位同意变更或解除约定的,无权请求服务单位退回定金。但是双方对定金另有约定的除外。

第三百一十六条　律师组织应当根据公民或法人的聘请或法院的指定,指派律师提供法律事务方面的服务。

律师与聘请人的意见发生分歧不能取得一致的时候,律师有权拒绝或辞去聘请;聘请人有权随时解除聘请,但应补偿律师所支出的必要费用。

第三百一十七条　公民以自己的知识、技术、劳动承担的文化知识服务和生活服务,应当与接受服务的一方,按照互相尊重、平等互利的原则,商定服务的内容、范围、期限和报酬。

第十六章　保　险

第三百一十八条　保险主要分为财产保险和人身保险。

第三百一十九条　保险关系,除法律另有规定外,应当根据合同确立。保险合同采用保险单等书面形式。

关于各种法定保险,由专门法规另行规定。

第三百二十条　按照保险合同,投保人应当向保险人交纳保险费,保险人应当向投保人承担经济损失的赔偿(财产保险)或者给付保险金(人身保险)。

第三百二十一条　财产保险的投保人,应当是被保险财产的所有人或经营管理人,或者是对这项财产有利害关系的人。

人身保险的投保人,应当是被保险人本人,或者是经被保险人同意的配偶、直系亲属和有抚养关系的人。

国家机关、企业、事业单位和社会团体,可以作为投保人,为它的成员投保人身保险。

第三百二十二条 保险人应当是中国人民保险公司,或其他办理保险业务的法人。

保险人可以将他所承担的保险责任的全部或一部向其他保险人进行再保险。再保险应当订立书面合同。

第三百二十三条 财产保险的保险人,在保险事故发生的时候,对于因保险事故造成的财产损失,在保险责任的范围内,向投保人承担赔偿责任,投保人因救护被保险财产而受到损失的,保险人也应当按照合同规定给予补偿。

人身保险的保险人,在保险事故发生或者约定期限届满的时候,承担给付保险金的义务。

第三百二十四条 投保人不按期交纳保险费的,保险人可以分别情况请求补交保险费和利息,或者按比例减少保险金额,或者终止合同。

第三百二十五条 人身保险的被保险人,可以在保险合同里指定一人或者数人为受益人。被保险人需要变更受益人的时候,应当书面通知保险人或者用遗嘱方式重新指定。

被保险人没有指定受益人,或者指定的受益人先于被保险人死亡后没有再指定受益人的,被保险人的继承人就成为受益人。没有受益人的保险金,按照无人继承的财产处理。

第三百二十六条 财产保险的投保人应当维护被保险财产的安全,保险人可以对被保险财产的安全情况进行检查,发现有危险情况,应当及时通知投保人加以消除。如果投保人没有采取措施消除危险,保险人对因此发生的事故所造成的损失,不承担赔偿责任,并有权解除合同。

第三百二十七条 投保人或受益人在保险事故发生的时候,应当采取防护措施,避免损失扩大,并及时将事故发生的情况通知保险人。

投保人或者受益人不履行上款的规定因而使损失扩大的,可以适当减轻保险人的赔偿责任。

第三百二十八条 财产保险的投保人将被保险财产转移给第三人的时候,按照合同的规定必须通知保险人的,应当及时通知。如果没有通知,保险人对发生保险事故造成的损失,不承担赔偿责任。

第三百二十九条 由于投保人的故意发生保险事故,造成保险财产损失的,保险人不负赔偿责任;由于投保人或受益人的故意,造成被保险人死亡、残废的,保险人不负给付保险金的责任。但对于与事故无关的受益人应得的保险金,保险人不得拒付。

第三百三十条 保险人与投保人之间支付保险金没有争议的,应当从收到投保人提出请求赔偿或者受益人提出请求给付的全部证件之日起,最迟在三个月内付清保险金;有争议的,从人民法院裁决生效之日起三个月内付清。如果延迟赔偿或给付,从满三个月的次日起,按银行规定的延期付款的利率加付利息。

第三百三十一条　人身保险的投保人或受益人从保险人取得人身保险金,不排除他们同时接受因劳动保险和社会福利所发给的款项,以及第三人给付的损害赔偿金。

第三百三十二条　被保险的财产以全部价值投保的,因发生保险事故遭到全部损失的时候,保险人应当向投保人偿付全部保险金额;以部分价值投保的,除合同另有规定外,应当根据损失情况按比例偿付。

第三百三十三条　保险合同签订的时候,如果保险事故已经发生,保险合同无效,保险人应当将保险费退给投保人,如果合同另有规定,依合同规定办理。但是投保人知道保险事故已经发生而故意隐瞒的,保险人有权不退还保险费。保险合同签订以后,如果发现投保人对决定保险事故发生的主要危险情况或对被保险人的疾病有隐瞒,保险人有权撤销合同。

第三百三十四条　被保险财产的损失应当由第三人承担责任的时候,投保人有权向第三人请求赔偿。如果投保人向保险人提出赔偿请求,保险人应当按照合同规定支付保险金额,同时取得向第三人追偿的权利。

第四编　侵权损害的责任

第一章　一般规定

第三百三十五条　公民和法人都有义务防止和避免社会主义公共财产或者公民的人身、财产遭受侵害。

第三百三十六条　公民在社会主义公共财产和他人的人身、财产遭受侵害或者有遭受侵害危险的时候,不顾个人安危,积极援救或者设法防止的,应当受到表扬或奖励。

公民因防止社会主义公共财产和他人的人身财产遭受侵害而使自己受到损失的,有关单位或者受益人应当给予补偿。

第三百三十七条　对社会主义公共财产或者公民的生命、健康、财产负有直接保护责任的人员,有条件防止损害而听任损害发生的,应当分别情况依法对他们追究责任。

第三百三十八条　公民和法人面临遭受侵害的严重危险的,有权要求造成危险的一方或者有关单位消除危险;必要的时候,还可以请求公安、司法机关给予保护。

第三百三十九条　公民和法人由于自己的过错对社会主义公共财产或者他人的人身、财产造成损害的,应当承担民事责任。

第三百四十条　两个或两个以上共同造成损害的人,教唆或者帮助造成损害的人,都是共同致害人,承担连带责任。

第三百四十一条 受害人对于损害的发生也有过错的时候,可以根据具体情况减轻或者免除致害人的责任。

第三百四十二条 因正当防卫造成损害的,不承担责任。但是,正当防卫超过必要限度,造成不应有的损害的。应当承担适当的责任。

第三百四十三条 因紧急避险造成损害的如果危险不是他所引起的,不承担赔偿责任。但是,超过必要限度造成损害的,应当承担适当的责任。

危险的发生如果是由第三人造成的,由造成危险的第三人承担责任。

第三百四十四条 损害责任的诉讼时效期限为一年,自受害人知道损害事实和致害人的时候起计算。但请求权自损害发生的时候起三年内没有行使的,不再受人民法院的保护。

第二章 特殊规定

第三百四十五条 无行为能力人和行为能力受限制的人造成的损害,由他们的父母、监护人或者有义务对他们进行监护的组织承担责任。但是,未成年人能够辨认自己行为的后果并且已有独立经济收入的,应当对自己造成的损害承担连带责任。

父母、监护人或实行监护的组织如果能够证明自己已经尽到了监护责任,可以酌情减轻或者免除他们的责任。

第三百四十六条 间歇性精神病人在精神病发作期间造成损害的,不承担责任。

有行为能力的人,因病一时处于不能控制自己行为或者不能辨认自己行为后果的状态中所造成的损害,不承担责任。但是因酗酒、服用麻醉品等使自己处于上述状态的,应当承担责任。

第三百四十七条 法人对它的工作人员在执行职务中由于过错造成的损害,应当承担责任。但法人承担责任后,可以向有过错的工作人员进行追偿。

第三百四十八条 国家工作人员利用职权故意使他人受到损害的,应当由工作人员本人承担责任。

第三百四十九条 国家工作人员强占、私分或者挥霍浪费公共财产的,除应当返还非法所得、赔偿损失外,还可以对他追究责任。

第三百五十条 公民的姓名权、名誉权、肖像权等人身权受到侵犯的时候,受害人有权要求停止侵害或者请示人民法院分别情况责令致害人立即停止侵害,并在相应范围内消除影响;受害人如果因此受到财产上的损失,还有权请求赔偿。

法人的名称、名誉、信用、商标等权利受到侵害的时候,适用前款的规定。

第三百五十一条 公民的宗教信仰、民族习惯受到非法侵害的时候,受害人有权请求排除侵害、消除影响,并对致害人追究责任。

第三百五十二条 从事高空、高压、易燃、易爆、剧毒、放射性等对周围环境有高度危险的作业而造成损害的,应当承担民事责任;如果能够证明损害是不可抗力或者受害人的故意造成的,可以不承担责任。

第三百五十三条 交通运输工具的驾驶人员,在执行职务中由于过错造成交通事故致人损害的,驾驶人员所在的单位应当承担赔偿责任。驾驶人员不是在执行职务中造成交通事故致人损害的,由本人承担责任。如果事故的发生完全或者部分由于受害人的过错造成的,驾驶人员和他的所在单位可以不负或少负责任。如果损害完全由第三人的过错造成,由第三人承担责任。

第三百五十四条 企业、事业单位违反国家规定的废气、废渣、废水、粉尘、放射性物质等的排放标准和噪音、震动、恶臭等的控制标准,造成污染环境,损害公民健康,危害生产建设事业或者破坏自然资源等后果的,应当承担民事责任。

对于有条件治理而没有在主管机关或人民法院规定期限内积极治理、消除污染的企业、事业单位,人民法院可以责令停产、停业治理或者搬迁。

第三百五十五条 违反规定,在生活居住区、水源保护区、名胜古迹、风景游览区、温泉、疗养区和自然保护区建立污染环境的企业、事业单位的,人民法院可以责令停产、停业或者搬迁,并赔偿损失。

第三百五十六条 任何单位或者个人毁坏森林、草原、破坏水土保持或者在自然保护区内非法狩猎,给公共财产和生态环境造成损害的,应当承担责任。

第三百五十七条 损坏国家重点保护的文物、古建筑、古墓葬、古遗址和风景游览区的公共设施的,应当负责修复或者折价赔偿,还可以对责任人员处以罚款。

第三百五十八条 在公共场所、道旁和通道上堆放物品或者挖坑凿洞、修缮、安装地下设施,没有设置明显标志和采取安全措施,造成人身、财产损害的,堆放人或施工单位应当承担责任。

第三百五十九条 建筑物或其他设施,由于设置或管理不善发生倒塌、脱落造成人身、财产损害的,它的所有人或管理人应当承担责任。

第三百六十条 饲养的动物造成他人人身、财产损害的,除损害是受害人故意引起的情形外,动物的所有人或管理人应当承担责任。

第三百六十一条 没有合法根据取得利益,而造成他人损害的,应当将所取得的利益返还给受损害的人,或者上交给国家。

取得利益的时候,虽有合法根据,但以后根据已经消失的(如法律行为被撤销),也应当返还所取得的利益。取得利益的人不知道没有合法根据,而所得的利益已不存在的时候,可以不负返还的责任。

第三章 赔偿的范围和方法

第三百六十二条 侵害社会主义公共财产或者个人财产,不能返还原物或恢复原状的,可以用质量相当的实物赔偿,也可以按照财产的实际价值折价赔偿。

第三百六十三条 损害他人身体健康或者造成他人死亡需要赔偿的,应当分别不同情况赔偿下列费用和损失：
（一）必要的医疗费用；
（二）误工的工资或者工分；
（三）残废者的生活补助费；
（四）死者的丧葬费和死者生前扶养的人的生活补助费；
（五）其他必需的费用。

第三百六十四条　受害人因医治伤病所需的假期以及伤害的程度都必须以医院诊断证明书为根据；需转院治疗的，应由原医院开具转院证明。

第三百六十五条　赔偿费和罚款，可以一次支付或者分期支付；也可以由工作单位分期扣付。

第三百六十六条　对于致害人的赔偿责任，人民法院可以根据损害发生的原因、给社会造成不良影响的程度、致害人的经济状况以及对待过错的态度等情况，适当减免。

第五编　智力成果权

第一章　通　则

第三百六十七条　劳动是一切有劳动能力的公民的光荣职责。从事体力劳动或者脑力劳动的工人、农民、知识分子，都是劳动人民。

第三百六十八条　公民从事智力活动取得成果的，享有智力成果权。

第三百六十九条　国家保护智力成果权不受侵犯。

第三百七十条　本编规定的智力成果权包括：
著作权、发现权、发明权以及技术革新和合理化建议权。

第二章　著作权

第三百七十一条　公民和法人对自己的文学、艺术和科学作品，享有著作权。

第三百七十二条　适用著作权的作品包括：
（一）文字作品：论著、创作、翻译、记述、改编、选编、译注等；
（二）口头作品：演讲、报告、说唱等；
（三）其他作品：乐谱、绘画、书法、雕塑、舞蹈、电影、摄影、录音、录像、地图、图表等。

第三百七十三条　著作人对自己的作品有权决定署真名、笔名或者不署名；有权保护自己作品的完整性，或者对它修改、收回。

第三百七十四条 作品被出版、复制、上演、制片或者以其他方式加以采用的,著作人有权获得相应的报酬。

对于特别优秀的作品,有关单位可以向著作人颁发奖金。

第三百七十五条 两人或两人以上合著作品的著作权,由合著人共同享有。合著人之间因著作权产生的相互关系,由他们自行商定。

第三百七十六条 学校、科学研究机构、出版单位或其他单位集体写作、编纂和创作的教材、辞书、丛书、文学、艺术、参考读物等作品,著作权由写作、编纂和创作的单位享有。

报纸、杂志的著作权,由编辑单位享有。

以上两款所列著作的各个著作人,如果没有别的协议,对自己独立写作的那部分作品享有著作权。

第三百七十七条 著作权归著作人终身享有。著作人死亡后,著作权归国家所有。但是在著作人死亡后,因出版或者用其他方式利用他的作品,按照规定应当付给的报酬,归著作人的继承人所有。

第三百七十八条 写作、编纂单位享有的著作权,有效期限为三十年。超过有效期限的,著作权归国家所有。

第三百七十九条 已经出版的作品译成其他文字,必须保持作品的原意,译著人对所译作品享有著作权。同一作品的不同译著人,享有独立的著作权。

出版翻译著作,应当标明原著人和译著人的真名或笔名,并给予译著人相应的报酬。

第三百八十条 下列行为是对著作权的侵害:

(一)剽窃他人作品,以自己的名义发表;

(二)作品已经出版、上演、放映或以其他方式采用,拒不付给报酬;

(三)未经著作人同意,将他的作品首次出版、上演、放映或以其他方式采用;

(四)未经著作人同意,将他的作品删节、修改出版发表;

(五)未经著作人同意,将他已经发表的作品翻印、复制出售;

(六)法律、法令规定的其他侵害著作权的行为。

著作权受到侵害的时候,著作权所有人有权请求排除侵害、恢复名誉、赔偿损失。

第三百八十一条 下列使用作品的情况,如果注明原著名称、原著人姓名和出处的,不是对著作权的侵害:

(一)将作品改编、转载、广播或编入教科书;

(二)将作品翻译、复制、摘译,供单位内部使用;

(三)不以营利为目的演出戏剧、音乐、舞蹈、曲艺或其他文艺作品;

(四)公开举办绘画、雕塑、书法或其他美术作品展览;

(五)在自己作品里少量引用他人著作中的文字、地图、乐谱、绘画、书法、照片、图表或其他材料供说明参考之用,并注明出处。

第三百八十二条 作品内容有下列情形之一的,不给予著作权,著作人还应当承担相应的法律责任:
(一)有煽动推翻人民民主专政政权和反对社会主义制度的内容;
(二)有淫秽、败坏社会主义道德的内容;
(三)有损害国家主权或泄露国家机密的内容;
(四)有法律、法令禁止的其他内容。

第三百八十三条 被判处徒刑的公民,对自己在服刑期间创作的有益于国家、人民的作品,享有著作权。

第三百八十四条 国家在必要的情况下,可以向著作人征购作品的著作权。

第三百八十五条 中华人民共和国公民对自己在国外首次发表的作品或存放在国外的作品享有著作权。

外国公民对自己在中华人民共和国首次发表的作品或存放的作品,享有与中国公民同等的著作权。

第三章 发现权、发明权

第三百八十六条 国家保护公民和法人的发现权、发明权以及技术革新和合理化建议权。

第三百八十七条 公民和法人的发现、发明,经国家主管机关审查合格的,授予发现证书、发明证书,并给予精神奖励或奖金。

第三百八十八条 两个或两个以上的人共同作出发现、发明的,共同获得精神奖励或奖金。奖金的分配由他们协商确定。

第三百八十九条 相同内容的发现、发明,精神奖励或奖金给予先提出的人;但是对后提出的人也可以给予适当的奖励。

第三百九十条 经国家奖励的发现、发明的成果,全国各单位都可以使用。

第三百九十一条 危害公共利益,违背社会主义道德风尚的发明,一律禁止利用。

第三百九十二条 因发现、发明取得报酬或奖金的权利,可以依法继承。

第三百九十三条 压制剽窃、封锁发现和发明或者故意歪曲、隐瞒发现和发明的科学价值的,应依法追究责任。

第三百九十四条 技术革新、合理化建议的奖励和保护,适用本章的有关规定。

第三百九十五条 国家保护传统的特种技艺,对献出绝技、秘方的公民,应当给予精神奖励或奖金。

第三百九十六条 被判处刑罚的公民,在服刑期间所作出的发现、发明、技术革新以及合理化建议,也适用本章的有关规定。

第三百九十七条 法人和公民对自己的发明、实用新型和外观设计申请专利的具体办法,由专门法规规定。

第六编 财产继承

第一章 通 则

第三百九十八条 国家保护公民个人财产的继承权。

财产继承实行权利与义务相一致、男女平等和养老育幼的原则;继承人之间应当发扬互让互助、和睦团结的精神。

第三百九十九条 继承依照法定方式进行;如果有遗嘱,依照遗嘱方式进行。

第四百条 遗产的范围,包括死者生前个人所有的财产和法律规定可以继承的其他合法权益。

遗产中如果有重要历史文物或机密的档案文件、物件,适宜于国家保存的,应当归国家所有。但是,有关国家机关应当给予适当报酬。此项报酬列入遗产。

死者生前使用的自留地、自留山、开荒地、宅基地,不得列入遗产;是否交给继承人使用,应当由死者所属集体组织决定。

第四百零一条 继承从被继承人死亡或者宣告死亡的时候开始。

第四百零二条 继承的地点,是死者生前的住所所在地。在死者最后住所不明等特殊情况下,也可以是主要遗产所在地。

第四百零三条 继承开始的时候,在继承地点的继承人应当负责通知不在继承地点的继承人和遗赠受领人,并保管遗产,但不得擅自处理。

继承开始的时候,在继承地点如果没有继承人,或者继承人无行为能力,或者继承人之间意见不一致,死者生前所在单位、所在基层组织或公证机关有权对遗产采取保全措施,并派人主持或者协助处理继承事务。

第四百零四条 继承人或遗赠受领人,应当在知道被继承人死亡后六个月内作出接受或者放弃继承或遗赠的表示。到期没有作出接受表示的,推定为放弃继承或遗赠。

第四百零五条 继承人对被继承人生前有谋夺财产、虐待遗弃、拒不承担扶养义务的,人民法院可以剥夺他的继承权。

第二章 法定继承

第四百零六条 死者的配偶、子女(包括非婚生子女、养子女)、父母(包括养父母)、兄弟姐妹、祖父母(包括外祖父母)都有继承权。

有相互扶养关系的继父母与继子女间有相互继承的权利。

子女在父亲死后出生的,也享有继承权。

丧失配偶的儿媳与公婆之间、丧失配偶的女婿与岳父母之间有扶养关系的,互有继承权。

第四百零七条 继承人按照下列顺序依次继承:

第一顺序:配偶、子女(包括非婚生子女、养子女)、父母(包括养父母)。

第二顺序:兄弟姐妹、祖父母(包括外祖父母)。

没有第一顺序继承人或者第一顺序继承人全部放弃或丧失继承权的时候,第二顺序继承人才能继承。

本法第四百零六条第二款、第四款的继承人适用第一顺序。

第四百零八条 同一顺序的各继承人继承财产的份额,应当根据他们对死者生前所尽扶养义务的多少和劳动能力的有无、强弱、经济状况的好坏等情况进行分配。

在有第一顺序继承人的情况下,第二顺序继承人中如果有人对死者尽了较多的扶养义务,应当在遗产中适当分给他们一部分。

第四百零九条 被继承人的子女先于被继承人死亡或者被宣告死亡,被继承人子女的晚辈直系亲属可以代位继承。

代位继承人只能继承他们的父母有权继承的遗产份额。

第四百一十条 对于法定继承人以外的受死者生前扶养的未成年人和无劳动能力的人,或者扶养过死者的人,应当在遗产中适当分给他们一部分。

第三章 遗嘱继承

第四百一十一条 公民可以用书面的或者口述的遗嘱,将遗产的一部或全部指定由法定继承人中的一人、数人或者由其他人继承。

第四百一十二条 遗嘱必须是遗嘱人的真实意思;在威胁、强迫或欺骗影响下所立的遗嘱和伪造、篡改的遗嘱一律无效。

第四百一十三条 书面遗嘱应当由遗嘱人亲自书写,注明时间、地点,并签名。遗嘱人不能书写的,可以由他人代写,并由遗嘱人和代写人签名,也可以经公证机关、所在单位或居住地基层组织证明。

第四百一十四条 口述遗嘱必须由两个或两个以上无利害关系的见证人证明。

遗嘱人也可以向公证机关、所在单位或者居住地基层组织口述遗嘱,由上述单位作出记录,并由上述单位和记录人签名后存证。

第四百一十五条 遗嘱内容不得违反国家法律、公共利益和社会主义道德。

遗嘱不得取消或减少法定继承人中的未成年人和无劳动能力人应得的继承份额。

第四百一十六条 遗嘱人可以变更或者撤销他所立的遗嘱,但必须按原立遗嘱的方式、程序进行。

遗　赠

第四百一十七条　公民可以用遗嘱将遗产的一部或全部遗赠给国家、集体组织、社会团体或个人。但是不得违反本法第四百一十五条的规定。

第四百一十八条　遗赠可以由遗赠人指定继承人执行,也可以由遗赠人所在单位或公证机关执行。

第四百一十九条　受赠人如果不接受遗赠,遗赠财产可以按法定方式继承。

第四百二十条　遗赠人如有债务,遗嘱执行人应当先清偿债务,然后将遗赠财产交给遗赠受领人。

第四章　"五保户"遗产和无人继承遗产的处理

第四百二十一条　"五保户"的遗产,除用于丧葬和清偿死者生前的债务外,其余部分,有遗嘱的,按遗嘱处理;没有遗嘱的,归所属集体组织所有。

"五保户"的亲友近邻对死者生前有过一定扶助的,可以从遗产中给予适当的照顾。

第四百二十二条　死者没有继承人,或者全部继承人放弃或者丧失继承权的时候,遗产归国家所有;如果死者是公社社员,遗产归所在集体组织所有。

居住在中华人民共和国境内的无国籍人死后财产无人继承的,依照前款的规定办理。

第五章　债务的清偿

第四百二十三条　继承人对被继承人生前个人所欠的债务,应当负责清偿,但以遗产的实际价值为限。

继承人有两个或两个以上的时候,根据各人继承遗产的多少,按比例分担债务。

第四百二十四条　遗产归国家或集体组织所有的时候,对死者的债务,由遗产接受单位按前条的规定负责清偿。

第六章　其他规定

第四百二十五条　法定继承人因犯罪被判处徒刑,除本法第四百零五条所列犯罪外,不影响他享有继承权;他的应继份额应当保留,由他的代理人或有关机关代为保管;被判处死刑已经执行的,由他的子女代位继承。

第四百二十六条　因犯罪被判处徒刑或死刑的人死亡后,他的遗产,也应当按照本编的规定处理。

中华人民共和国民法草案(第三稿)

全国人大常委会法制委员会民法起草小组　1981年7月31日

目　录

第一编　任务和基本原则
第二编　民事主体
　第一章　通　则
　第二章　公　民
　第三章　法　人
　第四章　作为民事主体的国家
　第五章　代　理
第三编　财产所有权
　第一章　通　则
　第二章　国家财产所有权
　第三章　集体组织财产所有权
　第四章　个人财产所有权
　第五章　共　有
　第六章　相邻关系
第四编　合　同
　第一章　通　则
　第二章　买　卖
　第三章　供　应
　第四章　农副产品收购
　第五章　赠　与
　第六章　借　贷
　第七章　信贷、结算
　第八章　借　用
　第九章　租　赁
　第十章　承　揽
　第十一章　基本建设工程包工

第十二章 运　输
第十三章 保　管
第十四章 委托、信托、居间
第十五章 社会服务
第十六章 联营、合伙
第十七章 保　险

第五编　智力成果
第一章 通　则
第二章 著作权
第三章 发现权、发明权

第六编　亲属、继承
第一章 亲　属
第二章 继承的一般规定
第三章 法定继承
第四章 遗嘱继承
第五章 遗　赠
第六章 "五保户"遗产和无人继承遗产的处理
第七章 债务的清偿
第八章 继承的特别规定

第七编　民事责任
第一章 通　则
第二章 确定责任的规定
第三章 承担责任的范围和方法

第八编　其他规定
第一章 期　限
第二章 诉讼时效
第三章 适用范围

第一编　任务和基本原则

第一条　中华人民共和国民法调整公民之间、国家机关之间、经济组织之间、事业单位之间、社会团体之间以及他们相互之间的财产关系和人身关系，保护他们的合法权益，维护社会经济秩序，发扬社会主义道德风尚，巩固和发展社会主义公有制，保障社会主义现代化建设的顺利进行，不断改善和提高公民的物质和精神生活。

第二条　社会主义制度是民事关系的基础，民事活动不得损害社会主义的根本利益。

第三条　民事活动必须遵守国家的法律、法令和社会主义道德准则。

第四条 社会主义商品经济受国民经济计划指导,任何经济活动都不得违背国家计划。

第五条 国家实行各尽所能、按劳分配的原则,保障公民有按自己劳动的数量和质量取得报酬的权利。

第六条 在民事活动中,实行平等互利和当事人权利义务一致的原则。

第七条 民事活动应当兼顾国家、集体和个人三方的利益。任何一方都不得非法损害他方的利益。

第八条 在民事活动中应当恪守信用,坚持社会主义互助协作的原则。

第二编 民事主体

第一章 通 则

第九条 依照法律规定,能够享受民事权利和承担民事义务的,都是民事主体。

第十条 公民、法人是民事主体。

国家在直接参加民事活动的时候,也是民事主体。

第十一条 民事主体的法律地位平等。

第二章 公 民

第十二条 具有中华人民共和国国籍的人,都是中国公民。

第十三条 公民从出生的时候起到死亡的时候止,都具有权利能力,可以享有民事权利和承担民事义务。

第十四条 公民的权利能力一律平等,除法律特别规定的以外,不受任何限制。

第十五条 在民事活动中,不同民族、种族、宗教信仰、性别、职业、职务的公民,应当互相尊重,平等对待,不得歧视。

第十六条 公民依法享有个人财产所有权、公共财产使用权、劳动报酬权、财产继承权和其他财产权利。

公民的生命健康权、人身自由权、姓名权、名誉权、肖像权、婚姻自主权、著作权、发现权、发明权、合理化建议权和其他人身权利受法律保护。

第十七条 公民有尊重他人合法权益的义务。

第十八条 公民敢于同坏人坏事作斗争,不顾个人安危见义勇为的,国家应当给予精神的或者物质的奖励。

第十九条 公民在社会主义公共财产或者他自己的合法权益受到侵犯的时候,有权向人民法院或者其他主管机关请求保护。

第二十条 年满十八岁的公民是成年人,具有行为能力,可以通过自己的行为取得民事权利和承担民事义务。

第二十一条 不满十八岁的公民是未成年人。

不满六岁的未成年人,是无行为能力人,由他们的父母或者负责教养的近亲属,或者其他监护人作为法定代理人,代理进行民事活动。

六岁以上不满十八岁的未成年人,是行为能力受限制的人。他们可以进行日常生活需要的民事活动;其他民事活动,应当由他们的法定代理人代理,或者征得法定代理人的同意。

第二十二条 十六岁以上不满十八岁的未成年人,已经参加工作并有劳动收入的,可以视为有行为能力人。

第二十三条 对于精神病患者或者其他精神失常不能独立处理自己事务的人,经利害关系人申请,人民法院在查明事实后,可以宣告为无行为能力人,并对他设置监护人。

间歇性精神病人,如果没有被宣告为无行为能力人,在他精神正常的时候,可以进行民事活动。

第二十四条 无行为能力人所进行的民事活动,行为能力受限制的人所进行的依法不能独立进行的民事活动,以及行为人在神志不清不能辨认自己行为后果的情况下所进行的民事活动,都不发生法律效力。

第二十五条 被宣告为无行为能力的人,应当由他的配偶、父母、子女或者其他近亲属担任监护人;没有近亲属或者近亲属不宜作监护人的,人民法院可以指定被宣告为无行为能力人的所属单位或者其他人担任监护人。

监护人应当保护被监护人的健康、财产和其他合法权益。

第二十六条 对于被宣告为无行为能力的人,在他精神恢复正常,并能独立处理自己事务的时候,经本人或者利害关系人申请,人民法院在查明属实后,应当宣告他恢复行为能力,并撤销对他的监护。

第二十七条 公民以他的经常居住地为住所。

被监护人以监护人的住所为住所。

第二十八条 公民离开自己的住所没有任何消息满一年的,经利害关系人申请,人民法院在查明事实后,可以宣告他为失踪人。

失踪人的财产应当由失踪人的配偶、父母、子女或者由其他近亲属代管;没有近亲属的,由人民法院指定的人代管。失踪人负担的扶养费,所欠的债务,以及因管理失踪人的财产所必需的费用,从失踪人的财产中支付。

第二十九条 公民有下列情况之一的,经利害关系人申请,由人民法院依照审判程序宣告死亡:

(一)离开自己住所,没有任何消息满四年的;

(二)因遇危险事故而失踪,从危险事故发生之日起满二年的;

（三）因军事行动而失踪，从军事行动结束之日起满三年的；

（四）因遇危险事故或者军事行动而失踪，根据已知情况能够推定他已经死亡，从危险事故发生或者军事行动结束之日起满一年的。

人民法院宣告的死亡日期，视为失踪人死亡的日期。

第三十条　被宣告死亡的人生还，或者有人确知他下落的时候，经本人或者利害关系人申请，人民法院应当撤销对他的死亡宣告。

被撤销死亡宣告的人，要求返还财产的时候，如果他的财产已由公民无偿取得，应当返还现在存在的财产；如果他的财产已由国家或者集体组织无偿接收，原物存在的，应当返还原物，原物不存在的，应当给予适当的补偿。

第三章　法　人

第三十一条　具有一定的组织机构和独立的财产、能够以自己的名义进行民事活动、享受民事权利和承担民事义务、依照法定程序成立的组织，都是法人。

第三十二条　法人的种类如下：

（一）有独立预算的国家机关和事业单位；

（二）实行独立核算的国营企业；

（三）享有财产所有权和独立核算的人民公社、生产大队、生产队，以及独立核算的社队企业、独立预算的社队事业单位；

（四）实行独立核算的城镇集体企业和其他合作社组织；

（五）有独立经费的社会团体；

（六）符合法人条件的其他组织。

第三十三条　国家机关和直接依照法律、法令成立的其他组织，自成立之日起，即具有法人资格。

依法必须经过核准、登记的组织，只有完成登记手续后，才取得法人资格。

没有取得法人资格的组织，不得以自己的名义进行民事活动。

第三十四条　法人应当具有特定的名称、固定的住所和组织条例或者章程。

法人的常设机关所在地就是法人的住所地。

第三十五条　法人的权利能力和行为能力，从法人成立的时候开始，到撤销或者解散的时候终止。

第三十六条　法人必须在法律、法令规定或者主管机关批准的业务范围内，开展业务活动，并承担对国家、社会应尽的义务。

第三十七条　法人的对外活动，由它的负责人代表进行。

法人对它的负责人和其他工作人员在权限范围内的活动，承担责任。

第三十八条　法人的名称、住所、荣誉、发明、发现、著作、专利和商标等权利，受法律保护。

没有法律、法令的根据和主管机关批准,任何单位和个人不得擅自向法人摊派费用,抽调物资,调用人员。

第三十九条 法人的合并、分立、转产、解散或者其他重大变更,应当根据主管机关的决定,或者按照组织条例、章程经职工(社员、会员)大会或者代表大会决议,由主管机关批准或者登记后,按法定程序公告。

第四十条 法人发生合并、分立或者其他组织变更的时候,它的权利义务,除法律、法令另有规定的以外,应当由合并、分立或者其他组织变更后的法人接受。

第四十一条 法人清偿债务的时候,以自己所有的或者经营管理的财产为限。

第四十二条 法人由于下列原因消灭:
(一)依照法律、法令或者主管机关的决定撤销;
(二)法人的任务已经完成;
(三)法人的行为严重违反法律或者社会公共利益,经登记机关撤销登记或者人民法院宣告解散;
(四)经职工(社员、会员)大会或者代表大会决议,并经主管机关批准解散;
(五)其他原因。

第四十三条 法人消灭后,应当由主管机关指定专人或者成立清理组织,在主管机关的监督下,对法人的财产和债务进行清理。

法人消灭后的债务清偿,应当按照职工工资、银行贷款、国家税收、其他债务的顺序依次进行。

第四十四条 在我国设立的外国法人,以及外国法人在我国设立的办事机构,必须依照我国有关法律、法令的规定,并依照法定程序,经我国政府有关机关批准、登记,才能进行民事活动。

第四章 作为民事主体的国家

第四十五条 国家是特殊的民事主体,代表全国人民的利益进行民事活动。

国家进行民事活动的范围,由法律规定。

第四十六条 国家在民事活动中享有除专属公民、法人以外的一切民事权利,并承担相应的民事义务。

第四十七条 中华人民共和国是全部国家财产的唯一所有人。

国家授权国家机关、企业、事业单位经营管理国家财产,并且规定他们行使经营管理权的范围。

第四十八条 国家以国库财产进行民事活动,承担财产责任。

国家对作为法人的国家机关、企业、事业单位的债务,不承担责任。

第四十九条 国家机关在法律、法令规定和特别授权的情况下,可以用国家的名义进行民事活动。

第五章 代 理

第五十条 公民、法人或者作为民事主体的国家,都可以通过代理人进行民事活动。

代理人在代理权限内,以被代理人的名义进行的民事活动,直接对被代理人发生效力。

第五十一条 代理人依照被代理人的委托(委托代理),或者根据法律规定(法定代理)或者由人民法院、主管机关指定(指定代理)行使代理权。

第五十二条 被代理人委托数人共同代理的时候,除被代理人另有表示外,代理人应当共同负责。

第五十三条 指定代理、公民之间的委托代理,可以用书面形式,也可以用口头形式。

法人和法人、法人和公民之间的委托代理,必须用书面形式。

第五十四条 委托书或者指定书应当载明代理人的姓名、代理的事项、权限、有效期限和委托或者指定的日期,并且由被代理人或者指定机关签名或者盖章。

法律、法令规定需要公证的委托书,必须经公证机关公证。

第五十五条 没有代理权、超越代理权或者代理权消灭后的代理活动,只有经过被代理人的追认,才能对被代理人发生效力。

未经追认的代理活动所造成的损害,由进行代理活动的人承担赔偿责任。

第五十六条 代理人为了保护被代理人的利益,需要转托第三人再代理的时候,应当事先取得被代理人的同意;如果不能事先取得被代理人同意,应当在事后及时通知被代理人,并对再代理人的行为承担责任。

第五十七条 代理人不得以被代理人的名义同自己或者同自己所代理的其他人订立合同,或者实施其他法律行为。

第五十八条 委托代理和指定代理因下列情况而终止:

(一)代理期限届满或者代理任务已经完成;

(二)被代理人取消委托、代理人辞去委托或者指定代理的机关取消指定;

(三)被代理人或者代理人死亡,或者代理人丧失行为能力;

(四)作为被代理人或者代理人的法人解散。

第五十九条 法定代理因下列情况而终止:

(一)被代理人取得或者恢复行为能力;

(二)代理人和被代理人之间的亲属关系或者监护关系已经不存在。

第三编　财产所有权

第一章　通　则

第六十条　财产所有人在法律、法令规定的范围内,对他的财产享有占有、使用、处分的权利。

第六十一条　国家保护下列财产所有权:

国家财产所有权;

劳动群众集体组织财产所有权;

个人财产所有权。

第六十二条　国家保护文化团体、宗教团体和其他社会团体的合法财产。

第六十三条　财产所有权的取得,必须符合法律、法令的规定。

依照合同或者其他合法方式取得财产的,除法律、法令另有规定或者当事人另有约定的以外,财产所有权自财产交付的时候起转移。

第六十四条　使用和经营管理他人财产的收益,除法律、法令或者合同另有规定的以外,归财产所有人所有。

第六十五条　使用人经财产所有人同意在所使用的财产上增添的附加物,归使用人所有。在返还财产的时候,能够拆除的,使用人有权拆除,但是应当恢复财产原状;不能拆除的,可以折价归财产所有人所有。

第六十六条　财产所有权发生争议的,由人民法院予以确认。

财产所有权受到非法侵犯的时候,所有人或者经营管理人有权向人民法院提起诉讼。

第六十七条　社会主义公共财产受到非法侵犯的时候,任何人都有权向司法机关或者其他有关机关检举控告;人民检察机关有权向人民法院提起公诉。

第六十八条　对于侵犯财产所有权的行为,不论是否追究行政责任或者刑事责任,都应当追究民事责任。

第六十九条　行使所有权,必须符合环境保护和生态平衡的要求;不得妨害社会公共利益和公民的合法权益。

行使所有权,不得破坏名胜古迹、国家规定的风景区、游览区、自然保护区和依法保护的寺庙以及其他宗教建筑。

为了保护公共利益和公民健康,国家可以对所有权的行使进行必要的限制。

第七十条　营造山林,兴建农田水利,开垦滩涂荒地,使用草原、草场,修造建筑物,以及从事其他事业,都不得破坏自然资源和国家工程设施。

严格保护草原、草场,禁止擅自开垦耕种。

违反前两款规定的,应当追究法律责任。

第七十一条 国家禁止非法租赁、转让、买卖或者变相买卖土地。

第七十二条 为了公共利益的需要,国家可以按照法律、法令规定的条件和程序,本着节约、专用的原则,对土地实行征购、征用或者收归国有。

征购、征用土地虽然手续合法,但征地过多或者征而不用的,应当将多征或者不用部分交给原土地所有人使用。

征购、征用土地必须按照国家规定给付补偿;土地所有人不得另提条件,妨碍国家建设的进行。

第七十三条 非经主管机关批准,任何单位和个人都不得强行占用土地;违反的,应当责令退还并追究法律责任。

第七十四条 没有所有人或者所有人不明的财产是无主财产。无主财产归国家所有。

第七十五条 所有人不明的埋藏物和隐藏物,归国家所有。埋藏物和隐藏物的发现人把所发现的财物交给国家的,有关机关应当给发现人以适当的精神奖励或者物质奖励。

第七十六条 拾得遗失物的人,应当把拾得物如数交还失主,如果失主不明,应当交给公安机关或者有关单位;因保管遗失物而支付的费用,失主应当如数偿还。

拾得物经公安机关或者有关单位公告招领满六个月无人认领的,归国家所有。

第七十七条 拾得漂流物和失散的饲养动物,适用前条的规定。

第七十八条 违反本法第七十五条、第七十六条、第七十七条的规定,不把财物交出据为己有的,视为对他人财产的非法占有。

第二章 国家财产所有权

第七十九条 国家财产是社会主义全民所有的财产。国家财产所有权属于中华人民共和国。

第八十条 国家财产包括:

(一)国家所有的土地、矿藏、水流、森林、草原、荒地、滩涂和其他海陆自然资源;矿藏、水流属于国家专有;

(二)国家所有的银行、铁路、公路、工厂、商店、电站、水库、农场、林场、渔场、牧场以及交通、运输、邮电、建筑等企业和其他企业;

(三)国家所有的建筑物和军事、文化、教育、卫生、科学、体育等设施;

(四)国家所有的历史文物、古建筑、古墓葬、古遗址;

(五)国家在国外的财产;

(六)不能证实属于个人或者集体所有的财产;

(七)国家所有的其他财产。

第八十一条　国家机关、国营企业和事业单位在国家授权的范围内,对它经营管理的国家财产行使占有、使用、处分的权利。

第八十二条　国营企业和事业单位,对它所经营管理的固定资产,非经国家主管机关批准,不得出卖、出租或者转让。

第八十三条　矿藏和森林等国家资源的开发利用,必须依照法律、法令规定,经主管机关批准,有计划有组织地进行。擅自开采矿藏、砍伐森林等破坏国家资源的,必须追究法律责任。

第八十四条　国家所有的小面积的荒山、荒地、沙地、滩涂、水面等,经县以上人民政府批准,可以无偿或者有偿地交给集体组织或者社员使用,所有权仍属国家,收益归集体组织或者社员所有。

第八十五条　下列行为是侵犯国家财产所有权的行为：

(一)侵占、哄抢、损毁国家财产;

(二)违反财经纪律,挥霍浪费,请客送礼,吃请受贿,私分产品和财物;

(三)违反国家规定,挪用公款,滥发奖金或者补贴;

(四)违反国家规定,擅自减税、免税,挪用挤占应当上缴国库的财政收入;

(五)玩忽职守,不负责任,瞎指挥,给国家财产造成损失;

(六)其他侵犯国家财产的行为。

为骗取荣誉和信任,弄虚作假,给国家财产造成损失的,视为侵犯国家财产所有权的行为。

第三章　集体组织财产所有权

第八十六条　集体组织财产是社会主义劳动群众集体所有的财产。

集体组织财产所有权属于劳动群众的集体组织。

第八十七条　集体组织的财产包括：

(一)集体组织所有的土地、山林、草原、草场、滩涂、水面和农田水利设施;

(二)集体组织所有的工厂、商店、电站、水库、仓库、农场、林场、渔场、牧场以及交通、运输、建筑等企业和其他企业;

(三)集体组织所有的建筑物和文化、教育、卫生、科学、体育等设施;

(四)国家无偿拨归集体组织所有的财产;

(五)集体组织合法取得的其他财产。

第八十八条　集体组织土地所有权不包括地下矿藏。

第八十九条　人民公社、生产大队、生产队包给社员的耕地和分配给社员使用的自留地(自留山)、宅基地的所有权,仍属该集体组织。

第九十条　包给社员的耕地和分配给社员的自留地(自留山),社员只能用于农业生产,不准擅自用于建房、葬坟,以及开矿等非农业生产。

第九十一条　集体组织行使所有权,必须按照法律、法令的规定,接受国家计划的指导,不得利用自己所有的财产进行损害国家和他人利益的活动。

第九十二条　下列行为是侵犯集体财产所有权的行为:
(一)侵占、哄抢、损毁集体财产;
(二)对集体组织的财产无偿占有,克扣挪用;
(三)不符合法定手续的征用、征购和收归国有;
(四)向集体组织非法摊派、征收各种费用;
(五)挥霍浪费集体财物,或者违反制度用集体财物请客送礼;
(六)社员违反规定,任意扩大自留地(自留山)、宅基地;
(七)其他非法侵犯集体财产的行为。

无偿抽调集体组织的劳力或者虚报所属集体组织的产量,给集体组织造成损失的,视为侵犯集体组织财产所有权的行为。

第四章　个人财产所有权

第九十三条　个人财产是公民个人通过劳动或者其他合法方式取得的财产。
个人财产所有权属于公民个人。

第九十四条　个人财产包括:
(一)公民的劳动收入,经营自留地(自留山)、家庭副业所得的收益;
(二)公民自有的房屋、储蓄和生活用品;
(三)公民自有的竹木、果树、家禽和牲畜;
(四)公民自有自用的农具、工具;
(五)公民自有的文物、图书资料;
(六)公民所得的侨汇、外汇和继承、受赠的财产以及其他合法收入;
(七)公民依法从事生产经营活动或者从事社会服务事业的生产资料、产品和收入。

第九十五条　国家保护公民个人财产不受侵犯。任何单位或者个人,都不得非法冻结、查封、没收或者侵占公民的个人财产。

第九十六条　公民所有的房屋,因公共建设需要拆迁的时候,必须经县以上人民政府批准。建设单位对于迁出住房的公民要进行妥善安置,给予相当的补偿。限期迁出的公民没有正当理由不得拒绝搬迁。

第九十七条　公民在法律、法令许可的范围内,可以用个人财产从事有益社会的生产经营活动和其他社会事业。

第九十八条　严禁利用个人财产进行投机倒把、放高利贷,或者从事其他破坏社会经济秩序、违背社会主义道德准则的活动。

第五章 共 有

第九十九条 财产可以由两个以上的公民或者法人共有。

共有分为按份共有和共同共有。

第一百条 按份共有人分别按照各自所有的份额,对共有财产享有权利、承担义务。

第一百零一条 按份共有人使用和处分共有财产的时候,有协议的,按照协议办理;没有协议的,应当通过协商取得一致意见。意见不一致的时候,按照拥有财产份额一半以上的共有人的意见办理,但不得损害其他共有人的利益。

第一百零二条 按份共有人对于自己的财产份额,有权转让和要求分割。

按份共有人在出卖他的财产份额的时候,必须通知其他共有人。其他共有人接到通知后一个月内,在同等条件下有优先购买权。

违反前款规定的,其他共有人在二个月之内有权向人民法院提起诉讼。

第一百零三条 每个共同共有人对于全部共同共有财产,享有权利和承担义务。

第一百零四条 对于共同共有财产的使用、处分或者分割,除法律、法令另有规定或者共同共有人另有约定的以外,必须取得全体共有人的同意。

第一百零五条 家庭积累、购置、受赠的财产,家庭成员交给家庭的财产和共同生活期间共同劳动的收入,是家庭共有财产。

家庭共有财产,归家庭成员共同共有。

第一百零六条 家庭成员在分家析产的时候,应当本着团结和睦、互助互让的精神协商处理。意见不一致的时候,由人民调解委员会或者人民法院根据共有人对家庭贡献大小、经济状况、每个人的生产和生活需要,确定各自应得的财产份额;对于幼小、老、弱、病、残应当给予优先照顾。

第一百零七条 共有人对共有财产进行分割的时候,对不能分割或者分割后会降低或者损害使用价值的财产,应当作价分割。

第六章 相邻关系

第一百零八条 相邻各方对土地、草原、草场、山林、水利、管线、道路、建筑物、聚居宅院等,在行使所有权或者使用权的时候,应当按照有利于生产、互助团结的原则,正确处理相邻关系,不得只顾自己的利益,妨碍公共利益和邻人的合法权益。

第一百零九条 相邻各方在使用土地、草原、草场、山林、水面、河道、道路、宅基地等的时候,因地界不清发生争议的,除涉及行政区划外,应当在主管机关主持下,参照历史和现实的情况,互谅互让,协商解决;协商不成的,由人民法院裁决。

第一百一十条 相邻各方共同使用的道路、桥梁、渡口、堤堰、凉亭、界墙等,由相邻各方共同养护。

第一百一十一条　相邻一方因修建房屋、架设电线、埋设管道等,必须使用他方土地的,他方应当允许。但使用土地的一方,应当于事后清理现场,恢复原状;因此造成他方损失的,应当给予适当的补偿。

第一百一十二条　相邻一方因建筑物别无其他通道,或者土地在邻人的土地包围之中,必须通过邻人土地的,邻人应当允许。如果因此造成他方损失需要给予补偿的,由双方协商解决。

第一百一十三条　对于历史形成的通道,土地的所有人或者使用人不得任意堵塞、妨碍邻人的正常通行。如果必须改道,应当征得邻人的同意。

第一百一十四条　牧区的相邻一方,因自然灾害或者季节性的放牧需要,必须到他方使用草原、草场的,应当按照自愿、互利的原则,协商解决;协商不成的,由主管机关决定。

第一百一十五条　相邻各方对于自然流水的利用,应当合理分配。如果一方擅自堵截,影响他方使用,他方有权请求拆除。

第一百一十六条　相邻各方对于自然流水的排放,应当尊重自然形成的流向。一方需要改变流向,影响他方利益的时候,应当征得他方的同意,并对由此造成的损失,给予适当的补偿。

第一百一十七条　相邻的一方不得使自己的建筑物的滴水,直接注泻于邻人的建筑物上。

第一百一十八条　修建厕所、堆放腐烂物、放射性物、有毒物和垃圾等,应当注意与邻人生活居住的建筑物保持适当的距离,或者采取相应的防护措施。

挖坑、埋设管道等不得危害邻人的建筑物。

第一百一十九条　企业、事业单位排放废水、废渣、废气影响邻人生产、生活的,邻人有权提请环境保护机关或者有关机关依法处理。受到损失的,有权请求赔偿。

第一百二十条　建筑施工、地质勘探、科学实验等单位,在进行临时作业过程中,应当尽可能地减少对周围邻人生产、生活的影响。作业完毕后,应当对原来的道路、场地、水源、树木等,负责整修、平复、重新栽培;造成损失的,应当给予赔偿。

第一百二十一条　相邻的一方以高音、喧嚣、震动妨碍邻人的工作、生活、休息,经劝阻不听的,视为侵犯他人合法权益的行为。

第四编 合同

第一章 通则

一般规定

第一百二十二条 合同是当事人之间确定、变更、终止民事权利义务关系的意思表示一致的法律行为。

第一百二十三条 合同可以用书面形式订立，也可以用口头或者其他形式订立；法律规定必须用书面形式的，只有用书面形式，才有法律效力。

第一百二十四条 合同的内容，不得违反法律、法令和国家计划的要求，不得与社会公共利益或者社会主义道德准则相抵触。

第一百二十五条 当事人应当平等协商订立合同，任何一方不得把自己的意志强加给对方，任何组织和个人不得非法干预。

第一百二十六条 当事人应当发扬互助协作精神，严格履行合同规定的义务。如果发生纠纷，应当及时协商解决；协商不成，由仲裁机关或者人民法院解决。

合同的订立

第一百二十七条 当事人双方就合同的主要条款达成协议，合同即为成立。

根据法律、法令规定或者按照合同性质必须具备的条款，以及当事人任何一方要求必须规定的条款，都是合同的主要条款。

第一百二十八条 法律、法令规定合同需要鉴证、公证、第三人证明或者在有关机关核准登记的，必须履行法定手续，合同才能生效。

第一百二十九条 用口头或者通过电话等直接表达的方式作出订立合同提议的，如果对方没有立即作出相应的答复，或者没有按照约定期限作出答复，提议订立合同的一方不再受提议的约束。

第一百三十条 用书信或者电报的方式作出订立合同的提议，同时指明等待答复的期限的，对方应当在期限届满以前作出答复；如果没有指明期限，应当及时作出答复。

接受订立合同提议的答复虽然及时发出，但因送达迟误而超过期限的，提议的一方应当即时将逾期收到答复的情况通知对方，否则认为提议已被接受。

改变订立合同提议的答复，或者超过期限的答复，应当看做是对方作出的新的订立合同的提议。

第一百三十一条 为执行国家指令性计划，有关经济组织之间必须订立合同的，任何一方都有权请求对方订立合同。如果一方拒绝订立合同或者发生其他争议，另一方有权请求上级主管机关或者仲裁机关解决。

第一百三十二条　合同一般应当具备以下条款：

（一）标的（即民事活动要达到的目的，如交付财产、提供劳务、完成工作等）；

（二）数量和质量；

（三）价款或者酬金；

（四）履行的期限和地点；

（五）有关违约责任的规定。

第一百三十三条　违反法律、法令规定的或者有意逃避法律、法令约束的合同，没有法律效力。

第一百三十四条　一方采取欺骗、威吓、与他人恶意串通的手段，或者乘人急需使对方违背本人意志所订立的合同，可以根据受害一方或者有关单位的起诉宣布无效。

第一百三十五条　无效的合同，从订立的时候起，就没有法律效力。

确认合同部分无效的，如果不影响其余部分的效力，其余部分仍然有效。

第一百三十六条　合同被确认无效后，当事人根据该合同所取得的财产，应当返还给对方。有过错的一方应当赔偿对方因此所受的损失；如果双方都有过错，各自承担相应的责任。

第一百三十七条　合同显然违反国家利益和社会公共利益，如果双方都是故意的，应当追缴双方已经取得或者约定取得的财产，归国家所有；如果只有一方是故意的，故意的一方应当将所取得的财产返还对方，非故意的一方已经从对方取得或者约定取得的财产，收归国家所有。

第一百三十八条　当事人可以约定以将来某种事件是否发生作为合同权利义务产生或者消灭的条件，但是不得为自己的利益以不正当手段促使或者阻碍条件的形成。

第一百三十九条　禁止订立假合同、倒卖合同以及利用合同进行投机倒把等非法活动；违反的，应当分别情况追究法律责任。

合同的履行

第一百四十条　合同一经订立，双方当事人都必须严格按照合同规定，全面履行自己的义务。

第一百四十一条　合同中有关质量、期限、地点和价款规定不明确，在履行中发生争议的，适用下列规定。

质量要求不明确的，按照同类物品或者同类劳务的中等质量标准履行。

履行期限不明确的，当事人任何一方都可以随时向对方履行义务，也可以随时请求对方履行义务，但是应当给对方必要的准备时间。

履行地点不明确的，如果合同的标的是交付建筑物，在建筑物所在地履行；如果是给付货币,在接受给付一方的所在地履行;其他标的在履行义务一方的所在地履行。

价款不明确的,按照物价管理机关或者劳动管理机关的规定履行;没有规定的,参照同类物品的价格或者同类劳务的报酬履行。

第一百四十二条 用货币履行义务,除法律、法令另有规定的以外,必须用人民币计算和给付。

法人之间用货币履行义务,除按照国家规定可以使用现金履行的以外,必须通过银行、信用合作社或者其他合法的金融机构办理转账结算。

第一百四十三条 当事人一方有两人以上的时候,如果合同标的是可分的,每个当事人就各自的财产份额取得相应的请求权,或者承担相应的清偿义务。但法律、法令或者合同另有规定的除外。

第一百四十四条 根据法律、法令或者合同的规定,两个以上的人享有连带权利的,任何一人都有权请求对方履行部分或者全部义务;其中一人接受履行部分或者全部义务后,其他连带权利人的请求权即部分或者全部消灭。

接受履行部分或者全部义务的人,应当偿付其他连带权利人各自应得的份额。

第一百四十五条 根据法律、法令或者合同的规定,两个以上的人负有连带义务的,有请求权的一方可以向其中任何一人请求履行部分或者全部义务。其中一人履行部分或者全部义务后,其他连带义务人的义务即部分或者全部解除。

履行了部分或者全部义务的人,有权向其他负有连带义务的人请求偿付他们各自应当承担的份额。

第一百四十六条 有履行义务的一方因对方下落不明而无法履行,或者对方没有正当理由拒绝接受履行的时候,经公证机关证明或者人民法院裁定,可以将履行的标的物向有关主管机关提存。提存费用由对方负担。标的物提存后,合同义务即认为已经履行。

合同的担保

第一百四十七条 担保是法律、法令规定的或者当事人协商确定的保证合同履行的办法。

第一百四十八条 保证人是保证当事人一方履行合同的第三人。被保证的当事人不履行合同的时候,保证人和被保证人一起承担连带责任。

保证人有两人以上的,他们应当共同承担连带责任。

保证人履行合同以后,有权向被保证人请求偿还。

第一百四十九条 定金是当事人一方为保证履行合同向对方给付的金额。合同履行后,定金应当收回,或者抵作价款。

给付定金的一方不履行合同,无权请求返还定金;接受定金的一方不履行合同的,应当返还定金,并依照本法第一百五十八条的规定承担责任。

第一百五十条 当事人一方依照合同规定,保管对方的财物或者接受来料加工,在对方不按期或者不如数给付保管费、加工费的时候,有权留置他的财物。不履行合同超过六个月的,保管人或者加工人在法律、法令许可的范围内,可以变卖留置的财物,从价款中优先清偿。

第一百五十一条 抵押是当事人一方或者第三人为履行合同向对方提供的财产保证。负有义务的一方不履行义务的时候,抵押权人在法律、法令许可的范围内,可以从变卖抵押物所得的价款中优先得到清偿。变卖抵押物的价款,不足给付应当清偿的数额的,抵押权人有权向负有清偿义务的一方请求给付不足的部分。

法律、法令禁止流通和禁止强制执行的财产,都不得作为抵押物。

经当事人双方同意,抵押物可以交由抵押权人保管,也可以由提供抵押物的人自己保管。抵押权人由于保管不善造成抵押物损坏或者灭失的,应当负赔偿责任。

合同的变更和解除

第一百五十二条 当事人双方经过协商一致,可以变更或者解除合同,但不得因此影响国家计划的执行。

因变更或者解除合同使一方造成损失的,由提出变更或者解除合同的一方承担赔偿责任。

第一百五十三条 根据国家指令性计划订立的合同,如果当事人需要变更或者解除,必须报请计划主管机关批准。

第一百五十四条 由于国家计划的调整而变更或者解除合同的时候,当事人一方或者双方因此遭受的损失,应当由调整计划的主管机关负责。

第一百五十五条 当事人一方不经对方同意,擅自变更或者废止合同的,对方有权请求仲裁机关或者人民法院责令履行合同,并赔偿损失。

第一百五十六条 因重大误解而订立的合同,误解的一方或者双方有权提出解除合同;但应当在发觉误解后及时提出。如果合同已经全部履行或者部分履行,双方应当按照第一百三十六条的规定协商解决;协商不成的,由仲裁机关或者人民法院处理。

第一百五十七条 当事人一方可以把自己享有的请求权或者应当履行的义务转让给第三人。但是与人身相联系的权利义务不得转让。

权利的转让必须及时通知对方,义务的转让必须征得对方的同意,否则,此项转让没有法律效力。

根据国家计划订立的合同,在转让权利义务的时候,必须经过计划主管机关的批准。

违反合同的责任

第一百五十八条 当事人一方因过错致使合同不能履行或者不能完全履行的,

应当按照合同规定,向对方给付违约金;如果违约金不足弥补损失,还应当补足差额。

损失包括财产上的直接减少和失去的实际上可以获得的利益。但是,法律、法令另有规定或者当事人另有约定的除外。

第一百五十九条 当事人双方对合同的不能履行或者不能完全履行都有过错的,应当根据实际情况,适当减轻不能履行或者不能完全履行合同一方的责任。

第一百六十条 由于主管机关、上级领导人的过错,致使合同不能履行或者不能完全履行的时候,应当由有过错的主管机关或者上级领导人承担责任。

第一百六十一条 违反合同的一方不得以承担经济责任的办法,代替合同的实际履行。但是,下列情况除外:

(一)合同的履行在事实上已经不可能;
(二)合同的履行已经没有实际意义。

第一百六十二条 当事人一方已经尽了最大努力,仍然不能履行或者不能完全履行合同的,应当及时向对方说明情况,以避免或者减轻可能造成的损失。对方在接到通知以后,如果能够采取而没有及时采取有效措施,防止损失的发生或者扩大的,不能履行或者不能完全履行合同的一方对由此发生或者扩大的损失不承担责任。

第一百六十三条 当事人一方由于不可抗力而不能履行或者不能完全履行合同的,在提供证明并经主管机关核实后,可以不承担责任。但是,法律、法令另有规定的除外。

合同的终止

第一百六十四条 当事人双方按照合同的规定,履行全部义务后,合同即行终止。

合同也可以由于下列原因而终止:

(一)经当事人双方协商一致同意;
(二)由于仲裁机关、人民法院的裁决;
(三)当事人双方混同为一人;
(四)不是由于当事人的过错致使合同义务不能履行;
(五)合同规定的权利义务与当事人的人身相联系的,因当事人一方的死亡;
(六)法人撤销。

第一百六十五条 合同终止,当事人之间根据合同确定的权利义务即行消灭。

第二章 买 卖

第一百六十六条 按照买卖合同,卖方应当将物品出售给买方,买方应当接受物品并支付价款。

第一百六十七条 当事人双方必须按照国家物价管理机关规定的价格进行买

卖。法律、法令允许议价的物品，可以由买卖双方议定合理的价格。

卖方违反物价管理规定擅自提价或者变相提价的，应当收缴卖方的非法所得，并责令赔偿买方因此受到的损失；情节严重的，应当追究法律责任。

第一百六十八条 出售物品应当符合国家规定的或者买卖双方约定的质量标准。对不符合标准的物品，买方可以请求卖方更换、修理或者退货；经双方协商一致，也可以适当降低价格；买方如果受到损失，可以请求赔偿。

出售物品不得以次充好，掺杂使假；违反的，应当追究民事责任。

第一百六十九条 卖方减价出售有缺陷的物品，应当向买方说明物品的缺陷。卖方隐瞒物品缺陷的，买方有权请求按本法第一百六十八条第一款的规定处理。

第一百七十条 买方接受所购物品后发现不符合约定规格的，有权请求卖方更换或者退货。

买方购买零售的日用品后，发现规格不适合使用的，在物品没有使用、损坏的条件下，可以请求卖方更换或者退货。

第一百七十一条 买方接受物品后，发现物品原有缺陷，应当及时向卖方提出。除法律、法令另有规定或者当事人另有约定的以外，对物品缺陷提出请求权的期限为六个月，对建筑物的缺陷提出请求权的期限为五年，从接受之日起计算。

第一百七十二条 卖方对于需要包装的物品，应当根据它的性能进行包装。食品和药品的包装必须符合卫生条件。

第一百七十三条 卖方应当按照双方约定的数量交付物品。买方发现物品数量不足，有权请求补足，或者减收价款，或者退货。

第一百七十四条 卖方应当按照双方约定的期限交付物品。过期交付的，买方有权退货，并有权请求给付违约金或者赔偿损失。提前交货的，买方有权拒收，也可以代为保管，保管费用由卖方支付，买方可以按原定期限付款。

第一百七十五条 买方应当按照双方约定的期限接受或者提取物品。买方拒绝接受或者过期提取的，卖方有权请求给付违约金或者赔偿损失。

第一百七十六条 买方应当按约定的期限支付价款，过期付款的，卖方有权请求对方给付违约金或者赔偿损失。

第一百七十七条 买卖房屋的合同必须经过房产管理机关或者农村基层政权机关审查，并经纳税和办理房产证以后，才能生效。

第一百七十八条 商业企业售货人员应当文明经商，诚实地向顾客介绍商品的性能、质量以及使用和保养的方法。

顾客选购商品的时候，应当爱护商品，遵守制度；损坏商品的，应当承担赔偿责任。

第一百七十九条 国家保护法律、法令许可的买卖，禁止走私、投机倒把等非法活动。违反的，应当追究法律责任。国家机关干部和军人有走私、投机倒把等非法活动的，应当从严处理。

第一百八十条　禁止买卖票证；禁止买卖赌具、毒品、淫秽书画以及其他违反社会主义道德、有害公民身心健康的物品。

金、银、外币和珍贵文物，禁止私相买卖。需要兑换金银外币或者出售珍贵文物的，应当到中国人民银行、中国银行兑换或者专门的收购商店出售。

违反前两款规定的，应当追究法律责任。

第一百八十一条　买卖可以采取分期付款和赊销方式进行。分期付款和赊销的买卖适用本章规定。

第一百八十二条　在法律、法令规定的范围内，可以以物易物。当事人双方的权利义务适用本章的有关规定。

第三章　供　应

第一百八十三条　国家计划产品的供应合同，必须根据主管机关的产品分配计划用书面形式订立。

第一百八十四条　供应合同如果委托有关单位代签，代签单位应当严格按照委托单位的要求办理。

代签单位不按委托单位的要求代签合同，因而使委托单位遭受损失的，应当承担赔偿责任。

第一百八十五条　供方交付的产品少于合同规定的数量的，需方有权请求供方补足少交的部分，并给付违约金或者赔偿损失。

供方交付的产品多于合同规定数量的，对超过部分，需方应当代为保管，并通知供方立即处理。保管费用由供方负担。

第一百八十六条　供方没有按照合同规定交付随机配套产品、备品、配件和安装、修理工具的，需方有权请求补配成套。供方在约定的期限内没有补配成套的，需方有权退货或者自行补配成套，并请求供方给付违约金，或者赔偿损失。

第一百八十七条　供应产品必须符合国家主管机关规定的质量标准。没有规定质量标准的，可以由双方议定标准。

供应产品的质量不符合规定或者议定标准的，应当由供方负责修理、更换或者退货；经双方协商一致，也可以适当减价。

第一百八十八条　产品的价格，适用本法第一百六十七条的规定。

供应产品的价格在合同规定的交货期限内由物价管理机关作了调整的时候，如果供方按照合同规定的期限交货，按调整后的价格计算；如果供方过期交货，价格提高了的，仍按合同规定计算；降低了的，按降低的计算。

需方过期接受产品或者过期付款的时候，价格提高了的，按提高的计算；降低了的，仍按合同规定计算。

第一百八十九条　应当按合同规定的期限向需方交付产品。过期交付产品的，需方如果已不再需要,应当及时通知供方停止发送;供方在接到通知前已发送的产品,需方应当代为保管,由供方支付保管费用,并给付违约金。事先未经需方同意提前交付的产品,需方有条件接受的,应当接受保管,但仍可按合同规定的时间付款。由于提前交货所产生的一切费用由供方负担。

第一百九十条 过期提货的,适用本法第一百七十五条的规定。

第一百九十一条 产品的包装,应当符合主管机关规定的标准。如果一方要求特殊包装或者用代用品包装,在符合物资运输保管安全规定的前提下,由供需双方协商解决。

由于供方包装不良造成产品损坏的时候,参照本法第一百八十七条第二款的规定处理。但损坏是由于需方提供包装物的质量不符合约定标准所造成的情形除外。

第一百九十二条 需方收到产品后,应当按照主管机关规定或者合同规定的标准、方法、期限进行验收。如果发现产品的规格、数量、质量不符合合同的规定,需方应当在规定时间内向供方提出书面异议。需方在规定的时间内不提出书面异议,就认为所交产品符合合同规定。供方接到需方书面异议后,没有在规定的时间内提出不同意见,就认为同意需方的书面异议,并承担相应的责任。

第四章 农副产品收购

第一百九十三条 农副产品收购合同,应当由收购单位同农业生产单位在国家计划指导下,根据有关规定订立。

根据国家统购、派购计划订立的合同,应当采用书面形式。

第一百九十四条 农业生产单位在没有完成国家规定的交售任务以前,不得擅自销售农副产品。社员自有的农副产品有交售任务的,也只有在完成交售任务以后,才能自行处理多余部分。

第一百九十五条 农副产品收购可以采取购销结合合同的方式进行。购销结合合同应当同时规定农副产品收购和工业品供应两方面的内容。

第一百九十六条 对农副产品的收购可以采取预购方式进行。预购农副产品,应当给付预购定金。

第一百九十七条 收购方应当按照国家规定的或者同交售方议定的价格收购农副产品,不得擅自提级提价或者压级压价;违反的,应当追究民事责任。

第一百九十八条 交售方不能按照合同规定的品种交售的,经收购方同意,可以交售其他品种的农副产品。

第一百九十九条 交售方确因重大自然灾害,不能按照合同规定的数量交售农副产品的,经双方协商一致,并报上级主管机关批准后,可以减少交售数量,或者解除合同。

第二百条 收购农副产品的时候,应当及时进行检验、检疫。对不符合国家规定的或者合同约定的规格、质量的农副产品,收购方可以拒绝收购或者减价收购;对带有疫病的或污染的农副产品,应当拒绝收购。

第五章 赠 与

第二百零一条 赠与是一方自愿把自己的财物无偿地交给另一方所有。

第二百零二条 赠与在受赠人接受赠与物后生效。

第二百零三条 赠与房屋或者依法需要办理登记手续的财物,应当采用书面形式订立合同。

赠与物的价值在人民币一千元以上的,如果不用书面形式订立合同,在给付的时候,应当有两个以上的人证明。

第二百零四条 公民个人把珍贵文物、文献资料、藏书、标本等赠给国家的,接受单位应当给予适当的精神奖励或者物质奖励。

第二百零五条 赠与人把财物赠给国家机关、企业、事业单位和社会团体的时候,双方可以商定把所赠送的财物用于有益社会的特定目的。

第六章 借 贷

第二百零六条 按照借贷合同,出借人应当把一定数量的货币或者实物交付借用人所有;借用人应当归还同等数量的货币或者实物。约定给利息的,按照约定给付。

第二百零七条 借贷合同自出借人把货币或者实物交付借用人的时候起生效。

第二百零八条 定期的借贷,借用人应当按照约定的期限归还。

不定期的借贷,出借人可以随时请求归还。不能及时归还的,借用人应当从出借人请求归还的时候起,一个月内归还。

第二百零九条 国家提倡公民之间借贷不计利息。如果计算利息,双方必须事先约定。

公民之间的有息借贷利率不得超过国家银行贷款最高利率的一倍。

禁止复利或者预先扣除利息;禁止高利贷。违反的,应当追究法律责任。

第二百一十条 实物借贷应该归还同等数量、质量的实物,或者双方约定的其他实物;不能归还实物的,可以按照归还时当地的市场零售价格折价归还。

第二百一十一条 金、银、外币不准借贷,但法律、法令另有规定的除外。

第二百一十二条 禁止利用借贷进行投机倒把或者其他非法活动;违反的,应当追究法律责任。

第二百一十三条 借贷关系经过中间人成立的,中间人不得从中牟利;违反的,应当追究法律责任。

第二百一十四条　职工群众为了互济互助,可以建立互助储金会。互助储金会根据有借有还、不计利息的原则,向会员贷款。国家鼓励并保护这种储蓄借贷关系。

第二百一十五条　法人之间、法人与公民之间的实物借贷,适用本法第二百零六条至第二百零八条、第二百一十条、第二百一十二条和第二百一十三条的规定。

第二百一十六条　中华人民共和国成立以前的借贷,不适用本法。但特殊情况,经人民法院审查同意的不在此限。

中华人民共和国成立以后的借贷,诉讼时效从本法施行之日起计算。

第七章　信贷、结算

信　贷

第二百一十七条　信贷是中国人民银行、专业银行(包括中国人民建设银行、中国农业银行、中国银行等)、信用合作社和其他合法的金融机构互相之间,以及它们同其他法人、公民之间发生的存款、贷款关系。

第二百一十八条　一切信贷活动必须由人民银行、专业银行、信用合作社和其他合法的金融机构统一办理,任何地方和单位不准擅自开设金融机构,办理存款、贷款业务。

第二百一十九条　人民银行、专业银行、信用合作社和其他合法的金融机构根据国家信贷计划统筹管理和运用信贷资金。

人民银行、专业银行、信用合作社和其他合法的金融机构的信贷资金,任何人都不得强制抽调、挪用,不准强令发放或不发放贷款,不准阻拦收回到期贷款。违反上述规定的,有关单位和直接责任人员应当承担法律责任。

第二百二十条　法人、公民向人民银行、专业银行、信用合作社和其他合法的金融机构借款,必须订立书面合同,明确规定贷款的数额、用途、期限、利率和违反合同的民事责任。

第二百二十一条　人民银行、专业银行、信用合作社和其他合法的金融机构有权向借款人了解计划执行、经营管理、财务活动、物资库存等情况,并进行监督。借款人有义务按照规定提供必要的报表和资料。

第二百二十二条　借款人违反合同规定的,人民银行、专业银行、信用合作社和其他合法的金融机构有权扣收逾期贷款本息,提前收回一部或者全部贷款。

第二百二十三条　存款、贷款的利率,由国家统一规定,中国人民银行统一管理。

第二百二十四条　法人在人民银行、专业银行、信用合作社和其他合法的金融机构的存款,除国家另有规定的以外,一律计息。

人民银行、专业银行、信用合作社和其他合法的金融机构在法人存款数额内应当保证支付;计息的,应当按照国家统一规定的利率支付利息。

第二百二十五条　法人存款受法律保护。除非根据国家的规定、人民法院或者仲裁机关的裁决,人民银行、专业银行、信用合作社和其他合法的金融机构不得冻结存款或者强制扣款。

第二百二十六条 国家鼓励公民储蓄,支援国家经济建设。人民银行、专业银行、信用合作社和其他合法的金融机构办理个人储蓄,必须坚持存款自愿、取款自由、存款有息、为储户保密的原则。

国家保护公民个人的储蓄不受侵犯。除非根据国家规定、人民法院裁决,任何人不得向人民银行、专业银行、信用合作社和其他合法的金融机构要求查询、冻结、提取或者没收公民个人的储蓄存款。

结　算

第二百二十七条 结算是中国人民银行、专业银行、信用合作社和其他合法的金融机构办理法人之间的经济往来,以转账方式或者现金方式进行的货币收付关系。

第二百二十八条 法人应当依法在人民银行、专业银行、信用合作社和其他合法的金融机构开立账户,按照国家关于现金管理的规定,将超过库存限额的现金,及时存入人民银行、专业银行、信用合作社和其他合法的金融机构。

第二百二十九条 法人之间的经济往来,除按照国家规定可以使用现金的以外,都必须由人民银行、专业银行、信用合作社和其他合法的金融机构办理转账结算。

人民银行、专业银行、信用合作社和其他合法的金融机构应当通过办理转账结算和现金结算,准确及时地为法人收付往来款项。

第二百三十条 人民银行、专业银行、信用合作社和其他合法的金融机构和法人都必须遵守结算制度的规定,维护合同的信用。

法人之间签订合同的时候,必须按照结算制度的规定,明确选用适当的结算方式和约定的付款条件,共同遵守。

第二百三十一条 人民银行、专业银行、信用合作社和其他合法的金融机构应当按照国家的规定,通过办理转账结算或者现金结算,对法人之间的经济往来实行监督。

第二百三十二条 付款方不按期履行付款义务或者无理拒绝付款的,经办银行、信用社或者其他合法的金融机构应当按照规定,为收款方扣收款项和逾期付款的违约金。

第二百三十三条 法人在人民银行、专业银行、信用合作社和其他合法的金融机构开立的账户和使用的结算凭证,不准出租、出借或者转让。禁止伪造、涂改结算凭证和签发空头支票。违反的,应当追究法律责任。

第二百三十四条 人民银行、专业银行、信用合作社和其他合法的金融机构办理结算发生差错,造成结算延误的,应当负责查明、更正,并按照有关规定赔偿损失。

第八章 借 用

第二百三十五条 按照借用合同,出借人应当把一定的物品无偿地交给借用人暂时使用;借用人用毕,应当把原物归还给出借人。

第二百三十六条 借用人应当按照借用物的用途或者商定的方法使用借用物。借用人非经出借人同意,不得把借用物转借给第三人。

第二百三十七条 借用到期,或者借用目的已经达到,借用人应当及时把借用物归还给出借人。不能归还原物的,借用人取得出借人的同意,可以用其他的实物或者货币抵偿。

不定期的借用,出借人有权随时请求返还借用物。

由于借用人不爱惜借用物或者出借人需用,出借人有权随时收回借用物。

第二百三十八条 借用人应当妥善保养借用物。借用人因过错造成借用物损坏、灭失的,应当承担赔偿责任;借用物因自身的缺陷发生损坏、灭失的,借用人不承担赔偿责任。

第二百三十九条 出借人或者借用人隐瞒实物的缺陷,致使对方遭受损失的,应当承担赔偿责任。

第九章 租 赁

财产租赁

第二百四十条 按照财产租赁合同,出租人应当将财产交付承租人使用,承租人应当向出租人给付租金。

租期达一年以上的租赁合同,必须用书面形式订立。

第二百四十一条 出租人应当按照约定的时间和标准将出租的财产交给承租人使用。出租人由于过错使承租人对所租财产不能按期使用或者不能正常使用的,应当赔偿承租人因此所受的损失。

第二百四十二条 出租人将出租财产转让给第三人的时候,租赁合同对新的所有人继续有效。

第二百四十三条 承租人应当按照约定的数额和时间给付租金。

租金的标准,有统一规定的,按统一规定;没有统一规定的,由当事人双方根据公平合理的原则商定。

第二百四十四条 承租人依照合同规定交纳的押金,出租人应当在租赁关系终止时退还承租人。

第二百四十五条 承租人应当按照合同规定的用途正当使用租赁的财产。

第二百四十六条 承租人有下列行为之一的,出租人有权解除合同:

（一）不依照合同规定或者财产的用途使用财产；
（二）擅自将租赁的财产转租或者转让；
（三）利用租赁的财产进行非法活动；
（四）承租人没有正当理由逾期不交纳租金，经出租人限期交纳仍不交纳的；
（五）按合同规定由承租人对租赁的财产进行维修而不维修的。

第二百四十七条 承租人应当爱护租赁财产，保持财产的完好状态。承租人因过错使租赁财产发生损坏、灭失的，应当承担赔偿责任。

第二百四十八条 承租人在财产承租期间内，征得出租人的同意，可以把租赁的财产转租给第三人使用。

转租财产，不得从中进行剥削或者牟取其他非法利益。

第二百四十九条 承租人应当按照约定的期限交还租赁的财产。超过期限交还的，除应当按照合同规定交纳延期租金外，还应当赔偿出租人因此所受的损失。

房屋租赁

第二百五十条 按照房屋租赁合同，出租人应当将出租的房屋提供给承租人使用，承租人应当按期给付租金，并在合同终止时将房屋返还出租人。

房屋租赁合同应当用书面形式订立。

第二百五十一条 国家所有房屋和集体所有房屋的租赁合同，应当根据主管单位的住房分配计划或者分配决议订立。

公民个人房屋的租赁合同，由房屋的所有人同承租人本着协商一致、自愿互利的原则订立。

第二百五十二条 房屋租赁合同应当明确规定租赁房屋的位置、建筑结构、数量、装饰、设备，租赁期限，租金的数额、交纳期限和方法。

第二百五十三条 出租人应当按照约定的时间和标准将出租的房屋交给承租人使用。出租人因过错使承租人不能按照约定使用租赁房屋的，应当赔偿承租人由此所受的损失，并向承租人提供适当的住房。

第二百五十四条 出租人应当负责修缮出租的房屋和设备，保障承租人正常使用和居住安全。

出租人在出租的房屋和设备出现危险或者不能使用的时候，应当及时修缮。出租人不及时修缮造成房屋倒塌、剥落或者设备毁损而使承租人受到损害的，应当承担赔偿责任。

出租人确实无力修缮的，经双方协商，可以由承租人自行修缮，修缮费用从租金中扣除。

第二百五十五条 出租的房屋需要进行重大修缮的时候，出租人应当提前一个月通知承租人在房屋修缮期间暂时搬出。

承租人在租用房屋修缮期间自己确实无力解决临时住房的，出租人应当尽可能帮助解决。租用房屋修缮完毕,仍归承租人继续使用。

第二百五十六条 承租人应当按照合同规定的数额、期限交纳租金。承租人没有正当理由不交纳租金,经出租人限期交纳拒不交纳的,出租人可以解除合同或者请求人民法院处理。

第二百五十七条 租金标准适用本法第二百四十三条第二款的规定。

第二百五十八条 承租人应当爱护和正当使用房屋。

承租人违反本条规定或者没有正当理由闲置房屋达六个月以上的,适用本法第二百四十六条、第二百四十七条的规定。

第二百五十九条 对于出租房屋的楼梯间、过道、门道、走廊等公用场所和设施,承租人之间应当本着互谅互让、照顾公共利益和合理使用的原则共同使用。恃强霸占、妨碍他人合理使用的,其他承租人有权请求有关单位或人民法院处理。

第二百六十条 承租人为了工作和生活的需要,可以同第三人互换房屋居住,但必须征得出租人的同意。出租人对于换房应当积极给予协助。

承租人与第三人互换房屋后,第三人应当直接和出租人订立房屋租赁合同,原承租人和出租人订立的房屋租赁合同即行终止。

第十章 承 揽

第二百六十一条 按照承揽合同,承揽人应当用自己的设备、技术和劳力,为定作人加工、定作、修理、修缮、复制物品或者完成其他工作;定作人应当接受承揽人完成的物品或者工作成果,并且给付报酬。

第二百六十二条 承揽人接受加工、定作、修缮任务的主要部分,必须以自己的设备、技术和劳力去完成。承揽人不经定作人同意,不得把接受的任务转让给第三人。

承揽人违反前款规定,定作人有权解除合同。

第二百六十三条 合同规定应当由定作人提供材料,而定作人没有按时、按质、按量提供,因此造成工作延期的,应当由定作人承担责任。

承揽人对定作人提供的材料应当及时检验,发现不符合约定要求的,应当立即通知定作人调换或者补齐。

第二百六十四条 承揽人对定作人提供的材料不得擅自更换;对修理的物品不得偷换零件。违反的,应当追究民事责任。

第二百六十五条 承揽人对定作人提供的材料和物品应当妥善保管。承揽人因过错造成材料或者物品损坏、灭失的,应当承担赔偿责任。

第二百六十六条 合同规定由承揽人提供材料的,如果对材料的规格、质量没有约定,承揽人应当按照定作物的性质提供合用的材料。

承揽人提供不合用的材料,或者隐瞒自己所提供材料的缺陷,影响定作物的质量,定作人有权请求重作、修理或者减少报酬。因此发生事故的,应当追究承揽人的法律责任。

第二百六十七条 承揽人修缮房屋或者加工成批非标准化物品的,应当接受定作人必要的检查和监督。但定作人不得因此妨碍承揽人的正常工作。

第二百六十八条 承揽人承揽的复制、设计、翻译和物品性能测试、检验等任务,定作人要求保密的,应当严格遵守;不经定作人同意,不得留存复制品。

第二百六十九条 承揽人应当按照约定的质量、数量交付所完成的工作成果,定作人应当及时检查验收。由于承揽人的过错,致使工作成果的质量、数量不符合约定要求的,定作人可以请求承揽人在一定期限内进行修整,消除缺陷,补足数量,或者降低报酬。如果工作成果有重大缺陷,定作人有权拒绝接收,并请求赔偿损失。

第二百七十条 对于定作人没有按照约定期限领取的定作物,承揽人应当负责保管,并按照规定或者约定收取保管费。超过领取期限六个月,不领取定作物,并经承揽人通知催领,定作人仍不领取的,承揽人有权将定作物变卖,所得价款在扣除报酬、保管费以后,用定作人的名义存入银行。

第二百七十一条 对于承揽的科学技术研究项目,承揽人不能按照合同规定的时间和要求完成任务的,应当向定作人提供已经完成的科学研究成果,或者提供科学试验资料和数据,定作人应当补偿承揽人实际支出的费用。

第二百七十二条 禁止在职职工冒用组织名义,利用组织的器具、材料,承揽私活,牟取私利。

第十一章 基本建设工程包工

第二百七十三条 按照基本建设工程包工合同,勘察、设计、建筑、安装单位应当按时、按质、按量完成与建设单位约定的项目;建设单位应当按时提供必要的技术文件、资料和其他工作条件,验收竣工工程,并付给报酬。

第二百七十四条 基本建设工程包工合同必须根据国家批准的计划和基本建设程序,用书面形式订立。

凡属计划外的、擅自扩大规模的和违反基本建设程序所签订的基本建设工程包工合同,一律无效。

第二百七十五条 一项工程由两个以上施工单位同时承担的,建设单位可以将该项工程交由一个施工单位总包,订立总包合同。总包单位和其他承担工程的单位订立分包合同。

总包单位就全部工程项目对建设单位负责,分包单位对总包单位负责。

第二百七十六条 建设单位在不妨碍对方正常作业的条件下,有权对工程的规模、进度、质量、技术水平和经济效果随时进行检查和监督。

第二百七十七条 建设单位没有按时提供必需的技术文件、资料和其他工作条件的,应当按照合同规定向对方给付违约金或者赔偿损失。

施工单位应当对工程的质量、规模和工期全面负责。由于组织施工不当或者工程所用材料、设备的缺陷,致使工程质量下降、缩小规模或者延误工期,应当按照合同规定向对方给付违约金或者赔偿损失。

由于勘察或者设计不当造成工程损失的,应当分别由勘察、设计单位承担相应的赔偿责任。

第二百七十八条　隐蔽工程在隐蔽以前,施工单位应当通知建设单位检查。施工单位没有通知建设单位检查,自行隐藏工程的,建设单位有权要求检查,检查费用由施工单位负担。

建设单位没有按时到现场检查,施工单位可以自行检查,填写隐蔽工程检查记录,加以隐蔽,并将记录送交建设单位。建设单位以后提出检查的时候,如果工程符合合同要求,检查费用由建设单位负担;如果工程不符合要求,检查费用和返工费用由施工单位负担。

第二百七十九条　建设工程(包括单项工程)竣工后,建设单位应当按期验收。验收合格的,由建设单位负责接收保管。

建设单位不按期进行验收,给施工单位造成损失的,应当给付违约金或者赔偿损失。

第二百八十条　竣工验收中发现工程质量不符合合同规定,需要返工的,由施工单位在约定期限内完成返工任务,并承担返工费用;建设单位如果也有过错,应当承担相应的返工费用。

第二百八十一条　建设工程竣工验收后,在保修期限内,因施工单位的过错,发生质量事故的,应当由施工单位在约定期限内负责修理,并承担全部修理费用和由此造成的损失。

第二百八十二条　因变更基本建设工程的计划、方案、规模或者工艺流程,需要修改合同或者另订补充合同的,应当经过当事人双方协商一致,并报上级主管机关批准。如果因此造成损失,由提出变更的一方承担赔偿责任。

第二百八十三条　安排计划的主管机关应当保证工程所需要的资金、材料和设备,不得留有缺口;因留有缺口致使合同不能履行的,应当由安排计划的主管机关承担责任。

第二百八十四条　不属于国家基本建设的工程,可以参照本章的有关规定订立合同。

第十二章　运　输

一般规定

第二百八十五条　运输分为货物运输和旅客运输。运输方式包括铁路运输、公路运输、水上运输、航空运输、管道运输以及其他的运输。

两个以上不同运输方式的承运人可以实行联合运输。

第二百八十六条 公民可以在法律、法令许可的范围内,从事货物运输或者旅客运输,但必须经主管机关核准登记。

第二百八十七条 托运人、收货人或者旅客与承运人相互之间请求赔偿损害的时效期限为六个月,从受害人得知损害发生之日起计算。

货物运输

第二百八十八条 国家机关、国营企业、事业单位和集体组织的货物运输合同,应当根据对托运人和承运人双方都有约束力的运输计划订立。

运输计划外的货物运输合同,承运人与托运人应当按照有关运输规定订立。

第二百八十九条 承运人接受托运人托运的货物并签发运输凭证(货运单、提货单等),货物运输合同即成立。

第二百九十条 按照货物运输合同,承运人应当将托运货物运送到指定的地点、并交给收货人,托运人应当给付规定的运费。

第二百九十一条 托运人不按照合同规定的时间和数量交付托运货物,或者承运人不按照合同规定的时间、地点提供适当的运输工具,因而给对方造成损失的,都应当承担赔偿责任。

第二百九十二条 托运的货物按照规定应当包装的,托运人应当按照国家规定的标准或者部颁标准包装;没有统一规定包装标准的,应当根据保证货物运输安全的原则进行包装。

没有按照前款规定进行包装的货物,承运人有权拒绝承运。

第二百九十三条 托运人托运危险货物,必须按照有关危险物品运输的规定办理。托运人隐瞒或者没有正确说明危险物品的性质,或者有其他违反危险物品运输规定的行为,因而给承运人或者第三人造成损害的,应当承担赔偿责任。

托运人在托运的货物中夹带国家禁止运输或者限制运输的物品,或者危险品在运输途中发生危及运输安全情况的,承运人有权按照有关的运输规定处理。

第二百九十四条 承运人应当在合同规定的期限内将货物运送到指定的地点,并及时向收货人发出货物到达通知。承运人因过错没有按期将货物运到,因而给对方造成损失的,应当承担赔偿责任。

收货人接到提货通知后,应当按时提货;超过规定期限提货的,应当向承运人给付保管费用。

第二百九十五条 收货人在接受货物的时候,应当会同承运人进行交接验收;如果发现货物损坏或者与运输凭证不符,应当立即向承运人提出异议。收货人认为需要对此物进一步检验的,应当在合同规定的期限内向承运人提出建议。

收货人在接受货物的时候没有提出异议,或者在合同规定的期限内没有提出进一步检验的建议,即认为货物已经验收。

第二百九十六条　承运人在查找不到收货人或者收货人拒绝提取货物的时候,应当及时与托运人联系,并在合同规定的期限内对货物负责妥善保管。超过规定期限仍然无法交付的货物,承运人有权按照有关的运输规定处理。

第二百九十七条　承运人对承运的货物,自接受的时候起到交付收货人为止,应当负责安全运输和妥善保管。承运的货物发生损坏、灭失、短少、变质、污染的时候,除法律、法令另有规定的以外,承运人应当按照下列原则承担赔偿责任:

(一)货物灭失、短少的,按照货物损失的实际价值赔偿;无法确定货物实际价值的,按照有关赔偿限额的规定赔偿;

(二)货物损坏、变质、污染的,按照货物损坏、变质、污染所减低的价值赔偿。

第二百九十八条　承运货物由于下列原因发生损坏、灭失、短少、变质、污染的时候,除法律、法令另有规定以外,承运人不负赔偿责任:

(一)不可抗力;

(二)货物本身的自然性质;

(三)货物的合理损耗;

(四)托运人或者收货人的过错。

第二百九十九条　两个以上不同运输方式的承运人联合运输的货物发生损坏、灭失、短少、变质、污染的时候,除前条规定的不负赔偿责任的情况外,应当由联合承运人承担连带责任,先由终点站(港)的承运人按照规定赔偿,再由终点站(港)的承运人向其他承运人追偿。

旅客运输

第三百条　按照旅客运输合同,承运人应当将旅客和他的行李按时运送到目的地,旅客应当给付规定的运费。

第三百零一条　承运人因过错使旅客没有按时到达目的地,给旅客造成直接经济损失的,应当承担赔偿责任。

第三百零二条　旅客无票或者使用失效、伪造、涂改的客票搭乘运输工具,或者在随身携带的行李、包裹中夹带危险物品、禁运物品等,承运人有权依法处理。

第三百零三条　承运人在运输过程中,有义务给旅客提供必要的生活服务;对遇险的旅客,应当尽力抢救;对发生急病或者分娩的旅客,应当给予必要的医疗和照顾;对老人、残废人、幼儿,应当给予必要的帮助。

第三百零四条　旅客在运输过程中遭受伤害或者死亡,承运人如果不能证明损害是由于不可抗力或者旅客本人的过错造成的,应当承担责任。但是,旅客在航空运输中遭受伤害或者死亡的,承运人只有在能证明损害的发生是由于旅客本人的过错造成的时候,才不承担责任。

第三百零五条　旅客托运的行李、包裹,承运人应当安全运送,妥善保管;发生损坏、灭失、短少、变质、污染的时候，除本法第二百九十八条规定的以外，承运人应当承担赔偿责任。

第十三章 保　管

第三百零六条　按照保管合同，保管人应当接受和保管好存货人交给他保管的货物，并在保管期届满时完好地返还该货物，存货人应当给付规定的保管费。

第三百零七条　存货人应当向保管人提供必要的货物验收资料，否则，发生货物品种、数量、质量不符的情况，保管人不承担责任。

保管人对交付保管的货物应当按照合同规定的包装外观、货物品种、数量、质量进行验收，如果发现不符合合同规定，应当及时通知存货人。保管人验收后发生包装外观损坏或者货物品种、数量、质量不符的情况，由保管人承担责任。

第三百零八条　保管货物的包装必须符合主管机关规定的标准，因包装不合标准造成货物损坏的，由存货人承担责任。

包装不牢固的货物或者整存零取的货物，需要保管人代为整修、改装或者重新包装的，存货人应当供给保管人必需的包装材料，并给付包装费用。

第三百零九条　保管人对保管的货物，应当妥善保管和养护。因保管不善造成货物损坏、灭失、短少、变质、污染的，保管人应当承担赔偿责任。

由于不可抗力、货物的自然损耗，或者由于存货人的过错造成保管货物损失的，保管人不承担责任。

第三百一十条　易燃、易爆、有毒等危险货物和易腐货物的存货人，必须将货物的性质和预防危险的方法在合同中注明，并且提供必要的资料。存货人不履行该项义务因而造成他人货物毁损或者人身伤亡的，应当承担赔偿责任。保管人对因此造成的货物毁损或者人身伤亡也有过错的，应当与存货人一起负连带责任。

第三百一十一条　存货人应当按照合同规定的期限提取货物。到期不提取的，保管人应当通知存货人提取并对超过保管期限的货物，加收保管费。

对于合同规定保管期限届满后六个月不取的货物，保管人有权报请有关机关批准后处理。

第三百一十二条　按照合同规定由保管人负责发运的货物，保管人应当按期发运。由于保管人的过错不能按期发运或者发错到货地点，因而造成收货人损失的，由保管人承担赔偿责任。

第三百一十三条　寄存人把日常生活用品或者其他财物交给车站、旅馆、浴室和其他保管人保管所发生的保管关系，适用本章的有关规定。

第十四章 委托、信托、居间

委 托

第三百一十四条 按照委托合同,受托人应当用委托人的名义或者以自己的名义办理委托事务。

第三百一十五条 受托人应当按照委托人的指示办理委托事务。

受托人确实为了委托人的利益,在不能事先同委托人商量的情况下,有权改变委托人的指示,但必须将变更情况及时告知委托人。

第三百一十六条 受托人应当按照委托人的要求,随时告知办理委托事务的情况;办理完毕,应将执行任务的全过程和处理结果告知委托人,并提交必要的证明文件。

第三百一十七条 受托人因办理委托事务所得到的一切利益,应当及时转交给委托人。

受托人办理委托事务的时候,因过错给委托人造成损失的,应当承担赔偿责任。

第三百一十八条 委托人对于受托人在委托权限内进行的活动,必须承担责任;对于受托人在委托权限外进行的活动,委托人只有表示同意的,才承担责任。

第三百一十九条 委托人应当向受托人提供和补偿办理委托事务所必需的费用;约定报酬的,应当向完成委托任务的受托人给付报酬。

第三百二十条 委托人或者受托人有权随时终止委托关系。

在委托任务全部完成之前终止委托关系或者因委托任务无法继续执行而终止委托关系的时候,委托人应当给付受托人已完成部分的报酬和所支出的费用。如果受托人因此而受到损失,委托人应当承担赔偿责任。因受托人的过错而终止委托关系,并使委托人受到损失的,受托人应当承担赔偿责任。

第三百二十一条 因受托人死亡而终止委托关系的时候,受托人的继承人应当及时通知委托人,并采取必要措施保护委托人的利益。

作为受托人的法人,因被撤销而终止委托关系的时候,由清理机构承担前款规定的义务。

第三百二十二条 没有受人委托,也没有法律上的义务,主动代为管理有利于他人的事务的,应当受到表扬。因管理事务所支出的必要费用,受益人应当偿还。

信 托

第三百二十三条 按照信托合同,信托人应当根据委托人的委托,以自己的名义为委托人办理购、销、寄售等事务,并收取手续费。

委托人可以是公民,也可以是法人,但信托人只能是经营信托业务的法人。

第三百二十四条 委托人交给信托人出售的物品,以及信托人为委托人购进的物品,都属于委托人所有。

本法第一百八十条规定的禁止买卖的物品,不得作为信托合同的标的物。

信托人发现信托物品是赃物或者是非法物品的时候,应当予以扣留,并报告有关机关处理。

第三百二十五条 委托人应当向完成出售物品或者购进物品任务的信托人给付规定的手续费。信托合同经双方同意终止的时候,委托人应当向信托人给付物品的保管费以及其他必要的开支。

第三百二十六条 信托人应当选择对委托人最有利的条件履行信托义务;对于出售时增加的收益或者购进时节省的费用,按照主管机关规定的比例增收手续费。

第三百二十七条 信托物品的价格,不得高于物价管理机关规定的同类物品的价格;没有同类物品价格的,由双方议定公平合理的价格;特殊的物品按照专门估价确定。

信托人低于约定的价格出售物品,或者高于约定的价格购进物品的时候,应当取得委托人的同意。

第三百二十八条 信托人接受寄售物品的时候,应当和委托人共同对物品进行检查,发现物品损坏或者有缺陷的,应当作出记录,并由双方签字盖章存证。

信托人保管的寄售物品发生损坏、灭失、短少、变质、污染的时候,适用本法第三百零九条的有关规定。

第三百二十九条 委托人接到信托人购进物品的通知后,应当及时验收。在委托人接受物品后,信托人的义务即行解除。

第三百三十条 委托人死亡、失踪或者丧失行为能力,以及作为委托人的法人撤销的时候,在信托人没有收到相应的通知以前,信托合同继续有效。

居　间

第三百三十一条 居间是居间人为了使委托人与第三人之间发生财产关系而进行的介绍活动。

委托人与第三人的合同关系因居间活动而成立的时候,委托人应当向居间人给付约定的报酬。

第三百三十二条 居间人应当是从事居间业务的法人,居间活动必须在法律、法令许可的范围内进行。

公民个人不得进行居间活动;借居间人名义进行非法活动的,应当承担法律责任。

第三百三十三条 居间人必须忠实于当事人的利益。如果有欺骗或者显失公平的行为,委托人有权拒绝给付报酬并请求赔偿损失。

第十五章 社会服务

一般规定

第三百三十四条 从事社会服务的单位和公民,应当按照规定和约定,诚实无欺、热情周到地提供服务,接受服务的一方,应当配合完成服务工作,并给付报酬。

本章的规定适用于公用事业服务、文化知识服务和生活服务。

第三百三十五条 服务单位和公民应当按照规定的标准收费。没有规定的,可以与接受服务的一方议定合理的报酬。服务人员不得接受小费。

第三百三十六条 社会服务工作应当保证质量。接受服务的一方发现服务质量低劣,不符合规定、约定或者通常要求的,有权请求改进质量或者解除合同。

第三百三十七条 接受服务的一方对于服务单位提供的场所和设备,应当爱护,不得污损。造成污损的,应当赔偿。

第三百三十八条 任何单位和公民都不得以社会服务为名,经营有损于社会主义道德和公民身心健康的活动。违反的,应当追究法律责任。

对于任何有损于社会主义道德和公民身心健康的要求,服务单位和公民都应当拒绝。

特殊规定

第三百三十九条 医疗单位和医务人员对伤病员必须认真检查诊断,精心治疗护理,积极防止医疗事故;伤病员应当严格遵守医疗制度,主动配合治疗。

第三百四十条 医疗单位的医务人员,由于严重不负责任,致使伤病员死亡、残废、组织器官损伤并累及功能障碍,或者发生病情加剧等不良后果,构成医疗事故的,应当根据本法第七编的有关规定承担责任。

公民开业行医,须经主管机关核准。公民行医造成医疗事故的,由行医的公民承担责任。

第三百四十一条 公用事业服务单位,应当保证用户对水、电、气和卫生等设备的正常使用。公用事业服务单位因过错使公用设施不能正常使用,给用户造成损失的,应当承担赔偿责任。用户损坏公用设施的,应当承担修理费用。

第三百四十二条 邮电通讯服务单位应当迅速、准确、安全地邮寄信件、物品、传递讯息。邮电通讯服务单位损坏、丢失邮寄物品,或者错译电码,传递失误,给用户造成损失的,应当承担赔偿责任。

第三百四十三条 旅游服务单位应当按照约定的旅游计划项目和条件提供服务。旅游服务单位未经旅客同意,擅自变更或者解除约定,给旅客在旅途食宿上直接造成损失的,应当承担赔偿责任,并退还已收的定金。

旅客未经旅游服务单位同意变更或者解除约定的,无权请求服务单位退回定金。

但是双方另有约定的除外。

第三百四十四条 旅馆、饭店对顾客预定的房间,不按约定提供,造成顾客经济损失的,应当承担赔偿责任。

顾客到期不使用房间,或者不按照约定办理退房手续的,应当赔偿旅馆、饭店的损失。

第三百四十五条 饮食服务单位提供的食品,必须符合卫生要求。不准出售腐烂变质的食品和使用未经消毒的餐具。违反本条规定造成食物中毒等严重后果的,应当追究法律责任。

第三百四十六条 律师、会计师应当根据公民、法人的聘请或者人民法院的指定,提供法律事务或者会计事务方面的服务。

律师、会计师与聘请人的意见发生分歧不能取得一致的时候,律师、会计师有权拒绝或者辞去聘请;聘请人有权随时解除聘请,但应当补偿律师、会计师已支出的必要费用。

第三百四十七条 律师、会计师、医务人员和邮电人员应当保守从业务上获知的有关他人的秘密。违反的,应当承担民事责任。

第三百四十八条 公民可以接受聘请担任家庭教师,也可以向有关机关登记自行办学,传授文化科学知识、技艺,并收取一定的费用。

公民可以接受聘请帮助照料家务或者进行医疗护理等工作,并得到合理报酬。

聘请人和受聘人应当互相尊重,按照平等互利的原则,商定服务的范围、内容、期限和报酬等。

第十六章 联营、合伙

联　营

第三百四十九条 按照联营合同,两个以上的经济组织为了达到共同的经济目的,互相约定投资、联合经营一定的经济事业。

联营合同应当用书面形式订立;联营必须依法经过主管机关核准登记。

第三百五十条 联营必须坚持社会主义方向,符合国家计划的要求,实行自愿互利和协商一致的原则。

第三百五十一条 联营可以不受所有制、隶属关系、行业、地区的限制。但不得随意改变联营各方的所有制、隶属关系和财务关系。

第三百五十二条 联营各方的投资,可以是现金、物资、设备或者其他财物,也可以是提供技艺或者劳务、场地。除法律、法令特别许可外,不得以耕地作为场地投资。

联营投资份额,由联营各方协商决定;没有规定投资比例的,联营各方的投资份额即认为相等。

第三百五十三条 联营各方的投资,在联营关系存续期间,不经各方协商一致,任何一方都无权独自处理。

联营所得的收益,在结算分配以前,任何一方都不得任意挪用。

第三百五十四条 联营合同规定投资份额的,联营各方按投资份额的比例,分享收益,分担损失;没有规定投资份额的,联营各方平均分享收益,分担损失。

第三百五十五条 联营一方基于正当理由经过联营各方协商,可以退出联营。但其他联营各方如果认为当时退出对于联营事业有不利影响,可以要求延期退出。如果要求退出一方坚持立即退出,应当对因此造成的损失承担责任。

退出联营一方的财产返还,应当依照当时联营盈亏情况结算。如果原来投资的财物不能返还,或者返还原物会影响联营事业,可以折合现金偿还。但场地的返还不得违背本法第七十一条的规定。

合　伙

第三百五十六条 两个以上的公民,为了满足生产和生活上的需要,可以订立合伙合同,联合出资,共同经营,以达到共同的经济目的。

第三百五十七条 合伙经营,必须在法律、法令许可的范围内,经过核准登记后,才能进行。

第三百五十八条 关于合伙出资的形式、份额和处理,收益的分配,损失的分担和退伙手续,分别比照本章第三百五十二条、第三百五十三条、第三百五十四条、第三百五十五条的规定办理。

第三百五十九条 对于合伙的事务,应当由合伙人共同决定。经过合伙人的协商一致,也可以委托其中一人或者数人分工管理。

第三百六十条 全体合伙人对于合伙的债务,除合同另有规定外,应当按照本法第一百四十五条的规定承担连带责任。

第三百六十一条 经合伙人一致同意,依照有关法律、法令规定,改为集体所有制组织的时候,合伙合同的权利义务关系,在结算清理后,即行终止。

第十七章　保　险

第三百六十二条 保险主要分为财产保险和人身保险。

第三百六十三条 保险关系,除法律、法令另有规定外,应当根据合同确立。保险合同采用保险单等书面形式。

关于各种法定保险,由专门法规另行规定。

第三百六十四条 按照保险合同,投保人应当向保险人交纳保险费,保险人应当向投保人承担经济损失的赔偿(财产保险)或者给付保险金(人身保险)。

第三百六十五条 财产保险的投保人,应当是被保险财产的所有人或者经营管理人,或者是对该项财产有利害关系的人。

人身保险的投保人,应当是被保险人本人,或者是经被保险人同意的配偶、直系亲属和有抚养关系的人。

国家机关、企业、事业单位和社会团体,可以作为投保人,为它的成员投保人身保险。

第三百六十六条 保险人应当是中国人民保险公司,或者其他办理保险业务的法人。

保险人可以将他所承担的保险责任的全部或者一部向其他保险人进行再保险。再保险应当订立书面合同。

第三百六十七条 财产保险的保险人,在保险事故发生的时候,对于因保险事故造成的财产损失,在保险责任的范围内,向投保人承担赔偿责任。投保人因救护被保险财产而受到损失的,保险人也应当按照合同给予补偿。

人身保险的保险人,在保险事故发生或者约定期限届满的时候,承担给付保险金的义务。

第三百六十八条 投保人不按期交纳保险费的,保险人可以分别情况请求补交保险费和利息,或者按比例减少保险金额,或者终止合同。

第三百六十九条 人身保险的被保险人,可以在保险合同里指定一人或者数人为受益人。被保险人需要变更受益人的时候,应当书面通知保险人或者用遗嘱方式重新指定受益人。

被保险人没有指定受益人,或者指定的受益人先于被保险人死亡后没有再指定受益人的,被保险人的继承人就成为受益人。没有受益人的保险金,按照无人继承的财产处理。

第三百七十条 财产保险的投保人应当维护被保险财产的安全。保险人可以对被保险财产的安全情况进行检查,发现有危险情况,应当及时通知投保人加以消除。如果投保人没有采取措施消除危险,保险人对因此发生的事故所造成的损失,不承担赔偿责任,并有权终止合同。

第三百七十一条 投保人或者受益人在保险事故发生的时候,应当采取防护措施,避免损失扩大,并及时将事故发生的情况通知保险人。

投保人或者受益人不履行上款的规定因而使损失扩大的,可以适当减轻保险人的赔偿责任。

第三百七十二条 财产保险的投保人将被保险财产转移给第三人的时候,按照合同的规定必须通知保险人的,应当及时通知。如果没有通知,保险人对发生保险事故造成的损失,不承担赔偿责任。

第三百七十三条 由于投保人的故意而发生保险事故,造成被保险财产损失的,保险人不承担赔偿责任;由于投保人或者受益人的故意,造成被保险人死亡、残废的,保险人不承担给付保险金的责任。但对于与事故无关的受益人应得的保险金,保险人不得拒付。

第三百七十四条　保险人与投保人之间交付保险金没有争议的,应当从收到投保人提出请求赔偿或者受益人提出请求给付的全部证件之日起,最迟在三个月内付清保险金;有争议的,从人民法院裁决生效之日起三个月内付清。如果迟延赔偿或者迟延给付,从满三个月的次日起,按银行规定的延期付款的利率支付利息。

第三百七十五条　人身保险的投保人或者受益人从保险人取得人身保险金,不排除他们同时接受因劳动保险和社会福利所发给的款项,以及第三人给付的损害赔偿金。

第三百七十六条　被保险的财产以全部价值投保的,因发生保险事故遭到全部损失的时候,保险人应当向投保人偿付全部保险金额;以部分价值投保的,除合同另有规定的以外,应当根据损失情况按比例偿付。

第三百七十七条　保险合同签订的时候,如果保险事故已经发生,保险合同无效,保险人应当将保险费退给投保人;如果合同另有规定,依合同规定办理。但是投保人知道保险事故已经发生而故意隐瞒的,保险人有权不退还保险费。

保险合同订立以后,如果发现投保人对决定保险事故发生的主要危险情况或者对被保险人的疾病有隐瞒,保险人有权解除合同。

第三百七十八条　被保险财产的损失应当由第三人承担责任的时候,投保人有权向第三人请求赔偿。如果投保人向保险人提出赔偿请求,保险人应当按照合同规定支付保险金额,同时取得向第三人追偿的权利。

第五编　智力成果

第一章　通　则

第三百七十九条　劳动是一切有劳动能力的公民的光荣职责。从事体力劳动或者脑力劳动的工人、农民、知识分子,都是劳动人民。

第三百八十条　公民从事智力活动取得成果的,享有智力成果权。

第三百八十一条　国家保护智力成果权不受侵犯。

第三百八十二条　本编规定的智力成果权包括:
著作权、发现权、发明权以及技术革新和合理化建议权。

第二章　著作权

第三百八十三条　公民和法人对自己的文学、艺术和科学作品,享有著作权。

第三百八十四条　适用著作权的作品包括:
(一)文字作品:论著、创作、翻译、记述、改编、选编、译注等;

（二）口头作品：演讲、报告、说唱等；
（三）其他作品：乐谱、绘画、书法、雕塑、舞蹈、电影、摄影、录音、录像、地图、图表等。

第三百八十五条 著作人对自己的作品有权决定署真名、笔名或者不署名；有权保护自己的作品的完整性，或者对它修改、收回。

第三百八十六条 作品被出版、复制、上演、制片或者以其他方式加以采用的，著作人有权获得相应的报酬。

对于特别优秀的作品，有关单位可以向著作人颁发奖金。

第三百八十七条 两人以上合著作品的著作权，由合著人共同享有。合著人之间因著作权产生的相互关系，由他们自行商定。

第三百八十八条 学校、科学研究机构、出版单位或者其他法人集体编写的教材、辞书、丛书、学术文集、参考读物等作品的著作权，由编写的单位享有。

报纸、杂志的著作权，由编辑单位享有。

以上两款所列著作的各个著作人，如果没有别的约定，对自己独立写作的那部分作品享有著作权。

第三百八十九条 著作权归著作人终身享有。著作人死亡后，著作权归国家所有。

著作人死亡后，首次出版或者用其他方式利用他生前未发表的作品，按照规定应当付给的报酬，归著作人的继承人所有。

第三百九十条 法人享有的著作权，有效期限为三十年。超过有效期限的，著作权归国家所有。

第三百九十一条 已经出版的作品译成其他文字，必须保持作品的原意。译著人对所译作品享有著作权。同一作品的不同译著人，享有独立的著作权。

出版翻译著作，应当标明原著人和译著人的真名或者笔名，并给予译著人相应的报酬。

第三百九十二条 下列行为是对著作权的侵犯：
（一）剽窃他人作品，以自己的名义发表；
（二）作品已经出版、上演、放映或者以其他方式采用而拒不付给报酬；
（三）未经著作人同意，将他的作品首次出版、上演、放映或者以其他方式采用；
（四）未经著作人同意，将他的作品删节、修改出版发表；
（五）未经著作人同意，将他已经发表的作品翻印、复制出售；
（六）法律、法令规定的其他侵犯著作权的行为。

著作权受到侵犯的时候，著作权所有人有权请求排除侵害、恢复名誉、赔偿损失。

第三百九十三条 下列使用已经发表的作品的情况，如果注明原著名称、原著人姓名和出处的，不是对著作权的侵犯：
（一）将作品改编、转载、广播或者编入教科书；

（二）将作品翻印、复制、摘译，供单位内部使用；
（三）不以营利为目的演出戏剧、音乐、舞蹈、曲艺或者其他文艺作品；
（四）公开举办绘画、雕塑、书法或者其他美术作品展览；
（五）在自己的作品里少量引用他人著作中的文字、地图、乐谱、绘画、书法、照片、图表或者其他材料作为说明参考，并注明出处。

第三百九十四条　作品内容有下列情形之一的，不给予著作权，著作人还应当承担相应的法律责任：
（一）有煽动推翻无产阶级专政政权和反对社会主义制度的内容；
（二）有淫秽的或者其他败坏社会主义道德的内容；
（三）有损害国家主权或者泄露国家机密的内容；
（四）有法律禁止的其他内容。

第三百九十五条　被判处刑罚的公民，在服刑期间创作有益于国家、人民的作品的，适用本章的规定。

第三百九十六条　国家在必要的情况下，可以向著作人征购作品的著作权。

第三百九十七条　中华人民共和国公民对自己在国外首次发表的作品或者存放在国外的作品，享有著作权。

外国公民对自己在中华人民共和国首次发表的作品或者存放的作品，享有与中国公民同等的著作权。

第三章　发现权、发明权

第三百九十八条　国家保护公民和法人的发现权、发明权以及技术革新和合理化建议权。

第三百九十九条　公民和法人的发现、发明，经国家主管机关审查合格的，授予发现证书、发明证书，并给予精神奖励或者奖金。

第四百条　两个以上的人共同作出发现、发明的，共同获得精神奖励或者奖金。奖金的分配由他们协商确定。

第四百零一条　相同内容的发现、发明，精神奖励或者奖金，给予先提出的人；但是对后提出的人也可以给予适当的奖励。

第四百零二条　经过国家奖励的发现、发明的成果，除法律、法令另有规定外，全国各单位都可以使用。

第四百零三条　危害公共利益，违背社会主义道德风尚的发明，一律不予承认，并禁止利用。

第四百零四条　因发现、发明取得奖金的权利，可以依法继承。

第四百零五条　压制、剽窃、封锁发现和发明或者故意歪曲、隐瞒发现、发明的科学价值的，应当追究法律责任。

第四百零六条 技术革新、合理化建议的奖励和保护,适用本章的有关规定。

第四百零七条 国家保护传统的特种技艺,对献出绝技、秘方、秘本的公民,应当给予精神奖励或者奖金。

第四百零八条 被判处刑罚的公民,在服刑期间作出发现、发明、技术革新、合理化建议的,也适用本章的有关规定。

第六编 亲属、继承

第一章 亲 属

亲属关系

第四百零九条 因婚姻、血缘和收养而产生的关系,为亲属关系。亲属包括:直系血亲、旁系血亲、姻亲以及由收养而产生的亲属关系。

第四百一十条 从自身上数的亲生父母、祖父母(外祖父母)等为长辈直系血亲;从自身下数的亲生子女、孙子女(外孙子女)等为晚辈直系血亲。

直系血亲以外的血亲,为旁系血亲。兄弟姐妹、伯、叔、姑、舅、姨和侄、甥等平辈、长辈、晚辈,是旁系血亲。

第四百一十一条 本法所规定的姻亲包括:

(一)血亲的配偶,如伯、叔、姑、舅、姨的配偶和兄弟姐妹的配偶等;

(二)配偶的血亲,如夫对妻或者妻对夫的父母、祖父母和兄弟姐妹;

(三)配偶的血亲的配偶,如夫对妻或者妻对夫的伯、叔、姑、舅、姨和兄弟姐妹的配偶。

第四百一十二条 夫妻互为配偶。

夫妻在家庭中地位平等,对双方共有的财产享有平等的权利。

夫妻有互爱互敬、互相帮助、互相扶养和养老育幼的义务。

第四百一十三条 父母对子女有抚养教育的义务,子女对父母有尊敬、赡养的义务。互相都不得虐待或者遗弃。

第四百一十四条 有负担能力的祖父母(外祖父母)对没有父母抚养的未成年的孙子女(外孙子女)有抚养的义务。有负担能力的孙子女(外孙子女)对无子女赡养的祖父母(外祖父母)有赡养的义务。

第四百一十五条 有负担能力的兄弟姐妹,对无人扶养的兄弟姐妹,有扶养的义务。

第四百一十六条 丧失配偶的儿媳与公婆、丧失配偶的女婿与岳父母,继续共同生活的,仍然有互相扶养的义务。

第四百一十七条 没有婚姻关系的男女所生的子女,是非婚生子女。非婚生子女享有与婚生子女同等的权利。

对认定非婚生子女的生父发生争议的,由人民法院予以确认。

收养关系

第四百一十八条 收养子女一般应当以未成年子女为限。收养子女,应当取得亲生父母双方的同意,并在公证机关或者有关机关办理收养手续。

对事实上已经形成的养父母子女关系,需要办理收养手续的,可以补办手续,或者由人民法院予以确认。

第四百一十九条 收养关系成立后,养子女与亲生父母之间的权利义务即行终止。

养父母与养子女为直系亲属,他们之间的权利义务,适用本法第四百一十三条的规定。

第四百二十条 收养关系成立后,任何一方都不得自行解除。双方一致同意解除收养关系的,应当由公证机关或者有关机关办理解除手续。有争议的,由人民法院裁决。

第四百二十一条 继父或者继母与受抚养教育的继子女之间,互相有扶养的义务。双方都不得虐待或者歧视。

亲 权

第四百二十二条 父母对未成年子女行使亲权,负责进行管教并保护他们的人身和财产权益。

第四百二十三条 亲权由父母双方共同行使。父母一方丧失行为能力或者由于其他原因不能行使亲权的,由一方单独行使。

第四百二十四条 父母(包括养父母)行使亲权不得违反法律、法令和社会主义道德准则。

父母(包括养父母)不得滥用亲权,虐待子女(包括养子女);子女不得妨碍父母正当行使亲权。

第四百二十五条 行使亲权的父母,是未成年子女的监护人。没有父母或者父母不能担任监护人的,由成年的兄姐或者祖父母(外祖父母)担任监护人。

第四百二十六条 本章没有规定的亲属关系,适用《中华人民共和国婚姻法》的有关规定。

第二章 继承的一般规定

第四百二十七条 国家保护公民个人财产的继承权。

财产继承实行权利与义务相一致、男女平等和养老育幼的原则;继承人之间应当发扬互让互助、和睦团结的精神。

第四百二十八条 继承依照法定方式进行；如果有遗嘱，依照遗嘱方式进行。

第四百二十九条 遗产的范围，包括死者生前个人所有的财产和法律、法令规定可以继承的其他合法权益。

遗产中如果有重要的历史文物或者机密的档案文件、物件，适宜于国家保存的，应当归国家所有。但是，有关国家机关应当给予适当报酬。此项报酬列入遗产。

第四百三十条 继承从被继承人死亡或者宣告死亡的时候开始。

第四百三十一条 继承的地点，是死者生前的住所所在地。在死者最后住所不明等特殊情况下，也可以是主要遗产所在地。

第四百三十二条 继承开始的时候，在继承地点的继承人，应当负责通知不在继承地点的继承人和遗赠受领人，并保管遗产，但不得擅自处理。

继承开始的时候，在继承地点如果没有继承人，或者继承人无行为能力，或者继承人之间意见不一致，死者生前所在单位、所在基层组织或者公证机关有权对遗产采取保全措施，并派人主持或者协助处理继承事务。

第四百三十三条 继承人或者遗赠受领人，应当在知道被继承人死亡后六个月内，作出接受或者放弃继承、遗赠的表示。到期没有作出接受表示的，推定为放弃继承或者放弃遗赠。

第四百三十四条 继承人对被继承人生前有谋夺财产、虐待遗弃、拒不承担扶养义务的，人民法院可以剥夺他的继承权。

第三章 法定继承

第四百三十五条 死者的配偶、子女（包括非婚生子女、养子女）、父母（包括养父母）、兄弟姐妹、祖父母（包括外祖父母）都有继承权。

有相互扶养关系的继父母与继子女间有相互继承的权利。

子女在父亲死后出生的，也享有继承权。

丧失配偶的儿媳与公婆之间、丧失配偶的女婿与岳父母之间有扶养关系的，互有继承权。

第四百三十六条 继承人按照下列顺序依次继承：

第一顺序：配偶、子女（包括非婚生子女、养子女）、父母（包括养父母）。

第二顺序：兄弟姐妹、祖父母（包括外祖父母）。

没有第一顺序继承人或者第一顺序继承人全部放弃或者丧失继承权的时候，第二顺序继承人才能继承。

本法第四百三十五条第二款、第四款的继承人适用第一顺序。

第四百三十七条 同一顺序的各继承人继承财产的份额，应当根据他们对死者生前所尽扶养义务的多少和劳动能力的有无、强弱等情况进行分配。

在有第一顺序继承人的情况下,第二顺序继承人中如果有人对死者尽了较多的扶养义务,应当在遗产中适当分给他们一部分。

第四百三十八条 被继承人的子女先于被继承人死亡或者被宣告死亡,被继承人子女的晚辈直系亲属可以代位继承。

代位继承人只能继承他们的父母有权继承的遗产份额。

第四百三十九条 对于法定继承人以外的受死者生前扶养的未成年人和无劳动能力的人,或者扶养过死者的人,应当在遗产中适当分给他们一部分。

第四章 遗嘱继承

第四百四十条 公民可以用书面的或者口述的遗嘱,将遗产的一部或者全部,指定由法定继承人中的一人、数人或者法定继承人以外的其他人继承。

第四百四十一条 遗嘱必须是遗嘱人的真实意思;因受威胁、强迫、欺骗所立的遗嘱和伪造、篡改的遗嘱,一律无效。

第四百四十二条 书面遗嘱应当由遗嘱人亲自书写,注明时间、地点,并签名。遗嘱人不能书写的,可以由他人代写,并由遗嘱人和代写人签名,也可以经公证机关、所在单位或者居住地基层组织证明。

第四百四十三条 口述遗嘱必须由两个以上无利害关系的人证明。

遗嘱人也可以向公证机关、所在单位或者居住地基层组织口述遗嘱,由上述单位作出记录,并由上述单位和记录人签名后存证。

第四百四十四条 遗嘱内容不得违反国家法律、法令、公共利益和社会主义道德准则。

遗嘱不得取消或者减少法定继承人中的未成年人和无劳动能力人以及胎儿应得的继承份额。

违反前两款规定的遗嘱无效。

第四百四十五条 遗嘱人可以变更或者撤销他所立的遗嘱,但必须按原立遗嘱的方式、程序进行。

第五章 遗 赠

第四百四十六条 公民可以用遗嘱将遗产的一部或者全部遗赠给国家、集体组织、社会团体,也可以将遗产赠给其他个人。

第四百四十七条 遗赠可以由遗赠人指定继承人执行,也可以由遗赠人所在单位、居住地基层组织或者公证机关执行。

第四百四十八条 受赠人如果不接受遗赠,遗赠财产可以按法定方式继承。

第四百四十九条 遗赠人如有债务,遗赠执行人应当先清偿债务,然后将遗赠财产交给遗赠受领人。

第六章 "五保户"遗产和无人继承遗产的处理

第四百五十条 "五保户"的遗产,除用于丧葬和清偿死者生前的债务外,其余部分,有遗嘱的,按遗嘱处理;没有遗嘱的,归所属集体组织所有。

"五保户"的亲友近邻对死者生前有过一定扶助的,可以从遗产中给予适当的照顾。

第四百五十一条 死者没有继承人,或者全部继承人放弃或者丧失继承权的时候,遗产归国家所有;如果死者是公社社员,遗产归所在集体组织所有。

居住在中华人民共和国境内的无国籍人死后财产无人继承的,依照前款的规定办理。

第七章 债务的清偿

第四百五十二条 死者生前个人所欠债务的清偿,应当以他的遗产的实际价值为限。如果死者的继承人没有劳动能力又无生活来源,在清偿债务的时候,应当优先保证他们必不可少的生活条件。

第四百五十三条 遗产归国家或者集体组织所有的时候,对死者的债务,由遗产接受单位在遗产的实际价值范围内负责清偿。

第八章 继承的特别规定

第四百五十四条 法定继承人因犯罪被判处徒刑,除本法第四百三十四条所规定的情况外,不影响享有继承权;他的应继份额应当保留,由他的代理人或者有关机关代为保管。

第四百五十五条 因犯罪被判处徒刑或者死刑的人死亡后,他的遗产,也应当按照本编的规定处理。

第七编 民事责任

第一章 通 则

第四百五十六条 公民、法人侵害社会主义公共财产,或者侵害他人的人身、财产,以及违反合同造成损害的,都应当承担民事责任。

第四百五十七条　确定民事责任,除适用本法其他各编的规定外,还适用本编的有关规定。

第四百五十八条　人民法院,在适用本法有关民事责任规定的时候,应当根据情况和行为的性质,单独适用或者合并适用第四百八十六条各项的规定。

第四百五十九条　致害人在承担民事责任的同时,不排除依法对他追究行政责任或者刑事责任。

第二章　确定责任的规定

一般规定

第四百六十条　公民和法人都有义务防止和避免社会主义公共财产或者公民的人身、财产遭受侵害。

第四百六十一条　公民因防止社会主义公共财产和他人的人身、财产遭受侵害而使自己受到损失的,有关单位或者受益人应当给予补偿。

第四百六十二条　对社会主义公共财产或者公民的生命、健康、财产负有直接保护责任的人员,有条件防止损害而听任损害发生的,应当对他们追究民事责任。

第四百六十三条　公民和法人面临遭受侵害的严重危险的时候,有权要求造成危险的一方或者有关单位消除危险;必要的时候,还可以请求公安机关、检察机关、人民法院给予保护。

第四百六十四条　公民、法人对社会主义公共财产或者他人的人身、财产造成损害的,只在有过错的情况下才承担民事责任。

第四百六十五条　两个以上共同造成损害的人,教唆或者帮助造成损害的人,都是共同致害人,承担连带责任。但法律、法令另有规定的除外。

第四百六十六条　受害人对于损害的发生也有过错的时候,可以根据具体情况,减轻或者免除致害人的民事责任。

第四百六十七条　因正当防卫造成损害的,不承担民事责任。但是,正当防卫超过必要限度,造成不应有的损害的,应当承担适当的民事责任。

第四百六十八条　因紧急避险造成损害的,如果危险不是他所引起的,不承担民事责任。但是,紧急避险超过必要限度造成损害的,应当承担适当的民事责任。

危险的发生如果是由第三人造成的,由造成危险的第三人承担民事责任。

特殊规定

第四百六十九条　无行为能力人和行为能力受限制的人造成的损害,由他们的父母、监护人或者有义务对他们进行监护的组织承担民事责任。但是,未成年人能够辨认自己行为的后果并且已有独立经济收入的,应当对自己造成的损害承担连带责任。

父母、监护人或者执行监护的组织如果能够证明自己已经尽到了监护责任,可以酌情减轻或者免除他们的责任。

第四百七十条 有行为能力的人,因病一时处于不能控制自己行为或者不能辨认自己行为后果的状态中造成损害的,不承担民事责任。

因酗酒、服用麻醉品等使自己处于上述状态造成损害的,应当承担民事责任。

第四百七十一条 法人对它的工作人员由于在执行职务中的过错造成的损害,应当承担民事责任。但法人承担民事责任后,可以向有过错的工作人员进行追偿。

第四百七十二条 国家工作人员利用职权故意使他人受到损害的,应当由工作人员本人承担民事责任。

第四百七十三条 强占、私分、挥霍浪费以及用其他手段侵害公共财产的,应当收缴非法所得、赔偿损失,还可以对他追究其他民事责任。

第四百七十四条 公民的姓名权、名誉权、肖像权等人身权受到侵犯的时候,受害人有权要求停止侵害,消除影响,还可以要求追究其他民事责任。

法人的名称、名誉、信用、商标等权利受到侵害的时候,适用前款的规定。

第四百七十五条 公民的宗教信仰、民族习惯受到非法侵害的时候,受害人有权请求停止侵害,消除影响,还可以请求追究其他民事责任。

第四百七十六条 从事高空、高压、易燃、易爆、剧毒、放射性等对周围环境有高度危险的作业而造成损害的,应当承担民事责任;如果能够证明损害是不可抗力或者是受害人故意造成的,可以不承担民事责任。

第四百七十七条 交通运输工具的驾驶人员,在执行职务中因过错造成交通事故致人损害的,除驾驶人员承担民事责任外,驾驶人员所在的单位应当承担赔偿责任。驾驶人员不是在执行职务中造成交通事故致人损害的,由本人承担责任。如果事故的发生完全或者部分由于受害人的过错造成的,驾驶人员和他的所在单位可以不承担或者少承担责任。如果损害完全由第三人的过错造成,由第三人承担责任。

第四百七十八条 企业、事业单位违反国家规定的废气、废渣、废水、粉尘、放射性物质等的排放标准和噪音、震动、恶臭等的控制标准,造成污染环境,损害公民健康,危害生产建设事业或者破坏自然资源等后果的,应当承担民事责任。

对于有条件治理而没有在主管机关或者人民法院规定期限内积极治理、消除污染的企业、事业单位,人民法院可以责令停产、停业治理或者搬迁。

第四百七十九条 违反法律、法令的规定,在生活居住区、水源保护区、名胜古迹、风景游览区、温泉、疗养区和自然保护区建立污染环境的企业、事业单位的,人民法院可以责令停产、停业或者搬迁,并赔偿损失。

第四百八十条 任何单位或者个人毁坏铁路、公路、机场、国防设施、森林、草原、破坏水土保持或者在自然保护区内非法狩猎,给公共财产和生态平衡造成损害的,应当承担民事责任。

第四百八十一条 损坏国家重点保护的文物、古建筑、古墓葬、古遗址和风景游览区的公共设施的,应当负责修复或者折价赔偿,还可以对致害人追究其他民事责任。

第四百八十二条 在公共场所、道旁和通道上堆放物品或者挖坑凿洞、修缮安装地下设施,没有设置明显标志和采取安全措施,造成人身、财产损害的,堆放人或者施工单位应当承担民事责任。

第四百八十三条 建筑物或者其他设施,由于设置或管理不善发生倒塌、脱落造成人身、财产损害的,它的所有人或者管理人应当承担民事责任。

第四百八十四条 饲养的动物造成他人人身、财产损害的,除损害是受害人故意引起的情形外,动物的所有人或者管理人应当承担民事责任。

前款所指的损害,如果是第三人的过错造成的,由第三人承担民事责任。

第四百八十五条 取得利益没有合法根据,因而造成他人损害的,应当将所取得的利益返还给受损害的人,受损害的人不明的,应当上交给国家。

取得利益的时候,虽有合法根据,但以后根据已经消失的,也应当返还所取得的利益。

取得利益的人不知道没有合法根据,并且所得的利益已不存在的,可以不负返还的责任。

第三章 承担责任的范围和方法

第四百八十六条 承担责任的范围和方法,包括:
(一)责令排除妨碍、停止侵害、消除危险;
(二)责令返还原物;
(三)责令恢复原状;
(四)责令赔偿损失;
(五)收缴进行非法活动的财物和非法所得;
(六)罚款;
(七)支付违约金;
(八)责令修理、更换、重作;
(九)责令赔礼道歉、消除影响、恢复名誉;
(十)责令具结悔过;
(十一)告诫;
(十二)责令停业、停产或者搬迁。

第四百八十七条 损害包括财产的损害和人身的损害。

第四百八十八条 侵害社会主义公共财产或者个人财产,不能返还原物或者恢复原状的,可以用质量相当的实物赔偿,也可以按照财产的实际价值折价赔偿。

第四百八十九条 损害他人身体健康或者造成他人死亡需要赔偿的,应当分别不同情况赔偿下列费用和损失：

（一）必要的医疗费用；

（二）误工的工资或者工分；

（三）残废者的生活补助费；

（四）死者的丧葬费和死者生前扶养的人的生活补助费；

（五）其他必需的费用。

第四百九十条　受害人因医治伤病所需的假期以及伤害的程度都必须以医院诊断证明书为根据；需转院治疗的，应当由原医院开具转院证明。

第四百九十一条　赔偿费和罚款，可以一次支付或者分期支付；也可以由工作单位分期扣付。

第四百九十二条　对于致害人的赔偿责任，人民法院可以根据损害发生的原因、给社会造成不良影响的程度、致害人的经济状况等情况，适当减免。

第四百九十三条　第四百八十六条第五、六两项的收入，应当上缴国库。对公民个人的罚款，一般不得超过本人六个月的劳动收入。

第四百九十四条　侵权损害赔偿责任的诉讼时效为一年，自受害人知道损害事实和致害人的时候起计算。请求权自侵害发生时候起三年内没有行使的，不再受人民法院的保护。

第八编　其他规定

第一章　期　限

第四百九十五条　法律、法令、法律行为、仲裁机关和人民法院规定的期限，按公历年、月、日、小时计算。

第四百九十六条　规定按小时计算期限的，即时开始计算。规定按日、星期、月或者年计算期限的，开始的当天不算入，从下一天开始计算。

第四百九十七条　期限的最后一天是星期日或者其他法定休假日的，以休假日的下一天为期限的最后一天。

期限最后一天的截止时间为第二十四点。有规定业务时间的，到停止业务活动的时间截止。

第四百九十八条　期限不是按日历连续计算的，一个月为三十天，一年为三百六十五天。

第四百九十九条　本法规定期限所称的"以上"、"届满"、"以下"的，都包括本数；称"不满"的不包括本数。

第二章 诉讼时效

第五百条 公民或者法人在民事权利受到侵害的时候,向人民法院或者仲裁机关请求保护的诉讼时效期限,公民之间为五年,公民与法人之间为三年,法人之间为二年。但法律、法令另有规定的不在此限。

第五百零一条 时效期限,从权利受到侵害的人知道或者应当知道侵害事实和致害人的时候起,开始计算。

第五百零二条 请求返还被非法侵占的社会主义公共财产的权利,不受时效限制。

人身权利受到侵害的时候,除法律、法令另有规定的以外,请求保护的权利不受诉讼时效的限制。

第五百零三条 已过诉讼时效期限的请求权,除法律、法令特别规定的以外,人民法院或者仲裁机关不予保护。但是,当事人自愿履行的不在此限。

第五百零四条 在时效期限内,权利人由于不可抗力或者不是由于自己的过错无法提出请求的,时效期限暂停计算。从暂停原因消灭之日起,时效期限继续计算,继续计算的期限不足六个月的,可以延长到六个月。

第五百零五条 权利受到侵害的人向仲裁机关或者人民法院提出请求,时效期限终止。从仲裁机关或者人民法院的裁决或者判决生效的时候起,时效期限重新开始。

第三章 适用范围

第五百零六条 中华人民共和国公民和法人在中华人民共和国领域内所发生的民事关系,除法律、法令特别规定的以外,都适用本法。

第五百零七条 中华人民共和国公民和法人在国外发生的民事关系,依照中华人民共和国的法律、法令和中华人民共和国所签订的国际条约或者依照国际惯例,应当适用本国法的,也适用本法。

第五百零八条 外国人、无国籍人和外国机构在中华人民共和国领域内所发生的民事关系,除中华人民共和国的法律、法令和中华人民共和国所签订的国际条约另有规定的以外,适用本法。

第五百零九条 本法自公布之日起施行,除法律、法令特别规定的以外,没有溯及既往的效力。

第五百一十条 民族自治地方的人民代表大会,对本法的实施,可以根据本法的基本精神,结合当地的政治、经济、文化的特点,制定某些变通的或者补充的规定,提请全国人民代表大会常务委员会批准后施行。

中华人民共和国民法草案(第四稿)

全国人大常委会法制委员会民法起草小组　1982年5月1日

目 录

第一编　民法的任务和基本原则
第二编　民事主体
　第一章　通　则
　第二章　公　民
　第三章　法　人
　第四章　国　家
　第五章　代　理
第三编　财产所有权
　第一章　通　则
　第二章　国家财产所有权
　第三章　集体组织财产所有权
　第四章　个人财产所有权
　第五章　共　有
　第六章　相邻关系
第四编　合　同
　第一章　通　则
　第二章　买　卖
　第三章　供　应
　第四章　农副产品收购
　第五章　赠　与
　第六章　借　贷
　第七章　信贷、结算
　第八章　借　用
　第九章　租　赁
　第十章　承　揽
　第十一章　基本建设工程包工

第十二章　运　输

第十三章　保　管

第十四章　委托、信托、居间

第十五章　社会服务

第十六章　联营、合伙

第十七章　保　险

第五编　智力成果权

第一章　通　则

第二章　著作权

第三章　发现权、发明权

第六编　财产继承权

第一章　通　则

第二章　法定继承

第三章　遗嘱继承

第四章　无人继承遗产的处理

第五章　债务的清偿

第六章　继承的特别规定

第七编　民事责任

第一章　通　则

第二章　确定责任的规定

第三章　承担责任的范围和方法

第八编　其他规定

第一章　期　限

第二章　诉讼时效

第三章　适用范围

第一编　民法的任务和基本原则

第一条　中华人民共和国民法调整公民之间、经济组织之间、事业单位之间、国家机关之间、社会团体之间以及他们相互之间的财产关系和人身关系，保护他们的合法权益。

前款规定的财产关系，不包括国家财政、税务、劳动和其他必须以行政方法调整的财产关系。

第二条　本法通过调整前条规定的财产关系和人身关系，巩固和发展社会主义公有制，维护社会经济秩序，促进社会主义精神文明建设，发扬社会主义道德风尚，保障社会主义现代化建设顺利进行，不断改善公民的物质和文化生活。

第三条　社会主义制度是民事关系的基础。民事活动不得损害社会主义利益，不容许一部分人剥削另一部分人。

第四条 国民经济实行计划调节为主、市场调节为辅的方针。民事活动必须服从国家计划的指导。

第五条 民事活动必须遵守国家的法律、法令；不得违背社会主义道德准则和优良风俗习惯。

第六条 民事活动实行平等互利和权利义务一致的原则。

第七条 民事活动应当兼顾国家、集体和个人三方的利益。任何一方都不得非法损害他方的利益。

第八条 民事活动应当遵守诚实信用、互助协作的原则。

第二编　民事主体

第一章　通　则

第九条 依照法律规定，能够享受民事权利和承担民事义务的，都是民事主体。

第十条 公民、法人是民事主体。

国家在参加民事活动的时候，也是民事主体。

第十一条 民事主体的法律地位平等。

第二章　公　民

第十二条 具有中华人民共和国国籍的人，都是中国公民。

第十三条 公民从出生的时候起到死亡的时候止，都具有权利能力，可以享有民事权利和承担民事义务。

第十四条 公民的权利能力一律平等，除法律特别规定的以外，不受任何限制。

第十五条 在民事活动中，不同民族、种族、宗教信仰、性别、职业、职务的公民，应当互相尊重，平等对待，不得歧视。

第十六条 公民依法享有的个人财产所有权、公共财产使用权、财产继承权和其他财产权利，受法律保护。

公民的生命健康权、人身自由权、姓名权、名誉权、荣誉权、肖像权、著作权、发现权、发明权和其他人身权利，受法律保护。

第十七条 公民有遵守法律和尊重他人合法权益、讲究文明礼貌的义务。

第十八条 公民为了保护社会主义公共财产，不顾个人安危见义勇为的，国家有关单位应当给予精神的或者物质的奖励。

第十九条 公民在社会主义公共财产或者他自己的合法权益受到侵犯的时候，

有权向人民法院或者其他主管机关请求保护。

第二十条　年满十八周岁的公民是成年人,具有行为能力,可以通过自己的行为取得民事权利和承担民事义务。

第二十一条　不满十八周岁的公民是未成年人。

不满六周岁的未成年人,是无行为能力的人,由他们的父母或者负责教养的近亲属,或者其他监护人,作为法定代理人,代理民事活动。

六周岁以上不满十八周岁的未成年人,是行为能力受限制的人,他们可以进行日常生活需要的民事活动;其他民事活动,应当由他们的法定代理人代理,或者征得法定代理人的同意。

第二十二条　十六周岁以上不满十八周岁的未成年人,已经参加劳动或者工作并有固定劳动收入的,认为是有行为能力的人。

第二十三条　对于精神病患者或者因精神失常不能独立处理自己事务的人,经利害关系人申请,人民法院在查明事实后,应当宣告为无行为能力的人,并对他设置监护人。

间歇性精神病人,如果没有被宣告为无行为能力的人,在他精神正常的时候,可以进行民事活动。

第二十四条　无行为能力的人所进行的民事活动,行为能力受限制的人所进行的依法不能独立进行的民事活动,以及行为人在神志不清不能辨认自己行为后果的情况下所进行的民事活动,都不发生法律效力。

第二十五条　被宣告为无行为能力的人,应当由他的配偶、父母、子女或者其他近亲属担任监护人。对担任监护人有争议的,由人民法院指定;没有近亲属或者近亲属不宜作监护人的,人民法院可以指定被宣告为无行为能力的人的所属单位或者其他人担任监护人。

监护人应当保护被监护人的健康、财产和其他合法权益。

第二十六条　对于被宣告为无行为能力的人,在他精神恢复正常,并能独立处理自己事务的时候,经本人或者利害关系人申请,人民法院在查明属实后,应当宣告他恢复行为能力,并撤销对他的监护。

第二十七条　公民以他的经常居住地为住所。

被监护人以监护人的住所为住所。

第二十八条　公民离开自己的住所没有任何消息满一年的,经利害关系人申请,人民法院在查明事实后,可以宣告他为失踪人。

失踪人的财产应当由失踪人的配偶、父母、子女或者由其他近亲属代管;没有近亲属的,由人民法院指定的人代管。失踪人负担的抚养费,所欠的债务,以及因管理失踪人的财产所必需的费用,从失踪人的财产中支付。

第二十九条　被宣告失踪的人重新出现,或者有人确知他下落的时候,经本人或者利害关系人申请,人民法院应当撤销对他的失踪宣告。

第三十条 公民有下列情况之一的,经利害关系人申请,由人民法院依照审判程序宣告死亡:
(一)离开自己住所,没有任何消息满四年的;
(二)因遇危险或者其他意外事故而失踪,从危险事故发生之日起满二年的;
(三)因军事行动而失踪,从军事行动结束之日起满三年的;
(四)因遇危险或者其他意外事故或者军事行动而失踪,根据已知情况能够推定他已经死亡,从危险事故发生或者军事行动结束之日起满一年的。
人民法院宣告的死亡日期,视为失踪人死亡的日期。

第三十一条 被宣告死亡的人重新出现,或者有人确知他下落的时候,经本人或者利害关系人申请,人民法院应当撤销对他的死亡宣告。

被撤销死亡宣告的人要求返还财产的时候,如果他的财产已经由公民无偿取得,应当返还现在存在的财产;如果他的财产已由国家或者集体组织无偿接收,原物存在的,应当返还原物,原物不存在的,应当给予适当的补偿。

第三章 法 人

第三十二条 法人是具有民事主体资格的企业、事业单位、国家机关、社会团体和其他组织。

第三十三条 法人必须具备下列条件:
(一)具有一定的组织机构;
(二)具有依法归自己所有的,或者依法独立支配和处分的财产;
(三)能够用自己的名义进行民事活动,享有民事权利和承担民事义务。

第三十四条 法人应当有自己的名称、住所、组织章程或者组织条例。

第三十五条 国家机关和依法不需经过核准、登记的其他组织,自成立之日起,即具有法人资格。

企业、事业单位和社会团体等组织,只有经有关主管机关核准、登记并公告,才能取得法人资格。

没有取得法人资格的组织,不得以自己的名义进行民事活动。

第三十六条 外国人在我国领域内成立的企业和其他组织,必须经我国政府指定的机关核准、登记,才能取得法人资格。

第三十七条 法人的权利能力和行为能力,从法人成立的时候开始,到撤销或者解散的时候终止。

第三十八条 法人必须在法律、法令规定的或者核准、登记的业务范围内,进行民事活动,并承担对国家和社会应尽的义务。

第三十九条 法人对自己的民事活动,以依法归自己所有的或者依法独立支配和处分的财产,承担财产责任。

第四十条 法人的民事活动,由它的负责人代表进行。
法人对它的负责人和其他工作人员在职权范围内的活动,承担责任。

第四十一条 法人的合法财产权益,以及法人的名称、名誉、荣誉、著作、发现、发明和商标等权利,受法律保护。

没有法律、法令的根据和主管机关批准,任何单位和个人不得擅自向法人摊派费用,抽调物资,调用人员。

第四十二条 法人经主管机关批准实行合并、分立、转产、停产或者其他重大变更,应当及时公告;依法必须登记的,还应当在原登记机关进行变更登记。

第四十三条 法人发生合并、分立或者其他组织变更的时候,它的权利和义务,除法律、法令另有规定的以外,应当由合并、分立或者其他组织变更后的法人承受。

第四十四条 法人由于下列原因撤销或者解散:
(一)依照法律、法令或者主管机关的决定撤销;
(二)法人的任务已经完成;
(三)法人的行为严重违反法律、法令或者社会公共利益,经主管机关命令或者人民法院判决宣告解散;
(四)经职工(社员、会员)大会或者代表大会决议,并经主管机关批准解散;
(五)其他原因。

第四十五条 法人撤销或者解散,都应当依法公告,并进行撤销登记。对于撤销或解散的法人的财产,应当在主管机关监督下,必要时在人民法院参加下,成立清理组织,进行清理。

在清理财产的时候,对撤销或者解散的法人的债务,应当按照法定程序进行清偿。

第四章 国　家

第四十六条 国家代表全国人民的利益进行民事活动的时候,是特殊的民事主体。

第四十七条 国家在民事活动中享有除专属公民、法人以外的一切民事权利,并承担相应的民事义务。

第四十八条 中华人民共和国是全部国家财产的唯一所有人。
国家授权国家机关、企业、事业单位经营管理国家财产,并且规定它们行使经营管理权的范围。

第四十九条 国家以国库财产进行民事活动,承担财产责任。

第五十条 国家机关在法律、法令规定和特别授权的情况下,可以用国家的名义进行民事活动。

第五章 代 理

第五十一条 公民、法人或者作为民事主体的国家,都可以通过代理人进行民事活动。

代理人在代理权限内,以被代理人的名义进行的民事活动,直接对被代理人发生效力。

第五十二条 代理人依照被代理人的委托(委托代理),或者根据法律规定(法定代理)或者由人民法院、主管机关指定(指定代理)行使代理权。

第五十三条 被代理人委托数人共同代理的时候,除被代理人另有表示外,代理人应当共同负责。

第五十四条 指定代理、公民之间的委托代理,可以用书面形式,也可以用口头形式。

法人和法人、法人和公民之间的委托代理,必须用书面形式。

第五十五条 委托书或者指定书应当载明代理人的姓名、代理的事项、权限、有效期限和委托或者指定的日期,并且由被代理人或者指定机关签名或者盖章。

法律、法令规定需要公证的委托书,必须经公证机关公证。

第五十六条 没有代理权、超越代理权或者代理权消灭后的代理活动,只有经过被代理人的追认,才能对被代理人发生效力。

未经追认的代理活动所造成的损害,由进行代理活动的人承担赔偿责任。

第五十七条 代理人为了保护被代理人的利益,需要转托第三人再代理的时候,应当事先取得被代理人的同意;如果不能事先取得被代理人的同意,应当在事后及时通知被代理人,并对再代理人的行为承担责任。

第五十八条 代理人不得以代理人的名义同自己或者同自己所代理的其他人订立合同,或者实施其他法律行为。

第五十九条 委托代理和指定代理因下列情况而终止:

(一)代理期限届满或者代理任务已经完成;

(二)被代理人取消委托、代理人辞去委托或者指定代理的机关取消指定;

(三)被代理人或者代理人死亡,或者代理人丧失行为能力;

(四)作为被代理人或者代理人的法人解散。

第六十条 法定代理因下列情况而终止:

(一)被代理人取得或者恢复行为能力;

(二)代理人和被代理人之间的亲属关系或者监护关系已经不存在;

(三)代理人丧失行为能力。

第三编 财产所有权

第一章 通　则

第六十一条 财产所有人在法律、法令规定的范围内,对财产享有占有、使用、处分的权利。

第六十二条 国家保护下列财产所有权:
国家财产所有权;
劳动群众集体组织财产所有权;
个人财产所有权。

第六十三条 国家保护文化团体、宗教团体和其他社会团体的合法财产。

第六十四条 财产所有权的取得,必须符合法律、法令的规定。
依照合同或者其他合法方式取得财产的,除法律、法令另有规定或者当事人另有约定的以外,财产所有权自财产交付的时候起转移。

第六十五条 使用和经营管理他人财产的收益,除法律、法令或者合同另有规定的以外,归财产所有人所有。

第六十六条 财产使用人经所有人同意在所使用的财产上增添的附加物,归使用人所有。在返还财产的时候,能够拆除的,使用人有权拆除,但是应当恢复财产原状;不能拆除的,或者拆除后影响原物价值的,可以折价归财产所有人所有。

第六十七条 财产所有权发生争议的,由人民法院予以确认。
财产所有权受到侵犯的时候,所有人或者经营管理人有权向人民法院提起诉讼。

第六十八条 社会主义公共财产受到侵犯的时候,任何人都有权向司法机关或者其他有关机关检举控告;人民检察机关有权向人民法院提起诉讼。

第六十九条 对于侵犯财产所有权的行为,不论是否追究行政责任或者刑事责任,都应当追究民事责任。

第七十条 行使所有权,必须符合环境保护和生态平衡的要求;不得妨害社会公共利益和公民的合法权益。
行使所有权,不得破坏名胜古迹、国家规定的风景区、游览区、自然保护区和依法保护的寺庙以及其他宗教建筑。
为了保护公共利益和公民健康,国家可以对所有权的行使进行必要的限制。

第七十一条 兴建农田水利,开垦滩涂荒地,使用草原、草场,修造建筑物,以及从事其他事业,都不得破坏自然资源和国家工程设施。
严格保护森林、养殖水面、草原、草场,禁止擅自砍伐、围垦、耕种。
国家保护珍贵动植物,严禁非法狩猎和破坏。

第七十二条 禁止租赁、买卖或者变相买卖土地。

第七十三条 为了公共利益的需要,国家可以按照法律、法令规定的条件和审批程序,本着节约、专用的原则,对不属于国家的土地实行征购、征用或者收归国有。

征购、征用土地必须按照国家规定给付补偿;被征购、征用土地的,不得另提条件,妨碍国家建设的进行。

第七十四条 非经主管机关批准,任何单位和个人都不得占用土地;违反的,应当责令退还并追究法律责任。

第七十五条 没有所有人或者所有人不明的财产是无主财产。无主财产归国家所有。

第七十六条 所有人不明的埋藏物和隐藏物,归国家所有。埋藏物和隐藏物的发现人把所发现的财物交给国家的,有关机关应当给发现人以适当的精神奖励或者物质奖励。

第七十七条 拾得遗失物的人,应当把拾得物如数交还失主,如果失主不明,应当交给公安机关或者有关单位。

拾得物经公安机关或者有关单位公告招领满一年无人认领的,归国家所有。

拾得遗失物的人因保管遗失物而支出的费用,失主应当如数偿还;交归国家的,由有关机关给予补偿。

第七十八条 拾得漂流物和失散的饲养动物,适用前条的规定。

第七十九条 违反第七十六条、第七十七条、第七十八条的规定,不把财产交出而据为己有的,视为非法占有。

第二章 国家财产所有权

第八十条 国家财产是社会主义全民所有的财产。

国家财产所有权属于中华人民共和国。

第八十一条 国家财产包括:

(一)国家所有的土地、矿藏、水流、森林、草原、草场、荒地、滩涂和其他水陆自然资源;矿藏、水流属于国家专有,城市的土地属于国家所有;

(二)国家所有的银行、邮电、工业、农业、商业、服务业以及交通运输、建筑业等企业;

(三)国家所有的建筑物、铁路、公路、电站、输变电线路、水库和军事、通讯、文化、教育、卫生、科学、体育等设施;

(四)国家所有的历史文物、古建筑、古墓葬、古遗址;

(五)国家在国外的财产;

(六)不能证实属于个人或者集体所有的财产;

(七)国家所有的其他财产。

第八十二条 国家机关、国营企业和事业单位在国家授权的范围内,对它经营管理的国家财产行使占有、使用、处分的权利。

第八十三条 国营企业和事业单位,对它所经营管理的固定资产,除法律、法令另有规定的以外,不得出卖、出租或者转让。

第八十四条 矿藏和森林等国家资源的开发利用,必须依照法律、法令规定的审批程序进行。擅自开采矿藏、砍伐森林等破坏国家资源的,必须追究法律责任。

第八十五条 国家所有的小面积的荒山、荒地、沙地、滩涂、水面等,经县以上人民政府批准,可以无偿或者有偿地交给集体组织或者社员使用,所有权仍属国家,收益归集体组织或者社员所有。

第八十六条 下列行为是侵犯国家财产所有权的行为:
(一)侵占、哄抢、损毁、挥霍浪费国家财产;
(二)违反财产纪律,请客送礼,吃请受贿;
(三)挪用公款,滥发奖金或者补贴,私分产品和财物;
(四)截留、挪用、挤占应当上缴国库的财政收入;
(五)向国营企业、事业单位非法摊派各种费用;
(六)其他侵犯国家财产的行为。
玩忽职守,不负责任,弄虚作假,给国家财产造成损失的,视为侵犯国家财产所有权的行为。

第三章 集体组织财产所有权

第八十七条 集体组织财产是社会主义劳动群众集体所有的财产。
集体组织财产所有权属于劳动群众的集体组织。

第八十八条 集体组织的财产包括:
(一)集体组织所有的土地、山林、草原、草场、滩涂、水面、水库、电站和农田水利设施;
(二)集体组织所有的工业、农业、商业、服务业以及交通运输、建筑业等企业;
(三)集体组织所有的建筑物和文化、教育、卫生、科学、体育等设施;
(四)国家无偿拨归集体组织所有的财产;
(五)集体组织合法取得的其他财产。

第八十九条 集体组织土地所有权不包括地下矿藏。

第九十条 农村集体经济组织包给社员的耕地和分配给社员使用的自留地(自留山)、宅基地的所有权,仍属该集体组织。

第九十一条 包给社员的耕地和分配给社员的自留地(自留山),社员只能用于农业生产,不准擅自用于建房、葬坟,以及开矿等非农业生产。

第九十二条 集体组织行使所有权,必须按照法律、法令的规定,接受国家计划的指导,不得利用自己所有的财产进行损害国家和他人利益的活动。

第九十三条 下列行为是侵犯集体组织财产所有权的行为:
(一)侵占、哄抢、损毁集体财产;
(二)对集体组织的财产无偿占有,克扣挪用;
(三)不符合法定手续的征用、征购和收归国有;
(四)向集体组织非法摊派、征收各种费用和物资;
(五)挥霍浪费集体财物,或者违反制度用集体财物请客送礼;
(六)社员违反规定,任意扩大自留地(自留山)、宅基地;
(七)其他非法侵犯集体财产的行为。

无偿抽调集体组织的劳力或者虚报所属集体组织的产量,玩忽职守,不负责任,给集体组织造成损失的,视为侵犯集体组织财产所有权的行为。

第四章 个人财产所有权

第九十四条 个人财产是公民个人通过劳动或者其他合法方式取得的财产。个人财产所有权属于公民个人。

第九十五条 个人财产包括:
(一)公民的劳动收入,经营自留地(自留山)、家庭副业所得的收益;
(二)公民自有的房屋、储蓄和生活用品;
(三)公民自有的竹木、果树、家禽和牲畜;
(四)公民自有的农具、工具;
(五)公民自有的文物、图书资料;
(六)公民所得的侨汇、外汇和继承、受赠的财产以及其他合法所得;
(七)公民依法从事生产经营活动或者从事社会服务事业的生产资料、产品和收益;
(八)依法归公民所有的其他财产。

第九十六条 国家保护公民个人财产不受侵犯。任何单位或者个人,都不得非法冻结、查封、没收、侵占或者毁损公民的个人财产。

第九十七条 公民所有的房屋,因公共建设需要拆迁的时候,必须经县以上人民政府批准,并按规定给予补偿。对于迁出住房的公民,要进行妥善安置。限期迁出的公民不得拒绝搬迁。

第九十八条 公民在法律、法令许可的范围内,可以用个人财产从事有益社会的生产经营活动和其他社会事业。

第五章 共 有

第九十九条 财产可以由两个以上的公民或者法人共有。

共有分为按份共有和共同共有。

第一百条　按份共有人分别按照各自所有的份额,对共有财产享有权利,承担义务。

第一百零一条　按份共有人使用和处分共有财产的时候,有协议的,按照协议办理;没有协议的,应当通过协商取得一致意见。意见不一致的时候,按照拥有财产份额一半以上的共有人的意见办理,但不得损害其他共有人的利益。

第一百零二条　按份共有人对于自己的财产份额,有权转让或者要求分割。

按份共有人在出卖他的财产份额的时候,必须通过其他共有人。其他共有人接到通知后一个月内,在同等条件下有优先购买权。

违反前款规定的,其他共有人在三个月之内有权向人民法院提起诉讼。

第一百零三条　每个共同共有人对于全部共同共有财产,享有权利和承担义务。

第一百零四条　对于共同共有财产的使用、处分或者分割,除法律、法令另有规定或者共同共有人另有约定的以外,必须取得全体共有人的同意。

第一百零五条　家庭成员积累、购置、受赠的财产,家庭成员交给家庭的财产和共同生活期间共同劳动的收入,是家庭共有财产。

家庭共有财产,归家庭成员共同共有。

第一百零六条　家庭成员在分割家庭共有财产的时候,应当本着团结和睦、互助互让的精神协商处理。意见不一致的时候,由人民调解委员会或者人民法院根据共有人对家庭贡献大小、经济状况、每个人的生产和生活需要,确定各自应得的财产份额。

第一百零七条　共有人对共有财产进行分割的时候,对不能分割或者分割后会降低或者损害使用价值的财产,应当作价分割。

第六章　相邻关系

第一百零八条　相邻各方对土地、草原、草场、山林、水利、管线、道路、建筑物、聚居宅院等,在行使所有权或者使用权的时候,应当按照有利于生产、生活、互助团结的原则,正确处理相邻关系,不得只顾自己的利益,妨碍公共利益和邻人的合法权益。

第一百零九条　相邻各方在使用土地、草原、草场、山林、水面、河道、道路、宅基地等的时候,因地界不清发生争议的,除涉及行政区划外,应当在主管机关主持下,参照历史和现实的情况,互谅互让,协商解决;协商不成的,由人民法院处理。

第一百一十条　相邻各方共同使用、受益的道路、桥梁、渡口、堤堰、水渠、凉亭、界墙等,由相邻各方共同养护。

第一百一十一条　相邻一方因建筑施工、架设电线、埋设管道等,必须临时使用他方土地的,他方应当允许。但使用土地的一方,应当于事后清理现场,恢复原状;因此造成他方损失的,应当给予适当的补偿。

第一百一十二条　相邻一方因建筑物别无其他通道,或者土地在邻人的土地包围之中,必须通过邻人土地的,邻人应当允许。如果因此造成他方损失需要给予补偿的,由双方协商解决。

第一百一十三条　对于历史形成的通道,土地的所有人或者使用人不得任意堵塞,妨碍邻人的正常通行。如果必须改道,应当由双方协商解决。

第一百一十四条　牧区的相邻一方,因自然灾害或者季节性调剂牧场的需要,必须到他方使用草原、草场的,应当按照互助互利的原则,协商解决;协商不成的,由主管机关决定。

第一百一十五条　相邻各方对于自然流水的利用,应当合理分配。如果一方擅自堵截,影响他方使用,他方有权请求拆除。如果造成损失,应当给予赔偿。

第一百一十六条　相邻各方对于自然流水的排放,应当尊重自然形成的流向。一方需要改变流向,影响他方利益的时候,应当征得他方的同意,并对由此造成的损失,给予适当的补偿。

第一百一十七条　相邻的一方在修造建筑物的时候,应当采取相应的措施,不使滴水泻注、危害邻人的建筑物。

第一百一十八条　修建厕所、牧畜栏厩、堆放腐烂物、放射性物、易燃易爆物、有毒物等,应当注意与邻人生活居住的建筑物保持适当的距离,或者采取相应的防护措施。

挖坑、埋设管道等不得危害邻人的建筑物。

第一百一十九条　排放废水、废渣、废气超过国家规定标准,影响邻人生产、生活的,邻人有权提请环境保护机关或者人民法院依法处理。

第一百二十条　建筑施工、地质勘探、科学实验等单位,在进行作业过程中,应当尽可能地减少对周围邻人生产、生活的影响。作业完毕后,应当对原来的道路、场地、水源、树木等,负责整修、平复、重新栽培;造成损失的,应当给予赔偿。

第一百二十一条　相邻的一方以高音、喧嚣、震动妨碍邻人的工作、生活、休息而不听劝阻的,或者有条件改正而不改正的,视为侵犯他人合法权益的行为。

第四编　合　同

第一章　通　则

一般规定

第一百二十二条　合同(契约)是民事主体之间以确定、变更、终止民事权利义务关系为目的的协商一致的行为。

第一百二十三条　合同用书面形式订立,也可以用口头或者其他形式订立;法律规定必须用书面形式的,只有用书面形式,才有法律效力。

第一百二十四条 合同一般包括以下内容:
(一)标的(即民事活动要达到的目的,如交付财产、提供劳务、完成工作等);
(二)数量、质量和规格;
(三)价款、酬金和管理费用;
(四)履行的期限、地点和方式;
(五)有关互相协作的要求;
(六)有关交货、验收的方法;
(七)有关财务结算的约定;
(八)有关违约责任的规定;
(九)当事人要求必须规定的其他条款。

第一百二十五条 合同的内容,不得违反法律、法令和国家计划的要求,不得与社会公共利益或者社会主义道德准则相抵触。

第一百二十六条 当事人应当平等协商订立合同,任何一方不得把自己的意志强加给对方,任何组织和个人不得非法干预。

第一百二十七条 当事人应当发扬互助协作精神履行合同规定的义务。如果发生纠纷,应当及时协商解决;协商不成的,由仲裁机关或者人民法院解决。

合同的订立

第一百二十八条 当事人之间就合同的主要条款协商一致,合同即为成立。
根据法律、法令规定或者按照合同性质必须具备的条款,以及当事人任何一方要求必须规定的条款,都是合同的主要条款。

第一百二十九条 法律、法令规定合同需要鉴证、公证、第三人证明或者在有关机关核准登记的,必须履行法定手续,合同才能生效。

第一百三十条 用口头或者通过电话等直接表达的方式作出订立合同提议的,如果对方没有立即作出相应的答复,或者没有按照约定期限作出答复,提议订立合同的一方不再受提议的约束。

第一百三十一条 用书信或者电报的方式作出订立合同的提议,同时指明等待答复的期限的,对方应当在期限届满以前作出答复;如果没有指明期限,应当及时作出答复。
接受订立合同提议的答复虽然及时发出,但因送达迟误而超过期限的,提议的一方应当即时将逾期收到答复的情况通知对方,否则认为提议已被接受。
改变订立合同提议的答复,或者超过期限的答复,应当看做是对方作出的新的订立合同的提议。

第一百三十二条 为执行国家指令性计划,有关经济组织之间必须订立合同的,任何一方都有权请求对方订立合同。如果一方拒绝订立合同或者发生其他争议,另一方有权请求上级主管机关或者仲裁机关解决。

第一百三十三条 在国家计划许可的范围内和经济合理的原则下，当事人有权择优选购产品签订合同，任何地区和部门不得限制和封锁。违反的，应当追究责任人员的法律责任。

第一百三十四条 违反法律、法令规定的或者有意逃避法律、法令约束的合同，没有法律效力。

第一百三十五条 一方采取欺骗、威吓、与他人恶意串通的手段，或者乘人之危使对方违背本人意志所订立的合同，可以根据受害一方或有关单位的起诉宣布无效。

第一百三十六条 无效的合同，从订立的时候起，就没有法律效力。

确认合同部分无效的，如果不影响其余部分的效力，其余部分仍然有效。

第一百三十七条 合同被确认无效后，当事人依据该合同所取得财产，应当返还给对方。有过错的一方应当赔偿对方因此所受的损失；如果双方都有过错，各自承担相应的责任。

第一百三十八条 合同显然违反国家利益和社会公共利益，如果双方都是故意的，应当追缴双方已经取得或者约定取得的财产，归国家所有；如果只有一方是故意的，故意的一方应当将所取得的财产返还对方，非故意的一方已经从对方取得或者约定取得的财产，收归国家所有。

第一百三十九条 当事人可以约定以将来某种事件是否发生作为合同权利义务产生或者消灭的条件，但是不得为自己的利益以不正当手段促使或者阻碍条件的形成。

第一百四十条 禁止订立假合同、倒卖合同以及利用合同买空卖空等非法活动；违反的，应当追究法律责任。

合同的履行

第一百四十一条 合同一经订立，双方当事人都必须严格按照合同规定，全面履行自己的义务。

第一百四十二条 合同中有关质量、期限、地点和价款规定不明确，又不能从合同的性质或者条款内容中直接推定的，适用下列规定。

质量要求不明确的，按照同类物品或者同类劳务的中等质量标准履行。

履行期限不明确的，当事人任何一方都可以随时向对方履行义务，也可以随时请求对方履行义务，但是应当给对方必要的准备时间。

履行地点不明确的，如果合同的标的是交付建筑物，在建筑物所在地履行；如果是给付货币，在接受给付一方的所在地履行；其他标的在履行义务一方的所在地履行。

价款不明确的，按照物价管理机关或者劳动管理机关的规定履行；没有规定的，参照同类物品的价格或者同类劳务的报酬履行。

第一百四十三条 用货币履行义务,除法律、法令另有规定的以外,必须用人民币计算和给付。

法人之间用货币履行义务,除按照国家规定可以使用现金履行的以外,必须通过银行、信用合作社或者其他合法的金融机构办理转账结算。

第一百四十四条 当事人一方有两人以上的时候,如果合同标的是可分的,每个当事人就各自的财产份额取得相应的请求权,或者承担相应的清偿义务。但法律、法令或者合同另有规定的除外。

第一百四十五条 根据法律、法令或者合同的规定,两个以上的人享有连带权利的,任何一人都有权请求对方履行部分或者全部义务;其中一人接受履行部分或者全部义务后,其他连带权利人的请求权即部分或者全部消灭。

接受履行部分或者全部义务的人,应当偿付其他连带权利人各自应得的份额。

第一百四十六条 根据法律、法令或者合同的规定,两个以上的人负有连带义务的,有请求权的一方可以向其中任何一人请求履行部分或者全部义务。其中一人履行部分或者全部义务后,其他连带义务人的义务即部分或者全部解除。

履行了部分或者全部义务的人,有权向其他负有连带义务的人请求偿付他们各自应当承担的份额。

第一百四十七条 有履行义务的一方因对方下落不明而无法履行,或者对方没有正当理由拒绝接受履行的时候,经公证机关证明或者人民法院裁定,可以将履行的标的物向有关主管机关提存。提存费用由对方负担。标的物提存后,合同义务即认为已经履行。

合同的担保

第一百四十八条 担保是法律、法令规定的或者当事人协商确定的保证合同履行的办法。

第一百四十九条 保证人是保证当事人一方履行合同的第三人。被保证的当事人不履行合同的时候,保证人和被保证人一起承担连带责任。

保证人有两人以上的,他们应当共同承担连带责任。

保证人履行合同以后,有权向被保证人请求偿还。

第一百五十条 定金是当事人一方为保证履行合同向对方给付的金额。合同履行后,定金应当收回,或者抵作价款。

给付定金的一方不履行合同,无权请求返还定金;接受定金的一方不履行合同的,应当返还定金,并依照本法第一百五十七条的规定承担责任。

第一百五十一条 当事人一方依照合同规定,保管对方的财物或者接受来料加工,在对方不按期或者不如数给付保管费、加工费的时候,有权留置他的财物。不履行合同超过六个月的,保管人或者加工人在法律、法令许可的范围内,可以变卖留置的财物,从价款中优先清偿。

第一百五十二条 抵押是当事人一方或者第三人为履行合同向对方提供的财产保证。负有义务的一方不履行义务的时候,抵押权人在法律、法令许可的范围内,可以从变卖抵押物所得的价款中优先得到清偿。变卖抵押物的价款,不足给付应当清偿的数额的,抵押权人有权向负有清偿义务的一方请求给付不足的部分。

法律、法令禁止流通和禁止强制执行的财产,都不得作为抵押物。

经当事人双方同意,抵押物可以交由抵押权人保管,也可以由提供抵押物的人自己保管。抵押权人由于保管不善造成抵押物损坏或者灭失的,应当负赔偿责任。

抵押权的设定一般应当采用书面形式。

合同的变更和解除

第一百五十三条 当事人双方经过协商一致,可以变更或者解除合同,但不得因此影响国家计划的执行。

因变更或者解除合同造成损失的,由有过错的一方承担责任。

第一百五十四条 根据国家指令性计划订立的合同,如果当事人需要变更或者解除,必须报请计划主管机关批准。

第一百五十五条 因重大误解而订立的合同,误解的一方或者双方有权提出解除合同;但应当在发觉误解后及时提出。如果合同已经全部履行或者部分履行,双方应当按照第一百三十七条的规定协商解决;协商不成的,由仲裁机关或者人民法院处理。

第一百五十六条 当事人一方可以把自己享有的请求权或者应当履行的义务转让给第三人。但是与人身相联系的权利义务不得转让。

权利的转让必须及时通知对方,义务的转让必须征得对方的同意,否则,此项转让没有法律效力。

根据国家计划订立的合同,在转让权利或者义务的时候,必须经过计划主管机关的批准。

违反合同的责任

第一百五十七条 当事人一方因过错致使合同不能履行或者不能完全履行的,除法律、法令另有规定的以外,应当按照合同规定,向对方给付违约金;如果违约金不足弥补损失,还应当补足差额。

损失包括财产上的直接减少和失去的实际上可以获得的利益。但是,法律、法令另有规定或者当事人另有约定的不在此限。

第一百五十八条 当事人双方对合同的不能履行或者不能完全履行都有过错的,应当根据实际情况,分别承担相应的责任。

第一百五十九条 由于主管机关、上级领导人的过错,致使合同不能履行或者不能完全履行的时候,应当由有过错的主管机关或者上级领导人承担责任。

第一百六十条 违反合同的一方不得以承担经济责任的办法,代替合同的实际履行。但是,下列情况除外:

(一)合同的履行在事实上已经不可能;

(二)合同的履行已经没有实际意义。

第一百六十一条 当事人一方已经尽了最大努力,仍然不能履行或者不能完全履行合同的,应当及时向对方说明情况,以避免或者减轻可能造成的损失。对方在接到通知以后,如果能够采取而没有及时采取有效措施,防止损失的发生或者扩大的,不能履行或者不能完全履行合同的一方对由此发生或者扩大的损失不承担责任。

第一百六十二条 当事人一方由于不可抗力而不能履行或者不能完全履行合同的,在提供证明并经主管机关核实后,可以不承担责任。但是,法律、法令另有规定的除外。

合同的终止

第一百六十三条 当事人双方按照合同的规定,履行全部义务后,合同即行终止。

合同也可以由于下列原因而终止:

(一)经当事人双方协商一致同意;

(二)由于仲裁机关、人民法院的裁决;

(三)当事人双方混同为一人;

(四)不是由于当事人的过错致使合同义务不能履行;

(五)合同规定的权利义务与当事人的人身相联系的,因当事人一方的死亡;

(六)法人撤销或者解散。

第一百六十四条 合同终止,当事人之间根据合同确定的权利义务即行消灭。

第二章 买 卖

第一百六十五条 按照买卖合同,卖方应当将物品出售给买方,买方应当接受物品并支付价款。

卖方应当保证对所出售的物品有合法的权利。

第一百六十六条 当事人双方必须按照国家物价管理机关规定的价格进行买卖。法律、法令允许议价的物品,可以由买卖双方议定合理的价格。

卖方违反物价管理规定擅自提价或者变相提价的,应当收缴卖方的非法所得,并责令赔偿买方因此受到的损失;情节严重的,应当追究法律责任。

第一百六十七条 出售物品的质量、规格应当符合国家规定的或者双方约定的标准。不符合标准的,买方可以请求卖方更换、修理或者退货;经双方协商一致,也可以适当降低价格;买方如果受到损失,可以请求赔偿。

出售物品不得以次充好,掺杂使假;违反的,应当追究民事责任。

第一百六十八条 卖方减价出售有缺陷的物品,应当向买方说明物品的缺陷。卖方隐瞒物品缺陷的,买方有权请求按照本法第一百六十七条第一款的规定处理。

第一百六十九条 买方接受物品后,发现物品原有缺陷,应当及时向卖方提出。除法律、法令另有规定或者当事人另有约定的以外,对物品缺陷提出请求权的期限为六个月,对建筑物的缺陷提出请求权的期限为二年,从接受之日起计算。

第一百七十条 卖方应当按照双方约定的数量交付物品。买方应及时验收,发现物品数量不足,有权要求补足、减价或者退货。

第一百七十一条 卖方应当按照双方约定的期限交付物品。过期交付的,买方有权退货,并有权请求给付违约金或者赔偿损失。提前交货的,买方有权拒收,也可以代为妥善保管,保管费用由卖方支付,买方可以按原定期限付款。

第一百七十二条 买方应当按照双方约定的期限接受或者提取物品。买方拒绝接受或者过期提取的,卖方有权要求给付违约金或者赔偿损失。

第一百七十三条 买方应当按约定的期限支付价款,过期付款的,卖方有权要求对方给付违约金或者赔偿损失。

第一百七十四条 买卖房屋的合同必须经过房产管理机关或者农村基层政权机关审查,并经纳税和办理房产证以后,才能生效。

第一百七十五条 商业企业售货人员对待顾客应当文明礼貌,并如实地介绍商品的性能、质量以及使用和保养的方法。

顾客选购商品的时候,应当爱护商品,遵守制度;损坏商品的,应当承担赔偿责任。

第一百七十六条 国家保护法律、法令许可的买卖。

禁止买卖票证;禁止买卖毒品、假药、黄色书画、淫秽录音、录像制品以及其他违反社会主义道德、有害公民身心健康的物品。

禁止私相买卖金、银、外币和珍贵文物。需要兑换金银外币或者出售珍贵文物的,应当到中国人民银行、中国银行兑换或者专门的收购商店出售。

违反本条第二、三款规定的,应当追究法律责任。

第一百七十七条 买卖可以采取分期付款和赊销方式进行。分期付款和赊销的买卖适用本章规定。

在法律、法令规定的范围内,可以以物易物。当事人双方的权利义务适用本章的有关规定。

第三章 供 应

第一百七十八条 供应合同,必须根据国家物资分配计划用书面形式订立。

第一百七十九条　供应合同如果委托有关单位代签,代签单位应当严格按照委托单位的要求办理。

代签单位不按委托单位的要求代签合同,因而使委托单位遭受损失的,应当承担赔偿责任。

第一百八十条　供方交付的产品少于合同规定的数量的,需方有权请求供方补足少交的部分,并给付违约金或者赔偿损失。

供方交付的产品多于合同规定数量的,对超过部分,需方应当代为保管,并通知供方立即处理。保管费用由供方负担。

第一百八十一条　供方没有按照合同规定交付随机配套产品、备品、配件和安装、修理工具的,需方有权请求补配成套。供方在约定的期限内没有补配成套的,需方有权退货或者自行补配成套,并请求供方给付违约金,或者赔偿损失。

第一百八十二条　供应产品必须符合国家主管机关规定的质量标准。没有规定质量标准的,可以由双方议定标准。

供应产品的质量不符合规定或者议定标准的,应当由供方负责修理、更换或者退货;经双方协商一致,也可以适当减价。

第一百八十三条　供应产品的价格,适用本法第一百六十六条的规定。

供应产品的价格在合同规定的交货期限内由物价管理机关作了调整的时候,如果供方按照合同规定的期限交货,按调整后的价格计算;如果供方过期交货,价格提高了的,仍按合同规定计算;降低了的,按降低的计算。

需方过期接受产品或者过期付款的时候,价格提高了的,按提高的计算;降低了的,仍按合同规定计算。

第一百八十四条　供方应当按合同规定的期限向需方交付产品。过期交付产品的,需方如果已不再需要,应当及时通知供方停止发送;供方在接到通知前已发送的产品,需方应当代为保管,由供方支付保管费用,并给付违约金。事先未经需方同意提前交付的产品,需方有条件接受的,应当接受保管,但仍可按合同规定的时间付款。由于提前交货所产生的一切费用由供方负担。

第一百八十五条　需方过期提货的,适用本法第一百七十二条的规定。

第一百八十六条　产品的包装,应当符合主管机关规定的标准。如果一方要求特殊包装或者用代用品包装,在符合物资运输保管安全规定的前提下,由供需双方协商解决。

由于供方包装不良造成产品损坏的时候,参照本法第一百八十二条第二款的规定处理。如需方提供包装物的质量不符合约定标准,供方有权拒绝包装发货,并由需方负担由此造成的损失。

第一百八十七条　需方收到产品后,应当按照主管机关规定或者合同规定的标准、方法、期限进行验收。如果发现产品的品种、规格、数量、质量和包装不符合合同的规定,需方应当在规定时间内向供方提出书面异议。需方在规定的时间内不提出书面异议,就认为所交产品符合合同规定。供方接到需方书面异议后,没有在规定时间内提出不同意见,就认为同意需方的书面异议,并承担相应的责任。

第四章 农副产品收购

第一百八十八条 农副产品收购合同,应当由国家规定的收购单位同农业生产单位和社员在国家计划指导下,根据有关规定订立。

第一百八十九条 农业生产单位的农副产品在没有完成国家计划规定的交售任务以前,不得擅自议价出售、扣留自用或者拿去搞协作。社员自有的农副产品有交售任务的,也只有在完成交售任务以后,才能自行处理多余部分。

第一百九十条 农副产品收购可以采取购销结合合同的方式进行。购销结合合同应当同时规定农副产品收购和工业品供应两方面的内容。

第一百九十一条 对农副产品的收购可以按国家规定采取预购方式进行。

第一百九十二条 收购方应当按照国家规定的或者同交售方议定的价格收购农副产品,不得擅自提级提价或者压级压价;违反的,应当追究民事责任。

第一百九十三条 交售方确因重大自然灾害,不能按照合同规定的数量交售农副产品的,经双方协商一致,并报上级主管机关批准后,可以减少交售数量,或者解除合同。

第一百九十四条 收购农副产品的时候,应当及时进行检验、检疫。对不符合国家规定的或者约定的规格、质量的农副产品,收购方可以拒绝收购或者减价收购;带有疫病的或污染的农副产品,应当拒绝收购。

第五章 赠 与

第一百九十五条 赠与是一方自愿把自己的财物无偿地交给另一方所有。

第一百九十六条 赠与在受赠人接受赠与物后生效。

第一百九十七条 赠与房屋或者依法需要办理登记手续的财物,应当采用书面形式订立合同。

赠与物的价值在人民币一千元以上的,如果不用书面形式订立合同,在给付的时候,应当有两个以上的人证明。

第一百九十八条 公民个人把珍贵文物、文献资料、藏书、标本等赠给国家的,接受单位应当给予适当的精神奖励或者物质奖励。

第一百九十九条 赠与人把财物赠给国家机关、企业、事业单位和社会团体的时候,双方可以商定把所赠送的财物用于有益社会的特定目的。

第二百条 严禁利用赠与进行行贿、受贿和投机倒把等非法活动。违反的,收缴非法所得,并追究责任人员的法律责任。

第六章 借 贷

第二百零一条 按照借贷合同,出借人应当把一定数量的货币或者实物交付借用人所有;借用人应当按约定归还。

第二百零二条 借贷合同自出借人把货币或者实物交付借用人的时候起生效。

第二百零三条 定期的借贷,借用人应当按照约定的期限归还。

不定期的借贷,出借人可以随时请求归还。借用人不能立即归还的,应当从出借人请求归还的时候起,一个月内予以归还。

第二百零四条 国家提倡公民之间借贷不计利息。如果计算利息,双方必须事先约定。

公民之间的有息借贷利率,不得超过国家银行贷款最高利率的一倍。

禁止复利或者预先扣除利息;禁止高利贷。违反的,应当追究法律责任。

第二百零五条 实物借贷应该归还同等数量、质量的实物,或者双方约定的其他实物;不能归还实物的,可以比照归还时当地的市场零售价格折价归还。

第二百零六条 金、银、外币不准借贷,但法律、法令另有规定的除外。

第二百零七条 出借人明知借用人利用借贷进行非法活动而出借的,应当追究民事责任。

第二百零八条 借贷关系经过中间人成立的,中间人不得从中牟利;违反的,应当追究法律责任。

第二百零九条 职工群众为了互济互助,可以根据有借有还、不计利息的原则,建立互助储金会。国家鼓励并保护这种储蓄借贷关系。

第七章 信贷、结算

信 贷

第二百一十条 信贷是金融机构互相之间,以及它们同其他法人、公民之间发生的存款、贷款关系。

本章所称的金融机构是指中国人民银行、专业银行、信用合作社和其他合法的金融机构。

第二百一十一条 金融机构根据国家信贷计划统筹管理和运用信贷资金。

金融机构的信贷资金,任何人都不得强制抽调、挪用,不准强令发放或不发放贷款,不准阻拦收回到期贷款。违反上述规定的,有关单位和直接责任人员应当承担法律责任。

第二百一十二条 法人、公民向金融机构借款,必须订立书面合同,明确规定贷款的数额、用途、期限、利率、结算办法和违反合同的民事责任。

第二百一十三条 金融机构有权向借款人了解计划执行、经营管理、财务活动、物资库存等情况,并进行监督。借款人有义务按照规定提供必要的报表和资料。

第二百一十四条 存款、贷款的利率,由国家统一规定,中国人民银行统一管理。

第二百一十五条 法人在金融机构的存款,除国家另有规定的以外,一律计息。

金融机构在法人存款数额内应当保证支付;计息的,应当按照国家统一规定的利率支付利息。

第二百一十六条 法人存款受法律保护。除非根据国家的规定、人民法院的裁决,金融机构不得冻结存款或者强制扣款。

第二百一十七条 国家鼓励公民储蓄,支援国家经济建设。金融机构办理个人储蓄,必须坚持存款自愿、取款自由、存款有息、为储户保密的原则。

国家保护公民个人的储蓄不受侵犯。除非根据国家规定、人民法院裁决,任何人不得向金融机构要求查询、冻结、提取或者没收公民个人的储蓄存款。

结 算

第二百一十八条 结算是金融机构办理法人之间的经济往来,以转账方式或者现金方式进行的货币收付关系。

第二百一十九条 法人应当依法在金融机构开立账户,按照国家关于现金管理的规定,将超过库存限额的现金,及时存入金融机构。

第二百二十条 法人之间的经济往来,除法律、法令规定可以使用现金的以外,都必须由金融机构办理转账结算。

金融机构应当通过办理转账结算和现金结算,准确及时地为法人收付往来款项,对法人之间的经济往来实行监督。

第二百二十一条 金融机构和法人都必须遵守结算制度的规定,维护合同的信用。

法人之间签订合同的时候,必须按照结算制度的规定,明确选用适当的结算方式和约定的付款条件,共同遵守。

第二百二十二条 付款方不按期履行付款义务或者无理拒绝付款的,经办的金融机构应当按照规定,为收款方扣收款项和逾期付款的违约金。

第二百二十三条 法人在金融机构开立的账户和使用的结算凭证,不准出租、出借或者转让。禁止伪造、涂改结算凭证和签发空头支票。违反的,应当追究法律责任。

第二百二十四条 金融机构办理结算发生差错、延误的,应当负责查明、改正,并按照有关规定赔偿损失。

第二百二十五条 个体经营户通过银行的结算,适用本章有关规定。

第八章 借 用

第二百二十六条 按照借用合同,出借人应当把一定的物品无偿地交给借用人暂时使用;借用人用毕,应当把原物归还出借人。

第二百二十七条 借用人应当按照借用物的用途或者商定的方法使用借用物。借用人非经出借人同意,不得把借用物转借给第三人。

第二百二十八条 借用到期,或者借用目的已经达到,借用人应当及时把借用物归还给出借人。不能归还原物的,借用人取得出借人的同意,可以用其他的实物或者货币抵偿。

定期的借用,由于借用人不爱惜借用物,出借人有权随时收回借用物。

不定期的借用,出借人有权随时请求返还借用物。

第二百二十九条 借用人应当妥善保养借用物。借用人因过错造成借用物损害、灭失的,应当承担赔偿责任;借用物因自身的缺陷发生损坏、灭失的,借用人不承担赔偿责任。

第二百三十条 出借人或者借用人隐瞒实物的缺陷,致使对方遭受损失的,应当承担赔偿责任。

第九章 租 赁

财产租赁

第二百三十一条 按照财产租赁合同,出租人应当将财产交付承租人使用,承租人应当向出租人给付租金。

租赁合同应当用书面形式订立。

第二百三十二条 出租人应当按照约定的时间和标准将出租的财产交给承租人使用。出租人由于过错使承租人对所租财产不能按期使用或者不能正常使用的,应当赔偿承租人因此所受的损失。

第二百三十三条 出租人将出租财产转让给第三人的时候,租赁合同对新的所有人继续有效。

第二百三十四条 承租人应当按照约定的数额和时间给付租金。

租金的标准,有统一规定的,按统一规定;没有统一规定的,由当事人双方根据公平合理的原则商定。

第二百三十五条 承租人依照合同规定交纳的押金,出租人应当在租赁关系终止时退还承租人。

第二百三十六条 承租人应当按照合同规定的用途正当使用租赁的财产。

第二百三十七条 承租人有下列行为之一的,出租人有权解除合同:

（一）不依照合同规定或者财产的用途使用财产的；
（二）擅自将租赁的财产转租或者转让；
（三）利用租赁的财产进行非法活动；
（四）承租人没有正当理由逾期不交纳租金，经出租人限期交纳仍不交纳的；
（五）按合同规定由承租人对租赁的财产进行维修而不维修的。

第二百三十八条 承租人应当爱护租赁财产，保持财产的完好状态。承租人因过错使租赁财产发生损坏、灭失的，应当承担赔偿责任。

第二百三十九条 承租人在财产承租期间内，征得出租人的同意，可以把租赁的财产转租给第三人使用。

转租财产，不得从中进行剥削或者牟取其他非法利益。

第二百四十条 承租人应当按照约定的期限交还租赁的财产。超过期限交还的，除应当按照合同规定交纳延期租金外，还应当赔偿出租人因此所受的损失。

房屋租赁

第二百四十一条 按照房屋租赁合同，出租人应当将出租的房屋提供给承租人使用，承租人应当按期给付租金，并在合同终止时将房屋返还出租人。

房屋租赁合同应当用书面形式订立。

第二百四十二条 国家所有房屋和集体所有房屋的租赁合同，应当根据主管单位的住房分配计划或者分配决议订立。

公民个人房屋的租赁合同，由房屋的所有人同承租人本着协商一致、自愿互利的原则订立。

第二百四十三条 房屋租赁合同应当明确规定租赁房屋的位置、建筑结构、数量、装饰、设备，租赁期限，租金的数额、交纳期限和方法。

第二百四十四条 出租人应当按照约定的时间和标准将出租的房屋交给承租人使用。出租人因过错使承租人不能按照约定使用租赁房屋的，应当赔偿承租人由此所受的损失，并向承租人提供适当的住房。

第二百四十五条 出租人应当负责修缮出租的房屋和设备，保障承租人正常使用和居住安全。

出租人在出租的房屋和设备出现危险或者不能使用的时候，应当及时修缮。出租人不及时修缮造成房屋倒塌、剥落或者设备毁损而使承租人受到损害的，应当承担赔偿责任。

出租人确实无力修缮的，经双方协商，可以由承租人自行修缮，修缮费用从租金中扣除。

第二百四十六条 出租的房屋需要进行重大修缮的时候，出租人应当提前一个月通知承租人在房屋修缮期间暂时搬出。

承租人在租用房屋修缮期间自己确实无力解决临时住房的，出租人应当帮助解决。租用房屋修缮完毕,仍归承租人继续使用。

第二百四十七条 承租人应当按照合同规定的数额、期限交纳租金。承租人没有正当理由不交纳租金,经出租人限期交纳拒不交纳的,出租人可以解除合同或者请求人民法院处理。

第二百四十八条 租金标准适用本法第二百三十四条第二款的规定。

第二百四十九条 承租人应当爱护和正当使用房屋。承租人违反本条规定或者没有正当理由闲置房屋达六个月以上的,适用本法第二百三十七条、第二百三十八条的规定。

第二百五十条 对于出租房屋的楼梯间、过道、门道、走廊等公用场所和设施,承租人之间应当本着互谅互让、照顾公共利益和合理使用的原则共同使用。恃强霸占、妨碍他人合理使用的,其他承租人有权请求有关单位或者人民法院处理。

第二百五十一条 承租人为了工作和生活的需要,可以同第三人互换房屋居住,但必须征得出租人的同意。出租人对于换房应当积极给予协助。

承租人与第三人互换房屋后,第三人应当直接和出租人订立房屋租赁合同,原承租人和出租人订立的房屋租赁合同即行终止。

第二百五十二条 出租人出卖租出的房屋的时候,承租人在同等条件下,有优先购买权。

第十章 承 揽

第二百五十三条 按照承揽合同,承揽人根据定作人的要求完成约定的工作,并将工作成果交付给定作人,定作人应当接受,并付给报酬。

承揽包括加工、定作、修理、修缮和其他工作。

第二百五十四条 承揽人必须以自己的设备、技术和劳力完成工作。承揽人不经定作人同意,不得把承揽工作的主要部分转让给第三人。

承揽人违反前款规定,定作人有权解除合同。造成损失的,定作人有权请求赔偿。

第二百五十五条 合同规定由定作人提供材料的,定作人应当按时、按质、按量提供。违反上述规定,造成承揽人工作延期或者损失的,应当由定作人承担责任。

第二百五十六条 承揽人对定作人提供的材料应当及时检验并妥善保管,发现不符合约定要求的,应当立即通知定作人调换或者补齐。承揽人因过错造成材料或者物品损坏、灭失的,应当承担赔偿责任。

承揽人对定作人提供的材料不得擅自更换;对修理的物品不得偷换零件。违反的,应当追究法律责任。

第二百五十七条 合同规定由承揽人提供材料的,如果对材料的规格、质量没有约定,承揽人应当按照定作物的性质提供合用的材料。

承揽人提供不合用的材料,或者隐瞒自己所提供材料的缺陷,影响定作物的质量,定作人有权请求重作、修理或者减少报酬。因此发生事故的,应当追究承揽人的法律责任。

第二百五十八条 承揽人修缮房屋或者加工成批非标准化物品的,应当接受定作人必要的检查和监督。但定作人不得因此妨碍承揽人的正常工作。

第二百五十九条 承揽人承揽的复制、设计、翻译和物品性能测试、检验等任务,定作人要求保密的,应当严格遵守;不经定作人同意,不得留存复制品。

第二百六十条 承揽人应当按照约定的质量、数量交付所完成的工作成果,定作人应当及时检查验收。由于承揽人的过错,致使工作成果的质量、数量不符合约定要求的,定作人可以请求承揽人在一定期限内进行修整,消除缺陷,补足数量,或者降低报酬。如果工作成果有重大缺陷,定作人有权拒绝接收,并请求赔偿损失。

第二百六十一条 对于定作人没有按照约定期限领取的定作物,承揽人应当负责保管,并按照规定或者约定收取保管费。超过领取期限六个月,不领取定作物,并经承揽人通知催领,定作人仍不领取的,承揽人有权将定作物变卖,所得价款在扣除报酬、保管费以后,用定作人的名义存入银行。

第二百六十二条 对于承揽的科学技术研究项目,承揽人不能按照合同规定的时间和要求完成任务的,应当向定作人提供已经完成的科学研究成果,或者提供科学试验资料和数据,定作人应当补偿承揽人实际支出的费用。

第十一章 基本建设工程包工

第二百六十三条 按照基本建设工程包工合同,勘察、设计、建筑、安装单位应当按时、按质、按量完成与建设单位约定的项目;建设单位应当按时提供必要的技术文件、资料和其他工作条件,验收竣工工程,并付给报酬。

第二百六十四条 基本建设工程包工合同必须根据国家批准的计划和基本建设程序,用书面形式订立。

凡属计划外的、擅自扩大规模的和违反基本建设程序所签订的基本建设工程包工合同,一律无效。

第二百六十五条 一项工程由两个以上施工单位同时承担的,建设单位可以同几个施工单位分别订立包工合同,也可以同一个施工单位订立总包合同。

总包单位可以和其他单位订立分包合同。总包单位就全部工程项目对建设单位负责,分包单位对总包单位负责。

跨年度的建设工程,应当就工程全部内容签订总合同和年度合同。

第二百六十六条 建设单位在不妨碍施工单位正常作业的条件下,有权对工程的进度、质量、技术水平和经济效果随时进行检查和监督。

第二百六十七条 建设单位没有按时提供必需的技术文件、资料和其他工作条件的,应当按照合同规定向对方给付违约金或者赔偿损失。

施工单位应当对工程的质量和工期全面负责。由于组织施工不当或者工程所用材料、设备的缺陷,致使工程质量下降或者延误工期的,应当按照合同规定向对方给付违约金或者赔偿损失。

由于勘察或者设计不当造成工程损失的,应当分别由勘察、设计单位承担相应的赔偿责任。

第二百六十八条　隐蔽工程在隐蔽以前,施工单位应当通知建设单位检查。施工单位没有通知建设单位检查,自行隐蔽工程的,建设单位有权要求检查,检查费用由施工单位负担。

建设单位没有按时到现场检查,施工单位可以自行检查,填写隐蔽工程检查记录,加以隐蔽,并将记录送交建设单位。建设单位以后提出检查的时候,如果工程符合合同要求,检查费用由建设单位负担;如果工程不符合要求,检查费用和返工费用由施工单位负担。

第二百六十九条　建设工程(包括单项工程)竣工后,建设单位应当按期验收。验收合格的,由建设单位负责接收保管。

建设单位不按期进行验收,给施工单位造成损失的,应当给付违约金或者赔偿损失。

第二百七十条　竣工验收中发现工程质量不符合合同规定,需要返工的,由施工单位在约定期限内完成返工任务,并承担返工费用;建设单位如果也有过错,应当承担相应的返工费用。

第二百七十一条　建设工程竣工验收后,在保修期限内,因施工单位的过错,发生质量事故的,应当由施工单位在约定期限内负责修理,并承担全部修理费用和由此造成的损失。

第二百七十二条　建设单位和施工单位在不违背基本建设计划的条件下,需要变更合同或者另订补充合同的,应当经过当事人双方协商一致。如果因此造成损失,由提出变更的一方承担赔偿责任。

第二百七十三条　不属于国家基本建设的工程,可以参照本章的有关规定订立合同。

第十二章　运　输

一般规定

第二百七十四条　按照运输合同,承运人应当将托运物或者旅客从发运地运送到目的地,托运人或者旅客应当给付运费。

运输合同包括铁路、公路、水上、航空等运输合同和联合运输合同。

第二百七十五条　公民可以在法律、法令许可的范围内,从事货物运输或者旅客运输,但是必须经主管机关核准登记。

第二百七十六条　托运人、收货人或者旅客与承运人相互之间请求赔偿损害的时效期限为六个月,从受害人得知损害发生之日起计算。

第二百七十七条　因邮电通信发生的权利义务关系,比照适用本章的有关规定。

货物运输

第二百七十八条　国家机关、国营企业、事业单位和集体组织的货物运输合同,应当根据对托运人和承运人双方都有约束力的运输计划订立。

运输计划外的货物运输合同,承运人与托运人应当按照有关运输规定订立。

第二百七十九条　承运人接受托运人托运的货物并签发运输凭证(货运单、提货单等),货物运输合同即成立。

第二百八十条　托运人不按照合同规定的时间和数量交付托运货物,或者承运人不按照合同规定的时间、地点提供适当的运输工具,因而给对方造成损失的,都应当承担赔偿责任。

第二百八十一条　托运的货物按照规定应当包装的,托运人应当按照国家规定的标准或者部颁标准包装;没有统一规定包装标准的,应当根据保证货物运输安全的原则进行包装。

没有按照前款规定进行包装的货物,承运人有权拒绝承运。

第二百八十二条　托运人托运危险货物,必须按照有关危险物品运输的规定办理。托运人隐瞒或者没有正确说明危险物品的性质,或者有其他违反危险物品运输规定的行为,因而给承运人或者第三人造成损害的,应当承担赔偿责任。

托运人在托运的货物中夹带国家禁止运输或者限制运输的物品,或者危险品在运输途中发生危及运输安全情况的,承运人有权按照有关的运输规定处理。

第二百八十三条　承运人应当在合同规定的期限内将货物运送到指定的地点,并及时向收货人发出货物到达通知。承运人因过错没有按期将货物运到,因而给对方造成损失的,应当承担赔偿责任。

收货人接到提货通知后,应当按时提货。

超过规定的期限提货的,应当向承运人给付保管费用。

第二百八十四条　收货人在接受货物的时候,应当会同承运人进行交接验收;如果发现货物损坏或者与运输凭证不符,应当立即向承运人提出异议。收货人认为需要对货物进一步检验的,应当在合同规定的期限向承运人提出建议。

收货人在接受货物的时候没有提出异议,或者在合同规定的期限内没有提出进一步检验的建议,即认为货物已经验收。

第二百八十五条　承运人在查找不到收货人或者收货人拒绝提取货物的时候,应当及时与托运人联系,并在合同规定的期限内对货物负责妥善保管。超过规定期限仍然无法交付的货物,承运人有权按照有关的运输规定处理。

第二百八十六条　承运人对承运的货物,自接受的时候起到交付收货人为止,应当负责安全运输和妥善保管。承运的货物发生损坏、灭失、短少、变质、污染的时候,除法律、法令另有规定的以外,承运人应当按照下列原则承担赔偿责任:

(一)货物灭失、短少的,按照货物损失的实际价值赔偿;无法确定货物实际价值的,按照有关赔偿限额的规定赔偿;

(二)货物损坏、变质、污染的,按照货物损坏、变质、污染所减低的价值赔偿。

第二百八十七条　承运货物由于下列原因发生损坏、灭失、短少、变质、污染的时候,除法律、法令另有规定的以外,承运人不负赔偿责任:

(一)不可抗力;

(二)货物本身的自然性质;

(三)货物的合理损耗;

(四)托运人或者收货人的过错。

第二百八十八条　两个以上不同运输方式的承运人联合运输的货物发生损坏、灭失、短少、变质、污染的时候,除前条规定的不负赔偿责任的情况外,应当由联合运输人承担连带责任,先由终点站(港)的承运人按照规定赔偿,再由终点站(港)的承运人向其他承运人追偿。

旅客运输

第二百八十九条　承运人应当按照运输合同将旅客和他的行李按时运送到目的地。承运人因过错没有履行合同规定,因而使旅客增加旅途经济负担的,应当承担赔偿责任。

第二百九十条　承运人在运输过程中,有义务给旅客提供必要的生活服务;对遇险的旅客,应当尽力抢救;对发生急病或者分娩的旅客,应当给予必要的医疗和照顾;对老人、残废人、幼儿,应当给予必要的帮助。

第二百九十一条　旅客在运输过程中遭受伤害或者死亡的,承运人如果不能证明损害是由于不可抗力或者旅客本人的过错造成的,应当承担责任。但是,在航空、海上运输中由于不可抗力造成旅客伤亡的,承运人也应当承担责任。

第二百九十二条　旅客托运的行李、包裹,承运人应当安全运送,妥善保管;发生损坏、灭失、短少、变质、污染的时候,除本法第二百八十七条规定的以外,承运人应当承担赔偿责任。

第十三章　保　管

第二百九十三条　按照保管合同,保管人应当接受和保管好存货人交给他保管的货物,并在保管期届满时完好地返还该货物,存货人应当给付规定的保管费。

保管人无权使用出租、出借或者抵押所保管的货物。①

第二百九十四条 存货人应当向保管人提供必要的货物验收资料,否则,发生货物品种、数量、质量不符的情况,保管人不承担责任。

保管人对交付保管的货物应当按照合同的规定进行验收,如果发现不符合合同规定,应当及时通知存货人。保管人验收后发生包装外观损坏或者货物品种、数量、质量不符的情况,由保管人承担责任。

第二百九十五条 保管货物的包装必须符合主管机关规定的标准,因包装不合标准造成货物损坏的,由存货人承担责任。

包装不牢固的货物或者整存零取的货物,需要保管人代为整修、改装或者重新包装的,存货人应当供给保管人必需的包装材料,并给付包装费用。

第二百九十六条 保管人对保管的货物,应当妥善保管和养护。因保管不善造成货物损坏、灭失、短少、变质、污染的,保管人应当承担赔偿责任。

由于不可抗力、货物的自然损耗,或者由于存货人的过错造成保管货物损失的,保管人不承担责任。

第二百九十七条 易燃、易爆、有毒等危险货物和易腐货物的存货人,必须将货物的性质和预防危险的方法在合同中注明,并且提供必要的资料。存货人不履行该项义务因而造成财产毁损或者人身伤亡的,应当承担法律责任;如果存货人已经履行该项义务,由于保管人的过错造成财产毁损或者人身伤亡的,保管人应当负赔偿责任;如果双方都有过错,各负相应的责任。

第二百九十八条 存货人应当按照合同规定的期限提取货物。到期不提取的,保管人应当通知存货人提取并对超过保管期限的货物,加收保管费。

对于合同规定保管期限届满后六个月不取的货物,保管人有权报请有关机关批准后处理。

第二百九十九条 按照合同规定由保管人负责发运的货物,保管人应当按期发运。由于保管人的过错不能按期发运或者发错到货地点,因而造成收货人损失的,由保管人承担赔偿责任。

第三百条 寄存人把日常生活用品或者其他财物交给车站、旅馆、浴室和其他保管人保管所发生的保管关系,适用本章的有关规定。

第十四章 委托、信托、居间

委 托

第三百零一条 按照委托合同,受托人应当用委托人的名义在委托权限内办理委托事务。

---

① 原件如此,或为:"……无权使用、出租,……"。

第三百零二条 受托人应当按照委托人的指示办理委托事务。委托人对于受托人在委托权限内进行的活动,必须承担责任。

对于受托人在委托权限外进行的活动,委托人只有表示同意的,才承担责任。

受托人确实为了委托人的利益,在不能事先同委托人商量的情况下,有权改变委托人的指示,但必须将变更情况及时告知委托人。

第三百零三条 受托人应当按照委托人的要求,随时告知办理委托事务的情况;办理完毕,应将执行任务的全过程和处理结果告知委托人,并提交必要的证明文件。

第三百零四条 受托人因办理委托事务所得到的一切利益,应当及时转交给委托人。

受托人办理委托事务的时候,因过错给委托人造成损失的,应当承担赔偿责任。

第三百零五条 委托人应当向受托人提供和补偿办理委托事务所必需的费用;约定报酬的,应当向完成委托任务的受托人给付报酬。

第三百零六条 委托人或者受托人有权随时终止委托关系。

在委托任务全部完成之前终止委托关系或者因委托任务无法继续执行而终止委托关系的时候,委托人应当给付受托人已完成部分的报酬和所支出的费用。如果受托人因此而受到损失,委托人应当承担赔偿责任。因委托人的过错而终止委托关系,并使委托人受到损失的,受托人应当承担赔偿责任。

第三百零七条 因受托人死亡而终止委托关系的时候,受托人的继承人应当及时通知委托人,并采取必要措施保护委托人的利益。

作为受托人的法人,因被撤销或者解散而终止委托关系的时候,由清理组织承担前款规定的义务。

第三百零八条 没有受人委托,也没有法律上的义务,主动代为管理有利于他人事务的,应当受到表扬。因管理事务所支出的必要费用,受益人应当偿还。

信　托

第三百零九条 按照信托合同,受信托人应当根据信托人的委托,以自己的名义为信托人办理购、销、寄售等事务,并收取手续费。

信托人可以是公民,也可以是法人,但受信托人只能是经营信托业务的法人。

第三百一十条 信托人交给受信托人出售的物品,以及受信托人为信托人购进物品,都属于信托人所有。

本法第一百七十六条规定的禁止买卖的物品,不得作为信托物。

受信托人发现信托物品是赃物或者是非法物品的时候,应当予以扣留,并报告有关机关处理。

第三百一十一条 信托合同经双方同意终止的时候,信托人应当向受信托人给付物品的保管费以及其他必要的开支。

第三百一十二条 受信托人应当选择对信托人最有利的条件履行信托义务;对

于出售时增加的收益或购进时节省的费用,按照主管机关规定的比例增收手续费。

第三百一十三条 信托物品的价格,不得高于物价管理机关规定的同类物品的价格;没有同类物品价格的,由双方议定公平合理的价格;特殊的物品按照专门估价确定。

受信托人低于约定的价格出售物品,或者高于约定的价格购进物品的时候,应当取得信托人的同意。

第三百一十四条 受信托人接受寄售物品的时候,应当和信托人共同对物品进行检查,发现物品损坏或者有缺陷的,应当作出记录,并由双方签名盖章存证。

受信托人保管的寄售物品发生损坏、灭失、短少、变质、污染的时候,适用本法第二百九十六条的规定。

第三百一十五条 信托人接到受信托人购进物品的通知后,应当及时验收。在信托人接受物品后,受信托人的义务即行终止。

第三百一十六条 作为信托人的公民死亡、失踪或者丧失行为能力,或者作为信托人的法人撤销或者解散的时候,在受信托人没有收到相应的通知以前,信托合同继续有效。

居　间

第三百一十七条 居间是居间人为了使委托人与第三人之间发生财产关系而进行的介绍活动。

委托人与第三人的合同关系因居间活动而成立的时候,委托人应当向居间人给付约定的报酬。

第三百一十八条 从事居间业务的法人,必须在法律、法令许可的范围内进行居间活动。

公民个人除法律、法令特别允许的以外,不得进行居间活动。借居间人名义进行居间活动牟利的,应当承担法律责任。

第三百一十九条 居间人必须忠实于当事人的利益。居间人有欺骗或者显失公平的行为的,委托人有权拒绝给付报酬,并请求赔偿损失。

第十五章　社会服务

一般规定

第三百二十条 从事社会服务的单位和公民,应当按照规定和约定,诚实无欺、热情周到地提供服务,接受服务的一方,应当配合完成服务工作,并给付报酬。

本章的规定适用于公用事业服务、文化知识服务和生活服务。

第三百二十一条 服务单位和公民应当按照规定的标准收费。没有规定的,可以与接受服务的一方议定合理的报酬。服务人员不得接受小费。

第三百二十二条　社会服务工作应当保证质量。接受服务的一方发现服务质量低劣，不符合规定、约定或者通常要求的，有权请求改进质量或者解除合同。

第三百二十三条　接受服务的一方对于服务单位提供的场所和设备，应当爱护，不得污损。造成污损的，应当赔偿。

第三百二十四条　任何单位和公民都不得以社会服务为名，进行有损于社会主义道德和公民身心健康的活动。违反的，应当追究法律责任。

特殊规定

第三百二十五条　医疗单位和医务人员对伤病员应当发扬救死扶伤的精神，严格按照医护常规进行检查诊断，治疗护理，积极防止医疗事故；伤病员应当严格遵守医疗制度，主动配合治疗。

第三百二十六条　医疗单位的医务人员，由于不负责任，致使伤病员死亡、残废、组织器官损伤并累及功能障碍，或者发生病情加剧等不良后果，构成医疗事故的，应当根据本法第七编的有关规定承担责任。

公民开业行医，须经主管机关核准。公民行医由于不负责任，造成医疗事故的，由行医的公民承担责任。

第三百二十七条　公用事业服务单位，应当保证用户对水、电、气和卫生等设备的正常使用。公用事业服务单位因过错使公用设施不能正常使用，给用户造成损失的，应当承担赔偿责任。用户损坏公用设施的，应当承担修理费用。

第三百二十八条　旅游服务单位按照约定的旅游计划项目和条件提供服务。旅游服务单位未经旅客同意，擅自变更或者解除约定，给旅客在旅途食宿上直接造成损失的，应当承担赔偿责任。

旅客未经旅游服务单位同意变更或者解除约定的，无权请求服务单位退回定金。但是双方另有约定的除外。

第三百二十九条　旅馆、饭店对顾客预定的房间，不按约定提供，造成顾客经济损失的，应当承担赔偿责任。

顾客到期不使用房间，或者不按照约定办理退房手续的，应当赔偿旅馆、饭店的损失。

第三百三十条　食品经营单位提供的食品，必须符合卫生要求。不准出售腐烂变质的食品，不准使用未经消毒的餐具和不符合卫生要求的添加剂、容器、包装等。违反本条规定造成食物中毒等严重后果的，应当追究法律责任。

第三百三十一条　律师、会计师应当根据公民、法人的聘请或者人民法院的指定，依法提供法律事务或者会计事务方面的服务。

律师、会计师与聘请人的意见发生分歧不能取得一致的时候，律师、会计师有权拒绝或者辞去聘请；聘请人有权随时解除聘请，但应当补偿律师、会计师已支出的费用和给付相应的报酬。

第三百三十二条 律师、会计师、医务人员应当保守从业务上获知的有关他人的秘密。违反的,应当承担民事责任。

第三百三十三条 公民可以接受聘请担任家庭教师,也可以向有关机关登记自行办学,传授文化科学知识、技艺,并收取合理的费用。

公民可以接受聘请帮助料家务或者进行医疗护理等工作,并得到合理报酬。

聘请人和受聘人应当互相尊重,按照平等互利的原则,商定服务的范围、内容、期限和报酬等。

第十六章 联营、合伙

联 营

第三百三十四条 按照联营合同,两个以上的经济组织为了达到共同的经济目的,互相约定投资、联合经营一定的经济事业。联营合同应当用书面形式订立;联营必须依法经过主管机关核准登记。

第三百三十五条 联营必须坚持社会主义方向,符合国家计划的要求,实行自愿互利和协商一致的原则。

第三百三十六条 联营可以不受所有制、隶属关系、行业、地区的限制。但联营不改变各方原有的所有制、隶属关系和财务关系。

第三百三十七条 联营各方的投资,可以是现金、物资、设备或者其他财物,也可以是提供技艺或者劳务、场地使用权。除法律、法令特别许可外,不得以耕地作为场地使用。

联营各方的投资份额,应按照合同的约定;合同没有约定的,即认为相等。

第三百三十八条 联营各方的投资和收益,在联营关系存续期间,不经各方协商一致,任何一方都无权独自处理。

第三百三十九条 联营各方按合同规定分享收益,分担损失;没有规定的,按投资份额分享收益,分担损失。

第三百四十条 联营一方基于正当理由可以退出联营。但其他联营各方如果认为当时退出对于联营事业有不利影响,可以要求延期退出。如果要求退出一方坚持立即退出,应当对因此造成的损失承担责任。

退出联营一方的财产返还,应当依照当时联营盈亏情况结算。如果原来投资的财物不能返还,或者返还原物会影响联营事业,可以折合现金偿还。但场地的返还不得违背本法第七十二条的规定。

合 伙

第三百四十一条 两个以上的公民,为了满足生产或者生活上的需要,可以订立合伙合同,联合出资,共同经营,以达到共同的经济目的。

第三百四十二条　合伙经营,必须在法律、法令许可的范围内,经过核准登记后,才能进行。

第三百四十三条　关于合伙出资的形式、份额和处理,收益的分配,损失的分担和退伙手续,分别比照本章第三百三十七条、第三百三十八条、第三百三十九条、第三百四十条的规定办理。

第三百四十四条　对于合伙事务的处理,应当由合伙人共同决定。经过合伙人的协商一致,也可以委托其中一人或者数人分工管理。

第三百四十五条　全体合伙人对于合伙的债务,除合同另有规定外,应当按照本法第一百四十六条的规定承担连带责任。

第三百四十六条　经合伙人一致同意,依照有关法律、法令规定,合伙改为集体所有制组织的时候,合伙合同的权利义务关系,在结算清理后,即行终止。

第十七章　保　险

第三百四十七条　保险主要分为财产保险和人身保险。

第三百四十八条　保险关系,除法律、法令另有规定外,应当根据合同确立。保险合同应当采用书面形式。

关于各种法定保险,由专门法规另行规定。

第三百四十九条　按照合同,投保人应当向保险人交纳保险费,保险人应当向投保人承担经济损失的赔偿(财产保险)或者给付保险金(人身保险)。

第三百五十条　财产保险的投保人,应当是被保险财产的所有人或者经营管理人,或者是对该项财产有利害关系的人。

人身保险的投保人,应当是被保险人本人,或者是经被保险人同意的配偶、直系亲属和有抚养关系的人。

国家机关、企业、事业单位和社会团体,可以作为投保人,为它的成员投保人身保险。

第三百五十一条　保险人应当是中国人民保险公司,或者其他办理保险业务的法人。

保险人可以将他所承担的保险责任的全部或者一部向其他保险人进行再保险。再保险应当订立书面合同。

第三百五十二条　财产保险的保险人,对保险财产因保险事故造成的损失,向投保人承担赔偿责任。投保人因救护被保险财产而受到损失的,保险人也应当按照合同给予补偿。

人身保险的保险人,在保险事故发生或者约定期限届满的时候,承担给付保险金的义务。

第三百五十三条　投保人不按期交纳保险费的,保险人可以分别情况请求补交保险费和利息,或者按比例减少保险金额,或者解除合同。

第三百五十四条 人身保险的被保险人和投保人是同一人的,可以在保险合同里指定一人或者数人为受益人。被保险人需要变更受益人的时候,应当书面通知保险人或者用遗嘱方式重新指定受益人。

被保险人没有指定受益人,或者指定的受益人先于被保险人死亡后没有再指定受益人的,被保险人的继承人就成为受益人。没有受益人的保险金,按照无人继承的财产处理。

第三百五十五条 财产保险的投保人应当维护被保险财产的安全。保险人可以对被保险财产的安全情况进行检查,发现有危险情况,应当及时通知投保人加以消除。如果投保人没有采取措施消除危险,保险人对因此发生的事故所造成的损失,不承担赔偿责任,并有权解除合同。

第三百五十六条 投保人或者受益人在保险事故发生的时候,应当采取防护措施,避免损失扩大,并有责任保护现场和及时将事故发生的情况通知保险人。

投保人或者受益人不履行上款的规定因而使损失扩大的,可以适当减轻保险人的赔偿责任。

第三百五十七条 财产保险的投保人将被保险财产转移给第三人的时候,按照合同的规定必须通知保险人的,应当及时通知。如果没有通知,保险人对发生保险事故造成的损失,不承担赔偿责任。

第三百五十八条 由于投保人的故意而发生保险事故,造成被保险财产损失的,保险人不承担赔偿责任;由于投保人或者受益人的故意,造成被保险人死亡、残废的,保险人不承担给付保险金的责任。但对于与事故无关的受益人应得的保险金,保险人不得拒付。

第三百五十九条 保险人与投保人之间对赔偿金额或者保险金的给付没有争议的,保险人应当从收到投保人提出请求赔偿或者受益人提出请求给付的全部证件之日起,最迟在三个月内付清;有争议的,从人民法院裁决生效之日起三个月内付清。如果迟延赔偿或者迟延给付,从满三个月的次日起,按银行规定的延期付款的利率加付利息。

第三百六十条 人身保险的投保人或者受益人从保险人取得人身保险金,不排除他们同时接受因劳动保险和社会福利所发给的款项,以及第三人给付的损害赔偿金。

第三百六十一条 被保险的财产以全部价值投保的,因发生保险事故遭到全部损失的时候,保险人应当向投保人偿付全部保险金额;以部分价值投保的,除合同另有规定的以外,应当根据损失情况按比例偿付。

第三百六十二条 保险合同签订的时候,如果保险事故已经发生,保险合同无效。保险人应当将保险费退给投保人;但是投保人知道保险事故已经发生而故意隐瞒的,保险人有权不退还保险费。

保险合同订立以后,如果发现投保人对决定保险事故发生的主要危险情况有隐瞒,保险人有权解除合同。

第三百六十三条 被保险财产的损失应当由第三人承担责任的时候,投保人有权向第三人请求赔偿。如果投保人向保险人提出赔偿请求,保险人应当按照合同规定支付保险金额,同时取得向第三人追偿的权利。

第五编 智力成果权

第一章 通 则

第三百六十四条 工人、农民、知识分子和其他公民从事智力活动取得成果的,享有智力成果权。法人也可以享有智力成果权。

第三百六十五条 国家保护公民和法人的智力成果权不受侵犯。

第三百六十六条 本编规定的智力成果权包括:
著作权、发现权、发明权以及技术改进和合理化建议权。

第二章 著 作 权

第三百六十七条 公民和法人自己的科学、文学和艺术等作品,享有著作权。

两人以上合著作品的著作权,由合著人共同享有。

第三百六十八条 著作人对自己的作品有权决定署真名、笔名或者不署名;有权保护自己的作品的完整性,或者对它修改、收回。

前款规定的权利归著作人终身享有。

第三百六十九条 作品被出版、复制、上演、制片或者以其他方式加以采用的,著作人有权获得相应的报酬。

对于特别优秀的作品,有关单位可以向著作人颁发奖金。

第三百七十条 已经出版的作品译成其他文字,必须保持作品的原意。翻译人对所译作品享有著作权。同一作品的不同翻译人,享有独立的著作权。

出版翻译著作,应当标明原著人和翻译人的真名或者笔名,并给予翻译人相应的报酬。

第三百七十一条 下列行为是对著作权的侵犯:

(一)剽窃他人作品,以自己的名义发表;

(二)作品已经出版、上演、放映或者以其他方式采用而拒不付给报酬;

(三)未经著作人同意,将他的作品首次出版、上演、放映或者以其他方式采用;

(四)未经著作人同意,将他的作品删节、修改出版发表;

（五）未经著作人同意，将他已经发表的作品翻印、复制出售；
（六）法律、法令规定的其他侵犯著作权的行为。

第三百七十二条　著作权受到侵犯的时候，著作人有权请求排除侵害、恢复名誉、赔偿损失。著作人死亡后，由他生前所属组织或者他的继承人请求保护。

第三百七十三条　下列使用已经发表的作品的情况，如果注明原著名称、原著人姓名和出处的，不是对著作权的侵犯：
（一）将作品改编、转载、广播或者编入教科书；
（二）将作品翻印、复制、摘译，供单位内部使用；
（三）不以营利为目的演出戏剧、音乐、舞蹈、曲艺或者其他文艺作品；
（四）公开举办绘画、雕塑、书法、篆刻或者其他美术作品展览；
（五）在自己的作品里少量引用他人著作中的文字、地图、乐谱、绘画、书法、篆刻、照片、图表或者其他材料作为说明参考，并注明出处。

第三百七十四条　作品有下列内容的，不得以任何方式加以使用。违反的，有关人员应当承担相应的法律责任；
（一）有煽动推翻无产阶级专政政权和反对社会主义制度的内容；
（二）有淫秽的或者其他败坏社会主义道德的内容；
（三）有损害国家主权或者泄露国家机密的内容；
（四）有法律禁止的其他内容。

第三百七十五条　被判处刑罚的公民，在服刑期间创作有益于国家、人民的作品的，适用本章的规定。

第三百七十六条　国家在必要的情况下，可以向著作人征购作品的出版、复制、上演等权利。

第三章　发现权、发明权

第三百七十七条　公民和法人对于自己作出的发现、发明，应当及时向国家主管机关申报，经审查合格的，授予发现证书、发明证书，并给予精神奖励或者物质奖励。

第三百七十八条　两个以上的人共同作出发现、发明的，共同获得精神奖励或者物质奖励。

第三百七十九条　相同内容的发现、发明，精神奖励或者物质奖励，给予先提出的人；但是对后提出的人也可以给予适当的奖励。

第三百八十条　经过国家奖励的发现、发明的成果，除法律、法令另有规定外，全国各单位都可以使用，任何单位和个人不得垄断。

第三百八十一条　压制、剽窃、封锁发现和发明或者故意歪曲、隐瞒发现、发明的科学价值的，应当追究法律责任。

第三百八十二条　国家保护传统的特种技艺，对献出绝技、秘方、秘本的公民，应当给予精神奖励或者资金。

第三百八十三条 被判处刑罚的公民,在服刑期间作出发现、发明的,也适用本章的有关规定。

第三百八十四条 技术改进、合理化建议的奖励和保护,适用本章的有关规定。

第六编 财产继承权

第一章 通 则

第三百八十五条 国家保护公民个人财产的继承权。

财产继承实行男女平等、养老育幼和权利与义务相一致的原则;继承人之间应当发扬互让互助、和睦团结的精神。

第三百八十六条 继承依照法定方式进行;如果有遗嘱,依照遗嘱方式进行。

第三百八十七条 遗产的范围,包括死者生前个人所有的财产和法律、法令规定可以继承的其他合法权益。

遗产中如果有很重要的历史文物或者机密的档案文件、物件,不适宜由个人保存的,应当归国家所有。但是,有关国家机关应当酌情给予适当报酬。此项报酬列入遗产。

第三百八十八条 继承从被继承人死亡或者宣告死亡的时候开始。

第三百八十九条 继承的地点,是死者生前的住所所在地。在死者最后住所不明等特殊情况下,也可以是主要遗产所在地。

第三百九十条 继承开始的时候,在继承地点的继承人,应当负责及时通知不在继承地点的继承人和遗赠受领人,并保管遗产,但不得擅自处理。

继承开始的时候,在继承地点如果没有继承人,或者继承人无行为能力,或者继承人之间意见不一致,死者生前所在单位、所在基层组织或者公证机关有权对遗产采取保全措施,并派人主持或者协助处理继承事务。

第三百九十一条 继承人或者遗赠受领人,应当在知道被继承人死亡、继承开始后六个月内,作出接受或者放弃继承、遗赠的表示。到期没有作出接受表示的,推定为放弃继承或者放弃遗赠。

对于因特殊原因到期不能作出前款表示的继承人,应当保留他应得的继承份额,由他的近亲属或者有关机关代为保管。

第三百九十二条 继承人对被继承人生前有谋夺财产、虐待遗弃、拒不承担抚养义务的,人民法院可以剥夺他的继承权。

第二章 法定继承

第三百九十三条 死者的配偶、子女(包括非婚生子女、养子女)、父母(包括养父母)、兄弟姐妹、祖父母、外祖父母都有继承权。

有相互抚养关系的继父母与继子女间有相互继承的权利。

子女在父亲死后出生的,也享有继承权。

丧失配偶的儿媳与公婆之间,丧失配偶的女婿与岳父母之间有抚养关系的,互有继承权。

第三百九十四条 继承人按照下列顺序依次继承:

第一顺序:配偶、子女(包括非婚生子女、养子女)、父母(包括养父母)。

第二顺序:兄弟姐妹、祖父母、外祖父母。

没有第一顺序继承人或者第一顺序继承人全部放弃或者丧失继承权的时候,第二顺序继承人才能继承。

本法第三百九十三条第二款、第四款的继承人适用第一顺序。

第三百九十五条 同一顺序的各继承人继承财产的份额,应当根据他们对死者生前所尽扶养义务的多少和劳动能力的有无、强弱等情况进行分配。

在有第一顺序继承人的情况下,第二顺序继承人中如果有人对死者尽了较多的扶养义务,应当在遗产中适当分给他们一部分。

第三百九十六条 被继承人的子女先于被继承人死亡或者被宣告死亡,被继承人子女的晚辈直系亲属可以代位继承。

代位继承人只能继承他们的父母有权继承的遗产份额。

第三百九十七条 对于法定继承人以外的受死者生前扶养的未成年人和无劳动能力的人,或者扶养过死者的人,应当在遗产中适当分给他们一部分。

第三章 遗嘱继承

第三百九十八条 公民可以用书面的或者口述的遗嘱,将遗产的一部或者全部,指定由法定继承人中的一人、数人或者法定继承人以外的其他人继承。

第三百九十九条 遗嘱必须是遗嘱人的真实意思;因受威胁、强迫、欺骗所立的遗嘱和伪造、篡改的遗嘱,一律无效。

第四百条 书面遗嘱应当由遗嘱人亲自书写,注明时间、地点,并签名。遗嘱人不能书写的,可以由他人代写,并由遗嘱人和代写人签名,也可以经公证机关、所在单位或者居住地基层组织证明。

第四百零一条 遗嘱人可以向公证机关、所在单位或者居住地基层组织口述遗嘱,由上述单位作出记录,并由上述单位和记录人签名后存证。

第四百零二条 遗嘱内容不得违反国家法律、法令、公共利益和社会主义道德准则。

遗嘱不得取消或者减少法定继承人中的未成年人和无劳动能力人以及胎儿应得的继承份额。

违反前两款规定的遗嘱无效。

第四百零三条 遗嘱人可以变更或者撤销他所立的遗嘱,但必须按原立遗嘱的方式、程序进行。

第四百零四条 公民可以用遗嘱将遗产的一部或者全部自愿遗赠给国家、集体组织、社会团体,也可以将遗产中的特定财物赠给其他个人。

第四百零五条 遗赠可以由遗嘱人指定继承人执行,也可以由遗嘱人所在单位、居住地基层组织或者公证机关执行。

第四百零六条 遗嘱人如有债务,遗嘱执行人应当先清偿债务,然后将遗赠财产交给遗赠受领人。

第四章 无人继承遗产的处理

第四百零七条 死者没有继承人,或者全部继承人放弃或者丧失继承权的时候,遗产归国家所有。

居住在中华人民共和国境内的无国籍人死后财产无人继承的,依照前款的规定办理。

第四百零八条 "五保户"的遗产,除用于丧葬和清偿死者生前的债务外,其余部分,如果死者没有继承人,也没有遗嘱,归所属集体组织所有。

"五保户"的亲友近邻对死者生前有过一定扶助的,可以从遗产中给予适当的照顾。

第五章 债务的清偿

第四百零九条 死者生前个人所欠债务的清偿,应当以他的遗产的实际价值为限。如果死者的继承人没有劳动能力又无生活来源,在清偿债务的时候,应当优先保证他们必不可少的生活条件。

第四百一十条 遗产归国家或者集体组织所有的时候,对死者的债务,由遗产接受单位在遗产的实际价值范围内负责清偿。

第六章 继承的特别规定

第四百一十一条 继承人因犯罪被判刑,除本法第三百九十二条所规定的情况外,不影响享有继承权;他的应继份额应当保留,由他的代理人或者有关机关代为保管。

第四百一十二条 因犯罪被判刑的人死亡后,他的遗产,也应当按照本编的规定处理。

第七编 民事责任

第一章 通 则

第四百一十三条 公民、法人侵害社会主义公共财产,或者侵害他人的人身、财产,以及违反合同造成损害的,都应当承担民事责任。

第四百一十四条 确定民事责任,除适用本法其他各编的规定外,还适用本编的有关规定。

第四百一十五条 人民法院,在适用本法有关民事责任规定的时候,应当根据情况和行为的性质,单独适用或者合并适用第四百四十二条各项的规定。

第四百一十六条 致害人在承担民事责任的同时,不排除依法对他追究行政责任或者刑事责任。

第二章 确定责任的规定

一般规定

第四百一十七条 公民和法人都有义务防止和避免社会主义公共财产或者公民的人身、财产遭受侵害。

第四百一十八条 公民因防止社会主义公共财产和他人的人身、财产遭受侵害而使自己受到损失的,有关单位或者受益人应当给予补偿。

第四百一十九条 对社会主义公共财产或者公民的生命、健康、财产负有直接保护责任的人员,有条件防止损害而听任损害发生的,应当对他们追究民事责任。

第四百二十条 公民和法人面临遭受侵害的严重危险的时候,有权要求造成危险的一方或者有关单位消除危险;必要的时候,还可以请求公安、司法机关给予保护。

第四百二十一条 公民、法人对社会主义公共财产或者他人的人身、财产造成损害的,只在有过错的情况下才承担民事责任。

第四百二十二条 两个以上共同造成损害的人,教唆或者帮助造成损害的人,都是共同致害人,承担连带责任。但法律、法令另有规定的除外。

第四百二十三条 受害人对于损害的发生也有过错的时候,可以根据具体情况,减轻或者免除致害人的民事责任。

第四百二十四条 因正当防卫造成损害的,不承担民事责任。但是,正当防卫超过必要限度,造成不应有的损害的,应当承担适当的民事责任。

第四百二十五条 因紧急避险造成损害的,如果危险不是他所引起的,不承担民事责任。但是,因紧急避险采取措施不当或者超过必要限度造成损害的,应当承担适当的民事责任。

危险的发生如果是由第三人造成的,由造成危险的第三人承担民事责任。

特殊规定

第四百二十六条 无行为能力人和行为能力受限制的人造成的损害,由他们的父母、监护人或者有义务对他们进行监护的组织承担民事责任。

父母、监护人或者执行监护的组织如果能够证明自己已经尽到了监护责任,可以酌情减轻或者免除他们的责任。

第四百二十七条 有行为能力的人,因病一时处于不能控制自己行为或者不能辨认自己行为后果的状态中造成损害的,不承担民事责任。

因酗酒、服用麻醉品等使自己处于上述状态造成损害的,应当承担民事责任。

第四百二十八条 法人对它的工作人员由于在执行职务中的过错造成的损害,应当承担民事责任。但法人承担民事责任后,可以向有过错的工作人员进行追偿。

第四百二十九条 国家工作人员利用职权故意使他人受到损害的,应当由工作人员本人承担民事责任。

第四百三十条 强占、私分、挥霍浪费、行贿、受贿以及用其他手段侵害公共财产的,应当收缴非法所得、赔偿损失,还可以对他追究其他民事责任。

第四百三十一条 公民的姓名权、名誉权、荣誉权、肖像权等人身权受到侵犯的时候,受害人有权要求停止侵害,消除影响,还可以要求追究其他民事责任。

法人的名称、名誉、信用、商标等权利受到侵害的时候,适用前款的规定。

第四百三十二条 从事高空、高压、易燃、易爆、剧毒、放射性等对周围环境有高度危险的作业而造成损害的,应当承担民事责任;如果能够证明损害是不可抗力或者是受害人故意造成的,可以不承担民事责任。

第四百三十三条 交通运输工具的驾驶人员,在执行职务中造成交通事故致人损害的,应当由驾驶人员所在的单位首先承担赔偿责任,但不排除追究驾驶人员的其他法律责任。驾驶人员不是在执行职务中造成交通事故致人损害的,由本人承担责任。如果事故的发生完全或者部分由于受害人的过错造成的,驾驶人员和他的所在单位可以不承担或者少承担责任。如果损害完全由第三人的过错造成,由第三人承担责任。

第四百三十四条 企业、事业单位违反国家规定的废气、废渣、废水、粉尘、放射性物质等的排放标准和噪音、震动、恶臭等的控制标准,造成污染环境,损害公民健康,危害生产建设事业或者破坏自然资源等后果的,应当承担民事责任。

对于有条件治理而没有在主管机关或者人民法院规定期限内积极治理、消除污染的企业、事业单位,主管机关或者人民法院可以责令停产、停业治理或者搬迁,并对直接责任人员追究民事责任。

第四百三十五条　违反法律、法令的规定,在生活居住区、水源保护区、名胜古迹、风景游览区、温泉、疗养区和自然保护区建立污染环境的企业、事业单位的,主管机关和人民法院可以责令停产、停业或者搬迁,并赔偿损失。

第四百三十六条　任何单位或者个人毁坏铁路、公路、航道、港口、机场、油气管线、电力电讯设施、国防设施、森林、草原、破坏水土保持或者在自然保护区内非法狩猎等,给公共财产和生态平衡造成损害的,应当承担民事责任。

第四百三十七条　损坏国家重点保护的文物、古建筑、古墓葬、古遗址和风景游览区以及烈士陵墓等的公共设施的,应当负责修复或者折价赔偿,还可以对致害人追究其他民事责任。

第四百三十八条　在公共场所、道旁和通道上堆放物品或者挖坑凿洞、修缮安装地下设施等,没有设置明显标志和采取可靠安全措施,造成人身、财产损害的,堆放人或者施工单位应当承担民事责任。

第四百三十九条　建筑物或者其他设施,由于设置或管理不善发生倒塌、脱落造成人身、财产损害的,它的所有人或者管理人应当承担民事责任。

第四百四十条　饲养的动物造成他人人身、财产损害的,除损害是受害人故意引起的情形外,动物的所有人或者管理人应当承担民事责任。

前款所指的损害,如果是第三人的过错造成的,由第三人承担民事责任。

第四百四十一条　取得利益没有合法根据,因而造成他人损害的,应当将所取得的利益返还给受损害的人,受损害的人不明的,应当上交给国家。

取得利益的时候,虽有合法根据,但以后根据已经消失的,也应当返还所取得的利益。

取得利益的人不知道没有合法根据,并且所得的利益已不存在的,可以不负返还的责任。

第三章　承担责任的范围和方法

第四百四十二条　承担责任的范围和方法,包括:

(一)责令排除妨碍、停止侵害、消除危险;

(二)责令返还原物;

(三)责令恢复原状;

(四)责令赔偿损失;

(五)收缴进行非法活动的财物和非法所得;

(六)罚款;

(七)支付违约金;

(八)责令修理、更换、重作;

(九)责令赔礼道歉、消除影响、恢复名誉;

(十)责令具结悔过;

(十一)告诫;

(十二)责令停业、停产或者搬迁。

第四百四十三条 损害包括财产的损害和人身的损害。

第四百四十四条 侵害社会主义公共财产或者个人财产,不能返还原物或者恢复原状的,可以用质量相当的实物赔偿,也可以按照财产的实际价值折价赔偿。

第四百四十五条 损害他人身体健康或者造成他人死亡需要赔偿的,应当分别不同情况赔偿下列费用和损失:

(一)必要的医疗费用;

(二)误工的工资或者工分;

(三)残废者的生活补助费;

(四)死者的丧葬费和死者生前抚养的人的生活补助费;

(五)其他必需的费用。

第四百四十六条 受害人因医治伤病所需的假期以及伤害的程度都必须以医院诊断证明书为根据;需转院治疗的,应当由原医院开具转院证明。

第四百四十七条 赔偿费和罚款,可以一次支付或者分期支付;也可以由工作单位分期扣付。

第四百四十八条 对于致害人的赔偿责任,人民法院可以根据损害发生的原因、给社会造成不良影响的程度、致害人的经济状况,适当减免。

第四百四十九条 第四百四十二条第五、六两项的收入,应当上缴国库。

对公民个人的罚款,一般不得超过本人一年的劳动收入。

第八编 其他规定

第一章 期　限

第四百五十条 期限,按公历年、月、日、小时计算。

第四百五十一条 规定按小时计算期限的,即时开始计算。规定按日、星期、月或者年计算期限的,开始的当天不算入,从下一天开始计算。

第四百五十二条 期限的最后一天是星期日或者其他法定休假日的,以休假日的下一天为期限的最后一天。

期限最后一天的截止时间为第二十四点。有规定业务时间的,到停止业务活动的时间截止。

第四百五十三条 期限不是按日历连续计算的,一个月为三十天,一年为三百六十五天。

第四百五十四条 本法规定期限所称的"以上"、"届满"、"以下"的,都包括本数;称"不满"的不包括本数。

第二章 诉讼时效

第四百五十五条 公民或者法人在民事权利受到侵害的时候,向人民法院或者仲裁机关请求保护的诉讼时效期限,公民之间为五年,公民与法人之间为三年,法人之间为二年。但法律、法令另有规定的不在此限。

第四百五十六条 时效期限,从权利受到侵害的人知道或者应当知道侵害事实和致害人的时候起,开始计算。

第四百五十七条 请求返还被非法侵占的社会主义公共财产的权利,不受时效限制。

姓名、名誉、荣誉、肖像、著作、发现、发明等人身权利受到侵害的时候,请求保护的权利不受诉讼时效的限制。

第四百五十八条 已过诉讼时效期限的请求权,除法律、法令特别规定的以外,人民法院或者仲裁机关不予保护。但是,当事人自愿履行的不在此限。

第四百五十九条 在时效期限内,权利人由于不可抗力或者不是由于自己的过错无法提出请求的,时效期限暂停计算。从暂停原因消灭之日起,时效期限继续计算,继续计算的期限不足六个月的,可以延长到六个月。

第四百六十条 权利受到侵害的人向仲裁机关或者人民法院提出请求,时效期限终止。从仲裁机关或者人民法院的裁决或者判决生效的时候起,时效期限重新开始。

第三章 适用范围

第四百六十一条 中华人民共和国公民和法人在中华人民共和国领域内所发生的民事关系,除法律、法令特别规定的以外,都适用本法。

第四百六十二条 中华人民共和国公民和法人在国外发生的民事关系,依照中华人民共和国的法律、法令和中华人民共和国所签订的国际条约或者依照国际惯例,应当适用本国法的,也适用本法。

第四百六十三条 外国人、无国籍人和外国机构在中华人民共和国领域内所发生的民事关系,除中华人民共和国法律、法令和中华人民共和国所签订的国际条约另有规定的以外,适用本法。

第四百六十四条 本法自公布之日起施行,除法律、法令特别规定的以外,没有溯及既往的效力。

第四百六十五条 民族自治地方的人民代表大会,对本法的实施,可以根据本法的基本精神,结合当地的政治、经济、文化的特点,制定某些变通的或者补充的规定,提请全国人民代表大会常务委员会批准后施行。

二、民法通则

中华人民共和国民法总则(讨论稿)[①]

1985年7月10日

第一章 任务和基本原则

第一条 中华人民共和国民法以宪法为根据,结合我国社会主义现代化建设的经验和实际情况制定。

第二条 中华人民共和国民法调整公民之间、法人之间、合伙经营组织之间以及它们相互之间在平等基础上产生的财产关系和人身关系。

本法所调整的财产关系是指在发展社会主义商品经济中产生的平等的财产关系以及因发现权、著作权、致人损害、继承所产生的其他平等的财产关系。

带有行政隶属和行政管理性质的财产关系分别由财政法、税法、行政法、经济法调整。劳动关系由劳动法调整。

另一种意见:合伙经营组织不作为民事权利主体写,它的法律特征可分别在公民和法人中加以规定。

第三条 本法是调整社会经济生活的基本准则。它的任务是通过对中华人民共和国境内一切平等的财产关系以及一定的人身关系的统一调整,巩固和发展以公有制为基础的社会主义经济制度,保护公民、法人和合伙经营组织的合法权益。维护社会经济秩序,促进社会主义商品经济的发展,持续和高效益地发展社会生产力,不断增强国家的实力,改善和提高公民的物质生活和文化生活。

第四条 社会主义制度是民事关系的基础。民事活动不得损害社会公共利益。

第五条 民事活动必须遵守国家法律,尊重公共生活准则和优良的社会风尚。

第六条 社会主义经济是公有制为基础的有计划的商品经济。有关社会主义商

[①] 本件原件页眉印有"这是由部分同志分别写成的,供讨论修改用。法制工作委员会民法国家法室一九八五年七月十日"字样。

品生产和商品交换的民事活动依法受国家计划的指导和市场的调节。

第七条 社会主义市场是统一的市场,任何组织和个人不得以任何形式进行分割和封锁。

国家依法保护社会主义竞争,反对不正当竞争。

第八条 民事活动实行自愿协商、平等互利的原则

第九条 公民、法人、合伙经营组织从事民事活动,应当遵守诚实信用的准则。

第十条 国家依法保护公民、法人、合伙经营组织行使民事权利的自由。禁止滥用民事权利,损害国家利益、社会利益和消费者利益。

第十一条 中华人民共和国民法适用于民事法规和经济法规所规定的平等财产关系和一定人身关系。

彭真委员长在全国《民法通则(草案)》座谈会上的讲话要点

1985年12月4日

这次座谈会是我提议经委员长会议赞同召开的,事先与中央领导同志商议过。1954年制定宪法和1982年制定新宪法时,都广泛请了各方面有真才实学、丰富经验的专家和实际工作者参加,反复讨论修改。这次请全国这么多有关专家和实际工作者来,对《民法通则(草案)》进行讨论修改,是在立法方面很好的一种理论联系实际和民主集中制的组织形式,今后应继续采用。我讲两个问题:

一、理论与实际相结合

制定重要法律,请专家和实际工作者来参加,不是简单的技术问题。现在做实际工作的同志有丰富的实践经验,但因忙于日常工作,多半没有时间很好地学习理论,而搞理论研究的同志又多半对实际接触较少,因此理论和实际不能很好地结合,这是我们工作中一个带根本性的缺点。全国党代表会议上邓小平同志对干部提出了要学习马克思主义理论的新要求,就是针对这个带根本性缺点提出来的。在延安整风时,干部学习马克思主义理论与中国革命实践相结合,把很多问题解决了。理论是从实践中来的,并且要经社会实践检验,不与实际密切结合要成为理论权威很难。毛泽东思想就是马列主义普遍真理与中国革命实践相结合的思想。在延安时,有人提毛泽东主义,毛主席不同意。大家提毛泽东思想,他说,大家主张将马列主义普遍真理与中国革命实践相结合的思想称毛泽东思想,用我的名字作代表,我可以接受,但必须声明,它是中国革命的集体产物,是许多同志共同努力的思想结晶,不是我个人的。在"文化大革命"期间,林彪讲毛主席的话"句句是真理",毛主席的话就是"最高指示",这既不符合事实,也不符合马列主义和党的民主集中制原则,是对毛泽东思想的根本歪曲。

立法工作也一样,要理论与实际结合。现在,搞立法、司法实际工作的同志,有丰富的实践经验,但多半没有时间很好地学习理论,而法律院校和科研部门搞理论研究教学的同志,又多半对实际不那么熟悉。怎么办?在制定法律过程中,把各方面专家和实际工作同志请来,大家一起讨论,共同审议修改,可以使理论和实践密切结合,补救这方面的一些缺点。

立法要从中国实际出发,解决中国的实际问题,并且以我们社会实践来检验。民法通则是解决民法中一些共同性的问题。我们是社会主义国家,生产资料的社会主义公有制是社会主义经济制度的基础,但还存在着三种经济。不同经济之间、各种经济自身之间,以及消费者和生产者之间,都要有商品来交换,要有市场,同时还有人和人之间的复杂的社会生活关系，这就需要制定民法。1954年全国人大常委会办公厅就开始正式起草民法工作了，1979年全国人大常委会法制委员会成立了民法起草小组。民法典的确不好搞，我国民法要从我国实际出发，解决中国的实际问题。有些问题实践还没提出来，或者提出来了，还看不清楚，如何解决经验还不成熟，不可能一下子搞完备的民法，所以我们是一方面搞民法，一方面搞单行法，随着历史的发展和经验的积累，法也随着发展，逐步完备，实现共产主义要经过很长的历史时期，在这段时间里，法要逐步完备，任务是繁重的，任重道远。

法律是一门科学，有自身的体系，左右、上下，特别是与宪法不能抵触，立法要有系统的理论指导。对外国的经验，不管是社会主义国家的，还是资本主义国家的，不管是英美法系，还是大陆法系，以及对我国历史的经验，都要参考、借鉴。但是，要根据我国的实际情况，吸收其中对当前立法工作有益的好的东西，吸取精华，抛弃糟粕。

二、在高度民主基础上高度集中

高度民主和高度集中是辩证统一的。我们是社会主义国家，在我国可以实行社会主义的高度民主和高度集中，因为我国生产资料私有制的社会主义改造已经完成，消灭了剥削制度；全国各族人民根本利益是一致的；无产阶级在旧社会处在被压迫、剥削的最底层，无产阶级只有解放全人类才能彻底解放自己，因此它的先锋队共产党除全心全意为人民服务外，没有自己特殊的利益。这就是我们实行高度民主和高度集中的基础。我们立法工作也必须实行高度的民主和高度的集中，只有在高度民主基础上，才能取得多数人意见的真正一致，才能达到高度的集中。我们的法律主要是靠广大干部、群众自觉地积极地遵守和执行的，在制定法律时取得多数人意见的一致，就更容易顺利实现。

在人民根本利益一致的基础上，人们之间当然也还会有这样那样的矛盾。有关的立法就是要对这些矛盾划一个合理解决的界线作为准则。根据什么标准来划？对单位、个人在社会生活、经济生活中发生的矛盾，都要在与宪法、各族人民的根本利益不抵触的前提下解决。划好这个界线不是容易的事，所以立法要十分严肃谨慎，就是要听取各方面的意见，反复考虑，集中正确的意见，估计到实施中可能出现的问题，并且不断注意社会实践的检验。

民主集中制是我国的政体，群众路线是我们的基本路线。全国人大常委会的工作，制定法律的过程中，要坚持民主集中制，在高度民主基础上高度集中；要坚持群众路线，从群众中来，再回到群众中去，反复用实践检验。不仅要集中委员们、代表们的意见，而且要听取、反映和集中各方面专家、实际工作者以及群众中的意见。宪法就是这样，中央先后讨论了八次，宪法修改委员会反复逐条讨论修改了那么多次，最后全国人民代表大会还改了那么多，由于广泛发扬了民主，达到了高度的集中，三千零四十位代表无记名投票，弃权的不到千分之一，其余的都赞成。《民法通则》是一个重要的基本法律，请大家充分发表意见，畅所欲言，认真研究，进行科学的讨论修改。对大家提出的增删、改写的意见，应该认真地研究考虑。我相信，这样做可以使《民法通则》搞得比较符合实际，比较周密和严谨。

以上意见，仅供参考。

彭冲副委员长在全国《民法通则(草案)》座谈会上的讲话

1985年12月4日

这次座谈会是根据彭真委员长的建议召开的。我们邀请了全国民法、经济法、国际私法方面的专家、法院的同志、中央和地方有关部门的同志，共一百八十多人参加。会前，我们已将《民法通则(草案)》和王汉斌同志所作的说明发给了大家，关于《民法通则(草案)》的主要内容和问题，我就不多讲了。下面，我主要讲讲与座谈会有关的几个问题：

一、请大家来的目的是为了对《民法通则(草案)》进一步地充分讨论研究，提出比较切实可行的修改意见

在草拟民法通则的过程中，我们曾经广泛地征求过意见。上个月，已将《民法通则(草案)》向十三次人大常委会作了说明。同时，我们又将《民法通则(草案)》印发各省、自治区、直辖市和中央各部门以及法律教学研究单位，再次征求意见。那么，为什么还要开这个会呢？这是因为我们这次邀请了更多的专家和搞实际工作的同志，大家有较多的法学理论知识和实践经验，可以理论结合实际，进一步对民法通则作全面系统的深入研究讨论。请同志们敞开思想，畅所欲言，充分发表意见，各种意见都可以讲，讲对讲错都没有关系，有不同意见，才能有比较，有鉴别，做到集思广益。请大家抓住主要的、实质性的问题，开门见山，直截了当地谈看法，不仅要提问题，挑毛病，而且还要提出比较切实可行的修改意见，使这次会议收到实实在在的效果，为下一步结合全国各地、各部门的意见，进一步修改民法通则打好基础。我们还希望大家在会后，同法律院校师生、法律研究单位和其他有关部门的同志一起，继续深入讨论研究，提出修改意见。这样，使立法工作广泛地吸收专家和实际工作者参加，反复地征求意见，不仅能将法律制定得更加完善一些，也有利于培养法律人才。

二、民法通则很重要，现在有需要也有可能制定民法通则

1954年全国人大常委会办公厅就开始起草民法。1979年全国人大常委会法制委员会成立了民法起草小组起草民法，先后搞了几稿，为什么没有搞出来？因为民法本身涉及的问题就相当复杂，同时，经济体制正在改革中，一下子搞出完备的法典有困难，实践提出的问题和经验都不够。所以，当时决定一边研究起草民法，一边制定有关的单行法。看来，这样做是必要的、适当的。经过几年的努力，我们已经制定了一批重要的单行法。现在很需要也可能搞民法通则了。没有这么一个通则，处理民事案件就还缺乏一些共同的

准绳,许多经济纠纷,包括涉外经济纠纷,谁负责,负什么责,如何处理,都搞不清楚,出了问题就不好解决,法院也不好判。同时,经过几年实践,也积累了一些经验,有条件把民法通则搞出来。我们不是不想搞民法典,主要是现在条件还不成熟。比如我国经济体制改革在城市刚刚起步,总的方向、原则有了,具体的步骤措施正在一步步探索。民法的起草,到1982年搞出了民法草案四稿,对这次拟订民法通则起了很大的作用。现在制定民法通则不妨碍将来根据需要搞一部完整的民法。在这个问题上,大家的想法和认识比较一致了,有利于把这个会议开好。

三、制定民法通则要从实际情况出发,要符合广大人民的根本利益

彭真同志在1981年民法座谈会上的讲话中曾经形象地比喻:"如果说什么是民法的母亲的话,就法律体系来说是宪法,但归根到底,还是中国的实际是母亲,九百六十万平方公里的十亿人民是母亲。"民法通则要规定民事活动共同遵循的准则,必须贯穿这个原则。我国现实的实际情况是:社会主义制度是我国的根本制度,社会主义经济制度的基础是生产资料的社会主义公有制,社会主义公有制消灭人剥削人的制度。这是宪法规定了的。它关系到我们国家的性质,关系到人民的根本利益,我们必须坚持,这是我们制定民法的基础和基本原则。同时,现实情况很复杂。就当前的改革说,有许多新情况、新问题。比如:对内要搞活经济,对外要实行开放。要在公有制基础上发展有计划的商品经济。要以计划经济为主,市场调节为辅。要增强企业特别是全民所有制大中型企业的活力,使它们真正成为相对独立的、自主经营、自负盈亏的社会主义商品生产者和经营者。农村的家庭联产承包责任制正在不断完善和发展,农民之间根据自愿互利原则在发展多种形式的合作和联合经营,乡镇企业发展很快。制定民法通则必须根据实际情况,体现社会主义原则,适应经济关系和社会关系的发展,实事求是地总结实践经验,把成熟的、可行的经验用法律形式固定下来。

我国民法是为建设具有中国特色的社会主义服务的。它同资本主义的民法有本质的区别,同苏联、东欧等社会主义国家的民法也有所不同。我们不能教条主义地照抄照搬外国的东西,但是各国民法又都有共同性的东西,我们应该吸收外国民法中好的、有用的经验,这对我们研究制定民法通则是很有必要的。

《民法通则(草案)》是由法制工作委员会会同最高人民法院和一些法律专家,依据宪法,从实际情况出发,总结我国民事审判工作的实践经验,借鉴外国民法有益的经验,在民法四稿的基础上拟订的。起草的同志力求拟订出适合我国国情的民法通则。但是,这个草案是否正确反映客观实际?民法的调整范围、调整内容应该有哪些特点,才能体现中国的特色?民法通则应该在哪些方面作出规定,才能有利于维护社会主义制度,巩固和发展社会主义公有制,保护公民和组织的合法权益?民法通则对经济体制改革中出现的新问题,哪些现在有需要也有可能作出规定,哪些应由国务院先制定暂行的规定或者条例,等条件成熟时再制定为法律,才能适应经济体制改革,促进社会主义现代化建设?民法通则关于涉外的规定,如何才能适应对外开放的需要,并且符合平等互利的原则?民法通则怎样比较准确地总结我国民事审判工作的经验,借鉴外国有益的经验?这些重大的问题,请

同志们着重讨论研究,使民法通则制定得比较切合实际,经得起实践检验。

四、制定民法通则只能把比较成熟的经验先固定下来,对尚不成熟的暂不规定,做到逐步完备

法律属于上层建筑,它是由经济基础决定的,又是为经济基础服务的。法律的制定,只能随着实践经验的积累,成熟一个,制定一个。就一个法律的制定来说,也只能成熟一条,制定一条,逐步走向完备。不能匆忙,不能草率从事。《民法通则(草案)》是按这个原则拟订的。为了把民法通则制定得比较符合实际,能够行得通,还需要大家认真考虑,草案所作的规定,哪些是比较成熟的、比较有把握的;哪些还不成熟,需要再作调查研究,特别是经济体制改革中的有些问题,还需要经过实践,总结经验;哪些内容还不够恰当,意思还不够确切,需要修改补充。请同志们充分发表意见,不同意见可以进行科学的讨论,真正做到集思广益。

五、民法通则要简明、易懂,便于群众熟悉、掌握

由于我国各地的经济、文化水平发展很不平衡,群众的文化程度差别较大,我们在制定法律时必须考虑到简明、易懂,这是立法工作中的一个群众观点问题。只有这样,才能使群众比较容易知法、懂法,自觉地遵守、维护法律,牢固树立法制观念,养成依法办事的习惯。民法通则既要规定得简明准确,又要通俗易懂,防止过于繁琐,有些法律术语要尽可能用通俗语言表述,使群众容易看得明白,弄得清楚,了解民法通则的重要性,自觉地遵守和运用这个法律。请大家在这方面多想想,下点工夫。

陈丕显副委员长在全国《民法通则(草案)》座谈会上的讲话

1985年12月4日

我同意彭冲同志的讲话。我讲两点:

一、民法通则很重要。制定民法通则是逐步完善民事法律,健全社会主义法制的重要步骤

党的十一届三中全会以来,党中央对社会主义法制建设十分重视,国家的立法工作取得了重大的进展。1982年,全国人民代表大会通过了我国的根本大法——新宪法。除宪法外,从党的十一届三中全会到现在,全国人大及其常委会,已经制定了四十四个法律。虽然总的说来,法律还不够完备,但是在基本的、重要的方面已经不是无法可依,而是有法可依了。我们有了新宪法,以及刑法、刑事诉讼法、民事诉讼法、全国人大组织法、国务院组织法、民族区域自治法等一批基本法律。民法是国家的基本法律之一。我们很早就想制定民法,经过很多同志的努力,到1982年已经起草了民法四稿。由于民法包括的内容很广泛,很复杂,并且经济体制改革正在进行中,很多问题有待于在实践中摸索,积累经验,因此从当时直到现在看,制定一部完整的民法有困难。只好先将条件比较成熟、实际又比较急需的部分,制定为单行的民事法律。目前,我们已经有了经济合同法、涉外经济合同法、专利法、商标法、婚姻法、继承法等一批民事单行法,但是,对民事活动中的一些共同性问题还缺乏规定。现在有需要和有可能搞个民法通则,这个问题,彭冲同志刚才已讲过,我就不多讲了。总之,制定民法通则很重要。从现实需要的角度看,民法通则对民事活动中公民和法人的法律地位、法律行为、民事权利、民事责任等作出规定,使民事活动有了共同遵循的准则,有利于巩固和发展社会主义公有制,保护公民和法人的合法权益,维护社会主义的经济秩序和社会秩序,适应经济体制改革和社会主义现代化建设的需要。从法制建设的角度看,民法通则是民法的重要组成部分,制定民法通则有利于逐步完善民事法律,健全社会主义法制。明年一月中旬要召开六届全国人大常委会十四次会议,进一步审议民法通则,并且决定是否提交六届全国人大四次会议通过。因此,这次座谈会确实很重要,也可以说是为明年全国人大做准备工作的一次会议。我们应该共同努力,把这次会议开好,争取早日制定出民法通则。

二、开这次会很重要,既可以广泛听取大家的意见,把民法通则制定得更加完备些,又可以同大家建立广泛的联系

我们的立法工作要坚持走群众路线。

今天在座的有的认识,大多数不认识。今后讨论重要的法,要邀请大家来,这个办法好。上下之间,相互之间,广泛联系,有利于立法工作。小平同志提出要多找一些各方面的专家参加立法工作。彭真同志也多次讲过这个问题。起草和研究法律草案的时候,要广泛邀请法律、经济、文化、科技等方面的专家和有经验的实际工作者,包括一些学生参加工作。这样,既可以广泛地把群众意见集中起来,做到集思广益,又可以促进立法、司法、法制宣传教育等各方面干部的培养。这次座谈会就是彭真同志建议开的。请大家来,对《民法通则(草案)》充分发表意见,特别是要对一些主要问题、实质性问题展开讨论,各种意见都可以讲,有争论也不要紧,真理愈辩愈明嘛!这不仅有利于把问题搞清楚,把民法通则制定得更加完备些,也有利于培养法律人才。同时,这次开会,可以使我们结识很多的法律专家和有经验的实际工作者,可以建立起关系,以后保持广泛的联系,你们对法制工作或某个法律有什么想法和建议,有什么问题和意见,可以经常反映给我们,互相交流、学习,促进我国的法制建设。

彭冲副委员长在全国《民法通则（草案）》座谈会各组召集人会议上的讲话

1985年12月11日

座谈会开了八天，今天要结束了。刚才各组召集人的发言很好，基本上把大家想要说的都说了，实际上是对这次会议作了概括、总结。我简单地讲几点：

一、大家对这次讨论是很认真、很下工夫的。同志们在会前就准备了意见，在会上踊跃发言；许多同志在会议期间放弃休息时间准备意见，特别是有的同志亲自动手写出书面意见，甚至是成章成节地写出来。这种积极负责的工作精神，值得我们学习。在此，向同志们表示感谢，并请你们转达我们向各位同志的谢意。

对于同志们提出的各种增加、删减、修改的意见，特别是不同的意见，法工委的同志已在分类整理，我们在下一步研究修改通则草案时，要尽量吸收大家的意见。

二、座谈会是开得成功的，是很有收获的，达到了预期的目的。一是理论结合实际。讨论中，大家将法学理论、实际情况、司法实践有机地联系起来，既以科学的理论做指导，又以实际为根据，努力解决我国的实际问题。二是全面系统。同志们不仅按章抓住主要的、实质性的问题，提出了许多好的修改意见，还提出了总的看法，对草案修改考虑得比较周密、严谨。三是敞开思想，畅所欲言。同志们各抒己见，有的提出建议，有的提出问题，有的提出不足的地方，有的提出不同意见，展开深入讨论，做到了集思广益。当然，也可能还有些同志的意见没有讲完。总之，这次座谈会的实践说明：在拟订法律的过程中，请有关专家和实际工作者来参加讨论修改，这是在立法方面很好的一种理论联系实际和民主集中的组织形式，今后应继续采用。这次座谈会后，我们要总结经验，克服不足，争取开得一次比一次好。

三、希望大家回去后起到桥梁、纽带作用。请同志们把这次座谈会的情况带给法律院校师生、法律研究单位和其他有关部门的同志，对通则草案进行更广泛、深入的讨论修改，并把意见和建议反映给我们，以利于进一步修改。最后，全国人民代表大会及其常委会在高度民主的基础上高度集中，使民法通则制定得充分体现人民的意志。

四、要广泛地、经常地同大家保持联系。这次座谈会是个良好的开端。同志们既有专长，又了解情况，富有实践经验，对全国人大及其常委会制定法律能够起到重要的参谋作用。今后，我们要保持经常的联系，互相学习，互相交流。同志们对立法工作有什么设想或建议，可以及时向人大常委会反映。让我们为加强社会主义民主，健全社会主义法制而共同努力。

关于《中华人民共和国民法通则(草案)》的说明

1986年4月2日在第六届全国人民代表大会第四次会议上

全国人大常委会秘书长、法制工作委员会主任　王汉斌

民法是国家的基本法律之一。制定民法是国家法制建设的一件大事。它对于保障公民和法人在民事活动中的合法权益,适应改革、开放、搞活的需要,加强运用法律手段管理经济,保障社会主义现代化建设事业的顺利进行,具有重要意义。

50年代,全国人大常委会曾着手起草民法。1979年,法制委员会专门组成民法起草小组,到1982年起草了民法草案(四稿)。由于民法牵涉范围很广泛,很复杂,经济体制改革刚开始,我们还缺乏经验,制定完整的民法典的条件还不成熟,只好先将那些急需的、比较成熟的部分,制定单行法。几年来,陆续制定了一批民事的或者与调整民事关系有关的经济合同法、涉外经济合同法、专利法、商标法、婚姻法、继承法等。但是,民事活动中的一些共同性的问题,如公民和法人的法律地位、民事法律行为、民事代理、民事权利、民事责任、时效等,还缺乏法律规定。同时,这几年民事纠纷、特别是经济纠纷大量增加,迫切需要制定共同遵循的规范,使民事活动可以有所遵循,调整民事关系有法可依。总结几年来制定有关的单行法律、进行经济体制改革、对外开放和人民法院审理民事、经济纠纷案件的实践经验,参考我国处理民事关系的民间习惯,现在已有可能对民事活动中一些共同性的问题作出法律规定,但是仍然有些问题还看得不很清楚,考虑到民法通则还不是民法典,草案可以对比较成熟或者比较有把握的问题作出规定,一些还不成熟、把握不大的问题,可以暂不规定。

根据这个原则,法制工作委员会会同最高人民法院和一些法律专家经过反复进行调查研究,广泛征求法律专家、中央有关部门、各地方以及法律院系、研究单位的意见,参考国外有关法律资料,在民法草案(四稿)的基础上,起草了《民法通则(草案)》,于1985年11月提请全国人大常委会第十三次会议进行初步审议。会后,法律委员会和法制工作委员会又召开了有全国民法专家、各级人民法院民庭、经济庭一些负责干部以及中央有关部门和各省、自治区、直辖市人大常委会有关负责同志180多人参加的座谈会;还邀请在京的经济法专家座谈;并再次将草案印发中央有关部门、各省、自治区、直辖市人大常委会和法律院、师生征求意见,结合全国人大常委会委员初步审议提出的意见,对草案的许多条款作了修改和补充。全国人大常委会第十五次会议审议决定将《民法通则(草案)》提交六届全国人大四次会议审议。现在,我将草案的主要内容和问题说明如下:

一、关于民法通则的基本原则和调整范围

1.民法是反映社会经济关系的,民法的准则是以法律形式表现了社会的经济生活条件。我国民法是社会主义的民法,是为社会主义经济基础服务的。民法通则的规定,要从我国的实际情况出发,体现社会主义原则,研究改革、开放、搞活的新情况、新问题和新经验,规定民事活动共同遵循的准则,并体现我国社会主义经济的某些特色,包括有计划的商品经济,发展横向经济联系,扩大国营企业自主权,社会主义公有制经济基础上个人或集体的承包经营,以及作为社会主义公有制经济的必要补充的个体经济等。因此,民法通则在公民、法人、所有权、承包经营权、民事责任、民事权利等方面,应当有反映这些特色的规定,使它成为具有中国特色的社会主义民法。

2.草案规定,民法调整作为平等主体的公民之间、法人之间、公民和法人之间的财产关系和人身关系。这一规定体现了民法的两条基本原则:第一,民法有很大一部分是以法律形式反映商品经济关系的,而商品交换的当事人的地位和权利是平等的,在民事关系中当事人的法律地位平等是民法的基本原则。第二,民法主要调整平等主体间的财产关系,即横向的财产、经济关系。政府对经济的管理,国家和企业之间以及企业内部等纵向经济关系或者行政管理关系,不是平等主体之间的经济关系,主要由有关经济法、行政法调整,民法基本上不作规定。

3.民法还要调整属于民事范围内的人身关系。公民的名誉权、肖像权、生命健康权、法人的名称权、名誉权等,不仅受刑法的保护,而且也应受民法的保护。

4.民事关系的核心是民事权利和义务。民法通则应当规定民事活动的基本原则、民事权利主体、民事权利和义务的内容、民事权利的取得和行使,以及民事权利的保护、民事责任等。

二、关于法人

法人和自然人一样,是民事权利的主体。它是具有民事权利能力和民事行为能力,依法独立享有民事权利和承担民事义务的组织。党的十二届三中全会决定,要使国营企业"成为具有一定权利和义务的法人"。建立法人制度,对于经济体制改革和对外开放,具有重要作用。草案提出法人应当具备以下四个条件:第一,依法成立,即开办的企业或者成立的机关、事业单位和社会团体符合法律规定,为法律所允许的。第二,有必要的财产或者经费。至于哪类企业需要多少数额的自有资金,可以另行规定。第三,有自己的名称、组织机构和场所。第四,能够独立承担民事责任。那些没有必要的财产、机构,买空卖空、牟取暴利的所谓公司或中心,不具备法人条件,不但不能成为法人,该取缔的还应当依法取缔。

我国社会主义经济制度的基础是生产资料的社会主义公有制,即全民所有制和劳动群众集体所有制,城乡劳动者个体经济是社会主义公有制经济必要的补充。企业法人主要是全民所有制企业和集体所有制企业,城乡劳动者个体经济在民事活动中的法律地位、权利、义务、责任,适用公民个人的规定。其次,在我国境内设立的中外合资经营企业、中外合作经营企业、外资企业,符合法人条件的,经我国有关主管机关批准,向法人登记机关登记,取得中国法人资格。

关于企业法人在债务方面承担民事责任问题,全民所有制企业法人由于它的财产属于全民所有,企业不能完全独立处分,但又必须独立承担民事责任,因此草案规定,以国家交由它经营管理的全部财产承担民事责任,国家对全民所有制企业法人的债务不另行承担责任。集体所有制企业法人,以企业所有的财产承担民事责任。

草案还规定企业法人如有超出登记机关核定的业务范围从事非法经营的,向登记机关、税务机关隐瞒真实情况、弄虚作假的,抽逃资金、隐匿财产逃避债务的,以及从事法律禁止的活动,损害国家利益和社会公共利益的,除由企业法人承担民事责任外,对法定代表人还可以给予行政处分,构成犯罪的,依法追究刑事责任。这对于防止违法经营和不正之风、维护社会主义经济秩序,是有必要的。

除企业法人外,草案还规定,机关、事业单位、社会团体在民事活动中具备法人条件的,也可以取得法人资格,享有民事权利,承担民事义务。

为了有利于企业之间和企业、事业单位之间横向联营的健康发展,草案作了以下规定:第一,企业之间和企业、事业单位之间联营,组成新的经济实体,独立承担民事责任、具备法人条件的,依法向工商行政管理机关核准登记,取得法人资格。第二,企业之间和企业、事业单位之间共同经营、不具备法人条件的,由联营各方按照出资比例或者协议,以各自所有的或者经营管理的财产承担责任,依照法律或者协议规定负有连带责任的,应当承担连带责任。第三,企业之间和企业、事业单位之间联营,按照合同各自独立经营的,其权利义务由合同规定,各自承担民事责任。由于目前企业之间、企业事业单位之间各种形式的横向联营正在发展,草案对此只作一些原则规定,有些问题还看得不很清楚的,暂不规定,以便企业之间、企业事业单位之间的横向联营有灵活发展的余地。

三、关于个体工商户、农村承包经营户、个人合伙

全国现有个体工商业1 000多万户,农村有大量承包经营户从事商品生产和经营。为了保障他们的合法权益,明确经济责任,以利于个体工商户和农村承包经营户的健康发展,草案规定:第一,个体工商户、农村承包经营户的合法权益,受法律保护。第二,个体工商户、农村承包经营户的债务,个人经营的,以个人财产承担;家庭经营的,以家庭财产承担。

随着经济的发展,有不少个体劳动者合伙经营,财产由合伙统一管理和使用,合伙经营,共同劳动,分享收益,分担责任。现在这种个人合伙内部、外部责任不清,存在的经济纠纷也比较多,为此,草案规定:第一,合伙人应当对出资数额、盈余分配、债务承担、入伙退伙、合伙的终止等事项,订立书面协议。第二,合伙的债务,由合伙人按照出资比例或者协议的规定承担;除法律另有规定的以外,还应当承担连带责任,偿还合伙债务超过自己应当承担数额的合伙人,有权向其他合伙人追偿。此外,还有的个人合伙已经发展成为带有集体经济性质的组织,因为情况比较复杂,而且还正在发展,草案未作规定。

四、关于民事法律行为

为了使公民和法人在进行民事活动时,有必要的共同遵循的准则,避免和减少民事纠纷,防止违法投机分子钻空子,草案规定:第一,当事人法律地位平等,遵循自愿原则。这一点与行政关系中的上下级关系不同。第二,遵循公平、等价有偿、诚实信用的原则。规定民事法律行为自成立时起,即具有法律约束力。第三,遵守法律,尊重社会公德,不得损害社会公共利益。目前,在国内和涉外经济活动中,都发生过一些采取行贿受贿等违法手段或者以权谋私,使国家、集体遭受损失的情况,为此,草案规定,违背法律、社会公共利益的,恶意串通,损害国家、集体或者他人利益的民事行为无效。第四,不得破坏国家经济计划、扰乱社会经济秩序,经济合同不得违背国家指令性计划。

随着商品经济的发展,代理活动越来越多,有不少代理活动手续混乱、权限不清、责任不明,无权代理、越权代理等问题时有发生。草案对这些问题作了相应的规定,并规定了代理人和被代理人在各种情况下各自承担应负的民事责任。

五、关于民事权利

公民、法人的民事权利主要包括:财产所有权;债权;著作权(版权)、专利权、商标权等知识产权;人身权等。草案规定,公民、法人的合法权益受法律保护,任何组织或者个人不得侵犯。

财产所有权是民事权利中最重要的一项权利。草案强调要保护全民和集体所有的财产,禁止任何组织或者个人侵占、破坏。同时规定保护公民的合法财产,禁止任何组织或者个人侵占、破坏或者非法查封、扣押、冻结、没收。

经营权、使用权是与所有权有密切关系而又可以和所有权适当分开的重要财产权。草案根据经济体制改革的经验规定:第一,国营企业对国家授予它经营管理的财产享有经营权,受法律保护。第二,国家所有的土地、森林、山岭、草原、荒地、滩涂、水面,可以依法由全民所有制单位使用,也可以依法确定由集体所有制单位使用,国家保护其使用、收益的权利。第三,集体所有的或者国家所有由集体使用的土地、森林、山岭、草原、荒地、滩涂、水面,可以依法由个人或者集体承包经营,国家保护其承包经营权。草案对公民承包乡镇企业,集体或者公民承包小型全民所有制企业未作规定,可由有关经济法律另行规定。第四,国家所有的矿藏,可以依法由全民所有制单位和集体所有制单位开采,也可以依法由公民采挖。国家保护合法的采矿权。第五,根据农村改革出现的新情况,考虑到农村过去长期实行三级所有、队为基础,拟规定农村集体所有的土地依照法律属于村农民集体所有,由村农业生产合作社等农业集体经济组织或者村民委员会经营、管理;已经属于乡(镇)农民集体经济组织所有的,可以属于乡(镇)农民集体所有。

草案规定,公民、法人依法享有的著作权(版权)、专利权、商标权、发现权、发明权,受法律保护,不得剽窃、假冒或者以其他方式侵犯。这对促进我国科学技术发展和文化事业的繁荣,引进外国的先进科学技术,都是有必要的。

六、关于民事责任

为了切实保障公民和法人的民事权利,草案规定公民、法人由于过错侵害社会主义公共财产,侵害他人财产、人身权利的,违反合同或者不履行债务的,应当承担民事责任。我们一般采取过错责任的原则,即对有过错的行为承担民事责任。但是,有一些虽然没有过错的行为,法律规定应当承担民事责任的,也应当承担民事责任。

草案对几种民事责任专门作了规定:第一,国家机关或者国家工作人员在执行职务中,侵犯公民、法人合法权益造成损害的,应当承担民事责任。这是宪法已有规定的。它不但是为了保护公民、法人的合法权益,而且是为了有利于促进国家机关和国家工作人员改进工作、纠正不正之风和官僚主义。至于具体执行问题,还需要另行规定。第二,因产品质量不合格造成他人财产、人身损害的,产品制造者和销售者应当依法承担民事责任。运输者、仓储者对此负有责任的,产品制造者和销售者有权要求赔偿损失。这样可以保护消费者的利益,也有利于促进改进产品质量。第三,当事人一方由于上级机关的原因,不能履行合同的,仍然应当依照合同规定向另一方赔偿损失,或者采取其他合理补救措施,再由有关上级机关对其因此受到的损失负责处理。

七、关于涉外民事关系的法律适用

我国实行对外开放的政策,国际交往日益扩大,涉外民事纠纷不断增加,迫切需要对法院处理涉外民事、经济纠纷时适用法律问题作出规定。草案总结我国处理这些问题的实践经验,参照国际惯例规定:第一,中华人民共和国缔结或者参加的国际条约同中华人民共和国的民事法律有不同规定的,适用国际条约的规定,但中华人民共和国声明保留的条款除外。中华人民共和国法律和中华人民共和国缔结或者参加的国际条约没有规定的,可以适用国际惯例。第二,在中华人民共和国领域内的涉外民事活动适用中华人民共和国法律,法律另有规定的除外。第三,涉外经济合同的当事人可以共同选择合同适用的法律,但是我国法律另有规定的除外。如在中国境内履行的中外合资经营企业合同、中外合作经营企业合同、中外合作勘探开发自然资源合同,适用我国的法律。第四,依照民法通则规定适用外国法律或者国际惯例的,不得违背中华人民共和国的社会公共利益。这些规定既有利于对外开放,又能维护我国主权和利益。

八、关于民族自治地方制定变通条例或者规定问题

鉴于各少数民族风俗习惯不同,情况各异,草案规定,民族自治地方的人民代表大会可以根据本法规定的原则,结合当地民族的特点,制定变通的或者补充的单行条例或者规定。

《民法通则(草案)》和以上说明是否妥当,请审议。

第六届全国人民代表大会法律委员会
关于三个法律草案审议结果的报告

1986年4月11日第六届全国人民代表大会
第四次会议主席团第三次会议通过

全国人大常委会副委员长、全国人大法律委员会主任委员　彭　冲

第六届全国人民代表大会第四次会议全体代表,从4月2日到4月7日,对《中华人民共和国民法通则(草案)》《中华人民共和国义务教育法(草案)》《中华人民共和国外资企业法(草案)》等三个法律草案进行了认真的审议,提出了许多很好的意见。代表们认为:民法通则是一个重要的基本法,制定民法通则十分必要,对于保障公民、法人在民事活动中的合法权益,调动各方面的积极性,维护社会经济秩序,保障经济体制改革和社会主义现代化建设事业的顺利进行,具有重大意义。……代表们认为这三个法律草案总结了我国的实践经验,坚持了社会主义原则,反映了改革、开放、搞活的成果,对三个法律草案表示赞同。

法律委员会于4月5日、7日、9日召开了四次全体会议,财经委员会、教科文卫委员会、外事委员会、华侨委员会的负责同志列席了有关的会议,根据各代表团讨论的意见,对三个法律草案逐条进行了审议。会议认为:三个法律草案在起草过程中,经过广泛征求意见;提请全国人大常委会审议前后,全国人大法律委员会、教科文卫委员会、财经委员会和全国人大常委会法制工作委员会分别进行了调查研究,提出了修改意见,由全国人大法律委员会统一审议修改后,经第六届全国人大常委会第十五次会议审议决定提请本次大会审议。三个法律草案经过多次修改,是比较成熟的,可行的。这三个法律的制定对于健全社会主义法制,将发挥重要的作用。同时建议根据代表的意见作以下修改和补充:

一、关于《中华人民共和国民法通则(草案)》

(1)关于农村集体所有的土地问题。王汉斌主任在向大会作的关于《民法通则(草案)》的说明中已经对草案条文提出了修改建议。根据各代表团小组讨论的意见和各省、自治区、直辖市以及中央有关部门的意见,建议将草案第七十二条中关于农村集体所有的土地的规定修改为:"集体所有的土地属于村农民集体所有,由村农业生产合作社等村农业集体经济组织或者村民委员会经营、管理。已经属于乡(镇)农民集体经济组织所有的,可以属于乡(镇)农民集体所有。"这样规定,能够保持政策的连续性和稳定性,适应农村改

革的新情况。由于各地情况差别较大,比较复杂,有关土地管理的许多问题可由土地法作出规定。

(2)关于农村承包经营户的债务问题。草案第二十八条规定,"农村承包经营户的债务,以共同生活的家庭成员的财产承担"。有些代表认为,对农村承包经营户承担债务的规定,应当同个体工商户一样。因此,建议修改为:"个体工商户、农村承包经营户的债务,个人经营的,以个人财产承担;家庭经营的,以家庭财产承担。"

(3)关于个人合伙的债务问题。有些代表认为,应当明确规定,合伙人对合伙的债务一般应负连带责任。这样,有利于保护债权人的利益,有利于个人合伙的健康发展。因此,建议修改为:"合伙人对合伙的债务承担连带责任,法律另有规定的除外。"

(4)有些代表提出,民法通则应当规定保护老人、残疾人的合法权益。因此,建议将草案第一百零二条修改为:"婚姻、家庭、母亲、老人、儿童受法律保护。"并建议增加一款:"残疾人的合法权益受法律保护。"

(5)有的代表提出,应当增加保护出版者的权利的规定。因此,建议根据王汉斌主任的说明,在草案第九十二条规定的"公民、法人享有著作权"后面加上"(版权)"。这样规定,既包括作者的著作权,也包括出版者的出版权。著作权(版权)还包括哪些具体内容,可由版权法规定。

(6)有些代表提出,应当明确规定对公民、法人的著作权、专利权等不得剽窃。因此,建议将草案第一百一十七条修改为:"公民、法人的著作权(版权)、专利权、商标专用权、发现权、发明权和其他科技成果权受到剽窃、篡改、假冒等侵害的,有权要求停止侵害,消除影响,赔偿损失。"

(7)草案第一百二十条规定:"国家机关或者国家工作人员在执行职务中,侵犯公民、法人合法权益造成损害的,国家机关应当承担民事责任。"有的代表提出,为了促使国家机关工作人员克服官僚主义,提高为人民服务的责任心,有过错的国家工作人员也应当承担民事责任。因此,建议将这一条修改为:"国家机关或者国家机关工作人员在执行职务中,侵犯公民、法人的合法权益,造成损害的,应当承担民事责任。"

(8)草案第一百五十一条规定,自治区人民代表大会制定的变通的或者补充的单行条例或者规定,"报全国人民代表大会常务委员会备案"。根据有些代表的意见,建议修改为:"自治区人民代表大会制定的,依照法律规定报全国人民代表大会常务委员会批准或者备案。"

有些代表建议,在草案第十二条规定的无民事行为能力人、限制民事行为能力人中,除精神病人外,还应当增加"痴呆人"。考虑到选举法中规定的"精神病人"包括了"痴呆人",本法中的"精神病人"也应当解释为包括痴呆人,因此可以不作修改。

二、关于《中华人民共和国义务教育法(草案)》(略)

三、关于《中华人民共和国外资企业法(草案)》(略)

此外,对这三个法律草案还作了一些文字修改。

代表们还提了不少很好的意见,有些可在其他法律或者行政法规中规定,有些需要有关部门在工作中注意解决。

法律委员会建议对这三个法律草案按照上述意见修改后,提请大会通过。

以上审查意见是否妥当,请主席团审议。

三、经济合同法（修改）

中华人民共和国经济合同法（修订草案）[①]

第一章 总 则

第一条 为了保护经济合同当事人的合法权益，维护社会经济秩序，提高经济效益，[提高国家计划的执行，]促进社会主义现代化的发展，特制定本法。

第二条 [经济合同是法人之间，]**本法适用于平等民事主体的法人、其他经济组织以及个体工商户、农村承包经营户相互之间**，为实现一定经济目的，明确相互权利义务关系[的协议]而订立的合同。

第三条 经济合同，除即时清结者外，应当采用书面形式；**另有习惯的，从习惯**。当事人协商同意的有关修改合同的文书、电报和图表，也是合同的组成部分。

第四条 订立经济合同，必须遵守国家的法律、**法规和国家有关规定**。[必须符合国家政策和计划要求。]任何单位和个人不得利用合同进行违法活动，扰乱经济秩序，[破坏国家计划，]损害国家利益和社会公共利益，牟取非法收入。

第五条 订立经济合同，必须贯彻平等互利、协商一致、等价有偿的原则。任何一方不得把自己的意志强加给对方，任何单位和个人不得非法干预。

第六条 经济合同依法成立，即具有法律约束力，当事人必须全面履行合同规定的义务，任何一方不得擅自变更或解除合同。

第七条 下列经济合同为无效：

一、违反法律[和国家政策、计划]、**法规和国家有关规定**的合同；

二、采取欺诈、胁迫等手段所签订的合同；

三、代理人超越代理权限签订的合同或以被代理人的名义同自己或者同自己所

[①] 文中黑体字，是新增加的；画[ ]处，是删去的。

代理的其他人签订的合同；

四、违反国家利益或社会公共利益的经济合同。

无效的经济合同，从订立的时候起，就没有法律约束力。确认经济合同部分无效的，如果不影响其余部分的效力，其余部分仍然有效。

［无效］经济合同的［确认权，归合同管理机关］**无效，由人民法院或者仲裁机构确认**。

第八条　购销、建设工程承包、加工承揽、货物运输、供用电、仓储保管、财产租赁、借款、财产保险［、科技协作］以及其他经济合同，均适用本法的规定。

第二章　经济合同的订立和履行

第九条　当事人双方依法就经济合同的主要条款经过协商一致，经济合同就成立。

第十条　代订经济合同，必须事先取得委托单位的委托证明，并根据授权范围以委托单位的名义签订，才对委托单位直接产生权利和义务。

第十一条　［属于国家指令性计划产品和项目的经济往来，必须按国家下达的指标签订经济合同；如果在签订时不能达成一致意见，由双方上级计划主管机关处理。属于国家指导性计划产品和项目的经济往来，参照国家下达的指标，结合本单位的实际情况签订经济合同。］**国家根据需要向企业下达指令性计划产品和项目的，有关企业依照有关法律、行政法规规定的权利和义务签订合同。**

第十二条　经济合同应具备以下主要条款：

一、标的(指货物、劳务、工程项目等)；

二、数量和质量；

三、价款或者酬金；

四、履行的期限、地点和方式；

五、违约责任。

根据法律规定的或按经济合同性质必须具备的条款，以及当事人一方要求必须规定的条款，也是经济合同的主要条款。

第十三条　经济合同用货币履行义务时，除法律另有规定的以外，必须用人民币计算和支付。

除国家允许使用现金履行义务的以外，必须通过银行转账**或者票据**结算。

第十四条　当事人一方可向对方给付定金。经济合同履行后，定金应当收回，或者抵作价款。

预付定金的一方不履行合同的，无权请求返还定金。接受定金的一方不履行合同的，应当双倍返还定金。

第十五条　经济合同当事人一方要求保证的，可由保证单位担保。保证单位是保证当事人一方履行合同的关系人。被保证的当事人不履行合同的时候,由保证单位连带承担赔偿损失的责任。

第十六条 经济合同被确认无效后,当事人依据该合同所取得的财产,应返还给对方。有过错的一方应赔偿对方因此所受的损失;如果双方都有过错,各自承担相应的责任。

违反国家利益或社会公共利益的合同,如果双方都是故意的,应追缴双方已经取得或者约定取得的财产,收归国库所有。如果只有一方是故意的,故意的一方应将从对方取得的财产返回对方;非故意的一方已经从对方取得或约定取得的财产,应收归国库所有。

第十七条 购销合同(包括供应、采购、预购、购销结合及协作、调剂等合同)中产品数量、产品质量和包装质量、产品价格和交货期限按以下规定执行:

一、产品数量,[按国家和上级主管部门批准的计划签订;没有国家和主管部门批准计划的,]由供需双方协商签订。产品数量的计量方法,按国家的规定[或主管部门的规定]执行;没有国家[和主管部门]规定的,按供需双方商定的方法执行。

二、产品质量和包装质量,有国家标准或[专]**者行业标准的,按国家标准或[专]者行业标准签订**;[无]**没有**国家标准或[专]**者行业标准的,**[按主管部门标准签订;当事人有特殊要求的,]由双方协商签订。

供方必须对产品的质量和包装质量负责,提供据以验收的必要的技术资料或实样。

产品质量的验收、检疫方法,根据国务院批准的有关规定执行,没有规定的由当事人双方协商确定。

三、产品的价格,**除国家规定必须执行国家定价的外,**[按照各级物价主管部门规定的价格(包括国家订价、浮动价)签订。政策上允许议价的,价格]由当事人协商议定。

执行国家[订]定价的,在合同规定的交付期限内国家价格调整时,按交付时的价格计价。逾期交货的,遇价格上涨时,按原价格执行;价格下降时,按新价格执行。逾期提货或者逾期付款的,遇价上涨时,按新价格执行;价格下降时,按原价格执行。执行浮动价、议价的,按合同规定的价格执行。

四、交(提)货期限要按照合同规定履行。任何一方要求提前或延期交(提)货,应在事先达成协议,并按协议执行。

第十八条 [建设工程承包合同,必须根据国家规定的程序和国家批准的投资计划、计划任务书等文件签订。]建设工程承包**合同**,包括勘察、设计、建筑、安装,可以由一个总包单位与建设单位签订总包合同,也可以由几个承包单位与建设单位分别签订合同。**重大建设工程项目**承包合同,根据国家规定的程序和国家批准的投资计划、计划任务书等文件签订。

勘察、设计合同中,应规定双方提交勘察、设计基础资料、设计文件(包括概预算的时间,设计的质量要求以及其他协作条件等条款。

建筑、安装工程合同中,应明确规定工程范围、建设工期、中间交工工程竣工时间、工程质量、工程造价、技术资料交付时间、材料和设备供应责任、拨款和结算、交工验收、双方互相协作等条款。

建设工程的竣工验收,应以施工图纸及说明书、国家颁发的施工验收规范和质量检验标准为依据。

第十九条 加工承揽合同,应根据定作方提出的品名、项目、质量要求和承揽方的加工、定作、修缮能力签订。除合同另有规定的以外,承揽方必须以自己的设备、技术和劳力,完成加工、定作、修缮任务的主要部分,不经定作方同意,不得把接受的任务转让给第三方。定作方应当接受承揽方完成的物品或工作成果,并给付报酬。

承揽方对定作方提供的原材料,应及时检验,发现不符合合同规定时,应立即通知定作方调换或者补齐。承揽方对定作方提供的原材料不得擅自更换,对修理的物品不得偷换零件,违反的应承担赔偿责任。

承揽方修缮房屋或者加工成批非标准化物品,应接受定作方必要的检查和监督,但定作方不得妨碍承揽方的正常工作。承揽方承揽的复制、设计、翻译和物品性能测试、检验等任务,定作方要求保密的,应严格遵守。

定作方超过领取期限六个月不领取定作物的,承揽方有权将定作物变卖,所得价款在扣除报酬、保管费用以后,用定作方的名义存入银行。

第二十条 货物运输合同,由托运方和承运方协商签订。[根据货物调拨计划、运输能力和运输计划签订。零星货物的运输合同,根据国家的有关运输规定签订。]

凡涉及联运的,应明确规定双方或多方的责任和交换办法。

托运的货物按照规定需要包装的,托运方必须按照国家[主管机关]规定的标准包装;没有统一规定包装标准的,应根据保证货物运输安全的原则进行包装,否则承运方有权拒绝承运。

第二十一条 供用电合同,根据用电方需要和电力可供量签订。合同中应明确规定电力、电量、用电时间和违约责任等条款。

第二十二条 仓储保管合同,根据存货方委托储存计划和保管方的仓储能量由双方协商签订。零星货物的储存,根据有关仓储规定签订。

仓储保管合同中,应明确规定储存货物的品名、规格、数量和保管方法,验收项目和验收方法,入库、出库手续,损耗标准和损耗的处理,费用负担和结算方法,违约责任等条款。

保管方应按照合同规定的包装外观、货物品种、数量和质量,对入库货物进行验收,如果发现入库货物与合同规定不符,应及时通知存货方。保管方验收后,如果发生货物品种、数量、质量不符合同规定,由保管方承担赔偿责任。

存货方应当向保管方提供必要的货物验收资料,否则,发生货物品种、数量、质量不符合同规定时,保管方不承担赔偿责任。

第二十三条 财产租赁合同,应明确规定租赁财产的名称、数量、用途、租赁期限、租金和租金交纳期限、租赁期间财产维修保养的责任、违约责任等条款。

出租方应按照合同规定时间和标准,将出租的财产交给承租方使用。如果出租方将财产所有权转移给第三方时,租赁合同对财产新的所有方继续有效。

承租方[因工作需要,]可以把租赁物转让给第三方承租使用,但必须事先征得出租方的同意。

租金的标准,国家有统一规定的,按统一规定签订;没有统一规定的,由当事人双方协商议定。

第二十四条 借款合同,[根据国家批准的信贷计划和有关规定签订。合同中,]应明确规定贷款的数额、用途、期限、利率、结算办法和违约责任等条款。

贷款利率由国家规定,中国人民银行统一管理。

第二十五条 财产保险合同,采用保险单或保险凭证的形式签订。

保险合同中,应明确规定保险标的、坐落地点(或运输工具及航线)、保险金额、保险责任、除外责任、赔偿办法、保险费缴付办法以及保险起讫期限等条款。

投保方应当维护被保险财产的安全。保险方可以对被保险财产的安全情况进行检查,如发现不安全因素,应及时通知投保方加以消除。

被保险财产的损失,应由第三人负责赔偿的,如果投保方向保险方提出要求,保险方可以按照合同规定先予赔偿,但投保方必须将追偿权转让给保险方,并协助保险方向第三者追偿。

[**第二十六条** 科技协作合同(包括科研、试制、成果推广、技术转让、技术咨询服务等)根据上级主管部门或有关部门的计划签订;没有计划的,由当事人双方协商签订。

科技协作合同中,应明确规定科技协作的项目、技术经济要求、进度、协作方式、经费和物资概算、报酬、违约责任等条款。]

第三章 经济合同的变更和解除

第二十六条 [**第二十七条**]凡发生下列情况之一者,允许变更或解除经济合同:

一、当事人双方经过协商同意,并且不因此损害国家利益[和影响国家计划的执行];

[二、订立经济合同所依据的国家计划被修改或取消;]

[三、当事人一方由于关闭、停产、转产而确实无法履行经济合同;]

二[四]、由于不可抗力或由于一方当事人虽无过失但无法防止的外因,致使经济合同无法履行;

三[五]、由于一方违约,使经济合同履行成为不必要。

当事人一方要求变更或解除经济合同时,应及时通知对方。因变更或解除经济合同使一方遭受损失的,除依法可以免除责任的外,应由责任方负责赔偿。

当事人一方发生合并、分立时,由变更后的当事人承担或分别承担履行合同的义务和享受应有的权利。

第二十七条　［第二十八条］变更或解除经济合同的通知或协议,应当采取书面形式(包括文书、电报等)。协议未达成之前,原经济合同仍然有效。

［第二十九条　经济合同的变更或解除如涉及国家指令性计划产品或项目,在签订协议前应报下达该计划的业务主管部门批准。］

第二十八条　［第三十条］变更或解除经济合同的建议和答复,在双方协议的期限内［或有关业务主管部门规定的期限内］提出。

第二十九条　［第三十一条］经济合同订立后,不得因承办人或法定代表人的变动而变更或解除。

第四章　违反经济合同的责任

第三十条　［第三十二条］由于当事人一方的过错,造成经济合同不能履行或者不能完全履行,由有过错的一方承担违约责任;如属双方的过错,根据实际情况,由双方分别承担各自应负的违约责任。

对由于失职、渎职或其他违法行为造成重大事故或严重损失的直接责任者个人,应追究经济、行政责任直至刑事责任。

［第三十三条　由于上级领导机关或业务主管机关的过错,造成经济合同不能履行或者不能完全履行的,上级领导机关或业务主管机关就承担违约责任。应先由违约方按规定向对方偿付违约金或赔偿金,再由应负责任的上级领导机关或业务主管机关负责处理。］

第三十一条　［第三十四条］当事人一方由于不可抗力的原因不能履行经济合同［时］的,应及时向对方通报不能履行或者需要延期履行、部分履行经济合同的理由,［在取得有关主管机关证明以后,］允许延期履行、部分履行或者不履行,并可根据情况部分或全部免予承担违约责任。

第三十二条　［第三十五条］当事人一方违反经济合同时,应向对方支付违约金。如果由于违约已给对方造成的损失超过违约金的,还应进行赔偿,补偿违约金不足的部分,对方要求继续履行合同的,应继续履行。

第三十三条　［第三十六条］违约金、赔偿金,企业应从企业基金、利润留成或盈亏包干分成中开支,不得计入成本;行政、事业单位应从预算包干的节余经费中开支。

第三十四条　［第三十七条］违约金、赔偿金应在明确责任后十天内偿付,否则按逾期付款处理。任何一方不得自行用扣发货物或扣付货款来充抵。

第三十五条　［第三十八条］违反购销合同的责任

一、供方的责任:

1.产品的品种、规格、数量、质量和包装质量不符合合同规定,或未按合同规定日期交货,应偿付违约金、赔偿金。

2.产品错发到货地点或接货单位(人),除按合同规定负责运到规定的到货地点或接货单位(人)外,并承担因此而多支付的运杂费;如果造成逾期交货,偿付逾期交货的违约金。

二、需方的责任:

1.中途退货应偿付违约金、赔偿金。

2.未按合同规定日期付款或提货,应偿付违约金。

3.错填或临时变更到货地点,承担由此而多支出的费用。

第三十六条 [第三十九条]违反建设工程承包合同的责任

一、承包方的责任:

1.因勘察设计质量低劣或未按期提交勘察设计文件拖延工期造成损失,由勘察设计单位继续完善设计,并减收或免收勘察设计费,直至赔偿损失。

2.工程质量不符合合同规定,发包方有权要求限期无偿修理或者返工、改建,经过修理或者返工、改建后,造成逾期交付的,承包方偿付逾期的违约金。

3.工程交付时间不符合合同规定,偿付逾期的违约金。

二、发包方的责任:

1.未按合同规定的时间和要求提供原材料、设备、场地、资金、技术资料等,除工程日期得予顺延外,还应偿付承包方因此造成停工、窝工的实际损失。

2.工程中途停建、缓建,应采取措施弥补或减少损失,同时赔偿承包方由此而造成的停工、窝工、倒运、机械设备调迁、材料和构件积压等损失和实际费用。

3.由于[变更计划],提供的资料不准确,或未按期提供必需的勘察、设计工作条件而造成勘察、设计的返工、停工或修改设计,按承包方实际消耗的工作量增付费用。

4.工程未经验收,提前使用,发现质量问题,自己承担责任。

5.超过合同规定日期验收或付工程费,偿付逾期的违约金。

第三十七条 [第四十条]违反加工承揽合同的责任

一、承揽方的责任:

1.由于保管不善,致使定作方提供的材料和物品损坏、灭失的,负责赔偿。

2.未按合同规定的质量、数量完成定作方交付的工作,应无偿进行修理、补足数量或者酌减报酬。如果工作成果有重大缺陷,还应承担赔偿责任。

二、定作方的责任:

1.未按时、按质、按量向承揽方提供原材料,造成工作延期的,负责赔偿损失。

2.超过规定期限领取定作或修理的物品,应向承揽方给付逾期保管费。

3.超过合同规定期限付款,偿付逾期的违约金。

第三十八条 [第四十一条]违反货物运输合同的责任

一、承运方的责任:

1. 不按运输合同规定的时间和要求配车(船)发运的,偿付托运方违约金。

2. 货物错运到货地点或接货人,应无偿运至合同规定的到货地点或接货人。如果货物运到逾期,偿付逾期交货的违约金。

3. 运输过程中货物灭失、短少、变质、污染、损坏,按货物的实际损失(包括包装费、运杂费)赔偿。

4. 联运的货物发生灭失、短少、变质、污染、损坏应由承运方承担赔偿责任的,由终点阶段的承运方按照规定赔偿,再由终点阶段的承运方向负有责任的其他承运方追偿。

5. 在符合法律和合同规定条件下的运输,由于下列原因造成货物灭失、短少、变质、污染、损坏的,承运方不承担违约责任:

(1) 不可抗力;

(2) 货物本身的自然性质;

(3) 货物的合理损耗;

(4) 托运方或收货方本身的过错。

二、托运方的责任:

1. 未按运输合同规定的时间和要求提供托运的货物,偿付承运方违约金。

2. 由于在普通货物中夹带、匿报危险货物,错报笨重货物重量等而招致吊具断裂、货物摔损、吊机倾翻、爆炸、腐蚀等事故,承担赔偿责任。

3. 由于货物包装缺陷产生破损,致使其他货物或运输工具、机械设备被污染腐蚀、损坏,造成人身伤亡的,承担赔偿责任。

4. 在托运方专用线或在港、站公用专用线、专用铁道自装的货物,在到站卸货时,发现货物损坏、短少,在车辆施封完好或无异状的情况下,应赔偿收货人的损失。

5. 罐车发运货物,因未随车附带规格质量证明或化验报告,造成收货方无法卸货时,偿付承运方卸车等存费及违约金。

第三十九条 [第四十二条]违反供用电合同的责任

一、供电方的责任:

供电方要按照国家规定的供电标准和合同规定安全供电。因故限电,应事先通知用电方。如无正当理由限电或由于供电方的责任断电,应赔偿用电方由此而造成的损失。

二、用电方的责任:

用电方要根据合同规定用电。因特殊情况需要超负荷用电或不能按规定时间用电时,应事先通知供电方。如无正当理由超负荷用电或不按规定时间用电,应偿付违约金。

违反供用水合同、供用气合同的责任,可参照本条规定处理。

第四十条 [第四十三条]违反仓储保管合同的责任

一、保管方的责任:

1.货物在储存期间,由于保管不善而发生货物灭失、短少、变质、污染、损坏的,负责赔偿损失。如属包装不符合合同规定或超过有效储存期而造成货物损失、变质的,不负赔偿责任。

2.对危险物品和易腐货物,不按规定操作或妥善保管,造成毁损的,负责赔偿损失。

3.由于保管方的责任,造成退仓或不能入库时,应按合同规定赔偿存货方运费和支付违约金。

4.由保管方负责发运的货物,不能按期发货,赔偿存货方逾期交货的损失;错发到货地点,除按合同规定无偿运到规定的到货地点外,并赔偿存货方因此而造成的实际损失。

二、存货方的责任:

1.易燃、易爆、有毒等危险物品和易腐物品,必须在合同中注明,并提供必要的资料,否则造成货物毁损或人身伤亡,承担赔偿责任直至刑事责任。

2.超议定储存量储存或逾期不提时,除交纳保管费外,还应偿付违约金。

第四十一条 [第四十四条]违反财产租赁合同的责任

一、承租方的责任:

1.由于使用保管或维修保养不当,造成租用财产损坏、灭失的,负责修复或赔偿。

2.擅自拆改房屋、设备、机具等财产,负责赔偿由此而造成的损失。

3.擅自将租赁财产转租或进行非法活动,出租方有权解除合同。

4.逾期不还租赁财产,除补交租金外,还应偿付违约金。

二、出租方的责任:

1.未按合同规定的时间提供出租财产,应偿付违约金。

2.未按合同规定质量提供出租财产,负责赔偿由此而造成的损失。

3.未按合同规定提供有关设备、附件等,致使承租方不能如期正常使用的,除按规定如数补齐外,还应偿付违约金。

4.出租船舶、车辆等大型工具,如因出租方操作不当或服务人员的过失,造成租赁逾期,按合同或有关规定偿付承租方违约金。

第四十二条 [第四十五条]违反借款合同的责任

一、贷款方的责任:

[人民银行、专业银行、信用合作社,]**贷款方**未按合同规定及时贷款,应偿付违约金。

二、借款方的责任:

借款方不按合同规定使用贷款,应按有关规定加付利息;贷款方有权提前收回一部或全部贷款。

第四十三条 [第四十六条]违反财产保险合同的责任

一、保险方的责任:

对于保险事故造成的损失和费用,在保险金额的范围内承担赔偿责任。被保险方为了避免或减少保险责任范围内的损失而进行的施救、保护、整理、诉讼所支出的合理费用,根据合同规定偿付。如果不及时偿付,应承担违约责任。

二、投保方的责任:

投保方如隐瞒被保险财产的真实情况,保险方有权解除合同或不负赔偿责任。

投保方对被保险的财产发现有危险情况,不采取措施消除,由此发生事故造成的损失由自己负责,保险方不负赔偿责任。

[第四十七条　违反科技协作合同的责任

一、受托方或技术转让方的责任:

受托方或技术转让方不履行合同,应根据具体情况,部分或全部退还委托方或技术受让方所拨付的委托费或转让费;拖延进度,应偿付因此所造成的额外费用。

二、委托方或技术受让方的责任:

委托方或技术受让方不履行合同,所拨付的委托费或转让费不得追回,并偿付受托方或技术转让方善后处理所支出的各项费用。]

第五章　经济合同纠纷的调解和仲裁

第四十四条　[第四十八条]经济合同发生纠纷时,当事人可以**通过协商**或者调解解决。**当事人不愿通过协商、调解解决或者**协商、调解不成的,**可以依据合同中的仲裁条款或者事后达成的书面仲裁协议,向仲裁机构申请仲裁。当事人没有在经济合同中订立仲裁条款**,事后又没有达成书面仲裁协议的,可以[应及时协商解决。协商不成时,任何一方均可向国家规定的合同管理机关申请调解或仲裁,也可以直接]向人民法院起诉。

当事人一方在规定的期限内不履行仲裁机构的仲裁决定的,另一方可以申请人民法院强制执行。

[第四十九条　调解达成协议的,当事人应当履行。仲裁作出裁决,由国家规定的合同管理机关制作仲裁决定书。当事人一方或双方对仲裁不服的,可以在收到仲裁决定书之日起十五天内,向人民法院起诉。期满不起诉的,裁决即有法律效力。]

[第五十条　经济合同当事人向合同管理机关申请调解或仲裁,应从其知道或应当知道权利被侵害之日起一年内提出。超过期限的,一般不予受理。]

第六章　经济合同的管理

第四十五条　[第五十一条]县级以上各级人民政府[各级业务主管部门和]工商行政管理部门[应对有关的经济合同进行]和**其他有关**主管部门,**依据法律、行政法规规定的职责,**负责对经济合同的监督检查。[建立必要的管理制度。各级业务主管部门还应把企业经济合同的履行情况,作为一项经济指标进行考核。]

第四十六条 [第五十二条][人民银行、专业银行、信用合作社]**国有金融机构和集体所有制金融机构**应通过信贷管理和结算管理,监督经济合同的履行。

[人民银行、专业银行、信用合作社]**国有金融机构和集体所有制金融机构**应当按照结算制度的规定办理结算,并处理承付、拒付以及扣收延付款项。

经济合同当事人对调解书、仲裁决定书或法院的判决,在规定期限内没有自动履行的,[人民银行、专业银行、信用合作社]**国有金融机构和集体所有制金融机构**在收到人民法院的协助执行通知书后,应当从当事人账户中扣留或划拨需支付的款项。

第四十七条 [第五十三条]对[于订立假经济合同,或倒卖经济合同,或]利用经济合同[买空卖空、转包渔利、非法转让、行贿受贿,以及其他]**损害他人利益和危害国家利益[和]、社会公共利益的**[**违法行为**],由**县级以上各级人民政府**工商行政管理部门和其他有关主管部门依据法律、行政法规规定的职责负责处理;[需要]**构成犯罪,依法追究刑事责任**[的移送司法机关处理]。

第七章 附 则

[第五十四条 个体经营户、农村社员同法人之间签订经济合同,应参照本法执行。]

第四十八条 [第五十五条]涉外经济[贸易]合同[条例参照本法的原则和国际惯例另行制定]**和技术合同,分别适用《中华人民共和国涉外经济合同法》和《中华人民共和国技术合同法》的规定。**

[第五十六条 国务院有关部门和各省、市、自治区人民政府可以根据本法制定实施条例,报国务院批准施行。]

第四十九条 [第五十七条]本法从一九八二年七月一日起实施。

中华人民共和国经济合同法修正案(草案)

1993 年 6 月

一、第一条修改为:"为了保护经济合同当事人的合法权益,维护社会经济秩序,提高经济效益,促进社会主义现代化建设的发展,特制定本法。"

二、第二条修改为:"本法适用于平等民事主体的法人、其他经济组织以及个体工商户、农村承包经营户相互之间,为实现一定经济目的,明确相互权利义务关系而订立的合同。"

三、第三条修改为:"经济合同,除即时清结者外,应当采用书面形式;另有习惯的,从习惯。当事人协商同意的有关修改合同的文书、电报和图表,也是合同的组成部分。"

四、第四条修改为:"订立经济合同,必须遵守国家的法律、法规和国家有关规定。任何单位和个人不得利用合同进行违法活动,扰乱经济秩序,损害国家利益和社会公共利益,牟取非法收入。"

五、第七条第一款第一项修改为:"一、违反法律、法规和国家有关规定的合同;"第三款修改为:"经济合同的无效,由人民法院或者仲裁机构确认。"

六、第八条修改为:"购销、建设工程承包、加工承揽、货物运输、供用电、仓储保管、财产租赁、借款、财产保险以及其他经济合同,均适用本法的规定。"

七、第十一条修改为:"国家根据需要向企业下达指令性计划产品和项目的,有关企业依照有关法律、行政法规规定的权利和义务签订合同。"

八、第十三条第二款修改为:"除国家允许使用现金履行义务的以外,必须通过银行转账或者票据结算。"

九、第十七条第一款第一项修改为:"一、产品数量,由供需双方协商签订。产品数量的计量方法,按国家的规定执行;没有国家规定的,按供需双方商定的方法执行。"第二项第一段修改为:"二、产品质量和包装质量,有国家标准或者行业标准的,按国家标准或者行业标准签订,没有国家标准或者行业标准的,由双方协商签订。"第三项第一段修改为:"三、产品的价格,除国家规定必须执行国家定价的外,由当事人协商议定。"

十、第十八条第一款、第二款合并为一款,修改为:"建设工程承包合同,包括勘察、设计、建筑、安装,可以由一个总包单位与建设单位签订总包合同,也可以由几个承包单位与建设单位分别签订合同。重大建设工程项目承包合同,根据国家规定的程序和国家批准的投资计划、计划任务书等文件签订。"

十一、第二十条第一款修改为:"货物运输合同,由托运方和承运方协商签订。"第三款修改为:"托运的货物按照规定需要包装的,托运方必须按照国家规定的标准包装;没有统一规定包装标准的,应根据保证货物运输安全的原则进行包装,否则承运方有权拒绝承运。"

十二、第二十三条第三款修改为:"承租方可以把租赁物转让给第三方承租使用,但必须事先征得出租方的同意。"

十三、第二十四条第一款修改为:"借款合同,应明确规定贷款的数额、用途、期限、利率、结算办法和违约责任等条款。"

十四、删去第二十六条。

十五、第二十七条第一款第一项修改为:"一、当事人双方经过协商同意,并且不因此损害国家利益;"删去第二项和第三项。

十六、删去第二十九条。

十七、第三十条修改为:"变更或解除经济合同的建议和答复,在双方协议的期限内提出。"

十八、删去第三十三条。

十九、第三十四条修改为:"当事人一方由于不可抗力的原因不能履行经济合同的,应及时向对方通报不能履行或者需要延期履行、部分履行经济合同的理由,允许延期履行、部分履行或者不履行,并可根据情况部分或全部免予承担违约责任。"

二十、第三十九条第一款第二项第三点修改为:"3.由于提供的资料不准确,或未按期提供必需的勘察、设计工作条件而造成勘察、设计的返工、停工或修改设计,按承包方实际消耗的工作量增付费用。"

二十一、第四十五条第一款第一项修改为:"一、贷款方的责任:贷款方未按合同规定及时贷款,应偿付违约金。"

二十二、删去第四十七条。

二十三、第四十八条修改为:"经济合同发生纠纷时,当事人可以通过协商或者调解解决。当事人不愿通过协商、调解解决或者协商、调解不成的,可以依据合同中的仲裁条款或者事后达成的书面仲裁协议,向仲裁机构申请仲裁。当事人没有在经济合同中订立仲裁条款,事后又没有达成书面仲裁协议的,可以向人民法院起诉。"并增加一款,作为第二款:"当事人一方在规定的期限内不履行仲裁机构的仲裁决定的,另一方可以申请人民法院强制执行。"

二十四、删去第四十九条。

二十五、删去第五十条。

二十六、第五十一条修改为:"县级以上各级人民政府工商行政管理部门和其他有关主管部门,依据法律、行政法规规定的职责,负责对经济合同的监督检查。"

二十七、第五十二条第一款修改为:"国有金融机构和集体所有制金融机构应通过信贷管理和结算管理,监督经济合同的履行。"第二款修改为:"国有金融机构和集体所有制金融机构应当按照结算制度的规定办理结算,并处理承付、拒付以及扣收延付款项。"第三款修改为:"经济合同当事人对调解书、仲裁决定书或法院的判决,在规定期限内没有自动履行的,国有金融机构和集体所有制金融机构在收到人民法院的协助执行通知书后,应当从当事人账户中扣留或划拨需支付的款项。"

二十八、第五十三条修改为:"对利用经济合同损害他人利益和危害国家利益、社会公共利益的,由县级以上各级人民政府工商行政管理部门和其他有关主管部门依据法律、行政法规规定的职责负责处理;构成犯罪的,依法追究刑事责任。"

二十九、删去第五十四条。

三十、第五十五条修改为:"涉外经济合同和技术合同,分别适用《中华人民共和国涉外经济合同法》和《中华人民共和国技术合同法》的规定。"

三十一、删去第五十六条。

本修正案自　　年　月　日起施行。

本修正案施行前,依据《中华人民共和国经济合同法》第五十六条规定制定的有关行政法规和地方性法规、规章,其内容与本修正案相抵触的,以本修正案为准。

《中华人民共和国合同法》根据本修正案作相应修改并对条、款、项的顺序作相应调整后,重新公布。

关于《中华人民共和国经济合同法修正案(草案)》的说明

1993年6月22日在第八届全国人民代表大会常务委员会第二次会议上

国务院法制局局长　杨景宇

委员长、各位副委员长、各位委员：

我受国务院的委托，现就《中华人民共和国经济合同法修正案(草案)》作如下说明：

《中华人民共和国经济合同法》是一九八一年十二月十三日五届全国人大四次会议通过、一九八二年七月一日起施行的。十年多来，经济合同法对保护经济合同当事人的合法权益，维护社会经济秩序，促进社会主义商品经济的发展，起了重要作用。但是，这部法律毕竟是在改革初期制定的，随着改革的不断发展和深化，有些规定与现实经济生活已经越来越不相适应；在一些重要问题上，同后来制定的民法通则、民事诉讼法、涉外经济合同法、技术合同法也存在若干不协调、不一致的情况。因此，修改经济合同法势在必行，也是各方面的普遍要求。

一九九〇年七月，国家工商局、国家体改委向国务院报送了经济合同法(修订草案送审稿)。国务院法制局收到此件后，即分送八十多个中央有关部门、专业总公司、专业银行、法院和地方政府以及几十位民法、经济法专家征求意见，并先后召开了四次规模较大的论证会。根据各方面的意见，总结实践经验，并参考国际立法例，对送审稿作了七次重大修改、补充，形成了经济合同法(修订草案)。有关方面和专家认为，这个修订草案总的看基础比较好，但是仍嫌单薄、原则，主张以此为基础起草民法典合同篇式的合同法。特别是党的十四大把建立社会主义市场经济体制确定为经济体制改革的目标、八届全国人大一次会议通过宪法修正案后，主张制定合同法的呼声更加强烈，认为这是调整社会主义市场经济关系的重要法律，立法条件也已成熟，应该抓紧起草，尽快出台。经同全国人大常委会法工委共同商议，认为上述意见是有道理的，但是起草比较完备的合同法涉及复杂的民事权利、义务关系，即使抓紧工作，也不是一朝一夕就能完成的，而现行的经济合同法在若干重要问题上显然已经不能适应发展社会主义市场经济和转变政府职能的要求，甚至同宪法修正案不一致，有关条款需要立即调整。因此，在立法上势必分两步走：首先，只对必须尽快修改的加以修改，暂不作全面修改，可改可不改的暂不改；与此同时，组织力量，尽速起草比较完备的合同法。现在提请审议的经济合同法修正案(草案)，就是按照上述考虑，经同法工委共同研究，根据前一段工作中各方面提出的意见，并再次同国家工商局、国家体改委磋商后提出的。现就草案中几个主要问题说明如下：

一、关于经济合同法的适用范围问题

经济合同法规定:"经济合同是法人之间为实现一定经济目的,明确相互权利义务关系的协议。""个体经营户、农村社员同法人之间签订经济合同,应参照本法执行。"许多部门、地方和专家提出,随着改革的发展和深化,从事市场经营活动的主体不仅有法人,还有大量非法人经济组织。按照上述规定,本法的调整范围过窄。因此,草案将上述规定修改为:"本法适用于平等民事主体的法人、其他经济组织以及个体工商户、农村承包经营户相互之间,为实现一定经济目的,明确相互权利义务关系而订立的合同。"

此外,经济合同法具体规定了十种有名合同,其中包括科技协作合同。该法第五十五条还规定:"涉外经济贸易合同参照本法的原则和国际惯例另行制定。"考虑到全国人大常委会已经先后于一九八五年和一九八七年制定了涉外经济合同法和技术合同法,草案删去了经济合同法中有关科技协作合同的规定,并将该法第五十五条修改为:"涉外经济合同和技术合同,分别适用《中华人民共和国涉外经济合同法》和《中华人民共和国技术合同法》的规定。"

二、关于经济合同与计划的关系问题

八十年代初期制定经济合同法时,我国实行的还是计划经济,在实行计划经济的前提下,发挥市场调节的辅助作用。当时的认识是,经济合同是调节经济中的纵向和横向联系的,它既是使国家计划具体化和得到贯彻执行的重要形式,又是制定计划的重要依据和必要补充。为此,这部法律除在"总则"中明确制定本法的目的之一就是要"保证国家计划的执行",规定订立经济合同必须符合国家政策和计划的要求外,并在有关条文中具体规定:属于国家指令性计划产品和项目的经济往来,必须按国家下达的指标签订经济合同;属于国家指导性计划产品和项目的经济往来,参照国家下达的指标,结合本单位的实际情况签订经济合同。显然,这些规定已经不能反映当前的实际,不能适应社会主义市场经济的需要,也不符合八届全国人大一次会议通过的宪法修正案对宪法第十五条的修改精神,必须加以修改。有些部门和专家还提出,经济合同法属于民法范畴,它是调整从事市场经营活动的平等民事主体之间横向财产、经济关系的。这不排除国家通过一定范围的指令性计划等手段对社会经济生活进行必要的宏观调控、管理。但是,第一,这种宏观调控、管理属于纵向经济关系或者行政管理关系,主要应由有关的经济法、行政法调整,经济合同法可以不作规定,尽量避免把两种不同的法律关系混在一起;第二,指令性计划如运输计划、信贷计划等,就特定市场经营主体如铁路、银行等来说,是对其经营活动实行总体控制的,不是、也不可能每项经营活动如每次运输、每笔贷款等都有计划指标,按指标订合同;第三,《全民所有制工业企业转换经营机制条例》体现改革精神,对国家下达指令性计划和企业执行指令性计划作了新的具体规定,已经不是经济合同法所规定的那样,要求企业无条件地按计划指标订合同,依照《条例》规定解决国家计划问题是切合实际的。因此,草案除对经济合同法个别条文根据《条例》加以修改后予以保留外,删去了经济合同法中有关国家计划的规定。

三、关于购销合同与国家物价管理的关系问题

经济合同法规定:购销合同中"产品的价格,按照各级物价主管部门规定的价格(包括国家订价、浮动价)签订。政策上允许议价的,价格由当事人协商议定"。按照物价管理体制改革的原则,草案将上述规定修改为:"产品的价格,除国家规定必须执行国家定价的外,由当事人协商议定。"

四、关于上级机关过错造成违约的责任问题

经济合同法规定:"由于上级领导机关或业务主管机关的过错,造成经济合同不能履行或者不能完全履行的,上级领导机关或业务主管机关应承担违约责任。应先由违约方按规定向对方偿付违约金或赔偿金,再由应负责任的上级领导机关或业务主管机关负责处理。"这主要是针对当时政企不分、行政机关干涉企业经营自主权的问题而作出的规定。有些部门和地方提出,现在情况已经有了很大变化。无论法规,还是政策,都是保护企业经营自主权不受侵犯的。至于现实生活中这类问题还时有发生,那要依法处理,不能在经济合同法中为它提供"合法"存在的前提和依据。因此,草案删去了上述规定。

五、关于企业关闭、停产、转产是否允许变更或解除经济合同的问题

经济合同法规定,当事人一方由于关闭、停产、转产而确实无法履行经济合同的,允许变更或解除经济合同。有些部门和专家提出,按照民法原则,企业关闭、转产、停产不能履行经济合同的,如果单方面提出变更或者解除经济合同,必须承担违约责任。法律上不应将这种情况与不可抗力并列,允许变更或者解除经济合同而不负违约责任。因此,草案删去了上述规定。

六、关于无效合同的确认问题

经济合同法规定:"无效合同的确认权,归合同管理机关和人民法院。"在几次有实际工作部门、法院和专家参加的论证会上,普遍不赞成合同管理机关(工商行政管理部门)确认经济合同的无效。主要理由是:(1)合同的有效或者无效是一种民事法律关系,判定合同的效力是司法机关的职权;(2)工商行政管理机关确认合同无效,使行政法律关系与民事法律关系交织在一起,特别是在《行政诉讼法》施行后,当事人不服工商行政管理机关的决定而提起诉讼时,程序十分繁杂,造成一案多审,增加当事人的负担;(3)工商行政管理机关干预合同的效力与政府转变职能的改革方向也是相悖的。因此,草案将上述规定修改为:"经济合同的无效,由人民法院或者仲裁机构确认。"

七、关于解决经济合同纠纷的制度问题

经济合同法规定:"经济合同发生纠纷时,当事人应及时协商解决。协商不成时任何一方均可向国家规定的合同管理机关申请调解或仲裁,也可以直接向人民法院起诉。""当事人一方或双方对仲裁不服的,可以……向人民法院起诉。"这种对经济合同纠纷既裁又

审的制度比较繁琐,一场纠纷往往久拖不决,不适应市场经济体制的要求,而后来制定的民事诉讼法和涉外经济合同法、技术合同法规定的对合同纠纷实行或裁或审的制度则比较简便,也符合处理合同纠纷的国际惯例。因此,草案将上述规定修改为:"经济合同发生纠纷时,可以通过协商或者调解解决。当事人不愿通过协商、调解解决或者协商、调解不成的,可以依据合同中的仲裁条款或者事后达成的书面仲裁协议,向仲裁机构申请仲裁。当事人没有在经济合同中订立仲裁条款,事后又没有达成书面仲裁协议的,可以向人民法院起诉。""当事人一方在规定的期限内不履行仲裁机构的仲裁决定的,另一方可以申请人民法院强制执行。"

八、关于对经济合同的行政管理问题

经济合同法规定:"各级业务主管部门和工商行政管理部门应对有关的经济合同进行监督检查,建立必要的管理制度。各级业务主管部门还应把企业经济合同的履行情况,作为一项经济指标进行考核。"在征求意见中,许多部门和专家认为,经济合同的订立和履行是平等民事主体为实现一定经济目的而实施的一般民事法律行为。根据民法原则和政府转变职能的需要,政府部门不宜对这种一般民事关系进行过多的干预。从实际情况看,全国每年订立的书面经济合同十亿份左右,这样大量的合同,涉及的关系十分复杂,行政机关也很难管得了、管得好;即使进行必要的监督检查,也要严格加以限制,淡化对订立和履行经济合同的行政管理。因此,草案将上述规定修改为:"县级以上各级人民政府工商行政管理部门和其他有关主管部门,依据法律、行政法规规定的职责,负责对经济合同的监督检查。"

九、关于经济合同法的实施条例问题

经济合同法第五十六条规定:"国务院有关部门和各省、市、自治区人民政府可以根据本法制定实施条例,报国务院批准施行。"近十年来,按照上述规定,国务院有关部门制定了十二个规范不同种类合同的条例或者实施细则,报国务院批准施行,属于行政法规;九个省、市制定了执行经济合同法的地方性法规或者政府规章。有些部门和专家提出,参考国际上的通行做法,合同法作为调整民事关系的重要法律,应当尽量规定得具体一些,以便于执行。至于各类合同的具体问题,通常都是由行业协会这类民间组织根据合同法制定标准合同来解决的。从我国的实际情况考虑,上述已经制定的有关行政法规、地方性法规和地方政府规章对执行经济合同法起了重要作用,在比较完备的合同法出台前,一时还不能中止。问题是,本修正案经全国人大常委会审议通过后,这些行政法规、地方性法规、地方政府规章理应作相应的修改,但这样做的工作量很大,最好在修正案中按照法规、规章服从法律的原则作适当处理,这些问题留待下步制定合同法时统一研究解决。根据这些意见,草案删去了经济合同法第五十六条,同时规定:"本修正案施行前,依据《中华人民共和国经济合同法》第五十六条规定制定的有关行政法规、地方性法规、规章,其内容与本修正案相抵触的,以本修正案为准。"

我的说明完了,请审议。

全国人大法律委员会关于《中华人民共和国经济合同法修正案(草案)》审议结果的报告

1993年8月25日在第八届全国人民代表大会常务委员会第三次会议上

全国人大法律委员会副主任委员 王叔文

八届全国人大常委会第二次会议对国务院提请审议的《中华人民共和国经济合同法修正案(草案)》进行了初步审议。会后,法律委员会、法制工作委员会将草案印发各省、自治区、直辖市和中央有关部门,邀请中央和北京市有关部门和单位座谈,征求意见。法律委员会于8月5日、20日召开会议,根据全国人大常委会委员的审议意见和地方、部门的意见,对草案进行了审议。法律委员会认为,经济合同法实施十一年来,对于保护经济合同当事人的合法权益,维护社会经济秩序,促进社会主义现代化建设的发展,起了重要的作用。但是,随着改革开放的深化和社会主义市场经济的发展,对《经济合同法》作适当修改是必要的,修正案(草案)基本上是可行的。同时,提出以下修改意见:

一、修正案(草案)第一条将经济合同法第一条修改为:"为了保护经济合同当事人的合法权益,维护社会经济秩序,提高经济效益,促进社会主义现代化建设的发展,特制定本法。"根据有些委员、部门和地方的意见,建议在这一条中增加"保障社会主义市场经济的健康发展"一句,修改为:"为了保护经济合同当事人的合法权益,维护社会经济秩序,保障社会主义市场经济的健康发展,促进社会主义现代化建设,特制定本法。"(修改决定草案第一条)

二、修正案(草案)第三条将经济合同法第三条修改为:"经济合同,除即时清结者外,应当采用书面形式;另有习惯的,从习惯。当事人协商同意的有关修改合同的文书、电报和图表,也是合同的组成部分。"有的委员和一些部门、地方提出,订立经济合同"另有习惯的,从习惯"的规定,含意太泛,难以操作,建议不作这种规定。因此,建议删去修正案(草案)第三条,对经济合同法第三条不作修改。

三、修正案(草案)第四条将经济合同法第四条修改为:"订立经济合同,必须遵守国家的法律、法规和国家有关规定。任何单位和个人不得利用合同进行违法活动,扰乱经济秩序,损害国家利益和社会公共利益,牟取非法收入。"有的委员、部门和地方提出,"法规和国家有关规定"的范围太宽,应当限于国务院的行政法规。因此,建议将经济合同法第四条修改为:"订立经济合同,必须遵守法律和行政法规。任何单位和个人不得利用合同进行违法活动,扰乱社会经济秩序,损害国家利益和社会公共利益,牟取非法收入。"(修改决

定草案第三条)同时对经济合同法第七条作相应的修改。(修改决定草案第四条)

四、修正案(草案)第十五条将经济合同法第二十七条第一款第一项修改为:"一、当事人双方经过协商同意,并且不因此损害国家利益;"并删去第二项和第三项。

有的部门和地方提出,应当参照涉外经济合同法和技术合同法,对当事人一方在特定情况下有权单方面解除合同作出规定。因此,建议将经济合同法第二十七条第一款第一项修改为:"一、当事人双方经协商同意,并且不因此损害国家利益和社会公共利益;"删去第二项和第三项。第四项改为第二项,修改为:"由于不可抗力致使经济合同的全部义务不能履行;"第五项改为第三项。将经济合同法第二十七条第二款修改为:"属于前款第二项或第三项规定的情况的,当事人一方有权通知另一方解除合同。因变更或解除经济合同使另一方遭受损失的,除依法可以免除责任的以外,应由责任方负责赔偿。"(修改决定草案第十四条)

同时建议将经济合同法第二十八条相应地修改为:"变更或解除经济合同的通知或协议,应当采取书面形式(包括文书、电报等)。除由于不可抗力致使经济合同的全部义务不能履行或者由于一方违约使经济合同履行成为不必要的情况以外,协议未达成之前,原经济合同仍然有效。"(修改决定草案第十五条)

五、修正案(草案)第十七条将经济合同法第三十条修改为:"变更或解除经济合同的建议和答复,在双方协议的期限内提出。"有的委员提出,这一规定实际上难以操作。因此,建议将经济合同法第三十条删去。(修改决定草案第十七条)

六、修正案(草案)第二十七条将经济合同法第五十二条第一款修改为:"国有金融机构和集体所有制金融机构应通过信贷管理和结算管理,监督经济合同的履行。"第二款修改为:"国有金融机构和集体所有制金融机构应当按照结算制度的规定办理结算,并处理承付、拒付以及扣收延付款项。"第三款修改为:"经济合同当事人对调解书、仲裁决定书或法院的判决,在规定期限内没有自动履行的,国有金融机构和集体所有制金融机构在收到人民法院的协助执行通知书后,应当从当事人账户中扣留或划拨需支付的款项。"有的委员和中国人民银行提出,银行和金融机构的改革正在进行中,本法不要规定银行和金融机构具有监督经济合同履行的职能;第三款关于人民法院协助执行通知书的规定,民事诉讼法已有规定,本法可以不再重复规定。因此,建议将经济合同法第五十二条删去。(修改决定草案第二十九条)

七、经济合同法第二十五条第一款规定:"财产保险合同,采用保险单或保险凭证的形式签订。"有的委员和中国人民保险公司提出,根据国际惯例和我国目前的实际做法,在某种情况下,财产保险合同成立时,保险单或保险凭证不一定已经签发。因此,建议将这一款修改为:"财产保险合同,由投保人提出保险要求,经保险人同意承保,并就合同的条款达成协议后成立。保险人应当及时向投保人签发保险单或者其他保险凭证。"(修改决定草案第十二条)

八、经济合同法第三十六条规定:"违约金、赔偿金,企业应从企业基金、利润留成或盈亏包干中开支,不得计入成本;行政、事业单位应从预算包干的节余经费中开支。"一些部门和地方提出,这条规定与今年7月1日起开始实行的新的企业财务会计制度不相符合。因此,建议将经济合同法第三十六条删去。(修改决定草案第二十条)

九、经济合同法第三十七条规定:"违约金、赔偿金应在明确责任后十天内偿付,否则按逾期付款处理。任何一方不得自行用扣发货物或扣付货款来充抵。"有的委员提出,"任何一方不得自行用扣发货物或扣付货款来充抵"违约金、赔偿金的规定,不利于维护社会主义市场经济秩序。因此,建议在这一条中删去这一句,将经济合同法第三十七条修改为:"违约金、赔偿金应在明确责任后十天内偿付,否则按逾期付款处理。"(修改决定草案第二十一条)

此外,还对修正案(草案)作了一些文字修改。

法律委员会建议,修改决定自公布之日起施行,经济合同法根据修改决定作相应的修正,重新公布。

法律委员会已按照上述修改意见提出关于修改《中华人民共和国经济合同法》的决定(草案),建议全国人大常委会审议通过。

修改决定(草案)和以上意见是否妥当,请审议。

全国人大法律委员会
1993年8月20日

关于对修改经济合同法的决定(草案)和反不正当竞争法(草案修改稿)修改意见的汇报(节选)

1993年9月1日在第八届全国人民代表大会常务委员会第三次会议上

全国人大法律委员会主任委员 薛 驹

本次会议于8月25日、26日对修改经济合同法的决定(草案)和反不正当竞争法(草案修改稿)分组进行了审议。委员们认为这两个草案吸收了常委会委员和地方、部门、专家的意见,已经比较成熟,建议本次常委会通过。同时,也提出了一些修改意见。法律委员会于8月28日召开会议,逐条研究了委员们的意见,建议作如下修改:

一、关于修改经济合同法的决定(草案)

(一)根据有的委员的意见,建议将经济合同法第一条修改为:"为保障社会主义市场经济的健康发展,保护经济合同当事人的合法权益,维护社会经济秩序,促进社会主义现代化建设,制定本法。"(修改决定新草案第一条)

(二)根据有些委员的意见,建议在修改经济合同法的修改决定(草案)中增加一条规定,将经济合同法第五条修改为:"订立经济合同,应当遵循平等互利、协商一致的原则。任何一方不得把自己的意志强加给对方。任何单位和个人不得非法干预。"(修改决定新草案第四条)

(三)根据有的委员的意见,建议将经济合同法第十一条修改为:"国家根据需要向企业下达指令性计划的,有关企业之间应当依照有关法律、行政法规规定的企业的权利和义务签订合同。"(修改决定新草案第八条)

(四)有的委员提出,经济合同法的主体已经扩大,包括单位和个人,经济合同法原第十条中的"委托单位"应当相应修改为"委托人"。因此,建议在修改经济合同法的修改决定(草案)中增加一条规定,将经济合同法第十条修改为:"代订经济合同,必须事先取得委托人的委托证明,并根据授权范围以委托人的名义签订,才对委托人直接产生权利和义务。"(修改决定新草案第七条)

(五)有的委员提出,经济合同法原第十五条关于"由保证单位连带承担赔偿损失的责任",在"连带承担"之前应当增加先由保证单位履行合同义务的规定。因此,建议在修改经济合同法的修改决定(草案)中增加一条规定,将经济合同法第十五条修改为:"经济合同当事人一方要求保证的,可由保证人担保。被保证的当事人不履行合同的,按照担保约

定由保证人履行或者承担连带责任。"(修改决定新草案第十条)

有些委员提出,修改决定能否对三角债问题在经济合同法中作出一些规定。经研究后认为,经济合同法对违反合同的责任问题已经作出了规定,严格执行这些规定,将有利于三角债问题的解决,但三角债问题比较复杂,涉及面较宽,需要由国务院进一步采取措施解决,经济合同法可以不再增加规定。

二、关于反不正当竞争法(草案修改稿)(略)

此外,还对两个法律草案作了个别文字修改。

以上意见,请审议。

附 录

关于《中华人民共和国担保法(草案)》的说明

1995年2月21日在第八届全国人民代表大会常务委员会第十二次会议上

全国人大常委会法制工作委员会主任 顾昂然

委员长、各位副委员长、秘书长、各位委员：

我受委员长会议的委托，作关于《中华人民共和国担保法(草案)》的说明。

担保是随着商品经济的发展而产生的一项重要民事法律制度。近年来，由于许多银行贷款有借无还的问题长期没有很好解决，银行等金融部门为了减少信贷风险，越来越多地采用抵押贷款的方式，许多企业为了商品交易安全，也采取了多种担保方式。随着社会主义市场经济的发展，担保的作用越来越重要。民法通则对担保制度作了基本规定，需要根据实际情况予以具体化。当前在担保中存在的主要问题，一是担保的主体资格不够明确，有些不能担保或者没有条件担保的单位和个人进行担保；二是哪些财产可以作为抵押物不够清楚，有的以无权处分或者权属有争议的财产作为抵押物；三是需要明确当事人在担保中的权利义务；四是担保的程序不够健全。为了进一步完善担保制度，促进资金融通和商品流通，维护银行贷款和商品交易的安全，保护当事人的合法权益，维护经济秩序，促进社会主义市场经济的健康发展，制定担保法是十分必要的。

全国人大常委会法制工作委员会于1992年开始起草担保法。在起草过程中，广泛听取了有关部门、法院和法律专家的意见。在总结我国担保制度的实践经验的基础上，根据建立社会主义市场经济体制的要求，借鉴国外有关法律规定和国际通行做法，起草了担保法(草案)。草案根据民法通则有关担保的基本规定，对保证、抵押、质押、留置和定金五种担保方式，作了具体规定。

一、关于保证

保证是担保的一种方式，即由第三人作为保证人，当债务人不履行债务时，按照约定由保证人履行债务。目前，采取这种担保方式的比较多，问题也比较多，主要是保证人的资格问题。作为保证人应当具备必要的条件，关键是要具有代为清偿的能力。针对实际存在的问题，草案规定，具有代为履行债务能力的法人、其他组织或者公民，可以作保证人。以下组织不得为保证人:(1)国家机关。因为国家机关的财产、经费是为了保证国家机关履行职责的,不能用来提供担保,实际上无力履行担保的义务。考虑到有些特殊情况需要政府提供担保,但必须严格控制,因此规定,经国务院批准对特定事项作保证人的除外。(2)以公益为目的的事业单位、社会团体,如学校、医院等。(3)企业法人的分支机构、职能部门不得为保证人,但有法人书面授权的,可以在授权范围内提供保证,实际上还是由法人保证。

关于保证的责任方式,草案根据实际情况和需要,规定为一般保证和连带责任保证。一般保证是,债务人不履行债务,债权人应当首先要求债务人履行,经诉讼或者仲裁后债务人确实无法履行债务时,由保证人承担责任。连带责任保证是,债务人期满不履行债务,债权人可以要求债务人履行,也可以要求保证人在保证范围内承担责任。

为了维护保证人的合法权益,草案规定:(1)政府及其所属部门不得强行要求金融机构或者企业为他人提供保证,金融机构或者企业对此有权拒绝。(2)保证人向债权人履行债务后,有权向债务人追偿。(3)债权人与债务人双方恶意串通,骗取保证人提供保证的;债权人采取欺诈、胁迫等手段,使保证人在违背真实意思的情况下提供保证的,保证人不承担民事责任。(4)保证人享有债务人的抗辩权。(5)债权人与债务人未经保证人书面同意而变更主合同的;在保证期间,债权人未经保证人书面同意,许可债务人转移债务的,保证人不再承担保证责任。

二、关于抵押

抵押是一项重要的物的担保行为,是指债务人或者第三人提供一定的财产作为抵押物,债务人不履行债务时,债权人有权依法以抵押物折价或者以拍卖抵押物的价款优先受偿。由于抵押担保对债权人比较安全可靠,同时由于财产抵押后,并不转移占有,不影响抵押人对抵押物的使用,因此以财产抵押作为担保的越来越多,尤其是银行贷款,多数采用抵押贷款的方式。

抵押担保的关键是抵押物的范围,哪些可以作为抵押物。作为抵押物必须是能够转让的财产,因为只有这样才能实现担保的目的。根据这个原则,可以抵押的财产必须具备以下几个条件:第一,必须是抵押人有权处分的。因此规定,作为抵押的财产应当是抵押人所有的,如果是国有财产必须是抵押人依法有权处分的。同时规定,所有权、使用权不明或者有争议的财产,依法被查封、扣押或者采取其他强制措施的财产,不得抵押。第二,必须是法律允许转让的。考虑到学校、医院、幼儿园等教育设施和其他社会公益设施,涉及公众利益,草案规定不得抵押。第三,抵押人所担保的债权不得超出其抵押物的价值。第四,便于管理和实施。原则上是不动产,也包括生产设备等一些动产。关于国有土地使用权,城市房地产管理法已规定可以抵押。集体所有土地使用权可否抵押,为了保护农村土地资源,草案规定,农村和城市郊区的耕地、宅基地、自留地、自留山等集体所有的土地使用权,不得抵押。另外,以集体所有的土地上的乡(镇)、村企业厂房抵押的,在实现抵押权时,未经法定程序不得改变土地集体所有和用途。

近年来,有些银行贷款采取了最高额抵押贷款的办法,即借款人与银行协议,以抵押物确定一个最高借款额,在一定期间内,如果多次借贷,只要不超过这个最高额,就可以不再另定抵押合同。这种最高额抵押担保,可以简化手续,方便当事人,促进资金融通,更好地发挥抵押担保的功能,因此草案对此作了规定。

为了保证抵押权的实现,草案根据一些地方的实践经验,并参照一些国家的做法,对抵押物的登记作了规定,以便管理。同时草案规定,债务履行期届满抵押权人未受清偿的,可以依法以抵押物折价或者以拍卖抵押物所得的价款优先受偿。抵押人为第三人的,在抵押物折价或拍卖后,有权向债务人追偿。

三、关于质押

质押是指债务人或者第三人将出质的财产交债权人占有,以该财产作为债权的担保,债务人不履行债务时,债权人有权依法以该财产折价或者拍卖、变卖所得价款优先受偿。民法通则对物的担保方式,未区分抵押和质押,统称为抵押。由于抵押和质押在是否转移占有上不同,抵押物不转移占有,而出质的财产要转移为债权人占有,因而在管理上有很大差别。为了完善物的担保制度,借鉴国外经验,草案将抵押与质押分开,对质押专门作了规定。

质押一般是以动产作为质物。草案在规定动产质押的同时,根据实际需要,借鉴一些国家的规定,对权利质押也作了规定。草案规定,下列权利可以设定质押:(1)汇票、支票、本票、债券、存款单、仓单、提单;(2)依法可以转让的股份、股票;(3)依法可以转让的专利权、商标专用权、著作权中的财产权。

草案还对质权人、出质人的权利和义务,质权的实现等,作了规定。

四、关于留置和定金

留置和定金是经济活动中较为常见的担保行为,实践中存在的主要问题,一是留置权的适用范围不够明确;二是定金在合同价款总额中的比例过大。

关于留置,采取法定留置原则,即哪些行为可以留置财产由法律规定。草案规定,只有保管、运输、加工承揽合同以及法律规定可以留置的其他合同,当债务人不履行债务时,债权人有留置权。

关于定金,草案规定,定金的数额由当事人约定,但不得超过合同标的额的百分之二十。

担保法(草案)和以上说明是否妥当,请审议。

全国人大法律委员会关于《中华人民共和国担保法(草案)》审议结果的报告

1995年6月23日在第八届全国人民代表大会常务委员会第十四次会议上

全国人大法律委员会副主任委员　项淳一

全国人民代表大会常务委员会：

八届全国人大常委会第十二次会议对《中华人民共和国担保法(草案)》进行了初步审议。会后，法制工作委员会将该草案印发有关部门并召开座谈会，征求了最高人民法院、农业部、林业部、国家教委、卫生部、财政部、对外贸易经济合作部和银行、担保公司、学校、公用企业、农场、农村承包经营户及法律专家的意见。法律委员会于6月8日、16日召开会议，根据全国人大常委会的审议意见和地方、部门、法律专家的意见，对草案进行了审议。法律委员会认为，为了促进资金融通和商品流通，保障债权的实现，发展社会主义市场经济，制定担保法是必要的，草案基本上是可行的。同时，提出以下修改意见：

一、草案第八条规定："国家机关不得为保证人，但经国务院批准对特定事项作保证人的除外。"有的委员提出，国家机关的行政经费是用来履行职责的，国家机关不应当作保证人，建议将"但经国务院批准对特定事项作保证人的除外"一句删去。经征求有关部门意见，对外贸易经济合作部提出，他们代表我国政府与外国政府签订的双边贷款，在转贷给地方使用时，都要求地方政府向中央政府进行责任担保。现在实际上是这样做的。建议将上述规定修改为："国家机关不得为保证人，但经国务院批准为使用外国政府或者国际经济组织贷款进行转贷的除外。"(草案修改稿第八条)

二、草案第十条规定："医院、学校等以公益为目的的事业单位、社会团体不得为保证人。"第三十八条第四项规定："学校、医院、幼儿园等教育设施和公共福利设施"不得抵押。有的委员提出，现在校办工厂是学校多渠道筹资的一个重要方面。建议学校可以为校办工厂贷款作保证人。有的委员提出，应当考虑公立和私立学校、医院的不同性质，对能否作保证人分别作出规定。经征求国家教委、卫生部等有关部门的意见，他们认为，一旦用教育设施、医疗卫生设施来偿还债务，会影响学生上学和社会公众的医疗。学校、医院不宜为他人作保证人，学校、医院因本身(包括自办的不是法人的附属单位)发展需要贷款的，可以用非教育设施、非医疗卫生设施作抵押担保。因此，建议对草案第十条的规定不作修改。将草案第三十八条第四项修改为："学校、幼儿园、医院等以公益为目的的事业单位、社会团体的教育设施、医疗卫生设施和其他社会公益设施"不得抵押。(草案修改稿第

三十七条第二项)

三、草案第三十八条第二项规定:"农村和城市郊区的耕地、宅基地、自留地、自留山以及无地上定着物的集体所有的土地使用权不得抵押。"有的委员提出,现在国家允许"五荒"的土地使用权招标拍卖,允许转让,因此也应当允许抵押。农业部、国家土地管理局等有关部门也认为,允许荒山、荒地等的土地使用权抵押,有利于对荒山、荒地的开发。因此,建议将草案中"以及无地上定着物的土地使用权"一句删去。同时规定这类土地使用权在实现抵押权后,未经法定程序不得改变该土地的用途。(草案修改稿第五十五条第二款)

有些委员提出,对乡镇企业的土地使用权能否抵押也应予以明确。因此,建议增加规定:"乡(镇)、村企业的土地使用权不得单独抵押,以乡(镇)、村企业的厂房和其他地上定着物抵押的,其土地使用权一并抵押,在实现抵押权后,未经法定程序不得改变土地的用途。"(草案修改稿第三十七条第二款)

四、草案第四十二条规定:"抵押合同签订后,当事人应当办理抵押财产登记,抵押合同自登记之日起生效。"有的委员提出,为方便当事人抵押贷款,抵押合同不必一律都实行登记生效制度,对一些用动产抵押的,可以不登记,抵押合同自签订之日起生效。因此,建议将草案第四十二条修改为:"当事人以本法第四十二条规定的财产抵押的,应当办理抵押财产登记,抵押合同自登记之日起生效。"(草案修改稿第四十一条)这里讲的应当办理财产抵押登记的主要是不动产和企业的大型设备。同时,相应将草案第四十三条修改为:"办理抵押登记的部门如下:(一)以无地上定着物的土地的使用权抵押的,为核发土地使用权证书的土地管理部门;(二)以城市房地产抵押的,为县级以上地方人民政府规定的部门;(三)以林木抵押的,为县级以上林木主管部门;(四)以航空器、船舶、车辆抵押的,为运输工具的登记管理部门;(五)以企业的大型设备和其他动产抵押的,为财产所在地的工商行政管理部门"(草案修改稿第四十二条)。同时增加一条:"当事人以其他财产抵押的,可以不办理抵押财产登记,抵押合同自签订之日起生效。未经抵押财产登记的,不得对抗第三人。当事人自愿办理抵押财产登记的,登记部门为抵押人所在地的公证部门。"(草案修改稿第四十三条)

五、最高人民法院提出,同一财产向两个以上债权人抵押的,应当明确规定实现抵押权的顺序。因此,建议增加规定:"同一财产向两个以上债权人抵押的,拍卖、变卖抵押物所得的价款按照以下规定偿还债权:(一)抵押合同以登记生效的,按照抵押权登记的先后顺序分配;顺序相同的,按债权比例分配;(二)抵押合同自签订之日起生效的,按照合同生效时间的先后分配;顺序相同的,按债权比例分配。"(草案修改稿第五十四条)

六、有些专家提出,抵押权、质权属于物权,只要债权存在,抵押权、质权也应当同时存在,不应当规定抵押期限和质押期限。因此,建议将草案第四十条第五项"抵押的期限"、草案第六十三条第五项"质押的期限"删去。同时,增加规定:"抵押权与其担保的债权同时存在,债权消灭的,抵押权也消灭。"(草案修改稿第五十二条)"质权与其担保的债权同时存在,债权消灭的,质权也消灭。"(草案修改稿第七十四条)

七、草案第八十五条规定:"债权人与债务人应当在合同中约定,债权人留置财产后,债务人应当在不少于三个月的期限内履行债务。债务人逾期仍不履行的,债权人可以与债务人协议以留置物折价或者以拍卖、变卖该留置物所得的价款受偿。"有的部门和专家提出,为保证债权早日实现,三个月时间太长,应当缩短。还应当明确当事人在合同中没有约定的怎么办。因此,建议将草案第八十五条修改为:"债权人与债务人应当在合同中约定,债权人留置财产后,债务人应当在不少于两个月的期限内履行债务。债权人与债务人在合同中未约定的,债权人在留置债务人财产后,应当确定两个月以上的期限,通知债务人在该期限内履行债务。"(草案修改稿第八十八条第一款)

此外,还对草案作了一些文字修改。

草案修改稿已按上述意见作了修改,法律委员会建议全国人大常委会审议通过。

草案修改稿和以上意见是否妥当,请审议。

关于担保法(草案修改稿)、保险法(草案修改稿)和惩治破坏金融秩序犯罪的决定(草案修改稿)修改意见的汇报(节选)

1995年6月29日在第八届全国人民代表大会常务委员会第十四次会议上

全国人大法律委员会主任委员 薛 驹

本次会议于6月23日、24日、26日对担保法(草案修改稿)、保险法(草案修改稿)、关于惩治破坏金融秩序犯罪的决定(草案修改稿)分组进行了审议。委员们认为，三个草案修改稿吸收了常委委员和地方、部门、专家的意见，比较成熟，建议本次常委会通过。同时，也提出了一些修改意见。法律委员会于6月26日、27日召开会议，逐条研究了委员们的意见，提出以下修改意见：

一、关于担保法(草案修改稿)

(一)草案修改稿第三十四条规定了可以抵押的财产。有的委员提出，应当明确规定牲畜可以抵押，承包的荒山、荒滩等荒地的土地使用权可以抵押。因此，建议将草案修改稿第三十四条第一款第二项规定的"抵押人所有的机器、交通运输工具和其他设备"可以抵押，修改为"抵押人所有的机器、交通运输工具和其他财产"可以抵押(草案新修改稿第三十四条第一款第二项)。同时，建议增加规定"抵押人依法承包并经发包方同意抵押的荒山、荒沟、荒丘、荒滩等荒地的土地使用权"可以抵押(草案新修改稿第三十四条第一款第五项)。"在实现抵押权后，未经法定程序不得改变土地集体所有和土地用途。"(草案新修改稿第五十五条第二款)

(二)有的委员提出，应当明确规定集体所有的土地所有权不得抵押，明确规定哪些集体所有的土地使用权不得抵押。因此，建议增加规定："土地所有权"不得抵押(草案新修改稿第三十七条第一项)。建议将草案修改稿第三十七条第一款第一项修改为：耕地、宅基地、自留地、自留山等集体所有的土地使用权不得抵押，但本法第三十四条第五项、第三十六条第三款规定的除外(草案新修改稿第三十七条第二项)。对集体所有的土地使用权及其上的房屋的抵押，总的精神是要从严控制，规定农村集体所有的宅基地的土地使用权不得抵押，根据房屋和土地不得分离的原则，也就控制了宅基地上房屋的抵押。

(三)草案修改稿第九十二条规定："定金的数额由当事人约定，但不得超过合同标的额的百分之二十五。"有的委员提出，定金的数额比例规定得太高，应当适当减少。因此，

建议修改为:"定金的数额由当事人约定,但不得超过主合同标的额的百分之二十。"(草案新修改稿第九十一条)

(四)根据有些委员的意见,建议将草案修改稿第三十条第一项规定的"主合同当事人双方恶意串通,骗取保证人提供保证"中的"恶意"二字删去。

(五)有的委员提出,海商法中有关担保方面的规定与担保法草案修改稿的规定有不同之处,其他法律还可能对某些特殊情况作出不同于担保法的规定,因此,建议增加规定:"海商法等法律对担保有特别规定的,依照其规定。"(草案新修改稿第九十五条)

(六)草案修改稿第八条规定:"国家机关不得为保证人,但经国务院批准为使用外国政府或者国际经济组织贷款进行转贷的除外。"有的委员提出,应当增加规定使用外国银行和国际金融组织贷款的情况。经与有关部门研究,如果是外国政府授权该国银行贷款的,包括在外国政府贷款中,如果是外国银行提供商业性贷款,不应由国家机关为保证人。"国际经济组织"包括了"国际金融组织"。因此,建议对上述规定不作修改。

有的委员认为,实践中可能还有要求国家机关作保证人的情况,应当对该条进一步研究。有些委员认为,草案修改稿的规定是合适的,不宜再扩大国家机关作保证人的范围。因此,建议对草案修改稿第八条不作修改。

(七)有的委员提出,应当增加规定从事担保业务可以收取担保费用。担保是一项民事活动,专门从事担保业务的企业,收取适当的费用是可以的。考虑到我国目前在担保业务中大多数没有收费,第三人为债务人提供担保,主要是基于信用和互助,如果法律明确规定可以收费,涉及面较宽,而且,收费标准多少适宜等尚缺乏经验,因此,建议对此可以不作规定。

二、关于保险法(草案修改稿)(略)

三、关于惩治破坏金融秩序犯罪的决定(草案修改稿)(略)

此外,还对三个草案修改稿作了个别文字修改,请审议。

关于《中华人民共和国经济合同法草案》的说明

1981年12月在第五届全国人民代表大会第四次会议上　顾　明

各位代表：

《中华人民共和国经济合同法草案》已经国务院常务会议和人大常委会法制委员会审议、修改，并经人大常委会第二十一次会议讨论通过。现在我受人大常委会法制委员会委托对这个法律草案作一个简要的说明，请审议。

一、草拟经过

《经济合同法》的草拟工作，是从1980年10月开始的。在人大常委会法制委员会主持下，由国家经委、工商行政管理总局牵头，会同有关部门成立了经济合同法起草小组，并组织调查组分赴十六个省、市、自治区进行调查研究。各调查组在近六十个地（市）、县召开了约六百个各种类型的座谈会，接触了二千五百多个单位的领导干部、工作人员近六千人次，广泛地听取了各方面的意见。在此基础上，拟订了《经济合同法》试拟稿，发给各省、市、自治区和国务院各有关部门征求意见。以后又作了多次修改。现在这个法律草案，是经过国务院和人大常委会法制委员会审议同意，并经人大常委会第二十一次会议讨论通过的。

二、需要说明的几个问题

1. 制定经济合同法的目的和主要内容

在我国经济生活中，生产建设、交通运输、流通、消费、科研等各个方面之间都有大量经济往来。特别是现在，除了全民所有制、集体所有制外，还有各种形式的经济联合体、个体经济及外国企业、中外合资企业等。这是一个多种经济成分并存、多层次的经济结构。我们在实行计划经济的前提下，要发挥市场调节的辅助作用，发展商品生产，各种经济关系是十分复杂的。今后，随着经济管理体制的改革，经济中的纵向和横向联系，除必要的行政办法外，大量的要靠经济合同来解决。而经济合同本身有许多复杂的情况和问题，需要有一个统一遵循的法则才行。因此，迫切需要制定经济合同法，而后再依据这个法制定各种具体合同的条例和实施细则，这样，才能保证经济活动沿着社会主义道路顺利进行。这个《经济合同法草案》第一条就写明了立法的目的，是为了保护经济合同当事人的合法权益，维护社会经济秩序，提高经济效益，保证国家计划的执行，促进社会主义现代化建设的发展。

经济合同法主要规定了它的适用范围、订立经济合同的原则和形式，以及经济合同的履行、变更和解除、违反经济合同的责任、纠纷的调解或仲裁、经济合同管理的一般原则。在这个法中，还对购销、建设工程承包、加工承揽、货物运输、供用电、仓储保管、财产租赁、借款、财产保险、科技协作等十种经济合同的订立、履行、违约责任，作了比较具体的规定。

2. 经济合同法的适用范围

这个法是调整企业、农村社队、国家机关、事业单位、社会团体等法人之间的经济合同关系的。但个体经济作为国营经济、集体经济的必要补充，目前正在恢复和发展，城镇个体经营户同国营、集体经济单位的联系不断增加；随着农村生产责任制的推广，公社社员同国营、集体经济单位的经济往来也有增加；因此，草案中规定，个体经营户、农村社员同法人之间的经济合同关系，也须参照这个法的规定执行。

3. 经济合同与计划的关系

我国实行的是计划经济。经济合同既是使国家计划具体化和得到贯彻执行的重要形式，又是制定计划的重要依据和必要的补充。经济合同应当确保国家计划的贯彻执行。为此，这个法除了在"总则"中提出订立经济合同必须符合国家政策和计划的要求外，还在有关条文中作了具体规定，属于国家指令性计划产品和项目的经济往来，必须按国家下达的指标签订经济合同；属于国家指导性计划产品和项目的经济往来，参照国家下达的指标，结合本单位的实际情况签订经济合同。变更和解除的合同如涉及国家指令性计划产品或项目，应报下达该计划的主管部门批准。

4. 合同的经济责任问题

违反经济合同的责任，原则上规定由违约者承担责任。由于当事人一方的过错，造成经济合同不能履行或者不能完全履行，由有过错的一方承担违约责任，除支付违约金外，如果已给对方造成损失，还应进行赔偿，补偿违约金不足的部分。对方要求继续履行合同的，仍应继续履行，不能以赔偿代替履约。这样规定，主要是为了确保国家计划的贯彻执行。因为我国的大量经济合同是依据国家计划签订的，不履行经济合同将影响国家计划的实现。这种实物履行原则，是社会主义经济合同法区别于资本主义经济合同法的一个重要特征。若由于上级领导机关或业务主管机关的过错，造成经济合同不能履行或者不能完全履行的，法中规定应由上级领导机关或业务主管机关承担违约责任，应先由违约方按规定向对方偿付违约金，再由应负责任的上级领导机关或业务主管机关负责处理。这样规定，有利于分清责任，督促领导机关和业务主管机关改进工作。

5. 经济合同的鉴证问题

经济合同是不是必须鉴证，草拟过程中有三种意见：一是实行全面鉴证，不经鉴证的经济合同无效；二是采取自愿原则，经济合同可以经鉴证，也可以不经鉴证；三是政府及有关主管部门规定必须鉴证的经济合同，只有经鉴证后方为有效。鉴于鉴证只是经济合同的一种行政管理办法，而且经济合同的面广、量大，不可能也没有必要全面鉴证，目前鉴证机构、鉴证条例等都还没有解决，还缺少一套比较行之有效的办法，马上在法中规定对合同实行鉴证还不成熟，不作具体规定为好。因此本法对鉴证的问题暂不作具体规定。近两年来，有些地方的经济合同管理机关对一些重要的经济合同已经负责鉴证，今后仍可根据实际的需要和可能继续进行，并注意积累经验。经济合同当事人一方要求对经济合同进行鉴证或公证的,也可以进行鉴证或公证。

6. 经济合同的仲裁问题

从我国目前处理经济合同纠纷的实践来看,必须经过仲裁裁决的案件极少,绝大多数通过调解就解决了。1979年曾规定实行两级仲裁、两级审判,既费时又不必要。加之现在全国已建立经济审判庭一千多个,有能力承担审理工作。多数同志主张经济合同纠纷可以通过调解解决,但有的地方和部门已经搞起仲裁的,仍可按有关规定执行。因此,在这个法律草案中规定,发生经济合同纠纷可以提请政府规定的经济合同管理机关调解或仲裁,也可以直接向人民法院起诉。

全国人大法案委员会关于三个法律草案的审查报告(节选)

第五届全国人民代表大会第四次会议主席团第三次会议通过

1981年12月11日

第五届全国人民代表大会第四次会议全体代表对《中华人民共和国经济合同法草案》、《中华人民共和国外国企业所得税法草案》、《中华人民共和国民事诉讼法草案》三个法律草案进行了讨论审议。法案委员会于12月9日、10日、11日召开会议,结合代表和有关方面提出的意见,对三个法律草案进行了审查。大家认为,随着经济的发展和体制的改革,经济合同大量增加,制定《中华人民共和国经济合同法》,对保护合同当事人的合法权益,保证执行国家计划,维护社会经济秩序,推行经济责任制,认真按经济规律办事,提高经济效益,促进社会主义现代化建设事业的发展,是迫切需要的。《中华人民共和国外国企业所得税法草案》是同五届全国人大三次会议通过颁布的《中华人民共和国中外合资经营企业所得税法》相辅而行的法律。制定这个法律,有利于吸引外国在我国投资,加速我国的社会主义现代化经济建设。《中华人民共和国民事诉讼法草案》力求总结我国长期行之有效的处理人民内部纠纷和民事审判工作的经验,使人民法院依靠群众审理民事案件有章可循,又便利人民群众进行民事诉讼,是非常重要的。

法案委员会对三个法律草案提出以下具体审查意见:

一、同意《中华人民共和国经济合同法草案》,同时建议作如下修改:

1. 草案第三十五条改为"当事人一方违反经济合同时,应向对方支付违约金。如果违约已给对方造成的损失超过违约金的,还应进行赔偿,补偿违约金不足的部分。对方要求继续履行合同时,应继续履行"。

2. 草案第四十二条关于供电方"如无正当理由限电、断电,应赔偿用电方因此而造成的损失"的规定,改为"无正当理由限电或由于供电方的责任断电,应当赔偿用电方由此而造成的损失"。

3. 由于调解和仲裁的法律效力不完全相同,因此将草案第四十九条关于调解、仲裁的效力改为分别规定:"调解达成协议的,当事人应当履行。仲裁作出裁决,由国家规定的合同管理机关制作仲裁决定书。当事人一方或双方对仲裁不服的,可以在收到仲裁决定书之日起15天内,向人民法院起诉;期满不起诉的,裁决即具有法律效力。"

4. 草案第五十二条第三款关于"人民银行、专业银行、信用合作社按照调解书、仲裁决定书或法院的划款通知书,从当事人账户中划拨需支付的款项"的规定,改为"人民银行、专业银行、信用合作社在收到人民法院的协助执行通知书后,应当从当事人账户中扣留或划拨需支付的款项"。

此外,对草案还作了一些文字修改。

二、同意《中华人民共和国外国企业所得税法草案》(略)

三、《中华人民共和国民事诉讼法草案》(略)

以上审查意见是否妥当,请主席团审议。

关于《中华人民共和国涉外经济合同法(草案)》的说明

1985年1月10日在第六届全国人民代表大会常务委员会第九次会议上

对外经济贸易部副部长　魏玉明

我受国务院的委托,现对《中华人民共和国涉外经济合同法(草案)》作如下说明:

我国实行对外开放、对内搞活经济的政策以来,对外订立的经济贸易合同日趋增多,种类也大大增加。为使合同的订立和履行有统一遵循的规范,对外经济贸易部等有关部门草拟了《中华人民共和国涉外经济合同法(草案)》。

现将几个主要问题说明如下:

一、关于涉外经济合同法的基本原则

我国在对外经济贸易活动中遵循的原则是:坚持独立自主的方针,执行平等互利的政策,参考国际习惯的做法。为了使这些原则在涉外经济合同法中得到体现并贯彻始终,在总则中具体规定:订立合同,应当遵守中华人民共和国的法律,并不得损害国家利益和社会公共利益;订立合同,应当依据平等互利、协商一致的原则。

二、关于合同适用法律的问题

合同适用法律是涉外经济贸易合同中经常遇到的问题,也是外商普遍关心的问题。有的国家对此问题,专门在民法典或法律冲突规范中作出了规定。考虑到我国民法尚未制定,又没有单行的冲突法规,为了便于涉外经济贸易合同的订立和履行,本法草案参照国际习惯做法,对涉外经济贸易合同适用法律的问题作出了规定。总的原则是:在中国订立或履行的合同(除本法或中华人民共和国法律另有规定者外)应当适用中华人民共和国的法律;对外贸易合同当事人可选择与合同有实际联系的国家的法律(如合同缔结地法、合同履行地法、标的物所在地法、双方协议的仲裁地或有管辖权的法院地法等)。同时,还规定在我国履行的合资经营合同、合作经营合同、中国境内中国银行放款或担保的合同,自然资源的勘探和开发合同,必须适用中国法律。此外,还规定当事人没有作出选择的,在上述规定以外的其他合同,适用合同订立地或履行地的法律。

三、关于合同成立的条件

本法草案规定,涉外经济贸易合同必须采用书面的形式。按照法律规定必须由主管部门批准的合同,获得批准后该合同方为成立。此外,草案还规定了订立涉外经济贸易合同应具备的条款。

四、关于合同的履行

本法草案本着重合同、守信用的原则,规定当事人必须按照合同中约定的条件,全面地履行各自承担的义务,违反合同义务的当事人须负责赔偿对方的损失。对赔偿金额的计算,应相当于对方因此所受的损失。本法草案还参照联合国货物销售合同公约的规定,对赔偿责任的范围作了一些限制,即"不得超过违约一方在订立合同时应当预见到的因违反合同可能给对方造成的损失"。

五、关于合同的无效和解除问题

本法草案规定,凡是内容违反国家法律、法规或者国家利益、社会公共利益的合同无效;采取欺诈或胁迫手段所订立的合同无效。此规定与国内《经济合同法》的原则是一致的。本法草案参照国际惯例,对解除合同作了比较严格的规定,当事人一方只有在条文中规定的四种情况下,可以通知双方解除合同,否则应承担违约的责任。对于依法订立并经政府主管部门批准的涉外经济贸易合同,有关主管部门应当支持合同的履行,除非合同当事人违反国家法律或合同的规定,不要去干预或限制合同的履行。

六、关于合同争议的解决

合同争议的解决,目前国际上习惯采用仲裁的方式。我国对外签订的贸易协定和经济合作协定,除采用仲裁方式解决以外,也有以诉讼方式解决的。因此,本法草案规定,对仲裁和诉讼两种方式可以选择采用。

七、关于不可抗力事件

本法草案第二十九条规定合同在履行时发生了不可抗力事件,合同不能继续履行时,应免除履行的义务。由于不可抗力的因素比较广,本法草案没有规定不可抗力的范围。在订立合同时可对不可抗力事件作出明确的规定。

港、澳、台同胞与我签订的合同,也准用本草案。但由于不宜在本法草案中明确规定,故在说明中加以解释。

我的说明完了,请审议。

全国人大法律委员会对《中华人民共和国涉外经济合同法(草案)》审议结果的报告

1985年3月15日在第六届全国人民代表大会常务委员会第十次会议上

全国人大法律委员会副主任委员　沈　鸿

全国人大法律委员会于今年2月25日、3月2日、4日、6日、13日召开会议,结合全国人大常委会部分委员以及各省、自治区、直辖市和中央有关部门的意见,审议了《中华人民共和国涉外经济合同法(草案)》。会议认为,制定《涉外经济合同法》,对于保障对外开放政策的实行,进一步发展对外经济合作,十分必要。草案基本上是成熟的、可行的。同时,提出以下主要修改意见:

一、关于处理合同争议所适用的法律问题。

草案第五条规定:"在中国订立或履行的合同,除本条第二款或中华人民共和国法律另有规定者外,应当适用中华人民共和国的法律。

"对外贸易合同当事人,可以选择与合同有实际联系的国家的法律。

"在中国履行的中外合资经营合同、中外合作经营合同、中国境内的中国银行放款或担保的合同、自然资源的合作勘探与开发合同,必须适用中华人民共和国的法律。

"当事人没有作出选择的,并在本条前三款规定以外的其他合同,适用合同订立地或履行地的法律。"

对此,一些部门、地方和法律专家提出,按照国际惯例,有关合同争议的处理,除某些类型的合同外,当事人可以选择所适用的法律;当事人没有选择的,适用与合同有最密切联系的国家的法律。经与对外经济贸易部研究,建议将这一条修改为:"合同当事人可以选择处理合同争议所适用的法律。当事人没有选择的,适用与合同有最密切联系的国家的法律。""在中华人民共和国境内履行的中外合资经营企业合同、中外合作经营企业合同、中外合作勘探开发自然资源合同,适用中华人民共和国法律。"(修改稿第五条第一款、第二款)

海洋石油总公司等单位提出,由于目前我国涉外经济法律还不够完备,处理合同争议适用我国法律时,有的可能找不到依据。因此,建议在这一条中增写一款:"中华人民共和国法律未作规定的,可以适用国际惯例。"(修改稿第五条第三款)

一些法律专家提出,按照国际惯例,我国缔结或者参加的一些国际条约,如果同我国法律有不同规定,应当适用国际条约。因此,建议在总则中增写一条:"中华人民共和国缔结或者参加的与合同有关的国际条约同中华人民共和国法律有不同规定的,适用该国际条约的规定。但是,中华人民共和国声明保留的条款除外。"(修改稿第六条)

二、中外合资、合作企业合同,在法律有新的规定时,是否可以仍然按照合同规定执行的问题。

一些常委委员和地方提出,为了有利于引进外资,在我国境内履行的中外合资、合作企业合同,经国家批准的,法律如有新的规定,可以继续按照合同规定执行。因此,建议在附则中增写一条:"在中华人民共和国境内履行、经国家批准成立的中外合资经营企业合同、中外合作经营企业合同、中外合作勘探开发自然资源合同,在法律有新的规定时,可以仍然按照合同的规定执行。"(修改稿第四十一条)

三、关于中国境内的中外合资、合作企业之间以及它们同其他中国企业之间订立的合同,是否准用本法的问题。

草案第四十六条规定:"中华人民共和国的企业或者其他经济组织同中外合资经营企业、中外合作经营企业之间以及中外合资经营企业、中外合作经营企业之间订立的合同,准用本法。"一些法律专家和北京市对外经贸委等单位提出,上述规定同《经济合同法》有矛盾。中外合资、合作企业是中国法人,按照《经济合同法》规定,中国法人之间订立的合同,应当适用《经济合同法》。而且,这一条规定与国际上的通常做法也不一致。因此,建议删去这一条。

四、关于合同争议的诉讼与仲裁时效问题。

草案第四十五条规定:"合同所产生的请求权的诉讼时效,依照中华人民共和国有关法律的规定执行。"一些地方和部门提出,本法应对涉外经济合同争议的诉讼与仲裁时效作出具体规定。经研究,涉外经济合同种类很多,目前难以对各种类型的涉外经济合同争议的诉讼与仲裁时效都作出规定。但是,货物买卖合同约占涉外经济合同总数2/3以上,可以参照联合国有关公约,对这类合同争议的诉讼与仲裁时效作出规定。因此,建议将这一条修改为:"合同争议的诉讼与仲裁时效,货物买卖合同为四年,自当事人知道或者应当知道其权利受到侵犯之日起计算;其他合同由法律另行规定。"(修改稿第四十条)

五、草案第二十四条规定:"当事人一方对于另一方提出推迟履行合同的要求没有表示异议,也没有通知另一方履行迟延保留索赔的权利,则在履行完毕后不得再要求另一方赔偿因履行迟延造成的损失,或者要求支付迟延违约金。"鉴于这样规定与草案第三十六条关于变更合同须由当事人达成书面协议的规定和草案第三十八条关于合同的变更不影响当事人要求赔偿损失的权利的规定不一致,而且与国际惯例也不一样,因此建议删去这一条。

六、草案第四十二条规定:"当事人没有订立仲裁协议的,当事人一方向仲裁机构申请仲裁后,另一方应诉的,视为双方已达成仲裁协议。"鉴于这样规定与提交仲裁须依据合同中的仲裁条款或者事后达成的书面仲裁协议的国际惯例不一样,因此建议删去这一条。

七、草案第四十四条规定:"当事人可以在合同中约定对履行义务有缺陷的一方提出补救或者补偿要求的期限,但是如果约定的期限不合理,仲裁机构和法院可以不受其约束。"经与对外经济贸易部研究,考虑到这一条只是解决货物买卖合同争议中的问题,一些主要国家也未在法律中规定,通常是按照国际惯例加以解决,因此建议删去这一条。

八、关于外国企业、个人之间在中国境内订立或履行的合同是否准用本法的问题。

草案第四十七条规定:"外国企业、外国其他经济组织或个人之间在中国境内订立或者履行的合同,如当事人同意,可准用本法。"鉴于本法的调整范围是中外双方订立的经济合同,外国的企业、个人之间订立的合同不属于本法的调整范围,本法可以不作规定,因此建议删去这一条。

九、关于国际运输合同是否适用本法的问题。

交通部、国家民航局、远洋运输总公司提出,海上运输、航空运输合同有其特殊性,在适用法律、违约责任等问题上,难以适用草案有关规定。因此,建议将草案第二条修改为:"本法的适用范围是中华人民共和国的企业或者其他经济组织同外国的企业和其他经济组织或者个人之间订立的经济合同(以下简称合同)。但是,国际运输合同除外。"(修改稿第二条)

部分常委委员和一些地方提出,本法的适用范围应当包括我国公民同外商订立的经济合同。经与对外经济贸易部研究,考虑到这个问题比较复杂,实践经验还很少,各方面的意见也不一致,以暂不作规定为好。

此外,还作了一些文字修改。

草案修改稿已经按照上述意见作了修改,法律委员会建议全国人大常委会审议通过。

全国人大法律委员会
1985年3月13日

关于《中华人民共和国涉外经济合同法(草案)》（修改稿）几点修改意见的说明

1985年3月21日在第六届全国人民代表大会常务委员会第十次会议上

全国人大法律委员会副主任委员　沈　鸿

本次会议于3月16日分组对《涉外经济合同法(草案)》（修改稿）进行了审议。委员们认为修改稿修改得比较好。同时，提出了一些好的修改意见。法律委员会逐条研究了委员们的意见，经与对外经贸部研究，建议对修改稿作出如下修改：

一、有的委员提出，修改稿第四条规定"订立合同，应当遵守中华人民共和国法律"，其中"应当"二字不够确切。因此，建议修改为"订立合同，必须遵守中华人民共和国法律"。

二、有的委员提出，修改稿第十二条第三、四项中的"履行标的"不够确切。因此，建议修改为"合同标的"。

三、有的委员提出，修改稿第十五条规定"当事人可以在合同中约定担保"，不易看懂。因此，建议修改为："当事人可以在合同中约定担保。担保人在约定的担保范围内承担责任。"相应删去第十九条第二款"为违反合同一方当事人提供担保的保证人，在约定的担保范围内承担连带责任"。

四、有的委员提出，修改稿第十八条规定"当事人一方在履行合同的过程中占有或者保管另一方的财产的，在另一方没有履行对应义务的期间，有权留置上述财产"，由于对留置这些财产以后的问题未作规定，执行起来可能有困难。因此，建议删去这一条。

五、有的委员提出，修改稿第四十条规定了货物买卖合同争议的诉讼时效与仲裁时效，同时规定"其他合同由法律另行规定"，这样写不容易看懂。因此，建议修改为："货物买卖合同争议提起诉讼或者仲裁的期限为四年，自当事人知道或者应当知道其权利受到侵犯之日起计算。其他合同争议提起诉讼或者仲裁的期限由法律另行规定。"

六、有的委员提出，修改稿第四十三条第一款规定"本法自1985年10月1日起施行"，由于本法在实际工作中很需要，可否早些施行。因此，建议修改为："本法自1985年7月1日起施行。"并根据有的委员的意见，建议将这一条的第二款修改为："本法施行之日前成立的合同，经当事人协商同意，可以适用本法。"

关于《中华人民共和国技术合同法(草案)》的说明

1987年1月12日在第六届全国人民代表大会常务委员会第十九次会议上

国家科学技术委员会副主任 吴明瑜

现在,我受国务院的委托,对《中华人民共和国技术合同法(草案)》作如下说明:

一、关于制定技术合同法的宗旨

《中华人民共和国技术合同法(草案)》是适应我国经济体制改革和科学技术体制改革的需要,特别是加速科技成果商品化、开放技术市场以后的客观要求而起草的一部调整因技术开发、技术转让和技术服务而缔结的各种合同关系的法律草案。

我国科技体制改革在理论和实践上的一个重大突破,是明确了在有计划的社会主义商品经济的条件下,技术是独立存在的知识形态的商品,技术市场是社会主义商品市场的重要组成部分。通过技术合同在科学技术和经济建设之间的媒介作用,使生产的要求及时成为科研课题,使科研成果迅速应用于生产实践,有利于科学技术成果不断地转化为新的生产能力,加速社会主义现代化的进程。我国自1983年全面推行技术合同制以来,人民群众在实践中创造了技术开发、技术转让、技术服务等多种富有中国特色的合同形式,积累了丰富的经验。1984年年底,中央决定开放技术市场。1985年4月,国务院成立了全国技术市场协调指导小组,对技术市场提出了"放开、搞活、扶植、引导"的方针。技术市场蓬勃发展,技术合同不断增多,成交额十分可观。目前,不仅科研机构、大专院校、社会团体、工厂企业相互之间通过技术合同进行技术开发、技术转让和各种形式的技术服务,而且,许多国家计划项目进入技术市场,不少引进项目通过技术合同转由国内开发。在今后的"七五"计划期间,根据国家科学技术发展战略,国家重点科技项目将逐步实行招标制,先进的技术经由技术合同的渠道得到开发、应用和推广,大量的适合中小企业、乡镇企业和农村发展的适用技术将通过技术合同植入地方经济的胚胎。技术合同已成为贯彻执行"经济建设必须依靠科学技术、科学技术必须面向经济建设"的战略方针的重要工具,是我国目前和今后组织科学研究、技术开发和管理科学技术工作的基本形式,需要通过法律规定其基本准则。

目前,由于技术合同的法律制度很不健全,技术市场的许多活动无章可循。在实际生活中,当事人不知道怎样订立技术合同,合同仲裁机关和司法机关难以依法处理技术合同纠纷的现象甚为普遍。其结果,使得当事人的正当权益得不到充分的保护。利用技术合同进行的违法活动不能及时地给予制裁,严重影响了技术合同创造应有的经济效益和社会效益。因此,技术合同立法已经成为加强对技术市场实行宏观管理的当务之急,成为我国社会主义法制建设的重要课题。

在合同法律制度方面,我国于1981年制定了《经济合同法》,1986年3月通过的《民法通则》也对合同的一般原则作了规定。但是,技术合同的标的是科学技术成果,是无形的知识财富。物质形态的商品和知识形态的商品是社会主义商品经济条件下两类不同性质的劳动生产物。因此,技术合同无论在形式和内容上都与一般合同有很大区别,需要通过制定适合调整知识形态商品生产和交换关系的法律,规定当事人有关技术开发、技术转让和技术服务应采用的法律形式,解决技术交易中存在的知识产权的保护、技术情报的保密、科技成果的分享、开发风险的承担、侵权行为的责任和促进科技成果的推广、应用等特殊问题。只有通过制定技术合同法,才能更有效地保护技术合同当事人的合法权益,维护社会主义技术市场的秩序,促进科学技术为经济建设和社会发展服务。

二、关于技术合同法的调整范围

技术合同是合同的一种。草案第二条规定:"技术合同是法人之间、公民之间、法人和公民之间就技术开发、技术转让和技术服务依据民事法律关系的规定达成的权利与义务关系的协议。"据此,受本法调整的技术合同,其主体既可以是法人,包括企业法人和机关、事业单位、社会团体法人,也可以是公民。此外,还包括作为法人特殊形式的法人联营和作为公民特殊形式的个体工商户、农村承包经营户以及个人合伙。

根据我国技术市场的客观实际,草案将技术合同分为技术开发合同、技术转让合同和技术服务合同三种基本类型。其中,技术开发合同指当事人就新技术的研究开发项目订立的合同,其特点是当事人的权利与义务关系存在于开拓未知的技术领域、解决新的技术课题的过程之中;技术转让合同包括专利权转让、专利申请权转让、专利实施许可和非专利技术转让等合同,它的特点是特定的现有技术在不同主体之间的转移;技术服务合同是指当事人之间就利用知识、技术、信息和经验为社会服务达成的协议,包括技术咨询服务、技术辅助服务、技术中介服务等。这三种基本类型的合同,基本上概括了我国技术市场上各种技术交易形式,也是本法所适用的范围。在实际生活中,有些经济合同、劳务合同也涉及技术交易。对于这些合同,仅其中有关技术开发、技术转让、技术服务的部分适用本法的规定。与技术交易无关的经济合同、劳务合同不适用本法。

考虑到技术合同对我国法人、公民来说,是一种新型合同形式,为了便于学习、掌握和使用,草案在结构上将三种基本类型的合同分别单列一章,规定了其适用范围、权利与义务、技术成果分享和不履行合同的责任。

三、关于技术合同的订立、变更和解除

关于合同订立、变更和解除的一般原则,《民法通则》已有原则规定。这些原则同样适用于技术合同。草案除了重申现行法律关于合同订立、变更和解除的一般原则外,结合技术合同的特点增加了一些特殊原则。主要是当作为技术合同标的的技术已经公开或者实

践证明技术课题根本错误或者不能实现,使得技术合同的履行成为不必要或者不可能时,允许变更或者解除合同。这样规定是为了避免重复劳动和无意义的研究。因为在这种情况下,继续履行合同,不但在技术上毫无收益,而且在经济上会造成更大的损失。当然,在实际执行过程中,提出变更或者解除合同的一方必须提供合同必须变更或者解除的证明材料。

四、关于技术成果的分享

在履行合同的过程中产生的发明、发现和其他科技成果归谁所有,如何使用和怎样分配,是技术合同所特有的问题。订立技术合同是为了促进科学技术为经济建设和社会发展服务,技术合同的当事人应当有权分享知识产权和科学技术进步所产生的利益。草案在第三章、第四章和第五章中分别对技术开发合同、技术转让合同和技术服务合同中有关技术成果分享的问题作了规定。其基本精神是两条:一是精神权利不可侵犯的原则,即因技术成果产生的发明权、发现权和其他科技成果权,属于对技术成果作出创造性贡献的人;二是经济权利合理分享的原则,即有关就技术成果中的发明创造申请专利的权利、实施专利的权利、使用和转让非专利技术的权利,由当事人通过协商合理分享。

我国专利法已付诸实施,今后不少通过技术开发合同所产生的发明创造都存在取得专利保护的问题。为此,草案第二十五条对委托开发和合作开发中,当事人就发明创造申请专利的权利,和发明创造授予专利权以后实施专利的权利,作了较为具体的规定。这些规定符合专利法的基本精神,它有利于减少因技术成果归属问题引起的合同纠纷,保护了当事人的正当权益。

五、关于技术情报的保密

技术是无形的知识形态的商品。它可以同时为多个主体所占有和使用。目前我国技术合同的标的主要是非专利技术,对于这些没有取得或者不能取得专利保护的技术,只有当其处于仅为有限的专家掌握的情况下,拥有技术者才能保持竞争中的优势,在技术转让中找到对象。为了保护正当的竞争,草案确认技术合同当事人有保守技术秘密的权利,并在有关技术转让合同当事人的权利和义务的条款中,明确规定受让方有义务不向他人泄露转让方提供的技术秘密,转让方也应当承担合同规定的保密事项。此外,为了保护当事人的技术权益,草案还规定了违反合同规定的保密事项的,应当停止违约行为,支付违约金,赔偿损失。今后随着专利制度的实施,专利实施许可合同日益增多以后,其中也有涉及与实施专利技术有关的尚未公开的非专利技术的保密问题,当事人可以按照本法第三十二条的规定,约定保密事项。上述规定对维护技术市场秩序,促进技术成果的应用是必要的。

此外,根据国内外技术转让的实际情况,草案第三十一条规定了专利实施许可合同可以采取普通实施许可、排他实施许可、独占实施许可的形式。我们认为,在我国专利法规定了计划许可和强制实施许可制度的前提下,允许当事人订立排他和独占实施许可合同,并不会造成对专利技术的非法垄断和阻碍技术成果的应用和推广。合同当事人的约定不妨碍国务院有关主管部门和省、自治区、直辖市人民政府根据专利法的有关规定,决定本系统内或者所管辖的全民所有制单位所持有的重要发明创造专利,由指定的单位实施。即使是集体所有制单位和个人的专利,对国家利益或者公共利益具有重要意义,需要推广应用的,也可由国务院有关主管部门报国务院批准后,指定有关单位实施。

六、关于开发风险的承担

技术开发是一项探索性的活动。由于人们受现有认识水平的限制,研究开发的失败和反复是不可避免的,一些重点攻关项目更是如此。出现这种情况时,一概视同违反合同,要求研究开发方承担责任不尽合理,也不利于鼓励研究开发方大胆探索和开拓新技术。为了解决技术合同中的这一特殊问题,草案第二十六条规定:"在委托开发的情况下,除委托方通过支付不可预见费承担风险或者合同另有规定的以外,虽经研究开发方努力,但因研究开发中出现的当事人无法预见、防止和克服的技术原因,导致研究开发失败或者部分失败,其损失由当事人双方合理分担。""在合作开发的情况下,除合同另有规定的以外,研究开发的风险由合作开发的各方共同分担。"依据此规定,在订立技术开发合同时,当事人可以根据课题难度预测开发风险的大小,约定承担风险的责任。对于委托开发合同,委托方可以通过预付不可预见费的方式承担研究开发风险。如果当事人在订立合同时没有或者难以约定风险责任,或者确因订立合同时不可预见,而在现有技术水平下又难以解决的技术问题导致了研究开发计划不能实现,当事人双方应当本着实事求是的精神,通过协商分担损失。这样处理有利于维护社会主义协作关系,也比较符合科学研究和技术开发活动的实际。

七、关于违反合同和侵权行为的责任

为了严肃合同纪律,草案明确规定了各类技术合同的当事人违反合同时所应当承担的责任。承担违反合同的民事责任的方式,主要是支付违约金,赔偿对方所受的损失。侵害他人知识产权和其他技术权益的,还应当停止侵害,消除影响和承担法律规定的其他责任。这里有两点需要说明:

(一)我国法律对违约金没有统一的定义,学理上对违约金的解释也不尽相同。对草案第十条的规定"技术合同当事人可以在合同中约定,一方违反合同时,向另一方支付一定数额的违约金;也可以约定对违反合同产生的损失赔偿额的计算方法"和相应的各章有关当事人违反合同时应当支付违约金,赔偿给对方造成的损失的规定,应当解释为当事人可以在合同中明确支付违约金和赔偿损失二者的关系。合同中没有特别规定的,一方违反合同时应当首先向另一方支付违约金,违约金不足以补偿另一方的损失的,还应当赔偿其不足的部分。

(二)由于技术是无形的知识财富,它不会像物质财产那样因灭失、短少、破坏、污染而损坏,但是会因侵权行为使当事人造成损失。由于这种损失难以通过财产破坏程度直接计算,为此,草案第十条关于当事人可以在合同中约定损失赔偿额的计算方法的规定,尤其应当适用于在一方泄露技术秘密、非法转让成果、侵害知识产权和其他技术权益时,确

定另一方所受到的损失额的方法。合同中没有规定的,该损失额相当于违约方实际获得的非法收入的总额。

八、关于技术合同的仲裁和诉讼

关于解决技术合同争议的方式,草案规定,"技术合同发生争议时,当事人各方应当协商解决,协商不成时,可以向合同仲裁机关申请仲裁"。对于违反国家法律、损害社会公共利益和社会公德的技术合同,非法垄断技术、侵害他人权益、妨碍技术进步的技术合同,以及采取欺诈、强迫手段订立的技术合同,合同当事人或者利害关系人可以请求工商行政管理部门或者人民法院宣布合同无效。根据国务院各部门的职能分工,经济合同的仲裁由国家工商行政管理部门的合同仲裁机关归口。技术合同的仲裁应由工商行政管理部门参照《中华人民共和国经济合同仲裁条例》的规定受理。当然,不少技术合同争议包含复杂的科学技术问题,工商行政管理部门和人民法院在审理案件时,可以征求科学技术行政管理部门意见,科学技术行政管理部门有义务给予协助。

九、关于技术合同的管理

技术合同是科学技术和经济建设之间的纽带,涉及中央和地方的各级科学技术、工商管理、财政金融和其他业务主管部门。为加强对技术合同的宏观管理,草案要求工商行政管理部门、科学技术行政管理部门和各业务主管部门以及银行系统加强对技术合同的管理、监督和检查,要求各业务部门、事业单位和企业建立相应的科技成果管理制度,加强对技术合同履行的考核,提高技术合同的经济效益和社会效益。去年4月,国务院成立了由科技、经济、工商管理、财政、金融、军工等部门组成的全国技术市场协调指导小组,不少省、自治区、直辖市也成立了相应的技术市场管理机构。今后,这些技术市场管理机构也应当继续发挥作用,做好对技术合同的协调、指导和管理工作。

从近几年实行技术合同制的实际情况来看,技术合同当事人的违法活动,情况比较复杂,需要各有关主管部门按职能分工,协同处理。基本原则是:属于侵夺、侵犯、假冒和以其他方式侵害他人专利权的,由专利管理机关处理,我国专利法对此有明确规定;剽窃、侵夺和以其他方式侵害他人发明权、发现权、科技成果权和其他技术权益的,由国家和地方的科学技术委员会处理;利用技术合同进行其他违法活动的,由工商行政管理部门按照国家有关规定负责处理。对于其中情节严重,构成犯罪的,由司法机关依法追究当事人的刑事责任。对此,草案作了相应的规定。

十、关于技术合同法的施行时间和效力

我们建议本法经全国人大常委会通过后,宜有2至3个月的实施准备期,进行普法宣传活动。本法实施之日前成立的技术合同,经当事人协商同意,可以适用本法。

我的说明完了,请予审议。

关于《中华人民共和国技术合同法(草案)》(修改稿)几点修改意见的说明

1987年6月15日在第六届全国人民代表大会常务委员会第二十一次会议联组会上

全国人大法律委员会副主任委员 宋汝棼

全国人大法律委员会于6月13日开会,研究了本次常委会会议审议《技术合同法(草案)》(修改稿)提出的意见,建议对修改稿作以下修改:

一、修改稿第一条规定:"为了保障技术合同当事人的合法权益,维护技术市场秩序,推动科学技术的发展,促进科学技术为社会主义现代化建设服务,制定本法。"根据有些委员的意见,建议将这一条修改为:"为了推动科学技术的发展,促进科学技术为社会主义现代化建设服务,保障技术合同当事人的合法权益,维护技术市场秩序,制定本法。"

二、有些委员提出,应根据使用和转让职务技术成果取得的经济效益,对完成该项职务技术成果的科技人员,给予物质奖励。因此,建议将修改稿第六条第一款修改为:"执行本单位的任务或者主要是利用本单位的物质技术条件所完成的技术成果,是职务技术成果。职务技术成果的使用权、转让权属于单位,单位有权就该项职务技术成果订立技术合同。单位应当根据使用和转让该项职务技术成果所取得的收益,对完成该项职务技术成果的个人给予奖励。""非职务技术成果的使用权、转让权属于完成技术成果的个人,完成技术成果的个人有权就该项非职务技术成果订立技术合同。"

三、修改稿第五十一条第二款规定:"当事人一方在规定的期限内不履行仲裁机构的调解书、仲裁决定书的,另一方可以申请人民法院强制执行。"有的委员提出,这一款中的"调解书"与第一款中的"调解"容易混淆。因此,建议将这一款中的"调解书"删去,修改为:"当事人一方在规定的期限内不履行仲裁机构的仲裁决定的,另一方可以申请人民法院强制执行。"

四、根据有的委员的意见,建议将修改稿第五十二条中规定的技术合同争议的诉讼时效和申请仲裁的期限,由二年改为一年。

五、有的委员提出,修改稿第七条只规定国家有权推广全民所有制单位的重要技术成果,不妥,还应规定国家对集体单位和个人的重要技术成果也有权决定推广。因此,建议在这一条中增加一款,作为第二款:"集体所有制单位或者个人的非专利技术成果,对国家利益或者社会公共利益具有重大意义,需要推广使用的,由国务院有关主管部门报国务院批准后,参照上款规定办理。"

此外,还对修改稿作了个别文字修改。

有的委员提出,应将修改稿第五十三条中的"适用涉外经济合同法"一句删去。有的委员认为,如果删去这一句,只规定涉外的技术合同"不适用本法",不够明确。考虑到对这个问题以规定得比较明确为好,因此建议对这一条不作修改。

有些委员建议增加规定合同管理机关。由于对这个问题意见不一致,建议不作规定。

以上意见,请审议。

关于《中华人民共和国技术合同法(草案)》(修改稿)的几点修改意见的汇报

1987年6月20日在第六届全国人民代表大会常务委员会第二十一次会议联组会上

全国人大法律委员会副主任委员　宋汝棼

根据全国人大常委会联组会讨论的意见,我们与国务院法制局、国家科委的领导同志共同作了研究,并已向委员长会议汇报,建议在法律委员会6月15日向联组会提出的修改意见的基础上,对修改稿再作以下几点修改:

一、根据有的委员的意见,建议在总则中增加一条,作为第八条:"技术合同的管理机关由国务院规定。"

二、有的委员提出,修改稿对专利的排他实施许可和独占实施许可,可以不作规定。因此,建议删去修改稿第三十七条,并对修改稿第三十一条、第四十条作相应的修改。

三、根据有的委员的意见,建议将修改稿第二条修改为:"本法适用于法人之间、法人和公民之间、公民之间就技术开发、技术转让、技术咨询和技术服务所订立的确立民事权利与义务关系的合同。但是,当事人一方是外国的企业、其他组织或者个人的合同除外。"并相应将修改稿第五十三条:"当事人一方是外国的企业、其他组织或者个人的合同,适用涉外经济合同法,不适用本法。"删去。

附带说明,本法中所说的技术,是指工业、农业等各方面的技术,不是只指工业方面的技术。

关于《中华人民共和国婚姻法(修改草案)》和《中华人民共和国国籍法(草案)》的说明(节选)

1980年9月2日在第五届全国人民代表大会第三次会议上　武新宇

《中华人民共和国婚姻法(修改草案)》和《中华人民共和国国籍法(草案)》,已经全国人大常务委员会审议,决定提请五届全国人大三次会议审议。我代表全国人大常务委员会法制委员会,对这两个法律草案说明如下:

一、关于《中华人民共和国婚姻法(修改草案)》

《中华人民共和国婚姻法(修改草案)》是由全国妇联会同最高人民法院、最高人民检察院、民政部、卫生部、计划生育领导小组、国家民族事务委员会、解放军总政治部、全国总工会和共青团中央组成的修改小组,在1950年颁布的《中华人民共和国婚姻法》的基础上,根据三十年的实践经验和新的情况、新的问题修订的。在修订过程中,做了大量的调查研究,先后三次在全国范围内征求意见。经法制委员会讨论修改,提请今年四月全国人大常委会第十四次会议审议,决定印发各省、自治区、直辖市的人大常委会和中央有关部门以及全国政协征求意见。法制委员会和全国妇联又根据各地和中央有关部门以及全国政协的意见,进行了修改,并经全国人大常委会第十五次会议审议。

婚姻法是婚姻家庭关系的基本准则,关系到家家户户、男女老少的切身利益的重要法律。草案的主要内容和问题是:

第一,法定结婚年龄问题。原婚姻法规定"男二十岁,女十八岁,始得结婚"。草案改为,"结婚年龄,男不得早于二十二周岁,女不得早于二十周岁",即比原婚姻法规定男女各提高两岁。各省、自治区、直辖市和中央各部门,绝大多数表示赞成,认为这样规定兼顾了城乡的实际情况,比较适当。有些少数民族地区和经济、文化比较落后的农村感到婚龄定得高了,执行有困难。为了照顾少数民族地区的特殊情况,草案规定,民族自治地方可结合当地民族婚姻家庭的具体情况和多数群众意见,制定变通的或补充的规定。至于对农村早婚习惯的改革,需要随着农村经济、文化的发展,继续做工作,逐步在群众自愿基础上解决。另外,城市有些人认为婚龄定低了,与提倡晚婚、计划生育有矛盾。据我们了解的世界三十一个国家的资料,法定婚龄最高的为男二十一岁,女十八岁,我们的规定已是最高的了。同时,法定婚龄是结婚的最低年龄,即不到这个年龄,不应结婚,而不是到了这个年龄就要结婚。我们国家一贯鼓励青年适当晚婚,认为这对国家、对家庭和个人都有好处。关于婚龄对计划生育工作的影响，关键是结婚和生育必须分开，必须搞好计划生育。因此，草案规定，"夫妻双方都有实行计划生育的义务"，"晚婚晚育应予鼓励"。只要把计划生育搞好，就可以达到控制人口增长的效果。否则，结婚再晚，也可以多生孩子。从一些经济发达的国家来看，法定结婚年龄比较低，如西欧一些国家的法定婚龄，女的是十五岁或十六岁，男的是十六岁、十八岁或二十一岁，但多年来人口基本上没有增加，甚至有下降的趋势，说明法定结婚年龄和控制人口并不是不能分开的。因此，婚姻法公布以后，必须继续抓紧进行思想教育工作，搞好计划生育，决不能松劲。并应抓紧早日制定计划生育法。

第二，离婚问题。原婚姻法规定，"男女一方坚决要求离婚的，经区人民政府和司法机关调解无效时，亦准予离婚"。现在看来还是适当的。在我们社会主义国家中，要提倡夫妻互相帮助，建立民主和睦的家庭，大力宣传共产主义道德，反对那种对婚姻关系采取轻率态度或喜新厌旧的资产阶级思想。但是，我们也不能用法律来强行维护已经破裂的婚姻关系，使当事人长期痛苦，甚至使矛盾激化，造成人命案件，对社会、对家庭、对当事人都没有好处。由于我国废除封建婚姻时间不太久，经济、文化水平还较低，有些社会舆论对提出离婚的一方往往不表同情，问题比较复杂。多年来，法院在处理离婚案件时掌握偏严，就反映了这种社会情况。根据一些地方和部门的意见，草案改为"如感情确已破裂，调解无效，应准予离婚"，增加了"如感情确已破裂"这个条件。这样规定，既坚持了婚姻自由的原则，又给了法院一定的灵活性，比较符合我国目前的实际情况。

第三，财产继承权问题。现在遗产纠纷越来越多，而且问题比较复杂，婚姻法不可能详细规定，草案只原则规定："夫妻有相互继承遗产的权利"；"父母和子女有相互继承遗产的权利"。一些具体问题，将来可由民法或继承法加以规定。

第四，关于旁系血亲间禁止结婚问题。原婚姻法规定，"其他五代内的旁系血亲间禁止结婚的问题，从习惯"。许多地方、部门都提出，旁系血亲间结婚生的孩子，常有某些先天性缺陷，现在推行计划生育，孩子少了，更应讲究人口质量，要求在婚姻法中明确规定禁止近亲通婚。据此，草案改为"三代以内的旁系血亲"禁止结婚。即包括同一祖父母或外祖父母的"姑表"、"姨表"之间都禁止结婚。由于某些传统习惯的原因，特别在某些偏远山区，实行这一规定需要有一个过程，不宜简单从事，采取"一刀切"的办法。

第五，关于男方成为女方家庭成员的问题，也就是通常说的"入赘"问题。草案规定："根据男女双方约定，女方可以成为男方家庭的成员，男方也可以成为女方家庭的成员。"这对于保障婚姻自由，推行计划生育，解决有女无儿户的实际困难，都有好处。条文中没有用"落户"的提法，因为这里指的是成为对方家庭成员，不是指迁移户口。如果要迁移户口，那就需要另行办理，不一定要和婚姻关系连在一起。而按约定成为对方家庭成员，就相应享有和承担了作为家庭成员的权利和义务，即使户口不在对方所在地，也一样有赡养老人的义务，享有继承遗产的权利。

第六，由于有些少数民族的风俗、习惯与汉族地区很不相同，经济、文化水平也不一样，草案规定，民族自治地方可以依据本法的原则，结合当地民族婚姻家庭的具体情况，制定某些变通的或补充的规定。

第七,婚姻法的实施,需要有一段宣传、准备的时间,建议大会审议通过公布后,于一九八一年一月一日起生效。

二、关于《中华人民共和国国籍法(草案)》(略)

以上两个法律草案,请大会审议是否可以通过公布实施。

全国人大法案委员会关于四个法律草案的审查报告（节选）

第五届全国人民代表大会第三次会议主席团第四次会议通过
1980年9月9日

代表大会第三次会议全体代表，从9月2日到9月6日，对《中华人民共和国婚姻法（修改草案）》、《中华人民共和国国籍法（草案）》、《中华人民共和国中外合资经营企业所得税法（草案）》、《中华人民共和国个人所得税法（草案）》四个法律草案和彭真副委员长、武新宇副主任、顾明副主任的说明，进行了认真的讨论和审查，对这四个法律草案和说明表示赞同。代表们认为，《中华人民共和国婚姻法（修改草案）》总结和反映了30年来我国婚姻、家庭方面的经验和变化，体现了社会主义的婚姻家庭关系的基本原则。婚姻法的修订和实施，有利于进一步清除婚姻、家庭关系方面的旧影响、旧习惯，有利于发扬社会主义道德风尚、建立民主和睦的社会主义家庭关系。代表们认为，《中华人民共和国国籍法（草案）》总结了30年来处理国籍问题的实践经验，体现了我国处理国籍问题的一贯政策。国籍法草案明确规定不承认中国公民具有双重国籍，华侨自愿加入侨居国国籍，有利于国外侨胞的长远利益，有利于友好地处理我国和有关国家之间的关系。代表们认为，为了促进中外合资经营企业的发展，制定《中华人民共和国中外合资经营企业所得税法（草案）》和《中华人民共和国个人所得税法（草案）》，是必要的和适当的。这两个法律草案的规定，有利于吸引外国资本到我国投资，举办合营企业，引进外国先进技术、设备和吸取外国企业管理的先进经验，是符合我们国家和人民的长远利益的。

法案委员会开了两次全体会议，根据各代表团的讨论意见，对四个法律草案认真地进行审查，个别争论较大的重要条文的修改还进行了表决。对《中华人民共和国中外合资经营企业所得税法（草案）》和《中华人民共和国个人所得税法（草案）》，认为可以不必修改。对《中华人民共和国婚姻法（修改草案）》和《中华人民共和国国籍法（草案）》作了一些修改和补充。

（一）《中华人民共和国婚姻法（修改草案）》的主要修改意见是：

第一，草案第五条增加规定"晚婚晚育应予鼓励"。

第二，遗产继承问题比较复杂，现在具体处理的经验还不足，将来须由民法或继承法解决，婚姻法规定得概括一些为好。因此，把第十八条规定："父母双亡后，子女有继承遗产的权利"、"没有配偶的子女去世后，父母有继承子女遗产的权利"、"有合法遗嘱的，按遗嘱办理"，改为"父母和子女有相互继承遗产的权利"。

第三,将婚姻法施行的时间,由"1982年1月1日",改为"1981年1月1日"。

(二)《中华人民共和国国籍法(草案)》的主要修改意见(略)

以上四个法律草案的审查修改意见是否妥当,请主席团审议,并建议把两个所得税法草案和修改后的《中华人民共和国婚姻法(修改草案)》、《中华人民共和国国籍法(草案)》提请大会通过。

关于《中华人民共和国收养法(草案)》的说明

1991年6月21日在第七届全国人民代表大会常务委员会第二十次会议上

司法部副部长 金鉴

我受国务院的委托，现就《中华人民共和国收养法(草案)》(以下简称《草案》)作如下说明：

一、关于制定本法的意义

收养子女涉及公民的人身关系和财产关系，是一种重要的民事法律行为，而且数量较多。从1981年到1990年的10年间，仅到公证处办理收养公证的，全国就有184 691件。随着我国对外开放政策的进一步贯彻实施，外国人要求到中国，海外侨胞、港澳同胞和台湾同胞要求到内地收养子女的也越来越多。

但是迄今为止，我国仅在《中华人民共和国婚姻法》中规定"国家保护合法的收养关系"，尚未制定收养子女的专门法律，收养关系成立的条件、收养的效力等还没有明确的规定，只有一些部门从本部门工作角度出发，对涉及收养的问题作过某些规定，但这些规定是零散的，不具有普遍的法律约束力。由于没有法律规定，因收养而产生的子女上学、就业、迁移户口、继承财产等许多问题得不到解决。社会上还出现了一些搞假弃婴，以达到多生育子女的现象。一些人甚至利用部分公民急于收养子女的心理，进行拐卖人口、买卖儿童等犯罪活动。1979年恢复公证制度以来，许多收养当事人为了明确收养关系，使自己的正当权益受到法律保护，自愿到公证机关办理公证。一些部门和单位在工作中也要求收养子女的当事人提供收养公证书，以明确其收养关系的合法性。为了适应工作需要，司法部根据婚姻法和户籍管理、计划生育等政策，于1982年制定了《办理收养子女公证试行办法》，对于做好收养子女公证工作，维护正当的收养关系起到了一定作用。但试行办法是办理收养公证的行政规章，不可能对收养的条件、效力、程序等重要法律问题作出规定。因此，公证机关办理收养公证时，许多问题无法可依，难以保障当事人的正当权利，也难以适应涉外收养需要。因此，迫切需要制定一部适合我国国情的收养法律，以利于维护公民的人身权利和财产权利，促进家庭和睦、稳定和社会安定。

二、收养关系的设立应当履行一定的手续

收养子女是一种变更人身权利义务关系的比较重大的民事行为，收养关系的设立应履行一定的法律程序。经与有关部门协商，根据我国国情和多年来的实践，应当把公证证

明作为收养关系设立的必要条件,以有利于维护公民的权利,预防纠纷、减少诉讼。这样做,符合10多年来公民收养子女一般都到公证机关办理公证的习惯。因此,《草案》规定,收养当事人自愿建立和解除收养关系的,必须亲自到公证处办理公证证明;因收养或解除收养发生纠纷的,当事人可以向人民法院起诉。这样规定明确了公证机关和人民法院的职责,有利于法制的健全和完善。

三、关于收养关系当事人的条件

(一)对被收养人年龄的限制。《草案》第五条规定:"收养他人子女,以收养一名不满十四周岁的未成年人为限。"过去一些部门的规定只许收养七周岁以下儿童,特殊情况可以收养成年子女。但对于能否收养八岁到十三岁的未成年人没有作出规定,而在实际生活中,由于各种原因要求收养八至十三岁的人是很多的。许多国家对被收养人年龄都作了限制性规定。根据我国国情,《草案》规定,被收养人限于不满十四周岁的未成年人,这一年龄界限是较合适的。

(二)收养人应具备的条件。《草案》对收养人应具备的条件,按收养人有无配偶分别规定了不同条件。对于有配偶的人,一般要求:

1. 夫妻双方必须共同收养,一方不同意或未作同意的意思表示,另一方不得单独收养子女。

2. 无子女。无子女是收养子女的一项重要条件,因此《草案》规定夫妻一方无生育能力或婚后五年以上无子女者才允许收养子女。婚后五年以上无子女,是指因生理上的原因或各种疾病引起的不能生育,以及虽有生育能力,但本人不愿意生育的情况。

3. 收养人要有抚育被收养人的能力,包括有抚养和教育被收养人的经济条件、身体条件和教育能力,能够履行父母的职责,使少年儿童健康成长。

4. 养父母与养子女的年龄差距。收养是建立拟制血亲的父母子女关系,因此养父母子女间应有合理的年龄差距。我国婚姻法规定的最低结婚年龄为男二十二周岁、女二十周岁。《草案》规定收养人夫妻双方均与被收养人相差二十三周岁以上,比最低婚龄高一至三岁,符合晚婚晚育的要求。许多国家的收养法规,对收养人与被收养人的年龄差距的规定,一般与法定婚龄相接近。

(三)送养人。除了被收养人的生父母可以作送养人以外,其他人,如有监护权的亲友,以及民政部门主管的社会福利机构,也可作送养人。送养人不同,应具备的条件也不同。为有利于计划生育政策,《草案》规定生父母作送养人的,不得以送养子女后无子女或子女少为理由再生育子女。养父母确因特殊困难无力抚育养子女时,为有利于儿童的健康成长,《草案》规定也可以送养。为维护父母子女的权利和利益,《草案》对父母均已死亡,以及父母均为无民事行为能力或限制行为能力的未成年人的送养问题,作了限制性规定。

(四)特殊收养:

1. 无配偶者收养子女。无配偶者是指因未婚、离婚或丧偶而无配偶的人。一些无配偶的人为使自己老有所养,有要求收养子女的。为维护这些人的切身利益,《草案》也对无配偶者收养子女应具备的条件作了规定。

2. 收养继子女。《中华人民共和国婚姻法》第二十一条第二款规定:"继父或继母和受其抚养教育的继子女间的权利和义务,适用本法对父母子女关系的有关规定。"实践中,生父(母)再婚后,如生父(母)先于继母(父)死亡,往往发生继母(父)或继子女不尽义务等纠纷。为减少纠纷的发生,避免因双重权利义务而互相推诿,《草案》作了可以由继父或继母单方收养继子女的规定。当事人可以根据双方意愿和家庭的实际情况,将继子女收养为养子女。收养后养子女与其生父或生母的权利和义务即行消除。这一规定是对婚姻法的补充,有利于家庭关系的和睦、稳定。

3. 弃婴的收养。目前,社会上存在着弃婴现象。与弃婴现象作斗争,保护弃婴,是全社会的责任。经与有关部门研究认为,捡到弃婴后原则上应送民政机关主管的社会福利机构养育,但单靠社会福利机构包揽下来是困难的,应该发挥社会的力量。为此,《草案》规定,经当地公安或民政部门出具证明的,可以由符合收养条件的人收养弃婴。

四、关于收养关系的解除

收养子女是变更人身权利义务关系的严肃的法律行为,收养关系成立后一般不得解除。但由于收养关系是一种拟制血亲,可能因各种原因导致收养关系的恶化和事实上的解体,因此,《草案》规定可以解除收养关系,并对收养关系解除的几种情况和形式,以及解除收养后的效力作了规定。

五、涉外收养

实践中,一些外国人提出收养中国儿童的申请。为维护我国儿童的利益,《草案》用专章对涉外收养作出了规定。这一章规定了涉外收养关系成立的实质要件,适用被收养人住所地法律,同时不得违背收养人住所地法律。涉外收养关系成立的形式要件,适用收养时的行为地法律。涉外收养的效力适用收养人住所地法律。并规定了被收养人的国籍等问题。

六、关于华侨回国和港澳台同胞回内地收养子女

华侨回国收养子女,因涉及华侨在居住国的利益,《草案》规定参照涉外收养的有关规定办理。港澳台同胞回内地收养子女,不作特殊规定。

七、关于对本法公布实施前形成的收养关系的确认

由于过去没有收养的专门法律,没有规定收养关系的成立要履行何种法律手续。为维护收养当事人的利益,促进家庭的安定、和睦,对于本法公布实施以前所形成的收养关系应予承认。一些当事人为避免因收养关系设立时未履行法律手续而出现各种问题,要求补办公证证明的,可以在本法生效后两年内补办收养公证。补办公证证明的收养关系,自当事人达成收养协议,或者自当事人共同生活之日起成立。本法公布施行后,建立收养关系应当办理公证。

我的说明完了,请予审议。

全国人大法律委员会对《中华人民共和国收养法(草案)》审议结果的报告

1991年12月23日在第七届全国人民代表大会常务委员会第二十三次会议上

全国人大法律委员会副主任委员 宋汝棼

七届全国人大常委会第二十次会议对收养法(草案)进行了初步审议。会后,法律委员会和法制工作委员会将草案印发各省、自治区、直辖市和中央有关部门征求意见,并邀请司法部、民政部、计生委、国务院法制局、最高人民法院、全国妇联等部门和法律专家进行座谈,征求意见。法律委员会于1991年12月9日和13日召开会议,根据常委会委员和全国人大内务司法委员会的审议意见以及各地方、各方面的意见,对草案进行了审议。法律委员会认为,为了保护合法的收养关系,维护收养关系当事人的合法权益,制定收养法是必要的,草案基本上是可行的。同时,提出以下修改意见:

一、草案第十条第一项规定,生父母可以作送养人。有的委员提出,生父母应当履行抚养子女的义务,除有特殊困难无力抚养子女的外,不应将自己的子女送养。因此,建议将这一项修改为:"无力抚养非婚生婴儿的生父母"、"有特殊困难无力抚养子女的生父母"可以作送养人。(草案修改稿第五条第三项、第四项)

二、有的委员、地方建议,对哪些未成年人可以被收养应当作出明确规定。因此,建议增加一条,规定:"下列不满十四周岁的未成年人可以被收养:(一)丧失父母的孤儿;(二)查找不到生父母的弃婴、儿童;(三)生父母无力抚养的非婚生婴儿;(四)生父母有特殊困难无力抚养的子女。"(草案修改稿第四条)

三、根据有的委员和部门的意见,建议将草案第七条、第八条合并为一条,规定:"收养人应当同时具备下列条件:(一)无子女;(二)有抚养被收养人的能力;(三)年满三十五周岁。"(草案修改稿第六条)

四、有些委员提出,我国民间存在收养三代以内同辈旁系血亲的子女的习惯,对属于这类情况的,可以适当放宽收养子女的条件。因此,建议增加一条,规定:"年满三十五周岁的无子女的公民收养三代以内同辈旁系血亲的子女,可以不受被收养人必须是不满十四周岁和生父母有特殊困难无力抚养子女等限制。"(草案修改稿第七条)

五、有些委员和部门提出,应当放宽收养孤儿和残疾儿童的条件。因此,建议将草案第九条修改为:"收养人只能收养一名子女。""收养孤儿可以不受无子女的限制。收养的孤儿有未成年兄弟姐妹的,可以一并收养。""收养残疾儿童不受收养一名和无子女的限

制。""收养三代以内同辈旁系血亲的孤儿,可以不受收养人无子女和年满三十五周岁的限制。"(草案修改稿第八条)

六、根据有些委员和部门的意见,建议增加一条,规定:"无配偶的男性收养女性的,收养人与被收养人的年龄应当相差四十周岁以上。"(草案修改稿第九条)

七、草案第二十三条规定:"当事人建立收养关系,应当有书面意思表示,并亲自到公证处办理公证证明。"草案第二十七条规定:"不符合本法条件的收养行为,是无效的民事行为。"有些委员提出,收养弃婴和社会福利机构抚养的孤儿,应当向民政部门登记,可以不再办理公证;收养生父母有特殊困难无力抚养的子女等,是收养人与被收养人的生父母或者其他监护人双方的民事行为,还涉及一些复杂的情况,是否办理公证应当尊重双方当事人的意愿,双方愿意办理公证的,应当办理公证;当事人一方要求公证的,也应当办理公证;有的双方自愿订立合法的书面协议,不再办理公证的,也可以不规定一律必须公证。如果当事人发生收养纠纷,可以通过调解或者向人民法院起诉解决。因此,建议将这一条修改为:"收养弃婴、社会福利机构抚养的孤儿的,应当向民政部门登记。""除前款规定外,收养应当由收养人、送养人订立书面协议,并可以办理收养公证;收养人或者送养人要求办理收养公证的,应当办理收养公证。"(草案修改稿第十六条)

八、有的委员提出,我国民间有亲属、朋友代已故的或有特殊困难无力抚养子女的生父母抚养子女的良好风尚,这种抚养关系不同于收养关系,对此应在本法中予以明确。因此,建议增加一条,规定:"孤儿或者生父母无力抚养的子女,可以由生父母的亲属、朋友抚养。""抚养人与被抚养人的关系不适用收养关系。"(草案修改稿第十七条)

九、草案第六章就涉外收养作了规定。有些委员提出,对办理涉外收养的程序,应当作出较为严格的规定;同时,外国人在我国收养子女的条件应与我国公民一样,不应当比我国公民宽;此外,考虑到草案这一章中的有些条款在其他法律中已有规定,不必再在本法中重复规定。因此,建议将这一章修改为一条,规定:"外国人依照本法可以在中华人民共和国收养子女。""外国人在中华人民共和国收养子女,应当提供所在国出具的并经该国公证、中华人民共和国驻该国使领馆认证的该外国人的年龄、婚姻、职业、财产、健康、有无受过刑事处罚等状况的证明材料和该外国人与送养人订立的书面协议,并亲自到指定的公证处办理收养公证。收养关系自公证证明之日起成立。"(草案修改稿第二十一条)

十、有些委员提出,对遗弃婴儿的和借收养名义转卖儿童的应当依法追究法律责任。因此,建议增加规定:(1)"遗弃婴儿的,由公安部门处以一千元以下罚款;情节恶劣的,比照《中华人民共和国刑法》第一百八十三条追究刑事责任。"(2)"借收养名义转卖儿童的,比照《中华人民共和国刑法》第一百八十四条、《全国人民代表大会常务委员会关于严惩拐卖、绑架妇女、儿童的犯罪分子的决定》追究刑事责任。"(草案修改稿第三十一条、第三十二条)

此外,还对草案作了一些文字修改。

草案修改稿已按照上述意见作了修改,法律委员会建议全国人大常委会审议通过。

草案修改稿和以上意见是否妥当,请审议。

全国人大法律委员会关于对收养法草案修改意见的汇报

1991年12月28日在第七届全国人民代表大会常务委员会第二十三次会议上

全国人大法律委员会副主任委员　宋汝棼

本次会议于12月23日、24日对收养法（草案修改稿）分组进行了审议。许多委员认为，收养法草案修改稿吸收了各方面的意见，修改得比较好，建议本次会议通过。同时，也提出了一些修改意见。法律委员会于12月26日召开会议，逐条研究了委员们的修改意见，建议对收养法草案修改稿作如下修改：

一、有些委员提出，草案修改稿第四条第三项规定"生父母无力抚养的非婚生婴儿"可以包含在第四项"生父母有特殊困难无力抚养的子女"之内。因此，建议将草案修改稿第四条第三项"生父母无力抚养的非婚生婴儿"删去，相应将草案修改稿第五条第三项删去，并对草案修改稿第十四条作相应修改。（新修改稿第四条、第五条、第十条）

二、根据有的委员的意见，建议将草案修改稿第六条第二项"有抚养被收养人的能力"修改为"有抚养教育被收养人的能力"。（新修改稿第六条）

三、有的委员提出，华侨收养三代以内同辈旁系血亲的子女，可以不受无子女的限制。因此，建议在草案修改稿第七条中增加一款，作为第二款，规定："华侨收养三代以内同辈旁系血亲的子女，还可以不受收养人无子女的限制。"（新修改稿第七条）

四、有的委员提出，收养人的年龄可以适当放宽，还有些委员提出，应当鼓励收养孤儿或者残疾儿童，对这方面的规定可以适当放宽。因此，建议将草案修改稿第八条第二、三、四款修改为："收养孤儿或者残疾儿童可以不受收养人无子女和年满三十五周岁以及收养一名的限制。"（新修改稿第八条）

五、草案修改稿第十九条规定："不得以送养子女后无子女或者子女少为理由违反计划生育的规定再生育子女。"根据有些委员的意见，建议修改为："送养人不得以送养子女为理由违反计划生育的规定再生育子女。"（新修改稿第十八条）

六、有的委员提出，对涉外收养的程序还应当规定得更严格一些，外国人在中华人民共和国收养子女，除该收养人应与送养人订立书面协议、到指定的公证处办理收养公证外，应当增加向民政部门登记的规定。因此，建议将草案修改稿第二十一条第二款中的"并亲自到指定的公证处办理收养公证"，修改为"亲自向民政部门登记并到指定的公证处办理收养公证"。（新修改稿第二十条）

七、草案修改稿第三十一条规定："遗弃婴儿的，由公安部门处以一千元以下罚款；情节恶劣的，依照《中华人民共和国刑法》第一百八十三条追究刑事责任。"根据有的委员的

意见,建议增加一款,规定:"出卖亲生子女的,依照本条第二款规定处罚。"(新修改稿第三十条)

八、根据有的委员的意见,建议将草案修改稿第三十三条:"华侨回国收养子女,适用本法规定,但收养程序适用本法第二十一条的规定。"删去。

此外,还对草案修改稿作了个别文字修改。

以上意见,请审议。

关于《中华人民共和国收养法(修订草案)》的说明

1998年8月24日在第九届全国人民代表大会常务委员会第四次会议上

民政部部长 多吉才让

我受国务院委托,现就《中华人民共和国收养法(修订草案)》作如下说明:

收养是一种重要的民事法律行为,涉及对未成年人的抚养教育、对老年人的赡养扶助、财产继承等一系列民事关系。

《中华人民共和国收养法》(以下简称收养法)自1992年4月1日实施以来,对于规范收养行为,保护合法的收养关系,发挥了重要的作用。同时,6年多的实践也反映出收养法存在的一些问题:一是对收养条件规定得过严,致使一些有抚养能力又愿意收养儿童的人难以收养,多数社会福利机构又超负荷抚养孤儿、弃婴,在福利院的孩子生活条件差,没有家庭温暖,不利于这些孩子的健康成长。同时,由于法律规定的收养条件过严,一些群众超出法律规定条件收养孩子,形成事实收养。二是收养程序不统一。成立收养关系,可以到民政部门登记,也可以由收养人与被收养人的监护人订立协议,还可以由收养人与被收养人的监护人订立协议、经民政部门登记后再办理公证。

为了更加合理地确定收养条件,规范收养程序,保护合法的收养关系,最大限度地保护被收养儿童的权益,民政部和国务院法制办经过认真调查研究,总结实践经验并同司法部、外交部、公安部、国家计生委、最高人民法院以及专家学者共同研究、论证,拟订了《中华人民共和国收养法(修订草案)》(以下简称修订草案)。这个修订草案已经国务院常务会议讨论通过。这次修订,主要涉及以下两个方面的内容:

一、适当放宽收养条件

(一)放宽收养社会福利机构抚养的查找不到生父母的儿童的条件

收养法规定收养人应当无子女,除收养孤儿或者残疾儿童外,只能收养1名子女。从收养的实际情况考虑并有利于减轻社会福利机构的压力,修订草案将上述规定修改为:"收养未成年孤儿和社会福利机构抚养的查找不到生父母的儿童,不受收养人无子女和只能收养一名子女的限制。"

(二)降低收养人的年龄下限

收养法规定收养人必须年满35周岁,这在世界各国规定的收养人年龄中是比较高的。按照我国婚姻法规定的婚龄,未生育子女的夫妻要在婚后10多年才有可能收养子女,这不符合人们的一般养育心理,也是造成事实收养大量存在的重要原因之一。据北京市1997年对公民事实收养情况的调查,收养人夫妻双方或者一方不满35周岁的,占收养总数的62%。据上海市对1982年到1994年公民事实收养情况的调查,收养人夫妻双方或者一方不满35周岁的,占收养总数的56%。修订草案从实际出发,将收养人年龄下限降到30周岁;同时规定,婚后经确诊无生育能力的,不受年满30周岁的限制。

(三)增加允许有条件地收养14周岁以上的被收养人的规定

随着经济的发展和独生子女占人口比重越来越大的老龄化社会的逐步到来,有必要从收养角度为解决老有所养及老年人心里孤单的问题创造一些条件。为此,修订草案增加规定:"无配偶的人年满五十五周岁无子女或者夫妻双方均年满五十五周岁无子女的,可以收养一名十四周岁以上的子女;但是,被收养人与收养人年龄应当相差二十五周岁以上。"

二、进一步完善收养程序

(一)收养关系统一由民政部门登记成立

收养法对成立收养关系设定了三种程序:一是中国公民收养查找不到生父母的弃婴和社会福利机构抚养的孤儿,向民政部门登记;二是中国公民收养上述孤儿、弃婴以外的孩子,由收养人、被收养人的监护人订立书面协议,并且可以办理收养公证;三是外国人在中华人民共和国收养子女,除应当与被收养人的监护人订立书面协议并亲自向民政部门登记以外,还必须到指定的公证处办理收养公证,收养关系自公证证明之日起成立。由于收养程序不统一,在实践中带来了一些问题,公民之间协议成立收养关系,随意性比较大,容易造成收养关系不稳定;涉外收养关系经民政部门登记还不算成立,须经公证才能成立,无论从法理看,还是从实践看,关系都不够顺,容易引起不必要的矛盾。

为了进一步规范收养关系成立的程序,国务院有关部门和专家学者反复研究,一致认为:收养是一种重要的民事法律行为,成立收养关系将导致收养人、被收养人的人身和财产关系的变化。在法律上,收养属于婚姻家庭范畴。婚姻法已经规定对结婚、离婚实行统一登记制度。收养法对收养这种事关收养双方人身、财产关系变化的重要法律行为,也以实行统一的登记制度为宜(国际上对收养关系的成立,基本上有两种制度:一是由法院登记;二是由政府主管机关登记)。据此,修订草案规定:"收养实行登记,收养关系自登记之日起成立。""收养未成年人,由收养人、被收养人和被收养人的监护人共同到民政部门登记。收养成年人,由收养人、被收养人共同到民政部门登记。"同时,适应一些收养关系当事人的意愿和要求,修订草案扩大了收养协议和办理公证的范围(不限于弃婴和孤儿),规定:"收养关系当事人愿意订立收养协议的,可以订立收养协议。""收养关系当事人各方或者一方要求办理收养公证的,应当办理公证。"

(二)相应地完善涉外收养的规定

跨国收养历来受到世界各国的普遍重视。为了更好地保护被外国人收养的我国儿童的安全和利益,修订草案对外国收养人的条件作了更为严格的规定:外国人在我国收养儿童,应当"事先经其所在国主管机关依照其本国法律审查同意",并且提供"身体健康、无犯罪记录等合法有效的证明材料","该证明材料须由收养人所在国有权机构出具",在提交我国驻该国使领馆认证前,须经收养人所在国"外交机关或者外交机关授权的机构认证"。同时,为了继续发挥公证机构在涉外收养方面的证明作用,修订草案对收养法涉外收养有关登记、公证的规定作了适当修改、完善,规定:"外国人在中华人民共和国收养中国公民为子女,应当与被收养人或者未成年的被收养人的监护人订立书面协议,收养人、被收养人和被收养人的监护人应当共同到被收养人户口所在地的省、自治区、直辖市人民政府民政部门登记;登记后,还应当共同到国务院司法行政部门认定的具有办理涉外公证资格的公证机构办理公证。公证机构发现不符合本法规定条件的,应当告知登记机关依法处理。"对涉外收养问题,规定省级人民政府民政部门登记后还应当再办理公证,主要有两点考虑:一是国际上对跨国收养一般都管理较严,外国一般都要求被收养人所在国出具公证证明,对涉外收养公证作统一要求是符合实际情况的;二是在民政部门以外再由公证机构把一道关,有利于更加有效地保护我国被外国人收养的儿童的安全和利益。

此外,由于收养法对收养的含义未作界定,实践中不少人往往将一些抚养、寄养关系与收养关系相混淆。为了明确收养关系的性质及由此产生的法律后果,修订草案增加规定:"本法所称收养,是指收养人、被收养人依照本法规定成立拟制父母子女关系的行为。""合法的收养关系受法律保护。"

此外,修订草案还对收养法作了一些必要的结构调整和文字修改。

我的说明完了,请审议。

全国人大法律委员会关于《中华人民共和国收养法(修订草案)》审议结果的报告

1998年10月27日在第九届全国人民代表大会常务委员会第五次会议上

全国人大法律委员会副主任委员　张绪武

九届全国人大常委会第四次会议对《中华人民共和国收养法(修订草案)》进行了初步审议。会后，法律委员会、法制工作委员会将草案印发各省、自治区、直辖市人大常委会和中央有关部门、法学教学研究单位，征求意见。法律委员会、内务司法委员会和法制工作委员会联合召开座谈会，听取了有关部门和法律专家的意见。法律委员会于10月6日和21日召开会议对修订草案进行了审议。内务司法委员会的负责同志列席了10月6日的会议。法律委员会认为，收养法实施六年来，对保护合法的收养关系，维护收养关系当事人的权利，发挥了重要作用。根据收养法实施以来出现的问题，适当放宽收养条件，进一步完善收养程序，对收养法进行修改是必要的。同时，法律委员会提出以下修改意见：

一、内务司法委员会和有的委员、部门提出，收养法实施六年来总的情况是好的，这次修订草案涉及的实质修改内容不多，主要是放宽收养条件和统一收养程序两个问题。收养法原有的体例为章节式，内容清晰明了，便于公民掌握，建议收养法仍采用原有体例，不采取全面修订方式。因此，法律委员会建议，对收养法采取修改决定的方式进行修改，对必须改的内容作出修改，非实质性的内容不作修改。这样可以突出修改重点，有利于保持法律的稳定性和连续性。

二、修订草案第二条第一款规定："本法所称收养，是指收养人、被收养人依照本法规定成立拟制父母子女关系的行为。"有的委员、部门和法律专家提出，该规定的实质内容在收养法第二十二条已有规定，即自收养关系成立之日起，养父母与养子女间的权利义务关系，适用法律关于父母子女关系的规定；养子女与生父母间的权利义务关系，因收养关系的成立而消除。因此，法律委员会建议对该款不作规定。

三、修订草案第三条第三款规定："任何组织或者个人不得通过与收养有关的活动获取不正当的收益。"有的委员提出，任何组织或者个人都不能通过与收养有关的活动获取收益。因此，法律委员会建议对该款不作规定。至于能否收取必要的费用问题，有的委员认为，民政部门办理收养登记不宜收取费用。法律委员会建议，对此问题在收养法的实施办法中作出明确规定，收养法可以不作规定。

四、修订草案第四条规定："收养人应当同时具备下列条件：(一)具有完全民事行为能力;(二)品行端正;(三)年满三十周岁无子女,但是婚后经确诊无生育能力的不受年满三十周岁的限制;(四)未患有足以影响未成年人健康的传染病;(五)有抚养教育被收养人的能力。"修订草案将收养人的年龄限制由年满三十五周岁改为三十周岁,审议中对此没有不同意见。有的委员提出,该条规定的"品行端正"不易界定,"传染病"的范围也难以确定,该条第一、二、四项的内容可以由第五项包括。因此,法律委员会建议对这三项内容不作规定。

修订草案第四条第三项规定"婚后经确诊无生育能力的不受年满三十周岁的限制"。由于修订草案已将收养人的年龄限制由三十五周岁降低为三十周岁,婚姻法规定的结婚年龄为男二十二周岁、女二十周岁,有无生育能力一般经过婚后一段时间才能确诊,也将接近三十周岁。有的国家规定结婚五年后才可以收养子女。因此,法律委员会建议对此可以不作规定。

五、修订草案第五条第三款规定:"经民政部门公告满六个月仍查找不到生父母的儿童可以被确定为查找不到生父母的儿童。"由于对公告期限的长短有不同意见,法律委员会建议将该款修改为"收养查找不到生父母的弃婴和儿童的,民政部门应当在登记前予以公告"。公告期限以及其他具体程序可以由收养法的实施办法作出规定。

六、修订草案第七条规定:"收养未成年孤儿和社会福利机构抚养的查找不到生父母的儿童,不受收养人无子女和只能收养一名子女的限制。"有些委员提出,为了更好地解决收养弃婴的问题,应当进一步放宽对弃婴收养的条件,以利于减轻国家负担,弘扬社会主义精神文明和人道主义精神,建议删去该规定中"社会福利机构抚养的"几个字。有的委员和部门提出,进一步放宽收养弃婴的条件,有可能给计划生育带来负面影响,增加工作难度,建议对修订草案的规定不作修改。法律委员会倾向于后一种意见,并建议在收养法的实施办法中明确规定民政部门应与计划生育部门密切配合,加强对计划生育的管理。

七、修订草案第九条规定:"无配偶的人年满五十五周岁无子女或者夫妻双方均年满五十五周岁无子女的,可以收养一名十四周岁以上的子女;但是,被收养人与收养人年龄应当相差二十五周岁以上。"有的委员提出,收养法是解决被收养的未成年人的抚养、成长的问题,至于收养成年人养老的问题,其收养目的和条件等与收养法都不相同。因此,法律委员会建议,在收养法中对此不作规定。

八、修订草案第二十四条第二款规定:"外国人在我国收养子女办理收养登记后,还应当共同到国务院司法行政部门认定的具有办理涉外公证资格的公证机构办理公证。公证机构发现不符合本法规定条件的,应当告知登记机关依法处理。"有的委员和部门提出,修订草案规定外国人在中国收养子女经民政部门登记成立,又规定应当办理公证,多了一道手续。应从实际需要出发,如当事人要求办理公证的,可以到我国的公证机构办理公证。因此,法律委员会建议,将该款有关收养公证的规定修改为:"收养关系当事人各方或者一方要求办理收养公证的,应当到国务院司法行政部门认定的具有办理涉外公证资格的公证机构办理收养公证。"

法律委员会已按上述修改意见提出关于修改收养法的决定(草案)。鉴于修改的条文不多,建议经本次常委会会议第二次审议后通过。

草案和以上意见是否妥当,请审议。

关于村民委员会组织法（修订草案修改稿）和修改收养法的决定（草案）修改意见的报告（节选）

1998年11月4日在第九届全国人民代表大会常务委员会第五次会议上

全国人大法律委员会主任委员　王维澄

本次会议于1998年10月27日下午、28日上午对村民委员会组织法（修订草案修改稿）和修改收养法的决定（草案）分组进行了审议。大家认为，两个草案吸收了常委会组成人员和地方、部门、专家、群众的意见，经过反复修改，已经比较成熟，建议本次常委会会议通过。同时，也提出了一些修改意见。法律委员会于10月29日下午、30日上午、30日下午召开会议，内务司法委员会、农业与农村委员会的负责同志分别列席了有关会议，逐条研究了委员们的意见，提出了进一步修改意见。

一、关于村民委员会组织法（修订草案修改稿）（略）

二、关于修改收养法的决定（草案）

（一）有些委员提出，为了有利于被收养的未成年人的抚养、成长，应当在收养人的条件中增加收养人未患有足以影响未成年人健康的疾病的规定。因此，法律委员会建议，在收养人的条件中增加一项规定："未患有在医学上认为不应当收养子女的疾病。"具体患有哪些疾病的人不能收养子女，可以由收养法的实施办法作出规定。

（二）有些委员提出，应当明确规定收养关系一经成立，公安部门应当及时给被收养人上户口。因此，法律委员会建议增加一条规定："收养关系成立后，公安部门应当依照国家有关规定为被收养人办理户口登记。"

（三）有些委员提出，遗弃婴儿、出卖亲生子女的情况比较复杂，建议不规定具体的罚款数额，而由各地根据当地的情况确定。对遗弃婴儿和出卖亲生子女的，应当分别规定处罚，对出卖亲生子女的，应当增加没收违法所得的规定。因此，法律委员会建议，将修正草案第三十条第二款修改为两款，规定："遗弃婴儿的，由公安部门处以罚款；构成犯罪的，依法追究刑事责任。""出卖亲生子女的，由公安部门没收非法所得，并处以罚款；构成犯罪的，依法追究刑事责任。"具体的罚款数额可以由国务院行政法规或者地方性法规确定。

（四）修改决定草案第六条规定，收养应当向县级以上人民政府民政部门登记。有的委员提出，收养向县级以上人民政府民政部门登记，在农村恐怕难以实行，建议由乡镇人民政府、街道办事处进行登记。有的部门提出,目前乡镇、街道设有民政助理员的不到一半,如果把收养登记工作下放到乡镇、街道,承担此项工作有实际困难;为了保证收养登记的质量,由县级以上人民政府民政部门进行登记为好。因此,法律委员会建议,维持修改决定草案的规定。

(五)有的委员和部门提出,涉外收养应当在登记之前先进行公证。对此问题,法律委员会进行了反复研究讨论。修改收养法的目的之一是统一收养程序,收养关系统一由民政部门登记成立;公证是证明法律行为和法律事实的真实性、合法性,公证应当由当事人自愿进行。因此,法律委员会建议,维持修改决定草案的规定,即收养关系当事人各方或者一方要求办理收养公证的,应当办理收养公证。

此外,还对上述两个法律草案作了个别文字修改。

以上修改意见,请审议。

关于《中华人民共和国继承法(草案)》的说明

1985年4月3日

全国人大常委会秘书长、法制工作委员会主任　王汉斌

继承法是民法的重要组成部分。1979年11月法制委员会成立了由有关部门和政法院系、研究机构专家参加的民法起草小组，进行了大量的调查研究，反复征求各地各方面的意见，起草了民法草案，前后修改了四稿，其中有一编是财产继承权。因为民法牵涉面很广、很复杂，我国经济体制还在进行改革的过程中，目前还难以制定完整的民法。这几年，对其中比较成熟的部分，先作为单行法提请全国人大和人大常委会审议，现已制定了婚姻法、经济合同法、涉外经济合同法、专利法和商标法，还有民法总则和版权法正在起草。

《中华人民共和国继承法(草案)》是由法制工作委员会会同最高人民法院在民法草案(四稿)财产继承权编的基础上，进一步研究修改拟订的。在修改拟订过程中，法工委到福建、广东、北京、陕西、甘肃等地进行了调查，收集有关继承的案例，总结实践经验，特别是近几年法院审理继承案件的实践经验，并多次召开有关单位和专家参加的各种座谈会进行研究，还参考外国的有关资料。去年9月，法工委将草案印发各省、自治区、直辖市人大常委会，全国政协和中央有关部门、单位以及政法院系、研究机构专家征求意见，进行修改。今年提请全国人大常委会第九次、第十次会议进行审议和修改，决定提请六届全国人大三次会议审议。现将草案的几个主要问题说明如下：

一、关于制定继承法的意义

我国社会主义经济制度的基础是生产资料的社会主义公有制，即社会主义全民所有制和社会主义集体所有制，同时还有城乡劳动者个体经济作为社会主义公有制经济必要的补充。我国公民合法的私有财产，包括个人所有的合法的生活资料和法律允许个人所有的生产资料，都受到宪法和法律的保护。这就产生了个人合法财产的继承权的问题。从实际情况来看，新中国成立以来，包括生产资料所有制的社会主义改造基本完成以后，以至"文化大革命"中错误地批判所谓资产阶级法权时，群众中一直承认个人合法财产的继承权。继1954年宪法之后，1982年宪法重新规定国家依照法律规定保护公民的私有财产的继承权，这是拨乱反正的一个重要方面。

近几年来，随着城乡经济的发展，公民个人的收入和财产增加了，继承问题在群众中越来越受重视，继承纠纷也逐年增加。根据宪法关于保护继承权的规定，总结我国处理遗

产继承的经验和民间好的做法,制定继承法,以便于妥善处理遗产继承,避免或减少遗产纠纷,有利于发扬养老育幼的好的传统,促进家庭成员之间的和睦团结互助和社会安定,也有利于调动积极因素,促进社会主义经济的发展。

二、关于遗产的范围

草案规定,遗产是公民死亡时遗留的个人的合法财产,并且列举了公民个人合法财产包括的内容。多年来,我国公民的个人财产主要是生活资料。党的十一届三中全会以来,随着搞活经济方针的贯彻及城乡生产责任制的推行,目前已有很大一部分公民拥有一定数量的合法的生产资料。对法律允许公民所有的生活资料和生产资料,应当允许继承。同时,草案还规定,公民的著作权(版权)和专利权中的财产权利在有关法律规定的期限内允许继承。

几年来,随着经济体制改革的开展,城乡出现了各种形式的个人承包,承包的范围不仅有土地、荒山、鱼塘、果园的经营管理权,而且有小企业的经营管理权。根据草案的规定,个人承包的荒山、荒地和全民或者集体的企业等的所有权,属于全民或者集体所有,不能继承。个人承包应得的收益,如承包后种的树、养的鱼、种的庄稼、承包企业取得的个人收入等,属于承包人所有,应当允许继承。关于承包权能否继承问题,考虑到承包是合同关系,家庭承包的,户主死亡,并不发生承包权转移问题。个人承包的有两种情况:有的如对小企业的承包,纯属由本人承包企业的经营管理,子女不能继续承包;有的如承包荒山植树,收益周期长,承包期限长,承包人死后应允许子女继续承包。但是,这种继续承包不能按照遗产继承的办法。如果按照遗产继承的办法,那么同一顺序的几个继承人,不管是否务农,不管是否有条件,都要均等承包,这对生产是不利的。因此,草案规定,个人承包应得的个人收益,依照本法规定继承。个人承包依照法律允许由继承人继续承包的,按照承包合同办理。

过去遗产一般不多,没有征收遗产税。现在有些遗产数额较大,而且有增长的趋势,征收遗产税问题需要研究,如果要征收遗产税,可以另行制定有关税法。

三、关于保护妇女的继承权

宪法规定"中华人民共和国妇女在政治的、经济的、文化的、社会的和家庭的生活等各方面享有同男子平等的权利",还规定"国家保护妇女的权利和利益"。由于几千年来封建思想的影响还没有完全肃清,在某些地区,特别是农村,妇女的继承权还得不到保障。主要表现在两个方面:一是女儿的合法继承权往往不能实现;二是丧偶的妇女的继承权得不到保障,寡妇再嫁带产,往往受到阻挠。针对这种情况,草案规定:第一,继承权男女平等,在同一亲等中,男女都有平等的继承权,原则上不因性别不同而权利不同,如儿子与女儿、父亲与母亲、兄弟与姐妹等。第二,夫妻在婚姻关系存续期间所得的共同所有的财产,除有约定的以外,如果分割遗产,应当先将共同所有的一半分出为配偶所有,其余的为被继承人的遗产,然后再由配偶和同一顺序的其他继承人对遗产进行分配。第三,为了不得阻挠寡妇带产再嫁,规定夫妻一方死亡后另一方再婚的,有权处分所继承的财产,任何人不得干涉。同时,考虑到我国农村的实际情况,草案作了一些灵活规定:第一,对被继承人尽了主要扶养义务或者与被继承人共同生活的继承人,可以多分遗产;第二,继承人协商同意的,遗产分配也可以不均等。这样可以在男女继承权原则平等的基础上,适应某些复杂的实际情况,适当灵活处理,较为可行。

四、关于扶养老幼

宪法规定"成年子女有赡养扶助父母的义务","禁止虐待老人"。继承法草案为了贯彻这个精神,从继承权、继承遗产的份额等各方面作了规定:第一,继承人如果故意杀害被继承人或者遗弃被继承人和虐待被继承人情节严重的,丧失继承权。第二,有扶养能力和条件的继承人,不尽扶养义务的,应当不分或者少分。第三,对被继承人尽了主要扶养义务或者与被继承人共同生活的继承人,分配遗产时,可以多分。第四,继承人以外的对死者生前扶养较多的人,可以分给适当的遗产。第五,丧偶儿媳赡养公、婆直至其死亡,丧偶女婿赡养岳父、岳母直至其死亡,为第一顺序继承人。这些规定,都是为了有利于更好地赡养老人。

在民间,特别是农村,有的老人与扶养人签订遗赠扶养协议,规定扶养人承担扶养老人的义务,享有受遗赠的权利。有些地方缺乏劳动能力又缺乏生活来源的公民与所在集体所有制组织签订"五保"协议,规定集体所有制组织承担供养"五保户"生养死葬的义务,"五保户"死亡后,遗产归集体所有制组织所有。实践证明,从我国目前实际情况出发,采取这些办法,有利于对老人的照顾、扶养,对老人安度晚年很有好处。草案将这些好的做法,用法律形式加以肯定。赡养、敬重、照顾老人是我国人民的好传统,在社会主义制度下应予发扬而不应减弱。继承法上述的规定,具有中国的特点。

为了有利于抚养未成年子女和照顾不能独立生活的继承人,草案规定:第一,对生活有特殊困难的缺乏劳动能力的继承人,分配遗产时,应当予以照顾。第二,对继承人以外的依靠被继承人生前扶养的缺乏劳动能力又没有生活来源的人,可以分给他们适当的遗产。第三,遗嘱应当对缺乏劳动能力又没有生活来源的继承人保留必要的遗产份额。第四,遗产分割时,应当保留胎儿的继承份额。第五,非婚生子女、养子女和有扶养关系的继子女,享有和婚生子女一样的继承权。第六,被继承人的子女先于被继承人死亡的,由被继承人的子女的晚辈直系血亲代位继承。这些规定,是符合社会主义原则和我国实际情况的。

五、关于法定继承人和继承顺序

草案规定继承人分为两个继承顺序:第一顺序是配偶、子女、父母;第二顺序是兄弟姐妹、祖父母、外祖父母。在有第一顺序的继承人继承时,第二顺序的继承人不能继承;没有第一顺序的继承人继承时,再由第二顺序的继承人继承。

六、关于遗嘱继承

近年来遗嘱逐渐增多。据统计,全国公证遗嘱1982年为1980年的15倍,1983年比

1982年增加28%，1984年比1983年增加19%。草案规定，公民可以立遗嘱将遗产给予法定继承人中的一人或者数人继承，也可以把遗产赠给国家、集体或者法定继承人以外的人。继承人、受遗赠人所得遗产份额多少，按遗嘱执行。为了避免发生纠纷，草案还对立继承遗嘱的方式、见证等作了具体规定。

七、关于遗产处理

在我国，当父母一方尚在时，遗产往往先不分割，待父母双亡后子女才分割。分割遗产时注重互谅互让，协商处理。这些民间习惯是好的。但是，各个家庭的情况不同，不好规定统一的分割时间和分割办法。因此，草案规定，继承人应当本着互谅互让、和睦团结的精神，协商处理继承问题。遗产分割的时间、办法和份额，由继承人协商确定。协商不成的，可以由人民调解委员会调解或者向人民法院起诉。

八、关于少数民族的继承问题

我国有55个少数民族，各少数民族风俗习惯很不相同，草案规定民族自治地方的人民代表大会可以根据本法的原则，结合当地民族财产继承的具体情况，制定变通的或者补充的规定。自治区的规定，报全国人大常委会备案。自治州、自治县的规定，报省或者自治区的人大常委会批准后生效，并报全国人大常委会备案。

九、关于涉外继承

草案参考一些国家的规定，为了便于施行，规定中国公民继承在中华人民共和国境外的遗产或者继承在中华人民共和国境内的外国人的遗产，动产适用被继承人住所地法律，不动产适用不动产所在地法律。

各位代表：继承法是一个重要的民事法律，涉及家家户户、男女老少，颁布以后应当广泛进行宣传。为了保持家庭、财产的稳定，避免发生不必要的动荡，本法生效以前，遗产已经作了处理的，不再重新处理。本法生效以前尚未处理的，以及本法生效以后发生的继承关系，适用本法。

继承法草案和说明，是否妥当，请大会审议。

全国人大法律委员会关于《继承法(草案)》几个问题的说明

1985年4月9日

全国人大法律委员会副主任委员 张友渔

有几个问题,我说明一下:

一、有些代表建议规定,配偶为第一顺序继承人,子女、父母为第二顺序继承人。有些代表建议规定,父母一方死亡,遗产不分割,父母双亡后,才能分割遗产。

有些子女当父亲死亡、母亲尚在时,就争夺遗产,使母亲的权益受到侵害。关于这个问题,继承法草案已经作了一些规定:草案第二十六条规定,对于夫妻共同所有的财产,除有约定的以外,其中的一半属于配偶所有,不是被继承人的遗产。对属于被继承人的那一部分遗产,配偶和其他继承人再按照本法规定继承。草案第三十条规定,寡妇可以带产改嫁,任何人不得干涉。草案第十五条规定,遗产分割的时间,由继承人协商确定。继承开始与遗产分割时间是不同的,被继承人死亡,不是马上就要分割遗产。此外,被继承人还可以用遗嘱的方式防止出现这些问题。如果在法律上规定只有配偶为第一顺序继承人或者父母双亡后才能分割遗产,由于各个家庭的情况不同,也会产生一些问题。如有前妻子女和前夫子女的,寡妇改嫁不带子女的,这样规定就不一定合适。

二、关于侄子女、外甥、外甥女为第三顺序继承人的问题,有些代表主张规定,有些代表主张不规定。

我们考虑可以不作规定。因为,第一,规定第三顺序继承人,主要是为了有利于解决涉外继承问题。由于草案对遗产在国外的、涉及中国公民的继承权的问题已作了规定,不动产适用不动产所在地法,动产适用被继承人住所地法,同时被继承人还可以采取立遗嘱的方式,这个问题实际上已解决。第二,侄子女、外甥、外甥女如果对被继承人生前扶养较多,可以适用草案第十四条的规定,给他们适当的遗产。

三、有的代表提出,珍贵文物应归国家所有,不能继承。文物保护法规定,文物允许私人收藏,因此应当允许继承。

四、有的代表提出,在草案第三条遗产范围中增加有价证券等内容。由于继承法只宜规定大量的、普遍的项目,而且有价证券包括的范围比较宽,其中有的问题,还在摸索、实验过程中,可以暂不作规定,有的可以包括在第七项"公民的其他合法财产"中。

五、有些代表提出,继承人对被继承人尽了主要扶养义务的,应规定分配遗产时"应当多分",而不是"可以多分"。由于这类问题情况比较复杂,例如有的继承人虽然尽了主要扶养义务,但他的收入比其他继承人高得多,就不一定非多分遗产不可,因此,规定"可以多分"比较灵活。

六、有些代表提出，继承人有扶养能力而不尽扶养义务，致使被继承人为基本生活需要所借的债，继承人应当偿还，不应以遗产实际价值为限。由于债务情况复杂，要求继承人偿还被继承人超过遗产实际价值的债务，实际上难以执行。继承法规定以遗产的实际价值为限，较为可行。如果被继承人生前需要受扶养，继承人有扶养能力和扶养条件拒不扶养的或者遗弃被继承人的，被继承人生前就可以按照有关法律向法院提起诉讼。

七、有些代表提出，应该规定征收遗产税。这个意见是应该考虑的。王汉斌同志在继承法草案说明中已经作了说明，征收遗产税问题可以由财政部考虑，另行制定有关税法，继承法中可以不作规定。

以上意见是否妥当，请审议。

全国人民代表大会法律委员会对《中华人民共和国继承法(草案)》审议结果的报告

1985年4月9日第六届全国人民代表大会第三次会议主席团第三次会议通过

全国人大法律委员会副主任委员　张友渔

全国人民代表大会法律委员会于1985年4月6日、8日召开会议,结合六届全国人大三次会议代表提出的意见,对《中华人民共和国继承法(草案)》进行了审议。会议认为,继承法草案总结了我国多年来公民个人财产继承的经验,符合社会主义原则,具有中国特色。继承法的颁布和施行,有利于社会的安定团结,有利于促进社会主义经济的发展。法律委员会基本同意这个草案,同时提出以下修改意见:

一、草案第七条第三项规定,"虐待、遗弃被继承人,情节严重的"丧失继承权。有些代表提出,遗弃被继承人是严重的问题,应当丧失继承权,不要再加"情节严重"的限制。因此建议修改为"遗弃被继承人的,或者虐待被继承人情节严重的"。

二、草案第八条规定:"继承人、受遗赠人没有得到依法应得的遗产的,向人民法院提起诉讼的期间,从遗产分割时起,知道的为二年,不知道的为十年。有特殊情况的,人民法院可以准许延长。"有些代表提出,文字不太清楚,"从遗产分割时起"计算,起算时间不确定,不好计算,同时也不利于保护继承人的合法权益。可以参考其他国家的规定,改为从继承开始时起算,时间可适当延长。因此建议将这一条修改为:"继承权纠纷提起诉讼的期限为二年,自继承人知道或者应当知道其权利被侵犯之日起计算。但是,自继承开始之日起超过二十年的,不得再提起诉讼。"

三、草案第十二条规定:"丧偶儿媳赡养公、婆直至其死亡,丧偶女婿赡养岳父、岳母直至其死亡,没有代位继承人继承的,为第一顺序继承人;有代位继承人继承的,应当分给他适当的遗产。"有些代表提出,不管有没有代位继承人继承,都应为第一顺序继承人。因此建议将这一条修改为:"丧偶儿媳对公、婆,丧偶女婿对岳父、岳母,尽了主要赡养义务的,作为第一顺序继承人。"

四、草案第十三条第四款规定,"有扶养能力和扶养条件的继承人,不尽扶养义务的,分配遗产时,应当少分或者不分"。有些代表提出,不尽扶养义务的,不应当分给遗产,应将"少分"删去。遗弃被继承人的,草案第七条已规定丧失继承权,这里的不尽扶养义务,指的是还没达到遗弃的程度,情况各有不同,因此建议保留"少分",将"应当少分或者不分"改为"应当不分或者少分"。

五、根据代表的意见,建议在草案第十六条"公民可以依照本法规定立遗嘱处分个人财产"之后,增加"并可以指定遗嘱执行人"一句。

六、草案第二十六条第一款规定:"夫妻在婚姻关系存续期间所得的共同所有的财产,除有约定的以外,遗产分割时,应当先将其中的一半分出为配偶所有,其余的为被继承人的遗产。"有些代表提出,父母一方尚在的,不要分割遗产。草案的这一规定容易误解为父母一方死亡就得分割遗产。因此建议将其中"遗产分割时"修改为"如果分割遗产"。同时,为文字准确起见,将"其中的一半"修改为"共同所有的财产的一半"。

此外,还作了一些文字上的修改。

继承法草案修改稿已按上述意见作了修改,法律委员会建议主席团提请大会审议通过。

关于《中华人民共和国著作权法（草案）》的说明

1989年12月20日在七届全国人民代表大会常务委员会第十一次会议上

国家版权局局长　宋木文

全国人民代表大会常务委员会：

我受国务院的委托，现就《中华人民共和国著作权法（草案）》作如下说明。

《中华人民共和国宪法》第四十七条规定："中华人民共和国公民有进行科学研究、文学艺术创作和其他文化活动的自由。国家对于从事教育、科学、技术、文学、艺术和其他文化事业的公民的有益于人民的创造性工作，给以鼓励和帮助。"制定著作权法律，建立著作权制度，保护作者因创作文学、艺术和科学作品而产生的正当权益，正是鼓励公民积极参加各种文化活动，鼓励从事教育、科学、技术、文学、艺术和其他文化事业的公民进行有益于人民的创造性工作的重要手段，是促进优秀作品的创作与传播，提高全民族的科学文化水平，建设社会主义物质文明和精神文明的需要，也是尊重知识、尊重人才、执行知识分子政策和健全社会主义法制的一项重要工作。

我国是文明古国，是传播知识的重要媒介——纸张和印刷术的发明者，曾对人类文明的发展作出了杰出贡献。但是，在建立现代著作权制度方面，即保护知识的创造者——作者的权益方面，则起步较晚。中华人民共和国成立以来，随着国家建设的发展，我国文化出版部门制定过一些保护作者权益的规章（如书籍稿酬办法），但现在已经不能适应教育、科学和文化建设进一步发展的需要。由于没有著作权法，对内对外著作权关系出现了一些问题，侵犯著作权的行为相当普遍，因著作权问题而影响我国与外国科学文化交流与合作的事情也时有发生。这种状况如不迅速改变，对内则挫伤作者的创作积极性，挫伤新闻出版、文化教育等部门传播作品的积极性，妨碍科学文化事业的发展；对外则影响扩大国际科学文化交流，妨碍对外开放政策的贯彻执行。因此，制定著作权法律，建立著作权制度，已是摆在我们面前一项十分紧迫的任务。根据国务院的决定，国家版权局承担了起草著作权法的任务。在认真总结国内保护作者权益的各种政策文件执行情况的基础上，适当参照国际惯例和借鉴外国经验，根据我国经济和文化的发展状况和健全社会主义法制以及进行现代化建设的实际需要，我们草拟了《中华人民共和国著作权法（草案）》（以下简称《草案》）。这个《草案》的起草历时数年，曾经在全国范围内广泛听取作家协会、文联各协会和文化艺术、新闻出版、广播影视、宣传教育、科学研究、工艺美术、轻工、建筑以及法制等部门的意见，进行过反复修改。《草案》共八章，五十五条。现就几个主要问题说明如下：

一、关于保护作者的正当权益

保护作者因创作作品而产生的正当权益,鼓励优秀作品的创作与传播,促进科学和文化的繁荣与发展,促进社会主义精神文明与物质文明建设,是我国著作权立法的基本原则。

作者是直接创作作品的人。要调动作者的创作积极性,首先就要明确作者的法律地位和正当权益。文学、艺术和科学作品的作者,是民族文化的承袭者,社会精神财富的创造者。他们创造性的脑力劳动,应当和其他劳动者所进行的创造价值的劳动一样受到社会的尊重;他们的劳动产品——精神产品,应当和其他劳动者的劳动产品——物质产品一样得到承认;他们因创作作品而产生的权益,应当和其他劳动者因为劳动创造了价值所产生的权益一样受到保护。作者作为脑力劳动者的法律地位已在宪法和其他法律中得到了承认;保护作者因创作作品而产生的正当权益,则是著作权法的主要任务。因此,《草案》规定了"著作权属于作者"的基本原则(第十条),规定了作者对其创作的作品享有的发表权、作者身份权和专有使用权等专有权利(第七条)。此外,还规定专有使用权许可标准合同和著作权使用费标准由国家统一规定(第四十条),列举了常见的侵犯著作权的行为及对侵权行为的处理方法(第四十五条、第四十七条和第四十八条),从而能够充分有效地保护作者的正当权益。

二、关于鼓励优秀作品的传播

保护作者正当权益、鼓励创作的目的在于广泛传播优秀作品,促进知识的积累和交流,丰富人们的精神文化生活,提高全民族的科学文化素质以推动经济的发展和人类社会的进步。因此,在承认和保护者专有权利的同时,要求作者为社会承担一定的义务是必要的、合理的。在我国,文学、艺术和科学作品的作者,他们的目标和利益与全社会的目标和利益是一致的。为鼓励广大群众参加文化活动,迅速提高全民族的科学文化水平,根据我国社会经济发展的现状和人民群众学习科学文化知识的需要,有可能也有必要对作者行使著作权作适当的限制,以利作品的广泛传播。为此,《草案》规定了在尊重作者其他权利的前提下,限制作者行使著作权的三种情况。第一,"合理使用",即按规定的条件,不经著作权人同意,不向其支付报酬而使用已经发表的作品。如:在不营利的情况下,为了科学研究或者学校课堂教学,翻译或者少量复制已经发表的作品,供科研或者教学人员使用;又如选用已经发表的作品作为义务教育的课本出版、发行(第四十二条)。第二,"法定许可",即按规定的条件,不经著作权人同意,而使用已经发表的作品,但应向其支付报酬。如:电台、电视台播放已经发表的作品(第四十三条)。第三,"强制许可",即按照规定的条件,当著作权人无正当理由拒绝他人出版或以其他方式传播其作品时,由国家著作权行政管理机关批准,可以强制出版或以其他方式传播其作品,但应向著作权人支付报酬(第四十四条)。

三、关于著作权保护的对象

著作权保护的对象是从事各种文学、艺术和科学创作活动的作者及其所创作的作品。

哪些作者和哪些作品可以享受著作权保护,即我国著作权法的适用范围,《草案》采取了大多数国家的通行做法:实行国籍原则、地域原则和互惠原则。《草案》第二条规定,我国公民和法人对其文学、艺术和科学作品,不论是否发表,亦不论在何地发表,均依本法享有著作权,这体现了国籍原则。规定外国人对其在我国境内首次发表的作品,依本法享有著作权,这体现了地域原则。规定外国人对其在我国境外发表的作品,依照其所属国同我国签订的协议或共同参加的国际条约享有的著作权,亦受本法保护,这体现了互惠原则。可以享受著作权保护的作品,根据我国的实际需要和可能,参考国际著作权公约和外国著作权法,《草案》采用了传统的分类方法,列举了九大类,其中包括:文字作品、音乐作品、戏剧作品、美术作品、电影电视作品等(第三条)。计算机软件是近年来发展迅速的一种智力劳动成果,目前国际上主要是通过著作权法对其进行保护,但由于它具有一些不同于一般作品的特点,因此,现《草案》将保护计算机软件纳入著作权法体系的同时,又规定保护的期限和方法由国务院另作规定(第五十条)。

四、关于作品自动产生著作权的原则

作者对其作品享有的著作权,是公民民事权利的一部分,和其他大多数民事权利一样,不必以履行登记注册等手续为条件。从许多国家著作权保护的实践来看,对作品实行登记注册并非保护著作权的有效手段,即使是在某些实行著作权登记的国家中,登记也不是获得著作权的先决条件。为了登记作品的著作权及著作权授权行使的情况,政府还需设立一个庞大的登记机构。因此,大多数国家实行作品自动产生著作权的原则,没有建立或取消了著作权登记制度。我国人口众多,从事创作的人数以百万计。如果所有作品都登记注册,国家必须设立一个极为庞大的登记机构。我国地域辽阔,著作权都集中登记,对作者也很不方便。因此,《草案》规定,受保护的作品必须具有独创性,并能以某种物质形式复制(第四条),无须履行任何注册登记手续。这一规定明确了作品自动产生著作权的原则。

五、关于著作权特别是职务作品著作权的归属

作者的创造性劳动,是作品产生著作权的源泉。因此,《草案》第十条规定,除本法另有规定的以外,作品的著作权属于作者。在我国,相当一批作者是领取工资的机关、团体和企业、事业单位的工作人员,从事文学、艺术和科学作品的创作活动是他们的本职工作或工作任务,他们创作的作品属于职务作品。妥善解决职务作品著作权的归属和合理行使,既有利于调动作者的积极性,又有利于调动作者所在单位支持和帮助作者从事创作的积极性,因此,《草案》第十二条规定,作为本职工作或工作任务所创作的作品,除法律、法规另有规定或者合同另有约定的以外,著作权由作者享有,但作者所在单位有权在其正常业务活动范围内无偿使用,无须作者同意;作品完成两年之内,未经单位同意,作者不得许可第三人以与该单位使用的相同方式使用该作品。这样规定,既能保证作者作为著作权所有者的地位,又可满足作者所在单位开展正常业务活动使用作品的需要。

由于某些科学作品往往涉及技术成果权的归属和行使,为了更有利于保护国家和单

位的利益,《草案》规定,当科学作品的著作权人行使著作权时,不得妨碍该作品涉及的技术成果权的归属和行使(第十四条)。

六、关于著作权保护期

著作权保护期,主要指著作权中专有使用权的有效期。规定作者对他人使用自己的作品在一定期限内有权获得经济报酬,是对作者创造性劳动的合理补偿,符合社会主义的按劳分配原则。允许作者的继承人在作者去世之后的一定期限内继承并行使作者的专有使用权,也符合我国的继承法。为鼓励作者创作更多有生命力的优秀作品,参照大多数国家的规定,同时也考虑不使一批三四十年代就很出名、但现已去世的作家的作品过早地丧失著作权,《草案》规定,著作权保护期为作者终身加死亡后五十年,或作品首次发表后五十年(第三十条至第三十三条)。这个保护期比新中国成立前我国实行过的著作权保护期长二十年,与目前世界上大多数国家现行著作权保护期基本协调。据不完全统计,目前国际著作权组织的一百多个成员国中,著作权保护期为作者终身加死亡后五十年或五十年以上的国家约占85%。

七、关于著作权的继承和授权行使

著作权的继承和授权行使,仅指著作权中经济权利的继承和授权行使。至于作者的发表权、作者身份权等项精神权利,因为与作者本人密不可分,只能由作者享有与行使,不能继承与转让。因此,《草案》第二十九条规定,著作权人的发表权、作者身份权、保护作品完整权等项权利由作者终身享有;作者死后,只能由作者的继承人或国家保护其不受侵犯。作者的专有使用权,可与作者分离,应当允许继承和许可他人行使。因此,《草案》第二十一条规定,作者死亡后,著作权中的专有使用权在本法规定的保护期内依照我国继承法的有关规定继承。第三十六条至第三十八条规定,著作权人可以通过书面合同,在一定期限、一定范围内许可他人行使著作权中的专有使用权。为保障作品首先为国内所利用、减少智力资源外流,并根据国家的外贸管理原则,对我国文学、艺术和科学作品在境外的使用,应当实行集中管理。因此,《草案》第三十九条规定,著作权人许可他人在中国境内行使专有使用权,必须依国家规定的程序进行。为保证作者和使用者双方的权益,并使双方各自履行义务,《草案》第四十条规定,专有使用权许可标准合同和著作权使用费标准,由国家著作权行政管理机关会同有关部门制定。

八、关于表演者、书刊出版者、唱片制作者和广播电视组织的权利

艺术表演者、书刊出版者、唱片制作者(包括录音带制作者)、广播电视组织,是文学、艺术和科学作品的主要传播者。他们在传播作品时付出了创造性劳动,从而使被传播的作品以一种新的方式表现出来,赋予新的生命。他们的创造性劳动也应受到鼓励,他们对自己的劳动成果——表演、图书和期刊、唱片和广播电视节目,也应享有正当权益。因此,《草案》规定,表演者对其表演,有要求确认表演者身份和保护表演形象不受歪曲的权利,有许可他人从现场直播、录音录像和复制此种录音录像的权利;书刊出版者对其出版的图

书和期刊,有许可他人以相同的版本形式出版的权利;唱片制作者对其录制的唱片,有许可他人为商业目的复制和发行的权利;广播电视组织对其制作的或取得播放权利的广播电视节目,有许可他人为商业目的转播、录制和复制的权利(第二十五条至第二十八条)。为了避免表演者、书刊出版者、唱片制作者和广播电视组织行使上述权利时与作者行使著作权发生矛盾,《草案》规定,表演者、书刊出版者、唱片制作者和广播电视组织行使上述权利时,不得侵犯被使用的文学、艺术和科学作品的著作权(第二十四条)。此外,《草案》还规定了对表演者、书刊出版者、唱片制作者和广播电视组织权利的限制(第四十二条),以及对侵犯他们权利的行为的处理(第四十六条、第四十七条)。

九、关于著作权法的追溯效力

为了切实保护作者的利益,同时又避免不切实际地追溯历史旧账,《草案》规定,凡在著作权法施行之前发表或尚未发表的作品,只要著作权保护期未满,作者或其他著作权人均可依著作权法对其享有著作权,直至该作品的著作权保护期满;在著作权法施行之前发生的侵犯著作权的行为,依行为发生时的有关规定处理(第五十四条)。

十、关于著作权工作的管理

著作权涉及文化艺术、新闻出版、广播电视、科学技术、宣传教育、建筑设计、工艺美术、电子工业等部门,情况比较复杂。由于自1949年以来一直没有公布著作权法,广大群众的著作权观念比较淡薄。为使著作权法顺利实施,必须进行广泛宣传,积极培养著作权专业人员,并逐步健全著作权管理的行政机关和建立各种著作权集体管理机构,完善我国的著作权制度,使其在社会主义建设中发挥应有的作用。

我的说明完了,请审议。

全国人大法律委员会对《中华人民共和国著作权法（草案）》审议结果的报告

1990年6月20日在第七届全国人民代表大会常务委员会第十四次会议上

全国人大法律委员会副主任委员　宋汝棼

全国人民代表大会常务委员会：

七届全国人大常委会第十一次、第十二次会议对著作权法（草案）进行了审议。全国人大法律委员会、教科文卫委员会和法制工作委员会还邀请有关部门、地方以及一些法律专家开了5次座谈会，并把草案印发各省、自治区、直辖市和中央有关部门征求意见。法律委员会于1990年5月26日、28日、29日、30日和6月14日召开会议，根据七届全国人大常委会委员们和全国人大教科文卫委员会的审议意见，以及地方、部门和法律专家的意见，对著作权法（草案）进行了审议。法律委员会认为，为了保护文学、艺术和科学作品的著作权，促进社会主义文化和科学事业的发展与繁荣，加强社会主义精神文明和物质文明的建设，制定本法很有必要，草案基本上是可行的。同时，提出以下修改意见：

一、教科文卫委员会和有些委员、地方提出，本法应当强调作品有利于社会主义精神文明和物质文明建设，鼓励为社会主义服务、为人民服务的作品的创作，对反动淫秽的作品不能给予保护。因此，建议将草案第一条修改为："为保护文学、艺术和科学作品的著作权，鼓励有益于社会主义精神文明、物质文明建设的作品的创作和传播，促进社会主义文化和科学事业的发展与繁荣，制定本法。"（修改稿第一条）同时增加一条规定："依法禁止出版、传播的作品，没有著作权，不受本法保护。"（修改稿第五条）

二、对于本法的名称，争论较大，有些委员和地方主张改为版权法，有些委员和地方则主张仍用著作权法。鉴于民法通则已规定为著作权（版权），建议本法的名称仍用著作权法，同时增加一条规定："本法所称的著作权与版权系同义语。"（修改稿第二条）

三、有些委员和部门建议，草案第三条中关于文字、口述等作品的规定应作较为具体的表述。因此，建议将这一条修改为："本法所称的作品，包括下列独立创作的文字、艺术和科学作品：（一）小说、散文、诗词、论文等文字作品；（二）报告、讲学等口述作品；（三）音乐作品；（四）戏剧、曲艺作品；（五）舞蹈作品；（六）绘画、书法、雕塑等美术作品；（七）摄影作品；（八）电影、电视作品；（九）地图、设计图、示意图等图形作品；（十）计算机软件；（十一）法律、行政法规规定的其他作品。"（修改稿第四条）

四、有些委员和少数民族地区提出，我国是一个多民族的国家，各民族有丰富多彩的民间文学艺术，本法应当规定对民间文学艺术予以保护。鉴于民间文学艺术作品与一般作品的情况不完全一样，保护办法也应有所不同，因此，建议增加一条规定："民间文学艺术作品享有著作权，保护办法由国务院另行规定。"（修改稿第七条）

五、草案第十条规定：除本法另有规定的以外，著作权属于作者。如无相反证明，在作品上署名的人为作者。有些委员和部门提出，有些作品是由法人或者非法人单位创作的，应当规定法人或者非法人单位也可以成为作者。因此，建议在这一条中增加两款，作为第二款、第三款："创作作品的公民是作者。""由法人或者非法人单位主持、代表法人或者非法人单位意志创作，并由法人或者非法人单位承担责任的作品，法人或者非法人单位视为作者。"（修改稿第十一条）

六、草案第十二条规定：作为本职工作或者工作任务所创作的作品，除法律、法规另有规定或者合同另有约定的以外，著作权由作者享有，但作者所在单位有权在其正常业务活动范围内无偿使用，无须作者同意。有些委员和部门提出，各种行业的职务作品的情况不同，有些职务作品除作者享有署名权外，著作权的其他权利应由法人或者非法人单位行使。因此，建议增加一款，作为第二款："有下列情形之一的职务作品，作者享有署名权，著作权的其他权利由法人或者非法人单位享有，法人或者非法人单位可以给予作者奖励：（一）主要是利用法人或者非法人单位的物质技术条件创作，并由法人或者非法人单位承担责任的电影、电视、地图、设计图、计算机软件、大型雕塑等职务作品；（二）法律、行政法规规定或者合同约定著作权由法人或者非法人单位享有的职务作品。"（修改稿第十六条第二款）

七、草案第四十二条第十三项规定：选用已经发表的作品作为义务教育的课本出版、发行，可以不经著作权人同意，不向其支付报酬。教科文卫委员会提出：选用已经发表的作品作为义务教育课本出版、发行，还是应经著作权人同意。同时，因其作品为义务教育作出贡献，应受到奖励。根据教科文卫委员会的意见，考虑义务教育课本是照价出售，出版单位也有盈利，还是可以支付报酬的，因此，建议将这一项规定删去。

八、草案第四十四条规定：作品发表三年后，如果著作权人无正当理由拒绝授权他人出版或者以其他方式传播，为了教育或者科学研究的目的，经国家著作权行政管理机关批准，可以强制出版或者以其他方式传播，但必须按照国家的有关规定向著作权人支付著作权使用费。有些委员和部门提出，这条规定涉及对外国人的作品的著作权保护问题，可以根据双边协定解决，著作权法可以暂不作规定。

九、有些委员和地方、部门提出，应当对出版者和作者的权利义务，作出具体规定。因此，建议在第四章中增加出版一节，对专用出版权、作品的文字修改等问题，作出具体规定。（修改稿第四章第一节）

十、有些委员和地方、部门提出，草案规定表演者、录音制作者使用他人已发表的作品，也要事先取得著作权人的同意，订立合同，执行起来很困难。同时，对使用未发表的作品和已发表的作品，应有所区别。建议增加规定：（1）"表演者（演员、演出单位）使用他人未发表的作品演出，应当取得著作权人许可，并支付报酬。""表演者使用他人已发表的作品进行营业性演出，可以不经著作权人许可，但应当按照规定支付报酬。"（修改稿第三十四条第一款、第二款）（2）"录音制作者使用他人未发表的作品制作录音制品出版，应当取得著作权人的许可,并支付报酬;使用他人已发表的作品制作录音制品出版,可以不经著作权人许可,但应当按照规定支付报酬。"(修改稿第三十六条第一款)

十一、有些委员和地方、部门提出,我国的广播电台、电视台担负着宣传、教育,满足人民群众文化生活的任务,播放节目并不收费,对作者、表演者按草案规定支付报酬,难以承受。因此,建议分别情况作以下规定:(1)"广播电台、电视台使用他人未发表的作品制作广播、电视节目,应当取得著作权人的许可,并支付报酬。""使用他人已发表的作品制作广播、电视节目,可以不经著作权人许可,但应当按照规定支付报酬;本法规定可以不支付报酬的除外。"(修改稿第三十九条)(2)"广播电台、电视台制作广播、电视节目,应当同表演者订立合同,并支付报酬。"(修改稿第四十条)(3)广播电台、电视台现场直播表演,应当取得表演者的许可(修改稿第三十五条)(是否需要支付报酬,本法不作规定,可以由广播电台、电视台和表演者约定)。(4)"广播电台、电视台非营业性播放已经出版的录音制品,可以不经著作权人、表演者、录音制作者许可,不向其支付报酬。"(修改稿第四十二条)

十二、根据有些委员和部门提出的意见,建议增加规定:对剽窃、抄袭他人作品,出版他人享有专有出版权的图书,制作出售假冒他人署名的美术作品等侵权行为,侵权人除承担民事责任外,著作权行政管理部门还可以对侵权人处以没收非法所得、罚款等行政处罚。(修改稿第四十五条)

十三、草案第四十八条规定:对有将他人作品当做自己的作品发表;未经著作权人许可,以复制、表演、播放、展览、发行、摄制电影、电视或者改编、翻译、注释、整理等方式使用作品等侵权行为,情节严重构成犯罪的,处五年以下有期徒刑或者拘役,可以单处或者并处罚金。有些委员和部门对本法是否规定刑事处罚有意见分歧,考虑对这个问题还没有把握,因此,建议暂不在本法中规定,以后可以另作决定或者在修改刑法时增加规定。

此外,还对草案的结构和文字作了一些修改。

法律委员会已按上述意见对草案作了修改,建议全国人大常委会审议通过。

这里附带说明:教科文卫委员会提出,具体鉴定一部作品是否合法,是出版法的任务,应抓紧制定出版法。我们赞成教科文卫委员会的意见,新闻出版署等有关方面正在加快草拟工作,以便能与著作权法的实施相配合。

以上意见和修改稿是否妥当,请审议。

全国人大法律委员会
1990年6月14日

全国人大法律委员会关于《中华人民共和国著作权法（草案修改稿）》修改意见的汇报

1990年8月30日在第七届全国人民代表大会常务委员会第十五次会议上

全国人大法律委员会副主任委员　宋汝棼

全国人民代表大会常务委员会：

七届全国人大常委会第十四次会议对著作权法（草案修改稿）进行了分组审议。委员们认为，制定著作权法，对于保护作者的合法权益，调动知识分子的积极性，鼓励有益于社会主义精神文明、物质文明建设的作品的创作和传播；对于完善我国保护知识产权的法律制度，在平等互利的基础上发展对外经济、文化、科学、技术交流，促进对外开放，繁荣社会主义文化和科学事业，都具有重要意义。修改稿吸收了委员们和各方面许多好的意见，有了较大的改进。同时有些委员还提出一些修改意见。法律委员会于6月23日、25日和8月21日召开会议，根据委员们的审议意见进行了审议，建议对修改稿作如下修改：

一、根据有些委员的意见，建议在修改稿第一条中增加"根据宪法"四字。（修改稿第一条）

二、修改稿第四条关于作品范围的规定，有些委员认为，原规定的科学作品是否包括社会科学、工程技术作品不明确，原规定的文学、艺术作品列举项目太多、太细，应规定得概括一些。因此，建议将修改稿第四条修改为："本法所称的作品，包括下列创作的文学、艺术和自然科学、社会科学、工程技术等作品：（一）文字作品；（二）口述作品；（三）音乐、戏剧、曲艺、舞蹈作品；（四）美术、摄影作品；（五）电影、电视、录像作品；（六）工程设计、产品设计图纸和说明；（七）地图、示意图等图形作品；（八）计算机软件；（九）法律、行政法规规定的其他作品。"（修改稿第四条）

三、根据有些委员的意见，建议在修改稿第五条中增加一款，作为第二款；"著作权人行使著作权，不得违反宪法和法律，不得损害公共利益。"（修改稿第五条第二款）

四、修改稿第十条第二款规定，出版者、表演者、录音录像制作者、广播电台、电视台等依法取得他人的著作权的使用权的，不得侵犯作者的署名权和作品的完整权。根据有的委员的意见，建议在这一款中增加规定，不得侵犯作者"取得报酬的权利"，并将这一款移至第三章，作为第二十八条。（修改稿第二十八条）

五、修改稿第十二条规定，"改编、翻译、注释、整理已有作品而产生的作品，其著作权由改编、翻译、注释、整理人享有"，根据有的委员的意见，建议增加规定"但行使著作权时，不得侵犯原作品的著作权"(修改稿第十二条)。并建议对修改稿第十四条第一款也作相应的修改。

六、修改稿第二十九条规定,"合同约定图书出版者享有专有出版权的期限每次不得超过五年"。根据有的委员的意见,建议将这一条中的"每次不得超过五年"修改为"不得超过十年"。(修改稿第三十条)

七、修改稿第三十一条第一款规定:"著作权人向报社、杂志社投稿的,自稿件发出之日起十五日内未收到报社通知决定刊登的,或者自稿件发出之日起三十日内未收到杂志社通知决定刊登的,可以将同一作品向其他报社、杂志社投稿。"有的委员提出,有些稿件如科学技术方面的作品在十五日或三十日内很难决定是否刊登。因此,建议在这一款之后增加规定"双方另有约定的除外"。(修改稿第三十二条第一款)

八、修改稿第三十四条第二款规定:"表演者使用他人已发表的作品进行营业性演出,可以不经著作权人许可,但应当按照规定支付报酬。"根据有些委员的意见,建议增加规定"著作权人声明不许使用的不得使用"(修改稿第三十五条第二款)。并建议将修改稿第三十六条第一款和修改稿第三十九条第二款也作相应的修改。

九、最高人民法院提出,在审判实践中,著作权合同纠纷也可以进行调解。因此,建议在修改稿第四十八条"著作权合同纠纷"之后增加规定"可以调解"。(修改稿第四十九条)

此外,还对修改稿作了一些文字修改。法律委员会建议常委会审议通过。

以上意见妥否,请审议。

全国人大法律委员会
1990年8月21日

附件:关于著作权法草案修改稿一些问题的说明

七届全国人大常委会第十四次会议对著作权法(草案修改稿)进行了审议,法律委员会已根据委员们的意见作了一些修改。还有一些问题,经同国务院法制局、国家版权局研究,说明如下:

一、关于著作权法是否必须与出版法同时制定问题

1. 我们赞成尽快制定出版法,新闻出版署正在抓紧制定。

2. 在出版法没有制定前,对解决哪些作品是禁止出版传播的,还是有法可依的。全国人大常委会1955年通过的《关于处理违法的图书杂志的决定》(这个法律现仍有效)规定:反对人民民主专政的;破坏国内各民族团结的;宣扬盗窃、淫秽、凶杀、纵火及其他犯罪行为的;其他违反宪法、法律的图书、杂志都是违法的,按照违法情节,分别作停止发行、停止出卖、停止出租或者没收等处理。同时,根据《刑法》《治安管理处罚条例》的有关规定,对反革命宣传和制作、贩卖、传播淫秽物品的违法犯罪行为,可以依法给予刑事处罚或治安

管理处罚。

3.著作权法是保护知识产权的民事法律,出版法是对出版书刊进行行政管理的法律,两个法律虽有联系,但是调整对象和适用范围不同,是各自独立的法律,同企业破产法和企业法的关系有所不同。因此,不一定必须先制定了出版法,再制定著作权法。

二、修改稿第三条,建议对中国人的作品在国外出版如何保护作出规定

中国人的作品在外国出版如何保护,一般是根据我国同外国签订的双边协定或共同参加的国际条约予以保护,我国法律不好作规定。

三、修改稿第四条

1.认为应当增加规定翻译作品。

修改稿第四条规定的"文字作品"中包括了翻译作品,在修改稿第十二条中也明确规定了翻译作品的著作权。

2.认为应当增加规定广播作品、录音作品。

广播节目、录音制品是否作为作品保护,一直有不同意见。修改稿已对广播电台、录音制作者制作广播节目、录音制品的权利作了保护的规定,只是没有规定作为作品保护。

3.认为计算机软件可以不由著作权法保护。

对计算机软件是否由著作权法保护,过去国际上也有争论,现在看法已逐渐趋于一致,较多的国家用著作权法保护。现在我国有用外国计算机软件的,也有外国用我国计算机软件的,今后我国计算机软件很有发展前途,计算机软件由著作权法保护,从长远看,不但有利于对外开放,而且有利于我国计算机软件的开发和发展。

四、修改稿第十一条

1.如何认定作者。

对于如何认定作者的问题,修改稿根据不同情况分别规定,创作作品的公民、法人或者非法人单位是作者;两人以上共同创作作品的是合作作者;如果是委托作品,著作权属于谁,由委托人和受托人商定;对职务作品的著作权归属也作了规定。同时规定如无相反证明,在作品上署名的公民、法人或者非法人单位是作者。按照上述这些规定,可以解决认定作者的问题。

至于为领导同志起草稿子,一般都是根据工作需要,按照领导同志的意图起草,经领导同意审定,以领导同志名义发表,由领导同志承担责任的,作者应当是领导同志,不应当还可以认定其他人是作者。

2.认为法人和非法人单位不能成为作者。

按照民法通则的规定,法人具有民事权利能力和民事行为能力,可以进行民事活动。实际生活中存在着由法人或者非法人单位主持、代表法人或者非法人单位的意志创作、以其名义发表的作品,因此,法人或者非法人单位应当被视为作者。有些国家的法律也有类似的规定。

五、修改稿第十二条

认为改编、翻译、注释、整理已有作品时,应当经过原作者的同意。同时建议在修改稿第十四条中增加规定编辑人编辑作品应取得原作品作者的同意。

修改稿第十条第五项已有规定,即作者有权许可他人使用其作品,并由此获得报酬。第二十三条也有规定,即使用他人作品应当同著作权人订立合同或者取得许可。

六、修改稿第二十二条

1. 认为著作权法的制定要考虑作者和国家利益、社会利益的关系,合理使用范围应当比西方国家宽,要有利于意识形态领域的敌我斗争。

修改稿在考虑保护作者权益的同时,也考虑了作者同国家、公众的关系问题。第二十二条规定使用作品可以不经著作权人许可,不向其支付报酬的有十二项,较一些西方国家有关法律规定已经放宽了合理使用的范围。新华社内参等刊登国内外某些人的言论,可以适用该条第七项(国家机关为执行公务使用已发表的作品)的规定而不受限制。修改稿还规定,广播电台、电视台在制作节目时应支付报酬,在播放自己制作的节目和录音制品时不再付酬等,这些规定,都体现了在保护作者权益的同时,也考虑国家利益和社会公共利益的需要。

至于意识形态领域的敌我斗争,不是著作权法能够解决的;对于违法出版物的管理,是出版法调整的范围。

2. 建议规定不以牟利为目的,可以影印、出版外国书刊,以了解外国的科学信息。

影印、出版外国书刊问题,修改稿第二十二条已规定,为教学和科研需要翻译或者少量复制,可以不经许可,不支付报酬。至于出版牟利的,将来与外国签订协议或者参加国际公约之后,应当支付报酬。在尚未与外国签订协议或者参加国际公约之前,暂时仍可以不支付报酬。

3. 建议规定将少数民族文字作品翻译成汉文在国内传播,也可以不经著作权人许可,不向其支付报酬。

翻译作品须经原作者同意,并向其支付报酬,这是本法规定保护著作权的原则。修改稿规定把已经发表的汉族文字作品翻译成少数民族文字在国内传播,可以不经原作者同意,不向其支付报酬,这是考虑到宪法规定国家帮助少数民族地区加速文化发展而作的特殊规定,是为了鼓励把汉族文字作品翻译成少数民族文字,以利于繁荣少数民族的文化。至于将少数民族文字作品翻译成汉文,则仍应按保护著作权的一般原则规定保护少数民族作者的权益。

七、修改稿第二十七条

建议明确规定付酬标准的最高限额和最低限额。

在起草著作权法时,对使用作品的付酬问题曾做过多次研究,考虑到付酬标准比较复杂,法律不宜规定具体的最高或最低付酬限额。还是由国务院著作权行政管理部门会同有关部门制定付酬标准为宜,这样,可以根据情况的变化进行调整。

八、修改稿第三十条

建议增加图书出版者不按合同约定期限出版图书的,应当承担赔偿责任的规定。

这个问题可以在合同中约定,修改稿第二十四条关于合同的主要条款中有违约责任的规定,第四十七条还规定当事人不履行合同义务或者履行合同义务不符合约定条件的,应当依照民法通则有关规定承担民事责任。因此在第三十条中可以不再规定。

九、修改稿第三十一条

建议规定作者不能一稿多投。

修改稿第三十一条已规定不得一稿多投,同时又对报社、杂志社决定是否刊登有一定期限的约束,对作者的权益也有适当的保护。

十、修改稿第三十二条

认为报刊编辑部应有独立的修改权,对内容、观点、结构的修改,可以不经作者同意。

报纸、刊物编辑部为宣传工作的需要,可以对作品的内容、观点、结构进行修改,但应经作者同意。如果作者不同意报刊编辑部的修改意见,报刊编辑部不能采取强行修改的办法,而可以不发表其作品,这样,同样可以适应政治上把关的需要。

十一、修改稿第三十四条

建议规定表演者使用他人已发表的作品进行营业性演出,应经著作权人许可。

著作权人发表作品,表明愿意将作品公之于众,如果演出此作品仍需经作者许可,会增加很多繁琐的手续,实际上必要性也不大。考虑到某些作品虽已发表,但由于某些特殊原因,著作权人不愿再让他人使用,因此,修改稿增加规定"著作权人声明不许使用的不得使用"。

十二、修改稿第三十五条

认为表演者的权利和著作权无关,建议删去对表演者权利的规定。

表演者在表演中使用作品和著作权人的著作权有关,而且,他人不能无偿地擅自使用表演的节目。在著作权法中规定表演者的权利是国际通例。

十三、修改稿第三十九条第二款

规定广播电台、电视台使用他人已发表的作品制作广播、电视节目,应当按照规定支付报酬,以及第四十二条规定播放录音制品可以不经著作权人许可,不支付报酬。有的同志认为不应当支付报酬,有的同志认为不仅应当支付报酬,还应当经著作权人许可。

广播电台、电视台使用已发表的作品是大量的,我们社会主义国家的广播电台、电视台担负着宣传、教育,满足人民文化生活需要的任务,播放节目是不收费的,因此不能像资本主义国家规定的每次播放广播、电视节目以及录音制品都要向著作权人付酬（那样广播电台、电视台负担不了），但也不能一律不支付报酬。因此，修改稿规定制作节目、制作录音制品要向著作权人支付报酬，但这是一次性的，播放时不再付酬。这样规定，既考虑了保护著作权人的权益，也考虑了我国广播电台、电视台的实际情况。

著作权人发表作品，一般是愿意将作品传播的，广播电台、电视台使用他人作品较多，有的时间性较强，如果都要事先经著作权人许可，执行起来较为困难，而且实际上必要性不大。考虑到某些作品虽已发表，但由于某些特殊原因，著作权人不愿意再让他人使用，因此，修改稿增加规定"著作权人声明不许使用的不得使用"。

以上说明是否妥当，请审议。

全国人大法律委员会关于著作权法（草案修改稿）、铁路法（草案修改稿）、归侨侨眷权益保护法（草案修改稿）的修改意见的汇报（节选）

1990年9月6日在第七届全国人民代表大会常务委员会第十五次会议上

全国人大法律委员会副主任委员　宋汝棻

全国人民代表大会常务委员会：

这次常委会会议分组审议了著作权法（草案修改稿）、铁路法（草案修改稿）和归侨侨眷权益保护法（草案修改稿）。委员们认为三个修改稿基本成熟，同意这次会议予以通过。同时，也提出了一些修改意见。法律委员会于9月4日、5日召开会议，逐条研究了委员们的修改意见，建议对三个草案修改稿作如下修改：

一、关于著作权法（草案修改稿）

（一）根据有关部门的意见，建议增加一条，作为第七条："科学技术作品中应当由专利法、技术合同法等法律保护的，适用专利法、技术合同法等法律的规定。"（新修改稿第七条）

（二）根据有的委员的意见，建议在修改稿第十条第五项规定"使用权"的后面，增加规定"和获得报酬权"。（新修改稿第十条第五项）

（三）草案修改稿第三十一条第二款规定："图书出版者不按照合同约定期限出版，或者图书脱销后拒绝重印、再版的，著作权人有权终止合同。"根据有的委员的意见，建议修改为："图书出版者不按照合同约定期限出版，应当依照本法第四十七条的规定承担民事责任"；将"图书脱销后，图书出版者拒绝重印、再版的，著作权人有权终止合同"，移至第三款之后。（新修改稿第三十一条）

（四）有的委员提出，侵权行为的种类很多，草案修改稿第四十五条规定的七项内容概括不全。因此，建议在这一条中增加一项，作为第八项："（八）其他侵犯著作权以及与著作权有关的权益的行为"。（新修改稿第四十五条第八项）

（五）有的委员提出，未经著作权人许可，以营利为目的复制发行其作品的，不仅应当承担民事责任，著作权行政管理部门还可以给予行政处罚。因此，建议在草案修改稿第四十六条中增加一项，作为第二项，"未经著作权人许可，以营利为目的，复制发行其作品的"。（新修改稿第四十六条第二项）

二、关于铁路法(草案修改稿)(略)

三、关于归侨侨眷权益保护法(草案修改稿)(略)

此外,还对三个草案修改稿作了个别文字修改。
以上意见是否妥当,请审议。

关于《中华人民共和国专利法(草案)》的说明

1983年12月2日在全国人大常委会第三次会议上

国家专利局局长 黄坤益

委员长、各位副委员长、各位委员：

现在我受国务院的委托，就《中华人民共和国专利法(草案)》作如下说明：

一、起草经过

我国于1950年曾颁布了《保障发明权与专利权暂行条例》，该条例于1963年废止。

为适应社会主义现代化建设和实行对外开放政策的需要，我国从1978年起开始筹建专利制度。1979年3月着手草拟专利法。1980年1月，国务院批准了国家科委《关于我国建立专利制度的请示报告》，成立了中国专利局。中国专利局等单位在起草专利法的过程中，考察了各种类型国家的专利制度，参考了几十个国家的专利法资料，广泛征求了国内有关单位的意见。国务院于1982年9月再次作出了在我国实行专利制度的决定。赵紫阳总理在五届人大五次会议上所作的《关于第六个五年计划的报告》中，提出了要"制定和施行专利法"。1983年8月国务院常务会议讨论并原则通过了《中华人民共和国专利法(草案)》。

二、建立专利制度的必要性

专利制度是国际上通行的一种利用法律的和经济的手段推动技术进步的管理制度。这个制度的基本内容是依据专利法，对申请专利的发明，经过审查和批准授予专利权，同时把申请专利的发明内容公诸于世，以便进行发明创造信息交流和有偿技术转让。为了保护和鼓励发明创造，促进技术发明成果的推广，便利从国外引进新技术，加速我国的现代化建设，需要及早公布专利法，尽快把专利制度建立起来。

专利制度是在技术发明成果成为财富、成为商品的历史条件下产生和发展的。技术发明成果是劳动的产物，它凝结着发明人的创造性的脑力劳动，在许多情况下还凝结着试验研究仪器、设备和试验材料等物化劳动和一些辅助性的体力劳动，但起决定作用的是创造性的脑力劳动。技术发明成果运用到生产中去还可以转化为生产力，产生经济、技术和社会效果。因此，同其他商品一样，它也具有价值和使用价值，也应被作为财富加以保护。由于在社会主义条件下还存在着商品生产，为了社会主义现代化建设的需要，应当大力发展技术发明成果这样的商品的生产和交换。这就是我国建立专利制度的基本理论依据。

过去我们对技术发明成果强调国家所有，任何单位都可无偿使用，这样，发明人及其所在单位就不能从中得到经济利益。这是一种"吃大锅饭"的平均主义表现，不利于调动广大群众和各单位搞发明创造的积极性。进行经济体制改革以来，虽已开始实行技术有偿转让，但由于缺乏法律保护，不断出现产权纠纷及封锁保密现象。外国人也存在种种疑虑，不愿向我们转让有竞争能力的新技术，有时虽愿意转让，但索要高价。为了适应当前经济体制改革的需要，保护社会主义竞争，克服目前我国科技领域内存在的平均主义，打破技术封锁，发展国内外的经济技术交流，促进我国经济技术的进步，我国迫切需要建立专利制度。此外，在已经颁布的《中华人民共和国中外合资经营企业法》和《中华人民共和国商标法》中，对承认保护专利和商标的专用权都有明文规定。这是我国建立专利制度的实际依据。

建立专利制度对技术的交流推广和打破技术封锁是否有利？我们认为，从总体来讲是有利的。因为专利制度的一个最主要的特点就是它的"公开性"。申请专利的发明，必须将其主要内容写成详细说明，由专利局予以公布。这样做，有利于打破技术封锁。当然，这只是对申请专利的这部分发明而言。在我们国家内，要完全解决技术封锁的问题，还需要在其他方面采取相应的措施。

实行专利制度，也有束缚我们手脚的一面，这主要是指对于外国人来我国申请并取得专利保护的技术发明成果，今后不能任意仿制和无偿使用，如需使用，应同专利权人订立许可合同并支付使用费。有些技术发明成果通过有偿转让，可能比仿制更省时间、省钱。权衡利弊，从全局和发展的观点看，利将大于弊。因此，应该尽早颁布专利法，建立专利制度。

三、专利法(草案)的主要内容

专利法是国内法，也是涉外法，既要适合我国国情，又要考虑国际上通行的惯例。我国是一个发展中的社会主义国家，专利法必须考虑到这个特点，才能行之有效，并在激烈的国际竞争中保护自己的权益。

现就专利法(草案)中的几个主要问题说明如下：

(一)关于专利权

专利法的核心是专利权问题。专利权是一种财产权，是排他性的，即非经专利权人同意，其他人不得制造、使用和销售专利产品，或使用专利方法。为体现我国社会主义经济制度的特点，处理好国家、集体和个人对这种财产权的关系，草案规定：

工作人员因执行本单位的任务或主要是利用本单位的物质条件所完成的职务发明创造，申请并取得专利的权利属于该单位；非职务发明创造，申请并取得专利的权利属于发明人或设计人。

根据现代科学技术发展的实际情况，职务发明创造占发明创造的绝大多数。因此，我国绝大多数的专利权将归社会主义公有制单位所有。

草案还规定，根据国家计划的需要，我国全民所有制单位之间相互不能拒绝使用取得专利权的发明创造，但使用单位应支付使用费。草案还规定，全民所有制单位转让专利权时,需经其上级主管部门批准。这说明我国全民所有制单位所取得的专利权只具有相对的排他性。

对专利权作了这些规定,将保证不会产生像资本主义国家那样的独家垄断,也可避免不按国家计划对某些热门产品一拥而上的情况。

(二)关于专利保护的对象

为充分调动发明创造的积极性,草案规定,专利保护的对象有三种:发明、实用新型和外观设计。

对申请专利的发明须经过严格的技术审查。审查的标准同美、日等工业发达国家的标准基本相同。这样我们批准的专利发明将是比较先进的。

为了保护和鼓励广大群众从事小发明(即实用新型)和外观设计的积极性,专利的保护范围包括实用新型和外观设计,这可以鼓励产品品种和花色的多样化,以满足人民生活和生产日益增长的需要,增强出口的竞争能力。

考虑到我国当前的科学技术和工业发展水平不高,加上实行专利制度还缺乏经验,草案对保护的技术领域的限制较严。这是大多数发展中国家的做法。我们准备在实施一段时间取得经验以后,再逐步放宽。目前暂不给予专利保护的范围主要是某些新物质,如药品、食品和各种化学合成物质的新品种,还包括不适于用专利保护的动物和植物新品种等。这是因为这些物质对人民生活、保健及加工工业的影响很深、很广,如给予专利保护,搞不好容易束缚手脚。但对生产这些物质的新方法包括新的化学配方,仍可授予专利权,以有利于进行技术改造及从国外引进新技术。

对科学发现、数学方法和疾病的诊断治疗方法,草案规定不授予专利权,因为它们不能直接用于工农业生产,不属于专利法保护的范围。这种规定是符合国际惯例的。

(三)关于保密发明的专利保护

专利制度的重要特点之一是它的公开性,申请专利的发明经审查批准后,一般即由专利局予以公布。但出于对国家的利益考虑,大多数国家,对涉及国家安全和重大利益需要保密的发明虽给予专利权,却不予以公开。

为保护国家机密,并适应对外开放政策和实行专利制度的需要,草案规定,对涉及国家安全和重大利益需要保密的专利申请,应按国家有关规定办理。对国防专用发明的专利申请,由国防主管部门办理。对非国防专用的发明不应不加区别地都列入保密范围,而且,大部分发明,例如公开出售的产品和向国外转让的技术,一般是无法保密的;需要保密的发明,可以首先向专利局提出专利申请,然后在一定期限内,由有关主管部门提出保密审查意见,应该保密的,由专利局按保密专利处理。

(四)关于对发明人的奖励和报酬

为了鼓励发明创造的积极性,对发明人应给予工资以外的一定的补偿。草案规定,取得专利权的单位应当根据发明创造的意义和实施后的经济效益,对作出发明创造的个人给予奖励和报酬。

奖励包括精神的和物质的两个方面,这是对发明人创造精神予以褒奖,以表彰革新。

报酬是指取得专利权的单位在一定时间内,从实施或有偿转让专利发明所得的收益中提取一定的比例,对发明人的创造性脑力劳动给予一定的补偿。这是符合社会主义按劳分配的原则的。取得专利权的单位可以从实施或有偿转让的收益中收回一部分财力、物力和智力投资,国家也可以对这部分收益按规定收取税金,补偿一部分科研投资。这样,就兼顾了国家、集体和个人三者的利益。

这里要附带说明一点,专利法同我国现行的发明奖励条例,不是相互对立的,两者有区别又有联系,可以同时存在,相辅相成。专利法和发明奖励条例虽然都是鼓励发明的,但专利法指的发明是一种构思,是解决技术课题的方案,其中大部分还没有实施;发明奖励条例指的发明是已经实施,经过实践证明可以应用的重大科学技术新成就。取得专利的发明符合发明奖励条例规定的是不多的,因为取得专利的发明,自批准专利到商品化的实施一般需要几年或十几年的时间。有些发明虽然符合发明奖励条例规定,但不能申请专利。专利法和发明奖励条例所规定的审查、批准程序也很不同。特别值得提出的是,取得专利权的单位一般可以得到经济利益,它有利于科研工作的良性循环和新技术与生产的结合;而得到发明奖的发明人所在单位,一般得不到经济利益。当然,现行的发明奖励条例中有某些与专利法不协调的条款,这在颁布专利法之后,可作适当的修改。

(五)关于对外国人的专利保护

我国实行专利制度的主要目的之一是便于引进外国的先进技术,鼓励外国人来我国投资。为此,应鼓励外国人将其新的发明创造送来我国申请专利。出于维护主权和国家利益的考虑,草案规定,外国人来我国申请专利的,应依照其所属国和我国签订的协议或共同参加的国际条约,或依照互惠原则,依法办理。草案规定外国专利权人对在我国取得的专利发明享有专用权,同时又规定他们有义务在我国实施或许可他人实施其专利发明,不能以向我国输出产品代替实施。

有的同志认为,我们现在的科学技术水平比较低,发明不多,实行专利制度后,外国人的专利可能比本国人的多,因而主要是保护了外国人的利益,不如等到我国的科学技术有了较大发展之后再实行。由于我国有广阔的市场,许多外国人会被吸引来申请专利,但由于政治、经济等多种因素,也不会出现我国专利法一公布,外国的最新技术就会像潮水般地涌来的情况。何况我们实行专利制度的目的之一,就是为我国引进国外先进技术提供有利条件。所以,即使外国人来申请专利的数量多一些,也并不是坏事情。因为外国人来申请专利将向我国提供译成中文的最新技术情报,有一部分专利还将在我国实施,我们可以从中选择我们所需要的技术,这将有助于推动我国的技术进步。

有的同志还提出,实行专利制度以后,会不会束缚我们利用专利资料的手脚?这种担心是不必要的。迄今为止,世界上已有约 2 650 万件专利失效,它们已成为公共财富,任何人都可以无偿使用。而现在依然有效的 350 余万件专利,因都已公开,也就失去了新颖性,今后不可能在我国取得专利权,也就是不可能再取得我国法律的保护。我们不能随意利用或只有付了使用费才能利用的,只是来中国专利局申请,并经审查批准取得了专利权的那部分专利。从世界范围来讲,这部分比例极小。我国有潜力、有人才,利用引进先进技术去创造的财富将大大超过由于承担专利使用费而付出的代价。

（六）关于对侵犯专利权的处罚

侵犯专利权是一种侵犯财产权的行为，不少国家对此都规定给予民事赔偿和刑罚，也有的国家仅规定民事赔偿。为了有效地保护专利权人的权利，草案对侵权行为，除规定予以民事赔偿外，还对情节严重构成犯罪的，规定依法追究刑事责任。由于我国的刑法对侵犯专利权尚无具体规定，在刑法补充相应条款前，可以比照《刑法》第一百二十七条假冒商标罪论处。根据国外的情况，侵犯专利权的纠纷，多数由双方自行调解或仲裁解决，到法院起诉的为数不多，需要给予刑事处罚的更少。为了减少向法院起诉侵犯专利权的诉讼案件，各部门和地方各级科研成果管理部门可增加管理专利工作的职能，除负责对有关专利工作的指导外，经专利权人请求，还应负责调解有关专利的纠纷。

专利法不是一项孤立的法规，它的实施应同其他有关的法规及管理工作相互配合，相互制约。它也同思想工作的加强和各项经济管理体制的改革密不可分。建立专利制度是一项重要的经济和科技体制改革措施，它将有利于我国经济管理素质的改进和提高。

以上是对专利法(草案)中几个问题的简要说明。有关施行专利法的一些具体问题将由实施细则作出规定，以利执行。

全国人民代表大会法律委员会
对《中华人民共和国专利法(草案)》审议结果的报告

1984年2月23日

全国人大法律委员会先后开了七次会议,听取法制工作委员会关于修改《中华人民共和国专利法(草案)》的一些问题的汇报,结合全国人大常委会委员、教科文卫委员会以及中央有关部门和省、自治区、直辖市人大常委会的意见,对草案逐条进行了审议。大家认为,为了鼓励发明创造,有利于发明创造的推广应用,促进科学技术的发展,适应社会主义现代化建设的需要,制定专利法,建立专利制度,很有必要。专利法草案从1979年开始起草,经过反复研究修改,基本上是成熟的、可行的。同时,提出以下主要修改建议:

一、关于保护专利权问题

草案对保护专利权作了规定,这对鼓励国内发明创造和引进国外先进技术是必要的。针对一些外国专利权人的某些疑虑,对草案第四十九条规定"任何单位或个人欲实施他人的专利发明,均应与发明专利权人订立书面许可合同",补充规定被许可人"无权允许合同规定以外的任何单位或者个人实施该专利"。(修改稿第十二条)同时,对草案关于专利局可以作出强制许可实施某项专利的决定以及当事人不能就实施强制许可的使用费达成协议的,由专利局裁决的规定,补充规定:"专利权人对专利局关于实施强制许可的决定或者关于实施强制许可的使用费的裁决不服的,可以在收到通知之日起三个月内向人民法院起诉。"(修改稿第五十八条)

二、关于国内专利发明创造的推广应用问题

草案规定,实施国外专利的,必须经过专利权人的许可。对国内的专利则还要考虑怎样有利于先进技术的推广应用。因此,将草案第四十一条规定"取得专利权的我国全民所有制单位不得拒绝其他全民所有制单位为执行国家计划利用其专利发明,但利用单位应与持有专利权的单位订立合同,并按国家有关规定支付使用费",修改为:"国务院有关主管部门和省、自治区、直辖市人民政府根据国家计划,有权决定本系统内或者所管辖的全民所有制单位持有的重要发明创造专利允许指定的单位实施,由实施单位按照国家规定向持有专利权的单位支付使用费。"(修改稿第十四条第一款)并增加规定:"中国集体所有制单位和个人的专利,对国家利益和公共利益具有重大意义,需要推广应用的,由国务院有关主管部门报国务院批准后,参照上款规定办理。"(修改稿第十四条第二款)

三、关于专利的所有权问题

草案第六条规定全民所有制单位的职务发明创造,"申请并取得专利的权利属于该单位",不够确切,因为全民所有制单位的职务发明创造专利的所有权应当属于国家。因此,修改为"申请被批准后,全民所有制单位申请的,专利权归该单位持有"。外资企业和中外合资经营企业同我国全民所有制单位的专利权是有所不同的,因而增加规定:"在中国境内的外资企业和中外合资经营企业的工作人员完成的职务发明创造,申请专利的权利属于该企业;非职务发明创造,申请专利的权利属于发明人或者设计人。申请被批准后,专利权归申请的单位或者个人所有。"

四、关于法律责任问题

草案第七十八条规定:"专利权受到侵犯时,专利权人或利害关系人有权要求侵权人停止侵犯和赔偿损失,或向人民法院起诉。"考虑到专利权纠纷的处理是专业性很强的工作,行政主管部门即专利管理机关应当有权处理。因此,将这一条修改为:"对未经专利权人许可,实施其专利的侵权行为,专利权人或者利害关系人可以请求专利管理机关进行处理,也可以直接向人民法院起诉。专利管理机关处理的时候,有权责令侵权人停止侵权行为,并赔偿损失;当事人不服的,可以在收到通知之日起三个月内向人民法院起诉;期满不起诉又不履行的,专利管理机关可以请求人民法院强制执行。"(修改稿第六十条)鉴于未经专利权人许可而使用或者销售其专利产品的情况比较复杂,为了划清侵权与非侵权的界限,补充规定下列两种情况不属于侵犯专利权的行为:一是专利权人制造或者经专利权人许可制造的专利产品售出后,使用或者销售该产品的;二是使用或者销售不知道是未经专利权人许可而制造并售出的专利产品的。(修改稿第六十二条第一项、第二项)

草案第八十条规定:"侵犯专利权,情节严重,构成犯罪的,依法追究刑事责任。"考虑到未经专利权人许可而实施其专利的行为,属于民事侵权行为,可以按照民事案件起诉,要求赔偿损失,以不规定追究刑事责任为好。至于假冒他人专利,以假充真的,由于可能对消费者造成损害,可以比照刑法关于假冒商标罪的规定追究刑事责任。因此,将这一条改为:"假冒他人专利的,比照本法第六十条的规定处理;情节严重的,对直接责任人员比照刑法第一百二十七条的规定追究刑事责任。"(修改稿第六十三条)

草案第八十三条规定:"专利局工作人员及有关人员违反本法第十六条规定,或玩忽职守,徇私舞弊,危害申请人利益的,应给予行政处分;构成犯罪的,依法追究刑事责任。"考虑到国家工作人员玩忽职守的,可以依照刑法有关规定追究刑事责任,专利法可以不另作规定。徇私舞弊的,刑法第一百八十八条仅适用于司法工作人员。因此,将这一条修改为:"专利局工作人员及有关国家工作人员徇私舞弊的,由专利局或者有关主管机关给予行政处分;情节严重的,比照刑法第一百八十八条的规定追究刑事责任。"(修改稿第六十六条)

五、关于是否规定进口专利产品应经专利局或者专利权人同意的问题

草案第四十条第二款规定:"发明专利权人在中国制造其专利产品或使用其专利方法

后,其他人进口在外国制造的该专利产品或直接由该专利方法制造的产品时,应征得专利局的同意,并经国家主管进口部门批准。"在征求意见时,普遍不同意作这样的规定,由于有关部门对此意见还不一致,而且缺乏实践经验,可以暂不作规定。

关于专利法是规定保护发明、实用新型、外观设计三种专利,还是先规定保护发明一种专利的问题,一直存在不同意见。我们的意见,可以维持国务院通过的草案的规定,即规定保护三种专利不再修改。

此外,为了使专利法更加简明,符合法律规范的要求,对草案的结构和文字作了一些调整和修改。

草案修改稿已经按照上述意见作了修改,法律委员会建议常委会审议通过。

关于《中华人民共和国专利法修正案(草案)》的说明

1992年6月23日在第七届全国人民代表大会常务委员会第二十六次会议上

国家专利局局长　高卢麟

我受国务院的委托,现就《中华人民共和国专利法修正案(草案)》作如下说明:

一、专利法修改的必要性

《中华人民共和国专利法》于1984年3月12日由第六届全国人民代表大会常务委员会第四次会议通过,1985年4月1日起施行。7年以来,专利法对鼓励发明创造,促进我国科技进步和经济发展以及对外科技交流和经贸往来,发挥了积极的、重要的作用。到今年4月底为止,中国专利局已累计受理专利申请23万余件(平均每年增长24%),其中国内申请近20万件,批准8万余件;国外申请3万余件,批准1万余件,来我国申请专利的国家和地区达66个。专利技术的实施取得了明显的经济效益和社会效益。仅据1991年获得中国专利金奖和优秀奖的86个项目的统计,就已新增产值75亿元,新增利税22.4亿元,创汇1.2亿美元。

同时,由于在制定专利法时缺乏实践经验,专利法在实施过程中也发现了一些缺陷和不完善之处,需要通过修改加以补充和完善。另一方面,由于专利制度在国际科技、经济合作和贸易往来中的地位日益重要,作用日益显著,专利法国际协调活动日益频繁。我国参加了世界知识产权组织于1991年6月就保护工业产权巴黎公约有关专利部分的补充条约召开了第一阶段的外交大会。当前,我国已在积极争取恢复在关贸总协定中的缔约国地位。并参加了关贸总协定乌拉圭回合《与贸易有关的知识产权协议》的谈判。1992年1月中美政府签署了《关于保护知识产权的谅解备忘录》。为了使我国的专利保护水平进一步向国际标准靠拢,并且履行我国已经对外承诺的义务,也需要对专利法的部分规定作相应的修改。因此,为了进一步发挥专利制度在促进我国科技进步和经济发展中的积极作用,更好地贯彻深化改革和扩大开放的方针,在总结经验的基础上对专利法进行适当修改是必要的。

专利法修改的准备工作从1988年开始,在调查研究的基础上,中国专利局曾于1989年10月、1991年9月和1992年4月三次将专利法修改草案上报国务院,在征求国务院有关部门的意见之后,又与国务院法制局反复研究和论证,并经国务院常务会议通过,形成了现在提请审议的专利法修正案(草案)。

二、专利法修改的主要内容

(一)扩大专利保护的范围

现行专利法第二十五条规定,我国对"药品和用化学方法获得的物质"以及"食品、饮料和调味品"不授予专利权,只是对这些产品的生产方法可以授予专利权。这次修改,扩大了专利的保护范围,对上述产品也可以授予专利权。

关于对化学物质的保护。目前,我国化学工业整体水平还比较低。为了振兴化学工业,推进化工技术进步,在吸收国外先进技术的基础上走创新的发展道路,鼓励化工科技人员发明创造的积极性,吸引外商投资和转让新技术,对化学物质给予专利保护是必要的。当然,对化学物质给予专利保护,当前也有不利的一面。但是,从长远和全局看,给化学物质以专利保护,利大于弊,有利于从根本上提高我国化学工业的水平。

关于对药品的保护,特别是对西药的保护,与对化学物质的保护情况大体相似。但是,对中药的保护,情况有所不同。我国有丰富的中药资源,有运用中药防治疾病的悠久历史,有系统的中药理论和经验。对药品给予专利保护,可以鼓励从中药资源中开发新药并取代部分西药,这对充分发挥我国的传统优势,尽快走上自主开发的道路,进一步增强中药在国际市场上的竞争能力,具有重要意义。此外,中西医结合是我国医疗保健制度的重要方针,对药品给予专利保护,有利于中西医更好地结合,提高我国制药工业和医疗技术的整体水平。

关于对食品、饮料和调味品的保护,问题比较少。一方面,我国有自己独特的饮食文化,不少中国食品、饮料和调味品在国际市场上具有竞争能力,需要专利保护。另一方面,新的食品、饮料和调味品专利产品只占人民生活必需品的很小部分,而且人们可以选择适合自己需要的非专利食品、饮料和调味品来代替专利产品。再有,在我国受理的专利申请中,与食品有关的申请数量并不多,大约只占化学方法专利申请总量的1/10,而且80%是国内申请。此外,世界上大多数国家对食品是给予专利保护的,因此,对食品、饮料和调味品给予专利保护,不仅不会对我国人民生活产生不利影响,而且还会提高我国食品工业的技术水平。

(二)延长专利权的期限

现行专利法第四十五条规定,发明专利权的期限为十五年;实用新型和外观设计专利权的期限为五年,届满可以申请续展三年。草案将上述规定修改为,发明专利权的期限为二十年,实用新型专利权的期限为八年,外观设计专利权的期限为十年。

许多国家的经验表明,发明专利的平均寿命在十年左右。然而,有些技术领域的发明,例如药品、化学物质及生物技术等领域的发明,开发和研究的经费高,产品正式投放市场前,还要按照规定办理试验、登记、核准等手续,花费时间较长,由授予发明专利权到产品进入市场,专利权期限往往已经过去了好几年,甚至十年之久,发明专利权人没有足够的期限回收开发与研制所耗费的巨大投资。这就在相当程度上影响了这些技术领域发明创造的积极性,不利于这些技术领域科技水平的提高。因此,适当延长发明专利权的期限,不仅有利于调动科技人员发明创造的积极性,而且有利于这些领域的技术引进。

实用新型专利权的期限确定为八年,取消续展手续,将给实用新型专利权人带来方便。

外观设计专利权的期限延长至十年,可以鼓励外观设计专利申请,改变我国产品外观设计的落后状态,增强它们在国际市场上的竞争能力。

（三）增加对专利产品进口的保护

大多数国家的专利法都把进口专利产品作为专利权的一项内容。现行专利法对此未作规定,这对专利权的保护是不够充分的。因此,草案对现行专利法第十一条补充规定,未经专利权人许可,不得为生产经营目的进口其专利产品。这就是说,未经专利权人的许可进口其专利产品的行为属于侵犯专利权的行为。如果不作这样的补充规定,进口的专利产品流入市场后,虽然从理论上讲专利权人可以通过对专利产品销售权的保护提起诉讼,但是分散零售,难于控制。增加对进口专利产品的保护,可以消除外国专利权人的疑虑。

（四）将对方法专利的保护延及依该方法直接获得的产品

对于方法专利,大多数国家的专利法都规定,未经专利权人许可,不得为生产经营目的使用其专利方法以及使用、销售或者进口依该专利方法直接获得的产品。现行专利法第十一条仅规定对专利方法的使用提供保护是不充分的,因为专利方法是否已经被人使用,比较难于发现,也难于证明。另外,第三人可以在没有对专利方法给予保护的其他国家和地区使用专利方法,然后把依该方法生产的产品输入我国销售或者使用,专利权人虽然在我国享有方法专利保护,但因对该方法专利的保护不能延及依该方法直接获得的产品,也就不能请求对这类侵犯其专利权的行为采取措施。为了使方法专利得到充分有效的保护,草案对现行专利法第十一条补充规定,未经专利权人许可,不得为生产经营目的使用、销售或者进口依该专利方法直接获得的产品。

（五）重新规定对专利实施强制许可的条件

现行专利法第五十一条和第五十二条规定,专利权人负有自己或者许可他人在我国制造其专利产品或者使用其专利方法的义务。自专利授权之日起满三年,如果专利权人无正当理由没有履行上述义务的,专利局就可以给予实施该专利的强制许可。为了与国际条约相协调,草案删去了现行专利法的上述规定,重新规定了对专利实施强制许可的法定条件。

（六）增设本国优先权

现行专利法第二十九条只规定了外国专利申请人先在外国提出申请后到我国提出申请的,享有优先权。这次修改为,在这种情况下,不论申请人是外国人还是中国人,都享有优先权。此外,草案还补充规定了本国优先权,即:申请人就同一发明或者实用新型在中国第一次提出专利申请之日起十二个月内,又向专利局提出申请的,可以享有优先权。这样规定,申请人就可以在优先权期间内进一步完善其发明或者实用新型,或者将发明与实用新型相互转换。目前,世界上一些国家的专利法也有本国优先权的规定或者类似的优惠规定。

(七)将授权前的异议程序改为授权后的行政撤销程序

现行专利法在专利授权以前设有异议程序,旨在给公众提供提出异议的机会,以帮助专利局纠正审查工作中的差错,防止对不符合法定要求的申请授予专利权。实践结果,公众提出异议的数量很少,而大多数已公告的专利申请却要推迟至少三个月才能授权,这段时间申请人的权利处于不确定状态,影响专利技术尽快转化为生产力。从专利法国际协调的趋势看,这种授权前的异议程序是被禁止的。因此,草案删去了授权前的异议程序,规定专利申请经审查没有发现驳回理由的,专利局应即授予专利权。同时,为了纠正可能出现的失误,草案又规定,自专利局授予专利权之日起六个月内,任何单位或者个人认为该专利权的授予不符合专利法规定的,都可以请求专利局撤销该专利权。

三、关于过渡条款

根据我国的实际情况和外国修订专利法的经验,过渡条款采用实体权利与程序分离的方案。就实体权利而言,在修正案施行以前提出的专利申请和根据该申请授予的专利权,一律适用专利法修改以前的规定。就程序而言,在修正案施行以前提出的专利申请,尚未按照专利法修改前规定的程序公告的,其专利权的批准、撤销和宣告无效的程序适用修正案的规定。这样规定,既便于专利局对专利申请文件和其他专利文件的管理,又兼顾了专利申请人、专利权人和公众的利益。

我的说明完了,请予审议。

全国人大法律委员会对《中华人民共和国专利法修正案（草案）》审议结果的报告

1992年8月28日在第七届全国人民代表大会常务委员会第二十七次会议上

全国人大法律委员会副主任委员　项淳一

七届全国人大常委会第二十六次会议对专利法修正案（草案）进行了初步审议。会后，法律委员会、法制工作委员会将草案印发省、自治区、直辖市和中央有关部门，并邀请中央、北京市有关部门和法律专家座谈，征求意见。法律委员会于8月20日、21日、25日召开会议，根据全国人大常委会委员的审议意见和地方、部门、专家的意见，对草案进行了审议。法律委员会认为，专利法实施七年来，对促进我国科学技术和经济的发展，起了重要作用，为了更好地鼓励发明创造，促进对外经济技术交流，根据七年来的实践经验，需要对专利法作适当的修改。修正案（草案）基本上是可行的，同时，提出以下修改意见：

一、修正案（草案）第一条规定：第十一条第一款修改为："发明和实用新型专利权被授予后，除本法另有规定的以外，任何单位或者个人未经专利权人许可，不得为生产经营目的制造、使用、销售或者进口其专利产品，或者使用其专利方法以及使用、销售或者进口依该专利方法直接获得的产品。"第十一条第二款修改为："外观设计专利权被授予后，任何单位或者个人未经专利权人许可，不得为生产经营目的制造、销售或者进口其外观设计专利产品。"

有些委员和部门提出，对专利产品的进口问题应该单写一款，因此，建议：（1）将第十一条第一款修改为："发明和实用新型专利权被授予后，除法律另有规定的以外，任何单位或者个人未经专利权人许可，不得为生产经营目的制造、使用、销售其专利产品，或者使用其专利方法以及使用、销售依照该专利方法直接获得的产品。"（2）第十一条第二款修改为："外观设计专利权被授予后，任何单位或者个人未经专利权人许可，不得为生产经营目的制造、销售其外观设计专利产品。"（3）第十一条增加一款，作为第三款："专利权被授予后，除法律另有规定的以外，专利权人有权阻止他人未经专利权人许可，为上两款所述用途进口其专利产品或者进口依照其专利方法直接获得的产品。"（修改决定草案第一条）

二、修正案（草案）第十一条规定：第四十三条第一款修改为："专利局设立专利复审委员会。申请人对专利局驳回申请的决定不服的，或者专利权人对专利局撤销专利权的决定不服的，可以自收到通知之日起三个月内，向专利复审委员会请求复审。专利复审委员会复审后，作出决定，并通知申请人或者专利权人。"第四十三条第二款修改为："发明专利的申请人或者专利权人对专利复审委员会的复审决定不服的,可以自收到通知之日起三个月内向人民法院起诉。"

有些委员提出,草案只规定专利权人对专利局撤销其专利权的决定不服的可以向专利复审委员会请求复审和向人民法院起诉,没有规定请求撤销专利权的人对专利局维持专利权的决定不服的,可以向专利复审委员会请求复审和向人民法院起诉,应当加以修改补充。因此建议:(1)将第四十三条第一款修改为:"专利局设立专利复审委员会。对专利局驳回申请的决定不服的,或者对专利局撤销或者维持专利权的决定不服的,可以自收到通知之日起三个月内,向专利复审委员会请求复审。专利复审委员会复审后,作出决定,并通知专利申请人、专利权人或者撤销专利权的请求人。"(2)第四十三条第二款修改为:"发明专利的申请人、专利权人或者撤销专利权的请求人对专利复审委员会的复审决定不服的,可以自收到通知之日起三个月内向人民法院起诉。"(修改决定草案第十一条第一款、第二款)

三、修正案(草案)第十三条规定:第四十五条修改为:"发明专利权的期限为二十年,实用新型专利权的期限为八年,外观设计专利权的期限为十年,均自申请日起计算。"

有的委员、地方和部门提出,实用新型和外观设计的专利权的期限应当一致。因此,建议将第四十五条修改为:"发明专利权的期限为二十年,实用新型专利权和外观设计专利权的期限为十年,均自申请之日起计算。"(修改决定草案第十三条)

四、最高人民法院提出,本法应对被宣告无效的专利权是否具有追溯效力作出规定,因此,建议增加规定,将第五十条修改为:"宣告无效的专利权视为自始即不存在。""宣告专利权无效的决定,对人民法院在宣告专利权无效前作出并已执行的专利侵权裁决,专利管理机关在宣告专利权无效前作出并已执行的专利侵权处理决定,以及在宣告专利权无效前已经履行的专利实施许可合同和专利权转让合同,不具有追溯力;但是因专利权人的恶意给他人造成的损失,应当给予赔偿。""如果依照上款规定,专利权人或者专利权转让人不向被许可人或者被转让人返还专利使用费或者专利权转让费明显违反公平原则,专利权人或者专利权转让人应当向被许可人或者被转让人返还全部或者部分专利使用费或者专利权转让费。""本条第二款、第三款的规定适用于被撤销的专利权。"(修改决定草案第十五条)

五、修正案(草案)第十五条规定:删去第五十一条。增加一条,作为第五十一条:"在国家出现紧急状态或者其他非常紧急情况时,或者为了公共利益,或者为了防止专利权的滥用,专利局可以给予实施发明专利或者实用新型专利的强制许可。"修正案(草案)第十六条规定:删去第五十二条。

专利法第五十二条规定,发明和实用新型专利权被授予后满三年,无正当理由拒绝具备实施条件单位的申请的,可以给予实施其专利的强制许可。有些委员、地方、部门和专家提出,删去的上述规定的内容原则上应予保留。因此建议:(1)第五十一条修改为:"具备实施条件的单位以合理的条件请求发明或者实用新型专利权人许可实施其专利,而未能在合理长的时间内获得这种许可时,专利局根据该单位的申请,可以给予实施该发明专利或者实用新型专利的强制许可。"(修改决定草案第十六条)(2)第五十二条修改为:"在国家出现紧急状态或者非常情况时,或者为了公共利益的目的,专利局可以给予实施发明

专利或者实用新型专利的强制许可。"(修改决定草案第十七条)

六、专利法第六十条第二款规定:"在发生侵权纠纷的时候,如果发明专利是一项产品的制造方法,制造同样产品的单位或者个人应当提供其产品制造方法的证明。"根据有的委员和有关方面的意见,建议将这一款修改为:"在发生侵权纠纷的时候,如果发明专利是一项新产品的制造方法,制造同样产品的单位或者个人应当提供其产品制造方法的证明。"(修改决定草案第十八条)

七、根据全国人大教科文卫委员会的审议意见,建议第六十三条增加一款,作为第二款:"将非专利产品冒充专利产品的或者将非专利方法冒充专利方法的,由专利管理机关责令停止冒充行为,处以罚款。"(修改决定草案第十九条)

此外,还对修正案(草案)作了一些文字修改。

法律委员会建议,修改决定自1993年1月1日起施行,专利法根据修改决定作相应的修正,重新公布。

法律委员会根据上述修改意见提出了关于修改《中华人民共和国专利法》的决定(草案),建议全国人大常委会审议通过。

修改决定(草案)和以上意见是否妥当,请审议。

全国人大法律委员会
1992年8月25日

全国人大法律委员会关于对税收征收管理法(草案修改稿)和关于修改专利法的决定(草案)修改意见的汇报(节选)

1992年9月3日在第七届全国人民代表大会常务委员会第二十七次会议上

全国人大法律委员会副主任委员　宋汝棼

本次会议于8月28日、29日对税收征收管理法(草案修改稿)和关于修改专利法的决定(草案)分组进行了审议。委员们认为,这两个法律草案吸收了常委会委员们和地方、部门的意见,已经基本成熟,建议本次会议通过,同时,也提出了一些修改意见。法律委员会于8月31日召开会议,逐条研究了委员们的意见,建议作如下修改:

一、关于税收征收管理法(草案修改稿)(略)

二、关于修改专利法的决定(草案)

(一)根据有的委员的意见,建议将决定草案第十一条第二款修改为:"发明专利的申请人、发明专利权人或者撤销发明专利权的请求人对专利复审委员会的复审决定不服的,可以自收到通知之日起三个月内向人民法院起诉。"(草案第十一条第二款)将决定草案第十一条第三款修改为:"专利复审委员会对申请人、专利权人或者撤销专利权的请求人关于实用新型和外观设计的复审请求所作出的决定为终局决定。"(草案第十一条第三款)

(二)根据有的委员的意见,建议将决定草案第十五条第二款修改为:"宣告专利权无效的决定,对在宣告专利权无效前人民法院作出并已执行的专利侵权的判决、裁定,专利管理机关作出并已执行的专利侵权处理决定,以及已经履行的专利实施许可合同和专利权转让合同,不具有追溯力;但是因专利权人的恶意给他人造成的损失,应当给予赔偿。"(草案第十五条第二款)将决定草案第十五条第三款修改为:"如果依照上款规定,专利权人或者专利权转让人不向被许可实施专利人或者专利权受让人返还专利使用费或者专利权转让费,明显违反公平原则,专利权人或者专利权转让人应当向被许可实施专利人或者专利权受让人返还全部或者部分专利权使用费或者专利权转让费。"(草案第十五条第三款)

(三)有的委员提出,对冒充专利的违法行为,应当处理得更严一些。因此,建议将草案第十九条修改为:第六十三条增加一款,作为第二款:"将非专利产品冒充专利产品的或

者将非专利方法冒充专利方法的,由专利管理机关责令停止冒充行为,公开更正,并处以罚款。"(草案第十九条)

此外,还对两个法律草案作了个别文字修改。

以上意见,请审议。

关于《中华人民共和国商标法(草案)》的说明

1982年8月19日

国家工商行政管理总局局长　任中林

委员长、各位副委员长、各位委员：

现在我对《中华人民共和国商标法(草案)》向全国人大常委会作一简要说明，请予审议。

新中国成立以来，我国在商标方面的法规，前后有两个条例，一个是1950年7月颁布的《商标注册暂行条例》，一个是1963年4月修订颁布的《商标管理条例》。后一个条例一直沿用到现在。

十年"动乱"期间，商标法制受到了很大破坏，商标没有全国统一管理，造成商标使用混乱，1978年9月工商行政管理总局建立后，由所属商标局负责，从年底开始对全国商标进行清理登记，1979年11月恢复了全国商标统一注册。截至1982年6月30日止，共有注册商标七万三千余件，其中国内商标六万三千余件，外国商标九千九百余件。

从近几年来的实践看，1963年颁布的《商标管理条例》，已经不能适应新的历史时期的要求，主要表现在：对商标专用权的保护没有规定，需要加以明确；全面注册办法不能适应经济形势发展的要求，需要加以调整；审查注册程序不够严密，需要加以完备；外国商标注册办法业已修改，需要以法律形式加以确定。此外，还有若干具体条款，需要加以增订、修改或补充。为此，我们从有利于发展社会主义商品经济和健全社会主义法制出发，本着立足于国内同时兼顾国际惯例的精神，经过广泛调查研究，并征求了各部门、各地方和有关方面的意见，起草了《中华人民共和国商标法(草案)》。与1963年的《商标管理条例》比较，主要修改有以下几个方面：

一、关于保护商标专用权

党的十一届三中全会以来，随着调整、改革、整顿、提高方针的贯彻，企业自主权的扩大，许多企业对注册商标的专用权日益重视，要求给予法律保护。但是，由于1963年的《商标管理条例》没有关于保护商标专用权的规定，对专用权的保护无法可依，既不利于保护生产者和消费者的利益，也影响维护社会经济秩序。

保护商标专用权，制止侵权行为，是健全商标法制的重要环节。商标专用权得到有效的保护，有利于促使生产者更好地维护商标信誉，保证和提高产品质量，从而保障消费者的利益，促进社会主义商品经济的发展。

因此，我们在商标法草案中把保护商标专用权提到了重要位置。商标使用人申请商标注册并经核准注册以后，即取得商标专用权，任何人都不得侵犯。同时，对什么是商标侵权行为以及对侵权行为的处理也作了规定，明确了处理程序，划分了行政管理机关和司法机关的职责。对于侵权行为，商标法草案规定，商标注册人可以向侵权人所在地的县级以上工商行政管理部门要求处理。有关的工商行政管理部门有权责令侵权人停止侵权活动，消除影响，赔偿损失。对情节严重的，还可以处以罚款。同时，商标法草案还规定，被侵权人也可以直接向人民法院起诉。

对于假冒他人注册商标，包括擅自制造、销售他人注册商标标识的，除赔偿被侵权人的损失，可以并处罚款外，由司法机关对直接责任人员追究刑事责任。

二、关于改变全面注册办法

全面注册，实际上就是强制注册，即使用商标必须申请注册。这个办法始行于1957年。当时是针对生产资料私有制的社会主义改造基本完成和对许多商品实行计划分配、统购包销以后，生产企业不重视市场作用，不申请商标注册而采取的一项办法，在过去的历史条件下起过一定的作用。但是，随着社会主义商品经济的发展，经济体制的改革，企业自主权的扩大，日益明显地表明这种用行政手段强制所有商标都要注册的一刀切的做法，不利于调动企业内在的积极性，提高经济效益，发展商品生产。而且，有些社队或者街道办的小企业往往是生产不稳定，产品不定型，所生产的一些地产地销的小商品，临时使用一个商标，硬要它们申请注册也是不必要的。

考虑到上述情况，商标法草案改变了全面注册的办法。今后，主要通过宣传教育，促使商标使用人根据专用的需要，自动提出申请注册，以取得商标专用权。同时，对于与国计民生关系密切的少数商品(如药品等)，仍然规定了必须使用注册商标并申请注册，具体商品将由国务院工商行政管理部门与有关业务主管部门商定后，报国务院核准。改变全面注册办法，会不会出现商标使用混乱，反而影响对商标专用权的保护呢？我们认为是不会的。商标法草案不但对保护商标专用权和制止商标侵权有明确规定，同时对未注册商标的使用也作了规定，商标管理不是放松了，而是加强了，对工作的要求也比过去更高了。

三、关于监督商品质量

商品质量是商标信誉的基础，与消费者的利益密切相关。商标法草案对通过商标管理、监督商品质量作了规定，把制止欺骗消费者的行为作为商标管理工作的一项重要任务。这是我国商标法的一个显著的特点。

商品质量是一个复杂问题，需要从各个方面首先是从生产方面去解决。但是，在商标管理工作中，从维护消费者的利益出发，制止欺骗消费者的行为，也是不容忽视的。据此，商标法草案对无论是使用注册商标，或者是使用未注册商标，凡其商品粗制、滥造、以次充好、欺骗消费者的，都规定了处理办法。此外，对转让注册商标的，规定受让人要保证使用注册商标的商品质量；对办理商标使用许可的，规定许可人应当监督被许可人使用其注册商标的商品质量，被许可人应当保证使用该注册商标的商品质量。以上这些，都是在商标法草案中增订的较为符合实际的条款,有利于从商标管理方面落实做好监督商品质量的工作,以保障消费者的利益。

四、关于商标注册程序

按照《商标管理条例》,对申请注册的商标,经审查核准,即予注册,并刊登《商标公告》。这种一次公告注册的办法是从 1958 年开始的。由于注册前未经公布征询意见,容易在商标注册后产生商标争议。商标法草案对上述程序作了必要的调整和改变,采用了两次公告注册的办法,即对申请注册的商标,经初步审定同意后,先予刊登《商标公告》征询意见,在规定期限内无人提出异议,或者提出的异议经裁定不能成立,始予注册,并再次予以公告。这种办法与改变全面注册是相适应的,有利于完备商标注册程序,减少商标注册后的争议,更好地保护商标专用权。

商标法草案规定,国务院工商行政管理部门设立商标评审委员会,负责处理商标争议事宜。对核驳商标不服的,对初步审定的商标有异议、经商标局裁定仍不服的,对注册商标发生争议的,当事人在规定期限内,可以向商标评审委员会提出申诉,由商标评审委员会作出终局的决定或者裁定。

五、关于外国商标注册

《商标管理条例》规定,外国商标申请注册,必须具备两个条件:一是申请人的国家已同我国订有商标互惠协议;二是申请注册的商标已在本国注册,并要交送本国注册证件。但目前世界上大多数国家为发展对外贸易,在商标注册上都是要求按照对等原则办事,不再要求签订互惠协议和提交本国注册证件。经国务院批准,从 1978 年开始,已经将有关外国商标注册的条款修改为按对等原则灵活执行。商标法草案对外国商标申请注册,规定按申请人所属国同我国签订的协议或共同参加的条约办理,或者按对等原则办理。

此外,商标法草案对其他一些问题,也根据我国实际情况,作了适当的修改,主要是:(1)改变了国内商标注册无限期有效的规定,对国内外商标注册的有效期都规定为十年,到期可以申请续展注册;(2)调整了商标注册后一年不用即予撤销注册的规定,改为连续三年不用始予撤销;(3)考虑到我国一些部门和企业存在相互许可使用注册商标的实际情况,增订了对商标使用许可的规定,允许商标注册人通过签定协议,许可他人使用其注册商标。

关于《中华人民共和国商标法修正案(草案)》的说明

1992年12月22日在第七届全国人民代表大会常务委员会第二十九次会议上

国家工商行政管理局局长 刘敏学

我受国务院的委托,现就《中华人民共和国商标法修正案(草案)》作如下说明:

一、商标法修改的必要性

《中华人民共和国商标法》(以下简称《商标法》)是1982年8月23日第五届全国人民代表大会常务委员会第二十四次会议通过并公布,自1983年3月1日起施行的。

《商标法》是以保护商标专用权为核心的一部关于保护知识产权的重要法律。《商标法》施行9年多来,对保护生产力,促进国际间经济技术合作,发展我国社会主义商品经济发挥了积极的作用,推动了我国商标事业的发展。1982年商标注册申请数量为18 565件,1991年增至67 604件;有效注册商标1982年年底为84 047件,1991年年底增至318 915件;来我国注册商标的国家和地区也不断增加,1982年有28个国家和地区注册商标13 148件,1991年有62个国家和地区注册商标47 859件。

《商标法》毕竟是在我国改革开放初期制定的。随着改革开放的不断深化,实践经验的不断积累,同时,我国又先后于1985年和1989年加入《保护工业产权巴黎公约》和《商标国际注册马德里协定》,为了进一步完善我国的商标制度,并与国际上通行做法相衔接,以适应我国发展社会主义市场经济的需要,对现行《商标法》作适当的修改是必要的。经过3年多调研、论证,反复修改,并经国务院常务会议通过,形成了现在提请审议的《商标法》修正案(草案)。

二、《商标法》修改的主要内容

(一)将服务商标纳入本法的保护范围

现行《商标法》仅适用于在商品上使用的商标,未将服务商标纳入保护范围。9年多来,随着我国商品经济的发展,特别是第三产业的兴起,服务商标越来越多,有关企业事业单位强烈要求将服务商标纳入《商标法》的保护范围。《保护工业产权巴黎公约》要求其成员国保护服务商标,许多国家的商标法对服务商标也是明确规定给予保护的。因此,草案在现行《商标法》第四条中增加一款,作为第二款:"本法有关商品和商标的规定适用于服务和服务标志。"(草案第一条)增加这一规定,有利于鼓励服务行业的竞争,提高服务质量,推动第三产业的发展。

(二)增强规定不得以地名作为商标

现行《商标法》对用行政区划名称作为商标注册未作限制。这一点不明确,实践中带来了不少问题:一是以地名作为商标,缺乏显著性,不利于消费者通过商标识别不同类别的商品,容易造成混乱;二是如果同一地区多家企业生产同类商品,一家企业率先以地名作为商标注册,容易形成实际上的垄断,使其他企业处于不利地位。同时,考虑到我国在传统上不少商品已用地名作为商标注册,有些在国内外还是久负盛名的,如贵州茅台、青岛啤酒等,某些地名往往还带有其他的含义,如凤凰县、长寿县等,不能不照顾到这一实际情况。因此,在现行《商标法》第八条中增加一款,作为第二款:"县级以上行政区划名称或者公众知晓的外国地名,不得作为商标。但是,具有其他含义的地名除外。"(草案第二条)

(三)简化商标注册的申请手续

现行《商标法》第十二条规定:"同一申请人在不同类别的商品上使用同一商标的,应当按商品分类表分别提出注册申请。"按照这一规定,一个商标申请,只能用于一类商品,即"一表一类"的办法。这对生产多类商品的企业来说,不仅手续繁琐,而且负担很重。我国加入的《商标国际注册马德里协定》采取的是商标注册申请允许"一表多类"的做法,手续比较简便。我国实际上也正在向这种做法靠拢。当然,我国完全做到"一表多类"还需要有一个过程。因此,草案采取比较灵活的写法,将这一条修改为:"同一申请人在不同类别的商品上使用同一商标的,应当按规定提出注册申请。"(草案第三条)

(四)增加了对商标使用许可的要求

现行《商标法》第二十六条对商标使用许可作了规定。商标的许可使用,在商品经济中是正常的。现实中出现的问题是,有些被许可人不仅使用许可人的商标,而且使用许可人的厂名和地名,从而容易使消费者产生误解,也给商标管理造成了混乱。因此,草案在这一条中增加一款,作为第二款:"根据商标使用许可合同使用他人注册商标的,应当在商品上标明商标使用许可关系、被许可人名称和商品产地。"(草案第四条)

(五)延长了对注册商标提出争议的期限

现行《商标法》第二十七条第一款规定:"对已经注册的商标有争议的,可以自该商标经核准注册之日起一年内,向商标评审委员会申请裁定。"按照有关国际公约的规定,并参考有些国家的做法,商标经核准注册后,在五年内,不仅利害关系人可以提出争议,而且任何人只要认为该注册商标不符合法律规定,也可以申请予以撤销。因此,草案将这一款修改为:"任何人对已经注册的商标有争议或者认为不符合本法规定的,均可以自该商标核准注册之日起五年内,向商标评审委员会申请裁定。"并对第二十九条作了相应的文字修改。(草案第五条、第六条)

(六)增加了撤销欺骗性注册商标的规定

目前在注册商标管理工作中碰到的一个问题是,某些人弄虚作假骗取商标注册,还有的人以不正当手段将他人长期使用并具有一定信誉的商标抢先注册,谋取非法利益。现行《商标法》对这种欺骗性注册的问题缺乏相应的规定。针对这一情况,参照一些国家的做法,草案在现行《商标法》第三十条中增加一款,作为第二款:"用欺骗手段或者其他不正当手段取得商标注册的,由商标局撤销该注册商标。"(草案第七条)

我的说明完了,请审议。

全国人大法律委员会关于《中华人民共和国商标法修正案(草案)》审议结果的报告

1993年2月15日在第七届全国人民代表大会常务委员会第三十次会议上

全国人大法律委员会副主任委员 顾 明

七届全国人大常委会第二十九次会议对商标法修正案(草案)进行了初步审议。会后,法律委员会、法制工作委员会将草案印发各省、自治区、直辖市和中央有关部门征求意见。法律委员会于2月2日、10日召开会议,根据全国人大常委会委员、全国人大财经委员会的审议意见和地方、部门的意见,对草案进行了审议。法律委员会认为,商标法实施九年多来,对保护商标专用权,促使商品生产者保证商品质量,保护消费者利益,起了重要作用。但是,随着改革开放的深化和社会主义市场经济的发展,对商标法作适当修改是必要的。修正案(草案)基本上是可行的,同时提出以下修改意见:

一、修正案(草案)第二条规定:第八条增加一款,作为第二款:"县级以上行政区划名称或者公众知晓的外国地名,不得作为商标。但是,具有其他含义的地名除外。"

有些委员、部门和地方提出,我国有些使用地名的商标已经注册,应当明确规定本决定施行前已经注册的使用地名的商标继续有效。因此,建议将这一款修改为:"县级以上行政区划的地名或者公众知晓的外国地名,不得作为商标,但是,地名具有其他含义的除外;已经注册的使用地名的商标继续有效。"(修改决定草案第二条)

二、修正案(草案)第四条规定:第二十六条增加一款,作为第二款:"根据商标使用许可合同使用他人注册商标的,应当在商品上标明商标使用许可关系、被许可人名称和商品产地。"

有些委员、部门和地方提出,规定被许可人在其商品上必须标明商标使用许可关系,对有些商品来说,难以执行。因此,建议将这一款修改为:"经许可使用他人注册商标的,必须在使用该注册商标的商品上标明被许可人的名称和商品产地。"(修改决定草案第四条)

三、修正案(草案)第五条规定:第二十七条第一款修改为:"任何人对已经注册的商标有争议或者认为不符合本法规定的,均可以自该商标经核准注册之日起五年内,向商标评审委员会申请裁定。"修正案(草案)第七条规定:第三十条增加一款,作为第二款:"用欺骗手段或者其他不正当手段取得商标注册的,由商标局撤销该注册商标。"

有的委员和部门提出,修正案(草案)关于第三十条第二款的规定应并入第二十七条之中。因此,建议将第二十七条修改为:"已经注册的商标,违反本法第八条规定的,或者是以欺骗手段或者其他不正当手段取得注册的,由商标局撤销该注册商标;其他单位或者个人可以请求商标评审委员会裁定撤销该注册商标。""除前款规定的情形外,对已经注册的商标有争议的,可以自该商标经核准注册之日起一年内,向商标评审委员会申请裁定。"(修改决定草案第五条)

四、有些委员、地方和部门提出,近年来,假冒他人注册商标的犯罪行为日益增多,为了惩治假冒注册商标的犯罪行为,应当对刑法第一百二十七条关于假冒商标罪的规定作适当修改。因此,建议由全国人大常委会制定关于惩治假冒注册商标犯罪的补充规定,同时建议在修正案(草案)中增加规定:

1. 商标法第三十八条增加一项作为第二项:"销售明知是假冒注册商标的商品的"。商标法第三十八条第二项修改为第三项:"伪造、擅自制造他人注册商标标识或者销售伪造、擅自制造的注册商标标识的"。(修改决定草案第七条)

2. 商标法第四十条修改为三款:"假冒他人注册商标,违法所得数额较大的,除赔偿被侵权人的损失外,依法追究刑事责任。""伪造、擅自制造他人注册商标标识或者销售伪造、擅自制造的注册商标标识,违法所得数额较大的,除赔偿被侵权人的损失外,依法追究刑事责任。""销售明知是假冒注册商标的商品,违法所得数额较大的,除赔偿被侵权人的损失外,依法追究刑事责任。"(修改决定草案第九条)

此外,还对修正案(草案)作了一些文字修改。

法律委员会建议,商标法根据修改决定作相应的修正,重新公布。

修改商标法决定(草案)已按照上述意见作了修改,法律委员会建议全国人大常委会审议通过。

修改商标法决定(草案)、关于惩治假冒注册商标犯罪的补充规定(草案)和以上意见是否妥当,请审议。

全国人大法律委员会关于国家安全法(草案修改稿)、修改商标法的决定(草案)、关于惩治假冒注册商标犯罪的补充规定(草案)、产品质量法(草案修改稿)修改意见的汇报(节选)

1993年2月22日在第七届全国人民代表大会常务委员会第三十次会议上

全国人大法律委员会副主任委员　宋汝棼

本次会议于2月15日、16日、17日对国家安全法(草案修改稿)、修改商标法的决定(草案)、关于惩治假冒注册商标犯罪的补充规定(草案)、产品质量法(草案修改稿)分组进行了审议。委员们认为,这四个法律草案吸收了常委会委员和地方、部门、专家的意见,已经比较成熟,建议本次常委会通过。同时也提出了一些修改意见。法律委员会于2月18日召开会议,逐条研究了委员们的意见,建议作如下修改:

一、关于国家安全法(草案修改稿)(略)

二、关于修改商标法的决定(草案)

(一)根据有些委员的意见,建议将修改商标法的决定(草案)第九条修改为:第四十条修改为三款:"假冒他人注册商标,构成犯罪的,除赔偿被侵权人的损失外,依法追究刑事责任。""伪造、擅自制造他人注册商标标识或者销售伪造、擅自制造的注册商标标识,构成犯罪的,除赔偿被侵权人的损失外,依法追究刑事责任。""销售明知是假冒注册商标的商品,构成犯罪的,除赔偿被侵权人的损失外,依法追究刑事责任。"(修改决定草案修改稿第九条)

(二)原商标法第三十九条第一款中规定,有侵犯注册商标专用权行为,"被侵权人可以向侵权人所在地的县级以上工商行政管理部门要求处理"。有的委员和部门提出,应当规定,除可以向侵权人所在地的工商部门要求处理外,还可以向侵权行为发生地的工商部门要求处理。经与国务院法制局、国家工商局研究,建议将原商标法第三十九条第一款中的"侵权人所在地"删去。这样修改以后,对被侵权人可以在哪些地方的工商部门要求处理,可以在商标法实施细则中具体规定。

三、关于惩治假冒注册商标犯罪的补充规定(草案)(略)

四、关于产品质量法(草案修改稿)(略)

此外,还对四个法律草案作了个别文字修改。

关于惩治生产、销售伪劣商品的犯罪的补充规定(草案),委员们提出了不少审议意见,拟于会后进一步征求地方、部门的意见修改后,再提请全国人大常委会审议。

以上意见,请审议。

新中国民法典
草案总览

（增订本）

何勤华 李秀清 陈 颐 编

下卷

北京大学出版社
PEKING UNIVERSITY PRESS

增订本序

2015年3月,新中国第五次民法典编纂工作正式启动。① 在北京大学出版社的建议和支持下,我们决定增订再版15年前编辑的《新中国民法典草案总览》,以纪念为新中国民法典编纂事业呕心沥血的几代法律人。

本次增订情况如下:

一、对原书的调整

(一)据1957年4月4日的"[借贷]说明",借贷不包括使用借贷(借用),因此将原书第一部分"50年代""四、债法分则""(四)借贷"中的有关借用契约的内容独立成章。

---

① 关于新中国民法典编纂历程的著述已有不少,现仅就前四次立法过程简要说明如下:

第一次民法典编纂工作始自1954年下半年,1956年9月中共八大后进展迅速,于同年年底草拟了民法草稿。1957年"反右运动"开始后,民法典编纂工作偃旗息鼓。1958年8月,毛泽东在北戴河中央政治局扩大会议上的讲话中明确,"民法和刑法那一类法律都不需要了"。

1962年3月22日,毛泽东在谈话中突然提出"没有法律不行,刑法、民法一定要搞",第二次民法典编纂工作随之启动。随着1965年年初开始接踵而来的"四清运动"("社会主义教育运动")和"文化大革命",第二次民法典编纂工作无疾而终。

1978年10月13日,中央政法小组召开法制建设座谈会,重提毛泽东1962年3月22日制定刑法、民法的讲话,同年12月13日,邓小平在中央工作会议闭幕会上讲话中明确"应该集中力量制定刑法、民法、诉讼法和其他各种必要的法律",第三次民法典编纂工作于1979年11月正式启动。不过,邓小平在上述讲话中同时指出,"修改补充法律,成熟一条就修改补充一条,不要等待'成套设备'",因此,在第三次民法典编纂工作中,彭真最终认为"民法不是短期间可以制定的",主张"一方面要搞民法,另一方面要搞单行法……先搞单行法,成熟了,再吸收到民法中来"("在民法座谈会上的讲话",1981年5月27日),其结果是1982年5月以后,民法典编纂工作三度搁置。

2000年3月,李鹏委员长在《全国人大常委会工作报告》中明确提出"力争在本届(第九届)人大任期内编纂一部比较完整的民法典",第四次民法典编纂工作正式启动。2003年3月,全国人大换届,之前于2002年12月23日曾提交全国人大常委会审议的民法典草案因批评意见甚多被搁置,十届全国人大继续单行立法的思路,整体性的民法典编纂工作第四次搁置。

（二）原书第一部分"50年代""四、债法分则""（七）信托、行纪"部分的"说明"（1958年3月21日）及四次草稿均只写做"信托"，因此删去目录中"行纪"二字。

（三）1957年《保障出版物著作权暂行规定（草案）》原放在全书附录，现调整至第一部分"20世纪50年代"附录。

（四）原书第二部分"60年代"增加了二级标题，相应标题据1963年7月9日《中华人民共和国民法（草稿）》和1964年7月1日《中华人民共和国民法草案（试拟稿）》确定，该部分收录文献的顺序亦依照这两稿重新调整。

（五）1963年3月《中华人民共和国经济法（草案）》原放在全书附录，现调整至第二部分"20世纪60年代"附录。

二、增补的内容

（一）第一部分"20世纪50年代"附录增加了陈绍禹于1950年4月14日所作的《关于〈中华人民共和国婚姻法〉起草经过和起草理由的报告》。

（二）自第三次民法典编纂开始，三次民法典编纂均主张民法典起草与民事单行法制定工作并行不悖。在第三次民法典编纂时，主持立法工作的全国人大常委会副委员长彭真就主张"先搞单行法，成熟了，再吸收到民法中来"[1]；在第四次民法典编纂时，全国人大常委会委员长李鹏在《全国人大常委会工作报告》（2000年）中提出，"在民事主体制度、物权制度、债权制度、知识产权制度、婚姻家庭制度等单项法律基本齐备的基础上，力争在本届人大任期内编纂一部比较完整的民法典"[2]；在第五次民法典编纂中，立法者认为，婚姻法、民法通则、继承法、收养法、担保法、合同法、物权法、侵权责任法等一系列民事法律，为编纂民法典准备了较好的条件，而编纂工作也将按照"两步走"的工作思路进行：第一步，编纂民法典总则编（即"中华人民共和国民法总则"）；第二步，编纂民法典各分编，从而形成统一的民法典。[3]

因此，本次增补，除增加了2002年12月23日《中华人民共和国民法（草案）》外，还尽可能完整地收录了20世纪70年代末以来民法通则、民法总则、物权法、担保法、经济合同法、涉外经济合同法、技术合同法、合同法、婚姻法、收养法、继承法、著作权法、专利法、商标法以及涉外民事关系法律适用法的立法草案、修正案草案以及相关立法文献，并分别列入第三部分"20世纪70年代末至90年代中期"、第四部分"20世纪90年代末以来"。

---

[1] 彭真：《在民法座谈会上的讲话》（1981年5月27日），载《彭真文选》（1941—1990），人民出版社1991年版，第424页。

[2] 李鹏：《全国人民代表大会常务委员会工作报告（2000年）——2000年3月9日在第九届全国人民代表大会第三次会议上》，载中国人大网（http://www.npc.gov.cn/wxzl/wxzl/2000-12/14/content_8939.htm），2016年10月20日访问。

[3] 参见《关于〈中华人民共和国民法总则（草案）〉的说明》，载中国人大网（http://www.npc.gov.cn/npc/lfzt/rlyw/2016-07/05/content_1993422.htm），2016年10月20日访问。

此外,为便利使用,本次增订对原文的序号按照现行规范作了统一调整,对个别字如"帐"与"账"、"的""地""得"、"作"与"做"的用法作了统一,对阿拉伯数字与汉语数字的使用按照现行规范作了调整。同时,在尊重历史文件原貌的基础上,我们对极少数字词缺漏影响句意完整的,作了谨慎的填补,并以"[   ]"标明;个别无法索解的表达,仍予以保留,以待通人。

本次增订工作,得到了北京大学出版社蒋浩先生以及华东政法大学戴永盛副教授、金可可教授、浙江大学陆青副教授、中山大学韩光明副教授的大力帮助;华东政法大学法律史专业硕士研究生李琴、陈梅、曾润轩、柴雯协助校阅了初稿;蒋浩先生以及王建君、陈康编辑努力的工作确保了本书的品质。在此,一并表达我们诚挚的谢意。

本次增订,规模庞大,资料繁多,错误缺点在所难免,敬请读者诸君务必批评指正。我们虽然是搞法史研究的,但也想为我国民法典的编纂——这一凝聚了数代法律人梦想的伟大事业尽一点绵薄之力。

本书,就是我们献给学界的一点心意。

何勤华 李秀清 陈 颐
于华东政法大学
法律文明史研究院
2017 年 3 月 27 日

要 目

上 卷

20 世纪 50 年代

一、总则 ··· 3
二、所有权 ····································· 38
三、债篇通则 ································ 136
四、债篇分则 ································ 197
五、继承 ······································ 809
附录 ·· 815

中 卷

20 世纪 60 年代

一、民法 ······································ 851
二、总则 ···································· 1061
三、财产的流转关系 ····················· 1063
附录 ·· 1143

20 世纪 70 年代末至 90 年代中期

一、民法 ···································· 1151

二、民法通则 …………………………………… 1343
三、经济合同法（修改） ……………………… 1361
附录 ……………………………………………… 1384

下 卷

20 世纪 90 年代末以来

一、民法 …………………………………… 1483
二、民法总则 ……………………………… 1548
三、物权法 ………………………………… 1695
四、合同法 ………………………………… 1848
五、侵权责任法 …………………………… 2211
六、婚姻法（修改） ……………………… 2279
七、著作权法（修改） …………………… 2347
八、专利法（修改） ……………………… 2431
九、商标法（修改） ……………………… 2527
十、涉外民事关系法律适用法 …………… 2596

附录　中华人民共和国民法总则 ………… 2611

详 目

下 卷

20 世纪 90 年代末以来

一、民法 ··· 1483

　中华人民共和国民法(草案)(2002 年 12 月 23 日)··························· 1483
　　关于《中华人民共和国民法(草案)》的说明(2002 年 12 月 23 日) ······· 1543

二、民法总则 ·· 1548

　中华人民共和国民法(草案)第一编总则(2002 年 12 月 23 日)··············· 1548
　　关于《中华人民共和国民法(草案)》的说明(关于民法总则部分)
　　　(2002 年 12 月 23 日)··· 1549
　中华人民共和国民法总则(草案)(2016 年 7 月 5 日)························· 1550
　　关于《中华人民共和国民法总则(草案)》的说明(2016 年 7 月 5 日) ····· 1569
　中华人民共和国民法总则(草案)(二次审议稿)(2016 年 10 月 31 日) ······ 1577
　　关于《中华人民共和国民法总则(草案)》修改情况的汇报
　　　(2016 年 10 月 31 日)··· 1597
　中华人民共和国民法总则(草案)(三次审议稿)(2016 年 12 月 12 日) ······ 1601
　　关于《中华人民共和国民法总则(草案)》修改情况的汇报
　　　(2016 年 12 月 12 日)··· 1621
　中华人民共和国民法总则(草案)(四次审议稿)(2017 年 3 月 8 日) ········· 1624
　　关于《中华人民共和国民法总则(草案)》的说明(2017 年 3 月 8 日) ····· 1644
　中华人民共和国民法总则(草案)(修改稿)(2017 年 3 月 12 日) ············· 1650
　　关于《中华人民共和国民法总则(草案)》审议结果的报告(2017 年 3 月 12 日) ··· 1670
　中华人民共和国民法总则(草案)(建议表决稿)(2017 年 3 月 14 日) ········ 1673

关于《中华人民共和国民法总则(草案修改稿)》修改意见的报告
(2017年3月14日) ·· 1693

三、物权法 ·· 1695

中华人民共和国物权法(征求意见稿)(2002年1月) ············ 1695

中华人民共和国民法(草案)第二编物权法(2002年12月23日) ··· 1725

 关于《中华人民共和国民法(草案)》的说明(关于物权法部分)
 (2002年12月23日) ··· 1726

中华人民共和国物权法(草案)(修改稿)(2004年9月27日) ······· 1727

 全国人大法律委员会关于《中华人民共和国物权法(草案)》的情况
 汇报(2004年10月19日) ···································· 1754

 全国人大法律委员会关于《中华人民共和国物权法(草案)》修改
 情况的汇报(2005年6月24日) ······························· 1758

中华人民共和国物权法(草案)(2005年7月10日) ··············· 1762

 吴邦国委员长在主持听取有关方面对物权法草案修改意见座谈会时
 的讲话(2005年9月26日) ···································· 1787

 全国人大法律委员会关于《中华人民共和国物权法(草案)》修改
 情况的汇报(2005年10月23日) ······························ 1789

 全国人大法律委员会关于《中华人民共和国物权法(草案)》修改
 情况的汇报(2006年8月22日) ······························· 1797

 第十届全国人大常委会第二十四次会议全国人大法律委员会关于《中华
 人民共和国物权法(草案)》修改情况的汇报(2006年10月27日) ······ 1802

 全国人大法律委员会关于《中华人民共和国物权法(草案)》修改
 情况的汇报(2006年12月24日) ······························ 1811

中华人民共和国物权法(草案)(2007年) ······················· 1814

 关于《中华人民共和国物权法(草案)》的说明(2007年3月8日) ··· 1838

 第十届全国人民代表大会法律委员会关于《中华人民共和国物权法
 (草案)》审议结果的报告(2007年3月12日) ··················· 1844

 第十届全国人民代表大会法律委员会关于《中华人民共和国物权法
 (草案修改稿)》修改意见的报告(2007年3月15日) ············ 1846

 第十届全国人民代表大会法律委员会关于《中华人民共和国物权法
 (草案建议表决稿)》修改意见的报告(2007年3月16日) ········· 1847

四、合同法 ·· 1848

中华人民共和国合同法(试拟稿)(1995年1月) ················· 1848

中华人民共和国合同法(试拟稿)(1995年10月16日) ·················· 1917
中华人民共和国合同法(试拟稿)(1996年5月) ······················ 1960
中华人民共和国合同法(征求意见稿)(1997年5月14日) ·············· 1998
 关于《中华人民共和国合同法(征求意见稿)》几个问题的说明
 (1997年5月14日) ··· 2036
中华人民共和国合同法(草案)(1998年8月20日) ·················· 2041
 关于《中华人民共和国合同法(草案)》的说明(1998年8月24日) ······ 2078
中华人民共和国合同法(草案)(1998年9月7日) ···················· 2082
 全国人大法律委员会关于《中华人民共和国合同法(草案)》有关
 问题的说明(1998年10月22日) ·································· 2119
中华人民共和国合同法(三次审议稿)(1998年12月21日) ············ 2123
 全国人大法律委员会关于《中华人民共和国合同法(草案)》修改
 情况的汇报(1998年12月21日) ·································· 2160
中华人民共和国合同法(四次审议稿) ································ 2164
 全国人大法律委员会关于《中华人民共和国合同法(草案)》修改
 情况的汇报(1999年1月25日) ··································· 2202
 关于《中华人民共和国合同法(草案)》的说明(1999年3月9日) ······ 2205
 第九届全国人民代表大会法律委员会关于《中华人民共和国合同法
 (草案)》审议结果的报告(1999年3月14日) ······················· 2209

五、侵权责任法 ·· 2211

中华人民共和国民法(草案)第八编侵权责任法(2002年12月23日) ······ 2211
 关于《中华人民共和国民法(草案)》的说明(关于侵权责任法部分)
 (2002年12月23日) ··· 2212
中华人民共和国侵权责任法(草案)(二次审议稿) ······················ 2213
 全国人民代表大会法律委员会关于《中华人民共和国侵权责任法(草案)》
 主要问题的汇报(2008年12月22日) ······························· 2221
 全国人民代表大会法律委员会关于《中华人民共和国侵权责任法
 (草案)》修改情况的汇报(2009年10月27日) ······················ 2226
中华人民共和国侵权责任法(草案)(2009年11月6日) ················ 2228
 侵权责任法(草案)审议摘登(2009年11月12日) ····················· 2237
中华人民共和国侵权责任法(草案)(三次审议稿) ······················ 2258
 全国人民代表大会法律委员会关于《中华人民共和国侵权责任法
 (草案)》审议结果的报告(2009年12月22日) ······················ 2267

中华人民共和国侵权责任法（草案）（四次审议稿）·················· 2269
　　　全国人民代表大会法律委员会关于《中华人民共和国侵权责任法
　　　（草案四次审议稿）》修改意见的报告（2009年12月25日）········ 2278

六、婚姻法（修改） ·· 2279

　　中华人民共和国婚姻法修正案（征求意见稿）（2000年8月7日）····· 2279
　　中华人民共和国婚姻法修正案（草案）（初次审议稿） ··············· 2283
　　中华人民共和国婚姻法修订对照文本 ······························· 2287
　　　关于《中华人民共和国婚姻法修正案（草案）》的说明（2000年10月23日）······ 2297
　　中华人民共和国婚姻法修正案（草案）（二次审议稿） ················ 2301
　　中华人民共和国婚姻法（修正草案）（二次审议稿） ·················· 2305
　　　全国人大法律委员会关于《中华人民共和国婚姻法修正案（草案）》
　　　修改情况的汇报（2000年12月22日）···························· 2311
　　中华人民共和国婚姻法（修正草案）（征求意见稿）（2001年1月5日）···· 2314
　　关于修改《中华人民共和国婚姻法》的决定（草案）（三次审议稿）······ 2320
　　中华人民共和国婚姻法（修正草案）（三次审议稿）（2001年4月18日）·· 2324
　　　全国人大法律委员会关于《中华人民共和国婚姻法修正案（草案）》
　　　审议结果的报告（2001年4月18日）····························· 2330
　　全国人民代表大会常务委员会关于修改《中华人民共和国婚姻法》
　　　的决定（草案）（建议表决稿）（2001年4月）····················· 2334
　　中华人民共和国婚姻法（修正草案）（建议表决稿）（2001年4月28日）·· 2339
　　　全国人大法律委员会关于税收征收管理法（修订草案）、信托法（草案）、
　　　修改婚姻法的决定（草案）和国防教育法（草案）修改意见的书面报告
　　　（节选）（2001年4月28日）··································· 2345

七、著作权法（修改） ·· 2347

　　中华人民共和国著作权法（修改草案）（2012年3月）················ 2347
　　　关于《中华人民共和国著作权法》（修改草案）的简要说明
　　　（2012年3月）·· 2362
　　中华人民共和国著作权法（修改草案第二稿）（2012年7月）·········· 2372
　　　关于《中华人民共和国著作权法》（修改草案第二稿）修改和完善的
　　　简要说明（2012年7月）······································ 2388
　　中华人民共和国著作权法（修订草案送审稿）（2014年6月6日）······ 2392
　　　关于《中华人民共和国著作权法》（修订草案送审稿）的说明·············· 2409

附

关于《中华人民共和国著作权法修正案(草案)》的说明(2000年12月22日) …… 2413

关于《中华人民共和国著作权法修正案(草案)》的补充说明 …… 2418

全国人大法律委员会关于《中华人民共和国著作权法修正案(草案)》
修改情况的汇报(2001年4月24日) …… 2421

全国人大法律委员会关于《中华人民共和国著作权法修正案(草案)》
审议结果的报告(2001年10月22日) …… 2424

全国人大法律委员会关于修改著作权法的决定(草案)、关于修改商标法
的决定(草案)、职业病防治法(草案)、海域使用管理法(草案)和修
改工会法的决定(草案)修改意见的书面报告(2001年10月27日) …… 2426

关于《中华人民共和国著作权法修正案(草案)》的说明(2010年2月24日) …… 2428

全国人民代表大会法律委员会关于《中华人民共和国著作权法
修正案(草案)》审议结果的报告(2010年2月26日) …… 2430

八、专利法(修改) …… 2431

中华人民共和国专利法修正案(草案)(2008年8月29日) …… 2431

关于《中华人民共和国专利法修正案(草案)》的说明(2008年8月25日) …… 2435

全国人民代表大会法律委员会关于《中华人民共和国专利法修正案
(草案)》审议结果的报告(2008年12月22日) …… 2439

全国人民代表大会法律委员会关于《全国人民代表大会常务委员会关
于修改〈中华人民共和国专利法〉的决定(草案)》修改意见的报告
(2008年12月25日) …… 2441

专利法修改草案(征求意见稿)条文对照(2012年8月9日) …… 2442

关于专利法修改草案(征求意见稿)的说明(2012年8月9日) …… 2446

中华人民共和国专利法修改草案(征求意见稿)条文对照(2015年4月1日) … 2450

关于《中华人民共和国专利法修改草案(征求意见稿)》的说明
(2015年4月1日) …… 2474

中华人民共和国专利法修订草案(送审稿)(2015年12月2日) …… 2488

关于《中华人民共和国专利法修订草案(送审稿)》的说明
(2015年12月2日) …… 2501

附

关于《中华人民共和国专利法修正案(草案)》的说明(2000年4月25日) …… 2504

九届全国人大常委会第十五次会议分组审议专利法修正案(草案)
　　　　的意见(2000年4月28日) ································· 2509
　　全国人大法律委员会关于《中华人民共和国专利法修正案(草案)》
　　　　修改情况的汇报(2000年7月3日) ························· 2513
　　九届全国人大常委会第十六次会议审议专利法修正案(草案二次审议
　　　　稿)的意见(2000年7月3日) ································ 2516
　　全国人大法律委员会关于《中华人民共和国专利法修正案(草案)》
　　　　审议结果的报告(2000年8月21日) ························· 2519
　　九届全国人大常委会第十七次会议分组审议关于修改专利法的决定
　　　　(草案)的意见(2000年8月21日) ·························· 2522
　　全国人大法律委员会关于修改《中华人民共和国专利法》的决定
　　　　(草案)修改意见的报告(2000年8月25日) ··················· 2525

九、商标法(修改) ·································· 2527

(一)2001年修改 ·································· 2527

　　中华人民共和国商标法修正案(草案)(一次审议稿) ·············· 2527
　　　　关于《中华人民共和国商标法修正案(草案)》的说明(一次审议稿说明)
　　　　　　(2000年12月22日) ································· 2531
　　中华人民共和国商标法修正案(草案)(二次审议稿) ·············· 2535
　　中华人民共和国商标法(修正草案)(二次审议稿) ················ 2540
　　　　全国人大法律委员会关于《中华人民共和国商标法修正案(草案)》
　　　　　　修改情况的汇报(二次审议稿说明)(2001年4月18日) ········ 2547
　　关于修改《中华人民共和国商标法》的决定(草案)(三次审议稿) ··· 2550
　　中华人民共和国商标法(修正草案)(三次审议稿) ················ 2556
　　　　全国人大法律委员会关于《中华人民共和国商标法修正案(草案)》
　　　　　　审议结果的报告(三次审议稿说明)(2001年10月17日) ······· 2564
　　　　全国人大法律委员会关于修改著作权法的决定(草案)、关于修改
　　　　　　商标法的决定(草案)、职业病防治法(草案)、海域使用管理法
　　　　　　(草案)和修改工会法的决定(草案)修改意见的书面报告(节选)
　　　　　　(2001年10月27日) ··································· 2567

(二)2013年修改 ·································· 2569

　　中华人民共和国商标法(修订草案征求意见稿)(2011年9月1日) ··· 2569
　　中华人民共和国商标法修正案(草案)(2012年12月28日) ········ 2580

  关于《中华人民共和国商标法修正案(草案)》的说明(2012年12月24日)········2586

  全国人民代表大会法律委员会关于《中华人民共和国商标法修正案
   (草案)》修改情况的汇报(2013年6月26日)·······················2589

  全国人民代表大会法律委员会关于《中华人民共和国商标法修正案
   (草案)》审议结果的报告(2013年8月26日)······················2592

  全国人民代表大会法律委员会关于《全国人民代表大会常务委员会关于
   修改〈中华人民共和国商标法〉的决定(草案)》修改意见的报告
   (2013年8月29日)··2594

十、涉外民事关系法律适用法 ···2596

  中华人民共和国民法(草案)第九编涉外民事关系的法律适用法
   (2002年12月23日)··2596

  关于《中华人民共和国民法(草案)》的说明(关于涉外民事关系的法律
   适用法部分)(2002年12月23日)·····························2597

  中华人民共和国涉外民事关系法律适用法(草案)(二次审议稿)
   (2010年8月28日)···2598

  全国人民代表大会法律委员会关于《中华人民共和国涉外民事关系法律
   适用法(草案)》主要问题的汇报(2010年8月23日)···············2602

  全国人民代表大会法律委员会关于《中华人民共和国涉外民事关系法律
   适用法(草案)》审议结果的报告(2010年10月25日)·············2605

  全国人民代表大会法律委员会关于《中华人民共和国涉外民事关系法律
   适用法(草案三次审议稿)》修改意见的报告(2010年10月28日)····2607

附录　中华人民共和国民法总则

  (中华人民共和国第十二届全国人民代表大会第五次会议于2017年3月
   15日通过,自2017年10月1日起施行)·························2611

20世纪90年代末以来

一、民　法

中华人民共和国民法（草案）

2002 年 12 月 23 日

目　录

第一编　总　则
第二编　物权法
第三编　合同法［原合同法（存目）①＋保证合同］
第四编　人格权法
第五编　婚姻法（原婚姻法）（存目）
第六编　收养法（原收养法）（存目）
第七编　继承法（原继承法）（存目）
第八编　侵权责任法
第九编　涉外民事关系的法律适用法

第一编　总　则

第一章　一般规定

第一条　为了保护自然人、法人的合法民事权益，规范民事关系，促进社会主义现代化建设事业的发展，根据宪法，制定本法。

第二条　中华人民共和国民法调整平等主体的自然人之间、法人之间、自然人和法人之间的财产关系和人身关系。

第三条　民事主体在民事活动中的地位平等。

---

① 原件未录，仅存其目，下同。

第四条　民事主体依法自愿进行民事活动。
第五条　民事主体应当遵循公平原则确定各方的权利和义务。
第六条　民事主体在民事活动中应当遵循诚实信用原则。
第七条　民事主体的合法民事权益受法律保护,任何组织和个人不得侵犯。
第八条　民事活动应当遵守法律,尊重社会公德,不得扰乱社会经济秩序,损害社会公共利益。
第九条　中华人民共和国领域内的民事活动,适用本法;其他法律对民事法律行为、诉讼时效等另有规定的,依照其规定。

第二章　自 然 人

第一节　民事权利能力和民事行为能力

第十条　自然人从出生时起到死亡时止,具有民事权利能力,依法享有民事权利,承担民事义务。

第十一条　自然人的民事权利能力一律平等。

第十二条　自然人的出生和死亡的时间,以户籍登记的时间为准。有其他证据足以推翻户籍登记的时间的,以该证据表明的时间为准。

第十三条　十八周岁以上的自然人是成年人,具有完全民事行为能力,可以独立进行民事活动,是完全行为能力人。

十六周岁以上不满十八周岁的自然人,以自己的劳动收入为主要生活来源的,视为完全民事行为能力人。

第十四条　七周岁以上的未成年人,是限制民事行为能力人,可以进行与他的年龄、智力相适应的民事活动;其他民事活动由他的法定代理人代理,或者征得他的法定代理人的同意,但单纯取得权利或者免除义务的除外。

不满七周岁的未成年人是无民事行为能力人,由他的法定代理人代理民事活动。

第十五条　不能辨认自己行为的精神病人是无民事行为能力人,由他的法定代理人代理民事活动。

不能完全辨认自己行为的精神病人是限制民事行为能力人,可以进行与他的精神健康状况相适应的民事活动;其他民事活动由他的法定代理人代理,或者征得他的法定代理人的同意,但单纯取得权利或者免除义务的除外。

第十六条　无民事行为能力人、限制民事行为能力人的监护人是他的法定代理人。

第十七条　自然人以其户籍所在地的居住地为住所,经常居住地与住所不一致的,经常居住地视为住所。

第二节　监　护

第十八条　未成年人的父母是该未成年人的监护人。

第十九条　父母对未成年人暂时无法行使监护权的,可以委托他人进行监护。

第二十条 未成年人的父母已经死亡或者没有监护能力的,由下列人员中有监护能力的人担任监护人:

(一)祖父母、外祖父母;

(二)兄、姐;

(三)关系密切的其他亲属、朋友愿意承担监护责任的。

对担任监护人有争议的,可以向人民法院提起诉讼。

没有第一款规定的监护人的,由未成年人住所地的居民委员会、村民委员会或者民政部门担任监护人。

第二十一条 无民事行为能力或者限制民事行为能力的精神病人,由下列人员担任监护人:

(一)配偶;

(二)父母;

(三)成年子女;

(四)祖父母、外祖父母、兄弟姐妹;

(五)关系密切的其他亲属、朋友愿意承担监护责任的。

对担任监护人有争议的,可以向人民法院提起诉讼。

没有第一款规定的监护人,由精神病人所在单位或者住所地的居民委员会、村民委员会或者民政部门担任监护人。

第二十二条 父母有下列情形之一,中止监护权:

(一)被宣告为无民事行为能力人或者限制民事行为能力人的;

(二)被宣告失踪的;

(三)经人民法院认定应当中止监护权的其他情形。

第二十三条 父或者母虐待、遗弃未成年子女情节恶劣或者对未成年子女有其他犯罪行为,以及具有经人民法院认定应当丧失监护权的其他情形的,丧失监护权。

第二十四条 未成年人近亲属、住所地居民委员会、村民委员会可以向人民法院提起该未成年人父母丧失监护权的诉讼。

第二十五条 父母一方中止或者丧失监护权的,以另一方为监护人;双方中止或者丧失监护权的,应当为未成年人另行确定监护人。父或者母中止或者丧失监护权的,不免除其扶养子女的义务。

第二十六条 父母有下列情形之一,恢复监护权:

(一)恢复完全民事行为能力的;

(二)被宣告失踪的父或者母回到子女身边的;

(三)经人民法院认定应当恢复监护权的其他情形。

第二十七条 监护人应当履行监护职责,保护被监护人的人身、财产权益。

监护人依法履行监护的权利,受法律保护。监护人不履行监护职责或者侵害被监护人的合法权益的,应当承担责任;给被监护人造成财产损失的,应当赔偿。

第二十八条 无民事行为能力人、限制民事行为能力人造成他人损害的,由监护人承担民事责任。监护人尽了监护职责的,可以适当减轻他的民事责任。

有财产的无民事行为能力人、限制行为能力人造成他人损害的,从本人财产中支付赔偿费用;不足部分,由监护人适当赔偿,但单位担任监护人的除外。

第二十九条 有下列情形之一,监护关系终止:

(一)被监护人具有完全民事行为能力的;

(二)被监护人死亡的;

(三)监护人死亡或者丧失监护能力的;

(四)经人民法院认定监护关系应当终止的其他情形。

第三节 宣告失踪和宣告死亡

第三十条 自然人下落不明满二年的,利害关系人可以向人民法院申请宣告其为失踪人。

下落不明时间,从失去失踪人音讯之日起计算。战争期间下落不明的,下落不明的时间从战争结束之日起计算。

第三十一条 失踪人的财产代管人由他的配偶、父母、成年子女或关系密切的其他亲属、朋友担任。代管有争议的,没有以上规定的人或者以上规定的人无能力代管的,由人民法院指定的人代管。

代管人要求支付报酬的,可以给予相应报酬。

第三十二条 财产代管人应当妥善管理失踪人的财产,因故意或者重大过失造成失踪人财产损失的,应当承担赔偿责任。

失踪人所欠税款、债务和应付的其他费用,由代管人从失踪人的财产中支付。

第三十三条 财产代管人在代管财产期间,不得转让、抵押、质押失踪人的财产,但确有必要为失踪人的利益处分财产的除外。

第三十四条 失踪人的财产代管人不履行代管职责、无力履行代管职责,或者侵害失踪人财产利益的,失踪人的利害关系人可以向人民法院申请变更财产代管人。

第三十五条 被宣告失踪的人重新出现或者确知他的下落,经本人或者利害关系人申请,人民法院应当撤销失踪宣告。

人民法院撤销失踪宣告后,财产代管人应当及时向本人移交有关财产。

第三十六条 利害关系人隐瞒真实情况致使他人被宣告失踪的,应当赔偿损失。

第三十七条 自然人有下列情形之一,利害关系人可以向人民法院申请宣告死亡:

(一)下落不明满四年的;

(二)因意外事故下落不明,自事故发生之日起满二年的。

意外事故发生后,经有关机关证明下落不明人不可能生存的,申请宣告死亡不受二年期间的限制。

下落不明的时间计算,适用本法第三十条第二款的规定。

第三十八条 宣告失踪不是宣告死亡的必经程序。

利害关系人有的申请宣告死亡,有的申请宣告失踪,符合本法规定的宣告死亡条件的,人民法院应当宣告死亡。

第三十九条 宣告下落不明人死亡的,死亡时间为宣告死亡的判决生效之日。

第四十条 被宣告死亡的人重新出现或者确知他没有死亡,经本人或者利害关系人申请,人民法院应当撤销死亡宣告。

有民事行为能力人在被宣告死亡期间实施的民事法律行为有效。

第四十一条 被宣告死亡的人与配偶的婚姻关系,自死亡宣告之日起消灭。死亡宣告被撤销后,其配偶未再婚的,原有的婚姻关系自行恢复;其配偶再婚的,原有的婚姻关系不自行恢复。

第四十二条 宣告死亡期间,被宣告死亡人的亲生子女被他人收养的,死亡宣告撤销后,被宣告死亡人有权请求解除其亲生子女与他人之间的收养关系;被宣告死亡人收养的人与他人建立收养关系的,死亡宣告被撤销后,原有的收养关系不再恢复。

第四十三条 被撤销死亡宣告的人有权请求返还财产。依照继承法取得其财产的自然人、法人,应当返还原物;原物不存在的,给予适当补偿。

第四十四条 利害关系人隐瞒真实情况致使他人被宣告死亡的,应当赔偿损失。

第三章 法 人

第四十五条 法人是具有民事权利能力和民事行为能力,依法独立享有民事权利和承担民事义务的组织。

法人的民事权利能力和民事行为能力,从法人成立时产生,到法人终止时消灭。

第四十六条 法人应当具备下列条件:

(一)依法成立;

(二)有必要的财产或者经费;

(三)有自己的名称、组织机构和场所;

(四)能够独立承担民事责任。

第四十七条 法人以它的主要办事机构所在地为住所。

第四十八条 企业法人依法经主管机关登记设立;法律规定应当经有关主管机关批准设立的,依照其规定。

第四十九条 事业单位、社会团体法人依法经有关主管机关批准设立。

第五十条 以捐赠财产设立的基金会、慈善机构等公益性组织,经有关主管机关批准,取得法人资格。

法人应当按照捐赠人意思使用捐赠财产。违反法律或者章程规定使用捐赠财产的,批准设立该法人的机关以及利害关系人可以向人民法院申请撤销该行为。

第五十一条 有独立经费的机关从成立之日起,具有法人资格。

第五十二条 法人应当在法律或者其章程规定的范围内活动。

第五十三条 法人机关的设立、权限由法律或者章程规定。

依照法律或者根据章程规定,代表法人行使职权的负责人,是法人的法定代表人。

第五十四条 法人机关的意思表示为法人的意思表示,法人对其机关的行为承担责任,法律另有规定的除外。

第五十五条 法人以其所有的或者国家授予其经营管理的财产承担民事责任。

第五十六条 法人分立、合并的,应当向登记机关办理登记并公告,其权利义务由分立、合并后的法人享有和承担。法律另有规定的除外。

法人的住所、法定代表人等重要事项变更的,应当向登记机关办理变更登记。

第五十七条 法人依法被撤销、解散、宣告破产或者因其他原因终止的,应当成立清算组织,进行清算。

法人清算期间,应当停止清算范围外的活动。

第四章 民事法律行为

第一节 一般规定

第五十八条 民事法律行为是自然人、法人基于意思表示设立、变更、终止民事权利和义务的合法行为。

第五十九条 民事法律行为因双方以及多方的意思表示一致成立,也可以因单方的意思表示成立。

第六十条 民事法律行为的生效应当具备下列条件:

(一)行为人具有相应的民事行为能力;

(二)意思表示真实;

(三)不违反法律的强制性规定或者社会公共利益。

第六十一条 民事法律行为可以用书面形式、口头形式或者其他形式。法律规定或者当事人约定用特定形式的,应当用特定形式。

第六十二条 民事法律行为从成立时起具有法律约束力。行为人非依法律规定或者取得对方同意,不得擅自变更或者解除。

第六十三条 对民事法律行为的解释,应当按照表达该民事法律行为的词句、有关条款、法律行为的目的、习惯以及诚实信用原则,确定该民事法律行为的真实意思。

第二节 意思表示

第六十四条 意思表示可以采取明示或者默示方式。

第六十五条 有相对人的意思表示,该意思表示成立时生效。以公告方式为意思表示的,公告发布时生效。

第六十六条 虚假的意思表示,表意人不得主张该意思表示无效,但相对人知道或者应当知道该意思表示与其真实意思不一致的除外。

第三节 民事法律行为的效力

第六十七条 下列民事行为无效:

（一）无民事行为能力人实施的；
（二）限制民事行为能力人依法不能独立实施的；
（三）一方以欺诈、胁迫手段，使对方在违背真实意思的情况下所为并损害国家利益的；
（四）恶意串通，损害国家、集体或者第三人利益的；
（五）违反法律强制性规定或者社会公共利益的；
（六）以合法形式掩盖非法目的的。

第六十八条 限制民事行为能力人依法不能独立实施的民事行为，经法定代理人追认发生法律效力。

相对人可以催告法定代理人在一个月内予以追认，法定代理人未作表示的，视为拒绝追认。民事行为被追认前，善意相对人有撤销的权利。撤销应当以通知的方式作出。

第六十九条 下列民事行为，一方有权请求人民法院或者仲裁机构变更或者撤销：
（一）有重大误解的；
（二）显失公平的。

一方以欺诈、胁迫的手段或者乘人之危，使对方在违背真实意思的情况下实施民事行为的，受损害方有权请求人民法院或者仲裁机构变更或者撤销。

当事人请求变更的，人民法院或者仲裁机构不得撤销。

第七十条 有下列情形之一的，撤销权消灭：
（一）具有撤销权的当事人知道或者应当知道撤销事由之日起一年内没有行使撤销权的；
（二）具有撤销权的当事人知道撤销事由后明确表示或者以自己的行为放弃撤销权的。

第七十一条 无效的或者被撤销的民事行为自始没有法律约束力。民事行为部分无效，不影响其他部分的效力的，其他部分仍然有效。

第七十二条 民事行为被确认为无效或者被撤销后，当事人因该行为取得的财产，应当返还给受损失的一方。有过错的一方应当赔偿对方因此所受的损失，双方都有过错的，应当各自承担相应的责任。

双方恶意串通，实施民事行为损害国家、集体或者第三人利益的，应当追缴双方取得的财产，收归国家、集体所有或者返还第三人。

第七十三条 民事法律行为可以附条件。附生效条件的民事法律行为，自条件成就时生效。附解除条件的民事法律行为，自条件成就时失效。

当事人为自己的利益不正当地阻止条件成就的，视为条件已成就；不正当地促成条件成就的，视为条件不成就。

第七十四条 民事法律行为可以附期限。附生效期限的民事法律行为，自期限届至时生效。附终止期限的民事法律行为，自期限届满时失效。

第五章 代 理

第七十五条 自然人、法人可以通过代理人实施民事法律行为。

依照法律规定或者按照当事人的约定,应当由本人实施的民事法律行为,不得代理。

第七十六条 代理人在代理权限内,以被代理人的名义实施的民事法律行为,由被代理人承担民事责任;以自己名义实施的民事法律行为,由代理人承担民事责任。法律另有规定或者当事人另有约定的除外。

第七十七条 代理包括委托代理、法定代理和指定代理。

委托代理人按照被代理人的委托行使代理权,法定代理人依照法律的规定行使代理权,指定代理人按照人民法院或者指定单位的指定行使代理权。

第七十八条 民事法律行为的委托代理,可以用书面形式,也可以用口头形式。法律规定用书面形式的,应当用书面形式。

书面委托代理的授权委托书应当载明代理人的姓名或者名称、代理事项、权限和期间,并由委托人签字或者盖章。

委托书授权不明的,被代理人应当向第三人承担责任,代理人负连带责任,法律另有规定的除外。

第七十九条 没有代理权、超越代理权或者代理权终止后的行为,经被代理人追认的,被代理人承担民事责任;未经追认的,由行为人承担民事责任。

第八十条 代理人不履行职责而给被代理人造成损害的,应当承担民事责任。

第八十一条 代理人知道被委托代理事项违法仍然进行代理活动的,或者被代理人知道代理人的代理行为违法不表示反对的,由被代理人和代理人负连带责任。

代理人和第三人串通,损害被代理人利益的,由代理人和第三人负连带责任。

第三人知道行为人没有代理权、超越代理权或者代理权已终止还与行为人实施民事行为给他人造成损害的,由第三人和行为人负连带责任。

第八十二条 委托代理人为被代理人的利益需要转托他人代理的,应当事先取得被代理人同意。事先没有取得被代理人同意的,应当在事后及时告知被代理人,被代理人不同意的,由代理人对自己所转托的人的行为负民事责任,但在紧急情况下,为了保护被代理人的利益而转托他人的除外。

第八十三条 有下列情形之一,委托代理终止:

(一)代理期间届满或者代理事务完成的;

(二)被代理人取消委托或者代理人辞去委托的;

(三)代理人死亡的;

(四)代理人丧失民事行为能力的;

(五)作为被代理人或者代理人的法人终止的。

第八十四条 有下列情形之一,法定代理或者指定代理终止:

(一)被代理人取得或者恢复完全民事行为能力的;
(二)被代理人或者代理人死亡的;
(三)代理人丧失民事行为能力的;
(四)指定代理的人民法院或者指定单位取消指定的;
(五)由其他原因引起的被代理人和代理人之间的监护关系消灭的。

第六章 民事权利

第八十五条 自然人、法人依法享有物权。

本法所称物权,是直接支配动产或不动产的权利,包括所有权、用益物权、担保物权。

第八十六条 自然人、法人依法享有债权。

因合同、侵权行为、无因管理、不当得利以及法律的其他规定,在当事人之间产生的特定的权利义务关系,为债权债务关系,享有权利的人是债权人,负有义务的人是债务人。

第八十七条 没有法定的或者约定的义务,为他人管理事务的,有权请求本人偿还由此而支付的必要费用。

第八十八条 没有合法根据,取得不当利益,造成他人损失的,应当将取得的不当利益返还受损失的人。

第八十九条 自然人、法人依法享有知识产权。

本法所称知识产权,是指就下列内容所享有的权利:
(一)文学、艺术、科学等作品及其传播;
(二)专利;
(三)商标及其他有关商业标识;
(四)企业名称;
(五)原产地标记;
(六)商业秘密;
(七)集成电路布图设计;
(八)植物新品种;
(九)发现、发明以及其他科技成果;
(十)传统知识;
(十一)生物多样化;
(十二)法律规定的其他智力成果。

第九十条 自然人享有生命健康、姓名、肖像、名誉、荣誉、信用、隐私等权利。

法人享有名称、名誉、荣誉、信用等权利。

第九十一条 自然人因婚姻、家庭关系产生的人身权利受到法律保护。

第七章 民事责任

第九十二条 自然人、法人违反合同或者不履行其他义务的,应当承担民事责任。

第九十三条 承担民事责任的方式主要有:

(一)停止侵害;

(二)排除妨碍;

(三)消除危险;

(四)返还财产;

(五)恢复原状;

(六)修理、重作、更换;

(七)赔偿损失;

(八)支付违约金;

(九)消除影响、恢复名誉;

(十)赔礼道歉。

以上承担民事责任的方式,可以单独适用,也可以合并适用。

第九十四条 因不可抗力不能履行合同或者造成他人损害的,不承担民事责任,但法律另有规定的除外。

第九十五条 因当事人一方的违约行为,侵害对方人身、财产权益的,受害人可以选择要求违约方承担违约责任或者侵权责任。

第九十六条 因同一行为应当承担刑事、行政责任的,不影响承担民事责任。

第九十七条 因同一行为应当承担民事赔偿责任和缴纳罚款、罚金,其财产不足以支付的,先承担民事赔偿责任。

第九十八条 自然人、法人有抽逃资金,隐藏、转移财产等行为,拒不履行发生法律效力的法律文书的,经权利人申请,人民法院可以将该逃避民事责任的情形予以公告,并可以采取必要措施限制其高消费等行为。

第八章 时 效

第一节 诉讼时效

第九十九条 请求人民法院保护民事权利的诉讼时效,知道或者应当知道权利被侵害的,期间为三年,但下列情形为一年:

(一)要求支付旅店、餐饮店、娱乐场所的住宿费、餐饮费、入场费等费用的;

(二)要求支付旅客运费的;

(三)要求支付受雇人短于三个月期间的劳务报酬的;

(四)自然人寄存的小件财物被丢失或者毁损的。

前款规定的诉讼时效期间,上半年知道或者应当知道权利被侵害的,自该年的七月一日起计算;下半年知道或者应当知道权利被侵害的,自次年的一月一日起计算。

第一百条 诉讼时效期间,自民事权利被侵害之日起超过二十年的,人民法院不予保护;有下列情形之一,超过三十年的,人民法院不予以保护:

(一)药品质量不合格造成人身伤害的;

(二)医疗事故造成人身伤害的;

(三)环境污染造成人身伤害的;

(四)建筑物质量不合格的,但约定的质量保证期长于三十年的,按照其规定。

前款规定的诉讼时效期间从权利被侵害的次年一月一日起计算。期间届满,有特殊情况的,人民法院可以延长。

第一百零一条 超过诉讼时效期间,当事人自愿履行的,不受诉讼时效的限制。

超过诉讼时效期间,当事人履行义务后,又以不知道诉讼时效期间届满为由请求返还的,人民法院不予保护。

第一百零二条 在诉讼时效期间的最后六个月内,因不可抗力或者其他障碍不能行使请求权的,诉讼时效中止。从中止时效的原因消除之日起,诉讼时效期间继续计算。

第一百零三条 诉讼时效因下列情形之一中断:

(一)诉讼;

(二)仲裁;

(三)当事人一方向对方主张权利;

(四)对方同意履行义务;

(五)能够证明当事人主张权利的其他情形。

诉讼时效从中断时起,重新计算。

第一百零四条 诉讼、仲裁期间,诉讼时效停止计算。

第二节 取得时效

第一百零五条 权利人不行使权利,致使诉讼时效期间届满,占有人以所有的意思,公开、持续占有他人不动产经过五年的,取得该不动产的所有权。

占有人取得不动产用益物权,参照前款规定。

第一百零六条 权利人不主张权利,致使诉讼时效期间届满,占有人以所有的意思,公开、持续占有他人动产经过两年的,取得该动产的所有权。

占有人取得船舶、航空器、汽车等动产的所有权,适用本法第一百零五条第一款的规定。

第一百零七条 法律禁止转让的动产或者不动产,不适用有关取得时效的规定。

第九章 期 间

第一百零八条 期间的计算方法依照本章规定。法律另有规定或者当事人另有约定的除外。

第一百零九条 历法计算法，按公历所定之日、星期、月、年计算。

自然计算法，以60秒为一分，60分为一小时，24小时为一日，7日为星期，15日为半月，30日为一月，180日为半年，365日为一年。

第一百一十条 以分、小时、日定期间的，依自然计算法。

第一百一十一条 以工作日定期间的，有业务活动时间的，以业务活动的时间计算期间；没有业务活动时间的，一日为24小时，一星期为5日。

第一百一十二条 以星期、月、年定连续性期间的，依历法计算法，但规定的期间为一个半月或者几个月零半月的，最后半个月依自然计算法；规定以星期、月或者年定非连续性期间的，依自然计算法。

第一百一十三条 以季度定期间的，适用按月计算期间的规定，一个季度为三个月，季度从一年的开始计数。

第一百一十四条 规定以分、小时计算期间的，从规定时开始计算。

规定以分计算期间的，不满30秒的，不计算期间；超过30秒不满一分的，按照一分计算。

规定以小时计算期间的，不满15分的，不计算期间；满15分不满45分的，按照半小时计算期间；满45分不满一小时的，按照一小时计算期间。

第一百一十五条 规定以日、星期、月、年计算期间的，开始的当日不算入，从下一日开始计算。

期间届满的最后一日是法定休假日的，以休假日届满的次日为期间的最后一日。

期间的最后一日截止时间为二十四点。有业务时间的，到停止业务活动的时间截止。

第一百一十六条 延长期间的，新期间从前一期间届满开始计算。

第一百一十七条 民法所称的"以上"、"以下"、"以内"、"届满"，包括本数；所称的"不满"、"以外"不包括本数。

第二编 物权法

第一分编 总则

第一章 一般规定

第一条 为保护自然人、法人的物权，维护社会经济秩序，促进社会主义现代化建设，制定本法。

第二条 本法所称物权，是自然人、法人直接支配不动产或者动产的权利，包括所有权、用益物权和担保物权。

不动产指土地、建筑物等土地附着物。动产指机器设备等不动产以外的物。法律规定权利作为物权客体的,依照其规定。

第三条 物权的种类及其内容,由本法或者其他有关物权的法律规定。

第四条 物权的取得以及行使,应当遵守法律。违反法律规定的,不能取得物权。物权的行使,不得损害社会公共利益以及他人合法权益。

第五条 权利人享有的物权,受法律保护。任何人不得侵害物权。

第六条 物权的设立、变更、转让和消灭,除法律另有规定外,不动产应当登记,动产应当交付。记载于不动产登记簿的权利人是该不动产的权利人,动产的占有人是该动产的权利人,但有相反证据的除外。

第七条 特定的不动产或者动产,既是物权的支配物,又是债权的标的物时,优先保护物权,但法律另有规定的除外。

在特定的不动产或者动产设立两个以上物权时,优先保护先设立的物权,但法律另有规定的除外。

第八条 其他法律对物权的内容、保护等另有规定的,依照其规定。

第二章 物权的设立、变更、转让和消灭

第一节 不动产登记

第九条 依照法律规定,土地、矿藏等自然资源属于国家所有的,可以不经登记,自法律施行之日起享有物权。

除法律另有规定外,国家、集体、私人的不动产物权的设立、变更、转让和消灭,应当登记;不经登记,不发生物权效力。

第十条 不动产登记,由不动产所在地的县级以上登记机构办理。登记机构的设置以及登记程序,依照法律、行政法规的有关规定。

第十一条 登记机构应当履行下列职责:

(一)查验申请人提交的必要的材料;

(二)就有关登记事项询问申请人;

(三)如实、及时地登记有关事项;

(四)法律、行政法规规定的其他职责。

登记机构对申请登记的不动产的实际状况认为需要查看的,申请人有义务协助。

第十二条 不动产登记簿记载的事项,是权利人及其物权内容的根据。

不动产登记簿由登记机构管理。

第十三条 权利人以及利害关系人有权查阅、复制不动产登记簿记载的事项。

第十四条 不动产权属证书,是权利人享有该物权的证明。不动产权属证书记载的事项,应当与不动产登记簿记载的事项一致。记载不一致的,以不动产登记簿为准。

第十五条 不动产物权的设立、变更、转让和消灭,自不动产登记簿记载之时发生效力。

第十六条　权利人及利害关系人认为不动产登记簿记载错误的,有权申请异议登记。登记机构应当将该异议记载于不动产登记簿。

自异议登记之日起三个月内,申请人未向登记机构申请更正登记的,该异议登记失效。

第十七条　异议登记后,记载于不动产登记簿的权利人在异议登记期间不得处分该不动产。

异议登记不当,造成权利人损害的,权利人可以向异议登记的申请人请求损害赔偿。

第十八条　权利人和利害关系人认为不动产登记簿记载错误的,有权申请更正登记。登记确有错误的,应当予以更正。

第十九条　债权人为了限制债务人处分不动产,保障其将来取得物权,有权向登记机构申请预告登记。

预告登记后,债务人违背预告登记对该不动产作出的处分,不发生物权效力。

第二十条　预告登记后,债权人自能够进行不动产登记之日起三个月内未申请登记的,或者该债权消灭的,该预告登记失效。

第二十一条　权利人可以变更或者抛弃不动产物权。变更或者抛弃不动产物权的,自不动产登记簿记载之时发生效力。不动产有两个以上物权的,某一物权变更或者抛弃后,不影响其他物权的效力。

第二十二条　基于不动产登记簿享有的物权,受法律保护,但记载于不动产登记簿的权利人知道该权利有瑕疵的除外。

第二十三条　因登记机构的过错,导致不动产登记簿错误记载,对他人造成损害的,应当承担损害赔偿责任。

第二十四条　不动产以外物权的设立、变更、转让和消灭,依照法律规定应当登记的,准用不动产登记的有关规定。

第二节　动产交付

第二十五条　动产所有权的转让以及动产质权的设立等,除法律另有规定或者当事人另有约定的以外,自交付时发生效力。

第二十六条　船舶、飞行器和机动车等物权的设立、变更、转让和消灭,应当登记;不经登记,不得对抗善意第三人。

第二十七条　动产物权设立、转让前,权利人已经占有该动产的,物权自合同生效时发生效力。

第二十八条　动产物权设立、转让前,第三人占有该动产的,可以通过转让向第三人返还原物的请求权代替交付,物权自向第三人返还原物的请示权转让时发生效力。

转让向第三人返还原物的请求权的,出让人应当通知第三人。

第二十九条　动产物权转让时,出让人应当将该动产交付给受让人,但根据双方约定由出让人继续占有该动产的,可以由出让人继续占有该动产,视为已经交付。

第三节 其他规定

第三十条 因人民法院的判决、人民政府的征收等行为导致物权的设立、变更、转让和消灭的,自判决生效或者人民政府的征收等行为作出之时发生效力。

第三十一条 因继承或者遗赠导致物权设立的,自继承或者遗赠开始时发生效力。

第三十二条 因建造住房等事实行为导致物权设立和消灭的,自事实行为成就时发生效力。

第三十三条 依照本法第三十条至第三十二条的规定,导致不动产以及船舶、飞行器和机动车等的物权设立、变更、转让和消灭的,应当及时补办登记。

第三章 物权的保护

第三十四条 因物权的归属及其内容发生争议的,利害关系人可以请求确认权利。

第三十五条 任何人无权占有他人不动产或者动产的,权利人可以请求其返还原物。

第三十六条 任何人造成他人不动产或者动产毁损的,权利人可以请求恢复原状。

第三十七条 任何人妨害行使物权的,权利人可以请求排除妨害。

第三十八条 任何人有可能危及行使物权的,权利人可以请求消除危险。

第三十九条 任何人侵害物权,造成权利人损害的,权利人可以请求损害赔偿。

第二分编 所 有 权

第四章 一般规定

第四十条 所有权人拥有特定的不动产或者动产,对其不动产或者动产享有全面支配的权利。

第四十一条 所有权人依照法律规定或者当事人的约定,可以允许他人以其不动产或者动产享有占有、使用、收益的权利,以及处分用益物权的权利。

第四十二条 所有权的取得应当遵守法律。依照法律规定只能由国家所有的,集体和私人不能取得所有权。

第四十三条 法律保护国家所有权、集体所有权和私人所有权。禁止任何组织或者个人用任何手段侵占、破坏国家、集体和私人的不动产或者动产。

第四十四条 县级以上人民政府为了社会公共利益的需要,依照法律规定的权限和程序可以征收单位以及个人的不动产或者动产,但应当给予合理补偿。

第四十五条 因救灾、战争等紧急需要,县级以上人民政府依照法律规定的权限和程序,可以征用单位以及个人的不动产或者动产,但应当给予合理补偿。被征用的不动产或者动产使用后,应当返还被征用人。被征用的不动产或者动产毁损、灭失的,应当给予合理补偿。

第五章 国家所有权

第四十六条 矿产资源、水资源以及城市的土地属于国家所有。国家所有即全民所有。

第四十七条 森林、山岭、草原、荒地、滩涂等自然资源，属于国家所有，但法律规定属于集体所有的除外。

第四十八条 农村和城市郊区的土地、野生动物资源等，法律规定国家所有的，属于国家所有。

第四十九条 中央人民政府和地方人民政府依法分别代表国家履行出资人职责，享有所有权人权益。

第五十条 国家所有的不动产或者动产，投入到企业的，由出资人按出资额享有资产受益、重大决策以及选择经营管理者等权利。

国有企业或者国有控股企业对该企业的不动产或者动产，在企业存续期间享有法人财产权。禁止将国有企业或者国有控股企业的财产无偿或者以明显不合理的低价转让给他人。国家委派出资人代表通过企业章程规定出资人权利，通过股东会、董事会、监事会行使权利，对该企业的经营活动进行监督管理。

第五十一条 国家机关对其拥有的不动产或者动产，依照法律以及国务院的有关规定享有占有、使用和处分的权利。

第五十二条 国家兴办的学校、医院、电台、电视台、报社、出版社、图书馆、博物馆等单位对其拥有的不动产或者动产，依照法律以及国务院的有关规定享有占有、使用、收益和处分的权利。

第六章 集体所有权

第五十三条 劳动群众集体所有的不动产或者动产，包括：
（一）法律规定为集体所有的土地和森林、山岭、草原、荒地、滩涂等；
（二）集体经济组织的财产；
（三）集体所有的建筑物、水库、农田水利设施；
（四）集体所有的教育、科学、文化、卫生、体育等设施；
（五）集体所有的其他不动产或者动产。

第五十四条 土地和森林、山岭、草原、荒地、滩涂等集体所有权的行使，有下列情形：
（一）分别属于村内两个以上集体经济组织的农民集体所有的，由该村内各集体经济组织或者村民小组行使所有权；
（二）属于村农民集体所有的，由该集体经济组织或者村民委员会行使所有权；

（三）属于乡（镇）农民集体所有的，由该乡（镇）集体经济组织行使所有权。

第五十五条 农民集体所有的土地等，应当由本集体经济组织的家庭承包经营，从事种植业、林业、畜牧业、渔业生产。

农民集体所有的土地等，经本集体经济组织成员的村民会议三分之二以上成员或者三分之二以上村民代表同意，并报乡（镇）人民政府批准，可以由本集体经济组织以外的单位或者个人承包经营。

土地承包经营权人依照法律享有对该土地的用益物权。

第五十六条 农民集体所有的农用地，不得用于非农业建设。需要将农用地转为建设用地的，应当依照法律规定办理农用地转用审批手续。

第五十七条 因社会公共利益的需要，国家可以征收集体所有的土地，但应当支付土地补偿费等费用。土地补偿费等费用的分配办法，应当经本集体经济组织三分之二以上的成员或者成员代表同意。

第五十八条 城镇集体企业、乡镇（村）集体企业，对该企业的不动产或者动产，在企业存续期间享有法人财产权。

第五十九条 集体经济组织的管理人员，依照法律、章程等有关规定由集体经济组织的成员选举产生。集体经济组织的重大经营决策依照法律、章程等有关规定由集体经济组织成员决定。禁止将集体所有的财产无偿或者以明显不合理的低价转让给他人。集体经济组织的管理人员作出的决定违反法律、章程等有关规定，侵害集体经济组织成员权益的，该集体经济组织的成员可以通过诉讼等方式维护集体所有权以及成员的权益。

第七章 私人所有权

第六十条 本法所称的私人所有权，包括自然人以及个体经济、私营经济等非公有制经济的主体，对其不动产或者动产享有全面支配的权利。

第六十一条 私人对其依法取得的工资、奖金、房屋、生活用品等生活资料享有所有权。

第六十二条 私人对其依法取得的劳动工具、原材料等生产资料享有所有权。

第六十三条 私营企业的不动产或者动产，具备法人条件的，属于该法人所有；不具备法人条件的，依照法律或者章程规定享有所有权。

第六十四条 国家保护私人的储蓄。

国家保护私人投资以及因投资获得的收益。

第六十五条 国家保护私人财产的继承权以及其他合法权益。

第八章 建筑物区分所有权

第六十六条 建筑物区分所有权人，就该建筑物内其居室等专有部分享有所有权,就走廊、电梯等共有部分享有共有的权利,就该建筑物及其附属设施的维护等享有共同管理的权利。

第六十七条 建筑物区分所有权人对其专有部分享有占有、使用、收益和处分的权利,但不得违反管理该建筑物的有关规定,不得损害其他区分所有权人的合法权益。

第六十八条 建筑物区分所有权人转让其专有部分所有权的,其对共有部分享有的共有权利以及对该建筑物及其附属设施享有的共同管理的权利,视为一并转让。

第六十九条 建筑物区分所有权人,对于已摊入销售成本的物业管理用房、商业用房等建筑物,以及小区内的场地享有共有的权利,就该不动产有共同管理的权利,维护、修缮该不动产的费用由有关共有人承担。

第七十条 建筑物区分所有权人会议由全体建筑物区分所有权人组成,是该建筑物及其附属设施的管理机构。

第七十一条 建筑物区分所有权人人数众多的,可以设立建筑物区分所有权人委员会,该委员会按照建筑物区分所有权人会议的决定履行管理职责。

第七十二条 建筑物区分所有权人会议或者建筑物区分所有权人委员会,有权取得有关该建筑物及其附属设施的土地使用权证、居住区管理用房和居住区规划图、竣工总平面图、地下地上管网竣工图以及其他必要的工程建筑资料。建筑物区分所有权人会议或者建筑物区分所有权人委员会取得土地使用权证后,应当办理土地使用权人的变更登记。

第七十三条 建筑物区分所有权人会议以及建筑物区分所有权人委员会可以制定有关该建筑物及其附属设施的管理规定,可以委托物业管理机构管理该建筑物及其附属设施。

第七十四条 建筑物及其附属设施的管理规定以及维护、重建、费用分摊、收益分配等重大事项,应当经建筑物区分所有权人会议总表决权的三分之二以上同意。

第七十五条 建筑物区分所有权人会议或者建筑物区分所有权人委员会,对任意弃置垃圾、侵占通道、排放大气污染物、施放噪音,以及违反规定饲养动物等损害公共利益或者他人权益的行为,有权依照建筑物区分所有权人会议通过的物业管理规定予以处理。

第七十六条 对建筑物及其附属设施的重建,少数建筑物区分所有权人持反对意见的,虽经有效表决同意,应当采取补偿等措施,合理保护持反对意见的建筑物区分所有权人的权益。

第九章　相邻关系

第七十七条 不动产相邻的各权利人应当依照有利生产、方便生活、团结互助、公平合理的原则处理相邻关系。

第七十八条 不动产权利人应当为相邻的各权利人用水、排水提供必要的便利。

对自然流水的利用,应当在不动产相邻的各权利人之间合理分配。对自然流水的排放,应当尊重自然流向。

第七十九条　不动产权利人有权禁止他人侵入其土地,但有下列情形之一的除外:
(一)相邻的各权利人因通行有必要利用该土地的;
(二)相邻的各权利人因建造、修缮建筑物及其附属设施有必要利用该土地的;
(三)根据当地习惯有必要利用该土地的。

第八十条　建造建筑物,应当与相邻建筑物保持适当距离并且适当限制其高度,不得妨碍相邻建筑物的通风、采光和日照。

第八十一条　不动产权利人因铺设电线、电缆、水管、煤气管等管线有必要利用相邻土地、建筑物的,该土地、建筑物的权利人应当提供必要的便利。

第八十二条　不动产权利人有权依照法律规定禁止相邻的各权利人排放、泄漏大气污染物、水污染物、固体废物以及施放噪音、震动、光、电磁波辐射等有害物质。

第八十三条　不动产权利人挖掘土地、建造建筑物、铺设管线以及安装设备等,不得危害相邻不动产的正常使用和安全。

第八十四条　不动产权利人为相邻的各权利人因用水、排水、通行、铺设管线等提供便利受到损害的,可以请求相邻的各权利人适当补偿。

第八十五条　正确处理相邻关系,法律、法规有规定的,依照该规定;法律、法规没有规定的,可以按照当地习惯。

第十章　共　有

第八十六条　按份共有人根据其份额对共有的不动产或者动产享有占有、使用、收益和处分的权利。

第八十七条　共同共有人对共有的不动产或者动产共同享有占有、使用、收益和处分的权利。

第八十八条　共有人按照约定维护共有的不动产或者动产,没有约定或者约定不明确的,各共有人都有义务维护。

第八十九条　处分共有的不动产或者动产以及对共有的不动产或者动产作重大修缮的,应当经占份额三分之二以上的按份共有人或者三分之二以上的共同共有人同意。

第九十条　按份共有人之间约定不得分割共有的不动产或者动产,以维持共有关系的,应当按照其约定,但按份共有人有重大理由需要分割的,可以请求分割;没有约定或者约定不明确的,按份共有人可以随时请求分割。因分割对其他按份共有人造成损害的,应当予以补偿。

第九十一条　共同共有人在共有期间不得请求分割共有的不动产或者动产。解除共有关系后,可以分割共有的不动产或者动产。

第九十二条　共有人可以协议分割共有的不动产或者动产。达不成协议的,共有的不动产或者动产可以分割或者因分割不会减损价值的,应当予以实物分割;难以分割或者因分割会减损价值的,应当采取拍卖或者变卖的办法予以分割。

第九十三条 按份共有人可以转让其在共有的不动产或者动产中享有的份额。按份共有人转让其共有的不动产或者动产中享有的份额的,其他共有人享有优先购买的权利。

第九十四条 因共有的不动产或者动产产生的债权以及债务,在对外关系上,共有人应当依照法律规定或者按照合同约定享有债权,承担债务;在共有人内部关系上,除共有人另有约定的以外,按份共有人根据其份额享有债权,承担债务;共同共有人享有连带债权,承担连带债务。偿还债务超过自己应当承担份额的按份共有人,有权向其他共有人追偿。

第九十五条 有下列情形之一,按份共有的,由其他按份共有人按照其份额享有,但另有约定的除外;共同共有的,由其他共有人享有:
(一)共有人抛弃其权利的;
(二)共有人死亡没有继承人或者继承人放弃继承的;
(三)共有人遗赠但受遗赠人放弃遗赠的。

第九十六条 共有人对共有的不动产或者动产为按份共有或者共同共有,没有约定或者约定不明确的,除共有人具有夫妻关系或者家庭关系等以外,视为按份共有。

第九十七条 按份共有人对共有的不动产或者动产享有的份额,没有约定或者约定不明确的,按照其出资额确定;不能确定出资额的,视为等额享有。

第九十八条 两人以上对不动产共同享有用益物权的,准用本章规定。

第十一章 所有权取得的特别规定

第九十九条 无处分权人将不动产或者动产转让给受让人,符合下列情形的,受让人即时取得该不动产或者动产的所有权:
(一)受让人在转让时不知道或者不应当知道转让人无处分权;
(二)以合理的价格有偿转让;
(三)转让的不动产已经登记,转让的动产已经交付给受让人;
(四)法律不禁止或者不限制转让;
(五)转让合同不属于无效或者被撤销。
当事人善意取得其他物权的,参照前款规定。

第一百条 善意受让人通过拍卖或者向具有经营资格的经营者购买盗窃物、遗失物等,所有权人、遗失人等权利人可以向无处分权人请求损害赔偿,不得向受让人请求返还原物。

第一百零一条 受让人未通过拍卖或者向不具有经营资格的经营者购买盗窃物、遗失物等,所有权人、遗失人等权利人可以在丧失占有之日起两年内向受让人请求返还,也可以向无处分权人请求损害赔偿。受让人返还盗窃物、遗失物的,可以向无处分权人请求损害赔偿。

第一百零二条 依照前条规定,请求返还的盗窃物、遗失物等为货币或者无记名有价证券的,不得请求返还原物。

第一百零三条 拾得人拾得遗失物,应当返还遗失物。

拾得人拾得遗失物,应当在拾得遗失物之日起三十日内通知所有权人、遗失人等权利人领取,或者送交有关部门。

拾得人通知所有权人、遗失人等权利人领取遗失物,权利人不领取的,拾得人应当自通知之日起六十日内将该物送交有关部门。

第一百零四条 有关部门收到遗失物,知道所有权人、遗失人等权利人的,应当及时通知其领取;不知道所有权人、遗失人等权利人的,应当自收到遗失物之日起及时发布招领公告。

第一百零五条 拾得人应当在遗失物送交有关部门之前,有关部门应当在遗失物未被领取之前妥善保管遗失物。因故意或者重大过失致使遗失物毁损、灭失的,应当承担损害赔偿责任。

第一百零六条 所有权人、遗失人等权利人领取遗失物时,应当向拾得人或者有关部门支付遗失物的保管费等必要费用。所有权人、遗失人等权利人悬赏寻找遗失物的,领取遗失物时应当按照其承诺向拾得人支付报酬。

第一百零七条 所有权人、遗失人等权利人领取遗失物时未支付保管费等必要费用或者报酬的,拾得人或者有关部门有权留置遗失物。

第一百零八条 拾得人侵占遗失物时,无权请求遗失物的保管费等必要费用或者报酬。

第一百零九条 有关部门自收到遗失物之日起两年内无人认领的,扣除遗失物的保管费等必要费用后归国家所有。

第一百一十条 拾得漂流物、发现埋藏物或者隐藏物的,参照适用拾得遗失物的有关规定。

第一百一十一条 主物转让的,从物随主物转让,但当事人另有约定的除外。

第一百一十二条 天然孳息,由用益权人取得,但当事人另有约定的除外。

法定孳息,当事人有约定的,按照该约定取得;当事人没有约定的,按照交易习惯取得。

第三分编 用益物权

第十二章 一般规定

第一百一十三条 国家所有的或者依法由集体所有的土地、森林、山岭、草原、荒地、滩涂以及矿产资源、水资源、渔业资源等,可以依照法律规定由自然人、法人开发利用。

第一百一十四条 国家实行土地、草原、荒地、滩涂等以及矿产资源、水资源、渔业资源等有偿使用制度,但法律另有规定的除外。

第一百一十五条 自然人、法人取得建设用地使用权、探矿权、采矿权、取水权、渔业权,应当依照法律规定经主管部门许可。

第一百一十六条 用益权人应当遵守法律有关保护资源和合理开发利用资源的规定。

第一百一十七条 法律保护用益权人对土地、森林、山岭、草原、荒地以及矿产资源、水资源、渔业资源等占有、使用和收益的权利,禁止任何单位或者个人用任何手段侵害其用益物权。

第十三章 土地承包经营权

第一百一十八条 土地承包经营权人对其承包经营的耕地、林地、草地等享有占有、使用和收益的权利,以从事种植业、林业、畜牧业、渔业生产。

第一百一十九条 农民集体所有或者国家所有依法由农民集体使用的耕地、林地、草地等,应当公平合理地由本集体经济组织的家庭承包经营。

第一百二十条 设立土地承包经营权,应当采取农村集体经济组织内部的家庭承包方式。不宜采取家庭承包方式的荒山、荒沟、荒丘、荒滩等农村土地,可以采取招标、拍卖、公开协商等方式。

第一百二十一条 土地承包方案应当按照《中华人民共和国农村土地承包法》第十二条的规定,依法经本集体经济组织成员的村民会议三分之二以上成员或者三分之二以上村民代表的同意。

第一百二十二条 发包人将农村土地发包给本集体经济组织以外的单位或者个人承包,应当事先经本集体经济组织成员的村民会议三分之二以上成员或者三分之二以上村民代表的同意,并报乡(镇)人民政府批准。

第一百二十三条 设立土地承包经营权,当事人应当采取书面形式订立承包合同。

第一百二十四条 土地承包经营权,自承包合同生效时取得。

县级以上地方人民政府应当向土地承包经营权人颁发土地承包经营权证或者林权证等证书,并登记造册,确认土地承包经营权。

通过招标、拍卖、公开协商等方式承包荒山、荒沟、荒丘、荒滩等农村土地,当事人要求登记的,应当向县级以上地方人民政府申请土地承包经营权登记。

第一百二十五条 耕地承包经营的期限为三十年。草地承包经营的期限为三十年至五十年。林地承包经营的期限为三十年至七十年;特殊林木的林地承包经营的期限,经国务院林业行政主管部门批准可以延长。

第一百二十六条 土地承包经营权人应当合理利用土地,不得改变土地的农业用途。

为治理水土流失开发荒地的,土地承包经营权人应当履行水土保护的义务。

第一百二十七条 土地承包经营权人有权自主经营,发包人不得采取任何方式侵害土地承包经营权。

第一百二十八条 土地承包经营权人因承包经营的需要,可以在该土地上修建必要的附属设施。附属设施的所有权属于土地承包经营权人。

土地承包经营的期限届满,对土地上的附属设施,发包人可以以合理价格购买,土地承包经营权人也可以取回。

第一百二十九条 土地承包经营权人应当依照法律规定支付农业税等税费。发包人不得违反法律规定提高农业税等税费。

第一百三十条 土地承包经营权人可以依法将土地承包经营权转包、出租、互换、转让等。

第一百三十一条 土地承包经营权人将土地承包经营权转包、出租、互换、转让等,当事人应当采取书面形式订立相应的合同。该合同的期限由当事人协议,但不得超过原土地承包经营合同剩余的期限。将土地承包经营权转让的,应当经发包人同意;将土地承包经营权转包、出租、互换等,应当报发包人备案。

第一百三十二条 土地承包经营权人将土地承包经营权互换、转让,当事人要求登记的,应当向县级以上地方人民政府申请登记。未经登记,不得对抗善意第三人。

第一百三十三条 土地承包经营权人有权将设立在该土地上的承包经营权予以分割。享有土地承包经营权的妇女,离婚后要求分割承包经营权的,应当予以分割。

土地承包经营权人有权将设立在相互毗连的土地上的承包经营权合并。

第一百三十四条 承包期内,发包人不得收回承包地。

承包期内,土地承包经营权人全家迁入小城镇落户的,应当按照土地承包经营权人的意愿,保留其土地承包经营权或者允许其依法进行土地承包经营权流转。

承包期内,土地承包经营权人全家迁入设区的市,转为非农业户口的,应当将承包的耕地和草地交回发包人。土地承包经营权人不交回的,发包人可以收回承包的耕地和草地。

承包期内,土地承包经营权人交回承包地或者发包人依法收回承包地时,土地承包经营权人对其在承包地上投入而提高土地生产能力的,有权获得相应的补偿。

第一百三十五条 承包期内,发包人不得调整承包地。

承包期内,因自然灾害严重毁损承包地等特殊情形对个别农户之间承包的耕地和草地需要适当调整的,必须经本集体经济组织成员的村民会议三分之二以上成员或者三分之二以上村民代表的同意,并报乡(镇)人民政府和县级人民政府农业等行政主管部门批准。承包合同中约定不得调整的,按照其约定。

第一百三十六条 承包期内,土地承包经营权人可以自愿将承包地交回发包人。土地承包经营权人自愿交回承包地的,应当提前半年以书面形式通知发包人。土地承包经营权人在承包期内交回承包地的,在承包期内不得再要求承包土地。

第一百三十七条 土地全部或者部分灭失致使不能实现土地承包经营权设立目的的,土地承包经营权消灭。

第一百三十八条 土地承包经营的期限届满,土地承包经营权消灭。

第一百三十九条　土地承包经营权分割、合并的,土地承包经营权人应当及时向县级人民政府申请变更。土地承包经营权消灭的,发包人应当及时向县级人民政府申请注销;县级以上地方人民政府应当收回土地承包经营权证或者林权证等证书。

第一百四十条　国家所有的农用地实行承包经营的,参照适用本章的有关规定。

第十四章　建设用地使用权

第一百四十一条　建设用地使用权人有权对国家所有或者集体所有的土地占有、使用和收益,在该土地上建造并经营建筑物、构筑物以及其他附着物。

第一百四十二条　建设用地使用权人有权在地上或者地下修建地铁、轻轨、车库、铺设管线、空中走廊等设施,但不得妨害其他建设用地使用权人行使其权利。

第一百四十三条　建设用地使用权应当有偿取得,但法律另有规定的除外。

第一百四十四条　用集体所有的土地设立乡村企业,或者用集体所有的土地使用权投资入股设立企业,以及因乡村公共设施、公益事业建设需要使用土地的,应当依照法律的规定办理审批手续。

第一百四十五条　设立建设用地使用权,可以采取拍卖、招标、协议以及划拨等方式。

商业、旅游、娱乐以及豪华住宅用地,应当采取拍卖或者招标方式;不能采取拍卖或者招标方式的,可以采取协议方式。

第一百四十六条　城市规划区内集体所有的土地,依法征收为国有土地后,该建设用地使用权才能有偿出让。

第一百四十七条　采取拍卖、招标和协议方式设立建设用地使用权的,当事人应当采取书面形式订立建设用地使用权出让合同。建设用地使用权出让合同自合同成立时起生效。建设用地使用权出让合同内容一般包括:

(一)出让人、受让人;

(二)土地的位置、面积等;

(三)土地的用途;

(四)使用期限;

(五)交付出让金等费用;

(六)解决争议的办法。

第一百四十八条　建设用地使用权出让合同订立后,应当向县级以上登记机构申请建设用地使用权登记。建设用地使用权自记载于登记簿之时起设立。登记机构应当向建设用地使用权人发放建设用地使用权证书。

第一百四十九条　建设用地使用权的期限至少为二十年。法律、行政法规对建设用地使用权的最长期限有规定的,依照其规定。

第一百五十条　建设用地使用权人应当合理利用土地,不得改变土地所有权的性质以及土地用途。需要改变土地用途的,应当经出让人同意。

第一百五十一条 建设用地使用权人应当依照法律规定以及合同约定交付出让金等费用。

第一百五十二条 建设用地使用权人建造的建筑物、构筑物、基础设施以及其他附着物,除有相反证据的以外,其所有权属于建设用地使用权人。

第一百五十三条 建设用地使用权人在符合法律规定的情况下,有权将建设用地使用权转让、互换、入股、赠与、抵押或者出租。

第一百五十四条 建设用地使用权人将建设用地使用权转让、互换、入股、赠与、抵押或者出租的,当事人应当采取书面形式订立相应的合同。该合同的期限由当事人协议,但不得超过原建设用地使用权出让合同剩余的期限。

第一百五十五条 建设用地使用权人将建设用地使用权转让、互换、入股、赠与或者被实现抵押权的,应当向县级以上登记机构申请变更登记。

第一百五十六条 建设用地使用权人将建设用地使用权转让、互换、入股、赠与的,附着于该建设用地上的建筑物等相应处分。

第一百五十七条 建筑物、构筑物、基础设施以及其他附着物的所有权人或者使用权人将建筑物、构筑物、基础设施以及其他附着物转让、互换、入股、赠与的,该建设用地的使用权相应处分。

第一百五十八条 建设用地使用权人有下列情形之一的,国家或者集体经济组织有权收回建设用地,该建设用地使用权消灭:

(一)违反法律规定或者合同约定改变土地用途的;

(二)二年以上不开发利用的。

第一百五十九条 建设用地全部或者部分灭失致使不能实现建设用地使用权设立目的的,建设用地使用权消灭。

第一百六十条 建设用地使用权人可以放弃建设用地使用权,但应当提前六个月通知出让人。放弃建设用地使用权的,建设用地使用权消灭。

第一百六十一条 建设用地使用权的期限届满,建设用地使用权消灭。

第一百六十二条 建设用地使用权的期限届满,建设用地使用权人需要继续使用该土地的,应当在期限届满前一年申请续期,除因社会公共利益需要收回该土地的,出让人应当同意。

第一百六十三条 建设用地使用权的期限届满,建设用地使用权人不申请续期,或者出让人因公共利益需要收回该土地的,对该土地上的建筑物、构筑物、基础设施以及其他附着物,除法律另有规定或者合同另有约定的以外,土地的所有人可以以合理价格购买;建筑物、构筑物、基础设施以及其他附着物的所有权人也可以取回。

第一百六十四条 建设用地使用权消灭的,出让人应当及时向县级以上登记机构申请注销登记。登记机构应当收回建设用地使用权证书。

第十五章 宅基地使用权

第一百六十五条 宅基地使用权人有权占有、使用集体所有的土地,在该土地上建造住房以及其他附着物。

第一百六十六条 宅基地应当经乡镇人民政府审核,由县级以上人民政府批准。

设立宅基地使用权,不得违背乡镇土地利用总体规划,并尽量使用原有的宅基地和村内空闲地。

第一百六十七条 村民经农村集体经济组织分配取得宅基地使用权。一户只能拥有一处宅基地。

第一百六十八条 宅基地使用权人可以向县级以上登记机构申请宅基地使用权登记。宅基地使用权,可以和建造在该宅基地上的住房所有权同时登记,也可以单独登记。

第一百六十九条 宅基地使用权不得单独转让。建造在该宅基地上的住房所有权转让的,宅基地使用权同时转让。

第一百七十条 宅基地使用权不得抵押。建造在该宅基地上的住房所有权抵押的,在实现该抵押权时,宅基地使用权同时转让。

第一百七十一条 宅基地使用权人可以放弃宅基地使用权。放弃宅基地使用权的,宅基地使用权消灭。

第一百七十二条 宅基地使用权人依照本法规定转让或者放弃宅基地使用权的,不再分配宅基地。

第一百七十三条 因乡村公共设施和公益事业建设的需要,农村集体经济组织经县级人民政府批准,有权收回宅基地,但应当向宅基地使用权人补偿因此受到的损害,并对没有宅基地的村民重新分配宅基地。

第一百七十四条 宅基地灭失的,宅基地使用权消灭。农村集体经济组织应当对没有宅基地的村民重新分配宅基地。

第一百七十五条 宅基地使用权转让或者消灭的,应当向县级以上登记机构申请变更登记或者注销登记。

第十六章 邻地利用权

第一百七十六条 邻地利用权人因通行、取水、排水、通风、采光、铺设管线等需要,有权利用他人土地,以提高自己土地的便利与效益。

第一百七十七条 邻地利用权人,可以是土地所有权人,也可以是土地承包经营权、建设用地使用权、宅基地使用权等权利人。

第一百七十八条 设立邻地利用权,当事人应当采取书面形式订立邻地利用合同。邻地利用合同一般包括:

（一）当事人；
（二）利用和被利用的土地的位置；
（三）利用目的或者方法；
（四）利用期限；
（五）费用及其支付方式；
（六）解决争议的办法。

邻地利用权自邻地利用合同生效时取得。当事人要求登记的，邻地利用权人应当向县级以上登记机构申请登记。未经登记，不得对抗善意第三人。

第一百七十九条 被利用土地的权利人，应当按照合同约定容许邻地利用权人利用其土地，不得妨害邻地利用权。

第一百八十条 设定邻地利用权，应当合理利用土地，尽可能减少对他人物权的限制。

第一百八十一条 邻地利用权的期限，由当事人约定。邻地利用权的期限，不得超过土地承包经营权、建设用地使用权等用益物权的剩余期限。

第一百八十二条 邻地利用权不得单独转让。土地承包经营权、建设用地使用权转让的，邻地利用权同时转让，但当事人另有约定的除外。

第一百八十三条 邻地利用权不得抵押。土地承包经营权、建设用地使用权抵押的，在实现该抵押权时，邻地利用权同时转让。

第一百八十四条 土地承包经营权人、建设用地使用权人享有邻地利用权的，土地承包经营权、建设用地使用权部分转让时，受让人同时享有邻地利用权。

第一百八十五条 被利用的土地上设立土地承包经营权、建设用地使用权的，土地承包经营权、建设用地使用权部分转让时，邻地利用权对受让人具有约束力。

第一百八十六条 有偿利用邻地的，邻地利用权人应当按照约定支付费用。

第一百八十七条 邻地利用权人因行使邻地利用权的需要，有权在被利用的土地上修建必要的附属设施。

第一百八十八条 被利用土地的权利人可以使用邻地利用权人修建的附属设施，但不得妨害利用权。除当事人另有约定的以外，应当适当分担附属设施的维护费用。

第一百八十九条 被利用土地的权利人可以请求变更利用其土地的方式。因此增加的费用，由当事人协议负担；达不成协议的，由被利用土地的权利人负担。

第一百九十条 邻地利用权人有下列情形之一的，被利用土地的权利人有权解除邻地利用关系，该邻地利用权消灭：

（一）违反法律规定或者合同约定滥用邻地利用权的；
（二）有偿利用邻地的，在合理期限内经二次催告未支付费用的。

第一百九十一条 有以下情形之一的，邻地利用权消灭：

（一）邻地利用权期间届满的；
（二）被利用土地因自然变化不能实现邻地利用权目的的；
（三）抛弃邻地利用权的；

（四）被利用土地或者利用他人土地的土地灭失的。

第一百九十二条 已经登记的邻地利用权变更、转让或者消灭的,应当及时向县级以上登记机构申请变更或者注销登记。

第十七章 典 权

第一百九十三条 典权人对出典的住房以及其他附着物享有占有、使用和收益的权利。

第一百九十四条 设立典权,当事人应当采取书面形式订立合同。合同内容一般包括：

（一）出典人、典权人；

（二）住房以及其他附着物的位置、面积等；

（三）典价以及支付方式；

（四）典权期限；

（五）解决争议的办法。

第一百九十五条 典权合同订立后,应当向县级以上登记机构申请典权登记。典权自记载于登记簿之时起设立。

第一百九十六条 典权期限不得超过二十年。当事人约定超过二十年的,超过部分无效。

第一百九十七条 典权人应当妥善维护出典的住房以及其他附着物。典权人未履行该义务造成出典的住房以及其他附着物损害的,应当承担损害赔偿责任。

第一百九十八条 典权人可以将出典的住房以及其他附着物出租或者转典于他人,但典权合同另有约定的除外。

定期典权,出租或者转典的期限不得超过原典权合同剩余的期限。

第一百九十九条 出典的住房以及其他附着物因出租或者转典受到损害的,典权人应当向出典人承担损害赔偿责任。

第二百条 出典人回赎出典的住房以及其他附着物的,转典权人应当返还。转典价超过典价的,转典权人有权请求典权人返还,不得对抗出典人。

第二百零一条 出典人将出典的住房以及其他附着物转让时,典权人享有优先购买的权利。

出典人将出典的住房以及其他附着物转让给他人的,不影响典权,受让人处于出典人的地位。

第二百零二条 典权人将出典的住房以及其他附着物转典或者将典权转让的,应当办理变更登记。

典权转让的,自记载于登记簿之时起,受让人处于典权人的地位。

第二百零三条 因典权人的过错致使出典的住房以及其他附着物全部或者部分灭失的,典权人应当承担损害赔偿责任,典价可以折抵赔偿费用。

因不可抗力致使出典的住房以及其他附着物全部或者部分灭失的,典权人和出典人应当分担因此造成的损害。

第二百零四条　出典的住房以及其他附着物全部或者部分灭失,典权人可以重建。重建费用超过灭失的住房以及其他附着物价值的,应当征得出典人同意。

因典权人的过错致使出典的住房以及其他附着物全部或者部分灭失的,重建费用应当由典权人承担。因不可抗力致使出典的住房以及其他附着物全部或者部分灭失的,重建费用应当由典权人和出典人合理分担。

第二百零五条　典权期限届满,出典人可以返还典价回赎出典的住房以及其他附着物。

典权期限届满后二年内出典人未返还典价回赎的,典权人取得出典的住房以及其他附着物的所有权。

第二百零六条　典权期限没有约定或者约定不明的,出典人可以随时返还典价回赎出典的住房以及其他附着物。

自典权设立二十年内出典人未返还典价回赎的,典权人取得出典的住房以及其他附着物的所有权。

第二百零七条　出典人将回赎出典的住房以及其他附着物时,应当在六个月前通知典权人。

第十八章　居　住　权

第二百零八条　居住权人对他人住房以及其他附着物享有占有、使用的权利。

第二百零九条　设立居住权,可以根据遗嘱或者遗赠,也可以按照合同约定。

根据遗嘱、遗赠或者按照合同约定设立居住权的,应当向县级以上登记机构申请居住权登记,居住权自记载于登记簿之时起设立。

第二百一十条　居住权人应当合理使用住房,并承担居住房屋的日常维护费用。

居住权人占有、使用住房以及其他附着物,可以不支付使用费,不承担重大维修费用,但当事人另有约定的除外。

第二百一十一条　居住权不得转让,不得继承。

居住权人不得将居住的房屋出租,但当事人另有约定的除外。

第二百一十二条　住房以及其他附着物的所有权人应当保障居住权人对该住房以及其他附着物占有、使用的权利。

居住权人对部分住房享有专用的,可以使用该住房的公用部分。

第二百一十三条　居住权设立后,该住房的所有权人发生变化的,不影响居住权。

第二百一十四条　居住权期限有约定的,按照该约定;没有约定或者约定不明的,居住权期限至居住权人死亡时止。

第二百一十五条　有下列情形之一的,居住权消灭:

(一)居住权人放弃居住权的;

(二)约定的居住权期限届满的;
(三)约定的居住权解除条件成就的;
(四)因不可抗力致使住房灭失的;
(五)居住权人死亡的。

第十九章 探矿权、采矿权

第二百一十六条 自然人、法人勘查、开采矿产资源,应当依照法律规定取得勘查许可证或者采矿许可证,并在主管部门办理登记。

第二百一十七条 开采对国民经济具有重要价值的矿区和国家规定实行保护性开采的特定矿种等,应当经国务院主管部门批准。

第二百一十八条 探矿权人有权在划定的勘查作业区内进行规定的勘查作业,有权优先取得勘查作业区内矿产资源的采矿权。

第二百一十九条 探矿权、采矿权人应当在许可的范围内勘查、开采矿产资源,应当采取合理的开采顺序、方法和选矿工艺。

第二百二十条 开采矿产资源,应当采取措施防止环境污染。因开采矿产资源造成耕地、草地、林地毁损的,采矿权人应当采取复垦利用、植树种草或者其他补救措施。

第二百二十一条 探矿权、采矿权未经主管部门许可,不得转让、抵押、租赁。

第二百二十二条 探矿权、采矿权受法律保护。他人擅自在采矿权人的矿区内采矿的,应当承担法律责任。

第二百二十三条 因勘查、开采矿产资源,造成他人损害的,应当承担损害赔偿责任。

第二十章 取水权

第二百二十四条 自然人、法人直接从江河、湖泊或者地下取用水资源的,应当按照国家取水许可制度和水资源有偿使用制度的规定,向主管部门申请领取取水许可证,并缴纳水资源费,取得取水权,但家庭生活和零星散养、圈养畜禽饮用等少量取水的除外。

第二百二十五条 取水权人应当依法保护水资源,节约用水。

第二百二十六条 取水权人引水、截(蓄)水、排水时,不得损害公共利益和他人的合法权益。

第二十一章 渔业权

第二百二十七条 本法所称的渔业权,指自然人、法人依照法律规定取得的养殖或者捕捞水生动物、水生植物的权利。

第二百二十八条　自然人、法人养殖或者捕捞水生动物、水生植物的,应当依照法律规定取得养殖证或者捕捞许可证,并在主管部门办理登记。

第二百二十九条　在水产种质资源保护区内从事捕捞的,应当经国务院主管部门批准。因养殖或者其他特殊需要,捕捞有重要经济价值的苗种或者禁捕的怀卵亲体的,应当经省级以上人民政府主管部门批准。

第二百三十条　主管部门发放养殖证或者捕捞许可证时,应当优先发放给当地渔民、当地渔业经营企业。具体办法由国务院主管部门规定。

第二百三十一条　养殖水生动物、水生植物的期限为五年至二十年,由主管部门根据不同水域、滩涂确定。捕捞水生动物、水生植物的期限为五年。

渔业权人在养殖、捕捞水生动物、水生植物的期限届满前六十日内可以向主管部门申请续期。

第二百三十二条　渔业权人在捕捞水生动物、水生植物时,应当遵守捕捞许可证有关作业类型、场所、期间、渔具数量、捕捞限额等规定,遵守国家有关保护渔业资源的规定。

第二百三十三条　渔业权不得转让、抵押、租赁,但经主管部门许可的除外。

第二百三十四条　有下列情形之一的,主管部门有权变更或者终止渔业权:

(一)国防建设;

(二)开采水底石油、矿产资源;

(三)船舶通航、锚泊;

(四)铺设水底管线;

(五)保护水产资源;

(六)因其他公共利益需要。

依照前款规定变更或者终止渔业权,致使渔业权人受到损害的,应当予以补偿。

第四分编　担保物权

第二十二章　一般规定

第二百三十五条　在借贷、买卖、货物运输、加工承揽等经济活动中,债权人需要以担保方式保障其债权实现的,可以依照本法以及其他法律设定担保。

本法规定的担保方式为抵押、质押、留置和让与担保。

第二百三十六条　物权担保的范围包括主债权及利息、违约金、损害赔偿金和实现物权的费用。担保合同另有约定的,按照约定。

第二百三十七条　第三人为债务人向债权人提供担保时,可以要求债务人提供反担保。

反担保适用本法担保的规定。

第二百三十八条　担保合同是主合同的从合同,主合同无效,担保合同无效。担保合同另有约定的,按照约定。

担保合同被确认无效后,债务人、担保人、债权人有过错的,应当根据其过错各自承担相应的民事责任。

第二百三十九条　担保物毁损灭失或者被征收等,权利人可以就该物的保险金、赔偿金或者补偿金等优先受偿。被担保的债权未届清偿期的,权利人可以请求将该物的保险金、赔偿金或者补偿金等提存。

第二十三章　抵　押　权

第一节　一般抵押权

第二百四十条　本法所称抵押,是指债务人或者第三人不转移财产的占有,将该财产作为债权的担保。债务人不履行债务时,债权人有权依照本法规定以该财产折价或者以拍卖、变卖该财产的价款优先受偿。

前款规定的债务人或者第三人为抵押人,债权人为抵押权人,提供担保的财产为抵押物。

第二百四十一条　下列财产可以抵押:

(一)抵押人所有的房屋和其他地上定着物;

(二)抵押人所有的机器、交通运输工具和其他财产;

(三)抵押人依法有权处分的国有的土地使用权、房屋和其他地上定着物;

(四)抵押人依法有权处分的国有的机器、交通运输工具和其他财产;

(五)抵押人依法承包并经发包方同意抵押的荒山、荒沟、荒丘、荒滩等荒地的土地使用权;

(六)依法可以抵押的其他财产。

抵押人可以将前款所列财产一并抵押。

第二百四十二条　抵押人所担保的债权不得超出其抵押物的价值。

财产抵押后,该财产的价值大于所担保债权的余额部分,可以再次抵押,但不得超出其余额部分。

第二百四十三条　以依法取得的国有土地上的房屋抵押的,该房屋占有范围内的国有土地使用权同时抵押。

以出让方式取得的国有土地使用权抵押的,应当将抵押时该国有土地上的房屋同时抵押。

乡(镇)、村企业的土地使用权不得单独抵押。以乡(镇)、村企业的厂房等建筑物抵押的,其占用范围内的土地使用权同时抵押。

第二百四十四条　当事人协议以将要建造或者正在建造的建筑物以及其他价值较大的财产设定抵押的,应当依照本法规定办理预告登记。预告登记的该建筑物以及其他价值较大的财产在建造后的合理期间内,应当办理正式登记。

第二百四十五条 下列财产不得抵押:

(一)土地所有权;

(二)耕地、宅基地、自留地、自留山等集体所有的土地使用权,但本法第二百四十一条第五项、第二百四十三条第三款规定的除外;

(三)学校、幼儿园、医院等以公益为目的的事业单位、社会团体的教育设施、医疗卫生设施和其他社会公益设施;

(四)所有权、使用权不明或者有争议的财产;

(五)依法被查封、扣押、监管的财产;

(六)依法不得抵押的其他财产。

第二百四十六条 抵押人和抵押权人应当以书面形式订立抵押合同。

第二百四十七条 抵押合同应当包括以下内容:

(一)被担保的主债权种类、数额;

(二)债务人履行债务的期限;

(三)抵押物的名称、数量、质量、状况、所在地、所有权权属或者使用权权属;

(四)抵押担保的范围;

(五)当事人认为需要约定的其他事项。

抵押合同不完全具备前款规定内容的,可以补正。

第二百四十八条 订立抵押合同时,抵押权人和抵押人在合同中不得约定在债务履行期届满抵押权人未受清偿时,抵押物的所有权转移为债权人所有。

第二百四十九条 当事人以下列财产抵押的,应当向有关部门办理抵押物登记:

(一)以无地上附着物的土地使用权抵押的,为核发土地使用权证书的土地管理部门;

(二)以城市房地产或者乡(镇)、村企业的厂房等建筑物抵押的,为县级以上地方人民政府规定的部门;

(三)以林木抵押的,为县级以上林木主管部门;

(四)以航空器、船舶、车辆抵押的,为运输工具的登记部门;

(五)以企业的设备和其他动产抵押的,为财产所在地的工商行政管理部门。

第二百五十条 当事人以其他财产抵押的,可以自愿办理抵押物登记。登记部门为抵押人所在地的公证部门。

第二百五十一条 办理抵押物登记,应当向登记部门提供下列文件或者其复印件:

(一)主合同和抵押合同;

(二)抵押物的所有权或者使用权证书。

第二百五十二条 以不动产抵押的,抵押权自记载于登记簿之时起生效。以动产抵押的,抵押权自抵押合同成立时生效,但未办理登记的,不得对抗第三人。法律另有规定的,依照其规定。

第二百五十三条 登记部门登记的资料,应当允许查阅、抄录或者复印。

第二百五十四条 债务履行期届满,债务人不履行债务致使抵押物被人民法院依法扣押的,自扣押之日起抵押权人有权收取由抵押物分离的天然孳息以及抵押人就抵押物可以收取的法定孳息。抵押权人未将扣押抵押物的事实通知应当清偿法定孳息的义务人的,抵押权的效力不及于该孳息。

前款孳息应当先充抵收取孳息的费用。

第二百五十五条　抵押人将已出租的财产抵押的,应当书面告知承租人,原租赁合同继续有效。

第二百五十六条　抵押期间,抵押人转让已办理登记的抵押物的,应当通知抵押权人并告知受让人转让物已经抵押的情况;抵押人未通知抵押权人或者未告知受让人的,转让行为无效。

转让抵押物价款明显低于其价值的,抵押权人可以要求抵押人提供相应的担保;抵押人不提供的,不得转让抵押物。

抵押人转让抵押物所得的价款,应当向抵押权人提前清偿所担保的债权或者向与抵押权人约定的第三人提存。超过债权数额的部分,归抵押人所有,不足部分由债务人清偿。

第二百五十七条　抵押权不得与债权分离而单独转让或者作为其他债权的担保。

第二百五十八条　抵押人的行为足以使抵押物价值减少的,抵押权人有权要求抵押人停止其行为。抵押物价值减少时,抵押权人有权要求抵押人恢复抵押物的价值,或者提供与减少的价值相当的担保。

抵押人对抵押物价值减少无过错的,抵押权人只能在抵押人因损害而得到的赔偿范围内要求提供担保。抵押物价值未减少的部分,仍作为债权的担保。

第二百五十九条　债权转让的,担保该债权的抵押权随之转让,但当事人另有约定的除外。

第二百六十条　抵押权人可以放弃抵押权或者让与、放弃抵押权的顺位。

抵押权人放弃抵押权或者让与、放弃抵押权顺位,该抵押权担保的债权另有保证的,保证人在抵押权人丧失优先受偿利益的范围内免除保证责任,但保证人同意抵押权人放弃抵押权或者让与、放弃抵押权顺位的除外。

第二百六十一条　抵押权与其担保的债权同时存在,债权消灭的,抵押权也消灭。

第二百六十二条　债务履行期届满抵押权人未受清偿的,可以与抵押人协议以抵押物折价或者以拍卖、变卖该抵押物所得的价款受偿;协议不成的,抵押权人可以向人民法院提起诉讼。

抵押物折价或者拍卖、变卖后,其价款超过债权数额的部分归抵押人所有,不足部分由债务人清偿。

第二百六十三条　同一财产向两个以上债权人抵押的,拍卖、变卖抵押物所得的价款按照以下规定清偿:

(一)抵押权以登记生效的,按照抵押物登记的先后顺序清偿;顺序相同的,按照债权比例清偿;

(二)抵押权自抵押合同成立时生效的,该抵押物已登记的,按照本条第一项规定清偿；未登记的，按照合同生效时间的先后顺序清偿，顺序相同的，按照债权比例清偿。抵押物已登记的先于未登记的受偿。

第二百六十四条 债权未届清偿期，抵押人被宣告破产的，抵押权人可以行使抵押权。

第二百六十五条 城市房地产抵押合同签订后，土地上新增的房屋不属于抵押物。需要拍卖该抵押的房地产时，可以依法将该土地上新增的房屋与抵押物一同拍卖，但对拍卖新增房屋所得，抵押权人无权优先受偿。

依照本法规定以承包的荒地的土地使用权抵押的，或者以乡（镇）、村企业的厂房等建筑物占用范围内的土地使用权抵押的，在实现抵押权后，未经法定程序不得改变土地集体所有和土地用途。

第二百六十六条 拍卖划拨的国有土地使用权所得的价款，在依法缴纳相当于应缴纳的土地使用权出让金的款额后，抵押权人有优先受偿权。

第二百六十七条 债务人有多个债权人的，债务人与其中一个债权人恶意串通，将其全部或者部分财产抵押给该债权人，因此损害其他债权人合法权益的，其他债权人可以请求人民法院撤销该抵押行为。

第二百六十八条 担保同一债权有两个以上抵押物的，抵押权人可以就其中一个或者全部抵押物行使抵押权，但当事人另有约定的除外。

第二百六十九条 为债务人抵押担保的第三人，在抵押权人实现抵押权后，有权向债务人追偿。

第二百七十条 抵押权因抵押物灭失而消灭。因灭失所得的赔偿金，应当作为抵押财产。

第二节 最高额抵押权

第二百七十一条 本法所称最高额抵押，是指抵押人与抵押权人协议，在最高债权额限度内，以抵押物对一定期间内连续发生的债权作担保。

第二百七十二条 借款合同可以附最高额抵押合同。

债权人与债务人就某项商品在一定期间内连续发生交易而签订的合同，可以附最高额抵押合同。

第二百七十三条 最高额低押的主合同债权不得转让。

第二百七十四条 最高额抵押担保的债权确定前，债权人和抵押人可以协议变更债务人、最高额抵押担保的债权范围以及担保的最高限额。债权人和抵押人协议变更担保的最高限额的，不得对抗顺位在后的抵押权人。

第二百七十五条 最高额抵押担保的债权，依照下列情形确定：

（一）最高额抵押合同约定的担保期间届满时；

（二）最高额抵押合同没有约定担保期间，抵押人自该合同成立之日起经过三年，有权请求确定最高额抵押的债权，并该请求自提出之日起满十日时；

（三）抵押权人以诉讼方式行使抵押权或者抵押物被查封时；

（四）债务人或者抵押人被宣告破产时；
（五）被担保的不特定债权不可能再发生时。

第二百七十六条 最高额抵押担保的债权确定后，抵押权人可以行使抵押权。确定的债权数额超过约定的最高限额的，超过部分不具有优先受偿的效力；确定的债权数额低于约定的最高限额的，抵押权人就确定的债权数额优先受偿。

第二百七十七条 本节没有规定的，适用本法一般抵押的规定。

第二十四章 质 权

第一节 动产质权

第二百七十八条 本法所称动产质押，是指债务人或者第三人将其动产移交债权人占有，将该动产作为债权的担保。债务人不履行债务时，债权人有权依照本法规定以该动产折价或者以拍卖、变卖该动产的价款优先受偿。

前款规定的债务人或者第三人为出质人，债权人为质权人，移交的动产为质物。

第二百七十九条 出质人和质权人应当以书面形式订立质押合同。

质押合同应当包括以下内容：
（一）被担保的主债权种类、数额；
（二）债务人履行债务的期限；
（三）质物的名称、数量、质量、状况；
（四）质押担保的范围；
（五）质物移交的时间；
（六）当事人认为需要约定的其他事项。

质押合同不完全具备前款规定内容的，可以补正。

第二百八十条 出质人和质权人在合同中不得约定在债务履行期届满质权人未受清偿时，质物的所有权转移为质权人所有。

第二百八十一条 质权自出质人向质权人转移质物的占有时设立。当事人不得在质押合同中约定由出质人代为占有质物。

第二百八十二条 质权人有权收取质物所生的孳息。质押合同另有约定的，按照约定。

前款孳息应当先充抵收取孳息的费用。

第二百八十三条 质权人在质押期间不得使用或者处分质物，但法律另有规定或者当事人另有约定的除外。

第二百八十四条 质权人负有妥善保管质物的义务。因保管不善致使质物灭失或者毁损的，质权人应当承担民事责任。

质权人不能妥善保管质物可能致使其灭失或者毁损的，出质人可以要求质权人将质物提存，或者要求提前清偿债权而返还质物。

第二百八十五条 质物有损坏或者价值明显减少的可能，足以危害质权人权利的,质权人可以要求出质人提供相应的担保。出质人不提供的,质权人可以拍卖或者变卖质物,并与出质人协议将拍卖或者变卖所得的价款用于提前清偿所担保的债权或者向与出质人约定的第三人提存。

第二百八十六条　质权人在质押期间返还质物的,该质权消灭。

第二百八十七条　质权人可以放弃质权。质权人放弃质权,该质权担保的债权另有保证的,保证人在质权人丧失优先受偿利益的范围内免除保证责任,但保证人同意质权人放弃质权的除外。

第二百八十八条　债务履行期届满债务人履行债务的,或者出质人提前清偿所担保的债权的,质权人应当返还质物。

债务履行期届满质权人未受清偿的,可以与出质人协议以质物折价,也可以依法拍卖、变卖质物。

质物折价或者拍卖、变卖后,其价款超过债权数额的部分归出质人所有,不足部分由债务人清偿。

第二百八十九条　出质人在债务履行期届满前或者届满后请求质权人及时行使权利的,因质权人怠于行使权利造成的损害,由质权人承担。

第二百九十条　为债务人质押担保的第三人,在质权人实现质权后,有权向债务人追偿。

第二百九十一条　质权因质物灭失而消灭。因灭失所得的赔偿金,应当作为出质财产。

第二百九十二条　质权与其担保的债权同时存在,债权消灭的,质权也消灭。

第二节　权利质权

第二百九十三条　下列权利可以质押:

(一)汇票、支票、本票、债券、存款单、仓单、提单;
(二)依法可以转让的股份、股票;
(三)依法可以转让的商标专用权,专利权、著作权中的财产权;
(四)公路、桥梁、隧道、渡口等不动产收益权;
(五)依法可以质押的其他权利。

第二百九十四条　以汇票、支票、本票、债券、存款单、仓单、提单出质的,应当在合同约定的期限内将权利凭证交付质权人。质权自该权利凭证交付质权人时设立。

第二百九十五条　以载明兑现或者提货日期的汇票、支票、本票、债券、存款单、仓单、提单出质的,汇票、支票、本票、债券、存款单、仓单、提单兑现或者提货日期先于债务履行期的,质权人可以在债务履行期届满前兑现或者提货,并与出质人协议将兑现的价款或者提取货物用于提前清偿所担保的债权或者向与出质人约定的第三人提存。

第二百九十六条　以依法可以转让的股份出质的,出质人与质权人应当订立书面合同。以上市公司的股份出质的,质权自证券登记机构办理出质登记之时起设立。以非上市公司的股份出质的,质权自股份出质记载于股东名簿之时起设立。

股票出质后,不得转让,但经出质人与质权人协商同意的可以转让。出质人转让股票所得的价款应当向质权人提前清偿所担保的债权或者向与质权人约定的第三人提存。

第二百九十七条　以依法可以转让的商标专用权,著作权中的财产权出质的,出质人与质权人应当订立书面合同,质权自有关管理部门办理出质登记之时起设立。

第二百九十八条　依照前条规定的权利出质后,出质人不得转让或者许可他人使用,但经出质人与质权人协商同意的可以转让或者许可他人使用。出质人所得的转让费、许可费应当向质权人提前清偿所担保的债权或者向与质权人约定的第三人提存。

第二百九十九条　以公路、桥梁、隧道或者渡口等不动产收益权出质的,应当向该不动产所在地的县级以上交通主管部门登记。

第三百条　权利质权除适用本节规定外,适用本法的其他有关规定。

第二十五章　留　置　权

第三百零一条　本法所称留置,是指债权人合法占有债务人的动产,债务人不履行债务的,债权人有权留置该财产,以该财产折价或者以拍卖、变卖该财产的价款优先受偿。

第三百零二条　因保管合同、运输合同、加工承揽合同发生的债权,债务人不履行债务的,债权人有留置权。

法律规定可以留置的其他合同,适用前款规定。

当事人可以在合同中约定不得留置的物。

第三百零三条　债务的履行期届满前,债务人丧失履行能力的,债权人对合法占有债务人的动产,有权留置该财产。

第三百零四条　留置财产为可分物的,留置物的价值应当相当于债务的金额。

第三百零五条　留置权人负有妥善保管留置物的义务。因保管不善致使留置物灭失或者毁损的,留置权人应当承担民事责任。

第三百零六条　留置权人有权收取留置物的孳息。

第三百零七条　债权人与债务人应当在合同中约定,债权人留置债务人财产后,应当确定两个月以上的期限,通知债务人在该期限内履行债务。债务人逾期仍不履行的,债权人可以与债务人协议以留置物折价,也可以依法拍卖、变卖留置物。

第三百零八条　留置物折价或者拍卖、变卖后,其价款超过债权数额的部分归债务人所有,不足部分由债务人清偿。

第三百零九条　因债权消灭或者债务人另行提供担保并被债权人接受的,该留置权消灭。

第三百一十条　同一物上已经设立质权或者抵押权,又被留置的,留置权的行使优先于质权或者抵押权,但法律另有规定的除外。

第二十六章　让与担保权

第三百一十一条　让与担保,是指为了担保债权的实现,将债务人或者第三人的财产转让债权人,债务履行后,债权人应当将该财产返还债务人或者第三人;不履行债务的,债权人有权就该财产优先受偿。

第三百一十二条　当事人订立让与担保合同,应当采取书面形式。

第三百一十三条　以动产作为让与担保标的的,让与担保的权利自在该动产上标志让与担保时设立。以不动产或者权利作为让与担保标的的,设立让与担保的权利适用本法有关不动产抵押以及权利质权的规定。

第三百一十四条　让与担保期间,担保物的占有人享有该担保物的收益,但当事人另有约定的除外。

第三百一十五条　让与担保期间,担保物的占有人以及让与担保的权利人不得处分该担保物,但当事人另有约定的除外。

第三百一十六条　让与担保期间,担保物被查封或者扣押的,让与担保的权利人有权提出异议。

第三百一十七条　让与担保期间,担保物的占有人破产,担保物的占有人提前清偿债务的,该担保物为破产财产;担保物的占有人不清偿债务的,让与担保的权利人有权就该担保物优先受偿。

让与担保期间,让与担保的权利人破产,担保物的占有人提前清偿债务的,该让与担保的权利消灭;担保物的占有人不清偿债务的,该担保物为破产财产。

第三百一十八条　债务履行期届满,债务人不履行债务的,让与担保的权利人可以按照约定的方式行使优先受偿的权利。优先受偿的方式没有约定或者约定不明确的,让与担保的权利人应当合理行使优先受偿的权利。

第五分编　占　有

第三百一十九条　本法所称占有,包括基于债权关系的占有和无权占有,指占有人对不动产或者动产的实际控制与支配。

第三百二十条　基于债权关系的占有,有关不动产或者动产的使用、收益、争议的解决办法等,依照法律规定和合同约定。

第三百二十一条　无权占有,包括善意占有和恶意占有。

第三百二十二条　善意占有人可以对占有的不动产或者动产使用和收益。该不动产或者动产因使用受到损害的,善意占有人不承担损害赔偿责任。

第三百二十三条　不动产或者动产被善意占有人占有,权利人可以向善意占有人请求返还原物。善意占有人因妥善保管该不动产或者动产支出的费用,扣除占有期间获得收益的差额,有权向权利人请求返还。

第三百二十四条 占有的不动产或者动产毁损、灭失,该不动产或者动产的权利人请求赔偿的,善意占有人应当将因毁损、灭失获得的收益返还给权利人。

第三百二十五条 不动产或者动产被恶意占有人占有,权利人可以向恶意占有人请求返还原物及其孳息,但应当向恶意占有人支付因妥善保管该不动产或者动产支出的费用。

第三百二十六条 占有的不动产或者动产毁损、灭失,该不动产或者动产的权利人请求赔偿的,恶意占有人应当承担因自己的过错造成该不动产或者动产毁损、灭失的损害赔偿责任。

第三百二十七条 不动产或者动产的所有权人不明的,占有该不动产或者动产的占有人,推定为所有权人。

第三百二十八条 占有人属于善意占有或者恶意占有不明的,推定为善意占有。

第三百二十九条 占有的不动产或者动产被侵夺的,占有人有权请求返还原物;对妨害占有行为,占有人有权请求排除妨害;因侵夺或者妨害造成损害的,占有人有权请求损害赔偿。

前款规定的请求权,自侵夺或者妨害发生之日起一年内没有行使的,该请求权消灭。

第三编 合同法[原合同法(存目)+保证合同]

第二十四章 保证合同(新增)

第一节 保证和保证人

第四百二十八条 本法所称保证,是指保证人和债权人约定,当债务人不履行债务时,保证人按照约定履行债务或者承担责任的行为。

第四百二十九条 具有代为清偿债务能力的法人、其他组织或者自然人,可以作保证人。

第四百三十条 国家机关不得为保证人,但经国务院批准为使用外国政府或者国际经济组织贷款进行转贷的除外。

第四百三十一条 学校、幼儿园、医院等以公益为目的的事业单位、社会团体不得为保证人。

第四百三十二条 企业法人的分支机构、职能部门不得为保证人。

企业法人的分支机构有法人书面授权的,可以在授权范围内提供保证。

第四百三十三条 任何单位和个人不得强令银行等金融机构或者企业为他人提供保证;银行等金融机构或者企业对强令其为他人提供保证的行为,有权拒绝。

第四百三十四条 同一债务有两个以上保证人的,保证人应当按照保证合同约定的保证份额,承担保证责任。没有约定保证份额的保证人承担连带责任,债权人可以要求任何一个保证人承担全部保证责任,保证人都负有担保全部债权实现的义务。已经承担保证责任的保证人,有权向债务人追偿,或者要求承担连带责任的其他保证人清偿其应当承担的份额。

第二节 保证合同和保证方式

第四百三十五条 保证人与债权人应当以书面形式订立保证合同。

第四百三十六条 保证人与债权人可以就单个主合同分别订立保证合同,也可以协议在最高债权额限度内就一不定期期间内发生的借款合同或者某项商品交易合同订立一个保证合同。

第四百三十七条 保证合同应当包括以下内容:
(一)被保证的主债权种类、数额;
(二)债务人履行债务的期限;
(三)保证的方式;
(四)保证担保的范围;
(五)保证的期间;
(六)双方认为需要约定的其他事项。
保证合同不完全具备前款规定的内容的,可以补正。

第四百三十八条 保证的方式有:
(一)一般保证;
(二)连带责任保证。

第四百三十九条 当事人在保证合同中约定,债务人不能履行债务时,则保证人承担保证责任的,为一般保证。

一般保证的保证人在主合同纠纷未经审判或者仲裁,并就债务人财产依法强制执行仍不能履行债务前,对债权人可以拒绝承担保证责任。

有下列情形之一的,保证人不得行使前款规定的权利:
(一)债务人住所变更,致使债权人要求其履行债务发生重大困难的;
(二)人民法院受理债务人破产案件,中止执行程序的;
(三)保证人以书面形式放弃前款规定的权利的。

第四百四十条 当事人在保证合同中约定保证人与债务人对债务承担连带责任的,为连带责任保证。

连带责任保证的债务人在主合同规定的债务履行期届满没有履行债务的,债权人可以要求债务人履行债务,也可以要求保证人在其保证范围内承担保证责任。

第四百四十一条 当事人对保证方式没有约定或者约定不明确的,按照连带责任保证承担保证责任。

第四百四十二条 一般保证和连带责任的保证人享有债务人的抗辩权。债务人放弃对债务的抗辩权,保证人仍有权抗辩。

抗辩权是指债权人行使债权时,债务人根据法定事由,对抗债权人行使请求权的权利。

第三节　保证责任

第四百四十三条　保证担保的范围包括主债权及利息、违约金、损害赔偿金和实现债权的费用。保证合同另有约定的，按照约定。

当事人对保证担保的范围没有约定或者约定不明确的，保证人应当对全部债务承担责任。

第四百四十四条　保证期间，债权人依法将主债权转让给第三人的，保证人在原保证担保的范围内继续承担保证责任。保证合同另有约定的，按照约定。

第四百四十五条　保证期间，债权人许可债务人转让债务的，应当取得保证人书面同意，保证人对未经其同意转让的债务，不再承担保证责任。

第四百四十六条　债权人与债务人协议变更主合同的，应当取得保证人书面同意，未经保证人书面同意的，保证人不再承担保证责任。保证合同另有约定的，按照约定。

第四百四十七条　一般保证的保证人与债权人未约定保证期间的，保证期间为主债务履行期届满之日起六个月。

在合同约定的保证期间和前款规定的保证期间，债权人未对债务人提起诉讼或者申请仲裁的，保证人免除保证责任；债权人已提起诉讼或者申请仲裁的，保证期间适用诉讼时效中断的规定。

第四百四十八条　连带责任保证的保证人与债权人未约定保证期间的，债权人有权自主债务履行期届满之日起六个月内要求保证人承担保证责任。

在合同约定的保证期间和前款规定的保证期间，债权人未要求保证人承担保证责任的，保证人免除保证责任。

第四百四十九条　保证人依照本法第四百三十六条规定就连续发生的债权作保证，未约定保证期间的，保证人可以随时书面通知债权人终止保证合同，但保证人对于通知到债权人前所发生的债权，承担保证责任。

第四百五十条　同一债权既有保证又有物的担保的，保证人对物的担保以外的债权承担保证责任。

债权人放弃物的担保的，保证人在债权人放弃权利的范围内免除保证责任。

第四百五十一条　企业法人的分支机构未经法人书面授权或者超出授权范围与债权人订立保证合同的，该合同无效或者超出授权范围的部分无效，债权人和企业法人有过错的，应当根据其过错各自承担相应的民事责任；债权人无过错的，由企业法人承担民事责任。

第四百五十二条　有下列情形之一的，保证人不承担民事责任：

（一）主合同当事人双方串通，骗取保证人提供保证的；

（二）主合同债权人采取欺诈、胁迫等手段，使保证人在违背真实意思的情况下提供保证的。

第四百五十三条 保证人承担保证责任后,有权向债务人追偿。

第四百五十四条 人民法院受理债务人破产案件后,债权人未申报债权的,保证人可以参加破产财产分配,预先行使追偿权。

第四编 人格权法

第一章 一般规定

第一条 自然人、法人享有人格权。
自然人的人格权包括生命健康、姓名、肖像、名誉、荣誉、信用、隐私等权利。
法人的人格权包括名称、名誉、荣誉、信用等权利。

第二条 自然人、法人的人格尊严和人身自由不受侵犯。

第三条 自然人、法人的人格权与该自然人、法人不可分离,人格权不得转让、继承,但法律另有规定的除外。

第四条 因新闻报道等,可以合理使用自然人的姓名、肖像或者法人的名称。

第五条 侵害自然人、法人人格权的,应当承担停止侵害、恢复名誉、消除影响、赔礼道歉、赔偿损失、支付精神赔偿金等民事责任。

第六条 自然人死亡的,其配偶、父母、子女有权保护其姓名、肖像、名誉、荣誉、隐私等权利。该自然人没有配偶、子女或者父母已经死亡的,其兄弟姐妹、祖父母、外祖父母、孙子女、外孙子女有权保护其姓名、肖像、名誉、荣誉、隐私等权利。

第七条 其他法律对人格权的内容、保护等另有规定的,依照其规定。

第二章 生命健康权

第八条 自然人享有生命健康权。
禁止非法剥夺自然人的生命、禁止侵害自然人的身体健康。

第九条 自然人可以将身体的血液、骨髓、器官等捐助,也可以将遗体等捐助。
自然人生前不反对前款捐助,死亡后,他的配偶、子女、父母可以将遗体或者遗体的一部分捐助。

第十条 自然人的遗体、骨灰受法律保护,不得侮辱、损害遗体、骨灰。

第十一条 有关科研机构开发新药或者新的治疗方法,需要在人体上进行试验的,经卫生等主管部门批准后,还应当向接受试验的本人告知可能产生的损害,并经其同意。

第十二条 自然人因灾害、事故等原因致使生命健康处于危险状态,急需抢救而不能立即支付医疗费用,有关医疗机构应当救助。

第三章　姓名权、名称权

第十三条　自然人享有姓名权,有权决定、使用和依照规定变更自己的姓名。
自然人的笔名、艺名等,与姓名受同等保护。
第十四条　使用重名的自然人姓名时,应当采取适当方式,避免造成混淆、误导。
第十五条　法人享有名称权,有权使用、变更或者许可他人使用自己的名称。
第十六条　禁止他人干涉、盗用、假冒或者以其他不正当方式侵害自然人的姓名权或者法人的名称权。

第四章　肖像权

第十七条　自然人享有肖像权,有权保护自己的肖像不受歪曲、侮辱。
第十八条　自然人有权使用或者许可他人使用自己的肖像。未经许可,他人不得公开使用自然人的肖像,法律另有规定的除外。

第五章　名誉权、荣誉权

第十九条　自然人、法人享有名誉权。禁止用侮辱、诽谤等方式损害自然人、法人的名誉。
第二十条　自然人、法人享有荣誉权。禁止非法剥夺自然人、法人的荣誉称号,诋毁自然人、法人的荣誉。

第六章　信用权

第二十一条　自然人、法人享有信用权。禁止用诋毁等方式侵害自然人、法人的信用。
第二十二条　征信机构应当客观、公正地收集、记录、制作、保护自然人、法人的信用资料。
征信机构应当合理使用并依法公开信用资料。
第二十三条　人民法院根据当事人履行判决、裁定等法律文书的情况,可以建立执行法律文书档案。
金融机构根据当事人借贷、还贷等情况,可以建立还贷记录等档案。
工商行政管理部门根据当事人资信情况,可以建立资信档案。
质量监督部门可以将检查、抽查的结果公布,并建立相应的质量档案。
第二十四条　自然人、法人有权查阅、抄录或者复制征信机构涉及自身的信用资料,有权要求修改与事实不符的信用资料。

第七章 隐 私 权

第二十五条 自然人享有隐私权。
隐私权的范围包括私人信息、私人活动和私人空间。
第二十六条 禁止以窥视、窃听、刺探、披露等方式侵害他人的隐私。
第二十七条 自然人的住宅不受侵扰。自然人的生活安宁受法律保护。
第二十八条 自然人、法人的通讯秘密受法律保护。禁止以开拆他人信件等方式侵害自然人或法人的通讯秘密。
第二十九条 收集、储存、公布涉及自然人的隐私资料,应当征得本人同意,但法律另有规定的除外。

第五编　婚姻法(原婚姻法)(存目)

第六编　收养法(原收养法)(存目)

第七编　继承法(原继承法)(存目)

第八编　侵权责任法

第一章　一般规定

第一条 由于过错侵害他人人身、财产的,应当承担侵权责任。
依照法律规定,推定侵权人有过错的,受害人不必证明侵权人的过错;侵权人能够证明自己没有过错的,不承担侵权责任。
第二条 没有过错,但法律规定应当承担侵权责任的,应当承担侵权责任。
第三条 二人以上共同侵权造成他人损害的,应当承担连带责任。
第四条 承担侵权责任的方式主要有:
(一)停止侵害;
(二)排除妨碍;
(三)消除危险;
(四)返还财产;
(五)恢复原状;
(六)修理、重作、更换;

（七）赔偿损失；
（八）消除影响、恢复名誉；
（九）赔礼道歉。
以上承担侵权责任的方式，可以单独适用，也可以合并适用。

第五条 受害人应当证明侵害行为与损害后果之间存在因果关系。
法律规定应当由侵权人证明因果关系不存在，如果侵权人不能证明的，视为存在因果关系。

第六条 受害人死亡的，受害人的配偶、父母、子女有权要求侵权人承担侵权责任。受害人没有配偶、子女或者配偶、父母、子女死亡的，其兄弟姐妹、祖父母、外祖父母、孙子女、外孙子女有权要求侵权人承担侵权责任。

第七条 有关侵权行为的内容、责任方式、免责事由等，产品质量法、环境保护法等法律另有规定的，依照其规定。

第二章 损害赔偿

第八条 侵害他人人身、财产造成损害的，侵权人应当赔偿损失。

第九条 因防止、制止他人人身、财产遭受侵害而使自己受到损害的，由侵权人承担赔偿责任，受益人也可以给予适当的补偿。

第十条 侵害他人人身造成伤害的，应当赔偿医疗费、因误工减少的收入等合理费用。致人残疾的，应当赔偿残疾用具费、残疾赔偿金；致人死亡的，并应当赔偿丧葬费、死亡赔偿金。

第十一条 因误工减少的收入、残疾赔偿金、死亡赔偿金应根据受害人的丧失劳动能力状况、年龄、受教育程度、职业、收入等因素确定。

第十二条 受害人得到赔偿后发现新病情或者健康严重恶化，赔偿数额明显难以补偿损失，如果证明与侵权人的行为有因果关系的，受害人有权请求增加赔偿费用。

第十三条 侵害他人姓名权、名誉权、肖像权、隐私权等，侵权人应当按照因此获得的利益给予赔偿，也可以按照受害人的损失给予赔偿。侵权人获得的利益或者受害人的损失不能确定的，应当根据侵权行为的情节，给予十万元以下的赔偿。

第十四条 侵占他人财产的，应当返还财产，不能返还财产的，应当折价赔偿。
损坏他人财产的，应当恢复原状或者折价赔偿。
受害人因此遭受其他重大损失的，侵权人并应当赔偿损失。

第十五条 妨害他人行使物权造成损害的，侵权人应当赔偿损失。

第十六条 侵害他人的人格权或者损毁他具有人格象征意义的特定物品的，受害人有权要求精神损害赔偿。

第十七条 精神损害赔偿的具体数额应当根据以下因素确定：
（一）侵权人的过错程度；
（二）侵害的手段、场合、行为方式等具体情节；

(三)侵权行为所造成的后果；
(四)侵权人获利的情况；
(五)侵权人承担责任的经济能力；
(六)受诉法院所在地平均生活水平。

第十八条 损害赔偿费用应当一次性支付。一次性支付确有困难的，可以定期支付。

第十九条 因同一侵权行为在造成损失的同时，受害人受有利益的，应当依照有关法律规定从赔偿额中扣除应当扣除的利益。

第二十条 当事人对造成的损害都没有过错的，可以根据实际情况，由当事人分担损失。

第三章 抗辩事由

第二十一条 因正当防卫造成损害的，不承担侵权责任。正当防卫超过必要的限度，造成不应有损害的，应当承担适当的侵权责任。

第二十二条 因紧急避险造成损害的，由引起险情发生的人承担侵权责任。如果危险是由自然原因引起的，紧急避险人不承担侵权责任或者承担适当的侵权责任。因紧急避险采取措施不当或者超过必要的限度，造成不应有的损害的，紧急避险人应当承担适当的侵权责任。

第二十三条 在自己的合法权益受到不法侵害，来不及请求有关部门介入的情况下，如果不采取措施以后就难以维护自己的合法权益的，权利人可以采取合理的自助措施，对侵权人的人身进行必要的限制或者对侵权人的财产进行扣留，但应当及时通知有关部门。
错误实施自助行为或者采取自助措施不当造成损害的，应当承担侵权责任。

第二十四条 受害人对于损害的发生也有过错的，可以减轻侵权人的侵权责任。

第四章 机动车肇事责任

第二十五条 运行的机动车对非机动车或者行人造成损害，该机动车已参加第三者责任强制保险的，由保险公司在保险金额内予以赔偿。损失超过投保金额的部分，由机动车所有人承担损害赔偿责任，但机动车一方能够证明自己尽到高度注意义务的，可以减轻或者免除机动车所有人的损害赔偿责任。

运行的机动车对非机动车或者行人造成损害，该机动车没有参加第三者责任强制保险的，机动车所有人应当承担损害赔偿责任，但机动车一方能够证明自己尽到高度注意义务的，可以减轻或者免除机动车所有人的损害赔偿责任。

另一方案：在封闭的道路上运行的机动车造成他人损害，机动车所有人有过错的，应当承担损害赔偿责任。在非封闭的道路上运行的机动车造成他人损害，机动车所有人不能证明自己没有过错的,应当承担损害赔偿责任。

第二十六条 机动车之间发生碰撞造成他人损害,机动车参加第三者责任强制保险的,由保险公司在保险金额内予以赔偿。损失超过投保金额的部分,有过错一方的机动车所有人承担损害赔偿责任。

机动车之间发生碰撞造成他人损害,机动车没有参加第三者责任强制保险的,有过错一方的机动车所有人承担损害赔偿责任。

第二十七条 出租、出借的机动车在运行中造成他人损害的,机动车所有人与承租人、借用人承担连带责任。机动车所有人对损害的发生没有过错的,向受害人赔偿后,可以向承租人、借用人追偿。

承租人使用融资租赁的机动车在运行中造成他人损害的,由承租人承担侵权责任。

第二十八条 盗窃的机动车在运行中造成他人损害的,盗窃人应承担侵权责任,但机动车的所有人对机动车的管理有过失的,应当承担补充赔偿责任。

第二十九条 机动车在送交修理、委托保管或者出质期间,承修人、保管人或者质权人擅自驾驶车辆造成他人损害的,承修人、保管人或质权人应当承担侵权责任。

第三十条 分期付款买卖的机动车移转占有给买方后在运行中造成他人损害的,由买方承担侵权责任。

第五章 环境污染责任

第三十一条 因污染环境侵害他人人身、财产的,有关单位或者个人应当承担侵权责任,但法律规定有免责情形的,依照其规定。

第三十二条 排污符合规定的标准,但给他人造成明显损害的,有关单位或者个人应当承担侵权责任。

第三十三条 导致污染的单位或者个人不能证明污染行为与损害后果没有因果关系的,视为因果关系存在。

第三十四条 因污染环境对他人造成损害,不能确定具体的加害人的,由与损害后果具有联系的排污单位或者个人根据其排放量的比例承担相应的侵权责任。

第六章 产品责任

第三十五条 因产品存在缺陷造成人身、财产损害的,生产者应当承担侵权责任。

生产者能够证明有下列情形之一的,不承担侵权责任:

(一)未将产品投入流通的;

(二)产品投入流通时,引起损害的缺陷尚不存在的;

(三)将产品投入流通时的科学技术水平尚不能发现缺陷存在的。

第三十六条 由于销售者的过错使产品存在缺陷,造成人身、财产损害的,销售者应当承担侵权责任。

销售者不能指明缺陷产品的生产者，也不能指明缺陷产品的供货者，销售者应当承担侵权责任。

第三十七条　因产品存在缺陷造成人身、财产损害的，受害人可以向产品的生产者要求赔偿，也可以向产品的销售者要求赔偿。

产品缺陷由生产者造成的，销售者赔偿后，有权向生产者追偿。

因销售者的过错使产品存在缺陷的，生产者赔偿后，有权向销售者追偿。

第三十八条　因产品的说明错误，造成人身、财产损害的，产品的生产者、销售者应当承担连带责任，但人身、财产损害是由于受害人使用不当等原因造成的，产品的生产者、销售者不承担侵权责任。

第三十九条　因产品缺陷严重威胁使用者或者第三人的人身、财产安全的，使用者或者第三人有权要求生产者、销售者承担消除危险、排除妨碍等侵权责任。

第四十条　因运输者、仓储者等第三人的过错导致产品存在缺陷，造成人身、财产损害的，产品的生产者、销售者赔偿后，有权向第三人追偿。

第七章　高度危险作业责任

第四十一条　从事高空、高压、易燃、易爆、剧毒、放射性等对周围环境有高度危险的作业造成他人损害的，应当承担侵权责任。如果能够证明损害是由于受害人故意或者不可抗力造成的，不承担侵权责任。

第四十二条　航天器、航空器在运行中造成他人损害的，航天器、航空器的作业人应当承担侵权责任，但航天器、航空器的作业人能够证明损害是由于受害人故意造成的，不承担侵权责任。

第四十三条　核设施中以及为核设施运输的核燃料、核废料及其他核物质，因其放射性、剧毒性、爆炸性或者其他危害性，造成他人损害的，核设施的所有人或者国家授权的经营人应当承担侵权责任，但核设施的所有人或者国家授权的经营人能够证明损害是由于受害人故意造成的，不承担侵权责任。

第四十四条　以高压制造、储藏、运送电力、液体、煤气、蒸汽等，因高压作用造成他人损害的，其所有人、占有人或者管理人应当承担责任，但所有人、占有人或者管理人能够证明损害是由于受害人故意或者不可抗力造成的，不承担侵权责任。

第四十五条　制造、加工、使用、利用易燃、易爆、剧毒、放射性等高度危险物，因物的危险性质造成他人损害的，其所有人、占有人或者管理人应当承担侵权责任，但其所有人、占有人或者管理人能够证明损害是由于受害人故意或者不可抗力造成的，不承担侵权责任。

第四十六条　在所有人、占有人或者管理人之间运输的易燃、易爆、剧毒、放射性等高度危险物，因物的危险性质造成他人损害的，所有人、占有人或者管理人应当向受害人承担连带责任。但实际承担责任的一方可以依据合同法关于风险负担的规定向另一方追偿。

对运输中的高度危险物因其危险性质造成的损害,运送人如果不能证明自己对损害的发生没有过错的,应当承担连带责任。

第四十七条 未进行使用,仅由自己占有中的易燃、易爆、剧毒、放射性等高度危险物因其危险性质造成他人损害的,物的所有人应当承担侵权责任。

未进行使用,交由他人储藏中的易燃、易爆、剧毒、放射性等高度危险物因其危险性质造成他人损害的,物的仓储人和所有人应当承担连带责任。不同所有人的高度危险物储藏在一处,因其危险性质造成他人损害的,如不能证明损害不是由于自己的物品造成的,仓储人与各所有人承担连带责任。

第四十八条 列车在运行中造成他人损害的,列车作业人应当承担侵权责任,但能够证明损害是由于受害人的故意或者不可抗力造成的,不承担侵权责任;列车作业人不能够证明受害人对损害的发生有过失的,应当减轻其侵权责任。

第四十九条 由于第三人的过错导致高度危险作业对他人造成损害的,高度危险的作业人赔偿后,有权向第三人追偿。

第五十条 遗失的高度危险物因其危险性质造成他人损害的,由其所有人或者遗失人承担侵权责任。

被抛弃的高度危险物因其危险性质造成他人损害的,由其原所有人或者抛弃人承担侵权责任。

第五十一条 非法占有的高度危险物造成他人损害的,由非法占有人承担侵权责任。该物的所有人不能证明自己对防止他人非法占有高度危险物尽到高度注意义务的,应当承担补充赔偿责任。

第五十二条 在依法划定的高度危险活动区域或者高度危险物存放区域内,他人未经许可进入该区域受到损害,高度危险的作业人采取足够安全措施尽到充分的警示、保护义务的,高度危险作业人对受害人在该区域内所遭受的损害不承担侵权责任。

第八章 动物致人损害责任

第五十三条 饲养的动物造成他人损害的,动物饲养人或者管理人应当承担侵权责任,但动物饲养人或者管理人能够证明损害是由于受害人的过错造成的除外。由于第三人的过错造成损害的,第三人应当承担侵权责任。

第五十四条 自然保护区内的野生动物造成他人损害的,由管理单位承担赔偿责任,但管理单位能够证明损害是由于受害人的过错造成的除外。由于第三人的过错造成损害的,第三人应当承担侵权责任。

第九章 物件致人损害责任

第五十五条 建筑物或者其他设施以及建筑物上的搁置物、悬挂物发生倒塌、脱落、坠落情形造成他人损害的,它的所有人或者管理人应当承担侵权责任,但能够证明自己没有过错的除外。

第五十六条 从建筑物中抛掷的物品或者从建筑物上脱落、坠落的物品致人损害，不能确定具体的侵权人的，由该建筑物的全体使用人承担侵权责任，但使用人能够证明自己不是具体侵权人的除外。

第五十七条 堆放物倒塌造成他人损害，堆放人不能证明自己堆放物品时尽到合理的注意义务或者对堆放物履行管理义务的，堆放人应当承担侵权责任。

第五十八条 在公共通道上设置妨碍通行的障碍物造成他人损害的，设置人应当承担侵权责任。

第五十九条 因林木折断、果实坠落造成他人损害，林木、果树的所有人或者管理人不能证明自己没有过错的，应当承担侵权责任。

第六十条 在公共场所、道旁或者通道上挖坑、修缮、安装地下设施等，没有设置明显标志和采取安全措施造成他人损害的，施工人应当承担侵权责任。

窨井等地下设施造成他人损害，地下设施的管理人不能证明自己尽到管理义务的，应当承担侵权责任。

第十章 有关侵权责任主体的特殊规定

第六十一条 无民事行为能力人、限制民事行为能力人造成他人损害的，由监护人承担侵权责任。

有财产的无民事行为能力人、限制民事行为能力人造成他人损害的，从本人财产中支付赔偿费用。不足部分，由监护人赔偿。

第六十二条 法人的工作人员因执行职务侵害他人人身、财产的，法人应当承担侵权责任。

法人赔偿后，可以向对造成损害有过错的工作人员追偿。

第六十三条 网站经营者明知网络用户通过该网站实施侵权行为，或者经权利人提出警告，仍不采取删除侵权内容等措施消除侵权后果的，网站经营者与该网络用户承担连带责任。

第六十四条 权利人要求提供通过该网站实施侵权行为的网络用户的注册资料，网站经营者无正当理由拒绝提供的，应当承担相应的侵权责任。

第六十五条 旅馆、银行的客户以及列车的乘客，在旅馆、银行、列车内受到他人侵害的，侵权人应当承担侵权责任。

在无法确认侵权人或者侵权人没有能力承担赔偿责任的情况下，旅馆、银行、列车的所有者或者经营者尽到保护义务的，不承担责任；未尽到保护义务的，应当承担补充赔偿责任。

第六十六条 教唆他人实施侵权行为的人，为共同侵权人，应当承担连带责任。

教唆限制民事行为能力人实施侵权行为的人，为共同侵权人，应当承担主要责任，与限制民事行为能力人的监护人承担连带责任。

教唆无民事行为能力人实施侵权行为的人,为侵权人,应当承担侵权责任。

第六十七条 二人以上同时实施同一种类的危险行为,其中一人或者数人的行为造成他人损害,行为人能够证明具体侵权人的,由该侵权人承担侵权责任;行为人不能证明具体侵权人的,行为人承担连带责任。

第六十八条 二人以上因分别行为造成同一损害,能够确定责任大小的,应当各自承担相应的侵权责任;不能确定责任大小的,应当平均承担侵权责任。

第九编 涉外民事关系的法律适用法

第一章 一般规定

第一条 下列情形之一的,为涉外民事关系:
(一)民事关系的一方是外国人、无国籍人、外国法人、国际组织、外国国家;
(二)民事关系一方的住所、经常居住地或者营业所位于中华人民共和国领域外;
(三)民事关系的标的在中华人民共和国领域外,或者争议标的物移转越出一国国界;
(四)产生、变更或者消灭民事关系的法律事实发生在中华人民共和国领域外。

中华人民共和国的自然人之间、法人之间或者自然人和法人之间的民事关系,其标的物以及履行地不在中华人民共和国领域外的,不得选择适用外国法律。

第二条 依照本法规定应当适用的法律是指有关国家的民商事实体法,而非冲突法,但对于自然人的法律地位和身份关系,依照本法规定应当适用某外国法律,而依照该国冲突法又应当适用中华人民共和国法律的,可以适用中华人民共和国法律。

第三条 中华人民共和国缔结或者参加的国际条约同中华人民共和国的民事法律有不同规定的,应当适用国际条约的规定,但中华人民共和国声明保留的条款除外。

中华人民共和国法律和中华人民共和国缔结或者参加的国际条约没有规定的,可以适用国际惯例。

第四条 涉外民事关系的当事人可以经过协商一致以明示方式选择适用国际惯例。

依照本法规定应当适用的法律为中华人民共和国法律,而中华人民共和国法律对于该涉外民事关系的争议事项未作规定的,可以适用国际惯例。

第五条 涉外民事关系的分类和定性,以法院所在地法律为依据,也可以该涉外民事关系应当适用的法律为依据。

第六条 对于连结点的认定,除自然人和法人的国籍外,适用法院所在地法律。

第七条 适用法律的解释,依照该法律所属国的解释规则解释。

第八条 对于涉外民事争议的先决问题,应当根据该先决问题的自身性质确定其所应当适用的法律。

第九条 依照本法规定应当适用某国法律,而该国的不同区域实施不同的法律,应当根据该国关于调整国内区际法律冲突的规定确定所适用的法律;该国法律没有规定的,适用与发生争议的涉外民事关系有最密切联系的区域的法律。

第十条 依照本法规定应当适用的法律发生变更的,变更的法律只能适用于在其实施后发生的涉外民事关系,但该法律规定其效力可以溯及既往的除外。

第十一条 依照本法规定适用外国法律或者国际惯例,不得违反中华人民共和国的社会公共利益。

第十二条 依照本法规定应当适用的法律为某外国法律,中华人民共和国法院、仲裁机构或者行政机关可以责成当事人提供该外国法律,也可以依职权查明该外国法律。当事人不能提供或者法院、仲裁机构、行政机关无法查明外国法律,可以适用中华人民共和国相应的法律。

第十三条 外国法律可以在中华人民共和国领域内适用,不论该相应外国是否允许在其境内适用中华人民共和国法律,但依中华人民共和国的法律规定,外国法律的适用须以互惠为基础的情形除外。

在外国法律适用以互惠为基础时,如无相反证明,推定存在互惠。

第十四条 外国人在中华人民共和国领域内进行民事活动享受国民待遇,其合法权益受中华人民共和国法律保护。外国对在其领域内的中华人民共和国当事人的民事权利加以不公平限制的,我国对在中华人民共和国领域内的该外国当事人采取对等措施。法律另有规定的,依照其规定。

第十五条 涉外民事关系的诉讼时效,依照冲突规范确定的准据法确定。

第十六条 其他法律对涉外民事关系的法律适用另有规定的,依照其规定。

第二章 民事主体

第十七条 自然人具有两个以上国籍的,以其住所地或者经常居住地国家的法律为其本国法律。自然人在其所有的国籍国均无住所或者经常居住地的,以与该自然人有最密切联系的国籍国法律为其本国法律。

自然人具有中华人民共和国国籍,同时又有外国国籍的,以中华人民共和国法律为其本国法律。

自然人无国籍或者国籍不明的,以其住所地或者经常居住地国家的法律为其本国法律。

第十八条 自然人具有两个以上住所的,如果其中一个住所在中华人民共和国领域内,则以中华人民共和国法律为其住所地法律;如果两个以上住所均在中华人民共和国领域外,则以与发生争议的涉外民事关系有最密切联系的住所地的法律为其住所地法律。

自然人住所不明或者不能确定的,适用其经常居住地法律。

自然人的经常居住地不明或者不能确定的,适用其现在居所地法律。

法人有两个以上办事机构的,以其主要办事机构所在地法律为其住所地法律。

第十九条　法人具有两个以上营业所的,适用与发生争议的涉外民事关系有最密切联系的营业所所在地法律。

第二十条　自然人的民事权利能力和民事行为能力,适用其住所地法律或者经常居住地法律。

自然人依照其住所地法律或者经常居住地法律为无民事行为能力或者限制民事行为能力,而依照行为地法律为有完全民事行为能力的,适用行为地法律,但关于婚姻家庭、继承以及处分不动产的民事行为能力除外。

第二十一条　自然人被宣布为无民事行为能力人或者限制民事行为能力人的条件,适用其住所地法律或者经常居住地法律。如果其住所地法律或者经常居住地法律认为该自然人具备被宣告为无民事行为能力人或者限制民事行为能力人的条件,而依中华人民共和国法律认为不具备条件的,中华人民共和国法院可以不作宣告。

宣告为无民事行为能力人或者限制民事行为能力人的效力,适用宣告地法律。

第二十二条　自然人的宣告失踪或者宣告死亡,适用其住所地法律或者经常居住地法律,但自然人的财产所在地法院或者法律关系决定地法院也可以依照法院所在地法律宣告其失踪或者死亡。

第二十三条　法人民事权利能力,适用其成立地法律或者主要办事机构所在地法律。法人的民事行为能力,除适用其成立地法律或者主要办事机构所在地法律外,还适用行为地法律。

第二十四条　破产,适用破产人主要办事机构所在地法律或者破产财产所在地法律。

破产财产的评估,适用破产财产所在地法律。

破产清算,适用作出破产宣告的法院所在地法律。

第二十五条　民事行为的方式,适用行为地法律或者支配法律行为本身的法律。

当事人协商一致可以选择民事行为方式所适用的其他法律。

处分不动产的方式,适用不动产所在地法律。

第二十六条　法定代理和指定代理,适用代理行为地法律或者代理人实施代理行为时住所地法律。

委托代理的当事人可以选择所适用的法律,当事人没有选择的,适用代理成立时被代理人住所地法律。

委托代理的被代理人与第三人或者代理人与第三人的关系,适用代理人行为地法律或者代理人实施代理行为时住所地法律。

第二十七条　人格权和身份权,适用当事人的住所地或者经常居住地法律,但本法另有规定的除外。

第二十八条　隐私权,适用当事人的住所地或者经常居住地法律。

第二十九条　国家或者国际组织作为民事主体参与的涉外民事关系,除法律另有规定以外,依照本法的规定确定所适用的法律。

第三章 物　权

第三十条　动产与不动产的区分,适用物之所在地法律。

第三十一条　不动产的所有权,适用不动产所在地法律。

第三十二条　物权的种类、内容以及物权行使,适用物之所在地法律,但动产物权的行使,不得违反行为地法律。

第三十三条　物权的取得和消灭,适用取得和消灭时物之所在地法律。

第三十四条　不动产物权登记的效力,适用不动产登记地法律。

第三十五条　动产所有权的转移,当事人对所适用的法律有约定的,按照其约定;当事人没有约定的,适用买受人控制动产时的动产所在地法律。买受人控制动产前的动产所有权,适用当时动产所在地法律。

第三十六条　运输中的动产所有权,适用运输目的地法律。

第三十七条　船舶所有权的取得、转让和消灭,适用船旗国法律。

船舶抵押权,适用船旗国法律。

船舶在光船租赁以前或者光船租赁期间设立的船舶抵押权,适用原船舶登记地法律。

船舶优先权,适用受理案件的法院所在地法律。

第三十八条　民用航空器所有权的取得、转让和消灭,适用民用航空器国籍登记地法律。

民用航空器抵押权,适用民用航空器国籍登记地法律。

民用航空器优先权,适用受理案件的法院所在地法律。

第三十九条　有价证券的权利,适用有价证券指定的法律;没有指定的,适用有价证券发行机构住所地法律或者权利实现地法律。

第四十条　公司股票的权利,适用公司注册地法律。

第四十一条　共有物权,适用当事人约定的法律;没有约定的,适用物之所在地法律。

第四十二条　信托,适用信托财产委托人在设定信托的书面文件中明示选择的法律;委托人在信托文件中没有选择法律的,或者被选择的法律没有规定信托制度的,适用与信托有最密切联系的法律,在通常情况下为:信托财产所在地法律,信托管理地法律,受托人的经常居住地法律或者营业所所在地法律,信托目的实现地法律。

第四十三条　动产抵押的效力,适用抵押登记地法律。

第四十四条　动产质押的效力,适用出质人向质权人转移占有时所有权人所在地法律。

第四十五条　权利质押的效力,适用权利凭证交付质权人时质权人所在地法律。

第四十六条　建筑物区分所有权,适用建筑物所在地法律。

第四十七条　相邻关系,适用不动产所在地法律。

第四十八条 善意受让人、遗失物、漂流物拾得人、埋藏物发现人取得的物权，适用物之所在地法律。

第四十九条 占有，不动产适用不动产所在地法律，动产适用与动产有最密切联系的法律。

第四章 债 权

第五十条 涉外合同的当事人可以选择合同所适用的法律、国际条约、国际惯例，但法律另有规定的除外。

涉外合同的当事人没有选择的，适用与合同有最密切联系的国家的法律。

第五十一条 具有中华人民共和国国籍的自然人、法人与外国自然人、法人订立的在中华人民共和国领域内履行的下列合同，适用中华人民共和国法律：

（一）中外合资经营企业合同；

（二）中外合作经营企业合同；

（三）中外合作勘探、开发自然资源合同；

（四）中外合作开发房屋和土地合同；

（五）外国自然人、法人承包经营在中华人民共和国领域内的中国企业的合同。

第五十二条 汇票、本票出票时的记载事项，适用出票地法律。

支票出票时的记载事项，适用出票地法律；经当事人协议，也可以适用付款地法律。

票据的背书、承兑、付款和保证，适用行为地法律。

票据追索权的行使期限，适用出票地法律。

票据的提示期限、有关拒绝证明的方式、出具拒绝证明的期限，适用付款地法律。

票据丧失时，失票人请求保全票据权利的程序，适用付款地法律。

第五十三条 除当事人另有约定外，在一国领海内的内水发生的海难救助，适用救助作业地法律；在公海上发生的海难救助，适用救助船舶的船旗国法律；国籍相同的船舶之间发生的海难救助，适用共同的船旗国法律。

第五十四条 共同海损的理算，适用当事人约定的理算规则；当事人没有约定的，适用理算地法律。

第五十五条 不当得利，适用不当得利发生地法律。

第五十六条 无因管理，适用无因管理行为实施地法律。

第五章 知识产权

第五十七条 著作权的取得和著作权的内容效力，适用作者本国法律。

第五十八条 专利权的取得和专利权的内容效力，适用专利权授予地法律。

第五十九条 商标权的取得和商标权的内容效力，适用商标注册登记地法律。

第六十条 专利权、商标权、著作权以外的其他知识产权的取得、内容和效力，适用权利主张地法律。通过合同取得的商业秘密,适用该合同应当适用的法律。

第六章　婚姻家庭

第六十一条　结婚的实质条件和效力,适用婚姻缔结地法律。

中华人民共和国承认在境外缔结的合法婚姻,但当事人故意规避中华人民共和国强制性或者禁止性法律规定的除外。

结婚形式符合婚姻缔结地法律,或者符合当事人一方的本国法律、住所地法律或者经常居住地法律的,均为有效。具有同一国籍或者不同国籍的外国人在中华人民共和国境内结婚,可以依照中华人民共和国缔结或者参加的国际条约,或者按照互惠原则,由其所属国领事依照其所属国法律办理结婚。

第六十二条　离婚的条件和效力,适用起诉时受理案件的法院所在地法律。

当事人协议离婚的,适用其以明示方式选择的当事人一方或者共同的本国法律、住所地法律、经常居住地法律;当事人没有选择法律的,适用离婚登记机关或者其他主管机关所在地法律。

第六十三条　夫妻人身关系,适用其共同本国法律;无共同国籍的,适用其共同住所地法律;无共同住所的,适用其共同经常居住地法律;无共同经常居住地的,适用其婚姻缔结地法律或者受理案件的法院所在地法律。

第六十四条　夫妻财产关系,适用当事人协商一致以明示方式选择的法律;当事人没有选择法律的,适用前条的规定;但涉及不动产的,适用不动产所在地法律。

第六十五条　父母子女人身关系,适用其共同住所地法律,或者适用有利于保护弱者利益的一方当事人的本国法律、住所地法律或者经常居住地法律。

第六十六条　父母子女财产关系适用前条规定,但涉及不动产的,适用不动产所在地法律。

第六十七条　非婚生子女的认领,适用认领时认领人或者被认领人的本国法律、住所地法律或者经常居住地法律中有利于认领成立的法律。

第六十八条　收养成立,适用收养时收养人和被收养人各自的住所地法律或者经常居住地法律。

收养效力,适用收养时收养人的住所地法律或者经常居住地法律。

收养终止,适用收养时被收养人的住所地法律或者经常居住地法律,或者适用受理解除收养案件的法院所在地法律。

第六十九条　扶养,适用被扶养人的本国法律、住所地法律或者经常居住地法律中对被扶养人最有利的法律。

离婚后原配偶之间的扶养,适用离婚的准据法。

第七十条　监护的设立、变更和终止,适用被监护人的本国法律、住所地法律或者经常居住地法律。

第七章 继 承

第七十一条 遗产的法定继承,动产适用被继承人死亡时住所地法律或者经常居住地法律,不动产适用不动产所在地法律。

第七十二条 立遗嘱能力,适用立遗嘱人立遗嘱时的本国法律、住所地法律或者经常居住地法律。

依前款规定,如果立遗嘱人无立遗嘱能力,而依照立遗嘱行为地法律有立遗嘱能力,视为有立遗嘱能力。

第七十三条 遗嘱方式符合下列法律之一的,即为有效:
(一)立遗嘱人立遗嘱时的行为地法律;
(二)立遗嘱人立遗嘱时或者死亡时的本国法律;
(三)立遗嘱人立遗嘱时或者死亡时的住所地法律;
(四)立遗嘱人立遗嘱时或者死亡时的经常居住地法律。

涉及不动产的,适用不动产所在地法律。

第七十四条 遗嘱内容和效力,适用立遗嘱人明示选择其立遗嘱时或者死亡时的本国法律、住所地法律或者经常居住地法律。立遗嘱人没有选择法律的,适用上述法律中最有利于遗嘱成立的法律。

第七十五条 无人继承财产的确定,适用死者死亡时的本国法律。

依前款规定虽无继承人,但依死者死亡时的住所地法律或者经常居住地法律的规定有继承人的,则遗产不作为无人继承财产处理。

第七十六条 无人继承财产的处理,适用死者死亡时的遗产所在地法律。

第七十七条 遗产管理和遗债清偿,适用遗产所在地法律。

第八章 侵 权

第七十八条 侵权行为,适用侵权行为地法律,包括侵权行为实施地法律和侵权结果发生地法律。侵权行为实施地法律与侵权结果发生地法律的规定不同的,适用对受害人有利的法律。

第七十九条 侵权行为的全过程表明当事人的国籍、住所、经常居住地、营业所以及其他连结点的聚集地与侵权事件有更密切联系的,适用该最密切联系地法律。

第八十条 侵权行为的加害人与受害人具有相同国籍,或者在同一国家、地区有住所或者经常居住地的,也可以适用其共同的本国法律、共同住所地法律或者共同经常居住地法律。

第八十一条 侵权行为的加害人和受害人可以协商选择适用法院所在地法律,但不得选择法院所在地法律以外的法律。

第八十二条 发生在中华人民共和国领域外的侵权行为,如果应当适用的法律为外国法律时,该外国法律对侵权行为的认定和损害赔偿额的确定与中华人民共和国法律的规定相抵触的,不得适用。

第八十三条 机动或者非机动车辆在公路、向公众开放的地面或者特定人有权出入的私有地面上发生的交通事故,其损害赔偿适用事故发生地法律。

肇事车辆在非事故发生地登记的,加害人对事故涉及下列人员的责任,可以适用车辆登记地法律:

(一)司机、车主控制车辆或者对车辆享有权利的其他人,不论其住所或者经常居住地在何处;

(二)受害者为乘客,其住所或者经常居住地不在事故发生地国的;

(三)受害者在发生事故的车辆外,其住所或者经常居住地是在车辆登记地国内的。

第八十四条 船舶在公海上发生碰撞的损害赔偿,适用受理案件的法院所在地法律。

同一国籍的船舶,不论碰撞发生于何地,碰撞船舶之间的损害赔偿适用船旗国法律。

共同海损理算,适用理算地法律。

海事赔偿责任限制,适用受理案件的法院所在地法律。

第八十五条 民用航空器对地面第三人的损害赔偿,适用侵权行为地法律。

民用航空器在公海上空对水面第三人的损害赔偿,适用受理案件的法院所在地法律。

第八十六条 产品责任的损害赔偿,当侵权结果发生地同时也是直接受害人的住所地、经常居住地,或者同时也是被请求承担责任人的主要办事机构、营业所所在地,或者同时又是直接受害人取得产品的地方,适用侵权结果发生地法律。

如果直接受害人的住所或者经常居住地同时也是被请求承担责任人的主要办事机构或者营业所所在地,或者也是直接受害人取得产品的地方,产品责任的损害赔偿也可以适用直接受害人的住所地法律或者经常居住地法律。

第八十七条 损害消费者权益的赔偿,适用消费者权益受损地法律。

第八十八条 不正当竞争的损害赔偿,适用侵权行为地法律。

第八十九条 环境污染的损害赔偿,适用侵害结果发生地法律。

第九十条 核设施失控或者核物质运输中发生泄漏的损害赔偿,适用侵害结果发生地法律。

第九十一条 利用印刷品、广播、电视、互联网或者其他大众传播媒介进行诽谤的损害赔偿,受害人可以选择适用:

(一)受害人的住所地或者经常居住地法律;

(二)加害人的住所地或者经常居住地法律;

(三)传播行为发生地法律;

(四)侵权结果发生地法律。

第九十二条 民事欺诈行为的损害赔偿,适用损害结果发生地法律。

第九十三条 依照本章规定适用的法律,决定侵权行为的性质、责任人及其责任能力、确定责任的根据和范围,有权要求损害赔偿的人、赔偿的方式和赔偿的范围,以及赔偿请求权的转让和继承。

第九十四条 赔偿责任的免除或者限制,除适用支配侵权行为的法律外,同时适用受理案件的法院所在地法律。

关于《中华人民共和国民法(草案)》的说明

2002年12月23日在第九届全国人民代表大会常务委员会第三十一次会议上

全国人大常委会法制工作委员会主任　顾昂然

委员长、各位副委员长、秘书长、各位委员：

我受委员长会议的委托，作关于《中华人民共和国民法(草案)》的说明。

民法是国家的基本法律。民法规范平等主体之间的财产关系和人身关系，是社会生活的基本准则。改革开放以来，我国十分重视制定民事法律。由于民法涉及面广，内容复杂，在改革开放初期，制定完整的民法典的条件还不成熟，为了加快民事立法，先将那些急需的、比较成熟的部分，制定为单行法。经过二十年来的努力，先后制定了民法通则、合同法、担保法、著作权法、商标法、婚姻法、收养法、继承法等民事法律，同时还在一大批其他法律中作出了有关民事规范的法律规定。这些法律，共同形成我国的民事法律制度，对保护公民、法人的民事权益，维护社会经济秩序，促进改革开放和社会主义现代化建设，发挥了重要作用。为了适应经济社会发展的需要和加入世贸组织的要求，有必要进一步完善民事法律制度，尤其要抓紧制定物权法，同时对人格权、侵权责任、涉外民事关系的法律适用等作出补充规定，抓紧编纂民法典。

根据九届全国人大常委会的立法规划和常委会工作报告关于"要加快物权法的起草和民法典的编纂工作"的要求，法制工作委员会起草了物权法征求意见稿，于今年一月发到地方、中央有关部门、法学院校等单位征求意见，经多次研究修改，形成物权法草案，并于今年十月，在现有民事法律和物权法草案的基础上形成了民法草案初稿。民法草案初稿分为九编。第一编总则，第二编物权法，第三编合同法，第四编人格权法，第五编婚姻法，第六编收养法，第七编继承法，第八编侵权责任法，第九编涉外民事关系的法律适用法。需要说明的是，民法涉及面广，内容复杂，世界上没有一部民法典可以囊括一切民事规范。未编入民法草案初稿的民事法律以及其他法律中有关民事规范的规定，继续有效，已编入民法草案初稿的合同法、婚姻法、收养法、继承法等法律，依法进一步完善之前仍然有效。现将民法草案中的物权法以及其他几个主要问题说明如下：

一、关于物权法

(一)关于物权法的调整范围

草案规定：本法所称物权，是自然人、法人直接支配不动产或者动产的权利，包括所有权、用益物权和担保物权。根据草案规定，物权的客体主要是不动产或者动产；物权和债权不同,订立合同是物权变动的主要原因,但解决当事人之间的合同纠纷,适用合同法等有关法律,不适用物权法。

(二)关于物权法的基本原则

草案对物权法的基本原则作了以下规定:(1)物权法定。物权的种类及其内容,由本法或者其他有关物权的法律规定。(2)物权公示。物权的设立、变更、转让和消灭,除法律另有规定外,不动产应当登记,动产应当交付。记载于不动产登记簿的权利人是该不动产的权利人,动产的占有人是该动产的权利人,但有相反证据的除外。(3)遵守法律。物权的取得以及行使,应当遵守法律。(4)保护物权。权利人享有的物权,受法律保护,任何人不得侵害。

(三)关于所有权

国家所有是公有制的基础。草案根据宪法以及有关法律,对矿产资源、水资源以及土地等自然资源的国家所有权作出了规定。国有企业是我国国民经济的支柱。根据党的十六大提出的关于改革国有资产管理体制的要求,在坚持国家所有的前提下,草案规定:中央政府和地方政府依法分别代表国家履行出资人职责,享有所有者权益。国家所有的不动产或者动产,投入到企业的,由出资人按出资额享有资产受益、重大决策以及选择经营管理者等权利。国有企业或者国有控股企业对该企业的不动产或者动产,在企业存续期间享有法人财产权。

集体所有是公有制的重要组成部分。关于集体所有的不动产或者动产,草案根据民法通则作出了规定。集体所有权由谁来行使,草案规定,土地和森林、山岭、草原、荒地、滩涂等集体所有权的行使,有下列情形:(1)分别属于村内两个以上集体经济组织的农民集体所有的,由该村内各集体经济组织或者村民小组行使所有权;(2)属于村农民集体所有的,由该村集体经济组织或者村民委员会行使所有权;(3)属于乡(镇)农民集体所有的,由该乡(镇)集体经济组织行使所有权。关于集体企业的财产,草案规定,城镇集体企业、乡镇(村)集体企业对该企业的不动产或者动产,在企业存续期间享有法人财产权。

为了完善保护私人财产的法律制度,物权法对私人所有权作了专章规定,有关物权法的基础原则和物权保护等规定,对公民财产以及非公有制企业的财产都是适用的。哪些属于私人所有权,草案规定:本法所称的私人所有权,包括自然人以及个体经济、私营经济等非公有制经济的主体,对其不动产或者动产享有全面支配的权利。草案分别对私人的生活资料、生产资料、私营企业享有所有权的问题作出了规定。草案并规定:国家保护私人的储蓄;国家保护私人投资以及因投资获得的收益。

随着高层建筑物的大量出现,建筑物区分所有权已经成为不动产物权中的重要问题。草案规定:建筑物区分所有权人,就该建筑物内其居室等专有部分享有所有权,就走廊、电梯等共有部分享有共有的权利,就该建筑物及其附属设施的维护等享有共同管理的权利。草案还对建筑物区分所有权人如何管理建筑物及其附属设施等问题作出了规定。

(四)关于用益物权

草案对土地承包经营权、建设用地使用权、宅基地使用权、邻地利用权、典权、居住权、探矿权、采矿权、渔业权、取水权等分别作了规定。草案依照农村土地承包法对土地承包经营权的性质、承包、流转等问题作出了规定。草案依照土地管理法、城市房地产管理法等法律对建设用地使用权的设立、期限、权利义务等作出了规定。为了保护房屋预售中买受人的权益,维护房屋交易秩序,草案对预告登记问题作了规定:债权人为了限制债务人处分不动产,保障其将来取得物权,有权向登记机构申请预告登记。预告登记后,债务人违背预告登记对该不动产作出的处分,不发生物权效力。有关探矿权、采矿权、渔业权、取水权,草案根据矿产资源法、渔业法、水法作出了规定。实践中还有哪些类似的权利也需要在物权法中作出规定,需要进一步研究。

（五）关于担保物权

我国已经制定担保法,对抵押权、质权、留置权等作出了规定。考虑到担保物权是物权法中的重要内容,拟在物权法中规定担保物权。草案依照担保法对抵押权、质权、留置权作出了规定,并根据审判实践作了一些补充。目前经济生活中采用让与担保的方式增多,为了保护当事人的担保权益,规范让与担保行为,草案对让与担保的性质、让与担保合同、让与担保期间、担保物的占有人破产等问题作出了规定。

（六）关于登记制度

草案规定,依法属于国家所有的土地、矿藏等自然资源,可以不经登记,自法律施行之日起享有物权。除法律另有规定外,国家、集体、私人的不动产物权的设立、变更、转让和消灭,应当登记;不经登记,不发生物权效力。船舶、飞行器和机动车等物权的设立、变更、转让和消灭,应当登记;不经登记,不得对抗善意第三人。

目前我国办理登记的机构主要有土地管理部门、房产管理部门、农业主管部门、林业主管部门、运输工具登记部门、工商行政管理部门等。有的部门和专家认为应当统一登记机关。考虑到统一登记的问题较为复杂,涉及到多年来我国的行政管理体制,也涉及到不少单行法律的规定,对该问题还需要进一步研究。

（七）关于物权的保护

加强对物权的保护,是制定物权法的重要内容。草案在民法通则规定的基础上,较为全面地对物权保护作出了规定:(1)确认权利。因物权的归属及其内容发生争议的,利害关系人可以请求确认权利。(2)返还原物。任何人无权占有他人不动产或者动产的,权利人可以请求其返还原物。(3)恢复原状。任何人造成他人不动产或者动产毁损的,权利人可以请求恢复原状。(4)排除妨害。任何人妨害行使物权的,权利人可以请求排除妨害。(5)消除危险。任何人有可能危及行使物权的,权利人可以请求消除危险。(6)损害赔偿。任何人侵害物权,造成权利人损害的,权利人可以请求损害赔偿。

草案还对相邻关系、共有、善意取得、拾得遗失物、发现埋藏物、占有等作出了规定。

二、关于民法编纂中其他几个主要问题

除物权法草案外,民法草案在现有法律的基础上,对民法总则、人格权、侵权责任、涉外民事关系的法律适用等作了一些修改补充。

（一）关于民法总则

在民法通则的基础上,草案主要对无民事行为能力人的年龄以及诉讼时效的期间等作出修改补充,将十周岁以上的未成年人是限制民事行为能力人,修改为七周岁,将两年诉讼

时效修改为三年,同时借鉴国外的立法例,适当修改诉讼时效的起算时间。

关于民事主体。民法通则规定的民事主体为公民、法人。合同法、著作权法等法律在公民、法人之外规定了第三类主体,有的为"其他组织",有的为"非法人单位"。如何规定民事主体,一种意见是在公民、法人之外规定第三类主体,另一种意见是修改民法通则规定的法人条件,法人既包括承担有限责任的组织,也包括承担无限责任的组织。与民事主体问题相关联的还有法人分类,民法通则将法人分为企业法人,机关、事业单位和社会团体法人,现在社会中介组织越来越多,民办、合资办学校、医院等日益增加,很难归入民法通则划分的四类法人。有关民事主体以及法人分类,如何规定为好,需要进一步研究。

(二)关于人格权法

民法通则以及其他民事单行法律,对保护生命健康、姓名、名称、名誉、荣誉、肖像等人格权,已作出规定。草案增加规定了信用权:(1)自然人、法人享有信用权。禁止用诋毁等方式侵害自然人、法人的信用。(2)征信机构应当客观、公正地收集、记录、制作、保存自然人、法人的信用资料。征信机构应当合理使用并依法公开信用资料。(3)自然人、法人有权查阅、抄录或者复制征信机构涉及自身的信用资料,有权要求修改与事实不符合的信用资料。

草案增加规定了隐私权。草案规定:自然人享有隐私权。隐私的范围包括私人信息、私人活动和私人空间。禁止以窥视、窃听、刺探、披露等方式侵害他人的隐私。

关于自然人的肖像权,草案在民法通则规定未经本人同意,不得以营利为目的使用公民的肖像的基础上,作了修改补充。草案规定:自然人有权使用或者许可他人使用自己的肖像。未经许可,他人不得公开使用自然人的肖像,法律另有规定的除外。

(三)关于侵权责任法

为加强对公民、法人合法权益的保护,有必要进一步完善我国的侵权责任制度。

草案规定:由于过错侵害他人人身、财产的,应当承担侵权责任。依照法律规定,推定侵权人有过错的,受害人不必证明侵权人的过错;侵权人能够证明自己没有过错的,不承担侵权责任。没有过错,但法律规定应当承担侵权责任的,应当承担侵权责任。草案并规定:受害人死亡的,受害人的配偶、父母、子女有权要求侵权人承担侵权责任。受害人没有配偶、子女或者配偶、父母、子女已经死亡的,其兄弟姐妹、祖父母、外祖父母、孙子女、外孙子女有权要求侵权人承担侵权责任。

为了保护受害人的合法权益,总结司法实践经验,应当扩大精神损害赔偿的范围,同时应当合理确定赔偿标准。草案规定:侵害他人的人格权或者毁损他人具有人格象征意义的特定物品的,受害人有权要求精神损害赔偿。

针对侵权责任主体的特殊情形,草案规定:(1)法人的工作人员因执行职务侵害他人人身、财产权益的,法人应当承担侵权责任。法人承担赔偿责任后,可以向对造成损害有过错的工作人员追偿。(2)网站经营者明知网络用户通过该网站实施侵权行为,或者经权利人提出警告,仍不采取删除侵权内容等措施消除侵权后果的,网站经营者与该网络用户承担连带责任。权利人要求提供通过该网站实施侵权行为的网络用户的注册资料,网站经营者无正当理由拒绝提供的,应当承担相应的侵权责任。(3)旅馆、银行的客户以及列车的乘客,在旅馆、银行、列车内受到他人侵害的,侵权人应当承担侵权责任。在无法确认侵权人或者侵权人没有能力承担赔偿责任的情况下,旅馆、银行、列车的所有者或者经营者尽到保护义务的,不承担责任;未尽到保护义务的,应当承担补充赔偿责任。

草案根据民法通则、环境保护法、产品质量法等法律,还对机动车肇事责任、环境污染责任、产品责任、高度危险作业责任、动物致人损害责任、物件致人损害责任等特殊侵权责任,作出了规定。有关机动车肇事的归责原则,需要与正在审议的道路交通安全法草案相衔接。

（四）关于涉外民事关系的法律适用法

民法通则对涉外民事关系的法律适用有概括的规定。随着对外开放发展,涉外民事关系的法律适用日趋复杂。

什么是涉外民事关系,草案规定:"有下列情形之一的,为涉外民事关系:（一）民事关系的一方是外国人、无国籍人、外国法人、国际组织、外国国家;（二）民事关系一方的住所、经常居住地或者营业所位于中华人民共和国领域外;（三）民事关系的标的在中华人民共和国领域外,或者争议标的物移转越出一国国界;（四）产生、变更或者消灭民事关系的法律事实发生在中华人民共和国领域外。中华人民共和国的自然人之间、法人之间或者自然人和法人之间的民事关系,其标的物以及履行地不在中华人民共和国领域外的,不得选择适用外国法律。"

草案在民法通则有关涉外民事关系的法律适用规定的基础上,还增加了反致、外国法的查明、国际惯例的适用、互惠对等原则等一般规定;增加了物权、知识产权以及债权中的不当得利和无因管理的法律适用的规定;对民事主体、合同、侵权、婚姻家庭以及继承的法律适用问题进一步具体化。

合同法、婚姻法、收养法、继承法,是民法的重要组成部分,这次先编进来,暂未作改动,需要完善的,以后再进一步研究修改补充。

民法总则规定民法的基本原则以及一些共同规则,普遍适用于各种民事行为。草案的其他各编由单行法律组成,这样便于今后修改,更能适应经济社会不断发展变化的要求。

二、民法总则

中华人民共和国民法(草案)
第一编　总　则

2002 年 12 月 23 日

(略)

关于《中华人民共和国民法(草案)》的说明(关于民法总则部分)

2002年12月23日

(略)

中华人民共和国民法总则(草案)

2016 年 7 月 5 日

目 录

第一章 基本原则
第二章 自然人
 第一节 民事权利能力和民事行为能力
 第二节 监 护
 第三节 宣告失踪和宣告死亡
 第四节 个体工商户、农村承包经营户
第三章 法 人
 第一节 一般规定
 第二节 营利性法人
 第三节 非营利性法人
第四章 非法人组织
第五章 民事权利
第六章 民事法律行为
 第一节 一般规定
 第二节 意思表示
 第三节 民事法律行为的效力
 第四节 民事法律行为的附条件和附期限
第七章 代 理
 第一节 一般规定
 第二节 委托代理
 第三节 代理的终止
第八章 民事责任
第九章 诉讼时效和除斥期间
 第一节 诉讼时效
 第二节 除斥期间
第十章 期间的计算
第十一章 附 则

第一章 基本原则

第一条 为了保护自然人、法人和非法人组织的合法权益,调整民事关系,维护社会和经济秩序,适应中国特色社会主义发展要求,根据宪法,制定本法。

第二条 民事法律调整作为平等民事主体的自然人、法人和非法人组织之间的人身关系和财产关系。

第三条 民事主体的法律地位一律平等。

第四条 民事主体从事民事活动,应当遵循自愿原则,按照自己的意思设立、变更和终止民事关系。

第五条 民事主体从事民事活动,应当遵循公平原则,合理确定各方的权利和义务。

第六条 民事主体从事民事活动,应当遵循诚实信用原则。

民事主体从事民事活动,应当自觉维护交易安全。

第七条 民事主体从事民事活动,应当保护环境、节约资源,促进人与自然和谐发展。

第八条 民事主体从事民事活动,应当遵守法律,不得违背公序良俗,不得损害他人合法权益。

第九条 民事主体合法的人身、财产权益受法律保护,任何组织或者个人不得侵犯。

民事主体行使权利的同时,应当履行法律规定的或者当事人约定的义务,承担相应责任。

第十条 处理民事纠纷,应当依照法律规定;法律没有规定的,可以适用习惯,但是不得违背公序良俗。

第十一条 其他法律对民事关系另有特别规定的,依照其规定。

第十二条 在中华人民共和国领域内的民事活动,适用中华人民共和国法律,中华人民共和国法律另有规定的除外。

第二章 自然人

第一节 民事权利能力和民事行为能力

第十三条 自然人从出生时起到死亡时止,具有民事权利能力,依法享有民事权利,承担民事义务。

第十四条 自然人的民事权利能力一律平等。

第十五条 自然人的出生时间和死亡时间,以出生证明、死亡证明记载的时间为准;没有出生证明、死亡证明的,以户籍登记的时间为准。有其他证据足以推翻以上时间的,以相关证据证明的时间为准。

第十六条 涉及遗产继承、接受赠与等胎儿利益的保护,胎儿视为具有民事权利能力。但是,胎儿出生时未存活的,其民事权利能力自始不存在。

第十七条 十八周岁以上的自然人是成年人,为完全民事行为能力人,可以独立实施民事法律行为。

第十八条 六周岁以上不满十八周岁的未成年人,为限制民事行为能力人,可以独立实施纯获利益的民事法律行为或者与其年龄、智力相适应的民事法律行为;实施其他民事法律行为由其法定代理人代理,或者征得其法定代理人的同意。

十六周岁以上不满十八周岁的未成年人,以自己的劳动收入为主要生活来源的,视为完全民事行为能力人。

第十九条 不满六周岁的未成年人,为无民事行为能力人,由其法定代理人代理实施民事法律行为。

第二十条 不能辨认自己行为的成年人,为无民事行为能力人,由其法定代理人代理实施民事法律行为。

六周岁以上的未成年人不能辨认自己行为的,适用前款规定。

第二十一条 不能完全辨认自己行为的成年人,为限制民事行为能力人,可以独立实施纯获利益的民事法律行为或者与其智力、精神健康状况相适应的民事法律行为;实施其他民事法律行为由其法定代理人代理,或者征得其法定代理人的同意。

第二十二条 无民事行为能力人、限制民事行为能力人的监护人是其法定代理人。

第二十三条 不能辨认或者不能完全辨认自己行为的成年人的利害关系人,可以向人民法院申请认定其为无民事行为能力人或者限制民事行为能力人。

被人民法院认定为无民事行为能力人或者限制民事行为能力人的,根据其智力、精神健康恢复的状况,经本人、利害关系人或者有关组织申请,人民法院可以认定其恢复为限制民事行为能力人或者完全民事行为能力人。

前款规定的有关组织包括:本人住所地的居民委员会、村民委员会、学校、医疗卫生机构、妇女联合会、残疾人联合会、依法设立的老年人组织、民政部门等。

第二十四条 自然人以户籍登记的居所为住所;经常居所与住所不一致的,经常居所视为住所。

第二节 监 护

第二十五条 父母对未成年子女负有抚养、教育和保护的义务。

子女对无民事行为能力或者限制民事行为能力的父母负有赡养、照顾和保护的义务。

第二十六条 未成年人的父母是未成年人的监护人。

未成年人的父母已经死亡或者没有监护能力的,由下列人员中有监护能力的人依次担任监护人:

(一)祖父母、外祖父母;

（二）兄、姐；

（三）其他愿意承担监护责任的个人或者有关组织，经未成年人住所地的居民委员会、村民委员会或者民政部门同意的。

未成年人的父母可以通过遗嘱指定未成年人的监护人；其父、母指定的监护人不一致的，以后死亡一方的指定为准。

第二十七条　无民事行为能力或者限制民事行为能力的成年人，由下列人员中有监护能力的人依次担任监护人：

（一）配偶；

（二）父母；

（三）子女；

（四）其他愿意承担监护责任的个人或者有关组织，经被监护人住所地的居民委员会、村民委员会或者民政部门同意的。

第二十八条　监护人可以协议确定。协议确定监护人的，应当尊重被监护人的意愿。

第二十九条　对担任监护人有争议的，由被监护人住所地的居民委员会、村民委员会或者民政部门指定，有关当事人对指定不服的，可以向人民法院提起诉讼；有关当事人也可以直接向人民法院提起诉讼，由人民法院指定。

居民委员会、村民委员会、民政部门或者人民法院指定监护人，应当根据最有利于被监护人的原则，尊重被监护人的意愿。

依照本条第一款规定指定监护人前，被监护人的人身、财产及其他合法权益处于无人保护状态的，由被监护人住所地的居民委员会、村民委员会、法律规定的有关组织或者民政部门担任临时监护人。

监护人被指定后，不得擅自变更；擅自变更的，不免除被指定的监护人的监护责任。

第三十条　无本法第二十六条、第二十七条规定的具有监护资格的人的，监护人由被监护人住所地的居民委员会、村民委员会或者民政部门担任。

第三十一条　具有完全民事行为能力的成年人，可以与近亲属、其他愿意承担监护责任的个人或者有关组织事先协商，以书面形式确定自己的监护人。监护人在该成年人丧失或者部分丧失民事行为能力时，承担监护责任。

第三十二条　监护人依法行使监护的权利，受法律保护。

监护人不履行监护职责或者侵害被监护人合法权益的，应当承担责任。

第三十三条　监护人应当按照最有利于被监护人的原则履行监护职责，保护被监护人的人身、财产及其他合法权益；除为被监护人利益外，不得处分被监护人的财产。

未成年人的监护人履行监护职责，应当根据被监护人的年龄和智力状况，在作出与被监护人权益有关的决定时，尊重被监护人的意愿。

成年人的监护人履行监护职责，应当最大程度地尊重被监护人的意愿，保障并协助被监护人独立实施与其智力、精神健康状况相适应的民事法律行为。

第三十四条　监护人有下列情形之一的，人民法院根据有关人员或者组织的申

请,撤销其监护人资格,并根据最有利于被监护人的原则依法为其指定新监护人:

(一)实施严重损害被监护人身心健康行为的;

(二)怠于履行监护职责,或者无法履行监护职责并且拒绝将监护职责部分或者全部委托给他人,导致被监护人处于危困状态的;

(三)有严重侵害被监护人合法权益的其他行为的。

前款规定的有关人员和组织包括:其他有监护资格的人员,被监护人住所地的居民委员会、村民委员会、学校、医疗卫生机构、妇女联合会、残疾人联合会、依法设立的老年人组织、民政部门等。

有关人员和组织未及时向人民法院提出撤销监护人资格申请的,民政部门应当向人民法院提出申请。

第三十五条 原监护人被人民法院撤销监护人资格后,确有悔改情形的,经其申请,人民法院可以视情况恢复其监护人资格,人民法院指定的新监护人与被监护人的监护关系同时终止。

第三十六条 有下列情形之一的,监护关系终止:

(一)被监护人取得或者恢复完全民事行为能力的;

(二)监护人丧失监护能力的;

(三)被监护人或者监护人死亡的;

(四)由人民法院认定监护关系终止的其他情形的。

监护关系终止后,被监护人仍然需要监护的,应当依法另行确定监护人。

第三节 宣告失踪和宣告死亡

第三十七条 自然人下落不明满二年的,利害关系人可以向人民法院申请宣告其为失踪人。

自然人下落不明的时间,从失去该自然人音讯之日起计算。战争期间下落不明的,下落不明的时间自战争结束之日起计算。

第三十八条 失踪人的财产由其配偶、父母、成年子女或者其他愿意担任财产代管人的人代管。

代管有争议,没有前款规定的人,或者前款规定的人无代管能力的,由人民法院指定的人代管。

第三十九条 财产代管人应当妥善管理失踪人的财产,维护其财产权益。

失踪人所欠税款、债务和应付的其他费用,由财产代管人从失踪人的财产中支付。

财产代管人因故意或者重大过失造成失踪人财产损失的,应当承担赔偿责任。

第四十条 财产代管人不履行代管职责、侵害失踪人财产权益或者丧失代管能力的,失踪人的利害关系人可以向人民法院申请变更财产代管人。

财产代管人有正当理由的,可以向人民法院申请另行确定财产代管人。

第四十一条 被宣告失踪的人重新出现,经本人或者利害关系人申请,人民法院应当撤销失踪宣告。

被宣告失踪的人重新出现,有权要求财产代管人及时向其移交有关财产并报告财产代管情况。

第四十二条 自然人有下列情形之一的,利害关系人可以向人民法院申请宣告其死亡:

(一)下落不明满四年的;

(二)因意外事件,下落不明满二年的。

因意外事件下落不明,经有关机关证明该自然人不可能生存的,申请宣告死亡不受二年时间的限制。

下落不明的时间计算,适用本法第三十七条第二款的规定。

第四十三条 对同一自然人,有的利害关系人申请宣告其死亡,有的申请宣告其失踪,符合本法规定的宣告死亡条件的,人民法院应当宣告死亡。

第四十四条 被宣告死亡的人,人民法院宣告死亡的判决作出之日或者判决确定的日期视为其死亡的日期。

第四十五条 自然人被宣告死亡的,不影响其在被宣告死亡后实施的民事法律行为的效力。

第四十六条 被宣告死亡的人重新出现,经本人或者利害关系人申请,人民法院应当撤销死亡宣告。

第四十七条 被宣告死亡的人与配偶的婚姻关系,自死亡宣告之日起消灭。死亡宣告被撤销的,其配偶未再婚的,夫妻关系自撤销死亡宣告之日起自行恢复,任何一方不愿意自行恢复的除外;其配偶再婚的,夫妻关系不自行恢复。

第四十八条 被宣告死亡的人在被宣告死亡期间,其子女被他人依法收养的,在死亡宣告被撤销后,不得仅以未经本人同意而主张收养关系无效。

第四十九条 被撤销死亡宣告的人有权请求返还财产。依照继承法取得其财产的自然人、法人或者非法人组织,应当返还原物;无法返还原物的,应当给予补偿。利害关系人隐瞒真实情况,致使他人被宣告死亡而取得其财产的,除应当返还原物外,还应当对由此造成的损失承担赔偿责任。

第四节 个体工商户、农村承包经营户

第五十条 自然人经依法登记,从事工商业经营的,为个体工商户。个体工商户可以起字号。

第五十一条 农村集体经济组织的成员,依法取得农村土地承包经营权,从事家庭承包经营的,为农村承包经营户。

第五十二条 个体工商户的债务,个人经营的,以个人财产承担;家庭经营的,以家庭财产承担;无法区分个人经营和家庭经营的,以家庭财产承担。农村承包经营户的债务,以家庭财产承担。

第三章 法 人

第一节 一般规定

第五十三条 法人是具有民事权利能力和民事行为能力,依法独立享有民事权利和承担民事义务的组织。

第五十四条 法人应当依法成立。

法人应当有自己的名称、组织机构和住所。法人成立的具体条件和程序,依照法律的规定。

设立法人,法律规定须经有关机关批准的,依照其规定。

第五十五条 法人的民事权利能力和民事行为能力,从法人成立时产生,到法人终止时消灭。

第五十六条 法人以其全部财产独立承担民事责任。

第五十七条 依照法律或者法人章程规定,代表法人从事民事活动的负责人,为法人的法定代表人。

法定代表人以法人名义从事的民事活动,其法律后果由法人承受。

法人的章程或者权力机构对法定代表人的代表权范围的限制,不得对抗善意第三人。

第五十八条 法定代表人因执行职务造成他人损害的,由法人承担民事责任。

法人承担民事责任后,根据法律或者法人章程的规定,可以向有过错的法定代表人追偿。

第五十九条 法人以登记的住所为住所。

法人的主要办事机构所在地与住所不一致的,其主要办事机构所在地视为住所。

法人依法不需要办理登记的,其主要办事机构所在地为住所。

第六十条 法人在其存续期间登记事项发生变化的,应当依法向登记机关申请变更登记。

第六十一条 法人的实际情况与其登记的事项不一致的,不得对抗信赖登记的善意第三人。

第六十二条 登记机关应当通过信息公示系统依法及时公示法人登记的有关信息。

第六十三条 法人合并、分立的,其权利和义务由变更后的法人享有和承担。

第六十四条 有下列情形之一的,法人解散:

(一)法人章程规定的存续期间届满或者法人章程规定的其他解散事由出现的;

(二)法人的权力机构决议解散的;

(三)法人依法被吊销营业执照、登记证书,责令关闭或者被撤销的;

(四)出现法律规定的其他情形的。

第六十五条 法人解散的,清算义务人应当及时组成清算组进行清算。

法人的董事、理事等执行机构成员为清算义务人,但是法人章程另有规定,法人权力机构另有决议,或者法律另有规定的除外。

清算义务人怠于履行清算义务的,主管机关或者利害关系人可以申请人民法院指定有关人员组成清算组进行清算。

第六十六条 公司的清算程序和清算组职权,适用公司法的有关规定。

公司以外的法人的清算程序和清算组职权,依照有关法律的规定;没有规定的,参照适用公司法的有关规定。

第六十七条 清算期间,法人存续,但是不得从事与清算无关的活动。

法人清算后的剩余财产,根据法人章程的规定或者法人权力机构的决议处理,法律另有规定的除外。

清算终结,并完成法人注销登记时,法人终止;法人依法不需要办理登记的,清算终结时,法人终止。

第六十八条 清算义务人怠于履行清算义务,造成法人财产损失的,应当在造成损失范围内对法人债务等承担责任。

清算义务人怠于履行清算义务,导致法人主要财产、账册、重要文件等灭失,无法进行清算的,对法人债务等承担连带责任。

第六十九条 法人被宣告破产的,依法进行破产清算并完成法人注销登记时,法人终止。

第七十条 法人可以依法设立分支机构。法律规定分支机构应当办理登记的,依照其规定。

分支机构以自己的名义从事民事活动,由此产生的民事责任由法人承担。

第七十一条 设立人为设立法人从事的民事活动,其法律后果在法人成立后由法人承受;法人未成立的,其法律后果由设立人承受,设立人为二人以上的,承担连带责任。

第七十二条 法律对合作社法人有规定的,依照其规定。

第二节 营利性法人

第七十三条 以取得利润并分配给其股东或者其他出资人等成员为目的成立的法人,为营利性法人。

营利性法人包括有限责任公司、股份有限公司和其他企业法人等。

第七十四条 营利性法人,经依法登记成立,取得法人资格。

第七十五条 依法设立的营利性法人,由法人登记机关发给营利性法人营业执照。营业执照签发日期为营利性法人的成立日期。

第七十六条 营利性法人的权力机构为成员大会。

营利性法人设董事会或者执行董事的,董事会或者执行董事为其执行机构,董事长、执行董事或者经理依照法人章程的规定担任法定代表人;未设董事会或者执行董事的,法人章程规定的主要负责人为其执行机构和法定代表人。

法律对营利性法人的组织机构、法定代表人另有规定的,依照其规定。

第七十七条 营利性法人超越登记的经营范围从事经营活动的,依法承担相应的责任,但是除违反法律、行政法规的效力性强制性规定外,民事法律行为有效。

第七十八条 营利性法人从事经营活动,必须遵守法律、行政法规,遵守社会公德、商业道德,诚实信用,接受政府和社会公众的监督,承担社会责任。

第七十九条 营利性法人的成员应当遵守法律、行政法规和法人章程,依法行使成员权利,不得滥用成员权利损害法人或者其他成员的利益,不得滥用法人独立地位和成员有限责任损害法人债权人的利益。

第八十条 本节没有规定的,适用公司法等有关法律的规定。

第三节 非营利性法人

第八十一条 为公益目的或者其他非营利目的成立的法人,为非营利性法人。

非营利性法人不得向其成员或者设立人分配利润。

为公益目的成立的非营利性法人终止时,不得向其成员或者设立人分配剩余财产;其剩余财产应当按照章程的规定或者权力机构的决议用于公益目的;不能按照法人章程规定或者权力机构的决议处理的,由主管机关主持转给宗旨相同或者相近的以公益为目的的法人,并向社会公告。

第八十二条 具备法人条件,为实现公益目的设立的事业单位,经依法登记成立,取得事业单位法人资格;依法不需要办理法人登记的,从成立之日起,具有事业单位法人资格。

第八十三条 事业单位法人设理事会的,理事会为其决策机构。事业单位法定代表人按照其章程的规定产生。

法律对事业单位法人的组织机构、法定代表人另有规定的,依照其规定。

第八十四条 具备法人条件,基于会员共同意愿,为实现公益目的或者会员共同利益等非营利目的设立的社会团体,经依法登记成立,取得社会团体法人资格;依法不需要办理法人登记的,从成立之日起,具有社会团体法人资格。

第八十五条 社会团体法人应当制定章程,设会员大会或者会员代表大会等权力机构。

社会团体法人应当设理事会等执行机构。理事长或者会长等主要负责人依照法人章程的规定担任法定代表人。

第八十六条 具备法人条件,为实现公益目的,以捐助财产设立的基金会等,经依法登记成立,取得捐助法人资格。

依法设立的宗教活动场所,具备法人条件的,可以申请法人登记,取得捐助法人资格。

第八十七条 捐助法人应当制定章程,设理事会、民主管理组织等决策机构、执行机构。理事长等主要负责人依照法人章程的规定担任法定代表人。

捐助法人应当设监事会等监督机构。

第八十八条 捐助人有权向捐助法人查询捐助财产的使用、管理情况，并提出意见和建议，捐助法人应当及时、如实答复。

捐助法人的决策机构、执行机构或者其法定代表人作出的决定违反捐助法人章程的，捐助人等利害关系人或者主管机关可以请求人民法院予以撤销。

第八十九条 有独立经费的机关、承担行政职能的法定机构从成立之日起，具有机关法人资格，可以从事为履行职能所需要的民事活动。

第九十条 机关法人被撤销的，法人终止，其民事责任由继续履行其职能的机关法人承担；没有继续履行其职能的机关法人的，由撤销该机关法人的机关法人承担。

第四章 非法人组织

第九十一条 非法人组织是不具有法人资格，但是依法能够以自己的名义从事民事活动的组织。

非法人组织包括个人独资企业、合伙企业、营利性法人或者非营利性法人依法设立的分支机构等。

第九十二条 非法人组织应当依法登记。

设立非法人组织，法律规定须经有关机关批准的，依照其规定。

第九十三条 非法人组织的成员或者设立人对该组织的债务承担无限责任。法律另有规定的，依照其规定。

第九十四条 非法人组织可以确定一人或者数人代表该组织从事民事活动。

第九十五条 非法人组织以登记的住所为住所。

非法人组织的主要办事机构所在地与住所不一致的，其主要办事机构所在地视为住所。

第九十六条 有下列情形之一的，非法人组织解散：

（一）设立人或者其成员决定解散的；

（二）章程或者组织规章规定的存续期间届满的；

（三）章程或者组织规章规定的其他解散事由出现的；

（四）出现法律规定的其他情形的。

第九十七条 非法人组织解散的，应当依法进行清算。清算终结，并完成注销登记时，非法人组织终止。

第九十八条 非法人组织除适用本章规定外，参照适用本法第三章第一节的有关规定。

第五章 民事权利

第九十九条 自然人的人身自由、人格尊严受法律保护。

第一百条 自然人享有生命权、健康权、身体权、姓名权、肖像权、名誉权、荣誉权、隐私权、婚姻自主权等权利。

法人、非法人组织享有名称权、名誉权、荣誉权等权利。

第一百零一条 自然人因婚姻、家庭关系产生的人身权利受法律保护。

第一百零二条 民事主体依法享有的收入、储蓄、房屋、生活用品、生产工具、投资及其他财产权利受法律保护。

第一百零三条 民事主体依法享有物权。

物权是权利人依法对特定的物享有直接支配和排他的权利,包括所有权、用益物权、担保物权。

第一百零四条 物包括不动产和动产。法律规定具体权利或者网络虚拟财产作为物权客体的,依照其规定。

第一百零五条 民事主体依法享有债权。

债权是因合同、单方允诺、侵权行为、无因管理、不当得利以及法律的其他规定,权利人请求特定义务人为一定行为的权利。

第一百零六条 没有法定的或者约定的义务,为避免他人利益受损失进行管理或者服务的,有权请求受益人偿还由此而支付的必要费用。

第一百零七条 没有合法根据,取得不当利益,造成他人损失的,应当将取得的不当利益返还受损失的人。

第一百零八条 民事主体依法享有知识产权。

知识产权是指权利人依法就下列客体所享有的权利:

(一)作品;

(二)专利;

(三)商标;

(四)地理标记;

(五)商业秘密;

(六)集成电路布图设计;

(七)植物新品种;

(八)数据信息;

(九)法律、行政法规规定的其他内容。

第一百零九条 自然人依法享有继承权。

第一百一十条 民事主体依法享有股权或者其他民事权利。

第一百一十一条 法律对未成年人、老年人、残疾人、妇女、消费者等的民事权利有特别保护规定的,依照其规定。

第六章 民事法律行为

第一节 一般规定

第一百一十二条 民事法律行为是指自然人、法人或者非法人组织通过意思表示设立、变更、终止民事权利和民事义务的行为。

第一百一十三条 民事法律行为可以基于单方的意思表示成立,也可以基于双方或者多方的意思表示一致成立。

法人、非法人组织的决议行为应当依照法律或者章程规定的程序和表决规则成立。

第一百一十四条 民事法律行为可以采用书面形式、口头形式或者其他形式;法律规定或者当事人约定采用特定形式的,应当采用特定形式。

第一百一十五条 民事法律行为自成立时生效,法律另有规定或者当事人另有约定的除外。行为人非依法律规定或者取得对方同意,不得擅自变更或者解除民事法律行为。

第二节 意思表示

第一百一十六条 以对话方式作出的意思表示,相对人了解其内容时生效。以非对话方式作出的意思表示,到达相对人时生效。

第一百一十七条 以非对话方式作出的采用数据电文形式的意思表示,相对人指定特定系统接收数据电文的,该数据电文进入该特定系统时生效;未指定特定系统的,相对人知道或者应当知道该数据电文进入其系统时生效。当事人对采用数据电文形式的意思表示的生效时间另有约定的,按照其约定。

以公告方式作出的意思表示,公告发布时生效。

无相对人的意思表示,表示完成时生效,法律另有规定的除外。

第一百一十八条 行为人可以明示或者默示作出意思表示。

沉默只有在有法律规定、当事人约定或者习惯时,方可以视为意思表示。

第一百一十九条 行为人可以撤回意思表示。撤回意思表示的通知应当在意思表示到达相对人前或者与意思表示同时到达相对人。

第一百二十条 有相对人的意思表示的解释,应当按照所使用的词句,结合相关条款、行为的性质和目的、习惯、相对人的合理信赖以及诚实信用原则,确定意思表示的含义。无相对人的意思表示的解释,不能拘泥于所使用的词句,而应当结合相关条款、行为的性质和目的、习惯以及诚实信用原则,确定行为人的真实意思。

第三节 民事法律行为的效力

第一百二十一条 具备下列条件的民事法律行为有效:
(一)行为人具有相应的民事行为能力;
(二)意思表示真实;
(三)不违反法律、行政法规的效力性强制性规定,不违背公序良俗。

第一百二十二条 无民事行为能力人实施的民事法律行为无效。

第一百二十三条 限制民事行为能力人实施的民事法律行为,经法定代理人同意或者追认后有效,但是纯获利益的民事法律行为或者与其年龄、智力、精神健康状况相适应的民事法律行为,不需经法定代理人同意或者追认。

相对人可以催告法定代理人自收到通知之日起一个月内予以追认。法定代理人未作表示的,视为拒绝追认。民事法律行为被追认前,善意相对人有撤销的权利。撤销应当以通知的方式作出。

第一百二十四条　行为人与相对人串通,以虚假的意思表示实施的民事法律行为无效,但是双方均不得以此对抗善意第三人。

行为人以虚假的意思表示隐藏的民事法律行为,依照有关法律规定处理。

第一百二十五条　基于重大误解实施的民事法律行为,行为人有权请求人民法院或者仲裁机构予以撤销。

第一百二十六条　一方以欺诈手段,使对方在其违背真实意思的情况下实施的民事法律行为,受欺诈方有权请求人民法院或者仲裁机构予以撤销。

第一百二十七条　第三人实施欺诈行为,使一方在违背其真实意思的情况下实施的民事法律行为,对方知道或者应当知道该欺诈行为的,受欺诈方有权请求人民法院或者仲裁机构予以撤销。

第一百二十八条　一方或者第三人以胁迫手段,使对方在违背其真实意思的情况下实施的民事法律行为,受胁迫方有权请求人民法院或者仲裁机构予以撤销。

第一百二十九条　一方利用对方处于困境、缺乏判断能力或者对自己信赖等情形,致使民事法律行为成立时显失公平的,受损害方有权请求人民法院或者仲裁机构予以撤销。

第一百三十条　民事法律行为因重大误解、欺诈、显失公平被撤销的,不得对抗善意第三人。

第一百三十一条　有下列情形之一的,撤销权消灭:

(一)当事人自知道或者应当知道撤销事由之日起一年内没有行使撤销权的;

(二)当事人受胁迫,自胁迫行为终止之日起一年内没有行使撤销权的;

(三)当事人知道撤销事由后明确表示或者以自己的行为表明放弃撤销权的;

(四)当事人自民事法律行为发生之日起五年内没有行使撤销权的。

第一百三十二条　违反法律、行政法规的效力性强制性规定或者违背公序良俗的民事法律行为无效。

第一百三十三条　行为人与相对人恶意串通,损害他人合法权益的民事法律行为无效。

第一百三十四条　无效的或者被撤销的民事法律行为,从民事法律行为开始时起就没有法律约束力。

第一百三十五条　民事法律行为无效、被撤销或者确定不发生效力后,行为人因该行为取得的财产,应当予以返还;不能返还或者没有必要返还的,应当折价补偿。有过错的一方应当赔偿对方由此所受到的损失;各方都有过错的,应当各自承担相应的责任。法律另有规定的,依照其规定。

第一百三十六条　民事法律行为部分无效,不影响其他部分效力的,其他部分仍然有效。

第四节 民事法律行为的附条件和附期限

第一百三十七条 民事法律行为可以附条件,但是依照其性质不得附条件的除外。附生效条件的民事法律行为,自条件成就时生效。附解除条件的民事法律行为,自条件成就时失效。

第一百三十八条 附条件的民事法律行为,当事人为自己的利益不正当地阻止条件成就的,视为条件已成就;不正当地促成条件成就的,视为条件不成就。

第一百三十九条 民事法律行为可以附期限,但是依照其性质不得附期限的除外。附生效期限的民事法律行为,自期限届至时生效。附终止期限的民事法律行为,自期限届满时失效。

第七章 代 理

第一节 一般规定

第一百四十条 自然人、法人和非法人组织可以通过代理人实施民事法律行为。

第一百四十一条 代理人在代理权限内,以被代理人名义实施的民事法律行为,对被代理人发生效力。

依照法律规定、当事人约定或者民事法律行为的性质,应当由本人亲自实施的民事法律行为,不得代理。

第一百四十二条 代理人在代理权限内以自己的名义与第三人实施民事法律行为,第三人知道代理人与被代理人之间的代理关系的,该民事法律行为直接约束被代理人和第三人,但是有确切证据证明该民事法律行为只约束代理人和第三人的除外。

第一百四十三条 代理包括委托代理和法定代理。

委托代理人按照被代理人的委托行使代理权。法定代理人依照法律的规定行使代理权。

法定代理,本章没有规定的,适用本法和其他法律有关规定。

第一百四十四条 代理人不履行职责,造成被代理人损害的,应当承担民事责任。代理人和第三人恶意串通,损害被代理人合法权益的,由代理人和第三人承担连带责任。

第二节 委托代理

第一百四十五条 委托代理可以采用书面形式、口头形式或者其他形式;法律规定或者当事人约定采用特定形式的,应当采用特定形式。

授权委托书应当载明代理人的姓名或者名称、代理事项、权限和期间,并由被代理人签名或者盖章。

第一百四十六条 数人为同一委托事项的代理人的,应当共同行使代理权,法律另有规定或者当事人另有约定的除外。

第一百四十七条 代理人知道或者应当知道代理的事项违法仍然实施代理行为，或者被代理人知道或者应当知道代理人的代理行为违法未作反对表示的，被代理人和代理人应当承担连带责任。

第一百四十八条 代理人不得以被代理人的名义与自己实施民事法律行为，法律另有规定或者被代理人同意、追认的除外。

代理人不得以被代理人的名义与其同时代理的其他人实施民事法律行为，法律另有规定或者被代理的双方同意、追认的除外。

第一百四十九条 代理人需要转委托第三人代理的，应当取得被代理人的同意或者追认。

转委托代理经被代理人同意或者追认的，被代理人可以就代理事务直接指示转委托的第三人，代理人仅就第三人的选任及其对第三人的指示承担责任。

转委托代理未经被代理人同意或者追认的，代理人应当对转委托的第三人的行为承担责任，但是在紧急情况下代理人为了维护被代理人的利益需要转委托第三人代理的除外。

第一百五十条 执行法人或者非法人组织工作任务的人，就其职权范围内的事项，以法人或者非法人组织的名义实施民事法律行为，对法人或者非法人组织发生效力。

法人或者非法人组织对其工作人员职权范围的限制，不得对抗善意第三人。

第一百五十一条 行为人没有代理权、超越代理权或者代理权终止后，仍然实施代理行为，未经被代理人追认的，代理行为无效。

相对人可以催告被代理人自收到通知之日起一个月内予以追认。被代理人未作表示的，视为拒绝追认。无权代理人实施的行为被追认前，善意相对人有撤销的权利。撤销应当以通知的方式作出。

无权代理人实施的行为未被追认的，善意相对人有权要求无权代理人履行债务或者就其受到的损害要求无权代理人赔偿，但是赔偿的范围不得超过代理行为有效时所能获得的利益。

相对人知道或者应当知道代理人无权代理的，相对人和代理人按照各自的过错承担责任。

第一百五十二条 行为人没有代理权、超越代理权或者代理权终止后，仍然实施代理行为，相对人有理由相信行为人有代理权的，代理行为有效，但是有下列情形之一的除外：

（一）行为人伪造他人的公章、合同书或者授权委托书等，假冒他人的名义实施民事法律行为的；

（二）被代理人的公章、合同书或者授权委托书等遗失、被盗，或者与行为人特定的职务关系已经终止，并且已经以合理方式公告或者通知，相对人应当知悉的；

（三）法律规定的其他情形。

第三节　代理的终止

第一百五十三条　有下列情形之一的,委托代理终止:
(一)代理期间届满或者代理事务完成的;
(二)被代理人取消委托或者代理人辞去委托的;
(三)代理人丧失民事行为能力的;
(四)代理人或者被代理人死亡的;
(五)作为代理人或者被代理人的法人、非法人组织终止的。

第一百五十四条　被代理人死亡后,有下列情形之一的,委托代理人实施的代理行为有效:
(一)代理人不知道并且不应当知道被代理人死亡的;
(二)被代理人的继承人均予以承认的;
(三)授权中明确代理权在代理事项完成时终止的;
(四)在被代理人死亡前已经实施,在被代理人死亡后为了被代理人继承人的利益继续完成的。
作为被代理人的法人、非法人组织终止的,参照适用前款规定。

第一百五十五条　有下列情形之一的,法定代理终止:
(一)被代理人取得或者恢复完全民事行为能力的;
(二)代理人丧失民事行为能力的;
(三)被代理人或者代理人死亡的;
(四)有法律规定的其他情形的。

第八章　民事责任

第一百五十六条　民事主体应当依照法律规定或者当事人约定履行民事义务。
民事主体不履行或者不完全履行民事义务的,应当依法承担民事责任。

第一百五十七条　二人以上不履行或者不完全履行民事义务的,应当依法分担责任或者承担连带责任。

第一百五十八条　二人以上依法承担按份责任的,责任人按照各自责任份额向权利人承担民事责任。

第一百五十九条　二人以上依法承担连带责任的,每一个责任人应当向权利人承担全部民事责任。责任人实际承担责任超过其应当承担份额的,可以向其他连带责任人追偿。

第一百六十条　承担民事责任的方式主要有:
(一)停止侵害;
(二)排除妨碍;
(三)消除危险;

（四）返还财产；
（五）恢复原状、修复生态环境；
（六）修理、重作、更换；
（七）赔偿损失；
（八）支付违约金；
（九）消除影响、恢复名誉；
（十）赔礼道歉。

前款规定的承担民事责任的方式，可以单独适用，也可以合并适用。

第一百六十一条 因不可抗力不能履行民事义务的，不承担民事责任，法律另有规定的除外。

不可抗力是指不能预见、不能避免并不能克服的客观情况。

第一百六十二条 因正当防卫造成损害的，不承担责任。正当防卫超过必要的限度，造成不应有的损害的，正当防卫人应当承担适当的责任。

第一百六十三条 因紧急避险造成损害的，由引起险情发生的人承担责任。如果危险是由自然原因引起的，紧急避险人不承担责任或者给予适当补偿。紧急避险采取措施不当或者超过必要的限度，造成不应有的损害的，紧急避险人应当承担适当的责任。

第一百六十四条 为保护他人民事权益而使自己受到损害的，由侵权人承担责任，受益人可以给予适当补偿。没有侵权人、侵权人逃逸或者无力承担责任，受害人请求补偿的，受益人应当给予适当补偿。

第一百六十五条 因当事人一方的违约行为，损害对方人身、财产权益的，受损害方有权选择要求其承担违约责任或者侵权责任。

第一百六十六条 民事主体因同一行为应当承担民事责任、行政责任和刑事责任的，承担行政责任或者刑事责任不影响依法承担民事责任；民事主体的财产不足以支付的，先承担民事责任。

第九章　诉讼时效和除斥期间

第一节　诉讼时效

第一百六十七条 向人民法院请求保护民事权利的诉讼时效期间为三年，法律另有规定的除外。

诉讼时效期间自权利人知道或者应当知道权利受到损害以及义务人之日起开始计算，法律另有规定的除外。但是，自权利受到损害之日起超过二十年的，人民法院不予保护；有特殊情况的，人民法院可以延长。

第一百六十八条 当事人约定同一债务分期履行的，诉讼时效期间从最后一期履行期限届满之日起计算。

第一百六十九条 诉讼时效期间届满的，义务人可以提出不履行义务的抗辩。

诉讼时效期间届满后,义务人自愿履行的,不受诉讼时效限制;义务人同意履行的,不得以诉讼时效期间届满为由抗辩。

第一百七十条 人民法院不得主动适用诉讼时效的规定。

第一百七十一条 在诉讼时效期间的最后六个月内,因下列障碍,不能行使请求权的,诉讼时效中止:

(一)不可抗力;

(二)无民事行为能力人或者限制民事行为能力人没有法定代理人,或者法定代理人死亡、丧失代理权或者丧失民事行为能力;

(三)继承开始后未确定继承人或者遗产管理人;

(四)权利人被义务人或者其他人控制;

(五)其他导致权利人不能行使请求权的障碍。

自中止时效的原因消除之日起满六个月,诉讼时效期间届满。

第一百七十二条 无民事行为能力人或者限制民事行为能力人与其法定代理人之间的请求权的诉讼时效,自该法定代理关系终止之日起开始计算。

第一百七十三条 有下列情形之一的,诉讼时效中断,从中断或者有关程序终结时起,诉讼时效期间重新计算:

(一)权利人向义务人提出履行请求的;

(二)义务人同意履行义务的;

(三)权利人提起诉讼或者申请仲裁的;

(四)有与提起诉讼或者申请仲裁具有同等效力的其他情形的。

第一百七十四条 对连带权利人或者连带义务人中的一人发生诉讼时效中断的,中断的效力及于全部连带权利人或者连带义务人。

第一百七十五条 下列请求权不适用诉讼时效:

(一)请求停止侵害、排除妨碍、消除危险;

(二)登记的物权人请求返还财产;

(三)请求支付赡养费、抚养费或者扶养费;

(四)依法不适用诉讼时效的其他请求权。

第一百七十六条 诉讼时效的期间、计算方法以及中止、中断的事由由法律规定,当事人约定无效。当事人对诉讼时效利益的预先放弃无效。

第二节 除斥期间

第一百七十七条 法律规定或者当事人约定的撤销权、解除权等权利的存续期间,为除斥期间。

除斥期间届满,当事人的撤销权、解除权等权利消灭。

第一百七十八条 除斥期间自权利人知道或者应当知道权利产生之日起开始计算,法律另有规定的除外。

第一百七十九条 除斥期间不适用本法有关诉讼时效中止、中断和延长的规定。

第十章 期间的计算

第一百八十条 民事法律所称的期间按照公历年、月、日、小时计算。

第一百八十一条 按照小时计算期间的,自法律规定或者当事人约定的时间起算。按照日、月、年计算期间的,开始的当日不计入,自下一日起算。

第一百八十二条 按照月、年计算期间的,最后一月与期间开始当日的相应日为期间的最后一日;最后一月没有相应日的,其结束日为期间的最后一日。

第一百八十三条 期间的最后一日是法定休假日的,以法定休假日结束的次日为期间的最后一日。

期间的最后一日的截止时间为二十四点;有业务时间的,到停止业务活动的时间截止。

第一百八十四条 期间的计算方法依照本法的规定,法律另有规定或者当事人另有约定的除外。

第十一章 附 则

第一百八十五条 民事法律所称的"以上"、"以下"、"以内"、"届满",包括本数;所称的"不满"、"超过"、"以外",不包括本数。

第一百八十六条 本法自　年　月　日起施行。

关于《中华人民共和国民法总则(草案)》的说明

2016 年 7 月 5 日

一、关于编纂民法典的总体考虑

(一)编纂民法典的重大意义

编纂民法典的任务是,对现行民事法律规范进行系统、全面整合,编纂一部内容协调一致、结构严谨科学的法典。编纂民法典不是制定全新的民事法律,而是对现行分别规定的民事法律规范进行科学整理,也不是简单的法律汇编,法律汇编不对法律进行修改,而法典编纂不仅要去除重复的规定,删繁就简,还要对已经不适应现实情况的现行规定进行必要的修改完善,对社会经济生活中出现的新情况、新问题作出有针对性的新规定。改革开放以来,我国分别制定了民法通则、继承法、收养法、担保法、合同法、物权法、侵权责任法等一系列民事法律,修改了婚姻法,在经济社会发展中发挥了重要作用。近年来,人民群众和社会各方面对编纂民法典的呼声比较高。编纂民法典已经具备了较好的主客观条件。

在建设中国特色社会主义法治体系、建设社会主义法治国家进程中,党中央提出编纂民法典,意义重大。首先,编纂民法典是实现国家治理体系和治理能力现代化的重大举措。民法被称为社会生活的百科全书,民法典是民族精神、时代精神的立法表达。民法与国家其他领域的法律规范一起,支撑着国家治理体系。通过法典编纂,进一步完善我国民事法律规范,对提高国家治理能力具有重要意义。其次,编纂民法典是维护最广大人民根本利益的客观需要。民法规范人身关系和财产关系,与人民群众关系极其密切。通过编纂民法典,健全民事法律秩序,加强对民事主体合法权益的保护,有利于维护广大人民群众的切身利益。第三,编纂民法典是形成完备的社会主义市场经济制度体系的必然要求。我国民事立法秉持民商合一的传统。通过编纂民法典,完善我国民商事领域的基本规则,亦为商事活动提供基本遵循,有利于健全市场秩序,维护交易安全,促进社会主义市场经济健康发展。

(二)编纂民法典的指导思想和基本原则

民法典规范民事活动,有其自身规律,但都与特定的社会政治制度相适应。我国编纂民法典,在遵循立法规律的同时,必须与中国特色社会主义的要求相适应。编纂民法典的指导思想是,高举中国特色社会主义伟大旗帜,全面贯彻党的十八大和十八届三中、四中、五中全会精神,以马克思列宁主义、毛泽东思想、邓小平理论、"三个代表"重要思想、科学发展观为指导,深入贯彻习近平总书记系列重要讲话精神,贯彻"四个全面"战略布局要求,体现新发展理念和我们党执政为民的宗旨,编纂一部体例科学、结构严谨、规范合理、具有中国特色、体现时代精神的民法典,更好地保护民事主体的合法权益,调整民事关系,维护社会和经济秩序,适应中国特色社会主义发展要求,为实现"两个一百年"奋斗目标、实现中华民族伟大复兴的中国梦提供有力法治保障。

编纂民法典,应当坚持以下基本原则:一是坚持正确的政治方向。要坚持党对编纂民法典工作的领导,走中国特色社会主义法治道路,将编纂工作放在党中央工作大局和协调推进"四个全面"战略布局下思考、谋划和落实,推进国家治理体系和治理能力现代化。二是发挥立法的引领和推动作用。要体现鲜明的时代特征,与时俱进,在总结继承的基础上,发展和完善我国民事法律规范,更好地平衡社会利益、调节社会关系、规范社会行为,兼顾法律的稳定性和前瞻性,为改革发展稳定提供法律支撑。三是体现社会主义核心价值观。要将社会主义核心价值观融入民法典编纂全过程,弘扬中华民族传统美德,强化规则意识,增强道德约束,倡导契约精神,维护公序良俗。四是坚持人民主体地位。要立足我国国情,健全民事生活领域基本秩序,充分保障民事主体的人身和财产权利。

(三)编纂民法典的工作步骤

编纂民法典是一项艰巨复杂的系统工程,要按照党中央要求,统筹考虑,在加强顶层设计的前提下积极稳妥推进,确保立法质量。民法典将由总则编和各分编(目前考虑分为合同编、物权编、侵权责任编、婚姻家庭编和继承编等)组成。总则编规定民事活动必须遵循的基本原则和一般性规则,统领各分编;各分编在总则编的基础上对各项民事制度作具体可操作的规定。总则编和各分编形成一个有机整体,共同承担着保护民事主体合法权益、调整民事关系的任务。编纂民法典任务重、工作量大、要求高,社会期望值也很高,既要高质量完成党中央部署的目标任务,又要体现阶段性成果,坚持进度服从质量。为此,经同有关方面反复研究,编纂工作拟按照"两步走"的工作思路进行:第一步,编纂民法典总则编(即中华人民共和国民法总则),经全国人大常委会审议后,争取提请2017年3月召开的十二届全国人大第五次会议审议通过;第二步,编纂民法典各分编,拟于2018年上半年整体提请全国人大常委会审议,经全国人大常委会分阶段审议后,争取于2020年3月将民法典各分编一并提请全国人民代表大会会议审议通过,从而形成统一的民法典。按照进度服从质量的要求,具体安排可作必要调整。"两步走"的工作思路得到了各方面认同,理论界和实务界都认为符合立法规律,体现了实事求是的精神,是可行的。

二、关于民法总则草案起草工作情况

按照党中央的要求和全国人大常委会的工作部署,2015年3月以来,法制工作委员会牵头成立了由最高人民法院、最高人民检察院、国务院法制办、中国社会科学院、中国法学会5家单位参加的民法典编纂工作协调小组,并组织了工作专班开展民法典编纂工作。在深入开展调查研究,梳理分析主要问题,广泛听取各方面意见的基础上,协调小组各成员单位密切配合,工作专班抓紧工作,形成了民法总则草案(征求意见稿)。今年2月2日,法制工作委员会将草案(征求意见稿)印发地方人大、中央有关部门和部分全国人大代表、法学教学研究机构和一些社会组织征求意见。根据各方面的意见和建议,对草案(征求意见稿)作了反复修改,并分别召开协调小组会议和专题会议,听取协调小组各参加单位、部分全国人大代表和专家学者的意见建议,继续对草案进行修改完善。

党中央高度重视民法典编纂和民法总则的制定。2016年6月14日,习近平总书记主持召开中央政治局常委会会议,听取了全国人大常委会党组《关于民法典编纂工作和民法总则(草案)几个主要问题的请示》的汇报,原则同意请示,并就做好民法典编纂和民法总则草案审议修改工作作出重要指示。会后,根据党中央的重要指示精神,对草案又作了进一步修改完善,形成了现在提请审议的《中华人民共和国民法总则(草案)》。

民法总则规定民事活动的基本原则和一般性规则,在民法典中起统率性、纲领性作用。民法总则草案以1986年制定的民法通则为基础,按照"提取公因式"的方法,将其他民事法律中具有普遍适用性的规定写入草案。在起草过程中,遵循编纂民法典的指导思想和基本原则,并注意把握以下几点:一是既坚持问题导向,立足于解决纷繁复杂的社会生活中出现的各种问题,又尊重立法规律,讲法理,讲体系,注重与民法典各分编的有机衔接,确保立法质量。二是既尊重民事立法的历史延续性,又适应当前经济社会发展的客观要求,对不符合、不适应现实情况的内容和制度作修改补充,对社会生活迫切需要规范的事项作出创设性规定。三是既立足中国实际,传承我国优良的法律文化传统,又借鉴国外立法的有益经验。

三、关于民法总则草案的主要内容

民法总则草案分十一章,包括基本原则、自然人、法人、非法人组织、民事权利、民事法律行为、代理、民事责任、诉讼时效和除斥期间、期间的计算、附则,共一百八十六条。主要内容有:

(一)关于基本原则和法律适用规则

基本原则是民事主体从事民事活动和司法机关进行民事司法活动应当遵循的基本准则。草案在民法通则的基础上,适应经济社会的发展和民事活动的现实需要,对基本原则作了丰富和补充:一是平等原则。草案规定,民事主体的法律地位一律平等。平等原则是民事法律关系区别于行政法律关系、刑事法律关系特有的原则,也是发展社会主义市场经济的客观要求。二是自愿原则。草案规定,民事主体从事民事活动,应当遵循自愿原则,按照自己的意思设立、变更和终止民事关系。自愿原则体现了民事活动最基本的特征,其实质是民事主体根据自己的意愿从事民事活动,承担相应的法律后果。三是公平原则。草案规定,民事主体从事民事活动,应当遵循公平原则,合理确定各方的权利和义务。公平原则体现了民法促进社会公平正义的基本价值,对规范民事主体的行为发挥着重要作用。四是诚实信用原则。草案规定,民事主体从事民事活动,应当遵循诚实信用原则。诚实信用原则要求民事主体在行使权利、履行义务过程中,讲诚实、重诺言、守信用。这对建设诚信社会、规范经济秩序、引领社会风尚具有重要意义。草案同时规定,民事主体从事民事活动,应当自觉维护交易安全;应当保护环境、节约资源,促进人与自然和谐发展;应当遵守法律,不得违背公序良俗,不得损害他人合法权益;民事主体合法的人身、财产权益受法律保护,任何组织或者个人不得侵犯;民事主体行使权利的同时,应当履行法律规定的或者当事人约定的义务,承担相应责任。(草案第三条至第九条)

明确民事法律的适用规则,对于正确适用法律具有指导意义。草案作了以下规定:一是处理民事纠纷，应当依照法律规定；法律没有规定的，可以适用习惯，但不得违背公序良俗（草案第十条）。民事关系十分复杂，对法律没有规定的事项，人民法院在一定条件下根据商业惯例或者民间习惯处理民事纠纷，有利于纠纷的解决。二是其他法律对民事关系另有特别规定的，依照其规定（草案第十一条）。民商事领域有些法律规定了民商事活动的特殊规则，既涉及民事法律关系，也涉及行政法律关系等，需要在民法总则中作衔接性规定。

（二）关于自然人

自然人是从事民事活动的重要民事主体，依法享有民事权利，承担民事义务。草案主要作了以下补充完善：

一是增加了保护胎儿利益的规定。自然人的民事权利能力始于出生，胎儿尚未出生，原则上不具有民事权利能力。但是为了保护胎儿的遗产继承、接受赠与等权利，有必要在需要对胎儿利益进行保护时，赋予胎儿一定的民事权利能力。据此，草案在继承法规定的基础上明确：涉及遗产继承、接受赠与等胎儿利益的保护，胎儿视为具有民事权利能力。但是，胎儿出生时未存活的，其民事权利能力自始不存在。（草案第十六条）

二是下调了限制民事行为能力的未成年人的年龄标准。自然人的民事行为能力是指自然人独立实施民事法律行为、行使民事权利和履行民事义务的资格。民法通则规定十八周岁以上的自然人为完全民事行为能力人，十周岁以上的未成年人是限制民事行为能力人，不满十周岁的未成年人是无民事行为能力人。草案将民法通则规定的限制民事行为能力人的年龄下限标准从"十周岁"降到"六周岁"，主要考虑是：随着经济社会的发展和生活教育水平的提高，未成年人生理心理的成熟程度和认知能力都有所提高，适当降低年龄有利于其从事与其年龄、智力相适应的民事活动，更好地尊重这一部分未成年人的自主意识，保护其合法权益。这一调整也与我国义务教育法关于年满六周岁的儿童须接受义务教育的规定相呼应，实践中易于掌握、执行。（草案第十八条、第十九条）

三是完善了监护制度。未成年人和有智力、精神健康障碍等情形的成年人，为限制民事行为能力人或者无民事行为能力人。监护制度的主要功能是对这部分人的民事行为能力予以弥补。草案针对监护领域的突出问题，对监护制度作了完善：(1)增加规定父母对未成年子女负有抚养、教育和保护的义务，子女对无民事行为能力或者限制民事行为能力的父母负有赡养、照顾和保护的义务，以强调家庭责任，弘扬中华民族传统美德（草案第二十五条）。(2)扩大了被监护人的范围。草案将智力障碍者以及因疾病等原因丧失或者部分丧失辨识认知能力的成年人也纳入被监护人范围，有利于保护其人身财产权益，也有利于应对人口老龄化问题，更好地维护老年人权益（草案第二十条、第二十一条、第三十一条）。(3)调整了监护人的范围。民法通则规定，单位有担任监护人的职责。在社会主义市场经济条件下，单位与职工之间主要是劳动合同关系，而且就业人员流动越来越频繁，单位缺乏履行监护职责的意愿和能力。与此同时，随着我国公益事业的发展，有监护意愿和能力的社会组织增多，由这些组织担任监护人可以作为家庭监护的有益补充，也可以缓解国家监护的压力。这些社会组织担任监护人应当具备的信誉、财产状况等条件，可以由相关法律具体规定。据此，草案明确：法律规定的有关组织可以担任监护人（草案第二十九条第三款、第三十一条）。(4)完善了撤销监护制度。针对实践中监护人侵害未成年人等被监护人合法权益时有发生的情况，草案规定人民法院可以根据申请撤销监护人的资格、依法指定新监护人，并对提起撤销监护诉讼的主体、适用情形、监护人资格的恢复等作了明确规定(草案第三十四条、第三十五条)。此外,草案还理顺了监护纠纷的解决程序,明确规定,对担任监护人有争议的,有关当事人也可以直接向人民法院提起诉讼(草案第二十九条第一款)。

(三)关于法人

法人制度是民事法律的基本制度。完善法人制度,对全面深化改革、促进社会主义市场经济发展意义重大,是这次民法总则制定中的重点问题。民法通则将法人分为企业法人和机关法人、事业单位法人、社会团体法人等。随着我国经济社会的发展,新的组织形式不断出现,法人形态发生了较大变化,民法通则的法人分类已难以涵盖实践中新出现的一些法人形式,也不适应社会组织改革发展方向,有必要进行调整完善。由于法人是法律拟制的"人",各方面对法人分类有不同认识,比如可分为营利性法人、非营利性法人,也可分为社团法人、财团法人,还可分为私法人、公法人等。不同国家的民事法律对法人的分类也不尽相同。经反复比较,草案按照法人设立目的和功能的不同,将法人分为营利性法人和非营利性法人两类,主要考虑:一是营利性和非营利性能够反映法人之间的根本差异,传承了民法通则按照企业和非企业进行分类的基本思路,比较符合我国的立法习惯,实践意义也更为突出;二是将非营利性法人作为一类,既能涵盖事业单位法人、社会团体法人等传统法人形式,还能够涵盖基金会和社会服务机构等新法人形式,符合我国国情;三是适应改革社会组织管理制度、促进社会组织健康有序发展的要求,创设非营利性法人类别,有利于健全社会组织法人治理结构,有利于加强对这类组织的引导和规范,促进社会治理创新。据此,草案规定:营利性法人是以取得利润并分配给其股东或者其他出资人等成员为目的成立的法人,主要包括有限责任公司、股份有限公司和其他企业法人等(草案第七十三条);非营利性法人是为公益目的或者其他非营利目的成立的法人。非营利性法人不得向其成员或者设立人分配利润(草案第八十一条第一款、第二款)。对公益的非营利性法人,草案明确了其终止时剩余财产的分配规则:不得向其成员或者设立人分配剩余财产;其剩余财产应当按照章程规定或者权力机构的决议用于公益目的;不能按照章程或者决议处理的,由主管机关主持转给宗旨相同或者相近的以公益为目的的法人,并向社会公告(草案第八十一条第三款)。草案还对非营利性法人中的事业单位法人、社会团体法人、捐助法人和机关法人作了相应规定(第八十二条至第九十条)。需要说明的是,草案只列明规定了比较典型的法人具体形式,对现实生活中存在的或者可能出现的其他法人形式,可以按照其特征,分别纳入营利性法人或者非营利性法人。相应的,草案不再规定民法通则中关于联营的内容。

(四)关于非法人组织

民法通则规定了自然人和法人两类民事主体。随着我国经济社会的发展,个人独资企业、合伙企业、法人依法设立的分支机构等大量不具有法人资格的组织,在实践中以自己的名义从事各种民事活动。各方的共识是,明确这些组织的民事主体地位可以适应现实需要,有利于其开展民事活动,促进经济社会发展,也与其他法律的规定相衔接。据此,草案赋予"非法人组织"以民事主体地位,并设专章作了规定。草案规定,非法人组织是不具有法人资格,但是依法能够以自己的名义从事民事活动的组织。非法人组织包括个人独资企业、合伙企业、营利性法人或者非营利性法人依法设立的分支机构等(草案第九十一条)。草案还规定,非法人组织的成员或者设立人对非法人组织的债务承担无限责任,法律另有规定的,依照其规定(草案第九十三条)。

(五)关于民事权利

保护民事权利是民法的核心。按照党的十八届四中全会关于实现公民权利保障法治化的要求,为了凸显对民事权利的尊重,加强对民事权利的保护,同时也为民法典各编和民商事特别法律具体规定民事权利提供依据,草案继承了民法通则的做法,设专章规定民事权利的种类和内容。一是人身权利。草案根据宪法第三十七条、第三十八条关于公民的人身自由和人格尊严不受侵犯的规定,并综合各方面意见,明确规定自然人的人身自由、人格尊严受法律保护(草案第九十九条);草案还规定,自然人享有生命权、健康权、身体权、姓名权、肖像权、名誉权、荣誉权、隐私权、婚姻自主权等权利(草案第一百条第一款)。草案同时规定法人、非法人组织享有名称权、名誉权、荣誉权等权利(草案第一百零一条第二款)。二是财产权利。保护自然人、法人等民事主体的财产权利是民法典的重要任务,也是民法总则的应有之义。草案规定:民事主体依法享有的收入、储蓄、房屋、生活用品、生产工具、投资及其他财产权利受法律保护(草案第一百零二条);民事主体依法享有物权。物权是权利人依法对特定物享有直接支配和排他的权利,包括所有权、用益物权、担保物权(草案第一百零三条);民事主体依法享有债权。债权是因合同、单方允诺、侵权行为、无因管理、不当得利以及法律的其他规定,权利人请求特定义务人为一定行为的权利(草案第一百零五条)。三是知识产权。为了加强对知识产权的保护,促进科技创新,建设创新型国家,有必要在民法总则中对知识产权作概括性规定,以统领各知识产权单行法律行政法规。据此,草案规定,民事主体对作品、专利、商标、地理标识、商业秘密、集成电路布图设计、植物新品种等智力成果依法享有知识产权(草案第一百零八条)。四是为了适应互联网和大数据时代发展的需要,草案对网络虚拟财产、数据信息等新型民事权利客体作了规定(草案第一百零四条、第一百零八条第二款第八项)。草案对弱势群体民事权利的特别保护也作了衔接性规定:法律对未成年人、老年人、残疾人、妇女、消费者等的民事权利有特别保护规定的,依照其规定(草案第一百一十一条)。此外,草案还对继承权、股权等民事权利作了规定,并为其他新型民事权利的保护留出了空间(草案第一百零九条、第一百一十条)。

(六)关于民事法律行为

关于民事法律行为,草案在民法通则、合同法等法律规定的基础上,主要作了以下完善:一是调整了"民事法律行为"的内涵。一些意见提出,民法通则规定的"民事法律行为"和"民事行为"都是有法律意义的行为,建议将二者统一规定为"民事法律行为",使其既包括合法行为,也包括无效行为、可撤销行为和效力待定行为。据此,草案规定,民事法律行为是指自然人、法人或者非法人组织通过意思表示设立、变更、终止民事权利和民事义务的行为。这样规定既尊重民事主体按照自己的意愿设立、变更、终止民事权利义务关系,也强调了民事主体在从事民事活动时,应当预见到自己的行为将产生的法律后果,对自己的行为负责,有利于提升民事主体的规则意识和责任意识,具有更强的实践性(草案第一百一十二条)。二是增加了意思表示的规则。意思表示是民事主体内心意愿的外在表达,是构成民事法律行为的基础,增加这一规则对于确定民事法律行为的效力具有重要作用。草案根据各方面意见,对意思表示的作出方式、生效时间、撤回和解释等内容作了规定(草案第六章第二节)。三是完善了民事法律行为的效力规则。草案在规定民事法律行为有效条件的同时,对恶意串通、重大误解、欺诈、胁迫、显失公平等行为的无效、撤销等问题分别作了补充完善(草案第六章第三节)。

(七)关于代理

代理制度是调整被代理人、代理人和第三人之间关系的法律制度。随着社会主义市场经济的发展,代理活动越来越广泛,也越来越复杂,为了保护被代理人、第三人合法权益,维护交易安全,应当对代理行为予以规范。据此,草案在现行法律规定的基础上完善了代理规则:一是为了适应商事活动的需要,草案规定了隐名代理制度,即代理人在代理权限内以自己的名义与第三人实施民事法律行为,第三人知道代理人与被代理人之间的代理关系的,该民事法律行为直接约束被代理人和第三人,但是有确切证据证明该民事法律行为只约束代理人和第三人的除外(草案第一百四十二条)。二是增加了代理人不得自己代理和双方代理的内容(草案第一百四十八条)。三是完善了表见代理制度。草案规定,行为人没有代理权、超越代理权或者代理权终止后以被代理人名义实施民事法律行为,相对人有正当理由相信行为人有代理权的,该代理行为有效;同时明确了不适用表见代理的情形。这样规定有利于维护交易安全,保护善意第三人的利益(草案第一百五十二条)。

(八)关于民事责任

明确法律责任,有利于引导民事主体强化自觉履行法定或者约定义务的意识,预防并制裁违反民事义务的行为,切实保护权利人的民事权益。草案进一步完善了民事权利受到侵害后的救济渠道和方式:一是规定民事主体应当依照法律规定或者当事人约定履行民事义务,不履行或者不完全履行民事义务的,应当依法承担民事责任(草案第一百五十六条)。二是规定了承担民事责任的主要方式。针对污染环境、破坏生态的行为,草案还特别增加了"修复生态环境"这种新的责任承担方式(草案第一百六十条第一款)。三是规定为保护他人民事权益而使自己受到损害的,由侵权人承担责任,受益人可以给予适当补偿。没有侵权人、侵权人逃逸或者无力承担责任,受害人请求补偿的,受益人应当给予适当补偿,以保护因见义勇为受到损害的人,鼓励见义勇为行为(草案第一百六十四条)。四是规定因当事人一方的违约行为,损害对方人身、财产权益的,受损害方有权选择要求其承担违约责任或者侵权责任(草案第一百六十五条)。

(九)关于诉讼时效

诉讼时效是权利人在法定期间内不行使权利,该期间届满后,权利不受保护的法律制度。该制度有利于促使权利人及时行使权利,维护交易秩序和安全。草案根据各方面意见,吸收司法实践经验,对诉讼时效制度作了完善:一是将现行二年的一般诉讼时效期间延长为三年。近年来,社会生活发生深刻变化,交易方式与类型也不断创新,权利义务关系更趋复杂,要求权利人在二年诉讼时效期间内行使权利显得过短,有必要适当延长(草案第一百六十七条第一款)。二是明确了不适用诉讼时效的情形:(1)请求停止侵害、排除妨碍、消除危险;(2)登记的物权人请求返还财产;(3)请求支付赡养费、抚养费或者扶养费;(4)其他依法不适用诉讼时效的请求权(草案第一百七十五条)。三是强调了诉讼时效的法定性。诉讼时效制度关系法律秩序的清晰稳定,权利人和义务人不可以自行约定。草案规定,诉讼时效的期间、计算方法以及中止、中断的事由由法律规定,当事人约定无效。当事人对诉讼时效利益的预先放弃无效(草案第一百七十六条)。

此外,草案还对宣告失踪和宣告死亡、除斥期间、期间的计算等内容作了规定。这些规定既延续了现行民事法律中科学合理的内容和制度,又吸收近年来实践证明行之有效的民事司法实践经验,作了必要的补充和完善。

中华人民共和国民法总则(草案)(二次审议稿)

2016 年 10 月 31 日

目 录

第一章 基本原则
第二章 自然人
　第一节 民事权利能力和民事行为能力
　第二节 监 护
　第三节 宣告失踪和宣告死亡
　第四节 个体工商户、农村承包经营户
第三章 法 人
　第一节 一般规定
　第二节 营利法人
　第三节 非营利法人
第四章 非法人组织
第五章 民事权利
第六章 民事法律行为
　第一节 一般规定
　第二节 意思表示
　第三节 民事法律行为的效力
　第四节 民事法律行为的附条件和附期限
第七章 代 理
　第一节 一般规定
　第二节 委托代理
　第三节 代理的终止
第八章 民事责任
第九章 诉讼时效和除斥期间
　第一节 诉讼时效
　第二节 除斥期间
第十章 期间的计算
第十一章 附 则

第一章 基本原则

第一条 为了保护民事主体的合法权益,调整民事关系,维护社会和经济秩序,适应中国特色社会主义发展要求,根据宪法,制定本法。

第二条 民事法律调整作为平等民事主体的自然人、法人和非法人组织之间的人身关系和财产关系。

第三条 民事主体在民事活动中的法律地位一律平等。

第四条 民事主体从事民事活动,应当遵循自愿原则,按照自己的意思设立、变更和终止民事法律关系。

第五条 民事主体从事民事活动,应当遵循公平原则,合理确定各方的权利和义务。

第六条 民事主体从事民事活动,应当遵循诚实信用原则。

第七条 民事主体从事民事活动,应当保护生态环境、节约资源,促进人与自然和谐发展。

第八条 民事主体从事民事活动,不得违反法律,不得违背公序良俗,不得滥用权利损害他人合法权益。

第九条 民事主体的人身、财产权利和其他合法权益受法律保护,任何组织或者个人不得侵犯。

民事主体行使权利的同时,应当履行法律规定的或者当事人约定的义务,承担相应责任。

第十条 处理民事纠纷,应当依照法律规定;法律没有规定的,可以适用习惯,但是不得违背公序良俗。

第十一条 其他法律对民事关系另有特别规定的,依照其规定。

第十二条 在中华人民共和国领域内的民事活动,适用中华人民共和国法律。法律另有规定的,依照其规定。

第二章 自 然 人

第一节 民事权利能力和民事行为能力

第十三条 自然人从出生时起到死亡时止,具有民事权利能力,依法享有民事权利,承担民事义务。

第十四条 自然人的民事权利能力一律平等。

第十五条 自然人的出生时间和死亡时间,以出生证明、死亡证明记载的时间为准;没有出生证明、死亡证明的,以户籍登记的时间为准。有其他证据足以推翻以上记载时间的,以相关证据证明的时间为准。

第十六条 涉及遗产继承、接受赠与等胎儿利益的保护,胎儿视为具有民事权利能力。但是,胎儿出生时为死体的,其民事权利能力自始不存在。

第十七条 年满十八周岁的自然人为成年人。不满十八周岁的自然人为未成年人。

第十八条 成年人为完全民事行为能力人,可以独立实施民事法律行为。

第十九条 六周岁以上的未成年人,为限制民事行为能力人,可以独立实施纯获利益的民事法律行为或者与其年龄、智力相适应的民事法律行为;实施其他民事法律行为由其法定代理人代理,或者经其法定代理人同意、追认。

十六周岁以上的未成年人,以自己的劳动收入为主要生活来源的,视为完全民事行为能力人。

第二十条 不满六周岁的未成年人,为无民事行为能力人,由其法定代理人代理实施民事法律行为。

第二十一条 不能辨认自己行为的成年人,为无民事行为能力人,由其法定代理人代理实施民事法律行为。

六周岁以上的未成年人不能辨认自己行为的,适用前款规定。

第二十二条 不能完全辨认自己行为的成年人,为限制民事行为能力人,可以独立实施纯获利益的民事法律行为或者与其智力、精神健康状况相适应的民事法律行为;实施其他民事法律行为由其法定代理人代理,或者经其法定代理人同意、追认。

第二十三条 无民事行为能力人、限制民事行为能力人的监护人是其法定代理人。

第二十四条 不能辨认或者不能完全辨认自己行为的成年人的利害关系人,可以向人民法院申请认定该成年人为无民事行为能力人或者限制民事行为能力人。

被人民法院认定为无民事行为能力人或者限制民事行为能力人的,根据其智力、精神健康恢复的状况,经本人、利害关系人或者有关组织申请,人民法院可以认定该成年人恢复为限制民事行为能力人或者完全民事行为能力人。

前款规定的有关组织包括:本人住所地的居民委员会、村民委员会,学校、医疗卫生机构、妇女联合会、残疾人联合会、依法设立的老年人组织、民政部门等。

第二十五条 自然人以户籍登记的居所为住所;经常居所与住所不一致的,经常居所视为住所。

第二节 监 护

第二十六条 父母对未成年子女负有抚养、教育和保护的义务。

成年子女对父母负有赡养、照顾和保护的义务。

第二十七条 未成年人的父母是未成年人的监护人。

未成年人的父母已经死亡或者没有监护能力的,由下列人员中有监护能力的人依次担任监护人:

(一)祖父母、外祖父母;

(二)兄、姐;

(三)其他愿意担任监护人的个人或者有关组织,经未成年人住所地的居民委员会、村民委员会或者民政部门同意的。

未成年人的父母可以通过遗嘱指定未成年人的监护人;其父、母指定的监护人不一致的,应当尊重被监护人的意愿,根据最有利于被监护人的原则确定。

第二十八条 无民事行为能力或者限制民事行为能力的成年人,由下列人员中有监护能力的人依次担任监护人:

(一)配偶;

(二)父母、子女;

(三)其他近亲属;

(四)其他愿意担任监护人的个人或者有关组织,经被监护人住所地的居民委员会、村民委员会或者民政部门同意的。

第二十九条 监护人可以由协议确定。协议确定监护人的,应当尊重被监护人的意愿。

第三十条 对担任监护人有争议的,由被监护人住所地的居民委员会、村民委员会或者民政部门指定,有关当事人对指定不服的,可以向人民法院提出申请;有关当事人也可以直接向人民法院提出申请,由人民法院指定。

居民委员会、村民委员会、民政部门或者人民法院应当尊重被监护人的意愿,根据最有利于被监护人的原则在具有监护资格的人中指定监护人。

依照本条第一款规定指定监护人前,被监护人的人身、财产及其他合法权益处于无人保护状态的,由被监护人住所地的居民委员会、村民委员会、法律规定的有关组织或者民政部门担任临时监护人。

监护人被指定后,不得擅自变更;擅自变更的,不免除被指定的监护人的监护责任。

第三十一条 无具有监护资格的人的,监护人由被监护人住所地的居民委员会、村民委员会或者民政部门担任。

第三十二条 具有完全民事行为能力的成年人,可以与近亲属、其他愿意担任监护人的个人或者有关组织事先协商,以书面形式确定自己的监护人。协商确定的监护人在该成年人丧失或者部分丧失民事行为能力时,承担监护责任。

第三十三条 监护人依法履行监护职责而产生的权利,受法律保护。

监护人不履行监护职责或者侵害被监护人合法权益的,应当承担责任。

第三十四条 监护人应当按照最有利于被监护人的原则履行监护职责,保护被监护人的人身、财产及其他合法权益;除为被监护人利益外,不得处分被监护人的财产。

未成年人的监护人履行监护职责,应当根据被监护人的年龄和智力状况,在作出与被监护人权益有关的决定时,尊重被监护人的意愿。

成年人的监护人履行监护职责,应当最大程度地尊重被监护人的意愿,保障并协助被监护人独立实施与其智力、精神健康状况相适应的民事法律行为,对被监护人有能力独立处理的事务,监护人不得干涉。

第三十五条 监护人有下列情形之一的,人民法院根据有关人员或者组织的申

请,撤销其监护人资格,安排必要的临时监护措施,并根据最有利于被监护人的原则依法指定新监护人:

(一)实施严重损害被监护人身心健康行为的;

(二)怠于履行监护职责,或者无法履行监护职责并且拒绝将监护职责部分或者全部委托给他人,导致被监护人处于危困状态的;

(三)有严重侵害被监护人合法权益的其他行为的。

前款规定的有关人员和组织包括:其他有监护资格的人员,被监护人住所地的居民委员会、村民委员会、学校、医疗卫生机构、妇女联合会、残疾人联合会、未成年人保护组织、依法设立的老年人组织、民政部门等。

前款规定的人员和其他组织未及时向人民法院提出撤销监护人资格申请的,民政部门应当向人民法院提出申请。

第三十六条 未成年人的父母被人民法院撤销监护人资格后,确有悔改情形的,经其申请,人民法院可以在尊重被监护人意愿的前提下,视情况恢复其监护人资格,人民法院指定的新监护人与被监护人的监护关系同时终止。

第三十七条 有下列情形之一的,监护关系终止:

(一)被监护人取得或者恢复完全民事行为能力的;

(二)监护人丧失监护能力的;

(三)被监护人或者监护人死亡的;

(四)人民法院认定监护关系终止的其他情形。

监护关系终止后,被监护人仍然需要监护的,应当依法另行确定监护人。

第三节 宣告失踪和宣告死亡

第三十八条 自然人下落不明满二年的,利害关系人可以向人民法院申请宣告该自然人为失踪人。

第三十九条 自然人下落不明的时间,从该自然人失去音讯之日起计算。战争期间下落不明的,下落不明的时间自战争结束之日起计算。

第四十条 失踪人的财产由其配偶、父母、成年子女或者其他愿意担任财产代管人的人代管。

代管有争议,没有前款规定的人,或者前款规定的人无代管能力的,由人民法院指定的人代管。

第四十一条 财产代管人应当妥善管理失踪人的财产,维护其财产权益。

失踪人所欠税款、债务和应付的其他费用,由财产代管人从失踪人的财产中支付。

财产代管人因故意或者重大过失造成失踪人财产损失的,应当承担赔偿责任。

第四十二条 财产代管人不履行代管职责、侵害失踪人财产权益或者丧失代管能力的,失踪人的利害关系人可以向人民法院申请变更财产代管人。

财产代管人有正当理由的,可以向人民法院申请变更财产代管人。

人民法院变更财产代管人的,变更后的财产代管人有权要求原财产代管人及时移交有关财产并报告财产代管情况。

第四十三条 被宣告失踪的人重新出现,经本人或者利害关系人申请,人民法院应当撤销失踪宣告。

被宣告失踪的人重新出现,有权要求财产代管人及时移交有关财产并报告财产代管情况。

第四十四条 自然人有下列情形之一的,利害关系人可以向人民法院申请宣告该自然人死亡:

(一)下落不明满四年的;

(二)因意外事件,下落不明满二年的。

因意外事件下落不明,经有关机关证明该自然人不可能生存的,申请宣告死亡不受二年时间的限制。

第四十五条 对同一自然人,有的利害关系人申请宣告死亡,有的申请宣告失踪,符合本法规定的宣告死亡条件的,人民法院应当宣告死亡。

第四十六条 被宣告死亡的人,人民法院判决确定的日期视为其死亡的日期;判决未确定死亡日期的,判决作出之日视为其死亡的日期。

第四十七条 自然人并未死亡但被宣告死亡的,不影响该自然人在被宣告死亡后实施的民事法律行为的效力。

第四十八条 被宣告死亡的人重新出现,经本人或者利害关系人申请,人民法院应当撤销死亡宣告。

第四十九条 被宣告死亡的人的婚姻关系,自死亡宣告之日起消灭。死亡宣告被撤销的,夫妻关系自撤销死亡宣告之日起自行恢复,但其配偶再婚或者不愿意恢复的除外。

第五十条 被宣告死亡的人在被宣告死亡期间,其子女被他人依法收养的,在死亡宣告被撤销后,不得以未经本人同意而主张收养关系无效。

第五十一条 被撤销死亡宣告的人有权请求返还财产。依照继承法取得其财产的民事主体,应当返还原物;无法返还原物的,应当给予补偿。

利害关系人隐瞒真实情况,致使他人被宣告死亡而取得其财产的,除应当返还原物外,还应当对由此造成的损失承担赔偿责任。

第四节 个体工商户、农村承包经营户

第五十二条 自然人经依法登记,从事工商业经营的,为个体工商户。个体工商户可以起字号。

第五十三条 农村集体经济组织的成员,依法取得农村土地承包经营权,从事家庭承包经营的,为农村承包经营户。

第五十四条 个体工商户的债务,个人经营的,以个人财产承担;家庭经营的,以家庭财产承担;无法区分个人经营和家庭经营的,以家庭财产承担。

农村承包经营户的债务,以家庭财产承担。

第三章 法 人

第一节 一般规定

第五十五条 法人是具有民事权利能力和民事行为能力,依法独立享有民事权利和承担民事义务的组织。

第五十六条 法人应当依法成立。

法人应当有自己的名称、组织机构和住所。法人成立的具体条件和程序,依照法律、行政法规的规定。

设立法人,法律规定须经有关机关批准的,依照其规定。

第五十七条 法人的民事权利能力和民事行为能力,从法人成立时产生,到法人终止时消灭。

第五十八条 法人以其全部财产独立承担民事责任。

第五十九条 依照法律或者法人章程规定,代表法人从事民事活动的负责人,为法人的法定代表人。

法定代表人以法人名义从事的民事活动,其法律后果由法人承受。

法人的章程或者权力机构对法定代表人的代表权范围的限制,不得对抗善意第三人。

第六十条 法定代表人因执行职务造成他人损害的,由法人承担民事责任。

法人承担民事责任后,依照法律或者法人章程的规定,可以向有过错的法定代表人追偿。

第六十一条 法人以其主要办事机构所在地为住所。

第六十二条 法人在存续期间登记事项发生变化的,应当依法向登记机关申请变更登记。

第六十三条 法人的实际情况与登记的事项不一致的,不得对抗善意第三人。

第六十四条 登记机关应当依法及时公示法人登记的有关信息。

第六十五条 法人合并的,其权利和义务由合并后的法人享有和承担。法人分立的,其权利和义务由分立后的法人享有连带债权,承担连带债务,债权人和债务人另有约定的除外。

第六十六条 法人由于下列原因之一终止:

(一)法人解散;

(二)法人被宣告破产;

(三)法律规定的其他原因。

法人终止,法律规定须经有关机关批准的,依照其规定。

第六十七条 有下列情形之一的,法人解散:

(一)法人章程规定的存续期间届满或者法人章程规定的其他解散事由出现的;

(二)法人的权力机构决议解散的;

(三)法人依法被吊销营业执照、登记证书,责令关闭或者被撤销的;
(四)法律规定的其他情形。

第六十八条 法人解散的,清算义务人应当及时组成清算组进行清算。

法人的董事、理事等执行机构成员为清算义务人。但是,法人章程另有规定、法人权力机构另有决议或者法律另有规定的除外。

清算义务人未及时履行清算义务的,主管机关或者利害关系人可以申请人民法院指定有关人员组成清算组进行清算。

第六十九条 公司的清算程序和清算组职权,适用公司法的有关规定。

公司以外的法人的清算程序和清算组职权,依照有关法律的规定;没有规定的,参照适用公司法的有关规定。

第七十条 清算期间,法人存续,但是不得从事与清算无关的活动。

法人清算后的剩余财产,根据法人章程的规定或者法人权力机构的决议处理。法律另有规定的,依照其规定。

清算终结,并完成法人注销登记时,法人终止;法人依法不需要办理登记的,清算终结时,法人终止。

第七十一条 清算义务人怠于履行清算义务,造成法人财产损失的,应当在造成损失范围内对法人债务等承担责任。

清算义务人怠于履行清算义务,导致法人主要财产、账册、重要文件等灭失,无法进行清算的,对法人债务等承担连带责任。

第七十二条 法人被宣告破产的,依法进行破产清算并完成法人注销登记时,法人终止。

第七十三条 法人可以依法设立分支机构。法律规定分支机构应当办理登记的,依照其规定。

分支机构以自己的名义从事民事活动,由此产生的民事责任由法人承担。

第七十四条 设立人为设立法人从事的民事活动,其法律后果在法人成立后由法人承受;法人未成立的,其法律后果由设立人承受,设立人为二人以上的,承担连带责任。

设立人为设立法人以自己的名义从事民事活动,造成第三人损害的,第三人有权选择请求法人或者设立人承担民事责任。

第七十五条 法律、行政法规对合作社法人有规定的,依照其规定。

第七十六条 农村集体经济组织具备法人条件的,依法取得法人资格。

第二节 营利法人

第七十七条 以取得利润并分配给其股东等出资人为目的成立的法人,为营利法人。

营利法人包括有限责任公司、股份有限公司和其他企业法人等。

第七十八条 营利法人,经依法登记成立,取得法人资格。

第七十九条　依法设立的营利法人，由法人登记机关发给营利法人营业执照。营业执照签发日期为营利法人的成立日期。

第八十条　设立营利法人应当依法制定章程。

第八十一条　营利法人的股东会等出资人会为其权力机构。

权力机构修改章程；选举或者更换执行机构、监督机构成员，并行使章程规定的其他职权。

第八十二条　营利法人应当设执行机构。

执行机构召集权力机构会议，决定法人的经营计划和投资方案，决定法人内部管理机构的设置，并行使章程规定的其他职权。

执行机构为董事会或者执行董事的，董事长、执行董事或者经理按照法人章程的规定担任法定代表人；未设董事会或者执行董事的，法人章程规定的主要负责人为其执行机构和法定代表人。

第八十三条　营利法人设监事会或者监事等监督机构的，监督机构依法检查法人财务，对执行机构成员及高级管理人员执行法人职务的行为进行监督，并行使章程规定的其他职权。

第八十四条　法律对营利法人的组织机构、法定代表人另有规定的，依照其规定。

第八十五条　营利法人的出资人不得滥用出资人权利损害法人或者其他出资人的利益。法人的出资人滥用出资人权利给法人或者其他出资人造成损失的，应当依法承担民事责任。

营利法人的出资人不得滥用法人独立地位和出资人有限责任损害法人债权人的利益。法人的出资人滥用法人独立地位和出资人有限责任，逃避债务，严重损害法人债权人利益的，应当对法人债务承担连带责任。

第八十六条　营利法人的权力机构、执行机构的决议内容违反法律、行政法规的无效。

营利法人的权力机构、执行机构的会议召集程序、表决方式违反法律、行政法规、法人章程，或者决议内容违反法人章程的，营利法人的出资人可以请求人民法院予以撤销，但营利法人依据该决议与善意第三人形成的民事法律关系不受影响。

第八十七条　营利法人从事经营活动，应当遵守商业道德，维护交易安全，接受政府和社会的监督，承担社会责任。

第八十八条　本节没有规定的，适用公司法等有关法律的规定。

第三节　非营利法人

第八十九条　为公益目的或者其他非营利目的成立，不向其出资人或者设立人分配利润的法人，为非营利法人。

非营利法人包括事业单位、社会团体、基金会、社会服务机构等。

第九十条　为公益目的成立的非营利法人终止时，不得向其出资人或者设立人分配剩余财产；其剩余财产应当按照章程的规定或者权力机构的决议用于公益目的；不能按照法人章程规定或者权力机构的决议处理的,由主管机关主持转给宗旨相同或者相近的以公益为目的的法人,并向社会公告。

第九十一条 具备法人条件,为实现公益目的设立的事业单位,经依法登记成立,取得事业单位法人资格;依法不需要办理法人登记的,从成立之日起,具有事业单位法人资格。

第九十二条 事业单位法人设理事会的,理事会为其决策机构。事业单位法定代表人按照其章程的规定产生。

法律对事业单位法人的组织机构、法定代表人另有规定的,依照其规定。

第九十三条 具备法人条件,基于会员共同意愿,为实现公益目的或者会员共同利益等非营利目的设立的社会团体,经依法登记成立,取得社会团体法人资格;依法不需要办理法人登记的,从成立之日起,具有社会团体法人资格。

第九十四条 设立社会团体法人应当依法制定章程。

社会团体法人应当设会员大会或者会员代表大会等权力机构。

社会团体法人应当设理事会等执行机构。理事长或者会长等负责人依照法人章程的规定担任法定代表人。

第九十五条 具备法人条件,为实现公益目的,以捐助财产设立的基金会、社会服务机构等,经依法登记成立,取得捐助法人资格。

依法设立的宗教活动场所,具备法人条件的,可以申请法人登记,取得捐助法人资格。

第九十六条 设立捐助法人应当依法制定章程。

捐助法人应当设理事会、民主管理组织等决策机构,并设执行机构。理事长等负责人依照法人章程的规定担任法定代表人。

捐助法人应当设监事会等监督机构。

第九十七条 捐助人有权向捐助法人查询捐助财产的使用、管理情况,并提出意见和建议,捐助法人应当及时、如实答复。

捐助法人的决策机构、执行机构或者其法定代表人作出的决定违反捐助法人章程的,捐助人等利害关系人或者主管机关可以请求人民法院予以撤销,但捐助法人依据该决定与善意第三人形成的民事法律关系不受影响。

第九十八条 有独立经费的机关、承担行政职能的法定机构从成立之日起,具有机关法人资格,可以从事为履行职能所需要的民事活动。

第九十九条 机关法人被撤销的,法人终止,其民事责任由继续履行其职能的机关法人承担;没有继续履行其职能的机关法人的,由撤销该机关法人的机关法人承担。

第四章 非法人组织

第一百条 非法人组织是不具有法人资格,但是依法能够以自己的名义从事民事活动的组织。

非法人组织包括个人独资企业、合伙企业等。

第一百零一条 非法人组织应当依照法律的规定登记。

设立非法人组织,法律规定须经有关机关批准的,依照其规定。

第一百零二条 非法人组织的出资人或者设立人对该组织的债务承担无限责任。法律另有规定的,依照其规定。

第一百零三条 非法人组织可以确定一人或者数人代表该组织从事民事活动。

第一百零四条 有下列情形之一的,非法人组织解散:

(一)章程规定的存续期间届满或者章程规定的其他解散事由出现的;

(二)出资人或者设立人决定解散的;

(三)法律规定的其他情形。

第一百零五条 非法人组织解散的,应当依法进行清算。

第一百零六条 非法人组织除适用本章规定外,参照适用本法第三章第一节的有关规定。

第五章 民事权利

第一百零七条 自然人的人身自由、人格尊严受法律保护。

第一百零八条 自然人享有生命权、健康权、身体权、姓名权、肖像权、名誉权、荣誉权、隐私权、婚姻自主权等权利。

法人、非法人组织享有名称权、名誉权、荣誉权等权利。

第一百零九条 自然人的个人信息受法律保护。任何组织和个人不得非法收集、利用、加工、传输个人信息,不得非法提供、公开或者出售个人信息。

第一百一十条 自然人因婚姻、家庭关系等产生的人身权利受法律保护。

第一百一十一条 民事主体依法享有的收入、储蓄、房屋、生活用品、生产工具、投资及其他财产权利受法律保护。

第一百一十二条 民事主体依法享有物权。

物权是权利人依法对特定的物享有直接支配和排他的权利,包括所有权、用益物权和担保物权。

第一百一十三条 物包括不动产和动产。法律规定权利作为物权客体的,依照其规定。

第一百一十四条 民事主体的物权受法律平等保护,任何组织和个人不得侵犯。

第一百一十五条 民事主体依法享有债权。

债权是因合同、侵权行为、无因管理、不当得利以及法律的其他规定,权利人请求特定义务人为或者不为一定行为的权利。

第一百一十六条 依法成立的合同,对当事人具有法律约束力。

第一百一十七条 民事权益受到侵害的,被侵权人有权请求侵权人承担侵权责任。

第一百一十八条 没有法定的或者约定的义务,为避免他人利益受损失进行管理或者服务的,有权请求受益人偿还由此而支付的必要费用。

第一百一十九条 没有合法根据,取得不当利益,造成他人损失的,受损失的人有权请求不当得利的人返还不当利益。

第一百二十条 民事主体依法享有知识产权。

知识产权是指权利人依法就下列客体所享有的权利:

(一)作品;

(二)发明、实用新型、外观设计;

(三)商标;

(四)地理标志;

(五)商业秘密;

(六)集成电路布图设计;

(七)植物新品种;

(八)科学发现;

(九)法律规定的其他客体。

第一百二十一条 自然人依法享有继承权。

第一百二十二条 民事主体依法享有股权和其他投资性权利。

第一百二十三条 民事主体享有法律规定的其他民事权利。

第一百二十四条 法律对数据、网络虚拟财产的保护有规定的,依照其规定。

第一百二十五条 法律对未成年人、老年人、残疾人、妇女、消费者等的民事权利有特别保护规定的,依照其规定。

第六章 民事法律行为

第一节 一般规定

第一百二十六条 民事法律行为是指民事主体通过意思表示设立、变更、终止民事权利义务关系的行为。

第一百二十七条 民事法律行为可以基于单方的意思表示成立,也可以基于双方或者多方的意思表示一致成立。

法人、非法人组织依照法律或者章程规定的议事方式和表决程序作出决议的,该决议行为成立。

第一百二十八条 民事法律行为可以采用书面形式、口头形式或者其他形式;法律规定或者当事人约定采用特定形式的,应当采用特定形式。

第一百二十九条 民事法律行为自成立时生效,法律另有规定或者当事人另有约定的除外。

行为人非依法律规定或者取得对方同意,不得擅自变更或者解除民事法律行为。

第二节 意思表示

第一百三十条 以对话方式作出的意思表示,相对人了解其内容时生效。

以非对话方式作出的意思表示,到达相对人时生效。以非对话方式作出的采用数据电文形式的意思表示,相对人指定特定系统接收数据电文的,该数据电文进入该特定系统时生效;未指定特定系统的,相对人知道或者应当知道该数据电文进入其系统时生效。当事人对采用数据电文形式的意思表示的生效时间另有约定的,按照其约定。

第一百三十一条 无相对人的意思表示,表示完成时生效。法律另有规定的,依照其规定。

第一百三十二条 以公告方式作出的意思表示,公告发布时生效。

第一百三十三条 行为人可以明示或者默示作出意思表示。

沉默只有在有法律规定、当事人约定或者习惯时,方可以视为意思表示。

第一百三十四条 行为人可以撤回意思表示。撤回意思表示的通知应当在意思表示到达相对人前或者与意思表示同时到达相对人。

第一百三十五条 有相对人的意思表示的解释,应当按照所使用的词句,结合相关条款、行为的性质和目的、习惯、相对人的合理信赖以及诚实信用原则,确定意思表示的含义。

无相对人的意思表示的解释,不能拘泥于所使用的词句,而应当结合相关条款、行为的性质和目的、习惯以及诚实信用原则,确定行为人的真实意思。

第三节 民事法律行为的效力

第一百三十六条 具备下列条件的民事法律行为有效:
(一)行为人具有相应的民事行为能力;
(二)意思表示真实;
(三)不违反法律、行政法规的效力性强制规定,不违背公序良俗。

第一百三十七条 无民事行为能力人实施的民事法律行为无效。

第一百三十八条 限制民事行为能力人实施的民事法律行为,经法定代理人同意或者追认后有效,但是纯获利益的民事法律行为或者与其年龄、智力、精神健康状况相适应的民事法律行为,不需经法定代理人同意或者追认。

相对人可以催告法定代理人自收到通知之日起一个月内予以追认。法定代理人未作表示的,视为拒绝追认。民事法律行为被追认前,善意相对人有撤销的权利。撤销应当以通知的方式作出。

第一百三十九条 行为人与相对人串通,以虚假的意思表示实施的民事法律行为无效,但是双方均不得以此对抗善意第三人。

行为人以虚假的意思表示隐藏的民事法律行为的效力,依照有关法律规定处理。

第一百四十条 基于重大误解实施的民事法律行为,行为人有权请求人民法院或者仲裁机构予以撤销。

第一百四十一条 一方以欺诈手段,使对方在违背真实意思的情况下实施的民事法律行为,受欺诈方有权请求人民法院或者仲裁机构予以撤销。

第一百四十二条 第三人实施欺诈行为,使一方在违背真实意思的情况下实施的民事法律行为,对方知道或者应当知道该欺诈行为的,受欺诈方有权请求人民法院或者仲裁机构予以撤销。

第一百四十三条 一方或者第三人以胁迫手段,使对方在违背真实意思的情况下实施的民事法律行为,受胁迫方有权请求人民法院或者仲裁机构予以撤销。

第一百四十四条 一方利用对方处于困境、缺乏判断能力等情形,致使民事法律行为成立时显失公平的,受损害方有权请求人民法院或者仲裁机构予以撤销。

第一百四十五条 民事法律行为因重大误解、欺诈、显失公平被撤销的,不得对抗善意第三人。

第一百四十六条 有下列情形之一的,撤销权消灭:
(一)当事人自知道或者应当知道撤销事由之日起一年内、重大误解的当事人自知道或者应当知道撤销事由之日起三个月内没有行使撤销权的;
(二)当事人受胁迫,自胁迫行为终止之日起一年内没有行使撤销权的;
(三)当事人知道撤销事由后明确表示或者以自己的行为表明放弃撤销权的;
(四)当事人自民事法律行为发生之日起五年内没有行使撤销权的。

第一百四十七条 违反法律、行政法规的效力性强制规定或者违背公序良俗的民事法律行为无效。

第一百四十八条 行为人与相对人恶意串通,损害他人合法权益的民事法律行为无效。

第一百四十九条 无效的或者被撤销的民事法律行为,从民事法律行为开始时起就没有法律约束力。

第一百五十条 民事法律行为无效、被撤销或者确定不发生效力后,行为人因该行为取得的财产,应当予以返还;不能返还或者没有必要返还的,应当折价补偿。有过错的一方应当赔偿对方由此所受到的损失;各方都有过错的,应当各自承担相应的责任。法律另有规定的,依照其规定。

第一百五十一条 民事法律行为部分无效,不影响其他部分效力的,其他部分仍然有效。

第四节 民事法律行为的附条件和附期限

第一百五十二条 民事法律行为可以附条件,但是依照其性质不得附条件的除外。附生效条件的民事法律行为,自条件成就时生效。附解除条件的民事法律行为,自条件成就时失效。

第一百五十三条 附条件的民事法律行为,当事人为自己的利益不正当地阻止条件成就的,视为条件已成就;不正当地促成条件成就的,视为条件不成就。

第一百五十四条 民事法律行为可以附期限,但是依照其性质不得附期限的除外。附生效期限的民事法律行为,自期限届至时生效。附终止期限的民事法律行为,自期限届满时失效。

第七章 代 理

第一节 一般规定

第一百五十五条 民事主体可以通过代理人实施民事法律行为。

依照法律规定、当事人约定或者民事法律行为的性质,应当由本人亲自实施的民事法律行为,不得代理。

第一百五十六条 代理人在代理权限内,以被代理人名义实施的民事法律行为,对被代理人发生效力。

第一百五十七条 代理人在代理权限内以自己的名义与第三人实施民事法律行为,第三人知道代理人与被代理人之间的代理关系的,该民事法律行为直接约束被代理人和第三人,但是有确切证据证明该民事法律行为只约束代理人和第三人的除外。

第一百五十八条 代理包括委托代理和法定代理。

委托代理人按照被代理人的委托行使代理权。法定代理人依照法律的规定行使代理权。

法定代理,本章没有规定的,适用本法和其他法律有关规定。

第一百五十九条 代理人不履行或者不完全履行职责,造成被代理人损害的,应当承担民事责任。

代理人和第三人恶意串通,损害被代理人合法权益的,由代理人和第三人承担连带责任。

第二节 委托代理

第一百六十条 委托代理授权可以采用书面形式、口头形式或者其他形式;法律规定或者当事人约定采用特定形式的,应当采用特定形式。

授权委托书应当载明代理人的姓名或者名称、代理事项、权限和期间,并由被代理人签名或者盖章。

第一百六十一条 数人为同一委托事项的代理人的,应当共同行使代理权,法律另有规定或者当事人另有约定的除外。

第一百六十二条 代理人知道或者应当知道代理的事项违法仍然实施代理行为,或者被代理人知道或者应当知道代理人的代理行为违法未作反对表示的,被代理人和代理人应当承担连带责任。

第一百六十三条 代理人不得以被代理人的名义与自己实施民事法律行为,法律另有规定或者被代理人同意、追认的除外。

代理人不得以被代理人的名义与自己同时代理的其他人实施民事法律行为,法律另有规定或者被代理的双方同意、追认的除外。

第一百六十四条　代理人需要转委托第三人代理的,应当取得被代理人的同意或者追认。

转委托代理经被代理人同意或者追认的,被代理人可以就代理事务直接指示转委托的第三人,代理人仅就第三人的选任及对第三人的指示承担责任。

转委托代理未经被代理人同意或者追认的,代理人应当对转委托的第三人的行为承担责任,但是在紧急情况下代理人为了维护被代理人的利益需要转委托第三人代理的除外。

第一百六十五条　执行法人或者非法人组织工作任务的人员,就其职权范围内的事项,以法人或者非法人组织的名义实施民事法律行为,对法人或者非法人组织发生效力。

法人或者非法人组织对执行其工作任务的人员职权范围的限制,不得对抗善意第三人。

第一百六十六条　行为人没有代理权、超越代理权或者代理权终止后,仍然实施代理行为,未经被代理人追认的,代理行为无效。

相对人可以催告被代理人自收到通知之日起一个月内予以追认。被代理人未作表示的,视为拒绝追认。无权代理人实施的行为被追认前,善意相对人有撤销的权利。撤销应当以通知的方式作出。

无权代理人实施的行为未被追认的,善意相对人有权请求无权代理人履行债务或者就其受到的损害请求无权代理人赔偿,但是赔偿的范围不得超过代理行为有效时所能获得的利益。

相对人知道或者应当知道代理人无权代理的,相对人和代理人按照各自的过错承担责任。

第一百六十七条　行为人没有代理权、超越代理权或者代理权终止后,仍然实施代理行为,相对人有理由相信行为人有代理权的,代理行为有效,但是有下列情形之一的除外:

(一)行为人伪造他人的公章、合同书或者授权委托书等,假冒他人的名义实施民事法律行为的;

(二)被代理人的公章、合同书或者授权委托书等遗失、被盗,或者与行为人特定的职务关系已经终止,并且已经以合理方式公告或者通知,相对人应当知悉的;

(三)法律规定的其他情形。

第三节　代理的终止

第一百六十八条　有下列情形之一的,委托代理终止:
(一)代理期间届满或者代理事务完成的;
(二)被代理人取消委托或者代理人辞去委托的;
(三)代理人丧失民事行为能力的;
(四)代理人或者被代理人死亡的;

（五）作为代理人或者被代理人的法人、非法人组织终止的。

第一百六十九条　被代理人死亡后，有下列情形之一的，委托代理人实施的代理行为有效：

（一）代理人不知道并且不应当知道被代理人死亡的；

（二）被代理人的继承人均予以承认的；

（三）授权中明确代理权在代理事项完成时终止的；

（四）在被代理人死亡前已经实施，在被代理人死亡后为了被代理人继承人的利益继续完成的。

作为被代理人的法人、非法人组织终止的，参照适用前款规定。

第一百七十条　有下列情形之一的，法定代理终止：

（一）被代理人取得或者恢复完全民事行为能力的；

（二）代理人丧失民事行为能力的；

（三）被代理人或者代理人死亡的；

（四）法律规定的其他情形。

第八章　民事责任

第一百七十一条　民事主体应当依照法律规定或者当事人约定履行民事义务。

民事主体不履行或者不完全履行民事义务的，应当依法承担民事责任。

第一百七十二条　二人以上依法承担按份责任，能够确定责任大小的，各自承担相应的责任；难以确定责任大小的，平均承担责任。

第一百七十三条　二人以上依法承担连带责任的，权利人有权请求部分或者全部连带责任人承担责任。

连带责任人根据各自责任大小确定责任份额；难以确定责任大小的，平均承担责任份额。实际承担责任超过自己责任份额的连带责任人，有权向其他连带责任人追偿。

第一百七十四条　承担民事责任的方式主要有：

（一）停止侵害；

（二）排除妨碍；

（三）消除危险；

（四）返还财产；

（五）恢复原状；

（六）修理、重作、更换；

（七）继续履行；

（八）赔偿损失；

（九）支付违约金；

（十）消除影响、恢复名誉；

（十一）赔礼道歉。

法律规定惩罚性赔偿的,依照其规定。

第一百七十五条 因不可抗力不能履行民事义务的,不承担民事责任。法律另有规定的,依照其规定。

不可抗力是指不能预见、不能避免并不能克服的客观情况。

第一百七十六条 因正当防卫造成损害的,不承担民事责任。正当防卫超过必要的限度,造成不应有的损害的,正当防卫人应当承担适当的民事责任。

第一百七十七条 因紧急避险造成损害的,由引起险情发生的人承担民事责任。如果危险是由自然原因引起的,紧急避险人不承担民事责任或者给予适当补偿。紧急避险采取措施不当或者超过必要的限度,造成不应有的损害的,紧急避险人应当承担适当的民事责任。

第一百七十八条 为保护他人民事权益而使自己受到损害的,由侵权人承担民事责任,受益人可以给予适当补偿。没有侵权人、侵权人逃逸或者无力承担民事责任,受害人请求补偿的,受益人应当给予适当补偿。

第一百七十九条 因当事人一方的违约行为,损害对方人身、财产权益的,受损害方有权选择请求其承担违约责任或者侵权责任。

第一百八十条 民事主体因同一行为应当承担民事责任、行政责任和刑事责任的,承担行政责任或者刑事责任不影响承担民事责任;民事主体的财产不足以支付的,先承担民事责任。

第九章 诉讼时效和除斥期间

第一节 诉讼时效

第一百八十一条 向人民法院请求保护民事权利的诉讼时效期间为三年。法律另有规定的,依照其规定。

诉讼时效期间自权利人知道或者应当知道权利受到损害以及义务人之日起开始计算。法律另有规定的,依照其规定。但是,自权利受到损害之日起超过二十年的,人民法院不予保护;有特殊情况的,人民法院可以延长。

第一百八十二条 当事人约定同一债务分期履行的,诉讼时效期间从最后一期履行期限届满之日起计算。

第一百八十三条 无民事行为能力人或者限制民事行为能力人对其法定代理人的请求权的诉讼时效期间,自该法定代理终止之日起计算。

第一百八十四条 未成年人遭受性侵害的损害赔偿请求权的诉讼时效期间,自受害人年满十八周岁之日起计算。

第一百八十五条 诉讼时效期间届满的,义务人可以提出不履行义务的抗辩。

诉讼时效期间届满后,义务人自愿履行的,不受诉讼时效限制。

第一百八十六条 人民法院不得主动适用诉讼时效的规定。

第一百八十七条 在诉讼时效期间的最后六个月内,因下列障碍,不能行使请求

权的,诉讼时效中止:

(一)不可抗力;

(二)无民事行为能力人或者限制民事行为能力人没有法定代理人,或者法定代理人死亡、丧失代理权或者丧失民事行为能力;

(三)继承开始后未确定继承人或者遗产管理人;

(四)权利人被义务人或者其他人控制;

(五)其他导致权利人不能行使请求权的障碍。

自中止时效的原因消除之日起满六个月,诉讼时效期间届满。

第一百八十八条 有下列情形之一的,诉讼时效中断,从中断或者有关程序终结时起,诉讼时效期间重新计算:

(一)权利人向义务人提出履行请求的;

(二)义务人同意履行义务的;

(三)权利人提起诉讼或者申请仲裁的;

(四)与提起诉讼或者申请仲裁具有同等效力的其他情形。

第一百八十九条 对连带权利人或者连带义务人中的一人发生诉讼时效中断的,中断的效力及于全部连带权利人或者连带义务人。

第一百九十条 下列请求权不适用诉讼时效:

(一)请求停止侵害、排除妨碍、消除危险;

(二)登记的物权人请求返还财产;

(三)请求支付赡养费、抚养费或者扶养费;

(四)依法不适用诉讼时效的其他请求权。

第一百九十一条 诉讼时效的期间、计算方法以及中止、中断的事由由法律规定,当事人约定无效。

当事人对诉讼时效利益的预先放弃无效。

第一百九十二条 法律对仲裁时效有规定的,适用其规定。法律对仲裁时效没有规定的,适用诉讼时效的规定。

第二节 除斥期间

第一百九十三条 法律规定或者当事人约定的撤销权、解除权等权利的存续期间,为除斥期间。

除斥期间届满,当事人的撤销权、解除权等权利消灭。

第一百九十四条 除斥期间自权利人知道或者应当知道权利产生之日起开始计算。法律另有规定的,依照其规定。

第一百九十五条 除斥期间不适用本法有关诉讼时效中止、中断和延长的规定。

第十章　期间的计算

第一百九十六条　民事法律所称的期间按照公历年、月、日、小时计算。

第一百九十七条　按照小时计算期间的,自法律规定或者当事人约定的时间起算。按照日、月、年计算期间的,开始的当日不计入,自下一日起算。

第一百九十八条　按照月、年计算期间的,到期月的对应日为期间的最后一日;没有对应日的,月末日为期间的最后一日。

第一百九十九条　期间的最后一日是法定休假日的,以法定休假日结束的次日为期间的最后一日。

期间的最后一日的截止时间为二十四点;有业务时间的,到停止业务活动的时间截止。

第二百条　期间的计算方法依照本法的规定,法律另有规定或者当事人另有约定的除外。

第十一章　附　则

第二百零一条　民事法律所称的"以上"、"以下"、"以内"、"届满",包括本数;所称的"不满"、"超过"、"以外",不包括本数。

第二百零二条　本法自　　年　月　日起施行。

关于《中华人民共和国民法总则(草案)》修改情况的汇报

全国人民代表大会法律委员会　2016年10月31日

常委会第二十一次会议对民法总则(草案)进行了初次审议。会后,法制工作委员会将草案印发地方人大、中央有关部门、法学教学研究机构和有关社会团体征求意见;同时,印发各位全国人大代表征求意见。在中国人大网全文公布草案征求社会公众意见。10月10日,张德江委员长在北京主持召开座谈会,听取部分省区市人大常委会负责同志、中央有关部门、民法典编纂工作参加单位和法工委基层立法联系点有关负责同志,部分全国人大代表和政协委员的意见。10月13日,李建国副委员长在宁夏银川召开座谈会,听取部分省区人大常委会负责同志,部分全国人大代表、专家学者和有关基层立法联系点代表的意见,并到基层实地调研。法律委员会、法制工作委员会在北京召开多个座谈会,分别听取中央有关部门和部分专家学者的意见,到安徽、江西、湖北和浙江等地进行调研,听取地方意见。法律委员会于10月11日召开会议,根据常委会组成人员的审议意见和各方面意见,对草案进行了逐条审议。五家民法典编纂工作参加单位的有关负责同志列席会议。10月18日,法律委员会召开会议,再次进行了审议。现将民法总则(草案)主要问题的修改情况汇报如下:

一、关于维护交易安全

草案第六条第二款规定,民事主体从事民事活动,应当自觉维护交易安全。一些常委会组成人员、代表、地方、部门和社会公众提出,维护交易安全主要适用于商事活动,是否将其作为民事主体从事所有民事活动应当遵循的基本原则应进一步研究。法律委员会经研究认为,维护交易安全是从事商事活动应当遵循的基本准则,对于保护善意的交易相对人利益,建立诚实守信的市场环境,促进社会主义市场经济健康发展有着重要意义。考虑到维护交易安全主要适用于商事活动,建议将该款规定的内容移到草案营利法人一节中规定。(草案二次审议稿第八十七条)

二、关于监护

1. 关于遗嘱监护

草案第二十六条第三款规定,未成年人的父母可以通过遗嘱指定未成年人的监护人;其父、母指定的监护人不一致的,以后死亡一方的指定为准。有的代表、地方和部门提出,父、母指定的监护人不一致的,以后死亡一方的指定为准不一定有利于保护被监护人的利益,也涵盖不了父母同时死亡的情况。法律委员会经研究,建议将该规定修改为:未成年人的父母可以通过遗嘱指定未成年人的监护人;其父、母指定的监护人不一致的,应当尊重被监护人

的意愿,根据最有利于被监护人的原则确定。(草案二次审议稿第二十七条第三款)

2. 关于监护人的范围

草案第二十七条对无民事行为能力或者限制民事行为能力的成年人的监护人范围作了规定。有的地方、部门和社会公众提出,草案只规定了配偶、父母、子女等可以作为成年人的监护人。现实生活中,不少无民事行为能力或者限制民事行为能力的成年人是由其兄弟姐妹等近亲属照顾,由这些近亲属作为监护人有利于保护被监护人的利益,也有利于弘扬社会主义家庭伦理美德。法律委员会经研究,建议将"其他近亲属"纳入无民事行为能力或者限制民事行为能力的成年人的监护人范围。(草案二次审议稿第二十八条)

3. 关于临时监护措施

草案第三十四条对有关人员或者组织向人民法院申请撤销监护人的监护资格作了规定。有的常委会组成人员、代表、地方和部门提出,在人民法院确定新监护人之前,为了避免原监护人对被监护人特别是对未成年人造成进一步伤害,应当指定临时监护人或者作出其他临时监护安排。法律委员会经研究,建议在该条中增加规定"安排必要的临时监护措施"。(草案二次审议稿第三十五条)

4. 关于监护人资格的恢复

草案第三十五条对监护人资格被撤销后的恢复作了规定。有的常委委员、代表、地方、部门和社会公众提出,草案规定的几种撤销监护权的情形都是严重损害被监护人利益的情形,不宜轻易恢复。同时,监护人资格撤销后再恢复,还有可能给被监护人造成二次伤害。为此,有必要将监护人资格恢复的制度限于父母确有悔改且符合被监护人意愿的情形。法律委员会经研究,建议将相关规定修改为:未成年人的父母被人民法院撤销监护人资格后,确有悔改情形的,经其申请,人民法院可以在尊重被监护人意愿的前提下,视情况恢复其监护人资格,人民法院指定的新监护人与被监护人的监护关系同时终止。(草案二次审议稿第三十六条)

三、关于农村集体经济组织的法人地位

一些常委委员、代表、地方、部门和社会公众提出,根据物权法等法律规定,农村集体经济组织是农村集体资产经营管理的主体,依法代表农民集体行使农村集体资产所有权,承担经营管理事务,明确其民事主体地位有利于其从事民事活动,有利于完善农村集体经济的实现形式和运行机制,增强农村集体经济发展活力。法律委员会经研究,建议在第三章法人第一节一般规定中增加一条规定:农村集体经济组织具备法人条件的,依法取得法人资格。(草案二次审议稿第七十六条)

四、关于法人制度

1. 关于法人合并、分立后的权利义务承担与法人终止

草案第六十三条规定,法人合并、分立的,其权利和义务由变更后的法人享有和承担。有的常委委员、代表、地方、部门和法学教学研究机构建议,宜进一步细化法人分立后的债务承担规则,同时体现对法人分立前与债权人就债务清偿所作约定的尊重。有的常委委员和代表还建议明确法人终止的事由和特殊程序。法律委员会经研究,建议将该条修改为:"法

人合并的,其权利和义务由合并后的法人享有和承担。法人分立的,其权利和义务由分立后的法人享有连带债权,承担连带债务,债权人和债务人另有约定的除外。"并增加一条规定:"法人由于下列原因之一终止:(一)法人解散;(二)法人被宣告破产;(三)法律规定的其他原因。法人终止,法律规定须经有关机关批准的,依照其规定。"(草案二次审议稿第六十五条、第六十六条)

2.关于营利法人的成员滥用其权利的后果

草案第七十九条对营利法人的成员滥用其权利的情形作了规定。有的地方、部门、法学教学研究机构和社会公众提出,为防止法人成员滥用其权利,维护以独立财产、独立责任为基础的法人制度,建议明确营利法人成员滥用权利的法律后果。法律委员会经研究,建议在该条中增加规定:法人的出资人滥用出资人权利给法人或者其他出资人造成损失的,应当依法承担民事责任;法人的出资人滥用法人独立地位和出资人有限责任,逃避债务,严重损害法人债权人利益的,应当对法人债务承担连带责任。同时增加一条规定,完善营利法人内部制约机制,维护法人的出资人的利益。(草案二次审议稿第八十五条、第八十六条)

3.关于社会服务机构的法人地位

有的常委委员、代表、地方和部门提出,民办非企业单位等社会服务机构作为社会组织的一种形式,在社会生活中发挥着积极作用,明确其法人地位,有利于促进这类社会组织健康有序发展。法律委员会经研究,建议在草案相关规定中增加社会服务机构这类法人形式。(草案二次审议稿第九十五条)

五、关于个人信息的保护

有的常委委员、部门、法学教学研究机构和社会公众提出,一段时间以来,非法获取、非法出售或者非法向他人提供公民个人信息的违法行为泛滥,社会危害严重,建议进一步强化对个人信息的保护。法律委员会经研究认为,个人信息权利是公民在现代信息社会享有的重要权利,明确对个人信息的保护对于保护公民的人格尊严,使公民免受非法侵扰,维护正常的社会秩序具有现实意义。法律委员会经研究,建议增加规定:自然人的个人信息受法律保护。任何组织和个人不得非法收集、利用、加工、传输个人信息,不得非法提供、公开或者出售个人信息。(草案二次审议稿第一百零九条)

六、关于未成年人受到性侵害的诉讼时效起算规则

有的代表、地方、部门和社会公众提出,受社会传统观念影响,不少遭受性侵害的未成年人及其监护人往往不愿、不敢公开寻求法律保护。受害人成年之后自己寻求法律救济,却往往已超过诉讼时效期间。为了更好地保护受性侵害的未成年人的利益,建议规定诉讼时效起算的特别规则。法律委员会经研究,建议增加一条规定:未成年人遭受性侵害的损害赔偿请求权的诉讼时效期间,自受害人年满十八周岁之日起计算。(草案二次审议稿第一百八十四条)

还有一个问题需要汇报:草案第十八条将限制民事行为能力的未成年人的年龄下限标准规定为"六周岁"。一些常委会组成人员、代表、地方和部门提出,六周岁儿童虽有一定的学习能力,开始接受义务教育,但认知和辨识能力仍然不足,不具备独立实施相关民事法律

行为的基础。有的则建议将其规定为"八周岁"。法律委员会、法制工作委员会就此听取了部分教育学、心理学、社会学等方面专家的意见,并进一步研究了国外相关立法情况。在此基础上,经反复研究,建议对草案的规定暂不作修改,继续研究。主要考虑:一是随着社会的进步和教育水平的提高,儿童的认知能力、适应能力和自我承担能力也有了很大提高,法律上适当降低限制民事行为能力的未成年人年龄下限标准,符合现代未成年人心理、生理发展特点,有利于未成年人从事与其年龄、智力相适应的民事活动,更好地尊重未成年人的自主意识,保护其合法权益。二是符合国际上的发展趋势。我国参加的《联合国儿童权利公约》规定,各国要采取措施尊重和保护儿童的自我意识。一些国家和地区将限制民事行为能力人的年龄下限规定为六周岁或者七周岁;还有一些国家和地区规定未成年人均为限制民事行为能力人。三是民事行为能力不同于刑事责任能力。我国现行民法通则和刑法对民事行为能力和刑事责任能力的要求就是不同的。民事行为能力的年龄变化并不必然导致刑事责任能力的年龄变化,刑事责任能力年龄标准的调整,应当根据刑事领域的具体情况来确定。

此外,草案二次审议稿还对尊重成年被监护人独立处理相关事务的意愿,营利法人权力机构、执行机构和监督机构的职权,以及惩罚性赔偿的民事责任方式等内容作了进一步的规定。对草案还作了一些文字修改。相比草案,仍为十一章,条文由一百八十六条增加至二百零二条。

中华人民共和国民法总则(草案)(三次审议稿)

2016年12月12日

目 录

第一章 基本原则
第二章 自然人
　第一节 民事权利能力和民事行为能力
　第二节 监 护
　第三节 宣告失踪和宣告死亡
　第四节 个体工商户、农村承包经营户
第三章 法 人
　第一节 一般规定
　第二节 营利法人
　第三节 非营利法人
　第四节 特别法人
第四章 非法人组织
第五章 民事权利
第六章 民事法律行为
　第一节 一般规定
　第二节 意思表示
　第三节 民事法律行为的效力
　第四节 民事法律行为的附条件和附期限
第七章 代 理
　第一节 一般规定
　第二节 委托代理
　第三节 代理的终止
第八章 民事责任
第九章 诉讼时效
第十章 期间的计算
第十一章 附 则

第一章 基本原则

第一条 为了保护民事主体的合法权益,调整民事关系,维护社会和经济秩序,适应中国特色社会主义发展要求,根据宪法,制定本法。

第二条 民法调整平等主体的自然人、法人和非法人组织之间的人身关系和财产关系。

第三条 民事主体在民事活动中的法律地位一律平等。

第四条 民事主体从事民事活动,应当遵循自愿原则,按照自己的意思设立、变更和终止民事法律关系。

第五条 民事主体从事民事活动,应当遵循公平原则,合理确定各方的权利和义务。

第六条 民事主体从事民事活动,应当遵循诚实信用原则。

第七条 民事主体从事民事活动,不得违反法律,不得违背公序良俗。

第八条 民事主体的人身、财产权利及其他合法权益受法律保护,任何组织或者个人不得侵犯。

民事主体行使权利的同时,应当履行法律规定的或者当事人约定的义务。

第九条 处理民事关系,应当依照法律法规规定;法律法规没有规定的,可以适用习惯,但是不得违背公序良俗。

第十条 其他法律对民事关系另有特别规定的,依照其规定。

第十一条 在中华人民共和国领域内的民事活动,适用中华人民共和国法律。法律另有规定的,依照其规定。

第二章 自然人

第一节 民事权利能力和民事行为能力

第十二条 自然人从出生时起到死亡时止,具有民事权利能力,依法享有民事权利,承担民事义务。

第十三条 自然人的民事权利能力一律平等。

第十四条 自然人的出生时间和死亡时间,以出生证明、死亡证明记载的时间为准;没有出生证明、死亡证明的,以登记的时间为准。有其他证据足以推翻以上记载时间的,以相关证据证明的时间为准。

第十五条 涉及遗产继承、接受赠与等胎儿利益的保护,胎儿视为具有民事权利能力。但是,胎儿出生时为死体的,其民事权利能力自始不存在。

第十六条 年满十八周岁的自然人为成年人。不满十八周岁的自然人为未成年人。

第十七条 成年人为完全民事行为能力人,可以独立实施民事法律行为。

第十八条 六周岁以上的未成年人,为限制民事行为能力人,可以独立实施纯获利益的民事法律行为或者与其年龄、智力相适应的民事法律行为;实施其他民事法律行为由其法定代理人代理,或者经其法定代理人同意、追认。

十六周岁以上的未成年人,以自己的劳动收入为主要生活来源的,视为完全民事行为能力人。

第十九条 不满六周岁的未成年人,为无民事行为能力人,由其法定代理人代理实施民事法律行为。

第二十条 不能辨认自己行为的成年人,为无民事行为能力人,由其法定代理人代理实施民事法律行为。

六周岁以上的未成年人不能辨认自己行为的,适用前款规定。

第二十一条 不能完全辨认自己行为的成年人,为限制民事行为能力人,可以独立实施纯获利益的民事法律行为或者与其智力、精神健康状况相适应的民事法律行为;实施其他民事法律行为由其法定代理人代理,或者经其法定代理人同意、追认。

第二十二条 无民事行为能力人、限制民事行为能力人的监护人是其法定代理人。

第二十三条 不能辨认或者不能完全辨认自己行为的成年人的利害关系人,可以向人民法院申请认定该成年人为无民事行为能力人或者限制民事行为能力人。

被人民法院认定为无民事行为能力人或者限制民事行为能力人的,根据其智力、精神健康恢复的状况,经本人、利害关系人或者有关组织申请,人民法院可以认定该成年人恢复为限制民事行为能力人或者完全民事行为能力人。

前款规定的有关组织包括:本人住所地的居民委员会、村民委员会、学校、医疗卫生机构、妇女联合会、残疾人联合会、依法设立的老年人组织、民政部门等。

第二十四条 自然人以登记的居所为住所;经常居所与住所不一致的,经常居所视为住所。

第二节 监 护

第二十五条 父母对未成年子女负有抚养、教育和保护的义务。

成年子女对父母负有赡养、照顾和保护的义务。

第二十六条 未成年人的父母是未成年人的监护人。

未成年人的父母已经死亡或者没有监护能力的,由下列有监护能力的人按顺序担任监护人:

(一)祖父母、外祖父母;

(二)兄、姐;

(三)其他愿意担任监护人的个人或者有关组织,经未成年人住所地的居民委员会、村民委员会或者民政部门同意的。

第二十七条 无民事行为能力或者限制民事行为能力的成年人,由下列有监护能力的人按顺序担任监护人:

（一）配偶；
（二）父母、子女；
（三）其他近亲属；
（四）其他愿意担任监护人的个人或者有关组织，经被监护人住所地的居民委员会、村民委员会或者民政部门同意的。

第二十八条 被监护人的父母可以通过遗嘱指定监护人。

第二十九条 监护人可以由协议确定。协议确定监护人的，应当尊重被监护人的真实意愿。

第三十条 对担任监护人有争议的，由被监护人住所地的居民委员会、村民委员会或者民政部门指定，有关当事人对指定不服的，可以向人民法院提出申请；有关当事人也可以直接向人民法院提出申请，由人民法院指定。

居民委员会、村民委员会、民政部门或者人民法院应当尊重被监护人的真实意愿，根据最有利于被监护人的原则在具有监护资格的人中指定监护人。

依照本条第一款规定指定监护人前，被监护人的人身、财产权利及其他合法权益处于无人保护状态的，由被监护人住所地的居民委员会、村民委员会、法律规定的有关组织或者民政部门担任临时监护人。

监护人被指定后，不得擅自变更；擅自变更的，不免除被指定的监护人的监护责任。

第三十一条 无具有监护资格的人的，监护人由民政部门担任，也可以由具备条件的被监护人住所地的居民委员会、村民委员会担任。

第三十二条 具有完全民事行为能力的成年人，可以与近亲属、其他愿意担任监护人的个人或者有关组织事先协商，以书面形式确定自己的监护人。协商确定的监护人在该成年人丧失或者部分丧失民事行为能力时，承担监护责任。

第三十三条 监护人依法履行监护职责而产生的权利，受法律保护。

监护人不履行监护职责或者侵害被监护人合法权益的，应当承担责任。

第三十四条 监护人应当按照最有利于被监护人的原则履行监护职责，保护被监护人的人身、财产权利及其他合法权益；除为被监护人利益外，不得处分被监护人的财产。

未成年人的监护人履行监护职责，在作出与被监护人权益有关的决定时，应当根据被监护人的年龄和智力状况，尊重被监护人的真实意愿。

成年人的监护人履行监护职责，应当最大限度地尊重被监护人的真实意愿，保障并协助被监护人独立实施与其智力、精神健康状况相适应的民事法律行为；对被监护人有能力独立处理的事务，监护人不得干涉。

第三十五条 监护人有下列情形之一的，人民法院根据有关个人或者组织的申请，撤销其监护人资格，安排必要的临时监护措施，并根据最有利于被监护人的原则依法指定新监护人：

（一）实施严重损害被监护人身心健康行为的；
（二）怠于履行监护职责，或者无法履行监护职责并且拒绝将监护职责部分或者全

部委托给他人,导致被监护人处于危困状态的;

(三)有严重侵害被监护人合法权益的其他行为的。

前款规定的有关个人和组织包括:其他有监护资格的人,被监护人住所地的居民委员会、村民委员会、学校、医疗卫生机构、妇女联合会、残疾人联合会、未成年人保护组织、依法设立的老年人组织、民政部门等。

前款规定的个人和其他组织未及时向人民法院提出撤销监护人资格申请的,民政部门应当向人民法院提出申请。

第三十六条 被监护人的父母或者子女被人民法院撤销监护人资格后,除对被监护人实施故意犯罪的外,确有悔改情形的,经其申请,人民法院可以在尊重被监护人真实意愿的前提下,视情况恢复其监护人资格,人民法院指定的新监护人与被监护人的监护关系同时终止。

第三十七条 有下列情形之一的,监护关系终止:

(一)被监护人取得或者恢复完全民事行为能力的;

(二)监护人丧失监护能力的;

(三)被监护人或者监护人死亡的;

(四)人民法院认定监护关系终止的其他情形。

监护关系终止后,被监护人仍然需要监护的,应当依法另行确定监护人。

第三节 宣告失踪和宣告死亡

第三十八条 自然人下落不明满二年的,利害关系人可以向人民法院申请宣告该自然人为失踪人。

第三十九条 自然人下落不明的时间,从该自然人失去音讯之日起计算。战争期间下落不明的,下落不明的时间自战争结束之日起计算。

第四十条 失踪人的财产由其配偶、父母、成年子女或者其他愿意担任财产代管人的人代管。

代管有争议,没有前款规定的人,或者前款规定的人无代管能力的,由人民法院指定的人代管。

第四十一条 财产代管人应当妥善管理失踪人的财产,维护其财产权益。

失踪人所欠税款、债务和应付的其他费用,由财产代管人从失踪人的财产中支付。

财产代管人因故意或者重大过失造成失踪人财产损失的,应当承担赔偿责任。

第四十二条 财产代管人不履行代管职责、侵害失踪人财产权益或者丧失代管能力的,失踪人的利害关系人可以向人民法院申请变更财产代管人。

财产代管人有正当理由的,可以向人民法院申请变更财产代管人。

人民法院变更财产代管人的,变更后的财产代管人有权要求原财产代管人及时移交有关财产并报告财产代管情况。

第四十三条 被宣告失踪的人重新出现,经本人或者利害关系人申请,人民法院应当撤销失踪宣告。

被宣告失踪的人重新出现,有权要求财产代管人及时移交有关财产并报告财产代管情况。

第四十四条 自然人有下列情形之一的,利害关系人可以向人民法院申请宣告该自然人死亡:

(一)下落不明满四年的;

(二)因意外事件,下落不明满二年的。

因意外事件下落不明,经有关机关证明该自然人不可能生存的,申请宣告死亡不受二年时间的限制。

第四十五条 对同一自然人,有的利害关系人申请宣告死亡,有的申请宣告失踪,符合本法规定的宣告死亡条件的,人民法院应当宣告死亡。

第四十六条 被宣告死亡的人,人民法院判决确定的日期视为其死亡的日期;判决未确定死亡日期的,判决作出之日视为其死亡的日期。

第四十七条 自然人并未死亡但被宣告死亡的,不影响该自然人在被宣告死亡后实施的民事法律行为的效力。

第四十八条 被宣告死亡的人重新出现,经本人或者利害关系人申请,人民法院应当撤销死亡宣告。

第四十九条 被宣告死亡的人的婚姻关系,自死亡宣告之日起消灭。死亡宣告被撤销的,夫妻关系自撤销死亡宣告之日起自行恢复,但其配偶再婚或者向婚姻登记机关声明不愿意恢复的除外。

第五十条 被宣告死亡的人在被宣告死亡期间,其子女被他人依法收养的,在死亡宣告被撤销后,不得以未经本人同意而主张收养关系无效。

第五十一条 被撤销死亡宣告的人有权请求返还财产。依照继承法取得其财产的民事主体,应当返还原物;无法返还原物的,应当给予补偿。

利害关系人隐瞒真实情况,致使他人被宣告死亡而取得其财产的,除应当返还原物外,还应当对由此造成的损失承担赔偿责任。

第四节 个体工商户、农村承包经营户

第五十二条 自然人经依法登记,从事工商业经营的,为个体工商户。个体工商户可以起字号。

第五十三条 农村集体经济组织的成员,依法取得农村土地承包经营权,从事家庭承包经营的,为农村承包经营户。

第五十四条 个体工商户的债务,个人经营的,以个人财产承担;家庭经营的,以家庭财产承担;无法区分个人经营和家庭经营的,以家庭财产承担。

农村承包经营户的债务,以从事农村土地承包经营的农户财产承担;事实上由农户部分成员经营的,以该部分成员财产承担。

第三章 法 人

第一节 一般规定

第五十五条 法人是具有民事权利能力和民事行为能力,依法独立享有民事权利和承担民事义务的组织。

第五十六条 法人应当依法成立。

法人应当有自己的名称、组织机构、住所、财产或者经费。法人成立的具体条件和程序,依照法律、行政法规的规定。

设立法人,法律、行政法规规定须经有关机关批准的,依照其规定。

第五十七条 法人的民事权利能力和民事行为能力,从法人成立时产生,到法人终止时消灭。

第五十八条 法人以其全部财产独立承担民事责任。

第五十九条 依照法律或者法人章程规定,代表法人从事民事活动的负责人,为法人的法定代表人。

法定代表人以法人名义从事的民事活动或者其他执行职务的行为,其法律后果由法人承受。

法人的章程或者权力机构对法定代表人的代表权范围的限制,不得对抗善意相对人。

第六十条 法定代表人因执行职务造成他人损害的,由法人承担民事责任。

法人承担民事责任后,依照法律或者法人章程的规定,可以向有过错的法定代表人追偿。

第六十一条 法人以其登记的住所为住所。依法不需要登记的,以主要办事机构所在地为住所。

第六十二条 法人在存续期间登记事项发生变化的,应当依法向登记机关申请变更登记。

第六十三条 法人的实际情况与登记的事项不一致的,不得对抗善意相对人。

第六十四条 登记机关应当依法及时公示法人登记的有关信息。

第六十五条 法人合并的,其权利和义务由合并后的法人享有和承担。法人分立的,其权利和义务由分立后的法人享有连带债权,承担连带债务,债权人和债务人另有约定的除外。

第六十六条 法人由于下列原因之一终止:

(一)法人解散;

(二)法人被宣告破产;

(三)法律规定的其他原因。

法人终止,法律、行政法规规定须经有关机关批准的,依照其规定。

第六十七条 有下列情形之一的,法人解散:

(一)法人章程规定的存续期间届满或者法人章程规定的其他解散事由出现的；
(二)法人的权力机构决议解散的；
(三)因法人合并或者分立需要解散的；
(四)法人依法被吊销营业执照、登记证书,责令关闭或者被撤销的；
(五)法律规定的其他情形。

第六十八条 法人解散的,清算义务人应当及时组成清算组进行清算。

法人的董事、理事等执行机构成员为清算义务人。但是,法人章程另有规定、法人权力机构另有决议或者法律另有规定的除外。

清算义务人未及时履行清算义务的,主管机关或者利害关系人可以申请人民法院指定有关人员组成清算组进行清算。

第六十九条 法人的清算程序和清算组职权,依照有关法律的规定；没有规定的,参照适用公司法的有关规定。

第七十条 清算期间,法人存续,但是不得从事与清算无关的活动。

法人清算后的剩余财产,根据法人章程的规定或法人权力机构的决议处理。法律另有规定的,依照其规定。

清算终结,并完成法人注销登记时,法人终止；法人依法不需要办理登记的,清算终结时,法人终止。

第七十一条 法人被宣告破产的,依法进行破产清算并完成法人注销登记时,法人终止。

第七十二条 法人可以依法设立分支机构。法律规定分支机构应当办理登记的,依照其规定。

分支机构以自己的名义从事民事活动,由此产生的民事责任由法人承担。

第七十三条 设立人为设立法人从事的民事活动,其法律后果在法人成立后由法人承受；法人未成立的,其法律后果由设立人承受,设立人为二人以上的,承担连带责任。

设立人为设立法人以自己的名义从事民事活动而产生的民事责任,第三人有权选择请求法人或者设立人承担。

第二节 营利法人

第七十四条 以取得利润并分配给其股东等出资人为目的成立的法人,为营利法人。

营利法人包括有限责任公司、股份有限公司和其他企业法人等。

第七十五条 营利法人,经依法登记成立,取得法人资格。

第七十六条 依法设立的营利法人,由法人登记机关发给营利法人营业执照。营业执照签发日期为营利法人的成立日期。

第七十七条 设立营利法人应当依法制定章程。

第七十八条 营利法人的股东会等出资人会为其权力机构。

权力机构修改章程,选举或者更换执行机构、监督机构成员,并行使章程规定的其他职权。

第七十九条 营利法人应当设执行机构。

执行机构召集权力机构会议,决定法人的经营计划和投资方案,决定法人内部管理机构的设置,并行使章程规定的其他职权。

执行机构为董事会或者执行董事的,董事长、执行董事或者经理依照法人章程的规定担任法定代表人;未设董事会或者执行董事的,法人章程规定的主要负责人为其执行机构和法定代表人。

第八十条 营利法人设监事会或者监事等监督机构的,监督机构依法检查法人财务,对执行机构成员及高级管理人员执行法人职务的行为进行监督,并行使章程规定的其他职权。

第八十一条 法律对营利法人的组织机构、法定代表人另有规定的,依照其规定。

第八十二条 营利法人的出资人不得滥用出资人权利损害法人或者其他出资人的利益。法人的出资人滥用出资人权利给法人或者其他出资人造成损失的,应当依法承担民事责任。

营利法人的出资人不得滥用法人独立地位和出资人有限责任损害法人债权人的利益。法人的出资人滥用法人独立地位和出资人有限责任,逃避债务,严重损害法人债权人利益的,应当对法人债务承担连带责任。

第八十三条 营利法人的权力机构、执行机构的会议召集程序、表决方式违反法律、行政法规、法人章程,或者决议内容违反法人章程的,营利法人的出资人可以请求人民法院予以撤销,但营利法人依据该决议与善意相对人形成的民事法律关系不受影响。

第八十四条 营利法人从事经营活动,应当遵守商业道德,维护交易安全,接受政府和社会的监督,承担社会责任。

第八十五条 本节没有规定的,适用公司法等有关法律的规定。

第三节 非营利法人

第八十六条 为公益目的或者其他非营利目的成立,不向其出资人或者设立人分配所取得利润的法人,为非营利法人。

非营利法人包括事业单位、社会团体、基金会、社会服务机构等。

第八十七条 为公益目的成立的非营利法人终止时,不得向其出资人或者设立人分配剩余财产;其剩余财产应当按照章程的规定或者权力机构的决议用于公益目的;不能按照法人章程规定或者权力机构的决议处理的,由主管机关主持转给宗旨相同或者相近的以公益为目的的法人,并向社会公告。

第八十八条 具备法人条件,为实现公益目的设立的事业单位,经依法登记成立,取得事业单位法人资格;依法不需要办理法人登记的,从成立之日起,具有事业单位法人资格。

第八十九条 事业单位法人设理事会的,理事会为其决策机构。事业单位法定代表人按照其章程的规定产生。

法律对事业单位法人的组织机构、法定代表人另有规定的,依照其规定。

第九十条 具备法人条件,基于会员共同意愿,为实现公益目的或者会员共同利益等非营利目的设立的社会团体,经依法登记成立,取得社会团体法人资格;依法不需要办理法人登记的,从成立之日起,具有社会团体法人资格。

第九十一条 设立社会团体法人应当依法制定章程。

社会团体法人应当设会员大会或者会员代表大会等权力机构。

社会团体法人应当设理事会等执行机构。理事长或者会长等负责人依照法人章程的规定担任法定代表人。

第九十二条 具备法人条件,为实现公益目的,以捐助财产设立的基金会、社会服务机构等,经依法登记成立,取得捐助法人资格。

依法设立的宗教活动场所,具备法人条件的,可以申请法人登记,取得捐助法人资格。

第九十三条 设立捐助法人应当依法制定章程。

捐助法人应当设理事会、民主管理组织等决策机构,并设执行机构。理事长等负责人依照法人章程的规定担任法定代表人。

捐助法人应当设监事会等监督机构。

第九十四条 捐助人有权向捐助法人查询捐助财产的使用、管理情况,并提出意见和建议,捐助法人应当及时、如实答复。

捐助法人的决策机构、执行机构或者其法定代表人作出的决定违反捐助法人章程的,捐助人等利害关系人或者主管机关可以请求人民法院予以撤销,但捐助法人依据该决定与善意相对人形成的民事法律关系不受影响。

第四节 特别法人

第九十五条 本节规定的机关法人、农村集体经济组织法人、合作经济组织法人、基层群众性自治组织法人为特别法人。

第九十六条 有独立经费的机关和承担行政职能的法定机构从成立之日起,具有机关法人资格,可以从事为履行职能所需要的民事活动。

第九十七条 机关法人被撤销的,法人终止,其民事责任由继续履行其职能的机关法人承担;没有继续履行其职能的机关法人的,由撤销该机关法人的机关法人承担。

第九十八条 农村集体经济组织依法取得法人资格。

法律、行政法规对农村集体经济组织有规定的,依照其规定。

第九十九条 城镇、农村的合作经济组织依法取得法人资格。

法律、行政法规对城镇、农村的合作经济组织有规定的,依照其规定。

第一百条 居民委员会、村民委员会具有基层群众性自治组织法人资格,可以从事为履行职能所需要的民事活动。

未设立村集体经济组织的,村民委员会可以依法代行村集体经济组织的职能。

第四章 非法人组织

第一百零一条 非法人组织是不具有法人资格,但是依法能够以自己的名义从事民事活动的组织。

非法人组织包括个人独资企业、合伙企业、不具有法人资格的专业服务机构和其他组织。

第一百零二条 非法人组织应当依照法律的规定登记。

设立非法人组织,法律、行政法规规定须经有关机关批准的,依照其规定。

第一百零三条 非法人组织的出资人或者设立人对该组织的债务承担无限责任。法律另有规定的,依照其规定。

第一百零四条 非法人组织可以确定一人或者数人代表该组织从事民事活动。

第一百零五条 有下列情形之一的,非法人组织解散:

(一)章程规定的存续期间届满或者章程规定的其他解散事由出现的;

(二)出资人或者设立人决定解散的;

(三)法律规定的其他情形。

第一百零六条 非法人组织解散的,应当依法进行清算。

第一百零七条 非法人组织除适用本章规定外,参照适用本法第三章第一节的有关规定。

第五章 民事权利

第一百零八条 自然人的人身自由、人格尊严受法律保护。

第一百零九条 自然人享有生命权、健康权、身体权、姓名权、肖像权、名誉权、荣誉权、隐私权、婚姻自主权等权利。

法人、非法人组织享有名称权、名誉权、荣誉权等权利。

第一百一十条 自然人的个人信息受法律保护。任何组织和个人不得非法收集、使用、加工、传输个人信息,不得非法买卖、提供或者公开个人信息。

第一百一十一条 自然人因婚姻、家庭关系等产生的人身权利受法律保护。

第一百一十二条 自然人的私有财产权利受法律保护。

第一百一十三条 民事主体依法享有物权。

物权是权利人依法对特定的物享有直接支配和排他的权利,包括所有权、用益物权和担保物权。

第一百一十四条 物包括不动产和动产。法律规定权利作为物权客体的,依照其规定。

第一百一十五条 物权的种类和内容,由法律规定。

第一百一十六条 民事主体的物权受法律平等保护,任何组织或者个人不得侵犯。

第一百一十七条　为了公共利益的需要,依照法律规定的权限和程序征收、征用不动产或者动产的,应当给予公平、合理的补偿。

第一百一十八条　民事主体依法享有债权。

债权是因合同、侵权行为、无因管理、不当得利以及法律的其他规定,权利人请求特定义务人为或者不为一定行为的权利。

第一百一十九条　依法成立的合同,对当事人具有法律约束力。

第一百二十条　民事权益受到侵害的,被侵权人有权请求侵权人承担侵权责任。

第一百二十一条　没有法定的或者约定的义务,为避免他人利益受损失进行管理或者服务的,有权请求受益人偿还由此而支付的必要费用。

第一百二十二条　没有合法根据,取得不当利益,造成他人损失的,受损失的人有权请求不当得利的人返还不当利益。

第一百二十三条　民事主体依法享有知识产权。

知识产权是指权利人依法就下列客体所享有的专属的和支配的权利：

（一）作品；

（二）发明、实用新型、外观设计；

（三）商标；

（四）地理标志；

（五）商业秘密；

（六）集成电路布图设计；

（七）植物新品种；

（八）法律规定的其他客体。

第一百二十四条　自然人依法享有继承权。

第一百二十五条　自然人合法的私有财产,可以依法继承。

第一百二十六条　民事主体依法享有股权和其他投资性权利。

第一百二十七条　民事主体享有法律规定的其他民事权利和利益。

第一百二十八条　法律对数据、网络虚拟财产的保护有规定的,依照其规定。

第一百二十九条　法律对未成年人、老年人、残疾人、妇女、消费者等的民事权利有特别保护规定的,依照其规定。

第一百三十条　民事权利可以依据民事法律行为、事实行为、法律规定的事件或者法律规定的其他方式取得。

第一百三十一条　民事主体按照自己的意愿依法行使民事权利,不受干涉。

第一百三十二条　民事主体不得滥用民事权利损害他人合法权益。

第一百三十三条　民事主体行使民事权利,应当节约资源、保护生态环境;弘扬中华优秀文化,践行社会主义核心价值观。

第六章 民事法律行为

第一节 一般规定

第一百三十四条 民事法律行为是指民事主体通过意思表示设立、变更、终止民事权利义务关系的行为。

第一百三十五条 民事法律行为可以基于单方的意思表示成立,也可以基于双方或者多方的意思表示一致成立。

法人、非法人组织依照法律或者章程规定的议事方式和表决程序作出决议的,该决议行为成立。

第一百三十六条 民事法律行为可以采用书面形式、口头形式或者其他形式;法律规定或者当事人约定采用特定形式的,应当采用特定形式。

第一百三十七条 民事法律行为自成立时生效,法律另有规定或者当事人另有约定的除外。

行为人非依法律规定或者取得对方同意,不得擅自变更或者解除民事法律行为。

第二节 意思表示

第一百三十八条 以对话方式作出的意思表示,相对人了解其内容时生效。

以非对话方式作出的意思表示,到达相对人时生效。以非对话方式作出的采用数据电文形式的意思表示,相对人指定特定系统接收数据电文的,该数据电文进入该特定系统时生效;未指定特定系统的,相对人知道或者应当知道该数据电文进入其系统时生效。当事人对采用数据电文形式的意思表示的生效时间另有约定的,按照其约定。

第一百三十九条 无相对人的意思表示,表示完成时生效。法律另有规定的,依照其规定。

第一百四十条 以公告方式作出的意思表示,公告发布时生效。

第一百四十一条 行为人可以明示或者默示作出意思表示。

沉默只有在有法律规定、当事人约定或者习惯时,方可以视为意思表示。

第一百四十二条 行为人可以撤回意思表示。撤回意思表示的通知应当在意思表示到达相对人前或者与意思表示同时到达相对人。

第一百四十三条 有相对人的意思表示的解释,应当按照所使用的词句,结合相关条款、行为的性质和目的、习惯以及诚实信用原则,确定意思表示的含义。

无相对人的意思表示的解释,不能拘泥于所使用的词句,而应当结合相关条款、行为的性质和目的、习惯以及诚实信用原则,确定行为人的真实意思。

第三节 民事法律行为的效力

第一百四十四条 具备下列条件的民事法律行为有效:

(一)行为人具有相应的民事行为能力;

(二)意思表示真实;
(三)不违反法律、行政法规的效力性强制规定,不违背公序良俗。

第一百四十五条 无民事行为能力人实施的民事法律行为无效。

第一百四十六条 限制民事行为能力人实施的民事法律行为,经法定代理人同意或者追认后有效,但是纯获利益的民事法律行为或者与其年龄、智力、精神健康状况相适应的民事法律行为,不需经法定代理人同意或者追认。

相对人可以催告法定代理人自收到通知之日起一个月内予以追认。法定代理人未作表示的,视为拒绝追认。民事法律行为被追认前,善意相对人有撤销的权利。撤销应当以通知的方式作出。

第一百四十七条 行为人与相对人串通,以虚假的意思表示实施的民事法律行为无效,但是双方均不得以此对抗善意第三人。

行为人以虚假的意思表示隐藏的民事法律行为的效力,依照有关法律规定处理。

第一百四十八条 基于重大误解实施的民事法律行为,行为人有权请求人民法院或者仲裁机构予以撤销。

第一百四十九条 一方以欺诈手段,使对方在违背真实意思的情况下实施的民事法律行为,受欺诈方有权请求人民法院或者仲裁机构予以撤销。

第一百五十条 第三人实施欺诈行为,使一方在违背真实意思的情况下实施的民事法律行为,对方知道或者应当知道该欺诈行为的,受欺诈方有权请求人民法院或者仲裁机构予以撤销。

第一百五十一条 一方或者第三人以胁迫手段,使对方在违背真实意思的情况下实施的民事法律行为,受胁迫方有权请求人民法院或者仲裁机构予以撤销。

第一百五十二条 一方利用对方处于困境、缺乏判断能力等情形,致使民事法律行为成立时显失公平的,受损害方有权请求人民法院或者仲裁机构予以撤销。

第一百五十三条 民事法律行为因重大误解、欺诈、显失公平被撤销的,不得对抗善意第三人。

第一百五十四条 有下列情形之一的,撤销权消灭:
(一)当事人自知道或者应当知道撤销事由之日起一年内、重大误解的当事人自知道或者应当知道撤销事由之日起三个月内没有行使撤销权的;
(二)当事人受胁迫,自胁迫行为终止之日起一年内没有行使撤销权的;
(三)当事人知道撤销事由后明确表示或者以自己的行为表明放弃撤销权的;
(四)当事人自民事法律行为发生之日起五年内没有行使撤销权的。

第一百五十五条 违反法律、行政法规的效力性强制规定或者违背公序良俗的民事法律行为无效。

第一百五十六条 超越依法登记的经营范围从事经营活动的,除违反法律、行政法规有关限制经营、特许经营或者禁止经营的规定外,不影响民事法律行为的效力。

第一百五十七条 行为人与相对人恶意串通,损害他人合法权益的民事法律行为无效。

第一百五十八条 无效的或者被撤销的民事法律行为,从民事法律行为开始时起就没有法律约束力。

第一百五十九条 民事法律行为无效、被撤销或者确定不发生效力后,行为人因该行为取得的财产,应当予以返还;不能返还或者没有必要返还的,应当折价补偿。有过错的一方应当赔偿对方由此所受到的损失;各方都有过错的,应当各自承担相应的责任。法律另有规定的,依照其规定。

第一百六十条 民事法律行为部分无效,不影响其他部分效力的,其他部分仍然有效。

第四节 民事法律行为的附条件和附期限

第一百六十一条 民事法律行为可以附条件,但是依照其性质不得附条件的除外。附生效条件的民事法律行为,自条件成就时生效。附解除条件的民事法律行为,自条件成就时失效。

第一百六十二条 附条件的民事法律行为,当事人为自己的利益不正当地阻止条件成就的,视为条件已成就;不正当地促成条件成就的,视为条件不成就。

第一百六十三条 民事法律行为可以附期限,但是依照其性质不得附期限的除外。附生效期限的民事法律行为,自期限届至时生效。附终止期限的民事法律行为,自期限届满时失效。

第七章 代 理

第一节 一般规定

第一百六十四条 民事主体可以通过代理人实施民事法律行为。

依照法律规定、当事人约定或者民事法律行为的性质,应当由本人亲自实施的民事法律行为,不得代理。

第一百六十五条 代理人在代理权限内,以被代理人名义实施的民事法律行为,对被代理人发生效力。

第一百六十六条 代理人在代理权限内以自己的名义与第三人实施民事法律行为,第三人知道代理人与被代理人之间的代理关系的,该民事法律行为直接约束被代理人和第三人,但是有确切证据证明该民事法律行为只约束代理人和第三人的除外。

第一百六十七条 代理包括委托代理和法定代理。

委托代理人按照被代理人的委托行使代理权。法定代理人依照法律的规定行使代理权。

法定代理,本章没有规定的,适用本法和其他法律的有关规定。

第一百六十八条 代理人不履行或者不完全履行职责,造成被代理人损害的,应当承担民事责任。

代理人和第三人恶意串通,损害被代理人合法权益的,由代理人和第三人承担连带责任。

第二节 委托代理

第一百六十九条 委托代理授权采用书面形式的,授权委托书应当载明代理人的姓名或者名称、代理事项、权限和期间,并由被代理人签名或者盖章。

第一百七十条 数人为同一委托事项的代理人的,应当共同行使代理权,法律另有规定或者当事人另有约定的除外。

第一百七十一条 代理人知道或者应当知道代理的事项违法仍然实施代理行为,或者被代理人知道或者应当知道代理人的代理行为违法未作反对表示的,被代理人和代理人应当承担连带责任。

第一百七十二条 代理人不得以被代理人的名义与自己实施民事法律行为,法律另有规定或者被代理人同意、追认的除外。

代理人不得以被代理人的名义与自己同时代理的其他人实施民事法律行为,法律另有规定或者被代理的双方同意、追认的除外。

第一百七十三条 代理人需要转委托第三人代理的,应当取得被代理人的同意或者追认。

转委托代理经被代理人同意或者追认的,被代理人可以就代理事务直接指示转委托的第三人,代理人仅就第三人的选任及对第三人的指示承担责任。

转委托代理未经被代理人同意或者追认的,代理人应当对转委托的第三人的行为承担责任,但是在紧急情况下代理人为了维护被代理人的利益需要转委托第三人代理的除外。

第一百七十四条 执行法人或者非法人组织工作任务的人员,就其职权范围内的事项,以法人或者非法人组织的名义实施民事法律行为,对法人或者非法人组织发生效力。

法人或者非法人组织对执行其工作任务的人员职权范围的限制,不得对抗善意相对人。

第一百七十五条 行为人没有代理权、超越代理权或者代理权终止后,仍然实施代理行为,未经被代理人追认的,代理行为无效。

相对人可以催告被代理人自收到通知之日起一个月内予以追认。被代理人未作表示的,视为拒绝追认。无权代理人实施的行为被追认前,善意相对人有撤销的权利。撤销应当以通知的方式作出。

无权代理人实施的行为未被追认的,善意相对人有权请求无权代理人履行债务或者就其受到的损害请求无权代理人赔偿,但是赔偿的范围不得超过代理行为有效时所能获得的利益。

相对人知道或者应当知道代理人无权代理的,相对人和代理人按照各自的过错承担责任。

第一百七十六条 行为人没有代理权、超越代理权或者代理权终止后,仍然实施代

理行为,相对人有理由相信行为人有代理权的,代理行为有效,但是有下列情形之一的除外:

(一)行为人伪造他人的公章、合同书或者授权委托书等,假冒他人的名义实施民事法律行为的;

(二)被代理人的公章、合同书或者授权委托书等遗失、被盗,或者与行为人特定的职务关系已经终止,并且已经以合理方式公告或者通知,相对人应当知悉的;

(三)法律规定的其他情形。

第三节 代理的终止

第一百七十七条 有下列情形之一的,委托代理终止:
(一)代理期间届满或者代理事务完成的;
(二)被代理人取消委托或者代理人辞去委托的;
(三)代理人丧失民事行为能力的;
(四)代理人或者被代理人死亡的;
(五)作为代理人或者被代理人的法人、非法人组织终止的。

第一百七十八条 被代理人死亡后,有下列情形之一的,委托代理人实施的代理行为有效:
(一)代理人不知道并且不应当知道被代理人死亡的;
(二)被代理人的继承人均予以承认的;
(三)授权中明确代理权在代理事项完成时终止的;
(四)在被代理人死亡前已经实施,在被代理人死亡后为了被代理人继承人的利益继续完成的。

作为被代理人的法人、非法人组织终止的,参照适用前款规定。

第一百七十九条 有下列情形之一的,法定代理终止:
(一)被代理人取得或者恢复完全民事行为能力的;
(二)代理人丧失民事行为能力的;
(三)代理人或者被代理人死亡的;
(四)法律规定的其他情形。

第八章 民事责任

第一百八十条 民事主体应当依照法律规定或者当事人约定履行民事义务。

民事主体不履行或者不完全履行民事义务的,应当依法承担民事责任。

第一百八十一条 二人以上依法承担按份责任,能够确定责任大小的,各自承担相应的责任;难以确定责任大小的,平均承担责任。

第一百八十二条 二人以上依法承担连带责任的,权利人有权请求部分或者全部连带责任人承担责任。

连带责任人根据各自责任大小确定责任份额;难以确定责任大小的,平均承担责任。实际承担责任超过自己责任份额的连带责任人,有权向其他连带责任人追偿。

第一百八十三条 承担民事责任的方式主要有:

(一)停止侵害;

(二)排除妨碍;

(三)消除危险;

(四)返还财产;

(五)恢复原状;

(六)修理、重作、更换;

(七)继续履行;

(八)赔偿损失;

(九)支付违约金;

(十)消除影响、恢复名誉;

(十一)赔礼道歉。

法律规定惩罚性赔偿的,依照其规定。

本条规定的承担民事责任的方式,可以单独适用,也可以合并适用。

第一百八十四条 因不可抗力不能履行民事义务的,不承担民事责任。法律另有规定的,依照其规定。

不可抗力是指不能预见、不能避免并不能克服的客观情况。

第一百八十五条 因正当防卫造成损害的,不承担民事责任。正当防卫超过必要的限度,造成不应有的损害的,正当防卫人应当承担适当的民事责任。

第一百八十六条 因紧急避险造成损害的,由引起险情发生的人承担民事责任。如果危险是由自然原因引起的,紧急避险人不承担民事责任或者给予适当补偿。紧急避险采取措施不当或者超过必要的限度,造成不应有的损害的,紧急避险人应当承担适当的民事责任。

第一百八十七条 实施紧急救助行为造成受助人损害的,除有重大过失外,救助人不承担民事责任。

第一百八十八条 为保护他人民事权益而使自己受到损害的,由侵权人承担民事责任,受益人可以给予适当补偿。没有侵权人、侵权人逃逸或者无力承担民事责任,受害人请求补偿的,受益人应当给予适当补偿。

第一百八十九条 因当事人一方的违约行为,损害对方人身、财产权益的,受损害方有权选择请求其承担违约责任或者侵权责任。

第一百九十条 民事主体因同一行为应当承担民事责任、行政责任和刑事责任的,承担行政责任或者刑事责任不影响承担民事责任;民事主体的财产不足以支付的,先承担民事责任。

第九章 诉讼时效

第一百九十一条 向人民法院请求保护民事权利的诉讼时效期间为三年。法律另有规定的,依照其规定。

诉讼时效期间自权利人知道或者应当知道权利受到损害以及义务人之日起计算。法律另有规定的,依照其规定。但是,自权利受到损害之日起超过二十年的,人民法院不予保护;有特殊情况的,人民法院可以延长。

第一百九十二条 当事人约定同一债务分期履行的,诉讼时效期间自最后一期履行期限届满之日起计算。

第一百九十三条 无民事行为能力人或者限制民事行为能力人对其法定代理人的请求权的诉讼时效期间,自该法定代理终止之日起计算。

第一百九十四条 未成年人遭受性侵害的损害赔偿请求权的诉讼时效期间,自受害人年满十八周岁之日起计算。

第一百九十五条 诉讼时效期间届满的,义务人可以提出不履行义务的抗辩。

诉讼时效期间届满后,义务人自愿履行的,不得请求返还。

第一百九十六条 人民法院不得主动适用诉讼时效的规定。

第一百九十七条 在诉讼时效期间的最后六个月内,因下列障碍,不能行使请求权的,诉讼时效中止:

(一)不可抗力;

(二)无民事行为能力人或者限制民事行为能力人没有法定代理人,或者法定代理人死亡、丧失代理权或者丧失民事行为能力;

(三)继承开始后未确定继承人或者遗产管理人的;

(四)权利人被义务人或者其他人控制;

(五)其他导致权利人不能行使请求权的障碍。

自中止时效的原因消除之日起满六个月,诉讼时效期间届满。

第一百九十八条 有下列情形之一的,诉讼时效中断,从中断或者有关程序终结时起,诉讼时效期间重新计算:

(一)权利人向义务人提出履行请求的;

(二)义务人同意履行义务的;

(三)权利人提起诉讼或者申请仲裁的;

(四)与提起诉讼或者申请仲裁具有同等效力的其他情形。

第一百九十九条 对连带权利人或者连带义务人中的一人发生诉讼时效中断的,中断的效力及于全部连带权利人或者连带义务人。

第二百条 下列请求权不适用诉讼时效的规定:

(一)请求停止侵害、排除妨碍、消除危险;

(二)登记的物权人请求返还财产;

(三)请求支付赡养费、抚养费或者扶养费；
(四)依法不适用诉讼时效的其他请求权。

第二百零一条 诉讼时效的期间、计算方法以及中止、中断的事由由法律规定,当事人约定无效。

当事人对诉讼时效利益的预先放弃无效。

第二百零二条 法律对仲裁时效有规定的,适用其规定。法律对仲裁时效没有规定的,适用诉讼时效的规定。

第二百零三条 法律规定或者当事人约定的撤销权、解除权等权利的存续期间,除法律另有规定外,自权利人知道或者应当知道权利产生之日起计算,不适用有关诉讼时效中止、中断和延长的规定。存续期间届满,撤销权、解除权等权利消灭。

第十章 期间的计算

第二百零四条 民法所称的期间按照公历年、月、日、小时计算。

第二百零五条 按照小时计算期间的,自法律规定或者当事人约定的时间起计算。按照日、月、年计算期间的,开始的当日不计入,自下一日起计算。

第二百零六条 按照月、年计算期间的,到期月的对应日为期间的最后一日;没有对应日的,月末日为期间的最后一日。

第二百零七条 期间的最后一日是法定休假日的,以法定休假日结束的次日为期间的最后一日。

期间的最后一日的截止时间为二十四点;有业务时间的,到停止业务活动的时间截止。

第二百零八条 期间的计算方法依照本法的规定,法律另有规定或者当事人另有约定的除外。

第十一章 附 则

第二百零九条 民法所称的"以上"、"以下"、"以内"、"届满",包括本数;所称的"不满"、"超过"、"以外",不包括本数。

第二百一十条 本法自　　年　月　日起施行。

关于《中华人民共和国民法总则(草案)》修改情况的汇报

全国人民代表大会法律委员会　2016年12月12日

常委会第二十四次会议对民法总则(草案)进行了再次审议。会后,法制工作委员会在中国人大网全文公布草案二次审议稿征求社会公众意见。11月21日至23日,张德江委员长在四川主持召开座谈会,听取部分省区市人大常委会和全国人大常委会法工委有关基层立法联系点负责同志、部分全国人大代表和专家学者、企事业单位与法律实务工作者代表的意见,并到基层实地调研,听取基层干部群众意见。11月18日,李建国副委员长在上海主持召开座谈会,听取部分省市人大常委会和全国人大常委会法工委有关基层立法联系点负责同志、部分全国人大代表和专家学者、企事业单位、法律实务工作者与基层干部群众代表的意见。法律委员会、法制工作委员会在北京召开农村集体经济组织民事主体地位问题等座谈会,听取中央有关部门和部分专家学者的意见。法律委员会于12月1日召开会议,根据常委会组成人员的审议意见和各方面意见,对草案进行了审议。五家民法典编纂工作参加单位的有关负责同志列席会议。12月12日,法律委员会召开会议,再次进行了审议。现将民法总则(草案二次审议稿)主要问题的修改情况汇报如下:

一、关于保护生态环境、节约资源,弘扬中华优秀文化、践行社会主义核心价值观

草案二次审议稿第七条规定,民事主体从事民事活动,应当保护生态环境、节约资源,促进人与自然和谐发展。一些常委会组成人员、部门、地方和单位提出,本条内容值得提倡,但不宜规定在草案基本原则一章,从民事权利行使的角度加以规定比较适当。一些常委委员提出,按照党中央关于把社会主义核心价值观融入法治建设的要求,应当强调在民事活动中弘扬中华优秀文化,践行社会主义核心价值观。法律委员会经研究,建议将该条修改为:民事主体行使民事权利,应当节约资源、保护生态环境;弘扬中华优秀文化,践行社会主义核心价值观。并作为对民事主体行使民事权利的要求,移至民事权利一章中规定。(草案三次审议稿第一百三十三条)

二、关于监护

一是根据有些常委委员、全国人大代表、地方和基层干部群众的意见,将草案二次审议稿中关于无具有监护资格的人的情况下,监护人由被监护人住所地的居民委员会、村民委员会或者民政部门担任的规定,修改为:无具有监护资格的人的,监护人由民政

部门担任,也可以由具备条件的被监护人住所地的居民委员会、村民委员会担任。(草案三次审议稿第三十一条)二是根据有些全国人大代表和专家的意见,将草案二次审议稿中关于未成年人父母的监护人资格被人民法院撤销后的恢复的规定,修改为:被监护人的父母或者子女被人民法院撤销监护人资格后,除对被监护人实施故意犯罪的外,确有悔改情形的,经其申请,人民法院可以在尊重被监护人真实意愿的前提下,视情况恢复其监护人资格。人民法院指定的新监护人与被监护人的监护关系同时终止。(草案三次审议稿第三十六条)

三、关于农村承包经营户的债务承担

草案二次审议稿第五十四条第二款规定,农村承包经营户的债务,以家庭财产承担。有的全国人大代表和地方提出,实践中,农户承包的农村土地有的由农户家庭的部分成员从事生产经营,建议区别情况,分别规定以家庭财产承担债务和以部分家庭成员的财产承担债务。法律委员会经研究,建议将该规定修改为:农村承包经营户的债务,以从事农村土地承包经营的农户财产承担;事实上由农户部分成员经营的,以该部分成员的财产承担。(草案三次审议稿第五十四条第二款)

四、关于居民委员会、村民委员会的法人地位

有的部门、地方和一些基层干部群众代表提出,居民委员会、村民委员会是基层群众性自治组织,为履行其职能需要从事一些民事活动。由于现行法律没有规定其民事主体地位,致使其在一些情况下不能顺利从事民事活动。民法总则应明确赋予居民委员会、村民委员会法人资格。法律委员会经研究,建议增加规定:居民委员会、村民委员会具有基层群众性自治组织法人资格,可以从事为履行职能所需要的民事活动。未设立村集体经济组织的,村民委员会可以依法代行村集体经济组织的职能。(草案三次审议稿第一百条)

五、关于增加特别法人类别

有些常委会组成人员、部门和地方提出,实践中有的法人与营利法人和非营利法人在设立、终止等方面都有所不同,难以纳入这两类法人,建议增加一类特别法人。法律委员会经研究认为,根据我国社会生活实际,具有特殊性的法人组织主要有以下几种情况:一是机关法人,其在设立依据、目的、职能和责任最终承担上,均与其他法人存在较大差别;二是基层群众性自治组织和农村集体经济组织,其设立、变更和终止,管理的财产性质,成员的加入和退出,承担的职能等都有其特殊性;三是合作经济组织,既具有公益性或者互益性,又具有营利性。对上述这些法人,单独设立一种法人类别,有利于其更好地参与民事生活,也有利于保护其成员和与其进行民事活动的相对人的合法权益。为此,建议在法人一章中增加第四节特别法人,对上述情况作出规定。(草案三次审议稿第三章第四节)

六、关于非法人组织

草案二次审议稿第一百条第二款规定,非法人组织包括个人独资企业、合伙企业等。有的常委会组成人员和地方提出,应当尽量列举非法人组织的具体类型,实践中还有一些

律师事务所、会计师事务所等,也属于非法人组织。法律委员会经研究,建议将该规定修改为:非法人组织包括个人独资企业、合伙企业、不具有法人资格的专业服务机构和其他组织。(草案三次审议稿第一百零一条第二款)

七、关于民事权利

有的常委委员、部门、全国人大代表和专家提出,应在民法总则中将民事权利规定得更充实一些,建议对民事权利的取得、权利人如何行使民事权利、有关因征收、征用而获得补偿的权利等作出原则性规定。法律委员会经研究,建议增加下列规定:民事权利可以依据民事法律行为、事实行为、法律规定的事件或者法律规定的其他方式取得(草案三次审议稿第一百三十条);民事主体按照自己的意愿依法行使民事权利,不受干涉(草案三次审议稿第一百三十一条);为了公共利益的需要,依照法律规定的权限和程序征收、征用不动产或者动产的,应当给予公平、合理的补偿。(草案三次审议稿第一百一十七条)

八、关于民事责任

有的常委委员和全国人大代表提出,为匡正社会风气,鼓励和保护见义勇为行为,应在民法总则中明确为保护他人而实施救助行为,造成受助人损害的,救助人应免于承担民事责任。法律委员会经研究,建议增加规定:实施紧急救助行为造成受助人损害的,除有重大过失外,救助人不承担民事责任。(草案三次审议稿第一百八十七条)

此外,对草案二次审议稿还作了其他一些完善和文字修改。相比草案二次审议稿,仍为十一章,条文由202条增加至210条。

草案三次审议稿已按上述意见作了修改。法律委员会认为,民法总则规定民事活动的基本原则和一般性规则,在民法典中起统率性、纲领性作用,对调整民事关系,保护民事主体的合法权益,维护社会和经济秩序,具有十分重要的意义。常委会第二十一次会议、第二十四次会议对民法总则(草案)进行了认真深入的审议,张德江委员长、李建国副委员长分别主持召开了四次座谈会并深入基层开展调研,听取了中央有关部门,各省、自治区、直辖市人大常委会,部分全国人大代表和各方面人士的意见,对草案作了进一步修改完善。法律委员会建议,草案经本次常委会会议审议后,由常委会提请第十二届全国人民代表大会第五次会议审议。

中华人民共和国民法总则(草案)(四次审议稿)

2017年3月8日

目 录

第一章 基本原则
第二章 自然人
  第一节 民事权利能力和民事行为能力
  第二节 监 护
  第三节 宣告失踪和宣告死亡
  第四节 个体工商户、农村承包经营户
第三章 法 人
  第一节 一般规定
  第二节 营利法人
  第三节 非营利法人
  第四节 特别法人
第四章 非法人组织
第五章 民事权利
第六章 民事法律行为
  第一节 一般规定
  第二节 意思表示
  第三节 民事法律行为的效力
  第四节 民事法律行为的附条件和附期限
第七章 代 理
  第一节 一般规定
  第二节 委托代理
  第三节 代理的终止
第八章 民事责任
第九章 诉讼时效
第十章 期间的计算
第十一章 附 则

第一章　基本原则

第一条　为了保护民事主体的合法权益,调整民事关系,维护社会和经济秩序,适应中国特色社会主义发展要求,弘扬社会主义核心价值观,根据宪法,制定本法。

第二条　民法调整平等主体的自然人、法人和非法人组织之间的人身关系和财产关系。

第三条　民事主体在民事活动中的法律地位一律平等。

第四条　民事主体从事民事活动,应当遵循自愿原则,按照自己的意思设立、变更、终止民事法律关系。

第五条　民事主体从事民事活动,应当遵循公平原则,合理确定各方的权利和义务。

第六条　民事主体从事民事活动,应当遵循诚信原则,秉持诚实、恪守承诺。

第七条　民事主体从事民事活动,不得违反法律,不得违背公序良俗。

第八条　民事主体从事民事活动,应当有利于节约资源、保护生态环境。

第九条　民事主体的人身权利、财产权利以及其他合法权益受法律保护,任何组织或者个人不得侵犯。

第十条　民事主体行使权利时,应当履行法律规定的或者当事人约定的义务。

第十一条　处理民事纠纷,应当依照法律;法律没有规定的,可以适用习惯,但是不得违背公序良俗。

第十二条　其他法律对民事关系有特别规定的,依照其规定。

第十三条　中华人民共和国领域内的民事活动,适用中华人民共和国法律。法律另有规定的,依照其规定。

第二章　自 然 人

第一节　民事权利能力和民事行为能力

第十四条　自然人从出生时起到死亡时止,具有民事权利能力,依法享有民事权利,承担民事义务。

第十五条　自然人的民事权利能力一律平等。

第十六条　自然人的出生时间和死亡时间,以出生证明、死亡证明记载的时间为准;没有出生证明、死亡证明的,以户籍登记或者其他有效身份登记记载的时间为准。有其他证据足以推翻以上记载时间的,以相关证据证明的时间为准。

第十七条　涉及遗产继承、接受赠与等胎儿利益保护的,胎儿视为具有民事权利能力。但是胎儿出生时为死体的,其民事权利能力自始不存在。

第十八条　十八周岁以上的自然人为成年人。不满十八周岁的自然人为未成年人。

第十九条 成年人为完全民事行为能力人,可以独立实施民事法律行为。

第二十条 六周岁以上的未成年人为限制民事行为能力人,实施民事法律行为由其法定代理人代理或者经其法定代理人同意、追认,但是可以独立实施纯获利益的民事法律行为或者与其年龄、智力相适应的民事法律行为。

十六周岁以上的未成年人,以自己的劳动收入为主要生活来源的,视为完全民事行为能力人。

第二十一条 不满六周岁的未成年人为无民事行为能力人,由其法定代理人代理实施民事法律行为。

第二十二条 不能辨认自己行为的成年人为无民事行为能力人,由其法定代理人代理实施民事法律行为。

六周岁以上的未成年人不能辨认自己行为的,适用前款规定。

第二十三条 不能完全辨认自己行为的成年人为限制民事行为能力人,实施民事法律行为由其法定代理人代理或者经其法定代理人同意、追认,但是可以独立实施纯获利益的民事法律行为或者与其智力、精神健康状况相适应的民事法律行为。

第二十四条 无民事行为能力人、限制民事行为能力人的监护人是其法定代理人。

第二十五条 不能辨认或者不能完全辨认自己行为的成年人,其利害关系人或者有关组织,可以向人民法院申请认定该成年人为无民事行为能力人或者限制民事行为能力人。

被人民法院认定为无民事行为能力人或者限制民事行为能力人的,经本人、利害关系人或者有关组织申请,人民法院可以根据其智力、精神健康恢复的状况,认定该成年人恢复为限制民事行为能力人或者完全民事行为能力人。

本条规定的有关组织包括:居民委员会、村民委员会、学校、医疗机构、妇女联合会、残疾人联合会、依法设立的老年人组织、民政部门等。

第二十六条 自然人以户籍登记或者其他有效身份登记记载的居所为住所;经常居所与住所不一致的,经常居所视为住所。

第二节 监 护

第二十七条 父母对未成年子女负有抚养、教育和保护的义务。

成年子女对父母负有赡养、扶助和保护的义务。

第二十八条 父母是未成年人的监护人。

未成年人的父母已经死亡或者没有监护能力的,由下列有监护能力的人按顺序担任监护人:

(一)祖父母、外祖父母;

(二)兄、姐;

(三)其他愿意担任监护人的个人或者有关组织,但是须经未成年人住所地的居民委员会、村民委员会或者民政部门同意。

第二十九条 无民事行为能力或者限制民事行为能力的成年人,由下列有监护能力的人按顺序担任监护人:

(一)配偶;

(二)父母、子女;

(三)其他近亲属;

(四)其他愿意担任监护人的个人或者有关组织,但是须经被监护人住所地的居民委员会、村民委员会或者民政部门同意。

第三十条 被监护人的父母担任监护人的,可以通过遗嘱指定监护人。

第三十一条 依法具有监护资格的人之间可以协议确定监护人。协议确定监护人应当尊重被监护人的真实意愿。

第三十二条 对监护人的确定有争议的,由被监护人住所地的居民委员会、村民委员会或者民政部门指定监护人,有关当事人对指定不服的,可以向人民法院提出申请指定监护人;有关当事人也可以直接向人民法院提出申请指定监护人。

居民委员会、村民委员会、民政部门或者人民法院应当尊重被监护人的真实意愿,根据最有利于被监护人的原则在依法具有监护资格的人中指定监护人。

依照本条第一款规定指定监护人前,被监护人的人身权利、财产权利以及其他合法权益处于无人保护状态的,由被监护人住所地的居民委员会、村民委员会、法律规定的有关组织或者民政部门担任临时监护人。

监护人被指定后,不得擅自变更;擅自变更的,不免除被指定的监护人的责任。

第三十三条 没有依法具有监护资格的人的,监护人由民政部门担任,也可以由具备条件的被监护人住所地的居民委员会、村民委员会担任。

第三十四条 具有完全民事行为能力的成年人,可以与近亲属、其他愿意担任监护人的个人或者有关组织事先协商,以书面形式确定自己的监护人。协商确定的监护人在该成年人丧失或者部分丧失民事行为能力时,承担监护职责。

第三十五条 监护人的职责是代理被监护人实施民事法律行为,对被监护人的人身权利、财产权利以及其他合法权益进行保护等。

监护人依法履行监护职责产生的权利,受法律保护。

监护人不履行监护职责或者侵害被监护人合法权益的,应当承担责任。

第三十六条 监护人应当按照最有利于被监护人的原则履行监护职责。监护人除为被监护人利益外,不得处分被监护人的财产。

未成年人的监护人履行监护职责,在作出与被监护人权益有关的决定时,应当根据被监护人的年龄和智力状况,尊重被监护人的真实意愿。

成年人的监护人履行监护职责,应当最大程度地尊重被监护人的真实意愿,保障并协助被监护人实施与其智力、精神健康状况相适应的民事法律行为。对被监护人有能力独立处理的事务,监护人不得干涉。

第三十七条 监护人有下列情形之一的,人民法院根据有关个人或者组织的申

请,撤销其监护人资格,安排必要的临时监护措施,并根据最有利于被监护人的原则依法指定监护人:

(一)实施严重损害被监护人身心健康行为的;

(二)怠于履行监护职责,或者无法履行监护职责并且拒绝将监护职责部分或者全部委托给他人,导致被监护人处于危困状态的;

(三)实施严重侵害被监护人合法权益的其他行为的。

本条规定的有关个人和组织包括:其他依法具有监护资格的人,居民委员会、村民委员会、学校、医疗机构、妇女联合会、残疾人联合会、未成年人保护组织、依法设立的老年人组织、民政部门等。

前款规定的个人和民政部门以外的组织未及时向人民法院提出撤销监护人资格申请的,民政部门应当向人民法院提出申请。

第三十八条　依法对被监护人负担抚养费、赡养费、扶养费的父母、子女、配偶等,被人民法院撤销监护人资格后,应当继续负担。

第三十九条　被监护人的父母或者子女被人民法院撤销监护人资格后,除对被监护人实施故意犯罪的外,确有悔改表现的,经其申请,人民法院可以在尊重被监护人真实意愿的前提下,视情况恢复其监护人资格,人民法院指定的监护人与被监护人的监护关系同时终止。

第四十条　有下列情形之一的,监护关系终止:

(一)被监护人取得或者恢复完全民事行为能力;

(二)监护人丧失监护能力;

(三)被监护人或者监护人死亡;

(四)人民法院认定监护关系终止的其他情形。

监护关系终止后,被监护人仍然需要监护的,应当依法另行确定监护人。

第三节　宣告失踪和宣告死亡

第四十一条　自然人下落不明满二年的,利害关系人可以向人民法院申请宣告该自然人为失踪人。

第四十二条　自然人下落不明的时间从其失去音讯之日起计算。战争期间下落不明的,下落不明的时间自战争结束之日或者有关机关确定的来历不明之日起计算。

第四十三条　失踪人的财产由其配偶、父母、成年子女或者其他愿意担任财产代管人的人代管。

代管有争议,没有前款规定的人,或者前款规定的人无代管能力的,由人民法院指定的人代管。

第四十四条　财产代管人应当妥善管理失踪人的财产,维护其财产权益。

失踪人所欠税款、债务和应付的其他费用,由财产代管人从失踪人的财产中支付。

财产代管人因故意或者重大过失造成失踪人财产损失的,应当承担赔偿责任。

第四十五条 财产代管人不履行代管职责、侵害失踪人财产权益或者丧失代管能力的,失踪人的利害关系人可以向人民法院申请变更财产代管人。

财产代管人有正当理由的,可以向人民法院申请变更财产代管人。

人民法院变更财产代管人的,变更后的财产代管人有权要求原财产代管人及时移交有关财产并报告财产代管情况。

第四十六条 失踪人重新出现,经本人或者利害关系人申请,人民法院应当撤销失踪宣告。

失踪人重新出现,有权要求财产代管人及时移交有关财产并报告财产代管情况。

第四十七条 自然人有下列情形之一的,利害关系人可以向人民法院申请宣告该自然人死亡:

(一)下落不明满四年;

(二)因意外事件,下落不明满二年。

因意外事件下落不明,经有关机关证明该自然人不可能生存的,申请宣告死亡不受二年时间的限制。

第四十八条 对同一自然人,有的利害关系人申请宣告死亡,有的利害关系人申请宣告失踪,符合本法规定的宣告死亡条件的,人民法院应当宣告死亡。

第四十九条 被宣告死亡的人,人民法院判决确定的日期视为其死亡的日期;判决未确定死亡日期的,判决作出之日视为其死亡的日期。

第五十条 自然人并未死亡但是被宣告死亡的,不影响该自然人在被宣告死亡期间实施的民事法律行为的效力。

第五十一条 被宣告死亡的人重新出现,经本人或者利害关系人申请,人民法院应当撤销死亡宣告。

第五十二条 被宣告死亡的人的婚姻关系,自死亡宣告之日起消灭。死亡宣告被撤销的,夫妻关系自撤销死亡宣告之日起自行恢复,但是其配偶再婚或者向婚姻登记机关书面声明不愿意恢复的除外。

第五十三条 被宣告死亡的人的子女被他人依法收养的,在死亡宣告被撤销后,不得以未经本人同意为由主张收养关系无效。

第五十四条 被撤销死亡宣告的人有权请求依照继承法取得其财产的民事主体返还财产。无法返还原物的,应当给予补偿。

利害关系人隐瞒真实情况,致使他人被宣告死亡而取得其财产的,除应当返还财产外,还应当对由此造成的损失承担赔偿责任。

第四节 个体工商户、农村承包经营户

第五十五条 自然人经依法登记,从事工商业经营的,为个体工商户。个体工商户可以起字号。

第五十六条 农村集体经济组织的成员,依法取得农村土地承包经营权,从事家庭承包经营的,为农村承包经营户。

第五十七条 个体工商户的债务,个人经营的,以个人财产承担;家庭经营的,以家庭财产承担;无法区分的,以家庭财产承担。

农村承包经营户的债务,以从事农村土地承包经营的农户财产承担;事实上由农户部分成员经营的,以该部分成员的财产承担。

第三章 法 人

第一节 一般规定

第五十八条 法人是指具有民事权利能力和民事行为能力,依法独立享有民事权利和承担民事义务的组织。

第五十九条 法人应当依法成立。

法人应当有自己的名称、组织机构、住所、财产或者经费。法人成立的具体条件和程序,依照法律、行政法规的规定。

设立法人,法律、行政法规规定须经有关机关批准的,依照其规定。

第六十条 法人的民事权利能力和民事行为能力,从法人成立时产生,到法人终止时消灭。

第六十一条 法人以其全部财产独立承担民事责任。

第六十二条 依照法律或者法人章程的规定,代表法人从事民事活动的负责人,为法人的法定代表人。

法定代表人以法人名义从事的民事活动,其法律后果由法人承受。

法人章程或者权力机构对法定代表人的代表权的限制,不得对抗善意相对人。

第六十三条 法定代表人因执行职务造成他人损害的,由法人承担民事责任。

法人承担民事责任后,依照法律或者法人章程的规定,可以向有过错的法定代表人追偿。

第六十四条 法人以其主要办事机构所在地为住所。依法需要办理法人登记的,应当将主要办事机构所在地登记为住所。

第六十五条 法人在存续期间登记事项发生变化的,应当依法向登记机关申请变更登记。

第六十六条 法人的实际情况与登记的事项不一致的,不得对抗善意相对人。

第六十七条 登记机关应当依法及时公示法人登记的有关信息。

第六十八条 法人合并的,其权利和义务由合并后的法人享有和承担。

法人分立的,其权利和义务由分立后的法人享有连带债权,承担连带债务,但是债权人和债务人另有约定的除外。

第六十九条 有下列原因之一并依法完成清算、注销登记程序的,法人终止:

(一)法人解散;

(二)法人被宣告破产;

（三）法律规定的其他原因。

法人终止，法律、行政法规规定须经有关机关批准的，依照其规定。

第七十条 有下列情形之一的，法人解散：

（一）法人章程规定的存续期间届满或者法人章程规定的其他解散事由出现；

（二）法人的权力机构决议解散；

（三）因法人合并或者分立需要解散；

（四）法人依法被吊销营业执照、登记证书，被责令关闭或者被撤销；

（五）法律规定的其他情形。

第七十一条 法人解散的，清算义务人应当及时组成清算组进行清算。

法人的董事、理事等执行机构成员为清算义务人。法律另有规定的，依照其规定。

清算义务人未及时履行清算义务，造成损害的，应当承担民事责任；主管机关或者利害关系人可以申请人民法院指定有关人员组成清算组进行清算。

第七十二条 法人的清算程序和清算组职权，依照有关法律的规定；没有规定的，参照适用公司法的有关规定。

第七十三条 清算期间，法人存续，但是不得从事与清算无关的活动。

法人清算后的剩余财产，根据法人章程的规定或者法人权力机构的决议处理。法律另有规定的，依照其规定。

清算结束，并完成法人注销登记时，法人终止；依法不需要办理法人登记的，清算结束时，法人终止。

第七十四条 法人被宣告破产的，依法进行破产清算并完成法人注销登记时，法人终止。

第七十五条 法人可以依法设立分支机构。法律、行政法规规定分支机构应当登记的，依照其规定。

分支机构以自己的名义从事民事活动，产生的民事责任由法人承担；也可以先以该分支机构管理的财产承担，不足以承担的，由法人承担。

第七十六条 设立人为设立法人从事的民事活动，其法律后果在法人成立后由法人承受；法人未成立的，其法律后果由设立人承受，设立人为二人以上的，享有连带债权，承担连带债务。

设立人为设立法人以自己的名义从事民事活动产生的民事责任，第三人有权选择请求法人或者设立人承担。

第二节　营利法人

第七十七条 以取得利润并分配给其股东等出资人为目的成立的法人，为营利法人。

营利法人包括有限责任公司、股份有限公司和其他企业法人等。

第七十八条 营利法人经依法登记成立。

第七十九条 依法设立的营利法人,由登记机关发给营利法人营业执照。营业执照签发日期为营利法人的成立日期。

第八十条 设立营利法人应当依法制定法人章程。

第八十一条 营利法人应当设权力机构。

权力机构行使修改法人章程、选举或者更换执行机构、监督机构成员,以及法人章程规定的其他职权。

第八十二条 营利法人应当设执行机构。

执行机构行使召集权力机构会议,决定法人的经营计划和投资方案,决定法人内部管理机构的设置,以及法人章程规定的其他职权。

执行机构为董事会或者执行董事的,董事长、执行董事或者经理依照法人章程的规定担任法定代表人;未设董事会或者执行董事的,法人章程规定的主要负责人为其执行机构和法定代表人。

第八十三条 营利法人设监事会或者监事等监督机构的,监督机构依法行使检查法人财务,对执行机构成员以及高级管理人员执行法人职务的行为进行监督,以及法人章程规定的其他职权。

第八十四条 法律对营利法人的组织机构、法定代表人另有规定的,依照其规定。

第八十五条 营利法人的出资人不得滥用出资人权利损害法人或者其他出资人的利益。滥用出资人权利给法人或者其他出资人造成损失的,应当依法承担民事责任。

营利法人的出资人不得滥用法人独立地位和出资人有限责任损害法人的债权人利益。滥用法人独立地位和出资人有限责任,逃避债务,严重损害法人的债权人利益的,应当对法人债务承担连带责任。

第八十六条 营利法人的控股出资人、实际控制人、董事、监事、高级管理人员不得利用其关联关系损害法人的利益。利用关联关系给法人造成损失的,应当承担赔偿责任。

第八十七条 营利法人的权力机构、执行机构的会议召集程序、表决方式违反法律、行政法规、法人章程,或者决议内容违反法人章程的,营利法人的出资人可以请求人民法院予以撤销,但是营利法人依据该决议与善意相对人形成的民事法律关系不受影响。

第八十八条 营利法人从事经营活动,应当遵守商业道德,维护交易安全,接受政府和社会的监督,承担社会责任。

第八十九条 本节没有规定的,适用公司法等有关法律的规定。

第三节 非营利法人

第九十条 为公益目的或者其他非营利目的成立,不向其出资人或者设立人分配所取得利润的法人,为非营利法人。

非营利法人包括事业单位、社会团体、基金会、社会服务机构等。

第九十一条 为公益目的成立的非营利法人终止时,不得向其出资人或者设立人分配剩余财产;其剩余财产应当按照法人章程的规定或者权力机构的决议用于公益目的;不能按照法人章程规定或者权力机构的决议处理的,由主管机关主持转给宗旨相同或者相近的以公益为目的的法人,并向社会公告。

第九十二条 具备法人条件,为实现公益目的设立的事业单位,经依法登记成立,取得事业单位法人资格;依法不需要办理法人登记的,从成立之日起,具有事业单位法人资格。

第九十三条 事业单位法人设理事会的,理事会为其决策机构。事业单位法人的法定代表人按照法人章程的规定产生。

第九十四条 具备法人条件,基于会员共同意愿,为实现公益目的或者会员共同利益等非营利目的设立的社会团体,经依法登记成立,取得社会团体法人资格;依法不需要办理法人登记的,从成立之日起,具有社会团体法人资格。

第九十五条 设立社会团体法人应当依法制定法人章程。

社会团体法人应当设会员大会或者会员代表大会等权力机构。

社会团体法人应当设理事会等执行机构。理事长或者会长等负责人依照法人章程的规定担任法定代表人。

第九十六条 具备法人条件,为实现公益目的,以捐助财产设立的基金会、社会服务机构等,经依法登记成立,取得捐助法人资格。

依法设立的宗教活动场所,具备法人条件的,可以申请法人登记,取得捐助法人资格。

第九十七条 设立捐助法人应当依法制定法人章程。

捐助法人应当设理事会、民主管理组织等决策机构,并设执行机构。理事长等负责人依照法人章程的规定担任法定代表人。

捐助法人应当设监事会等监督机构。

第九十八条 捐助人有权向捐助法人查询捐助财产的使用、管理情况,并提出意见和建议,捐助法人应当及时、如实答复。

捐助法人的决策机构、执行机构或者法定代表人作出决定的程序违反法律、行政法规、法人章程,或者决定内容违反法人章程的,捐助人等利害关系人或者主管机关可以请求人民法院予以撤销,但是捐助法人依据该决定与善意相对人形成的民事法律关系不受影响。

第四节 特别法人

第九十九条 本节规定的机关法人、农村集体经济组织法人、合作经济组织法人、基层群众性自治组织法人,为特别法人。

第一百条 有独立经费的机关和承担行政职能的法定机构从成立之日起,具有机关法人资格,可以从事为履行职能所需要的民事活动。

第一百零一条　机关法人被撤销的,法人终止,其民事权利和义务由继任的机关法人享有和承担;没有继任的机关法人的,由作出撤销决定的机关法人享有和承担。

第一百零二条　农村集体经济组织依法取得法人资格。

法律、行政法规对农村集体经济组织有规定的,依照其规定。

第一百零三条　城镇、农村的合作经济组织依法取得法人资格。

法律、行政法规对城镇、农村的合作经济组织有规定的,依照其规定。

第一百零四条　居民委员会、村民委员会具有基层群众性自治组织法人资格,可以从事为履行职能所需要的民事活动。

未设立村集体经济组织的,村民委员会可以依法代行村集体经济组织的职能。

第四章　非法人组织

第一百零五条　非法人组织是指不具有法人资格,但是能够依法以自己的名义从事民事活动的组织。

非法人组织包括个人独资企业、合伙企业、不具有法人资格的专业服务机构等。

第一百零六条　非法人组织应当依照法律的规定登记。

设立非法人组织,法律、行政法规规定须经有关机关批准的,依照其规定。

第一百零七条　非法人组织的财产不足以清偿债务的,其出资人或者设立人承担无限责任。法律另有规定的,依照其规定。

第一百零八条　非法人组织可以确定一人或者数人代表该组织从事民事活动。

第一百零九条　有下列情形之一的,非法人组织解散:

(一)章程规定的存续期间届满或者章程规定的其他解散事由出现;

(二)出资人或者设立人决定解散;

(三)法律规定的其他情形。

第一百一十条　非法人组织解散的,应当依法进行清算。

第一百一十一条　非法人组织除适用本章规定外,参照适用本法第三章第一节的有关规定。

第五章　民事权利

第一百一十二条　自然人的人身自由、人格尊严受法律保护。

第一百一十三条　自然人享有生命权、健康权、身体权、姓名权、肖像权、名誉权、荣誉权、隐私权、婚姻自主权等权利。

法人、非法人组织享有名称权、名誉权、荣誉权等权利。

第一百一十四条　自然人的个人信息受法律保护。任何组织和个人应当确保依法取得的个人信息安全,不得非法收集、使用、加工、传输个人信息,不得非法买卖、提供或者公开个人信息。

第一百一十五条 自然人因婚姻、家庭关系等产生的人身权利受法律保护。

第一百一十六条 民事主体的财产权利受法律平等保护。

第一百一十七条 民事主体依法享有物权。

物权是指权利人依法对特定的物享有直接支配和排他的权利,包括所有权、用益物权和担保物权。

第一百一十八条 物包括不动产和动产。法律规定权利作为物权客体的,依照其规定。

第一百一十九条 物权的种类和内容,由法律规定。

第一百二十条 为了公共利益的需要,依照法律规定的权限和程序征收、征用不动产或者动产的,应当给予公平、合理的补偿。

第一百二十一条 民事主体依法享有债权。

债权是指因合同、侵权行为、无因管理、不当得利以及法律的其他规定,权利人请求特定义务人为或者不为一定行为的权利。

第一百二十二条 依法成立的合同,对当事人具有法律约束力。

第一百二十三条 民事权益受到侵害的,被侵权人有权请求侵权人承担侵权责任。

第一百二十四条 没有法定的或者约定的义务,为避免他人利益受损失而进行管理的人,有权请求受益人偿还由此而支出的必要费用。

第一百二十五条 因他人没有法律根据,取得不当利益,受损失的人有权请求其返还不当利益。

第一百二十六条 民事主体依法享有知识产权。

知识产权是指权利人依法就下列客体所享有的专属的和支配的权利:

(一)作品;

(二)发明、实用新型、外观设计;

(三)商标;

(四)地理标志;

(五)商业秘密;

(六)集成电路布图设计;

(七)植物新品种;

(八)法律规定的其他客体。

第一百二十七条 自然人依法享有继承权。

第一百二十八条 自然人合法的私有财产,可以依法继承。

第一百二十九条 民事主体依法享有股权和其他投资性权利。

第一百三十条 民事主体享有法律规定的其他民事权利和利益。

第一百三十一条 法律对数据、网络虚拟财产的保护有规定的,依照其规定。

第一百三十二条 法律对未成年人、老年人、残疾人、妇女、消费者等的民事权利保护有特别规定的,依照其规定。

第一百三十三条　民事权利可以依据民事法律行为、事实行为、法律规定的事件或者法律规定的其他方式取得。

第一百三十四条　民事主体按照自己的意愿依法行使民事权利,不受干涉。

第一百三十五条　民事主体不得滥用民事权利损害社会公共利益或者他人合法权益。

第六章　民事法律行为

第一节　一般规定

第一百三十六条　民事法律行为是指民事主体通过意思表示设立、变更、终止民事法律关系的行为。

第一百三十七条　民事法律行为可以基于双方或者多方的意思表示一致成立,也可以基于单方的意思表示成立。

法人、非法人组织依照法律或者章程规定的议事方式和表决程序作出决议的,该决议行为成立。

第一百三十八条　民事法律行为可以采用书面形式、口头形式或者其他形式;法律、行政法规规定或者当事人约定采用特定形式的,应当采用特定形式。

第一百三十九条　民事法律行为自成立时生效,但是法律另有规定或者当事人另有约定的除外。

行为人非依法律规定或者未经对方同意,不得擅自变更或者解除民事法律行为。

第二节　意思表示

第一百四十条　以对话方式作出的意思表示,相对人知道其内容时生效。

以非对话方式作出的意思表示,到达相对人时生效。以非对话方式作出的采用数据电文形式的意思表示,相对人指定特定系统接收数据电文的,该数据电文进入该特定系统时生效;未指定特定系统的,相对人知道或者应当知道该数据电文进入其系统时生效。当事人对采用数据电文形式的意思表示的生效时间另有约定的,按照其约定。

第一百四十一条　无相对人的意思表示,表示完成时生效。法律另有规定的,依照其规定。

第一百四十二条　以公告方式作出的意思表示,公告发布时生效。

第一百四十三条　行为人可以明示或者默示作出意思表示。

沉默只有在有法律规定、当事人约定或者当事人之间的交易习惯时,才可以视为意思表示。

第一百四十四条　行为人可以撤回意思表示。撤回意思表示的通知应当在意思表示到达相对人前或者与意思表示同时到达相对人。

第一百四十五条 有相对人的意思表示的解释,应当按照所使用的词句,结合相关条款、行为的性质和目的、习惯以及诚信原则,确定意思表示的含义。

无相对人的意思表示的解释,不能拘泥于所使用的词句,而应当结合相关条款、行为的性质和目的、习惯以及诚信原则,确定行为人的真实意思。

第三节 民事法律行为的效力

第一百四十六条 具备下列条件的民事法律行为有效:
(一)行为人具有相应的民事行为能力;
(二)意思表示真实;
(三)不违反法律、行政法规的效力性强制规定,不违背公序良俗。

第一百四十七条 无民事行为能力人实施的民事法律行为无效。

第一百四十八条 限制民事行为能力人实施的纯获利益的民事法律行为或者与其年龄、智力、精神健康状况相适应的民事法律行为有效;实施的其他民事法律行为经法定代理人同意或者追认后有效。

相对人可以催告法定代理人自收到通知之日起一个月内予以追认。法定代理人未作表示的,视为拒绝追认。民事法律行为被追认前,善意相对人有撤销的权利。撤销应当以通知的方式作出。

第一百四十九条 行为人与相对人以虚假的意思表示实施的民事法律行为无效,但是双方均不得以此对抗善意第三人。

行为人以虚假的意思表示隐藏的民事法律行为的效力,依照有关法律规定处理。

第一百五十条 基于重大误解实施的民事法律行为,行为人有权请求人民法院或者仲裁机构予以撤销。

第一百五十一条 一方以欺诈手段,使对方在违背真实意思的情况下实施的民事法律行为,受欺诈方有权请求人民法院或者仲裁机构予以撤销。

第一百五十二条 第三人实施欺诈行为,使一方在违背真实意思的情况下实施的民事法律行为,对方知道或者应当知道该欺诈行为的,受欺诈方有权请求人民法院或者仲裁机构予以撤销。

第一百五十三条 一方或者第三人以胁迫手段,使对方在违背真实意思的情况下实施的民事法律行为,受胁迫方有权请求人民法院或者仲裁机构予以撤销。

第一百五十四条 一方利用对方处于危困状态、缺乏判断能力等情形,致使民事法律行为成立时显失公平的,受损害方有权请求人民法院或者仲裁机构予以撤销。

第一百五十五条 民事法律行为因重大误解、欺诈、显失公平被撤销的,不得对抗善意第三人。

第一百五十六条 有下列情形之一的,撤销权消灭:
(一)当事人自知道或者应当知道撤销事由之日起一年内、重大误解的当事人自知道或者应当知道撤销事由之日起三个月内没有行使撤销权;
(二)当事人受胁迫,自胁迫行为终止之日起一年内没有行使撤销权;

(三)当事人知道撤销事由后明确表示或者以自己的行为表明放弃撤销权。

当事人自民事法律行为发生之日起五年内没有行使撤销权的,撤销权消灭。

第一百五十七条 行为人与相对人恶意串通,损害他人合法权益的民事法律行为无效。

第一百五十八条 无效的或者被撤销的民事法律行为自始没有法律约束力。

第一百五十九条 民事法律行为部分无效,不影响其他部分效力的,其他部分仍然有效。

第一百六十条 民事法律行为无效、被撤销或者确定不发生效力后,行为人因该行为取得的财产,应当予以返还;不能返还或者没有必要返还的,应当折价补偿。有过错的一方应当赔偿对方由此所受到的损失;各方都有过错的,应当各自承担相应的责任。法律另有规定的,依照其规定。

第四节 民事法律行为的附条件和附期限

第一百六十一条 民事法律行为可以附条件,但是依照其性质不得附条件的除外。附生效条件的民事法律行为,自条件成就时生效。附解除条件的民事法律行为,自条件成就时失效。

第一百六十二条 附条件的民事法律行为,当事人为自己的利益不正当地阻止条件成就的,视为条件已成就;不正当地促成条件成就的,视为条件不成就。

第一百六十三条 民事法律行为可以附期限,但是依照其性质不得附期限的除外。附生效期限的民事法律行为,自期限届至时生效。附终止期限的民事法律行为,自期限届满时失效。

第七章 代 理

第一节 一般规定

第一百六十四条 民事主体可以通过代理人实施民事法律行为。

依照法律规定、当事人约定或者民事法律行为的性质,应当由本人亲自实施的民事法律行为,不得代理。

第一百六十五条 代理人在代理权限内,以被代理人名义实施的民事法律行为,对被代理人发生效力。

第一百六十六条 代理人在代理权限内以自己的名义与第三人实施民事法律行为,第三人知道代理人与被代理人之间的代理关系的,该民事法律行为直接约束被代理人和第三人,但是有证据证明该民事法律行为只约束代理人和第三人的除外。

第一百六十七条 代理包括委托代理和法定代理。

委托代理人按照被代理人的委托行使代理权。法定代理人依照法律的规定行使代理权。

第一百六十八条 代理人不履行或者不完全履行职责,造成被代理人损害的,应当承担民事责任。

代理人和相对人恶意串通,损害被代理人合法权益的,代理人和相对人应当承担连带责任。

第二节 委托代理

第一百六十九条 委托代理授权采用书面形式的,授权委托书应当载明代理人的姓名或者名称、代理事项、权限和期间,并由被代理人签名或者盖章。

第一百七十条 数人为同一委托事项的代理人的,应当共同行使代理权,但是当事人另有约定的除外。

第一百七十一条 代理人知道或者应当知道代理的事项违法仍然实施代理行为,或者被代理人知道或者应当知道代理人的代理行为违法未作反对表示的,被代理人和代理人应当承担连带责任。

第一百七十二条 代理人不得以被代理人的名义与自己实施民事法律行为,但是被代理人同意、追认的除外。

代理人不得以被代理人的名义与自己同时代理的其他人实施民事法律行为,但是被代理的双方同意、追认的除外。

第一百七十三条 代理人需要转委托第三人代理的,应当取得被代理人的同意或者追认。

转委托代理经被代理人同意或者追认的,被代理人可以就代理事务直接指示转委托的第三人,代理人仅就第三人的选任以及对第三人的指示承担责任。

转委托代理未经被代理人同意或者追认的,代理人应当对转委托的第三人的行为承担责任,但是在紧急情况下代理人为了维护被代理人的利益需要转委托第三人代理的除外。

第一百七十四条 执行法人或者非法人组织工作任务的人员,就其职权范围内的事项,以法人或者非法人组织的名义实施民事法律行为,对法人或者非法人组织发生效力。

法人或者非法人组织对执行其工作任务的人员职权范围的限制,不得对抗善意相对人。

第一百七十五条 行为人没有代理权、超越代理权或者代理权终止后,仍然实施代理行为,未经被代理人追认的,对被代理人不发生效力。

相对人可以催告被代理人自收到通知之日起一个月内予以追认。被代理人未作表示的,视为拒绝追认。无权代理人实施的行为被追认前,善意相对人有撤销的权利。撤销应当以通知的方式作出。

无权代理人实施的行为未被追认的,善意相对人有权请求无权代理人履行债务或者就其受到的损害请求无权代理人赔偿,但是赔偿的范围不得超过被代理人追认时相对人所能获得的利益。

相对人知道或者应当知道代理人无权代理的,相对人和代理人按照各自的过错承担责任。

第一百七十六条 行为人没有代理权、超越代理权或者代理权终止后,仍然实施代理行为,相对人有理由相信行为人有代理权的,代理行为有效。

第三节 代理的终止

第一百七十七条 有下列情形之一的,委托代理终止:
(一)代理期间届满或者代理事务完成;
(二)被代理人取消委托或者代理人辞去委托;
(三)代理人丧失民事行为能力;
(四)代理人或者被代理人死亡;
(五)作为代理人或者被代理人的法人、非法人组织终止。

第一百七十八条 被代理人死亡后,有下列情形之一的,委托代理人实施的代理行为有效:
(一)代理人不知道并且不应当知道被代理人死亡;
(二)被代理人的继承人予以承认;
(三)授权中明确代理权在代理事项完成时终止;
(四)被代理人死亡前已经实施,为了被代理人的继承人的利益继续代理。
作为被代理人的法人、非法人组织终止的,参照适用前款规定。

第一百七十九条 有下列情形之一的,法定代理终止:
(一)被代理人取得或者恢复完全民事行为能力;
(二)代理人丧失民事行为能力;
(三)代理人或者被代理人死亡;
(四)法律规定的其他情形。

第八章 民事责任

第一百八十条 民事主体应当依照法律规定或者当事人约定履行民事义务。
民事主体不履行或者不完全履行民事义务的,应当依法承担民事责任。

第一百八十一条 二人以上依法承担按份责任,能够确定责任大小的,各自承担相应的责任;难以确定责任大小的,平均承担责任。

第一百八十二条 二人以上依法承担连带责任的,权利人有权请求部分或者全部连带责任人承担责任。
连带责任人的责任份额根据各自责任大小确定;难以确定责任大小的,平均承担责任。实际承担责任超过自己责任份额的连带责任人,有权向其他连带责任人追偿。

第一百八十三条 承担民事责任的方式主要有:
(一)停止侵害;

（二）排除妨碍；

（三）消除危险；

（四）返还财产；

（五）恢复原状；

（六）修理、重作、更换；

（七）继续履行；

（八）赔偿损失；

（九）支付违约金；

（十）消除影响、恢复名誉；

（十一）赔礼道歉。

法律规定惩罚性赔偿的，依照其规定。

本条规定的承担民事责任的方式，可以单独适用，也可以合并适用。

第一百八十四条 因不可抗力不能履行民事义务的，不承担民事责任。法律另有规定的，依照其规定。

不可抗力是指不能预见、不能避免且不能克服的客观情况。

第一百八十五条 因正当防卫造成损害的，不承担民事责任。正当防卫超过必要的限度，造成不应有的损害的，正当防卫人应当承担适当的民事责任。

第一百八十六条 因紧急避险造成损害的，由引起险情发生的人承担民事责任。如果危险是由自然原因引起的，紧急避险人不承担民事责任或者给予适当补偿。紧急避险采取措施不当或者超过必要的限度，造成不应有的损害的，紧急避险人应当承担适当的民事责任。

第一百八十七条 因自愿实施紧急救助行为造成受助人损害的，救助人不承担民事责任。但是救助人因重大过失造成受助人不应有的重大损害的，承担适当的民事责任。

第一百八十八条 为保护他人民事权益而使自己受到损害的，由侵权人承担民事责任，受益人可以给予适当补偿。没有侵权人、侵权人逃逸或者无力承担民事责任，受害人请求补偿的，受益人应当给予适当补偿。

第一百八十九条 因当事人一方的违约行为，损害对方人身权益、财产权益的，受损害方有权选择请求其承担违约责任或者侵权责任。

第一百九十条 民事主体因同一行为应当承担民事责任、行政责任和刑事责任的，承担行政责任或者刑事责任不影响承担民事责任；民事主体的财产不足以支付的，优先用于承担民事责任。

第九章 诉讼时效

第一百九十一条 向人民法院请求保护民事权利的诉讼时效期间为三年。法律另有规定的，依照其规定。

诉讼时效期间自权利人知道或者应当知道权利受到损害以及义务人之日起计算。法律另有规定的,依照其规定。但是自权利受到损害之日起超过二十年的,人民法院不予保护;有特殊情况的,人民法院可以根据权利人的申请决定延长。

第一百九十二条 当事人约定同一债务分期履行的,诉讼时效期间自最后一期履行期限届满之日起计算。

第一百九十三条 无民事行为能力人或者限制民事行为能力人对其法定代理人的请求权的诉讼时效期间,自该法定代理终止之日起计算。

第一百九十四条 未成年人遭受性侵害的损害赔偿请求权的诉讼时效期间,自受害人年满十八周岁之日起计算。

第一百九十五条 诉讼时效期间届满的,义务人可以提出不履行义务的抗辩。

诉讼时效期间届满后,义务人同意履行的,不得以诉讼时效期间届满为由抗辩;义务人已自愿履行的,不得请求返还。

第一百九十六条 人民法院不得主动适用诉讼时效的规定。

第一百九十七条 在诉讼时效期间的最后六个月内,因下列障碍,不能行使请求权的,诉讼时效中止:

(一)不可抗力;

(二)无民事行为能力人或者限制民事行为能力人没有法定代理人,或者法定代理人死亡、丧失代理权、丧失民事行为能力;

(三)继承开始后未确定继承人或者遗产管理人;

(四)权利人被义务人或者其他人控制;

(五)其他导致权利人不能行使请求权的障碍。

自中止时效的原因消除之日起满六个月,诉讼时效期间届满。

第一百九十八条 有下列情形之一的,诉讼时效中断,从中断或者有关程序终结时起,诉讼时效期间重新计算:

(一)权利人向义务人提出履行请求;

(二)义务人同意履行义务;

(三)权利人提起诉讼或者申请仲裁;

(四)与提起诉讼或者申请仲裁具有同等效力的其他情形。

第一百九十九条 对连带权利人或者连带义务人中的一人发生诉讼时效中断的,中断的效力及于全部连带权利人或者连带义务人。

第二百条 下列请求权不适用诉讼时效的规定:

(一)请求停止侵害、排除妨碍、消除危险;

(二)登记的物权人请求返还财产;

(三)请求支付赡养费、抚养费或者扶养费;

(四)依法不适用诉讼时效的其他请求权。

第二百零一条 诉讼时效的期间、计算方法以及中止、中断的事由由法律规定,当事人约定无效。

当事人对诉讼时效利益的预先放弃无效。

第二百零二条 法律对仲裁时效有规定的,适用其规定;没有规定的,适用诉讼时效的规定。

第二百零三条 法律规定或者当事人约定的撤销权、解除权等权利的存续期间,除法律另有规定外,自权利人知道或者应当知道权利产生之日起计算,不适用有关诉讼时效中止、中断和延长的规定。存续期间届满,撤销权、解除权等权利消灭。

第十章 期间的计算

第二百零四条 民法所称的期间按照公历年、月、日、小时计算。

第二百零五条 按照年、月、日计算期间的,开始的当日不计入,自下一日开始计算。

按照小时计算期间的,自法律规定或者当事人约定的时间开始计算。

第二百零六条 按照年、月计算期间的,到期月的对应日为期间的最后一日;没有对应日的,月末日为期间的最后一日。

第二百零七条 期间的最后一日是法定休假日的,以法定休假日结束的次日为期间的最后一日。

期间的最后一日的截止时间为二十四时;有业务时间的,截止时间为停止业务活动的时间。

第二百零八条 期间的计算方法依照本法的规定,但是法律另有规定或者当事人另有约定的除外。

第十一章 附 则

第二百零九条 民法所称的"以上"、"以下"、"以内"、"届满",包括本数;所称的"不满"、"超过"、"以外",不包括本数。

第二百一十条 本法自　年　月　日起施行。

关于《中华人民共和国民法总则(草案)》的说明

2017年3月8日在第十二届全国人民代表大会第五次会议上
全国人民代表大会常务委员会副委员长　李建国

各位代表：

我受全国人大常委会委托，作关于《中华人民共和国民法总则(草案)》的说明。

一、关于编纂民法典的任务、意义和指导思想

编纂民法典是党的十八届四中全会提出的重大立法任务。编纂民法典是对现行民事法律规范进行系统整合，编纂一部适应中国特色社会主义发展要求，符合我国国情和实际，体例科学、结构严谨、规范合理、内容协调一致的法典。编纂民法典不是制定全新的民事法律，而是对现行的民事法律规范进行科学整理；也不是简单的法律汇编，而是对已经不适应现实情况的规定进行修改完善，对经济社会生活中出现的新情况、新问题作出有针对性的新规定。

党的十八大以来，以习近平同志为核心的党中央团结带领全党和全国各族人民，统筹推进"五位一体"总体布局，协调推进"四个全面"战略布局，全面开创了中国特色社会主义新局面，极大地提振了广大人民群众的主动性、积极性和创造性，现在我们比历史上任何时期都更加接近实现中华民族伟大复兴中国梦的目标。在这一时代背景下，编纂民法典具有重大而深远的意义。

第一，编纂民法典是体现党执政为民的根本宗旨，维护最广大人民根本利益的客观需要。尊重和保障人民群众合法权益，是建设中国特色社会主义法治体系、建设社会主义法治国家的基本原则。党的十八届四中全会提出，要实现公民权利保障的法治化。这是总结我国民主法治建设经验教训而得出的重要结论，是我们党根本宗旨的内在要求。我国宪法确立了保障公民人身权利和财产权利的原则。宪法的精神和原则必须在民事法律中予以体现和落实。通过编纂民法典，健全民事法律秩序，就是要加强对民事主体合法权益的保护，更好地维护人民群众的切身利益。

第二，编纂民法典是全面推进依法治国，实现国家治理体系和治理能力现代化的重大举措。党的十八届三中全会提出完善和发展中国特色社会主义制度，推进国家治理体系和治理能力现代化。党的十八届四中全会进一步指出依法治国是实现国家治理体系和治理能力现代化的必然要求。民法作为中国特色社会主义法律体系的重要组成部分，是民事领域的基础性、综合性法律，被称为社会生活的百科全书，它规范人身关系和财产关系，涉及社会和经济生活的方方面面，同每个民事主体都密切相关。民法与国家其他领域的

法律规范一起,支撑着国家治理体系。通过编纂民法典,完善民事法律规范,就是要构建民事领域的治理规则,提高国家治理能力。

第三,编纂民法典是健全社会主义市场经济制度、完善中国特色社会主义法律体系的必然要求。社会主义市场经济本质上是法治经济。完善社会主义市场经济法律制度,是社会主义市场经济运行规律的客观要求,也是保障经济持续健康发展的现实需要。党的十八届四中全会提出,使市场在资源配置中起决定性作用,必须以保护产权、维护契约、统一市场、平等交换、公平竞争等为基本导向。我国民事立法秉持民商合一的传统,通过编纂民法典,完善我国民商事领域的基本规则,为民商事活动提供基本遵循,就是要健全市场秩序,维护交易安全,促进社会主义市场经济健康发展。

编纂民法典的指导思想是,高举中国特色社会主义伟大旗帜,全面贯彻党的十八大和十八届三中、四中、五中、六中全会精神,以马克思列宁主义、毛泽东思想、邓小平理论、"三个代表"重要思想、科学发展观为指导,深入贯彻习近平总书记系列重要讲话精神和治国理政新理念新思想新战略,贯彻统筹推进"五位一体"总体布局和协调推进"四个全面"战略布局要求,贯彻新发展理念,编纂一部具有中国特色、体现时代精神的民法典,正确调整民事关系,更好保护民事主体合法权益,维护社会经济秩序,为实现"两个一百年"奋斗目标、实现中华民族伟大复兴中国梦提供有力法治保障。

按照上述指导思想,编纂民法典工作遵循以下基本原则:一是坚持正确政治方向。坚持党的领导这一社会主义法治的最根本保证,确保党的领导、人民当家作主、依法治国有机统一,坚定不移走中国特色社会主义法治道路。二是坚持人民主体地位。坚持人民立场这一党的根本政治立场,恪守以民为本、立法为民理念,保证人民依法享有广泛的权利和自由、承担应尽的义务,实现好、维护好、发展好最广大人民根本利益。三是坚持社会主义核心价值观。将社会主义核心价值观融入全过程,弘扬中华民族传统美德,强化规则意识,增强道德约束,倡导契约精神,弘扬公序良俗。四是坚持立法的引领和推动作用。以法典化方式巩固和确认新中国成立以来特别是改革开放以来实践证明是正确的民事立法成果,同时与时俱进,完善和发展我国民事法律规范,引领经济社会发展,更好地平衡社会利益、调节社会关系、规范社会行为。

二、关于民法总则草案的起草情况

以习近平同志为核心的党中央高度重视民法典编纂和民法总则的制定。2016年6月14日,习近平总书记主持召开中央政治局常委会会议,听取并原则同意全国人大常委会党组关于民法典编纂工作和民法总则草案几个主要问题的汇报,并作出重要指示,为编纂民法典和制定民法总则提供了重要指导和基本遵循。民法典将由总则编和各分编组成,目前考虑分为物权编、合同编、侵权责任编、婚姻家庭编和继承编等。编纂工作按照"两步走"的思路进行:第一步,编纂民法典总则编,即提请本次会议审议的民法总则草案;第二步,编纂民法典各分编,拟于2018年整体提请全国人大常委会审议,经全国人大常委会分阶段审议后,争取于2020年将民法典各分编一并提请全国人民代表大会会议审议通过,从而形成统一的民法典。按照进度服从质量的要求,具体工作安排可作必要调整。

编纂一部真正属于中国人民的民法典,是新中国几代人的夙愿。新中国成立后,党和国家曾于1954年、1962年、1979年和2001年先后4次启动民法制定工作。第一次和第二次，由于各种原因而未能取得实际成果。1979年第三次启动，由于刚刚进入改革开放新时期，制定一部完备的民法典条件还不具备，因此，按照"成熟一个通过一个"的工作思路，确定先制定民事单行法。现行的继承法、民法通则、担保法、合同法就是在这种背景下制定的。2001年九届全国人大常委会组织起草了《中华人民共和国民法（草案）》，并于2002年进行了一次审议，经讨论，仍确定继续采取分别制定单行法的办法。2003年十届全国人大以来，又先后制定了物权法、侵权责任法、涉外民事关系法律适用法等。由此可以看出，1979年以来我国民事立法是富有成效的，逐步形成了比较完整的民事法律规范体系，为编纂民法典奠定了较好的法律基础和实践基础。现在，编纂民法典条件已经具备。

党的十八大以来，根据党中央的决策部署，十二届全国人大及其常委会将编纂民法典和制定民法总则作为立法工作的重点任务。2016年6月、10月、12月，全国人大常委会先后3次审议了民法总则草案，并且先后3次于会后将草案审议稿在中国人大网公布征求社会公众意见，两次将草案印送全国人大代表征求意见，还将草案印发中央有关部门、地方人大、法学教学科研机构征求意见。与此同时，全国人大常委会于2016年10月和11月在北京、四川、宁夏和上海召开4次座谈会，由张德江委员长和我分别主持，直接听取中央有关部门，各省、自治区、直辖市人大常委会和部分全国人大代表、基层立法联系点代表、法律实务工作者和专家学者等各方面的意见，并到基层进行实地调研。这次提请大会审议的民法总则草案，是在深入调查研究，广泛听取全国人大代表、全国政协委员和社会各界意见的基础上，反复修改形成的，体现了科学立法、民主立法的精神。

民法总则是民法典的开篇之作，在民法典中起统领性作用。民法总则规定民事活动必须遵循的基本原则和一般性规则，统领民法典各分编；各分编将在总则的基础上对各项民事制度作出具体规定。民法总则草案以1986年制定的民法通则为基础，采取"提取公因式"的办法，将民事法律制度中具有普遍适用性和引领性的规定写入草案，就民法基本原则、民事主体、民事权利、民事法律行为、民事责任和诉讼时效等基本民事法律制度作出规定，既构建了我国民事法律制度的基本框架，也为各分编的规定提供依据。

在民法总则草案起草过程中，遵循了编纂民法典的指导思想和基本原则，并注意把握以下几点：一是既坚持问题导向，着力解决社会生活中纷繁复杂的问题，又尊重立法规律，讲法理、讲体系。我国仍处于并将长期处于社会主义初级阶段。制定民法总则必须立足于这一基本国情，研究现阶段民事法律实践中存在的问题，以实践需求确定立法重点，用实践智慧破解立法难点。同时，按照民商事法律关系的内在规律，注重与民法典各分编和其他部门法的有机衔接。二是既尊重民事立法的历史延续性，又适应当前经济社会发展的客观要求。我国现行民事法律大部分规则实际可行，为人民群众所熟悉和接受。制定民法总则，必须深入总结这些法律的实施情况，对实践证明正确、可行的，予以继承，维护法律的稳定性；对不适应现实情况的内容和制度进行修改补充，对社会生活迫切需要规范的事项作出创设性规定，增强法律的可执行性，并适度体现前瞻性。三是既传承我国优秀的法律文化传统，又借鉴外国立法的有益经验。中华优秀传统文化的思想精华，包括讲仁爱、重民本、守诚信、崇正义、尚和合、求大同等核心思想理念，与民法的理念和原则是相通的。制定民法总则，必须坚定文化自信，深入挖掘和传承包括中华法律文化在内的中华优秀传统文化的时代价值,让我们的民法总则体现鲜明的民族性。同时,要有世界眼光,善于学习外国的立法经验,借鉴人类法治文明成果,但决不照搬外国法治理念和模式。

三、关于民法总则草案的主要内容

民法总则草案分为11章,包括基本原则、自然人、法人、非法人组织、民事权利、民事法律行为、代理、民事责任、诉讼时效、期间计算、附则,共210条。主要内容是:

(一)关于基本原则和法律适用规则

基本原则是民事主体从事民事活动和司法机关进行民事司法活动应当遵循的基本准则。草案第一章以确立基本原则为核心,并就立法宗旨、法律适用规则作出规定。草案在民法通则的基础上,结合30多年来民事法律实践,进一步明确了民事主体的人身权利、财产权利以及其他合法权益受法律保护,任何组织或者个人不得侵犯,并确立了平等原则、自愿原则、公平原则、诚信原则、守法原则、绿色原则等基本原则。需要指出的是,将绿色原则确立为基本原则,规定民事主体从事民事活动,应当有利于节约资源、保护生态环境,这样规定,既传承了天地人和、人与自然和谐共生的我国优秀传统文化理念,又体现了党的十八大以来的新发展理念,与我国是人口大国、需要长期处理好人与资源生态的矛盾这样一个国情相适应。(草案第三条至第九条)

关于民事法律的适用规则,草案规定:一是处理民事纠纷,应当依照法律;法律没有规定的,可以适用习惯,但是不得违背公序良俗即公共秩序和善良习俗。二是其他法律对民事关系有特别规定的,依照其规定。著作权法、专利法、保险法等民商事特别法既涉及民事法律关系,也涉及行政法律关系,还有一些涉及特殊商事规则,这些法律很难也不宜纳入民法典,这条规则明确了民法总则与民商事特别法的关系。(草案第十一条、第十二条)

(二)关于民事主体

民事主体是民事关系的参与者、民事权利的享有者、民事义务的履行者和民事责任的承担者。草案第二章、第三章、第四章规定了自然人、法人、非法人组织3类民事主体。

关于自然人制度。草案在民法通则的基础上,对自然人制度作了以下完善:一是增加了保护胎儿利益的规定。涉及遗产继承、接受赠与等胎儿利益保护的,胎儿视为具有民事权利能力(草案第十七条)。二是下调了限制民事行为能力的未成年人的年龄标准。这样规定是为了更好地尊重未成年人的自主意识(草案第二十条)。三是完善了监护制度。监护是保护无民事行为能力人或者限制民事行为能力人的合法权益,弥补其民事行为能力不足的法律制度。草案以家庭监护为基础,社会监护为补充,国家监护为兜底,对监护制度作了完善。明确了父母子女间的抚养、赡养等义务,扩大了被监护人的范围,强化了政府的监护职能,并就监护人的确定、监护职责的履行、撤销监护等制度作出明确规定(草案第二十七条至第四十条)。

关于法人制度。法人制度是民事法律的一项基本制度。随着我国经济社会的发展,新的组织形式不断出现,法人形态发生了较大变化,民法通则关于企业法人、机关法人、事业单位法人和社会团体法人的分类已难以适应新的情况,有必要进行调整完善。草案遵循民法通则关于法人分类的基本思路,适应社会组织改革发展要求,按照法人设立目的和功能等方面的不同,将法人分为营利法人、非营利法人和特别法人3类(草案第三章第二节、第三节、第四节)。对营利法人和非营利法人,草案只列举了几种比较典型的具体类型,对现实生活中已经存在或者可能出现的其他法人组织,可以按照其特征,分别归入营利法人或者非营利法人。对特别法人,草案规定了以下几种情况:一是机关法人。机关设立的目的是履行公共管理等职能,这与其他法人组织存在明显差别。二是农村集体经济组织法人。农村集体经济组织具有鲜明的中国特色。赋予其法人地位符合党中央有关改革精神,有利于完善农村集体经济实现形式和运行机制,增强农村集体经济发展活力。三是基层群众性自治组织法人。村民委员会、居民委员会等基层群众性自治组织在设立、变更和终止以及行使职能和责任承担上都有其特殊性。四是城镇、农村的合作经济组织。这类合作经济组织对内具有共益性或者互益性,对外也可以从事经营活动,依照法律的规定取得法人资格后,作为特别法人。

关于非法人组织。随着我国经济社会的发展,在实际生活中,大量不具有法人资格的组织以自己的名义从事各种民事活动。赋予这些组织民事主体地位有利于其开展民事活动,也与其他法律的规定相衔接。据此,草案规定,非法人组织是不具有法人资格,但是能够依法以自己的名义从事民事活动的组织,包括个人独资企业、合伙企业、不具有法人资格的专业服务机构等(草案第一百零五条)。草案还规定,非法人组织的财产不足以清偿债务的,其出资人或者设立人承担无限责任。法律另有规定的,依照其规定(草案第一百零七条)。

(三)关于民事权利

保护民事权利是民事立法的重要任务。草案第五章规定了民事权利。这一章旨在贯彻落实党中央关于实现公民权利保障法治化和完善产权保护制度的要求,凸显对民事权利的尊重,加强对民事权利的保护,为民法典各分编和民商事特别法律具体规定民事权利提供依据。关于民事权利,草案规定了以下主要内容:一是人身权利。草案规定,自然人的人身自由、人格尊严受法律保护(草案第一百一十二条);自然人享有生命权、健康权、身体权、姓名权、肖像权、名誉权、荣誉权、隐私权、婚姻自主权等权利(草案第一百一十三条第一款)。在信息化社会,自然人的个人信息保护尤其重要,草案对此作了有针对性的规定(草案第一百一十四条)。二是财产权利。草案规定,民事主体的财产权利受法律平等保护(草案第一百一十六条)。民事主体依法享有物权、债权、继承权、股权和其他投资性权利(草案第一百一十七条至第一百二十五条、第一百二十七条至第一百二十九条)。三是知识产权。为了加强对知识产权的保护,促进科技创新,建设创新型国家,草案对知识产权作了概括性规定,以统领各知识产权单行法律(草案第一百二十六条)。四是为了适应互联网和大数据时代发展的需要,草案规定,法律对数据、网络虚拟财产的保护有规定的,依照其规定(草案第一百三十一条)。五是为了规范民事权利的行使,草案规定,民事主体不得滥用民事权利损害社会公共利益或者他人合法权益(草案第一百三十五条)。

(四)关于民事法律行为和代理

民事法律行为是民事主体通过意思表示设立、变更、终止民事法律关系的行为。代理是民事主体通过代理人实施民事法律行为。草案在民法通则和合同法规定的基础上,对民事法律行为和代理制度主要作了以下完善:一是扩充了民事法律行为的内涵,既包括合法的法律行为,也包括无效、可撤销和效力待定的法律行为。这样既尊重民事主体的意愿,也强调对自己的行为负责,有利于提升民事主体的规则意识和责任意识(草案第一百三十六条)。二是增加了意思表示的规则。意思表示是民事主体希望产生法律效果的内心意愿的外在表达,是构成民事法律行为的基础。草案对其作出方式、生效和撤回等作了规定(草案第六章第二节)。三是完善了民事法律行为的效力规则。草案在规定民事法律行为有效条件的同时,对重大误解、欺诈、胁迫、显失公平等行为的撤销,恶意串通行为的无效等分别作了修改补充(草案第六章第三节)。四是完善了代理的一般规则以及委托代理制度(草案第七章)。

(五)关于民事责任和诉讼时效

民事责任是民事主体不履行或者不完全履行民事义务的法律后果。关于民事责任,草案主要作了以下规定:一是民事主体应当依照法律规定或者当事人约定履行民事义务,不履行或者不完全履行的,应当依法承担民事责任(草案第一百八十条)。二是列举了停止侵害、返还财产、恢复原状、赔偿损失、惩罚性赔偿等承担民事责任的主要方式(草案第一百八十三条)。三是为匡正社会风气,鼓励见义勇为的行为,草案规定,因自愿实施紧急救助行为造成受助人损害的,救助人不承担民事责任(草案第一百八十七条)。草案还规定,因保护他人民事权益而使自己受到损害的,由侵权人承担民事责任,受益人可以给予适当补偿。没有侵权人、侵权人逃逸或者无力承担民事责任,受害人请求补偿的,受益人应当给予适当补偿(草案第一百八十八条)。

诉讼时效是权利人在法定期间内不行使权利,权利不受保护的法律制度。关于诉讼时效,草案主要作了以下规定:一是将现行民法通则规定的二年一般诉讼时效期间延长为三年,以适应社会生活中新的情况不断出现,交易方式与类型不断创新,权利义务关系更趋复杂的现实情况与司法实践,有利于建设诚信社会,更好地保护债权人合法权益(草案第一百九十一条第一款)。二是增加了未成年人遭受性侵害后诉讼时效的特殊起算点,给受性侵害的未成年人成年后提供寻求法律救济的机会,保护未成年人利益(草案第一百九十四条)。

草案还对宣告失踪和宣告死亡、期间计算等内容作了规定。这些规定既延续了现行民事法律中科学合理的内容和制度,又吸收了行之有效的司法实践中好的做法。

这里还需要说明的一个问题是,关于民法总则与民法通则的关系。1986年制定的民法通则在我国民事立法史上具有里程碑意义,发挥了重要作用。民法通则既规定了民法的一些基本制度和一般性规则,也规定了合同、所有权及其他财产权、知识产权、民事责任、涉外民事关系法律适用等具体内容,被称为一部"小民法典"。草案基本吸收了民法通则规定的民事基本制度和一般性规则,同时作了补充、完善和发展。民法通则规定的合同、所有权及其他财产权、民事责任等具体内容还需要在编纂民法典各分编时作进一步统筹,系统整合。据此,民法总则草案通过后暂不废止民法通则。民法总则与民法通则的规定不一致的,根据新法优于旧法的原则,适用民法总则的规定。

此外,在草案制定过程中,各有关方面还提出了其他一些意见。这些意见有的分歧较大,一时难以形成共识,还需进一步研究论证;有的涉及物权、合同、侵权责任、婚姻家庭、继承等内容的具体规则,可在编纂民法典各分编时统筹解决;有的涉及著作权法、专利法、保险法等民商事特别法的内容和具体操作问题,可在今后通过修改相关法律或者制定配套法律法规时予以体现。

《中华人民共和国民法总则(草案)》和以上说明,请审议。

中华人民共和国民法总则(草案)(修改稿)

2017 年 3 月 12 日

目 录

第一章 基本规定
第二章 自然人
　第一节 民事权利能力和民事行为能力
　第二节 监　护
　第三节 宣告失踪和宣告死亡
　第四节 个体工商户和农村承包经营户
第三章 法　人
　第一节 一般规定
　第二节 营利法人
　第三节 非营利法人
　第四节 特别法人
第四章 非法人组织
第五章 民事权利
第六章 民事法律行为
　第一节 一般规定
　第二节 意思表示
　第三节 民事法律行为的效力
　第四节 民事法律行为的附条件和附期限
第七章 代　理
　第一节 一般规定
　第二节 委托代理
　第三节 代理终止
第八章 民事责任
第九章 诉讼时效
第十章 期间计算
第十一章 附　则

第一章　基本规定

第一条　为了保护民事主体的合法权益,调整民事关系,维护社会和经济秩序,适应中国特色社会主义发展要求,弘扬社会主义核心价值观,根据宪法,制定本法。

第二条　民法调整平等主体的自然人、法人和非法人组织之间的人身关系和财产关系。

第三条　民事主体的人身权利、财产权利以及其他合法权益受法律保护,任何组织或者个人不得侵犯。

第四条　民事主体在民事活动中的法律地位一律平等。

第五条　民事主体从事民事活动,应当遵循自愿原则,按照自己的意思设立、变更、终止民事法律关系。

第六条　民事主体从事民事活动,应当遵循公平原则,合理确定各方的权利和义务。

第七条　民事主体从事民事活动,应当遵循诚信原则,秉持诚实、恪守承诺。

第八条　民事主体从事民事活动,不得违反法律,不得违背公序良俗。

第九条　民事主体从事民事活动,应当有利于节约资源、保护生态环境。

第十条　民事主体行使权利时,应当履行法律规定的和当事人约定的义务。

第十一条　处理民事纠纷,应当依照法律;法律没有规定的,可以适用习惯,但是不得违背公序良俗。

第十二条　其他法律对民事关系有特别规定的,依照其规定。

第十三条　中华人民共和国领域内的民事活动,适用中华人民共和国法律。法律另有规定的,依照其规定。

第二章　自　然　人

第一节　民事权利能力和民事行为能力

第十四条　自然人从出生时起到死亡时止,具有民事权利能力,依法享有民事权利,承担民事义务。

第十五条　自然人的民事权利能力一律平等。

第十六条　自然人的出生时间和死亡时间,以出生证明、死亡证明记载的时间为准;没有出生证明、死亡证明的,以户籍登记或者其他有效身份登记记载的时间为准。有其他证据足以推翻以上记载时间的,以该证据证明的时间为准。

第十七条　涉及遗产继承、接受赠与等胎儿利益保护的,胎儿视为具有民事权利能力。但是胎儿娩出时为死体的,其民事权利能力自始不存在。

第十八条　十八周岁以上的自然人为成年人。不满十八周岁的自然人为未成年人。

第十九条 成年人为完全民事行为能力人,可以独立实施民事法律行为。

十六周岁以上的未成年人,以自己的劳动收入为主要生活来源的,视为完全民事行为能力人。

第二十条 八周岁以上的未成年人为限制民事行为能力人,实施民事法律行为由其法定代理人代理或者经其法定代理人同意、追认,但是可以独立实施纯获利益的民事法律行为或者与其年龄、智力相适应的民事法律行为。

第二十一条 不满八周岁的未成年人为无民事行为能力人,由其法定代理人代理实施民事法律行为。

第二十二条 不能辨认自己行为的成年人为无民事行为能力人,由其法定代理人代理实施民事法律行为。

八周岁以上的未成年人不能辨认自己行为的,适用前款规定。

第二十三条 不能完全辨认自己行为的成年人为限制民事行为能力人,实施民事法律行为由其法定代理人代理或者经其法定代理人同意、追认,但是可以独立实施纯获利益的民事法律行为或者与其智力、精神健康状况相适应的民事法律行为。

第二十四条 无民事行为能力人、限制民事行为能力人的监护人是其法定代理人。

第二十五条 不能辨认或者不能完全辨认自己行为的成年人,其利害关系人或者有关组织,可以向人民法院申请认定该成年人为无民事行为能力人或者限制民事行为能力人。

被人民法院认定为无民事行为能力人或者限制民事行为能力人的,经本人、利害关系人或者有关组织申请,人民法院可以根据其智力、精神健康恢复的状况,认定该成年人恢复为限制民事行为能力人或者完全民事行为能力人。

本条规定的有关组织包括:居民委员会、村民委员会、学校、医疗机构、妇女联合会、残疾人联合会、依法设立的老年人组织、民政部门等。

第二十六条 自然人以户籍登记或者其他有效身份登记记载的居所为住所;经常居所与住所不一致的,经常居所视为住所。

第二节 监 护

第二十七条 父母对未成年子女负有抚养、教育和保护的义务。

成年子女对父母负有赡养、扶助和保护的义务。

第二十八条 父母是未成年子女的监护人。

未成年人的父母已经死亡或者没有监护能力的,由下列有监护能力的人按顺序担任监护人:

(一)祖父母、外祖父母;

(二)兄、姐;

(三)其他愿意担任监护人的个人或者组织,但是须经未成年人住所地的居民委员会、村民委员会或者民政部门同意。

第二十九条 无民事行为能力或者限制民事行为能力的成年人,由下列有监护能力的人按顺序担任监护人:

(一)配偶;

(二)父母、子女;

(三)其他近亲属;

(四)其他愿意担任监护人的个人或者组织,但是须经被监护人住所地的居民委员会、村民委员会或者民政部门同意。

第三十条 被监护人的父母担任监护人的,可以通过遗嘱指定监护人。

第三十一条 依法具有监护资格的人之间可以协议确定监护人。协议确定监护人应当尊重被监护人的真实意愿。

第三十二条 对监护人的确定有争议的,由被监护人住所地的居民委员会、村民委员会或者民政部门指定监护人,有关当事人对指定不服的,可以向人民法院申请指定监护人;有关当事人也可以直接向人民法院申请指定监护人。

居民委员会、村民委员会、民政部门或者人民法院应当尊重被监护人的真实意愿,按照最有利于被监护人的原则在依法具有监护资格的人中指定监护人。

依照本条第一款规定指定监护人前,被监护人的人身权利、财产权利以及其他合法权益处于无人保护状态的,由被监护人住所地的居民委员会、村民委员会、法律规定的有关组织或者民政部门担任临时监护人。

监护人被指定后,不得擅自变更;擅自变更的,不免除被指定的监护人的责任。

第三十三条 没有依法具有监护资格的人的,监护人由民政部门担任,也可以由具备履行监护职责条件的被监护人住所地的居民委员会、村民委员会担任。

第三十四条 具有完全民事行为能力的成年人,可以与其近亲属,其他愿意担任监护人的个人或者有关组织事先协商,以书面形式确定自己的监护人。协商确定的监护人在该成年人丧失或者部分丧失民事行为能力时,履行监护职责。

第三十五条 监护人的职责是代理被监护人实施民事法律行为,保护被监护人的人身权利、财产权利以及其他合法权益等。

监护人依法履行监护职责产生的权利,受法律保护。

监护人不履行监护职责或者侵害被监护人合法权益的,应当承担法律责任。

第三十六条 监护人应当按照最有利于被监护人的原则履行监护职责。监护人除为维护被监护人利益外,不得处分被监护人的财产。

未成年人的监护人履行监护职责,在作出与被监护人利益有关的决定时,应当根据被监护人的年龄和智力状况,尊重被监护人的真实意愿。

成年人的监护人履行监护职责,应当最大程度地尊重被监护人的真实意愿,保障并协助被监护人实施与其智力、精神健康状况相适应的民事法律行为。对被监护人有能力独立处理的事务,监护人不得干涉。

第三十七条 监护人有下列情形之一的,人民法院根据有关个人或者组织的申请,撤销其监护人资格,安排必要的临时监护措施,并按照最有利于被监护人的原则依法指定监护人：

（一）实施严重损害被监护人身心健康行为的；

（二）怠于履行监护职责，或者无法履行监护职责并且拒绝将监护职责部分或者全部委托给他人，导致被监护人处于危困状态的；

（三）实施严重侵害被监护人合法权益的其他行为的。

本条规定的有关个人和组织包括：其他依法具有监护资格的人，居民委员会、村民委员会、学校、医疗机构、妇女联合会、残疾人联合会、未成年人保护组织、依法设立的老年人组织、民政部门等。

前款规定的个人和民政部门以外的组织未及时向人民法院申请撤销监护人资格的，民政部门应当向人民法院申请。

第三十八条 依法负担被监护人抚养费、赡养费、扶养费的父母、子女、配偶等，被人民法院撤销监护人资格后，应当继续负担。

第三十九条 被监护人的父母或者子女被人民法院撤销监护人资格后，除对被监护人实施故意犯罪的外，确有悔改表现的，经其申请，人民法院可以在尊重被监护人真实意愿的前提下，视情况恢复其监护人资格，人民法院指定的监护人与被监护人的监护关系同时终止。

第四十条 有下列情形之一的，监护关系终止：

（一）被监护人取得或者恢复完全民事行为能力的；

（二）监护人丧失监护能力的；

（三）被监护人或者监护人死亡的；

（四）人民法院认定监护关系终止的其他情形。

监护关系终止后，被监护人仍然需要监护的，应当依法另行确定监护人。

第三节　宣告失踪和宣告死亡

第四十一条 自然人下落不明满二年的，利害关系人可以向人民法院申请宣告该自然人为失踪人。

第四十二条 自然人下落不明的时间从其失去音讯之日起计算。战争期间下落不明的，下落不明的时间自战争结束之日或者有关机关确定的下落不明之日起计算。

第四十三条 失踪人的财产由其配偶、成年子女、父母或者其他愿意担任财产代管人的人代管。

代管有争议，没有前款规定的人，或者前款规定的人无代管能力的，由人民法院指定的人代管。

第四十四条 财产代管人应当妥善管理失踪人的财产，维护其财产权益。

失踪人所欠税款、债务和应付的其他费用，由财产代管人从失踪人的财产中支付。

财产代管人因故意或者重大过失造成失踪人财产损失的，应当承担赔偿责任。

第四十五条 财产代管人不履行代管职责、侵害失踪人财产权益或者丧失代管能力的,失踪人的利害关系人可以向人民法院申请变更财产代管人。

财产代管人有正当理由的,可以向人民法院申请变更财产代管人。

人民法院变更财产代管人的,变更后的财产代管人有权要求原财产代管人及时移交有关财产并报告财产代管情况。

第四十六条 失踪人重新出现,经本人或者利害关系人申请,人民法院应当撤销失踪宣告。

失踪人重新出现,有权要求财产代管人及时移交有关财产并报告财产代管情况。

第四十七条 自然人有下列情形之一的,利害关系人可以向人民法院申请宣告该自然人死亡:

(一)下落不明满四年;

(二)因意外事件,下落不明满二年;

因意外事件下落不明,经有关机关证明该自然人不可能生存的,申请宣告死亡不受二年时间的限制。

第四十八条 对同一自然人,有的利害关系人申请宣告死亡,有的利害关系人申请宣告失踪,符合本法规定的宣告死亡条件的,人民法院应当宣告死亡。

第四十九条 被宣告死亡的人,人民法院判决确定的日期视为其死亡的日期;判决未确定死亡日期的,判决作出之日视为其死亡的日期。

第五十条 自然人被宣告死亡但是并未死亡的,不影响该自然人在被宣告死亡期间实施的民事法律行为的效力。

第五十一条 被宣告死亡的人重新出现,经本人或者利害关系人申请,人民法院应当撤销死亡宣告。

第五十二条 被宣告死亡的人的婚姻关系,自死亡宣告之日起消灭。死亡宣告被撤销的,婚姻关系自撤销死亡宣告之日起自行恢复,但是其配偶再婚或者向婚姻登记机关书面声明不愿意恢复的除外。

第五十三条 被宣告死亡的人在被宣告死亡期间,其子女被他人依法收养的,在死亡宣告被撤销后,不得以未经本人同意为由主张收养关系无效。

第五十四条 被撤销死亡宣告的人有权请求依照继承法取得其财产的民事主体返还财产。无法返还的,应当给予适当补偿。

利害关系人隐瞒真实情况,致使他人被宣告死亡取得其财产的,除应当返还财产外,还应当对由此造成的损失承担赔偿责任。

第四节 个体工商户和农村承包经营户

第五十五条 自然人从事工商业经营,经依法登记,为个体工商户。个体工商户可以起字号。

第五十六条 农村集体经济组织的成员,依法取得农村土地承包经营权,从事家庭承包经营的,为农村承包经营户。

第五十七条 个体工商户的债务,个人经营的,以个人财产承担;家庭经营的,以家庭财产承担;无法区分的,以家庭财产承担。

农村承包经营户的债务,以从事农村土地承包经营的农户财产承担;事实上由农户部分成员经营的,以该部分成员的财产承担。

第三章 法 人

第一节 一般规定

第五十八条 法人是具有民事权利能力和民事行为能力,依法独立享有民事权利和承担民事义务的组织。

第五十九条 法人应当依法成立。

法人应当有自己的名称、组织机构、住所、财产或者经费。法人成立的具体条件和程序,依照法律、行政法规的规定。

设立法人,法律、行政法规规定须经有关机关批准的,依照其规定。

第六十条 法人的民事权利能力和民事行为能力,从法人成立时产生,到法人终止时消灭。

第六十一条 法人以其全部财产独立承担民事责任。

第六十二条 依照法律或者法人章程的规定,代表法人从事民事活动的负责人,为法人的法定代表人。

法定代表人以法人名义从事的民事活动,其法律后果由法人承受。

法人章程或者法人权力机构对法定代表人代表权的限制,不得对抗善意相对人。

第六十三条 法定代表人因执行职务造成他人损害的,由法人承担民事责任。

法人承担民事责任后,依照法律或者法人章程的规定,可以向有过错的法定代表人追偿。

第六十四条 法人以其主要办事机构所在地为住所。依法需要办理法人登记的,应当将主要办事机构所在地登记为住所。

第六十五条 法人在存续期间登记事项发生变化的,应当依法向登记机关申请变更登记。

第六十六条 法人的实际情况与登记的事项不一致的,不得对抗善意相对人。

第六十七条 登记机关应当依法及时公示法人登记的有关信息。

第六十八条 法人合并的,其权利和义务由合并后的法人享有和承担。

法人分立的,其权利和义务由分立后的法人享有连带债权,承担连带债务,但是债权人和债务人另有约定的除外。

第六十九条 有下列原因之一并依法完成清算、注销登记的,法人终止:

(一)法人解散;

(二)法人被宣告破产;

(三)法律规定的其他原因。

法人终止,法律、行政法规规定须经有关机关批准的,依照其规定。

第七十条 有下列情形之一的,法人解散:
(一)法人章程规定的存续期间届满或者法人章程规定的其他解散事由出现;
(二)法人的权力机构决议解散;
(三)因法人合并或者分立需要解散;
(四)法人依法被吊销营业执照、登记证书,被责令关闭或者被撤销;
(五)法律规定的其他情形。

第七十一条 法人解散的,除合并或者分立的情形外,清算义务人应当及时组成清算组进行清算。

法人的董事、理事等执行机构或者决策机构的成员为清算义务人。法律、行政法规另有规定的,依照其规定。

清算义务人未及时履行清算义务,造成损害的,应当承担民事责任;主管机关或者利害关系人可以申请人民法院指定有关人员组成清算组进行清算。

第七十二条 法人的清算程序和清算组职权,依照有关法律的规定;没有规定的,参照适用公司法的有关规定。

第七十三条 清算期间法人存续,但是不得从事与清算无关的活动。

法人清算后的剩余财产,根据法人章程的规定或者法人权力机构的决议处理。法律另有规定的,依照其规定。

清算结束并完成法人注销登记时,法人终止;依法不需要办理法人登记的,清算结束时,法人终止。

第七十四条 法人被宣告破产的,依法进行破产清算并完成法人注销登记时,法人终止。

第七十五条 法人可以依法设立分支机构。法律、行政法规规定分支机构应当登记的,依照其规定。

分支机构以自己的名义从事民事活动,产生的民事责任由法人承担;也可以先以该分支机构管理的财产承担,不足以承担的,由法人承担。

第七十六条 设立人为设立法人从事的民事活动,其法律后果由法人承受;法人未成立的,其法律后果由设立人承受,设立人为二人以上的,享有连带债权,承担连带债务。

设立人为设立法人以自己的名义从事民事活动产生的民事责任,第三人有权选择请求法人或者设立人承担。

第二节 营利法人

第七十七条 以取得利润并分配给股东等出资人为目的成立的法人,为营利法人。

营利法人包括有限责任公司、股份有限公司和其他企业法人等。

第七十八条 营利法人经依法登记成立。

第七十九条 依法设立的营利法人,由登记机关发给营利法人营业执照。营业执照签发日期为营利法人的成立日期。

第八十条 设立营利法人应当依法制定法人章程。

第八十一条 营利法人应当设权力机构。

权力机构行使修改法人章程,选举或者更换执行机构、监督机构成员,以及法人章程规定的其他职权。

第八十二条 营利法人应当设执行机构。

执行机构行使召集权力机构会议,决定法人的经营计划和投资方案,决定法人内部管理机构的设置,以及法人章程规定的其他职权。

执行机构为董事会或者执行董事的,董事长、执行董事或者经理依照法人章程的规定担任法定代表人;未设董事会或者执行董事的,法人章程规定的主要负责人为其执行机构和法定代表人。

第八十三条 营利法人设监事会或者监事等监督机构的,监督机构依法行使检查法人财务,监督执行机构成员、高级管理人员执行法人职务的行为,以及法人章程规定的其他职权。

第八十四条 营利法人的出资人不得滥用出资人权利损害法人或者其他出资人的利益。滥用出资人权利给法人或者其他出资人造成损失的,应当依法承担民事责任。

营利法人的出资人不得滥用法人独立地位和出资人有限责任损害法人的债权人利益。滥用法人独立地位和出资人有限责任,逃避债务,严重损害法人的债权人利益的,应当对法人债务承担连带责任。

第八十五条 营利法人的控股出资人、实际控制人、董事、监事、高级管理人员不得利用其关联关系损害法人的利益。利用关联关系给法人造成损失的,应当承担赔偿责任。

第八十六条 营利法人的权力机构、执行机构作出决议的会议召集程序、表决方式违反法律、行政法规、法人章程,或者决议内容违反法人章程的,营利法人的出资人可以请求人民法院撤销该决议,但是营利法人依据该决议与善意相对人形成的民事法律关系不受影响。

第八十七条 营利法人从事经营活动,应当遵守商业道德,维护交易安全,接受政府和社会的监督,承担社会责任。

第三节　非营利法人

第八十八条 为公益目的或者其他非营利目的成立,不向出资人、设立人或者会员分配所取得利润的法人,为非营利法人。

非营利法人包括事业单位、社会团体、基金会、社会服务机构等。

第八十九条 具备法人条件,为适应经济社会发展需要,提供公益服务设立的事业单位,经依法登记成立,取得事业单位法人资格;依法不需要办理法人登记的,从成立之日起,具有事业单位法人资格。

第九十条 事业单位法人设理事会的,理事会为其决策机构。事业单位法人的法定代表人按照法律、行政法规或者法人章程的规定产生。

第九十一条 具备法人条件,基于会员共同意愿,为公益目的或者会员共同利益等非营利目的设立的社会团体,经依法登记成立,取得社会团体法人资格;依法不需要办理法人登记的,从成立之日起,具有社会团体法人资格。

第九十二条 设立社会团体法人应当依法制定法人章程。

社会团体法人应当设会员大会或者会员代表大会等权力机构。

社会团体法人应当设理事会等执行机构。理事长或者会长等负责人依照法人章程的规定担任法定代表人。

第九十三条 具备法人条件,为公益目的以捐助财产设立的基金会、社会服务机构等,经依法登记成立,取得捐助法人资格。

依法设立的宗教活动场所,具备法人条件的,可以申请法人登记,取得捐助法人资格。法律、行政法规对宗教活动场所有规定的,依照其规定。

第九十四条 设立捐助法人应当依法制定法人章程。

捐助法人应当设理事会、民主管理组织等决策机构,并设执行机构。理事长等负责人依照法人章程的规定担任法定代表人。

捐助法人应当设监事会等监督机构。

第九十五条 捐助人有权向捐助法人查询捐助财产的使用、管理情况,并提出意见和建议,捐助法人应当及时、如实答复。

捐助法人的决策机构、执行机构或者法定代表人作出决定的程序违反法律、行政法规、法人章程,或者决定内容违反法人章程的,捐助人等利害关系人或者主管机关可以请求人民法院撤销该决定,但是捐助法人依据该决定与善意相对人形成的民事法律关系不受影响。

第九十六条 为公益目的成立的非营利法人终止时,不得向出资人、设立人或者会员分配剩余财产。剩余财产应当按照法人章程的规定或者权力机构的决议用于公益目的;无法按照法人章程的规定或者权力机构的决议处理的,由主管机关主持转给宗旨相同或者相近的法人,并向社会公告。

第四节 特别法人

第九十七条 本节规定的机关法人、农村集体经济组织法人、城镇农村的合作经济组织法人、基层群众性自治组织法人,为特别法人。

第九十八条 有独立经费的机关和承担行政职能的法定机构从成立之日起,具有机关法人资格,可以从事为履行职能所需要的民事活动。

第九十九条 机关法人被撤销的,法人终止,其民事权利和义务由继任的机关法人享有和承担;没有继任的机关法人的,由作出撤销决定的机关法人享有和承担。

第一百条 农村集体经济组织依法取得法人资格。

法律、行政法规对农村集体经济组织有规定的,依照其规定。

第一百零一条　城镇农村的合作经济组织依法取得法人资格。
法律、行政法规对城镇农村的合作经济组织有规定的,依照其规定。
第一百零二条　居民委员会、村民委员会具有基层群众性自治组织法人资格,可以从事为履行职能所需要的民事活动。
未设立村集体经济组织的,村民委员会可以依法代行村集体经济组织的职能。

第四章　非法人组织

第一百零三条　非法人组织是不具有法人资格,但是能够依法以自己的名义从事民事活动的组织。
非法人组织包括个人独资企业、合伙企业、不具有法人资格的专业服务机构等。
第一百零四条　非法人组织应当依照法律的规定登记。
设立非法人组织,法律、行政法规规定须经有关机关批准的,依照其规定。
第一百零五条　法人组织的财产不足以清偿债务的,其出资人或者设立人承担无限责任。法律另有规定的,依照其规定。
第一百零六条　非法人组织可以确定一人或者数人代表该组织从事民事活动。
第一百零七条　有下列情形之一的,非法人组织解散:
(一)章程规定的存续期间届满或者章程规定的其他解散事由出现;
(二)出资人或者设立人决定解散;
(三)法律规定的其他情形。
第一百零八条　非法人组织解散的,应当依法进行清算。
第一百零九条　非法人组织除适用本章规定外,参照适用本法第三章第一节的有关规定。

第五章　民事权利

第一百一十条　自然人的人身自由、人格尊严受法律保护。
第一百一十一条　自然人享有生命权、身体权、健康权、姓名权、肖像权、名誉权、荣誉权、隐私权、婚姻自主权等权利。
法人、非法人组织享有名称权、名誉权、荣誉权等权利。
第一百一十二条　自然人的个人信息受法律保护。任何组织和个人需要获取他人个人信息的,应当依法取得并确保信息安全,不得非法收集、使用、加工、传输他人个人信息,不得非法买卖、提供或者公开他人个人信息。
第一百一十三条　自然人因婚姻、家庭关系等产生的人身权利受法律保护。
第一百一十四条　民事主体的财产权利受法律平等保护。
第一百一十五条　民事主体依法享有物权。
物权是权利人依法对特定的物享有直接支配和排他的权利,包括所有权、用益物权和担保物权。

第一百一十六条 物包括不动产和动产。法律规定权利作为物权客体的,依照其规定。

第一百一十七条 物权的种类和内容,由法律规定。

第一百一十八条 为了公共利益的需要,依照法律规定的权限和程序征收、征用不动产或者动产的,应当给予公平、合理的补偿。

第一百一十九条 民事主体依法享有债权。

债权是因合同、侵权行为、无因管理、不当得利以及法律的其他规定,权利人请求特定义务人为或者不为一定行为的权利。

第一百二十条 依法成立的合同,对当事人具有法律约束力。

第一百二十一条 民事权益受到侵害的,被侵权人有权请求侵权人承担侵权责任。

第一百二十二条 没有法定的或者约定的义务,为避免他人利益受损失而进行管理的人,有权请求受益人偿还由此支出的必要费用。

第一百二十三条 因他人没有法律根据,取得不当利益,受损失的人有权请求其返还不当利益。

第一百二十四条 民事主体依法享有知识产权。

知识产权是权利人依法就下列客体享有的专有的权利:

(一)作品;

(二)发明、实用新型、外观设计;

(三)商标;

(四)地理标志;

(五)商业秘密;

(六)集成电路布图设计;

(七)植物新品种;

(八)法律规定的其他客体。

第一百二十五条 自然人依法享有继承权。自然人合法的私有财产,可以依法继承。

第一百二十六条 民事主体依法享有股权和其他投资性权利。

第一百二十七条 民事主体享有法律规定的其他民事权利和利益。

第一百二十八条 法律对数据、网络虚拟财产的保护有规定的,依照其规定。

第一百二十九条 法律对未成年人、老年人、残疾人、妇女、消费者等的民事权利保护有特别规定的,依照其规定。

第一百三十条 民事权利可以依据民事法律行为、事实行为、法律规定的事件或者法律规定的其他方式取得。

第一百三十一条 民事主体按照自己的意愿依法行使民事权利,不受干涉。

第一百三十二条 民事主体不得滥用民事权利损害国家利益、社会公共利益或者他人合法权益。

第六章　民事法律行为

第一节　一般规定

第一百三十三条　民事法律行为是民事主体通过意思表示设立、变更、终止民事法律关系的行为。

第一百三十四条　民事法律行为可以基于双方或者多方的意思表示一致成立，也可以基于单方的意思表示成立。

法人、非法人组织依照法律或者章程规定的议事方式和表决程序作出决议的，该决议行为成立。

第一百三十五条　民事法律行为可以采用书面形式、口头形式或者其他形式；法律、行政法规规定或者当事人约定采用特定形式的，应当采用特定形式。

第一百三十六条　民事法律行为自成立时生效，但是法律另有规定或者当事人另有约定的除外。

行为人非依法律规定或者未经对方同意，不得擅自变更或者解除民事法律行为。

第二节　意思表示

第一百三十七条　以对话方式作出的意思表示，相对人知道其内容时生效。

以非对话方式作出的意思表示，到达相对人时生效。以非对话方式作出的采用数据电文形式的意思表示，相对人指定特定系统接收数据电文的，该数据电文进入该特定系统时生效；未指定特定系统的，相对人知道或者应当知道该数据电文进入其系统时生效。当事人对采用数据电文形式的意思表示的生效时间另有约定的，按照其约定。

第一百三十八条　无相对人的意思表示，表示完成时生效。法律另有规定的，依照其规定。

第一百三十九条　以公告方式作出的意思表示，公告发布时生效。

第一百四十条　行为人可以明示或者默示作出意思表示。

沉默只有在有法律规定、当事人约定或者当事人之间的交易习惯时，才可以视为意思表示。

第一百四十一条　行为人可以撤回意思表示。撤回意思表示的通知应当在意思表示到达相对人前或者与意思表示同时到达相对人。

第一百四十二条　有相对人的意思表示的解释，应当按照所使用的词句，结合相关条款、行为的性质和目的、习惯以及诚信原则，确定意思表示的含义。

无相对人的意思表示的解释，不能完全拘泥于所使用的词句，而应当结合相关条款、行为的性质和目的、习惯以及诚信原则，确定行为人的真实意思。

第三节 民事法律行为的效力

第一百四十三条 具备下列条件的民事法律行为有效:
(一)行为人具有相应的民事行为能力;
(二)意思表示真实;
(三)不违反法律、行政法规的强制性规定,不违背公序良俗。

第一百四十四条 无民事行为能力人实施的民事法律行为无效。

第一百四十五条 限制民事行为能力人实施的纯获利益的民事法律行为或者与其年龄、智力、精神健康状况相适应的民事法律行为有效;实施的其他民事法律行为经法定代理人同意或者追认后有效。

相对人可以催告法定代理人自收到通知之日起一个月内予以追认。法定代理人未作表示的,视为拒绝追认。民事法律行为被追认前,善意相对人有撤销的权利。撤销应当以通知的方式作出。

第一百四十六条 行为人与相对人以虚假的意思表示实施的民事法律行为无效。

以虚假的意思表示隐藏的民事法律行为的效力,依照有关法律规定处理。

第一百四十七条 基于重大误解实施的民事法律行为,行为人有权请求人民法院或者仲裁机构予以撤销。

第一百四十八条 一方以欺诈手段,使对方在违背真实意思的情况下实施的民事法律行为,受欺诈方有权请求人民法院或者仲裁机构予以撤销。

第一百四十九条 第三人实施欺诈行为,使一方在违背真实意思的情况下实施的民事法律行为,对方知道或者应当知道该欺诈行为的,受欺诈方有权请求人民法院或者仲裁机构予以撤销。

第一百五十条 一方或者第三人以胁迫手段,使对方在违背真实意思的情况下实施的民事法律行为,受胁迫方有权请求人民法院或者仲裁机构予以撤销。

第一百五十一条 一方利用对方处于危困状态、缺乏判断能力等情形,致使民事法律行为成立时显失公平的,受损害方有权请求人民法院或者仲裁机构予以撤销。

第一百五十二条 有下列情形之一的,撤销权消灭:
(一)当事人自知道或者应当知道撤销事由之日起一年内、重大误解的当事人自知道或者应当知道撤销事由之日起三个月内没有行使撤销权;
(二)当事人受胁迫,自胁迫行为终止之日起一年内没有行使撤销权;
(三)当事人知道撤销事由后明确表示或者以自己的行为表明放弃撤销权。

当事人自民事法律行为发生之日起五年内没有行使撤销权的,撤销权消灭。

第一百五十三条 违反法律、行政法规的强制性规定的民事法律行为无效,但是该强制性规定不导致该民事法律行为无效的除外。

违背公序良俗的民事法律行为无效。

第一百五十四条 行为人与相对人恶意串通,损害他人合法权益的民事法律行为无效。

第一百五十五条 无效的或者被撤销的民事法律行为自始没有法律约束力。

第一百五十六条 民事法律行为部分无效,不影响其他部分效力的,其他部分仍然有效。

第一百五十七条 民事法律行为无效、被撤销或者确定不发生效力后,行为人因该行为取得的财产,应当予以返还;不能返还或者没有必要返还的,应当折价补偿。有过错的一方应当赔偿对方由此所受到的损失;各方都有过错的,应当各自承担相应的责任。法律另有规定的,依照其规定。

第四节 民事法律行为的附条件和附期限

第一百五十八条 民事法律行为可以附条件,但是依照其性质不得附条件的除外。附生效条件的民事法律行为,自条件成就时生效。附解除条件的民事法律行为,自条件成就时失效。

第一百五十九条 附条件的民事法律行为,当事人为自己的利益不正当地阻止条件成就的,视为条件已成就;不正当地促成条件成就的,视为条件不成就。

第一百六十条 民事法律行为可以附期限,但是依照其性质不得附期限的除外。附生效期限的民事法律行为,自期限届至时生效。附终止期限的民事法律行为,自期限届满时失效。

第七章 代 理

第一节 一般规定

第一百六十一条 民事主体可以通过代理人实施民事法律行为。

依照法律规定、当事人约定或者民事法律行为的性质,应当由本人亲自实施的民事法律行为,不得代理。

第一百六十二条 代理人在代理权限内,以被代理人名义实施的民事法律行为,对被代理人发生效力。

第一百六十三条 代理包括委托代理和法定代理。

委托代理人按照被代理人的委托行使代理权。法定代理人依照法律的规定行使代理权。

第一百六十四条 代理人不履行或者不完全履行职责,造成被代理人损害的,应当承担民事责任。

代理人和相对人恶意串通,损害被代理人合法权益的,代理人和相对人应当承担连带责任。

第二节 委托代理

第一百六十五条 委托代理授权采用书面形式的,授权委托书应当载明代理人的姓名或者名称、代理事项、权限和期间,并由被代理人签名或者盖章。

第一百六十六条 数人为同一代理事项的代理人的,应当共同行使代理权,但是当事人另有约定的除外。

第一百六十七条 代理人知道或者应当知道代理事项违法仍然实施代理行为,或者被代理人知道或者应当知道代理人的代理行为违法未作反对表示的,被代理人和代理人应当承担连带责任。

第一百六十八条 代理人不得以被代理人的名义与自己实施民事法律行为,但是被代理人同意或者追认的除外。

代理人不得以被代理人的名义与自己同时代理的其他人实施民事法律行为,但是被代理的双方同意或者追认的除外。

第一百六十九条 代理人需要转委托第三人代理的,应当取得被代理人的同意或者追认。

转委托代理经被代理人同意或者追认的,被代理人可以就代理事务直接指示转委托的第三人,代理人仅就第三人的选任以及对第三人的指示承担责任。

转委托代理未经被代理人同意或者追认的,代理人应当对转委托的第三人的行为承担责任,但是在紧急情况下代理人为了维护被代理人的利益需要转委托第三人代理的除外。

第一百七十条 执行法人或者非法人组织工作任务的人员,就其职权范围内的事项,以法人或者非法人组织的名义实施民事法律行为,对法人或者非法人组织发生效力。

法人或者非法人组织对执行其工作任务的人员职权范围的限制,不得对抗善意相对人。

第一百七十一条 行为人没有代理权、超越代理权或者代理权终止后,仍然实施代理行为,未经被代理人追认的,对被代理人不发生效力。

相对人可以催告被代理人自收到通知之日起一个月内予以追认。被代理人未作表示的,视为拒绝追认。行为人实施的行为被追认前,善意相对人有撤销的权利。撤销应当以通知的方式作出。

行为人实施的行为未被追认的,善意相对人有权请求行为人履行债务或者就其受到的损害请求行为人赔偿,但是赔偿的范围不得超过被代理人追认时相对人所能获得的利益。

相对人知道或者应当知道行为人无权代理的,相对人和行为人按照各自的过错承担责任。

第一百七十二条 行为人没有代理权、超越代理权或者代理权终止后,仍然实施代理行为,相对人有理由相信行为人有代理权的,代理行为有效。

第三节 代理终止

第一百七十三条 有下列情形之一的,委托代理终止:

（一）代理期间届满或者代理事务完成；
（二）被代理人取消委托或者代理人辞去委托；
（三）代理人丧失民事行为能力；
（四）代理人或者被代理人死亡；
（五）作为代理人或者被代理人的法人、非法人组织终止。

第一百七十四条 被代理人死亡后，有下列情形之一的，委托代理人实施的代理行为有效：
（一）代理人不知道并且不应当知道被代理人死亡；
（二）被代理人的继承人予以承认；
（三）授权中明确代理权在代理事务完成时终止；
（四）被代理人死亡前已经实施，为了被代理人的继承人的利益继续代理。

作为被代理人的法人、非法人组织终止的，参照适用前款规定。

第一百七十五条 有下列情形之一的，法定代理终止：
（一）被代理人取得或者恢复完全民事行为能力；
（二）代理人丧失民事行为能力；
（三）代理人或者被代理人死亡；
（四）法律规定的其他情形。

第八章 民事责任

第一百七十六条 民事主体应当依照法律规定和当事人约定履行民事义务。

民事主体不履行或者不完全履行民事义务的，应当依法承担民事责任。

第一百七十七条 二人以上依法承担按份责任，能够确定责任大小的，各自承担相应的责任；难以确定责任大小的，平均承担责任。

第一百七十八条 二人以上依法承担连带责任的，权利人有权请求部分或者全部连带责任人承担责任。

连带责任人的责任份额根据各自责任大小确定；难以确定责任大小的，平均承担责任。实际承担责任超过自己责任份额的连带责任人，有权向其他连带责任人追偿。

第一百七十九条 承担民事责任的方式主要有：
（一）停止侵害；
（二）排除妨碍；
（三）消除危险；
（四）返还财产；
（五）恢复原状；
（六）修理、重作、更换；
（七）继续履行；
（八）赔偿损失；

（九）支付违约金；

（十）消除影响、恢复名誉；

（十一）赔礼道歉。

法律规定惩罚性赔偿的，依照其规定。

本条规定的承担民事责任的方式，可以单独适用，也可以合并适用。

第一百八十条 因不可抗力不能履行民事义务的，不承担民事责任。法律另有规定的，依照其规定。

不可抗力是指不能预见、不能避免且不能克服的客观情况。

第一百八十一条 因正当防卫造成损害的，不承担民事责任。正当防卫超过必要的限度，造成不应有的损害的，正当防卫人应当承担适当的民事责任。

第一百八十二条 因紧急避险造成损害的，由引起险情发生的人承担民事责任。危险由自然原因引起的，紧急避险人不承担民事责任可以给予适当补偿。紧急避险采取措施不当或者超过必要的限度，造成不应有的损害的，紧急避险人应当承担适当的民事责任。

第一百八十三条 因保护他人民事权益使自己受到损害的，由侵权人承担民事责任，受益人可以给予适当补偿。没有侵权人、侵权人逃逸或者无力承担民事责任，受害人请求补偿的，受益人应当给予适当补偿。

第一百八十四条 因自愿实施紧急救助行为造成受助人损害的，救助人不承担民事责任。受助人能够证明救助人有重大过失造成自己不应有的重大损害的，救助人承担适当的民事责任。

第一百八十五条 侵害英雄烈士的姓名、肖像、名誉、荣誉等，损害社会公共利益的，应当承担民事责任。

第一百八十六条 因当事人一方的违约行为，损害对方人身权益、财产权益的，受损害方有权选择请求其承担违约责任或者侵权责任。

第一百八十七条 民事主体因同一行为应当承担民事责任、行政责任和刑事责任的，承担行政责任或者刑事责任不影响承担民事责任；民事主体的财产不足以支付的，优先用于承担民事责任。

第九章　诉讼时效

第一百八十八条 向人民法院请求保护民事权利的诉讼时效期间为三年。法律另有规定的，依照其规定。

诉讼时效期间自权利人知道或者应当知道权利受到损害以及义务人之日起计算。法律另有规定的，依照其规定。但是自权利受到损害之日起超过二十年的，人民法院不予保护；有特殊情况的，人民法院可以根据权利人的申请决定延长。

第一百八十九条 当事人约定同一债务分期履行的，诉讼时效期间自最后一期履行期限届满之日起计算。

第一百九十条 无民事行为能力人或者限制民事行为能力人对其法定代理人的请求权的诉讼时效期间,自该法定代理终止之日起计算。

第一百九十一条 未成年人遭受性侵害的损害赔偿请求权的诉讼时效期间,自受害人年满十八周岁之日起计算。

第一百九十二条 诉讼时效期间届满的,义务人可以提出不履行义务的抗辩。

诉讼时效期间届满后,义务人同意履行的,不得以诉讼时效期间届满为由抗辩;义务人已自愿履行的,不得请求返还。

第一百九十三条 人民法院不得主动适用诉讼时效的规定。

第一百九十四条 在诉讼时效期间的最后六个月内,因下列障碍,不能行使请求权的,诉讼时效中止:

(一)不可抗力;

(二)无民事行为能力人或者限制民事行为能力人没有法定代理人,或者法定代理人死亡、丧失民事行为能力、丧失代理权;

(三)继承开始后未确定继承人或者遗产管理人;

(四)权利人被义务人或者其他人控制;

(五)其他导致权利人不能行使请求权的障碍。

自中止时效的原因消除之日起满六个月,诉讼时效期间届满。

第一百九十五条 有下列情形之一的,诉讼时效中断,从中断、有关程序终结时起,诉讼时效期间重新计算:

(一)权利人向义务人提出履行请求;

(二)义务人同意履行义务;

(三)权利人提起诉讼或者申请仲裁;

(四)与提起诉讼或者申请仲裁具有同等效力的其他情形。

第一百九十六条 对连带债权人或者连带债务人中的一人发生诉讼时效中断的,中断的效力及于全部连带债权人或者连带债务人。

第一百九十七条 下列请求权不适用诉讼时效的规定:

(一)请求停止侵害、排除妨碍、消除危险;

(二)不动产物权和登记的动产物权的权利人请求返还财产;

(三)请求支付抚养费、赡养费或者扶养费;

(四)依法不适用诉讼时效的其他请求权。

第一百九十八条 诉讼时效的期间、计算方法以及中止、中断的事由由法律规定,当事人约定无效。

当事人对诉讼时效利益的预先放弃无效。

第一百九十九条 法律对仲裁时效有规定的,依照其规定;没有规定的,适用诉讼时效的规定。

第二百条 法律规定或者当事人约定的撤销权、解除权等权利的存续期间,除法律另有规定外,自权利人知道或者应当知道权利产生之日起计算,不适用有关诉讼时效中止、中断和延长的规定。存续期间届满,撤销权、解除权等权利消灭。

第十章　期间计算

第二百零一条　民法所称的期间按照公历年、月、日、小时计算。

第二百零二条　按照年、月、日计算期间的,开始的当日不计入,自下一日开始计算。

按照小时计算期间的,自法律规定或者当事人约定的时间开始计算。

第二百零三条　按照年、月计算期间的,到期月的对应日为期间的最后一日;没有对应日的,月末日为期间的最后一日。

第二百零四条　期间的最后一日是法定休假日的,以法定休假日结束的次日为期间的最后一日。

期间的最后一日的截止时间为二十四时;有业务时间的,停止业务活动的时间为截止时间。

第二百零五条　期间的计算方法依照本法的规定,但是法律另有规定或者当事人另有约定的除外。

第十一章　附　　则

第二百零六条　民法所称的"以上"、"以下"、"以内"、"届满",包括本数;所称的"不满"、"超过"、"以外",不包括本数。

第二百零七条　本法自　　年　月　日起施行。

关于《中华人民共和国民法总则(草案)》审议结果的报告

全国人民代表大会法律委员会　2017年3月12日

十二届全国人大五次会议主席团：

　　3月10日，各代表团全体会议、小组会议审议了民法总则草案。代表们普遍认为，编纂民法典是党的十八届四中全会提出的重大立法任务，对于维护最广大人民的根本利益、实现国家治理体系和治理能力现代化、完善中国特色社会主义法律体系具有重大意义。制定民法总则是编纂民法典的第一步。民法总则草案的指导思想明确，工作思路清晰，立足我国国情和实际，适应中国特色社会主义发展要求，坚持问题导向，坚持理论与实践的统一，坚持继承与创新相结合，在民法通则等民事法律的基础上，进一步完善和发展了民事基本制度。从总体上看，草案体例科学、结构严谨、规范合理、内容协调一致，能够起到统领民法典的作用。草案经过全国人大常委会广泛调研、深入研究、反复修改，并经常委会三次审议，较好地吸收了各方面的意见，积极回应了社会各界的关切，充分贯彻了科学立法、民主立法的精神，已经比较成熟，建议经本次会议审议修改后表决通过。同时，代表们也对草案提出了一些修改意见。法律委员会于3月11日召开会议，对草案进行了认真审议，对代表们提出的修改意见逐条研究，尽可能予以采纳。全国人大内务司法委员会、最高人民法院、最高人民检察院、国务院法制办公室、中国社会科学院、中国法学会有关负责同志列席了会议。根据各代表团的审议意见以及政协委员和有关方面的意见，对草案共作了126处修改，其中实质性修改55处。草案修改后，仍为11章，共207条。主要修改是：

　　一、草案第一章章名为"基本原则"。有的代表提出，第一章的内容既包括民事法律的基本原则，也包括立法目的、调整范围、法律适用规则等内容，"基本原则"的章名难以涵盖这些内容，建议修改。法律委员会经研究，建议将这一章的章名修改为"基本规定"。（草案修改稿第一章）

　　二、草案第九条对民事主体的民事权利以及其他合法权益受法律保护作了规定。有的代表提出，民事权利受法律保护是民法的基本精神，统领整部民法典和各民商事特别法，建议进一步突出民事权利受法律保护的理念。法律委员会赞成上述意见，建议将草案第九条移至第二条之后。（草案修改稿第三条）

　　三、草案第二十条规定限制民事行为能力人的年龄下限为六周岁。一些代表提出，六周岁的儿童虽然有一定的学习能力，开始接受义务教育，但认知和辨识能力仍然不足，在很大程度上还不具备实施民事法律行为的能力，建议改为八周岁为宜。也有的代表建议维持现行十周岁不变；还有的代表赞成下调为六周岁。法律委员会经研究，按照既积极又稳妥的要求，建议在现阶段将限制民事行为能力人的年龄下限修改为八周岁。（草案修改稿第二十条）

四、草案第八十四条规定，法律对营利法人的组织机构、法定代表人另有规定的，依照其规定。草案第八十九条规定，本节没有规定的，适用公司法等有关法律的规定。有的代表提出，草案第十二条已对特别法规定优先适用作了统一规定，没有必要再作重复规定，建议删除这两条。法律委员会经研究，建议删除上述规定。

五、草案第九十条第一款规定，为公益目的或者其他非营利目的成立，不向其出资人或者设立人分配所取得利润的法人，为非营利法人。有的代表提出，本条中的"出资人或者设立人"难以涵盖社会团体法人会员的情况，建议修改。法律委员会经研究，建议将这一款修改为：为公益目的或者其他非营利目的成立，不向出资人、设立人或者会员分配所取得利润的法人，为非营利法人。（草案修改稿第八十八条）

六、草案第九十二条规定，具备法人条件，为实现公益目的设立的事业单位，经依法登记成立，取得事业单位法人资格；依法不需要办理法人登记的，从成立之日起，具有事业单位法人资格。有的代表提出，按照事业单位改革的要求，事业单位主要是国家举办的提供公益服务的法人组织，与一般的公益性非营利法人不完全相同，建议对上述规定中有关表述再斟酌。法律委员会经研究，建议将草案第九十二条中的"为实现公益目的设立的事业单位"修改为"为适应经济社会发展需要，提供公益服务设立的事业单位"。（草案修改稿第八十九条）

七、草案第一百二十六条第二款中规定了知识产权的定义。有的代表提出，知识产权的最重要特征是赋予权利人在法律上享有排除他人非法利用相关知识产权客体的专有权利，建议对有关表述再推敲。法律委员会经研究，建议将这一款有关知识产权的定义修改为"知识产权是权利人依法就下列客体享有的专有的权利"。（草案修改稿第一百二十四条）

八、草案第一百四十九条第一款规定，以虚假意思表示实施的民事法律行为无效，但是不得对抗善意第三人；第一百五十五条规定因重大误解、欺诈、显失公平致民事法律行为被撤销的，不得对抗善意第三人。有的代表提出，民事法律行为无效或者被撤销后对第三人产生的法律后果，情况比较复杂，不宜一概规定不得对抗善意第三人，宜区分情形由民法典的物权编、合同编等分编作具体规定。法律委员会经研究，建议将草案第一百四十九条第一款修改为：行为人与相对人以虚假的意思表示实施的民事法律行为无效。并相应删去第一百五十五条。（草案修改稿第一百四十六条）

九、有些代表提出，违反法律、行政法规强制性规定或者违背公序良俗的民事法律行为无效的规定，是防止民事主体滥用权利，维护社会公共利益的重要手段，也是司法机关判断民事法律行为是否无效的主要裁判依据，建议恢复草案三次审议稿的相关规定。法律委员会经研究，建议在草案第一百五十六条后增加一条规定：违反法律、行政法规的强制性规定的民事法律行为无效，但是该强制性规定不导致该民事法律行为无效的除外。违背公序良俗的民事法律行为无效。（草案修改稿第一百五十三条）

十、草案第一百八十七条规定，因自愿实施紧急救助行为造成受助人损害的，救助人不承担民事责任。但是救助人因重大过失造成受助人不应有的重大损害的，承担适当的民事责任。一些代表提出,这一条规定具有针对性,对鼓励见义勇为,保护救助人,有积极意义。但草案中"但书"的规定不能完全消除救助人的后顾之忧,对救助人的保护不够彻底,建议修改。法律委员会经研究,建议从举证责任、是否存在重大过失等方面对救助人特殊情况下承担责任予以严格限定,将这一条修改为:因自愿实施紧急救助行为造成受助人损害的,救助人不承担民事责任。受助人能够证明救助人有重大过失造成自己不应有的重大损害的,救助人承担适当的民事责任。(草案修改稿第一百八十四条)

十一、有的代表提出,现实生活中,一些人利用歪曲事实、诽谤抹黑等方式恶意诋毁侮辱英烈的名誉、荣誉等,损害了社会公共利益,社会影响很恶劣,应对此予以规范。法律委员会经研究认为,英雄和烈士是一个国家和民族精神的体现,是引领社会风尚的标杆,加强对英烈姓名、名誉、荣誉等的法律保护,对于促进社会尊崇英烈,扬善抑恶,弘扬社会主义核心价值观意义重大。据此,建议增加一条规定:侵害英雄烈士的姓名、肖像、名誉、荣誉等,损害社会公共利益的,应当承担民事责任。(草案修改稿第一百八十五条)

十二、草案第二百条第二项规定,登记的物权人请求返还财产不适用诉讼时效。有的代表提出,目前,不少农村地区的房屋尚未办理不动产登记,为更好地保护农民的房屋产权,建议将不适用诉讼时效的范围扩大至所有不动产物权的返还请求权。法律委员会经研究,建议对这一项作出修改,明确不动产物权和登记的动产物权的权利人请求返还财产不适用诉讼时效。(草案修改稿第一百九十七条)

这里还有一个问题需要说明:有的代表建议明确民法总则与现行合同法、物权法、侵权责任法等民事单行法的关系。法律委员会经研究认为,根据民法典编纂工作"两步走"的思路,民法总则草案经本次会议审议通过后,下一步将进行民法典的合同编、物权编、侵权责任编等各分编的编纂工作。在各分编编纂工作完成前,合同法、物权法、侵权责任法等民事单行法的规定与民法总则不一致的,根据新法优于旧法的原则,适用民法总则的规定。

此外,一些代表还提出了一些其他意见。这些意见,有的涉及合同、物权、侵权责任、婚姻家庭、继承等内容,可以在编纂民法典各分编时统筹考虑;有的涉及登记、备案等具体操作问题,可以通过制定配套法律法规予以解决;有的涉及的问题在草案起草阶段和常委会审议期间,作了反复研究,还存在重大分歧意见,可以采取循序渐进的方式,继续研究,逐步推进。有些代表提出,民法总则与人民群众的生产生活息息相关,建议加大宣传力度。法律委员会建议,民法总则出台后,各有关方面应当作出安排,通过多种方式加大宣传和普法力度,使民法总则的精神和内容融入人民群众的日常生活,成为指导民事主体从事民事活动的行为准则。

此外,根据代表们的审议意见,还对草案作了一些文字修改和条款顺序调整。

草案修改稿已按上述意见作了修改,法律委员会建议经主席团审议通过后,印发各代表团审议。

民法总则草案修改稿和以上报告,请审议。

第十二届全国人民代表大会法律委员会
2017年3月14日

中华人民共和国民法总则(草案)(建议表决稿)

2017 年 3 月 14 日

目 录

第一章 基本规定
第二章 自然人
　第一节 民事权利能力和民事行为能力
　第二节 监　护
　第三节 宣告失踪和宣告死亡
　第四节 个体工商户和农村承包经营户
第三章 法　人
　第一节 一般规定
　第二节 营利法人
　第三节 非营利法人
　第四节 特别法人
第四章 非法人组织
第五章 民事权利
第六章 民事法律行为
　第一节 一般规定
　第二节 意思表示
　第三节 民事法律行为的效力
　第四节 民事法律行为的附条件和附期限
第七章 代　理
　第一节 一般规定
　第二节 委托代理
　第三节 代理终止
第八章 民事责任
第九章 诉讼时效
第十章 期间计算
第十一章 附　则

第一章　基本规定

第一条　为了保护民事主体的合法权益，调整民事关系，维护社会和经济秩序，适应中国特色社会主义发展要求，弘扬社会主义核心价值观，根据宪法，制定本法。

第二条　民法调整平等主体的自然人、法人和非法人组织之间的人身关系和财产关系。

第三条　民事主体的人身权利、财产权利以及其他合法权益受法律保护，任何组织或者个人不得侵犯。

第四条　民事主体在民事活动中的法律地位一律平等。

第五条　民事主体从事民事活动，应当遵循自愿原则，按照自己的意思设立、变更、终止民事法律关系。

第六条　民事主体从事民事活动，应当遵循公平原则，合理确定各方的权利和义务。

第七条　民事主体从事民事活动，应当遵循诚信原则，秉持诚实，恪守承诺。

第八条　民事主体从事民事活动，不得违反法律，不得违背公序良俗。

第九条　民事主体从事民事活动，应当有利于节约资源、保护生态环境。

第十条　处理民事纠纷，应当依照法律；法律没有规定的，可以适用习惯，但是不得违背公序良俗。

第十一条　其他法律对民事关系有特别规定的，依照其规定。

第十二条　中华人民共和国领域内的民事活动，适用中华人民共和国法律。法律另有规定的，依照其规定。

第二章　自　然　人

第一节　民事权利能力和民事行为能力

第十三条　自然人从出生时起到死亡时止，具有民事权利能力，依法享有民事权利，承担民事义务。

第十四条　自然人的民事权利能力一律平等。

第十五条　自然人的出生时间和死亡时间，以出生证明、死亡证明记载的时间为准；没有出生证明、死亡证明的，以户籍登记或者其他有效身份登记记载的时间为准。有其他证据足以推翻以上记载时间的，以该证据证明的时间为准。

第十六条　涉及遗产继承、接受赠与等胎儿利益保护的，胎儿视为具有民事权利能力，但是胎儿娩出时为死体的，其民事权利能力自始不存在。

第十七条　十八周岁以上的自然人为成年人。不满十八周岁的自然人为未成年人。

第十八条　成年人为完全民事行为能力人，可以独立实施民事法律行为。

十六周岁以上的未成年人,以自己的劳动收入为主要生活来源的,视为完全民事行为能力人。

第十九条 八周岁以上的未成年人为限制民事行为能力人,实施民事法律行为由其法定代理人代理或者经其法定代理人同意、追认,但是可以独立实施纯获利益的民事法律行为或者与其年龄、智力相适应的民事法律行为。

第二十条 不满八周岁的未成年人为无民事行为能力人,由其法定代理人代理实施民事法律行为。

第二十一条 不能辨认自己行为的成年人为无民事行为能力人,由其法定代理人代理实施民事法律行为。

八周岁以上的未成年人不能辨认自己行为的,适用前款规定。

第二十二条 不能完全辨认自己行为的成年人为限制民事行为能力人,实施民事法律行为由其法定代理人代理或者经其法定代理人同意、追认,但是可以独立实施纯获利益的民事法律行为或者与其智力、精神健康状况相适应的民事法律行为。

第二十三条 无民事行为能力人、限制民事行为能力人的监护人是其法定代理人。

第二十四条 不能辨认或者不能完全辨认自己行为的成年人,其利害关系人或者有关组织,可以向人民法院申请认定该成年人为无民事行为能力人或者限制民事行为能力人。

被人民法院认定为无民事行为能力人或者限制民事行为能力人的,经本人、利害关系人或者有关组织申请,人民法院可以根据其智力、精神健康恢复的状况,认定该成年人恢复为限制民事行为能力人或者完全民事行为能力人。

本条规定的有关组织包括:居民委员会、村民委员会、学校、医疗机构、妇女联合会、残疾人联合会、依法设立的老年人组织、民政部门等。

第二十五条 自然人以户籍登记或者其他有效身份登记记载的居所为住所;经常居所与住所不一致的,经常居所视为住所。

第二节 监 护

第二十六条 父母对未成年子女负有抚养、教育和保护的义务。

成年子女对父母负有赡养、扶助和保护的义务。

第二十七条 父母是未成年子女的监护人。

未成年人的父母已经死亡或者没有监护能力的,由下列有监护能力的人按顺序担任监护人:

(一)祖父母、外祖父母;

(二)兄、姐;

(三)其他愿意担任监护人的个人或者组织,但是须经未成年人住所地的居民委员会、村民委员会或者民政部门同意。

第二十八条 无民事行为能力或者限制民事行为能力的成年人,由下列有监护能力的人按顺序担任监护人：

（一）配偶；

（二）父母、子女；

（三）其他近亲属；

（四）其他愿意担任监护人的个人或者组织，但是须经被监护人住所地的居民委员会、村民委员会或者民政部门同意。

第二十九条 被监护人的父母担任监护人的，可以通过遗嘱指定监护人。

第三十条 依法具有监护资格的人之间可以协议确定监护人。协议确定监护人应当尊重被监护人的真实意愿。

第三十一条 对监护人的确定有争议的，由被监护人住所地的居民委员会、村民委员会或者民政部门指定监护人，有关当事人对指定不服的，可以向人民法院申请指定监护人；有关当事人也可以直接向人民法院申请指定监护人。

居民委员会、村民委员会、民政部门或者人民法院应当尊重被监护人的真实意愿，按照最有利于被监护人的原则在依法具有监护资格的人中指定监护人。

依照本条第一款规定指定监护人前，被监护人的人身权利、财产权利以及其他合法权益处于无人保护状态的，由被监护人住所地的居民委员会、村民委员会、法律规定的有关组织或者民政部门担任临时监护人。

监护人被指定后，不得擅自变更；擅自变更的，不免除被指定的监护人的责任。

第三十二条 没有依法具有监护资格的人的，监护人由民政部门担任，也可以由具备履行监护职责条件的被监护人住所地的居民委员会、村民委员会担任。

第三十三条 具有完全民事行为能力的成年人，可以与其近亲属、其他愿意担任监护人的个人或者组织事先协商，以书面形式确定自己的监护人。协商确定的监护人在该成年人丧失或者部分丧失民事行为能力时，履行监护职责。

第三十四条 监护人的职责是代理被监护人实施民事法律行为，保护被监护人的人身权利、财产权利以及其他合法权益等。

监护人依法履行监护职责产生的权利，受法律保护。

监护人不履行监护职责或者侵害被监护人合法权益的，应当承担法律责任。

第三十五条 监护人应当按照最有利于被监护人的原则履行监护职责。监护人除为维护被监护人利益外，不得处分被监护人的财产。

未成年人的监护人履行监护职责，在作出与被监护人利益有关的决定时，应当根据被监护人的年龄和智力状况，尊重被监护人的真实意愿。

成年人的监护人履行监护职责，应当最大程度地尊重被监护人的真实意愿，保障并协助被监护人实施与其智力、精神健康状况相适应的民事法律行为。对被监护人有能力独立处理的事务，监护人不得干涉。

第三十六条 监护人有下列情形之一的，人民法院根据有关个人或者组织的申请，撤销其监护人资格，安排必要的临时监护措施，并按照最有利于被监护人的原则依法指定监护人：

（一）实施严重损害被监护人身心健康行为的；

（二）怠于履行监护职责，或者无法履行监护职责并且拒绝将监护职责部分或者全部委托给他人，导致被监护人处于危困状态的；

（三）实施严重侵害被监护人合法权益的其他行为的。

本条规定的有关个人和组织包括：其他依法具有监护资格的人，居民委员会、村民委员会、学校、医疗机构、妇女联合会、残疾人联合会、未成年人保护组织、依法设立的老年人组织、民政部门等。

前款规定的个人和民政部门以外的组织未及时向人民法院申请撤销监护人资格的，民政部门应当向人民法院申请。

第三十七条 依法负担被监护人抚养费、赡养费、扶养费的父母、子女、配偶等，被人民法院撤销监护人资格后，应当继续履行负担的义务。

第三十八条 被监护人的父母或者子女被人民法院撤销监护人资格后，除对被监护人实施故意犯罪的外，确有悔改表现的，经其申请，人民法院可以在尊重被监护人真实意愿的前提下，视情况恢复其监护人资格，人民法院指定的监护人与被监护人的监护关系同时终止。

第三十九条 有下列情形之一的，监护关系终止：

（一）被监护人取得或者恢复完全民事行为能力；

（二）监护人丧失监护能力；

（三）被监护人或者监护人死亡；

（四）人民法院认定监护关系终止的其他情形。

监护关系终止后，被监护人仍然需要监护的，应当依法另行确定监护人。

第三节 宣告失踪和宣告死亡

第四十条 自然人下落不明满二年的，利害关系人可以向人民法院申请宣告该自然人为失踪人。

第四十一条 自然人下落不明的时间从其失去音讯之日起计算。战争期间下落不明的，下落不明的时间自战争结束之日或者有关机关确定的下落不明之日起计算。

第四十二条 失踪人的财产由其配偶、成年子女、父母或者其他愿意担任财产代管人的人代管。

代管有争议，没有前款规定的人，或者前款规定的人无代管能力的，由人民法院指定的人代管。

第四十三条 财产代管人应当妥善管理失踪人的财产，维护其财产权益。

失踪人所欠税款、债务和应付的其他费用，由财产代管人从失踪人的财产中支付。

财产代管人因故意或者重大过失造成失踪人财产损失的，应当承担赔偿责任。

第四十四条 财产代管人不履行代管职责、侵害失踪人财产权益或者丧失代管能力的，失踪人的利害关系人可以向人民法院申请变更财产代管人。

财产代管人有正当理由的,可以向人民法院申请变更财产代管人。

人民法院变更财产代管人的,变更后的财产代管人有权要求原财产代管人及时移交有关财产并报告财产代管情况。

第四十五条 失踪人重新出现,经本人或者利害关系人申请,人民法院应当撤销失踪宣告。

失踪人重新出现,有权要求财产代管人及时移交有关财产并报告财产代管情况。

第四十六条 自然人有下列情形之一的,利害关系人可以向人民法院申请宣告该自然人死亡:

(一)下落不明满四年;

(二)因意外事件,下落不明满二年。

因意外事件下落不明,经有关机关证明该自然人不可能生存的,申请宣告死亡不受二年时间的限制。

第四十七条 对同一自然人,有的利害关系人申请宣告死亡,有的利害关系人申请宣告失踪,符合本法规定的宣告死亡条件的,人民法院应当宣告死亡。

第四十八条 被宣告死亡的人,人民法院宣告死亡的判决作出之日视为其死亡的日期;因意外事件下落不明宣告死亡的,意外事件发生之日视为其死亡的日期。

第四十九条 自然人被宣告死亡但是并未死亡的,不影响该自然人在被宣告死亡期间实施的民事法律行为的效力。

第五十条 被宣告死亡的人重新出现,经本人或者利害关系人申请,人民法院应当撤销死亡宣告。

第五十一条 被宣告死亡的人的婚姻关系,自死亡宣告之日起消灭。死亡宣告被撤销的,婚姻关系自撤销死亡宣告之日起自行恢复,但是其配偶再婚或者向婚姻登记机关书面声明不愿意恢复的除外。

第五十二条 被宣告死亡的人在被宣告死亡期间,其子女被他人依法收养的,在死亡宣告被撤销后,不得以未经本人同意为由主张收养关系无效。

第五十三条 被撤销死亡宣告的人有权请求依照继承法取得其财产的民事主体返还财产。无法返还的,应当给予适当补偿。

利害关系人隐瞒真实情况,致使他人被宣告死亡取得其财产的,除应当返还财产外,还应当对由此造成的损失承担赔偿责任。

第四节 个体工商户和农村承包经营户

第五十四条 自然人从事工商业经营,经依法登记,为个体工商户。个体工商户可以起字号。

第五十五条 农村集体经济组织的成员,依法取得农村土地承包经营权,从事家庭承包经营的,为农村承包经营户。

第五十六条 个体工商户的债务,个人经营的,以个人财产承担;家庭经营的,以家庭财产承担;无法区分的,以家庭财产承担。

农村承包经营户的债务,以从事农村土地承包经营的农户财产承担;事实上由农户部分成员经营的,以该部分成员的财产承担。

第三章 法 人

第一节 一般规定

第五十七条 法人是具有民事权利能力和民事行为能力,依法独立享有民事权利和承担民事义务的组织。

第五十八条 法人应当依法成立。

法人应当有自己的名称、组织机构、住所、财产或者经费。法人成立的具体条件和程序,依照法律、行政法规的规定。

设立法人,法律、行政法规规定须经有关机关批准的,依照其规定。

第五十九条 法人的民事权利能力和民事行为能力,从法人成立时产生,到法人终止时消灭。

第六十条 法人以其全部财产独立承担民事责任。

第六十一条 依照法律或者法人章程的规定,代表法人从事民事活动的负责人,为法人的法定代表人。

法定代表人以法人名义从事的民事活动,其法律后果由法人承受。

法人章程或者法人权力机构对法定代表人代表权的限制,不得对抗善意相对人。

第六十二条 法定代表人因执行职务造成他人损害的,由法人承担民事责任。

法人承担民事责任后,依照法律或者法人章程的规定,可以向有过错的法定代表人追偿。

第六十三条 法人以其主要办事机构所在地为住所。依法需要办理法人登记的,应当将主要办事机构所在地登记为住所。

第六十四条 法人存续期间登记事项发生变化的,应当依法向登记机关申请变更登记。

第六十五条 法人的实际情况与登记的事项不一致的,不得对抗善意相对人。

第六十六条 登记机关应当依法及时公示法人登记的有关信息。

第六十七条 法人合并的,其权利和义务由合并后的法人享有和承担。

法人分立的,其权利和义务由分立后的法人享有连带债权,承担连带债务,但是债权人和债务人另有约定的除外。

第六十八条 有下列原因之一并依法完成清算、注销登记的,法人终止:

(一)法人解散;

(二)法人被宣告破产;

(三)法律规定的其他原因。

法人终止,法律、行政法规规定须经有关机关批准的,依照其规定。

第六十九条 有下列情形之一的,法人解散:

（一）法人章程规定的存续期间届满或者法人章程规定的其他解散事由出现；
（二）法人的权力机构决议解散；
（三）因法人合并或者分立需要解散；
（四）法人依法被吊销营业执照、登记证书，被责令关闭或者被撤销；
（五）法律规定的其他情形。

第七十条 法人解散的，除合并或者分立的情形外，清算义务人应当及时组成清算组进行清算。

法人的董事、理事等执行机构或者决策机构的成员为清算义务人。法律、行政法规另有规定的，依照其规定。

清算义务人未及时履行清算义务，造成损害的，应当承担民事责任；主管机关或者利害关系人可以申请人民法院指定有关人员组成清算组进行清算。

第七十一条 法人的清算程序和清算组职权，依照有关法律的规定；没有规定的，参照适用公司法的有关规定。

第七十二条 清算期间法人存续，但是不得从事与清算无关的活动。

法人清算后的剩余财产，根据法人章程的规定或者法人权力机构的决议处理。法律另有规定的，依照其规定。

清算结束并完成法人注销登记时，法人终止；依法不需要办理法人登记的，清算结束时，法人终止。

第七十三条 法人被宣告破产的，依法进行破产清算并完成法人注销登记时，法人终止。

第七十四条 法人可以依法设立分支机构。法律、行政法规规定分支机构应当登记的，依照其规定。

分支机构以自己的名义从事民事活动，产生的民事责任由法人承担；也可以先以该分支机构管理的财产承担，不足以承担的，由法人承担。

第七十五条 设立人为设立法人从事的民事活动，其法律后果由法人承受；法人未成立的，其法律后果由设立人承受，设立人为二人以上的，享有连带债权，承担连带债务。

设立人为设立法人以自己的名义从事民事活动产生的民事责任，第三人有权选择请求法人或者设立人承担。

第二节 营利法人

第七十六条 以取得利润并分配给股东等出资人为目的成立的法人，为营利法人。

营利法人包括有限责任公司、股份有限公司和其他企业法人等。

第七十七条 营利法人经依法登记成立。

第七十八条 依法设立的营利法人，由登记机关发给营利法人营业执照。营业执照签发日期为营利法人的成立日期。

第七十九条　设立营利法人应当依法制定法人章程。

第八十条　营利法人应当设权力机构。

权力机构行使修改法人章程，选举或者更换执行机构、监督机构成员，以及法人章程规定的其他职权。

第八十一条　营利法人应当设执行机构。

执行机构行使召集权力机构会议，决定法人的经营计划和投资方案，决定法人内部管理机构的设置，以及法人章程规定的其他职权。

执行机构为董事会或者执行董事的，董事长、执行董事或者经理按照法人章程的规定担任法定代表人；未设董事会或者执行董事的，法人章程规定的主要负责人为其执行机构和法定代表人。

第八十二条　营利法人设监事会或者监事等监督机构的，监督机构依法行使检查法人财务，监督执行机构成员、高级管理人员执行法人职务的行为，以及法人章程规定的其他职权。

第八十三条　营利法人的出资人不得滥用出资人权利损害法人或者其他出资人的利益。滥用出资人权利给法人或者其他出资人造成损失的，应当依法承担民事责任。

营利法人的出资人不得滥用法人独立地位和出资人有限责任损害法人的债权人利益。滥用法人独立地位和出资人有限责任，逃避债务，严重损害法人的债权人利益的，应当对法人债务承担连带责任。

第八十四条　营利法人的控股出资人、实际控制人、董事、监事、高级管理人员不得利用其关联关系损害法人的利益。利用关联关系给法人造成损失的，应当承担赔偿责任。

第八十五条　营利法人的权力机构、执行机构作出决议的会议召集程序、表决方式违反法律、行政法规、法人章程，或者决议内容违反法人章程的，营利法人的出资人可以请求人民法院撤销该决议，但是营利法人依据该决议与善意相对人形成的民事法律关系不受影响。

第八十六条　营利法人从事经营活动，应当遵守商业道德，维护交易安全，接受政府和社会的监督，承担社会责任。

第三节　非营利法人

第八十七条　为公益目的或者其他非营利目的成立，不向出资人、设立人或者会员分配所取得利润的法人，为非营利法人。

非营利法人包括事业单位、社会团体、基金会、社会服务机构等。

第八十八条　具备法人条件，为适应经济社会发展需要，提供公益服务设立的事业单位，经依法登记成立，取得事业单位法人资格；依法不需要办理法人登记的，从成立之日起，具有事业单位法人资格。

第八十九条　事业单位法人设理事会的，除法律另有规定外，理事会为其决策机构。事业单位法人的法定代表人依照法律、行政法规或者法人章程的规定产生。

第九十条 具备法人条件,基于会员共同意愿,为公益目的或者会员共同利益等非营利目的设立的社会团体,经依法登记成立,取得社会团体法人资格;依法不需要办理法人登记的,从成立之日起,具有社会团体法人资格。

第九十一条 设立社会团体法人应当依法制定法人章程。

社会团体法人应当设会员大会或者会员代表大会等权力机构。

社会团体法人应当设理事会等执行机构。理事长或者会长等负责人按照法人章程的规定担任法定代表人。

第九十二条 具备法人条件,为公益目的以捐助财产设立的基金会、社会服务机构等,经依法登记成立,取得捐助法人资格。

依法设立的宗教活动场所,具备法人条件的,可以申清法人登记,取得捐助法人资格。法律、行政法规对宗教活动场所有规定的,依照其规定。

第九十三条 设立捐助法人应当依法制定法人章程。

捐助法人应当设理事会、民主管理组织等决策机构,并设执行机构。理事长等负责人按照法人章程的规定担任法定代表人。

捐助法人应当设监事会等监督机构。

第九十四条 捐助人有权向捐助法人查询捐助财产的使用、管理情况,并提出意见和建议,捐助法人应当及时、如实答复。

捐助法人的决策机构、执行机构或者法定代表人作出决定的程序违反法律、行政法规、法人章程,或者决定内容违反法人章程的,捐助人等利害关系人或者主管机关可以请求人民法院撤销该决定,但是捐助法人依据该决定与善意相对人形成的民事法律关系不受影响。

第九十五条 为公益目的成立的非营利法人终止时,不得向出资人、设立人或者会员分配剩余财产。剩余财产应当按照法人章程的规定或者权力机构的决议用于公益目的;无法按照法人章程的规定或者权力机构的决议处理的,由主管机关主持转给宗旨相同或者相近的法人,并向社会公告。

第四节 特别法人

第九十六条 本节规定的机关法人、农村集体经济组织法人、城镇农村的合作经济组织法人、基层群众性自治组织法人,为特别法人。

第九十七条 有独立经费的机关和承担行政职能的法定机构从成立之日起,具有机关法人资格,可以从事为履行职能所需要的民事活动。

第九十八条 机关法人被撤销的,法人终止,其民事权利和义务由继任的机关法人享有和承担;没有继任的机关法人的,由作出撤销决定的机关法人享有和承担。

第九十九条 农村集体经济组织依法取得法人资格。

法律、行政法规对农村集体经济组织有规定的,依照其规定。

第一百条 城镇农村的合作经济组织依法取得法人资格。

法律、行政法规对城镇农村的合作经济组织有规定的,依照其规定。

第一百零一条 居民委员会、村民委员会具有基层群众性自治组织法人资格,可以从事为履行职能所需要的民事活动。

未设立村集体经济组织的,村民委员会可以依法代行村集体经济组织的职能。

第四章 非法人组织

第一百零二条 非法人组织是不具有法人资格,但是能够依法以自己的名义从事民事活动的组织。

非法人组织包括个人独资企业、合伙企业、不具有法人资格的专业服务机构等。

第一百零三条 非法人组织应当依照法律的规定登记。

设立非法人组织,法律、行政法规规定须经有关机关批准的,依照其规定。

第一百零四条 非法人组织的财产不足以清偿债务的,其出资人或者设立人承担无限责任。法律另有规定的,依照其规定。

第一百零五条 非法人组织可以确定一人或者数人代表该组织从事民事活动。

第一百零六条 有下列情形之一的,非法人组织解散:

(一)章程规定的存续期间届满或者章程规定的其他解散事由出现;

(二)出资人或者设立人决定解散;

(三)法律规定的其他情形。

第一百零七条 非法人组织解散的,应当依法进行清算。

第一百零八条 非法人组织除适用本章规定外,参照适用本法第三章第一节的有关规定。

第五章 民事权利

第一百零九条 自然人的人身自由、人格尊严受法律保护。

第一百一十条 自然人享有生命权、身体权、健康权、姓名权、肖像权、名誉权、荣誉权、隐私权、婚姻自主权等权利。

法人、非法人组织享有名称权、名誉权、荣誉权等权利。

第一百一十一条 自然人的个人信息受法律保护。任何组织和个人需要获取他人个人信息的,应当依法取得并确保信息安全,不得非法收集、使用、加工、传输他人个人信息,不得非法买卖、提供或者公开他人个人信息。

第一百一十二条 自然人因婚姻、家庭关系等产生的人身权利受法律保护。

第一百一十三条 民事主体的财产权利受法律平等保护。

第一百一十四条 民事主体依法享有物权。

物权是权利人依法对特定的物享有直接支配和排他的权利,包括所有权、用益物权和担保物权。

第一百一十五条　物包括不动产和动产。法律规定权利作为物权客体的,依照其规定。

第一百一十六条　物权的种类和内容,由法律规定。

第一百一十七条　为了公共利益的需要,依照法律规定的权限和程序征收、征用不动产或者动产的,应当给予公平、合理的补偿。

第一百一十八条　民事主体依法享有债权。

债权是因合同、侵权行为、无因管理、不当得利以及法律的其他规定,权利人请求特定义务人为或者不为一定行为的权利。

第一百一十九条　依法成立的合同,对当事人具有法律约束力。

第一百二十条　民事权益受到侵害的,被侵权人有权请求侵权人承担侵权责任。

第一百二十一条　没有法定的或者约定的义务,为避免他人利益受损失而进行管理的人,有权请求受益人偿还由此支出的必要费用。

第一百二十二条　因他人没有法律根据,取得不当利益,受损失的人有权请求其返还不当利益。

第一百二十三条　民事主体依法享有知识产权。

知识产权是权利人依法就下列客体享有的专有的权利:

(一)作品;

(二)发明、实用新型、外观设计;

(三)商标;

(四)地理标志;

(五)商业秘密;

(六)集成电路布图设计;

(七)植物新品种;

(八)法律规定的其他客体。

第一百二十四条　自然人依法享有继承权。

自然人合法的私有财产,可以依法继承。

第一百二十五条　民事主体依法享有股权和其他投资性权利。

第一百二十六条　民事主体享有法律规定的其他民事权利和利益。

第一百二十七条　法律对数据、网络虚拟财产的保护有规定的,依照其规定。

第一百二十八条　法律对未成年人、老年人、残疾人、妇女、消费者等的民事权利保护有特别规定的,依照其规定。

第一百二十九条　民事权利可以依据民事法律行为、事实行为、法律规定的事件或者法律规定的其他方式取得。

第一百三十条　民事主体按照自己的意愿依法行使民事权利,不受干涉。

第一百三十一条　民事主体行使权利时,应当履行法律规定的和当事人约定的义务。

第一百三十二条　民事主体不得滥用民事权利损害国家利益、社会公共利益或者他人合法权益。

第六章 民事法律行为

第一节 一般规定

第一百三十三条 民事法律行为是民事主体通过意思表示设立、变更、终止民事法律关系的行为。

第一百三十四条 民事法律行为可以基于双方或者多方的意思表示一致成立，也可以基于单方的意思表示成立。

法人、非法人组织依照法律或者章程规定的议事方式和表决程序作出决议的，该决议行为成立。

第一百三十五条 民事法律行为可以采用书面形式、口头形式或者其他形式；法律、行政法规规定或者当事人约定采用特定形式的，应当采用特定形式。

第一百三十六条 民事法律行为自成立时生效，但是法律另有规定或者当事人另有约定的除外。

行为人非依法律规定或者未经对方同意，不得擅自变更或者解除民事法律行为。

第二节 意思表示

第一百三十七条 以对话方式作出的意思表示，相对人知道其内容时生效。

以非对话方式作出的意思表示，到达相对人时生效。以非对话方式作出的采用数据电文形式的意思表示，相对人指定特定系统接收数据电文的，该数据电文进入该特定系统时生效；未指定特定系统的，相对人知道或者应当知道该数据电文进入其系统时生效。当事人对采用数据电文形式的意思表示的生效时间另有约定的，按照其约定。

第一百三十八条 无相对人的意思表示，表示完成时生效。

法律另有规定的，依照其规定。

第一百三十九条 以公告方式作出的意思表示，公告发布时生效。

第一百四十条 行为人可以明示或者默示作出意思表示。

沉默只有在有法律规定、当事人约定或者符合当事人之间的交易习惯时，才可以视为意思表示。

第一百四十一条 行为人可以撤回意思表示。撤回意思表示的通知应当在意思表示到达相对人前或者与意思表示同时到达相对人。

第一百四十二条 有相对人的意思表示的解释，应当按照所使用的词句，结合相关条款、行为的性质和目的、习惯以及诚信原则，确定意思表示的含义。

无相对人的意思表示的解释，不能完全拘泥于所使用的词句，而应当结合相关条款、行为的性质和目的、习惯以及诚信原则，确定行为人的真实意思。

第三节 民事法律行为的效力

第一百四十三条 具备下列条件的民事法律行为有效：
（一）行为人具有相应的民事行为能力；
（二）意思表示真实；
（三）不违反法律、行政法规的强制性规定，不违背公序良俗。

第一百四十四条 无民事行为能力人实施的民事法律行为无效。

第一百四十五条 限制民事行为能力人实施的纯获利益的民事法律行为或者与其年龄、智力、精神健康状况相适应的民事法律行为有效；实施的其他民事法律行为经法定代理人同意或者追认后有效。

相对人可以催告法定代理人自收到通知之日起一个月内予以追认。法定代理人未作表示的，视为拒绝追认。民事法律行为被追认前，善意相对人有撤销的权利。撤销应当以通知的方式作出。

第一百四十六条 行为人与相对人以虚假的意思表示实施的民事法律行为无效。

以虚假的意思表示隐藏的民事法律行为的效力，依照有关法律规定处理。

第一百四十七条 基于重大误解实施的民事法律行为，行为人有权请求人民法院或者仲裁机构予以撤销。

第一百四十八条 一方以欺诈手段，使对方在违背真实意思的情况下实施的民事法律行为，受欺诈方有权请求人民法院或者仲裁机构予以撤销。

第一百四十九条 第三人实施欺诈行为，使一方在违背真实意思的情况下实施的民事法律行为，对方知道或者应当知道该欺诈行为的，受欺诈方有权请求人民法院或者仲裁机构予以撤销。

第一百五十条 一方或者第三人以胁迫手段，使对方在违背真实意思的情况下实施的民事法律行为，受胁迫方有权请求人民法院或者仲裁机构予以撤销。

第一百五十一条 一方利用对方处于危困状态、缺乏判断能力等情形，致使民事法律行为成立时显失公平的，受损害方有权请求人民法院或者仲裁机构予以撤销。

第一百五十二条 有下列情形之一的，撤销权消灭：
（一）当事人自知道或者应当知道撤销事由之日起一年内、重大误解的当事人自知道或者应当知道撤销事由之日起三个月内没有行使撤销权的；
（二）当事人受胁迫，自胁迫行为终止之日起一年内没有行使撤销权的；
（三）当事人知道撤销事由后明确表示或者以自己的行为表明放弃撤销权。

当事人自民事法律行为发生之日起五年内没有行使撤销权的，撤销权消灭。

第一百五十三条 违反法律、行政法规的强制性规定的民事法律行为无效，但是该强制性规定不导致该民事法律行为无效的除外。

违背公序良俗的民事法律行为无效。

第一百五十四条 行为人与相对人恶意串通，损害他人合法权益的民事法律行为无效。

第一百五十五条 无效的或者被撤销的民事法律行为自始没有法律约束力。

第一百五十六条 民事法律行为部分无效，不影响其他部分效力的，其他部分仍然有效。

第一百五十七条 民事法律行为无效、被撤销或者确定不发生效力后，行为人因该行为取得的财产，应当予以返还；不能返还或者没有必要返还的，应当折价补偿。有过错的一方应当赔偿对方由此所受到的损失；各方都有过错的，应当各自承担相应的责任。法律另有规定的，依照其规定。

第四节 民事法律行为的附条件和附期限

第一百五十八条 民事法律行为可以附条件，但是按照其性质不得附条件的除外。附生效条件的民事法律行为，自条件成就时生效。附解除条件的民事法律行为，自条件成就时失效。

第一百五十九条 附条件的民事法律行为，当事人为自己的利益不正当地阻止条件成就的，视为条件已成就；不正当地促成条件成就的，视为条件不成就。

第一百六十条 民事法律行为可以附期限，但是按照其性质不得附期限的除外。附生效期限的民事法律行为，自期限届至时生效。附终止期限的民事法律行为，自期限届满时失效。

第七章 代 理

第一节 一般规定

第一百六十一条 民事主体可以通过代理人实施民事法律行为。

依照法律规定、当事人约定或者民事法律行为的性质，应当由本人亲自实施的民事法律行为，不得代理。

第一百六十二条 代理人在代理权限内，以被代理人名义实施的民事法律行为，对被代理人发生效力。

第一百六十三条 代理包括委托代理和法定代理。

委托代理人按照被代理人的委托行使代理权。法定代理人依照法律的规定行使代理权。

第一百六十四条 代理人不履行或者不完全履行职责，造成被代理人损害的，应当承担民事责任。

代理人和相对人恶意串通，损害被代理人合法权益的，代理人和相对人应当承担连带责任。

第二节 委托代理

第一百六十五条 委托代理授权采用书面形式的，授权委托书应当载明代理人的姓名或者名称、代理事项、权限和期间,并由被代理人签名或者盖章。

第一百六十六条 数人为同一代理事项的代理人的,应当共同行使代理权,但是当事人另有约定的除外。

第一百六十七条 代理人知道或者应当知道代理事项违法仍然实施代理行为,或者被代理人知道或者应当知道代理人的代理行为违法未作反对表示的,被代理人和代理人应当承担连带责任。

第一百六十八条 代理人不得以被代理人的名义与自己实施民事法律行为,但是被代理人同意或者追认的除外。

代理人不得以被代理人的名义与自己同时代理的其他人实施民事法律行为,但是被代理的双方同意或者追认的除外。

第一百六十九条 代理人需要转委托第三人代理的,应当取得被代理人的同意或者追认。

转委托代理经被代理人同意或者追认的,被代理人可以就代理事务直接指示转委托的第三人,代理人仅就第三人的选任以及对第三人的指示承担责任。

转委托代理未经被代理人同意或者追认的,代理人应当对转委托的第三人的行为承担责任,但是在紧急情况下代理人为了维护被代理人的利益需要转委托第三人代理的除外。

第一百七十条 执行法人或者非法人组织工作任务的人员,就其职权范围内的事项,以法人或者非法人组织的名义实施民事法律行为,对法人或者非法人组织发生效力。

法人或者非法人组织对执行其工作任务的人员职权范围的限制,不得对抗善意相对人。

第一百七十一条 行为人没有代理权、超越代理权或者代理权终止后,仍然实施代理行为,未经被代理人追认的,对被代理人不发生效力。

相对人可以催告被代理人自收到通知之日起一个月内予以追认。被代理人未作表示的,视为拒绝追认。行为人实施的行为被追认前,善意相对人有撤销的权利。撤销应当以通知的方式作出。

行为人实施的行为未被追认的,善意相对人有权请求行为人履行债务或者就其受到的损害请求行为人赔偿,但是赔偿的范围不得超过被代理人追认时相对人所能获得的利益。

相对人知道或者应当知道行为人无权代理的,相对人和行为人按照各自的过错承担责任。

第一百七十二条 行为人没有代理权、超越代理权或者代理权终止后,仍然实施代理行为,相对人有理由相信行为人有代理权的,代理行为有效。

第三节 代理终止

第一百七十三条 有下列情形之一的,委托代理终止:

（一）代理期间届满或者代理事务完成；
（二）被代理人取消委托或者代理人辞去委托；
（三）代理人丧失民事行为能力；
（四）代理人或者被代理人死亡；
（五）作为代理人或者被代理人的法人、非法人组织终止。

第一百七十四条 被代理人死亡后，有下列情形之一的，委托代理人实施的代理行为有效：
（一）代理人不知道并且不应当知道被代理人死亡；
（二）被代理人的继承人予以承认；
（三）授权中明确代理权在代理事务完成时终止；
（四）被代理人死亡前已经实施，为了被代理人的继承人的利益继续代理。
作为被代理人的法人、非法人组织终止的，参照适用前款规定。

第一百七十五条 有下列情形之一的，法定代理终止：
（一）被代理人取得或者恢复完全民事行为能力；
（二）代理人丧失民事行为能力；
（三）代理人或者被代理人死亡；
（四）法律规定的其他情形。

第八章　民事责任

第一百七十六条 民事主体依照法律规定和当事人约定，履行民事义务，承担民事责任。

第一百七十七条 二人以上依法承担按份责任，能够确定责任大小的，各自承担相应的责任；难以确定责任大小的，平均承担责任。

第一百七十八条 二人以上依法承担连带责任的，权利人有权请求部分或者全部连带责任人承担责任。
连带责任人的责任份额根据各自责任大小确定；难以确定责任大小的，平均承担责任。实际承担责任超过自己责任份额的连带责任人，有权向其他连带责任人追偿。
连带责任，由法律规定或者当事人约定。

第一百七十九条 承担民事责任的方式主要有：
（一）停止侵害；
（二）排除妨碍；
（三）消除危险；
（四）返还财产；
（五）恢复原状；
（六）修理、重作、更换；
（七）继续履行；

（八）赔偿损失；

（九）支付违约金；

（十）消除影响、恢复名誉；

（十一）赔礼道歉。

法律规定惩罚性赔偿的，依照其规定。

本条规定的承担民事责任的方式，可以单独适用，也可以合并适用。

第一百八十条 因不可抗力不能履行民事义务的，不承担民事责任。法律另有规定的，依照其规定。

不可抗力是指不能预见、不能避免且不能克服的客观情况。

第一百八十一条 因正当防卫造成损害的，不承担民事责任。

正当防卫超过必要的限度，造成不应有的损害的，正当防卫人应当承担适当的民事责任。

第一百八十二条 因紧急避险造成损害的，由引起险情发生的人承担民事责任。危险由自然原因引起的，紧急避险人不承担民事责任，可以给予适当补偿。

紧急避险采取措施不当或者超过必要的限度，造成不应有的损害的，紧急避险人应当承担适当的民事责任。

第一百八十三条 因保护他人民事权益使自己受到损害的，由侵权人承担民事责任，受益人可以给予适当补偿。没有侵权人、侵权人逃逸或者无力承担民事责任，受害人请求补偿的，受益人应当给予适当补偿。

第一百八十四条 因自愿实施紧急救助行为造成受助人损害的，救助人不承担民事责任。

第一百八十五条 侵害英雄烈士等的姓名、肖像、名誉、荣誉，损害社会公共利益的，应当承担民事责任。

第一百八十六条 因当事人一方的违约行为，损害对方人身权益、财产权益的，受损害方有权选择请求其承担违约责任或者侵权责任。

第一百八十七条 民事主体因同一行为应当承担民事责任、行政责任和刑事责任的，承担行政责任或者刑事责任不影响承担民事责任；民事主体的财产不足以支付的，优先用于承担民事责任。

第九章　诉讼时效

第一百八十八条 向人民法院请求保护民事权利的诉讼时效期间为三年。法律另有规定的，依照其规定。

诉讼时效期间自权利人知道或者应当知道权利受到损害以及义务人之日起计算。法律另有规定的，依照其规定。但是自权利受到损害之日起超过二十年的，人民法院不予保护；有特殊情况的，人民法院可以根据权利人的申请决定延长。

第一百八十九条 当事人约定同一债务分期履行的，诉讼时效期间自最后一期履行期限届满之日起计算。

第一百九十条 无民事行为能力人或者限制民事行为能力人对其法定代理人的请求权的诉讼时效期间,自该法定代理终止之日起计算。

第一百九十一条 未成年人遭受性侵害的损害赔偿请求权的诉讼时效期间,自受害人年满十八周岁之日起计算。

第一百九十二条 诉讼时效期间届满的,义务人可以提出不履行义务的抗辩。

诉讼时效期间届满后,义务人同意履行的,不得以诉讼时效期间届满为由抗辩;义务人已自愿履行的,不得请求返还。

第一百九十三条 人民法院不得主动适用诉讼时效的规定。

第一百九十四条 在诉讼时效期间的最后六个月内,因下列障碍,不能行使请求权的,诉讼时效中止:

(一)不可抗力;

(二)无民事行为能力人或者限制民事行为能力人没有法定代理人,或者法定代理人死亡、丧失民事行为能力、丧失代理权;

(三)继承开始后未确定继承人或者遗产管理人;

(四)权利人被义务人或者其他人控制;

(五)其他导致权利人不能行使请求权的障碍。

自中止时效的原因消除之日起满六个月,诉讼时效期间届满。

第一百九十五条 有下列情形之一的,诉讼时效中断,从中断、有关程序终结时起,诉讼时效期间重新计算:

(一)权利人向义务人提出履行请求;

(二)义务人同意履行义务;

(三)权利人提起诉讼或者申请仲裁;

(四)与提起诉讼或者申请仲裁具有同等效力的其他情形。

第一百九十六条 下列请求权不适用诉讼时效的规定:

(一)请求停止侵害、排除妨碍、消除危险;

(二)不动产物权和登记的动产物权的权利人请求返还财产;

(三)请求支付抚养费、赡养费或者扶养费;

(四)依法不适用诉讼时效的其他请求权。

第一百九十七条 诉讼时效的期间、计算方法以及中止、中断的事由由法律规定,当事人约定无效。

当事人对诉讼时效利益的预先放弃无效。

第一百九十八条 法律对仲裁时效有规定的,依照其规定;没有规定的,适用诉讼时效的规定。

第一百九十九条 法律规定或者当事人约定的撤销权、解除权等权利的存续期间,除法律另有规定外,自权利人知道或者应当知道权利产生之日起计算,不适用有关诉讼时效中止、中断和延长的规定。存续期间届满,撤销权、解除权等权利消灭。

第十章　期间计算

第二百条　民法所称的期间按照公历年、月、日、小时计算。

第二百零一条　按照年、月、日计算期间的,开始的当日不计入,自下一日开始计算。

按照小时计算期间的,自法律规定或者当事人约定的时间开始计算。

第二百零二条　按照年、月计算期间的,到期月的对应日为期间的最后一日;没有对应日的,月末日为期间的最后一日。

第二百零三条　期间的最后一日是法定休假日的,以法定休假日结束的次日为期间的最后一日。

期间的最后一日的截止时间为二十四时;有业务时间的,停止业务活动的时间为截止时间。

第二百零四条　期间的计算方法依照本法的规定,但是法律另有规定或者当事人另有约定的除外。

第十一章　附　则

第二百零五条　民法所称的"以上""以下""以内""届满",包括本数;所称的"不满""超过""以外",不包括本数。

第二百零六条　本法自2017年10月1日起施行。

关于《中华人民共和国民法总则(草案修改稿)》修改意见的报告

全国人民代表大会法律委员会 2017 年 3 月 14 日

十二届全国人大五次会议主席团：

3月12日，各代表团对民法总则草案修改稿进行了审议。代表们普遍认为，草案修改稿在认真听取代表意见的基础上，对代表意见认真研究并予以充分吸收，能采纳的尽可能采纳，作了许多重要修改；对未采纳的意见，也向代表们作了解释和说明，并在审议结果报告中作出积极回应，充分体现了对代表主体地位的尊重，贯彻了科学立法、民主立法的精神。代表们普遍赞同草案修改稿，赞成将草案提请本次大会表决通过。同时，一些代表还提出了一些修改意见。法律委员会于3月13日召开会议，对草案修改稿进行了认真审议，继续本着尽可能予以采纳的精神，对代表们提出的意见逐条研究。全国人大内务司法委员会、最高人民法院、国务院法制办公室、中国社会科学院、中国法学会有关负责同志列席会议。法律委员会认为，草案修改稿是可行的。同时，根据各代表团的审议意见，提出以下修改意见：

一、草案修改稿第十条对民事主体行使权利时应当履行法律规定的和当事人约定的义务作了规定。有的代表提出，这一条规定属于对民事主体正确行使民事权利的要求，建议移至"民事权利"一章，集中作出规定。法律委员会赞成上述意见，建议将草案修改稿第十条移至第一百三十一条后作规定。(草案建议表决稿第一百三十一条)

二、草案修改稿第四十九条规定，被宣告死亡的人，人民法院判决确定的日期视为其死亡的日期；判决未确定死亡日期的，判决作出之日视为其死亡的日期。有的代表提出，死亡日期的确定在保险理赔、继承等方面至关重要，建议强化宣告死亡日期的确定性。法律委员会经研究，建议将这一条规定修改为：被宣告死亡的人，人民法院宣告死亡的判决作出之日视为其死亡的日期；因意外事件下落不明宣告死亡的，意外事件发生之日视为其死亡的日期。(草案建议表决稿第四十八条)

三、草案修改稿第一百七十六条第二款规定，民事主体不履行或者不完全履行民事义务的，应当依法承担民事责任。有的代表提出，公平责任、无过错责任等在侵权责任法中作了规定，建议民法总则的规定涵盖这类情形。法律委员会经研究，建议将这一条修改为：民事主体依照法律规定和当事人约定，履行民事义务，承担民事责任。(草案建议表决稿第一百七十六条)

四、草案修改稿第一百七十八条对连带责任作了规定。有的代表提出，连带责任是两个或者两个以上的债务人共同向债权人承担民事责任，是一种较为严厉的责任方式，除当事人有约定外,宜由法律作出规定。法律委员会赞成上述意见,建议在这一条增加一款作为第三款:连带责任,由法律规定或者当事人约定。(草案建议表决稿第一百七十八条第三款)

五、草案修改稿第一百八十四条规定,因自愿实施紧急救助行为造成受助人损害的,救助人不承担民事责任。受助人能够证明救助人有重大过失造成自己不应有的重大损害的,救助人承担适当的民事责任。一些代表提出,草案修改稿的后一句规定较草案规定虽作了进一步严格限定,针对的是在实践中可能出现的特殊情况,但仍难以免除见义勇为者的后顾之忧,不利于倡导培育见义勇为、乐于助人的良好社会风尚,建议删除。法律委员会经研究,赞成这一意见,建议删除这一内容。(草案建议表决稿第一百八十四条)

六、草案修改稿第一百九十六条规定,对连带债权人或者连带债务人中的一人发生诉讼时效中断的,中断的效力及于全部连带债权人或者连带债务人。有的代表提出,债权人向一个连带债务人提出履行债务的请求,导致诉讼时效对该连带债务人中断是合理的,但能否导致对其他连带债务人的诉讼时效中断,目前理论上和实践中争议较大,建议再斟酌。法律委员会经研究,建议删除这一条规定。

此外,根据代表们的审议意见,还对草案修改稿作了一些文字修改。法律委员会同时建议,本法自2017年10月1日起施行。

草案建议表决稿已按上述意见作了修改,建议经主席团审议通过后,提请本次会议表决。

民法总则草案建议表决稿和以上报告,请审议。

第十二届全国人民代表大会法律委员会
2017年3月14日

三、物权法

中华人民共和国物权法(征求意见稿)

2002年1月

目 录

总 则
  第一章 一般规定
  第二章 物权的设立、变更、转让和消灭
  第三章 物权的保护
所有权
  第四章 一般规定
  第五章 国家所有权
  第六章 集体所有权
  第七章 私人所有权
  第八章 建筑物区分所有权
  第九章 相邻关系
  第十章 共 有
  第十一章 所有权取得的特别规定
用益物权
  第十二章 一般规定
  第十三章 土地承包经营权
  第十四章 建设用地使用权
  第十五章 宅基地使用权
  第十六章 邻地利用权
  第十七章 典 权
  第十八章 居住权
  第十九章 探矿权、采矿权

第二十章　取水权
第二十一章　渔业权
第二十二章　驯养权、狩猎权
担保物权
第二十三章　一般规定
第二十四章　抵押权
第二十五章　质权
第二十六章　留置权
第二十七章　让与担保权
占　有
附　则

总　则

第一章　一般规定

第一条　为保护自然人、法人或者其他组织的物权,维护社会经济秩序,促进社会主义现代化建设,制定本法。

第二条　本法所称物权,是自然人、法人或者其他组织直接支配不动产或者动产的权利,包括所有权、用益物权和担保物权。

不动产指土地、建筑物等土地附着物。动产指机器设备等不动产以外的物。法律规定权利作为物权客体的,依照其规定。

第三条　我国社会主义经济制度的基础是生产资料的社会主义公有制,即全民所有制和劳动群众集体所有制。个体经济、私营经济等非公有制经济,是社会主义市场经济的重要组成部分。国家在社会主义初级阶段,坚持公有制为主体、多种所有制经济共同发展的基本经济制度。

第四条　物权的种类及其内容,由本法或者其他有关物权的法律规定。

第五条　物权的取得以及行使,应当遵守法律。违反法律规定的,不能取得物权。物权的行使,不得损害社会公共利益以及他人合法权益。

第六条　权利人享有的物权,受法律保护。任何人不得侵害物权。

第七条　物权的设立、变更、转让和消灭,除法律另有规定外,不动产应当登记,动产应当交付。记载于不动产登记簿的权利人是该不动产的权利人,动产的占有人是该动产的权利人,但有相反证据的除外。

第八条　特定的不动产或者动产,既是物权的支配物,又是债权的标的物时,优先保护物权,但法律另有规定的除外。

在特定的不动产或者动产设立两个以上物权时,优先保护先设立的物权,但法律另有规定的除外。

第二章 物权的设立、变更、转让和消灭

第一节 不动产登记

第九条 依照法律规定,土地、矿藏等自然资源属于国家所有的,可以不经登记,自法律施行之日起享有物权。

除法律另有规定外,国家、集体、私人的不动产物权的设立、变更、转让和消灭,应当登记;不经登记,不发生物权效力。

第十条 不动产登记,由不动产所在地的县级以上登记机构办理。登记机构的设置以及登记程序,依照法律、行政法规的有关规定。

第十一条 登记机构应当履行下列职责:

(一)查验申请人提交的必要的材料;

(二)就有关登记事项询问申请人;

(三)如实、及时地登记有关事项;

(四)收取合理的登记费用;

(五)法律、行政法规规定的其他职责。

登记机构对申请登记的不动产的实际状况认为需要查看的,申请人有义务协助。

第十二条 不动产登记簿记载的事项,是权利人及其物权内容的根据。

不动产登记簿由登记机构管理。

第十三条 权利人以及利害关系人有权查阅、复制不动产登记簿记载的事项。

第十四条 不动产权属证书,是权利人享有该物权的证明。不动产权属证书记载的事项,应当与不动产登记簿记载的事项一致。记载不一致的,以不动产登记簿为准。

第十五条 不动产物权的设立、变更、转让和消灭,自不动产登记簿记载之时发生效力。

第十六条 权利人及利害关系人有权对不动产登记簿的错误记载申请异议登记。登记机构应当将该异议记载于不动产登记簿。

自异议登记之日起三个月内,申请人未向登记机构申请更正登记的,该异议登记失效。

第十七条 异议登记后,记载于不动产登记簿的权利人在异议登记期间不得处分该不动产。

异议登记不当,造成权利人损害的,权利人可以向异议登记的申请人请求损害赔偿。

第十八条 权利人和利害关系人有权对不动产登记簿的错误记载申请更正登记。登记确有错误的,应当予以更正。

第十九条 债权人为了限制债务人处分不动产,保障其将来取得物权,有权向登记机构申请预告登记。

预告登记后,债务人违背预告登记对该不动产作出的处分,不发生物权效力。

第二十条 预告登记后,债权人自能够进行不动产登记之日起三个月内未申请登记的,或者该债权消灭的,该预告登记失效。

第二十一条 权利人可以变更或者抛弃不动产物权。变更或者抛弃不动产物权的,自不动产登记簿记载之时发生效力。不动产有两个以上物权的,某一物权变更或者抛弃后,不影响其他物权的效力。

第二十二条 基于不动产登记簿享有的物权,受法律保护,但记载于不动产登记簿的权利人知道该权利有瑕疵的除外。

第二十三条 因登记机构的过错,导致不动产登记簿错误记载,对他人造成损害的,应当承担损害赔偿责任。

第二十四条 不动产以外物权的设立、变更、转让和消灭,依照法律规定应当登记的,准用不动产登记的有关规定。

第二节 动产交付

第二十五条 动产所有权的转让以及动产质权的设立等,除法律另有规定或者当事人另有约定的以外,自交付时发生效力。

第二十六条 船舶、飞行器和汽车物权的设立、变更、转让和消灭,应当登记,不经登记,不得对抗善意第三人。

第二十七条 动产物权设立、转让前,权利人已经占有该动产的,物权自合同生效时发生效力。

第二十八条 动产物权设立、转让前,第三人占有该动产的,可以通过转让向第三人返还原物的请求权代替交付,物权自向第三人返还原物的请求权转让时发生效力。

转让向第三人返还原物的请求权的,出让人应当通知第三人。

第二十九条 动产物权转让时,出让人应当将该动产交付给受让人,但根据双方约定由出让人继续占有该动产的,可以由出让人继续占有该动产,视为已经交付。

第三节 其他规定

第三十条 因人民法院的判决、人民政府的征收等行为导致物权的设立、变更、转让和消灭的,自判决生效或者人民政府的征收等行为作出之时发生效力。

第三十一条 因继承或者遗赠导致物权设立的,自继承或者遗赠开始时发生效力。

第三十二条 因建造住房等事实行为导致物权设立和消灭的,自事实行为成就时发生效力。

第三十三条 依照本法第三十条至第三十二条的规定,导致不动产以及船舶、飞行器和汽车的物权设立、变更、转让和消灭的,应当及时补办登记。

第三章 物权的保护

第三十四条 因物权的归属及其内容发生争议的,利害关系人可以请求确认权利。

第三十五条 任何人无权占有他人不动产或者动产的,权利人可以请求其返还原物。

第三十六条 任何人造成他人不动产或者动产毁损的,权利人可以请求恢复原状。

第三十七条 任何人妨害行使物权的,权利人可以请求排除妨害。

第三十八条 任何人有可能危及行使物权的,权利人可以请求消除危险。

第三十九条 任何人侵害物权,造成权利人损害的,权利人可以请求损害赔偿。

所 有 权

第四章 一般规定

第四十条 所有权人拥有特定的不动产或者动产,对其不动产或者动产享有全面支配的权利。

第四十一条 所有权人依照法律规定或者当事人的约定,可以允许他人对其不动产或者动产享有占有、使用、收益的权利,以及处分用益物权的权利。

第四十二条 所有权的取得应当遵守法律。依照法律规定只能由国家、集体所有的,私人不能取得所有权。

第四十三条 法律保护国家所有权、集体所有权和私人所有权。禁止任何组织或者个人用任何手段侵占、破坏国家、集体和私人的不动产或者动产。

第四十四条 县级以上人民政府为了社会公共利益的需要,依照法律规定的权限和程序可以征收单位以及个人的不动产或者动产,但应当给予补偿。

第四十五条 因救灾、战争等紧急需要,县级以上人民政府依照法律规定的权限和程序,可以征用单位以及个人的不动产或者动产,但应当给予补偿。被征用的不动产或者动产使用后,应当返还被征用人。

第五章 国家所有权

第四十六条 矿产资源、水资源以及城市的土地属于国家所有。国家所有即全民所有。

第四十七条 森林、山岭、草原、荒地、滩涂等自然资源除集体所有的以外,属于国家所有。

第四十八条　农村和城市郊区的土地、野生动物资源等,法律规定国家所有的,属于国家所有。

第四十九条　国务院代表国家统一行使国家所有权。国家所有的不动产或者动产,由中央和地方人民政府分级管理。

第五十条　国家所有的不动产或者动产,投入到企业的,由出资人按出资额享有资产受益、重大决策以及选择经营管理者等权利。

国有企业或者国有控股企业对该企业的不动产或者动产,享有占有、使用、收益以及处分的权利。禁止将国有企业或者国有控股企业的财产无偿或者以明显不合理的低价转让给个人。国家委派出资人代表通过企业章程规定出资人权利,通过股东会、董事会、监事会行使权利,对该企业的经营活动进行监督管理。

第五十一条　国家机关对其拥有的不动产或者动产,依照法律以及国务院的有关规定享有占有、使用的权利。

第五十二条　国家兴办的学校、医院、电台、电视台、报社、出版社、图书馆、博物馆等单位对其拥有的不动产或者动产,依照法律以及国务院的有关规定享有占有、使用、收益的权利。

第六章　集体所有权

第五十三条　劳动群众集体所有的不动产或者动产,包括:

(一)法律规定为集体所有的土地和森林、山岭、草原、荒地、滩涂等;

(二)集体经济组织的财产;

(三)集体所有的建筑物、水库、农田水利设施;

(四)集体所有的教育、科学、文化、卫生、体育等设施;

(五)集体所有的其他不动产或者动产。

第五十四条　土地和森林、山岭、草原、荒地、滩涂等集体所有权的行使,有下列情形:

(一)分别属于村内两个以上集体经济组织的农民集体所有的,由该村内各集体经济组织或者村民小组行使所有权;

(二)属于村农民集体所有的,由该集体经济组织或者村民委员会行使所有权;

(三)属于乡(镇)农民集体所有的,由该乡(镇)集体经济组织行使所有权。

第五十五条　农民集体所有的土地等,应当由本集体经济组织的成员承包经营,从事种植业、林业、畜牧业、渔业生产。

农民集体所有的土地等,经本集体经济组织三分之二以上成员或者成员代表同意,可以由本集体经济组织以外的单位或者个人承包经营。

承包经营的农民依照法律享有对该土地的用益物权。

第五十六条　农民集体所有的农用地,不得用于非农业建设。需要将农用地转为建设用地的,应当依照法律规定办理农用地转用审批手续。

第五十七条 因社会公共利益的需要,国家可以征收集体所有的土地,但应当支付土地补偿费等费用。土地补偿费等费用的分配办法,应当经本集体经济组织三分之二以上的成员或者成员代表同意。

第五十八条 城镇集体企业、乡镇(村)集体企业的不动产或者动产,在企业存续期间属于该企业所有。

第五十九条 集体经济组织的管理人员依照法律、章程等有关规定由集体经济组织的成员选举产生。集体经济组织的重大经营决策依照法律、章程等有关规定由集体经济组织成员决定。禁止将集体所有的财产无偿或者以明显不合理的低价转让给个人。集体经济组织的管理人员作出的决定违反法律、章程等有关规定,侵害集体经济组织成员权益的,该集体经济组织的成员可以通过诉讼等方式维护集体所有权以及成员的权益。

第七章 私人所有权

第六十条 本法所称的私人所有权,包括公民以及个体经济、私营经济等非公有制经济的主体,对其不动产或者动产享有全面支配的权利。

第六十一条 私营企业的不动产或者动产,具备法人条件的,属于该法人所有;不具备法人条件的,依照法律或者章程规定享有所有权。

第六十二条 私人对其依法取得的工资、奖金、房屋、生活用品等生活资料享有所有权。

第六十三条 私人对其依法取得的劳动工具、原材料等生产资料享有所有权。

第六十四条 国家保护私人的储蓄。

国家保护私人投资以及因投资获得的收益。

第六十五条 国家保护私人财产的继承权以及其他合法权益。

第八章 建筑物区分所有权

第六十六条 建筑物区分所有权人,就该建筑物内其居室等专有部分享有所有权,就走廊、电梯等共有部分享有共有的权利,就该建筑物及其附属设施的维护等享有共同管理的权利。

第六十七条 建筑物区分所有权人对其专有部分享有占有、使用、收益和处分的权利,但不得违反管理该建筑物的有关规定,不得损害其他区分所有权人的合法权益。

第六十八条 建筑物区分所有权人转让其专有部分所有权的,其对共有部分享有的共有权利以及对该建筑物及其附属设施享有的共同管理的权利,视为一并转让。

第六十九条 建筑物区分所有权人,对于已摊入销售成本的物业管理用房、商业用房等建筑物,以及小区内的场地享有共有的权利,就该不动产有共同管理的权利,维护、修缮该不动产的费用由有关共有人承担。

第七十条 建筑物区分所有权人会议由全体建筑物区分所有权人组成,是该建筑物及其附属设施的管理机构。

第七十一条 建筑物区分所有权人人数众多的,可以设立建筑物区分所有权人委员会,该委员会按照建筑物区分所有权人会议的决定履行管理职责。

第七十二条 建筑物区分所有权人会议或者建筑物区分所有权委员会,有权取得有关该建筑物及其附属设施的土地使用权证、居住区管理用房和居住区规划图、竣工总平面图、地下地上管网竣工图以及其他必要的工程建设资料。建筑物区分所有权人会议或者建筑物区分所有权人委员会取得土地使用权证后,应当办理土地使用权人的变更登记。

第七十三条 建筑物区分所有权人会议以及建筑物区分所有权人委员会可以制定有关该建筑物及其附属设施的管理规定,可以委托物业管理机构管理该建筑物及其附属设施。

第七十四条 建筑物及其附属设施的管理规定以及维护、重建、费用分摊、收益分配等重大事项,应经建筑物区分所有权人会议总表决权的三分之二以上同意。

第七十五条 建筑物区分所有权人会议或者建筑物区分所有权人委员会,对任意弃置垃圾、侵占通道、排放大气污染物、施放噪音,以及违反规定饲养动物等损害公共利益或者他人权益的行为,有权依照建筑物区分所有权人会议通过的物业管理规定予以处理。

第七十六条 对建筑物及其附属设施的重建,少数建筑物区分所有权人持反对意见的,虽经有效表决同意,应当采取补偿等措施,合理保护持反对意见的建筑物区分所有权人的权益。

第九章 相邻关系

第七十七条 不动产相邻的各权利人应当依照有利生产、方便生活、团结互助、公平合理的原则处理相邻关系。

第七十八条 不动产权利人应当为相邻的各权利人用水、排水提供必要的便利。

对自然流水的利用,应当在不动产相邻的各权利人之间合理分配。对自然流水的排放,应当尊重自然流向。

第七十九条 他人所有的土地上已经存在水井、沟渠等设施的,就部分土地设立土地承包经营权、建设用地使用权或者宅基地使用权时,该权利人有权使用该水井、沟渠等设施。

第八十条 土地承包经营权、建设用地使用权人占有的土地上已经存在水井、沟渠等设施的,该土地承包经营权、建设用地使用权全部或者部分转让时,受让人有权使用该水井、沟渠等设施。

第八十一条 不动产权利人有权禁止他人侵入其土地,但有下列情形之一的除外：
（一）相邻的各权利人因通行有必要利用该土地的；
（二）相邻的各权利人因建造、修缮建筑物及其附属设施有必要利用该土地的；
（三）根据当地习惯有必要利用该土地的。

第八十二条　建造建筑物，应当与相邻建筑物保持适当距离并且适当限制其高度，不得妨碍相邻建筑物的通风、采光和日照。

第八十三条　不动产权利人因铺设电线、电缆、水管、煤气管等管线有必要利用相邻土地的，该土地的权利人应当提供必要的便利。

第八十四条　不动产权利人有权依照法律规定禁止相邻的各权利人排放、泄漏大气污染物以及施放噪音、震动、光、无线电波等有害物质。

第八十五条　不动产权利人挖掘土地、建造建筑物、铺设管线以及安装设备等，不得危害相邻不动产的正常使用和安全。

第八十六条　不动产权利人为相邻的各权利人因用水、排水、通行、铺设管线等提供便利受到损害的，可以请求相邻的各权利人适当补偿。

第八十七条　正确处理相邻关系，法律有规定的，依照该规定；法律没有规定的，可以按照当地习惯。

第十章　共　有

第八十八条　按份共有人根据其份额对共有的不动产或者动产享有占有、使用、收益和处分的权利。

第八十九条　共同共有人对共有的不动产或者动产共同享有占有、使用、收益和处分的权利。

第九十条　共有人按照约定维护共有的不动产或者动产，没有约定或者约定不明确的，各共有人都有义务维护。

第九十一条　处分共有的不动产或者动产以及对共有的不动产或者动产作重大修缮的，应当经占份额三分之二以上的按份共有人或者三分之二以上的共同共有人同意。

第九十二条　按份共有人之间约定不得分割共有的不动产或者动产，以维持共有关系的，应当按照其约定，但按份共有人有重大理由需要分割的，可以请求分割；没有约定或者约定不明确的，按份共有人可以随时请求分割。因分割对其他按份共有人造成损害的，应当予以补偿。

第九十三条　共同共有人在共有期间不得请求分割共有的不动产或者动产。解除共有关系后，可以分割共有的不动产或者动产。

第九十四条　共有人可以协议分割共有的不动产或者动产。达不成协议的，共有的不动产或者动产可以分割或者因分割不会减损价值的，应当予以实物分割；难以分割或者因分割会减损价值的，应当采取拍卖或者变卖的办法予以分割。

第九十五条 按份共有人可以转让其在共有的不动产或者动产中享有的份额。按份共有人转让其在共有的不动产或者动产中享有的份额的，其他共有人享有优先购买的权利。

第九十六条 因共有的不动产或者动产产生的债权以及债务，在对外关系上，共有人应当依照法律规定或者按照合同约定享有债权，承担债务；在共有人内部关系上，除共有人另有约定的以外，按份共有人根据其份额享有债权，承担债务；共同共有人享有连带债权，承担连带债务。偿还债务超过自己应当承担份额的按份共有人，有权向其他共有人追偿。

第九十七条 有下列情形之一，按份共有的，由其他按份共有人按照其份额享有，但另有约定的除外；共同共有的，由其他共有人享有：

（一）共有人抛弃其权利的；

（二）共有人死亡没有继承人或者继承人放弃继承的；

（三）共有人遗赠但受遗赠人放弃遗赠的。

第九十八条 共有人对共有的不动产或者动产为按份共有或者共同共有，没有约定或者约定不明确的，除共有人具有夫妻关系或者家庭关系等以外，视为按份共有。

第九十九条 按份共有人对共有的不动产或者动产享有的份额，没有约定或者约定不明确的，按照其出资额确定；不能确定出资额的，视为等额享有。

第一百条 两人以上对不动产共同享有用益物权的，准用本章规定。

第十一章 所有权取得的特别规定

第一百零一条 无处分权人将不动产或者动产转让给受让人，符合下列情形的，受让人即时取得该不动产或者动产的所有权：

（一）受让人在转让时不知道转让人无处分权；

（二）有偿转让；

（三）转让的不动产已经登记，转让的动产已经交付给受让人；

（四）法律不禁止或者不限制转让；

（五）转让合同不属于无效或者被撤销。

当事人善意取得其他物权的，参照前款规定。

第一百零二条 善意受让人通过拍卖或者向具有经营资格的经营者购买盗窃物、遗失物等，所有权人、遗失人等权利人可以向无处分权人请求损害赔偿，不得向受让人请求返还原物。

第一百零三条 受让人未通过拍卖或者向不具有经营资格的经营者购买盗窃物、遗失物等，所有权人、遗失人等权利人可以在丧失占有之日起两年内向受让人请求返还，也可以向无处分权人请求损害赔偿。受让人返还盗窃物、遗失物的，可以向无处分权人请求损害赔偿。

第一百零四条 依照前条规定,请求返还的盗窃物、遗失物等为货币或者无记名有价证券的,不得请求返还原物。

第一百零五条 拾得人拾得遗失物,应当返还遗失物。可以通知所有权人、遗失人等权利人领取,也可以将遗失物送交有关部门。

拾得人通知所有权人、遗失人等权利人领取遗失物,权利人不领取的,拾得人应当自通知之日起六十日内将该物送交有关部门。

第一百零六条 拾得人拾得遗失物,应当在拾得遗失物之日起三十日内通知所有权人、遗失人等权利人领取,或者送交有关部门。

第一百零七条 有关部门收到遗失物,知道所有权人、遗失人等权利人的,应当及时通知其领取;不知道所有权人、遗失人等权利人的,应当自收到遗失物之日起及时发布招领公告。

第一百零八条 拾得人应当在遗失物送交有关部门之前,有关部门应当在遗失物未被领取之前妥善保管遗失物。因故意或者重大过失致使遗失物毁损、灭失的,应当承担损害赔偿责任。

第一百零九条 所有权人、遗失人等权利人领取遗失物时,应当向拾得人或者有关部门支付遗失物的保管费等必要费用。所有权人、遗失人等权利人悬赏寻找遗失物的,领取遗失物时应当按照其承诺向拾得人支付报酬。

第一百一十条 所有权人、遗失人等权利人领取遗失物时未支付保管费等必要费用或者报酬的,拾得人或者有关部门有权留置遗失物。

第一百一十一条 拾得人侵占遗失物的,无权请求遗失物的保管费等必要费用或者报酬。

第一百一十二条 有关部门自收到遗失物之日起两年内无人认领的,归国家所有。

第一百一十三条 拾得漂流物、发现埋藏物或者隐藏物的,参照适用拾得遗失物的有关规定。

第一百一十四条 主物转让的,从物随主物转让,但当事人另有约定的除外。

第一百一十五条 天然孳息,由用益权人取得,但当事人另有约定的除外。

法定孳息,当事人有约定的,按照该约定取得;当事人没有约定的,按照交易习惯取得。

用益物权

第十二章 一般规定

第一百一十六条 国家所有的或者依法由集体所有的土地、森林、山岭、草原、荒地、滩涂以及矿产资源、水资源、渔业资源、野生动物资源等,可以依照法律规定由公民、法人或者其他组织开发利用。

第一百一十七条　国家实行土地、草原、荒地、滩涂等以及矿产资源、水资源、渔业资源、野生动物资源有偿使用制度，但法律另有规定的除外。

第一百一十八条　公民、法人或者其他组织取得建设用地使用权、探矿权、采矿权、取水权、渔业权、驯养权、狩猎权，应当依照法律规定经主管部门许可。

第一百一十九条　用益权人应当遵守法律有关保护资源和合理开发利用资源的规定。

第一百二十条　法律保护用益权人对土地、森林、山岭、草原、荒地、滩涂以及矿产资源、水资源、渔业资源、野生动物资源占有、使用和收益的权利，禁止任何单位或者个人用任何手段侵害其用益物权。

第十三章　土地承包经营权

第一百二十一条　土地承包经营权人对其承包经营的耕地、林地、草地等享有占有、使用和收益的权利，以从事种植业、林业、畜牧业、渔业生产。

第一百二十二条　农民集体所有或者国家所有由集体使用的耕地、林地、草地等，应当公平合理地由本集体经济组织的家庭承包经营。

第一百二十三条　设立土地承包经营权，采取承包方式，也可以采取拍卖或者招标等方式。

土地承包经营权人，应当是家庭，也可以是个人或者其他经济组织。

第一百二十四条　土地承包方案，包括承包方式以及是否允许集体经济组织以外的单位或者个人承包等，应当经本集体经济组织三分之二以上的成员或者成员代表同意。

第一百二十五条　设立土地承包经营权，当事人应当采取书面形式订立承包经营合同。承包经营合同内容一般包括：

（一）发包人、承包人；

（二）土地的位置、面积等；

（三）土地的用途；

（四）承包经营的期限；

（五）交付农业税等税费；

（六）解决争议的办法。

土地承包经营权，自土地承包经营合同生效时取得，并依法颁发土地承包经营权证书。

第一百二十六条　土地承包经营合同订立后，当事人要求登记的，应当向县级以上登记机构申请土地承包经营权登记。未经登记，不得对抗善意第三人。

第一百二十七条　耕地承包经营的期限为三十年。草地承包经营的期限为三十年至五十年。林地承包经营的期限为三十年至七十年。特殊林种的承包期，经国务院林业行政主管部门的批准还可以延长。

第一百二十八条 土地承包经营权人应当合理利用土地,不得改变土地所有权的性质以及土地用途。

为治理水土流失开发荒地的,土地承包经营权人应当履行水土保护的义务。

第一百二十九条 土地承包经营权人有权自主经营,发包人不得采取任何方式侵害土地承包经营权。

第一百三十条 土地承包经营权人因承包经营的需要,可以在该土地上修建必要的附属设施。附属设施的所有权属于土地承包经营权人。

土地承包经营的期限届满,对土地上的附属设施,发包人可以合理价格购买,土地承包经营权人也可以取回。

第一百三十一条 土地承包经营权人应当依照法律规定以及合同约定支付农业税等税费。发包人不得违反法律规定以及合同约定提高农业税等税费。

第一百三十二条 土地承包经营权人在符合法律规定的情况下,有权将土地承包经营权转让、转包、互换、入股、赠与或者抵押。

第一百三十三条 土地承包经营权人将土地承包经营权转让、转包、互换、入股、赠与或者抵押的,当事人应当采取书面形式订立相应的合同。该合同的期限由当事人协议,但不得超过原土地承包经营合同剩余的期限。

第一百三十四条 土地承包经营权人将已经登记的土地承包经营权转让、互换、入股、赠与或者被实现抵押的,应当向县级以上登记机构申请变更登记。

第一百三十五条 土地承包经营权人有权将设立在该土地上的承包经营权予以分割。享有土地承包经营权的妇女,离婚后要求分割承包经营权的,应当予以分割。

土地承包经营权人有权将设立在相互毗连的土地上的承包经营权合并。

第一百三十六条 发包人不得收回承包经营的土地。

有下列情形之一的,发包人有权收回承包经营的耕地或者草地:

(一)承包人全家迁入城镇,并享有城镇社会保障的;

(二)因承包人死亡,承包经营的家庭消亡的。

第一百三十七条 在土地承包经营期限内,发包人不得调整承包经营的土地。

第一百三十八条 部分承包人因自然灾害丧失土地,部分承包人的土地被征收或者用于乡村公共设施和公益事业建设,丧失土地的承包人放弃征收补偿费等费用,要求耕种土地,而本集体经济组织没有机动地由其承包的,发包人可以适当调整土地。

第一百三十九条 人地矛盾突出的,经村民会议成员或者成员代表三分之二以上同意,并报乡(镇)人民政府和县级人民政府批准,可以个别调整承包地,但调整的间隔期不得少于十年。

第一百四十条 土地全部或者部分灭失致使不能实现土地承包经营权设立目的的,土地承包经营权消灭。

第一百四十一条 土地承包经营权人可以放弃土地承包经营权。放弃土地承包经营权的,应当书面作出意思表示。放弃已经登记的土地承包经营权的,应当向登记机构申请注销登记。

第一百四十二条 土地承包经营的期限届满,土地承包经营权消灭。

第一百四十三条 已经登记的土地承包经营权分割、合并的,土地承包经营权人应当及时向县级以上登记机构申请变更登记。已经登记的土地承包经营权消灭的,发包人应当及时向县级以上登记机构申请注销登记;登记机构应当收回土地承包经营权证书。

第一百四十四条 国家所有的农用地实行承包经营的,参照适用本章的有关规定。

第十四章 建设用地使用权

第一百四十五条 建设用地使用权人有权对国家所有或者集体所有的土地占有、使用和收益,在该土地上建造并经营建筑物、构筑物以及其他附着物。

第一百四十六条 建设用地使用权人有权在地上或者地下修建地铁、轻轨、车库、铺设管线、空中走廊等设施,但不得妨害其他建设用地使用权人行使其权利。

第一百四十七条 建设用地使用权应当有偿取得,但法律另有规定的除外。

第一百四十八条 用集体所有的土地设立乡村企业,或者用集体所有的土地使用权投资入股设立企业,以及因乡村公共设施、公益事业建设需要使用土地的,应当依照法律的规定办理审批手续。

第一百四十九条 设立建设用地使用权,可以采取拍卖、招标、协议以及划拨等方式。

商业、旅游、娱乐以及豪华住宅用地,应当采取拍卖或者招标方式;不能采取拍卖或者招标方式的,可以采取协议方式。

第一百五十条 城市规划区内集体所有的土地,依法征收为国有土地后,该建设用地使用权才能有偿出让。

第一百五十一条 采取拍卖、招标和协议方式设立建设用地使用权的,当事人应当采取书面形式订立建设用地使用权出让合同。建设用地使用权出让合同自合同成立时起生效。建设用地使用权出让合同内容一般包括:

(一)出让人、受让人;

(二)土地的位置、面积等;

(三)土地的用途;

(四)使用期限;

(五)交付出让金等费用;

(六)解决争议的办法。

第一百五十二条 建设用地使用权出让合同订立后,应当向县级以上登记机构申请建设用地使用权登记。建设用地使用权自记载于登记簿之时起设立。登记机构应当向建设用地使用权人发放建设用地使用权证书。

第一百五十三条 建设用地使用权的期限至少为二十年以上。法律对建设用地使用权的最长期限有规定的,依照其规定。

第一百五十四条 建设用地使用权人应当合理利用土地,不得改变土地所有权的性质以及土地用途。需要改变土地用途的,应当经出让人同意。

第一百五十五条 建设用地使用权人应当依照法律规定以及合同约定交付出让金等费用。

第一百五十六条 建设用地使用权人建造的建筑物、构筑物、基础设施以及其他附着物,除有相反证据的以外,其所有权属于建设用地使用权人。

第一百五十七条 建设用地使用权人在符合法律规定的情况下,有权将建设用地使用权转让、互换、入股、赠与或者抵押。

第一百五十八条 建设用地使用权人将建设用地使用权转让、互换、入股、赠与或者抵押的,当事人应当采取书面形式订立相应的合同。该合同的期限由当事人协议,但不得超过原建设用地使用权出让合同剩余的期限。

第一百五十九条 建设用地使用权人将建设用地使用权转让、互换、入股、赠与或者被实现抵押权的,应当向县级以上登记机构申请变更登记。

第一百六十条 建设用地使用权人将建设用地使用权转让、互换、入股、赠与的,附着于该建设用地上的建筑物等相应处分。

第一百六十一条 建筑物、构筑物、基础设施以及其他附着物的所有权人或者使用权人将建筑物、构筑物、基础设施以及其他附着物转让、互换、入股、赠与的,该建设用地的使用权相应处分。

第一百六十二条 建设用地使用权人有下列情形之一的,国家或者集体经济组织有权收回建设用地,该建设用地使用权消灭:

(一)违反法律规定或者合同约定改变土地用途的;

(二)二年以上不开发利用的。

第一百六十三条 建设用地全部或者部分灭失致使不能实现建设用地使用权设立目的的,建设用地使用权消灭。

第一百六十四条 建设用地使用权人可以放弃建设用地使用权,但应当提前六个月通知出让人。放弃建设用地使用权的,建设用地使用权消灭。

第一百六十五条 建设用地使用权的期限届满,建设用地使用权消灭。

第一百六十六条 建设用地使用权的期限届满,建设用地使用权人需要继续使用该土地的,应当在期限届满前一年申请续期,除因社会公共利益需要收回该土地的,出让人应当同意。

第一百六十七条 建设用地使用权的期限届满,建设用地使用权人不申请续期的,对该土地上的建筑物、构筑物、基础设施以及其他附着物,除法律另有规定或者合同另有约定的以外,土地的所有人可以以合理价格购买;建筑物、构筑物、基础设施以及其他附着物的所有权人也可以取回。

第一百六十八条　建设用地使用权消灭的,出让人应当及时向县级以上登记机构申请注销登记。登记机构应当收回建设用地使用权证书。

第十五章　宅基地使用权

第一百六十九条　宅基地使用权人有权占有、使用集体所有的土地,在该土地上建造住房以及其他附着物。

第一百七十条　宅基地应当经乡镇人民政府审核,由县级以上人民政府批准。

设立宅基地使用权,不得违背乡镇土地利用总体规划,并尽量使用原有的宅基地和村内空闲地。

第一百七十一条　村民经农村集体经济组织分配取得宅基地使用权。一户只能拥有一处宅基地。

第一百七十二条　宅基地使用权人可以向县级以上登记机构申请宅基地使用权登记。宅基地使用权,可以和建造在该宅基地上的住房所有权同时登记,也可以单独登记。

第一百七十三条　宅基地使用权不得单独转让。建造在该宅基地上的住房所有权转让的,宅基地使用权同时转让。

第一百七十四条　宅基地使用权不得抵押。建造在该宅基地上的住房所有权抵押的,在实现该抵押权时,宅基地使用权同时转让。

第一百七十五条　宅基地使用权人可以放弃宅基地使用权。放弃宅基地使用权的,宅基地使用权消灭。

第一百七十六条　宅基地使用权人依照本法规定转让或者放弃宅基地使用权的,不再分配宅基地。

第一百七十七条　因乡村公共设施和公益事业建设的需要,农村集体经济组织经县级人民政府批准,有权收回宅基地,但应当向宅基地使用权人补偿因此受到的损害,并对没有宅基地的村民重新分配宅基地。

第一百七十八条　宅基地灭失的,宅基地使用权消灭。农村集体经济组织应当对没有宅基地的村民重新分配宅基地。

第一百七十九条　宅基地使用权转让或者消灭的,应当向县级以上登记机构申请变更登记或者注销登记。

第十六章　邻地利用权

第一百八十条　邻地利用权人因通行、取水、排水、通风、采光、铺设管线等需要,有权利用他人土地,以提高自己土地的便利与效益。

第一百八十一条　邻地利用权人,可以是土地所有权人,也可以是土地承包经营权、建设用地使用权、宅基地使用权等权利人。

第一百八十二条　设立邻地利用权,当事人应当采取书面形式订立邻地利用合同。邻地利用合同一般包括:

(一)当事人;

(二)利用和被利用的土地的位置;

(三)利用目的或者方法;

(四)利用期限;

(五)费用及其支付方式;

(六)解决争议的办法。

邻地利用权自邻地利用合同生效时取得。当事人要求登记的,邻地利用权人应当向县级以上登记机构申请登记。未经登记,不得对抗善意第三人。

第一百八十三条　被利用土地的权利人,应当按照合同约定容许邻地利用权人利用其土地,不得妨害邻地利用权。

第一百八十四条　设定邻地利用权,应当合理利用土地,尽可能减少对他人物权的限制。

第一百八十五条　邻地利用权的期限,由当事人约定。邻地利用权的期限,不得超过土地承包经营权、建设用地使用权等用益物权的剩余期限。

第一百八十六条　邻地利用权不得单独转让。土地承包经营权、建设用地使用权转让的,邻地利用权同时转让,但当事人另有约定的除外。

第一百八十七条　邻地利用权不得抵押。土地承包经营权、建设用地使用权抵押的,在实现该抵押权时,邻地利用权同时转让。

第一百八十八条　土地承包经营权人、建设用地使用权人享有邻地利用权的,土地承包经营权、建设用地使用权部分转让时,受让人同时享有邻地利用权。

第一百八十九条　被利用的土地上设立土地承包经营权、建设用地使用权的,土地承包经营权、建设用地使用权部分转让时,邻地利用权对受让人具有约束力。

第一百九十条　有偿利用邻地的,邻地利用权人应当按照约定支付费用。

第一百九十一条　邻地利用权人因行使邻地利用权的需要,有权在被利用的土地上修建必要的附属设施。

第一百九十二条　被利用土地的权利人可以使用邻地利用权人修建的附属设施,但不得妨害邻地利用权。除当事人另有约定的以外,应当适当分担附属设施的维护费用。

第一百九十三条　被利用土地的权利人可以请求变更利用其土地的方式。因此增加的费用,由当事人协议负担;达不成协议的,由被利用土地的权利人负担。

第一百九十四条　邻地利用权人有下列情形之一的,被利用土地的权利人有权解除邻地利用关系,该邻地利用权消灭:

(一)违反法律规定或者合同约定滥用邻地利用权的;

(二)有偿利用邻地的,在合理期限内经二次催告未支付费用的。

第一百九十五条　有以下情形之一的,邻地利用权消灭:

(一)邻地利用权期间届满的;
(二)被利用土地因自然变化不能实现邻地利用权目的的;
(三)抛弃邻地利用权的;
(四)被利用土地或者利用他人土地的土地灭失的。

第一百九十六条 已经登记的邻地利用权变更、转让或者消灭的,应当及时向县级以上登记机构申请变更或者注销登记。

第十七章 典 权

第一百九十七条 典权人对出典的住房以及其他附着物享有占有、使用和收益的权利。

第一百九十八条 设立典权,当事人应当采取书面形式订立合同。合同内容一般包括:
(一)出典人、典权人;
(二)住房以及其他附着物的位置、面积等;
(三)典价以及支付方式;
(四)典权期限;
(五)解决争议的办法。

第一百九十九条 典权合同订立后,应当向县级以上登记机构申请典权登记。典权自记载于登记簿之时起设立。

第二百条 典权期限不得超过二十年。当事人约定超过二十年的,超过部分无效。

第二百零一条 典权人应当妥善维护出典的住房以及其他附着物。典权人未履行该义务造成出典的住房以及其他附着物损害的,应当承担损害赔偿责任。

第二百零二条 典权人可以将出典的住房以及其他附着物出租或者转典于他人,但典权合同另有约定的除外。

定期典权,出租或者转典的期限不得超过原典权合同剩余的期限。

第二百零三条 出典的住房以及其他附着物因出租或者转典受到损害的,典权人应当向出典人承担损害赔偿责任。

第二百零四条 出典人回赎出典的住房以及其他附着物的,转典权人应当返还。转典价超过典价的,转典权人有权请求典权人返还,不得对抗出典人。

第二百零五条 出典人将出典的住房以及其他附着物转让时,典权人享有优先购买的权利。

出典人将出典的住房以及其他附着物转让给他人的,不影响典权,受让人处于出典人的地位。

第二百零六条 典权人将出典的住房以及其他附着物转典或者将典权转让的,应当办理变更登记。

典权转让的,自记载于登记簿之时起,受让人处于典权人的地位。

第二百零七条　因典权人的过错致使出典的住房以及其他附着物全部或者部分灭失的,典权人应当承担损害赔偿责任,典价可以折抵赔偿费用。

因不可抗力致使出典的住房以及其他附着物全部或者部分灭失的,典权人和出典人应当分担因此造成的损害。

第二百零八条　出典的住房以及其他附着物全部或者部分灭失,典权人可以重建。重建费用超过灭失的住房以及其他附着物价值的,应当征得出典人同意。

因典权人的过错致使出典的住房以及其他附着物全部或者部分灭失的,重建费用应当由典权人承担。因不可抗力致使出典的住房以及其他附着物全部或者部分灭失的,重建费用应当由典权人和出典人合理分担。

第二百零九条　典权期限届满,出典人可以返还典价回赎出典的住房以及其他附着物。

典权期限届满后二年内出典人未返还典价回赎的,典权人取得出典的住房以及其他附着物的所有权。

第二百一十条　典权期限没有约定或者约定不明的,出典人可以随时返还典价回赎出典的住房以及其他附着物。

自典权设立二十年内出典人未返还典价回赎的,典权人取得出典的住房以及其他附着物的所有权。

第二百一十一条　出典人将回赎出典的住房以及其他附着物时,应当在六个月前通知典权人。

第十八章　居住权

第二百一十二条　居住权人对他人住房以及其他附着物享有占有、使用的权利。

第二百一十三条　设立居住权,可以根据遗嘱或者遗赠,也可以按照合同约定。

根据遗嘱、遗赠或者按照合同约定设立居住权的,应当向县级以上登记机构申请居住权登记,居住权自记载于登记簿之时起设立。

第二百一十四条　居住权人应当合理使用住房,并承担居住房屋的日常维护费用。

居住权人占有、使用住房以及其他附着物,可以不支付使用费,不承担重大维修费用,但当事人另有约定的除外。

第二百一十五条　居住权不得转让,不得继承。

居住权人不得将居住的房屋出租,但当事人另有约定的除外。

第二百一十六条　住房以及其他附着物的所有权人应当保障居住权人对该住房以及其他附着物占有、使用的权利。

居住权人对部分住房享有专用的,可以使用该住房的公用部分。

第二百一十七条　居住权设立后,该住房的所有权人发生变化的,不影响居住权。

第二百一十八条 居住权期限有约定的,按照该约定;没有约定或者约定不明的,居住权期限至居住权人死亡时止。

第二百一十九条 有下列情形之一的,居住权消灭:
(一)居住权人放弃居住权的;
(二)约定的居住权期限届满的;
(三)约定的居住权解除条件成就的;
(四)因不可抗力致使住房灭失的;
(五)居住权人死亡的。

第十九章 探矿权、采矿权

第二百二十条 公民、法人和其他组织勘查、开采矿产资源,应当依照法律规定取得勘查许可证或者采矿许可证,并在主管部门办理登记。

第二百二十一条 开采对国民经济具有重要价值的矿区和国家规定实行保护性开采的特定矿种,应当经国务院主管部门批准。

第二百二十二条 探矿权人有权在划定的勘查作业区内进行规定的勘查作业,有权优先取得勘查作业区内矿产资源的采矿权。

第二百二十三条 探矿权、采矿权人应当在许可的范围内勘查、开采矿产资源,应当采取合理的开采顺序、方法和选矿工艺。

第二百二十四条 开采矿产资源,应当采取措施防止环境污染。因开采矿产资源造成耕地、草地、林地毁损的,采矿权人应当采取复垦利用、植树种草或者其他补救措施。

第二百二十五条 探矿权、采矿权不得转让、抵押、租赁,但经主管部门许可的除外。

第二百二十六条 探矿权、采矿权受法律保护。他人擅自在采矿权人的矿区内采矿的,应当承担法律责任。

第二百二十七条 因勘查、开采矿产资源,造成他人损害的,应当承担损害赔偿责任。

第二十章 取水权

第二百二十八条 法人和其他组织直接从地下或者江河、湖泊取水的,应当经主管部门许可。
因家庭生活、畜禽饮用取水以及其他少量取水的,不需要经主管部门许可。

第二百二十九条 新建、扩建、改建的建设项目,需要取水的,建设单位应当报经主管部门许可。

第二百三十条 取水权人应当节约用水,提高水的重复利用率。

第二百三十一条 取水权人应当依照法律规定缴纳水费或者水资源费。

第二百三十二条 取水权人引水、蓄水、排水时,不得损害公共利益和他人的合法权益。

第二十一章 渔业权

第二百三十三条 本法所称的渔业权,指公民、法人或者其他组织依照法律规定取得的养殖或者捕捞水生动物、水生植物的权利。

第二百三十四条 公民、法人或者其他组织养殖或者捕捞水生动物、水生植物的,应当依照法律规定取得养殖证或者捕捞许可证,并在主管部门办理登记。

第二百三十五条 在水产种质资源保护区内从事捕捞的,应当经国务院主管部门批准。因养殖或者其他特殊需要,捕捞有重要经济价值的苗种或者禁捕的怀卵亲体的,应当经省级以上人民政府主管部门批准。

第二百三十六条 主管部门发放养殖证或者捕捞许可证时,应当优先发放给当地渔民、当地渔业经营企业。具体办法由国务院主管部门规定。

第二百三十七条 养殖水生动物、水生植物的期限为五年至二十年,由主管部门根据不同水域、滩涂确定。捕捞水生动物、水生植物的期限为五年。

渔业权人在养殖、捕捞水生动物、水生植物的期限届满前六十日内可以向主管部门申请续期。

第二百三十八条 渔业权人在捕捞水生动物、水生植物时,应当遵守捕捞许可证有关作业类型、场所、期间、渔具数量、捕捞限额等规定,遵守国家有关保护渔业资源的规定。

第二百三十九条 渔业权不得转让、抵押、租赁,但经主管部门许可的除外。

第二百四十条 有下列情形之一的,主管部门有权变更或者终止渔业权:

(一)国防建设;

(二)开采水底石油、矿产资源;

(三)船舶通航、锚泊;

(四)铺设水底管线;

(五)保护水产资源;

(六)因其他公共利益需要。

依照前款规定变更或者终止渔业权,致使渔业权人受到损害的,应当予以补偿。

第二十二章 驯养权、狩猎权

第二百四十一条 公民、法人或者其他组织驯养繁殖国家重点保护野生动物的,应当经主管部门许可,取得驯养繁殖许可证。

第二百四十二条 禁止猎捕、杀害国家重点保护野生动物。因科学研究、驯养繁殖、展览或者其他特殊需要,猎捕国家一级保护野生动物的,应当向国务院主管部门申请特许猎捕证;猎捕国家二级保护野生动物的,应当向省、自治区、直辖市人民政府主管部门申请特许猎捕证。

猎捕非国家重点保护野生动物的,应当经主管部门许可,取得狩猎证。

第二百四十三条 国家保护野生动物资源,维护生态平衡。禁止任何单位和个人非法猎捕或者破坏。

第二百四十四条 在自然保护区、禁猎区和禁猎期内,禁止猎捕和其他妨碍野生动物生息繁衍的行为。

第二百四十五条 狩猎权人应当遵守特许猎捕证、狩猎证规定的种类、数量、地点和期限进行猎捕。

第二百四十六条 驯养繁殖国家重点保护野生动物的权利以及特许猎捕和狩猎的权利,不得转让、抵押和租赁。

第二百四十七条 因猎捕野生动物造成农作物或者其他损害的,狩猎权人应当承担损害赔偿责任。

担保物权

第二十三章 一般规定

第二百四十八条 在借贷、买卖、货物运输、加工承揽等经济活动中,债权人需要以担保方式保障其债权实现的,可以依照本法以及其他法律设定担保。

第二百四十九条 物权担保的范围包括主债权及利息、违约金、损害赔偿金和实现物权的费用。担保合同另有约定的,按照约定。

第二百五十条 第三人为债务人向债权人提供担保时,可以要求债务人提供反担保。

第二百五十一条 担保合同是主合同的从合同,主合同无效,担保合同无效。担保合同另有约定的,按照约定。

第二百五十二条 担保物毁损灭失或者被征用等,权利人可以就该物的保险金、赔偿金或者补偿金等优先受偿。被担保的债权未届清偿期的,权利人可以请求将该物的保险金、赔偿金或者补偿金等提存。

第二十四章 抵押权

第一节 一般抵押权

第二百五十三条 本法所称抵押,是指债务人或者第三人不转移财产的占有,将该财产作为债权的担保。债务人不履行债务时,债权人有权依照本法规定以该财产折价或者以拍卖、变卖该财产的价款优先受偿。

第二百五十四条 下列财产可以抵押:

(一)抵押人所有的房屋和其他地上定着物;

(二)抵押人所有的机器、交通运输工具和其他财产;

(三)抵押人依法有权处分的国有的土地使用权、房屋和其他地上定着物;

(四)抵押人依法有权处分的国有的机器、交通运输工具和其他财产;

(五)抵押人依法承包并经发包方同意抵押的土地承包经营权;

(六)依法可以抵押的其他财产。

抵押人可以将前款所列财产一并抵押。

第二百五十五条 以依法取得的国有土地上的房屋抵押的,该房屋占用范围内的国有土地使用权同时抵押。

以出让方式取得的国有土地使用权抵押的,应当将抵押时该国有土地上的房屋同时抵押。

乡(镇)、村企业的土地使用权不得单独抵押。以乡(镇)、村企业的厂房等建筑物抵押的,其占用范围内的土地使用权同时抵押。

第二百五十六条 当事人协议以将要建造或者正在建造的建筑物以及其他价值较大的财产设定抵押的,应当依照本法规定办理预告登记。预告登记的该建筑物以及其他价值较大的财产在建造后的合理期间内,应当办理正式登记。

第二百五十七条 抵押人和抵押权人应当以书面形式订立抵押合同。

第二百五十八条 抵押合同应当包括以下内容:

(一)被担保的主债权种类、数额;

(二)债务人履行债务的期限;

(三)抵押物的名称、数量、质量、状况、所在地、所有权权属或者使用权权属;

(四)抵押担保的范围;

(五)当事人认为需要约定的其他事项。

抵押合同不完全具备前款规定内容的,可以补正。

第二百五十九条 订立抵押合同时,抵押权人和抵押人在合同中不得约定在债务履行期届满抵押权人未受清偿时,抵押物的所有权转移为债权人所有。

第二百六十条 当事人以下列财产抵押的,应当向有关部门办理抵押物登记:

(一)以无地上定着物的土地使用权抵押的,为核发土地使用权证书的土地管理部门;

(二)以城市房地产或者乡(镇)、村企业的厂房等建筑物抵押的,为县级以上地方人民政府规定的部门;

(三)以土地承包经营权抵押的,为县级以上地方人民政府规定的部门;

(四)以林木抵押的,为县级以上林木主管部门;

(五)以航空器、船舶、车辆抵押的,为运输工具的登记部门;

（六）以企业的设备和其他动产抵押的，为财产所在地的工商行政管理部门。

第二百六十一条　当事人以其他财产抵押的，可以自愿办理抵押物登记。登记部门为抵押人所在地的公证部门。

第二百六十二条　办理抵押物登记，应当向登记部门提供下列文件或者其复印件：

（一）主合同和抵押合同；

（二）抵押物的所有权或者使用权证书。

第二百六十三条　以不动产抵押的，抵押权自记载于登记簿之时起生效。以动产抵押的，抵押权自抵押合同成立时生效，但未办理登记的，不得对抗第三人。法律另有规定的，依照其规定。

第二百六十四条　登记部门登记的资料，应当允许查阅、抄录或者复印。

第二百六十五条　抵押人的行为足以使抵押物价值减少的，抵押权人有权要求抵押人停止其行为。抵押物价值减少时，抵押权人有权要求抵押人恢复抵押物的价值，或者提供与减少的价值相当的担保。

第二百六十六条　抵押人将抵押物转让的，受让人取得抵押物后可以代替债务人清偿全部债务，该抵押权消灭；也可以提存清偿全部债务的价款，该抵押权消灭。

第二百六十七条　债权转让的，担保该债权的抵押权随之转让，但当事人另有约定的除外。

第二百六十八条　抵押权人可以放弃抵押权或者让与、放弃抵押权的顺位。

抵押权人放弃抵押权或者让与、放弃抵押权顺位，该抵押权担保的债权另有保证的，保证人在抵押权人丧失优先受偿利益的范围内免除保证责任，但保证人同意抵押权人放弃抵押权或者让与、放弃抵押权顺位的除外。

第二百六十九条　抵押权与其担保的债权同时存在，债权消灭的，抵押权也消灭。

第二百七十条　债务履行期届满抵押权人未受清偿的，可以与抵押人协议以抵押物折价或者以拍卖、变卖该抵押物所得的价款受偿；协议不成的，抵押权人可以向人民法院提起诉讼。

抵押物折价或者拍卖、变卖后，其价款超过债权数额的部分归抵押人所有，不足部分由债务人清偿。

第二百七十一条　债权未届清偿期，抵押人被宣告破产的，抵押权人可以行使抵押权。

第二百七十二条　城市房地产抵押合同签订后，土地上新增的房屋不属于抵押物。需要拍卖该抵押的房地产时，可以依法将该土地上新增的房屋与抵押物一同拍卖，但对拍卖新增房屋所得，抵押权人无权优先受偿。

依照本法规定以土地承包经营权抵押的，或者以乡（镇）、村企业的厂房等建筑物占用范围内的土地使用权抵押的，在实现抵押权后，未经法定程序不得改变土地集体所有和土地用途。

第二百七十三条 拍卖划拨的国有土地使用权所得的价款,在依法缴纳相当于应缴纳的土地使用权出让金的款额后,抵押权人有优先受偿权。

第二百七十四条 债务人有多个债权人的,债务人与其中一个债权人恶意串通,将其全部或者部分财产抵押给该债权人,因此损害其他债权人合法权益的,其他债权人可以请求人民法院撤销该抵押行为。

第二百七十五条 担保同一债权有两个以上抵押物的,抵押权人可以就其中一个或者全部抵押物行使抵押权,但当事人另有约定的除外。

第二百七十六条 为债务人抵押担保的第三人,在抵押权人实现抵押权后,有权向债务人追偿。

第二节 最高额抵押权

第二百七十七条 本法所称最高额抵押,是指抵押人与抵押权人协议,在最高债权额限度内,以抵押物对一定期间内连续发生的债权作担保。

第二百七十八条 借款合同可以附最高额抵押合同。

债权人与债务人就某项商品在一定期间内连续发生交易而签订的合同,可以附最高额抵押合同。

第二百七十九条 最高额抵押担保的债权确定前,债权人和抵押人可以协议变更债务人、最高额抵押担保的债权范围以及担保的最高限额。债权人和抵押人协议变更担保的最高限额的,不得对抗顺位在后的抵押权人。

第二百八十条 最高额抵押担保的债权,依照下列情形确定:

(一)最高额抵押合同约定的担保期间届满时;

(二)最高额抵押合同没有约定担保期间,抵押人自该合同成立之日起经过三年,有权请求确定最高额抵押的债权,并该请求自提出之日起满十日时;

(三)抵押权人以诉讼方式行使抵押权或者抵押物被查封时;

(四)债务人或者抵押人被宣告破产时;

(五)被担保的不特定债权不可能再发生时。

第二百八十一条 最高额抵押担保的债权确定后,抵押权人可以行使抵押权。确定的债权数额超过约定的最高限额的,超过部分不具有优先受偿的效力;确定的债权数额低于约定的最高限额的,抵押权人就确定的债权数额优先受偿。

第二百八十二条 本节没有规定的,适用担保法和本法一般抵押的规定。

第二十五章 质 权

第一节 动产质权

第二百八十三条 本法所称动产质押,是指债务人或者第三人将其动产移交债权人占有,将该动产作为债权的担保。债务人不履行债务时,债权人有权依照本法规定以该动产折价或者以拍卖、变卖该动产的价款优先受偿。

第二百八十四条 出质人和质权人应当以书面形式订立质押合同。

质押合同应当包括以下内容：

（一）被担保的主债权种类、数额；

（二）债务人履行债务的期限；

（三）质物的名称、数量、质量、状况；

（四）质押担保的范围；

（五）质物移交的时间；

（六）当事人认为需要约定的其他事项。

质押合同不完全具备前款规定内容的，可以补正。

第二百八十五条 出质人和质权人在合同中不得约定在债务履行期届满质权人未受清偿时，质物的所有权转移为质权人所有。

第二百八十六条 质权自出质人向质权人转移质物的占有时设立。当事人不得在质押合同中约定由出质人代为占有质物。

第二百八十七条 质权人有权收取质物所生的孳息。质押合同另有约定的，按照约定。

第二百八十八条 质权人在质押期间不得使用或者处分质物，但法律另有规定或者当事人另有约定的除外。

第二百八十九条 质权人负有妥善保管质物的义务。因保管不善致使质物灭失或者毁损的，质权人应当承担民事责任。

质权人不能妥善保管质物可能致使其灭失或者毁损的，出质人可以要求质权人将质物提存，或者要求提前清偿债权而返还质物。

第二百九十条 质物有损坏或者价值明显减少的可能，足以危害质权人权利的，质权人可以要求出质人提供相应的担保。出质人不提供的，质权人可以拍卖或者变卖质物，并与出质人协议将拍卖或者变卖所得的价款用于提前清偿所担保的债权或者向与出质人约定的第三人提存。

第二百九十一条 质权人在质押期间返还质物的，该质权消灭。

第二百九十二条 质权人可以放弃质权。质权人放弃质权，该质权担保的债权另有保证的，保证人在质权人丧失优先受偿利益的范围内免除保证责任，但保证人同意质权人放弃质权的除外。

第二百九十三条 债务履行期届满债务人履行债务的，或者出质人提前清偿所担保的债权的，质权人应当返还质物。

债务履行期届满质权人未受清偿的，可以与出质人协议以质物折价，也可以依法拍卖、变卖质物。

质物折价或者拍卖、变卖后，其价款超过债权数额的部分归出质人所有，不足部分由债务人清偿。

第二百九十四条 出质人在债务履行期届满前或者届满后请求质权人及时行使权利的，因质权人怠于行使权利造成的损害，由质权人承担。

第二百九十五条 为债务人质押担保的第三人,在质权人实现质权后,有权向债务人追偿。

第二百九十六条 质权因质物灭失而消灭。因灭失所得的赔偿金,应当作为出质财产。

第二百九十七条 质权与其担保的债权同时存在,债权消灭的,质权也消灭。

第二节 权利质权

第二百九十八条 下列权利可以质押:
(一)汇票、支票、本票、债券、存款单、仓单、提单;
(二)依法可以转让的股份、股票;
(三)依法可以转让的商标专用权,专利权、著作权中的财产权;
(四)桥梁、隧道、渡口等不动产收益权;
(五)依法可以质押的其他权利。

第二百九十九条 以汇票、支票、本票、债券、存款单、仓单、提单出质的,应当在合同约定的期限内将权利凭证交付质权人。质权自该权利凭证交付质权人时设立。

第三百条 以载明兑现或者提货日期的汇票、支票、本票、债券、存款单、仓单、提单出质的,汇票、支票、本票、债券、存款单、仓单、提单兑现或者提货日期先于债务履行期的,质权人可以在债务履行期届满前兑现或者提货,并与出质人协议将兑现的价款或者提取的货物用于提前清偿所担保的债权或者向与出质人约定的第三人提存。

第三百零一条 以依法可以转让的股份出质的,出质人与质权人应当订立书面合同。以上市公司的股份出质的,质权自证券登记机构办理出质登记之时起设立。以非上市公司的股份出质的,质权自股份出质记载于股东名簿之时起设立。

股票出质后,不得转让,但经出质人与质权人协商同意的可以转让。出质人转让股票所得的价款应当向质权人提前清偿所担保的债权或者向与质权人约定的第三人提存。

第三百零二条 以依法可以转让的商标专用权,专利权、著作权中的财产权出质的,出质人与质权人应当订立书面合同,质权自有关管理部门办理出质登记之时起设立。

第三百零三条 依照前条规定的权利出质后,出质人不得转让或者许可他人使用,但经出质人与质权人协商同意的可以转让或者许可他人使用。出质人所得的转让费、许可费应当向质权人提前清偿所担保的债权或者向与质权人约定的第三人提存。

第三百零四条 以桥梁、隧道或者渡口等不动产收益权出质的,应当向该不动产所在地的县级以上交通主管部门登记。

第三百零五条 权利质押除适用本节规定外,适用担保法以及本法的有关规定。

第二十六章　留置权

第三百零六条　本法所称留置,是指债权人合法占有债务人的动产,债务人不履行债务的,债权人有权留置该财产,以该财产折价或者以拍卖、变卖该财产的价款优先受偿。

第三百零七条　债务的履行期届满前,债务人丧失履行能力的,债权人对合法占有债务人的动产,有权留置该财产。

第三百零八条　留置的财产为可分物的,留置物的价值应当相当于债务的金额。当事人可以在合同中约定不得留置的物。

第三百零九条　留置担保的范围包括主债权及利息、违约金、损害赔偿金、留置物保管费用和实现留置权的费用。

第三百一十条　留置权人负有妥善保管留置物的义务。因保管不善致使留置物灭失或者毁损的,留置权人应当承担民事责任。

第三百一十一条　留置权人有权收取留置物的孳息。

第三百一十二条　债权人与债务人应当在合同中约定,债权人留置财产后,债务人应当在不少于两个月的期限内履行债务。债权人与债务人在合同中未约定的,债权人留置债务人财产后,应当确定两个月以上的期限,通知债务人在该期限内履行债务。债务人逾期仍不履行的,债权人可以与债务人协议以留置物折价,也可以依法拍卖、变卖留置物。

第三百一十三条　留置物折价或者拍卖、变卖后,其价款超过债权数额的部分归债务人所有,不足部分由债务人清偿。

第三百一十四条　因债权消灭或者债务人另行提供担保并被债权人接受的,该留置权消灭。

第三百一十五条　同一物上已经设立质权或者抵押权,又被留置的,留置权的行使优先于质权或者抵押权,但法律另有规定的除外。

第二十七章　让与担保权

第三百一十六条　让与担保,是指为了担保债权的实现,将债务人或者第三人的财产转让债权人,债务履行后,债权人应当将该财产返还债务人或者第三人;不履行债务的,债权人有权就该财产优先受偿。

第三百一十七条　当事人订立让与担保合同,应当采取书面形式。

第三百一十八条　以动产作为让与担保标的的,让与担保的权利自在该动产上标志让与担保时设立。以不动产或者权利作为让与担保标的的,设立让与担保的权利适用本法有关不动产抵押以及权利质权的规定。

第三百一十九条　让与担保期间,担保物的占有人享有该担保物的收益,但当事人另有约定的除外。

第三百二十条 让与担保期间,担保物的占有人以及让与担保的权利人不得处分该担保物,但当事人另有约定的除外。

第三百二十一条 让与担保期间,担保物被查封或者扣押的,让与担保的权利人有权提出异议。

第三百二十二条 让与担保期间,担保物的占有人破产,担保物的占有人提前清偿债务的,该担保物为破产财产;担保物的占有人不清偿债务的,让与担保的权利人有权就该担保物优先受偿。

让与担保期间,让与担保的权利人破产,担保物的占有人提前清偿债务的,该让与担保的权利消灭;担保物的占有人不清偿债务的,该担保物为破产财产。

第三百二十三条 债务履行期届满,债务人不履行债务的,让与担保的权利人可以按照约定的方式行使优先受偿的权利。优先受偿的方式没有约定或者约定不明确的,让与担保的权利人应当合理行使优先受偿的权利。

占 有

第三百二十四条 本法所称占有,包括基于债权关系的占有和无权占有,指占有人对不动产或者动产的实际控制与支配。

第三百二十五条 基于债权关系的占有,有关不动产或者动产的使用、收益、争议的解决办法等,依照法律规定和合同约定。

第三百二十六条 无权占有,包括善意占有和恶意占有。

第三百二十七条 善意占有人可以对占有的不动产或者动产使用和收益。该不动产或者动产因使用受到损害的,善意占有人不承担损害赔偿责任。

第三百二十八条 不动产或者动产被善意占有人占有,权利人可以向善意占有人请求返还原物。善意占有人因妥善保管该不动产或者动产支出的费用,扣除占有期间获得收益的差额,有权向权利人请求返还。

第三百二十九条 占有的不动产或者动产毁损、灭失,该不动产或者动产的权利人请求赔偿的,善意占有人应当将因毁损、灭失获得的收益返还给权利人。

第三百三十条 不动产或者动产被恶意占有人占有,权利人可以向恶意占有人请求返还原物及其孳息,但应当向恶意占有人支付因妥善保管该不动产或者动产支出的费用。

第三百三十一条 占有的不动产或者动产毁损、灭失,该不动产或者动产的权利人请求赔偿的,恶意占有人应当承担因自己的过错造成该不动产或者动产毁损、灭失的损害赔偿责任。

第三百三十二条 不动产或者动产的所有权人不明的,占有该不动产或者动产的占有人,推定为所有权人。

第三百三十三条 占有人属于善意占有或者恶意占有不明的,推定为善意占有。

第三百三十四条 占有的不动产或者动产被侵夺的,占有人有权请求返还原物;对妨害占有的行为,占有人有权请求排除妨害;因侵夺或者妨害造成损害的,占有人有权请求损害赔偿。

前款规定的请求权,自侵夺或者妨害发生之日起一年内没有行使的,该请求权消灭。

附　则

第三百三十五条 本法对物权的规定,适用于单行法律有关物权的规定,但单行法律与本法有不同规定的,优先适用单行法律的规定。

第三百三十六条 本法自　　年　月　日起施行。

中华人民共和国民法(草案)
第二编 物权法

2002年12月23日

(略)

关于《中华人民共和国民法(草案)》的说明(关于物权法部分)

2002年12月23日

(略)

中华人民共和国物权法(草案)(修改稿)

2004 年 9 月 27 日

第一编 总 则

第一章 一般规定

第一条 为保护自然人、法人的物权,明确物的归属,充分发挥物的效用,促进社会主义现代化建设,制定本法。

第二条 本法所称物权,指自然人、法人直接支配特定的物的权利,包括所有权、用益物权和担保物权。

本法所称的物,包括不动产和动产。不动产指土地以及建筑物等土地附着物。动产指不动产以外的物,包括能够为人力所控制的电、气、光波、磁波等物。法律规定权利作为物权客体的,依照其规定。

第三条 物权的种类及其内容,由本法或者其他法律规定。

第四条 物权应当公示。除有相反证据证明外,记载于不动产登记簿的人是该不动产的权利人,动产的占有人是该动产的权利人。

第五条 物权的取得以及行使,应当遵守法律,尊重社会公德,不得损害社会公共利益以及他人合法权益。

第六条 任何单位和个人对他人的物权负有不作为的义务,不得干涉权利人行使物权。

第七条 权利人享有的物权,受法律保护。任何单位和个人不得侵害物权。

第八条 在特定的不动产或者动产上,既有物权又有债权的,优先保护物权,但法律另有规定的除外。

在特定的不动产或者动产上有两个以上物权的,优先保护先设立的物权,但法律另有规定的除外。

第九条 其他法律对物权的种类及其内容等另有规定的,依照其规定。

第二章 物权的设立、变更、转让和消灭

第一节 不动产登记

第十条 不动产物权的设立、变更、转让和消灭,应当登记;不经登记,不发生物权效力,但法律另有规定的除外。

属于国家所有的土地、矿藏等自然资源,可以不经登记。

第十一条 国家对不动产实行统一登记。具体登记机构由国务院确定。

第十二条 当事人因设立、变更、转让和消灭不动产物权申请登记,提供法院判决、征收决定、权属证书、合同书等必要文书以及标明不动产的面积、位置、四至的图纸等证明材料的,登记机构应当进行登记。

第十三条 登记机构应当履行下列职责:

(一)查验申请人提交的必要的材料;

(二)就有关登记事项询问申请人;

(三)如实、及时地登记有关事项;

(四)法律、行政法规规定的其他职责。

登记机构对申请登记的不动产的实际状况认为需要查看的,申请人有义务协助。

第十四条 登记机构在登记过程中不得有下列行为:

(一)要求对不动产进行评估;

(二)以年检等名义进行重复登记;

(三)其他超出登记职责范围的行为。

第十五条 不动产物权的设立、变更、转让和消灭,应当登记的,自不动产登记簿记载之时发生效力。

第十六条 当事人之间订立有关设立、变更、转让和消灭不动产物权的合同,除法律另有规定或者合同另有约定外,自合同成立时生效;未办理物权登记的,仅涉及物权效力,不影响合同效力。

第十七条 不动产登记簿记载的事项,是物权归属及其内容的根据。

不动产登记簿由登记机构管理。

第十八条 登记机构不得拒绝权利人以及利害关系人查阅、复制不动产登记簿记载的有关事项,但复制可以适当收取工本费。

第十九条 不动产权属证书,是权利人享有该不动产物权的证明。不动产权属证书记载的事项,应当与不动产登记簿记载的事项一致。记载不一致的,以不动产登记簿为准。

第二十条 权利人、利害关系人认为不动产登记簿记载错误的,有权向人民法院请求作出异议登记的裁定。根据人民法院异议登记的裁定,登记机构应当将该异议记载于不动产登记簿。

第二十一条 权利人、利害关系人认为不动产登记簿记载错误的,有权申请更正

登记。有证据证明登记确有错误的,登记机关应当予以更正。

登记更正后,原权利人在异议登记期间对该不动产作出的处分,登记更正后的权利人未追认的,不发生物权效力。

第二十二条　债权人为了限制债务人处分期房等不动产,保障其将来取得物权,符合预告登记条件的,有权向登记机构申请预告登记。

预告登记后,债务人违背预告登记对该不动产作出的处分,不发生物权效力。

第二十三条　预告登记后,债权人自能够进行不动产物权登记之日起三个月内未申请登记,或者债权消灭的,该预告登记失效。

第二十四条　不动产上有两个以上物权的,某一物权变更或者抛弃后,不影响其他物权的效力。

第二十五条　基于不动产登记簿享有的物权,受法律保护,但记载于不动产登记簿的权利人在取得权利时知道或者应当知道该权利有瑕疵的除外。

第二十六条　因登记机构的过错,给他人造成损害的,登记机构应当承担损害赔偿责任。

第二十七条　不动产登记按件收取费用,最高不得超过二百元。

第二十八条　对不动产以外物权的设立、变更、转让和消灭进行登记的,参照适用不动产登记的有关规定。

第二节　动产交付

第二十九条　动产所有权的转让以及动产质权的设立等,除法律另有规定外,自交付时发生效力。

第三十条　船舶、飞行器和机动车等物权的设立、变更、转让和消灭,不经登记,不得对抗善意第三人。

第三十一条　动产物权设立、转让前,权利人已经占有该动产的,物权自法律行为生效时发生效力。

第三十二条　动产物权设立、转让前,第三人占有该动产的,可以通过转让向第三人返还原物的请求权代替交付。转让向第三人返还原物的请求权的,出让人应当通知第三人。物权自出让人通知第三人时发生效力。

第三十三条　动产物权转让时,出让人应当将该动产交付给受让人,但根据双方约定由出让人继续占有该动产的,约定生效时视为交付。

第三节　其他规定

第三十四条　因人民法院的生效法律文书、人民政府的征收等行为导致设立、变更、转让和消灭物权的,自法律文书生效之日或者人民政府的征收等行为作出之时发生效力。

第三十五条　因继承取得物权的,自继承开始时发生效力。

第三十六条　因合法建造住房等事实行为设立和消灭物权的,自事实行为成就时发生效力。

第三十七条 依照本法第三十四条至第三十六条规定,导致不动产以及船舶、飞行器和机动车等的物权设立、变更、转让和消灭的,应当依法及时补办登记。补办登记前,不得对抗善意第三人。

第三章 物权的保护

第三十八条 因物权的归属及其内容发生争议的,利害关系人可以请求确认权利。
第三十九条 无权占有他人不动产或者动产的,权利人可以请求返还原物。
第四十条 造成他人不动产或者动产毁损的,权利人可以请求恢复原状。
第四十一条 妨害行使物权的,权利人可以请求排除妨害。
第四十二条 有可能危及行使物权的,权利人可以请求消除危险。
第四十三条 侵害物权,造成权利人损害的,权利人可以请求损害赔偿。

第二编 所 有 权

第四章 一般规定

第四十四条 所有权人对自己的不动产或者动产,依法享有占有、使用、收益和处分的权利。
第四十五条 所有权人有权在自己的不动产或者动产上设立用益物权和担保物权。
第四十六条 依照法律规定只能由国家所有的不动产或者动产,他人不能取得所有权。
第四十七条 对自然人、法人的不动产或者动产,不得实行征收,但为了社会公共利益的需要,县级以上人民政府依照法律规定的权限和程序可以征收,并应当给予补偿。
第四十八条 因救灾、战争等紧急需要,县级以上人民政府依照法律规定的权限和程序,可以征用自然人、法人的不动产或者动产,但应当给予补偿。被征用的不动产或者动产使用后,应当返还被征用人。被征用的不动产或者动产毁损、灭失的,应当给予补偿。

第五章 所有权的基本类型

第四十九条 矿产资源、水资源以及城市的土地等属于国家所有。国家所有即全民所有。
第五十条 森林、山岭、草原、荒地、滩涂等自然资源,属于国家所有,但法律规定属于集体所有的除外。

第五十一条 农村和城市郊区的土地、野生动植物资源等,法律规定国家所有的,属于国家所有。

第五十二条 道路、电力、通讯、天然气等基础设施,依法确定为国家所有的,属于国家所有。

第五十三条 中央人民政府和地方人民政府依法分别代表国家履行出资人职责,享有所有者权益。

第五十四条 集体所有的不动产或者动产,包括:
(一)法律规定为集体所有的土地和森林、山岭、草原、荒地、滩涂等;
(二)集体所有的建筑物、农田水利设施;
(三)集体所有的教育、科学、文化、卫生、体育等设施;
(四)集体企业的不动产或者动产;
(五)集体所有的其他不动产或者动产。

第五十五条 农民集体所有的不动产或者动产,属于本集体的成员集体所有。

下列事项,应当依法经本集体村民会议三分之二以上成员或者三分之二以上村民代表的同意:
(一)通过和修改集体经济组织章程;
(二)选举和罢免集体经济组织的管理人;
(三)承包方案以及将农村土地发包给本集体以外的单位或者个人承包;
(四)个别农户之间承包地的调整;
(五)土地补偿费等费用的使用、分配办法;
(六)集体企业的所有权变动等事项;
(七)其他法律规定应当经村民会议讨论决定的重大事项。

第五十六条 土地和森林、山岭、草原、荒地、滩涂等的集体所有权依照下列规定行使:
(一)分别属于村内两个以上农民集体所有的,由该村内各集体经济组织或者村民小组代表集体行使所有权;
(二)属于村农民集体所有的,由该村集体经济组织或者村民委员会代表集体行使所有权;
(三)属于乡(镇)农民集体所有的,由该乡(镇)集体经济组织代表集体行使所有权。

第五十七条 农民集体所有的土地等,应当依法实行承包经营。

第五十八条 村民会议通过的决议侵害少数集体成员权益的,该集体成员有权请求人民法院撤销。

村民委员会或者集体经济组织的管理人员作出的决定侵害集体成员权益的,该集体成员有权请求人民法院撤销。

第五十九条 私人对其依法取得的不动产或者动产享有所有权。

第六十条 国家保护私人的储蓄。

国家保护私人投资及其收益。

第六十一条 国家保护私人财产的继承权以及其他合法权益。

第六十二条 国家、集体所有的不动产或者动产,投入到企业的,由出资人按照出资额享有资产受益、重大决策以及选择经营管理者等权利。

第六十三条 企业法人对其不动产和动产享有占有、使用、收益和处分的权利。企业法人以外的法人,对其不动产和动产享有占有、使用的权利。法律另有规定的,依照其规定。

不具备法人资格的企业和其他组织,其不动产或者动产的归属,依照法律或者章程的规定。

第六章 建筑物区分所有权

第六十四条 建筑物区分所有权人,对建筑物内的住宅、商业用房等专有部分享有所有权,对走廊、楼梯、外墙等共有部分享有共有的权利,对该建筑物及其附属设施的维护等享有共同管理的权利。

第六十五条 建筑物区分所有权人对其专有部分享有占有、使用、收益和处分的权利。建筑物区分所有权人行使权利,不得危及该建筑物的安全,不得违反管理该建筑物的有关规定,不得损害其他区分所有权人的合法权益。

第六十六条 因维护、修缮等原因,有必要进入建筑物区分所有权人的住宅等专有部分的,建筑物区分所有权人有义务协助。

因前款情形造成建筑物区分所有权人损害的,应当给予补偿。

第六十七条 建筑物区分所有权人转让其专有部分所有权的,其对共有部分享有的共有权利以及对该建筑物及其附属设施享有的共同管理的权利,视为一并转让。

第六十八条 建筑区划内的物业管理用房的所有权属于建筑物区分所有权人共有。会所、车库、绿地等的归属,有约定的,按照约定;没有约定或者约定不明确的,除建设单位等能够证明其享有所有权的以外,属于建筑物区分所有权人共有。

第六十九条 建筑物区分所有权人会议由全体建筑物区分所有权人组成,是该建筑物及其附属设施的管理机构。

建筑物区分所有权人人数众多的,可以设立本建筑物或者建筑区划内所有建筑物的建筑物区分所有权人委员会,该委员会是本建筑物或者建筑区划内所有建筑物的建筑物区分所有权人会议的执行机构,按照建筑物区分所有权人会议的决定履行管理职责。

第七十条 建筑物区分所有权人会议有权取得有关该建筑物及其附属设施的土地使用权证、竣工总平面图;配套设施、地下管网工程竣工图等竣工验收资料;设施的安装、使用和维护保养等技术资料;建筑物及其附属设施质量保修文件和使用说明文件等资料。

第七十一条 建筑物区分所有权人会议可以制定有关该建筑物及其附属设施的管理规定,自行管理该建筑物及其附属设施,也可以委托物业管理机构或者其他管理人管理。

对建设单位聘请的物业管理机构,建筑物区分所有权人会议认为不合适的,有权更换。

第七十二条 经建筑物区分所有权人会议总表决权三分之二以上同意,可以设立管理建筑物及其附属设施的基金。该基金由建筑物区分所有权人会议管理,也可以委托物业管理机构或者其他管理人管理。

第七十三条 物业管理机构应当根据建筑物区分所有权人会议的委托对建筑区划内的建筑物及其附属设施予以管理,并接受建筑物区分所有权人会议以及建筑物区分所有权人委员会的监督。

第七十四条 建筑物及其附属设施的维护、费用分摊、收益分配等事项,有约定的,按照约定;没有约定或者约定不明确的,按照建筑物区分所有权人专有部分面积所占比例确定。

第七十五条 建筑物及其附属设施需要重大修缮、改建、重建的,应当经建筑物区分所有权人会议总表决权的三分之二以上同意。

对建筑物及其附属设施的重大修缮、改建、重建,少数建筑物区分所有权人持反对意见的,虽经有效表决同意,应当对持反对意见的建筑物区分所有权人受到的损害采取补偿等措施。

第七十六条 有下列情形之一,应当经全体建筑物区分所有权人同意:
(一)将住宅改变为餐饮、娱乐等商业用房的;
(二)将共有部分改变用途的。

第七十七条 建筑物区分所有权人、物业管理机构不得擅自占用、挖掘建筑区划内的道路、场地,损害建筑物区分所有权人的共同利益。因维护、修缮等原因确需临时占用、挖掘道路、场地的,应当经建筑物区分所有权人会议同意。

第七十八条 建筑物区分所有权人会议以及建筑物区分所有权人委员会,对任意弃置垃圾、侵占通道、排放大气污染物、施放噪音,以及违反规定饲养动物等损害他人权益的行为,有权按照建筑物区分所有权人会议通过的物业管理规定要求行为人停止侵害、消除影响、排除妨害、赔偿损失,或者采取其他防止侵权行为发生的必要措施。

第七十九条 有下列情形之一,建筑物区分所有权人会议除另有规定外,可以以自己的名义或者委托他人提起诉讼、申请仲裁:
(一)建筑物区分所有权人违反有关物业管理规定,侵害建筑物共有部分,损害其他区分所有权人合法权益的;
(二)建筑物区分所有权人以外的人侵害建筑物区分所有权人共同权益的;
(三)与物业管理机构等因履行合同发生争议的。

第七章　相邻关系

第八十条　不动产相邻各权利人应当按照有利生产、方便生活、团结互助、公平合理的原则处理相邻关系。

第八十一条　不动产权利人应当为相邻各权利人用水、排水提供必要的便利。

对自然流水的利用,应当在不动产相邻各权利人之间合理分配。对自然流水的排放,应当尊重自然流向。

第八十二条　不动产权利人有权禁止他人侵入其土地,但有下列情形之一的除外:

(一)相邻各权利人因通行必须利用该土地的;

(二)相邻各权利人因建造、修缮建筑物及其附属设施必须利用该土地的;

(三)根据当地习惯必须利用该土地的。

第八十三条　建造建筑物,应当与相邻建筑物保持适当距离并且适当限制其高度,不得妨碍相邻建筑物的通风、采光和日照。

第八十四条　建筑物的屋檐滴水不得直接滴注于相邻的不动产;安装空调等设施,不得因滴水、噪音对相邻的权利人造成损害。

第八十五条　不动产权利人因铺设电线、电缆、水管、煤气管等管线必须利用相邻土地、建筑物的,该土地、建筑物的权利人应当提供必要的便利。

第八十六条　不动产权利人有权依照法律规定禁止相邻各权利人排放、泄漏大气污染物、水污染物、固体废物以及施放噪音、震动、光、磁波辐射等有害物质。

第八十七条　不动产权利人挖掘土地、建造建筑物、铺设管线以及安装设备等,不得危害相邻不动产的正常使用和安全。相邻的不动产权利人有权要求施工的不动产权利人提供相应的担保。

第八十八条　除本法第八十一条至第八十七条规定外,不动产权利人还不得侵害相邻不动产权利人的其他合法权益。

第八十九条　不动产权利人为相邻各权利人因用水、排水、通行、铺设管线等提供便利受到损害的,可以请求相邻各权利人补偿。

第九十条　正确处理相邻关系,法律、法规有规定的,依照该规定;法律、法规没有规定的,可以按照当地习惯。

第九十一条　本章规定的不动产权利人包括不动产的所有权人、不动产的用益物权人和不动产的占有人。

第八章　共　有

第九十二条　不动产或者动产可以由两个以上的自然人、法人共有。共有分按份共有和共同共有。

第九十三条　按份共有人根据其份额对共有的不动产或者动产享有占有、使用、收益和处分的权利。

第九十四条 共同共有人对共有的不动产或者动产共同享有占有、使用、收益和处分的权利。

第九十五条 共有人按照约定管理共有的不动产或者动产,没有约定或者约定不明确的,各共有人都有权利和义务管理。

第九十六条 处分共有的不动产或者动产以及对共有的不动产或者动产作重大修缮的,应当经占份额三分之二以上的按份共有人或者三分之二以上的共同共有人同意。

第九十七条 对共有物的管理费用以及其他负担,有约定的,按照约定;没有约定或者约定不明确的,按份共有人根据其份额负担,共同共有人平均负担。

第九十八条 共有人之间约定不得分割共有的不动产或者动产,以维持共有关系的,应当按照约定,但共有人有重大理由需要分割的,可以请求分割;没有约定或者约定不明确的,共有人可以随时请求分割。因分割对其他共有人造成损害的,应当给予补偿。

第九十九条 共有人可以协议分割方式。达不成协议的,共有的不动产或者动产可以分割并且不会因分割减损价值的,应当予以实物分割;难以分割或者因分割会减损价值的,应当采取折价补偿、拍卖、变卖等办法予以分割。

共有人分割所得的不动产或者动产有瑕疵的,其他共有人应当分担损失。

第一百条 按份共有人可以转让其在共有的不动产或者动产中享有的份额。按份共有人转让其在共有的不动产或者动产中享有的份额的,其他共有人在同等条件下享有优先购买的权利。

第一百零一条 因共有的不动产或者动产产生的债权以及债务,在对外关系上,共有人享有连带债权,承担连带债务,但法律另有规定或者第三人知道共有人不具有连带债权债务的除外;在共有人内部关系上,除共有人另有约定外,按份共有人根据其份额享有债权,承担债务;共同共有人共同享有债权,承担债务。偿还债务超过自己应当承担份额的按份共有人,有权向其他共有人追偿。

第一百零二条 有下列情形之一,按份共有的,由其他按份共有人按照其份额享有,但另有约定的除外;共同共有的,由其他共有人享有:

(一)共有人抛弃其权利的;

(二)共有人死亡没有继承人或者继承人放弃继承的;

(三)共有人遗赠但受遗赠人放弃遗赠的。

第一百零三条 共有人对共有的不动产或者动产没有约定为按份共有或者共同共有,或者约定不明确的,除共有人具有家庭关系等以外,视为按份共有。

第一百零四条 按份共有人对共有的不动产或者动产享有的份额,没有约定或者约定不明确的,按照其出资额确定;不能确定出资额的,视为等额享有。

第一百零五条 两个以上的自然人、法人对不动产共同享有用益物权、担保物权的,参照适用本章规定。

第九章 所有权取得的特别规定

第一百零六条 无处分权人将不动产或者动产转让给受让人,符合下列情形,受让人即时取得该不动产或者动产的所有权:
（一）受让人在受让时不知道或者不应当知道转让人无处分权的；
（二）以合理的价格有偿转让的；
（三）转让的财产依法应当登记的已经登记,不需要登记的已经交付给受让人的；
（四）转让合同有效的。
当事人善意取得其他物权的,参照适用前款规定。

第一百零七条 善意受让人取得的动产属于赃物、遗失物的,所有权人、遗失人等权利人可以向无处分权人请求损害赔偿,也可以在支付善意受让人所付的费用后,请求返还原物,但请求返还原物应当自丧失占有之日起两年内提出。

第一百零八条 善意受让人取得动产后,该动产上的原有权利消灭,但善意受让人在受让时知道该权利的除外。

第一百零九条 拾得人拾得遗失物,应当返还遗失物。

拾得人拾得遗失物,应当自拾得遗失物之日起二十日内通知所有权人、遗失人等权利人领取,或者送交有关部门。在机关、学校等单位,或者在图书馆、博物馆、公共交通工具等公共场所拾得遗失物的,可以送交该单位或者公共场所的管理人。

拾得人通知所有权人、遗失人等权利人领取遗失物,权利人不领取的,拾得人应当自通知之日起三十日内将该物送交有关部门。

第一百一十条 有关部门收到遗失物,知道所有权人、遗失人等权利人的,应当及时通知其领取；不知道所有权人、遗失人等权利人的,应当及时发布招领公告。

第一百一十一条 拾得人应当在遗失物送交有关部门之前,有关部门应当在遗失物未被领取之前妥善保管遗失物。因故意或者重大过失致使遗失物毁损、灭失的,应当承担损害赔偿责任。

第一百一十二条 所有权人、遗失人等权利人领取遗失物时,应当向拾得人或者有关部门支付遗失物的保管费等必要费用。所有权人、遗失人等权利人悬赏寻找遗失物的,领取遗失物时应当按照其承诺向拾得人支付报酬。

第一百一十三条 所有权人、遗失人等权利人领取遗失物时未支付保管费等必要费用的,拾得人或者有关部门有权留置遗失物。

第一百一十四条 拾得人侵占遗失物的,无权请求遗失物的保管费等必要费用或者报酬。

第一百一十五条 遗失物自发布招领公告之日起半年内无人认领的,扣除遗失物的保管费等必要费用后,归国家所有。

第一百一十六条 拾得漂流物、发现埋藏物或者隐藏物的,参照适用拾得遗失物的有关规定。

第一百一十七条 主物转让的,从物随主物转让,但当事人另有约定的除外。

第一百一十八条 天然孳息,由用益物权人取得;没有用益物权人的,由所有权人取得,但当事人另有约定的除外。

法定孳息,当事人有约定的,按照该约定取得;当事人没有约定或者约定不明确的,按照交易习惯取得。

第一百一十九条 加工他人的动产的,加工物的所有权属于材料的所有权人。但是,因加工致使其价值显著大于原材料的价值的,加工人取得该加工物的所有权。法律另有规定或者当事人另有约定的除外。

第一百二十条 动产因附合而为不动产的重要成分,不动产所有权人取得该动产的所有权。法律另有规定或者当事人另有约定的除外。

动产附合而为一合成物,各动产均为合成物重要成分的,各原所有权人为该合成物的共同所有权人,其所有份可以按照原动产价值的比例确定,但各物中的一物为主物的,原主物所有权人取得该合成物的所有权。法律另有规定或者当事人另有约定的除外。

数动产混合而不可分离的,参照适用前款规定。

第一百二十一条 依照本法第一百一十九条、第一百二十条的规定丧失权利而受损失的,可以请求赔偿损失。

第一百二十二条 本法第一百一十九条、第一百二十条第二款、第三款的规定,不适用于恶意的加工、附合或者混合。恶意加工、附合、混合情形下的动产,一般不应归属于恶意加工人、附合人、混合人;恶意加工人、附合人、混合人给权利人造成损害的,应当承担损害赔偿责任。

第三编 用益物权

第十章 一般规定

第一百二十三条 用益物权人在法律规定的范围内,对他人所有的不动产,享有占有、使用和收益的权利。

第一百二十四条 国家实行土地等自然资源有偿使用制度,但法律另有规定的除外。

第一百二十五条 自然人、法人取得用益物权,法律规定须经有关行政主管部门许可的,依照其规定。

第一百二十六条 用益物权人应当遵守法律有关保护和合理开发利用资源的规定。

第一百二十七条 因不动产被征收致使用益物权消灭的,应当给予用益物权人补偿。

第十一章 土地承包经营权

第一百二十八条 土地承包经营权人有权对其承包经营的耕地、林地、草地等占有、使用和收益,以从事种植业、林业、畜牧业等农业生产。

第一百二十九条 土地承包经营权自土地承包经营权合同生效时设立。

县级以上地方人民政府应当向土地承包经营权人发放土地承包经营权证或者林权证等证书,并登记造册,确认土地承包经营权。

通过招标、拍卖、公开协商等方式承包荒山、荒沟、荒丘、荒滩等农村土地,当事人要求登记的,应当向县级以上地方人民政府申请土地承包经营权登记。

第一百三十条 耕地承包经营的期限为三十年。草地承包经营的期限为三十年至五十年。林地承包经营的期限为三十年至七十年;特殊林木的林地承包经营的期限,经国务院林业行政主管部门批准可以延长。

第一百三十一条 土地承包经营权人可以依照法律规定将土地承包经营权转包、出租、互换、转让等。

第一百三十二条 土地承包经营权人将土地承包经营权转包、出租、互换、转让等,当事人应当采取书面形式订立相应的合同,但合同的期限不得超过原土地承包经营权合同剩余的期限。将土地承包经营权转让的,应当符合法律规定并经发包人同意;将土地承包经营权转包、出租、互换等,应当报发包人备案。

第一百三十三条 土地承包经营权人将土地承包经营权互换、转让,当事人要求登记的,应当向县级以上地方人民政府申请土地承包经营权登记。未经登记,不得对抗善意第三人。

第一百三十四条 土地承包经营权人有权将土地承包经营权分割。

土地承包经营权人有权将设立在相互毗连的土地上的土地承包经营权合并。

第一百三十五条 承包期内,发包人不得收回承包地。

承包期内,土地承包经营权人全家迁入小城镇落户的,应当按照土地承包经营权人的意愿,保留其土地承包经营权或者允许其依照法律规定进行土地承包经营权流转。

承包期内,土地承包经营权人全家迁入设区的市,转为非农业户口的,应当将承包的耕地和草地交回发包人。土地承包经营权人不交回的,发包人可以收回承包的耕地和草地。

承包期内,土地承包经营权人交回承包地或者发包人依照法律规定收回承包地时,土地承包经营权人对其在承包地上投入而提高土地生产能力的,有权获得相应的补偿。

第一百三十六条 承包期内,发包人不得调整承包地。

承包期内,因自然灾害严重毁损承包地等特殊情形对个别农户之间承包的耕地和草地需要适当调整的,必须经本集体的村民会议三分之二以上成员或者三分之二以上村民代表的同意,并报乡(镇)人民政府和县级人民政府农业等行政主管部门批准。土地承包经营权合同约定不得调整的,按照约定。

第一百三十七条 土地承包经营权的期限届满,土地承包经营权消灭。

第一百三十八条 土地承包经营权分割、合并的,土地承包经营权人应当及时向县级以上地方人民政府申请变更登记。土地承包经营权消灭的,发包人应当及时向县级以上地方人民政府申请注销登记;县级以上地方人民政府应当收回土地承包经营权证或者林权证等证书。

第一百三十九条 国家所有的农用地实行承包经营的,参照适用本法的有关规定。

第十二章 建设用地使用权

第一百四十条 建设用地使用权人有权对国家所有或者集体所有的土地占有、使用和收益,在该土地建造并经营建筑物、构筑物及其附属设施。

第一百四十一条 建设用地使用权人在已设立用益物权的地上或者地下修建地铁、轻轨、空中走廊、车库等设施或者铺设管线的,不得妨害已设立的用益物权的权利人行使其权利。

第一百四十二条 设立建设用地使用权,可以采取拍卖、招标、协议以及划拨等方式。

商业用地应当采取拍卖或者招标方式;不能采取拍卖或者招标方式的,可以采取协议方式。

第一百四十三条 采取拍卖、招标和协议方式设立建设用地使用权的,当事人应当采取书面形式订立建设用地使用权出让合同。

建设用地使用权出让合同一般包括以下条款:

(一)当事人的名称和住所;

(二)土地的位置、面积等;

(三)建筑物、构筑物及其附属设施占有的空间范围;

(四)土地的用途;

(五)使用期限;

(六)出让金等费用及其支付方式;

(七)解决争议的办法。

第一百四十四条 建设用地使用权出让合同订立后,应当向县级以上登记机构申请建设用地使用权登记。登记机构应当向建设用地使用权人发放建设用地使用权证书。

第一百四十五条 建设用地使用权的期限至少为二十年。法律、行政法规对建设用地使用权的最长期限有规定的,依照其规定。

第一百四十六条 建设用地使用权人应当合理利用土地,不得改变土地用途。需要改变土地用途的,应当经有关行政主管部门批准。

第一百四十七条 建设用地使用权人应当依照法律规定以及合同约定支付出让

金等费用。

第一百四十八条 建设用地使用权人建造的建筑物、构筑物及其附属设施的所有权属于建设用地使用权人,但有相反证据证明的除外。

第一百四十九条 建设用地使用权人有权将建设用地使用权转让、互换、出资、赠与或者抵押,但法律另有规定的除外。

第一百五十条 建设用地使用权人将建设用地使用权转让、互换、出资、赠与或者抵押的,当事人应当采取书面形式订立相应的合同。合同的期限由当事人协议,但不得超过原建设用地使用权出让合同剩余的期限。

第一百五十一条 建设用地使用权人将建设用地使用权转让、互换、出资或者赠与的,应当向县级以上登记机构申请变更登记。

第一百五十二条 建设用地使用权人将建设用地使用权转让、互换、出资或者赠与的,附着于该建设用地上的建筑物、构筑物及其附属设施一并处分。

第一百五十三条 建筑物、构筑物及其附属设施的所有权人将建筑物、构筑物及其附属设施转让、互换、出资或者赠与的,建设用地使用权一并处分。

第一百五十四条 建设用地全部或者部分灭失致使不能实现建设用地使用权设立目的的,建设用地使用权消灭。

第一百五十五条 建设用地使用权的期限届满,建设用地使用权消灭。

第一百五十六条 建设用地使用权的期限届满,建设用地使用权人需要继续使用土地的,应当在期限届满前一年申请续期,除因社会公共利益需要收回该土地的,出让人应当同意。建设用地使用权续期后,建设用地使用权人应当按照约定支付出让金;出让金协议不成的,按照国家规定确定。

第一百五十七条 建设用地使用权的期限届满,建设用地使用权人不申请续期的,该土地上的建筑物、构筑物及其附属设施归属于出让人。因社会公共利益需要收回该土地的,出让人应当以合理价格购买建筑物、构筑物及其附属设施。但是,法律另有规定或者合同另有约定的除外。

第一百五十八条 建设用地使用权消灭的,出让人应当及时向县级以上登记机构申请注销登记。登记机构应当收回建设用地使用权证书。

第十三章 宅基地使用权

第一百五十九条 宅基地使用权人有权对集体所有的土地占有和使用,在该土地上建造住房及其附属设施。

第一百六十条 设立宅基地使用权,应当经乡镇人民政府审核,由县级人民政府批准。

设立宅基地使用权,不得违背乡镇土地利用总体规划和村庄、集镇规划,并尽量使用原有的宅基地和村内空闲地。

第一百六十一条 村民经本集体分配取得宅基地使用权。一户只能分配一处宅基地。村民占用的宅基地面积超过规定标准的,应当交纳宅基地使用费。

第一百六十二条 宅基地使用权自县级人民政府批准时设立。宅基地使用权人应当向登记机构申请宅基地使用权登记。宅基地使用权可以和建造在该宅基地上的住房所有权同时登记,也可以单独登记。未经登记,不得对抗善意第三人。

第一百六十三条 宅基地使用权不得单独转让。建造在该宅基地上的住房转让的,宅基地使用权一并转让。

第一百六十四条 宅基地使用权不得抵押。建造在该宅基地上的住房抵押的,在实现抵押权时,宅基地使用权一并转让。

第一百六十五条 本集体的村民通过转让取得两处以上宅基地的,应当交纳多占部分的宅基地使用费。

本集体以外的人通过转让取得宅基地使用权的,应当交纳宅基地使用费。

第一百六十六条 宅基地使用权人依照本法第一百六十三条、第一百六十四条规定转让宅基地使用权的,不再分配宅基地。

第一百六十七条 因乡村公共设施和公益事业建设的需要,经县级人民政府批准,本集体有权收回宅基地,但应当给予宅基地使用权人补偿,并对没有宅基地的村民重新分配宅基地。

第一百六十八条 宅基地因自然灾害等原因灭失的,宅基地使用权消灭。对没有宅基地的村民应当重新分配宅基地。

第一百六十九条 已经登记的宅基地使用权转让或者消灭的,宅基地使用权人应当及时向县级以上登记机构申请变更登记或者注销登记。

第十四章 地役权

第一百七十条 地役权人因通行、取水、排水、铺设管线等需要,有权利用他人的不动产或者限制他人不动产的利用,以提高自己的不动产的便利与效益。

前款所称"他人的不动产"为"供役地","自己的不动产"为"需役地"。

第一百七十一条 设立地役权,当事人应当采取书面形式订立地役权合同。

地役权合同一般包括以下条款:

(一)当事人的姓名或者名称和住所;

(二)供役地和需役地的位置;

(三)利用目的和方法;

(四)利用期限;

(五)费用及其支付方式;

(六)解决争议的办法。

第一百七十二条 地役权自地役权合同生效时设立。当事人要求登记的,地役权人应当向县级以上登记机构申请地役权登记。未经登记,不得对抗善意第三人。

第一百七十三条 供役地的权利人应当按照合同约定容许地役权人利用其土地,

不得妨害地役权的行使。

第一百七十四条 地役权人应当按照合同约定的利用目的和方法利用供役地,尽可能减少对他人物权的限制。

第一百七十五条 地役权的期限由当事人协议,但不得超过土地承包经营权、建设用地使用权等用益物权剩余的期限。

第一百七十六条 地役权不得单独转让。土地承包经营权、建设用地使用权转让的,地役权一并转让,但当事人另有约定的除外。

第一百七十七条 地役权不得抵押。土地承包经营权、建设用地使用权抵押的,在实现抵押权时,地役权一并转让。

第一百七十八条 土地承包经营权人、建设用地使用权人享有地役权,土地承包经营权、建设用地使用权被分割或者部分转让时,分出或者转让部分涉及地役权的,分得人或者受让人同时享有地役权。

第一百七十九条 供役地上已设立土地承包经营权、建设用地使用权,土地承包经营权、建设用地使用权被分割或者部分转让时,分出或者转让部分涉及地役权的,地役权对分得人或者受让人具有约束力。

第一百八十条 土地所有权人享有地役权或者负担地役权的,设立土地承包经营权、宅基地使用权时,该土地承包经营权人、宅基地使用权人继续享有或者负担已设立的地役权。

第一百八十一条 土地上已设立土地承包经营权、建设用地使用权、宅基地使用权等权利的,未经上述用益物权人同意,土地所有权人不得设立地役权。

第一百八十二条 有偿利用供役地的,地役权人应当按照约定支付费用。

第一百八十三条 地役权人因行使地役权的需要,有权在供役地上修建必要的附属设施。

第一百八十四条 供役地的权利人在不妨害地役权行使的情况下,可以使用地役权人修建的附属设施,并应当适当分担附属设施的维护费用,但当事人另有约定的除外。

第一百八十五条 地役权期间届满,供役地的权利人可以以合理价格购买地役权人修建的附属设施;地役权人也可以取回,但合同另有约定的除外。

第一百八十六条 供役地的权利人为使用土地的需要,在不影响地役权设立目的的前提下,可以请求变更行使地役权的位置和方法,地役权人不得拒绝。因此支出的费用,由供役地的权利人负担。

第一百八十七条 地役权人有下列情形之一,供役地的权利人有权解除地役权关系,地役权消灭:

(一)违反法律规定或者合同约定滥用地役权的;

(二)有偿利用供役地,在合理期限内经两次催告未支付费用的。

第一百八十八条 有下列情形之一,地役权消灭:

(一)地役权期间届满的;

(二)供役地因自然原因不能实现利用目的的;
(三)地役权人放弃地役权的;
(四)供役地或者需役地被征收的;
(五)供役地或者需役地灭失的。

第一百八十九条 地役权消灭,需要恢复供役地原状的,供役地的权利人可以请求恢复原状。

第一百九十条 已经登记的地役权变更、转让或者消灭的,应当及时向县级以上登记机构申请变更登记或者注销登记。

第十五章 典 权

第一百九十一条 典权人对出典的住房及其附属设施享有占有、使用和收益的权利。

第一百九十二条 设立典权,当事人应当采取书面形式订立典权合同。

典权合同一般包括以下条款:
(一)当事人的姓名或者名称和住所;
(二)住房及其附属设施的位置、面积等;
(三)典价及其支付方式;
(四)典权期限;
(五)解决争议的办法。

第一百九十三条 典权合同订立后,应当向县级以上登记机构申请典权登记。

第一百九十四条 典权期限不得超过二十年。当事人约定超过二十年的,超过部分无效。

第一百九十五条 典权人应当妥善维护出典的住房及其附属设施。典权人未履行该义务造成出典的住房及其附属设施损害的,应当承担损害赔偿责任。

第一百九十六条 典权人可以将出典的住房及其附属设施出租或者转典,但合同另有约定的除外。

定期典权出租或者转典的期限,不得超过原典权合同剩余的期限。

第一百九十七条 出典的住房及其附属设施因出租或者转典受到损害的,典权人应当向出典人承担损害赔偿责任。

第一百九十八条 出典人以原典价回赎出典的住房及其附属设施的,转典权人应当返还。转典价超过典价的,转典权人有权请求典权人返还,但不得对抗出典人。

第一百九十九条 出典人将出典的住房及其附属设施转让的,典权人享有优先购买的权利。

出典人将出典的住房及其附属设施转让的,不影响典权,受让人处于出典人的地位。

第二百条 典权人将出典的住房及其附属设施转典或者将典权转让的,应当办理变更登记。

典权转让的,自记载于登记簿之时,受让人处于典权人的地位。

第二百零一条　因典权人的过错致使出典的住房及其附属设施全部或者部分灭失的,典权人应当承担损害赔偿责任,典价可以折抵赔偿费用。

因不可抗力致使出典的住房及其附属设施全部或者部分灭失的,典权人和出典人应当分担因此造成的损失。

第二百零二条　出典的住房及其附属设施全部或者部分灭失的,典权人可以重建。重建费用超过灭失的住房及其附属设施价值的,应当征得出典人同意。

因典权人的过错致使出典的住房及其附属设施全部或者部分灭失的,重建费用应当由典权人承担。因不可抗力致使出典的住房及其附属设施全部或者部分灭失的,重建费用应当由典权人和出典人合理分担。

第二百零三条　典权期限届满,出典人可以返还典价回赎出典的住房及其附属设施。

典权期限届满后两年内出典人未返还典价回赎的,典权人取得出典的住房及其附属设施的所有权。

第二百零四条　对典权期限没有约定或者约定不明确的,出典人可以随时返还典价回赎出典的住房及其附属设施。

自典权设立二十年内出典人未返还典价回赎的,典权人取得出典的住房及其附属设施的所有权。

第二百零五条　出典人回赎出典的住房及其附属设施的,应当提前六个月通知典权人。

第十六章　居住权

第二百零六条　居住权人对他人享有所有权的住房及其附属设施享有占有、使用的权利。

第二百零七条　设立居住权,可以根据遗嘱或者遗赠,也可以按照合同约定。

设立居住权,应当向县级以上登记机构申请居住权登记。

第二百零八条　居住权人应当合理使用住房及其附属设施。

居住权人应当承担住房及其附属设施的日常维护费用和物业管理费用,可以不支付使用费,不承担重大维修费用,但遗嘱、遗赠另有表示或者合同另有约定的除外。

第二百零九条　居住权不得转让和继承。

居住权人不得将居住的房屋出租,但遗嘱、遗赠另有表示或者合同另有约定的除外。

第二百一十条　住房所有权人应当保障居住权人对住房及其附属设施占有、使用的权利。

居住权人对住房的某一部分享有居住权的,可以使用该住房的共用部分。

第二百一十一条 居住权设立后,住房所有权人变更的,不影响居住权。

第二百一十二条 居住权的期限根据遗嘱、遗赠或者合同确定;无法确定的,成年居住权人的居住权期限至其死亡时止,未成年居住权人的居住权期限至其独立生活时止。

第二百一十三条 居住权人有下列情形之一,住房所有权人有权撤销居住权:

(一)故意侵害住房所有权人及其亲属的人身权或者对其财产造成重大损失的;

(二)危及住房安全等严重影响住房所有权人或者他人合法权益的。

第二百一十四条 有下列情形之一,居住权消灭:

(一)居住权人放弃居住权的;

(二)遗嘱、遗赠或者合同确定的居住权期限届满的;

(三)遗嘱、遗赠或者合同确定的居住权解除条件成就的;

(四)居住权人死亡或者未成年居住权人具有独立生活能力的。

第二百一十五条 住房灭失的,居住权消灭。住房所有权人获得保险金、赔偿金或者补偿金的,应当给予居住权人适当安置,但居住权人故意或者重大过失致使住房灭失的除外。

第二百一十六条 居住权消灭的,住房所有权人应当及时向县级以上登记机构申请注销登记。

第四编　担保物权

第十七章　一般规定

第二百一十七条 担保物权人在债务人未履行债务时,有权就担保财产优先受偿。

第二百一十八条 债权人在借贷、买卖等活动中,为保障实现其债权需要担保的,可以依照本法以及其他法律规定设定担保。

第三人为债务人向债权人提供担保的,可以要求债务人提供反担保。反担保适用本法和其他法律的规定。

第二百一十九条 设定担保物权,应当依照本法和其他法律规定订立担保合同。担保合同是主债权债务合同的从合同。主债权债务合同无效,担保合同无效。

担保合同被确认无效的,债务人、担保人、债权人应当根据各自的过错承担相应的民事责任。

第二百二十条 物权担保的范围包括主债权及其利息、违约金、损害赔偿金、保管担保财产和实现担保物权的费用,但担保合同另有约定的除外。

第二百二十一条 债务人未履行到期债务的,担保物权人可以依照本法和其他法律规定实现担保物权。实现担保物权的诉讼时效,自债务人未履行到期债务之日计算,并适用诉讼时效的有关规定。

第二百二十二条 被担保的债权既有物的担保又有人的担保,债务人未履行债务的,债权人应当按照约定实现债权。没有约定或者约定不明确的,债务人自己提供物的担保的,债权人应当先就物的担保实现债权;第三人提供物的担保的,债权人可以就物的担保实现债权,也可以要求保证人承担保证责任。

第二百二十三条 第三人或者保证人承担担保责任后,有权向债务人追偿,也可以向未履行担保义务的一方追偿。

第二百二十四条 同一债权有两个以上担保物权,一项担保财产的价值相当于未清偿的债权数额的,不得拍卖、变卖另一项担保财产。

第二百二十五条 有下列情形之一,担保物权消灭:
(一)主债权消灭的;
(二)担保物权实现的;
(三)债权人放弃担保物权的;
(四)担保财产灭失或者被征收的;
(五)法律规定担保物权消灭的其他情形。

第二百二十六条 担保期间,担保财产毁损、灭失或者被征收等,担保物权人可以就获得的保险金、赔偿金或者补偿金等优先受偿。被担保债权的履行期间未届满的,也可以将该保险金、赔偿金或者补偿金等提存。

第十八章 抵押权

第一节 一般抵押权

第二百二十七条 本法所称抵押权,指债务人或者第三人不转移财产的占有,将该财产作为债权的担保,债务人未履行债务时,债权人有就该财产优先受偿的权利。

前款规定的债务人或者第三人为抵押人,债权人为抵押权人,提供担保的财产为抵押财产。

第二百二十八条 下列财产可以抵押:
(一)抵押人所有的建筑物和其他土地附着物;
(二)建设用地使用权;
(三)法律规定可以抵押的农村土地承包经营权;
(四)抵押人所有的机器设备、交通运输工具以及牲畜;
(五)法律规定可以抵押的其他财产。

抵押人可以将前款所列财产一并抵押。

第二百二十九条 以建筑物抵押的,该建筑物占用范围内的建设用地使用权应当一并抵押。以建设用地使用权抵押的,该建设用地上的建筑物应当一并抵押。

抵押人未依照前款规定一并抵押的,未抵押的财产视为一并抵押。

第二百三十条 乡(镇)、村企业的土地使用权不得单独抵押。以乡(镇)、村企业的厂房等建筑物抵押的,其占用范围内的土地使用权一并抵押。

第二百三十一条 下列财产不得抵押:

(一)土地所有权;

(二)耕地、宅基地、自留地、自留山等集体所有的土地使用权,但法律规定可以抵押的除外;

(三)学校、幼儿园、医院等以公益为目的的事业单位、社会团体的教育设施、医疗卫生设施和其他社会公益设施;

(四)所有权、使用权不明或者有争议的财产;

(五)依照法律规定被查封、扣押、监管的财产;

(六)法律规定不得抵押的其他财产。

第二百三十二条 抵押人和抵押权人应当以书面形式订立抵押合同。

抵押合同一般包括以下条款:

(一)被担保债权的种类、数额;

(二)债务人履行债务的期限;

(三)抵押财产的名称、数量、质量、状况、所在地、所有权权属或者使用权权属;

(四)担保的范围。

抵押合同不完全具备前款规定内容的,可以补正。

第二百三十三条 抵押权人和抵押人订立合同时不得约定债务人未履行债务时,抵押财产的所有权转移为债权人所有。

第二百三十四条 以不动产抵押的,应当办理抵押登记,抵押权自登记时设立。

以动产抵押的,抵押权自抵押合同成立时设立,但未办理登记的,不得对抗善意第三人。法律另有规定的,依照其规定。

第二百三十五条 抵押合同的内容与登记簿记载的事项不一致的,以登记簿为准。

第二百三十六条 订立抵押合同前抵押财产已出租的,抵押人应当将出租的事实书面告知抵押权人,原租赁关系不受该抵押权的影响。抵押权设立后抵押财产出租的,已登记的抵押权不受该租赁关系的影响。

第二百三十七条 抵押期间,抵押人转让抵押财产的,应当经抵押权人同意,但受让人清偿债务的除外。抵押权人同意转让的,应当将转让所得的价款向抵押权人提前清偿债权或者提存。转让的价款超过债权数额的部分归抵押人所有,不足部分由债务人清偿。

第二百三十八条 抵押权不得与债权分离而单独转让或者作为其他债权的担保。债权转让的,担保该债权的抵押权随之转让,但法律另有规定或者当事人另有约定的除外。

第二百三十九条 因抵押人的行为使抵押财产价值减少的,抵押权人有权要求抵押人停止其行为,并有权要求抵押人恢复抵押财产的价值,或者提供与减少的价值相当的担保。

第二百四十条 债务履行期届满,债务人未履行债务致使抵押财产被人民法院依法扣押的,自扣押之日抵押权人有权收取由抵押财产分离的天然孳息以及抵押人就抵押财产可以收取的法定孳息,但抵押权人未将扣押抵押财产的事实通知应当清偿法定孳息的义务人的除外。

前款孳息应当先充抵收取孳息的费用。

第二百四十一条 债务履行期届满,抵押权人未受清偿的,可以与抵押人协议以抵押财产折价或者以拍卖、变卖该抵押财产所得的价款优先受偿;也可以与抵押人协议以管理该抵押财产所得的价款优先受偿。协议损害其他债权人利益的,其他债权人可以请求撤销。

抵押权人与抵押人协议不成的,抵押权人可以向人民法院申请拍卖、变卖抵押财产;抵押人可以向人民法院申请以管理该抵押财产所得的价款清偿债权。

第二百四十二条 抵押财产折价或者拍卖、变卖后,其价款超过债权数额的部分归抵押人所有,不足部分由债务人清偿。

第二百四十三条 同一财产向两个以上债权人抵押的,拍卖、变卖抵押财产所得的价款依照下列规定清偿:

(一)抵押权已登记的,按照登记的先后顺序清偿;顺序相同的,按照债权比例清偿;

(二)抵押权未登记的,按照债权比例清偿;

(三)抵押权有的已登记,有的未登记,已登记的先于未登记的受偿。

第二百四十四条 抵押权人可以放弃抵押权或者放弃抵押权的顺位。抵押权人与抵押人可以协议变更抵押权顺位以及担保的债权数额,但抵押权的变更,未经其他抵押权人书面同意,不得对其产生不利影响。

抵押权人放弃抵押权、放弃抵押权顺位或者变更抵押权,该抵押权担保的债权另有保证的,保证人在抵押权丧失优先受偿利益的范围内免除保证责任,但保证人同意的除外。

第二百四十五条 建设用地使用权抵押后,该土地上新增的建筑物不属于抵押财产。需要拍卖该建设用地使用权的,可以依法将该土地上新增的建筑物与该建设用地使用权一同拍卖,但对拍卖新增建筑物所得的价款,抵押权人无权优先受偿。

依照本法规定以农村土地承包经营权抵押的,或者以乡(镇)、村企业的厂房等建筑物占用范围内的土地使用权抵押的,在实现抵押权后,未经法定程序不得改变土地集体所有和土地用途。

第二节 最高额抵押权

第二百四十六条 本法所称最高额抵押权,指抵押人与抵押权人协议,在最高债权额限度内,以抵押财产对一定期间将要发生的债权提供担保,债务人未履行的债务被确定时,抵押权人有在最高债权额限度内就该财产优先受偿的权利。

第二百四十七条 在担保期间,被担保的部分债权转让的,最高额抵押权不随之转让;被担保的债权债务一并转让的,最高额抵押权随之转让。

第二百四十八条 最高额抵押权担保的债权确定前,抵押权人与抵押人可以协议变更最高额抵押权担保的期间、债权范围以及最高债权额限度,但变更的内容不得对其他抵押权人产生不利影响。

第二百四十九条 有下列情形之一,抵押权人的债权数额被确定:

(一)约定的担保期间届满的;

(二)没有约定担保期间或者约定不明确的,抵押权人请求确定债权或者抵押人自最高额抵押权设立之日起满三年请求确定债权的;

(三)抵押财产被查封、扣押的;

(四)债务人或者抵押人被宣告破产的;

(五)法律规定确定债权的其他情形。

第二百五十条 本节没有规定的,适用本法有关抵押权的规定。

第十九章 质 权

第一节 动产质权

第二百五十一条 本法所称动产质权,指债务人或者第三人将其动产移交债权人占有,以该动产作为债权的担保,债务人未履行债务时,债权人有就该动产优先受偿的权利。

前款规定的债务人或者第三人为出质人,债权人为质权人,移交的动产为质押财产。

第二百五十二条 出质人和质权人应当以书面形式订立质权合同。

质权合同一般包括以下条款:

(一)被担保债权的种类、数额;

(二)债务人履行债务的期限;

(三)质押财产的名称、数量、质量、状况;

(四)担保的范围;

(五)质押财产移交的时间。

质权合同不完全具备前款规定内容的,可以补正。

第二百五十三条 出质人和质权人订立合同时不得约定债务人未履行债务时,质押财产的所有权转移为债权人所有。

第二百五十四条 质权自质押财产移交于质权人占有时设立。双方当事人约定将质押财产移交第三人保管的,质权自质押财产移交第三人占有时设立。

第二百五十五条 质权人有权收取质押财产所生的孳息,但质权合同另有约定的除外。

前款孳息应当先充抵收取孳息的费用。

第二百五十六条 质权人在质权存续期间,未经出质人同意,擅自使用、出租、处分质押财产,给出质人造成损失的,应当承担民事责任。

第二百五十七条 质权人负有妥善保管质押财产的义务。因保管不善致使质押财产毁损、灭失的,应当承担民事责任。

质权人的行为可能使质押财产毁损、灭失的,出质人可以要求质权人将质押财产提存,或者要求提前清偿债权并返还质押财产。

第二百五十八条 因不能归责于质权人的事由可能使质押财产毁损或者价值明显减少的,质权人可以要求出质人提供相应的担保;出质人不提供的,质权人可以拍卖或者变卖质押财产,并与出质人协议将拍卖或者变卖所得的价款提前清偿债权或者提存。

第二百五十九条 质权人在质权存续期间,经出质人同意,可以转质。因转质权人的过错造成质押财产损害的,质权人应当向出质人承担民事责任。

第二百六十条 质权人可以放弃质权。质权人放弃质权,该质权担保的债权另有保证的,保证人在质权人丧失优先受偿利益的范围内免除保证责任,但保证人同意的除外。

第二百六十一条 债务人履行债务或者出质人提前清偿所担保的债权的,质权人应当返还质押财产。

债务人未履行债务的,质权人可以与出质人协议以质押财产折价,也可以就拍卖、变卖质押财产的价款优先受偿。

第二百六十二条 质押财产折价或者拍卖、变卖后,其价款超过债权数额的部分归出质人所有,不足部分由债务人清偿。

第二百六十三条 出质人请求质权人及时实现质权,因质权人怠于行使权利造成损害的,由质权人承担民事责任。

第二百六十四条 出质人与质权人可以协议设立最高额质权。

最高额质权除适用本节有关规定外,适用本法有关最高额抵押权的规定。

第二节 权利质权

第二百六十五条 下列权利可以出质:

(一)汇票、支票、本票;

(二)债券、存款单;

(三)仓单、提单;

(四)法律规定可以转让的股权;

(五)法律规定可以转让的注册商标专用权,专利权、著作权等知识产权;

(六)法律规定可以转让的其他财产权利。

第二百六十六条 以汇票、支票、本票、债券、存款单、仓单、提单出质的,应当在合同约定的期限内将权利凭证交付质权人,质权自该权利凭证交付时设立。

以汇票、支票、本票的,可以在票据上背书记载"出质"字样;未背书的,不得对抗善意第三人。

以记名公司债券出质的,可以在债券上背书记载"出质"字样;未背书的,不得对抗善意第三人。

以存款单出质的,可以请求银行在该存款单上加附出质批注;未附出质批注的,不得对抗善意第三人。

第二百六十七条 汇票、支票、本票、债券、存款单、仓单、提单的兑现日期或者提货日期先于债务履行期的,质权人可以在债务履行期届满前兑现或者提货,并与出质人协议将兑现的价款或者提取的货物提前清偿债权或者提存。

第二百六十八条 以法律规定可以转让的股权出质的,出质人与质权人应当订立书面合同。以上市公司的股权出质的,质权自证券登记机构办理出质登记时设立。以非上市公司的股权出质的,质权自工商管理部门办理出质登记时设立。

上市公司的股权出质后,不得转让,但出质人与质权人协议转让的除外。出质人转让股权所得的价款,应当向质权人提前清偿债权或者提存。

第二百六十九条 以法律规定可以转让的注册商标专用权,专利权、著作权中的财产权出质的,出质人与质权人应当订立书面合同,质权自有关管理部门办理出质登记时设立。

前款规定的权利出质后,出质人不得转让或者许可他人使用,但出质人与质权人协议转让或者许可的除外。出质人所得的转让费、许可费,应当向质权人提前清偿债权或者提存。

第二百七十条 以法律规定可以转让的债权出质的,出质人与质权人应当订立书面合同,质权自该债权凭证交付质权人时设立。

出质人与质权人应当将债权出质的事实通知债务人,未通知的,不得约束债务人。

出质的债权先于主债权到期的,出质人与质权人可以协议由债务人向质权人提前清偿债权或者提存。

第二百七十一条 权利质权除适用本节规定外,适用本法有关动产质权的规定。

第二十章 留 置 权

第二百七十二条 本法所称留置权,指债务人未履行债务时,债权人留置已经合法占有的债务人的动产,并有依照法律规定的程序就该动产优先受偿的权利。

债权人留置债务人的动产,应当与债权有牵连关系,但企业之间留置的除外。

前两款规定的债权人为留置权人,占有的动产为留置财产。

第二百七十三条 法律规定不得留置的,依照其规定。当事人约定不得留置的,按照其约定。

第二百七十四条 留置权人负有妥善保管留置财产的义务。因保管不善致使留置财产毁损、灭失的,应当承担民事责任。

第二百七十五条 留置权人有权收取留置财产的孳息。

前款孳息应当先充抵收取孳息的费用。

第二百七十六条 留置权人与债务人应当约定留置财产后的债务履行期限;没有约定或者约定不明确的,留置权人应当给债务人两个月以上的期间,但鲜活易腐等不易保管的动产除外。债务人逾期未履行的,留置权人可以与债务人协议以留置财产折价,也可以就拍卖、变卖留置财产的价款优先受偿。

第二百七十七条 留置财产折价或者拍卖、变卖后,其价款超过债权数额的部分归债务人所有,不足部分由债务人清偿。

第二百七十八条 同一动产上已设立抵押权或者质权,该动产又被留置的,优先保护留置权。

第二百七十九条 留置权人丧失对留置财产占有的,或者留置权人接受债务人另行提供担保的,留置权消灭。

第二十一章 让与担保

第二百八十条 让与担保,是指为了担保债权的实现,将债务人或者第三人的财产转让债权人,债务履行后,债权人应当将该财产返还债务人或者第三人;未履行债务的,债权人有权就该财产优先受偿。

第二百八十一条 当事人订立让与担保合同,应当采取书面形式。

第二百八十二条 以动产作为让与担保标的的,让与担保的权利自在该动产上标志让与担保时设立。以不动产或者权利作为让与担保标的的,设立让与担保的权利适用本法有关不动产抵押以及权利质权的规定。

第二百八十三条 让与担保期间,担保物的占有人享有该担保物的收益,但当事人另有约定的除外。

第二百八十四条 让与担保期间,担保物的占有人以及让与担保的权利人不得处分该担保物,但当事人另有约定的除外。

第二百八十五条 让与担保期间,担保物被查封或者扣押的,让与担保的权利人有权提出异议。

第二百八十六条 让与担保期间,担保物的占有人破产,担保物的占有人提前清偿债务的,该担保物为破产财产;担保物的占有人不清偿债务的,让与担保的权利人有权就该担保物优先受偿。

让与担保期间,让与担保的权利人破产,担保物的占有人提前清偿债务的,该让与担保的权利消灭;担保物的占有人不清偿债务的,该担保物为破产财产。

第二百八十七条 债务履行期届满,债务人未履行债务的,让与担保的权利人可以按照约定的方式行使优先受偿的权利。优先受偿的方式没有约定或者约定不明确的,让与担保的权利人应当合理行使优先受偿的权利。

第五编 占 有

第二十二章 占 有

第二百八十八条 本法所称占有,指占有人对不动产或者动产的实际控制与支配。

第二百八十九条 基于债权关系的占有,有关不动产或者动产的使用、收益、争议的解决办法等,依照法律规定和合同约定。

第二百九十条 无权占有,包括善意占有和恶意占有。

第二百九十一条 无权占有,除有相反证据证明外,推定为善意占有。

第二百九十二条 占有人因使用占有的不动产或者动产而使该不动产或者动产受到损害的,善意占有人不承担损害赔偿责任;恶意占有人应当承担损害赔偿责任。

第二百九十三条 不动产或者动产被占有人占有,权利人可以请求返还原物及其孳息,但应当扣除占有人因妥善保管该不动产或者动产支出的费用。

第二百九十四条 占有的不动产或者动产毁损、灭失,该不动产或者动产的权利人请求赔偿的,善意占有人应当将因毁损、灭失取得的保险金、赔偿金或者补偿金等返还给权利人。

第二百九十五条 占有的不动产或者动产毁损、灭失,该不动产或者动产的权利人请求赔偿的,恶意占有人没有过错的,应当将因毁损、灭失取得的保险金、赔偿金或者补偿金等返还给权利人;有过错的,应当对因自己的过错造成的损害承担民事责任。

第二百九十六条 不动产或者动产的占有人行使的权利,除有相反证据证明外,推定为其合法享有。

在一段时间的开始和终了时占有不动产或者动产的,推定在中间时期不间断占有。

第二百九十七条 占有的不动产或者动产被侵夺的,占有人有权请求返还原物;对妨害占有的行为,占有人有权请求排除妨害;因侵夺或者妨害造成损害的,占有人有权请求损害赔偿。

前款规定的请求权,自侵夺或者妨害发生之日起一年内没有行使的,该请求权消灭。

附　　则

第二百九十八条 本法自 2005 年　月　日起施行。

全国人大法律委员会关于《中华人民共和国物权法(草案)》的情况汇报

2004年10月19日

全国人民代表大会常务委员会：

2002年12月，九届全国人大常委会第三十一次会议对《中华人民共和国民法(草案)》进行了初次审议。会后，法制工作委员会将草案印发各省(自治区、直辖市)、中央有关部门和法学教学研究单位征求意见。民法草案分为九编，即总则、物权法、合同法、人格权法、婚姻法、收养法、继承法、侵权责任法、涉外民事关系的法律适用法，共1209条。不少常委会组成人员以及有关方面认为，民法涉及面广、内容复杂，一并研究修改历时较长，以分编审议通过为宜，当前应抓紧制定物权法。十届全国人大常委会立法规划列入了民法草案中的物权法、侵权责任法和涉外民事关系的法律适用法。今年的立法计划要求将物权法草案提请常委会再次审议。法制工作委员会就物权法草案中的主要问题先后在北京、重庆、吉林、辽宁、安徽、江苏等地进行了调研，并与国务院法制办、国土资源部、建设部、农业部等部门进行了座谈。今年7月、8月，法制工作委员会分别召开法院系统和专家的研讨会。法律委员会根据常委会组成人员以及地方、部门和专家的意见，对民法草案第二编物权法进行了修改，形成了《中华人民共和国物权法(草案)》。

物权法规范平等主体之间的财产关系，是民法的重要组成部分，对明确产权关系，充分发挥物的效用，保护权利人的财产权益，维护经济社会秩序，促进社会主义现代化建设，具有重要作用。现将民法草案物权法的主要内容以及主要问题修改情况汇报如下：

一、民法草案物权法的主要内容

(一)物权法的调整范围

草案规定：本法所称物权，是自然人、法人直接支配不动产或者动产的权利，包括所有权、用益物权和担保物权。根据草案规定，物权是一种重要的财产权，国家所有权、集体所有权、私人所有权、土地承包经营权、建设用地使用权、宅基地使用权、抵押权等都属于物权，物权的客体主要是不动产和动产。这一规定，明确了物权适用本法规定，债权、知识产权等其他财产权适用有关法律规定。

(二)物权法的原则

草案规定的物权法的原则是：(1)物权法定。物权法调整权利人和广大的不特定的义务人之间的关系，因此不能像订立合同一样由当事人约定，物权的种类和内容只能由法律规定。(2)物权公示。权利人要让广大的义务人知道自己是不动产或者动产的权利人,要求义务人履行义务,必须通过公开的办法明示,以维护自己的权利。草案规定:物权的设立、变更、转让和消灭,除法律另有规定外,不动产应当登记,动产应当交付。(3)遵守法律。草案规定:物权的取得和行使,应当遵守法律。(4)保护物权。草案规定:权利人享有的物权,受法律保护,任何人不得侵害。

(三)所有权

所有权是物权的基础,用益物权和担保物权都是由所有权产生的。草案对所有权作了较为全面的规定:(1)国家所有是公有制的基础。草案根据宪法和法律的有关规定,对矿产资源、水资源以及土地等自然资源的国家所有权作了规定,并对国有企业或者国有控股企业的法人财产权作了规定。(2)集体所有是公有制的重要组成部分。草案在民法通则有关规定的基础上,对集体所有的不动产和动产以及集体所有权的行使作了规定。(3)完善保护私人财产的法律制度。草案规定:私人对其依法取得的生活资料和生产资料享有所有权,国家保护私人投资以及因投资获得的收益等。(4)随着高层建筑物的大量出现,建筑物区分所有权已经成为不动产权中的重要问题。建筑物区分所有权包括三种权利,即业主就高层建筑物内其居室等享有所有权,就走廊、电梯等享有共有的权利,就该建筑物及其附属设施的维护等享有共同管理的权利。草案对上述三种权利分别作了规定。

(四)用益物权

用益物权是对他人的土地等不动产使用、收益的权利,在经济生活中发挥着重要作用。草案依照农村土地承包法的有关规定,对土地承包经营权的性质、承包、流转等问题作了规定;依照土地管理法、城市房地产管理法等法律的有关规定,对建设用地使用权的设立、期限、权利义务等作了规定;依照矿产资源法、渔业法、水法的有关规定,对探矿权、采矿权、渔业权、取水权作了规定。

(五)担保物权

担保物权是物权法中的重要内容。我国已经制定了担保法。草案在担保法有关规定的基础上,进一步完善了抵押权、质权、留置权的规定。

(六)登记制度

不动产登记是建立物权制度的重要基础。物权公示的原则,涉及不动产的,要靠登记制度保障。草案规定:除法律另有规定外,不动产物权的设立、变更、转让和消灭,应当登记;不经登记,不发生物权效力。船舶、飞行器和机动车等物权的设立、变更、转让和消灭,应当登记;不经登记,不得对抗善意第三人。为了保护房屋预售中买受人的权益,维护房屋交易秩序,草案对预告登记作了规定。

(七)物权的保护

加强对物权的保护,是维护权利人财产权益的必然要求。草案在民法通则有关规定的基础上,对确认权利、返还原物、恢复原状、排除妨害、消除危险、损害赔偿等物权保护方式作了较为全面的规定。

草案还对相邻关系、共有、善意取得、拾得遗失物、发现埋藏物、占有等作了规定。

二、对民法草案物权法主要问题的修改情况

(一)关于国有企业的财产权

草案第五十条规定:"国有企业或者国有控股企业对该企业的不动产或者动产,在企业存续期间享有法人财产权。"

有的常委会组成人员和有些地方、专家认为,物权法主要调整不动产和动产,财产权的含义比物权宽泛,在物权法中不宜笼统规定法人财产权。有的常委会组成人员和有些地方、专家认为,不同所有制的企业对其不动产和动产的权利,基本上是一样的,物权法应对所有企业的权利一并作出规定。法律委员会经研究认为,物权法应当明确两个关系,一是企业作为市场主体同其他企业就不动产和动产产生的关系,二是国家、集体或者个人作为出资人同企业的关系。因此,建议将这一条修改为:"企业法人对其不动产和动产享有占有、使用、收益和处分的权利。企业法人以外的法人,对其不动产和动产享有占有、使用的权利。法律另有规定的,依照其规定。"(草案二次审议稿第六十三条第一款)同时规定:"国家、集体或者个人所有的不动产或者动产,投入到企业的,由出资人按照出资额享有资产收益、重大决策以及选择经营管理者等权利。"(草案二次审议稿第六十二条)

(二)关于农民集体所有权

在现实生活中,有些村干部不依法办事,擅自处分集体财产,严重侵害农民合法权益的情况时有发生,农民对此反映强烈。有的常委会组成人员和地方、部门提出,应当对集体财产由农民集体行使所有权作出规定。根据民法通则、土地管理法、农村土地承包法等法律的有关规定,法律委员会建议规定:"农民集体所有的不动产和动产,属于本集体的成员集体所有。下列事项应当经本集体村民会议三分之二以上成员或者三分之二以上村民代表同意:(一)通过和修改集体经济组织章程;(二)选举和罢免集体经济组织的管理人;(三)土地承包方案以及将土地发包给本集体以外的单位或者个人承包;(四)个别农户之间承包地的调整;(五)土地补偿费等费用的使用、分配办法;(六)集体企业的所有权变动等事项;(七)法律规定应当经村民会议讨论决定的其他重大事项。"(草案二次审议稿第五十五条)

(三)关于建筑物区分所有权

有的常委会组成人员和地方、部门、专家提出,应当进一步对小区物业管理用房、车库等的归属问题作出明确规定;应当对有的业主擅自改变住宅用途,危害建筑物安全等行为作出禁止性或者限制性规定;为了维护业主的共同权益,应当对建筑物区分所有权人会议以及建筑物区分所有权人委员会的起诉和应诉资格作出补充规定。法律委员会经研究,建议规定:(1)"建筑区划内的物业管理用房的所有权属于建筑物区分所有权人共有。会所、车库、绿地等的归属,有约定的,按照约定;没有约定或者约定不明确的,除建设单位等能够证明其享有所有权外,属于建筑物区分所有权人共有。"(草案二次审议稿第六十八条)(2)"有下列情形之一,应当经全体建筑物区分所有权人同意:(一)将住宅改变为餐饮、娱乐等商业用房的;(二)将共有部分改变用途的。"(草案二次审议稿第七十六条)(3)"有下列情形之一,建筑物区分所有权人会议除另有约定外,可以自己的名义或者委托他人提起诉讼、申请仲裁:(一)建筑物区分所有权人违反有关物业管理规定,侵害建筑物共有部分,损害其他建筑物区

分所有权人合法权益的;(二)建筑物区分所有权人以外的人侵害建筑物区分所有权人共同权益的;(三)与物业管理机构等因履行合同发生争议的。"(草案二次审议稿第七十九条)

(四)关于特许物权

特许物权是指经行政机关许可取得的开发利用自然资源的权利。草案第十九章、第二十章、第二十一章对探矿权、采矿权、取水权、渔业权等特许物权作了规定。

对物权法是否规定特许物权,有不同意见。有的常委会组成人员和一些地方、部门认为,应当在物权法中规定特许物权,除草案上述规定外,还应当增加海域使用权等特许物权。有的常委会组成人员和一些地方、专家认为,探矿权、采矿权和渔业权等特许物权,与草案规定的建设用地使用权、土地承包经营权等用益物权不同,特许物权的取得必须经行政机关许可,我国单行法已经对取得特许物权的行政许可作了较为全面的规定,物权法可以不再重复规定。

考虑到我国已经制定了矿产资源法、水法、渔业法等法律,进一步完善有关探矿权、采矿权、取水权、渔业权的法律规定,可以通过修改有关法律解决。据了解,一些国家也是在单行法中规定特许物权的。因此,法律委员会建议删去草案第十九章、第二十章、第二十一章。

此外,还有两个问题需要汇报:

1. 关于登记机构

目前我国办理登记的机构主要有土地管理部门、房产管理部门、农业主管部门、林业主管部门、运输工具登记部门、工商行政管理部门等。不少常委会组成人员和部门、专家认为,登记机构特别是不动产登记机构不统一,必然出现重复登记、登记资料分散、增加当事人负担、资源浪费等弊端,不利于健全登记制度,应当统一登记机构。法律委员会经研究认为,统一登记机构的问题较为复杂,对哪些登记机构可以统一,哪些不宜统一,统一的登记机构如何设立,登记机构是否具有行政管理职责等,各方面的意见分歧较大。对统一登记机构的问题,还需要进一步研究。

2. 关于宅基地使用权的转让

草案第一百六十九条规定:"宅基地使用权不得单独转让。建造在该宅基地上的住房所有权转让的,宅基地使用权同时转让。"对这一规定,有不同意见。一种意见认为,农民的宅基地是由村里分配无偿取得的,是农民基本的生活保障,农民出门打工的,可能回乡,如在城里落户,其宅基地应当归还集体,宅基地上的住房可以在集体内部转让,但能否在集体之外转让宅基地上的住房,需要慎重考虑。如果允许在集体之外转让,还会影响村的建设发展规划。另一种意见认为,建立在宅基地使用权上的住宅所有权属于农民,对该住宅农民有权处分,从增加农民的融资途径考虑,也应当允许宅基地使用权流转。法律委员会经研究认为,这个问题比较复杂,还需要进一步研究,这次对草案上述规定未作修改。

法律委员会已按上述修改意见对民法草案物权法作了修改,提出了物权法草案二次审议稿,建议本次常委会会议再次审议。

草案二次审议稿和以上汇报是否妥当,请审议。

全国人大法律委员会
2004年10月19日

全国人大法律委员会关于《中华人民共和国物权法(草案)》修改情况的汇报

2005年6月24日

全国人民代表大会常务委员会：

常委会第十二次会议对物权法(草案二次审议稿)进行了审议。会后,法律委员会、法制工作委员会召开座谈会,邀请提出有关议案和意见的全国人大代表参加,听取了中央有关部门、单位、专家的意见,并专门听取了一些常委委员的意见,还就草案二次审议稿中关于不动产登记、国有资产管理、建筑物区分所有权等问题在北京、上海、河北进行了调研。法律委员会于2004年11月3日至5日召开会议,根据常委会组成人员的审议意见和各方面的意见,对草案二次审议稿进行了逐条审议。会后,法律委员会、法制工作委员会着重从三个方面对草案二次审议稿进行了研究修改：一是突出重点,解决物权法当前急需规范的现实问题；二是对草案二次审议稿涉及的几个重大问题,如不动产登记机构是否统一、农村宅基地使用权能否转让等,作出规定；三是对草案二次审议稿规定的内容尽可能表述得简明扼要、通俗易懂。2005年6月8日、6月23日,法律委员会召开会议,再次对草案二次审议稿进行了审议。最高人民法院负责同志列席了会议。草案二次审议稿原有22章、共297条。经修改,删去2章、61条,增加33条,现为20章、共269条。现将草案二次审议稿主要问题修改情况汇报如下：

一、草案二次审议稿第一条规定："为保护自然人、法人的物权,明确物的归属,充分发挥物的效用,促进社会主义现代化建设,制定本法。"有些常委会组成人员提出,本法应当具有鲜明的中国特色,体现我国社会主义初级阶段的基本经济制度,维护社会主义市场经济秩序。法律委员会经研究,建议将这一条修改为："为明确物的归属,保护自然人、法人的物权,充分发挥物的效用,维护社会主义市场经济秩序,维护国家基本经济制度,制定本法。"(草案三次审议稿第一条)同时,建议增加以下规定：

1."国家维护公有制为主体、多种所有制经济共同发展的基本经济制度。"(草案三次审议稿第五十条)

2."城镇集体所有的不动产和动产,属于劳动群众集体所有。"(草案三次审议稿第五十九条)

3."国家、集体和私人所有权受法律保护。禁止任何单位和个人用任何手段侵占、破坏国家、集体和私人的财产。"(草案三次审议稿第四十七条)

4."国有企业、集体企业直接负责的主管人员,以无偿或者以低价折股、低价出售等手段将国有企业、集体企业的财产转让,造成国有企业、集体企业财产流失的,应当依法承担民事责任和行政责任;构成犯罪的,依法追究刑事责任。"(草案三次审议稿第七十条)"国有企业、集体企业直接负责的主管人员严重不负责任,造成国有企业、集体企业破产或者严重亏损的,应当依法承担民事责任和行政责任;构成犯罪的,依法追究刑事责任。"(草案三次审议稿第七十一条)

二、草案二次审议稿第四十七条规定:"国家为了公共利益的需要,县级以上人民政府依照法律规定的权限和程序,可以征收自然人、法人的不动产或者动产,但应当给予补偿。"有些常委委员提出,现实生活中的突出问题是征地、拆迁补偿不到位,纠纷时有发生,侵害群众利益,本法需要对此作出明确规定。法律委员会经研究,建议增加以下规定:

1."国家保护私人的所有权。拆迁、征收私人的不动产,应当按照国家规定给予补偿;没有国家规定的,应当给予合理补偿,并保证被拆迁人、被征收人得到妥善安置。""禁止以拆迁、征收等名义非法改变私人财产的权属关系。违法拆迁、征收,造成私人财产损失的,应当依法承担民事责任和行政责任;构成犯罪的,依法追究刑事责任。"(草案三次审议稿第六十七条)

2."征收承包期内的土地的,应当对土地承包经营权人给予合理补偿。征地的补偿标准、安置办法应当告知土地承包经营权人。土地补偿费等费用的使用、分配办法,应当依法经村民会议讨论决定。任何单位和个人不得贪污、挪用、截留土地补偿费等费用。"(草案三次审议稿第一百三十七条)

三、草案二次审议稿第三章规定了物权的保护。有的常委委员提出,需要进一步完善物权保护制度。从这一章的规定看,有的问题还不够明确,如通过哪些途径解决物权纠纷,保护物权的几种方式能否合并适用等;侵害物权的法律责任,除民事责任外,还应当增加行政责任和刑事责任的规定。法律委员会经研究,建议增加以下规定:

1."物权受到侵害的,权利人可以通过和解、调解等途径解决,也可以依法向人民法院提起诉讼。"(草案三次审议稿第三十六条)

2."本章规定的物权保护方式,可以单独适用,也可以根据权利被侵害的情形合并适用。""侵害物权,除承担民事责任外,违反行政管理规定的,应当依法承担行政责任;构成犯罪的,依法追究刑事责任。"(草案三次审议稿第四十三条)

3."权利人请求排除妨害或者消除危险,不适用诉讼时效。"(草案三次审议稿第四十四条)

四、草案二次审议稿设专章对建筑物区分所有权作了规定。有些常委委员提出,本章有些规定可以简化;有的规定涉及物权关系,应当明确。法律委员会经研究,建议删去草案二次审议稿第七十条、第七十五条、第七十七条等有关建筑物区分所有权人内部管理的一些规定。同时,建议对草案二次审议稿有关条款作以下修改、补充:

1."建筑区划内的绿地、道路以及物业管理用房,属于建筑物区分所有权人共有,但属于市政建设的除外。""会所、车库的归属,有约定的,按照约定;没有约定或者约定不明确的,除建设单位等能够证明其享有所有权外,属于建筑物区分所有权人共有。"(草案三次审议稿第七十五条)

2."建设规划、环境卫生、公安等行政主管部门应当依照有关法律、法规,对建筑区划内损害他人合法权益的行为予以处理。"(草案三次审议稿第八十五条第三款)

五、有的常委委员提出,依法利用矿产、海域等自然资源,是用益物权的重要内容,虽然矿产资源法、海域使用管理法、渔业法等法律分别作了规定,作为民事基本法律的物权法仍应对此作出衔接性的原则规定。法律委员会经研究,建议增加一条规定:"国家所有或者国家所有由集体使用以及法律规定属于集体所有的自然资源,自然人、法人依法可以占有、使用和收益。"(草案三次审议稿第一百二十三条)

六、草案二次审议稿第一百六十三条规定:"宅基地使用权不得单独转让。建造在该宅基地上的住房转让的,宅基地使用权一并转让。"一些常委委员对这一规定有不同意见:有的认为,宅基地不得转让;有的认为,应当允许转让。根据土地管理法的规定,国务院为加强农村土地的管理,已经明确规定"禁止城镇居民在农村购置宅基地",法律委员会建议据此将这一条修改为:"宅基地使用权人经本集体同意,可以将建造的住房转让给本集体内符合宅基地使用权分配条件的村民;住房转让时,宅基地使用权一并转让。禁止城镇居民在农村购置宅基地。""村民依照前款规定转让宅基地使用权的,不得再申请宅基地。"(草案三次审议稿第一百六十三条)

七、草案二次审议稿第十五章对典权作了规定,草案二次审议稿第二十一章对让与担保作了规定。有些常委委员提出,我国传统的典权制度已经消失,目前开办的典当行实际上办理的是"当"动产的业务,并未办理"典"不动产的业务。让与担保主要涉及动产担保,而我国对动产担保已经作了较为全面的规定。因此,本法对典权和让与担保可以暂不规定,如果以后确有需要,可以再行研究。法律委员会经研究,建议删去这两章。

八、草案二次审议稿对担保物权作了规定。有些常委委员建议根据经济发展的需要适当扩大可用于担保的财产范围。法律委员会经研究并商最高人民法院、中国人民银行等部门同意,建议增加以下规定:

1. 正在建造的建筑物、船舶、飞行器可以抵押。(草案三次审议稿第二百零三条)

2. "经当事人书面协议,企业、个体工商户、农村承包经营户可以将现有的以及将来拥有的动产抵押,债务人不履行债务时,债权人有权就约定实现抵押权时的动产优先受偿。"(草案三次审议稿第二百零五条)

3. 公路、电网等收费权可以出质。(草案三次审议稿第二百四十五条)

九、草案二次审议稿对不动产登记作了规定。有些常委委员提出,应当明确对不动产实行统一登记,尽量减轻当事人的负担。法律委员会经研究,赞成上述意见,同时又要考虑统一登记涉及行政管理体制改革,实行统一登记需要有一个过程。据此,法律委员会建议将草案二次审议稿第十一条修改为:"不动产登记,由不动产所在地的登记机构办理。""国家对不动产实行统一登记制度。统一登记的范围、登记机构和登记办法,由法律、行政法规规定。"(草案三次审议稿第十条)同时,建议增加规定:"法律、行政法规对不动产统一登记未作规定前,当事人可以向房产登记机构或者土地登记机构申请一并办理城市房屋所有权和土地使用权登记。房产登记机构和土地登记机构应当通过信息共享等办法,为当事人一并办证提供便利。"(草案三次审议稿第二百六十八条)

十、根据有些常委委员的意见,按照简明扼要、通俗易懂的要求,法律委员会经研究,删除了草案二次审议稿一些过细的规定,如相邻关系中有关"屋檐滴水"、"空调滴水"的规定等;对草案二次审议稿一些条文作了简化,如将加工、附合、混合的规定由四条合并为一条;对草案二次审议稿一些文字表述作了通俗化的修改;对草案二次审议稿一些专业术语在附则中作为名词解释。

此外，还对草案二次审议稿作了一些文字修改。

草案三次审议稿已按上述意见作了修改。法律委员会建议本次常委会会议再次审议。

草案三次审议稿和以上汇报是否妥当，请审议。

全国人大法律委员会
2005年6月24日

中华人民共和国物权法(草案)

2005 年 7 月 10 日

目 录

第一编 总 则
  第一章 一般规定
  第二章 物权的设立、变更、转让和消灭
    第一节 不动产登记
    第二节 动产交付
    第三节 其他规定
  第三章 物权的保护
第二编 所有权
  第四章 一般规定
  第五章 国家、集体和私人所有权
  第六章 业主的建筑物区分所有权
  第七章 相邻关系
  第八章 共 有
  第九章 所有权取得的特别规定
第三编 用益物权
  第十章 一般规定
  第十一章 土地承包经营权
  第十二章 建设用地使用权
  第十三章 宅基地使用权
  第十四章 地役权
  第十五章 居住权
第四编 担保物权
  第十六章 一般规定
  第十七章 抵押权
    第一节 一般抵押权
    第二节 最高额抵押权

第十八章　质　权
　第一节　动产质权
　第二节　权利质权
第十九章　留置权
第五编　占　有
第二十章　占　有
附　则

第一编　总　则

第一章　一般规定

第一条　为明确物的归属，保护权利人的物权，充分发挥物的效用，维护社会主义市场经济秩序，维护国家基本经济制度，制定本法。

第二条　本法调整平等主体之间因物的归属和利用而产生的财产关系。

本法所称物，包括不动产和动产。法律规定权利作为物权客体的，依照其规定。

本法所称物权，指权利人直接支配特定的物的权利，包括所有权、用益物权和担保物权。

第三条　物权的种类和内容，由本法和其他法律规定。

第四条　物权应当公示。记载于不动产登记簿的人是该不动产的权利人，动产的占有人是该动产的权利人，但有相反证据证明的除外。法律规定不经登记即可取得物权的，依照其规定。

第五条　物权的取得和行使，应当遵守法律，尊重社会公德，不得损害公共利益和他人合法权益。

第六条　任何单位和个人负有不妨碍权利人行使物权的义务。

第七条　权利人享有的物权受法律保护，任何单位和个人不得侵害。

第八条　其他法律对物权的种类和内容等另有规定的，依照其规定。

第二章　物权的设立、变更、转让和消灭

第一节　不动产登记

第九条　不动产物权的设立、变更、转让和消灭，应当登记；未经登记，不发生物权效力，但法律另有规定的除外。

依法属于国家所有的自然资源，所有权可以不登记。

第十条　不动产登记，由不动产所在地的登记机构办理。

国家对不动产实行统一登记制度。统一登记的范围、登记机构和登记办法，由法

律、行政法规规定。

第十一条 当事人申请登记,应当提供权属证书、合同书、法院判决或者征收决定以及标明不动产位置、面积等的其他必要材料。

第十二条 登记机构应当履行下列职责:
(一)查验申请人提交的必要材料;
(二)就有关登记事项询问申请人;
(三)如实、及时地登记有关事项;
(四)法律、行政法规规定的其他职责。

登记机构认为对申请登记的不动产的实际状况需要查看的,申请人以及其他有义务协助的人应当协助。

第十三条 登记机构不得有下列行为:
(一)要求对不动产进行评估;
(二)以年检等名义进行重复登记;
(三)超出登记职责范围的其他行为。

第十四条 不动产物权的设立、变更、转让和消灭,应当登记的,自记载于不动产登记簿时发生效力。

第十五条 当事人之间订立有关设立、变更、转让和消灭不动产物权的合同,除法律另有规定或者合同另有约定外,自合同成立时生效;未办理物权登记的,不影响合同效力。

第十六条 不动产登记簿记载的事项,是物权归属和内容的根据。
不动产登记簿由登记机构管理。

第十七条 不动产权属证书是权利人享有该不动产物权的证明。不动产权属证书记载的事项,应当与不动产登记簿记载的事项一致;记载不一致的,以不动产登记簿为准。

第十八条 登记机构应当向权利人和利害关系人提供查阅、复制登记资料的便利,同时应当对涉及国家秘密、商业秘密和个人隐私的内容保守秘密。

第十九条 利害关系人对不动产登记簿记载的物权归属等事项有异议的,可以申请异议登记。登记簿记载的权利人书面同意异议登记或者人民法院裁定予以异议登记的,登记机构应当将该异议记载于不动产登记簿。

申请人自登记簿记载的权利人书面同意异议登记之日起三个月内不起诉也不申请更正登记的,或者自人民法院异议登记裁定生效之日起十五日内不起诉的,异议登记失效。

有证据证明异议登记不当,权利人有权申请登记机构注销异议登记。异议登记造成权利人损害的,权利人可以向异议登记的申请人请求损害赔偿。

第二十条 利害关系人认为不动产登记簿记载错误的,可以申请更正登记。有证据证明登记确有错误的,登记机构应当予以更正。

登记更正后,原权利人在异议登记期间对该不动产作出的处分,登记更正后的权利人未追认的,不发生效力。

第二十一条 当事人约定买卖期房或者转让其他不动产物权的,债权人为限制债务人处分该不动产,保障将来取得物权,可以向登记机构申请预告登记。债权人已经支付一半以上价款或者债务人书面同意预告登记的,登记机构应当进行预告登记。预告登记后,债务人未经债权人同意,不得处分该不动产。

预告登记后,债权人自能够进行不动产登记之日起三个月内未申请登记的,或者债权消灭的,预告登记失效。具有预告登记失效事由的,债务人有权申请注销预告登记。

第二十二条 一个不动产上有两个以上物权的,一个物权变更或者抛弃,不影响其他物权的效力。

第二十三条 基于不动产登记簿享有的物权受法律保护,但记载于不动产登记簿的权利人在取得权利时知道或者应当知道该权利有瑕疵的除外。

第二十四条 当事人提供虚假的权属证书等证明材料申请登记,给他人造成损害的,应当承担赔偿责任;构成犯罪的,依法追究刑事责任。

因登记错误,给他人造成损害的,登记机构应当承担赔偿责任;登记机构赔偿后,可以向造成登记错误的责任人追偿。

第二十五条 不动产登记费不得按照不动产的面积、体积或者价额的比例收取,具体收费标准由国务院规定。

第二十六条 依照本法和其他法律的规定,对动产物权、权利质权进行登记的,参照不动产登记的有关规定办理。

第二节 动产交付

第二十七条 动产所有权的转让和动产质权的设立等,除法律另有规定外,自交付时发生效力。

第二十八条 船舶、飞行器和机动车等物权的设立、变更、转让和消灭,未经登记,不得对抗善意第三人。

第二十九条 动产物权设立、转让前,权利人已经占有该动产的,物权自法律行为生效时发生效力。

第三十条 动产物权设立、转让前,第三人占有该动产的,可以通过转让请求第三人返还原物的权利代替交付。

第三十一条 动产物权转让时,出让人应当将该动产交付给受让人,但双方约定由出让人继续占有该动产的,物权自约定生效时发生效力。

第三节 其他规定

第三十二条 因人民法院的法律文书、人民政府的征收决定等行为导致物权设立、变更、转让和消灭的,自法律文书生效或者人民政府作出的征收决定等行为生效时发生效力。

第三十三条 因继承取得物权的,自继承开始时发生效力。

第三十四条　因合法建造、拆除住房等事实行为设立和消灭物权的,自事实行为成就时发生效力。

第三十五条　依照本法第三十二条至第三十四条规定,导致不动产物权设立、变更、转让和消灭的,应当依照法律规定及时办理登记;未经登记,不得处分其物权。

第三章　物权的保护

第三十六条　物权受到侵害的,权利人可以通过和解、调解等途径解决,也可以依法向人民法院提起诉讼。

第三十七条　因物权的归属和内容发生争议的,利害关系人可以请求确认权利。

第三十八条　无权占有不动产或者动产的,权利人可以请求返还原物;不能返还原物或者返还原物后仍有损失的,可以请求损害赔偿。

第三十九条　造成不动产或者动产毁损的,权利人可以请求恢复原状;不能恢复原状或者恢复原状后仍有损失的,可以请求损害赔偿。

第四十条　妨害行使物权的,权利人可以请求排除妨害。

第四十一条　有可能危及行使物权的,权利人可以请求消除危险。

第四十二条　侵害物权,造成权利人损害的,权利人可以请求损害赔偿。

第四十三条　本章规定的物权保护方式,可以单独适用,也可以根据权利被侵害的情形合并适用。

侵害物权,除承担民事责任外,违反行政管理规定的,应当依法承担行政责任;构成犯罪的,依法追究刑事责任。

第四十四条　权利人请求排除妨害或者消除危险,不适用诉讼时效。

第二编　所　有　权

第四章　一般规定

第四十五条　所有权人对自己的不动产或者动产,依照法律规定享有占有、使用、收益和处分的权利。

第四十六条　所有权人有权在自己的不动产或者动产上设立用益物权和担保物权。

第四十七条　国家、集体和私人所有权受法律保护。禁止任何单位和个人用任何手段侵占或者破坏国家、集体和私人的财产。

第四十八条　依照法律规定只能属于国家所有的不动产和动产,任何单位和个人不能取得所有权。

第四十九条　为了公共利益的需要,县级以上人民政府依照法律规定的权限和程序,可以征收、征用单位、个人的不动产或者动产,但应当按照国家规定给予补偿;没有国家规定的,应当给予合理补偿。

第五章 国家、集体和私人所有权

第五十条 国家维护公有制为主体、多种所有制经济共同发展的基本经济制度。

第五十一条 矿藏、水流、海域和城市的土地等属于国家所有。

第五十二条 森林、山岭、草原、荒地、滩涂等自然资源,属于国家所有,但法律规定属于集体所有的除外。

第五十三条 农村和城市郊区的土地、野生动植物资源等,法律规定国家所有的,属于国家所有。

第五十四条 矿藏、水流、海域和国家所有的土地、草原等自然资源,由国务院代表国家行使所有权。

第五十五条 道路、电力、通讯、天然气等公共设施,依照法律规定为国家所有的,属于国家所有。

第五十六条 国家机关对其直接支配的不动产或者动产,享有占有、使用以及依照法律和国务院的有关规定处分的权利。

第五十七条 国家举办的事业单位对其直接支配的不动产或者动产,享有占有、使用以及依照法律和国务院的有关规定收益、处分的权利。

第五十八条 国家投资设立的企业,由中央人民政府和地方人民政府依照法律、行政法规规定分别代表国家履行出资人职责,享有所有者权益。

第五十九条 集体所有的不动产和动产包括:

(一)法律规定属于集体所有的土地和森林、山岭、草原、荒地、滩涂;

(二)集体所有的建筑物、生产设施、农田水利设施;

(三)集体所有的教育、科学、文化、卫生、体育等设施;

(四)集体所有的其他不动产和动产。

第六十条 城镇集体所有的不动产和动产,属于劳动群众集体所有。

第六十一条 农民集体所有的不动产和动产,属于本集体的成员集体所有。

下列事项应当依法经本集体村民会议讨论决定:

(一)土地承包方案以及将土地发包给本集体以外的单位或者个人承包;

(二)个别农户之间承包地的调整;

(三)土地补偿费等费用的使用、分配办法;

(四)集体企业的所有权变动等事项;

(五)法律规定的其他事项。

第六十二条 集体所有的土地和森林、山岭、草原、荒地、滩涂,依照下列规定行使所有权:

(一)属于村农民集体所有的,由村集体经济组织或者村民委员会代表集体行使所有权；

（二）分别属于村内两个以上农民集体所有的，由村内各集体经济组织或者村民小组代表集体行使所有权；

（三）属于乡（镇）农民集体所有的，由乡（镇）集体经济组织代表集体行使所有权。

第六十三条 农民集体所有的土地等，应当依法实行家庭承包经营。

第六十四条 集体经济组织或者村民委员会的管理人作出的决定侵害集体成员合法权益的，该集体成员可以请求人民法院予以撤销。

村民会议通过的决定侵害集体成员合法权益的，该集体成员可以请求人民法院予以撤销。

第六十五条 集体经济组织或者村民委员会应当依照法律、行政法规、章程、村规民约向本集体的成员定期公布集体财产的状况。

第六十六条 私人对依法取得的房屋、收入、生活用品等生活资料享有所有权。

私人对依法取得的生产工具、原材料等生产资料享有所有权。

第六十七条 国家保护私人储蓄、投资及其收益。

国家保护私人的财产继承权及其他合法权益。

第六十八条 国家保护私人的所有权。禁止以拆迁、征收等名义非法改变私人财产的权属关系。

拆迁、征收私人的不动产，应当按照国家规定给予补偿；没有国家规定的，应当给予合理补偿，并保证被拆迁人、被征收人得到妥善安置。

违法拆迁、征收，造成私人财产损失的，应当依法承担民事责任和行政责任；构成犯罪的，依法追究刑事责任。

第六十九条 国家、集体和私人依法可以设立合资经营企业、合作经营企业，也可以设立独资企业。国家、集体和私人所有的不动产或者动产，投到企业的，由出资人按照出资比例享有资产收益、重大决策以及选择经营管理者等权利。

第七十条 企业法人对其不动产和动产依照法律或者章程享有占有、使用、收益和处分的权利。公司制企业，适用《中华人民共和国公司法》的有关规定。

企业法人以外的法人，其不动产或者动产的归属，依照法律或者章程的规定。

第七十一条 违反国家规定，以无偿或者以低价折股、低价出售等手段将国有财产、集体财产转让，造成国有财产、集体财产流失的，应当依法承担民事责任和行政责任；构成犯罪的，依法追究刑事责任。

第七十二条 国有企业、集体企业直接负责的主管人员严重不负责任，造成国有企业、集体企业破产或者严重亏损的，应当依法承担民事责任和行政责任；构成犯罪的，依法追究刑事责任。

第六章 业主的建筑物区分所有权

第七十三条 业主对建筑物内的住宅、商业用房等专有部分享有所有权，对专有部分以外的共有部分享有共有和共同管理的权利。

第七十四条 业主对其建筑物专有部分享有占有、使用、收益和处分的权利,但不得危及建筑物的安全,不得损害其他业主的合法权益。

第七十五条 业主转让其建筑物专有部分所有权的,其对建筑物共有部分享有的共有和共同管理的权利视为一并转让。

第七十六条 建筑区划内的绿地、道路以及物业管理用房,属于业主共有,但属于市政建设的除外。

会所、车库的归属,有约定的,按照约定;没有约定或者约定不明确的,除建设单位等能够证明其享有所有权外,属于业主共有。

第七十七条 业主可以设立业主会议,选举业主委员会。

县级以上地方人民政府有关部门应当对设立业主会议或者选举业主委员会给予指导和协助。

第七十八条 下列事项由业主依法共同决定:

(一)制定和修改业主会议议事规则;

(二)制定和修改建筑物及其附属设施的管理规约;

(三)选举和更换业主委员会;

(四)选聘和解聘物业管理机构或者其他管理人;

(五)筹集和使用建筑物及其附属设施的维修基金;

(六)修缮、改建、重建建筑物及其附属设施;

(七)有关共有和共同管理权利的其他重大事项。

决定前款事项,应当经专有部分占建筑物总面积二分之一以上的业主且占总人数二分之一以上的业主同意。法律另有规定的,依照其规定。

第七十九条 业主决定本法第七十八条第一款第五项和第六项规定的事项,应当经专有部分占建筑物总面积三分之二以上的业主且占总人数三分之二以上的业主同意。

第八十条 将住宅改变为餐饮、娱乐等商业用房的,应当经有利害关系的全体业主同意。

第八十一条 业主会议或者业主委员会的决定,对业主具有约束力。

第八十二条 建筑物及其附属设施的维修基金,属于全体业主共有,经业主决定,可以用于电梯、水箱等共有部分的维修。维修基金的筹集、使用情况应当定期公布。

第八十三条 建筑物共有部分及其附属设施的费用分摊、收益分配等事项,有约定的,按照约定;没有约定或者约定不明确的,按照业主专有部分所占比例确定。

第八十四条 业主可以自行管理建筑物及其附属设施,也可以委托物业管理机构或者其他管理人管理。

对建设单位聘请的物业管理机构或者其他管理人,业主有权更换。

第八十五条 物业管理机构或者其他管理人根据业主的委托管理建筑区划内的建筑物及其附属设施,并接受业主的监督。

第八十六条 业主应当遵守法律、法规以及业主会议制定的管理规约。

业主会议和业主委员会,对任意弃置垃圾、侵占通道、排放大气污染物、施放噪声、违反规定饲养动物、违章搭建、拒付物业费等损害他人合法权益的行为,有权按照法律、法规以及管理规约,要求行为人停止侵害、消除影响、排除妨害、赔偿损失。

建设规划、环境卫生、公安等行政主管部门应当依照有关法律、法规,对建筑区划内损害他人合法权益的行为予以处理。

第八十七条 对侵害业主共同权益的行为,对物业管理机构等违反合同发生的争议,业主会议经三分之二以上业主同意,可以以业主会议的名义提起诉讼、申请仲裁;业主也可以以自己的名义提起诉讼、申请仲裁。

第七章　相邻关系

第八十八条 不动产的相邻权利人应当按照有利生产、方便生活、团结互助、公平合理的原则,正确处理相邻关系。

第八十九条 法律、法规对处理相邻关系有规定的,依照其规定;法律、法规没有规定的,可以按照当地习惯。

第九十条 不动产权利人应当为相邻各权利人用水、排水提供必要的便利。

对自然流水的利用,应当在不动产的相邻权利人之间合理分配。对自然流水的排放,应当尊重自然流向。

第九十一条 不动产权利人有权禁止他人进入其土地,但对相邻权利人因通行等必须利用该土地的,应当提供必要的便利。

第九十二条 不动产权利人因建造、修缮建筑物以及铺设电线、电缆、水管、暖气和煤气等管线必须利用相邻土地、建筑物的,该土地、建筑物的权利人应当提供必要的便利。

第九十三条 建造建筑物,应当遵守国家有关建筑规划的规定,不得妨碍相邻建筑物的通风、采光和日照。

第九十四条 不动产权利人有权依照法律规定,禁止相邻权利人排放大气污染物、水污染物、固体废物以及施放噪声、光、磁波辐射等有害物质。

第九十五条 不动产权利人挖掘土地、建造建筑物、铺设管线以及安装设备等,不得危及相邻不动产的正常使用和安全;相邻不动产权利人有权要求施工的不动产权利人提供相应的担保。

第九十六条 不动产权利人因用水、排水、通行、铺设管线等利用相邻不动产的,应当尽量避免对相邻的不动产权利人造成损害;造成损害的,应当给予补偿。

第九十七条 本章规定的不动产权利人,包括不动产的所有权人、用益物权人和占有人。

第八章 共 有

第九十八条 不动产或者动产可以由两个以上单位、个人共有。共有分为按份共有和共同共有。

第九十九条 按份共有人按照其份额对共有的不动产或者动产享有占有、使用、收益和处分的权利。

第一百条 共同共有人对共有的不动产或者动产共同享有占有、使用、收益和处分的权利。

第一百零一条 共有人按照约定管理共有的不动产或者动产；没有约定或者约定不明确的，各共有人都有管理的权利和义务。

第一百零二条 处分共有的不动产或者动产以及对共有的不动产或者动产作重大修缮的，应当经占份额三分之二以上的按份共有人或者全体共同共有人同意，但共有人之间另有约定的除外。

第一百零三条 对共有物的管理费用以及其他负担，有约定的，按照约定；没有约定或者约定不明确的，按份共有人按照其份额负担，共同共有人共同负担。

第一百零四条 共有人约定不得分割共有的不动产或者动产，以维持共有关系的，应当按照约定，但共有人有重大理由需要分割的，可以请求分割；没有约定或者约定不明确的，按份共有人可以随时请求分割，共同共有人在共有的基础丧失或者有重大理由需要分割时可以请求分割。因分割对其他共有人造成损害的，应当给予补偿。

第一百零五条 共有人可以通过协议确定分割方式。达不成协议，共有的不动产或者动产可以分割并且不会因分割减损价值的，应当对实物予以分割；难以分割或者因分割会减损价值的，应当对拍卖、变卖等取得的价款予以分割或者折价补偿。

共有人分割所得的不动产或者动产有瑕疵的，其他共有人应当分担损失。

第一百零六条 按份共有人可以转让其享有的共有的不动产或者动产份额。其他共有人在同等条件下享有优先购买的权利。

第一百零七条 因共有的不动产或者动产产生的债权债务，在对外关系上，共有人享有连带债权，承担连带债务，但法律另有规定或者第三人知道共有人不具有连带债权债务关系的除外；在共有人内部关系上，除共有人另有约定外，按份共有人按照其份额享有债权，承担债务；共同共有人共同享有债权，承担债务。偿还债务超过自己应当承担份额的按份共有人，有权向其他共有人追偿。

第一百零八条 共有人对共有的不动产或者动产没有约定为按份共有或者共同共有，或者约定不明确的，除共有人具有家庭关系等以外，视为按份共有。

第一百零九条 按份共有人对共有的不动产或者动产享有的份额，没有约定或者约定不明确的，按照其出资额确定；不能确定出资额的，视为等额享有。

第一百一十条 两个以上单位、个人共同享有用益物权、担保物权的，参照本章规定。

第九章　所有权取得的特别规定

第一百一十一条　无处分权人将不动产或者动产转让给受让人的,所有权人有权追回,但符合下列情形的,受让人即时取得该不动产或者动产的所有权:

(一)在受让时不知道或者不应当知道转让人无处分权;

(二)以合理的价格有偿转让;

(三)转让的财产依照法律规定应当登记的已经登记,不需要登记的已经交付给受让人;

(四)转让合同有效。

受让人依照前款规定取得不动产或者动产的所有权的,原所有权人有权向无处分权人请求赔偿损失。

当事人善意取得其他物权的,参照前两款规定。

第一百一十二条　对被盗、被抢的财物或者遗失物,所有权人等权利人有权追回。该动产通过转让被他人占有的,所有权人、遗失人等权利人有权向无处分权人请求损害赔偿,或者自知道或者应当知道该动产丧失占有之日起两年内向受让人请求返还原物,但受让人通过拍卖或者向具有经营资格的经营者购得该动产的,所有权人等权利人请求返还原物时应当支付受让人所付的费用。法律另有规定的,依照其规定。

第一百一十三条　善意受让人取得动产后,该动产上的原有权利消灭,但善意受让人在受让时知道该权利的除外。

第一百一十四条　拾得遗失物,应当返还权利人。拾得人应当自拾得遗失物之日起二十日内通知所有权人、遗失人等权利人领取,或者送交有关部门。

第一百一十五条　有关部门收到遗失物,知道所有权人、遗失人等权利人的,应当及时通知其领取;不知道的,应当及时发布招领公告。

第一百一十六条　拾得人在遗失物送交有关部门前,有关部门在遗失物被领取前,应当妥善保管遗失物。因故意或者重大过失致使遗失物毁损、灭失的,应当承担民事责任。

第一百一十七条　所有权人、遗失人等权利人领取遗失物时,应当向拾得人或者有关部门支付遗失物的保管费等必要费用。所有权人、遗失人等权利人悬赏寻找遗失物的,领取遗失物时应当按照承诺向拾得人支付报酬。拾得人侵占遗失物的,无权请求遗失物的保管费等必要费用和报酬。

第一百一十八条　遗失物自发布招领公告之日起半年内无人认领的,归国家所有。

第一百一十九条　拾得漂流物、发现埋藏物或者隐藏物的,参照拾得遗失物的有关规定。《中华人民共和国文物保护法》等法律另有规定的,依照其规定。

第一百二十条　主物转让的,从物随主物转让,但当事人另有约定的除外。

第一百二十一条　天然孳息,由所有权人取得;既有所有权人又有用益物权人的,由用益物权人取得;但当事人另有约定的除外。

法定孳息,当事人有约定的,按照约定取得;没有约定或者约定不明确的,按照交易习惯取得。

第一百二十二条 因加工、附合、混合而产生的物的归属,有约定的,按照约定;没有约定或者约定不明确的,依照法律规定;法律没有规定的,按照充分发挥物的效用以及保护无过错的当事人的原则确定。因一方当事人的过错或者确定物的归属给另一方当事人造成损失的,应当给予赔偿。

第三编 用益物权

第十章 一般规定

第一百二十三条 用益物权人在法律规定的范围内,对他人所有的不动产,享有占有、使用和收益的权利。

第一百二十四条 国家所有或者国家所有由集体使用以及法律规定属于集体所有的自然资源,单位、个人依法可以占有、使用和收益。

第一百二十五条 取得用益物权,法律规定须经有关行政主管部门许可的,依照其规定。

第一百二十六条 国家实行自然资源有偿使用制度,但法律另有规定的除外。

第一百二十七条 用益物权人行使权利,应当遵守法律有关保护和合理开发利用资源的规定,不得损害所有权人的权益。所有权人不得干涉用益物权人行使权利。

第一百二十八条 因不动产被征收、征用致使用益物权消灭或者影响用益物权行使的,应当按照国家规定给予补偿;没有国家规定的,应当给予合理补偿。

第十一章 土地承包经营权

第一百二十九条 土地承包经营权人依法享有对其承包经营的耕地、林地、草地等占有、使用和收益的权利,有权自主从事种植业、林业、畜牧业等农业生产。

第一百三十条 土地承包经营权自土地承包经营权合同生效时取得。

县级以上地方人民政府应当向土地承包经营权人发放土地承包经营权证、林权证或者草原使用权证,并登记造册,确认土地承包经营权。

第一百三十一条 禁止占用承包地建窑、建坟或者擅自在承包地上建房等非法行为。未经依法批准,不得将承包地用于非农建设。

第一百三十二条 土地承包经营权人有权依法自主决定土地承包经营权以转包、出租、互换、转让或者其他方式流转。

第一百三十三条 土地承包经营权人将土地承包经营权以转包、出租、互换、转让或者其他方式流转,当事人应当采取书面形式订立相应的合同,但流转的期限不得超过原土地承包经营权合同剩余的期限。将土地承包经营权转让的,应当经发包人同意;将土地承包经营权转包、出租、互换或者以其他方式流转的,应当报发包人备案。

第一百三十四条　土地承包经营权人将土地承包经营权互换、转让,当事人要求登记的,应当向县级以上地方人民政府申请土地承包经营权变更登记;未经登记,不得对抗善意第三人。

第一百三十五条　对承包期内的承包地,发包人不得收回。

承包期内的土地承包经营权人全家迁入小城镇落户的,应当按照土地承包经营权人的意愿,保留其土地承包经营权或者允许其依法进行土地承包经营权流转。

承包期内的土地承包经营权人全家迁入设区的市,享有城市居民社会保障待遇的,应当将承包的耕地和草地交回发包人。土地承包经营权人不交回的,发包人可以收回承包的耕地和草地。

承包期内的土地承包经营权人交回承包地或者发包人依法收回承包地,土地承包经营权人对其在承包地上投入而提高土地生产能力的,有权获得合理补偿。

第一百三十六条　对承包期内的承包地,发包人不得调整。

因自然灾害严重毁损承包地等特殊情形,对个别农户之间承包的耕地和草地需要适当调整的,必须经本集体的村民会议三分之二以上成员或者三分之二以上村民代表的同意,并报乡(镇)人民政府和县级人民政府农牧业等行政主管部门批准。土地承包经营权合同约定不得调整的,按照约定。

第一百三十七条　征收承包期内的土地的,应当对土地承包经营权人给予合理补偿。征地的补偿标准、安置办法应当告知土地承包经营权人。土地补偿费等费用的使用、分配办法,应当依法经村民会议讨论决定。任何单位和个人不得贪污、挪用、截留土地补偿费等费用。

第一百三十八条　通过招标、拍卖、公开协商等方式承包荒山、荒沟、荒丘、荒滩等农村土地的,适用《中华人民共和国农村土地承包法》等法律和国务院的有关规定。

第一百三十九条　国家所有的农用地实行承包经营的,参照本法的有关规定。

第十二章　建设用地使用权

第一百四十条　建设用地使用权人依法享有对国家所有的土地占有、使用和收益的权利,有权自主利用该土地建造并经营建筑物、构筑物及其附属设施。

第一百四十一条　建设用地使用权可以在土地的地表、地上或者地下分别设立。新设立的建设用地使用权,不得损害已设立的用益物权人的权利。

第一百四十二条　设立建设用地使用权,可以采取出让或者划拨等方式。

商业用地应当采取拍卖、招标的方式出让。

严格限制以划拨方式设立建设用地使用权。采取划拨方式的,应当遵守法律、行政法规关于土地用途的规定。

第一百四十三条　国家严格限制农用地转为建设用地,控制建设用地总量,对耕地实行特殊保护。禁止违反法律规定的权限和程序出让土地。

第一百四十四条 采取拍卖、招标、协议的出让方式设立建设用地使用权的,当事人应当采取书面形式订立建设用地使用权出让合同。

建设用地使用权出让合同一般包括下列条款:

(一)当事人的名称和住所;
(二)土地位置、面积等;
(三)建筑物、构筑物及其附属设施占用的空间;
(四)土地用途;
(五)使用期限;
(六)出让金等费用及其支付方式;
(七)解决争议的办法。

第一百四十五条 建设用地使用权出让合同订立后,应当向登记机构申请建设用地使用权登记。登记机构应当向建设用地使用权人发放建设用地使用权证书。

第一百四十六条 建设用地使用权人应当合理利用土地,不得改变土地用途;需要改变土地用途的,应当依法经有关行政主管部门批准。

第一百四十七条 建设用地使用权人应当依照法律规定以及合同约定支付出让金等费用。

第一百四十八条 建设用地使用权人建造的建筑物、构筑物及其附属设施的所有权属于建设用地使用权人,但有相反证据证明的除外。

第一百四十九条 建设用地使用权人有权将建设用地使用权转让、互换、出资、赠与或者抵押,但法律另有规定的除外。

第一百五十条 建设用地使用权人将建设用地使用权转让、互换、出资、赠与或者抵押的,当事人应当采取书面形式订立相应的合同。合同的期限由当事人约定,但不得超过原建设用地使用权出让合同剩余的期限。

第一百五十一条 建设用地使用权人将建设用地使用权转让、互换、出资或者赠与的,应当向登记机构申请变更登记。

第一百五十二条 建设用地使用权人将建设用地使用权转让、互换、出资或者赠与的,附着于该土地上的建筑物、构筑物及其附属设施一并处分。

第一百五十三条 建筑物、构筑物及其附属设施的所有权人将建筑物、构筑物及其附属设施转让、互换、出资或者赠与的,建设用地使用权一并处分。

第一百五十四条 建设用地使用权的期间届满,建设用地使用权消灭。

第一百五十五条 建设用地使用权的期间届满,建设用地使用权人需要继续使用土地的,应当在期间届满前一年申请续期,除因公共利益需要收回该土地的外,出让人应当同意。建设用地使用权续期后,建设用地使用权人应当按照约定支付出让金;没有约定或者约定不明确的,按照国家规定确定。

第一百五十六条 建设用地使用权消灭的,出让人应当及时办理注销登记。登记机构应当收回建设用地使用权证书。

第一百五十七条 因设立乡(镇)、村企业或者乡村公共设施、公益事业建设等需要使用集体所有的土地的,依照有关法律规定取得建设用地使用权;法律没有规定的,参照本章规定。

第十三章 宅基地使用权

第一百五十八条 宅基地使用权人依法享有对集体所有的土地占有和使用的权利,有权自主利用该土地建造住房及其附属设施。

第一百五十九条 取得宅基地使用权,应当依照有关法律规定办理。

第一百六十条 农户占有的宅基地面积应当符合规定的标准。一户只能拥有一处宅基地。

第一百六十一条 宅基地使用权人未经依法批准,不得改变宅基地用途。

第一百六十二条 宅基地使用权人经本集体同意,可以将建造的住房转让给本集体内符合宅基地使用权分配条件的农户;住房转让时,宅基地使用权一并转让。禁止城镇居民在农村购置宅基地。

农户依照前款规定转让宅基地使用权的,不得再申请宅基地。

第一百六十三条 因乡村公共设施和公益事业建设的需要,经县级人民政府批准,本集体收回宅基地的,应当对宅基地被占用的农户重新分配宅基地;造成宅基地使用权人损失的,应当给予补偿。

第一百六十四条 宅基地因自然灾害等原因灭失的,宅基地使用权消灭。对没有宅基地的农户,应当重新分配宅基地。

第一百六十五条 已经登记的宅基地使用权转让或者消灭的,宅基地使用权人应当及时办理变更登记或者注销登记。

第十四章 地役权

第一百六十六条 地役权人有权按照合同约定,利用他人的不动产,以提高自己的不动产的效益。

前款所称"他人的不动产"为"供役地","自己的不动产"为"需役地"。

第一百六十七条 设立地役权,当事人应当采取书面形式订立地役权合同。

地役权合同一般包括下列条款:

(一)当事人的姓名或者名称和住所;

(二)供役地和需役地的位置;

(三)利用目的和方法;

(四)利用期限;

(五)费用及其支付方式;

(六)解决争议的办法。

第一百六十八条 地役权自地役权合同生效时设立。当事人要求登记的,可以向登记机构申请地役权登记;未经登记,不得对抗善意第三人。

第一百六十九条 供役地的权利人应当按照合同约定,容许地役权人利用其土地,不得妨害地役权人行使权利。

第一百七十条 地役权人应当按照合同约定的利用目的和方法利用供役地,尽可能减少对供役地的权利人物权的限制。

第一百七十一条 地役权的期限由当事人约定,但不得超过土地承包经营权、建设用地使用权等用益物权剩余的期限。

第一百七十二条 土地所有权人享有地役权或者负担地役权的,设立土地承包经营权、宅基地使用权时,该土地承包经营权人、宅基地使用权人继续享有或者负担已设立的地役权。

第一百七十三条 土地上已设立土地承包经营权、建设用地使用权、宅基地使用权等权利的,未经上述用益物权人同意,土地所有权人不得设立地役权。

第一百七十四条 地役权不得单独转让。土地承包经营权、建设用地使用权、宅基地使用权等依法转让的,地役权一并转让,但合同另有约定的除外。

第一百七十五条 地役权不得抵押。土地承包经营权、建设用地使用权等依法抵押的,在实现抵押权时,地役权一并转让。

第一百七十六条 需役地以及需役地上的土地承包经营权、建设用地使用权、宅基地使用权部分转让时,转让部分涉及地役权的,受让人同时享有地役权。

第一百七十七条 供役地以及供役地上的土地承包经营权、建设用地使用权、宅基地使用权部分转让时,转让部分涉及地役权的,地役权对受让人具有约束力。

第一百七十八条 地役权人有下列情形之一的,供役地的权利人有权解除地役权关系,地役权消灭:

(一)违反法律规定或者合同约定,滥用地役权的;

(二)有偿利用供役地,约定的付款期间届满后在合理期限内经两次催告未支付费用的。

第一百七十九条 已经登记的地役权变更、转让或者消灭的,应当及时办理变更登记或者注销登记。

第十五章　居　住　权

第一百八十条 居住权人对他人享有所有权的住房及其附属设施享有占有、使用的权利。

第一百八十一条 设立居住权,可以根据遗嘱或者遗赠,也可以按照合同约定。

设立居住权,应当向登记机构申请居住权登记。

第一百八十二条 居住权人应当合理使用住房及其附属设施。居住权人应当承担住房及其附属设施的日常维护费用和物业管理费用,可以不支付住房使用费,不承担重大维修费用,但遗嘱、遗赠另有表示或者合同另有约定的除外。

第一百八十三条 居住权不得转让和继承。

居住权人不得将居住的房屋出租,但遗嘱、遗赠另有表示或者合同另有约定的除外。

第一百八十四条 住房所有权人应当保障居住权人对住房及其附属设施占有、使用的权利。

居住权人对部分住房享有居住权的,可以使用该住房的共用部分。

第一百八十五条 居住权设立后,住房所有权人变更的,不影响居住权。

第一百八十六条 居住权的期限根据遗嘱、遗赠或者合同确定;无法确定的,成年居住权人的居住权期限至其死亡时止,未成年居住权人的居住权期限至其独立生活时止。

第一百八十七条 居住权人有下列情形之一的,住房所有权人有权撤销居住权:

(一)故意侵害住房所有权人及其亲属的人身权或者对其财产造成重大损害的;

(二)危及住房安全等严重影响住房所有权人或者他人合法权益的。

第一百八十八条 有下列情形之一的,居住权消灭:

(一)居住权人放弃居住权的;

(二)居住权期间届满的;

(三)解除居住权关系的条件成就的;

(四)居住权被撤销的;

(五)住房被征收的;

(六)住房灭失的。

第一百八十九条 因住房灭失,住房所有权人获得赔偿金的,应当给予居住权人适当补偿;没有独立生活能力的居住权人,也可以放弃补偿,要求适当安置,但因居住权人故意或者重大过失致使住房灭失的除外。

第一百九十条 居住权消灭的,住房所有权人应当及时办理注销登记。

第一百九十一条 本章规定的居住权,不适用因婚姻家庭、租赁产生的居住关系。

第四编　担保物权

第十六章　一般规定

第一百九十二条 担保物权人在债务人未履行债务时,有权就担保财产优先受偿,但法律另有规定的除外。

第一百九十三条 债权人在借贷、买卖等民事活动中,为保障实现其债权,需要担保的,可以依照本法和其他法律的规定设立担保物权。

第三人为债务人向债权人提供担保的,可以要求债务人提供反担保。反担保适用本法和其他法律的规定。

第一百九十四条 设立担保物权,应当依照本法和其他法律的规定订立担保合同。担保合同是主债权债务合同的从合同。主债权债务合同无效,担保合同无效,但法律另有规定的除外。

担保合同被确认无效后,债务人、担保人、债权人有过错的,应当根据其过错各自承担相应的民事责任。

第一百九十五条 物权担保的范围包括主债权及其利息、违约金、损害赔偿金、保管担保财产和实现担保物权的费用,但合同另有约定的除外。

第一百九十六条 担保期间,担保财产毁损、灭失或者被征收等,担保物权人可以就获得的保险金、赔偿金或者补偿金等优先受偿。被担保债权的履行期未届满的,也可以提存该保险金、赔偿金或者补偿金等。

第一百九十七条 第三人提供担保,未经其书面同意,债权人允许债务人转让债务的,担保人不再承担担保责任。

第一百九十八条 被担保的债权既有物的担保又有人的担保,债务人未履行债务的,债权人应当按照约定实现债权;没有约定或者约定不明确,债务人自己提供物的担保的,债权人应当先就该物的担保实现债权;第三人提供物的担保的,债权人可以就物的担保实现债权,也可以要求保证人承担保证责任。提供担保的第三人承担担保责任后,有权向债务人追偿。

第一百九十九条 债务人未履行到期债务的,担保物权人可以依照本法和其他法律的规定实现担保物权。担保物权人在主债权诉讼时效期间届满未行使担保物权的,担保物权消灭,但担保物权人占有担保财产的,担保人可以要求担保物权人行使担保物权,担保物权人不行使的,担保人可以请求人民法院拍卖、变卖担保财产并返还超过债权数额的部分。

第二百条 有下列情形之一的,担保物权消灭:
(一)主债权消灭的;
(二)担保物权实现的;
(三)债权人放弃担保物权的;
(四)法律规定担保物权消灭的其他情形。

第十七章 抵押权

第一节 一般抵押权

第二百零一条 为担保债务的履行,债务人或者第三人不转移财产的占有,将该财产抵押给债权人的,债务人未履行债务时,债权人有权就该财产优先受偿。

前款规定的债务人或者第三人为抵押人,债权人为抵押权人,提供担保的财产为抵押财产。

第二百零二条 债务人或者第三人有权处分的下列财产可以抵押:

（一）建筑物和其他土地附着物；
（二）建设用地使用权；
（三）抵押人依法承包并经发包方同意抵押的荒山、荒沟、荒丘、荒滩等荒地的土地使用权；
（四）企业、个体工商户、农村承包经营户的机器设备、原材料、产成品等动产；
（五）正在建造的建筑物、船舶、飞行器；
（六）交通工具；
（七）法律、行政法规规定可以抵押的其他财产。

抵押人可以将前款所列财产一并抵押。

第二百零三条 以建筑物抵押的，该建筑物占用范围内的建设用地使用权一并抵押。以建设用地使用权抵押的，该土地上的建筑物一并抵押。

抵押人未依照前款规定一并抵押的，未抵押的财产视为一并抵押。

第二百零四条 经当事人书面协议，企业、个体工商户、农村承包经营户可以将现有的以及将来拥有的动产抵押，债务人不履行债务时，债权人有权就约定实现抵押权时的动产优先受偿。

第二百零五条 乡（镇）、村企业的土地使用权不得单独抵押。以乡（镇）、村企业的厂房等建筑物抵押的，其占用范围内的土地使用权一并抵押。

第二百零六条 下列财产不得抵押：
（一）土地所有权；
（二）耕地、宅基地、自留地、自留山等集体所有的土地使用权，但法律规定可以抵押的除外；
（三）学校、幼儿园、医院等以公益为目的的事业单位、社会团体的教育设施、医疗卫生设施和其他社会公益设施；
（四）所有权、使用权不明或者有争议的财产；
（五）依法被查封、扣押、监管的财产；
（六）法律、行政法规规定不得抵押的其他财产。

第二百零七条 设立抵押权，当事人应当采取书面形式订立抵押合同。

抵押合同一般包括下列条款：
（一）被担保债权的种类和数额；
（二）债务人履行债务的期限；
（三）抵押财产的名称、数量、质量、状况、所在地、所有权权属或者使用权权属；
（四）担保的范围。

抵押合同不完全具备前款规定内容的，可以补正。

第二百零八条 抵押权人在债务履行期届满前，不得与抵押人约定债务人未履行债务时抵押财产转移为债权人所有。

第二百零九条 以建筑物和其他土地附着物、建设用地使用权以及依法可以用于抵押的其他不动产抵押的，应当办理抵押登记，抵押权自登记时发生效力。

第二百一十条 企业、个体工商户、农村承包经营户以机器设备、原材料、产成品等动产或者交通工具抵押的,抵押权自抵押合同生效时发生效力;未经登记,不得对抗善意第三人。

第二百一十一条 依照本法第二百零四条规定抵押的,即使办理登记,也不得对抗正常经营活动中已支付对价并取得抵押财产的买受人。

第二百一十二条 抵押合同的内容与登记簿记载的事项不一致的,以登记簿为准。

第二百一十三条 订立抵押合同前抵押财产已出租的,抵押人应当将出租的事实书面告知抵押权人,原租赁关系不受该抵押权的影响。抵押权设立后抵押财产出租的,已登记的抵押权不受该租赁关系的影响。

第二百一十四条 抵押期间,抵押人经抵押权人同意转让抵押财产的,应当将转让所得的价款向抵押权人提前清偿债权或者提存。转让的价款超过债权数额的部分归抵押人所有,不足部分由债务人清偿。

抵押期间,抵押人未经抵押权人同意转让抵押财产的行为无效。

第二百一十五条 抵押权不得与债权分离而单独转让或者作为其他债权的担保。债权转让的,担保该债权的抵押权一并转让,但法律另有规定或者当事人另有约定的除外。

第二百一十六条 抵押人的行为可能使抵押财产毁损或者价值明显减少的,抵押权人有权要求抵押人停止其行为。抵押财产毁损或者价值减少的,抵押权人有权要求恢复抵押财产的价值,或者提供与毁损、减少的价值相当的担保。

第二百一十七条 抵押权人可以放弃抵押权或者抵押权的顺位。抵押权人与抵押人可以协议变更抵押权顺位以及被担保的债权数额等内容,但抵押权的变更,未经其他抵押权人书面同意,不得对其产生不利影响。

债务人以自己的财产设定抵押,抵押权人放弃该抵押权、抵押权顺位或者变更抵押权的,其他担保人在抵押权人丧失优先受偿权益的范围内免除担保责任,但其他担保人承诺仍然提供担保的除外。

第二百一十八条 债务履行期届满,债务人未履行债务,致使抵押财产被人民法院依法扣押的,自扣押之日起抵押权人有权收取该抵押财产的天然孳息或者法定孳息,但抵押权人未通知应当清偿法定孳息的义务人的除外。

前款孳息应当先充抵收取孳息的费用。

第二百一十九条 债务履行期届满,债权未受清偿的,抵押权人可以与抵押人通过协议以抵押财产折价或者以拍卖、变卖该抵押财产所得的价款优先受偿;协议损害其他债权人利益的,其他债权人可以请求人民法院撤销该协议。

抵押权人与抵押人达不成协议的,抵押权人可以请求人民法院拍卖、变卖抵押财产。

第二百二十条 依照本法第二百零四条规定设定抵押权的,抵押财产自下列情形之一发生时确定:

(一)债务履行期届满,债权未受清偿;

（二）抵押人被宣告破产或者被撤销；
（三）严重影响债权实现的其他情形。

第二百二十一条 抵押财产折价或者拍卖、变卖后，其价款超过债权数额的部分归抵押人所有，不足部分由债务人清偿。

第二百二十二条 同一财产向两个以上债权人抵押的，拍卖、变卖抵押财产所得的价款依照下列规定清偿：
（一）抵押权已登记的，按照登记的先后顺序清偿；顺序相同的，按照债权比例清偿；
（二）抵押权未登记的，按照债权比例清偿；
（三）抵押权有的已登记，有的未登记的，已登记的先于未登记的受偿。

第二百二十三条 建设用地使用权抵押后，该土地上新增的建筑物不属于抵押财产。需要拍卖该建设用地使用权的，可以将该土地上新增的建筑物与建设用地使用权一并拍卖，但拍卖新增建筑物所得的价款，抵押权人无权优先受偿。

第二百二十四条 以本法第二百零二条第一款第三项规定的土地使用权抵押的，或者以乡（镇）、村企业的厂房等建筑物占用范围内的土地使用权抵押的，实现抵押权后，未经法定程序不得改变土地集体所有的性质和土地用途。

第二节 最高额抵押权

第二百二十五条 为担保债务的履行，债务人或者第三人以抵押财产对一定期间将要发生的债权提供担保的，债务人未履行债务时，抵押权人有权在最高债权额限度内就该财产优先受偿。

最高额抵押权设立前已经存在的债权，经当事人同意，可以转入最高额抵押担保的债权范围。

第二百二十六条 最高额抵押担保的债权确定前，部分债权转让的，最高额抵押权不得转让，但当事人另有约定的除外。

第二百二十七条 最高额抵押担保的债权确定前，抵押权人与抵押人可以通过协议变更确定债权的期间、债权范围以及最高债权额，但变更的内容不得对其他抵押权人产生不利影响。

第二百二十八条 有下列情形之一的，抵押权人的债权确定：
（一）约定的确定债权期间届满的；
（二）没有约定确定债权期间或者约定不明确，抵押权人或者抵押人自最高额抵押权设立之日起满二年请求确定债权的；
（三）新的债权不可能发生的；
（四）抵押财产被查封、扣押的；
（五）债务人、抵押人被宣告破产或者被撤销的；
（六）法律规定确定债权的其他情形。

第二百二十九条 最高额抵押权除适用本节规定外，参照本法有关一般抵押权的规定。

第十八章 质 权

第一节 动产质权

第二百三十条 为担保债务的履行,债务人或者第三人将其动产出质给债权人占有的,债务人未履行债务时,债权人有权就该动产优先受偿。

前款规定的债务人或者第三人为出质人,债权人为质权人,交付的动产为质押财产。

第二百三十一条 设立质权,当事人应当采取书面形式订立质权合同。

质权合同一般包括下列条款:

(一)被担保债权的种类和数额;

(二)债务人履行债务的期限;

(三)质押财产的名称、数量、质量、状况;

(四)担保的范围;

(五)质押财产交付的时间。

质权合同不完全具备前款规定内容的,可以补正。

第二百三十二条 质权人在债务履行期届满前,不得与出质人约定债务人未履行债务时质押财产为债权人所有。

第二百三十三条 质权自出质人交付质押财产时发生效力。

第二百三十四条 质权人有权收取质押财产的孳息,但合同另有约定的除外。

前款孳息应当先充抵收取孳息的费用。

第二百三十五条 质权人在质权存续期间,未经出质人同意,擅自使用、出租、处分质押财产,给出质人造成损失的,应当承担民事责任。

第二百三十六条 质权人负有妥善保管质押财产的义务;因保管不善致使质押财产毁损、灭失的,应当承担民事责任。

质权人的行为可能使质押财产毁损、灭失的,出质人可以要求质权人将质押财产提存,或者要求提前清偿债权并返还质押财产。

第二百三十七条 因不能归责于质权人的事由,可能使质押财产毁损或者价值明显减少的,质权人有权要求出质人提供相应的担保;出质人不提供的,质权人可以拍卖或者变卖质押财产,并与出质人通过协议将拍卖或者变卖所得的价款提前清偿债权或者提存。

第二百三十八条 出质人请求质权人及时实现质权,因质权人怠于行使权利造成损害的,由质权人承担民事责任。

第二百三十九条 质权人在质权存续期间,经出质人同意,可以转质。因转质权人的过错,造成质押财产毁损、灭失的,质权人应当向出质人承担民事责任。

第二百四十条 质权人可以放弃质权。债务人以自己的财产出质,质权人放弃该质权的,其他担保人在质权人丧失优先受偿权益的范围内免除担保责任,但其他担保人承诺仍然提供担保的除外。

第二百四十一条 债务人履行债务或者出质人提前清偿所担保的债权的,质权人应当返还质押财产。

债务人未履行债务的,质权人可以与出质人通过协议以质押财产折价,也可以就拍卖、变卖质押财产所得的价款优先受偿。

第二百四十二条 质押财产折价或者拍卖、变卖后,其价款超过债权数额的部分归出质人所有,不足部分由债务人清偿。

第二百四十三条 出质人与质权人可以协议设立最高额质权。

最高额质权除适用本节有关规定外,参照本法第四编第十七章第二节有关最高额抵押权的规定。

第二节 权利质权

第二百四十四条 债务人或者第三人有权处分的下列权利可以出质:
(一)汇票、支票、本票;
(二)债券、存款单;
(三)仓单、提单;
(四)可以转让的股权;
(五)可以转让的注册商标专用权、专利权、著作权等知识产权中的财产权;
(六)公路、电网等收费权;
(七)法律、行政法规规定可以出质的其他财产权利。

第二百四十五条 以汇票、支票、本票、债券、存款单、仓单、提单出质的,当事人应当订立书面合同,质权自权利凭证交付质权人时发生效力。

第二百四十六条 汇票、支票、本票、债券、存款单、仓单、提单的兑现日期或者提货日期先于主债权到期的,质权人可以兑现或者提货,并与出质人通过协议将兑现的价款或者提取的货物提前清偿债权或者提存。

第二百四十七条 以股权出质的,当事人应当订立书面合同。以上市公司的股权出质的,质权自证券登记机构办理出质登记时发生效力。以非上市公司的股权出质的,质权自工商行政管理部门办理出质登记时发生效力。

上市公司的股权出质后,不得转让,但经出质人与质权人协商同意的除外。出质人转让股权所得的价款,应当向质权人提前清偿债权或者提存。

第二百四十八条 以注册商标专用权、专利权、著作权等知识产权中的财产权出质的,当事人应当订立书面合同,质权自有关主管部门办理出质登记时发生效力。

知识产权中的财产权出质后,出质人不得转让或者许可他人使用,但经出质人与质权人协商同意的除外。出质人转让或者许可他人使用出质的知识产权所得的价款,应当向质权人提前清偿债权或者提存。

第二百四十九条 以公路、电网等收费权出质的,当事人应当订立书面合同,质权自有关主管部门办理出质登记时发生效力。

收费权出质后，不得转让，但经出质人与质权人协商同意的除外。出质人转让收费权所得的价款，应当向质权人提前清偿债权或者提存。

第二百五十条 权利质权除适用本节规定外，参照本法有关动产质权的规定。

第十九章 留置权

第二百五十一条 债务人未履行债务时，债权人可以留置已经合法占有的债务人的动产，并有权就该动产优先受偿。

债权人留置的动产，应当与债权属于同一法律关系，但企业之间留置的除外。

前两款规定的债权人为留置权人，占有的动产为留置财产。

第二百五十二条 法律规定不得留置的，依照其规定。当事人约定不得留置的，按照其约定。

第二百五十三条 留置权人负有妥善保管留置财产的义务；因保管不善致使留置财产毁损、灭失的，应当承担民事责任。

第二百五十四条 留置权人有权收取留置财产的孳息。

前款孳息应当先充抵收取孳息的费用。

第二百五十五条 留置权人与债务人应当约定留置财产后的债务履行期限；没有约定或者约定不明确的，留置权人应当给债务人两个月以上履行债务的期间，但鲜活易腐等不易保管的动产除外。债务人逾期未履行的，留置权人可以与债务人协议以留置财产折价，也可以就拍卖、变卖留置财产所得的价款优先受偿。

第二百五十六条 留置财产折价或者拍卖、变卖后，其价款超过债权数额的部分归债务人所有，不足部分由债务人清偿。

第二百五十七条 同一动产上已设立抵押权或者质权，该动产又被留置的，留置权人优先受偿。

第二百五十八条 留置权人对留置财产丧失占有或者留置权人接受债务人另行提供担保的，留置权消灭。

第五编 占 有

第二十章 占 有

第二百五十九条 占有，包括有权占有和无权占有。基于债权关系等产生的占有，有关不动产或者动产的使用、收益、违约责任等，依照法律规定和合同约定。

第二百六十条 不动产或者动产的占有，除有相反证据证明外，推定有权占有。

第二百六十一条 无权占有，包括善意占有和恶意占有。无权占有，除有相反证据证明外,推定善意占有。

第二百六十二条　占有人因使用占有的不动产或者动产,致使该不动产或者动产受到损害的,善意占有人不承担损害赔偿责任;恶意占有人应当承担损害赔偿责任。

第二百六十三条　不动产或者动产被占有人占有的,权利人可以请求返还原物及其孳息,但应当扣除善意占有人因维护该不动产或者动产支出的必要费用。

第二百六十四条　占有的不动产或者动产毁损、灭失,该不动产或者动产的权利人请求赔偿的,占有人应当将因毁损、灭失取得的保险金、赔偿金或者补偿金等返还给权利人;权利人的损害未能得到足够弥补的,恶意占有人还应当赔偿损失,但对损害的发生没有过错的除外。

第二百六十五条　占有的不动产或者动产被侵夺的,占有人有权请求返还原物;对妨害占有的行为,占有人有权请求排除妨害;因侵夺或者妨害造成损害的,占有人有权请求损害赔偿。

占有人返还原物的请求权,自侵夺发生之日起一年内没有行使的,该请求权消灭。

附　则

第二百六十六条　本法下列用语的含义:

(一)"私人",包括公民、个体工商户、农村承包经营户、外国人、无国籍人,也包括个人独资企业、外资企业等。

(二)"业主的建筑物区分所有权",指高层建筑物出现后,各业主对住宅等专有部分享有所有权,对电梯、过道等共有部分享有共有和共同管理的权利。

(三)"孳息",包括天然孳息和法定孳息。天然孳息,如果树结的果实、母畜生的幼畜等;法定孳息,如根据合同取得的租金、利息等。

(四)"用益物权",指当事人依照法律规定,对他人所有的不动产,享有占有、使用和收益的权利,包括土地承包经营权、建设用地使用权、宅基地使用权、地役权、居住权等。

(五)"地役权",指在法律规定的相邻关系之外按照合同利用他人的不动产,以提高自己不动产效益的权利。

(六)"担保物权",指债权人对债务人或者第三人提供的担保财产或者债权人合法占有的财产,当债务人不履行债务时,享有优先受偿的权利,包括抵押权、质权和留置权。

(七)"占有",指占有人对不动产或者动产的实际控制。

第二百六十七条　法律、行政法规对不动产统一登记未作规定前,当事人可以向房产登记机构或者土地登记机构申请一并办理城市房屋所有权和土地使用权登记。房产登记机构和土地登记机构应当通过信息共享等办法,为当事人一并办证提供便利。

第二百六十八条　本法自　　年　月　日起施行。

吴邦国委员长在主持听取有关方面对物权法草案修改意见座谈会时的讲话

2005 年 9 月 26 日

（在座谈会开始时的讲话）

同志们，今天请各位来，主要是进一步听取大家对物权法草案的修改意见。下面，我先将物权法草案审议和征求意见情况向大家作一简要通报。

物权法草案已经过三次审议。第一次是 2002 年 12 月，九届全国人大常委会将物权法作为民法草案中的一编进行了初次审议；第二次是 2004 年 10 月，本届全国人大常委会第十二次会议对物权法草案进行了认真审议；第三次是今年 6 月召开的十届全国人大常委会第十六次会议再审议了修改后的物权法草案，并根据常委会组成人员的审议意见，于 7 月 10 日将物权法草案全文向社会公布，广泛征求意见，在社会上引起了积极反响。草案公布后，社会各界踊跃参与、积极提出意见，体现了广大人民群众参与立法、参与管理国家事务的积极性。到目前为止，我们共收到人民群众的信函 1.15 万多件，还收到来自 26 个省、区、市和 15 个较大市人大常委会、47 个中央有关部门、16 个大公司、22 个法学教学研究机构和部分法学专家学者提出的意见和建议。法律委和法工委对上述各方面的意见和常委会组成人员的审议意见进行了综合研究，归纳出意见比较集中的十个问题，并提出了初步修改意见。这些问题是：物权主体、自然资源国家所有权、国家投资的企业、城镇集体所有权、征收征用和拆迁、建设用地使用权的续期、宅基地使用权的转让、土地承包经营权和宅基地使用权的抵押、会所车库的归属、特许物权等。具体内容已反映在事先印发的座谈会提纲里。在座的各位都对物权法草案很关心，很有研究。下面请大家围绕座谈会提纲开始发言。

（在认真听取大家的发言后的讲话）

刚才，大家结合自身的工作、研究的领域和关心的问题，对物权法草案提出了很好的意见和建议，对进一步修改和完善物权法草案和改进人大立法工作都很有帮助。在此，我代表全国人大常委会对大家表示衷心感谢。会后，请法律委和法工委同有关方面认真研究今天座谈会上大家提出的意见和其他各方面的意见，进一步修改物权法草案，再次提请常委会会议审议。

物权法是中国特色社会主义法律体系中起支架作用的基本法律，事关国家基本经济制度和人民群众切身利益，对明确财产关系，保护权利人的财产权益，发挥物的效用，维护社会经济秩序，发展社会主义市场经济，将发挥重要作用。

从这次向社会广泛征求意见的情况看,在修改物权法草案问题上还有不少分歧,这是正常的。物权法草案的修改就是要充分听取各方面的意见。但进一步修改物权法草案应当把握以下三点:

一要坚持以"三个代表"重要思想为指导,以宪法为基础,贯彻党的十六大和十六届三中、四中全会精神,要体现公有制为主体、多种所有制经济共同发展的基本经济制度,要体现对国家、集体和私有财产平等保护的原则。这当中需要强调的是,要防止任何单位和个人用任何方式或者手段侵占、破坏国家财产,切实防止国有财产流失。之所以强调这一点,主要有两个原因:一是国有经济是国民经济中的主导力量,国有财产是全民所有的财产。二是当前国有财产被侵占、破坏或者流失的问题十分严重。

二要坚持从中国国情出发,立足于中国实际。法律是为经济基础服务的。我国社会主义经济制度的基础是生产资料的社会主义公有制,这与西方国家经济制度的基础是私有制有着本质区别。制定我国的物权法,必须从中国的国情出发,总结我国改革开放和现代化建设的实践经验,确立符合中国经济社会发展实际的物权法律制度。我们要借鉴国外物权法律制度中对我们有益的东西,但绝不能照抄照搬。

三要坚持实事求是,重点解决现实生活中迫切需要规范的问题,不必求全。对实践经验比较成熟的,可规定得具体一些,增强可操作性;实践经验尚不成熟但现实中又需要的,可规定得原则一些,为深化改革和实践留下空间;对缺乏实践经验、意见分歧大的,可暂不作规定,待条件成熟时进行补充修改。要妥善处理稳定性与变动性、前瞻性与可操作性的关系,妥善处理关系人民群众切身利益的征收、征用、拆迁和宅基地、业主与物业公司关系等问题。

另外,物权法是一部专业性比较强的法律,需要使用一些专业术语,但这部法律又与老百姓息息相关,应尽可能规定得通俗易懂,便于理解和执行。

我们将物权法草案向社会公布广泛征求意见,包括召开这次座谈会,是本届全国人大常委会坚持走群众路线,充分发扬民主,增加立法工作透明度的一项重大举措,也是推进立法科学化、民主化的有益探索。今后,我们要不断总结经验,在法律草案的起草和修改过程中,通过多种方式充分听取各方面的意见尤其是基层群众的意见,做到集思广益,使制定的法律充分体现人民群众的共同意愿,切实维护人民群众的共同利益。

全国人大法律委员会关于《中华人民共和国物权法(草案)》修改情况的汇报

2005年10月23日

全国人民代表大会常务委员会:

常委会第十六次会议对物权法(草案三次审议稿)进行了审议。会后,经委员长会议决定,将草案向社会全文公布征求意见。自7月10日至8月20日,人民群众通过网络、信件提出意见11 543件;26个省(区、市)和15个较大市的人大常委会、47个中央有关部门、16个大公司、22个法学教学研究机构和法学专家等提出了意见。法律委员会、法制工作委员会召开三个座谈会,听取部分全国人大代表、常委委员、省(区、市)人大常委会、中央有关部门和法学专家的意见。法制工作委员会经对常委会组成人员的审议意见和各方面的意见进行综合研究,归纳出意见比较集中的十个问题,并提出了初步修改方案。在此基础上,9月26日,吴邦国委员长主持座谈会,听取一些全国人大代表和有关方面对物权法草案几个问题修改方案的意见。普遍认为,物权法是维护社会主义市场经济秩序,维护国家基本经济制度,关系人民群众切身利益的重要的民事基本法律。将草案向社会公布广泛征求意见,是全国人大常委会坚持走群众路线,充分发扬民主,增加立法工作透明度,提高立法质量的重大举措。总的来看,多数认为草案三次审议稿修改得比较好,给予肯定;同时,由于草案的内容涉及经济社会的方方面面,在不少问题上还有不同意见。为了把物权法草案进一步修改好,法律委员会根据各方面的意见和多数人的共识,认为应当始终坚持以下原则:

一是坚持正确的政治方向。在征求意见中,有的认为,草案应当突出对社会主义公有财产的保护,不能强调对私有财产的保护;有的认为,物权法应以保护私有财产为主,按先个人、再集体、再国家来设计法律保护制度。法律委员会经对各种意见进行研究,认为:对草案作修改,必须以宪法为依据,以邓小平理论和"三个代表"重要思想为指导,贯彻党的十六大和十六届三中、四中、五中全会精神,既要体现公有制为主体、多种所有制经济共同发展的基本经济制度,又要体现对国家、集体和私有财产平等保护的原则。针对当前存在的问题,尤其要防止国有资产流失。要借鉴国外物权制度中对我有益的规则,但不能照抄照搬。

二是坚持从我国的国情和实际出发。在征求意见中,有的提出,物权法要与改革的进程相适应,既要有稳定性,又要有适当的前瞻性;有的提出,物权法关系各个阶层群众的切身利益,要尽可能规定得具体一些、通俗一些,力求让群众看得懂、能掌握。法律委员会研究认为:对草案作修改,要总结我国改革开放和现代化建设的实践经验,着眼于确立中国特色社会主义物权法律制度。要肯定我国改革的成果,同时要为进一步深化改革留有空间。要充分考虑现实生活中关系人民群众切身利益的问题,如征收、征用、拆迁等,认真研究各方面的意见,公平合理地加以规范,以有利于化解社会矛盾,促进社会的稳定与和谐。要区别不同情况,重在解决现实生活迫切需要规范的问题,不必求全。实践经验比较成熟的,可以规定得具体一些,增强可操作性;实践经验尚不成熟,现实生活又需要作规定的,可以规定得原则一些,在实践中继续探索、积累经验;缺乏实践经验,分歧意见较大的,可以暂不规定,待条件成熟时再作补充修改。关于通俗化的问题,为了准确规定物权法律制度,需要使用民事法律通用的一些专门用语,但要尽可能规定得通俗易懂,并作一些必要的名词解释。

三是处理好物权法和其他有关法律的关系。在征求意见中,有的认为,物权法调整的是平等主体之间的财产关系,草案中有些规定属于行政法、刑法调整的内容,可以删去;有的认为,物权法不能回避公法,公法与私法的交叉是社会转型时期对法律的需求。法律委员会研究认为,对有些物权的保护和对有些物权必要的限制,应当依照有关行政法和刑法规定处理,物权法对其具体内容可以不作重复规定,但在有关条款中作出衔接性的规定是必要的。

按照以上修改的原则和思路,现对草案几个主要问题的修改建议汇报如下:

一、关于国家所有权

(一)草案三次审议稿第五十条规定:"国家维护公有制为主体、多种所有制经济共同发展的基本经济制度。"有的提出,我国是社会主义国家,草案应进一步反映和体现我国社会主义经济制度的本质特征。法律委员会经研究,建议将这一条补充修改为:"国家维护公有制为主体、多种所有制经济共同发展的基本经济制度,发挥国有经济在国民经济中的主导作用,巩固和发展公有制经济,鼓励、支持和引导非公有制经济的发展。"(草案四次审议稿第五十条)

(二)草案三次审议稿第五十四条规定:"矿藏、水流、海域和国家所有的土地、草原等自然资源,由国务院代表国家行使所有权。"有的提出,国有自然资源的所有权应由全国人大及其常委会代表国家行使;有的提出,国有自然资源的所有权实际上有不少是由地方人民政府具体行使的,应规定地方人民政府也有权代表国家具体行使国有自然资源的所有权。法律委员会研究认为,全国人大是最高国家权力机关,国务院是它的执行机关。全国人大及其常委会对重大事项有决定权与监督权,具体执行则是国务院的职责。现行有关法律已经明确规定由国务院代表国家行使国有土地、海域、矿产资源、草原和水资源的所有权,国务院行使所有权可以包括国务院授权地方人民政府在授权范围内行使所有权。据此,法律委员会建议这一条以不作改动为宜。(草案四次审议稿第五十四条)

(三)有的提出,应当在国家所有权中增加空域、岛屿的规定;有的提出,增加航道、频道的规定;有的提出,增加国家所有的文物的规定等。法律委员会研究认为,是否增加这些规定,还有不同意见;物权的客体很多,物权法难以列全;草案所列举的几项内容是依据宪法和现行有关法律关于自然资源的规定作出的,建议不作改动。

(四)草案三次审议稿第五十八条规定:"国家投资设立的企业,由中央人民政府和地方人民政府依照法律、行政法规规定分别代表国家履行出资人职责,享有所有者权益"。对此,主要有两种意见:一种意见认为,"国家投资设立的企业"容易理解为国有独资企业,国家投资的企业还包括国家参股企业。另一种意见认为,国家作为出资人,对其投资的企业享有出资人权益,比较确切。法律委员会经同国务院有关部门研究,并取得一致意见,建议将这一条修改为:"国家出资的企业,由国务院、地方人民政府依照法律、行政法规规定分别代表国家履行出资人职责,享有出资人权益。"(草案四次审议稿第五十八条)

二、关于城镇集体财产的归属

草案三次审议稿第六十条规定:"城镇集体所有的不动产和动产,属于劳动群众集体所有。"对此,主要意见是:有的提出,应具体规定城镇集体财产的归属,有的建议改为"属于本集体成员所有",有的建议改为"属于出资人所有";有的认为,城镇集体企业经过改制基本上已不存在,可以不作规定。法律委员会研究认为,城镇集体所有的财产,其形成背景和资金构成相当复杂,目前很难对其归属作出统一的具体规定。按照党的十六届五中全会关于"继续深化集体企业改革,发展多种形式的集体经济"的要求,这个问题尚需通过深化改革,待实践经验比较成熟时再由有关法律、行政法规作出具体规定。据此,建议将这一条修改为:"城镇集体所有的不动产和动产的归属,适用有关法律、行政法规的规定。"(草案四次审议稿第六十一条)

这里,有一个问题需要说明。有的认为,集体所有的财产可以适用草案关于共有的规定。法律委员会研究认为,集体所有和共有是不同的。共有是两个以上自然人、法人对一项财产享有权利,如两人出资购买一辆汽车,子女共同继承一栋房子等。共有人对共有的财产都享有占有、使用、收益和处分的权利,都有权要求分割共有财产。集体所有是公有制的一部分,集体的成员不能独自对集体财产行使权利,离开集体时不能要求分割集体财产。

三、关于征收、征用、拆迁

草案三次审议稿第四十九条规定:"为了公共利益的需要,县级以上人民政府依照法律规定的权限和程序,可以征收、征用单位、个人的不动产或者动产,但应当按照国家规定给予补偿;没有国家规定的,应当给予合理补偿。"草案三次审议稿第六十八条第二款规定:"拆迁、征收私人的不动产,应当按照国家规定给予补偿;没有国家规定的,应当给予合理补偿,并保证被拆迁人、被征收人得到妥善安置。"对上述规定的主要意见:一是认为,征收和征用的适用条件、程序和补偿都不一样,应分别规定。二是认为,对城市房屋的拆迁实际上是与征收相联系的一种情形,不必单独规定。三是对"公共利益"是否应予明确界定有不同意见,有的认为,公共利益的含义应明确,以防止滥用征收的权力;有的认为,哪些事项属于"公共利益",难以具体列举,必要时可以根据不同情况由单行法律作规定。四是认为,"合理补偿"的标准难以掌握,应进一步作出明确规定,如"按照市场评估价予以补偿"等。法律委员会经研究,建议将征收、征用分别作出规定,将拆迁包括在征收中。(1)关于征收。建议规定:"为了公共利益的需要,县级以上人民政府依照法律规定的权限和程序,可以征收农村集体所有的土地和城市房屋及其他不动产。""征收集体所有的土地,应当给予合理补偿,维护被征地农民的合法权益,保障被征地农民的生活。具体补偿标准和办法,依照有关法律、行政法规的规定办理。""征收城市房屋及其他不动产,应当给予合理补偿,维护被征收人的合法权益;征收城市居民房屋的,还应当保障被征收人的居住条件。具体补偿标准和办法,依照有关法律、行政法规的规定办理。"(草案四次审议稿第四十八条)(2)关于征用。建议规定:"因抢险、救灾等紧急需要,依照法律规定的权限和程序,可以征用单位、个人的不动产或者动产。被征用的不动产或者动产使用后,应当返还被征用人。被征用的不动产或者动产受到损失的,应当按照实际损失给予补偿。"(草案四次审议稿第四十九条)关于"公共利益"的界定问题,拟进一步研究。

四、关于社会团体的财产

有的提出,应增加保护社会团体财产的规定。法律委员会经研究,建议增加规定:"社会团体依法所有或者使用的不动产和动产,受法律保护。"(草案四次审议稿第七十一条)

五、关于业主的建筑物区分所有权

(一)草案三次审议稿第七十六条规定:"建筑区划内的绿地、道路以及物业管理用房,属于业主所有,但属于市政建设的除外。""会所、车库的归属,有约定的,按照约定;没有约定或者约定不明确的,除建设单位等能够证明其享有所有权外,属于业主共有。"有的提出,绿地、道路、物业管理用房的归属有所不同,合在一起规定不够清楚,建议分别规定。有的认为,业主在买房时处于弱势,以约定来确认车库的归属,对业主不利。有的认为,车库作为建筑物的附属设施,原则上应归业主所有。有的认为,在现实生活中,"会所"归业主共有的情形很少,归业主共有也很难经营。法律委员会研究认为:(1)对绿地、道路以及物业管理用房的归属问题宜分别规定。(2)从实际情况看,提供健身、娱乐等服务的会所,绝大多数是作为独立的房屋由开发商出售或者出租经营的,一般不作为建筑物的附属设施归业主共有,草案关于"会所"的规定可以删去。(3)从近几年售房的实际情况看,有的车库是业主购买的,有的是业主承租的,无论是购买或者承租,都有合同约定,草案的规定基本可行。因此,法律委员会建议将这一条修改为:"建筑区划内的道路,属于业主共有,但属于城镇公共道路的除外。建筑区划内的绿地,属于业主共有,但属于城镇公共绿地或者明示归个人的除外。建筑区划内的物业服务用房,属于业主共有。""车库的归属,有约定的,按照约定;没有约定或者约定不明确的,属于业主共有。"(草案四次审议稿第七十五条)

(二)草案三次审议稿第八十七条规定,对侵害业主共同权益等行为,业主会议经三分之二以上业主同意,可以以业主会议的名义提起诉讼、申请仲裁。有的提出,这一条的规定对于切实维护业主权益是必要的,但需经三分之二以上业主同意规定的比例过高,建议降低比例;有的提出,现实生活中维护业主共同权益的许多工作是由业主委员会承担的,经业主授权,业主委员会也可以提起诉讼、申请仲裁。法律委员会经研究,建议将这一条修改为:"对侵害业主共同权益的行为,对物业服务机构等违反合同发生的争议,经专有部分占建筑物总面积过半数的业主或者占总人数过半数的业主同意,可以以业主大会或者业主委员会的名义提起诉讼、申请仲裁;业主也可以以自己的名义提起诉讼、申请仲裁。"(草案四次审议稿第八十六条)

六、关于追回被盗、被抢的财物

草案三次审议稿第一百一十二条对所有权人追回被盗、被抢财物问题作了规定。有的认为,对被盗、被抢的财物,所有权人主要通过司法机关依照刑法、刑事诉讼法、治安管理处罚法等有关法律的规定追缴后退回。在追赃过程中,如何保护善意受让人的权益,维护交易安全和社会经济秩序,可以通过进一步完善有关法律规定解决,物权法对此可以不作规定。法律委员会经研究,建议删去这一条中有关对被盗、被抢财物的规定。

七、关于特许物权

草案三次审议稿第一百二十五条规定:"取得用益物权,法律规定须经有关行政主管部门许可的,依照其规定。"有的认为,上述规定不够明确,物权法应对探矿权、采矿权、渔业权等特许物权作出明确规定;有的认为,海域使用权是与土地使用权并列的用益物权,物权法应对海域使用权作专章规定;有的认为,矿产资源法、海域使用管理法、渔业法等法律已经对探矿权、采矿权、海域使用权、渔业养殖权等作了比较全面的规定,物权法可以不作重复规定。法律委员会研究认为,探矿权、采矿权、海域使用权、渔业养殖权,是自然人、法人重要的民事权利。考虑到有关法律已经对这些权利作了比较全面的规定,进一步完善这些权利的问题,可以通过修改有关法律加以解决,物权法作出衔接性的规定即可。据此,建议将这一条修改为:"海域使用权,适用有关法律的规定;有关法律没有规定的,适用本法的有关规定。"(草案四次审议稿第一百二十七条)"探矿权、采矿权,适用有关法律的规定;有关法律没有规定的,参照本法的有关规定。""渔业养殖权,适用有关法律的规定;有关法律没有规定的,适用本法的有关规定。"(草案四次审议稿第一百二十八条)

八、关于建设用地使用权

(一)草案三次审议稿第一百四十二条第二款规定:"商业用地应当采取拍卖、招标的方式出让。"有的提出,对商业用地范围的理解有宽有窄,建议明确规定旅游、娱乐等经营性用地也都应当采取拍卖、招标的方式出让。据此,法律委员会建议将这一款修改为:"商业、旅游、娱乐和商品住宅等经营性用地以及同一土地有两个以上意向用地者的,应当采取拍卖、招标等公开竞价的方式出让。"(草案四次审议稿第一百四十三条第二款)

(二)草案三次审议稿第一百五十五条规定:"建设用地使用权的期间届满,建设用地使用权人需要继续使用土地的,应当在期间届满前一年申请续期,除因公共利益需要收回该土地的外,出让人应当同意。建设用地使用权续期后,建设用地使用权人应当按照约定支付出让金;没有约定或者约定不明确的,按照国家规定确定。"对此,主要的意见是:(1)用地期限。有的提出,现行的住宅用地使用权期限太短,有的建议延长为一百年或者一百五十年,有的建议取消使用年限的规定。(2)续期申请人。有的提出,一幢公寓多户居住,建设用地使用权期间届满,是由住户个人申请续期还是业主委员会统一申请续期,意见不一致时怎么办,需要明确。(3)续期后的土地使用费。有的认为,住户买房时已经支付了土地出让金,续期后不应再交费;有的认为,续期的应交少量的土地使用费。法律委员会研究认为,建设用地使用权续期的问题,宜区分住宅用地和非住宅用地,要着眼于保障老百姓安居乐业。据此,建议将这一条修改为:"住宅建设用地使用权期间届满的,自动续期;非住宅建设用地使用权期间届满,建设用地使用权人需要继续使用土地的,应当在期间届满前一年申请续期,出让人应当同意。""建设用地使用权期间届满,根据公共利益需要,依照法律规定的权限和程序收回该土地的,应当参照本法第四十八条第三款的规定,对该土地上的房屋及其他不动产给予补偿。""建设用地使用权续期后,建设用地使用权人应当支付土地使用费。续期的期限、土地使用费支付的标准和办法,由国务院规定。"(草案四次审议稿第一百五十五条)

九、关于担保物权

(一)草案三次审议稿第二百零六条规定,耕地和宅基地使用权不得抵押。对此,有不同意见。有的赞成草案的规定,有的认为,农民贷款很难,可用于抵押的财产有限,应当允许以承包经营权作抵押。法律委员会研究认为,承包地涉及农民的基本生活,如果允许承包地抵押,农民一旦不能偿还贷款,将失去承包地,从而引发严重的社会问题。因此,抵押问题应与转让问题作通盘考虑,允许土地承包地经营权有条件地作抵押。据此,法律委员会建议增加规定:"土地承包经营权人有稳定的收入来源的,经发包方同意,可以将土地承包经营权抵押。实现抵押权的,不得改变承包地的用途。"(草案四次审议稿第一百三十五条)

(二)草案三次审议稿第二百零四条规定了企业、个体工商户、农村承包经营户可以将现有的和将来拥有的动产抵押。有的提出,这一条规定的动产抵押,应当进一步明确由哪个部门来办理登记。法律委员会经研究,建议依照担保法的有关规定,增加规定:"企业、个体工商户以本法第二百零三条规定的动产抵押的,应当向动产所在地的工商行政管理部门办理登记;农户以本法第二百零三条规定的动产抵押的,应当向动产所在地的公证机构办理登记。抵押权自抵押合同生效时发生效力;未经登记,不得对抗善意第三人。"(草案四次审议稿第二百一十条第一款)

(三)有的提出,出质的财产应当是允许转让的财产,法律禁止转让的财产不能作为质押的财产。法律委员会经研究,建议增加一条,规定:"法律、行政法规禁止转让的动产不得出质。"(草案四次审议稿第二百三十一条)

(四)草案三次审议稿规定了留置权。有的认为,留置的财产应当与债务人所负的债务相当,实践中存在滥用留置权,留置明显超过其债权的财产,侵害了债务人的合法权益,物权法对此应作出限制性的规定。法律委员会经研究,建议增加规定:"留置的动产为可分物的,留置动产的价值应当相当于债务的金额。"(草案四次审议稿第二百五十五条)

(五)有的提出,实现担保物权时,既不能损害担保权人的利益,也不能损害担保人的利益,对担保财产折价或者变卖应参考市场价格。法律委员会经研究,建议在抵押权、质权、留置权中分别规定,抵押、质押、留置的财产折价或者变卖的,应当参照市场价格。(草案四次审议稿第二百一十七条第三款、第二百四十二条第三款、第二百五十八条第二款)

十、关于法律用语的通俗化

法律委员会、法制工作委员会根据常委会组成人员的审议意见和各方面的意见,对草案的文字表述按照尽可能通俗易懂的要求进一步作了修改,并对公示、相邻关系、共有等增加了名词解释。

这里,还有五个问题需要说明:

一是关于物权主体。草案三次审议稿第一条规定:"为明确物的归属,保护权利人的物权,充分发挥物的效用,维护社会主义市场经济秩序,维护国家基本经济制度,制定本法。"如何规定物权主体,一直有不同意见。有的建议改为"自然人、法人";有的建议改为"自然人、法人和其他组织";有的建议改为"国家、集体和私人";有的认为,国家作为物权主体,可以包括在法人之中;有的认为,用"权利人"可以包括各种物权主体,草案的规定是妥当的,不必改动。法律委员会研究认为,上述意见各自都有一定的道理,现行有关法律、行政法规在这个问题上的规定也不一致,实践中国家、集体、自然人、法人等都可以作为物权主体,但究竟把它归类为两种主体、三种主体还是四种主体,可以在制定民法总则有关民事主体时一并研究,建议对这一条中关于物权主体的规定不再改动。

二是关于物权性质。草案三次审议稿第二条第三款规定:"本法所称物权,指权利人直接支配特定的物的权利,包括所有权、用益物权和担保物权。"有的提出,物权的性质对于明确物权的内容以及区别其他权利具有重要意义,物权具有支配性,无需他人协助即享有权利,又具有排他性,除法律另有规定外,一项物权不能既是我的,又是他的,这一款中应增加物权的排他性。法律委员会经研究,建议将这一款修改为:"本法所称物权,是指权利人对特定的物享有直接支配和排他的权利,包括所有权、用益物权和担保物权。"(草案四次审议稿第二条第三款)

三是关于宅基地使用权转让和抵押。草案三次审议稿第一百六十二条第一款规定:"宅基地使用权人经本集体同意,可以将建造的住房转让给本集体内符合宅基地使用权分配条件的农户;住房转让时,宅基地使用权一并转让。禁止城镇居民在农村购置宅基地。"对此,有不同意见。有的赞成草案的规定。有的认为,宅基地上的住房属于农民个人所有,应允许转让;有的认为,应有条件地适当放开,既要方便农民融资,又要保障农民基本居住。法律委员会研究认为,我国地少人多,实行最严格的土地管理制度。宅基地是农民的基本生活保障,在目前条件下宅基地使用权的转让和抵押似不宜放开。因此,建议对这一款的规定暂不作改动,拟进一步听取意见后,再作研究考虑。

四是不动产登记前是否必须办理公证。有的认为,在不动产登记前应办理公证,由公证机构进行实质性审查,保证登记资料的真实、合法;有的认为,按照民事活动平等自愿的原则,不宜规定强制办理公证;有的认为,登记机构对登记事项已经作了审查,没有必要规定不动产登记前要办理公证。法律委员会研究认为,为了便民,办理不动产登记只需一道手续,并且逐步实行统一登记,草案对此已经作了规定,并明确规定办理不动产登记不得按照标的收费。不动产登记前是否办理公证,可以由当事人自愿选择。如果办理登记前必须经过公证,不仅不便民,还会增加群众负担。因此,不宜规定不动产登记前必须经过公证。

五是关于典权。有些专家再次要求恢复原草案关于典权的规定。法律委员会研究认为,我国传统的典权,目的除融资外,主要是为保留祖产祖业。现在,如果保留典权,主要目的是为融资。在现实生活中,如果需要资金,可以通过不动产抵押、出租、约定买回等方式解决,规定典权没有多大意义。因此,建议不再恢复原草案关于典权的规定。

有的部门和有些专家还提出了一些专业性较强的问题,如债权和物权的优先顺序、公共利益的界定、物权的取得时效和保护时效、以应收账款作担保等,法律委员会、法制工作委员会拟在本次常委会对草案审议后,专门召开论证会进行研究。

此外,根据常委会组成人员的审议意见和向社会公布征求的意见,还对草案三次审议稿作了不少文字修改。

草案四次审议稿已按上述意见作了修改。法律委员会建议本次常委会会议继续审议。

草案四次审议稿和以上汇报是否妥当,请审议。

全国人大法律委员会
2005年10月19日

全国人大法律委员会关于《中华人民共和国物权法(草案)》修改情况的汇报

全国人大法律委员会 2006年8月22日

全国人民代表大会常务委员会：

常委会第十八次会议对物权法(草案四次审议稿)进行了审议。普遍认为，草案四次审议稿吸收了常委会组成人员的审议意见和向社会全文公布征求的意见，按照坚持正确的政治方向、坚持从我国的国情和实际出发、处理好物权法和其他有关法律的关系这三项原则，对草案修改得比较好。同时，有些常委会组成人员也对草案四次审议稿提出了不少修改意见、建议。吴邦国委员长在这次会议的闭幕会上的讲话中指出，物权法是重要的基本法律，关系人民群众切身利益和我国基本经济制度。正因为这是一部重要法律，更应该重视立法质量，工作要深入进行，但不赶进度。归纳常委会组成人员的审议意见和社会上反映的意见，在一些重大问题上还要深入研究：一是物权法如何准确反映我国的社会主义基本经济制度；二是如何加大对国有资产的保护力度，切实防止国有资产的流失；三是如何全面、准确地反映党的农村基本政策，维护农民的根本利益。去年10月以来，为了进一步把草案修改好、完善好，主要做了以下工作：

(一)受吴邦国委员长委托，盛华仁副委员长兼秘书长于2006年1月主持召开座谈会，听取中财办、中农办、最高人民法院、国土资源部、农业部、商务部、国资委、国务院法制办、国务院研究室、国务院发展研究中心等有关部门的负责同志和一些经济学、法学专家对草案几个重大问题的意见。与会同志一致认为，草案有关坚持我国基本经济制度、加强对国有资产的保护、维护农民的土地承包经营权等的规定，符合宪法规定，体现了改革开放以来党的有关方针政策，是适应全面建设小康社会对物权法律制度的要求的；同时，草案体现了对国家财产、集体财产和私有财产平等保护的原则，这对发展社会主义市场经济是非常必要的。大家对草案也提出了一些修改意见。

(二)法律委员会、法制工作委员会于2006年4月组织调研组，赴上海、江苏、河南、湖南等地，就国有企业财产权、城镇集体所有权、建筑物区分所有权、土地承包经营权、宅基地使用权、土地征收、拆迁补偿等问题进行调研，深入基层，听取基层群众和有关方面的意见。

(三)法律委员会、法制工作委员会于2006年6月召开物权法草案立法论证会，就是否具体界定"公共利益"、能否以"应收账款"作担保等几个专业性较强的问题，听取法学教学、科研单位和有关部门的专家意见。

法律委员会、法制工作委员会在以上工作的基础上，根据常委会组成人员的审议意见和各方面的意见，对草案四次审议稿反复研究修改，形成了现在提请审议的物权法草案五次审议稿。

现对草案几个主要问题的修改情况汇报如下：

一、关于基本经济制度

在草案修改过程中，有的认为，物权法是私法，应以保护私有财产为主；有的认为，物权法应突出对社会主义公共财产的保护。法律委员会研究认为，从中国的国情和实际出发制定物权法，首要的问题是必须全面、准确地体现我国公有制为主体、多种所有制经济共同发展的基本经济制度。只有这样，才能制定出一部具有中国特色的社会主义物权法。

草案四次审议稿将维护国家基本经济制度作为物权法的立法目的和基本原则，通过明确国有财产的范围和归属、国家所有权的行使和国有企业的物权等，维护国有经济在国民经济中的主导地位；明确集体财产的范围和归属，保障集体经济的发展；明确私有财产的范围和对私有财产的保护，鼓励、支持和促进非公有制经济的发展。法律委员会经对常委会组成人员的审议意见和各方面的意见进行认真研究，建议根据宪法有关我国基本经济制度的规定，体现党的十六大有关精神，从物权法的角度对草案四次审议稿作如下修改、补充：一是将草案四次审议稿第五十条修改为："国家坚持和完善公有制为主体、多种所有制经济共同发展的基本经济制度，保障公有制经济的巩固和发展，鼓励、支持和引导非公有制经济的发展，保护国家的、集体的、私人的合法权益。"（草案五次审议稿第四十六条）二是增加规定："法律规定属于国家所有的财产，属于国家所有即全民所有。国有财产由国务院代表国家行使所有权；法律另有规定的，依照其规定。"（草案五次审议稿第四十七条）制定物权法，既要体现我国的基本经济制度，也要体现对国家财产、集体财产和私有财产平等保护的原则。在草案修改过程中，有的认为，国家和其他民事主体不是平等主体，对他们的财产不能平等保护。有的认为，物权法是私法，首先应保护私人财产，按照先私人、再集体、后国家的顺序加以保护。法律委员会研究认为，我国实行的是社会主义市场经济体制，它的社会主义性质是由国家的基本经济制度、主要是由居于主体地位的公有制经济决定的，同时对属于不同市场主体的财产给予平等保护又是适应市场经济公平竞争的一条基本原则。因此，坚持我国的基本经济制度和对国家财产、集体财产和私有财产给予平等保护是一个统一的有机体。没有前者，就会改变社会主义性质。没有后者，就违背了市场经济原则，反过来又会损害基本经济制度。至于国家根据经济社会发展情况，在产业政策、市场准入、税收优惠、贷款发放等方面，对不同地区、不同行业、不同项采取不同的调控政策和手段，属于政府对经济的宏观调节，需要由其他法律作规定。

二、关于加强对国有财产的保护

加大对国有资产的保护力度，切实防止国有资产流失，是巩固和发展公有制经济的重要内容。在草案修改过程中，有的认为，物权法既然要体现平等保护的原则，那就不宜强调对国有资产的保护。法律委员会研究认为，物权法应当坚持平等保护的原则；同时，从实际情况看，目前经济领域中受侵害最严重的恰恰是国有资产，物权法就加强对国有资产的保护、切实防止国有资产流失作出有针对性的规定，是必要的。草案四次审议稿对哪些财产属于国家所有，国有自然资源的有偿使用和合理开发利用，国家出资企业的出资人制度，用益物权人不得损害所有权人的权益,对国有财产的保护等,作出了明确规定。为了进一步加大对国有资产的保护力度,法律委员会根据常委会组成人员的审议意见和各方面的意见,建议对草案四次审议稿作如下修改、补充:一是将草案四次审议稿第五十九条修改为:"违反国有资产管理规定,通过企业改制、关联交易等,低价转让、集体私分、擅自担保或者以其他方式造成国有资产损失的,应当依法承担法律责任。"(草案五次审议稿第五十六条)二是增加规定:"履行国有资产管理、监督职责的机构,应当依法加强对国有资产的管理、监督,防止国有资产损失;滥用职权,玩忽职守,造成国有资产损失的,应当依法承担法律责任。"(草案五次审议稿第五十五条)同时,建议抓紧研究制定和修改完善有关加强国有资产管理、监督的法律、行政法规,全面加强对国有资产的保护,切实防止国有资产流失。

三、关于维护农民的根本利益

关于农村土地问题,草案四次审议稿主要在第十一章"土地承包经营权"、第十三章"宅基地使用权"和第十七章"抵押权"中,根据党的农村基本政策,对确认土地承包经营权属于用益物权,维护农民的土地承包经营权,限制收回承包地,维护农民享有依法流转承包地的权利,以及承包地被征收的补偿标准和程序等,作了明确规定,以维护农民的根本利益。在草案修改过程中,对土地承包经营权的抵押和宅基地使用权的转让能否放开,存在不同意见。法律委员会经同国土资源部、农业部等部门反复研究认为:我国地少人多,必须实行最严格的耕地保护制度。目前,我国农村社会保障体系尚未全面建立,土地承包经营权和宅基地使用权是农民基本生产、生活保障。从全国范围看,放开土地承包经营权抵押和宅基地使用权转让的条件尚不成熟。至于农民贷款难的问题,应通过完善农村金融服务体系来解决。草案有关规定与宪法和农村土地承包法、土地管理法等法律的规定是一致的,同中央有关方针政策也是一致的,建议以不作改动为宜。为了进一步全面、准确地反映党的农村基本政策,维护农民的合法权益,法律委员会根据常委会组成人员的审议意见和各方面的意见,建议对草案四次审议稿作如下修改、补充:一是在草案四次审议稿第六十四条中增加规定:"农村集体经济组织实行家庭承包经营为基础、统分结合的双层经营体制。"(草案五次审议稿第六十一条第二款)二是在"土地承包经营权"一章中增加关于承包期的规定:"耕地的承包期为三十年。草地的承包期为三十年至五十年。林地的承包期为三十年至七十年;特殊林木的林地承包期,经国务院林业行政主管部门批准可以延长。"(草案五次审议稿第一百二十四条)

按照现行有关法律规定,农村集体所有的土地只有通过征收转为国有土地,才能进行城市建设、房地产开发。在草案修改过程中,有些常委会组成人员和部门、地方提出,按照现行土地征收制度,农民的利益难以得到充分保护,需要认真研究征地制度改革问题。法律委员会经同国土资源部等部门研究认为,上述意见值得重视。目前我国用地制度改革正在深化,尚待总结实践经验,通过修改现行有关法律从根本上解决这个问题,现在物权法还难以作出具体规定。因此,法律委建议原则规定:"建设用地使用集体所有的土地的,应当依照有关法律规定办理。"(草案五次审议稿第一百五十一条)

四、其他

(一)关于物权法定原则。草案四次审议稿第三条规定:"物权的种类和内容,由法律规定。"有的常委委员和专家提出,物权法定作为一条原则是对的,但如果法律没有规定的就不具有物权效力,限制太严,应开个口子,以适应实践发展的需要。法律委员会研究认为,物权法调整物权主体和广大的义务人之间的关系,物权的内容不能像合同那样由双方当事人约定,但现实生活中有些权利是否属于物权尚难确定,随着实践的发展还会产生新的物权。因此,对我国有关物权种类的规定为进一步改革留下一定空间是必要的。法律委员会经研究,建议将这一条修改为:"物权的种类和内容,由法律规定;法律未作规定的,符合物权特征的权利,视为物权。"(草案五次审议稿第三条)

（二）关于业主的建筑物区分所有权。(1)草案四次审议稿第七十五条第二款规定:"车库的归属,有约定的,按照约定;没有约定或者约定不明确的,属于业主共有。"有的常委委员提出,除了车库,还有车位,建议对车位的归属也作出规定。法律委员会研究认为,车位的问题应当规定,但车位有的是规划内的,有的是占用闲置土地的,有的是占用道路的,应当区别对待,建议将这一款修改为:"建筑区划内,规划用于停放汽车的车位、车库的归属,有约定的,按照约定;没有约定或者约定不明确的,属于业主共有。"(草案五次审议稿第七十二条第二款)(2)草案四次审议稿第八十六条对以业主大会或者业主委员会的名义提起诉讼、申请仲裁的问题作出了规定。有的常委委员和业主委员会提出,业主大会或者业主委员会没有独立的财产,难以承担败诉后的民事责任,建议删去这一规定。法律委员会研究认为,业主大会是业主的自治性组织,业主委员会是业主大会的执行机构,业主大会或者业主委员会享有的权利、承担的义务都要落在业主身上,目前许多小区没有成立业主大会或者业主委员会,对业主大会或者业主委员会提起诉讼、申请仲裁的权利以暂不作规定为妥;对侵害业主共同权益的纠纷,可以通过民事诉讼法规定,推选代表人进行诉讼。据此,法律委员会建议将这一条删去。

（三）关于居住权。草案四次审议稿第十五章对"居住权"作了规定。对物权法要不要规定居住权,一直有争论。有的认为,在社会生活中需要保留居住权的情形确实存在,如有人把自己的住房赠与朋友,但自己要保留居住权等。在物权法中对居住权作出规定,是必要的。有的认为,居住权的适用范围很小。从一些国家的法律规定居住权的社会背景看,主要是由于那些国家的妇女当时没有继承权,法律通过设定居住权,以解决妇女在丈夫去世后的居住问题。我国男女都享有继承权,物权法没有必要对居住权作规定。法律委员会研究认为,居住权的适用面很窄,基于家庭关系的居住问题适用婚姻法有关抚养、赡养等规定,基于租赁关系的居住问题适用合同法等有关法律的规定,这些情形都不适用草案关于居住权的规定。而且,居住权大多发生在亲属朋友之间,一旦发生纠纷,可以通过现行有关法律规定的救济渠道加以解决。因此,法律委员会建议将这一章删去。

（四）关于以应收账款作担保。有的常委委员和全国人大代表提出,现行担保法没有规定应收账款可以用作担保,以应收账款作担保,有利于中小企业的融资,建议草案对此作出明确规定。有些部门、金融机构和企业也要求增加规定这一种担保方式。在物权法草案立法论证会上,多数专家认为应规定可以用应收账款作担保。法律委员会研究认为,将应收账款用作担保,是中小企业和银行业的共同要求,应允许用应收账款作担保。建议在草案四次审议稿第二百四十六条关于债务人或者第三人可以出质的权利中增加"应收账款"一项。(草案五次审议稿第二百二十八条第七项)

这里,还有以下两个问题需要说明:

一是关于城镇集体所有权的归属问题。从在北京、上海、江苏、湖南等地调研的情况看,城镇集体企业产生的历史背景和资金构成十分复杂,有些企业最初是由个人现金入股或者实物折价入股的,后来有的退还了原始股,有的未退原始股;有些企业的资金来源主要是借贷,国家和其他方面都没有投资,但国家提供了政策支持。近几年来,城镇集体企业通过改制形成的模式也很不相同,有的改制为股份有限公司,有的改制为职工全体持股,有的实际上已经成为私人企业。目前,按照党的十六届五中全会的要求,城镇集体企业改革正处在继续深化过程中。法律委员会反复研究认为,城镇集体企业的所有权问题,尚待实践经验比较成熟时再由有关法律、行政法规作出具体规定较为切合实际,现在物权法对这个问题还难以作出统一规定。因此,草案四次审议稿第六十一条关于"城镇集体所有的不动产和动产的归属,适用有关法律、行政法规的规定"是适宜的,建议以不作修改为妥。

二是关于"公共利益"的界定问题。草案四次审议稿第四十八条规定,"为了公共利益的需要,县级以上人民政府依照法律规定的权限和程序,可以征收农村集体所有的土地和城市房屋及其他不动产"。有的认为,有些地方政府滥用征收权力、侵害农民权益的问题时有发生,应明确界定"公共利益"的范围。有的认为,现实生活中因征收土地侵害群众利益,主要还不是对"公共利益"的界定不清,而是补偿标准过低、补偿不到位。法律委员会反复研究认为,在不同领域内,在不同情形下,公共利益是不同的,情况相当复杂。而且,征收属于公权力的行使。物权法作为民事法律,不宜也难以对各种公共利益作出统一规定。在物权法草案立法论证会上,多数专家也认为物权法难以对"公共利益"作出具体规定。因此,法律委员会建议物权法对"公共利益"不作具体界定,以由有关单行法律作规定为宜。

此外,还就草案四次审议稿的章节结构、条文内涵、文字表述等作了多处修改。

草案五次审议稿已按上述意见作了修改,法律委员会建议本次常委会会议继续审议。

草案五次审议稿和以上汇报是否妥当,请审议。

第十届全国人大常委会第二十四次会议全国人大法律委员会关于《中华人民共和国物权法(草案)》修改情况的汇报

全国人大法律委员会　2006年10月27日

全国人民代表大会常务委员会：

常委会第二十三次会议对物权法(草案五次审议稿)进行了审议。常委会组成人员普遍认为，草案经过几次审议修改，日趋成熟，建议进一步修改后提请十届全国人大五次会议审议通过；同时，有些常委会组成人员也提出了一些修改意见和建议。会后，法律委员会、法制工作委员会根据常委会组成人员的审议意见和各方面的意见，就几个重要问题再次进行研究修改，主要是：关于坚持和完善基本经济制度，平等保护国家的、集体的和私人的物权，国有财产的范围和对国有财产的保护，城镇集体财产的归属，公共利益和征收补偿，土地承包经营权、宅基地使用权的转让和抵押，业主的建筑物区分所有权，建设用地使用权期间届满后的续期，担保物权。王兆国、盛华仁副委员长受吴邦国委员长委托，主持召开座谈会，听取中央政策研究室、中央财经领导小组办公室、中央农村工作领导小组办公室、国务院法制办、国务院研究室、最高人民法院、国土资源部、农业部、国资委等部门负责同志和专家学者对上述几个重要问题的意见。法律委员会于10月9日召开会议，根据常委会组成人员的审议意见和座谈会上提出的意见，对草案进行了审议。10月25日，法律委员会召开会议，再次进行了审议。鉴于物权法草案几经修改，已与初次审议的草案有了很大改动，为了使常委会组成人员全面了解这次提请审议的草案的内容，把草案进一步审议好、修改好，并为12月常委会决定将草案提请大会审议做好基础工作，现就物权法草案的立法过程、制定物权法总的原则、草案的基本框架和主要内容，汇报如下：

一、物权法草案的立法过程

物权法的起草工作始于上世纪九十年代初。2002年12月，物权法草案作为民法草案的一编，提请九届全国人大常委会第三十一次会议进行了初次审议。本届全国人大常委会对制定物权法的工作高度重视，对物权法草案先后进行了四次审议。吴邦国委员长在每次常委会会议审议后，根据常委会组成人员的审议意见，就修改好、完善好物权法草案都提出了明确要求。近一年来，主要做了以下三方面的工作：

一是坚持民主立法、科学立法，广泛听取意见。经委员长会议决定，2005年7月将物权法草案向社会全文公布征求意见。人民群众通过网络、信件提出意见11 543件，26个省(自治区、直辖市)和15个较大的市的人大常委会、47个中央有关部门以及公司企业、法学教学研究机构和法学专家等也提出了意见。2005年9月,吴邦国委员长主持召开座谈会,听取部分全国人大代表和有关方面对物权法草案几个重要问题修改方案的意见。2006年1月,盛华仁副委员长受吴邦国委员长委托,主持召开座谈会,听取中央有关部门负责同志和法学、经济学专家对物权法草案几个重要问题的意见。2006年9月,王兆国、盛华仁副委员长受吴邦国委员长委托,主持召开座谈会,进一步听取中央有关部门负责同志和专家学者对物权法草案几个重要问题的意见。

二是深入基层,调查研究。法律委员会、法制工作委员会对常委会组成人员审议中提出的主要问题和社会关注的问题,如维护社会主义基本经济制度,加大对国有资产的保护力度,城镇集体财产的归属,土地承包经营权、宅基地使用权的转让和抵押,业主的建筑物区分所有权等,在北京、上海、江苏、湖南、河南、重庆、吉林、辽宁、广西等十几个省市进行调研;对具体界定公共利益和应收账款作担保等几个专业性较强的问题召开立法论证会。

三是认真研究各种意见,对草案反复研究修改。法律委员会、法制工作委员会根据常委会组成人员的审议意见和各方面的意见,对草案的许多章节和条款进行了修改补充,特别是在四个重要问题上力求把草案有关规定研究修改好:

(1)准确体现我国的社会主义基本经济制度,体现党的十六大提出的"毫不动摇地巩固和发展公有制经济"和"毫不动摇地鼓励、支持和引导非公有制经济的发展"的精神。

(2)遵循市场经济的一般法则,依法对国家的、集体的和私人的合法财产给予平等保护。

(3)针对现实生活中国有资产流失严重的突出情况,加大对国有资产的保护力度。

(4)准确反映党在现阶段的农村基本政策,维护农民的根本利益。

二、制定物权法总的原则

一是坚持正确的政治方向。物权法是规范财产关系的民事基本法律,事关维护社会主义基本经济制度,维护社会主义市场经济秩序,维护广大人民群众的切身利益,政治性很强。制定物权法,必须以邓小平理论和"三个代表"重要思想为指导,贯彻党的十六大和十六届三中、四中、五中、六中全会精神,以宪法为依据,为坚持和完善社会主义基本经济制度,完善社会主义市场经济体制,正确处理各方面的利益关系,落实科学发展观,构建社会主义和谐社会,提供法律保障。

二是坚持从我国的国情和实际出发。我国现在进入了改革发展的关键时期,经济体制深刻变革,社会结构深刻变动,利益格局深刻调整。制定物权法,必须符合我国经济社会发展水平的实际,与改革发展进程相适应,肯定改革发展成果,并为进一步改革留下空间。要区别不同情况,重在解决经济社会发展中迫切需要规范的问题。实践经验比较成熟的,规定得具体一些,增强可操作性;实践经验尚不成熟,现实生活又需要作规定的,规定得原则一些,在实践中继续探索、积累经验;缺乏实践经验,分歧意见较大的,暂不规定,待条件成熟时再作补充修改。要借鉴国外物权法律制度中对我们有益的东西,但绝不能照抄照搬。

三是处理好物权法和其他有关法律的关系。物权法作为民事基本法律,应当着重规定财产归属和利用的基本规则,一些具体规则可以由单行法律作规定。对物权的保护,不仅是物权法的任务,有关行政法和刑法也有给予保护的规定,物权法在这方面作出衔接性的规定即可,不必重复规定。

三、草案的基本框架

草案共5编,19章,248条。

第一编"总则",共3章。第一章"基本原则",对立法目的,适用范围,维护国家基本经济制度,平等保护国家的、集体的和私人的物权,物权法定和物权的取得、行使的原则,物权法和其他法律的关系等作了规定。物权法调整平等主体之间因物的归属和利用而产生的财产关系,这种财产关系的基础是社会主义基本经济制度。第二章"物权的设立、变更、转让和消灭",对确认物权的规则区分不动产和动产作了规定。不动产物权的设立、变更、转让和消灭,应当依法登记;除法律另有规定外,未经登记,不发生物权效力。动产物权的设立和转让,除法律另有规定外,自交付时发生效力。第三章"物权的保护",对权利人可以通过确认权利、返还原物、消除危险、排除妨害、损害赔偿等多种方法保护物权作了规定。

第二编"所有权",自第四章至第九章,共6章。第四章"一般规定",对所有权人的权利,征收、征用等作了规定。所有权是物权的基础,用益物权和担保物权都是由所有权派生的。第五章"国家所有权、集体所有权和私人所有权",对国有财产的范围,国家所有权的行使主体,加大对国有资产的保护等作了规定,以保障国有经济在国民经济中的主导地位。对集体财产的范围和归属作了规定,以巩固和发展集体经济。对私人所有权的内容和对私人所有权的保护作了规定,以鼓励、支持和引导非公有制经济的发展,切实保护公民的财产权益。第六章至第九章,分别对业主的建筑物区分所有权、相邻关系、共有等制度作了规定。

第三编"用益物权",自第十章至第十四章,共5章。用益物权是对他人所有的物,依法享有使用和收益的权利。第十章"一般规定",对用益物权人的权利,自然资源有偿使用制度,用益物权人应当保护和合理开发利用资源,海域使用权等权利的法律适用等作了规定。第十一章至第十四章,分别对土地承包经营权、建设用地使用权、宅基地使用权、地役权等用益物权作了规定。

第四编"担保物权",自第十五章至第十八章,共4章。第十五章"一般规定",对担保物权共同适用的规则作了规定。担保物权是用物作担保,有利于促进融资,发展经济。第十六章至第十八章,分别对抵押权、质权、留置权等担保物权作了规定。

第五编"占有",第十九章,对占有人的赔偿责任和对占有保护作了规定。

四、草案的主要内容

(一)关于坚持和完善社会主义基本经济制度

中国特色社会主义物权制度是由我国的社会主义基本经济制度决定的。所有权是所有制在法律上的表现,是物权的核心和基础。草案把维护国家基本经济制度作为物权法的立法目的,并通过一系列规定,巩固和发展公有制经济,鼓励、支持和引导非公有制经济的发展。有的常委会组成人员提出,有关基本经济制度的规定在草案五次审议稿中已经有所体现,但不够集中、鲜明,应当把它作为基本原则写入"总则"。法律委员会经研究,建议:

(1)将"总则"第一章章名"一般规定"修改为"基本原则"。

(2)将草案五次审议稿第一条修改为:"为了维护国家基本经济制度,维护社会主义市场经济秩序,明确物的归属,发挥物的效用,保护权利人的物权,根据宪法,制定本法。"(草案

六次审议稿第一条)

(3)将草案五次审议稿第四十六条有关基本经济制度的规定移到第一章,作为第三条,修改为:"国家在社会主义初级阶段,坚持公有制为主体、多种所有制经济共同发展的基本经济制度。""国家巩固和发展公有制经济,鼓励、支持和引导非公有制经济的发展。"

(二)关于平等保护国家的、集体的和私人的物权

宪法规定:"国家实行社会主义市场经济。"在社会主义市场经济条件下,各种所有制经济形成的市场主体都是在统一的市场上运作并发生相互关系的,都要遵守统一的市场"游戏规则",只有地位平等、权利平等,才有公平竞争,才能形成良好的市场秩序。坚持社会主义基本经济制度与对国家的、集体的和私人的物权给予平等保护是有机统一的。没有前者,就会改变社会主义基本经济制度的性质。没有后者,就违背了市场经济原则,反过来又会损害社会主义基本经济制度。物权法上讲的平等,主要是各种市场主体对相同的物权享有同等的权利,适用相同的市场交易规则,当其物权受到侵害时,侵害人应当承担同样的民事责任。因此,法律委员会按照党的十六届三中全会提出的"保障所有市场主体的平等法律地位和发展权利"的要求,建议将草案五次审议稿第六条、第四十二条合并,作为第四条,修改为:"国家实行社会主义市场经济。""国家的、集体的和私人的物权受法律保护,任何单位和个人不得侵犯。"

(三)关于国有财产

国有经济是国民经济中的主导力量。加大对国有资产的保护力度,切实防止国有资产流失,是巩固和发展公有制经济的现实要求。草案对国有财产的范围和国家所有权的行使、对国有财产的保护等作了规定。

1. 国有财产的范围和国家所有权的行使。有的常委会组成人员提出,国有财产的范围应增加空域、航道、无居民岛屿、种质资源等。法律委员会研究认为,国有财产的范围很宽,草案五次审议稿具体列明的属于国家所有的财产,是以现行法律、行政法规的规定为依据的。依据有关法律、行政法规已有的规定,法律委员会建议增加三条规定:野生动物资源、无线电频谱资源、国家所有的文物,依法属于国家所有。(草案六次审议稿第四十九条至第五十一条)对现行法律、行政法规没有明确规定的,草案作出概括性规定为宜,即:"法律、行政法规规定属于国家所有的财产,属于国家所有即全民所有。"(草案六次审议稿第四十五条第一款)关于国家所有权由谁代表国家行使的问题,草案规定:"国有财产由国务院代表国家行使所有权;法律另有规定的,依照规定。"(草案六次审议稿第四十五条第二款)这样规定,既肯定了依照土地管理法、矿产资源法、水法、草原法、海域使用管理法等法律的规定,国家所有的资源由国务院代表国家行使所有权;同时,也适应了党的十六大关于"国家要制定法律法规,建立中央政府和地方政府分别代表国家履行出资人职责,享有所有者权益"的要求。

2. 对国有财产的保护。草案对国有财产的合理开发利用,侵害国有财产的民事保护,造成国有财产损失应当依法承担的法律责任等作了规定。

(1)草案规定:"用益物权人、担保物权人行使权利,不得损害所有权人的权益。"(草案六次审议稿第四十条)"依照法律规定专属于国家所有的不动产和动产,任何单位和个人不能取得所有权。"(草案六次审议稿第四十一条)

(2)针对现实生活中国有资产严重流失的多种情形,草案规定:"履行国有资产管理、监

督职责的机构及其工作人员,应当依法加强对国有资产的管理、监督,促进国有资产保值增值,防止国有资产损失;滥用职权,玩忽职守,造成国有资产损失的,应当依法承担法律责任。"(草案六次审议稿第五十六条)有的常委会组成人员提出,目前通过企业并购造成国有资产流失的情况严重,应对此作出相应规定。法律委员会经研究,建议将草案五次审议稿第五十六条修改为:"违反国有资产管理规定,通过企业改制、合并分立、关联交易等,低价转让、集体私分、擅自担保或者以其他方式造成国有资产损失的,应依法承担法律责任。"(草案六次审议稿第五十七条)

(3)草案规定:"国家机关对其直接支配的不动产或者动产,享有占有、使用以及依照法律和国务院的有关规定处分的权利。"(草案六次审议稿第五十三条)"国家举办的事业单位对其直接支配的不动产或者动产,享有占有、使用以及依照法律和国务院的有关规定收益、处分的权利。"(草案六次审议稿第五十四条)国家机关和国家举办的事业单位应当依照民法通则、事业单位登记管理暂行条例的有关规定,对其直接支配的财产行使占有、使用、收益和处分的权利,不得擅自处置国有财产。

(4)草案对国家出资的企业,从两个方面作了规定。一是规定:"企业法人对其不动产和动产依照法律和章程享有占有、使用、收益和处分的权利。"(草案六次审议稿第六十八条)这是从企业法人作为市场主体的角度,对不同市场主体之间的关系作出的规定。企业法人包括国有企业作为市场主体,应当有独立的财产,独立承担民事责任。同时,企业法人应当依照法律和章程的规定对其财产行使占有、使用、收益和处分的权利,不能损害国家作为出资人享有的权益。二是规定:"国家、集体和私人依法可以出资设立有限责任公司、股份有限公司或者其他企业。国家、集体和私人所有的不动产或者动产,投到企业的,由出资人按照约定或者出资比例享有资产收益、重大决策以及选择经营管理者等权利。"(草案六次审议稿第六十七条)这是从出资人的角度作出的规定。国家作为出资人,享有资产收益、重大决策以及选择经营管理者等权利。也就是说,国家出资的企业,企业经营管理者无权决定依照有关法律和企业章程的规定应当由国家作为出资人决定的事项,不得擅自处分企业财产。

(四)关于集体财产

集体经济是公有制经济的重要组成部分。草案对集体财产的范围、农村集体财产的归属和集体所有权的行使、城镇集体财产的归属等作了规定。

1. 集体财产的范围。草案依据宪法和民法通则等法律,对集体所有的不动产和动产作了规定:"集体所有的不动产和动产包括:(一)法律规定属于集体所有的土地和森林、山岭、草原、荒地、滩涂;(二)集体所有的建筑物、生产设施、农田水利设施;(三)集体所有的教育、科学、文化、卫生、体育等设施;(四)集体所有的其他不动产和动产。"(草案六次审议稿第五十八条)

2. 农村集体财产的归属和集体所有权的行使。草案规定:"农民集体所有的不动产和动产,属于本集体成员集体所有。"(草案六次审议稿第六十条第一款)"集体所有的土地和森林、山岭、草原、荒地、滩涂等,依照下列规定行使所有权:(一)属于村农民集体所有的,由村集体经济组织或者村民委员会代表集体行使所有权;(二)分别属于村内两个以上农民集体所有的,由村内各集体经济组织或者村民小组代表集体行使所有权;(三)属于乡镇农民集体所有的,由乡镇集体经济组织代表集体行使所有权。"(草案六次审议稿第六十一条)针对有些地方擅自处分集体财产,侵害农民合法权益的情形,草案规定:"下列事项应当依照法定程序经本集体成员决定:(一)土地承包方案以及将土地发包给本集体以外的单位或者个人承包;(二)个别农户之间承包地的调整;(三)土地补偿费等费用的使用、分配办法;(四)集体出资的企业的所有权变动等事项;(五)法律规定的其他事项。"(草案六次审议稿第六十条第二款)

3.城镇集体财产的归属。城镇集体企业产生的历史背景和资金构成相当复杂。近几年来,城镇集体企业通过改制发生了很大变化。目前,按照党的十六大以来的精神,城镇集体企业改革还在继续深化。为适应城镇集体企业改革的要求,草案规定:"城镇集体所有的不动产和动产的归属,适用有关法律、行政法规的规定。"(草案六次审议稿第五十九条)这样规定,原有的城镇集体企业改制为有限责任公司或者股份有限公司的,可以适用公司法的规定;改制为中外合资经营企业、中外合作经营企业或者合伙企业、个人独资企业的,可以分别适用现行有关法律的规定;未改制的,可以继续适用城镇集体所有制企业条例等规定。今后,根据城镇集体企业改革的情况,可以制定或者修改相关的法律、行政法规。

(五)关于私有财产

随着经济发展,人民收入增加,家庭财产日益增多,应当切实保护人民群众的权益。宪法规定,公民的合法的私有财产不受侵犯。草案根据宪法对私有财产的范围和归属作了规定,以完善保护私人财产的法律制度。草案规定:"私人对其合法收入、房屋、生活用品、生产工具、原材料等不动产和动产享有所有权。"(草案六次审议稿第六十五条)"私人的储蓄、投资及其收益,受法律保护。""国家依照法律规定保护私人的财产继承权及其他合法权益。"(草案六次审议稿第六十六条)

随着住房制度改革和高层建筑物的大量出现,业主的建筑物区分所有权已经成为私人不动产物权中的重要权利。草案规定:"业主对建筑物内的住宅、经营性用房等专有部分享有所有权,对专有部分以外的共有部分享有共有和共同管理的权利。"(草案六次审议稿第七十条)草案还对建筑区划内的道路、绿地、车库、车位等的归属以及业主和物业服务机构之间的关系等作了规定。

正确处理相邻关系,对构建和谐社区具有重要作用。草案专章对用水、排水、通行、通风、采光等产生的相邻关系作了规定,有利于发展生产、方便生活,维护不动产相邻权利人的权益。

(六)关于公共利益和征收补偿

征收集体所有的土地和城乡居民的房屋,关系广大人民群众的切身利益,社会普遍关注。草案对征收的前提、补偿的标准以及现实生活中存在的补偿不到位等问题作了规定。

关于公共利益,草案五次审议稿第四十四条第一款规定:"为了公共利益的需要,可以征收集体所有的土地和单位、个人的房屋及其他不动产。"有些常委委员提出,应明确界定公共利益的范围,以限制有的地方政府滥用征收权力,侵害群众利益。关于这个问题,法律委员会经同国务院法制办、国土资源部等部门反复研究,一致认为:在不同领域内,在不同情形下,公共利益是不同的,情况相当复杂,物权法难以对公共利益作出统一的具体界定。法律委员会、法制工作委员会曾提出过一个原则性的修改方案,将"为了公共利益的需要"修改为"为了发展公益事业、维护国家安全等公共利益的需要"。对这个修改方案,有关部门和专家认为仍然没有解决问题。法律委员会经研究认为，这个问题仍以维持草案五次审议稿的规定为妥，公共利益的具体界定还是分别由有关法律规定较为切合实际。同时，根据有些常委委员的审议意见，针对现实生活中滥用征收权力、违法征地等行为，法律委员会建议增加规定："国家严格限制农用地转为建设用地，控制建设用地总量，对耕地实行特殊保护。禁止违反法律规定的权限和程序征收集体所有的土地。"（草案六次审议稿第四十三条）并针对补偿不到位、截留、拖欠补偿费等情形，建议增加规定："任何单位和个人不得贪污、挪用、截留、拖欠征收补偿费等费用。"（草案六次审议稿第四十二条第四款）

关于征收补偿，草案五次审议稿第四十四条第二款、第三款规定：征收集体所有的土地和单位、个人的房屋及其他不动产，应当给予"合理补偿"，具体补偿标准由法律、行政法规规定。有的常委会组成人员认为，"合理补偿"的标准不够明确，有的建议按照有关法律、行政法规对补偿内容作出原则规定。法律委员会依据土地管理法、城市房屋拆迁管理条例等有关规定和最近国家关于加强土地调控有关问题的规定，建议将草案上述规定修改为："征收集体所有的土地，应当支付土地补偿费、安置补助费、地上附着物补偿费等费用，并足额安排被征地农民的社会保障费用，维护被征地农民的合法权益，保障被征地农民的生活。""征收单位、个人的房屋及其他不动产，应当给予拆迁补偿，维护被征收人的合法权益；征收居民房屋的，还应当保障被征收人的居住条件。"（草案六次审议稿第四十二条第二款、第三款）

（七）关于土地承包经营权、宅基地使用权

草案根据党的现阶段农村基本政策，对确认土地承包经营权属于用益物权，维护农民的土地承包经营权，限制收回承包地，维护农民享有依法流转承包地的权利，承包地被征收的补偿以及宅基地使用问题等，在第十一章"土地承包经营权"、第十三章"宅基地使用权"中作了规定，以维护农民的根本利益。

关于土地承包经营权的流转和抵押问题，草案区别不同情形，分别作了规定。草案规定："土地承包经营权人依照农村土地承包法的规定有权将土地承包经营权流转。流转的期限不得超过原土地承包经营权合同剩余的期限。未经依法批准，不得将承包地用于非农建设。""通过招标、拍卖、公开协商等方式承包荒山、荒沟、荒丘、荒滩等农村土地，依照农村土地承包法等法律和国务院的有关规定，其土地承包经营权可以转让、出租、入股、抵押或者以其他方式流转。"（草案六次审议稿第一百二十八条、第一百三十三条）关于宅基地使用权的转让和抵押问题，草案规定："宅基地使用权人经本集体同意，可以将合法建造的住宅转让给本集体内符合宅基地使用权分配条件的农户；住宅转让时，宅基地使用权一并转让。禁止城镇居民在农村购置宅基地。""农户依照前款规定转让宅基地使用权的，不得再申请宅基地。"（草案六次审议稿第一百五十四条）在常委会审议过程中，对土地承包经营权、宅基地使用权的转让和抵押能否放开，一直存有不同意见。有的赞成草案的规定，有的认为应当放开土地承包经营权、宅基地使用权的转让和抵押，以缓解农民贷款难。法律委员会经同国务院法制办、国土资源部、农业部等部门反复研究，一致认为：目前，我国农村社会保障体系尚未全面建立，土地承包经营权和宅基地使用权是农民安身立命之本，从全国范围看，放开土地承包经营权抵押和宅基地使用权转让的条件尚不成熟。因此，草案上述规定是适当的，与宪法、农村土地承包法、土地管理法等法律的规定也是一致的。

(八)关于建设用地使用权

实行最严格的耕地保护制度,严格控制农用地转为建设用地,这是保障我国长远发展、经济平稳、社会安定的必然要求。为了切实加强土地调控,制止违法违规用地行为,草案规定:"严格限制以划拨方式设立建设用地使用权。采取划拨方式的,应当遵守法律、行政法规关于土地用途的规定。"(草案六次审议稿第一百三十七条第三款)并明确规定:"工业、商业、旅游、娱乐和商品住宅等经营性用地以及同一土地有两个以上意向用地者的,应当采取拍卖、招标等公开竞价的方式出让。"(草案六次审议稿第一百三十七条第二款)

关于建设用地使用权人的权利,草案规定:"建设用地使用权人依法对国家所有的土地享有占有、使用和收益的权利,有权利用该土地建造建筑物、构筑物及其附属设施。""建设用地使用权人有权将建设用地使用权转让、互换、出资、赠与或者抵押,但法律另有规定的除外。"(草案六次审议稿第一百三十五条、第一百四十三条)

关于建设用地使用权的续期,草案五次审议稿第一百四十九条中规定:"住宅建设用地使用权期间届满的,自动续期。""建设用地使用权续期后,建设用地使用权人应当支付土地使用费。续期的期限、土地使用费支付的标准和办法,由国务院规定。"常委会组成人员对"自动续期"的规定普遍表示赞成。同时,有的常委委员提出,住宅建设用地续期后住户还要支付土地使用费,这样规定是否合适,建议进一步研究。法律委员会研究认为,住宅建设用地续期后是否支付土地使用费的问题,关系广大群众切身利益,需要慎重对待,目前本法以不作规定为宜。届时,可以根据实际情况再作慎重研究。因此,建议删去这一条中关于土地使用费的规定。(草案六次审议稿第一百四十九条)

有的常委委员提出,草案五次审议稿对非住宅用地使用权期间届满的续期问题作了明确规定,还应规定该土地上的厂房等不动产的归属问题。法律委员会经研究,建议将草案五次审议稿有关规定修改为:"非住宅建设用地使用权期间届满后的续期,依照法律规定办理。该土地上的房屋及其他不动产的归属,有约定的,按照约定;没有约定或者约定不明确的,依照法律、行政法规的规定办理。"(草案六次审议稿第一百四十九条第二款)

(九)关于担保物权

担保物权对保证债权实现、维护交易秩序、促进资金融通,具有重要作用。草案有关担保物权的规定,在担保法的基础上,主要增加了以下规定:

(1)经当事人书面协议,企业、个体工商户、农户以现有的以及将有的生产设备、原材料、半成品、产品作抵押。

(2)正在建造的建筑物、船舶、飞行器可以抵押。

(3)基金份额可以质押。

(4)公路、桥梁等收费权和应收账款可以质押。

增加这些规定,有利于促进融资,发展经济,也符合法律有关债权可以转让的规定。(草案六次审议稿第一百八十条、第一百八十二条、第二百二十四条)

此外,还有几个问题需要说明:

一是关于海域使用权和渔业权。有些常委委员提出,海域作为蓝色国土,海域使用权应与土地使用权并列为用益物权,建议专章规定海域使用权;草案五次审议稿既规定了海域使用权,又规定了渔业权,这是违背一物一权原则的,建议删去渔业养殖权。有些常委委员建议在渔业养殖权的基础上增加规定捕捞权。国家海洋局要求删去渔业养殖权，农业部要求删去海域使用权。关于专章规定海域使用权的问题，法律委员会反复研究认为，海域使用权是包括利用海域从事建设工程、海水养殖、海底探矿采矿等多种活动的权利。草案关于用益物权的规定，是根据土地的不同用途产生的不同法律关系分别规定为"土地承包经营权"、"建设用地使用权"、"宅基地使用权"的，没有综合规定为土地使用权。经同国家海洋局协商，他们不再坚持专章规定海域使用权。关于一物一权问题，法律委员会反复研究认为，渔民使用国家所有的水域、滩涂专门用于养殖，类似于国家所有由农民集体使用的耕地、林地、草地，由农民承包经营，专门用于种植业、林业、畜牧业，只是土地使用权具体化的一项用益物权，渔业养殖权同样是海域使用权具体化的一项用益物权，不存在一物两权问题。至于目前有些地方对从事养殖活动的渔民由两个部门发两个证、收两次费，这是需要通过深化行政管理体制改革解决的问题。因此，法律委员会建议，保留草案五次审议稿关于海域使用权的规定；对渔业养殖权，依据渔业法的规定，修改为："从事养殖和捕捞的权利，适用渔业法等法律的规定；渔业法等法律没有规定的，适用本法的有关规定。"（草案六次审议稿第一百二十四条）

二是关于车位、车库的归属。草案五次审议稿第七十二条第二款规定："建筑区划内，规划用于停放汽车的车位、车库的归属，有约定的，按照约定；没有约定或者约定不明确的，属于业主共有。"有些常委委员提出，首先应明确车位、车库归业主共有，然后才可以考虑由当事人另行约定。有的常委委员认为，车位、车库只能归业主共有。法律委员会反复研究认为，车位、车库的归属问题，涉及广大业主的切身利益，规划用于停放汽车的车位、车库，作为建筑物的附属设施，应首先满足小区居民的需要。从目前多数地方商品房销售的实际做法看，对车位、车库的归属使用，有的是业主购买的，有的是开发商附赠的，有的是业主承租的，一般都有约定。据此，法律委员会建议将这一款修改为："建筑区划内，规划用于停放汽车的车位、车库，应当首先满足业主的需要。车位、车库的归属，有约定的，按照约定；没有约定或者约定不明确的，属于业主共有。"（草案六次审议稿第七十三条第二款）

三是关于居住权、典权。有的常委委员建议恢复原草案有关居住权、典权的规定。法律委员会经反复研究认为，从一些国家的法律规定居住权的社会背景看，主要是由于那些国家的妇女当时没有继承权，法律通过设定居住权，以解决妇女在丈夫去世后的居住问题。我国男女享有平等的继承权，物权法没有必要对居住权作规定。我国基于家庭关系的居住问题适用婚姻法有关抚养、赡养等规定，基于租赁关系的居住问题适用合同法等有关法律的规定。这些情形都不适用作为物权的居住权的规定。原草案规定的居住权适用面很窄，大多发生在亲属朋友之间，一旦发生纠纷，按照公平原则，通过当事人协商或者法院审判解决有关居住问题更为妥当。原草案规定典权的主要目的是为了融资。依据合同法和担保法等法律的规定，房产可以通过抵押、出租、约定买回等多种渠道融资，再规定典权的实际作用不大。因此，法律委员会建议不再恢复原草案关于居住权、典权的规定。

此外，还对草案五次审议稿作了一些文字修改。

草案六次审议稿已按上述意见作了修改，法律委员会建议本次常委会会议继续审议。

草案六次审议稿和以上汇报是否妥当，请审议。

全国人大法律委员会关于《中华人民共和国物权法(草案)》修改情况的汇报

2006年12月24日在十届全国人大常委会第二十五次会议上

全国人民代表大会常务委员会：

常委会第二十四次会议对物权法(草案六次审议稿)进行了审议。常委会组成人员和列席会议的同志普遍认为，草案坚持正确的政治方向，从我国国情出发，以宪法为依据，体现我国社会主义基本经济制度，遵循平等保护物权的原则，加大对国有资产的保护力度，反映党在现阶段的农村基本政策，维护了最广大人民的根本利益，重点解决了现实生活中迫切需要规范的问题。大家认为，草案几经修改，越改越好，已趋成熟，建议进一步修改完善后由本次常委会会议决定提请十届全国人大五次会议审议。同时，有些常委会组成人员和列席会议的同志也提出了一些修改意见和建议。法律委员会于12月8日、12日召开会议，根据常委会组成人员的审议意见和各方面的意见，对草案进行了审议。12月19日，法律委员会召开会议，再次进行了审议。现将物权法(草案六次审议稿)主要问题的修改情况汇报如下：

一、草案六次审议稿第三条规定："国家在社会主义初级阶段，坚持公有制为主体、多种所有制经济共同发展的基本经济制度。""国家巩固和发展公有制经济，鼓励、支持和引导非公有制经济的发展。"第四条规定："国家实行社会主义市场经济。""国家的、集体的和私人的物权受法律保护，任何单位和个人不得侵犯。"有的常委会组成人员提出，党的十六届三中全会明确要"保障所有市场主体的平等法律地位和发展权利"。草案应体现这一精神。有些常委员提出，不同所有制经济形成的市场主体都是在统一的市场上运作并发生相互关系的，社会主义基本经济制度与社会主义市场经济体制有着密切的联系。而权利人的财产并不都进入市场交换领域，因而对物权的保护不都与市场经济存在必然的联系。法律委员会经研究，建议将草案第四条第一款"国家实行社会主义市场经济。"移入第三条，作为第三款，修改为"国家实行社会主义市场经济，保障一切市场主体的平等法律地位和发展权利。"(草案七次审议稿第三条第三款)此外，有些常委员提出，只规定国家、集体和私人的物权，不能包括公益性基金会等其他权利人的物权，应作出补充规定。法律委员会经研究，建议将第四条第二款单作一条，修改为："国家、集体、私人的物权和其他权利人的物权受法律保护，任何单位和个人不得侵犯。"(草案七次审议稿第四条)

二、草案六次审议稿第五条规定："物权的种类和内容，由法律规定；法律未作规定的，符合物权性质的权利，视为物权。"有的常委员提出，物权法定是本法的一项原则，但依照这一条规定，哪些权利可以视为物权，谁来认定"符合物权性质"都不够清楚，建议删去这一条的后半句话。法律委员会经研究认为：草案关于"法律未作规定的，符合物权性质的权利，视为物权"的规定,本意是随着实践的发展为物权的种类留下一定空间,实际上哪些权利"符合物权的性质"还需要通过立法解释予以明确。考虑到依照立法法的规定,法律解释与法律具有同等效力,而且从一些国家的实际情况看,新出现的物权种类并不多见。因此,建议删去上述规定。(草案七次审议稿第五条)

三、草案六次审议稿第四十五条第一款规定:"法律、行政法规规定属于国家所有的财产,属于国家所有即全民所有。"有的常委委员提出,财产归属应由民法或者经济法、行政法规定,而且草案已经规定"国有财产由国务院代表国家行使所有权;法律另有规定的,依照规定",因此哪些财产属于国家所有以由法律规定为宜。法律委员会经研究,建议将这一款修改为:"法律规定属于国家所有的财产,属于国家所有即全民所有。"(草案七次审议稿第四十四条)

四、草案六次审议稿第五十九条规定:"城镇集体所有的不动产和动产的归属,适用有关法律、行政法规的规定。"有的常委委员一再提出,应明确城镇集体财产属于本集体成员集体所有,并就保护集体财产作出规定。法律委员会反复研究认为:我国的城镇集体企业是在计划经济条件下逐步形成的。在几十年的进程中,几经变化,有些集体企业是由国有企业为安排子女就业、知青回城设立的,有些集体企业是国有企业在改制中为分离辅业、安置富余人员设立的。近些年来,城镇集体企业通过改制又发生了很大变化。目前,按照党的十六大以来的精神,城镇集体企业改革还在继续深化。鉴于这种历史的和现实的情况,而且城镇集体财产不像农村集体财产属于本集体成员集体所有那样清晰、稳定,城镇集体企业成员也不像农村集体经济组织成员那样相对固定,因而难以不加区别地规定为"属于本集体成员集体所有"。法律委员会经反复研究,建议对城镇集体财产从物权的角度作出原则规定,将这一条修改为:"城镇集体所有的不动产和动产,依照法律、行政法规的规定由本集体享有占有、使用、收益和处分的权利。"(草案七次审议稿第六十条)并增加规定:"集体所有的财产受法律保护,禁止任何单位和个人侵占、哄抢、私分、破坏。"(草案七次审议稿第六十一条第一款)同时,相应增加规定:"国家所有的财产受法律保护,禁止任何单位和个人侵占、哄抢、私分、截留、破坏。"(草案七次审议稿第五十五条)"私人的合法财产受法律保护,禁止任何单位和个人侵占、哄抢、破坏。"(草案七次审议稿第六十五条)

五、草案六次审议稿第七十三条第二款规定:"建筑区划内,规划用于停放汽车的车位、车库,应当首先满足业主的需要。车位、车库的归属,有约定的,按照约定;没有约定或者约定不明确的,属于业主共有。"由于这个问题涉及广大业主切身利益,社会普遍关注,但一直有不同意见。有的赞成草案的规定,有的认为车库、车位应归业主共有。法律委员会经反复研究,并借鉴国外通常的做法,认为:属于业主共有的财产,应是那些不可分割、不宜也不可能归任何业主专有的财产,如电梯等公用设施、绿地等公用场所。从房地产市场的情况看,一般来说,专门用来停放汽车的车库、车位的归属,是由当事人通过出售、出租或者附赠等方式约定归业主专有或者专用的。这样,既容易操作,也可以避免纠纷。同时,从现实情况看,在业主共有的道路或者其他场地上划出的车位,当然应归业主共有。据此,法律委员会建议将这一条修改为:"建筑区划内,规划用于停放汽车的车位、车库应当首先满足业主的需要。""建筑区划内,规划用于停放汽车的车位、车库的归属,由当事人通过出售、出租或者附赠等方式约定。""占用业主共有的道路或者其他场地用于停放汽车的车位,属于业主共有。"(草

案七次审议稿第七十三条)

六、草案六次审议稿第一百二十六条规定:"耕地的承包期为三十年。草地的承包期为三十年至五十年。林地的承包期为三十年至七十年;特殊林木的林地承包期,经国务院林业行政主管部门批准可以延长。"有的常委委员提出,在农村实行土地承包经营制度是我国将长期坚持的一项基本制度,为了赋予农民长期而有保障的土地使用权,让农民吃"定心丸",应增加土地承包期届满可以继续承包的规定。法律委员会经研究,建议在这一条中增加一款,作为第二款,规定:"前款规定的承包期届满,由土地承包经营权人按照国家规定继续承包。"(草案七次审议稿第一百二十七条第二款)

七、草案六次审议稿第一百五十四条中规定:"宅基地使用权人经本集体同意,可以将合法建造的住宅转让给本集体内符合宅基地使用权分配条件的农户;住宅转让时,宅基地使用权一并转让。禁止城镇居民在农村购置宅基地。"在常委会审议中,有些常委委员对"禁止城镇居民在农村购置宅基地"的规定一直有不同意见。法律委员会反复研究认为:我国地少人多,应当实行最严格的土地管理制度。目前,我国农村社会保障体系尚未全面建立。农民一户只有一处宅基地,这一点与城市居民是不同的。农民一旦失去住房及其宅基地,将会丧失基本生存条件,影响社会稳定。为了维护现行法律和现阶段国家关于宅基地的政策,并为今后修改有关法律或者调整有关政策留有余地,建议将这一条修改为:"宅基地使用权的取得、行使和转让,适用土地管理法等法律和国家有关规定。"(草案七次审议稿第一百五十四条)

八、草案六次审议稿第二百二十四条中规定,"公路、桥梁等收费权"和"应收账款"可以质押。有的常委委员提出,公路、桥梁等收费权可以纳入应收账款,而且目前收费情况比较混乱,哪些收费权可以质押,哪些不能质押,还需要进一步清理。因此,在这一条中规定"应收账款"即可,不必明确列出"公路、桥梁等收费权"。有的常委委员提出,应当明确规定应收账款的登记机构。法律委员会经研究,建议删去这一条中的"公路、桥梁等收费权"。(草案七次审议稿第二百二十四条)考虑到全国已经建立信贷征信系统,该系统覆盖面广,信息量大,信息处理快捷,能够满足应收账款登记和查询需要,建议增加规定:"以应收账款出质的,质权自信贷征信机构办理出质登记时发生效力。"(草案七次审议稿第二百二十九条)

此外,还对草案六次审议稿作了一些文字修改。

草案七次审议稿已按上述意见作了修改,法律委员会建议本次常委会会议再次审议并作出提请十届全国人大第五次会议审议的决定。

草案七次审议稿和以上汇报是否妥当,请审议。

全国人大法律委员会
2006 年 12 月 24 日

中华人民共和国物权法(草案)

2007 年

目 录

第一编 总 则
  第一章 基本原则
  第二章 物权的设立、变更、转让和消灭
    第一节 不动产登记
    第二节 动产交付
    第三节 其他规定
  第三章 物权的保护
第二编 所有权
  第四章 一般规定
  第五章 国家所有权和集体所有权、私人所有权
  第六章 业主的建筑物区分所有权
  第七章 相邻关系
  第八章 共 有
  第九章 所有权取得的特别规定
第三编 用益物权
  第十章 一般规定
  第十一章 土地承包经营权
  第十二章 建设用地使用权
  第十三章 宅基地使用权
  第十四章 地役权
第四编 担保物权
  第十五章 一般规定
  第十六章 抵押权
    第一节 一般抵押权
    第二节 最高额抵押权
  第十七章 质 权

第一节 动产质权
第二节 权利质权
第十八章 留置权
第五编 占 有
第十九章 占 有
附 则

第一编 总 则

第一章 基本原则

第一条 为了维护国家基本经济制度,维护社会主义市场经济秩序,明确物的归属,发挥物的效用,保护权利人的物权,根据宪法,制定本法。

第二条 因物的归属和利用而产生的民事关系,适用本法。

本法所称物,包括不动产和动产。法律规定权利作为物权客体的,依照规定。

本法所称物权,是指权利人对特定的物享有直接支配和排他的权利,包括所有权、用益物权和担保物权。

第三条 国家在社会主义初级阶段,坚持公有制为主体、多种所有制经济共同发展的基本经济制度。

国家巩固和发展公有制经济,鼓励、支持和引导非公有制经济的发展。

国家实行社会主义市场经济,保障一切市场主体的平等法律地位和发展权利。

第四条 国家、集体、私人的物权和其他权利人的物权受法律保护,任何单位和个人不得侵犯。

第五条 物权的种类和内容,由法律规定。

第六条 不动产物权的设立、变更、转让和消灭,应当依照法律规定登记。动产物权的设立和转让,应当依照法律规定交付。

第七条 物权的取得和行使,应当遵守法律,尊重社会公德,不得损害公共利益和他人合法权益。

第八条 其他法律对物权另有规定的,依照规定。

第二章 物权的设立、变更、转让和消灭

第一节 不动产登记

第九条 不动产物权的设立、变更、转让和消灭,经依法登记,发生效力;未经登记,不发生效力,但法律另有规定的除外。

依法属于国家所有的自然资源,所有权可以不登记。

第十条 不动产登记,由不动产所在地的登记机构办理。

国家对不动产实行统一登记制度。统一登记的范围、登记机构和登记办法,由法律、行政法规规定。

第十一条 当事人申请登记,应当根据不同登记事项提供权属证明材料以及不动产界址、面积等必要材料。

第十二条 登记机构应当履行下列职责:

(一)查验申请人提交的证明材料和其他必要材料;

(二)就有关登记事项询问申请人;

(三)如实、及时登记有关事项;

(四)法律、行政法规规定的其他职责。

登记机构认为申请登记的不动产的有关情况需要进一步证明的,可以要求申请人补充材料,必要时可以实地查看。

第十三条 登记机构不得有下列行为:

(一)要求对不动产进行评估;

(二)以年检等名义进行重复登记;

(三)超出登记职责范围的其他行为。

第十四条 不动产物权的设立、变更、转让和消灭,依法应当登记的,自记载于不动产登记簿时发生效力。

第十五条 不动产登记簿是物权归属和内容的根据。

不动产登记簿由登记机构管理。

第十六条 不动产权属证书是权利人享有该不动产物权的证明。不动产权属证书记载的事项,应当与不动产登记簿一致;记载不一致的,除有证据证明不动产登记簿确有错误外,以不动产登记簿为准。

第十七条 权利人、利害关系人可以申请查询、复制登记资料,登记机构应当提供。

第十八条 权利人、利害关系人认为不动产登记簿记载的事项错误的,可以申请更正登记。不动产登记簿记载的权利人书面同意更正或者有证据证明登记确有错误的,登记机构应当予以更正。

不动产登记簿记载的权利人不同意更正的,利害关系人可以申请异议登记。申请人在异议登记之日起十五日内不起诉的,异议登记失效。异议登记不当,造成权利人损害的,权利人可以向申请人请求损害赔偿。

第十九条 当事人签订买卖房屋或者其他不动产物权的协议,为保障将来实现物权,按照约定可以向登记机构申请预告登记。预告登记后,未经预告登记的权利人同意,处分该不动产的,不发生物权效力。

预告登记后,债权消灭或者自能够进行不动产登记之日起三个月内未申请登记的,预告登记失效。

第二十条 当事人提供虚假材料申请登记,给他人造成损害的,应当承担赔偿责任。

因登记错误,给他人造成损害的,登记机构应当承担赔偿责任。登记机构赔偿后,可以向造成登记错误的人追偿。

第二十一条 不动产登记费按件收取,不得按照不动产的面积、体积或者价额的比例收取。具体收费标准由国务院有关部门会同价格主管部门规定。

第二节 动产交付

第二十二条 动产物权的设立和转让,自交付时发生效力,但法律另有规定的除外。

第二十三条 船舶、飞行器和机动车等物权的设立、变更、转让和消灭,未经登记,不得对抗善意第三人。

第二十四条 动产物权设立和转让前,权利人已经占有该动产的,物权自法律行为生效时发生效力。

第二十五条 动产物权设立和转让前,第三人占有该动产的,可以通过转让请求第三人返还原物的权利代替交付。

第二十六条 动产物权转让时,双方又约定由出让人继续占有该动产的,物权自该约定生效时发生效力。

第三节 其他规定

第二十七条 因人民法院、仲裁委员会的法律文书,人民政府的征收决定等,导致物权设立、变更、转让或者消灭的,自法律文书生效或者人民政府的征收决定等行为生效时发生效力。

第二十八条 因继承或者受遗赠取得物权的,自继承或者受遗赠开始时发生效力。

第二十九条 因合法建造、拆除房屋等事实行为设立和消灭物权的,自事实行为成就时发生效力。

第三十条 依照本法第二十七条至第二十九条规定享有的物权,处分该不动产物权时,依照法律规定需要办理登记的,未经登记,不发生物权效力。

第三章 物权的保护

第三十一条 物权受到侵害的,权利人可以通过和解、调解、仲裁等途径解决,也可以依法提起诉讼。

第三十二条 因物权的归属和内容发生争议的,利害关系人可以请求确认权利。

第三十三条 无权占有不动产或者动产的,权利人可以请求返还原物。

第三十四条 可能妨害物权或者已经妨害物权的,权利人可以请求消除危险或者排除妨害。

第三十五条 造成不动产或者动产毁损的,权利人可以请求修理、重作、更换。

第三十六条 侵害物权,造成权利人损害的,权利人可以请求损害赔偿,也可以请求承担其他民事责任。

第三十七条 本章规定的物权保护方式,可以单独适用,也可以根据权利被侵害的情形合并适用。

侵害物权,除承担民事责任外,违反行政管理规定的,依法承担行政责任;构成犯罪的,依法追究刑事责任。

第二编 所有权

第四章 一般规定

第三十八条 所有权人对自己的不动产或者动产,依照法律规定享有占有、使用、收益和处分的权利。

第三十九条 所有权人有权在自己的不动产或者动产上设立用益物权和担保物权。用益物权人、担保物权人行使权利,不得损害所有权人的权益。

第四十条 依照法律规定专属于国家所有的不动产和动产,任何单位和个人不能取得所有权。

第四十一条 为了公共利益的需要,依照法律规定的权限和程序可以征收集体所有的土地和单位、个人的房屋及其他不动产。

征收集体所有的土地,应当支付土地补偿费、安置补助费、地上附着物补偿费等费用,并足额安排被征地农民的社会保障费用,维护被征地农民的合法权益,保障被征地农民的生活。

征收单位、个人的房屋及其他不动产,应当给予拆迁补偿,维护被征收人的合法权益;征收居民房屋的,还应当保障被征收人的居住条件。

任何单位和个人不得贪污、挪用、私分、截留、拖欠征收补偿费等费用。

第四十二条 国家对耕地实行特殊保护,严格限制农用地转为建设用地,控制建设用地总量。禁止违反法律规定的权限和程序征收集体所有的土地。

第四十三条 因抢险、救灾等紧急需要,依照法律规定的权限和程序可以征用单位、个人的不动产或者动产。被征用的不动产或者动产使用后,应当返还被征用人。单位、个人的不动产或者动产被征用或者征用后毁损灭失的,应当给予补偿。

第五章 国家所有权和集体所有权、私人所有权

第四十四条 法律规定属于国家所有的财产,属于国家所有即全民所有。
国有财产由国务院代表国家行使所有权;法律另有规定的,依照规定。

第四十五条 矿藏、水流、海域属于国家所有。

第四十六条 城市的土地,属于国家所有。法律规定属于国家所有的农村和城市

郊区的土地,属于国家所有。

第四十七条 森林、山岭、草原、荒地、滩涂等自然资源,属于国家所有,但法律规定属于集体所有的除外。

第四十八条 野生动物资源属于国家所有。

第四十九条 无线电频谱资源属于国家所有。

第五十条 法律规定属于国家所有的文物,属于国家所有。

第五十一条 铁路、公路、电力设施、电信设施和油气管道等基础设施,依照法律规定为国家所有的,属于国家所有。

第五十二条 国家机关对其直接支配的不动产或者动产,享有占有、使用以及依照法律和国务院的有关规定处分的权利。

第五十三条 国家举办的事业单位对其直接支配的不动产或者动产,享有占有、使用以及依照法律和国务院的有关规定收益、处分的权利。

第五十四条 国家出资的企业,由国务院、地方人民政府依照法律、行政法规规定分别代表国家履行出资人职责,享有出资人权益。

第五十五条 国家所有的财产受法律保护,禁止任何单位和个人侵占、哄抢、私分、截留、破坏。

第五十六条 履行国有资产管理、监督职责的机构及其工作人员,应当依法加强对国有资产的管理、监督,促进国有资产保值增值,防止国有资产损失;滥用职权,玩忽职守,造成国有资产损失的,应当依法承担法律责任。

违反国有资产管理规定,在企业改制、合并分立、关联交易等过程中,低价转让、合谋私分、擅自担保或者以其他方式造成国有资产损失的,应当依法承担法律责任。

第五十七条 集体所有的不动产和动产包括:
(一)法律规定属于集体所有的土地和森林、山岭、草原、荒地、滩涂;
(二)集体所有的建筑物、生产设施、农田水利设施;
(三)集体所有的教育、科学、文化、卫生、体育等设施;
(四)集体所有的其他不动产和动产。

第五十八条 农民集体所有的不动产和动产,属于本集体成员集体所有。
下列事项应当依照法定程序经本集体成员决定:
(一)土地承包方案以及将土地发包给本集体以外的单位或者个人承包;
(二)个别承包经营者之间承包地的调整;
(三)土地补偿费等费用的使用、分配办法;
(四)集体出资的企业的所有权变动等事项;
(五)法律规定的其他事项。

第五十九条 集体所有的土地和森林、山岭、草原、荒地、滩涂等,依照下列规定行使所有权:
(一)属于村农民集体所有的,由村集体经济组织或者村民委员会代表集体行使所有权;

（二）分别属于村内两个以上农民集体所有的,由村内各集体经济组织或者村民小组代表集体行使所有权;

（三）属于乡镇农民集体所有的,由乡镇集体经济组织代表集体行使所有权。

第六十条 城镇集体所有的不动产和动产,依照法律、行政法规的规定由本集体享有占有、使用、收益和处分的权利。

第六十一条 集体所有的财产受法律保护,禁止任何单位和个人侵占、哄抢、私分、破坏。

集体经济组织或者村民委员会的管理人作出的决定侵害集体成员合法权益的,该集体成员可以请求人民法院予以撤销。

第六十二条 集体经济组织或者村民委员会、村民小组应当依照法律、行政法规、章程、村规民约向本集体成员公布集体财产的状况。

第六十三条 私人对其合法的收入、房屋、生活用品、生产工具、原材料等不动产和动产享有所有权。

第六十四条 私人合法的储蓄、投资及其收益受法律保护。

国家依照法律规定保护私人的财产继承权及其他合法权益。

第六十五条 私人的合法财产受法律保护,禁止任何单位和个人侵占、哄抢、破坏。

第六十六条 国家、集体和私人依法可以出资设立有限责任公司、股份有限公司或者其他企业。国家、集体和私人所有的不动产或者动产,投到企业的,由出资人按照约定或者出资比例享有资产收益、重大决策以及选择经营管理者等权利并履行义务。

第六十七条 企业法人对其不动产和动产依照法律和章程享有占有、使用、收益和处分的权利。

企业法人以外的法人,对其不动产和动产的权利,适用有关法律和章程的规定。

第六十八条 社会团体依法所有的不动产和动产,受法律保护。

第六章 业主的建筑物区分所有权

第六十九条 业主对建筑物内的住宅、经营性用房等专有部分享有所有权,对专有部分以外的共有部分享有共有和共同管理的权利。

第七十条 业主对其建筑物专有部分享有占有、使用、收益和处分的权利,但不得危及建筑物的安全,不得损害其他业主的合法权益。

第七十一条 业主对建筑物专有部分以外的共有部分,享有权利,承担义务;不得以放弃权利不履行义务。

业主转让建筑物内的住宅、经营性用房,其对建筑物共有部分享有的共有和共同管理的权利一并转让。

第七十二条 建筑区划内的道路,属于业主共有,但属于城镇公共道路的除外。建筑区划内的绿地,属于业主共有,但属于城镇公共绿地或者明示归个人的除外。建筑区划内的物业服务用房,属于业主共有。

第七十三条 建筑区划内,规划用于停放汽车的车位、车库应当首先满足业主的需要。

建筑区划内,规划用于停放汽车的车位、车库的归属,由当事人通过出售、出租或者附赠等方式约定。

占用业主共有的道路或者其他场地用于停放汽车的车位,属于业主共有。

第七十四条 业主可以设立业主大会,选举业委员会。

县级以上地方人民政府有关部门应当对设立业主大会和选举业主委员会给予指导和协助。

第七十五条 下列事项由业主共同决定:

(一)制定和修改业主会议议事规则;
(二)制定和修改建筑物及其附属设施的管理规约;
(三)选举和更换业主委员会;
(四)选聘和解聘物业服务机构或者其他管理人;
(五)筹集和使用建筑物及其附属设施的维修资金;
(六)改建、重建建筑物及其附属设施;
(七)有关共有和共同管理权利的其他重大事项。

决定前款第五项和第六项规定的事项,应当经专有部分占建筑物总面积三分之二以上的业主且占总人数三分之二以上的业主同意。决定前款其他事项,应当经专有部分占建筑物总面积过半数的业主且占总人数过半数的业主同意。

第七十六条 业主不得违反法律、法规以及管理规约,将住宅改变为经营性用房。业主将住宅改变为经营性用房的,除遵守法律、行政法规和管理规约外,应当经有利害关系的业主同意。

第七十七条 业主大会或者业主委员会的决定,对业主具有约束力。

第七十八条 建筑物及其附属设施的维修资金,属于业主共有。经业主决定,可以用于电梯、水箱等共有部分的维修。维修资金的筹集、使用情况应当公布。

第七十九条 建筑物共有部分及其附属设施的费用分摊、收益分配等事项,有约定的,按照约定;没有约定或者约定不明确的,按照业主专有部分占建筑物总面积的比例确定。

第八十条 业主可以自行管理建筑物及其附属设施,也可以委托物业服务机构或者其他管理人管理。

对建设单位聘请的物业服务机构或者其他管理人,业主依法有权更换。

第八十一条 物业服务机构或者其他管理人根据业主的委托管理建筑区划内的建筑物及其附属设施,并接受业主的监督。

第八十二条 业主应当遵守法律、法规以及管理规约。

业主大会和业委员会,对任意弃置垃圾、侵占通道、排放大气污染物、施放噪声、违反规定饲养动物、违章搭建、拒付物业费等损害他人合法权益的行为,有权依照法律、法规以及管理规约,要求行为人停止侵害、消除危险、排除妨害、赔偿损失。

业主对侵害自己合法权益的行为,可以依法向人民法院提起诉讼。

第七章 相邻关系

第八十三条 不动产的相邻权利人应当按照有利生产、方便生活、团结互助、公平合理的原则,正确处理相邻关系。

第八十四条 法律、法规对处理相邻关系有规定的,依照规定;法律、法规没有规定的,可以按照当地习惯。

第八十五条 不动产权利人应当为相邻权利人用水、排水提供必要的便利。

对自然流水的利用,应当在不动产的相邻权利人之间合理分配。对自然流水的排放,应当尊重自然流向。

第八十六条 不动产权利人对相邻权利人因通行等必须利用该土地的,应当提供必要的便利。

第八十七条 不动产权利人因建造、修缮建筑物以及铺设电线、电缆、水管、暖气和燃气管线等必须利用相邻土地、建筑物的,该土地、建筑物的权利人应当提供必要的便利。

第八十八条 建造建筑物,不得违反国家有关工程建设标准,妨碍相邻建筑物的通风、采光和日照。

第八十九条 不动产权利人不得违反国家规定排放大气污染物、水污染物、固体废物以及施放噪声、光、磁波辐射等有害物质。

第九十条 不动产权利人挖掘土地、建造建筑物、铺设管线以及安装设备等,不得危及相邻不动产的安全。

第九十一条 不动产权利人因用水、排水、通行、铺设管线等利用相邻不动产的,应当尽量避免对相邻的不动产权利人造成损害;造成损害的,应当给予补偿。

第八章 共 有

第九十二条 不动产或者动产可以由两个以上单位、个人共有。共有分为按份共有和共同共有。

第九十三条 按份共有人按照其份额对共有的不动产或者动产享有所有权。

第九十四条 共同共有人共同对共有的不动产或者动产享有所有权。

第九十五条 共有人按照约定管理共有的不动产或者动产;没有约定或者约定不明确的,各共有人都有管理的权利和义务。

第九十六条 处分共有的不动产或者动产以及对共有的不动产或者动产作重大修缮的,应当经占份额三分之二以上的按份共有人或者全体共同共有人同意,但共有人之间另有约定的除外。

第九十七条 对共有物的管理费用以及其他负担,有约定的,按照约定;没有约定或者约定不明确的,按份共有人按照其份额负担,共同共有人共同负担。

第九十八条　共有人约定不得分割共有的不动产或者动产,以维持共有关系的,应当按照约定,但共有人有重大理由需要分割的,可以请求分割;没有约定或者约定不明确的,按份共有人可以随时请求分割,共同共有人在共有的基础丧失或者有重大理由需要分割时可以请求分割。因分割对其他共有人造成损害的,应当给予补偿。

第九十九条　共有人可以通过协议确定分割方式。达不成协议,共有的不动产或者动产可以分割并且不会因分割减损价值的,应当对实物予以分割;难以分割或者因分割会减损价值的,应当对拍卖、变卖等取得的价款予以分割或者折价补偿。

共有人分割所得的不动产或者动产有瑕疵的,其他共有人应当分担损失。

第一百条　按份共有人可以转让其享有的共有的不动产或者动产份额。其他共有人在同等条件下享有优先购买的权利。

第一百零一条　因共有的不动产或者动产产生的债权债务,在对外关系上,共有人享有连带债权,承担连带债务,但法律另有规定或者第三人知道共有人不具有连带债权债务关系的除外。在共有人内部关系上,除共有人另有约定外,按份共有人按照份额享有债权,承担债务;共同共有人共同享有债权,承担债务。偿还债务超过自己应当承担份额的按份共有人,有权向其他共有人追偿。

第一百零二条　共有人对共有的不动产或者动产没有约定为按份共有或者共同共有,或者约定不明确的,除共有人具有家庭关系等外,视为按份共有。

第一百零三条　按份共有人对共有的不动产或者动产享有的份额,没有约定或者约定不明确的,按照出资额确定;不能确定出资额的,视为等额享有。

第一百零四条　两个以上单位、个人共同享有用益物权、担保物权的,参照本章规定。

第九章　所有权取得的特别规定

第一百零五条　无处分权人将不动产或者动产转让给受让人的,所有权人有权追回;除法律另有规定外,符合下列情形的,受让人取得该不动产或者动产的所有权:

(一)受让人受让该财产时是善意的;

(二)以合理的价格有偿转让;

(三)转让的财产依照法律规定应当登记的已经登记,不需要登记的已经交付给受让人。

受让人依照前款规定取得不动产或者动产的所有权的,原所有权人有权向无处分权人请求赔偿损失。

当事人善意取得其他物权的,参照前两款规定。

第一百零六条　所有权人等权利人有权追回遗失物。该遗失物通过转让被他人占有的,所有权人等权利人有权向无处分权人请求损害赔偿,或者自知道或者应当知道受让人之日起二年内向受让人请求返还原物,但受让人通过拍卖或者向具有经营资格的经营者购得该遗失物的,所有权人等权利人请求返还原物时应当支付受让人所付的费用。法律另有规定的,依照规定。

所有权人等权利人向受让人支付所付费用后,有权向无处分权人追偿。

第一百零七条 善意受让人取得动产后,该动产上的原有权利消灭,但善意受让人在受让时知道或者应当知道该权利的除外。

第一百零八条 拾得遗失物,应当返还权利人。拾得人应当自拾得遗失物之日起二十日内通知所有权人等权利人领取,或者送交公安等有关部门。

第一百零九条 有关部门收到遗失物,知道所有权人等权利人的,应当及时通知其领取;不知道的,应当及时发布招领公告。

第一百一十条 拾得人在遗失物送交有关部门前,有关部门在遗失物被领取前,应当妥善保管遗失物。因故意或者重大过失致使遗失物毁损、灭失的,应当承担民事责任。

第一百一十一条 所有权人等权利人领取遗失物时,应当向拾得人或者有关部门支付保管遗失物等支出的必要费用。所有权人、遗失人等权利人悬赏寻找遗失物的,领取遗失物时应当按照承诺向拾得人支付报酬。

拾得人侵占遗失物的,无权请求保管遗失物等支出的费用和报酬。

第一百一十二条 遗失物自发布招领公告之日起六个月内无人认领的,归国家所有。

第一百一十三条 拾得漂流物、发现埋藏物或者隐藏物的,参照拾得遗失物的有关规定。文物保护法等法律另有规定的,依照规定。

第一百一十四条 主物转让的,从物随主物转让,但当事人另有约定的除外。

第一百一十五条 天然孳息,由所有权人取得;既有所有权人又有用益物权人的,由用益物权人取得。当事人另有约定的,按照约定。

法定孳息,当事人有约定的,按照约定取得;没有约定或者约定不明确的,按照交易习惯取得。

第三编 用益物权

第十章 一般规定

第一百一十六条 用益物权人对他人所有的不动产或者动产,依照法律规定享有占有、使用和收益的权利。

第一百一十七条 国家所有或者国家所有由集体使用以及法律规定属于集体所有的自然资源,单位、个人依法可以占有、使用和收益。

第一百一十八条 国家实行自然资源有偿使用制度,但法律另有规定的除外。

第一百一十九条 用益物权人行使权利,应当遵守法律有关保护和合理开发利用资源的规定。所有权人不得干涉用益物权人行使权利。

第一百二十条 因不动产或者动产被征收、征用致使用益物权消灭或者影响用益物权行使的,应当依照本法第四十一条、第四十三条的规定给予补偿。

第一百二十一条 海域使用权,适用海域使用管理法等法律的规定;海域使用管理法等法律没有规定的,适用本法的有关规定。

第一百二十二条 探矿权、采矿权,适用矿产资源法等法律的规定;矿产资源法等法律没有规定的,适用本法的有关规定。

第一百二十三条 取水权,适用水法等法律的规定;水法等法律没有规定的,适用本法的有关规定。

第一百二十四条 从事养殖和捕捞的权利,适用渔业法等法律的规定;渔业法等法律没有规定的,适用本法的有关规定。

第十一章 土地承包经营权

第一百二十五条 农村集体经济组织实行家庭承包经营为基础、统分结合的双层经营体制。

农民集体所有和国家所有由农民集体使用的耕地、林地、草地以及其他用于农业的土地,依法实行土地承包经营制度。

第一百二十六条 土地承包经营权人依法对其承包经营的耕地、林地、草地等享有占有、使用和收益的权利,有权从事种植业、林业、畜牧业等农业生产。

第一百二十七条 耕地的承包期为三十年。草地的承包期为三十年至五十年。林地的承包期为三十年至七十年;特殊林木的林地承包期,经国务院林业行政主管部门批准可以延长。

前款规定的承包期届满,由土地承包经营权人按照国家规定继续承包。

第一百二十八条 土地承包经营权自土地承包经营权合同生效时设立。

县级以上地方人民政府应当向土地承包经营权人发放土地承包经营权证、林权证或者草原使用权证,并登记造册,确认土地承包经营权。

第一百二十九条 土地承包经营权人依照农村土地承包法的规定有权将土地承包经营权流转。流转的期限不得超过原土地承包经营权合同剩余的期限。未经依法批准,不得将承包地用于非农建设。

第一百三十条 土地承包经营权人将土地承包经营权互换、转让,当事人要求登记的,应当向县级以上地方人民政府申请土地承包经营权变更登记;未经登记,不得对抗善意第三人。

第一百三十一条 承包期内发包人不得调整承包地。

因自然灾害严重毁损承包地等特殊情形,需要适当调整承包的耕地和草地的,应当依照农村土地承包法等法律规定办理。

第一百三十二条 承包期内发包人不得收回承包地。农村土地承包法等法律另有规定的,依照规定。

第一百三十三条　承包地被征收的,应当依照本法第四十一条第二款的规定对土地承包经营权人给予补偿。

第一百三十四条　通过招标、拍卖、公开协商等方式承包荒山、荒沟、荒丘、荒滩等农村土地,依照农村土地承包法等法律和国务院的有关规定,其土地承包经营权可以转让、出租、入股、抵押或者以其他方式流转。

第一百三十五条　国家所有的农用地实行承包经营的,参照本法的有关规定。

第十二章　建设用地使用权

第一百三十六条　建设用地使用权人依法对国家所有的土地享有占有、使用和收益的权利,有权利用该土地建造建筑物、构筑物及其附属设施。

第一百三十七条　建设用地使用权可以在土地的地表、地上或者地下分别设立。新设立的建设用地使用权,不得损害已设立的用益物权。

第一百三十八条　设立建设用地使用权,可以采取出让或者划拨等方式。

工业、商业、旅游、娱乐和商品住宅等经营性用地以及同一土地有两个以上意向用地者的,应当采取拍卖、招标等公开竞价的方式出让。

严格限制以划拨方式设立建设用地使用权。采取划拨方式的,应当遵守法律、行政法规关于土地用途的规定。

第一百三十九条　采取拍卖、招标、协议等出让方式设立建设用地使用权的,当事人应当采取书面形式订立建设用地使用权出让合同。

建设用地使用权出让合同一般包括下列条款:
(一)当事人的名称和住所;
(二)土地位置、面积等;
(三)建筑物、构筑物及其附属设施占用的空间;
(四)土地用途;
(五)使用期限;
(六)出让金等费用及其支付方式;
(七)解决争议的方法。

第一百四十条　设立建设用地使用权,应当向登记机构申请建设用地使用权登记。登记机构应当向建设用地使用权人发放建设用地使用权证书。

第一百四十一条　建设用地使用权人应当合理利用土地,不得改变土地用途;需要改变土地用途的,应当依法经有关行政主管部门批准。

第一百四十二条　建设用地使用权人应当依照法律规定以及合同约定支付出让金等费用。

第一百四十三条　建设用地使用权人建造的建筑物、构筑物及其附属设施的所有权属于建设用地使用权人,但有相反证据证明的除外。

第一百四十四条　建设用地使用权人有权将建设用地使用权转让、互换、出资、赠与或者抵押,但法律另有规定的除外。

第一百四十五条　建设用地使用权转让、互换、出资、赠与或者抵押的,当事人应当采取书面形式订立相应的合同。合同的期限由当事人约定,但不得超过建设用地使用权出让合同剩余的期限。

第一百四十六条　建设用地使用权转让、互换、出资或者赠与的,应当向登记机构申请变更登记。

第一百四十七条　建设用地使用权转让、互换、出资或者赠与的,附着于该土地上的建筑物、构筑物及其附属设施一并处分。

第一百四十八条　建筑物、构筑物及其附属设施转让、互换、出资或者赠与的,该建筑物、构筑物及其附属设施占用范围内的建设用地使用权一并处分。

第一百四十九条　建设用地使用权期间届满前,因公共利益需要提前收回该土地的,应当依照本法第四十一条的规定对该土地上的房屋及其他不动产给予补偿,并退还相应的土地出让金。

第一百五十条　住宅建设用地使用权期间届满的,自动续期。

非住宅建设用地使用权期间届满后的续期,依照法律规定办理。该土地上的房屋及其他不动产的归属,有约定的,按照约定;没有约定或者约定不明确的,依照法律、行政法规的规定办理。

第一百五十一条　建设用地使用权消灭的,出让人应当及时办理注销登记。登记机构应当收回建设用地使用权证书。

第一百五十二条　集体所有的土地作为建设用地的,应当依照土地管理法等法律规定办理。

第十三章　宅基地使用权

第一百五十三条　宅基地使用权人依法对集体所有的土地享有占有和使用的权利,有权利用该土地建造住宅及其附属设施。

第一百五十四条　宅基地使用权的取得、行使和转让,适用土地管理法等法律和国家有关规定。

第一百五十五条　宅基地因自然灾害等原因灭失的,宅基地使用权消灭。对没有宅基地的村民,应当重新分配宅基地。

第一百五十六条　已经登记的宅基地使用权转让或者消灭的,应当及时办理变更登记或者注销登记。

第十四章　地役权

第一百五十七条　地役权人有权按照合同约定,利用他人的不动产,以提高自己的不动产的效益。

前款所称"他人的不动产"为"供役地","自己的不动产"为"需役地"。

第一百五十八条 设立地役权,当事人应当采取书面形式订立地役权合同。

地役权合同一般包括下列条款:

(一)当事人的姓名或者名称和住所;

(二)供役地和需役地的位置;

(三)利用目的和方法;

(四)利用期限;

(五)费用及其支付方式;

(六)解决争议的方法。

第一百五十九条 地役权自地役权合同生效时设立。当事人要求登记的,可以向登记机构申请地役权登记;未经登记,不得对抗善意第三人。

第一百六十条 供役地权利人应当按照合同约定,允许地役权人利用其土地,不得妨害地役权人行使权利。

第一百六十一条 地役权人应当按照合同约定的利用目的和方法利用供役地,尽可能减少对供役地权利人物权的限制。

第一百六十二条 地役权的期限由当事人约定,但不得超过土地承包经营权、建设用地使用权等用益物权剩余的期限。

第一百六十三条 土地所有权人享有地役权或者负担地役权的,设立土地承包经营权、宅基地使用权时,该土地承包经营权人、宅基地使用权人继续享有或者负担已设立的地役权。

第一百六十四条 土地上已设立土地承包经营权、建设用地使用权、宅基地使用权等权利的,未经上述用益物权人同意,土地所有权人不得设立地役权。

第一百六十五条 地役权不得单独转让。土地承包经营权、建设用地使用权、宅基地使用权等转让的,地役权一并转让,但合同另有约定的除外。

第一百六十六条 地役权不得单独抵押。土地承包经营权、建设用地使用权等抵押的,在实现抵押权时,地役权一并转让。

第一百六十七条 需役地以及需役地上的土地承包经营权、建设用地使用权、宅基地使用权部分转让时,转让部分涉及地役权的,受让人同时享有地役权。

第一百六十八条 供役地以及供役地上的土地承包经营权、建设用地使用权、宅基地使用权部分转让时,转让部分涉及地役权的,地役权对受让人具有约束力。

第一百六十九条 地役权人有下列情形之一的,供役地权利人有权解除地役权关系,地役权消灭:

(一)违反法律规定或者合同约定,滥用地役权;

(二)有偿利用供役地,约定的付款期间届满后在合理期限内经两次催告未支付费用。

第一百七十条 已经登记的地役权变更、转让或者消灭的,应当及时办理变更登记或者注销登记。

第四编　担保物权

第十五章　一般规定

第一百七十一条　担保物权人在债务人不履行到期债务或者发生当事人约定的实现担保物权的情形，依法享有就担保财产优先受偿的权利，但法律另有规定的除外。

第一百七十二条　债权人在借贷、买卖等民事活动中，为保障实现其债权，需要担保的，可以依照本法和其他法律的规定设立担保物权。

第三人为债务人向债权人提供担保的，可以要求债务人提供反担保。反担保适用本法和其他法律的规定。

第一百七十三条　设立担保物权，应当依照本法和其他法律的规定订立担保合同。担保合同是主债权债务合同的从合同。主债权债务合同无效，担保合同无效，但法律另有规定的除外。

担保合同被确认无效后，债务人、担保人、债权人有过错的，应当根据其过错各自承担相应的民事责任。

第一百七十四条　担保物权的担保范围包括主债权及其利息、违约金、损害赔偿金、保管担保财产和实现担保物权的费用。当事人另有约定的，按照约定。

第一百七十五条　担保期间，担保财产毁损、灭失或者被征收等，担保物权人可以就获得的保险金、赔偿金或者补偿金等优先受偿。被担保债权的履行期未届满的，也可以提存该保险金、赔偿金或者补偿金等。

第一百七十六条　第三人提供担保，未经其书面同意，债权人允许债务人转让全部或者部分债务的，担保人不再承担相应的担保责任。

第一百七十七条　被担保的债权既有物的担保又有人的担保，债务人不履行到期债务或者发生当事人约定的实现担保物权的情形的，债权人应当按照约定实现债权；没有约定或者约定不明确，债务人自己提供物的担保的，债权人应当先就该物的担保实现债权；第三人提供物的担保的，债权人可以就物的担保实现债权，也可以要求保证人承担保证责任。提供担保的第三人承担担保责任后，有权向债务人追偿。

第一百七十八条　有下列情形之一的，担保物权消灭：

（一）主债权消灭；

（二）担保物权实现；

（三）债权人放弃担保物权；

（四）法律规定担保物权消灭的其他情形。

第十六章 抵押权

第一节 一般抵押权

第一百七十九条 为担保债务的履行,债务人或者第三人不转移财产的占有,将该财产抵押给债权人的,债务人不履行到期债务或者发生当事人约定的实现抵押权的情形,债权人有权就该财产优先受偿。

前款规定的债务人或者第三人为抵押人,债权人为抵押权人,提供担保的财产为抵押财产。

第一百八十条 债务人或者第三人有权处分的下列财产可以抵押:
(一)建筑物和其他土地附着物;
(二)建设用地使用权;
(三)以招标、拍卖、公开协商等方式取得的荒山、荒沟、荒丘、荒滩等土地承包经营权;
(四)生产设备、原材料、半成品、产品;
(五)正在建造的建筑物、船舶、飞行器;
(六)交通运输工具;
(七)法律、行政法规规定可以抵押的其他财产。

抵押人可以将前款所列财产一并抵押。

第一百八十一条 以建筑物抵押的,该建筑物占用范围内的建设用地使用权一并抵押。以建设用地使用权抵押的,该土地上的建筑物一并抵押。

抵押人未依照前款规定一并抵押的,未抵押的财产视为一并抵押。

第一百八十二条 经当事人书面协议,企业、个体工商户、农业生产经营者可以将现有的以及将有的生产设备、原材料、半成品和产品抵押,债务人不履行到期债务或者发生当事人约定的实现抵押权的情形,债权人有权就约定实现抵押权时的动产优先受偿。

第一百八十三条 乡镇、村企业的建设用地使用权不得单独抵押。以乡镇、村企业的厂房等建筑物抵押的,其占用范围内的建设用地使用权一并抵押。

第一百八十四条 下列财产不得抵押:
(一)土地所有权;
(二)耕地、宅基地、自留地、自留山等集体所有的土地使用权,但法律规定可以抵押的除外;
(三)学校、幼儿园、医院等以公益为目的的事业单位、社会团体的教育设施、医疗卫生设施和其他社会公益设施;
(四)所有权、使用权不明或者有争议的财产;
(五)依法被查封、扣押、监管的财产;
(六)法律、行政法规规定不得抵押的其他财产。

第一百八十五条 设立抵押权,当事人应当采取书面形式订立抵押合同。

抵押合同一般包括下列条款:

(一)被担保债权的种类和数额;

(二)债务人履行债务的期限;

(三)抵押财产的名称、数量、质量、状况、所在地、所有权归属或者使用权归属;

(四)担保的范围。

第一百八十六条 抵押权人在债务履行期届满前,不得与抵押人约定债务人不履行到期债务时抵押财产转移为债权人所有。

第一百八十七条 以本法第一百八十条第一款第一项至第三项规定的财产或者第五项规定的正在建造的建筑物抵押的,应当办理抵押登记,抵押权自登记时发生效力。

第一百八十八条 以本法第一百八十条第一款第四项、第六项规定的财产或者第五项规定的正在建造的船舶、飞行器抵押的,抵押权自抵押合同生效时发生效力;未经登记,不得对抗善意第三人。

第一百八十九条 企业、个体工商户、农业生产经营者以本法第一百八十二条规定的动产抵押的,应当向动产所在地的工商行政管理部门办理登记。抵押权自抵押合同生效时发生效力;未经登记,不得对抗善意第三人。

依照本法第一百八十二条规定抵押,办理登记的,不得对抗正常经营活动中已支付合理价款并取得抵押财产的买受人。

第一百九十条 抵押合同的内容与登记簿不一致的,以登记簿为准。

第一百九十一条 订立抵押合同前抵押财产已出租的,原租赁关系不受该抵押权的影响。抵押权设立后抵押财产出租的,该租赁关系受已登记的抵押权的影响。

第一百九十二条 抵押期间,抵押人经抵押权人同意转让抵押财产的,应当将转让所得的价款向抵押权人提前清偿债权或者提存。转让的价款超过债权数额的部分归抵押人所有,不足部分由债务人清偿。

抵押期间,抵押人未经抵押权人同意,不得转让抵押财产,但受让人代为清偿债务消灭抵押权的除外。

第一百九十三条 抵押权不得与债权分离而单独转让或者作为其他债权的担保。债权转让的,担保该债权的抵押权一并转让,但法律另有规定或者当事人另有约定的除外。

第一百九十四条 抵押人的行为可能使抵押财产毁损或者价值明显减少的,抵押权人有权要求抵押人停止其行为。

抵押人的行为使抵押财产毁损或者价值减少的,抵押权人有权要求恢复抵押财产的价值,或者提供与毁损、减少的价值相当的担保。抵押人不恢复抵押财产的价值也不提供担保的,抵押权人有权要求债务人提前清偿债务。

第一百九十五条 抵押权人可以放弃抵押权或者抵押权的顺位。抵押权人与抵押人可以协议变更抵押权顺位以及被担保的债权数额等内容,但抵押权的变更,未经其他抵押权人书面同意,不得对其他抵押权人产生不利影响。

债务人以自己的财产设定抵押,抵押权人放弃该抵押权、抵押权顺位或者变更抵押权的,其他担保人在抵押权人丧失优先受偿权益的范围内免除担保责任,但其他担保人承诺仍然提供担保的除外。

第一百九十六条 债务人不履行到期债务或者发生当事人约定的实现抵押权的情形的,抵押权人可以与抵押人协议以抵押财产折价或者以拍卖、变卖该抵押财产所得的价款优先受偿。协议损害其他债权人利益的,其他债权人可以在知道或者应当知道撤销事由之日起一年内请求人民法院撤销该协议。

抵押权人与抵押人未就抵押权实现方式达成协议的,抵押权人可以请求人民法院拍卖、变卖抵押财产。

抵押财产折价或者变卖的,应当参照市场价格。

第一百九十七条 依照本法第一百八十二条规定设定抵押的,抵押财产自下列情形之一发生时确定:

(一)债务履行期届满,债权未受清偿;

(二)抵押人被宣告破产或者被撤销;

(三)当事人约定的实现抵押权的情形;

(四)严重影响债权实现的其他情形。

第一百九十八条 债务人不履行到期债务或者发生当事人约定的实现抵押权的情形,致使抵押财产被人民法院依法扣押的,自扣押之日起抵押权人有权收取该抵押财产的天然孳息或者法定孳息,但抵押权人未通知应当清偿法定孳息的义务人的除外。

前款规定的孳息应当先充抵收取孳息的费用。

第一百九十九条 抵押财产折价或者拍卖、变卖后,其价款超过债权数额的部分归抵押人所有,不足部分由债务人清偿。

第二百条 同一财产向两个以上债权人抵押的,拍卖、变卖抵押财产所得的价款依照下列规定清偿:

(一)抵押权都已登记的,按照登记的先后顺序清偿;顺序相同的,按照债权比例清偿;

(二)抵押权已登记的先于未登记的受偿;

(三)抵押权未登记的,按照债权比例清偿。

第二百零一条 建设用地使用权抵押后,该土地上新增的建筑物不属于抵押财产。需要拍卖该建设用地使用权的,可以将该土地上新增的建筑物与建设用地使用权一并拍卖,但拍卖新增建筑物所得的价款,抵押权人无权优先受偿。

第二百零二条 以本法第一百八十条第一款第三项规定的土地承包经营权抵押的,或者以乡镇、村企业的厂房等建筑物占用范围内的建设用地使用权抵押的,实现抵押权后,未经法定程序不得改变土地所有权的性质和土地用途。

第二百零三条 抵押权人应当在主债权诉讼时效期间行使抵押权;未行使的,人民法院不予保护。

第二节　最高额抵押权

第二百零四条　为担保债务的履行,债务人或者第三人对一定期间内将要连续发生的债权提供抵押担保的,债务人不履行到期债务或者发生当事人约定的实现抵押权的情形,抵押权人有权在最高债权额限度内就该担保财产优先受偿。

最高额抵押权设立前已经存在的债权,经当事人同意,可以转入最高额抵押担保的债权范围。

第二百零五条　最高额抵押担保的债权确定前,部分债权转让的,最高额抵押权不得转让,但当事人另有约定的除外。

第二百零六条　最高额抵押担保的债权确定前,抵押权人与抵押人可以通过协议变更确定债权的期间、债权范围以及最高债权额,但变更的内容不得对其他抵押权人产生不利影响。

第二百零七条　有下列情形之一的,抵押权人的债权确定:

(一)约定的确定债权期间届满;

(二)没有约定确定债权期间或者约定不明确,抵押权人或者抵押人自最高额抵押权设立之日起满二年后请求确定债权;

(三)新的债权不可能发生;

(四)抵押财产被查封、扣押;

(五)债务人、抵押人被宣告破产或者被撤销;

(六)法律规定确定债权的其他情形。

第二百零八条　最高额抵押权除适用本节规定外,适用本章第一节一般抵押权的规定。

第十七章　质　权

第一节　动产质权

第二百零九条　为担保债务的履行,债务人或者第三人将其动产出质给债权人占有的,债务人不履行到期债务或者发生当事人约定的实现质权的情形,债权人有权就该动产优先受偿。

前款规定的债务人或者第三人为出质人,债权人为质权人,交付的动产为质押财产。

第二百一十条　法律、行政法规禁止转让的动产不得出质。

第二百一十一条　设立质权,当事人应当采取书面形式订立质权合同。

质权合同一般包括下列条款:

(一)被担保债权的种类和数额;

(二)债务人履行债务的期限;

(三)质押财产的名称、数量、质量、状况;

(四)担保的范围；

(五)质押财产交付的时间。

第二百一十二条 质权人在债务履行期届满前,不得与出质人约定债务人未履行债务时质押财产为债权人所有。

第二百一十三条 质权自出质人交付质押财产时发生效力。

第二百一十四条 质权人有权收取质押财产的孳息,但合同另有约定的除外。

前款规定的孳息应当先充抵收取孳息的费用。

第二百一十五条 质权人在质权存续期间,未经出质人同意,擅自使用、出租、处分质押财产,给出质人造成损害的,应当承担赔偿责任。

第二百一十六条 质权人负有妥善保管质押财产的义务；因保管不善致使质押财产毁损、灭失的,应当承担赔偿责任。

质权人的行为可能使质押财产毁损、灭失的,出质人可以要求质权人将质押财产提存,或者要求提前清偿债权并返还质押财产。

第二百一十七条 因不能归责于质权人的事由使质押财产毁损或者价值明显减少的,质权人有权要求出质人提供相应的担保；出质人不提供的,质权人可以拍卖或者变卖质押财产,并与出质人通过协议将拍卖或者变卖所得的价款提前清偿债权或者提存。

第二百一十八条 质权人在质权存续期间,未经出质人同意转质,造成质押财产毁损、灭失的,应当向出质人承担赔偿责任。

第二百一十九条 质权人可以放弃质权。债务人以自己的财产出质,质权人放弃该质权的,其他担保人在质权人丧失优先受偿权益的范围内免除担保责任,但其他担保人承诺仍然提供担保的除外。

第二百二十条 债务人履行债务或者出质人提前清偿所担保的债权的,质权人应当返还质押财产。

债务人不履行到期债务或者发生当事人约定的实现质权的情形,质权人可以与出质人协议以质押财产折价,也可以就拍卖、变卖质押财产所得的价款优先受偿。

质押财产折价或者变卖的,应当参照市场价格。

第二百二十一条 出质人可以请求质权人在债务履行期届满后及时行使质权；质权人不行使的,出质人可以请求人民法院拍卖、变卖质押财产。

出质人请求质权人及时实现质权,因质权人怠于行使权利造成损害的,由质权人承担赔偿责任。

第二百二十二条 质押财产折价或者拍卖、变卖后,其价款超过债权数额的部分归出质人所有,不足部分由债务人清偿。

第二百二十三条 出质人与质权人可以协议设立最高额质权。

最高额质权除适用本节有关规定外,参照本法第十六章第二节最高额抵押权的规定。

第二节 权利质权

第二百二十四条 债务人或者第三人有权处分的下列权利可以出质：
（一）汇票、支票、本票；
（二）债券、存款单；
（三）仓单、提单；
（四）可以转让的基金份额、股权；
（五）可以转让的注册商标专用权、专利权、著作权等知识产权中的财产权；
（六）应收账款；
（七）法律、行政法规规定可以出质的其他财产权利。

第二百二十五条 以汇票、支票、本票、债券、存款单、仓单、提单出质的，当事人应当订立书面合同。质权自权利凭证交付质权人时发生效力。没有权利凭证的，质权自有关部门办理出质登记时发生效力。

第二百二十六条 汇票、支票、本票、债券、存款单、仓单、提单的兑现日期或者提货日期先于主债权到期的，质权人可以兑现或者提货，并与出质人协议将兑现的价款或者提取的货物提前清偿债权或者提存。

第二百二十七条 以基金份额、股权出质的，当事人应当订立书面合同。以基金份额、证券登记结算机构登记的股权出质的，质权自证券登记结算机构办理出质登记时发生效力。以其他股权出质的，质权自工商行政管理部门办理出质登记时发生效力。

基金份额、股权出质后，不得转让，但经出质人与质权人协商同意的除外。出质人转让基金份额、股权所得的价款，应当向质权人提前清偿债权或者提存。

第二百二十八条 以注册商标专用权、专利权、著作权等知识产权中的财产权出质的，当事人应当订立书面合同，质权自有关主管部门办理出质登记时发生效力。

知识产权中的财产权出质后，出质人不得转让或者许可他人使用，但经出质人与质权人协商同意的除外。出质人转让或者许可他人使用出质的知识产权所得的价款，应当向质权人提前清偿债权或者提存。

第二百二十九条 以应收账款出质的，当事人应当订立书面合同，质权自信贷征信机构办理出质登记时发生效力。

应收账款出质后，不得转让，但经出质人与质权人协商同意的除外。出质人转让应收账款所得的价款，应当向质权人提前清偿债权或者提存。

第二百三十条 权利质权除适用本节规定外，适用本章第一节动产质权的规定。

第十八章 留置权

第二百三十一条 债务人不履行到期债务，债权人可以留置已经合法占有的债务人的动产，并有权就该动产优先受偿。

前款规定的债权人为留置权人，占有的动产为留置财产。

第二百三十二条 债权人留置的动产,应当与债权属于同一法律关系,但企业之间留置的除外。

第二百三十三条 法律规定不得留置的,依照规定。当事人约定不得留置的,按照约定。

第二百三十四条 留置财产为可分物的,留置财产的价值应当相当于债务的金额。

第二百三十五条 留置权人负有妥善保管留置财产的义务;因保管不善致使留置财产毁损、灭失的,应当承担赔偿责任。

第二百三十六条 留置权人有权收取留置财产的孳息。

前款规定的孳息应当先充抵收取孳息的费用。

第二百三十七条 留置权人与债务人应当约定留置财产后的债务履行期间;没有约定或者约定不明确的,留置权人应当给债务人两个月以上履行债务的期间,但鲜活易腐等不易保管的动产除外。债务人逾期未履行的,留置权人可以与债务人协议以留置财产折价,也可以就拍卖、变卖留置财产所得的价款优先受偿。

留置财产折价或者变卖的,应当参照市场价格。

第二百三十八条 债务人可以请求留置权人在债务履行期间届满后行使留置权;留置权人不行使的,债务人可以请求人民法院拍卖、变卖留置财产。

第二百三十九条 留置财产折价或者拍卖、变卖后,其价款超过债权数额的部分归债务人所有,不足部分由债务人清偿。

第二百四十条 同一动产上已设立抵押权或者质权,该动产又被留置的,留置权人优先受偿。

第二百四十一条 留置权人对留置财产丧失占有或者留置权人接受债务人另行提供担保的,留置权消灭。

第五编 占 有

第十九章 占 有

第二百四十二条 基于合同关系等产生的占有,有关不动产或者动产的使用、收益、违约责任等,按照合同约定;合同没有约定或者约定不明确的,依照有关法律规定。

第二百四十三条 占有人因使用占有的不动产或者动产,致使该不动产或者动产受到损害的,善意占有人不承担赔偿责任;恶意占有人应当承担赔偿责任。

第二百四十四条 不动产或者动产被占有人占有的,权利人可以请求返还原物及其孳息,但应当支付善意占有人因维护该不动产或者动产支出的必要费用。

第二百四十五条 占有的不动产或者动产毁损、灭失,该不动产或者动产的权利人请求赔偿的,占有人应当将因毁损、灭失取得的保险金、赔偿金或者补偿金等返还给权利人;权利人的损害未得到足够弥补的,恶意占有人还应当赔偿损失。

第二百四十六条 占有的不动产或者动产被侵占的,占有人有权请求返还原物;对妨害占有的行为,占有人有权请求排除妨害或者消除危险;因侵占或者妨害造成损害的,占有人有权请求损害赔偿。

占有人返还原物的请求权,自侵占发生之日起一年内未行使的,该请求权消灭。

附 则

第二百四十七条 法律、行政法规对不动产统一登记的范围、登记机构和登记办法作出规定前,地方性法规可以依照本法有关规定作出规定。

第二百四十八条 《中华人民共和国担保法》与本法的规定不一致的,适用本法。

第二百四十九条 本法自　年　月　日起施行。

关于《中华人民共和国物权法(草案)》的说明

2007年3月8日在第十届全国人民代表大会第五次会议上

全国人民代表大会常务委员会副委员长　王兆国

各位代表：

我受全国人大常委会委托，现对《中华人民共和国物权法(草案)》作说明。

一、制定物权法的必要性

物权法是规范财产关系的民事基本法律，调整因物的归属和利用而产生的民事关系，包括明确国家、集体、私人和其他权利人的物权以及对物权的保护。

我国的民法通则、土地管理法、城市房地产管理法、农村土地承包法、担保法等法律对物权作了不少规定，这些规定对经济社会发展发挥了重要作用。随着改革的深化、开放的扩大和社会主义经济、政治、文化、社会建设的发展，为了适应全面贯彻落实科学发展观、构建社会主义和谐社会的要求，有必要依据宪法，在总结实践经验的基础上制定物权法，对物权制度的共性问题和现实生活中迫切需要规范的问题作出规定，进一步明确物的归属，定分止争，发挥物的效用，保护权利人的物权，完善中国特色社会主义物权制度。

制定物权法是坚持社会主义基本经济制度的需要。坚持公有制为主体、多种所有制经济共同发展是国家在社会主义初级阶段的基本经济制度。通过制定物权法，明确国有财产和集体财产的范围、国家所有权和集体所有权的行使、加强对国有财产和集体财产的保护，有利于巩固和发展公有制经济；明确私有财产的范围、依法对私有财产给予保护，有利于鼓励、支持和引导非公有制经济的发展。

制定物权法是规范社会主义市场经济秩序的需要。产权明晰、公平竞争是发展社会主义市场经济的基本要求。通过制定物权法，确认物的归属，明确所有权和用益物权、担保物权的内容，保障各种市场主体的平等法律地位和发展权利，依法保护权利人的物权，对于发展社会主义市场经济具有重要作用。

制定物权法是维护广大人民群众切身利益的需要。随着改革开放、经济发展，人民群众生活普遍改善，迫切要求切实保护他们通过辛勤劳动积累的合法财产、保护依法享有的土地承包经营权等合法权益。通过制定物权法，明确并保护私人所有权、业主的建筑物区分所有权、土地承包经营权、宅基地使用权，以维护人民群众的切身利益，激发人们创造财富的活力，促进社会和谐。

制定物权法是实现2010年形成中国特色社会主义法律体系目标的需要。物权法是民法的重要组成部分,是在中国特色社会主义法律体系中起支架作用、不可或缺的重要法律。制定物权法是在本届全国人大任期内基本形成中国特色社会主义法律体系的重要步骤。

二、制定物权法总的原则和物权法草案的形成

物权法的起草工作始于1993年。全国人大常委会对制定物权法高度重视。2002年12月,九届全国人大常委会对民法草案的物权法编进行了初次审议。本届全国人大常委会把制定物权法列入重要议程,在过去的工作基础上,花了很大精力,做了大量工作。为了把这部法律制定好,全国人大常委会坚持民主立法、科学立法。2005年7月将物权法草案向社会全文公布,共收到人民群众提出的意见1万多件;并先后召开100多次座谈会和几次论证会,还到一些地方进行专题调研,充分听取部分全国人大代表、基层群众、专家学者、中央有关部门等各方面的意见。在征求意见过程中,各方面提出了许多意见和建议。全国人大常委会高度重视各方面的意见,对草案进行了六次审议,审议次数之多在我国立法史上是空前的。

制定物权法总的原则是:以邓小平理论和"三个代表"重要思想为指导,全面贯彻落实科学发展观,坚持正确的政治方向,从我国的国情和实际出发,全面准确地体现和坚持社会主义基本经济制度;依据宪法和法律规定,对国家、集体和私人的物权实行平等保护的原则,同时针对国有财产流失的情况,加强对国有财产的保护;全面准确地体现现阶段党在农村的基本政策,维护广大农民群众的利益;针对现实生活中迫切需要规范的问题,统筹协调各种利益关系,促进社会和谐。总之,制定物权法必须始终坚持正确的政治方向,坚持物权法的中国特色,坚持一切从实际出发。

遵循以上原则,吸收各方面的合理意见和建议,经对草案反复研究修改,修改后的草案比最初的草案有了较大改动。本届全国人大常委会第二十五次会议审议时,常委会组成人员对草案给予高度评价、充分肯定,认为草案体现了党的主张和人民意志的统一,凝聚了集体的智慧,已趋成熟。会议高票通过了将草案提请十届全国人大五次会议审议的决定。会后,全国人大常委会办公厅按照法定程序,于今年1月12日将物权法草案发送全国人大代表,并有计划地组织代表研读、讨论草案,做好审议准备。根据有些代表在讨论中提出的意见,对草案又作了一些修改,形成了提请大会审议的物权法草案。草案共5编、19章、247条。

三、物权法草案的主要内容

(一)关于坚持社会主义基本经济制度

中国特色社会主义物权制度是由社会主义基本经济制度决定的,与资本主义物权制度有本质区别。制定中国特色社会主义物权法,必须全面准确地体现社会主义基本经济制度,体现和坚持党的十六大提出的两个"毫不动摇"的精神。第一,物权法草案把坚持国家基本经济制度作为物权法的基本原则,明确规定:"国家在社会主义初级阶段,坚持公有制为主体、多种所有制经济共同发展的基本经济制度。""国家巩固和发展公有制经济,鼓励、支持和引导非公有制经济的发展。"这一基本原则作为物权法的核心,贯穿并体现在整部物权法的始终。第二,所有权是所有制在法律上的表现,是物权制度的基础。草案对国家所有权和集体所有权、私人所有权作了明确规定,其中用较多条款对国家所有权作了规定,有利于坚持

和完善社会主义基本经济制度,有利于各种所有制经济充分发挥各自优势,相互促进,共同发展。第三,发展社会主义市场经济是坚持和完善社会主义基本经济制度的必然要求。草案在明确规定"用益物权人、担保物权人行使权利,不得损害所有权人的权益"的前提下,对用益物权和担保物权作了规定,有利于充分发挥物的效用,有利于维护市场交易秩序,促进经济发展。

(二)关于平等保护国家、集体和私人的物权

物权法属于民法,民法的一项重要原则是对权利人的权利实行平等保护。物权法草案规定:"国家、集体、私人的物权和其他权利人的物权受法律保护,任何单位和个人不得侵犯。"

宪法规定:"国家实行社会主义市场经济。"公平竞争、平等保护、优胜劣汰是市场经济的基本法则。在社会主义市场经济条件下,各种所有制经济形成的市场主体都在统一的市场上运作并发生相互关系,各种市场主体都处于平等地位,享有相同权利,遵守相同规则,承担相同责任。如果对各种市场主体不给予平等保护,解决纠纷的办法、承担的法律责任不一样,就不可能发展社会主义市场经济,也不可能坚持和完善社会主义基本经济制度。为了适应社会主义市场经济发展的要求,党的十六届三中全会进一步明确要"保障所有市场主体的平等法律地位和发展权利"。即使不进入市场交易的财产,宪法也明确规定:"公民的合法的私有财产不受侵犯。""国家依照法律规定保护公民的私有财产权和继承权。"在财产归属依法确定的前提下,作为物权主体,不论是国家、集体,还是私人,对他们的物权也都应当给予平等保护。平等保护不是说不同所有制经济在国民经济中的地位和作用是相同的。依据宪法规定,公有制经济是主体,国有经济是主导力量,非公有制经济是社会主义市场经济的重要组成部分,它们在国民经济中的地位和作用是不同的。这主要体现在国家宏观调控、公共资源配置、市场准入等方面,在关系国家安全和国民经济命脉的重要行业和关键领域,必须确保国有经济的控制力,而这些是由经济法、行政法予以规定的。

(三)关于国有财产

物权法草案对国有财产的范围、国家所有权的行使和加强对国有财产的保护等作了明确规定。

关于国有财产的范围。物权法草案依据宪法和有关法律,明确规定国有财产包括:属于国家所有的自然资源,属于国家所有的基础设施,国家机关和国家举办的事业单位的财产,等等;并规定,国家出资的企业,由国务院、地方人民政府依照法律、行政法规规定分别代表国家履行出资人职责,享有出资人权益。从法律上进一步明确属于国家所有的资源性、经营性财产的范围,对于发展壮大国有经济,增强国家的经济实力,发挥社会主义制度的优越性,具有关键性作用。

关于国家所有权的行使问题。依据宪法规定,全国人民代表大会是最高国家权力机关,国务院是最高国家权力机关的执行机关。全国人民代表大会代表全国人民行使国家权力,体现在依法就关系国家全局的重大问题作出决定,而具体执行机关是国务院。因此,具体行使国家所有权的是政府,而不是人大。土地管理法、矿产资源法、草原法、海域使用管理法等法律已经明确规定由国务院代表国家行使所有权,这也是现行的管理体制。物权法草案规定:"国有财产由国务院代表国家行使所有权;法律另有规定的,依照规定。"这既符合人民代

表大会制度的特点,也体现了党的十六大关于国家要制定法律法规,建立中央政府和地方政府分别代表国家履行出资人职责,享有所有者权益的国有资产管理体制的要求。全国人民代表大会通过立法授权国务院代表国家行使国家所有权,体现了全国人民代表大会的性质及其行使职权的特点。政府行使国家所有权,应当依法对人大负责,受人大监督。

关于对国有财产的保护问题。针对当前国有财产流失的实际情况,物权法草案在坚持平等保护原则的基础上,从五个方面强化了对国有财产的保护。一是规定:"法律规定属于国家所有的财产,属于国家所有即全民所有。"并规定了哪些财产属于国有财产,防止因归属不明确而造成国有财产流失。二是规定:"法律规定专属于国家所有的不动产和动产,任何单位和个人不能取得所有权。"三是规定:"国家所有的财产受法律保护,禁止任何单位和个人侵占、哄抢、私分、截留、破坏。"四是针对国有企业财产流失的问题,规定:"违反国有财产管理规定,在企业改制、合并分立、关联交易等过程中,低价转让、合谋私分、擅自担保或者以其他方式造成国有财产损失的,应当依法承担法律责任。"五是针对国有财产监管中存在的问题,规定:履行国有财产管理监督职责的机构及其工作人员,"滥用职权,玩忽职守,造成国有财产损失的,应当依法承担法律责任"。这些规定体现了宪法关于加强对社会主义公共财产保护的精神,具有重要的现实意义。

(四)关于集体财产

物权法草案依据宪法和现阶段党在农村的基本政策,明确规定:"农村集体经济组织实行家庭承包经营为基础、统分结合的双层经营体制。"并以专章分别规定了"土地承包经营权"和"宅基地使用权"。

为了赋予农民长期而有保障的土地使用权,物权法草案规定:耕地、草地、林地的承包期届满,由土地承包经营权人按照国家有关规定继续承包。

关于土地承包经营权、宅基地使用权的转让和抵押能否放开的问题。考虑到目前我国农村社会保障体系尚未全面建立,土地承包经营权和宅基地使用权是农民安身立命之本,从全国范围看,现在放开土地承包经营权、宅基地使用权的转让和抵押的条件尚不成熟。为了维护现行法律和现阶段国家有关农村土地政策,并为今后修改有关法律或者调整有关政策留有余地,物权法草案规定:"土地承包经营权人依照农村土地承包法的规定有权将土地承包经营权采取转包、互换、转让等方式流转。""宅基地使用权的取得、行使和转让,适用土地管理法等法律和国家有关规定。"

关于城镇集体财产。我国的城镇集体企业是从上世纪50年代以来逐步形成的。在几十年的进程中,几经发展变化,有些集体企业是由国有企业为安排职工子女就业、知识青年回城设立的,有些是国有企业在改制中为分离辅业、安置富余人员设立的。近些年来,城镇集体企业通过改制又发生了很大变化。按照党的十六大以来的精神,目前城镇集体企业改革还在继续深化。草案对城镇集体财产从物权的角度作了原则规定:"城镇集体所有的不动产和动产,依照法律、行政法规的规定由本集体享有占有、使用、收益和处分的权利。"并规定:"集体所有的财产受法律保护,禁止任何单位和个人侵占、哄抢、私分、破坏。"这符合当前实际情况,也为今后深化改革留下空间。

(五)关于私有财产

改革开放以来,经济快速发展,人民生活不断提高,私有财产日益增加。切实保护公民的私有财产,既是宪法的规定和党的主张,也是人民群众的普遍愿望和迫切要求。物权法草案规定:"私人对其合法的收入、房屋、生活用品、生产工具、原材料等不动产和动产享有所有权。""私人合法的储蓄、投资及其收益受法律保护。""国家依照法律规定保护私人的继承权及其他合法权益。""私人的合法财产受法律保护,禁止任何单位和个人侵占、哄抢、破坏。"这些规定,进一步完善了保护私有财产的法律制度,有利于激发人民群众创造、积累财富的积极性,促进社会和谐。

随着住房制度改革,越来越多的城镇居民拥有自己的房屋,而且大量集中在住宅小区内,业主的建筑物区分所有权已经成为私人不动产物权中的重要权利。物权法草案从维护业主的合法权益出发,明确规定业主对建筑物内的住宅、经营性用房等专有部分享有所有权,对专有部分以外的共有部分如电梯等公用设施和绿地等公用场所享有共有和共同管理的权利。草案还对小区内的车库、车位的归属,业主委员会的职能,业主和物业服务机构的关系等,作了规定。

(六)关于征收补偿

征收集体所有的土地和城乡居民的房屋,关系广大人民群众的切身利益,社会普遍关注。

我国的国情是人口多、耕地少,现在全国耕地保有量只有18.3亿亩,人均耕地只有1.4亩,是世界平均水平的1/3。十届全国人大四次会议批准的"十一五"规划纲要确定,到2010年耕地保有量必须保持18亿亩,这是一项约束性指标,是不可逾越的底线。实行最严格的土地管理制度,特别是切实保护基本农田,是我国面临的一项十分紧迫而又艰巨的任务。物权法草案明确规定:"国家对耕地实行特殊保护,严格限制农用地转为建设用地,控制建设用地总量。不得违反法律规定的权限和程序征收集体所有的土地。"

依据宪法,物权法草案规定,为了公共利益的需要,依照法律规定的权限和程序可以征收集体所有的土地和单位、个人的房屋及其他不动产。同时,草案对征收补偿的原则和内容作了规定。

关于征收集体所有的土地问题,物权法草案规定:"征收集体所有的土地,应当支付土地补偿费、安置补助费、地上附着物和青苗的补偿费等费用,并足额安排被征地农民的社会保障费用,保障被征地农民的生活,维护被征地农民的合法权益。"这一规定体现了党和国家关于征地补偿安置必须确保被征地农民原有生活水平不降低、长远生计有保障的原则。关于征收单位、个人的房屋及其他不动产的问题,草案规定:"征收单位、个人的房屋及其他不动产,应当给予拆迁补偿,维护被征收人的合法权益;征收个人住宅的,还应当保障被征收人的居住条件。"考虑到各地的发展很不平衡,具体的补偿标准和补偿办法,由土地管理法等有关法律依照物权法草案规定的补偿原则和补偿内容,根据不同情况作出规定。

针对现实生活中征收补偿不到位和侵占补偿费用的行为,物权法草案明确规定:"任何单位和个人不得贪污、挪用、私分、截留、拖欠征收补偿费等费用。"违反规定的,要依法承担法律责任。

此外,物权法草案还有几项内容:一是关于正确处理相邻关系问题,草案对用水、排水、通行、通风、采光等产生的相邻关系作了规定,以利于发展生产、方便生活,维护相邻权利人的权益,促进邻里关系和谐。二是关于担保物权问题,草案在担保法的基础上,增加了可以用作担保的财产的规定,进一步完善担保制度,以促进融资,发展经济。三是关于对物权的保护问题,草案对物权的保护途径、保护方法作了全面规定,并规定侵害物权的,除承担民事责任外,还应当依法承担行政责任、刑事责任,健全了物权保护制度。四是关于占有问题,草案主要规定了对占有的保护和无权占有人的侵权责任,以维护社会秩序和权利人的合法权益。

《中华人民共和国物权法(草案)》和以上说明,请审议。

第十届全国人民代表大会法律委员会
关于《中华人民共和国物权法(草案)》审议结果的报告

2007年3月12日第十届全国人民代表大会第五次会议主席团第二次会议通过

全国人民代表大会法律委员会主任委员　杨景宇

十届全国人大五次会议主席团：

3月8日、9日，各代表团全体会议、小组会议对物权法草案进行了审议。普遍认为：制定物权法，进一步完善我国的物权制度，对于坚持社会主义基本经济制度，规范社会主义市场经济秩序，维护人民群众切身利益，激发全社会创造活力，实现全面建设小康社会目标，构建社会主义和谐社会，具有重大而深远的意义。制定物权法，又是形成中国特色社会主义法律体系的重要步骤。草案的形成历时13年，是科学立法、民主立法的成果，体现了党的主张和人民意志的统一，凝聚了集体的智慧，已经成熟，建议进一步修改完善后，提请本次会议表决通过。有些代表对草案也提出了一些修改意见。法律委员会于3月10日召开会议，对草案进行审议，经对代表提出的修改意见逐条研究，对草案作了60多处修改，主要是：

一、草案第八条规定："其他法律对物权另有规定的，依照规定。"草案第二百四十六条规定："《中华人民共和国担保法》与本法的规定不一致的，适用本法。"有些代表提出，这两条的规定有矛盾，建议对作为民事基本法律的物权法与其他相关特别法的关系予以明确。法律委员会经研究，认为需要说明：草案第八条规定的是本法与其他相关特别法之间关系的一般规则，而草案有关担保的规定根据实践经验对担保法中一些不合时宜的规定作了修改，草案第二百四十六条是针对这种情况作出的例外规定。为了防止产生误解，建议将草案第八条修改为："其他相关法律对物权另有特别规定的，依照其规定。"并将草案第二百四十六条移至草案第四编"担保物权"中，修改为："担保法与本法的规定不一致的，适用本法。"

二、草案第三十六条规定："造成不动产或者动产毁损的，权利人可以请求修理、重作、更换。"有的代表提出，"修理、重作、更换"主要适用于对动产造成损害的补救，对不动产造成的损害，有些是难以修理、重作、更换的，比如对污染农田所造成的损害，可以要求侵害人予以恢复原状，而要求修理、重作、更换是困难的。法律委员会经研究，建议将这一条修改为："造成不动产或者动产毁损的，权利人可以请求修理、重作、更换或者恢复原状。"

三、草案第六十三条第二款规定："集体经济组织或者村民委员会的负责人作出的决定侵害集体成员合法权益的，该集体成员可以请求人民法院予以撤销。"有些代表提出，有些地方发生侵害集体成员合法权益的情形，有的是负责人作出的决定，有的是以集体的名义作出的决定。即使以集体的名义作出的决定，如果侵害了集体成员的合法权益，也应有法律救济手段。法律委员会经研究,建议将这一款修改为:"集体经济组织、村民委员会或者其负责人作出的决定侵害集体成员合法权益的,受侵害的集体成员可以请求人民法院予以撤销。"

四、草案第一百零九条规定:"拾得遗失物,应当返还权利人。拾得人应当自拾得遗失物之日起二十日内通知所有权人等权利人领取,或者送交公安等有关部门。"有些代表提出,拾得人拾得遗失物后应归还失主,但本条规定的"二十日"期限过于严格,应考虑不同情形作出相应规定。法律委员会经研究,建议将这一条修改为:"拾得遗失物,应当返还权利人。拾得人应当及时通知权利人领取,或者送交公安等有关部门。"

五、草案第一百七十九条规定可以抵押的财产包括"法律、行政法规规定可以抵押的其他财产",第一百八十三条规定不得抵押的财产包括"法律、行政法规规定不得抵押的其他财产"。有些代表提出,对有些财产,法律、行政法规既没有规定不得抵押,又没有规定可以抵押。遇到这种情况,怎么办?应予明确。法律委员会研究认为,抵押行为属于民事行为,只要法律未规定不得抵押的财产都可以抵押,建议将草案第一百七十九条关于"可以抵押"的财产的规定中"法律、行政法规规定可以抵押的其他财产"修改为"法律、行政法规未禁止抵押的其他财产"。

六、草案第一百八十八条规定,以动产作抵押的,应当向"动产所在地"的工商行政管理部门办理登记。有些代表提出,动产的流动性大,其所在地可能经常变动,难以确定在哪个所在地登记,建议改为在抵押人所在地登记,较为切合实际。法律委员会经研究,并征求有关部门意见,建议将这一条中的"动产所在地"修改为"抵押人住所地"。

此外,根据有些代表提出的意见,还对草案作了一些文字修改。

有些代表还对草案提出了一些其他修改意见。法律委员会研究认为,其中有些问题需要通过制定或者修改有关法律、法规加以解决;有些问题在草案修改过程中已经反复做过研究,对草案以不再修改为妥;有些问题需要经过实践,总结经验,再作研究。这里有一个问题需要说明:有的代表提出,本法是否溯及既往,应予明确。比如车库、车位的归属,在本法公布前,有些地方的做法与草案有关规定不一致,本法公布后,是维持过去的做法,还是按照本法有关规定重新确定归属。法律委员会研究认为,按照法的一般原则,法律是不溯及既往的,本法也是一样。对过去的问题,应当按照当时的规定或者约定处理。

草案修改稿已按上述意见作了修改,法律委员会建议草案修改稿经主席团审议通过后,印发各代表团审议。

物权法草案修改稿和以上报告,请审议。

第十届全国人民代表大会法律委员会
关于《中华人民共和国物权法(草案修改稿)》修改意见的报告

2007年3月15日第十届全国人民代表大会第五次会议主席团第三次会议通过

全国人民代表大会法律委员会主任委员　杨景宇

十届全国人大五次会议主席团：

3月13日上午，各代表团对物权法草案修改稿进行了审议。普遍认为，草案经法律委员会根据代表的修改意见进行修改，是可行的，同意提请本次会议表决通过；同时，有些代表对草案修改稿又提出了一些修改意见。法律委员会于3月14日上午召开会议，对草案修改稿进行审议。法律委员会认为，草案修改稿已经成熟；同时，经对代表提出的修改意见逐条研究，建议对草案修改稿作如下修改：

一、草案修改稿第四十九条规定："野生动植物资源属于国家所有。"有的代表提出，野生植物资源的范围不清楚，能否规定一切野生植物资源都归国家所有，值得研究。法律委员会研究认为，依照宪法规定，森林、草原属于国家所有，法律规定属于集体所有的森林、草原除外。不加区别地规定野生植物资源都属于国家所有，是不确切的。据此，建议将这一条修改为："法律规定属于国家所有的野生动植物资源，属于国家所有。"

二、草案修改稿第一百三十九条规定："设立建设用地使用权，应当向登记机构申请建设用地使用权登记。登记机构应当向建设用地使用权人发放建设用地使用权证书。"有的代表提出，这一条同其他类似条款相比较，需要补充规定建设用地使用权何时设立。法律委员会经研究，建议在这一条中增加"建设用地使用权自登记时设立"一句，修改为："设立建设用地使用权的，应当向登记机构申请建设用地使用权登记。建设用地使用权自登记时设立。登记机构应当向建设用地使用权人发放建设用地使用权证书。"

此外，根据有些代表提出的修改意见，按照逻辑严谨、表述规范的要求，还对草案修改稿作了一些文字修改。

草案建议表决稿已按上述意见作了修改，建议经主席团审议通过后，提请本次会议表决。

物权法草案建议表决稿和以上报告，请审议。

第十届全国人民代表大会法律委员会关于《中华人民共和国物权法(草案建议表决稿)》修改意见的报告

2007年3月16日第十届全国人民代表大会第五次会议主席团第四次会议通过

全国人民代表大会法律委员会主任委员　杨景宇

十届全国人大五次会议主席团：

3月15日下午，各代表团对物权法草案建议表决稿进行了审议，一致同意草案建议表决稿。同时，有的代表再次提出，物权法草案应增加规定国防资产归国家所有。法律委员会经认真研究，依据国防法第三十七条第二款关于"国防资产归国家所有"的规定，建议在物权法草案第五十二条中增加一款，作为第一款，规定："国防资产属于国家所有。"这一条的原条文改作第二款。

草案表决稿已按上述意见作了修改，法律委员会建议经主席团审议通过后，提请本次会议表决。

物权法草案表决稿和以上报告，请审议。

四、合同法

中华人民共和国合同法（试拟稿）
1995 年 1 月

目 录

总 则
  第一章　一般规定
  第二章　合同的成立
    第一节　要　约
    第二节　承　诺
    第三节　合同的形式、成立时间和地点
    第四节　缔约过失责任
  第三章　合同的效力
    第一节　生效要件
    第二节　无效合同
    第三节　合同效力的补正
    第四节　可撤销合同
    第五节　合同无效或者被撤销的法律后果
    第六节　定式合同
    第七节　附条件、附期限、附获奖机会的合同
  第四章　合同的履行
    第一节　合同履行的原则
    第二节　双务合同的抗辩权
    第三节　向第三人履行的合同和由第三人履行的合同
    第四节　合同约定不明时的履行
    第五节　合同履行的保全
  第五章　合同权利义务的转让

第一节　债权让与
　　第二节　债务承担
　　第三节　合同承受
第六章　合同的解除与终止
　　第一节　合同的约定解除
　　第二节　法定解除
　　第三节　合同的终止
第七章　合同的消灭
　　第一节　一般规定
　　第二节　清　偿
　　第三节　抵　销
　　第四节　提　存
　　第五节　混　同
　　第六节　免　除
第八章　违约责任
　　第一节　一般规定
　　第二节　违约金
　　第三节　损害责任
　　第四节　其他责任方式
　　第五节　责任竞合
第九章　合同的解释

分　则

第十章　买卖合同
　　第一节　一般规定
　　第二节　特种买卖合同
　　第三节　房屋买卖合同
　　第四节　互　易
第十一章　赠与合同
第十二章　租赁合同
第十三章　融资租赁合同
第十四章　土地使用权出让与转让合同
　　第一节　国有土地使用权出让与转让合同
　　第二节　农村土地使用权出让与转让合同
第十五章　企业经营合同
第十六章　借贷合同
　　第一节　一般规定
　　第二节　银行借贷
　　第三节　民间借贷

第十七章　借用合同
第十八章　承揽合同
　第一节　加工承揽合同
　第二节　建设工程承包合同
第十九章　运送合同
　第一节　一般规定
　第二节　旅客运送合同
　第三节　货物运送合同
　第四节　联运合同
第二十章　储蓄合同
第二十一章　结算合同
第二十二章　出版合同
第二十三章　演出合同
第二十四章　委托合同
第二十五章　居间合同
第二十六章　行纪合同
　第一节　一般规定
　第二节　对外贸易行纪
第二十七章　保管合同
　第一节　一般保管合同
　第二节　仓储保管合同
第二十八章　合伙合同
　第一节　一般规定
　第二节　隐名合伙合同
第二十九章　雇用合同
第三十章　保证合同
第三十一章　技术开发与技术服务合同
　第一节　技术开发合同
　第二节　技术服务合同
第三十二章　技术、商标转让与使用许可合同
　第一节　技术转让合同
　第二节　商标转让合同
　第三节　技术、商标使用许可合同
第三十三章　保险合同
第三十四章　附　则

总　则

第一章　一般规定

第一条　【立法目的】
为了保护合同当事人的合法权益，维护社会经济秩序，促进社会主义市场经济的发展，制定本法。

第二条　【合同定义】
合同是当事人之间设立、变更、终止债权债务关系的协议。

第三条　【合同自由原则】
当事人在法律允许的范围内享有合同自由，任何机关、组织和个人不得非法干预。

第四条　【平等原则】
合同当事人法律地位平等，任何一方不得把自己的意志强加给对方。

第五条　【公平原则】
合同内容的确定应当遵循公平的原则。
由当事人一方或者第三方确定合同内容的，其确定只在符合公平原则时，始得对他方当事人发生效力。

第六条　【诚实信用原则】
双方当事人行使权利履行义务，应当遵循诚实信用的原则。
法院于裁判案件时，如对于该待决案件法律未有规定，或者虽有规定而适用该规定所得结果显然违反社会正义时，可直接适用诚实信用原则。法院直接适用诚实信用原则裁判案件，必须报请最高人民法院予以核准。

第七条　【公序良俗原则】
合同的内容及目的不得违反公共秩序或善良风俗。

第二章　合同的成立

第一节　要　约

第八条　【定义】
向相对人作出的订立合同的意思表示，如果内容确定并含有表意人在该意思表示被接受时就受其约束的意旨，为要约。

第九条　【要约的生效】
要约在到达受要约人时生效。

第十条　【要约的撤回】
要约可以被撤回，但撤回要约的通知应当于受要约人发出承诺通知前到达受要约人。

第十一条 【要约的撤销】

除本条第二款规定的情形外,要约得予撤销,但撤销要约的通知应当于受要约人发出承诺通知前到达受要约人。

在下列情况下,要约不得撤销:

(一)要约中规定了承诺期限,或者以其他形式表明要约不可撤销;

(二)受要约人有理由信赖要约是不可撤销的,而且已本着对要约的信赖行事。

第十二条 【要约的形式】

商品带有标价陈列,自动售货机的设置,投标书的寄送,视为要约;价目表的寄送,招标公告,商品广告,视为要约邀请。

第十三条 【悬赏广告】

以广告声明对完成一定行为的人给予报酬的,对完成该行为的人负给付报酬的义务;对于不知有此广告而完成该行为的人,亦同。

在数人分别完成该行为时,如果广告人对于最先通知的人已给付了报酬,则他给付报酬的义务即为消灭。

除有相反的意思表示外,广告人在该广告中指定的行为完成之前,可以用同样的方式撤销该广告,但是应对出于诚信而从事该行为的人负赔偿责任,除非广告人能证明行为人不可能完成该行为。

第十四条 【要约的失效】

要约在拒绝通知到达要约人时失效。

要约在有效期内未被承诺而失效。

第二节 承 诺

第十五条 【定义】

受要约人向要约人作出的对要约同意的意思表示,为承诺。

沉默或者不作为本身不构成承诺。

第十六条 【承诺的期限】

要约规定有承诺期限的,应当在规定期限内承诺并到达要约人。

要约没有规定承诺期限的,应当在下列期限内承诺:

(一)对于以对话方式发出的要约,应立即承诺。以电话方式作出的要约,视为以对话方式发出。

(二)对于以非对话方式发出的要约,应该在按通常情形可期待承诺到达的时间内承诺。该时间应根据习惯、交易的性质以及要约所使用的通讯方法的迅速程度予以确定。

第十七条 【承诺期限的起算】

要约人以电报或者信件发出要约时,承诺期限自电报交发之日或者信件所载明的日期开始计算。如果信件未载明发信日,则自信封所载邮戳日期开始计算。

要约人以电话、电传、传真或者其他快速通讯方法发出要约的,承诺期限自要约到达受要约人之日开始计算。

第十八条 【承诺的表示方式】
承诺表示的方式必须符合要约的规定。
除根据习惯、交易的性质,或者要约规定承诺不需要通知的以外,承诺表示应当以向要约人发出承诺通知的方式作出。

第十九条 【承诺的传递方式】
要约对承诺的传递方式有规定的,应当按规定方式发出承诺。
要约对承诺的传递方式没有规定的,应当以合理方式发出承诺。

第二十条 【迟到的承诺】
迟到承诺视为新要约,但是要约人及时通知受要约人该迟到承诺仍然有效的除外。
如果承诺通知按其传达方法,依通常情形可以及时到达而迟到的,要约人应当立即向受要约人发出迟到通知。要约人怠于通知的,该承诺视为未迟到。

第二十一条 【承诺的内容】
承诺的内容应当和要约的内容一致,否则,视为拒绝原要约,并构成新要约。
对要约表示同意但对要约的内容进行了非实质性的添加、限制或者其他更改的,除要约人及时表示反对,或者要约明确规定承诺不得对要约的内容进行任何添加、限制或者更改外,该承诺仍为有效,合同的内容以承诺的内容为准。

第二十二条 【承诺的生效】
承诺于承诺通知到达要约人时生效。
承诺不需要通知的,在相当时间内有可以认定为承诺的事实时,承诺生效。

第二十三条 【承诺的撤回】
承诺得以撤回,但是撤回通知应当于承诺生效之前或同时到达要约人。

第三节 合同的形式、成立时间和地点

第二十四条 【合同的形式】
合同可以采用口头、书面或者当事人约定的其他形式。法律、法规另有规定的,从其规定。

第二十五条 【合同成立时间】
合同自承诺生效时成立,当事人另有约定或法律、法规规定有成立条件的,从其约定或者规定。
书面合同自双方当事人签字或者盖章时成立。签字或者盖章不在同一时间的,合同自最后签字或者盖章之时成立。

第二十六条 【合同成立地点】
承诺生效的地点为合同成立地点。
书面合同的成立地点为双方当事人签字盖章的地点。签字或者盖章不在同一地点的,以最后签字或者盖章的地点为合同成立地点。

第二十七条 【条款待定的合同】
若双方都有意订立合同,则即使双方将合同某一条款留待日后商定或者由第三人决定,该合同亦应成立。若此后双方就未定条款未能达成协议,或者第三人未作出决定,但存在其他在当时情况下合理的方法来确定此条款,则合同仍应成立。

第二十八条 【定义】
本法中:
"书面"包括信件、电报、电传及传真,以及一切可以保留所载信息并能够被有形复制出的方式。
"签字"是指当事人及其授权代表的亲笔签名,或者在运用电脑等机器的情况下,能识别信息传递的合理方法。

第四节 缔约过失责任

第二十九条 【缔约过失】
当事人在为订立合同而进行磋商的过程中,相互负有协力、保护、通知及其他依诚实信用原则和交易惯例所要求的义务。
当事人违反前款义务,给对方造成损害的,应当承担赔偿责任。

第三十条 【保密义务】
在订立合同而进行磋商的过程中,若一方当事人提供信息时要求保密,则另一方当事人有义务不泄露或者不得不正当地使用这些信息。如违反上述义务,受损害的当事人有权请求损害赔偿。

第三章 合同的效力

第一节 生效要件

第三十一条 【必备条件】
合同有效应当具备下列条件:
(一)当事人具有相应的订立合同的行为能力;
(二)意思表示真实;
(三)不违反法律强制性规定或者公序良俗;
(四)标的确定和可能。

第三十二条 【法定形式】
法律对合同的形式有特别规定的,合同在符合该规定时,发生法律效力。
形式上有缺陷的合同,在符合前条规定的情况下,如果一方已经履行了全部或主要义务,法院可以根据履行方的请求,确认合同全部有效。

第二节 无效合同

第三十三条 【违反公序良俗】

以违反公共秩序或善良风俗的事项为目的的合同,无效。

第三十四条 【违反法律规定】

违反法律强制性或者禁止性规定的合同,无效。

合同中免除下列责任的条款无效:

(一)故意或者重大过失的责任;

(二)人身伤害的责任;

(三)消费者权益保护法禁止免除的责任;

(四)其他违反公序良俗的责任。

第三十五条 【合同标的不能确定】

合同标的在履行期届至时仍不能确定的,合同无效。

第三十六条 【合同标的不能】

合同标的自始不能的,合同无效。但其不能的情形可以除去,且当事人于订立合同时预期能为履行的,合同有效。

合同标的一部分不能时,合同就其他部分有效。

第三十七条 【双方代理】

代理当事人双方订立的合同,无效。但符合法律规定或者商业惯例的,或者经过双方当事人许可或追认的,不在此限。

第三十八条 【自己代理】

代理人以被代理人的名义与自己订立的合同,无效。但合同纯使被代理人一方获得利益的,不在此限。

第三十九条 【无效合同之例外——表见代理】

在无权代理的情况下,如果善意相对人有理由相信以他人名义与之订立合同的人有代理权,其依合同取得的权利,受法律保护。

在代理人超越代理权和代理权终止的情况下,善意相对人的保护,适用前款规定。

第四十条 【法定代表人越权行为】

法人或者其他组织的法定代表人超越法律、章程规定的权限范围订立的合同,对方当事人于合同订立时明知或因重大过失而不知该法定代表人越权的无效。

第四十一条 【狭义无权代理】

没有代理权的人以他人名义订立的合同,未经被代理人追认的,对被代理人不生效力,无权代理人应向善意的相对人负履行或者损害赔偿责任。

第三节　合同效力的补正

第四十二条 【无行为能力人、限制行为能力人订立的合同】

无民事行为能力、限制民事行为能力人订立的合同须经其法定代理人追认,方为有效。但纯获法律上利益的合同,或依其年龄、智力而满足其日常生活、学习需要的合同不在此限。

相对人可以在订立合同后的一个月内,催告法定代理人是否追认。法定代理人在收到催告通知后的二个星期内未作撤销表示者,视为追认。无民事行为能力人、限制民事行为能力人取得或恢复民事行为能力后,对合同的追认与法定代理人的追认具有同一效力。

合同未经追认前,相对人有撤回的权利。其撤回也得向未成年人表示。如相对人明知行为人为未成年人或明知其未得法定代理人的同意,则不得撤回。但未成年人伪称已得法定代理人的同意者除外。

第四十三条 【独立营业】
限制行为能力人经法定代理人许可从事某种独立营业,在其营业范围内所订立的合同有效。

第四十四条 【特定财产的处分】
限制行为能力人对于法定代理人许可其处分的财产,有处分的能力。

第四十五条 【无代理权人订立的合同】
无代理权人以他人之代理人名义所订立的合同,非经本人追认,对于本人不发生效力。法律另有规定者除外。

对于前款情形,相对人得定适当的期限,催告本人是否追认。本人于规定期限内不作追认表示的,视为拒绝。其追认或拒绝,应向相对人表示。相对人在本人追认之前,可行使撤销权。但相对人明知其无代理权者,无权撤销。

本人系无民事行为能力人、限制民事行为能力人的,应当向其法定代理人催告。

第四十六条 【无处分权人订立的合同】
以处分他人财产权利为内容的合同,经权利人追认或行为人于订约后取得处分权的,合同自始有效。行为人不能取得处分权,权利人又不追认的,无效。但其无效不得对抗善意第三人。

第四节 可撤销合同

第四十七条 【欺诈】
合同因受欺诈而订立的,受欺诈一方可以请求撤销。

欺诈人为第三人时,如合同相对人为善意,受欺诈一方不得请求撤销该合同,但有权要求欺诈人赔偿损失。

因受欺诈而订立的合同的撤销,不得对抗善意第三人。

第四十八条 【胁迫】
一方以正在实施或将来实施的危害迫使他人进行不真实的意思表示而订立的合同,受胁迫一方可以撤销。

第四十九条 【重大误解】
当事人对合同的性质、合同相对人、标的同一性以及交易上认为重要的事项发生认识错误,使行为的后果与自己的意思相悖,并造成较大损失的,误解方可以请求撤销。

第五十条 【显失公平】
合同中双方当事人的权利与义务明显不对等,使一方遭受重大不利的,该方当事人可以请求撤销。

第五十一条 【不当影响】

合同一方或双方迫于第三人的压力或不适当的影响而签订的合同,受不当影响的一方或双方可以请求撤销。

当合同他方为善意时,受不当影响的一方不得请求撤销,但有权要求施加压力或不适当影响的第三人赔偿损失。

第五十二条 【撤销权的行使】

有撤销权的合同当事人可以请求法院变更或者撤销合同。当事人请求变更时,法院不得撤销;当事人请求撤销时,法院可以酌情予以变更或者撤销。

被撤销的合同自始无效。

自合同成立时起,撤销权经过一年不行使而消灭。

第五节 合同无效或者被撤销的法律后果

第五十三条 【返还财产】

合同无效或者被撤销后,当事人因该合同取得的财产应返还给对方,不能返还或没有必要返还的,应当作价补偿。

第五十四条 【损害赔偿】

合同无效或被撤销后,有过错的一方应赔偿对方因此所受的损失,双方均有过错的,应根据其过错大小各自承担相应的责任。

第六节 定式合同

第五十五条 【定义】

由当事人一方为与不特定多数人订约而预先拟定的,且不允许相对人对其内容作变更的合同条款,为定式合同条款。

第五十六条 【定式合同条款使用人的义务】

依定式合同条款订立合同时,定式合同条款使用人应以明示方法提请相对人注意定式合同条款,并使其能够以合理方法了解定式合同条款的内容。

第五十七条 【定式合同条款的无效】

定式合同条款违背诚实信用原则而予相对人不合理的不利益的,无效。

有下列情形之一的,推定其违背诚实信用原则而予相对人不合理的不利益:

(一)定式合同条款与法律基本原则不相符合或者规避法律强行性规定的;

(二)定式合同条款排除或者限制因合同而发生的重要权利或者义务,致使合同目的不能达到的。

第五十八条 【定式合同的解释】

定式合同应依可能订约的一般人合理的理解予以解释。

解释定式合同,遇有两种或两种以上不同的解释时,应采纳其中最不利于定式合同条款使用人的解释。

第七节　附条件、附期限、附获奖机会的合同

第五十九条　【条件成就的效果】
附停止条件的合同,自条件成就时发生效力。
附解除条件的合同,自条件成就时失去效力。
条件成就时,合同效力不溯及既往。当事人另有约定的,从其约定。

第六十条　【条件成就的阻止与促成】
因条件成就而不受利益的当事人,故意阻止条件成就的,视为条件已成就。
因条件成就而受利益的当事人,故意促成其条件成就的,视为条件不成就。

第六十一条　【期限到来的效果】
附始期的合同,于期限届至时,发生效力。
附终期的合同,于期限届满时,失去效力。

第六十二条　【附获奖机会合同的效果】
附获奖机会的合同中有关奖品的条款,自获奖条件成就时生效。
合同中的奖品条款无效,不影响交易关系效力的,交易关系条款仍然有效。
合同中规定的领奖期限最短不得少于六个月。

第四章　合同的履行

第一节　合同履行的原则

第六十三条　【严格履行】
合同生效后,当事人各方应严格按合同约定履行。

第六十四条　【诚实信用】
合同应依据合同性质、交易习惯及诚实信用原则履行。

第六十五条　【相互协力义务】
合同双方当事人对于合同的履行有相互协力的义务。

第二节　双务合同的抗辩权

第六十六条　【同时履行抗辩权】
双务合同规定的相互义务,双方当事人应同时履行。法律另有规定或合同另有约定的除外。
双务合同中双方债务均已到履行期,一方当事人在对方未履行或者提出履行之前有权拒绝其履行请求,对方当事人仅履行部分义务或者履行不适当的,则仅得在未履行或不适当履行的范围内拒绝对方的履行请求。

第六十七条　【不安抗辩权】
依合同约定或合同性质应先为履行的一方当事人,有确切证据证明对方有下列情

形之一的,可以暂时中止履行合同:

(一)已丧失履行合同债务的能力;

(二)没有履行诚意并且可能丧失履行能力;

(三)资信状况严重恶化。

中止履行合同的一方应当立即通知对方,当对方恢复履行能力或者对履行合同提供了适当的担保时,应当履行合同。

中止履行后,对方在合同所要求的期限内仍未恢复履行能力或未能提供相应担保的,中止履行方可以解除合同。

第三节 向第三人履行的合同和由第三人履行的合同

第六十八条 【向第三人履行】

合同当事人双方可以约定由债务人向第三人履行合同,第三人依此约定可以取得向债务人请求履行的权利。但第三人请求权的取得以其明确向债务人表示接受该权利时发生。第三人未作上述表示前,合同当事人可协商变更或者撤销该约定。

合同债务人依前款向第三人履行债务所增加的履行费用,除双方另有约定者外,由合同债权人承担。

第六十九条 【债务人对第三人的抗辩】

在前条情形,债务人对合同债权人得行使的一切抗辩权,对该第三人均可以行使。

第七十条 【由第三人履行】

合同双方可以约定由第三人向债权人履行合同,但此约定不约束该第三人。当第三人拒绝履行合同时,合同债务人应当履行。

第四节 合同约定不明时的履行

第七十一条 【合同约定不明时的履行】

合同当事人在合同中约定不明或未约定的事项,适用下列规定:

(一)无质量条款或质量条款不明的,按国家规定标准履行;无国家标准的,按行业标准履行;无行业标准的,按同类标的物的通常标准履行。

合同双方共同确定履行样品的,视为合同已确定质量标准。

(二)无价金条款或价金约定不明的,按国家规定价格履行;无国家规定价格的,按履行地市场中等价格履行;无市场价格的,参照同类商品相应价格履行。

合同中未约定价格,但约定价格计算方法的,履行时依该计算方法所确定的价格。

(三)未约定履行期限或者约定期限不明的,债务人可以随时履行,债权人也可以随时要求履行,但必须给对方以必要的准备时间。

(四)未约定履行地点或者约定的履行地点不明,交付货币的,以接受一方所在地为履行地;交付不动产的,以不动产所在地为履行地;其他标的以债务人一方所在地为履行地。

(五)未约定履行方式或者履行方式约定不明的,按合同性质要求以有利于实现合同目的的方式履行。

合同当事人未约定分次履行的,视为一次履行。

第五节　合同履行的保全

第七十二条 【代位权】

在债务清偿期届至时,债务人怠于行使对第三人到期债权的,债权人可以自己的名义代位行使债务人对第三人的债权。但依法律规定或者债权性质不能适用代位权的除外。

代位权的行使以保全债权的必要为限。

代位权行使的效果归于债务人。

第七十三条 【撤销权】

债务人所为之无偿行为损害债权时,债权人可向法院请求撤销该行为。债务人所为之有偿行为,行为时明知损害债权人权利,受益人于受益时亦明知其情事者,债权人可向法院请求撤销该行为。

债务人行为被撤销,该行为自始无效。

第七十四条 【撤销权的行使期间】

撤销权自债权人知道或应当知道撤销原因一年内不行使而消灭。

第五章　合同权利义务的转让

第一节　债权让与

第七十五条 【定义】

不改变债的内容,债权人通过与第三人订立合同将债权移转于第三人,为债权让与。

第七十六条 【不得让与的债权】

下列债权不得让与:

(一)当事人约定不得让与的债权;

(二)法律规定不得让与的债权;

(三)其性质决定不得让与的债权。

第一项的约定不得对抗善意第三人。

第七十七条 【从权利的移转】

债权让与后,受让人取得与债权相关的从权利,包括担保权、利息债权、违约金债权、损害赔偿请求权、选择权和优先权等。但与让与人有不可分离之关系的权利,不在此限。

第七十八条 【让与人的义务】

债权让与后,让与人须对受让人承担如下义务:

(一)将债权证明文件交付受让人。让与人对债权证明文件保有利益的,由受让人

自负费用取得与原债权证明文件有同等证据效力的副本;

(二)将占有的货物交付受让人;

(三)告知受让人行使债权的一切必要情况;

(四)应受让人请求作成让与证书,其费用由受让人承担;

(五)承担因债权让与增加的债务人履行费用;

(六)提供其他为受让人行使债权所必要的合作。

第七十九条 【让与人的权利瑕疵担保责任】

以买卖或其他有偿方式让与债权,让与人对所让与的债权,负权利瑕疵担保责任。当事人免除或限制此项责任的特约,于让与人故意不告知债权的瑕疵时,为无效。

无偿让与债权,让与人对权利瑕疵不负担保责任。但让与人故意不告知瑕疵的,对受让人因瑕疵所受损害负赔偿责任。

受让人于债权让与成立时,明知权利有瑕疵而接受的,让与人不负担保责任。

让与人对债务人的债务履行能力,不负担保责任,当事人另有约定的除外。

第八十条 【债权让与的通知及其效力】

债权人让与债权,经让与人或受让人通知债务人,即对债务人生效。但法律另有规定者,不在此限。

非经受让人同意,让与人不得撤回让与通知。

受让人为让与通知,必须提出取得债权的证据,否则,债务人可拒绝对受让人履行。

债务人于未受通知前,对让与人所为的法律行为有效。

第八十一条 【表见让与】

让与人已将债权让与第三人的事项通知债务人,即使让与并未发生或让与无效,债务人向该第三人的履行为有效。

第八十二条 【债务人的抗辩权及抵销权】

债权让与当时债务人得对让与人主张的抗辩,可对受让人主张,法律另有规定的除外。

债务人于受债权让与通知时,对让与人享有债权的,如果该债权的清偿期先于或与被让与债权同时届至,债务人可对受让人主张抵销。

第八十三条 【重复让与】

让与人将已让与的债权再让与他人,在各受让人间,依据如下的标准确定取得债权的受让人:

(一)两个以上的让与人中,有偿让与的受让人取得债权;

(二)两个以上的让与中,有可撤销事由之让与的,无可撤销事由之让与的受让人取得债权;

(三)两个以上的让与中,同时有全部让与和部分让与的,全部让与的受让人取得债权;

(四)两个以上的受让人中,先对债务人为有效通知者取得债权。

第八十四条 【分别让与】

让与人可将大的债权加以分割,分别让与两个以上的受让人,但债权性质不适于分割的除外。

因分别让与而致债务人履行费用增加的,增加的费用由让与人承担。

第八十五条 【无偿让与】

让与人通过交付债权证明文件于受让人,并同时对其为赠与之意思表示,为无偿让与。

让与人未就被让与债权的从权利是否一并作出表示的,推定其具有赠与从权利的意思。

第八十六条 【法定的债权移转】

依法律规定发生的债权移转,准用本法第七十七条、第八十条、第八十二条的规定。

第二节 债务承担

第八十七条 【定义】

第三人与债务人订立合同,承担债务人的债务,使原债务人于承担的范围内免责,债权人得向承担人主张债权,为债务承担。

债务承担也可以第三人与债权人订立合同的方式为之。

第八十八条 【债权人的同意】

依前条第一款方式承担债务,经债权人同意,始生效力。

债务人和承担人可共同为债权人设定作出同意的合理期限。逾此期限,债权人不作表示的,视为拒绝同意。

债权人作出同意之前,债务人或承担人可变更或撤销承担合同。

第八十九条 【承担人的抗辩权】

原债务人与债权人之间因法律关系所得对抗债权人的事由,承担人可以之对抗债权人。但承担人不得以属于原债务人的债权为抵销。

承担人因其承担债务所发生的与原债务人之间的法律关系,不得以之对抗债权人。

第九十条 【从债的移转】

于债务移转之时尚未产生的从债务,随主债务移转于承担人。

为债权设定的保证,因债务的承担而消灭。但保证人同意继续担保的,不在此限。

第九十一条 【法定的债务承担】

依法律规定发生的债务承担,准用本法第八十九条、第九十条的规定。

第九十二条 【部分债务承担】

第三人承担部分债务时,债务人对该第三人的履行负担保责任。

第三节 合同承受

第九十三条 【定义】

合同的一方当事人经他方当事人同意,通过与第三人订立合同,将其合同当事人地位移转给第三人,为合同承受。

第九十四条 【合同承受的效力】

合同承受准用本法第七十六条、第七十七条、第七十八条、第七十九条、第八十三条、第八十九条、第九十条之规定。

第六章 合同的解除与终止

第一节 合同的约定解除

第九十五条 【约定解除】

当事人在合同中为一方或双方保留解除权的,当解除条件成就时,解除权人可以解除合同。约定解除的方法、效力解除权的消灭,准用法定解除的规定,当事人另有约定的,从其约定。

第二节 法定解除

第九十六条 【因履行不能的解除】

合同陷于履行不能的,双方有权解除合同。

第九十七条 【拒绝履行的解除】

债务人拒绝履行债务的,无论履行期是否届至,债权人均有权解除合同。

第九十八条 【非定期债务迟延履行的解除】

合同一方当事人迟延履行时,相对人应规定合理期限,催告其履行债务,如该期限届满仍未履行的,相对人有权解除合同。

第九十九条 【定期债务的解除】

依合同性质或当事人约定,不在特定时日或期间履行,即不能达到合同目的,当事人一方迟延履行时,相对人无须催告,即有权解除合同。

第一百条 【因不完全履行的解除】

债务人以完全给付的意思履行合同,但其履行与合同的本旨不符时,如果债务人补正后仍能达到合同目的,但补正履行迟延的,债权人可依非定期债务履行迟延经催告后解除合同;如果合同不能补正或债务人拒绝补正或补正履行对债权人已无利益的,准用本法关于不能履行、拒绝履行和定期债务迟延履行的规定解除合同。

第一百零一条 【部分债务不履行、附随义务不履行】

债务人部分不履行的,债权人仅得就不履行部分解除合同,但合同其他部分的履行对债权人已无利益时,债权人可按全部债务不履行解除合同。但依合同性质或当事人的意思表示,不影响合同目的实现的附随义务不履行,债权人不能解除合同。

第一百零二条 【解除权的行使】

解除权的行使应依合同约定的或法律规定的方式通知。解除合同的通知,不得撤销。

第一百零三条 【解除的效力——恢复原状】

合同解除时,当事人双方相互负恢复原状的义务。

恢复原状除法律另有规定或合同另有约定外,依下列规定:
（一）返还原物;
（二）受领的标的物为金钱的,应同时返还自受领时起的利息;
（三）受领的标的为劳务或物品使用的,应以金钱偿还;
（四）受领的标的物生有孳息的,应一并返还;
（五）就应返还标的物已经支出了必要或有益的费用,有权在他方受返还时所得利益的限度内,请求返还;
（六）应返还的物因毁损、灭失或其他事由不能返还的,应按该物的价款予以返还。

第一百零四条 【解除的效力——损害赔偿】
合同的解除,不影响当事人要求损害赔偿的权利。
合同解除时,除法律另有规定或当事人另有约定外,债权人可请求损害赔偿的范围:
（一）债务不履行的损害赔偿;
（二）因合同解除而产生的损害赔偿,包括:债权人订立合同所支出的必要费用;债权人因相信合同能够履行而作准备所支出的必要费用;债权人因失去同他人订立合同的机会所造成的损失;债权人已经履行合同义务时,债务人因拒不履行返还给付物的义务给债权人造成的损失;债权人已经受领债务人的给付物时,因返还该物而支出的必要费用。

第一百零五条 【解除的效力——同时履行】
当事人双方因合同解除而产生的义务,应同时履行。
前款情形,准用同时履行抗辩权的规定。

第一百零六条 【解除权消灭】
解除权定有确定期间的,因期间届满而消灭。
解除权的行使未确定期间的,相对人可以规定合理期限,催告解除权人行使解除权,如其在规定的期限内仍不行使,解除权消灭。

第三节 合同的终止

第一百零七条 【终止权的行使】
继续性合同中,依法律规定或合同约定,当事人一方有终止权时,可以终止合同。终止权的一般事由以及行使,准用合同解除的规定。

第一百零八条 【未定期间的终止】
如果合同中未规定继续性义务的持续期间,双方当事人均可在任何时间终止合同。但应当给相对人以寻求替代安排的合理时间。

第一百零九条 【终止的效力】
合同终止时,合同效力消灭。
合同终止后的损害赔偿,准用合同解除的规定。

第七章 合同的消灭

第一节 一般规定

第一百一十条 【合同消灭的原因】
合同因清偿、抵销、提存、混同、免除而消灭。

第一百一十一条 【合同消灭的效力】
合同消灭时,合同的担保及其他从属的权利,也同时消灭。

第一百一十二条 【合同消灭后的义务】
合同消灭后,当事人在必要时应承担保密、协力、通知等义务。

第二节 清偿

第一百一十三条 【清偿的效力】
合同因债权人或其他有受领权人受领清偿而消灭。
收据持有人和债权准占有人视为有受领权人,但债务人已知或因过失而不知其无受领权的,不在此限。

第一百一十四条 【向第三人为清偿的效力】
向第三人为清偿,并经其受领,其效力依下列各项的规定:
(一)经债权人承认或受领人于受领后取得其债权后,有清偿的效力;
(二)前项规定以外的情形,在债权人因清偿而获得利益的限定内,有清偿的效力。

第一百一十五条 【代为清偿】
第三人可以代债务人清偿,但合同当事人另有约定或依债的性质不得代为清偿的,不在此限。
第三人的清偿,债务人有异议时,债权人得拒绝领受。但第三人就合同履行有利害关系的,债权人不得拒绝。

第一百一十六条 【清偿代位】
第三人在代为清偿后,基于约定,得代位行使债权人的权利。第三人就债的履行有利害关系的,没有约定,也得代位行使债权人的权利。但在必要时,代位人或债权人应向债务人为适当的通知。

第一百一十七条 【债权让与规定的准用】
债务人在受代位通知或发生债权转移时,可以对抗债权人的事由,对于代位人也可主张;对债权人有可供抵销的债权,对代位人也可主张抵销。

第一百一十八条 【期前清偿】
债务人可以提前清偿,但提前清偿于债权人不利的除外。

第一百一十九条 【分期清偿或缓期清偿】
债务人没有分期清偿和缓期清偿的权利。但法院在不损害债权人利益的前提下,可基于债务人的特殊事由允许债务人分期清偿或者缓期清偿。

第一百二十条 【代物清偿】

债权人受领他种标的以代替原定标的的,合同消灭。

第一百二十一条 【新债清偿】

因清偿债务而对于债权人负担新债务的,在新债务未履行时,原债务仍不消灭,当事人另有约定的除外。

第一百二十二条 【清偿费用】

清偿费用,除法律另有规定或当事人另有约定者外,由债务人负担。但因债权人变更住所或其他行为使清偿费用增加的,其增加部分由债权人负担。

第一百二十三条 【清偿的抵充】

债务人对于同一债权人负担数宗同种类债务而清偿人的清偿不足消灭全部债务,且当事人间没有关于清偿抵充的约定时,清偿人得于清偿时指定其清偿抵充的债务。当事人没有约定,清偿人也不为前项指定的,其清偿应优先抵充已届清偿期的债务;债务均已届清偿期或均未届清偿期的,先抵充担保最少的债务;担保相等的,先抵充债务人因清偿而获益最多的债务;获益相等的,先抵充先到期的债务;各宗债务的各项情况均相等的,各按比例抵充其一部。

第一百二十四条 【清偿人的权利】

清偿人有权请求返还或者涂销负债字据。负债字据不能返还时,清偿人有权请求清偿受领人交付已为清偿的证明文件。

第三节 抵 销

第一百二十五条 【抵销的要件】

二人互负债务,且其标的物种类、品质相同,并均届清偿期时,任何一方都有权将自己的债务与对方的债务相互抵销。

第一百二十六条 【抵销的方式及效力】

抵销权人向相对方发出抵销的意思表示,其债权债务溯及最初适于抵销时按双方债权能相互抵销的数额而消灭。但该意思表示不得附条件或期限。

第一百二十七条 【禁止抵销的债权】

下列债权不得抵销:

(一)禁止执行的债权;

(二)受扣押令的第三债务人在扣押后始对其债权人取得债权,不得将其所得的债权,以抵销对抗扣押债权人;

(三)其他依合同性质不得为抵销的债权。

第一百二十八条 【异地清偿的抵销】

双方债务虽履行地不同,也可为抵销;但主张抵销一方应赔偿对方因此而受到的损害。

第一百二十九条 【因时效而消灭的债权的抵销】

因时效而消灭的债权,如在时效未完成前已适用于抵销,债权人可以主张抵销。

第四节 提 存

第一百三十条 【提存的要件】
债权人无正当理由拒绝受领或者不能受领,或者债务人无过失而不能确知债权人,或者债权人丧失行为能力或者死亡而未确定监护人或继承人时,债务人可以将清偿标的物向提存机关提存。

第一百三十一条 【提存的标的物】
提存的标的物,为债务人依合同约定应当给付的标的物。

清偿的标的物不适于提存的,或者有毁损灭失危险的,或者保存该物费用过高的,清偿人可以申请清偿地法院拍卖而提存其价款。如清偿标的物有市价的,经法院许可,清偿人可按市价出卖而提存价款。

第一百三十二条 【提存的方法】
提存应在合同履行地的提存机关进行,履行地无提存机关的,清偿人可申请该地有管辖权的法院指定提存机关或选任提存物保管人。

提存人在提存后,应立即通知债权人,怠为通知的,应对由此而产生的损害负赔偿责任。对债权人下落不明或不知谁为债权人的,提存人可申请法院依有关规定公告送达。

第一百三十三条 【提存的效力】
清偿人将提存标的物有效提存后,即发生合同消灭的效力。

提存期间,标的物的收益归债权人所有,其毁损灭失的危险由债权人承担。提存物的保管及拍卖、出卖费用,由债权人负担。债务人支付利息及收取孳息的义务因提存而免除。

第一百三十四条 【提存物的取回】
清偿人向提存机关为提存后,除能证明系出于错误或提存原因已消灭者外,不得取回提存物。

第一百三十五条 【提存物的受领及受领权消灭】
债权人可随时受领提存物,但如果提存人的清偿需债权人的同时履行,并将其注明于提存书时,在债权人未为给付或提供担保前,提存机关应拒绝其受领提存物。

债权人对提存物的权利,自知道或应当知道提存后两年内不行使而消灭,其提存物属于国库。

第五节 混 同

第一百三十六条 【混同的效力】
债权与债务同归于一人时,合同关系消灭。但其债权为第三人权利的标的,或者合同履行与第三人有利害关系,或者法律另有规定的,不在此限。

第六节 免　除

第一百三十七条　【免除的效力】

合同得因债权人免除债务人债务的意思表示而消灭。

第八章　违约责任

第一节　一般规定

第一百三十八条　【违约责任】

合同当事人一方不履行合同债务或者其履行不符合法定或者约定条件的,应当承担违约责任。但当事人能够证明自己没有过错的除外。

第一百三十九条　【因第三人过错造成的违约】

合同当事人一方因与自己有法律联系的第三人的过错造成违约的,应当向他方当事人承担违约责任。

第一百四十条　【免责条件】

合同当事人一方因不可抗力不能履行合同的,视不可抗力的影响,部分或者全部免除违约责任。

遭受不可抗力的一方当事人应当将不可抗力的事实及时通知他方当事人,并应提供有关机构关于不可抗力的有效证明。

第一百四十一条　【拒绝履行】

合同债务人于履行期届满前明示拒绝履行债务的,债权人无须等待履行期届满即可追究其违约责任。

第一百四十二条　【不能履行】

合同债务人因可归责于自己的事由导致履行不能的,可以解除合同,但应承担违约责任。

履行一部不能的,如果其他部分之履行于债权人无利益的,债权人得拒绝该部分履行,由债务人按全部不能履行承担违约责任。

本条规定不适用于金钱债务。

第一百四十三条　【迟延履行】

合同定有履行期的,债务人于履行期届满未履行债务;或合同未定履行期,债务人在债权人指定的合理期限届满未履行债务的,由债务人承担违约责任。

债务人延迟履行的,对迟延后不可抗力造成的损害也应负责。

迟延后的履行对债权人无利益的,债权人得拒绝接受履行,并由债务人承担不履行的责任。

第一百四十四条　【债权人迟延】

因可归责于债权人的原因致履行迟延的,债务人不承担迟延履行的责任。因此使债务人遭受损害的,债权人应负损害赔偿责任。

第一百四十五条 【瑕疵履行】
合同债务人的履行不符合合同约定的质量标准的,应承担瑕疵履行的违约责任。
因瑕疵履行而给债权人造成人身或合同标的物以外的其他财产的损害的,应承担损害赔偿的责任。

第二节 违约金

第一百四十六条 【违约金的约定】
合同当事人可以约定债务人在不履行或者不适当履行合同时应向对方支付违约金。

第一百四十七条 【违约金的效力】
除当事人另有约定外,违约金视为预定的违约赔偿金。
债权人请求债务人支付违约金的,不得同时请求其继续履行合同或者赔偿损失,但如果违约金是专门为迟延履行约定的,不在此限。

第一百四十八条 【部分履行和违约金的减少】
已经履行部分合同债务的,应相应减少违约金。

第一百四十九条 【违约金数额的增减】
约定的违约金过分高于或低于违反合同所造成的损害的,当事人可以请求法院或者仲裁机构适当予以减少或增加。

第三节 损害赔偿

第一百五十条 【损害赔偿的方法】
除另有约定外,损害赔偿应以支付赔偿金的方式为之。

第一百五十一条 【损害赔偿的范围】
合同当事人可以事先约定损害赔偿金或者损害赔偿额的计算方法。
当事人未约定时,损害赔偿应包括债权人因对方违约所受的实际损害及所失可得利益,但不得超过违约方在订立合同时依当时已经知道或理应知道的事实和情况,对违反合同预料到或理应预料到的可能损失。
法律对损害赔偿范围或赔偿限额有规定的,依其规定。

第一百五十二条 【过错相抵】
对于损害的发生或扩大,受害方也有过错的,可以减轻或者免除违约方的赔偿责任。

第一百五十三条 【损益同销】
受害方因对方违约同时受有损害和利益的,在计算损害赔偿时,应扣除所受利益。

第四节 其他责任方式

第一百五十四条 【强制实际履行】
债务人违约后,如债务履行仍有可能,债权人可不解除合同,而向法院申请强制实

际履行,但下列情形除外:

(一)强制债务人实际履行合同费用过巨的;

(二)依合同性质不宜强制实际履行的。

第一百五十五条 【定金】

给付定金一方违约的,无权要求返还定金;接受定金一方违约的,应双倍返还定金。

违约方承担损害赔偿的,定金应计入损害赔偿金额;但定金超过损害赔偿金额的,执行定金。

第一百五十六条 【标的物瑕疵的补正】

标的物有瑕疵的,债权人有权选择由债务人给予修理、更换、重做,并可请求损害赔偿。

第一百五十七条 【第三人侵害债权】

第三人故意违背善良风俗侵害他人债权的,应负赔偿损害的责任。

第五节 责任竞合

第一百五十八条 【责任竞合】

债务人的行为使对方遭受损害,同时符合违约责任和侵权责任的构成要件的,由受害人选择其中之一提出请求。但法律有不同规定的,依法律规定。

第九章 合同的解释

第一百五十九条 【文义解释】

解释合同应探求当事人共同的真实意思,不得拘泥于所用之词句。

第一百六十条 【整体解释】

合同各个条款得相互解释,以确定各个条款在整个合同中所具有的正确意思。

第一百六十一条 【目的解释】

合同所使用的文字或某个条款可能作两种解释时,应采取最适合于合同目的的解释。

第一百六十二条 【习惯解释】

合同所使用的文字词句有疑义时,应参照当事人的习惯解释。

第一百六十三条 【公平解释】

解释合同应当遵循公平的原则。

无偿合同,应按对债务人义务较轻的含义解释;有偿合同,则应按对双方均较公平的含义解释。依一方当事人单方面所决定的合同条款所订立的合同有歧义时,应按对决定合同条款一方不利的含义解释。

第一百六十四条 【诚信解释】

解释合同应遵循诚实信用的原则。

分　则

第十章　买卖合同

第一节　一般规定

第一百六十五条　【定义】
买卖为当事人双方约定一方交付标的物并移转所有权于他方,他方受领标的物并支付价款的合同。

第一百六十六条　【标的物】
买卖合同的标的物为出卖人所有或者有权处分的物,但特为买受人制造或买受人提供制造所需要的大部分重要材料的物除外。

除法律明文禁止买卖的物以外,均可成为买卖合同的标的物。

第一百六十七条　【标的物所有权移转时间】
买卖合同标的物的所有权自交付时起移转,当事人另有约定或者法律另有规定者除外。

第一百六十八条　【交付的时间与推定】
交付的时间,依合同的约定或法律的规定。

法律和合同都没有明确规定的,完成下列行为的时间为交付的时间:
(一)出卖人送货的,出卖人将标的物运到预定地点,由买受人点收后为交付;
(二)出卖人代办托运或邮寄的,出卖人办理完托运或邮寄手续后即为交付;
(三)买受人自己提货的,出卖人通知的提货时间为交付时间,但出卖人通知的提货时间应给买受人留有必要的在途时间;
(四)标的物在订立合同之前已为买受人实际占有的,合同生效时间即为交付时间;
(五)需要办理法定手续的,以办完规定手续的时间为交付的时间。

第一百六十九条　【标的物的风险负担】
买卖合同的标的物毁损灭失的风险,交付前由出卖方承担,交付后由买受人承担。法律另有规定或者当事人另有约定的除外。

第一百七十条　【对有偿合同的准用】
本章的规定,准用于买卖合同以外的有偿合同,但其合同性质不许可的,不在此限。

第一百七十一条　【出卖人的基本义务】
出卖人负有向买受人交付标的物,并使其取得该物所有权的义务。

第一百七十二条　【标的物权利瑕疵担保】
出卖人应担保第三人就买卖合同的标的物对于买受人不得主张任何权利。

买受人在合同成立时知道有权利瑕疵的,出卖人不负担保之责。但合同另有规定的除外。

第一百七十三条 【权利瑕疵担保的效力】

出卖人不履行上条规定的义务时,买受人可依关于债务不履行的规定,向出卖人主张支付违约金、实际履行、解除合同、损害赔偿或者其他权利。

第一百七十四条 【物的瑕疵担保】

出卖人应担保标的物在风险负担移转于买受人时,没有灭失减少其价值和效用的瑕疵。但标的物价值或效用的减少程度无足轻重时,不得视为瑕疵。

出卖人并应担保标的物于风险负担移转时,具有其所保证的品质。

第一百七十五条 【免责与例外】

买受人于买卖合同成立时,已知标的物有上条第一款规定的瑕疵时,出卖人不负担保责任。

买受人因重大过失不知标的物有瑕疵时,出卖人如未保证无瑕疵,不负担保责任。但出卖人故意不告知瑕疵者,不在此限。

第一百七十六条 【物的瑕疵担保责任】

标的物有瑕疵应由出卖人负担保责任时,买受人可以请求减少价款或者解除合同,也可以要求出卖人进行修理,或者自行修理,费用由出卖人负担。

标的物属种类物时,买受人可不行使上述权利,请求出卖人另行交付无瑕疵的替代物。

标的物缺乏出卖人所保证的品质或者出卖人故意不告知瑕疵时,买受人可以请求债务不履行的损害赔偿,或者请求减少价金乃至解除合同。

买受人因标的物瑕疵或者缺乏保证品质而遭受损失时,有权要求出卖人赔偿。

第一百七十七条 【解除与催告】

买受人向出卖人主张标的物有瑕疵时,出卖人可规定相当期限,催告买受人于该期限内作出是否解除合同的表示。

买受人于出卖人所规定期限内,未作出解除合同表示的,丧失解除合同的权利。

第一百七十八条 【解除合同与主从物的关系】

买卖合同标的物主物有瑕疵而解除合同时,解除合同的效力及于从物。从物有瑕疵时,买受人仅能就从物部分解除合同。

第一百七十九条 【解除与数物并存同出卖的关系】

数物为买卖合同的标的物时,其中一物有瑕疵的,买受人仅得就有瑕疵的物解除。如以总价金将数物同一出卖的,买受人有权请求减少与瑕疵物相当的金额。

数物作为总体出卖的,如因有瑕疵的物与他物分离显受损害的,当事人的任何一方有权就全部标的物解除合同。

第一百八十条 【解除权与减价请求权的行使】

标的物不符合同的规定的,买受人解除合同或者减少价金的请求应于标的物交付或者保证期限届满之日起三个月内行使。

标的物存在隐蔽瑕疵,须经安装运转后才能发现的,买受人解除合同或者减少价金的请求应于运转之日起六个月内行使,出卖人故意不告知的,买受人应于标的物交付之日起一年内行使。

第一百八十一条 【约定免除担保的例外】

以特约免除或限制出卖人关于权利或者物的瑕疵担保义务的,如出卖人故意不告知其瑕疵,其特约无效。

第一百八十二条 【买受人的基本义务】

买受人负有按合同约定支付价款和接受标的物的义务。

第一百八十三条 【价款拒付权与提存请求权】

有明显的证据表明第三人可能对标的物提出权利要求的,买受人有权拒绝支付相应的价款,但是出卖人提供担保的除外。

买受人拒绝支付价款时,出卖人有权请求买受人将所拒绝支付的价款提存。

第一百八十四条 【标的物孳息的归属】

标的物在交付之前产生孳息的,孳息归出卖人所有。合同另有约定的,依约定。

第一百八十五条 【买受人的检查通知义务与免除】

买受人在收到标的物后,应根据其性质依通常程序尽快检查标的物。如发现应由出卖人负担保责任的瑕疵时,应妥善保存标的物并将其瑕疵立即通知出卖人。

为前款通知的时间,当事人有约定的,依约定;当事人未约定的,属于表面瑕疵的,为自收到货物时起一月;属于隐蔽瑕疵的,为自收到货物时起六个月;经安装运转才能发现的瑕疵,为自安装之日起六个月,但最长不得超过自收到标的物时起两年。超过上述期限不为通知的,交付的标的物视为无瑕疵。

第二节 特种买卖合同

第一百八十六条 【买回】

买卖合同的出卖人保留买回权利的,可向买受人为买回的意思表示,返还其所受领的价金,买回其标的物。

前款买回的价金,当事人另有约定的,依当事人约定。

原价金的利息与买受人就标的物所得的利益,视为抵销。

第一百八十七条 【买回的期限】

买回的期限可以由当事人约定,但不得超过五年,其期限自买卖合同成立之日起计算。

第一百八十八条 【费用的偿还与负担】

买受人为标的物支出费用,使标的物的价值增加的,出卖人应当偿还现存的增价额。

第一百八十九条 【试验买卖】

试验买卖为约定试验或检验标的物,以买受人认可标的物为条件的买卖合同。即使试验的标的物的品质符合合同规定的标准,买受人也有权作出拒绝的表示。

第一百九十条 【认可期限】

买受人对试验标的物的认可,应当在约定期限内作出;无约定期限的,应当在出卖人所规定的期限内作出。超出期限未作表示的,视为认可。

买受人无保留地支付一部分或全部价金,或者以标的物为试验以外的行为时,视为认可。

第一百九十一条 【样品买卖】

约定样品买卖的,视为出卖人已保证交付的货物与样品或货样具有同一品质。

第一百九十二条 【分期付款买卖定义】

分期付款买卖为买受人将其应付的总价款,按照一定期限分批支付给出卖人的买卖合同。

第一百九十三条 【解除合同的限制】

出卖人于买受人已连续两期未支付价款,并且到期未支付价款的金额已达全部价款的五分之一的,可以解除合同或请求支付全部价款。

违反前款规定的特约无效。

第一百九十四条 【所有权移转的特约】

分期付款买卖合同标的物所有权的移转,依当事人的书面明示约定。无约定的,自标的物交付时起所有权移转于买受人。

第一百九十五条 【解除合同的损害赔偿金额的限制】

出卖人在解除合同时,向买受人请求支付或扣留的金额,不得超过相当于该标的物的通常使用费的金额;如标的物有毁损时,则应加上相应的损害赔偿金额。

第一百九十六条 【拍卖】

拍卖为委托拍卖机构,以公开竞价的方式,将特定财产出售给最高应价者的买卖方式。

拍卖的程序、方式及其效力,依特别法规定。

第三节 房屋买卖合同

第一百九十七条 【房屋买卖的限制】

存在下列情形之一的房屋,不得买卖:

(一)无合法产权证件;

(二)有产权纠纷;

(三)在国家建设征用土地范围内;

(四)合作住宅;

(五)危房;

(六)法院或仲裁机构裁定限制交易的;

(七)法律、法规规定其他不得买卖的情形。

第一百九十八条 【房屋所有权移转登记】

当事人应当向登记机关办理所有权移转登记。房屋所有权的移转时间以登记簿记载的时间为准。

第一百九十九条 【房屋的价格】

房屋买卖价格由当事人协商确定,法律另有规定的除外。

第二百条 【共有房屋的买卖】

共有人之一出卖共有房屋的应有部分时,应取得其他共有人的同意。在同等条件下,其他共有人有优先购买权。

第二百零一条 【待建房屋的买卖】

待建房屋的买卖,应符合房屋买卖的一般规定,并具备下列条件:

(一)出卖方已领取土地使用证和建设许可证;

(二)房屋建设合同已经订立;

(三)已开立专门账户,并且建设预算总额的百分之二十五以上已汇入银行账户;

(四)已取得法律规定的房屋预售许可证明。

第二百零二条 【待建房屋出卖人的义务】

出卖待建的房屋时,出卖人负有在合同规定的期限内建房屋的义务。

第二百零三条 【待建房屋买受人权利的转让】

买受人可以转让其在待建房屋买卖中取得的权利,但转让必须经过登记。

第四节 互 易

第二百零四条 【定义】

互易为当事人相互交换金钱以外的财产权的合同。

互易准用关于买卖的规定,但因其特殊性质不能适用的,不在此限。

第十一章 赠与合同

第二百零五条 【定义】

赠与为当事人约定一方当事人将自己所有的财产无偿移转于他方的合同。

第二百零六条 【赠与物所有权的移转】

赠与物的所有权经赠与物交付或登记移转,法律另有规定或当事人另有约定的除外。

第二百零七条 【赠与合同的任意撤销】

不依书面订立的赠与合同,在赠与物交付或登记之前,赠与人得任意撤销。但为履行道德义务而为的赠与,赠与人不得请求撤销。

第二百零八条 【赠与合同的法定撤销】

受赠人对于赠与人或其近亲属有故意侵害行为,已构成犯罪的,或者对赠与人有扶养义务而不履行的,赠与人有权撤销赠与。

因受赠人的故意不法行为致赠与人死亡或妨碍其为赠与之撤销的,赠与人的继承人有权撤销赠与。

赠与人的撤销权自赠与人知道有撤销原因之时起一年内不行使而消灭;赠与人的

继承人的撤销权自知道有撤销原因之时起六个月不行使而消灭。

第二百零九条 【附负担赠与】

赠与可以附有负担,但所附负担以不违背公序良俗为限。

附负担赠与中,赠与人已为给付,受赠人不履行其负担时,赠与人有权请求受赠人履行负担或撤销其赠与。

受赠人仅于赠与之价值限度内有履行其负担的义务。

第二百一十条 【瑕疵担保责任】

赠与的物或权利如有瑕疵,赠与人不负担保责任。但赠与人故意不告知瑕疵或保证无瑕疵的,对受赠与人因瑕疵所受的损害负赔偿的责任。

附有负担的赠与,其赠与的物或权利如有瑕疵,赠与人在受赠人负担之限度内负与出卖人同一的担保责任。

第十二章 租赁合同

第二百一十一条 【定义】

租赁为双方约定一方以物交付他方使用、收益,他方支付租金的合同。土地使用权人可依法将土地使用权随同地上建筑物、其他附着物出租。

第二百一十二条 【租期】

租期由合同双方当事人约定。但动产租期不得高于五年,不动产租期不得高于二十年,超过二十年的,缩短为二十年。居住公房的租期不受此限。合同期满,可以续订。

双方未约定租期的,为不定期租赁。除居住公房租赁外,不定期租赁的任何一方可随时终止合同。但存在有利于承租人习惯的,从习惯。

第二百一十三条 【租赁合同的形式】

不动产租赁与租期六个月以上的动产租赁应订立书面合同。未订立书面合同的,视为不定期租赁。

土地使用权租赁应当依法办理登记。

第二百一十四条 【租赁物的交付】

出租人应依合同约定交付租赁物,并于租赁关系存续期间保持租赁物合于约定的使用、收益状态。

第二百一十五条 【权利瑕疵担保】

因权利瑕疵致承租人不能依约为租赁物使用、收益的,承租人可解除或终止合同。承租人因此受有损失的,出租人应当负赔偿责任,但承租人于订约时明知有权利瑕疵的除外。

第二百一十六条 【物的瑕疵担保】

出租人对租赁物负瑕疵担保责任。

房屋租赁如有危及承租人或其同居人安全和健康的瑕疵的,即使承租人于订约时明知其瑕疵或者已抛弃终止合同的权利,仍得终止合同。

第二百一十七条 【租赁物的修理】

租赁物需要修理的,承租人可请求出租人在合理期限内修理。出租人不为修理的,承租人可终止合同,也可自行修理,费用由出租人承担。因修理租赁物而影响承租人使用、收益的,应相应减少租金或者延长租期,但按约定或习惯应由承租人修理,或租赁物的损坏因承租人过错所致的除外。

出租人为保持租赁物良好使用状态所做的必要修理行为,承租人不得拒绝。

第二百一十八条 【租赁物的部分灭失】

租赁物因不可归责于承租人的原因而部分灭失的,承租人可就灭失部分请求减少租金;剩余部分不能实现租赁目的的,承租人可终止合同。

第二百一十九条 【租赁物的使用、收益和保管】

承租人应按约定的方法为租赁物使用、收益;无约定的,应根据租赁物性质所确定的方法使用、收益。

承租人应以善良管理人的注意保管租赁物,租赁物有收益能力的,应保持其能力。为保管租赁物及维持其收益能力所支出的费用,由承租人负担。

承租人违反前两款义务,致租赁物毁损灭失的,应对出租人负损害赔偿责任。承租人的同居人和经承租人允许使用租赁物的第三人的原因造成租赁物毁损灭失的亦同。

第二百二十条 【承租人的通知义务】

租赁关系存续期间出现下列情形时,承租人应及时通知出租人,但出租人已知的除外:

(一)租赁物有修理、防止危害之必要;

(二)第三人就租赁物主张权利;

(三)其他依诚实信用原则应当通知的事由。

承租人怠于通知,致出租人不能及时救济而受到损害的,承租人负赔偿责任。

第二百二十一条 【租金】

承租人应依约交付租金。

合同中未约定交付租金期限的,从习惯;无习惯的,应于租期届满时支付。

承租人迟延交付租金的,出租人可终止合同。但房屋租赁,承租人累计六个月不交租金的,出租人始得终止合同。

第二百二十二条 【转租】

承租人非经出租人同意,不得将租赁物转租他人。但不动产租赁,除合同有相反约定外,承租人得将租赁物之一部分转租。

承租人未经同意而转租的,出租人可终止合同。

第二百二十三条 【转租之效力】

承租人将租赁物转租于他人的,承租人与出租人之间的租赁关系继续存在。因次承租人应负责之事由致租赁物所受的损害,由承租人对出租人负赔偿责任。

第二百二十四条 【排除妨碍】

承租权受第三人侵害时,承租人可请求出租人排除妨碍,也可代位行使出租人对第三人的妨害排除请求权,承租人占有租赁物的,可直接请求第三人排除妨碍。

第二百二十五条 【租赁合同的对抗力】

不动产租赁租期内租赁物所有权或出租的土地使用权移转于第三人的租赁合同对该第三人继续有效。

第二百二十六条 【租赁物的返还】

承租人于租赁期限届满时应当返还租赁物。返还时租赁物应当合于原状,但依约定方法或根据租赁物的性质所确定的方法为使用、收益致租赁物发生变更或者损耗的除外。

第二百二十七条 【租赁物的改善和增设】

承租人经出租人同意对租赁物进行改善或在租赁物上增设他物的,租赁合同终止后,承租人可请求出租人在现存的增加价值额的限度内偿还所支出的费用。

增设物能拆除的,承租人可以拆除,但应恢复租赁物之原状。

第二百二十八条 【房屋租赁的特殊规定】

房屋拆除重建时,出租人可终止合同。重建房屋为出租的,原承租人在同等条件下有优先承租权。

出租人出卖出租房屋的,应于出卖前三个月通知承租人。承租人在同等条件下有优先购买权。

承租人在租赁期限内死亡的,与该承租人共同居住者承受该承租人在租赁合同上的地位。

第十三章　融资租赁合同

第二百二十九条 【定义】

融资租赁为当事人约定出租人按承租人的要求出资向第三人购买租赁物,供承租人使用、收益,承租人支付租金的合同。

第二百三十条 【租期】

融资租赁的租期由租赁双方约定,但不得低于二年。约定租期低于二年的,延长为二年。

第二百三十一条 【委托协议及购物确认】

承租人可与出租人订立购物委托协议,由承租人确定出卖人、购买租赁物的条件和具体要求。

出租人应以自己的名义按照委托协议与出卖人订立买卖合同。

买卖合同应明确出卖人对承租人的标的物交付义务及瑕疵担保责任,由承租人签名或盖章确认。经确认的买卖合同对出租人、承租人、出卖人均有约束力。除法律或合同另有规定外,买卖合同的变更、解除须经三方同意。

委托协议、买卖合同是融资租赁合同的组成部分。

第二百三十二条 【合同成立与生效】

除另有约定外,融资租赁合同自订立时起成立,自承租人收到出卖人所交付的标的物起生效。

买卖合同不成立、无效或者解除的,融资租赁合同可以解除。标的物交付前,融资租赁合同不成立、无效或解除的,买卖合同可以解除,但标的物已交付的除外。

第二百三十三条 【租赁物的接受、验收及瑕疵担保责任】

出卖人应向承租人交付标的物。承租人应当接受标的物,对标的物进行验收,并将验收结果及时通知出租人。

标的物不符合合同约定的,承租人应向出卖人提出异议,并向其请求瑕疵担保责任。

承租人行使前款权利,不影响其向出租人支付租金的义务。

第二百三十四条 【出资】

出租人于收到承租人开出的受领证后,应向出卖人履行支付货款的义务。因出租人违约致承租人不能依约使用租赁物的,承租人可解除合同,或者请求减少租金,或者延长租期。

第二百三十五条 【租赁物的使用、保管、维修、保险】

租赁期限内,租赁物的所有权归出租人,使用、收益权归承租人。

承租人应按照约定或租赁物的性质对租赁物为使用、收益。

租赁物的保管与维修由承租人负担。

租赁物必须保险。除另有约定外,投保事务由出租人负责,保险费用由承租人负担。

第二百三十六条 【租金】

承租人应依约交付租金。未依约交付租金的,出租人可要求承租人在合理的期限内交付,承租人在该期限内仍不交付的,出租人可以请求即时交付欠租及未到期的全部租金,也可以终止合同,收回租赁物,并请求支付约定的损害赔偿金。

出租人终止合同,收回租赁物时,应履行清算义务。

合同约定的损害赔偿金显著过高的,承租人可请求法院予以降低。

第二百三十七条 【租赁合同的对抗力】

租赁期限内出租人可转让、抵押租赁物。租赁物所有权移转后,原租赁合同对租赁物的新所有人继续有效。

第二百三十八条 【回租】

承租人可将自己所有的物卖与出租人,再与出租人订立融资租赁合同,将该物租回。

第二百三十九条 【转租】

承租人转租须经出租人同意。未经出租人同意的,出租人可终止租赁合同。

在转租关系中,次承租人与出卖人的关系适用本章承租人与出卖人关系的规定;次承租人与转租人的关系适用本章承租人与出租人关系的规定。

第二百四十条 【衡平租赁物的抵押】

出租人将租赁物设定抵押的,抵押权人行使权利不得影响承租人的利益。

第二百四十一条 【承租人的选择权】

租赁期限届满,承租人有权选择支付合理代价取得租赁物所有权,或者续定租赁合同,或者将租赁物退还出租人。

承租人应于租期届满前一个月将其所作的选择通知出租人。

第十四章 土地使用权出让与转让合同

第一节 国有土地使用权出让与转让合同

第二百四十二条 【出让合同定义】

国有土地使用权出让为国家将土地使用权以一定期限内让与土地使用者,并由土地使用者向国家支付土地使用权出让金的合同。

第二百四十三条 【出让合同的形式】

国有土地使用权有偿出让合同应当通过协议、招标和拍卖的方式订立。

第二百四十四条 【出让合同的效力】

受让方在交纳土地使用权出让金后,应当到土地管理部门办理土地使用权移转登记手续。土地使用权移转以登记簿记载的时间为准。

第二百四十五条 【出让合同的解除】

受让方应当在出让合同规定的期限内支付全部土地使用权出让金。逾期未全部支付的,出让方有权解除合同,并可请求违约赔偿。

受让方未按合同规定的期限和条件开发、利用土地,出让方有权解除合同,收回土地使用权。

受让方需要改变出让合同规定的土地用途的,应当征得出让方的同意,解除原出让合同,重新订立出让合同。

出让方应当按照出让合同规定的日期和标准向受让方提供一定的土地使用权。未按合同规定提供土地使用权的,受让方有权解除合同,并可请求违约赔偿。

第二百四十六条 【转让合同的定义】

土地使用权转让为土地使用权人将土地使用权转让于他人的合同。

第二百四十七条 【转让合同的形式】

土地使用权转让合同应当采用书面形式。

第二百四十八条 【土地使用权转让的效力】

土地上的建筑物,其他附着物的所有权随土地使用权的转让而移转。

土地使用权及地上建筑物和其他附着物的所有权的移转以登记簿记载的时间为准。

第二百四十九条 【土地使用权转让的期限】

所转让的土地使用权的期限不得超过转让人实际所享有的土地使用权限限。

第二节 农村土地使用权出让与转让合同

第二百五十条 【出让合同定义】

农村土地使用权出让为村民委员会或其他农业集体经济组织就集体所有的土地或国家所有交由集体使用的土地的使用权在一定期限内提供给土地使用者使用,土地使用人交付土地出让金或者土地使用费的合同。

第二百五十一条 【合同的订立】

出让方出让土地使用权应当经村民或集体经济组织成员过半数同意,并依法取得批准文件。

农村土地使用权出让的期限、出让金、使用费标准等,由村民或集体经济组织成员民主议定。

农村土地使用权出让合同应当采取协议、招标、拍卖等方式订立。

第二百五十二条 【合同期限】

出让期限由当事人约定,但最高不超过五十年。

第二百五十三条 【优先受让权】

村民或者农业集体经济组织内部成员在同等条件下,可以优先受让土地使用权。

出让合同期限届满,原土地使用权人享有优先受让权。

第二款规定的优先权优于第一款规定的优先权。

第二百五十四条 【双方的交付义务】

土地使用者应于合同订立后六十日内,付清全部土地出让金,或者依合同规定按年交纳土地使用费。

出让方应依合同规定,提供出让的土地使用权,并保证该土地使用权不能由任何人提出权利要求。

第二百五十五条 【土地使用者权利限制】

土地使用者荒芜土地或者进行掠夺经营,或者擅自改变土地的经济用途的,出让方得解除合同并请求损害赔偿。

第二百五十六条 【农业税及农产品定购任务的负担】

农业税,农产品定购任务由土地使用者负担。

第二百五十七条 【土地征用】

在合同存续期间,因国家建设需征用被出让土地的,出让合同终止。

土地使用者于前款情形下,对被征用土地上的附着物和青苗的补偿费有受领的权利。

第二百五十八条 【转让合同】

农村土地使用权转让合同为土地使用者经出让方同意,将农村土地使用权转让于他人的合同。

依前款土地使用权转移时,土地使用权出让合同载明的权利、义务随之转移。

农村土地使用权转让的方式,包括出售、交换、赠与、继承。

第二百五十九条 【转让的限制】
土地使用者须依合同的规定经营两年以上且无本法第二百五十四条规定的情形的,方可依前条规定转让。
所转让的土地使用权的期限不得超过转让人实际享有的土地使用权的期限。

第二百六十条 【其他规定】
农村集体所有的森林、山岭、草原、荒地、滩涂、水面的使用权出让、转让合同,准用本节的规定。

第十五章 企业经营合同

第二百六十一条 【定义】
企业经营为企业资产所有人将企业经营管理权交由经营人行使并支付报酬的合同。

第二百六十二条 【主体资格】
经营人得为自然人、法人。
经营人得为外国人,法律、法规另有规定的除外。

第二百六十三条 【合同的订立】
合同订立时,应由企业资产所有人、经营人及资产评估机构组成评估委员会,对企业资产进行清产核资。根据清产核资的结果,确定经营任务。

第二百六十四条 【提供担保】
当事人可以在合同中约定由经营人提供财产担保,或由第三人提供保证。

第二百六十五条 【报酬】
经营人与所有人可在合同中约定报酬及其给付方式。

第二百六十六条 【经营人的报告义务】
经营人应当定期向所有人如实报告企业经营的财务状况。有关企业经营的重大事项应按约定同所有人协商确定。

第二百六十七条 【企业资产所有人的权利】
企业资产所有人有权对经营人的经营管理活动进行监督,但不得妨碍经营人对企业的正常经营管理。
涉及企业资产变更、经营方向改变的事项,所有人拥有最终的决定权。

第二百六十八条 【企业资产所有人的义务】
企业资产所有人在移交企业财产时,应当如实告知企业财产使用的状况。在合同有效期间,所有人应当提供必要的协助,不得随意抽回资产。

第二百六十九条 【合同履行中的资产审核】
在合同履行过程中,双方应会同资产评估机构定期审核企业资产变更状况。

第二百七十条 【合同终止】
合同履行期间,经营人滥用经营管理权,或者丧失经营管理能力时,企业资产所有人有权终止合同。企业资产所有人妨碍经营人行使经营管理权的,经营人有权终止合同。合同终止时,双方应当会同资产评估机构组成资产评估委员会,对企业资产进行评估。

第十六章 借贷合同

第一节 一般规定

第二百七十一条 【定义】
借贷为当事人约定一方将金钱或其他代替物移转于他方,他方在约定的期限内将同等种类、数量、品质的物返还的合同。

第二百七十二条 【利息】
借贷合同约定借用人支付利息的,利率不得高于国家规定。不得规定复利。利息不得预先在本金中扣除。

第二节 银行借贷

第二百七十三条 【适用】
银行或其他金融机构为贷与方的借贷合同,适用本节规定。

第二百七十四条 【利率】
银行贷款的利率必须按照中央银行制定的法定利率及其浮动幅度确定。

第二百七十五条 【借款使用之限制】
银行借贷合同的借用人应按照合同约定的用途使用贷款,不得挪作他用。借用人不按规定用途使用借款的,贷与人有权提前收回贷款并加收罚息。

第二百七十六条 【罚息】
银行借贷合同的借用人不按期偿还借款本息的,贷与人有权就延期偿还部分收取罚息。

第三节 民间借贷

第二百七十七条 【约定利息】
当事人可约定借贷利息。
金钱借贷未约定利息或者约定不明的,贷与人可比照银行同期贷款利率请求借款人支付利息。

第二百七十八条 【无息借贷】
金钱借贷约定不计利息的,为无息借贷。其他替代物的借贷未约定利息的,为无息借贷。
无息借贷的借用人迟延的,应当从迟延之日起支付利息。其利息参照银行同期贷款利率计算。
借用人已支付利息的,不得请求返还,也不得在原本内扣除。

第十七章　借用合同

第二百七十九条　【定义】
借用为当事人约定一方将物无偿交付他方使用,他方在使用后返还其借用物的合同。

第二百八十条　【出借人的瑕疵担保责任】
出借人故意不告知权利或者借用物的瑕疵,致借用人受损害的,负损害赔偿责任。

第二百八十一条　【借用物的使用】
借用人应依约定的方法使用借用物。没有约定方法的,应依借用物的性质而确定的方法使用借用物。

借用人非经出借人的同意,不得允许第三人使用借用物。

第二百八十二条　【借用物的保管】
借用人应以善良管理人的注意保管借用物,并负担保管借用物通常所需的费用。借用物为动物者,借用人应负担其饲养费。

借用人紧急支出的保管借用物的非常必要费用,出借人应当偿还。

第二百八十三条　【借用物损耗的负担】
借用人依照约定的方法或者依借用物的性质确定的方法使用借用物,致借用物有变更或毁损的,不负赔偿责任。

借用人如为其他用途或超过约定时间使用借用物,应对发生的损害负赔偿责任。

第二百八十四条　【借用物之返还】
借用人应于合同约定的期限届满时,返还借用物。合同未定期限的,借用人应于依借用目的使用完毕后,返还借用物。经过相当时期,可推知借用人已使用完毕的,出借人亦得请求返还借用物。

借用未定期限,亦无法依借用之目的而推知期限者,出借人得随时请求返还借用物。

返还借用物时,借用人得取回其就借用物所增之添加物,但不得损害借用物。

第二百八十五条　【出借人终止合同的权利】
有下列情形之一者,出借人得终止合同:

(一)出借人因不可预知之事由,自己需用借用物的;

(二)借用人违背约定或依物之性质而定之方法使用借用物,或未经出借人同意,允许第三人使用的;

(三)因借用人怠于注意,致借用物毁损或有毁损危险的;

(四)借用人死亡的。

第二百八十六条　【短期时效】
出借人就借用物所受毁损对于借用人之赔偿请求权的诉讼时效为六个月,自借用物返还时起算;借用人因借用物瑕疵所受损害之请求权、支出费用的请求权及其添加物之取回权的诉讼时效为六个月,自借用关系终止时起算。

第十八章 承揽合同

第一节 加工承揽合同

第二百八十七条 【定义】

加工承揽为当事人一方按照他方的要求完成一定的工作并交付工作成果,他方支付报酬的合同。

本法所称的加工承揽,包括加工、定作、维修、改建、印刷、复制、勘测、设计、检验、鉴定等。

第二百八十八条 【承揽工作的完成】

承揽方必须以自己的设备、技术和劳力,完成加工承揽工作的主要部分,合同另有规定的除外。

承揽人将其承揽的工作转由第三人完成时,应当就该第三人完成的工作对定作人负责。

承揽人未经定作人同意,将承揽的工作转让给第三人的,定作方有权解除合同。

第二百八十九条 【承揽人接受监督检查的义务】

除合同另有规定外,承揽人在工作期间,应当接受定作人必要的监督检查。

第二百九十条 【承揽人的保密义务】

承揽人对于承揽的工作,如果定作人要求保密的,应当保密。

第二百九十一条 【材料的提供】

合同约定由承揽人提供材料的,承揽人应当按照合同约定的标准选用材料;并接受定作人的检验。

合同约定由定作人提供材料的,定作人应当按照合同约定的标准提供材料;承揽人对定作人提供的材料应当及时检验。

第二百九十二条 【承揽人的通知义务】

承揽人在完成工作的过程中,遇有下列情况应当及时通知定作人:

(一)定作人提供的材料不符合合同的约定;

(二)定作人提供的设计图纸有错误或技术要求不合理;

(三)其他不能归责于承揽人的将影响工作质量和进度的情形。

定作人接到承揽人的上述通知,应及时答复,调换或者补齐原材料,提出修改图纸或技术要求的意见。否则,承揽人有权停止工作并通知定作人,定作人应赔偿因此给承揽人造成的损失。

承揽人怠于通知时,应当对因上述情况造成的后果承担责任。

第二百九十三条 【工作成果的交付】

承揽人应按照约定的质量、数量和期限完成工作,并交付工作成果。

承揽人违反前款规定的,应承担瑕疵履行、一部分履行和迟延履行的责任。

第二百九十四条 【共同承揽】

数人共同完成一项工作者,为共同承揽。在无相反约定时,共同承揽人对定作人负连带责任。

第二百九十五条 【验收与质量保证】

定作人应当按照合同的规定验收承揽方所完成的工作成果。验收前,承揽人应当向定作人提交必需的技术资料和有关的质量证明。

定作人对于验收所发现的工作物的明显瑕疵应立即提出质量异议;对于隐蔽的瑕疵,应在质量保证期间内提出质量异议。

隐蔽瑕疵的质量保证期间为一年。保证期间自交付时起算。超过质量保证期间未提出质量异议的,承揽人不承担责任。

第二百九十六条 【定作人的协力义务】

依承揽工作的性质需由定作人协助的,定作人对承揽人有协力的义务。

因定作人未尽协力义务致承揽工作无法完成的,承揽人有权解除合同。

第二百九十七条 【定作人的责任】

定作人未尽协力义务,或所提供的材料不符合合同的约定,或中途变更设计图纸或者对工作的要求,或者指示错误,给承揽人造成损失的,应对承揽人承担损害赔偿责任。

第二百九十八条 【工作成果或材料的风险负担】

承揽的工作成果在交付定作人以前灭失的,由承揽人负担。定作人受领迟延的,其危险由定作人负担。

定作人所提供的材料,因不可抗力而毁损灭失的,承揽人不负责任。

第二百九十九条 【承揽人的留置权】

合同约定的报酬支付期限届满,定作人未支付报酬的,承揽人对于所完成的动产有留置权。

第三百条 【报酬和费用】

定作人应按合同规定的时间和数额向承揽方支付报酬;如果费用是单独计算的,则定作人还应向承揽人支付完成工作所需的费用。定作人逾期支付报酬或费用的,承揽人有权请求利息。

合同中没有规定报酬额或标准的,依习惯给付报酬。

报酬支付时间约定不明确的,定作人应在承揽人交付工作成果的同时支付报酬;工作成果无须实际交付的,于承揽人完成工作的同时支付报酬;如果工作成果分次、分部分交付,且报酬亦就各部分工作分别确定,定作人应于每次交付时给付该部分的报酬。

第三百零一条 【合同的当然终止】

在承揽人为公民时,如果承揽工作的完成以承揽人个人的技能为必要条件,则承揽人在工作完成前死亡或失去工作能力时,承揽合同当然终止。

在定作人为公民时,如果该公民死亡,而其继承人又不需要该工作,承揽合同当然终止。

承揽合同依前二款规定终止时,如果承揽人已经完成了部分工作,且该部分工作对定作人或其继承人有用,则定作人或其继承人应当验收该部分工作并支付相应的报酬。

第二节　建设工程承包合同

第三百零二条　【总包与分包】

建设工程承包合同,包括勘察、设计、建筑、安装,可以由一个总承包人与发包人订立总承包合同,再由总承包人与分承包人订立分承包合同。

总承包人对各分承包人所完成的工作向发包人承担责任。

第三百零三条　【合同形式】

建设工程承包合同应当采用书面形式。

第三百零四条　【掩埋工程的验收】

建设工程的掩埋部分,发包人应在该部分掩埋前进行验收。

第三百零五条　【质量保证金】

建设工程交付时,发包人有权从应向承包人支付的报酬中扣留百分之五作为质量保证金。

质量保证期限届满,未发现瑕疵或者虽发现瑕疵,承包人给予维修后消除瑕疵的,发包人应将质量保证金交付承包人。

第三百零六条　【承包人的法定抵押权】

建设工程完工后,发包人未按合同约定支付建设费用和报酬的,承包人对建设工程有法定抵押权。

第三百零七条　【质量保证期和建设工程所有人、使用人的直接请求权】

建设工程的质量保证期为两年。

建设工程的所有人和使用人在质量保证期内发现瑕疵的,对建设工程的承包人有直接请求权。

第十九章　运送合同

第一节　一般规定

第三百零八条　【定义】

运送为运送人接受报酬而将旅客或物品运送至约定地点的合同。

运送人是指以运送物品或旅客为营业者。

第三百零九条　【当事人基本义务】

运送人应当在约定期间将旅客、行李、货物运送到约定地点。计程车运送人并应遵守旅客关于运送径路的指示。

旅客、托运人或者收货人应当支付运送费用。运送费用以运送人公告的标准计算。

第三百一十条 【运送人之承诺义务】

对于旅客、托运人的运送要约,运送人除非有正当理由,不得拒绝承诺。

第三百一十一条 【适用】

军事运送、国际间运送,不适用本章规定。

其他法律对运送合同有特别规定的,适用该特别规定。

第二节 旅客运送合同

第三百一十二条 【合同之成立】

旅客运送合同自运送人向旅客交付票时成立。当事人另有约定或者有不同习惯的,依其约定或者习惯。

第三百一十三条 【运送人告知与提供服务义务】

运送人应当向旅客告知有关运送的重要事项,并应按照约定、习惯及其特别许诺,为旅客提供饮食和其他服务。

第三百一十四条 【退票与变更】

因旅客原因不能依其购买的票上记载的事项乘坐的,应当办理退票或者变更事宜。逾期不为办理的,运送人免除运送义务,并不退票款。

第三百一十五条 【运送人迟延或不能】

运送人迟延或者不能依照约定运送时,旅客有权解除合同,或者请求更换运送工具、变更运送径路以到达相同目的地,或者请求运送人将其运返始发地。

前款规定,不影响旅客请求赔偿损失的权利,但赔偿额以票价为限。

第三百一十六条 【运送人之损害赔偿责任】

运送人对于旅客因运送造成的伤害负赔偿责任,但伤害系因旅客故意或者重大过失所致者除外。

法律对造成旅客伤害规定有赔偿限额的,从其规定。但如果伤害是因运送人或其雇用人的故意或者重大过失造成的,不适用有关赔偿限额的规定。

本条规定,适用于按照规定免票、持优待票或者经运送人或其雇用人许可搭乘的无票旅客。

第三百一十七条 【运送人对行李之赔偿责任】

运送人对旅客自带行李的毁损灭失负赔偿责任,但能够证明自己或其雇用人没有过错的除外。

运送人对于旅客交托的行李,不论是否收取运费,其毁损灭失,适用关于货物运送的有关规定。

第三节 货物运送合同

第三百一十八条 【托运单】

托运人办理货物、行李、包裹托运,应当填写托运单。

托运单应当记载以下事项:

（一）托运物名称、重量或容器、包装、标志、件数；
（二）到达地；
（三）托运人姓名及住址；
（四）收货人姓名及住址；
（五）填写地及填写日期。

第三百一十九条　【托运人提交文件与告知义务】
托运人办理托运时，应当提交法律、行政法规规定的必要文件及有关运送物的准确说明。

运送物在性质上有对人身或者财产造成损害的可能时，托运人于托运时应当告知运送人。怠于告知者，对于因此造成的损害，应当负赔偿责任。

第三百二十条　【提单】
运送人应托运人请求，应当交付提单。

提单应当记载以下事项：
（一）第三百一十八条第二款第一项至第四项所列内容；
（二）运费；
（三）运送人签字；
（四）填发地及填发日期。

运送人在托运人提交的托运单副本上补充上款第二项至第四项内容的，该托运单副本视为提单。

第三百二十一条　【提单之效力】
运送人与提单持有人之间，关于运送事项，依提单上的记载。有关运送的变更、中止及运送物的领取或者处分，须依提单进行。

提单得以背书转让他人，但提单上有禁止背书转让记载的除外。

第三百二十二条　【提单持有人请求变更之权利】
提单持有人在运送物运抵到达地并通知收货人之前，可以请求运送人中止运送、返还运送物、变更到达地或为其他处分。但请求再次变更，对运送物一部分变更、变更为事实上不能或者变更运送违反国家有关规定者，运送人有权拒绝。

前款情形，运送人有权请求运费及因变更运送所支出的费用，并可请求相当的损害赔偿。

第三百二十三条　【运送人通知与请承义务】
运送人于运送物到达目的地时，应当及时通知收货人。

收货人不明或者收货人拒绝受领运送物时，运送人应当请求托运人在相当的期限就运送物的处分给以指示。

第三百二十四条　【运送物之提存】
在前条第二款情形，托运人未在相当期限内给以指示或者其指示事实上不能实行时，运送人可以提存运送物。不宜提存者，运送人可以依法拍卖，在扣除运费、保管费、拍卖费及其他费用后，提存价金。

第三百二十五条 【运送物之留置】

运送人于运费及其他费用未受清偿前,有权在未受清偿的价额限度内留置运送物。

对于运费及其他费用有争执时,收货人可以将有争执的数额提存,请求运送人交付运送物。

第三百二十六条 【运送人之赔偿责任】

运送人对于运送物的毁损灭失应当负赔偿责任,但其能够证明运送物的毁损灭失系由不可抗力、运送物本身或者托运人、收货人的过失所造成者,不承担赔偿责任。

运送物毁损灭失时,其赔偿额依应当交付时到达地的价格计算。保价运送,按托运人的声明价格计算。法律规定有赔偿限额的,从其规定。但损失的造成系出于运送人及其雇用人的故意或者重大过失时,不适用赔偿限额的规定。

第三百二十七条 【运送人之迟延责任】

运送人应对运送迟延给收货人造成的损失承担赔偿责任。但损害赔偿金额不得超过运送物全部灭失时可请求的赔偿额。

运送人迟延三十日仍不能交付运送物的,托运人或者收货人有权按照运送物灭失请求赔偿。

第三百二十八条 【相继运送人之连带责任】

运送物由数个运送人相继运送时,各运送人对于运送物的毁损灭失及迟延,承担连带责任。

第三百二十九条 【运送物灭失时之运费】

运送物于运送中因不可抗力而灭失时,运送人不得请求灭失部分的运费。已收取的运费应予返还。

第三百三十条 【索赔期】

收货人于领取运送物时发现有毁损灭失时,最迟应当在次一工作日向运送人提出书面声明。对不能立即发现的毁损或者部分灭失,收货人应当在自领取运送物之日起十五日内向运送人发出书面通知。怠于声明或者通知的,运送人不负责任。但运送人及其雇用人恶意掩蔽或者运送物毁损灭失系因运送人及其雇用人故意或者重大过失造成的除外。

收货人请求赔偿的权利自其知道或者应当知道损害之日经过一百八十日不行使而消灭。

托运人或者收货人与运送人之间关于退补运费及其他费用的要求,准用上款规定。

第四节 联运合同

第三百三十一条 【定义及法律适用】

以至少两种不同的运送方式,将旅客、行李、货物送达目的地的运送为联运。

联运合同除本节特别规定外,适用本章第一至第三节的规定。

第三百三十二条 【联运合同之运送人】

联运合同的运送人,可以是单独从事联运的经营人,也可以是共同从事联运业务的数个运送人。

第三百三十三条 【联运经营人及联运运送人之地位】

联运经营人为联运合同的当事人,负有履行合同的义务,并对实际运送人的运送行为向旅客或者托运人负责。

各联运运送人共为联运合同的当事人,各负完成自己区段运送的义务。第一运送人及最后运送人,为联运运送人的代表。

第三百三十四条 【合同之订立】

联运合同由旅客或者托运人与联运经营人订立,或者与始发地的联运运送人订立。联运经营人或者始发地的联运运送人应当向旅客或者托运人交付联运客票或者联运提单。

第三百三十五条 【联运提单之转让】

联运提单签发时,应依托运人的选择,载明是否可以转让。

联运提单上记载按指承交付的,该提单须经背书始得转让。联运提单上记载向持单人交付的,该提单无须背书即可转让。联运提单上载明收货人姓名或者名称的,该提单不可转让。

第三百三十六条 【责任承担】

联运经营人应当对实际运送人的迟延或者给旅客或者运送物造成的损害承担责任。

运送物毁损灭失或者迟延应由联运运送人承担责任的,先由最后运送人承担责任,再由其向应当负责的其他联运运送人追偿。如责任不能分清时,按各联运运送人所收运费的比例分担责任。对旅客造成损害的,由该区段的运送人承担损害赔偿责任。

第二十章　储蓄合同

第三百三十七条 【定义】

储蓄为存款人与存款机构约定,存款人将金钱移转于存款机构,并于期满时向存款机构支取存款本金和利息的合同。

前款所称存款机构,指法律、法规规定的办理存款业务的机构。

第三百三十八条 【合同的成立】

储蓄合同自存款人向存款机构交付金钱时成立。

第三百三十九条 【存款凭证】

存款机构应向存款人及时开具存折、存单或者双方约定的其他存款凭证。

存款凭证应记载下列事项,并由存款机构签章:

(一)存款种类;

(二)存款金额;

(三)结存日期。

存款定有期限的,存款凭证上还应记载存款期限或取款日期以及存款利率。

第三百四十条 【利息】

存款机构应向存款人支付利息,法律另有规定的除外。

存款利率,依国家主管机关的规定确定。

第三百四十一条 【记载错误之更正】

存款凭证记载错误的,存款人有权在错误情事发生之日起九十日内请求存款机构更正。

第三百四十二条 【提前支取】

存款定有期限的,存款人可以在约定取款日期之前全部或者部分支取。

存款人提前支取存款,计息方式依法律、法规的规定。

第三百四十三条 【保密义务】

存款机构对存款人的存款情况应保守秘密。

存款机构不得代任何单位或者个人查询、冻结或者划拨存款人的存款,但法律另有规定的除外。

第三百四十四条 【存款凭证丧失】

存款人存折、存单或者约定的其他存款凭证丧失,存款人有权要求挂失止付。

存款机构受理挂失,应立即停止支付存款。受理挂失前存款已被他人支取的,存款机构的支付义务消灭,但存款机构有故意或重大过失的除外。

存款机构受理挂失七日后,存款人可以请求补发新的存折、存单或者约定的其他存款凭证。

可转让定期存单丧失,视同票据丧失。

第三百四十五条 【适用】

以支票、信用卡、现金卡为取款凭证的,准用本法第二十一章第三百四十七条、第三百四十八条、第三百四十九条、第三百五十一条、第三百五十二条、第三百五十四条,不适用本章第三百三十八条、第三百三十九条第二款、第三款、第三百四十一条、第三百四十三条的规定。

第二十一章 结算合同

第三百四十六条 【定义】

结算为立户人将其资金存入银行机构,银行机构为其提供付款和出纳服务的合同。

第三百四十七条 【合同成立】

结算合同自立户人与银行机构协议设立结算账户,并将其资金存入该账户之日起成立。

除法律另有规定外,立户人与开户银行机构之间的立户申请、立户凭证、账户记录、账户报表为结算合同的组成部分。

自银行机构结算记账之日起,立户人与银行机构之间的结算合同的资金条款依立户人的账户结存额而变更。

第三百四十八条 【必要条款】

结算合同应当包括以下必要条款：

（一）立户人的名称、住所及其法定代表人姓名；

（二）开户的银行机构的名称和住所；

（三）账户名称和账号；

（四）结存资金数额和结存时间。

第三百四十九条 【结合账户与抵销权条款】

双方当事人可以在合同中约定结合账户条款和抵销权条款。合同未明文约定的，银行机构不得行使结合账户与抵销的权利。

第三百五十条 【利息率】

结算合同的利率依中央银行的规定。

第三百五十一条 【立户人义务】

结算合同的立户人负有以下义务：

（一）依照法律和法规的规定，使用账户凭证，不得出租或出借账户；

（二）正确使用银行机构许可使用的票据和支付凭证，不得在账户结存金额和协议透支额之外，签发空白票据和远期票据；

（三）缴纳结算费用；

（四）定期与银行机构进行结算对账，按照要求向银行机构提交结算凭证和会计凭证。

第三百五十二条 【开户银行机构义务】

结算合同的银行机构负有以下义务：

（一）为立户人保守秘密，除依法律、法规规定，不得影响立户人的正常支取，也不得代任何第三人从立户人账户的结存金额中扣收款项；

（二）对立户人交存的现金，于一个营业日内结存于立户人账户；对立户人交存或委托收取的即期票据资金，于交存之日起三日内结存于立户人账户；收取立户人交存或委托收取的未届期票据资金，并于票据付款期到来之日或者指示贴现之日起的三日内，将结存金额汇入立户人账户；

（三）依据立户人的委托和当事人的有效付款通知，及时为立户人代付资金；

（四）及时将应支付的利息汇入立户人账户；

（五）向立户人提供票据簿和有关的出纳服务；

（六）于每个月的最后三个营业日内，向立户人报送账户报表，通知立户人对账；

（七）在发现立户人联户的资金有错误记载或立户人有进支行为时，及时向立户人发出书面通知。

第三百五十三条 【推定权利】

除法律另有规定或者当事人另有约定外，结算合同的当事人享有以下权利：

（一）银行机构在错误记载立户人账户内结存金额并经立户人对账户签字后的三十日内，有权纠正该错误的记载，但应当及时通知立户人核对账户报表；

(二)立户人在收到银行机构提交的账户报表之日起的三十日内,有权就已经签字的报表中的错误记载向银行机构提出异议,要求银行机构纠正;超过该期限而未主张异议的,视为接受和认可已经签字的账户报表;

(三)立户人的行为将导致不当透支的,银行机构有权拒绝兑付;立户人不当透支的,银行机构自立户人透支之日起有权主张债权。

第三百五十四条 【资金转贷】

立户人可以申请将结存账户中结存金额的全部或部分转为定期存款或者委托贷款。

开户的银行机构于前款规定的合同履行期满时,应当将全部还贷资金划入立户人的结算账户。

第三百五十五条 【终止与清算】

结算合同可基于以下原因清算终止:

(一)银行机构被撤销或因其他原因消灭;

(二)立户人申请;

(三)立户人的联户连续一年未发生资金收付、银行机构已经送达撤户通知;

(四)法律、法规所规定的其他原因发生。

结算合同终止前,立户人应当与银行机构进行清算。立户人账户中包含有未到付款期的票据资金的,立户人应当于清算期届满的十五日前,指示该票据贴现。立户人于清算期开始后的十五日内,应当将留存的全部票据凭证或支付凭证交还银行机构。

第二十二章 出版合同

第三百五十六条 【定义】

出版合同为作者或其他著作权人向出版者交付作品,出版者承担印刷及发行的合同。

第三百五十七条 【合同的形式】

出版合同应以书面形式订立。

第三百五十八条 【出版权的转移与权利瑕疵担保】

作品的出版权由作者在合同约定的有效期间授予出版者。合同约定的出版权期限不得违反著作权法的规定。

作者应对出版者承担权利瑕疵担保责任。

第三百五十九条 【作品的订正和修改】

作品在印刷前,作者可在不妨害出版者利益的前提下适当订正或者修改。

第三百六十条 【再版】

作品再版,出版者应当取得作者同意。作者无正当理由不得拒绝再版。作品再版时,作者有权修改。

第三百六十一条 【作者的义务】

作者应当按照合同约定的条件或者期限交付作品。

作者在合同有效期间,不得将作品的全部或一部分以原名或者更换名称另行出版。

第三百六十二条 【出版者的义务】

出版者应当履行下述义务:

(一)按照合同约定期限出版作品;

(二)出版的作品应当有作者的署名;

(三)出版者应当向作者支付约定的报酬;

(四)未经作者书面同意,出版者不得将出版权转让第三人,或者在出版权上设定抵押权。

第三百六十三条 【作品灭失的责任】

作品交付出版者后,非因作者的原因不能出版时,出版者仍应给付报酬。作品灭失的,出版者应当承担损害赔偿责任。

第二十三章　演出合同

第三百六十四条 【定义】

演出为著作权人授权表演者有偿表演作品的合同。

第三百六十五条 【著作权人的义务】

著作权人负有下列义务:

(一)在约定的时间内向表演者交付作品;

(二)应表演者的要求,给予协助;

(三)保证对该作品的表演不侵犯其他人的权利。

第三百六十六条 【表演者的义务】

表演者负有下列义务:

(一)在约定期间内,向公众表演该作品;

(二)演出前以适当方式宣布著作权人的姓名;未经著作权人同意,在演出中不得对作品进行实质性变更;

(三)合同中指定的主要演员、乐队指挥,如无重大理由,不得更换;

(四)按照合同约定向著作权人支付报酬;

(五)向著作权人提供演出情况和收入账目;

(六)未经著作权人同意,不得转让合同中的权利和义务。

第三百六十七条 【专有权的取得、丧失】

除演出合同有相反约定外,演出合同为非专有合同。

专有演出合同中的表演者连续中断表演满二年,丧失专有权。

第三百六十八条 【著作权人的解除权】

著作权人有权在下列情况下解除合同:

(一)取得专有表演权的表演者,在已开始表演后,又停顿了有关表演满二年;

(二)表演者未能履行本法第三百六十五条第一项与第三项的义务；

(三)经著作权人催告后,表演者在著作权人指定的或者合理的期限内仍未履行第三百六十六条第二、三、四、五项义务中的任何一项。

第三百六十九条 【表演者的解除权】

表演者有权在下列情况下解除合同：

(一)著作权人未履行本法第三百六十五条第一项的义务；

(二)经表演者催告后,著作权人在表演者指定的或者合理的期限内仍未能履行第三百六十五条第二项义务。

第二十四章 委托合同

第三百七十条 【定义】

委托为当事人约定一方为他方处理事务的合同。

第三百七十一条 【受托人权限的确定】

委托合同应当订明受托人的权限；未订明的,受托人的权限依委托事务的性质确定。

当事人可以约定一项或者数项事务而为特别委托,也可约定就一切事务而为概括委托。

委托处理下列事务之一的,须有委托人的特别授权：

(一)不动产出售、出租或者就不动产设定抵押权；

(二)赠与；

(三)和解；

(四)提交仲裁。

第三百七十二条 【受托人服从指示的义务】

受托人应当依照委托人的指示处理委托事务。

因情况紧急,无法事先与委托人协商,并可推定委托人若知有此情况亦允许变更指示的,受托人可以变更委托人的指示,但必须将变更情况及时通知委托人。

第三百七十三条 【亲自处理及转委托】

委托人应当自己处理委托事务。

经委托人同意,委托人可以将委托事务转委托给第三人代为处理；未经委托人同意转委托的,受托人应当对自己的行为及其转委托的第三人的行为承担责任。在法律规定的紧急情况下,受托人为保护委托人的利益而转委托的除外。

第三百七十四条 【受托人的报告义务】

受托人应当按照委托人的要求,随时或者定期报告委托事务的处理情况；委托合同终止时,应当将处理委托事务的经过和处理结果报告委托人,并提交必要的证明文件。

第三百七十五条 【受托人交付财物和转移权利的义务】

受托人因处理委托事务所收取的金钱、物品及其孳息,应当交付委托人;受托人为自己的利益,使用委托人的金钱的,应当支付利息。

受托人以自己的名义为委托人取得的权利,应当移转给委托人。

第三百七十六条 【受托人的损害赔偿责任】

受托人因处理委托事务有过错,或者因超越受托权限给委托人造成损害的,应当承担赔偿责任。

第三百七十七条 【受托人的费用预付及偿还义务】

委托人应受托人的请求,应当预付处理委托事务的必要费用。

受托人因处理委托事务支付的必要费用,委托人应当偿还,并支付自受托人支出之日起的利息。

受托人为处理委托事务而负担的必要债务,委托人应当负责清偿。

第三百七十八条 【委托人交付报酬的义务】

有偿委托合同的委托人应当向受托人支付报酬。

受托人接受报酬的,除另有约定的外,应当于委托事务处理完毕后请求给付。因不可归责于受托人的事由致使委托合同在受托事务处理完毕前终止的,受托人有权就其已处理的部分事务请求报酬。

第三百七十九条 【受托人的赔偿责任】

受托人在处理委托事务时,因不可归责于自己的事由而受到损害的,可以向委托人请求赔偿。

第三百八十条 【委托合同的终止】

委托人或者受托人可以随时终止委托合同。

委托人撤销委托的,对受托人依照法律规定或者双方约定已处理的部分事务所产生的法律后果应予接受,并应当负担此已支出的费用。委托人非因可归责于受托人的事由撤销委托造成受托人损失的,应当承担赔偿责任。

委托合同因委托人或者受托人死亡、破产或者丧失行为能力而终止。但如遇有紧急情况,受托人、其继承人或者法定代理人,在委托人、其继承人或者法定代理人得以处理委托事务之前,应当继续处理委托事务。

受托人在不利于委托人的时期辞去委托造成委托人损失的,应当负赔偿责任,但因不可归责于受托人的事由而辞去委托的除外。

第二十五章 居间合同

第三百八十一条 【定义】

居间为当事人约定一方为他方报告订约机会,或者为订约媒介,他方给付报酬的合同。

第三百八十二条 【居间人的诚信义务】

居间人应当向委托人报告相对人的真实情况,并应当保守委托人的商业秘密及约定的其他秘密。

第三百八十三条 【报酬】

居间人在合同因其报告或者媒介而成立时,始得向委托人请求支付约定的报酬。

合同附有停止条件的,于该条件成就前,居间人不得请求报酬。

约定报酬过高时,委托人可以请求法院或者仲裁机构酌减。但报酬已给付者,不得请求返还。

第三百八十四条 【居间费用】

除有特别约定外,居间人不得请求因居间而支付的费用。

第二十六章 行纪合同

第一节 一般规定

第三百八十五条 【定义】

行纪为行纪人以自己的名义,用委托人的费用,为委托人办理动产和有价证券买卖等业务,并收取报酬的合同。

第三百八十六条 【委托合同规定的适用】

行纪合同除本章规定外,适用本法关于委托合同的规定。

第三百八十七条 【行纪人与第三人的关系】

行纪人以自己的名义,直接对第三人享受权利、履行义务。

第三百八十八条 【行纪人担保债务的履行】

行纪人在第三人不履行义务时,应当自己向委托人履行相应义务,但双方另有约定的除外。

第三百八十九条 【行纪人补偿差额的效力】

行纪人以低于委托人指定的价格卖出或者以高于委托人指定的价格买入的,如果行纪人补偿其差额,该项买卖对委托人发生效力。

第三百九十条 【高价卖出或者低价买入的利益归属】

行纪人以高于委托人指定的价格卖出或者以低于委托人指定的价格买入的,其利益应当归于委托人。

第三百九十一条 【报酬及费用补偿】

行纪人可以按照合同的规定,请求委托人给付报酬并补偿其为委托人的利益而支出的必要费用及其利息。

第三百九十二条 【行纪人对委托物的保管义务】

行纪人占有委托物时,对委托物应当尽善良管理人的注意;对委托物的保险依双方当事人的约定办理。

第三百九十三条 【委托物的处置】

为了保护委托人的利益,行纪人应当对有瑕疵或者容易腐烂、变质的委托物谨慎处理。

第三百九十四条 【委托物的提存】

委托人拒绝受领委托买入物时,行纪人可以催告委托人限期受领;逾期仍不受领的,行纪人可以拍卖委托买入物,从所获价款中优先受偿,如有剩余,予以提存。

第三百九十五条 【行纪人的介入权】

行纪人接受委托出卖或者买入有价证券或者其他有公示价格的物品时,可以自己的名义充当买受人或者出卖人,但双方另有约定的除外。

第三百九十六条 【委托人的介入权】

委托人可以介入行纪人与第三人签订的合同,直接对第三人行使权利和履行义务;但委托人的介入不得违反国家的法律或者合同的约定。

第三百九十七条 【第三人的选择权】

第三人在确知委托人时,可以选择委托人或者行纪人,作为自己行使权利和履行义务的相对人。第三人一旦选定相对人,不得另行变更,法律另有规定的除外。

第二节 对外贸易行纪

第三百九十八条 【对外贸易行纪的法律适用】

对外贸易行纪本节未作规定的,适用本章第一节的规定。

第三百九十九条 【委托人的义务】

委托人负有下列义务:

(一)依法办理委托进口或者出口商品的有关手续,并及时向受托人提供委托进口或者出口商品的有关情况;

(二)未经受托人同意,不得自行对外询价或者进行商务谈判;不得自行就合同条款对外作出任何形式的承诺;不得自行与外商修改或者补充进出口合同;

(三)委托人同意的进口或者出口合同条款,不得因条款本身的缺陷引起的损失向受托人请求补偿;

(四)按照委托协议和进出口合同的规定及时向受托人提供进口所需资金或者委托出口的商品;

(五)按照委托协议的规定,向受托人支付约定的手续费,并偿付受托人为其垫付的费用、税金及利息。

第四百条 【受托人的义务】

受托人负有下列义务:

(一)以自己的名义与外商签订、修改或者补充进出口合同,并及时将合同的副本送交委托人;

(二)在办理受托事宜时,应当依据法律和行政法规,并符合国际惯例,维护委托人的利益;

(三)向委托人提供受托商品的国际市场行情,及时报告受托事宜的进度及其他有关情况;并自行办理履行进出口合同所需的各种手续;

(四)外商违反进出口合同时,及时对外索赔,或者采取其他补救措施。

第四百零一条 【违约责任及免责条件】

委托人违反委托协议,导致受托人违反进出口合同时,应当偿付受托人为其垫付的费用、税金及利息,支付约定的手续费和违约金,并承担受托人因此对外承担的一切责任。

委托人因不可抗力事件不能全部或者部分履行委托协议的,免除其对受托人的全部或者部分责任,但应当及时通知受托人并在合理期间内提供有关机构出具的证明;如果受托人不能因此免除对外商的责任,受托人对外商承担的责任由受托人承担。

受托人违反委托协议,致使违反进出口合同的,应当赔偿委托人因此遭受的损失,并自行承担一切对外的责任。

受托人因不可抗力的事件不能全部或者部分履行委托协议的,免除其对委托人的全部或者部分责任,但应当及时通知委托人和外商,并在合理期限内提供有关机构出具的证明。

如外商因不可抗力违反进出口合同的,应当免除受托人对委托人的责任,但受托人应当提供有关证明并及时通知委托人。

第四百零二条 【对外争议解决的相互协助】

如发生对外索赔,委托人应当在索赔期内向受托人提交必要的索赔资料;受托人应当按照进出口合同的规定对外索赔并及时向委托人通报索赔情况、转付索赔所得款项。

因一方过错导致未能对外索赔的,其损失由过错一方承担;如果受托人在对外索赔中无过错,委托人无权向受托人要求外商赔偿金额以外的赔偿。

外商提出索赔的,受托人应当及时向委托人转交外商提供的索赔资料,委托人应当根据委托协议及时理赔。受托人应当向委托人及时通报对外理赔情况。

因一方过错导致未能对外理赔的,由过错一方承担受托人因此对外承担的责任。

在委托人提供费用及协助下,受托人应当按进出口合同的规定,确定对外解决方式,由此产生的损失或者利益由委托人承担或者享有;如果受托人拒绝处理对外争议,委托人有权要求受托人赔偿损失;委托人不提供处理对外争议所需的费用及协助的,受托人可以自行承担费用和风险,处理对外争议所产生的损失或者利益由受托人承担或者享有。

外商对受托人提起仲裁或者诉讼时,受托人应当依委托协议和进出口合同的规定及时对外交涉,并通知委托人;委托人应当协助受托人收集证据,并为受托人的交涉提供其他必要的支持和便利。

第二十七章　保管合同

第一节　一般保管合同

第四百零三条 【定义】

一般保管为当事人约定一方将物交付他方保管的合同。

第四百零四条 【合同的成立及有偿无偿】

一般保管合同,自寄托人交付保管物于保管人时成立。

除法律另有规定,或者当事人有特别约定,或者有其他非受报酬不为保管的情形外,为无偿合同。

第四百零五条 【保管人的注意义务】

无偿保管合同的保管人,应当对保管物尽与保管自己所有的物同样的注意;有偿保管合同的保管人,应当对保管物尽善良管理人的注意。

第四百零六条 【商业营业场所的注意义务】

商业营业场所对顾客寄存的物品,应当尽善良管理人的注意。

对于货币、有价证券及其他贵重物品,顾客应当声明并寄存。对于未声明并寄存的贵重物品,营业场所所有人对其毁损或灭失不承担赔偿责任,但营业场所所有人及其使用人有故意和重大过失的除外。

第四百零七条 【保管人不得使用保管物的义务】

非经寄托人许可,保管人不得使用或者使第三人使用保管物。但基于保管物的性质必须使用的除外。

第四百零八条 【第三人代为保管】

保管人经寄托人同意,或者另有习惯,或者有不得已的事由,得使第三人代为保管。保管人依上款规定,使第三人代为保管的,仅就对第三人的选任及指示负其责任。

第四百零九条[①]

当事人可以约定保管的场所及保管方法。保管人不得擅自更改,但为维护寄托人的利益,基于保管物自身性质或者因情势紧急而必须做出的改变不在此限。

第四百一十条 【寄托人的费用偿还义务及损害赔偿责任】

寄托人应当偿还保管人为保管物品所支出的必要费用,双方另有约定的,依约定。如寄托人拒绝偿付费用,保管人有权留置保管物。

由于保管物本身的性质或者瑕疵而使保管人受到损害的,寄托人应当承担损害赔偿责任。但保管人于合同成立时已知物品有瑕疵而接受保管者,不在此限。

第四百一十一条 【保管物的返还】

不论保管合同是否订有期限,寄托人得随时请求保管人返还保管物。有约定期限的,保管人除非有特别事由,不得提前返还保管物。

双方约定返还地点的,依约定;未约定返还地点的,在保管地返还。

双方可约定返还的方法,未约定的,保管人应当依保管物的性状要求,决定返还的方式。

保管人应当将原物及孳息一并返还寄托人。

第四百一十二条 【保管报酬的给付】

保管合同当事人约定给付报酬的,保管人得于返还时请求寄托人给付报酬。寄托

---

① 本条原件无条标。

人不支付约定报酬的,保管人有权留置保管物。

第四百一十三条 【第三人主张权利的返还】

第三人就保管物主张权利的,除对保管人提起诉讼或者为扣押外,保管人仍对寄托人负返还保管物的义务,第三人提起诉讼或者为扣押时,保管人应当及时通知寄托人。

第四百一十四条 【消费保管】

保管物为种类物时,如双方约定保管人得取得保管物的所有权,而仅负以种类、数量和品质相同的物返还寄托人的义务,为消费保管。

保管的标的物为金钱时,保管人仅负返还同一数额的义务。

消费保管定有期限的,寄托人非有重大事由不得请求提前返还。

消费保管自保管物交付保管人起,准用关于消费借贷的规定。

第二节 仓储保管合同

第四百一十五条 【定义】

仓储保管为当事人约定一方接受报酬而为他方提供仓储保管服务的合同。

第四百一十六条 【仓单】

仓库营业人应当设仓单簿。

依存货方的请求,保管方应当由仓单簿开具由其签名的仓单。

第四百一十七条 【仓单应载事项】

仓单应记载下列事项:

(一)存货方的姓名及住址;

(二)保管物的种类、品质、数量以及包装和种类、件数和标记;

(三)保管的处所;

(四)保管费;

(五)保管期间;

(六)保管物交付保险的,其保险金额、期间及保险人的姓名或商号;

(七)仓单的填发地及填发年月日。

第四百一十八条 【仓单的背书及其效力】

仓单所载货物所有人在仓单上背书,并经保管方签名,可以转移货物所有权于他人。

第四百一十九条 【保管期间】

仓储保管合同约定保管期间的,在期限届满前保管人不得要求返还或者移去保管物。未约定期间的,自保管时起六个月内,保管人不得请求返还或者移去保管物;六个月后,保管人可随时请求返还或者移去保管物,但应当提前一个月予以通知。

第四百二十条 【检查和提取样品】

保管方应存货方或者仓单持有人的请求,应当准其检查保管物和提取样品。

第四百二十一条 【一般保管规定的适用】

除本节另有规定外,仓储保管合同适用一般保管合同的规定。

第二十八章 合伙合同

第一节 一般规定

第四百二十二条 【定义】
合伙为二人以上相约出资,经营共同事业,共享利益、共担风险的合同。

第四百二十三条 【出资】
合伙人的出资,可以为金钱或者其他财产,或者以劳务代之。

合伙合同如无出资比例的约定,合伙人应当投入相等的出资。

合伙人以实物或者实物的使用、收益或者技术出资的,应折算为份额。合伙人于约定出资外,无义务增加或者补充合伙资本。合同有特别约定的,依其约定。

第四百二十四条 【合伙财产】
合伙人的出资、合伙人经营共同事业中所获得的一切财产,为合伙财产。合伙财产为全体合伙人共同共有。

合伙人于合伙清算前,不得请求分拆合伙财产。

第四百二十五条 【事务执行】
合伙业务,由全体合伙人共同决定执行,合同约定合伙业务由一人或数人执行的,其他合伙人不参与执行。

合伙业务执行人,应以善良管理人的注意,按照委托的意思妥善处理合伙事务。

合伙业务执行人在执行合伙业务时,对第三人有代理其他合伙人的效力。合伙人之间对任何一个执行业务的合伙人权利的限制,不得用于对抗善意第三人。

第四百二十六条 【事务执行人的辞职与解任】
合伙事务执行人,除非有正当或者重大事由,不得辞任或者解任。业务执行人,因重大事由提出辞任,应当预先通知其他合伙人,在合伙业务能正常处理时,始得离任;因重大事由解任时,应有全体合伙人的一致同意,或由规定的过半数决定,撤销其执行权。

第四百二十七条 【合伙人的检查权】
各合伙人均有权检查合伙业务、合伙财产的状况,并得查阅合伙账簿及资料。合同相反的约定无效。

第四百二十八条 【合伙人的请求权】
合伙人执行合伙业务,不得请求报酬,合同另有约定的除外。

合伙人为合伙业务垫付的必要费用和所遭受的无法避免的损失,对合伙有求偿权。

第四百二十九条 【合伙人对合伙的责任】
合伙人不履行合伙业务的,依合同所生之债的有关规定,对合伙负其责任。

合伙人以金钱为出资标的而不按约定履行时,除向合伙支付其利息外,还应赔偿损害。

合伙人在合伙事务中,对由于自己的过失使合伙遭受的损失,负赔偿责任,并不得以自己在其他业务上提供的利益相抵。

各合伙人对合伙债务的清偿,负连带责任。偿还合伙债务超过自己负担数额的合伙人,有权向合伙或者其他未足额负担的合伙人追偿。

第四百三十条 【既存合伙的入伙】

合伙成立后,他人请求加入既存合伙的,须经全体合伙人同意,方得入伙。

既存合伙新接纳的合伙人,对他加入前合伙的债务,与原合伙人负同一的责任。约定新合伙人对前合伙的债务不负责任的,承担了前合伙债务的新合伙人,有权就其承担数额向原各合伙人追偿。

新合伙人成为合伙人之一时,前合伙业务,债权债务和盈亏分派全部清结的,此时的合伙视为新合伙。

第四百三十一条 【合伙股份的转让】

非经其他合伙人全体同意,合伙人不得将自己的股份转让给第三人。

合伙人得将自己的股份转让给其他合伙人,其他合伙人均不受让时,合伙人得将自己的股份转让给其他合伙人一致同意的第三人,或者依约定的其他方式让与第三人。

第四百三十二条 【各合伙人的债权人与合伙】

合伙存续期内,合伙人个人的债权人,就合伙人基于合伙合同享有的合伙权利,不得代位行使;合伙人亦不得将这类权利转让于他的债权人;但合伙人的合伙权利派生的权益请求权,不在此限。

合伙人个人的债权人,不得以其对该合伙人的债权同他对合伙的债务相抵销。

合伙人个人的债权人,得就该合伙人的股份声请扣押,但应提前两个月通知合伙及该合伙人。在该合伙人不采取补救措施的情况下,此通知有为该合伙人声请退伙的效力。

第四百三十三条 【年度结算、损益分配及其标准】

合伙的每届结算与利益分配,除另有约定外,应当于业务年度终进行,利益分配得以约定或者出资额的比例进行。

损益分配的比例,无论仅就利益或者仅就损失约定,都通用于利益或者损失的分配,损益分配比例,出资也无明确比例的,以等分原则处理。

以劳务出资的合伙人,不分担合伙的损失;合同另有约定的除外。

合伙人不得约定将全部利润分配于某一个合伙人,也不得约定对某一个合伙人免除一切负担,或者将其全部负担由某一个合伙人承担。

第四百三十四条 【退伙】

合伙人得声明退伙。声明退伙应于两个月之前通知其他合伙人,合伙人声明退伙,不得于有损合伙业务的时期进行。

合伙订有存续期间的,在有重大事由或者不得已事由时,合伙人才能声明退伙。

第四百三十五条 【法定退伙】

合伙人除依上条规定声明退伙外,可因下列事由之一而退伙:

(一)合伙人死亡或者宣布死亡的,但约定其继承人可以继承的,不在此限;

（二）合伙人宣布为无行为能力人、限制行为能力人的；
（三）合伙人受破产宣告的；
（四）合伙人经合伙除名的。

第四百三十六条　【除名】
合伙除名合伙人，须有正当事由，并应当在其他合伙人全体同意下进行，同时应当将除名决定通知被除名的合伙人。

第四百三十七条　【退伙的清算】
退伙人与其余合伙人之间的结算，应当以退伙当时的财产状况为依据进行。

退伙人的合伙股份与应得利益，除应该并能够返还的物以外，不论其出资种类为何，可以以金钱抵还和支付。

合伙期间发生亏损，合伙财产的价值不足以清偿债务与返还出资时，退伙人应当以清算核定的各合伙人对亏损应当负担的份额的比例，向其余合伙人偿付自己应当负担的不足额。

退伙时未了结的合伙业务，得于其了结后进行清算。退伙人于退伙后，仍得就退伙时未了结的合伙业务产生的损益，分担义务和分享权利，并与原合伙人负连带责任。

第四百三十八条　【合伙的解散】
合伙因下列事由之一而解散：
（一）合伙合同存续期间届满的；
（二）合伙合同约定的合伙事务已完成或者确定不能完成的；
（三）合伙人全体同意解散的；
（四）合伙合同约定的特定解散事由发生的。

合伙从解散之时起，有关事务的执行权归全体合伙人共同行使。

第四百三十九条　【清算】
合伙解散的清算事宜，由全体合伙人或者他们选任的清算人进行，清算人的选任，以合伙人全体过半数决定。

合伙财产的清算完成后，应当首先清偿合伙的债务；其次清偿合伙事务上合伙人对另一合伙人所负的债务；其后返还各合伙人的出资。有剩余时，按各合伙人应受分配利益的比例，进行分配。

清偿合伙债务时，如有未届清偿期或者处于诉讼中者，应当将其清偿或者争诉所需的数额由合伙财产中划出，予以保留，待到期时或了结后作清偿处理。

合伙财产，不足清偿合伙债务的，各合伙人应当按其对亏损应负担的比例，对于合伙的债权人连带负无限责任。合伙人中有人无清偿能力时，其余合伙人应当比照利益份额的比例，予以负担。

第二节　隐名合伙合同

第四百四十条　【定义】
隐名合伙为合伙人约定，一方对于他方所经营事业出资，而分享其经营所产生的利益,并在出资的限度内分担经营所发生的损失的合同。

隐名合伙,除本节规定外,适用本章第一节的规定。

第四百四十一条 【隐名合伙当事人之间的关系】

隐名合伙人向对方的出资,其财产权移归于出名的营业人。

除合同另有规定外,隐名合伙人有权请求出名营业人于每届事务年度终,计算营业的盈亏,支付利益中应归自己的部分。

第四百四十二条 【隐名合伙人对第三人的关系】

隐名合伙人对出名营业人经营业务活动相对的第三人,不发生权利义务关系。

隐名合伙人如果参与其出名营业合伙人的业务的执行,或者进行参与执行的公开表示,或者知道他人提出自己参与执行不否认的,纵然已有反对的约定,也应当对其后发生的债务,同出名营业人负连带责任。

第四百四十三条 【隐名合伙的终止】

隐名合伙合同,除因隐名合伙人声明退伙外,因下列事由之一而终止:

(一)存续期间届满的;

(二)目的事业已完成或者不能完成的;

(三)出名的营业人失去营业能力或者死亡(宣告死亡)的;

(四)出名的营业人或者隐名合伙人被宣布破产的;

(五)营业结束或者终止的。

隐名合伙合同终止时,出名营业人应当返还隐名合伙人的出资和给付其应得的利益。

合同终止时经营亏损的,隐名合伙人于其出资额度内分担经营的损失,而出名的营业人应根据结算数额,在隐名合伙人出资有存余时,返还其存余数额。

第二十九章 雇用合同

第四百四十四条 【定义】

雇用为当事人一方为他方提供劳务,他方给付报酬的合同。

国家机关、企业、事业单位、社会团体及其他组织与其雇员订立的劳动合同,劳动法无特别规定的,适用本章规定。

第四百四十五条 【试用期】

当事人可以约定试用期,但试用期最长不得超过三个月。

第四百四十六条 【劳务的专属性】

雇用人非经受雇人同意,不得将其劳务请求权让与他人。

受雇人非经雇用人同意,不得使他人代为提供劳务。

第四百四十七条 【受雇人人身安全的保护】

雇用人应当为受雇人提供合理的劳动条件和安全保障。

合同约定继续提供劳务的期限为一年以上的,雇用人应当为受雇人投保意外伤害险和医疗险。

雇用人违反本条第一款规定的,受雇人有权解除或者终止合同,并可请求损害赔偿。

第四百四十八条 【受雇人人格及宗教信仰的尊重】

雇用人有尊重受雇人人格尊严和宗教信仰的义务。

第四百四十九条 【受雇人人身损害赔偿请求权】

受雇人于受雇期间遭受的人身损害,除受雇人故意者外,由雇用人承担损害赔偿的责任。

雇用人能够证明受雇人对其遭受的损害有重大过失的,可酌情减轻雇用人的责任。

第四百五十条 【报酬的标准】

合同中约定的报酬,不得低于法律、法规规定的最低标准。

合同中未约定报酬或者约定不明的,国家有关机关规定有报酬标准时,从其规定,无规定的,参照市场同类劳务报酬标准给付。但依习惯或者当事人约定无偿提供劳务的,不在此限。

第四百五十一条 【报酬的给付】

报酬应依约定的期限给付。无约定期限的,依习惯。无约定也无习惯的,依下列规定:

(一)提供持续时间超过二个月的继续性劳务的,至少每月给付一次报酬;

(二)提供一次性短期劳务的,于劳务完毕时给付报酬;

(三)提供间断性劳务的,于每次劳务完毕时给付报酬。

受雇人以报酬作为其基本生活来源的,雇用人应当于劳务开始时预付足以维持受雇人基本生活的部分报酬。

雇用人未依约定按期给付报酬的,受雇人有权终止合同。

第四百五十二条 【报酬扣减的限制】

在下列情形,雇用人不得扣减受雇人的报酬:

(一)受雇人到医疗机构看病、接受门诊治疗或者身体检查的;

(二)受雇人哺乳婴儿的;

(三)法定节假日;

(四)因重大事由暂时不能提供劳务的;

(五)非因故意或者重大过失而给雇用人造成损失的;

(六)未能收回第三人对雇用人的债务的。

雇用人基于正当理由扣减受雇人报酬的,扣减数额总计不得超过当期应付报酬的三分之一。

第四百五十三条 【受雇人履约保证金及担保的禁止】

合同中不得约定由受雇人提交履约保证金,也不得使受雇人为第三人对雇用人的债务预为担保。

第四百五十四条 【受雇人的诚实义务】

受雇人于提供劳务期间,有服从雇用人指示,保守秘密,重大情况告知和照顾雇用人利益的义务。

受雇人故意或者因重大过失违反前款规定的义务,致雇用人遭受重大损失时,雇用人有权终止合同,并请求损害赔偿。

第四百五十五条 【特种技能的保证】

受雇人明示保证其有特种技能的,如无此种技能,雇用人得终止合同。

第四百五十六条 【雇用人因重大事由而终止合同】

雇用人遇有重大事由,得于合同期满以前终止合同。

第四百五十七条 【未定期限合同的终止】

合同未定期限,依劳务的性质或者目的也不能确定期限的,当事人双方均得随时终止合同,但至迟应当于二周前预告他方。提供间断性劳务的,至迟应当于前次提供劳务时预告。存在有利于受雇人的习惯的,从习惯。

雇用人不得在对受雇人有重大不利时预告终止合同。

第四百五十八条 【雇用人终止合同的解约金】

因非可归责于受雇人的事由,雇用人终止合同的,应当向受雇人给付解约金。

解约金的数额依下列规定:

(一)受雇人继续提供劳务一年的,解约金不少于三个月报酬的数额;继续提供劳务一年以上的,每增加一年,应当增加一个月报酬的数额;

(二)受雇人继续提供劳务半年以上不足一年的,解约金不少于二个月报酬的数额;

(三)受雇人继续提供劳务一个月以上不足半年的,解约金为一个月报酬的数额。

第四百五十九条 【受雇人终止合同的补偿金】

受雇人继续提供劳务满一年以上终止合同的,雇用人应当向受雇人给付补偿金。

补偿金的数额依下列规定:

(一)受雇人继续提供劳务不满二年的,补偿金不少于二个月报酬的数额;

(二)受雇人继续提供劳务二年以上的,每增加一年,补偿金增加一个月报酬的数额。

第四百六十条 【合同默示延长】

合同期限届满后,受雇人在雇用人明知或者可想而知的情况下继续提供劳务,雇用人不立即提出异议的,视为合同以与原期限相同的期限延长。但原合同期限超过一年的,延长的期限为一年。

第三十章　保证合同

第四百六十一条 【定义】

保证为当事人约定,当一方的债务人不履行债务时,由他方代负履行责任的合同。

第四百六十二条 【合同成立】

保证合同应当采用书面形式。

第四百六十三条 【保证人的限制】
具有履行债务能力的自然人、法人或者其他组织,可以作为保证人。

国家机关不得为保证人,但经国务院对特定事项承担保证的,不在此限。

公益法人不得为保证人。

第四百六十四条 【保证合同的从属性】
保证合同为从合同。

主合同不成立、无效或者被撤销的,保证合同无效。保证合同不成立、无效或者被撤销的,不影响主合同的效力。

在主合同不成立、无效或者被撤销的情形下,如保证人有过失或者明示保证合同有效的,保证人应当对主合同无效后的财产返还承担责任。

第四百六十五条 【保证责任的范围】
保证责任的范围包括主债务、违约金、损害赔偿金及清偿费用。但保证合同另有约定的,依约定。

保证合同约定的保证责任超过主债务人责任范围的,超过部分无效。

第四百六十六条 【保证人的代位权】
保证人承担保证责任后,得代位行使债权人对于主债务人的权利。

第四百六十七条 【主合同的变更】
主合同的债权人变更,保证合同继续有效,但保证合同另有约定的,从其约定。

主合同的债务人变更,保证合同消灭,但保证人书面表示继续承担保证责任的除外。

主合同内容变更,履行期提前的,保证合同继续有效;履行期延长的,保证合同消灭;主债务扩大的,保证人对扩大的部分不承担保证责任;主债务缩小的,保证合同继续有效;主合同标的、性质变更的,保证合同消灭;标的质量标准提高的,保证人只保证原约定的质量;标的质量标准降低的,保证合同继续有效。

第四百六十八条 【连带保证与一般保证】
保证合同约定保证人与主债务人承担连带责任的,为连带保证。

保证合同未约定保证人与主债务人承担连带责任的,为一般保证。

第四百六十九条 【检索抗辩权】
一般保证的保证人,于债权人未就主债务人的财产为强制执行前,可以拒绝承担保证责任。

有下列情形之一的,保证人不得行使检索抗辩权:

(一)因主债务人住所变更,致使债权人向其请求履行发生重大困难的;

(二)因主债务人受破产宣告的;

(三)保证人书面表示放弃检索抗辩权的。

连带保证的保证人无检索抗辩权。

第四百七十条 【主债务人的抗辩权】

主债务人对于债权人有抗辩权的,保证人可以行使其抗辩权。

前款规定的权利,于主债务人放弃其抗辩权时,不受影响。

第四百七十一条 【保证责任与担保物权】

同一债务既有保证又有担保物权的,应当先执行担保物权;保证人只对执行担保物权未获清偿的债务承担保证责任。

债权人放弃担保物权的,在债权人放弃权利的限度内,免除保证人的责任。

第四百七十二条 【保证期限】

保证合同可以约定保证人承担保证责任的期限。该期限应当从主债务履行期届满之日起算。

保证合同未约定保证期限的,债权人应当于主债务履行期届满之日起的一年内请求保证人承担保证责任。

在定期保证,债权人未在约定的保证期限内请求保证人履行保证责任的,或者在未定期保证,债权人未于主债务履行期届满之日起的一年内请求保证人履行保证责任,保证责任消灭。但一般保证的债权人已对主债务人起诉或者提起仲裁的,准用诉讼时效中断的规定。

第四百七十三条 【保证责任的除去】

受主债务人委托作为保证人的,在有下列情形之一时,可以向主债务人请求除去保证责任:

(一)主债务人的财产明显减少的;

(二)主债务人住所变更致使向其请求清偿发生重大困难。

第四百七十四条 【共同保证】

同一债务有两个以上的保证人的,为共同保证。

共同保证合同约定有保证份额的,保证人依约定份额承担责任;未约定保证份额的,保证人相互承担连带责任。

第四百七十五条 【银行保证】

银行担任保证人,于主债务人不履行主债务时,承担向债权人支付一定金额的责任,为银行保证。

银行签发的保函,为银行保证的书面凭证。

银行保证,于债权人提示保函时,银行即应无条件支付保函所记载的金额;但保函关于保证责任附有条件的除外。

第四百七十六条 【连续保证与最高额保证】

保证合同约定,保证人对于一定期间连续发生的债务承担保证责任的,为连续保证。

连续保证合同对所保证债务规定有最高限额的,为最高额保证。

连续保证和最高额保证,所保证范围内的一项或者多项债务不成立、无效或者被撤销的,不影响保证合同的效力。

第四百七十七条 【未定期连续保证的终止】

就连续发生的债务为保证而未规定期间的,保证人可以随时书面通知债权人终止保证合同。但通知到达债权人之前所发生的债务,保证人仍应当承担保证责任。

第三十一章 技术开发与技术服务合同

第一节 技术开发合同

第四百七十八条 【定义】
技术开发为当事人约定研究开发新技术、新产品、新工艺、新材料及其系统的合同。技术开发合同包括委托开发合同与合作开发合同。

第四百七十九条 【合同的形式】
技术开发合同应采用书面形式。
与履行合同有关的技术背景资料、可行性论证和技术评价报告、技术标准、技术规范、工艺文件,以及图纸、表格、数据、照片等,可以根据当事人约定作为合同的组成部分。

第四百八十条 【技术开发费用与报酬】
委托他人开发技术的,应当依照合同约定支付开发费用。受托人应当合理使用。开发费用有剩余的,应当返还。
委托人应当依照合同约定向受托人支付报酬。

第四百八十一条 【委托人的协助义务】
委托人应当依照合同约定,向受托人提供技术开发所需要的技术资料、原始数据,并应完成其他协作事项。

第四百八十二条 【受托人的亲自履行义务】
受托人应当亲自完成技术开发工作。非经委托人同意,不得将技术开发工作的主要部分交由第三人完成。

第四百八十三条 【受托人的后续义务】
受托人依照合同约定完成技术开发工作,交付技术开发成果时,应当提供有关的技术资料,并给予必要的技术指导,帮助委托人掌握技术开发成果。
受托人不得对第三人泄露技术开发成果的技术秘密,也不得向第三人提供该项技术成果。法律另有规定的除外。

第四百八十四条 【合作开发各方的主要义务】
合作开发合同的合作各方负有下列主要义务:
(一)依照合同的约定投资;
(二)依照合同约定的分工参与开发工作;
(三)与其他各方协作配合;
(四)保守技术情报和资料的秘密。

第四百八十五条 【合同的解除或终止】
作为技术开发合同标的的技术已经由他人公开时,当事人一方可以解除或者终止合同。

第四百八十六条 【风险负担及通知义务】

因出现无法克服的技术困难,导致开发失败或者部分失败的,其风险负担依当事人在合同中的约定。无约定的,在委托开发合同中,除有可归责于委托人事由者外,由委托人负担;在合作开发合同中,由合作各方合理分担。

当事人一方发现有可能导致开发失败或者部分失败的情况时,应当及时通知他方,并采取适当措施减少损失。怠于通知和采取措施的,应当就扩大的损失承担责任。

第四百八十七条 【技术成果的归属】

技术开发合同当事人可以在合同中约定技术开发成果的归属。无约定或者约定不明的,依下列规定:

(一)委托开发完成的发明创造,专利申请权归受托人;

(二)合作开发完成的发明创造,专利申请权归合作各方共有。但合作一方不同意申请专利的,其他合作方不得申请专利;

(三)委托开发或者合作开发所完成的非专利技术成果,当事人均有使用的权利。

依前款一、二项取得专利申请权的当事人转让专利申请权的,他方当事人有优先受让的权利。

开发的技术成果被授予专利权的,委托人和放弃专利申请权的合作一方,可以免费实施该项专利。

第二节 技术服务合同

第四百八十八条 【定义】

技术服务为当事人约定一方为他方就特定技术提供可行性论证、技术预测、专题技术调查、分析评价报告等咨询服务或者解决特定技术问题,他方支付报酬的合同。

第四百八十九条 【委托人的协助义务】

委托人应当依照合同约定提供技术背景资料及有关技术资料和数据,提供必要的工作条件,完成配合事项。

第四百九十条 【受托人的后续义务】

受托人完成服务后,还应当依照合同约定传授解决技术问题的知识,并应保守委托人的技术秘密与商业秘密。

第四百九十一条 【报酬】

当事人不履行合同或者其履行不符合合同约定条件的,约定的报酬视为违约赔偿金,但当事人另有约定的除外。

第四百九十二条 【风险负担】

委托方按照服务方符合合同要求的咨询报告和意见作出决策所造成的损失,由委托方承担。但合同另有约定的除外。

第四百九十三条 【技术成果的归属】

技术服务合同的当事人可以在合同中约定履行合同中完成的新技术成果的归属。

无约定的,该技术成果归属于服务方。

第三十二章 技术、商标转让与使用许可合同

第一节 技术转让合同

第四百九十四条 【定义】
技术转让为当事人约定一方将专利权、专利申请权或者非专利技术转让于他方,他方支付转让金的合同。
专利权或者专利申请权的转让,不得违反专利法的有关规定。

第四百九十五条 【合同的形式】
技术转让合同应当采用书面形式。

第四百九十六条 【出让人交付相关资料、提供技术资料的义务】
出让人应当交付与转让的技术有关的技术资料,并提供必要的技术指导。
转让专利权的,出让人应当办理法律规定的转让手续。

第四百九十七条 【出让人的保证义务】
转让非专利技术的,出让人应当保证技术的实用性与可靠性。

第四百九十八条 【当事人的保密义务】
合同双方当事人均应遵守合同中约定的保密事项。

第四百九十九条 【权利丧失时转让金的返还及赔偿】
转让的专利权被宣告无效或者被撤销时,除非明显有违公平原则,受让人不得请求出让人返还转让金。但出让人有恶意的,应当部分或者全部返还转让金,受让人因此受有损失的,出让人并应予以赔偿。

第二节 商标转让合同

第五百条 【定义】
商标转让为当事人约定一方转让注册商标专用权于他方,他方支付转让金的合同。

第五百零一条 【合同的形式】
商标转让合同应当采用书面形式。

第五百零二条 【注册商标被撤销后转让金返还与赔偿】
转让的注册商标被撤销后,转让人不负返还转让金的责任。但因转让人的恶意造成受让人损失的,应当予以赔偿。

第三节 技术、商标使用许可合同

第五百零三条 【定义】
技术、商标使用许可为当事人约定一方许可他方使用其技术或者商标,他方支付使用费的合同。
专利法、商标法对专利技术、注册商标的使用许可有特别规定的,适用该规定。

第五百零四条 【合同的形式】

技术、商标使用许可合同应当采用书面形式。

第五百零五条 【合同期限的限制】

技术、商标使用许可合同的期限,不得超过许可人享有的权利的存续期限。

第五百零六条 【许可人权利保证及维持义务】

许可人应当保证其对技术、商标享有许可他人使用的权利,并保证被许可人依照合同约定使用其技术、商标合同不会损害第三人的权利。

许可人负有在合同有效期内维持其权利的义务。

第五百零七条 【许可人的协助义务】

许可人应当办理法律规定的必要手续。

许可人应当依照合同的约定,给予被许可人必要的技术指导。

第五百零八条 【权利丧失时使用费的返还及赔偿】

许可人丧失其许可他人使用的权利时,除非明显有违公平原则,被许可人不得请求返还使用费。但许可人有恶意的,应当返还部分或者全部使用费,被许可人受有损失的,许可人应当予以赔偿。

第五百零九条 【被许可人依约使用的义务】

被许可人应当依照合同约定的范围、方式使用技术或者商标,并不得损害许可人的其他权利。未经许可人同意,不得允许第三人使用该技术或者商标。

第五百一十条 【被许可人标示权利人的义务】

被许可人使用技术或者商标时,应当标示权利人的姓名或者名称。

第五百一十一条 【当事人的保密义务】

合同双方当事人应当保守对方的技术秘密和商业秘密。

第五百一十二条 【改进的技术成果归属】

后续改进的技术成果归属于完成一方当事人。

第三十三章　保险合同

第五百一十三条 【定义】

保险为当事人约定一方在发生保险事故造成损害时,或者在约定的其他条件具备时给付约定保险金额,他方支付保险费的合同。

第五百一十四条 【保险合同的标的】

与财产或者人身有关的利益,可以为保险合同的标的,但法律、行政法规另有规定的,不在此限。

被保险人对保险标的应当具有保险利益,但法律另有规定的,不在此限。

第五百一十五条 【保单签发义务】

保险合同订立后,保险人应当及时向投保人签发保险单或者其他保险凭证;保险人没有及时签发保险单或者其他保险凭证的,不影响保险合同的效力。

第五百一十六条 【防灾减损义务】

投保人或者被保险人应当以善良管理人的注意,防止保险标的发生保险事故。在发生保险事故时,被保险人应当采取合理的措施防止损失的扩大。

第五百一十七条 【危险增加的效果】

保险标的的危险程度显著增加时,保险人可以解除保险合同。

保险标的的危险程度显著增加时,投保人或者被保险人应当及时通知保险人。

第五百一十八条 【事故通知义务】

在保险事故发生后,投保人或者被保险人应当及时通知保险人。前项规定,适用于人身保险合同的受益人。

第五百一十九条 【保险弃权】

有法定或者约定的解除保险合同的情事时,保险人知悉后经过合理的期间不为解除保险合同的表示的,不得再以相同的事由解除保险合同。

第五百二十条 【保险金的给付】

在发生保险事故或者保险合同约定的其他条件具备时,保险人应当依照合同约定向被保险人给付保险金,被保险人有权请求保险人依照合同约定给付保险金。

前款的规定,适用于人身保险合同的受益人;没有受益人或者受益人丧失前款规定的请求权的,适用于被保险人的法定继承人。

第五百二十一条 【保险合同的任意解除】

保险合同成立后,投保人可以随时解除保险合同,但法律、行政法规对保险合同的解除有不同规定,或者保险合同另有约定的,不在此限。

第五百二十二条 【保险合同的效力继续】

在保险有效期内,保险人向被保险人给付部分保险金额的,保险合同继续有效,但当事人另有约定的,不在此限。

第五百二十三条 【法定免责事由】

因下列原因发生保险事故,保险人不负给付保险金的责任:

(一)战争、军事行动或者暴乱,但保险合同另有约定的,不在此限;

(二)保险标的自身属性或者缺陷,但保险合同另有约定的,不在此限;

(三)投保人或者被保险人的故意或者重大过失或者犯罪行为。

第五百二十四条 【保险代位权】

第三人对保险人承担保险责任范围内的损失负有损害赔偿责任的,保险人以其向被保险人给付的保险金额为限,取得向第三人追偿的权利。

前款的规定,不适用于人身保险合同。

第五百二十五条 【保险金请求权的让与】

被保险人对保险人享有的保险金请求权,可以转让给第三人或者向第三人设定担保。

前款的规定,适用于人身保险合同的受益人。但是,受益人向第三人处分保险金请求权时,应当征得被保险人的书面同意。

第三十四章 附　则

第五百二十六条 【涉外合同的法律适用】

中华人民共和国公民、法人和其他组织与外国的公民、法人和其他组织订立的合同,适用本法。

中华人民共和国缔结或者参加的国际条约的规定与本法不一致的,适用国际条约的规定,但中华人民共和国声明保留的条款除外。

本法和中华人民共和国缔结或者参加的国际条约没有规定的,可以适用国际惯例。

当事人可以约定选择处理合同争议所适用的法律。没有选择的,适用与合同有最密切联系的国家的法律。

第五百二十七条 【过渡条款】

本法施行前订立的合同,其效力持续到本法施行之日的,适用本法。本法施行前订立的合同中对有关期限的约定与本法不一致的,从其约定。但本法施行之日其约定的剩余期限超过本法规定的期限的,缩短为本法规定的期限。

第五百二十八条 【施行日期及废止条款】

本法自199　年　月　日起施行。《中华人民共和国经济合同法》、《中华人民共和国涉外经济合同法》和《中华人民共和国技术合同法》同时废止。

中华人民共和国合同法(试拟稿)

1995 年 10 月 16 日

目 录

总 则
  第一章 一般规定
  第二章 合同的订立
  第三章 合同的效力
    第一节 合同的生效
    第二节 无效合同和可撤销合同
    第三节 合同效力的补正
    第四节 合同无效的法律后果
  第四章 合同的履行
  第五章 合同的变更和转让
  第六章 合同的终止
  第七章 违约责任
分 则
  第八章 买卖合同
    第一节 一般规定
    第二节 特种买卖合同
  第九章 供电、供水、供热、供气合同
  第十章 农村土地承包经营合同
  第十一章 承揽合同
  第十二章 工程建设合同
  第十三章 运输合同
    第一节 一般规定
    第二节 旅客运输合同
    第三节 货物运输合同
  第十四章 借贷合同
  第十五章 储蓄合同

第十六章　结算合同
第十六章　租赁合同①
第十七章　融资租赁合同
第十八章　保管合同
第十九章　仓储合同
第二十章　借用合同
第二十一章　技术合同
　第一节　一般规定
　第二节　技术开发合同
　第三节　技术转让合同
　第四节　技术咨询合同和技术服务合同
第二十二章　出版合同
第二十三章　雇佣合同
第二十四章　合伙合同
　第一节　一般规定
　第二节　隐名合伙合同
第二十五章　赠与合同
第二十六章　委托合同
第二十七章　居间合同
第二十八章　经纪合同
第二十九章　附　则

总　则

第一章　一般规定

第一条　为了保护当事人的合法权益,维护社会经济秩序,促进社会主义市场经济的发展,制定本法。

第二条　合同是公民、法人、其他组织之间以及相互之间设立、变更、终止债权债务关系的协议。依法成立的合同,对当事人具有法律约束力。

第三条　当事人意思自治是本法的基本原则,在合同的订立、合同的履行以及违约责任的承担等方面都应当遵循这一原则,但当事人的约定违背法律的禁止性规定或者按照国家指令性计划订立的合同除外。

第四条　当事人在债权债务关系中的法律地位平等,一方不得把自己的意志强加给另一方。

---

① 原件"第十六章"章序编号重复。

第五条 当事人权利义务的确定应当遵循公平的原则。

第六条 当事人应当遵循诚实信用的原则行使权利,履行义务。

第七条 当事人应当遵守法律,尊重社会公德,不得损害社会公共利益。

第二章 合同的订立

第八条 合同可以采用口头或者书面形式。法律另有规定的,依照其规定。书面形式包括信件、电报和传真以及其他可以有形地表现所载内容的方式。

第九条 合同包括以下条款:
(一)当事人的名称或者姓名和住所;
(二)标的的种类;
(三)数量和质量;
(四)价款;
(五)履行的期限、地点和方式;
(六)解决争议的方法和违约责任。

当事人就前款第三项至第六项内容没有约定或者约定不明确的,可以进行补充;达不成补充协议的,依照本法的有关规定办理。

第十条 要约是向特定人作出的订立合同的意思表示,该意思表示的内容必须确定并表明经特定人同意后即受其约束。商品带有标价陈列,自动售货机的设置,投标书的寄送,视为要约。

承诺是受要约人作出的同意要约的意思表示。承诺必须以明示方式作出。

第十一条 要约于到达受要约人时生效。

第十二条 除下列情形以外,要约可以撤销,但撤销要约的通知应当于受要约人发出承诺通知前到达:
(一)要约中规定了承诺期限或者以其他形式明示要约不可撤销;
(二)虽然没有明示要约不可撤销,但受要约人有理由认为要约是不可撤销的,并且已经为将来合同的履行预做准备工作。

第十三条 要约邀请是订立合同的内容不确定或者虽然内容确定但表明经特定人同意后不受其约束的意思表示,该意思表示的目的是希望他人向自己发出要约。价目表的寄送,招标公告,商品广告,招股说明书,视为要约邀请。

第十四条 承诺的表示方式应当符合要约的要求。除根据交易的性质、习惯或者要约表明承诺不需要通知的以外,承诺应当以通知的方式作出。

第十五条 承诺的传递方式应当符合要约的要求。要约对承诺的传递方式没有提出要求的,承诺应当以合理的方式作出。

第十六条 承诺应当在要约规定的期限内作出。要约没有规定承诺期限的,承诺应当在以下期限内作出:
(一)要约以对话方式作出的,应当立即承诺。要约以电话方式作出的,视为对话方式。

（二）要约以非对话方式作出的,应当在合理的期限内作出承诺。该期限应当根据交易的性质、习惯以及要约采用的通讯方法予以确定。

第十七条　要约人以电报或者信件作出要约的,承诺期限自电报交发之日或者信件载明的日期开始计算。如果信件未载明日期,自信封上的邮戳日期开始计算。

要约人以电话、传真或者其他电子通讯方法作出要约的,承诺期限自要约到达受要约人之日开始计算。

第十八条　承诺需要通知的,于承诺通知到达要约人时生效。承诺不需要通知的,于有符合交易的性质、习惯所确定的方式或者要约表明的其他方式的情形时生效。

承诺生效时合同成立。

第十九条　当事人在订立合同过程中可以要求签订确认书,但签订确认书的要求应当在要约或者承诺时表明。

第二十条　受要约人超过承诺期限发出承诺的,视为新要约,但要约人及时通知受要约人该迟到的承诺有效的除外。

受要约人在承诺期限内发出承诺,因传递人的失误致使承诺到达要约人时超过承诺期限的,要约人应当立即将承诺超过期限的情况通知受要约人。要约人怠于通知的,该承诺视为未超过期限。

第二十一条　承诺对要约的内容作出非实质性变更的,除要约人及时表示反对或者要约表明承诺不得对要约的内容作出任何变更外,该承诺仍为有效,合同的内容以承诺的内容为准。

有关标的价款、质量和数量、履行地点和时间、违约责任或者解决争议方法的变更,视为对要约内容的实质性变更。

第二十二条　根据国家指令性计划需要订立合同的,当事人应当按照指令性计划的内容订立合同。

第二十三条　当事人可以采用定金方式,达成在一定期间内保留订立合同的权利的协议。

第二十四条　订立格式合同时,制订格式合同的一方应当采取明示方式提请对方注意其负有义务的条款,并应对方的要求,对其负有义务的条款予以说明。

第二十五条　当事人在订立合同过程中,应当根据交易的性质、习惯和诚实信用原则,履行相互协助、保密、及时通知等义务。

当事人违反前款义务,给对方造成损害的,应当承担赔偿责任。

第三章　合同的效力

第一节　合同的生效

第二十六条　口头合同自受要约人作出承诺时生效。书面合同自承诺到达要约人时生效。当事人对合同生效另有约定或者法律对合同生效另有规定的,依照其约定或者规定。

承诺生效的地点为合同生效的地点。

第二十七条 当事人对合同的效力可以约定附条件。附停止条件的合同,自条件成就时生效;附解除条件的合同,自条件成就时失效。

当事人为自己的利益故意阻止条件成就的,视为条件已成就;故意促成条件成就的,视为条件不成就。

第二十八条 当事人对合同的效力可以约定附期限。附始期的合同,于期限届至时生效;附终期的合同,于期限届满时失效。

第二十九条 法律规定应当采取书面形式的合同,当事人未采取书面形式但已经履行全部或者主要义务的,可以视为合同有效。

第三十条 合同中的条款违反法律或者社会公共利益的,当事人协商同意予以取消或者改正后,不影响合同的效力。

第二节 无效合同和可撤销合同

第三十一条 有下列情形之一的,合同无效:

(一)违反法律的禁止性规定或者限制性规定的;

(二)恶意串通,损害国家或者第三人利益的;

(三)以合法的形式掩盖非法目的的;

(四)违反社会公共利益的。

第三十二条 合同中免除或者限制下列责任的条款无效:

(一)故意或者重大过失的责任;

(二)人身伤害的责任;

(三)法律禁止免除或者限制的其他责任。

第三十三条 有下列情形之一的,合同可以撤销:

(一)受欺诈、胁迫而订立的合同;

(二)有重大误解的合同;

(三)显失公平的合同。

第三十四条 对可撤销的合同,有撤销权的当事人可以请求变更或者撤销。请求撤销或者变更的权利自合同成立之日起一年内不行使而丧失。

被撤销的合同自始无效。

第三节 合同效力的补正

第三十五条 无民事行为能力人、限制民事行为能力人订立的合同,经法定代理人追认后,合同有效,但纯获利益的合同或者满足其日常生活、学习需要的合同,不必经法定代理人追认。

相对人可以在合同成立之日起一个月内催告法定代理人予以追认。法定代理人在收到催告通知之日起十五日内未作撤销表示的,视为追认。合同未经追认前,善意相对人有撤销的权利,撤销应当以明示的方式作出。

第三十六条 无代理权人以他人名义订立的合同,未经本人追认,对本人不发生效力。善意相对人因该合同取得的权利,受法律保护。

相对人可以在合同成立之日起一个月内催告本人予以追认。本人在收到催告通知之日起十五日内不作追认表示的,视为拒绝。合同未经追认前,善意相对人有撤销的权利,撤销应当以明示的方式作出。

第三十七条 无处分权的人处分他人财产权利而订立的合同,未经权利人追认或者行为人于合同成立后未取得处分权的,合同无效,但善意相对人因该合同取得的权利,受法律保护。

第四节 合同无效的法律后果

第三十八条 合同无效后,当事人因履行该合同取得的财产,应当返还给受损失的一方;不能返还或者没有必要返还的,应当作价补偿。有过错的一方应当赔偿对方因此所受到的损失,双方都有过错的,应当根据其过错各自承担相应的责任。

第三十九条 双方恶意串通,损害国家或者第三人利益的,双方取得的财产应当收归国家所有或者返还第三人。

第四章 合同的履行

第四十条 当事人应当按照合同的约定或者法律的规定,全部履行自己的义务。

第四十一条 合同中就质量、价款、履行地点等约定不明确,按照合同有关条款不能确定,当事人又不能通过协商达成协议的,适用下列规定:

(一)质量不明确的,按照国家规定的标准履行;无国家规定的标准的,按照行业标准履行;无行业标准的,按照通常标准履行;

(二)价款不明确的,按照国家规定的价格履行;无国家规定价格的,参照履行地的市场中等价格履行;

(三)履行地点不明确,交付货币的,在接受货币一方的所在地履行;其他标的在债务人一方的所在地履行;

(四)履行期限不明确的,债务人可以随时履行,债权人也可以随时要求履行,但应当给对方必要的准备时间;

(五)履行方式不明确的,按照有利于实现合同目的的方式履行。

债权人可以指定第三人代其接受债务人的履行;债务人可以请第三人代其向债权人作出履行。

第四十二条 当事人应当按照合同的约定和依照法律的规定履行双务合同的义务;合同没有约定或者法律没有规定的,应当同时履行双务合同的义务。

同时履行双务合同义务的,当事人一方在对方未履行之前有权拒绝其履行请求,在对方部分履行或者履行不适当时,有权相应地拒绝其履行请求。

第四十三条 按照合同约定或者依照法律规定应当首先履行债务的当事人,有证据证明对方有下列情形之一的,可以中止履行:

(一)丧失履行债务能力的;

(二)转移财产、抽逃资金,以逃避债务的;

(三)有欺诈他人行为的;

(四)经营状况严重恶化,可能丧失履行债务能力的;

(五)合并、分立或者变更住所没有通知债务人的。

当事人中止履行合同时应当立即通知对方,并催告对方在一定期间内提供担保。对方逾期不提供担保的,有权解除合同,已提供担保的,应当履行合同。当事人错误中止履行合同的,应当承担违约责任。

第四十四条 因债务人怠于行使对第三人的债权,严重损害债权人到期债权的,债权人可以自己的名义代位行使债务人对第三人的债权,但法律规定或者按照债权性质不能适用代位权的除外。

代位权的行使应当采用诉讼或者仲裁方式。代位权的行使以保全债权为限。

第四十五条 因债务人放弃对第三人的债权或者有无偿处分财产的行为,严重损害债权人利益的,债权人可以请求撤销债务人的行为。债权人的撤销权自知道或者应当知道撤销原因之日起一年内不行使而丧失。

第五章 合同的变更和转让

第四十六条 经当事人协商一致,可以变更合同。

变更合同,除当事人另有约定外,应当采取书面形式。对合同的变更约定不明确的,视为未变更。

第四十七条 合同已变更的,当事人应当按照变更后的合同履行。

第四十八条 经当事人协商一致,可以将合同的权利、义务部分或者全部转让给第三人,但法律另有规定的除外。

第四十九条 债权人可以将合同的权利部分或者全部转让给第三人,但合同另有约定或者按照合同性质不能转让的除外。债权人将合同的权利部分或者全部转让给第三人的,不得增加债务人的负担。

第五十条 法律规定应当由国家批准的合同,其权利、义务的转让,应当经原批准机关批准,但已批准的合同另有约定的除外。

第五十一条 合同的权利、义务全部转让给第三人的,该第三人取代原当事人在合同中的法律地位。合同的权利、义务部分转让给第三人的,该第三人相应取代原当事人在合同中的法律地位。

第五十二条 转让合同权利的,附属于该权利的从权利一并转让,但合同另有约定的除外。

第五十三条 合同的权利、义务的转让,除另有约定外,原合同的当事人之间以及转让人与受让人之间应当采取书面形式。转让合同权利、义务的约定不明确的,视为未转让。

第六章　合同的终止

第五十四条　有下列情形之一的,合同终止:
(一)债务已经完全履行;
(二)合同被解除;
(三)债务相互抵销;
(四)债务人已将履行的标的物提存;
(五)债权人免除债务人的债务;
(六)债权和债务同归于一人;
(七)根据人民法院的判决或者仲裁委员会的裁决终止合同;
(八)法律规定终止合同的其他情形。

第五十五条　合同终止时,该合同的担保以及其他从属的权利,同时终止。

合同终止后,按照约定和依照诚实信用的原则,当事人应当承担相互协助、及时通知等义务。

第五十六条　经当事人协商一致,可以解除合同。

有下列情形之一的,当事人一方可以解除合同:
(一)因不可抗力致使不能履行债务的;
(二)因另一方违约致使严重影响订立合同所期望的经济利益的;
(三)另一方明确表示拒绝履行全部债务或者主要债务,经催告后仍拒绝履行的;
(四)另一方迟延履行债务,经催告后逾期仍未履行的;
(五)法律规定或者合同约定可以解除合同的其他情形。

第五十七条　当事人可以约定解除权的行使期限。当事人一方行使解除权的期限届满或者未约定解除权的行使期限,经催告后不行使解除权的,丧失该解除权。

解除合同的形式和程序,应当依照法律的规定或者合同的约定。

第五十八条　合同解除后,当事人应当履行因解除合同产生的义务。有过错的一方给对方造成损失的,应当承担赔偿责任。

合同的解除,不影响合同中解决争议方法和结算、清理条款的效力。

第五十九条　当事人互负到期债务,并且该债务的标的物种类、品质相同时,有权将自己的债务与对方的债务相互抵销。

有下列情形之一的,不得抵销:
(一)按照合同性质不得抵销的;
(二)按照约定应当向第三人给付的债务;
(三)因故意实施侵权行为产生的债务;
(四)法律规定禁止强制执行的债务。

第六十条 抵销权人应当向对方作出抵销的意思表示,该意思表示不得附条件或者附期限。

第六十一条 当债权人无正当理由拒绝受领或者不能受领,债务人不知道债权人的住所以及因债权人丧失行为能力或者死亡而未确定监护人或者继承人时,债务人可以将履行的标的物向公证机关提存。

履行的标的物有下列情形之一的,债务人可以申请人民法院拍卖或者变卖而提存所得的价款:

(一)不适于提存的;
(二)有毁损、灭失危险的;
(三)提存费用过高的。

第六十二条 提存应当在合同履行地的公证机关进行。

债务人提存后,应当立即通知债权人。债务人怠于通知的,应当对由此产生的损害承担赔偿责任。债权人下落不明时,债务人可以申请人民法院公告。

第六十三条 提存期间,标的物的收益归债权人所有。提存物的保管及拍卖、变卖费用,由债权人负担。

第六十四条 债权人可以随时受领提存物,但债权人对债务人负有义务的,在债权人未履行义务或者提供担保前,公证机关有权拒绝其受领提存物。

债权人受领提存物的权利,自知道或者应当知道提存之日起一年内不行使而丧失。

第七章 违约责任

第六十五条 当事人不履行债务或者履行债务不符合合同约定或者法律规定的,应当承担违约责任。承担违约责任的方式包括:

(一)支付违约金;
(二)赔偿损失;
(三)支付或者返还定金;
(四)强制履行;
(五)法律规定的其他方式。

第六十六条 当事人可以约定违约金。当事人违约后,应当按照约定支付违约金。

违约金视为因违约造成损失的赔偿金。约定的违约金过分高于或者低于因违约造成损失的,当事人可以请求人民法院或者仲裁委员会适当减少或者增加。

第六十七条 当事人可以约定赔偿损失额或者赔偿损失额的计算方法。约定的赔偿损失额过分高于或者低于因违约造成损失的,当事人可以请求人民法院或者仲裁委员会适当减少或者增加。

第六十八条 当事人没有约定赔偿损失额或者赔偿损失额的计算方法的,赔偿损失的金额应当相当于因违约所受到的损失,该损失包括:

(一)未返还的标的物或者价款;

（二）在订立、履行合同中所支付的必要的费用；
（三）因违约采取补救措施所支付的必要的费用；
（四）按照合同履行可以获得的利益。
当事人不得同时请求赔偿前款第二项和第四项所规定的损失。

第六十九条 赔偿损失应当采取支付赔偿金的方式，但当事人另有约定的除外。

第七十条 当事人可以约定定金。定金的数额不得超过合同标的额的百分之二十。给付定金一方违约的，无权要求返还定金；接受定金一方违约的，应当双倍返还定金。

定金不足赔偿损失的，应当补足赔偿损失的金额；定金超过损失的，应当执行定金。

第七十一条 当事人一方违约后，如确有必要，另一方可以请求人民法院强制履行，但下列情形除外：
（一）当事人另有约定的；
（二）根据合同性质不宜强制履行的；
（三）强制履行费用过高的。

强制履行不足赔偿全部损失的，当事人还可以请求补足赔偿损失的金额。

第七十二条 当事人不得在合同中既约定违约金又约定定金。当事人既约定违约金又支付定金的，一方违约后，另一方只能选择一种承担责任的方式。

第七十三条 当事人请求支付违约金、赔偿损失或者定金的，不得同时请求强制履行，但根据国家指令性计划订立的合同除外。

第七十四条 当事人一方明确表示拒绝履行全部债务或者主要债务，经催告后仍拒绝履行的，另一方可以在履行期届满前请求其承担违约责任。

第七十五条 因第三人的过错造成当事人违约，该第三人与违约方有法律关系的，受损害一方应当请求违约方承担违约责任，不能直接向该第三人请求承担违约责任。

第七十六条 当事人可以在合同中约定不可抗力的范围。因不可抗力不能履行合同的，视不可抗力的影响，部分或者全部免除违约责任。当事人迟延履行后，因不可抗力造成损失的，应当赔偿损失。因借贷产生的债务，不能因不可抗力免除返还的义务。

当事人一方应当将不可抗力的事实及时通知另一方，并提供有关部门的证明。

第七十七条 当事人一方因另一方违约受到损失的，应当及时采取措施防止损失的扩大；没有及时采取措施致使损失扩大的，无权就扩大的损失要求赔偿。

第七十八条 受害方对于损失的发生也有过错的，可以减轻或者免除违约方的责任。

第七十九条 因当事人一方的违约行为，侵害另一方人身、财产权益的，受害人有权选择依照本法要求承担违约责任或者依照其他法律追究侵权责任，但法律另有规定的除外。

分　则

第八章　买卖合同

第一节　一般规定

第八十条　买卖合同是出卖人交付标的物并移转标的物的所有权，买受人给付价款的合同。（梁165）①

第八十一条　出卖人无权处分或者法律禁止买卖的物，不得作为买卖合同的标的物。（梁166）

第八十二条　出卖人的基本义务是向买受人交付标的物（梁171），并交付标的物所有权的凭证等有关单证，除合同另有约定外，在买受人给付价金前有权拒绝交付标的物和标的物所有权的凭证等有关单证。

买受人的基本义务是按照约定给付价款，接受标的物（梁182），除合同另有约定外，在对出卖人交付标的物进行检验或者交付标的物所有权的凭证等有关单证前，有权拒绝给付价款。

第八十三条　出卖人应当按照约定的时间交付标的物。没有约定或者约定不明确的，适用下列规定：

（一）出卖人交货的，出卖人将标的物运到预定地点的时间为交付时间；

（二）出卖人代办托运或邮寄的，出卖人办理完托运或邮寄手续后的时间为交付时间；

（三）买受人自己提货的，出卖人通知的提货时间为交付时间，出卖人通知的提货时间应当给买受人留有必要的在途时间；

（四）标的物在订立合同之前已为买受人实际占有的，合同生效时间即为交付时间；

（五）需要办理法定手续的，办完规定手续的时间为交付时间。（梁168）

第八十四条　出卖人应当按照约定的地点交付标的物。没有约定或者约定不明确的，适用下列规定：

（一）需要运输的，出卖人应当将标的物交付给第一承运人；

（二）出卖人和买受人订立合同时知道标的物是在某一地点生产，并且不需要运输的，出卖人应当在该地点交付标的物；

---

① 梁，指前文收录的1995年1月《中华人民共和国合同法（试拟稿）》，因该稿系1994年11月全国人大常委会法制工作委员会委托梁慧星教授、张广兴教授、傅静坤博士将全国12家高校、科研院所草拟的合同法各章条文统稿而成，并于1995年1月提交全国人大常委会法制工作委员会，该稿因之通称为"梁稿"或"梁慧星草案"。"梁165"指该草案第165条；"梁174，修改"指根据该草案第174条修改而成。下同，不另注明。

(三)其他情形,应当在出卖人的营业地交付标的物。

第八十五条 出卖人应当按照约定的质量交付标的物。出卖人提供标的物的样品或者标的物的说明书的,应当按照样品或者说明书同等的质量标准交付标的物。(梁174,修改)

第八十六条 出卖人应当按照约定的包装交付标的物。没有约定或者约定不明确的,应当按照通用的方式包装,没有通用方式的,应当采取合理的方式包装。

第八十七条 出卖人就交付的标的物,负有第三人不向买受人主张任何权利的义务,但合同另有约定或者买受人明知第三人对该标的物享有权利的除外。(梁172)

第三人可能对标的物提出权利要求的,买受人可以中止给付价款。(梁183)

第八十八条 买受人应当按照约定的地点给付价款。没有约定或者约定不明确的,买受人应当在出卖人的营业地、接受标的物或者接受标的物所有权凭证等有关单证的所在地给付价款。

第八十九条 买受人应当按照约定的时间给付价款。没有约定或者约定不明确的,买受人应当在接受标的物或者接受标的物所有权凭证等有关单证的同时给付价款。

第九十条 买受人在买卖合同成立时,已知标的物有本法第八十五条规定的缺陷的,出卖人不承担民事责任。(梁175)

第九十一条 出卖人故意隐瞒标的物权利或者质量缺陷的,当事人免除或者限制出卖人有关标的物质量或者权利义务的约定无效。(梁181)

第九十二条 买受人因标的物的主物有缺陷而解除合同的,解除合同的效力及于从物。因标的物的从物有缺陷而解除合同的,解除合同的效力不及于主物。(梁178)

第九十三条 买卖合同的标的物为数物,其中一物有缺陷的,买受人只能就该有缺陷的物解除合同或者请求出卖人承担违约责任,但有缺陷的物不宜与他物分离的,买受人可以就全部标的物解除合同或者请求出卖人承担违约责任。(梁179)

第九十四条 买受人接受标的物时应当按照约定的时间和方法对标的物进行检验。被检验的标的物不符合合同约定或者法律规定的质量,买受人应当妥善保管标的物并立即通知出卖人。(梁185)

第九十五条 除当事人另有约定外,买受人自标的物交付或者标的物的质量保证期届满之日起六个月内,未向出卖人通知标的物的质量不符合合同约定或者法律规定的,出卖人不承担赔偿责任。出卖人明知标的物的质量不符合合同约定或者法律规定的,买受人自标的物交付或者标的物的质量保证期届满之日起一年内,未向出卖人请求赔偿的,出卖人不承担赔偿责任。

标的物的质量需经安装运转才能检验的,前款规定的期间自标的物安装运转之日起计算。(梁180,修改)

商品房的质量不符合合同约定或者法律规定的,请求赔偿的时效适用民法通则的有关规定。

第九十六条 标的物的价格按照国家定价的,在合同履行期内国家价格调整时,按标的物交付时的价格计价。逾期交付的,遇价格上涨时,按原价格计价;价格下降时,

按新价格计价。逾期提货或者逾期付款的,遇价格上涨时,按新价格计价;价格下降时,按原价格计价。(经济合同法 17)①

第九十七条 买卖合同标的物的所有权自交付时起转移,但法律另有规定或者当事人另有约定的除外。(梁 167)

第九十八条 标的物在交付前产生的孳息归出卖人所有,交付后产生的孳息归买受人所有。合同另有约定的,按照约定。(梁 184)

第九十九条 买卖合同标的物毁损、灭失的风险,交付前由出卖人承担,交付后由买受人承担。合同另有约定的,按照约定。(梁 169)

当事人违约致使标的物迟延交付的,应当承担标的物自迟延交付之日起至实际交付之日的风险责任。

第二节 特种买卖合同

第一百条 分期付款买卖的买受人,应当按照约定分期支付价金给出卖人。买受人连续两期未支付价款,并且到期未支付的价款金额已达到全部价款五分之一的,出卖人可以解除合同或者请求支付全部价款。

当事人违反前款的约定无效。(台民,德民)②

第一百零一条 预付款买卖的买受人,应当将预付款给付出卖人。出卖人交付标的物后,预付款和利息充抵价金。出卖人不能交付标的物的,应当返还预付款和利息,造成其他损失的,并应当承担赔偿责任。

第一百零二条 邮购买卖的出卖人应当将标的物邮寄买受人。标的物的质量、种类应当与邮购广告的说明相一致。不相一致的,出卖人应当承担赔偿责任。

出卖人应当按照约定的期限邮寄标的物,没有约定期限或者约定不明确的,应当自收到买受人付款通知之日起的合理期间内邮寄标的物。迟延邮寄的,出卖人应当承担赔偿责任。

因邮政人的原因致使邮购合同的出卖人违约的,出卖人应当承担违约责任。

第一百零三条 试用买卖合同的出卖人将标的物交给试用人,试用人应当在约定的期间内作出是否购买该标的物的决定。期间没有约定的,应当在出卖人规定的期间作出决定。期间届满未作决定的,视为购买该标的物。试用人支付标的物部分或者全部的价金或者就标的物从事非试用行为的,视为购买该标的物。

试用买卖的出卖人不得收取试用费,但合同另有约定的除外。

第一百零四条 买回买卖合同的出卖人享有在约定的期间买回标的物的权利。在约定的期间,出卖人可以买回标的物,并按照约定支付该标的物的价款。买回买卖合同的买受人在约定的期间届满后,转让该标的物的,出卖人在同等条件下享有优先购买权。

---

① "经济合同法 17"指《中华人民共和国经济合同法》第 17 条。
② "台民"指台湾地区适用的前《中华民国民法》;"德民"指《德国民法典》。

买回期间不得超过五年。

第一百零五条 房地产转让以及国有土地使用权出让和转让,适用《中华人民共和国城市房地产管理法》的有关规定。

第九章 供电、供水、供热、供气合同

第一百零六条 供电合同是供电人向用电人供电,用电人给付价金的合同。

供水、供热、供气合同适用有关供电合同的规定。

第一百零七条 供电合同根据用电人需要和电力可供量订立。供电合同包括电力、电量、用电时间和违约责任等内容。

第一百零八条 供电人应当按照国家规定的供电标准和合同的约定安全供电。

第一百零九条 供电人未按照合同的约定供电,应当事先通知用电人。供电人无正当理由限电、断电的,应当赔偿损失。供电人未按照国家规定的供电标准供电,造成用电人财产损失的,应当赔偿损失。

第一百一十条 因自然灾害等原因断电,供电人应当及时抢修。未及时抢修,造成用电人损失的,应当赔偿损失。

第一百一十一条 用电人应当按照合同的约定用电。需要超负荷用电或者不能按照约定的时间用电的,应当事先通知供电人。无正当理由超负荷用电或者不按照约定用电的,应当承担违约责任。

第一百一十二条 用电人不按照约定交纳电费的,供电人可以按日加收拖欠电费百分之一的违约金,逾期不改的,供电人可以限电,但不得妨碍第三人用电。

第一百一十三条 用电人应当爱护供电设施,擅自改动供电设施,给供电人造成损失的,应当赔偿损失。

第一百一十四条 用电人盗用电的,供电人可以收取按照盗用电所计电费三倍以下的费用,逾期不改的,供电人可以限电,但不得妨碍第三人用电。

第十章 农村土地承包经营合同

第一百一十五条 农村土地承包经营合同是农村集体经济组织就集体所有的或者国家所有由农业集体经济组织使用的土地、山岭、草原、荒地、……

[第一百一十六条] ……

[第一百一十七条] ……①目以及服务收费标准;

(四)主要投入产出指标;

(五)地力保养,农机具、水利设施、设备维修的要求及其考核奖惩办法;

(六)承包方应交纳的承包金或产品、应完成的农产品定购任务、国家税收和劳动

---

① 原件此处阙文。

积累工以及履行方式和时间；

（七）因不可抗力等原因造成减产、减收或者绝产、绝收的处理办法。

承包合同签订后，当事人可以向农村合作经济管理部门申请鉴证，确定承包合同的真实性、合法性。

第一百一十八条 发包方有权根据社员大会或者社员代表会议的决定组织发包，负责管理发包的土地和其他生产资料，指导承包者制定生产计划和措施，检查发包项目的生产经营。

第一百一十九条 发包方应当履行承包合同规定的统一经营的职责，按照承包合同规定为承包方提供生产条件和服务，保护承包者的正常生产经营活动。

第一百二十条 承包方对承包的土地和其他生产资料享有承包合同规定的经营决策权、产品处分权和收益权。

经发包方同意，承包人对承包项目有权转让和转包，在同等条件下对续签承包合同有优先权。

承包人的继承人对承包人的承包项目有权继续承包，对承包人的承包收益有依法继承的权利。

第一百二十一条 承包人应当完成承包合同规定的生产任务，按照承包合同规定向国家和集体出售产品，完成国家规定的农产品定购任务，交纳税金和承包合同规定的承包款等款项。

承包人对承包的土地和其他生产资料不得出卖、出租，不得擅自转包、转让，不得改变承包合同规定的用途，不得进行破坏性、掠夺性经营、不得荒芜土地。

第一百二十二条 有下列情形之一，经发包方同意，承包方可以转让或者转包：

（一）老、弱、病、残、鳏、寡、孤、独户和经商做工户平均分得而无力承包经营的耕地、果树等农业生产项目；

（二）承包方已经治理开发利用的荒山、荒地、草场、水面、沼泽、滩涂。

第一百二十三条 承包方可以将承包标的的部分或者全部转让给他人，一经转让，原承包合同的部分或者全部即行终止，由受让方与发包方重新签订承包合同。

第一百二十四条 承包方可以与他人订立合同，转包承包标的全部或者部分。承包合同转包后，原承包方应当和发包方继续履行原承包合同。

第一百二十五条 承包方转让或者转包的，有权收回自己的有效投资，并可以与接包方、受让方协商，获得平价口粮或者其他经济补偿。

第一百二十六条 承包合同一经签订即具有法律约束力，当事人必须全面履行合同规定的义务，任何单位和个人不得随意变更或解除合同。

为实施土地利用计划、产业结构调整，需要调整承包者所承包的土地或者因生产条件发生重大变化，为提高土地产出率和劳动生产率，确需变更承包经营方式时，发包方应当提请社员大会或者社员代表会议讨论决定。

第一百二十七条 有下列情形之一的，可以变更或者解除承包合同：

（一）当事人协商一致，并且不损害国家、集体利益的；

(二)一方违约致使承包合同无法履行或者没有必要继续履行的;
(三)承包经营的土地被国家征用的;
(四)承包方进行破坏性、掠夺性生产经营,经发包方制止无效的;
(五)承包方丧失承包经营能力或者转营他业无力经营的;
(六)签订承包合同所依据的国家政策、计划、税收、价格发生重大变化,致使当事人一方收益受到重大影响的。

因变更或者解除合同使另一方遭受损失的,造成损失的一方应当负责赔偿。

第一百二十八条 有下列情形之一的,承包合同无效:
(一)违背农村集体经济组织章程的;
(二)未经社员大会或者社员代表会议讨论决定的;
(三)发包方无权发包的;
(四)承包方未经发包方同意转让或者转包承包合同。

第十一章　承揽合同

第一百二十九条 加工承揽合同是承揽人按照定作人的要求完成一定工作,并交付工作成果;定作人接受承揽人完成的工作成果并给付约定报酬的合同。

第一百三十条 加工承揽合同包括加工、定作、修缮、修理、洗染、印刷、复印、冲卷扩印、测绘、设计、检验、测试、鉴定、广告制作等合同。

第一百三十一条 加工承揽合同,应根据定作人提出的品名、项目、质量要求和承揽人的加工、定作、修缮能力签订。

第一百三十二条 加工承揽合同可以约定承揽方式,原材料的提供,留置权的行使,验收标准和方法等。

有关的技术协议书、技术资料、图纸等,也是合同的组成部分。

第一百三十三条 承揽人必须以自己的设备、技术和劳力,完成加工、定作、修缮的主要部分,合同另有规定的除外。

承揽人未经定作人同意,将承揽的工作转让给第三人的,定作人有权解除合同。

承揽人将其承揽的工作转由第三人完成时,应当就该第三人完成的工作对定作人负责。

第一百三十四条 除合同另有规定外,承揽人在工作期间,应当接受定作人必要的监督检验;但定作人不得因此妨碍承揽人的正常工作。

第一百三十五条 合同约定由承揽人提供材料的,承揽人应当按照合同约定的质量标准选用材料,并接受定作人的检验。

合同约定由定作人提供材料的,定作人应当按照合同约定的质量标准提供材料;承揽人对定作人提供的材料应当及时检验。

第一百三十六条 承揽人在完成工作中,遇到下列情况应当及时通知定作人:
(一)定作人提供的材料不符合合同的约定;

(二)定作人提供的设计图纸有错误或技术要求不合理。

定作人接到承揽人的上述通知,应及时答复,调换或补齐材料;提出修改图纸或技术要求的意见。否则,承揽人有权停止工作并通知定作人;定作人应赔偿因此给承揽人造成的损失。

承揽人怠于通知的,应当对上述情况造成的后果承担责任。

第一百三十七条　承揽人应当妥善保管定作人提供的物品,因保管不善造成毁损或者丢失的,应当承担民事责任。定作人所提供的材料,因不可抗力而毁损灭失的,承揽人不负责任。

第一百三十八条　承揽人对定作人提供的原材料不得擅自更换,对修理的物品不得偷换零部件,违反的应承担赔偿责任。

第一百三十九条　定作人对承揽工作要求保密的,承揽人应当保守秘密。

承揽人不经定作人许可不得留存复制品和技术资料,违反的应承担侵权责任。

第一百四十条　承揽人应按照约定的质量、数量和期限完成工作,并交付工作成果。

承揽人如未按合同规定的质量、数量完成工作的,应无偿进行修理、补足数量或酌减报酬。如果工作成果有重大缺陷,还应承担赔偿损失。

第一百四十一条　依承揽工作的性质需由定作人协助的,定作人对承揽人有协助义务。

因定作人未尽协助义务致使承揽工作无法完成的,承揽人有权解除合同。

第一百四十二条　定作人应当按照合同的约定验收承揽人所完成的工作成果。验收前,承揽人应当向定作人提交必需的技术资料和有关的质量证明。

定作人对于验收所发现的定作物的明显瑕疵应立即提出质量异议;对于隐蔽瑕疵,应在质量保证期内提出质量异议。

隐蔽瑕疵的质量保证期间为一年。保证期间自交付时起算。超过质量保证期间未提出质量异议的承揽人不承担责任。

第一百四十三条　承揽的工作成果在交付定作人以前灭失的,由承揽人负担。定作人受领迟延的,其风险由定作人负担。

第一百四十四条　定作人应按合同约定的时间和数额向承揽人支付报酬。如果费用是单独计算的,则定作人还应向承揽人支付完成工作所需的费用。

合同中没有规定报酬和标准的,依习惯给付。

报酬交付时间约定不明确的,定作人应在承揽人交付工作成果的同时支付报酬;工作成果无须实际交付的,于承揽人完成工作同时支付报酬;如果工作成果分次分部交付,且报酬也是就各部分工作分别确定,定作人应于每次交付时给付该部分的报酬。

第一百四十五条　定作人超过合同约定期限付款,偿付逾期的违约金。

第一百四十六条　合同约定的报酬支付期限届满,定作人未支付报酬的,承揽人对于所完成的动产有留置权。

第一百四十七条　定作人未按约定的期限领取定作物的,承揽人应当负责保管。

超过领取期限六个月,仍不领取的,承揽人有权将定作物变卖,所得价金在扣除报酬、保管费用以后,用定作人的名义存入银行。

第一百四十八条 在承揽人为公民时,如果承揽工作的完成以承揽人个人的技能为必要条件,则承揽人在工作完成前死亡或失去工作能力时,承揽合同当然终止。

在定作人为公民时,如果定作人死亡,而其继承人又不需要该工作,承揽合同当然终止。

承揽合同依前二款规定终止时,如果承揽人已经完成了部分工作,则定作人或其继承人应当验收该部分工作并支付相应的报酬。

第一百四十九条 承揽人为法人时,其被宣布破产时,承揽人或破产清算组织可以解除合同。承揽人,对于已进行的工作的报酬,可以加入破产财产分配。各方当事人对因对方解除合同而造成的损失,不得请求赔偿。

第十二章 工程建设合同

第一百五十条 建设工程合同是指承建人进行工程建设,定作人给付价款的合同。

第一百五十一条 建设工程合同包括勘察、建筑设计、建筑、安装合同。

第一百五十二条 建设工程合同应当采取书面形式。需要有关机关审查或批准的,应当经过审查或批准。

第一百五十三条 建设工程合同,可以由一个总承建人与定作人签订总承包合同,也可以由几个承建人与定作人分别签订合同。

第一百五十四条 经定作人同意,总承建人可以分别与勘察人、建筑设计人、建筑人、安装人签订分承包合同。

总承建人对各分承建人所完成的工作向定作人承担责任。

第一百五十五条 国家的重大建设工程项目承包合同,根据国家规定的程序和国家批准的投资计划、计划任务书等文件签订。

第一百五十六条 勘察、建筑设计合同中,应约定双方提交勘察、设计基础资料、设计文件(包括概预算)的时间,设计的质量要求以及其他协作条件等条款。

第一百五十七条 建筑、安装合同中,应当明确约定工程范围、建设工期、中间交工工程的开工和竣工时间、工程质量、工程造价、技术资料交付时间、材料和设备供应责任、拨款和结算、交工验收、质量保证期、双方互相协作等条款。

第一百五十八条 合同双方当事人可以约定质量保证金。建设工程交付时,定作人有权从应向承建人支付的报酬中扣留百分之五作为质量保证金。

经验收,未发现瑕疵或者虽发现瑕疵,承建人给予维修后消除瑕疵的,定作人应将质量保证金交付承建人。

第一百五十九条 定作人应当依合同约定向承建人提供必要的技术文件、资料和其他工作条件。

第一百六十条 承建人应当按合同约定保质、保量、按时完成工程建设。

第一百六十一条 勘察人应当按照合同约定及规范要求进行工程测量、工程地质、水文地质等勘察工作,提交勘察文件,并收取勘察费。

第一百六十二条 建筑设计人应当按照合同约定及规范要求进行设计,提交设计图纸及说明、材料设备清单、概算或标底价格;配合设计交底,解决施工中的设计问题,参加工程验收,并收取设计费。

第一百六十三条 定作人应维护勘察、建筑设计人的勘察成果和设计文件,未经勘察人、设计人同意,定作人不得擅自修改勘察、设计文件,不得将设计文件用于本建筑设计合同以外的其他建设项目。

第一百六十四条 建筑人、安装人应当按照设计文件和建筑、安装要求进行施工,确保工程质量。

第一百六十五条 定作人在不妨碍承建人正常作业的情况下,可以随时对工程进度、质量、技术水平和经济效果进行监督检验。

第一百六十六条 隐蔽工程在隐蔽以前,承建人应当通知定作人检查。承建人没有通知定作人检查,自行隐蔽工程的,定作人有权检查,检查费用由承建人负担。

定作人没有按时到现场检查,承建人可以自行检查,填写隐蔽工程检查记录,加以隐蔽,并将记录送交定作人。定作人以后检查的,如果工程符合合同要求,检查费用由定作人负担;如果工程不符合要求,检查费用由承建人承担。

第一百六十七条 工程竣工后,定作人应当按时验收。验收合格,定作人应接收。工程未经验收,提前使用,发现质量问题,定作人自己承担责任。

建设工程的验收,应以施工图纸及说明书、国家颁发的施工验收规范和质量检验标准为依据。

第一百六十八条 因勘察、设计质量低劣或未按期提交勘察、设计文件拖延工期造成损失,由勘察、建筑设计单位继续完善勘察、设计工作,并减收或免收勘察、设计费,直至赔偿损失。

第一百六十九条 工程质量不符合合同约定,定作人有权要求承建人限期无偿修理或返工、改建,经过修理或者返工、改建后,造成工程逾期交付的,承建人偿付逾期违约金。

第一百七十条 工程交付时间不符合合同约定,承建人应偿付逾期的违约金。

第一百七十一条 由于承建人的原因,施工进度缓慢,显然不能按期完工的,定作人有权解除合同。

因前款原因解除合同时,定作人仅对已完成的建设工程部分给付报酬。

第一百七十二条 建设工程的所有人和使用人在质量保证期内发现瑕疵的,对建设工程的承建人有直接请求权。

第一百七十三条 由于定作人变更计划,提供的资料不准确,或未按期提供必需的勘察、设计工作条件而造成勘察、设计的返工、停工或修改设计,定作人应按勘察、建筑设计人实际消耗的工作量增付费用。

第一百七十四条 定作人未按合同规定的时间和要求提供原材料、设备、场地、资金、技术资料等,除工程日期得予顺延外,定作人还应偿付承建人因此造成停工、窝工的实际损失。

第一百七十五条　因定作人的原因造成工程中途停建、缓建的,定作人应采取措施弥补或减少损失,同时赔偿承建人由此而造成的停工、窝工、倒运、机械设备调迁、材料和构件积压等损失和实际费用。

第一百七十六条　定作人超过合同约定日期验收或支付工程费,应偿付逾期的违约金。

第一百七十七条　承建人对其所完成的建设工程享有抵押权。定作人未按合同约定给付建设费和其他应付费用的,承建人对该抵押权享有优先受偿权。

第十三章　运输合同

第一节　一般规定

第一百七十八条　运输合同是承运人将旅客或者货物运至约定地点,旅客或者托运人给付运费的合同。

第一百七十九条　旅客、托运人的运输要求,承运人不得拒绝,但承运人有正当理由的除外。

第一百八十条　联合运输合同,应当明确规定双方或者多方的责任和交接办法。两个以上承运人联合运输的,对旅客、货物的损失承担连带责任。

第二节　旅客运输合同

第一百八十一条　旅客运输合同自承运人向旅客交付客票时成立,但当事人另有约定的除外。

第一百八十二条　承运人应当按照客票载明的时间和班次运送旅客。

第一百八十三条　承运人在运输过程中,应当尽力救助发生急病、分娩、遇险的旅客。

第一百八十四条　旅客应当持有效客票乘运。

承运人对无票乘坐或者持失效客票乘坐的旅客,应当补收票款,并可以按照约定加收票款;旅客拒不交付票款的,承运人可以拒绝运输。

第一百八十五条　旅客在运输中应当按照约定的限量携带行李,不得携带易燃、易爆、有毒、有腐蚀性、有放射性等违禁物品。

第一百八十六条　旅客在运输过程中致使运输工具或者设备毁损的,应当承担赔偿责任。

第一百八十七条　承运人迟延或不能按照约定运输的,旅客有权解除合同,或者要求改乘其他班次、变更运输路线以到达目的地,或者要求承运人将其运回始发地,并可以请求承运人赔偿损失。

第一百八十八条　承运人在运输过程中造成旅客伤亡的,承运人应当承担赔偿责任,但承运人证明损失是旅客故意或者重大过失造成的除外。

第一百八十九条 承运人对旅客自带行李的毁损、灭失,除旅客证明自己没有过错的外,负赔偿责任。

承运人对旅客托运行李毁损、灭失的责任,适用关于货物运输的有关规定。

第一百九十条 旅客因自身原因不能按照客票记载的时间乘坐的,应当在约定的时间内办理退票或者变更,逾期办理的,承运人不承担运输义务,并可以不退票款。

第三节 货物运输合同

第一百九十一条 托运人办理货物运输,需要填写托运单的,应当填写托运单。托运单包括以下内容:

(一)托运人姓名、名称和住所;

(二)货物名称、数量、重量、包装、价值;

(三)收货人姓名、名称和住址;

(四)到达地;

(五)填写地及填写日期。

第一百九十二条 货物运输需要办理审批、检验手续的,托运人应当将有关审批、检验的文件提交承运人。

第一百九十三条 托运人应当按照约定的方法包装货物。没有约定或者约定不明确的,应当按照国家包装标准或者行业包装标准包装;没有国家包装标准或者行业包装标准的,应当按照能够使货物安全运输的方法包装。

托运人违反前款规定,承运人有权拒绝承运。

第一百九十四条 托运人托运易燃、易爆、有毒、有腐蚀性、有放射性等危险货物,应当按照有关危险物运输的规定办理。托运人应当对危险货物妥善包装,作出危险物标志和标签,并将关于危险货物名称、性质和防范措施的书面材料提交承运人。

第一百九十五条 有下列情形之一的,托运人应当承担赔偿责任:

(一)未按合同规定的时间和要求提供托运货物的;

(二)在普通货物中夹带、匿报危险货物,错报笨重货物重量等致使吊具断裂、货物摔损、吊机倾翻、爆炸、腐蚀等事故的;

(三)货物包装缺陷产生破损,致使其他货物或者运输工具、机械设备被污染腐蚀、损坏,造成人身伤亡的;

(四)在托运方专用线或者在港、站公用专用线、专用铁道自装的货物,在到站卸货时,车辆施封完好或无异状,但货物损坏、短少的;

(五)罐车发运货物,因未随车附带规格质量证明或者化验报告,造成收货方无法卸货的。

第一百九十六条 有下列情形之一的,承运人应当承担赔偿责任:

(一)承运人不按合同规定的时间和要求配车(船)发运的,应当偿付违约金;

(二)货物错运到达地或者收货人,应无偿运至合同规定的到达地或收货人,并应支付违约金;

（三）货物运输迟延的,应当偿付违约金、赔偿损失;

（四）货物在运输过程中灭失、短少、变质、污染、损坏的,承运人应当按照货物的损失(包括包装费、运杂费)赔偿。赔偿金额按照应当交付之日的到达地的价格计算。保价运输,按照托运人的声明价格赔偿。法律规定有赔偿限额的,依照其规定,但货物的损失因承运人的故意或者重大过失造成的,不适用赔偿限额的规定。

第一百九十七条　有下列情形之一,造成货物灭失、短少、变质、污染、损坏的,承运人不承担赔偿责任:

（一）不可抗力;

（二）货物本身的自然性质;

（三）货物的合理损耗;

（四）托运人或收货人本身的过错。

第一百九十八条　收货人未及时接受货物的,承运人应当催告托运人。收货人不明的,承运人应当公告通知。自承运人通知或者公告之日起满三个月未接受货物的,承运人可以提存。不宜提存的,承运人可以拍卖、变卖该货物,扣除运费、保管费以及其他必要的费用后,提存剩余价金。

第一百九十九条　货物运至到达地后,承运人应当及时通知收货人。收货人收到提货通知后,应当及时提货,超过约定期间提货的,应当给付承运人保管费。收货人请求交付货物时,应当将提单或者其他货物凭证交还承运人。

第二百条　收货人接收货物后,发现货物有毁损灭失的,请求承运人赔偿损失的时效为自领取货物之日起六个月。

第二百零一条　货物在运输过程中因不可抗力灭失,未收取运费的,承运人不得请求灭失部分货物的运费,已收取运费的,应当返还灭失部分货物的运费。

第二百零二条　托运人或者收货人不给付运费、保管费以及和运输有关的其他费用的,承运人对该货物享有留置权。

第十四章　借贷合同

第二百零三条　借贷合同是贷与人交付金钱或者其他物品并移转该物品的所有权,受贷人返还相同的替代物,并给付利息或者其他报酬的合同。

第二百零四条　借贷合同应当采用书面形式,但当事人另有约定的除外。

借贷合同可以约定借贷的用途、数额、利率、期间、还款方式、违约责任、担保等内容。

第二百零五条　民间借贷可以是无偿的,但当事人另有约定的除外。

第二百零六条　商业银行借贷的利率应当按照中国人民银行规定的贷款利率的上下限确定。民间借贷的利率不得超过中国人民银行规定的贷款利率上限的五倍。

第二百零七条　借贷合同不得规定复利,利息不得预先在本金中扣除。

第二百零八条　受贷人提前偿还贷款的,应当按照实际贷款的期间计算利息。

第二百零九条 借贷期间届满,受贷人不能偿还相同种类、质量、数量物品的,经贷与人同意,可以以金钱或者其他替代物偿还。

第十五章 储蓄合同

第二百一十条 储蓄合同是储蓄人将货币存入储蓄机构,储蓄机构支付存款本金和利息的合同。

第二百一十一条 储蓄合同的种类主要有活期储蓄存款、整存整取定期储蓄存款、零存整取储蓄存款、存本取息定期存款、整存零取定期储蓄存款、定活两便储蓄存款、住房储蓄存款、可转让的定期存款储蓄等。

第二百一十二条 储蓄存款遵循存款自愿、取款自由、存款有息、为存款人保密的原则。

第二百一十三条 储蓄合同自储蓄人将货币交付储蓄机构,储蓄机构将存折、存单或者其他存款凭证交付储蓄人时成立。

第二百一十四条 存款凭证应当载明储蓄人的姓名、账号、货币种类、存款种类、金额、期间、利率等事项,并由储蓄机构盖章。

储蓄存款有加密业务的,储蓄人可以要求加密。

第二百一十五条 储蓄机构交付存款凭证时,储蓄人应当核对。储蓄人发现存款凭证记载有错误的,应当自知道该凭证错误记载之日起三十日内请求更正。

第二百一十六条 储蓄机构应当设置验钞机,供储蓄人取款时验钞。

第二百一十七条 定期储蓄可以提前支取的,储蓄人提前支取时,储蓄机构应当按照中国人民银行的有关规定支付利息。

第二百一十八条 定期储蓄的届满日是储蓄机构休息日的,储蓄人可以在储蓄机构休息日的前一日提取存款。

第二百一十九条 储蓄人提取较大数额的存款时,应当事先通知储蓄机构。

第二百二十条 记名的存款凭证灭失的,储蓄人可以向开户的储蓄机构请求挂失。自储蓄机构受理挂失之日起七日后,储蓄人可以请求补发新的存款凭证。

储蓄机构受理挂失前,存款被他人冒领的,储蓄机构不承担责任,但储蓄机构有故意或者重大过失行为的除外。受理挂失后,因储蓄机构的过失致使存款被他人冒领的,储蓄机构应当承担赔偿责任。

第十六章 结算合同

第二百二十一条 结算合同是立户人在银行开立账户,银行为立户人办理转账和现金收支并收取结算费用的合同。

第二百二十二条 结算合同自立户人在银行开立账户并将资金存入该账户之日起成立。

第二百二十三条 立户人进行交易应当办理转账结算,但法律、法规另有规定的除外。

第二百二十四条 立户人应当正确使用票据和结算凭证,账内应当有足够的资金保证支付,不得签发空头支票的远期支票;不得出租、出借账户。

第二百二十五条 立户人应当按期向银行交纳结算费用,并提交结算凭证和会计凭证。

第二百二十六条 立户人可以将结存账中的结存金额转为定期存款。

第二百二十七条 立户人错误填写结算凭证影响资金使用,票据和印章丢失造成资金损失的,由其自行负责。

第二百二十八条 银行对立户人交存的现金,应当在一个营业日内结存于立户人的账户;对立户人交存或者委托收取的即期票据资金,应当在交付之日起三日内结存于立户人账户;收取立户人交存或者委托收取的未届期票据资金,应当在票据付款期到来之日或者指示贴现之日起的三日内,将结存金额汇入立户人账户。

第二百二十九条 银行应当按照规定和结算合同的内容办理票据承兑,收付入账等结算业务,不得压单、压票或者违反规定退票。

银行办理结算发生延误,影响客户资金使用的,应当按照存(贷)款利率支付赔偿金;因违反结算规定,发生延压、挪用、截留结算资金影响客户资金使用的,应当按结算金额以每天千分之三计付赔偿金;错付或者被冒领造成客户资金损失的,应当承担赔偿责任。

第二百三十条 银行应当定期或者不定期向立户人发送账单,通知立户人对账。

第二百三十一条 银行发现立户人有透支行为时,应当及时为立户人发出书面通知。

立户人的行为将导致透支的,结算机构有权拒绝兑付。

立户人透支的,结算机构自立户人透支之日起主张债权。

第二百三十二条 银行应当为立户人保守商业秘密。

银行有权拒绝任何单位和个人查询立户人的存款,但法律、行政法规定另有规定的除外。

银行有权拒绝任何单位和个人冻结、扣划立户人的存款,但法律另有规定的除外。

第十六章① 租赁合同

第二百三十三条 租赁合同是出租人把租赁物交付承租人使用、收益,承租人给付租金的合同。

第二百三十四条 租赁合同,可以约定租赁物的名称、数量、用途、租赁期限、租金、租金交纳方式、租赁物修缮等内容。

第二百三十五条 租赁合同应当采用书面形式。

---

① 原件如此。

第二百三十六条 出租人应当按照约定将租赁物交付承租人,并在租赁关系存续期间保持租赁物符合约定的使用、收益状态。

第二百三十七条 出租人对租赁物承担瑕疵担保责任。

租赁物为房屋的,如有危及承租人或其共同居住人安全和健康的瑕疵的,即使承租人在签订合同时已知有瑕疵,仍有权解除合同。

第二百三十八条 出租人应当负责租赁物的修缮。合同另有约定的除外。

出租人不修缮租赁物,承租人可以解除合同或自行修缮,修缮费用由出租人负担或从租金中扣除。

第二百三十九条 承租人应当按照约定的用途正确使用、妥善保管租赁物。承租人因使用、保管不当造成租赁物毁损的,应对出租人承担损害赔偿责任。

第二百四十条 承租人应当按照约定的时间、方式、数量、币种交纳租金。

第二百四十一条 承租人经出租人同意,可以对租赁物进行改善或在租赁物上增设他物,为此所支出的费用,承租人可请求出租人负担。

增设物能拆除的,承租人可以拆除,但应恢复租赁物的原状。

第二百四十二条 承租人使用租赁物的收益,归承租人所有。合同另有约定的除外。

第二百四十三条 承租权受到第三人侵害时,承租人可以请求出租人排除妨碍,也可以直接请求第三人排除妨碍。

第二百四十四条 出租人将租赁物所有权转让给第三人的,应当通知承租人,租赁合同对新的所有人和承租人继续有效。

第二百四十五条 承租人经出租人同意,可以将租赁物转租第三人。

承租人将租赁物转租第三人的,承租人与出租人之间的租赁关系继续存在。

第二百四十六条 出租人出卖出租房屋的,应于出卖前三个月通知承租人。承租人在同等条件下有优先购买权。

出租房屋拆除重建的,出租人可终止合同。重建房屋仍出租的,原承租人在同等条件下有优先承租权。

承租人在租赁期限内死亡的,与该承租人共同居住人承受该承租人在租赁合同中的地位。

第二百四十七条 承租人有下列情形之一的,出租人可以解除合同:

(一)不按照合同约定的用途使用租赁物或利用租赁物进行非法活动的;

(二)故意毁损租赁物的;

(三)未经出租人同意转租租赁物的;

(四)无正当理由迟延交纳租金,经催告限期交纳仍不交纳的。

第二百四十八条 租赁期间届满,租赁合同终止。承租人应当将租赁物返还出租人。

第十七章　融资租赁合同

第二百四十九条　融资租赁合同是融租人根据承租人的要求购买融租物,并把该租赁物供承租人使用、收益,承租人给付租金的合同。

第二百五十条　融资租赁合同可以约定融租物的名称、规格、数量、质量、技术性能、验收方法,租赁期间,租金和租金给付的期间、方式,租金币种,租赁期间届满融租物的处理等条款。

第二百五十一条　为购买融租物而订立的买卖合同,由融租人和出卖人签订。

买卖合同应明确出卖人对承租人的融租物交付义务,由承租人签名或盖章确认。

因出卖人迟延交货和融租物瑕疵而造成的损失,融租人享有直接请求权。融租人和承租人可以约定将请求权部分或全部转让给承租人。

第二百五十二条　承租人应当按照合同约定的时间、地点、方式验收和接受融租物。

第二百五十三条　租赁期间,承租人负责融租物的保管和维修。

第二百五十四条　租赁期间,承租人因使用、维修、保管融租物给第三人造成损害的,应当承担赔偿责任。

第二百五十五条　租赁期间,承租人负担融租物灭失和毁损的风险责任。

融租物保险的,保险费用由承租人负担,保险受益人为融租人。

第二百五十六条　因融租人的责任使租赁物不能交付或者迟延交付的,承租人有权请求其限期补救。融租人逾期不予补救的,承租人有权解除合同,并请求融租人承担违约责任。

第二百五十七条　融租人应当保证承租人对融租物的有效占有和使用。

第二百五十八条　承租人未按约定交付租金的,融租人可以请求其在合理的期限内交付。承租人在该期限内仍不交付的,融租人可以请求即时交付欠租及未到期的全部租金,也可以解除合同,收回融租物,并要求承租人承担违约责任。

第二百五十九条　租赁期间,融租人对融租物享有所有权。

融租人和承租人可以约定按照给付租金的比例逐步转移融租物的所有权,承租人给付全部租金后,取得融租物的全部所有权。

第二百六十条　租赁期间届满后,融租人和承租人可以约定,承租人按名义货价留购融租物、续租或者退还融租物。

第二百六十一条　承租人将自己所有的物卖与融租人,再与融租人签订融资租赁合同的,适用本章规定。

第二百六十二条　融租人将租赁物设定抵押的,抵押权人行使权利不得影响承租人的利益。

第二百六十三条　本章没有特别规定的,适用本法第　章的规定。

第十八章　保管合同

第二百六十四条　保管合同是寄存人将保管物交付保管人保管,保管期间届满保管人返还保管物,寄存人给付保管费的合同。

第二百六十五条　保管不给付保管费的,由寄存人与保管人特别约定。

第二百六十六条　保管合同自寄存人交付保管物、保管人给付保管凭证时成立。

第二百六十七条　保管人应当妥善保管保管物。

第二百六十八条　保管人不得使用或者允许第三人使用保管物。

第二百六十九条　寄存货币、有价证券或者其他贵重物,寄存人应当声明。未声明而寄存的,保管人对贵重物的灭失、损坏不按照贵重物的灭失、损坏承担赔偿责任,但保管人有故意或者重大过失的除外。

第二百七十条　保管物是现金的,保管人可以以相同数额的同类货币返还。是否给付利息,由当事人约定。

第二百七十一条　寄存人可以随时请求保管人返还保管物。

第二百七十二条　保管人为保管物支出的必要费用,由寄存人承担。

第二百七十三条　寄存人不给付保管费和其他应付费用的,保管人有权留置保管物。

第十九章　仓储合同

第二百七十四条　仓储合同是仓储人将仓储物交付仓管人仓储,仓储期间届满仓管人返还仓储物,仓储人给付仓储费的合同。

第二百七十五条　仓储人应当按照约定的种类、质量、数量、包装将仓储物按时交付仓管人。

第二百七十六条　仓储易燃、易爆、有毒、有放射性等危险物或者易腐物,仓储人应当说明仓储物的性质和预防危险、腐烂的方法,提供有关资料,并采取必要的防范措施。仓储人未履行前款规定的义务,仓管人有权拒收仓储物。

第二百七十七条　仓管人对仓储物应当验收,符合约定的予以入库。

第二百七十八条　仓管人接收仓储物后,应当向仓储人交付由其签名、盖章的仓单。

第二百七十九条　仓单可以载明下列内容:
（一）仓储人的姓名、名称和住所；
（二）仓储物的种类、质量、数量、包装、件数和标记；
（三）仓储场所；
（四）仓储期间；
（五）损耗标准；

(六)仓储费;

(七)填发人、填发地和填发年月日。

第二百八十条　仓储人背书转让仓单需经仓管人签名、盖章。

第二百八十一条　仓管人应当允许仓单持有人检查仓储物和提取样品。

第二百八十二条　仓管人应当妥善保管仓储物。

第二百八十三条　仓管人发现仓储物有异状,应当通知仓单持有人处理。仓单持有人不处理的,损害后果由其承担。紧急情况下,仓管人应当自行处置。仓管人对危害的发生没有过错的,不承担损害后果的责任。

第二百八十四条　仓管人保管不善造成仓储物灭失、短少、损坏、污染的,应当承担民事责任。

第二百八十五条　仓储物凭仓单提取。

第二百八十六条　仓储期间届满,仓单持有人应当提取仓储物。逾期提取的,加收仓储费。提前提取的,不减收仓储费。

第二百八十七条　仓储合同未约定仓储期间的,仓单持有人可以随时提取仓储物,仓管人也可以随时通知仓单持有人提取仓储物,但应当给予仓单持有人必要的准备时间。

第二百八十八条　仓储物是替代物的,仓管人可以返还种类、质量、数量相同的替代物。仓储合同另有约定的,按照约定。

第二百八十九条　仓储人、仓单持有人不给付仓储费、其他费用,仓管人有权留置仓储物。

第二十章　借用合同

第二百九十条　借用合同是出借人将出借物无偿交付借用人使用,借用人使用后返还借用物的合同。

第二百九十一条　出借人在交付出借物时,应当向借用人告知出借物的瑕疵。出借人故意不告知借用物的瑕疵,使借用人受损害的,应当承担民事责任。

第二百九十二条　借用人应当按照约定的方法使用借用物。没有约定使用方法的,应当按照借用物的性质决定的方法使用借用物。

第二百九十三条　借用人应当妥善保管和维护借用物,并负担保管和维护所支出的费用。

第二百九十四条　借用人未经出借人同意,不得转借或者出租借用物。

第二百九十五条　借用期间届满,借用人应当返还借用物。未约定借用期间的,借用人使用完毕后,应当及时返还借用物。

第二百九十六条　借用人按照约定的方法或者借用物的性质决定的方法使用借用物,致借用物正常损耗的,不负赔偿责任。

第二百九十七条　有下列情形之一的,出借人可以解除合同:

(一)出借人自己需用借用物的;
(二)借用人违反第二百九十二条、第二百九十三条、第二百九十四条规定的。

第二十一章 技术合同

第一节 一般规定

第二百九十八条 当事人可以在订立技术合同前,达成有关技术情报和技术资料的保密协议。技术合同不成立的,不影响保密协议的效力。

第二百九十九条 当事人应当按照法律规定或者合同约定承担秘密义务。

第三百条 与履行合同有关的技术背景资料、可行性论证和技术评价报告、项目任务书和计划书、技术标准、技术规范、原始设计和工艺文件,以及图纸、表格、数据和照片等,可以根据当事人的协议作为合同的组成部分。

第三百零一条 执行本单位的任务或者主要是利用本单位的物质技术条件所完成的技术成果,是职务技术成果。职务技术成果的使用权、转让权属于单位,单位有权就该项职务技术成果订立技术合同。单位应当根据使用和转让该项职务技术成果所取得的收益,对完成该项职务技术成果的个人给予奖励。

非职务技术成果的使用权、转让权属于完成技术成果的个人,完成技术成果的个人有权就该项非职务技术成果订立技术合同。

第三百零二条 国务院有关主管部门和省、自治区、直辖市人民政府,根据国家利益或者社会公共利益的需要,对本系统或者管辖范围内的全民所有制单位的具有重大意义的非专利技术成果,有权决定在指定的单位中推广使用。使用单位对该项技术成果负有保密责任。使用单位应当按照双方协议支付使用费;双方不能达成协议的,由作出决定的机关确定合理的使用费。

集体所有制单位或者个人的非专利技术成果,对国家利益或者社会公共利益具有重大意义,需要推广使用的,由国务院有关主管部门报国务院批准后,参照前款规定办理。

第二节 技术开发合同

第三百零三条 技术开发合同是指开发人按照定作人的要求研究开发新产品、新工艺、新材料等新技术,定作人给付开发费的合同。

第三百零四条 订立技术开发合同,应当有必要的研究开发经费、基础设施、技术情报资料等条件,进行必要的可行性论证,选择适当的研究开发方案。

第三百零五条 根据国家计划项目订立的技术开发合同,应当符合国家计划和项目任务书的要求,并有主管机关的批准文件。

第三百零六条 技术开发合同可以约定项目名称,开发标的的内容、形式和要求,研究开发计划,开发费的给付和结算方式,利用开发费购置的设备、器材、资料的财产权归属,技术情报和资料的保密,验收的标准和方法,技术成果的归属和分享等内容。

第三百零七条 定作人应当依照合同约定向开发人提供资料、原始数据、给付开发费并完成其他协作事项。

第三百零八条 开发人应当亲自完成技术开发工作。非经定作人同意,不得将技术开发工作的主要部分交由第三人完成。

开发人应当制定和实施开发计划,合理使用开发费,按期完成研究开发工作,交付研究开发成果。提供有关的技术资料和必要的技术指导,帮助定作人掌握研究开发成果。

第三百零九条 开发人应当按照约定,采取下列一种或者多种形式提交研究开发成果:

(一)产品设计、工艺规程、材料配方和其他图纸、论文、报告等技术文件;

(二)磁带、磁盘、计算机软件;

(三)动物或者植物的新品种、微生物新菌种;

(四)样品、样机;

(五)成套技术设备。

第三百一十条 定作人应当对开发人交付的技术开发成果,按照合同约定的验收标准验收。

第三百一十一条 研究开发成果验收时,当事人各方有权取得实施技术成果所必要的技术资料、试验报告和数据,要求另一方进行必要的技术指导,保证所提供的技术成果具备实施条件。但合同终止以后,一方仍然需要另一方或其他各方继续提供技术服务的,应当另行订立合同。

第三百一十二条 合作开发合同的合作各方负有下列主要义务:

(一)按照合同约定进行投资,包括以技术进行投资;

(二)按照合同约定的分工参与研究开发工作;

(三)与其他各方协作配合。

第三百一十三条 履行技术开发合同所完成的技术成果的归属和分享原则是:

(一)委托开发所完成的发明创造,除合同另有约定的以外,申请专利的权利属于研究开发方。研究开发方取得专利权的,定作人可以免费实施该项专利。

研究开发方就其发明创造转让专利申请权的,定作人可以优先受让专利申请权。

(二)合作开发所完成的发明创造,除合同另有约定的以外,申请专利的权利属于合作开发各方共有。一方转让其共有的专利申请权的,另一方或者其他各方可以优先受让其共有的专利申请权。

合作开发各方中一方声明放弃其共有的专利申请权的,可以由另一方单独申请,或者由其他各方共同申请。发明创造被授予专利权以后,放弃专利申请权的一方可以免费实施该项专利。

合作开发各方中,一方不同意申请专利的,另一方或者其他各方不得申请专利。

(三)委托开发或者合作开发所完成的非专利技术成果的使用权、转让权以及利益的分配办法,由当事人在合同中约定。合同没有约定的,当事人均有使用和转让的权利。但是,委托开发的研究开发方不得在向定作人交付研究开发成果之前,将研究开发成果转让给第三方。

第三百一十四条 在履行技术开发合同的过程中,因出现无法克服的技术困难,导致研究开发失败或者部分失败的,其风险责任由当事人在合同中约定。合同没有约定的,风险责任由当事人合理分担。

当事人一方发现前款所列可能导致研究开发失败或者部分失败的情况时,应当及时通知另一方并采取适当措施减少损失;当事人一方没有及时通知另一方并采取适当措施,致使损失扩大的,应当就扩大的损失承担责任。

第三节 技术转让合同

第三百一十五条 技术转让合同是指当事人就专利权转让、专利申请权转让、专利实施许可、非专利技术的转让所订立的合同。

第三百一十六条 技术转让合同可以约定转让方和受让方实施专利或者使用非专利技术的范围、转让费等内容。但是,不得以合同条款限制技术竞争和技术发展。

第三百一十七条 专利权转让合同转让方的主要义务是,将合同约定的专利权移交受让方所有或者持有,保证该项专利权真实、有效。

受让方的主要义务是,按照合同约定向转让方支付约定的价款。

第三百一十八条 专利申请权转让合同转让方的主要义务是,将合同约定的发明创造申请专利的权利移交受让方,并提供申请专利和实施发明创造所需要的技术情报和资料。

受让方的主要义务是,按照合同约定向转让方支付约定的价款。

第三百一十九条 专利申请权转让合同的受让方就发明创造专利被驳回的,不得请求返还价款,但转让方侵害他人专利权或者专利申请权的情况除外。

第三百二十条 专利权转让合同成立后,该项专利被宣布无效的,转让方应当返还价款。

第三百二十一条 专利实施许可合同转让方的主要义务是:
(一)许可受让方在合同约定的范围内实施专利;
(二)交付实施专利有关的技术资料,提供必要的技术指导;
(三)办理法律规定的转让手续。

专利实施许可合同受让方的主要义务是:
(一)在合同约定的范围内实施专利,并不得许可合同约定以外的第三方实施该专利;
(二)按照合同约定支付使用费。

第三百二十二条 技术转让合同涉及专利的,应当注明发明创造的名称、专利申请人和专利权人、申请日期、申请号、专利号以及专利权的有效期限。

专利实施许可合同只在该项专利权的存续期间内有效。在专利权有效期限终止或者专利权被宣布无效以后,专利权人不得就该项专利与他人订立专利实施许可合同。

第三百二十三条 非专利技术转让合同转让方的主要义务是：

（一）按照合同约定提供技术资料，进行技术指导；

（二）保证技术的实用性、可靠性。

非专利技术转让合同受让方的主要义务是：

（一）在合同约定的范围内使用技术；

（二）按照合同约定支付使用费。

第三百二十四条 受让方按照合同约定实施专利、使用非专利技术引起侵害他人合法权益的，由转让方承担责任。

第三百二十五条 当事人可以按照互利的原则，在技术转让合同中约定实施专利、使用非专利技术后续改进的技术成果的分享办法。合同没有约定的，任何一方无权分享另一方后续改进的技术成果。

第四节 技术咨询合同和技术服务合同

第三百二十六条 技术咨询合同是指咨询人一方为受咨询人就特定技术项目提供可行性论证、技术预测、专题技术调查、分析评价报告所订立的合同。

第三百二十七条 技术咨询合同咨询人的主要义务是：

（一）阐明咨询的问题，按照合同约定提供技术背景材料及有关技术资料、数据，提供必要的工作条件；

（二）完成配合事项；

（三）按期接受受咨询人的工作成果，支付报酬。

技术咨询合同的受咨询人的主要义务是：

（一）利用自己的技术知识，按照合同约定按期完成咨询报告或者解答咨询人的问题；

（二）提出的咨询报告达到合同约定的要求；

（三）维护咨询人的技术、经济利益。

第三百二十八条 当事人可以在技术咨询合同中约定对咨询报告和意见的验收或者评价办法。

第三百二十九条 技术咨询合同的咨询人未按照合同约定提供必要的数据和资料，影响工作进度和质量的，所付的报酬不得追回，未付的报酬应当如数支付。

技术咨询合同的受咨询人未按期提出咨询报告或者所提出的咨询报告不符合合同约定的，应当减收或者免收报酬，支付违约金或者赔偿损失。

技术咨询合同的咨询人按照受咨询人符合合同约定要求的咨询报告和意见作出决策所造成的损失，应当由咨询人承担。但是，合同另有约定的除外。

第三百三十条 技术服务合同是指服务人以技术知识为受服务人解决特定技术问题所订立的合同，不包括建设工程的勘察、设计、施工、安装合同和加工承揽合同。

第三百三十一条 技术服务合同受服务人的主要义务是：

（一）按照合同约定为服务人提供工作条件，完成配合事项；

(二)按期接受服务人的工作成果,支付报酬。
技术服务合同的服务人的主要义务是:
(一)按期完成合同约定的服务项目,解决技术问题,保证工作质量;
(二)传授解决技术问题的知识。

第三百三十二条 服务人发现受服务人提供的技术资料、数据、样品、材料或者工作条件不符合合同约定的,应当及时通知受服务人,受服务人应当在约定的期限内补充、修改或者更换。

服务人发现前款所述问题不及时通知受服务人或者受服务人接到通知后未按期作出答复的,责任方承担相应的责任。

第三百三十三条 服务人在履行合同期间,发现继续工作对材料、样品或者设备等有损坏危险时,应当中止工作,并及时通知受服务人或者提出建议。受服务人应当在约定的期限内作出答复。

服务人不及时通知受服务人并未采取适当措施或者受服务人未按期答复的,责任方承担相应的责任。

第三百三十四条 技术服务合同的标的在短期内难以发现缺陷的,当事人可以在合同中约定保证期。在保证期内发现服务质量缺陷的,服务人应当负责返工或者采取补救措施。但因受服务人使用、保管不当引起的问题除外。

第三百三十五条 技术服务合同的受服务人违反合同,影响工作进度和质量,不接受或者逾期接受服务人的工作成果的,应当如数支付报酬。

技术服务合同的服务人未按照合同约定完成服务工作的,应当免收报酬并支付违约金或者赔偿损失。

第三百三十六条 在履行技术咨询合同、技术服务合同的过程中,受咨询人或者服务人利用咨询人、受服务人提供的技术资料和工作条件所完成的新的技术成果,属于受咨询人或者服务人。咨询人、受服务人利用受咨询人或者服务人的工作成果所完成的新的技术成果,属于咨询人或者服务人。但是,合同另有约定的除外。

第二十二章 出版合同

第三百三十七条 出版合同是指著作权人把复制与发行作品的权利转让给出版人,出版人出版作品的合同。

订立出版合同应当遵守著作权法的有关规定。

第三百三十八条 著作权人的主要义务是:
(一)按照合同约定的条件、期限交付作品;
(二)在出版合同有效期内,不得将作品的全部或者一部以原名或者更换名称另行出版;
(三)承担权利瑕疵担保责任。

第三百三十九条 出版人的主要义务是:

（一）按照规定或者合同约定的出版质量、期限出版作品；
（二）按照规定或者合同约定向著作权人支付报酬；
（三）未经著作权人许可，不得将出版权转让给第三人或者在出版权上设定抵押。

第三百四十条 出版人对著作权人交付出版的作品，在合同约定期间享有专有出版权，他人不得出版该作品。

第三百四十一条 出版录音、录像制品，应当同表演者和各个原有作品的著作权人分别签订出版使用许可合同。

第三百四十二条 表演者为制作录音、录像，使用他人作品，应当同著作权人签订合同，并支付报酬，但法律另有规定或当事人另有约定的除外。

表演者为制作录音、录像使用改编、翻译等演绎作品，应当同改编、翻译等演绎作品的著作权人和各个原有作品的著作权人分别签订出版使用许可合同。但法律另有规定或者当事人另有约定的除外。

第三百四十三条 出版改编、翻译等演绎作品，应当同改编、翻译等演绎作品的著作权人和各个原有作品的著作权人分别签订出版使用许可合同。但法律另有规定或者当事人另有约定的除外。

第三百四十四条 著作权人向报社、杂志社投稿的，自稿件发出之日起十五日内未收到报社通知决定刊登的，或者自稿件发出之日起三十日内未收到杂志社通知决定刊登的，可以将同一作品向其他报社、杂志社投稿。双方另有约定的除外。

作品刊登后，除著作权人声明不得转登、摘编的外，其他报刊可以转载或者作为文摘、资料刊登，但应当按照规定向著作权人支付报酬。

第三百四十五条 图书、音像出版合同的计酬方式可以采取稿酬式或者版税式，也可以约定其他方式。

按照稿酬式计算方式，稿酬为基本稿酬与印数稿酬之和。

按照版税式计算方式，酬金为出版物的定价乘以出版数量再乘以版税率。版税率由双方当事人约定。

第三百四十六条 在不妨害出版人利益的前提下，作者可以对作品作适当的订正或者修改。

出版人经作者许可，可以对作品修改、删节。

报社、杂志社可以对作品作文字性修改、删节，对内容的修改、删节应当经作者许可。

第三百四十七条 出版人再版作品的，应当通知著作权人，并支付报酬。

作品再版时，作者有权修改。

出版物脱销后，出版人拒绝再版的，著作权人有权终止合同。

第三百四十八条 作品交付出版人后，非因著作权人的原因不能出版时，出版人应当给付报酬。作品灭失的，出版人应当承担损害赔偿责任。

第二十三章　雇佣合同

第三百四十九条　雇佣合同是受雇人为雇佣人提供劳务,雇佣人给付报酬的合同。

国家机关、企业、事业单位、社会团体及个体经济组织与其雇员订立的劳动合同,劳动法无规定的,适用本章规定。

第三百五十条　当事人可以约定试用期,但试用期最长不得超过三个月。

第三百五十一条　雇佣人未经受雇人同意,不得将其劳务请求权转让他人。

受雇人未经雇佣人同意,不得由他人代为提供劳务。

第三百五十二条　受雇人在提供劳务期间,应服从雇佣人指示,保守秘密,维护雇佣人利益。

第三百五十三条　雇佣人应当尊重受雇人人格尊严和宗教信仰。

第三百五十四条　雇佣人应当为受雇人提供合理的劳动条件和安全保障。

合同约定连续提供劳务的期限为一年以上的,雇佣人应当为受雇人投保意外伤害险和医疗险。

第三百五十五条　受雇人因提供劳务遭受人身伤害,雇佣人应当承担民事责任。但伤害是受雇人故意或重大过失造成的,可以减轻或免除雇佣人的民事责任。

第三百五十六条　雇佣人应以货币形式向受雇人支付报酬。合同中约定的报酬,不得低于法律、法规规定的最低标准。

合同中未约定报酬或者约定不明的,参照市场同类劳务报酬标准给付。

第三百五十七条　报酬应按照约定的期限给付。未约定期限的,按下列规定给付:

(一)提供持续时间超过二个月的连续性劳务的,每月给付一次;

(二)提供间断性劳务的,每次劳务完毕时给付;

(三)提供一次性短期劳务的,劳务完毕时给付。

第三百五十八条　有下列情形之一的,雇佣人不得扣减受雇人的报酬:

(一)受雇人到医疗机构看病、接受门诊治疗或者身体检查的;

(二)受雇人哺乳婴儿的;

(三)法律、法规规定的休假日;

(四)非因故意或者重大过失而给雇佣人造成损失的。

雇佣人基于正当理由扣减受雇人报酬的,扣减数额总计不得超过当期应付报酬的三分之一。

第三百五十九条　雇佣合同中不得约定由受雇人提交履约保证金,也不得要求受雇人为第三人对雇佣人的债务提供担保。

第三百六十条　合同未定期限,依劳务的性质或者目的也不能确定期限的,当事人双方都可以随时终止合同,但至迟应当于十五日前预告他方。

第三百六十一条　合同订有期限,所订期限尚未届满,有下列情形之一的,受雇人可以终止雇佣合同:

（一）雇佣人没有为受雇人提供合理的劳动条件和安全保障的；
（二）雇佣人没有按照规定为受雇人投保意外伤害险和医疗险的；
（三）雇佣人未按合同约定和法律规定给付报酬的；
（四）雇佣人将其劳务请求权转让他人的；
（五）受雇人有重大事由，需要终止雇佣合同的；
（六）受雇人依合同约定行使合同解除权的。

第三百六十二条 合同订有期限，所订期限尚未届满，有下列情形之一的，雇佣人可以终止雇佣合同：
（一）受雇人的故意或者重大过失行为使雇佣人遭受重大损失的；
（二）受雇人不具备受雇时保证的特种技能的；
（三）受雇人未经雇佣人同意，使他人代自己提供劳务的；
（四）受雇人不按合同约定提供劳务的；
（五）雇佣人有重大事由，需要终止雇佣合同的；
（六）雇佣人依合同约定行使合同解除权的。

第三百六十三条 因不可归责于雇佣人的重大事由，受雇人终止合同的，雇佣人有权请求受雇人赔偿因合同终止产生的损失。

因不能归责于受雇人的重大事由，雇佣人终止合同的，应当向受雇人给付违约金。

违约金的数额按照下列规定给付：
（一）受雇人连续提供劳务一年的，违约金为三个月报酬的数额；连续提供劳务一年以上的，每增加一年，应当增加一个月报酬的数额；
（二）受雇人连续提供劳务半年以上不足一年的，违约金为二个月报酬的数额；
（三）受雇人连续提供劳务一个月以上不足半年的，违约金为一个月报酬的数额。

第三百六十四条 受雇人连续提供劳务满一年以上终止合同的，雇佣人应当向受雇人给付解约金。

解约金的数额依下列规定：
（一）受雇人连续提供劳务不满二年的，解约金为二个月报酬的数额；
（二）受雇人连续提供劳务二年以上的，每增加一年，解约金增加一个月报酬的数额。

第三百六十五条 雇佣人受领劳务迟延，受雇人没有补服劳务的义务，但仍有权请求雇佣人给付报酬。

第三百六十六条 合同期限届满后，受雇人在雇佣人明知或者应知的情况下继续提供劳务，雇佣人不立即提出异议的，视为合同以与原期限相同的期限延长。但原合同期限超过一年的，延长的期限为一年。

第二十四章 合伙合同

第一节 一般规定

第三百六十七条 合伙合同是两人以上按照协议，各自提供资金、实物、技术等，共同经营,共担风险的合同。

第三百六十八条　合伙团体可以起字号,依法经核准登记,在核准登记的经营范围内从事经营。

第三百六十九条　合伙合同应当采用书面形式。

第三百七十条　合伙人的出资,可以是资金、实物、技术或者其他财产,也可以以劳务代替。

合伙人应当投入等额的出资。合伙人对出资比例另有约定的,按照约定的比例出资。

合伙人以实物或者实物的使用、收益,劳务、技术出资的,应折算为份额。

第三百七十一条　合伙人的出资、合伙经营中所获得的一切财产,为全体合伙人共同共有,由合伙人统一管理和使用。

第三百七十二条　合伙人无论出资多少,对于合伙事务只有一票表决权。

第三百七十三条　合伙事务由全体合伙人共同执行,合同约定合伙事务由一人或数人执行的,其他合伙人不参与执行。

合伙事务执行人,应当妥善处理合伙事务。

合伙人执行合伙事务,其他有执行权的合伙人对该合伙人的行为有异议时,应当停止执行该事务。

第三百七十四条　合伙事务执行人执行合伙事务,由全体合伙人承担民事责任。

第三百七十五条　合伙事务执行人,有正当事由可以提出辞任,但应当预先通知其他合伙人,在合伙事务能正常处理时可以离任。

合伙事务执行人,有严重违反职责行为或者无通常执行能力时,经其他合伙人一致同意,可以解除其执行权。

第三百七十六条　各合伙人均有权检查合伙业务、合伙财产的状况,并得查阅合伙账簿及资料。

第三百七十七条　合伙人执行合伙事务,不得请求报酬,但合同另有约定的除外。

合伙人为合伙事务垫付的必要费用和所遭受的无法避免的损失,有权请求合伙偿还。

合伙人在合伙事务中,由于自己的过失给合伙造成损失的,应当赔偿损失。

第三百七十八条　合伙人对合伙债务的清偿负连带责任。合伙人偿还合伙债务超过自己负担数额的,有权向其他未足额负担的合伙人追偿。

第三百七十九条　合伙成立后,他人请求加入合伙的,必须经全体合伙人同意。

新加入的合伙人,对加入前合伙的债务,与原合伙人负同一的责任。

第三百八十条　合伙人可以将自己的合伙财产转让给其他合伙人。

未经其他合伙人一致同意,合伙人不得将自己的合伙财产转让给第三人。

第三百八十一条　合伙存续期内,合伙人个人的债权人,对合伙人基于合伙合同享有的合伙权利,不得代位行使,但合伙人的利润分配权利除外。

合伙人个人的债权人,依法申请扣押该合伙人的合伙财产,应当提前两个月通知合伙及该合伙人。该合伙人不采取补救措施,此通知视为该合伙人退伙的申请。

第三百八十二条 合伙的结算与利益分配,除另有约定外,应当于合伙事务年度终结时进行。

合伙的损益分配按照合同约定,没有约定的按出资份额的比例分配,无约定也无明确出资份额比例的,平均分配。

第三百八十三条 合伙开除合伙人,必须有正当事由,并经其他合伙人一致同意,同时应当将开除决定通知被除名的合伙人。

第三百八十四条 合伙合同未订有期限的,合伙人可以随时声明退伙,但应于一个月之前通知其他合伙人,并不得在有损合伙事务的时期退伙。

合伙合同订有合伙期限的,合伙人有不可归责于自己的重大事由时,才能声明退伙。

第三百八十五条 下列情形视为合伙人退伙:
(一)合伙人死亡的,但约定其继承人可以继承合伙的除外;
(二)合伙人被宣布为无行为能力人、限制行为能力人的;
(三)合伙人受破产宣告的;
(四)合伙人被合伙开除的。

第三百八十六条 退伙人与其他合伙人之间的结算,应当以退伙当时的财产状况为依据进行。

退伙人的合伙财产份额与应得利益,除应该并能够返还的物品以外,可以折抵金钱支付。

合伙财产的价值不足以清偿债务与返还出资时,退伙人应当以清算核定的各合伙人对亏损应分担的比例,向其他合伙人偿付自己应当负担的不足额。

退伙时未了结的合伙事务,可以在了结后进行清算。退伙人在退伙后,仍应就退伙时未了结的合伙事务产生的损益,分担义务和分享权利,并与原合伙人负连带责任。

第三百八十七条 合伙因下列情形之一而终止:
(一)合伙合同期限届满的;
(二)合伙合同约定的合伙事务已完成或者确定不能完成的;
(三)合伙人一致同意解散的;
(四)合伙合同约定的特定解散事由发生的。

合伙从解散之时起,有关事务的执行权归全体合伙人共同行使。

第三百八十八条 合伙解散的清算,由全体合伙人或者他们选任的清算人进行,清算人的选任,以合伙人全体过半数决定。

清算人负责合伙财产的保管、清理、估价,并按照下列顺序清偿:
(一)合伙所欠税款;
(二)合伙债务;
(三)合伙事务上合伙对合伙人所负的债务;
(四)合伙人出资;

（五）剩余财产分配。

清算合伙财产时，未届清偿期的债权待清偿期届至时再行清偿。

清偿合伙债务时，应当对未届清偿期的债务或者不能确定的债务从合伙财产中预留适当的数额，待清偿期届至或者债务确定时再行清偿。

合伙财产不足清偿合伙债务的，合伙人应当按其对亏损应负担的比例，对合伙的债权人负无限责任。合伙人中一人或数人无清偿能力时，其他合伙人应当比照损益分配的比例予以负担。

第二节　隐名合伙合同

第三百八十九条　隐名合伙合同是一方向他方所经营的事务出资，参加盈余分配，并在出资的限度内承担责任的合同。

出资不经营的合伙人，为隐名合伙人；从事经营的合伙人，为出名合伙人。

第三百九十条　隐名合伙人出资，应将财产移交于出名合伙人。

隐名合伙人有权请求出名合伙人在会计年度终了时，计算营业的盈亏，向其支付盈余中的应得份额。但合同另有规定的除外。

第三百九十一条　出名合伙人以自己的名义执行合伙事务，隐名合伙人不参与合伙事务的执行。

隐名合伙人如果参与合伙事务的执行，或者作出参与执行的公开表示，应当对其参与执行后发生的债务同出名合伙人负连带责任。

第三百九十二条　隐名合伙合同，除因隐名合伙人声明退伙外，因下列情形之一而终止：

（一）合伙期限届满的；

（二）合伙人同意终止的；

（三）合伙事务已完成或者确定不能完成的；

（四）出名的合伙人失去执行合伙事务的能力或者死亡的；

（五）出名的合伙人或者隐名合伙人被宣告破产的。

隐名合伙合同终止时，出名合伙人应当返还隐名合伙人的出资和给付其应得的利益。

合同终止时经营亏损的，隐名合伙人在其出资份额内分担经营的损失。

第三百九十三条　隐名合伙，除本节规定外，适用本章第一节的规定。

第二十五章　赠与合同

第三百九十四条　赠与合同是赠与人将自己的财物或者财产权利无偿给予受赠人的合同。

第三百九十五条　赠与标的物是财产权利的，赠与合同应当采用书面形式。

第三百九十六条　赠与合同采用书面形式的，自合同成立时生效。赠与标的物的移转需要办理登记手续的,赠与合同自登记之日起生效。

第三百九十七条 赠与可以附义务。赠与人可以指定标的物的特定用途。

受赠人在赠与标的物价值限度内履行义务。

第三百九十八条 赠与的标的物有瑕疵的,赠与人不承担担保责任。但赠与人故意不告知瑕疵或者保证无瑕疵的,对受赠人因瑕疵所遭受的损害应当承担赔偿责任。

附义务的赠与,赠与的标的物有瑕疵的,赠与人在受赠人所负义务的限度内,应当承担与出卖人相同的担保责任。

第三百九十九条 受赠人有下列情形之一的,赠与人可以撤销赠与:

(一)故意伤害赠与人或者赠与人的近亲属,构成犯罪的;

(二)对赠与人有扶养责任而不履行义务的;

(三)故意不履行赠与所附义务的;

(四)不按照合同约定的用途使用赠与标的物的。

第四百条 赠与人的撤销权,应当自知道撤销原因之日起一年内行使。赠与人的经济状况显著恶化,严重影响其生活或者致使其不能履行法定扶养义务的,可以请求返还赠与标的物。

但因赠与人故意或者有重大过失导致该情形发生,或者给付标的物已满五年的除外。

第四百零一条 受赠人故意致赠与人死亡,或者故意致赠与人丧失民事行为能力,赠与人的继承人或者近亲属有权撤销赠与。

赠与人的继承人或者近亲属的撤销权,应当自知道撤销原因之日起六个月内行使。

第四百零二条 赠与撤销后,撤销权人可以按照《民法通则》关于不当得利的规定,请求受赠人返还赠与标的物。

第二十六章 委托合同

第四百零三条 委托合同是受托人以委托人的名义在委托权限范围内办理事务,委托人给付费用的合同。

第四百零四条 委托合同应当订明受托人的权限;未订明的,受托人的权限依委托事务的性质确定。

第四百零五条 受托人应当按照委托人的指示办理委托事务。

受托人在办理委托事务中,需要变更委托要求时,应事先取得委托人的同意;因情况紧急,在有利于委托人的情况下,受托人可以先变更委托人的指示,但必须将变更情况及时通知委托人。

第四百零六条 委托人非经受托人的同意,不得将委托事务转让第三人。

第四百零七条 受托人应亲自办理委托事务。

经委托人同意,受托人可以转委托给第三人代为办理;未经委托人同意,受托人应当对自己的行为及其转委托的第三人的行为承担责任。但在法律规定的紧急情况下,受托人为保护委托人的利益需要转委托的除外。

第四百零八条 受托人应当按照委托人的要求,随时或者定期报告委托事务的办理情况。

第四百零九条 委托人应当向受托人提供办理委托事务的费用。

第四百一十条 受托人因办理委托事务垫付的费用,委托人应当偿还。

受托人为办理委托事务而负担的必要债务,委托人应当负责清偿。

第四百一十一条 受托人因办理委托事务取得的各种利益及剩余费用,交给委托人。

第四百一十二条 委托人对受托人在授权范围内办理委托事务的行为,承担民事责任。委托人对于受托人在授权范围外的行为,仅在其明示或默示追认时承担责任。

第四百一十三条 受托人在办理委托事务有过错的,或者因超越受托权限给委托人造成损害的,应当承担赔偿责任。

受托人在办理委托事务时,因不可归责于自己的事由而受到损害的,可以向委托人请求赔偿。

第四百一十四条 委托合同因下列情况终止:

(一)委托人或受托人可以随时终止委托合同;

(二)委托人或者受托人死亡或者丧失行为能力;

(三)委托人或受托人破产的。

第四百一十五条 委托人撤销委托的,对受托人依照法律规定或者双方约定已处理的部分事务所产生的法律后果应予接受,并应当负担由此已支出的费用。委托人非因可归责于受托人的事由撤销委托造成受托人损失的,应当承担赔偿责任。

第四百一十六条 受托人在不利于委托人的时期辞去委托造成委托人损失的,应当负赔偿责任,但因不可归于受托人的事由而辞去委托的除外。

第二十七章　居间合同

第四百一十七条 居间合同是居间人按照委托人的要求,提供贸易媒介服务,委托人给付报酬的合同。

第四百一十八条 居间人应当如实向委托人报告相对人的真实情况,并应当保守委托人的商业秘密及约定的其他秘密。

第四百一十九条 合同因其报告或者媒介而订立的,居间人可以向委托人请求支付约定的报酬。除有约定外,居间人不得请求因居间而支付的费用。

合同因居间而订立的,居间费由双方当事人平均负担。居间费的给付另有约定,按照约定。

第四百二十条 居间人与一方当事人恶意串通,损害另一方当事人权益的,居间人承担连带责任。

第二十八章 经纪合同

第四百二十一条 经纪合同是经纪人以自己的名义,为委托人办理贸易事务,委托人给付报酬的合同。

第四百二十二条 经纪合同除本章规定外,适用本法关于委托合同的规定。

第四百二十三条 经纪人从事经纪活动,直接对第三人享受权利和承担义务。

第四百二十四条 经纪人在第三人不履行义务时,应当自己向委托人履行相应义务。经纪合同另有约定的,按照约定。

第四百二十五条 经纪人应当选择对委托人最有利的条件履行经纪职责。

第四百二十六条 经纪人以低于委托人指定的价格卖出或者以高于委托人指定的价格买入的,应当取得委托人的同意。未取得委托人同意的,如果经纪人补偿其差额,该项买卖对委托人发生效力。

第四百二十七条 经纪人以高于委托人指定的价格卖出或者以低于委托人指定的价格买入的,其利益应当归于委托人。

第四百二十八条 经纪人可以按照合同的规定,请求委托人给付报酬并补偿其为委托人的利益而支出的必要费用及其利息。

第四百二十九条 经纪人占有委托物时,对委托物应当尽善良管理人的注意;对委托物经纪人不负保险的义务,合同另有约定的除外。

第四百三十条 委托人可以介入经纪人与第三人签订的合同,直接对第三人行使权利和履行义务;但委托人的介入不得违反国家的法律或者合同的约定。

第四百三十一条 委托人拒绝受领经纪人依其指示所买入物时,经纪人可以催告委托人在一定期限内受领;逾期仍不受领的,经纪人可以拍卖其买入物,并从所获价款中优先受偿,如有剩余,予以提存。

经纪物不能卖出或委托人撤回其出卖的委托,委托人在一定期限不取回或不处分的,经纪人可以依前款规定行使其权利。

第四百三十二条 经纪人接受委托出卖或者买入有价证券或者其他有公示价格的物品时,可以自己的名义充当买受人或者出卖人,但双方另有约定的除外。

第二十九章 附 则

第四百三十三条 中华人民共和国缔结或者参加的国际条约的规定与本法不一致的,适用国际条约的规定,但中华人民共和国声明保留的条款除外。

本法和中华人民共和国缔结或者参加的国际条约没有规定的,可以适用国际惯例。

第四百三十四条 涉外合同的当事人可以约定选择处理合同争议所适用的法律,但法律另有规定的除外。涉外合同的当事人没有选择的,适用与合同有最密切联系的国家的法律。

第四百三十五条 发生合同争议时,当事人应当协商解决或者通过第三者调解解决。

当事人不愿协商、调解或者协商、调解不成的,可以根据仲裁协议申请仲裁委员会仲裁。当事人没有订立仲裁协议或者仲裁协议无效的,可以向人民法院起诉。

第四百三十六条 海商法、担保法、保险法等法律对合同另有规定的,依照其规定。

第四百三十七条 本法自199 年 月 日起施行。

中华人民共和国合同法(试拟稿)

1996 年 5 月

目 录

总 则
　第一章　一般规定
　第二章　合同的订立
　第三章　合同的效力
　　第一节　合同的生效
　　第二节　无效合同和可撤销合同
　　第三节　合同效力的补正
　　第四节　合同无效的法律后果
　第四章　合同的履行
　第五章　合同的变更和转让
　第六章　合同的终止
　第七章　违约责任
分 则
　第八章　买卖合同
　　第一节　一般规定①
　第九章　供电、供水、供热、供气合同
　第十章　承揽合同
　第十一章　建设工程承包合同
　第十二章　农业土地承包合同②
　第十三章　运输合同③
　　第一节　一般规定
　　第二节　旅客运输合同

---

　① 原件正文仅有第一节。
　② "农业土地承包合同"一章,正文无文,对应的条文序号为第一百五十二条至第一百六十五条。
　③ 正文中无第十二章"农业土地承包合同"的章名,章序号从第十一章"建设工程承包合同"直接接上第十二章"运输合同",以下各章章序号均提前一位,正文实际为二十八章。正文中的章序号仍依原件不改。

第三节　货物运输合同
第十四章　租赁合同
第十五章　融资租赁合同
第十六章　技术合同
　第一节　技术开发合同
　第二节　技术转让合同
　第三节　技术咨询合同和技术服务合同
第十七章　借贷合同
第十八章　借用合同
第十九章　赠与合同
第二十章　保管合同
第二十一章　仓储合同
第二十二章　储蓄合同
第二十三章　结算合同
第二十四章　委托合同
第二十五章　行纪合同
　第一节　一般行纪合同
　第二节　对外贸易行纪合同
第二十六章　居间合同
第二十七章　合伙合同
　第一节　一般合伙合同
　第二节　隐名合伙合同
第二十八章　雇佣合同
第二十九章　附　则

总　则

第一章　一般规定

第一条　为了保护当事人的合法权益，维护社会经济秩序，促进社会主义市场经济的发展，制定本法。

第二条　合同是平等主体的公民、法人、其他组织之间设立、变更、终止债权债务关系的协议。（通则85）①

---

①　通则85 即《中华人民共和国民法通则》第八十五条，下同。下文中如"涉外4"即《中华人民共和国涉外经济合同法》第四条，"经济4"即《中华人民共和国经济合同法》第四条，后文的"梁165"即梁慧星教授、张广兴教授、傅静坤博士受全国人大常委会法制工作委员会委托统稿而成的《中华人民共和国合同法（试拟稿）》（1995年1月）第一百六十五条。

第三条 当事人订立合同应当遵循自愿原则,任何单位和个人不得非法干预。(通则4、经济11)

第四条 当事人在债权债务关系中的法律地位平等,一方不得将自己的意志强加给另一方。(经济5)

第五条 当事人权利义务的确定应当遵循公平的原则。(通则4)

第六条 当事人应当遵循诚实信用的原则行使权利,履行义务,不得有欺诈行为。(通则4)

第七条 当事人订立、履行合同应当遵守法律,尊重社会公德,不得扰乱社会经济秩序,损害社会公共利益。(涉外4,通则6、7,经济4)

当事人订立、履行合同,不得违背国家指令性计划。

第八条 依法成立的合同,对当事人具有法律约束力;违反合同的,应当承担法律责任。(经济6)

第二章 合同的订立

第九条 合同以书面、口头或者其他方式订立。法律规定应当以书面方式订立的,依照其规定。

书面形式包括信件、电报、电传和传真以及其他可以有形地表现所载内容的方式。

第十条 书面合同包括以下条款:

(一)当事人的名称或者姓名和住所;

(二)标的的种类;

(三)数量和质量;

(四)价款或者酬金;

(五)履行的期限、地点和方式;

(六)解决争议的方法和违约责任;

(七)订立合同的日期、地点以及其他内容。(经济12、涉外12)

第十一条 要约是向特定人作出的订立合同的意思表示,该意思表示的内容必须确定并表明经特定人同意后即合同成立。商品带有标价陈列,自动售货机的设置,投标书的寄送,视为要约。

承诺是受要约人作出的同意要约的意思表示。

第十二条 要约于到达受要约人时生效。

第 条 要约可以撤回,但撤回要约的通知应当于要约到达受要约人之前或者同时到达受要约人。

第十三条 要约可以撤销,但撤销要约的通知应当于受要约人发出承诺通知前到达受要约人。

有下列情形之一的,要约不得撤销:

(一)要约中规定了承诺期限或者以其他形式明示要约不可撤销;

(二)虽然没有明示要约不可撤销,但受要约人有理由认为要约是不可撤销的,并且基于要约的不可撤销已经开始履行合同的工作。

第十四条 要约邀请是订立合同的内容不确定或者虽然内容确定但表明经特定人同意后不受其约束的意思表示,该意思表示的目的是希望他人向自己发出要约。价目表的寄送,拍卖公告,招标公告,招股说明书,商品广告为要约邀请。

第十五条 承诺的表示方式应当符合要约的要求。除根据交易的性质、习惯或者要约表明承诺不需要通知的以外,承诺应当以通知的方式作出。

第十六条 承诺的传递方式应当符合要约的要求。要约对承诺的传递方式没有提出要求的,承诺应当以合理的方式作出。

第十七条 承诺应当在要约规定的期限内作出。要约没有规定承诺期限的,承诺应当在以下期限内作出:

(一)要约以对话方式作出的,应当及时作出是否承诺的意思表示;

(二)要约以非对话方式作出的,应当在合理的期限内作出承诺。该期限应当根据交易的性质、习惯以及要约采用的传递方式予以确定。

第十八条 要约人以电报或者信件作出要约的,承诺期限自电报交发之日或者信件载明的日期开始计算。如果信件未载明日期,自投寄该信件的邮戳日期开始计算。

要约人以电话、传真或者其他电子通讯方法作出要约的,承诺期限自要约到达受要约人之日开始计算。

第十九条 承诺可以撤回,但撤回通知应当于承诺生效之前或者与承诺通知同时到达要约人。

第二十条 承诺需要通知的,于承诺通知到达要约人时生效。承诺不需要通知的,根据要约或者交易的性质、习惯具有承诺的事实时生效。

第二十一条 承诺生效时合同成立。通过信件、电报、电传和传真达成协议,一方当事人要求签订确认书的,签订确认书时合同成立。法律、行政法规规定需经国家批准的合同,获得批准时合同成立。

第 条 订立书面合同时当事人应当签字或者盖章。没有签字或者盖章的,当事人一方已经履行合同或者能够证明当事人之间达成协议的,该合同成立。

第二十二条 受要约人超过承诺期限发出承诺的,为新要约,但要约人及时通知受要约人该迟到的承诺有效的除外。

受要约人在承诺期限内发出承诺,非因受要约人的失误致使承诺到达要约人时超过承诺期限,要约人接受该承诺的,该承诺视为未超过期限;要约人不接受该承诺的,要约人应当立即将承诺超过期限的情况通知受要约人。要约人怠于通知的,该承诺视为未超过期限。

第二十三条 承诺对要约的内容作出非实质性变更的,除要约人及时表示反对或者要约表明承诺不得对要约的内容作出任何变更外,该承诺仍为有效,合同的内容以承诺的内容为准。

承诺对要约的内容作出实质性变更的,为新要约。有关标的价款、质量和数量、履行地点和时间、违约责任或者解决争议方法的变更,是对要约内容的实质性变更。

第二十四条 根据国务院批准的项目或者因扶贫、救援等需要订立合同的,当事人应当订立合同。(经济11)

第二十五条 当事人可以采用定金的方式,达成在一定期间内保留订立合同的权利的协议。

第二十六条 订立格式合同时,制订格式合同的一方应当采取明示方式提请对方注意其负有义务的条款,并应对方的要求,对其负有义务的条款予以说明。对格式合同的条款发生争议的,应当作出有利于对方的解释。

由当事人一方为与不特定多数人订立合同而预先拟定,并且内容基本相同的合同,为格式合同。

第二十七条 当事人在订立合同过程中,应当根据交易的性质、习惯和诚实信用原则,履行相互协助、及时通知等义务。

在订立合同过程中,如果一方当事人提供信息时要求保密的,另一方当事人不得泄露。

当事人违反前两款义务,给对方造成损害的,应当承担赔偿责任。

第三章 合同的效力

第一节 合同的生效

第二十八条 口头合同自受要约人作出承诺时生效。书面合同自承诺到达要约人时生效。当事人对合同生效另有约定或者法律对合同生效另有规定的,依照其约定或者规定。

承诺生效的地点为合同生效的地点,但法律另有规定或者当事人另有约定的除外。

第二十九条 当事人对合同的效力可以约定附条件。(通则62)附停止条件的合同,自条件成就时生效;附解除条件的合同,自条件成就时失效。当事人为自己的利益故意阻止条件成就的,视为条件已成就;故意促成条件成就的,视为条件不成就。

第三十条 当事人对合同的效力可以约定附期限。附始期的合同,于期限届至时生效;附终期的合同,于期限届满时失效。

第三十一条 法律规定应当采取书面形式的合同,当事人未采取书面形式但已经履行全部或者主要义务的,可以视为合同有效。

第三十二条 合同中的条款违反法律或者社会公共利益的,当事人协商同意予以取消或者改正后,不影响合同的效力。(涉外9)

第二节 无效合同和可撤销合同

第三十三条 有下列情形之一的,合同无效:(通则58,经济7,涉外9、10)

(一)当事人不具有相应民事能力的;

(二)恶意串通,损害国家或者第三人利益的;

(三)以合法的形式掩盖非法目的的;
(四)违反国家指令性计划的;
(五)违反法律或者社会公共利益的。

第三十四条 合同中免除或者限制下列责任的条款无效:
(一)故意或者重大过失的责任;
(二)人身伤害的责任;
(三)法律禁止免除或者限制的其他责任。

第三十五条 有下列情形之一的,合同可以撤销:
(一)受欺诈、胁迫而订立的合同;(通则、经济合同法将其作为无效情形)
(二)有重大误解的合同;(通则59)
(三)显失公平的合同。(同上)

第三十六条 对可撤销的合同,有撤销权的当事人可以撤销或者请求变更。有争议的,可以请求法院或者仲裁机构裁决。撤销权自合同成立之日起一年内不行使而丧失。

被撤销的合同自始无效。(通则59)

第三节 合同效力的补正

第三十七条 无民事行为能力人、限制民事行为能力人订立的合同,经法定代理人追认后,合同有效,但纯获利益的合同或者依其年龄、智力而满足其日常生活、学习需要的合同,不必经法定代理人追认。

相对人可以在合同成立之日起一个月内催告法定代理人予以追认。法定代理人在收到催告通知之日起十五日内未作撤销表示的,视为追认。合同未经追认前,善意相对人有撤销的权利,撤销应当以明示的方式作出。

第三十八条 无代理权人以他人名义订立的合同,未经本人追认,对本人不发生效力。(通则66)如果善意相对人有理由相信以他人名义与之订立合同的人有代理权,其依合同取得的权利,受法律保护。

相对人可以在合同成立之日起一个月内催告本人予以追认。本人在收到催告通知之日起十五日内不作追认表示的,视为同意。合同未经追认前,善意相对人有撤销的权利,撤销应当以明示的方式作出。

第三十九条 无处分权的人处分他人财产权利而订立的合同,未经权利人追认或者行为人于合同成立后未取得处分权的,合同无效。如果善意相对人有理由相信与之订立合同的人有处分权,其依合同取得的权利,受法律保护。

第四节 合同无效的法律后果

第四十条 合同无效或者被撤销后,当事人因履行该合同取得的财产,应当返还给受损失的一方;不能返还或者没有必要返还的,应当作价补偿。有过错的一方应当赔偿对方因此所受到的损失,双方都有过错的,应当根据其过错各自承担相应的责任。

（通则61、经济16）

第四十一条 双方恶意串通,损害国家或者第三人利益的,双方取得的财产应当收归国家所有或者返还第三人。（通则61）

第四章 合同的履行

第四十二条 当事人应当按照合同的约定,全部履行自己的义务。（通则88）

第四十三条 合同中就质量、价款、履行地点等约定不明确,按照合同有关条款不能确定,当事人又不能通过协商达成协议的,适用下列规定:

（一）质量不明确的,按照国家规定的标准履行;无国家规定的标准的,按照行业标准履行;无行业标准的,按照通常标准履行;

（二）价款或者酬金约定不明确的,除国家规定必须执行国家规定价格或者报酬标准的外,按照合同履行地的市场价格或者市场报酬履行;

（三）履行地点不明确,交付货币的,在接受货币一方的所在地履行;但借款合同在贷款一方当事人所在地履行;其他标的在债务人一方的所在地履行;

（四）履行期限不明确的,债务人可以随时履行,债权人也可以随时要求履行,但应当给对方必要的准备时间;

（五）履行方式不明确的,按照有利于实现合同目的的方式履行。（通则88）

债权人可以指定第三人代其接受债务人的履行;债务人可以请第三人代其向债权人作出履行。

第四十四条 当事人应当按照合同的约定和依照法律的规定履行双务合同的义务;合同没有约定或者法律没有规定的,应当同时履行双务合同的义务。

同时履行双务合同义务的,当事人一方在对方未履行之前有权拒绝其履行请求,在对方部分履行或者履行不适当时,有权相应地拒绝其履行请求。

第四十五条 按照合同约定或者依照法律规定应当首先履行债务的当事人,有证据证明对方有下列情形之一的,可以中止履行:

（一）丧失履行债务能力的;

（二）转移财产、抽逃资金,以逃避债务的;

（三）有欺诈他人行为的;

（四）经营状况严重恶化,可能丧失履行债务能力的;

（五）合并、分立或者变更住所没有通知债务人的。

当事人中止履行合同时应当立即通知对方,当对方恢复履行能力或者对履行合同提供了适当担保时,应当履行合同。中止履行后,对方在合同所要求的期限内未恢复履行能力或者未能提供相应担保的,中止履行方可以解除合同。当事人错误中止履行合同的,应当承担违约责任。

第四十六条 因债务人怠于行使对第三人的债权,严重损害债权人到期债权的,债权人可以自己的名义代位行使债务人对第三人的债权,但法律规定或者按照债权性质不能适用代位权的除外。代位权的行使范围以债权为限。

行使代位权发生争议的,可以提起诉讼或者申请仲裁。

第四十七条 因债务人放弃对第三人的债权或者有无偿处分财产的行为,严重损害债权人利益的,债权人可以请求撤销债务人的行为;债务人所为之有偿行为,行为时明知损害债权人权利,受益人受益时亦明知其情事者,债权人可向法院请求撤销该行为。债权人的撤销权自知道或者应当知道撤销原因之日起一年内不行使而丧失。

第五章 合同的变更和转让

第四十八条 经当事人协商一致,可以变更合同。但法律有特别规定的,依照其规定。(涉外 28)

变更合同,除当事人另有约定外,应当采取书面形式。(经济 27、涉外 32)对合同的变更约定不明确的,视为未变更。

第四十九条 合同已变更的,当事人应当按照变更后的合同履行。

第五十条 一方当事人将合同的权利义务部分或者全部转让给第三方的,应当取得另一方当事人的同意;只转让合同权利的,应当通知另一方当事人,双方约定不需要通知的除外。(涉外 26)

法律禁止转让的合同、按照合同性质或者当事人的约定不能转让的合同不得转让。

债权人将合同的权利部分或者全部转让给第三人的,不得增加债务人的负担。

第五十一条 法律规定应当由国家批准的合同,其权利、义务的转让,应当经原批准机关批准,但已批准的合同另有约定的除外。(涉外 27)

第五十二条 合同的权利义务全部转让给第三人的,该第三人取代让与人在合同中的法律地位。合同的权利义务部分转让给第三人的,该第三人相应取代让与人在合同中的法律地位。

第五十三条 转让合同权利的,附属于该权利的从权利一并转让,但法律另有规定或者合同另有约定的除外。

第五十四条 合同的权利、义务的转让,除另有约定外,原合同的当事人之间以及转让人与受让人之间应当采取书面形式。转让合同权利、义务的约定不明确的,视为未转让。

第五十五条 一方当事人发生合并、分立时,由变更后的当事人承担或者分别承担履行合同的义务并享有相应的权利。

合同订立后,任何一方当事人不得因法定代表人、负责人或者经办人的变动而变更。

第六章 合同的终止

第五十六条 有下列情形之一的,合同终止:

（一）债务已经完全履行；
（二）合同被解除；
（三）债务相互抵销；
（四）债务人已将履行的标的物提存；
（五）债权人免除债务人应当履行的债务；
（六）债权和债务同归于一人；
（七）根据人民法院的判决或者仲裁委员会的裁决终止合同；
（八）法律规定终止合同的其他情形。（涉外31）

第五十七条 合同终止时，该合同的担保以及其他从属的权利，同时终止。

合同终止后，按照约定和依照诚实信用的原则，当事人应当承担相互协助、及时通知等义务。

第五十八条 经当事人协商一致，可以解除合同。

有下列情形之一的，当事人一方有权通知另一方解除合同：
（一）因不可抗力致使不能履行债务的；
（二）因另一方违约，以致严重影响订立合同所期望的经济利益的；
（三）另一方表示拒绝履行全部债务或者主要债务，经催告后仍拒绝履行的；
（四）另一方迟延履行债务，经催告后逾期仍未履行的；
（五）法律规定或者合同约定可以解除合同的其他情形。（涉外29）

第五十九条 当事人可以约定解除权的行使期限。当事人一方行使解除权的期限届满或者未约定解除权的行使期限，经催告后不行使解除权的，丧失该解除权。

解除合同的形式和程序，法律有特别规定的依照其规定。

第六十条 合同解除后，当事人应当履行因解除合同产生的义务。有过错的一方给对方造成损失的，应当承担民事责任。（涉外35、通则115）

第六十一条 当事人互负到期债务，并且该债务的标的物种类、品质相同时，任何一方有权将自己的债务与对方的债务相互抵销。

有下列情形之一的，不得抵销：
（一）按照合同性质不得抵销的；
（二）按照约定应当向第三人给付的债务；
（三）因故意实施侵权行为产生的债务；
（四）法律规定禁止强制执行的债务。

第六十二条 抵销权人应当向对方作出抵销的意思表示，该意思表示不得附条件或者附期限。

第六十三条 当债权人无正当理由拒绝受领或者不能受领，债务人不知道债权人的住所以及因债权人丧失行为能力或者死亡而未确定监护人或者继承人时，债务人可以将履行的标的物提存。

履行的标的物有下列情形之一的，债务人可以申请人民法院拍卖或者变卖而提存所得的价款：

（一）不适于提存的；
（二）有毁损、灭失危险的；
（三）提存费用过高的。

第六十四条 提存应当在合同履行地的提存部门进行。

债务人提存后，应当立即通知债权人。债务人怠为通知的，应当对由此产生的损害承担赔偿责任。债权人下落不明时，债务人可以申请人民法院公告。

第六十五条 提存期间，标的物的收益归债权人所有。提存物的保管及拍卖、变卖费用，由债权人负担。

第六十六条 债权人可以随时受领提存物，但债权人对债务人负有义务的，在债权人未履行义务或者提供担保前，提存部门有权拒绝其受领提存物。

债权人受领提存物的权利，自知道或者应当知道提存之日起一年内不行使而丧失。

第六十七条 合同终止，不影响合同约定的解决争议的条款和结算、清理条款的效力。（涉外36）

第七章　违约责任

第六十八条 当事人一方不履行债务或者履行债务不符合合同约定或者法律规定的，另一方有权要求履行或者采取补救措施。当事人不履行的，应当承担违约责任。（通则111、经济29）承担违约责任的方式包括：

（一）支付违约金；
（二）赔偿损失；
（三）支付或者返还定金；
（四）强制履行；
（五）法律规定的其他方式。（通则134）

第六十九条 当事人可以约定违约金。当事人违约后，应当按照约定支付违约金。（通则112、涉外20）

违约金视为因违约造成损失的赔偿金。约定的违约金过分高于或者低于因违约造成损失的，当事人可以请求人民法院或者仲裁委员会适当减少或者增加。（涉外20）

第七十条 当事人可以约定赔偿损失额或者赔偿损失额的计算方法。约定的赔偿损失额过分高于或者低于因违约造成损失的，当事人可以请求人民法院或者仲裁委员会适当减少或者增加。

第七十一条 当事人没有约定赔偿损失额或者赔偿损失额的计算方法的，赔偿损失的金额应当相当于因违约所受到的损失，该损失包括：（涉外19）

（一）未返还的标的物或者价款；
（二）在订立、履行合同中所支付的必要的费用；
（三）因违约采取补救措施所支付的必要的费用；
（四）按照合同履行可以获得的利益，但不得超过违反合同一方订立合同时应当预见到的损失。

当事人不得同时请求赔偿前款第二项和第四项所规定的损失。

法律规定责任限额的,依照法律规定。

第七十二条 赔偿损失应当采取支付赔偿金的方式,但当事人另有约定的除外。

第七十三条 当事人可以约定定金。定金的数额不得超过合同标的额的百分之二十。给付定金一方违约的,无权要求返还定金;接受定金一方违约的,应当双倍返还定金。

定金不足赔偿损失的,应当补足赔偿损失的金额;定金超过损失的,应当执行定金。

第七十四条 当事人一方违约后,如确有必要,另一方可以请求人民法院强制履行,但下列情形除外:

(一)当事人另有约定的;

(二)根据合同性质不宜强制履行的;

(三)强制履行费用过高的。

强制履行不足赔偿全部损失的,当事人还可以请求补足赔偿损失的金额。

第七十五条 当事人不得在合同中既约定违约金又约定定金。当事人既约定违约金又支付定金的,一方违约后,另一方只能选择一种承担责任的方式。

第七十六条 当事人请求支付违约金、赔偿损失或者定金的,不得同时请求强制履行,但根据国家指令性计划订立的合同除外。

第七十七条 当事人一方明确表示拒绝履行全部债务或者主要债务,经催告后仍拒绝履行的,另一方可以在履行期届满前请求其承担违约责任。

第七十八条 因第三人的过错造成当事人违约,受损害一方应当请求违约方承担违约责任,不能直接向该第三人请求承担违约责任。

第七十九条 当事人可以在合同中约定不可抗力的范围。因不可抗力不能履行合同的,视不可抗力的影响,部分或者全部免除违约责任。(涉外24)当事人迟延履行后,因不可抗力造成损失的,应当赔偿损失。因借贷产生的债务,不能因不可抗力免除返还的义务。

当事人一方应当将不可抗力的事实及时通知另一方,并提供有关部门的证明。(涉外25)

第八十条 当事人一方因另一方违约受到损失的,应当及时采取措施防止损失的扩大;没有及时采取措施致使损失扩大的,无权就扩大的损失要求赔偿。(涉外22、通则114)

第八十一条 受害方对于损失的发生也有过错的,可以减轻或者免除违约方的责任。

第八十二条 因当事人一方的违约行为,侵害另一方人身、财产权益的,受害人有权选择依照本法要求承担违约责任或者依照其他法律追究侵权责任,但法律另有规定的除外。

分 则

第八章 买卖合同

第一节 一般规定

第八十三条 买卖合同是出卖人交付标的物并移转标的物的所有权,买受人给付价款的合同。(梁165)

第八十四条 出卖人无权处分或者法律禁止买卖的物,不得作为买卖合同的标的物。(梁166)

第八十五条 出卖人负有向买受人交付标的物和标的物所有权凭证等有关单证的义务。

买受人负有按照约定给付价款,接受标的物和标的物的所有权凭证等有关单证的义务。

第八十六条 买卖合同标的物的所有权自交付时起转移,但法律另有规定或者当事人另有约定的除外。(梁167)

第八十七条 出卖人应当按照约定的时间交付标的物。没有约定或者约定不明确的,适用下列规定:

(一)出卖人送货的,出卖人将标的物运到预定地点,由买受人点收后即为交付时间;

(二)出卖人代办托运或邮寄的,出卖人办理完托运或邮寄手续后的时间为交付时间;

(三)买受人自己提货的,出卖人通知的提货时间为交付时间,出卖人通知的提货时间应当给买受人留有必要的在途时间;

(四)标的物在订立合同之前已为买受人实际占有的,合同生效时间即为交付时间;

(五)需要办理法定手续的,办完规定手续的时间为交付时间。(梁168)

第八十八条 出卖人应当按照约定的地点交付标的物。没有约定或者约定不明确的,适用下列规定:

(一)需要运输的,出卖人应当将标的物交付给第一承运人;

(二)出卖人和买受人订立合同时知道标的物是在某一地点生产,并且不需要运输的,出卖人应当在该地点交付标的物;

(三)其他情形,应当在出卖人的营业地交付标的物。

第八十九条 出卖人应当按照约定的质量交付标的物。出卖人提供标的物的样品或者标的物的说明书的,应当按照样品或者说明书同等的质量标准交付标的物。(梁174,修改)

第九十条　出卖人应当按照约定的包装交付标的物。没有约定或者约定不明确的,应当按照通用的方式包装,没有通用方式的,应当采取合理的方式包装。

第九十一条　出卖人就交付的标的物,负有第三人不向买受人主张任何权利的义务,但合同另有约定或者买受人明知第三人对该标的物享有权利的除外。(梁172)

有证据表明第三人可能对标的物提出权利要求的,买受人有权拒绝支付相应的价款,但是出卖人提供担保的除外。买受人拒绝支付价款时,出卖人有权请求买受人将所拒绝支付的价款提存。(梁183)

第　条　出卖人应担保的标的物在风险负担移转与买受人时,没有灭失减少其价值和效用的瑕疵。但标的物价值或效用的减少程度无足轻重时,不得视为瑕疵。

出卖人并应担保标的物于风险负担移转时,具有其所保证的品质。

第九十二条　买受人应当按照约定的地点给付价款。没有约定或者约定不明确的,买受人应当在出卖人的营业地、交付标的物或者交付标的物所有权凭证等有关单证的所在地给付价款。

第九十三条　买受人应当按照约定的时间给付价款。没有约定或者约定不明确的,买受人应当在接受标的物或者接受标的物所有权凭证等有关单证的同时给付价款。

第九十四条　买受人在买卖合同成立时,已知标的物有质量瑕疵的,出卖人不承担民事责任。(梁175)

第九十五条　出卖人故意隐瞒标的物权利或者质量瑕疵的,当事人免除或者限制出卖人责任的约定无效。(梁181)

第九十六条　买受人因标的物的主物有瑕疵而解除合同的,解除合同的效力及于从物。因标的物的从物有瑕疵而解除合同的,解除合同的效力不及于主物。(梁178)

第九十七条　数物为买卖合同的标的物时,其中一物有瑕疵的,买受人仅得就有瑕疵的物解除合同。如以总价款将数物同一出卖的,买受人有权请求减少与瑕疵物相当的金额。

数物作为总体出卖的,如因有瑕疵的物与他物分离显受损害的,当事人的任何一方有权就全部标的物解除合同。(梁179)

第九十八条　买受人接受标的物时应当按照约定的时间和方法对标的物进行检验。被检验的标的物不符合合同约定的,买受人应当妥善保管标的物并立即通知出卖人。(梁185)

第九十九条　除当事人另有约定外,买受人自标的物交付或者标的物的质量保证期届满之日起六个月内,未向出卖人通知标的物不符合合同约定的,出卖人不承担赔偿责任。

标的物的质量需经安装运转才能检验的,前款规定的期间自标的物安装运转之日起计算。(梁180,修改)

出卖人明知标的物不符合合同约定的,不适用第一款规定。

商品房的质量不符合合同约定或者法律规定的,请求赔偿的时效适用民法通则的有关规定。

第一百条 标的物在交付前产生的孳息归出卖人所有,交付后产生的孳息归买受人所有。合同另有约定的,按照约定。(梁 184)

第一百零一条 买卖合同标的物毁损、灭失的风险,交付前由出卖人承担,交付后由买受人承担。合同另有约定的,按照约定。(梁 169)

买受人违约致使标的物迟延交付的,应当承担标的物自迟延交付之日起至实际交付之日的风险责任。

第九章 供电、供水、供热、供气合同

第一百零二条 供电合同是供电人向用电人供电,用电人给付价金的合同。

供水、供热、供气合同适用有关供电合同的规定。

第一百零三条 供电合同根据用电人需要和电力可供量订立。供电合同包括电力、电量、用电时间和违约责任等内容。

第一百零四条 供电人应当按照国家规定的供电标准和合同的约定安全供电。

第一百零五条 供电人未按照合同的约定供电,应当事先通知用电人。供电人无正当理由限电、断电的,应当赔偿损失。供电人未按照国家规定的供电标准供电,造成用电人财产损失的,应当赔偿损失。

第一百零六条 因自然灾害等原因断电,供电人应当及时抢修。未及时抢修,造成用电人损失的,应当赔偿损失。

第一百零七条 用电人应当按照合同的约定用电。需要超负荷用电或者不能按照约定的时间用电的,应当事先通知供电人。无正当理由超负荷用电或者不按照约定用电的,应当承担违约责任。

第一百零八条 用电人不按照约定交纳电费的,供电人可以按日加收拖欠电费百分之一的违约金,逾期不改的,供电人可以限电,但不得妨碍第三人用电。

第一百零九条 用电人应当爱护供电设施,擅自改动供电设施,给供电人造成损失的,应当赔偿损失。

第一百一十条 用电人盗用电的,供电人可以收取按照盗用电所计电费三倍以下的费用,逾期不改的,供电人可以限电,但不得妨碍第三人用电。

第十章 承揽合同

第一百一十一条 承揽合同是承揽人按照定作人的要求完成一定工作,并交付工作成果;定作人接受承揽人的工作成果并给付报酬的合同。

第一百一十二条 承揽合同包括加工、定作、修缮、修理、洗染、印刷、复印、冲卷扩印、测绘、设计、检验、测试、鉴定、广告制作等合同。

第一百一十三条 承揽合同除约定承揽的标的、数量、质量、履行期限等以外,还可以约定承揽方式、原材料的提供、验收标准和方法、留置权的行使。

第一百一十四条　承揽人应当以自己的设备、技术和劳力,完成工作。承揽人将其承揽的工作转由第三人完成的,应当就该第三人完成的工作成果向定作人负责。

承揽人未经定作人同意,将承揽的主要工作转让给第三人的,定作人有权解除合同。

第一百一十五条　根据承揽工作的性质需要定作人协助的,定作人有协助义务。定作人不履行协助义务致使承揽工作不能完成的,承揽人有权解除合同。

第一百一十六条　合同约定由承揽人提供材料的,承揽人应当按照合同约定的质量标准选用材料,并接受定作人的检验。

第一百一十七条　有下列情形之一的,承揽人应当及时通知定作人:
(一)定作人提供的设计图纸有错误或者技术要求不合理;
(二)定作人提供的材料不符合约定;
(三)可能影响工作质量或者履行期限的其他情形。

定作人接到通知后,应当及时答复并采取相应措施。因定作人怠于答复等原因造成承揽人损失的,应当赔偿损失。因承揽人怠于通知造成的损失,应当由承揽人承担。

第一百一十八条　承揽人应当妥善保管定作人提供的材料,因保管不善造成毁损或者灭失的,应当承担赔偿责任。

第一百一十九条　承揽人对定作人提供的材料不得擅自更换,对修理的物品不得偷换零部件。

第一百二十条　定作人对承揽工作要求保密的,承揽人应当保守秘密。

承揽人未经定作人许可,擅自留存复制品或者技术资料,侵害定作人权益的,应当承担侵权责任。

第一百二十一条　除合同另有规定外,承揽人在工作期间,应当接受定作人必要的监督检验,但定作人不得因此妨碍承揽人的正常工作。

第一百二十二条　承揽人应当按照约定的质量、数量和期限完成工作,并交付工作成果。

第一百二十三条　定作人应当按照合同的约定验收承揽人完成的工作成果。验收前,承揽人应当向定作人提交有关技术资料和质量证明。

定作人应当在约定的期限内提出质量异议,超过约定的期限提出质量异议的,承揽人不承担责任。定作人和承揽人对质量异议的期限没有约定时,属于明显瑕疵的,应当立即提出;属于隐蔽瑕疵的,应当在工作成果交付之日起一年内提出。

第一百二十四条　定作人应当按照约定的时间和数额向承揽人支付报酬。承揽人完成工作所支付的费用是单独计算时,定作人还应当向承揽人支付费用。

支付报酬的时间约定不明确的,定作人应当在交付工作成果的同时支付;完成的工作成果可以部分交付的,定作人应当相应地支付报酬。

第一百二十五条　定作人未按照约定的期限支付报酬的,承揽人对完成的工作成果享有留置权。

第一百二十六条　承揽人完成的工作成果交付定作人前毁损或者灭失的,应当由承揽人承担责任,但毁损或者灭失发生在定作人受领迟延后的,应当由定作人承担责任。

第一百二十七条 有下列情形之一的,承揽合同终止:
(一)承揽人死亡或者失去工作能力的;
(二)定作人死亡,并且其继承人不需要该项工作的;
(三)承揽人或者定作人被宣布破产的。

承揽合同依照前款规定终止时,对承揽人已经完成的部分工作,定作人或者其继承人应当验收该部分工作并支付相应的报酬。

第十一章 建设工程承包合同

第一百二十八条 建设工程承包合同是指承包人进行工程建设,发包人接受该建设工程并支付价款的合同。

第一百二十九条 建设工程承包合同包括勘察、设计、建筑、安装合同。

第一百三十条 建设工程承包合同,可以由总承包人与发包人签订总承包合同。经发包人同意,总承包人可以分别与勘察人、设计人、建筑人、安装人签订分承包合同。总承包人对分承包人所完成的工作向发包人承担责任。

建设工程承包合同,也可以由几个承包人与发包人分别签订合同。

第一百三十一条 建设工程承包合同应当采取书面形式。需要有关机关审查或者批准的,应当经过审查或者批准。

国家的重大建设工程项目承包合同,应当根据国家规定的程序和国家批准的投资计划、计划任务书等文件签订。

第一百三十二条 勘察、设计合同,应当约定提交勘察、设计基础资料、设计文件(包括概预算)的时间、设计的质量要求以及其他协作条件等条款。

第一百三十三条 建筑、安装合同,应当约定工程范围、建设工期、中间交工工程的开工和竣工时间、工程质量、工程造价、技术资料交付时间、材料和设备供应责任、拨款和结算、交工验收、质量保证期、双方互相协作等条款。

第一百三十四条 发包人应当按照约定向承包人提供必要的技术文件、资料和其他工作条件。

第一百三十五条 勘察人应当按照约定进行工程测量、工程地质、水文地质等勘察工作,提交勘察成果。

第一百三十六条 设计人应当按照约定进行设计,提交设计图纸及说明、材料设备清单、概算或者标底价格;配合设计交底,解决施工中的设计问题,参加工程验收。

第一百三十七条 发包人应当妥善保管勘察人、设计人的勘察成果和设计文件,未经勘察人、设计人同意,不得擅自修改勘察、设计文件,不得将勘察成果或者设计文件用于本勘察、设计合同以外的其他建设项目。

第一百三十八条 建筑人、安装人应当按照设计文件和建筑、安装要求进行施工,保证工程质量。

第一百三十九条　发包人在不妨碍承包人正常作业的情况下,可以随时对工程进度、质量进行监督检验。

第一百四十条　隐蔽工程在隐蔽以前,承包人应当通知发包人检查。发包人没有及时检查的,承包人可以自行检查,填写隐蔽工程检查记录,并将该记录送交发包人。事后发包人对该隐蔽工程进行检查,符合质量标准的,检查费用由发包人负担;不符合质量标准的,检查费用由承包人负担。承包人没有通知发包人检查,自行隐蔽工程的,发包人有权检查,检查等费用由承包人负担。

第一百四十一条　因承包人的责任,显然不能按期完工的,发包人可以解除合同,但发包人应当对已完成的部分建设工程支付价款。

第一百四十二条　建设工程竣工后,发包人应当按照约定进行验收。建设工程的验收,应当根据施工图纸及说明书、国家颁发的施工验收规范和质量检验标准。验收合格的,发包人应当接收该建设工程,并支付价款。

第一百四十三条　建设工程完成后,发包人未按照约定支付价款的,承包人对该建设工程享有抵押权。

第一百四十四条　发包人和承包人可以约定质量保证金。交付建设工程时,发包人可以从支付承包人的报酬中扣留不超过百分之五的价款,作为质量保证金。

建设工程的质量保证期不得少于两年。质量保证期届满,未发现瑕疵或者虽有瑕疵,承包人维修后经检验合格的,发包人应当归还质量保证金。

第一百四十五条　因勘察、设计质量低劣或者未按照约定提交勘察、设计文件拖延工期造成损失的,发包人可以请求勘察人、设计人继续完善勘察、设计工作,适当支付或者不支付勘察、设计费用,并可以请求赔偿损失。

第一百四十六条　建设工程质量不符合约定的,发包人有权请求承包人限期修理或者返工、改建。建设工程逾期交付的,承包人应当赔偿损失。

第一百四十七条　建设工程的所有人或者使用人在质量保证期内发现建设工程瑕疵的,可以直接请求承包人修理或者返工、改建。

第一百四十八条　因发包人计划不周密、提供的资料不准确或者未按期提供必需的勘察、设计工作条件,造成勘察、设计的修改、返工或者停工的,发包人应当增加勘察、设计费用。

第一百四十九条　发包人未按照约定的时间和要求提供原材料、设备、场地、资金、技术资料等,除可以顺延建设工程日期以外,发包人应当赔偿承包人因此停工、窝工的损失。

第一百五十条　因发包人的责任造成建设工程中途停建、缓建的,发包人应当采取措施弥补或者减少损失,并赔偿承包人因此停工、窝工、倒运、机械设备调迁、材料和构件积压等损失。

第一百五十一条　建设工程未经验收,提前使用,发现质量问题的,由发包人承担责任。①

第十二章 运输合同

第一节 一般规定

第一百六十六条 运输合同是承运人将旅客或者货物运输到约定地点,旅客或者托运人支付运费的合同。

第一百六十七条 旅客、托运人的运输要求,承运人不得拒绝,但承运人有正当理由的除外。

第一百六十八条 联合运输合同,应当明确规定双方或者多方的责任和交接办法。两个以上承运人联合运输的,对旅客、货物的损失承担连带责任。

第二节 旅客运输合同

第一百六十九条 旅客运输合同自承运人向旅客交付客票时成立,但当事人另有约定的除外。

第一百七十条 旅客应当持有效客票乘运。承运人对无票乘坐或者持失效客票乘坐的旅客,应当补收票款,并可以按照约定加收票款;旅客拒不交付票款的,承运人可以拒绝运输。

第一百七十一条 旅客因自身原因不能按照客票记载的时间乘坐的,应当在约定的时间内办理退票或者变更手续;逾期办理的,承运人可以不退票款,并不再承担运输义务。

第一百七十二条 旅客在运输中应当按照约定的限量携带行李,不得携带易燃、易爆、有毒、有腐蚀性、有放射性等违禁物品。

第一百七十三条 旅客在运输过程中致使运输工具或者设备毁损的,应当承担赔偿责任。

第一百七十四条 承运人应当按照客票载明的时间和班次运输旅客。承运人迟延或者不能按照约定运输的,旅客可以解除合同,或者要求改乘其他班次、变更运输路线以到达目的地,或者要求承运人将其运回始发地,并可以请求承运人赔偿损失。

第一百七十五条 承运人在运输过程中,应当尽力救助发生急病、分娩、遇险的旅客。

第一百七十六条 在运输过程中旅客伤亡的,除承运人证明伤亡是旅客故意或者重大过失造成的外,承运人应当承担赔偿责任。

第一百七十七条 在运输过程中旅客自带行李毁损、灭失的,除旅客证明自己没有过错的外,承运人应当承担赔偿责任。

---

① 原件阙文。据原件目录,所缺第一百五十二条至第一百六十五条应为"农业土地承包合同"一章的条文。

旅客托运行李毁损、灭失的,适用货物运输的有关规定。

第三节　货物运输合同

第一百七十八条　托运人办理货物运输,需要填写托运单的,应当填写托运单。托运单包括以下内容:

(一)托运人姓名、名称和住所;

(二)货物名称、数量、重量、包装和价值;

(三)收货人姓名、名称和住址;

(四)到达地;

(五)填写地及填写日期。

第一百七十九条　货物运输需要办理审批、检验手续的,托运人应当将有关审批、检验的文件提交承运人。

第一百八十条　托运人应当按照约定的方法包装货物。没有约定或者约定不明确的,应当按照国家包装标准或者行业包装标准进行包装;没有国家包装标准或者行业包装标准的,应当按照能够使货物安全运输的方法进行包装。

托运人违反前款规定,承运人可以拒绝运输。

第一百八十一条　托运人托运易燃、易爆、有毒、有腐蚀性、有放射性等危险物,应当按照有关危险物运输的规定办理。托运人应当对危险物妥善包装,作出危险物标志和标签,并将有关危险物名称、性质和防范措施的书面材料提交承运人。

第一百八十二条　货物运输到达地后,承运人应当及时通知收货人。收货人收到提货通知后,应当及时提货。收货人请求交付货物时,应当将提单或者其他货物凭证交还承运人。逾期提货的,应当向承运人支付保管费。

第一百八十三条　收货人接收货物后,发现货物有毁损、灭失的,应当自接受货物之日起六个月内请求赔偿损失。

第一百八十四条　有下列情形之一的,托运人应当承担赔偿责任:

(一)未按照约定的时间和要求提供托运货物的;

(二)在普通货物中夹带、匿报危险货物,错报笨重货物重量等致使吊具断裂、货物摔损、吊机倾翻、爆炸、腐蚀等事故的;

(三)因货物包装缺陷产生破损,致使其他货物或者运输工具、机械设备被污染腐蚀、损坏,造成人身伤亡的;

(四)在托运人专用线或者在港、站公用专用线、专用铁道自装的货物,到站卸货时,在车辆施封完好的情况下货物损坏、短少的;

(五)罐车发运货物,因未随车附带规格质量证明或者化验报告,无法卸货,造成压车等损失的。

第一百八十五条　有下列情形之一的,承运人应当承担赔偿责任:

(一)未按照约定的时间和要求运输的;

(二)货物错运到达地或者收货人的,除承担赔偿责任外,还应当无偿运输到约定

的到达地或者收货人;

(三)货物在运输过程中灭失、短少、变质、污染、损坏的,承运人应当按照货物的损失(包括包装费、运杂费)赔偿。赔偿金额按照应当交付之日的到达地的价格计算。保价运输,按照托运人的声明价格赔偿。法律规定有赔偿限额的,依照其规定,但货物的损失因承运人的故意或者重大过失造成的,不适用赔偿限额的规定。

第一百八十六条 有下列情形之一,造成货物灭失、短少、变质、污染、损坏的,承运人不承担赔偿责任:

(一)不可抗力;

(二)货物本身的自然性质;

(三)货物的合理损耗;

(四)托运人或者收货人的过错。

第一百八十七条 货物在运输过程中因不可抗力灭失,未收取运费的,承运人不得请求灭失部分货物的运费,已收取运费的,应当返还灭失部分货物的运费。

第一百八十八条 托运人或者收货人不给付运费、保管费以及和运输有关的其他费用的,承运人对该货物享有留置权。

第一百八十九条 收货人自承运人发出通知或者公告之日起满三个月未接受货物的,承运人可以提存。货物不宜提存的,承运人可以拍卖或者变卖该货物,扣除运费、保管费以及其他必要的费用后,提存剩余价款。

第十三章 租赁合同

第一百九十条 租赁合同是出租人把租赁物交付承租人使用、收益,承租人支付租金的合同。

第一百九十一条 租赁合同应当采用书面形式。租赁合同可以约定租赁物的名称、数量、用途、租赁期限、租金、租金支付方式、租赁物修缮等内容。

第一百九十二条 出租人应当按照约定将租赁物交付承租人,并在租赁期间保持租赁物符合承租人的用途。

第一百九十三条 承租人应当按照约定的期限、方式、数量、币种支付租金。

第一百九十四条 租赁期间租赁物的收益归承租人所有,但合同另有约定的除外。

第一百九十五条 因出租人的原因,致使承租人不能按照约定使用、收益租赁物的,出租人应当承担民事责任。

第一百九十六条 承租人应当按照约定的用途使用、保管租赁物。承租人因使用、保管不当造成租赁物毁损的,应当承担民事责任。

第一百九十七条 出租人应当负责租赁物的修缮,但合同另有约定的除外。

出租人未尽修缮义务的,承租人可以自行修缮,修缮费用由出租人负担,因修缮租赁物影响承租人使用、收益的,应当相应地减少租金;承租人也可以解除合同。

第一百九十八条 租赁的房屋危及承租人的生命或者健康时,即使承租人在订立合同时明知该房屋有瑕疵，仍然可以解除合同。

第一百九十九条 承租人经出租人同意，可以对租赁物进行改善或者增设他物。因改善或者增设他物的费用，由出租人支付或者在租赁合同终止后，由承租人拆除，以恢复原状。

第二百条 承租人经出租人同意，可以将租赁物转租第三人。承租人将租赁物转租第三人的，承租人与出租人之间的租赁关系继续存在。

第二百零一条 出租人出卖租赁房屋的，应当在出卖前三个月通知承租人，承租人在同等条件下有优先购买权。租赁房屋出卖后，不影响原租赁合同的效力。

出租房屋拆除重建的，出租人可以终止合同。房屋重建后继续出租的，原承租人在同等条件下有优先承租权。

第二百零二条 承租人对租赁物的使用、收益受到第三人侵害时，可以请求出租人排除妨碍，也可以直接请求第三人排除妨碍。

第二百零三条 在房屋租赁期间承租人死亡的，与其共同居住的人承受原承租人在租赁合同中的权利和义务。

第二百零四条 承租人有下列情形之一的，出租人可以解除合同：

（一）不按照约定使用租赁物的；

（二）故意毁损租赁物的；

（三）擅自转租的；

（四）无正当理由迟延支付租金，经催告后仍不支付的。

第二百零五条 租赁合同终止，承租人应当将租赁物返还出租人。

第十四章　融资租赁合同

第二百零六条 融资租赁合同是融租人根据承租人的要求购买融租物，并把该物供承租人使用、收益，承租人支付租金的合同。

第二百零七条 融资租赁合同可以约定融租物的名称、规格、数量、质量、技术性能、验收方法，租赁期间，租金和租金支付的期间、方式，租金币种，租赁期间届满融租物的处理等条款。

第二百零八条 为购买融租物而订立的买卖合同，除当事人另有约定外，由融租人和出卖人签订。买卖合同可以约定出卖人直接向承租人交付融租物。

因出卖人没有实际履行或者不适当履行造成的损失，除当事人另有约定外，承租人可以向出卖人请求损害赔偿。因融租人的过错致使融租物不能交付或者迟延交付的，承租人可以请求其采取补救措施。融租人逾期未采取补救措施的，承租人可以解除融资租赁合同，并请求损害赔偿。

第二百零九条 承租人应当按照合同约定的时间、地点、方式验收和接受融租物。

第二百一十条 承租人在租赁期间应当妥善保管、维修融租物。因保管、使用不当造成融租物毁损或者其他损害的，承租人应当承担民事责任。

第二百一十一条　租赁期间融租物灭失的,承租人应当承担风险责任。

第二百一十二条　承租人未按照约定支付租金,经催告逾期仍不支付的,融租人可以请求支付到期和未到期的全部租金,也可以解除合同,收回融租物,并请求其承担违约责任。

第二百一十三条　融租人在租赁期间对融租物享有所有权。租赁期间届满,融租人和承租人可以约定购买、续租或者归还融租物。

第二百一十四条　融租人和承租人可以约定在租赁期间按照支付租金的比例转移融租物的所有权,也可以约定支付全部租金后承租人取得融租物的所有权。

第二百一十五条　融租人将融租物抵押的,该抵押行为不影响融资租赁合同的效力。

第二百一十六条　承租人可以将自己所有的物出卖给融租人,并和融租人签订融资租赁合同。

第二百一十七条　本章没有规定的,适用本法第十四章的规定。

第十五章　技术合同

第一节　技术开发合同

第二百一十八条　技术开发合同是当事人之间就新技术、新产品、新工艺和新材料及其系统的研究开发所订立的合同。

技术开发合同包括委托开发合同和合作开发合同。

第二百一十九条　委托开发合同是指当事人一方委托另一方进行研究开发所订立的合同。

委托方的主要义务是:

(一)按照合同约定支付研究开发经费和报酬;

(二)按照合同约定提供技术资料、原始数据并完成协作事项;

(三)按期接受研究开发成果。

研究开发方的主要义务是:

(一)制定和实施研究开发计划;

(二)合理使用研究开发经费;

(三)按期完成研究开发工作,交付研究开发成果,提供有关的技术资料和必要的技术指导,帮助委托方掌握研究开发成果。

第二百二十条　委托方违反合同造成研究开发工作停滞、延误或者失败的,应当支付违约金或者赔偿损失。

研究开发方违反合同造成研究开发工作停滞、延误的,除应当采取补救措施继续履行合同外,应当支付违约金或者赔偿损失;造成研究开发工作失败的,应当返还全部或者部分研究开发经费和报酬,支付违约金或者赔偿损失。

第二百二十一条　合作开发合同是指当事人各方就共同进行研究开发所订立的

合同。

合作开发各方的主要义务是：

（一）按照合同约定进行投资，包括以技术进行投资；

（二）按照合同约定的分工参与研究开发工作；

（三）与其他各方协作配合。

第二百二十二条 合作开发各方中，任何一方违反合同，造成研究开发工作停滞、延误或者失败的，应当支付违约金或者赔偿损失。

第二百二十三条 履行技术开发合同所完成的技术成果的归属和分享原则是：

（一）委托开发所完成的发明创造，除合同另有约定的以外，申请专利的权利属于研究开发方。研究开发方取得专利权的，委托方可以免费实施该项专利。

研究开发方就其发明创造转让专利申请权的，委托方可以优先受让专利申请权。

（二）合作开发所完成的发明创造，除合同另有约定的以外，申请专利的权利属于合作开发各方共有。一方转让其共有的专利申请权的，另一方或者其他各方可以优先受让其共有的专利申请权。

合作开发各方中一方声明放弃其共有的专利申请权的，可以由另一方单独申请，或者由其他各方共同申请。发明创造被授予专利权以后，放弃专利申请权的一方可以免费实施该项专利。

合作开发各方中，一方不同意申请专利的，另一方或者其他各方不得申请专利。

（三）委托开发或者合作开发所完成的非专利技术成果的使用权、转让权以及利益的分配办法，由当事人在合同中约定。合同没有约定的，当事人均有使用和转让的权利。但是，委托开发的研究开发方不得在向委托方交付研究开发成果之前，将研究开发成果转让给第三方。

第二百二十四条 在履行技术开发合同的过程中，因出现无法克服的技术困难，导致研究开发失败或者部分失败的，其风险责任由当事人在合同中约定。合同没有约定的，风险责任由当事人合理分担。

当事人一方发现前款所列可能导致研究开发失败或者部分失败的情况时，应当及时通知另一方并采取适当措施减少损失；当事人一方没有及时通知另一方并采取适当措施，致使损失扩大的，应当就扩大的损失承担责任。

第二百二十五条 执行本单位的任务或者主要是利用本单位的物质技术条件所完成的技术成果，是职务技术成果。职务技术成果的使用权、转让权属于单位，单位有权就该项职务技术成果订立技术合同。单位应当根据使用和转让该项职务技术成果所取得的收益，对完成该项职务技术成果的个人给予奖励。

非职务技术成果的使用权、转让权属于完成技术成果的个人，完成技术成果的个人有权就该项非职务技术成果订立技术合同。

就职务技术成果或者非职务技术成果申请专利和被授予专利权的，依照专利法的有关规定办理。

完成技术成果的个人有在有关技术成果文件上写明自己是技术成果完成者的权

利和取得荣誉证书、奖励的权利。

第二节 技术转让合同

第二百二十六条 技术转让合同是当事人就专利权转让、专利申请权转让、专利实施许可、非专利技术的转让所订立的合同。

第二百二十七条 技术转让合同可以约定转让方和受让方实施专利或者使用非专利技术的范围。但是，不得以合同条款限制技术竞争和技术发展。

第二百二十八条 订立专利权转让合同或者专利申请权转让合同，应当遵守专利法的有关规定。

第二百二十九条 专利实施许可合同的转让方的主要义务是：

（一）许可受让方在合同约定的范围内实施专利；

（二）交付实施专利有关的技术资料，提供必要的技术指导。

专利实施许可合同的受让方的主要义务是：

（一）在合同约定的范围内实施专利，并不得许可合同约定以外的第三方实施该专利；

（二）按照合同约定支付使用费。

第二百三十条 技术转让合同涉及专利的，应当注明发明创造的名称、专利申请人和专利权人、申请日期、申请号、专利号以及专利权的有效期限。

专利实施许可合同只在该项专利权的存续期间内有效。在专利权有效期限终止或者专利权被宣布无效以后，专利权人不得就该项专利与他人订立专利实施许可合同。

第二百三十一条 非专利技术转让合同的转让方的主要义务是：

（一）按照合同约定提供技术资料，进行技术指导；

（二）保证技术的实用性、可靠性；

（三）承担合同约定的保密义务。

非专利技术转让合同的受让方的主要义务是：

（一）在合同约定的范围内使用技术；

（二）按照合同约定支付使用费；

（三）承担合同约定的保密义务。

第二百三十二条 转让方违反合同的，应当承担下列责任：

（一）未按照合同约定转让技术的，除返还部分或者全部使用费外，应当支付违约金或者赔偿损失；

（二）实施专利或者使用非专利技术超越合同约定的范围的，违反合同约定擅自许可第三方实施该项专利或者使用该项非专利技术的，应当停止违反合同的行为，支付违约金或者赔偿损失；

（三）违反合同约定的保密义务的，应当支付违约金或者赔偿损失。

第二百三十三条 受让方违反合同的，应当承担下列责任：

（一）未按照合同约定支付使用费的，应当补交使用费并按照合同约定支付违约

金;不补交使用费或者支付违约金的,必须停止实施专利或者使用非专利技术,交还技术资料,支付违约金或者赔偿损失;

(二)实施专利或者使用非专利技术超越合同约定的范围的,未经转让方同意擅自许可第三方实施该项专利或者使用该项非专利技术的,应当停止违反合同的行为,支付违约金或者赔偿损失;

(三)违反合同约定的保密义务的,应当支付违约金或者赔偿损失。

第二百三十四条 受让方按照合同约定实施专利、使用非专利技术引起侵害他人合法权益的,由转让方承担责任。

第二百三十五条 当事人可以按照互利的原则,在技术转让合同中约定实施专利、使用非专利技术后续改进的技术成果的分享办法。合同没有约定的,任何一方无权分享另一方后续改进的技术成果。

第二百三十六条 国务院有关主管部门和省、自治区、直辖市人民政府,根据国家利益或者社会公共利益的需要,对本系统或者管辖范围内的全民所有制单位的具有重大意义的非专利技术成果,有权决定在指定的单位中推广使用。使用单位对该项技术成果负有保密责任。使用单位应当按照双方协议支付使用费;双方不能达成协议的,由作出决定的机关确定合理的使用费。

集体所有制单位或者个人的非专利技术成果,对国家利益或者社会公共利益具有重大意义,需要推广使用的,由国务院有关主管部门报国务院批准后,参照上款规定办理。

第三节 技术咨询合同和技术服务合同

第二百三十七条 技术咨询合同是当事人一方为另一方就特定技术项目提供可行性论证、技术预测、专题技术调查、分析评价报告所订立的合同。

第二百三十八条 技术咨询合同的委托方的主要义务是:

(一)阐明咨询的问题,按照合同约定提供技术背景材料及有关技术资料、数据;

(二)按期接受顾问方的工作成果,支付报酬。

技术咨询合同的顾问方的主要义务是:

(一)利用自己的技术知识,按照合同约定按期完成咨询报告或者解答委托方的问题;

(二)提出的咨询报告达到合同约定的要求。

第二百三十九条 技术咨询合同的委托方未按照合同约定提供必要的数据和资料,影响工作进度和质量的,所付的报酬不得追回,未付的报酬应当如数支付。

技术咨询合同的顾问方未按期提出咨询报告或者所提出的咨询报告不符合合同约定的,应当减收或者免收报酬,支付违约金或者赔偿损失。

技术咨询合同的委托方按照顾问方符合合同约定要求的咨询报告和意见作出决策所造成的损失,应当由委托方承担。但是,合同另有约定的除外。

第二百四十条 技术服务合同是指当事人一方以技术知识为另一方解决特定技

术问题所订立的合同,不包括建设工程的勘察、设计、施工、安装合同和加工承揽合同。

第二百四十一条 技术服务合同的委托方的主要义务是:

(一)按照合同约定为服务方提供工作条件,完成配合事项;

(二)按期接受服务方的工作成果,支付报酬。

技术服务合同的服务方的主要义务是:

(一)按期完成合同约定的服务项目,解决技术问题,保证工作质量;

(二)传授解决技术问题的知识。

第二百四十二条 技术服务合同的委托方违反合同,影响工作进度和质量,不接受或者逾期接受服务方的工作成果的,应当如数支付报酬。

技术服务合同的服务方未按照合同约定完成服务工作的,应当免收报酬并支付违约金或者赔偿损失。

第二百四十三条 在履行技术咨询合同、技术服务合同的过程中,顾问方或者服务方利用委托方提供的技术资料和工作条件所完成的新的技术成果,属于顾问方或者服务方。委托方利用顾问方或者服务方的工作成果所完成的新的技术成果,属于委托方。但是,合同另有约定的除外。

第二百四十四条 技术合同争议的诉讼时效和申请仲裁的期限为一年,自当事人得知或者应当得知其合法权益受到侵害之日起计算。

第十六章 借贷合同

第二百四十五条 借贷合同是贷与人交付金钱或者其他物品,并移转该物品的所有权,受贷人返还相同的替代物,并支付利息或者其他报酬的合同。

第二百四十六条 借贷合同应当采用书面合同,但当事人另有约定的除外。

借贷合同可以约定借贷的用途、数额、利率、期间、还款方式、违约责任、担保等内容。

第二百四十七条 民间借贷可以是无偿的,但当事人另有约定的除外。

第二百四十八条 商业银行借贷的利率应当按照中国人民银行规定的贷款利率的上下限确定。民间借贷的利率不得超过中国人民银行规定的贷款利率上限的四倍。

第二百四十九条 借贷合同不得规定复利,利息不得预先在本金中扣除。

第二百五十条 受贷人提前偿还贷款的,应当按照实际贷款的期间计算利息。

第二百五十一条 借贷期间届满,受贷人不能偿还相同种类、质量、数量物品的,经贷与人同意,可以以金钱或者其他替代物偿还。

第十七章 借用合同

第二百五十二条 借用合同是出借人将物品无偿交付借用人使用,借用人使用后返还该物品的合同。

第二百五十三条　出借人在交付出借物时,应当向借用人告知该物的瑕疵。出借人故意不告知出借物的瑕疵,致使借用人受损害的,应当承担民事责任。

第二百五十四条　借用人应当按照约定的方法使用借用物。没有约定使用方法的,应当按照借用物的一般用途使用借用物。

借用人依照前款规定的方法使用借用物,致使借用物正常损耗的,不承担民事责任。

第二百五十五条　借用人应当妥善保管和维护借用物,并负担保管和维护借用物所支出的费用。

第二百五十六条　借用人未经出借人同意,不得转借或者出租借用物。

第二百五十七条　借用期间届满,借用人应当返还借用物。未约定借用期间的,借用人使用完毕后,应当及时返还借用物。

第二百五十八条　借用人违反借用物的使用方法或者逾期使用借用物,致使借用物受损害的,应当承担民事责任。

第二百五十九条　有下列情形之一的,出借人可以解除合同:

(一)出借人自己需用借用物的;

(二)借用人违反第二百五十六条、第二百五十七条、第二百五十八条规定的。

第十八章　赠与合同

第二百六十条　赠与合同是赠与人将自己财产的所有权无偿给付受赠人的合同。

第二百六十一条　赠与合同应当采用书面形式。赠与合同自书面合同成立时起生效,但法律规定需经登记的,自登记之日起生效。

赠与合同未采用书面形式的,自财产给付之日起生效。

第二百六十二条　赠与可以附义务,受赠人应当按照赠与合同履行义务。

第二百六十三条　赠与的财产有瑕疵的,赠与人不承担担保责任,但赠与人故意不告知瑕疵的,对受赠人因瑕疵受到的损失,应当承担赔偿责任。

第二百六十四条　受赠人有下列情形之一的,赠与人可以撤销赠与:

(一)未按照赠与目的使用财产的;

(二)不履行对赠与人的扶养义务或者赠与合同约定的义务的;

(三)故意侵害赠与人或者赠与人的近亲属,构成犯罪的。

赠与人的撤销权,应当自知道撤销原因之日起一年内行使。赠与被撤销的,原受赠人应当返还赠与财产。

第二百六十五条　赠与财产分期给付的,赠与人因经济状况显著恶化,可以变更或者终止赠与合同。

第十九章　保管合同

第二百六十六条　保管合同是保管人保管寄存人交付的物品，寄存人支付保管费的合同。

第二百六十七条　保管合同自寄存人交付物品，保管人给付保管凭证时成立。

第二百六十八条　保管人应当按照约定的场所和方法妥善保管寄存人交付的物品，除紧急情况或者为了维护寄存人的利益外，不得擅自改变保管的场所或者方法。

第二百六十九条　保管人不得使用或者许可第三人使用保管物，但根据保管物的性质必须使用的除外。

第二百七十条　寄存人在保管期间可以随时请求领取保管物。保管人在保管期间无特别事由，不得要求寄存人提前领取保管物。

第二百七十一条　因保管物的性质或者瑕疵使保管人受损害的，除保管人接受保管物时明知的外，寄存人应当承担赔偿责任。保管人为此支出的必要费用，由寄存人承担。

第二百七十二条　寄存货币、有价证券或者其他贵重物品时寄存人未声明的，对该物品的灭失、毁损，保管人按照普通物品承担赔偿责任，但保管人有故意或者重大过失的除外。

第二百七十三条　第三人就保管物主张权利的，保管人对第三人不负返还保管物的义务，但应当把第三人主张权利的情况及时通知寄存人。

第二百七十四条　保管期间届满或者寄存人提前领取保管物的，保管人应当将原物及其孳息归还寄存人。保管物为种类物的，保管人按照约定可以归还种类、质量和数量相同的物。

除当事人另有约定外，寄存人应当支付保管费以及其他费用。寄存人不支付的，保管人可以留置保管物。

第二十章　仓储合同

第二百七十五条　仓储合同是仓管人储存存货人交付的货物，存货人支付仓储费的合同。

第二百七十六条　仓储合同自存货人交付货物，仓管人给付仓单时成立。

第二百七十七条　储存易燃、易爆、有毒、有放射性等危险物品或者易腐物品，存货人应当说明货物的性质和预防危险、腐烂的方法，提供有关资料，并采取必要的防范措施。

存货人未履行前款规定义务的，仓管人可以拒收该货物。

第二百七十八条　仓管人应当按照合同约定的包装外观、货物品种、数量和质量，对入库货物进行验收。发现入库货物不符合合同约定的，应当及时通知存货人。仓管人接受货物后,货物品种、数量和质量不符合合同约定的,仓管人应当承担赔偿责任。

第二百七十九条　仓管人接受货物后,应当向存货人交付仓单。

仓单可以载明下列事项:

(一)存货人姓名、名称和住所;

(二)货物的种类、质量、数量、包装、件数和标记;

(三)货物的损耗标准;

(四)储存场所;

(五)储存期间;

(六)仓储费;

(七)货物交付保险的,其保险金额、期间以及保险公司的名称;

(八)填发人、填发地和填发年月日。

第二百八十条　货物所有人在仓单上背书并经仓管人签名或者盖章后,可以转让货物的所有权。

第二百八十一条　仓单持有人在储存期间可以检查货物或者提取样品。

第二百八十二条　仓管人发现货物有可能毁损时,应当及时通知仓单持有人。仓单持有人未采取相应措施的,应当承担其损失。

第二百八十三条　仓管人因储存不当造成货物灭失、短少、变质、损坏、污染的,应当承担民事责任。因包装不当或者超过有效储存期造成货物变质、损坏、污染的,由仓单持有人承担责任。

第二百八十四条　储存期间届满,仓单持有人应当凭仓单提取货物,并向仓管人提交货物验收资料。逾期提取的,应当加收仓储费。

第二百八十五条　仓单持有人和仓管人可以约定由仓管人代为发运货物。仓管人未按照约定发运货物的,应当承担赔偿责任。

第二十一章　储蓄合同

第二百八十六条　储蓄合同是储蓄人将货币存入储蓄机构,储蓄机构支付存款本金和利息的合同。

第二百八十七条　储蓄合同的种类主要有活期储蓄存款、整存整取定期储蓄存款、零存整取储蓄存款、整存零取定期储蓄存款、存本取息定期储蓄存款、定活两便储蓄存款、住房储蓄存款、可转让的定期存款储蓄等。

第二百八十八条　储蓄存款遵循存款自愿、取款自由、存款有息、为存款人保密的原则。

第二百八十九条　储蓄合同自储蓄人将货币交付储蓄机构,储蓄机构将存折、存单或者其他存款凭证交付储蓄人时成立。

第二百九十条　存款凭证应当载明储蓄人的姓名、账号、货币种类、金额、存款种类、期间、利率等事项,并由储蓄机构盖章。

储蓄存款有加密业务的,储蓄人可以要求加密。

第二百九十一条 储蓄机构交付存款凭证时,储蓄人应当核对。储蓄人发现存款凭证记载有错误的,应当自知道该凭证错误记载之日起三十日内请求更正。

第二百九十二条 储蓄机构应当设置验钞机,供储蓄人取款时验钞。

第二百九十三条 定期储蓄可以提前支取的,储蓄人提前支取时,储蓄机构应当按照中国人民银行的有关规定支付利息。

第二百九十四条 定期储蓄的届满日是储蓄机构休息日的,储蓄人可以在储蓄机构休息日的前一日提取存款。

第二百九十五条 储蓄人提取较大数额的存款时,应当事先通知储蓄机构。

第二百九十六条 记名的存款凭证灭失的,储蓄人可以向开户的储蓄机构请求挂失。自储蓄机构受理挂失之日起七日后,储蓄人可以请求补发新的存款凭证。

储蓄机构受理挂失前,存款被他人冒领的,储蓄机构不承担责任,但储蓄机构有故意或者重大过失行为的除外。受理挂失后,因储蓄机构的过失致使存款被他人冒领的,储蓄机构应当承担赔偿责任。

第二十二章 结算合同

第二百九十七条 结算合同是立户人在银行开立结算账户并将资金存入,银行应当提供转账和现金收支服务的合同。

第二百九十八条 结算合同自立户人与银行协议开立结算账户,并将资金存入该账户之日起成立。

第二百九十九条 结算合同可以包括以下内容:
(一)立户人的名称、住所及其法定代表人姓名;
(二)开户的银行机构的名称和住所;
(三)账户名称和账号;
(四)结存资金数额和结存时间。

立户人与开户银行之间的立户申请、立户凭证、账户记录、账户报表为结算合同的组成部分,除法律另有规定外。

第三百条 立户人应当履行下列义务:
(一)依法使用账户凭证,不得出租或出借账户;
(二)在账户内应当有足够的资金保证支付,不得签发空头支票和远期支票;
(三)支付结算费用;
(四)定期与开户银行进行结算对账,并按照要求向开户银行提交结算凭证和会计凭证。

第三百零一条 开户银行应当履行下列义务:
(一)对立户人交存或者委托收取的现金、票据,及时收付入账;
(二)根据立户人的委托或者其他有效付款通知,及时为立户人代付资金;

(三)及时将应当支付的利息汇入立户人账户;

(四)按照约定向立户人报送账户报表,通知立户人对账。

第三百零二条 结算账户的金额错误记载的,立户人在收到开户银行提交的账户报表之日起的三十日内,可以提出异议,要求银行纠正;开户银行在错误记载立户人账户内结存金额并经立户人对账户签字后的三十日内,可以纠正该错误的记载,但应当及时通知立户人核对账户报表。

第三百零三条 立户人有透支行为的,开户银行应当及时通知立户人。对不当透支行为,开户银行可以拒绝兑付;立户人恶意透支的,开户银行可以终止结算合同。

第三百零四条 立户人可以申请将结算账户中结存金额的全部或部分转为定期存款或者委托贷款。

第三百零五条 当事人可以约定结合账户条款和抵销权条款。未明文约定的,银行不得从事结合账户与抵销的行为。

第三百零六条 开户银行办理结算发生延误,影响客户资金使用的,应当按照存(贷)款利率支付赔偿金;因违反结算规定,发生延压、挪用、截留结算资金影响客户资金使用的,应当按结算金额以每天千分之三计付赔偿金;错付或者被冒领造成客户资金损失的,应当承担赔偿责任。

第三百零七条 结算合同终止前,立户人应当与银行机构进行清算。立户人账户中包含有未到付款期的票据资金的,立户人应当于清算期届满的十五日前,指示该票据贴现。立户人于清算期开始后的十五日内,应当将留存的全部票据凭证或支付凭证交还银行机构。

第二十三章　委托合同

第三百零八条 委托合同是受托人以委托人的名义代理事务,委托人支付报酬的合同。

第三百零九条 委托合同应当明确受托人的权限。受托人的权限没有约定或者约定不明确的,按照委托事务的性质确定。

第三百一十条 委托人应当向受托人提供办理委托事务的费用。受托人因办理委托事务垫付的费用,委托人应当偿还。

第三百一十一条 受托人应当按照委托人的指示办理事务。在办理事务中需要变更委托人指示的,应当经委托人同意;因情况紧急,并且难以和委托人取得联系的,受托人可以先按照自己的意见办理事务,但必须将该情况及时通知委托人。

第三百一十二条 受托人应当亲自办理委托事务。未经委托人同意转委托的,受托人应当对转委托的第三人的行为承担责任,但在紧急情况下受托人为保护委托人的利益需要转委托的除外。

第三百一十三条 受托人应当按照委托人的要求,随时或者定期报告委托事务的办理情况。

第三百一十四条　受托人办理委托事务取得的财产,归委托人所有。受托人办理委托事务产生的民事责任,由委托人承担。因受托人的过错给委托人造成损失的,委托人可以向其请求赔偿。

第三百一十五条　受托人完成或者部分完成委托事务的,除另有约定外,委托人应当向其支付报酬。

第三百一十六条　受托人因办理委托事务使自己受到损害的,可以向委托人请求赔偿。受托人对损害的发生有过错的,可以减轻或者免除委托人的责任。

第三百一十七条　委托人可以在受托人之外另行委托第三人代理事务,但应当及时通知受托人。受托人因此受到损失的,可以请求委托人赔偿。

第三百一十八条　委托人或者受托人可以随时终止委托合同。

委托人或者受托人破产、死亡或者丧失行为能力的,委托合同终止。

第二十四章　行纪合同

第一节　一般行纪合同

第三百一十九条　行纪合同是行纪人以自己的名义办理委托事务,委托人支付报酬的合同。

第三百二十条　行纪人办理委托事务支出的必要费用,除另有约定外,由行纪人承担。

第三百二十一条　行纪人占有委托物的,应当妥善保管委托物。对有瑕疵或者容易腐烂、变质的委托物的处理,应当经委托人同意;和委托人不能及时取得联系的,可以处理。

第三百二十二条　行纪人以低于委托人指定的价格卖出或者以高于委托人指定的价格买入的,应当取得委托人的同意。未经委托人同意,但行纪人补偿其差额的,该买卖对委托人发生效力。

第三百二十三条　行纪人以高于委托人指定的价格卖出或者低于委托人指定的价格买入的,可以按照约定加收费用。没有约定或者约定不明确的,该利益归于委托人。

第三百二十四条　行纪人以自己的名义和第三人发生法律关系,承担该法律关系中的权利和义务。除另有约定外,当第三人不履行义务时,行纪人应当向委托人履行相应义务。

第三百二十五条　行纪人可以作为买受人或者出卖人,取得或者出卖委托物,但行纪人和委托人另有约定的除外。

第三百二十六条　经行纪人和第三人同意,委托人可以以自己的名义和第三人发生法律关系,承担该法律关系中的权利和义务。

第三百二十七条　行纪人完成或者部分完成委托事务的,委托人应当向其支付报酬。委托人逾期不支付报酬的,行纪人可以留置委托物。

第三百二十八条 行纪人按照约定买入委托物,委托人应当受领。逾期不受领的,行纪人可以提存。

委托物不能卖出或者委托人撤回出卖,委托人逾期不取回或者不处分该物的,行纪人可以提存。

第二节 对外贸易行纪合同

第三百二十九条 除另有约定外,委托人应当履行下列义务:

(一)办理委托进口或者出口商品的有关手续,及时向行纪人提供委托进口或者出口商品的有关情况;

(二)未经行纪人同意,不得对外询价或者进行商务谈判;不得就合同条款对外作出承诺;不得与外商修改或者补充进出口合同;

(三)按照约定及时向行纪人提供进口所需资金或者委托出口的商品;

(四)按照约定向行纪人支付手续费,并支付行纪人为其垫付的其他费用;

(五)就已经同意的合同条款,不得因合同条款本身的缺陷造成的损失向行纪人请求补偿。

第三百三十条 除另有约定外,行纪人应当履行下列义务:

(一)以自己的名义与外商签订、修改或者补充进出口合同,及时将合同的副本送交委托人;

(二)办理委托事务过程中,应当按委托事务的性质以及国际惯例,维护委托人的利益;

(三)向委托人提供委托商品的国际市场行情,及时报告委托事务的进度及其他有关情况;并办理履行进出口合同所需的手续;

(四)外商违反进出口合同的,及时请求赔偿或者采取其他补救措施。

第三百三十一条 委托人违反委托协议,致使行纪人违反进出口合同的,应当支付行纪人为其垫付的费用,支付约定的手续费和违约金,并承担行纪人因此受到的损失。

行纪人违反委托协议,致使违反进出口合同的,应当赔偿委托人因此受到的损失。

第三百三十二条 如发生对外索赔,委托人应当在索赔期内向行纪人提交必要的索赔资料;行纪人应当按照进出口合同的规定对外索赔并及时向委托人通报索赔情况、转付索赔所得款项。

因一方过错导致未能对外索赔的,其损失由过错一方承担;如果行纪人在对外索赔中无过错,委托人无权向行纪人要求外商赔偿金额以外的赔偿。

外商提出索赔的,行纪人应当及时向委托人转交外商提供的索赔资料;委托人应当根据委托协议及时理赔。行纪人应当向委托人及时通报对外理赔情况。

第三百三十三条 在委托人提供费用及协助下,行纪人应当按进出口合同的规定,确定对外解决方式,由此产生的损失或者利益由委托人承担或者享有;如果行纪人拒绝处理对外争议,委托人有权要求行纪人赔偿损失;委托人不提供处理对外争议所需的费用及协助的,行纪人可以自行承担费用和风险,处理对外争议所产生的损失或者利益由行纪人承担或者享有。

外商对行纪人提起仲裁或者诉讼时,行纪人应当依委托协议和进出口合同的规定及时对外交涉,并通知委托人;委托人应当协助行纪人收集证据,并为行纪人的交涉提供其他必要的支持和便利。

第三百三十四条　行纪合同除本章规定外,适用本法第二十四章①的规定。

第二十五章　居间合同

第三百三十五条　居间合同是居间人向委托人提供贸易媒介服务,委托人支付报酬的合同。

第三百三十六条　居间人应当向委托人提供有关贸易媒介服务的真实情况,并应当按照约定保守委托人的秘密。

委托人拒绝受领经纪人依其指示所买入物时,经纪人可以催告委托人在一定期限内受领;逾期仍不受领的,经纪人可以拍卖其买入物,并从所获价款中优先受偿,如有剩余,予以提存。②

经纪物不能卖出或委托人撤回其出卖的委托,委托人在一定期限不取回或不处分的,经纪人可以依前款规定行使其权利。

第三百三十七条　经纪人接受委托出卖或者买入有价证券或者其他有公示价格的物品时,可以自己的名义充当买受人或者出卖人,但双方另有约定的除外。

第二十六章　合伙合同

第一节　一般合伙合同

第三百三十八条　合伙合同是两人以上按照协议,各自提供资金、实物、技术等,共同经营,共担风险的合同。

第三百三十九条　合伙合同应当采用书面形式。合伙合同可以约定出资数额、合伙事务的执行、债务承担、盈余分配、入伙、退伙、合伙终止等内容。

第三百四十条　合伙人的出资,可以是资金、技术或者其他财产,也可以以劳务折算资金。合伙人对出资比例没有约定或者约定不明确的,视为等额出资。

第三百四十一条　合伙人的出资以及合伙经营积累的财产,归合伙人共有,由合

---

① 据本件目录,第二十四章为"委托合同"。因正文中无目录中列明的"第十二章　农业土地承包合同",正文章序因此有变,此处"第二十四章"应指"第二十三章　委托合同"。

② 本稿据 1995 年 10 月 16 日《中华人民共和国合同法(试拟稿)》删改而成。自本稿开始,合同法草案不再规定经纪合同。但本稿删改有误,自本款开始至第三百三十七条均为前一稿经纪合同的规定(分别为前一稿第四百三十一条第一款后段、第二款,第四百三十二条)。

伙人统一管理和使用。

第三百四十二条　合伙事务由全体合伙人共同执行。合伙人约定合伙事务由一人或数人执行的，其他合伙人不参与执行，但对合伙事务的执行后果共同承担责任。

合伙事务执行人，应当妥善处理合伙事务。合伙事务执行人对合伙事务处理的意见不一致的，除另有约定外，应当暂时终止该事务的执行。

第三百四十三条　合伙人执行合伙事务，不得请求报酬，但合伙合同另有约定的除外。合伙人为合伙事务垫付的必要费用或者受到的损失，可以请求偿还。

第三百四十四条　合伙事务执行人有正当事由的，可以提出辞任。合伙事务执行人辞任的，除另有约定外，应当在辞任前十五日通知其他合伙人。

合伙事务执行人有严重违反职责行为或者无通常执行能力的，可以解除其执行权。除另有约定外，合伙事务执行人被解除执行权，需经其他合伙人一致同意。

第三百四十五条　合伙人可以随时检查合伙业务和合伙财产的状况。合伙合同不得限制某个合伙人行使该项权利。

第三百四十六条　合伙的结算与利益分配，除另有约定外，应当在合伙事务年度终结时进行。

合伙的损益分配，应当按照约定。没有约定或者约定不明确的，按照出资比例分配；没有出资比例的，应当平均分配。

第三百四十七条　合伙人对合伙债务的清偿负连带责任。合伙人偿还合伙债务超过自己应当承担的数额，可以向其他合伙人追偿。

第三百四十八条　合伙人可以将自己的合伙财产转让给其他合伙人。未经其他合伙人同意，合伙人不得将其财产转让给第三人。

第三百四十九条　合伙成立后，他人请求加入合伙的，必须经全体合伙人同意。新加入的合伙人，对加入前合伙债务的清偿，应当承担连带责任。

第三百五十条　合伙期间合伙人不得退伙，但有不可归责于自己的重大事由时除外。没有约定合伙期间的，合伙人可以随时退伙，但应当在退伙前一个月通知其他合伙人。

有下列情形之一的，视为合伙人退伙：

（一）合伙人死亡的，但约定其继承人可以继承的除外；

（二）合伙人被宣布为无行为能力人或者限制行为能力人的；

（三）合伙人受破产宣告的。

第三百五十一条　退伙时应当根据当时的合伙财产状况进行结算。有盈余的，应当及时支付；有亏损的，应当及时偿还。

退伙人的应得财产，除退伙人要求并且能够返还的物品以外，采取支付金钱的方式。

退伙时未了结的合伙事务，可以在了结后进行结算。

第三百五十二条　合伙人负有合伙以外的个人债务时，债权人可以请求用其合伙财产清偿债务，该合伙人不采取其他措施清偿债务的，视为该合伙人退伙。

合伙人负有合伙以外的个人债务时,债权人不得以其对合伙的债务相抵销。

第三百五十三条 有下列情形之一的,合伙终止:
(一)合伙期限届满的;
(二)约定的合伙事务已经完成或者不能完成的;
(三)合伙人同意解散的;
(四)发生约定的特定解散事由的。

第三百五十四条 合伙解散的,应当清算。清算由全体合伙人或者合伙人选任的清算人进行。

清算人负责合伙财产的保管、清理、估价,并按照下列顺序清偿:
(一)合伙所欠税款;
(二)合伙债务;
(三)因合伙事务对合伙人所负的债务;
(四)合伙人出资;
(五)剩余财产分配。

清算时合伙债务未到期的,可以提前清偿,也可以在合伙财产中预留适当数额,在债务到期时进行清偿。

第二节 隐名合伙合同

第三百五十五条 隐名合伙合同是出名合伙人经营合伙事务,隐名合伙人向该合伙事务出资,不从事合伙经营,但参与盈余分配的合同。

第三百五十六条 出名合伙人执行合伙事务,并对执行合伙事务的后果承担责任。债权人不得向隐名合伙人请求偿还债务,但隐名合伙人参与执行合伙事务的,或者公开表示参与执行合伙事务的除外。

第三百五十七条 隐名合伙人可以随时检查合伙业务和合伙财产的状况。有盈余的,出名合伙人应当在会计年度终了时向其支付盈余所得;有亏损的,隐名合伙人应当在出资的限度内承担损失,但当事人另有约定的除外。

第三百五十八条 隐名合伙合同,除本节规定外,适用本章第一节的规定。

第二十七章 雇佣合同

第三百五十九条 雇佣合同是受雇人提供劳务,雇佣人支付报酬的合同。

第三百六十条 雇佣合同的当事人,可以约定试用期,但试用期最长不得超过三个月。

第三百六十一条 雇佣人应当尊重受雇人的人格尊严和宗教信仰。

第三百六十二条 雇佣人应当为受雇人提供合理的劳动条件和安全保障。

第三百六十三条 雇佣合同中不得约定由受雇人提交履约保证金,也不得要求受雇人为第三人对雇佣人的债务提供担保。

第三百六十四条　雇佣人应当采取货币形式向受雇人支付报酬。约定的报酬不得低于法律、法规规定的最低标准。没有约定报酬或者约定不明确的,应当参照市场同类劳务报酬的标准支付。

第三百六十五条　报酬应当按照约定的期限支付。未约定期限的,按照下列规定支付:

(一)提供超过二个月的连续性劳务的,每月支付一次;

(二)提供间断性劳务的,每次劳务完毕时支付;

(三)提供一次性劳务的,劳务完毕时支付。

第三百六十六条　受雇人有下列情形之一的,雇佣人不得扣减其报酬:

(一)到医疗机构看病、接受门诊治疗或者身体检查的;

(二)哺乳婴儿的;

(三)法律、法规规定的休假日;

(四)非因故意或者重大过失给雇佣人造成损失的。

雇佣人有正当理由扣减受雇人报酬的,扣减数额总计不得超过当期应付报酬的三分之一。

第三百六十七条　受雇人提供劳务遭受人身伤害的,雇佣人应当承担医疗等费用,但雇佣人能够证明伤害是受雇人故意或者重大过失造成的,可以减轻或者免除责任。

第三百六十八条　雇佣期间当事人有重大事由的,可以终止合同。

合同期限没有约定或者约定不明确,根据劳务性质或者目的也不能确定的,当事人可以随时终止合同,但应当在十五日前通知对方。

第三百六十九条　雇佣人有下列情形之一的,受雇人可以终止合同,并可以请求赔偿损失:

(一)未按照约定或者法律规定支付报酬的;

(二)未提供合理的劳动条件和安全保障的;

(三)擅自将受雇人转雇于他人的。

第三百七十条　受雇人有下列情形之一的,雇佣人可以终止合同,并可以请求赔偿损失:

(一)未按照约定提供劳务的;

(二)不具备受雇时保证的特种技能的;

(三)擅自让他人代自己提供劳务的;

(四)因故意或者重大过失行为使雇佣人受到重大损失的。

第三百七十一条　雇佣合同终止,雇佣人应当依照下列规定,向提供劳务满一年以上的受雇人支付解约金:

(一)提供劳务不满二年的,解约金为二个月的报酬;

(二)提供劳务二年以上的,每增加一年,增加一个月报酬的解约金。

第三百七十二条　雇佣期限届满,受雇人继续提供劳务的,除雇佣人及时提出异议的外,视为延长与原合同相同的期限,但原合同期限超过一年的,延长的期限为一年。

第二十八章 附 则

第三百七十三条 中华人民共和国缔结或者参加的国际条约的规定与本法不一致的,适用国际条约的规定,但中华人民共和国声明保留的条款除外。

本法和中华人民共和国缔结或者参加的国际条约没有规定的,可以适用国际惯例。

第三百七十四条 涉外合同的当事人可以约定选择处理合同争议所适用的法律,但法律另有规定的除外。涉外合同的当事人没有选择的,适用与合同有最密切联系的国家的法律。

第三百七十五条 发生合同争议时,当事人应当协商解决或者通过第三者调解解决。

当事人不愿协商、调解或者协商、调解不成的,可以根据仲裁协议申请仲裁委员会仲裁。当事人没有订立仲裁协议或者仲裁协议无效的,可以向人民法院起诉。

第三百七十六条 海商法、担保法、保险法等法律对合同另有规定的,依照其规定。

第三百七十七条 本法自199 年 月 日起施行。

中华人民共和国合同法(征求意见稿)

1997年5月14日

目 录

总 则
- 第一章 一般规定
- 第二章 合同的订立
- 第三章 合同的效力
- 第四章 合同的履行
- 第五章 合同的变更和转让
- 第六章 合同的终止
- 第七章 违约责任

分 则
- 第八章 买卖合同
  - 第一节 货物买卖
  - 第二节 房屋买卖
- 第九章 电力、自来水、热力、燃气供应合同
- 第十章 承揽合同
- 第十一章 工程建设合同
- 第十二章 运输合同
  - 第一节 一般规定
  - 第二节 旅客运输合同
  - 第三节 货物运输合同
- 第十三章 租赁合同
- 第十四章 融资租赁合同
- 第十五章 委托合同
- 第十六章 行纪合同
- 第十七章 居间合同
- 第十八章 保管合同
- 第十九章 仓储合同

第二十章　储蓄合同
第二十一章　借贷合同①
第二十二章　借用合同
第二十三章　技术开发和技术转让合同
　　第一节　技术开发合同
　　第二节　技术转让合同
第二十四章　咨询合同
第二十五章　服务合同
第二十六章　旅游合同
第二十七章　赠与合同
第二十八章　合伙合同
　　第一节　一般合伙
　　第二节　隐名合伙
第二十九章　雇用合同
第三十章　附　则

总　则

第一章　一般规定

第一条　为了保护当事人在债权债务关系中的合法权益,维护社会经济秩序,促进社会主义现代化建设,制定本法。

第二条　合同是平等主体的公民、法人、其他组织之间设立、变更、终止债权债务关系的协议。

第三条　当事人依法享有平等、自由地订立合同的权利,一方不得将自己的意志强加给另一方,任何单位和个人不得对当事人的权利非法干预。

第四条　依法成立的合同,对当事人具有法律约束力。当事人应当按照合同的约定履行自己的义务,任何一方不得擅自变更、解除合同。

第五条　当事人应当遵循公平、诚实信用的原则,应当恪守诺言,相互协作,不得有欺诈行为。

第六条　当事人订立、履行合同,应当遵守法律、行政法规,尊重社会公德,不得扰乱社会经济秩序,损害社会公共利益。

第二章　合同的订立

第七条　合同可以采用书面、口头或者其他形式订立。涉外经济贸易合同、不动

---

① 正文第二十一章名为"借款合同"。

产转让和租赁合同以及法律规定应当以书面形式订立的合同,应当采用书面形式。

书面形式包括合同书以及信件、电报、电传和传真等可以有形地表现所载内容的形式。

第八条 采用书面形式订立的合同,包括以下条款:

(一)当事人的名称或者姓名和住所;

(二)标的的种类;

(三)数量和质量;

(四)价款或者酬金;

(五)履行的期限、地点和方式;

(六)解决争议的方法和违约责任;

(七)订立合同的日期、地点以及其他内容。

合同中就前款第三至第七项没有约定或者约定不明确的,当事人可以补充;不能达成补充协议的,可以按照合同有关条款或者交易习惯确定;仍不能确定的,依照法律的有关规定。

第九条 要约是希望和他人订立合同的意思表示,该意思表示的内容必须确定并表明经受要约人同意后即受其约束。

要约邀请是希望他人向自己发出要约的意思表示。价目表的寄送、拍卖公告、招标公告、招股说明书、商品广告为要约邀请,但商品广告的内容符合要约的要件的,视为要约。

第十条 要约于到达受要约人时生效。

要约可以撤回,但撤回要约的通知应当于要约到达受要约人之前或者同时到达受要约人。

第十一条 要约可以撤销,但撤销要约的通知应当于受要约人发出承诺通知前到达受要约人。

有下列情形之一的,要约不得撤销:

(一)要约中规定了承诺期限或者以其他形式明示要约不可撤销;

(二)虽然没有明示要约不可撤销,但受要约人有理由认为要约是不可撤销的,并且已经为履行合同做准备工作。

第十二条 承诺是受要约人作出的同意要约的意思表示。

第十三条 承诺的表示应当以通知的方式作出,但根据交易的性质、习惯或者要约表明承诺不需要通知的除外。

承诺的传递方式应当符合要约的要求。要约对承诺的传递方式没有提出要求的,承诺应当以合理的方式作出。

第十四条 承诺应当在要约规定的期限内到达要约人。要约没有规定承诺期限的,承诺应当在以下期限内作出:

(一)要约以对话方式作出的,应当即时作出承诺的意思表示,但当事人另有约定的除外;

(二)要约以非对话方式作出的,承诺应当在合理的期限内到达要约人。该期限应当根据交易的性质、习惯以及要约采用的传递方式予以确定。

要约以电报或者信件作出的,承诺期限自电报交发之日或者信件载明的日期开始计算。如果信件未载明日期,自投寄该信件的邮戳日期开始计算。要约以电话、传真或者其他电子通讯方式作出的,承诺期限自要约到达受要约人之日开始计算。

第十五条 受要约人超过承诺期限发出承诺的,为新要约,但要约人及时通知受要约人该承诺有效的除外。

受要约人在承诺期限内发出承诺,但受要约人的承诺到达要约人时超过承诺期限,要约人接受该承诺的,该承诺视为未超过期限;要约人不接受该承诺的,要约人应当立即将承诺超过期限的情况通知受要约人。要约人怠于通知的,该承诺视为未超过期限。

第十六条 承诺对要约的内容作出非实质性变更的,除要约人及时表示反对或者要约表明承诺不得对要约的内容作出任何变更外,该承诺仍为有效,合同的内容以承诺的内容为准。

承诺对要约的内容作出实质性变更的,为新要约。有关标的、数量、质量、价款、付款方式、履行时间和地点、违约责任或者解决争议的方法的变更,是对要约内容的实质性变更。

第十七条 承诺需要通知的,于承诺通知到达要约人时生效。承诺不需要通知的,根据要约或者交易的性质、习惯发生承诺的事实时生效。

承诺可以撤回,但撤回通知应当于承诺生效之前或者与承诺通知同时到达要约人。

第十八条 承诺生效时合同成立。

当事人在要约或者承诺中要求签订确认书的,签订确认书时合同成立。采用合同书形式订立合同的,自双方当事人签字或者盖章时合同成立。

第十九条 承诺生效的地点为合同成立的地点。

采用合同书形式订立合同的,双方当事人签字或者盖章的地点为合同成立的地点。签字或者盖章不在同一地点的,最后签字或者盖章的地点为合同成立的地点。

第二十条 要约和承诺不能明确区分的,当事人提供证据证明对主要条款协商一致的,合同成立。

第二十一条 当事人订立的合同就数量、质量、价款等主要条款约定不明确的,当事人可以补充;不能达成补充协议的,可以按照合同有关条款或者交易习惯确定;仍不能确定的,合同不成立,但开始履行义务的,视为合同成立。

第二十二条 依照法律规定或者根据国家计划管理需要订立合同的,当事人必须订立合同。

第二十三条 采用格式合同文本订立合同的,提供合同文本的一方应当采取合理的方式提请对方注意免除或者限制其责任的条款,并应对方的要求,对该条款予以说明。提供合同文本的一方未尽到提示义务或者拒绝说明的,该条款不发生效力。

对格式合同条款的理解发生争议的,应当作出有利于对方的解释。格式合同条款和非格式合同条款的约定不一致的,应当采用非格式合同条款。

具有本法第三十二条和第三十三条情形的,格式合同或者有关条款无效。

第二十四条 当事人在订立合同过程中,因违背诚实信用原则或者交易习惯给对方造成损害的,应当向对方赔偿因此而受到的实际损失。

当事人在订立合同过程中,因泄露或者不正当地使用对方秘密造成损害的,应当承担赔偿责任。

第三章 合同的效力

第二十五条 依法成立的合同,对当事人具有法律约束力。法律规定应当办理批准、登记等手续的,依照其规定。

第二十六条 当事人对合同的效力可以约定附条件。附停止条件的合同,自条件成就时生效。附解除条件的合同,自条件成就时失效。当事人为自己的利益故意阻止条件成就的,视为条件已成就,故意促成条件成就的,视为条件不成就。

第二十七条 当事人对合同的效力可以约定附期限。附始期的合同,于期限届至时生效。附终期的合同,于期限届满时失效。

第二十八条 法律规定应当采用书面形式的合同,当事人未采用书面形式但已经履行义务的,视为合同有效。

采用合同书面形式订立合同,当事人没有签字或者盖章但已经履行义务的,视为合同有效。

第二十九条 无民事行为能力人、限制民事行为能力人订立的合同,经法定代理人追认后,合同有效,但纯获利益的合同或者与其年龄、智力相适应而订立的合同,不必经法定代理人追认。

相对人可以在合同成立之日起一个月内催告法定代理人予以追认。法定代理人在收到催告通知之日起十五日内未作撤销表示的,视为追认。合同未经追认前,善意相对人有撤销的权利。撤销应当以明示的方式作出。

第三十条 无代理权人以他人名义订立的合同,未经本人追认,对本人不发生效力。相对人可以在合同成立之日起一个月内催告本人予以追认。本人在收到催告通知之日起十五日内未作撤销表示的,视为追认。合同未经追认前,善意相对人有撤销的权利。撤销应当以明示的方式作出。

无权代理时,善意相对人有正当理由认为以他人名义与其订立合同的人有代理权,该代理行为视为有效。

法人或者其他组织的法定代表人超越法律、章程规定的权限订立的合同,除善意相对人有重大过失的以外,该代理行为视为有效。

第三十一条 无处分权的人处分财产或者共有人未经其他共有人同意处分共有财产,善意相对人因交付或者登记已经取得该财产的,合同视为有效,但该财产对处分权人具有特殊作用的除外。

第三十二条 有下列情形之一的,合同无效:
(一)受欺诈、胁迫订立的;
(二)恶意串通,损害国家、集体或者第三人利益的;
(三)以合法的形式掩盖非法目的的;
(四)违反国家计划管理或者社会公共利益的;
(五)违反法律、行政法规的。

第三十三条 合同中的下列条款无效:
(一)免除故意或者重大过失责任的;
(二)免除人身伤害责任的。

第三十四条 当事人可以向人民法院或者仲裁委员会提出确认合同无效的申请。人民法院或者仲裁委员会也可以依职权确认合同无效。

第三十五条 当事人可以撤销因重大误解订立的合同,但误解是因自己的重大过失造成的,或者对方已经开始履行合同,并且对方没有过错的,不得撤销。

当事人订立的合同显失公平,使一方获得不正当利益的,另一方可以撤销该合同。

第三十六条 具有撤销权的当事人可以请求人民法院或者仲裁委员会变更或者撤销合同。当事人请求变更的,人民法院不得撤销。自合同成立之日起一年内,不行使撤销权的,该撤销权消灭。

第三十七条 无效的合同或者被撤销的合同自始无效。合同部分无效,不影响其他部分效力的,其他部分仍然有效。

第三十八条 合同无效,不影响合同中解决争议方式条款的效力。

第三十九条 合同无效或者被撤销后,应当恢复原状。

因履行该合同取得的财产,应当予以返还;不能返还或者没有必要返还的,应当作价补偿。有过错的一方应当向对方赔偿因此而受到的实际损失。双方都有过错的,应当根据其过错各自承担相应的责任。

第四十条 当事人恶意串通,损害国家、集体或者第三人利益的,因此取得的财产应当收归国家、集体所有或者返还第三人。

第四章 合同的履行

第四十一条 当事人应当按照合同的约定履行自己的义务。合同虽然没有约定,但依照诚实信用原则或者根据交易习惯,负有通知、协作、保密等义务的,当事人也应当履行。

第四十二条 合同中就质量、价款、履行地点等没有约定或者约定不明确的,当事人可以补充;不能达成补充协议的,可以按照合同有关条款或者交易习惯确定;仍不能确定的,适用下列规定:
(一)质量不明确的,按照国家标准履行;无国家标准的,按照行业标准履行;无行业标准的,按照通常标准履行;

（二）价款或者酬金不明确的，除国家规定必须执行国家规定价格或者报酬标准的以外，按照合同履行地的市场价格或者报酬履行；

（三）履行地点不明确的，在债务人一方的所在地履行；交付不动产的，在不动产所在地履行；交付货币的，在接受货币一方的所在地履行，但借款合同在贷款一方当事人所在地履行；

（四）履行期限不明确的，债务人可以随时履行，债权人也可以随时要求履行，但应当给对方必要的准备时间；

（五）履行方式不明确的，按照有利于实现合同目的的方式履行；

（六）履行费用的负担不明确的，由债务人负担。

第四十三条　债权人可以通知债务人向第三人履行债务。除当事人另有约定的以外，因向第三人履行债务增加的费用，由债权人承担；债务人未向第三人履行债务或者不适当履行的，债务人应当向债权人承担违约责任。

第四十四条　当事人可以约定由第三人向债权人履行债务。因第三人不适当履行造成的损失，由债务人承担。第三人拒绝履行的，债务人应当履行。

第四十五条　当事人对双务合同的履行顺序约定不明确，根据交易习惯又不能确定的，当事人应当同时履行各自的主要义务。

同时履行双务合同义务的，当事人一方在对方未履行之前有权拒绝其履行请求，在对方部分履行或者履行不适当时，有权相应地拒绝其履行请求。

第四十六条　按照合同约定或者交易习惯应当首先履行债务的当事人，有证据证明对方有下列情形之一的，可以中止履行：

（一）丧失或者可能丧失履行债务能力的；

（二）转移财产、抽逃资金，以逃避债务的；

（三）有欺诈行为的。

当事人中止履行合同时应当立即通知对方，当对方恢复履行能力或者对履行合同提供了适当担保时，应当履行合同。中止履行后，对方在合理的期限内未恢复履行能力或者未能提供适当担保的，中止履行方可以解除合同。当事人违反上述规定中止履行合同的，应当承担违约责任。

第四十七条　按照合同约定或者交易习惯应当首先履行债务的当事人未履行债务，另一方当事人可以中止履行自己的债务。

第四十八条　债权人分立、合并或者变更住所没有通知债务人的，债务人可以中止履行或者将标的物提存。

第四十九条　债权人可以拒绝债务人提前履行债务，但提前履行不会给债权人增加负担的除外。

债权人可以请求债务人支付因提前履行债务增加的费用。

第五十条　因债务人怠于行使对第三人的债权，严重损害债权人到期债权的，债权人可以自己的名义通过诉讼代位行使债务人对第三人的债权，但法律规定或者按照债权性质不能适用代位权的除外。代位权的行使范围以债权为限。

行使代位权取得的财产,归债务人后再清偿债权。

第五十一条 因债务人放弃对第三人的债权或者有无偿转让财产的行为,严重损害债权人利益的,债权人可以向人民法院请求撤销债务人的行为。债务人以明显不合理的低价转让财产,严重损害债权人的利益,并且受益人取得该财产时有过错的,债权人也可以向人民法院请求撤销债务人的行为。

债权人的撤销权应当自知道或者应当知道撤销原因之日起一年内行使。

第五十二条 除不可抗力外,因当事人不能预见、不能避免的客观情势发生重大变化,致使履行合同将对一方当事人显失公平的,该当事人可以要求另一方就合同的内容重新协商;协商不一致的,可以请求人民法院或者仲裁委员会变更或者解除合同。

第五十三条 合同订立后,任何一方当事人不得因法定代表人、负责人或者承办人的变动而不履行合同的义务。

第五章 合同的变更和转让

第五十四条 经当事人协商一致,可以变更合同。变更合同的事项,依照法律、行政法规规定需经国家批准的,应当经原批准机关批准。

当事人对合同变更的内容约定不明确的,视为未变更。

第五十五条 债权人将合同的权利全部或者部分转让给第三人的,应当通知债务人,但根据交易习惯不需要通知的除外。

债权人转让权利的,不得增加债务人的负担。增加债务人负担的,应当经债务人同意。

第五十六条 债务人与第三人约定转让债务的,应当经债权人同意。

第五十七条 一方当事人经对方同意,可以将自己在合同中的权利、义务一并转让给第三人。

第五十八条 法律禁止转让的合同,不得转让。法律、行政法规规定需经国家批准的合同,其权利、义务的转让,应当经原批准机关批准,但已批准的合同另有约定的除外。

第五十九条 合同的权利、义务全部转让给第三人的,该第三人取代让与人在合同中的法律地位。合同的权利、义务部分转让给第三人的,该第三人相应取代让与人在合同中的法律地位。

第六十条 转让合同权利、义务的,附属于该权利、义务的从权利、义务一并转让,但法律另有规定或者合同另有约定的除外。

第六十一条 一方当事人合并的,由合并后的法人或者其他组织行使权利,履行义务;一方当事人分立的,由分立的法人或者其他组织对合同的权利、义务承担连带责任,但当事人另有约定的除外。

第六章 合同的终止

第六十二条 合同可以因下列情形之一终止：
（一）债务已经按照约定和法律规定完全履行；
（二）合同被解除；
（三）债务相互抵销；
（四）债务人已将履行的标的物提存；
（五）债权人免除债务人应当履行的债务；
（六）法律规定或者当事人约定终止合同的其他情形。

第六十三条 合同终止后，按照合同尚未行使的权利或者尚未履行的义务全部消灭，但并不排除当事人请求对方承担违约责任的权利，也不影响合同中解决争议方式条款的效力。

第六十四条 合同终止后，根据合同性质、交易习惯或者依照诚实信用的原则，负有通知、协作、保密等义务的，当事人应当继续履行。

第六十五条 当事人可以在合同中约定解除合同的条件，当解除合同的条件成就时，解除权人可以解除合同。经当事人事后协商一致，可以解除合同。法律、行政法规规定需经国家批准的合同，解除合同时应当报原批准机关备案。

第六十六条 有下列情形之一的，当事人一方有权通知另一方解除合同：
（一）因不可抗力致使主要债务不能履行的；
（二）因另一方违约，以至严重影响订立合同所期望的经济利益的；
（三）在履行期届满前，有证据证明另一方不履行其主要债务的；
（四）另一方迟延履行债务，经催告后在合理期限内仍未履行的；
（五）法律规定可以解除合同的其他情形。

第六十七条 当事人可以约定解除权的行使期限。行使解除权的期限届满时，当事人丧失解除权。

当事人未约定解除权的行使期限，经催告后不行使解除权的，丧失该解除权。

第六十八条 行使解除权应当以书面形式通知，但当事人另有约定的除外。

解除合同的通知自到达对方当事人之时起生效。当事人不得撤销解除合同的通知。

第六十九条 合同解除后，需要恢复原状的，应当恢复原状。因一方当事人违约致使合同解除的，应当承担违约责任。

第七十条 当事人互负到期的合同债务，并且该债务的标的物种类、品质相同的，任何一方有权将自己的债务与对方的债务相互抵销，但按照合同性质或者法律规定不得抵销的除外。

第七十一条 主张抵销的一方应当向对方作出抵销的意思表示，该意思表示到达对方之时起生效，该意思表示不得附条件或者附期限。

第七十二条 有下列情形之一的,债务人可以将标的物向合同履行地的提存部门申请提存:
（一）债权人无正当理由拒绝受领或者不能受领标的物的;
（二）债务人无过失而不知道债权人下落的;
（三）债权人丧失行为能力或者死亡而未确定监护人或者继承人的。标的物不适于提存或者提存费用过高的,债务人可以申请提存部门拍卖或者变卖标的物,提存所得的价款。
第七十三条 债务人提存后,应当立即通知债权人。债务人怠于通知的,应当对由此产生的损害承担赔偿责任。债权人下落不明的,债务人应当公告。
第七十四条 提存期间,标的物的孳息归债权人所有。提存物的保管及拍卖、变卖费用,由债权人负担。
第七十五条 债权人可以随时受领提存物,但债权人对债务人负有义务的,在债权人未履行义务或者提供担保前,提存部门根据债务人的要求应当拒绝其受领提存物。
债权人受领提存物的权利,自知道或者应当知道提存之日起一年内不行使而丧失,提存物扣除提存费用后归国家所有。

第七章 违约责任

第七十六条 当事人不履行债务或者履行债务不符合合同约定或者法律规定的,应当承担违约责任。
承担违约责任的方式包括:
（一）支付违约金;
（二）赔偿损失;
（三）无权要求返还定金或者双倍返还定金;
（四）实际履行;
（五）法律规定或者当事人约定的其他方式。
第七十七条 当事人可以约定违约金。当事人违约后,应当按照约定支付违约金。
违约金视为因违约造成损失的赔偿金。约定的违约金过分高于或者低于因违约造成损失的,当事人可以请求人民法院或者仲裁委员会适当减少或者增加。违约没有造成损失的,但按照约定支付违约金明显不合理的,当事人可以请求人民法院或者仲裁委员会适当减少。
第七十八条 当事人可以约定赔偿损失额或者赔偿损失额的计算方法。约定的赔偿损失额或者按照计算方法得出的赔偿损失额过分高于或者低于因违约造成的损失的,当事人可以请求人民法院或者仲裁委员会适当减少或者增加。
第七十九条 当事人没有约定违约金、赔偿损失额或者赔偿损失额的计算方法的,赔偿损失的金额应当相当于因违约所造成的实际损失,并可以包括合同履行后可以获得的利益,但不得超过违反合同一方订立合同时应当预见到的损失。

要求赔偿合同履行后可以获得的利益时,不得同时要求赔偿为获得该利益而支出的费用。

第八十条 当事人一方因另一方违约受到损失的,应当及时采取措施防止损失的扩大;没有及时采取措施致使损失扩大的,无权就扩大的损失要求赔偿。

第八十一条 受损害方因对方违约而获得利益,计算赔偿损失额时应当扣除所获得的利益。

第八十二条 当事人可以约定定金。定金的数额不得超过合同标的额的百分之二十。当事人一方违约,以致严重影响对方订立合同所期望的经济利益的,给付定金的一方,无权要求返还定金;接受定金的一方,应当双倍返还定金。

第八十三条 因违约给对方造成损失,定金不足赔偿损失的,违约方应当补足赔偿损失的金额;定金超过损失的,无权要求返还定金或者应当双倍返还定金。双倍返还定金明显不合理的,当事人可以请求人民法院或者仲裁委员会适当减少。

第八十四条 当事人一方违约后,有下列情形之一的,另一方可以请求人民法院强制实际履行:

(一)依照法律或者根据国家计划管理需要订立合同的;

(二)标的物为不动产的;

(三)标的物在市场上难以购买的;

(四)其他确有必要强制实际履行的。

强制实际履行不影响当事人请求支付违约金或者赔偿损失。

第八十五条 标的物的质量不符合约定的,根据标的物的性质以及造成损害的大小,受损害方有权选择减价、修理、更换或者重做。

标的物的质量不符合约定,并符合本法第六十六条第二项解除合同的条件的,受损害方可以解除合同。

第八十六条 当事人一方明确表示拒绝履行主要债务的,另一方可以在履行期届满前请求其承担违约责任。

第八十七条 当事人一方因第三人的过错造成违约的,应当向对方承担违约责任。

第八十八条 当事人可以在合同中约定不可抗力的范围。因不可抗力不能履行合同的,视不可抗力的影响,部分或者全部免除违约责任。当事人迟延履行后发生不可抗力的,不能免除责任。

当事人一方应当将不可抗力的事实及时通知另一方,并提供有关证明。

第八十九条 受害人对于损失的发生也有过错的,可以减轻或者免除违约方的责任。

第九十条 第三人违背社会公德,故意侵害他人债权的,应当向债权人承担损害赔偿的责任。

第九十一条 因当事人一方的违约行为,侵害另一方人身以及标的物以外的财产权益的,受害人有权选择依照本法请求承担违约责任或者依照其他法律请求承担侵权责任。

分　则

第八章　买卖合同

第一节　货物买卖

第九十二条　买卖合同是出卖人交付标的物并转移标的物的所有权，买受人支付价款的合同。

第九十三条　买卖合同标的物的所有权自标的物交付时起转移，但法律另有规定或者当事人另有约定的除外。

第九十四条　标的物的交付，除当事人另有约定外，适用下列规定：

（一）出卖人送货的，出卖人将标的物运到预定地点，由买受人接受即为交付；

（二）出卖人负责托运的，出卖人将标的物交付给第一承运人即为交付；

（三）标的物在订立合同之前已为买受人实际占有的，合同生效即为交付；

（四）标的物所有权的转移需要办理登记、审批等手续的，办理完该手续即为交付。

第九十五条　出卖人应当按照约定的时间交付标的物。合同约定交付期间的，出卖人可以在该交付期间内的任何时间交付，但应当在交付前通知买受人。

未约定交付时间或者约定不明确的，出卖人应当在合同生效后的合理时间内交付。

第九十六条　出卖人应当按照约定的地点交付标的物。未约定交付地点或者约定不明确的，适用下列规定：

（一）约定出卖人运输的，出卖人应当将标的物交付给第一承运人；

（二）未约定出卖人运输，出卖人和买受人订立合同时知道标的物在某一地点的，出卖人应当在该地点交付标的物，不知道标的物在某一地点的，应当在出卖人的营业地交付标的物。

第九十七条　标的物在交付前产生的孳息归出卖人所有，交付后产生的孳息归买受人所有。合同另有约定的，按照约定。

第九十八条　买卖合同标的物毁损、灭失的风险，交付前由出卖人承担，交付后由买受人承担。合同另有约定的，按照约定。

因买受人的过错致使标的物迟延交付的，买受人应当承担自迟延交付之日起至实际交付之日的标的物毁损、灭失的风险。

第九十九条　出卖人负有向买受人交付商业发票、运输单证、保险凭证等有关标的物的单证以及约定的技术资料的义务。

第一百条　出卖人就交付的标的物，负有第三人不向买受人主张任何权利的义务，但合同另有约定或者买受人明知第三人对该标的物享有权利的除外。

有证据证明第三人可能对标的物提出权利要求的，买受人应当中止支付或者提存相应的价款，但出卖人提供担保的除外。

第一百零一条 出卖人应当按照约定或者法律规定的质量标准交付标的物。出卖人提供标的物的样品或者有关标的物质量说明的,交付的标的物应当符合该样品或者说明的质量标准。

第一百零二条 因标的物的主物不符合约定而解除合同的,解除合同的效力及于从物。因标的物的从物不符合约定而解除合同的,解除合同的效力不及于主物。

标的物为数物,其中一物不符合约定的,买受人可以就该物解除合同,但该物与他物不宜分离的,买受人可以就数物解除合同。

第一百零三条 出卖人应当按照约定的包装方式交付标的物。没有约定包装方式或者约定不明确的,应当按照通用的方式包装,没有通用方式的,应当采取足以保护标的物的包装方式。

第一百零四条 买受人应当按照约定的地点支付价款。没有约定支付地点或者约定不明确的,买受人可以在出卖人的营业地支付,也可以在接受标的物或者有关标的物的单证的所在地支付。

第一百零五条 买受人应当按照约定的时间支付价款。没有约定支付时间或者约定不明确的,买受人应当在接受标的物或者有关标的物的单证的同时支付。

第一百零六条 买受人应当按照约定的数量接受标的物。除当事人另有约定或者交易习惯另有不同做法的外,出卖人多交或者少交标的物的,买受人可以拒绝接受;买受人已经接受的,应当妥善保管标的物,并立即通知出卖人收回或者补交标的物。

第一百零七条 买受人接受标的物时应当按照约定的时间和方法对标的物的质量进行检验。出卖人应当提供据以验收的必要的技术资料或者样品。买受人接受的标的物的质量不符合约定的,除当事人另有约定或者交易习惯另有不同做法的外,买受人可以拒绝接受,买受人已经接受的,应当在下列规定的时间内通知出卖人,但当事人另有约定的除外:

(一)外观、品种、型号、规格、花色等表面状况不符合约定的,应当在接受标的物之日起十五日内通知出卖人;

(二)需经检验或者试验才能发现的,应当在接受标的物之日起六个月内通知出卖人;

(三)需经安装运转才能检验的,应当在标的物安装运转之日起一年内通知出卖人,但最长不得超过自接受标的物之日起两年。

买受人在前款规定的时间内怠于通知的,视为标的物符合约定。出卖人接到该通知二十天内没有提出异议的,视为标的物不符合约定。

第一百零八条 分期付款买卖是买受人将应付的总价款,在一定期间内分次向出卖人支付的买卖合同。

买受人连续两次未支付价款,并且到期未支付价款的金额达到全部价款的五分之一时,出卖人可以解除合同。当事人的约定违反该规定的,约定无效。

出卖人解除合同的,向买受人请求支付价款的金额,应当相当于该标的物的租金。标的物毁损、灭失的,可以请求损害赔偿。

第二节 房屋买卖

第一百零九条 订立房屋买卖合同,应当采用书面形式。合同包括以下条款:
(一)当事人的姓名或者名称、地址;
(二)房屋产权证书的编号;
(三)房屋坐落的位置、面积、四至界线;
(四)土地使用权取得的方式,房屋的用途或使用性质;
(五)房屋的建筑质量或者已使用的年限;
(六)房屋价款及其支付方式、日期;
(七)房屋交付日期;
(八)建筑物公用部分共有人的权利义务;
(九)解决争议的方法和违约责任。

第一百一十条 房屋买卖应当遵守法律有关土地使用权转让的规定。

第一百一十一条 房屋买卖,当事人既约定预售商品房的价款,又约定预售商品房价款由主管部门核准的价格确定的,可以按照主管部门核准的价格支付。

第一百一十二条 房屋买卖合同成立后,出卖人不得擅自增加房屋买卖的价款,但国家调整有关房地产税费的,出卖人可以相应变更。

第一百一十三条 预售商品房面积与实际交付面积的误差比率以及误差比率内是否支付价款,应当按照有关行政主管部门的规定,但当事人另有约定的除外。

预售商品房面积与实际交付面积大于或者小于误差比率的,当事人可以协商处理;协商不成的,可以解除合同。

第一百一十四条 出卖人对预售商品房的设计作重大调整的,应当及时书面通知买受人。买受人应当在收到该通知之日起三十日内提出退房或者与出卖人变更原合同,逾期不提出的,视为接受该调整。买受人提出退房的,出卖人应当在提出退房之日起三十日内返还预付款,并应当支付利息。

第一百一十五条 新建房屋交付前,出卖人应当向买受人提供有关部门的房屋竣工检验证明和市政配套设施验收合格证明的复印件。

第一百一十六条 买卖旧房、现房或者预售商品房交付前,出卖人应当书面通知买受人察看房屋。买受人在收到该通知之日起三十日内无正当理由不察看的,视为符合约定。买受人察看的房屋不符合约定的,出卖人应当修理或者重作。经修理或者重作仍然不符合约定的,买受人可以解除合同,并要求返还预付款或者赔偿损失。

第一百一十七条 出卖人对房屋的质量包括市政配套设施的质量,应当自房屋交付之日起履行二年的保修义务,保修期内的保修费用由出卖人负担。

第一百一十八条 出卖人应当按照约定的日期交付房屋,逾期未交付的,买受人可以请求出卖人支付预付款的利息以及赔偿其他损失。因逾期交付严重影响买受人订立合同所期望的经济利益的,买受人可以解除合同,并请求赔偿损失。

第一百一十九条 出卖人应当在房屋买卖合同成立后,及时提供有关产权登记需要的文件,并协助办理登记手续。无正当理由不提供有关产权登记需要的文件的,买受人可以解除合同,并请求赔偿损失。

第九章　电力、自来水、热力、燃气供应合同

第一百二十条　电力供应合同是供电人向用电人供电,用电人支付价款的合同。
自来水、热力、燃气供应合同,准用有关电力供应合同的规定。

第一百二十一条　供电合同根据用电人需要和电力可供量订立。供电合同包括电力、电量、用电时间和违约责任等条款。

第一百二十二条　供电人应当按照合同的约定和国家规定的供电标准安全供电。

第一百二十三条　供电人不能按照合同的约定供电,应当在合理的时间内事先通知用电人。
供电人未按照合同的约定和国家规定的供电标准供电,造成用电人财产损失的,应当赔偿损失。

第一百二十四条　因自然灾害等原因断电,供电人应当及时抢修。未及时抢修,造成用电人损失的,应当赔偿损失。

第一百二十五条　用电人应当按照合同的约定用电。需要超负荷用电或者不能按照约定的时间用电的,应当事先征得供电人同意。

第一百二十六条　用电人不按照约定交纳电费的,供电人可以加收滞纳金。

第一百二十七条　用电人擅自改动供电设施的,应当恢复原状,给供电人造成损失的,并应当赔偿损失。

第一百二十八条　本章没有规定的,适用买卖合同的有关规定。

第十章　承揽合同

第一百二十九条　承揽合同是承揽人按照定作人的要求完成一定工作,并交付工作成果;定作人接受承揽人的工作成果并给付报酬的合同。
承揽合同包括加工、定作、修缮、修理、广告、翻译、印刷、复制、测绘、设计、检验、鉴定等合同。

第一百三十条　承揽合同包括承揽的标的、数量、质量、承揽方式、材料的提供、履行期限、验收标准和方法等条款。

第一百三十一条　承揽人应当以自己的设备、技术和劳力,完成主要工作,但当事人另有约定的除外。承揽人将其承揽的工作转由第三人完成的,应当就该第三人完成的工作成果向定作人负责。
按照合同约定或者根据合同性质、交易习惯承揽的工作不得转让的,承揽人转让时,定作人可以解除合同。

第一百三十二条　根据承揽工作的性质需要定作人协助的,定作人有协助的义

务。定作人不履行协助义务致使承揽工作不能完成的,承揽人可以解除合同。

第一百三十三条 合同约定由承揽人提供材料的,承揽人应当按照合同约定的质量标准选用材料,没有约定质量标准的,承揽人应当选用符合定作物使用目的的材料,并接受定作人的检验。定作人未及时检验的,视为同意。

第一百三十四条 有下列情形之一的,承揽人应当及时通知定作人:
(一)定作人提供的设计图纸有错误或者技术要求不合理;
(二)定作人提供的材料不符合约定;
(三)可能影响工作质量或者履行期限的其他情形。

定作人接到通知后,应当及时答复并采取相应措施。定作人因怠于答复等原因造成承揽人损失的,应当赔偿损失。承揽人怠于通知造成的损失,应当由承揽人承担。

第一百三十五条 承揽人对定作人提供的材料不得擅自更换,并不得更换应修理部分以外的零部件。

第一百三十六条 定作人对承揽工作要求保密的,承揽人应当保守秘密。
承揽人未经定作人许可,不得留存复制品或者技术资料。

第一百三十七条 承揽人在工作期间,应当接受定作人必要的监督检验,但当事人另有约定的除外。定作人监督检验时不得妨碍承揽人的正常工作。

第一百三十八条 承揽人应当接受定作人的指示。定作人中途变更设计图纸、工作要求,或者指示错误,给承揽人造成损失的,应当赔偿损失。

第一百三十九条 定作人应当按照合同的约定验收承揽人完成的工作成果。验收前,承揽人应当向定作人提交有关技术资料和质量证明。

定作人应当在约定的期限内提出质量异议,超过约定的期限提出质量异议的,承揽人不承担责任。定作人和承揽人对质量异议的期限没有约定,工作成果明显不符合约定质量的,应当在工作成果交付之日起十五日内提出;需经检验或者安装运转才能检验的,应当在工作成果交付之日起六个月内提出。

第一百四十条 定作人应当按照约定的期限支付报酬、材料费和其他费用。支付报酬的期限约定不明确的,定作人应当在交付工作成果的同时支付;完成的工作成果可以部分交付的,定作人应当相应支付。定作人未按照约定的期限支付的,承揽人对完成的工作成果享有留置权。

第一百四十一条 承揽人应当妥善保管定作人提供的材料。定作人提供的材料在承揽人占有期间毁损、灭失的,由承揽人承担责任。

承揽人完成的工作成果交付定作人前毁损或者灭失的,应当由承揽人承担责任,但毁损或者灭失发生在定作人受领迟延后的,应当由定作人承担责任。

第一百四十二条 数个承揽人共同完成一项工作的,为共同承揽。共同承揽人对定作人承担连带责任,但当事人另有约定的除外。

第一百四十三条 定作人可以随时解除承揽合同,但应当向承揽人赔偿因此而受到的损失。

第一百四十四条 有下列情形之一的,承揽合同终止:

（一）承揽人死亡或者失去工作能力的；
（二）定作人死亡，并且其继承人不需要该项工作的；
（三）承揽人或者定作人被宣布破产的。

承揽合同依照前款规定终止时，对承揽人已经完成的部分工作，定作人或者其继承人应当验收该部分工作并支付相应的报酬。

第十一章 工程建设合同

第一百四十五条 工程建设合同是指承建人进行工程建设，建设人接受该建设工程并支付价款的合同。

工程建设合同包括勘察、设计、建筑、安装合同。

第一百四十六条 建设人可以与承建人签订工程建设合同，也可以分别与勘察人、设计人、建筑人、安装人签订勘察、设计、建筑、安装合同。

承建人经建设人同意，可以分别与勘察人、设计人、建筑人、安装人签订勘察、设计、建筑、安装合同。承建人对勘察人、设计人、建筑人、安装人的工作向建设人承担责任。

第一百四十七条 工程建设合同应当采取书面形式。需要有关机关审查或者批准的，应当经过审查或者批准。

国家的重大项目工程建设合同，应当根据国家规定的程序和国家批准的投资计划、计划任务书等文件签订。

第一百四十八条 勘察、设计合同，包括提交勘察、设计基础资料、设计文件（包括概预算）的时间，设计的质量要求以及其他协作条件等条款。

第一百四十九条 建筑、安装合同，包括工程范围、建筑工期、中间交工工程的开工和竣工时间、工程质量、工程造价、技术资料交付时间、材料和设备供应责任、拨款和结算、交工验收、质量保证期、双方互相协作等条款。

第一百五十条 工程建设按照国家规定需要实行监理的，建设人应当与监理人订立监理合同。监理合同包括工程名称、地点、监理职责、费用以及支付办法等条款。

第一百五十一条 建设人应当按照约定向承建人提供必要的技术文件、资料和其他工作条件。

第一百五十二条 勘察人应当按照约定进行工程测量、工程地质、水文地质等勘察工作，提交勘察成果。

第一百五十三条 设计人应当按照约定进行设计，提交设计图纸及说明、材料设备清单、概算或者标底价格，解决施工中的设计问题，参加工程验收。

第一百五十四条 建筑人、安装人应当按照设计文件和建筑、安装要求进行施工，保证工程质量。

第一百五十五条 监理人应当按照约定和法律、行政法规的规定，实施工程监理，履行监理职责。

第一百五十六条 建设人在不妨碍承建人正常作业的情况下，可以随时对工程进度、质量进行监督检验。

第一百五十七条 隐蔽工程在隐蔽以前，承建人应当通知建设人检查。建设人没有及时检查的，承建人可以自行检查，填写隐蔽工程检查记录，并将该记录送交建设人。事后建设人对该隐蔽工程进行检查，符合质量标准的，检查费用由建设人负担；不符合质量标准的，检查费用由承建人负担。承建人没有通知建设人检查，自行隐蔽工程的，建设人有权检查，检查等费用由承建人负担。

第一百五十八条 因承建人的责任，显然不能按期完工的，建设人可以在约定的竣工期限前解除合同。

第一百五十九条 建设工程竣工后，建设人应当按照约定进行验收。建设工程的验收，应当根据施工图纸及说明书、国家颁发的施工验收规范和质量检验标准。验收合格的，建设人应当接收该建设工程，并支付价款。

建设工程未经验收，提前使用，发生质量问题的，由建设人承担责任。

第一百六十条 建设人和承建人可以约定质量保证金。交付建设工程时，建设人可以从支付承建人的报酬中扣留不超过百分之五的金额，作为质量保证金。

建设工程的质量保证期不得少于两年。质量保证期届满，未发现瑕疵或者虽有瑕疵，承建人维修后经检验合格的，建设人应当归还质量保证金。

第一百六十一条 建设工程完成后，建设人未按照约定支付价款的，承建人应当催告建设人支付价款，催告的期限不得少于两个月。建设人逾期不支付的，承建人可以与建设人协议将该工程折价，也可以将该工程依法拍卖。承建人就该工程折价或者拍卖的价款优先受偿。

第一百六十二条 勘察、设计的质量不符合约定或者未按照约定提交勘察、设计文件给建设人造成损失的，建设人可以请求勘察人、设计人继续完善勘察、设计工作，适当减少支付或者不支付勘察、设计费用，并可以请求赔偿损失。

第一百六十三条 建设工程质量不符合约定的，建设人有权请求承建人限期修理或者返工、改建。

第一百六十四条 建设工程的所有人或者使用人在质量保证期内发现建设工程质量不符合约定的，可以直接请求承建人修理或者返工、改建。

第一百六十五条 由于建设人的原因造成勘察、设计的修改、返工或者停工的，建设人应当增加勘察、设计费用。

第一百六十六条 由于建设人的原因致使建设工程不能按期完成的，建设人应当顺延竣工时间，并赔偿承建人因此而受到的损失。

第十二章 运输合同

第一节 一般规定

第一百六十七条 运输合同是承运人将旅客或者货物运输到约定地点，旅客或者托运人支付运费的合同。

第一百六十八条　从事公共运输的承运人不得拒绝旅客、托运人的运输要求,但承运人有正当理由的除外。

第一百六十九条　承运人应当在约定期间将旅客、货物运输到约定地点。计程车承运人并应当遵守旅客关于运输路径的指示;没有指示的,应当按照合理的路径运输。

第一百七十条　旅客、托运人或者收货人应当支付运输费用。运输费用以运输人公告的标准计算。

第一百七十一条　联合运输合同,应当明确规定双方或者多方的责任和交接办法。两个以上承运人联合运输的,对旅客、货物的损失承担连带责任。

第二节　旅客运输合同

第一百七十二条　旅客运输合同自承运人向旅客交付客票时成立,但当事人另有约定或者另有习惯的除外。

第一百七十三条　旅客应当持有效客票乘运。承运人对无票乘运或者持失效客票乘运的旅客,应当补收票款,并可以按照规定加收票款;旅客拒不交付票款的,承运人可以拒绝运输。

第一百七十四条　旅客不能按照客票记载的时间乘坐的,应当在约定的时间内办理退票或者变更手续;逾期办理的,承运人可以不退票款,并不再承担运输义务。

第一百七十五条　旅客在运输中应当按照约定的限量携带行李。

第一百七十六条　旅客在运输过程中造成运输工具或者设备毁损的,应当承担赔偿责任。

第一百七十七条　运输人应当向旅客告知有关不能正常运输的重要事项。

第一百七十八条　承运人应当按照客票载明的时间和班次运输旅客。承运人迟延或者不能按照约定运输的,旅客可以解除合同,或者要求改乘其他班次、变更运输路线以到达目的地,或者要求承运人将其运回始发地,并可以请求承运人赔偿损失。

第一百七十九条　承运人在运输过程中,应当尽力救助患有急病、分娩、遇险的旅客。

第一百八十条　承运人应当对运输过程中旅客的伤亡承担赔偿责任,但承运人证明伤亡是旅客故意造成的除外。

前款规定适用于按照规定免票、持优待票或者经承运人许可搭乘的无票旅客。

第一百八十一条　在运输过程中旅客自带行李毁损、灭失的,承运人应当承担赔偿责任,但承运人能够证明自己没有过错的除外。

旅客托运行李毁损、灭失的,适用货物运输的有关规定。

第三节　货物运输合同

第一百八十二条　托运人办理货物运输,需要填写托运单的,应当填写托运单。

托运单包括以下内容:

(一)托运人姓名、名称和住所;

(二)货物名称、数量、重量、包装和价值;
(三)收货人姓名、名称和住址;
(四)到达地;
(五)填写地及填写日期。

第一百八十三条 货物运输需要办理审批、检验手续的,托运人应当将有关审批、检验的文件提交承运人。

第一百八十四条 托运人应当按照约定的方法包装货物。没有约定或者约定不明确的,应当按照国家或者行业包装标准进行包装;没有国家或者行业包装标准的,应当按照能够使货物安全运输的方法进行包装。

托运人违反前款规定,承运人可以拒绝运输。

第一百八十五条 托运人托运易燃、易爆、有毒、有腐蚀性、有放射性等危险物的,应当按照有关危险物运输的规定办理。托运人应当对危险物妥善包装,作出危险物标志和标签,并将有关危险物名称、性质和防范措施的书面材料提交承运人。

托运人违反前款规定,承运人可以采取相应措施以避免损害的发生。

第一百八十六条 货物运输到达后,承运人应当及时通知收货人。收货人收到提货通知后,应当及时提货。收货人请求交付货物时,应当将提单或者其他提货凭证交还承运人。逾期提货的,应当向承运人支付保管费。

第一百八十七条 收货人接收货物后,发现货物有毁损、灭失的,收货人应当在接受货物之日起三日内通知承运人;对不能立即发现的毁损或者部分灭失,收货人应当在接受货物之日起十五日内通知承运人。怠于通知的,承运人免除赔偿责任,但承运人恶意掩蔽或者货物毁损、灭失是由于承运人故意或者重大过失造成的除外。

收货人请求承运人赔偿损失的权利自其接受货物之日起六个月内不行使而消灭。

第一百八十八条 托运人未按照合同约定提供托运货物或者未履行其他义务,造成承运人人身、运具或者其他财产损害的,应当承担赔偿责任。

第一百八十九条 承运人对于货物的毁损、灭失应当承担赔偿责任,但承运人能够证明货物的毁损、灭失是由于不可抗力、货物本身原因或者托运人、收货人的过失造成的,不承担赔偿责任。

货物毁损、灭失时,其赔偿额依照应当交付时到达地的价格计算。保价运输的,按照托运人声明的价格计算。法律规定有赔偿限额的,适用其规定,但损失的造成是由于承运人的故意或者重大过失的,不适用赔偿限额的规定。

第一百九十条 承运人应当对运输迟延给收货人造成的损失承担赔偿责任,但损害赔偿的金额不得超过货物全部灭失的情况下可请求的赔偿额。

承运人迟延三十日仍不能交付货物的,托运人或者收货人有权按照货物灭失请求赔偿。

第一百九十一条 数个承运人相继运输的,托运人应当与其中一个承运人订立合同,各承运人承担连带责任。

第一百九十二条 货物在运输过程中因不可抗力灭失,未收取运费的,承运人不得请求灭失部分货物的运费;已收取运费的,托运人不得请求返还。

第一百九十三条 托运人或者收货人不给付运费、保管费以及与运输有关的其他费用的,承运人享有留置权。

第一百九十四条 收货人不明或者收货人拒绝受领货物的,承运人应当及时通知托运人并请求其在合理期限内对货物的处置作出指示。

无法通知托运人,或者托运人未作指示或者指示事实上不能实行的,承运人可以提存货物,货物不宜提存的,承运人可以拍卖或者变卖该货物,扣除运费、保管费以及其他必要的费用后,提存剩余价款。

第十三章 租赁合同

第一百九十五条 租赁合同是出租人把租赁物交付承租人使用、收益,承租人支付租金的合同。

第一百九十六条 租赁合同应当采用书面形式。租赁合同可以约定租赁物的名称、数量、用途、租赁期限、租金、币种、支付方式、租赁物修缮等内容。

第一百九十七条 出租人应当按照约定将租赁物交付承租人,并在租赁期间保持租赁物符合约定的用途。

因出租人的原因,致使承租人不能按照约定使用租赁物的,承租人可以解除合同,并可以请求赔偿损失。

第一百九十八条 出租人应当负责租赁物的维修,但合同另有约定的除外。

出租人未尽维修义务的,承租人可以自行维修,维修费用由出租人负担。出租人未尽维修义务,影响承租人正常使用的,承租人可以解除合同。

第一百九十九条 承租人应当按照约定的用途使用、保管租赁物;没有约定的,应当按照租赁物的性质使用、保管租赁物。承租人因使用、保管不当造成租赁物毁损、灭失的,应当承担民事责任。

第二百条 承租人经出租人同意,可以对租赁物进行改善或者增设他物。合同终止后,承租人可以请求出租人在现存的增加价值额的限度内偿还所支出的费用。

承租人未经出租人同意对租赁物进行改善或者增设他物的,出租人有权要求承租人恢复原状或者赔偿损失。

第二百零一条 租赁期间租赁物的收益归承租人所有,但合同另有约定的除外。

第二百零二条 承租人经出租人同意,可以将租赁物转租第三人。承租人将租赁物转租第三人的,承租人与出租人之间的租赁关系继续存在。

承租人未经出租人同意转租的,出租人有权解除合同。

第二百零三条 租赁期间,租赁物的所有权转让给第三人的,租赁合同对该第三人继续有效。

第二百零四条 出租人出卖租赁房屋的,应当在出卖前合理期间内通知承租人,承租人在同等条件下有优先购买权。

第二百零五条 在房屋租赁期间承租人死亡的,与其共同居住的人承受原承租人在租赁合同中的权利和义务。

第二百零六条 承租人订立合同时明知租赁物质量不合格,但该租赁物危及承租人的生命或者健康的,可以解除合同。

第二百零七条 承租人应当按照约定支付租金。当事人未约定租金支付期限的,按照交易习惯支付;没有交易习惯的,应当于租赁期限届满时支付。

承租人无正当理由未支付租金的,出租人可以要求承租人在一定期限内支付。承租人逾期仍不支付的,出租人可以解除合同。

第二百零八条 承租人于租赁期限届满时应当返还租赁物。返还时租赁物应当符合原状,但依照约定的方法或者根据租赁物的性质所确定的方法使用、收益致使租赁物发生变更或者损耗的除外。

第十四章 融资租赁合同

第二百零九条 融资租赁合同是出租人根据承租人的要求购买融租物,供承租人使用、收益,承租人支付租金的合同。

第二百一十条 融资租赁合同可以约定出卖人、融租物的名称、规格、数量、质量、技术性能、验收方法、租赁期间、租金、币种、支付期间、方式、租赁期间届满融租物的归属等条款。

第二百一十一条 融租物的买卖合同,可以由融租人、承租人与出卖人订立,明确规定融租人、承租人、出卖人的权利义务;也可以由融租人与出卖人订立。

第二百一十二条 融资租赁合同自承租人接受出卖人交付的融租物时起生效,但当事人另有约定的除外。

融资租赁合同无效,可以不返还融租物,但出租人有过错的,可以返还融租物。

第二百一十三条 承租人应当按照约定验收融租物,并将验收结果及时通知融租人。融租物不符合约定的,承租人应当向出卖人或者融租人提出异议。

第二百一十四条 承租人在租赁期间应当妥善保管、维修融租物。

第二百一十五条 融租物在租赁期间毁损、灭失的,承租人应当承担风险责任。

第二百一十六条 因融租人的过错致使融租物不能交付或者迟延交付的,承租人可以请求其采取补救措施。融租人逾期未采取补救措施的,承租人可以解除租赁合同,并请求赔偿损失。

第二百一十七条 承租人未按照约定支付租金,经催告逾期仍不支付的,融租人可以请求支付到期和未到期的全部租金,也可以解除合同,收回融租物,并请求其承担损害赔偿责任。

第二百一十八条 融租人对融租物享有所有权。租赁期间届满,除合同另有约定外,融租物应当返还融租人。

第二百一十九条 融租人将融租物抵押、转让的,应当及时通知承租人,该抵押、转让行为不得影响承租人的利益。

第十五章　委托合同

第二百二十条　委托合同是受托人以委托人的名义办理委托事务的合同。

第二百二十一条　委托合同应当明确委托事务的范围以及受托人的权限。受托人的权限没有约定或者约定不明确的,按照委托事务的性质确定。

第二百二十二条　委托人应当提供办理委托事务的费用。受托人完成或者部分完成委托事务的,委托人应当向其支付相应的报酬,但当事人另有约定的除外。

第二百二十三条　受托人应当按照委托人的指示办理委托事务。需要变更委托人指示的,应当经委托人同意;因情况紧急,并难以和委托人取得联系的,受托人应当妥善办理委托事务,但事后应当将该情况及时通知委托人。

第二百二十四条　受托人应当亲自办理委托事务。未经委托人同意转委托的,受托人应当对转委托的第三人的行为承担责任,但在紧急情况下受托人为保护委托人的利益需要转委托的除外。

第二百二十五条　受托人应当按照委托人的要求,报告委托事务的办理情况。

第二百二十六条　委托人对受托人办理委托事务的行为,承担法律后果。受托人办理委托事务取得的财产和权利,应当移交给委托人。

第二百二十七条　受托人办理委托事务时,因重大过失造成委托人损失的,委托人可以向其请求赔偿。

第二百二十八条　受托人办理委托事务时,因不可归责于自己的事由受到损害的,可以向委托人请求赔偿。

第二百二十九条　委托人可以在受托人之外另行委托第三人办理委托事务,但应当及时通知受托人。因此给受托人造成损失的,受托人可以向委托人请求赔偿。

第二百三十条　委托人或者受托人可以随时终止委托合同。因终止委托合同给对方造成损失的,应当赔偿损失,但当事人没有过错的除外。

第二百三十一条　委托人或者受托人破产、死亡或者丧失行为能力的,委托合同终止。

第十六章　行纪合同

第二百三十二条　行纪合同是行纪人以自己的名义为委托人办理买卖等事务,委托人支付报酬的合同。

第二百三十三条　行纪人办理委托事务支出的必要费用,除另有约定外,由行纪人承担。

第二百三十四条　行纪人占有委托物的,应当妥善保管委托物。对有瑕疵或者容易腐烂、变质的委托物的处理,应当经委托人同意;和委托人不能及时取得联系的,可以合理处理。

第二百三十五条 行纪人以低于委托人指定的价格卖出或者以高于委托人指定的价格买入的,应当取得委托人的同意。未经委托人同意,但行纪人补偿其差额的,该买卖对委托人发生效力。

行纪人以高于委托人指定的价格卖出或者低于委托人指定的价格买入的,可以按照约定加收报酬。没有约定或者约定不明确的,该利益归于委托人。

委托人对价格有特别指示的,行纪人不得违背该指示买入或者卖出。

第二百三十六条 行纪人以自己的名义和第三人发生法律关系,承担该法律关系中的权利和义务。当第三人不履行义务致使委托人受到损失时,行纪人应当承担责任,但当事人另有约定的除外。

第二百三十七条 行纪人可以作为买受人或者出卖人,取得或者出卖委托物,但应当经委托人同意。

第二百三十八条 行纪人完成或者部分完成委托事务的,委托人应当向其支付相应的报酬。委托人逾期不支付报酬的,行纪人可以留置委托物。

第二百三十九条 行纪人按照约定买入委托物,委托人应当及时验收并接受。委托人无正当理由拒绝接受的,行纪人可以提存。

委托物不能卖出或者委托人撤回出卖,委托人逾期不取回或者不处分该物的,行纪人可以提存。

第十七章 居间合同

第二百四十条 居间合同是居间人向委托人提供贸易媒介服务,委托人支付报酬的合同。

第二百四十一条 居间人应当向委托人提供有关贸易媒介服务的真实情况,并应当按照约定保守委托人的秘密。

居间人故意提供虚假情况,造成委托人损失的,居间人应当返还所得报酬并赔偿委托人为订立合同而支出的费用。

第二百四十二条 居间活动的费用,由居间人自己负担,但合同另有约定的除外。

第二百四十三条 居间人促成合同成立后,才能请求给付报酬。

第十八章 保管合同

第二百四十四条 保管合同是保管人保管寄存人交付的物品,并按约定期限返还保管物的合同。

第二百四十五条 保管合同可以是无偿的,也可以是有偿的。保管合同自寄存人将物品交付于保管人时成立。

第二百四十六条 保管合同成立,保管人负有交付保管凭证的义务。

第二百四十七条 保管人对保管物应当按照约定的场所和方法予以保管,除紧急情况或者为了维护寄存人的利益外,不得擅自改变保管场所或者方法。

第二百四十八条 保管人不得使用或者许可第三人使用保管物,但当事人另有约定的除外。

第二百四十九条 寄存人在保管期间可以随时请求领取保管物。保管人在保管期间无特别事由,不得要求寄存人提前领取保管物。

第二百五十条 寄存人交付的保管物有瑕疵或者按照保管物的性质需要采取特殊保管措施的,寄存人应当将有关情况告知保管人。寄存人因过错未告知保管物的瑕疵或者特殊保管要求,致使保管物受损害的,保管人不承担责任;保管人因此受损害的,寄存人应当承担责任。

第二百五十一条 保管人对保管物的灭失、毁损承担赔偿责任。

寄存人寄存货币、有价证券或者其他贵重物品的,应当向保管人声明。寄存人未声明的,该物品毁损、灭失后,保管人可以按照一般物品予以赔偿,但保管人有故意或者重大过失的除外。

第二百五十二条 保管期间届满或者寄存人提前领取保管物的,保管人应当将原物及其孳息归还寄存人。

寄存人不支付保管费以及其他费用的,保管人可以留置保管物,但当事人另有约定的除外。

第十九章　仓储合同

第二百五十三条 仓储合同是仓管人储存货物,存货人支付仓储费的合同。

第二百五十四条 仓管人应当给付存货人仓单。签订仓储合同时存货人即交付货物的,仓单即为仓储合同。

第二百五十五条 仓单可以载明下列事项:

(一)存货人姓名、名称和住所;

(二)货物的种类、质量、数量、包装、件数和标记;

(三)货物的损耗标准;

(四)储存场所;

(五)储存期间;

(六)仓储费;

(七)货物交付保险的,其保险金额、期间以及保险公司的名称;

(八)填发人、填发地和填发年、月、日。

第二百五十六条 储存易燃、易爆、有毒、有放射性等危险物品或者易腐物品,存货人应当说明货物的性质和预防危险、腐烂的方法,提供有关资料,并采取相应的防范措施。

存货人未履行前款规定义务的,仓管人可以拒收该货物;仓管人因接收该货物造成的损失,由存货人负责赔偿。

第二百五十七条 仓管人应当按照合同约定对入库货物进行验收。仓管人验收时发现与合同约定不符的,应当及时向存货人提出;仓管人接受货物时未提出异议的,视为货物品种、数量和质量符合合同约定。

第二百五十八条 仓管人负有妥善保管仓储物的义务。

第二百五十九条 存货人交付货物有瑕疵或者按照货物的性质需要采取特殊仓管措施的,应当告知仓管人。存货人因过错未告知仓管人瑕疵或者特殊仓管要求,致使仓管人受到损害的,应当承担民事责任。

第二百六十条 仓管人因保管不当造成仓储物灭失、短少、变质、损坏、污染的,应当承担民事责任。

第二百六十一条 存货人在仓单上背书并经仓管人签字或者盖章后,可以转让提货的权利。

第二百六十二条 仓单持有人在储存期间可以检查仓储物或者提取样品。

第二百六十三条 储存期间届满,仓单持有人应当凭仓单提取仓储物,并向仓管人提交仓储物验收资料。仓单持有人逾期提取的,应当加收仓储费;提前提取的,不减收其仓储费,但当事人另有约定的除外。

第二十章　储蓄合同

第二百六十四条 储蓄合同是储蓄人将货币存入储蓄机构,储蓄机构支付存款本金和利息的合同。

第二百六十五条 储蓄存款遵循存款自愿、取款自由、存款有息、为存款人保密的原则。

第二百六十六条 储蓄合同自储蓄机构将存折、存单或者其他存款凭证交付储蓄人时成立。

第二百六十七条 存款凭证应当载明储蓄人的姓名、账号、货币种类、金额、存款种类、期间、利率等事项,并由储蓄机构盖章。

储蓄存款有加密业务的,储蓄人可以要求加密。

第二百六十八条 储蓄机构应当设置验钞设备,供储蓄人取款时验钞。

第二百六十九条 定期储蓄可以提前支取的,储蓄人提前支取时,储蓄机构应当按照中国人民银行的有关规定支付利息。

第二百七十条 定期储蓄的届满日是储蓄机构休息日的,该休息日的前一天为该存款的届满日。

储蓄机构在公告的营业时间内不得以计算机故障等事由,限制储蓄人取款。

第二百七十一条 存款凭证灭失的,储蓄人可以凭本人的身份证明向开户的储蓄机构申请挂失。申请挂失时应当提供储蓄人的姓名、住址、账号和存款数额。储蓄人难以提供账号和存款数额的,储蓄机构应当协助查询。不记名的存款凭证挂失时,储蓄人应当提供相应的担保。

储蓄人申请挂失应当办理书面挂失手续,也可以采用电话等方式先申请挂失,但应当在七日内补办书面挂失手续。

储蓄人死亡的,其近亲属可以凭本人的身份证明以及与储蓄人有近亲属关系的证明申请挂失。

第二百七十二条　储蓄机构受理挂失后,应当停止支付挂失的存款。自受理挂失之日起七日后,储蓄人可以请求补发新的存款凭证。

储蓄机构受理挂失前,存款被他人冒领的,储蓄机构不承担责任,但储蓄机构有过错的除外。受理挂失后,存款被他人冒领的,储蓄机构应当承担赔偿责任。

第二十一章　借款合同

第二百七十三条　借款合同是贷款人交付金钱,借款人返还金钱并支付利息的合同。

第二百七十四条　借款合同应当采用书面形式,但公民之间借款合同另有约定的除外。

借款合同可以约定借款种类、数额、用途、期间以及利率、还款方式、违约责任、担保等内容。

第二百七十五条　借款合同的利率应当按照中国人民银行规定的贷款利率的上下限确定,但公民之间借款的利率不得超过中国人民银行规定的储蓄利率上限的四倍。

第二百七十六条　借款合同不得规定复利,利息不得预先在本金中扣除。

当事人违反前款规定,规定复利的,复利部分无效;利息预先在本金中扣除的,按照实际借贷额计算利息。

第二百七十七条　借款人提前偿还借款的,应当按照实际借款的期间计算利息,但当事人另有约定的除外。

第二百七十八条　借款人可以在还款日期届满之前向贷款人申请展期。贷款人同意的,可以展期,但展期应当符合中国人民银行的有关规定。

第二百七十九条　贷款人未按照约定的日期提供借款的,或者借款人未按照约定的日期返还借款的,应当支付逾期的利息。

第二百八十条　借款人有转移财产、逃避债务或者不按照借款用途使用借款的,贷款人可以解除合同,提前收回借款。

第二百八十一条　当事人之间借贷金钱以外的物品,参照本章规定。

第二十二章　借用合同

第二百八十二条　借用合同是出借人将物品无偿交付借用人使用,借用人使用后返还该物品的合同。

第二百八十三条　出借人交付的出借物有瑕疵的,应当告知借用人。出借人因故意或者重大过失未告知出借物的瑕疵,致使借用人受损害的,应当承担民事责任。

第二百八十四条　借用人应当按照约定的方法使用借用物。没有约定使用方法的,应当按照借用物的正常用途使用借用物。

借用人依照前款规定的方法使用借用物,致使借用物正常损耗的,不承担民事责任。

第二百八十五条　借用人应当妥善保管和维护借用物,并负担保管和维护借用物所支出的费用。

第二百八十六条　借用人未经出借人同意,不得转借或者出租借用物。

第二百八十七条　借用期间届满,借用人应当返还借用物。未约定借用期间的,借用人使用完毕后,应当及时返还借用物。

第二百八十八条　有下列情形之一的,出借人可以解除合同:
(一)出借人自己需用借用物的;
(二)借用人违反第二百八十六条、第二百八十七条规定的。

第二十三章　技术开发和技术转让合同

第一节　技术开发合同

第二百八十九条　技术开发合同是当事人之间就新技术、新产品、新工艺和新材料及其系统的研究开发所订立的合同。

技术开发合同包括委托开发合同和合作开发合同。

第二百九十条　委托开发合同是指当事人一方委托另一方进行研究开发所订立的合同。

委托方的主要义务是:
(一)按照合同约定支付研究开发经费和报酬;
(二)按照合同约定提供技术资料、原始数据并完成协作事项;
(三)按期接受研究开发成果。

研究开发方的主要义务是:
(一)制定和实施研究开发计划;
(二)合理使用研究开发经费;
(三)按期完成研究开发工作,交付研究开发成果,提供有关的技术资料和必要的技术指导,帮助委托方掌握研究开发成果。

第二百九十一条　委托方违反合同造成研究开发工作停滞、延误或者失败的,应当支付违约金或者赔偿损失。

研究开发方违反合同造成研究开发工作停滞、延误的,除应当采取补救措施继续履行合同外,应当支付违约金或者赔偿损失;造成研究开发工作失败的,应当返还全部或者部分研究开发经费和报酬,支付违约金或者赔偿损失。

第二百九十二条 合作开发合同是指当事人各方就共同进行研究开发所订立的合同。

合作开发各方的主要义务是：

（一）按照合同约定进行投资，包括以技术进行投资；

（二）按照合同约定的分工参与研究开发工作；

（三）与其他各方协作配合。

第二百九十三条 合作开发各方中，任何一方违反合同，造成研究开发工作停滞、延误或者失败的，应当支付违约金或者赔偿损失。

第二百九十四条 履行技术开发合同所完成的技术成果的归属和分享原则是：

（一）委托开发所完成的发明创造，除合同另有约定的以外，申请专利的权利属于研究开发方。研究开发方取得专利权的，委托方可以免费实施该项专利。

研究开发方就其发明创造转让专利申请权的，委托方可以优先受让专利申请权。

（二）合作开发所完成的发明创造，除合同另有约定的以外，申请专利的权利属于合作开发各方共有。一方转让其共有的专利申请权的，另一方或者其他各方可以优先受让其共有的专利申请权。

合作开发各方中一方声明放弃其共有的专利申请权的，可以由另一方单独申请，或者由其他各方共同申请。发明创造被授予专利权以后，放弃专利申请权的一方可以免费实施该项专利。

合作开发各方中，一方不同意申请专利的，另一方或者其他各方不得申请专利。

（三）委托开发或者合作开发所完成的非专利技术成果的使用权、转让权以及利益的分配办法，由当事人在合同中约定。合同没有约定的，当事人均有使用和转让的权利。但是，委托开发的研究开发方不得在向委托方交付研究开发成果之前，将研究开发成果转让给第三方。

第二百九十五条 委托开发或者合作开发的技术成果，根据第二百九十四条规定或者合同约定专利权或者非专利技术成果使用权和转让权为当事人共有的，共有人应当约定利益的分配办法；共有人没有约定的，任何一方均有实施专利、使用非专利技术成果的权利，由此获得的利益归实施使用方，但一方转让技术必须征得另一方或者其他各方的同意，由此获得的利益由各方等额分享。

第二百九十六条 在履行技术开发合同的过程中，因出现无法克服的技术困难，导致研究开发失败或者部分失败的，其风险责任由当事人在合同中约定。合同没有约定的，风险责任由当事人合理分担。

当事人一方发现前款所列可能导致研究开发失败或者部分失败的情况时，应当及时通知另一方并采取适当措施减少损失；当事人一方没有及时通知另一方并采取适当措施，致使损失扩大的，应当就扩大的损失承担责任。

第二百九十七条 执行本单位的任务或者主要是利用本单位的物质技术条件所完成的技术成果，是职务技术成果。职务技术成果的使用权、转让权属于单位，单位有权就该项职务技术成果订立技术合同。单位应当根据使用和转让该项职务技术成果所取得的收益,对完成该项职务技术成果的个人给予奖励。

非职务技术成果的使用权、转让权属于完成技术成果的个人,完成技术成果的个人有权就该项非职务技术成果订立技术合同。

就职务技术成果或者非职务技术成果申请专利和被授予专利权的,依照专利法的有关规定办理。

完成技术成果的个人有在有关技术成果文件上写明自己是技术成果完成者的权利和取得荣誉证书、奖励的权利。

第二节 技术转让合同

第二百九十八条 技术转让合同是当事人就专利权转让、专利申请权转让、专利实施许可、非专利技术的转让所订立的合同。

第二百九十九条 技术转让合同可以约定转让方和受让方实施专利或者使用非专利技术的范围。但是,不得以合同条款限制技术竞争和技术发展。

第三百条 订立专利权转让合同或者专利申请权转让合同,应当遵守专利法的有关规定。

第三百零一条 专利实施许可合同的转让方的主要义务是:
(一)许可受让方在合同约定的范围内实施专利;
(二)交付实施专利有关的技术资料,提供必要的技术指导。
专利实施许可合同的受让方的主要义务是:
(一)在合同约定的范围内实施专利,并不得许可合同约定以外的第三方实施该专利;
(二)按照合同约定支付使用费。

第三百零二条 技术转让合同涉及专利的,应当注明发明创造的名称、专利申请人和专利权人、申请日期、申请号、专利号以及专利权的有效期限。

专利实施许可合同只在该项专利权的存续期间内有效。在专利权有效期限终止或者专利权被宣布无效以后,专利权人不得就该项专利与他人订立专利实施许可合同。

第三百零三条 非技术转让合同的转让方的主要义务是:
(一)按照合同约定提供技术资料,进行技术指导;
(二)保证技术的实用性、可靠性;承担合同约定的保密义务。
非专利技术转让合同的受让方的主要义务是:
(一)在合同约定的范围内使用技术;
(二)按照合同约定支付使用费;
(三)承担合同约定的保密义务。

第三百零四条 转让方违反合同的,应当承担下列责任:
(一)未按照合同约定转让技术的,除返还部分或者全部使用费外,应当支付违约金或者赔偿损失;
(二)实施专利或者使用非专利技术超越合同约定的范围的,违反合同约定擅自许

可第三方实施该项专利或者使用该项非专利技术的,应当停止违反合同的行为,支付违约金或者赔偿损失;

(三)违反合同约定的保密义务的,应当支付违约金或者赔偿损失。

第三百零五条 受让方违反合同的,应当承担下列责任:

(一)未按照合同约定支付使用费的,应当补交使用费并按照合同约定支付违约金;不补交使用费或者支付违约金的,必须停止实施专利或者使用非专利技术,交还技术资料,支付违约金或者赔偿损失;

(二)实施专利或者使用非专利技术超越合同约定的范围的,未经转让方同意擅自许可第三方实施该项专利或者使用该项非专利技术的,应当停止违反合同的行为,支付违约金或者赔偿损失;

(三)违反合同约定的保密义务的,应当支付违约金或者赔偿损失。

第三百零六条 受让方按照合同约定实施专利、使用非专利技术引起侵害他人合法权益的,由转让方承担责任。

第三百零七条 当事人可以按照互利的原则,在技术转让合同中约定实施专利、使用非专利技术后续改进的技术成果的分享办法。合同没有约定的,任何一方无权分享另一方后续改进的技术成果。

第二十四章 咨询合同

第三百零八条 咨询合同是咨询人为受咨询人就特定项目提供预测、论证或者解答,受咨询人支付咨询费的合同。

第三百零九条 咨询人应当是依法成立从事咨询业务的法人或者其他组织。

第三百一十条 受咨询人未按合同约定提供必要的数据和资料,影响咨询人咨询进度和质量的,不得请求返还已付的报酬,并应当支付未付的报酬。

咨询人未按期提出咨询意见或者所提出的咨询意见不符合合同约定的,应当减收或者免收报酬,或者按照事先约定支付违约金或者赔偿损失。

第三百一十一条 受咨询人按照咨询人符合合同约定要求的咨询意见决策造成损失的,应当由受咨询人承担,但合同另有约定的除外。

第三百一十二条 在履行技术咨询合同的过程中,咨询人利用受咨询人提供的技术资料和工作条件所完成的新的技术成果,属于咨询人。受咨询人利用咨询人的工作成果所完成的新的技术成果,属于受咨询人。但合同另有约定的除外。

第二十五章 服务合同

第三百一十三条 服务合同是服务人提供技术、文化、生活服务,受服务人接受服务并给付服务费的合同。

第三百一十四条 服务人应当按照约定提供服务,保证服务质量。服务合同没有约定标准的,应当按照国家有关规定或者行业规定履行。

第三百一十五条 服务人应当按照公布的收费标准收取服务费用。

第三百一十六条 技术服务合同的受服务人违反合同,影响工作进度和质量,不接受或者逾期接受服务人的工作成果的,应当如数支付报酬。

技术服务合同的服务人未按照合同的约定完成工作任务的,应当免收报酬并支付违约金或者赔偿损失。

第三百一十七条 在履行技术服务合同的过程中,服务人利用受服务人提供的技术资料和工作条件所完成的新的技术成果,属于服务人;受服务人利用服务人的工作成果所完成的新的技术成果,属于受服务人,但合同另有约定的除外。

第三百一十八条 从事影视放映、文艺表演、体育比赛的经营性组织,未按照约定向受服务人提供服务的,应当在三日前通知观众;未通知的,除向观众返还票款外,应当赔偿交通费用等损失。

第三百一十九条 餐饮服务单位提供食品的数量、质量或者卫生不符合标准或者合同约定的,顾客可以拒付或者少付餐饮费。

第三百二十条 旅店对顾客预订的房间未提供的,应当承担违约责任。顾客预定房间后,未办理退房手续的,应当支付房费。

第三百二十一条 旅店应当采取措施,防止顾客放置在客房的物品丢失。造成丢失的,旅店应当承担民事责任,但顾客有重大过失的除外。

顾客携带的贵重物品应当交付旅店保管;未交付旅店保管而在客房丢失的,旅店应当按照一般物品赔偿。

第三百二十二条 美容、整形院(所)对美容人、整形人的面容、形体造成损害的,应当赔偿医疗费用、因误工减少的收入、交通费用等损失,并适当支付抚慰金。

第三百二十三条 医疗院(所)在医疗过程中,由于医疗事故造成病人死亡、残废、组织器官损伤和其他人身损害的,应当赔偿医疗费用、因误工减少的收入、交通费用等损失,并适当支付抚慰金;未构成医疗事故,但医疗院(所)对病人的人身损害有过错的,应当相应承担民事责任。

第三百二十四条 有下列情形之一的,医疗院(所)不承担民事责任:

(一)由于病情或者病人体质特殊而发生难以预料和防范的不良后果的;

(二)发生难以避免的并发症的;

(三)以病人及其家属不配合诊治为主要原因而造成不良后果的。

第二十六章 旅游合同

第三百二十五条 旅游合同是旅行社提供旅游服务,旅游人支付旅游费用的合同。

第三百二十六条 订立旅游合同,应当采取书面形式,但当事人另有约定的除外。

第三百二十七条 旅游合同包括以下条款:

(一)当事人的姓名或者名称、地址;

（二）提供旅游服务的期间；
（三）游览景点、时间；
（四）交通、食宿的价格及其标准；
（五）导游内容及其标准；
（六）旅游费用；
（七）变更、解除合同的条件及其责任；
（八）违约责任。

第三百二十八条 旅行社违反约定降低交通、食宿、导游标准的，应当及时采取补救措施。给旅游人造成损失的，还应当赔偿损失。

旅行社违反约定提高交通、食宿、导游标准的，增加的费用由旅行社承担。

第三百二十九条 旅行社违反约定减少、变更游览景点，缩短游览时间的，旅游人可以要求旅行社按照约定继续提供旅游服务，旅行社不提供的，旅游人可以自行旅游，支出的合理费用由旅行社承担；旅游人也可以请求旅行社赔偿损失。

旅行社违反约定增加游览景点的，增加的费用由旅行社承担。

第三百三十条 旅行社不得以旅游人数少，不能组团为由变更提供旅游服务的期间及其游览景点。需要变更提供旅游服务的期间及其游览景点的，应当征得旅游人的同意。

第三百三十一条 旅行社不得以旅游人数少，不能组团为由解除合同。旅行社确有困难不能按期组团的，应当安排旅游人随其他旅游团作相应的旅游，并承担增加的旅游费用或者退还减少支出的旅游费用。不能安排旅游人随其他旅游团作相应旅游的，旅游人可以自行旅游，支出的合理费用由旅行社承担。旅游人也可以请求旅行社赔偿因解除合同造成的损失。

第三百三十二条 旅游人擅自变更、解除旅游合同的，应当按照约定赔偿损失。未约定或者约定不明确的，应当赔偿因变更、解除旅游合同给旅行社造成的损失，但赔偿数额不得超过旅游费用的百分之二十。

第三百三十三条 旅行社提供的旅游服务造成旅游人的人身、财产损害的，应当向旅游人赔偿损失。旅行社赔偿后，因第三人的过错造成旅游人的人身、财产损害的，旅行社可以向第三人追偿。

第二十七章 赠与合同

第三百三十四条 赠与合同是赠与人将自己的财产或者财产权利无偿给予受赠人的合同。

第三百三十五条 赠与财产的合同，自财产交付之日起生效。赠与财产权利的合同，应当采取书面形式，自合同成立时起生效。赠与的财产或者财产权利需要办理登记、审批等手续的，赠与合同自有关手续办理完毕之日起生效。

第三百三十六条 赠与可以附义务，受赠人应当按照约定履行义务。

第三百三十七条　赠与合同成立后,赠与人未交付赠与财产或者财产权利,造成受赠人财产损失的,赠与人应当承担赔偿责任。

第三百三十八条　赠与的财产或者财产权利不符合约定的,赠与人不承担违约责任,但赠与人故意违约,致使受赠人受到损失的,应当承担赔偿责任。

第三百三十九条　受赠人有下列情形之一的,赠与人可以撤销赠与:

(一)未按照赠与目的使用财产或者财产权利的;

(二)不履行对赠与人的扶养义务或者赠与合同约定的义务的;

(三)故意侵害赠与人或者赠与人的近亲属,构成犯罪的。

赠与人的撤销权,应当自知道撤销原因之日起一年内行使,但给付赠与财产或者财产权利已满五年的,不得撤销。赠与人死亡或者丧失民事行为能力的,其继承人或者近亲属可以撤销赠与。赠与被撤销的,受赠人应当返还赠与财产或者财产权利。

第三百四十条　赠与财产或者财产权利尚未给予的,赠与人因经济状况显著恶化,可以变更或者终止赠与合同。

第二十八章　合伙合同

第一节　一般合伙

第三百四十一条　合伙合同是二人以上共同出资、共同经营、共担风险、共享利益的合同。

合伙人未参与共同经营的,不影响合伙合同的效力。

第三百四十二条　合伙合同可以约定出资数额、合伙事务的执行、债务承担、盈余分配、入伙、退伙、合伙终止等内容。

第三百四十三条　合伙人可以以金钱、技术或者其他财产出资,也可以以劳务代替。

第三百四十四条　合伙人应当在合同中约定出资比例,未约定或者约定不明的,视为等额出资。

第三百四十五条　合伙人的出资以及合伙经营积累的财产,归合伙人共有,由合伙人统一管理和使用。合伙人不论出资多少,对合伙事务享有一票表决权,但当事人另有约定的除外。

合伙人有权参与合伙重大事务的决定,有权检查合伙账簿和其他财产状况,监督合伙事务。

第三百四十六条　合伙事务由全体合伙人共同执行,每一合伙人都有权对外代表全体合伙人。

第三百四十七条　合伙合同可以约定合伙事务由一人或者数人执行。

非合伙事务执行人以合伙名义对他人从事合伙事务的,其法律后果由全体合伙人承担,他人明知其为非合伙事务执行人的除外。

第三百四十八条　合伙事务执行人,应当妥善处理合伙事务。

合伙事务执行人对合伙事务处理的意见不一致的,除另有约定外,应当停止该事务的执行。

合伙事务执行人有严重违反职责行为时,其他合伙人经一致同意可以解除其执行权。

第三百四十九条 合伙人执行合伙事务,不得请求报酬,但合伙合同另有约定的除外。合伙人为合伙事务垫付的必要费用或者受到的损失,可以请求偿还。

第三百五十条 合伙事务执行人有正当事由的,可以提出辞任。合伙事务执行人辞任的,除另有约定外,应当在辞任前十五日通知其他合伙人。

第三百五十一条 合伙的结算与利益分配,除另有约定外,应当在合伙事务年度终结时进行。

合伙的损益分配,应当按照约定分配。未约定或者约定不明确的,按照出资比例分配;未约定出资比例的,应当平均分配。

第三百五十二条 合伙人对合伙债务的清偿负连带责任。合伙人偿还合伙债务超过自己应当承担的数额,有权向其他合伙人追偿。

第三百五十三条 合伙人转让自己的合伙份额应经其他合伙人同意,其他合伙人有优先受让权。

第三百五十四条 合伙成立后,他人请求加入合伙的,必须经全体合伙人同意。新加入的合伙人,对加入前合伙债务的清偿,承担连带责任。

第三百五十五条 合伙期间合伙人不得声明退伙,但有不可归责于自己的重大事由时除外。未约定合伙期间的,合伙人可以随时声明退伙,但应当在退伙前一个月通知其他合伙人,并且不得在有损于合伙事务时退伙。

有下列情形之一的,视为合伙人退伙:

(一)合伙人死亡的,但合伙合同约定其继承人可以取代其合伙人地位的除外;

(二)合伙人成为无行为能力人或者限制行为能力人的;

(三)合伙人受破产宣告的。

第三百五十六条 合伙人有严重损害合伙事务或利益的,经其他合伙人一致同意可将其除名,并将除名决定通知被除名人。

第三百五十七条 退伙除名应当进行结算,结算依退伙除名时合伙财产状况为准。对退伙人、被除名人的合伙财产份额和应得利益,除能够返还的财产以外,可以折抵金钱支付。

合伙财产不足以清偿债务和返还出资的,退伙人、被除名人应当以结算核定的各合伙人对亏损应当分担的比例,向其他合伙人偿付自己应当承担的不足额。

退伙、除名时未了结的合伙事务,可以在了结后进行结算,并对退伙人、被除名人分配损益。

对退伙人、被除名人的结算,不能对抗合伙债权人。

第三百五十八条 合伙人负有合伙以外的个人债务时,债权人可以请求用债务人在合伙中的收益清偿债务。但其他合伙人一致认为该合伙人应予退伙的,予以退伙。

合伙人负有合伙以外的个人债务时,债权人不得以其对合伙的债务相抵销。

第三百五十九条 有下列情形之一的,合伙终止:

(一)合伙期间届满的;

(二)约定的合伙事务已经完成或者确定不能完成的;

(三)合伙人同意解散的;

(四)其他能够解散合伙的事由发生的。

第三百六十条 合伙终止应当进行清算。清算由全体合伙人或者合伙人选任的清算人进行,清算人的选任由半数以上的合伙人决定。

合伙清算应当交纳税款,收回债权,清偿债务,返还合伙人出资的财产,分配剩余财产。

第三百六十一条 清算合伙债务时,应当对未到清偿期的债务或者不能确定数额的债务预留适当的数额,从合伙财产中划出,待清偿期届至或者债务确定时再行清偿。

第三百六十二条 清算时合伙财产不足清偿合伙债务的,合伙人应当按照亏损承担比例,各自对债权人清偿。合伙人中的一人或者数人无清偿能力时,其余合伙人承担连带责任。

第三百六十三条 清算时合伙财产不足返还合伙人的,按照平均数额或者出资比例返还。

第三百六十四条 清算时合伙财产有剩余的,按照平均数额或者出资比例分配。

第三百六十五条 合伙人未履行合伙合同规定的义务,给其他合伙人造成损失的,应当承担赔偿责任。

第二节 隐名合伙

第三百六十六条 隐名合伙是隐名合伙人按照合伙合同的约定出资,参与盈余分配,并在出资的限度内承担责任的合伙。

第三百六十七条 隐名合伙人出资,应当将财产移交出名合伙人。

第三百六十八条 隐名合伙的事务由出名合伙人执行。

第三百六十九条 出名合伙人以合伙或者自己的名义与他人进行合伙事务活动,隐名合伙人对他人不发生权利义务关系。

第三百七十条 隐名合伙人参与合伙事务的执行,或者作出参与执行的表示的,应当对其参与执行后发生的债务承担连带责任。

第三百七十一条 隐名合伙除本节规定外,适用本章第一节的规定。

第二十九章 雇用合同

第三百七十二条 雇用合同是受雇人提供劳务,雇用人给付报酬的合同。

第三百七十三条 雇用合同的当事人可以约定试用期。试用期最长不得超过三个月。

第三百七十四条 雇用人应当尊重受雇人的人格尊严,为受雇人提供合理的劳动条件和安全保障。

第三百七十五条 受雇人应当按照雇用人的指示,提供劳务,维护雇用人的利益,并为雇用人保守秘密。

第三百七十六条 雇用合同中不得约定由受雇人提交履约保证金,也不得要求受雇人为第三人对雇用人的债务提供担保。

第三百七十七条 雇用人应当采取货币形式向受雇人给付报酬。约定的报酬不得低于地方性法规或者地方人民政府规章规定的最低标准。

第三百七十八条 报酬应当按照约定的时间给付。未约定时间的,按照下列规定给付:

(一)提供连续性劳务的,每月支付一次;

(二)提供间断性劳务的,每次劳务完毕时支付;

(三)提供一次性劳务的,劳务完毕时支付。

第三百七十九条 受雇人有下列情形之一的,雇用人不得扣减其报酬:

(一)到医疗机构看病、接受门诊治疗或者身体检查的;

(二)哺乳婴儿的;

(三)法律规定的节假日。

第三百八十条 雇用合同订有期间的,期间届满,雇用合同终止。雇用合同没有约定期间或约定不明确,按照劳务的性质或者目的也不能确定期限的,当事人可以随时终止合同,但应当在合理的期间内通知对方。

第三百八十一条 雇用人未按照约定或者法律规定给付报酬,或者有严重损害受雇人合法权益的其他行为,受雇人可以解除合同,并可以请求赔偿损失。

第三百八十二条 受雇人有下列情形之一的,雇用人可以解除合同,并可以请求赔偿损失:

(一)未按照约定提供劳务;

(二)不具备受雇人保证的特定技能;

(三)因故意或者重大过失行为使雇用人受到重大损失;

(四)严重损害雇用人合法权益的其他行为。

第三百八十三条 连续性提供劳务在一年以上的,雇用合同期间届满,或者非因可归责于受雇人的事由,雇用人终止雇用合同应当向受雇人给付解约金。

受雇人连续性提供劳务满一年的,解约金为一个月的报酬;连续性提供劳务一年以上的,每增加一年,增加一个月报酬的解约金。

第三百八十四条 雇用期限届满,受雇人继续提供劳务,雇用人不及时表示异议的,视为延长原雇用合同。

第三十章 附 则

第三百八十五条 发生合同争议时,当事人可以通过协商或者调解解决。

当事人不愿协商、调解或者协商、调解不成的,可以根据仲裁协议向仲裁委员会申请仲裁。当事人没有订立仲裁协议或者仲裁协议无效的,可以向人民法院起诉。

第三百八十六条 中华人民共和国缔结或者参加的国际条约同中华人民共和国的民事法律有不同规定的,适用国际条约的规定,但中华人民共和国声明保留的条款除外。中华人民共和国法律和中华人民共和国缔结或者参加的国际条约没有规定的,可以适用国际惯例。

第三百八十七条 涉外合同的当事人可以选择处理合同争议所适用的法律,但法律另有规定的除外。涉外合同的当事人没有选择的,适用与合同有最密切联系的国家的法律。

第三百八十八条 当事人对合同条款的理解有争议的,应当按照合同所使用的词句、合同的内容、当事人之间的交易习惯或者其他交易习惯以及诚实信用的原则,确定该条款的真实意思。该条款可以作两种或者两种以上解释时,应当以符合合同目的的解释为准。

第三百八十九条 其他法律对合同另有规定的,适用该规定。

第三百九十条 本法自199 年 月 日起施行。

关于《中华人民共和国合同法(征求意见稿)》几个问题的说明

1997年5月14日

合同法是国家的基本法律制度。我国现有民法通则和经济合同法、涉外经济合同法和技术合同法三个合同法,对合同作了专门规定,还在商标法、专利法、著作权法、铁路法、海商法、担保法、保险法和民用航空法等法律中对有关合同作出规定。实践证明,民法通则和经济合同法、涉外经济合同法、技术合同法规定的原则是正确的,具体规定总的也是切实可行的,对保护当事人的合法权益,维护社会经济秩序,推进改革开放,保障社会主义建设事业的顺利进行,发挥了重要作用。但是,随着经济贸易的发展,合同纠纷也日益增多。当前,我国在合同法律制度上存在的主要问题,一是三个合同法在合同的订立、合同的效力、违约责任等方面的某些规定较为原则,在合同形式、违约金、诉讼时效上的某些规定也不一致;二是在实践中利用合同形式搞欺诈、损害国家、集体和他人利益的情况较为突出,在防范合同欺诈、维护社会经济秩序上需要作出补充规定;三是出现了融资租赁、经纪、合伙等新的合同种类,需要相应作出规定。这次拟订合同法,主要考虑:第一,要制定一部统一的、较为完备的合同法典。在总结民法通则和三个合同法的实践经验的基础上,根据改革开放的需要,对有关合同的共性问题作出统一规定,对涉外合同等有些特殊问题作出专门规定;并把近十年来行之有效的有关合同的行政法规和司法解释的规定尽量吸收进来,将原来比较原则、笼统的规定具体化。第二,对现行有关合同的法律规定,既要考虑规范化的需要,又要注意保持法律的连续性和稳定性。第三,根据经济贸易活动中以及审判实践中出现的新情况、新问题,借鉴国外的有益经验,在民法通则和三个合同法的基础上,对需要增加规定的内容,尽可能作出补充规定。这样,有利于进一步完善我国的合同法律制度和民商法律制度,更好地规范社会主义市场经济的交易行为,促进社会主义现代化建设的发展。

根据八届全国人大常委会的立法规划,全国人大常委会法制工作委员会从1993年10月着手进行《中华人民共和国合同法》的起草工作。全国人大常委会法制工作委员会多次召开有关部门和法律院校参加的座谈会,会同实际工作部门和法律教学、研究的专家起草了合同法征求意见稿。现将几个主要问题说明如下:

一、关于调整范围

如何确定合同法的调整范围,是制定合同法的首要问题。征求意见稿的调整范围,是根据民法通则的规定作出的:第一,合同法调整的是平等主体之间的合同法律关系,政府对经济的管理,国家和企业之间以及企业内部等行政管理关系,不是平等主体之间的关系,不适用合同法。第二,合同法调整的是设立、变更、终止债权债务关系的协议,平等主体之间有关婚姻、收养、监护等身份关系的协议,不适用合同法。第三,合同法主要调整单位之间的经济贸易关系,它与经济合同法、涉外经济合同法和技术合同法的调整范围相比,作了适当扩大,还包括公民之间因买卖、租赁、借贷、赠与等产生的合同法律关系。

二、关于基本原则

征求意见稿对合同法基本原则的规定是:第一,当事人依法享有平等、自愿地订立合同的权利,一方不得将自己的意志强加给另一方,任何单位和个人不得非法干预。第二,当事人应当遵循公平、诚实信用的原则,应当恪守诺言,相互协作,不得有欺诈行为。第三,当事人订立、履行合同,应当遵守法律,尊重社会公德,不得扰乱社会经济秩序,损害社会公共利益。

合同自愿是合同法的基本原则。从建立社会主义市场经济体制的要求来看,是否签订合同,和谁签订合同,签订什么样的合同,承担哪些违约责任,应当由当事人决定。征求意见稿贯彻合同自愿的原则:第一,无论在合同的成立,合同的履行以及违约责任等方面,一般都应当坚持当事人有约定的按照约定,以防止非法干预当事人的行为。第二,合同可以采取书面、口头或者其他形式订立;法律规定应当采取书面形式的合同,当事人未采取书面形式但已经履行义务的,视为合同有效,以促进商品流通和经济发展。第三,当事人就质量、价款、履行地点等没有约定或者约定不明确的,当事人可以补充;不能达成补充协议的,可以按照合同有关条款或者交易习惯确定;仍不能确定的,依照法律的有关规定,以明确当事人之间的权利和义务,不能任意以"合同无效"来解决纠纷。当然,合同自愿不是绝对的,借鉴国外的有关规定,征求意见稿主要从两方面对合同自愿作出限制:第一,当事人的约定违反法律、行政法规或者社会公共利益的无效。第二,依照法律规定或者根据国家计划管理需要订立合同的,当事人必须订立合同。

三、关于合同的订立

合同的订立是合同法的重要内容,当事人的权利、义务需要通过订立合同予以确定,许多合同纠纷都与合同是否订立有关。征求意见稿在民法通则和三个合同法规定的基础上,增加规定了合同订立过程中的要约、承诺制度。规定了要约的生效、要约的撤回、要约的撤销、承诺的期限、承诺的表示方式、承诺的传递方式、承诺的撤回等。并规定:第一,承诺生效时合同成立;要约和承诺不能明确区分的,当事人提供证据证明对主要条款协商一致的,合同成立。第二,当事人订立的合同就质量、数量、价款等主要条款约定不明确,按照合同有关条款或者交易习惯不能确定,当事人又不能通过协商达成补充协议的,合同不成立,但开始履行义务的,视为合同成立。第三,当事人在要约或者承诺中要求签订确认书的,签订确认书时合同成立。第四,采用合同书形式订立合同的,自双方当事人签字或者盖章时合同成立。

现实生活中有的合同虽然没有成立,但在订立合同过程中因一方当事人的过错也会给对方造成损失,有过失的当事人应当承担赔偿责任,学理上称之为"缔约过失责任"。征求意见稿根据我国经济贸易中存在的问题,借鉴国外的经验,规定当事人在订立合同过程中,因违背诚实信用原则或者交易习惯给对方造成损害的,应当赔偿对方因此而受到的实际损失。当事人在订立合同过程中,因泄露或者不正当使用对方秘密造成损害的,应当承担赔偿责任。

四、关于合同的履行

合同的履行直接涉及当事人的利益,关系到商品的流转、经济的发展。征求意见稿关于合同履行的规定,着重在合同履行期间更好地保护可能受损害一方的权益。为了防范合同欺诈,保护债权人的合法权益,征求意见稿规定:第一,当事人对双务合同的履行顺序约定不明确,根据交易习惯又不能确定的,当事人应当同时履行各自的义务。同时履行双务合同义务的,当事人一方在对方未履行之前有权拒绝其履行请求,在对方部分履行或者履行不适当时,有权相应地拒绝其履行请求。第二,按照合同约定或者交易习惯应当首先履行债务的当事人,有证据证明对方有下列情形之一的,可以中止履行:(一)丧失或者可能丧失履行债务能力的;(二)转移财产、抽逃资金,以逃避债务的;(三)有欺诈行为的。当事人中止履行合同时应当立即通知对方,当对方恢复履行能力或者对履行合同提供了适当担保时,应当履行合同。中止履行后,对方在合理的期限内未恢复履行能力或者未能提供适当担保的,中止履行方可以解除合同。当事人违反上述规定中止履行合同的,应当承担违约责任。第三,债权人合并、分立或者变更住所没有通知债务人的,债务人可以中止履行或者将标的物提存。第四,因债务人怠于行使对第三人的债权,严重损害债权人到期债权的,债权人可以自己的名义通过诉讼代位行使债务人对第三人的债权,但法律规定或者按照债权性质不能适用代位权的除外。第五,因债务人放弃对第三人的债权或者有无偿转让财产的行为,严重损害债权人利益的,债权人可以向人民法院请求撤销债务人的行为。债务人以明显不合理的低价转让财产,严重损害债权人的利益,并且受益人取得该财产时有过错的,债权人也可以向人民法院请求撤销债务人的行为。

五、关于违约责任

合同法关于违约责任的规定,目的是补偿因违约造成的损害,维护商品交易秩序。征求意见稿在民法通则和三个合同法规定的基础上,进一步完善了我国违约责任制度。第一,为了切实保护受损害方的利益,征求意见稿明确规定,当事人一方违约,给另一方造成实际损失的计算,可以包括合同履行后可以获得的利益,但不得超过违反合同一方订立合同时应当预见到的损失。第二,承担违约责任的基本方式是支付违约金或者赔偿损失,但当事人一方违约后,有下列情形之一的,另一方可以请求人民法院强制实际履行:(一)依照法律规定或者根据国家计划管理需要订立合同的;(二)标的物为不动产的;(三)标的物在市场上难以购买的;(四)其他确有必要强制实际履行的。强制实际履行不影响当事人请求支付违约金或者赔偿损失。第三,增加违约制度。在履行期届满前,当事人一方有证据证明对方不履行其主要债务的,可以解除合同和请求其承担违约责任。第四,执行定金罚则,有时违约方以较小的过失承担了较重的责任。针对这一问题,征求意见稿规定,当事人可以约定定金。定金的数额不得超过合同标的额的20%。当事人一方违约,以致严重影响对方订立合同所期望的经济利益的,给付定金的一方,无权要求返还定金;接受定金的一方,应当双倍返还定金。

六、关于格式合同

格式合同又称标准合同,广泛使用于合同内容相对固定而签订数量众多的场合,如供水、供电、贷款、保险、房屋租赁等。格式合同的优点是签订便利,缺点是有的内容显失公平,制定格式合同一方较多地考虑自己的利益,加重公民和中小企业的责任。

当前,因使用格式合同发生的纠纷逐渐增多,国外特别是一些发达国家对格式合同都有专门的法律规定,我国的保险法、消费者权益保护法对格式合同作过规定。征求意见稿从维护公平出发,对格式合同作出两方面的规定:第一,制定格式合同一方有提示的义务。采用格式合同文本订立合同的,提供合同文本的一方应当采取合理的方式提请对方注意免除或者限制其责任的条款,并应对方的要求,对该条款予以说明。提供合同文本的一方未尽到提示义务或者拒绝说明的,该条款不发生效力。对格式合同条款的理解发生争议的,应当作出有利于对方的解释。格式合同条款和非格式合同条款的约定不一致的,应当采纳非格式合同条款。第二,规定格式合同中下列条款无效:(一)免除故意或者重大过失责任的;(二)免除人身伤害责任的。

七、关于合同管理

经济合同法和技术合同法都规定了合同管理的问题。在合同法中是否规定合同管理,有不同意见。有的部门认为,为了防止国有资产流失,减少和防止合同欺诈,应当加强合同管理,授权合同管理机关对利用合同从事违法行为的,予以查处。有的部门以及一些法律专家认为,防止国有资产流失应当通过加强对国有资产的监督管理来解决,这涉及监督方法、管理模式等问题,宜由国有资产管理法、公司法等法律去规定;合同法属于民法范畴,发生纠纷应当由当事人协商解决,协商不成的,可以通过诉讼或者仲裁解决纠纷,不宜由行政机关直接处理。在合同法中是否规定合同管理以及管什么、怎么管、谁来管等问题,需要进一步研究。

八、关于合同法分则

征求意见稿的结构分总则和分则两部分。总则规定合同法的原则以及共同适用的规定,分则规定买卖、承揽、运输等合同的特殊性规定。

经济合同法、涉外经济合同法和技术合同法共规定了十一类合同。征求意见稿对十一类合同的解决办法是:第一,基本保留购销合同、建设工程承包合同、加工承揽合同、货物运输合同、供用电合同、仓储保管合同、财产租赁合同、借款合同的内容,并根据经济贸易实践的要求和行政法规、司法解释以及国际公约的规定,进一步完善了上述合同。如买卖合同,征求意见稿规定了标的物所有权的转移和标的物毁损、灭失的风险,并对出卖人交付标的物和买受人支付价款的时间、地点以及分期付款买卖等作出具体规定。征求意见稿在电力供应合同的基础上还规定了自来水、热力、燃气供应合同。第二,适应社会主义市场经济发展的要求,不再单独规定国内经济合同和涉外经济合同,除对涉外合同的个别特殊问题作出专门规定外，对两类合同作出统一规定。第三，专章规定技术开发和技术转让合同，对技术咨询和技术服务合同分别纳入咨询合同和服务合同。第四，不再单列财产保险合同，财产保险合同适用保险法的有关规定。

根据经济贸易活动以及审判实践中出现的新情况、新问题，征求意见稿还分章规定了融资租赁合同、委托合同、行纪合同、居间合同、储蓄合同、借用合同、赠与合同、合伙合同、雇用合同等，着重规定了上述合同当事人的基本权利、义务和责任。

九、关于和三个合同法的关系

制定统一的合同法，需要妥善处理和经济合同法、涉外经济合同法、技术合同法以及其他有关合同规定的法律的关系。如何处理和三个合同法的关系，还有不同意见。有的部门认为，有关技术合同的法律、法规已经形成自身的科学体系，建议不要废止技术合同法。有的部门和多数法律专家认为，征求意见稿在总则和分则中基本保留了经济合同法、涉外经济合同法和技术合同法的原有规定，并根据三个合同法的实施情况，对有的较为原则的规定进一步具体化，以适应实际需要。对三个合同法中某些不一致的地方，如合同形式、违约金、诉讼时效等规定，已经作出统一规定。因此，倾向于统一的合同法施行后，经济合同法、涉外经济合同法和技术合同法同时废止。

铁路法、海商法、民用航空法规定了铁路运输、海上货物运输和航空运输等合同。考虑到还有其他运输工具，倾向于在统一的合同法中写运输合同一章。铁路法、海商法、民用航空法有规定的，依照其规定。

商标法、专利法、著作权法、担保法、保险法等法律规定了注册商标、专利权的转让、著作权的许可使用以及保证、保险等合同。考虑到上述法律对有关合同的规定较为具体，倾向于上述合同的内容不在合同法分则中再作规定，分别适用商标法、专利法、担保法、保险法等法律的规定。上述法律未作规定的，可以适用合同法总则的规定。

中华人民共和国合同法(草案)

1998年8月20日

目 录

总　则
 第一章　一般规定
 第二章　合同的订立
 第三章　合同的效力
 第四章　合同的履行
 第五章　合同的变更和转让
 第六章　合同的终止
 第七章　违约责任
分　则
 第八章　买卖合同
 第九章　供用电、水、气、热力合同
 第十章　赠与合同
 第十一章　借款合同
 第十二章　租赁合同
 第十三章　融资租赁合同
 第十四章　承揽合同
 第十五章　建设工程合同
 第十六章　运输合同
  第一节　一般规定
  第二节　旅客运输合同
  第三节　货物运输合同
  第四节　多式联运合同
 第十七章　技术合同
  第一节　一般规定
  第二节　技术开发合同
  第三节　技术转让合同

第四节 技术咨询合同和技术服务合同
第十八章 保管合同
第十九章 仓储合同
第二十章 委托合同
第二十一章 行纪合同
第二十二章 居间合同
第二十三章 附　则

总　则

第一章　一般规定

第一条　为了保护合同当事人的合法权益,维护社会经济秩序,促进社会主义现代化建设,制定本法。

第二条　合同是平等主体的公民、法人、其他组织之间设立、变更、终止债权债务关系的协议。

第三条　合同当事人的地位平等,一方不得将自己的意志强加给另一方。

第四条　当事人依法享有自由订立合同的权利,任何单位和个人不得非法干预。

第五条　当事人应当遵循公平的原则确定双方的权利和义务。

第六条　当事人在行使权利、履行义务时应当遵循诚实信用的原则,不得有欺诈行为。

第七条　当事人订立、履行合同,应当遵守法律、行政法规,尊重社会公德,不得扰乱社会经济秩序,损害社会公共利益。

第八条　依法成立的合同,对当事人具有法律约束力。当事人应当按照合同的约定履行自己的义务,非依法律规定或者取得对方同意,不得擅自变更或者解除合同。

第二章　合同的订立

第九条　当事人订立合同,应当具有相应的民事权利能力和民事行为能力。
当事人依法可以委托代理人订立合同。

第十条　不动产转让合同,应当采用书面形式。涉外合同、价款或者报酬十万元以上的合同,除即时清结的以外,应当采用书面形式。法律规定应当采用书面形式订立合同的,依照其规定。
前款规定以外的合同,当事人可以采用口头或者其他形式订立。

第十一条　书面形式是指合同书、信件以及数据电文(包括电报、电传、传真、电子数据交换和电子邮件)等可以有形地表现所载内容的形式。

第十二条 合同的内容由当事人约定,一般包括以下条款:
(一)当事人的名称或者姓名和住所;
(二)标的;
(三)数量;
(四)质量;
(五)价款或者报酬;
(六)履行期限;
(七)履行地点和方式;
(八)违约责任;
(九)解决争议的方法。

第十三条 当事人对合同的标的、数量等内容协商一致的,合同成立。
当事人订立合同,采取要约、承诺方式。

第十四条 要约是希望和他人订立合同的意思表示,该意思表示应当符合下列规定:
(一)内容具体确定;
(二)经受要约人承诺,要约人即受该意思表示约束。

第十五条 要约邀请是希望他人向自己发出要约的意思表示。价目表的寄送、拍卖公告、招标公告、招股说明书、商品广告为要约邀请。
商品广告的内容符合要约规定的,视为要约。

第十六条 要约到达受要约人时生效。
采用数据电文形式订立合同,收件人指定特定计算机系统接收数据电文的,该数据电文进入该特定系统的时间,视为到达时间;未指定特定计算机系统的,该数据电文进入收件人的任何计算机系统的首次时间,视为到达时间。

第十七条 要约可以撤回,但撤回要约的通知应当在要约到达受要约人之前或者同时到达受要约人。

第十八条 要约可以撤销,但撤销要约的通知应当在受要约人发出承诺通知之前到达受要约人。

第十九条 有下列情形之一的,要约不得撤销:
(一)要约中确定了承诺期限或者以其他形式明示要约不可撤销的;
(二)受要约人有理由认为要约是不可撤销的,并且已经为履行合同做了准备工作。

第二十条 要约于拒绝要约的通知到达要约人时失效。

第二十一条 承诺是受要约人同意要约的意思表示。
承诺应当以明示的方式作出,缄默或者不行为不视为承诺。

第二十二条 承诺的表示应当以通知的方式作出,但根据交易习惯或者要约表明可以通过行为作出承诺的除外。

第二十三条 承诺应当在要约确定的期限内到达要约人。要约没有确定承诺期

限的,承诺应当依照下列规定到达:

(一)要约以对话方式作出的,应当即时作出承诺的意思表示,但当事人另有约定的除外;

(二)要约以非对话方式作出的,承诺应当在合理期限内到达要约人。

第二十四条　要约以电报或者信件作出的,承诺期限自电报交发之日或者信件载明的日期开始计算。如果信件未载明日期,自投寄该信件的邮戳日期开始计算。

第二十五条　承诺生效时合同成立。

第二十六条　承诺需要通知的,承诺通知到达要约人时生效。

采用数据电文形式订立合同的,承诺到达的时间适用本法第十六条第二款的规定。

承诺不需要通知的,根据交易习惯或者要约的要求作出承诺的行为时生效。

第二十七条　承诺可以撤回,但撤回承诺的通知应当在承诺生效之前或者与承诺通知同时到达要约人。

第二十八条　受要约人超过承诺期限发出承诺的,除要约人及时通知受要约人该承诺有效的以外,为新要约。

第二十九条　受要约人在承诺期限内发出承诺,按照通常情形能够及时到达要约人,但因其他原因承诺到达要约人时超过承诺期限的,除要约人及时通知受要约人因承诺超过期限不接受该承诺的以外,该承诺有效。

第三十条　承诺的内容应当和要约的内容一致。承诺对要约的内容作出实质性变更的,为新要约。有关合同标的、数量、质量、价款或者报酬、履行期限、履行地点和方式、违约责任和解决争议方法的变更,是对要约内容的实质性变更。

第三十一条　承诺对要约的内容作出非实质性变更的,除要约人及时表示反对或者要约表明承诺不得对要约的内容作出任何变更的以外,该承诺有效,合同的内容以承诺的内容为准。

第三十二条　当事人采用信件、数据电文形式订立合同的,一方当事人可以要求签订确认书。

第三十三条　当事人采用合同书包括确认书形式订立合同的,自双方当事人签字或者盖章时合同成立。签字或者盖章不在同一时间的,最后签字或者盖章时合同成立。

第三十四条　承诺生效的地点为合同成立的地点。

采用数据电文形式订立合同的,收件人的主营业地为合同成立的地点;没有主营业地的,其经常居住地为合同成立的地点。当事人另有约定的,按照其约定。

第三十五条　当事人采用合同书包括确认书形式订立合同的,双方当事人签字或者盖章的地点为合同成立的地点。签字或者盖章不在同一地点的,最后签字或者盖章的地点为合同成立的地点。

第三十六条　国家根据需要向企业下达指令性计划的,有关企业之间应当依照有关法律、行政法规规定的企业的权利和义务签订合同。

第三十七条　采用标准条款订立合同的,提供标准条款的一方应当遵循公平的原则确定当事人之间的权利和义务,并采取合理的方式提请对方注意免除或者限制其责任的条款,按照对方的要求,对该条款予以说明。提供标准条款的一方未尽到提示义务或者拒绝说明的,该条款不发生效力。

标准条款是当事人为了重复使用而预先拟定,并在订立合同时未与对方协商的条款。

第三十八条 标准条款具有本法第五十二条和第五十三条规定的情形,或者免除提供标准条款一方当事人主要义务、排除对方当事人主要权利的,该条款无效。

第三十九条 对标准条款的理解发生争议的,应当作出不利于提供标准条款一方的解释。标准条款和非标准条款不一致的,应当采用非标准条款。

第四十条 当事人在订立合同过程中有下列情形之一,给对方造成损失的,应当承担损害赔偿责任:

(一)假借订立合同,以损害对方利益为目的,恶意进行磋商的;

(二)有其他违背诚实信用原则的行为的。

第四十一条 当事人在订立合同过程中知悉的技术信息或者经营信息,对方要求保密的,不得泄露或者不正当地使用。泄露或者不正当地使用该信息给对方造成损失的,应当承担损害赔偿责任。

第三章 合同的效力

第四十二条 依法成立的合同,自成立时生效。

法律、行政法规规定应当办理批准、登记等手续的,依照其规定。

第四十三条 当事人对合同的效力可以约定附条件。附生效条件的合同,自条件成就时生效。附解除条件的合同,自条件成就时失效。

当事人为自己的利益不正当地阻止条件成就的,视为条件已成就;不正当地促成条件成就的,视为条件不成就。

第四十四条 当事人对合同的效力可以约定附期限。附生效期限的合同,自期限届至时生效。附终止期限的合同,自期限届满时失效。

第四十五条 法律规定应当采用书面形式的合同,当事人未采用书面形式但已经履行主要义务或者能够证明当事人对合同内容协商一致的,该合同有效。

第四十六条 采用合同书包括确认书形式订立合同,没有签字或者盖章的当事人已经履行主要义务的,该合同有效。

第四十七条 无民事行为能力人、限制民事行为能力人订立的合同,经法定代理人追认后,该合同有效,但纯获利益的合同或者与其年龄、智力相适应而订立的合同,不必经法定代理人追认。

相对人可以催告法定代理人在一个月内予以追认。法定代理人未作表示的,视为拒绝追认。合同未经追认之前,善意相对人有撤销的权利。撤销应当以明示的方式作出。

第四十八条 无代理权人以他人名义订立的合同,未经本人追认,对本人不发生效力。

相对人可以催告本人在一个月内予以追认。本人未作表示的,视为拒绝追认。合同未经追认之前,善意相对人有撤销的权利。撤销应当以明示的方式作出。

第四十九条 代理人超越代理权或者代理权终止后仍然以本人名义订立合同,或者本人知道其以本人名义订立合同而不作否认表示的,除相对人有过失的以外,该代理行为视为有效。

第五十条 法人或者其他组织的法定代表人、负责人超越权限订立的合同,除相对人知道或者应当知道其超越权限的以外,该代表行为视为有效。

第五十一条 无处分权的人处分他人财产,经权利人追认或者无处分权的人订立合同后取得处分权的,该合同有效。

第五十二条 有下列情形之一的,合同无效:

(一)一方以欺诈、胁迫的手段或者乘人之危,使对方在违背真实意思的情况下订立的;

(二)恶意串通,损害国家、集体或者第三人利益的;

(三)以合法形式掩盖非法目的的;

(四)损害社会公共利益的;

(五)违反法律、行政法规的强制性规定的。

有前款第一项规定的情形的,当事人一方有权请求人民法院或者仲裁机构变更或者撤销。

第五十三条 合同中的下列免责条款无效:

(一)因故意或者重大过失给对方造成财产损失的;

(二)造成对方人身伤害的。

第五十四条 下列合同,当事人一方有权请求人民法院或者仲裁机构变更或者撤销:

(一)因重大误解订立的;

(二)显失公平的。

第五十五条 具有撤销权的当事人自合同成立之日起一年内没有行使撤销权的,该撤销权消灭。

第五十六条 具有撤销权的当事人知道撤销事由后明确表示或者以自己的行为放弃撤销权的,该撤销权消灭。

第五十七条 无效的合同或者被撤销的合同自始无效。合同部分无效,不影响其他部分效力的,其他部分仍然有效。

第五十八条 合同无效、变更或者终止的,不影响合同中独立存在的有关解决争议方法的条款的效力。

第五十九条 合同无效或者被撤销后,因该合同取得的财产,应当予以返还;不能返还或者没有必要返还的,应当折价补偿。有过错的一方应当赔偿对方因此所受到的损失,双方都有过错的,应当各自承担相应的责任。

第六十条　当事人恶意串通,损害国家、集体或者第三人利益的,因此取得的财产应当收归国家所有或者返还集体、第三人。

第四章　合同的履行

第六十一条　当事人应当按照约定履行自己的义务。

当事人应当遵循诚实信用的原则,根据合同的性质、目的和交易习惯履行下列义务:

（一）及时通知;

（二）协助;

（三）提供必要的条件;

（四）防止损失扩大;

（五）保密。

第六十二条　合同生效后,当事人就质量、价款或者报酬、履行地点等内容没有约定或者约定不明确的,可以协议补充;不能达成补充协议的,按照合同有关条款或者交易习惯确定。

第六十三条　当事人就有关合同内容没有约定或者约定不明确,依照本法第六十二条的规定仍不能确定的,适用下列规定:

（一）质量要求不明确的,按照通常标准履行;

（二）价款或者报酬不明确的,按照订立合同时履行地的市场价格履行,依法由国家定价的按照国家定价履行;

（三）履行地点不明确,给付货币的,在接受货币一方所在地履行;交付不动产的,在不动产所在地履行;其他标的,在履行义务一方所在地履行;

（四）履行期限不明确的,债务人可以随时履行,债权人也可以随时请求履行,但应当给对方必要的准备时间;

（五）履行方式不明确的,按照有利于实现合同目的的方式履行;

（六）履行费用的负担不明确的,由债务人负担。

第六十四条　执行国家定价的,在合同规定的交付期限内国家价格调整时,按照交付时的价格计价。逾期交货的,遇价格上涨时,按照原价格执行;价格下降时,按照新价格执行。逾期提货或者逾期付款的,遇价格上涨时,按照新价格执行;价格下降时,按照原价格执行。

第六十五条　当事人可以约定由债务人向第三人履行债务。因向第三人履行债务增加的费用,由债权人负担。

第三人可以向债务人请求履行。债务人未向第三人履行债务或者履行债务不符合约定的,应当向债权人承担违约责任。

第六十六条　当事人可以约定由第三人向债权人履行债务。第三人不履行债务或者履行债务不符合约定的,债务人应当向债权人承担违约责任。

第六十七条 当事人互负债务,没有先后履行顺序的,应当同时履行。一方在对方未履行之前有权拒绝其履行请求。一方在对方履行债务不符合约定时,有权拒绝其相应的履行请求。

第六十八条 当事人互负债务,有先后履行顺序的,先履行一方未履行之前,后履行一方有权拒绝其履行请求,先履行一方履行债务不符合约定的,后履行一方有权拒绝其相应的履行请求。

第六十九条 应当先履行债务的当事人,有证据证明对方有下列情形之一的,可以中止履行:

(一)经营状况严重恶化的;

(二)转移财产、抽逃资金,以逃避债务的;

(三)严重丧失商业信誉的;

(四)有其他丧失或者可能丧失履行债务能力情形的。

第七十条 当事人依照本法第六十九条的规定中止履行的,应当及时通知对方。对方提供适当担保时,应当恢复履行。中止履行后,对方在合理期限内未恢复履行能力,也未提供适当担保的,中止履行的一方可以解除合同。

第七十一条 债权人分立、合并或者变更住所没有通知债务人,致使履行债务发生困难的,债务人可以中止履行或者将标的物提存。

第七十二条 债权人可以拒绝债务人提前履行债务,但提前履行不损害债权人利益的除外。

债务人提前履行债务给债权人增加的费用,由债务人负担。

第七十三条 债权人可以拒绝债务人部分履行债务,但部分履行不损害债权人利益的除外。

债务人部分履行债务给债权人增加的费用,由债务人负担。

第七十四条 因债务人怠于行使其债权,对债权人造成损害的,债权人可以请求人民法院以自己的名义代位行使债务人的债权,但该债权专属于债务人自身的除外。

代位权的行使范围以债权人的债权为限。债权人行使代位权的必要费用,由债务人负担。

第七十五条 因债务人放弃债权或者无偿转让财产,对债权人造成损害的,债权人可以请求人民法院撤销债务人的行为。债务人以明显不合理的低价转让财产,对债权人造成损害,并且受让人知道该情形的,债权人也可以请求人民法院撤销债务人的行为。

撤销权的行使范围以债权人的债权为限。债权人行使撤销权的必要费用,由债务人负担。

第七十六条 债权人自知道撤销事由之日起一年内或者债务人的行为发生之日起五年内没有行使撤销权的,该撤销权消灭。

第七十七条 由于国家经济政策、社会经济形势等客观情势发生巨大变化,致使履行合同将对一方当事人没有意义或者造成重大损害,而这种变化是当事人在订立合同时不能预见并且不能克服的,该当事人可以要求对方就合同的内容重新协商;协商不成的,可以请求人民法院或者仲裁机构变更或者解除合同。

第七十八条 合同生效后,当事人不得因姓名、名称的变更或者法定代表人、负责人、承办人的变动而不履行合同的义务。

第五章 合同的变更和转让

第七十九条 当事人协商一致,可以变更合同。法律、行政法规规定变更合同应当办理批准、登记等手续的,依照其规定。

第八十条 当事人对合同变更的内容约定不明确的,视为未变更。

第八十一条 债权人可以将合同的权利全部或者部分转让给第三人,但有下列情形之一的除外:
(一)根据合同性质不得转让的;
(二)按照当事人约定不得转让的;
(三)依照法律规定不得转让的。

第八十二条 债权人转让权利的,应当通知债务人。未经通知,该转让对债务人不发生效力。

债权人转让权利的通知,不得撤销,但经受让人同意的除外。

第八十三条 债权人转让权利的,受让人取得与债权有关的从权利,但该从权利专属于债权人自身的除外。

第八十四条 债务人接到债权转让通知时,债务人对让与人的抗辩,可以向受让人主张。

第八十五条 债务人接到债权转让通知时,债务人对让与人享有到期债权的,债务人可以依照本法第一百零五条的规定向受让人主张抵销。

第八十六条 债务人将合同的义务全部或者部分转移给第三人的,应当经债权人同意。

第八十七条 债务人转移义务的,新债务人可以主张原债务人对债权人的抗辩。

第八十八条 债务人转移义务的,新债务人应当承担与主债务有关的从债务,但该从债务专属于原债务人自身的除外。

第八十九条 债权人转让权利或者债务人转移义务,法律、行政法规规定应当办理批准、登记等手续的,依照其规定。

第九十条 当事人一方经对方同意,可以将自己在合同中的权利和义务一并转让给第三人。

第九十一条 权利和义务一并转让的,适用本法第八十一条、第八十三条至第八十五条、第八十七条至第八十九条的规定。

第九十二条 当事人订立合同后合并的,由合并后的法人或者其他组织行使合同权利,履行合同义务。当事人订立合同后分立的,除债权人和债务人另有约定的以外,由分立的法人或者其他组织对合同的权利和义务享有连带债权,承担连带债务。

第六章 合同的终止

第九十三条 有下列情形之一的,合同终止:
(一)债务已经按照约定履行;
(二)合同被解除;
(三)债务相互抵销;
(四)债务人依法将标的物提存;
(五)债权人免除债务;
(六)债权债务同归于一人;
(七)法律规定或者当事人约定终止的其他情形。

第九十四条 合同终止后,当事人应当遵循诚实信用的原则,根据交易习惯履行通知、协助、保密等义务。

第九十五条 当事人可以在合同中约定解除合同的条件,解除合同的条件成就时,合同解除。当事人也可以事后经协商一致解除合同。

第九十六条 因不可抗力致使不能实现合同目的的,当事人可以解除合同。

第九十七条 在履行期限届满之前,当事人一方明确表示或者以自己的行为表明不履行主要债务的,对方可以解除合同。

第九十八条 当事人一方迟延履行主要债务,经催告后在合理期限内仍未履行的,对方可以解除合同。

第九十九条 当事人一方迟延履行债务或者有其他违约行为致使严重影响订立合同所期望的经济利益的,对方可以不经催告解除合同。

第一百条 法律规定或者当事人约定解除权行使期限的,期限届满当事人不行使的,该权利消灭。

法律没有规定或者当事人未约定解除权的行使期限,经对方催告后在合理期限内不行使的,该权利消灭。

第一百零一条 当事人一方主张解除的,应当通知对方。合同自通知到达对方时解除。对方有异议的,可以请求人民法院或者仲裁机构确认合同效力。

第一百零二条 法律、行政法规规定解除合同应当办理批准、登记等手续的,依照其规定。

第一百零三条 合同解除后,能够恢复原状的,当事人可以请求恢复原状。

第一百零四条 合同终止,不影响合同中结算和清理条款的效力,不影响当事人请求损害赔偿的权利。

第一百零五条 当事人互负到期债务,并且该债务的标的物种类、品质相同的,任何一方可以将自己的债务与对方的债务抵销,但按照合同性质或者依照法律规定不得抵销的除外。

当事人主张抵销的,应当通知对方。通知自到达对方时生效。抵销的通知不得附条件或者附期限。

第一百零六条 当事人互负到期债务,标的物种类、品质不相同的,经双方协商一致,也可以抵销。

第一百零七条 有下列情形之一,难以履行债务的,债务人可以将标的物提存:
(一)债权人迟延受领的;
(二)债权人下落不明的;
(三)债权人死亡或者丧失行为能力而未确定继承人或者监护人的。

标的物不适于提存或者提存费用过高的,债务人依法可以拍卖或者变卖标的物,提存所得的价款。

第一百零八条 标的物提存后,除债权人下落不明的以外,债务人应当及时通知债权人或者债权人的继承人、监护人。

第一百零九条 标的物提存后毁损、灭失的风险由债权人承担。提存期间,标的物的孳息归债权人所有。提存费用由债权人负担。

第一百一十条 债权人可以随时领取提存物,但债权人对债务人负有到期债务的,在债权人未履行债务或者提供担保之前,提存部门根据债务人的要求应当拒绝其领取提存物。

债权人领取提存物的权利,自提存之日起五年内不行使而消灭,提存物扣除提存费用后归国家所有。

第一百一十一条 债权人免除债务人部分或者全部债务的,合同部分或者全部终止。

第一百一十二条 债权和债务同归于一人的,合同终止,但涉及第三人利益的除外。

第七章 违约责任

第一百一十三条 当事人不履行合同义务或者履行合同义务不符合约定的,应当承担违约责任。

第一百一十四条 当事人一方明确表示或者以自己的行为表明不履行合同义务的,对方可以在履行期届满之前请求其承担违约责任。

第一百一十五条 当事人一方未支付价款或者报酬的,对方可以请求其支付价款或者报酬。

当事人迟延支付价款或者报酬的,应当支付该价款或者报酬的逾期利息。

第一百一十六条 当事人一方不履行非金钱债务或者履行非金钱债务不符合约定,对方可以请求强制履行,但有下列情形之一的除外:
(一)法律上或者事实上不能履行的;
(二)债务的标的在市场上不难获得的;

(三)债务的标的不适于强制履行或者履行费用过高的；
(四)债权人在合理期限内未请求履行的。

强制履行后还有其他损失的,可以请求赔偿损失。

第一百一十七条 质量不符合约定的,应当按照当事人的约定承担违约责任。对违约责任没有约定或者约定不明确,依照本法第六十二条的规定仍不能确定的,受损害方根据标的物的性质以及损失的大小,可以合理选择请求修理、更换、重作、减价或者退货。

质量不符合约定,造成其他损失的,可以请求赔偿损失。

第一百一十八条 当事人可以约定一方违约时向对方支付违约金,也可以约定因违约产生的损失赔偿额的计算方法。

约定的违约金,视为违约的损失赔偿,但约定的违约金过分高于或者低于造成的损失的,当事人可以请求人民法院或者仲裁机构予以适当减少或者增加。

第一百一十九条 当事人没有约定违约金或者损失赔偿额的计算方法的,损失赔偿额应当相当于因违约所造成的损失,包括合同履行后可以获得的利益,但不得超过违反合同一方订立合同时应当预见到的因违反合同可能造成的损失。

第一百二十条 因不可抗力不能履行合同的,根据不可抗力的影响,部分或者全部免除责任。当事人迟延履行后发生不可抗力的,不能免除责任。法律另有规定的,依照其规定。

当事人可以在合同中约定不可抗力的范围。

第一百二十一条 当事人一方因不可抗力不能履行合同的,应当及时通知对方,以减轻可能给对方造成的损失,并且应当在合理期限内提供有关机构出具的证明。

第一百二十二条 当事人一方违约后,对方可以采取适当措施防止损失的扩大而没有采取适当措施的,不得就扩大的损失要求赔偿。

当事人因防止损失扩大支出的合理费用,由违约方承担。

第一百二十三条 当事人双方都违反合同的,应当各自承担相应的责任。

第一百二十四条 当事人一方因第三人的原因造成违约的,应当向对方承担违约责任。当事人一方和第三人之间的纠纷,依照法律规定或者按照约定解决。

第一百二十五条 第三人明知当事人之间的债权债务关系,采用不正当手段,故意阻碍债务人履行义务,侵害债权人权利的,应当向债权人承担损害赔偿责任。

第一百二十六条 因当事人一方的违约行为,侵害对方人身、财产权益的,受害人有权请求赔偿。

分　则

第八章　买卖合同

第一百二十七条 买卖合同是出卖人转移标的物的所有权于买受人,买受人支付价款的合同。

第一百二十八条　买卖合同的内容除依照本法第十二条的规定以外,还可以包括包装方式、检验机构、检验日期、结算方式、合同使用的文字及其效力等条款。

第一百二十九条　出卖的标的物,应当属于出卖人所有或者出卖人有权处分。法律、行政法规禁止或者限制转让的标的物,依照其规定。

第一百三十条　标的物的所有权自标的物交付时起转移,但法律另有规定或者当事人另有约定的除外。

第一百三十一条　当事人可以在买卖合同中约定保留标的物所有权的条款。该条款可以约定买受人未履行支付价款或者其他义务的,标的物的所有权属于出卖人。

第一百三十二条　出卖人应当履行向买受人交付标的物或者提取标的物的单证,并转移标的物所有权的义务。

第一百三十三条　出卖人应当按照约定或者交易习惯向买受人交付提取标的物单证以外的有关单证和资料。

第一百三十四条　出卖具有知识产权的计算机软件、图纸等标的物的,除当事人另有约定的以外,该标的物的知识产权不属于买受人。

第一百三十五条　出卖人应当按照约定的期限交付标的物。约定交付期间的,出卖人可以在该交付期间内的任何时间交付,但应当在交付前通知买受人。

第一百三十六条　当事人未约定标的物的交付期限或者约定不明确的,适用本法第六十二条、第六十三条第四项的规定。

第一百三十七条　标的物在订立合同之前已为买受人占有的,合同生效的时间为交付时间。

第一百三十八条　出卖人应当按照约定的地点交付标的物。

当事人未约定交付地点或者约定不明确,依照本法第六十二条的规定仍不能确定的,适用下列规定：

（一）出卖人运输的,出卖人应当将标的物交付给第一承运人以运交给买受人；

（二）未约定出卖人运输,出卖人和买受人订立合同时知道标的物在某一地点的,出卖人应当在该地点交付标的物；不知道标的物在某一地点的,应当在出卖人订立合同时的营业地交付标的物。

第一百三十九条　标的物毁损、灭失的风险,交付前由出卖人承担,交付后由买受人承担。

第一百四十条　因买受人的过错致使标的物不能按照约定的期限交付的,买受人应当承担自约定交付之日至实际交付时标的物毁损、灭失的风险。

第一百四十一条　出卖人出卖运输途中的标的物,除当事人另有约定的以外,毁损、灭失的风险自合同生效时起由买受人承担。

第一百四十二条　当事人未约定交付地点或者约定不明确,依照本法第一百三十八条第二款第一项的规定由出卖人运输的,出卖人将标的物交付给第一承运人后,标的物毁损、灭失的风险由买受人承担。

第一百四十三条 出卖人按照约定或者依照本法第一百三十八条第二款第二项的规定将标的物置于交付地点,买受人违反约定没有接收的,标的物毁损、灭失的风险自违反约定之日起由买受人承担。

第一百四十四条 出卖人按照约定未交付有关标的物的单证和资料的,不影响标的物毁损、灭失风险的转移。

第一百四十五条 标的物毁损、灭失的风险由买受人承担的,不影响因出卖人履行债务不符合约定,买受人请求其承担违约责任的权利。

第一百四十六条 出卖人就交付的标的物,负有第三人不向买受人主张任何权利的义务。

第一百四十七条 买受人订立合同时明知第三人对买卖的标的物享有权利的,出卖人不承担本法第一百四十六条规定的责任,但当事人另有约定的除外。

第一百四十八条 因标的物的部分权利属于他人,出卖人不能履行转移权利的义务的,买受人可以请求减少价款或者解除合同。

第一百四十九条 第三人就标的物提出权利要求,使买受人可能丧失该标的物的部分或者全部权利时,买受人可以中止支付相应的价款,但出卖人提供适当担保的除外。

第一百五十条 出卖人应当按照约定的质量标准交付标的物。出卖人提供有关标的物质量说明的,交付的标的物应当符合该说明的质量标准。

第一百五十一条 当事人对标的物的质量标准没有约定或者约定不明确,依照本法第六十二条的规定仍不能确定的,出卖人交付的标的物,应当具有同种物的通常标准或者为了实现合同目的该物应当具有的特定标准。

第一百五十二条 出卖人交付的标的物不符合质量标准的,买受人可以依照本法第一百一十七条的规定请求承担违约责任。

第一百五十三条 出卖人应当按照约定的包装方式交付标的物。对包装方式没有约定或者约定不明确,依照本法第六十二条的规定仍不能确定的,应当按照通用的方式包装,没有通用方式的,应当采取足以保护标的物的包装方式。

第一百五十四条 买受人收到标的物时应当及时检验,出卖人应当提供据以检验的必要的技术资料。

第一百五十五条 买受人应当在发现或者应当发现标的物的数量或者质量不符合约定之日起三十日内通知出卖人。买受人怠于通知或者自标的物收到之日起两年内未通知出卖人的,视为标的物的数量或者质量符合约定。当事人另有约定的,按照其约定。

出卖人故意提供不符合约定的标的物的,买受人不受前款规定的通知时间的限制。

第一百五十六条 买受人应当按照约定的数额支付价款。对价款没有约定或者约定不明确的,适用本法第六十二条、第六十三条第二项的规定。

第一百五十七条 买受人应当按照约定的地点支付价款。对支付地点没有约定或者约定不明确,依照本法第六十二条的规定仍不能确定的,买受人可以在下列地点支付：
（一）出卖人的营业地；
（二）交付标的物或者提取标的物单证的所在地。

第一百五十八条　买受人应当按照约定的时间支付价款。对支付时间没有约定或者约定不明确，依照本法第六十二条的规定仍不能确定的，买受人应当在收到标的物或者提取标的物单证的同时支付。

第一百五十九条　出卖人多交标的物的，买受人可以接收或者拒绝接收多交的部分。买受人接收多交部分的，按照原合同的价格支付价款。

第一百六十条　出卖人少交标的物的，除不损害买受人利益的以外，买受人可以拒绝接收。买受人拒绝接收标的物的，应当及时通知出卖人。买受人怠于通知的，应当承担因此产生的损害赔偿责任。

第一百六十一条　标的物在交付前产生的孳息，归出卖人所有，交付后产生的孳息，归买受人所有。

第一百六十二条　因标的物的主物不符合约定而解除合同的，解除合同的效力及于从物。因标的物的从物不符合约定被解除的，解除的效力不及于主物。

第一百六十三条　标的物为数物，其中一物不符合约定的，买受人可以就该物解除，但该物与他物分离使标的物的价值显受损害的，当事人可以就数物解除合同。

第一百六十四条　分期付款的出卖人只有在买受人连续两次未支付价款，并且未支付到期价款的金额达到全部价款的五分之一的，才可以请求买受人支付到期以及未到期的全部价款或者解除合同。

出卖人解除合同的，可以向买受人请求支付该标的物的使用费。

第一百六十五条　样品买卖的当事人应当封存样品，并且可以对样品质量予以说明。出卖人交付的标的物应当与样品的质量相同。

第一百六十六条　样品买卖的买受人不知道样品有隐蔽瑕疵的，无论交付的标的物是否与样品相同，出卖人都负有交付的标的物具有同种物通常标准的义务。

第一百六十七条　试用买卖的当事人可以约定标的物的试用期间。对试用期间没有约定或者约定不明确，依照本法第六十二条的规定仍不能确定的，由出卖人确定。

第一百六十八条　试用买卖的买受人在试用期内可以购买标的物，也可以拒绝购买。试用期间届满，买受人对是否购买标的物未作表示的，视为购买。

第一百六十九条　买回买卖的当事人可以约定买回标的物的价款。对买回标的物的价款没有约定或者约定不明确，依照本法第六十二条的规定仍不能确定的，买回标的物的价款等同于出卖该标的物时的价款。出卖人在买回标的物时，买受人因对该标的物进行改善而提高价值的，买受人可以向出卖人请求增加相应的价款。

第一百七十条　买回买卖的当事人可以约定买回的期限，但约定的期限不得超过五年。

第一百七十一条　拍卖的当事人的权利和义务以及拍卖程序等，依照《中华人民共和国拍卖法》的规定。

第一百七十二条　法律对其他有偿合同有规定的,依照其规定;没有规定的,参照买卖合同的有关规定。

第一百七十三条　当事人约定易货贸易,转移标的物的所有权的,参照买卖合同的有关规定。

第九章　供用电、水、气、热力合同

第一百七十四条　供用电合同是供电人向用电人供电,用电人支付价款的合同。供用水、供用气、供用热力合同,参照供用电合同的有关规定。

第一百七十五条　供用电合同根据用电人的需要和电力可供量订立。供用电合同包括电力、电量和用电时间等条款。

第一百七十六条　供电人应当按照国家规定的供电标准和约定安全供电。

供电人未按照国家规定的供电标准和约定安全供电,造成用电人损失的,应当承担损害赔偿责任。

第一百七十七条　供电人因供电设施检修、限电等原因,需要中断供电时,应当按照国家有关规定事先通知用电人。未事先通知用电人中断供电,造成用电人损失的,应当承担损害赔偿责任。

第一百七十八条　因自然灾害等原因断电,供电人应当及时抢修。未及时抢修,造成用电人损失的,应当承担损害赔偿责任。

第一百七十九条　用电人应当按照约定用电。需要超负荷用电或者不能按照约定的时间用电的,应当事先通知供电人。无正当理由超负荷用电或者不能按照约定的时间用电的,应当承担违约责任。

第一百八十条　用电人擅自改动供电设施的,应当恢复原状,造成供电人损失的,应当承担损害赔偿责任。

第十章　赠与合同

第一百八十一条　赠与合同是赠与人将自己的财产无偿给予受赠人的合同。

第一百八十二条　赠与合同采用口头形式的,自财产交付时生效。

第一百八十三条　赠与人采用书面形式作出赠与的意思表示,受赠人愿意接受该赠与的,赠与合同生效。

第一百八十四条　赠与的财产需要办理登记等手续的,应当办理有关手续。未办理有关手续的,不得对抗善意第三人。

第一百八十五条　赠与合同生效,赠与人不交付赠与的财产的,受赠人可以请求交付。因赠与人故意或者重大过失致使赠与的财产毁损、灭失,造成受赠人损失的,赠与人应当承担损害赔偿责任。

第一百八十六条　赠与可以附义务。

赠与附义务的,受赠人应当按照约定履行义务。

第一百八十七条 赠与的财产有瑕疵的,赠与人不承担责任。附义务的赠与,赠与的财产有瑕疵的,赠与人在附义务的限度内承担与出卖人相同的担保责任。

赠与人故意不告知瑕疵或者保证无瑕疵,造成受赠人损失的,应当承担损害赔偿责任。

第一百八十八条 受赠人有下列情形之一的,赠与人可以撤销赠与:
(一)严重侵害赠与人或者赠与人的近亲属的;
(二)对赠与人有扶养义务而不履行的;
(三)不履行赠与合同约定的义务的。

赠与人的撤销权,应当自知道撤销原因之日起一年内行使。

第一百八十九条 因受赠人的违法行为致使赠与人死亡或者丧失民事行为能力的,赠与人的继承人或者监护人可以撤销赠与。

赠与人的继承人或者监护人的撤销权,应当自知道撤销原因之日起六个月内行使。

第一百九十条 赠与被撤销的,撤销权人可以向受赠人请求返还赠与的财产。

第一百九十一条 赠与人的经济状况显著恶化,严重影响其家庭生活的,可以拒绝履行赠与义务或者请求适当返还赠与的财产。

因赠与人故意或者重大过失致使前款情形发生,或者交付赠与的财产已满五年的,不得请求返还赠与的财产。

第十一章 借款合同

第一百九十二条 借款合同是借款人向贷款人借款,到期返还借款的合同。

第一百九十三条 借款合同采用书面形式,但当事人另有约定的除外。

借款合同包括借款种类、用途、数额、利率、期限和还款方式等条款。

第一百九十四条 订立借款合同,贷款人可以要求借款人提供担保。担保依照《中华人民共和国担保法》的规定。

第一百九十五条 订立借款合同,借款人应当按照贷款人的要求提供与借款有关的业务活动和财务状况的真实情况。

第一百九十六条 借款的利息不得预先在本金中扣除。利息预先在本金中扣除的,按照实际借款数额计算利息。

第一百九十七条 贷款人未按照约定的日期、数额提供借款的,应当按照约定支付违约金。没有约定违约金的,应当赔偿损失。

第一百九十八条 贷款人按照约定可以检查、监督借款的使用情况。

第一百九十九条 借款人未按照约定的借款用途使用借款的,贷款人按照约定可以停止发放借款、提前收回借款或者解除合同。

第二百条 借款人应当向贷款人支付利息,但当事人另有约定的除外。

第二百零一条 办理贷款业务的金融机构贷款的利率,应当按照中国人民银行规定的贷款利率的上下限确定。

公民之间借款的利率,不得违反国家有关限制借款利率的规定。

第二百零二条 借款人应当按照约定的期限支付利息。对支付利息的期限没有约定或者约定不明确,依照本法第六十二条的规定仍不能确定的,应当在返还借款时一并支付,但借款期限一年以上的,应当在每届满一年时支付,剩余期限不满一年的,应当在返还借款时一并支付利息。

第二百零三条 借款人应当按照约定的期限返还借款。对借款期限没有约定或者约定不明确,依照本法第六十二条的规定仍不能确定的,借款人可以随时返还;贷款人可以催告借款人在合理期限内返还。

第二百零四条 借款人未按照约定的期限返还借款的,应当按照约定支付违约金。没有约定违约金的,应当按照实际借款的期间支付利息。

第二百零五条 借款人提前偿还借款的,除当事人另有约定以外,应当按照实际借款的期间计算利息。

第二百零六条 借款人可以在还款日期届满之前向贷款人申请展期。贷款人同意的,可以展期。当事人可以重新确定展期后的利率。

第十二章 租赁合同

第二百零七条 租赁合同是出租人将租赁物交付承租人使用、收益,承租人支付租金的合同。

第二百零八条 租赁合同包括租赁物的名称、数量、用途、租赁期间、租金的支付方式和期限、租赁物维修等条款。

第二百零九条 当事人约定的租赁期限不得超过二十年。超过二十年的,超过部分无效。

租赁期间届满,当事人可以续订租赁合同,但约定的租赁期限自续订之日起不得超过二十年。

第二百一十条 租赁期限六个月以上的,应当采用书面形式。当事人未采用书面形式并且对租赁期限有争议的,视为不定期租赁。

第二百一十一条 出租人应当按照约定将租赁物交付承租人,并在租赁期间保持租赁物符合约定的用途。

第二百一十二条 承租人应当按照约定的方法使用租赁物。对租赁物的使用方法没有约定或者约定不明确,依照本法第六十二条的规定仍不能确定的,应当按照租赁物的性质使用。

第二百一十三条 承租人按照约定的方法或者租赁物的性质使用租赁物,致使租赁物受到损失的,不承担损害赔偿责任。

第二百一十四条 承租人未按照约定的方法或者租赁物的性质使用租赁物,致使租赁物受到损失的,出租人可以解除合同并请求赔偿损失。

第二百一十五条　出租人应当履行租赁物的维修义务,但当事人另有约定的除外。

第二百一十六条　承租人在租赁物需要维修时可以请求出租人在合理期限内维修。出租人未尽维修义务的,承租人可以自行维修,维修费用由出租人负担。因维修租赁物影响承租人使用的,应当相应减少租金或者延长租期。

第二百一十七条　承租人应当妥善保管租赁物。承租人未尽妥善保管义务,造成租赁物毁损、灭失的,应当承担损害赔偿责任。

第二百一十八条　承租人经出租人同意,可以对租赁物进行改善或者增设他物。租赁合同解除后,承租人可以请求出租人就现存的增加价值部分偿还支出的费用。

承租人未经出租人同意对租赁物进行改善或者增设他物的,出租人可以要求承租人恢复原状或者赔偿损失。

第二百一十九条　承租人经出租人同意,可以将租赁物转租给第三人。承租人转租的,承租人与出租人之间的租赁合同继续有效,第三人对租赁物造成损失的,承租人应当赔偿损失。

承租人未经出租人同意转租的,出租人可以解除合同。

第二百二十条　在租赁期间因占有、使用租赁物获得的收益,归承租人所有,但当事人另有约定的除外。

第二百二十一条　承租人应当按照约定的期限支付租金。对支付期限没有约定或者约定不明确,依照本法第六十二条的规定仍不能确定的,应当在租赁期限届满时支付,但租赁期限一年以上的,应当在每届满一年时支付,剩余期限不满一年的,应当在租赁期限届满时支付。

第二百二十二条　承租人无正当理由未支付或者迟延支付租金的,出租人可以要求承租人在合理期限内支付。承租人逾期不支付的,出租人可以解除合同。

第二百二十三条　因第三人主张权利,影响承租人对租赁物使用、收益的,承租人可以请求减少租金或者不支付租金。

第三人主张权利的,承租人应当及时通知出租人。

第二百二十四条　因不可归责于承租人的事由,致使租赁物部分或者全部毁损、灭失的,承租人可以请求减少租金或者不支付租金。

第二百二十五条　租赁物在租赁期间发生所有权变动或者就租赁物设定担保的,不影响租赁合同的效力。

第二百二十六条　出租人出卖租赁房屋的,应当在出卖之前的合理期限内通知承租人,承租人在同等条件下有优先购买权。

第二百二十七条　当事人对租赁期限没有约定或者约定不明确,依照本法第六十二条的规定仍不能确定的,视为不定期租赁。当事人可以随时解除合同,但出租人解除合同时应当在合理期限之前通知承租人。

第二百二十八条　租赁物危及承租人的安全或者健康的,即使承租人订立合同时明知该租赁物质量不合格,承租人仍然可以随时解除合同。

第二百二十九条　因不可归责于承租人的事由,致使租赁物部分或者全部毁损、灭失,不能实现合同目的的,承租人可以解除合同。

第二百三十条　承租人在房屋租赁期间死亡的,与其生前共同居住的人可以按照原租赁合同租赁该房屋。

第二百三十一条　租赁期间届满,承租人应当返还租赁物。返还的租赁物应当符合原状,但法律另有规定的除外。

第二百三十二条　租赁期间届满,承租人继续使用租赁物,出租人没有提出异议的,原租赁合同继续有效,但租赁期限为不定期。

第十三章　融资租赁合同

第二百三十三条　融资租赁合同是出租人作为买受人与出卖人订立买卖合同,购买承租人指定的标的物,提供给承租人使用、收益,承租人支付租金的合同。

第二百三十四条　融资租赁合同的租赁物即买卖合同的标的物。出卖人应当按照约定向承租人交付标的物,承租人享有与受领标的物有关的买受人的权利和义务。

第二百三十五条　因出卖人不履行买卖合同的义务产生索赔的权利,出租人可以转让给承租人。出租人未转让的,该权利由出租人行使。

第二百三十六条　出租人按照承租人要求订立的买卖合同,出租人不得擅自变更。出租人和出卖人变更买卖合同的,出租人应当经承租人同意。

第二百三十七条　出租人享有租赁物的所有权。承租人破产的,租赁物不属于破产财产。

第二百三十八条　出租人和承租人应当约定租金。对租金没有约定或者约定不明确,依照本法第六十二条的规定仍不能确定的,应当根据购买租赁物的成本以及出租人的合理利润确定。

第二百三十九条　租赁物不符合约定或者不符合使用目的的,出租人不承担责任,但承租人依赖出租人的技能确定租赁物或者出租人干预选择租赁物的除外。

第二百四十条　承租人占有租赁物期间,租赁物造成第三人的财产损害或者人身伤害的,出租人不承担责任。

第二百四十一条　第三人就出卖的标的物主张权利的,出租人不承担责任,但出租人购买该标的物时明知第三人对买卖的标的物享有权利的除外。

第二百四十二条　承租人应当妥善保管租赁物。
承租人应当履行占有租赁物期间的维修义务。

第二百四十三条　承租人应当按照约定支付租金。承租人连续两期未支付租金的,出租人可以请求支付到期以及未到期的全部租金;承租人经催告后在合理期限内仍不支付租金的,出租人可以解除合同,收回租赁物。

第二百四十四条　出租人解除合同后,收回租赁物的价值高于因承租人违约造成的损失的,承租人可以请求部分返还。

第二百四十五条　出租人和承租人可以约定租赁期间届满租赁物归承租人所有,

也可以约定归出租人所有。

租赁期间届满,租赁物归出租人的,承租人应当返还租赁物。

第二百四十六条 回租、转租等融资租赁,适用本章规定。

第十四章　承揽合同

第二百四十七条 承揽合同是承揽人按照定作人的要求完成工作,交付工作成果,定作人给付报酬的合同。

承揽包括加工、定作、修理、印刷、复制、测试、检验等工作。

第二百四十八条 承揽合同包括承揽的标的、数量、质量、报酬、承揽方式、材料的提供、履行期限、验收标准和方法等条款。

第二百四十九条 承揽人应当以自己的设备、技术和劳力,完成主要工作。未经定作人同意,承揽人不得将其承揽的主要工作交由第三人完成。

第二百五十条 承揽人可以将其承揽的辅助工作交由第三人完成,但当事人另有约定的除外。承揽人将其承揽的辅助工作交由第三人完成的,应当就该第三人完成的工作成果向定作人负责。

第二百五十一条 承揽人提供材料的,承揽人应当按照约定选用材料,并接受定作人检验。

第二百五十二条 定作人提供材料的,定作人应当按照约定提供材料。承揽人对定作人提供的材料,应当及时检验,发现不符合约定时,应当及时通知定作人更换或者补齐。

承揽人对定作人提供的材料不得擅自更换,不得更换不需要修理的零部件。

第二百五十三条 承揽人发现定作人提供的图纸或者技术要求不合理的,应当及时通知定作人。定作人因怠于答复等原因造成承揽人损失的,应当赔偿损失。

第二百五十四条 定作人中途变更承揽工作的要求,给承揽人造成损失的,应当赔偿损失。

第二百五十五条 承揽工作需要定作人协助的,定作人有协助的义务。

定作人不履行协助义务致使承揽工作不能完成的,承揽人可以催告定作人在合理期限内履行义务;定作人逾期不履行的,承揽人可以解除合同。

第二百五十六条 承揽人在工作期间,应当接受定作人必要的监督检验。定作人不得因监督检验妨碍承揽人的正常工作。

第二百五十七条 承揽人完成工作的,应当向定作人交付该工作成果,并提交必要的技术资料和有关质量证明。定作人应当按照约定验收该工作成果。

第二百五十八条 承揽人交付的工作成果不符合质量标准的,定作人可以请求修理、重作或者减少报酬。给定作人造成其他损失的,还可以请求赔偿损失。

第二百五十九条 定作人应当按照约定的期限支付报酬。对支付报酬的期限没有约定或者约定不明确,依照本法第六十二条的规定仍不能确定的,定作人应当在交付工作成果的同时支付;工作成果部分交付的,定作人应当相应支付。

第二百六十条 定作人未向承揽人支付报酬或者材料等价款的,承揽人对完成的工作成果享有留置权,但当事人另有约定的除外。

第二百六十一条 承揽人应当妥善保管定作人提供的材料。当事人对保管费用没有约定或者约定不明确,依照本法第六十二条的规定仍不能确定的,由定作人支付。

第二百六十二条 定作人提供的材料在承揽人占有期间毁损、灭失的风险,由承揽人承担,但不可抗力的除外。

承揽人完成的工作成果在交付定作人之前毁损、灭失的风险,由承揽人承担,但毁损、灭失发生在定作人受领迟延后的,由定作人承担。

第二百六十三条 承揽人应当按照定作人的要求保守秘密,未经定作人许可,不得留存复制品或者技术资料。

第二百六十四条 共同承揽人对定作人承担连带责任,但当事人另有约定的除外。

第二百六十五条 定作人可以随时解除承揽合同,但应当向承揽人赔偿损失。

第二百六十六条 有下列情形之一的,承揽合同终止:
(一)承揽人死亡或者丧失完成工作能力的;
(二)定作人死亡,并且其继承人不需要该项工作的;
(三)承揽人或者定作人被宣告破产的。

承揽合同依照前款规定终止时,对承揽人已经完成的部分工作,定作人或者其继承人应当验收该部分工作并支付相应报酬。

第十五章 建设工程合同

第二百六十七条 建设工程合同是承包人进行工程建设,发包人支付价款的合同。建设工程合同包括工程勘察、设计、建筑、安装合同。

第二百六十八条 建设工程合同应当采用书面形式。

第二百六十九条 建设工程的招标投标活动,应当依照有关法律的规定公开、公平、公正进行。

第二百七十条 发包人可以与承包人签订建设工程合同,也可以分别与勘察人、设计人、建筑人、安装人签订勘察、设计、建筑、安装合同。

承包人经发包人同意,可以分别与勘察人、设计人、建筑人、安装人签订勘察、设计、建筑、安装合同。勘察人、设计人、建筑人、安装人就其完成的工作成果与承包人向发包人承担连带责任。

第二百七十一条 国家重大建设工程合同,应当根据国家规定的程序和国家批准的投资计划、可行性研究报告等文件订立。

第二百七十二条 勘察、设计合同,包括提交勘察或者设计基础资料、设计文件(包括概预算)的期限、设计的质量要求、勘察或者设计费用以及其他协作条件等条款。

第二百七十三条 建筑、安装合同,包括工程范围、建设工期、中间交工工程的开工和竣工时间、工程质量、工程造价、技术资料交付时间、材料和设备供应责任、拨款和结算、交工验收、质量保证期、双方相互协作等条款。

第二百七十四条 建设工程需要实行监理的,发包人应当与监理人采用书面形式订立委托监理合同。委托监理合同包括工程名称、地点、监理职责、费用以及支付办法等条款。

第二百七十五条 发包人在不妨碍承包人正常作业的情况下,可以随时对作业进度、质量进行检查。

第二百七十六条 隐蔽工程在隐蔽以前,承包人应当通知发包人检查。发包人没有及时检查的,承包人可以自行检查,填写隐蔽工程检查记录,并将该记录送交发包人。事后发包人对该隐蔽工程进行检查,符合质量标准的,检查费用由发包人负担;不符合质量标准的,检查费用由承包人负担。承包人没有通知发包人检查,自行隐蔽工程的,发包人有权检查,检查费用由承包人负担。

第二百七十七条 建设工程竣工后,发包人应当根据施工图纸及说明书、国家颁发的施工验收规范和质量检验标准进行验收。验收合格的,发包人应当按照合同约定支付价款并且接收该建设工程。

第二百七十八条 未经验收的建设工程,发包人不得使用。发包人擅自使用未经验收的建设工程,发现质量问题的,由发包人承担责任。

第二百七十九条 勘察、设计的质量低劣或者未按照期限提交勘察、设计文件拖延工期给发包人造成损失的,由勘察人、设计人继续完善勘察、设计,减收或者免收勘察、设计费并赔偿损失。

第二百八十条 因承包人的原因致使建设工程质量不符合约定的,发包人有权请求承包人在合理期限内无偿修理或者返工、改建。经过修理或者返工、改建后,造成逾期交付的,承包人应当承担违约责任。

第二百八十一条 因承包人的原因致使建设工程质量不符合约定,造成人身和财产损害的,承包人应当承担损害赔偿责任。

第二百八十二条 发包人未按照约定的时间和要求提供原材料、设备、场地、资金、技术资料的,承包人可以请求顺延工程日期,还可以请求赔偿停工、窝工等损失。

第二百八十三条 因发包人的原因致使工程中途停建、缓建的,发包人应当采取措施弥补或者减少损失,赔偿承包人因此造成的停工、窝工、倒运、机械设备调迁、材料和构件积压等损失和实际费用。

第二百八十四条 由于发包人变更计划,提供的资料不准确,或者未按照期限提供必需的勘察、设计工作条件而造成勘察、设计的返工、停工或者修改设计,发包人应当按照勘察人、设计人实际消耗的工作量增付费用。

第二百八十五条 建设工程竣工后,发包人未按照约定支付价款的,承包人可以催告发包人在合理期限内支付价款。发包人逾期不支付的,承包人可以与发包人协议将该工程折价,也可以将该工程依法拍卖。建设工程的价款就该工程折价或者拍卖的价款优先受偿。

第二百八十六条 本章没有规定的,适用承揽合同的有关规定。

第十六章 运输合同

第一节 一般规定

第二百八十七条 运输合同是承运人将旅客或者货物运输到约定地点,旅客、托运人或者收货人支付票款或者运费的合同。

第二百八十八条 从事公共运输的承运人不得拒绝旅客、托运人通常的运输要求。

第二百八十九条 承运人应当在约定期间将旅客、货物安全运输到约定地点。

第二百九十条 承运人应当按照通常的运输路线将旅客、货物运输到约定地点。计程车承运人应当遵守旅客有关运输路线的指示。

第二百九十一条 旅客、托运人或者收货人应当按照约定支付票款或者运费。承运人未按照通常的路线运输增加票款或者运费的,旅客、托运人或者收货人可以拒绝支付增加部分的票款或者运费。

第二节 旅客运输合同

第二百九十二条 旅客运输合同自承运人向旅客交付客票时成立,但当事人另有约定或者另有交易习惯的除外。

第二百九十三条 旅客应当持有效客票乘运。旅客无票乘运、超程乘运、越级乘运或者持失效客票乘运的,应当补交票款,承运人可以按照规定加收票款。旅客不交付票款的,承运人可以拒绝运输。

第二百九十四条 旅客因自己的原因不能按照客票记载的时间乘坐的,应当在约定的时间内办理退票或者变更手续。逾期办理的,承运人可以不退票款,并不再承担运输义务。

第二百九十五条 旅客在运输中应当按照约定的限量携带行李。超过限量携带行李的,应当办理托运手续。

第二百九十六条 旅客不得随身携带或者在行李中夹带易燃、易爆、有毒、有腐蚀性、有放射性以及有可能危及运输工具上人身和财产安全的危险物品或者其他违禁物品。

旅客违反前款规定的,承运人可以将违禁物品卸下、销毁或者送交有关部门。旅客坚持携带或者夹带违禁物品的,承运人可以拒绝运输。

第二百九十七条 承运人应当向旅客告知有关不能正常运输的重要事项和安全运输应当注意的事项。

第二百九十八条 承运人应当按照客票载明的时间和班次运输旅客。承运人迟延运输的,应当根据旅客的要求安排改乘其他班次、变更运输路线以到达目的地或者予以退票。

第二百九十九条 承运人擅自变更运输路线的,应当根据旅客的要求予以退票。

承运人中途变更运输路线，旅客要求送回始发地的，承运人应当将其送回始发地。

第三百条 承运人在运输过程中，应当尽力救助患有急病、分娩、遇险的旅客。

第三百零一条 承运人应当对运输过程中旅客的伤亡承担损害赔偿责任，但承运人证明伤亡是旅客故意、重大过失或者旅客自身健康原因造成的除外。法律另有规定的，依照其规定。

前款规定适用于按照规定免票、持优待票或者经承运人许可搭乘的无票旅客。

第三百零二条 在运输过程中旅客自带行李毁损、灭失的，除承运人证明自己没有过错的以外，承运人应当承担损害赔偿责任。

旅客托运的行李毁损、灭失的，适用货物运输的有关规定。

第三节　货物运输合同

第三百零三条 托运人办理货物运输，应当向承运人准确表明收货人的名称或者姓名，收货地点，货物的性质、重量、数量以及其他有关货物运输的情况。

因托运人申报不实，造成承运人损失的，托运人应当承担损害赔偿责任。

第三百零四条 货物运输需要办理审批、检验等手续的，托运人应当将办理完有关手续的文件提交承运人。

第三百零五条 托运人应当按照约定的方式包装货物。对包装方式没有约定或者约定不明确的，适用本法第一百五十三条的规定。

托运人违反前款规定的，承运人可以拒绝运输。

第三百零六条 托运人托运易燃、易爆、有毒、有腐蚀性、有放射性等危险物品的，应当按照有关危险物品运输的规定对危险物品妥善包装，作出危险物标志和标签，并将有关危险物品的名称、性质和防范措施的书面材料提交承运人。

托运人违反前款规定的，承运人可以拒绝运输，也可以采取相应措施以避免损失的发生，因此产生的费用由托运人承担。

第三百零七条 在承运人将货物交付收货人之前，托运人可以请求承运人中止运输、返还货物、变更到达地或者将货物交给其他收货人，但应当赔偿承运人因此受到的损失。

第三百零八条 货物运输到达后，承运人应当及时通知收货人，收货人应当及时提货。收货人逾期提货的，应当向承运人支付保管费。收货人提货时，应当向承运人出示提货凭证，并支付托运人未付或者少付的运费以及其他费用。

第三百零九条 收货人提货时应当按照约定的期限检验货物。对检验货物的期限没有约定或者约定不明确，依照本法第六十二条的规定仍不能确定的，应当在合理期限内检验货物。收货人在约定的期限或者合理期限内对货物的数量、毁损等未提出异议的，视为承运人已经按照运输单证的记载交付的初步证据。

收货人请求承运人赔偿损失的权利自提货之日起六个月内不行使而消灭。

第三百一十条 承运人对于运输过程中货物的毁损、灭失承担损害赔偿责任，但承运人证明货物的毁损、灭失是由于不可抗力、货物本身的自然性质或者合理损耗以及托运人、收货人的过错造成的,不承担损害赔偿责任。

第三百一十一条 货物的毁损、灭失的赔偿额,当事人有约定的,按照其约定;没有约定或者约定不明确,依照本法第六十二条的规定仍不能确定的,按照交付时货物到达地的市场价格计算。

第三百一十二条 数个承运人以同一运输方式联运的,各承运人承担连带责任。

第三百一十三条 货物在运输过程中因不可抗力灭失,未收取运费的,承运人不得请求支付运费。

第三百一十四条 托运人或者收货人不支付运费、保管费以及其他运输费用的,承运人对相应的运输货物享有留置权,但当事人另有约定的除外。

第三百一十五条 收货人不明或者收货人拒绝受领货物的,承运人应当及时通知托运人并请求其在合理期限内对货物的处置作出指示。

无法通知托运人,或者托运人在合理期限内未作指示或者指示事实上不能实行的,承运人可以提存货物。货物不宜提存的,承运人依法可以拍卖或者变卖该货物,扣除运费、保管费以及其他运输费用后,提存剩余价款。

第四节 多式联运合同

第三百一十六条 多式联运的承运人负责履行或者组织履行多式联运合同,对全程运输享有承运人的权利,承担承运人的义务。

第三百一十七条 多式联运的承运人可以与参加多式联运的各区段承运人就多式联运合同的各区段运输约定相互之间的责任,但该约定不影响多式联运的承运人对全程运输承担的义务。

第三百一十八条 多式联运的承运人收到托运人交付的货物时,应当签发多式联运单据。按照托运人的要求,多式联运单据可以是可转让单据,也可以是不可转让单据。

第三百一十九条 因托运人托运货物时的过错造成多式联运的承运人损失的,即使托运人已经转让多式联运单据,托运人仍然应当承担损害赔偿责任。

第三百二十条 货物的毁损、灭失发生于多式联运的某一运输区段的,多式联运的承运人的赔偿责任和责任限额,适用调整该区段运输方式的有关法律规定。

第十七章 技术合同

第一节 一般规定

第三百二十一条 技术合同是当事人一方开发、转让技术,提供技术咨询和服务,另一方支付价款或者报酬的合同。

第三百二十二条 订立技术合同,应当有利于科学技术的进步,加速科学技术成果的应用和推广。

第三百二十三条 技术合同采用书面形式,但当事人另有约定的除外。

第三百二十四条 技术合同的内容由当事人约定,一般包括以下条款:
(一)项目名称;
(二)标的的内容、范围和要求;
(三)履行的计划、进度、期限、地点和方式;
(四)技术情报和资料的保密;
(五)风险责任的承担;
(六)技术成果的归属和分享;
(七)验收标准和方法;
(八)价款或者报酬及其支付方式;
(九)违约金或者损害赔偿的计算方法;
(十)解决争议的方法;
(十一)名词和术语的解释。
与通行合同有关的技术背景资料、可行性论证和技术评价报告、项目任务书和计划书、技术标准、技术规范、原始设计和工艺文件,以及图纸、表格、数据和照片等,按照当事人的约定可以作为合同的组成部分。

第三百二十五条 职务技术成果的使用权、转让权属于单位,单位可以就该项职务技术成果订立技术合同。单位应当根据使用和转让该项职务技术成果所取得的收益,对完成该项职务技术成果的个人给予奖励。
职务技术成果是执行本单位的任务或者主要是利用本单位的物质技术条件所完成的技术成果。

第三百二十六条 非职务技术成果的使用权、转让权属于完成技术成果的个人,完成技术成果的个人可以就该项非职务技术成果订立技术合同。

第三百二十七条 完成技术成果的个人有在有关技术成果文件上写明自己是技术成果完成者的权利和取得荣誉证书、奖励的权利。

第三百二十八条 有下列情形之一的,可以订立技术引进合同引进技术:
(一)能发展和生产新产品;
(二)能提高产品质量和性能,降低生产成本,节约能源或者材料;
(三)有利于充分利用本国的资源;
(四)能扩大产品出口,增加外汇收入;
(五)有利于环境保护;
(六)有利于生产安全;
(七)有利于改善经营管理;
(八)有助于提高科学技术水平。

第三百二十九条 技术引进合同的受让人应当在合同成立之日起三十日内提出申请书,报国务院有关主管部门或者由其授权的其他机关审批。审批机关应当在收到申请书之日起六十日内决定批准或者不批准,经批准的合同自批准之日起生效。审批机关逾期没有作出决定的,视为获得批准,合同生效。

第三百三十条 技术合同具有本法第五十二条和第五十三条规定的情形、违法垄断技术、妨碍技术进步或者侵害他人合法权益的,该合同无效。

第三百三十一条 国务院有关主管部门和省、自治区、直辖市人民政府,根据国家利益或者社会公共利益的需要,对本系统或者管辖范围内的国有企业、事业单位的具有重大意义的非专利技术成果,有权决定在指定的单位中推广使用。使用单位对该项技术成果负有保密责任。使用单位应当按照双方约定支付使用费;没有约定或者约定不明确,依照本法第六十二条的规定仍不能确定的,由作出决定的机关确定合理的使用费。

集体所有制单位或者个人的非专利技术成果,对国家利益或者社会公共利益具有重大意义,需要推广使用的,由国务院有关主管部门报国务院批准后,参照前款规定办理。

第二节 技术开发合同

第三百三十二条 技术开发合同是指当事人之间就新技术、新产品、新工艺和新材料及其系统的研究开发所订立的合同。

技术开发合同包括委托开发合同和合作开发合同。

第三百三十三条 委托开发合同的委托人应当按照约定支付研究开发经费和报酬;提供技术资料、原始数据;完成协作事项;按期接受研究开发成果。

第三百三十四条 委托开发合同的研究开发人应当按照约定制定和实施研究开发计划;合理使用研究开发经费;按期完成研究开发工作,交付研究开发成果,提供有关的技术资料和必要的技术指导,帮助委托人掌握研究开发成果。

第三百三十五条 委托人违反约定造成研究开发工作停滞、延误或者失败的,应当支付违约金或者赔偿损失。

第三百三十六条 研究开发人违反约定造成研究开发工作停滞、延误的,研究开发人应当采取补救措施继续履行合同,并且应当支付违约金或者赔偿损失;造成研究开发工作失败的,应当返还全部或者部分研究开发经费和报酬,支付违约金或者赔偿损失。

第三百三十七条 合作开发合同的当事人应当按照约定进行投资,包括以技术进行投资;分工参与研究开发工作;协作配合研究开发工作。

第三百三十八条 合作开发合同的当事人违反约定造成研究开发工作停滞、延误或者失败的,应当支付违约金或者赔偿损失。

第三百三十九条 因作为技术开发合同标的的技术已经由他人公开,致使技术开发合同的履行没有意义的,当事人可以解除合同。

第三百四十条 技术开发合同履行过程中,因出现无法克服的技术困难,致使研究开发失败或者部分失败的,该风险责任由当事人约定。没有约定或者约定不明确,依照本法第六十二条的规定仍不能确定的,风险责任由当事人合理分担。

当事人一方发现前款所列可能致使研究开发失败或者部分失败的情形时,应当及时通知另一方并采取适当措施减少损失。没有及时通知并采取适当措施,致使损失扩大的,应当就扩大的损失承担责任。

第三百四十一条 委托开发完成的发明创造,除当事人另有约定的以外,申请专利的权利属于研究开发人。研究开发人取得专利权的,委托人可以免费实施该专利。

研究开发人转让专利申请权的,委托人可以优先受让专利申请权。

第三百四十二条 合作开发完成的发明创造,除当事人另有约定的以外,申请专利的权利属于合作开发的当事人共有。当事人一方转让其共有的专利申请权的,其他各方可以优先受让其共有的专利申请权。

合作开发的当事人一方声明放弃其共有的专利申请权的,可以由另一方单独申请或者由其他各方共同申请。申请人取得专利权的,放弃专利申请权的一方可以免费实施该专利。

合作开发的当事人一方不同意申请专利的,另一方或者其他各方不得申请专利。

第三百四十三条 委托开发或者合作开发完成的非专利技术成果的使用权、转让权以及利益的分配办法,由当事人约定。没有约定或者约定不明确,依照本法第六十二条的规定仍不能确定的,当事人均有使用和转让的权利,但委托开发的研究开发人不得在向委托人交付研究开发成果之前,将研究开发成果转让给第三人。

第三节 技术转让合同

第三百四十四条 技术转让合同包括专利权转让、专利申请权转让、非专利技术转让、专利实施许可以及技术引进合同。

第三百四十五条 技术转让合同可以约定让与人和受让人实施专利或者使用非专利技术的范围,但不得限制技术竞争和技术发展。

第三百四十六条 技术转让合同涉及专利的,应当注明发明创造的名称、专利申请人和专利权人、申请日期、申请号、专利号以及专利权的有效期限。

专利实施许可合同只在该专利权的存续期间内有效。专利权有效期限届满或者专利权被宣布无效的,专利权人不得就该专利与他人订立专利实施许可合同。

第三百四十七条 专利实施许可合同的让与人应当按照约定许可受让人实施专利,交付实施专利有关的技术资料,提供必要的技术指导。

第三百四十八条 专利实施许可合同的受让人应当按照约定实施专利,不得许可约定以外的第三人实施该专利;并按照约定支付使用费。

第三百四十九条 非专利技术转让合同的让与人应当按照约定提供技术资料,进行技术指导,保证技术的实用性、可靠性,承担保密义务。

第三百五十条 非专利技术转让合同的受让人应当按照约定使用技术,支付使用费,承担保密义务。

第三百五十一条 技术转让合同的让与人应当保证自己是所提供的技术的合法拥有者,并且保证所提供的技术完整、无误、有效,能够达到约定的目标。

第三百五十二条 技术转让合同的受让人应当按照约定的范围和期限,对让与人提供的技术中尚未公开的秘密部分,承担保密义务。

第三百五十三条 技术引进合同的期限应当同受让人掌握引进技术的时间相适应,未经审批机关批准不得超过十年。

第三百五十四条 技术引进合同的让与人不得胁迫受让人接受不合理的限制性要求,未经审批机关批准,合同不得有下列限制性条款:

(一)要求受让人接受与技术引进无关的附带条件,包括购买不需要的技术、技术服务、材料、设备或者产品;

(二)限制受让人自由选择从不同来源购买材料、零部件或者设备;

(三)限制受让人发展和改进所引进的技术;

(四)限制受让人从其他来源获得类似技术或者与之竞争的同类技术;

(五)双方交换改进技术的条件不对等;

(六)限制受让人利用引进的技术生产产品的数量、品种或者销售价格;

(七)不合理地限制受让人的销售渠道或者出口市场;

(八)禁止受让人在合同期满后,继续使用引进的技术;

(九)要求受让人为不使用的或者失效的专利支付报酬或者承担其他义务。

第三百五十五条 让与人未按照约定转让技术的,应当返还部分或者全部使用费,并且应当支付违约金或者赔偿损失;实施专利或者使用非专利技术超越约定的范围的,违反约定擅自许可第三人实施该项专利或者使用该项非专利技术的,应当停止违约行为,支付违约金或者赔偿损失;违反约定的保密义务的,应当支付违约金或者赔偿损失。

第三百五十六条 受让人未按照约定支付使用费的,应当补交使用费并按照约定支付违约金;不补交使用费或者支付违约金的,应当停止实施专利或者使用非专利技术,交还技术资料,支付违约金或者赔偿损失;实施专利或者使用非专利技术超越约定的范围的,未经让与人同意擅自许可第三人实施该专利或者使用该非专利技术的,应当停止违约行为,支付违约金或者赔偿损失;违反约定的保密义务的,应当支付违约金或者赔偿损失。

第三百五十七条 受让人按照约定实施专利、使用非专利技术侵害他人合法权益的,由让与人承担责任。

第三百五十八条 当事人可以按照互利的原则,在技术转让合同中约定实施专利、使用非专利技术后续改进的技术成果的分享办法。没有约定或者约定不明确,依照本法第六十二条的规定仍不能确定的,任何一方无权分享另一方后续改进的技术成果。

第四节 技术咨询合同和技术服务合同

第三百五十九条 技术咨询合同包括就特定技术项目提供可行性论证、技术预测、专题技术调查、分析评价报告等合同。

技术服务合同是指当事人一方以技术知识为另一方解决特定技术问题所订立的合同,不包括建设工程的勘察、设计、建筑、安装合同和承揽合同。

第三百六十条 技术咨询合同的委托人应当按照约定阐明咨询的问题,提供技术背景材料及有关技术资料、数据;接受受托人的工作成果,支付报酬。

第三百六十一条 技术咨询合同的受托人应当按照约定完成咨询报告或者解答问题;提出的咨询报告达到约定的要求。

第三百六十二条 技术咨询合同的委托人未按照约定提供必要的资料和数据,影响工作进度和质量的,支付的报酬不得追回,未付的报酬应当如数支付。

技术咨询合同的受托人未按期提出咨询报告或者提出的咨询报告不符合约定的,应当减收或者免收报酬,支付违约金或者赔偿损失。

技术咨询合同的委托人按照受托人符合约定要求的咨询报告和意见作出决策所造成的损失,由委托人承担,但当事人另有约定的除外。

第三百六十三条 技术服务合同的委托人应当按照约定提供工作条件,完成配合事项;接受工作成果并支付报酬。

第三百六十四条 技术服务合同的受托人应当按照约定完成服务项目,解决技术问题,保证工作质量,并传授解决技术问题的知识。

第三百六十五条 技术服务合同的委托人不履行合同义务或者履行合同义务不符合约定,影响工作进度和质量,不接受或者逾期接受工作成果的,应当按照约定支付报酬。

技术服务合同的受托人未按照合同约定完成服务工作的,应当免收报酬并支付违约金或者赔偿损失。

第三百六十六条 技术咨询合同、技术服务合同履行过程中,受托人利用委托人提供的技术资料和工作条件完成的新的技术成果,属于受托人。委托人利用受托人的工作成果完成的新的技术成果,属于委托人。当事人另有约定的,按照其约定。

第十八章 保管合同

第三百六十七条 保管合同是保管人保管寄存人交付的保管物,并返还该物的合同。

第三百六十八条 寄存人应当按照约定向保管人支付保管费。当事人对保管费没有约定或者约定不明确,依照本法第六十二条的规定仍不能确定的,保管是无偿的。

第三百六十九条 保管合同自保管物交付时成立,但当事人另有约定的除外。

第三百七十条 寄存人向保管人交付保管物的,保管人应当给付保管凭证,但当事人另有约定的除外。

第三百七十一条 保管人应当妥善保管保管物。

当事人可以约定保管场所或者方法。除紧急情况或者为了维护寄存人利益的以外,不得擅自改变保管场所或者方法。

第三百七十二条 寄存人交付的保管物有瑕疵或者按照保管物的性质需要采取特殊保管措施的,寄存人应当将有关情况告知保管人。寄存人未告知,致使保管物受损失的,保管人不承担损害赔偿责任;保管人因此受损失的,除保管人知道并未采取补救措施的以外,寄存人应当承担损害赔偿责任。

第三百七十三条　保管人不得将保管物转交第三人保管,但当事人另有约定的除外。

保管人违反前款规定将保管物转交第三人保管,对保管物造成损失的,应当承担损害赔偿责任。

第三百七十四条　保管人不得使用或者许可第三人使用保管物,但当事人另有约定的除外。

第三百七十五条　第三人对保管物主张权利的,除依法对保管物采取保全或者执行的以外,保管人应当履行向寄存人返还保管物的义务。

第三人对保管人提起诉讼或者对保管物申请扣押的,保管人应当及时通知寄存人。

第三百七十六条　保管物在保管期间毁损、灭失的风险,由保管人承担。

第三百七十七条　寄存人寄存货币、有价证券或者其他贵重物品的,应当向保管人声明。寄存人未声明的,该物品毁损、灭失后,保管人可以按照一般物品予以赔偿。

第三百七十八条　寄存人可以随时领取保管物。

当事人未约定保管期间的,保管人可以随时请求寄存人领取保管物;约定保管期间的,保管人无特别事由,不得请求寄存人提前领取保管物。

第三百七十九条　保管期间届满或者寄存人提前领取保管物的,保管人应当将原物及其孳息归还寄存人。

第三百八十条　保管人保管货币的,可以返还相同种类、数量的货币。保管其他可替代物的,可以按照约定返还相同种类、品质、数量的物品。

第三百八十一条　寄存人应当按照约定向保管人支付保管费以及其他费用;不支付保管费以及其他费用的,保管人对保管物享有留置权,但当事人另有约定的除外。

第三百八十二条　有偿的保管合同,寄存人应当按照约定的期限向保管人支付保管的费用。对支付期限没有约定或者约定不明确,依照本法第六十二条的规定仍不能确定的,应当在领取保管物的同时支付。

第十九章　仓储合同

第三百八十三条　仓储合同是仓管人储存存货人交付的仓储物,存货人支付仓储费的合同。

第三百八十四条　仓储合同自成立时起生效。

第三百八十五条　存货人交付仓储物的,仓管人应当给付仓单。

第三百八十六条　仓管人应当在仓单上签字或者盖章。仓单包括下列事项:

(一)存货人的名称或者姓名和住所;

(二)仓储物的品种、数量、质量、包装、件数和标记;

(三)仓储物的损耗标准;

(四)储存场所;
(五)储存期间;
(六)仓储费;
(七)仓储物已经办理保险的,其保险金额、期间以及保险公司的名称;
(八)填发人、填发地和填发日期。

第三百八十七条　储存易燃、易爆、有毒、有腐蚀性、有放射性等危险物品或者易变质物品,存货人应当说明该物的性质,提供有关资料。

存货人违反前款规定的,仓管人可以拒收仓储物,也可以采取相应措施以避免损失的发生,因此产生的费用由存货人承担。

第三百八十八条　仓管人应当按照约定对入库仓储物进行验收。仓管人验收时发现入库仓储物与约定不符合的,应当及时通知存货人。仓管人验收后,发生仓储物的品种、数量、质量不符合约定的,仓管人应当承担损害赔偿责任。

第三百八十九条　仓管人根据仓单持有人的要求,应当同意其检查仓储物或者提取样品。

第三百九十条　仓单是提取仓储物的凭证。存货人在仓单上背书并经仓管人签字或者盖章的,可以转让提取仓储物的权利。

第三百九十一条　仓管人对入库仓储物发现有变质或者其他损坏的,应当及时通知存货人或者仓单持有人。

第三百九十二条　仓管人对入库仓储物发现有变质或者其他损坏,危及其他仓储物的安全和正常保管的,应当催告存货人或者仓单持有人作出必要的处置。因情况紧急,仓管人可以作出必要的处置,但事后应当将该情况及时通知存货人或者仓单持有人。

第三百九十三条　当事人对储存期间没有约定或者约定不明确的,存货人可以随时提取仓储物,仓管人自接收仓储物之日起三个月内,不得要求存货人提取仓储物。

第三百九十四条　储存期间届满,仓单持有人应当凭仓单提取仓储物,并向仓管人提交仓储物验收资料。仓单持有人逾期提取的,应当加收仓储费;提前提取的,不减收仓储费。

第三百九十五条　储存期间届满,仓单持有人不提取仓储物的,仓管人可以催告其在合理期限内提取,逾期不提取的,仓管人可以提存该物。

第三百九十六条　储存期间,仓储物毁损、灭失的,仓管人应当承担违约责任。

因仓储物包装不符合约定或者超过有效储存期造成仓储物变质、损坏的,仓管人不承担责任。

第三百九十七条　本章没有规定的,适用保管合同的有关规定。

第二十章　委托合同

第三百九十八条　委托合同是委托人和受托人约定,由受托人处理委托人事务的合同。

第三百九十九条　委托人可以特别委托受托人处理一项或者数项事务,也可以概括委托受托人处理一切事务。

第四百条　委托人应当预付处理委托事务的费用。受托人为处理委托事务垫付的必要费用,委托人应当偿还该费用及其利息。

第四百零一条　受托人应当按照委托人的指示处理委托事务。需要变更委托人指示的,应当经委托人同意;因情况紧急,难以和委托人取得联系的,受托人应当妥善处理委托事务,但事后应当将该情况及时通知委托人。

第四百零二条　受托人应当亲自处理委托事务。经委托人同意,受托人可以转委托。转委托经同意的,委托人可以就委托事务直接指示转委托的第三人,受托人仅就第三人的选任及其对第三人的指示承担责任。转委托未经同意的,受托人应当对转委托的第三人的行为承担责任,但在紧急情况下受托人为保护委托人的利益需要转委托的除外。

第四百零三条　受托人应当按照委托人的要求,报告委托事务的处理情况。委托合同解除,受托人应当报告委托事务的结果。

第四百零四条　受托人处理委托事务取得的财产,应当转交给委托人。

第四百零五条　受托人完成委托事务的,委托人应当向其支付报酬。因不可归责于受托人的事由,委托合同解除或者委托事务不能完成的,委托人应当向受托人支付相应的报酬。当事人另有约定的,按照其约定。

第四百零六条　有偿的委托合同,因受托人的过错给委托人造成损失的,委托人可以请求赔偿损失。无偿的委托合同,因受托人的故意或者重大过失给委托人造成损失的,委托人可以请求赔偿损失。

受托人超越权限给委托人造成损失的,应当赔偿损失。

第四百零七条　受托人处理委托事务时,因不可归责于自己的事由受到损失的,可以向委托人请求赔偿损失。

第四百零八条　委托人经受托人同意,可以在受托人之外另行委托第三人处理委托事务。因此给受托人造成损失的,受托人可以向委托人请求赔偿损失。

第四百零九条　两个以上的受托人共同处理委托事务的,对委托人承担连带责任。

第四百一十条　委托人或者受托人可以随时解除委托合同。因解除委托合同给对方造成损失的,除不可归责于该当事人的事由以外,应当赔偿损失。

第四百一十一条　委托人或者受托人死亡或者丧失行为能力的,委托合同终止,但当事人另有约定或者根据委托事务的性质不宜终止的除外。

第四百一十二条　因委托人死亡或者丧失行为能力,致使委托合同终止将损害委托人利益的,在委托人的继承人或者法定代理人承受委托事务之前,受托人应当继续处理委托事务。

第四百一十三条　因受托人死亡或者丧失行为能力,致使委托合同终止的,受托人的继承人或者法定代理人应当及时通知委托人。因委托合同终止将损害委托人利益的,在委托人作出善后处理之前,受托人的继承人或者法定代理人应当采取必要措施。

第二十一章　行纪合同

第四百一十四条　行纪合同是行纪人以自己的名义为委托人从事贸易活动,委托人支付报酬的合同。

第四百一十五条　行纪人处理委托事务支出的费用,由行纪人负担,但当事人另有约定的除外。

第四百一十六条　行纪人占有委托物的,应当妥善保管委托物。

第四百一十七条　委托物交付给行纪人时有瑕疵或者容易腐烂、变质的,经委托人同意,行纪人可以处分该物;和委托人不能及时取得联系的,行纪人可以合理处分。

第四百一十八条　行纪人以低于委托人指定的价格卖出或者高于委托人指定的价格买入的,应当经委托人同意。未经委托人同意,行纪人补偿其差额的,该买卖对委托人发生效力。

行纪人以高于委托人指定的价格卖出或者低于委托人指定的价格买入的,可以按照约定增加报酬。没有约定或者约定不明确,依照本法第六十二条的规定仍不能确定的,该利益属于委托人。

委托人对价格有特别指示的,行纪人不得违背该指示卖出或者买入。

第四百一十九条　行纪人卖出或者买入具有市场定价的证券或者其他商品,除委托人有相反的意思表示的以外,行纪人自己可以作为买受人或者出卖人。

行纪人有前款情形的,仍然可以请求委托人支付报酬。

第四百二十条　行纪人按照约定买入委托物,委托人应当及时受领。

经行纪人催告,委托人无正当理由拒绝受领的,行纪人可以提存委托物。

委托物不能卖出或者委托人撤回出卖,经行纪人催告,委托人不取回或者不处分该物的,行纪人可以提存委托物。

第四百二十一条　行纪人与第三人约定,行纪人履行的义务附条件的,按照其约定。

第四百二十二条　行纪人与第三人订立合同的,行纪人对该合同直接享有权利、承担义务。第三人不履行义务致使委托人受到损害的,行纪人应当承担损害赔偿责任。当事人另有约定的,按照其约定。

第四百二十三条　行纪人与第三人订立合同时,第三人知道委托人的,委托人可以介入行纪人与第三人订立的合同,以自己的名义对该合同直接享有权利、承担义务,但行纪人与第三人另有约定的除外。

第四百二十四条　行纪人与第三人订立的合同,第三人知道委托人的,可以选择委托人或者行纪人作为该合同的相对人,但行纪人与第三人另有约定的除外。

第三人依照前款规定选定相对人的,不得变更。

第四百二十五条　行纪人和委托人共同与第三人订立合同,第三人知道其委托关系的,应当由委托人对该合同享有权利、承担义务,但当事人另有约定除外。第三人不知道其委托关系的,应当由行纪人和委托人共同对该合同享有权利、承担义务。

第四百二十六条 行纪人完成或者部分完成委托事务的,委托人应当向其支付相应的报酬。委托人逾期不支付报酬的,行纪人对委托物享有留置权,但当事人另有约定的除外。

第四百二十七条 本章没有规定的,适用委托合同的有关规定。

第二十二章 居间合同

第四百二十八条 居间合同是居间人促成委托人订立合同,委托人支付报酬的合同。

第四百二十九条 居间人就有关订立合同的情况应当向委托人如实报告。

居间人故意提供虚假情况,损害委托人利益的,不得请求支付报酬并应当承担损害赔偿责任。

第四百三十条 居间活动的费用,由居间人负担,但当事人另有约定的除外。

第四百三十一条 居间人促成合同成立后,可以按照约定向委托人请求支付报酬。对居间人的报酬没有约定或者约定不明确,依照本法第六十二条的规定仍不能确定的,根据居间人的劳务合理确定,并由委托人平均负担。

第二十三章 附 则

第四百三十二条 县级以上各级人民政府工商行政管理部门和其他有关主管部门,依照法律、行政法规规定的职责,负责对合同的监督。

第四百三十三条 对利用合同危害国家利益、社会公共利益的违法行为,由县级以上各级人民政府工商行政管理部门和其他有关主管部门依照法律、行政法规规定的职责负责处理;构成犯罪的,依法追究刑事责任。

第四百三十四条 当事人对合同条款的理解有争议的,应当按照合同所使用的词句、合同的有关条款、交易习惯以及诚实信用的原则,确定该条款的真实意思。该条款可以作两种以上解释时,应当以符合合同目的的解释为准。

第四百三十五条 中华人民共和国缔结或者参加的国际条约同中华人民共和国的民事法律有不同规定的,适用国际条约的规定,但中华人民共和国声明保留的条款除外。中华人民共和国法律和中华人民共和国缔结或者参加的国际条约没有规定的,可以适用国际惯例。

第四百三十六条 在中华人民共和国境内履行、经国家批准成立的中外合资经营企业合同、中外合作经营企业合同、中外合作勘探开发自然资源合同,在法律有新的规定时,可以仍然按照合同的约定履行。

第四百三十七条 当事人可以通过协商或者调解解决合同争议。

当事人不愿协商、调解或者协商、调解不成的,可以根据仲裁协议向仲裁机构申请仲裁。涉外合同的当事人可以根据仲裁协议向中国仲裁机构或者其他仲裁机构申请仲裁。当事人没有订立仲裁协议或者仲裁协议无效的,可以向人民法院起诉。

第四百三十八条 涉外合同的当事人可以选择处理合同争议所适用的法律,但法律另有规定的除外。涉外合同的当事人没有选择的,适用与合同有最密切联系的国家的法律。

在中华人民共和国境内履行的中外合资经营企业合同、中外合作经营企业合同、中外合作勘探开发自然资源合同,适用中华人民共和国法律。

第四百三十九条 涉外货物买卖合同提起诉讼或者申请仲裁的期限为四年;技术合同提起诉讼或者申请仲裁的期限为一年,自当事人知道或者应当知道其权利受到侵害之日起计算。

第四百四十条 其他法律对合同另有规定的,依照其规定。

第四百四十一条 本法自199 年 月 日起施行。

关于《中华人民共和国合同法(草案)》的说明

1998年8月24日在九届全国人大常委会第四次会议上

全国人大常委会法制工作委员会副主任　胡康生

委员长、各位副委员长、秘书长、各位委员：

我受委员长会议的委托，作关于《中华人民共和国合同法(草案)》的说明。

合同法是民法的重要组成部分，是市场经济的基本法律制度。党的十一届三中全会以来，我国先后制定了经济合同法、涉外经济合同法和技术合同法三部合同法。这三部合同法对保护合同当事人的合法权益，维护社会经济秩序，促进国内经济、技术和对外经济贸易的发展，保障社会主义建设事业的顺利进行，发挥了重要作用。但是，随着改革开放的不断深入和扩大，经济贸易的不断发展，这三部合同法的一些规定不能完全适应了，存在的主要问题是：第一，国内经济合同、涉外经济合同和技术合同分别适用不同的合同法，有些共性的问题不统一，某些规定较为原则，有的规定不尽一致。根据发展社会主义市场经济的要求，需要制定统一的合同法。第二，近年来，在市场交易中利用合同形式搞欺诈，损害国家、集体和他人利益的情况较为突出，在防范合同欺诈、维护社会经济秩序方面，需要作出补充规定。第三，调整范围不能完全适应，同时近年来也出现了融资租赁等新的合同种类，委托、行纪等合同也日益增多，需要相应作出规定。

根据全国人大常委会的立法规划，法制工作委员会组织法律专家和实际工作部门起草了合同法征求意见稿，于1997年5月印发各省、自治区、直辖市和中央有关部门以及法律院校、研究等单位征求意见，并召开座谈会听取了部分法律专家和有关部门的意见。根据各方面意见，又进行了修改，形成合同法草案。起草合同法草案的主要原则是：第一，制定一部统一的、较为完备的合同法，对有关合同的共性问题作出统一规定，把十多年来行之有效的有关合同的行政法规和司法解释的规定，尽量吸收进来。第二，以三个合同法为基础，总结实践经验，加以补充完善，同时注意保持法律的连续性和稳定性。第三，针对经济贸易活动和司法实践中出现的新情况、新问题，充分借鉴国外的有益经验，对原来比较原则的规定，尽可能作出具体规定，对需要增加的内容，尽可能作出补充规定。这样，有利于进一步健全我国的合同法律制度，完善社会主义市场经济的行为规范，促进改革、开放和社会主义现代化建设的发展。现将合同法草案的几个主要问题说明如下：

一、关于调整范围

草案规定，合同是平等主体的公民、法人、其他组织之间设立、变更、终止债权债务关系的协议。这是根据民法通则的规定作出的:第一,合同法调整的是平等主体之间的债权债务关系,属于民事关系。政府对经济的管理活动,属于行政管理关系,不是民事关系,不适用合同法;企业、单位内部的管理关系,不是平等主体之间的关系,也不适用合同法。第二,合同是设立、变更、终止债权债务关系的协议,有关婚姻、收养、监护等身份关系的协议,不适用合同法。第三,合同法主要调整企业之间的经济贸易关系,同时还包括公民之间因买卖、租赁、借贷、赠与等产生的合同法律关系。与三部合同法的调整范围相比,作了适当扩大。

二、关于基本原则

草案对合同法基本原则的规定是:第一,平等、自愿。合同当事人的地位平等,依法享有自愿订立合同的权利,一方不得将自己的意志强加给另一方,任何单位和个人不得非法干预。第二,公平、诚实信用。当事人应当遵循公平的原则确定双方的权利和义务,在行使权利、履行义务时,应当遵循诚实信用的原则,不得有欺诈行为。第三,遵守法律。当事人订立、履行合同,应当遵守法律、行政法规,尊重社会公德,不得扰乱社会经济秩序,损害社会公共利益。

根据平等、自愿的原则,当事人是否签订合同,和谁签订,合同的内容,如何承担违约责任,由当事人双方在不违反法律规定的情况下,自愿协商约定。随着经济体制改革的不断深入,国家指令性计划的范围缩小、品种和数量大幅度减少,但为了保证国防军工、重点建设以及国家战略储备的需要,国家还必须掌握一定的重要物资。因此,草案规定,国家根据需要向企业下达指令性计划的,有关企业之间应当依照有关法律、行政法规规定的企业的权利和义务签订合同。

三、关于合同的订立和效力

合同的订立是十分重要的,它是合同履行的前提。当事人的权利和义务要通过合同的订立予以确定。订立合同时考虑得周到,有利于维护当事人的合法权益,在履行中可以减少纠纷,发生纠纷后,也便于及时解决。草案对合同的主体、形式、订立方式、合同的一般内容、合同的成立和效力等问题,都作了规定。

关于**合同主体**。草案规定,当事人订立合同,应当具有相应的民事权利能力和民事行为能力。当事人可以依法委托代理人订立合同。

关于**合同形式**。草案规定,不动产转让合同采用书面形式。涉外合同价款或者报酬10万元以上的合同,除即时清结的以外,采用书面形式,法律规定其他合同应当采用书面形式订立的,依照其规定。

关于**订立方式**。草案规定,当事人对合同内容协商一致的,合同成立。草案对要约、承诺,包括要约的必备条件、要约的生效、要约的撤回和撤销、承诺的期限、承诺的撤回、承诺的生效等,作了具体规定。

关于**标准条款**。当前,因采用标准条款订立合同而发生的纠纷逐渐增多。标准条款是指当事人为了重复使用而预先拟定,并在订立合同时未与对方协商的条款。草案从维护公平、保护弱者出发,对标准条款从两方面予以限制:第一,提供标准条款的一方有提示、说明的义务,应当提请对方注意免除或者限制其责任的条款,并按照对方的要求予以说明。第二,免除提供标准条款一方当事人主要义务、排除对方当事人主要权利的标准条款无效。

关于缔约过失。在订立合同过程中,有的合同虽然还没有成立,但因一方当事人的过错也会给对方造成损失,有过错的当事人应当承担赔偿责任。草案规定,当事人在订立合同过程中假借订立合同,以损害对方利益为目的,恶意进行磋商,或者有其他违背诚实信用原则的行为,给对方造成损失的,应当承担赔偿责任。

关于合同的效力。草案规定:第一,依法成立的合同,自成立时生效。法律、行政法规规定应当办理批准、登记等手续的,依照其规定。第二,一方以欺诈、胁迫的手段或者乘人之危,使对方在违背真实意思的情况下订立的合同;恶意串通,损害国家、集体或者第三人利益的合同;违反法律、行政法规的强制性规定的合同无效。第三,因重大误解订立的合同以及显失公平的合同,当事人一方有权请求人民法院或者仲裁机构变更或者撤销。

四、关于合同的履行

履行合同才能实现订立合同的目的,它关系到当事人的利益,对商品的流转、经济的发展,有着重要的意义。草案依照民法通则和三个合同法的规定,强调全部履行的原则,当事人应当按照合同的约定履行自己的义务,同时规定,当事人应当遵循诚实信用的原则,根据合同的性质、目的和交易习惯,在履行合同时负有及时通知、协助、提供必要的条件、防止损失扩大以及保密等义务。

为了防范合同欺诈,保护债权人的合法权益,草案增加规定了不安抗辩权、代位权和撤销权:

第一,不安抗辩权。草案规定,应当先履行债务的当事人,有证据证明对方有下列情形之一的,包括经营状况严重恶化;转移财产、抽逃资金,以逃避债务;严重丧失商业信誉;有其他丧失或者可能丧失履行债务能力情形的,可以中止履行。中止履行时,应当及时通知对方。对方提供适当担保时,应当恢复履行合同。

第二,代位权。草案规定,因债务人怠于行使其债权,对债权人造成损害的,债权人可以请求人民法院以自己的名义代位行使债务人的债权。

第三,撤销权。草案规定,因债务人放弃债权或者无偿转让财产,对债权人造成损害的,债权人可以请求人民法院撤销债务人的行为。债务人以明显不合理的低价转让财产,对债权人造成损害,并且受让人知道该情形的,债权人也可以请求人民法院撤销债务人的行为。

五、关于违约责任

规定违约责任,是为了促使当事人履约,维护市场交易秩序,补偿因违约给对方造成的损失。草案在民法通则和三个合同法规定的基础上,进一步完善了违约责任制度。

第一,当事人一方未支付价款或者报酬的,对方可以请求其支付价款或者报酬。当事人迟延支付价款或者报酬的,应当支付该价款或者报酬的逾期利息。

第二,当事人一方不履行非金钱债务或者履行非金钱债务不符合约定的,对方可以请求强制履行。强制履行后还有其他损失的,可以请求赔偿损失。

第三,为了切实保护受损害方的利益,草案明确规定,损失赔偿额应当相当于因违约所造成的损失,包括合同履行后可以获得的利益,但不得超过违反合同一方订立合同时应当预见到的因违反合同可能造成的损失。

第四,增加规定了预期违约制度。当事人一方明确表示或者以自己的行为表明不履行合同的,对方可以在履行期届满之前请求其承担违约责任。

六、关于对合同的监督

草案根据经济合同法和技术合同法的有关规定,对合同的监督问题作了规定。第一,县级以上各级人民政府工商行政管理部门和其他有关主管部门,依照法律、行政法规规定的职责,负责对合同的监督。第二,对利用合同危害国家利益、社会公共利益的违法行为,由县级以上各级人民政府工商行政管理部门和其他有关主管部门依照法律、行政法规规定的职责负责处理;构成犯罪的,依法追究刑事责任。

对合同的监督应当依法进行。除法律、行政法规规定应当办理批准、登记等手续的以外,都是事后监督,不应当也不必要对所有合同进行事先审查。对合同的监督,是监督利用合同危害国家利益、社会公共利益的违法行为,对当事人依法享有的合同权利以及民事处分权利不应干涉。

七、关于合同法分则

草案分则对买卖、供用电、赠与、借款、租赁、融资租赁、承揽、建设工程、运输、技术、保管、仓储、委托、行纪、居间等十五类合同作了规定。主要情况是:第一,对三部合同法中的合同,多数予以保留,并根据实践经验和行政法规、司法解释以及国际公约的规定,进一步完善。第二,对实践中出现的新情况、新问题,增加规定了一些种类的合同,如融资租赁合同等。第三,保险法、担保法、劳动法、著作权法等法律,对有关合同的特殊性问题作了具体规定,因此在合同法分则中不再专门规定,上述法律未规定的,适用合同法总则的规定。第四,有些合同目前经验尚不成熟,需要进一步研究,在分则中暂没规定。分则没有具体规定的合同,可以适用总则。

《中华人民共和国合同法(草案)》,是一部关系公民、法人和其他组织的切身利益、完善市场交易规则、发展社会主义市场经济的重要法律草案,建议将该草案全文公布,广泛征求意见,以便进一步研究修改,再提请以后的全国人大常委会会议审议。

关于《中华人民共和国合同法(草案)》和以上说明是否妥当,请审议。

中华人民共和国合同法(草案)

1998年9月7日

目 录

总 则
  第一章 一般规定
  第二章 合同的订立
  第三章 合同的效力
  第四章 合同的履行
  第五章 合同的变更和转让
  第六章 合同的终止
  第七章 违约责任
分 则
  第八章 买卖合同
  第九章 供用电、水、气、热力合同
  第十章 赠与合同
  第十一章 借款合同
  第十二章 租赁合同
  第十三章 融资租赁合同
  第十四章 承揽合同
  第十五章 建设工程合同
  第十六章 运输合同
    第一节 一般规定
    第二节 旅客运输合同
    第三节 货物运输合同
    第四节 多式联运合同
  第十七章 技术合同
    第一节 一般规定
    第二节 技术开发合同
    第三节 技术转让合同

第四节　技术咨询合同和技术服务合同
第十八章　保管合同
第十九章　仓储合同
第二十章　委托合同
第二十一章　行纪合同
第二十二章　居间合同
第二十三章　附　则

总　则

第一章　一般规定

第一条　为了保护合同当事人的合法权益,维护社会经济秩序,促进社会主义现代化建设,制定本法。

第二条　合同是平等主体的公民、法人、其他组织之间设立、变更、终止债权债务关系的协议。

第三条　合同当事人的地位平等,一方不得将自己的意志强加给另一方。

第四条　当事人依法享有自愿订立合同的权利,任何单位和个人不得非法干预。

第五条　当事人应当遵循公平的原则确定双方的权利和义务。

第六条　当事人在行使权利、履行义务时应当遵循诚实信用的原则,不得有欺诈行为。

第七条　当事人订立、履行合同,应当遵守法律、行政法规,尊重社会公德,不得扰乱社会经济秩序,损害社会公共利益。

第八条　依法成立的合同,对当事人具有法律约束力。当事人应当按照合同的约定履行自己的义务,非依法律规定或者取得对方同意,不得擅自变更或者解除合同。

第二章　合同的订立

第九条　当事人订立合同,应当具有相应的民事权利能力和民事行为能力。
当事人依法可以委托代理人订立合同。

第十条　不动产转让合同,应当采用书面形式。涉外合同、价款或者报酬十万元以上的合同,除即时清结的以外,应当采用书面形式。法律规定应当采用书面形式订立合同的,依照其规定。
前款规定以外的合同,当事人可以采用口头或者其他形式订立。

第十一条　书面形式是指合同书、信件以及数据电文(包括电报、电传、传真、电子数据交换和电子邮件)等可以有形地表现所载内容的形式。

第十二条 合同的内容由当事人约定,一般包括以下条款:
(一)当事人的名称或者姓名和住所;
(二)标的;
(三)数量;
(四)质量;
(五)价款或者报酬;
(六)履行期限;
(七)履行地点和方式;
(八)违约责任;
(九)解决争议的方法。

第十三条 当事人对合同的标的、数量等内容协商一致的,合同成立。
当事人订立合同,采取要约、承诺方式。

第十四条 要约是希望和他人订立合同的意思表示,该意思表示应当符合下列规定:
(一)内容具体确定;
(二)经受要约人承诺,要约人即受该意思表示约束。

第十五条 要约邀请是希望他人向自己发出要约的意思表示。价目表的寄送、拍卖公告、招标公告、招股说明书、商品广告为要约邀请。
商品广告的内容符合要约规定的,视为要约。

第十六条 要约到达受要约人时生效。
采用数据电文形式订立合同,收件人指定特定计算机系统接收数据电文的,该数据电文进入该特定系统的时间,视为到达时间;未指定特定计算机系统的,该数据电文进入收件人的任何计算机系统的首次时间,视为到达时间。

第十七条 要约可以撤回,但撤回要约的通知应当在要约到达受要约人之前或者同时到达受要约人。

第十八条 要约可以撤销,但撤销要约的通知应当在受要约人发出承诺通知之前到达受要约人。

第十九条 有下列情形之一的,要约不得撤销:
(一)要约中确定了承诺期限或者以其他形式明示要约不可撤销;
(二)受要约人有理由认为要约是不可撤销的,并且已经为履行合同做了准备工作。

第二十条 要约于拒绝要约的通知到达要约人时失效。

第二十一条 承诺是受要约人同意要约的意思表示。
承诺应当以明示的方式作出,缄默或者不行为不视为承诺。

第二十二条 承诺的表示应当以通知的方式作出,但根据交易习惯或者要约表明可以通过行为作出承诺的除外。

第二十三条 承诺应当在要约确定的期限内到达要约人。要约没有确定承诺期

限的,承诺应当依照下列规定到达:

（一）要约以对话方式作出的,应当即时作出承诺的意思表示,但当事人另有约定的除外;

（二）要约以非对话方式作出的,承诺应当在合理期限内到达要约人。

第二十四条　要约以电报或者信件作出的,承诺期限自电报交发之日或者信件载明的日期开始计算。如果信件未载明日期,自投寄该信件的邮戳日期开始计算。

第二十五条　承诺生效时合同成立。

第二十六条　承诺需要通知的,承诺通知到达要约人时生效。

采用数据电文形式订立合同的,承诺到达的时间适用本法第十六条第二款的规定。

承诺不需要通知的,根据交易习惯或者要约的要求作出承诺的行为时生效。

第二十七条　承诺可以撤回,但撤回承诺的通知应当在承诺生效之前或者与承诺通知同时到达要约人。

第二十八条　受要约人超过承诺期限发出承诺的,除要约人及时通知受要约人该承诺有效的以外,为新要约。

第二十九条　受要约人在承诺期限内发出承诺,按照通常情形能够及时到达要约人,但因其他原因承诺到达要约人时超过承诺期限的,除要约人及时通知受要约人因承诺超过期限不接受该承诺的以外,该承诺有效。

第三十条　承诺的内容应当和要约的内容一致。承诺对要约的内容作出实质性变更的,为新要约。有关合同标的、数量、质量、价款或者报酬、履行期限、履行地点和方式、违约责任和解决争议方法的变更,是对要约内容的实质性变更。

第三十一条　承诺对要约的内容作出非实质性变更的,除要约人及时表示反对或者要约表明承诺不得对要约的内容作出任何变更的以外,该承诺有效,合同的内容以承诺的内容为准。

第三十二条　当事人采用信件、数据电文形式订立合同的,一方当事人可以要求签订确认书。

第三十三条　当事人采用合同书包括确认书形式订立合同的,自双方当事人签字或者盖章时合同成立。签字或者盖章不在同一时间的,最后签字或者盖章时合同成立。

第三十四条　承诺生效的地点为合同成立的地点。

采用数据电文形式订立合同的,收件人的主营业地为合同成立的地点;没有主营业地的,其经常居住地为合同成立的地点。当事人另有约定的,按照其约定。

第三十五条　当事人采用合同书包括确认书形式订立合同的,双方当事人签字或者盖章的地点为合同成立的地点。签字或者盖章不在同一地点的,最后签字或者盖章的地点为合同成立的地点。

第三十六条　国家根据需要向企业下达指令性计划的,有关企业之间应当依照有关法律、行政法规规定的企业的权利和义务签订合同。

第三十七条　采用标准条款订立合同的,提供标准条款的一方应当遵循公平的原则确定当事人之间的权利和义务,并采取合理的方式提请对方注意免除或者限制其责任的条款,按照对方的要求,对该条款予以说明。提供标准条款的一方未尽到提示义务或者拒绝说明的,该条款不发生效力。

标准条款是当事人为了重复使用而预先拟定,并在订立合同时未与对方协商的条款。

第三十八条 标准条款具有本法第五十二条和第五十三条规定的情形,或者免除提供标准条款一方当事人主要义务、排除对方当事人主要权利的,该条款无效。

第三十九条 对标准条款的理解发生争议的,应当作出不利于提供标准条款一方的解释。标准条款和非标准条款不一致的,应当采用非标准条款。

第四十条 当事人在订立合同过程中有下列情形之一,给对方造成损失的,应当承担损害赔偿责任:

(一)假借订立合同,以损害对方利益为目的,恶意进行磋商的;

(二)有其他违背诚实信用原则的行为的。

第四十一条 当事人在订立合同过程中知悉的技术信息或者经营信息,对方要求保密的,不得泄露或者不正当地使用。泄露或者不正当地使用该信息给对方造成损失的,应当承担损害赔偿责任。

第三章 合同的效力

第四十二条 依法成立的合同,自成立时生效。

法律、行政法规规定应当办理批准、登记等手续的,依照其规定。

第四十三条 当事人对合同的效力可以约定附条件。附生效条件的合同,自条件成就时生效。附解除条件的合同,自条件成就时失效。

当事人为自己的利益不正当地阻止条件成就的,视为条件已成就;不正当地促成条件成就的,视为条件不成就。

第四十四条 当事人对合同的效力可以约定附期限。附生效期限的合同,自期限届至时生效。附终止期限的合同,自期限届满时失效。

第四十五条 法律规定应当采用书面形式的合同,当事人未采用书面形式但已经履行主要义务或者能够证明当事人对合同内容协商一致的,该合同有效。

第四十六条 采用合同书包括确认书形式订立合同,没有签字或者盖章的当事人已经履行主要义务的,该合同有效。

第四十七条 无民事行为能力人、限制民事行为能力人订立的合同,经法定代理人追认后,该合同有效,但纯获利益的合同或者与其年龄、智力相适应而订立的合同,不必经法定代理人追认。

相对人可以催告法定代理人在一个月内予以追认。法定代理人未作表示的,视为拒绝追认。合同未经追认之前,善意相对人有撤销的权利。撤销应当以明示的方式作出。

第四十八条 无代理权人以他人名义订立的合同,未经本人追认,对本人不发生效力。

相对人可以催告本人在一个月内予以追认。本人未作表示的,视为拒绝追认。合同未经追认之前,善意相对人有撤销的权利。撤销应当以明示的方式作出。

第四十九条 代理人超越代理权或者代理权终止后仍然以本人名义订立合同,或者本人知道其以本人名义订立合同而不作否认表示的,除相对人有过失的以外,该代理行为视为有效。

第五十条 法人或者其他组织的法定代表人、负责人超越权限订立的合同,除相对人知道或者应当知道其超越权限的以外,该代表行为视为有效。

第五十一条 无处分权的人处分他人财产,经权利人追认或者无处分权的人订立合同后取得处分权的,该合同有效。

第五十二条 有下列情形之一的,合同无效:

(一)一方以欺诈、胁迫的手段或者乘人之危,使对方在违背真实意思的情况下订立的;

(二)恶意串通,损害国家、集体或者第三人利益的;

(三)以合法形式掩盖非法目的的;

(四)损害社会公共利益的;

(五)违反法律、行政法规的强制性规定的。

有前款第一项规定的情形,当事人一方有权请求人民法院或者仲裁机构变更或者撤销。

第五十三条 合同中的下列免责条款无效:

(一)因故意或者重大过失对对方造成财产损失的;

(二)造成对方人身伤害的。

第五十四条 下列合同,当事人一方有权请求人民法院或者仲裁机构变更或者撤销:

(一)因重大误解订立的;

(二)显失公平的。

第五十五条 具有撤销权的当事人自合同成立之日起一年内没有行使撤销权的,该撤销权消灭。

第五十六条 具有撤销权的当事人知道撤销事由后明确表示或者以自己的行为放弃撤销权的,该撤销权消灭。

第五十七条 无效的合同或者被撤销的合同自始无效。合同部分无效,不影响其他部分效力,其他部分仍然有效。

第五十八条 合同无效、变更或者终止的,不影响合同中独立存在的有关解决争议方法的条款的效力。

第五十九条 合同无效或者被撤销后,因该合同取得的财产,应当予以返还;不能返还或者没有必要返还的,应当折价补偿。有过错的一方应当赔偿对方因此所受到的损失,双方都有过错的,应当各自承担相应的责任。

第六十条　当事人恶意串通,损害国家、集体或者第三人利益的,因此取得的财产应当收归国家所有或者返还集体、第三人。

第四章　合同的履行

第六十一条　当事人应当按照约定履行自己的义务。

当事人应当遵循诚实信用的原则,根据合同的性质、目的和交易习惯履行下列义务:

(一)及时通知;

(二)协助;

(三)提供必要的条件;

(四)防止损失扩大;

(五)保密。

第六十二条　合同生效后,当事人就质量、价款或者报酬、履行地点等内容没有约定或者约定不明确的,可以协议补充;不能达成补充协议的,按照合同有关条款或者交易习惯确定。

第六十三条　当事人就有关合同内容没有约定或者约定不明确,依照本法第六十二条的规定仍不能确定的,适用下列规定:

(一)质量要求不明确的,按照通常标准履行;

(二)价款或者报酬不明确的,按照订立合同时履行地的市场价格履行,依法由国家定价的按照国家定价履行;

(三)履行地点不明确,给付货币的,在接受货币一方所在地履行;交付不动产的,在不动产所在地履行;其他标的,在履行义务一方所在地履行;

(四)履行期限不明确的,债务人可以随时履行,债权人也可以随时请求履行,但应当给对方必要的准备时间;

(五)履行方式不明确的,按照有利于实现合同目的的方式履行;

(六)履行费用的负担不明确的,由债务人负担。

第六十四条　执行国家定价的,在合同规定的交付期限内国家价格调整时,按照交付时的价格计价。逾期交货的,遇价格上涨时,按照原价格执行;价格下降时,按照新价格执行。逾期提货或者逾期付款的,遇价格上涨时,按照新价格执行;价格下降时,按照原价格执行。

第六十五条　当事人可以约定由债务人向第三人履行债务。因向第三人履行债务增加的费用,由债权人负担。

第三人可以向债务人请求履行。债务人未向第三人履行债务或者履行债务不符合约定的,应当向债权人承担违约责任。

第六十六条　当事人可以约定由第三人向债权人履行债务。第三人不履行债务或者履行债务不符合约定的,债务人应当向债权人承担违约责任。

第六十七条 当事人互负债务,没有先后履行顺序的,应当同时履行。一方在对方未履行之前有权拒绝其履行请求。一方在对方履行债务不符合约定时,有权拒绝其相应的履行请求。

第六十八条 当事人互负债务,有先后履行顺序的,先履行一方未履行之前,后履行一方有权拒绝其履行请求,先履行一方履行债务不符合约定的,后履行一方有权拒绝其相应的履行请求。

第六十九条 应当先履行债务的当事人,有证据证明对方有下列情形之一的,可以中止履行:

(一)经营状况严重恶化的;
(二)转移财产、抽逃资金,以逃避债务的;
(三)严重丧失商业信誉的;
(四)有其他丧失或者可能丧失履行债务能力情形的。

第七十条 当事人依照本法第六十九条的规定中止履行的,应当及时通知对方。对方提供适当担保时,应当恢复履行。中止履行后,对方在合理期限内未恢复履行能力,也未提供适当担保的,中止履行的一方可以解除合同。

第七十一条 债权人分立、合并或者变更住所没有通知债务人,致使履行债务发生困难的,债务人可以中止履行或者将标的物提存。

第七十二条 债权人可以拒绝债务人提前履行债务,但提前履行不损害债权人利益的除外。

债务人提前履行债务给债权人增加的费用,由债务人负担。

第七十三条 债权人可以拒绝债务人部分履行债务,但部分履行不损害债权人利益的除外。

债务人部分履行债务给债权人增加的费用,由债务人负担。

第七十四条 因债务人怠于行使其债权,对债权人造成损害的,债权人可以请求人民法院以自己的名义代位行使债务人的债权,但该债权专属于债务人自身的除外。

代位权的行使范围以债权人的债权为限。债权人行使代位权的必要费用,由债务人负担。

第七十五条 因债务人放弃债权或者无偿转让财产,对债权人造成损害的,债权人可以请求人民法院撤销债务人的行为。债务人以明显不合理的低价转让财产,对债权人造成损害,并且受让人知道该情形的,债权人也可以请求人民法院撤销债务人的行为。

撤销权的行使范围以债权人的债权为限。债权人行使撤销权的必要费用,由债务人负担。

第七十六条 债权人自知道撤销事由之日起一年内或者债务人的行为发生之日起五年内没有行使撤销权的,该撤销权消灭。

第七十七条 由于国家经济政策、社会经济形势等客观情势发生巨大变化,致使履行合同将对一方当事人没有意义或者造成重大损害,而这种变化是当事人在订立合同时不能预见并且不能克服的,该当事人可以要求对方就合同的内容重新协商;协商不成的,可以请求人民法院或者仲裁机构变更或者解除合同。

第七十八条 合同生效后,当事人不得因姓名、名称的变更或者法定代表人、负责人、承办人的变动而不履行合同的义务。

第五章 合同的变更和转让

第七十九条 当事人协商一致,可以变更合同。法律、行政法规规定变更合同应当办理批准、登记等手续的,依照其规定。

第八十条 当事人对合同变更的内容约定不明确的,视为未变更。

第八十一条 债权人可以将合同的权利全部或者部分转让给第三人,但有下列情形之一的除外:

(一)根据合同性质不得转让的;
(二)按照当事人约定不得转让的;
(三)依照法律规定不得转让的。

第八十二条 债权人转让权利的,应当通知债务人。未经通知,该转让对债务人不发生效力。

债权人转让权利的通知,不得撤销,但经受让人同意的除外。

第八十三条 债权人转让权利的,受让人取得与债权有关的从权利,但该从权利专属于债权人自身的除外。

第八十四条 债务人接到债权转让通知时,债务人对让与人的抗辩,可以向受让人主张。

第八十五条 债务人接到债权转让通知时,债务人对让与人享有到期债权的,债务人可以依照本法第一百零五条的规定向受让人主张抵销。

第八十六条 债务人将合同的义务全部或者部分转移给第三人的,应当经债权人同意。

第八十七条 债务人转移义务的,新债务人可以主张原债务人对债权人的抗辩。

第八十八条 债务人转移义务的,新债务人应当承担与主债务有关的从债务,但该从债务专属于原债务人自身的除外。

第八十九条 债权人转让权利或者债务人转移义务,法律、行政法规规定应当办理批准、登记等手续的,依照其规定。

第九十条 当事人一方经对方同意,可以将自己在合同中的权利和义务一并转让给第三人。

第九十一条 权利和义务一并转让的,适用本法第八十一条、第八十三条至第八十五条、第八十七条至第八十九条的规定。

第九十二条 当事人订立合同后合并的,由合并后的法人或者其他组织行使合同权利,履行合同义务。当事人订立合同后分立的,除债权人和债务人另有约定的以外,由分立的法人或者其他组织对合同的权利和义务享有连带债权,承担连带债务。

第六章　合同的终止

第九十三条　有下列情形之一的,合同终止：
(一)债务已经按照约定履行；
(二)合同被解除；
(三)债务相互抵销；
(四)债务人依法将标的物提存；
(五)债权人免除债务；
(六)债权债务同归于一人；
(七)法律规定或者当事人约定终止的其他情形。

第九十四条　合同终止后,当事人应当遵循诚实信用的原则,根据交易习惯履行通知、协助、保密等义务。

第九十五条　当事人可以在合同中约定解除合同的条件,解除合同的条件成就时,合同解除。当事人也可以事后经协商一致解除合同。

第九十六条　因不可抗力致使不能实现合同目的的,当事人可以解除合同。

第九十七条　在履行期限届满之前,当事人一方明确表示或者以自己的行为表明不履行主要债务的,对方可以解除合同。

第九十八条　当事人一方迟延履行主要债务,经催告后在合理期限内仍未履行的,对方可以解除合同。

第九十九条　当事人一方迟延履行债务或者有其他违约行为致使严重影响订立合同所期望的经济利益的,对方可以不经催告解除合同。

第一百条　法律规定或者当事人约定解除权行使期限的,期限届满当事人不行使的,该权利消灭。

法律没有规定或者当事人未约定解除权的行使期限,经对方催告后在合理期限内不行使的,该权利消灭。

第一百零一条　当事人一方主张解除的,应当通知对方。合同自通知到达对方时解除。对方有异议的,可以请求人民法院或者仲裁机构确认合同效力。

第一百零二条　法律、行政法规规定解除合同应当办理批准、登记等手续的,依照其规定。

第一百零三条　合同解除后,能够恢复原状的,当事人可以请求恢复原状。

第一百零四条　合同终止,不影响合同中结算和清理条款的效力,不影响当事人请求损害赔偿的权利。

第一百零五条　当事人互负到期债务,并且该债务的标的物种类、品质相同的,任何一方可以将自己的债务与对方的债务抵销,但按照合同性质或者依照法律规定不得抵销的除外。

当事人主张抵销的,应当通知对方。通知自到达对方时生效。抵销的通知不得附条件或者附期限。

第一百零六条　当事人互负到期债务,标的物种类、品质不相同的,经双方协商一致,也可以抵销。

第一百零七条　有下列情形之一,难以履行债务的,债务人可以将标的物提存:

(一)债权人迟延受领的;

(二)债权人下落不明的;

(三)债权人死亡或者丧失行为能力而未确定继承人或者监护人的。

标的物不适于提存或者提存费用过高的,债务人依法可以拍卖或者变卖标的物,提存所得的价款。

第一百零八条　标的物提存后,除债权人下落不明的以外,债务人应当及时通知债权人或者债权人的继承人、监护人。

第一百零九条　标的物提存后毁损、灭失的风险由债权人承担。提存期间,标的物的孳息归债权人所得。提存费用由债权人负担。

第一百一十条　债权人可以随时领取提存物,但债权人对债务人负有到期债务的,在债权人未履行债务或者提供担保之前,提存部门根据债务人的要求应当拒绝其领取提存物。

债权人领取提存物的权利,自提存之日起五年内不行使而消灭,提存物扣除提存费用后归国家所有。

第一百一十一条　债权人免除债务人部分或者全部债务的,合同部分或者全部终止。

第一百一十二条　债权和债务同归于一人的,合同终止,但涉及第三人利益的除外。

第七章　违约责任

第一百一十三条　当事人不履行合同义务或者履行合同义务不符合约定的,应当承担违约责任。

第一百一十四条　当事人一方明确表示或者以自己的行为表明不履行合同义务的,对方可以在履行期届满之前请求其承担违约责任。

第一百一十五条　当事人一方未支付价款或者报酬,对方可以请求其支付价款或者报酬。

当事人迟延支付价款或者报酬的,应当支付该价款或者报酬的逾期利息。

第一百一十六条　当事人一方不履行非金钱债务或者履行非金钱债务不符合约定的,对方可以请求强制履行,但有下列情形之一的除外:

(一)法律上或者事实上不能履行的;

(二)债务的标的在市场上不难获得的;

(三)债务的标的不适于强制履行或者履行费用过高的;

(四)债权人在合理期限内未请求履行的。

强制履行后还有其他损失的,可以请求赔偿损失。

第一百一十七条 质量不符合约定的,应当按照当事人的约定承担违约责任。对违约责任没有约定或者约定不明确,依照本法第六十二条的规定仍不能确定的,受损害方根据标的物的性质以及损失的大小,可以合理选择请求修理、更换、重作、减价或者退货。

质量不符合约定,造成其他损失的,可以请求赔偿损失。

第一百一十八条 当事人可以约定一方违约时向对方支付违约金,也可以约定因违约产生的损失赔偿额的计算方法。

约定的违约金,视为违约的损失赔偿,但约定的违约金过分高于或者低于造成的损失的,当事人可以请求人民法院或者仲裁机构予以适当减少或者增加。

第一百一十九条 当事人没有约定违约金或者损失赔偿额的计算方法的,损失赔偿额应当相当于因违约所造成的损失,包括合同履行后可以获得的利益,但不得超过违反合同一方订立合同时应当预见到的因违反合同可能造成的损失。

第一百二十条 因不可抗力不能履行合同的,根据不可抗力的影响,部分或者全部免除责任。当事人迟延履行后发生不可抗力的,不能免除责任。法律另有规定的,依照其规定。

当事人可以在合同中约定不可抗力的范围。

第一百二十一条 当事人一方因不可抗力不能履行合同的,应当及时通知对方,以减轻可能给对方造成的损失,并且应当在合理期限内提供有关机构出具的证明。

第一百二十二条 当事人一方违约后,对方可以采取适当措施防止损失的扩大而没有采取适当措施的,不得就扩大的损失要求赔偿。

当事人因防止损失扩大支出的合理费用,由违约方承担。

第一百二十三条 当事人双方都违反合同的,应当各自承担相应的责任。

第一百二十四条 当事人一方因第三人的原因造成违约的,应当向对方承担违约责任。当事人一方和第三人之间的纠纷,依照法律规定或者按照约定解决。

第一百二十五条 第三人明知当事人之间的债权债务关系,采用不正当手段,故意阻碍债务人履行义务,侵害债权人权利的,应当向债权人承担损害赔偿责任。

第一百二十六条 因当事人一方的违约行为,侵害对方人身、财产权益的,受害人有权请求赔偿。

分 则

第八章 买卖合同

第一百二十七条 买卖合同是出卖人转移标的物的所有权于买受人,买受人支付价款的合同。

第一百二十八条 买卖合同的内容除依照本法第十二条的规定以外,还可以包括包装方式、检验机构、检验日期、结算方式、合同使用的文字及其效力等条款。

第一百二十九条 出卖的标的物,应当属于出卖人所有或者出卖人有权处分。法律、行政法规禁止或者限制转让的标的物,依照其规定。

第一百三十条 标的物的所有权自标的物交付时起转移,但法律另有规定或者当事人另有约定的除外。

第一百三十一条 当事人可以在买卖合同中约定保留标的物所有权的条款。该条款可以约定买受人未履行支付价款或者其他义务的,标的物的所有权属于出卖人。

第一百三十二条 出卖人应当履行向买受人交付标的物或者提取标的物的单证,并转移标的物所有权的义务。

第一百三十三条 出卖人应当按照约定或者交易习惯向买受人交付提取标的物单证以外的有关单证和资料。

第一百三十四条 出卖具有知识产权的计算机软件、图纸等标的物的,除当事人另有约定的以外,该标的物的知识产权不属于买受人。

第一百三十五条 出卖人应当按照约定的期限交付标的物。约定交付期间的,出卖人可以在该交付期间内的任何时间交付,但应当在交付前通知买受人。

第一百三十六条 当事人未约定标的物的交付期限或者约定不明确的,适用本法第六十二条、第六十三条第四项的规定。

第一百三十七条 标的物在订立合同之前已为买受人占有的,合同生效的时间为交付时间。

第一百三十八条 出卖人应当按照约定的地点交付标的物。

当事人未约定交付地点或者约定不明确,依照本法第六十二条的规定仍不能确定的,适用下列规定:

(一)出卖人运输的,出卖人应当将标的物交付给第一承运人以运交给买受人;

(二)未约定出卖人运输,出卖人和买受人订立合同时知道标的物在某一地点的,出卖人应当在该地点交付标的物;不知道标的物在某一地点的,应当在出卖人订立合同时的营业地交付标的物。

第一百三十九条 标的物毁损、灭失的风险,交付前由出卖人承担,交付后由买受人承担。

第一百四十条 因买受人的过错致使标的物不能按照约定的期限交付的,买受人应当承担自约定交付之日至实际交付时标的物毁损、灭失的风险。

第一百四十一条 出卖人出卖运输途中的标的物,除当事人另有约定的以外,毁损、灭失的风险自合同生效时起由买受人承担。

第一百四十二条 当事人未约定交付地点或者约定不明确,依照本法第一百三十八条第二款第一项的规定由出卖人运输的,出卖人将标的物交付给第一承运人后,标的物毁损、灭失的风险由买受人承担。

第一百四十三条 出卖人按照约定或者依照本法第一百三十八条第二款第二项的规定将标的物置于交付地点,买受人违反约定没有接收的,标的物毁损、灭失的风险自违反约定之日起由买受人承担。

第一百四十四条 出卖人按照约定未交付有关标的物的单证和资料的,不影响标的物毁损、灭失风险的转移。

第一百四十五条 标的物毁损、灭失的风险由买受人承担的,不影响因出卖人履行债务不符合约定,买受人请求其承担违约责任的权利。

第一百四十六条 出卖人就交付的标的物,负有第三人不向买受人主张任何权利的义务。

第一百四十七条 买受人订立合同时明知第三人对买卖的标的物享有权利的,出卖人不承担本法第一百四十六条规定的责任,但当事人另有约定的除外。

第一百四十八条 因标的物的部分权利属于他人,出卖人不能履行转移权利的义务的,买受人可以请求减少价款或者解除合同。

第一百四十九条 第三人就标的物提出权利要求,使买受人可能丧失该标的物的部分或者全部权利时,买受人可以中止支付相应的价款,但出卖人提供适当担保的除外。

第一百五十条 出卖人应当按照约定的质量标准交付标的物。出卖人提供有关标的物质量说明的,交付的标的物应当符合该说明的质量标准。

第一百五十一条 当事人对标的物的质量标准没有约定或者约定不明确,依照本法第六十二条的规定仍不能确定的,出卖人交付的标的物,应当具有同种物的通常标准或者为了实现合同目的的该物应当具有的特定标准。

第一百五十二条 出卖人交付的标的物不符合质量标准的,买受人可以依照本法第一百一十七条的规定请求承担违约责任。

第一百五十三条 出卖人应当按照约定的包装方式交付标的物。对包装方式没有约定或者约定不明确,依照本法第六十二条的规定仍不能确定的,应当按照通用的方式包装,没有通用方式的,应当采取足以保护标的物的包装方式。

第一百五十四条 买受人收到标的物时应当及时检验,出卖人应当提供据以检验的必要的技术资料。

第一百五十五条 买受人应当在发现或者应当发现标的物的数量或者质量不符合约定之日起三十日内通知出卖人。买受人怠于通知或者自标的物收到之日起两年内未通知出卖人的,视为标的物的数量或者质量符合约定。当事人另有约定的,按照其约定。

出卖人故意提供不符合约定的标的物的,买受人不受前款规定的通知时间的限制。

第一百五十六条 买受人应当按照约定的数额支付价款。对价款没有约定或者约定不明确的,适用本法第六十二条、第六十三条第二项的规定。

第一百五十七条 买受人应当按照约定的地点支付价款。对支付地点没有约定或者约定不明确,依照本法第六十二条的规定仍不能确定的,买受人可以在下列地点支付：
（一）出卖人的营业地；
（二）交付标的物或者提取标的物单证的所在地。

第一百五十八条 买受人应当按照约定的时间支付价款。对支付时间没有约定或者约定不明确，依照本法第六十二条的规定仍不能确定的，买受人应当在收到标的物或者提取标的物单证的同时支付。

第一百五十九条 出卖人多交标的物的，买受人可以接收或者拒绝接收多交的部分。

买受人接收多交部分的，按照原合同的价格支付价款。

第一百六十条 出卖人少交标的物的，除不损害买受人利益的以外，买受人可以拒绝接收。买受人拒绝接收标的物的，应当及时通知出卖人。买受人怠于通知的，应当承担因此产生的损害赔偿责任。

第一百六十一条 标的物在交付前产生的孳息，归出卖人所有，交付后产生的孳息，归买受人所有。

第一百六十二条 因标的物的主物不符合约定而解除合同的，解除合同的效力及于从物。因标的物的从物不符合约定被解除的，解除的效力不及于主物。

第一百六十三条 标的物为数物，其中一物不符合约定的，买受人可以就该物解除，但该物与他物分离使标的物的价值显受损害的，当事人可以就数物解除合同。

第一百六十四条 分期付款的出卖人只有在买受人连续两次未支付价款，并且未支付到期价款的金额达到全部价款的五分之一的，才可以请求买受人支付到期以及未到期的全部价款或者解除合同。

出卖人解除合同的，可以向买受人请求支付该标的物的使用费。

第一百六十五条 样品买卖的当事人应当封存样品，并且可以对样品质量予以说明。出卖人交付的标的物应当与样品的质量相同。

第一百六十六条 样品买卖的买受人不知道样品有隐蔽瑕疵的，无论交付的标的物是否与样品相同，出卖人都负有交付的标的物具有同种物通常标准的义务。

第一百六十七条 试用买卖的当事人可以约定标的物的试用期间。对试用期间没有约定或者约定不明确，依照本法第六十二条的规定仍不能确定的，由出卖人确定。

第一百六十八条 试用买卖的买受人在试用期内可以购买标的物，也可以拒绝购买。试用期间届满，买受人对是否购买标的物未作表示的，视为购买。

第一百六十九条 买回买卖的当事人可以约定买回标的物的价款。对买回标的物的价款没有约定或者约定不明确，依照本法第六十二条的规定仍不能确定的，买回标的物的价款等同于出卖该标的物时的价款。出卖人可以向买回人请求增加相应的价款。

第一百七十条 买回买卖的当事人可以约定买回的期限，但约定的期限不得超过五年。

第一百七十一条 拍卖的当事人的权利和义务以及拍卖程序等，依照《中华人民共和国拍卖法》的规定。

第一百七十二条 法律对其他有偿合同有规定的,依照其规定;没有规定的,参照买卖合同的有关规定。

第一百七十三条 当事人约定易货贸易,转移标的物的所有权的,参照买卖合同的有关规定。

第九章 供用电、水、气、热力合同

第一百七十四条 供用电合同是供电人向用电人供电,用电人支付价款的合同。
供用水、供用气、供用热力合同,参照供用电合同的有关规定。

第一百七十五条 供用电合同根据用电人的需要和电力可供量订立。供用电合同包括电力、电量和用电时间等条款。

第一百七十六条 供电人应当按照国家规定的供电标准和约定安全供电。
供电人未按照国家规定的供电标准和约定安全供电,造成用电人损失的,应当承担损害赔偿责任。

第一百七十七条 供电人因供电设施检修、限电等原因,需要中断供电时,应当按照国家有关规定事先通知用电人。未事先通知用电人中断供电,造成用电人损失的,应当承担损害赔偿责任。

第一百七十八条 因自然灾害等原因断电,供电人应当及时抢修。未及时抢修,造成用电人损失的,应当承担损害赔偿责任。

第一百七十九条 用电人应当按照约定用电。需要超负荷用电或者不能按照约定的时间用电的,应当事先通知供电人。无正当理由超负荷用电或者不能按照约定的时间用电的,应当承担违约责任。

第一百八十条 用电人擅自改动供电设施的,应当恢复原状,造成供电人损失的,应当承担损害赔偿责任。

第十章 赠与合同

第一百八十一条 赠与合同是赠与人将自己的财产无偿给予受赠人的合同。

第一百八十二条 赠与合同采用口头形式的,自财产交付时生效。

第一百八十三条 赠与人采用书面形式作出赠与的意思表示,受赠人愿意接受该赠与的,赠与合同生效。

第一百八十四条 赠与的财产需要办理登记等手续的,应当办理有关手续。未办理有关手续的,不得对抗善意第三人。

第一百八十五条 赠与合同生效,赠与人不交付赠与的财产的,受赠人可以请求交付。因赠与人故意或者重大过失致使赠与的财产毁损、灭失,造成受赠人损失的,赠与人应当承担损害赔偿责任。

第一百八十六条 赠与可以附义务。

赠与附义务的,受赠人应当按照约定履行义务。

第一百八十七条 赠与财产有瑕疵的,赠与人不承担责任。附义务的赠与,赠与的财产有瑕疵的,赠与人在附义务的限度内承担与出卖人相同的担保责任。

赠与人故意不告知瑕疵或者保证无瑕疵,造成受赠人损失的,应当承担损害赔偿责任。

第一百八十八条 受赠人有下列情形之一的,赠与人可以撤销赠与:

(一)严重侵害赠与人或者赠与人的近亲属的;

(二)对赠与人有扶养义务而不履行的;

(三)不履行赠与合同约定的义务的。

赠与人的撤销权,应当自知道撤销原因之日起一年内行使。

第一百八十九条 因受赠人的违法行为致使赠与人死亡或者丧失民事行为能力的,赠与人的继承人或者监护人可以撤销赠与。

赠与人的继承人或者监护人的撤销权,应当自知道撤销原因之日起六个月内行使。

第一百九十条 赠与被撤销的,撤销权人可以向受赠人请求返还赠与的财产。

第一百九十一条 赠与人的经济状况显著恶化,严重影响其家庭生活的,可以拒绝履行赠与义务或者请求适当返还赠与的财产。

因赠与人故意或者重大过失致使前款情形发生,或者交付赠与的财产已满五年的,不得请求返还赠与的财产。

第十一章 借款合同

第一百九十二条 借款合同是借款人向贷款人借款,到期返还借款的合同。

第一百九十三条 借款合同采用书面形式,但当事人另有约定的除外。

借款合同包括借款种类、用途、数额、利率、期限和还款方式等条款。

第一百九十四条 订立借款合同,贷款人可以要求借款人提供担保。担保依照《中华人民共和国担保法》的规定。

第一百九十五条 订立借款合同,借款人应当按照贷款人的要求提供与借款有关的业务活动和财务状况的真实情况。

第一百九十六条 借款的利息不得预先在本金中扣除。利息预先在本金中扣除的,按照实际借款数额计算利息。

第一百九十七条 贷款人未按照约定的日期、数额提供借款的,应当按照约定支付违约金。没有约定违约金的,应当赔偿损失。

第一百九十八条 贷款人按照约定可以检查、监督借款的使用情况。

第一百九十九条 借款人未按照约定的借款用途使用借款的,贷款人按照约定可以停止发放借款、提前收回借款或者解除合同。

第二百条 借款人应当向贷款人支付利息,但当事人另有约定的除外。

第二百零一条 办理贷款业务的金融机构贷款的利率,应当按照中国人民银行规定的贷款利率的上下限确定。

公民之间借款的利率,不得违反国家有关限制借款利率的规定。

第二百零二条 借款人应当按照约定的期限支付利息。对支付利息的期限没有约定或者约定不明确,依照本法第六十二条的规定仍不能确定的,应当在返还借款时一并支付,但借款期限一年以上的,应当在每届满一年时支付,剩余期限不满一年的,应当在返还借款时一并支付利息。

第二百零三条 借款人应当按照约定的期限返还借款。对借款期限没有约定或者约定不明确,依照本法第六十二条的规定仍不能确定的,借款人可以随时返还;贷款人可以催告借款人在合理期限内返还。

第二百零四条 借款人未按照约定的期限返还借款的,应当按照约定支付违约金。没有约定违约金的,应当按照实际借款的期间支付利息。

第二百零五条 借款人提前偿还借款的,除当事人另有约定的以外,应当按照实际借款的期间计算利息。

第二百零六条 借款人可以在还款日期届满之前向贷款人申请展期。贷款人同意的,可以展期。当事人可以重新确定展期后的利率。

第十二章　租赁合同

第二百零七条 租赁合同是出租人将租赁物交付承租人使用、收益,承租人支付租金的合同。

第二百零八条 租赁合同包括租赁物的名称、数量、用途、租赁期间、租金的支付方式和期限、租赁物维修等条款。

第二百零九条 当事人约定的租赁期限不得超过二十年。超过二十年的,超过部分无效。

租赁期间届满,当事人可以续订租赁合同,但约定的租赁期限自续订之日起不得超过二十年。

第二百一十条 租赁期限六个月以上的,应当采用书面形式。当事人未采用书面形式并且对租赁期限有争议的,视为不定期租赁。

第二百一十一条 出租人应当按照约定将租赁物交付承租人,并在租赁期间保持租赁物符合约定的用途。

第二百一十二条 承租人应当按照约定的方法使用租赁物。对租赁物的使用方法没有约定或者约定不明确,依照本法第六十二条的规定仍不能确定的,应当按照租赁物的性质使用。

第二百一十三条 承租人按照约定的方法或者租赁物的性质使用租赁物,致使租赁物受到损失的,不承担损害赔偿责任。

第二百一十四条 承租人未按照约定的方法或者租赁物的性质使用租赁物,致使租赁物受到损失的,出租人可以解除合同并请求赔偿损失。

第二百一十五条 出租人应当履行租赁物的维修义务,但当事人另有约定的除外。

第二百一十六条 承租人在租赁物需要维修时可以请求出租人在合理期限内维修。出租人未尽维修义务的,承租人可以自行维修,维修费用由出租人负担。因维修租赁物影响承租人使用的,应当相应减少租金或者延长租期。

第二百一十七条 承租人应当妥善保管租赁物。承租人未尽妥善保管义务,造成租赁物毁损、灭失的,应当承担损害赔偿责任。

第二百一十八条 承租人经出租人同意,可以对租赁物进行改善或者增设他物。租赁合同解除后,承租人可以请求出租人就现存的增加价值部分偿还支出的费用。

承租人未经出租人同意对租赁物进行改善或者增设他物的,出租人可以要求承租人恢复原状或者赔偿损失。

第二百一十九条 承租人经出租人同意,可以将租赁物转租给第三人。承租人转租的,承租人与出租人之间的租赁合同继续有效,第三人对租赁物造成损失的,承租人应当赔偿损失。

承租人未经出租人同意转租的,出租人可以解除合同。

第二百二十条 在租赁期间因占有、使用租赁物获得的收益,归承租人所有,但当事人另有约定的除外。

第二百二十一条 承租人应当按照约定的期限支付租金。对支付期限没有约定或者约定不明确,依照本法第六十二条的规定仍不能确定的,应当在租赁期限届满时支付,但租赁期限一年以上的,应当在每届满一年时支付,剩余期限不满一年的,应当在租赁期限届满时支付。

第二百二十二条 承租人无正当理由未支付或者迟延支付租金的,出租人可以要求承租人在合理期限内支付。承租人逾期不支付的,出租人可以解除合同。

第二百二十三条 因第三人主张权利,影响承租人对租赁物使用、收益的,承租人可以请求减少租金或者不支付租金。

第三人主张权利的,承租人应当及时通知出租人。

第二百二十四条 因不可归责于承租人的事由,致使租赁物部分或者全部毁损、灭失的,承租人可以请求减少租金或者不支付租金。

第二百二十五条 租赁物在租赁期间发生所有权变动或者就租赁物设定担保的,不影响租赁合同的效力。

第二百二十六条 出租人出卖租赁房屋的,应当在出卖之前的合理期限内通知承租人,承租人在同等条件下有优先购买权。

第二百二十七条 当事人对租赁期限没有约定或者约定不明确,依照本法第六十二条的规定仍不能确定的,视为不定期租赁。当事人可以随时解除合同,但出租人解除合同时应当在合理期限之前通知承租人。

第二百二十八条 租赁物危及承租人的安全或者健康的,即使承租人订立合同时明知该租赁物质量不合格,承租人仍然可以随时解除合同。

第二百二十九条 因不可归责于承租人的事由,致使租赁物部分或者全部毁损、灭失,不能实现合同目的的,承租人可以解除合同。

第二百三十条 承租人在房屋租赁期间死亡的,与其生前共同居住的人可以按照原租赁合同租赁该房屋。

第二百三十一条 租赁期间届满,承租人应当返还租赁物。返还的租赁物应当符合原状,但法律另有规定的除外。

第二百三十二条 租赁期间届满,承租人继续使用租赁物,出租人没有提出异议的,原租赁合同继续有效,但租赁期限为不定期。

第十三章 融资租赁合同

第二百三十三条 融资租赁合同是出租人作为买受人与出卖人订立买卖合同,购买承租人指定的标的物,提供给承租人使用、收益,承租人支付租金的合同。

第二百三十四条 融资租赁合同的租赁物即买卖合同的标的物。出卖人应当按照约定向承租人交付标的物,承租人享有与受领标的物有关的买受人的权利和义务。

第二百三十五条 因出卖人不履行买卖合同的义务产生索赔的权利,出租人可以转让给承租人。出租人未转让的,该权利由出租人行使。

第二百三十六条 出租人按照承租人要求订立的买卖合同,出租人不得擅自变更。出租人和出卖人变更买卖合同的,出租人应当经承租人同意。

第二百三十七条 出租人享有租赁物的所有权。承租人破产的,租赁物不属于破产财产。

第二百三十八条 出租人和承租人应当约定租金。对租金没有约定或者约定不明确,依照本法第六十二条的规定仍不能确定的,应当根据购买租赁物的成本以及出租人的合理利润确定。

第二百三十九条 租赁物不符合约定或者不符合使用目的的,出租人不承担责任,但承租人依赖出租人的技能确定租赁物或者出租人干预选择租赁物的除外。

第二百四十条 承租人占有租赁物期间,租赁物造成第三人的财产损害或者人身伤害的,出租人不承担责任。

第二百四十一条 第三人就出卖的标的物主张权利的,出租人不承担责任,但出租人购买该标的物时明知第三人对买卖的标的物享有权利的除外。

第二百四十二条 承租人应当妥善保管租赁物。

承租人应当履行占有租赁物期间的维修义务。

第二百四十三条 承租人应当按照约定支付租金。承租人连续两期未支付租金的,出租人可以请求支付到期以及未到期的全部租金;承租人经催告后在合理期限内仍不支付租金的,出租人可以解除合同,收回租赁物。

第二百四十四条 出租人解除合同后,收回租赁物的价值高于因承租人违约造成的损失的,承租人可以请求部分返还。

第二百四十五条　出租人和承租人可以约定租赁期间届满租赁物归承租人所有，也可以约定归出租人所有。

租赁期间届满，租赁物归出租人的，承租人应当返还租赁物。

第二百四十六条　回租、转租等融资租赁，适用本章规定。

第十四章　承揽合同

第二百四十七条　承揽合同是承揽人按照定作人的要求完成工作，交付工作成果，定作人给付报酬的合同。

承揽包括加工、定作、修理、印刷、复制、测试、检验等工作。

第二百四十八条　承揽合同包括承揽的标的、数量、质量、报酬、承揽方式、材料的提供、履行期限、验收标准和方法等条款。

第二百四十九条　承揽人应当以自己的设备、技术和劳力，完成主要工作。未经定作人同意，承揽人不得将其承揽的主要工作交由第三人完成。

第二百五十条　承揽人可以将其承揽的辅助工作交由第三人完成，但当事人另有约定的除外。承揽人将其承揽的辅助工作交由第三人完成的，应当就该第三人完成的工作成果向定作人负责。

第二百五十一条　承揽人提供材料的，承揽人应当按照约定选用材料，并接受定作人检验。

第二百五十二条　定作人提供材料的，定作人应当按照约定提供材料。承揽人对定作人提供的材料，应当及时检验，发现不符合约定时，应当及时通知定作人更换或者补齐。

承揽人对定作人提供的材料不得擅自更换，不得更换不需要修理的零部件。

第二百五十三条　承揽人发现定作人提供的图纸或者技术要求不合理的，应当及时通知定作人。定作人因怠于答复等原因造成承揽人损失的，应当赔偿损失。

第二百五十四条　定作人中途变更承揽工作的要求，给承揽人造成损失的，应当赔偿损失。

第二百五十五条　承揽工作需要定作人协助的，定作人有协助的义务。

定作人不履行协助义务致使承揽工作不能完成的，承揽人可以催告定作人在合理期限内履行义务；定作人逾期不履行的，承揽人可以解除合同。

第二百五十六条　承揽人在工作期间，应当接受定作人必要的监督检验。定作人不得因监督检验妨碍承揽人的正常工作。

第二百五十七条　承揽人完成工作的，应当向定作人交付该工作成果，并提交必要的技术资料和有关质量证明。定作人应当按照约定验收该工作成果。

第二百五十八条　承揽人交付的工作成果不符合质量标准的，定作人可以请求修理、重作或者减少报酬。给定作人造成其他损失的，还可以请求赔偿损失。

第二百五十九条　定作人应当按照约定的期限支付报酬。对支付报酬的期限没有约定或者约定不明确,依照本法第六十二条的规定仍不能确定的,定作人应当在交付工作成果的同时支付;工作成果部分交付的,定作人应当相应支付。

第二百六十条 定作人未向承揽人支付报酬或者材料等价款的,承揽人对完成的工作成果享有留置权,但当事人另有约定的除外。

第二百六十一条 承揽人应当妥善保管定作人提供的材料。当事人对保管费用没有约定或者约定不明确,依照本法第六十二条的规定仍不能确定的,由定作人支付。

第二百六十二条 定作人提供的材料在承揽人占有期间毁损、灭失的风险,由承揽人承担,但不可抗力的除外。

承揽人完成的工作成果在交付定作人之前毁损、灭失的风险,由承揽人承担,但毁损、灭失发生在定作人受领迟延后的,由定作人承担。

第二百六十三条 承揽人应当按照定作人的要求保守秘密,未经定作人许可,不得留存复制品或者技术资料。

第二百六十四条 共同承揽人对定作人承担连带责任,但当事人另有约定的除外。

第二百六十五条 定作人可以随时解除承揽合同,但应当向承揽人赔偿损失。

第二百六十六条 有下列情形之一的,承揽合同终止:

(一)承揽人死亡或者丧失完成工作能力的;

(二)定作人死亡,并且其继承人不需要该项工作的;

(三)承揽人或者定作人被宣告破产的。

承揽合同依照前款规定终止时,对承揽人已经完成的部分工作,定作人或者其继承人应当验收该部分工作并支付相应报酬。

第十五章 建设工程合同

第二百六十七条 建设工程合同是承包人进行工程建设,发包人发支价款的合同。建设工程合同包括工程勘察、设计、建筑、安装合同。

第二百六十八条 建设工程合同应当采用书面形式。

第二百六十九条 建设工程的招标投标活动,应当依照有关法律的规定公开、公平、公正进行。

第二百七十条 发包人可以与承包人签订建设工程合同,也可以分别与勘察人、设计人、建筑人、安装人签订勘察、设计、建筑、安装合同。

承包人经发包人同意,可以分别与勘察人、设计人、建筑人、安装人签订勘察、设计、建筑、安装合同。勘察人、设计人、建筑人、安装人就其完成的工作成果与承包人向发包人承担连带责任。

第二百七十一条 国家重大建设工程合同,应当根据国家规定的程序和国家批准的投资计划、可行性研究报告等文件订立。

第二百七十二条 勘察、设计合同,包括提交勘察或者设计基础资料、设计文件(包括概预算)的期限、设计的质量要求、勘察或者设计费用以及其他协作条件等条款。

第二百七十三条 建筑、安装合同,包括工程范围、建设工期、中间交工工程的开工和竣工时间、工程质量、工程造价、技术资料交付时间、材料和设备供应责任、拨款和结算、交工验收、质量保证期、双方相互协作等条款。

第二百七十四条 建设工程需要实行监理的,发包人应当与监理人采用书面形式订立委托监理合同。委托监理合同包括工程名称、地点、监理职责、费用以及支付办法等条款。

第二百七十五条 发包人在不妨碍承包人正常作业的情况下,可以随时对作业进度、质量进行检查。

第二百七十六条 隐蔽工程在隐蔽以前,承包人应当通知发包人检查。发包人没有及时检查的,承包人可以自行检查,填写隐蔽工程检查记录,并将该记录送交发包人。事后发包人对该隐蔽工程进行检查,符合质量标准的,检查费用由发包人负担;不符合质量标准的,检查费用由承包人负担。承包人没有通知发包人检查,自行隐蔽工程的,发包人有权检查,检查费用由承包人负担。

第二百七十七条 建设工程竣工,发包人应当根据施工图纸及说明书、国家颁发的施工验收规范和质量检验标准进行验收。验收合格的,发包人应当按照合同约定支付价款并且接收该建设工程。

第二百七十八条 未经验收的建设工程,发包人不得使用。发包人擅自使用未经验收的建设工程,发现质量问题的,由发包人承担责任。

第二百七十九条 勘察、设计的质量低劣或者未按照期限提交勘察、设计文件拖延工期给发包人造成损失的,由勘察人、设计人继续完善勘察、设计,减收或者免收勘察、设计费并赔偿损失。

第二百八十条 因承包人的原因致使建设工程质量不符合约定的,发包人有权请求承包人在合理期限内无偿修理或者返工、改建。经过修理或者返工、改建后,造成逾期交付的,承包人应当承担违约责任。

第二百八十一条 因承包人的原因致使建设工程质量不符合约定,造成人身和财产损害的,承包人应当承担损害赔偿责任。

第二百八十二条 发包人未按照约定的时间和要求提供原材料、设备、场地、资金、技术资料的,承包人可以请求顺延工程日期,还可以请求赔偿停工、窝工等损失。

第二百八十三条 因发包人的原因致使工程中途停建、缓建的,发包人应当采取措施弥补或者减少损失,赔偿承包人因此造成的停工、窝工、倒运、机械设备调迁、材料和构件积压等损失和实际费用。

第二百八十四条 由于发包人变更计划,提供的资料不准确,或者未按照期限提供必需的勘察、设计工作条件而造成勘察、设计的返工、停工或者修改设计,发包人应当按照勘察人、设计人实际消耗的工作增付费用。

第二百八十五条 建设工程竣工后,发包人未按照约定支付价款的,承包人可以催告发包人在合理期限内支付价款。发包人逾期不支付的,承包人可以与发包人协议将该工程折价,也可以将该工程依法拍卖。建设工程的价款就该工程折价或者拍卖的价款优先受偿。

第二百八十六条 本章没有规定的,适用承揽合同的有关规定。

第十六章 运输合同

第一节 一般规定

第二百八十七条 运输合同是承运人将旅客或者货物运输到约定地点,旅客、托运人或者收货人支付票款或者运费的合同。

第二百八十八条 从事公共运输的承运人不得拒绝旅客、托运人通常的运输要求。

第二百八十九条 承运人应当在约定期间将旅客、货物安全运输到约定地点。

第二百九十条 承运人应当按照通常的运输路线将旅客、货物运输到约定地点。计程车承运人应当遵守旅客有关运输路线的指示。

第二百九十一条 旅客、托运人或者收货人应当按照约定支付票款或者运费。承运人未按照通常的路线运输增加票款或者运费的,旅客、托运人或者收货人可以拒绝支付增加部分的票款或者运费。

第二节 旅客运输合同

第二百九十二条 旅客运输合同自承运人向旅客交付客票时成立,但当事人另有约定或者另有交易习惯的除外。

第二百九十三条 旅客应当持有效客票乘运。旅客无票乘运、超程乘运、越级乘运或者持失效客票乘运的,应当补交票款,承运人可以按照规定加收票款。旅客不交付票款的,承运人可以拒绝运输。

第二百九十四条 旅客因自己的原因不能按照客票记载的时间乘坐的,应当在约定的时间内办理退票或者变更手续。逾期办理的,承运人可以不退票款,并不再承担运输义务。

第二百九十五条 旅客在运输中应当按照约定的限量携带行李。超过限量携带行李的,应当办理托运手续。

第二百九十六条 旅客不得随身携带或者在行李中夹带易燃、易爆、有毒、有腐蚀性、有放射性以及有可能危及运输工具上人身和财产安全的危险物品或者其他违禁物品。

旅客违反前款规定的,承运人可以将违禁物品卸下、销毁或者送交有关部门。旅客坚持携带或者夹带违禁物品的,承运人可以拒绝运输。

第二百九十七条 承运人应当向旅客告知有关不能正常运输的重要事项和安全运输应当注意的事项。

第二百九十八条 承运人应当按照客票载明的时间和班次运输旅客。承运人迟延运输的,应当根据旅客的要求安排改乘其他班次、变更运输路线以到达目的地或者予以退票。

第二百九十九条 承运人擅自变更运输路线的,应当根据旅客的要求予以退票。承运人中途变更运输路线,旅客要求送回始发地的,承运人应当将其送回始发地。

第三百条 承运人在运输过程中,应当尽力救助患有急病、分娩、遇险的旅客。

第三百零一条 承运人应当对运输过程中旅客的伤亡承担损害赔偿责任,但承运人证明伤亡是旅客故意、重大过失或者旅客自身健康原因造成的除外。法律另有规定的,依照其规定。

前款规定适用于按照规定免票、持优待票或者经承运人许可搭乘的无票旅客。

第三百零二条 在运输过程中旅客自带行李毁损、灭失的,除承运人证明自己没有过错的以外,承运人应当承担损害赔偿责任。

旅客托运的行李毁损、灭失的,适用货物运输的有关规定。

第三节 货物运输合同

第三百零三条 托运人办理货物运输,应当向承运人准确表明收货人的名称或者姓名、收货地点、货物的性质、重量、数量以及其他有关货物运输的情况。

因托运人申报不实,造成承运人损失的,托运人应当承担损害赔偿责任。

第三百零四条 货物运输需要办理审批、检验等手续的,托运人应当将办理完有关手续的文件提交承运人。

第三百零五条 托运人应当按照约定的方式包装货物。对包装方式没有约定或者约定不明确的,适用本法第一百五十三条的规定。

托运人违反前款规定的,承运人可以拒绝运输。

第三百零六条 托运人托运易燃、易爆、有毒、有腐蚀性、有放射性等危险物品的,应当按有关危险物品运输的规定对危险物品妥善包装,作出危险物标志和标签,并将有关危险物品的名称、性质和防范措施的书面材料提交承运人。

托运人违反前款规定的,承运人可以拒绝运输,也可以采取相应措施以避免损失的发生,因此产生的费用由托运人承租。

第三百零七条 在承运人将货物交付收货人之前,托运人可以请求承运人中止运输、返还货物、变更到达地或者将货物交给其他收货人,但应当赔偿承运人因此受到的损失。

第三百零八条 货物运输到达后,承运人应当及时通知收货人,收货人应当及时提货。收货人逾期提货的,应当向承运人支付保管费。收货人提货时,应当向承运人出示提货凭证,并支付托运人未付或者少付的运费及其他费用。

第三百零九条 收货人提货时应当按照约定的期限检验货物。对检验货物的期限没有约定或者约定不明确,依照本法第六十二条的规定仍不能确定的,应当在合理期限内检验货物。收货人在约定的期限或者合理期限内对货物的数量、毁损等未提出异议,视为承运人已经按照运输单证的记载交付的初步证据。

收货人请求承运人赔偿损失的权利自提货之日起六个月内不行使而消灭。

第三百一十条 承运人对于运输过程中货物的毁损、灭失承担损害赔偿责任,但承运人证明货物的毁损、灭失是由于不可抗力、货物本身的自然性质或者合理损耗以及托运人、收货人的过错造成的,不承担损害赔偿责任。

第三百一十一条 货物的毁损、灭失的赔偿额,当事人有约定的,按照其约定;没有约定或者约定不明确,依照本法第六十二条的规定仍不能确定的,按照交付时货物到达地的市场价格计算。

第三百一十二条 数个承运人以同一运输方式联运的,各承运人承担连带责任。

第三百一十三条 货物在运输过程中因不可抗力灭失,未收取运费的,承运人不得请求支付运费。

第三百一十四条 托运人或者收货人不支付运费、保管费以及其他运输费用的,承运人对相应的运输货物享有留置权,但当事人另有约定的除外。

第三百一十五条 收货人不明或者收货人拒绝受领货物的,承运人应当及时通知托运人并请求其在合理期限内对货物的处置作出指示。

无法通知托运人,或者托运人在合理期限内未作指示或者指示事实上不能实行的,承运人可以提存货物。货物不宜提存的,承运人依法可以拍卖或者变卖该货物,扣除运费、保管费以及其他运输费用后,提存剩余价款。

第四节 多式联运合同

第三百一十六条 多式联运的承运人负责履行或者组织履行多式联运合同,对全程运输享有承运人的权利,承担承运人的义务。

第三百一十七条 多式联运的承运人可以与参加多式联运的各区段承运人就多式联运合同的各区段运输约定相互之间的责任,但该约定不影响多式联运的承运人对全程运输承担的义务。

第三百一十八条 多式联运的承运人收到托运人交付的货物时,应当签发多式联运单据。按照托运人的要求,多式联运单据可以是可转让单据,也可以是不可转让单据。

第三百一十九条 因托运人托运货物时的过错造成多式联运的承运人损失的,即使托运人已经转让多式联运单据,托运人仍然应当承担损害赔偿责任。

第三百二十条 货物的毁损、灭失发生于多式联运的某一运输区段的,多式联运的承运人的赔偿责任和责任限额,适用调整该区段运输方式的有关法律规定。

第十七章 技术合同

第一节 一般规定

第三百二十一条 技术合同是当事人一方开发、转让技术,提供技术咨询和服务,另一方支付价款或者报酬的合同。

第三百二十二条 订立技术合同,应当有利于科学技术的进步,加速科学技术成果的应用和推广。

第三百二十三条 技术合同采用书面形式,但当事人另有约定的除外。

第三百二十四条 技术合同的内容由当事人约定,一般包括以下条款:

(一)项目名称;

(二)标的的内容、范围和要求;

(三)履行的计划、进度、期限、地点和方式;

(四)技术情报和资料的保密;

(五)风险责任的承担;

(六)技术成果的归属和分享;

(七)验收标准和方法;

(八)价款或者报酬及其支付方式;

(九)违约金或者损害赔偿的计算方法;

(十)解决争议的方法;

(十一)名词和术语的解释。

与履行合同有关的技术背景资料、可行性论证和技术评价报告、项目任务书和计划书、技术标准、技术规范、原始设计和工艺文件,以及图纸、表格、数据和照片等,按照当事人的约定可以作为合同的组成部分。

第三百二十五条 职务技术成果的使用权、转让权属于单位,单位可以就该项职务技术成果订立技术合同。单位应当根据使用和转让该项职务技术成果所取得的收益,对完成该项职务技术成果的个人给予奖励。

职务技术成果是执行本单位的任务或者主要是利用本单位的物质技术条件所完成的技术成果。

第三百二十六条 非职务技术成果的使用权、转让权属于完成技术成果的个人,完成技术成果的个人可以就该项非职务技术成果订立技术合同。

第三百二十七条 完成技术成果的个人有在有关技术成果文件上写明自己是技术成果完成者的权利和取得荣誉证书、奖励的权利。

第三百二十八条 有下列情形之一的,可以订立技术引进合同引进技术:

(一)能发展和生产新产品;

(二)能提高产品质量和性能,降低生产成本,节约能源或者材料;

(三)有利于充分利用本国的资源;

(四)能扩大产品出口,增加外汇收入;

(五)有利于环境保护;

(六)有利于生产安全;

(七)有利于改善经营管理;

(八)有助于提高科学技术水平。

第三百二十九条 技术引进合同的受让人应当在合同成立之日起三十日内提出申请书,报国务院有关主管部门或者由其授权的其他机关审批。审批机关应当在收到申请书之日起六十日内决定批准或者不批准,经批准的合同自批准之日起生效。审批机关逾期没有作出决定的,视为获得批准,合同生效。

第三百三十条 技术合同具有本法第五十二条和第五十三条规定的情形、违法垄断技术、妨碍技术进步或者侵害他人合法权益的,该合同无效。

第三百三十一条 国务院有关主管部门和省、自治区、直辖市人民政府,根据国家利益或者社会公共利益的需要,对本系统或者管辖范围内的国有企业、事业单位的具有重大意义的非专利技术成果,有权决定在指定的单位中推广使用。使用单位对该项技术成果负有保密责任。使用单位应当按照双方约定支付使用费;没有约定或者约定不明确,依照本法第六十二条的规定仍不能确定的,由作出决定的机关确定合理的使用费。

集体所有制单位或者个人的非专利技术成果,对国家利益或者社会公共利益具有重大意义,需要推广使用的,由国务院有关主管部门报国务院批准后,参照前款规定办理。

第二节 技术开发合同

第三百三十二条 技术开发合同是指当事人之间就新技术、新产品、新工艺和新材料及其系统的研究开发所订立的合同。

技术开发合同包括委托开发合同和合作开发合同。

第三百三十三条 委托开发合同的委托人应当按照约定支付研究开发经费和报酬;提供技术资料、原始数据;完成协作事项;按期接受研究开发成果。

第三百三十四条 委托开发合同的研究开发人应当按照约定制定和实施研究开发计划;合理使用研究开发经费;按期完成研究开发工作,交付研究开发成果,提供有关的技术资料和必要的技术指导,帮助委托人掌握研究开发成果。

第三百三十五条 委托人违反约定造成研究开发工作停滞、延误或者失败的,应当支付违约金或者赔偿损失。

第三百三十六条 研究开发人违反约定造成研究开发工作停滞、延误的,研究开发人应当采取补救措施继续履行合同,并且应当支付违约金或者赔偿损失;造成研究开发工作失败的,应当返还全部或者部分研究开发经费和报酬,支付违约金或者赔偿损失。

第三百三十七条 合作开发合同的当事人应当按照约定进行投资,包括以技术进行投资;分工参与研究开发工作;协作配合研究开发工作。

第三百三十八条 合作开发合同的当事人违反约定造成研究开发工作停滞、延误或者失败的,应当支付违约金或者赔偿损失。

第三百三十九条 因作为技术开发合同标的的技术已经由他人公开,致使技术开发合同的履行没有意义的,当事人可以解除合同。

第三百四十条 技术开发合同履行过程中,因出现无法克服的技术困难,致使研究开发失败或者部分失败的,该风险责任由当事人约定。没有约定或者约定不明确,依照本法第六十二条的规定仍不能确定的,风险责任由当事人合理分担。

当事人一方发现前款所列可能致使研究开发失败或者部分失败的情形时,应当及时通知另一方并采取适当措施减少损失。没有及时通知并采取适当措施,致使损失扩大的,应当就扩大的损失承担责任。

第三百四十一条 委托开发完成的发明创造,除当事人另有约定的以外,申请专利的权利属于研究开发人。研究开发人取得专利权的,委托人可以免费实施该专利。

研究开发人转让专利申请权的,委托人可以优先受让专利申请权。

第三百四十二条 合作开发完成的发明创造,除当事人另有约定的以外,申请专利的权利属于合作开发的当事人共有。当事人一方转让其共有的专利申请权的,其他各方可以优先受让其共有的专利申请权。

合作开发的当事人一方声明放弃其共有的专利申请权的,可以由另一方单独申请或者由其他各方共同申请。申请人取得专利权的,放弃专利申请权的一方可以免费实施该专利。

合作开发的当事人一方不同意申请专利的,另一方或者其他各方不得申请专利。

第三百四十三条 委托开发或者合作开发完成的非专利技术成果的使用权、转让权以及利益的分配办法,由当事人约定。没有约定或者约定不明确,依照本法第六十二条的规定仍不能确定的,当事人均有使用和转让的权利,但委托开发的研究开发人不得在向委托人交付研究开发成果之前,将研究开发成果转让给第三人。

第三节 技术转让合同

第三百四十四条 技术转让合同包括专利权转让、专利申请权转让、非专利技术转让、专利实施许可以及技术引进合同。

第三百四十五条 技术转让合同可以约定让与人和受让人实施专利或者使用非专利技术的范围,但不得限制技术竞争和技术发展。

第三百四十六条 技术转让合同涉及专利的,应当注明发明创造的名称、专利申请人和专利权人、申请日期、申请号、专利号以及专利权的有效期限。

专利实施许可合同只在该专利权的存续期间内有效。专利权有效期限届满或者专利权被宣布无效的,专利权人不得就该专利与他人订立专利实施许可合同。

第三百四十七条 专利实施许可合同的让与人应当按照约定许可受让人实施专利,交付实施专利有关的技术资料,提供必要的技术指导。

第三百四十八条 专利实施许可合同的受让人应当按照约定实施专利,不得许可约定以外的第三人实施该专利;并按照约定支付使用费。

第三百四十九条 非专利技术转让合同的让与人应当按照约定提供技术资料,进行技术指导,保证技术的实用性、可靠性,承担保密义务。

第三百五十条 非专利技术转让合同的受让人应当按照约定使用技术,支付使用费,承担保密义务。

第三百五十一条 技术转让合同的让与人应当保证自己是所提供的技术的合法拥有者,并且保证所提供的技术完整、无误、有效,能够达到约定的目标。

第三百五十二条 技术转让合同的受让人应当按照约定的范围和期限,对让与人提供的技术中尚未公开的秘密部分,承担保密义务。

第三百五十三条 技术引进合同的期限应当同受让人掌握引进技术的时间相适应,未经审批机关批准不得超过十年。

第三百五十四条 技术引进合同的让与人不得胁迫受让人接受不合理的限制性要求,未经审批机关批准,合同不得有下列限制性条款:
(一)要求受让人接受与技术引进无关的附带条件,包括购买不需要的技术、技术服务、材料、设备或者产品;
(二)限制受让人自由选择从不同来源购买材料、零部件或者设备;
(三)限制受让人发展和改进所引进的技术;
(四)限制受让人从其他来源获得类似技术或者与之竞争的同类技术;
(五)双方交换改进技术的条件不对等;
(六)限制受让人利用引进的技术生产产品的数量、品种或者销售价格;
(七)不合理地限制受让人的销售渠道或者出口市场;
(八)禁止受让人在合同期满后,继续使用引进的技术;
(九)要求受让人为不使用的或者失效的专利支付报酬或者承担其他义务。

第三百五十五条 让与人未按照约定转让技术的,应当返还部分或者全部使用费,并且应当支付违约金或者赔偿损失;实施专利或者使用非专利技术超越约定的范围的,违反约定擅自许可第三人实施该项专利或者使用该项非专利技术的,应当停止违约行为,支付违约金或者赔偿损失;违反约定的保密义务的,应当支付违约金或者赔偿损失。

第三百五十六条 受让人未按照约定支付使用费的,应当补交使用费并按照约定支付违约金;不补交使用费或者支付违约金的,应当停止实施专利或者使用非专利技术,交还技术资料,支付违约金或者赔偿损失实施专利或者使用非专利技术超越约定的范围的,未经让与人同意擅自许可第三人实施该专利或者使用该非专利技术的,应当停止违约行为,支付违约金或者赔偿损失;违反约定的保密义务的,应当支付违约金或者赔偿损失。

第三百五十七条 受让人按照约定实施专利、使用非专利技术侵害他人合法权益的,由让与人承担责任。

第三百五十八条 当事人可以按照互利的原则,在技术转让合同中约定实施专利、使用非专利技术后续改进的技术成果的分享办法。没有约定或者约定不明确,依照本法第六十二条的规定仍不能确定的,任何一方无权分享另一方后续改进的技术成果。

第四节 技术咨询合同和技术服务合同

第三百五十九条 技术咨询合同包括就特定技术项目提供可行性论证、技术预测、专题技术调查、分析评价报告等合同。

技术服务合同是指当事人一方以技术知识为另一方解决特定技术问题所订立的合同,不包括建设工程的勘察、设计、建筑、安装合同和承揽合同。

第三百六十条 技术咨询合同的委托人应当按照约定阐明咨询的问题,提供技术背景材料及有关技术资料、数据;接受受托人的工作成果,支付报酬。

第三百六十一条 技术咨询合同的受托人应当按照约定完成咨询报告或者解答问题;提出的咨询报告达到约定的要求。

第三百六十二条 技术咨询合同的委托人未按照约定提供必要的资料和数据,影响工作进度和质量的,支付的报酬不得追回,未付的报酬应当如数支付。

技术咨询合同的受托人未按期提出咨询报告或者提出的咨询报告不符合约定的,应当减收或者免收报酬,支付违约金或者赔偿损失。

技术咨询合同的委托人按照受托人符合约定要求的咨询报告和意见作出决策所造成的损失,由委托人承担,但当事人另有约定的除外。

第三百六十三条 技术服务合同的委托人应当按照约定提供工作条件,完成配合事项;接受工作成果并支付报酬。

第三百六十四条 技术服务合同的受托人应当按照约定完成服务项目,解决技术问题,保证工作质量,并传授解决技术问题的知识。

第三百六十五条 技术服务合同的委托人不履行合同义务或者履行合同义务不符合约定,影响工作进度和质量,不接受或者逾期接受工作成果的,应当按照约定支付报酬。

技术服务合同的受托人未按照合同约定完成服务工作的,应当免收报酬并支付违约金或者赔偿损失。

第三百六十六条 技术咨询合同、技术服务合同履行过程中,受托人利用委托人提供的技术资料和工作条件完成的新的技术成果,属于受托人。委托人利用受托人的工作成果完成的新的技术成果,属于委托人。当事人另有约定的,按照其约定。

第十八章 保管合同

第三百六十七条 保管合同是保管人保管寄存人交付的保管物,并返还该物的合同。

第三百六十八条 寄存人应当按照约定向保管人支付保管费。当事人对保管费没有约定或者约定不明确,依照本法第六十二条的规定仍不能确定的,保管是无偿的。

第三百六十九条 保管合同自保管物交付时成立,但当事人另有约定的除外。

第三百七十条 寄存人向保管人交付保管物的,保管人应当给付保管凭证,但当事人另有约定的除外。

第三百七十一条 保管人应当妥善保管保管物。

当事人可以约定保管场所或者方法。除紧急情况或者为了维护寄存人利益的以外,不得擅自改变保管场所或者方法。

第三百七十二条 寄存人交付的保管物有瑕疵或者按照保管物的性质需要采取特殊保管措施的,寄存人应当将有关情况告知保管人。寄存人未告知,致使保管物受损失的,保管人不承担损害赔偿责任;保管人因此受损失的,除保管人知道并未采取补救措施的以外,寄存人应当承担损害赔偿责任。

第三百七十三条 保管人不得将保管物转交第三人保管,但当事人另有约定的除外。

保管人违反前款规定将保管物转交第三人保管,对保管物造成损失的,应当承担损害赔偿责任。

第三百七十四条 保管人不得使用或者许可第三人使用保管物,但当事人另有约定的除外。

第三百七十五条 第三人对保管物主张权利的,除依法对保管物采取保全或者执行的以外,保管人应当履行向寄存人返还保管物的义务。

第三人对保管人提起诉讼或者对保管物申请扣押的,保管人应当及时通知寄存人。

第三百七十六条 保管物在保管期间毁损、灭失的风险,由保管人承担。

第三百七十七条 寄存人寄存货币、有价证券或者其他贵重物品的,应当向保管人声明。寄存人未声明的,该物品毁损、灭失后,保管人可以按照一般物品予以赔偿。

第三百七十八条 寄存人可以随时领取保管物。

当事人未约定保管期间的,保管人可以随时请求寄存人领取保管物;约定保管期间的,保管人无特别事由,不得请求寄存人提前领取保管物。

第三百七十九条 保管期间届满或者寄存人提前领取保管物的,保管人应当将原物及其孳息归还寄存人。

第三百八十条 保管人保管货币的,可以返还相同种类、数量的货币。保管其他可替代物的,可以按照约定返还相同种类、品质、数量的物品。

第三百八十一条 寄存人应当按照约定向保管人支付保管费以及其他费用;不支付保管费以及其他费用的,保管人对保管物享有留置权,但当事人另有约定的除外。

第三百八十二条 有偿的保管合同,寄存人应当按照约定的期限向保管人支付保管的费用。对支付期限没有约定或者约定不明确,依照本法第六十二条的规定仍不能确定的,应当在领取保管物的同时支付。

第十九章　仓储合同

第三百八十三条 仓储合同是仓管人储存存货人交付的仓储物,存货人支付仓储费用的合同。

第三百八十四条 仓储合同自成立时起生效。

第三百八十五条 存货人交付仓储物的,仓管人应当给付仓单。

第三百八十六条 仓管人应当在仓单上签字或者盖章。仓单包括下列事项:

(一)存货人的名称或者姓名和住所;

(二)仓储物的品种、数量、质量、包装、件数和标记;

(三)仓储物的损耗标准;

(四)储存场所;

(五)储存期间;

(六)仓储费;

(七)仓储物已经办理保险的,其保险金额、期间以及保险公司的名称;

(八)填发人、填发地和填发日期。

第三百八十七条 储存易燃、易爆、有毒、有腐蚀性、有放射性等危险物品或者易变质物品,存货人应当说明该物的性质,提供有关资料。

存货人违反前款规定的,仓管人可以拒收仓储物,也可以采取相应措施以避免损失的发生,因此产生的费用由存货人承担。

第三百八十八条 仓管人应当按照约定对入库仓储物进行验收。仓管人验收时发现入库仓储物与约定不符合的,应当及时通知存货人。仓管人验收后,发生仓储物的品种、数量、质量不符合约定的,仓管人应当承担损害赔偿责任。

第三百八十九条 仓管人根据仓单持有人的要求,应当同意其检查仓储物或者提取样品。

第三百九十条 仓单是提取仓储物的凭证。存货人在仓单上背书并经仓管人签字或者盖章的,可以转让提取仓储物的权利。

第三百九十一条 仓管人对入库仓储物发现有变质或者其他损坏的,应当及时通知存货人或者仓单持有人。

第三百九十二条 仓管人对入库仓储物发现有变质或者其他损坏,危及其他仓储物的安全和正常保管的,应当催告存货人或者仓单持有人作出必要的处置。因情况紧急,仓管人可以作出必要的处置,但事后应当将该情况及时通知存货人或者仓单持有人。

第三百九十三条 当事人对储存期间没有约定或者约定不明确的,存货人可以随时提取仓储物,仓管人自接收仓储物之日起三个月内,不得要求存货人提取仓储物。

第三百九十四条 储存期间届满,仓单持有人应当凭仓单提取仓储物,并向仓管人提交仓储物验收资料。仓单持有人逾期提取的,应当加收仓储费;提前提取的,不减收仓储费。

第三百九十五条 储存期间届满,仓单持有人不提取仓储物的,仓管人可以催告其在合理期限内提取,逾期不提取的,仓管人可以提存该物。

第三百九十六条 储存期间,仓储物毁损、灭失的,仓管人应当承担违约责任。因仓储物包装不符合约定或者超过有效储存期造成仓储物变质、损坏的,仓管人不承担责任。

第三百九十七条 本章没有规定的,适用保管合同的有关规定。

第二十章 委托合同

第三百九十八条 委托合同是委托人和受托人约定,由受托人处理委托人事务的合同。

第三百九十九条 委托人可以特别委托受托人处理一项或者数项事务,也可以概括委托受托人处理一切事务。

第四百条 委托人应当预付处理委托事务的费用。受托人为处理委托事务垫付的必要费用,委托人应当偿还该费用及其利息。

第四百零一条 受托人应当按照委托人的指示处理委托事务。需要变更委托人指示的,应当经委托人同意;因情况紧急,难以和委托人取得联系的,受托人应当妥善处理委托事务,但事后应当将该情况及时通知委托人。

第四百零二条 受托人应当亲自处理委托事务。经委托人同意,受托人可以转委托。转委托经同意的,委托人可以就委托事务直接指示转委托的第三人,受托人仅就第三人的选任及其对第三人的指示承担责任。转委托未经同意的,受托人应当对转委托的第三人的行为承担责任,但在紧急情况下受托人为保护委托人的利益需要转委托的除外。

第四百零三条 受托人应当按照委托人的要求,报告委托事务的处理情况。委托合同解除,受托人应当报告委托事务的结果。

第四百零四条 受托人处理委托事务取得的财产,应当转交给委托人。

第四百零五条 受托人完成委托事务的,委托人应当向其支付报酬。因不可归责于受托人的事由,委托合同解除或者委托事务不能完成的,委托人应当向受托人支付相应的报酬。当事人另有约定的,按照其约定。

第四百零六条 有偿的委托合同,因受托人的过错给委托人造成损失的,委托人可以请求赔偿损失。无偿的委托合同,因受托人的故意或者重大过失给委托人造成损失的,委托人可以请求赔偿损失。

受托人超越权限给委托人造成损失的,应当赔偿损失。

第四百零七条 受托人处理委托事务时,因不可归责于自己的事由受到损失的,可以向委托人请求赔偿损失。

第四百零八条 委托人经受托人同意,可以在受托人之外另行委托第三人处理委托事务。因此给受托人造成损失的,受托人可以向委托人请求赔偿损失。

第四百零九条 两个以上的受托人共同处理委托事务的,对委托人承担连带责任。

第四百一十条 委托人或者受托人可以随时解除委托合同。因解除委托合同给对方造成损失的,除不可归责于该当事人的事由以外,应当赔偿损失。

第四百一十一条 委托人或者受托人死亡或者丧失行为能力的,委托合同终止,但当事人另有约定或者根据委托事务的性质不宜终止的除外。

第四百一十二条 因委托人死亡或者丧失行为能力,致使委托合同终止将损害委托人利益的,在委托人的继承人或者法定代理人承受委托事务之前,受托人应当继续处理委托事务。

第四百一十三条 因受托人死亡或者丧失行为能力,致使委托合同终止的,受托人的继承人或者法定代理人应当及时通知委托人。因委托合同终止将损害委托人利益的,在委托人作出善后处理之前,受托人的继承人或者法定代理人应当采取必要措施。

第二十一章 行纪合同

第四百一十四条 行纪合同是行纪人以自己的名义为委托人从事贸易活动,委托人支付报酬的合同。

第四百一十五条 行纪人处理委托事务支出的费用,由行纪人负担,但当事人另有约定的除外。

第四百一十六条 行纪人占有委托物的,应当妥善保管委托物。

第四百一十七条 委托物交付给行纪人时有瑕疵或者容易腐烂、变质的,经委托人同意,行纪人可以处分该物;和委托人不能及时取得联系的,行纪人可以合理处分。

第四百一十八条 行纪人低于委托人指定的价格卖出或者高于委托人指定的价格买入的,应当经委托人同意。未经委托人同意,行纪人补偿其差额的,该买卖对委托人发生效力。

行纪人高于委托人指定的价格卖出或者低于委托人指定的价格买入的,可以按照约定增加报酬。没有约定或者约定不明确,依照本法第六十二条的规定仍不能确定的,该利益属于委托人。

委托人对价格有特别指示的,行纪人不得违背该指示卖出或者买入。

第四百一十九条 行纪人卖出或者买入具有市场定价的证券或者其他商品,除委托人有相反的意思表示的以外,行纪人自己可以作为买受人或者出卖人。

行纪人有前款情形的,仍然可以请求委托人支付报酬。

第四百二十条 行纪人按照约定买入委托物,委托人应当及时受领。经行纪人催告,委托人无正当理由拒绝受领的,行纪人可以提存委托物。

委托物不能卖出或者委托人撤回出卖,经行纪人催告,委托人不取回或者不处分该物的,行纪人可以提存委托物。

第四百二十一条 行纪人与第三人约定,行纪人履行的义务附条件的,按照其约定。

第四百二十二条 行纪人与第三人订立合同的,行纪人对该合同直接享有权利、承担义务。第三人不履行义务致使委托人受到损害的,行纪人应当承担损害赔偿责任。当事人另有约定的,按照其约定。

第四百二十三条　行纪人与第三人订立合同时,第三人知道委托人的,委托人可以介入行纪人与第三人订立的合同,以自己的名义对该合同直接享有权利、承担义务,但行纪人与第三人另有约定的除外。

第四百二十四条　行纪人与第三人订立的合同,第三人知道委托人的,可以选择委托人或者行纪人作为该合同的相对人,但行纪人与第三人另有约定的除外。

第三人依照前款规定选定相对人的,不得变更。

第四百二十五条　行纪人和委托人共同与第三人订立合同,第三人知道其委托关系的,应当由委托人对该合同享有权利、承担义务,但当事人另有约定的除外。第三人不知道其委托关系的,应当由行纪人和委托人共同对该合同享有权利、承担义务。

第四百二十六条　行纪人完成或者部分完成委托事务的,委托人应当向其支付相应的报酬。委托人逾期不支付报酬的,行纪人对委托物享有留置权,但当事人另有约定的除外。

第四百二十七条　本章没有规定的,适用委托合同的有关规定。

第二十二章　居间合同

第四百二十八条　居间合同是居间人促成委托人订立合同,委托人支付报酬的合同。

第四百二十九条　居间人就有关订立合同的情况应当向委托人如实报告。

居间人故意提供虚假情况,损害委托人利益的,不得请求支付报酬并应当承担损害赔偿责任。

第四百三十条　居间活动的费用,由居间人负担,但当事人另有约定的除外。

第四百三十一条　居间人促成合同成立后,可以按照约定向委托人请求支付报酬。对居间人的报酬没有约定或者约定不明确,依照本法第六十二条的规定仍不能确定的,根据居间人的劳务合理确定,并由委托人平均负担。

第二十三章　附　则

第四百三十二条　县级以上各级人民政府工商行政管理部门和其他有关主管部门,依照法律、行政法规规定的职责,负责对合同的监督。

第四百三十三条　对利用合同危害国家利益、社会公共利益的违法行为,由县级以上各级人民政府工商行政管理部门和其他有关主管部门依照法律、行政法规规定的职责负责处理;构成犯罪的,依法追究刑事责任。

第四百三十四条　当事人对合同条款的理解有争议的,应当按照合同所使用的词句、合同的有关条款、交易习惯以及诚实信用的原则,确定该条款的真实意思。该条款可以作两种以上解释时,应当以符合合同目的的解释为准。

第四百三十五条 中华人民共和国缔结或者参加的国际条约同中华人民共和国的民事法律有不同规定的,适用国际条约的规定,但中华人民共和国声明保留的条款除外。中华人民共和国法律和中华人民共和国缔结或者参加的国际条约没有规定的,可以适用国际惯例。

第四百三十六条 在中华人民共和国境内履行经国家批准成立的中外合资经营企业合同、中外合作经营企业合同、中外合作勘探开发自然资源合同,在法律有新的规定时,可以仍然按照合同的约定履行。

第四百三十七条 当事人可以通过协商或者调解解决合同争议。

当事人不愿协商、调解或者协商、调解不成的,可以根据仲裁协议向仲裁机构申请仲裁。涉外合同的当事人可以根据仲裁协议向中国仲裁机构或者其他仲裁机构申请仲裁。当事人没有订立仲裁协议或者仲裁协议无效的,可以向人民法院起诉。

第四百三十八条 涉外合同的当事人可以选择处理合同争议所适用的法律,但法律另有规定的除外。涉外合同的当事人没有选择的,适用与合同有最密切联系的国家的法律。

在中华人民共和国境内履行的中外合资经营企业合同、中外合作经营企业合同、中外合作勘探开发自然资源合同,适用中华人民共和国法律。

第四百三十九条 涉外货物买卖合同提起诉讼或者申请仲裁的期限为四年;技术合同提起诉讼或者申请仲裁的期限为一年,自当事人知道或者应当知道其权利受到侵害之日起计算。

第四百四十条 其他法律对合同另有规定的,依照其规定。

第四百四十一条 本法自199 年 月 日起施行。

全国人大法律委员会关于《中华人民共和国合同法(草案)》有关问题的说明

九届全国人大常委会第五次会议文件

全国人大法律委员会 1998年10月22日

全国人民代表大会常务委员会:

九届全国人大常委会第四次会议对合同法草案进行了初步审议。会后,根据全国人大常委会的决定将草案全文公布,广泛征求意见。9月28日、29日,全国人大法律委员会、财政经济委员会和全国人大常委会法制工作委员会联合召开了有关部门、企业和法律专家的座谈会征求意见。截至10月15日,已收到12个省、自治区、直辖市和18个中央有关部门的意见和建议,法制工作委员会还收到人民来信近百封。总的意见是,合同法是规范市场交易关系的基本法律,为进一步完善合同法律制度,保护当事人的合法权益,维护社会经济秩序,适应社会主义市场经济发展的需要,制定一部统一的、较为完备的合同法十分必要,合同法草案经有关部门的同志和法律专家的共同努力,有了较好的基础,但有些问题尚需继续研究,要充分考虑国际通行做法,对草案进一步修改和完善。

由于合同法草案涉及的问题较多,时间又很紧,来不及向这次常委会提出草案修改稿,现将合同法草案的几个主要问题和已经收集到的主要意见汇报如下,以便进一步进行审议:

一、关于调整范围

经济合同法、涉外经济合同法和技术合同法的调整范围各有侧重。经济合同法适用于法人、其他经济组织、个体工商户、农村承包经营户相互之间的经济合同,不包括公民之间以及公民与法人和其他经济组织之间的合同;涉外经济合同法适用于我国企业、其他经济组织的涉外经济合同,不包括我国公民的涉外经济合同;技术合同法适用于国内技术合同,不包括涉外技术合同。随着改革开放的不断深入和扩大,经济贸易的不断发展,三个合同法的调整范围已不能完全适应,需要制定一部新的合同法。合同法草案规定,合同是平等主体的公民、法人、其他组织之间设立、变更、终止债权债务关系的协议。这就扩大了调整范围,形成一部统一的、较为完备的合同法,适应发展社会主义市场经济的需要。

关于调整范围是否限于设立、变更、终止债权债务关系的协议。一种意见认为,限于债权债务关系的协议窄了,建议规定为,合同是平等主体的公民、法人、其他组织之间设立、变更、终止民事关系的协议。另一种意见认为,民事关系的协议宽了,民事关系包括物权、债权、知识产权、人身权等,合同法草案规定合同是债权债务关系的协议,能够体现与其他民事关系的区别。

有的地方和部门提出,合同法应规范农村土地承包、企业承包合同。党的十五届三中全会提出,以家庭承包经营为基础、统分结合的经营制度,必须长期坚持,要抓紧制定确保农村土地承包关系长期稳定的法律法规。我们考虑,农村土地承包合同可以适用合同法总则的规定,同时建议抓紧研究制定专门法律,赋予农民长期而有保障的土地使用权。企业承包,有些是内部承包,有些是外部承包,两者情况有所不同,适用法律应有所区别,对于外部承包适用合同法总则的规定,至于内部职工的承包适用其他有关法律、行政法规的规定。

二、关于合同自由原则

有的同志建议规定合同自由原则。合同自由,主要指的是当事人意思自治,有权自由订立合同并确定合同内容。有的同志认为不宜这样简单规定,合同自由不是绝对的,许多国家都规定合同自由是在法律规定范围内的自由。合同法草案规定,当事人依法享有自愿订立合同的权利,任何单位和个人不得非法干预。这样规定,既体现了当事人有权按照自己的意愿订立合同,又明确了当事人行使这项权利时必须"依法"。依法订立合同,包括在内容上应当遵守法律、行政法规,违反法律、行政法规的强制性规定的合同无效,也包括在程序上应当遵守法律、行政法规。法律、行政法规规定应当办理批准、登记等手续的,依照其规定,比如,金融领域里发生的高息揽储情形,是违反有关金融法律、行政法规规定的,即使当事人双方自愿,该合同也是无效的,对违法者还应当依法追究法律责任。

三、关于书面形式订立合同

涉外经济合同法和技术合同法都规定,订立合同应当采用书面形式。经济合同法规定,除即时清结的以外,要采用书面形式。司法实践中,往往将未采用书面形式订立的合同,认定为无效。有的同志认为,现在经济建设发展很快,商品交换十分活跃,不宜强调合同必须以书面形式订立。有的同志主张,既要鼓励交易,又要保障交易安全,以利于减少纠纷和及时解决纠纷。因此合同法草案规定,不动产转让合同应当采用书面形式,涉外合同、价款或者报酬10万元以上的合同,除即时清结的以外,应当采用书面形式。法律规定应当采用书面形式订立合同的,依照其规定。哪些合同应当采用书面形式,价款或者报酬多少万元较为合适,需要进一步研究。

法律规定应当采用书面形式的合同,当事人未采用书面形式怎么办?司法实践中怎样认定其效力?合同法草案规定,法律规定应当采用书面形式的合同,当事人未采用书面形式但已经履行主要义务或者能够证明当事人对合同内容协商一致的,该合同有效。如果当事人未履行主要义务或者不能证明对合同主要内容协商一致的,该合同不成立,不具有效力。

四、关于情势变更制度

情势变更制度是指在合同订立后,因发生订立合同时当事人不能预见并且不能克服的情况,改变了订立合同时的基础,使合同的履行失去意义或者履行合同使当事人之间的利益重大失衡,应当允许当事人终止合同或者变更合同。是否在合同法中规定情势变更制度,有两种意见:一种意见认为,如何划分正常的商业风险和情势变更较为困难,在经济贸易中能够适用情势变更制度的情形是极少的,掌握不好,有可能使有的当事人规避正常的商业风险,有的法官也可能滥用这项权力,甚至助长地方保护主义,因此建议在合同法中不要对情势变更制度作规定。另一种意见认为,情势变更不同于不可抗力,不可抗力是致使合同不能履行,情势变更是致使履行合同显失公平,规定情势变更制度有利于贯彻公平原则,最高人民法院在审判实践中,已作出过有关情势变更的判决和规定,建议在合同法中规定情势变更制度。合同法草案规定,由于国家经济政策、社会经济形势等客观情势发生巨大变化,致使履行合同将对一方当事人没有意义或者造成重大损害,而这种变化是当事人在订立合同时不能预见并且不能克服的,该当事人可以要求对方就合同的内容重新协商;协商不成的,可以请求人民法院或者仲裁机构变更或者解除合同。这样规定是否可行,还需要进一步研究。

五、关于违约金制度

经济合同法、涉外经济合同法、技术合同法对违约金的规定不尽一致。制定统一的合同法,应当对违约金制度作出统一规定,但具体怎么规定,有两种意见:一种意见认为,应当根据涉外经济合同法作出规定,约定的违约金视为违约的损失赔偿,但约定的违约金过分高于或者低于造成的损失的,当事人可以请求人民法院或者仲裁机构予以适当减少或者增加。理由是,按照当事人的约定支付违约金,是合同自愿原则的体现,当事人约定的违约金一般视为违约的损失赔偿,有利于及时解决因违约承担的赔偿责任;为体现公平原则,约定违约金过分高于或者低于造成的损失的,当事人可以请求适当减少或者增加。另一种意见是,当事人一方违反合同时,应向对方支付违约金,如果因违约给对方造成的损失超过违约金的,按经济合同法规定,还应进行赔偿,补偿违约金不足的部分;如果违约金的数额过分高于因违约给对方造成的损失的,按涉外经济合同法规定,可以请求人民法院或者仲裁机构予以适当减少。这样规定,可以充分保护受损害方的利益,促使当事人履行合同义务。这个问题如何处理为好,需要进一步研究。

有些同志提出,现在违约纠纷较多,应进一步充实违约责任的内容,有些当事人在合同中既约定了违约金,又约定了定金、损失赔偿金,应当理顺这三者的关系,作出更加明确的规定。对于这些问题,需要进一步研究。

六、关于合同法分则

合同法是否规定分则,分则中规定哪些有名合同,有不同意见。有些同志提出,制定合同法,关键是总则,至于分则中的各类合同比较复杂,可以由单行的法律、法规去规定,本法不作规定。多数部门和法律专家认为,合同法总则规定合同的基本原则以及订立、履行、违约责任的一般规定,对于公民、法人和其他组织日常普遍发生的买卖、借款、租赁、承揽、运输等合同,需要在分则中规定。经济合同法已经规定了九类合同,制定统一的合同法,应当包括这些合同,并根据实践经验和行政法规、司法解释以及国际公约的规定,予以充实完善，同时根据实际需要增加一些新的合同。一些国家在民法典中，既规定合同的共性问题，也对各类合同具体作出规定。合同法草案在分则中已规定了买卖、借款、融资租赁等十五类合同。至于是否再增加一些新的合同规定，需要进一步研究。

七、关于合同监督

在合同法中是否规定对合同的监督，有不同意见。有些法律专家和部门的同志认为，合同法属于民事法律，发生纠纷应当由当事人协商解决，协商不成的，可以通过诉讼或者仲裁解决，在合同法中不宜规定行政机关对合同的监督。有的部门和有些同志认为，为了防止国有资产流失，减少和防止合同欺诈，有必要依法对合同进行监督。合同法草案根据经济合同法作出了以下规定：县级以上各级人民政府工商行政管理部门和其他有关主管部门，应当依照法律、行政法规规定的职责，负责对合同的监督。

八、关于制定统一的合同法后现行的三个合同法是否废止

制定统一的合同法后，现行的经济合同法、涉外经济合同法和技术合同法是否废止，其中主要是技术合同法。有的部门认为，有关技术合同法的法律、法规已经形成自身的体系，建议不要废止技术合同法。多数法律专家和部门的同志认为，技术合同与买卖、租赁、建设工程等合同一样，共性问题应当在合同法总则中规定，特殊性问题可以在分则中规定。合同法草案已经在总则和分则中保留了技术合同法的原有规定，并根据技术合同法实施十多年的实践经验加以修改、完善。技术合同法只适用国内技术合同，不包括技术引进和技术出口合同，而合同法草案已将涉外技术合同纳入调整范围。统一的合同法制定后，不影响有关部门根据国务院"三定"方案行使管理技术市场的职能。因此，倾向于统一的合同法颁布实施后，三个合同法同时废止。

此外，各方面对草案还提出了许多很好的具体意见和建议，现在已把这些意见整理出来，作为会议的参阅资料，供常委会组成人员在审议合同法草案时参考。

以上汇报是否妥当，请审议。

中华人民共和国合同法(三次审议稿)

1998 年 12 月 21 日

目 录

总 则
　第一章　一般规定
　第二章　合同的订立
　第三章　合同的效力
　第四章　合同的履行
　第五章　合同的变更和转让
　第六章　合同的终止
　第七章　违约责任

分 则
　第八章　买卖合同
　第九章　供用电、水、气、热力合同
　第十章　赠与合同
　第十一章　借款合同
　第十二章　租赁合同
　第十三章　融资租赁合同
　第十四章　承揽合同
　第十五章　建设工程合同
　第十六章　运输合同
　　第一节　一般规定
　　第二节　旅客运输合同
　　第三节　货物运输合同
　　第四节　多式联运合同
　第十七章　技术合同
　　第一节　一般规定
　　第二节　技术开发合同
　　第三节　技术转让合同

第四节　技术咨询合同和技术服务合同
第十八章　保管合同
第十九章　仓储合同
第二十章　委托合同
第二十一章　行纪合同
第二十二章　居间合同

附　则

总　则

第一章　一般规定

第一条　为了保护合同当事人的合法权益,维护社会经济秩序,促进社会主义现代化建设,制定本法。

第二条　本法所称合同是平等主体的公民、法人、其他组织之间设立、变更、终止债权债务关系的协议。

第三条　合同当事人的法律地位平等,一方不得将自己的意志强加给另一方。

第四条　当事人在法律规定范围内享有自愿订立合同的权利,任何单位和个人不得非法干预。

第五条　当事人应当遵循公平的原则确定各方的权利和义务。

第六条　当事人在行使权利、履行义务时应当遵循诚实信用的原则。

第七条　当事人订立、履行合同,应当遵守法律、行政法规,尊重社会公德,不得扰乱社会经济秩序,损害社会公共利益。

第八条　依法成立的合同,对当事人具有法律约束力。当事人应当按照合同的约定履行自己的义务,不得擅自变更或者解除合同。

第二章　合同的订立

第九条　当事人订立合同,应当具有相应的民事权利能力和民事行为能力。当事人依法可以委托代理人订立合同。

第十条　当事人订立合同,除即时清结的以外,采用书面形式。

第十一条　书面形式是指合同书、信件以及数据电文(包括电报、电传传真、电子数据交换和电子邮件)等可以有形地表现所载内容的形式。

第十二条　合同的内容由当事人约定,一般包括以下条款:
(一)当事人的名称或者姓名和住所;
(二)标的;

(三)数量;
(四)质量;
(五)价款或者报酬;
(六)履行期限;
(七)履行地点和方式;
(八)违约责任;
(九)解决争议的方法。
当事人可以参照各类合同的示范文本订立合同。

第十三条 当事人对合同内容协商一致的,合同成立。当事人对合同的标的、数量已经协商一致,但对合同的其他内容没有协商的,不影响合同成立。

当事人订立合同,采取要约、承诺方式。

第十四条 要约是希望和他人订立合同的意思表示,该意思表示应当符合下列规定:
(一)内容具体确定;
(二)表明经受要约人承诺,要约人即受该意思表示约束。

第十五条 要约邀请是希望他人向自己发出要约的意思表示。价目表的寄送、拍卖公告、招标公告、招股说明书、商品广告等为要约邀请。

商品广告的内容符合要约规定的,视为要约。

第十六条 要约到达受要约人时生效。

采用数据电文形式订立合同,收件人指定特定系统接收数据电文的,该数据电文进入该特定系统的时间,视为到达时间;未指定特定系统的,该数据电文进入收件人的任何系统的首次时间,视为到达时间。

第十七条 要约可以撤回,但撤回要约的通知应当在要约到达受要约人之前或者同时到达受要约人。

第十八条 要约可以撤销,但撤销要约的通知应当在受要约人发出承诺通知之前到达受要约人。

第十九条 有下列情形之一的,要约不得撤销:
(一)要约中确定了承诺期限或者以其他形式明示要约不可撤销的;
(二)受要约人有理由认为要约是不可撤销的,并且已经为履行合同做了准备工作。

第二十条 有下列情形之一的,要约失效:
(一)拒绝要约的通知到达要约人时;
(二)要约人依法撤回、撤销要约;
(三)要约中确定的承诺期限届满,受要约人未作出承诺;
(四)承诺对要约的内容作出实质性变更。

第二十一条 承诺是受要约人同意要约的意思表示。

第二十二条 承诺应当以通知的方式作出,但根据交易习惯或者要约表明可以通过行为作出承诺的除外。

第二十三条 承诺应当在要约确定的期限内到达要约人。

要约没有确定承诺期限的,承诺应当依照下列规定到达:

(一)要约以对话方式作出的,应当即时作出承诺的意思表示,但当事人另有约定的除外;

(二)要约以非对话方式作出的,承诺应当在合理期限内到达要约人。

第二十四条 要约以电报或者信件作出的,承诺期限自电报交发之日或者信件载明的日期开始计算。如果信件未载明日期,自投寄该信件的邮戳日期开始计算。要约以电话、传真等快速通讯方式作出的,承诺期限自要约到达受要约人时开始计算。

第二十五条 承诺生效时合同成立。

第二十六条 承诺通知到达要约人时生效。承诺不需要通知的,根据交易习惯或者要约的要求作出承诺的行为时生效。

采用数据电文形式订立合同的,承诺到达的时间适用本法第十六条第二款的规定。

第二十七条 承诺可以撤回,但撤回承诺的通知应当在承诺生效之前或者与承诺通知同时到达要约人。

第二十八条 受要约人超过承诺期限发出承诺的,除要约人及时通知受要约人该承诺有效的以外,为新要约。

第二十九条 受要约人在承诺期限内发出承诺,按照通常情形能够及时到达要约人,但因其他原因承诺到达要约人时超过承诺期限的,除要约人及时通知受要约人因承诺超过期限不接受该承诺的以外,该承诺有效。

第三十条 承诺的内容应当和要约的内容一致。承诺对要约的内容作出实质性变更的,为新要约。有关合同标的、数量、质量、价款或者报酬、履行期限、履行地点和方式、违约责任和解决争议方法等的变更,是对要约内容的实质性变更。

第三十一条 承诺对要约的内容作出非实质性变更的,除要约人及时表示反对或者要约表明承诺不得对要约的内容作出任何变更的以外,该承诺有效,合同的内容以承诺的内容为准。

第三十二条 当事人采用信件、数据电文形式订立合同的,一方当事人可以在合同成立前要求签订确认书。

第三十三条 当事人采用合同书包括确认书形式订立合同的,自双方当事人签字或者盖章时合同成立。签字或者盖章不在同一时间的,最后签字或者盖章时合同成立。

第三十四条 承诺生效的地点为合同成立的地点。

采用数据电文形式订立合同的,收件人的主营业地为合同成立的地点;没有主营业地的,其经常居住地为合同成立的地点。当事人另有约定的,按照其约定。

第三十五条 当事人采用合同书包括确认书形式订立合同的,双方当事人签字或者盖章的地点为合同成立的地点。签字或者盖章不在同一地点的,最后签字或者盖章的地点为合同成立的地点。

第三十六条 国家根据需要下达指令性任务或者国家订货任务的,有关企业、事业单位之间应当依照有关法律、行政法规规定的权利和义务签订合同。

第三十七条 采用格式条款订立合同的,提供格式条款的一方应当遵循公平的原则确定当事人之间的权利和义务,并采取合理的方式提请对方注意免除或者限制其责任的条款,按照对方的要求,对该条款予以说明。

格式条款是当事人为了重复使用而预先拟定,并在订立合同时未与对方协商的条款。

第三十八条 格式条款具有本法第五十二条和第五十三条规定的情形,或者免除提供格式条款一方当事人主要义务、排除对方当事人主要权利的,该条款无效。

第三十九条 对格式条款的理解发生争议的,应当作出不利于提供格式条款一方的解释。格式条款和非格式条款不一致的,应当采用非格式条款。

第四十条 当事人在订立合同过程中有下列情形之一,给对方造成损失的,应当承担损害赔偿责任:

(一)假借订立合同,以损害对方利益为目的,恶意进行磋商;

(二)有其他违背诚实信用原则的行为。

第四十一条 当事人在订立合同过程中知悉的商业秘密,无论合同是否成立,不得泄露或者不正当地使用。泄露或者不正当地使用该商业秘密给对方造成损失的,应当承担损害赔偿责任。

第三章 合同的效力

第四十二条 依法成立的合同,自成立时生效。

法律、行政法规规定应当办理批准、登记等手续生效的,自批准、登记时生效。

第四十三条 当事人对合同的效力可以约定附条件。附生效条件的合同,自条件成就时生效。附解除条件的合同,自条件成就时失效。

当事人为自己的利益不正当地阻止条件成就的,视为条件已成就;不正当地促成条件成就的,视为条件不成就。

第四十四条 当事人对合同的效力可以约定附期限。附生效期限的合同,自期限届至时生效。附终止期限的合同,自期限届满时失效。

第四十五条 法律、行政法规规定采用书面形式的合同,当事人未采用书面形式但已经履行主要义务或者能够证明当事人对合同内容协商一致的,该合同有效。

第四十六条 采用合同书包括确认书形式订立合同,没有签字或者盖章的当事人已经履行主要义务的,该合同有效。

第四十七条 限制民事行为能力人订立的合同,经法定代理人追认后,该合同有效,但纯获利益的合同或者与其年龄、智力、精神健康状况相适应而订立的合同,不必经法定代理人追认。

相对人可以催告法定代理人在一个月内予以追认。法定代理人未作表示的,视为拒绝追认。合同未经追认之前,善意相对人有撤销的权利。撤销应当以明示的方式作出。

第四十八条 行为人没有代理权、超越代理权或者代理权终止后以被代理人名义订立的合同,未经被代理人追认,对被代理人不发生效力,由行为人承担责任。

相对人可以催告被代理人在一个月内予以追认。被代理人未作表示的,视为拒绝追认。合同未经追认之前,善意相对人有撤销的权利。撤销应当以明示的方式作出。

第四十九条 行为人没有代理权、超越代理权或者代理权终止后以被代理人名义订立合同,被代理人知道其以本人名义订立合同而不作否认表示或者相对人有正当理由相信行为人有代理权的,该代理行为有效。

第五十条 法人或者其他组织的法定代表人、负责人超越权限订立的合同,除相对人知道或者应当知道其超越权限的以外,该代表行为有效。

第五十一条 无处分权的人处分他人财产,经权利人追认或者无处分权的人订立合同后取得处分权的,该合同有效。

第五十二条 有下列情形之一的,合同无效:
(一)一方以欺诈、胁迫的手段订立合同,损害国家利益的;
(二)恶意串通,损害国家、集体或者第三人利益的;
(三)以合法形式掩盖非法目的的;
(四)损害社会公共利益的;
(五)违反法律、行政法规的强制性规定的。

第五十三条 合同中的下列免责条款无效:
(一)因故意或者重大过失给对方造成财产损失的;
(二)因故意或者过失造成对方人身伤害的。

第五十四条 下列合同,当事人一方有权请求人民法院或者仲裁机构变更或者撤销:
(一)因重大误解订立的;
(二)显失公平的。

一方以欺诈、胁迫的手段或者乘人之危,使对方在违背真实意思的情况下订立的合同,受害方有权请求人民法院或者仲裁机构变更或者撤销。

第五十五条 有下列情形之一的,撤销权消灭:
(一)具有撤销权的当事人自知道或者应当知道撤销事由之日起一年内没有行使撤销权的;
(二)具有撤销权的当事人知道撤销事由后明确表示或者以自己的行为放弃撤销权的。

第五十六条 无效的合同或者被撤销的合同自始没有法律拘束力。合同部分无效,不影响其他部分效力的,其他部分仍然有效。

第五十七条 合同无效、被撤销、变更或者终止的,不影响合同中独立存在的有关解决争议方法的条款的效力。

第五十八条 合同无效或者被撤销后,因该合同取得的财产,应当予以返还;不能返还或者没有必要返还的,应当折价补偿。有过错的一方应当赔偿对方因此所受到的损失,双方都有过错的,应当各自承担相应的责任。

第五十九条 当事人恶意串通,损害国家集体或者第三人利益的,因此取得的财产应当收归国家所有或者返还集体、第三人。

第四章 合同的履行

第六十条 当事人应当按照约定履行自己的义务。

当事人应当遵循诚实信用的原则,根据合同的性质、目的和交易习惯履行通知、协助、保密等义务。

第六十一条 合同生效后,当事人就质量、价款或者报酬、履行地点等内容没有约定或者约定不明确的,可以协议补充;不能达成补充协议的,按照合同有关条款或者交易习惯确定。

第六十二条 当事人就有关合同内容约定不明确,依照本法第六十一条的规定仍不能确定的,适用下列规定:

(一)质量要求不明确的,按照国家标准履行,没有国家标准的,按照通常标准履行;

(二)价款或者报酬不明确的,按照订立合同时履行地的市场价格履行,依法由政府定价的按照政府定价履行;

(三)履行地点不明确,给付货币的,在接受货币一方所在地履行;交付不动产的,在不动产所在地履行;其他标的,在履行义务一方所在地履行;

(四)履行期限不明确的,债务人可以随时履行,债权人也可以随时请求履行,但应当给对方必要的准备时间;

(五)履行方式不明确的,按照有利于实现合同目的的方式履行;

(六)履行费用的负担不明确的,由履行义务一方负担。

第六十三条 执行政府定价的,在合同规定的交付期限内政府价格调整时,按照交付时的价格计价。逾期交货的,遇价格上涨时,按照原价格执行;价格下降时,按照新价格执行。逾期提货或者逾期付款的,遇价格上涨时,按照新价格执行;价格下降时,按照原价格执行。

第六十四条 当事人可以约定由债务人向第三人履行债务。因向第三人履行债务增加的费用,由债权人负担。

第三人可以向债务人请求履行。债务人未向第三人履行债务或者履行债务不符合约定的,应当向债权人承担违约责任。

第六十五条 当事人可以约定由第三人向债权人履行债务。第三人不履行债务或者履行债务不符合约定的,债务人应当向债权人承担违约责任。

第六十六条 当事人互负债务,没有先后履行顺序的,应当同时履行。一方在对方未履行之前有权拒绝其履行请求。一方在对方履行债务不符合约定时,有权拒绝其相应的履行请求。

第六十七条 当事人互负债务,有先后履行顺序的,先履行一方未履行之前,后履行一方有权拒绝其履行请求,先履行一方履行债务不符合约定的,后履行一方有权拒绝其相应的履行请求。

第六十八条 应当先履行债务的当事人,有确切证据证明对方有下列情形之一的,可以中止履行:

(一)经营状况严重恶化的;

(二)转移财产、抽逃资金,以逃避债务的;

(三)严重丧失商业信誉的;

(四)有其他丧失或者可能丧失履行债务能力情形的。

第六十九条 当事人依照本法第六十八条的规定中止履行的,应当及时通知对方。对方提供适当担保时,应当恢复履行。中止履行后,对方在合理期限内未恢复履行能力,也未提供适当担保的,中止履行的一方可以解除合同。

第七十条 债权人分立、合并或者变更住所没有通知债务人,致使履行债务发生困难的,债务人可以中止履行或者将标的物提存。

第七十一条 债权人可以拒绝债务人提前履行债务,但提前履行不损害债权人利益的除外。

债务人提前履行债务给债权人增加的费用,由债务人负担。

第七十二条 债权人可以拒绝债务人部分履行债务,但部分履行不损害债权人利益的除外。

债务人部分履行债务给债权人增加的费用,由债务人负相。

第七十三条 因债务人怠于行使其到期债权,对债权人造成损害的,债权人可以请求人民法院以自己的名义代位行使债务人的债权,但该债权专属于债务人自身的除外。

代位权的行使范围以债权人的债权为限。债权人行使代位权的必要费用,由债务人负担。

第七十四条 因债务人放弃到期债权或者无偿转让财产,对债权人造成损害的,债权人可以请求人民法院撤销债务人的行为。债务人以明显不合理的低价转让财产,对债权人造成损害,并且受让人知道该情形的,债权人也可以请求人民法院撤销债务人的行为。撤销权的行使范围以债权人的债权为限。债权人行使撤销权的必要费用,由债务人负担。

第七十五条 债权人自知道撤销事由之日起一年内或者债务人的行为发生之日起五年内没有行使撤销权的,该撤销权消灭。

第七十六条　由于客观情势发生巨大变化,致使履行合同将对一方当事人没有意义或者造成重大损害,而这种变化是当事人在订立合同时不能预见并且不能克服的,该当事人可以要求对方就合同的内容重新协商;协商不成的,可以请求人民法院或者仲裁机构变更或者解除合同。

商业风险不适用前款规定。

第七十七条　合同生效后,当事人不得因姓名、名称的变更或者法定代表人、负责人、承办人的变动而不履行合同的义务。

第五章　合同的变更和转让

第七十八条　当事人协商一致,可以变更合同。法律、行政法规规定变更合同应当办理批准、登记等手续的,依照其规定。

第七十九条　当事人对合同变更的内容约定不明确的,推定为未变更。

第八十条　债权人可以将合同的权利全部或者部分转让给第三人,但有下列情形之一的除外:

(一)根据合同性质不得转让的;

(二)按照当事人约定不得转让的;

(三)依照法律规定不得转让的。

第八十一条　债权人转让权利的,应当通知债务人。未经通知,该转让对债务人不发生效力。

债权人转让权利的通知不得撤销,但经受让人同意的除外。

第八十二条　债权人转让权利的,受让人取得与债权有关的从权利,但该从权利专属于债权人自身的除外。

第八十三条　债务人接到债权转让通知时,债务人对让与人的抗辩,可以向受让人主张。

第八十四条　债务人接到债权转让通知时,债务人对让与人享有到期债权的,债务人可以依照本法第一百条的规定向受让人主张抵销。

第八十五条　债务人将合同的义务全部或者部分转移给第三人的,应当经债权人同意。

第八十六条　债务人转移义务的,新债务人可以主张原债务人对债权人的抗辩。

第八十七条　债务人转移义务的,新债务人应当承担与主债务有关的从债务,但该从债务专属于原债务人自身的除外。

第八十八条　债权人转让权利或者债务人转移义务,法律、行政法规规定应当办理批准、登记等手续的,依照其规定。

第八十九条　当事人一方经对方同意,可以将自己在合同中的权利和义务一并转让给第三人。

第九十条　权利和义务一并转让的,适用本法第八十条、第八十二条至第八十四条、第八十六条至第八十八条的规定。

第九十一条 当事人订立合同后合并的,由合并后的法人或者其他组织行使合同权利,履行合同义务。当事人订立合同后分立的,除债权人和债务人另有约定的以外,由分立的法人或者其他组织对合同的权利和义务享有连带债权,承担连带债务。

第六章 合同的终止

第九十二条 有下列情形之一的,合同终止:
(一)债务已经按照约定履行;
(二)合同解除;
(三)债务相互抵销;
(四)债务人依法将标的物提存;
(五)债权人免除债务;
(六)债权债务同归于一人;
(七)法律规定或者当事人约定终止的其他情形。

第九十三条 合同终止后,当事人应当遵循诚实信用的原则,根据交易习惯履行通知、协助、保密等义务。

第九十四条 当事人可以在合同中约定解除合同的条件,解除合同的条件成就时,合同解除。当事人也可以事后经协商一致解除合同。

第九十五条 有下列情形之一的,当事人可以解除合同:
(一)因不可抗力致使不能实现合同目的的;
(二)在履行期限届满之前,当事人一方明确表示或者以自己的行为表明不履行主要债务的;
(三)当事人一方迟延履行主要债务,经催告后在合理期限内仍未履行的;
(四)当事人一方迟延履行债务或者有其他违约行为致使不能实现合同目的的;
(五)法律规定的其他解除情形。

第九十六条 法律规定或者当事人约定解除权行使期限的,期限届满当事人不行使的,该权利消灭。

法律没有规定或者当事人未约定解除权的行使期限,经对方催告后在合理期限内不行使的,该权利消灭。

第九十七条 当事人一方依照本法第九十五条的规定主张解除合同的,应当通知对方。合同自通知到达对方时解除。对方有异议的,可以请求人民法院或者仲裁机构确认合同效力。

法律、行政法规规定解除合同应当办理批准、登记等手续的,依照其规定。

第九十八条 合同解除后,尚未履行的,终止履行;已经履行的,根据履行情况和合同性质,当事人可以请求恢复原状,或者采取其他补救措施。

第九十九条 合同终止,不影响合同中结算和清理条款的效力,不影响当事人请求损害赔偿的权利。

第一百条 当事人互负到期债务,该债务的标的物种类、品质相同的,任何一方可以将自己的债务与对方的债务抵销,但按照合同性质或者依照法律规定不得抵销的除外。

当事人主张抵销的,应当通知对方。通知自到达对方时生效。抵销的通知不得附条件或者附期限。

第一百零一条 当事人互负到期债务,标的物种类、品质不相同的,经双方协商一致,也可以抵销。

第一百零二条 有下列情形之一的,难以履行债务的,债务人可以将标的物提存:

(一)债权人迟延受领的;

(二)债权人下落不明的;

(三)债权人死亡或者丧失行为能力,而未确定继承人或者监护人的。

标的物不适于提存或者提存费用过高的,债务人依法可以拍卖或者变卖标的物,提存所得的价款。

第一百零三条 标的物提存后,除债权人下落不明的以外,债务人应当及时通知债权人或者债权人的继承人、监护人。

第一百零四条 标的物提存后毁损、灭失的风险由债权人承担。提存期间,标的物的孳息归债权人所有。提存费用由债权人负担。

第一百零五条 债权人可以随时领取提存物,但债权人对债务人负有到期债务的,在债权人未履行债务或者提供担保之前,提存部门根据债务人的要求应当拒绝其领取提存物。

债权人领取提存物的权利,自提存之日起五年内不行使而消灭,提存物扣除提存费用后归国家所有。

第一百零六条 债权人免除债务人部分或者全部债务的,合同部分或者全部终止。

第一百零七条 债权和债务同归于一人的,合同终止,但涉及第三人利益的除外。

第七章 违约责任

第一百零八条 当事人一方不履行合同义务或者履行合同义务不符合约定的,对方有权请求违约方履行或者采取补救措施、承担赔偿损失等违约责任。

第一百零九条 当事人一方明确表示或者以自己的行为表明不履行合同义务的,对方可以在履行期届满之前请求其承担违约责任。

第一百一十条 当事人一方不履行金钱债务或者履行金钱债务不符合约定的,对方可以请求履行。

当事人一方不履行金钱债务或者履行金钱债务不符合约定的,应当按照约定支付违约金。没有约定违约金的,应当支付迟延履行的逾期利息。

第一百一十一条　当事人一方不履行非金钱债务或者履行非金钱债务不符合约定的,对方可以请求履行,但有下列情形之一的除外:

(一)法律上或者事实上不能履行的;

(二)债务的标的不适于强制履行或者履行费用过高的;

(三)债权人在合理期限内未请求履行的。

履行后还有其他损失的,可以请求赔偿损失。

第一百一十二条　质量不符合约定的,应当按照当事人的约定承担违约责任。对违约责任没有约定或者约定不明确,依照本法第六十一条的规定仍不能确定的,受损害方根据标的的性质以及损失的大小,可以合理选择请求修理、更换、重作、退货、减少价款或者报酬。

质量不符合约定,造成其他损失的,可以请求赔偿损失。

第一百一十三条　当事人可以依照《中华人民共和国担保法》约定一方向对方给付定金作为债权的担保。债务人履行债务后,定金应当抵作价款或者收回。给付定金的一方不履行约定的债务的,无权要求返还定金;收受定金的一方不履行约定的债务的,应当双倍返还定金。

第一百一十四条　当事人既约定违约金,又约定定金的,一方违约时,对方可以选择适用违约金或者定金条款。

第一百一十五条　当事人可以约定一方违约时应当根据违约情况向对方支付相应的违约金,也可以约定因违约产生的损失赔偿额的计算方法。

约定的违约金,视为违约的损失赔偿,但约定的违约金低于造成的损失的,当事人可以请求人民法院或者仲裁机构予以增加;约定的违约金过分高于造成的损失的,当事人可以请求人民法院或者仲裁机构予以适当减少。

第一百一十六条　当事人没有约定违约金或者损失赔偿额的计算方法的,损失赔偿额应当相当于因违约所造成的损失,包括合同履行后可以获得的利益,但不得超过违反合同一方订立合同时预见到或者应当预见到的因违反合同可能造成的损失。

经营者对消费者提供商品或者服务有欺诈行为的,依照《中华人民共和国消费者权益保护法》的规定承担赔偿责任。

第一百一十七条　因不可抗力不能履行合同的,根据不可抗力的影响,部分或者全部免除责任。当事人迟延履行后发生不可抗力的,不能免除责任。法律另有规定的,依照其规定。

本法所称的"不可抗力",是指不能预见、不能避免并不能克服的客观情况。

第一百一十八条　当事人一方因不可抗力不能履行合同的,应当及时通知对方,以减轻可能给对方造成的损失,并且应当在合理期限内提供证明。

第一百一十九条　当事人一方违约后,对方应当采取适当措施防止损失的扩大;没有采取适当措施致使损失扩大的,不得就扩大的损失要求赔偿。

当事人因防止损失扩大支出的合理费用,由违约方承担。

第一百二十条 当事人双方都违反合同的,应当各自承担相应的责任。

第一百二十一条 当事人一方因第三人的原因造成违约的,应当向对方承担违约责任。当事人一方和第三人之间的纠纷,依照法律规定或者按照约定解决。

第一百二十二条 第三人明知当事人之间的债权债务关系,采用不正当手段,故意阻碍债务人履行义务,侵害债权人权利的,应当向债权人承担损害赔偿责任。

第一百二十三条 因当事人一方的违约行为,侵害对方人身、财产权益的,受害人有权选择依照本法请求承担违约责任或者依照其他法律请求承担侵权责任。

第一百二十四条 县级以上工商行政管理部门和其他有关主管部门,依照法律、行政法规规定的职责,负责对合同的监督。

第一百二十五条 对利用合同危害国家利益、社会公共利益的违法行为,由县级以上工商行政管理部门和其他有关主管部门依照法律、行政法规规定的职责负责处理;构成犯罪的,依法追究刑事责任。

第一百二十六条 当事人可以通过协商或者调解解决合同争议。

当事人不愿协商、调解或者协商、调解不成的,可以根据仲裁协议向仲裁机构申请仲裁。涉外合同的当事人可以根据仲裁协议向中国仲裁机构或者其他仲裁机构申请仲裁。当事人没有订立仲裁协议或者仲裁协议无效的,可以向人民法院起诉。对发生法律效力的判决、仲裁裁决、调解书,当事人应当履行;拒不履行的,可以请求人民法院执行。

分 则

第八章 买卖合同

第一百二十七条 买卖合同是出卖人转移标的物的所有权于买受人,买受人支付价款的合同。

第一百二十八条 买卖合同的内容除依照本法第十二条的规定以外,还可以包括包装方式、检验标准和方法、结算方式、合同使用的文字及其效力等条款。

第一百二十九条 出卖的标的物,应当属于出卖人所有或者出卖人有权处分。法律、行政法规禁止或者限制转让的标的物,依照其规定。

第一百三十条 标的物的所有权自标的物交付时起转移,但法律另有规定或者当事人另有约定的除外。

第一百三十一条 当事人可以在买卖合同中约定保留标的物所有权的条款。该条款可以约定买受人未履行支付价款或者其他义务的,标的物的所有权属于出卖人。

第一百三十二条 出卖人应当履行向买受人交付标的物或者提取标的物的单证,并转移标的物所有权的义务。

第一百三十三条 出卖人应当按照约定或者交易习惯向买受人交付提取标的物单证以外的有关单证和资料。

第一百三十四条 出卖具有知识产权的计算机软件、图纸等标的物的,除法律另有规定或者当事人另有约定的以外,该标的物的知识产权不属于买受人。

第一百三十五条 出卖人应当按照约定的期限交付标的物。约定交付期间的,出卖人可以在该交付期间内的任何时间交付。

第一百三十六条 当事人未约定标的物的交付期限或者约定不明确的,适用本法第六十一条、第六十二条第四项的规定。

第一百三十七条 标的物在订立合同之前已为买受人占有的,合同生效的时间为交付时间。

第一百三十八条 出卖人应当按照约定的地点交付标的物。

当事人未约定交付地点或者约定不明确,依照本法第六十一条的规定仍不能确定的,适用下列规定:

(一)标的物需要运输的,出卖人应当将标的物交付给第一承运人以运交给买受人;

(二)标的物不需要运输,出卖人和买受人订立合同时知道标的物在某一地点的,出卖人应当在该地点交付标的物;不知道标的物在某一地点的,应当在出卖人订立合同时的营业地交付标的物。

第一百三十九条 标的物毁损、灭失的风险,在标的物交付前由出卖人承担,交付后由买受人承担,但法律另有规定或者当事人另有约定的除外。

第一百四十条 因买受人的过错致使标的物不能按照约定的期限交付的,买受人应当承担自约定交付之日至实际交付时标的物毁损、灭失的风险。

第一百四十一条 出卖人出卖运输途中的标的物,除当事人另有约定的以外,毁损、灭失的风险自合同成立时起由买受人承担。

第一百四十二条 当事人未约定交付地点或者约定不明确,依照本法第一百三十八条第二款第一项的规定标的物需要运输的,出卖人将标的物交付给第一承运人后,标的物毁损、灭失的风险由买受人承担。

第一百四十三条 出卖人按照约定或者依照本法第一百三十八条第二款第二项的规定将标的物置于交付地点,买受人违反约定没有收取的,标的物毁损、灭失的风险自违反约定之日起由买受人承担。

第一百四十四条 出卖人按照约定未交付有关标的物的单证和资料的,不影响标的物毁损、灭失风险的转移。

第一百四十五条 因标的物质量不符合质量要求,致使不能实现合同目的的,买受人可以拒绝接受标的物或者解除合同。买受人拒绝接受标的物或者解除合同的,标的物毁损、灭失的风险由出卖人承担。

标的物毁损、灭失的风险由买受人承担的,不影响因出卖人履行债务不符合约定,买受人请求其承担违约责任的权利。

第一百四十六条 出卖人就交付的标的物,负有保证第三人不得向买受人主张任何权利的义务。

第一百四十七条 买受人订立合同时明知第三人对买卖的标的物享有权利的,出卖人不承担本法第一百四十六条规定的责任,但当事人另有约定的除外。

第一百四十八条 因标的物的部分权利属于他人,出卖人不能履行转移权利的义务的,买受人可以请求减少价款或者解除合同。

第一百四十九条 第三人就标的物提出权利要求,使买受人可能丧失该标的物的部分或者全部权利时,买受人可以中止支付相应的价款,但出卖人提供适当担保的除外。

第一百五十条 出卖人应当按照约定的质量要求交付标的物。出卖人提供有关标的物质量说明的,交付的标的物应当符合该说明的质量要求。

第一百五十一条 当事人对标的物的质量要求没有约定或者约定不明确,依照本法第六十一条的规定仍不能确定的,出卖人交付的标的物,应当具有同种物的通常标准或者为了实现合同目的该物应当具有的特定标准。

第一百五十二条 出卖人交付的标的物不符合质量要求的,买受人可以依照本法第一百一十二条的规定请求承担违约责任。

第一百五十三条 出卖人应当按照约定的包装方式交付标的物。对包装方式没有约定或者约定不明确,依照本法第六十一条的规定仍不能确定的,应当按照通用的方式包装,没有通用方式的,应当采取足以保护标的物的包装方式。

第一百五十四条 买受人收到标的物时应当及时检验,出卖人应当提供据以检验的必要的技术资料。

第一百五十五条 买受人应当在发现或者应当发现标的物的数量或者质量不符合约定的合理期间内通知出卖人。买受人怠于通知或者自标的物收到之日起两年内未通知出卖人的,视为标的物的数量或者质量符合约定,但对标的物有质量保证期的,适用质量保证期,不适用该两年的规定。

出卖人知道或者应当知道提供的标的物不符合约定的,买受人不受前款规定的通知时间的限制。

第一百五十六条 买受人应当按照约定的数额支付价款。对价款没有约定或者约定不明确的,适用本法第六十一条、第六十二条第二项的规定。

第一百五十七条 买受人应当按照约定的地点支付价款。对支付地点没有约定或者约定不明确,依照本法第六十一条的规定仍不能确定的,买受人可以在下列地点支付:

(一)出卖人的营业地;

(二)交付标的物或者提取标的物单证的所在地。

第一百五十八条 买受人应当按照约定的时间支付价款。对支付时间没有约定或者约定不明确,依照本法第六十一条的规定仍不能确定的,买受人应当在收到标的物或者提取标的物单证的同时支付。

第一百五十九条 出卖人多交标的物的,买受人可以接收或者拒绝接收多交的部分。买受人接收多交部分的,按照原合同的价格支付价款;买受人拒绝接收多交部分的,应当及时通知出卖人并妥善保管多交部分的标的物。保管费用由出卖人负担。

第一百六十条 标的物在交付前产生的孳息,归出卖人所有,交付后产生的孳息,归买受人所有。

第一百六十一条 因标的物的主物不符合约定而解除合同的,解除合同的效力及于从物。因标的物的从物不符合约定被解除的,解除的效力不及于主物。

第一百六十二条 标的物为数物,其中一物不符合约定的,买受人可以就该物解除,但该物与他物分离使标的物的价值显受损害的,当事人可以就数物解除合同。

第一百六十三条 分期付款的出卖人只有在买受人连续两次未支付价款,并且未支付到期价款的金额达到全部价款的五分之一的,才可以请求买受人支付到期以及未到期的全部价款或者解除合同。

出卖人解除合同的,可以向买受人请求支付该标的物的使用费。

第一百六十四条 凭样品买卖的当事人应当封存样品,并且可以对样品质量予以说明。出卖人交付的标的物应当与样品及其说明的质量相同。

第一百六十五条 凭样品买卖的买受人不知道样品有隐蔽瑕疵的,无论交付的标的物是否与样品相同,出卖人都负有交付的标的物具有同种物通常标准的义务。

第一百六十六条 试用买卖的当事人可以约定标的物的试用期间。对试用期间没有约定或者约定不明确,依照本法第六十一条的规定仍不能确定的,由出卖人确定。

第一百六十七条 试用买卖的买受人在试用期内可以购买标的物,也可以拒绝购买。试用期间届满,买受人对是否购买标的物未作表示的,视为购买。

第一百六十八条 招标、投标买卖的当事人的权利和义务以及招标、投标程序等,依照有关法律、行政法规的规定。

第一百六十九条 拍卖的当事人的权利和义务以及拍卖程序等,依照有关法律、行政法规的规定。

第一百七十条 法律对其他有偿合同有规定的,依照其规定;没有规定的,参照买卖合同的有关规定。

第一百七十一条 当事人约定易货贸易,转移标的物的所有权的,参照买卖合同的有关规定。

第九章 供用电、水、气、热力合同

第一百七十二条 供用电合同是供电人向用电人供电,用电人支付价款的合同。供用水、供用气、供用热力合同,参照供用电合同的有关规定。

第一百七十三条 供用电合同根据用电人的需要和电力可供量订立。供用电合同包括电力、电量、用电时间、电价与电费的结算方式、供用电设施的维护责任等条款。

第一百七十四条 供电人应当按照国家规定的供电标准和约定安全供电。

供电人未按照国家规定的供电标准和约定安全供电,造成用电人损失的,应当承担损害赔偿责任。

第一百七十五条　供电人因供电设施检修等原因,需要中断供电时,应当按照国家有关规定事先通知用电人。未事先通知用电人中断供电,造成用电人损失的,应当承担损害赔偿责任。

第一百七十六条　因自然灾害等原因断电,供电人应当及时抢修。未及时抢修,造成用电人损失的,应当承担损害赔偿责任。

第一百七十七条　用电人应当按照国家有关规定和当事人的约定及时交付电费。用电人逾期不交付电费的,应当按照约定支付违约金。没有约定违约金的,应当支付电费的逾期利息。

第一百七十八条　用电人应当按照国家有关规定和当事人的约定用电。用电人擅自改动供电人的用电计量装置和供电设施、擅自超负荷用电等,造成供电人损失的,应当承担损害赔偿责任。

第十章　赠与合同

第一百七十九条　赠与合同是赠与人将自己的财产无偿给予受赠人的合同。

第一百八十条　赠与合同采用口头形式的,自财产交付时生效。

第一百八十一条　赠与人采用书面形式作出赠与的意思表示,受赠人愿意接受该赠与的,赠与合同生效。

第一百八十二条　赠与的财产需要办理登记等手续的,应当办理有关手续。

第一百八十三条　赠与合同生效,赠与人不交付赠与的财产的,受赠人可以请求交付。因赠与人故意或者重大过失致使赠与的财产毁损、灭失,造成受赠人损失的,赠与人应当承担损害赔偿责任。

第一百八十四条　赠与可以附义务。

赠与附义务的,受赠人应当按照约定履行义务。

第一百八十五条　赠与的财产有瑕疵的,赠与人不承担责任。附义务的赠与,赠与的财产有瑕疵的,赠与人在附义务的限度内承担与出卖人相同的担保责任。

赠与人故意不告知瑕疵或者保证无瑕疵,造成受赠人损失的,应当承担损害赔偿责任。

第一百八十六条　受赠人有下列情形之一的,赠与人可以撤销赠与:

(一)严重侵害赠与人或者赠与人的近亲属的;

(二)对赠与人有扶养义务而不履行的;

(三)不履行赠与合同约定的义务的。

赠与人的撤销权,应当自知道撤销原因之日起一年内行使。

第一百八十七条　因受赠人的违法行为致使赠与人死亡或者丧失民事行为能力的,赠与人的继承人或者监护人可以撤销赠与。

赠与人的继承人或者监护人的撤销权,应当自知道撤销原因之日起六个月内行使。

第一百八十八条 赠与被撤销的,撤销权人可以向受赠人请求返还赠与的财产。

第一百八十九条 赠与人的经济状况显著恶化,严重影响其生产经营或者家庭生活的,可以不再履行赠与义务。

第十一章 借款合同

第一百九十条 借款合同是借款人向贷款人借款,到期返还借款并支付利息的合同。

第一百九十一条 借款合同采用书面形式,但公民之间借款另有约定的除外。

借款合同包括借款种类、币种、用途、数额、利率、期限和还款方式等条款。

第一百九十二条 订立借款合同,贷款人可以要求借款人提供担保。担保依照《中华人民共和国担保法》的规定。

第一百九十三条 订立借款合同,借款人应当按照贷款人的要求提供与借款有关的业务活动和财务状况的真实情况。

第一百九十四条 借款的利息不得预先在本金中扣除。利息预先在本金中扣除的,按照实际借款数额计算利息。

第一百九十五条 贷款人未按照约定的日期、数额提供借款的,应当按照约定支付违约金。没有约定违约金的,应当赔偿损失。

借款人未按照约定的日期、数额提款的,应当按照约定支付违约金,没有约定违约金的,应当支付逾期提款的利息。

第一百九十六条 贷款人按照约定可以检查、监督借款的使用情况。借款人应当按照贷款人的要求定期提供有关财务会计报表等资料,但公民之间借款另有约定的除外。

第一百九十七条 借款人未按照约定的借款用途使用借款的,贷款人可以停止发放借款、提前收回借款或者解除合同。

第一百九十八条 借款人应当向贷款人支付利息,但公民之间借款另有约定的除外。

第一百九十九条 办理贷款业务的金融机构贷款的利率,应当按照中国人民银行规定的贷款利率的上下限确定。

公民之间借款的利率,不得违反国家有关限制借款利率的规定。

第二百条 借款人应当按照约定的期限支付利息。对支付利息的期限没有约定或者约定不明确,依照本法第六十一条的规定仍不能确定的,借款期限不满一年的,应当在返还借款时一并支付;借款期限一年以上的,应当在每届满一年时支付,剩余期限不满一年的,应当在返还借款时一并支付利息。

第二百零一条 借款人应当按照约定的期限返还借款。对借款期限没有约定或者约定不明确,依照本法第六十一条的规定仍不能确定的,借款人可以随时返还;贷款人可以催告借款人在合理期限内返还。

第二百零二条 借款人未按照约定的期限返还借款的,应当按照约定支付违约金。没有约定违约金的,应当支付逾期利息。

第二百零三条 借款人提前偿还借款的,除当事人另有约定的以外,应当按照实际借款的期间计算利息。

第二百零四条 借款人可以在还款日期届满之前向贷款人申请展期。贷款人同意的,可以展期。

第十二章 租赁合同

第二百零五条 租赁合同是出租人将租赁物交付承租人使用、收益,承租人支付租金的合同。

第二百零六条 租赁合同包括租赁物的名称、数量、用途、租赁期限、租金的支付方式和期限、租赁物维修等条款。

第二百零七条 当事人约定的租赁期限不得超过二十年。超过二十年的,超过部分无效。

租赁期间届满,当事人可以续订租赁合同,但约定的租赁期限自续订之日起不得超过二十年。

第二百零八条 租赁合同应当采用书面形式。当事人未采用书面形式并且对租赁期限有争议的,视为不定期租赁。

第二百零九条 出租人应当按照约定将租赁物交付承租人,并在租赁期间保持租赁物符合约定的用途。

第二百一十条 承租人应当按照约定的方法使用租赁物。对租赁物的使用方法没有约定或者约定不明确,依照本法第六十一条的规定仍不能确定的,应当按照租赁物的性质使用。

第二百一十一条 承租人按照约定的方法或者租赁物的性质使用租赁物,致使租赁物受到损失的,不承担损害赔偿责任。

第二百一十二条 承租人未按照约定的方法或者租赁物的性质使用租赁物,致使租赁物受到损失的,出租人可以解除合同并请求赔偿损失。

第二百一十三条 出租人应当履行租赁物的维修义务,但当事人另有约定的除外。

第二百一十四条 承租人在租赁物需要维修时可以请求出租人在合理期限内维修。出租人未尽维修义务的,承租人可以自行维修,维修费用由出租人负担。因维修租赁物影响承租人使用的,应当相应减少租金或者延长租期。

第二百一十五条 承租人应当妥善保管租赁物。承租人未尽妥善保管义务,造成租赁物毁损、灭失的,应当承担损害赔偿责任。

第二百一十六条 承租人经出租人同意,可以对租赁物进行改善或者增设他物。租赁合同解除后,承租人可以请求出租人就现存的增加价值部分偿还支出的费用。

承租人未经出租人同意对租赁物进行改善或者增设他物的,出租人可以要求承租人恢复原状或者赔偿损失。

第二百一十七条 承租人经出租人同意,可以将租赁物转租给第三人。承租人转租的,承租人与出租人之间的租赁合同继续有效,第三人对租赁物造成损失的,承租人应当赔偿损失。

承租人未经出租人同意转租的,出租人可以解除合同。

第二百一十八条 在租赁期间因占有、使用租赁物获得的收益,归承租人所有,但当事人另有约定的除外。

第二百一十九条 承租人应当按照约定的期限支付租金。对支付期限没有约定或者约定不明确,依照本法第六十一条的规定仍不能确定的,租赁期限不满一年的,应当在租赁期间届满时支付;租赁期限一年以上的,应当在每届满一年时支付,剩余期限不满一年的,应当在租赁期间届满时支付。

第二百二十条 承租人无正当理由未支付或者迟延支付租金的,出租人可以要求承租人在合理期限内支付。承租人逾期不支付的,出租人可以解除合同。

第二百二十一条 因第三人主张权利,致使承租人不能对租赁物使用、收益的,承租人可以请求减少租金或者不支付租金。

第三人主张权利的,承租人应当及时通知出租人。

第二百二十二条 租赁物在租赁期间发生所有权变动或者就租赁物设定担保的,不影响租赁合同的效力。

第二百二十三条 出租人出卖租赁房屋的,应当在出卖之前的合理期限内通知承租人,承租人在同等条件下有优先购买权。

第二百二十四条 因不可归责于承租人的事由,致使租赁物部分或者全部毁损、灭失的,承租人可以请求减少租金或者不支付租金;因租赁物部分或者全部毁损、灭失,致使不能实现合同目的的,承租人可以解除合同。

第二百二十五条 当事人对租赁期限没有约定或者约定不明确,依照本法第六十一条的规定仍不能确定的,视为不定期租赁。当事人可以随时解除合同,但出租人解除合同时应当在合理期限之前通知承租人。

第二百二十六条 租赁物危及承租人的安全或者健康的,即使承租人订立合同时明知该租赁物质量不合格,承租人仍然可以随时解除合同。

第二百二十七条 承租人在房屋租赁期间死亡的,与其生前共同居住的人可以按照原租赁合同租赁该房屋。

第二百二十八条 租赁期间届满,承租人应当返还租赁物。返还的租赁物应当符合原状,但法律另有规定或者当事人另有约定的除外。

第二百二十九条 租赁期间届满,承租人继续使用租赁物,出租人没有提出异议的,原租赁合同继续有效,但租赁期限为不定期。

第十三章　融资租赁合同

第二百三十条　融资租赁合同是出租人根据承租人对出卖人、租赁物的选择，向出卖人购买租赁物，提供给承租人使用，承租人支付租金的合同。

第二百三十一条　融资租赁合同包括租赁物名称、数量、规格、技术性能、检验方法、租赁期限、租金构成及其支付期限和支付方式、币种、租赁物的归属等条款。

第二百三十二条　融资租赁合同的租赁物即买卖合同的标的物。出卖人应当按照约定向承租人交付标的物，承租人享有与受领标的物有关的买受人的权利和义务。

第二百三十三条　因出卖人不履行买卖合同的义务产生索赔的权利，出租人可以转让给承租人。出租人未转让的，该权利由出租人行使。

第二百三十四条　出租人按照承租人要求订立的买卖合同，未经承租人同意出租人不得变更与承租人有关的合同内容。

第二百三十五条　出租人享有租赁物的所有权。承租人破产的，租赁物不属于破产财产。

第二百三十六条　出租人和承租人应当约定租金。租金应当根据购买租赁物的大部分或者全部成本以及出租人的合理利润确定。

第二百三十七条　租赁物不符合约定或者不符合使用目的的，出租人不承担责任，但承租人依赖出租人的技能确定租赁物或者出租人干预选择租赁物的除外。

第二百三十八条　出租人应当保证承租人对租赁物的占有和使用。

第二百三十九条　承租人占有租赁物期间，租赁物造成第三人的财产损害或者人身伤害的，出租人不承担责任。

第二百四十条　承租人应当妥善保管、使用租赁物。

承租人应当履行占有租赁物期间的维修义务。

第二百四十一条　承租人应当按照约定支付租金。承租人经催告后在合理期限内仍不支付租金的，出租人可以请求支付到期以及未到期的全部租金；也可以解除合同，收回租赁物。

第二百四十二条　当事人约定租赁期间届满租赁物归承租人所有，承租人已经支付大部分租金，但无力支付剩余租金，出租人因此解除合同收回租赁物的，收回的租赁物的价值超过承租人欠付的租金以及其他费用的，承租人可以请求部分返还。

第二百四十三条　出租人和承租人可以约定租赁期间届满租赁物的归属。对租赁物的归属没有约定或者约定不明确，依照本法第六十一条的规定仍不能确定的，租赁物的所有权归出租人享有。

第十四章　承揽合同

第二百四十四条　承揽合同是承揽人按照定作人的要求完成工作，交付工作成果,定作人给付报酬的合同。

承揽包括加工、定作、修理、复制、测试、检验等工作。

第二百四十五条 承揽合同包括承揽的标的、数量、质量、报酬、承揽方式、材料的提供、履行期限、验收标准和方法等条款。

第二百四十六条 承揽人应当以自己的设备、技术和劳力,完成主要工作。未经定作人同意,承揽人将其承揽的主要工作交由第三人完成的,定作人可以解除合同;定作人不解除合同的,承揽人应当就该第三人完成的工作成果向定作人负责。

第二百四十七条 承揽人可以将其承揽的辅助工作交由第三人完成。承揽人将其承揽的辅助工作交由第三人完成的,应当就该第三人完成的工作成果向定作人负责。

第二百四十八条 承揽人提供材料的,承揽人应当按照约定选用材料,并接受定作人检验。

第二百四十九条 定作人提供材料的,定作人应当按照约定提供材料。承揽人对定作人提供的材料,应当及时检验,发现不符合约定时,应当及时通知定作人更换或者补齐。

承揽人对定作人提供的材料不得擅自更换,不得更换不需要修理的零部件。

第二百五十条 承揽人发现定作人提供的图纸或者技术要求不合理的,应当及时通知定作人。定作人因怠于答复等原因造成承揽人损失的,应当赔偿损失。

第二百五十一条 定作人中途变更承揽工作的要求,给承揽人造成损失的,应当赔偿损失。

第二百五十二条 承揽工作需要定作人协助的,定作人有协助的义务。

定作人不履行协助义务致使承揽工作不能完成的,承揽人可以催告定作人在合理期限内履行义务,并可以顺延履行期限;定作人逾期不履行的,承揽人可以解除合同。

第二百五十三条 承揽人在工作期间,应当接受定作人必要的监督检验。定作人不得因监督检验妨碍承揽人的正常工作。

第二百五十四条 承揽人完成工作的,应当向定作人交付该工作成果,并提交必要的技术资料和有关质量证明。定作人应当验收该工作成果。

第二百五十五条 承揽人交付的工作成果不符合质量要求的,定作人可以请求承揽人承担修理、重作、减少报酬、赔偿损失等违约责任。

第二百五十六条 定作人应当按照约定的期限支付报酬。对支付报酬的期限没有约定或者约定不明确,依照本法第六十一条的规定仍不能确定的,定作人应当在交付工作成果的同时支付;工作成果部分交付的,定作人应当相应支付。

第二百五十七条 定作人未向承揽人支付报酬或者材料等价款的,承揽人对完成的工作成果享有留置权,但当事人另有约定的除外。

第二百五十八条 承揽人应当妥善保管定作人提供的材料。当事人对保管费用没有约定或者约定不明确,依照本法第六十一条的规定仍不能确定的,由定作人支付。

第二百五十九条　定作人提供的材料在承揽人占有期间毁损、灭失的风险，由承揽人承担，但不可抗力的除外。

承揽人完成的工作成果在交付定作人之前毁损、灭失的风险，由承揽人承担，但毁损、灭失发生在定作人受领迟延后的，由定作人承担。

第二百六十条　承揽人应当按照定作人的要求保守秘密，未经定作人许可，不得留存复制品或者技术资料。

第二百六十一条　共同承揽人对定作人承担连带责任，但当事人另有约定的除外。

第二百六十二条　定作人可以随时解除承揽合同，但应当向承揽人赔偿损失。

第十五章　建设工程合同

第二百六十三条　建设工程合同是承包人进行工程建设，发包人支付价款的合同。

建设工程合同包括工程勘察、设计、施工合同。

第二百六十四条　建设工程合同应当采用书面形式。

第二百六十五条　建设工程的招标投标活动，应当依照有关法律的规定公开、公平、公正进行。

第二百六十六条　发包人可以与承包人签订建设工程合同，也可以分别与勘察人、设计人、施工人签订勘察、设计、施工合同。发包人不得将应当由一个承包单位完成的建设工程肢解成若干部分发包给几个承包单位。

承包人、勘察人、设计人、施工人经发包人同意，可以将自己承包的部分工作交由第三人完成。第三人就其完成的工作成果与承包人、勘察人、设计人、施工人向发包人承担连带责任。承包人不得将其承包的全部建设工程转包给第三人或者将其承包的全部建设工程肢解以后以分包的名义分别转包给第三人。

第二百六十七条　国家重大建设工程合同，应当根据国家规定的程序和国家批准的投资计划、可行性研究报告等文件订立。

第二百六十八条　勘察、设计合同，包括提交勘察或者设计基础资料、设计文件（包括概预算）的期限、设计的质量要求、勘察或者设计费用以及其他协作条件等条款。

第二百六十九条　施工合同，包括工程范围、建设工期、中间交工工程的开工和竣工时间、工程质量工程造价、技术资料交付时间、材料和设备供应责任、拨款和结算、交工验收、质量保证期、双方相互协作等条款。

第二百七十条　建设工程需要实行监理的，发包人应当与监理人采用书面形式订立委托监理合同。发包人与监理人的权利、义务以及法律责任，应当依照本法委托合同以及其他法律、行政法规的有关规定。

第二百七十一条　发包人在不妨碍承包人正常作业的情况下,可以随时对作业进度、质量进行检查。

第二百七十二条　隐蔽工程在隐蔽以前,承包人应当通知发包人检查。发包人没有及时检查的,承包人可以自行检查,填写隐蔽工程检查记录,并将该记录送交发包人。事后发包人对该隐蔽工程进行检查,符合质量要求的,检查费用由发包人负担;不符合质量要求的,检查费用由承包人负担。承包人没有通知发包人检查,自行隐蔽工程的,发包人有权检查,检查费用由承包人负担。

第二百七十三条　建设工程竣工后,发包人应当根据施工图纸及说明书、国家颁发的施工验收规范和质量检验标准及时进行验收。验收合格的,发包人应当按照合同约定支付价款并且接收该建设工程。

第二百七十四条　勘察、设计的质量不符合要求或者未按照期限提交勘察、设计文件拖延工期给发包人造成损失的,由勘察人、设计人继续完善勘察、设计,减收或者免收勘察、设计费并赔偿损失。

第二百七十五条　因施工人的原因致使建设工程质量不符合约定的,发包人有权请求施工人在合理期限内无偿修理或者返工、改建。经过修理或者返工、改建后,造成逾期交付的,施工人应当承担违约责任。

第二百七十六条　因承包人的原因致使在建设工程的合理使用期限内造成人身和财产损害的,承包人应当承担损害赔偿责任。

第二百七十七条　发包人未按照约定的时间和要求提供原材料、设备、场地、资金、技术资料的,承包人可以请求顺延工程日期,还可以请求赔偿停工、窝工等损失。

第二百七十八条　因发包人的原因致使工程中途停建、缓建的,发包人应当采取措施弥补或者减少损失,赔偿承包人因此造成的停工、窝工、倒运、机械设备调迁、材料和构件积压等损失和实际费用。

第二百七十九条　由于发包人变更计划,提供的资料不准确,或者未按照期限提供必需的勘察、设计工作条件而造成勘察、设计的返工、停工或者修改设计,发包人应当按照勘察人、设计人实际消耗的工作量增付费用。

第二百八十条　建设工程竣工后,发包人未按照约定支付价款的,承包人可以催告发包人在合理期限内支付价款。发包人逾期不支付的,承包人可以与发包人协议将该工程折价,也可以申请人民法院将该工程依法拍卖。建设工程的价款就该工程折价或者拍卖的价款优先受偿。

第二百八十一条　本章没有规定的,适用承揽合同的有关规定。

第十六章　运输合同

第一节　一般规定

第二百八十二条　运输合同是承运人将旅客或者货物运输到约定地点,旅客、托运人或者收货人支付票款或者运费的合同。

第二百八十三条　从事公共运输的承运人不得拒绝旅客、托运人通常的运输要求。

第二百八十四条　承运人应当在约定期间或者合理期间内将旅客、货物安全运输到约定地点。

第二百八十五条　承运人应当按照通常的运输路线将旅客、货物运输到约定地点。计程车承运人应当遵守旅客有关运输路线的指示。

第二百八十六条　旅客、托运人或者收货人应当支付票款或者运费。承运人未按照约定路线或者合理路线运输增加票款或者运费的，旅客、托运人或者收货人可以拒绝支付增加部分的票款或者运费。

第二节　旅客运输合同

第二百八十七条　旅客运输合同自承运人向旅客交付客票时成立，但当事人另有约定或者另有交易习惯的除外。

第二百八十八条　旅客应当持有效客票乘运。旅客无票乘运、超程乘运、越级乘运或者持失效客票乘运的，应当补交票款，承运人可以按照规定加收票款。旅客不交付票款的，承运人可以拒绝运输。

第二百八十九条　旅客因自己的原因不能按照客票记载的时间乘坐的，应当在约定的时间内办理退票或者变更手续。逾期办理的，承运人可以不退票款，并不再承担运输义务。

第二百九十条　旅客在运输中应当按照约定的限量携带行李。超过限量携带行李的，应当办理托运手续。

第二百九十一条　旅客不得随身携带或者在行李中夹带易燃、易爆、有毒、有腐蚀性、有放射性以及有可能危及运输工具上人身和财产安全的危险物品或者其他违禁物品。

旅客违反前款规定的，承运人可以将违禁物品卸下、销毁或者送交有关部门。旅客坚持携带或者夹带违禁物品的，承运人可以拒绝运输。

第二百九十二条　承运人应当向旅客及时告知有关不能正常运输的重要事项和安全运输应当注意的事项。

第二百九十三条　承运人应当按照客票载明的时间和班次运输旅客。承运人迟延运输的，应当根据旅客的要求安排改乘其他班次、变更运输路线以到达目的地或者予以退票。

第二百九十四条　承运人擅自变更运输工具而降低服务标准的，应当根据旅客的要求予以退票或者减收票款；提高服务标准的，不应加收票款。

第二百九十五条　承运人在运输过程中，应当尽力救助患有急病、分娩、遇险的旅客。

第二百九十六条　承运人应当对运输过程中旅客的伤亡承担损害赔偿责任，但承运人证明伤亡是旅客故意、重大过失或者旅客自身健康原因造成的除外。法律另有规定的,依照其规定。

前款规定适用于按照规定免票、持优待票或者经承运人许可搭乘的无票旅客。

第二百九十七条 在运输过程中旅客自带行李毁损、灭失的,除承运人证明自己没有过错的以外,承运人应当承担损害赔偿责任。

旅客托运的行李毁损、灭失的,适用货物运输的有关规定。

第三节 货物运输合同

第二百九十八条 托运人办理货物运输,应当向承运人准确表明收货人的名称或者姓名或者凭指示的收货人、收货地点、货物的性质、重量、数量等有关货物运输的必要情况。

因托运人申报不实或者遗漏重要情况,造成承运人损失的,托运人应当承担损害赔偿责任。

第二百九十九条 货物运输需要办理审批、检验等手续的,托运人应当将办理完有关手续的文件提交承运人。

第三百条 托运人应当按照约定的方式包装货物。对包装方式没有约定或者约定不明确的,适用本法第一百五十三条的规定。

托运人违反前款规定的,承运人可以拒绝运输。

第三百零一条 托运人托运易燃、易爆、有毒、有腐蚀性、有放射性等危险物品的,应当按照有关危险物品运输的规定对危险物品妥善包装,作出危险物标志和标签,并将有关危险物品的名称、性质和防范措施的书面材料提交承运人。

托运人违反前款规定的,承运人可以拒绝运输,也可以采取相应措施以避免损失的发生,因此产生的费用由托运人承担。

第三百零二条 在承运人将货物交付收货人之前,托运人或者提货凭证持有人可以请求承运人中止运输、返还货物、变更到达地或者将货物交给其他收货人,但应当赔偿承运人因此受到的损失。

第三百零三条 货物运输到达后,承运人知道收货人的,应当及时通知收货人,收货人应当及时提货。收货人逾期提货的,应当向承运人支付保管费等费用。

第三百零四条 收货人提货时应当按照约定的期限检验货物。对检验货物的期限没有约定或者约定不明确,依照本法第六十一条的规定仍不能确定的,应当在合理期限内检验货物。收货人在约定的期限或者合理期限内对货物的数量、毁损等未提出异议的,视为承运人已经按照运输单证的记载交付的初步证据。

收货人请求承运人赔偿损失的权利自提货之日起六个月内不行使而消灭。

第三百零五条 承运人对于运输过程中货物的毁损、灭失承担损害赔偿责任,但承运人证明货物的毁损、灭失是由于不可抗力、货物本身的自然性质或者合理损耗以及托运人、收货人的过错造成的,不承担损害赔偿责任。

第三百零六条 货物的毁损、灭失的赔偿额,当事人有约定的,按照其约定;没有约定或者约定不明确,依照本法第六十一条的规定仍不能确定的,按照交付或者应当交付时货物到达地的市场价格计算。法律、行政法规对赔偿额的计算方法和赔偿限额另有规定的,依照其规定。

第三百零七条 数个承运人以同一运输方式联运的,与托运人订立合同的承运人应当对全程运输承担责任。损失发生在某一运输区段的,与托运人订立合同的承运人和该区段的承运人承担连带责任。

第三百零八条 货物在运输过程中因不可抗力灭失,未收取运费的,承运人不得请求支付运费;已收取运费的,托运人可以请求返还。

第三百零九条 托运人或者收货人不支付运费、保管费以及其他运输费用的,承运人对相应的运输货物享有留置权,但当事人另有约定的除外。

第三百一十条 收货人不明或者收货人拒绝受领货物的,依照本法第一百零二条的规定,承运人可以提存货物。

第四节 多式联运合同

第三百一十一条 多式联运的经营人负责履行或者组织履行多式联运合同,对全程运输享有承运人的权利,承担承运人的义务。

第三百一十二条 多式联运的经营人可以与参加多式联运的各区段承运人就多式联运合同的各区段运输约定相互之间的责任,但该约定不影响多式联运的经营人对全程运输承担的义务。

第三百一十三条 多式联运的经营人收到托运人交付的货物时,应当签发多式联运单据。按照托运人的要求,多式联运单据可以是可转让单据,也可以是不可转让单据。

第三百一十四条 因托运人托运货物时的过错造成多式联运承运人损失的,即使托运人已经转让多式联运单据,托运人仍然应当承担损害赔偿责任。

第三百一十五条 货物的毁损、灭失发生于多式联运的某一运输区段的,多式联运的经营人的赔偿责任和责任限额,适用调整该区段运输方式的有关法律规定。货物毁损、灭失发生的运输区段不能确定的,依照本章规定承担损害赔偿责任。

第十七章 技术合同

第一节 一般规定

第三百一十六条 技术合同是当事人就技术开发、转让、咨询或者服务订立的确立相互之间权利和义务的合同。

第三百一十七条 订立技术合同,应当有利于科学技术的进步,加速科学技术成果的转化、应用和推广。

第三百一十八条 技术合同的内容由当事人约定,一般包括以下条款:

(一)项目名称;

(二)标的的内容、范围和要求;

（三）履行的计划、进度、期限、地点、地域和方式；
（四）技术情报和资料的保密；
（五）风险责任的承担；
（六）技术成果的归属和分享；
（七）验收标准和方法；
（八）价款或者报酬及其支付方式；
（九）违约金或者损害赔偿的计算方法；
（十）解决争议的方法；
（十一）名词和术语的解释。

与履行合同有关的技术背景资料、可行性论证和技术评价报告、项目任务书和计划书、技术标准、技术规范、原始设计和工艺文件，以及图纸、表格、数据和照片等，按照当事人的约定可以作为合同的组成部分。

第三百一十九条　职务技术成果的使用权、转让权属于单位，单位可以就该项职务技术成果订立技术合同。单位应当从使用和转让该项职务技术成果所取得的收益中提取一定比例，对完成该项职务技术成果的个人给予奖励。

职务技术成果是执行本单位的任务或者主要是利用本单位的物质技术条件所完成的技术成果。

第三百二十条　非职务技术成果的使用权、转让权属于完成技术成果的个人，完成技术成果的个人可以就该项非职务技术成果订立技术合同。

第三百二十一条　完成技术成果的个人有在有关技术成果文件上写明自己是技术成果完成者的权利和取得荣誉证书、奖励的权利。

第三百二十二条　非法垄断技术、妨碍技术进步的技术合同无效。

第二节　技术开发合同

第三百二十三条　技术开发合同是指当事人之间就新技术、新产品、新工艺或者新材料及其系统的研究开发所订立的合同。

技术开发合同包括委托开发合同和合作开发合同。

第三百二十四条　委托开发合同的委托人应当按照约定支付研究开发经费和报酬；提供技术资料、原始数据；完成协作事项；按期接受研究开发成果。

第三百二十五条　委托开发合同的研究开发人应当按照约定制定和实施研究开发计划；合理使用研究开发经费；按期完成研究开发工作，交付研究开发成果，提供有关的技术资料和必要的技术指导，帮助委托人掌握研究开发成果。

第三百二十六条　委托人违反约定造成研究开发工作停滞、延误或者失败的，应当支付违约金或者赔偿损失。

第三百二十七条　研究开发人违反约定造成研究开发工作停滞、延误的，研究开发人应当采取补救措施继续履行合同，并且应当支付违约金或者赔偿损失。

第三百二十八条　合作开发合同的当事人应当按照约定进行投资，包括以技术进行投资;分工参与研究开发工作;协作配合研究开发工作。

第三百二十九条 合作开发合同的当事人违反约定造成研究开发工作停滞、延误或者失败的,应当支付违约金或者赔偿损失。

第三百三十条 因作为技术开发合同标的的技术已经由他人公开,致使技术开发合同的履行没有意义的,当事人可以解除合同。

第三百三十一条 技术开发合同履行过程中,因出现无法克服的技术困难,致使研究开发失败或者部分失败的,该风险责任由当事人约定。没有约定或者约定不明确,依照本法第六十一条的规定仍不能确定的,风险责任由当事人合理分担。

当事人一方发现前款所列可能致使研究开发失败或者部分失败的情形时,应当及时通知另一方并采取适当措施减少损失。没有及时通知并采取适当措施,致使损失扩大的,应当就扩大的损失承担责任。

第三百三十二条 委托开发完成的发明创造,除当事人另有约定的以外,申请专利的权利属于研究开发人。研究开发人取得专利权的,委托人可以免费实施该专利。

研究开发人转让专利申请权的,委托人可以优先受让专利申请权。

第三百三十三条 合作开发完成的发明创造,除当事人另有约定的以外,申请专利的权利属于合作开发的当事人共有。当事人一方转让其共有的专利申请权的,其他各方可以优先受让其共有的专利申请权。

合作开发的当事人一方声明放弃其共有的专利申请权的,可以由另一方单独申请或者由其他各方共同申请。申请人取得专利权的,放弃专利申请权的一方可以免费实施该专利。

合作开发的当事人一方不同意申请专利的,另一方或者其他各方不得申请专利。

第三百三十四条 委托开发或者合作开发完成的技术秘密成果的使用权、转让权以及利益的分配办法,由当事人约定。没有约定或者约定不明确,依照本法第六十一条的规定仍不能确定的,当事人均有使用和转让的权利,但委托开发的研究开发人不得在向委托人交付研究开发成果之前,将研究开发成果转让给第三人。

第三节 技术转让合同

第三百三十五条 技术转让合同包括专利权转让、专利申请权转让、技术秘密转让、专利实施许可合同。

第三百三十六条 技术转让合同可以约定让与人和受让人实施专利或者使用技术秘密的范围,但不得限制技术竞争和技术发展。

第三百三十七条 技术转让合同涉及专利的,应当注明发明创造的名称、专利申请人和专利权人、申请日期、申请号、专利号以及专利权的有效期限。

专利实施许可合同只在该专利权的存续期间内有效。专利权有效期限届满或者专利权被宣布无效的,专利权人不得就该专利与他人订立专利实施许可合同。

第三百三十八条 专利实施许可合同的让与人应当按照约定许可受让人实施专利,交付实施专利有关的技术资料,提供必要的技术指导。

第三百三十九条　专利实施许可合同的受让人应当按照约定实施专利,不得许可约定以外的第三人实施该专利;并按照约定支付使用费。

第三百四十条　技术秘密转让合同的让与人应当按照约定提供技术资料,进行技术指导,保证技术的实用性、可靠性,承担保密义务。

第三百四十一条　技术秘密转让合同的受让人应当按照约定使用技术,支付使用费,承担保密义务。

第三百四十二条　技术转让合同的让与人应当保证自己是所提供的技术的合法拥有者,并且保证所提供的技术完整、无误、有效,能够达到约定的目标。

第三百四十三条　技术转让合同的受让人应当按照约定的范围和期限,对让与人提供的技术中尚未公开的秘密部分,承担保密义务。

第三百四十四条　让与人未按约定转让技术的,应当返还部分或者全部使用费,并且应当支付违约金或者赔偿损失;实施专利或者使用技术秘密超越约定的范围的,违反约定擅自许可第三人实施该项专利或者使用该项技术秘密的,应当停止违约行为,支付违约金或者赔偿损失;违反约定的保密义务的,应当支付违约金或者赔偿损失。

第三百四十五条　受让人未按照约定支付使用费的,应当补交使用费并按照约定支付违约金;不补交使用费或者支付违约金的,应当停止实施专利或者使用技术秘密,交还技术资料,支付违约金或者赔偿损失;实施专利或者使用技术秘密超越约定的范围的,未经让与人同意擅自许可第三人实施该专利或者使用该技术秘密的,应当停止违约行为,支付违约金或者赔偿损失;违反约定的保密义务的,应当支付违约金或者赔偿损失。

第三百四十六条　受让人按照约定实施专利、使用技术秘密侵害他人合法权益的,由让与人承担责任。

第三百四十七条　当事人可以按照互利的原则,在技术转让合同中约定实施专利、使用技术秘密后续改进的技术成果的分享办法。没有约定或者约定不明确,依照本法第六十一条的规定仍不能确定的,任何一方无权分享另一方后续改进的技术成果。

第三百四十八条　法律、行政法规对技术进出口合同另有规定的,依照其规定。

第四节　技术咨询合同和技术服务合同

第三百四十九条　技术咨询合同包括就特定技术项目提供可行性论证、技术预测、专题技术调查、分析评价报告等合同。

技术服务合同是指当事人一方以技术知识为另一方解决特定技术问题所订立的合同,不包括建设工程的勘察、设计、建筑、安装合同和承揽合同。

第三百五十条　技术咨询合同的委托人应当按照约定阐明咨询的问题,提供技术背景材料及有关技术资料、数据;接受受托人的工作成果,支付报酬。

第三百五十一条　技术咨询合同的受托人应当按照约定完成咨询报告或者解答

问题;提出的咨询报告达到约定的要求。

第三百五十二条 技术咨询合同的委托人未按照约定提供必要的资料和数据,影响工作进度和质量的,支付的报酬不得追回,未付的报酬应当如数支付。

技术咨询合同的受托人未按期提出咨询报告或者提出的咨询报告不符合约定的,应当减收或者免收报酬,支付违约金或者赔偿损失。

技术咨询合同的委托人按照受托人符合约定要求的咨询报告和意见作出决策所造成的损失,由委托人承担,但当事人另有约定的除外。

第三百五十三条 技术服务合同的委托人应当按照约定提供工作条件,完成配合事项;接受工作成果并支付报酬。

第三百五十四条 技术服务合同的受托人应当按照约定完成服务项目,解决技术问题,保证工作质量,并传授解决技术问题的知识。

第三百五十五条 技术服务合同的委托人不履行合同义务或者履行合同义务不符合约定,影响工作进度和质量,不接受或者逾期接受工作成果的,应当按照约定支付报酬。

技术服务合同的受托人未按照合同约定完成服务工作的,应当免收报酬并支付违约金或者赔偿损失。

第三百五十六条 技术咨询合同、技术服务合同履行过程中,受托人利用委托人提供的技术资料和工作条件完成的新的技术成果,属于受托人。委托人利用受托人的工作成果完成的新的技术成果,属于委托人。当事人另有约定的,按照其约定。

第十八章 保管合同

第三百五十七条 保管合同是保管人保管寄存人交付的保管物,并返还该物的合同。

第三百五十八条 寄存人应当按照约定或者依照本法第六十一条的规定向保管人支付保管费。

当事人对保管费没有约定,依照本法第六十一条的规定仍不能确定的,保管是无偿的。

第三百五十九条 保管合同自保管物交付时成立,但当事人另有约定的除外。

第三百六十条 寄存人向保管人交付保管物的,保管人应当给付保管凭证,但当事人另有约定的除外。

第三百六十一条 保管人应当妥善保管保管物。

当事人可约定保管场所或者方法。除紧急情况或者为了维护寄存人利益的以外,不得擅自改变保管场所或者方法。

第三百六十二条 寄存人交付的保管物有瑕疵或者按保管物的性质需要采取特殊保管措施的,寄存人应当将有关情况告知保管人。寄存人未告知,致使保管物受损失的,保管人不承担损害赔偿责任;保管人因此受损失的,除保管人知道并未采取补救措施的以外,寄存人应当承担损害赔偿责任。

第三百六十三条　保管人不得将保管物转交第三人保管,但当事人另有约定的除外。保管人违反前款规定将保管物转交第三人保管,对保管物造成损失的,应当承担损害赔偿责任。

第三百六十四条　保管人不得使用或者许可第三人使用保管物,但当事人另有约定的除外。

第三百六十五条　第三人对保管物主张权利的,除依法对保管物采取保全或者执行的以外,保管人应当履行向寄存人返还保管物的义务。

第三人对保管人提起诉讼或者对保管物申请扣押的,保管人应当及时通知寄存人。

第三百六十六条　保管物在保管期间毁损、灭失的风险,保管是有偿的,由保管人承担;保管是无偿的,保管人不承担。

保管期间届满,寄存人未及时领取保管物的,保管人不承担保管物在迟延领取期间毁损、灭失的风险。

第三百六十七条　寄存人寄存货币、有价证券或者其他贵重物品的,应当向保管人声明,由保管人验收或者封存。寄存人未声明的,该物品毁损、灭失后,保管人可以按照一般物品予以赔偿。

第三百六十八条　寄存人可以随时领取保管物。

当事人未约定保管期间的,保管人可以随时请求寄存人领取保管物;约定保管期间的,保管人无特别事由,不得请求寄存人提前领取保管物。

第三百六十九条　保管期间届满或者寄存人提前领取保管物的,保管人应当将原物及其孳息归还寄存人。

第三百七十条　保管人保管货币的,可以返还相同种类、数量的货币。保管其他可替代物的,可以按照约定返还相同种类、品质、数量的物品。

第三百七十一条　寄存人应当按照约定向保管人支付保管费以及其他费用;不支付保管费以及其他费用的,保管人对保管物享有留置权,但当事人另有约定的除外。

第三百七十二条　有偿的保管合同,寄存人应当按照约定的期限向保管人支付保管的费用。对支付期限没有约定或者约定不明确,依照本法第六十一条的规定仍不能确定的,应当在领取保管物的同时支付。

第十九章　仓储合同

第三百七十三条　仓储合同是仓管人储存存货人交付的仓储物,存货人支付仓储费的合同。

第三百七十四条　仓储合同自成立时起生效。

第三百七十五条　存货人交付仓储物的,仓管人应当给付仓单。

第三百七十六条 仓管人应当在仓单上签字或者盖章。仓单包括下列事项：
（一）存货人的名称或者姓名和住所；
（二）仓储物的品种、数量、质量、包装件数和标记；
（三）仓储物的损耗标准；
（四）储存场所；
（五）储存期间；
（六）仓储费；
（七）仓储物已经办理保险的，其保险金额、期间以及保险公司的名称；
（八）填发人、填发地和填发日期。

第三百七十七条 储存易燃、易爆、有毒、有腐蚀性、有放射性等危险物品或者易变质物品，存货人应当说明该物的性质，提供有关资料。

存货人违反前款规定的，仓管人可以拒收仓储物，也可以采取相应措施以避免损失的发生，因此产生的费用由存货人承担。

仓管人储存易燃、易爆、有毒、有腐蚀性、有放射性等危险物品的，应当具备相应的保管条件。

第三百七十八条 仓管人应当按照约定对入库仓储物进行验收。仓管人验收时发现入库仓储物与约定不符合的，应当及时通知存货人。仓管人验收后，发生仓储物的品种、数量、质量不符合约定的，仓管人应当承担损害赔偿责任。

第三百七十九条 仓管人根据仓单持有人的要求，应当同意其检查仓储物或者提取样品。

第三百八十条 仓单是提取仓储物的凭证。存货人在仓单上背书并经仓管人签字或者盖章的，可以转让提取仓储物的权利。

第三百八十一条 仓管人对入库仓储物发现有变质或者其他损坏的，应当及时通知存货人或者仓单持有人。

第三百八十二条 仓管人对入库仓储物发现有变质或者其他损坏，危及其他仓储物的安全和正常保管的，应当催告存货人或者仓单持有人作出必要的处置。因情况紧急，仓管人可以作出必要的处置，但事后应当将该情况及时通知存货人或者仓单持有人。

第三百八十三条 当事人对储存期间没有约定或者约定不明确的，存货人可以随时提取仓储物，仓管人也可以随时要求存货人提取仓储物，但应当给予必要的准备时间。

第三百八十四条 储存期间届满，仓单持有人应当凭仓单提取仓储物。仓单持有人逾期提取的，应当加收仓储费；提前提取的，不减收仓储费。

第三百八十五条 储存期间届满，仓单持有人不提取仓储物的，仓管人可以催告其在合理期限内提取，逾期不提取的，仓管人可以提存该物。

第三百八十六条 储存期间，因仓管人保管不善造成仓储物毁损、灭失的，仓管人应当承担违约责任。

因仓储物包装不符合约定或者超过有效储存期造成仓储物变质、损坏的,仓管人不承担责任。

第三百八十七条　本章没有规定的,适用保管合同的有关规定。

第二十章　委托合同

第三百八十八条　委托合同是委托人和受托人约定,由受托人处理委托人事务的合同。

第三百八十九条　委托人可以特别委托受托人处理一项或者数项事务,也可概括委托受托人处理一切事务。

第三百九十条　委托人应当预付处理委托事务的费用。受托人为处理委托事务垫付的必要费用,委托人应当偿还该费用及其利息。

第三百九十一条　受托人应当按照委托人的指标处理委托事务。需要变更委托人指示的,应当经委托人同意;因情况紧急,难以和委托人取得联系的,受托人应当妥善处理委托事务,但事后应当将该情况及时通知委托人。

第三百九十二条　受托人应当亲自处理委托事务。经委托人同意,受托人可以转委托。转委托经同意的,委托人可以就委托事务直接指示转委托的第三人,受托人仅就第三人的选任及其对第三人的指示承担责任。转委托未经同意的,受托人应当对转委托的第三人的行为承担责任,但在紧急情况下受托人为保护委托人的利益需要转委托的除外。

第三百九十三条　受托人应当按照委托人的要求,报告委托事务的处理情况。委托合同解除时,受托人应当报告委托事务的结果。

第三百九十四条　受托人处理委托事务取得的财产,应当转交给委托人。

第三百九十五条　受托人完成委托事务的,委托人应当向其支付报酬。因不可归责于受托人的事由,委托合同解除或者委托事务不能完成的,委托人应当向受托人支付相应的报酬。当事人另有约定的,按照其约定。

第三百九十六条　有偿的委托合同,因受托人的过错给委托人造成损失的,委托人可以请求赔偿损失。无偿的委托合同,因受托人的故意或者重大过失给委托人造成损失的,委托人可以请求赔偿损失。

受托人超越权限给委托人造成损失的,应当赔偿损失。

第三百九十七条　受托人处理委托事务时,因不可归责于自己的事由受到损失的,可以向委托人请求赔偿损失。

第三百九十八条　委托人经受托人同意,可以在受托人之外委托第三人处理委托事务。因此给受托人造成损失的,受托人可以向委托人请求赔偿损失。

第三百九十九条　两个以上的受托人共同处理委托事务的,对委托人承担连带责任。

第四百条　委托人或者受托人可以随时解除委托合同。因解除委托合同给对方造成损失的,除不可归责于该当事人的事由以外,应当赔偿损失。

第四百零一条 委托人或者受托人死亡、丧失行为能力或者破产的,委托合同终止,但当事人另有约定或者根据委托事务的性质不宜终止的除外。

第四百零二条 因委托人死亡、丧失行为能力或者破产,致使委托合同终止将损害委托人利益的,在委托人的继承人、法定代理人或者清算组织承受委托事务之前,受托人应当继续处理委托事务。

第四百零三条 因受托人死亡、丧失行为能力或者破产,致使委托合同终止的,受托人的继承人、法定代理人或者清算组织应当及时通知委托人。因委托合同终止将损害委托人利益的,在委托人作出善后处理之前,受托人的继承人或者法定代理人应当采取必要措施。

第二十一章 行纪合同

第四百零四条 行纪合同是行纪人以自己的名义为委托人从事贸易活动,委托人支付报酬的合同。

第四百零五条 行纪人处理委托事务支出的费用,由行纪人负担,但当事人另有约定的除外。

第四百零六条 行纪人占有委托物的,应当妥善保管委托物。

第四百零七条 委托物交付给行纪人时有瑕疵或者容易腐烂、变质的,经委托人同意,行纪人可以处分该物;和委托人不能及时取得联系的,行纪人可以合理处分。

第四百零八条 行纪人低于委托人指定的价格卖出或者高于委托人指定的价格买入的,应当经委托人同意。未经委托人同意,行纪人补偿其差额的,该买卖对委托人发生效力。

行纪人高于委托人指定的价格卖出或者低于委托人指定的价格买入的,可以按照约定增加报酬。没有约定或者约定不明确,依照本法第六十一条的规定仍不能确定的,该利益属于委托人。

委托人对价格有特别指示的,行纪人不得违背该指示卖出或者买入。

第四百零九条 行纪人卖出或者买入具有市场定价的商品,除委托人有相反的意思表示的以外,行纪人自己可以作为买受人或者出卖人。

行纪人有前款情形的,仍然可以请求委托人支付报酬。

第四百一十条 行纪人按照约定买入委托物,委托人应当及时受领。经行纪人催告,委托人无正当理由拒绝受领的,行纪人依照本法第一百零二条的规定可以提存委托物。

委托物不能卖出或者委托人撤回出卖,经行纪人催告,委托人不取回或者不处分该物的,行纪人依照本法第一百零二条的规定可以提存委托物。

第四百一十一条 行纪人与第三人约定,行纪人履行的义务附条件的,按照其约定。

第四百一十二条 行纪人与第三人订立合同的,行纪人对该合同直接享有权利、承担义务。第三人不履行义务致使委托人受到损害的,行纪人应当承担损害赔偿责任。当事人另有约定的,按照其约定。

第四百一十三条 行纪人与第三人订立合同时,第三人知道委托人的,委托人可以介入行纪人与第三人订立的合同,以自己的名义对该合同直接享有权利、承担义务,但行纪人与第三人另有约定的除外。

第四百一十四条 行纪人与第三人订立的合同。第三人知道委托人的,可以选择委托人作为该合同的相对人。第三人选择委托人作为该合同相对人的,委托人直接承受行纪人在该合同中的权利和义务。行纪人与第三人另有约定的,按照其约定。

第三人依照前款规定选定相对人的,不得变更。

第四百一十五条 行纪人和委托人共同与第三人订立合同,第三人知道其委托关系的,应当由委托人对该合同享有权利、承担义务,但当事人另有约定的除外。第三人不知道其委托关系的,应当由行纪人和委托人共同对该合同享有权利、承担义务。

第四百一十六条 行纪人完成或者部分完成委托事务的,委托人应当向其支付相应的报酬。委托人逾期不支付报酬的,行纪人对委托物享有留置权,但当事人另有约定的除外。

第四百一十七条 本章没有规定的,适用委托合同的有关规定。

第二十二章 居间合同

第四百一十八条 居间合同是居间人向委托人报告订立合同的机会或者提供订立合同的媒介服务,委托人支付报酬的合同。

第四百一十九条 居间人就有关订立合同的事项应当向委托人如实报告。

居间人故意提供虚假情况,损害委托人利益的,不得请求支付报酬并应当承担损害赔偿责任。

第四百二十条 居间活动的费用,由居间人负担,但当事人另有约定的除外。

第四百二十一条 居间人促成合同成立后,委托人应当按照约定支付报酬。对居间人的报酬没有约定或者约定不明确,依照本法第六十一条的规定仍不能确定的,根据居间人的劳务合理确定。因居间人提供订立合同的媒介服务而促成合同成立的,由该合同的当事人平均负担居间人的报酬。

居间人未促成合同成立的,不得请求支付报酬,但可以请求委托人支付从事居间活动支出的必要费用。

附 则

第四百二十二条 当事人对合同条款的理解有争议的,应当按照合同所使用的词句、合同的有关条款、交易习惯以及诚实信用的原则,确定该条款的真实意思。该条款可以作两种以上解释时,应当以符合合同目的的解释为准。

第四百二十三条 中华人民共和国缔结或者参加的国际条约同中华人民共和国的民事法律有不同规定的,适用国际条约的规定,但中华人民共和国声明保留的条款除外。中华人民共和国法律和中华人民共和国缔结或者参加的国际条约没有规定的,可以适用国际惯例。

第四百二十四条 涉外合同的当事人可以选择处理合同争议所适用的法律,但法律另有规定的除外。涉外合同的当事人没有选择的,适用与合同有最密切联系的国家的法律。

在中华人民共和国境内履行的中外合资经营企业合同、中外合作经营企业合同、中外合作勘探开发自然资源合同,适用中华人民共和国法律。

第四百二十五条 涉外货物买卖合同提起诉讼或者申请仲裁的期限为四年;技术合同提起诉讼或者申请仲裁的期限为一年,自当事人知道或者应当知道其权利受到侵害之日起计算。其他合同提起诉讼或者申请仲裁的期限,依照有关法律的规定。

第四百二十六条 本法分则没有明文规定的合同,适用本法总则的规定,并可以参照分则最相类似的规定。

第四百二十七条 其他法律对合同另有规定的,依照其规定。

第四百二十八条 本法自199 年 月 日起施行,《中华人民共和国经济合同法》、《中华人民共和国涉外经济合同法》、《中华人民共和国技术合同法》同时废止。

全国人大法律委员会关于《中华人民共和国合同法(草案)》修改情况的汇报

九届全国人大常委会第六次会议文件

全国人大法律委员会 1998年12月21日

全国人民代表大会常务委员会：

九届全国人大常委会第五次会议对《中华人民共和国合同法(草案)》进行了再次审议。会后，法律委员会、法制工作委员会根据审议中提出的问题，在北京、上海等地进行调查，进一步听取有关部门、企事业单位、法律专家的意见。12月4日、7日至9日、18日，法律委员会召开会议，对合同法草案进行了逐条审议。现将法律委员会初步审议的主要修改意见汇报如下：

一、关于调整范围

合同法草案第二条规定："合同是平等主体的公民、法人、其他组织之间设立、变更、终止债权债务关系的协议。"

关于调整范围，有不同意见。有的委员、地方和部门认为，有的合同用债权债务关系的表述概括不了，调整范围限于债权债务关系的协议不够，建议将"债权债务关系"修改为"民事关系"或者"权利义务关系"。有的委员、地方和部门认为，这里所说的债权债务不限于欠钱还债的债权债务，用债权债务关系的协议来表述合同法的调整范围，总的看来是比较适宜的，法律委员会建议对此不作修改。

二、关于合同的订立

（一）合同法草案第十条第一款规定："不动产转让合同，应当采用书面形式。涉外合同、价款或者报酬十万元以上的合同，除即时清结的以外，应当采用书面形式。法律规定应当采用书面形式订立合同的，依照其规定。"

有的委员和地方认为，在经济贸易中订立合同应当提倡采用书面形式，这样，有利于合同的规范化，有利于减少合同纠纷和解决合同纠纷。因此，法律委员会建议将该条修改为"当事人订立合同，除即时清结的以外，采用书面形式"。（草案三次审议稿第十条）

（二）关于合同的示范文本。有的委员和部门认为，由于经济贸易活动的多样性，如果当事人缺乏经验，所订合同常易发生难以处理的纠纷。实践中合同的示范文本对于提示当事人在订立合同时更好地明确各自的权利义务起到了积极作用，对此应当在合同法中作出规定。因此,法律委员会建议在草案第十二条中增加一款规定:"当事人可以参照各类合同的示范文本订立合同。"(草案三次审议稿第十二条)

三、关于采用欺诈、胁迫手段订立的合同

合同法草案第五十二条规定,一方以欺诈、胁迫的手段或者乘人之危,使对方在违背真实意思的情况下订立的合同无效。同时规定,有该情形的,当事人一方有权请求人民法院或者仲裁机构变更或者撤销。

有的委员、部门和专家提出,在什么情况下因欺诈、胁迫而订立的合同为无效或者可以撤销,界限不清楚,而且,因欺诈、胁迫订立合同,只能是受害方有权主张无效或者撤销,采用欺诈、胁迫手段的一方不得主张无效或者撤销。因此,法律委员会建议将上述规定修改为:"一方以欺诈、胁迫的手段订立合同,损害国家利益的",该合同无效。"一方以欺诈、胁迫的手段或者乘人之危,使对方在违背真实意思的情况下订立的合同,受害方有权请求人民法院或者仲裁机构变更或者撤销。"(草案三次审议稿第五十二条、第五十四条)

四、关于情势变更制度

合同法草案第七十七条规定:"由于国家经济政策、社会经济形势等客观情势发生巨大变化,致使履行合同将对一方当事人没有意义或者造成重大损害,而这种变化是当事人在订立合同时不能预见并且不能克服的,该当事人可以要求对方就合同的内容重新协商;协商不成的,可以请求人民法院或者仲裁机构变更或者解除合同。"

有的委员和地方认为,在什么情况下能够适用情势变更制度,界限不清楚,因某些"国家经济政策、社会经济形势"发生变化,当事人就可以变更或者解除合同,不利于合同的严肃性,有可能规避商业风险,影响合同履行,建议对情势变更制度不作规定。有的委员和部门认为,应当规定情势变更制度,以利于公平解决当事人之间的合同纠纷。因此,法律委员会建议删去"国家经济政策、社会经济形势"几个字,并增加规定商业风险不适用情势变更的规定。(草案三次审议稿第七十六条)这个问题拟进一步审议后再研究怎样为宜。

五、关于违约责任

合同法草案对违约责任作了专章规定。有些委员认为,当前合同纠纷较多,对违约责任一章应当规定得更具体、更有力度。在这一章中,可以增加有关合同执行方面的规定,以保障合同法的有效实施。因此,法律委员会建议在违约责任一章中作如下补充、修改:

(一)有的委员认为,应当将违约责任的方式规定得更加明确。因此,建议将草案第一百一十三条"当事人不履行合同义务或者履行合同义务不符合约定的,应当承担违约责任。"修改为:"当事人一方不履行合同义务或者履行合同义务不符合约定的,对方有权请求违约方履行或者采取补救措施、承担赔偿损失等违约责任。"(草案三次审议稿第一百零八条)

(二)有的委员认为,根据民事补偿原则,违约金低于造成的损失的,应当补足损失,这样可以充分保护受害方的利益,促使当事人履行合同义务。建议将草案第一百一十八条第二款"约定的违约金,视为违约的损失赔偿,但约定的违约金过分高于或者低于造成的

损失的,当事人可以请求人民法院或者仲裁机构予以适当减少或者增加。"修改为:"约定的违约金,视为违约的损失赔偿,但约定的违约金低于造成的损失的,当事人可以请求人民法院或者仲裁机构予以增加;约定的违约金过分高于造成的损失的,当事人可以请求人民法院或者仲裁机构予以适当减少。"(草案三次审议稿第一百一十五条)

(三)有的委员认为,定金具有担保合同履行的作用,当一方当事人违约时,定金具有民事制裁意义,在违约责任中应当对定金作出规定。因此,建议增加一条规定:"当事人可以依照《中华人民共和国担保法》约定一方向对方给付定金作为债权的担保。债务人履行债务后,定金应当抵作价款或者收回。给付定金的一方不履行约定的债务的,无权要求返还定金;收受定金的一方不履行约定的债务的,应双倍返还定金。"(草案修改稿第一百一十三条)

(四)建议增加当事人解决合同纠纷的途径以及当事人拒不履行发生法律效力的判决、仲裁裁决或者调解书,依法强制执行的规定。即:"当事人可以通过协商或者调解解决合同争议。当事人不愿协商、调解或者协商、调解不成的,可以根据仲裁协议向仲裁机构申请仲裁。涉外合同的当事人可以根据仲裁协议向中国仲裁机构或者其他仲裁机构申请仲裁。当事人没有订立仲裁协议或者仲裁协议无效的,可以向人民法院起诉。对发生法律效力的判决、仲裁裁决、调解书,当事人应当履行;拒不履行的,可以请求人民法院执行。"(草案三次审议稿第一百二十六条)

六、关于合同法分则

在合同法中是否规定分则,有不同意见。有的委员和地方认为,制定合同法关键是总则,分则中的各类合同比较复杂,也难以列全,合同法可以不作规定,由单行法律、行政法规去规定。多数委员、地方和部门认为,合同法草案规定的十五类合同,大部分在经济合同法中已有规定,这些合同都是企事业单位和公民在生产经营和生活中普遍发生的合同,如果只规定合同法总则,不规定合同法分则,将不能根据各类合同的不同性质作出具体规定,经济贸易和审判实践将缺乏法律依据。一些成文法国家一般也对买卖、借款、租赁、运输、承揽等十几类合同作出规定。法律委员会建设保留合同法分则中的十五类合同;同时,考虑到现实生活中还有一些合同在合同法中未作规定,将来也可能出现一些新的合同,建议在附则中增加一条规定:"本法分则没有明文规定的合同,适用本法总则的规定,并可以参照分则最相类似的规定。"(草案三次审议稿第四百二十六条)

根据有的委员、地方和部门的意见,法律委员会建议对合同法分则的内容作一些补充、修改,主要有:

(一)合同法草案第一百九十一条规定,赠与人的经济状况显著恶化,严重影响其家庭生活的,可以"请求适当返还赠与的财产"。有的委员和部门提出,赠与财产交付后再返还的问题较为复杂,有的也难以做到。因此,建议删去该条赠与人可以"请求适当返还赠与的财产"的规定。(草案三次审议稿第一百八十九条)

(二)有的委员、地方和部门认为,当前不少建设工程质量低劣,层层转包是原因之一,建设工程合同一章应当对禁止转包问题作出规定。因此,建议依照建筑法的有关规定,在草案第二百七十条中增加规定:"发包人不得将应当由一个承包单位完成的建设工程肢解成若干部分发包给几个承包单位。""承包人不得将其承包的全部建设工程转包给第三人或者将其承包的全部建设工程肢解以后以分包的名义分别转包给第三人。"(草案三次审议稿第二百六十六条)

（三）有的委员、地方提出，当前在公路运输上有的承运人擅自变更运输工具，降低服务标准或者加收票款，以坑蒙乘客的情况较为突出，旅客运输合同应当对此作出规定。因此，建议增加一条规定："承运人擅自变更运输工具而降低服务标准的，应当根据旅客的要求予以退票或者减收票款；提高服务标准的，不应加收票款。"（草案三次审议稿第二百九十四条）

（四）合同法草案技术合同一章对技术引进合同作了规定。有的委员和部门认为，除了技术引进，还有技术输出，但技术引进、输出合同都属于技术转让合同，当事人的一般权利义务应当适用技术转让一节的规定，有些特殊问题可以在其他法律、行政法规中规定。因此，建议删去草案技术合同一章中有关技术引进合同的规定，同时增加一条规定："法律、行政法规对技术进出口合同另有规定的，依照其规定。"（草案三次审议稿第三百四十八条）

七、关于附则

有的委员认为，附则不宜规定在分则中，应当单列。因此，法律委员会建议将附则单独规定。

多数委员、地方和部门提出，统一的合同法通过后，经济合同法、涉外经济合同法和技术合同法应当予以废止。因此，法律委员会建议，在合同法草案第四百四十一条增加规定，自合同法施行之日起，"《中华人民共和国经济合同法》、《中华人民共和国涉外经济合同法》、《中华人民共和国技术合同法》同时废止"。（草案三次审议稿第四百二十八条）关于统一的合同法通过后，何时施行，是否需要有一个过渡期，需要进一步研究。

此外，还对合同法草案作了一些文字修改。

从目前的审议情况看，总的认为合同法草案的内容是可行的，建议本次常委会审议后作进一步修改，提请九届全国人民代表大会第二次会议审议。

以上汇报和草案三次审议稿是否妥当，请审议。

中华人民共和国合同法（四次审议稿）

目 录

总 则
  第一章 一般规定
  第二章 合同的订立
  第三章 合同的效力
  第四章 合同的履行
  第五章 合同的变更和转让
  第六章 合同的权利义务终止
  第七章 违约责任
  第八章 其他规定
分 则
  第九章 买卖合同
  第十章 供用电、水、气、热力合同
  第十一章 赠与合同
  第十二章 借款合同
  第十三章 租赁合同
  第十四章 融资租赁合同
  第十五章 承揽合同
  第十六章 建设工程合同
  第十七章 运输合同
    第一节 一般规定
    第二节 旅运合同
    第三节 货运合同
    第四节 多式联运合同
  第十八章 技术合同
    第一节 一般规定
    第二节 技术开发合同
    第三节 技术转让合同
    第四节 技术咨询合同和技术服务合同

第十九章　保管合同
第二十章　仓储合同
第二十一章　委托合同
第二十二章　行纪合同
第二十三章　居间合同
附　则

总　则

第一章　一般规定

第一条　为了保护合同当事人的合法权益,维护社会经济秩序,促进社会主义现代化建设,制定本法。

第二条　本法所称合同是平等主体的公民、法人、其他组织之间设立、变更、终止债权债务关系的协议。

第三条　合同当事人的法律地位平等,一方不得将自己的意志强加给另一方。

第四条　当事人依法享有自愿订立合同的权利,任何单位和个人不得非法干预。

第五条　当事人应当遵循公平的原则确定各方的权利和义务。

第六条　当事人在行使权利、履行义务时应当遵循诚实信用的原则。

第七条　当事人订立、履行合同,应当遵守法律、行政法规,尊重社会公德,不得扰乱社会经济秩序,损害社会公共利益。

第八条　依法成立的合同,对当事人具有法律约束力。当事人应当按照合同的约定履行自己的义务,不得擅自变更或者解除合同。

依法成立的合同,受法律保护。

第二章　合同的订立

第九条　当事人订立合同,应当具有相应的民事权利能力和民事行为能力。

当事人依法可以委托代理人订立合同。

第十条　当事人订立合同,有书面形式、口头形式和其他形式。

法律、行政法规规定采用书面形式的,应当采用书面形式。当事人约定采用书面形式的,应当采用书面形式。

第十一条　书面形式是指合同书、信件以及数据电文(包括电报、电传、传真、电子数据交换和电子邮件)等可以有形地表现所载内容的形式。

第十二条　合同的内容由当事人约定,一般包括以下条款:

(一)当事人的名称或者姓名和住所;

(二)标的;

(三)数量;

(四)质量;

(五)价款或者报酬;

(六)履行期限;

(七)履行地点和方式;

(八)违约责任;

(九)解决争议的方法。

当事人可以参照各类合同的示范文本订立合同。

第十三条 当事人订立合同,采取要约、承诺方式。

第十四条 要约是希望和他人订立合同的意思表示,该意思表示应当符合下列规定:

(一)内容具体确定;

(二)表明经受要约人承诺,要约人即受该意思表示约束。

第十五条 要约邀请是希望他人向自己发出要约的意思表示。价目表的寄送、拍卖公告、招标公告、招股说明书、商品广告等为要约邀请。

商品广告的内容符合要约规定的,视为要约。

第十六条 要约到达受要约人时生效。

采用数据电文形式订立合同,收件人指定特定系统接收数据电文的,该数据电文进入该特定系统的时间,视为到达时间;未指定特定系统的,该数据电文进入收件人的任何系统的首次时间,视为到达时间。

第十七条 要约可以撤回,但撤回要约的通知应当在要约到达受要约人之前或者同时到达受要约人。

第十八条 要约可以撤销,但撤销要约的通知应当在受要约人发出承诺通知之前到达受要约人。

第十九条 有下列情形之一,要约不得撤销:

(一)要约中确定了承诺期限或者以其他形式明示要约不可撤销;

(二)受要约人有理由认为要约是不可撤销的,并且已经为履行合同做了准备工作。

第二十条 有下列情形之一的,要约失效:

(一)拒绝要约的通知到达要约人时;

(二)要约人依法撤回、撤销要约;

(三)要约中确定的承诺期限届满,受要约人未作出承诺;

(四)承诺对要约的内容作出实质性变更。

第二十一条 承诺是受要约人同意要约的意思表示。

第二十二条 承诺应当以通知的方式作出,但根据交易习惯或者要约表明可以通过行为作出承诺的除外。

第二十三条　承诺应当在要约确定的期限内到达要约人。要约没有确定承诺期限的,承诺应当依照下列规定到达:

(一)要约以对话方式作出的,应当即时作出承诺的意思表示,但当事人另有约定的除外;

(二)要约以非对话方式作出的,承诺应当在合理期限内到达要约人。

第二十四条　要约以信件或者电报作出的,承诺期限自信件载明的日期或者电报交发之日开始计算。如果信件未载明日期,自投寄该信件的邮戳日期开始计算。要约以电话、传真等快速通讯方式作出的,承诺期限自要约到达受要约人时开始计算。

第二十五条　承诺生效时合同成立。

第二十六条　承诺通知到达要约人时生效。承诺不需要通知的,根据交易习惯或者要约的要求作出承诺的行为时生效。

采用数据电文形式订立合同的,承诺到达的时间适用本法第十六条第二款的规定。

第二十七条　承诺可以撤回,但撤回承诺的通知应当在承诺生效之前或者与承诺通知同时到达要约人。

第二十八条　受要约人超过承诺期限发出承诺的,除要约人及时通知受要约人该承诺有效的以外,为新要约。

第二十九条　受要约人在承诺期限内发出承诺,按照通常情形能够及时到达要约人,但因其他原因承诺到达要约人时超过承诺期限的,除要约人及时通知受要约人因承诺超过期限不接受该承诺的以外,该承诺有效。

第三十条　承诺的内容应当和要约的内容一致。承诺对要约的内容作出实质性变更的,为新要约。有关合同标的、数量、质量、价款或者报酬、履行期限、履行地点和方式、违约责任和解决争议方法等的变更,是对要约内容的实质性变更。

第三十一条　承诺对要约的内容作出非实质性变更的,除要约人及时表示反对或者要约表明承诺不得对要约的内容作出任何变更的以外,该承诺有效,合同的内容以承诺的内容为准。

第三十二条　当事人采用信件、数据电文形式订立合同的,一方当事人可以在合同成立前要求签订确认书。

第三十三条　当事人采用合同书包括确认书形式订立合同的,自双方当事人签字或者盖章时合同成立。签字或者盖章不在同一时间的,最后签字或者盖章时合同成立。

第三十四条　承诺生效的地点为合同成立的地点。

采用数据电文形式订立合同的,收件人的主营业地为合同成立的地点;没有主营业地的,其经常居住地为合同成立的地点。当事人另有约定的,按照其约定。

第三十五条　当事人采用合同书包括确认书形式订立合同的,双方当事人签字或者盖章的地点为合同成立的地点。签字或者盖章不在同一地点的,最后签字或者盖章的地点为合同成立的地点。

第三十六条 国家根据需要下达指令性任务或者国家订货任务的,有关企业、事业单位之间应当依照有关法律、行政法规规定的权利和义务签订合同。

第三十七条 采用格式条款订立合同的,提供格式条款的一方应当遵循公平的原则确定当事人之间的权利和义务,并采取合理的方式提请对方注意免除或者限制其责任的条款,按照对方的要求,对该条款予以说明。

格式条款是当事人为了重复使用而预先拟定,并在订立合同时未与对方协商的条款。

第三十八条 格式条款具有本法第五十二条和第五十三条规定的情形,或者免除提供格式条款一方当事人主要义务、排除对方当事人主要权利的,该条款无效。

第三十九条 对格式条款的理解发生争议的,应当作出不利于提供格式条款一方的解释。格式条款和非格式条款不一致的,应当采用非格式条款。

第四十条 当事人在订立合同过程中有下列情形之一,给对方造成损失的,应当承担损害赔偿责任:

(一)假借订立合同,以损害对方利益为目的,恶意进行磋商;

(二)有其他违背诚实信用原则的行为。

第四十一条 当事人在订立合同过程中知悉的商业秘密,无论合同是否成立,不得泄露或者不正当地使用。泄露或者不正当地使用该商业秘密给对方造成损失的,应当承担损害赔偿责任。

第三章 合同的效力

第四十二条 依法成立的合同,自成立时生效。

法律、行政法规规定应当办理批准、登记等手续生效的,自批准、登记时生效。

第四十三条 当事人对合同的效力可以约定附条件。附生效条件的合同,自条件成就时生效。附解除条件的合同,自条件成就时失效。

当事人为自己的利益不正当地阻止条件成就的,视为条件已成就;不正当地促成条件成就的,视为条件不成就。

第四十四条 当事人对合同的效力可以约定附期限。附生效期限的合同,自期限届满时生效。附终止期限的合同,自期限届满时失效。

第四十五条 法律、行政法规规定采用书面形式的合同,当事人未采用书面形式但已经履行主要义务或者能够证明当事人对合同内容协商一致的,该合同有效。

第四十六条 采用合同书包括确认书形式订立合同,没有签字或者盖章的当事人已经履行主要义务的,该合同有效。

第四十七条 限制民事行为能力人订立的合同,经法定代理人追认后,该合同有效,但纯获利益的合同或者与其年龄、智力、精神健康状况相适应而订立的合同,不必经法定代理人追认。

相对人可以催告法定代理人在一个月内予以追认。法定代理人未作表示的,视为拒绝追认。合同被追认之前,善意相对人有撤销的权利。撤销应当以通知的方式作出。

第四十八条 行为人没有代理权、超越代理权或者代理权终止后以被代理人名义订立的合同,未经被代理人追认,对被代理人不发生效力,由行为人承担责任。

相对人可以催告被代理人在一个月内予以追认。被代理人未作表示的,视为拒绝追认。合同被追认之前,善意相对人有撤销的权利。撤销应当以通知的方式作出。

第四十九条 行为人没有代理权、超越代理权或者代理权终止后以被代理人名义订立合同,被代理人知道其以本人名义订立合同而不作否认表示或者相对人有正当理由相信行为人有代理权的,该代理行为有效。

第五十条 法人或者其他组织的法定代表人、负责人超越权限订立的合同,除相对人知道或者应当知道其超越权限的以外,该代表行为有效。

第五十一条 无处分权的人处分他人财产,经权利人追认或者无处分权的人订立合同后取得处分权的,该合同有效。

第五十二条 有下列情形之一的,合同无效:

(一)一方以欺诈、胁迫的手段订立合同,损害国家利益的;

(二)恶意串通,损害国家、集体或者第三人利益的;

(三)以合法形式掩盖非法目的的;

(四)损害社会公共利益的;

(五)违反法律、行政法规的强制性规定的。

第五十三条 合同中的下列免责条款无效:

(一)造成对方人身伤害的;

(二)因故意或者重大过失给对方造成财产损失的。

第五十四条 下列合同,当事人一方有权请求人民法院或者仲裁机构变更或者撤销:

(一)因重大误解订立的;

(二)在订立合同时显失公平的。

一方以欺诈、胁迫的手段或者乘人之危,使对方在违背真实意思的情况下订立的合同,受损害方有权请求人民法院或者仲裁机构变更或者撤销。

当事人请求变更的,人民法院或者仲裁机构不得撤销。

第五十五条 有下列情形之一的,撤销权消灭:

(一)具有撤销权的当事人知道或者应当知道撤销事由之日起一年内没有行使撤销权的;

(二)具有撤销权的当事人知道撤销事由后明确表示或者以自己的行为放弃撤销权的。

第五十六条 无效的合同或者被撤销的合同自始没有法律拘束力。合同部分无效,不影响其他部分效力的,其他部分仍然有效。

第五十七条 合同无效、被撤销或者终止的,不影响合同中独立存在的有关解决争议方法的条款的效力。

第五十八条 合同无效或者被撤销后,因该合同取得的财产,应当予以退还;不能返还或者没有必要返还的,应当折价补偿。有过错的一方应当赔偿对方因此所受到的损失,双方都有过错的,应当各自承担相应的责任。

第五十九条 当事人恶意串通,损害国家、集体或者第三人利益的,因此取得的财产应当收归国家所有或者返还集体、第三人。

第四章　合同的履行

第六十条 当事人应当按照约定履行自己的义务。

当事人应当遵循诚实信用的原则,根据合同的性质、目的和交易习惯履行通知、协助、保密等义务。

第六十一条 合同生效后,当事人就质量、价款或者报酬、履行地点等内容没有约定或者约定不明确的,可以协议补充;不能达成补充协议的,按照合同有关条款或者交易习惯确定。

第六十二条 当事人就有关合同内容约定不明确,依照本法第六十一条的规定仍不能确定的,适用下列规定:

(一)质量要求不明确的,按照国家标准、行业标准履行,没有国家标准、行业标准的,按照通常标准履行;

(二)价款或者报酬不明确的,按照订立合同时履行地的市场价格履行,依法应当执行政府定价或者政府指导价的,按照规定履行;

(三)履行地点不明确,给付货币的,在接受货币一方所在地履行;交付不动产的,在不动产所在地履行;其他标的,在履行义务一方所在地履行;

(四)履行期限不明确的,债务人可以随时履行,债权人也可以随时请求履行,但应当给对方必要的准备时间;

(五)履行方式不明确的,按照有利于实现合同目的的方式履行;

(六)履行费用的负担不明确的,由履行义务一方负担。

第六十三条 执行政府定价或者政府指导价的,在合同约定的交付期限内政府价格调整时,按照交付时的价格计价。逾期交货的,遇价格上涨时,按照原价格执行;价格下降时,按照新价格执行。逾期提货或者逾期付款的,遇价格上涨时,按照新价格执行;价格下降时,按照原价格执行。

第六十四条 当事人可以约定由债务人向第三人履行债务。因向第三人履行债务增加的费用,由债权人负担。

第三人可以向债务人请求履行。债务人未向第三人履行债务或者履行债务不符合约定的,应当向债权人承担违约责任。

第六十五条 当事人可以约定由第三人向债权人履行债务。第三人不履行债务或者履行债务不符合约定的,债务人应当向债权人承担违约责任。

第六十六条 当事人互负债务,没有先后履行顺序的,应当同时履行。一方在对方未履行之前有权拒绝其履行请求。一方在对方履行债务不符合约定时,有权拒绝其相应的履行请求。

第六十七条 当事人互负债务,有先后履行顺序的,先履行一方未履行之前,后履行一方有权拒绝其履行请求。先履行一方履行债务不符合约定的,后履行一方有权拒绝其相应的履行请求。

第六十八条 应当先履行债务的当事人,有确切证据证明对方有下列情形之一的,可以中止履行:
(一)经营状况严重恶化的;
(二)转移财产、抽逃资金,以逃避债务的;
(三)严重丧失商业信誉的;
(四)有其他丧失或者可能丧失履行债务能力情形的。
当事人没有确切证据中止履行的,应当承担违约责任。

第六十九条 当事人依照本法第六十八条的规定中止履行的,应当及时通知对方。对方提供适当担保时,应当恢复履行。中止履行后,对方在合理期限内未恢复履行能力,也未提供适当担保的,中止履行的一方可以解除合同。

第七十条 债权人分立、合并或者变更住所没有通知债务人,致使履行债务发生困难的,债务人可以中止履行或者将标的物提存。

第七十一条 债权人可以拒绝债务人提前履行债务,但提前履行不损害债权人利益的除外。
债务人提前履行债务给债权人增加的费用,由债务人负担。

第七十二条 债权人可以拒绝债务人部分履行债务,但部分履行不损害债权人利益的除外。
债务人部分履行债务给债权人增加的费用,由债务人负担。

第七十三条 因债务人怠于行使其到期债权,对债权人造成损害的,债权人可以请求人民法院以自己的名义代位行使债务人的债权,但该债权专属于债务人自身的除外。
代位权的行使范围以债权人的债权为限,债权人行使代位权的必要费用,由债务人负担。

第七十四条 因债务人放弃到期债权或者无偿转让财产,对债权人造成损害的,债权人可以请求人民法院撤销债务人的行为。债务人以明显不合理的低价转让财产,对债权人造成损害,并且受让人知道该情形的,债权人也可以请求人民法院撤销债务人的行为。撤销权的行使范围以债权人的债权为限。债权人行使撤销权的必要费用,由债务人负担。

第七十五条 撤销权自债权人知道或者应当知道撤销事由之日起一年内行使。自债务人的行为发生之日起五年内没有行使撤销权的,该撤销权消灭。

第七十六条 由于客观情势发生异常变化,致使履行合同将对一方当事人没有意义或者造成重大损害,而这种变化是当事人在订立合同时不能预见并且不能克服的,该当事人可以要求对方就合同的内容重新协商;协商不成的,可以请求人民法院或者仲裁机构变更或者解除合同。

商业风险不适用前款规定。

第七十七条 合同生效后,当事人不得因姓名、名称的变更或者法定代表人、负责人、承办人的变动而不履行合同的义务。

第五章 合同的变更和转让

第七十八条 当事人协商一致,可以变更合同。法律、行政法规规定变更合同应当办理批准、登记等手续的,依照其规定。

第七十九条 当事人对合同变更的内容约定不明确的,推定为未变更。

第八十条 债权人可以将合同的权利全部或者部分转让给第三人,但有下列情形之一的除外:

(一)根据合同性质不得转让的;

(二)按照当事人约定不得转让的;

(三)依照法律规定不得转让的。

第八十一条 债权人转让权利的,应当通知债务人。未经通知,该转让对债务人不发生效力。

债权人转让权利的通知不得撤销,但经受让人同意的除外。

第八十二条 债权人转让权利的,受让人取得与债权有关的从权利,但该从权利专属于债权人自身的除外。

第八十三条 债务人接到债权转让通知时,债务人对让与人的抗辩,可以向受让人主张。

第八十四条 债务人接到债权转让通知时,债务人对让与人享有到期债权的,债务人可以依照本法第一百条的规定向受让人主张抵销。

第八十五条 债务人将合同的义务全部或者部分转移给第三人的,应当经债权人同意。

第八十六条 债务人转移义务的,新债务人可以主张原债务人对债权人的抗辩。

第八十七条 债务人转移义务的,新债务人应当承担与主债务有关的从债务,但该从债务专属于原债务人自身的除外。

第八十八条 债权人转让权利或者债务人转移义务,法律、行政法规规定应当办理批准、登记等手续的,依照其规定。

第八十九条 当事人一方经对方同意,可以将自己在合同中的权利和义务一并转让给第三人。

第九十条 权利和义务一并转让的,适用本法第八十条、第八十二条至第八十四条、第八十六条至第八十八条的规定。

第九十一条 当事人订立合同后合并的,由合并后的法人或者其他组织行使合同权利,履行合同义务。当事人订立合同后分立的,除债权人和债务人另有约定的以外,由分立的法人或者其他组织对合同的权利和义务享有连带债权,承担连带债务。

第六章 合同的权利义务终止

第九十二条 有下列情形之一的,合同的权利义务终止:
(一)债务已经按照约定履行;
(二)合同解除;
(三)债务相互抵销;
(四)债务人依法将标的物提存;
(五)债权人免除债务;
(六)债权债务同归于一人;
(七)法律规定或者当事人约定终止的其他情形。

第九十三条 合同的权利义务终止后,当事人应当遵循诚实信用的原则,根据交易习惯履行通知、协助、保密等义务。

第九十四条 经当事人协商一致,可以解除合同。
当事人可以约定解除合同的条件,解除合同的条件成就时,解除权人可以解除合同。

第九十五条 有下列情形之一的,当事人可以解除合同:
(一)因不可抗力致使不能实现合同目的的;
(二)在履行期限届满之前,当事人一方明确表示或者以自己的行为表明不履行主要债务的;
(三)当事人一方迟延履行主要债务,经催告后在合理期限内仍未履行的;
(四)当事人一方迟延履行债务或者有其他违约行为致使不能实现合同目的的;
(五)法律规定的其他情形。

第九十六条 法律规定或者当事人约定解除权行使期限的,期限届满当事人不行使的,该权利消灭。
法律没有规定或者当事人未约定解除权的行使期限,经对方催告后在合理期限内不行使的,该权利消灭。

第九十七条 当事人一方依照本法第九十四条第二款、第九十五条的规定主张解除合同的,应当通知对方。合同自通知到达对方时解除。对方有异议的,可以请求人民法院或者仲裁机构确认合同效力。
法律、行政法规规定解除合同应当办理批准、登记等手续的,依照其规定。

第九十八条 合同解除后,尚未履行的,终止履行;已经履行的,根据履行情况和合同性质,当事人可以请求恢复原状,或者采取其他补救措施。

第九十九条 合同终止,不影响合同中结算和清理条款的效力,不影响当事人请求损害赔偿的权利。

第一百条 当事人互负到期债务,该债务的标的物种类、品质相同的,任何一方可以将自己的债务与对方的债务抵销,但按照合同性质或者依照法律规定不得抵销的除外。

当事人主张抵销的,应当通知对方。通知自到达对方时生效。抵销的通知不得附条件或者附期限。

第一百零一条 当事人互负到期债务,标的物种类、品质不相同的,经双方协商一致,也可以抵销。

第一百零二条 有下列情形之一,难以履行债务的,债务人可以将标的物提存:

(一)债权人无正当理由拒绝受领的;

(二)债权人下落不明的;

(三)债权人死亡未确定继承人或者丧失行为能力未定监护人的;

(四)法律规定的其他情形。

标的物不适于提存或者提存费用过高的,债务人依法可以拍卖或者变卖标的物,提存所得的价款。

第一百零三条 标的物提存后,除债权人下落不明的以外,债务人应当及时通知债权人或者债权人的继承人、监护人。

第一百零四条 标的物提存后毁损、灭失的风险由债权人承担。提存期间,标的物的孳息归债权人所有。提存费用由债权人负担。

第一百零五条 债权人可以随时领取提存物,但债权人对债务人负有到期债务的,在债权人未履行债务或者提供担保之前,提存部门根据债务人的要求应当拒绝其领取提存物。

债权人领取提存物的权利,自提存之日起五年内不行使而消灭,提存物扣除提存费用后归国家所有。

第一百零六条 债权人免除债务人部分或者全部债务的,合同的权利义务部分或者全部终止。

第一百零七条 债权和债务同归于一人的,合同的权利义务终止,但涉及第三人利益的除外。

第七章 违约责任

第一百零八条 当事人一方不履行合同义务或者履行合同义务不符合约定的,对方有权请求违约方履行或者采取补救措施、承担赔偿损失等违约责任。

第一百零九条 当事人一方明确表示或者以自己的行为表明不履行合同义务的,对方可以在履行期届满之前请求其承担违约责任。

第一百一十条 当事人一方未支付价款或者报酬的,对方可以请求其支付价款或者报酬。

当事人一方迟延支付价款或者报酬的,应当按照约定支付违约金。没有约定违约金的,应当支付迟延履行的逾期利息。

第一百一十一条 当事人一方不履行非金钱债务或者履行非金钱债务不符合约定的,对方可以请求履行,但有下列情形之一的除外:

(一)法律上或者事实上不能履行的;

(二)债务的标的不适于强制履行或者履行费用过高的;

(三)债权人在合理期限内未请求履行的。

履行后还有其他损失的,可以请求赔偿损失。

第一百一十二条 质量不符合约定的,应当按照当事人的约定承担违约责任。对违约责任没有约定或者约定不明确,依照本法第六十一条的规定仍不能确定的,受损害方根据标的的性质以及损失的大小,可以合理选择请求对方承担修理、更换、重作、退货、减少价款或者报酬等违约责任。

质量不符合约定,造成其他损失的,可以请求赔偿损失。

第一百一十三条 当事人可以依照《中华人民共和国担保法》约定一方向对方给付定金作为债权的担保。债务人履行债务后,定金应当抵作价款或者收回。给付定金的一方不履行约定的债务的,无权要求返还定金;收受定金的一方不履行约定的债务的,应当双倍返还定金。

第一百一十四条 当事人既约定违约金,又约定定金的,一方违约时,对方可以选择适用违约金或者定金条款。

第一百一十五条 当事人可以约定一方违约时应当根据违约情况向对方支付一定数额的违约金,也可以约定因违约产生的损失赔偿额的计算方法。

约定的违约金低于造成的损失的,当事人可以请求人民法院或者仲裁机构予以增加;约定的违约金过分高于造成的损失的,当事人可以请求人民法院或者仲裁机构予以适当减少。

当事人就迟延履行约定违约金的,违约方支付违约金后,还应当履行或者赔偿损失。

第一百一十六条 当事人没有约定违约金或者损失赔偿额的计算方法的,损失赔偿额应当相当于因违约所造成的损失,包括合同履行后可以获得的利益,但不得超过违反合同一方订立合同时预见到或者应当预见到的因违反合同可能造成的损失。

经营者对消费者提供商品或者服务有欺诈行为的,依照《中华人民共和国消费者权益保护法》的规定承担损害赔偿责任。

第一百一十七条 因不可抗力不能履行合同的,根据不可抗力的影响,部分或者全部免除责任。当事人迟延履行后发生不可抗力的,不能免除责任。法律另有规定的,依照其规定。

本法所称的"不可抗力",是指不能预见、不能避免并且不能克服的客观情况。

第一百一十八条 当事人一方因不可抗力不能履行合同的,应当及时通知对方,以减轻可能给对方造成的损失,并且应当在合理期限内提供证明。

第一百一十九条 当事人一方违约后,对方应当采取适当措施防止损失的扩大;没有采取适当措施致使损失扩大的,不得就扩大的损失请求赔偿。

当事人因防止损失扩大支出的合理费用,由违约方承担。

第一百二十条 当事人双方都违反合同的,应当各自承担相应的责任。

第一百二十一条 当事人一方因第三人的原因造成违约的,应当向对方承担违约责任。当事人一方和第三人之间的纠纷,依照法律规定或者按照约定解决。

第一百二十二条 因当事人一方的违约行为,侵害对方人身、财产权益的,受害人有权选择依照本法请求承担违约责任或者依照其他法律请求承担侵权责任。

第八章 其他规定

第一百二十三条 其他法律对合同另有规定的,依其规定。

第一百二十四条 本法分则或者其他法律没有明文规定的合同,适用本法总则的规定,并可以参照本法分则或者其他法律最相类似的规定。

第一百二十五条 当事人对合同条款的理解有争议的,应当按照合同所使用的词句、合同的有关条款、订立合同的目的、交易习惯以及诚实信用原则,确定该条款的真实意思。

合同文本采用两种文字订立并约定具有同等效力的,对各文本使用的词句推定具有相同含义。各文本使用的词句不一致的,应当根据合同目的予以解释。

第一百二十六条 对于涉外民事权利义务关系,中华人民共和国缔结或者参加的国际条约同中华人民共和国的民事法律有不同规定的,适用国际条约的规定,但中华人民共和国声明保留的条款除外。中华人民共和国法律和中华人民共和国缔结或者参加的国际条约没有规定的,可以适用国际惯例。

第一百二十七条 涉外合同的当事人可以选择处理合同争议所适用的法律,但法律另有规定的除外。涉外合同的当事人没有选择的,适用与合同有最密切联系的国家的法律。

在中华人民共和国境内履行的中外合资经营企业合同、中外合作经营企业合同、中外合作勘探开发自然资源合同,适用中华人民共和国法律。

第一百二十八条 县级以上工商行政管理部门和其他有关主管部门,依照法律、行政法规规定的职责,分别负责对合同的监督。

第一百二十九条 对利用合同危害国家利益、社会公共利益的违法行为,由县级以上工商行政管理部门和其他有关主管部门依照法律、行政法规规定的职责负责处理;构成犯罪的,依法追究刑事责任。

第一百三十条 当事人可以通过协商或者调解解决合同争议。

当事人不愿协商、调解或者协商、调解不成的,可以根据仲裁协议向仲裁机构申请仲裁。涉外合同的当事人可以根据仲裁协议向中国仲裁机构或者其他仲裁机构申请仲裁。当事人没有订立仲裁协议或者仲裁协议无效的,可以向人民法院起诉。对发生法律效力的判决、仲裁裁决、调解书,当事人应当履行;拒不履行的,可以请求人民法院执行。

第一百三十一条 涉外货物买卖合同和技术进出口合同提起诉讼或者申请仲裁的期限为四年,自当事人知道或者应当知道其权利受到侵害之日起计算。其他合同提起诉讼或者申请仲裁的期限,依照有关法律的规定。

分　则

第九章　买卖合同

第一百三十二条 买卖合同是出卖人转移标的物的所有权于买受人,买受人支付价款的合同。

第一百三十三条 买卖合同的内容除依照本法第十二条的规定以外,还可以包括包装方式、检验标准和方法、结算方式、合同使用的文字及其效力等条款。

第一百三十四条 出卖的标的物,应当属于出卖人所有或者出卖人有权处分。
法律、行政法规禁止或者限制转让的标的物,依照其规定。

第一百三十五条 标的物的所有权自标的物交付时起转移,但法律另有规定或者当事人另有约定的除外。

第一百三十六条 当事人可以在买卖合同中约定保留标的物所有权的条款。该条款可以约定买受人未履行支付价款或者其他义务的,标的物的所有权属于出卖人。

第一百三十七条 出卖人应当履行向买受人交付标的物或者提取标的物的单证,并转移标的物所有权的义务。

第一百三十八条 出卖人应当按照约定或者交易习惯向买受人交付提取标的物单证以外的有关单证和资料。

第一百三十九条 出卖具有知识产权的计算机软件、图纸等标的物的,除法律另有规定或者当事人另有约定的以外,该标的物的知识产权不属于买受人。

第一百四十条 出卖人应当按照约定的期限交付标的物。约定交付期间的,出卖人可以在该交付期间内的任何时间交付。

第一百四十一条 当事人未约定标的物的交付期限或者约定不明确的,适用本法第六十一条、第六十二条第四项的规定。

第一百四十二条 标的物在订立合同之前已为买受人占有的,合同生效的时间为交付时间。

第一百四十三条 出卖人应当按照约定的地点交付标的物。
当事人未约定交付地点或者约定不明确,依照本法第六十一条的规定仍不能确定的,适用下列规定:

（一）标的物需要运输的,出卖人应当将标的物交付给第一承运人以运交给买受人;

（二）标的物不需要运输,出卖人和买受人订立合同时知道标的物在某一地点的,出卖人应当在该地点交付标的物;不知道标的物在某一地点的,应当在出卖人订立合同时的营业地交付标的物。

第一百四十四条　标的物毁损、灭失的风险,在标的物交付前由出卖人承担,交付后由买受人承担,但法律另有规定或者当事人另有约定的除外。

第一百四十五条　因买受人的过错致使标的物不能按照约定的期限交付的,买受人应当承担自约定交付之日至实际交付时标的物毁损、灭失的风险。

第一百四十六条　出卖人出卖运输途中的标的物,除当事人另有约定的以外,毁损、灭失的风险自合同成立时起由买受人承担。

第一百四十七条　当事人未约定交付地点或者约定不明确,依照本法第一百四十三条第二款第一项的规定标的物需要运输的,出卖人将标的物交付给第一承运人后,标的物毁损、灭失的风险由买受人承担。

第一百四十八条　出卖人按照约定或者依照本法第一百四十三条第二款第二项的规定将标的物置于交付地点买受人违反约定没有收取的,标的物毁损、灭失的风险自违反约定之日起由买受人承担。

第一百四十九条　出卖人按照约定未交付有关标的物的单证和资料的,不影响标的物毁损、灭失风险的转移。

第一百五十条　因标的物质量不符合质量要求,致使不能实现合同目的的,买受人可以拒绝接受标的物或者解除合同。买受人拒绝接受标的物或者解除合同的,标的物毁损、灭失的风险由出卖人承担。

第一百五十一条　标的物毁损、灭失的风险由买受人承担的,不影响因出卖人履行债务不符合约定,买受人请求其承担违约责任的权利。

第一百五十二条　出卖人就交付的标的物,负有保证第三人不得向买受人主张任何权利的义务。

第一百五十三条　买受人订立合同时明知第三人对买卖的标的物享有权利的,出卖人不承担本法第一百五十二条规定的责任,但当事人另有约定的除外。

第一百五十四条　买受人有确切证据证明第三人可能就标的物提出权利的,可以中止支付相应的价款,但出卖人提供适当担保的除外。

第一百五十五条　出卖人应当按照约定的质量要求交付标的物。出卖人提供有关标的物质量说明的,交付的标的物应当符合该说明的质量要求。

第一百五十六条　当事人对标的物的质量要求没有约定或者约定不明确,依照本法第六十一条的规定仍不能确定的,出卖人交付的标的物,应当具有同种物的通常标准或者为了实现合同目的该物应当具有的特定标准。

第一百五十七条　出卖人交付的标的物不符合质量要求的,买受人可以依照本法第一百一十二条的规定请求承担违约责任。

第一百五十八条 出卖人应当按照约定的包装方式交付标的物。对包装方式没有约定或者约定不明确,依照本法第六十一条的规定仍不能确定的,应当按照通用的方式包装,没有通用方式的,应当采取足以保护标的物的包装方式。

第一百五十九条 买受人收到标的物时应当在约定的检验期间内检验,没有约定检验期间的,应当及时检验。

第一百六十条 当事人约定检验期间的,买受人应当在检验期间内将标的物的数量或者质量不符合约定的情形通知出卖人。买受人怠于通知的,视为标的物的数量或者质量符合约定。

当事人没有约定检验期间的,买受人应当在发现或者应当发现标的物的数量或者质量不符合约定的合理期间内通知出卖人。买受人在合理期间内未通知或者自标的物收到之日起两年内未通知出卖人的,视为标的物的数量或者质量符合约定,但对标的物有质量保证期的,适用质量保证期,不适用该两年的规定。

出卖人知道或者应当知道提供的标的物不符合约定的,买受人不受前款规定的通知时间的限制。

第一百六十一条 买受人应当按照约定的数额支付价款。对价款没有约定或者约定不明确的,适用本法第六十一条、第六十二条第二项的规定。

第一百六十二条 买受人应当按照约定的地点支付价款。对支付地点没有约定或者约定不明确,依照本法第六十一条的规定仍不能确定的,买受人应当在出卖人的营业地支付,但约定支付价款以交付标的物或者提取标的物单证为条件的,在交付标的物或者提取标的物单证的所在地支付。

第一百六十三条 买受人应当按照约定的时间支付价款。对支付时间没有约定或者约定不明确,依照本法第六十一条的规定仍不能确定的,买受人应当在收到标的物或者提取标的物单证的同时支付。

第一百六十四条 出卖人多交标的物的,买受人可以接收或者拒绝接收多交的部分。买受人接收多交部分的,按照原合同的价格支付价款;买受人拒绝接收多交部分的,应当及时通知出卖人并妥善保管多交部分的标的物。保管费用由出卖人负担。

第一百六十五条 标的物在交付前产生的孳息,归出卖人所有,交付后产生的孳息,归买受人所有。

第一百六十六条 因标的物的主物不符合约定而解除合同的,解除合同的效力及于从物。因标的物的从物不符合约定被解除的,解除的效力不及于主物。

第一百六十七条 标的物为数物,其中一物不符合约定的,买受人可以就该物解除,但该物与他物分离使标的物的价值显受损害的,当事人可以就数物解除。

第一百六十八条 出卖人分批交付标的物的,出卖人对其中一批标的物不交付或者交付不符合约定,致使不能实现合同目的的,买受人可以就该批标的物解除;出卖人不交付其中一批标的物或者交付不符合约定,致使今后其他各批标的物的交付不能实现合同目的的,买受人可以就该批以及今后其他各批标的物解除。出卖人已经就其中一批标的物解除,该批标的物与其他各批标的物相互依存的,买受人可以就已经交付和未交付的各批标的物解除。

第一百六十九条 分期付款的出卖人只有在买受人连续两次未支付价款,并且未支付到期价款的金额达到全部价款的五分之一的,才可以请求买受人支付到期以及未到期的全部价款或者解除合同。

出卖人解除合同的,可以向买受人请求支付该标的物的使用费。

第一百七十条 凭样品买卖的当事人应当封存样品,并且可以对样品质量予以说明。出卖人交付的标的物应当与样品及其说明的质量相同。

第一百七十一条 凭样品买卖的买受人不知道样品有隐蔽瑕疵的,无论交付的标的物是否与样品相同,出卖人都负有交付的标的物具有同种物通常标准的义务。

第一百七十二条 试用买卖的当事人可以约定标的物的试用期间。对试用期间没有约定或者约定不明确,依照本法第六十一条的规定仍不能确定的,由出卖人确定。

第一百七十三条 试用买卖的买受人在试用期内可以购买标的物,也可以拒绝购买。试用期间届满,买受人对是否购买标的物未作表示的,视为购买。

第一百七十四条 招标、投标买卖的当事人的权利和义务以及招标、投标程序等,依照有关法律、行政法规的规定。

第一百七十五条 拍卖的当事人的权利和义务以及拍卖程序等,依照有关法律、行政法规的规定。

第一百七十六条 法律对其他有偿合同有规定的,依照其规定;没有规定的,参照买卖合同的有关规定。

第一百七十七条 当事人约定易货贸易,转移标的物的所有权的,参照买卖合同的有关规定。

第十章 供用电、水、气、热力合同

第一百七十八条 供用电合同是供电人向用电人供电,用电人支付价款的合同。

第一百七十九条 供用电合同根据用电人的需要和电力可供量订立。供用电合同包括电力、电量、用电时间、电价与电费的结算方式、供用电设施的维护责任等条款。

第一百八十条 供电人应当按照国家规定的供电标准和约定安全供电。

供电人未按照国家规定的供电标准和约定安全供电,造成用电人损失的,应当承担损害赔偿责任。

第一百八十一条 供电人因供电设施检修等原因,需要中断供电时,应当按照国家有关规定事先通知用电人。未事先通知用电人中断供电,造成用电人损失的,应当承担损害赔偿责任。

第一百八十二条 因自然灾害等原因断电,供电人应当及时抢修。未及时抢修,造成用电人损失的,应当承担损害赔偿责任。

第一百八十三条　用电人应当按照国家有关规定和当事人的约定及时交付电费。用电人逾期不交付电费的,应当按照约定支付违约金。没有约定违约金的,应当支付电费的逾期利息。

第一百八十四条　用电人应当按照国家有关规定和当事人的约定用电。用电人擅自改动供电人的用电计量装置和供电设施、擅自超负荷用电等,造成供电人损失的,应当承担损害赔偿责任。

第一百八十五条　供用水、供用气、供用热力合同,参照供用电合同的有关规定。

第十一章　赠与合同

第一百八十六条　赠与合同是赠与人将自己的财产无偿给予受赠人的合同。

第一百八十七条　赠与自受赠人表示接受该赠与时生效。

赠与人在交付赠与财产之前可以撤销赠与。

赠与具有救灾、扶贫等社会公益、道德义务性质的或者采用书面形式订立的赠与合同,不适用前款规定。

第一百八十八条　赠与的财产需要办理登记等手续的,应当办理有关手续。

第一百八十九条　赠与具有救灾、扶贫等社会公益、道德义务性质的或者采用书面形式订立的赠与合同,赠与人不交付赠与的财产的,受赠人可以请求交付。因赠与人故意或者重大过失致使赠与的财产毁损、灭失,造成受赠人损失的,赠与人应当承担损害赔偿责任。

第一百九十条　赠与可以附义务。

赠与附义务的,受赠人应当按照约定履行义务。

第一百九十一条　赠与的财产有瑕疵的,赠与人不承担责任。附义务的赠与,赠与的财产有瑕疵的,赠与人在附义务的限度内承担与出卖人相同的担保责任。

赠与人故意不告知瑕疵或者保证无瑕疵,造成受赠人损失的,应当承担损害赔偿责任。

第一百九十二条　受赠人有下列情形之一的,赠与人可以撤销赠与:

(一)严重侵害赠与人或者赠与人的近亲属的;

(二)对赠与人有扶养义务而不履行的;

(三)不履行赠与合同约定的义务的。

赠与人的撤销权,应当自知道撤销原因之日起一年内行使。

第一百九十三条　因受赠人的违法行为致使赠与人死亡或者丧失民事行为能力的,赠与人的继承人或者监护人可以撤销赠与。

赠与人的继承人或者监护人的撤销权,应当自知道撤销原因之日起六个月内行使。

第一百九十四条　赠与被撤销的,撤销权人可以向受赠人请求返还赠与的财产。

第一百九十五条　赠与人的经济状况显著恶化,严重影响其生产经营或者家庭生活的，可以不再履行赠与义务。

第十二章　借款合同

第一百九十六条　借款合同是借款人向贷款人借款，到期返还借款并支付利息的合同。

第一百九十七条　借款合同采用书面形式，但公民之间借款另有约定的除外。

借款合同包括借款种类、币种、用途、数额、利率、期限和还款方式等条款。

第一百九十八条　订立借款合同，贷款人可以要求借款人提供担保。担保依照《中华人民共和国担保法》的规定。

第一百九十九条　订立借款合同，借款人应当按照贷款人的要求提供与借款有关的业务活动和财务状况的真实情况。

第二百条　借款的利息不得预先在本金中扣除。利息预先在本金中扣除的，按照实际借款数额计算利息。

第二百零一条　贷款人未按照约定的日期、数额提供借款的，应当按照约定支付违约金。没有约定违约金的，应当赔偿损失。

借款人未按照约定的日期、数额提款的，应当按照约定支付违约金，没有约定违约金的，应当支付逾期提款的利息。

第二百零二条　贷款人按照约定可以检查、监督借款的使用情况。借款人应当按照约定向贷款人定期提供有关财务会计报表等资料。

第二百零三条　借款人未按照约定的借款用途使用借款的，贷款人可以停止发放借款、提前收回借款或者解除合同。

第二百零四条　办理贷款业务的金融机构贷款的利率，应当按照中国人民银行规定的贷款利率的上下限确定。

第二百零五条　借款人应当按照约定的期限支付利息。对支付利息的期限没有约定或者约定不明确，依照本法第六十一条的规定仍不能确定的，借款期限不满一年的，应当在返还借款时一并支付；借款期限一年以上的，应当在每届满一年时支付，剩余期限不满一年的，应当在退还借款时一并支付利息。

第二百零六条　借款人应当按照约定的期限返还借款。对借款期限没有约定或者约定不明确，依照本法第六十一条的规定仍不能确定的，借款人可以随时返还；贷款人可以催告借款人在合理期限内返还。

第二百零七条　借款人未按照约定的期限返还借款的，应当支付逾期利息。

第二百零八条　借款人提前偿还借款的，除当事人另有约定的以外，应当按照实际借款的期间计算利息。

第二百零九条　借款人可以在还款日期届满之前向贷款人申请展期。贷款人同意的，可以展期。

第二百一十条　自然人之间的借款合同采用口头形式的，自贷款人提供借款时生效。

第二百一十一条 自然人之间的借款合同对支付利息没有约定或者约定不明确的,视为不支付利息。

第十三章 租赁合同

第二百一十二条 租赁合同是出租人将租赁物交付承租人使用、收益,承租人支付租金的合同。

第二百一十三条 租赁合同包括租赁物的名称、数量、用途、租赁期限、租金的支付期限和方式、租赁物维修等条款。

第二百一十四条 当事人约定的租赁期限不得超过二十年。超过二十年的,超过部分无效。

租赁期间届满,当事人可以续订租赁合同,但约定的租赁期限自续订之日起不得超过二十年。

第二百一十五条 租赁合同应当采用书面形式。当事人未采用书面形式并且对租赁期限有争议的,视为不定期租赁。

第二百一十六条 出租人应当按照约定将租赁物交付承租人,并在租赁期间保持租赁物符合约定的用途。

第二百一十七条 承租人应当按照约定的方法使用租赁物。对租赁物的使用方法没有约定或者约定不明确,依照本法第六十一条的规定仍不能确定的,应当按照租赁物的性质使用。

第二百一十八条 承租人按照约定的方法或者租赁物的性质使用租赁物,致使租赁物受到损失的,不承担损害赔偿责任。

第二百一十九条 承租人未按照约定的方法或者租赁物的性质使用租赁物,致使租赁物受到损失的,出租人可以解除合同并请求赔偿损失。

第二百二十条 出租人应当履行租赁物的维修义务,但当事人另有约定的除外。

第二百二十一条 承租人在租赁物需要维修时可以请求出租人在合理期限内维修。出租人未尽维修义务的,承租人可以自行维修,维修费用由出租人负担。因维修租赁物影响承租人使用的,应当相应减少租金或者延长租期。

第二百二十二条 承租人应当妥善保管租赁物。承租人未尽妥善保管义务,造成租赁物毁损、灭失的,应当承担损害赔偿责任。

第二百二十三条 承租人经出租人同意,可以对租赁物进行改善或者增设他物。租赁合同解除后,承租人可以请求出租人就现在的增加价值部分偿还支出的费用。

承租人未经出租人同意对租赁物进行改善或者增设他物的,出租人可以要求承租人恢复原状或者赔偿损失。

第二百二十四条 承租人经出租人同意,可以将租赁物转租给第三人。承租人转租的,承租人与出租人之间的租赁合同继续有效,第三人对租赁物造成损失的,承租人应当赔偿损失。

承租人未经出租人同意转租的,出租人可以解除合同。

第二百二十五条 在租赁期间因占有、使用租赁物获得的收益,归承租人所有,但当事人另有约定的除外。

第二百二十六条 承租人应当按照约定的期限支付租金。对支付期限没有约定或者约定不明确,依照本法第六十一条的规定仍不能确定的,租赁期限不满一年的,应当在租赁期间届满时支付;租赁期限一年以上的,应当在每届满一年时支付,剩余期限不满一年的,应当在租赁期间届满时支付。

第二百二十七条 承租人无正当理由未支付或者迟延支付租金的,出租人可以要求承租人在合理期限内支付。承租人逾期不支付的,出租人可以解除合同。

第二百二十八条 因第三人主张权利,致使承租人不能对租赁物使用、收益的,承租人可以请求减少租金或者不支付租金。

第三人主张权利的,承租人应当及时通知出租人。

第二百二十九条 租赁物在租赁期间发生所有权变动或者就租赁物设定担保的,不影响租赁合同的效力。

第二百三十条 出租人出卖租赁房屋的,应当在出卖之前的合理期限内通知承租人,承租人在同等条件下有优先购买权。

第二百三十一条 因不可归责于承租人的事由,致使租赁物部分或者全部毁损、灭失的,承租人可以请求减少租金或者不支付租金;因租赁物部分或者全部毁损、灭失,致使不能实现合同目的的,承租人可以解除合同。

第二百三十二条 当事人对租赁期限没有约定或者约定不明确,依照本法第六十一条的规定仍不能确定的,视为不定期租赁。当事人可以随时解除合同,但出租人解除合同时应当在合理期限之前通知承租人。

第二百三十三条 租赁物危及承租人的安全或者健康的,即使承租人订立合同时明知该租赁物质量不合格,承租人仍然可以随时解除合同。

第二百三十四条 承租人在房屋租赁期间死亡的,与其生前共同居住的人可以按照原租赁合同租赁该房屋。

第二百三十五条 租赁期间届满,承租人应当返还租赁物。返还的租赁物应当符合原状,但法律另有规定或者当事人另有约定的除外。

第二百三十六条 租赁期间届满,承租人继续使用租赁物,出租人没有提出异议的,原租赁合同继续有效,但租赁期限为不定期。

第十四章 融资租赁合同

第二百三十七条 融资租赁合同是出租人根据承租人对出卖人、租赁物的选择,向出卖人购买租赁物,提供给承租人使用,承租人支付租金的合同。

第二百三十八条 融资租赁合同包括租赁物名称、数量、规格、技术性能、检验方法、租赁期限、租金构成及其支付期限和支付方式、币种、租赁物的归属等条款。

第二百三十九条 出卖人应当按照约定向承租人交付标的物,承租人享有与受领标的物有关的买受人的权利和义务。

第二百四十条 因出卖人不履行买卖合同的义务产生索赔的权利,出租人可以转让给承租人。出租人未转让的,该权利由出租人行使。

第二百四十一条 出租人按照承租人要求订立的买卖合同,未经承租人同意出租人不得变更与承租人有关的合同内容。

第二百四十二条 出租人享有租赁物的所有权。承租人破产的,租赁物不属于破产财产。

第二百四十三条 出租人和承租人应当约定租金。租金应当根据购买租赁物的大部分或者全部成本以及出租人的合理利润确定。

第二百四十四条 租赁物不符合约定或者不符合使用目的的,出租人不承担责任,但承租人依赖出租人的技能确定租赁物或者出租人干预选择租赁物的除外。

第二百四十五条 出租人应当保证承租人对租赁物的占有和使用。

第二百四十六条 承租人占有租赁物期间,租赁物造成第三人的财产损害或者人身伤害的,出租人不承担责任。

第二百四十七条 承租人应当妥善保管、使用租赁物。
承租人应当履行占有租赁物期间的维修义务。

第二百四十八条 承租人应当按照约定支付租金。承租人经催告后在合理期限内仍不支付租金的,出租人可以请求支付到期以及未到期的全部租金;也可以解除合同,收回租赁物。

第二百四十九条 当事人约定租赁期间届满租赁物归承租人所有,承租人已经支付大部分租金,但无力支付剩余租金,出租人因此解除合同收回租赁物的,收回的租赁物的价值超过承租人欠付的租金以及其他费用的,承租人可以请求部分返还。

第二百五十条 出租人和承租人可以约定租赁期间届满租赁物的归属。对租赁物的归属没有约定或者约定不明确,依照本法第六十一条的规定仍不能确定的,租赁物的所有权归出租人享有。

第十五章 承揽合同

第二百五十一条 承揽合同是承揽人按照定作人的要求完成工作,交付工作成果,定作人给付报酬的合同。
承揽包括加工、定作、修理、复制、测试、检验等工作。

第二百五十二条 承揽合同包括承揽的标的、数量、质量、报酬、承揽方式、材料的提供、履行期限、验收标准和方法等条款。

第二百五十三条 承揽人应当以自己的设备、技术和劳力,完成主要工作。
未经定作人同意,承揽人将其承揽的主要工作交由第三人完成的,定作人可以解除合同;定作人不解除合同的,承揽人应当就该第三人完成的工作成果向定作人负责。

第二百五十四条 承揽人可以将其承揽的辅助工作交由第三人完成。承揽人将其承揽的辅助工作交由第三人完成的,应当就该第三人完成的工作成果向定作人负责。

第二百五十五条 承揽人提供材料的,承揽人应当按照约定选用材料,并接受定作人检验。

第二百五十六条 定作人提供材料的,定作人应当按照约定提供材料。承揽人对定作人提供的材料,应当及时检验,发现不符合约定时,应当及时通知定作人更换或者补齐。

承揽人对定作人提供的材料不得擅自更换,不得更换不需要修理的零部件。

第二百五十七条 承揽人发现定作人提供的图纸或者技术要求不合理的,应当及时通知定作人。定作人因怠于答复等原因造成承揽人损失的,应当赔偿损失。

第二百五十八条 定作人中途变更承揽工作的要求,给承揽人造成损失的,应当赔偿损失。

第二百五十九条 承揽工作需要定作人协助的,定作人有协助的义务。

定作人不履行协助义务致使承揽工作不能完成的,承揽人可以催告定作人在合理期限内履行义务,并可以顺延履行期限;定作人逾期不履行的,承揽人可以解除合同。

第二百六十条 承揽人在工作期间,应当接受定作人必要的监督检验。定作人不得因监督检验妨碍承揽人的正常工作。

第二百六十一条 承揽人完成工作的,应当向定作人交付该工作成果,并提交必要的技术资料和有关质量证明。定作人应当验收该工作成果。

第二百六十二条 承揽人交付的工作成果不符合质量要求的,定作人可以请求承揽人承担修理、重作、减少报酬、赔偿损失等违约责任。

第二百六十三条 定作人应当按照约定的期限支付报酬。对支付报酬的期限没有约定或者约定不明确,依照本法第六十一条的规定仍不能确定的,定作人应当在交付工作成果的同时支付;工作成果部分交付的,定作人应当相应支付。

第二百六十四条 定作人未向承揽人支付报酬或者材料等价款的,承揽人对完成的工作成果享有留置权,但当事人另有约定的除外。

第二百六十五条 承揽人应当妥善保管定作人提供的材料。当事人对保管费用没有约定或者约定不明确,依照本法第六十一条的规定仍不能确定的,由定作人支付。

第二百六十六条 定作人提供的材料在承揽人占有期间毁损、灭失的风险,由承揽人承担,但不可抗力的除外。

承揽人完成的工作成果在交付定作人之前毁损、灭失的风险,由承揽人承担,但毁损、灭失发生在定作人受领迟延后的,由定作人承担。

第二百六十七条 承揽人应当按照定作人的要求保守秘密,未经定作人许可,不得留存复制品或者技术资料。

第二百六十八条 共同承揽人对定作人承担连带责任,但当事人另有约定的除外。

第二百六十九条 定作人可以随时解除承揽合同,但应当向承揽人赔偿损失。

第十六章　建设工程合同

第二百七十条 建设工程合同是承包人进行工程建设,发包人支付价款的合同。建设工程合同包括工程勘察、设计、施工合同。

第二百七十一条 建设工程合同应当采用书面形式。

第二百七十二条 建设工程的招标投标活动,应当依照有关法律的规定公开、公平、公正进行。

第二百七十三条 发包人可以与承包人签订建设工程合同,也可以分别与勘察人、设计人、施工人签订勘察、设计、施工合同。发包人不得将应当由一个承包单位完成的建设工程肢解成若干部分发包给几个承包人。

承包人、勘察人、设计人、施工人经发包人同意,可以将自己承包的部分工作交由第三人完成。第三人就其完成的工作成果与承包人、勘察人、设计人、施工人向发包人承担连带责任。承包人不得将其承包的全部建设工程转包给第三人或者将其承包的全部建设工程肢解以后以分包的名义分别转包给第三人。

施工总承包的,建设工程主体结构的施工必须由总承包人自行完成。

禁止总承包人将工程分包给不具备相应资格条件的单位。禁止分包单位将其承包的工程再分包。

第二百七十四条 国家重大建设工程合同,应当根据国家规定的程序和国家批准的投资计划、可行性研究报告等文件订立。

第二百七十五条 勘察、设计合同,包括提交勘察或者设计基础资料、设计文件(包括概预算)的期限、设计的质量要求、勘察或者设计费用以及其他协作条件等条款。

第二百七十六条 施工合同,包括工程范围、建设工期、中间交工工程的开工和竣工时间、工程质量、工程造价、技术资料交付时间、材料和设备供应责任、拨款和结算、交工验收、质量保证期、双方相互协作等条款。

第二百七十七条 建设工程需要实行监理的,发包人应当与监理人采用书面形式订立委托监理合同。发包人与监理人的权利、义务以及法律责任,应当依照本法委托合同以及其他法律、行政法规的有关规定。

第二百七十八条 发包人在不妨碍承包人正常作业的情况下,可以随时对作业进度、质量进行检查。

第二百七十九条 隐蔽工程在隐蔽以前,承包人应当通知发包人检查。发包人没有及时检查的,承包人可以顺延工程日期,并可以请求赔偿停工、窝工等损失。

第二百八十条 建设工程竣工后,发包人应当根据施工图纸及说明书、国家颁发的施工验收规范和质量检验标准及时进行验收;验收合格的,发包人应当按照合同约定支付价款并且接收该建设工程。

建设工程竣工经验收合格后,方可交付使用;未经验收或者验收不合格的,不得交付使用。

第二百八十一条 勘察、设计的质量不符合要求或者未按照期限提交勘察、设计文件拖延工期给发包人造成损失的,由勘察人、设计人继续完善勘察、设计,减收或者免收勘察、设计费并赔偿损失。

第二百八十二条 因施工人的原因致使建设工程质量不符合约定的,发包人有权请求施工人在合理期限内无偿修理或者返工、改建。经过修理或者返工、改建后,造成逾期交付的,施工人应当承担违约责任。

第二百八十三条 因承包人的原因致使在建设工程的合理使用期限内造成人身和财产损害的,承包人应当承担损害赔偿责任。

第二百八十四条 发包人未按照约定的时间和要求提供原材料、设备、场地、资金、技术资料的,承包人可以请求顺延工程日期,还可以请求赔偿停工、窝工等损失。

第二百八十五条 因发包人的原因致使工程中途停建、缓建的,发包人应当采取措施弥补或者减少损失,赔偿承包人因此造成的停工、窝工、倒运、机械设备调迁、材料和构件积压等损失和实际费用。

第二百八十六条 由于发包人变更计划,提供的资料不准确,或者未按照期限提供必需的勘察、设计工作条件而造成勘察、设计的返工、停工或者修改设计,发包人应当按照勘察人、设计人实际消耗的工作量增付费用。

第二百八十七条 发包人未按照约定支付价款的,承包人可以催告发包人在合理期限内支付价款。发包人逾期不支付的,承包人可以与发包人协议将该工程折价,也可以申请人民法院将该工程依法拍卖。建设工程的价款就该工程折价或者拍卖的价款优先受偿。

第二百八十八条 本章没有规定的,适用承揽合同的有关规定。

第十七章 运输合同

第一节 一般规定

第二百八十九条 运输合同是承运人将旅客或者货物运输到约定地点,旅客、托运人或者收货人支付票款或者运费的合同。

第二百九十条 从事公共运输的承运人不得拒绝旅客、托运人通常的运输要求。

第二百九十一条 承运人应当在约定期间或者合理期间内将旅客、货物安全运输到约定地点。

第二百九十二条 承运人应当按照通常的运输路线将旅客、货物运输到约定地点。

第二百九十三条 旅客、托运人或者收货人应当支付票款或者运费。承运人未按照约定路线或者合理路线运输增加票款或者运费的,旅客、托运人或者收货人可以拒绝支付增加部分的票款或者运费。

第二节 旅运合同

第二百九十四条 旅客运输合同自承运人向旅客交付客票时成立,但当事人另有约定或者另有交易习惯的除外。

第二百九十五条 旅客应当持有效客票乘运。旅客无票乘运、超程乘运、越级乘运或者持失效客票乘运的,应当补交票款,承运人可以按照规定加收票款。旅客不交付票款的,承运人可以拒绝运输。

第二百九十六条 旅客因自己的原因不能按照客票记载的时间乘坐的,应当在约定的时间内办理退票或者变更手续。逾期办理的,承运人可以不退票款,并不再承担运输义务。

第二百九十七条 旅客在运输中应当按照约定的限量携带行李。超过限量携带行李的,应当办理托运手续。

第二百九十八条 旅客不得随身携带或者在行李中夹带易燃、易爆、有毒、有腐蚀性、有放射性以及有可能危及运输工具上人身和财产安全的危险物品或者其他违禁物品。

旅客违反前款规定的,承运人可以将违禁物品卸下、销毁或者送交有关部门。旅客坚持携带或者夹带违禁物品的,承运人可以拒绝运输。

第二百九十九条 承运人应当向旅客及时告知有关不能正常运输的重要事项和安全运输应当注意的事项。

第三百条 承运人应当按照客票载明的时间和班次运输旅客。承运人迟延运输的,应当根据旅客的要求安排改乘其他班次、变更运输路线以到达目的地或者予以退票。

第三百零一条 承运人擅自变更运输工具而降低服务标准的,应当根据旅客的要求予以退票或者减收票款;提高服务标准的,不应加收票款。

第三百零二条 承运人在运输过程中,应当尽力救助患有急病、分娩、遇险的旅客。

第三百零三条 承运人应当对运输过程中旅客的伤亡承担损害赔偿责任,但承运人证明伤亡是旅客故意、重大过失或者旅客自身健康原因造成的除外。法律另有规定的,依照其规定。

前款规定适用于按照规定免票、持优待票或者经承运人许可搭乘的无票旅客。

第三百零四条 在运输过程中旅客自带行李毁损、灭失的,除承运人证明自己没有过错的以外,承运人应当承担损害赔偿责任。

旅客托运的行李毁损、灭失的,适用货物运输的有关规定。

第三节 货运合同

第三百零五条 托运人办理货物运输,应当向承运人准确表明收货人的名称或者姓名或者凭指示的收货人收货地点、货物的性质、重量、数量等有关货物运输的必要情况。

因托运人申报不实或者遗漏重要情况,造成承运人损失的,托运人应当承担损害赔偿责任。

第三百零六条 货物运输需要办理审批、检验等手续的,托运人应当将办理完有关手续的文件提交承运人。

第三百零七条 托运人应当按照约定的方式包装货物。对包装方式没有约定或者约定不明确的,适用本法第一百五十八条的规定。

托运人违反前款规定的,承运人可以拒绝运输。

第三百零八条 托运人托运易燃、易爆、有毒、有腐蚀性、有放射性等危险物品的,应当按照有关危险物品运输的规定对危险物品妥善包装,作出危险物标志和标签,并将有关危险物品的名称、性质和防范措施的书面材料提交承运人。

托运人违反前款规定的,承运人可以拒绝运输,也可以采取相应措施以避免损失的发生,因此产生的费用由托运人承担。

第三百零九条 在承运人将货物交付收货人之前,托运人或者提货凭证持有人可以请求承运人中止运输、返还货物、变更到达地或者将货物交给其他收货人,但应当赔偿承运人因此受到的损失。

第三百一十条 货物运输到达后,承运人知道收货人的,应当及时通知收货人,收货人应当及时提货。收货人逾期提货的,应当向承运人支付保管费等费用。

第三百一十一条 收货人提货时应当按照约定的期限检验货物。对检验货物的期限没有约定或者约定不明确,依照本法第六十一条的规定仍不能确定的,应当在合理期限内检验货物。收货人在约定的期限或者合理期限内对货物的数量、毁损等未提出异议的,视为承运人已经按照运输单证的记载交付的初步证据。

收货人请求承运人赔偿损失的权利自提货之日起六个月内不行使而消灭。

第三百一十二条 承运人对于运输过程中货物的毁损、灭失承担损害赔偿责任,但承运人证明货物的毁损、灭失是由于不可抗力、货物本身的自然性质或者合理损耗以及托运人、收货人的过错造成的,不承担损害赔偿责任。

第三百一十三条 货物的毁损、灭失的赔偿额,当事人有约定的,按照其约定;没有约定或者约定不明确,依照本法第六十一条的规定仍不能确定的,按照交付或者应当交付时货物到达地的市场价格计算。法律、行政法规对赔偿额的计算方法和赔偿限额另有规定的,依照其规定。

第三百一十四条 两个承运人以同一运输方式联运的,与托运人订立合同的承运人应当对全程运输承担责任。损失发生在某一运输区段的,与托运人订立合同的承运人和该区段的承运人承担连带责任。

第三百一十五条 货物在运输过程中因不可抗力灭失,未收取运费的,承运人不得请求支付运费;已收取运费的,托运人可以请求返还。

第三百一十六条 托运人或者收货人不支付运费、保管费以及其他运输费用的,承运人对相应的运输货物享有留置权,但当事人另有约定的除外。

第三百一十七条 收货人不明或者收货人拒绝受领货物的,依照本法第一百零二条的规定,承运人可以提存货物。

第四节 多式联运合同

第三百一十八条 多式联运的经营人负责履行或者组织履行多式联运合同,对全程运输享有承运人的权利,承担承运人的义务。

第三百一十九条 多式联运的经营人可以与参加多式联运的各区段承运人就多式联运合同的各区段运输约定相互之间的责任,但该约定不影响多式联运的经营人对全程运输承担的义务。

第三百二十条 多式联运的经营人收到托运人交付的货物时,应当签发多式联运单据。按照托运人的要求,多式联运单据可以是可转让单据,也可以是不可转让单据。

第三百二十一条 因托运人托运货物时的过错造成多式联运承运人损失的,即使托运人已经转让多式联运单据,托运人仍然应当承担损害赔偿责任。

第三百二十二条 货物的毁损、灭失发生于多式联运的某一运输区段的,多式联运的经营人的赔偿责任和责任限额,适用调整该区段运输方式的有关法律规定。货物毁损、灭失发生的运输区段不能确定的,依照本章规定承担损害赔偿责任。

第十八章 技术合同

第一节 一般规定

第三百二十三条 技术合同是当事人就技术开发、转让、咨询或者服务订立的确立相互之间权利和义务的合同。

第三百二十四条 订立技术合同,应当有利于科学技术的进步,加速科学技术成果的转化、应用和推广。

第三百二十五条 技术合同的内容由当事人约定,一般包括以下条款:
(一)项目名称;
(二)标的的内容、范围和要求;
(三)履行的计划、进度、期限、地点、地域和方式;
(四)技术情报和资料的保密;
(五)风险责任的承担;
(六)技术成果的归属和分享;
(七)验收标准和方法;

（八）价款或者报酬及其支付方式；
（九）违约金或者损害赔偿的计算方法；
（十）解决争议的方法；
（十一）名词和术语的解释。

与履行合同有关的技术背景资料、可行性论证和技术评价报告、项目任务书和计划书、技术标准、技术规范、原始设计和工艺文件，以及图纸、表格、数据和照片等，按照当事人的约定可以作为合同的组成部分。

第三百二十六条　技术合同价款、报酬和使用费的支付方式由当事人约定，可以采取一次总算、一次总付或者一次总算、分期支付，也可以采取提成支付或者提成支付附加预付入门费的方式。

约定提成支付的，可以按照产品价格、实施专利和使用非专利技术后新增的产值、利润或者产品销售额的一定比例提成，也可以按照约定的其他方式计算。提成支付的比例可以采取固定比例、逐年递增比例或者逐年递减比例。

约定提成支付的，当事人应当在合同中约定查阅有关会计账目的办法。

第三百二十七条　职务技术成果的使用权、转让权属于单位，单位可以就该项职务技术成果订立技术合同。单位应当从使用和转让该项职务技术成果所取得的收益中提取一定比例，对完成该项职务技术成果的个人给予奖励。

职务技术成果是执行本单位的任务或者主要是利用本单位的物质技术条件所完成的技术成果。

第三百二十八条　非职务技术成果的使用权、转让权属于完成技术成果的个人，完成技术成果的个人可以就该项非职务技术成果订立技术合同。

第三百二十九条　完成技术成果的个人有在有关技术成果文件上写明自己是技术成果完成者的权利和取得荣誉证书、奖励的权利。

第三百三十条　非法垄断技术妨碍技术进步或者侵害他人技术成果的技术合同无效。

第二节　技术开发合同

第三百三十一条　技术开发合同是指当事人之间就新技术、新产品、新工艺或者新材料及其系统的研究开发所订立的合同。

技术开发合同包括委托开发合同和合作开发合同。

当事人之间就具有产业应用价值的科技成果实施转化订立的合同，参照技术开发合同的规定。

第三百三十二条　委托开发合同的委托人应当按照约定支付研究开发经费和报酬；提供技术资料、原始数据；完成协作事项；按期接受研究开发成果。

第三百三十三条　委托开发合同的研究开发人应当按照约定制定和实施研究开发计划；合理使用研究开发经费；按期完成研究开发工作，交付研究开发成果，提供有关的技术资料和必要的技术指导，帮助委托人掌握研究开发成果。

第三百三十四条　委托人违反约定造成研究开发工作停滞、延误或者失败的,应当承担违约责任。

第三百三十五条　研究开发人违反约定造成研究开发工作停滞、延误的,研究开发人应当采取补救措施继续履行合同,并且应当承担违约责任。

第三百三十六条　合作开发合同的当事人应当按照约定进行投资,包括以技术进行投资;分工参与研究开发工作;协作配合研究开发工作。

第三百三十七条　合作开发合同的当事人违反约定造成研究开发工作停滞、延误或者失败的,应当承担违约责任。

第三百三十八条　因作为技术开发合同标的的技术已经由他人公开,致使技术开发合同的履行没有意义的,当事人可以解除合同。

第三百三十九条　技术开发合同履行过程中,因出现无法克服的技术困难,致使研究开发失败或者部分失败的,该风险责任由当事人约定。没有约定或者约定不明确,依照本法第六十一条的规定仍不能确定的,风险责任由当事人合理分担。

当事人一方发现前款所列可能致使研究开发失败或者部分失败的情形时,应当及时通知另一方并采取适当措施减少损失。没有及时通知并采取适当措施,致使损失扩大的,应当就扩大的损失承担责任。

第三百四十条　委托开发完成的发明创造,除当事人另有约定的以外,申请专利的权利属于研究开发人。研究开发人取得专利权的,委托人可以免费实施该专利。

研究开发人转让专利申请权的,委托人可以优先受让专利申请权。

第三百四十一条　合作开发完成的发明创造,除当事人另有约定的以外,申请专利的权利属于合作开发的当事人共有。当事人一方转让其共有的专利申请权的,其他各方可以优先受让其共有的专利申请权。

合作开发的当事人一方声明放弃其共有的专利申请权的,可以由另一方单独申请或者由其他各方共同申请。申请人取得专利权的,放弃专利申请权的一方可以免费实施该专利。

合作开发的当事人一方不同意申请专利的,另一方或者其他各方不得申请专利。

第三百四十二条　委托开发或者合作开发完成的技术秘密成果的使用权、转让权以及利益的分配办法,由当事人约定。没有约定或者约定不明确,依照本法第六十一条的规定仍不能确定的,当事人均有使用和转让的权利,但委托开发的研究开发人不得在向委托人交付研究开发成果之前,将研究开发成果转让给第三人。

第三节　技术转让合同

第三百四十三条　技术转让合同包括专利权转让、专利申请权转让、技术秘密转让、专利实施许可合同。

第三百四十四条　技术转让合同可以约定让与人和受让人实施专利或者使用技术秘密的范围,但不得限制技术竞争和技术发展。

第三百四十五条　技术转让合同涉及专利的,应当注明发明创造的名称、专利申请人和专利权人、申请日期、申请号、专利号以及专利权的有效期限。

专利实施许可合同只在该专利权的存续期间内有效。专利权有效期限届满或者专利权被宣布无效的,专利权人不得就该专利与他人订立专利实施许可合同。

第三百四十六条　专利实施许可合同的让与人应当按照约定许可受让人实施专利,交付实施专利有关的技术资料,提供必要的技术指导。

第三百四十七条　专利实施许可合同的受让人应当按照约定实施专利,不得许可约定以外的第三人实施该专利;并按照约定支付使用费。

第三百四十八条　技术秘密转让合同的让与人应当按照约定提供技术资料,进行技术指导,保证技术的实用性、可靠性,承担保密义务。

第三百四十九条　技术秘密转让合同的受让人应当按照约定使用技术,支付使用费,承担保密义务。

第三百五十条　技术转让合同的让与人应当保证自己是所提供的技术的合法拥有者,并且保证所提供的技术完整、无误、有效,能够达到约定的目标。

第三百五十一条　技术转让合同的受让人应当按照约定的范围和期限,对让与人提供的技术中尚未公开的秘密部分,承担保密义务。

第三百五十二条　让与人未按照约定转让技术的,应当返还部分或者全部使用费,并且应当支付违约金或者赔偿损失;实施专利或者使用技术秘密超越约定的范围的,违反约定擅自许可第三人实施该项专利或者使用该项技术秘密的,应当停止违约行为,承担违约责任;违反约定的保密义务的,应当承担违约责任。

第三百五十三条　受让人未按照约定支付使用费的,应当补交使用费并按照约定支付违约金;不补交使用费或者支付违约金的,应当停止实施专利或者使用技术秘密,交还技术资料,承担违约责任;实施专利或者使用技术秘密超越约定的范围的,未经让与人同意擅自许可第三人实施该专利或者使用该技术秘密的,应当停止违约行为,承担违约责任;违反约定的保密义务的,应当承担违约责任。

第三百五十四条　受让人按照约定实施专利、使用技术秘密侵害他人合法权益的,由让与人承担责任,但当事人另有约定的除外。

第三百五十五条　当事人可以按照互利的原则,在技术转让合同中约定实施专利、使用技术秘密后续改进的技术成果的分享办法。没有约定或者约定不明确,依照本法第六十一条的规定仍不能确定的,任何一方无权分享另一方后续改进的技术成果。

第三百五十六条　法律、行政法规对技术进出口合同另有规定的,依照其规定。

第四节　技术咨询合同和技术服务合同

第三百五十七条　技术咨询合同包括就特定技术项目提供可行性论证、技术预测、专题技术调查、分析评价报告等合同。

技术服务合同是指当事人一方以技术知识为另一方解决特定技术问题所订立的合同,不包括建设工程的勘察、设计、建筑、安装合同和承揽合同。

第三百五十八条　技术咨询合同的委托人应当按照约定阐明咨询的问题,提供技术背景材料及有关技术资料、数据;接受受托人的工作成果,支付报酬。

第三百五十九条　技术咨询合同的受托人应当按照约定完成咨询报告或者解答问题;提出的咨询报告达到约定的要求。

第三百六十条　技术咨询合同的委托人未按照约定提供必要的资料和数据,影响工作进度和质量的,支付的报酬不得追回,未付的报酬应当如数支付。

技术咨询合同的受托人未按期提出咨询报告或者提出的咨询报告不符合约定的,应当减收或者免收报酬,承担违约责任。

技术咨询合同的委托人按照受托人符合约定要求的咨询报告和意见作出决策所造成的损失,由委托人承担,但当事人另有约定的除外。

第三百六十一条　技术服务合同的委托人应当按照约定提供工作条件,完成配合事项;接受工作成果并支付报酬。

第三百六十二条　技术服务合同的受托人应当按照约定完成服务项目,解决技术问题,保证工作质量,并传授解决技术问题的知识。

第三百六十三条　技术服务合同的委托人不履行合同义务或者履行合同义务不符合约定,影响工作进度和质量,不接受或者逾期接受工作成果的,应当按照约定支付报酬。

技术服务合同的受托人未按照合同约定完成服务工作的,应当承担免收报酬等违约责任。

第三百六十四条　技术咨询合同、技术服务合同履行过程中,受托人利用委托人提供的技术资料和工作条件完成的新的技术成果,属于受托人。委托人利用受托人的工作成果完成的新的技术成果,属于委托人。当事人另有约定的,按照其约定。

第三百六十五条　法律、行政法规对技术中介合同、技术培训合同另有规定的,依照其规定。

第十九章　保管合同

第三百六十六条　保管合同是保管人保管寄存人交付的保管物,并返还该物的合同。

第三百六十七条　寄存人应当按照约定或者依照本法第六十一条的规定向保管人支付保管费。

当事人对保管费没有约定,依照本法第六十一条的规定仍不能确定的,保管是无偿的。

第三百六十八条　保管合同自保管物交付时成立,但当事人另有约定的除外。

第三百六十九条　寄存人向保管人交付保管物的,保管人应当给付保管凭证,但当事人另有约定的除外。

第三百七十条　保管人应当妥善保管保管物。

当事人可以约定保管场所或者方法。除紧急情况或者为了维护寄存人利益的以外,不得擅自改变保管场所或者方法。

第三百七十一条　寄存人交付的保管物有瑕疵或者按照保管物的性质需要采取特殊保管措施的,寄存人应当将有关情况告知保管人。寄存人未告知,致使保管物受损失的,保管人不承担损害赔偿责任;保管人因此受损失的,除保管人知道并未采取补救措施的以外,寄存人应当承担损害赔偿责任。

第三百七十二条　保管人不得将保管物转交第三人保管,但当事人另有约定的除外。

保管人违反前款规定将保管物转交第三人保管,对保管物造成损失的,应当承担损害赔偿责任。

第三百七十三条　保管人不得使用或者许可第三人使用保管物,但当事人另有约定的除外。

第三百七十四条　第三人对保管物主张权利的,除依法对保管物采取保全或者执行的以外,保管人应当履行向寄存人返还保管物的义务。

第三人对保管人提起诉讼或者对保管物申请扣押的,保管人应当及时通知寄存人。

第三百七十五条　保管物在保管期间毁损、灭失的风险,保管是有偿的,由保管人承担;保管是无偿的,保管人不承担。

第三百七十六条　寄存人寄存货币、有价证券或者其他贵重物品的,应当向保管人声明,由保管人验收或者封存。寄存人未声明的,该物品毁损、灭失后,保管人可以按照一般物品予以赔偿。

第三百七十七条　寄存人可以随时领取保管物。

当事人未约定保管期间的,保管人可以随时请求寄存人领取保管物;约定保管期间的,保管人无特别事由,不得请求寄存人提前领取保管物。

第三百七十八条　保管期间届满或者寄存人提前领取保管物的,保管人应当将原物及其孳息归还寄存人。

第三百七十九条　保管人保管货币的,可以返还相同种类、数量的货币。保管其他可替代物的,可以按照约定返还相同种类、品质、数量的物品。

第三百八十条　寄存人应当按照约定向保管人支付保管费以及其他费用;不支付保管费以及其他费用的,保管人对保管物享有留置权,但当事人另有约定的除外。

第三百八十一条　有偿的保管合同,寄存人应当按照约定的期限向保管人支付保管的费用。对支付期限没有约定或者约定不明确,依照本法第六十一条的规定仍不能确定的,应当在领取保管物的同时支付。

第二十章　仓储合同

第三百八十二条　仓储合同是仓管人储存存货人交付的仓储物,存货人支付仓储费的合同。

第三百八十三条 仓储合同自成立时起生效。

第三百八十四条 存货人交付仓储物的,仓管人应当给付仓单。

第三百八十五条 仓管人应当在仓单上签字或者盖章。仓单包括下列事项:

(一)存货人的名称或者姓名和住所;

(二)仓储物的品种、数量、质量、包装、件数和标记;

(三)仓储物的损耗标准;

(四)储存场所;

(五)储存期间;

(六)仓储费;

(七)仓储物已经办理保险的,其保险金额、期间以及保险公司的名称;

(八)填发人、填发地和填发日期。

第三百八十六条 储存易燃、易爆、有毒、有腐蚀性、有放射性等危险物品或者易变质物品、存货人应当说明该物的性质,提供有关资料。

存货人违反前款规定的,仓管人可以拒收仓储物,也可以采取相应措施以避免损失的发生,因此产生的费用由存货人承担。

仓管人储存易燃、易爆、有毒、有腐蚀性、有放射性等危险物品的,应当具备相应的保管条件。

第三百八十七条 保管人应当按照约定对入库仓储物进行验收。保管人验收时发现入库仓储物与约定不符合的,应当及时通知存货人。保管人验收后,发生仓储物的品种、数量、质量不符合约定的,保管人应当承担损害赔偿责任。

第三百八十八条 仓管人根据仓单持有人的要求,应当同意其检查仓储物或者提取样品。

第三百八十九条 仓单是提取仓储物的凭证。存货人在仓单上背书并经仓管人签字或者盖章的,可以转让提取仓储物的权利。

第三百九十条 保管人对入库仓储物发现有变质或者其他损坏的,应当及时通知存货人或者仓单持有人。

第三百九十一条 仓管人对入库仓储物发现有变质或者其他损坏,危及其他仓储物的安全和正常保管的,应当催告存货人或者仓单持有人作出必要的处置。若情况紧急,仓管人可以作出必要的处置,但事后应当将该情况及时通知存货人或者仓单持有人。

第三百九十二条 当事人对储存期间没有约定或者约定不明确的,存货人可以随时提取仓储物,仓管人也可以随时要求存货人提取仓储物,但应当给予必要的准备时间。

第三百九十三条 储存期间届满,仓单持有人应当凭仓单提取仓储物。仓单持有人逾期提取的,应当加收仓储费;提前提取的,不减收仓储费。

第三百九十四条 储存期间届满,仓单持有人不提取仓储物的,仓管人可以催告其在合理期限内提取,逾期不提取的,仓管人可以提存该物。

第三百九十五条　储存期间,因仓管人保管不善造成仓储物毁损、灭失的,仓管人应当承担违约责任。

因仓储物包装不符合约定或者超过有效储存期造成仓储物变质、损坏的,仓管人不承担责任。

第三百九十六条　本章没有规定的,适用保管合同的有关规定。

第二十一章　委托合同

第三百九十七条　委托合同是委托人和受托人约定,由受托人处理委托人事务的合同。

第三百九十八条　委托人可以特别委托受托人处理一项或者数项事务,也可以概括委托受托人处理一切事务。

第三百九十九条　委托人应当预付处理委托事务的费用。受托人为处理委托事务垫付的必要费用,委托人应当偿还该费用及其利息。

第四百条　受托人应当按照委托人的指示处理委托事务。需要变更委托人指示的,应当经委托人同意;因情况紧急,难以和委托人取得联系的,受托人应当妥善处理委托事务,但事后应当将该情况及时通知委托人。

第四百零一条　受托人应当亲自处理委托事务。经委托人同意,受托人可以转委托。转委托经同意的,委托人可以就委托事务直接指示转委托的第三人,受托人仅就第三人的选任及其对第三人的指示承担责任。转委托未经同意的,受托人应当对转委托的第三人的行为承担责任,但在紧急情况下受托人为保护委托人的利益需要转委托的除外。

第四百零二条　受托人应当按照委托人的要求,报告委托事务的处理情况。委托合同解除时,受托人应当报告委托事务的结果。

第四百零三条　受托人以自己的名义,按照委托人的指示与第三人订立合同和履行合同,第三人知道或者应当知道受托人与委托人之间的代理关系的,委托人对该合同直接享有权利、承担义务,但行纪合同除外。

第四百零四条　受托人因第三人不履行义务或者因其他事由不能履行对委托人的义务的,委托人可以行使受托人对第三人的权利,但第三人与受托人订立合同时如果知道该委托人就不会订立合同的除外。

委托人行使受托人对第三人的权利的,第三人可以向委托人主张其对受托人的抗辩。

第四百零五条　第三人因受托人不履行义务,可以向委托人行使其对受托人的权利,但委托人可以向第三人主张其对受托人的抗辩以及受托人对第三人的抗辩。

第四百零六条　受托人与第三人订立合同时第三人不知道受托人与委托人的代理关系的,因第三人不履行合同义务,受托人应当向第三人披露委托人,委托人因此可以行使受托人对第三人的权利,但第三人与受托人订立合同时如果知道就不会订立合同的除外。

因受托人不履行合同义务,受托人也应当向第三人披露委托人,第三人因此可以选择委托人作为相对人主张其对受托人的权利,但第三人不得变更选定的相对人。

第四百零七条 受托人处理委托事务取得的财产,应当转交给委托人。

第四百零八条 受托人完成委托事务的,委托人应当向其支付报酬。因不可归责于受托人的事由,委托合同解除或者委托事务不能完成的,委托人应当向受托人支付相应的报酬。当事人另有约定的,按照其约定。

第四百零九条 有偿的委托合同,因受托人的过错给委托人造成损失的,委托人可以请求赔偿损失。无偿的委托合同,因受托人的故意或者重大过失给委托人造成损失的,委托人可以请求赔偿损失。

受托人超越权限给委托人造成损失的,应当赔偿损失。

第四百一十条 受托人处理委托事务时,因不可归责于自己的事由受到损失的,可以向委托人请求赔偿损失。

第四百一十一条 委托人经受托人同意,可以在受托人之外委托第三人处理委托事务。因此给受托人造成损失的,受托人可以向委托人请求赔偿损失。

第四百一十二条 两个以上的受托人共同处理委托事务的,对委托人承担连带责任。

第四百一十三条 委托人或者受托人可以随时解除委托合同。因解除委托合同给对方造成损失的,除不可归责于该当事人的事由以外,应当赔偿损失。

第四百一十四条 委托人或者受托人死亡、丧失行为能力或者破产的,委托合同终止,但当事人另有约定或者根据委托事务的性质不宜终止的除外。

第四百一十五条 因委托人死亡、丧失行为能力或者破产,致使委托合同终止将损害委托人利益的,在委托人的继承人、法定代理人或者清算组织承受委托事务之前,受托人应当继续处理委托事务。

第四百一十六条 因受托人死亡、丧失行为能力或者破产,致使委托合同终止的,受托人的继承人、法定代理人或者清算组织应当及时通知委托人。因委托合同终止将损害委托人利益的,在委托人作出善后处理之前,受托人的继承人或者法定代理人应当采取必要措施。

第二十二章 行纪合同

第四百一十七条 行纪合同是行纪人以自己的名义为委托人从事贸易活动,委托人支付报酬的合同。

第四百一十八条 行纪人处理委托事务支出的费用,由行纪人负担,但当事人另有约定的除外。

第四百一十九条 行纪人占有委托物的,应当妥善保管委托物。

第四百二十条 委托物交付给行纪人时有瑕疵或者容易腐烂、变质的,经委托人同意,行纪人可以处分该物;和委托人不能及时取得联系的,行纪人可以合理处分。

第四百二十一条 行纪人低于委托人指定的价格卖出或者高于委托人指定的价格买入的,应当经委托人同意。未经委托人同意,行纪人补偿其差额的,该买卖对委托人发生效力。

行纪人高于委托人指定的价格卖出或者低于委托人指定的价格买入的,可以按照约定增加报酬。没有约定或者约定不明确,依照本法第六十一条的规定仍不能确定的,该利益属于委托人。

委托人对价格有特别指示的,行纪人不得违背该指示卖出或者买入。

第四百二十二条 行纪人卖出或者买入具有市场定价的商品,除委托人有相反的意思表示的以外,行纪人自己可以作为买受人或者出卖人。

行纪人有前款情形的,仍然可以请求委托人支付报酬。

第四百二十三条 行纪人按照约定买入委托物,委托人应当及时受领。经行纪人催告,委托人无正当理由拒绝受领的,行纪人依照本法第一百零二条的规定可以提存委托物。

委托物不能卖出或者委托人撤回出卖,经行纪人催告,委托人不取回或者不处分该物的,行纪人依照本法第一百零二条的规定可以提存委托物。

第四百二十四条 行纪人与第三人约定,行纪人履行的义务附条件的,按照其约定。

第四百二十五条 行纪人与第三人订立合同的,行纪人对该合同直接享有权利、承担义务。

第三人不履行义务致使委托人受到损害的,行纪人应当承担损害赔偿责任,但行纪人与委托人另有约定的除外。

第四百二十六条 行纪人与第三人订立合同时,第三人知道委托人的,委托人可以介入行纪人与第三人订立的合同,以自己的名义对该合同直接享有权利、承担义务,但行纪人与第三人另有约定的除外。

第四百二十七条 本章没有规定的,适用委托合同的有关规定。

第二十三章 居间合同

第四百二十八条 居间合同是居间人向委托人报告订立合同的机会或者提供订立合同的媒介服务,委托人支付报酬的合同。

第四百二十九条 居间人就有关订立合同的事项应当向委托人如实报告。

居间人故意提供虚假情况,损害委托人利益的,不得请求支付报酬并应当承担损害赔偿责任。

第四百三十条 居间活动的费用,由居间人负担,但当事人另有约定的除外。

第四百三十一条 居间人促成合同成立后,委托人应当按照约定支付报酬。对居间人的报酬没有约定或者约定不明确,依照本法第六十一条的规定仍不能确定的,根据居间人的劳务合理确定。因居间人提供订立合同的媒介服务而促成合同成立的,由该合同的当事人平均负担居间人的报酬。

居间人未促成合同成立的,不得请求支付报酬,但可以请求委托人支付从事居间活动支出的必要费用。

附 则

第四百三十二条 本法自199 年 月 日起施行,《中华人民共和国经济合同法》、《中华人民共和国涉外经济合同法》、《中华人民共和国技术合同法》同时废止。

全国人大法律委员会关于《中华人民共和国合同法(草案)》修改情况的汇报

九届全国人大常委会第七次会议文件

全国人大法律委员会 1999年1月25日

全国人民代表大会常务委员会：

九届全国人大常委会第六次会议对《中华人民共和国合同法(草案)》进行了第三次审议。会后，李鹏委员长针对审议中提出的主要问题，进行了调查研究。法律委员会、法制工作委员会邀请有关部门的负责同志和法律专家开了5天座谈会，围绕审议中提出的问题进行研究。1月18日、20日，法律委员会召开会议，进一步对合同法草案进行了审议。现将法律委员会审议的主要修改意见汇报如下：

一、关于调整范围

合同法草案三次审议稿第二条规定："本法所称合同是平等主体的公民、法人、其他组织之间设立、变更、终止债权债务关系的协议。"有的委员、部门和专家提出，鉴于对债权债务关系一词容易产生不同理解，对合同法调整范围的表述还是用民事权利义务关系为好。有的委员和专家提出，外国人对我国的投资和经济贸易往来，也需要适用合同法，该条中的公民一词不能包括外国人，建议把"公民"修改为"自然人"。因此，法律委员会建议，将该条修改为："本法所称合同是平等主体的自然人、法人、其他组织之间设立、变更、终止民事权利义务关系的协议。"(草案四次审议稿第二条)

二、关于订立合同的形式

合同法草案三次审议稿第十条规定："当事人订立合同，除即时清结的以外，采用书面形式。"

有的委员、部门和专家提出，现实生活中存在着数量众多的采用口头形式订立的合同，除了书面、口头形式外也还有其他形式，需要在合同法中有所体现。考虑到订立合同的形式，既要适应现实的需要，也要引导合同当事人采用书面形式，使订立的合同规范化，避免口说无凭，法律委员会建议，将该条修改为："当事人订立合同，有书面形式、口头形式和其他形式。""法律、行政法规规定采用书面形式的，应当采用书面形式。当事人约定采用书面形式的，应当采用书面形式。"(草案四次审议稿第十条)

三、关于情势变更制度

情势变更是不同于不可抗力和商业风险的一种情况,有的国家在法律中对此作了规定,在国际商事活动中也都适用这一制度。法律委员会认为,将情势变更作为一项法律制度加以规定,符合国际上合同法律制度的发展趋势,但一定要防止滥用。鉴于对情势变更的认定比较复杂,为了避免在执行中对情势变更理解不一而出现影响合同履行的情况,建议由最高人民法院在合同法通过后及时发出通知,规定地方各级人民法院如果依照合同法作出情势变更的判决,变更或者解除合同的,应当报最高人民法院核准。

四、关于自然人之间的借款合同

有的委员和专家提出,自然人之间的借贷与金融机构对单位、公民的借贷,在合同形式、利率等方面有所不同,应当分别作出规定。因此,法律委员会建议,在借款合同中对公民之间的借款单独作出规定:"自然人之间的借款合同采用口头形式的,自贷款人提供借款时生效。""自然人之间的借款合同对支付利息没有约定或者约定不明确的,视为不支付利息。""自然人之间的借款合同约定支付利息的,借款的利率不得违反国家有关限制借款利率的规定。"(草案四次审议稿第二百一十条、第二百一十一条)

五、关于建设工程的分包转包

有些委员提出,目前在建设工程中,违法分包、转包的问题十分突出,直接影响到工程质量,甚至造成重大事故,合同法应当对此作出进一步规定,以防止这种情况的发生。因此,法律委员会建议,在草案三次审议稿第二百六十六条中增加两款规定:"施工总承包的,建设工程主体结构的施工必须由总承包人自行完成。""禁止总承包人将工程分包给不具备相应资质条件的单位。禁止分包单位将其承包的工程再分包。"(草案四次审议稿第二百七十三条)

六、关于技术成果的使用、转让和收益分配

合同法草案三次审议稿第三百一十九条规定:"职务技术成果的使用权、转让权属于单位,单位可以就该项技术成果订立技术合同。单位应当从使用和转让该项技术成果所取得的收益中提取一定比例,对完成该项职务技术成果的个人给予奖励。"有的委员和部门提出,实践中对完成职务技术成果的个人除奖励以外,有的还给予报酬,为了鼓励科技人员的创造性活动,应当对此作出规定。另外,应当规定单位转让职务技术成果时,完成职务技术成果的个人有优先受让权。因此,法律委员会建议,将该条修改为:"职务技术成果的使用权、转让权属于单位,单位可以就该项职务技术成果订立技术合同。单位应当从使用和转让该项职务技术成果所取得的收益中提取一定比例,对完成该项职务技术成果的个人给予奖励或者报酬。单位订立技术合同转让职务技术成果时,职务技术成果的完成人享有优先受让的权利。"(草案四次审议稿第三百二十七条)

根据科学技术部的意见,法律委员会建议,增加以下规定:

1. "技术合同价款、报酬和使用费的支付方式由当事人约定,可以采取一次总算、一次

总付或者一次总算、分期支付,也可以采取提成支付或者提成支付附加预付入门费的方式。""约定提成支付的,可以按照产品价格、实施专利和使用非专利技术合同新增的产值、利润或者产品销售额的一定比例提成,也可以按照约定的其他方式计算,提成支付的比例可以采取固定比例、逐年递增比例或者逐年递减比例。""约定提成支付的,当事人应当在合同中约定查阅有关会计账目的办法。"(草案四次审议稿第三百二十六条)

2."当事人之间就具有产业应用价值的科技成果实施转化订立的合同,参照技术开发合同的规定。"(草案四次审议稿第三百三十一条第三款)

3."法律、行政法规对技术中介合同、技术培训合同另有规定的,依照其规定。"(草案四次审议稿第三百六十五条)

七、合同法的施行日期以及施行前的准备工作

合同法通过后,现行的经济合同法、涉外经济合同法和技术合同法同时废止。对过去根据经济合同法、涉外经济合同法和技术合同法制定的行政法规,特别是地方性法规、规章有关合同的规定,要进行清理。凡是与合同法规定不符合的,要加以修改,有些要予以废除。因此,自合同法通过后到开始实施,需要有一个过渡期,以便做好衔接工作。同时,为了更好地实施合同法,还需要有一段宣传、普及合同法的时间。法律委员会建议,合同法通过后,自1999年10月1日起施行。

合同法是调整民事权利义务关系的。至于现行的三部合同法废止后,根据这三部法特别是技术合同法制定的行政法规、地方性法规以及规章中有关行政管理的内容,在合同法施行后,不影响其效力。

合同法草案已经九届全国人大常委会三次审议,总的认为基本可行,法律委员会建议,本次常委会审议后作出决定,提请九届全国人民代表大会二次会议审议。

关于《中华人民共和国合同法(草案)》的说明

1999年3月9日在第九届全国人民代表大会第二次会议上

全国人民代表大会常务委员会法制工作委员会主任　顾昂然

根据全国人大常委会的决定,我向大会作关于《中华人民共和国合同法(草案)》的说明。

合同法是民法的重要组成部分,是市场经济的基本法律,与公司、企业的生产经营和人民群众的生活密切相关。党的十一届三中全会以来,我国先后制定了经济合同法、涉外经济合同法和技术合同法三部合同法。这三部合同法对保护合同当事人的合法权益,维护社会经济秩序,促进国内经济、技术和对外经济贸易的发展,保障社会主义建设事业的顺利进行,发挥了重要作用。但是,随着改革开放的不断深入和扩大,经济、社会的不断发展,这三部合同法的调整范围和有些规定不能完全适应了,需要根据发展社会主义市场经济的要求,制定统一的合同法。

制定合同法的指导思想是,以邓小平理论为指导,坚持从中国实际出发,并借鉴国外的有益经验,制定一部统一的、较为完备的合同法,以保障社会主义市场经济健康发展。注意保持法律的连续性和稳定性,以经济合同法、涉外经济合同法和技术合同法为基础,总结实践经验,加以补充完善。注重可操作性,把近十年来行之有效的有关合同的行政法规和司法解释的规定,尽量吸收进来,对需要增加的,尽可能作出具体规定。

根据全国人大常委会的立法规划,法制工作委员会组织法律专家和实际工作部门于1997年5月起草了合同法征求意见稿。根据各方面意见进行修改后,于1998年8月将合同法草案提请九届全国人大常委会第四次会议审议。根据全国人大常委会的决定,将合同法草案全文公布,广泛征求意见,共收到中央有关部门、地方、企业事业单位和人民来信对合同法草案的意见160多份。李鹏委员长针对审议中提出的主要问题,亲自进行多次调查研究。全国人大法律委员会、财政经济委员会和全国人大常委会法制工作委员会联合召开了有关部门、企业事业单位和法律专家的座谈会,征求意见。根据常委会组成人员的审议意见和各方面的意见,对合同法草案又作了较多的修改、补充。合同法草案经九届全国人大常委会第四次、第五次、第六次、第七次会议审议,决定提请九届全国人大第二次会议审议。现将《中华人民共和国合同法(草案)》的几个主要问题说明如下:

一、关于调整范围

合同法草案规定,本法所称合同是平等主体的自然人、法人、其他组织之间设立、变更、终止民事权利义务关系的协议。这是根据民法通则的规定作出的。第一,合同法调整的是平等主体之间的民事关系。政府依法维护经济秩序的管理活动,属于行政管理关系,不是民事关系,适用有关行政管理的法律,不适用合同法;法人、其他组织内部的管理关系,适用有关公司、企业的法律,也不适用合同法。第二,合同法主要调整法人、其他组织之间的经济贸易合同关系,同时还包括自然人之间的买卖、租赁、借贷、赠与等合同关系。有关婚姻、收养、监护等身份关系,不适用合同法。合同法草案规定的调整范围与三部合同法相比,作了适当扩大。

二、关于基本原则

合同法草案对合同法基本原则的规定是:第一,平等、自愿。合同当事人的法律地位平等,依法享有自愿订立合同的权利,一方不得将自己的意志强加给另一方,任何单位和个人不得非法干预。第二,公平、诚实信用。当事人应当遵循公平的原则确定双方的权利和义务,在行使权利、履行义务时,应当遵循诚实信用的原则。第三,守法。当事人订立、履行合同,应当遵守法律、行政法规,尊重社会公德,不得扰乱社会经济秩序,损害社会公共利益。

自愿原则体现了民事活动的基本特征,是民事法律关系区别于行政法律关系、刑事法律关系特有的原则,也是发展社会主义市场经济的客观要求。当事人有权按照自己的意愿订立合同,但是,应当依法行使这项权利,包括订立合同的内容和程序都应当遵守法律、行政法规。违反法律、行政法规的强制性规定的合同无效。法律、行政法规规定应当办理批准、登记等手续生效的,依照其规定。国家根据需要下达指令性任务或者国家订货任务的,有关法人、其他组织之间应当依照有关法律、行政法规规定的权利和义务订立合同。

三、关于合同的订立

合同的订立是十分重要的,它是合同履行的前提。当事人的权利义务要通过合同的订立予以确定,订立合同时考虑得周到,有利于维护当事人的合法权益,在履行中可以减少纠纷,发生了纠纷也便于及时解决。

关于合同的订立,合同法草案的主要规定是:第一,当事人订立合同,应当具有相应的民事权利能力和民事行为能力,也就是说应当具有相应的主体资格。第二,订立合同的形式,要考虑现实情况和需要,同时要引导当事人采用书面形式,使订立的合同规范化,以免口说无凭,发生纠纷难于解决。合同法草案规定,当事人订立合同,有书面形式、口头形式和其他形式。法律、行政法规规定采用书面形式的,应当采用书面形式。当事人约定采用书面形式的,应当采用书面形式。第三,合同一般包括什么内容,合同法草案作了规定。鉴于合同的示范文本对提示当事人更好地明确各自的权利义务有积极作用,因此合同法草案还规定,当事人可以参照各类合同的示范文本订立合同。第四,要约、承诺是合同订立的基本规则,合同法草案对此作了规定。合同法草案还规定,当事人在订立合同过程中假借订立合同,恶意进行磋商,故意隐瞒与订立合同有关的重要事实或者提供虚假情况,以及有其他违背诚实信用原则的行为,给对方造成损失的,应当承担赔偿责任。

四、关于合同的履行

履行合同才能实现订立合同的目的,它关系到当事人的利益,对商品的流转、经济的发展,有着重要的意义。合同法草案强调全面履行的原则,当事人应当按照合同的约定全面履行自己的义务,不得擅自变更或者终止履行。同时规定,当事人在履行合同时,应当遵循诚实信用原则,根据合同的性质、目的和交易习惯履行通知、协助、保密等义务。

为了保护当事人的合法权益,维护社会经济秩序,防范合同欺诈,防止有的企业利用合并、分立来逃避债务,合同法草案作了以下规定:第一,合同生效后,当事人不得因姓名、名称的变更或者法定代表人、负责人、承办人的变动而不履行合同义务。第二,当事人订立合同后合并的,由合并后的法人或者其他组织行使合同权利,履行合同义务。当事人订立合同后分立的,除债权人和债务人另有约定以外,由分立的法人或者其他组织对合同的权利和义务享有连带债权,承担连带债务。第三,应当先履行债务的当事人,有确切证据证明对方有经营状况严重恶化;转移财产、抽逃资金,以逃避债务;丧失商业信誉等情形之一的,可以中止履行合同。为了防止当事人滥用这项权利,合同法草案对中止履行合同的条件和程序都作了严格的规定。同时还规定,当事人如果没有确切证据就中止履行的,应当承担违约责任。第四,因债务人怠于行使其到期债权,对债权人造成损害的,债权人可以向人民法院请求以自己的名义代位行使债务人的债权。第五,因债务人放弃其到期债权或者无偿转让财产,对债权人造成损害的,债权人可以请求人民法院撤销债务人的行为。债务人以明显不合理的低价转让财产,对债权人造成损害,并且受让人知道该情形的,债权人也可以请求人民法院撤销债务人的行为。

五、关于违约责任

为了促使当事人履行合同,维护市场交易秩序,补偿因违约给对方造成的损失,保护当事人的合法权益,合同法草案进一步完善了违约责任的规定,这是保证当事人履行合同义务的重要制度。合同法草案对违约责任,主要作了以下规定:第一,当事人一方不履行合同义务或者履行合同义务不符合约定的,应当承担继续履行、采取补救措施或者赔偿损失等违约责任。第二,当事人可以约定违约金,一方当事人违约时,应当支付违约金。约定的违约金低于造成的损失的,当事人可以请求人民法院或者仲裁机构予以增加;约定的违约金过分高于造成的损失的,当事人可以请求人民法院或者仲裁机构予以适当减少。第三,为了切实保护受损害方的利益,合同法草案规定,损失赔偿额应当相当于因违约所造成的损失,包括合同履行后可以获得的利益。第四,当事人可以依照《中华人民共和国担保法》约定一方向对方给付定金,作为债权的担保。第五,增加规定了预期违约制度。合同法草案规定,当事人一方明确表示或者以自己的行为表明不履行合同义务的,对方可以在履行期限届满之前,要求其承担违约责任。合同法草案还对解决纠纷的各种途径,作了规定。

当事人的违约行为,如果同时构成了违法或者犯罪,那么不仅要承担民事责任,而且要依法追究其行政责任或者刑事责任。

六、关于合同法分则

合同法草案的分则对现行三部合同法规定的购销、供用电、借款、租赁、承揽、建设工程、运输、仓储保管、技术等合同,都予以保留,并进一步作了补充规定。同时,根据经济贸易和审判实践中出现的新情况,合同法草案增加规定了融资租赁、赠与、委托、行纪、居间等合同。以上合同都是企业事业单位和公民在生产经营和生活中普遍发生的,分则的规定为当事人订立、履行合同提供了具体规范,也为人民法院、仲裁机构审理或者仲裁案件,提供了依据。一些成文法国家在民法中,一般也规定十几类合同。

现实生活中的合同多种多样,今后还会出现一些新类型的合同,现在不可能都在分则中作出规定。有些本法没有规定的合同待成熟后,可以在合同法分则中增加规定。没有明文规定的合同如何适用法律,合同法草案规定,本法分则或者其他法律没有明文规定的合同,适用本法总则的规定,并且可以参照本法分则或者其他法律最相类似的规定。另外,海商法、保险法、担保法、著作权法等有些法律,对海上运输、保险、保证、著作权许可使用等合同的特殊性问题作了规定,对此合同法草案规定,其他法律对合同另有规定的,依照其规定。

合同法通过后,自施行之日起,现行的经济合同法、涉外经济合同法和技术合同法同时废止。对过去根据经济合同法、涉外经济合同法和技术合同法制定的行政法规、地方性法规、规章有关合同的规定,要进行清理。凡是与合同法规定不符合的,要加以修改,有些要废除。因此,自合同法通过后到开始实施,需要有一个过渡期,以便做好衔接工作。同时,为了更好地实施合同法,还需要有一段宣传、普及合同法的时间。因此,合同法草案规定,本法自1999年10月1日起施行。

《中华人民共和国合同法(草案)》和以上说明是否妥当,请大会审议。

第九届全国人民代表大会法律委员会关于《中华人民共和国合同法(草案)》审议结果的报告

1999年3月14日在第九届全国人民代表大会第二次会议主席团第三次会议上

全国人大法律委员会主任委员　王维澄

在本次全国人大会议上,各代表团于3月9日、10日、11日审议了《中华人民共和国合同法(草案)》。代表们认为,制定一部统一的、较为完备的合同法,对保护合同当事人的合法权益、维护社会经济秩序、促进社会主义现代化建设,具有重要作用。合同法的内容是可行的,建议本次会议予以通过。同时,也提出了一些修改意见。法律委员会于3月12日召开会议,根据各代表团的审议意见,对合同法草案进行了审议,提出以下修改意见:

一、关于调整范围。有的代表提出,应当将合同法草案说明中有关身份关系的协议不适用合同法的内容,在本法中作出明确规定。因此,建议在草案第二条中增加一款规定:"婚姻、收养、监护等有关身份关系的协议,适用其他法律的规定。"

二、关于合同履行。有的代表提出,当事人订立的合同具有法律约束力,应当强调全面履行合同义务,在草案第六十条第一款中增加"全面"二字。因此,建议将该款修改为:"当事人应当按照约定全面履行自己的义务。"

三、关于情势变更制度。这是一个很复杂的问题,在合同法起草过程中,就有不同意见。这次大会审议,不少代表提出,根据现有的经验,对情势变更难以作出科学的界定,而且和商业风险的界限也难以划清,执行时更难以操作,实际上只有在非常特殊的情况下才能适用情势变更制度,现在在合同法中作出规定条件尚不成熟。法律委员会经过反复研究,建议对此不作规定。

四、关于融资租赁合同。有的代表提出,融资租赁不同于一般租赁,应当对融资租赁合同、买卖合同中出租人、承租人、出卖人三方当事人的关系作出明确规定。因此,建议将草案第二百四十一条修改为:"出租人根据承租人对出卖人、租赁物的选择订立的买卖合同,出卖人应当按照约定向承租人交付标的物,承租人享有与受领标的物有关的买受人的权利。"建议将草案第二百四十二条修改为:"出租人、出卖人、承租人可以约定,出卖人不履行买卖合同义务的,由承租人行使索赔的权利。承租人行使索赔权利的,出租人应当协助。"

五、关于建设工程合同。有的代表提出,保证工程质量是建设工程中的重要问题,应当明确规定建设工程质量的保修范围,加强对建设工程质量的监理。因此,建议在草案第二百七十八条中增加"质量保修范围"的规定。建议将草案第二百七十九条"建设工程需要实行监理的"这一句中的"需要"二字删去,修改为"建设工程实行监理的"。

六、关于技术合同。有的代表提出,有些技术合同内容较多,履行期长,应当采用书面形式订立。因此,建议在草案第三百三十三条中增加规定:"技术开发合同应当采用书面形式"。建议在草案第三百四十五条中增加规定"技术转让合同应当采用书面形式"。

此外,根据代表意见,还作了三十多处文字修改。法律委员会已按上述意见对合同法草案作了修改。

法律委员会建议主席团审议决定,将合同法草案提请大会审议通过。

以上意见是否妥当,请主席团审议。

全国人大法律委员会
1999年3月13日

五、侵权责任法

中华人民共和国民法(草案)
第八编　侵权责任法

2002 年 12 月 23 日

（略）

关于《中华人民共和国民法(草案)》的说明(关于侵权责任法部分)

2002年12月23日

(略)

中华人民共和国侵权责任法(草案)
(二次审议稿)

目 录

第一章 一般规定
第二章 责任构成和责任方式
第三章 不承担责任和减轻责任的情形
第四章 关于责任主体的特殊规定
第五章 产品责任
第六章 机动车交通事故责任
第七章 医疗损害责任
第八章 环境污染责任
第九章 高度危险责任
第十章 动物致人损害责任
第十一章 物件致人损害责任
第十二章 附 则

第一章 一般规定

第一条 为保护民事主体的合法权益,明确侵权责任,预防并制裁侵权行为,促进社会和谐稳定,制定本法。

第二条 侵害民事权益,应当承担侵权责任。

第三条 受害人有权请求侵权人承担侵权责任。

受害人死亡的,其近亲属有权请求侵权人承担侵权责任。受害人为单位,该单位分立、合并的,承继权利的单位有权请求侵权人承担侵权责任。

第四条 受害人死亡或者残疾的,被扶养人有权请求侵权人赔偿生活费,但侵权人已支付死亡赔偿金或者残疾赔偿金的除外。

受害人死亡,支付受害人医疗费、丧葬费等费用的人有权请求侵权人赔偿相关费用,但侵权人已支付相关费用的除外。

第五条 侵权人因同一行为应当承担行政责任或者刑事责任的,不影响依法承担侵权责任。

因同一行为应当承担民事责任和行政责任、刑事责任,侵权人的财产不足以支付的,先承担民事责任。

第六条 其他法律对侵权责任另有特别规定的,依照其规定。

第二章 责任构成和责任方式

第七条 因过错侵害他人人身、财产,造成损害的,应当承担侵权责任。

根据法律规定,推定行为人有过错,行为人不能证明自己没有过错的,应当承担侵权责任。

第八条 行为人没有过错,法律规定也要承担侵权责任的,依照其规定。

第九条 二人以上共同实施侵权行为,造成他人损害的,应当承担连带责任。

第十条 教唆、帮助他人实施侵权行为的,应当承担连带责任。

教唆无民事行为能力人实施侵权行为的,承担全部责任。教唆限制民事行为能力人实施侵权行为的,承担主要责任。帮助无民事行为能力人、限制民事行为能力人实施侵权行为的,承担相应的责任。

第十一条 二人以上实施危及他人人身、财产安全的行为,其中一人或者数人的行为造成他人损害,不能确定具体加害人的,行为人承担连带责任;能够确定具体加害人的,由加害人承担侵权责任。

第十二条 二人以上分别实施侵权行为造成同一损害,每个人的侵权行为都足以造成全部损害的,行为人承担连带责任。

第十三条 二人以上分别实施侵权行为造成同一损害,能够确定责任大小的,各自承担相应的责任;难以确定责任大小的,平均承担赔偿责任。

第十四条 损害是由第三人造成的,第三人应当承担侵权责任。法律规定有关单位或者个人承担补充责任或者相应责任的,依照其规定。

第十五条 法律规定承担连带责任的,受害人有权要求其中一人或者数人承担全部责任。

第十六条 连带责任人承担连带责任后,根据各自过错确定相应的赔偿数额;难以确定的,平均承担赔偿责任。

支付超出自己赔偿数额的连带责任人,有权向其他连带责任人追偿。

第十七条 承担侵权责任的方式主要有:

(一)停止侵害;

(二)排除妨碍;

(三)消除危险;

(四)返还财产;

(五)恢复原状;

(六)赔偿损失;

(七)消除影响、恢复名誉;

(八)赔礼道歉。

以上承担侵权责任的方式,可以单独适用,也可以合并适用。

第十八条 侵害他人人身造成伤害的,应当赔偿医疗费、护理费、交通费等为治疗和康复支出的合理费用,以及因误工减少的收入。造成残疾的,还应当赔偿残疾生活自助具费和残疾赔偿金。造成死亡的,还应当赔偿丧葬费和死亡赔偿金。

第十九条 侵害他人财产造成损失的,财产损失按照损失发生时的市场价格计算。

第二十条 侵权行为危及他人人身、财产安全的,受害人可以请求侵权人承担排除妨碍、消除危险等侵权责任。

第二十一条 因防止、制止他人人身、财产遭受侵害而使自己受到损害的,由侵权人承担赔偿责任。侵权人逃逸或者无力承担赔偿责任的,受益人应当给予适当补偿。

第二十二条 受害人和行为人对损害的发生都没有过错的,可以根据实际情况,由双方分担赔偿责任。

第二十三条 侵害他人生命权、健康权,造成死亡的,受害人的近亲属可以请求精神损害赔偿;造成残疾的,受害人可以请求精神损害赔偿。

第二十四条 故意侵害他人人格权、身份权,造成他人严重精神损害的,受害人可以请求精神损害赔偿。

第二十五条 损害发生后,当事人可以约定损害赔偿金的支付方式,没有约定或者约定不明确的,应当一次性支付。一次性支付确有困难的,可以分期支付,但应当提供适当担保。

第三章 不承担责任和减轻责任的情形

第二十六条 受害人对于损害的发生也有过错的,可以减轻侵权人的赔偿责任。

第二十七条 损害是因受害人的故意造成的,行为人不承担赔偿责任。

第二十八条 因不可抗力造成他人损害的,不承担赔偿责任,但法律另有规定的除外。

第二十九条 因正当防卫造成损害的,不承担赔偿责任。正当防卫明显超过必要限度,造成不应有的损害的,应当对不应有的损害承担赔偿责任。

第三十条 因紧急避险造成损害的,由引起险情发生的人承担赔偿责任。如果危险是由自然原因引起的,紧急避险人不承担赔偿责任或者承担部分赔偿责任。因紧急避险采取措施不当或者超过必要限度,造成不应有的损害的,紧急避险人应当对不应有的损害承担赔偿责任。

第四章 关于责任主体的特殊规定

第三十一条 无民事行为能力人、限制民事行为能力人造成他人损害的,由监护人承担侵权责任。监护人尽了监护责任的,可以减轻其侵权责任。

有财产的无民事行为能力人、限制民事行为能力人造成他人损害的,从本人财产中支付赔偿费用。不足部分,由监护人赔偿。

第三十二条 完全民事行为能力人对自己的行为暂时没有意识或者失去控制造成他人损害,应当根据过错承担相应的侵权责任;没有过错的,根据行为人的经济状况对受害人适当补偿。

完全民事行为能力人因醉酒、滥用麻醉品等对自己的行为暂时没有意识或者失去控制造成他人损害的,应当承担侵权责任。

第三十三条 用人单位的工作人员在工作过程中造成他人损害的,由用人单位承担侵权责任。

第三十四条 网络服务提供者明知网络用户利用其网络服务实施侵权行为,未采取必要措施的,与该网络用户承担连带责任。

网络用户利用网络服务实施侵权行为的,受害人有权向网络服务提供者发出要求删除、屏蔽侵权内容的通知。网络服务提供者得到通知后未及时采取必要措施的,对损失的扩大部分与该网络用户承担连带责任。

第三十五条 旅馆、饭店、商店、银行、娱乐场所等公共场所的管理人未尽到安全保障义务,造成他人损害的,应当承担侵权责任。

在前款规定的公共场所因第三人的行为造成他人损害的,由第三人承担侵权责任。管理人尽到安全保障义务的,不承担侵权责任;未尽到安全保障义务的,承担相应的侵权责任。

第三十六条 无民事行为能力人在幼儿园、学校或者其他教育机构学习、生活期间受到人身损害的,幼儿园、学校或者其他教育机构应当承担赔偿责任,但能够证明尽到教育、管理职责的除外。

第三十七条 限制民事行为能力人在学校或者其他教育机构学习、生活期间受到人身损害,学校或者其他教育机构未尽到教育、管理职责的,承担相应的赔偿责任。

第三十八条 无民事行为能力人或者限制民事行为能力人在幼儿园、学校或者其他教育机构学习、生活期间,受到幼儿园、学校或者其他教育机构以外的人员人身损害的,由侵权人承担侵权责任。幼儿园、学校或者其他教育机构未尽到管理职责的,承担相应的赔偿责任。

第五章 产品责任

第三十九条 因产品存在缺陷造成他人损害的,生产者应当承担侵权责任。

生产者证明有下列情形之一的,不承担侵权责任:
(一)未将产品投入流通的;
(二)产品投入流通时,引起损害的缺陷尚不存在的;
(三)将产品投入流通时的科学技术水平尚不能发现缺陷存在的。

第四十条 因销售者的过错使产品存在缺陷,造成他人损害的,销售者应当承担侵权责任。

销售者不能指明缺陷产品的生产者也不能指明缺陷产品的供货者的,销售者应当承担侵权责任。

第四十一条 因产品存在缺陷造成损害的,受害人可以向产品的生产者请求赔偿,也可以向产品的销售者请求赔偿。

产品缺陷由生产者造成的,销售者赔偿后,有权向生产者追偿。

因销售者的过错使产品存在缺陷的,生产者赔偿后,有权向销售者追偿。

第四十二条 因运输者、仓储者等第三人的过错使产品存在缺陷,造成他人损害的,产品的生产者、销售者赔偿后,有权向第三人追偿。

第四十三条 因产品缺陷危及他人人身、财产安全的,受害人有权要求生产者、销售者承担消除危险、排除妨碍等侵权责任。

第四十四条 产品投入流通后发现存在缺陷的,生产者、销售者应当及时采取警示、召回等补救措施。未及时采取补救措施或者补救措施不力造成损害的,应当承担侵权责任。

第四十五条 明知产品存在缺陷仍然生产、销售,造成他人生命、健康损害的,受害人有权依法请求惩罚性赔偿。

第六章 机动车交通事故责任

第四十六条 机动车发生交通事故造成损害的,适用道路交通安全法的有关规定。

第四十七条 未按照国家规定投保机动车第三者责任强制保险,发生交通事故造成损害的,先由机动车所有人在机动车第三者责任强制保险责任限额范围内予以赔偿。

第四十八条 因租赁、借用等情形机动车所有人和使用人不是同一人时,发生交通事故后属于机动车一方责任的,由机动车使用人承担赔偿责任。机动车所有人对损害的发生也有过错的,承担相应的赔偿责任。

第四十九条 当事人之间已经买卖并交付机动车但未办理所有权转移登记,该机动车发生交通事故后,属于机动车一方责任的,由买受人承担赔偿责任。

第五十条 买卖拼装的或者已达到报废标准的机动车,发生交通事故造成损害的,买卖双方承担连带责任。

第五十一条 盗窃、抢劫或者抢夺的机动车发生交通事故造成损害的,由盗窃人、抢劫人或者抢夺人承担赔偿责任。

第五十二条 机动车驾驶人发生交通事故后逃逸的,保险公司支付保险金或者道路交通事故社会救助基金垫付受害人医疗费用后,有权向交通事故责任人追偿。

第七章 医疗损害责任

第五十三条 患者在诊疗活动中受到损害,医务人员有过错的,应当承担赔偿责任。

第五十四条 因医务人员的过错造成患者损害的,由所属的医疗机构承担赔偿责任。

第五十五条 医务人员在一般诊疗活动中应当向患者简要说明病情和医疗措施。需要实施手术、特殊检查、特殊治疗的,医务人员应当及时向患者说明病情、医疗措施、医疗风险、替代医疗方案等情况,并取得其书面同意。不宜向患者说明的,医务人员应当向患者的近亲属说明,并取得其书面同意。

医务人员未尽到前款义务,造成患者损害的,应当承担赔偿责任。

第五十六条 因抢救危急患者等紧急情况,难以取得患者或其近亲属同意的,经医疗机构负责人批准可以立即实施相应的医疗措施。

第五十七条 医务人员在诊疗活动中应当尽到与当时的医疗水平相应的注意义务。医务人员未尽到该项义务,造成患者损害的,应当承担赔偿责任。

判断医务人员注意义务时,应当适当考虑地区、医疗机构资质、医务人员资质等因素。

第五十八条 有下列情形之一的,推定医务人员有过错:
(一)违反医疗卫生管理法律、行政法规、规章、诊疗规范的;
(二)隐匿或者拒绝提供与纠纷有关的医学文书及有关资料的;
(三)伪造或者销毁医学文书及有关资料的。

第五十九条 患者的损害可能是由医务人员的诊疗行为造成的,除医务人员提供相反证据外,推定该诊疗行为与患者损害之间存在因果关系。

第六十条 患者应当向医务人员告知与诊疗活动有关的病情、病史等情况,配合医务人员进行必要的检查和治疗。患者未尽到该项义务,造成误诊等损害的,医务人员不承担赔偿责任。

第六十一条 因药品、消毒药剂、医疗器械的缺陷造成患者损害的,患者可以向医疗机构请求赔偿,也可以向生产者请求赔偿。医疗机构赔偿后,属于生产者等第三人责任的,有权向生产者等第三人追偿。

第六十二条 因输入不合格的血液造成患者损害的,患者可以向医疗机构请求赔偿,也可以向血液提供机构请求赔偿。医疗机构赔偿后,属于血液提供机构责任的,有权向血液提供机构追偿。

第六十三条 医务人员应当按照规定填写并妥善保管门诊病历、住院志、医嘱单、检验报告、手术及麻醉记录、病理资料、护理记录、医疗费用等医学文书及有关资料。患者要求查阅、复制医学文书及有关资料的,医务人员应当提供。

第六十四条　医务人员应当对患者的隐私保密。未经患者同意,公开患者医学文书及有关资料造成损害的,应当承担赔偿责任。

第六十五条　医务人员应当根据患者的病情实施合理的诊疗行为,不得采取过度检查等不必要的诊疗行为。

医疗机构违反前款规定,应当退回不必要诊疗的费用,造成患者其他损害的,还应当承担赔偿责任。

第六十六条　医务人员的执业活动受法律保护。干扰医务人员正常工作、生活的,应当依法承担法律责任。

第八章　环境污染责任

第六十七条　因环境污染造成他人损害的,排污者应当承担侵权责任,但法律规定免责事由的,依照其规定。

第六十八条　排污符合规定标准,但给他人造成损害的,排污者应当承担相应的赔偿责任。

第六十九条　因环境污染发生纠纷,排污者应当就法律规定的免责事由及其行为与损害之间不存在因果关系承担举证责任。

第七十条　两个以上排污者污染环境,除能够证明与损害不存在因果关系的外,应当承担赔偿责任。排污者承担责任的大小,根据污染物排放量等情形确定。

第七十一条　因第三人的过错污染环境造成损害的,受害人可以向排污者请求赔偿,也可以向第三人请求赔偿。排污者赔偿后,有权向第三人追偿。

第九章　高度危险责任

第七十二条　从事高度危险作业造成他人损害的,作业人应当承担无过错责任。法律规定免责事由的,依照其规定。

第七十三条　核材料和核设施、民用航空器造成他人损害的,该核材料和核设施、民用航空器的经营人应当承担侵权责任,但能够证明损害是因受害人故意造成的除外。

第七十四条　占有、使用易燃、易爆、剧毒、放射性等高度危险物,从事高空、高压作业,使用高速运输工具,造成他人损害的,有关单位或者个人应当承担侵权责任,但能够证明损害是因不可抗力或者受害人故意造成的除外。

第七十五条　遗失、抛弃高度危险物造成他人损害的,由所有人、管理人承担侵权责任。

第七十六条　非法占有高度危险物造成他人损害的,由非法占有人承担侵权责任。该物的所有人不能证明对防止他人非法占有尽到高度注意义务的,应当承担连带责任。

第七十七条　未经许可进入高度危险活动区域或者高度危险物存放区域受到损

害,高度危险的作业人已经采取安全措施并且尽到警示义务的,可以减轻其赔偿责任。

第十章 动物致人损害责任

第七十八条 饲养的动物造成他人损害的,动物饲养人应当承担侵权责任,但能够证明损害是因受害人的重大过失造成的,可以减轻或者免除动物饲养人的赔偿责任。

第七十九条 违反管理规定饲养烈性犬等动物造成他人损害的,动物饲养人应当承担侵权责任。

第八十条 动物园的动物造成他人损害的,动物园应当承担赔偿责任,但能够证明尽到管理职责的除外。

第八十一条 因第三人的过错致使动物造成他人损害的,受害人可以请求第三人承担赔偿责任,也可以请求动物饲养人承担赔偿责任。动物饲养人承担赔偿责任后,有权向第三人追偿。

第十一章 物件致人损害责任

第八十二条 建筑物或者其他设施以及建筑物上的搁置物、悬挂物发生倒塌、脱落、坠落造成他人损害,所有人或者管理人不能证明自己没有过错的,应当承担侵权责任。

所有人或者管理人承担责任后,有其他责任人的,有权向其他责任人追偿。

第八十三条 从建筑物中抛掷物品或者从建筑物上坠落的物品造成他人损害,难以确定具体加害人的,除能够证明自己不是加害人的外,由可能加害的建筑物使用人承担赔偿责任。

第八十四条 堆放物倒塌造成他人损害,堆放人不能证明自己没有过错的,应当承担侵权责任。

第八十五条 在公共道路上堆放、倾倒、遗撒妨碍通行的物品造成他人损害的,有关单位或者个人应当承担侵权责任。

第八十六条 因林木折断造成他人损害,林木的所有人或者管理人不能证明自己没有过错的,应当承担侵权责任。

第八十七条 在公共场所或者道路上挖坑、修缮、安装地下设施等,没有设置明显标志和采取安全措施造成他人损害的,施工人应当承担侵权责任。

窨井等地下设施造成他人损害,管理人不能证明尽到管理义务的,应当承担侵权责任。

第十二章 附 则

第八十八条 本法自　　年　月　日起施行。

全国人民代表大会法律委员会
关于《中华人民共和国侵权责任法(草案)》主要问题的汇报

2008年12月22日在第十一届全国人民代表大会常务委员会第六次会议上

全国人大法律委员会副主任委员　李适时

全国人民代表大会常务委员会：

关于《中华人民共和国侵权责任法(草案)》，汇报三个问题：

一、侵权责任法草案的起草和修改经过

侵权责任法是保护民事主体合法权益，明确侵权责任，预防并制裁侵权行为，促进社会和谐稳定的民事基本法律。我国民法通则、消费者权益保护法、产品质量法、环境保护法、道路交通安全法等法律对侵权责任作了一些规定，这些规定对于保护公民、法人的合法权益，维护社会秩序，起到了积极作用。但是，我国侵权法律制度也存在一些问题，主要是：随着经济社会的发展，新的侵权类型不断出现，而现行法律有些规定较为原则，缺乏可操作性；不少规定分散在单行法律中，缺乏对侵权责任共性问题的规定。从实际情况看，侵权案件逐年增多。2007年，我国法院受理一审侵权案件已达87万多件。2003年以来，全国人大代表共有216人次提出了7件制定侵权责任法的议案和8件建议。一些部门、地方和专家、学者也不断提出制定侵权责任法的意见和建议。为了更好地保护民事主体的合法权益，促进社会和谐稳定，有必要对现实生活中迫切需要规范的侵权责任作出规定，制定一部较为完备的侵权责任法。

侵权责任法作为《中华人民共和国民法(草案)》中的一编，已经2002年12月九届全国人大常委会第三十一次会议初次审议。《民法(草案)》共9编、1200多条，由于涉及面广，内容复杂，一并研究修改历时较长，十届全国人大常委会采取了分编审议的方式。物权法已由十届全国人大五次会议审议通过。根据十届、十一届全国人大常委会的立法规划，以及今年的立法计划，法制工作委员会在民法草案侵权责任法编的基础上抓紧工作，认真研究了国内规定和国外一般做法，并先后在北京、上海、浙江、黑龙江等地进行调研，今年9月，又召开了法院系统和部分民法专家参加的研讨会。经认真研究各方面意见，法制工作委员会又同有关专门委员会、最高人民法院和国务院有关部门协商沟通，反复研究修改，形成了侵权责任法草案。法律委员会于12月2日、16日召开会议，对草案进行了审议，建议提请常委会六次会议审议。

二、制定侵权责任法总的原则

制定侵权责任法总的原则是：以邓小平理论和"三个代表"重要思想为指导，贯彻落实科

学发展观,贯彻党的十六大和十七大精神,完善侵权责任法律制度,减少民事纠纷,维护广大人民群众的合法权益,促进社会公平正义,促进社会和谐稳定。

侵权责任法是中国特色社会主义法律体系中的支架性法律。制定侵权责任法要适应改革发展稳定的要求,妥善处理好现实性与前瞻性、稳定性与变动性、原则性与可操作性的关系。侵权责任法涉及广大人民群众的切身利益,社会普遍关注。要坚持以人为本,着重解决与人民群众利益密切相关、矛盾突出、各方面意见又比较一致的问题。对现实生活中公民、法人受到的民事侵害,如产品缺陷、机动车交通事故、医疗事故、环境污染、网络侵权、动物致人损害,等等,要充分保护其合法权益,同时要考虑我国现阶段经济社会发展水平,公平合理地确定赔偿范围和赔偿标准。对存在争议,目前还没有把握的一些问题暂不作规定,根据实际情况进一步研究论证。制定侵权责任法要借鉴国外的有益经验,但不照抄照搬,必须从我国的实际出发,总结实践经验,把多年来行之有效的行政法规和司法解释的规定吸收到草案中,进一步完善我国的侵权责任法律制度。

三、草案的主要内容

(一)关于承担侵权责任的原则

承担侵权责任的原则是追究侵权责任的基本依据,一般称为归责原则。草案根据民法通则的规定,明确我国侵权责任制度实行过错责任和无过错责任相结合的原则。过错责任原则是指行为人对损害的发生必须有过错才承担侵权责任。草案规定:"因过错侵害他人人身、财产,造成损害的,应当承担侵权责任。"近些年来,一些领域安全事故不断发生,侵权纠纷日益增多,只根据过错责任原则已难以有效保护受害人,因此在环境污染、产品责任等纠纷处理中已实行无过错责任。无过错责任原则是指企业经营者没有过错也要依法承担赔偿责任。我国民法通则、民用航空法、产品质量法、环境保护法等法律中都规定了无过错责任。草案规定:"行为人没有过错,法律规定也要承担侵权责任的,依照其规定。"

(二)关于产品责任

明确产品责任,有利于经营者增强质量意识,提高产品质量,维护广大消费者的合法权益。草案在产品质量法规定基础上,对生产者、销售者、运输者和仓储者的产品责任以及追偿制度作了明确规定。同时,根据实践中发生的新情况、新问题,草案进一步规定:(1)因产品缺陷危及他人人身、财产安全的,受害人有权要求生产者、销售者承担消除危险、排除妨碍等侵权责任。(2)产品投入流通后发现存在缺陷的,生产者、销售者应当及时采取警示、召回等补救措施。未及时采取补救措施或者补救措施不力造成损害的,应当承担侵权责任。

(三)关于机动车交通事故责任

机动车交通事故纠纷量多面广,需要妥善解决。草案在道路交通安全法规定的机动车交通事故赔偿原则的基础上,针对机动车交通事故责任处理中的具体情况作出进一步规定。比如,机动车出租出借、机动车在当事人之间已经买卖但未办理所有权转移登记、买卖拼装的或者已达到报废标准的机动车等,发生交通事故后如何承担赔偿责任。(1)因租赁、借用等情形机动车所有人和使用人不是同一人时,发生交通事故后属于机动车一方责任的,由机动车使用人承担赔偿责任。机动车所有人对损害的发生也有过错的,承担相应的赔偿责任。

(2)当事人之间已经买卖并交付机动车但未办理所有权转移登记,该机动车发生交通事故后,属于机动车一方责任的,由买受人承担赔偿责任。(3)买卖拼装的或者已达到报废标准的机动车,发生交通事故造成损害的,买卖双方承担连带责任。(4)盗窃、抢劫或者抢夺的机动车发生交通事故造成损害的,由盗窃人、抢劫人或者抢夺人承担赔偿责任。

(四)关于医疗损害责任

近年来医疗纠纷逐年上升,社会广泛关注。要妥善处理医疗纠纷,界定医疗损害责任,切实保护患者的合法权益,也要保护医务人员的合法权益,促进医学科学的进步和医药卫生事业的发展。

关于医疗损害赔偿责任,草案区分不同情况作了三方面规定:(1)诊疗损害实行过错责任。草案规定:"患者在诊疗活动中受到损害,医务人员有过错的,应当承担赔偿责任。"同时规定:"有下列情形之一的,推定医务人员有过错:(一)违反医疗卫生管理法律、行政法规、规章、诊疗规范的;(二)隐匿或者拒绝提供与纠纷有关的医学文书及有关资料的;(三)伪造或者销毁医学文书及有关资料的。"(2)医务人员未尽告知义务的赔偿责任。草案规定,医务人员在一般诊疗活动中应当向患者简要说明病情和医疗措施。需要实施手术、特殊检查、特殊治疗的,医务人员应当及时向患者或者其近亲属说明病情、医疗措施、医疗风险、替代医疗方案等情况,并取得书面同意,但抢救危急患者等紧急情况的除外。医务人员未尽到告知义务,造成患者损害的,应当承担赔偿责任。(3)因药品、医疗器械的缺陷造成损害的,根据产品质量法的规定实行无过错责任。草案规定:"因药品、消毒药剂、医疗器械的缺陷造成患者损害的,患者可以向医疗机构请求赔偿,也可以向生产者请求赔偿。医疗机构赔偿后,属于生产者等第三人责任的,有权向生产者等第三人追偿。""因输入不合格的血液造成患者损害的,患者可以向医疗机构请求赔偿,也可以向血液提供机构请求赔偿。医疗机构赔偿后,属于血液提供机构责任的,有权向血液提供机构追偿。"

草案也规定了患者的义务,主要是:患者应当向医务人员告知与诊疗活动有关的病情、病史等情况,配合医务人员进行必要的检查和治疗。患者未尽到该项义务,造成误诊等损害的,医务人员不承担赔偿责任。

(五)关于环境污染责任

环境问题关系到人民群众切身利益,关系到人与自然和谐相处和经济社会永续发展。草案在民法通则和各环保法律关于环境污染责任规定的基础上,进一步完善了环境污染责任制度,规定:(1)排污符合规定标准,但给他人造成损害的,排污者应当承担相应的赔偿责任。(2)因环境污染发生纠纷,排污者应当就法律规定的免责事由及其行为与损害之间不存在因果关系承担举证责任。(3)两个以上排污者污染环境,除能够证明与损害不存在因果关系的外,应当承担赔偿责任。排污者承担责任的大小,根据污染物排放量等情形确定。(4)因第三人的过错污染环境造成损害的,受害人可以向排污者请求赔偿,也可以向第三人请求赔偿。排污者赔偿后,有权向第三人追偿。

(六)关于高度危险责任

高度危险责任是指从事高空、高压、易燃、易爆、剧毒、放射性、高速运输工具等对周围环境有高度危险的作业对他人造成损害的赔偿责任。草案在民法通则和民用航空法、放射性污染防治法等法律规定的基础上,规定:"从事高度危险作业造成他人损害的,作业人应当承担无过错责任。法律规定免责事由的,依照其规定。"对核材料和核设施、民用航空器等造成的损害,草案规定:"核材料和核设施、民用航空器造成他人损害的,该核材料和核设施、民用航空器的经营人应当承担侵权责任,但能够证明损害是因受害人故意造成的除外。""占有、使用易燃、易爆、剧毒、放射性等高度危险物,从事高空、高压作业,使用高速运输工具,造成他人损害的,有关单位或者个人应当承担侵权责任,但能够证明损害是因不可抗力或者受害人故意造成的除外。"

(七)关于网络侵权责任

随着互联网的发展,网络成为信息传播的重要渠道,网络侵权时有发生。草案在总结有关行政法规和司法解释实施经验的基础上,对利用网站侵害他人名誉权、隐私权等合法权益,网络服务提供者应当承担的连带责任作了规定:"网络服务提供者明知网络用户利用其网络服务实施侵权行为,未采取必要措施的,与该网络用户承担连带责任。网络用户利用网络服务实施侵权行为的,受害人有权向网络服务提供者发出要求删除、屏蔽侵权内容的通知。网络服务提供者得到通知后未及时采取必要措施的,对损失的扩大部分与该网络用户承担连带责任。"

(八)关于学校、幼儿园的责任

我国现行法律没有对未成年人在学校、幼儿园受到伤害时学校、幼儿园的赔偿责任作出明确规定。界定学校、幼儿园的责任,有利于及时有效地解决纠纷,切实保护未成年人的合法权益,加强学校、幼儿园的教学管理工作。草案根据未成年人的年龄、民事行为能力以及造成损害的主体等不同情况,规定:(1)无民事行为能力人在幼儿园、学校或者其他教育机构学习、生活期间受到人身损害的,幼儿园、学校或者其他教育机构应当承担赔偿责任,但能够证明尽到教育、管理职责的除外。(2)限制民事行为能力人在学校或者其他教育机构学习、生活期间受到人身损害,学校或者其他教育机构未尽到教育、管理职责的,承担相应的赔偿责任。(3)无民事行为能力人或者限制民事行为能力人在幼儿园、学校或者其他教育机构学习、生活期间,受到幼儿园、学校或者其他教育机构以外的人员人身损害的,由侵权人承担侵权责任。幼儿园、学校或者其他教育机构未尽到管理职责的,承担相应的赔偿责任。

(九)关于动物致人损害责任

近年来,各地动物致人损害增多,对人身安全的危害加大。为了更好地规范饲养动物的行为,进一步明确饲养人的责任,草案在民法通则的基础上规定:"饲养的动物造成他人损害的,动物饲养人应当承担侵权责任,但能够证明损害是因受害人的重大过失造成的,可以减轻或者免除动物饲养人的赔偿责任。""违反管理规定饲养烈性犬等动物造成他人损害的,动物饲养人应当承担侵权责任。"

(十)关于精神损害赔偿

侵权行为在不少情况下既造成财产损害,又造成精神损害。我国现行法律没有明确规定精神损害赔偿,但审判实践中已有不少精神损害赔偿的案例。经同有关部门研究认为,草案应当对精神损害赔偿作出明确规定,但对精神损害赔偿的范围应当严格限制。草案规定:"侵害他人生命权、健康权,造成死亡的,受害人的近亲属可以请求精神损害赔偿;造成残疾的,受害人可以请求精神损害赔偿。""故意侵害他人人格权、身份权,造成他人严重精神损害的,受害人可以请求精神损害赔偿。"依照草案这一规定,精神损害的赔偿范围主要限制在严重侵害他人生命健康的情形。

草案二次审议稿还对共同侵权、承担侵权责任的方式、不承担责任和减轻责任的情形,以及用人单位的工作人员对他人造成损害的赔偿责任等问题作了规定。

草案二次审议稿和以上汇报是否妥当,请审议。

全国人民代表大会法律委员会
关于《中华人民共和国侵权责任法(草案)》修改情况的汇报

2009年10月27日在第十一届全国人民代表大会常务委员会第十一次会议上

全国人大法律委员会副主任委员　张柏林

全国人民代表大会常务委员会：

常委会第六次会议对侵权责任法(草案二次审议稿)进行了审议。会后，法制工作委员会将草案印发各省(区、市)、中央有关部门和法学教学研究机构等单位征求意见。对草案的主要问题，邀请有关部门和专家召开了20余次座谈会，在甘肃、江苏、安徽、山东、江西、宁夏、陕西等地进行了调研，并与最高人民法院、卫生部、环境保护部、人力资源和社会保障部、教育部、国家安监总局等有关部门交换意见，共同研究。法律委员会于10月10日召开会议，根据常委会组成人员的审议意见以及各方面的意见，对草案进行了审议。最高人民法院的同志列席了会议。10月20日，法律委员会召开会议，再次进行了审议。现就主要问题修改情况汇报如下：

一、有的常委委员、部门和专家提出，死亡赔偿在许多情况下根据死者年龄、收入状况等情形赔偿数额有所不同，但在同一事故造成死亡人数较多时，为便于解决纠纷，不少采用相同数额予以赔偿，草案应当根据实际做法增加有关规定。法律委员会经研究，建议增加规定："因交通事故、矿山事故等侵权行为造成死亡人数较多的，可以不考虑年龄、收入状况等因素，以同一数额确定死亡赔偿金。"

二、有的常委委员、法院和专家提出，侵害姓名权、名誉权、肖像权、隐私权等造成财产损失的，不少情况下损失赔偿额难以计算，草案应当进一步对侵害人身权如何赔偿作出规定。法律委员会经研究，建议增加规定："侵害他人人身权造成财产损失的，按照被侵权人因此受到的损失赔偿；被侵权人的损失难以确定，侵权人因此获得利益的，按照其获得的利益赔偿。"

三、草案二次审议稿第三十三条规定了用人单位责任。有的部门和专家提出，劳务派遣问题是用人单位责任中的特殊情况，劳务派遣涉及三方关系，其工作人员造成他人损害的由谁承担责任，草案应当作出有针对性的规定。法律委员会经研究，建议增加规定："劳务派遣期间，被派遣的工作人员在工作过程中造成他人损害的，由接受劳务派遣的用工单位承担侵权责任；劳务派遣单位有过错的，承担相应的补充责任。"

四、有的地方、法院和专家提出，现实生活中因雇保姆、家庭装修等在个人之间形成劳务关系的较多，提供劳务一方造成他人损害或者自己受到伤害的，由谁承担责任，草案对此应当作出规定。法律委员会经研究,建议增加规定:"个人之间形成劳务关系,提供劳务一方在劳务过程中造成他人损害的,由接受劳务一方承担侵权责任;提供劳务一方在劳务过程中自己受到伤害的,根据双方各自的过错承担相应的责任。"

五、草案二次审议稿规定了医疗损害责任一章。有的部门提出,草案对医疗机构在哪些情况下应当承担医疗损害责任作了规定,同时还应对医疗机构不承担责任的情形作出规定。法律委员会经研究,建议在这一章中增加规定:"因下列情形之一,患者有损害的,医疗机构不承担赔偿责任:(一)患者或者其近亲属不配合医疗机构进行必要的诊疗的;(二)医务人员在抢救危急患者等紧急情况下已经尽到合理注意义务的;(三)限于当时的医疗水平难以诊疗的。"

草案二次审议稿第五十九条规定:"患者的损害可能是由医务人员的诊疗行为造成的,除医务人员提供相反证据外,推定该诊疗行为与患者损害之间存在因果关系。"有些常委会组成人员提出,造成医疗损害的原因较为复杂,不少情况下由医务人员承担证明责任也有困难,建议删去这一条。有的专家提出,因果关系证明规则可以由民事诉讼法的证据制度解决,本法可以不作规定。法律委员会经研究,建议删去这一条。

六、草案规定了高度危险责任一章。有的常委委员、部门和专家提出,草案应当进一步区分不同类型的高度危险责任,并增加法定限额赔偿的规定。法律委员会经研究,建议对这一章作以下修改:一是对民用核设施和民用航空器的责任分别作出规定;二是对易燃、易爆等高度危险物和从事高空、高压、地下挖掘,使用高速轨道运输工具的责任分别作出规定;三是增加规定:"承担高度危险责任,法律规定赔偿限额的,依照其规定。"

七、不少地方和专家提出,近年来动物致人损害的纠纷日益增多,应对侵权责任作出更加明确的规定。法律委员会经研究,建议在动物损害责任一章中增加规定:"违反管理规定,未对动物采取安全措施造成他人损害的,动物饲养人或者管理人应当承担侵权责任。""遗弃、逃逸的动物在遗弃、逃逸期间造成他人损害的,由原动物饲养人或者管理人承担侵权责任。"

此外,还对草案二次审议稿作了一些文字修改。

草案三次审议稿已按上述意见作了修改,法律委员会建议本次常委会会议继续审议。

草案三次审议稿和以上汇报是否妥当,请审议。

中华人民共和国侵权责任法(草案)

2009年11月6日

目 录

第一章 一般规定
第二章 责任构成和责任方式
第三章 不承担责任和减轻责任的情形
第四章 关于责任主体的特殊规定
第五章 产品责任
第六章 机动车交通事故责任
第七章 医疗损害责任
第八章 环境污染责任
第九章 高度危险责任
第十章 动物损害责任
第十一章 物件损害责任
第十二章 附 则

第一章 一般规定

第一条 为保护民事主体的合法权益,明确侵权责任,预防并制裁侵权行为,促进社会和谐稳定,制定本法。

第二条 侵害民事权益,应当依照本法承担侵权责任。

本法所称民事权益,包括生命权、健康权、姓名权、名誉权、肖像权、隐私权、监护权、所有权、用益物权、担保物权、著作权、专利权、商标专用权、股权、继承权等人身、财产权益。

第三条 被侵权人有权请求侵权人承担侵权责任。

第四条 侵权人因同一行为应当承担行政责任或者刑事责任的,不影响依法承担侵权责任。

因同一行为应当承担侵权责任和行政责任、刑事责任,侵权人的财产不足以支付的,先承担侵权责任。

第五条 其他法律对侵权责任另有特别规定的,依照其规定。

第二章 责任构成和责任方式

第六条 行为人因过错侵害他人民事权益造成损害的,应当承担侵权责任。

根据法律规定推定行为人有过错,行为人不能证明自己没有过错的,应当承担侵权责任。

第七条 行为人侵害他人民事权益造成损害,不论行为人有无过错,法律规定应当承担侵权责任的,依照其规定。

第八条 二人以上共同实施侵权行为,造成他人损害的,应当承担连带责任。

第九条 教唆、帮助他人实施侵权行为的,应当与行为人承担连带责任。

教唆、帮助无民事行为能力人、限制民事行为能力人实施侵权行为的,应当承担侵权责任;该无民事行为能力人、限制民事行为能力人的监护人未尽到监护责任的,应当承担相应的责任。

第十条 二人以上实施危及他人人身、财产安全的行为,其中一人或者数人的行为造成他人损害,能够确定具体加害人的,由加害人承担侵权责任;不能确定具体加害人的,行为人承担连带责任。

第十一条 二人以上分别实施侵权行为造成同一损害,每个人的侵权行为都足以造成全部损害的,行为人承担连带责任。

第十二条 二人以上分别实施侵权行为造成同一损害,能够确定责任大小的,各自承担相应的责任;难以确定责任大小的,平均承担赔偿责任。

第十三条 法律规定承担连带责任的,被侵权人有权要求其中一人或者数人承担全部责任。

第十四条 连带责任人承担连带责任后,根据责任大小确定相应的赔偿数额;难以确定的,平均承担赔偿责任。

支付超出自己赔偿数额的连带责任人,有权向其他连带责任人追偿。

第十五条 承担侵权责任的方式主要有:

(一)停止侵害;

(二)排除妨碍;

(三)消除危险;

(四)返还财产;

(五)恢复原状;

(六)赔偿损失;

(七)赔礼道歉;

(八)消除影响、恢复名誉。

以上承担侵权责任的方式,可以单独适用,也可以合并适用。

第十六条 侵害他人造成人身损害的,应当赔偿医疗费、护理费、交通费等为治疗和康复支出的合理费用,以及因误工减少的收入。造成残疾的,还应当赔偿残疾生活自助具费和残疾赔偿金。造成死亡的,还应当赔偿丧葬费和死亡赔偿金。

第十七条 因交通事故、矿山事故等侵权行为造成死亡人数较多的,可以不考虑年龄、收入状况等因素,以同一数额确定死亡赔偿金。

第十八条 被侵权人死亡的,其近亲属有权请求侵权人承担侵权责任。被侵权人为单位,该单位分立、合并的,承继权利的单位有权请求侵权人承担侵权责任。

被侵权人死亡,支付被侵权人医疗费、丧葬费等合理费用的人有权请求侵权人赔偿费用,但侵权人已支付该费用的除外。

第十九条 侵害他人财产的,财产损失按照损失发生时的市场价格或者其他标准计算。

第二十条 侵害他人人身权造成财产损失的,按照被侵权人因此受到的损失赔偿;被侵权人的损失难以确定,侵权人因此获得利益的,按照其获得的利益赔偿。

第二十一条 侵权行为危及他人人身、财产安全的,被侵权人可以请求侵权人承担停止侵害、排除妨碍、消除危险等侵权责任。

第二十二条 侵害他人人身权,造成他人严重精神损害的,被侵权人可以请求精神损害赔偿。

第二十三条 因防止、制止他人民事权益被侵害而使自己受到损害的,由侵权人承担责任。侵权人逃逸或者无力承担责任,被侵权人请求补偿的,受益人应当给予适当补偿。

第二十四条 受害人和行为人对损害的发生都没有过错的,可以根据实际情况,由双方分担损失。

第二十五条 损害发生后,当事人可以协商损害赔偿金的支付方式。协商不一致的,损害赔偿金应当一次性支付;一次性支付确有困难的,可以分期支付,但应当提供相应的担保。

第三章 不承担责任和减轻责任的情形

第二十六条 被侵权人对于损害的发生也有过错的,可以减轻侵权人的责任。

第二十七条 损害是因受害人故意造成的,行为人不承担责任。

第二十八条 损害是由第三人造成的,第三人应当承担侵权责任。

第二十九条 因不可抗力造成他人损害的,不承担责任,但法律另有规定的除外。

第三十条 因正当防卫造成损害的,不承担责任。正当防卫超过必要的限度,造成不应有的损害的,应当承担适当的责任。

第三十一条 因紧急避险造成损害的,由引起险情发生的人承担责任。如果危险是由自然原因引起的,紧急避险人不承担责任或者给予适当补偿。因紧急避险采取措施不当或者超过必要的限度,造成不应有的损害的,紧急避险人应当承担适当的责任。

第四章 关于责任主体的特殊规定

第三十二条 无民事行为能力人、限制民事行为能力人造成他人损害的,由监护人承担侵权责任。监护人尽到监护责任的,可以减轻其侵权责任。

有财产的无民事行为能力人、限制民事行为能力人造成他人损害的,从本人财产中支付赔偿费用。不足部分,由监护人赔偿。

第三十三条 完全民事行为能力人对自己的行为暂时没有意识或者失去控制造成他人损害有过错的,应当承担侵权责任;没有过错的,根据行为人的经济状况对受害人适当补偿。

完全民事行为能力人因醉酒、滥用麻醉药品或者精神药品对自己的行为暂时没有意识或者失去控制造成他人损害的,应当承担侵权责任。

第三十四条 用人单位的工作人员在工作过程中造成他人损害的,由用人单位承担侵权责任。

劳务派遣期间,被派遣的工作人员在工作过程中造成他人损害的,由接受劳务派遣的用工单位承担侵权责任;劳务派遣单位有过错的,承担相应的补充责任。

第三十五条 个人之间形成劳务关系,提供劳务一方在劳务过程中造成他人损害的,由接受劳务一方承担侵权责任;提供劳务一方在劳务过程中自己受到伤害的,根据双方各自的过错承担相应的责任。

第三十六条 网络服务提供者知道网络用户利用其网络服务侵害他人民事权益,未采取必要措施的,与该网络用户承担连带责任。

网络用户利用网络服务实施侵权行为的,被侵权人有权通知网络服务提供者采取删除、屏蔽、断开链接等必要措施。网络服务提供者接到通知后未及时采取必要措施的,对损害的扩大部分与该网络用户承担连带责任。

第三十七条 宾馆、商场、银行、车站、公园、娱乐场所等公共场所的管理人或者群众性活动的组织者,未尽到安全保障义务,造成他人损害的,应当承担侵权责任。

因第三人的行为造成他人损害的,由第三人承担侵权责任;管理人或者组织者未尽到安全保障义务的,承担相应的补充责任。

第三十八条 无民事行为能力人在幼儿园、学校或者其他教育机构学习、生活期间受到人身损害的,幼儿园、学校或者其他教育机构应当承担责任,但能够证明尽到教育、管理职责的除外。

第三十九条 限制民事行为能力人在学校或者其他教育机构学习、生活期间受到人身损害,学校或者其他教育机构未尽到教育、管理职责的,应当承担责任。

第四十条 无民事行为能力人或者限制民事行为能力人在幼儿园、学校或者其他教育机构学习、生活期间,受到幼儿园、学校或者其他教育机构以外的人员人身损害的,由侵权人承担侵权责任;幼儿园、学校或者其他教育机构未尽到管理职责的,承担相应的补充责任。

第五章　产品责任

第四十一条　因产品存在缺陷造成他人损害的,生产者应当承担侵权责任。法律规定不承担责任或者减轻责任的,依照其规定。

第四十二条　因销售者的过错使产品存在缺陷,造成他人损害的,销售者应当承担侵权责任。

销售者不能指明缺陷产品的生产者也不能指明缺陷产品的供货者的,销售者应当承担侵权责任。

第四十三条　因产品存在缺陷造成损害的,被侵权人可以向产品的生产者请求赔偿,也可以向产品的销售者请求赔偿。

产品缺陷由生产者造成的,销售者赔偿后,有权向生产者追偿。

因销售者的过错使产品存在缺陷的,生产者赔偿后,有权向销售者追偿。

第四十四条　因运输者、仓储者等第三人的过错使产品存在缺陷,造成他人损害的,产品的生产者、销售者赔偿后,有权向第三人追偿。

第四十五条　因产品缺陷危及他人人身、财产安全的,被侵权人有权要求生产者、销售者承担排除妨碍、消除危险等侵权责任。

第四十六条　产品投入流通后发现存在缺陷的,生产者、销售者应当及时采取警示、召回等补救措施。未及时采取补救措施或者补救措施不力造成损害的,应当承担侵权责任。

第四十七条　明知产品存在缺陷仍然生产、销售,造成他人生命、健康损害的,被侵权人有权依法请求惩罚性赔偿。

第六章　机动车交通事故责任

第四十八条　机动车发生交通事故造成损害的,依照道路交通安全法的有关规定承担赔偿责任。

第四十九条　因租赁、借用等情形机动车所有人和使用人不是同一人时,发生交通事故后属于机动车一方责任的,由保险公司在机动车强制保险责任限额范围内予以赔偿。不足部分,由机动车使用人承担赔偿责任;机动车所有人对损害的发生有过错的,承担相应的赔偿责任。

第五十条　当事人之间已经以买卖等方式转让并交付机动车但未办理所有权转移登记,机动车发生交通事故后,属于机动车一方责任的,由保险公司在机动车强制保险责任限额范围内予以赔偿。不足部分,由受让人承担赔偿责任。

第五十一条　以买卖等方式转让拼装的或者已达到报废标准的机动车,发生交通事故造成损害的,由转让人和受让人承担连带责任。

第五十二条　盗窃、抢劫或者抢夺的机动车发生交通事故造成损害的,由盗窃人、抢劫人或者抢夺人承担赔偿责任。保险公司在机动车强制保险责任限额范围内垫付抢救费用的,有权向交通事故责任人追偿。

第五十三条 机动车驾驶人发生交通事故后逃逸的,该机动车参加强制保险的,由保险公司在机动车强制保险责任限额范围内予以赔偿;机动车不明或者该机动车未参加强制保险,需要支付被侵权人人身伤亡的抢救、丧葬等费用的,由道路交通事故社会救助基金垫付。道路交通事故社会救助基金垫付后,其管理机构有权向交通事故责任人追偿。

第七章 医疗损害责任

第五十四条 患者在诊疗活动中受到损害,医务人员有过错的,由所属的医疗机构承担赔偿责任。

第五十五条 医务人员在一般诊疗活动中应当向患者简要说明病情和医疗措施。需要实施手术、特殊检查、特殊治疗的,医务人员应当及时向患者说明病情、医疗措施、医疗风险、替代医疗方案等情况,并取得其书面同意。不宜向患者说明的,医务人员应当向患者的近亲属说明,并取得其书面同意。

医务人员未尽到前款义务,造成患者损害的,医疗机构应当承担赔偿责任。

第五十六条 因抢救危急患者等紧急情况,不能取得患者或者其近亲属意见的,经医疗机构负责人或者授权的负责人批准,可以立即实施相应的医疗措施。

第五十七条 医务人员在诊疗活动中应当尽到与当时的医疗水平相应的注意义务。医务人员未尽到该项义务,造成患者损害的,医疗机构应当承担赔偿责任。

判断医务人员注意义务时,应当适当考虑地区、医疗机构资质、医务人员资质等因素。

第五十八条 有下列情形之一,造成患者损害的,推定医疗机构有过错:

(一)违反法律、行政法规、规章等有关诊疗规范的规定的;

(二)隐匿或者拒绝提供与纠纷有关的医学文书及有关资料的;

(三)伪造或者销毁医学文书及有关资料的。

第五十九条 因药品、消毒药剂、医疗器械的缺陷,或者输入不合格的血液造成患者损害的,患者可以向生产者或者血液提供机构请求赔偿,也可以向医疗机构请求赔偿。患者向医疗机构请求赔偿的,医疗机构可以要求生产者或者血液提供机构协商赔偿。

第六十条 因下列情形之一,患者有损害的,医疗机构不承担赔偿责任:

(一)患者或者其近亲属不配合医疗机构进行必要的诊疗的;

(二)医务人员在抢救危急患者等紧急情况下已经尽到合理注意义务的;

(三)限于当时的医疗水平难以诊疗的。

第六十一条 医务人员应当按照规定填写并妥善保管住院志、医嘱单、检验报告、手术及麻醉记录、病理资料、护理记录、医疗费用等医学文书及有关资料。患者要求查阅、复制医学文书及有关资料的,医疗机构应当提供。

第六十二条 医疗机构应当对患者的隐私保密。未经患者同意,公开患者医学文书及有关资料造成损害的,应当承担侵权责任。

第六十三条 医务人员应当根据患者的病情实施合理的诊疗行为,不得采取过度检查等不必要的诊疗行为。

医疗机构违反前款规定,应当退回不必要诊疗的费用,造成患者其他损害的,还应当承担赔偿责任。

第六十四条 医疗机构和医务人员的合法权益受法律保护。干扰医疗秩序,妨害医务人员工作、生活的,应当依法承担法律责任。

第八章 环境污染责任

第六十五条 因污染生活、生态环境造成损害的,污染者应当承担侵权责任。法律规定不承担责任或者减轻责任的,依照其规定。

第六十六条 因环境污染发生纠纷,污染者应当就法律规定的不承担责任或者减轻责任的情形及其行为与损害之间不存在因果关系承担举证责任。

第六十七条 两个以上污染者污染环境,除能够证明与损害不存在因果关系的外,应当承担侵权责任。污染者承担责任的大小,根据污染物的种类、排放量等因素确定。

第六十八条 因第三人的过错污染环境造成损害的,被侵权人可以向污染者请求赔偿,也可以向第三人请求赔偿。污染者赔偿后,有权向第三人追偿。

第九章 高度危险责任

第六十九条 从事高度危险作业造成他人损害的,应当承担侵权责任。法律规定不承担责任或者减轻责任的,依照其规定。

第七十条 民用核设施发生核事故造成他人损害的,民用核设施的经营人应当承担侵权责任,但能够证明损害是因战争等情形或者受害人故意造成的除外。

第七十一条 民用航空器造成他人损害的,民用航空器的经营人应当承担侵权责任,但能够证明损害是因受害人故意造成的除外。法律另有规定的,依照其规定。

第七十二条 占有或者使用易燃、易爆、剧毒、放射性等高度危险物造成他人损害的,占有人或者使用人应当承担侵权责任,但能够证明损害是因受害人故意或者不可抗力造成的除外。被侵权人对损害的发生有重大过失的,可以减轻占有人或者使用人的责任。

第七十三条 从事高空、高压、地下挖掘活动,使用高速轨道运输工具造成他人损害的,经营人应当承担侵权责任,但能够证明损害是因受害人故意或者不可抗力造成的除外。被侵权人对损害的发生有过失的,可以减轻经营人的责任。

第七十四条 遗失、抛弃高度危险物造成他人损害的,由所有人承担侵权责任。

所有人将高度危险物交由他人管理的,由管理人承担侵权责任;所有人有过错的,与管理人承担连带责任。

第七十五条 非法占有高度危险物造成他人损害的,由非法占有人承担侵权责任。所有人、管理人不能证明对防止他人非法占有尽到高度注意义务的,与非法占有人承担连带责任。

第七十六条 未经许可进入高度危险活动区域或者高度危险物存放区域受到损害,作业人已经采取安全措施并且尽到警示义务的,可以减轻或者免除其责任。

第七十七条 承担高度危险责任,法律规定赔偿限额的,依照其规定。

第十章 动物损害责任

第七十八条 饲养的动物造成他人损害的,动物饲养人或者管理人应当承担侵权责任,但能够证明损害是因被侵权人的重大过失造成的,可以减轻或者免除责任。

第七十九条 违反管理规定,未对动物采取安全措施造成他人损害的,动物饲养人或者管理人应当承担侵权责任。

第八十条 禁止饲养的烈性犬等动物造成他人损害的,动物饲养人应当承担侵权责任。

第八十一条 动物园的动物造成他人损害的,动物园应当承担侵权责任,但能够证明尽到管理职责的除外。

第八十二条 遗弃、逃逸的动物在遗弃、逃逸期间造成他人损害的,由原动物饲养人或者管理人承担侵权责任。

第八十三条 因第三人的过错致使动物造成他人损害的,被侵权人可以向动物饲养人请求赔偿,也可以向第三人请求赔偿。动物饲养人承担责任后,有权向第三人追偿。

第八十四条 饲养动物应当遵守法律,尊重社会公德,不得妨害他人生活。

第十一章 物件损害责任

第八十五条 建筑物或者其他设施以及建筑物上的搁置物、悬挂物发生倒塌、脱落、坠落造成他人损害,所有人或者管理人不能证明自己没有过错的,应当承担侵权责任。

所有人或者管理人赔偿后,有其他责任人的,有权向其他责任人追偿。

第八十六条 从建筑物中抛掷物品或者从建筑物上坠落的物品造成他人损害,难以确定具体加害人的,除能够证明自己不是加害人的外,由可能加害的建筑物使用人给予补偿。

第八十七条 堆放物倒塌造成他人损害,堆放人不能证明自己没有过错的,应当承担侵权责任。

第八十八条 在公共道路上堆放、倾倒、遗撒妨碍通行的物品造成他人损害的,有关单位或者个人应当承担侵权责任。

第八十九条 因林木折断造成他人损害,林木的所有人或者管理人不能证明自己没有过错的,应当承担侵权责任。

第九十条 在公共场所或者道路上挖坑、修缮安装地下设施等,没有设置明显标志和采取安全措施造成他人损害的,施工人应当承担侵权责任。

窨井等地下设施造成他人损害,管理人不能证明尽到管理职责的,应当承担侵权责任。

第十二章 附 则

第九十一条 本法自　　年　月　日起施行。

侵权责任法(草案)审议摘登

2009 年 11 月 12 日

2009 年 10 月 28 日上午,第十一届全国人大常委会第十一次会议分组审议《中华人民共和国侵权责任法(草案二审稿)》,审议发言摘登如下:

一、关于侵权责任法的一般规定

胡振鹏委员说,对侵权责任法草案谈点个人的意见。这部法律是一部很重要的法律,对于坚持以人为本、保障人民群众利益来说是一个支架性法律。二审时讨论很热烈,在二审的基础上,对草案又进行了修改,三审稿又成熟了一些。作为一部法律,要顾及到三个方面:一是要保护群众利益;二是要有利于促进经济社会发展;三是要有利于构建和谐社会。在这样的指导思想下,我认为修改后的稿子比上一稿有了很大的进步。比如医疗事故一章,维护了医疗秩序,增加了免责的条款。但是,我感觉这样一部支架性法律还是要慢慢磨出来。草案第二条对民事权益列出来了,包括生命权、健康权,等等,但是后面的法律条文,不管是第二章责任方式,还是第三章、第四章,对生命权、健康权、所有权、用益物权、财产权等这样的条款说得比较多,而对姓名权、名誉权、肖像权、著作权、商标专用权基本上没有涉及,隐私权在医疗责任中提了一条。这一条到底怎么处理,前面列了这么多权益,后面又没有相应条款的落实。这些权益保护讲细也很难。就目前的司法实践而言,提出来的好处是为今后法律修改预留了空间,但是如果提出来,后面又没有相应的条文,怎么落实这些权益?我建议,法律委员会和法工委再仔细斟酌一下。

丛斌委员说,对侵权责任法草案谈一些意见。经过两次修改,对有些条款进行了改动,吸纳了委员和代表们的意见,我表示赞同。本法草案第三条,将受害人定义为"被侵权人"的概念。根据我的理解,在民法上,"被侵权人"实际上就是受害人,我们经常使用的是"受害人"一词,相对的概念是"侵权行为人",或者简称为"侵权人",被侵权人实质上就是受害人。为什么要定义为"受害人"?本法草案已经说明了,构成侵权责任是两个基本要件,一是有侵权行为的发生,二是必须有损害后果的事实。如果只有侵权行为发生,没有损害后果的存在,还构不成侵权责任,这是两个最基本的要件。当然,还要有侵权行为和损害后果之间存在因果关系,这基本上构成侵权责任的三大要件。基于侵权责任的法律构成,因此,对于本草案所指的"被侵权人",还是应改为"受害人"比较合适,民法通则上用的是"受害人"。本法草案各个章节用的都是"被侵权人",如果强调这个概念,就会有一种误区,会给人一种错觉,只要侵权行为发生了,就要承担侵权责任,实际上这是不对的。本法草案第六条已经规定了构成责任的方式,"行为人因过错侵害他人民事权益造成损害的,应当承担侵权责任",第六条已经明确了"侵权责任"的构成必须具备的两个基本要件,一个是侵权行为发生,一个是有损害后果。我建议本法把这个名词还是改为"受害人",还有一个依据,在草案第二十四条,用的就是"受害人",即"受害人和行为人对损害的发生都没有过错的,可以根据实际情况,由双方分担损失",这是民法上的混合过错,这里就用了"受害人"。在一部法律草案中,作为被侵权人这个主体,用了两个概念。因此,我建议慎重地考虑一下,因为侵权责任法是民法典的重要组成部分,这里的名词用语尽量和民法通则一致。

严以新委员说,侵权责任法草案已经是第三次讨论了,一般经过三次审议也就该通过了,但是这次是"再议",说明这部法很重要。提几点意见:第一,第二条规定的"本法所称民事权益"有很多,建议末尾加上"和法律保护的其他民事权益",因为虽然这里规定了很多,但是也不一定能够完全覆盖。第二,第三条建议再加上一句"对涉及不特定多数人重大利益的侵权行为,国家检察机关或法律、行政法规授权的组织有权代表国家追究侵权人的侵权责任",因为现在群体性事件比较多,正如去年的"三鹿奶粉"事件,最好能够由国家出面,这样比较好解决。

南振中委员说,草案第二条第二款采取简单枚举的方式,对民事权益的范围作了界定。枚举方式应该做到三点:一是无重复;二是无遗漏;三是无交叉。但目前法律和司法解释中已经提及的一些民事权益并没有纳入界定之中。建议对这一款的表述方式加以推敲,使其既能涵盖目前受法律保护的各项民事权益,又能为将来新增民事权益的保护留下解释空间。

梁爱诗(全国人大常委会香港特别行政区基本法委员会副主任)说,这部法律的范围问题。第二条有十六项对民事权利的规定,比如知识产权、股权等,现在这部法律是否可以保障所有这些权益呢?我想这个法主要是对人身损害的赔偿、财产损害、精神的赔偿等作规定。比如第十五列出了八种责任承担的方式,这个法主要是管第六项,就是赔偿损失,其余各项没有具体的规定。我认为,这部法律当中有很多内容跟其他法律有交叉,应该作一个法律检查,把所有有关的法律,比如民法通则、产品质量法、医疗事故、道路交通安全法、知识产权法、环境保护法等法律法规表列起来。否则,在后法优于前法,法大于条例和规定,专门法与原则性法律哪个为主等原则下,这个法通过以后可能对现行法律有影响,要考虑好,再作最后的定稿。

周家贵(全国人大代表)说,侵权责任法是一部很好的法律,这部法的出台对构建和谐社会和国家的可持续发展很有必要。提几点修改建议:第一,第一条"为保护民事主体的合法权益,明确侵权责任,预防并制裁侵权行为,促进社会和谐稳定,制定本法",其中"促进社会和谐稳定"建议修改为"促进社会文明进步"。因为本法是一部民事法,也是保护民事合法权益的基本法,这在我国法制史上是一个很大的进步,充分证明和反映了我们国家文明的进步,推进民主法制文明的决心和信心。同时,任何一部法的制定和实施都是一个社会规范制度和平衡利益矛盾,都是为社会的长治久安、和谐稳定服务的,是文明进步的体现。结合现实情况看,仍不排除存在侵权行为,潜伏着影响和谐的因素。现在基层对一些侵权行为大多采取拿钱买稳定,制定本法的目的就是为了消除侵权,规范社会秩序,这是根本。因此,应通过本法的立法促进社会的文明进步,建议修改为"为保护民事主体的合法权益,明确侵权责任,预防并制裁侵权行为,促进社会文明进步,制定本法"。第二,本法中有关侵权的术语比较多,比如行为人、侵权人、加害人、受益人、受害人、当事人、所有人、使用人、受让人、经营人、施工人、作业人、管理人等等,本法第三条已经明确了侵权人和被侵权人的关系,但第六条中又出现了行为人,这个行为人与侵权人有何种关系?建议在这些不同场合使用的术语尽量保证一致,同时进行必要的术语解释。

罗范椒芬(全国人大代表)说,草案第二条增加了很多具体的民事权益,但是在民法通则中只有四类的民事权益,即财产权、人身权、知识产权、债权,也包括婚姻自由权,但是没有在第二条反映出来。建议个别的民事权益放在法律后面的附则去拓展,不必放在第二条中。

二、关于责任构成和责任方式

马福海委员说,侵权责任法作为民法的一编,所调整的社会关系比较复杂,所以调整的范围应该尽量全面一些,建议对目前社会生活中出现的侵权责任的种类再进行梳理,在法律中予以规范。同时,建议增加建设工程侵权责任、工伤事故侵权责任、特殊侵权在特殊情况下由国家进行赔偿等方面的内容。此外,在结构和内容上应该和民法通则、物权法做好衔接,为最终形成民法典打好侵权责任部分的法律基础。这是一条原则性意见。另外,再提几点具体修改意见。(1)第二章第十条,"行为人承担连带责任",我认为"行为人"概念不够明确,既可以界定为此次侵权行为实施人,也可以界定为共同侵权行为人。按照法条内容的规定,应该理解为"共同侵权行为人"。因此,建议把这两条当中的"行为人"修改为"共同侵权行为人"。(2)建议将草案第十六条,"造成死亡的,还应当赔偿丧葬费和死亡赔偿金",修改为"造成死亡的还应当赔偿丧葬费、死亡赔偿金和生前抚养人所必须的生活费",这样规定就更全面,更贴近实际。(3)建议将第十七条中的"交通事故、矿山事故"修改为"同一交通事故、矿山事故"。将"年龄、收入状况"修改为"年龄、收入状况、身份和户籍所在地人均收入等因素"。这样的修改可以避免在同样的侵权行为造成损害的情况下,"同人不同价"的情况。(4)第二十二条规定精神损害赔偿的请求权,但在实践当中,精神损害侵权责任的赔偿标准还是比较复杂的,难以掌握,建议结合有关司法解释,确定相对明确、操作性较强的标准。

丛斌委员说,草案第六条第二款"根据法律规定推定行为人有过错,行为人不能证明自己没有过错的,应当承担侵权责任"。这条规定非常好,是国际通用的过错推定原则。过错推定原则是有条件的,也就是我们所说的"举证责任倒置",由于这条规定,后面派生了两个条款,一个是医疗责任过错是否适用举证责任倒置,这次修改稿把这个条款去掉了。还有一个是第六十六条环境污染责任,这里却没有去掉,仍然使用了举证责任倒置。这次修改稿的说明中讲到,医疗责任部分把举证责任倒置去掉是因为证据使用的问题,由证据使用部门、由司法解释部门去规定,所以等于还是没有规定。最高法院在处理医疗纠纷的时候仍然适用举证责任倒置,最高人民法院在若干年以前出台了证据适用规则,对医疗损害责任推定实行的就是举证责任倒置。第六十六条又规定了这个程序,我的问题是,一个法律草案中不要出现矛盾。这里说证据使用上应该由司法解释部门去说,咱们在这儿就不说了,采取了一个回避的态度。但第六十六条对环境污染的问题又保留了举证责任倒置的规定。从前后一致性来讲,法律委员会要再斟酌一下,对这两个问题通过技术手段处理一下,不要一部法律出现两种说法。

严以新委员说,草案第十一、十二条的内容和第十条有点重复,第十一、十二条的表述已经比较一致了,第十条就不太有必要存在了,建议删去。第十六条规定了赔偿范围等,但被侵权人抚养的无劳动能力的人或者未成年人的保障问题方面也应该有所表述,建议加上"被侵权人抚养的无劳动能力人和未成年人在法定年限的生活费用",这部分费用也应该纳入到赔偿范围内。矿难死亡的人群中大部分都是青壮年,往往都承担着一个家庭的生活重担,如果赔偿数额法定,实际操作起来就太粗糙了一些。第十八条建议再加一款"侵犯公共利益的,国家检察机关和法律行政法规授权委托的其他机关有权代表国家提出公益诉讼,追究侵权人的法律责任",也就是对违反公共利益的,国家机关也可以提起诉讼。

范徐丽泰委员说,对于侵权责任法草案谈些意见。第一,草案第十四条是说连带责任人根据责任大小确定其相应的赔偿数额,难以确定的,平均承担赔偿责任,这很清楚。可是第十三条规定被侵权人有权要求其中一个或者数个承担连带责任的人承担全部责任。既然已经有了第十四条,为什么又允许第十三条要求其中一个或数人承担全部责任,为何有此随意性。是不是在实际情况下,承担连带责任的人已经潜逃、失踪或者根本没有能力作出赔偿,而其他承担连带责任的人又知情不报造成侵权人的损失,令被侵权人无法向以上的侵权人请求赔偿,所以才有第十三条,容许被侵权人向其他承担连带责任的人追讨。如果真是这样的话,承担全部赔偿责任的人,已经支付了超出他自己赔偿数额所需要付出的,他是否有权向其他的连带责任人追偿?如果没有,这是不是不公平?如果有的话,法律中是否要写清楚?第二,第十七条规定,因为一个事故造成很多人死亡,赔偿的时候可以用同一个数额作为赔偿金。建议考虑,加进一个事故,即违章建筑事故。因为现在发生不少所谓豆腐渣工程的事,表示对这类事件的重视和对从事建筑者的要求。第三,第十八条规定,"被侵权人死亡的,其近亲属有权请求侵权人承担侵权责任","近亲属"概念并不清楚,比如说哥哥、嫂子也是近亲属,可是他并不是被侵权人的扶养对象,也不是赡养对象。可能多年来都没有来往,所以建议考虑,用"其继承人和其他有扶养关系的亲属"代替"近亲属"。

林强委员说,草案第十六条"侵害他人造成人身损害的,应当赔偿医疗费、护理费、交通费等为治疗和康复支出的合理费用"。最高人民法院《关于审理人身损害赔偿案件的解释》第十七条已经认定"必要的营养费"由加害人赔偿,建议把"必要的营养费"列进去,以体现立法着重总结实践经验,并加强对被害人权利的保护。

金硕仁委员说,关于侵权责任法草案的修改建议:第一,第十六条罗列了赔偿项目,但我觉得赔偿项目还不全,比如没有规定对受害方所扶养的人的生活费问题,应该增加这方面的内容。第十六条下数第一行可以这么修改,"还应当赔偿丧葬费、死亡赔偿金和受害方所扶养的人的生活费"。因为受害方所扶养人问题是现实生活中经常遇到的问题,也必须补偿生活费。第二,第二十二条应增加一款,造成他人有纪念意义的物品损坏的,也应承担侵权损害赔偿责任。

吕薇委员说,草案第十七条:"因交通事故、矿山事故等侵权行为造成死亡人数较多的,可以不考虑年龄、收入状况等因素,以同一数额确定死亡赔偿金。"这是为了方便处理事故,但是这样会造成和其他法律不一致。比如同样一个人交通事故死亡了,如果一个人死亡赔偿的就多,要考虑年龄、职业、收入等因素,人多了赔偿就少了。这样存在在本法中大家平等了,方便了,但是对于同一个人在不同的法律规定中就形成了不平等。

郑功成委员说，草案第十七条的规定是一个进步，草案规定"因交通事故、矿山事故等侵权行为造成死亡人数较多的，可以不考虑年龄、收入状况等因素，以同一数额确定死亡赔偿金"。这是针对最近几年引起公众热议的"同命不同价"现象的一个回应，但是什么叫"死亡人数较多"，现在我们实际执行的是各行各地不同，如矿难事件中死亡30人以上统一赔20万，有的地方赔更多。这样的规定，我认为弹性太大，法律应该明确规定，对于死者不要区分男女老幼，还是应该"同命同价"。因此建议把"同命同价"作为原则确立，明确两人以上的都适用同一赔偿额度。草案第二十条，这次修改也是有进步的。第二十条规定"侵害他人人身权造成财产损失的，按照被侵权人因此受到的损失赔偿；被侵权人的损失难以确定，侵权人因此获得利益的，按照其获得的利益赔偿"。这个规定是有所进步的，但还有不妥。这就是当被侵权人的损失难以确定的时候，只要侵权人没有得益的就可以不赔偿。法律条文是这样写的，但是在现实中，有的是损人利己，有的则可能是损人不利己，对于损人不利己的，按照现在的规定是可以不承担责任，这显然并不妥当，我认为损人利己者要担责，损人未利己者也应担责，即没有获得利益的侵权人也应该负责任。这个责任的大小可以通过相应的司法程序解决。

汪纪戎委员说，第二章"责任构成和责任方式"当中，只涉及到了财产损害和人身损害，有必要针对生活和生态环境的损害增加相应的条款，建议增加一条"因污染造成的生活、生态环境损害和需采取的责任方式，应由取得资质的评估机构按相应的评估技术规范来确定"。

刘新成委员说，假如公共设施或者公共服务的使用权受到侵害，是不是也属于侵权责任法的范畴？比如停电，因为人为过错或在没有提前通知的情况下，突然停电并造成损失是不是也属于侵权行为？我在学校里有时遇到这种问题，突然停电首先会带来不便，也会造成电器等财产损失。特别是现在学校里做实验或使用网络都需要用电，突然停电就会造成很多时间上的损失和劳动的浪费。现在受到损失的人质问学校，但很多时间停电又不是学校造成的，我们也不知道该追究谁的责任。对这种侵权行为如果处罚的话，规定起来可能比较困难，但总应该通过法律上对这种行为有所约束。

梁爱诗（全国人大常委会香港特别行政区基本法委员会副主任）说，草案第七条"行为人侵害他人民事权益造成损害，不论行为人有无过错，法律规定应当承担侵权责任的，依照其规定"。行为人无过错，为什么要承担责任呢？首先，我认为要清楚什么是侵权行为，行为和损害是否有因果关系。刚才有一位委员提到在银行门口被抢是否是银行的责任，大家认为这不应该是银行的责任，因为这个侵权行为不是由银行引起的。但第二十三条规定，"因防止、制止他人民事权益被侵害而使自己受到损害的，由侵权人承担责任。侵权人逃避或者无力承担责任，被侵权人请求补偿的，受益人应当给予适当补偿"。我认为受益人没有作出侵权行为，不应该由他承担责任。道义上讲，受害人的行为是对他有好处的，他应该承担道义上的责任，但这不应该是一个侵权行为的法律责任。所以，因果关系是一个很重要的原则。

罗范椒芬（全国人大代表）说，建议在第六条"行为人因过错"后面加上"或没有采取适当的保护措施，造成他人民事权益受到损害的"，也就是有过错的行为，或者是不作为，都应该承担侵权责任。第九条"帮助无民事行为能力人……"，这在民法通则中有很具体的定义、解释,可以在附则中重复一下,包括什么是无民事行为能力人,什么是限制民事行为能力人,等等。草案第十八条"近亲属有权请求侵权人承担侵权责任","近亲属"在民法通则中分为最优先、第二优先,配偶应该是最优先,之后是父母和子女,否则全部的近亲属都来争取权利的话,可能会出现混乱,建议对"近亲属"再进一步加以说明。第五,第十九条中的"或者其他标准计算"这个说法很笼统,可能立法原意是要针对一些很难量化的损失来作这样的规定,建议拓展这一条文,加入协商解决的安排。

周家贵(全国人大代表)说,草案第十六条"侵害他人造成人身损害的,应当赔偿医疗费、护理费、交通费等为治疗和康复支出的合理费用",比如造成死亡、身体出现伤残、精神失常、生活不能自理等等,建议在后面再加上"生活营养费",使赔偿的范围更全面,与当前我国其他的相关法律规定相一致,并且便于基层实践操作。第二十二条"侵害他人人身权,造成他人严重精神损害的,被侵权人可以请求精神损害赔偿",建议对"严重精神损害"进行界定。

刘卫星(全国人大代表)说,我对侵权责任法草案谈几点修改意见。第一,第十六条建议增加人身损害赔偿的损失范围,修改为:"侵害他人造成人身损害的,应当赔偿医疗费、护理费、交通费、住宿费、住院伙食补助费、营养费等为治疗和康复支出的合理费用以及因误工减少的收入。造成残疾的,还应当赔偿残疾生活自助具费、残疾赔偿金和被扶养人生活费等因为生活所需而支出的必要费用以及因丧失劳动能力导致的收入损失。造成死亡的,还应当赔偿丧葬费、死亡赔偿金和被扶养人生活费等其他合理费用。"修改理由:目前司法实践中对人身损害赔偿的损失范围界定普遍执行的是最高人民法院《关于审理人身损害赔偿案件适用法律若干问题的解释》(法释〔2003〕20号)第十七条,即:"受害人遭受人身损害,因就医治疗支出的各项费用以及因误工减少的收入,包括医疗费、误工费、护理费、交通费、住宿费、住院伙食补助费、必要的营养费,赔偿义务人应当予以赔偿。受害人因伤致残的,其因增加生活上需要所支出的必要费用以及因丧失劳动能力导致的收入损失,包括残疾赔偿金、残疾辅助器具费、被抚养人生活费,以及因康复护理、继续治疗实际发生的必要的康复费、护理费、后续治疗费,赔偿义务人也应当予以赔偿。受害人死亡的,赔偿义务人除应当根据抢救治疗情况赔偿本条第一款规定的相关费用外,还应当赔偿丧葬费、被扶养人生活费、死亡补偿费以及受害人亲属办理丧葬事宜支出的交通费、住宿费和误工损失等其他合理费用。"但从目前草案第十六条看,界定的赔偿损失范围过于概括,与目前司法实践掌握的标准相比,范围有所缩小,为保持有关法律的一致性和延续性,建议作如上修改,一致起来。第二,建议删去第二十一条。草案第二条、第三条和第十五条中已经作了明确规定,第二十一条的内容有所重复。

陈燕萍(全国人大代表)说,草案第十七条规定:"因交通事故、矿山事故等侵权行为造成死亡人数较多的,可以不考虑年龄、收入状况等因素,以同一数额确定死亡赔偿金。"关于这一规定,根据最高人民法院《关于审理人身损害赔偿案件适用法律若干问题的解释》第二十九条规定:"死亡赔偿金按照受诉法院所在地上一年度城镇居民人均可支配收入或者农村居民人均纯收入标准,按二十年计算。但六十周岁以上的,年龄每增加一岁减少一年;七十五周岁以上的,按五年计算。"如果侵权责任法不考虑年龄因素,采取一揽子解决方案,一方面可能有利于快速平息矛盾和纠纷,这是要建立在双方当事人自愿达成调解的基础才成立,如果有一方当事人不愿意接受调解,法院就要依法作出判决,这点与其他的相关法律规定的事项有悖,建议这条规定应该细化、明确标准,否则在实际的操作过程中,法官难以操作。

陈家宝(全国人大代表)说,对侵权责任法草案提几点建议:(1)第十七条:"因交通事故、矿山事故等侵权行为造成死亡人数较多的,可以不考虑年龄、收入状况等因素,以同一数额确定死亡赔偿金。"建议把"环境污染事故"也放进去。因为环境污染事故也可以造成一次死亡人数较多。(2)第十八条,规定了被侵权人如果为单位,该单位分立、合并的情况,我认为应该再加上"或被重组"。承继权利的单位有权请求侵权人承担侵权责任,这是对的,我认为还不够全面,应该增加一条,规定侵权人为单位的,该单位分立、合并或者重组之后,承继权利的单位有义务承担侵权责任,侵权人单位破产后怎么办,也应有描述。(3)第二十五条规定,损害发生以后,当事人可以协商损害赔偿金的支付方式。协商不一致的,损害赔偿金应当一次性支付;一次性支付确有困难的,可以分期支付,但应当提供相应的担保。这里语义不清,逻辑不明。协商不一致的,损害赔偿金要一次性支付,而协商一致的,反而要分多次支付。

三、关于不承担责任和减轻责任的情形

范徐丽泰委员说,草案第三十一条第二句,"如果危险是由自然原因引起的,紧急避险人不承担责任或者给予适当补偿",不承担责任就是没有责任,没有责任怎么会"或给予适当补偿"?这两者好像是有矛盾的,所以我不太明白这一条想表达的意思。条文第三句"因紧急避险采取措施不当或者超出必要的限度,造成不应有的损害的,紧急避险人应当承担适当的责任",换句话说,有过错的话就应当承担责任。那么第二句就是没有过错的情况,建议删去"或者给予适当补偿"。第三十二条第二款"有财产的无民事行为能力人、限制民事行为能力人造成他人损害的,从本人财产中支付赔偿费用,不足部分,由监护人赔偿",可是第三十二条第一款提到监护人尽到了监护责任的可以减轻其侵权责任。我觉得这个概念,在第二款也同样适用,因此建议第二款最后加一句话,"监护人未尽到监护责任的,由监护人赔偿",就可以防止监护人因为不需要支付赔偿而不尽到监护责任。

赵子铭委员说,草案第三十一条"如果危险是由自然原因引起的,紧急避险人不承担责任或者给予适当补偿",后面又讲到"因紧急避险采取措施不当或者超过必要的限度,造成不应有的损害的,紧急避险人应当承担适当的责任",建议把前面的"或者给予适当补偿"删掉。为什么应该给予适当补偿?就是因为紧急避险超过了必要限度,如果没有超过必要限度,那就不应该有"适当补偿"。

达列力汗·马米汗委员说,草案第三十三条讲到了暂时没有意识或者失去控制等等情况,这一条暂时没有意识,失去控制,没有过错,这些在实际中难以操作,而且难以鉴定,你怎么知道他暂时没有意识到、暂时失去控制没有过错?因此建议进一步细化,而且制定明确的标准,这样操作起来更好。

吴晓灵委员说,草案第三十七条"宾馆、商场、银行、车站、公园、娱乐场所等公共场所的管理人或者群众性活动的组织者,未尽到安全保障义务,造成他人损害的,应当承担侵权责任"。我谈一下银行的情况,在银行大厅中出事的还不算多,有的人专门盯着取巨款

的人,出银行门就被抢劫了;有人在银行的 ATM 机上做了手脚,使客户受到损害,银行是否算"没有尽到安全保障义务",这些情况是否由银行负责? 如果这类事件,银行要承担连带责任,我希望可以给银行以风险提示,告诉银行这些情况银行是负有责任的,要加强风险防范意识和措施。

梁爱诗(全国人大常委会香港特别行政区基本法委员会副主任)说,草案第三章讲了不承担责任的情形,第二十六条,被侵权人对于损害发生也有过错的,可以减轻侵权人的责任。第二十七条,损害是因受害人故意造成的,行为人不承担责任。第二十八条,损害是由第三人造成的,第三人应当承担侵权责任。第二十九条,因不可抗力造成他人损害的,不承担责任,但法律另有规定的除外。第三十条,因正当防卫造成损害的,不承担责任。第三十一条,因紧急避险造成损害的,由引起险情发生的人承担责任。但不是所有的不承担责任的条文都在这一章里面。比如第六十条,对医疗机关不承担责任的情形进行了规定。我认为,是否可以把所有不承担责任的情况都放在这一章当中?

四、关于责任主体的特殊规定

乌日图委员说,关于侵权责任法草案,这部法律非常重要,但有些条款还要认真研究。如劳务派遣用工形式,被派遣的工作人员在工作过程中造成他人损害的,谁来承担侵权责任的问题,在这个三方关系中被派遣的工作人员是和派遣单位有劳动关系,双方应按劳动法、劳动合同法的有关规定履行各自的职责,而接受劳务派遣的用工单位,只是被派遣的工作人员的一个具体的工作场所,他和被派遣的工作人员没有劳动关系,除非用工合同有特别的规定,在这三方中谁来承担侵权责任应进一步研究。再比如,第三十五条提出个人之间形成劳务关系中的侵权责任问题,如现实生活中的家庭雇佣保姆、家庭装修等,保姆的劳动形式没有在劳动法等法律中规范,但这不代表这种用工形式不需要规范。从大多数国家的实践看,也都有规范的劳动关系,在这部法律中肯定了这种"个人之间的劳务关系"的形式,而没有相应的责权规定是不妥的。另外,家庭装修按现有法律法规的要求,是一个经济组织应受劳动法和劳动合同法的规范,不能叫"个人之间的劳务关系",草案还有一些类似的问题值得进一步研究。

郑功成委员说,草案第三十四条涉及到劳务派遣的规定,也是这次修改的进步。这个方面的规定过去谈得很少,第三十四条规定:"劳务派遣期间,被派遣的工作人员在工作过程中造成他人损害的,由接受劳务派遣的用工单位承担侵权责任;劳务派遣单位有过错的,承担相应的补充责任。"这一条规定应该说基本符合事实,但是如果说用工单位和劳务派遣单位有协议的话,怎么办? 在用工单位和派遣单位之间的协议是不是应该得到尊重。如果说一个外单位的人来本单位工作,造成了本单位很大的侵权责任后果,只规定用工单位负责是不是有失公平。因为派遣单位才是被派遣者的雇主,因此,应强化派遣单位的责任,这将有利于化解劳务派遣被滥用的现象,使劳动关系进一步规范化。

丛斌委员说,第三十四条和第三十五条,这也是一种简单地处理事故的方法。用人单位、工作过程中造成他人损害的,用人单位、派出单位就得承担责任。有的情况很复杂,有的是行为人本身的过错,有的是为了工作,把行为人的本身过错和为了工作造成的损害,用同一种处理方法来处理,是不科学的,也不公平。所以,我建议第三十四条这样修改:

"用人单位的工作人员因规范工作行为造成他人损害的,由用人单位承担侵权责任",就是把"在工作过程中造成他人损害的"改为"因规范工作行为",因果关系明确。如果造成损害的原因就是因为工作,这是一个点的问题,也是一个非常具体的因素。如果不这样改,还是在工作过程中,这是一个时间的持续过程,这个时间的持续过程是有间歇的,不见得都是因工作造成的他人损害。第三十五条建议这样修改:"个人之间形成劳务关系的,提供劳务一方在劳务过程中造成他人损害的,或自身受到损害的,根据劳务方和接受劳务方各自过错承担相应的责任。"

吕薇委员说,草案第三十四条讲到"用人单位的工作人员在工作过程中造成他人损害的,由用人单位承担侵权责任"。第三十五条是"个人之间形成劳务关系,提供劳务一方在劳务过程中造成他人损害的",这两条意思是一样的,就是用人单位要承担侵权责任,这条应区分,比如,造成侵权责任的当事人是故意怎么办,是当事人的过错怎么办,这里应该区分责任,否则将来还会造成很多纠纷。

马福海委员说,草案第四章关于责任主体的特殊规定,第三十四条规定了用人单位的责任,但我觉得对保护用人单位的权益方面规定不够。为保护用人单位的权益,防止劳动者因不负责任而侵权,建议增加规定用人单位的追偿权。另外为促进有关单位强化道路管理,有效保护受害人的权益,建议在这一章中增加"道路、桥梁、隧道等人工建造的构筑物因维护管理瑕疵致人伤害,又不能证明自己没有过错的,所有人或者管理人承担侵权责任"的规定。

吴晓灵委员说,草案第三十四、三十五条都提到干活的人犯错了,造成了他人损失,雇主要承担赔偿责任。我理解立法本意是因为雇主是有钱的,为了让受害人及时得到赔偿,就让雇主先行赔偿。干活的人是一个肇事者,如果他违法违规了,怎么办?我认为在法律上应该规定,用工方有追究肇事者责任的权利,而且应该给予保护。保护被伤害人了,让雇主替肇事者承担了责任,反过来,雇主也应该有权向肇事者追究责任,在法律上必须写清楚这一条。当然可能在别的法律当中也能找到追究肇事者责任的依据,但我认为还是在这一部法律里规定清楚比较好。

严以新委员说,草案第三十五条"个人之间形成劳务关系,提供劳务一方在劳务过程中造成他人损害的,由接受劳务一方承担侵权责任"。比如现在家里雇了一个保姆,在菜市场与别人发生争吵、骑自行车撞人了,难道我也要替她承担赔偿责任?我认为这样的规定不太合理,希望写得全面一点。

郎胜委员说,我同意严委员的意见,侵权责任法草案第三十五条的规定过于简单化,在实际生活中,个人之间形成劳务关系,提供劳务一方在劳务过程中造成他人损害的情况很复杂,不加区分地规定一律由接受劳务一方承担责任,在实践中可能会引起很多矛盾,也不利于提高提供劳务一方的责任心和职业道德。建议对这一条再作认真研究,如果没有把握可以作约定。

陈洪先(全国人大代表)说,侵权责任法草案第三十四条,无论是用人单位的工作人员,还是被派遣的工作人员,对具体的工作人员由于工作过错、疏忽,甚至一些有意的行为,没有作具体的责任区分,这样就很容易造成在具体执行中由用人单位负全责。为了使工作人员尽心工作、勤勉尽责,我建议这个地方要作出规范。工作人员有故意、过失,用人单位对工作人员和劳务派遣单位，即被派遣的工作人员，应该追究相应的责任，单位有追偿责任，这样会更加完善。

刘卫星（全国人大代表）说，草案第三十四条建议增加规定用人单位在劳动者故意造成他人损害的情况下承担责任后的追偿权，增加以下内容作为第三十四条第三款："在前款规定中，如系用人单位的工作人员故意造成他人损害，用人单位在承担责任后有权向其工作人员进行追偿。"修改理由：在劳动者故意造成他人损害的情况下，如不规定用人单位的追偿权，一是有违公平原则，二是可能导致劳动者恶意损害用人单位利益的情况发生，因此，建议增加以上内容。建议第三十五条增加规定私人雇佣关系中劳动者故意造成他人损害的情况下承担责任后的追偿权，增加以下内容作为第三十五条第二款："在前款规定中，如系提供劳务一方故意造成他人损害，接受劳务一方承担责任后有权向提供劳务一方进行追偿。"修改理由：在提供劳务一方故意造成他人损害的情况下，如不规定接受劳务一方的追偿权，一是有违公平原则，二是可能导致提供劳务一方恶意损害接受劳务一方利益的情况发生，因此，建议增加以上内容。

王卉（全国人大代表）说，草案第三十四条"用人单位的工作人员在工作过程中造成他人损害的，由用人单位承担侵权责任"，没有明确界定工作人员的范围，是签订长期劳务合同的员工，还是劳务派遣，还是临时雇佣？如果在所有情况下都由用人单位承担侵权责任的话不太合理，规定得过于简单。另外，"劳务派遣期间，被派遣的工作人员在工作过程中造成他人损害的，由接受劳务派遣的用工单位承担侵权责任"，在劳务派遣员工的时候，是与劳务派遣单位签订了劳动合同，所以劳务派遣单位也有义务对其进行监管，或者进行必要教育及协定，所以劳务派遣人员对他人造成损害的时候，也应该把劳务派遣的单位和其个人共同列入到承担责任范围内，而不能仅仅让用人单位承担责任，如果仅规定由用人单位承担责任过于被动、有失公平。另外，"承担相应的补充责任"中"补充责任"没有依据，将来可能会造成很大的争议。

周家贵（全国人大代表）说，第三十四条"用人单位的工作人员在工作过程中造成他人损害的，由用人单位承担侵权责任"，这一条仅规定了用人单位承担侵权责任，对工作人员的责任没有界定。虽然用人单位对该单位的工作人员在工作中造成他人损害负有管理责任，但工作人员是主要的、直接的侵权人，也应当负有侵权责任。建议本条增加工作人员也应承担侵权责任，这样有利于提高工作人员的道德素质。现在社会转型过程中，有很多矛盾，如果一个工作人员有意造成一个大事故，由企业完全承担责任是不合适的，工作人员也应该承担一定的侵权责任。

刘志新（全国人大代表）说，草案第三十五条规定"个人之间形成劳务关系，提供劳务一方在劳务过程中造成他人损害的，由接受劳务一方承担侵权责任"，一般来说这种规定还可以，但是有一种特殊情况，如果提供劳务的一方没有按照接受劳务一方的要求进行操作的话，造成的损害由接受劳务一方承担侵权责任就显得不公平，因此建议改为："按接受劳务一方的要求进行操作，造成他人损害的，由接受劳务一方承担侵权责任"，这样规定更公平。

朱雪琴（全国人大代表）说，在侵权责任法草案当中，我也赞成大家对于第三十五条的意见，由接受劳务者承担侵权责任的说法不妥当。立法本意可能是认为提供劳务一方是弱势群体，一方面专业技能方面弱一点，另一方面经济赔偿能力也不足，如果是这种写法，会造成不合理的结论，因为有可能不是因为接受劳务方的原因造成的损害，也得他承担侵权责任，这样既不合理，也不利于提高提供劳务一方的技能水平和法律意识。所以，我建议应该考虑可以共同承担，或者分清责任，确定由哪一方承担。

张国梁（新疆维吾尔自治区人大常委会副主任）说，关于草案第三十五条规定"个人之间形成劳务关系"，讲了两种情况：一种是提供劳务的一方在劳务的过程中造成他人损害的，由接受劳务一方承担侵权责任；二是提供劳务的一方在劳务过程中自己受到伤害的。这里还有第三种情况，比如说个人之间的劳务关系是两个人之间发生的，比如一个人到某人家做家政保姆，发生的侵权关系，又如土地所有者雇工的劳务关系，发生的侵权。建议斟酌。

何帮喜（全国人大代表）说，当今社会使用网络非常广泛，网络信息非常多、问题也多，这次北京清理了1008起假的非法医院信息，网络信息非常混乱，应该明确规定。现在的搜索引擎，如好的企业、大的企业都不在前面，虚假的、小企业都在前面，因为给的钱多就可以往前排。建议草案第三十六条更加明确网络侵权的问题，增加网络信息方面的内容，比如可以增加抢占网络资源，以不正当手段或者以搜索引擎排名为序，发布虚假信息，屏蔽他人的信息等方面的内容。现在网络有一个问题，就是主管部门不明确，建议建立网络侵权管辖权和主管部门的审核权。

周森（全国人大代表）说，侵权责任法草案提出的非常及时，一切内容针对的是我国现阶段存在的突出问题，规定得很好，很正确，特别说明的是，有关网络侵权责任提出的相当到位。目前网络侵权十分普遍，大家在不经意当中便被网络侵权而造成伤害。应对网络侵权者加以重罚。

五、关于产品责任

贺一诚委员说，关于侵权责任法草案，这是三审稿，我同意刚才有些委员讲的意见，这部法律中还存在很多较易引起争议的问题。第五章"产品责任"里写了很多，一共有七条规定产品责任，这是对的，对消费者是一个很好的保护，但亦应对生产者及销售者有一对应的保护措施，以防止无理取闹的情况发生。但是我们能否在这里加上生产者、销售者向保险公司购置强制的产品安全责任险，如发生产品安全事故时由保险公司去解决。因有一家专业的保险公司去处理这种事情，解决起来就容易得多，社会上争议也就没这么大了。保护了消费者的权益，但也要顾到产品责任的安全系数，彼此之间如何平衡？在国外的市场，像美国、欧洲都有规定，就是生产商、销售商一定要为消费者购置产品安全责任保险，消费者有问题的话由保险公司赔偿。从这种经验情况下看，我们的道路安全法中修改后把第三者保险作为强制性保险，这样就解决了争议性问题。

郑功成委员说，草案第五章第四十一条规定"因产品存在缺陷造成他人损害的，生产者应当承担侵权责任。法律规定不承担责任或者减轻责任的，依照其规定"，这个条文本身规定了我国的产品责任采用"过错责任"的原则，但是不宜一刀切。因为在国际上，产品责任很多国家采用的是严格责任，或者说是无过错责任。在美国确定产品责任的时候用的是严格责任，一个典型的判例是，一个宾馆的女服务员在冰箱拿了一瓶啤酒，这瓶啤酒爆炸了,炸伤了女服务员的手,很显然,啤酒瓶不可能某一个不合格,啤酒也不可能一瓶有缺陷,但美国的法院审理中认为,即使不能认定过错责任,啤酒厂也是应该赔偿的,这样的规定在各国均有,它有利于保护消费者与公众的权益。在我国也是如此,有时不一定非要按照过错责任或者过失承担责任,有时可以按照因果关系来处理。因此,这条应该改为"法律另有规定的依照其规定"。草案第四十七条"明知产品存在缺陷仍然生产、销售,造成他人生命、健康损害的,被侵权人有权依法请求惩罚性赔偿"。这种惩罚性赔偿,是我们立法的进步。但是还有一种情形,第四十六条"未及时采取补救措施或者采取补救措施不力造成损害的",我认为应该归入惩罚性赔偿的范围。

范徐丽泰委员说,草案第四十二条第二款,"销售者不能指明缺陷产品的生产者也不能指明缺陷产品的供货者的,销售者应该承担侵权责任",我建议将第二句"也不能指明缺陷产品"删去,加上"或",修改为"销售者不能指明缺陷产品的生产者或供货者,销售者应该承担侵权责任"。草案第四十七条"明知产品存在缺陷仍然生产、销售,造成他人生命、健康损害的,被侵权人有权依法请求惩罚性赔偿",这个规定很好。如果有明知故犯的生产、销售单位,而且它的行为是能够造成他人生命、健康损害的,那政府是不是应该对它做一个刑事上的起诉,让它负刑事责任。

林强委员说,草案第四十七条"明知产品存在缺陷仍然生产、销售,造成他人生命、健康损害的,被侵权人有权依法请求惩罚性赔偿",这条只有两行字,应该对有些问题加以明确。(1)"依法请求惩罚性赔偿",这个"法"指的是哪部法规定的可以进行惩罚性赔偿,在这里没有指明。(2)产品缺陷造成生命、健康损害之外,是否需要在其他严重危害人们生命健康的领域,比如环境侵权责任领域,还要追究责任?(3)惩罚性赔偿的适用标准如何规定?也就是说,什么叫做惩罚性赔偿?幅度是多大?标准是什么?

马福海委员说,草案第五章第四十七条规定了产品责任的惩罚性赔偿,但没有对惩罚性赔偿和侵权赔偿责任的具体比例和数额进行规定,建议再细化。

陈家宝(全国人大代表)说,草案第五章产品责任。建议改一下标题,改为"产品缺陷责任",这一章的内容也是涉及到了产品缺陷责任的问题。产品责任范围的内容远远大于"产品缺陷责任"的范围。比如产品本身没有缺陷,但没有告知或正确告知使用、储存、清洗的方法,由此造成损害的,生产者仍应承担责任。因此,建议标题改为"产品缺陷责任"。如果不改,就需要在本章规定相关的产品责任。第四十六条规定"产品投入流通后发现存在缺陷的,生产者、销售者应当及时采取警示、召回等补救措施。未及时采取补救措施或者补救措施不力造成损害的,应当承担侵权责任"。这里把"未采取补救措施或者补救措施不力"作为侵权责任的前提,我认为有偏颇,不能成立,它不应该成为侵权责任的前提,因为只要有缺陷的产品一旦投入流通领域,无论是否及时采取补救措施,措施是否有力都应该承担侵权责任,因为侵权责任已经发生了。因此建议本条修改为"未采取补救措施或者补救措施不力造成损害的,除承担侵权责任以外,应当依法追究相应的行政责任或刑事责任"。

秦希燕(全国人大代表)说,对产品质量出现问题后要警示、要召回,否则要承担赔偿责任。更重要的一点,是明明知道有缺陷还销售的,要承担惩罚性赔偿。第五章建议改为"产品缺陷责任"或者"产品质量责任",产品本身是没有责任的。第四十七条,明知产品缺陷进行销售的,要承担惩罚性赔偿,什么叫"惩罚性赔偿"?这是法理概念,应该具体明确为法律概念,理解为"承担对请求损失的一倍责任赔偿"。

六、关于机动车交通事故责任

南振中委员说,草案第五十条规定,"机动车发生交通事故后,属于机动车一方责任的,由保险公司在机动车强制保险责任限额范围内予以赔偿。不足部分,由受让人承担赔偿责任"。交通事故可能是车与人相撞,也可能是机动车与机动车的对撞。如果责任属于机动车的另一方,赔偿责任不应由该受让人承担。为了防止产生歧义,建议在机动车之前增加一个"该"字。

范徐丽泰委员说,草案第五十三条,"机动车驾驶人发生交通事故后逃逸的,该机动车参加强制保险的,由保险公司在机动车强制保险责任限额范围内予以赔偿;机动车不明或该机动车未参加强制保险的……","机动车不明"这句话我认为应增加几个字,建议修改为"机动车驾驶人或所有人不明",就是不知道谁在驾驶,也不知道车是属于谁的,所以没有办法赔偿,因此就由道路交通事故社会救助金来垫付。

王卉(全国人大代表)说,草案第六章机动车交通事故责任里面,如果交通道路管理部门没有履行正常道路维护,或者是没有保护措施及明确的交通指示,或者是因为天气原因造成的机动车交通事故,那么如何赔偿,由谁负赔偿责任?这类事故发生得也比较多,比如出现道路塌陷等,也容易造成机动车交通事故,但这些内容没有在本法中得以体现。

刘卫星(全国人大代表)说,建议在第五十一条中增加规定借用、租用报废的车辆、拼装的车辆发生交通事故情况下的责任承担问题,将第五十一条修改为:"拼装的或者已达到报废标准的机动车发生交通事故造成损害的,如系以买卖等方式转让,则由转让人和受让人承担连带责任,如系租用,则由出租人和承租人承担连带责任,如系借用,则由出借人和借用人承担连带责任。"修改理由:报废车、拼装车对道路交通安全的危害较大,且目前借用、租用报废车、拼装车的现象客观存在,因此,建议对此进行责任界定,增加以上内容。

七、关于医疗损害责任

贺一诚委员说,我认为这部法较大的问题是第七章,医疗损害责任部分。按照现在的规定,对消费者是一个保护,但以后发生的医疗责任不知道如何处理,建议细化。我同意刚才有些委员讲的,一定要小心,在用字上面如何去定义。医疗方面,在外国及港澳地区也是有专有的医疗责任保险的,医院为我们所有的医生去购买这个保险,如果有医疗事故问题发生,由医疗保险公司和病者去谈,因为往往医疗人员和病者很难谈,通过保险公司作为专业去谈的话,就较好解决。

龚学平委员说,我认为草案第五十六条现在的规定很好,体现了医务工作者救死扶伤的人道主义精神,但是对医疗界某些无钱不治病,造成患者损害的行为,应当追究其赔偿责任。因此,我建议这条应改为"因抢救危急患者等紧急情况,不能取得患者或者近亲属意见的,经医疗机构负责人或者授权的负责人批准,可以立即实施相应的医疗措施。如患者有损害的,医疗机构不承担赔偿责任。如不立即采取相应医疗措施造成患者损害的,医疗机构应承担赔偿责任,造成死亡的,应视情节追究行政和刑事责任"。这样规定比较全面。

吕薇委员说，三审稿比二审稿作了很大改进。但是还有一些想法：第一，和其他法律是什么关系？比如在机动车交通事故责任部分提到了道路交通安全法。但是在医疗损害责任这部分，没有提到与医疗有关的法律法规进行衔接，目前在医疗事故处理方面已有一些相关的规定，是否可以也提一下依照其他法律规定。第二，是否需要对损害程度、伤害程度作出一些定义，是否需要规定一些具体赔偿的处罚标准？草案第五十七条，首先对于"注意义务"是什么意思我也不太清楚，是否能解释一下。另外，前面第一款已经讲到"医务人员在诊疗活动中应当尽到与当时的医疗水平相应的注意义务"，这个实际上就已经强调了水平区分，但是后面第二款加了一句"判断医务人员注意义务时，应当适当考虑地区、医疗机构资质、医务人员资质等因素"，好像是说水平低犯了错误就不承担责任，本来水平就低，更应该用各种方法促进提高，建议这一句不要。

吴晓灵委员说，草案第五十七条和第六十条，我建议修改一下。第五十七条规定医务人员在诊疗活动当中，如果没有尽到注意义务是要负责任的。我认为，应该改为"医务人员在诊疗活动中应当尽到与当时、当地的医疗水平相应的注意义务"，并把第二款当中的"地区"去掉。第一款规定必须是当时、当地的医疗水平，如果是地区的话，范围就大了。上海市和上海市的郊区医疗水平也是不一样的，所以注意义务的内涵也是应该有区别的。第五十七条第二款讲到判断医务人员的注意义务时，要考虑医疗机构资质、医疗人员自身的水平。在同一个城市当中，不同的医院水平也有不同。同样的道理，第六十条第三项"限于当时的医疗水平难以诊疗的"，这里也应该加上"当地"两个字。大城市能够诊断的病例，未必在小城、边远地区也可以诊断，所以我认为应该把时间和地点的诊疗水平都规定清楚。第六十三条，过度检查的问题。当前确实存在过度检查的问题，但也要防止另一种情况，就是用很贵的仪器给病人检查之后，什么病都没有，反过来说是过度检查怎么办？我上次审议也提了这个问题，这个问题应该两面写，具体怎么写我也不是很清楚，这两种情况怎么处理，我希望在立法的时候对这些问题予以考虑。

张少琴委员说，医患关系是构建和谐社会的重要内容，公平、公正地解决好医疗损害责任对保护医生和患者的权益有十分重要的意义。关于草案第七章医疗损害责任中第五十七条，我们认为医务人员在诊疗活动中的行为，不仅应尽到相应的注意义务，更重要的是要尽到相应的工作责任，建议在第五十七条中，把"义务"修改为"义务和责任"。

姒健敏委员说，关于侵权责任法草案，我认为经过上次修改后，有很大的进步和完善，还有几点小意见是关于医疗损害的责任问题。第一，第五十八条第一项，"违反法律、行政法规、规章等有关诊疗规范的规定的"。我认为"诊疗规范"不妥，规范往往是一种共识，通常是有争议的，建议改为"有关诊疗制度"，诊疗制度是清楚的，比如说抢救制度、门急诊制度、医疗操作的规程等，这些是清楚的。建议把"规范"改为"制度"。第二，第五十九条"因药品、消毒药剂、医疗器械的缺陷，或者输入不合格的血液造成患者损害的"，在"药品"后应增加"治疗品"，现在有一些人工治疗品，这既不属于药品，也不属于医疗器械，所以应是治疗品。"血液"后应增加"血液制品"。现在的血液大多不是全血，而是红细胞、白细胞、血小板、血浆蛋白等等制品，所以血液制品应涵盖在这个范围内。第三，第六十条第三项的免责，应增加"疾病加重或并发其他疾病，又限于当时的医疗水平难以诊治的"。

第四,第六十一条最后有一个医疗机构提供的问题,有些文书提供后会造成矛盾扩大或者不稳定的,即"有关疾病诊治、讨论、会诊记录可以不提供",往往在病人的抢救、治疗过程中,特别是疑难病症,大家要各抒己见,把所有的想法都应该提出来,如果这时候有这样一条规定在这里,很多讨论会诊的意见大家都不说了,因为都是记录在案的,如果这个资料拿出去了,是仁者见仁、智者见智,最后是提供主治者参考的,如果提供给追究责任,那就麻烦了,因此不应该把这个文件拿出去,所以这个是"可以不提供的"。

王佐书委员说,侵权责任法对稳定社会、减少矛盾极为重要,总体看,草案不甚成熟。一些概念含糊不清,如第五十七条的"注意义务",什么叫"注意",什么叫"不注意",注意什么?如"特殊检查",什么叫特殊检查?什么叫不特殊检查?有的检查在发达地区叫常规检查,在小医院叫特殊检查,很难分清楚。诸如此类还有若干,如果要保留这些概念的话,建议进行专门的解释,否则会引发若干的矛盾。

范徐丽泰委员说,草案第五十九条,"因药品、消毒药剂、医疗器械的缺陷,或者输入不合格的血液造成患者损害的,患者可以向生产者或者血液提供机构请求赔偿,也可以向医疗机构请求赔偿。患者向医疗机构请求赔偿的,医疗机构可以要求生产者或者血液提供机构协商赔偿"。这里有两个问题,一是医疗机构是不是知道这些药品或者器械的缺陷,如果知情之下还使用该产品,医疗机构应与供应商负连带责任,条文中没有说明,因此建议在条文一开始时就加上一句话,在医疗机构不知情的情况下,如果医疗机构不知情,当然没有责任。二是患者向医疗机构请求赔偿,医疗机构要求生产者与患者协商赔偿,患者可能要来回奔走,因此会迁怒于医疗机构造成矛盾,不利于医患和谐,是否可以考虑改为"医疗机构可先行赔偿,并有权向生产者或者血液提供机构追偿"。由于医疗机构和生产者或者血液提供机构之间是有一个供求关系,因此医疗机构追偿的能力是比患者强得多的。

郑功成委员说,草案第六十条规定了"因下列情形之一,患者有损害的,医疗机构不承担赔偿责任"。第一项规定"患者或者其近亲属不配合医疗机构进行必要的诊疗的",医疗机构不承担赔偿责任。这条规定过严了,我们知道医患之间的信息不对称,患者和家属的发言权是很有限的,更多的情形是医疗机构是不是提供了必要的治疗。因为在医患之间,大多数情形下是医疗机构处在强势。因此,建议这条改为"医疗机构不承担责任或者减轻赔偿责任"。

林强委员说,第六十三条共有两款,规定的主体分别是"医务人员"和"医疗机构",显然不一致,建议第二款修改为"违反前款规定,医疗机构应当退回不必要的诊疗费用"。

许振超委员说,第七章医疗损害责任,里面几条存在侵权责任认定和取证都非常困难的问题,比如销毁医学文书及有关资料,谁来认定?过度检查、不必要的诊疗行为,谁来认定?怎样取证?很难在实践当中执行。

梁爱诗(全国人大常委会香港特别行政区基本法委员会副主任)说,第六十四条,"医疗机构和医务人员的合法权益受法律保护。干扰医疗秩序,妨害医务人员工作、生活的,应当依法承担法律责任"。这一条是保护医务人员的,那么其他人员,比如公安机关、执法人员等是否在这个法中也应该有专门一条对他们进行保护。

周家贵(全国人大代表)说,草案第五十四条"患者在诊疗活动中受到损害,医务人员有过错的,由所属的医疗机构承担赔偿责任",患者受到损害,医疗机构承担赔偿责任是不可推卸的,但医务人员也要有相应的责任界定,因为已经是明显的过错。这样就有利于通过加强医务人员和医疗机构的双向责任,来减少目前普遍发生的医疗损害和医疗纠纷。

罗范椒芬(全国人大代表)说,第五十四条是关于医疗损害责任的,医务人员有过错,由所属的医疗机构承担赔偿责任。在国外,以及香港[地区],医务人员个人要买专业责任的保险,不应该医务人员的过错完全由医疗机构承担赔偿责任,毕竟医疗机构的经费也是比较紧张的。

秦希燕(全国人大代表)说,现在最关注的焦点,就是侵权责任法里的医疗损害责任部分,也就是说医疗责任事故。医疗损害责任的规定,第七章共有十一个条文,提七点修改意见:(1)责任的规定即过错责任,我们既然规定了过错责任,这里就应该进行完善,医务人员有过错的,由所属的医疗机构承担赔偿责任,这一条还有两点需要修改:①医务人员有过错,要承担责任,这里没有规定医务人员要承担责任,因为有的人认为规定医务人员承担的话,就加重了医生的责任,值得探讨。医务人员有过错,理所当然应该承担责任,这既有利于医院的管理,医生手术、开刀不承担责任,只让医院承担责任,没有这样的道理。应该由医生和医疗机构承担责任。医疗机构承担责任以后要找医生,只有这样医生才会加强责任,这个责任不能只由医疗机构承担。有了过就有责,不能只规定了有过错,而不承担责任,所以应该加上去,"由医务人员和所属的医疗机构承担赔偿责任"。②"所属的医疗机构承担赔偿责任",这里应该加上"应当"两个字,法律上讲"可以"、"应当",唯独这一条就是"由所属的医疗机构承担责任","由"就有可以也或不可以,有应当也有不应当,法律上就讲"应当"或者"可以",我认为应该加上"应当",因为我们国家采取过错责任原则,认为过错责任原则就是对医务人员强加的一种责任,这已值得探讨,实际上这是对医务人员的保护,因为医疗机构医务人员具有较强的专业性,患者对情况不了解,你开刀或者治疗,只要证明你没有过错你就没有责任。所谓过错,从法律上有故意和过失,说过失,有"疏忽大意",或"过于自信",所以违背操作规则,你就是有过错的,这是基本的、一般的过错原则。同时,作为侵权构成的要件来讲,任何一个民事侵权行为的构成要件必须要有过错,同时要有行为,还有结果,以及行为和结果之间存在因果关系四个要件,这是任何一个侵权行为构成都必须要有的前提条件,所以规定过错原则,这是必须的。(2)我认为必须加上"举证责任倒置"条款。举证责任倒置,最高法院的证据规则(2001年)就有明确规定,因为最高人民法院的规定不涉及与医疗机构的利益冲突关系,从法律要点的产生性上作的规定举证责任应不应该倒置?有争议,我个人认为应该。因为所有的证据在医院,作为患者只有门诊病历,住院病历是不在患者手里的,病历记录是在医院,标本是在医院,手术操作的记录也是在医院,而发生医疗纠纷后,这些都是原始的证据材料,如果这些原始的证据材料医院不提供,如何让患者提供?举证责任倒置就是由医院提供这些材料,这是非常客观的,也是公正的,如果医院不提供的话,医疗纠纷如何处理?法律上就没证据。如果不规定的话,医院就不会提供,或者不及时提供,所以,举证责任倒置应该规定在本法中,否则就是留有很大缺陷。同时医疗机构医务人员具有专业知识,你做的这个手术、你的这种行为产生的结果,你有义务要解释清楚,即证明行为与结果之间的关系。作为患者不具备这个专业知识,他产生对你的误解,医院有义务进行证明、说明。所以有些人认为由于多种原因的存在,导致医疗纠纷医生没有办法解释清楚因果关系,所以不应规定举证倒置,这一理由值得商讨。这里规定得很明确,由于多种原因无法查明病因的,即在现有医术条件下难以诊疗的,不承担赔偿责任。从法律上讲,因果关系的原因和结果,主要指直接因果关系,这种原因导致这种结果,其他的原因不是你医疗技术的或者医疗责任事故的原因和结果,所以其他多种原因不影响举证责任的倒置问题。现在医患纠纷非常非常突出,影响到社会的问题不仅是因为医疗费用的问题和医疗保障的问题,更重要的问题是医疗事故得不到合理赔偿。医疗事故难以认定,医疗事故的鉴定不公正,导致了医疗纠纷官司难打、证据难找,矛盾突出。这些问题需要这部法律有更加具体的规定来解决,把举证责任倒置规定进来,否则矛盾将会更加突出。(3)医疗法规规定与这部法律的衔接问题。医疗事故的处理中间,我们现行的法律主要有一部行政法规和两个规章,即2002年国务院制定的《医疗事故处理条例》、卫生部的《医疗事故鉴定暂行办法》和《医疗事故分级标准》。《条例》明确规定了不构成医疗责任事故、不承担赔偿的六种情况:一是紧急情况之下采取的紧急行为,不承担责任;二是病情寻常或体质特殊的情况;三是在现在医学条件下,难以预料、无法防范的情况;四是没有过错输血导致感染的情况;五是延误诊疗的情况;六是不可抗力的情况。这六种情况都不构成医疗责任事故,不承担赔偿责任。《条例》规定的这六种情况是合理的,我认为这六种情况应该体现在本法第七章中,把医疗机构不承担赔偿责任的情形包括进来,但是本草案没有包括进来,只规定了三种情况。条例与法律相冲突的话,是依据法律还是依据条例?肯定是依据法律。建议条例和法律衔接统一。(4)第五十七条建议再具体。"医务人员在诊疗活动中应当尽到与当时的医疗水平相应的注意义务",其中"注意义务"不具体,这是一种医学用语,不是法律用语,什么叫"注意义务"?不明确、模糊,很有弹性。相应的"注意义务"是什么标准?这些内容都没有。法律应该用法律语言,本条理解"严谨的职责",或是"合理的责任",建议具体化。(5)推定医疗机构有过错中,规定了三种情况:违法违规、隐匿拒绝、伪造或者销毁。还有一点,就是病历的涂改、删除,这不是伪造,伪造就是造一个病历出来。医疗纠纷中涂改的问题很多,国务院《条例》中有了"涂改"的规定,所以建议本法中也应该把"涂改"的内容加进去,即"涂改、伪造或者销毁医学文书及有关资料的"。(6)第六十一条规定医务人员应当按照规定填写并妥善保管文书资料,患者要求提供应当提供,建议"提供"前加上"及时"二字。出现医患纠纷以后,患者是弱势的,这个证据是非常重要的,因为这些都是原始的证据材料,由医疗机构保管以后,患者需要的时候,是要求对质的,是要求解决问题的,要医院提供资料,医院一个月提供也是应当,半年以后提供也是应当,结果不及时提供,不利于问题的解决,所以建议改为"医疗机构应当及时提供",不能缺少"及时"两个字,同时,违背这一条应该有承担责任规定,建议加上"违反前款规定的,应该承担赔偿责任"的内容。(7)第六十四条可以删去,有两点理由:一是《执业医师法》第三条有明确规定,医生履行职责时受法律保护,这一内容已经有专门的法律规定,这里没必要再规定。二是这章讲的是医疗损害责任,而不是医生的权利保护,如果讲医生权益保护的话,是不是也要讲患者权益的保护?医务人员不负责任,导致救治人员死亡或者受伤的,构成犯罪的,要求追究刑事责任,也应该规定,这才对等。而这些规定在刑法和执业医师法中都有规定,因此可以删除。同时这一条与上面"医疗损害责任"的标题是不统一的,所以没有必要放在这里规定"医生权益保护"的内容。

陈家宝(全国人大代表)说,草案第五十八条,"有下列情形之一,造成患者损害的,推定医疗机构有过错"。建议把"推定"两个字拿掉。因为这个推定,到底是有罪推定,还是无罪推定,是会引起争议的,要防止出现不必要的争议。医生和患者之间的关系,从救治关系就变成了诉讼关系。现在有医生在做手术的时候,要求全程录像,以证明自己的清白。如果现在的医生都用这样的心理状态去治病的话,这是很难的。草案第六十条,"因下列情形之一,患者有损害的,医疗机构不承担赔偿责任"。建议补充两项,第四项,因医疗纠纷,患方盗窃、抢夺、篡改、隐匿医疗机构病历资料,导致医疗机构举证不能的,医疗机构不承担责任。第五项,在紧急情况下,为抢救垂危患者而采取紧急医学措施,造成不良后果的,医疗机构不承担责任。

刘卫星(全国人大代表)说,建议将第五十八条第二项和第三项、第六十一条、第六十二条中的"医学文书"改为"医疗文书"。"医学文书"不易理解,目前对住院志、医嘱单、检验报告等比较普遍的用语为"诊疗文书"。

刘沈林(全国人大代表)说,草案二次审议稿第五十九条规定患者的损害可能是由医务人员的诊疗行为造成的,除医务人员提供证据之外,推定该医疗行为与患者损害之间存在因果关系,我认为原来规定的实行举证责任倒置过于简单化,要把它作为侵权法来追究医务人员对患者因果关系的责任,我认为是不够恰当的,应当删除。因为它完全可以由民事诉讼法这一制度来加以解决。大家知道,人体是世界上最复杂的生物机体,在疾病发生、发展和医生的诊疗过程中一直存在很多不能确定的因素,有些是能够把握的,有很多是无法把握的,也就是说在客观上就存在着医疗风险。因此我们简单地、公式化地按因果关系来推断医疗问题,并不是科学的,同样也存在着一个公正性的问题。我们国家近十年来,全国各地、各医疗机构,医患关系普遍紧张,医疗纠纷大幅度上升。一方面患者维权意识在增强,另一方面医生的防范意识也很强。一旦双方在医疗过程中建立了医患关系,就可能意识到下面双方要有官司要打,所以我们试想一下,双方怀着戒备的心理来治疗和接受治疗,准备进行举证的话,很难建立一个和谐互信的医患关系。我去日本进修两年,也调研过欧美,了解他们国家的有关法律,像我国采取这种举证责任倒置的做法在世界各国极其罕见。他们认为,医疗上大量存在的问题不是简单地能够用法律条文解决的,它充满着很多不确定的因素,包括医术能力、道德层面、人的心理因素以及社会环境等等方面,当然还有很多疾病研究发展过程中的复杂问题。我们现在从北京可以打手机到世界任何地方,人可以坐在家里通过网络或视频了解各种情况,科学技术发展非常快,但人类对自身的很多疾病还是望洋兴叹,比如肿瘤,花再多的钱也解决不了,所以我们不能违背科学。所以这里确实存在大量的无法确定的因果关系。另外,医术说到底属于人道主义范畴,既存在自然科学,也存在人文伦理,医生都希望把病人治好,这是主流也是主要动机。举证倒置首先把医生作为有过错责任造成患者损害的一方了,我认为不能用一般的法律把这个问题简单化。在这方面我们基层有大量的需要打官司的问题,比如手术中搞全过程的摄像,病人抢病历,患者是为了保护自己,这些问题不是简单地用法律所能解决的,如果法律都能把这些问题解决了就好办了。所以我个人认为,这一领域不能简单地把病人作为弱势群体,把医生作为强势群体来对待,我们这个社会要宽容,在不宽容的情况下什么事情都解决不好,如果强化戒备心理,只能更使矛盾尖锐化。我们不能把特殊情况、个别情况作为普遍化进行渲染。我不是帮医生来说话,现今哪个国家的医生都不像中国的医生那样压抑,做个手术还要摄像机,否则就难以说明他手术没问题,在这种情况下医生是个什么心理?哪个医生能在摄像机监视下把手术做好?压力太大了。我不懂法律,但我懂得双方都要有宽容的心理,宽容的社会和医疗环境更有利于医学科学的发展。如果没有宽容的态度,什么都用法律解决的话,不但解决不了问题,还会加剧社会矛盾,"过犹不及"。

柯尊洪(全国人大代表)说,第五十九条提一条建议。因药品、消毒药剂、医疗器械的缺陷,或者输入不合格的血液造成患者损害的,患者可以向生产者或者血液提供机构请求赔偿。这个赔偿只讲了一种情况,就是因产品缺陷问题造成的损害,没有讲到因使用不当造成的损害,而后者对患者的影响也很大,所以我认为应该把因产品缺陷造成的损害和使用不当造成的损害区分开来。比如在进行药品研究的时候,主要针对一个产品研究对人起的副作用有多大,但两种以上药品放在一起会产生什么样的副作用,这样的研究是很少的。如果在临床上,特别是很多小医院,经常把两三种药品放在一起使用,这样的使用肯定是有问题的。所以,医疗机构因不当使用造成的损害,应该由医疗机构承担责任。我认为,这样规定是让医疗机构对使用者负责任。所以建议第五十九条后面加上"因医疗机构使用、操作不当造成的损害应由医疗机构负责赔偿"。

赵林中(全国人大代表)说,医患关系紧张是现在社会上的热点,不但要保护患者,同时也要保护医生的积极性。所以,对第六十条"因下列情形之一,患者有损害的,医疗机构不承担赔偿责任",下面只列了三项,哪些情形不属于医疗事故方面,能不能列举得细一些。我建议还要增加几项:一是在地震等紧急情况下采取的紧急医学措施造成不良后果的;二是现有医学技术条件下发生无法预料或者不能防范的不良后果;三是由于病人病情异常、体质特殊而发生医疗意外的;四是因不可抗力造成不良后果的。这些情形尽可能列得细一些,这些都不应该属于医疗事故。

林燚(全国人大代表)说,第六十三条中只强调了检查,用药也是诊疗的一种行为,建议加上用药的行为。实际生活中,医生在开大处方药的时候,哪怕病好了药也用不完,造成了病人的损失,这也属于过度行为。第六十四条规定了妨害医务人员工作、生活的内容,建议加上"危及医务人员人身安全的"。现在出现了很多问题,比如病人死亡等造成了医患之间关系紧张,甚至对医务人员进行人身殴打,建议本法中加上相应内容。

八、关于环境污染责任

汪纪戎委员说,第一,环境污染责任这一章采用无过错责任原则,我表示赞同,这样既可以方便受损的获赔,也方便追究侵权责任,同时还有利于推动积极地治污,预防、减少损害。第二,第六十五条第一次提出了生活、生态环境损害的概念,并且与传统的财产损害、人身损害相并列,这是立法中的一个重要创新,既丰富了侵权损害的形式和内容,也有利于提升全社会环境责任意识,促进资源节约型、环境友好型社会的构建,所以我表示完全赞同。第三,第六十七条建议修改为"两个以上污染者污染环境,其承担侵权责任的大小根据污染物的种类、排放量等因素确定",把其中的"除能够证明与损害不存在因果关系的外"这段去掉,因为这段表述在第六十六条里已经有了。

许振超委员说,草案第六十五条笼统地规定了污染生活、生态环境,但实际上污染有多方面:水污染、空气污染、土地污染、光污染、噪音污染等等,这些都是对生活、生态环境的一种污染,是对人的一种侵权伤害,这一章写得非常笼统,不便于执行。

陈家宝(全国人大代表)说,草案第六十六条,"因环境污染发生纠纷,污染者应当就法律规定的不承担责任或者减轻责任的情形及其行为与损害之间不存在因果关系承担举证责任"。建议再增加一句话,"限于目前科学发展水平无法证明污染物和损害之间存在因果联系的,污染者可以减轻或者免除责任"。因为危害环境的行为与损害之间的因果关系,具有复杂性和特殊性,有很多化学物质的属性现在还不为我们所知,污染物和损害结果之间的因果联系,是目前有些科学手段所无法确认的。如果对这种污染物以无过错责任苛求,会造成对企业的不公平,可能会影响企业创新的积极性,阻碍企业的发展。

刘志新(全国人大代表)说,现在环境污染情况在一些地方比较严重,特别是对大气、水体等造成的危害,应该说是比较普遍的,目前对环境污染企业的责任追究不太具体,特别是对环境污染造成的损失计算起来很复杂,因此建议在环境污染责任中能否规定更具体一些。就目前环境污染的严重现状来说,目前规定得比较含糊,或者是处罚不太解渴。具体建议是把草案第六十七条最后一句话"根据污染物的种类、排放量等因素确定",在"排放量"后增加"以及对被侵害人造成的损害程度"。

罗范椒芬(全国人大代表)说,二次审议稿中污染者即使符合国家的排污标准,引起了污染损害的也要负责,这次稿子把这个内容取消了。现在的第六十七条好像还是无过错责任,这与《民法通则》第一百二十四条有矛盾。《民法通则》第一百二十四条规定,"违反国家保护环境、防治污染的规定,污染环境造成他人损害的,应当依法承担民事责任",也就是说,如果符合国家规定,那就不需要承担责任,这样的规定比较合理一些。但是污染的问题又存在举证很困难、受害范围很大很严重的问题,如何平衡两方面的利益,需要向社会征求意见。

九、关于其他侵权责任

符桂花委员说,第一,草案第七十八条"饲养的动物造成他人损害的,动物饲养人或者管理人应当承担侵权责任,但能够证明损害是因被侵权人的重大过失造成的,可以减轻或者免除责任"。这里怎么证明损害是因被侵权人的重大过失造成的? 饲养动物造成的问题比较多,受到了损害之后,应该有一个有关的权威部门进行鉴定,伤害的程度到底如何? 这里建议加上相应的规定,使其更明确。第二,草案第八十九条,"因林木折断造成他人损害,林木的所有人或者管理人不能证明自己没有过错的,应当承担侵权责任",这里的问题也比较复杂,因为林木的折断有很多的原因,有些是由于刮风或者是虫害,以及林木干枯等原因造成的,这些都不是人为的因素,如果也由管理部门承担责任不太合理。

南振中委员说,草案第八十条规定"禁止饲养的烈性犬等动物造成他人损害的,动物饲养人应当承担侵权责任"。这里涉及两个责任主体:一是动物饲养人;一是管理人。既然是禁止饲养的烈性犬,结果有禁不止,造成他人损害,管理人难辞其咎。建议在"动物饲养人"的后面增加"或者管理人"几个字。这样修改,可以同第七十八条、第七十九条和第八十二条规定的责任主体相一致。草案第八十六条规定,"从建筑物中抛掷物品或者从建筑物上坠落的物品造成他人损害，难以确定具体加害人的，除能够证明自己不是加害人的外，由可能加害的建筑物使用人给予赔偿"。上次审议时，有的委员提出，本条采取举证责任倒置的办法，归责于无过错使用人值得推敲。我赞成这个意见。随着城镇化进程的加快，建筑物越来越高，居民越来越密集，建筑物坠落物品的内涵、外延及责任主体都发生了很多变化。建筑物坠落物品造成伤害的，有的是使用人的责任，有的是管理人的责任。让毫无过失的使用人负赔偿责任是否合情合理，管理人应该分担哪些连带赔偿责任，对这些问题应该作进一步的研究。

吴启迪委员说，关于动物损害责任，第八十二条讲到"遗弃、逃逸的动物在遗弃、逃逸期间造成他人损害的，由原动物饲养人或者管理人承担侵权责任"，我认为这不好操作，因为已经被遗弃了，就找不到饲养人或管理人了。

许振超委员说，动物损害责任，动物损害他人给人的直觉好像就是一种咬伤，但是动物的叫声和攻击恐吓动作对儿童、老年人是一种惊吓伤害导致发病，这样的案例经常在媒体上曝光。对这类行为如何进行处理？比如第八十二条，"由原动物饲养人或者管理人承担侵权责任"，给人的感觉很不明白。物件损害责任。现在城市里的高楼大厦比较多，像高空落物致人死亡、伤害的情况也比较多，由于现在人们的道德水准还达不到那么高的水平，文明程度也达不到，就是用法律来约束。但是怎样找出侵权责任人，又不能连累无辜？所以这一章还需要很好地探讨，怎样用法律条文的形式规范下来。

陈燕萍（全国人大代表）说，草案第八十二条规定是"遗弃、逃逸的动物在遗弃、逃逸期间造成他人损害的，由原动物饲养人或者管理人承担侵权责任"，关于这条从受害人的角度来说，无法也难以提供原动物饲养人的证据，通常的理解，如果让当事人提供这是某某人饲养的，后来他遗弃了，除非是他在近距离内，有一定的人来证明的情况下，而且相对来说，一般人不愿意出庭作证，现在很多人认为多一事不如少一事，那么证据就无法提供，这个侵害责任谁来承担？因此建议这个问题应该规定某个部门承担侵权责任，现在的规定很模糊，而且在实践中无法操作。

刘卫星（全国人大代表）说，建议将第八十四条有关内容纳入第七十八条，删除第八十四条，同时在第七十八条中增加以下内容作为第一句："饲养动物应当遵守法律，尊重社会公德，不得妨害他人生活。"修改理由：侵权责任法主要是对侵权行为的界定、侵权责任的承担等内容，第八十四条的内容单独作为一条进行规定没有必要，可纳入其他条款，故作以上调整。建议对第八十八条中的"有关单位或者个人"明确规定，修改为"实施堆放、倾倒、遗撒的行为人以及道路管理人"。

以上意见，供参考。

中华人民共和国侵权责任法(草案)(三次审议稿)

目 录

第一章　一般规定
第二章　责任构成和责任方式
第三章　不承担责任和减轻责任的情形
第四章　关于责任主体的特殊规定
第五章　产品责任
第六章　机动车交通事故责任
第七章　医疗损害责任
第八章　环境污染责任
第九章　高度危险责任
第十章　动物损害责任
第十一章　物件损害责任
第十二章　附　则

第一章　一般规定

第一条　为保护民事主体的合法权益,明确侵权责任,预防并制裁侵权行为,促进社会和谐稳定,制定本法。

第二条　侵害民事权益,应当依照本法承担侵权责任。

本法所称民事权益,包括生命权、健康权、姓名权、名誉权、肖像权、隐私权、监护权、所有权、用益物权、担保物权、著作权、专利权、商标专用权、股权、继承权等人身、财产权益。

第三条　被侵权人有权请求侵权人承担侵权责任。

第四条　侵权人因同一行为应当承担行政责任或者刑事责任的,不影响依法承担侵权责任。

因同一行为应当承担侵权责任和行政责任、刑事责任,侵权人的财产不足以支付的,先承担侵权责任。

第五条　其他法律对侵权责任另有特别规定的,依照其规定。

第二章 责任构成和责任方式

第六条 行为人因过错侵害他人民事权益造成损害的,应当承担侵权责任。

根据法律规定推定行为人有过错,行为人不能证明自己没有过错的,应当承担侵权责任。

第七条 行为人侵害他人民事权益造成损害,不论行为人有无过错,法律规定应当承担侵权责任的,依照其规定。

第八条 二人以上共同实施侵权行为,造成他人损害的,应当承担连带责任。

第九条 教唆、帮助他人实施侵权行为的,应当与行为人承担连带责任。

教唆、帮助无民事行为能力人、限制民事行为能力人实施侵权行为的,应当承担侵权责任;该无民事行为能力人、限制民事行为能力人的监护人未尽到监护责任的,应当承担相应的责任。

第十条 二人以上实施危及他人人身、财产安全的行为,其中一人或者数人的行为造成他人损害,能够确定具体加害人的,由加害人承担侵权责任;不能确定具体加害人的,行为人承担连带责任。

第十一条 二人以上分别实施侵权行为造成同一损害,每个人的侵权行为都足以造成全部损害的,行为人承担连带责任。

第十二条 二人以上分别实施侵权行为造成同一损害,能够确定责任大小的,各自承担相应的责任;难以确定责任大小的,平均承担赔偿责任。

第十三条 法律规定承担连带责任的,被侵权人有权要求其中一人或者数人承担全部责任。

第十四条 连带责任人承担连带责任后,根据责任大小确定相应的赔偿数额;难以确定的,平均承担赔偿责任。

支付超出自己赔偿数额的连带责任人,有权向其他连带责任人追偿。

第十五条 承担侵权责任的方式主要有:

(一)停止侵害;

(二)排除妨碍;

(三)消除危险;

(四)返还财产;

(五)恢复原状;

(六)赔偿损失;

(七)赔礼道歉;

(八)消除影响、恢复名誉。

以上承担侵权责任的方式,可以单独适用,也可以合并适用。

第十六条 侵害他人造成人身损害的,应当赔偿医疗费、护理费、交通费等为治疗和康复支出的合理费用,以及因误工减少的收入。造成残疾的,还应当赔偿残疾生活自助具费和残疾赔偿金。造成死亡的,还应当赔偿丧葬费和死亡赔偿金。

第十七条 因交通事故、矿山事故等侵权行为造成死亡人数较多的,可以不考虑年龄、收入状况等因素,以同一数额确定死亡赔偿金。

第十八条 被侵权人死亡的,其近亲属有权请求侵权人承担侵权责任。被侵权人为单位,该单位分立、合并的,承继权利的单位有权请求侵权人承担侵权责任。

被侵权人死亡,支付被侵权人医疗费、丧葬费等合理费用的人有权请求侵权人赔偿费用,但侵权人已支付该费用的除外。

第十九条 侵害他人财产的,财产损失按照损失发生时的市场价格或者其他标准计算。

第二十条 侵害他人人身权造成财产损失的,按照被侵权人因此受到的损失赔偿;被侵权人的损失难以确定,侵权人因此获得利益的,按照其获得的利益赔偿。

第二十一条 侵权行为危及他人人身、财产安全的,被侵权人可以请求侵权人承担停止侵害、排除妨碍、消除危险等侵权责任。

第二十二条 侵害他人人身权,造成他人严重精神损害的,被侵权人可以请求精神损害赔偿。

第二十三条 因防止、制止他人民事权益被侵害而使自己受到损害的,由侵权人承担责任。侵权人逃逸或者无力承担责任,被侵权人请求补偿的,受益人应当给予适当补偿。

第二十四条 受害人和行为人对损害的发生都没有过错的,可以根据实际情况,由双方分担损失。

第二十五条 损害发生后,当事人可以协商损害赔偿金的支付方式。协商不一致的,损害赔偿金应当一次性支付;一次性支付确有困难的,可以分期支付,但应当提供相应的担保。

第三章 不承担责任和减轻责任的情形

第二十六条 被侵权人对于损害的发生也有过错的,可以减轻侵权人的责任。

第二十七条 损害是因受害人故意造成的,行为人不承担责任。

第二十八条 损害是由第三人造成的,第三人应当承担侵权责任。

第二十九条 因不可抗力造成他人损害的,不承担责任,但法律另有规定的除外。

第三十条 因正当防卫造成损害的,不承担责任。正当防卫超过必要的限度,造成不应有的损害的,应当承担适当的责任。

第三十一条 因紧急避险造成损害的,由引起险情发生的人承担责任。如果危险是由自然原因引起的,紧急避险人不承担责任或者给予适当补偿。因紧急避险采取措施不当或者超过必要的限度,造成不应有的损害的,紧急避险人应当承担适当的责任。

第四章 关于责任主体的特殊规定

第三十二条 无民事行为能力人、限制民事行为能力人造成他人损害的,由监护人承担侵权责任。监护人尽到监护责任的,可以减轻其侵权责任。

有财产的无民事行为能力人、限制民事行为能力人造成他人损害的,从本人财产中支付赔偿费用。不足部分,由监护人赔偿。

第三十三条 完全民事行为能力人对自己的行为暂时没有意识或者失去控制造成他人损害有过错的,应当承担侵权责任;没有过错的,根据行为人的经济状况对受害人适当补偿。

完全民事行为能力人因醉酒、滥用麻醉药品或者精神药品对自己的行为暂时没有意识或者失去控制造成他人损害的,应当承担侵权责任。

第三十四条 用人单位的工作人员在工作过程中造成他人损害的,由用人单位承担侵权责任。

劳务派遣期间,被派遣的工作人员在工作过程中造成他人损害的,由接受劳务派遣的用工单位承担侵权责任;劳务派遣单位有过错的,承担相应的补充责任。

第三十五条 个人之间形成劳务关系,提供劳务一方在劳务过程中造成他人损害的,由接受劳务一方承担侵权责任;提供劳务一方在劳务过程中自己受到伤害的,根据双方各自的过错承担相应的责任。

第三十六条 网络服务提供者知道网络用户利用其网络服务侵害他人民事权益,未采取必要措施的,与该网络用户承担连带责任。

网络用户利用网络服务实施侵权行为的,被侵权人有权通知网络服务提供者采取删除、屏蔽、断开链接等必要措施。网络服务提供者接到通知后未及时采取必要措施的,对损害的扩大部分与该网络用户承担连带责任。

第三十七条 宾馆、商场、银行、车站、公园、娱乐场所等公共场所的管理人或者群众性活动的组织者,未尽到安全保障义务,造成他人损害的,应当承担侵权责任。

因第三人的行为造成他人损害的,由第三人承担侵权责任;管理人或者组织者未尽到安全保障义务的,承担相应的补充责任。

第三十八条 无民事行为能力人在幼儿园、学校或者其他教育机构学习、生活期间受到人身损害的,幼儿园、学校或者其他教育机构应当承担责任,但能够证明尽到教育、管理职责的除外。

第三十九条 限制民事行为能力人在学校或者其他教育机构学习、生活期间受到人身损害,学校或者其他教育机构未尽到教育、管理职责的,应当承担责任。

第四十条 无民事行为能力人或者限制民事行为能力人在幼儿园、学校或者其他教育机构学习、生活期间,受到幼儿园、学校或者其他教育机构以外的人员人身损害的,由侵权人承担侵权责任;幼儿园、学校或者其他教育机构未尽到管理职责的,承担相应的补充责任。

第五章 产品责任

第四十一条 因产品存在缺陷造成他人损害的,生产者应当承担侵权责任。法律规定不承担责任或者减轻责任的,依照其规定。

第四十二条 因销售者的过错使产品存在缺陷,造成他人损害的,销售者应当承担侵权责任。

销售者不能指明缺陷产品的生产者也不能指明缺陷产品的供货者的,销售者应当承担侵权责任。

第四十三条 因产品存在缺陷造成损害的,被侵权人可以向产品的生产者请求赔偿,也可以向产品的销售者请求赔偿。

产品缺陷由生产者造成的,销售者赔偿后,有权向生产者追偿。

因销售者的过错使产品存在缺陷的,生产者赔偿后,有权向销售者追偿。

第四十四条 因运输者、仓储者等第三人的过错使产品存在缺陷,造成他人损害的,产品的生产者、销售者赔偿后,有权向第三人追偿。

第四十五条 因产品缺陷危及他人人身、财产安全的,被侵权人有权要求生产者、销售者承担排除妨碍、消除危险等侵权责任。

第四十六条 产品投入流通后发现存在缺陷的,生产者、销售者应当及时采取警示、召回等补救措施。未及时采取补救措施或者补救措施不力造成损害的,应当承担侵权责任。

第四十七条 明知产品存在缺陷仍然生产、销售,造成他人生命、健康损害的,被侵权人有权依法请求惩罚性赔偿。

第六章 机动车交通事故责任

第四十八条 机动车发生交通事故造成损害的,依照道路交通安全法的有关规定承担赔偿责任。

第四十九条 因租赁、借用等情形机动车所有人和使用人不是同一人时,发生交通事故后属于机动车一方责任的,由保险公司在机动车强制保险责任限额范围内予以赔偿。不足部分,由机动车使用人承担赔偿责任;机动车所有人对损害的发生有过错的,承担相应的赔偿责任。

第五十条 当事人之间已经以买卖等方式转让并交付机动车但未办理所有权转移登记,机动车发生交通事故后,属于机动车一方责任的,由保险公司在机动车强制保险责任限额范围内予以赔偿。不足部分,由受让人承担赔偿责任。

第五十一条 以买卖等方式转让拼装的或者已达到报废标准的机动车,发生交通事故造成损害的,由转让人和受让人承担连带责任。

第五十二条 盗窃、抢劫或者抢夺的机动车发生交通事故造成损害的,由盗窃人、抢劫人或者抢夺人承担赔偿责任。保险公司在机动车强制保险责任限额范围内垫付抢救费用的,有权向交通事故责任人追偿。

第五十三条 机动车驾驶人发生交通事故后逃逸的,该机动车参加强制保险的,由保险公司在机动车强制保险责任限额范围内予以赔偿;机动车不明或者该机动车未参加强制保险,需要支付被侵权人人身伤亡的抢救、丧葬等费用的,由道路交通事故社会救助基金垫付。道路交通事故社会救助基金垫付后,其管理机构有权向交通事故责任人追偿。

第七章　医疗损害责任

第五十四条 患者在诊疗活动中受到损害,医务人员有过错的,由所属的医疗机构承担赔偿责任。

第五十五条 医务人员在一般诊疗活动中应当向患者简要说明病情和医疗措施。需要实施手术、特殊检查、特殊治疗的,医务人员应当及时向患者说明病情、医疗措施、医疗风险、替代医疗方案等情况,并取得其书面同意。不宜向患者说明的,医务人员应当向患者的近亲属说明,并取得其书面同意。

医务人员未尽到前款义务,造成患者损害的,医疗机构应当承担赔偿责任。

第五十六条 因抢救危急患者等紧急情况,不能取得患者或者其近亲属意见的,经医疗机构负责人或者授权的负责人批准,可以立即实施相应的医疗措施。

第五十七条 医务人员在诊疗活动中应当尽到与当时的医疗水平相应的注意义务。医务人员未尽到该项义务,造成患者损害的,医疗机构应当承担赔偿责任。

判断医务人员注意义务时,应当适当考虑地区、医疗机构资质、医务人员资质等因素。

第五十八条 有下列情形之一,造成患者损害的,推定医疗机构有过错:

(一)违反法律、行政法规、规章等有关诊疗规范的规定的;

(二)隐匿或者拒绝提供与纠纷有关的医学文书及有关资料的;

(三)伪造或者销毁医学文书及有关资料的。

第五十九条 因药品、消毒药剂、医疗器械的缺陷,或者输入不合格的血液造成患者损害的,患者可以向生产者或者血液提供机构请求赔偿,也可以向医疗机构请求赔偿。患者向医疗机构请求赔偿的,医疗机构可以要求生产者或者血液提供机构协商赔偿。

第六十条 因下列情形之一,患者有损害的,医疗机构不承担赔偿责任:

(一)患者或者其近亲属不配合医疗机构进行必要的诊疗的;

(二)医务人员在抢救危急患者等紧急情况下已经尽到合理注意义务的;

(三)限于当时的医疗水平难以诊疗的。

第六十一条 医务人员应当按照规定填写并妥善保管住院志、医嘱单、检验报告、手术及麻醉记录、病理资料、护理记录、医疗费用等医学文书及有关资料。患者要求查阅、复制医学文书及有关资料的,医疗机构应当提供。

第六十二条 医疗机构应当对患者的隐私保密。未经患者同意,公开患者医学文书及有关资料造成损害的,应当承担侵权责任。

第六十三条 医务人员应当根据患者的病情实施合理的诊疗行为,不得采取过度检查等不必要的诊疗行为。

医疗机构违反前款规定,应当退回不必要诊疗的费用,造成患者其他损害的,还应当承担赔偿责任。

第六十四条 医疗机构和医务人员的合法权益受法律保护。干扰医疗秩序,妨害医务人员工作、生活的,应当依法承担法律责任。

第八章 环境污染责任

第六十五条 因污染生活、生态环境造成损害的,污染者应当承担侵权责任。法律规定不承担责任或者减轻责任的,依照其规定。

第六十六条 因环境污染发生纠纷,污染者应当就法律规定的不承担责任或者减轻责任的情形及其行为与损害之间不存在因果关系承担举证责任。

第六十七条 两个以上污染者污染环境,除能够证明与损害不存在因果关系的外,应当承担侵权责任。污染者承担责任的大小,根据污染物的种类、排放量等因素确定。

第六十八条 因第三人的过错污染环境造成损害的,被侵权人可以向污染者请求赔偿,也可以向第三人请求赔偿。污染者赔偿后,有权向第三人追偿。

第九章 高度危险责任

第六十九条 从事高度危险作业造成他人损害的,应当承担侵权责任。法律规定不承担责任或者减轻责任的,依照其规定。

第七十条 民用核设施发生核事故造成他人损害的,民用核设施的经营人应当承担侵权责任,但能够证明损害是因战争等情形或者受害人故意造成的除外。

第七十一条 民用航空器造成他人损害的,民用航空器的经营人应当承担侵权责任,但能够证明损害是因受害人故意造成的除外。法律另有规定的,依照其规定。

第七十二条 占有或者使用易燃、易爆、剧毒、放射性等高度危险物造成他人损害的,占有人或者使用人应当承担侵权责任,但能够证明损害是因受害人故意或者不可抗力造成的除外。被侵权人对损害的发生有重大过失的,可以减轻占有人或者使用人的责任。

第七十三条 从事高空、高压、地下挖掘活动,使用高速轨道运输工具造成他人损害的,经营人应当承担侵权责任,但能够证明损害是因受害人故意或者不可抗力造成的除外。被侵权人对损害的发生有过失的,可以减轻经营人的责任。

第七十四条 遗失、抛弃高度危险物造成他人损害的,由所有人承担侵权责任。

所有人将高度危险物交由他人管理的,由管理人承担侵权责任;所有人有过错的,与管理人承担连带责任。

第七十五条　非法占有高度危险物造成他人损害的,由非法占有人承担侵权责任。所有人、管理人不能证明对防止他人非法占有尽到高度注意义务的,与非法占有人承担连带责任。

第七十六条　未经许可进入高度危险活动区域或者高度危险物存放区域受到损害,作业人已经采取安全措施并且尽到警示义务的,可以减轻或者免除其责任。

第七十七条　承担高度危险责任,法律规定赔偿限额的,依照其规定。

第十章　动物损害责任

第七十八条　饲养的动物造成他人损害的,动物饲养人或者管理人应当承担侵权责任,但能够证明损害是因被侵权人的重大过失造成的,可以减轻或者免除责任。

第七十九条　违反管理规定,未对动物采取安全措施造成他人损害的,动物饲养人或者管理人应当承担侵权责任。

第八十条　禁止饲养的烈性犬等动物造成他人损害的,动物饲养人应当承担侵权责任。

第八十一条　动物园的动物造成他人损害的,动物园应当承担侵权责任,但能够证明尽到管理职责的除外。

第八十二条　遗弃、逃逸的动物在遗弃、逃逸期间造成他人损害的,由原动物饲养人或者管理人承担侵权责任。

第八十三条　因第三人的过错致使动物造成他人损害的,被侵权人可以向动物饲养人请求赔偿,也可以向第三人请求赔偿。动物饲养人承担责任后,有权向第三人追偿。

第八十四条　饲养动物应当遵守法律,尊重社会公德,不得妨害他人生活。

第十一章　物件损害责任

第八十五条　建筑物或者其他设施以及建筑物上的搁置物、悬挂物发生倒塌、脱落、坠落造成他人损害,所有人或者管理人不能证明自己没有过错的,应当承担侵权责任。

所有人或者管理人赔偿后,有其他责任人的,有权向其他责任人追偿。

第八十六条　从建筑物中抛掷物品或者从建筑物上坠落的物品造成他人损害,难以确定具体加害人的,除能够证明自己不是加害人的外,由可能加害的建筑物使用人给予补偿。

第八十七条　堆放物倒塌造成他人损害,堆放人不能证明自己没有过错的,应当承担侵权责任。

第八十八条 在公共道路上堆放、倾倒、遗撒妨碍通行的物品造成他人损害的,有关单位或者个人应当承担侵权责任。

第八十九条 因林木折断造成他人损害,林木的所有人或者管理人不能证明自己没有过错的,应当承担侵权责任。

第九十条 在公共场所或者道路上挖坑、修缮安装地下设施等,没有设置明显标志和采取安全措施造成他人损害的,施工人应当承担侵权责任。

窨井等地下设施造成他人损害,管理人不能证明尽到管理职责的,应当承担侵权责任。

第十二章　附　则

第九十一条 本法自　　年　月　日起施行。

全国人民代表大会法律委员会关于《中华人民共和国侵权责任法(草案)》审议结果的报告

2009年12月22日在第十一届全国人民代表大会常务委员会第十二次会议上

全国人大法律委员会副主任委员 张柏林

全国人民代表大会常务委员会:

常委会第十一次会议对侵权责任法(草案三次审议稿)进行了审议。会后,法律委员会、法制工作委员会就有关问题进一步研究,并就草案的进一步修改与最高人民法院、卫生部、住房和城乡建设部交换意见,共同研究。法律委员会于12月2日召开会议,根据常委会组成人员的审议意见和各方面的意见,对草案进行了审议。最高人民法院的负责同志列席了会议。12月15日,法律委员会召开会议,再次进行了审议。法律委员会认为,为保护民事主体的合法权益,明确侵权责任,预防并制裁侵权行为,促进社会和谐稳定,制定本法是必要的。草案经过常委会三次审议修改,已经比较成熟;同时,提出以下主要修改意见:

一、草案三次审议稿第二条第二款规定了民事权益的内容。有的常委委员提出,现行法律对"婚姻自主权"等民事权益已有规定,草案应当予以明确。法律委员会经研究,建议在这一款中增加"荣誉权"、"婚姻自主权"和"发现权"的规定。

二、草案三次审议稿第二十条对侵害他人人身权益造成财产损失的赔偿作了规定。有些常委委员提出,当侵权人获得的利益难以计算时如何确定赔偿数额,草案应当作出进一步规定。法律委员会经同有关部门研究,建议在这一条中增加规定:"侵权人因此获得的利益难以确定,被侵权人和侵权人就赔偿数额协商不一致,向人民法院提起诉讼的,由人民法院根据实际情况确定具体赔偿数额。"

三、草案三次审议稿第四十七条规定,明知产品存在缺陷仍然生产、销售,造成他人生命、健康损害的,被侵权人有权依法请求惩罚性赔偿。有的常委委员和专家提出,惩罚性赔偿的适用宜限制在造成严重损害的情形,同时应防止滥用,避免要求的赔偿数额畸高。法律委员会经同有关部门研究,赞成上述意见,建议将这一条修改为:"明知产品存在缺陷仍然生产、销售,侵害他人生命或者造成他人健康严重损害的,被侵权人有权请求相应的惩罚性赔偿。"

四、草案三次审议稿第六十条规定了医疗机构不承担责任的情形。有的常委委员提出,这条规定过于绝对,草案规定的情形中有的是一方有过错,有的可能是混合过错,建议明确规定医疗机构及其医务人员也有过错的,亦应承担侵权责任。法律委员会经研究,建议在这一条中增加一款规定:"前款第一项情形中,医疗机构及其医务人员也有过错的,应当承担相应的赔偿责任。"

五、草案三次审议稿第六十三条对医务人员不得采取过度检查等不必要的诊疗行为作了规定。有的部门和单位提出，过度检查含义不明确，难以判断，建议删去这一条或者删去这一条第二款的规定。法律委员会经研究认为，为了维护患者的合法权益，对此作出禁止性规范是必要的，同时应当进一步明确不必要检查的判断标准。建议将这一条修改为："医疗机构及其医务人员不得违反诊疗规范实施不必要的检查。"

六、草案三次审议稿第八十五条规定了建筑物倒塌、脱落、坠落的有关责任。有的常委委员和专家提出，建筑物倒塌严重危害人民群众的人身、财产安全，对此应当作出严格规定。法律委员会经同有关部门研究，建议区分建筑物倒塌与脱落、坠落的不同责任，增加一条规定："建筑物、构筑物或者其他设施倒塌造成他人损害的，由建设单位与施工单位承担连带责任。""建设单位、施工单位赔偿后，有其他责任人的，有权向其他责任人追偿。"

这里还有一个问题需要汇报。草案三次审议稿第三十四条、第三十五条规定了用人单位工作人员因工作和个人因劳务造成他人损害产生的责任。一些常委会组成人员建议增加规定用人单位和接受劳务一方的个人对他人赔偿后的追偿权。法律委员会经同有关部门反复研究认为，在什么情况下可以追偿，情况比较复杂。根据不同行业、不同工种和不同劳动安全条件，其追偿条件应有所不同。哪些因过错、哪些因故意或者重大过失可以追偿，本法难以作出一般规定。用人单位与其工作人员之间以及因个人劳务对追偿问题发生争议的，宜由人民法院在审判实践中根据具体情况处理。

此外，还对草案三次审议稿作了一些文字修改。

草案四次审议稿已按上述意见作了修改，法律委员会建议本次常委会会议审议通过。

草案四次审议稿和以上报告是否妥当，请审议。

中华人民共和国侵权责任法(草案)(四次审议稿)

目 录

第一章 一般规定
第二章 责任构成和责任方式
第三章 不承担责任和减轻责任的情形
第四章 关于责任主体的特殊规定
第五章 产品责任
第六章 机动车交通事故责任
第七章 医疗损害责任
第八章 环境污染责任
第九章 高度危险责任
第十章 动物损害责任
第十一章 物件损害责任
第十二章 附 则

第一章 一般规定

第一条 为保护民事主体的合法权益,明确侵权责任,预防并制裁侵权行为,促进社会和谐稳定,制定本法。

第二条 侵害民事权益,应当依照本法承担侵权责任。

本法所称民事权益,包括生命权、健康权、姓名权、名誉权、荣誉权、肖像权、隐私权、婚姻自主权、监护权、所有权、用益物权、担保物权、著作权、专利权、商标专用权、发现权、股权、继承权等人身、财产权益。

第三条 被侵权人有权请求侵权人承担侵权责任。

第四条 侵权人因同一行为应当承担行政责任或者刑事责任的,不影响依法承担侵权责任。

因同一行为应当承担侵权责任和行政责任、刑事责任,侵权人的财产不足以支付的,先承担侵权责任。

第五条 其他法律对侵权责任另有特别规定的,依照其规定。

第二章 责任构成和责任方式

第六条 行为人因过错侵害他人民事权益,应当承担侵权责任。

根据法律规定推定行为人有过错,行为人不能证明自己没有过错的,应当承担侵权责任。

第七条 行为人损害他人民事权益,不论行为人有无过错,法律规定应当承担侵权责任的,依照其规定。

第八条 二人以上共同实施侵权行为,造成他人损害的,应当承担连带责任。

第九条 教唆、帮助他人实施侵权行为的,应当与行为人承担连带责任。

教唆、帮助无民事行为能力人、限制民事行为能力人实施侵权行为的,应当承担侵权责任;该无民事行为能力人、限制民事行为能力人的监护人未尽到监护责任的,应当承担相应的责任。

第十条 二人以上实施危及他人人身、财产安全的行为,其中一人或者数人的行为造成他人损害,能够确定具体侵权人的,由侵权人承担责任;不能确定具体侵权人的,行为人承担连带责任。

第十一条 二人以上分别实施侵权行为造成同一损害,每个人的侵权行为都足以造成全部损害的,行为人承担连带责任。

第十二条 二人以上分别实施侵权行为造成同一损害,能够确定责任大小的,各自承担相应的责任;难以确定责任大小的,平均承担赔偿责任。

第十三条 法律规定承担连带责任的,被侵权人有权请求部分或者全部连带责任人承担责任。

第十四条 连带责任人根据各自责任大小确定相应的赔偿数额;难以确定的,平均承担赔偿责任。

支付超出自己赔偿数额的连带责任人,有权向其他连带责任人追偿。

第十五条 承担侵权责任的方式主要有:

(一)停止侵害;

(二)排除妨碍;

(三)消除危险;

(四)返还财产;

(五)恢复原状;

(六)赔偿损失;

(七)赔礼道歉;

(八)消除影响、恢复名誉。

以上承担侵权责任的方式,可以单独适用,也可以合并适用。

第十六条 侵害他人造成人身损害的,应当赔偿医疗费、护理费、交通费等为治疗和康复支出的合理费用,以及因误工减少的收入。造成残疾的,还应当赔偿残疾生活辅助具费和残疾赔偿金。造成死亡的,还应当赔偿丧葬费和死亡赔偿金。

第十七条 因同一交通事故等侵权行为造成多人死亡的,可以以相同数额确定死亡赔偿金。

第十八条 被侵权人死亡的,其近亲属有权请求侵权人承担侵权责任。被侵权人为单位,该单位分立、合并的,承继权利的单位有权请求侵权人承担侵权责任。

被侵权人死亡,支付被侵权人医疗费、丧葬费等合理费用的人有权请求侵权人赔偿费用,但侵权人已支付该费用的除外。

第十九条 侵害他人财产的,财产损失按照损失发生时的市场价格或者其他方式计算。

第二十条 侵害他人人身权益造成财产损失的,按照被侵权人因此受到的损失赔偿;被侵权人的损失难以确定,侵权人因此获得利益的,按照其获得的利益赔偿;侵权人因此获得的利益难以确定,被侵权人和侵权人就赔偿数额协商不一致,向人民法院提起诉讼的,由人民法院根据实际情况确定具体赔偿数额。

第二十一条 侵权行为危及他人人身、财产安全的,被侵权人可以请求侵权人承担停止侵害、排除妨碍、消除危险等侵权责任。

第二十二条 侵害他人人身权益,造成他人严重精神损害的,被侵权人可以请求精神损害赔偿。

第二十三条 因防止、制止他人民事权益被侵害而使自己受到损害的,由侵权人承担责任。侵权人逃逸或者无力承担责任,被侵权人请求补偿的,受益人应当给予适当补偿。

第二十四条 受害人和行为人对损害的发生都没有过错的,可以根据实际情况,由双方分担损失。

第二十五条 损害发生后,当事人可以协商损害赔偿金的支付方式。协商不一致的,损害赔偿金应当一次性支付;一次性支付确有困难的,可以分期支付,但应当提供相应的担保。

第三章 不承担责任和减轻责任的情形

第二十六条 被侵权人对损害的发生也有过错的,可以减轻侵权人的责任。

第二十七条 损害是因受害人故意造成的,行为人不承担责任。

第二十八条 损害是因第三人造成的,第三人应当承担侵权责任。

第二十九条 因不可抗力造成他人损害的,不承担责任。法律另有规定的,依照其规定。

第三十条 因正当防卫造成损害的,不承担责任。正当防卫超过必要的限度,造成不应有的损害的,应当承担适当的责任。

第三十一条 因紧急避险造成损害的,由引起险情发生的人承担责任。如果危险是由自然原因引起的,紧急避险人不承担责任或者给予适当补偿。因紧急避险采取措施不当或者超过必要的限度,造成不应有的损害的,紧急避险人应当承担适当的责任。

第四章 关于责任主体的特殊规定

第三十二条 无民事行为能力人、限制民事行为能力人造成他人损害的,由监护人承担侵权责任。监护人尽到监护责任的,可以减轻其侵权责任。

有财产的无民事行为能力人、限制民事行为能力人造成他人损害的,从本人财产中支付赔偿费用。不足部分,由监护人赔偿。

第三十三条 完全民事行为能力人对自己的行为暂时没有意识或者失去控制造成他人损害有过错的,应当承担侵权责任;没有过错的,根据行为人的经济状况对受害人适当补偿。

完全民事行为能力人因醉酒、滥用麻醉药品或者精神药品对自己的行为暂时没有意识或者失去控制造成他人损害的,应当承担侵权责任。

第三十四条 用人单位的工作人员因工作造成他人损害的,由用人单位承担侵权责任。

劳务派遣期间,被派遣的工作人员因工作造成他人损害的,由接受劳务派遣的用工单位承担侵权责任;劳务派遣单位有过错的,承担相应的补充责任。

第三十五条 个人之间形成劳务关系,提供劳务一方因劳务造成他人损害的,由接受劳务一方承担侵权责任。提供劳务一方因劳务自己受到伤害的,根据双方各自的过错承担相应的责任。

第三十六条 网络用户利用网络服务侵害他人民事权益的,应当承担侵权责任。

网络用户利用网络服务实施侵权行为的,被侵权人有权通知网络服务提供者采取删除、屏蔽、断开链接等必要措施。网络服务提供者接到通知后未及时采取必要措施的,对损害的扩大部分与该网络用户承担连带责任。

网络服务提供者知道或者应当知道网络用户利用其网络服务侵害他人民事权益,未采取必要措施的,与该网络用户承担连带责任。

第三十七条 宾馆、商场、银行、车站、娱乐场所等公共场所的管理人或者群众性活动的组织者,未尽到安全保障义务,造成他人损害的,应当承担侵权责任。

因第三人的行为造成他人损害的,由第三人承担侵权责任;管理人或者组织者未尽到安全保障义务的,承担相应的补充责任。

第三十八条 无民事行为能力人在幼儿园、学校或者其他教育机构学习、生活期间受到人身损害的,幼儿园、学校或者其他教育机构应当承担责任,但能够证明尽到教育、管理职责的,不承担责任。

第三十九条 限制民事行为能力人在学校或者其他教育机构学习、生活期间受到人身损害,学校或者其他教育机构未尽到教育、管理职责的,应当承担责任。

第四十条 无民事行为能力人或者限制民事行为能力人在幼儿园、学校或者其他教育机构学习、生活期间,受到幼儿园、学校或者其他教育机构以外的人员人身损害的,由侵权人承担侵权责任;幼儿园、学校或者其他教育机构未尽到管理职责的,承担相应的补充责任。

第五章　产品责任

第四十一条　因产品存在缺陷造成他人损害的,生产者应当承担侵权责任。法律规定不承担责任或者减轻责任的,依照其规定。

第四十二条　因销售者的过错使产品存在缺陷,造成他人损害的,销售者应当承担侵权责任。

销售者不能指明缺陷产品的生产者也不能指明缺陷产品的供货者的,销售者应当承担侵权责任。

第四十三条　因产品存在缺陷造成损害的,被侵权人可以向产品的生产者请求赔偿,也可以向产品的销售者请求赔偿。

产品缺陷由生产者造成的,销售者赔偿后,有权向生产者追偿。

因销售者的过错使产品存在缺陷的,生产者赔偿后,有权向销售者追偿。

第四十四条　因运输者、仓储者等第三人的过错使产品存在缺陷,造成他人损害的,产品的生产者、销售者赔偿后,有权向第三人追偿。

第四十五条　因产品缺陷危及他人人身、财产安全的,被侵权人有权请求生产者、销售者承担排除妨碍、消除危险等侵权责任。

第四十六条　产品投入流通后发现存在缺陷的,生产者、销售者应当及时采取警示、召回等补救措施。未及时采取补救措施或者补救措施不力造成损害的,应当承担侵权责任。

第四十七条　明知产品存在缺陷仍然生产、销售,侵害他人生命或者造成他人健康严重损害的,被侵权人有权请求相应的惩罚性赔偿。

第六章　机动车交通事故责任

第四十八条　机动车发生交通事故造成损害的,依照道路交通安全法的有关规定承担赔偿责任。

第四十九条　因租赁、借用等情形机动车所有人与使用人不是同一人时,发生交通事故后属于该机动车一方责任的,由保险公司在机动车强制保险责任限额范围内予以赔偿。不足部分,由机动车使用人承担赔偿责任;机动车所有人对损害的发生有过错的,承担相应的赔偿责任。

第五十条　当事人之间已经以买卖等方式转让并交付机动车但未办理所有权转移登记,发生交通事故后属于该机动车一方责任的,由保险公司在机动车强制保险责任限额范围内予以赔偿。不足部分,由受让人承担赔偿责任。

第五十一条　以买卖等方式转让拼装或者已达到报废标准的机动车,发生交通事故造成损害的,由转让人和受让人承担连带责任。

第五十二条 盗窃、抢劫或者抢夺的机动车发生交通事故造成损害的,由盗窃人、抢劫人或者抢夺人承担赔偿责任。保险公司在机动车强制保险责任限额范围内垫付抢救费用的,有权向交通事故责任人追偿。

第五十三条 机动车驾驶人发生交通事故后逃逸的,该机动车参加强制保险的,由保险公司在机动车强制保险责任限额范围内予以赔偿;机动车不明或者该机动车未参加强制保险,需要支付被侵权人人身伤亡的抢救、丧葬等费用的,由道路交通事故社会救助基金垫付。道路交通事故社会救助基金垫付后,其管理机构有权向交通事故责任人追偿。

第七章 医疗损害责任

第五十四条 患者在诊疗活动中受到损害,医疗机构及其医务人员有过错的,由医疗机构承担赔偿责任。

第五十五条 医务人员在诊疗活动中应当向患者说明病情和医疗措施。需要实施手术、特殊检查、特殊治疗的,应当及时向患者说明医疗风险、替代医疗方案等情况,并取得其书面同意;不宜向患者说明的,医务人员应当向患者的近亲属说明,并取得其书面同意。

医务人员未尽到前款义务,造成患者损害的,医疗机构应当承担赔偿责任。

第五十六条 因抢救生命垂危的患者等紧急情况,不能取得患者或者其近亲属意见的,经医疗机构负责人或者授权的负责人批准,可以立即实施相应的医疗措施。

第五十七条 医务人员在诊疗活动中未尽到与当时的医疗水平相应的诊疗义务,造成患者损害的,医疗机构应当承担赔偿责任。

第五十八条 患者有损害,因下列情形之一的,推定医疗机构有过错:
(一)违反法律、行政法规、规章以及有关诊疗规范的规定;
(二)隐匿或者拒绝提供与纠纷有关的医学文书及有关资料;
(三)伪造或者销毁医学文书及有关资料。

第五十九条 因药品、消毒药剂、医疗器械的缺陷,或者输入不合格的血液造成患者损害的,患者可以向生产者或者血液提供机构请求赔偿,也可以向医疗机构请求赔偿。患者向医疗机构请求赔偿的,医疗机构可以要求生产者或者血液提供机构协商赔偿。

第六十条 患者有损害,因下列情形之一的,医疗机构不承担赔偿责任:
(一)患者或者其近亲属不配合医疗机构进行符合诊疗规范的诊疗;
(二)医务人员在抢救生命垂危的患者等紧急情况下已经尽到合理诊疗义务;
(三)限于当时的医疗水平难以诊疗。

前款第一项情形中,医疗机构及其医务人员也有过错的,应当承担相应的赔偿责任。

第六十一条 医疗机构及其医务人员应当按照规定填写并妥善保管住院志、医嘱单、检验报告、手术及麻醉记录、病理资料、护理记录、医疗费用等医学文书及有关资料。

患者要求查阅、复制前款规定的医学文书及有关资料的,医疗机构应当提供。

第六十二条 医疗机构及其医务人员应当对患者的隐私保密。泄露患者隐私或者未经患者同意公开其医学文书及有关资料,造成患者损害的,应当承担侵权责任。

第六十三条 医疗机构及其医务人员不得违反诊疗规范实施不必要的检查。

第六十四条 医疗机构及其医务人员的合法权益受法律保护。干扰医疗秩序,妨害医务人员工作、生活的,应当依法承担法律责任。

第八章 环境污染责任

第六十五条 因污染生活、生态环境造成损害的,污染者应当承担侵权责任。法律规定不承担责任或者减轻责任的,依照其规定。

第六十六条 因环境污染发生纠纷,污染者应当就法律规定的不承担责任或者减轻责任的情形及其行为与损害之间不存在因果关系承担举证责任。

第六十七条 两个以上污染者污染环境,污染者承担责任的大小,根据污染物的种类、排放量等因素确定。

第六十八条 因第三人的过错污染环境造成损害的,被侵权人可以向污染者请求赔偿,也可以向第三人请求赔偿。污染者赔偿后,有权向第三人追偿。

第九章 高度危险责任

第六十九条 从事高度危险作业造成他人损害的,应当承担侵权责任。法律规定不承担责任或者减轻责任的,依照其规定。

第七十条 民用核设施发生核事故造成他人损害的,民用核设施的经营者应当承担侵权责任,但能够证明损害是因战争等情形或者受害人故意造成的,不承担责任。

第七十一条 民用航空器造成他人损害的,民用航空器的经营者应当承担侵权责任,但能够证明损害是因受害人故意造成的,不承担责任。

第七十二条 占有或者使用易燃、易爆、剧毒、放射性等高度危险物造成他人损害的,占有人或者使用人应当承担侵权责任,但能够证明损害是因受害人故意或者不可抗力造成的,不承担责任。被侵权人对损害的发生有重大过失的,可以减轻占有人或者使用人的责任。

第七十三条 从事高空、高压、地下挖掘活动,使用高速轨道运输工具造成他人损害的,经营者应当承担侵权责任,但能够证明损害是因受害人故意或者不可抗力造成的,不承担责任。被侵权人对损害的发生有过失的,可以减轻经营者的责任。

第七十四条 遗失、抛弃高度危险物造成他人损害的,由所有人承担侵权责任。所有人将高度危险物交由他人管理的,由管理人承担侵权责任;所有人有过错的,与管理人承担连带责任。

第七十五条 非法占有高度危险物造成他人损害的,由非法占有人承担侵权责任。所有人、管理人不能证明对防止他人非法占有尽到高度注意义务的,与非法占有人承担连带责任。

第七十六条 未经许可进入高度危险活动区域或者高度危险物存放区域受到损害,管理人已经采取安全措施并且尽到警示义务的,可以减轻或者不承担责任。

第七十七条 承担高度危险责任,法律规定赔偿限额的,依照其规定。

第十章 动物损害责任

第七十八条 饲养的动物造成他人损害的,动物饲养人或者管理人应当承担侵权责任,但能够证明损害是因被侵权人的重大过失造成的,可以减轻或者不承担责任。

第七十九条 违反管理规定,未对动物采取安全措施造成他人损害的,动物饲养人或者管理人应当承担侵权责任。

第八十条 禁止饲养的烈性犬等危险动物造成他人损害的,动物饲养人或者管理人应当承担侵权责任。

第八十一条 动物园的动物造成他人损害的,动物园应当承担侵权责任,但能够证明尽到管理职责的,不承担责任。

第八十二条 遗弃、逃逸的动物在遗弃、逃逸期间造成他人损害的,由原动物饲养人或者管理人承担侵权责任。

第八十三条 因第三人的过错致使动物造成他人损害的,被侵权人可以向动物饲养人请求赔偿,也可以向第三人请求赔偿。动物饲养人赔偿后,有权向第三人追偿。

第八十四条 饲养动物应当遵守法律,尊重社会公德,不得妨害他人生活。

第十一章 物件损害责任

第八十五条 建筑物、构筑物或者其他设施及其搁置物、悬挂物发生脱落、坠落造成他人损害,所有人、管理人或者使用人不能证明自己没有过错的,应当承担侵权责任。

所有人、管理人或者使用人赔偿后,有其他责任人的,有权向其他责任人追偿。

第八十六条 建筑物、构筑物或者其他设施倒塌造成他人损害的,由建设单位与施工单位承担连带责任。

建设单位、施工单位赔偿后,有其他责任人的,有权向其他责任人追偿。

第八十七条 从建筑物中抛掷物品或者从建筑物上坠落的物品造成他人损害,难以确定具体侵权人的,除能够证明自己不是侵权人的外,由可能加害的建筑物使用人给予补偿。

第八十八条 堆放物倒塌造成他人损害,堆放人不能证明自己没有过错的,应当承担侵权责任。

第八十九条 在公共道路上堆放、倾倒、遗撒妨碍通行的物品造成他人损害的,有关单位或者个人应当承担侵权责任。

第九十条 因林木折断造成他人损害,林木的所有人或者管理人不能证明自己没有过错的,应当承担侵权责任。

第九十一条 在公共场所或者道路上挖坑、修缮安装地下设施等,没有设置明显标志和采取安全措施造成他人损害的,施工人应当承担侵权责任。

窨井等地下设施造成他人损害,管理人不能证明尽到管理职责的,应当承担侵权责任。

第十二章 附 则

第九十二条 本法自2010年7月1日起施行。

全国人民代表大会法律委员会关于《中华人民共和国侵权责任法(草案四次审议稿)》修改意见的报告

2009年12月25日在第十一届全国人民代表大会常务委员会第十二次会议上

全国人大法律委员会主任委员　胡康生

全国人民代表大会常务委员会：

本次常委会会议于12月22日下午对侵权责任法(草案四次审议稿)进行了分组审议。普遍认为，草案已经比较成熟，建议进一步修改后，提请本次会议表决通过；同时，有些常委会组成人员还提出了一些修改意见。法律委员会于12月23日下午召开会议，逐条研究了常委会组成人员的审议意见，对草案进行了审议。法律委员会认为，草案是可行的，同时提出以下主要修改意见：

一、有的常委委员提出，草案四次审议稿第五十八条、第六十一条、第六十二条中"医学文书"一词含义过宽，不够清楚，应当将其修改为"病历"。法律委员会经研究，建议采用卫生部有关规定中的表述，将这几条中的"医学文书及有关资料"修改为"病历资料"。

二、草案四次审议稿第五十九条规定了因药品、消毒药剂、医疗器械的缺陷等造成患者损害的赔偿责任。有的常委委员提出，应当在这一条中进一步明确规定医疗机构赔偿后有权向生产者追偿。法律委员会经研究，赞成上述意见，建议将这一条中"患者向医疗机构请求赔偿的，医疗机构可以要求生产者或者血液提供机构协商赔偿"的规定，修改为"患者向医疗机构请求赔偿的，医疗机构赔偿后，有权向负有责任的生产者或者血液提供机构追偿"。

三、草案四次审议稿第八十六条规定了建筑物、构筑物或者其他设施倒塌造成他人损害的赔偿责任。有的常委委员提出，建筑物倒塌有多种原因，有的是建筑物质量不合格，有的是建筑物年久失修，有的是业主擅自改变建筑物承重结构，不宜都由建设单位、施工单位承担责任。法律委员会经研究，建议将这一条的第二款并入第一款，并增加一款规定："因其他责任人的原因，建筑物、构筑物或者其他设施倒塌造成他人损害的，由其他责任人承担侵权责任。"

此外，根据常委会组成人员的审议意见，还对草案四次审议稿作了一些文字修改。

草案建议表决稿已按上述意见作了修改，法律委员会建议本次常委会会议通过。

草案建议表决稿和以上报告是否妥当，请审议。

六、婚姻法（修改）

中华人民共和国婚姻法修正案（征求意见稿）

2000年8月7日

一、将第三条第二款修改为："禁止重婚。禁止以暴力或其他形式虐待家庭成员。禁止遗弃家庭成员。"

二、增加一条，作为第四条："夫妻应当相互忠实，相互扶助；家庭成员间应当敬老爱幼，维护平等、和睦、文明的婚姻家庭关系。"

三、将第六条改为第七条，修改为："直系血亲和三代以内的旁系血亲，禁止结婚。

"患有指定传染病在传染期内或有关精神病在发病期内的，应当暂缓结婚。患有医学上认为不宜生育的严重遗传性疾病，采取长效避孕措施或施行结扎手术后不生育的，可以结婚。"

四、增加一条，作为第十条："有下列情形之一的，其婚姻无效：

"（一）重婚的；

"（二）有禁止结婚的亲属关系的；

"（三）患有应当暂缓结婚的疾病以及不宜生育的疾病，未采取长效避孕措施或施行结扎手术的；

"（四）未到法定婚龄的。

"对无效婚姻，当事人及其亲属可以向婚姻登记机关或人民法院请求确认该婚姻无效；婚姻登记机关或人民法院应当宣告该婚姻无效。未到法定婚龄结婚的，宣告该婚姻无效应当在法定婚龄届至前作出；女方已经怀孕的，不得宣告该婚姻无效。"

五、增加一条，作为第十一条："因胁迫结婚的，受胁迫的一方有权撤销该婚姻。向婚姻登记机关或向人民法院请求撤销婚姻的，应当自结婚登记之日起六个月内提出。被非法限制人身自由的当事人请求撤销婚姻的，应当自恢复人身自由之日起六个月内提出。"

六、将第十三条改为第十六条，第一款修改为："夫妻在婚姻关系存续期间所得的下列财产，归夫妻共同所有，双方另有约定的除外：

"(一)工资、奖金;
"(二)从事经营活动的收益;
"(三)知识产权的收益;
"(四)因继承或赠与所得的财产;
"(五)婚前财产的孳息;
"(六)其他共同所有的财产。"

增加一款,作为第二款:"一方婚前个人所有的住房以及价值较大的生产经营的财产,夫妻共同使用、经营、管理满八年,以及一方婚前个人所有的贵重的生活用品,夫妻共同使用满四年的,归夫妻共同所有,双方另有约定的除外。"

增加一款,作为第三款:"夫妻对婚姻关系存续期间所得的财产约定不明确的,归夫妻共同所有。"

七、增加一条,作为第十七条:"有下列情形之一的,为夫妻一方的财产,双方另有约定的除外:

"(一)前条规定以外的一方所有的婚前财产;
"(二)因一方身体受到伤害获得的医疗费、残疾人生活补助费等费用;
"(三)遗嘱或赠与合同中指明由一方继承、受赠的财产;
"(四)一方专用的生活用品;
"(五)其他应当归一方的财产。"

八、增加一条,作为第十八条:"夫妻可以书面约定婚前财产以及婚姻关系存续期间财产的归属。"

九、将第二十二条改为第二十七条,修改为:"有负担能力的祖父母、外祖父母,对于父母已经死亡或父母无力抚养的未成年的孙子女、外孙子女,有抚养的义务。有负担能力的孙子女、外孙子女,对于子女已经死亡或子女无力赡养的祖父母、外祖父母,有赡养的义务。"

十、将第二十三条改为第二十八条,修改为:"有负担能力的兄、姐,对于父母已经死亡或父母无力抚养的未成年的弟、妹,有抚养的义务。由兄、姐抚养长大的有负担能力的弟、妹,对于缺乏劳动能力又缺乏生活来源的兄、姐,有扶养的义务。"

十一、增加一条,作为第二十九条:"老年人的子女或其他亲属不得干涉该老年人离婚、再婚及婚后的生活。赡养人的赡养义务不因该老年人的婚姻关系变化而消除。"

十二、增加一条,作为第三十二条:"有下列情形之一,一方要求离婚的,调解无效,应准予离婚:

"(一)虐待、遗弃家庭成员的;
"(二)一方有重婚行为的;
"(三)因感情不和分居满三年的;
"(四)一方被宣告失踪的;
"(五)其他导致夫妻感情确已破裂的情形。"

十三、将第二十七条改为第三十四条,修改为:"女方在怀孕期间、分娩后一年内或中止妊娠的手术后六个月内,男方不得提出离婚。女方提出离婚的,或人民法院认为确有必要受理男方离婚请求的,不在此限。"

十四、将第二十九条改为第三十六条,第二款修改为:"离婚后,父母对于子女仍有抚养和教育的权利和义务,应当履行预防未成年人犯罪和保护未成年人权益的职责。"

十五、增加一条,作为第三十八条:"离婚后,不直接抚养子女的父或母,有探视子女的权利。

"父或母探视子女,不利于子女成长的,经人民法院判决可以中止或丧失探视权。"

十六、将第三十一条改为第三十九条,修改为:"离婚时,夫妻的共同财产由双方协议处理;协议不成时,由人民法院根据财产的具体情况,照顾女方、子女和无过失方权益的原则判决。"

十七、增加"法律责任"一章,作为第五章。增加八条,作为第四十二条至第四十八条、第五十条:

1."**第四十二条** 以暴力或其他形式虐待家庭成员,由公安机关依照治安管理处罚条例予以行政处罚;构成犯罪的,依法追究刑事责任。

"对正在实施的家庭暴力,受害人可以请求公安机关救助,也可以请求居民委员会、村民委员会劝阻。

"以暴力或其他形式虐待家庭成员,受害人可以请求村民委员会、居民委员会以及所在单位予以调解。"

2."**第四十三条** 对遗弃家庭成员的,受害人可以请求人民法院依法作出支付扶养费、抚养费、赡养费的判决或裁定;构成犯罪的,依法追究刑事责任。

"对遗弃家庭成员的,受害人可以请求村民委员会、居民委员会以及所在单位予以调解。"

3."**第四十四条** 对重婚的,依法追究刑事责任。"

4."**第四十五条** 对重婚、虐待或遗弃家庭成员的,公安机关、人民检察院应当依法侦查,提起公诉;受害人可以依照刑事诉讼法的有关规定,向人民法院自诉。"

5."**第四十六条** 因重婚、虐待或遗弃家庭成员导致离婚的,无过失方有权请求损害赔偿。"

6."**第四十七条** 夫妻对婚前财产以及婚姻关系存续期间财产归属的约定,损害债权人利益的,该约定无效。债权人可以向人民法院请求确认该约定无效。"

7."**第四十八条** 离婚时,一方隐藏、转移或非法变卖、毁损夫妻共同财产的,人民法院可以依照民事诉讼法的规定予以制裁。分割夫妻共同财产时,对隐藏、转移或非法变卖、毁损夫妻共同财产的一方,可以少分或不分。

"离婚后,另一方发现隐藏、转移或非法变卖、毁损的夫妻共同财产的,可以向人民法院提起诉讼,请求再次分割夫妻共同财产。"

8."**第五十条** 对其他有关婚姻家庭的违法行为,法律另有处罚规定的,依照其规定。"

十八、将第三十五条改为第四十九条,修改为:"对拒不执行有关扶养费、抚养费、赡养费、财产分割、遗产继承、探视子女等判决或裁定的,人民法院得依法强制执行。有关个人和单位应负协助执行的责任。"

十九、删去第三十四条。

本决定自　年　月　日起施行。

《中华人民共和国婚姻法》根据本决定作相应的修改,重新公布。

中华人民共和国婚姻法修正案(草案)
(初次审议稿)

九届全国人大常委会第十八次会议

一、第三条第二款修改为:"禁止重婚和其他违反一夫一妻制的行为。禁止家庭暴力或以其他行为虐待家庭成员。禁止遗弃家庭成员。"

二、增加一条,作为第四条:"夫妻应当相互忠实,相互扶助;家庭成员间应当敬老爱幼,维护平等、和睦、文明的婚姻家庭关系。"

三、第六条改为第七条,第二项修改为:"(二)患有医学上认为不应当结婚的疾病"。

四、增加一条,作为第十条:"有下列情形之一的婚姻无效:

"(一)重婚的;

"(二)有禁止结婚的亲属关系的;

"(三)婚前患有医学上认为不应当结婚的疾病,婚后尚未治愈的;

"(四)未到法定婚龄的。

"对无效婚姻,婚姻登记机关或人民法院有权宣告该婚姻无效;当事人以及利害关系人可以向婚姻登记机关或人民法院提出该婚姻无效,但对未到法定婚龄结婚的,应当在法定婚龄届至前提出该婚姻无效。"

五、增加一条,作为第十一条:"因胁迫结婚的,受胁迫的一方有权撤销该婚姻。向婚姻登记机关或人民法院请求撤销婚姻的,应当自结婚登记之日起六个月内提出。被非法限制人身自由的当事人请求撤销婚姻的,应当自恢复人身自由之日起六个月内提出。"

六、增加一条,作为第十二条:"无效或被撤销的婚姻,自始无效。当事人不具有夫妻的权利和义务。当事人所生的子女,适用本法有关父母子女的规定。"

七、第十三条改为第十七条,第一款修改为:"夫妻在婚姻关系存续期间所得的下列财产,归夫妻共同所有,双方另有约定的除外:

"(一)工资、奖金;

"(二)从事经营活动的收益;

"(三)知识产权的收益;

"(四)因继承或赠与所得的财产,但本法第十八条第三项规定的除外;

"(五)其他共同所有的财产。"

增加一款,作为第二款:"夫妻对婚姻关系存续期间所得的财产约定不明确的,归夫妻共同所有。"

八、增加一条,作为第十八条:"有下列情形之一的,为夫妻一方的财产,双方另有约定的除外:

"(一)一方所有的婚前财产;

"(二)因一方身体受到伤害获得的医疗费、残疾人生活补助费等费用;

"(三)遗嘱或赠与合同中指明归一方的财产;

"(四)一方专用的生活用品;

"(五)其他应当归一方的财产。"

九、增加一条,作为第十九条:"夫妻可以书面约定婚前财产以及婚姻关系存续期间的财产归共同所有或各自所有,或部分共同所有、部分各自所有。

"夫妻对婚前财产以及婚姻关系存续期间财产的约定,对双方具有约束力。

"夫妻对婚姻关系存续期间财产约定归各自所有的,夫或妻一方对外所负的债务,第三人知道该约定的,以夫或妻一方的财产清偿。"

十、第十五条改为第二十一条,第二款修改为:"父母应当使适龄的子女按时入学,接受义务教育。父母不履行抚养义务时,未成年的或不能独立生活的子女,有要求父母付给抚养费的权利。"

十一、第十七条改为第二十三条,修改为:"父母有管教和保护未成年子女的权利和义务,应当教育子女不得有不良行为,应当履行预防未成年人犯罪的职责。在未成年子女对国家、集体或他人造成损害时,父母有赔偿经济损失的义务。"

十二、第二十二条改为第二十八条,修改为:"有负担能力的祖父母、外祖父母,对于父母已经死亡或父母无力抚养的未成年的孙子女、外孙子女,有抚养的义务。有负担能力的孙子女、外孙子女,对于子女已经死亡或子女无力赡养的祖父母、外祖父母,有赡养的义务。"

十三、第二十三条改为第二十九条,修改为:"有负担能力的兄、姐,对于父母已经死亡或父母无力抚养的未成年的弟、妹,有扶养的义务。由兄、姐扶养长大的有负担能力的弟、妹,对于缺乏劳动能力又缺乏生活来源的兄、姐,有扶养的义务。"

十四、增加一条,作为第三十条:"子女应当尊重父母的婚姻权利,不得干涉父母再婚以及婚后的生活;子女对父母的赡养义务,不因父母的婚姻关系变化而终止。"

十五、第二十四条改为第三十一条,修改为:"男女双方自愿离婚的,准予离婚。双方须到婚姻登记机关申请离婚。婚姻登记机关应当查明双方确实是自愿并对子女和财产问题已有适当处理后,发给离婚证。"

十六、第二十五条改为第三十二条,第二款修改为:"人民法院审理离婚案件,应当进行调解;有下列情形之一,感情确已破裂,调解无效的,应准予离婚:

"(一)实施家庭暴力或以其他行为虐待家庭成员、或遗弃家庭成员的;

"(二)一方重婚或有其他违反一夫一妻制行为的;
"(三)一方有赌博、吸毒等恶习的;
"(四)一方被追究刑事责任,严重伤害夫妻感情的;
"(五)婚后患有医学上认为不应当结婚的疾病的;
"(六)因感情不和分居满二年的;
"(七)其他导致夫妻感情确已破裂的情形。"

增加一款,作为第三款:"一方被宣告失踪,另一方提出离婚诉讼的,应准予离婚。"

十七、第二十七条改为第三十四条,修改为:"女方在怀孕期间、分娩后一年内或中止妊娠后六个月内,男方不得提出离婚。女方提出离婚的,或人民法院认为确有必要受理男方离婚请求的,不在此限。"

十八、增加一条,作为第三十八条:"离婚后,不直接抚养子女的父或母,有探视子女的权利。

"父或母探视子女,危及子女身心健康的,经人民法院判决可以中止探视权。"

十九、第三十一条改为第三十九条,增加一款,作为第二款:"一方婚前个人所有的财产,婚后由双方共同使用、经营、管理的,住房和其他价值较大的生产资料经过八年,贵重的生活资料经过四年,视为夫妻的共同财产,双方另有约定的除外。"

二十、增加一条,作为第四十条:"夫妻书面约定婚姻关系存续期间财产归各自所有,一方因抚育子女、照料老人、协助另一方工作等付出较多义务的,离婚时可以向另一方请求补偿。"

二十一、增加"法律责任"一章,作为第五章,增加八条,作为第四十三条至第四十九条、第五十一条:

1. "**第四十三条** 实施家庭暴力或以其他行为虐待家庭成员,由公安机关依照治安管理处罚条例予以行政处罚;构成犯罪的,依法追究刑事责任。

"对正在实施的家庭暴力,受害人可以请求公安机关救助,也可以请求居民委员会、村民委员会劝阻。

"实施家庭暴力或以其他行为虐待家庭成员,受害人可以请求村民委员会、居民委员会以及所在单位予以调解。"

2. "**第四十四条** 对遗弃家庭成员的,受害人可以请求人民法院依法作出支付扶养费、抚养费、赡养费的判决和裁定;构成犯罪的,依法追究刑事责任。

"对遗弃家庭成员的,受害人可以请求村民委员会、居民委员会以及所在单位予以调解。"

3. "**第四十五条** 对重婚的,依法追究刑事责任。"

4. "**第四十六条** 对重婚、实施家庭暴力或以其他行为虐待家庭成员、或遗弃家庭成员的,公安机关、人民检察院应当依法侦查、提起公诉;受害人可以依照刑事诉讼法的有关规定,向人民法院自诉。"

5. "**第四十七条** 因一方重婚、实施家庭暴力或以其他行为虐待家庭成员,或遗弃家庭成员而导致离婚的,无过失方有权请求损害赔偿。"

6."**第四十八条** 夫妻对婚前财产以及婚姻关系存续期间财产归属的约定,逃避债务的,该约定无效。债权人可以向人民法院请求确认该约定无效。"

7."**第四十九条** 离婚时,一方隐藏、转移、变卖、毁损夫妻共同财产,或伪造债务企图侵占另一方财产的,人民法院可以依照民事诉讼法的规定予以制裁。分割夫妻共同财产时,对隐藏、转移、变卖、毁损夫妻共同财产或伪造债务的一方,可以少分或不分。

"离婚后,另一方发现隐藏、转移、变卖、毁损的夫妻共同财产,或一方伪造债务的,可以向人民法院提起诉讼,请求再次分割夫妻共同财产。"

8."**第五十一条** 对其他有关婚姻家庭的违法行为,法律另有处罚规定的,依照其规定。"

二十二、将第三十五条改为第五十条,修改为:"对拒不执行有关扶养费、抚养费、赡养费、财产分割、遗产继承、探视子女等判决或裁定的,人民法院得依法强制执行。有关个人和单位应负协助执行的责任。"

二十三、删去第三十四条。

本决定自　　年　月　日起施行。

《中华人民共和国婚姻法》根据本决定作相应的修改,重新公布。

中华人民共和国婚姻法修订对照文本

九届全国人大常委会第十八次会议

现行婚姻法	修正案（草案）
第一章 总 则	
第一条 本法是婚姻家庭关系的基本准则。	
第二条 实行婚姻自由、一夫一妻、男女平等的婚姻制度。 保护妇女、儿童和老人的合法权益。 实行计划生育。	
第三条 禁止包办、买卖婚姻和其他干涉婚姻自由的行为。禁止借婚姻索取财物。 禁止重婚。禁止家庭成员间的虐待和遗弃。	第三条第二款修改为： 禁止重婚和其他违反一夫一妻制的行为。禁止家庭暴力或以其他行为虐待家庭成员。禁止遗弃家庭成员。
	增加一条，作为第四条： 夫妻应当相互忠实，相互扶助；家庭成员间应当敬老爱幼，维护平等、和睦、文明的婚姻家庭关系。
第二章 结 婚	
第四条 结婚必须男女双方完全自愿，不许任何一方对他方加以强迫或任何第三者加以干涉。	第四条改为第五条。

现行婚姻法	修正案(草案)
第五条　结婚年龄,男不得早于二十二周岁,女不得早于二十周岁。晚婚晚育应予鼓励。	第五条改为第六条。
第六条　有下列情形之一的,禁止结婚: (一)直系血亲和三代以内的旁系血亲; (二)患麻风病未经治愈或患其他在医学上认为不应当结婚的疾病。	第六条改为第七条,修改为: 有下列情形之一的,禁止结婚: (一)直系血亲和三代以内的旁系血亲; (二)患有医学上认为不应当结婚的疾病。
第七条　要求结婚的男女双方必须亲自到婚姻登记机关进行结婚登记。符合本法规定的,予以登记,发给结婚证,取得结婚证,即确立夫妻关系。	第七条改为第八条。
第八条　登记结婚后,根据男女双方约定,女方可以成为男方家庭的成员,男方也可以成为女方家庭的成员。	第八条改为第九条。
	增加一条,作为第十条: 有下列情形之一的婚姻无效: (一)重婚的; (二)有禁止结婚的亲属关系的; (三)婚前患有医学上认为不应当结婚的疾病,婚后尚未治愈的; (四)未到法定婚龄的。 对无效婚姻,婚姻登记机关或人民法院有权宣告该婚姻无效;当事人以及利害关系人可以向婚姻登记机关或人民法院提出该婚姻无效,但对未到法定婚龄结婚的,应当在法定婚龄届至前提出该婚姻无效。
	增加一条,作为第十一条: 因胁迫结婚的,受胁迫的一方有权撤销该婚姻。向婚姻登记机关或人民法院请求撤销婚姻的,应当自结婚登记之日起六个月内提出。被非法限制人身自由的当事人请求撤销婚姻的,应当自恢复人身自由之日起六个月内提出。

现行婚姻法	修正案(草案)
	增加一条,作为第十二条: 无效或被撤销的婚姻,自始无效。当事人不具有夫妻的权利和义务。当事人所生的子女,适用本法有关父母子女的规定。
第三章 家庭关系	
第九条 夫妻在家庭中地位平等。	第九条改为第十三条。
第十条 夫妻双方都有各用自己姓名的权利。	第十条改为第十四条。
第十一条 夫妻双方都有参加生产、工作、学习和社会活动的自由,一方不得对他方加以限制或干涉。	第十一条改为第十五条。
第十二条 夫妻双方都有实行计划生育的义务。	第十二条改为第十六条。
第十三条 夫妻在婚姻关系存续期间所得的财产,归夫妻共同所有,双方另有约定的除外。 夫妻对共同所有的财产,有平等的处理权。	第十三条改为第十七条,第一款修改为: 夫妻在婚姻关系存续期间所得的下列财产,归夫妻共同所有,双方另有约定的除外: (一)工资、奖金; (二)从事经营活动的收益; (三)知识产权的收益; (四)因继承或赠与所得的财产,但本法第十八条第三项规定的除外; (五)其他共同所有的财产。 增加一款,作为第二款: 夫妻对婚姻关系存续期间所得的财产约定不明确的,归夫妻共同所有。

现行婚姻法	修正案(草案)
	增加一条,作为第十八条: 在下列情形之一的,为夫妻一方的财产,双方另有约定的除外: (一)一方所有的婚前财产; (二)因一方身体受到伤害获得的医疗费、残疾人生活补助费等费用; (三)遗嘱或赠与合同中指明归一方的财产; (四)一方专用的生活用品; (五)其他应当归一方的财产。
	增加一条,作为第十九条: 夫妻可以书面约定婚前财产以及婚姻关系存续期间的财产归共同所有或各自所有,或部分共同所有、部分各自所有。 夫妻对婚前财产以及婚姻关系存续期间财产的约定,对双方具有约束力。 夫妻对婚姻关系存续期间财产约定归各自所有的,夫或妻一方对外所负的债务,第三人知道该约定的,以夫或妻一方的财产清偿。
第十四条 夫妻有互相扶养的义务。 一方不履行扶养义务时,需要扶养的一方,有要求对方付给扶养费的权利。	第十四条改为第二十条。
第十五条 父母对子女有抚养教育的义务;子女对父母有赡养扶助的义务。 父母不履行抚养义务时,未成年的或不能独立生活的子女,有要求父母付给抚养费的权利。 子女不履行赡养义务时,无劳动能力的或生活困难的父母,有要求子女付给赡养费的权利。 禁止溺婴和其他残害婴儿的行为。	第十五条改为第二十一条,第二款修改为: 父母应当使适龄的子女按时入学,接受义务教育。父母不履行抚养义务时,未成年的或不能独立生活的子女,有要求父母付给抚养费的权利。
第十六条 子女可以随父姓,也可以随母姓。	第十六条改为第二十二条。

现行婚姻法	修正案(草案)
第十七条 父母有管教和保护未成年子女的权利和义务。在未成年子女对国家、集体或他人造成损害时,父母有赔偿经济损失的义务。	第十七条改为第二十三条,修改为: 父母有管教和保护未成年子女的权利和义务,应当教育子女不得有不良行为,应当履行预防未成年人犯罪的职责。在未成年子女对国家、集体或他人造成损害时,父母有赔偿经济损失的义务。
第十八条 夫妻有相互继承遗产的权利。 父母和子女有相互继承遗产的权利。	第十八条改为第二十四条。
第十九条 非婚生子女享有与婚生子女同等的权利,任何人不得加以危害和歧视。 非婚生子女的生父,应负担子女必要的生活费和教育费的一部或全部,直至子女能独立生活为止。	第十九条改为第二十五条。
第二十条 国家保护合法的收养关系。养父母和养子女间的权利和义务,适用本法对父母子女关系的有关规定。 养子女和生父母间的权利和义务,因收养关系的成立而消除。	第二十条改为第二十六条。
第二十一条 继父母与继子女间,不得虐待或歧视。 继父或继母和受其抚养教育的继子女间的权利和义务,适用本法对父母子女关系的有关规定。	第二十一条改为第二十七条。
第二十二条 有负担能力的祖父母、外祖父母,对于父母已经死亡的未成年的孙子女、外孙子女,有抚养的义务。有负担能力的孙子女、外孙子女,对于子女已经死亡的祖父母、外祖父母,有赡养的义务。	第二十二条改为第二十八条,修改为: 有负担能力的祖父母、外祖父母,对于父母已经死亡或父母无力抚养的未成年的孙子女、外孙子女,有抚养的义务。有负担能力的孙子女、外孙子女,对于子女已经死亡或子女无力赡养的祖父母、外祖父母,有赡养的义务。

现行婚姻法	修正案(草案)
第二十三条 有负担能力的兄、姊,对于父母已经死亡或父母无力抚养的未成年的弟、妹,有抚养的义务。	第二十三条改为第二十九条,修改为: 有负担能力的兄、姐,对于父母已经死亡或父母无力抚养的未成年的弟、妹,有扶养的义务。由兄、姐扶养长大的有负担能力的弟、妹,对于缺乏劳动能力又缺乏生活来源的兄、姐,有扶养的义务。
	增加一条,作为第三十条: 子女应当尊重父母的婚姻权利,不得干涉父母再婚以及婚后的生活;子女对父母的赡养义务,不因父母的婚姻关系变化而终止。
第四章 离 婚	
第二十四条 男女双方自愿离婚的,准予离婚。双方须到婚姻登记机关申请离婚。婚姻登记机关查明双方确实是自愿并对子女和财产问题已有适当处理时,应即发给离婚证。	第二十四条改为第三十一条,修改为: 男女双方自愿离婚的,准予离婚。双方须到婚姻登记机关申请离婚。婚姻登记机关应当在查明双方确实是自愿并对子女和财产问题已有适当处理后,发给离婚证。
第二十五条 男女一方要求离婚的,可由有关部门进行调解或直接向人民法院提出离婚诉讼。 人民法院审理离婚案件,应当进行调解;如感情确已破裂,调解无效,应准予离婚。	第二十五条改为第三十二条,第二款修改为: 人民法院审理离婚案件,应当进行调解;有下列情形之一,感情确已破裂,调解无效的,应准予离婚: (一)一方重婚或有其他违反一夫一妻制行为的; (二)实施家庭暴力或以其他行为虐待家庭成员,或遗弃家庭成员的; (三)一方有赌博、吸毒等恶习的; (四)一方被追究刑事责任,严重伤害夫妻感情的; (五)婚后患有医学上认为不应当结婚的疾病的; (六)因感情不和分居满二年的; (七)其他导致夫妻感情确已破裂的情形。 一方被宣告失踪,另一方提出离婚诉讼的,应准予离婚。

现行婚姻法	修正案(草案)
第二十六条 现役军人的配偶要求离婚,须得军人同意。	第二十六条改为第三十三条。
第二十七条 女方在怀孕期间和分娩后一年内,男方不得提出离婚。女方提出离婚的,或人民法院认为确有必要受理男方离婚请求的,不在此限。	第二十七条改为第三十四条,修改为: 女方在怀孕期间、分娩后一年内或中止妊娠后六个月内,男方不得提出离婚。女方提出离婚的,或人民法院认为确有必要受理男方离婚请求的,不在此限。
第二十八条 离婚后,男女双方自愿恢复夫妻关系的,应到婚姻登记机关进行复婚登记。婚姻登记机关应予以登记。	第二十八条改为第三十五条。
第二十九条 父母与子女间的关系,不因父母离婚而消除。离婚后,子女无论由父方或母方抚养,仍是父母双方的子女。 离婚后,父母对于子女仍有抚养和教育的权利和义务。 离婚后,哺乳期内的子女,以随哺乳的母亲抚养为原则。哺乳期后的子女,如双方因抚养问题发生争执不能达成协议时,由人民法院根据子女的权益和双方的具体情况判决。	第二十九条改为第三十六条。
第三十条 离婚后,一方抚养的子女,另一方应负担必要的生活费和教育费的一部或全部,负担费用的多少和期限的长短,由双方协议;协议不成时,由人民法院判决。 关于子女生活费和教育费的协议或判决,不妨碍子女在必要时向父母任何一方提出超过协议或判决原定数额的合理要求。	第三十条改为第三十七条。
	增加一条,作为第三十八条: 离婚后,不直接抚养子女的父或母,有探视子女的权利。 父或母探视子女,危及子女身心健康的,经人民法院判决可以中止探视权。

现行婚姻法	修正案(草案)
第三十一条　离婚时,夫妻的共同财产由双方协议处理;协议不成时,由人民法院根据财产的具体情况,照顾女方和子女权益的原则判决。	第三十一条改为第三十九条,增加一款,作为第二款: 一方婚前个人所有的财产,婚后由双方共同使用、经营、管理的,住房和其他价值较大的生产资料经过八年,贵重的生活资料经过四年,视为夫妻的共同财产,双方另有约定的除外。
	增加一条,作为第四十条: 夫妻书面约定婚姻关系存续期间财产归各自所有,一方因抚育子女、照料老人、协助另一方工作等付出较多义务的,离婚时可以向另一方请求补偿。
第三十二条　离婚时,原为夫妻共同生活所负的债务,以共同财产偿还。如该项财产不足清偿时,由双方协议清偿;协议不成时,由人民法院判决。男女一方单独所负债务,由本人偿还。	第三十二条改为第四十一条。
第三十三条　离婚时,如一方生活困难,另一方应给予适当的经济帮助。具体办法由双方协议;协议不成时,由人民法院判决。	第三十三条改为第四十二条。
	第四章后增加一章,作为第五章,增加八条,作为第四十三条至第四十九条、第五十一条: **第五章　法律责任** 第四十三条　实施家庭暴力或以其他行为虐待家庭成员,由公安机关依照治安管理处罚条例予以行政处罚;构成犯罪的,依法追究刑事责任。 对正在实施的家庭暴力,受害人可以请求公安机关救助,也可以请求居民委员会、村民委员会劝阻。

现行婚姻法	修正案(草案)
	实施家庭暴力或以其他行为虐待家庭成员,受害人可以请求村民委员会、居民委员会以及所在单位予以调解。 　　**第四十四条**　对遗弃家庭成员的,受害人可以请求人民法院依法作出支付扶养费、抚养费、赡养费的判决和裁定;构成犯罪的,依法追究刑事责任。 　　对遗弃家庭成员的,受害人可以请求村民委员会、居民委员会以及所在单位予以调解。 　　**第四十五条**　对重婚的,依法追究刑事责任。 　　**第四十六条**　对重婚、实施家庭暴力或以其他行为虐待家庭成员,或遗弃家庭成员的,公安机关、人民检察院应当依法侦查、提起公诉;受害人可以依照刑事诉讼法的有关规定,向人民法院自诉。 　　**第四十七条**　因一方重婚、实施家庭暴力或以其他行为虐待家庭成员、或遗弃家庭成员而导致离婚的,无过失方有权请求损害赔偿。 　　**第四十八条**　夫妻对婚前财产以及婚姻关系存续期间财产归属的约定,逃避债务的,该约定无效。债权人可以向人民法院请求确认该约定无效。 　　**第四十九条**　离婚时,一方隐藏、转移、变卖、毁损夫妻共同财产,或伪造债务企图侵占另一方财产的,人民法院可以依照民事诉讼法的规定予以制裁。分割夫妻共同财产时,对隐藏、转移、变卖、毁损夫妻共同财产或伪造债务的一方,可以少分或不分。 　　离婚后,另一方发现隐藏、转移、变卖、毁损的夫妻共同财产,或一方伪造债务的,可以向人民法院提起诉讼,请求再次分割夫妻共同财产。

现行婚姻法	修正案(草案)
	第五十一条 对其他有关婚姻家庭的违法行为,法律另有处罚规定的,依照其规定。
第五章 附 则	**第五章改为第六章 附 则**
第三十四条 违反本法者,得分别情况,依法予以行政处分或法律制裁。	删除。
第三十五条 对拒不执行有关扶养费、抚养费、赡养费、财产分割和遗产继承等判决或裁定的,人民法院得依法强制执行。有关单位应负协助执行的责任。	第三十五条改为第五十条,修改为: 对拒不执行有关扶养费、抚养费、赡养费、财产分割、遗产继承、探视子女等判决或裁定的,人民法院得依法强制执行。有关个人和单位应负协助执行的责任。
第三十六条 民族自治地方人民代表大会和他的常务委员会可以依据本法的原则,结合当地民族婚姻家庭的具体情况,制定某些变通的或补充的规定。自治州、自治县制定的规定,须报请省、自治区人民代表大会常务委员会批准。自治区制定的规定,须报全国人民代表大会常务委员会备案。	第三十六条改为第五十二条。
第三十七条 本法自 1981 年 1 月 1 日起施行。 1950 年 5 月 1 日颁行的《中华人民共和国婚姻法》,自本法施行之日起废止。	第三十七条改为第五十三条。

关于《中华人民共和国婚姻法修正案(草案)》的说明

2000年10月23日在第九届全国人民代表大会常务委员会第十八次会议上

全国人大常委会法制工作委员会副主任　胡康生

委员长、各位副委员长、秘书长、各位委员：

我受委员长会议委托，作关于《中华人民共和国婚姻法修正案(草案)》的说明。

婚姻法是民法的重要组成部分。我国现行的1980年《中华人民共和国婚姻法》是在1950年颁布的《中华人民共和国婚姻法》的基础上修订的。二十年来的实践证明，婚姻法规定的实行婚姻自由、一夫一妻、男女平等的婚姻制度，保护妇女、儿童和老人的合法权益，禁止重婚，禁止家庭成员间的虐待和遗弃等基本原则是正确的，有关夫妻、家庭成员间的权利义务的规定是基本可行的，对于建立和维护平等、和睦、文明的婚姻家庭关系，维护社会安定，促进社会主义精神文明建设和社会进步，发挥了积极的作用。同时，随着经济、社会的发展，人们的思想观念也发生变化，在婚姻家庭关系方面出现了一些新问题。为了进一步完善我国的社会主义婚姻家庭制度，有必要总结婚姻法的实施经验，针对存在的问题，对婚姻法作出修改补充。

全国人大常委会法制工作委员会根据九届全国人大常委会的立法规划，在部分全国人大代表提出修改婚姻法议案和全国妇联等有关部门以及法律专家研究提出婚姻法修改建议的基础上，听取了妇联、人民法院、民政、卫生等部门和一些法律专家、人民群众对修改婚姻法的意见，在北京、上海、广东、新疆等地了解情况，并研究有关婚姻家庭的国内外规定，于今年8月提出了婚姻法修正案(征求意见稿)，经征求中央有关部门和部分地方、法律专家的意见，进一步研究修改后，现提出婚姻法修正案(草案)。草案在现行婚姻法的基础上，从我国实际出发，坚持社会主义婚姻家庭的基本制度和基本原则，注重可操作性，将行之有效的有关行政法规和司法解释的规定，尽量吸收进来，针对存在的问题，尽可能作出补充规定，以更好地维护平等、和睦、文明的婚姻家庭关系，保护妇女、儿童和老人的合法权益，促进社会主义精神文明和物质文明建设。现将草案的主要内容和问题说明如下：

一、关于重婚问题

近几年一些地方重婚现象呈增多趋势，严重破坏一夫一妻的婚姻制度，违背社会主义道德风尚，导致家庭破裂，影响社会安定和计划生育。对这一问题，一方面应当进一步宣传、贯彻婚姻法，教育公民自觉遵守法律，弘扬中华民族的传统美德，抵御腐朽思想的侵蚀,预防重婚现象的发生。另一方面,为了进一步完善法制,加大遏制重婚的力度,草案规定了以下内容:(1)在总则中规定夫妻应当相互忠实,相互扶助。(2)规定禁止重婚和其他违反一夫一妻制的行为。(3)在法律责任中规定,对重婚的,应当依法追究刑事责任。公安机关、人民检察院应当依法侦查、提起公诉;受害人可以依照刑事诉讼法的有关规定,向人民法院自诉。(4)规定因一方重婚,另一方要求离婚的,调解无效,应准予离婚。(5)规定因一方重婚而导致离婚的,无过失方有权请求损害赔偿。

二、关于家庭暴力

近年来,我国家庭暴力问题在一些地方比较突出,因家庭暴力导致离婚和人身伤害案件增多。家庭暴力的直接受害者主要是妇女、儿童和老人,必须严厉打击家庭暴力的违法犯罪行为,有力地保护妇女、儿童和老人的权益。为了明确禁止家庭暴力,加强对受害者的保护和救助,并考虑到婚姻法和其他法律有关惩治家庭暴力违法犯罪行为的规定相衔接,草案作出下列规定:(1)在总则中明确规定禁止家庭暴力或以其他行为虐待家庭成员。(2)实施家庭暴力或以其他行为虐待家庭成员,由公安机关依照治安管理处罚条例予以行政处罚;构成犯罪的,依法追究刑事责任。(3)对正在实施的家庭暴力,受害人可以请求公安机关救助,也可以请求居民委员会、村民委员会劝阻。(4)实施家庭暴力或以其他行为虐待家庭成员,受害人可以请求村民委员会、居民委员会以及所在单位予以调解。(5)一方以暴力或其他行为虐待家庭成员,另一方要求离婚的,调解无效,应准予离婚。(6)因暴力或其他行为虐待家庭成员导致离婚的,无过失方有权请求损害赔偿。

三、关于结婚条件以及无效婚姻

现行婚姻法规定,患麻风病未经治愈或患其他在医学上认为不应当结婚的疾病的,禁止结婚。有关部门和医学专家提出,麻风病是一种普通的慢性传染病,现在对麻风病已有较好的治疗方案,可防可治不可怕,我国近年来已经基本消灭麻风病。因此,草案在禁止结婚的条件中保留了患有医学上认为不应当结婚的疾病,删去了有关麻风病的规定。

现行婚姻法规定了婚姻自由、一夫一妻的婚姻制度以及法定婚龄和禁止结婚的条件,对违反这些规定结婚的,草案增设了无效婚姻和可撤销婚姻制度。草案规定:(1)有下列情形之一的婚姻无效:①重婚的;②有禁止结婚的亲属关系的;③婚前患有医学上认为不应当结婚的疾病,婚后尚未治愈的;④未到法定婚龄的。对无效婚姻,婚姻登记机关或人民法院有权主动宣告该婚姻无效;当事人以及利害关系人可以向婚姻登记机关或人民法院提出该婚姻无效。(2)因胁迫结婚的,受胁迫的一方有权撤销该婚姻。(3)无效或被撤销的婚姻,自始无效。当事人不具有夫妻间的权利义务关系。当事人所生的子女,适用本法有关父母子女的规定。

四、关于夫妻财产制

现行婚姻法规定,夫妻在婚姻关系存续期间所得的财产,归夫妻共同所有,双方另有约定的除外。随着经济的发展,夫妻财产日益多样、丰厚,财产关系日趋复杂,为了更好地规范夫妻财产关系,草案对夫妻共同财产、个人特有财产和约定财产制作了具体规定。

关于共同财产,草案规定:(1)夫妻在婚姻关系存续期间所得的工资、奖金,从事经营活动的收益,知识产权的收益,除本法另有规定以外的因继承或赠与所得的财产等,都属于夫妻共同所有,但双方另有约定的除外。(2)夫妻对婚姻关系存续期间所得的财产约定不明确的,归夫妻共同所有。

关于个人特有财产,草案规定:有下列情形之一的,为夫妻一方的财产,但双方另有约定的除外:(1)一方所有的婚前财产。(2)因一方身体受到伤害获得的医疗费、残疾人生活补助费等费用。(3)遗嘱或赠与合同中指明归一方的财产。(4)一方专用的生活用品。(5)其他应当归一方的财产。

关于约定财产,草案规定:(1)夫妻可以书面约定婚前财产以及婚姻关系存续期间的财产归共同所有或各自所有,或部分共同所有、部分各自所有。(2)夫妻对婚前财产以及婚姻关系存续期间财产的约定,对双方具有约束力。夫妻对婚姻关系存续期间财产约定归各自所有的,夫或妻一方对外所负的债务,第三人知道该约定的,以夫或妻一方的财产清偿。夫妻对婚前财产以及婚姻关系存续期间财产归属的约定,逃避债务的,该约定无效。

五、关于离婚问题

现行婚姻法规定,对男女双方自愿离婚的,准予离婚;对男女一方要求离婚的,可以由有关部门进行调解或者直接向人民法院提出离婚诉讼。草案针对反映较多的有关离婚条件、离异家庭的子女抚养教育以及离婚时的财产分割等问题,增加规定以下内容:

(一)关于离婚条件。现行婚姻法规定,人民法院审理离婚案件,应当进行调解;如感情确已破裂,调解无效,应准予离婚。鉴于审判实践中需要明确"感情确已破裂"的具体情形,最高人民法院对此作出了司法解释。总结审判实践经验,草案对此补充规定了以下内容:人民法院审理离婚案件,应当进行调解;有下列情形之一,感情确已破裂,调解无效的,应准予离婚:(1)实施家庭暴力或以其他行为虐待家庭成员,或遗弃家庭成员的;(2)一方重婚或有其他违反一夫一妻制行为的;(3)一方有赌博、吸毒等恶习的;(4)一方被追究刑事责任,严重伤害夫妻感情的;(5)婚后患有医学上认为不应当结婚的疾病的;(6)因感情不和分居满二年的;(7)其他导致夫妻感情确已破裂的情形。一方被宣告失踪,另一方提出离婚诉讼的,应准予离婚。

(二)关于对离异家庭子女的抚养教育。夫妻离异后,对未成年子女的身心是极大的伤害,有些父母放松甚至不管子女的教育,导致青少年违法犯罪的现象日益增多,已经引起社会各界的重视和关切。草案在现行婚姻法"离婚后,父母对于子女仍有抚养和教育的权利和义务"等规定以及其他有关法律规定的基础上,增加规定:父母应当使适龄的子女按时入学,接受义务教育。父母应当教育子女不得有不良行为,应当履行预防未成年人犯罪的职责。同时规定:离婚后,不直接抚养子女的父或母,有探视子女的权利。父或母探视子女,危及子女身心健康的,经人民法院判决可以中止探视权。

(三)关于离婚时的财产分割。为了更好地体现现行婚姻法规定的在离婚时照顾女方和子女权益的原则,并且考虑到因一方重婚、虐待、遗弃等原因导致离婚,应当确立离婚的过错赔偿原则,总结审判实践经验,草案增加规定:(1)一方婚前个人所有的财产,婚后由双方共同使用、经营、管理的,住房和其他价值较大的生产资料经过八年,贵重的生活资料经过四年,视为夫妻的共同财产,双方另有约定的除外。(2)夫妻书面约定婚姻关系存续期间财产归各自所有,一方因抚育子女、照料老人、协助另一方工作等付出较多义务的,离婚时可以向另一方请求补偿。(3)因一方重婚、实施家庭暴力或以其他行为虐待家庭成员,或遗弃家庭成员而导致离婚的,无过失方有权请求损害赔偿。(4)离婚时,一方隐藏、转移、变卖、毁损夫妻共同财产,或伪造债务企图侵占另一方财产的,人民法院可以依照民事诉讼法的规定予以制裁。分割夫妻共同财产时,对隐藏、转移、变卖、毁损夫妻共同财产或伪造债务的一方,可以少分或不分。离婚后,另一方发现隐藏、转移、变卖、毁损的夫妻共同财产,或一方伪造债务的,可以向人民法院提起诉讼,请求再次分割夫妻共同财产。

六、关于保障老年人的权益

当前,我国老龄问题越来越成为一个重要的社会问题。老年人得不到较好的赡养,甚至受虐待、遗弃,以及干涉老年人婚姻的现象,在一些地方时有发生,对此必须引起高度重视。草案在现行婚姻法规定的基础上,作出以下修改补充:(1)有负担能力的孙子女、外孙子女,对于子女已经死亡或子女无力赡养的祖父母、外祖父母,有赡养的义务。(2)子女应当尊重父母的婚姻权利,不得干涉父母再婚以及婚后的生活。子女对父母的赡养义务不因父母的婚姻关系变化而终止。(3)对遗弃家庭成员的,受害人可以请求人民法院作出支付扶养费、抚育费、赡养费的判决和裁定;构成犯罪的,依法追究刑事责任。对遗弃家庭成员的,受害人可以请求村民委员会、居民委员会以及所在单位予以调解。

七、关于法律责任

现行婚姻法规定:违反本法者,得分别情况,依法予以行政处分或法律制裁。为了明确违反本法者的法律责任,便于受害者行使权利,更好地保护其权益,草案专设法律责任一章,对违法行为分别情况规定应当承担民事责任、刑事责任等。

《中华人民共和国婚姻法修正案(草案)》和以上说明当否,请审议。

中华人民共和国婚姻法修正案(草案)
(二次审议稿)

九届全国人大常委会第十九次会议

一、第三条第二款修改为:"禁止重婚和其他违反一夫一妻制的行为。禁止家庭暴力或以其他行为虐待家庭成员。禁止遗弃家庭成员。"

二、增加一条,作为第四条:"夫妻应当相互忠实,相互扶助;家庭成员间应当敬老爱幼,维护平等、和睦、文明的婚姻家庭关系。"

三、第六条改为第七条,第二项修改为:"(二)患有医学上认为不应当结婚的疾病"。

四、增加一条,作为第十条:"有下列情形之一的婚姻无效:

"(一)重婚的;

"(二)有禁止结婚的亲属关系的;

"(三)婚前患有医学上认为不应当结婚的疾病,婚后尚未治愈的;

"(四)未到法定婚龄的。

"对无效婚姻,当事人以及利害关系人可以向婚姻登记机关或人民法院提出该婚姻无效,婚姻登记机关或人民法院应当宣告该婚姻无效。

"对未到法定婚龄结婚的,应当在法定婚龄届至前提出或宣告该婚姻无效。"

五、增加一条,作为第十一条:"因胁迫结婚的,受胁迫的一方可以向婚姻登记机关或人民法院请求撤销该婚姻。受胁迫的一方撤销婚姻的请求,应当自结婚登记之日起一年内提出。被非法限制人身自由的当事人请求撤销婚姻的,应当自恢复人身自由之日起一年内提出。"

六、增加一条,作为第十二条:"无效或被撤销的婚姻,自始无效。当事人不具有夫妻的权利和义务,但同居期间所得的财产,除重婚的以外,按照共同财产分割;对有过错的一方,可以少分或不分。当事人所生的子女,适用本法有关父母子女的规定。"

七、第十三条改为第十七条,第一款修改为:"夫妻在婚姻关系存续期间所得的下列财产,归夫妻共同所有,双方另有约定的除外:

"(一)工资、奖金;

"(二)从事经营活动的收益;

"(三)知识产权的收益;

"(四)因继承或赠与所得的财产,但本法第十八条第三项规定的除外;

"(五)其他共同所有的财产。"

增加一款,作为第二款:"夫妻对婚姻关系存续期间所得的财产约定不明确的,归夫妻共同所有。"

八、增加一条,作为第十八条:"有下列情形之一的,为夫妻一方的财产,双方另有约定的除外:

"(一)一方所有的婚前财产;

"(二)因一方身体受到伤害获得的医疗费、残疾人生活补助费等费用;

"(三)遗嘱或赠与合同中指明归一方的财产;

"(四)一方专用的生活用品;

"(五)其他应当归一方的财产。"

九、增加一条,作为第十九条:"夫妻可以书面约定婚前财产以及婚姻关系存续期间的财产归共同所有或各自所有,或部分共同所有、部分各自所有。

"夫妻对婚前财产以及婚姻关系存续期间财产的约定,对双方具有约束力。

"夫妻对婚姻关系存续期间财产约定归各自所有的,夫或妻一方对外所负的债务,第三人知道该约定的,以夫或妻一方的财产清偿。"

十、第十五条改为第二十一条,第四款修改为:"禁止溺婴、弃婴和其他残害婴儿的行为。"

十一、第十七条改为第二十三条,修改为:"父母有管教和保护未成年子女的权利和义务。在未成年子女对国家、集体或他人造成损害时,父母有承担民事责任的义务。"

十二、第十九条改为第二十五条,第二款修改为:"非婚生子女的生父母,都应负担子女的生活费和教育费,直至子女能独立生活为止。"

十三、第二十二条改为第二十八条,修改为:"有负担能力的祖父母、外祖父母,对于父母已经死亡或父母无力抚养的未成年的孙子女、外孙子女,有抚养的义务。有负担能力的孙子女、外孙子女,对于子女已经死亡或子女无力赡养的祖父母、外祖父母,有赡养的义务。"

十四、第二十三条改为第二十九条,修改为:"有负担能力的兄、姐,对于父母已经死亡或父母无力抚养的未成年的弟、妹,有扶养的义务。由兄、姐扶养长大的有负担能力的弟、妹,对于缺乏劳动能力又缺乏生活来源的兄、姐,有扶养的义务。"

十五、增加一条,作为第三十条:"子女应当尊重父母的婚姻权利,不得干涉父母再婚以及婚后的生活;子女对父母的赡养义务,不因父母的婚姻关系变化而终止。"

十六、第二十五条改为第三十二条,增加二款,作为第三款、第四款:"有下列情形之一,调解无效的,视为感情确已破裂:

"(一)实施家庭暴力或以其他行为虐待家庭成员,或遗弃家庭成员的;

"(二)一方重婚或有其他违反一夫一妻制行为的;

"(三)一方有赌博、吸毒等恶习屡教不改的;

"(四)一方被追究刑事责任,严重伤害夫妻感情的;

"(五)婚后患有医学上认为不应当结婚的疾病的;

"(六)因感情不和分居满二年的;

"(七)其他导致夫妻感情破裂的情形。

"一方被宣告失踪,另一方提出离婚诉讼的,应准予离婚。"

十七、第二十七条改为第三十四条,修改为:"女方在怀孕期间、分娩后一年内或中止妊娠后六个月内,男方不得提出离婚。女方提出离婚的,或人民法院认为确有必要受理男方离婚请求的,不在此限。"

十八、增加一条,作为第三十八条:"离婚后,不直接抚养子女的父或母,有探视子女的权利,另一方有协助的义务。

"行使探视权利的方式、时间由当事人协商;协商不成时,由人民法院判决。

"父或母探视子女,危及子女身心健康的,经人民法院判决可以中止探视权。"

十九、增加一条,作为第四十条:"夫妻书面约定婚姻关系存续期间财产归各自所有,一方因抚育子女、照料老人、协助另一方工作等付出较多义务的,离婚时可以向另一方请求补偿。"

二十、第三十三条改为第四十二条,修改为:"离婚时,如一方生活困难,另一方应从其住房等个人财产中给予适当帮助。具体办法由双方协议;协议不成时,由人民法院判决。"

二十一、增加"法律责任"一章,作为第五章,增加七条,作为第四十三条至第四十八条、第五十条:

1. 第四十三条 实施家庭暴力或以其他行为虐待家庭成员,受害人可以请求村民委员会、居民委员会以及所在单位予以调解。

对正在实施的家庭暴力,受害人可以请求公安机关救助,也可以请求村民委员会、居民委员会劝阻。

实施家庭暴力或以其他行为虐待家庭成员,受害人可以请求公安机关依照治安管理处罚条例予以行政处罚。

2. 第四十四条 对遗弃家庭成员的,受害人可以请求村民委员会、居民委员会以及所在单位予以调解。

对遗弃家庭成员的,受害人可以请求人民法院依法作出支付扶养费、抚养费、赡养费的判决和裁定。

3. 第四十五条 对重婚的,对实施家庭暴力或以其他行为虐待家庭成员、或遗弃家庭成员构成犯罪的,依法追究刑事责任。受害人可以依照刑事诉讼法的有关规定,向人民法院自诉;公安机关应当依法侦查,人民检察院应当依法提起公诉。

4. 第四十六条 因一方重婚或即使不以夫妻名义但形成婚外同居关系、实施家庭暴力或以其他行为虐待家庭成员,或遗弃家庭成员而导致离婚的,无过失方有权请求损害赔偿。

5. 第四十七条 夫妻对婚前财产以及婚姻关系存续期间财产归属的约定,逃避债务的,该约定无效。债权人可以向人民法院请求确认该约定无效。

6. **第四十八条** 离婚时,一方隐藏、转移、变卖、毁损夫妻共同财产,或伪造债务企图侵占另一方财产的,人民法院可以依照民事诉讼法的规定予以制裁。分割夫妻共同财产时,对隐藏、转移、变卖、毁损夫妻共同财产或伪造债务的一方,可以少分或不分。

离婚后,另一方发现隐藏、转移、变卖、毁损的夫妻共同财产,或一方伪造债务的,可以向人民法院提起诉讼,请求再次分割夫妻共同财产。

7. **第五十条** 对其他有关婚姻家庭的违法行为,法律另有处罚规定的,依照其规定。

二十二、将第三十五条改为第四十九条,修改为:"对拒不执行有关扶养费、抚养费、赡养费、财产分割、遗产继承、探视子女等判决或裁定的,人民法院得依法强制执行。有关个人和单位应负协助执行的责任。

二十三、删去第三十四条。

本决定自　　年　月　日起施行。

《中华人民共和国婚姻法》根据本决定作相应的修改,重新公布。

中华人民共和国婚姻法(修正草案)(二次审议稿)

九届全国人大常委会第十九次会议

目 录

第一章 总 则
第二章 结 婚
第三章 家庭关系
第四章 离 婚
第五章 法律责任
第六章 附 则

第一章 总 则

第一条 本法是婚姻家庭关系的基本准则。
第二条 实行婚姻自由、一夫一妻、男女平等的婚姻制度。
保护妇女、儿童和老人的合法权益。
实行计划生育。
第三条 禁止包办、买卖婚姻和其他干涉婚姻自由的行为。禁止借婚姻索取财物。禁止重婚和其他违反一夫一妻制的行为。禁止家庭暴力或以其他行为虐待家庭成员。禁止遗弃家庭成员。
第四条 夫妻应当相互忠实,相互扶助;家庭成员间应当敬老爱幼,维护平等、和睦、文明的婚姻家庭关系。

第二章 结 婚

第五条 结婚必须男女双方完全自愿,不许任何一方对他方加以强迫或任何第三者加以干涉。
第六条 结婚年龄,男不得早于二十二周岁,女不得早于二十周岁。晚婚晚育应予鼓励。
第七条 有下列情形之一的,禁止结婚:

（一）直系血亲和三代以内的旁系血亲；
（二）患有医学上认为不应当结婚的疾病。

第八条 要求结婚的男女双方必须亲自到婚姻登记机关进行结婚登记。符合本法规定的，予以登记，发给结婚证，取得结婚证，即确立夫妻关系。

第九条 登记结婚后，根据男女双方约定，女方可以成为男方家庭的成员，男方也可以成为女方家庭的成员。

第十条 有下列情形之一的婚姻无效：
（一）重婚的；
（二）有禁止结婚的亲属关系的；
（三）婚前患有医学上认为不应当结婚的疾病，婚后尚未治愈的；
（四）未到法定婚龄的。

对无效婚姻，当事人以及利害关系人可以向婚姻登记机关或人民法院提出该婚姻无效；婚姻登记机关或人民法院应当宣告该婚姻无效。

对未到法定婚龄结婚的，应当在法定婚龄届至前提出或宣告该婚姻无效。

第十一条 因胁迫结婚的，受胁迫的一方可以向婚姻登记机关或人民法院请求撤销该婚姻。受胁迫的一方撤销婚姻的请求，应当自结婚登记之日起一年内提出。被非法限制人身自由的当事人请求撤销婚姻的，应当自恢复人身自由之日起一年内提出。

第十二条 无效或被撤销的婚姻，自始无效。当事人不具有夫妻的权利和义务，但同居期间所得的财产，除重婚的以外，按照共同财产分割；对有过错的一方，可以少分或不分。当事人所生的子女，适用本法有关父母子女的规定。

第三章 家庭关系

第十三条 夫妻在家庭中地位平等。

第十四条 夫妻双方都有各用自己姓名的权利。

第十五条 夫妻双方都有参加生产、工作、学习和社会活动的自由，一方不得对他方加以限制或干涉。

第十六条 夫妻双方都有实行计划生育的义务。

第十七条 夫妻在婚姻关系存续期间所得的下列财产，归夫妻共同所有，双方另有约定的除外：
（一）工资、奖金；
（二）从事经营活动的收益；
（三）知识产权的收益；
（四）因继承或赠与所得的财产，但本法第十八条第三项规定的除外；
（五）其他共同所有的财产。

夫妻对婚姻关系存续期间所得的财产约定不明确的，归夫妻共同所有。

夫妻对共同所有的财产，有平等的处理权。

第十八条 有下列情形之一的,为夫妻一方的财产,双方另有约定的除外:

(一)一方所有的婚前财产;

(二)因一方身体受到伤害获得的医疗费、残疾人生活补助费等费用;

(三)遗嘱或赠与合同中指明归一方的财产;

(四)一方专用的生活用品;

(五)其他应当归一方的财产。

第十九条 夫妻可以书面约定婚前财产以及婚姻关系存续期间的财产归共同所有或各自所有,或部分共同所有、部分各自所有。

夫妻对婚前财产以及婚姻关系存续期间财产的约定,对双方具有约束力。

夫妻对婚姻关系存续期间财产约定归各自所有的,夫或妻一方对外所负的债务,第三人知道该约定的,以夫或妻一方的财产清偿。

第二十条 夫妻有互相扶养的义务。

一方不履行扶养义务时,需要扶养的一方,有要求对方付给扶养费的权利。

第二十一条 父母对子女有抚养教育的义务;子女对父母有赡养扶助的义务。

父母不履行抚养义务时,未成年的或不能独立生活的子女,有要求父母付给抚养费的权利。

子女不履行赡养义务时,无劳动能力的或生活困难的父母,有要求子女付给赡养费的权利。

禁止溺婴、弃婴和其他残害婴儿的行为。

第二十二条 子女可以随父姓,也可以随母姓。

第二十三条 父母有管教和保护未成年子女的权利和义务。在未成年子女对国家、集体或他人造成损害时,父母有承担民事责任的义务。

第二十四条 夫妻有相互继承遗产的权利。

父母和子女有相互继承遗产的权利。

第二十五条 非婚生子女享有与婚生子女同等的权利,任何人不得加以危害和歧视。

非婚生子女的生父母,都应负担子女的生活费和教育费,直至子女能独立生活为止。

第二十六条 国家保护合法的收养关系。养父母和养子女间的权利和义务,适用本法对父母子女关系的有关规定。

养子女和生父母间的权利和义务,因收养关系的成立而消除。

第二十七条 继父母与继子女间,不得虐待或歧视。

继父或继母和受其抚养教育的继子女间的权利和义务,适用本法对父母子女关系的有关规定。

第二十八条 有负担能力的祖父母、外祖父母,对于父母已经死亡或父母无力抚养的未成年的孙子女、外孙子女,有抚养的义务。有负担能力的孙子女、外孙子女,对于子女已经死亡或子女无力赡养的祖父母、外祖父母,有赡养的义务。

第二十九条 有负担能力的兄、姐,对于父母已经死亡或父母无力抚养的未成年的弟、妹,有扶养的义务。由兄、姐扶养长大的有负担能力的弟、妹,对于缺乏劳动能力又缺乏生活来源的兄、姐,有扶养的义务。

第三十条 子女应当尊重父母的婚姻权利,不得干涉父母再婚以及婚后的生活;子女对父母的赡养义务,不因父母的婚姻关系变化而终止。

第四章 离 婚

第三十一条 男女双方自愿离婚的,准予离婚。双方须到婚姻登记机关申请离婚。婚姻登记机关查明双方确实是自愿并对子女和财产问题已有适当处理时,应即发给离婚证。

第三十二条 男女一方要求离婚的,可由有关部门进行调解或直接向人民法院提出离婚诉讼。

人民法院审理离婚案件,应当进行调解;如感情确已破裂,调解无效,应准予离婚。

有下列情形之一,调解无效的,视为感情确已破裂:

(一)实施家庭暴力或以其他行为虐待家庭成员,或遗弃家庭成员的;

(二)一方重婚或有其他违反一夫一妻制行为的;

(三)一方有赌博、吸毒等恶习屡教不改的;

(四)一方被追究刑事责任,严重伤害夫妻感情的;

(五)婚后患有医学上认为不应当结婚的疾病的;

(六)因感情不和分居满二年的;

(七)其他导致夫妻感情破裂的情形。

一方被宣告失踪,另一方提出离婚诉讼的,应准予离婚。

第三十三条 现役军人的配偶要求离婚,须得军人同意。

第三十四条 女方在怀孕期间、分娩后一年内或中止妊娠后六个月内,男方不得提出离婚。女方提出离婚的,或人民法院认为确有必要受理男方离婚请求的,不在此限。

第三十五条 离婚后,男女双方自愿恢复夫妻关系的,应到婚姻登记机关进行复婚登记。婚姻登记机关应予以登记。

第三十六条 父母与子女间的关系,不因父母离婚而消除。离婚后,子女无论由父方或母方抚养,仍是父母双方的子女。

离婚后,父母对于子女仍有抚养和教育的权利和义务。

离婚后,哺乳期内的子女,以随哺乳的母亲抚养为原则。哺乳期后的子女,如双方因抚养问题发生争执不能达成协议时,由人民法院根据子女的权益和双方的具体情况判决。

第三十七条 离婚后,一方抚养的子女,另一方应负担必要的生活费和教育费的一部或全部,负担费用的多少和期限的长短,由双方协议;协议不成时,由人民法院判决。

关于子女生活费和教育费的协议或判决,不妨碍子女在必要时向父母任何一方提出超过协议或判决原定数额的合理要求。

第三十八条 离婚后,不直接抚养子女的父或母,有探视子女的权利,另一方有协助的义务。

行使探视权利的方式、时间由当事人协商;协商不成时,由人民法院判决。

父或母探视子女,危及子女身心健康的,经人民法院判决可以中止探视权。

第三十九条 离婚时,夫妻的共同财产由双方协议处理;协议不成时,由人民法院根据财产的具体情况,照顾女方和子女权益的原则判决。

第四十条 夫妻书面约定婚姻关系存续期间财产归各自所有,一方因抚育子女、照料老人、协助另一方工作等付出较多义务的,离婚时可以向另一方请求补偿。

第四十一条 离婚时,原为夫妻共同生活所负的债务,以共同财产偿还。如该项财产不足清偿时,由双方协议清偿;协议不成时,由人民法院判决。男女一方单独所负债务,由本人偿还。

第四十二条 离婚时,如一方生活困难,另一方应从其住房等个人财产中给予适当帮助。具体办法由双方协议;协议不成时,由人民法院判决。

第五章 法律责任

第四十三条 实施家庭暴力或以其他行为虐待家庭成员,受害人可以请求村民委员会、居民委员会以及所在单位予以调解。

对正在实施的家庭暴力,受害人可以请求公安机关救助,也可以请求村民委员会、居民委员会劝阻。

实施家庭暴力或以其他行为虐待家庭成员,受害人可以请求公安机关依照治安管理处罚条例予以行政处罚。

第四十四条 对遗弃家庭成员的,受害人可以请求村民委员会、居民委员会以及所在单位予以调解。

对遗弃家庭成员的,受害人可以请求人民法院依法作出支付扶养费、抚养费、赡养费的判决和裁定。

第四十五条 对重婚的,对实施家庭暴力或以其他行为虐待家庭成员,或遗弃家庭成员构成犯罪的,依法追究刑事责任。受害人可以依照刑事诉讼法的有关规定,向人民法院自诉;公安机关应当依法侦查,人民检察院应当依法提起公诉。

第四十六条 因一方重婚或即使不以夫妻名义但形成婚外同居关系、实施家庭暴力或以其他行为虐待家庭成员、或遗弃家庭成员而导致离婚的,无过失方有权请求损害赔偿。

第四十七条 夫妻对婚前财产以及婚姻关系存续期间财产归属的约定,逃避债务的,该约定无效。债权人可以向人民法院请求确认该约定无效。

第四十八条 离婚时,一方隐藏、转移、变卖、毁损夫妻共同财产,或伪造债务企图侵占另一方财产的,人民法院可以依照民事诉讼法的规定予以制裁。分割夫妻共同财产时,对隐藏、转移、变卖、毁损夫妻共同财产或伪造债务的一方,可以少分或不分。

离婚后,另一方发现隐藏、转移、变卖、毁损的夫妻共同财产,或一方伪造债务的,可以向人民法院提起诉讼,请求再次分割夫妻共同财产。

第四十九条 对拒不执行有关扶养费、抚养费、赡养费、财产分割、遗产继承、探视子女等判决或裁定的,人民法院得依法强制执行。有关个人和单位应负协助执行的责任。

第五十条 对其他有关婚姻家庭的违法行为,法律另有处罚规定的,依照其规定。

第六章 附 则

第五十一条 民族自治地方人民代表大会和他的常务委员会可以依据本法的原则,结合当地民族婚姻家庭的具体情况,制定某些变通的或补充的规定。自治州、自治县制定的规定,须报请省、自治区人民代表大会常务委员会批准。自治区制定的规定,须报全国人民代表大会常务委员会备案。

第五十二条 本法自 1981 年 1 月 1 日起施行。

1950 年 5 月 1 日颁行的《中华人民共和国婚姻法》,自本法施行之日起废止。

全国人大法律委员会关于《中华人民共和国婚姻法修正案(草案)》修改情况的汇报

2000年12月22日在第九届全国人民代表大会常务委员会第十九次会议上

全国人大法律委员会副主任委员 顾昂然

全国人民代表大会常务委员会：

九届全国人大常委会第十八次会议对婚姻法修正案(草案)进行了初步审议。委员们认为，草案对我国婚姻家庭领域出现的新情况、新问题，有针对性地作了具体补充规定，这对更好地贯彻婚姻法确定的婚姻自由、一夫一妻、男女平等的婚姻制度和保护妇女、儿童、老人权益，禁止重婚、禁止虐待和遗弃等基本原则，有积极意义，总的看修正案的基础是好的，同时也提出了一些修改意见。会后，李鹏委员长针对初步审议中提出的主要问题，进行了调查研究。法制工作委员会将草案印发各省、自治区、直辖市和较大的市、经济特区、中央有关部门以及高等院校、研究机构广泛征求意见。法律委员会、法制工作委员会召开部分法院、专家、青年、地方等四个方面的座谈会和论证会，进一步征求意见。社会各界对婚姻法的修改十分关注，现已收到人民来信三百余封。法律委员会于12月8日召开会议，根据常委委员的审议意见以及各方面的意见，对草案进行了逐条审议。内务司法委员会、最高人民法院、国务院法制办、公安部、民政部、全国妇联的有关负责同志列席了会议。12月18日法律委员会再次进行了审议。现将婚姻法修正案(草案)的修改情况汇报如下：

一、草案第三条规定："禁止重婚和其他违反一夫一妻制的行为。"草案第四十五条规定："对重婚的，依法追究刑事责任。"有的常委委员提出，目前法律和司法解释有关重婚的规定范围较窄，应当对哪些属于重婚加以具体化，扩大认定重婚罪的范围。对此，法律委员会和法制工作委员会在北京、广东等地多次召开座谈会和论证会，较为一致的意见是，违反一夫一妻制的行为情况比较复杂，应当通过法律、党纪、政纪、道德、教育等多种手段、多种渠道予以遏制。对属于重婚的，应当依法追究刑事责任，对因重婚和虽然不以夫妻名义但形成婚外同居关系导致离婚的，应当加重其承担民事赔偿的责任。因此，法律委员会建议在草案的基础上扩大离婚损害赔偿的范围，增加规定，"即使不以夫妻名义但形成婚外同居关系"导致离婚的，无过失方有权请求损害赔偿。(修正案草案二次审议稿第四十六条)

二、有的常委委员和专家认为，草案第十条对无效婚姻作出规定是好的，但对不登记就"结婚"的，应当一律明确规定为无效婚姻。考虑到农村中未办理登记举行结婚仪式的不少，未办理登记的原因很复杂，有的是不符合结婚条件，更多的是符合结婚条件，因收费过高或登记不便利造成的。法律委员会认为，对没有登记的应区别情况分别处理。对违反结婚实质条件的,草案已规定为无效婚姻;对符合结婚实质要件只是没有办理登记手续的,一律简单宣布为无效婚姻,对保护妇女的权益不利,应当通过加强法制宣传和完善登记制度等工作,采取补办登记等办法去解决。

三、草案第十一条规定:"因胁迫结婚的,受胁迫的一方有权撤销该婚姻。向婚姻登记机关或人民法院请求撤销婚姻的,应当自结婚登记之日起六个月内提出。被非法限制人身自由的当事人请求撤销婚姻的,应当自恢复人身自由之日起六个月内提出。"有的常委委员和专家提出,草案规定请求撤销婚姻的期间太短,应当延长。因此,法律委员会建议将该条提出撤销婚姻的期间"六个月"修改为"一年"。(修正案草案二次审议稿第十一条)

四、草案第十二条规定:"无效或被撤销的婚姻,自始无效。当事人不具有夫妻的权利和义务。当事人所生的子女,适用本法有关父母子女的规定。"有的常委委员、法院和专家提出,婚姻无效或被撤销后,当事人发生财产纠纷的怎么办,应当规定。因此,法律委员会建议在该条中补充规定:"当事人不具有夫妻的权利和义务,但同居期间所得的财产,除重婚的以外,按照共同财产分割;对有过错的一方,可以少分或不分。"(修正案草案二次审议稿第十二条)

五、草案第二十一条第四款规定:"禁止溺婴和其他残害婴儿的行为。"根据有的常委委员的意见,法律委员会建议将该款修改为:"禁止溺婴、弃婴和其他残害婴儿的行为。"(修正案草案二次审议稿第二十一条)

六、草案第二十三条规定:"在未成年子女对国家、集体或他人造成损害时,父母有赔偿经济损失的义务。"有的常委委员提出,未成年子女对他人造成损害的,父母除赔偿经济损失以外,还可能承担其他民事责任。因此,法律委员会建议将该规定修改为:"在未成年子女对国家、集体或他人造成损害时,父母有承担民事责任的义务。"(修正案草案二次审议稿第二十三条)

七、草案第二十五条第二款规定:"非婚生子女的生父,应负担子女必要的生活费和教育费的一部或全部,直至子女能独立生活为止。"有的常委委员提出,除生父之外,其生母也应负担生活费和教育费。因此,法律委员会建议将该款修改为:"非婚生子女的生父母,都应负担子女的生活费和教育费,直至子女能独立生活为止。"(修正案草案二次审议稿第二十五条)

八、草案第三十二条第二款规定:"人民法院审理离婚案件,应当进行调解;有下列情形之一,感情确已破裂,调解无效的,应准予离婚"。根据有的常委委员和专家意见,法律委员会建议在保留现行婚姻法第二十五条第二款的基础上,将该款修改为:"有下列情形之一,调解无效的,视为感情确已破裂"。同时,建议将"(三)一方有赌博、吸毒等恶习的"修改为"(三)一方有赌博、吸毒等恶习屡教不改的"。(修正案草案二次审议稿第三十二条)

九、草案第三十八条规定,离婚后不直接抚养子女的父或母,有探视子女的权利。有的常委委员提出,对探视子女的问题,除规定一方享有探视权外,还应当规定另一方有协助让其探视的义务。同时有必要对行使探视权的时间、方式作出规定。因此,法律委员会建议将该条修改为:"离婚后,不直接抚养子女的父或母,有探视子女的权利,另一方有协助的义务。行使探视权利的方式、时间由当事人协商;协商不成时,由人民法院判决。"(修正案草案二次审议稿第三十八条)

十、草案第三十九条第二款规定:"一方婚前个人所有的财产,婚后由双方共同使用、经营、管理的,住房和其他价值较大的生产资料经过八年,贵重的生活资料经过四年,视为夫妻的共同财产,双方另有约定的除外。"有的常委委员和专家提出,现在婚前个人财产越来越多,情况较为复杂,笼统规定经过八年、四年就一律成为共同财产,不太合适。法律委员会建议对此可以不作规定,为了保护弱者特别是妇女的权益,除保留草案第三十九条关于分割共同财产时,协议不成的,"由人民法院根据财产的具体情况,照顾女方和子女权益的原则判决"的规定外,在草案第四十二条中增加规定:"离婚时,如一方生活困难,另一方应从其住房等个人财产中给予适当帮助。具体办法由双方协议;协议不成时,由人民法院判决。"(修正案草案二次审议稿第四十二条)

十一、有的常委委员、部门和专家提出,婚姻家庭纠纷主要通过协商、调解等办法去解决,司法部门不宜过多介入婚姻家庭纠纷,应当调整草案第四十三条、第四十四条、第四十六条的条款顺序。因此,法律委员会建议对上述条款的顺序作出相应调整。(修正案草案二次审议稿第四十三条至第四十五条)

十二、有的常委委员和专家提出,当前我国的涉外婚姻增多,对涉外婚姻如何适用法律,应当明确规定。考虑到民法通则对涉外结婚、离婚、扶养、继承等法律适用问题已有规定,其他有些问题还需进一步研究,法律委员会建议在草案中暂不作规定,可以在制定民法典时进一步完善。

从各方面反映的情况看,婚姻家庭关系中出现的不少问题是由于不了解婚姻法以及相关法律的规定。委员们在审议中提出,要大力宣传婚姻法,加强贯彻婚姻法的工作。婚姻法修改后,应当广泛宣传教育,让广大人民了解婚姻法,增强法制观念,加强道德规范,促进社会主义精神文明建设。

此外,还对修正案草案作了一些文字修改。

修正案草案二次审议稿已按上述意见作了修改,法律委员会建议全国人大常委会再次审议。

修正案草案二次审议稿和以上意见是否妥当,请审议。

全国人大法律委员会
2000年12月18日

中华人民共和国婚姻法(修正草案)(征求意见稿)

2001年1月5日

目 录

第一章 总 则
第二章 结 婚
第三章 家庭关系
第四章 离 婚
第五章 法律责任
第六章 附 则

第一章 总 则

第一条 本法是婚姻家庭关系的基本准则。

第二条 实行婚姻自由、一夫一妻、男女平等的婚姻制度。

保护妇女、儿童和老人的合法权益。

实行计划生育。

第三条 禁止包办、买卖婚姻和其他干涉婚姻自由的行为。禁止借婚姻索取财物。

禁止重婚和其他违反一夫一妻制的行为。禁止家庭暴力或以其他行为虐待家庭成员。禁止遗弃家庭成员。

第四条 夫妻应当相互忠实,相互扶助;家庭成员间应当敬老爱幼,维护平等、和睦、文明的婚姻家庭关系。

第二章 结 婚

第五条 结婚必须男女双方完全自愿,不许任何一方对他方加以强迫或任何第三者加以干涉。

第六条 结婚年龄,男不得早于二十二周岁,女不得早于二十周岁。晚婚晚育应予鼓励。

第七条 有下列情形之一的,禁止结婚:
(一)直系血亲和三代以内的旁系血亲;
(二)患有医学上认为不应当结婚的疾病。

第八条 要求结婚的男女双方必须亲自到婚姻登记机关进行结婚登记。符合本法规定的,予以登记,发给结婚证,取得结婚证,即确立夫妻关系。

第九条 登记结婚后,根据男女双方约定,女方可以成为男方家庭的成员,男方也可以成为女方家庭的成员。

第十条 有下列情形之一的,婚姻无效:
(一)重婚的;
(二)有禁止结婚的亲属关系的;
(三)婚前患有医学上认为不应当结婚的疾病,婚后尚未治愈的;
(四)未到法定婚龄的。

对无效婚姻,当事人以及利害关系人可以向婚姻登记机关或人民法院提出该婚姻无效;婚姻登记机关或人民法院应当宣告该婚姻无效。

对未到法定婚龄结婚的,应当在法定婚龄届至前提出或宣告该婚姻无效。

第十一条 因胁迫结婚的,受胁迫的一方可以向婚姻登记机关或人民法院请求撤销该婚姻。受胁迫的一方撤销婚姻的请求,应当自结婚登记之日起一年内提出。被非法限制人身自由的当事人请求撤销婚姻的,应当自恢复人身自由之日起一年内提出。

第十二条 无效或被撤销的婚姻,自始无效。当事人不具有夫妻的权利和义务,但同居期间所得的财产,除重婚的以外,按照共同财产分割;对有过错的一方,可以少分或不分。当事人所生的子女,适用本法有关父母子女的规定。

第三章 家庭关系

第十三条 夫妻在家庭中地位平等。

第十四条 夫妻双方都有各用自己姓名的权利。

第十五条 夫妻双方都有参加生产、工作、学习和社会活动的自由,一方不得对他方加以限制或干涉。

第十六条 夫妻双方都有实行计划生育的义务。

第十七条 夫妻在婚姻关系存续期间所得的下列财产,归夫妻共同所有,双方另有约定的除外:
(一)工资、奖金;
(二)从事经营活动的收益;
(三)知识产权的收益;
(四)因继承或赠与所得的财产,但本法第十八条第三项规定的除外;
(五)其他共同所有的财产。

夫妻对婚姻关系存续期间所得的财产约定不明确的,归夫妻共同所有。

夫妻对共同所有的财产,有平等的处理权。

第十八条 有下列情形之一的,为夫妻一方的财产,双方另有约定的除外:

(一)一方所有的婚前财产;

(二)因一方身体受到伤害获得的医疗费、残疾人生活补助费等费用;

(三)遗嘱或赠与合同中指明归一方的财产;

(四)一方专用的生活用品;

(五)其他应当归一方的财产。

第十九条 夫妻可以书面约定婚前财产以及婚姻关系存续期间的财产归共同所有或各自所有,或部分共同所有、部分各自所有。

夫妻对婚前财产以及婚姻关系存续期间财产的约定,对双方具有约束力。

夫妻对婚姻关系存续期间财产约定归各自所有的,夫或妻一方对外所负的债务,第三人知道该约定的,以夫或妻一方的财产清偿。

第二十条 夫妻有互相扶养的义务。

一方不履行扶养义务时,需要扶养的一方,有要求对方付给扶养费的权利。

第二十一条 父母对子女有抚养教育的义务;子女对父母有赡养扶助的义务。

父母不履行抚养义务时,未成年的或不能独立生活的子女,有要求父母付给抚养费的权利。

子女不履行赡养义务时,无劳动能力的或生活困难的父母,有要求子女付给赡养费的权利。

禁止溺婴、弃婴和其他残害婴儿的行为。

第二十二条 子女可以随父姓,也可以随母姓。

第二十三条 父母有管教和保护未成年子女的权利和义务。在未成年子女对国家、集体或他人造成损害时,父母有承担民事责任的义务。

第二十四条 夫妻有相互继承遗产的权利。

父母和子女有相互继承遗产的权利。

第二十五条 非婚生子女享有与婚生子女同等的权利,任何人不得加以危害和歧视。

非婚生子女的生父母,都应负担子女的生活费和教育费,直至子女能独立生活为止。

第二十六条 国家保护合法的收养关系。养父母和养子女间的权利和义务,适用本法对父母子女关系的有关规定。

养子女和生父母间的权利和义务,因收养关系的成立而消除。

第二十七条 继父母与继子女间,不得虐待或歧视。

继父或继母和受其抚养教育的继子女间的权利和义务,适用本法对父母子女关系的有关规定。

第二十八条 有负担能力的祖父母、外祖父母,对于父母已经死亡或父母无力抚养的未成年的孙子女、外孙子女,有抚养的义务。有负担能力的孙子女、外孙子女,对于子女已经死亡或子女无力赡养的祖父母、外祖父母,有赡养的义务。

第二十九条　有负担能力的兄、姐,对于父母已经死亡或父母无力抚养的未成年的弟、妹,有扶养的义务。由兄、姐扶养长大的有负担能力的弟、妹,对于缺乏劳动能力又缺乏生活来源的兄、姐,有扶养的义务。

第三十条　子女应当尊重父母的婚姻权利,不得干涉父母再婚以及婚后的生活;子女对父母的赡养义务,不因父母的婚姻关系变化而终止。

第四章　离　婚

第三十一条　男女双方自愿离婚的,准予离婚。双方须到婚姻登记机关申请离婚。婚姻登记机关查明双方确实是自愿并对子女和财产问题已有适当处理时,应即发给离婚证。

第三十二条　男女一方要求离婚的,可由有关部门进行调解或直接向人民法院提出离婚诉讼。

人民法院审理离婚案件,应当进行调解;如感情确已破裂,调解无效,应准予离婚。

有下列情形之一,调解无效的,视为感情确已破裂:

(一)实施家庭暴力或以其他行为虐待家庭成员,或遗弃家庭成员的;

(二)一方重婚或有其他违反一夫一妻制行为的;

(三)一方有赌博、吸毒等恶习屡教不改的;

(四)一方被追究刑事责任,严重伤害夫妻感情的;

(五)婚后患有医学上认为不应当结婚的疾病的;

(六)因感情不和分居满二年的;

(七)其他导致夫妻感情破裂的情形。

一方被宣告失踪,另一方提出离婚诉讼的,应准予离婚。

第三十三条　现役军人的配偶要求离婚,须得军人同意。

第三十四条　女方在怀孕期间、分娩后一年内或中止妊娠后六个月内,男方不得提出离婚。女方提出离婚的,或人民法院认为确有必要受理男方离婚请求的,不在此限。

第三十五条　离婚后,男女双方自愿恢复夫妻关系的,应到婚姻登记机关进行复婚登记。婚姻登记机关应予以登记。

第三十六条　父母与子女间的关系,不因父母离婚而消除。离婚后,子女无论由父方或母方抚养,仍是父母双方的子女。

离婚后,父母对于子女仍有抚养和教育的权利和义务。

离婚后,哺乳期内的子女,以随哺乳的母亲抚养为原则。哺乳期后的子女,如双方因抚养问题发生争执不能达成协议时,由人民法院根据子女的权益和双方的具体情况判决。

第三十七条 离婚后,一方抚养的子女,另一方应负担必要的生活费和教育费的一部或全部,负担费用的多少和期限的长短,由双方协议;协议不成时,由人民法院判决。

关于子女生活费和教育费的协议或判决,不妨碍子女在必要时向父母任何一方提出超过协议或判决原定数额的合理要求。

第三十八条 离婚后,不直接抚养子女的父或母,有探视子女的权利,另一方有协助的义务。

行使探视权利的方式、时间由当事人协商;协商不成时,由人民法院判决。

父或母探视子女,危及子女身心健康的,经人民法院判决可以中止探视权。

第三十九条 离婚时,夫妻的共同财产由双方协议处理;协议不成时,由人民法院根据财产的具体情况,照顾女方和子女权益的原则判决。

第四十条 夫妻书面约定婚姻关系存续期间财产归各自所有,一方因抚育子女、照料老人、协助另一方工作等付出较多义务的,离婚时可以向另一方请求补偿。

第四十一条 离婚时,原为夫妻共同生活所负的债务,以共同财产偿还。如该项财产不足清偿时,由双方协议清偿;协议不成时,由人民法院判决。男女一方单独所负债务,由本人偿还。

第四十二条 离婚时,如一方生活困难,另一方应从其住房等个人财产中给予适当帮助。具体办法由双方协议;协议不成时,由人民法院判决。

第五章 法律责任

第四十三条 实施家庭暴力或以其他行为虐待家庭成员,受害人可以请求村民委员会、居民委员会以及所在单位予以调解。

对正在实施的家庭暴力,受害人可以请求公安机关救助,也可以请求村民委员会、居民委员会劝阻。

实施家庭暴力或以其他行为虐待家庭成员,受害人可以请求公安机关依照治安管理处罚条例予以行政处罚。

第四十四条 对遗弃家庭成员的,受害人可以请求村民委员会、居民委员会以及所在单位予以调解。

对遗弃家庭成员的,受害人可以请求人民法院依法作出支付扶养费、抚养费、赡养费的判决和裁定。

第四十五条 对重婚的,对实施家庭暴力或以其他行为虐待家庭成员,或遗弃家庭成员构成犯罪的,依法追究刑事责任。受害人可以依照刑事诉讼法的有关规定,向人民法院自诉;公安机关应当依法侦查,人民检察院应当依法提起公诉。

第四十六条 因一方重婚或即使不以夫妻名义但形成婚外同居关系、实施家庭暴力或以其他行为虐待家庭成员,或遗弃家庭成员而导致离婚的,无过失方有权请求损害赔偿。

第四十七条　夫妻对婚前财产以及婚姻关系存续期间财产归属的约定,逃避债务的,该约定无效。债权人可以向人民法院请求确认该约定无效。

第四十八条　离婚时,一方隐藏、转移、变卖、毁损夫妻共同财产,或伪造债务企图侵占另一方财产的,人民法院可以依照民事诉讼法的规定予以制裁。分割夫妻共同财产时,对隐藏、转移、变卖、毁损夫妻共同财产或伪造债务的一方,可以少分或不分。

离婚后,另一方发现隐藏、转移、变卖、毁损的夫妻共同财产,或一方伪造债务的,可以向人民法院提起诉讼,请求再次分割夫妻共同财产。

第四十九条　对拒不执行有关扶养费、抚养费、赡养费、财产分割、遗产继承、探视子女等判决或裁定的,人民法院得依法强制执行。有关个人和单位应负协助执行的责任。

第五十条　对其他有关婚姻家庭的违法行为,法律另有处罚规定的,依照其规定。

第六章　附　则

第五十一条　民族自治地方人民代表大会和他的常务委员会可以依据本法的原则,结合当地民族婚姻家庭的具体情况,制定某些变通的或补充的规定。自治州、自治县制定的规定,须报请省、自治区人民代表大会常务委员会批准。自治区制定的规定,须报全国人民代表大会常务委员会备案。

第五十二条　本法自1981年1月1日起施行。

1950年5月1日颁行的《中华人民共和国婚姻法》,自本法施行之日起废止。

关于修改《中华人民共和国婚姻法》的决定（草案）（三次审议稿）

九届全国人大常委会第二十一次会议

一、第三条第二款修改为："禁止重婚。禁止有配偶者与他人同居。禁止家庭暴力。禁止家庭成员间的虐待和遗弃。"

二、增加一条，作为第四条："夫妻应当互相忠实，互相扶助；家庭成员间应当敬老爱幼，互相帮助，维护平等、和睦、文明的婚姻家庭关系。"

三、第六条改为第七条，第二项修改为："（二）患有医学上认为不应当结婚的疾病"。

四、第七条改为第八条，修改为："要求结婚的男女双方必须亲自到婚姻登记机关进行结婚登记。符合本法规定的，予以登记，发给结婚证。取得结婚证，即确立夫妻关系。未办理结婚登记的，应当补办登记。"

五、增加一条，作为第十条："有下列情形之一的，婚姻无效：

"（一）重婚的；

"（二）有禁止结婚的亲属关系的；

"（三）婚前患有医学上认为不应当结婚的疾病，婚后尚未治愈的；

"（四）未到法定婚龄的。"

六、增加一条，作为第十一条："因胁迫结婚的，受胁迫的一方可以向婚姻登记机关或人民法院请求撤销该婚姻。受胁迫的一方撤销婚姻的请求，应当自结婚登记之日起一年内提出。被非法限制人身自由的当事人请求撤销婚姻的，应当自恢复人身自由之日起一年内提出。"

七、增加一条，作为第十二条："无效或被撤销的婚姻，自始无效。当事人不具有夫妻的权利和义务。同居期间所得的财产，由当事人协议处理，协议不成时，由人民法院根据照顾无过错方的原则判决。对重婚导致的婚姻无效的财产处理，不得侵害合法婚姻当事人的财产权益。当事人所生的子女，适用本法有关父母子女的规定。"

八、第十三条改为第十七条，第一款修改为："夫妻在婚姻关系存续期间所得的下列财产，归夫妻共同所有：

"（一）工资、奖金；

"（二）生产、经营的收益；

"（三）知识产权的收益；

"(四)因继承或赠与所得的财产,但本法第十八条第三项规定的除外;
"(五)其他应当归共同所有的财产。"

九、增加一条,作为第十八条:"有下列情形之一的,为夫妻一方的财产:
"(一)一方的婚前财产;
"(二)一方因身体受到伤害获得的医疗费、残疾人生活补助费等费用;
"(三)遗嘱或赠与合同中确定只归夫或妻一方的财产;
"(四)一方专用的生活用品;
"(五)其他应当归一方的财产。"

十、增加一条,作为第十九条:"夫妻可以约定婚姻关系存续期间所得的财产归各自所有或部分共同所有、部分各自所有,也可以约定婚前财产归共同所有。约定应当采用书面形式。没有约定或约定不明确的,适用本法第十七条、第十八条的规定。
"夫妻对婚前财产以及婚姻关系存续期间所得的财产的约定,对双方具有约束力。
"夫妻对婚姻关系存续期间所得的财产的约定归各自所有或部分各自所有的,夫或妻一方对外所负的债务,第三人知道该约定的,以夫或妻一方的财产清偿。"

十一、第十五条改为第二十一条,第四款修改为:"禁止溺婴、弃婴和其他残害婴儿的行为。"

十二、第十七条改为第二十三条,修改为:"父母有保护和教育未成年子女的权利和义务。在未成年子女对国家、集体或他人造成损害时,父母有承担民事责任的义务。"

十三、第十九条改为第二十五条,第二款修改为:"不直接抚养非婚生子女的生父或生母,应当负担子女的生活费和教育费,直至子女能独立生活为止。"

十四、第二十二条改为第二十八条,修改为:"有负担能力的祖父母、外祖父母,对于父母已经死亡或父母无力抚养的未成年的孙子女、外孙子女,有抚养的义务。有负担能力的孙子女、外孙子女,对于子女已经死亡或子女无力赡养的祖父母、外祖父母,有赡养的义务。"

十五、第二十三条改为第二十九条,修改为:"有负担能力的兄、姐,对于父母已经死亡或父母无力抚养的未成年的弟、妹,有扶养的义务。由兄、姐扶养长大的有负担能力的弟、妹,对于缺乏劳动能力又缺乏生活来源的兄、姐,有扶养的义务。"

十六、增加一条,作为第三十条:"子女应当尊重父母的婚姻权利,不得干涉父母再婚以及婚后的生活。子女对父母的赡养义务,不因父母的婚姻关系变化而终止。"

十七、第二十四条改为第三十一条,修改为:"男女双方自愿离婚的,准予离婚。双方必须到婚姻登记机关申请离婚。婚姻登记机关查明双方确实是自愿并对子女和财产问题已有适当处理时,发给离婚证。"

十八、第二十五条改为第三十二条,增加二款,作为第三款、第四款:"有下列情形之一,调解无效的,应准予离婚:
"(一)实施家庭暴力或虐待、遗弃家庭成员的;
"(二)重婚或有配偶者与他人同居的;
"(三)有赌博、吸毒等恶习屡教不改的;

"(四)因感情不和分居满二年的；
"(五)其他导致夫妻感情破裂的情形。
"一方被宣告失踪,另一方提出离婚诉讼的,应准予离婚。"

十九、第二十六条改为第三十三条,修改为:"现役军人的配偶要求离婚,须得军人同意,但军人一方有重大过错的除外。"

二十、第二十七条改为第三十四条,修改为:"女方在怀孕期间、分娩后一年内或中止妊娠后六个月内,男方不得提出离婚。女方提出离婚的,或人民法院认为确有必要受理男方离婚请求的,不在此限。"

二十一、第二十八条改为第三十五条,修改为:"离婚后,男女双方自愿恢复夫妻关系的,必须到婚姻登记机关进行复婚登记。"

二十二、第二十九条改为第三十六条,第一款和第三款修改为:"父母与子女间的关系,不因父母离婚而消除。离婚后,子女无论由父方或母方直接抚养,仍是父母双方的子女。"

"离婚后,哺乳期内的子女,以随哺乳的母亲抚养为原则。哺乳期后的子女,如双方因抚养问题发生争执不能达成协议时,由人民法院根据子女的权益和双方的具体情况作出判决和裁定。"

二十三、第三十条改为第三十七条,修改为:"离婚后,一方抚养的子女,另一方应当负担必要的生活费和教育费的一部或全部,负担费用的多少和期限的长短,由双方协议;协议不成时,由人民法院判决。"

"关于子女生活费和教育费的协议或判决,不妨碍子女在必要时向父母任何一方提出超过协议或判决原定数额的合理要求。"

二十四、增加一条,作为第三十八条:"离婚后,不直接抚养子女的父或母,有探视子女的权利,另一方有协助的义务。

"行使探视权利的方式、时间由当事人协议;协议不成时,由人民法院判决。

"父或母探视子女,不利于子女身心健康的,经人民法院判决可以中止探视权。"

二十五、第三十一条改为第三十九条,修改为:"离婚时,夫妻的共同财产由双方协议处理;协议不成时,由人民法院根据财产的具体情况,照顾子女和女方权益的原则判决。"

增加一款,作为第二款:"夫妻在家庭土地承包经营中享有的权益等,应当依法予以保护。"

二十六、增加一条,作为第四十条:"夫妻书面约定婚姻关系存续期间所得的财产归各自所有,一方因抚育子女、照料老人、协助另一方工作等付出较多义务的,离婚时可以向另一方请求补偿。"

二十七、第三十二条改为第四十一条,修改为:"离婚时,原为夫妻共同生活所负的债务,应当共同偿还。共同财产不足清偿的,或财产归各自所有的,由双方协议清偿;协议不成时,由人民法院判决。"

二十八、第三十三条改为第四十二条,修改为:"离婚时,如一方生活困难,另一方应从其住房等个人财产中给予适当帮助。具体办法由双方协议；协议不成时，由人民法院判决。"

二十九、增加"救助措施与法律责任"一章，作为第五章，增加六条，作为第四十三条至第四十七条、第四十九条：

（一）"**第四十三条** 实施家庭暴力或虐待家庭成员，受害人提出请求的，居民委员会、村民委员会以及所在单位应当予以调解。

"对正在实施的家庭暴力，受害人提出请求的，居民委员会、村民委员会应当予以劝阻；公安机关应当予以制止。

"实施家庭暴力或虐待家庭成员，受害人提出请求的，公安机关应当依照治安管理处罚的法律规定予以行政处罚。"

（二）"**第四十四条** 对遗弃家庭成员，受害人提出请求的，居民委员会、村民委员会以及所在单位应当予以调解。

"对遗弃家庭成员，受害人提出请求的，人民法院应当依法作出支付扶养费、抚养费、赡养费的判决和裁定。"

（三）"**第四十五条** 对重婚的，对实施家庭暴力或虐待、遗弃家庭成员构成犯罪的，依法追究刑事责任。受害人可以依照刑事诉讼法的有关规定，向人民法院自诉；公安机关应当依法侦查，人民检察院应当依法提起公诉。"

（四）"**第四十六条** 因一方重婚或有配偶者与他人同居、实施家庭暴力或虐待、遗弃家庭成员而导致离婚的，无过错方有权请求损害赔偿。"

（五）"**第四十七条** 离婚时，一方隐藏、转移、变卖、毁损夫妻共同财产，或伪造债务企图侵占另一方财产的，分割夫妻共同财产时，对隐藏、转移、变卖、毁损夫妻共同财产或伪造债务的一方，可以少分或不分。离婚后，另一方发现有上述行为的，可以向人民法院提起诉讼，请求再次分割夫妻共同财产。

"人民法院对前款规定的妨害民事诉讼的行为，可以依照民事诉讼法的规定予以制裁。"

（六）"**第四十九条** 其他法律对有关婚姻家庭的违法行为和法律责任另有规定的，依照其规定。"

三十、第三十五条改为第四十八条，修改为："对拒不执行有关扶养费、抚养费、赡养费、财产分割、遗产继承、探视子女等判决或裁定的，人民法院得依法强制执行。有关个人和单位应负协助执行的责任。"

三十一、第三十六条改为第五十条，修改为："民族自治地方的人民代表大会有权结合当地民族婚姻家庭的具体情况，制定变通规定。自治州、自治县制定的变通规定，报省、自治区、直辖市人民代表大会常务委员会批准后生效。自治区制定的变通规定，报全国人民代表大会常务委员会批准后生效。"

三十二、删去第三十四条。

本决定自公布之日起施行。

《中华人民共和国婚姻法》根据本决定作相应修改，重新公布。

中华人民共和国婚姻法（修正草案）（三次审议稿）

九届全国人大常委会第二十一次会议

2001年4月18日

目 录

第一章 总 则
第二章 结 婚
第三章 家庭关系
第四章 离 婚
第五章 救助措施与法律责任
第六章 附 则

第一章 总 则

第一条 本法是婚姻家庭关系的基本准则。

第二条 实行婚姻自由、一夫一妻、男女平等的婚姻制度。

保护妇女、儿童和老人的合法权益。

实行计划生育。

第三条 禁止包办、买卖婚姻和其他干涉婚姻自由的行为。禁止借婚姻索取财物。

禁止重婚。禁止有配偶者与他人同居。禁止家庭暴力。禁止家庭成员间的虐待和遗弃。

第四条 夫妻应当互相忠实，互相扶助；家庭成员间应当敬老爱幼，互相帮助，维护平等、和睦、文明的婚姻家庭关系。

第二章 结 婚

第五条 结婚必须男女双方完全自愿，不许任何一方对他方加以强迫或任何第三者加以干涉。

第六条 结婚年龄，男不得早于二十二周岁，女不得早于二十周岁。晚婚晚育应予鼓励。

第七条 有下列情形之一的,禁止结婚:
(一)直系血亲和三代以内的旁系血亲;
(二)患有医学上认为不应当结婚的疾病。

第八条 要求结婚的男女双方必须亲自到婚姻登记机关进行结婚登记。符合本法规定的,予以登记,发给结婚证。取得结婚证,即确立夫妻关系。未办理结婚登记的,应当补办登记。

第九条 登记结婚后,根据男女双方约定,女方可以成为男方家庭的成员,男方也可以成为女方家庭的成员。

第十条 有下列情形之一的,婚姻无效:
(一)重婚的;
(二)有禁止结婚的亲属关系的;
(三)婚前患有医学上认为不应当结婚的疾病,婚后尚未治愈的;
(四)未到法定婚龄的。

第十一条 因胁迫结婚的,受胁迫的一方可以向婚姻登记机关或人民法院请求撤销该婚姻,受胁迫的一方撤销婚姻的请求,应当自结婚登记之日起一年内提出。被非法限制人身自由的当事人请求撤销婚姻的,应当自恢复人身自由之日起一年内提出。

第十二条 无效或被撤销的婚姻,自始无效。当事人不具有夫妻的权利和义务。同居期间所得的财产,由当事人协议处理,协议不成时,由人民法院根据照顾无过错方的原则判决。对重婚导致的婚姻无效的财产处理,不得侵害合法婚姻当事人的财产权益。当事人所生的子女,适用本法有关父母子女的规定。

第三章　家庭关系

第十三条 夫妻在家庭中地位平等。

第十四条 夫妻双方都有各用自己姓名的权利。

第十五条 夫妻双方都有参加生产、工作、学习和社会活动的自由,一方不得对他方加以限制或干涉。

第十六条 夫妻双方都有实行计划生育的义务。

第十七条 夫妻在婚姻关系存续期间所得的下列财产,归夫妻共同所有:
(一)工资、奖金;
(二)生产、经营的收益;
(三)知识产权的收益;
(四)因继承或赠与所得的财产,但本法第十八条第三项规定的除外;
(五)其他应当归共同所有的财产。
夫妻对共同所有的财产,有平等的处理权。

第十八条 有下列情形之一的,为夫妻一方的财产:
(一)一方的婚前财产;
(二)一方因身体受到伤害获得的医疗费、残疾人生活补助费等费用;
(三)遗嘱或赠与合同中确定只归夫或妻一方的财产;
(四)一方专用的生活用品;
(五)其他应当归一方的财产。

第十九条 夫妻可以约定婚姻关系存续期间所得的财产归各自所有或部分共同所有、部分各自所有,也可以约定婚前财产归共同所有。约定应当采用书面形式。没有约定或约定不明确的,适用本法第十七条、第十八条的规定。

夫妻对婚前财产以及婚姻关系存续期间所得的财产的约定,对双方具有约束力。

夫妻对婚姻关系存续期间所得的财产的约定归各自所有或部分各自所有的,夫或妻一方对外所负的债务,第三人知道该约定的,以夫或妻一方的财产清偿。

第二十条 夫妻有互相扶养的义务。

一方不履行扶养义务时,需要扶养的一方,有要求对方付给扶养费的权利。

第二十一条 父母对子女有抚养教育的义务;子女对父母有赡养扶助的义务。

父母不履行抚养义务时,未成年的或不能独立生活的子女,有要求父母付给抚养费的权利。

子女不履行赡养义务时,无劳动能力的或生活困难的父母,有要求子女付给赡养费的权利。

禁止溺婴、弃婴和其他残害婴儿的行为。

第二十二条 子女可以随父姓,也可以随母姓。

第二十三条 父母有保护和教育未成年子女的权利和义务。在未成年子女对国家、集体或他人造成损害时,父母有承担民事责任的义务。

第二十四条 夫妻有相互继承遗产的权利。

父母和子女有相互继承遗产的权利。

第二十五条 非婚生子女享有与婚生子女同等的权利,任何人不得加以危害和歧视。

不直接抚养非婚生子女的生父或生母,应当负担子女的生活费和教育费,直至子女能独立生活为止。

第二十六条 国家保护合法的收养关系。养父母和养子女间的权利和义务,适用本法对父母子女关系的有关规定。

养子女和生父母间的权利和义务,因收养关系的成立而消除。

第二十七条 继父母与继子女间,不得虐待或歧视。

继父或继母和受其抚养教育的继子女间的权利和义务,适用本法对父母子女关系的有关规定。

第二十八条 有负担能力的祖父母、外祖父母,对于父母已经死亡或父母无力抚养的未成年的孙子女、外孙子女,有抚养的义务。有负担能力的孙子女、外孙子女,对于子女已经死亡或子女无力赡养的祖父母、外祖父母,有赡养的义务。

第二十九条　有负担能力的兄、姐,对于父母已经死亡或父母无力抚养的未成年的弟、妹,有扶养的义务。由兄、姐扶养长大的有负担能力的弟、妹,对于缺乏劳动能力又缺乏生活来源的兄、姐,有扶养的义务。

第三十条　子女应当尊重父母的婚姻权利,不得干涉父母再婚以及婚后的生活。子女对父母的赡养义务,不因父母的婚姻关系变化而终止。

第四章　离　婚

第三十一条　男女双方自愿离婚的,准予离婚。双方必须到婚姻登记机关申请离婚。婚姻登记机关查明双方确实是自愿并对子女和财产问题已有适当处理时,发给离婚证。

第三十二条　男女一方要求离婚的,可由有关部门进行调解或直接向人民法院提出离婚诉讼。

人民法院审理离婚案件,应当进行调解;如感情确已破裂,调解无效,应准予离婚。

有下列情形之一,调解无效的,应准予离婚:

(一)实施家庭暴力或虐待、遗弃家庭成员的;

(二)重婚或有配偶者与他人同居的;

(三)有赌博、吸毒等恶习屡教不改的;

(四)因感情不和分居满二年的;

(五)其他导致夫妻感情破裂的情形。

一方被宣告失踪,另一方提出离婚诉讼的,应准予离婚。

第三十三条　现役军人的配偶要求离婚,须得军人同意,但军人一方有重大过错的除外。

第三十四条　女方在怀孕期间、分娩后一年内或中止妊娠后六个月内,男方不得提出离婚。女方提出离婚的,或人民法院认为确有必要受理男方离婚请求的,不在此限。

第三十五条　离婚后,男女双方自愿恢复夫妻关系的,必须到婚姻登记机关进行复婚登记。

第三十六条　父母与子女间的关系,不因父母离婚而消除。离婚后,子女无论由父方或母方直接抚养,仍是父母双方的子女。

离婚后,父母对于子女仍有抚养和教育的权利和义务。

离婚后,哺乳期内的子女,以随哺乳的母亲抚养为原则。哺乳期后的子女,如双方因抚养问题发生争执不能达成协议时,由人民法院根据子女的权益和双方的具体情况作出判决和裁定。

第三十七条　离婚后,一方抚养的子女,另一方应当负担必要的生活费和教育费的一部或全部,负担费用的多少和期限的长短,由双方协议;协议不成时,由人民法院判决。

关于子女生活费和教育费的协议或判决,不妨碍子女在必要时向父母任何一方提出超过协议或判决原定数额的合理要求。

第三十八条　离婚后,不直接抚养子女的父或母,有探视子女的权利,另一方有协助的义务。

行使探视权利的方式、时间由当事人协议;协议不成时,由人民法院判决。

父或母探视子女,不利于子女身心健康的,经人民法院判决可以中止探视权。

第三十九条　离婚时,夫妻的共同财产由双方协议处理;协议不成时,由人民法院根据财产的具体情况,照顾子女和女方权益的原则判决。

夫妻在家庭土地承包经营中享有的权益等,应当依法予以保护。

第四十条　书面约定婚姻关系存续期间所得的财产归各自所有,一方因抚育子女、照料老人、协助另一方工作等付出较多义务的,离婚时可以向另一方请求补偿。

第四十一条　离婚时,原为夫妻共同生活所负的债务,应当共同偿还。共同财产不足清偿的,或财产归各自所有的,由双方协议清偿;协议不成时,由人民法院判决。

第四十二条　离婚时,如一方生活困难,另一方应从其住房等个人财产中给予适当帮助。具体办法由双方协议;协议不成时,由人民法院判决。

第五章　救助措施与法律责任

第四十三条　家庭暴力或虐待家庭成员,受害人提出请求的,居民委员会、村民委员会以及所在单位应当予以调解。

对正在实施的家庭暴力,受害人提出请求的,居民委员会、村民委员会应当予以劝阻;公安机关应当予以制止。

实施家庭暴力或虐待家庭成员,受害人提出请求的,公安机关应当依照治安管理处罚的法律规定予以行政处罚。

第四十四条　对遗弃家庭成员,受害人提出请求的,居民委员会、村民委员会以及所在单位应当予以调解。

对遗弃家庭成员,受害人提出请求的,人民法院应当依法作出支付扶养费、抚养费、赡养费的判决和裁定。

第四十五条　对重婚的,对实施家庭暴力或虐待、遗弃家庭成员构成犯罪的,依法追究刑事责任。受害人可以依照刑事诉讼法的有关规定,向人民法院自诉;公安机关应当依法侦查,人民检察院应当依法提起公诉。

第四十六条　因一方重婚或有配偶者与他人同居、实施家庭暴力或虐待、遗弃家庭成员而导致离婚的,无过错方有权请求损害赔偿。

第四十七条　离婚时,一方隐藏、转移、变卖、毁损夫妻共同财产,或伪造债务企图侵占另一方财产的,分割夫妻共同财产时,对隐藏、转移、变卖、毁损夫妻共同财产或伪造债务的一方,可以少分或不分。离婚后,另一方发现有上述行为的,可以向人民法院提起诉讼,请求再次分割夫妻共同财产。

人民法院对前款规定的妨害民事诉讼的行为,可以依照民事诉讼法的规定予以制裁。

第四十八条 对拒不执行有关扶养费、抚养费、赡养费、财产分割、遗产继承、探视子女等判决或裁定的,人民法院得依法强制执行。有关个人和单位应负协助执行的责任。

第四十九条 其他法律对有关婚姻家庭的违法行为和法律责任另有规定的,依照其规定。

第六章 附 则

第五十条 民族自治地方的人民代表大会有权结合当地民族婚姻家庭的具体情况,制定变通规定。自治州、自治县制定的变通规定,报省、自治区、直辖市人民代表大会常务委员会批准后生效。自治区制定的变通规定,报全国人民代表大会常务委员会批准后生效。

第五十一条 本法自1981年1月1日起施行。

1950年5月1日颁行的《中华人民共和国婚姻法》,自本法施行之日起废止。

全国人大法律委员会
关于《中华人民共和国婚姻法修正案（草案）》审议结果的报告

2001年4月18日在第九届全国人民代表大会常务委员会第二十一次会议上

全国人大法律委员会副主任委员　顾昂然

全国人民代表大会常务委员会：

九届全国人大常委会第十九次会议对婚姻法修正案（草案）进行了再次审议。委员们认为，草案二次审议稿吸收了常委会初次审议的意见和有关方面的意见，修改得比较好，同时提出了一些修改意见。会后，全国人大常委会办公厅根据委员长会议决定，全文公布了婚姻法修正草案，广泛征求意见，截至2001年2月28日，收到群众来信来电共3829件。此后，还陆续收到一些来信。法律委员会、法制工作委员会召开了部分地方人大常委会、有关部门和法律专家参加的座谈会，对婚姻法修正案草案进一步研究修改。法律委员会于4月6日召开会议，根据常委委员的审议意见以及其他各方面的意见，对草案进行了逐条审议。全国人大内务司法委员会、最高人民法院、国务院法制办、民政部、全国妇联的有关负责同志列席了会议。4月18日法律委员会再次进行了审议。法律委员会认为，婚姻法修正案草案经过常委会两次审议和修改，已经基本成熟，同时提出以下修改意见：

一、关于禁止重婚和其他违反一夫一妻制的行为

修正案草案第三条第二款规定，"禁止重婚和其他违反一夫一妻制的行为"。有的常委委员认为，哪些属于"其他违反一夫一妻制的行为"，应当进一步明确；有的常委委员认为，"其他违反一夫一妻制的行为"情况较为复杂，应当区别情况通过法律、党纪、政纪、道德、教育等多种手段、多种渠道予以遏制。考虑到一一列举违反一夫一妻制的行为比较困难，法律委员会建议修改为："禁止重婚。禁止有配偶者与他人同居。"这样修改，针对性强，法律责任明确，即对属于重婚的，应当依法追究刑事责任；对因重婚和有配偶者与他人同居导致离婚的，应当承担民事赔偿的责任。（修改决定草案第一条）

二、关于禁止家庭暴力的问题

修正案草案第三条第二款规定，"禁止家庭暴力或以其他行为虐待家庭成员。禁止遗弃家庭成员"。有的常委委员和专家认为，禁止家庭暴力，保护妇女和儿童权益，是当前各国都关注的社会问题，家庭暴力与虐待行为有重合，但虐待不能包括所有家庭暴力的具体情形，主张将禁止家庭暴力和虐待分别规定。因此，法律委员会建议修改为："禁止家庭暴

力。禁止家庭成员间的虐待和遗弃。"(修改决定草案第一条)

三、关于未办理登记就"结婚"的问题

有的常委委员和专家认为,我国实行婚姻登记制度,对符合结婚实质要件没有办理登记就"结婚"的,应当补办登记,这样有利于提高公民的法律意识,加强登记工作。因此,法律委员会建议,在婚姻法第七条后增加规定:"未办理结婚登记的,应当补办登记。"(修改决定草案第四条)

四、关于无效婚姻的确认宣告问题

修正案草案第十条第二款、第三款规定:"对无效婚姻,当事人以及利害关系人可以向婚姻登记机关或人民法院提出该婚姻无效,婚姻登记机关或人民法院应当宣告该婚姻无效。对未到法定婚龄结婚的,应当在法定婚龄届至前提出或宣告该婚姻无效。"有的常委委员认为,这一问题可以不作规定。该条第一款已明确规定,重婚、有禁止结婚的亲属关系等情形之一的,婚姻无效,即使未经婚姻登记机关或人民法院宣告无效,该婚姻也是无效的;对宣告无效程序作了规定,反而可能引起歧义。因此,法律委员会建议删去这两款规定。(修改决定草案第五条)

五、关于无效婚姻的财产处理问题

修正案草案第十二条规定:"无效或被撤销的婚姻,自始无效。当事人不具有夫妻的权利和义务,但同居期间所得的财产,除重婚的以外,按照共同财产分割;对有过错的一方,可以少分或不分。"有的常委委员和部门提出,婚姻无效或者被撤销后,怎样分割当事人同居期间所得的财产,首先宜由当事人协议,同时,因重婚导致婚姻无效的财产处理问题,应当着重保护合法婚姻当事人的财产权益。因此,法律委员会建议将该规定修改为:"无效或被撤销的婚姻,自始无效。当事人不具有夫妻的权利和义务。同居期间所得的财产,由当事人协议处理,协议不成时,由人民法院根据照顾无过错方的原则判决。对重婚导致的婚姻无效的财产处理,不得侵害合法婚姻当事人的财产权益。"(修改决定草案第七条)

六、关于夫妻共同财产的问题

修正案草案第十七条对哪些属于夫妻共有财产作了具体规定。有的常委委员提出,农民从事生产的劳动收入属于夫妻共同所有,对此应明确作出规定。因此,法律委员会建议将该条第二项"从事经营活动的收益"修改为"生产、经营的收益"。(修改决定草案第八条)

七、关于列举要求离婚的具体情形问题

修正案草案第三十二条第三款规定了经调解无效,视为夫妻感情确已破裂,应准予离婚的情形。有的常委委员和部门认为,其中第四项"一方被追究刑事责任,严重伤害夫妻感情的"和第五项"婚后患有医学上认为不应当结婚的疾病的"这两种情形,可以包括在第七项"其他导致夫妻感情破裂的情形"之中,以不专门突出规定为好。因此,法律委员会建

议删去这两项规定。(修改决定草案第十八条)

八、关于保护军婚问题

婚姻法第二十六条规定:"现役军人的配偶要求离婚,须得军人同意"。法律委员会认为,对军婚予以特别保护是必要的。同时,根据有的常委委员和一些地方、部门、专家的意见,建议在"现役军人的配偶要求离婚,须得军人同意"之后增加规定:"但军人一方有重大过错的除外。"(修改决定草案第十九条)

九、关于保护离婚妇女土地承包经营权的问题

有的常委委员、地方和部门提出,当前农村妇女离婚后,丧失土地承包的权利,生活困难的问题较为突出,为了保护广大妇女的权益,应当对此作出有针对性的规定。因此,法律委员会建议在婚姻法第三十一条中增加一款规定:"夫妻在家庭土地承包经营中享有的权益等,应当依法予以保护。"(修改决定草案第二十五条)

十、关于第五章的章名问题

修正案草案第五章的章名是"法律责任"。有的常委委员和专家提出,本章规定的内容,除法律责任的规定外,还有一些是对被害人予以救助的规定,对本章的章名应当作出修改。因此,法律委员会建议将第五章的章名修改为"救助措施与法律责任"。(修改决定草案第二十九条)

十一、关于有关组织在制止家庭暴力、虐待和遗弃家庭成员中的职责问题

修正案草案第四十三条、第四十四条规定了因家庭暴力或虐待、遗弃家庭成员,受害人可以请求村民委员会、居民委员会以及所在单位予以调解。对正在实施的家庭暴力,受害人可以请求公安机关救助,也可以请求村民委员会、居民委员会劝阻等。有的常委委员和部门提出,这两条重点规定了受害人可以请求有关组织予以调解或者救助,应当进一步对有关组织的职责作出相应的明确规定。因此,法律委员会建议将这两条修改为:"实施家庭暴力或虐待家庭成员,受害人有权提出请求,居民委员会、村民委员会以及所在单位应当予以劝阻、调解。对正在实施的家庭暴力,受害人有权提出请求,居民委员会、村民委员会应当予以劝阻;公安机关应当予以制止。实施家庭暴力或虐待家庭成员,受害人提出请求的,公安机关应当依照治安管理处罚的法律规定予以行政处罚。""对遗弃家庭成员,受害人有权提出请求,居民委员会、村民委员会以及所在单位应当予以劝阻、调解。对遗弃家庭成员,受害人提出请求的,人民法院应当依法作出支付扶养费、抚养费、赡养费的判决和裁定。"(修改决定草案第二十九条)

十二、关于民族自治地方制定变通规定的问题

婚姻法第三十六条规定:"民族自治地方人民代表大会和它的常务委员会可以依据本法的原则,结合当地民族婚姻家庭的具体情况,制定某些变通的或补充的规定。自治州、自治县制定的规定,须报请省、自治区人民代表大会常务委员会批准。自治区制定的规

定,须报全国人民代表大会常务委员会备案。"有的常委委员提出,民族自治地方有权制定变通规定的问题,婚姻法的规定应当和在其后制定的宪法、立法法的规定相衔接。因此,法律委员会建议将本条修改为:"民族自治地方的人民代表大会有权结合当地民族婚姻家庭的具体情况,制定变通规定。自治州、自治县制定的变通规定,报省、自治区、直辖市人民代表大会常务委员会批准后生效,自治区制定的变通规定,报全国人民代表大会常务委员会批准后生效。"(修改决定草案第三十一条)在关于修改婚姻法的决定施行前,民族自治地方已经依照原婚姻法规定制定的变通规定,仍然有效。

此外,还根据常委委员的意见,对修正案草案二次审议稿作了一些文字修改。

法律委员会已按上述意见提出关于修改婚姻法的决定(草案),建议经本次常委会会议审议通过。

修改决定草案和以上意见是否妥当,请审议。

全国人大法律委员会
2001年4月18日

全国人民代表大会常务委员会关于修改《中华人民共和国婚姻法》的决定(草案)(建议表决稿)

第九届全国人民代表大会常务委员会第二十一次会议通过

2001年4月

第九届全国人民代表大会常务委员会第二十一次会议决定对《中华人民共和国婚姻法》作如下修改:

一、第三条第二款修改为:"禁止重婚。禁止有配偶者与他人同居。禁止家庭暴力。禁止家庭成员间的虐待和遗弃。"

二、增加一条,作为第四条:"夫妻应当互相忠实,互相尊重;家庭成员间应当敬老爱幼,互相帮助,维护平等、和睦、文明的婚姻家庭关系。"

三、第六条改为第七条,第二项修改为:"(二)患有医学上认为不应当结婚的疾病"。

四、第七条改为第八条,修改为:"要求结婚的男女双方必须亲自到婚姻登记机关进行结婚登记。符合本法规定的,予以登记,发给结婚证。取得结婚证,即确立夫妻关系。未办理结婚登记的,应当补办登记。"

五、第八条改为第九条,修改为:"登记结婚后,根据男女双方约定,女方可以成为男方家庭的成员,男方可以成为女方家庭的成员。"

六、增加一条,作为第十条:"有下列情形之一的,婚姻无效:

"(一)重婚的;

"(二)有禁止结婚的亲属关系的;

"(三)婚前患有医学上认为不应当结婚的疾病,婚后尚未治愈的;

"(四)未到法定婚龄的。"

七、增加一条,作为第十一条:"因胁迫结婚的,受胁迫的一方可以向婚姻登记机关或人民法院请求撤销该婚姻。受胁迫的一方撤销婚姻的请求,应当自结婚登记之日起一年内提出。被非法限制人身自由的当事人请求撤销婚姻的,应当自恢复人身自由之日起一年内提出。"

八、增加一条,作为第十二条:"无效或被撤销的婚姻,自始无效。当事人不具有夫妻的权利和义务。同居期间所得的财产,由当事人协议处理;协议不成时,由人民法院根据照顾无过错方的原则判决。对重婚导致的婚姻无效的财产处理,不得侵害合法婚姻当事人的财产权益。当事人所生的子女,适用本法有关父母子女的规定。"

九、第十三条改为第十七条,第一款修改为:"夫妻在婚姻关系存续期间所得的下列财产,归夫妻共同所有:

"(一)工资、奖金;

"(二)生产、经营的收益;

"(三)知识产权的收益;

"(四)继承或赠与所得的财产,但本法第十八条第三项规定的除外;

"(五)其他应当归共同所有的财产。"

十、增加一条,作为第十八条:"有下列情形之一的,为夫妻一方的财产:

"(一)一方的婚前财产;

"(二)一方因身体受到伤害获得的医疗费、残疾人生活补助费等费用;

"(三)遗嘱或赠与合同中确定只归夫或妻一方的财产;

"(四)一方专用的生活用品;

"(五)其他应当归一方的财产。"

十一、增加一条,作为第十九条:"夫妻可以约定婚姻关系存续期间所得的财产以及婚前财产归各自所有、共同所有或部分各自所有、部分共同所有。约定应当采用书面形式。没有约定或约定不明确的,适用本法第十七条、第十八条的规定。

"夫妻对婚姻关系存续期间所得的财产以及婚前财产的约定,对双方具有约束力。

"夫妻对婚姻关系存续期间所得的财产约定归各自所有的,夫或妻一方对外所负的债务,第三人知道该约定的,以夫或妻一方所有的财产清偿。"

十二、第十五条改为第二十一条,第四款修改为:"禁止溺婴、弃婴和其他残害婴儿的行为。"

十三、第十六条改为第二十二条,修改为:"子女可以随父姓,可以随母姓。"

十四、第十七条改为第二十三条,修改为:"父母有保护和教育未成年子女的权利和义务。在未成年子女对国家、集体或他人造成损害时,父母有承担民事责任的义务。"

十五、第十九条改为第二十五条,第二款修改为:"不直接抚养非婚生子女的生父或生母,应当负担子女的生活费和教育费,直至子女能独立生活为止。"

十六、第二十二条改为第二十八条,修改为:"有负担能力的祖父母、外祖父母,对于父母已经死亡或父母无力抚养的未成年的孙子女、外孙子女,有抚养的义务。有负担能力的孙子女、外孙子女,对于子女已经死亡或子女无力赡养的祖父母、外祖父母,有赡养的义务。"

十七、第二十三条改为第二十九条,修改为:"有负担能力的兄、姐,对于父母已经死亡或父母无力抚养的未成年的弟、妹,有扶养的义务。由兄、姐扶养长大的有负担能力的弟、妹,对于缺乏劳动能力又缺乏生活来源的兄、姐,有扶养的义务。"

十八、增加一条,作为第三十条:"子女应当尊重父母的婚姻权利,不得干涉父母再婚以及婚后的生活。子女对父母的赡养义务,不因父母的婚姻关系变化而终止。"

十九、第二十四条改为第三十一条,修改为:"男女双方自愿离婚的,准予离婚。双方必须到婚姻登记机关申请离婚。婚姻登记机关查明双方确实是自愿并对子女和财产问题已有适当处理时,发给离婚证。"

二十、第二十五条改为第三十二条,增加二款,作为第三款、第四款:"有下列情形之一,调解无效的,应准予离婚:

"(一)实施家庭暴力或虐待、遗弃家庭成员的;

"(二)重婚或有配偶者与他人同居的;

"(三)有赌博、吸毒等恶习屡教不改的;

"(四)因感情不和分居满二年的;

"(五)其他导致夫妻感情破裂的情形。

"一方被宣告失踪,另一方提出离婚诉讼的,应准予离婚。"

二十一、第二十六条改为第三十三条,修改为:"现役军人的配偶要求离婚,须得军人同意,但军人一方有重大过错的除外。"

二十二、第二十七条改为第三十四条,修改为:"女方在怀孕期间、分娩后一年内或中止妊娠后六个月内,男方不得提出离婚。女方提出离婚的,或人民法院认为确有必要受理男方离婚请求的,不在此限。"

二十三、第二十八条改为第三十五条,修改为:"离婚后,男女双方自愿恢复夫妻关系的,必须到婚姻登记机关进行复婚登记。"

二十四、第二十九条改为第三十六条,第一款修改为:"父母与子女间的关系,不因父母离婚而消除。离婚后,子女无论由父或母直接抚养,仍是父母双方的子女。"

二十五、增加一条,作为第三十八条:"离婚后,不直接抚养子女的父或母,有探望子女的权利,另一方有协助的义务。

"行使探望权利的方式、时间由当事人协议;协议不成时,由人民法院判决。

"父或母探望子女,不利于子女身心健康的,由人民法院依法中止探望的权利;中止的事由消失后,应当恢复探望的权利。"

二十六、第三十一条改为第三十九条,修改为:"离婚时,夫妻的共同财产由双方协议处理;协议不成时,由人民法院根据财产的具体情况,照顾子女和女方权益的原则判决。"

增加一款,作为第一款:"夫或妻在家庭土地承包经营中享有的权益等,应当依法予以保护。"

二十七、增加一条,作为第四十条:"夫妻书面约定婚姻关系存续期间所得的财产归各自所有,一方因抚育子女、照料老人、协助另一方工作等付出较多义务的,离婚时有权向另一方请求补偿,另一方应当予以补偿。"

二十八、第三十二条改为第四十一条,修改为:"离婚时,原为夫妻共同生活所负的债务,应当共同偿还。共同财产不足清偿的,或财产归各自所有的,由双方协议清偿;协议不成时,由人民法院判决。"

二十九、第三十三条改为第四十二条,修改为:"离婚时,如一方生活困难,另一方应从其住房等个人财产中给予适当帮助。具体办法由双方协议;协议不成时,由人民法院判决。"

三十、增加"救助措施与法律责任"一章,作为第五章,增加六条,作为第四十三条至第四十七条、第四十九条:

(一)**第四十三条** 实施家庭暴力或虐待家庭成员,受害人有权提出请求,居民委员会、村民委员会以及所在单位应当予以劝阻、调解。

对正在实施的家庭暴力,受害人有权提出请求,居民委员会、村民委员会应当予以劝阻;公安机关应当予以制止。

实施家庭暴力或虐待家庭成员,受害人提出请求的,公安机关应当依照治安管理处罚的法律规定予以行政处罚。

(二)**第四十四条** 对遗弃家庭成员,受害人有权提出请求,居民委员会、村民委员会以及所在单位应当予以劝阻、调解。

对遗弃家庭成员,受害人提出请求的,人民法院应当依法作出支付扶养费、抚养费、赡养费的判决。

(三)**第四十五条** 对重婚的,对实施家庭暴力或虐待、遗弃家庭成员构成犯罪的,依法追究刑事责任。受害人可以依照刑事诉讼法的有关规定,向人民法院自诉;公安机关应当依法侦查,人民检察院应当依法提起公诉。

(四)**第四十六条** 有下列情形之一,导致离婚的,无过错方有权请求损害赔偿:

(一)重婚的;

(二)有配偶者与他人同居的;

(三)实施家庭暴力的;

(四)虐待、遗弃家庭成员的。

(五)**第四十七条** 离婚时,一方隐藏、转移、变卖、毁损夫妻共同财产,或伪造债务企图侵占另一方财产的,分割夫妻共同财产时,对隐藏、转移、变卖、毁损夫妻共同财产或伪造债务的一方,可以少分或不分。离婚后,另一方发现有上述行为的,可以向人民法院提起诉讼,请求再次分割夫妻共同财产。

人民法院对前款规定的妨害民事诉讼的行为,可以依照民事诉讼法的规定予以制裁。

(六)**第四十九条** 其他法律对有关婚姻家庭的违法行为和法律责任另有规定的,依照其规定。

三十一、删去第三十四条。

三十二、第三十五条改为第四十八条,修改为:"对拒不执行有关扶养费、抚养费、赡养费、财产分割、遗产继承、探望子女等判决或裁定的,人民法院得依法强制执行。有关个人和单位应负协助执行的责任。"

三十三、第三十六条改为第五十条,修改为:"民族自治地方的人民代表大会有权结合当地民族婚姻家庭的具体情况,制定变通规定。自治州、自治县制定的变通规定,报省、自治区、直辖市人民代表大会常务委员会批准后生效。自治区制定的变通规定,报全国人民代表大会常务委员会批准后生效。"

本决定自公布之日起施行。

《中华人民共和国婚姻法》根据本决定作相应修改,重新公布。

中华人民共和国婚姻法(修正草案)(建议表决稿)

1980年9月10日第五届全国人民代表大会第三次会议通过,根据2001年4月28日第九届全国人民代表大会常务委员会第二十一次会议《关于修改〈中华人民共和国婚姻法〉的决定》修正

目 录

第一章 总 则
第二章 结 婚
第三章 家庭关系
第四章 离 婚
第五章 救助措施与法律责任
第六章 附 则

第一章 总 则

第一条 本法是婚姻家庭关系的基本准则。

第二条 实行婚姻自由、一夫一妻、男女平等的婚姻制度。

保护妇女、儿童和老人的合法权益。

实行计划生育。

第三条 禁止包办、买卖婚姻和其他干涉婚姻自由的行为。禁止借婚姻索取财物。

禁止重婚。禁止有配偶者与他人同居。禁止家庭暴力。禁止家庭成员间的虐待和遗弃。

第四条 夫妻应当互相忠实,互相尊重;家庭成员间应当敬老爱幼,互相帮助,维护平等、和睦、文明的婚姻家庭关系。

第二章 结 婚

第五条 结婚必须男女双方完全自愿,不许任何一方对他方加以强迫或任何第三者加以干涉。

第六条 结婚年龄,男不得早于二十二周岁,女不得早于二十周岁。晚婚晚育应予鼓励。

第七条 有下列情形之一的,禁止结婚:
(一)直系血亲和三代以内的旁系血亲;
(二)患有医学上认为不应当结婚的疾病。

第八条 要求结婚的男女双方必须亲自到婚姻登记机关进行结婚登记。符合本法规定的,予以登记,发给结婚证。取得结婚证,即确立夫妻关系。未办理结婚登记的,应当补办登记。

第九条 登记结婚后,根据男女双方约定,女方可以成为男方家庭的成员,男方可以成为女方家庭的成员。

第十条 有下列情形之一的,婚姻无效:
(一)重婚的;
(二)有禁止结婚的亲属关系的;
(三)婚前患有医学上认为不应当结婚的疾病,婚后尚未治愈的;
(四)未到法定婚龄的。

第十一条 因胁迫结婚的,受胁迫的一方可以向婚姻登记机关或人民法院请求撤销该婚姻。受胁迫的一方撤销婚姻的请求,应当自结婚登记之日起一年内提出。被非法限制人身自由的当事人请求撤销婚姻的,应当自恢复人身自由之日起一年内提出。

第十二条 无效或被撤销的婚姻,自始无效。当事人不具备夫妻的权利和义务。同居期间所得的财产,由当事人协议处理;协议不成时,由人民法院根据照顾无过错方的原则判决。对重婚导致的婚姻无效的财产处理,不得侵害合法婚姻当事人的财产权益。当事人所生的子女,适用本法有关父母子女的规定。

第三章 家庭关系

第十三条 夫妻在家庭中地位平等。

第十四条 夫妻双方都有各用自己姓名的权利。

第十五条 夫妻双方都有参加生产、工作、学习和社会活动的自由,一方不得对他方加以限制或干涉。

第十六条 夫妻双方都有实行计划生育的义务。

第十七条 夫妻在婚姻关系存续期间所得的下列财产,归夫妻共同所有:
(一)工资、奖金;
(二)生产、经营的收益;
(三)知识产权的收益;
(四)继承或赠与所得的财产,但本法第十八条第三项规定的除外;
(五)其他应当归共同所有的财产。

夫妻对共同所有的财产,有平等的处理权。

第十八条 有下列情形之一的,为夫妻一方的财产:

(一)一方的婚前财产;

(二)一方因身体受到伤害获得的医疗费、残疾人生活补助费等费用;

(三)遗嘱或赠与合同中确定只归夫或妻一方的财产;

(四)一方专用的生活用品;

(五)其他应当归一方的财产。

第十九条 夫妻可以约定婚姻关系存续期间所得的财产以及婚前财产归各自所有、共同所有或部分各自所有、部分共同所有。约定应当采用书面形式。没有约定或约定不明确的,适用本法第十七条、第十八条的规定。

夫妻对婚姻关系存续期间所得的财产以及婚前财产的约定,对双方具有约束力。

夫妻对婚姻关系存续期间所得的财产约定归各自所有的,夫或妻一方对外所负的债务,第三人知道该约定的,以夫或妻一方所有的财产清偿。

第二十条 夫妻有互相扶养的义务。

一方不履行扶养义务时,需要扶养的一方,有要求对方付给扶养费的权利。

第二十一条 父母对子女有抚养教育的义务;子女对父母有赡养扶助的义务。

父母不履行抚养义务时,未成年的或不能独立生活的子女,有要求父母付给抚养费的权利。

子女不履行赡养义务时,无劳动能力的或生活困难的父母,有要求子女付给赡养费的权利。

禁止溺婴、弃婴和其他残害婴儿的行为。

第二十二条 子女可以随父姓,可以随母姓。

第二十三条 父母有保护和教育未成年子女的权利和义务。在未成年子女对国家、集体或他人造成损害时,父母有承担民事责任的义务。

第二十四条 夫妻有相互继承遗产的权利。

父母和子女有相互继承遗产的权利。

第二十五条 非婚生子女享有与婚生子女同等的权利,任何人不得加以危害和歧视。

不直接抚养非婚生子女的生父或生母,应当负担子女的生活费和教育费,直至子女能独立生活为止。

第二十六条 国家保护合法的收养关系。养父母和养子女间的权利和义务,适用本法对父母子女关系的有关规定。

养子女和生父母间的权利和义务,因收养关系的成立而消除。

第二十七条 继父母与继子女间,不得虐待或歧视。

继父或继母和受其抚养教育的继子女间的权利和义务,适用本法对父母子女关系的有关规定。

第二十八条 有负担能力的祖父母、外祖父母,对于父母已经死亡或父母无力抚养的未成年的孙子女、外孙子女,有抚养的义务。有负担能力的孙子女、外孙子女,对于子女已经死亡或子女无力赡养的祖父母、外祖父母,有赡养的义务。

第二十九条　有负担能力的兄、姐,对于父母已经死亡或父母无力抚养的未成年的弟、妹,有扶养的义务。由兄、姐扶养长大的有负担能力的弟、妹,对于缺乏劳动能力又缺乏生活来源的兄、姐,有扶养的义务。

第三十条　子女应当尊重父母的婚姻权利,不得干涉父母再婚以及婚后的生活。子女对父母的赡养义务,不因父母的婚姻关系变化而终止。

第四章　离　婚

第三十一条　男女双方自愿离婚的,准予离婚。双方必须到婚姻登记机关申请离婚。婚姻登记机关查明双方确实是自愿并对子女和财产问题已有适当处理时,发给离婚证。

第三十二条　男女一方要求离婚的,可由有关部门进行调解或直接向人民法院提出离婚诉讼。

人民法院审理离婚案件,应当进行调解;如感情确已破裂,调解无效,应准予离婚。

有下列情形之一,调解无效的,应准予离婚:
(一)实施家庭暴力或虐待、遗弃家庭成员的;
(二)重婚或有配偶者与他人同居的;
(三)有赌博、吸毒等恶习屡教不改的;
(四)因感情不和分居满二年的;
(五)其他导致夫妻感情破裂的情形。

一方被宣告失踪,另一方提出离婚诉讼的,应准予离婚。

第三十三条　现役军人的配偶要求离婚,须得军人同意,但军人一方有重大过错的除外。

第三十四条　女方在怀孕期间、分娩后一年内或中止妊娠后六个月内,男方不得提出离婚。女方提出离婚的,或人民法院认为确有必要受理男方离婚请求的,不在此限。

第三十五条　离婚后,男女双方自愿恢复夫妻关系的,必须到婚姻登记机关进行复婚登记。

第三十六条　父母与子女间的关系,不因父母离婚而消除。离婚后,子女无论由父或母直接抚养,仍是父母双方的子女。

离婚后,父母对于子女仍有抚养和教育的权利和义务。

离婚后,哺乳期内的子女,以随哺乳的母亲抚养为原则。哺乳期后的子女,如双方因抚养问题发生争执不能达成协议时,由人民法院根据子女的权益和双方的具体情况判决。

第三十七条 离婚后,一方抚养的子女,另一方应负担必要的生活费和教育费的一部或全部,负担费用的多少和期限的长短,由双方协议;协议不成时,由人民法院判决。

关于子女生活费和教育费的协议或判决,不妨碍子女在必要时向父母任何一方提出超过协议或判决原定数额的合理要求。

第三十八条 离婚后,不直接抚养子女的父或母,有探望子女的权利,另一方有协助的义务。

行使探望权利的方式、时间由当事人协议;协议不成时,由人民法院判决。

父或母探望子女,不利于子女身心健康的,由人民法院依法中止探望权利;中止的事由消失后,应当恢复探望的权利。

第三十九条 离婚时,夫妻的共同财产由双方协议处理;协议不成时,由人民法院根据财产的具体情况,照顾子女和女方权益的原则判决。

夫或妻在家庭土地承包经营中享有的权益等,应当依法予以保护。

第四十条 夫妻书面约定婚姻关系存续期间所得的财产归各自所有,一方因抚育子女、照料老人、协助另一方工作等付出较多义务的,离婚时有权向另一方请求补偿,另一方应当予以补偿。

第四十一条 离婚时,原为夫妻共同生活所负的债务,应当共同偿还。共同财产不足清偿的,或财产归各自所有的,由双方协议清偿;协议不成时,由人民法院判决。

第四十二条 离婚时,如一方生活困难,另一方应从其住房等个人财产中给予适当帮助。具体办法由双方协议;协议不成时,由人民法院判决。

第五章 救助措施与法律责任

第四十三条 实施家庭暴力或虐待家庭成员,受害人有权提出请求,居民委员会、村民委员会以及所在单位应当予以劝阻、调解。

对正在实施的家庭暴力,受害人有权提出请求,居民委员会、村民委员会应当予以劝阻;公安机关应当予以制止。

实施家庭暴力或虐待家庭成员,受害人提出请求的,公安机关应当依照治安管理处罚的法律规定予以行政处罚。

第四十四条 对遗弃家庭成员,受害人有权提出请求,居民委员会、村民委员会以及所在单位应当予以劝阻、调解。

对遗弃家庭成员,受害人提出请求的,人民法院应当依法作出支付扶养费、抚养费、赡养费的判决。

第四十五条 对重婚的,对实施家庭暴力或虐待、遗弃家庭成员构成犯罪的,依法追究刑事责任。受害人可以依照刑事诉讼法的有关规定,向人民法院自诉;公安机关应当依法侦查,人民检察院应当依法提起公诉。

第四十六条 有下列情形之一,导致离婚的,无过错方有权请求损害赔偿:

(一)重婚的；
(二)有配偶者与他人同居的；
(三)实施家庭暴力的；
(四)虐待、遗弃家庭成员的。

第四十七条 离婚时，一方隐藏、转移、变卖、毁损夫妻共同财产，或伪造债务企图侵占另一方财产的，分割夫妻共同财产时，对隐藏、转移、变卖、毁损夫妻共同财产或伪造债务的一方，可以少分或不分。离婚后，另一方发现有上述行为的，可以向人民法院提起诉讼，请求再次分割夫妻共同财产。

人民法院对前款规定的妨害民事诉讼的行为，可以依照民事诉讼法的规定予以制裁。

第四十八条 对拒不执行有关扶养费、抚养费、赡养费、财产分割、遗产继承、探望子女等判决或裁定的，人民法院得依法强制执行。有关个人和单位应负协助执行的责任。

第四十九条 其他法律对有关婚姻家庭的违法行为和法律责任另有规定的，依照其规定。

第六章 附 则

第五十条 民族自治地方的人民代表大会有权结合当地民族婚姻家庭的具体情况，制定变通规定。自治州、自治县制定的变通规定，报省、自治区、直辖市人民代表大会常务委员会批准后生效。自治区制定的变通规定，报全国人民代表大会常务委员会批准后生效。

第五十一条 本法自1981年1月1日起施行。
1950年5月1日颁行的《中华人民共和国婚姻法》，自本法施行之日起废止。

全国人大法律委员会关于税收征收管理法(修订草案)、信托法(草案)、修改婚姻法的决定(草案)和国防教育法(草案)修改意见的书面报告(节选)

2001年4月28日在第九届全国人民代表大会常务委员会第二十一次会议上

全国人大法律委员会主任委员　王维澄

本次会议于2001年4月24日下午、25日上午、25日下午、26日上午对税收征收管理法(修订草案)、信托法(草案三次审议稿)、关于修改婚姻法的决定(草案)、国防教育法(草案二次审议稿)分组进行了审议。大家认为,上述四个法律草案吸收了常委会组成人员和地方、部门、专家的意见,已经比较成熟,建议本次常委会会议通过。同时,也提出了一些修改意见。法律委员会于4月25日下午、26日上午、26日下午、27日上午召开会议,财政经济委员会、内务司法委员会、教育科学文化卫生委员会的负责同志列席了有关会议,逐条研究了委员们的意见,提出了进一步修改意见。

一、关于税收征收管理法(修订草案)(略)

二、关于信托法(草案三次审议稿)(略)

三、关于修改婚姻法的决定(草案)

(一)根据有的委员的意见,法律委员会建议将修改决定草案第二条"夫妻应当互相忠实,互相扶助"修改为"夫妻应当互相忠实,互相尊重"。(建议表决稿第二条)

(二)婚姻法第八条规定:"登记结婚后,根据男女双方约定,女方可以成为男方家庭的成员,男方也可以成为女方家庭的成员"。婚姻法第十六条规定:"子女可以随父姓,也可以随母姓"。根据有的委员的意见,法律委员会建议将该两条中的"也"字删去。(建议表决稿第五条、第十三条)

(三)修改决定草案第十条第一款规定了夫妻约定财产的范围。有的委员提出,对夫妻财产应当进一步扩大约定的范围。因此,法律委员会建议将该款修改为:"夫妻可以约定婚姻关系存续期间所得的财产以及婚前财产归各自所有、共同所有或部分各自所有、部分共同所有。约定应当采用书面形式。没有约定或约定不明确的,适用本法第十七条、第十八条的规定。"(建议表决稿第十一条)

(四)修改决定草案第二十四条规定,"父或母探视子女,不利于子女身心健康的,经人民法院判决可以中止探视权"。有的委员和部门提出,"探视权"可改为"探望权"。同时应当规定中止探望的事由消失后,恢复探望的权利。因此,法律委员会建议将该规定修改为"父或母探望子女,不利于子女身心健康的,由人民法院依法中止探望的权利;中止的事由消失后,应当恢复探望的权利"。(建议表决稿第二十五条)

(五)修改决定草案第二十六条规定:"夫妻书面约定婚姻关系存续期间所得的财产归各自所有,一方因抚育子女、照料老人、协助另一方工作等付出较多义务的,离婚时可以向另一方请求补偿。"有的委员提出,该条应当增加规定另一方负有补偿的义务。因此,法律委员会建议将该条最后一句修改为"离婚时有权向另一方请求补偿,另一方应当予以补偿"。(建议表决稿第二十七条)

此外,委员们还提出了一些其他意见。考虑到婚姻家庭问题非常复杂,法律委员会建议,有的可以在其他有关法律中作出规定,有的可以在实施过程中加强法律解释和司法解释工作,有的问题还要靠党纪、政纪、道德、村规民约、教育等多种办法予以解决。有的问题目前难以规定,待积累更多的实践经验后,再进一步完善。

四、关于国防教育法(草案二次审议稿)(略)

此外,还对上述四个法律草案作了一些文字修改。

以上修改意见,请审议。

七、著作权法(修改)

中华人民共和国著作权法(修改草案)

国家版权局　2012年3月

第一章　总　则

第一条　为保护文学、艺术和科学作品作者的著作权,以及传播者的相关权,鼓励有益于社会主义精神文明、物质文明建设的作品的创作和传播,促进社会主义文化、科学和经济的发展与繁荣,根据宪法制定本法。

第二条　中国自然人、法人或者其他组织的作品,不论是否发表,受本法保护。

外国人、无国籍人的作品,根据其作者所属国或者经常居住地国同中国签订的协议或者共同参加的国际条约,受本法保护。

未与中国签订协议或者共同参加国际条约的国家的作者和无国籍人的作品,首次在中国参加的国际条约的成员国出版的,或者在成员国和非成员国同时出版的,受本法保护。

中国自然人、法人或者其他组织的版式设计、表演、录音制品和广播电视节目,受本法保护。

外国人、无国籍人的版式设计、表演、录音制品和广播电视节目,根据其所属国或者经常居住地国同中国签订的协议或者共同参加的国际条约,受本法保护。

外国人、无国籍人的追续权、实用艺术作品、版式设计、本法第二十五条以及第三十六条规定的权利,根据其所属国或者经常居住地国的法律适用对等保护。

第三条　本法所称的作品,是指文学、艺术和科学领域内具有独创性并能以某种形式固定的智力成果。

作品包括以下种类:

(一)文字作品,是指小说、诗词、散文、论文等以文字形式表现的作品;

(二)口述作品,是指即兴的演说、授课、法庭辩论等以口头语言形式表现的作品;

（三）音乐作品，是指歌曲、交响乐等能够演唱或者演奏的带词或者不带词的作品；

（四）戏剧作品，是指话剧、歌剧、地方戏等供舞台演出的作品；

（五）曲艺作品，是指相声、快书、大鼓、评书等以说唱为主要形式表演的作品；

（六）舞蹈作品，是指通过连续的动作、姿势、表情等表现思想情感的作品；

（七）杂技艺术作品，是指杂技、魔术、马戏等通过形体动作和技巧表现的作品；

（八）美术作品，是指绘画、书法、雕塑等以线条、色彩或者其他方式构成的有审美意义的平面或者立体的造型艺术作品；

（九）实用艺术作品，是指具有实际用途的艺术作品；

（十）建筑作品，是指以建筑物或者构筑物形式表现的有审美意义的作品；

（十一）摄影作品，是指借助器械在感光材料或者其他介质上记录客观物体形象的艺术作品；

（十二）视听作品，是指固定在一定介质上，由一系列有伴音或者无伴音的画面组成，并且借助技术设备放映或者以其他方式传播的作品；

（十三）图形作品，是指为施工、生产绘制的工程设计图、产品设计图，以及反映地理现象、说明事物原理或者结构的地图、示意图等作品；

（十四）模型作品，是指为展示、试验或者观测等用途，根据物体的形状和结构，按照一定比例制成的立体作品；

（十五）计算机程序，是指为了得到某种结果而可以由计算机等具有信息处理能力的装置执行的代码化指令序列，或者可以被自动转换成代码化指令序列的符号化指令序列或者符号化语句序列，同一计算机程序的源程序和目标程序为同一作品；

（十六）其他文学、艺术和科学作品。

著作权自作品创作完成之日起自动产生，无需履行任何手续。

第四条 本法所称的相关权，指出版者对其出版的图书或者期刊的版式设计享有的权利，表演者对其表演享有的权利，录音制作者对其制作的录音制品享有的权利，广播电台、电视台对其播放的广播电视节目享有的权利。

相关权自使用版式设计的图书或者期刊首次出版、表演发生、录音制品首次制作和广播电视节目首次播放之日起自动产生，无需履行任何手续。

第五条 著作权人行使著作权、相关权人行使相关权，不得违反宪法和法律，不得损害公共利益。

国家对作品的传播依法进行监督管理。

第六条 著作权人和相关权人可以向国务院著作权行政管理部门设立的专门登记机构进行著作权或者相关权登记。登记文书是登记事项属实的初步证明。

登记应当缴纳费用，收费标准由国务院著作权行政管理部门会同国务院价格管理部门确定。

著作权和相关权登记管理办法由国务院著作权行政管理部门另行制定。

第七条 著作权保护及于表达，不延及思想、过程、原理、数学概念、操作方法等。

本法不适用于：
（一）法律、法规,国家机关的决议、决定、命令和其他具有立法、行政、司法性质的文件,及其官方正式译文；
（二）通过报纸、期刊、广播电台、电视台、信息网络等媒体报道的单纯事实消息；
（三）历法、通用数表、通用表格和公式。

第八条 民间文学艺术表达的保护办法由国务院另行规定。

第九条 国务院著作权行政管理部门主管全国的著作权和相关权管理工作；地方人民政府著作权行政管理部门主管本行政区域的著作权和相关权管理工作。

第二章 著 作 权

第一节 著作权人及其权利

第十条 著作权人包括：
（一）作者；
（二）其他依照本法享有著作权的自然人、法人或者其他组织。

第十一条 著作权包括人身权利和财产权利。
著作权中的人身权利包括：
（一）发表权,即决定作品是否公之于众的权利；
（二）署名权,即决定是否表明作者身份以及如何表明作者身份的权利；
（三）保护作品完整权,即修改作品以及禁止歪曲、篡改作品的权利。
著作权中的财产权利包括：
（一）复制权,即以印刷、复印、录制、翻拍以及数字化等任何方式将作品制作一份或者多份的权利；
（二）发行权,即以出售、赠与或者其他转让所有权的方式向公众提供作品的原件或者复制件的权利；
（三）出租权,即有偿许可他人临时使用视听作品、计算机程序或者包含作品的录音制品的原件或者复制件的权利,计算机程序不是出租的主要标的的除外；
（四）展览权,即公开陈列美术作品、摄影作品的原件或者复制件的权利；
（五）表演权,即以各种方式公开表演作品,以及用各种手段公开播送作品的表演的权利；
（六）放映权,即通过放映机、幻灯机等技术设备公开再现美术、摄影、视听作品等的权利；
（七）播放权,即以无线或者有线方式向公众播放作品或者转播该作品的播放,以及通过技术设备向公众传播该作品的播放的权利；
（八）信息网络传播权,即在信息网络环境下,以无线或者有线方式向公众提供作品,包括直播、转播或者使公众可以在其个人选定的时间和地点获得作品的权利；
（九）摄制权,即将作品摄制成视听作品的权利；

（十）改编权，即将作品转换成除视听作品以外的不同体裁或者种类的新作品的权利；

（十一）翻译权，即将作品从一种语言文字转换成另一种语言文字的权利；

（十二）修改权，即对计算机程序进行增补、删节，或者改变指令、语句顺序的权利；

（十三）追续权，即美术作品、摄影作品的原件或者作家、作曲家的手稿首次转让后，作者或者其继承人、受遗赠人对该原件或者手稿的每一次转售享有分享收益的权利，追续权不得转让或者放弃；

（十四）应当由著作权人享有的其他权利。

信息网络传播权、追续权的保护办法由国务院另行规定。

第二节 著作权的归属

第十二条 著作权属于作者，本法另有规定的除外。

创作作品的自然人是作者。

由法人或者其他组织主持和投资，代表法人或者其他组织意志创作，以法人、其他组织或者其代表人名义发表，并由法人或者其他组织承担责任的作品，法人或者其他组织视为作者。

如无相反证明，在作品上署名的自然人、法人或者其他组织为作者。

第十三条 以改编、翻译、注释、整理等方式利用已有作品而产生的新作品为演绎作品，其著作权由演绎者享有。

使用演绎作品应当取得演绎作品的著作权人和原作品著作权人许可，并支付报酬。

第十四条 两人以上合作创作的作品，著作权由合作作者共同享有。没有参加创作的人，不能成为合作作者。

合作作品可以分割使用的，作者对各自创作的部分可以单独享有著作权，但行使著作权时不得妨碍合作作品的正常使用。

合作作品不可以分割使用的，其著作权由各合作作者共同享有，通过协商一致行使；不能协商一致，又无正当理由的，任何一方不得阻止他方使用或者许可他人使用合作作品，但是所得收益应当合理分配给所有合作作者。

他人侵犯合作作品著作权的，任何合作作者可以以自己的名义提起诉讼，但其所获得的赔偿应当合理分配给所有合作作者。

第十五条 汇编若干作品、作品的片段或者不构成作品的数据或者其他材料，对其内容的选择或者编排体现独创性的作品，为汇编作品，其著作权由汇编人享有。

使用汇编作品应当取得汇编作品的著作权人和原作品著作权人许可，并支付报酬。

第十六条 如当事人无相反书面约定，视听作品著作权由制片者享有，但编剧、导演、摄影、作词、作曲等作者享有署名权。

制片者使用剧本、音乐等作品摄制视听作品,应当取得作者的许可,并支付报酬。

编剧、作词、作曲等作者有权就制片者使用或授权他人使用该视听作品获得合理报酬,合同另有约定除外。

视听作品中可以单独使用的剧本、音乐等作品,作者可以单独行使著作权,但不得妨碍视听作品的正常使用。

第十七条 职工为完成工作任务所创作的作品为职务作品,其著作权归属由当事人约定。

如无约定或者约定不明的,职务作品的著作权由职工享有,但工程设计图、产品设计图、计算机程序、受聘于报刊社或者通讯社创作的作品以及大型辞书等作品的著作权由单位享有,作者享有署名权;职务作品的著作权由职工享有的,单位可以在其业务范围内免费使用该作品。

第十八条 受委托创作的作品,其著作权归属由委托人和受托人约定。

如无约定或者约定不明的,著作权由受托人享有,但委托人在约定的使用范围内可以免费使用该作品。当事人没有约定使用范围的,委托人可以在委托创作的特定目的范围内免费使用该作品。

第十九条 作品原件所有权的移转,不产生著作权的移转。

美术作品、摄影作品原件的所有人可以展览该原件。

作者将未发表的美术作品、摄影作品原件转让给他人,受让人展览该原件不构成对作者发表权的侵犯。

第二十条 作者死亡后,其著作权中的署名权和保护作品完整权由作者的继承人或受遗赠人保护。

著作权无人继承又无人受遗赠的,其署名权和保护作品完整权由著作权行政管理部门保护。

第二十一条 作者生前未发表的作品,如果作者未明确表示不发表,作者死亡后五十年内,其发表权可由其继承人或受遗赠人行使;没有继承人又无人受遗赠的,其发表权由作品原件的所有人行使。

第二十二条 著作权属于自然人的,自然人死亡后,著作权中的财产权利在本法规定的保护期内,依照继承法的规定转移。

著作权属于法人或者其他组织的,法人或者其他组织变更、终止后,著作权中的财产权利在本法规定的保护期内,由承受其权利义务的法人或者其他组织享有;没有承受其权利义务的法人或者其他组织的,由国家享有。

第二十三条 合作作者之一死亡后,其对合作作品享有的著作权中的财产权利无人继承又无人受遗赠的,由其他合作作者享有。

第二十四条 作者身份不明的作品,其著作权除署名权外由作品原件的所有人行使。作者身份确定后,其著作权由作者或者其继承人行使。

第二十五条 下列著作权的保护期尚未届满的作品,使用者可以向国务院著作权行政管理部门申请提存使用费后使用作品:

(一)作者身份不明且作品原件的所有人经尽力查找无果的;
(二)作者身份确定但经尽力查找无果的。
前款具体事项,由国务院著作权行政管理部门另行规定。

第三节 著作权的保护期

第二十六条 署名权、保护作品完整权的保护期不受限制。

第二十七条 自然人的作品,其发表权、著作权中的财产权利的保护期为作者终身及其死亡后五十年;如果是不可分割的合作作品,其保护期计算以最后死亡的作者为准。

法人或者其他组织的作品、著作权由法人或者其他组织享有的职务作品,其著作权中的财产权利的保护期为首次发表后五十年,但作品自创作完成后五十年内未发表的,本法不再保护。

视听作品,其著作权中的财产权利的保护期为首次发表后五十年,但作品自创作完成后五十年内未发表的,本法不再保护。

本条第二、三款作品,其发表权的保护期为五十年,但作品自创作完成后五十年内未发表的,本法不再保护。

实用艺术作品,其著作权中的财产权利的保护期为首次发表后二十五年,但作品自创作完成后二十五年内未发表的,本法不再保护;其发表权的保护期为二十五年,但作品自创作完成后二十五年内未发表的,本法不再保护。

前五款所称的保护期,自作者死亡、相关作品首次发表或者作品创作完成后次年1月1日起算。

第二十八条 作者身份不明的作品,其著作权中的财产权利的保护期为五十年,自该作品首次发表后次年1月1日起算。作者身份确定后适用本法第二十七条规定。

第三章 相 关 权

第一节 出 版 者

第二十九条 本法所称的出版,是指复制并发行。

本法所称的版式设计,是指对图书和期刊的版面格式的设计,包括对版心、排式、用字、行距、标题、引文以及标点符号等版面布局因素的安排。

第三十条 出版者有权许可他人使用其出版的图书、期刊的版式设计。

前款规定的权利的保护期为十年,自使用该版式设计的图书或者期刊首次出版后次年1月1日起算。

第二节 表 演 者

第三十一条 本法所称的表演者,是指以朗诵、歌唱、演奏以及其他方式表演文学艺术作品或民间文学艺术的人或者演出单位。

第三十二条　表演者对其表演享有下列权利：

（一）表明表演者身份；

（二）保护表演形象不受歪曲；

（三）许可他人以无线或者有线方式播放其现场表演；

（四）许可他人录制其表演；

（五）许可他人复制、发行、出租其表演的录制品或者该录制品的复制品；

（六）许可他人在信息网络环境下通过无线或者有线的方式向公众提供其表演，使该表演可为公众在其个人选定的时间和地点获得。

前款第（一）项、第（二）项规定的权利的保护期不受限制；第（三）项至第（六）项规定的权利的保护期为五十年，自该表演发生后次年1月1日起算。

被许可人以第一款第（三）项至第（六）项规定的方式使用作品，还应当取得著作权人许可。

第三十三条　如当事人无相反书面约定，视听作品中的表演者权利由制片者享有，但表演者享有表明表演者身份的权利。

制片者聘用表演者摄制视听作品，应当签订书面合同并支付报酬。

表演者有权就制片者使用或授权他人使用该视听作品获得合理报酬，合同另有约定除外。

第三节　录音制作者

第三十四条　本法所称的录音制品，是指任何对表演的声音和其他声音的录制品。

本法所称的录音制作者，是指录音制品的首次制作人。

第三十五条　录音制作者对其制作的录音制品享有许可他人复制、发行、出租、在信息网络环境下通过无线或者有线的方式向公众提供录音制品使公众可以在其个人选定的时间和地点获得该录音制品的权利。

前款规定的权利的保护期为五十年，自录音制品首次制作完成后次年1月1日起算。

被许可人复制、发行、出租、通过信息网络向公众传播录音制品，还应当取得著作权人、表演者许可。

第三十六条　将录音制品用于无线或者有线播放，或者通过技术设备向公众传播，表演者和录音制品制作者共同享有获得合理报酬的权利。

第四节　广播电台、电视台

第三十七条　本法所称的广播电视节目，是指广播电台、电视台首次播放的载有内容的信号。

第三十八条　广播电台、电视台有权禁止以下行为：

（一）其他广播电台、电视台以无线或者有线方式转播其广播电视节目；
（二）录制其广播电视节目；
（三）复制其广播电视节目的录制品；
（四）在信息网络环境下通过无线或者有线的方式向公众转播其广播电视节目。
前款规定的权利的保护期为五十年，自广播电视节目首次播放后的次年1月1日起算。

第四章　权利的限制

第三十九条　依照本法规定，不经著作权人许可使用其已经发表作品的，不得影响该作品的正常使用，也不得不合理地侵害著作权人的合法权益。

第四十条　在下列情况下使用作品，可以不经著作权人许可，不向其支付报酬，但应当指明作者姓名、作品名称、作品出处，并且不得侵犯著作权人依照本法享有的其他权利：
（一）为个人学习、研究，复制一份他人已经发表的作品；
（二）为介绍、评论某一作品或者说明某一问题，在作品中适当引用他人已经发表的作品；
（三）为报道时事新闻，在报纸、期刊、广播电台、电视台等媒体中不可避免地再现或者引用已经发表的作品；
（四）报纸、期刊、广播电台、电视台等媒体刊登或者播放其他报纸、期刊、广播电台、电视台等媒体已经发表的关于政治、经济、宗教问题的时事性文章，但作者声明不许刊登、播放的除外；
（五）报纸、期刊、广播电台、电视台等媒体刊登或者播放在公众集会上发表的讲话，但作者声明不许刊登、播放的除外；
（六）为学校课堂教学或者科学研究，翻译或者少量复制已经发表的作品，供教学或者科研人员使用，但不得出版发行；
（七）国家机关为执行公务在合理范围内使用已经发表的作品；
（八）图书馆、档案馆、纪念馆、博物馆、美术馆等为陈列或者保存版本的需要，复制本馆收藏的作品；
（九）免费表演已经发表的作品，该表演未向公众收取费用，也未向表演者支付报酬；
（十）对设置或者陈列在室外公共场所的艺术作品进行临摹、绘画、摄制；
（十一）将中国自然人、法人或者其他组织已经发表的以汉语言文字创作的作品翻译成少数民族语言文字作品在国内出版发行；
（十二）将已经发表的作品改成盲文出版。

第四十一条　计算机程序的合法授权使用者可以从事以下行为：
（一）根据使用的需要把该程序装入计算机等具有信息处理能力的装置内；

（二）为了防止计算机程序损坏而制作备份复制件，这些备份复制件不得通过任何方式提供给他人使用，并在本人丧失合法授权时，负责将备份复制件销毁；

（三）为了把该程序用于实际的计算机应用环境或者改进其功能、性能而进行必要的修改；未经该程序的著作权人许可，不得向任何第三方提供修改后的程序。

第四十二条 为了学习和研究计算机程序内含的设计思想和原理，通过安装、显示、传输或者存储等方式使用计算机程序的，可以不经计算机程序著作权人许可，不向其支付报酬。

第四十三条 计算机程序的合法授权使用者在通过正常途径无法获取必要的兼容性信息时，可以不经该程序著作权人许可，复制和翻译该程序中与兼容性信息有关的部分内容。

适用前款规定获取的信息，不得超出计算机程序兼容的目的使用，不得提供给他人，不得用于开发、生产或销售实质性相似的计算机程序，不得用于任何侵犯著作权的行为。

第四十四条 为实施九年制义务教育和国家教育规划而编写教科书，可以依照本法第四十八条规定的条件，不经著作权人许可，在教科书中汇编已经发表的作品片段或者短小的文字作品、音乐作品或者单幅的美术作品、摄影作品、图形作品。

第四十五条 中国自然人、法人和其他组织的文字作品在报刊上刊登后，其他报刊可以依照本法第四十八条规定的条件，不经作者许可进行转载或者作为文摘、资料刊登。

报刊对其刊登的作品根据作者的授权享有专有出版权，并在其出版的报刊显著位置作出声明的，其他报刊不得进行转载或刊登。

第四十六条 录音制品首次出版三个月后，其他录音制作者可以依照本法第四十八条规定的条件，不经著作权人许可，使用其音乐作品制作录音制品。

第四十七条 广播电台、电视台可以依照本法第四十八条规定的条件，不经著作权人许可，播放其已经发表的作品；但播放他人的视听作品，应当取得制片者许可。

第四十八条 根据本法第四十四条、第四十五条、第四十六条和第四十七条的规定，不经著作权人许可使用其已发表的作品，必须符合下列条件：

（一）在使用前向国务院著作权行政管理部门申请备案；

（二）在使用时指明作者姓名、作品名称和作品出处；

（三）在使用后一个月内按照国务院著作权行政管理部门制定的标准向著作权集体管理组织支付使用费，同时报送使用作品的作品名称、作者姓名和作品出处等相关信息。

使用者申请法定许可备案的，国务院著作权行政管理部门应在其官方网站公告备案信息。

著作权集体管理组织应当将第一款所述使用费及时转付给相关权利人，并建立作品使用情况查询系统供权利人免费查询作品使用情况和使用费支付情况。

第五章 权利的行使

第一节 著作权和相关权合同

第四十九条 著作权人可以通过许可、转让、设立质权或者法律允许的其他形式利用著作权中的财产权利。

第五十条 使用他人作品应当同著作权人订立许可使用合同,本法规定可以不经许可的除外。

许可使用合同包括下列主要内容:

(一)作品名称;

(二)许可使用的权利种类和使用方式;

(三)许可使用的权利是专有使用权或者非专有使用权;

(四)许可使用的地域范围、期间;

(五)付酬标准和办法;

(六)违约责任;

(七)双方认为需要约定的其他内容。

使用作品的付酬标准可以由当事人约定,当事人没有约定或者约定不明的,按照市场价格或者国务院著作权行政管理部门会同有关部门制定的付酬标准支付报酬。

第五十一条 使用他人作品,许可使用的权利是专有使用权的,应当采取书面形式。

合同中未明确约定许可使用的权利是专有使用权的,视为许可使用的权利为非专有使用权。

合同中约定许可使用的权利是专有使用权,但对专有使用权的内容没有约定或者约定不明的,视为被许可人有权排除包括著作权人在内的任何人以同样的方式使用作品。

报刊与作者签订专有出版权合同的,专有出版权的期限不得超过一年。

第五十二条 图书出版合同中约定图书出版者享有专有出版权但没有明确其具体内容的,视为图书出版者享有在合同有效期内和在合同约定的地域范围内以同种文字的原版、修订版出版图书的专有权利。

第五十三条 图书出版者重印、再版作品的,应当通知著作权人,并支付报酬。

图书脱销后,图书出版者拒绝重印、再版的,著作权人有权终止合同。著作权人寄给图书出版者的两份订单在六个月内未得到履行,视为图书脱销。

第五十四条 表演他人作品的,应当由演出组织者或者演出单位取得著作权人授权。

第五十五条 转让著作权中的财产权利,应当订立书面合同。

权利转让合同包括下列主要内容:

(一)作品的名称;

(二)转让的权利种类、地域范围;
(三)转让金;
(四)交付转让金的日期和方式;
(五)违约责任;
(六)双方认为需要约定的其他内容。

第五十六条 许可使用合同和转让合同中著作权人未明确许可、转让的权利,未经著作权人同意,被许可人不得行使。

未经著作权人同意,被许可人不得许可第三人行使同一权利。

第五十七条 与著作权人订立专有许可合同或转让合同的,可以向国务院著作权行政管理部门设立的专门登记机构登记。经登记的专有许可合同和转让合同,可以对抗第三人。

合同登记应当缴纳费用,收费标准由国务院著作权行政管理部门会同国务院价格管理部门确定。

第五十八条 以著作权出质的,由出质人和质权人向国务院著作权行政管理部门办理出质登记。著作权出质登记应当缴纳费用,收费标准由国务院著作权行政管理部门会同国务院价格管理部门、财政管理部门确定。

第二节 著作权集体管理

第五十九条 著作权集体管理组织是根据著作权人和相关权人的授权或者法律规定,以集体管理的方式行使著作权或者相关权的非营利性组织。

著作权集体管理组织管理权利时,可以以自己的名义为著作权人和相关权人主张权利,并可以作为当事人进行著作权或者相关权的诉讼、仲裁活动。

国务院著作权行政管理部门负责著作权集体管理组织的审批和监督管理。

第六十条 著作权集体管理组织取得权利人授权并能在全国范围代表权利人利益的,可以向国务院著作权行政管理部门申请代表全体权利人行使著作权或者相关权,权利人书面声明不得集体管理的除外。

第六十一条 著作权集体管理组织的授权使用收费标准由国务院著作权行政管理部门公告实施,有异议的,由国务院著作权行政管理部门组织专门委员会裁定,裁定为最终结果,裁定期间收费标准不停止执行。

第六十二条 两个以上著作权集体管理组织就同一使用方式向同一使用者收取使用费的,应当事先协商确定由一个集体管理组织统一收取,但当事人另有约定的除外。

第六十三条 著作权集体管理组织的设立方式、权利义务、著作权许可使用费的收取和分配,对其监督和管理,授权使用收费标准异议裁定等事宜由国务院另行规定。

第六章 技术保护措施和权利管理信息

第六十四条 本法所称的技术保护措施,是指权利人为防止、限制其作品、表演、录音制品或者计算机程序被复制、浏览、欣赏、运行或者通过信息网络传播而采取的有效技术、装置或者部件。

本法所称的权利管理信息,是指说明作品及其作者、表演及其表演者、录音制品及其制作者的信息,作品、表演、录音制品权利人的信息和使用条件的信息,以及表示上述信息的数字或者代码。

第六十五条 为保护著作权和相关权,权利人可以采用技术保护措施。

任何组织或者个人不得故意避开或者破坏技术保护措施,不得故意制造、进口或者向公众提供主要用于避开或者破坏技术保护措施的装置或部件,不得故意为他人避开或者破坏技术保护措施提供技术服务,但是法律、行政法规另有规定的除外。

第六十六条 未经权利人许可,不得进行下列行为:

(一)故意删除或者改变权利管理信息,但由于技术上的原因无法避免删除或者改变的除外;

(二)向公众提供知道或者应当知道未经权利人许可被删除或者改变权利管理信息的作品、表演、录音制品。

第六十七条 下列情形可以避开技术保护措施,但不得向他人提供避开技术保护措施的技术、装置或者部件,不得侵犯权利人依法享有的其他权利:

(一)为学校课堂教学或者科学研究,向少数教学、科研人员提供已经发表的作品、表演、录音制品,而该作品、表演、录音制品无法通过正常途径获取;

(二)不以营利为目的,以盲人能够感知的独特方式向盲人提供已经发表的文字作品,而该作品无法通过正常途径获取;

(三)国家机关依照行政、司法程序执行公务;

(四)对计算机及其系统或者网络的安全性能进行测试。

第七章 权利的保护

第六十八条 侵犯著作权或者相关权,违反本法规定的技术保护措施或者权利管理信息义务的,应当承担停止侵害、消除影响、赔礼道歉、赔偿损失等民事责任。

第六十九条 网络服务提供者为网络用户提供存储、搜索或者链接等单纯网络技术服务时,不承担与著作权或相关权有关的信息审查义务。

网络用户利用网络服务实施侵犯著作权或者相关权行为的,被侵权人可以书面通知网络服务提供者,要求其采取删除、屏蔽、断开链接等必要措施。网络服务提供者接到通知后及时采取必要措施的,不承担赔偿责任;未及时采取必要措施的,与该网络用户承担连带责任。

网络服务提供者知道或者应当知道网络用户利用其网络服务侵害著作权,未采取必要措施的,与该网络用户承担连带责任。

第七十条 使用者依照与著作权集体管理组织签订的合同或法律规定向著作权集体管理组织支付报酬的,对权利人就同一权利和同一使用方式提起诉讼,不承担赔偿责任,但应当停止使用,并按照相应的集体管理使用费标准支付报酬。

第七十一条 计算机程序的复制件持有人不知道也没有合理理由知道该程序是侵权复制件的,不承担赔偿责任;但是应当停止使用、销毁该侵权复制件。如果停止使用并销毁该侵权复制件将给复制件使用人造成重大损失的,复制件使用人可以在向计算机程序著作权人支付合理费用后继续使用。

第七十二条 侵犯著作权或者相关权的,侵权人应当按照权利人的实际损失给予赔偿;实际损失难以计算的,可以按照侵权人的违法所得给予赔偿。权利人的实际损失或者侵权人的违法所得难以确定的,参照通常的权利交易费用的合理倍数确定。赔偿数额应当包括权利人为制止侵权行为所支付的合理开支。

权利人的实际损失、侵权人的违法所得和通常的权利交易费用均难以确定,并且经著作权或者相关权登记、专有许可合同或者转让合同登记的,由人民法院根据侵权行为的情节,判决给予一百万元以下的赔偿。

对于两次以上故意侵犯著作权或者相关权的,应当根据前两款赔偿数额的一至三倍确定赔偿数额。

第七十三条 下列侵权行为,同时破坏社会主义市场经济秩序的,可以由著作权行政管理部门责令停止侵权行为,没收违法所得,没收、销毁侵权复制品,并可处以罚款;情节严重的,著作权行政管理部门还可以没收主要用于制作侵权复制件的材料、工具、设备等;构成犯罪的,依法追究刑事责任:

(一)未经著作权人许可,复制、发行、出租、表演、放映、播放、通过信息网络向公众传播其作品的,本法另有规定的除外;

(二)违反本法第四十八条规定使用他人作品的;

(三)出版他人享有专有出版权的图书的;

(四)未经表演者许可,播放、录制其表演,复制、发行、出租录有其表演的录音制品,或者通过信息网络向公众传播其表演的,本法另有规定的除外;

(五)未经录音制作者许可,复制、发行、出租、通过信息网络向公众传播其制作的录音制品的,本法另有规定的除外;

(六)未经广播电台、电视台许可,转播、录制、复制、通过信息网络向公众传播其广播电视节目的,本法另有规定的除外;

(七)制作、出售假冒他人署名的作品的。

第七十四条 下列违法行为,可以由著作权行政管理部门予以警告,没收违法所得,没收主要用于避开、破坏技术保护措施的装置或者部件;情节严重的,没收相关的材料、工具和设备,并可处以罚款;构成犯罪的,依法追究刑事责任:

(一)未经许可,故意避开或者破坏权利人采取的技术保护措施的,法律、行政法规另有规定的除外；

（二）未经许可，故意制造、进口或者向他人提供主要用于避开、破坏技术保护措施的装置或者部件，或者故意为他人避开或者破坏技术保护措施提供技术服务的；

（三）未经许可，故意删除或者改变权利管理信息的，法律、行政法规另有规定的除外；

（四）未经许可，知道或者应当知道权利管理信息被删除或者改变，仍然复制、发行、出租、表演、放映、播放、通过信息网络向公众传播相关作品、表演和录音制品的。

第七十五条　著作权行政管理部门对与著作权或者相关权有关的涉嫌违法行为进行查处时，可以询问有关当事人，调查与涉嫌违法行为有关的情况；对当事人涉嫌违法行为的场所实施现场检查；查阅、复制与涉嫌违法行为有关的合同、发票、账簿以及其他有关资料；检查与涉嫌违法行为有关的产品，对于涉嫌侵犯著作权或者相关权的产品，可以查封或者扣押。

著作权行政管理部门依法行使前款规定的职权时，当事人应当予以协助、配合，无正当理由拒绝、阻挠或者拖延提供前款材料的，可以由著作权行政管理部门予以警告；情节严重的，没收相关的材料、工具和设备。

第七十六条　当事人对行政处罚不服的，可以自收到行政处罚决定书之日起六十日内向有关行政机关申请行政复议，或者自收到行政处罚决定书之日起三个月内向人民法院提起诉讼，期满不申请行政复议或者提起诉讼，又不履行的，著作权行政管理部门可以申请人民法院执行。

第七十七条　制作者不能证明其复制行为有合法授权，网络用户不能证明其通过信息网络向公众传播的作品或者复制件有合法授权，出租者不能证明其出租的视听作品、计算机程序或者录音制品有合法授权，以及发行者不能证明其发行的复制件有合法来源的，应当承担民事或者行政法律责任。

第七十八条　著作权人或者相关权人有证据证明他人正在实施或者即将实施侵犯其权利的行为，如不及时制止将会使其合法权益受到难以弥补的损害的，可以在起诉前向人民法院申请采取责令停止有关行为和财产保全的措施。

人民法院处理前款申请，适用《中华人民共和国民事诉讼法》第九十三条至第九十六条和第九十九条的规定。

第七十九条　为制止侵权行为，在证据可能灭失或者以后难以取得的情况下，著作权人或者相关权人可以在起诉前向人民法院申请保全证据。

人民法院接受申请后，必须在四十八小时内作出裁定；裁定采取保全措施的，应当立即开始执行。

人民法院可以责令申请人提供担保，申请人不提供担保的，驳回申请。

申请人在人民法院采取保全措施后十五日内不起诉的，人民法院应当解除保全措施。

第八十条　人民法院审理案件，对于侵犯著作权或者相关权的，可以没收违法所得、侵权复制品以及进行违法活动的财物。

第八十一条　当事人不履行合同义务或者履行合同义务不符合约定条件的,应当依照《中华人民共和国民法通则》、《中华人民共和国合同法》等有关法律规定承担民事责任。

第八十二条　著作权和相关权纠纷的当事人可以按照《中华人民共和国仲裁法》向仲裁机构申请仲裁,或者向人民法院起诉,也可以申请行政调解。

第八十三条　著作权行政管理部门设立著作权纠纷调解委员会,负责著作权和相关权纠纷的调解。调解协议具有法律拘束力,一方当事人不履行调解协议的,另一方当事人可以申请人民法院司法确认和强制执行。

著作权调解委员会的组成、调解程序以及其他事项,由国务院著作权行政管理机关另行规定。

第八十四条　著作权人和相关权人对进口或者出口涉嫌侵害其著作权或者相关权的物品,可以申请海关查处。具体办法由国务院另行规定。

第八章　附　　则

第八十五条　本法所称的著作权即版权。

第八十六条　相关权的限制和行使适用本法中著作权的相关规定。

第八十七条　本法规定的著作权人和相关权人的权利,在本法施行之日尚未超过本法规定的保护期的,依照本法予以保护。

本法施行前发生的侵权或者违约行为,依照侵权或者违约行为发生时的有关规定和政策处理。

第八十八条　本法自1991年6月1日起施行。

关于《中华人民共和国著作权法》(修改草案)的简要说明

国家版权局 2012年3月

一、我国著作权法律制度的基本情况

我国著作权法律制度的基本框架由法律、行政法规、地方性法规、部门规章、地方政府规章、规范性文件、司法解释,以及相关国际公约等组成。经过二十多年努力,我国已经形成了较为完备的著作权法律体系。其中,《中华人民共和国著作权法》(以下简称《著作权法》)是我国著作权法律制度中最重要和最基本的法律,在规范著作权行为中起着统领作用。根据《著作权法》相关规定,国务院先后制订了《实施国际著作权条约的规定》(1992年9月25日发布,1992年9月30日施行)、《计算机软件保护条例》(2001年12月20日发布,2002年1月1日施行)、《中华人民共和国著作权法实施条例》(2002年8月2日发布,2002年9月15日施行)、《著作权集体管理条例》(2004年12月28日发布,2005年3月1日施行)、《信息网络传播权保护条例》(2006年5月18日发布,2006年7月1日施行)、《广播电台电视台录音制品支付报酬暂行办法》(2009年11月10日发布,2010年1月1日施行)。上述"一法六条例"(一部法律、六部行政法规)是我国著作权法律体系的基本内容。此外,关于侵犯著作权犯罪的问题规定于《中华人民共和国刑法》;国务院著作权行政管理部门制定了9部部门规章和44部规范性文件,相关司法部门为解决《著作权法》在民事和刑事司法实践中的具体适用问题制定了6部司法解释或指导意见,部分省、自治区和直辖市人大常委会或政府还根据本地情况制定了地方性法规或地方政府规章。在国际条约方面,目前我国已经先后加入6部国际著作权条约:《保护文学艺术作品伯尔尼公约》、《世界版权公约》、《保护录音制品制作者防止未经许可复制其录音制品公约》、世界贸易组织《与贸易有关的知识产权协定》、《世界知识产权组织版权条约》以及《世界知识产权组织表演和录音制品条约》。

我国《著作权法》于1990年9月7日由第七届全国人大常委会第十五次会议审议通过,并于1991年6月1日起正式实施。2001年10月27日,为完善我国著作权法律制度,促进经济、科技和文化的繁荣发展,并适应我国加入世界贸易组织的进程,第九届全国人大常委会第二十四次会议审议通过《关于修改〈中华人民共和国著作权法〉的决定》,对1990年《著作权法》进行了修正。修正后的《著作权法》由原来的六章、五十六条变更为六章、六十条。2010年2月26日,为进一步完善我国著作权法律制度,并根据执行世界贸易组织中美知识产权争端案裁决的现实需要,第十一届全国人大常委会第十三次会议审议通过《关于修改〈中华人民共和国著作权法〉的决定》,并自2010年4月1日起施行。本次修正涉及两个条款，修正后的《著作权法》共六章、六十一条。

上述两次《著作权法》修改均与世界贸易组织有关，第一次修改是为了满足加入世界贸易组织的直接需要，第二次修改是为了履行世界贸易组织关于中美知识产权争端案裁决的现实需要。因此，这两次《著作权法》修改均具有被动性和局部性的特点，而不是为适应我国经济社会的发展和科学技术的进步的现实需要对《著作权法》作出的主动、全面的调整。

二、《著作权法》修改的必要性

进入新世纪以来，知识经济深入发展，经济全球化进程明显加快，以信息技术为代表的高新技术日新月异，智力创造对物质生产、文化生产的作用越来越大，包括著作权在内的知识产权日益成为国家发展的战略性资源和国际竞争力的核心要素。党中央、国务院提出，在新形势下，要将提高自主创新能力作为调整经济结构、转变经济增长方式的中心环节来抓，而自主创新能力建设离不开知识产权制度的保障。党的十七大明确提出"提高自主创新能力，建设创新型国家"的战略目标；据此，国务院于2008年6月颁布《国家知识产权战略纲要》，将知识产权作为国家发展战略来推进。经过几年的努力，知识产权工作在全党全国工作大局中的地位得到进一步提升。作为知识产权保护的基础性法律，《著作权法》的修改完善对于贯彻落实科学发展观、推动经济发展方式的根本改变；对于实施国家知识产权战略纲要，提升我国创造、运用、保护和管理著作权水平；对于贯彻落实党的十七届六中全会精神，为促进社会主义文化大发展大繁荣提供法律保证；对于进一步推进对外开放、使我国更广泛更深入融入和参与国际竞争、提高国家的国际影响力意义重大，刻不容缓。

（一）修改《著作权法》是完善现有制度的客观需要

作为新中国第一部《著作权法》，上世纪80年代起草时我国尚处于计划经济时代，缺乏本土立法经验，因此这部法律不可避免带有计划经济的烙印。此后虽经两次修改，但如前所述这两次修改都不是自主、全面的修改，没有很好地解决我国经济社会发展，特别是社会转型、经济转轨面临的现实问题。因此，全面修改《著作权法》是适应我国经济社会发展的客观需要。

（二）修改《著作权法》是回应科技发展的客观需要

二十一世纪人类社会已经进入知识经济时代，世界未来的竞争将主要表现为知识产权的竞争。随着高新技术特别是数字技术和网络技术的迅猛发展和广泛使用，我国著作权保护面临的现实环境发生了极大的变化。而科学技术迅猛发展、社会环境的不断变化的动态性，与著作权法律制度的相对稳定性矛盾十分突出，著作权法律制度遇到了严峻挑战。为适应新形势、新情况，需要及时全面推进修法工作。

（三）修改《著作权法》是适应国际形势的客观需要

随着经济全球化和世界一体化的深入发展，世界各国、各地区不断完善著作权法律，国际著作权保护规则处于持续调整中。由于发展阶段不同，发达国家和发展中国家在著作权领域的分歧将长期存在，为维护各自的经济利益和本国国际竞争力，各方都在积极争夺国际著作权规则调整的主导权。我国面临的著作权保护国际环境越来越严峻。为适应新的国际形势,维护国家利益,需要及时全面推进修法工作。

(四)修改《著作权法》是完善知识产权制度的客观需要

在知识产权领域,相对于《专利法》和《商标法》,《著作权法》调整的社会关系更复杂、矛盾更突出、问题更多,是受到技术进步和社会发展影响最大的一部法律。目前,《专利法》第三次修订已经完成,《商标法》第三次修订也已经进入国务院审查阶段。而《著作权法》的修法工作相对滞后。为进一步完善我国知识产权法律体系,需要及时全面推进修法工作。

(五)修改《著作权法》是回应社会各界关切的客观需要

近年来,随着我国经济社会的发展,特别是高新技术的迅猛发展和广泛运用,修改《著作权法》已成为社会各界在知识产权领域的重点关切。这些呼吁不仅来自司法、行政和教学科研部门,更多来自著作权人和产业界。每年"两会"期间,人大代表和政协委员都会提出大量关于修改《著作权法》的建议、提案或议案。因此,为积极回应社会各界的关切,需要及时全面推进修法工作。

三、《著作权法》修改的基本思路

根据我国现行立法体制,国家版权局在本次《著作权法》修改过程中承担着准备和起草修订草案的基础工作。经综合考量各方因素,我们确定的本次修法的基本思路为:坚持一个理念,遵循三个原则,追求三个效果。

所谓"坚持一个理念",即坚持集思广益、解决问题的理念。集思广益,就是要开门立法,在修改过程中广泛和充分听取社会各界的意见,在机制上保证修法工作的公开性和透明性;解决问题,就是要从实际出发,找出问题、找准问题、深入分析、反复论证,着眼于解决现实中的突出问题。

所谓"遵循三个原则",即遵循独立性、平衡性和国际性原则。独立性原则就是要立足中国国情、体现中国特色、结合中国实际、解决中国问题。当前,我国著作权法律制度面临着权利人意识普遍提高、版权相关产业快速成长、高新技术迅猛发展、我国社会转型进程加快、国内外压力日渐增大等一系列复杂的国内国际环境。本次修法,必须从中国的实际出发,扎根于而不是超越或者离开这些基本国情。我们愿意借鉴其他国家或地区在著作权立法方面的成功经验,但是更要注重中国的现实国情和实际需要。

平衡性原则就是要妥善处理好创作者、传播者和社会公众利益的基本平衡。著作权法律制度是调整作品创作、传播和消费利益关系链的基本法律,既要保护创造、鼓励传播,也要促进消费,满足广大公众的智力文化需求。《著作权法》修改,要牢牢把握利益平衡这一现代著作权立法的基本精神,认真评估我国现行《著作权法》的利益平衡机制是否恰当,实践中是否具有可操作性,是否充分兼顾了各相关方的利益。要充分认识在当前新技术条件下著作权保护平衡动态化的特点,吸取历史有益经验,广泛听取和深入研究各方利益诉求,妥善处理好保护著作权与保障传播的关系,既要依法保护著作权,又要促进传播使用,发挥智力产品的社会效益。

国际性原则就是从国际著作权制度调整变化的趋势和提升我负责任大国的国际形象角度推进修法工作。要认真查找我国现行《著作权法》与我国加入的国际条约之间的差距,使我国《著作权法》符合相关国际条约的规定;要密切跟踪和关注国际组织对著作权相关条约的讨论，把握其发展方向，适时内化为国内法；要仔细分析和研究各主要国家的著作权法制发展动态，消化吸收，改造利用，增强国际化的共识。

所谓"追求三个效果"，即追求高效率、高质量和高水平的效果。高效率，就是要以只争朝夕的精神，争取在尽可能短的时间内完成修法工作。高效率的关键是解决好组织保障和沟通协调问题。高质量，就是要注重法律的实用性，能够解决目前我国著作权保护遇到的突出问题，通过不懈努力使著作权法在质量上上一个新台阶。高质量的关键是要把当前著作权法存在的问题找准、找实，在广泛听取社会各界意见并深入研究的基础上，拿出解决问题的办法。高水平，就是要适度前瞻，要对国际国内经济、社会、科技发展趋势有一个正确的判断，使修法工作面向现代化、面向世界、面向未来，为国际知识产权制度的进一步完善作出应有贡献。

四、《著作权法》修改的基本过程

根据国务院领导批示和国务院2011年立法工作计划，《著作权法》修订工作被列入国务院当年立法工作计划三档——需要积极研究论证的项目。2011年7月13日，国家版权局召集相关部门和专家在京举行了"《著作权法》第三次修订启动会议暨专家聘任仪式"，标志着《著作权法》第三次修订工作正式启动。

为顺利推进修法工作，国家版权局专门成立了"国家版权局《著作权法》修订工作领导小组"（以下简称领导小组）和"国家版权局《著作权法》修订工作专家委员会"（以下简称专家委员会），其中领导小组由新闻出版总署署长、国家版权局局长柳斌杰同志担任组长，成员来自中宣部、全国人大教科文卫委、最高人民法院、工业和信息化部、文化部、广电总局、国务院新闻办以及中国作协等部门；专家委员会由30人组成，成员来自各相关部门、权利人组织、产业界、实务界、社会团体以及科研院所等部门。

为广泛听取社会各界意见和建议，国家版权局于2011年7月初发出通知，邀请社会各界包括行政机关、人民法院、社会团体、科研院所、产业界、专家学者等近200家单位和个人就《著作权法》修订工作提出意见。同时，为保证修法工作质量，国家版权局专门委托了著作权领域影响力较大的三家教学科研单位（中国人民大学知识产权学院、中国社会科学院法学所知识产权研究中心、中南财经政法大学知识产权研究中心）分别起草《著作权法》修订专家建议稿。2011年12月31日，三家起草单位如期提交《著作权法》修订专家建议稿。2012年1月13日，国家版权局召集专家委员会成员及相关立法部门在北京举行专家委员会第一次会议，由三家专家建议稿起草单位汇报起草工作情况，并请与会专家研讨。

2012年2月1日，国务院办公厅发布《关于印发国务院2012年立法工作计划的通知》（国办发〔2012〕12号），其中将《著作权法》修订从三档提升为二档——需要抓紧工作、适时提出的项目。新闻出版总署署长、国家版权局局长柳斌杰同志明确要求加快推进修法工作，尽早完成前期论证和起草任务。根据这一新情况，2012年2月初，国家版权局开始着手起草《著作权法》修改草案。2012年2月下旬，起草工作初步完成，《著作权法》修改草案形成文本。随后，国家版权局迅速就草案进行了小范围内征求意见。2012年3月19日，国家版权局召集专家委员会成员及相关立法部门举行专家委员会第二次会议，对草案进行讨论。根据与会专家的意见和建议，国家版权局对草案进行多次修改，最终形成了目前的文本。

五、《著作权法》修改的主要方法和内容

基于上述修法的基本思路,我们在本次修法过程中采取的主要方法是:(1)将目前规定于行政法规中,应在著作权法中规定的一般性问题上升至法律中——主要是《著作权法实施条例》、《计算机软件保护条例》和《信息网络传播权保护条例》三部行政法规中的内容,如著作权产生时间、"三步检验法"、技术保护措施和权利管理信息等;(2)根据国际公约的基本要求,在现行著作权法中增加必要内容,使其与相关国际条约一致——如作者的出租权、表演者出租权、技术保护措施和权利管理信息等;(3)将实践证明行之有效的司法解释的相关规定上升到著作权法中——如著作权和相关权登记、委托作品的使用等;(4)将业界反复呼吁和实践中迫切需要的,在征求意见过程中初步达成共识的内容写入法律中——如著作权集体管理组织延伸性集体管理、实用艺术作品、信息网络传播权和广播权的界定、视听作品归属、职务作品归属、著作权专有许可和转让登记、著作权纠纷行政调解等。

现将本次修法的主要内容简要说明如下:

(一)关于篇章结构和体例

我国现行《著作权法》共六章、六十一条。根据二十多年来的《著作权法》施行的基本情况,参考我国其他知识产权法律的篇章结构和体例,同时借鉴世界其他国家和地区著作权法,我们在草案中对篇章结构和体例进行了调整,草案共八章、八十八条,其主要修改内容是:第一章总则保持不变;第二章著作权删去"权利的限制"一节;将现行法第四章"出版、表演、录音录像、播放"删去许可使用等内容后提前至第三章,并更名为"相关权";将现行法第二章中的"权利的限制"一节单列为第四章,理由是权利的限制既及于著作权也及于相关权,著作权一章无法完全涵盖;将现行法第三章"著作权许可使用和转让合同"更名为"权利的行使"作为第五章;将技术保护措施和权利管理信息单列为第六章,理由是其他章节无法涵盖其内容;将现行法第五章"法律责任和执法措施"更名为"权利的保护"作为第七章;第八章附则保持不变。

(二)关于作品

草案增加了作品的定义,并将《著作权法实施条例》中关于各类具体作品的定义上升至法律中。与现行《著作权法》相比,其主要区别为:(1)将"电影作品和以类似摄制电影的方法创作的作品"改为国际社会较普遍使用的"视听作品",同时在相关权部分取消了"录像制品"的规定,主要理由是视听作品的表述更加简洁,单设一类录像制品作为相关权客体的立法例不普遍,多数情况下录像制品都可作为"视听作品"保护。(2)增加关于实用艺术作品的规定。我国现行《著作权法》中并无实用艺术作品的规定,但在《实施国际著作权条约的规定》中却有保护二十五年的规定。这种超国民待遇的规定长期以来受到学术界和实务界的质疑,并且对于我国国民的实用艺术作品是以美术作品保护还是不保护没有统一认识。因此,草案根据《伯尔尼公约》规定,对实用艺术作品单列为一类作品进行保护,其保护期规定为二十五年。(3)将计算机软件改为计算机程序,主要理由是文档可以直接以文字作品保护,无需专门规定。

(三)关于著作权和相关权登记

著作权和相关权权利的产生适用"自动保护"原则,无需履行任何手续。但是著作权和

相关权作为无形财产权在适用"自动保护"原则的实践中存在两方面不足:一是权利状态不清晰,不利于权利人,尤其是未发表或匿名作品的著作权人行使权利;二是交易相对方很难判断权利状态,不利于市场交易,过大的交易风险和过高的交易成本会抑制交易市场的发展和繁荣。为有效解决上述问题,许多国家和地区纷纷建立著作权登记制度。该制度不影响"自动保护"原则的适用,对权利人享有著作权起到初步证明的作用,是确保版权交易安全、减少版权交易成本、降低版权法律风险的重要制度保障。我国早在1994年12月就由国家版权局制定了《作品自愿登记试行办法》。十七年来,作品登记制度在促进版权相关产业发展、推动社会主义文学艺术科学事业的发展和繁荣方面作了有益的探索和尝试。作品登记体系的建立不仅得到了著作权人、文化传播企业以及产业界的欢迎和认可,也得到了各级司法机关和行政执法机关的肯定。如最高人民法院《关于审理著作权民事纠纷案件适用法律若干问题的解释》,海关总署《关于〈中华人民共和国知识产权海关保护条例〉的实施办法》等均对作品登记证书的法律地位有明确的规定,而在公安机关办理侵犯著作权刑事案件的实践中,作品登记证书则是证明权利人权利的重要证据。因此,草案从我国国情出发,借鉴国际社会做法,参考《计算机软件保护条例》规定,明确了著作权和相关权登记制度的法律依据、登记文书的法律效力以及收费标准制定问题。

(四)关于著作权内容

草案明确划分了著作权中的人身权利和财产权利。主要理由是行文简洁,在后文中就可以以著作权中的财产权代替现行《著作权法》中的本法第*条第(*)项至第(*)项的措辞。

草案对人身权利进行了调整:(1)修改署名权的定义——决定是否表明作者身份及如何表明作者身份的权利,主要理由是现行法中"在作品上署名"的规定只是如何表明作者身份的一种方式;(2)关于修改权,在征求意见过程中多数意见认为修改权和保护作品完整权属于一个权利的两个方面,建议借鉴日本、德国等著作权法的规定。为此,草案删去修改权将其纳入保护作品完整权,使著作权中的人身权利缩减为三项:发表权、署名权和保护作品完整权。

草案对财产权利进行了调整:(1)复制权修改为包括数字化在内的任何形式;(2)发行权增加了其他转让所有权的方式;(3)根据《世界知识产权组织版权条约》第七条规定,出租权客体增加了包含作品的录音制品;(4)播放权增加了有线播放的内容,同时为避免与广播混淆,将名称由广播权修改为播放权;(5)将信息网络传播权由交互式扩张为直播、转播等方式,以解决实践中提出的定时播放和转播等问题;(6)考虑到汇编权实际上可以由复制权控制,删除了汇编权;(7)考虑到我国目前艺术品市场的迅速发展和巨大规模,增加了追续权的规定;(8)将《计算机软件保护条例》中关于计算机程序的修改权移到本法中。此外,考虑到信息网络传播权和追续权的内容相对比较复杂,因此授权国务院另行规定。

(五)关于著作权归属

草案对著作权的归属进行了调整:(1)关于法人作品,增加了法人或其他组织投资,以法人、其他组织或者其代表人名义发表的要件,使得法人作品更加清晰,实践中更容易判断;(2)关于合作作品,增加了合作作品作者的诉权,使得任何一个合作作品作者都可以就整部合作作品提起诉讼,但同时规定其获得的赔偿应当合理分配给其他合作作者;(3)关于视听作品,修改了视听作品著作权归属,增加了视听作品著作权首先通过合同约定的规定,如无约定则归制片者,但是编剧、作词、作曲等作者对视听作品的后续使用享有获酬权;(4)关于职务作品,与现行《著作权法》相比,草案简化了职务作品著作权归属的规定,即首先由当事人约定,如无约定则归职工,单位在其业务范围可以免费使用,但是对于工程设计图、产品设计图等作品的著作权则归单位,职工享有署名权。

(六)关于"孤儿作品"

所谓"孤儿作品"是指作者身份不明或者虽然作者身份明确但查找无果的作品。近年来随着数字网络技术的发展,对于这类作品的使用是世界范围内的讨论焦点,特别是随着谷歌公司"数字图书馆计划"的推进,美国、欧洲等对此讨论非常激烈。为回应技术的发展和商业模式的更新,草案对"孤儿作品"探索性地作了原则规定,即对于此类作品,使用者可以向国务院著作权行政管理部门申请并提存使用费后使用作品。关于具体的审批和管理工作,草案规定由国务院著作权行政管理部门另行规定。

(七)关于表演者出租权

表演者出租权是《世界知识产权组织表演和录音制品条约》第九条的规定,我国在2007年加入该条约时国内法未就表演者出租权作出规定,此项权利一直是我国《著作权法》与该国际条约的差距之一。因此,草案增加了表演者出租权的规定,使我国《著作权法》与该国际条约保持一致。

(八)关于视听表演者的权利

2012年6月,世界知识产权组织将在北京召开关于缔结视听表演者权利条约的外交大会。因此,我国政府应当对视听表演者的权利以及该条约持积极态度。基于这种考虑,本次修法,草案借鉴了该条约(草案文本)第十二条,规定了视听表演者享有约定视听作品归属的权利,如无约定则归制片者,但表演者对其表演的后续利用享有获得报酬权。

(九)关于表演者和录音制作者的播放权

2007年,我国在加入《世界知识产权组织表演和录音制品条约》时对其第十五条进行了保留。该条是关于表演者和录音制作者享有因他人播放或向公众传播录音制品获得报酬的权利。近年来,唱片公司为代表的音乐产业界强力呼吁我国《著作权法》增加关于录音制作者的播放权和表演权,理由是随着数字技术和网络技术的发展,唱片业界传统的通过发行有形唱片的商业模式几近消亡,因此赋予录音制作者播放权是音乐产业可持续发展的迫切要求。草案增加了关于表演者和录音制作者获酬权的规定,使我国《著作权法》与相关国际条约保持一致。

(十)关于广播电台电视台

在广播电台电视台权利部分,除了将转播扩大为无线和有线两种方式外,草案还增加了广播电台电视台有权禁止他人以网络方式转播其广播电视节目的权利,主要理由是目前在实践中他人通过网络转播广播电视节目的问题比较突出,如果法律不作出明确规定,实践中将无法处理,但是对于信息网络传播权,考虑到目前《世界知识产权组织广播组织条约》还在讨论中,尚无定论,因此草案没有作出规定。

(十一)关于计算机程序反向工程

计算机程序反向工程是计算机程序兼容必不可少的一个环节,多年来这个问题一直未得到合理解决。草案借鉴欧洲和德国等著作权法的做法,明确规定计算机程序的合法授权使用者可以复制和翻译该程序的兼容性信息,但是同时规定不得将该信息用于其他目的或者侵权行为。

(十二)关于著作权法定许可制度

我国现行《著作权法》规定了教科书编写出版、报刊转载、录音制作、电台电视台播放等五类著作权法定许可制度。著作权法定许可制度允许他人使用作品不经权利人许可,本质上是对权利人权利的限制。如果权利人的报酬权不能保证,那么这项制度在实际上就会成为对权利人权利的剥夺。但是从著作权法定许可制度二十年的实践来看,基本没有使用者履行付酬义务,也很少发生使用者因为未履行付酬义务而承担法律责任,权利人的权利未得到切实保障,法律规定形同虚设。在修法征求意见过程中,鉴于这项制度的实际效果,有专家建议取消法定许可制度。我们经分析后认为,著作权法定许可制度的价值取向和制度功能符合我国的基本国情(如教科书使用作品),目前该制度不成功的原因在于付酬机制和法律救济机制的缺失。因此,草案对法定许可制度着重从这两方面进行了调整和完善,增加了关于法定许可必须事先备案、及时通过著作权集体管理组织付酬和指明来源等义务的规定,如使用者不及时履行上述义务,著作权行政管理机关可以根据具体情况课以行政处罚。这样的调整既满足了使用者使用作品的客观需要,也保证了权利人的基本权利。此外,草案取消了法定许可制度中声明不得使用的例外,即权利人关于不得使用的声明不影响法定许可使用,报刊专有权声明除外;教科书法定许可增加了图形作品;转载法定许可增加了专有出版权声明;录音法定许可调整为合法录音制品出版后三个月;将广电播放录音制品法定许可并入广电播放作品法定许可制度。

(十三)关于著作权集体管理组织延伸性集体管理

著作权集体管理制度是衡量一个国家或地区著作权保护水平的重要标志,也是解决广大使用者合法使用作品的重要途径。近年来,我国建立了一系列著作权集体管理组织,但是社会各界关于著作权集体管理的认识和知识尚有待提高,很多作者还没有加入相应的集体管理组织,在现实中常常出现使用者愿意合法使用作品却找不到权利人的情况。为解决使用者使用作品的困境,草案根据我国国情,借鉴北欧国家著作权集体管理制度,原则性规定了延伸性集体管理制度,即对于具有广泛代表性的著作权集体管理组织,国务院著作权行政管理部门可以许可其代表非会员开展延伸性著作权集体管理业务。

(十四)关于著作权集体管理组织授权使用费标准异议

在我国著作权集体管理制度中,著作权集体管理组织可以根据权利人的授权进行集体管理,可以对法定许可进行集体管理,也可以经国务院著作权行政管理部门许可后进行延伸性集体管理(本次修订增加内容)。其中法定许可的付酬标准涉及社会公共利益,具有公共政策因素,所以必须由政府部门制定,授权性的使用费根据《著作权集体管理条例》规定,由集体管理组织制定、国家版权局公告。但在现实中,如果使用者对该标准有异议的,如何处理,法律并无明确规定。因此,草案规定,对著作权集体管理组织授权使用费有异议的,可以由国务院著作权行政管理部门组织专家委员会进行裁定。

(十五)关于专有许可合同与转让合同登记制度

近年来,著作权和相关权市场交易中经常出现"一物二卖"或者"一女二嫁"的案件,对于著作权交易安全产生很大威胁,社会各界也多次提出要建立专有许可和转让的登记备案制度。草案综合考虑各方因素,规定了著作权和相关权专有许可和转让的登记制度,在法律效力上采取了"登记对抗主义",同时规定法定许可赔偿必须以登记为前提条件(另一类法定赔偿的前提条件是著作权和相关权登记)。

(十六)关于技术保护措施和权利管理信息

技术保护措施和权利管理信息是《世界知识产权组织版权条约》和《世界知识产权组织表演和录音制品条约》的规定,我国在 2001 年修订《著作权法》时在法律责任中也作了规定,但是从逻辑上来讲不完善,因为前文中并没有关于技术保护措施和权利管理信息的定义和义务的规定。2006 年国务院制定《信息网络传播权保护条例》,其中虽然规定了技术措施和权利管理电子信息,但由于该条例仅适用于网络环境,对于非网络环境的技术措施和权利管理信息并无规定。因此,2007 年我国加入上述国际条约时,关于技术保护措施和权利管理信息的规定实际上与该两部国际条约存在一定差距。基于上述原因,草案作了如下调整:(1)将现行《著作权法》中的技术措施名称改为"技术保护措施",权利管理电子信息改为"权利管理信息",以与公约相符;(2)考虑到技术保护措施和权利管理信息不属于著作权和相关权的内容,但与这两类权利密切相关,因此单设一章专门规定;(3)将《信息网络传播权保护条例》中关于技术保护措施和权利管理信息的内容扩张至非网络环境下,规定相关方的义务以及限制与例外,同时在"权利的保护"一章除规定民事责任外,专门规定一条关于违反技术保护措施和权利管理信息义务的行政责任。

(十七)关于民事责任

草案在民事责任部分的修改主要有:(1)简化了民事责任的规定,主要理由是既然前文规定了明确的权利边界,那么只要是未经权利人许可使用擅自就构成侵权,承担民事责任不言而喻,因此承担民事责任的具体情形无列举之必要;(2)明确规定提供纯技术服务的网络服务商不承担与著作权和相关权有关的审查义务,概要规定了通知移除程序,其具体内容还规定于《信息网络传播权保护条例》中;(3)对于现实中已经向著作权集体管理组织支付过使用费又被诉至法院的,草案规定豁免使用者的损害赔偿责任,但是要停止侵权并支付费用,主要理由是通过疏堵结合引导权利人运用著作权集体管理制度,鼓励合法使用作品,减少当事人恶意诉讼,促进作品的合法传播和使用;(4)调整了损害赔偿的规定,在现行《著作权法》实际损失、违法所得的基础上,借鉴《专利法》规定,增加了权利交易费用倍数的规定,同时对法定赔偿增加了限定条件——即必须进行著作权或相关权登记、专有许可合同登记或转让合同登记,此外,对于两次以上故意侵权的增加了一至三倍的惩罚性赔偿规定。

(十八)关于著作权行政管理机关执法手段

我国著作权保护制度实行行政保护和司法保护双轨制,但是现行《著作权法》中没有规定任何行政强制手段,尤其在网络技术迅猛发展,互联网上侵权盗版现象普遍,甚至在某些地区、领域和环节还十分猖獗的形势下,这种立法上的不足和欠缺已经严重影响和制约了著作权行政保护的有效性和威慑力,不利于打击侵权盗版行为,著作权行政管理部门特别是一线执法部门在实际执法和社会监管中反应强烈。为有效打击侵权盗版行为,完善我国著作权行政保护制度,草案借鉴其他知识产权法律的做法(《商标法》第五十五条、《专利法》第六十四条规定),增加了著作权行政管理部门执法手段的规定,特别是增加了查封扣押权。

(十九)关于著作权纠纷行政调解

根据国务院关于推进法治政府建设的要求,结合著作权领域的实际情况(案件量增长最快、规模最大,目前全国法院系统受理的知识产权案件著作权案件占一半以上),草案探索性地规定了著作权案件行政调解制度。主要理由是充分发挥著作权行政管理机关专业性的优点,发挥行政调解高效、便捷的特点,减轻当事人的诉讼成本,释放法院系统的案件压力。考虑到行政调解制度涉及很多程序性规定,因此草案仅作原则性规定,具体事项另行规定。

(二十)其他内容

草案还根据《著作权法》多年来的实践和现实提出的问题,明确规定了其他一些事项,如著作权和相关权的产生时间、著作权保护期的计算起点、"三步检验法"、时事新闻、合理使用中删除了欣赏、个人学习研究复制的份数、版式设计和广播电视节目的定义、以"破坏社会主义市场经济秩序"代替"同时损害公共利益"作为行政责任的构成要件等。

以上说明,供参考。

中华人民共和国著作权法（修改草案第二稿）

国家版权局　2012年7月

目　录

第一章　总　则
第二章　著作权
　第一节　著作权人及其权利
　第二节　著作权的归属
　第三节　著作权的保护期
第三章　相关权
　第一节　出版者
　第二节　表演者
　第三节　录音制作者
　第四节　广播电台、电视台
第四章　权利的限制
第五章　权利的行使
　第一节　著作权和相关权合同
　第二节　著作权集体管理
第六章　技术保护措施和权利管理信息
第七章　权利的保护
第八章　附　则

第一章　总　则

第一条　为保护文学、艺术和科学作品作者的著作权，以及传播者的相关权，鼓励有益于社会主义精神文明、物质文明建设的作品的创作和传播，促进社会主义文化、科学和经济的发展与繁荣，根据宪法制定本法。

第二条　中国自然人、法人或者其他组织的作品，不论是否发表，受本法保护。

外国人、无国籍人的作品，根据其作者所属国或者经常居住地国同中国签订的协议或者共同参加的国际条约，受本法保护。

未与中国签订协议或者共同参加国际条约的国家的作者和无国籍人的作品,首次在中国参加的国际条约的成员国出版的,或者在成员国和非成员国同时出版的,受本法保护。

中国自然人、法人或者其他组织的版式设计、表演、录音制品和广播电视节目,受本法保护。

外国人、无国籍人的版式设计、表演、录音制品和广播电视节目,根据其所属国或者经常居住地国同中国签订的协议或者共同参加的国际条约,受本法保护。

未与中国签订协议或者共同参加国际条约的国家的外国人和无国籍人,其在中国境内的表演或者在中国境内制作、发行的录音制品,受本法保护。

第三条 本法所称的作品,是指文学、艺术和科学领域内具有独创性并能以某种形式固定的智力成果。

作品包括以下种类:

(一)文字作品,是指小说、诗词、散文、论文等以文字形式表现的作品;

(二)口述作品,是指即兴的演说、授课等以口头语言形式表现的作品;

(三)音乐作品,是指歌曲、乐曲等能够演唱或者演奏的带词或者不带词的作品;

(四)戏剧作品,是指戏曲、话剧、歌剧、舞剧等供舞台演出的作品;

(五)曲艺作品,是指相声小品、快板快书、鼓曲唱曲、评书评话、弹词等以说唱为主要形式表演的作品;

(六)舞蹈作品,是指通过连续的动作、姿势、表情等表现思想情感的作品;

(七)杂技艺术作品,是指杂技、魔术、马戏、滑稽等通过形体和动作表现的作品;

(八)美术作品,是指绘画、书法、雕塑等以线条、色彩或者其他方式构成的有审美意义的平面或者立体的造型艺术作品;

(九)实用艺术作品,是指具有实际用途并有审美意义的作品;

(十)建筑作品,是指以建筑物或者构筑物形式表现的有审美意义的作品,包括作为其施工基础的平面图、设计图、草图和模型;

(十一)摄影作品,是指借助器械在感光材料或者其他介质上记录客观物体形象的艺术作品;

(十二)视听作品,是指由一系列有伴音或者无伴音的画面组成,并且借助技术设备向公众传播的作品;

(十三)图形作品,是指为施工、生产绘制的工程设计图、产品设计图,以及反映地理现象、说明事物原理或者结构的地图、示意图等作品;

(十四)立体作品,是指为生产产品或者展示地理地形而制作的三维作品;

(十五)计算机程序,是指为了得到某种结果而可以由计算机等具有信息处理能力的装置执行的代码化指令序列,或者可以被自动转换成代码化指令序列的符号化指令序列或者符号化语句序列,同一计算机程序的源程序和目标程序为同一作品;

(十六)其他文学、艺术和科学作品。

著作权自作品创作完成之日起自动产生,无需履行任何手续。

外国人、无国籍人的实用艺术作品,其作者所属国或者经常居住地国对中国作者的实用艺术作品给予保护的,受本法保护。

第四条 本法所称的相关权,指出版者对其出版的图书或者期刊的版式设计享有的权利,表演者对其表演享有的权利,录音制作者对其制作的录音制品享有的权利,广播电台、电视台对其播放的广播电视节目享有的权利。

相关权自使用版式设计的图书或者期刊首次出版、表演发生、录音制品首次制作和广播电视节目首次播放之日起自动产生,无需履行任何手续。

第五条 著作权人行使著作权、相关权人行使相关权,不得违反宪法和法律,不得损害公共利益。

国家对作品的传播依法进行监督管理。

第六条 著作权人和相关权人可以向国务院著作权行政管理部门设立的专门登记机构进行著作权或者相关权登记。登记文书是登记事项属实的初步证明。

登记应当缴纳费用,收费标准由国务院财政、价格管理部门确定。

著作权和相关权登记管理办法由国务院著作权行政管理部门另行制定。

第七条 著作权保护延及表达,不延及思想、过程、原理、数学概念、操作方法等。本法不适用于:

(一)法律、法规,国家机关的决议、决定、命令和其他具有立法、行政、司法性质的文件,及其官方正式译文;

(二)通过报纸、期刊、广播电台、电视台、信息网络等媒体报道的单纯事实消息;

(三)历法、通用数表、通用表格和公式。

第八条 民间文学艺术表达的保护办法由国务院另行规定。

第九条 国务院著作权行政管理部门主管全国的著作权和相关权管理工作;地方人民政府著作权行政管理部门主管本行政区域的著作权和相关权管理工作。

第二章 著 作 权

第一节 著作权人及其权利

第十条 著作权人包括:

(一)作者;

(二)其他依照本法享有著作权的自然人、法人或者其他组织。

第十一条 著作权包括人身权和财产权。

著作权中的人身权包括:

(一)发表权,即决定作品是否公之于众的权利;

(二)署名权,即决定是否表明作者身份以及如何表明作者身份的权利;

(三)保护作品完整权,即授权他人修改作品以及禁止歪曲、篡改作品的权利。

著作权中的财产权包括:

(一)复制权,即以印刷、复印、录制、翻拍以及数字化等方式将作品固定在有形载

体上的权利;

（二）发行权,即以出售、赠与或者其他转让所有权的方式向公众提供作品的原件或者复制件的权利;

（三）出租权,即有偿许可他人临时使用视听作品、计算机程序或者包含作品的录音制品的原件或者复制件的权利,计算机程序不是出租的主要标的的除外;

（四）展览权,即公开陈列美术作品、摄影作品的原件或者复制件的权利;

（五）表演权,即以各种方式公开表演作品,以及通过技术设备向公众传播作品的表演的权利;

（六）播放权,即以无线或者有线方式公开播放作品或者转播该作品的播放,以及通过技术设备向公众传播该作品的播放的权利;

（七）信息网络传播权,即以无线或者有线方式向公众提供作品,使公众可以在其个人选定的时间和地点获得作品,以及通过技术设备向公众传播以前述方式提供的作品的权利;

（八）改编权,即将作品改变成视听作品以外的不同体裁、种类或者形式的新作品,以及对计算机程序进行增补、删节,改变指令、语句顺序或者其他变动的权利;

（九）翻译权,即将作品从一种语言文字转换成另一种语言文字的权利;

（十）摄制权,即将作品摄制成视听作品的权利;

（十一）应当由著作权人享有的其他权利。

信息网络传播权的保护办法由国务院另行规定。

第十二条 美术、摄影作品的原件或者文字、音乐作品的手稿首次转让后,作者或者其继承人、受遗赠人对原件或者手稿的所有人通过拍卖方式转售该原件或者手稿享有分享收益的权利,该权利不得转让或者放弃,其保护办法由国务院另行规定。

外国人、无国籍人其所属国或者经常居住地国承认中国作者享有同等权利的,享有前款规定的权利。

第二节 著作权的归属

第十三条 著作权属于作者,本法另有规定的除外。

创作作品的自然人是作者。

由法人或者其他组织主持或者投资,代表法人或者其他组织意志创作,以法人、其他组织或者其代表人名义发表,并由法人或者其他组织承担责任的作品,法人或者其他组织视为作者。

如无相反证明,在作品上署名的自然人、法人或者其他组织推定为作者。

第十四条 以改编、翻译、注释、整理等方式利用已有作品而产生的新作品为演绎作品,其著作权由演绎者享有。

使用演绎作品应当取得演绎作品的著作权人和原作品著作权人许可,并支付报酬。

第十五条 两人以上合作创作的作品,著作权由合作作者共同享有。没有参加创作的人,不能成为合作作者。

合作作品可以分割使用的,作者对各自创作的部分单独享有著作权,但行使著作权时不得妨碍合作作品的正常使用。

合作作品不可以分割使用的,其著作权由各合作作者共同享有,通过协商一致行使;不能协商一致,又无正当理由的,任何一方不得阻止他方使用或者许可他人使用,但是所得收益应当合理分配给所有合作作者。

他人侵犯合作作品著作权的,任何合作作者可以以自己的名义提起诉讼,但其所获得的赔偿应当合理分配给所有合作作者。

第十六条 汇编若干作品、作品的片段或者不构成作品的数据或者其他材料,对其内容的选择或者编排体现独创性的作品,为汇编作品,其著作权由汇编人享有。

使用汇编作品应当取得汇编作品的著作权人和原作品著作权人许可,并支付报酬。

第十七条 制片者使用剧本、音乐等作品摄制视听作品,应当取得著作权人的许可,并支付报酬。

视听作品的著作权由制片者享有,但原作作者、编剧、导演、摄影、作词、作曲等作者享有署名权。

原作作者、编剧、导演、作词、作曲作者有权就他人使用视听作品获得合理报酬。

视听作品中可以单独使用的剧本、音乐等作品,作者可以单独行使著作权,但不得妨碍视听作品的正常使用。

第十八条 职工为完成工作任务所创作的作品为职务作品,其著作权归属由当事人约定。

当事人没有约定或者约定不明的,职务作品的著作权由职工享有,但工程设计图、产品设计图、地图、计算机程序以及受聘于报刊社或者通讯社的记者为完成报道任务创作的作品的著作权由单位享有,作者享有署名权。

依本条第一款和第二款规定,职务作品的著作权由职工享有的,单位可以在其业务范围内免费使用该作品。

第十九条 受委托创作的作品,其著作权归属由当事人约定。

当事人没有约定或者约定不明的,委托作品的著作权由受托人享有,但委托人在约定的使用范围内可以免费使用该作品;当事人没有约定使用范围的,委托人可以在委托创作的特定目的范围内免费使用该作品。

第二十条 作品原件所有权的移转,不产生著作权的移转。

美术、摄影作品原件的所有人可以展览该原件。

作者将未发表的美术或者摄影作品的原件转让给他人,受让人展览该原件不构成对作者发表权的侵犯。

陈列于公共场所的美术作品的原件为该作品的唯一载体的,该原件所有人对其进行拆除、损毁等事实处分前,应当在合理的期限内通知作者,作者可以通过回购、复制等方式保护其著作权,当事人另有约定的除外。

第二十一条 作者死亡后,其著作权中的署名权和保护作品完整权由作者的继承人或者受遗赠人保护。

著作权无人继承又无人受遗赠的,其署名权和保护作品完整权由著作权行政管理部门保护。

第二十二条 作者生前未发表的作品,如果作者未明确表示不发表,作者死亡后五十年内,其发表权可由其继承人或者受遗赠人行使;没有继承人又无人受遗赠的,其发表权由作品原件的所有人行使。

第二十三条 著作权属于自然人的,自然人死亡后,著作权中的财产权在本法规定的保护期内,依照《中华人民共和国继承法》的规定转移。

著作权属于法人或者其他组织的,法人或者其他组织变更、终止后,著作权中的财产权在本法规定的保护期内,由承受其权利义务的法人或者其他组织享有;没有承受其权利义务的法人或者其他组织的,由国家享有。

第二十四条 合作作者之一死亡后,其对合作作品享有的著作权中的财产权无人继承又无人受遗赠的,由其他合作作者享有。

第二十五条 作者身份不明的作品,其著作权除署名权外由作品原件的所有人行使。作者身份确定后,其著作权由作者或者其继承人、受遗赠人行使。

第二十六条 报刊社对已经出版的报刊中的作品进行数字化形式的复制,其他使用者以数字化形式复制或者通过信息网络向公众传播作品,应当取得著作权人的许可。对著作权的保护期未届满的作品,使用者尽力查找权利人无果,符合下列条件的,可以向国务院著作权行政管理部门指定的机构申请并提存使用费后使用:

(一)作者以及作品原件所有人均身份不明的;

(二)作者身份不明,作品原件所有人身份确定但无法联系的;

(三)作者身份确定但无法联系的。

前款具体事项,由国务院著作权行政管理部门另行规定。

第三节　著作权的保护期

第二十七条 署名权、保护作品完整权的保护期不受限制。

第二十八条 自然人的作品,其发表权、著作权中的财产权的保护期为作者终身及其死亡后五十年;如果是合作作品,其保护期计算以最后死亡的作者为准。

法人或者其他组织的作品、著作权(署名权除外)由单位享有的职务作品、视听作品,其发表权的保护期为五十年,但作品自创作完成后五十年内未发表的,本法不再保护;其著作权中的财产权的保护期为首次发表后五十年,但作品自创作完成后五十年内未发表的,本法不再保护。

实用艺术作品,其发表权的保护期为二十五年,但作品自创作完成后二十五年内未发表的,本法不再保护;其著作权中的财产权的保护期为首次发表后二十五年,但作品自创作完成后二十五年内未发表的,本法不再保护。

前三款所称的保护期,自作者死亡、相关作品首次发表或者作品创作完成后次年1月1日起算。

第二十九条 作者身份不明的作品,其著作权中的财产权的保护期为五十年,自该作品首次发表后次年1月1日起算。作者身份确定后适用本法第二十八条规定。

第三章 相关权

第一节 出版者

第三十条 本法所称的出版,是指复制并发行。

本法所称的版式设计,是指对图书和期刊的版面格式的设计。

第三十一条 出版者有权许可他人使用其出版的图书、期刊的版式设计。

前款规定的权利的保护期为十年,自使用该版式设计的图书或者期刊首次出版后次年1月1日起算。

第二节 表演者

第三十二条 本法所称的表演者,是指以朗诵、歌唱、演奏以及其他方式表演文学艺术作品或者民间文学艺术表达的自然人。

第三十三条 表演者对其表演享有下列权利:

(一)表明表演者身份;

(二)保护表演形象不受歪曲;

(三)许可他人以无线或者有线方式公开播放其现场表演;

(四)许可他人录制其表演;

(五)许可他人复制、发行、出租其表演的录制品或者该录制品的复制件;

(六)许可他人以无线或者有线方式向公众提供其表演,使公众可以在其个人选定的时间和地点获得该表演,以及通过技术设备向公众传播以前述方式提供的表演。

前款第(一)项、第(二)项规定的权利的保护期不受限制;第(三)项至第(六)项规定的权利的保护期为五十年,自该表演发生后次年1月1日起算。

被许可人以本条第一款第(三)项至第(六)项规定的方式使用作品,还应当取得著作权人许可。

第三十四条 演出组织者组织表演的,由该演出组织者取得著作权人许可。

第三十五条 表演者为完成工作任务进行的表演为职务表演,其权利归属由当事人约定。

当事人没有约定或者约定不明的,职务表演的权利由表演者享有,但集体性职务表演的权利由演出单位享有,表演者享有署名权。

依本条第一款和第二款规定,职务表演的权利由表演者享有的,演出单位可以在其业务范围内免费使用该表演。

第三十六条 制片者聘用表演者摄制视听作品,应当签订书面合同并支付报酬。

视听作品中的表演者根据第三十三条第(五)项和第(六)项规定的权利由制片者享有,但主要表演者享有署名权。

主要表演者有权就他人使用该视听作品获得合理报酬。

第三节　录音制作者

第三十七条　本法所称的录音制品，是指任何对表演的声音和其他声音的录制品。本法所称的录音制作者，是指录音制品的首次制作人。

第三十八条　录音制作者对其制作的录音制品享有下列权利：

（一）许可他人复制其录音制品；

（二）许可他人发行其录音制品；

（三）许可他人出租其录音制品；

（四）许可他人以无线或者有线方式向公众提供其录音制品，使公众可以在其个人选定的时间和地点获得该录音制品，以及通过技术设备向公众传播以前述方式提供的录音制品。

前款规定的权利的保护期为五十年，自录音制品首次制作完成后次年1月1日起算。

被许可人复制、发行、出租、通过信息网络向公众传播录音制品，还应当取得著作权人、表演者许可。

第三十九条　以下列方式使用录音制品的，其表演者和录音制作者享有获得合理报酬的权利：

（一）以无线或者有线方式公开播放录音制品或者转播该录音制品的播放，以及通过技术设备向公众传播该录音制品的播放；

（二）通过技术设备向公众传播录音制品。

外国人、无国籍人其所属国或者经常居住地国承认中国表演者和录音制作者享有同等权利的，享有本条第一款规定的权利。

第四节　广播电台、电视台

第四十条　本法所称的广播电视节目，是指广播电台、电视台首次播放的载有声音或者图像的信号。

第四十一条　广播电台、电视台对其播放的广播电视节目享有下列权利：

（一）许可他人以无线或者有线方式转播其广播电视节目；

（二）许可他人录制其广播电视节目；

（三）许可他人复制其广播电视节目的录制品。

前款规定的权利的保护期为五十年，自广播电视节目首次播放后的次年1月1日起算。

被许可人以本条第一款规定的方式使用作品、表演和录音制品的，还应当取得著作权人、表演者和录音制作者的许可。

第四章 权利的限制

第四十二条 在下列情况下使用作品,可以不经著作权人许可,不向其支付报酬,但应当指明作者姓名、作品名称、作品出处,并且不得侵犯著作权人依照本法享有的其他权利:

(一)为个人学习、研究,复制他人已经发表的文字作品的片段;

(二)为介绍、评论某一作品或者说明某一问题,在作品中适当引用他人已经发表的作品,引用部分不得构成引用人作品的主要或者实质部分;

(三)为报道时事新闻,在报纸、期刊、广播电台、电视台、信息网络等媒体中不可避免地再现或者引用已经发表的作品;

(四)报纸、期刊、广播电台、电视台、信息网络等媒体刊登或者播放其他报纸、期刊、广播电台、电视台、信息网络等媒体已经发表的关于政治、经济、宗教问题的时事性文章,但作者声明不得使用的除外;

(五)报纸、期刊、广播电台、电视台、信息网络等媒体刊登或者播放在公众集会上发表的讲话,但作者声明不得使用的除外;

(六)为学校课堂教学或者科学研究,翻译或者少量复制已经发表的作品,供教学或者科研人员使用,但不得出版发行;

(七)国家机关为执行公务在合理范围内使用已经发表的作品;

(八)图书馆、档案馆、纪念馆、博物馆、美术馆等为陈列或者保存版本的需要,复制本馆收藏的作品;

(九)免费表演已经发表的作品,该表演未向公众收取费用,也未向表演者支付报酬;

(十)对设置或者陈列在室外公共场所的艺术作品进行临摹、绘画、摄影、录像并向公众提供,但不得以该艺术作品的相同方式复制、陈列以及公开传播;

(十一)将中国自然人、法人或者其他组织已经发表的以汉语言文字创作的作品翻译成少数民族语言文字作品在国内出版发行;

(十二)将已经发表的作品改成盲文出版;

(十三)其他情形。

以前款规定的方式使用作品,不得影响作品的正常使用,也不得不合理地损害著作权人的合法利益。

第四十三条 计算机程序的合法授权使用者可以从事以下行为:

(一)根据使用的需要把该程序装入计算机等具有信息处理能力的装置内;

(二)为了防止计算机程序损坏而制作备份复制件,这些备份复制件不得通过任何方式提供给他人使用,并在本人丧失合法授权时,负责将备份复制件销毁;

(三)为了把该程序用于实际的计算机应用环境或者改进其功能、性能而进行必要的修改;未经该程序的著作权人许可,不得向任何第三方提供修改后的程序。

第四十四条 为了学习和研究计算机程序内含的设计思想和原理,通过安装、显示、传输或者存储等方式使用计算机程序的,可以不经计算机程序著作权人许可,不向其支付报酬。

第四十五条 计算机程序的合法授权使用者在通过正常途径无法获取必要的兼容性信息时,可以不经该程序著作权人许可,复制和翻译该程序中与兼容性信息有关的部分内容。

适用前款规定获取的信息,不得超出计算机程序兼容的目的使用,不得提供给他人,不得用于开发、生产或者销售实质性相似的计算机程序,不得用于任何侵犯著作权的行为。

第四十六条 为实施九年制义务教育和国家教育规划而编写教科书,可以依照本法第四十八条规定的条件,不经著作权人许可,在教科书中汇编已经发表的作品片段或者短小的文字作品、音乐作品或者单幅的美术作品、摄影作品、图形作品。

第四十七条 文字作品在报刊上刊登后,其他报刊可以依照本法第四十八条规定的条件,不经作者许可进行转载或者作为文摘、资料刊登。

报刊社对其刊登的作品根据作者的授权享有专有出版权,并在其出版的报刊显著位置作出不得转载或者刊登的声明的,其他报刊不得进行转载或者刊登。

第四十八条 根据本法第四十六条、第四十七条的规定,不经著作权人许可使用其已发表的作品,必须符合下列条件:

(一)在首次使用前向相应的著作权集体管理组织申请备案;

(二)在使用特定作品时指明作者姓名、作品名称和作品出处;

(三)在使用特定作品后一个月内按照国务院著作权行政管理部门制定的标准直接向权利人或者通过著作权集体管理组织向权利人支付使用费,同时提供使用作品的作品名称、作者姓名和作品出处等相关信息。

著作权集体管理组织应当及时公告前款规定的备案信息,并建立作品使用情况查询系统供权利人免费查询作品使用情况和使用费支付情况。

著作权集体管理组织应当在合理时间内及时向权利人转付本条第一款所述的使用费。

第五章 权利的行使

第一节 著作权和相关权合同

第四十九条 著作权人可以通过许可、转让、设立质权或者法律允许的其他形式利用著作权中的财产权利。

第五十条 使用他人作品,应当同著作权人订立许可使用合同,本法规定可以不经许可的除外。

许可使用合同包括下列主要内容:

(一)作品的名称;

（二）许可使用的权利种类和使用方式；
（三）许可使用的是专有使用权或者非专有使用权；
（四）许可使用的地域范围、期限；
（五）付酬标准和办法；
（六）违约责任；
（七）双方认为需要约定的其他内容。

使用作品的付酬标准由当事人约定，当事人没有约定或者约定不明的，按照市场价格或者国务院著作权行政管理部门会同有关部门制定的付酬标准支付报酬。

第五十一条 许可使用的方式为专有使用权的，许可使用合同应当采取书面形式。

合同中未明确约定许可使用的权利是专有使用权的，视为许可使用的权利为非专有使用权。

合同中约定许可使用的方式是专有使用权，但对专有使用权的内容没有约定或者约定不明的，视为被许可人有权排除包括著作权人在内的任何人以同样的方式使用作品。

报刊社与著作权人签订专有出版权合同，但对专有出版权的期限没有约定或者约定不明的，专有出版权的期限推定为一年。

第五十二条 图书出版合同中约定图书出版者享有专有出版权但没有明确其具体内容的，视为图书出版者享有在合同有效期内和在合同约定的地域范围内以同种文字的原版、修订版出版图书的专有权利。

第五十三条 图书出版者重印、再版作品的，应当通知著作权人，并支付报酬。

图书脱销后，图书出版者拒绝重印、再版的，著作权人有权终止合同。著作权人寄给图书出版者的两份订单在六个月内未得到履行，视为图书脱销。

第五十四条 转让著作权中的财产权利，应当订立书面合同。

权利转让合同包括下列主要内容：
（一）作品的名称；
（二）转让的权利种类、地域范围；
（三）转让金；
（四）交付转让金的日期和方式；
（五）违约责任；
（六）双方认为需要约定的其他内容。

第五十五条 许可使用合同和转让合同中著作权人未明确许可或者转让的权利，未经著作权人同意，被许可人或者受让人不得行使。

未经著作权人同意，被许可人不得许可第三人行使同一权利。

第五十六条 与著作权人订立专有许可合同或者转让合同的，可以向国务院著作权行政管理部门设立的专门登记机构登记。经登记的专有许可合同和转让合同，可以对抗第三人。

合同登记应当缴纳费用，收费标准由国务院财政、价格管理部门确定。

第五十七条 以著作权出质的,由出质人和质权人向国务院著作权行政管理部门办理出质登记。著作权出质登记应当缴纳费用,收费标准由国务院财政、价格管理部门确定。

第二节 著作权集体管理

第五十八条 著作权集体管理组织是根据著作权人和相关权人的授权或者法律规定,以集体管理的方式行使权利人难以行使和难以控制的著作权或者相关权的非营利性社会组织。

著作权集体管理组织管理权利时,可以以自己的名义为著作权人和相关权人主张权利,并可以作为当事人进行著作权或者相关权的诉讼、仲裁活动。

第五十九条 著作权集体管理组织的授权使用收费标准由国务院著作权行政管理部门公告实施,有异议的,由国务院著作权行政管理部门组织专门委员会裁定,裁定为最终结果,裁定期间收费标准不停止执行。

第六十条 著作权集体管理组织取得权利人授权并能在全国范围内代表权利人利益的,可以就下列使用方式代表全体权利人行使著作权或者相关权,权利人书面声明不得集体管理的除外:

(一)广播电台、电视台播放已经发表的文字、音乐、美术或者摄影作品;

(二)自助点歌经营者通过自助点歌系统向公众传播已经发表的音乐或者视听作品。

著作权集体管理组织在转付相关使用费时,应当平等对待所有权利人。

第六十一条 两个以上著作权集体管理组织就同一使用方式向同一使用者收取使用费的,应当事先协商确定由一个著作权集体管理组织统一收取,但当事人另有约定的除外。

第六十二条 国务院著作权行政管理部门主管全国的著作权集体管理工作,负责著作权集体管理组织的设立、变更、注销以及其他登记事项的审批和监督管理。

国务院其他主管部门在各自职责范围内对著作权集体管理组织进行监督管理。

第六十三条 著作权集体管理组织的设立方式、权利义务、著作权许可使用费的收取和分配,对其监督和管理,授权使用收费标准异议裁定等事宜由国务院另行规定。

第六章 技术保护措施和权利管理信息

第六十四条 本法所称的技术保护措施,是指权利人为防止、限制其作品、表演、录音制品或者广播电视节目被复制、浏览、欣赏、运行或者通过信息网络传播而采取的有效技术、装置或者部件。

本法所称的权利管理信息,是指说明作品及其作者、表演及其表演者、录音制品及其制作者的信息、广播电视节目及其广播电台电视台,作品、表演、录音制品以及广播电视节目权利人的信息和使用条件的信息,以及表示上述信息的数字或者代码。

第六十五条 为保护著作权和相关权,权利人可以采用技术保护措施。

未经许可,任何组织或者个人不得故意避开或者破坏技术保护措施,不得故意制造、进口或者向公众提供主要用于避开或者破坏技术保护措施的装置或部件,不得故意为他人避开或者破坏技术保护措施提供技术服务,但是法律、行政法规另有规定的除外。

第六十六条 未经权利人许可,不得进行下列行为:

(一)故意删除或者改变权利管理信息,但由于技术上的原因无法避免删除或者改变的除外;

(二)知道或者应当知道相关权利管理信息被未经许可删除或者改变,仍然向公众提供该作品、表演、录音制品或者广播电视节目。

第六十七条 下列情形可以避开技术保护措施,但不得向他人提供避开技术保护措施的技术、装置或者部件,不得侵犯权利人依法享有的其他权利:

(一)为学校课堂教学或者科学研究,向少数教学、科研人员提供已经发表的作品、表演、录音制品或者广播电视节目,而该作品、表演、录音制品或者广播电视节目无法通过正常途径获取;

(二)不以营利为目的,以盲人能够感知的独特方式向盲人提供已经发表的文字作品,而该作品无法通过正常途径获取;

(三)国家机关依照行政、司法程序执行公务;

(四)对计算机及其系统或者网络的安全性能进行测试。

第七章　权利的保护

第六十八条 侵犯著作权或者相关权,违反本法规定的技术保护措施或者权利管理信息有关义务的,应当承担停止侵害、消除影响、赔礼道歉、赔偿损失等民事责任。

第六十九条 网络服务提供者为网络用户提供存储、搜索或者链接等单纯网络技术服务时,不承担与著作权或者相关权有关的审查义务。

他人利用网络服务实施侵犯著作权或者相关权行为的,权利人可以书面通知网络服务提供者,要求其采取删除、屏蔽、断开链接等必要措施。网络服务提供者接到通知后及时采取必要措施的,不承担赔偿责任;未及时采取必要措施的,与该侵权人承担连带责任。

网络服务提供者知道或者应当知道他人利用其网络服务侵害著作权或者相关权,未及时采取必要措施的,与该侵权人承担连带责任。

网络服务提供者教唆或者帮助他人侵犯著作权或者相关权的,与该侵权人承担连带责任。

网络服务提供者通过信息网络向公众提供他人作品、表演或者录音制品,不适用本条第一款规定。

第七十条 使用者使用权利人难以行使和难以控制的权利,依照与著作权集体管理组织签订的合同向其支付报酬后,非会员权利人就同一权利和同一使用方式提起诉讼的,使用者应当停止使用,并按照相应的著作权集体管理使用费标准赔偿损失。

下列情形不适用前款规定:

(一)使用者知道非会员权利人作出不得以集体管理方式行使其权利的声明,仍然使用其作品的;

(二)非会员权利人通知使用者不得使用其作品,使用者仍然使用的;

(三)使用者履行非会员诉讼裁决停止使用后,再次使用的。

第七十一条 计算机程序的复制件持有人不知道也不应当知道该程序是侵权复制件的,不承担赔偿责任;但是应当停止使用、销毁该侵权复制件。如果停止使用并销毁该侵权复制件将给复制件使用人造成重大损失的,复制件使用人可以在向计算机程序著作权人支付合理费用后继续使用。

第七十二条 侵犯著作权或者相关权的,侵权人应当按照权利人的实际损失给予赔偿;实际损失难以计算的,可以按照侵权人的违法所得给予赔偿。权利人的实际损失或者侵权人的违法所得难以确定的,参照通常的权利交易费用的合理倍数确定。赔偿数额应当包括权利人为制止侵权行为所支付的合理开支。

权利人的实际损失、侵权人的违法所得和通常的权利交易费用均难以确定的,由人民法院根据侵权行为的情节,判决给予一百万元以下的赔偿。

对于两次以上故意侵犯著作权或者相关权的,应当根据前两款计算的赔偿数额的二至三倍确定赔偿数额。

第七十三条 下列侵权行为,同时破坏社会主义市场经济秩序的,可以由著作权行政管理部门责令停止侵权行为,予以警告,没收违法所得,没收、销毁侵权复制件,并可处以罚款;情节严重的,著作权行政管理部门可以没收主要用于制作侵权复制件的材料、工具、设备等;构成犯罪的,依法追究刑事责任:

(一)未经著作权人许可,复制、发行、出租、展览、表演、播放、通过信息网络向公众传播其作品的,本法另有规定的除外;

(二)未经表演者许可,播放、录制其表演,复制、发行、出租录有其表演的录音制品,或者通过信息网络向公众传播其表演的,本法另有规定的除外;

(三)未经录音制作者许可,复制、发行、出租、通过信息网络向公众传播其录音制品的,本法另有规定的除外;

(四)未经广播电台、电视台许可,转播、录制、复制其广播电视节目的,本法另有规定的除外;

(五)使用他人享有专有使用权的作品、表演、录音制品或者广播电视节目的;

(六)违反本法第四十八条规定使用他人作品的;

(七)未经许可,使用权利人难以行使和难以控制的著作权或者相关权的,本法第七十条第一款规定的情形除外;

(八)制作、出售假冒他人署名的作品的。

第七十四条 下列违法行为,可以由著作权行政管理部门予以警告,没收违法所得,没收主要用于避开、破坏技术保护措施的装置或者部件;情节严重的,没收相关的材料、工具和设备,并可处以罚款;构成犯罪的,依法追究刑事责任:

(一)未经许可,故意避开或者破坏权利人采取的技术保护措施的,法律、行政法规另有规定的除外;

(二)未经许可,故意制造、进口或者向他人提供主要用于避开、破坏技术保护措施的装置或者部件,或者故意为他人避开或者破坏技术保护措施提供技术服务的;

(三)未经许可,故意删除或者改变权利管理信息的,本法另有规定的除外;

(四)未经许可,知道或者应当知道权利管理信息被删除或者改变,仍然复制、发行、出租、表演、播放、通过信息网络向公众传播相关作品、表演、录音制品或者广播电视节目的。

第七十五条 著作权行政管理部门对涉嫌侵权和违法行为进行查处时,可以询问有关当事人,调查与涉嫌侵权和违法行为有关的情况;对当事人涉嫌侵权和违法行为的场所和物品实施现场检查;查阅、复制与涉嫌侵权和违法行为有关的合同、发票、账簿以及其他有关资料;对于涉嫌侵权和违法行为的物品,可以查封或者扣押。

著作权行政管理部门依法行使前款规定的职权时,当事人应当予以协助、配合,无正当理由拒绝、阻挠或者拖延提供前款材料的,可以由著作权行政管理部门予以警告;情节严重的,没收相关的材料、工具和设备。

第七十六条 当事人对行政处罚不服的,可以自收到行政处罚决定书之日起六十日内向有关行政机关申请行政复议,或者自收到行政处罚决定书之日起三个月内向人民法院提起诉讼,期满不申请行政复议或者提起诉讼,又不履行的,著作权行政管理部门可以申请人民法院执行。

第七十七条 著作权和相关权的使用者在下列情形下,应当承担民事或者行政法律责任:

(一)复制件的出版者、制作者不能证明其出版、制作有合法授权的;

(二)网络用户不能证明其通过信息网络向公众传播的作品有合法授权的;

(三)出租者不能证明其出租视听作品、计算机程序或者录音制品的原件或者复制件有合法授权的;

(四)发行者不能证明其发行的复制件有合法来源的。

第七十八条 著作权人或者相关权人有证据证明他人正在实施或者即将实施侵犯其权利的行为,如不及时制止将会使其合法权益受到难以弥补的损害的,可以在起诉前向人民法院申请采取责令停止有关行为和财产保全的措施。

人民法院处理前款申请,适用《中华人民共和国民事诉讼法》第九十三条至第九十六条和第九十九条的规定。

第七十九条 为制止侵权行为,在证据可能灭失或者以后难以取得的情况下,著作权人或者相关权人可以在起诉前向人民法院申请保全证据。

人民法院接受申请后,必须在四十八小时内作出裁定;裁定采取保全措施的,应当立即开始执行。

人民法院可以责令申请人提供担保,申请人不提供担保的,驳回申请。

申请人在人民法院采取保全措施后十五日内不起诉的,人民法院应当解除保全措施。

第八十条 人民法院审理案件,对于侵犯著作权或者相关权的,可以没收违法所得、侵权复制件以及进行违法活动的财物。

第八十一条 当事人不履行合同义务或者履行合同义务不符合约定条件的,应当依照《中华人民共和国民法通则》、《中华人民共和国合同法》等有关法律规定承担民事责任。

第八十二条 著作权和相关权纠纷的当事人可以按照《中华人民共和国仲裁法》向仲裁机构申请仲裁,或者向人民法院起诉,也可以申请行政调解。

第八十三条 著作权行政管理部门可以设立著作权纠纷调解委员会,负责著作权和相关权纠纷的调解。调解协议具有法律拘束力,一方当事人不履行调解协议的,另一方当事人可以申请人民法院司法确认和强制执行。

著作权调解委员会的组成、调解程序以及其他事项,由国务院著作权行政管理机关另行规定。

第八十四条 著作权人和相关权人对进口或者出口涉嫌侵害其著作权或者相关权的物品,可以申请海关查处。具体办法由国务院另行规定。

第八章 附 则

第八十五条 本法所称的著作权即版权。

第八十六条 相关权的限制和行使适用本法中著作权的相关规定。

第八十七条 本法规定的著作权人和相关权人的权利,在本法施行之日尚未超过本法规定的保护期的,依照本法予以保护。

本法施行前发生的侵权或者违约行为,依照侵权或者违约行为发生时的有关规定和政策处理。

第八十八条 本法自1991年6月1日起施行。

关于《中华人民共和国著作权法》(修改草案第二稿)修改和完善的简要说明

国家版权局 2012年7月

一、征求意见的基本情况

2012年3月31日,国家版权局通过国家版权局和新闻出版总署官方网站公布《中华人民共和国著作权法》(修改草案),公开征求社会各界意见和建议。4月初,国家版权局修法工作领导小组组长、新闻出版总署署长、国家版权局局长柳斌杰和修法工作领导小组副组长、副署长、副局长阎晓宏同志分别以个人名义致函35位有关部门负责同志征求意见;国家版权局办公厅致函国务院48家相关部委征求意见。

草案引起了社会各界的广泛关注和热烈讨论,中外政府相关部门、权利人组织、产业界以及教学科研机构等通过各种途径和方式表达对修法工作的关注。在征求意见期限届满(2012年4月30日)之后,国家版权局仍不断收到各方面关于修法的意见和建议。据统计,截至2012年5月31日,国家版权局已经收到社会各界的意见和建议1600余份。

2012年5月11日,国家版权局召集修法工作专家委员会成员以及相关立法和司法部门举行专家委员会第三次会议,通报草案征求意见的基本情况,就草案有关条款特别是争议条款听取专家的具体意见。

国家版权局在对社会各界的意见和建议进行全面认真梳理和分类、仔细分析其合理性以及反复论证其可行性后,结合专家委员会成员的具体意见,对草案作了进一步的修改和完善,形成了目前的文本。

二、本次修改和完善的主要内容

本次修改,对原草案删除三条(第三十九条、第四十六条、第四十七条),增加三条(第十二条、第三十五条和第六十二条),对四十八个条文进行了改动,其中对二十七个条文进行了内容改动,对二十一个条文进行了文字改动。为便于社会各界理解相关调整,现将本次修改和完善的主要内容简要说明如下:

(一)关于著作权内容

本次修改从进一步简化权利内容、廓清权利边界以及减少权利交叉重合的角度出发,对著作权内容进行了下列调整:(1)参考世界多数国家和地区的立法实践,取消放映权,将其并入表演权;(2)考虑到原草案关于广播权和信息网络传播权的设定以传播介质而非传播方式为基础,不能完全符合科技发展特别是"三网融合"的现状和趋势,因此将播放权适用于非交互式传播、信息网络传播权适用于交互式传播,以解决实践中的定时播放、网络直播以及转播等问题;(3)考虑到草案将修改权并入保护作品完整权后又在财产权部分增加了计算机程序的修改权,因此将计算机程序的修改权并入改编权,以免引起混淆和误解;(4)考虑到追续权本质上属于获酬权,因此将追续权单列一条规定(第十二条),同时参考世界其他国家和地区立法,增加可操作性,将追续权的权利范围限定为通过拍卖方式的转售行为。

(二)关于视听作品

视听作品作为集体创作的作品,其著作权保护主要包括明确视听作品本身权利归属和保护参与创作的各类作者两个方面。我国现行法没有规定视听作品各创作作者的"二次获酬权"——即各创作作者从视听作品后续利用中获得报酬的权利。本次修改,从以下三个方面进行了调整:(1)基于产业的实际情况,并参考世界主要国家和地区的立法实践,将视听作品整体著作权归属由原草案中可以约定的规定改回为现行法中直接赋予制片者的规定;(2)明确规定原作者对视听作品享有署名权;(3)明确规定原作者、编剧、导演以及词曲作者等五类作者对视听作品后续利用行为享有"二次获酬权"。

(三)关于载体唯一性的美术作品

近年来,陈列于公共场所的美术作品被损毁、拆除后,著作权人与原件所有人对簿公堂的案件时有发生,美术界、司法界等也多次呼吁加强和完善立法。因此,为回应社会呼声、解决实际问题,本次修改在第二十条增加了一款规定,一方面限制原件所有人的事实处分行为,另一方面明确规定其适用情形——仅适用于陈列于公共场所的载体唯一性的美术作品,此外如果当事人另有约定的则从其约定。

(四)关于"孤儿作品"

为解决数字环境下使用作品获取授权难的困境,原草案增设了"孤儿作品"授权机制条款。考虑到"孤儿作品"相关规定属于立法中的创新,为谨慎起见,本次修改在草案基础上吸取社会各界的意见和建议,将"孤儿作品"的适用范围明确为报刊社对已经出版的报刊中的作品进行数字化形式的复制,以及其他使用者以数字化形式复制或者通过信息网络向公众传播作品两种情形。同时将提存费用的机关由国务院著作权行政管理部门修改为国务院著作权行政管理部门指定的机构。

(五)关于职务表演

考虑到实践中迫切需要解决的表演者与演出单位之间的关系问题,本次修改参照职务作品的规定,在第三十五条新增了关于职务表演的规定。职务表演的权利归属由当事人约定,当事人没有约定或者约定不明的,其权利归属于表演者。但是对于集体性职务表演,如剧院表演话剧、剧团表演歌剧或者合唱等演出行为,其权利归属于演出单位。同时,为确保演出单位的权利,本次修改还赋予演出单位在其业务范围内免费使用表演的权利。

(六)关于视听表演者权利

参考2012年6月26日世界知识产权组织外交会议通过的《视听表演北京条约》第十二条规定,并与前述视听作品著作权规定的调整保持一致,本次修改将视听作品中的表演者的权利赋予制片者,同时规定主要演员享有署名权和"二次获酬权"。

(七)关于表演者和录音制作者就录音制品播放和表演行为的获酬权

本次修改,在第三十九条进一步明确了表演者和录音制作者享有获酬权的两种情形:(1)播放行为——以无线或者有线方式公开播放录音制品或者转播该录音制品的播放,以及通过技术设备向公众传播该录音制品的播放;(2)表演行为——通过技术设备向公众传播录音制品。

(八)关于广播电台、电视台权利

本次修改,从推动广播电视节目市场交易、促进我国广播电台电视台发展的角度出发,借鉴相关国际公约和主要国家的立法,对广播电台、电视台权利进行了下列调整:(1)将广播电台、电视台的权利从禁止权改为专有权;(2)根据前述播放权与信息网络传播权的权利内容的调整,考虑到非交互传播已经纳入播放权的控制范围,因此删去原草案第三十八条第一款第四项。

(九)关于著作权"合理使用"制度

所谓"合理使用",是指他人在特定情形下使用受著作权法保护的作品,可以不经著作权人许可,并不向其支付报酬,但必须指明作品来源或者出处的制度。"合理使用"制度是相关国际条约以及各国和地区著作权法中的基本制度。本次修改,主要作了以下调整:(1)增加"合理使用"的开放式规定——其他情形,同时将原草案第三十九条并入新草案第四十二条作为第二款限制所有的十三类"合理使用"情形;(2)明确为个人学习、研究使用他人作品的情形为复制文字作品的片段;(3)增加关于引用他人作品不得构成引用人作品的主要或者实质部分的规定;(4)在相关情形中增加"信息网络"媒体的规定;(5)增加关于对室外艺术作品进行临摹、绘画、摄影、录像后形成的成果后续使用的规定。

(十)关于著作权"法定许可"制度

本次修改对著作权"法定许可"制度进行了以下调整:(1)根据权利人、相关著作权集体管理组织以及相关机构的意见,将著作权"法定许可"进一步限缩为教材法定许可和报刊转载法定许可两种情形,取消原草案第四十六条关于录音制作法定许可、第四十七条关于广播电台电视台播放法定许可的规定,将其恢复为作者的专有权;(2)对于报刊转载法定许可,允许当事人约定专有出版权,报刊社享有专有出版权的,其他报刊不得转载,同时在第五十一条规定专有出版权期限没有约定或者约定不明的推定为一年;(3)明确使用者在首次使用作品前进行一次性备案,将备案机构调整为相应的著作权集体管理组织;(4)增加使用者在法定期限内可以直接向权利人支付报酬的规定。

(十一)关于著作权集体管理组织延伸性集体管理

本次修订对著作权集体管理组织延伸性集体管理进一步限制其适用范围:(1)广播电台、电视台播放已经发表的文字、音乐、美术或者摄影作品;(2)自助点歌经营者通过自助点歌系统向公众传播已经发表的音乐或者视听作品。同时,保留了权利人书面声明不得延伸性集体管理的规定,增加了著作权集体管理组织平等对待所有权利人的规定。

(十二)关于技术保护措施和权利管理信息

根据《世界知识产权组织版权条约》和《世界知识产权组织表演和录音制品条约》相关

规定,技术保护措施和权利管理信息只适用于作品、表演和录音制品。由于《世界知识产权组织广播组织条约》尚未缔结,技术保护措施和权利管理信息目前不适用于广播电视节目。但是从世界知识产权组织的磋商来看,目前各成员国对此基本没有争议。因此,本次修订在第六十四条将技术保护措施和权利管理信息扩大适用于广播电视节目,并对相应条款进行了修改。

(十三)关于民事责任

本次修改,对民事责任作了以下调整:(1)在第六十九条增加关于网络服务提供者教唆或者帮助侵权的,与侵权人承担连带责任的规定。(2)在第七十条进一步明确使用者在使用著作权人难以行使和难以控制的权利并愿意通过合法途径获得授权前提下,使用著作权集体管理组织非会员权利人作品时应当承担的民事责任。在赔偿责任承担方面,如果使用者已经与相应的著作权集体管理组织签订合同,则对非会员权利人按照著作权集体管理使用费标准赔偿损失;如果未与相应的著作权集体管理组织签订合同,则对非会员权利人按照一般民事侵权损害赔偿原则赔偿损失。同时,本条第二款规定,对使用者恶意使用他人作品的三种情形,不适用著作权集体管理使用费标准赔偿损失,而应当适用一般民事侵权损害赔偿原则赔偿损失。(3)在第七十二条取消关于法定赔偿的前置条件——进行著作权或相关权登记、专有许可合同或转让合同登记的规定,同时对于两次以上故意侵权的,将惩罚性赔偿调整为二至三倍。

(十四)其他内容

本次修改还根据社会各界的意见和建议,对一些规定作了进一步明确和完善,如将涉外的互惠保护原则分散规定于相应条款、将职务作品中受聘于报刊社或者通讯社创作的作品限定成记者为完成报道任务创作的作品、将表演者明确为自然人,将作者、表演者和录音制作者的信息网络传播权内容作统一表述,明确著作权登记等事宜的收费标准制定机关、明确著作权集体管理组织为非营利性社会组织、明确国务院各相关部门对著作权集体管理组织的监管职责等。

以上说明,供参考。

中华人民共和国著作权法(修订草案送审稿)

国务院法制办 2014年6月6日

目 录

第一章 总 则
第二章 著作权
　第一节 著作权人及其权利
　第二节 著作权的归属
　第三节 著作权的保护期
第三章 相关权
　第一节 出版者
　第二节 表演者
　第三节 录音制作者
　第四节 广播电台、电视台
第四章 权利的限制
第五章 权利的行使
　第一节 著作权和相关权合同
　第二节 著作权集体管理
第六章 技术保护措施和权利管理信息
第七章 权利的保护
第八章 附 则

第一章 总 则

第一条 为保护文学、艺术和科学作品作者的著作权,以及传播者的相关权,鼓励有益于社会主义精神文明、物质文明建设的作品的创作和传播,促进社会主义文化、科学和经济的发展与繁荣,根据宪法制定本法。

第二条 中国自然人、法人或者其他组织的作品,不论是否发表,受本法保护。

外国人、无国籍人的作品,根据其所属国或者经常居住地国同中国签订的协议或者共同参加的国际条约,受本法保护。

未与中国签订协议或者共同参加国际条约的国家的作者和无国籍人的作品,首次在中国参加的国际条约的成员国出版的,或者在成员国和非成员国同时出版的,受本法保护。

第三条 中国自然人、法人或者其他组织的版式设计、表演、录音制品和广播电视节目,受本法保护。

外国人、无国籍人的版式设计、表演、录音制品和广播电视节目,根据其所属国或者经常居住地国同中国签订的协议或者共同参加的国际条约,受本法保护。

未与中国签订协议或者共同参加国际条约的国家的外国人和无国籍人,其在中国境内的表演或者在中国境内制作、发行的录音制品,受本法保护。

第四条 外国人、无国籍人的实用艺术作品以及根据本法第十四条享有的权利,其所属国或者经常居住地国对中国权利人给予保护的,受本法保护。

第五条 本法所称的作品,是指文学、艺术和科学领域内具有独创性并能以某种形式固定的智力表达。

作品包括以下种类:

(一)文字作品,是指小说、诗词、散文、论文等以文字形式表现的作品;

(二)口述作品,是指即兴的演说、授课等以口头语言形式表现的作品;

(三)音乐作品,是指歌曲、乐曲等能够演唱或者演奏的带词或者不带词的作品;

(四)戏剧作品,是指戏曲、话剧、歌剧、舞剧等供舞台演出的作品;

(五)曲艺作品,是指相声小品、快板快书、鼓曲唱曲、评书评话、弹词等以说唱为主要形式表演的作品;

(六)舞蹈作品,是指通过连续的动作、姿势、表情等表现思想情感的作品;

(七)杂技艺术作品,是指杂技、魔术、马戏、滑稽等通过连续的形体和动作表现的作品;

(八)美术作品,是指绘画、书法、雕塑等以线条、色彩或者其他方式构成的有审美意义的平面或者立体的造型艺术作品;

(九)实用艺术作品,是指玩具、家具、饰品等具有实用功能并有审美意义的平面或者立体的造型艺术作品;

(十)建筑作品,是指以建筑物或者构筑物形式表现的有审美意义的作品,包括作为其施工基础的平面图、设计图、草图和模型;

(十一)摄影作品,是指借助器械在感光材料或者其他介质上记录客观物体形象的艺术作品;

(十二)视听作品,是指由一系列有伴音或者无伴音的连续画面组成,并且能够借助技术设备被感知的作品,包括电影、电视剧以及类似制作电影的方法创作的作品;

(十三)图形作品,是指为施工、生产绘制的工程设计图、产品设计图,以及反映地理现象、说明事物原理或者结构的地图、示意图等作品;

(十四)立体作品,是指为生产产品、展示地理地形、说明事物原理或者结构而创作的三维作品;

（十五）计算机程序，是指以源程序或者目标程序表现的、用于电子计算机或者其他信息处理装置运行的指令，计算机程序的源程序和目标程序为同一作品；

（十六）其他文学、艺术和科学作品。

著作权自作品创作之日起自动产生，无须履行任何手续。

第六条 本法所称的相关权，指出版者对其出版的图书或者期刊的版式设计享有的权利，表演者对其表演享有的权利，录音制作者对其制作的录音制品享有的权利，广播电台、电视台对其播放的广播电视节目享有的权利。

相关权自使用版式设计的图书或者期刊首次出版、表演发生、录音制品首次制作完成和广播电视节目首次播放之日起自动产生，无须履行任何手续。

第七条 著作权人行使著作权、相关权人行使相关权，不得违反宪法和法律，不得损害公共利益。

国家对作品的传播依法进行监督管理。

第八条 著作权人和相关权人可以向国务院著作权行政管理部门设立的专门登记机构进行著作权或者相关权登记。登记文书是登记事项属实的初步证明。

登记应当缴纳费用，收费标准由国务院财政、价格管理部门确定。

著作权和相关权登记管理办法由国务院著作权行政管理部门另行规定。

第九条 著作权保护延及表达，不延及思想、过程、原理、数学概念、操作方法等。

本法不适用于：

（一）法律、法规，国家机关的决议、决定、命令和其他具有立法、行政、司法性质的文件，及其官方正式译文；

（二）通过报纸、期刊、广播电台、电视台、网络等媒体报道的单纯事实消息；

（三）历法、通用数表、通用表格和公式。

第十条 民间文学艺术表达的保护办法由国务院另行规定。

第十一条 国务院著作权行政管理部门主管全国的著作权和相关权管理工作；地方人民政府著作权行政管理部门主管本行政区域的著作权和相关权管理工作。

第二章 著作权

第一节 著作权人及其权利

第十二条 著作权人包括：

（一）作者；

（二）其他依照本法享有著作权的自然人、法人或者其他组织。

第十三条 著作权包括人身权和财产权。

著作权中的人身权包括：

（一）发表权，即决定作品是否公之于众的权利；

（二）署名权，即决定是否表明作者身份以及如何表明作者身份的权利；

（三）保护作品完整权，即允许他人修改作品以及禁止歪曲、篡改作品的权利。

著作权中的财产权包括：

（一）复制权，即以印刷、复印、录制、翻拍以及数字化等方式将作品固定在有形载体上的权利；

（二）发行权，即以出售、赠与或者其他转让所有权的方式向公众提供作品的原件或者复制件的权利；

（三）出租权，即有偿许可他人临时使用视听作品、计算机程序或者包含作品的录音制品的原件或者复制件的权利，计算机程序不是出租的主要标的的除外；

（四）展览权，即公开陈列美术作品、摄影作品的原件或者复制件的权利；

（五）表演权，即以演唱、演奏、舞蹈、朗诵等方式公开表演作品，以及通过技术设备向公众传播作品或者作品的表演的权利；

（六）播放权，即以无线或者有线方式公开播放作品或者转播该作品的播放，以及通过技术设备向公众传播该作品的播放的权利；

（七）信息网络传播权，即以无线或者有线方式向公众提供作品，使公众可以在其个人选定的时间和地点获得作品的权利；

（八）改编权，即将作品改变成其他体裁和种类的新作品，或者将文字、音乐、戏剧等作品制作成视听作品，以及对计算机程序进行增补、删节，改变指令、语句顺序或者其他变动的权利；

（九）翻译权，即将作品从一种语言文字转换成另一种语言文字的权利；

（十）应当由著作权人享有的其他权利。

信息网络传播权的保护办法由国务院另行规定。

第十四条 美术、摄影作品的原件或者文字、音乐作品的手稿首次转让后，作者或者其继承人、受遗赠人对原件或者手稿的所有人通过拍卖方式转售该原件或者手稿所获得的增值部分，享有分享收益的权利，该权利专属于作者或者其继承人、受遗赠人。其保护办法由国务院另行规定。

第二节 著作权的归属

第十五条 著作权属于作者，本法另有规定的除外。

创作作品的自然人是作者。

由法人或者其他组织主持或者投资，代表法人或者其他组织意志创作，以法人、其他组织或者其代表人名义发表，并由法人或者其他组织承担责任的作品，法人或者其他组织视为作者。

如无相反证明，在作品上署名的自然人、法人或者其他组织推定为作者。

第十六条 以改编、翻译、注释、整理等方式利用已有作品而产生的新作品为演绎作品，其著作权由演绎者享有。

使用演绎作品应当取得演绎作品的著作权人和原作品的著作权人许可。

第十七条 两人以上合作创作的作品，其著作权由合作作者共同享有。没有参加创作的人，不能成为合作作者。

合作作品可以分割使用的,作者对各自创作的部分单独享有著作权,但行使著作权时不得妨碍合作作品的正常使用。

合作作品不可以分割使用的,其著作权由各合作作者共同享有,通过协商一致行使;不能协商一致,又无正当理由的,任何一方不得阻止他方使用或者许可他人使用,但是所得收益应当合理分配给所有合作作者。

他人侵犯合作作品著作权的,任何合作作者可以自己的名义提起诉讼,但其所获得的赔偿应当合理分配给所有合作作者。

第十八条 汇编若干作品、作品的片段或者不构成作品的数据或者其他材料,对其内容的选择或者编排体现独创性的作品,为汇编作品,其著作权由汇编者享有。

使用汇编作品应当取得汇编作品的著作权人和原作品的著作权人许可。

第十九条 制片者使用小说、音乐和戏剧等已有作品制作视听作品,应当取得著作权人的许可;如无相反约定,前述已有作品的著作权人根据第十六条第二款对视听作品的使用享有专有权。

电影、电视剧等视听作品的作者包括导演、编剧以及专门为视听作品创作的音乐作品的作者等。

电影、电视剧等视听作品的著作权中的财产权和利益分享由制片者和作者约定。没有约定或者约定不明的,著作权中的财产权由制片者享有,但作者享有署名权和分享收益的权利。

视听作品中可以单独使用的剧本、音乐等作品,作者可以单独行使著作权,但不得妨碍视听作品的正常使用。

第二十条 职工在职期间为完成工作任务所创作的作品为职务作品,其著作权归属由当事人约定。

当事人没有约定或者约定不明的,职务作品的著作权由职工享有,但工程设计图、产品设计图、地图、计算机程序和有关文档,以及报刊社、通讯社、广播电台和电视台的职工专门为完成报道任务创作的作品的著作权由单位享有,作者享有署名权。

依本条第二款规定,职务作品的著作权由职工享有的,单位有权在业务范围内免费使用该职务作品并对其享有两年的专有使用权。

依本条第二款规定,职务作品由单位享有的,单位应当根据创作作品的数量和质量对职工予以相应奖励,职工可以通过汇编方式出版其创作的作品。

第二十一条 受委托创作的作品,其著作权归属由当事人约定。

当事人没有约定或者约定不明的,委托作品的著作权由受托人享有,但委托人在约定的使用范围内可以免费使用该作品;当事人没有约定使用范围的,委托人可以在委托创作的特定目的范围内免费使用该作品。

第二十二条 作品原件所有权的移转,不产生著作权的移转。

美术、摄影作品原件的所有人可以展览该原件。

作者将未发表的美术或者摄影作品的原件转让给他人,受让人展览该原件不构成对作者发表权的侵犯。

陈列于公共场所的美术作品的原件为该作品的唯一载体的,原件所有人对其进行拆除、损毁等事实处分前,应当在合理的期限内通知作者,作者可以通过回购、复制等方式保护其著作权,当事人另有约定的除外。

第二十三条 作者死亡后,其著作权中的署名权和保护作品完整权由作者的继承人或者受遗赠人保护。

著作权无人继承又无人受遗赠的,其署名权和保护作品完整权由著作权行政管理部门保护。

第二十四条 作者生前未发表的作品,如果作者未明确表示不发表,作者死亡后五十年内,其发表权可由其继承人或者受遗赠人行使;没有继承人又无人受遗赠的,其发表权由作品原件的所有人行使。

第二十五条 著作权属于自然人的,自然人死亡后,著作权中的财产权在本法规定的保护期内,依照《中华人民共和国继承法》的规定转移。

著作权属于法人或者其他组织的,法人或者其他组织变更、终止后,著作权中的财产权在本法规定的保护期内,由承受其权利义务的法人或者其他组织享有;没有承受其权利义务的法人或者其他组织的,由国家享有。

第二十六条 合作作者之一死亡后,其对合作作品享有的著作权中的财产权无人继承又无人受遗赠的,由其他合作作者享有。

第二十七条 作者身份不明的作品,其著作权除署名权外由作品原件的所有人行使。作者身份确定后,其著作权由作者或者其继承人、受遗赠人行使。

第三节 著作权的保护期

第二十八条 署名权、保护作品完整权的保护期不受限制。

第二十九条 自然人的作品,其发表权、著作权中的财产权的保护期为作者终身及其死亡后五十年;如果是合作作品,其保护期计算以最后死亡的作者为准。

法人或者其他组织的作品、著作权(署名权除外)由单位享有的职务作品、视听作品,其发表权的保护期为五十年,但作品自创作完成后五十年内未发表的,本法不再保护;其著作权中的财产权的保护期为首次发表后五十年,但作品自创作完成后五十年内未发表的,本法不再保护。

实用艺术作品,其发表权的保护期为二十五年,但作品自创作完成后二十五年内未发表的,本法不再保护;其著作权中的财产权的保护期为首次发表后二十五年,但作品自创作完成后二十五年内未发表的,本法不再保护。

前三款所称的保护期,自作者死亡、相关作品首次发表或者作品创作完成后次年1月1日起算。

本法施行前保护期已经届满、但依据本条第一款仍在保护期内的摄影作品,不受本法保护。

本法第十四条规定的权利的保护期,适用本条第一款的规定。

第三十条 作者身份不明的作品,其著作权中的财产权的保护期为五十年,自该作品首次发表后次年1月1日起算。作者身份确定后适用本法第二十九条的规定。

第三章 相关权

第一节 出版者

第三十一条 本法所称的出版，是指复制并发行。

本法所称的版式设计，是指对图书和期刊的版面格式的设计。

第三十二条 出版者有权许可他人使用其出版的图书、期刊的版式设计。

前款规定的权利的保护期为十年，自使用该版式设计的图书或者期刊首次出版后次年1月1日起算。

第二节 表演者

第三十三条 本法所称的表演者，是指以朗诵、演唱、演奏以及其他方式表演文学艺术作品或者民间文学艺术表达的自然人。

第三十四条 表演者对其表演享有下列权利：

（一）表明表演者身份；

（二）保护表演形象不受歪曲；

（三）许可他人以无线或者有线方式公开播放其现场表演；

（四）许可他人录制其表演；

（五）许可他人复制、发行、出租其表演的录制品或者该录制品的复制件；

（六）许可他人以无线或者有线方式向公众提供其表演，使公众可以在其个人选定的时间和地点获得该表演。

前款第（一）项、第（二）项规定的权利的保护期不受限制；第（三）项至第（六）项规定的权利的保护期为五十年，自该表演发生后次年1月1日起算。

被许可人以本条第一款第（三）项至第（六）项规定的方式使用作品，还应当取得著作权人许可。

第三十五条 演出组织者组织表演的，由该演出组织者取得著作权人许可。

第三十六条 表演者在职期间为完成工作任务进行的表演为职务表演，其权利归属由当事人约定。

当事人没有约定或者约定不明的，职务表演的权利由表演者享有，但集体性职务表演的权利由演出单位享有，表演者享有署名权。

依本条第二款规定，职务表演的权利由表演者享有的，演出单位可以在其业务范围内免费使用该表演。

依本条第二款规定，职务表演的权利由演出单位享有的，单位应当根据表演的数量和质量对表演者予以奖励。

第三十七条 制片者聘用表演者制作视听作品，应当签订书面合同并支付报酬。

视听作品中的表演者根据第三十四条第（五）项和第（六）项规定的财产权及利

益分享由制片者和主要表演者约定。如无约定或者约定不明的,前述权利由制片者享有,但主要表演者享有署名权和分享收益的权利。

第三节 录音制作者

第三十八条 本法所称的录音制品,是指任何对表演的声音和其他声音的录制品。本法所称的录音制作者,是指录音制品的首次制作人。

第三十九条 录音制作者对其制作的录音制品享有下列权利:

(一)许可他人复制其录音制品;

(二)许可他人发行其录音制品;

(三)许可他人出租其录音制品;

(四)许可他人以无线或者有线方式向公众提供其录音制品,使公众可以在其个人选定的时间和地点获得该录音制品。

前款规定的权利的保护期为五十年,自录音制品首次制作完成后次年1月1日起算。

被许可人复制、发行、出租、通过信息网络向公众传播录音制品,还应当取得著作权人、表演者许可。

第四十条 以下列方式使用录音制品的,其录音制作者享有获得合理报酬的权利:

(一)以无线或者有线方式公开播放录音制品或者转播该录音制品的播放,以及通过技术设备向公众传播该录音制品的播放;

(二)通过技术设备向公众传播录音制品。

第四节 广播电台、电视台

第四十一条 本法所称的广播电视节目,是指广播电台、电视台首次播放的载有声音或者图像的信号。

第四十二条 广播电台、电视台对其播放的广播电视节目享有下列权利:

(一)许可他人以无线或者有线方式转播其广播电视节目;

(二)许可他人录制其广播电视节目;

(三)许可他人复制其广播电视节目的录制品。

前款规定的权利的保护期为五十年,自广播电视节目首次播放后的次年1月1日起算。

被许可人以本条第一款规定的方式使用作品、表演和录音制品的,还应当取得著作权人、表演者和录音制作者的许可。

第四章 权利的限制

第四十三条 在下列情况下使用作品,可以不经著作权人许可,不向其支付报酬,

但应当指明作者姓名或者名称、作品名称、作品出处,并且不得侵犯著作权人依照本法享有的其他权利:

(一)为个人学习、研究,复制他人已经发表的作品的片段;

(二)为介绍、评论某一作品或者说明某一问题,在作品中适当引用他人已经发表的作品,引用部分不得构成引用人作品的主要或者实质部分;

(三)为报道新闻,在报纸、期刊、广播电台、电视台、网络等媒体中不可避免地再现或者引用已经发表的作品;

(四)报纸、期刊、广播电台、电视台、网络等媒体刊登或者播放其他报纸、期刊、广播电台、电视台、网络等媒体已经发表的关于政治、经济、宗教问题的时事性文章,但作者声明不得使用的除外;

(五)报纸、期刊、广播电台、电视台、网络等媒体刊登或者播放在公众集会上发表的讲话,但作者声明不得使用的除外;

(六)为学校课堂教学或者科学研究,翻译或者少量复制已经发表的作品,供教学或者科研人员使用,但不得出版;

(七)国家机关为执行公务在合理范围内使用已经发表的作品;

(八)图书馆、档案馆、纪念馆、博物馆、美术馆等为陈列或者保存版本的需要,复制本馆收藏的作品;

(九)免费表演已经发表的作品,该表演未向公众收取费用,未向表演者支付报酬,也未以其他方式获得经济利益;

(十)对设置或者陈列在室外公共场所的艺术作品进行临摹、绘画、摄影、录像并复制、发行以及向公众传播,但不得以该艺术作品的相同方式复制、陈列以及公开传播;

(十一)将中国自然人、法人或者其他组织已经发表的以汉语言文字创作的作品翻译成少数民族语言文字作品在国内出版;

(十二)将已经发表的作品改成盲文出版;

(十三)其他情形。

以前款规定的方式使用作品,不得影响作品的正常使用,也不得不合理地损害著作权人的合法利益。

第四十四条 计算机程序的合法授权使用者可以从事下列行为:

(一)根据使用的需要把该程序装入计算机等具有信息处理能力的装置内;

(二)为了防止计算机程序损坏而制作备份复制件;这些备份复制件不得通过任何方式提供给他人使用,并在本人丧失合法授权时,负责将备份复制件销毁;

(三)为了把该程序用于实际的计算机应用环境或者实现其功能而进行必要的改动;未经该程序的著作权人许可,不得向任何第三方提供修改后的程序以及专门用做修改程序的装置或者部件。

第四十五条 为了学习和研究计算机程序内含的设计思想和原理,计算机程序的合法授权使用者通过安装、显示、传输或者存储等方式使用计算机程序的,可以不经计算机程序著作权人许可,不向其支付报酬。

第四十六条　计算机程序的合法授权使用者在通过正常途径无法获取必要的兼容性信息时,可以不经该程序著作权人许可,复制和翻译该程序中与兼容性信息有关的部分内容。

适用前款规定获取的信息,不得超出计算机程序兼容的目的使用,不得提供给他人,不得用于开发、生产或者销售实质性相似的计算机程序,不得用于任何侵犯著作权的行为。

第四十七条　为实施国家义务教育编写教科书,依照本法第五十条规定的条件,可以不经著作权人许可,在教科书中汇编已经发表的短小的文字作品、音乐作品或者单幅的美术作品、摄影作品、图形作品。

第四十八条　文字作品在报刊上刊登后,其他报刊依照本法第五十条规定的条件,可以不经作者许可进行转载或者作为文摘、资料刊登。

报刊社对其刊登的作品根据作者的授权享有专有出版权,并在其出版的报刊显著位置作出不得转载或者刊登的声明的,其他报刊不得进行转载或者刊登。

第四十九条　广播电台、电视台依照本法第五十条规定的条件,可以不经著作权人许可,播放其已经发表的作品;但播放视听作品,应当取得著作权人的许可。

本条规定适用于中国著作权人以及其作品创作于中国的外国著作权人。

第五十条　根据本法第四十七条、第四十八条和第四十九条的规定,不经著作权人许可使用其已发表的作品,必须符合下列条件:

(一)在首次使用前向相应的著作权集体管理组织申请备案;

(二)在使用作品时指明作者姓名或者名称、作品名称和作品出处,但由于技术原因无法指明的除外;

(三)在使用作品后一个月内按照国务院著作权行政管理部门制定的付酬标准直接向权利人或者通过著作权集体管理组织向权利人支付使用费,同时提供使用作品的作品名称、作者姓名或者名称和作品出处等相关信息。前述付酬标准适用于自本法施行之日起的使用行为。

著作权集体管理组织应当及时公告前款规定的备案信息,并建立作品使用情况查询系统供权利人免费查询作品使用情况和使用费支付情况。

著作权集体管理组织应当在合理时间内及时向权利人转付本条第一款所述的使用费。

第五十一条　著作权保护期未届满的已发表作品,使用者尽力查找其权利人无果,符合下列条件之一的,可以在向国务院著作权行政管理部门指定的机构申请并提存使用费后以数字化形式使用:

(一)著作权人身份不明的;

(二)著作权人身份确定但无法联系的。

前款具体实施办法,由国务院著作权行政管理部门另行规定。

第五章 权利的行使

第一节 著作权和相关权合同

第五十二条 著作权人可以通过许可、转让、设立质权或者法律允许的其他形式行使著作权中的财产权。

第五十三条 使用他人作品，应当同著作权人订立许可使用合同，本法规定可以不经许可的除外。

许可使用合同包括下列主要内容：

（一）作品的名称；

（二）许可使用的权利种类和使用方式；

（三）许可使用的是专有使用权或者非专有使用权；

（四）许可使用的地域范围、期限；

（五）付酬标准和办法；

（六）违约责任；

（七）双方认为需要约定的其他内容。

使用作品的付酬标准由当事人约定，当事人没有约定或者约定不明的，按照市场价格或者国务院著作权行政管理部门会同有关部门制定的付酬标准支付报酬。

第五十四条 许可使用的权利是专有使用权的，许可使用合同应当采取书面形式。

合同中未明确约定许可使用的权利是专有使用权的，视为许可使用的权利为非专有使用权。

合同中约定许可使用的方式是专有使用权，但对专有使用权的内容没有约定或者约定不明的，视为被许可人有权排除包括著作权人在内的任何人以同样的方式使用作品。

报刊社与著作权人签订专有出版权合同，但对专有出版权的期限没有约定或者约定不明的，专有出版权的期限推定为一年。

第五十五条 图书出版合同中约定图书出版者享有专有出版权但没有明确其具体内容的，视为图书出版者享有在合同有效期内和在合同约定的地域范围内以同种文字的原版、修订版出版图书的专有权利。

第五十六条 图书出版者重印、再版作品的，应当通知著作权人，并支付报酬。

图书脱销后，图书出版者拒绝重印、再版的，著作权人有权终止合同。著作权人寄给图书出版者的两份订单在六个月内未得到履行，视为图书脱销。

第五十七条 转让著作权中的财产权利，应当订立书面合同。

权利转让合同包括下列主要内容：

（一）作品的名称；

（二）转让的权利种类、地域范围；

（三）转让金；

（四）支付转让金的日期和方式；

（五）违约责任；

（六）双方认为需要约定的其他内容。

第五十八条 许可使用合同和转让合同中著作权人未明确许可或者转让的权利，未经著作权人同意，被许可人或者受让人不得行使。

未经著作权人同意，被许可人不得许可第三人行使同一权利。

第五十九条 与著作权人订立专有许可合同或者转让合同的，使用者可以向国务院著作权行政管理部门设立的专门登记机构登记。未经登记的权利，不得对抗善意第三人。

登记应当缴纳费用，收费标准由国务院财政、价格管理部门确定。

第六十条 以著作权出质的，由出质人和质权人向国务院著作权行政管理部门办理出质登记。

登记应当缴纳费用，收费标准由国务院财政、价格管理部门确定。

第二节　著作权集体管理

第六十一条 著作权集体管理组织是根据著作权人和相关权人的授权或者法律规定，以集体管理的方式行使权利人难以行使和难以控制的著作权或者相关权的非营利性社会组织。

著作权集体管理组织管理权利时，可以以自己的名义为著作权人和相关权人主张权利，并可以作为当事人进行著作权或者相关权的诉讼、仲裁和调解活动。

第六十二条 著作权集体管理组织应当根据管理的权利提供使用费标准，该标准在国务院著作权行政管理部门指定的媒体上公告实施，有异议的，由国务院著作权行政管理部门组织专门委员会裁定，裁定为最终结果，裁定期间使用费标准不停止执行。

前款所述专门委员会由法官、著作权集体管理组织的监管部门公务员、律师等组成。

第六十三条 著作权集体管理组织取得权利人授权并能在全国范围内代表权利人利益的，可以就自助点歌系统向公众传播已经发表的音乐或者视听作品以及其他方式使用作品，代表全体权利人行使著作权或者相关权，权利人书面声明不得集体管理的除外。

著作权集体管理组织在转付相关使用费时，应当平等对待所有权利人。

第六十四条 著作权和相关权权利人依据本法第十四条和第四十条享有的获酬权，应当通过相应的著作权集体管理组织行使。

第六十五条 两个以上著作权集体管理组织就同一使用方式向同一使用者收取使用费的，应当共同制定统一的使用费标准，并且协商确定由一个著作权集体管理组织统一收取使用费。收取的使用费应当在相应的著作权集体管理组织之间合理分配。

第六十六条 国务院著作权行政管理部门主管全国的著作权集体管理工作，负责著作权集体管理组织的设立、业务范围、变更、注销以及其他登记事项的审批和监督管理。

国务院其他主管部门在各自职责范围内对著作权集体管理组织进行监督管理。

第六十七条 著作权集体管理组织的设立方式、业务范围、权利义务、著作权许可使用费的收取和分配,对其监督和管理,授权使用收费标准异议裁定等事宜由国务院另行规定。

第六章 技术保护措施和权利管理信息

第六十八条 本法所称的技术保护措施,是指权利人为防止、限制其作品、表演、录音制品或者广播电视节目被复制、浏览、欣赏、运行、改编或者通过网络传播而采取的有效技术、装置或者部件。

本法所称的权利管理信息,是指说明作品及其作者、表演及其表演者、录音制品及其制作者的信息、广播电视节目及其广播电台电视台,作品、表演、录音制品以及广播电视节目权利人的信息和使用条件的信息,以及表示上述信息的数字或者代码。

第六十九条 为保护著作权和相关权,权利人可以采用技术保护措施。

未经许可,任何组织或者个人不得故意避开或者破坏技术保护措施,不得故意制造、进口或者向公众提供主要用于避开或者破坏技术保护措施的装置或者部件,不得故意为他人避开或者破坏技术保护措施提供技术或者服务,但是法律、行政法规另有规定的除外。

第七十条 未经权利人许可,不得进行下列行为:

(一)故意删除或者改变权利管理信息,但由于技术上的原因无法避免删除或者改变的除外;

(二)知道或者应当知道相关权利管理信息被未经许可删除或者改变,仍然向公众提供该作品、表演、录音制品或者广播电视节目。

第七十一条 下列情形可以避开技术保护措施,但不得向他人提供避开技术保护措施的技术、装置或者部件,不得侵犯权利人依法享有的其他权利:

(一)为学校课堂教学或者科学研究,向少数教学、科研人员提供已经发表的作品、表演、录音制品或者广播电视节目,而该作品、表演、录音制品或者广播电视节目无法通过正常途径获取;

(二)不以营利为目的,以盲人能够感知的独特方式向盲人提供已经发表的作品,而该作品无法通过正常途径获取;

(三)国家机关依照行政、司法程序执行公务;

(四)具有安全测试资质的机构对计算机及其系统或者网络的安全性能进行测试;

(五)进行加密研究或者计算机程序反向工程研究。

第七章 权利的保护

第七十二条 侵犯著作权或者相关权,违反本法规定的技术保护措施或者权利管理信息有关义务的,应当依法承担停止侵害、消除影响、赔礼道歉、赔偿损失等民事责任。

第七十三条 网络服务提供者为网络用户提供存储、搜索或者链接等单纯网络技术服务时,不承担与著作权或者相关权有关的审查义务。

他人利用网络服务实施侵犯著作权或者相关权行为的,权利人可以书面通知网络服务提供者,要求其采取删除、断开链接等必要措施。网络服务提供者接到通知后及时采取必要措施的,不承担赔偿责任;未及时采取必要措施的,对损害的扩大部分与该侵权人承担连带责任。

网络服务提供者知道或者应当知道他人利用其网络服务侵害著作权或者相关权,未及时采取必要措施的,与该侵权人承担连带责任。

网络服务提供者教唆或者帮助他人侵犯著作权或者相关权的,与该侵权人承担连带责任。

网络服务提供者通过网络向公众提供他人作品、表演或者录音制品,不适用本条第一款规定。

第七十四条 使用者使用权利人难以行使和难以控制的权利,依照与著作权集体管理组织签订的合同向其支付会员的报酬后,非会员权利人就同一权利和同一使用方式提起诉讼的,使用者应当停止使用,并按照相应的著作权集体管理使用费标准赔偿损失。

下列情形不适用前款规定:

(一)使用者知道非会员权利人作出不得以集体管理方式行使其权利的声明,仍然使用其作品的;

(二)非会员权利人通知使用者不得使用其作品,使用者仍然使用的;

(三)使用者履行非会员诉讼裁决停止使用后,再次使用的。

第七十五条 计算机程序的复制件持有人不知道也不应当知道该程序是侵权复制件的,不承担赔偿责任;但是应当停止使用、销毁该侵权复制件。计算机程序复制件持有人需要继续使用该计算机程序的,应当取得该计算机程序著作权人的许可。

第七十六条 侵犯著作权或者相关权的,在计算损害赔偿数额时,权利人可以选择实际损失、侵权人的违法所得、权利交易费用的合理倍数或者一百万元以下数额请求赔偿。

对于两次以上故意侵犯著作权或者相关权的,人民法院可以根据前款计算的赔偿数额的二至三倍确定赔偿数额。

人民法院在确定赔偿数额时,应当包括权利人为制止侵权行为所支付的合理开支。

人民法院为确定赔偿数额,在权利人已经尽力举证,而与侵权行为相关的账簿、资料主要由侵权人掌握的情况下,可以责令侵权人提供与侵权行为相关的账簿、资料;侵权人不提供或者提供虚假的账簿、资料的,人民法院可以根据权利人的主张判定侵权赔偿数额。

第七十七条 下列侵权行为,可以由著作权行政管理部门责令停止侵权行为,予以警告,没收违法所得,没收、销毁侵权制品和复制件,非法经营额五万元以上的,可处非法经营额一倍以上五倍以下的罚款,没有非法经营额、非法经营额难以计算或者非法经营额五万元以下的,可处二十五万元以下的罚款;情节严重的,著作权行政管理部门可以没收主要用于制作侵权制品和复制件的材料、工具、设备等;构成犯罪的,依法追究刑事责任:

（一）未经著作权人许可,复制、发行、出租、展览、表演、播放、通过网络向公众传播其作品的,本法另有规定的除外;

（二）未经表演者许可,播放、录制其表演,复制、发行、出租录有其表演的录音制品,或者通过网络向公众传播其表演的,本法另有规定的除外;

（三）未经录音制作者许可,复制、发行、出租、通过网络向公众传播其录音制品的,本法另有规定的除外;

（四）未经广播电台、电视台许可,转播、录制、复制其广播电视节目的,本法另有规定的除外;

（五）使用他人享有专有使用权的作品、表演、录音制品或者广播电视节目的;

（六）违反本法第五十条规定使用他人作品的;

（七）未经许可,使用权利人难以行使和难以控制的著作权或者相关权的,本法第七十四条第一款规定的情形除外;

（八）制作、出售假冒他人署名的作品的。

第七十八条 下列违法行为,可以由著作权行政管理部门予以警告,没收违法所得,没收主要用于避开、破坏技术保护措施的装置或者部件;情节严重的,没收相关的材料、工具和设备,非法经营额五万元以上的,可处非法经营额一倍以上五倍以下的罚款,没有非法经营额、非法经营额难以计算或者非法经营额五万元以下的,可处二十五万元以下的罚款;构成犯罪的,依法追究刑事责任:

（一）未经许可,故意避开或者破坏权利人采取的技术保护措施的,法律、行政法规另有规定的除外;

（二）未经许可,故意制造、进口或者向他人提供主要用于避开、破坏技术保护措施的装置或者部件,或者故意为他人避开或者破坏技术保护措施提供技术或者服务的;

（三）未经许可,故意删除或者改变权利管理信息的,本法另有规定的除外;

（四）未经许可,知道或者应当知道权利管理信息被删除或者改变,仍然复制、发行、出租、表演、播放、通过网络向公众传播相关作品、表演、录音制品或者广播电视节目的。

第七十九条 著作权行政管理部门对涉嫌侵权和违法行为进行查处时,可以询问有关当事人,调查与涉嫌侵权和违法行为有关的情况;对当事人涉嫌侵权和违法行为的场所和物品实施现场检查;查阅、复制与涉嫌侵权和违法行为有关的合同、发票、账簿以及其他有关资料;对于涉嫌侵权和违法行为的场所和物品,可以查封或者扣押。

著作权行政管理部门依法行使前款规定的职权时,当事人应当予以协助、配合,无正当理由拒绝、阻挠或者拖延提供前款材料的,可以由著作权行政管理部门予以警告;情节严重的,没收相关的材料、工具和设备;构成犯罪的,依法追究刑事责任。

第八十条 当事人对行政处罚不服的,可以自收到行政处罚决定书之日起六十日内向有关行政机关申请行政复议,或者自收到行政处罚决定书之日起三个月内向人民法院提起诉讼,期满不申请行政复议或者提起诉讼,又不履行的,著作权行政管理部门可以申请人民法院执行。

第八十一条 著作权和相关权的使用者在下列情形下,应当承担民事或者行政法律责任:

(一)复制件的出版者、制作者不能证明其出版、制作有合法授权的;

(二)网络用户不能证明其通过网络向公众传播的作品有合法授权的;

(三)出租者不能证明其出租视听作品、计算机程序或者录音制品的原件或者复制件有合法授权的;

(四)发行者不能证明其发行的复制件有合法来源的。

第八十二条 著作权人或者相关权人申请行为、财产或者证据保全的,适用《中华人民共和国民事诉讼法》有关保全的规定。

第八十三条 人民法院审理案件,对于侵犯著作权或者相关权的,可以没收违法所得、侵权制品和复制件以及进行违法活动的财物。

第八十四条 著作权和相关权纠纷的当事人可以按照《中华人民共和国仲裁法》向仲裁机构申请仲裁,也可以申请调解。

第八十五条 著作权行政管理部门可以设立著作权纠纷调解委员会,负责著作权和相关权纠纷的调解。调解协议的司法确认,适用《中华人民共和国民事诉讼法》有关确认调解协议的规定。

著作权调解委员会的组成、调解程序以及其他事项,由国务院著作权行政管理机关另行规定。

第八十六条 著作权人和相关权人对进口或者出口涉嫌侵害其著作权或者相关权的物品,可以申请海关查处。具体办法由国务院另行规定。

第八章 附 则

第八十七条 本法所称的著作权即版权。

第八十八条 相关权的限制和行使适用本法中著作权的相关规定。

第八十九条 本法规定的著作权人和相关权人的权利,在本法施行之日尚未超过本法规定的保护期的,依照本法予以保护。

本法施行前发生的侵权或者违约行为,依照侵权或者违约行为发生时的有关法律、规定和政策处理。

第九十条 本法自　　年　月　日起施行。

关于《中华人民共和国著作权法》
（修订草案送审稿）的说明

为顺利推进著作权法修订工作，国家版权局专门成立了"国家版权局著作权法修订工作领导小组"和"国家版权局著作权法修订工作专家委员会"，广泛征求社会各界对修法工作的意见和建议，委托国内著作权领域影响较大的三家教学科研单位分别起草著作权法修订专家建议稿。著作权法修订草案初稿形成后，国家版权局通过官方网站和专函方式，分别向社会公众和立法、司法、行政部门以及相关社会团体征求意见，组织或参与了针对特定领域、特定行业和特定部门的定向征求意见专题会议，面对面听取相关利益主体的意见和建议。一年多来，在广泛听取社会公众和国内外有关机构意见基础上，经过反复研究和分析论证，形成了《中华人民共和国著作权法》（修订草案送审稿）（以下简称"送审稿"）。现就送审稿的有关内容说明如下：

一、关于修订的必要性

著作权法是中国特色社会主义法律体系的重要组成部分，是调整作品创作、传播和使用过程中财产关系和人身关系的基本规范。我国现行《著作权法》自1991年6月1日起施行以来，对鼓励智力创作、保护作者权利、促进文化产业的发展、满足人民群众的精神文化需求发挥了积极作用，总的来看是一部好的法律。

但是，《著作权法》实施二十二年来，我国所处的国际国内形势发生了深刻变化，一是我国成功实现经济转型社会转轨，确立了社会主义市场经济制度，社会利益多元化格局基本形成，著作权得到进一步尊重；二是全球科学技术迅猛发展，数字和网络技术的快速发展和广泛运用，改变了作品创作和传播方式，著作权传统保护制度面临新的挑战；三是经济全球化进一步深入，包括著作权在内的知识产权已经成为国际贸易的重要载体，我国作为世界贸易组织的成员，在处理国际经贸关系中，著作权保护已经成为不可回避的重要问题；四是改革开放以来，特别进入新世纪以来，我国的发展理念发生了根本改变，作出了坚持科学发展观、建设创新型国家和推进文化大发展大繁荣等战略决策，包括著作权在内的知识产权在转变经济发展方式、提高国家的核心竞争力、促进文化繁荣发展的作用日益凸显。面对新形势、新情况和新变化，现行《著作权法》虽然分别于2001年和2010年进行过两次修改，但都囿于其被动性和局部性，没能完全反映和体现我国经济社会发生的深刻变化，现行《著作权法》"对著作权的保护不够，难以有效遏制侵权行为，不足以激励创作者的积极性；著作权授权机制和交易规则不畅，难以保障使用者合法、便捷、有效地取得授权和传播使用作品"这两大主要矛盾没有得到有效解决。因此，为适应我国经济发展、科技进步、文化繁荣、改革开放深入、国际地位提升的新形势、新情况和新要求,亟须对现行《著作权法》进行主动、全面的修订。

二、关于修订的主要内容

本次修订《著作权法》,我们立足社会主义初级阶段的基本国情,坚持"集思广益、解决问题"的理念,遵循独立性、平衡性和国际性的原则,着力解决我国著作权保护实际中存在的突出问题,坚持在公开透明的条件下形成草案。

送审稿将现行《著作权法》的六章六十一条修订为八章,九十条。其主要修改内容有:

（一）鼓励创作,整合权利体系

为解决实践中著作权的确定性问题,送审稿对著作权保护的权利客体、权利内容、权利归属和权利保护期等方面进行了修改,主要表现在:

关于权利客体。送审稿将《著作权法实施条例》中关于作品的定义上升为法律规定;将"电影作品和以类似摄制电影的方法创作的作品"更名为"视听作品",取消相关权客体"录像制品"的规定;增加"实用艺术作品",赋予其二十五年的保护期;将"计算机软件"修改为"计算机程序",以文字作品保护计算机文档。

关于权利内容。送审稿对权利内容进行了重新整合,一是简化"人身权"和"财产权"的权项,但其权能没有减少,且略有增加,二是从实践出发重新界定权利的边界。主要修改有:一是将现行《著作权法》规定的十七项权利重新整合为十三项,取消修改权、放映权、摄制权、汇编权等四项权利,其权能分别由保护作品完整权、表演权、改编权和复制权涵盖;二是增加追续权（送审稿中未出现追续权字样）,同时考虑到其本质属于报酬请求权,有别于著作权的基本权利,因此单列条款规定;三是将广播权修改为播放权,适用于非交互式传播作品,以解决实践中网络的定时播放和直播等问题,将信息网络传播权适用于交互式传播作品;四是相关权部分,增加表演者的出租权以及其对视听表演的获酬权,增加录音制作者对他人以表演和播放的方式使用其录音制品的获酬权,将广播电台电视台享有的权利由"禁止权"修改为"许可权"等。

关于权利归属。送审稿体现了当事人"意思自治"原则,主要修改有:一是将现行《著作权法》关于视听作品的权利法定归属制片者调整为当事人约定优先,同时增加了视听作品作者的利益分享机制;二是确立职务作品的权利归属当事人约定优先的原则,同时针对不同的法定情形规定了相对方的权利;三是为解决在原件是作品的唯一载体的特定情况下,原件的灭失将影响著作权行使的问题,增加关于载体唯一性的美术作品的著作权保护规定。

关于权利保护期限。根据国内相关团体的要求和相关国际公约的规定,送审稿将摄影作品的保护期修改为作者终身及死后五十年。

关于权利限制。参照国际规则,适当调整权利限制的范围,并增加关于权利限制的原则性标准的规定。

（二）促进运用,调整授权机制和市场交易规则

保持保护著作权人权利与促进作品广泛传播的一致性,建立科学、合理、规范的著作权授权机制和交易规则,改变当前我国一方面著作权人的权利得不到应有尊重、另一方面

使用者无法通过合法途径获得海量作品授权的困境,是本次修法的重点内容,主要修改有:

1. 根据我国二十多年的著作权交易的社会实践和国际经验,增加关于著作权和相关权登记的规定,为降低版权交易风险、避免权属争议提供制度保障。

2. 为有效解决著作权交易过程中"一权二卖"的问题,切实保护合同相对方的合法权益,增加关于专有许可合同与转让合同缔约过程中权利登记的规定,确保著作权交易安全。

3. 根据相关国际公约和社会各界意见,将现行《著作权法》五类著作权法定许可进行调整,保留教科书和报刊转载法定许可,将广播电台电视台的两项法定许可合并为一项,取消录音法定许可。同时明确规定法定许可的适用条件以及违反法定义务的法律责任。

4. 为适应数字网络环境下海量使用作品的需要,为解决特定情况下,著作权人查找无果但仍需使用作品的实际,增加相关规定,允许使用者在向有关机构申请并提存使用费后以数字化形式使用作品。

5. 为充分发挥著作权集体管理制度的作用,既最大限度地保护数量最大但自身却又"无维权意识、无立法话语权、无维权能力"的广大著作权人权利,又破解使用者"愿意遵守法律、愿意通过合法途径获得作品授权、愿意承担付酬义务"但又不可能从"分布广、数量大"的权利人手中获得海量作品授权的困境,送审稿优化了著作权集体管理制度的设计,强化了社会监督和政府监管。

(三)强化保护,完善救济措施

着力强化著作权保护力度、有效防范侵权行为是本次修法的重点内容之一,主要修改有:

1. 将民事侵权情形由现行《著作权法》的列举式修改为概括式,扩大了权利人主张权利的范围。

2. 为明确实践中网络服务提供商的民事法律责任,根据《侵权责任法》的相关规定,增加网络服务提供商民事责任的规定。

3. 将现行《著作权法》关于确定损害赔偿数额的顺序性规定修改为选择性,即允许权利人在实际损失、侵权人违法所得、权利交易费用的合理倍数以及一百万元以下的数额之中进行选择。同时提高了法定赔偿数额、增加惩罚性赔偿的规定,适当增加了侵权人的举证责任。

4. 在行政法律责任方面,根据著作权行政执法的实践需要,一方面在《著作权法实施条例》规定的基础上提高了罚款的数额,将罚款的倍数由非法经营额的三倍提高为五倍,将十万元提高为二十五万元,另一方面增加了著作权行政管理部门的执法手段,特别是查封扣押权。

5. 其他修改:将现行《著作权法》关于计算机程序的善意持有者可以支付合理使用费后继续使用该程序的规定修改为其必须重新获得授权后才能继续使用;扩大了作品使用者过错推定的范围;为缓解司法实践中著作权案件数量多、增长快、压力大的问题,充分发挥著作权行政管理部门专业、高效、便捷的优势,增加关于著作权纠纷行政调解的规定。

(四)科学规范,完善体例结构

在参考我国其他知识产权法律、借鉴其他国家和地区著作权立法体例的基础上,送审稿对现行《著作权法》的体例结构进行了调整和完善,主要修改有:

1. 增加章节内容。增加"权利的限制"和"技术保护措施和权利管理信息"两章,以及"著作权集体管理"一节。其中"权利的限制"由现行《著作权法》一节提升为一章,新增"技术保护措施和权利管理信息"一章及"著作权集体管理"一节。

2. 修改部分章节名称。将"出版、表演、录音录像、播放"修改为"相关权",并将其相关节的称谓由"行为"修改为"主体",如将"图书、报刊出版"修改为"出版者";将"著作权许可使用和转让"修改为"权利的行使";将"法律责任和执法措施"修改为"权利的保护"。

3. 调整章节顺序。送审稿在章节安排上采取先权利(著作权和相关权)、再权利的限制、权利的行使、技术保护措施和权利管理信息,最后权利的保护的顺序,体例结构更加符合法律的体系化和逻辑性。

4. 对与其他法律的衔接作出明确规定,主要针对侵权行为的刑事制裁,当事人申请诉前禁令、财产保全、证据保全以及调解协议司法确认,行政复议和行政诉讼等法律适用作出相应的衔接性规定。

5. 鉴于《计算机软件保护条例》和《实施国际著作权条约的规定》的主要内容已经被送审稿吸收,拟废止《计算机软件保护条例》和《实施国际著作权条约的规定》。

三、关于征求意见的情况

本次修订《著作权法》,国家版权局始终坚持开门立法,秉承"科学立法、民主立法、集中民智、反映民意、凝聚共识"的立法精神,整个修法工作在阳光下进行,社会参与度较高。在送审稿形成过程中,我们先后两次通过网络公开征求社会各界意见,两次通过书面形式征求有关立法、司法、行政部门和相关社团的意见。在第二次公开向社会各界征求意见的同时,国家版权局组织或者参与了二十多场针对特定领域、特定行业和特定部门的定向征求意见专题会议,面对面听取广电总局、工信部、中国文联、中华全国新闻工作者协会、中国期刊协会、中国电影导演协会、中国互联网协会、电影公司、软件公司等利益相关主体和主管部门的意见和建议。在整个征求意见过程中,共收集国内外各类意见一千八百余份。

附

关于《中华人民共和国著作权法修正案(草案)》的说明

2000年12月22日在九届全国人民代表大会常务委员会第十九次会议上

国家新闻出版署署长、国家版权局局长　石宗源

全国人民代表大会常务委员会：

我受国务院的委托，现就《中华人民共和国著作权法修正案(草案)》作说明。

《中华人民共和国著作权法》(以下简称现行著作权法)自1991年6月1日施行以来，对保护著作权人的合法权益，激发其创作积极性，促进经济、科技的发展和文化、艺术的繁荣，发挥了积极的作用。同时，经济、科技、文化的发展和改革的深化，对著作权保护制度也提出了一些新问题、新要求。因此，国务院于1998年11月28日提请全国人大常委会审议《中华人民共和国著作权法修正案(草案)》的议案(以下简称原议案)。原议案经同年12月下旬九届全国人大常委会第六次会议初步审议后，全国人大法律委员会、教科文卫委员会和全国人大常委会法工委进一步广泛征求意见，深入调查研究，反复进行协调，做了大量工作，提出了许多好的意见；同时，也有一些重要的不同意见，几经商量，仍一时难以达成一致，需要进一步研究、论证。国务院于1999年6月经全国人大常委会委员长会议同意，撤回了原议案。

原议案撤回后，国务院法制办、国家版权局对现行著作权法继续抓紧研究修改。目前，我国加入世界贸易组织的谈判已进入最后阶段。现行著作权法的一些规定与世界贸易组织规则主要是《与贸易有关的知识产权协议》(以下简称知识产权协议)还存在一些差距。我国已对外承诺我国在正式加入世界贸易组织时将全面实施知识产权协议。为了进一步完善我国的著作权保护制度，促进经济、科技和文化的发展繁荣，并适应我国加入世界贸易组织的进程，对现行著作权法作适当修改，是迫切需要的。

国务院法制办、国家版权局会同外经贸部、外交部、广电总局等有关部门及有关专家、学者进一步研究、论证，并征求了全国人大教科文卫委员会、全国人大常委会法工委的意见，重新拟订了《中华人民共和国著作权法修正案(草案)》(以下简称草案)。草案已经国务院第三十三次常务会议通过。这次修改，总的考虑：一是，以全国人大常委会在审议原议案过程中形成的修改稿为基础，充分吸收全国人大常委会组成人员对原议案的审议意见，意见已一致的，不再改动；二是，按照我国对外承诺，对现行著作权法中不符合世界贸易组织规则主要是知识产权协议的有关条款作相应修改；三是，根据信息技术迅猛发展的新情况，增加关于网络环境下著作权保护的规定。现就草案的主要内容说明如下：

一、关于完善著作权的权利内容

著作权包括人身权和财产权。现行著作权法第十条对人身权规定了四项(发表权、署名

权、修改权和保护作品完整权),并对每项权利的基本内涵作了界定;但是,对财产权则只是规定了使用权和获得报酬权,比较原则。考虑到著作权中的财产权是著作权人的重要民事权利,法律对此需要作出具体规定。因此,草案借鉴国际上的通常做法,根据各方面达成的共识,将现行著作权法第十条第(五)项规定的"使用权和获得报酬权"加以具体化,明确为十一项(复制权、发行权、出租权、展览权、公开表演权、播放权、传播权、摄制权、改编权、翻译权、汇编权),并对每项权利的基本内涵作了界定。这里,需要说明以下三个问题:

(一)关于出租权

参照知识产权协议的有关规定,将出租权确定为著作权人的一项独立的财产权利,但是出租权行使的范围仅限于计算机程序和电影作品。草案规定:著作权人享有"出租权,即有偿许可他人临时使用电影作品和以类似摄制电影的方法创作的作品、计算机软件的权利,计算机软件中的程序本身不是出租的主要标的除外"。

(二)关于公开表演权

参照伯尔尼公约关于著作权人的公开表演权,既包括通过演员的现场表演,也包括通过技术设备公开再现作品或者作品的表演(即机械表演)的规定,草案规定:著作权人享有"公开表演权,即通过演员的声音、表情、动作在现场直接公开再现作品,以及通过放映机、录音机、录像机等技术设备间接公开再现作品或者作品的表演的权利"。

(三)关于传播权

在1998年修改著作权法时,计算机网络技术在我国的应用还不太普及,有关网络环境下的著作权保护的立法在国际上也还处于探索阶段。因此,原草案对网络环境下的著作权保护未作规定。近年来,计算机网络技术在我国迅猛发展,网络环境下的著作权纠纷时有发生,需要考虑列入著作权法的保护范围。同时,考虑到网络环境下的著作权保护问题还是一个新课题,需要进一步研究、探索,目前还难以作出具体规定。因此,草案规定:著作权人享有"传播权,即通过互联网络向公众提供作品,使公众可在其个人选定的时间和地点获得作品的权利"。并对现行著作权法涉及著作权人和与著作权有关的权利人的权利的有关条款作了相应修改。

二、关于数据库等汇编作品

现行著作权法第十四条规定对"编辑作品"予以保护。实践中,所谓"编辑作品"仅指由若干作品或者作品的片断汇集的作品,而没有将由不构成作品的材料汇集成的有独创性的汇编作品如数据库等作为保护对象。实际上,数据库恰恰是一种重要的智力劳动成果,如果著作权法不予保护,对信息产业的发展是不利的。因此,草案依据知识产权协议的要求,将现行著作权法第十四条中的"编辑作品"改为"汇编作品",将这一条修改为:"汇编若干作品、作品的片段或者不构成作品的数据或者其他材料,对其内容的选择或者编排体现独创性的作品,为汇编作品,其著作权由汇编作品的作者享有;但是,汇编人行使著作权时,不得侵犯原作品的著作权。"这样修改,数据库即可涵盖在汇编作品中。

三、关于对版式设计、装帧设计的保护

出版者的版式设计权、装帧设计权属于著作的邻接权,是与著作权相关的一项独立的民事权利。现行著作权法对版式设计、装帧设计的保护问题未作规定。草案根据有关部门和专家的意见,并借鉴国际上的通行做法,增加了版式设计、装帧设计保护的内容,规定:"出版者有权许可或者禁止他人使用其出版的图书、报纸、杂志的版式设计、装帧设计。"

四、关于合理使用

现行著作权法第二十二条第一款规定了对作品"合理使用"的十二种情形,使用人可以不经著作权人许可,不向其支付报酬。其中,有些规定与知识产权协议尚有一定的差距。根据知识产权协议的规定,草案第十条对这一款作了以下修改:

1. 知识产权协议和伯尔尼公约对"合理使用"的原则作了一定的限制,即"不损害作品的正常使用,也不得无故侵害作者的合法利益"。据此,草案对现行著作权法第二十二条第一款规定的十二种"合理使用"情形,作了总的原则性限制,增加规定:"合理使用"作品,"不得影响作品的正常使用,也不得不合理地损害著作权人的合法权利"。

2. 按照现行著作权法第二十二条第一款第(三)项的规定,为报道时事新闻,在报纸、期刊、广播、电视节目或者新闻纪录影片中引用已经发表的作品,属于"合理使用"。这样规定,超过了伯尔尼公约规定的"合理使用"范围。根据伯尔尼公约的有关规定,草案将现行著作权法第二十二条第一款第(三)项修改为:"(三)为报道时事新闻,在报纸、期刊、广播电台、电视台等媒体中不可避免地再现或者引用已经发表的作品"。

3. 按照现行著作权法第二十二条第一款第(四)项的规定,报纸、期刊、广播电台、电视台刊登或者播放其他报纸、期刊、广播电台、电视台已经发表的社论、评论员文章,属于"合理使用"。伯尔尼公约第十条之二第一款将这种使用仅限于关于经济、政治或宗教的时事性文章。据此,草案将现行著作权法第二十二条第一款第(四)项修改为:"(四)报纸、期刊、广播电台、电视台等媒体刊登或者播放其他报纸、期刊、广播电台、电视台等媒体已经发表的关于政治、经济、宗教问题的时事性文章,但作者声明不许刊登、播放的除外"。

4. 按照现行著作权法第二十二条第一款第(十一)项的规定,将已经发表的汉族文字作品翻译成少数民族文字在国内出版发行,属于"合理使用"。知识产权协议和伯尔尼公约都没有作这样的规定。但是,考虑到发展、繁荣我国少数民族文化的需要,现行著作权法上述规定还是保留为好,但又不宜适用于外国人。因此,草案将现行著作权法第二十二条第一款第(十一)项修改为:"(十一)将中国公民、法人或者其他组织已经发表的以汉语言文字创作的作品翻译成少数民族语言文字作品在国内使用"。

五、关于编写出版教材使用他人作品的法定许可

借鉴一些国家的规定,编写出版教材使用他人作品属于法定许可的范围,即不经著作权人许可,就可以使用。考虑到教育事业是一项非营利的社会公益事业,全社会都应当给予大力支持。为了实施科教兴国的战略,草案增加规定:"为实施九年制义务教育和国家教育规划而编写出版教材,可以不经著作权人许可,在教材中汇编已经发表的作品片段或者短小的文字作品、音乐作品或者单幅的美术作品、摄影作品,但应当按照规定支付报酬,指明作者姓名、作品名称,并且不得侵犯著作权人依照本法享有的其他权利。""前款规定适用于对出版者、表演者、录音录像制作者、广播电台、电视台的权利的限制"。

六、关于著作权的转让

现行著作权法第三章仅对著作权许可使用合同作了规定，而没有对著作权的转让作规定。随着社会主义市场经济的发展，著作权人转让财产权的行为势必越来越普遍。针对著作权中的财产权转让合同的具体特点，即合同约定的可以是全部财产权的转让，也可以是部分财产权的转让，草案增加规定"转让著作权中的财产权，应当订立书面合同"，并具体规定了合同的主要内容。同时，将第三章章名"著作权许可使用合同"相应地修改为"著作权许可使用和转让合同"。

现行著作权法第七条规定："科学技术作品中应当由专利法、技术合同法等法律保护的，适用专利法、技术合同法等法律的规定。"这样规定，存在三个问题：一是容易引起专利法、技术合同法等法律的效力高于著作权法的误解；二是没有提மா标法；三是技术合同法已被纳入修改后的合同法。因此，为了理顺著作权与商标专用权、外观设计专利权的关系，根据草案关于著作权中财产权转让的规定，将现行著作权法第七条修改为："经著作权人转让或者许可，使用其作品并依法取得的商标专用权或者外观设计专利权，受商标法或者专利法保护。"

七、关于广播电视组织播放录音制品

现行著作权法第四十三条规定："广播电台、电视台非营业性播放已经出版的录音制品，可以不经著作权人、表演者、录音制作者许可，不向其支付报酬。"这一条实质上是把所规定的情形纳入了"合理使用"的范围。

伯尔尼公约第十一条之二规定，作者对其作品享有播放权，行使权利的条件由成员国法律规定，但在任何情况下，这些条件均不应有损于作者获得合理报酬的权利。这次修改，根据伯尔尼公约上述规定，经同各有关方面反复商量，基本达成一致意见，认为：为了履行我国对外承诺，按照国际公约的要求，对现行著作权法第四十三条作适当修改是必要的；同时，考虑到对这一条所规定的情形实行付酬制度，的确涉及诸多复杂问题，需要在进一步研究、论证的基础上，由国务院制定一个具体办法，否则，难以操作。因此，草案将现行著作权法第四十三条修改为："广播电台、电视台播放已经出版的录音制品，可以不经著作权人许可，但应当向其支付报酬，当事人另有约定的除外。具体办法由国务院规定。"

八、关于著作权集体管理组织

现行著作权法对著作权人和与著作权有关的权利人的权利作了规定，但是没有明确规定如何行使这些权利。这个问题不解决，由著作权中的财产权产生的获得报酬的权利往往会落空，各类作品的作者对此反应很强烈。著作权制度比较完善的国家的成功做法是，权利人通过著作权集体行使组织代为行使权利。目前，我国在这方面的实践经验还很不足，如何通过规范化的用人少、成本低、效率高的制度，切实维护权利人的权利，还需要有一个不断摸索的过程，尚难在著作权法中作出具体规定。因此，草案增加一条原则规定："著作权人和与著作权有关的权利人可以通过按照国家规定设立的著作权集体管理组织行使著作权或者与著作权有关的权利。著作权集体管理组织是非营利性组织，可以以自己的名义为著作权人和与著作权有关的权利人主张权利,并可以作为诉讼当事人进行涉及著作权或者与著作权有关的权利的诉讼活动。"

九、关于临时措施

知识产权协议第五十条规定,司法当局有权采取有效的临时措施,防止任何延误给权利人造成不可弥补的损害或者证据灭失。现行著作权法对此未作规定。据此,并参照修改后的专利法的有关规定,草案增加规定:"著作权人或者与著作权有关的权利人有证据证明他人正在实施或者即将实施侵犯其权利的行为,如不及时制止,将会使其合法权益受到难以弥补的损害的,可以在起诉前向人民法院申请采取责令停止有关行为和财产保全的措施。""人民法院处理前款申请,适用《中华人民共和国民事诉讼法》第九十三条至第九十六条和第九十九条的规定。"

十、关于侵权赔偿的法定数额及侵权人的举证责任

现行著作权法对侵权行为人应当赔偿损失的民事责任作了原则规定。司法实践中,主要是依照民法通则的有关规定,根据被侵权人的实际损失或者侵权人的非法所得,计算赔偿数额的。当被侵权人的实际损失和侵权人的非法所得都不能确定时,侵权案件就很难处理。经与最高人民法院商议,草案增加规定:"侵犯著作权或者与著作权有关的权利的,侵权人应当按照权利人的实际损失给予赔偿;实际损失难以计算的,可以按照侵权人的非法所得给予赔偿。赔偿数额还应当包括权利人为制止侵权行为所支付的合理开支。""权利人的实际损失或者侵权人的非法所得不能确定的,由人民法院根据侵权行为的社会影响、侵权手段和情节、侵权时间和范围,判决给予五十万元以下的赔偿。"

此外,由于现行著作权法没有关于举证责任的规定,在查处盗版活动中,侵权行为人往往以"无过错"为由逃避法律制裁。因此,草案增加规定:"复制品的出版者、制作者不能证明其出版、制作有合法授权的,复制品的发行者或者电影作品或者以类似摄制电影的方法创作的作品、计算机软件、录音录像制品的复制品的出租者不能证明其发行、出租的复制品有合法来源的,应当承担法律责任。"

十一、关于对损害社会公共利益的侵权行为的行政处罚

现行著作权法第四十六条规定,侵权行为人除应当承担民事责任外,可以由著作权行政管理部门给予没收非法所得和罚款的行政处罚。近几年来,侵权盗版、盗播屡禁不止,活动猖獗,不仅严重侵犯了著作权人的合法权益,而且严重损害社会公共利益。根据国家关于加大打击力度,端掉侵权制假"黑窝子"的精神,草案加大了对社会危害性较大的著作权侵权行为的行政处罚力度,除保留了没收非法所得和罚款的行政处罚外,增加规定著作权行政管理部门有权没收、销毁侵权复制品;情节严重的,还可以没收主要用于制作侵权复制品的材料、工具、设备等;并明确规定,构成犯罪的,依法追究刑事责任。

《中华人民共和国著作权法修正案(草案)》和以上说明是否妥当,请审议。

关于《中华人民共和国著作权法修正案(草案)》的补充说明

国家新闻出版署署长、国家版权局局长　石宗源

委员长、各位副委员长、秘书长、各位委员：

我受国务院的委托，现就《中华人民共和国著作权法修正案(草案)》作补充说明。

国务院于1998年11月28日提请全国人大常委会审议的《中华人民共和国著作权法修正案(草案)》(以下简称原草案)，经同年12月下旬九届全国人大常委会第六次会议初步审议后，全国人大法律委员会、教科文卫委员会和全国人大常委会法工委进一步广泛征求意见，深入调查研究、反复进行协调，做了大量工作，提出了许多好的意见；同时，也有一些重要的不同意见，几经商量仍一时难以达成一致，需要进一步研究、论证。国务院于1999年6月经全国人大常委会委员长会议同意，撤回了原草案。

原草案撤回后，国务院法制办、国家版权局一直在对现行著作权法继续抓紧研究修改。目前，我国加入世界贸易组织谈判已进入最后阶段。现行著作权法的一些规定与世界贸易组织规则主要是《与贸易有关的知识产权协议》(以下简称知识产权协议)还存在一些差距。我国已对外承诺在正式加入世界贸易组织时将全面实施知识产权协议。为了进一步完善我国的著作权保护制度，促进经济、科技和文化的发展繁荣，并适应我国加入世界贸易组织的进程，对现行著作权法作适当修改，是迫切需要的。

国务院法制办、国家版权局会同外经贸部、外交部、广电总局等有关部门及有关专家、学者进一步研究、论证，并征求了全国人大教科文卫委员会、全国人大常委会法工委的意见，拟订了《中华人民共和国著作权法修正案(草案)》(以下简称草案)。草案已经国务院第三十三次常务会议通过。这次修改，总的考虑：一是以全国人大常委会在审议原草案过程中形成的修改稿为基础，充分吸收全国人大常委会组成人员对原草案的审议意见，意见已一致的，不再改动；二是按照我国对外承诺，对现行著作权法中不符合世界贸易组织规则主要是知识产权协议的有关条款作相应修改；三是根据信息技术迅猛发展的新情况，增加关于网络环境下著作权保护的原则性规定。现仅就草案新修改的主要内容补充说明如下：

一、关于广播电视组织播放录音制品

现行著作权法第四十三条规定："广播电台、电视台非营业性播放已经出版的录音制品，可以不经著作权人、表演者、录音制作者许可，不向其支付报酬。"这一条实质上是把所规定的情形纳入了"合理使用"的范围。在全国人大常委会对原草案初步审议过程中，对

这一条要不要修改，广播电台、电视台播放已经出版的录音制品能不能作为"合理使用"而不付酬，意见分歧较大。有些同志在按照国际公约有关规定对播放外国人已经出版的录音制品要付酬的前提下，从我国广播电台、电视台的性质及其所需经费的来源以及可操作性考虑，认为这一条以暂不作修改为妥。有些同志以我国参加的国际公约有关规定为依据，从完善对著作权的保护制度以及中外作者权利平等的角度考虑，主张这一条一定要修改，原则上要把作者对其作品享有的播放权肯定下来，规定播放者要付酬，具体办法可以由国务院规定。

伯尔尼公约第十一条之二规定，作者对其作品享有播放权，行使权利的条件由成员国法律规定，但在任何情况下，这些条件均不应有损于作者获得合理报酬的权利。这次修改，根据伯尔尼公约上述规定，经同各有关方面反复商量，基本达成一致意见，认为：为了履行我国对外承诺，按照国际公约的要求，对现行著作权法第四十三条作适当修改是必要的；同时，考虑到对这一条所规定的情形实行付酬制度的确涉及诸多复杂问题，需要在进一步研究、论证的基础上，由国务院制定一个具体办法，否则难以操作。因此，草案将现行著作权法第四十三条修改为："广播电台、电视台播放已经出版的录音制品，可以不经著作权人许可，但应当向其支付报酬，当事人另有约定的除外。具体办法由国务院规定。"（第二十六条）

这里需要说明：在这次修改过程中，在向谁支付报酬的问题上又有两种意见：一种意见认为，应该向著作权人、表演者、录音制作者都支付报酬；另一种意见认为，应该仅向著作权人支付报酬。经查，知识产权协议并未规定广播组织播放已经出版的录音制品要对表演者、录音制作者付酬，只是罗马公约和1996年《世界知识产权组织表演及录音制品条约》（以下简称表演及录音制品条约）有这方面的规定。我国还没有参加罗马公约，表演及录音制品条约至今由于参加国的数量尚未达到条约的要求尚未生效。而且，罗马公约第十六条和表演及录音制品条约第十五条第二款均授权各成员国可以通过国内立法对表演者、唱片制作者的播放权予以限制甚至不予承认；表演及录音制品条约第二十一条关于保留条款的规定对第十五条第三款的规定又作了肯定。因此，按照知识产权协议的最低保护要求，草案规定广播电台、电视台播放已经出版的录音制品，仅对著作权人支付报酬，是符合国际公约规定又切合我国实际情况的。

二、关于合理使用

现行著作权法第二十二条第一款规定了对作品"合理使用"的十二种情形，使用人可以不经著作权人许可，不向其支付报酬。其中，有些规定与知识产权协议尚有一定的差距。根据知识产权协议的规定，草案对这一款作了以下修改：

1. 知识产权协议和伯尔尼公约对"合理使用"的原则，作了一定的限制，即"不损害作品的正常使用，也不至无故侵害作者的合法利益"。知识产权协议第十三条规定，全体成员均应将专有权的限制或例外局限于一定的特例中，该特例应不与作品的正常使用冲突，也不应不合理地损害权利人的合法利益。伯尔尼公约第九条第二款规定，成员国法律得允许在某些特殊情况下复制作品，只要这种使用不损害作品的正常使用，也不至无故侵害作者的合法利益。据此，草案对现行著作权法第二十二条第一款规定的十二种"合理使用"情形,作了总的原则性限制,增加规定:"合理使用"作品,"不得影响作品的正常使用,也不得不合理地损害著作权人的合法权利"。(第十条)

2. 按照现行著作权法第二十二条第一款第(三)项的规定,为报道时事新闻,在报纸、期刊、广播、电视节目或者新闻纪录影片中引用已经发表的作品,属于"合理使用"。这样规定,超过了伯尔尼公约规定的"合理使用"范围。根据伯尔尼公约的有关规定,草案将现行著作权法第二十二条第一款第(三)项修改为:"(三)为报道时事新闻,在报纸、期刊、广播电台、电视台等媒体中不可避免地再现或者引用已经发表的作品"。(第十条)

3. 按照现行著作权法第二十二条第一款第(四)项的规定,报纸、期刊、广播电台、电视台刊登或者播放其他报纸、期刊、广播电台、电视台已经发表的社论、评论员文章,属于"合理使用"。伯尔尼公约第十条之二第一款将这种使用仅限于关于经济、政治或宗教的时事性文章。据此,草案将现行著作权法第二十二条第一款第(四)项修改为:"(四)报纸、期刊、广播电台、电视台等媒体刊登或者播放其他报纸、期刊、广播电台、电视台等媒体已经发表的关于政治、经济、宗教问题的时事性文章,但作者声明不许刊登、播放的除外"。(第十条)

4. 按照现行著作权法第二十二条第一款第(十一)项的规定,将已经发表的汉族文字作品翻译成少数民族文字在国内出版发行,属于"合理使用"。知识产权协议和伯尔尼公约都没有作这样的规定。但是,考虑到发展、繁荣我国少数民族文化的需要,现行著作权法上述规定不能删去,但又不宜适用于外国人。因此,草案将现行著作权法第二十二条第一款第(十一)项修改为:"(十一)将中国公民、法人或者其他组织已经发表的以汉语言文字创作的作品翻译成少数民族语言文字作品在国内使用"。(第十条)

三、关于网络环境下的著作权保护

在1998年修改著作权法时,计算机网络技术在我国的应用还不太普及,有关网络环境下的著作权保护的立法在国际上也还处于探索阶段。因此,原草案对网络环境下的著作权保护未作规定。近年来,计算机网络技术在我国迅猛发展,网络环境下的著作权纠纷时有发生,需要考虑列入著作权法的保护范围。同时,考虑到网络环境下的著作权保护问题还是一个新课题,需要进一步研究、探索,目前还难以作出具体规定。因此,草案对现行著作权法第十条规定的著作权中的财产权增加了一项传播权,即通过互联网络向公众提供作品,使公众可在其个人选定的时间和地点获得作品的权利。(第四条)并对现行著作权法涉及著作权人与著作权有关的权利人的权利的有关条款作了相应修改。(第二十三条、第二十五条、第三十条)

《中华人民共和国著作权法修正案(草案)》和以上补充说明是否妥当,请审议。

全国人大法律委员会关于《中华人民共和国著作权法修正案（草案）》修改情况的汇报

2001年4月24日在九届全国人民代表大会常务委员会第二十一次会议上

全国人大法律委员会副主任委员 顾昂然

全国人民代表大会常务委员会：

九届全国人大常委会第十九次会议对著作权法修正案（草案）进行了审议。总的认为，草案吸收了委员们于1998年年底审议著作权法修正案（草案）的修改意见，加大了对著作权的保护力度，适应了加入世界贸易组织的需要，基本上是可行的。同时也提出了一些修改意见。会后，法律委员会、教科文卫委员会、法制工作委员会联合召开座谈会，听取了作者、表演者、录音录像制作者、广播电视组织、法律专家和人民法院等有关部门的意见。法制工作委员会将草案印发各省、自治区、直辖市和较大的市、经济特区、中央有关部门以及法学教学研究机构征求意见。法律委员会于4月10日召开会议，对草案进行了审议。全国人大教科文卫委员会、最高人民法院、国务院法制办、国家版权局的有关负责同志列席了会议。4月18日法律委员会再次进行了审议。现将主要修改情况汇报如下：

一、关于著作权保护的客体。教科文卫委员会提出，我国杂技在世界上享有很高的声誉，杂技造型具有独创性，应明确规定为著作权保护的客体。有的委员建议，按照伯尔尼公约的规定在著作权保护的客体中增加建筑作品。因此，法律委员会建议在著作权法保护的作品中增加规定杂技艺术作品和建筑作品。[修正案草案二次审议稿第二条第（三）项、第（四）项]

二、关于著作权集体管理组织。修正案草案第三条对著作权集体管理组织作了规定。有的委员认为，应当明确集体管理组织与著作权人和相关权利人之间的关系，并对该组织的性质、职能、设立、管理等作出规定。因此，法律委员会建议将该条修改为："著作权人和与著作权有关的权利人可以授权著作权集体管理组织行使著作权或者与著作权有关的权利。著作权集体管理组织被授权后，可以自己的名义为著作权人和与著作权有关的权利人主张权利，并可以作为当事人进行涉及著作权或者与著作权有关的权利的诉讼、仲裁活动。""著作权集体管理组织是非营利性组织，其设立方式、权利义务、著作权许可使用费的收取和分配、对其监督和管理等由国务院另行规定。"（修正案草案二次审议稿第四条）

三、关于著作权法与其他知识产权法的关系。修正案草案第五条规定："经著作权人转让或者许可，使用其作品并依法取得的商标专用权或者外观设计专利权，受商标法或者专利法保护。"有的委员提出，关于依法取得和享有商标专用权或外观设计专利权的问题，适用商标法和专利法的规定是没有问题的，本法可不作规定。因此，法律委员会建议删去该条规定。

四、关于合理使用。修正案草案第十条规定了在十二种情形下，使用作品可以不经著作权人许可，不向其支付报酬。其中第（九）项将现行著作权法规定的"免费表演已经发表的作品"修改为："为公益事业免费表演已经发表的作品"。有的委员提出，这样修改不能适应农村、城市社区群众性自娱自乐文化生活使用作品的需要。因此，法律委员会建议删去"为公益事业"的限制性条件，仍维持现行著作权法的规定。[修正案草案二次审议稿第十三条第（九）项]

五、关于法定许可。修正案草案第十一条规定，为实施九年制义务教育和国家教育规划而编写出版教材，可以不经著作权人许可，但应当按照规定支付报酬。有的委员提出，为实施国家教育规划而编写出版的教材界限不十分清楚，现在社会上出版的作为教材的辅导丛书、辅导材料很多，有的比较滥，如果全都列入强制许可，范围过宽。有的委员提出，一些作者可能对自己原先发表的某些作品不满意，不想让他人再出版使用，对此应有例外规定。因此，法律委员会建议将"教材"修改为"教科书"，同时在"可以不经著作权人许可"前增加规定："除作者事先声明不许使用的外"。（修正案草案二次审议稿第十四条）

六、关于表演者的获酬权和权利保护期。教科文卫委员会提出，现行著作权法第三十六条明确规定，表演者享有"许可他人为营利目的录音录像，并获得报酬"的权利，但修正案草案却没有规定表演者的获酬权。有的委员提出，世界贸易组织的《与贸易有关的知识产权协议》规定，表演者享有的保护期"至少应当自有关的固定或表演发生之年年终延续到第50年年终"，修正案草案应对表演者的权利保护期作出规定。因此，法律委员会建议将修正案草案第二十三条第（三）项至第（六）项修改为："（三）许可他人从现场直播和公开传送其现场表演，并获得报酬；（四）许可他人录音录像，并获得报酬；（五）许可他人复制、发行录有其表演的录音录像制品，并获得报酬；（六）许可他人通过信息网络向公众传播其表演，并获得报酬。"（修正案草案二次审议稿第二十五条）增加一条作为第三十八条，规定："本法第三十七条第一款第（一）项、第（二）项规定的权利保护期不受限制。本法第三十七条第一款第（三）项至第（六）项规定的权利的保护期为五十年，截止于该表演发生后的第五十年的12月31日。"（修正案草案二次审议稿第二十六条）

七、关于广播组织的权利。有的委员和教科文卫委员会提出，对于广播组织制作播放的节目应当区别情况作出规定，有的属于以类似摄制电影方法创作的作品，应适用有关保护作者权利的规定；有的属于制作录音、录像制品，应适用有关保护录音录像制作者权利的规定；有的属于播放的内容，应享有播放权。因此，法律委员会建议将修正案草案关于播放权的规定修改为："广播电台、电视台有权禁止未经其许可的下列行为：（一）将其播放的广播、电视以无线方式重播；（二）将其播放的广播、电视录制在音像载体上以及复制音像载体。"（修正案草案二次审议稿第三十二条）

八、关于诉前证据保全和民事制裁。最高人民法院提出，为防止侵犯著作权行为的证据灭失，加大著作权执法力度，应当规定诉讼前的证据保全和法院对侵犯著作权行为的民事制裁措施。因此，法律委员会建议增加两条规定：（1）"在证据可能灭失或者以后难以取得的情况下，著作权人或者与著作权有关的权利人可以在诉讼前向人民法院申请保全证据";(修正案草案二次审议稿第三十五条)(2)"人民法院审理案件,对于侵犯著作权或者与著作权有关的权利的,可以没收非法所得、侵权复制品以及进行非法活动的财物。"(修正案草案二次审议稿第四十条)

另外,关于广播电台、电视台播放录音制品问题,修正案草案第二十六条规定:"广播电台、电视台播放已经出版的录音制品,可以不经著作权人许可,但应当向其支付报酬,当事人另有约定的除外。具体办法由国务院规定。"有的委员提出,播放他人已发表的作品也要经著作权人许可。一些作者、表演者、录音制作者认为,修正案草案规定只向著作权人付酬,对表演者、录音制作者也应付酬。考虑到国务院对上述问题作过反复研究,法律委员会建议对此可不作修改。

此外,还对修正案草案作了一些文字修改。

修正案草案二次审议稿已按上述意见作了修改,法律委员会建议全国人大常委会再次审议。

修正案草案二次审议稿和以上意见是否妥当,请审议。

全国人大法律委员会关于《中华人民共和国著作权法修正案(草案)》审议结果的报告

2001年10月22日在第九届全国人民代表大会常务委员会第二十四次会议上

全国人大法律委员会副主任委员 顾昂然

全国人民代表大会常务委员会：

九届全国人大常委会第二十一次会议对著作权法修正案(草案)进行了审议。会后，法律委员会、法制工作委员会根据委员们的审议意见和其他有关方面的意见，对草案进一步研究修改。法律委员会于10月10日召开会议，对草案进行了审议。全国人大教育科学文化卫生委员会、国务院法制办、国家版权局、最高人民法院的有关负责同志列席了会议。10月16日法律委员会再次进行了审议。法律委员会认为，为进一步保护著作权人的合法权益，适应我国加入世界贸易组织的需要，修改著作权法是必要的，修正草案基本上是可行的。同时也提出了以下修改意见：

一、关于著作权保护的客体。修正草案二次审议稿第三条对本法所称的作品作了规定，其中第(七)项规定："与地理、地形、建筑或科学有关的插图、地图、设计图、草图和模型作品"。有的委员提出，这样规定包括不了艺术设计等图形和模型作品。因此，法律委员会建议将该项修改为："工程设计图、产品设计图、地图、示意图等图形作品和模型作品"。

二、关于著作权人的专有权。修正草案二次审议稿第十条对著作权人享有的著作权作了具体规定，其中第(九)项规定："公开表演权，即公开表演作品，以及用各种手段公开播送作品的表演的权利"。有的委员提出，著作权人对电影作品和以类似摄制电影的方法创作的作品等享有的放映权，应单独规定为宜。因此，法律委员会建议增加一项规定："放映权，即通过放映机、幻灯机等技术设备公开再现美术、摄影、电影和以类似摄制电影的方法创作的作品等的权利"。

三、修正草案二次审议稿第十五条第一款规定："电影作品和以类似摄制电影的方法创作的作品的编剧、导演、摄影、作词、作曲等作者享有署名权，著作权的其他权利由制片者享有。"有的委员提出，编剧、导演、摄影、作词、作曲等作者除享有署名权外，还应有获得报酬的权利。因此，法律委员会建议将该款修改为："电影作品和以类似摄制电影的方法创作的作品的著作权由制片者享有，但编剧、导演、摄影、作词、作曲等作者享有署名权，并有权按照与制片者签订的合同获得报酬"。

四、关于合理使用。修正草案二次审议稿第二十二条规定了在十二种情形下，使用作品可以不经著作权人许可，不向其支付报酬。其中第(七)项规定："国家机关为执行公务使用已经发表的作品",第(九)项规定:"免费表演已经发表的作品"。有的部门提出,按照伯尔尼公约和《与贸易有关的知识产权协议》的规定,对这两种情况的合理使用,还应加以适当限制。因此,法律委员会建议将第(七)项修改为:"国家机关为执行公务在合理范围内使用已经发表的作品"。将第(九)项修改为:"免费表演已经发表的作品,该表演未向公众收取费用,也未向表演者支付报酬"。

五、关于证据保全措施。修正草案第二次审议稿第四十六条规定:"在证据可能灭失或者以后难以取得的情况下,著作权人或者与著作权有关的权利人可以在诉讼前向人民法院申请保全证据。"最高人民法院提出,著作权法还应对诉前证据保全作出相应的程序规定。因此,法律委员会建议该条修改为:"在证据可能灭失或者以后难以取得的情况下,著作权人或者与著作权有关的权利人可以在起诉前向人民法院申请保全证据。""人民法院接受申请后,必须在四十八小时内作出裁定;裁定采取证据保全措施的,应当立即开始执行。""人民法院可以责令申请人提供担保,申请人不提供担保的,驳回申请。""申请人在人民法院采取保全措施后十五日内不起诉的,人民法院应当解除保全措施。"

六、关于信息网络传播权。修正草案二次审议稿第十条第(十一)项、第三十七条第(六)项、第四十一条规定了信息网络传播权。有的委员提出,为保护著作权人在计算机网络传播中的合法权益,规定信息网络传播权是必要的,但对该权利的保护还应规定具体办法。因此,法律委员会建议增加规定,信息网络传播权的保护办法由国务院另行规定。

此外,还对修正案草案二次审议稿作了一些文字修改。

法律委员会已按照上述意见提出关于修改著作权法的决定(草案),建议经本次常委会会议审议通过。

修改决定草案和以上意见是否妥当,请审议。

> 全国人大法律委员会关于修改著作权法的决定(草案)、关于修改商标法的决定(草案)、职业病防治法(草案)、海域使用管理法(草案)和修改工会法的决定(草案)修改意见的书面报告
>
> 2001年10月27日在第九届全国人民代表大会常务委员会第二十四次会议上
>
> 全国人大法律委员会主任委员　王维澄

全国人民代表大会常务委员会：

本次会议于2001年10月22日下午、23日上午、23日下午、24日上午对关于修改著作权法的决定(草案)、关于修改商标法的决定(草案)、职业病防治法(草案三次审议稿)、海域使用管理法(草案三次审议稿)、关于修改工会法的决定(草案)分组进行了审议。大家认为，上述五个法律草案吸收了常委会组成人员和地方、部门、专家的意见，已经比较成熟，建议本次常委会会议通过。同时，也提出了一些修改意见。法律委员会于10月23日下午、24日上午、24日下午、25日上午、25日下午召开会议，教育科学文化卫生委员会、环境与资源保护委员会、内务司法委员会的负责同志和财政经济委员会的有关同志分别列席了会议，逐条研究了委员们的意见，提出了进一步修改意见。

一、关于修改著作权法的决定(草案)

（一）关于著作权保护的客体。著作权法第五条第(三)项规定，本法不适用于历法、数表、通用表格和公式。有的委员提出，数表问题比较复杂，有的数表应享有著作权。因此，法律委员会建议将该项修改为："历法、通用数表、通用表格和公式。"

（二）关于广播电台、电视台的权利。决定草案第三十五条第(一)项规定，广播电台、电视台有权禁止他人未经许可"将其播放的广播、电视以无线方式重播"。广播电影电视总局提出，目前有线电视发展很快，应增加规定有线方式的播放权。同时要求将上述规定中的"重播"改为"转播"。因此，法律委员会建议将该项修改为："将其播放的广播、电视转播"。

（三）关于执法措施。决定草案第四十二条规定："在证据可能灭失或者以后难以取得的情况下，著作权人或者与著作权有关的权利人可以在起诉前向人民法院申请保全证据。"最高人民法院提出，本条规定的申请证据保全措施范围过宽，应当有所限制。因此，法律委员会建议将上述规定修改为："为制止侵权行为，在证据可能灭失或者以后难以取

得的情况下,著作权人或者与著作权有关的权利人可以在起诉前向人民法院申请保全证据。"

(四)根据有的委员的意见,法律委员会建议将决定草案第四十五条修改为:"当事人不履行合同义务或者履行合同义务不符合约定条件的,应当依照《中华人民共和国民法通则》、《中华人民共和国合同法》等有关法律规定承担民事责任。"

(五)关于法的名称。1990年制定著作权法时,对法的名称就有不同意见,经过反复研究,全国人大常委会审议通过为"著作权法"。同时,在附则中规定"本法所称著作权与版权系同义语"。这次修改,有些委员建议将法的名称修改为"版权法",有些委员认为可以不修改。法律委员会对这两种意见进行了认真反复研究,认为,鉴于这次是为进一步保护著作权人的合法权益,适应参加世界贸易组织的需要,对一些不适应的内容进行具体修改,同时考虑到法的名称的修改涉及一些复杂问题,是否改,如何改,委员们也还有不同的意见,因此建议法的名称不作修改,将著作权法第五十一条修改为:"本法所称的著作权即版权。"

(六)有些委员还提出了一些修改意见,考虑到这次修改著作权法,适应了我国加入世界贸易组织的需要,符合《与贸易有关的知识产权协议》规定的保护水平,至于有些对于保护著作权的要求,可以在实践中进一步研究完善;有些具体执行问题,可以由国务院修订实施办法时规定。

二、关于修改商标法的决定(草案)(略)

三、关于职业病防治法(草案三次审议稿)(略)

四、关于海域使用管理法(草案三次审议稿)(略)

五、关于修改工会法的决定(草案)(略)

此外,还对五个法律草案作了一些文字修改。

以上修改意见,请审议。

关于《中华人民共和国著作权法修正案(草案)》的说明

2010年2月24日在十一届全国人民代表大会常务委员会第十三次会议上

国家版权局局长 柳斌杰

全国人民代表大会常务委员会：

现行《著作权法》于1991年6月1日实施以来，对保护著作权人合法权益，鼓励作品的创作和传播，促进经济社会全面、协调、可持续发展，发挥了积极的作用。但是，目前形势发生了一些变化：一是国务院制定了《国家知识产权战略纲要》，对著作权的保护、运用提出了新的更高的要求，需要对现行著作权法的个别条款进行修改。二是现行《著作权法》施行后，我国有关作品出版、传播的监督管理立法相继出台，著作权保护的法律环境发生了一定变化，需要对现行《著作权法》中有关作品出版、传播监督管理的原则规定作必要的修改。

国家版权局、国务院法制办在认真调查研究、总结实践经验的基础上，征求了有关中央单位和各省、自治区、直辖市人民政府，新疆生产建设兵团以及部分相关组织、专家、学者的意见，并邀请部分专家、学者召开了《著作权法》修改论证会。2010年1月19日、20日，国务院法制办、国家版权局、商务部就现行《著作权法》修改专门向全国人大常委会法工委、全国人大教科文卫委员会作了汇报。在此基础上，国务院法制办会同国家版权局经过认真研究、反复修改，形成了《中华人民共和国著作权法修正案(草案)》(以下称草案)。草案已经国务院第101次常务会议讨论通过。受国务院委托，我现就草案的内容说明如下：

一、关于作品登记

作品登记是指著作权权利人自愿将其享有著作权的作品向登记机构办理登记，以此作为对作品享有著作权证明的制度。根据现行《著作权法》规定，著作权自作品创作完成之日起自动产生，不要求作品发表，也无须履行任何手续。然而，为了对作品权利归属提供证明，方便公众了解作品权利归属情况，世界上90多个国家和地区建立了作品登记制度。实践中，我国自1995年开始开展著作权登记工作，作品登记为法院审判著作权归属案件、海关确认进出口货物是否侵权等提供了有效证据。草案总结我国经验，借鉴国际通行做法，规定了作品登记制度：权利人可以向国务院著作权行政管理部门认定的登记机构办理作品登记。

二、关于著作权质押登记

质押是为担保债务的履行,债务人或者第三人将其动产或者财产权利出质给债权人,当债务人不履行到期债务时,债权人有权就该动产或者财产权利优先受偿的法律制度。著作权质押是运用著作权的重要方式。根据物权法规定,以著作权中的财产权出质的,质权自有关主管部门办理出质登记时设立。为明确著作权出质的登记部门,促进著作权的运用,草案规定:"以著作权出质的,由出质人和质权人向国务院著作权行政管理部门办理出质登记。"

三、关于依法禁止出版传播的作品

现行《著作权法》第四条第一款规定:"依法禁止出版、传播的作品,不受本法保护。"1990年制定著作权法时,我国尚无对作品出版、传播进行监督管理的具体法律规定。《著作权法》通过后,1994年至1997年,国务院先后公布实施了《音像制品管理条例》、《电影管理条例》、《出版管理条例》和《广播电视管理条例》。2001年以后又公布实施了《计算机软件保护条例》、《信息网络传播权保护条例》。目前,对禁止出版、传播的作品已经有了明确规定,没有现行《著作权法》第四条第一款的规定也可以对作品出版、传播进行有效的监督管理。为此,草案删除了现行《著作权法》第四条第一款规定。

全国人民代表大会法律委员会关于《中华人民共和国著作权法修正案(草案)》审议结果的报告

2010年2月26日在第十一届全国人民代表大会常务委员会第十三次会议上

全国人大法律委员会主任委员　胡康生

全国人民代表大会常务委员会：

本次常委会会议于2月24日下午对著作权法修正案(草案)进行了分组审议。普遍认为，为了进一步完善著作权法律制度，促进社会主义文化、科学事业的发展，对著作权法作适当修改，是必要的。同时，有些常委委员对草案提出了一些修改意见。法律委员会于2月25日召开会议，逐条研究了常委会组成人员的审议意见，对草案进行了审议。教育科学文化卫生委员会和国务院法制办、商务部、国家版权局的负责同志列席了会议。法律委员会认为，修正案草案基本可行，同时提出以下修改意见：

一、修正案草案第一条规定："前款规定的作品可以向国务院著作权行政管理部门认定的登记机构办理登记。"有些常委委员提出，作品登记制度较为复杂，涉及登记机构、登记程序等问题，目前只是有关部门颁布的试行办法，待进一步总结实践经验后法律再作出规定为宜。法律委员会经同教育科学文化卫生委员会和国务院有关部门研究，建议删去这一规定。

二、有的常委委员提出，对著作权法第四条的修改，既要体现国家依法对作品出版、传播的监督管理，也要符合伯尔尼公约、世界贸易组织与贸易有关的知识产权协议的规定。法律委员会经同教育科学文化卫生委员会和国务院有关部门研究，建议将著作权法第四条修改为："著作权人行使著作权，不得违反宪法和法律，不得损害公共利益。国家对作品的出版、传播依法进行监督管理。"

法律委员会已按上述意见提出关于修改著作权法的决定(草案)，建议本次常委会会议审议通过。

八、专利法(修改)

中华人民共和国专利法修正案(草案)

十一届全国人大常委会第四次会议　2008年8月29日

一、将第一条修改为:"为了保护专利权,鼓励发明创造,推动发明创造的管理、应用,提高自主创新能力,促进科学技术进步和经济社会发展,建设创新型国家,制定本法。"

二、在第五条中增加一款,作为第二款:"依赖遗传资源完成的发明创造,该遗传资源的获取或者利用违反有关法律、行政法规的规定的,不授予专利权。"

三、在第九条中增加一款,作为第一款:"同样的发明创造只能授予一项专利权。但是,同一申请人同日对同样的发明创造既申请实用新型专利又申请发明专利,先获得的实用新型专利权尚未终止,且申请人声明放弃该实用新型专利权的,可以授予发明专利权。"

四、将第十条第二款修改为:"中国单位或者个人向外国人转让专利申请权或者专利权的,应当依照有关法律、行政法规的规定办理手续。"

五、将第十一条第二款修改为:"外观设计专利权被授予后,任何单位或者个人未经专利权人许可,不得实施其专利,即不得为生产经营目的制造、许诺销售、销售、进口其外观设计专利产品。"

六、将第十四条修改为:"国有企业事业单位的发明专利,国务院有关主管部门或者省、自治区、直辖市人民政府认为对国家利益或者公共利益具有重大意义的,经国务院批准可以在合理范围内推广应用,实施单位应当向专利权人支付使用费,使用费数额由双方协商确定。"

七、增加一条,作为第十五条:"专利申请权或者专利权由两个以上单位或者个人共有,共有人对权利的行使有约定的,从其约定。没有约定的,共有人可以单独实施或者以普通许可方式许可他人实施该专利;许可他人实施该专利的,收取的使用费应当在共有人之间分配。

"除前款规定的情形外,行使共有的专利申请权或者专利权应当取得全体共有人的同意。"

八、将第十九条改为第二十条,第一款修改为:"在中国没有经常居所或者营业所的外国人、外国企业或者外国其他组织在中国申请专利和办理其他专利事务的,应当委托依法设立的专利代理机构办理。"

九、将第二十条改为第二十一条,第一款修改为:"任何单位或者个人可以将其在中国完成的发明创造向外国申请专利,但应当事先经国务院专利行政部门进行保密审查。"

十、将第二十一条改为第二十二条,增加一款,作为第二款:"国务院专利行政部门应当完整、准确、及时传播专利信息,定期出版专利公报。"

十一、将第二十二条改为第二十三条,第二款修改为:"新颖性,是指该发明或者实用新型不属于现有技术;也没有同样的发明或者实用新型由他人在申请日以前向国务院专利行政部门提出过申请,并记载在申请日以后公布的专利申请文件或者公告的专利文件中。"

第三款修改为:"创造性,是指与现有技术相比,该发明具有突出的实质性特点和显著的进步,该实用新型具有实质性特点和进步。"

增加一款,作为第五款:"本法所称现有技术,是指申请日以前在国内外为公众所知的技术。"

十二、将第二十三条改为第二十四条,修改为:"授予专利权的外观设计,应当不属于现有设计;也没有同样的外观设计由他人在申请日以前向国务院专利行政部门提出过申请,并记载在申请日以后公告的专利文件中。

"授予专利权的外观设计与现有设计或者现有设计特征的组合相比,应当具有明显区别。

"授予专利权的外观设计不得与他人在授权前已经取得的合法权利相冲突。

"本法所称现有设计,是指申请日以前在国内外为公众所知的设计。"

十三、将第二十五条改为第二十六条,第一款增加一项,作为第(六)项:"对平面印刷品的图案、色彩或者二者的结合作出的主要起标识作用的设计。"

十四、将第二十六条改为第二十七条,增加一款,作为第六款:"依赖遗传资源完成的发明创造,申请人应当在专利申请文件中申明该遗传资源的直接来源和原始来源;申请人无法申明原始来源的,应当说明理由。"

十五、将第三十一条改为第三十二条,第二款修改为:"一件外观设计专利申请应当限于一项外观设计。同一产品两项以上的相似外观设计,或者用于同一类别并且成套出售或者使用产品的两项以上外观设计,可以作为一件申请提出。"

十六、将第四十八条改为第四十九条,修改为:"有下列情形之一的,国务院专利行政部门根据具备实施条件的单位或者个人的申请,可以给予实施发明或者实用新型专利的强制许可:

"(一)专利权人自专利权被授予之日起满三年,且自提出专利申请之日起满四年,无正当理由未实施或者未充分实施其专利的;

"(二)专利权人行使其专利权的行为经司法、行政程序确定为排除、限制竞争的行为,需要给予申请人强制许可的。"

十七、增加一条,作为第五十一条:"为了公共健康目的,对在中国取得专利权的药品,国务院专利行政部门可以给予制造并将其出口到下列国家或者地区的强制许可:

"(一)最不发达国家;

"(二)不具备该药品的制造能力或者制造能力不足,并依照中华人民共和国参加的世界贸易组织有关条约已经履行了相关手续的成员。"

十八、增加一条,作为第五十三条:"强制许可涉及的发明创造为半导体技术的,其实施限于下列情形:

"(一)公共非商业性使用;

"(二)专利权人行使其专利权的行为经司法、行政程序确定为排除、限制竞争的行为,需要给予申请人强制许可。"

十九、增加一条,作为第五十四条:"除依照本法第四十九条第(二)项、第五十一条规定给予的强制许可外,强制许可的实施应当为了供应国内市场。"

二十、将第五十一条改为第五十五条,修改为:"依照本法第四十九条第(一)项、第五十二条规定申请强制许可的单位或者个人应当提供证据,证明其以合理的条件要求专利权人授予实施专利的许可,未能在合理的时间内获得许可。"

二十一、将第五十七条第二款改为第六十二条,修改为:"专利侵权纠纷涉及实用新型专利或者外观设计专利的,人民法院或者管理专利工作的部门可以要求专利权人或者利害关系人出具由国务院专利行政部门作出的专利权评价报告。

"国务院专利行政部门根据专利权人或者利害关系人的请求,对相关实用新型或者外观设计进行检索、分析和评价,作出专利权评价报告。专利权评价报告是人民法院和管理专利工作的部门判断专利权有效性的初步证据。"

二十二、增加一条,作为第六十三条:"在专利侵权纠纷中,被控告侵权人有证据证明其实施的技术或者设计属于现有技术或者现有设计的,不构成侵犯专利权。"

二十三、将第五十八条改为第六十四条,修改为:"假冒他人专利的,除依法承担民事责任外,由管理专利工作的部门责令改正并予公告,没收违法所得,可以并处违法所得四倍以下的罚款;没有违法所得的,可以处二十万元以下的罚款;构成犯罪的,依法追究刑事责任。"

二十四、将第五十九条改为第六十五条,修改为:"以非专利产品冒充专利产品、以非专利方法冒充专利方法的,由管理专利工作的部门责令改正并予公告,没收违法所得,可以并处二十万元以下的罚款。"

二十五、将第六十条改为第六十六条,修改为:"侵犯专利权的赔偿数额由当事人协商确定。协商不成的,按照权利人因被侵权所受到的损失或者侵权人因侵权所获得的利益确定;被侵权人的损失或者侵权人获得的利益难以确定的,参照该专利许可使用费的倍数合理确定。权利人的损失、侵权人获得的利益和专利许可使用费均难以确定的,人民法院可以根据专利权的类型、侵权行为的性质和情节等因素,确定给予一万元以上一百万元以下的赔偿。

"侵犯专利权的赔偿应当包括专利权人为制止侵权行为所支付的合理开支。"

二十六、将第六十一条改为第六十七条,修改为:"专利权人或者利害关系人有证据证明他人正在实施或者即将实施侵犯其专利权的行为,如不及时制止将会使其合法权益受到难以弥补的损害的,可以在起诉前、诉讼中向人民法院申请采取责令停止有关行为的措施。

"人民法院处理前款申请,适用《中华人民共和国民事诉讼法》有关财产保全的规定。"

二十七、增加一条,作为第六十八条:"为了制止专利侵权行为,在证据可能灭失或者以后难以取得的情况下,专利权人或者利害关系人可以在起诉前向人民法院申请保全证据。

"人民法院应当自接受申请之时起四十八小时内作出裁定;裁定采取保全措施的,应当立即执行。

"人民法院采取保全措施,可以责令申请人提供担保;申请人不提供担保的,驳回申请。

"申请人自人民法院采取保全措施之日起十五日内不起诉的,人民法院应当解除保全措施。"

二十八、将第六十三条第一款改为第七十条,第(一)项修改为:"专利权人或者经其许可的单位或者个人制造的专利产品或者依照专利方法直接获得的产品售出后,使用、许诺销售、销售、进口该产品的"。

增加一项,作为第(五)项:"为提供行政审批所需要的信息,拟制造药品或者医疗器械的单位或者个人制造专利药品或者专利医疗器械的"。

二十九、将第六十三条第二款改为第七十一条,修改为:"未经专利权人许可而制造并售出的专利侵权产品,使用者或者销售者由于不知道是专利侵权产品而购买,并为生产经营目的使用、许诺销售或者销售,能证明该产品合法来源的,不承担赔偿责任。"

此外,对部分条文作了文字修改,并对条文序号作相应调整。

本修正案自200 年 月 日起施行。《中华人民共和国专利法》根据本修正案作相应的修改,重新公布。

关于《中华人民共和国专利法修正案(草案)》的说明

2008年8月25日在第十一届全国人民代表大会常务委员会第四次会议上

国家知识产权局局长 田力普

全国人民代表大会常务委员会:

我受国务院委托,现对《中华人民共和国专利法修正案(草案)》作说明。

《中华人民共和国专利法》(以下称现行专利法)于1985年4月1日起施行,1992年9月4日和2000年8月25日曾进行过两次修订。现行专利法实施以来,对鼓励和保护发明创造、促进科技进步和创新、推动我国经济社会发展,发挥了重要作用。随着国内、国际形势的发展,需要进一步完善我国专利法律制度:一是党的十七大报告提出了提高自主创新能力、建设创新型国家的目标,国务院制定了《国家知识产权战略纲要》。为此,需要通过修改、完善专利法,进一步加强对专利权的保护,激励自主创新,促进专利技术的实施,推动专利技术向现实生产力转化,缩短转化周期。二是世界贸易组织多哈部长级会议通过了《关于〈与贸易有关的知识产权协定〉与公共健康的宣言》(以下简称《宣言》),世界贸易组织总理事会通过了落实《宣言》的《修改〈与贸易有关的知识产权协定〉议定书》(以下简称《议定书》)。《宣言》和《议定书》允许世贸组织成员突破《与贸易有关的知识产权协定》的限制,在规定条件下给予实施药品专利的强制许可。据此,需要对现行专利法作必要修改。《生物多样性公约》对利用专利制度保护遗传资源作了规定,我国作为遗传资源大国,需要通过修改现行专利法,行使该公约赋予的权利。

知识产权局在认真总结现行专利法实施经验的基础上,起草了《中华人民共和国专利法(修订草案送审稿)》(以下称送审稿),于2006年12月27日报请国务院审批。收到此件后,法制办两次征求了72个中央部门和单位、35个地方人民政府、14个地方法院、20多个企事业单位、50多位专家学者的意见,还收到了有关外国政府机构、企业协会和国际组织的意见;到广东等地对企业专利工作情况、地方政府专利行政执法情况和地方法院专利审判工作情况进行了调研;多次召开专家论证会,两次召开国际研讨会,就利用专利制度促进创新型国家建设、专利法修订与国际公约的一致性等重大问题进行研讨;会同知识产权局与全国人大教科文卫委员会、全国人大常委会法工委、高法院等反复沟通、协调,在此基础上,对送审稿进行了反复研究、修改,形成了《中华人民共和国专利法修正案(草案)》(以下称草案)。2008年6月27日,法制办、知识产权局向全国人大教科文卫委员会作了汇报,之后根据委员的意见对草案作了进一步修改。草案已经2008年7月30日国务院第19次常务会议讨论通过。现就草案的主要内容说明如下:

一、根据激励自主创新、提高自主创新能力的要求,对现行专利法所作的修改

为了实现建设创新型国家的目标,2007年国务院提请全国人大常委会审议修订的科学技术进步法,已经从加大科技投入、整合科技资源、激发科研机构与科技人员的积极性、促进企业技术进步等方面,规定了一系列制度、措施。草案主要从利用专利制度激励自主创新的角度,对现行专利法作了以下修改:

(一)在立法宗旨中增加了"提高自主创新能力""建设创新型国家"的内容。将现行专利法的立法宗旨修改为:为了保护专利权,鼓励发明创造,推动发明创造的管理、应用,提高自主创新能力,促进科学技术进步和经济社会发展,建设创新型国家,制定本法。(第一条)

(二)提高专利授权标准。现行专利法关于专利授权条件采用的是"相对新颖性标准",即规定申请发明、实用新型专利权的发明创造没有在国内外公开发表过,也没有在国内公开使用过或者以其他方式为公众所知;申请外观设计专利权的设计没有在国内外公开发表过,也没有在国内公开使用过。根据该规定,一些没有公开发表过的技术,虽然在国外已经被公开使用或者已经有相应的产品出售,只要在我国国内还没有人公开使用或者没有相应的产品出售,就可以在我国授予专利,从而导致我国专利质量不高。这既不利于激励自主创新,也妨碍了国外已有技术在我国的应用。为此,草案采用了"绝对新颖性标准":规定授予专利权的发明创造在国内外都没有为公众所知。(第十一条、第十二条)为进一步提高外观设计专利的质量,草案规定:对平面印刷品的主要起标识作用的设计不授予专利权。(第十三条)

(三)删除了向外国申请专利须先申请中国专利的规定。现行专利法规定,在我国国内完成的发明创造向外国申请专利,须先申请中国专利。为鼓励向外国申请专利,提高我国国际竞争力,草案规定,任何单位或者个人可以将其在中国完成的发明创造向外国申请专利,这样就取消了必须先申请中国专利的限制;同时,考虑到一些专利申请可能涉及我国国家安全,需要进行保密审查,草案规定:在中国完成的发明创造向外国申请专利的,应当事先经国务院专利行政部门进行保密审查。(第九条)

(四)赋予外观设计专利权人许诺销售权。许诺销售是以做广告、在商店货架或者展销会会场陈列等方式作出的销售商品的许诺。现行专利法在外观设计专利权中没有规定许诺销售权。为了加强对外观设计专利的保护,草案在外观设计专利中增加了许诺销售的权利。这样修改后,外观设计专利权人可以制止他人未经其许可,以做广告、在商店货架或者展销会会场陈列等方式许诺销售该专利产品。(第五条)

(五)明确侵犯专利权的赔偿应当包括权利人维权的成本,加大对违法行为的处罚力度,并增加了法定赔偿的规定。从专利保护工作的实践来看,如果专利权人维权的成本得不到赔偿,就不能弥补利人因侵权所受到的损失。为更有效地保护专利权人的合理利益,草案增加规定:侵犯专利权的赔偿应当包括权利人为制止侵权行为所支付的合理开支。同时,为打击专利违法行为,将假冒他人专利的罚款数额从违法所得的3倍提高到4倍;没有违法所得的,将罚款数额从5万元提高到20万元,并将冒充专利行为的罚款数额从5万元提高到20万元。(第二十三条、第二十四条)此外,为提高司法保护的效率,草案

还规定:在诉讼活动中,权利人的损失、侵权人获得的利益和专利许可使用费均难以确定的,人民法院可以根据专利权的类型、侵权行为的性质和情节等因素,确定给予 1 万元以上 100 万元以下的赔偿。(第二十五条)

(六)增加诉前证据保全的规定。为防止侵权人在专利权人起诉之前转移、毁灭证据,草案增加规定:为制止专利侵权行为,在证据可能灭失或者以后难以取得的情况下,权利人可以在起诉前向人民法院申请证据保全。(第二十七条)

二、根据促进技术推广应用的需要,对现行专利法所作的修改

(一)规定专利权共有人可以单独实施或者以普通许可方式许可他人实施该共有专利。为既保障共有人对共有专利的合法权利,又促进共有专利的实施,草案规定:专利申请权或者专利权由两个以上单位或者个人共有,共有人对权利的行使有约定的,从其约定。没有约定的,共有人可以单独实施或者以普通许可方式许可他人实施该专利;许可他人实施该专利的,收取的使用费应当在共有人之间分配。除前款规定的情形外,行使共有的专利申请权或者专利权应当取得全体共有人的同意。(第七条)所谓普通许可,就是在被许可人实施专利技术的同时,共有人也可以实施或者许可他人实施该专利技术。

(二)规定实施的技术如果属于现有技术,不构成侵犯专利权。根据现行专利法的规定,在专利侵权案件中,被告认为专利权无效,必须向专利复审委员会提出复审申请;在专利复审委员会宣告专利权无效后,法院才可以判决被告不构成侵犯专利权。为防止恶意利用已公知的现有技术申请专利,阻碍现有技术实施,帮助现有技术实施人及时从专利侵权纠纷中摆脱出来,草案增加规定:在专利侵权纠纷中,被控告侵权人有证据证明自己实施的技术属于现有技术的,不构成侵犯专利权。(第二十二条)据此,被控告侵权人无须向专利复审委员会提出复审申请,法院可直接判定被控告侵权人不侵权。

(三)增加规定不视为侵权的情形。借鉴国外的做法,草案在不视为侵权的情形中增加一项:为提供行政审批所需要的信息,拟制造药品或者医疗器械的单位或者个人制造专利药品或者专利医疗器械的。(第二十八条)

三、根据国际条约的规定特别是我国加入世界贸易组织后国际条约的新规定,对现行专利法所作的修改

一是《修改〈与贸易有关的知识产权协定〉议定书》规定,为了公共健康目的,可以给予制造并出口专利药品到特定国家或者地区的强制许可。所谓强制许可,是指国家行政机关在法定条件下作出的,允许具备条件的单位、个人实施他人发明或者实用新型专利的许可。根据《议定书》的规定,草案增加规定:为公共健康目的,对在中国取得专利权的药品,国务院专利行政部门可以给予制造并将其出口到下列国家或者地区的强制许可:(一)最不发达国家;(二)不具备该药品的制造能力或者制造能力不足,并依照中华人民共和国参加的世界贸易组织有关条约已经履行了相关手续的成员。(第十七条)此外,《与贸易有关的知识产权协定》规定,对专利权人排除、限制竞争的行为,可以通过实施强制许可,保障申请人的合理利益。据此,草案还增加规定:对经司法、行政程序确定为排除、限制竞争的行为,国务院专利行政部门可以给予申请人强制许可。(第十六条)

二是《生物多样性公约》规定,遗传资源的利用应当遵循国家主权、知情同意、惠益分享的原则,并明确规定,专利制度应有助于实现保护遗传资源的目标。目前,一些国家已经通过专利法律制度保护遗传资源。我国是遗传资源大国,为防止非法窃取我国遗传资源进行技术开发并申请专利,草案增加规定:依赖遗传资源完成的发明创造,申请人应当在专利申请文件中申明该遗传资源的直接来源和原始来源;无法申明原始来源的,应当说明理由。(第十四条)并明确:遗传资源的获取或者利用违反有关法律、行政法规的规定的,不授予专利权。(第二条)

此外,草案还对现行专利法的部分条文作了文字修改。

《中华人民共和国专利法修正案(草案)》和以上说明是否妥当,请审议。

全国人民代表大会法律委员会关于《中华人民共和国专利法修正案(草案)》审议结果的报告

2008年12月22日在第十一届全国人民代表大会常务委员会第六次会议上

全国人大法律委员会副主任委员 洪 虎

全国人民代表大会常务委员会：

常委会第四次会议对专利法修正案(草案)进行了初次审议。会后，法制工作委员会将草案印发各省(区、市)、中央有关部门等单位征求意见。中国人大网站全文公布草案向社会征求意见。法律委员会、法制工作委员会召开座谈会，听取部分企业、科研单位和专家的意见，并就几个主要问题同有关部门交换意见，反复研究。法律委员会于12月1日召开会议，根据常委会组成人员的审议意见和各方面的意见，对修正案草案进行了逐条审议。教育科学文化卫生委员会和国务院法制办、国家知识产权局的负责同志列席了会议。12月16日，法律委员会召开会议，再次进行了审议。法律委员会认为，为了完善我国专利制度，推进科技进步和经济社会发展，对现行专利法进行修改是必要的，修正案草案基本可行；同时，提出以下主要修改意见：

一、现行专利法第二条规定："本法所称的发明创造是指发明、实用新型和外观设计。"有些常委委员、教育科学文化卫生委员会和有些地方、部门、专家、群众提出，本法所称发明创造中的发明、实用新型和外观设计的含义，属于专利法的重要内容，应当在专利法中作出规定。法律委员会经同教育科学文化卫生委员会和国务院法制办、国家知识产权局研究认为，现行专利法实施细则对发明、实用新型和外观设计的含义作了规定，将其纳入到法律中规定更为恰当。据此，法律委员会建议，在专利法中增加对发明、实用新型和外观设计的定义的规定。(修改决定草案第二条)

二、修正案草案第九条规定，将现行专利法第二十条第一款修改为：将在中国完成的发明创造向外国申请专利的，应当事先经国务院专利行政部门进行保密审查。有些常委委员和地方、部门、群众提出，对保密审查的程序也应作出规定，并应明确违反这一规定的法律后果。法律委员会经同教育科学文化卫生委员会和国务院法制办、国家知识产权局研究认为，对保密审查的具体工作程序，可由国务院在本法实施细则中作出规定，与本法同步施行；对未经保密审查向外国申请专利，除构成泄露国家秘密的应依照本法和保密法的规定追究法律责任外，对以该项发明创造向中国申请专利的，不应当授予专利权。据此，法律委员会建议对上述规定作相应修改，增加规定：保密审查的具体办法由国务院规定；对未依法经保密审查向外国申请专利的发明创造，在中国申请专利的，不授予专利权。(修改决定草案第十

一条）

三、有些常委委员和地方、部门提出，现行专利法规定，管理专利工作的部门对假冒专利的行为应当进行查处，但没有规定相应的调查处理措施。为使管理专利工作的部门调查处理假冒专利行为有法可依，应对此作出规定。法律委员会经同教育科学文化卫生委员会和国务院法制办研究，建议增加规定：管理专利工作的部门在查处涉嫌假冒专利的行为时，可以询问有关当事人，查阅、复制与涉嫌违法行为有关的资料，对涉嫌违法行为的场所实施现场检查，对有证据证明是假冒专利的产品可以查封或扣押。（修改决定草案第三十条）

四、修正案草案第二十六条对现行专利法第六十一条第二款作了修改，规定：对涉嫌侵犯专利权的行为，专利权人或者利害关系人可以在起诉前申请人民法院责令他人停止有关行为；人民法院处理该申请，适用民事诉讼法关于财产保全的规定。最高人民法院和国家知识产权局提出，从实际情况看，人民法院作出责令他人停止有关行为，包括责令他人停止重大生产经营活动等行为的裁定，需要比作出财产保全的裁定更为慎重，对此难以完全适用民事诉讼法关于人民法院对诉前财产保全的申请应在四十八小时内作出裁定的规定。法律委员会经同最高人民法院研究，建议将修正案草案的上述规定作出修改，规定：专利权人或者利害关系人在起诉前向人民法院申请责令他人停止有关行为的，人民法院应在四十八小时内作出裁定；有特殊情况需要延长的，可以延长四十八小时。（修改决定草案第三十二条第三款）

此外，还对修正案草案作了一些文字修改。

法律委员会已按上述意见提出了全国人大常委会关于修改专利法的决定（草案），建议本次常委会会议审议通过。

修改决定草案和以上报告是否妥当，请审议。

全国人民代表大会法律委员会
2008年12月22日

全国人民代表大会法律委员会关于《全国人民代表大会常务委员会关于修改〈中华人民共和国专利法〉的决定(草案)》修改意见的报告

2008年12月25日在第十一届全国人民代表大会常务委员会第六次会议上

全国人大法律委员会主任委员 胡康生

全国人民代表大会常务委员会：

本次常委会会议于12月22日下午对关于修改专利法的决定(草案)进行了分组审议。普遍认为，修改决定草案已经比较成熟，建议进一步修改后，提请本次会议表决通过；同时，有些常委委员又提出了一些修改意见。法律委员会于12月23日下午召开会议，逐条研究了常委委员的审议意见，对草案进行了审议。教育科学文化卫生委员会和国务院法制办、国家知识产权局的负责同志列席了会议。法律委员会认为，修改决定草案是可行的，同时提出以下主要修改意见：

一、修改决定草案第三条规定："对依赖遗传资源完成的发明创造，该遗传资源的获取或者利用违反法律、行政法规规定的，不授予专利权。"根据有的常委委员的意见，法律委员会建议将上述规定修改为："对违反法律、行政法规的规定获取或者利用遗传资源，并依赖该遗传资源完成的发明创造，不授予专利权。"

二、修改决定草案第十一条中规定，将在中国完成的发明或者实用新型向外国申请专利的，应当事先报经国务院专利行政部门进行保密审查。保密审查的具体办法由国务院规定。有的常委委员提出，应对保密审查的期限作出明确规定。国务院法制办和国家知识产权局表示，修改决定通过后，国务院将在相应修改的专利法实施条例中，对专利保密审查的程序、期限等作出具体规定。法律委员会经同教育科学文化卫生委员会和国务院法制办、国家知识产权局研究，建议将上述保密审查的"具体办法由国务院规定"的表述，修改为"保密审查的程序、期限等按照国务院的规定执行"。

三、现行专利法第十二条中规定，任何单位或者个人实施他人专利的，应当与专利权人订立书面实施许可合同。有的常委委员和部门提出，按照合同法的规定，当事人订立合同，有书面形式、口头形式和其他形式。实践中，专利数量不断增多，也并不是所有的专利实施许可合同都需要采用书面形式订立。法律委员会经同教育科学文化卫生委员会和国务院法制办、国家知识产权局研究，建议将上述规定中的"书面实施许可合同"中的"书面"二字删去。

此外，根据有些常委委员的意见，还对修改决定草案作了一些文字修改。

修改决定草案建议表决稿已按上述意见作了修改，法律委员会建议本次常委会议通过。

修改决定草案建议表决稿和以上报告是否妥当，请审议。

专利法修改草案(征求意见稿)条文对照

国家知识产权局 2012年8月9日

专利法现行规定	专利法修改草案(征求意见稿)
第四十六条 专利复审委员会对宣告专利权无效的请求应当及时审查和作出决定,并通知请求人和专利权人。宣告专利权无效的决定,由国务院专利行政部门登记和公告。 对专利复审委员会宣告专利权无效或者维持专利权的决定不服的,可以自收到通知之日起三个月内向人民法院起诉。人民法院应当通知无效宣告请求程序的对方当事人作为第三人参加诉讼。	**第四十六条** 专利复审委员会对宣告专利权无效的请求应当及时审查和作出决定,并通知请求人和专利权人。 宣告专利权无效或者维持专利权的决定作出后,国务院专利行政部门应当及时予以登记和公告。该决定自公告之日起生效。 对专利复审委员会宣告专利权无效或者维持专利权的决定不服的,可以自收到通知之日起三个月内向人民法院起诉。人民法院应当通知无效宣告请求程序的对方当事人作为第三人参加诉讼。
第四十七条 宣告无效的专利权视为自始即不存在。 宣告专利权无效的决定,对在宣告专利权无效前人民法院作出并已执行的专利侵权的判决、调解书,已经履行或者强制执行的专利侵权纠纷处理决定,以及已经履行的专利实施许可合同和专利权转让合同,不具有追溯力。但是因专利权人的恶意给他人造成的损失,应当给予赔偿。 依照前款规定不返还专利侵权赔偿金、专利使用费、专利权转让费,明显违反公平原则的,应当全部或者部分返还。	**第四十七条** 宣告无效的专利权视为自始即不存在。 宣告专利权无效的决定,对在宣告专利权无效前人民法院作出并已执行的专利侵权的判决、调解书,已经履行或者强制执行的专利侵权纠纷处理、处罚决定,以及已经履行的专利实施许可合同和专利权转让合同,不具有追溯力。但是因专利权人的恶意给他人造成的损失,应当给予赔偿。 依照前款规定不返还专利侵权赔偿金、专利使用费、专利权转让费,明显违反公平原则的,应当全部或者部分返还。

专利法现行规定	专利法修改草案(征求意见稿)
第六十条 未经专利权人许可,实施其专利,即侵犯其专利权,引起纠纷的,由当事人协商解决;不愿协商或者协商不成的,专利权人或者利害关系人可以向人民法院起诉,也可以请求管理专利工作的部门处理。管理专利工作的部门处理时,认定侵权行为成立的,可以责令侵权人立即停止侵权行为,当事人不服的,可以自收到处理通知之日起十五日内依照《中华人民共和国行政诉讼法》向人民法院起诉;侵权人期满不起诉又不停止侵权行为的,管理专利工作的部门可以申请人民法院强制执行。进行处理的管理专利工作的部门应当事人的请求,可以就侵犯专利权的赔偿数额进行调解;调解不成的,当事人可以依照《中华人民共和国民事诉讼法》向人民法院起诉。	第六十条 未经专利权人许可,实施其专利,即侵犯其专利权,引起纠纷的,由当事人协商解决;不愿协商或者协商不成的,专利权人或者利害关系人可以向人民法院起诉,也可以请求管理专利工作的部门处理。管理专利工作的部门处理时,认定侵权行为成立的,可以责令侵权人立即停止侵权行为、赔偿损失;当事人不服的,可以自收到处理通知之日起十五日内依照《中华人民共和国行政诉讼法》向人民法院起诉;侵权人期满不起诉又不停止侵权行为的,管理专利工作的部门可以申请人民法院强制执行。对涉嫌扰乱市场秩序的专利侵权行为,管理专利工作的部门有权依法查处;在全国有重大影响的,由国务院专利行政部门组织查处。管理专利工作的部门认定侵权行为成立且扰乱市场秩序的,责令停止侵权行为,没收违法所得,并可没收、销毁侵权产品或者用于实施侵权行为的专用设备,并处违法所得四倍以下的罚款,没有违法所得或者违法所得难以计算的,可以处二十万元以下的罚款。宣告专利权无效或者维持专利权的决定生效后,管理专利工作的部门和人民法院应当根据该决定及时审理、处理专利侵权纠纷。
第六十一条 专利侵权纠纷涉及新产品制造方法的发明专利的,制造同样产品的单位或者个人应当提供其产品制造方法不同于专利方法的证明。 专利侵权纠纷涉及实用新型专利或者外观设计专利的,人民法院或者管理专利工作的部门可以要求专利权人或者利害关系人出具由国务院专利行政部门对相关实用新型或者外观设计进行检索、分析和评价后作出的专利权评价报告,作为审理、处理专利侵权纠纷的证据。	第六十一条 专利侵权纠纷涉及新产品制造方法的发明专利的,制造同样产品的单位或者个人应当提供其产品制造方法不同于专利方法的证明。 专利侵权纠纷涉及实用新型专利或者外观设计专利的,人民法院或者管理专利工作的部门可以要求专利权人或者利害关系人出具由国务院专利行政部门对相关实用新型或者外观设计进行检索、分析和评价后作出的专利权评价报告,作为审理、处理专利侵权纠纷的证据。

专利法现行规定	专利法修改草案(征求意见稿)
	专利侵权诉讼中,对于由被控侵权人掌握的涉嫌侵权的产品以及账簿、资料等证据,人民法院应当根据原告或者其诉讼代理人的申请依法调查搜集。被控侵权人不提供或者转移、伪造、毁灭证据的,人民法院依法采取制止妨害民事诉讼的强制措施;构成犯罪的,依法追究刑事责任。
第六十三条 假冒专利的,除依法承担民事责任外,由管理专利工作的部门责令改正并予公告,没收违法所得,可以并处违法所得四倍以下的罚款;没有违法所得的,可以处二十万元以下的罚款;构成犯罪的,依法追究刑事责任。	第六十三条 假冒专利的,除依法承担民事责任外,由管理专利工作的部门责令改正并予公告,没收违法所得,可以并处违法所得四倍以下的罚款;没有违法所得或者违法所得难以计算的,可以处二十万元以下的罚款;构成犯罪的,依法追究刑事责任。
第六十四条 管理专利工作的部门根据已经取得的证据,对涉嫌假冒专利行为进行查处时,可以询问有关当事人,调查与涉嫌违法行为有关的情况;对当事人涉嫌违法行为的场所实施现场检查;查阅、复制与涉嫌违法行为有关的合同、发票、账簿以及其他有关资料;检查与涉嫌违法行为有关的产品,对有证据证明是假冒专利的产品,可以查封或者扣押。	第六十四条 管理专利工作的部门根据已经取得的证据,对涉嫌侵犯专利权行为和假冒专利行为进行查处时,可以询问有关当事人,调查与涉嫌违法行为有关的情况;对当事人涉嫌违法行为的场所实施现场检查;查阅、复制与涉嫌违法行为有关的合同、发票、账簿以及其他有关资料;检查与涉嫌违法行为有关的产品,对有证据证明是侵权产品或者假冒专利的产品,可以查封或者扣押。 管理专利工作的部门依法行使前款规定的职权时,当事人应当予以协助、配合,不得拒绝、阻挠。被调查的当事人拒绝、阻挠管理专利工作的部门行使职权的,由管理专利工作的部门予以警告;情节严重的,依法给予治安管理处罚。

专利法现行规定	专利法修改草案（征求意见稿）
第六十五条　侵犯专利权的赔偿数额按照权利人因被侵权所受到的实际损失确定；实际损失难以确定的，可以按照侵权人因侵权所获得的利益确定。权利人的损失或者侵权人获得的利益难以确定的，参照该专利许可使用费的倍数合理确定。赔偿数额还应当包括权利人为制止侵权行为所支付的合理开支。 权利人的损失、侵权人获得的利益和专利许可使用费均难以确定的，人民法院可以根据专利权的类型、侵权行为的性质和情节等因素，确定给予一万元以上一百万元以下的赔偿。	第六十五条　侵犯专利权的赔偿数额按照权利人因被侵权所受到的实际损失确定；实际损失难以确定的，可以按照侵权人因侵权所获得的利益确定。权利人的损失或者侵权人获得的利益难以确定的，参照该专利许可使用费的倍数合理确定。赔偿数额还应当包括权利人为制止侵权行为所支付的合理开支。 权利人的损失、侵权人获得的利益和专利许可使用费均难以确定的，管理专利工作的部门或者人民法院可以根据专利权的类型、侵权行为的性质和情节等因素，确定给予一万元以上一百万元以下的赔偿。 对于故意侵犯专利权的行为，管理专利工作的部门或者人民法院可以根据侵权行为的情节、规模、损害结果等因素，将根据前两款所确定的赔偿数额最高提高至三倍。

关于专利法修改草案(征求意见稿)的说明

国家知识产权局　2012年8月9日

一、修改背景和主要过程

进入新世纪以来,随着我国经济社会的快速发展,知识产权成为提高我国自主创新能力、建设创新型国家的重要支撑。加强知识产权保护、提高自主创新能力,成为贯彻落实科学发展观、加快转变经济发展方式的内在要求。党中央和国务院高度重视和关心知识产权保护工作,党和国家领导人多次在相关场合指出,要加强知识产权保护,加大知识产权执法力度。

2011年11月13日,国务院下发《关于进一步做好打击侵犯知识产权和制售假冒伪劣商品工作的意见》,指出打击侵权和假冒伪劣是一项长期、复杂、艰巨的任务,要建立健全长效机制,研究修订相关法律法规和规章,加大惩处力度,为依法有效打击侵权和假冒伪劣行为提供有力法制保障。

为了落实前述要求,国家知识产权局从2011年11月开始启动了修改《中华人民共和国专利法》(以下简称专利法)的准备工作。经各方努力,专利法的修改列入了国务院2012年立法工作计划。

2012年2月,国家知识产权局召开局长办公会,研究专利法的修改工作,讨论通过了修改工作方案,确定了修改工作指导思想以及加大保护力度的重点修改内容。此后,国家知识产权局相关部门根据分工开展了实地调研、讨论等系列工作。2月下旬,国家知识产权局贺化副局长带领条法司、专利管理司等部门的负责同志赴杭州和温州召开专利法修改调研会。浙江省内各产业领域的数十家企业代表、浙江省知识产权局以及杭州、温州、嘉兴和义乌等市的执法人员,行业协会、代理机构负责人和高校专家等参加了调研会。参会代表反映了专利维权取证难、周期长、成本高、赔偿低等突出问题。此外,国家知识产权局管理司等相关部门还赴深圳、镇江等地进行实地调研,其他省(区、市)知识产权局也按照要求组织了本地的调研工作。调研结束后,汇总形成了30个省份的调研情况与典型案例。调研反映,30%的专利权人遇到了侵权纠纷,其中仅有10%的权利人采取维权措施,很多权利人因为专利权难以得到保护已经丧失了对专利制度的信心。同时,国家知识产权局条法司在各部门调研和讨论的基础上,组织相关部门人员多次召开会议,讨论形成专利法修改建议和说明稿。

5月中旬,国家知识产权局再次召开局长办公会,听取专利法修改工作进展情况的报告,明确了相关工作思路。此后,国家知识产权局条法司与相关部门就专利法修改建议及说明进行了反复沟通,形成了征求意见稿提请局务会议审议。6月中旬,国家知识产权局局长田力普主持召开局务会议,进一步明确了本次专利法修改以"加强专利保护、加大执法力度"为核心内容,审议并原则通过了征求意见稿及其说明。

二、专利法修改的指导思想

本次专利法修改的指导思想是:以邓小平理论和"三个代表"重要思想为指导,贯彻落实科学发展观,针对我国专利制度运行中保护不力的突出问题,提出有针对性的解决措施,设立符合中国国情的制度,充分发挥行政执法和司法保护两种途径各自的优势和作用,有效维护专利权人的合法权益并最大限度地节约当事人的成本和社会资源,充分激发全社会的创新活力,为加快转变经济发展方式、建设创新型国家提供有力的制度支撑。

三、主要修改建议

专利侵权行为具有隐蔽性强、取证难等特点,尤其随着互联网技术和物流行业的迅猛发展,专利侵权产品的制造和扩散速度也在不断提高,专利维权难度日益加大,维权收益往往低于维权成本,故意侵权、反复侵权、群体侵权、跨地区链条式侵权等恶性侵权现象时有发生,大大挫伤了专利权人的创新积极性,扰乱了市场秩序,破坏了创新环境,阻碍了创新型国家的建设。

为了解决前述突出问题,建立健全打击专利侵权的长效机制,进一步完善具有中国特色的专利保护制度,围绕加强专利保护、加大执法力度,征求意见稿对专利法的部分条款提出了修改建议,主要如下:

(一)赋予司法机关和行政执法机关调查取证权,解决专利维权"举证难"的问题

与有形财产权的客体由权利人占有、侵权行为易于被发现不同,专利侵权行为具有很强的隐蔽性,侵权证据主要由侵权人控制,权利人在维权过程中常常处于无法取证、无力取证的困难境地。为解决这一问题,征求意见稿提出了如下方案:

一方面,对专利侵权民事诉讼,根据《民事诉讼法》的相关规定,进一步明确受案人民法院调查取证的权力,即规定:对于由被控侵权人掌握的涉嫌侵权的产品以及账簿、资料等证据,人民法院应当根据原告或者其诉讼代理人的申请依法调查搜集;被控侵权人不提供或者转移、伪造、毁灭证据的,人民法院依法采取妨害民事诉讼的强制措施;构成犯罪的,依法追究刑事责任。

另一方面,为充分发挥行政执法机关在处理专利侵权纠纷中的作用,征求意见稿借鉴《商标法》相关规定,建议赋予管理专利工作的部门对专利侵权案件的调查取证手段,以解决权利人在侵权纠纷行政处理中的"取证难"问题。

此外,目前专利行政执法人员普遍反映在执法工作中经常出现当事人拒不配合、拒绝、阻挠执法人员行使职权,甚至暴力抗法的情况。这不仅影响办案效率,更损害了法律威严,甚至严重危及执法人员人身安全。为此,征求意见稿建议按照相关法律规定,明确妨碍专利行政执法人员执行公务的责任。

(二)增加管理专利工作的部门对侵权赔偿额的判定职能,解决专利维权"周期长"的问题

依据现行专利法,管理专利工作的部门处理专利侵权纠纷时,可以应当事人请求就侵

权赔偿数额进行调解，调解不成的，当事人可以依照《民事诉讼法》向人民法院起诉。实践中，由于关于赔偿额的行政调解协议没有强制执行力，侵权人在事实清楚、结果显而易见的情况下，仍然就赔偿问题另行提起民事诉讼，人为制造诉累，使权利人的利益难以得到有效维护。这既不利于尽快定纷止争，也浪费了行政执法和司法审判资源。因此，在不减少当事人后续救济途径的前提下，赋予管理专利工作的部门在处理侵权纠纷过程中对赔偿数额的判定职能，有利于维护权利人的合法权益，减少诉累，节约公共资源，并与各级人民法院正在推行的知识产权民事、行政、刑事"三审合一"的做法相协调。为此，征求意见稿提出相应修改建议。

（三）明确无效宣告请求审查决定的生效时间及相关后续程序，解决专利维权"周期长"的问题

专利复审委员会宣告专利权无效或者维持专利权的决定（以下简称无效宣告请求审查决定）的生效时间问题直接影响专利侵权纠纷审理或者处理的效率。目前，专利法及其实施细则对于无效宣告请求审查决定的生效时间未作明确规定，实践中有不同理解和操作，导致许多侵权纠纷出现"周期长"的问题。例如，维持专利权有效的决定作出后，无效宣告请求人为逃避侵权责任，往往会提起行政诉讼。在行政诉讼期间（一般为6个月至2年左右），人民法院或者专利管理机关往往会继续中止审理或者处理，许多专利侵权案件因此久拖不决。

为了使公众及时获知专利权的法律状态，征求意见稿建议规定国务院专利行政部门应当及时登记和公告宣告专利权无效或者维持专利权的决定，并明确该决定的生效时间。同时，为了提高专利纠纷解决效率，解决专利侵权案件因无效宣告程序而周期过长的问题，征求意见稿建议规定，宣告专利权无效或者维持专利权的决定生效后，人民法院和管理专利工作的部门应当根据该决定及时审理和处理侵权纠纷。

（四）增设对故意侵权的惩罚性赔偿制度，解决专利维权"赔偿低"的问题

当前，知识产权侵权赔偿与其他民事侵权赔偿一样，实行"填平"原则或者"补偿性原则"，即权利人获得的赔偿是用来补偿权利人的实际损失。但是，由于知识产权的客体是无形的，知识产权保护比有形财产的保护成本更高、难度更大，侵犯知识产权比侵犯有形财产风险更小、代价更低，从事知识产权侵权活动的收益远远大于其风险、代价，因此，从实践来看，"填平"原则不仅无法补偿权利人因侵权所遭受的全部损失，而且对侵权行为无法产生任何遏制作用。严格的"填平"原则在一定程度上无异于纵容侵权。这也是知识产权侵权屡禁不止的原因之一。为了充分保护专利权人的合法权益，有效遏制故意侵权行为，征求意见稿建议引入惩罚性赔偿，以鼓励专利权人积极行使权利，实现专利法保护和激励创新的立法宗旨。

（五）赋予管理专利工作的部门查处和制止恶性侵权行为的职能，解决专利维权"成本高、效果差"的问题

针对故意侵权、反复侵权、群体侵权等恶性侵权行为，专利权人逐一向侵权人维权成本很高，收效甚微，很多权利人因此而丧失了对专利制度的信心。这些恶性侵权行为不仅直接侵害了专利权人的合法权益，而且扰乱了市场秩序，损害了专利制度的权威，打击了全社会的创新活

力,具有严重的社会危害性。为了有效查处和制止这些恶性侵权行为,重塑创新主体对专利制度的信心,维护专利制度的权威,征求意见稿参照《商标法》等相关法律的规定,建议赋予管理专利工作的部门对涉嫌扰乱市场秩序的侵权行为主动查处权以及相应的行政处罚权。

同时,考虑到一些在全国有重大影响、涉及多个省份的专利侵权案件,查处过程中需要国家层面的统一指导和协调,征求意见稿建议明确国务院专利行政部门对全国有重大影响的专利侵权案件的组织查处职能。

中华人民共和国专利法
修改草案(征求意见稿)条文对照

国家知识产权局　2015年4月1日

现行专利法	专利法修改草案(征求意见稿)
第一章　总　则	第一章　总　则
第一条　为了保护专利权人的合法权益,鼓励发明创造,推动发明创造的应用,提高创新能力,促进科学技术进步和经济社会发展,制定本法。	第一条　为了保护专利权人的合法权益,鼓励发明创造,推动发明创造的应用,提高创新能力,促进科学技术进步和经济社会发展,制定本法。
第二条　本法所称的发明创造是指发明、实用新型和外观设计。 　　发明,是指对产品、方法或者其改进所提出的新的技术方案。 　　实用新型,是指对产品的形状、构造或者其结合所提出的适于实用的新的技术方案。 　　外观设计,是指对产品的形状、图案或者其结合以及色彩与形状、图案的结合所作出的富有美感并适于工业应用的新设计。	第二条　本法所称的发明创造是指发明、实用新型和外观设计。发明,是指对产品、方法或者其改进所提出的新的技术方案。 　　实用新型,是指对产品的形状、构造或者其结合所提出的适于实用的新的技术方案。 　　外观设计,是指对产品的整体或者局部的形状、图案或者其结合以及色彩与形状、图案的结合所作出的富有美感并适于工业应用的新设计。

现行专利法	专利法修改草案(征求意见稿)
第三条 国务院专利行政部门负责管理全国的专利工作;统一受理和审查专利申请,依法授予专利权。 省、自治区、直辖市人民政府管理专利工作的部门负责本行政区域内的专利管理工作。	第三条 国务院专利行政部门主管全国的专利工作,统一受理和审查专利申请,依法授予专利权,负责涉及专利的市场监督管理工作,查处有重大影响的专利侵权和假冒专利行为,负责建设专利信息公共服务体系,促进专利信息传播与利用,依法授予专利代理师资格、审批专利代理机构。 县级以上地方人民政府专利行政部门负责本行政区域内的专利工作,开展专利行政执法,查处专利侵权和假冒专利行为,提供专利公共服务。
第四条 申请专利的发明创造涉及国家安全或者重大利益需要保密的,按照国家有关规定办理。	第四条 申请专利的发明创造涉及国家安全或者重大利益需要保密的,按照国家有关规定办理。
第五条 对违反法律、社会公德或者妨害公共利益的发明创造,不授予专利权。对违反法律、行政法规的规定获取或者利用遗传资源,并依赖该遗传资源完成的发明创造,不授予专利权。	第五条 对违反法律、社会公德或者妨害公共利益的发明创造,不授予专利权。对违反法律、行政法规的规定获取或者利用遗传资源,并依赖该遗传资源完成的发明创造,不授予专利权。
第六条 执行本单位的任务或者主要是利用本单位的物质技术条件所完成的发明创造为职务发明创造。职务发明创造申请专利的权利属于该单位;申请被批准后,该单位为专利权人。 非职务发明创造,申请专利的权利属于发明人或者设计人;申请被批准后,该发明人或者设计人为专利权人。 利用本单位的物质技术条件所完成的发明创造,单位与发明人或者设计人订有合同,对申请专利的权利和专利权的归属作出约定的,从其约定。	第六条 执行本单位任务所完成的发明创造为职务发明创造。 职务发明创造申请专利的权利属于该单位;申请被批准后,该单位为专利权人。 非职务发明创造,申请专利的权利属于发明人或者设计人;申请被批准后,该发明人或者设计人为专利权人。 利用本单位的物质技术条件所完成的发明创造,单位与发明人或者设计人订有合同,对申请专利的权利和专利权的归属作出约定的,从其约定;没有约定的,申请专利的权利属于发明人或者设计人。

现行专利法	专利法修改草案(征求意见稿)
第七条 对发明人或者设计人的非职务发明创造专利申请,任何单位或者个人不得压制。	第七条 对发明人或者设计人的非职务发明创造专利申请,任何单位或者个人不得压制。
第八条 两个以上单位或者个人合作完成的发明创造、一个单位或者个人接受其他单位或者个人委托所完成的发明创造,除另有协议的以外,申请专利的权利属于完成或者共同完成的单位或者个人;申请被批准后,申请的单位或者个人为专利权人。	第八条 两个以上单位或者个人合作完成的发明创造、一个单位或者个人接受其他单位或者个人委托所完成的发明创造,除另有协议的以外,申请专利的权利属于完成或者共同完成的单位或者个人;申请被批准后,申请的单位或者个人为专利权人。
第九条 同样的发明创造只能授予一项专利权。但是,同一申请人同日对同样的发明创造既申请实用新型专利又申请发明专利,先获得的实用新型专利权尚未终止,且申请人声明放弃该实用新型专利权的,可以授予发明专利权。 两个以上的申请人分别就同样的发明创造申请专利的,专利权授予最先申请的人。	第九条 同样的发明创造只能授予一项专利权。但是,同一申请人同日对同样的发明创造既申请实用新型专利又申请发明专利,先获得的实用新型专利权尚未终止,且申请人声明放弃该实用新型专利权的,可以授予发明专利权。 两个以上的申请人分别就同样的发明创造申请专利的,专利权授予最先申请的人。
第十条 专利申请权和专利权可以转让。 中国单位或者个人向外国人、外国企业或者外国其他组织转让专利申请权或者专利权的,应当依照有关法律、行政法规的规定办理手续。 转让专利申请权或者专利权的,当事人应当订立书面合同,并向国务院专利行政部门登记,由国务院专利行政部门予以公告。专利申请权或者专利权的转让自登记之日起生效。	第十条 专利申请权和专利权可以转让。 中国单位或者个人向外国人、外国企业或者外国其他组织转让专利申请权或者专利权的,应当依照有关法律、行政法规的规定办理手续。 转让专利申请权或者专利权的,当事人应当订立书面合同,并向国务院专利行政部门登记,由国务院专利行政部门予以公告。专利申请权或者专利权的转让自登记之日起生效。

现行专利法	专利法修改草案(征求意见稿)
第十一条 发明和实用新型专利权被授予后,除本法另有规定的以外,任何单位或者个人未经专利权人许可,都不得实施其专利,即不得为生产经营目的制造、使用、许诺销售、销售、进口其专利产品,或者使用其专利方法以及使用、许诺销售、销售、进口依照该专利方法直接获得的产品。 外观设计专利权被授予后,任何单位或者个人未经专利权人许可,都不得实施其专利,即不得为生产经营目的制造、许诺销售、销售、进口其外观设计专利产品。	第十一条 发明和实用新型专利权被授予后,除本法另有规定的以外,任何单位或者个人未经专利权人许可,都不得实施其专利,即不得为生产经营目的制造、使用、许诺销售、销售、进口其专利产品,或者使用其专利方法以及使用、许诺销售、销售、进口依照该专利方法直接获得的产品。 外观设计专利权被授予后,任何单位或者个人未经专利权人许可,都不得实施其专利,即不得为生产经营目的制造、许诺销售、销售、进口其外观设计专利产品。
第十二条 任何单位或者个人实施他人专利的,应当与专利权人订立实施许可合同,向专利权人支付专利使用费。被许可人无权允许合同规定以外的任何单位或者个人实施该专利。	第十二条 任何单位或者个人实施他人专利的,应当与专利权人订立实施许可合同,向专利权人支付专利使用费。被许可人无权允许合同规定以外的任何单位或者个人实施该专利。
第十三条 发明专利申请公布后,申请人可以要求实施其发明的单位或者个人支付适当的费用。	第十三条 发明专利申请公布后,申请人可以要求实施其发明的单位或者个人支付适当的费用。
第十四条 国有企业事业单位的发明专利,对国家利益或者公共利益具有重大意义的,国务院有关主管部门和省、自治区、直辖市人民政府报经国务院批准,可以决定在批准的范围内推广应用,允许指定的单位实施,由实施单位按照国家规定向专利权人支付使用费。	第十四条(新增 X1 条,原条文移至第七十七条) 行使专利权应当遵循诚实信用原则,不得损害公共利益,不得不正当地排除、限制竞争,不得阻碍技术进步。
第十五条 专利申请权或者专利权的共有人对权利的行使有约定的,从其约定。没有约定的,共有人可以单独实施或者以普通许可方式许可他人实施该专利;许可他人实施该专利的,收取的使用费应当在共有人之间分配。 除前款规定的情形外,行使共有的专利申请权或者专利权应当取得全体共有人的同意。	第十五条 专利申请权或者专利权的共有人对权利的行使有约定的,从其约定。没有约定的,共有人可以单独实施或者以普通许可方式许可他人实施该专利;许可他人实施该专利的,收取的使用费应当在共有人之间分配。 除前款规定的情形外,行使共有的专利申请权或者专利权应当取得全体共有人的同意。

现行专利法	专利法修改草案（征求意见稿）
第十六条 被授予专利权的单位应当对职务发明创造的发明人或者设计人给予奖励；发明创造专利实施后，根据其推广应用的范围和取得的经济效益，对发明人或者设计人给予合理的报酬。	第十六条 职务发明创造被授予专利权后，单位应当对其发明人或者设计人给予奖励；发明创造专利实施后，单位应当根据其推广应用的范围和取得的经济效益，对发明人或者设计人给予合理的报酬。 单位与发明人或者设计人根据本法第六条第四款的规定，约定发明创造申请专利的权利属于单位的，单位应当根据前款规定对发明人或者设计人给予奖励和报酬。
第十七条 发明人或者设计人有权在专利文件中写明自己是发明人或者设计人。 专利权人有权在其专利产品或者该产品的包装上标明专利标识。	第十七条 发明人或者设计人有权在专利文件中写明自己是发明人或者设计人。 专利权人有权在其专利产品或者该产品的包装上标明专利标识。
第十八条 在中国没有经常居所或者营业所的外国人、外国企业或者外国其他组织在中国申请专利的，依照其所属国同中国签订的协议或者共同参加的国际条约，或者依照互惠原则，根据本法办理。	第十八条 在中国没有经常居所或者营业所的外国人、外国企业或者外国其他组织在中国申请专利的，依照其所属国同中国签订的协议或者共同参加的国际条约，或者依照互惠原则，根据本法办理。
第十九条 在中国没有经常居所或者营业所的外国人、外国企业或者外国其他组织在中国申请专利和办理其他专利事务的，应当委托依法设立的专利代理机构办理。 中国单位或者个人在国内申请专利和办理其他专利事务的，可以委托依法设立的专利代理机构办理。 专利代理机构应当遵守法律、行政法规，按照被代理人的委托办理专利申请或者其他专利事务；对被代理人发明创造的内容，除专利申请已经公布或者公告的以外，负有保密责任。专利代理机构的具体管理办法由国务院规定。	第十九条 在中国没有经常居所或者营业所的外国人、外国企业或者外国其他组织在中国申请专利和办理其他专利事务的，应当按照规定委托依法设立的专利代理机构办理。 中国单位或者个人在国内申请专利和办理其他专利事务的，可以委托依法设立的专利代理机构办理。 专利代理师和专利代理机构应当遵守法律、行政法规，按照被代理人的委托办理专利申请或者其他专利事务；对被代理人发明创造的内容，除专利申请已经公布或者公告的以外，负有保密责任。专利代理师和专利代理机构的具体管理办法由国务院规定。

现行专利法	专利法修改草案(征求意见稿)
第二十条 任何单位或者个人将在中国完成的发明或者实用新型向外国申请专利的,应当事先报经国务院专利行政部门进行保密审查。保密审查的程序、期限等按照国务院的规定执行。 中国单位或者个人可以根据中华人民共和国参加的有关国际条约提出专利国际申请。申请人提出专利国际申请的,应当遵守前款规定。 国务院专利行政部门依照中华人民共和国参加的有关国际条约、本法和国务院有关规定处理专利国际申请。 对违反本条第一款规定向外国申请专利的发明或者实用新型,在中国申请专利的,不授予专利权。	第二十条 任何单位或者个人将在中国完成的发明或者实用新型向外国申请专利的,应当事先报经国务院专利行政部门进行保密审查。保密审查的程序、期限等按照国务院的规定执行。 中国单位或者个人可以根据中华人民共和国参加的有关国际条约提出国际申请并获得相关保护。申请人提出国际申请的,应当遵守前款规定。 国务院专利行政部门依照中华人民共和国参加的有关国际条约、本法和国务院有关规定处理国际申请。 对违反本条第一款规定向外国申请专利的发明或者实用新型,在中国申请专利的,不授予专利权。
第二十一条 国务院专利行政部门及其专利复审委员会应当按照客观、公正、准确、及时的要求,依法处理有关专利的申请和请求。 国务院专利行政部门应当完整、准确、及时发布专利信息,定期出版专利公报。 在专利申请公布或者公告前,国务院专利行政部门的工作人员及有关人员对其内容负有保密责任。	第二十一条 国务院专利行政部门及其专利复审委员会应当按照客观、公正、准确、及时的要求,依法处理有关专利的申请和请求。 在专利申请公布或者公告前,国务院专利行政部门的工作人员及有关人员对其内容负有保密责任。 国务院专利行政部门应当完整、准确、及时发布专利信息,定期出版专利公报,提供专利信息基础数据。
第二章 授予专利权的条件	**第二章 授予专利权的条件**

现行专利法	专利法修改草案（征求意见稿）
第二十二条　授予专利权的发明和实用新型，应当具备新颖性、创造性和实用性。 　　新颖性，是指该发明或者实用新型不属于现有技术；也没有任何单位或者个人就同样的发明或者实用新型在申请日以前向国务院专利行政部门提出过申请，并记载在申请日以后公布的专利申请文件或者公告的专利文件中。 　　创造性，是指与现有技术相比，该发明具有突出的实质性特点和显著的进步，该实用新型具有实质性特点和进步。 　　实用性，是指该发明或者实用新型能够制造或者使用，并且能够产生积极效果。 　　本法所称现有技术，是指申请日以前在国内外为公众所知的技术。	第二十二条　授予专利权的发明和实用新型，应当具备新颖性、创造性和实用性。 　　新颖性，是指该发明或者实用新型不属于现有技术；也没有任何单位或者个人就同样的发明或者实用新型在申请日以前向国务院专利行政部门提出过申请，并记载在申请日以后公布的专利申请文件或者公告的专利文件中。 　　创造性，是指与现有技术相比，该发明具有突出的实质性特点和显著的进步，该实用新型具有实质性特点和进步。 　　实用性，是指该发明或者实用新型能够制造或者使用，并且能够产生积极效果。 　　本法所称现有技术，是指申请日以前在国内外为公众所知的技术。
第二十三条　授予专利权的外观设计，应当不属于现有设计；也没有任何单位或者个人就同样的外观设计在申请日以前向国务院专利行政部门提出过申请，并记载在申请日以后公告的专利文件中。 　　授予专利权的外观设计与现有设计或者现有设计特征的组合相比，应当具有明显区别。 　　授予专利权的外观设计不得与他人在申请日以前已经取得的合法权利相冲突。 　　本法所称现有设计，是指申请日以前在国内外为公众所知的设计。	第二十三条　授予专利权的外观设计，应当不属于现有设计；也没有任何单位或者个人就同样的外观设计在申请日以前向国务院专利行政部门提出过申请，并记载在申请日以后公告的专利文件中。 　　授予专利权的外观设计与现有设计或者现有设计特征的组合相比，应当具有明显区别。 　　授予专利权的外观设计不得与他人在申请日以前已经取得的合法权利相冲突。 　　本法所称现有设计，是指申请日以前在国内外为公众所知的设计。
第二十四条　申请专利的发明创造在申请日以前六个月内，有下列情形之一的，不丧失新颖性： 　　（一）在中国政府主办或者承认的国际展览会上首次展出的； 　　（二）在规定的学术会议或者技术会议上首次发表的； 　　（三）他人未经申请人同意而泄露其内容的。	第二十四条　申请专利的发明创造在申请日以前六个月内，有下列情形之一的，不丧失新颖性： 　　（一）在中国政府主办或者承认的国际展览会上首次展出的； 　　（二）在规定的学术会议或者技术会议上首次发表的； 　　（三）他人未经申请人同意而泄露其内容的。

现行专利法	专利法修改草案(征求意见稿)
第二十五条 对下列各项,不授予专利权: (一)科学发现; (二)智力活动的规则和方法; (三)疾病的诊断和治疗方法; (四)动物和植物品种; (五)用原子核变换方法获得的物质; (六)对平面印刷品的图案、色彩或者二者的结合作出的主要起标识作用的设计。 对前款第(四)项所列产品的生产方法,可以依照本法规定授予专利权。	第二十五条 对下列各项,不授予专利权: (一)科学发现; (二)智力活动的规则和方法; (三)疾病的诊断和治疗方法,但涉及养殖动物的除外; (四)动物和植物品种; (五)用原子核变换方法获得的物质; (六)对平面印刷品的图案、色彩或者二者的结合作出的主要起标识作用的设计。 对前款第(四)项所列产品的生产方法,可以依照本法规定授予专利权。
第三章 专利的申请	第三章 专利的申请
第二十六条 申请发明或者实用新型专利的,应当提交请求书、说明书及其摘要和权利要求书等文件。 请求书应当写明发明或者实用新型的名称,发明人的姓名,申请人姓名或者名称、地址,以及其他事项。 说明书应当对发明或者实用新型作出清楚、完整的说明,以所属技术领域的技术人员能够实现为准;必要的时候,应当有附图。摘要应当简要说明发明或者实用新型的技术要点。 权利要求书应当以说明书为依据,清楚、简要地限定要求专利保护的范围。 依赖遗传资源完成的发明创造,申请人应当在专利申请文件中说明该遗传资源的直接来源和原始来源;申请人无法说明原始来源的,应当陈述理由。	第二十六条 申请发明或者实用新型专利的,应当提交请求书、说明书及其摘要和权利要求书等文件。 请求书应当写明发明或者实用新型的名称,发明人的姓名,申请人姓名或者名称、地址,以及其他事项。 说明书应当对发明或者实用新型作出清楚、完整的说明,以所属技术领域的技术人员能够实现为准;必要的时候,应当有附图。摘要应当简要说明发明或者实用新型的技术要点。 权利要求书应当以说明书为依据,清楚、简要地限定要求专利保护的范围。 依赖遗传资源完成的发明创造,申请人应当在专利申请文件中说明该遗传资源的直接来源和原始来源;申请人无法说明原始来源的,应当陈述理由。

现行专利法	专利法修改草案(征求意见稿)
第二十七条 申请外观设计专利的,应当提交请求书、该外观设计的图片或者照片以及对该外观设计的简要说明等文件。 　　申请人提交的有关图片或者照片应当清楚地显示要求专利保护的产品的外观设计。	第二十七条 申请外观设计专利的,应当提交请求书、该外观设计的图片或者照片以及对该外观设计的简要说明等文件。 　　申请人提交的有关图片或者照片应当清楚地显示要求专利保护的产品的外观设计。
第二十八条 国务院专利行政部门收到专利申请文件之日为申请日。如果申请文件是邮寄的,以寄出的邮戳日为申请日。	第二十八条 国务院专利行政部门收到专利申请文件之日为申请日。如果申请文件是邮寄的,以寄出的邮戳日为申请日。
第二十九条 申请人自发明或者实用新型在外国第一次提出专利申请之日起十二个月内,或者自外观设计在外国第一次提出专利申请之日起六个月内,又在中国就相同主题提出专利申请的,依照该外国同中国签订的协议或者共同参加的国际条约,或者依照相互承认优先权的原则,可以享有优先权。 　　申请人自发明或者实用新型在中国第一次提出专利申请之日起十二个月内,又向国务院专利行政部门就相同主题提出专利申请的,可以享有优先权。	第二十九条 申请人自发明或者实用新型在外国第一次提出专利申请之日起十二个月内,或者自外观设计在外国第一次提出专利申请之日起六个月内,又在中国就相同主题提出专利申请的,依照该外国同中国签订的协议或者共同参加的国际条约,或者依照相互承认优先权的原则,可以享有优先权。 　　申请人自发明或者实用新型在中国第一次提出专利申请之日起十二个月内,或者外观设计在中国第一次提出专利申请之日起六个月内,又向国务院专利行政部门就相同主题提出专利申请的,可以享有优先权。
第三十条 申请人要求优先权的,应当在申请的时候提出书面声明,并且在三个月内提交第一次提出的专利申请文件的副本;未提出书面声明或者逾期未提交专利申请文件副本的,视为未要求优先权。	第三十条 申请人要求优先权的,应当按照规定提出书面声明,并且提供第一次提出的专利申请文件的副本;未按照规定提出书面声明或者提供专利申请文件副本的,视为未要求优先权。

现行专利法	专利法修改草案(征求意见稿)
第三十一条　一件发明或者实用新型专利申请应当限于一项发明或者实用新型。属于一个总的发明构思的两项以上的发明或者实用新型,可以作为一件申请提出。 　　一件外观设计专利申请应当限于一项外观设计。同一产品两项以上的相似外观设计,或者用于同一类别并且成套出售或者使用的产品的两项以上外观设计,可以作为一件申请提出。	第三十一条　一件发明或者实用新型专利申请应当限于一项发明或者实用新型。属于一个总的发明构思的两项以上的发明或者实用新型,可以作为一件申请提出。 　　一件外观设计专利申请应当限于一项外观设计。同一产品两项以上的相似外观设计,或者用于同一类别并且成套出售或者使用的产品的两项以上外观设计,可以作为一件申请提出。
第三十二条　申请人可以在被授予专利权之前随时撤回其专利申请。	第三十二条　申请人可以在被授予专利权之前随时撤回其专利申请。
第三十三条　申请人可以对其专利申请文件进行修改,但是,对发明和实用新型专利申请文件的修改不得超出原说明书和权利要求书记载的范围,对外观设计专利申请文件的修改不得超出原图片或者照片表示的范围。	第三十三条　申请人可以对其专利申请文件进行修改,但是,对发明和实用新型专利申请文件的修改不得超出原说明书和权利要求书记载的范围,对外观设计专利申请文件的修改不得超出原图片或者照片表示的范围。
第四章　专利申请的审查和批准	第四章　专利申请的审查和批准
第三十四条　国务院专利行政部门收到发明专利申请后,经初步审查认为符合本法要求的,自申请日起满十八个月,即行公布。国务院专利行政部门可以根据申请人的请求早日公布其申请。	第三十四条　国务院专利行政部门收到发明专利申请后,经初步审查认为符合本法要求的,自申请日起满十八个月,即行公布。国务院专利行政部门可以根据申请人的请求早日公布其申请。
第三十五条　发明专利申请自申请日起三年内,国务院专利行政部门可以根据申请人随时提出的请求,对其申请进行实质审查;申请人无正当理由逾期不请求实质审查的,该申请即被视为撤回。 　　国务院专利行政部门认为必要的时候,可以自行对发明专利申请进行实质审查。	第三十五条　发明专利申请自申请日起三年内,国务院专利行政部门可以根据申请人随时提出的请求,对其申请进行实质审查;申请人无正当理由逾期不请求实质审查的,该申请即被视为撤回。 　　国务院专利行政部门认为必要的时候,可以自行对发明专利申请进行实质审查。

现行专利法	专利法修改草案(征求意见稿)
第三十六条　发明专利的申请人请求实质审查的时候,应当提交在申请日前与其发明有关的参考资料。 　　发明专利已经在外国提出过申请的,国务院专利行政部门可以要求申请人在指定期限内提交该国为审查其申请进行检索的资料或者审查结果的资料;无正当理由逾期不提交的,该申请即被视为撤回。	第三十六条　发明专利的申请人请求实质审查的时候,应当提交在申请日前与其发明有关的参考资料。 　　发明专利已经在外国提出过申请的,国务院专利行政部门可以要求申请人在指定期限内提交该国为审查其申请进行检索的资料或者审查结果的资料;无正当理由逾期不提交的,该申请即被视为撤回。
第三十七条　国务院专利行政部门对发明专利申请进行实质审查后,认为不符合本法规定的,应当通知申请人,要求其在指定的期限内陈述意见,或者对其申请进行修改;无正当理由逾期不答复的,该申请即被视为撤回。	第三十七条　国务院专利行政部门对发明专利申请进行实质审查后,认为不符合本法规定的,应当通知申请人,要求其在指定的期限内陈述意见,或者对其申请进行修改;无正当理由逾期不答复的,该申请即被视为撤回。
第三十八条　发明专利申请经申请人陈述意见或者进行修改后,国务院专利行政部门仍然认为不符合本法规定的,应当予以驳回。	第三十八条　发明专利申请经申请人陈述意见或者进行修改后,国务院专利行政部门仍然认为不符合本法规定的,应当予以驳回。
第三十九条　发明专利申请经实质审查没有发现驳回理由的,由国务院专利行政部门作出授予发明专利权的决定,发给发明专利证书,同时予以登记和公告。发明专利权自公告之日起生效。	第三十九条　发明专利申请经实质审查没有发现驳回理由的,由国务院专利行政部门作出授予发明专利权的决定,发给发明专利证书,同时予以登记和公告。发明专利权自公告之日起生效。
第四十条　实用新型和外观设计专利申请经初步审查没有发现驳回理由的,由国务院专利行政部门作出授予实用新型专利权或者外观设计专利权的决定,发给相应的专利证书,同时予以登记和公告。实用新型专利权和外观设计专利权自公告之日起生效。	第四十条　实用新型和外观设计专利申请经初步审查没有发现驳回理由的,由国务院专利行政部门作出授予实用新型专利权或者外观设计专利权的决定,发给相应的专利证书,同时予以登记和公告。实用新型专利权和外观设计专利权自公告之日起生效。

现行专利法	专利法修改草案(征求意见稿)
第四十一条 国务院专利行政部门设立专利复审委员会。专利申请人对国务院专利行政部门驳回申请的决定不服的,可以自收到通知之日起三个月内,向专利复审委员会请求复审。专利复审委员会复审后,作出决定,并通知专利申请人。 专利申请人对专利复审委员会的复审决定不服的,可以自收到通知之日起三个月内向人民法院起诉。	第四十一条 国务院专利行政部门设立专利复审委员会。专利申请人对国务院专利行政部门驳回申请的决定不服的,可以自收到通知之日起三个月内,向专利复审委员会请求复审。 专利复审委员会对复审请求进行审查,必要时可以对专利申请是否符合本法有关规定的其他情形进行审查,作出决定,并通知专利申请人。 专利申请人对专利复审委员会的复审决定不服的,可以自收到通知之日起三个月内向人民法院起诉。
第五章 专利权的期限、终止和无效	第五章 专利权的期限、终止和无效
第四十二条 发明专利权的期限为二十年,实用新型专利权和外观设计专利权的期限为十年,均自申请日起算。	第四十二条 发明专利权的期限为二十年,实用新型专利权的期限为十年,外观设计专利权的期限为十五年,均自申请日起算。
第四十三条 专利权人应当自被授予专利权的当年开始缴纳年费。	第四十三条 专利权人应当自被授予专利权的当年开始缴纳年费。
第四十四条 有下列情形之一的,专利权在期限届满前终止: (一)没有按照规定缴纳年费的; (二)专利权人以书面声明放弃其专利权的。 专利权在期限届满前终止的,由国务院专利行政部门登记和公告。	第四十四条 有下列情形之一的,专利权在期限届满前终止: (一)没有按照规定缴纳年费的; (二)专利权人以书面声明放弃其专利权的。 专利权在期限届满前终止的,由国务院专利行政部门登记和公告。
第四十五条 自国务院专利行政部门公告授予专利权之日起,任何单位或者个人认为该专利权的授予不符合本法有关规定的,可以请求专利复审委员会宣告该专利权无效。	第四十五条 自国务院专利行政部门公告授予专利权之日起,任何单位或者个人认为该专利权的授予不符合本法有关规定的,可以请求专利复审委员会宣告该专利权无效。

现行专利法	专利法修改草案(征求意见稿)
第四十六条 专利复审委员会对宣告专利权无效的请求应当及时审查和作出决定,并通知请求人和专利权人。宣告专利权无效的决定,由国务院专利行政部门登记和公告。 对专利复审委员会宣告专利权无效或者维持专利权的决定不服的,可以自收到通知之日起三个月内向人民法院起诉。人民法院应当通知无效宣告请求程序的对方当事人作为第三人参加诉讼。	第四十六条 专利复审委员会对宣告专利权无效的请求进行审查,必要时可以对专利权是否符合本法有关规定的其他情形进行审查,及时作出决定,并通知请求人和专利权人。宣告专利权无效或者维持专利权的决定作出后,国务院专利行政部门应当及时予以登记和公告。 对专利复审委员会宣告专利权无效或者维持专利权的决定不服的,可以自收到通知之日起三个月内向人民法院起诉。人民法院应当通知无效宣告请求程序的对方当事人作为第三人参加诉讼。
第四十七条 宣告无效的专利权视为自始即不存在。 宣告专利权无效的决定,对在宣告专利权无效前人民法院作出并已执行的专利侵权的判决、调解书,已经履行或者强制执行的专利侵权纠纷处理决定,以及已经履行的专利实施许可合同和专利权转让合同,不具有追溯力。但是因专利权人的恶意给他人造成的损失,应当给予赔偿。 依照前款规定不返还专利侵权赔偿金、专利使用费、专利权转让费,明显违反公平原则的,应当全部或者部分返还。	第四十七条 宣告无效的专利权视为自始即不存在。 宣告专利权无效的决定,对在宣告专利权无效前人民法院作出并已执行的专利侵权的判决、调解书,已经履行或者强制执行的专利侵权纠纷处理、处罚决定,以及已经履行的专利实施许可合同和专利权转让合同,不具有追溯力。但是因专利权人的恶意给他人造成的损失,应当给予赔偿。 依照前款规定不返还专利侵权赔偿金、专利使用费、专利权转让费,明显违反公平原则的,应当全部或者部分返还。
第六章 专利实施的强制许可	第六章 专利实施的强制许可

现行专利法	专利法修改草案(征求意见稿)
第四十八条　有下列情形之一的,国务院专利行政部门根据具备实施条件的单位或者个人的申请,可以给予实施发明专利或者实用新型专利的强制许可: 　　(一)专利权人自专利权被授予之日起满三年,且自提出专利申请之日起满四年,无正当理由未实施或者未充分实施其专利的; 　　(二)专利权人行使专利权的行为被依法认定为垄断行为,为消除或者减少该行为对竞争产生的不利影响的。	第四十八条　有下列情形之一的,国务院专利行政部门根据具备实施条件的单位或者个人的申请,可以给予实施发明专利或者实用新型专利的强制许可: 　　(一)专利权人自专利权被授予之日起满三年,且自提出专利申请之日起满四年,无正当理由未实施或者未充分实施其专利的; 　　(二)专利权人行使专利权的行为被依法认定为垄断行为,为消除或者减少该行为对竞争产生的不利影响。
第四十九条　在国家出现紧急状态或者非常情况时,或者为了公共利益的目的,国务院专利行政部门可以给予实施发明专利或者实用新型专利的强制许可。	第四十九条　在国家出现紧急状态或者非常情况时,或者为了公共利益的目的,国务院专利行政部门可以给予实施发明专利或者实用新型专利的强制许可。
第五十条　为了公共健康目的,对取得专利权的药品,国务院专利行政部门可以给予制造并将其出口到符合中华人民共和国参加的有关国际条约规定的国家或者地区的强制许可。	第五十条　为了公共健康目的,对取得专利权的药品,国务院专利行政部门可以给予制造并将其出口到符合中华人民共和国参加的有关国际条约规定的国家或者地区的强制许可。
第五十一条　一项取得专利权的发明或者实用新型比前已经取得专利权的发明或者实用新型具有显著经济意义的重大技术进步,其实施又有赖于前一发明或者实用新型的实施的,国务院专利行政部门根据后一专利权人的申请,可以给予实施前一发明或者实用新型的强制许可。 　　在依照前款规定给予实施强制许可的情形下,国务院专利行政部门根据前一专利权人的申请,也可以给予实施后一发明或者实用新型的强制许可。	第五十一条　一项取得专利权的发明或者实用新型比前已经取得专利权的发明或者实用新型具有显著经济意义的重大技术进步,其实施又有赖于前一发明或者实用新型的实施的,国务院专利行政部门根据后一专利权人的申请,可以给予实施前一发明或者实用新型的强制许可。 　　在依照前款规定给予实施强制许可的情形下,国务院专利行政部门根据前一专利权人的申请,也可以给予实施后一发明或者实用新型的强制许可。

现行专利法	专利法修改草案(征求意见稿)
第五十二条 强制许可涉及的发明创造为半导体技术的,其实施限于公共利益的目的和本法第四十八条第(二)项规定的情形。	第五十二条 强制许可涉及的发明创造为半导体技术的,其实施限于公共利益的目的和本法第四十八条第(二)项规定的情形。
第五十三条 除依照本法第四十八条第(二)项、第五十条规定给予的强制许可外,强制许可的实施应当主要为了供应国内市场。	第五十三条 除依照本法第四十八条第(二)项、第五十条规定给予的强制许可外,强制许可的实施应当主要为了供应国内市场。
第五十四条 依照本法第四十八条第(一)项、第五十一条规定申请强制许可的单位或者个人应当提供证据,证明其以合理的条件请求专利权人许可其实施专利,但未能在合理的时间内获得许可。	第五十四条 依照本法第四十八条第(一)项、第五十一条规定申请强制许可的单位或者个人应当提供证据,证明其以合理的条件请求专利权人许可其实施专利,但未能在合理的时间内获得许可。
第五十五条 国务院专利行政部门作出的给予实施强制许可的决定,应当及时通知专利权人,并予以登记和公告。 　　给予实施强制许可的决定,应当根据强制许可的理由规定实施的范围和时间。强制许可的理由消除并不再发生时,国务院专利行政部门应当根据专利权人的请求,经审查后作出终止实施强制许可的决定。	第五十五条 国务院专利行政部门作出的给予实施强制许可的决定,应当及时通知专利权人,并予以登记和公告。 　　给予实施强制许可的决定,应当根据强制许可的理由规定实施的范围和时间。强制许可的理由消除并不再发生时,国务院专利行政部门应当根据专利权人的请求,经审查后作出终止实施强制许可的决定。
第五十六条 取得实施强制许可的单位或者个人不享有独占的实施权,并且无权允许他人实施。	第五十六条 取得实施强制许可的单位或者个人不享有独占的实施权,并且无权允许他人实施。
第五十七条 取得实施强制许可的单位或者个人应当付给专利权人合理的使用费,或者依照中华人民共和国参加的有关国际条约的规定处理使用费问题。付给使用费的,其数额由双方协商;双方不能达成协议的,由国务院专利行政部门裁决。	第五十七条 取得实施强制许可的单位或者个人应当付给专利权人合理的使用费,或者依照中华人民共和国参加的有关国际条约的规定处理使用费问题。付给使用费的,其数额由双方协商;双方不能达成协议的,由国务院专利行政部门裁决。

现行专利法	专利法修改草案(征求意见稿)
第五十八条　专利权人对国务院专利行政部门关于实施强制许可的决定不服的,专利权人和取得实施强制许可的单位或者个人对国务院专利行政部门关于实施强制许可的使用费的裁决不服的,可以自收到通知之日起三个月内向人民法院起诉。	第五十八条　专利权人对国务院专利行政部门关于实施强制许可的决定不服的,专利权人和取得实施强制许可的单位或者个人对国务院专利行政部门关于实施强制许可的使用费的裁决不服的,可以自收到通知之日起三个月内向人民法院起诉。
第七章　专利权的保护	**第七章　专利权的保护**
第五十九条　发明或者实用新型专利权的保护范围以其权利要求的内容为准,说明书及附图可以用于解释权利要求的内容。 外观设计专利权的保护范围以表示在图片或者照片中的该产品的外观设计为准,简要说明可以用于解释图片或者照片所表示的该产品的外观设计。	第五十九条　发明或者实用新型专利权的保护范围以其权利要求的内容为准,说明书及附图可以用于解释权利要求的内容。 外观设计专利权的保护范围以表示在图片或者照片中的该产品的外观设计为准,简要说明可以用于解释图片或者照片所表示的该产品的外观设计。
第六十条　未经专利权人许可,实施其专利,即侵犯其专利权,引起纠纷的,由当事人协商解决;不愿协商或者协商不成的,专利权人或者利害关系人可以向人民法院起诉,也可以请求管理专利工作的部门处理。管理专利工作的部门处理时,认定侵权行为成立的,可以责令侵权人立即停止侵权行为,当事人不服的,可以自收到处理通知之日起十五日内依照《中华人民共和国行政诉讼法》向人民法院起诉;侵权人期满不起诉又不停止侵权行为的,管理专利工作的部门可以申请人民法院强制执行。进行处理的管理专利工作的部门应当事人的请求,可以就侵犯专利权的赔偿数额进行调解;调解不成的,当事人可以依照《中华人民共和国民事诉讼法》向人民法院起诉。	第六十条　未经专利权人许可,实施其专利,即侵犯其专利权,引起纠纷的,由当事人协商解决;不愿协商或者协商不成的,专利权人或者利害关系人可以向人民法院起诉,也可以请求专利行政部门处理。专利行政部门处理时,认定侵权行为成立的,可以责令侵权人立即停止侵权行为,并可以没收、销毁侵权产品、专用于制造侵权产品或者使用侵权方法的零部件、工具、模具、设备等。当事人不服的,可以自收到处理通知之日起十五日内依照《中华人民共和国行政诉讼法》向人民法院起诉;侵权人期满不起诉又不停止侵权行为的,专利行政部门可以申请人民法院强制执行。进行处理的专利行政部门应当事人的请求,可以就侵犯专利权的赔偿数额进行调解;调解不成的,当事人可以依照《中华人民共和国民事诉讼法》向人民法院起诉。达成的调解协议经人民法院依法确认有效,一方当事人拒绝履行或者未全部履行的,对方当事人可以向人民法院申请强制执行。

现行专利法	专利法修改草案(征求意见稿)
	对涉嫌群体侵权、重复侵权等扰乱市场秩序的故意侵犯专利权的行为,由专利行政部门依法查处;专利行政部门认定故意侵权行为成立且扰乱市场秩序的,可以责令侵权人立即停止侵权行为,没收、销毁侵权产品、专用于制造侵权产品或者使用侵权方法的零部件、工具、模具、设备等。非法经营额五万元以上的,可以处非法经营额一倍以上五倍以下的罚款;没有非法经营额或者非法经营额五万元以下的,可以处二十五万元以下的罚款。 　　对于因无效宣告请求而中止审理或者处理的专利侵权纠纷,宣告专利权无效或者维持专利权的决定公告后,人民法院和专利行政部门应当及时审理或者处理。
第六十一条　专利侵权纠纷涉及新产品制造方法的发明专利的,制造同样产品的单位或个人应当提供其产品制造方法不同于专利方法的证明。 　　专利侵权纠纷涉及实用新型专利或者外观设计专利的,人民法院或者管理专利工作的部门可以要求专利权人或者利害关系人出具由国务院专利行政部门对相关实用新型专利或者外观设计专利进行检索、分析和评价后作出的专利权评价报告,作为审理、处理专利侵权纠纷的证据。	**第六十一条**　专利侵权纠纷涉及新产品制造方法的发明专利的,制造同样产品的单位或个人应当提供其产品制造方法不同于专利方法的证明。 　　专利侵权纠纷涉及实用新型专利或者外观设计专利的,除须立即审理、处理的情形外,人民法院或者专利行政部门应当要求专利权人或者利害关系人出具由国务院专利行政部门对相关实用新型专利或者外观设计专利进行检索、分析和评价后作出的专利权评价报告,作为审理、处理专利侵权纠纷的证据。 　　人民法院认定侵犯专利权行为成立后,为确定赔偿数额,在权利人已经尽力举证,而与侵权行为相关的账簿、资料主要由被控侵权人掌握的情况下,可以责令被控侵权人提供与侵权行为相关的账簿、资料;被控侵权人不提供或者提供虚假的账簿、资料的,人民法院可以参考权利人的主张和提供的证据判定赔偿数额。

现行专利法	专利法修改草案(征求意见稿)
第六十二条　在专利侵权纠纷中,被控侵权人有证据证明其实施的技术或者设计属于现有技术或者现有设计的,不构成侵犯专利权。	第六十二条　在专利侵权纠纷中,被控侵权人有证据证明其实施的技术或者设计属于现有技术或者现有设计的,不构成侵犯专利权。
第六十三条　假冒专利的,除依法承担民事责任外,由管理专利工作的部门责令改正并予公告,没收违法所得,可以并处违法所得四倍以下的罚款;没有违法所得的,可以处二十万元以下的罚款;构成犯罪的,依法追究刑事责任。	第六十三条　假冒专利的,除依法承担民事责任外,由专利行政部门责令改正并予公告。非法经营额五万元以上的,可以处非法经营额一倍以上五倍以下的罚款;没有非法经营额或者非法经营额五万元以下的,可以处二十五万元以下的罚款;构成犯罪的,依法追究刑事责任。
第六十四条　管理专利工作的部门根据已经取得的证据,对涉嫌假冒专利行为进行查处时,可以询问有关当事人,调查与涉嫌违法行为有关的情况;对当事人涉嫌违法行为的场所实施现场检查;查阅、复制与涉嫌违法行为有关的合同、发票、账簿以及其他有关资料;检查与涉嫌违法行为有关的产品,对有证据证明是假冒专利的产品,可以查封或者扣押。 　　管理专利工作的部门依法行使前款规定的职权时,当事人应当予以协助、配合,不得拒绝、阻挠。	第六十四条　专利行政部门根据已经取得的证据,对涉嫌侵犯专利权行为或者假冒专利行为进行查处时,可以询问有关当事人,调查与涉嫌违法行为有关的情况;对当事人涉嫌违法行为的场所实施现场检查;查阅、复制与涉嫌违法行为有关的合同、发票、账簿以及其他有关资料;检查与涉嫌违法行为有关的产品,对有证据证明是扰乱市场秩序的故意侵犯专利权的产品或者假冒专利的产品,可以查封或者扣押。 　　专利行政部门依法行使前款规定的职权时,当事人应当予以协助、配合,不得拒绝、阻挠。当事人拒绝、阻挠专利行政部门行使职权的,由专利行政部门予以警告;构成违反治安管理行为的,由公安机关依法给予治安管理处罚;构成犯罪的,依法追究刑事责任。

现行专利法	专利法修改草案(征求意见稿)
第六十五条 侵犯专利权的赔偿数额按照权利人因被侵权所受到的实际损失确定;实际损失难以确定的,可以按照侵权人因侵权所获得的利益确定。权利人的损失或者侵权人获得的利益难以确定的,参照该专利许可使用费的倍数合理确定。赔偿数额还应当包括权利人为制止侵权行为所支付的合理开支。 权利人的损失、侵权人获得的利益和专利许可使用费均难以确定的,人民法院可以根据专利权的类型、侵权行为的性质和情节等因素,确定给予一万元以上一百万元以下的赔偿。	**第六十五条** 侵犯专利权的赔偿数额按照权利人因被侵权所受到的实际损失确定;实际损失难以确定的,可以按照侵权人因侵权所获得的利益确定。权利人的损失或者侵权人获得的利益难以确定的,参照该专利许可使用费的倍数合理确定。赔偿数额还应当包括权利人为制止侵权行为所支付的合理开支。 权利人的损失、侵权人获得的利益和专利许可使用费均难以确定的,人民法院可以根据专利权的类型、侵权行为的性质和情节等因素,确定给予一万元以上一百万元以下的赔偿。 对于故意侵犯专利权的行为,人民法院可以根据侵权行为的情节、规模、损害后果等因素,将根据前两款所确定的赔偿数额提高至二到三倍。
第六十六条 专利权人或者利害关系人有证据证明他人正在实施或者即将实施侵犯专利权的行为,如不及时制止将会使其合法权益受到难以弥补的损害,可以在起诉前向人民法院申请采取责令停止有关行为的措施。 申请人提出申请时,应当提供担保;不提供担保的,驳回申请。 人民法院应当自接受申请之时起四十八小时内作出裁定;有特殊情况需要延长的,可以延长四十八小时。裁定责令停止有关行为的,应当立即执行。 当事人对裁定不服,可以申请复议一次;复议期间不停止裁定的执行。 申请人自人民法院采取责令停止有关行为的措施之日起十五日内不起诉的,人民法院应当解除该措施。 申请有错误的,申请人应当赔偿被申请人因停止有关行为所遭受的损失。	**第六十六条** 专利权人或者利害关系人有证据证明他人正在实施或者即将实施侵犯专利权的行为,如不及时制止将会使其合法权益受到难以弥补的损害,可以在起诉前向人民法院申请采取责令停止有关行为的措施。 申请人提出申请时,应当提供担保;不提供担保的,驳回申请。 人民法院应当自接受申请之时起四十八小时内作出裁定;有特殊情况需要延长的,可以延长四十八小时。裁定责令停止有关行为的,应当立即执行。当事人对裁定不服,可以申请复议一次;复议期间不停止裁定的执行。 申请人自人民法院采取责令停止有关行为的措施之日起十五日内不起诉的,人民法院应当解除该措施。 申请有错误的,申请人应当赔偿被申请人因停止有关行为所遭受的损失。

现行专利法	专利法修改草案(征求意见稿)
第六十七条 为了制止专利侵权行为,在证据可能灭失或者以后难以取得的情况下,专利权人或者利害关系人可以在起诉前向人民法院申请保全证据。 人民法院采取保全措施,可以责令申请人提供担保;申请人不提供担保的,驳回申请。 人民法院应当自接受申请之时起四十八小时内作出裁定;裁定采取保全措施的,应当立即执行。 申请人自人民法院采取保全措施之日起十五日内不起诉的,人民法院应当解除该措施。	第六十七条 为了制止专利侵权行为,在证据可能灭失或者以后难以取得的情况下,专利权人或者利害关系人可以在起诉前向人民法院申请保全证据。 人民法院采取保全措施,可以责令申请人提供担保;申请人不提供担保的,驳回申请。 人民法院应当自接受申请之时起四十八小时内作出裁定;裁定采取保全措施的,应当立即执行。 申请人自人民法院采取保全措施之日起十五日内不起诉的,人民法院应当解除该措施。
第六十八条 侵犯专利权的诉讼时效为二年,自专利权人或者利害关系人得知或者应当得知侵权行为之日起计算。 发明专利申请公布后至专利权授予前使用该发明未支付适当使用费的,专利权人要求支付使用费的诉讼时效为二年,自专利权人得知或者应当得知他人使用其发明之日起计算,但是,专利权人于专利权授予之日前即已得知或者应当得知的,自专利权授予之日起计算。	第六十八条 侵犯专利权的诉讼时效为二年,自专利权人或者利害关系人得知或者应当得知侵权行为之日起计算。 发明专利申请公布后至专利权授予前使用该发明未支付适当使用费的,专利权人要求支付使用费的诉讼时效为二年,自专利权人得知或者应当得知他人使用其发明之日起计算,但是,专利权人于专利权授予之日前即已得知或者应当得知的,自专利权授予之日起计算。
第六十九条 有下列情形之一的,不视为侵犯专利权: (一)专利产品或者依照专利方法直接获得的产品,由专利权人或者经其许可的单位、个人售出后,使用、许诺销售、销售、进口该产品的; (二)在专利申请日前已经制造相同产品、使用相同方法或者已经做好制造、使用的必要准备,并且仅在原有范围内继续制造、使用的;	第六十九条 有下列情形之一的,不视为侵犯专利权: (一)专利产品或者依照专利方法直接获得的产品,由专利权人或者经其许可的单位、个人售出后,使用、许诺销售、销售、进口该产品的; (二)在专利申请日前已经制造相同产品、使用相同方法或者已经做好制造、使用的必要准备,并且仅在原有范围内继续制造、使用的;

现行专利法	专利法修改草案(征求意见稿)
(三)临时通过中国领陆、领水、领空的外国运输工具,依照其所属国同中国签订的协议或者共同参加的国际条约,或者依照互惠原则,为运输工具自身需要而在其装置和设备中使用有关专利的; (四)专为科学研究和实验而使用有关专利的; (五)为提供行政审批所需要的信息,制造、使用、进口专利药品或者专利医疗器械的,以及专门为其制造、进口专利药品或者专利医疗器械的。	(三)临时通过中国领陆、领水、领空的外国运输工具,依照其所属国同中国签订的协议或者共同参加的国际条约,或者依照互惠原则,为运输工具自身需要而在其装置和设备中使用有关专利的; (四)专为科学研究和实验而使用有关专利的; (五)为提供行政审批所需要的信息,制造、使用、进口专利药品或者专利医疗器械的,以及专门为其制造、进口专利药品或者专利医疗器械的。
第七十条 为生产经营目的使用、许诺销售或者销售不知道是未经专利权人许可而制造并售出的专利侵权产品,能证明该产品合法来源的,不承担赔偿责任。	第七十条 为生产经营目的使用、许诺销售或者销售不知道是未经专利权人许可而制造并售出的专利侵权产品,能证明该产品合法来源的,不承担赔偿责任。
	第七十一条(新增 X2 条) 网络服务提供者知道或者应当知道网络用户利用其提供的网络服务侵犯专利权,但未及时采取删除、屏蔽、断开侵权产品链接等必要措施予以制止的,应当与该网络用户承担连带责任。 专利权人或者利害关系人有证据证明网络用户利用网络服务侵犯其专利权的,可以通知网络服务提供者采取前款所述必要措施予以制止。网络服务提供者接到合格有效的通知后未及时采取必要措施的,对损害的扩大部分与该网络用户承担连带责任。 专利行政部门认定网络用户利用网络服务侵犯专利权的,应当通知网络服务提供者采取必要措施予以制止,网络服务提供者未及时采取必要措施的,对损害的扩大部分与该网络用户承担连带责任。

现行专利法	专利法修改草案(征求意见稿)
	第七十二条(新增 X3 条) 未经国务院专利行政部门许可,任何单位或者个人不得为经营目的从事专利代理业务。违反本条规定的,由专利行政部门视其情节责令停止违法行为,没收违法所得,可以并处罚款。
第七十一条 违反本法第二十条规定向外国申请专利,泄露国家秘密的,由所在单位或者上级主管机关给予行政处分;构成犯罪的,依法追究刑事责任。	第七十三条 违反本法第二十条规定向外国申请专利,泄露国家秘密的,由所在单位或者上级主管机关给予行政处分;构成犯罪的,依法追究刑事责任。
第七十二条 侵夺发明人或者设计人的非职务发明创造专利申请权和本法规定的其他权益的,由所在单位或者上级主管机关给予行政处分。	(删除)
第七十三条 管理专利工作的部门不得参与向社会推荐专利产品等经营活动。 管理专利工作的部门违反前款规定的,由其上级机关或者监察机关责令改正,消除影响,有违法收入的予以没收;情节严重的,对直接负责的主管人员和其他直接责任人员依法给予行政处分。	第七十四条 专利行政部门不得参与向社会推荐专利产品等经营活动。 专利行政部门违反前款规定的,由其上级机关或者监察机关责令改正,消除影响,有违法收入的予以没收;情节严重的,对直接负责的主管人员和其他直接责任人员依法给予行政处分。
第七十四条 从事专利管理工作的国家机关工作人员以及其他有关国家机关工作人员玩忽职守、滥用职权、徇私舞弊,构成犯罪的,依法追究刑事责任;尚不构成犯罪的,依法给予行政处分。	第七十五条 从事专利管理工作的国家机关工作人员以及其他有关国家机关工作人员玩忽职守、滥用职权、徇私舞弊,构成犯罪的,依法追究刑事责任;尚不构成犯罪的,依法给予行政处分。
	第八章 专利的实施和运用
	第七十六条(新增 X4 条) 各级专利行政部门应当促进专利实施和运用,鼓励和规范专利信息市场化服务和专利运营活动。

现行专利法	专利法修改草案(征求意见稿)
	第七十七条(原第十四条) 国有企业事业单位的发明专利,对国家利益或者公共利益具有重大意义的,国务院有关主管部门和省、自治区、直辖市人民政府报经国务院批准,可以决定在批准的范围内推广应用,允许指定的单位实施,由实施单位按照国家规定向专利权人支付使用费。
	第七十八条(新增 X5 条) 国家设立的研究开发机构、高等院校自职务发明创造获得专利权之后合理期限内,既未自行实施或者做好实施的必要准备,也未转让和许可他人实施的,在不变更专利权属的前提下,发明人或者设计人可以与单位协商自行实施或者许可他人实施该专利,并按照协议享有相应的权益。
	第七十九条(新增 X6 条) 专利权人以书面方式向国务院专利行政部门声明其愿意许可任何人实施其专利,并明确许可费的,由国务院专利行政部门予以公告,实行当然许可。 就实用新型、外观设计专利提出当然许可声明的,应当提供专利权评价报告。 撤回当然许可声明的,专利权人应当以书面方式提出并由国务院专利行政部门予以公告。当然许可声明被撤回的,不影响在先被许可人的权益。
	第八十条(新增 X7 条) 任何人希望实施当然许可的专利的,应当以书面方式通知专利权人,并支付许可费。 当然许可期间,专利权人不得就该专利给予独占或者排他许可、请求诉前临时禁令。

现行专利法	专利法修改草案(征求意见稿)
	第八十一条(新增X8条) 当事人就当然许可发生纠纷的,由国务院专利行政部门裁决。当事人不服的,可以自收到裁决通知书之日起十五日内向人民法院起诉。
	第八十二条(新增X9条) 参与国家标准制定的专利权人在标准制定过程中不披露其拥有的标准必要专利的,视为其许可该标准的实施者使用其专利技术。许可使用费由双方协商;双方不能达成协议的,由地方人民政府专利行政部门裁决。当事人对裁决不服的,可以自收到通知之日起三个月内向人民法院起诉。
	第八十三条(新增X10条) 以专利权出质的,由出质人和质权人共同向国务院专利行政部门办理出质登记,质权自登记之日起生效。 质押期间,被质押的专利权价值明显减少时,质权人可以要求出质人另行提供担保或者增加担保物;出质人不另行提供担保的,质权人可以处置该被质押的专利权。
第八章 附 则	第九章 附 则
第七十五条 向国务院专利行政部门申请专利和办理其他手续,应当按照规定缴纳费用。	第八十四条 向国务院专利行政部门申请专利和办理其他手续,应当按照规定缴纳费用。
	第八十五条(新增X11条) 专利代理师协会是依法成立的社会团体法人,是专利代理行业的自律性组织,接受国务院专利行政部门的指导、监督。 专利代理师和专利代理机构应当加入专利代理师协会。专利代理师协会依照章程规定对违反行业自律规范的会员实行惩戒。
第七十六条 本法自1985年4月1日起施行。	第八十六条 本法自1985年4月1日起施行。

关于《中华人民共和国专利法修改草案（征求意见稿）》的说明

国家知识产权局　2015年4月1日

一、专利法修改的必要性

随着我国经济社会的快速发展，加强知识产权保护、提高自主创新能力，成为加快转变经济发展方式、实施创新驱动发展战略的内在要求。党的十八大明确提出"实施知识产权战略，加强知识产权保护"；十八届三中全会强调要"加强知识产权运用和保护，健全技术创新激励机制"；十八届四中全会提出"全面推进依法治国"、"完善激励创新的产权制度、知识产权保护制度和促进科技成果转化的体制机制"。新的形势下，专利工作面临更新更高的任务和要求。

近年来，我国在专利保护方面开展了扎实有效的工作，取得了举世公认的成绩和进步。但是，随着科技发展和市场竞争加剧，专利保护领域的新问题、新矛盾不断出现。在开展"打击侵犯知识产权和制售假冒伪劣商品"专项行动过程中发现，我国目前专利侵权现象较为普遍，特别是群体侵权、重复侵权还较为严重，再加上专利权无形性和侵权行为隐蔽性的特点，导致专利维权举证难、周期长、成本高、赔偿低、效果差，使我国一些创新型企业处境艰难。这些企业既难以从创新中获利，也难以在竞争中获得优势地位。专利保护不力问题严重挫伤了我国企业的创新积极性，甚至导致部分企业丧失了对专利保护的信心。

2014年，全国人大常委会开展了专利法执法检查工作，指出专利法实施中存在如下突出问题：专利质量总体上还处在较低水平，不能适应经济和社会发展的需要；侵权行为时有发生，专利保护实际效果与创新主体的期待存在较大差距；专利运用能力不足，专利的市场价值没有得到充分体现；专利公共和社会服务能力不强，与快速增长的社会需求之间还存在较大的差距。专利法执法检查报告进一步指出：专利法修改已经列入本届全国人大五年立法规划一类项目；这次执法检查中，国务院有关部门、最高人民法院和各地都对专利法提出了一些具体修改意见，建议在修订专利法等相关法律时予以重点考虑，同时注重法律之间的协调与衔接，使专利法在建设创新型国家中发挥更大作用。

为了落实党中央和国务院有关文件精神，解决全国人大常委会执法检查中指出的我国专利保护和运用中的突出问题，切实维护专利权人的合法权益，增强创新主体对专利保护的信心，充分激发全社会的创新活力，有必要从提高专利质量、加大执法力度、加强专利保护、促进专利运用等方面对《中华人民共和国专利法》（以下简称"专利法"）进行第四次全面修改。

二、有关准备工作

在"打击侵犯知识产权和制售假冒伪劣商品"专项行动结束后,国务院于2011年11月发布了《关于进一步做好打击侵犯知识产权和制售假冒伪劣商品工作的意见》。该意见指出,"要建立健全长效机制,研究修订相关法律法规和规章,加大惩处力度,为依法有效打击侵权和假冒伪劣行为提供有力法制保障"。此后,专利法的修改被列入2012年国务院立法工作计划。为尽快落实国务院部署,我局于2011年11月启动专利法特别修改的准备工作。

从2012年1月开始,我局陆续在北京、浙江、江苏、湖南、广东等地进行实地调研,并多次组织召开相关研讨会、座谈会。此外,全国各省(区、市)知识产权局也组织了本地的调研。根据调研反映的问题和收集的建议,我局于2012年6月中旬酝酿形成专利法修订草案(征求意见稿),先后组织召开专家论证会、征求意见会和典型案例研讨会,邀请司法审判、行政执法和企业知识产权管理人员以及专家学者进行研究论证,并在政府网站公布修订草案征求意见稿及其说明。此后,在充分考虑各方面意见的基础上,我局于2012年11月底书面征求了中宣部、中编办、最高人民法院等25个相关部门、立法机构和司法机关的意见,形成了《中华人民共和国专利法修订草案(送审稿)》,于2013年1月上报国务院。

2013—2014年,国务院法制办对该修订草案(送审稿)开展了意见征求工作,组织召开了企业座谈会和专家论证会,并开展了专题调研。在此期间,我国经济社会发展形势出现了新的变化,十八届三中全会和四中全会对完善知识产权制度提出了更高要求。2014年上半年,全国人大常委会开展了专利法执法检查工作,从多个方面对专利法修改提出了具体意见。为此,有必要在专利法修订草案(送审稿)基础上,进一步补充完善修改建议,对专利法进行第四次全面修改。

为贯彻落实党的十八届三中、四中全会要求,根据专利法执法检查报告和审议意见的建议,我局于2014年下半年启动了专利法第四次全面修改的研究准备工作,开展了十一个方面的专题研究,对专利法进行了全面梳理,针对实践中的突出问题,进一步补充完善修改建议,形成了目前的专利法修改草案(征求意见稿)(以下简称"草案")。

三、指导思想

本次专利法修改的指导思想是:高举中国特色社会主义伟大旗帜,以邓小平理论和"三个代表"重要思想、科学发展观为指导,全面贯彻落实党的十八大和十八届三中、四中全会精神,紧紧围绕党和国家工作大局,以建设知识产权强国为目标,立足国情,放眼世界,针对我国专利法实施中的突出问题,提出有针对性的解决措施,保护创新者的合法权益,促进专利实施与运用,充分激发全社会的创新活力,为深化经济和科技体制改革、转变经济发展方式、建设创新型国家、实施创新驱动发展战略提供法律保障。

四、修改的主要内容

草案涉及实质性修改的条文共30条,其中对现有条文修改18条,新增11条,删除1

条,并新增"专利的实施和运用"一章。另有适应性文字修改或调整的条文2条。

内容主要包括:

(一)加大专利保护力度,维护权利人合法权益

进一步完善具有中国特色的专利保护制度,围绕加强专利保护、加大执法力度,针对专利权人普遍反映的举证难、周期长、成本高、赔偿低、效果差等问题,提出相应措施,建立健全打击专利侵权的长效机制,促进专利行政执法和司法保护的有效衔接,提高执法效率,降低专利维权成本,营造公正公平、规范透明的法治和市场环境。主要建议包括:为解决专利维权"举证难"问题,完善相关证据规则;为解决专利维权"周期长"问题,明确行政调解协议的效力,规定无效宣告请求审查决定及时公告;为解决专利维权"赔偿低"问题,增设对故意侵权的惩罚性赔偿制度;为解决专利维权"成本高,效果差"问题,加大对假冒专利的处罚力度,完善行政执法手段,就群体侵权、重复侵权行为的行政处罚以及制止网络侵权作出规定。

(二)促进专利的实施和运用,实现专利价值

完善职务发明制度,解决专利创造、管理、运用中的突出问题,健全、完善以市场需求为导向的专利技术转化机制,更好地激励创新并推动专利的实施和运用。主要修改建议包括:为充分调动发明人、设计人的积极性,促进技术创新,规定利用本单位物质技术条件完成的发明创造的权属适用约定优先原则;为解决国家设立的研究机构、高等院校专利技术转化率低的问题,允许发明人或者设计人在单位怠于实施职务发明创造的情形下根据与单位的协议自行实施,并获得相应收益;为解决专利许可供需信息不对称问题,借鉴国外经验,引入专利当然许可制度,降低专利许可成本;为处理好标准和专利之间的关系,防止专利权人在参与国家标准制定过程中不当行使专利权损害公共利益,规定标准必要专利默示许可制度;为规范专利质押行为,就专利出质登记以及质权人的权益作出明确规定;增加防止专利权滥用的原则性规定。

(三)实现政府职能法定,建设服务型政府

按照依法治国、职能法定要求,明确国家和地方专利行政部门的职能和分工,促进政府部门职能转变,明确规定专利行政部门的行政审批、行政许可事项以及行政执法权限,强调专利行政部门在提供专利信息公共服务、促进专利运用等方面的职责。

(四)完善专利审查制度,提升专利质量

适应我国经济发展和创新需求,结合国际发展趋势,适当扩大专利保护范围,明确对局部外观设计的保护,取消对养殖动物疾病诊断和治疗方法获得专利保护的限制;从方便申请人、提高专利质量出发,优化专利申请、审查、复审和无效程序,增加外观设计国内优先权制度,完善有关优先权要求的规定,明确专利复审和无效宣告审查程序的审查原则;延长外观设计专利保护期限。

(五)完善专利代理法律制度,促进知识产权服务业健康发展

根据实践发展需求,进一步完善专利代理法律制度,规定专利代理师、专利代理机构执业基本准则,明确专利代理行业自律组织的法律地位,制止"黑代理"行为,营造有利于

合法经营、诚实守信、有序竞争的法治环境；明确专利行政部门鼓励和规范专利信息市场化服务和专利运营活动的责任，积极培育形成一批市场化、专业化、国际化的专利信息服务机构，为创新主体提供专利战略规划、专利分析预警、海外维权等高层次服务。

五、关于草案的逐条简要说明

（一）关于第二条的说明

随着经济社会发展，产品外观设计在提升产品竞争力方面的作用日益凸显。我国企业的设计能力不断提高，童车等领域的设计已具有国际水平。随着产品设计更趋精细化，局部设计创新逐渐成为产品外观设计的重要表现方式，许多国家对产品的局部外观设计给予保护。但我国现行专利法只对产品整体外观设计给予保护，局部外观设计创新很容易被人通过简单拼凑、替换等方式加以模仿，难以得到有效保护，不利于激励我国设计创新产业的健康发展。因此，为满足创新主体对局部外观设计保护的需求，顺应国际外观设计制度的发展趋势，建议将对产品局部作出的外观设计纳入专利法保护范围。

（二）关于第三条的说明

1. 关于国务院专利行政部门的职责

为落实党的十八大、十八届三中和四中全会及中央经济工作会议精神，推进依法治国、依法行政，参照相关立法规定及"三定"规定中有关表述，建议在规定国务院专利行政部门主管全国专利工作的基础上，明确以下职责：

（1）负责涉及专利的市场监督管理

随着我国专利运用水平逐步提升，专利市场日益活跃，专利运用方式日趋多元化，企业对规范专利市场、严格保护专利权的呼声日益强烈。国务院专利行政部门承担规范专利行业秩序，拟订规范专利技术交易的政策措施，会同有关部门指导和规范专利无形资产评估等专利市场监督管理等重要职责，有必要在专利法中予以明确。

（2）查处有重大影响的专利侵权和假冒专利行为

国务院专利行政部门主管全国的专利工作，承担指导地方知识产权行政执法的重要职能，但自身却不是执法主体，缺乏行政执法的实践和经验，不利于更好地指导各地方知识产权局开展工作；专利侵权纠纷有群体侵权、跨地区侵权等多种复杂形式，由某个地方知识产权局处理跨省区市的纠纷案件，存在一定难度。同时，一些有重大影响的专利侵权案件，地方知识产权局处理起来往往力不从心，宜由国务院专利行政部门牵头查处。因此，建议在专利法中明确国务院专利行政部门对有重大影响的专利案件的行政执法职能。

（3）负责建设专利信息公共服务体系、促进专利信息传播与利用

专利制度的两大基本功能，一是专利权的授予及保护，一是专利信息的公开和利用。2014年全国人大常委会执法检查报告建议"加强专利管理和公共服务体系建设，提高专利信息公共服务能力和知识产权综合服务能力"。为落实依法行政的要求和全国人大常委会执法检查报告的建议，建设服务型政府，有必要在专利法中明确国务院专利行政部门在专利信息公共服务体系建设和推动专利信息传播利用方面的职责。

（4）依法授予专利代理师资格、审批专利代理机构

专利代理制度是专利制度的重要组成部分，但有关专利代理机构和专利代理师的两

项行政许可仅在《专利代理条例》中规定,法律层级较低,不利于专利代理行业的健康发展。为此,建议在专利法中明确国务院专利行政部门对于专利代理师和专利代理机构的行政审批职责。同时,为加强行业自律,强化专利代理行业的社会认知,并与《专利代理条例》修改相互协调,建议采用"专利代理师"的称谓。

2. 关于地方专利行政部门的职责

现行专利法将地方知识产权局笼统表述为"管理专利工作的部门",造成各地方局法律地位和机构性质方面存在较大差异,已影响到专利行政执法工作的效果,与地方专利管理工作的实际要求严重不符。商标法和著作权法在地方政府部门方面都采取了"行政管理部门"的表述。为此,建议专利法中采用"地方人民政府专利行政部门"的表述,明确地方知识产权局的法律定位。

现行专利法仅提及"省、自治区、直辖市人民政府管理专利工作的部门"。实践中一些县级人民政府已设立专利管理部门(知识产权局),开展了大量工作。同时,仅由省、设区的市两级知识产权局开展专利行政执法,远远不能满足实际需要。县级知识产权部门处在管理第一线,贴近市场主体,由其开展专利执法,有利于及时发现和查处专利违法行为。因此,建议在专利法中明确"县级以上地方人民政府专利行政部门"。

目前地方知识产权局职责至少包括三项:一是以专利行政执法和专利代理行业监管为主要内容的执法职能;二是以地方专利政策制定、专利工作发展规划编制和专利工作体系建设为主要内容的专利行政管理职能;三是以重大经济科技活动专利评议、专利知识宣传普及、专利信息平台建设、促进专利运用实施为内容的专利公共服务职能。建议在专利法中将"专利管理工作"改为"专利工作",并明确规定其"开展专利行政执法,查处专利侵权和假冒专利行为,提供专利公共服务"的职责。

(三)关于第六条的说明

本条的修改主要有两方面:一是重新划分了职务发明创造的范围,仅规定"执行本单位任务所完成的发明创造"为职务发明创造,不再规定"主要利用本单位物质技术条件所完成的发明创造"为职务发明创造;二是明确了"利用单位物质技术条件所完成的发明创造"的权属划分,规定双方对其权利归属有约定的,从其约定;没有约定的,申请专利的权利属于发明人或者设计人。

本修改建议主要基于以下考虑:一是体现"人是科技创新的最关键因素",充分利用产权制度激发发明人的创新积极性。对于利用单位物质技术条件完成的发明创造,在权利归属方面给予单位和发明人之间更大的自主空间,在没有约定的情况下,规定申请专利的权利属于发明人或者设计人;二是克服现行第六条第一款与第三款规定之间可能产生的矛盾,消除实践中对第三款规定的"利用"是否包含"主要利用"情形存在的不同理解;三是促使单位完善内部知识产权管理制度,事先约定好利用单位物质技术条件完成发明创造的权利归属,预防纠纷的发生;四是落实2014年12月国务院发布的《关于国家重大科研基础设施和大型科研仪器向社会开放的意见》要求,加快推进国家重大科研基础设施和大型科研仪器向社会开放,进一步提高科技资源利用效率,为发明人充分利用科研单位物质技术条件进行研发活动营造更完善的法律环境。

(四)关于第十四条(新增 X1 条)的说明

专利权是法律赋予的一种独占权,但专利权的行使并非不受任何限制。专利权的行使应当遵循诚实信用原则,在法律允许的范围内、以法律允许的方式进行。滥用专利权损害公共利益、妨碍技术进步的行为应当受到专利法及其他法律法规的规制。现行专利法已经包含了对专利权行使进行限制的制度,例如强制许可、不视为侵权的规定等,但缺乏一项统领上述规定的基本原则,导致人民法院审理某些案件及行政机关制定相关下位规范时缺乏足够的法律依据。著作权法、商标法等相关知识产权法律及世贸组织的 TRIPS 协定均规定了权利行使的基本原则。因此,有必要在专利法中增加原则性条款,体现规制专利权滥用、平衡专利权人利益与社会公共利益的基本立场。草案借鉴其他法律的规定,建议在总则中增加规定:行使专利权应当遵循诚实信用原则,不得损害公共利益,不得不正当地排除、限制竞争,不得阻碍技术进步。

(五)关于第十六条的说明

根据现行专利法第十六条的规定,给予发明人或者设计人奖励和报酬的主体是"被授予专利权的单位"。实践中,部分单位在申请专利之前将职务发明创造转让给其他单位,由其申请专利。在这种情况下,"被授予专利权的单位"不再是发明人或者设计人所在单位,而是受让单位。要求已经支付转让费的单位给予发明人或者设计人奖励和报酬,不具有合理性。为此,草案对该条进行了修改,规定给予发明人或设计人奖励报酬的主体是被授予专利权的发明人或设计人所在单位。

此外,根据草案第六条第四款规定,对于"利用本单位物质技术条件所完成的发明创造"不再定义为职务发明或者非职务发明。如果根据双方的约定,该发明创造申请专利的权利属于单位,发明人或设计人也应当有权获得相应的奖励和报酬。但这种情况下,发明人或者设计人并不能直接依据有关职务发明创造的规定获得奖励和报酬。为保障发明人或设计人的合法权益,草案建议在第十六条增加一款,规定在约定发明创造申请专利的权利属于单位的情况下,该单位应当依据第十六条第一款的规定给予发明人或者设计人奖励和报酬。

(六)关于第十九条的说明

1. 关于委托专利代理机构的规定

现行专利法规定在中国没有经常居所或者营业场所的外国申请人应当委托中国的专利代理机构办理专利事务。实践中,申请人尤其是中小企业,在提交专利申请之前可能未能及时选择好合适的代理机构并办理好相应的委托手续,不能更早获得申请日,进而影响其取得专利权。同时,对于缴纳专利费用以及提交在先申请文件副本等纯程序性事务,必须委托专利代理机构的要求会给申请人带来一定的负担。

近年来,2005 年生效的《专利法条约》、世界知识产权组织成员国正在讨论的《外观设计法条约》以及美国和欧洲等的专利制度中,在专利申请的程序设置方面明显体现出对申请人更宽松友好的趋势。为更好地维护申请人的利益,在互惠原则的基础上为我国企业向外申请创造更为有利的制度环境,同时顺应国际规则的发展趋势,建议专利法中只原则规定外国申请人应当"按照规定"委托中国专利代理机构,并在专利法实施细则进一步明确委托的具体要求、例外情形以及需要满足的条件。

2. 关于专利代理师的规定

现行专利法仅就专利代理机构的义务和责任作出了规定，但缺乏有关专利代理师义务和责任的规定。建议本条第三款中规定专利代理师也必须"遵守法律、行政法规，按照被代理人的委托办理专利申请或者其他专利事务；对被代理人发明创造的内容，除专利申请已经公布或者公告的以外，负有保密责任"。另外，为与草案第三条和《专利代理条例》修改一致，统一采用"专利代理师"的称谓。

(七) 关于第二十条的说明

现行专利法就中国单位或者个人根据中华人民共和国参加的有关国际条约提出专利国际申请作出了原则性规定。其中"专利国际申请"通常会被理解为专指"通过《专利合作条约》(PCT)途径提交的国际申请"。近年来，随着企业"走出去"战略的实施，我国企业在境外获得外观设计保护的需求明显增加。为方便我国企业在境外获得外观设计保护，我国已着手准备加入《工业品外观设计国际注册海牙协定》(以下简称"海牙协定")。为给我国加入海牙协定等知识产权国际条约留出空间，建议将此条中的"专利国际申请"改为更为上位的表述"国际申请"。

海牙协定与《专利合作条约》都是便利申请人在多个国家提交申请的程序性条约，均不直接授予权利，但两者之间存在一定差别。在海牙体系中，对于有审查制度的缔约方，仍由其审查局负责审查，而审查局经过审查认为外观设计国际注册没有驳回情形的，应承认其与本国授权的外观设计具有同等效力，给予相应保护。为准确表述起见，建议在本条中明确：申请人不仅可以根据我国参加的国际条约提出国际申请，还可以获得相应保护。

(八) 关于第二十一条的说明

近年来，国务院专利行政部门陆续建设开通了多个服务系统，提供专利信息的在线检索查询。但社会各方对专利信息公共服务需求仍在不断提高，特别是希望提供专利信息基础数据的批量下载。2014 年全国人大常委会执法检查报告指出了"专利基础信息资源开放不充分，高质量的专利基础信息平台建设滞后"等问题，建议"推进专利基础信息资源的开放和利用"。为更好地落实现行专利法规定的国务院专利行政部门完整、准确、及时发布专利信息的职责，推进政务公开，提供高质量的专利信息公共服务，建议增加国务院专利行政部门"提供专利信息基础数据"的职责。

(九) 关于第二十五条的说明

根据现行专利法的规定，人和动物的疾病诊断和治疗方法属于不授予专利权的主题。30 年来，随着我国水产养殖业和畜禽饲养业的快速发展，这两个领域的科技创新水平不断提高。2014 年和 2015 年中央 1 号文件都提出要大力开展畜禽规模化养殖和水产健康养殖。产业界对于水产、畜禽等养殖动物的疾病诊断和治疗方法给予专利保护的呼声日益增强。实践中，美国、澳大利亚、日本、韩国、加拿大、新西兰等国家将动物疾病诊断和治疗方法全部或者部分纳入专利保护范围，欧洲则是在审查中采取了逐步宽松的态度。为激励动物养殖产业的创新和发展，顺应国际专利制度发展趋势，建议对涉及养殖动物疾病的诊断和治疗方法给予专利保护。

(十)关于第二十九条的说明

根据现行专利法,本国优先权制度仅适用于发明和实用新型专利申请。实践中,依据相似外观设计合案申请规定,申请人在国外首次提出一件外观设计申请后,可通过主张外国优先权,向中国提交相似外观设计的合案申请。但是,由于本国优先权不适用于外观设计专利申请,申请人在中国申请一件外观设计专利后,再提交与之相似的外观设计,无法主张国内优先权并据此合案,造成国内和国外申请的权利不对等问题。另一方面,我国建立局部外观设计保护制度之后,会出现产品整体设计与局部设计的转换需求。如果没有外观设计本国优先权制度,基于外国优先权可以轻易实现的整体与局部设计之间的转换在国内申请之间却难以实现,同样会造成对国内和国外申请人之间权利不平等问题。为此,建议增加外观设计本国优先权制度。

(十一)关于第三十条的说明

现行专利法对申请人提出优先权要求的时间,以及提交在先申请文件副本的期限和方式作出了较为严格的规定。实践中,申请人由于未满足上述要求而导致实体权利丧失的情况时有发生,需要给予补救机会。近年来,《专利法条约》、《专利合作条约实施细则》以及美国、德国等国家的专利制度中,都在期限要求上对申请人更为宽松,包括给予申请人改正和增加优先权要求的机会,以及在规定期限内可以请求恢复优先权。

为维护申请人利益,顺应国际规则发展趋势,建议适当放宽办理优先权手续的程序性要求,在专利法中明确规定申请人要求优先权应当履行的主要手续以及相关法律后果,并通过修改专利法实施细则允许申请人在规定期限内改正、增加和恢复优先权,放宽提交在先申请文件副本的期限和形式要求。

(十二)关于第四十一条的说明

专利复审程序是由当事人启动的行政机关自我监督机制。专利法专门设立的专利复审委员会作为专利确权机关,在复审程序中依当事人请求对驳回专利申请的决定进行审查时,还有可能发现驳回决定中未指出的明显实质性缺陷等。为了保证专利授权质量,提高审查效率,避免因程序反复而不合理地延长审批周期,建议在专利法中规定,专利复审委员会除了对当事人在复审请求中提出的理由和证据进行审查外,必要时,可以对专利申请是否符合专利法有关规定的其他情形进行审查,并在专利法实施细则中明确适用的具体情形。

(十三)关于第四十二条的说明

近年来,设计创新在提高自主创新能力、促进产业结构优化、转变经济发展方式方面的作用越来越凸显。当前,我国外观设计申请量大幅提升,已居世界首位,加强外观设计保护的呼声日益强烈。但相比许多国家(包括发展中国家),我国现行专利法对外观设计专利权10年的保护期限仍然偏短。同时,随着企业"走出去"战略的实施,我国企业在境外获得外观设计保护的需求明显增加。例如2008年至2012年,欧共体商标与外观设计局每年受理的来自我国的外观设计数量均超过千项。为使我国企业在境外简便、快速、经济地获得外观设计保护,便于开拓国际市场,提高国际竞争力,我国有必要加入便利创新主体同时在多个国家获得外观设计保护的海牙协定,而海牙协定(1999年文本)要求缔约方至少给予外观设计15年的保护期限。为加强我国外观设计专利权保护,适应我国未来加入海牙协定的需要,建议将外观设计专利权的保护期限延长到15年。

(十四)关于第四十六条的说明

专利无效宣告程序是由社会公众启动的针对已授权专利的行政确权程序,是专利审查程序的延续。专利复审委员会在对无效宣告请求进行审查时,也可能发现无效宣告请求中未指出的缺陷。为了更好地纠正不当授权,增强专利的稳定性,并节约社会资源,避免不同当事人以不同的理由反复对同一专利提出无效宣告请求,建议在专利法中规定,专利复审委员会除了对当事人在无效宣告请求中提出的理由和证据进行审查外,必要时,可以对专利权是否符合专利法有关规定的其他情形进行审查,并在专利法实施细则中明确适用的具体情形。

关于"宣告专利权无效或者维持专利权的决定作出后,国务院专利行政部门应当及时予以登记和公告"的修改,参见草案第六十条的相关说明。

(十五)关于第六十条的说明

1. 明确调解协议的效力

根据现行专利法,地方知识产权局处理专利侵权纠纷时,可以应当事人请求就侵权赔偿数额进行调解。实践中,由于行政调解协议执行力不强,一些侵权人为逃避赔偿责任故意不履行调解协议,专利权人只得另行提起民事诉讼。这不仅浪费了大量行政执法和司法审判资源,更延长了专利侵权纠纷的解决周期。《国务院关于加强法治政府建设的意见》提出,"推动建立行政调解与人民调解、司法调解衔接的大调解联动机制,实现各类调解主体的有效互动,形成调解工作合力"。修订后的《民事诉讼法》专节规定了"确认调解协议案件",为民事诉讼与调解的衔接提供了程序法依据。为充分发挥行政调解解决专利纠纷、化解社会矛盾的作用,并使行政调解协议的司法确认和强制执行具有明确的法律依据,建议就行政调解协议的司法确认和强制执行作出明确规定。

2. 完善行政执法强制措施

依据现行专利法规定,地方知识产权局认定侵权行为成立的,只能责令停止侵权行为。实践中由于缺少有效的执法手段,即便事实清楚,侵权人也往往拒不履行或者拖延履行。申请人民法院强制执行的,又会因为"责令停止侵权"的行政决定没有可操作的实际内容而难以执行。相比之下,在处理商标、著作权侵权行为时,除可责令立即停止侵权外,还可没收、销毁侵权物品以及相关工具等。法律赋予知识产权行政部门的这些强制手段,能够切实震慑侵权人,遏制侵权行为,保障行政决定的有效执行。因此,为及时遏止专利侵权行为,建议参照商标法、著作权法,明确专利行政部门可以采取"没收、销毁侵权产品"等强制手段。其中"侵权产品"也包括使用侵权方法直接获得的产品。

3. 对群体、重复侵权行为施以行政处罚

2014年全国人大常委会专利法执法检查报告中指出专利维权存在"时间长、举证难、成本高、赔偿低"等状况,挫伤了企业开展技术创新和利用专利制度维护自身合法权益的积极性。实践中,专利领域中明知侵权而群起效尤的群体侵权、重复侵权时有发生,在一些地方甚至还比较严重。专利权人以一己之力无从招架、难以应对。这些行为不仅直接侵害了专利权人的民事权益,还扰乱了市场秩序,破坏了创新环境,侵害了公共利益。对此，只有行政部门主动介入，并追究侵权人的行政责任，方可在保护权利人民事权利的同时，有效维护市场秩序和公共利益。专利法执法检查报告也明确建议在专利法修改中考虑"加大对严重侵犯公共利益的专利侵权行为的执法和查处力度"。为此，建议增设相应的行政处罚，规定对涉嫌群体侵权、重复侵权等扰乱市场秩序的故意侵犯专利权的行为，由专利行政部门进行查处，并可以采取没收、销毁侵权产品以及专用于制造侵权产品或者使用侵权方法的零部件、工具、模具、设备和罚款等执法手段。与此相关，对现行专利法第四十七条作适应性修改。

4. 明确无效宣告请求审查决定公告的相关后续程序

为便于人民法院、专利行政部门和公众及时了解无效宣告请求审查决定的内容以及掌握权利变动情况，缩短侵权纠纷解决周期，建议在专利法中明确规定无效宣告请求审查决定作出后，由国务院专利行政部门及时予以登记和公告；无效决定公告后，人民法院和专利行政部门应当及时审理或者处理专利侵权纠纷。

(十六) 关于第六十一条的说明

1. 关于提交专利权评价报告的要求

为提高实用新型和外观设计专利授权质量、增加权利稳定性，专利法第三次修改时对专利权评价报告制度进行了完善。实践中，由于专利权评价报告不是专利侵权诉讼和行政处理案件的立案条件，也不是必须提交的证据，当事人没有提交并不会引起对其不利的法律后果，专利权评价报告在侵权纠纷中没有发挥其应有的作用。鉴于实用新型和外观设计专利权的授予没有经过实质审查，具有不稳定性，其权利行使应当附加一定的义务。为此，建议规定除因案件特殊情况须尽快审理或者处理的情形外，例如涉及短期展览会、展销会展品，专利权评价报告应当作为侵权纠纷审理和处理过程中必须提交的证据，当事人无正当理由不提交的，需承担不利后果。

2. 关于确定赔偿额的举证责任

"举证难"问题是专利维权中的突出问题之一。针对专利权人在专利侵权诉讼中难以提供确定赔偿额证据的问题，根据《民事诉讼法》的相关规定，参考《商标法》的相关内容，建议增加有关确定赔偿数额的举证规则，规定在权利人已经尽力举证，而与侵权行为相关的账簿、资料主要由侵权人掌握的情况下，人民法院可以责令侵权人提供与侵权行为相关的账簿、资料；侵权人无正当理由不提供或者提供虚假的账簿、资料的，人民法院可以参考权利人的主张和提供的证据判定侵权赔偿数额。

(十七) 关于第六十三条的说明

2012年，根据《修改完善打击侵犯知识产权和制售假冒伪劣商品有关法律制度工作安排》要求，国务院法制办组织对相关法律法规中关于罚款数额的规定进行了清理，并形成统一修改方案。为加大对假冒专利行为的处罚力度，参照新修改的《商标法》相关表述，建议对本条作出相应修改。

(十八) 关于第六十四条的说明

与有形财产不同，专利权的客体具有无形性，专利侵权行为具有极强的隐蔽性，与专利侵权相关的账簿、资料、模具、生产设备等证据通常由侵权人掌握，专利权人仅凭自身力量往往难以取得相关证据,专利侵权案件大多面临"举证难"问题。为解决此问题,建议借鉴《商标法》相关规定,明确规定专利行政部门对专利侵权案件的调查取证手段。

(十九)关于第六十五条的说明

惩罚性赔偿,是加害人给付受害人超过其实际损害数额的一种金钱赔偿,具有惩罚、补偿等功能。当前,专利侵权赔偿实行"填平原则",即权利人获得的赔偿是用来弥补其实际损失的,不能超过其实际损失。但是,由于专利权的客体是无形的,专利权保护比有形财产的保护成本更高、难度更大,仅仅适用"填平原则"并不足以弥补专利权人的损失和维权成本,"赢了官司输了钱"的现象较为普遍。为解决此问题,建议在本条中增加人民法院可以根据侵权行为的情节、规模、损害后果等因素对故意侵犯专利权的行为将赔偿数额提高至二到三倍的相关规定。

(二十)关于第七十一条(新增 X2 条)的说明

随着互联网技术的高速发展、电子商务规模的不断扩大,网络环境下侵犯专利权的行为也越来越多,对专利权人合法权益以及市场秩序造成极大冲击和影响。实践中,一些大型电商平台每年收到大量的专利侵权纠纷投诉,但网络服务提供者的法律责任和义务尚不够明确,司法实践中只能适用《侵权责任法》的原则性规定。由于专利侵权判断的专业性和复杂性,网络服务提供者无法准确把握其应尽义务,不能有效保护专利权。为此,建议遵循《侵权责任法》规定的"通知—删除"基本规则,在专利法中明确网络服务提供者的法律责任,要求网络服务提供者承担更多与其能力相匹配的法律义务。同时,为发挥行政执法优势,建立快速、便捷的网络专利纠纷解决机制,加强电子商务领域专利保护,营造良好的竞争秩序,草案建议就网络服务提供者执行专利行政部门决定、制止专利侵权行为的义务作出明确规定。

(二十一)关于删除现行专利法第七十二条的说明

删除本条的主要理由:一是该条规定不再与当前的实践情况相适应。1984 年制定专利法时,我国尚处在计划经济时期,绝大多数企事业单位都有相应的上级主管部门,单位与发明人的职务发明纠纷很多通过行政手段解决。随着我国社会主义市场经济的发展和完善,实践情况已经发生了很大变化,该条规定的纠纷解决途径已失去了适用的基础,"行政处分"也已不可适用。二是职务发明相关纠纷的解决可由将来的《职务发明条例》统一作出规定。目前的《职务发明条例草案》对职务发明制度作出了细化规定,明确了发明人与单位的权利义务划分,规定了单位违反条例规定侵夺非职务发明创造的法律责任及纠纷解决途径。将来条例出台后,有关职务发明的纠纷可依据条例的相关规定予以解决。

(二十二)关于第七十二条(新增 X3 条)的说明

目前实践中存在着大量"黑代理"现象。所谓"黑代理"是指未经国务院专利行政部门许可,以经营为目的从事专利代理业务的行为。由于未经审批,"黑代理"不具备从事代理业务的资质,代理服务质量不能保障,危害委托人利益,也对依法取得资质的专利代理机构和专利代理人形成不正当竞争,损害了专利代理行业的声誉,扰乱了正常的专利代理行业秩序。而目前相关的专利法律法规中未设定对于"黑代理"的监管制度,导致对该类违法行为的管理缺少法律依据。

《行政许可法》和《行政处罚法》中都规定了当事人从事特定活动需获得行政许可，未经许可则应当受到行政处罚，因此，对"黑代理"设定行政处罚，符合相关法律的规定。从国外立法看，在设立了专利代理制度的美国、英国、法国、意大利、澳大利亚、日本、印度、南非等国家，以及欧盟等地区，无一例外地在法律上对未经许可从事专利代理的行为规定了行政处罚措施，韩国甚至给予五年的监禁。

由于专利代理服务关系到委托人的利益，影响着公众利益和社会正常秩序，应当在专利法中明确对"黑代理"行为进行规制。在结合我国现实情况，充分借鉴国内外立法实践经验的基础上，建议增加有关规制"黑代理"行为的规定。

（二十三）关于第七十六条（新增 X4 条）的说明

专利实施和运用是实现专利价值的重要途径，但是目前我国实践中存在专利技术转化效率不高、实施和运用程度较低等问题。2014 年专利法执法检查报告中指出，专利许可转让不够活跃，市场化水平较低，在上市、并购、作价入股和质押融资等活动中，专利等无形资产的作用还没有充分体现；一些地方专利管理部门的工作存在重扶持专利申请、轻促进专利运用的现象。为此，建议在专利法中明确要求"各级专利行政部门应当促进专利实施和运用"，从立法层面将促进专利的实施和运用明确为各级专利行政部门应当履行的职责。

专利行政部门促进专利实施和运用的手段主要包括：一是鼓励和规范专利信息市场化服务。创新主体对专利信息服务个性化、多样化的需求，须由市场化服务机构提供。政府部门可以通过营造、规范良好的市场秩序、提供基础数据等方式，培育形成一批市场化、专业化、国际化的专利信息服务机构，为创新主体提供专利战略规划、专利分析预警、海外维权等高层次服务。二是鼓励和规范专利运营活动。专利运营活动的具体模式包括专利的许可、转让、融资、产业化、作价入股、专利池集成运作等，涵盖价值评估、交易经纪以及专利分析服务。《深入实施国家知识产权战略行动计划（2014—2020 年）》提出："建立具有产业特色的全国专利运营与产业化服务平台。"为此，各级专利行政部门有责任采取措施，鼓励和规范专利运营活动，促进专利的实施和运用。

（二十四）关于第七十八条（新增 X5 条）的说明

为充分发挥职务发明人创新和转化实施的积极性，促进国有高校和研究所专利的转化实施，草案规定单位在合理时间内未转化实施其专利的情形下，发明人可以和单位协商由发明人转化实施该职务发明创造，并保障发明人的受益权。该方案针对性地解决了国有研究机构、高等院校职务成果转化中存在的问题，通过赋予单位与发明人协商的权利，从法律层面解除了现行体制的束缚，通过保障发明人的收益，激发发明人进行转化实施的积极性。

（二十五）关于第七十九—第八十一条（新增 X6—X8 条）的说明

根据 2014 年全国专利调查结果，截至 2013 年年底，高校拥有的有效专利的实施率为 14.6%，科研单位实施率为 39.7%。造成我国专利运用效果不理想的原因是多方面的，包括专利交易市场不成熟、市场信用体系不完善、专利供需信息不对称等。一些专利权人由于费用问题，无力参加展会或通过其他有效渠道推介其专利。为此，有必要构建市场供需双方对接机制,建立专利许可需求信息披露机制。在这方面,英国、德国等发达国家及泰国等发展中国家,设置了当然许可制度,即专利权人按照意愿,可以提出当然许可的声明,表明许可意向并作出对任何人给予公平许可的承诺。

当然许可制度的优点在于:一是声明当然许可相当于给专利打上一个开放使用的标签,在专利登记簿中与专利所包含的其他信息一同传播,有利于促进专利技术供需双方的对接,尤其是高校、科研院所专利的传播和运用;二是需求方以公平、合理、无歧视的许可费和便捷的方式获得专利许可,可以降低许可谈判难度,大幅降低专利许可交易成本,提高被许可人实施专利的意愿,有利于企业特别是中小企业充分挖掘使用专利;三是建立专利交易许可相关信息披露和传播机制,既为专利权人和公众搭建专利转化或推广应用平台,也可以有效降低专利交易中与专利状态相关的法律风险。当然许可与普通许可最大的不同在于,当然许可的承诺方不得拒绝任何被许可方的许可请求。草案建议我国适当借鉴国外做法,创设一套适合我国国情的当然许可制度。

X6条涉及当然许可声明的提出和撤回。当然许可声明及其撤回均需以书面方式向国务院专利行政部门提出。考虑到实用新型和外观设计专利未经实质审查,为便于潜在的被许可人了解专利权的状态,规定就实用新型、外观设计专利提出当然许可声明的,应当提供专利权评价报告。为保护被许可人的利益,专利权人撤回当然许可声明的,不影响在先被许可人的权益。

X7条涉及当然许可中专利权人和被许可人的权利和义务。任何人希望实施当然许可的专利的,应当以书面方式通知专利权人,并支付许可费。而专利权人作出当然许可声明的,意味着其允许任何人实施该专利,便不能再以独占许可或排他许可方式许可他人实施该专利。同样,他人未经许可实施其专利的,专利权人不得请求诉前临时禁令。

X8条涉及当然许可纠纷的解决。此类纠纷与国务院专利行政部门的管理活动密切相关,也具有较高专业性,宜由国务院专利行政部门裁决。当事人不服的,可以自收到裁决通知书之日起十五日内向人民法院起诉。

(二十六)关于第八十二条(新增X9条)的说明

妥善处理标准和专利之间的关系对于促进先进技术的推广应用,推动相关产业发展,维护专利权人、标准实施者和消费者各方利益具有重要意义。参与标准制定的专利权人在标准制定过程中应当遵循诚实信用的原则,尽合理努力披露自己拥有的标准必要专利。为了防止参与标准制定的专利权人在标准制定过程中不披露其拥有的标准必要专利,将其拥有的专利技术纳入标准中,在标准实施后又通过专利"挟持"标准实施者,损害标准实施者和消费者利益,专利法有必要对此种行为进行规制。

为了平衡专利权人与标准实施者和消费者的利益,结合国内外的法律实践,草案规定了标准必要专利默示许可制度,即参与标准制定的专利权人在标准制定过程中不披露其拥有的标准必要专利的,视为其许可该标准的实施者使用其专利技术,在此情形下专利权人无权起诉标准实施者侵犯其标准必要专利。但默示许可不等于免费许可,专利权人仍有权要求标准实施者支付合理的使用费。使用费的数额不能由专利权人单方决定,而是由当事人自行协商;双方不能达成协议的,由地方人民政府专利行政部门裁决;对裁决不服的,可以向人民法院起诉。

(二十七)关于第八十三条(新增 X10 条)的说明

专利权质押是专利运用的重要形式。专利权质押可最大限度地开发利用专利权,实现其担保债权、融通资金的功能,能够有效解决企业,特别是中小企业,融资传统抵押物不足问题,拓宽其融资渠道,对改善中小企业创新发展环境具有积极作用。我国现行专利法中没有与专利质押相关的法律条款。专利法实施细则仅规定"以专利权出质的,由出质人和质权人共同向国务院专利行政部门办理出质登记",但缺少有关质权保障的规定。

随着我国专利权质押融资快速发展,需要加强对专利权出质行为的规范,避免后续纠纷及不能履约造成质权人的利益损失。草案建议将现有专利法实施细则中质押登记生效的条款上升至专利法层面,明确质押登记的法律地位;加强对债权的保障,明确质押期间,质权人有保全被质押的专利权的权利,当被质押的专利权价值明显减少,质权人可以要求另行提供担保或增加担保物,而出质人不另行提供担保的,质权人可以处置该被质押的专利。

(二十八)关于第八十五条(新增 X11 条)的说明

行业协会作为专利代理行业的自律组织,在行业管理、组织、发展等方面具有重要作用。但现行与专利代理有关的法律法规均未对专利代理行业协会加以专门规定,协会的法律地位不明确,自律职能缺少法律保障,影响了行业协会在专利代理行业自律管理中的合法性、正当性和权威性。

在我国的立法实践中,《律师法》、《注册会计师法》中均有专章规定相关的行业协会,并赋予其行业自律管理职能,同时明确要求执业人员必须入会。新修改的《商标法》也就商标代理行业组织的职责及其对会员的管理责任加以明确规定。日本、德国、英国、法国、韩国以及我国台湾地区等均在法律中规定了专利代理人必须加入行业协会。

为此,结合我国专利代理行业现状及发展需求,借鉴国内外立法实践,建议新增本条规定,明确专利代理行业自律组织的法律地位、性质及其与国务院专利行政部门的关系,明确行业协会对专利代理师和专利代理机构的管理职责,为协会实施行业自律管理设定法律依据,促进代理行业发展。

(二十九)关于其他修改的说明

草案对现行专利法第四十七条和第七十三条相关表述进行了适应性修改,并对有关条文顺序进行了相应调整。

中华人民共和国专利法修订草案(送审稿)

国务院法制办公室　2015年12月2日

第一章　总　则

第一条　为了保护专利权人的合法权益,鼓励发明创造,推动发明创造的应用,提高创新能力,促进科学技术进步和经济社会发展,制定本法。

第二条　本法所称的发明创造是指发明、实用新型和外观设计。

发明,是指对产品、方法或者其改进所提出的新的技术方案。

实用新型,是指对产品的形状、构造或者其结合所提出的适于实用的新的技术方案。

外观设计,是指对产品的整体或者局部的形状、图案或者其结合以及色彩与形状、图案的结合所作出的富有美感并适于工业应用的新设计。

第三条　国务院专利行政部门负责管理全国的专利工作,统一受理和审查专利申请,依法授予专利权,负责涉及专利的市场监督管理,查处有重大影响的专利侵权和假冒专利行为,建设专利信息公共服务体系,促进专利信息传播与利用。

地方人民政府专利行政部门负责本行政区域内的专利工作,依法开展专利行政执法,提供专利公共服务。

前款所称地方人民政府专利行政部门是指省级、设区的市级以及法律法规授权的县级人民政府专利行政部门。

第四条　申请专利的发明创造涉及国家安全或者重大利益需要保密的,按照国家有关规定办理。

第五条　对违反法律、社会公德或者妨害公共利益的发明创造,不授予专利权。

对违反法律、行政法规的规定获取或者利用遗传资源,并依赖该遗传资源完成的发明创造,不授予专利权。

第六条　执行本单位的任务所完成的发明创造为职务发明创造。

职务发明创造申请专利的权利属于该单位;申请被批准后,该单位为专利权人。

非职务发明创造,申请专利的权利属于发明人或者设计人;申请被批准后,该发明人或者设计人为专利权人。

利用本单位的物质技术条件所完成的发明创造,单位与发明人或者设计人订有合同,对申请专利的权利和专利权的归属作出约定的,从其约定;没有约定的,申请专利的权利属于发明人或者设计人。

第七条 对发明人或者设计人的非职务发明创造专利申请,任何单位或者个人不得压制。

第八条 两个以上单位或者个人合作完成的发明创造、一个单位或者个人接受其他单位或者个人委托所完成的发明创造,除另有协议的以外,申请专利的权利属于完成或者共同完成的单位或者个人;申请被批准后,申请的单位或者个人为专利权人。

第九条 同样的发明创造只能授予一项专利权。但是,同一申请人同日对同样的发明创造既申请实用新型专利又申请发明专利,先获得的实用新型专利权尚未终止,且申请人声明放弃该实用新型专利权的,可以授予发明专利权。

两个以上的申请人分别就同样的发明创造申请专利的,专利权授予最先申请的人。

第十条 专利申请权和专利权可以转让。

中国单位或者个人向外国人、外国企业或者外国其他组织转让专利申请权或者专利权的,应当依照有关法律、行政法规的规定办理手续。

转让专利申请权或者专利权的,当事人应当订立书面合同,并向国务院专利行政部门登记,由国务院专利行政部门予以公告。专利申请权或者专利权的转让自登记之日起生效。

第十一条 发明和实用新型专利权被授予后,除本法另有规定的以外,任何单位或者个人未经专利权人许可,都不得实施其专利,即不得为生产经营目的制造、使用、许诺销售、销售、进口其专利产品,或者使用其专利方法以及使用、许诺销售、销售、进口依照该专利方法直接获得的产品。

外观设计专利权被授予后,任何单位或者个人未经专利权人许可,都不得实施其专利,即不得为生产经营目的制造、许诺销售、销售、进口其外观设计专利产品。

第十二条 任何单位或者个人实施他人专利的,应当与专利权人订立实施许可合同,向专利权人支付专利使用费。被许可人无权允许合同规定以外的任何单位或者个人实施该专利。

第十三条 发明专利申请公布后,申请人可以要求实施其发明的单位或者个人支付适当的费用。

第十四条(新增,原条文移至第八十条) 申请专利和行使专利权应当遵循诚实信用原则。不得滥用专利权损害公共利益或者不合理地排除、限制竞争。

第十五条 专利申请权或者专利权的共有人对权利的行使有约定的,从其约定。没有约定的,共有人可以单独实施或者以普通许可方式许可他人实施该专利;许可他人实施该专利的,收取的使用费应当在共有人之间分配。

除前款规定的情形外,行使共有的专利申请权或者专利权应当取得全体共有人的同意。

第十六条 职务发明创造被授予专利权后,单位应当对其发明人或者设计人给予奖励;发明创造专利实施后,单位应当根据其推广应用的范围和取得的经济效益,对发明人或者设计人给予合理的报酬。

单位与发明人或者设计人根据本法第六条第四款的规定,约定发明创造申请专利的权利属于单位的,单位应当根据前款规定对发明人或者设计人给予奖励和报酬。

第十七条 发明人或者设计人有权在专利文件中写明自己是发明人或者设计人。

专利权人有权在其专利产品或者该产品的包装上标明专利标识。

第十八条 在中国没有经常居所或者营业所的外国人、外国企业或外国其他组织在中国申请专利的,依照其所属国同中国签订的协议或者共同参加的国际条约,或者依照互惠原则,根据本法办理。

第十九条 在中国没有经常居所或者营业所的外国人、外国企业或者外国其他组织在中国申请专利和办理其他专利事务的,应当按照规定委托依法设立的专利代理机构办理。

中国单位或者个人在国内申请专利和办理其他专利事务的,可以委托依法设立的专利代理机构办理。

专利代理机构以及专利代理师应当遵守法律、行政法规,按照被代理人的委托办理专利申请或者其他专利事务;对被代理人发明创造的内容,除专利申请已经公布或者公告的以外,负有保密责任。专利代理机构以及专利代理师的具体管理办法由国务院规定。

第二十条 任何单位或者个人将在中国完成的发明或者实用新型向外国申请专利的,应当事先报经国务院专利行政部门进行保密审查。保密审查的程序、期限等按照国务院的规定执行。

中国单位或者个人可以根据中华人民共和国参加的有关国际条约提出国际申请并获得相关保护。申请人提出国际申请的,应当遵守前款规定。

国务院专利行政部门依照中华人民共和国参加的有关国际条约、本法和国务院有关规定处理国际申请。

对违反本条第一款规定向外国申请专利的发明或者实用新型,在中国申请专利的,不授予专利权。

第二十一条 国务院专利行政部门及其专利复审委员会应当按照客观、公正、准确、及时的要求,依法处理有关专利的申请和请求。

国务院专利行政部门应当完整、准确、及时发布专利信息,定期出版专利公报,提供专利信息基础数据。

在专利申请公布或者公告前,国务院专利行政部门的工作人员及有关人员对其内容负有保密责任。

第二章 授予专利权的条件

第二十二条 授予专利权的发明和实用新型,应当具备新颖性、创造性和实用性。

新颖性,是指该发明或者实用新型不属于现有技术;也没有任何单位或者个人就同样的发明或者实用新型在申请日以前向国务院专利行政部门提出过申请,并记载在申请日以后公布的专利申请文件或者公告的专利文件中。

创造性,是指与现有技术相比,该发明具有突出的实质性特点和显著的进步,该实用新型具有实质性特点和进步。

实用性,是指该发明或者实用新型能够制造或者使用,并且能够产生积极效果。

本法所称现有技术,是指申请日以前在国内外为公众所知的技术。

第二十三条 授予专利权的外观设计,应当不属于现有设计;也没有任何单位或者个人就同样的外观设计在申请日以前向国务院专利行政部门提出过申请,并记载在申请日以后公告的专利文件中。

授予专利权的外观设计与现有设计或者现有设计特征的组合相比,应当具有明显区别。

授予专利权的外观设计不得与他人在申请日以前已经取得的合法权利相冲突。

本法所称现有设计,是指申请日以前在国内外为公众所知的设计。

第二十四条 申请专利的发明创造在申请日以前六个月内,有下列情形之一的,不丧失新颖性:

(一)在中国政府主办或者承认的国际展览会上首次展出的;
(二)在规定的学术会议或者技术会议上首次发表的;
(三)他人未经申请人同意而泄露其内容的。

第二十五条 对下列各项,不授予专利权:

(一)科学发现;
(二)智力活动的规则和方法;
(三)疾病的诊断和治疗方法;
(四)动物和植物品种;
(五)原子核变换方法以及用原子核变换方法获得的物质;
(六)对平面印刷品的图案、色彩或者二者的结合作出的主要起标识作用的设计。

对前款第(四)项所列产品的生产方法,可以依照本法规定授予专利权。

第三章 专利的申请

第二十六条 申请发明或者实用新型专利的,应当提交请求书、说明书及其摘要和权利要求书等文件。

请求书应当写明发明或者实用新型的名称,发明人的姓名,申请人姓名或者名称、地址,以及其他事项。

说明书应当对发明或者实用新型作出清楚、完整的说明,以所属技术领域的技术人员能够实现为准;必要的时候,应当有附图。摘要应当简要说明发明或者实用新型的技术要点。

权利要求书应当以说明书为依据,清楚、简要地限定要求专利保护的范围。

依赖遗传资源完成的发明创造,申请人应当在专利申请文件中说明该遗传资源的直接来源和原始来源;申请人无法说明原始来源的,应当陈述理由。

第二十七条　申请外观设计专利的,应当提交请求书、该外观设计的图片或者照片以及对该外观设计的简要说明等文件。

申请人提交的有关图片或者照片应当清楚地显示要求专利保护的产品的外观设计。

第二十八条　国务院专利行政部门收到专利申请文件之日为申请日。如果申请文件是邮寄的,以寄出的邮戳日为申请日。

第二十九条　申请人自发明或者实用新型在外国第一次提出专利申请之日起十二个月内,或者自外观设计在外国第一次提出专利申请之日起六个月内,又在中国就相同主题提出专利申请的,依照该外国同中国签订的协议或者共同参加的国际条约,或者依照相互承认优先权的原则,可以享有优先权。

申请人自发明或者实用新型在中国第一次提出专利申请之日起十二个月内,或者外观设计在中国第一次提出专利申请之日起六个月内,又向国务院专利行政部门就相同主题提出专利申请的,可以享有优先权。

第三十条　申请人要求优先权的,应当按照规定提出书面声明,并且提供第一次提出的专利申请文件的副本;未按照规定提出书面声明或者提供专利申请文件副本的,视为未要求优先权。

第三十一条　一件发明或者实用新型专利申请应当限于一项发明或者实用新型。属于一个总的发明构思的两项以上的发明或者实用新型,可以作为一件申请提出。

一件外观设计专利申请应当限于一项外观设计。同一产品两项以上的相似外观设计,或者用于同一类别并且成套出售或者使用的产品的两项以上外观设计,可以作为一件申请提出。

第三十二条　申请人可以在被授予专利权之前随时撤回其专利申请。

第三十三条　申请人可以对其专利申请文件进行修改,但是,对发明和实用新型专利申请文件的修改不得超出原说明书和权利要求书记载的范围,对外观设计专利申请文件的修改不得超出原图片或者照片表示的范围。

第四章　专利申请的审查和批准

第三十四条　国务院专利行政部门收到发明专利申请后,经初步审查认为符合本法要求的,自申请日起满十八个月,即行公布。国务院专利行政部门可以根据申请人的请求早日公布其申请。

第三十五条　发明专利申请自申请日起三年内,国务院专利行政部门可以根据申请人随时提出的请求,对其申请进行实质审查;申请人无正当理由逾期不请求实质审查的,该申请即被视为撤回。

国务院专利行政部门认为必要的时候,可以自行对发明专利申请进行实质审查。

第三十六条　发明专利的申请人请求实质审查的时候,应当提交在申请日前与其发明有关的参考资料。

发明专利已经在外国提出过申请的,国务院专利行政部门可以要求申请人在指定期限内提交该国为审查其申请进行检索的资料或者审查结果的资料;无正当理由逾期不提交的,该申请即被视为撤回。

第三十七条　国务院专利行政部门对发明专利申请进行实质审查后,认为不符合本法规定的,应当通知申请人,要求其在指定的期限内陈述意见,或者对其申请进行修改;无正当理由逾期不答复的,该申请即被视为撤回。

第三十八条　发明专利申请经申请人陈述意见或者进行修改后,国务院专利行政部门仍然认为不符合本法规定的,应当予以驳回。

第三十九条　发明专利申请经实质审查没有发现驳回理由的,由国务院专利行政部门作出授予发明专利权的决定,发给发明专利证书,同时予以登记和公告。发明专利权自公告之日起生效。

第四十条　实用新型和外观设计专利申请经初步审查没有发现驳回理由的,由国务院专利行政部门作出授予实用新型专利权或者外观设计专利权的决定,发给相应的专利证书,同时予以登记和公告。实用新型专利权和外观设计专利权自公告之日起生效。

第四十一条　国务院专利行政部门设立专利复审委员会。专利申请人对国务院专利行政部门驳回申请的决定不服的,可以自收到通知之日起三个月内,向专利复审委员会请求复审。

专利复审委员会对复审请求进行审查,必要的时候可以对专利申请是否符合本法有关规定的其他情形进行审查,作出决定,并通知专利申请人。

专利申请人对专利复审委员会的复审决定不服的,可以自收到通知之日起三个月内向人民法院起诉。

第五章　专利权的期限、终止和无效

第四十二条　发明专利权的期限为二十年,实用新型专利权的期限为十年,外观设计专利权的期限为十五年,均自申请日起算。

第四十三条　专利权人应当自被授予专利权的当年开始缴纳年费。

第四十四条　有下列情形之一的,专利权在期限届满前终止:

（一）没有按照规定缴纳年费的；

（二）专利权人以书面声明放弃其专利权的。

专利权在期限届满前终止的，由国务院专利行政部门登记和公告。

第四十五条 自国务院专利行政部门公告授予专利权之日起，任何单位或者个人认为该专利权的授予不符合本法有关规定的，可以请求专利复审委员会宣告该专利权无效。

第四十六条 专利复审委员会对宣告专利权无效的请求进行审查，必要的时候可以对专利权是否符合本法有关规定的其他情形进行审查，及时作出决定，并通知请求人和专利权人。宣告专利权无效或者维持专利权的决定，由国务院专利行政部门登记和公告。

对专利复审委员会宣告专利权无效或者维持专利权的决定不服的，可以自收到通知之日起三个月内向人民法院起诉。人民法院应当通知无效宣告请求程序的对方当事人作为第三人参加诉讼。

第四十七条 宣告无效的专利权视为自始即不存在。

宣告专利权无效的决定，对在宣告专利权无效前人民法院作出并已执行的专利侵权的判决、调解书，已经履行或者强制执行的专利侵权纠纷处理、处罚决定，以及已经履行的专利实施许可合同和专利权转让合同，不具有追溯力。但是因专利权人的恶意给他人造成的损失，应当给予赔偿。

依照前款规定不返还专利侵权赔偿金、专利使用费、专利权转让费，明显违反公平原则的，应当全部或者部分返还。

第六章 专利实施的强制许可

第四十八条 有下列情形之一的，国务院专利行政部门根据具备实施条件的单位或者个人的申请，可以给予实施发明专利或者实用新型专利的强制许可：

（一）专利权人自专利权被授予之日起满三年，且自提出专利申请之日起满四年，无正当理由未实施或者未充分实施其专利的；

（二）专利权人行使专利权的行为被依法认定为垄断行为，为消除或者减少该行为对竞争产生的不利影响的。

第四十九条 在国家出现紧急状态或者非常情况时，或者为了公共利益的目的，国务院专利行政部门可以给予实施发明专利或者实用新型专利的强制许可。

第五十条 为了公共健康目的，对取得专利权的药品，国务院专利行政部门可以给予制造并将其出口到符合中华人民共和国参加的有关国际条约规定的国家或者地区的强制许可。

第五十一条 一项取得专利权的发明或者实用新型比前已经取得专利权的发明或者实用新型具有显著经济意义的重大技术进步，其实施又有赖于前一发明或者实用新型的实施的，国务院专利行政部门根据后一专利权人的申请，可以给予实施前一发明或者实用新型的强制许可。

在依照前款规定给予实施强制许可的情形下,国务院专利行政部门根据前一专利权人的申请,也可以给予实施后一发明或者实用新型的强制许可。

第五十二条　强制许可涉及的发明创造为半导体技术的,其实施限于公共利益的目的和本法第四十八条第(二)项规定的情形。

第五十三条　除依照本法第四十八条第(二)项、第五十条规定给予的强制许可外,强制许可的实施应当主要为了供应国内市场。

第五十四条　依照本法第四十八条第(一)项、第五十一条规定申请强制许可的单位或者个人应当提供证据,证明其以合理的条件请求专利权人许可其实施专利,但未能在合理的时间内获得许可。

第五十五条　国务院专利行政部门作出的给予实施强制许可的决定,应当及时通知专利权人,并予以登记和公告。

给予实施强制许可的决定,应当根据强制许可的理由规定实施的范围和时间。强制许可的理由消除并不再发生时,国务院专利行政部门应当根据专利权人的请求,经审查后作出终止实施强制许可的决定。

第五十六条　取得实施强制许可的单位或者个人不享有独占的实施权,并且无权允许他人实施。

第五十七条　取得实施强制许可的单位或者个人应当付给专利权人合理的使用费,或者依照中华人民共和国参加的有关国际条约的规定处理使用费问题。付给使用费的,其数额由双方协商;双方不能达成协议的,由国务院专利行政部门裁决。

第五十八条　专利权人对国务院专利行政部门关于实施强制许可的决定不服的,专利权人和取得实施强制许可的单位或者个人对国务院专利行政部门关于实施强制许可的使用费的裁决不服的,可以自收到通知之日起三个月内向人民法院起诉。

第七章　专利权的保护

第五十九条　发明或者实用新型专利权的保护范围以其权利要求的内容为准,说明书及附图可以用于解释权利要求的内容。

外观设计专利权的保护范围以表示在图片或者照片中的该产品的外观设计为准,简要说明可以用于解释图片或者照片所表示的该产品的外观设计。

第六十条　未经专利权人许可,实施其专利,即侵犯其专利权,引起纠纷的,由当事人协商解决;不愿协商或者协商不成的,专利权人或者利害关系人可以向人民法院起诉,也可以请求专利行政部门处理。专利行政部门处理时,认定侵权行为成立的,可以责令侵权人立即停止侵权行为,当事人不服的,可以自收到处理通知之日起十五日内依照《中华人民共和国行政诉讼法》向人民法院起诉;侵权人期满不起诉又不停止侵权行为的,专利行政部门可以申请人民法院强制执行。

对群体侵权、重复侵权等扰乱市场秩序的故意侵犯专利权行为,专利行政部门可以依法查处,责令侵权人立即停止侵权行为,并可以没收侵权产品、专门用于制造侵权产品或者使用侵权方法的零部件、工具、模具、设备等。对重复侵犯专利权的行为,专利行政部门可以处以罚款,非法经营额五万元以上的,可以处非法经营额一倍以上五倍以下的罚款;没有非法经营额或者非法经营额五万元以下的,可以处二十五万元以下的罚款。

第六十一条(新增)　处理专利侵权纠纷的专利行政部门,应当事人的请求,可以就侵犯专利权的赔偿数额进行调解;调解不成的,当事人可以依照《中华人民共和国民事诉讼法》向人民法院起诉。调解协议达成后,一方当事人拒绝履行或者未全部履行的,对方当事人可以申请人民法院确认并强制执行。

第六十二条(新增)　明知有关产品系专门用于实施专利的原材料、中间物、零部件、设备,未经专利权人许可,为生产经营目的将该产品提供给他人实施了侵犯专利权的行为的,应当与侵权人承担连带责任。

明知有关产品、方法属于专利产品或者专利方法,未经专利权人许可,为生产经营目的诱导他人实施了侵犯该专利权的行为的,应当与侵权人承担连带责任。

第六十三条(新增)　网络服务提供者知道或者应当知道网络用户利用其提供的网络服务侵犯专利权或者假冒专利,未及时采取删除、屏蔽、断开侵权产品链接等必要措施予以制止的,应当与该网络用户承担连带责任。

专利权人或者利害关系人有证据证明网络用户利用网络服务侵犯其专利权或者假冒专利的,可以通知网络服务提供者采取前款所述必要措施予以制止。网络服务提供者接到合格有效的通知后未及时采取必要措施的,对损害的扩大部分与该网络用户承担连带责任。

专利行政部门认定网络用户利用网络服务侵犯专利权或者假冒专利的,应当通知网络服务提供者采取本条第一款所述必要措施予以制止,网络服务提供者未及时采取必要措施的,对损害的扩大部分与该网络用户承担连带责任。

第六十四条　专利侵权纠纷涉及新产品制造方法的发明专利的,制造同样产品的单位或个人应当提供其产品制造方法不同于专利方法的证明。

专利侵权纠纷涉及实用新型专利或者外观设计专利的,人民法院或者专利行政部门可以要求专利权人或者利害关系人出具由国务院专利行政部门对相关实用新型或者外观设计进行检索、分析和评价后作出的专利权评价报告,作为审理、处理专利侵权纠纷的证据。双方当事人均可以主动出具上述专利权评价报告。

第六十五条　在专利侵权纠纷中,被控侵权人有证据证明其实施的技术或者设计属于现有技术或者现有设计的,不构成侵犯专利权。

第六十六条　假冒专利的,除依法承担民事责任外,由专利行政部门责令改正并予公告。非法经营额五万元以上的,可以处非法经营额一倍以上五倍以下的罚款;没有非法经营额或者非法经营额五万元以下的,可以处二十五万元以下的罚款;构成犯罪的,依法追究刑事责任。

第六十七条　专利行政部门根据已经取得的证据,对涉嫌侵犯专利权行为或者假冒专利行为进行处理或者查处时,可以询问有关当事人,调查与涉嫌违法行为有关的情况;对当事人涉嫌违法行为的场所实施现场检查;查阅、复制与涉嫌违法行为有关的合同、发票、账簿以及其他有关资料;检查与涉嫌违法行为有关的产品,对有证据证明是扰乱市场秩序的故意侵犯专利权的产品或者假冒专利的产品,可以查封或者扣押。

专利行政部门依法行使前款规定的职权时,当事人应当予以协助、配合。当事人拒绝、阻挠专利行政部门行使职权的,由专利行政部门予以警告;构成违反治安管理行为的,由公安机关依法给予处罚;构成犯罪的,依法追究刑事责任。

第六十八条 侵犯专利权的赔偿数额按照权利人因被侵权所受到的实际损失确定;实际损失难以确定的,可以按照侵权人因侵权所获得的利益确定。权利人的损失或者侵权人获得的利益难以确定的,参照该专利许可使用费的倍数合理确定。对于故意侵犯专利权的行为,人民法院可以根据侵权行为的情节、规模、损害后果等因素,在按照上述方法确定数额的一倍以上三倍以下确定赔偿数额。赔偿数额还应当包括权利人为制止侵权行为所支付的合理开支。

权利人的损失、侵权人获得的利益和专利许可使用费均难以确定的,人民法院可以根据专利权的类型、侵权行为的性质和情节等因素,确定给予十万元以上五百万元以下的赔偿。

人民法院认定侵犯专利权行为成立后,为确定赔偿数额,在权利人已经尽力举证,而与侵权行为相关的账簿、资料主要由侵权人掌握的情况下,可以责令侵权人提供与侵权行为相关的账簿、资料;侵权人不提供或者提供虚假的账簿、资料的,人民法院可以参考权利人的主张和提供的证据判定赔偿数额。

第六十九条 专利权人或者利害关系人有证据证明他人正在实施或者即将实施侵犯专利权的行为,如不及时制止将会使其合法权益受到难以弥补的损害的,可以在起诉前向人民法院申请采取责令停止有关行为的措施。

申请人提出申请时,应当提供担保;不提供担保的,驳回申请。

人民法院应当自接受申请之时起四十八小时内作出裁定;有特殊情况需要延长的,可以延长四十八小时。裁定责令停止有关行为的,应当立即执行。当事人对裁定不服的,可以申请复议一次;复议期间不停止裁定的执行。

申请人自人民法院采取责令停止有关行为的措施之日起十五日内不起诉的,人民法院应当解除该措施。

申请有错误的,申请人应当赔偿被申请人因停止有关行为所遭受的损失。

第七十条 为了制止专利侵权行为,在证据可能灭失或者以后难以取得的情况下,专利权人或者利害关系人可以在起诉前向人民法院申请保全证据。

人民法院采取保全措施,可以责令申请人提供担保;申请人不提供担保的,驳回申请。

人民法院应当自接受申请之时起四十八小时内作出裁定;裁定采取保全措施的,应当立即执行。

申请人自人民法院采取保全措施之日起十五日内不起诉的,人民法院应当解除该措施。

第七十一条 侵犯专利权的诉讼时效为二年,自专利权人或者利害关系人得知或者应当得知侵权行为之日起计算。

发明专利申请公布后至专利权授予前使用该发明未支付适当使用费的,专利权人要求支付使用费的诉讼时效为二年,自专利权人得知或者应当得知他人使用其发明之日起计算,但是,专利权人于专利权授予之日前即已得知或者应当得知的,自专利权授予之日起计算。

第七十二条 有下列情形之一的,不视为侵犯专利权:

（一）专利产品或者依照专利方法直接获得的产品,由专利权人或者经其许可的单位、个人售出后,使用、许诺销售、销售、进口该产品的;

（二）在专利申请日前已经制造相同产品、使用相同方法或者已经做好制造、使用的必要准备,并且仅在原有范围内继续制造、使用的;

（三）临时通过中国领陆、领水、领空的外国运输工具,依照其所属国同中国签订的协议或者共同参加的国际条约,或者依照互惠原则,为运输工具自身需要而在其装置和设备中使用有关专利的;

（四）专为科学研究和实验而使用有关专利的;

（五）为提供行政审批所需要的信息,制造、使用、进口专利药品或者专利医疗器械的,以及专门为其制造、进口专利药品或者专利医疗器械的。

第七十三条 为生产经营目的的使用、许诺销售或者销售不知道是未经专利权人许可而制造并售出的专利侵权产品,能证明该产品合法来源的,不承担赔偿责任。

第七十四条（新增） 专利行政部门应当建立专利权保护信用信息档案,并纳入全国信用信息共享交换平台。

第七十五条（新增） 设立专利代理机构或者取得专利代理师资格需经国务院专利行政部门许可。

未经国务院专利行政部门许可,任何单位或者个人不得为经营目的从事专利代理业务。违反本款规定的,由专利行政部门视其情节责令停止违法行为,没收违法所得,可以并处罚款。

第七十六条 违反本法第二十条规定向外国申请专利,泄露国家秘密的,由所在单位或者上级主管机关给予处分;构成犯罪的,依法追究刑事责任。

第七十七条 专利行政部门不得参与向社会推荐专利产品等经营活动。

专利行政部门违反前款规定的,由其上级机关或者监察机关责令改正,消除影响,有违法收入的予以没收;情节严重的,对直接负责的主管人员和其他直接责任人员依法给予处分。

第七十八条 从事专利管理工作的国家机关工作人员以及其他有关国家机关工作人员玩忽职守、滥用职权、徇私舞弊的,依法给予处分;构成犯罪的,依法追究刑事责任。

第八章 专利的实施和运用(新增)

第七十九条(新增) 各级专利行政部门应当促进专利实施和运用,鼓励和规范专利信息市场化服务和专利运营活动。

第八十条(原第十四条) 国有企业事业单位的发明专利,对国家利益或者公共利益具有重大意义的,国务院有关主管部门和省、自治区、直辖市人民政府报经国务院批准,可以决定在批准的范围内推广应用,允许指定的单位实施,由实施单位按照国家规定向专利权人支付使用费。

第八十一条(新增) 国家设立的研究开发机构、高等院校自职务发明创造获得专利权之后,在不变更专利权属的前提下,发明人或者设计人可以与单位协商自行实施或者许可他人实施该专利,并按照协议享有相应的权益。

第八十二条(新增) 专利权人以书面方式向国务院专利行政部门声明其愿意许可任何人实施其专利,并明确许可使用费的,由国务院专利行政部门予以公告,实行当然许可。

就实用新型、外观设计专利提出当然许可声明的,应当提供专利权评价报告。

撤回当然许可声明的,应当以书面方式提出,并由国务院专利行政部门予以公告。当然许可声明被撤回的,不影响在先给予的当然许可的效力。

第八十三条(新增) 任何人有意愿实施当然许可的专利的,为获得当然许可,应当以书面方式通知专利权人,并支付许可使用费。

当然许可的被许可人可以向国务院专利行政部门备案,作为获得当然许可的证明。

当然许可期间,专利权人不得就该专利给予独占或者排他许可、请求诉前临时禁令。

第八十四条(新增) 当事人就当然许可发生纠纷的,可以请求国务院专利行政部门裁决。当事人对裁决不服的,可以自收到通知之日起十五日内向人民法院起诉。

第八十五条(新增) 参与国家标准制定的专利权人在标准制定过程中不披露其拥有的标准必要专利的,视为其许可该标准的实施者使用其专利技术。许可使用费由双方协商;双方不能达成协议的,可以请求国务院专利行政部门裁决。当事人对裁决不服的,可以自收到通知之日起十五日内向人民法院起诉。

第八十六条(新增) 以专利权出质的,由出质人和质权人共同向国务院专利行政部门办理出质登记,质权自登记之日起生效。

第九章 附 则

第八十七条 向国务院专利行政部门申请专利和办理其他手续,应当按照规定缴纳费用。

第八十八条(新增) 专利代理行业组织应当接受专利行政部门的指导、监督。

专利代理行业组织应当按照章程规定,严格执行吸纳会员的条件,对违反行业自律规范的会员实行惩戒;对其吸纳的会员以及对会员的惩戒情况,应当及时向社会公布。

第八十九条 本法自1985年4月1日起施行。

关于《中华人民共和国专利法修订草案（送审稿）》的说明

国家知识产权局　2015 年 12 月 2 日

一、专利法修改的必要性

随着我国经济社会的快速发展，加强知识产权保护、提高自主创新能力，成为加快转变经济发展方式、实施创新驱动发展战略的内在要求。党的十八大明确提出"实施知识产权战略，加强知识产权保护"；十八届三中全会强调要"加强知识产权运用和保护，健全技术创新激励机制"；十八届四中全会提出"全面推进依法治国""完善激励创新的产权制度、知识产权保护制度和促进科技成果转化的体制机制"。新的形势对专利法律制度提出了更新更高的要求。

近年来，我国在专利保护方面开展了扎实有效的工作，取得了举世公认的成绩和进步。但是，随着科技发展和市场竞争加剧，专利保护领域的新问题、新矛盾不断出现。在开展"打击侵犯知识产权和制售假冒伪劣商品"专项行动过程中，发现专利侵权现象较为普遍，特别是群体侵权、重复侵权较为严重，加之专利权无形性和侵权行为隐蔽性的特点，导致专利维权举证难、周期长、成本高、赔偿低、效果差，使我国一些创新型企业处境艰难。这些企业既难以从创新中获利，也难以在竞争中获得优势地位。专利保护不力严重挫伤了我国企业的创新积极性，甚至导致部分企业丧失了对专利保护的信心。

我局于 2011 年 11 月启动专利法特别修改的准备工作，陆续在北京、浙江、江苏、湖南和广东等地进行实地调研，并多次组织召开相关研讨会、座谈会。在充分考虑各方面意见的基础上，形成了《中华人民共和国专利法修订草案（送审稿）》，于 2013 年 1 月上报国务院。2014 年上半年，全国人大常委会开展了专利法执法检查工作，从专利质量、专利保护、专利运用、公共服务等方面对专利法修改提出了具体意见。为此，有必要对 2013 年专利法修订草案（送审稿）进一步补充完善，对专利法进行全面修改。据此，我局在广泛征求社会各界意见的基础上对 2013 年专利法修订草案（送审稿）作了进一步补充完善，形成了新的《中华人民共和国专利法修订草案（送审稿）》（以下简称草案）。

二、指导思想

本次专利法修改的指导思想是：高举中国特色社会主义伟大旗帜，以邓小平理论和"三个代表"重要思想、科学发展观为指导，全面贯彻落实党的十八大和十八届三中、四中全会精神，落实《中共中央国务院关于深化体制机制改革加快实施创新驱动发展战略的若干意见》要求，紧紧围绕党和国家工作大局，以建设知识产权强国为目标，立足国情，放眼世界,针对我国专利法实施中的突出问题,提出有针对性的解决措施,实行严格的专利保护制度,保护创新者的合法权益,促进专利实施与运用,充分激发全社会的创新活力,为深化科技和经济体制改革、转变经济发展方式、实施创新驱动发展战略、建设创新型国家提供法律保障。

三、修改的主要内容

草案涉及实质性修改的条文共33条,新增"专利的实施和运用"一章,其中对现有条文修改18条,新增14条,删除1条。另有适应性文字修改或调整的条文4条。

内容主要包括:

(一)加大专利保护力度,维护权利人合法权益

进一步完善具有中国特色的专利保护制度,实行严格的专利保护制度,围绕加强专利保护、加大执法力度,针对专利权人普遍反映的专利维权举证难、周期长、成本高、赔偿低、效果差等问题,提出相应措施,建立健全打击专利侵权长效机制,促进专利行政执法和司法保护有效衔接,提高执法效率,降低专利维权成本,营造公正公平、规范透明的法治和市场环境。主要建议包括:为解决"举证难"问题,完善相关证据规则;为解决"周期长"问题,明确行政调解协议的效力;为解决"赔偿低"问题,增设对故意侵权的惩罚性赔偿制度;为解决"成本高、效果差"问题,增加对群体侵权、重复侵权等故意侵权行为的查处,加大对假冒专利的处罚力度,完善行政执法手段,明确间接侵权责任和网络服务提供者的法律责任,建立专利权保护信用信息档案。(第六十条至第六十三条、第六十六条至第六十八条、第七十四条)

(二)促进专利的实施和运用,实现专利价值

完善职务发明制度,解决专利创造、管理和运用中的突出问题,健全以市场需求为导向的专利技术转化机制,更好地激励创新并推动专利的实施和运用。主要建议包括:为充分调动发明人、设计人的积极性,促进技术创新,明确职务发明创造的范围,规定利用本单位物质技术条件完成的发明创造的权属适用约定优先原则;为解决国家设立的研究机构、高等院校专利技术转化率低的问题,允许发明人或者设计人根据与单位的协议实施专利技术,并获得相应收益;为解决专利许可供需信息不对称问题,借鉴国外经验,引入当然许可制度,降低专利许可成本;为处理好标准与专利的关系,规定标准必要专利默示许可制度;增加防止专利权滥用的原则性规定。(第六条、第十四条、第十六条、第八十一条至第八十五条)

(三)落实政府职能法定要求,建设服务型政府

按照依法治国、职能法定要求,加快政府部门职能转变,明确国家和地方专利行政部门的职责,强调专利行政部门在加强市场监管、提供专利公共服务、促进专利运用等方面的责任。(第三条、第二十一条、第七十五条、第七十九条)

(四)完善专利审查制度,提升专利质量

适应我国经济发展和创新需求,结合国际发展趋势,适当扩大专利保护客体范围,增加对局部外观设计的保护,延长外观设计专利保护期限;从方便申请人、提高专利质量角

度出发,优化专利申请、审查、复审和无效程序,增加外观设计国内优先权制度,完善有关优先权要求的规定,明确专利复审和无效宣告程序的依职权审查原则。(第二条、第十九条至第二十条、第二十九条至第三十条、第四十一条至第四十二条、第四十六条)

(五)完善专利代理法律制度,促进知识产权服务业健康发展

根据实践发展需求,进一步完善专利代理法律制度,规定专利代理机构、专利代理师的执业基本准则,加强事中事后监管,制止"黑代理"行为,对专利代理行业组织作出明确规定,营造有利于合法经营、诚实守信、有序竞争的法治环境;明确专利行政部门鼓励和规范专利信息市场化服务和专利运营活动的责任,积极培育形成一批市场化、专业化和国际化的专利信息服务机构,为创新主体提供专利战略规划、专利分析预警、海外维权等高层次服务。(第十九条、第七十五条、第七十九条、第八十八条)

此外,还对部分条文进行了完善和适应性修改。(第二十五条、第四十七条、第六十四条、第八十六条)

附

关于《中华人民共和国专利法修正案(草案)》的说明

2000年4月25日

国家知识产权局局长 姜 颖

委员长、各位副委员长、秘书长、各位委员：

我受国务院的委托，现就《中华人民共和国专利法修正案(草案)》作如下说明：

《中华人民共和国专利法》(以下简称现行专利法)自1985年4月1日实施以来，对鼓励发明创造，引进外国先进技术，促进我国科技进步和经济发展，发挥了重要作用。1992年9月4日，七届全国人大常委会对现行专利法部分条款作了修改，主要是扩大了专利保护范围，延长了专利保护期限，提高了我国对专利的保护水平。随着体制改革不断深化、对外开放逐步扩大，又出现了一些新情况、新问题，主要是：(1)现行专利法的有些规定与国有企业改革和政府机构改革的精神不大适应；(2)现实情况要求进一步完善专利保护制度；(3)专利审批和专利纠纷处理周期过长，影响专利申请人和专利权人及时获得保护；(4)我国已经加入《专利合作条约》，在处理专利国际申请问题上需要与条约有关规定相衔接。为了进一步发挥专利制度在技术创新和经济发展中的积极作用，对现行专利法进一步作适当修改是必要的。

国务院法制办、国家知识产权局在认真调查研究、总结现行专利法实施以来实践经验的基础上，从我国的基本国情出发，借鉴有关国际条约，起草了《中华人民共和国专利法修正案(草案)》(以下简称草案)。草案已经国务院第27次常务会议通过。

现就草案中几个主要问题说明如下：

一、修改与国有企业改革、行政管理体制改革精神不相适应的有关规定

现行专利法第六条规定："执行本单位的任务或者主要是利用本单位的物质条件所完成的职务发明创造，申请专利的权利属于该单位；非职务发明创造，申请专利的权利属于发明人或者设计人。申请被批准后，全民所有制单位申请的，专利权归该单位持有；集体所有制单位或者个人申请的，专利权归该单位或者个人所有。""在中国境内的外资企业和中外合资经营企业的工作人员完成的职务发明创造，申请专利的权利属于该企业；非职务发明创造，申请专利的权利属于发明人或者设计人。申请被批准后，专利权归申请的企业或者个人所有。""专利权的所有人和持有人统称专利权人。"上述规定中关于国有单位专利权归属的表述与国有企业改革的精神已经不相适应。根据党的十四届三中全会《关于建立社会主义市场经济体制若干问题的决定》和党的十五届四中全会《关于国有企业改革和发展若干重大问题的决定》，国有企业实行出资者所有权与企业法人财产权相分离，国

有企业以其全部法人财产,依法自主经营,自负盈亏,照章纳税,对出资者承担资产增值、保值的责任,对外独立承担民事责任。因此,没有必要再按不同的所有制,规定国有单位对其专利权只是"持有人"(容易引起它没有处置权的歧义),其他单位对其专利权才是"所有人",而只需要明确谁是"专利权人"就可以了。按照这样的考虑,草案将现行专利法第六条修改为:"执行本单位的任务或者主要是利用本单位的物质条件所完成的职务发明创造,专利申请权属于该单位;申请被批准后,该单位为专利权人。非职务发明创造,专利申请权属于发明人或者设计人;申请被批准后,该发明人或者设计人为专利权人。(草案第二条)

现行专利法第十条第二款、第四款规定:"全民所有制单位转让专利申请权或者专利权的,必须经上级主管机关批准。""转让专利申请权或者专利权的,当事人必须订立书面合同,经专利局登记和公告后生效。"按照社会主义市场经济的要求和转变政府职能的原则,政府主管部门不必也不宜干预属于国有企业自主权范围内的转让专利申请权或者专利权的行为。因此,草案删去了现行专利法第十条第二款;将第四款改为第三款,修改为:"转让专利申请权或者专利权的,当事人必须订立书面合同。转让专利申请权,当事人应当向专利申请受理审查机构登记;转让专利权,当事人应当向国务院专利行政部门登记,由国务院专利行政部门予以公告。专利申请权或者专利权的转让行为自登记之日起生效。"(草案第四条)

现行专利法第十四条规定:"国务院有关主管部门和省、自治区、直辖市人民政府根据国家计划,有权决定本系统内或者所管辖的全民所有制单位持有的重要发明创造专利允许指定的单位实施,由实施单位按照国家规定向持有专利权的单位支付使用费。""中国集体所有制单位和个人的专利,对国家利益或者公共利益具有重大意义,需要推广应用的,由国务院有关主管部门报国务院批准后,参照上款规定办理。"这一条是现行专利法中体现中国特色社会主义性质最为明显的规定,十分重要。草案在不改变这一条的实质的前提下,按照行政管理体制、计划体制改革的精神,修改为中国单位或者个人的发明专利,对国家利益或者公共利益具有重大意义的,国务院有关主管部门和省、自治区、直辖市人民政府报经国务院批准,可以决定在批准的范围内推广应用,允许指定的单位或者个人实施,由实施单位或者个人按照国家规定向专利权人支付使用费。(草案第六条)

二、进一步完善专利保护制度

(一)增加规定不经专利权人许可,他人不得"许诺销售"(offering for sale)其专利产品的内容

"许诺销售"是以做广告、在商店货架或者展销会陈列等方式作出销售商品的许诺。《与贸易有关的知识产权协议》(TRIPS协议)明确规定,专利权包括未经专利权人许可,他人不得"许诺销售"其专利产品的内容。因此,草案在现行专利法第十一条关于专利权内涵的规定中增加了"许诺销售"的内容。(草案第五条)

(二)将专利侵权纠纷可以由专利管理机关处理明确为可以由省级人民政府管理专利工作的部门调解处理

现行专利法第六十条第一款规定："对未经专利权人许可,实施其专利的侵权行为,专利权人或者利害关系人可以请求专利管理机关进行处理,也可以直接向人民法院起诉。专利管理机关处理的时候,有权责令侵权人停止侵权行为,并赔偿损失;当事人不服的,可以在收到通知之日起三个月内向人民法院起诉;期满不起诉又不履行的,专利管理机关可以请求人民法院强制执行。"根据民法的一般原则,专利侵权纠纷作为民事纠纷,原则上应当通过司法程序解决。但是,由于专利侵权纠纷涉及比较复杂的技术问题,专利管理机关又比较熟悉,从方便当事人考虑,省级人民政府管理专利工作的部门根据当事人的请求,对专利侵权纠纷进行调解处理是可以的;如果当事人对调解处理不服,可以向人民法院起诉。因此,草案根据多年来的实践经验,将现行专利法第六十条第一款修改为："未经专利权人许可,实施其专利,即侵犯其专利权,引起纠纷的,由当事人协商解决;不愿协商或者协商不成的,专利权人或者利害关系人可以向人民法院起诉,也可以请求省、自治区、直辖市人民政府管理专利工作的部门调解处理。省、自治区、直辖市人民政府管理专利工作的部门调解处理时,认定侵权行为成立的,可以责令侵权人立即停止侵权行为,并就赔偿额调解处理;当事人不服的,可以自收到调解处理书之日起15日内依照民事诉讼法向人民法院起诉;侵权人不起诉又不履行的,专利权人或者利害关系人可以申请人民法院强制执行。"(草案第十九条第一款)

(三)增加规定发明专利申请公布后、专利权被授予前使用该发明未支付适当使用费引起争议的诉讼时效

现行专利法第六十一条规定了专利权被授予后专利侵权纠纷的诉讼时效,没有规定发明专利申请公布后、专利权被授予前使用该发明未支付适当使用费引起争议的诉讼时效。为了更好地保护专利权,草案规定发明专利申请公布以后、专利权授予前使用该发明未支付适当使用费的,专利权人要求支付使用费的诉讼时效为二年,自专利权授予之日起计算。"(草案第二十三条)

(四)增加规定实用新型专利权人在主张权利时,法院或者省级人民政府管理专利工作的部门可以要求权利人出具由专利申请受理审查机构作出的检索报告

按照现行专利法的规定,专利申请受理审查机构对实用新型专利申请不进行实质审查。为了维护公众利益,防止不法分子恶意申请实用新型专利,妨碍他人正常的生产、经营活动,草案借鉴一些国家的有效做法,规定:专利侵权纠纷涉及实用新型专利的,权利人主张权利时,"人民法院或者省、自治区、直辖市人民政府管理专利工作的部门可以要求专利权人出具由专利申请受理审查机构作出的检索报告"。(草案第十九条第二款)

(五)增加规定确定专利侵权赔偿额的计算方法

民法通则和现行专利法没有关于确定专利侵权赔偿额的规定。司法实践中,一些案件虽能认定为侵权,但难以确定赔偿额。为了切实保护专利权人的合法权益,草案规定:"对侵犯专利权的行为,人民法院应权利人或者利害关系人的请求,按照权利人在被侵权期间因被侵权所受到的损失或者侵权人在侵权期间因侵权所获得的利益确定赔偿额。"(草案第二十二条)

(六)增加规定对假冒他人专利尚不构成犯罪行为的行政处罚

刑法第二百一十六条规定:"假冒他人专利,情节严重的,处三年以下有期徒刑或者拘

役,并处或者单处罚金。"假冒他人专利的行为,情况千差万别,并不一定都构成犯罪,但又不能因此而不受任何处罚。因此,草案与刑法上述规定相衔接,规定:"假冒他人专利的,由省、自治区、直辖市人民政府管理专利工作的部门责令改正并予公告,没收违法所得,可以并处违法所得二倍以下的罚款,没有违法所得的,可以处二万元以下的罚款;情节严重,构成犯罪的,移送司法机关依法追究刑事责任。"(草案第二十条)

三、简化、完善有关程序

(一)在发明专利已经在外国提出申请的情况下,将申请人应当提供该国有关审查资料改为专利申请受理审查机构可以要求其提供该国有关审查资料

现行专利法第三十六条第二款规定:"发明专利已经在外国提出过申请的,申请人请求实质审查的时候,应当提交该国为审查其申请进行检索的资料或者审查结果的资料。"当年这样规定,主要是因为当时我国专利申请受理审查机构检索资料欠缺,需要借助国外的审查资料。经过十几年的积累,我国专利申请受理审查机构已经有了比较丰富的检索资料,不需要一律要求申请人提交该国的审查资料;只是在个别情况下,专利申请受理审查机构才有必要要求申请人提交该国的审查资料。因此,草案将现行专利法第三十六条第二款修改为:"发明专利已经在外国提出过申请的,专利申请受理审查机构可以要求申请人在指定的期限内提交该国为审查其申请进行检索的资料或者审查结果的资料;无正当理由逾期不提交的,该申请即被视为撤回。"(草案第十条)

(二)取消撤销程序

现行专利法第四十一条规定:"自专利局公告授予专利权之日起六个月内,任何单位或者个人认为该专利权的授予不符合本法有关规定的,都可以请求专利局撤销该专利权。"现行专利法第四十二条规定:"专利局对撤销专利权的请求进行审查,作出撤销或者维持专利权的决定,并通知请求人和专利权人。撤销专利权的决定,由专利局登记和公告。"现行专利法第四十四条规定:"被撤销的专利权视为自始即不存在。"现行专利法第四十八条规定:"自专利局公告授予专利权之日起满六个月后,任何单位或者个人认为该专利权的授予不符合本法有关规定的,都可以请求专利复审委员会宣告该专利权无效。"现行专利法规定的撤销程序与无效程序都是为了纠正专利行政部门的不当授权而设置的。实践证明,撤销程序的作用完全可以通过无效程序来实现。因此,为了进一步简化程序、避免因程序重复导致专利权长期处于不稳定状态,草案取消了撤销程序,只保留无效程序,将现行专利法第四十一条、第四十二条、第四十四条以及第五十条第四款关于撤销程序的规定删去,(草案第十三条、第十七条)并将现行专利法第四十八条修改为:"自国务院专利行政部门公告授予专利权之日起,任何单位或者个人认为该专利权的授予不符合本法有关规定的,可以请求专利复审委员会宣告该专利权无效。"(草案第十五条)

(三)增加规定请求宣告发明专利权无效程序的对方当事人作为第三人参加诉讼

在发明专利权无效诉讼中,请求宣告发明专利权无效程序的对方当事人与诉讼有利害关系。为了保护对方当事人的正当利益,草案增加规定"人民法院应当通知无效宣告请求程序的对方当事人作为第三人参加诉讼"。(草案第十六条)

四、就处理专利国际申请问题与《专利合作条约》相衔接

我国已于1994年加入《专利合作条约》,中国专利局是《专利合作条约》的受理局、国际检索单位和国际初步审查单位,应申请人的申请,可能成为专利合作条约所称的指定局或者选定局,因而,我国需要就处理专利国际申请问题与有关规定相衔接。因此,草案增加规定:"中国单位或者可以根据《专利合作条约》提出专利国际申请。""国务院专利行政部门作为《专利合作条约》所称的指定局或者选定局,其处理专利国际申请的程序由国务院规定。"(草案第二十条第二款、第三款)

五、根据政府机构改革精神,完善专利行政执法体制

现行专利法第三条规定:"中华人民共和国专利局受理和审查专利申请,对符合本法规定的发明创造授予专利。"1998年国务院机构改革中,原中国专利局更名为国家知识产权局,成为国务院主管专利工作和统筹协调涉外知识产权事宜的直属机构;原中国专利局对专利申请的受理、审查、复审工作和专利权的无效宣告业务,委托国家知识产权局下属事业单位承担。据此,草案将现行专利法第三条分款,修改为:"国务院专利行政部门负责管理全国的专利工作。""国务院专利行政部门所属的专利申请受理审查机构受理和审查专利申请。"(草案第一条第一款、第二款)相应的,将现行专利法涉及专利授权和其他专利行政管理事项条文中的"专利局",全部改为"国务院专利行政部门";其他涉及受理和审查专利申请条文中的"专利局"全部改为"专利申请受理审查机构"。此外。从目前地方政府机构设置的实际情况和专利管理工作需要出发,草案还规定:"省、自治区、直辖市人民政府管理专利工作的部门负责本行政区域内的专利管理工作。"(草案第一条第三款)

《中华人民共和国专利法修正案(草案)》和以上说明是否妥当,请审议。

九届全国人大常委会第十五次会议分组审议专利法修正案(草案)的意见

2000年4月28日

九届全国人大常委会第十五次会议分组对专利法修正案(草案)进行了初步审议。现将委员们在审议中提出的主要意见简报如下:

一、总的看法

许多委员认为,专利法实施以来,对保护专利权人的合法权益,鼓励发明创造,促进我国科技进步和经济发展,发挥了重要作用。为适应我国经济体制改革和对外开放不断深化的需要,针对专利法实施过程中出现的一些新情况、新问题,对专利法进行修改和完善是必要的。

有的委员提出,此次修改专利法,应将重点放在保护专利权人利益上,注意与国际惯例接轨,为我国加入WTO做准备。有的委员提出,修改专利法在注意与国际条约接轨的同时也要考虑我国的现实情况,不能简单照搬国际条约,要尽可能地保护我国的国家利益和专利权人的合法权益。主张此次对专利法的修改宜粗不宜细,只对其中一些急需修改的部分进行修改。有的委员提出,法律应反映社会现实的变化,同时应具有一定的稳定性。对现行专利法中可改可不改的条文可不作修改。

有的委员提出,这次专利法的修改,给人的感觉是对专利法的实质内容改动不大,重点只是改了机构名称,这种修改是否有必要?

二、关于专利管理部门

有的委员提出,草案第一条中规定了由省、自治区、直辖市人民政府管理专利工作的部门负责本行政区域的专利管理工作。而省级政府管理专利工作的部门没有受理和审查专利申请的职权,其管理职权究竟有哪些,不明确。有的同志提出,目前各省、自治区、直辖市的专利管理机构有不少是事业单位,其执法主体资格存在问题,需再作研究。

有的委员提出,为了提高专利审查的质量和效率,保护当事人的合法权益,防止腐败,应加强对专利管理部门和专利管理人员的监督和制约。有的委员建议对专利行政部门和专利审查机构工作人员的技术知识和品德要求作出规定。

三、关于职务发明创造

修正案草案第二条规定,执行本单位的任务或者主要是利用本单位的物质条件所完成的职务发明创造,专利申请权属于该单位;申请被批准后,该单位为专利权人。有些委员提出,这一规定对职务发明与非职务发明的界定还不够明确。目前个人与单位争专利权的现象时有发生,实践中不好处理。建议对如何区分职务发明与非职务发明规定得更具体一些。

有些同志提出,规定职务发明创造的专利申请权和专利权归属于单位,不利于鼓励个人发明创造。建议将职务发明创造的专利申请权和专利权规定为归属于个人。

有些委员提出,草案规定被授予专利权的单位应当对发明人或者设计人给予奖励和报酬的规定是必要的。但还应对奖励和报酬标准作出具体规定,以便于操作。有的委员提出,对被授予专利权的单位不给予奖励和报酬的应如何处理,也应作出规定。有的委员提出,搞发明是高风险活动,如果风险由企业承担,企业就享有发明成果的专利权,对于职务发明创造的发明人、设计人的奖励和报酬,应按市场规律,由企业和发明人、设计人自己解决,法律中可不作规定。

有的委员提出,目前国有单位专利权流失的现象较为严重,应当增加对国有单位专利权保护的专门规定。国有单位的职务发明被当做非职务发明申报专利权造成国有单位无形资产流失的,应当追究国有单位法定代表人的法律责任;专利管理部门将职务发明审批为非职务发明的也要承担相应的法律责任。

四、关于对植物新品种是否应给予专利保护

有的委员提出,目前侵犯植物新品种发明人合法权益的现象很严重,如何对发明植物新品种的知识产权进行保护,应当认真研究。有的委员提出,此次修改专利法,未将农作物等植物新品种纳入专利法的保护范围,是不合理的。为保护植物新品种发明者的权益,应当将植物新品种的发明纳入专利保护范围。有些全国人大代表提出,修正案草案对现行专利法规定的专利保护范围未作修改,仍将农作物等植物新品种排斥于专利保护范围以外,不利于贯彻科技兴农的战略方针,不利于调动农业科技人员培育和推广新品种的积极性,不利于新品种的培育、推广和商品化,也不利于与国际惯例接轨。目前不少国家已将植物新品种列入专利法保护范围内,或者以专门的立法予以保护。我国也应将植物新品种列入专利法保护范围,或另作专门规定。有的常委委员和专门委员会的同志提出,专利的保护范围不应仅限于工业产品,对农业方面的发明创造,也应给予专利保护。有的委员提出,建议在本法中对农作物品种保护制度作出具体规定。

五、关于对专利申请的审批期限

有些委员提出,目前一项发明创造从专利申请到批准,时间过长,应当缩短专利权审批期限。有的委员提出,建议对审查批准专利权的时限作出具体规定,对有特殊情况的,经批准可以延长。有的委员提出,建议对发明、实用新型、外观设计专利的审查期限分别作出具体规定。

有的委员提出,现行专利法关于发明专利的申请经初步审查后自申请日起满十八个月予以公布的规定,时间过长,建议适当缩短。

有些委员提出,草案第十四条对专利复审委员会审查专利申请人的复审申请没有规定期限,不利于保护专利申请人的利益。有的委员建议明确规定,专利复审委员会收到复审申请后,应当在六个月内作出决定。有的委员提出,对专利复审委员会审查宣告专利权无效的申请也应当规定具体时限。

六、关于对专利复审委员会的决定不服是否可向法院起诉的问题

有的全国人大代表提出,按照草案第十四条的规定,发明专利的申请人对专利复审委员会的决定不服的,可以向法院起诉,而专利复审委员会对实用新型和外观设计专利申请人的复审请求所作出的决定为终局决定,申请人不能向法院起诉。这一规定存在较大缺陷。一是只规定发明专利申请人对专利复审委员会的决定不服的可向法院起诉,而实用新型、外观设计专利申请人对专利复审委员会的决定不服的不能向法院起诉,对法律地位平等的专利申请人实行差别待遇,剥夺了实用新型、外观设计专利申请人的诉权,这是不公平的。二是与世贸组织关于与贸易有关的知识产权协定的规定不一致。按照该协定的规定,"对行政终局决定,当事人应有机会得到司法机关的复审"。我国"入世"后,有义务使我国法律规定与WTO的规则相一致。三是不符合国际通行做法。世界上多数国家的普遍做法是,当事人对专利行政机关的决定不服的,都可向法院起诉,只有法院才有最终裁决权。因此建议明确规定,实用新型、外观设计专利申请人对复审委员会的决定不服的也可以向法院起诉。

有的委员提出,我国专利保护采取行政保护与司法保护相结合的方式是必要的,但两者之间的职责如何划分,要多听听司法部门的意见。有一点要引起重视,若只强调行政保护,赋予行政部门大量权力,而又缺乏必要的监督制度,容易导致腐败。

有的委员提出,专利审查的技术很强,如向法院起诉,法院根据什么来肯定或否定专家的决定,这种纠纷,法院到底该不该管,应再作研究。

七、关于专利权的保护

有些委员提出,修改专利法应进一步加大专利权的保护力度,采取更有效的措施,解决专利侵权案件告状难、执行难的问题。法律在这方面应有明确的规定。

有些委员提出,为保护专利权人的合法权益,必须加大对专利侵权人的处罚力度。但草案对专利侵权行为规定的处罚偏轻,应进一步加重。有的委员建议,将草案第二十一条规定的对以非专利产品冒充专利产品、以非专利方法冒充专利方法的行为处一万元以下罚款的规定,修改为"处以一千元以上五万元以下或者非法所得一倍以上三倍以下的罚款"。有的委员提出,对这一条规定的违法行为,还应没收其违法所得。有的委员提出,应对罚款数额的下限作出规定,以避免执法中的随意性,同时,对侵权人还应没收其侵权产品,封存、扣押其实施侵权行为的有关物品。

有的委员提出,对专利侵权行为人,除罚款外,还要责令其停止生产或吊销其营业执照。

八、其他意见

1. 建议在现行专利法第一条关于立法目的的规定中增加"实施科教兴国战略"的内容;建议增加"适应社会主义市场经济发展需要"的内容。

2. 建议对草案第十条关于专利申请受理审查机构可以要求申请人在"指定期限内"提供有关资料的规定中的"指定期限",作出明确的时间规定。

3. 草案第二十四条第二款关于"为生产经营目的使用或者销售不知道是未经专利权人许可而制造并售出的专利产品或者依照专利方法直接获得的产品,能证明其产品合法来源的,不承担赔偿责任"的规定,扩大了专利侵权例外的范围,削弱了对专利权的保护,与世贸组织关于与贸易有关的知识产权的协定的规定不一致。建议删去这一规定。

4. 对专利实施的强制许可,是否可规定事先征求专利权人的意见。

5. 建议增加规定,对已申报专利但未获专利批准的产品,禁止在其产品或包装上标注专利申请受理编号,以避免误导消费者。对已经申请专利但还未被批准的,按照国际惯例,申请人可以在其产品标注"已经申请专利"字样。

6. 修正案草案中的"中国单位"一词的含义不是很清楚。建议修改。

全国人大法律委员会关于《中华人民共和国专利法修正案(草案)》修改情况的汇报

2000年7月3日在第九届全国人民代表大会常务委员会第十六次会议上

全国人大法律委员会副主任委员 胡光宝

全国人民代表大会常务委员会：

九届全国人大常委会第十五次会议对专利法修正案(草案)进行了初步审议。会后，法律委员会、法制工作委员会将草案印发各地方、各部门、有关研究机构及部分企业征求意见。法律委员会、教科文卫委员会和法制工作委员会联合召开了中央有关部门和专家座谈会，征求意见。法制工作委员会还就有关问题到上海进行了调查研究。法律委员会于6月22日召开会议，根据常委员和教科文卫委员会的审议意见以及各有关方面的意见，对修正案草案进行了逐条审议。教科文卫委员会的负责同志列席了会议。6月29日，法律委员会再次进行了审议。法律委员会认为，专利法实施以来，对保护专利权人的合法权益，鼓励发明创造，促进我国科技进步和经济发展，发挥了重要作用。为适应我国经济体制改革和对外开放不断深化的需要，针对专利法实施过程中出现的新情况、新问题，对专利法进行修改和完善是必要的。同时，对修正案草案提出以下修改意见：

一、教科文卫委员会提出，应当在本法的立法目的中，增加促进技术创新的规定。因此，法律委员会建议将现行专利法第一条修改为："为了保护发明创造专利权，鼓励发明创造，有利于发明创造的推广应用，促进科学技术进步和创新，适应社会主义现代化建设的需要，特制定本法。"(修正案草案二次审议稿第一条)

二、修正案草案第一条第二款规定："国务院专利行政部门所属的专利申请受理审查机构受理和审查专利申请。"有的地方、部门和专家提出，本条第一款已规定由"国务院专利行政部门负责管理全国的专利工作"，至于专利行政部门将某些具体工作交给其所属机构办理，在法律中可不作规定。因此，法律委员会建议删去这一款，并对修正案草案的有关条款作相应修改。(修正案草案二次审议稿第二条)

三、修正案草案第九条第二款、第三款规定："中国单位或者个人可以根据《专利合作条约》提出专利国际申请。""国务院专利行政部门作为《专利合作条约》所称的指定局或者选定局，其处理专利国际申请的程序由国务院规定。"有的地方和专家提出，对有关国际公约的具体名称，在我国法律中可不作规定；国务院专利行政部门处理专利国际申请，应当依照我国参加的国际条约、专利法和国务院的有关规定办理。因此，法律委员会建议将这两款修改为："中国单位或者个人可以根据中华人民共和国参加的有关国际条约提出专利国际申请。

申请人提出专利国际申请的,应当遵守前款规定。""国务院专利行政部门依照中华人民共和国参加的有关国际条约、本法和国务院有关规定处理专利国际申请。"(修正案草案二次审议稿第十条第二款、第三款)

四、有的常委委员和教科文卫委员会提出,专利行政部门对有关专利的申请和请求,应当依法客观、公正、准确并及时地进行处理,提高专利审查的质量,尽量缩短审查和复审的时间,维护当事人的合法权益。因此,法律委员会建议增加规定:"国务院专利行政部门及其专利复审委员会应当按照客观、公正、准确、及时的要求,依法处理有关专利的申请和请求。"(修正案草案二次审议稿第十一条第一款)

五、现行专利法第二十三条规定:"授予专利权的外观设计,应当同申请日以前在国内外出版物上公开发表过或者国内公开使用过的外观设计不相同或者不相近似。"教科文卫委员会和有的专家提出,授予专利权的外观设计,应当与已有的外观设计不相同并且不相近似,而不是只需满足其中一项条件。有的专家还提出,授予专利权的外观设计应不得与他人已在先取得的商标权、著作权等权利相冲突。因此,法律委员会建议这一条修改为:"授予专利权的外观设计,应当同申请日以前在国内外出版物上公开发表过或者国内公开使用过的外观设计不相同和不相近似,并不得与他人在先取得的合法权利相冲突。"(修正案草案二次审议稿第十二条)

六、教科文卫委员会和有的部门提出,对专利权生效的时间,应当在法律中作出明确规定。各项专利权应当自公告之日起生效。因此,法律委员会建议在修正案草案第十一条和第十二条中分别增加规定:"发明专利权自公告之日起生效。"(修正案草案二次审议稿第十四条)"实用新型专利权和外观设计专利权自公告之日起生效。"(修正案草案二次审议稿第十五条)

七、有些常委委员、地方、部门和专家提出,现行专利法规定,专利行政部门设立的专利复审委员会对实用新型和外观设计专利的复审决定为终局决定,当事人再不能向人民法院起诉。这一规定,不符合法理,也不符合国际上通行的规则,当前实际情况也已变化,应当加以修改。实用新型和外观设计专利权与发明专利权一样,都属于当事人的民事权利,当事人对有关民事权利的行政决定不服的,应当允许其向法院起诉,不应取消当事人请求司法保护的权利。世界贸易组织《与贸易有关的知识产权协议》也明确规定,对有关获得和维持知识产权的程序作出的行政决定,均应接受司法或准司法机关的审查。修改专利法,应当注意与世贸组织的基本规则相一致。因此,法律委员会建议删去修正案草案第十四条第三款和现行专利法第四十九条第三款关于专利复审委员会对实用新型和外观设计专利的复审决定为终局决定的规定,允许对复审决定不服的当事人向人民法院起诉。(修正案草案二次审议稿第十七条、第十九条)

八、有的常委委员、教科文卫委员会和有的地方提出,为加大对假冒专利行为的打击力度,应提高对假冒专利行为的罚款数额。有的部门和专家提出,假冒他人专利的,除依法追究行政责任和刑事责任外,还应当承担相应的民事责任。因此,法律委员会建议将修正案草案第二十条、第二十一条中规定的处"二倍以下"、"二万元以下"、"一万元以下"的罚款,分别修改为"三倍以下"、"五万元以下"、"五万元以下";并在第二十条中增加承担民事责任的规定。(修正案草案二次审议稿第二十三条、第二十四条)

九、修正案草案第二十二条规定,对侵犯专利权的行为,"按照权利人在被侵权期间所受到的损失或者侵权人在侵权期间所获得的利益确定赔偿额"。教科文卫委员会和有的地方、部门、专家提出,当权利人的损失和侵权人获利的数额难以确定时,也可以参照专利许可使用费的数额确定赔偿额。因此,法律委员会建议在修正案草案第二十二条中增加规定:"被侵权人的损失或者侵权人获得的利益难以确定的,参照该专利许可使用费的数额合理确定。"(修正案草案二次审议稿第二十五条)

十、有的部门建议,将修正案草案第二十三条规定的专利权人要求支付专利使用费的诉讼时效的起算日期修改为,自专利权人得知或者应当得知他人使用其发明之日起计算,但是,专利权人于专利权授予之日前已得知或者应当得知的,自专利权授予之日起计算。因此,法律委员会建议将修正案草案第二十三条修改为:"发明专利申请公布后至专利权授予前使用该发明未支付适当使用费的,专利权人要求支付使用费的诉讼时效为二年,自专利权人得知或者应当得知他人使用其发明之日起计算,但是,专利权人于专利权授予之日前即已得知或者应当得知的,自专利权授予之日起计算。"(修正案草案二次审议稿第二十六条)

此外,还对修正案草案作了一些文字修改。

修正案草案已按照上述意见作了修改,法律委员会建议全国人大常委会再次审议。

修正案草案二次审议稿和以上汇报是否妥当,请审议。

九届全国人大常委会第十六次会议审议专利法修正案(草案二次审议稿)的意见

2000年7月3日

九届全国人大常委会第十六次会议分组审议了专利法修正案(草案二次审议稿)。委员们认为,草案经修改后,重点突出,针对性较强,趋于完善。同时,也提出了一些修改意见。

一、关于地方专利管理部门

有些委员提出,草案第三条中只规定了省级政府管理专利工作的部门负责本行政区域内的专利管理工作,这还不够。还应规定省级以下政府设立专利管理部门,负责管理本辖区的专利工作。有些委员建议规定,省级政府可以在具备条件的"省级以下政府"设立管理专利工作的部门。有的委员建议规定,省级政府可以在具备条件的"省会城市、计划单列市或其他较大城市"的政府设立管理专利工作的部门或机构。有的委员提出,可以在国务院批准的"较大的市"设立专利管理部门;有的委员提出,可以在较大的市设立管理专利工作的"派出机构"。

有的委员提出,省级人民政府管理专利工作的部门到底是哪个部门,建议明确。

二、关于职务发明创造

有的委员认为,现行专利法关于职务发明专利权的规定难以调动科研人员的积极性,草案对此未作修改,建议修改。有的委员认为,有些发明虽然利用了单位的物质条件,但思想、构思是发明者个人的,规定专利权完全归单位不够合理。有的委员提出,职务发明的规定应体现鼓励发明创造的原则,单位与个人之间的关系要处理好,规定职务发明专利权属于单位不够全面,建议再作研究。有的委员提出,对主要利用单位物质条件完成的发明创造,可否考虑由发明人与单位以合同约定专利权的归属及利益分配。

有的委员提出,国外对职务发明,一般是专利权归企业,企业有一套激励科技人员的措施,给予应有的报酬。过去我们给发明人的报酬过低,不利于调动科技人员的积极性,应当予以解决,同时又要维护投资人和国家利益。有的委员提出,现在社会上有两种现象,一是有的科技人员千方百计把职务发明变成非职务发明,二是单位的设备等物质条件闲置。解决这个问题的关键是要大幅度提高职务发明人的报酬。有的委员提出,建议对职务发明人按照获得专利的发明创造取得的经济效益的一定比例给予报酬。有的委员建议规定,对职务发明人给予奖励和报酬的具体办法由国务院规定。

有的委员提出,草案对职务发明的发明人、设计人进行奖励和给予报酬的规定,本意是为了鼓励科技人员的发明创造,但写的过于绝对。就企业而言,雇用科研人员的目的就在于要求他们进行科研创造,出了成绩,企业如何奖励是企业自己的行为,不需要由法律来规定。同时,企业投入大量资金进行科研,有了效益后却要与发明人或设计人分成,显然是不太合适,既不符合国际惯例,也不利于企业技术创新。建议对此规定再作研究。

有的委员提出,现行专利法只对侵夺发明人非职务发明创造的专利申请权和其他权益的处理作了规定,这不够全面。目前还存在着个人侵夺属于单位的职务发明创造的专利权益的情况,对此也应作出相应的处理规定。

三、关于对植物新品种的保护

有的委员提出,关于知识产权的协议中对植物新品种的保护作了规定,但专利法修改草案中没有对植物新品种给予专利保护的规定,建议予以完善。有的委员提出,对植物新品种应给予专利保护。有的委员建议,删去对动植物新品种不授予专利权的规定,增加规定,"农作物新品种按国家规定予以保护"。

四、关于授予专利权的条件

有的委员建议,将授予发明或实用新型专利权的条件中的具备"新颖性",修改为具备"创意性";将授予外观设计专利权的条件中的没有在"国内"公开使用过,修改为没有在"国内外"公开使用过。有的委员认为,草案关于"妨害公共利益"的发明创造不授予专利权的规定,含义不太明确。

五、关于专利审查期限

有些委员提出,对有关专利的申请和请求的审批、处理要规范,要提高效率,时间上要给予限制。有些委员提出,目前专利复审委员会对申请宣告专利权无效的请求审查周期过长,造成专利侵权案件的审理久拖不决,不利于对专利权人的保护。建议规定,专利复审委员会对宣告专利权无效的请求应在"一定期限内"作出决定。有的委员提出,对国务院专利行政部门对专利申请的审批时限也应作出规定。有的委员提出,对专利的申请,专利管理部门一般应在三十个月内作出是否授予专利权的决定,建议在专利法中对此作出规定。

有的委员提出,草案规定的对发明专利申请公布的时间和申请人请求实质审查的时间都太长,应当缩短。

六、关于对专利权的保护

有些委员提出,应加大对专利权的行政保护力度。聂力委员和教科文卫委谢光建议增加规定:"对严重侵犯专利权行为,省、自治区、直辖市人民政府管理专利工作的部门可以扣押、封存与侵权行为有关的物品、图纸、资料、账册等凭证,并可以就赔偿额作出处理决定。"有的委员建议,将修正草案第五十七条规定的管理专利工作的部门对专利侵权纠纷的"调解处理"改为"调解或处理"。专利行政部门不应只限于有调解性质的处理权,还应"兼有调解和必要的处罚两方面的行政权力"。有的委员建议,将这一条中的"调解处理"改为"处理"。

有的委员提出,对以非专利产品冒充专利产品的,应增加没收非法所得的处罚。

七、其他意见

1. 草案关于国内单位或个人的发明专利对国家或公共利益有重大影响的,经国务院批准可在批准范围内推广应用的规定,行政色彩太浓,建议不由政府决定推广使用。

2. 草案关于向外国申请专利的应先向国务院专利部门申请专利,并委托专利代理机构办理的规定不够合理,可不必作这样的限制。

3. 建议增加专利代理机构、代理人对委托人的专利申请应当保密的规定;并增加有关专利代理机构应承担的责任的规定。

4. 建议将草案关于专利权的期限"自申请日起计算"的规定,修改为"自批准公告日起计算",以避免因专利审批的时间过长造成对专利权的实际保护期太短。

5. 建议将修正草案第五十七条第二款关于由国务院专利行政部门作出检索报告的规定,改为由专门的专利检索部门作出。

6. 建议对专利管理部门滥用职权帮助推销专利产品的行为给予严厉制裁。

7. 建议将草案有关规定中的"中国单位"改为"除港、澳、台以外的中国单位"。

全国人大法律委员会关于《中华人民共和国专利法修正案(草案)》审议结果的报告

2000年8月21日在第九届全国人民代表大会常务委员会第十七次会议上

全国人大法律委员会副主任委员　胡光宝

全国人民代表大会常务委员会：

九届全国人大常委会第十六次会议对专利法修正案(草案)进行了再次审议。委员们认为，修正案草案二次审议稿反映了常委会初次审议的意见和有关方面的意见，趋于完善，同时也提出了一些修改意见。会后，法律委员会和法制工作委员会根据常委会再次审议的意见和有关方面的意见，对修正案草案又作了修改。法律委员会于8月9日召开会议，对修正案草案进行了审议。教科文卫委员会负责同志列席了会议。8月16日法律委员会再次进行了审议。法律委员会认为，专利法修正案草案经过常委会两次审议和修改，已经基本成熟，能适应加强对专利权的保护、促进科技进步和创新的需要。同时，提出以下修改意见：

一、修正案草案二次审议稿第三条中规定："执行本单位的任务或者主要是利用本单位的物质条件所完成的职务发明创造，申请专利的权利属于该单位；申请被批准后，该单位为专利权人。"有些常委委员提出，对主要利用本单位物质条件完成的发明创造，应区别不同的情况处理。例如，发明人或设计人主要利用了本单位的设备、器材等物质条件，但按照事先与单位的约定支付了使用费的，也可以不作为职务发明创造。这有利于鼓励个人发明创造的积极性，也有利于避免单位物质条件的闲置。因此，法律委员会建议将这一条修改为："执行本单位的任务所完成的发明创造为职务发明创造。主要是利用本单位的物质条件所完成的发明创造，除单位与发明人或者设计人另有约定的外，为职务发明创造。职务发明创造申请专利的权利属于该单位；申请被批准后，该单位为专利权人。""非职务发明创造，申请专利的权利属于发明人或者设计人；申请被批准后，该发明人或者设计人为专利权人。"

二、修正案草案二次审议稿第七条规定："中国单位或者个人的发明专利，对国家利益或者公共利益具有重大意义的，国务院有关主管部门和省、自治区、直辖市人民政府报经国务院批准，可以决定在批准的范围内推广应用，允许指定的单位或者个人实施，由实施单位或者个人按照国家规定向专利权人支付使用费。"有些部门和专家提出，纳入本条规定的实施计划许可的专利范围，应当按照现行专利法的规定，限于国有企业事业单位的发明专利，集体所有制单位和个人的发明专利可以参照适用，范围不宜再扩大。因此，法律委员会建议将这一条修改为："国有企业事业单位的发明专利，对国家利益或者公共利益具有重大意义的，国务院有关主管部门和省、自治区、直辖市人民政府报经国务院批准，可以决定在批准的范围内推广应用，允许指定的单位或者个人实施，由实施单位或者个人按照国家规定向专利权人支付使用费。""中国集体所有制单位和个人的发明专利，对国家利益或者公共利益具有重大意义，需要推广应用的，参照前款规定办理。"

三、有的常委委员提出，专利代理机构应当依法按照被代理人的委托办理有关专利事务，对所了解的被代理人发明创造内容应当保密。因此，法律委员会建议在修正案草案二次审议稿第九条中增加规定："专利代理机构应当遵守法律、行政法规，按照被代理人的委托办理专利申请或者其他专利事务；对被代理人发明创造的内容，除专利申请已经公布或者公告的以外，负有保密责任。专利代理机构的具体管理办法由国务院规定。"

四、现行专利法第五十三条第一款规定："一项取得专利权的发明或者实用新型比前已经取得专利权的发明或者实用新型在技术上先进，其实施又有赖于前一发明或者实用新型的实施的，国务院专利行政部门根据后一专利权人的申请，可以给予实施前一发明或者实用新型的强制许可。"有的部门提出，按照世界贸易组织有关规则的规定，后一专利权人要取得实施前一专利的强制许可，必须是后一专利比前一专利具有显著经济意义的重大技术进步。因此，法律委员会建议将这一款修改为："一项取得专利权的发明或者实用新型比前已经取得专利权的发明或者实用新型具有显著经济意义的重大技术进步，其实施又有赖于前一发明或者实用新型的实施的，国务院专利行政部门根据后一专利权人的申请，可以给予实施前一发明或者实用新型的强制许可。"

五、有的部门提出，考虑到世界贸易组织有关规则的规定，为将专利实施强制许可的范围限制在合理的范围内，国务院专利行政部门在作出给予实施强制许可的决定时，应当规定实施的范围和时间，在强制许可的理由消除时，应当及时终止实施强制许可。因此，法律委员会建议将现行专利法第五十五条修改为："国务院专利行政部门作出的给予实施强制许可的决定，应当及时通知专利权人，并予以登记和公告。""给予实施强制许可的决定，应当根据强制许可的理由规定实施的范围和时间。强制许可的理由消除并不再发生时，国务院专利行政部门应当根据专利权人的请求，经审查后作出终止实施强制许可的决定。"

六、有的常委委员、教科文卫委员会和有的地方、部门提出，对侵犯专利权纠纷的处理和对假冒、冒充专利行为的行政处罚，也可以由一些专利管理工作量大，又有实际处理能力的市实施。因此，法律委员会建议将修正案草案二次审议稿第二十二条、第二十三条和第二十四条中的"省、自治区、直辖市人民政府管理专利工作的部门"修改为"管理专利工作的部门"。

七、有的常委委员、教科文卫委员会和有的地方、部门提出，修正案草案第十九条第一款关于管理专利工作的部门可以对专利侵权纠纷进行"调解处理"，当事人不服的，"可以依照民事诉讼法向人民法院起诉"的规定，含义不够清楚。当事人对管理专利工作的部门认定侵权行为成立、责令侵权人停止侵权行为的行政处理不服的，应当可以对作出处理决定的管理专利工作的部门提起行政诉讼；侵权人不起诉又不停止侵权行为的，作出处理决定的管理专利工作的部门可以申请法院强制执行。当事人对管理专利工作的部门就侵犯专利权的赔偿数额作出的调解不服的，可以依照民事诉讼法的规定提起民事诉讼。因此，法律委员会建议将这一款修改为："未经专利权人许可，实施其专利，即侵犯其专利权，引起纠纷的，由当事人协商解决；不愿协商或者协商不成的，专利权人或者利害关系人可以向人民法院起诉,也可以请求管理专利工作的部门处理。管理专利工作的部门处理时,认定侵权行为成立的,可以责令侵权人立即停止侵权行为,当事人不服的,可以自收到处理通知之日起十五日内依照《中华人民共和国行政诉讼法》向人民法院起诉;侵权人期满不起诉又不停止侵权行为的,管理专利工作的部门可以申请人民法院强制执行。进行处理的管理专利工作的部门应当事人的请求,可以就侵犯专利权的赔偿额进行调解;调解不成的,当事人可以依照《中华人民共和国民事诉讼法》向人民法院起诉。"

八、有的部门提出,为加强对专利权的保护,专利权人或者利害关系人应有权在起诉前申请人民法院及时采取制止严重侵犯专利权行为的临时措施。因此,法律委员会建议增加规定:"专利权人或者利害关系人有证据证明他人正在实施或者即将实施侵犯其专利权的行为,如不及时制止将会使其合法权益受到难以弥补的损害的,可以在起诉前向人民法院申请采取责令停止有关行为和财产保全的措施。""人民法院处理前款申请,适用《中华人民共和国民事诉讼法》第九十三条至第九十六条和第九十九条的规定。"

九、有的常委委员提出,专利行政管理部门应当依法公正履行职务,不得向社会推荐专利产品,不得利用职权参与专利产品的经营活动。因此,法律委员会建议增加规定:"管理专利工作的部门不得向社会推荐专利产品,不得参与专利产品的经营活动。""管理专利工作的部门违反前款规定的,由其上级机关或者监察机关责令改正,消除影响,有违法收入的予以没收;情节严重的,对直接负责的主管人员和其他直接责任人员依法给予行政处分。"

此外,还对修正案(草案二次审议稿)作了一些文字修改。

法律委员会已按上述修改意见提出关于修改专利法的决定(草案),建议经本次常委会会议审议后通过。

修改决定(草案)和以上意见是否妥当,请审议。

九届全国人大常委会第十七次会议分组审议关于修改专利法的决定(草案)的意见

2000 年 8 月 21 日

九届全国人大常委会第十七次会议于 8 月 21 日下午分组审议了关于修改专利法的决定(草案),大家认为,草案吸收了常委会前两次审议的意见和各有关方面的意见,修改得比较好,已基本成熟,赞成根据本次会议的审议意见作适当修改后,表决通过。委员们还提出了以下具体修改意见:

一、关于职务发明与非职务发明

有的委员提出,修正草案第六条在主要利用本单位物质条件完成的发明创造为职务发明创造的规定中,增加了单位与发明人、设计人另有约定的除外的规定,这可能会使职务发明的数量减少,科研人员个人也没有这么多钱来支付其使用单位物质条件的费用。建议删去这一条中"另有约定的可以除外"的规定,只规定单位与发明人、设计人可以通过约定解决利益分配问题。建议对此维持草案二次审议稿的规定,不作修改。

有的委员提出,这一条修改的含义是讲主要利用单位物质条件完成的发明创造原则上仍属于职务发明,但单位与发明人另有约定的可以除外,这样的规定比较符合实际情况,是可行的。这一修改有利于鼓励单位科研人员发明创造的积极性。修改后的规定是清楚的,应当保留。修改后的规定比原来规定有进步,企图在法律中对职务发明与非职务发明完全规定清楚也很困难。修改决定草案对职务发明的规定是可行的,主要是在实际执行中如何掌握的问题。

有的委员提出,是职务发明还是非职务发明可以由单位与发明人、设计人在合同中具体约定。国外对此类发明创造专利权的归属通常是由单位与个人事先订立合同的办法来约定,这可减少事后的麻烦。建议修改为"发明人或者设计人按事先与本单位的约定并且向单位支付了使用费的发明创造,可以不视为职务发明",并单列一款。

有的委员建议规定对利用单位声誉等无形条件取得专利的,也作为职务发明。有的委员提出,不应将此作为职务发明,实际上也很难操作。总体上还是应鼓励个人发明创造的积极性,不应限制过多。

有的委员建议将职务发明和非职务发明的标准、范围规定清楚。建议将职务发明创造的含义规定为:"执行本单位的任务或者本单位聘用合同的约定,在被聘用期间完成的发明创造属于职务发明。"建议在这一条中增加确定职务发明与非职务发明的机关的规定。

有的委员建议在这一条中对单位与发明人或者设计人的利益分配规定一个原则；建议在这一条中增加单位对职务发明的发明人给予奖励的规定；建议将修正草案第十七条的规定移到这一条中来，并规定鼓励发明人或者设计人的内容；处理单位与发明人的关系可以用两句话概括：一是按约定办事；二是单位要给予发明人或者设计人以经济利益。

二、关于发明人的奖励报酬

修正草案第十六条关于给发明人报酬和奖励的规定比较笼统，建议具体规定给发明人报酬的比例或者规定最低的比例。建议增加规定：单位对发明人、设计人给予奖励和报酬的具体办法由国务院规定。

建议在修正草案第十条中增加规定："专利权人可以以专利权入股参与专利产品的经营。"

建议增加规定，发明人是对发明有实质贡献的人，发明人的名次排序按其贡献大小排列以便于更好地保护发明人的权益。

三、关于专利管理机关

建议在修正草案第三条中增加规定，省会市、计划单列市等较大城市人民政府管理专利工作的部门负责本行政区域内的专利管理工作。建议将管理专利工作的部门写到省以下。负责处理专利纠纷的专利管理部门的级次不能太低，否则处理起来会出现问题。

建议在第二章中增加规定，专利申请文件应当先由省管理专利工作的部门审核，再报国务院专利行政部门。

四、关于专利权的保护

有的委员建议删去修正草案第五十七条关于专利管理机关调解处理的内容，并增加规定"管理专利工作的部门应当主动工作，积极查处专利侵权行为，并协助权利人向人民法院起诉"。建议在这一条中增加管理专利工作的部门可以封存、扣押专利侵权产品以及相关工具的规定。

建议在修正草案第五十九条中根据情节轻重分别规定罚款数额。建议在这一条中增加"管理专利工作的部门可以封存、扣押与侵权行为有关的物品、图纸、合同、账簿等"的规定。

修正草案第六十条对侵犯专利权的行为赔偿数额的规定，不足以严厉打击侵权行为和保护专利权人的利益；建议改为给予一至三倍的赔偿。建议将这一条中的参照"该专利"许可使用费改为参照"相关专利"许可使用费。

五、其他意见

1. 建议在修正草案第十二条中增加专利实施许可合同备案的规定，以便公众查询。
2. 建议删去修正草案第十四条第一款中的"推广"二字，将第二款中的"需要推广应用的"改为"需要在一定范围内应用的"。

3.建议删去修正草案第十九条第二款"可以委托专利代理机构办理"中的"可以"二字。

4.建议删去修正草案第二十五条关于对动植物品种不授予专利权的规定,对植物品种也应当给予专利保护。

5.建议将修正草案第三十四条中的"十八个月"改为"一年"。

6.建议将修正草案第四十二条中规定的专利权期限的起算日期,由申请之日改为自批准并公告之日。

7.建议在修正草案第十三条和第四十三条中增加关于有关费用的标准和决定标准的机关的规定。建议在第四十三条中增加对个人缴纳年费可以减免的规定。

8.建议增加关于国务院专利行政部门对专利申请的审查时限的规定。建议在修正草案第四十六条中对专利复审委员会作出复审决定的期限作出具体规定;建议规定应在两年内作出决定。

9.建议在修正草案第六十六条第一款中的"不得向社会推荐专利产品"后增加"专利技术"一词。

10."许诺销售"的含义不清楚,建议加以界定。

全国人大法律委员会关于修改《中华人民共和国专利法》的决定(草案)修改意见的报告

2000年8月25日在第九届全国人民代表大会常务委员会第十七次会议上

全国人大法律委员会主任委员 王维澄

本次常委会会议于8月21日下午对全国人大常委会关于修改专利法的决定(草案)分组进行了审议。委员们认为，草案吸收了常委会两次审议的意见和有关方面的意见，经过反复修改，已经比较成熟，建议本次常委会会议通过。同时，也提出了一些修改意见。法律委员会于8月22日下午召开会议，教科文卫委员会的负责同志列席了会议，逐条研究了委员们的意见，提出以下进一步修改的意见：

一、有的常委委员提出，对专利申请的受理、审查和专利权的授予，应当由国务院专利行政部门统一负责，对此应当在专利法总则中作出规定。因此，法律委员会建议将修改决定草案第二条第一款修改为："国务院专利行政部门负责管理全国的专利工作；统一受理和审查专利申请，依法授予专利权。"

二、有些常委委员提出，对利用本单位物质条件和技术条件完成的发明创造，如果单位与发明人、设计人在事先订立了合同，对申请专利的权利和专利权的归属作了约定，就应当按照双方的约定执行。因此，法律委员会建议将修改决定草案第三条修改为："执行本单位的任务或者主要是利用本单位的物质技术条件所完成的发明创造为职务发明创造。职务发明创造申请专利的权利属于该单位；申请被批准后，该单位为专利权人。""非职务发明创造，申请专利的权利属于发明人或者设计人；申请被批准后，该发明人或者设计人为专利权人。""利用本单位的物质技术条件所完成的发明创造，单位与发明人或者设计人订有合同，对申请专利的权利和专利权的归属作出约定的，从其约定。"

三、有的常委委员提出，国有企业事业单位的发明专利因对国家利益或公共利益具有重大意义，需要推广应用的，仍然应当在批准实施范围内由指定的单位实施。因此，法律委员会建议将修改决定草案第七条第一款修改为："国有企业事业单位的发明专利，对国家利益或者公共利益具有重大意义的，国务院有关主管部门和省、自治区、直辖市人民政府报经国务院批准，可以决定在批准的范围内推广应用，允许指定的单位实施，由实施单位按照国家规定向专利权人支付使用费。"

四、有的常委委员提出，被授予专利权的单位对发明人、设计人不但应当给予报酬，而且报酬的数额应当合理，有利于鼓励发明创造。因此，法律委员会建议将修改决定草案第八条修改为："被授予专利权的单位应当对职务发明创造的发明人或者设计人给予奖励；

发明创造专利实施后,根据其推广应用的范围和取得的经济效益,对发明人或者设计人给予合理的报酬。"

五、有些常委委员提出,当前对宣告专利权无效的请求在复审中作出决定的时间偏长,不利于及时解决专利纠纷,保护有关当事人的合法权益,应当努力改变这一状况,在法律中规定对专利权无效申请须及时进行审查并作出决定。因此,法律委员会建议将现行专利法第四十九条第一款修改为:"专利复审委员会对宣告专利权无效的请求应当及时审查和作出决定,并通知请求人和专利权人。宣告专利权无效的决定,由国务院专利行政部门登记和公告。"

六、有的常委委员提出,管理专利工作的部门作为行政机关,可以推广专利成果,但不应以向社会推荐专利产品等方式参与专利产品的经营活动。因此,法律委员会建议将修改决定草案第三十一条修改为:"管理专利工作的部门不得参与向社会推荐专利产品等经营活动。""管理专利工作的部门违反前款规定的,由其上级机关或者监察机关责令改正,消除影响,有违法收入的予以没收;情节严重的,对直接负责的主管人员和其他直接责任人员依法给予行政处分。"

此外,还对修改决定草案作了个别文字修改。

以上修改意见,请审议。

九、商标法(修改)

(一)2001年修改

中华人民共和国商标法修正案(草案)
(一次审议稿)

一、第一条修改为:"为了加强商标管理,保护商标专用权,促使生产者保证商品质量和维护商标信誉,以保障消费者的利益,促进社会主义市场经济的发展,特制定本法。"

二、第三条修改为:"经商标局核准注册的商标包括商品商标、服务商标和集体商标、证明商标,为注册商标,商标注册人享有商标专用权,受法律保护。

"本法所称集体商标,是指以团体、协会或者其他组织名义注册,供该组织成员在商事活动中使用,以表明使用者在该组织中的成员资格的标志。

"本法所称证明商标,是指由对某种商品或者服务具有监督能力的组织所控制,而由该组织以外的单位或者个人使用于其商品或者服务,用以证明该商品或者服务的原产地、原料、制造方法、质量或者其他特定品质的标志。

"集体商标、证明商标注册和管理的特殊事项,由国务院工商行政管理部门规定。"

三、第四条第一款、第二款修改为:"公民、法人或者其他组织对其生产、制造、加工、拣选或者经销的商品,需要取得商标专用权的,应当向商标局申请商品商标注册。

"公民、法人或者其他组织对其提供的服务项目,需要取得商标专用权的,应当向商标局申请服务商标注册。"

四、第七条修改为:"任何能够将公民、法人或者其他组织的商品与他人的商品区别开的可视性标志,包括文字、图形、字母、数字、三维标志和颜色组合,以及上述要素的组合,均可以作为商标申请注册。

"申请注册的商标,应当有显著特征,便于识别。

"注册商标的专用权人有权标明'注册商标'或者注册标记。"

五、第八条修改为:"商标不得使用下列标志:

"(一)同中华人民共和国的国家名称、国旗、国徽、军旗、勋章相同或者近似的,以及同中央国家机关所在地特定地点的名称或者标志性建筑物的名称、图形相同的;

"(二)同外国的国家名称、国旗、国徽、军旗相同或者近似的,但该国政府同意的除外;

"(三)同政府间国际组织的名称、旗帜、徽记相同或者近似的,但经该组织同意或者不易误导公众的除外;

"(四)与表明实施控制、予以保证的官方标志、检验印记相同或者近似的,但经授权的除外;

"(五)同'红十字'、'红新月'的名称、标志相同或者近似的;

"(六)本商品的通用名称、图形;

"(七)直接表示商品的质量、主要原料、功能、用途、重量、数量及其他特点的;

"(八)带有民族歧视性的;

"(九)夸大宣传并带有欺骗性的;

"(十)有害于社会主义道德风尚或者有其他不良影响的。"

"县级以上行政区划的地名或者公众知晓的外国地名,不得作为商标。但是,地名具有其他含义或者作为集体商标、证明商标组成部分的除外;本法施行前已经注册的使用地名的商标继续有效。"

六、增加一条,作为第九条:"就相同或者类似商品申请注册的商标是复制、摹仿或者翻译他人未在中国注册的驰名商标,容易导致混淆的,不予注册并禁止使用。

"就不相同或不相类似商品申请注册的商标是复制、摹仿或者翻译他人已经在中国注册的驰名商标,误导公众,致使该驰名商标所有人的利益可能受到损害的,不予注册并禁止使用。"

七、增加一条,作为第十条:"未经授权,代理人或者代表人以自己的名义将被代理人或者被代表人的商标进行注册,被代理人或者被代表人提出异议的,不予注册并禁止使用。"

八、增加一条,作为第十一条:"商标中有商品的地理标志,而该商品并非来源于该标志所标示的地区,误导公众的,不予注册并禁止使用;但是,已经注册的继续有效。

"前款所称地理标志,是指标示某商品来源于某地区,该商品的特定质量、信誉或者其他特征,主要由该地区的自然因素或者人为因素所决定的标志。"

九、第十条改为第十三条,修改为:"外国人或者外国企业在中国申请商标注册和办理其他商标事宜的,应当委托国家认可的具有商标代理资格的组织代理。"

十、第十四条改为第十七条,修改为:"注册商标需要改变其标志的,应当重新提出注册申请。"

十一、增加一条,作为第十九条:"商标注册申请人自其商标在外国第一次提出商标注册申请之日起六个月内,又在中国就相同商品以同一商标提出商标注册申请的,依照该外国同中国签订的协议或者共同参加的国际条约,或者按照相互承认优先权的原则,可以享有优先权。

"依照前款要求优先权的,应当在提出商标注册申请的时候提出书面声明,并且在三个月内提交第一次提出的商标注册申请文件的副本;未提出书面声明或者逾期未提交商标注册申请文件副本的,视为未要求优先权。"

十二、增加一条,作为第二十条:"商标在中国政府主办的或者承认的国际展览会展出的商品上首次使用的,自该商品展出之日起六个月内,该商标的注册申请人可以享有优先权。

"依照前款要求优先权的,应当在提出商标注册申请的时候提出书面声明,并且在三个月内提交展出其商品的展览会名称、在展出商品上使用该商标的证据、展出日期等证明文件;未提出书面声明或者逾期未提交证明文件的,视为未要求优先权。"

十三、第二十一条改为第二十六条,修改为:"对驳回申请、不予公告的商标,商标局应当书面通知申请人。申请人不服的,可以自收到通知之日起十五日内向商标评审委员会申请复审,由商标评审委员会作出决定,并书面通知申请人。

"当事人对商标评审委员会的决定不服的,可以自收到通知之日起三十日内向人民法院起诉。"

十四、第二十二条改为第二十七条,修改为:"对初步审定、予以公告的商标提出异议的,商标局应当听取异议人和申请人陈述事实和理由,经调查核实后,作出裁定。当事人不服的,可以自收到通知之日起十五日内向商标评审委员会申请复审,由商标评审委员会作出裁定,并书面通知异议人和申请人。

"当事人对商标评审委员会的裁定不服的,可以自收到通知之日起三十日内向人民法院起诉。人民法院应当通知商标复审程序的对方当事人作为第三人参加诉讼。"

十五、第二十七条改为第三十二条,增加一款作为第二款:"已经注册的商标,违反本法第九条、第十条规定的,自商标注册之日起五年内,商标所有人或者利害关系人可以请求商标评审委员会裁定撤销该注册商标。对恶意注册的,驰名商标所有人不受五年的时间限制。"第二款改为第三款,修改为:"除前两款规定的情形外,对已经注册的商标有争议的,可以自该商标经核准注册之日起三年内,向商标评审委员会申请裁定。"

十六、第二十九条改为第三十四条,修改为:"商标评审委员会作出维持或者撤销注册商标的裁定后,应当书面通知有关当事人。

"当事人对商标评审委员会的裁定不服的,可以自收到通知之日起三十日内向人民法院起诉。人民法院应当通知商标裁定程序的对方当事人作为第三人参加诉讼。"

十七、第三十条改为第三十五条,第(一)项修改为:"(一)自行改变注册商标的"。

十八、第三十五条改为第四十条,修改为:"对商标局撤销注册商标的决定,当事人不服的,可以自收到通知之日起十五日内向商标评审委员会申请复审,由商标评审委员会作出决定,并书面通知申请人。

"当事人对商标评审委员会的决定不服的,可以自收到通知之日起三十日内向人民法院起诉。"

十九、第三十六条改为第四十一条,修改为:"对工商行政管理部门根据本法第三十六条、第三十八条、第三十九条的规定作出的罚款决定,当事人不服的,可以自收到通知之日起十五日内,向人民法院起诉;期满不起诉又不履行的,由有关工商行政管理部门申请人民法院强制执行。"

二十、第三十八条改为第四十三条,第(二)项修改为:"销售侵犯注册商标专用权的商品的";增加一款,作为第二款:"销售不知道是侵犯注册商标专用权的商品,能证明该商品合法来源的,不承担赔偿责任。"

二十一、第三十九条改为第四十四条,修改为:"有本法第四十三条所列侵犯注册商标专用权行为之一,引起纠纷的,由当事人协商解决;不愿协商或者协商不成的,商标专用权人或者利害关系人可以向人民法院起诉,也可以请求工商行政管理部门处理。工商行政管理部门处理时,认定侵权行为成立的,责令立即停止侵权行为,没收、销毁侵权商品,并可处以罚款。当事人对处理决定不服的,可以自收到处理通知之日起十五日内,依照《中华人民共和国行政诉讼法》向人民法院起诉;侵权人期满不起诉又不履行的,工商行政管理部门可以申请人民法院强制执行。进行处理的工商行政管理部应当事人的请求,可以就侵犯商标专用权的赔偿数额进行调解;调解不成的,当事人可以依照《中华人民共和国民事诉讼法》向人民法院起诉。"

"对侵犯注册商标专用权的行为,工商行政管理部门有权查处。"

二十二、增加一条,作为第四十五条:"侵犯商标专用权的赔偿数额,为侵权人在侵权期间因侵权所获得的利益,或者被侵权人在被侵权期间因被侵权所受到的损失,包括被侵权人为制止侵权行为所支付的合理开支。"

二十三、增加一条,作为第四十六条:"商标专用权人或者利害关系人有证据证明他人正在实施或者即将实施侵犯其注册商标专用权的行为,如不及时制止,将会使其合法权益受到难以弥补的损害,可以在起诉前向人民法院申请采取责令停止有关行为和财产保全的措施。

"人民法院处理前款申请,适用《中华人民共和国民事诉讼法》第九十三条至第九十六条和第九十九条的规定。"

二十四、删去第四十二条。

本修正案自　年　月　日起施行。

《中华人民共和国商标法》根据本修正案作相应的修改并对条款顺序作相应调整,重新公布。

关于《中华人民共和国商标法修正案（草案）》的说明（一次审议稿说明）

2000年12月22日在第九届全国人民代表大会常务委员会第十九次会议上

国家工商行政管理局局长　王众孚

委员长、各位副委员长、秘书长、各位委员：

我受国务院的委托，现就《中华人民共和国商标法修正案（草案）》作如下说明。

《中华人民共和国商标法》（以下简称现行商标法）是1982年8月23日由五届全国人大常委会第二十四次会议通过的（1983年3月1日施行），1993年2月22日七届全国人大常委会第三十次会议对部分条文作了修改。这部法律的制定和实施，对于保护商标的专用权，促使商标的所有权人保证商品或者服务质量和维护商标信誉，保障消费者的利益，促进经济发展，发挥了重要的作用。但是随着社会主义市场经济的发展，我国现行商标保护制度还需要进一步完善，一些方面与世界贸易组织规则主要是《与贸易有关的知识产权协议》（以下简称知识产权协议），也存在一定的差距。我国已对外承诺在正式加入世界贸易组织时全面实施知识产权协议，为了完善我国商标保护制度，进一步加强对商标专用权的保护，促进经济的发展与繁荣并适应我国加入世界贸易组织进程，在总结实践经验的基础上，对现行商标法作适当的修改是迫切需要的。

国务院法制办公室、国家工商行政管理局在总结现行商标法实施多年来实践经验的基础上，经过认真研究，并征求全国人大常委会法制工作委员会、国务院有关部门及有关专家、学者的意见，拟订了《中华人民共和国商标法修正案（草案）》（以下简称草案）。草案已经国务院第33次常务会议通过。这次修改现行商标法，从完善现行商标保护制度考虑，主要是按照我国对外承诺，对现行商标法与世界贸易组织有关知识产权保护规则存在差距的条款作修改。

现就草案主要内容说明如下：

一、关于集体商标、证明商标和地理标志的保护

巴黎公约第七条之二要求对集体商标给予保护；知识产权协议第二部分第三节专门规定了对地理标志的保护。现行商标法对此未作规定。商标法实施细则和1994年12月30日国家工商行政管理局根据实施细则发布的《集体商标、证明商标注册和管理办法》对集体商标和证明商标的保护作了规定。经过几年实践，对集体商标、证明商标的保护已经有了比较成熟的经验，有必要在现行商标法中作出明确规定。因此，草案规定："经商标局

核准注册的商标包括商品商标、服务商标和集体商标、证明商标,为注册商标,商标注册人享有商标专用权,受法律保护。"并对集体商标,证明商标的含义作了具体规定。(第二条)同时,根据知识产权协议第二十二条的规定,为避免误导公众,草案明确规定:对商标中含有地理标志,而该商品并不是来源于该标志所标示的地区,误导公众的,不予注册并禁止使用;但是,已经注册的继续有效;并对地理标志的含义作了具体规定。(第八条)

二、关于商标构成要素

现行商标法第七条将商标构成要素限定于文字、图形或者其组合。根据知识产权协议第十五条的规定,任何能够将一个企业的商品或者服务与其他企业的商品或者服务区分开的标记或者标记组合,尤其是文字、图形、字母、数字、颜色的组合,以及上述要素的任何组合,均可作为商标获得注册。因此,草案将现行商标法第七条修改为:"任何能够将公民、法人或者其他组织的商品与他人的商品区别开的可视性标志,包括文字、图形、字母、数字、三维标志和颜色组合,以及上述要素的组合,均可以作为商标申请注册。"(第四条第一款)

三、禁止以官方标志、检验印记作为注册商标

巴黎公约第六条之三要求成员国禁止将其他成员的官方标志、检验印记作为商标注册。现行商标法对此未作规定。根据巴黎公约上述规定要求,草案在现行商标法第八条第一款关于商标禁用标志的规定中增加一项,作为第(四)项:"(四)与表明实施控制、予以保证的官方标志、检验印记相同或者近似的,但经授权的除外",并在第(一)项中增加"以及同中央国家机关所在地特定地点的名称或者标志性建筑物的名称、图形相同的"。(第五条)

四、关于驰名商标保护

知识产权协议第十六条、巴黎公约第六条之二规定了对驰名商标的保护。现行商标法对此未作规定。商标法实施细则第二十五条只是规定了对"公众熟知的商标"的保护。国家工商行政管理局于1996年发布了《驰名商标认定和管理暂行规定》并于1998年修订后重新发布。实践中,我国已经按照巴黎公约的要求对驰名商标进行保护。为了切实保护驰名商标权利人的利益,根据知识产权协议的规定和我国的实际做法,草案增加规定:"就相同或者类似商品申请注册的商标是复制、摹仿或者翻译他人未在中国注册的驰名商标,容易导致混淆的,不予注册并禁止使用。""就不相同或者不相类似商品申请注册的商标是复制、摹仿或者翻译他人已经在中国注册的驰名商标,误导公众,致使该驰名商标所有人的利益可能受到损害的,不予注册并禁止使用。"(第六条)

五、禁止代理人或者代表人恶意注册商标

巴黎公约第六条之七要求禁止商标所有人的代理人或者代表人未经商标所有人授权,以自己的名义注册该商标,并禁止使用。据此,并考虑到我国恶意注册他人商标现象日益增多的实际情况,草案增加规定:"未经授权,代理人或者代表人以自己的名义将被代理人或者被代表人

的商标进行注册,被代理人或者被代表人提出异议的,不予注册并禁止使用。"(第七条)

六、关于优先权

巴黎公约第四条规定了注册商标申请的优先权,时间为六个月;第十一条要求成员国对在所有成员国内主办或者承认的国际展览会上展出的商品或者服务的商标予以临时保护,这些商标所有人可以要求优先权,时间也为六个月。现行商标法没有关于优先权的规定。国家工商行政管理局1985年发布的《关于申请商标注册要求优先权的暂行规定》及1988年修改后的商标法实施细则第十五条,对优先权作了规定,但是没有涉及展览会临时保护的规定。为了进一步完善关于优先权的现行规定,草案增加规定:(1)"商标注册申请人自其商标在外国第一次提出商标注册申请之日起六个月内,又在中国就相同商品以同一商标提出商标注册申请的,依照该外国同中国签订的协议或者共同参加的国际条约,或者按照相互承认优先权的原则,可以享有优先权。""依照前款要求优先权的,应当在提出商标注册申请的时候提出书面声明,并且在三个月内提交第一次提出的商标注册申请文件的副本;未提出书面声明或者逾期未提交商标注册申请文件副本的,视为未要求优先权。"(第十一条)(2)"商标在中国政府主办的或者承认的国际展览会展出的商品上首次使用的,自该商品展出之日起六个月内,该商标的注册申请人可以享有优先权。""依照前款要求优先权的,应当在提出商标注册申请的时候提出书面声明,并且在三个月内提交展出其商品的展览会名称、在展出商品上使用该商标的证据,展出日期等证明文件;未提出书面声明或者逾期未提交证明文件的,视为未要求优先权。"(第十二条)

七、关于司法审查

现行商标法第二十一条规定,对于商标局驳回申请、不予公告的决定不服向商标评审委员会申请复审,由商标评审委员作出终局的决定;第二十二条规定,对商标局对商标异议作出的裁定不服向商标评审委员会申请复审,由商标评审委员会作出终局的决定;第二十九条规定,商标评审委员会作出的维持或者撤销注册商标的裁定为终局裁定;第三十五条规定,商标评审委员会对商标局撤销注册商标的决定进行复审,作出的决定为终局决定。按照知识产权协议第六十二条的规定,有关获得和维持知识产权的程序中作出的终局行政决定,均应接受司法或者准司法当局的审查。据此,并参照修改后的专利法关于司法审查的规定,草案删去了现行商标法第二十一条、第二十二条、第二十九条、第三十五条关于商标评审委员会的决定、裁定为终局的规定,增加当事人可以向人民法院提起诉讼的规定。(第十三条、第十四条、第十六条、第十八条)

八、关于商标行政管理

现行商标法第三十九条规定了工商行政管理部门对侵犯商标专用权的处理,包括责令停止侵权行为、罚款。按照知识产权协议第四十六条的规定,为了对侵权活动造成有效威慑,司法当局有权在不进行任何补偿的情况下,将已经发现正处于侵权状态的商品排除出商业渠道、予以销毁。据此,并参照修改后的专利法的有关规定,草案将现行商标法第三十九条作为第四十四条,修改为:"有本法第四十三条所列侵犯注册商标专用权行为之一,引起纠纷的,由当事人协商解决;不愿协商或者协商不成的,商标专用权人或者利害关系人可以向人民法院起诉,也可以请求工商行政管理部门处理。工商行政管理部门处理时,认定侵权行为成立的,责令立即停止侵权行为,没收、销毁侵权商品,并可处以罚款。当事人对处理决定不服的,可以自收到处理通知之日起十五日内依照《中华人民共和国行政诉讼法》向人民法院起诉;侵权人期满不起诉又不履行的,工商行政管理部门可以申请人民法院强制执行。进行处理的工商行政管理部门应当事人的请求,可以就侵犯商标专用权的赔偿数额进行调解;调解不成的,当事人可以依照《中华人民共和国民事诉讼法》向人民法院起诉。""对侵犯注册商标专用权的行为,工商行政管理部门有权查处。"(第二十一条)

九、关于商标侵权赔偿数额

现行商标法第三十九条规定,商标侵权的赔偿数额为侵权人在侵权期间因侵权所获得的利润或者被侵权人在被侵权期间因被侵权所受到的损失。按照知识产权协议第四十五条的规定,损害赔偿费应当足以弥补因侵犯知识产权给权利持有人造成的损失,司法当局有权责令侵权人向权利持有人支付其开支。考虑到商标专用权是一种无形财产,商标权人在侵权纠纷中调查取证比较困难,需要支付必要的开支;现实生活中,很多商标权人因为处理商标侵权纠纷费时费钱,打赢了官司赔了钱,得不偿失。因此,草案增加规定:"侵犯商标专用权的赔偿数额,为侵权人在侵权期间因侵权所获得的利益或者被侵权人在被侵权期间因被侵权所受到的损失,包括被侵权人为制止侵权行为所支付的合理开支。"(第二十二条)

十、关于临时措施

知识产权协议第五十条规定,司法当局有权采取有效的临时措施,防止任何延误给权利人造成不可弥补的损害或者证据灭失。现行商标法对此未作规定。据此,并参照修改后的专利法有关规定,草案增加规定:"商标专用权人或者利害关系人有证据证明他人正在实施或者即将实施侵犯其注册商标专用权的行为,如不及时制止,将会使其合法权益受到难以弥补的损害,可以在起诉前向人民法院申请采取责令停止有关行为和财产保全的措施。""人民法院处理前款申请,适用《中华人民共和国民事诉讼法》第九十三条至第九十六条和第九十九条的规定。"(第二十三条)

此外,草案还对现行商标法第四条作了修改,将商标注册主体扩大到公民;(第三条)并将现行商标法第二十七条中注册商标争议申请裁定的期限由一年改为三年。(第十五条)

《中华人民共和国商标法修正案(草案)》和以上说明是否妥当,请审议。

中华人民共和国商标法修正案（草案）
（二次审议稿）

一、第一条修改为："为了加强商标管理，保护商标专用权，促使生产、经营者保证商品和服务质量，维护商标信誉，以保障消费者的利益，促进社会主义市场经济的发展，特制定本法。"

二、第三条修改为："经商标局核准注册的商标为注册商标，包括商品商标、服务商标和集体商标、证明商标；商标注册人享有商标专用权，受法律保护。

"本法所称集体商标，是指以团体、协会或者其他组织名义注册，供该组织成员在商事活动中使用，以表明使用者在该组织中的成员资格的标志。

"本法所称证明商标，是指由对某种商品或者服务具有监督能力的组织所控制，而由该组织以外的单位或者个人使用于其商品或者服务，用以证明该商品或者服务的地理特征、原料、制造方法、质量或者其他特定品质的标志。

"集体商标、证明商标注册和管理的特殊事项，由国务院工商行政管理部门规定。"

三、第四条第一款、第二款修改为："自然人、法人或者其他组织对其生产、制造、加工、拣选或者经销的商品，需要取得商标专用权的，应当向商标局申请商品商标注册。

"自然人、法人或者其他组织对其提供的服务项目，需要取得商标专用权的，应当向商标局申请服务商标注册。"

四、第七条修改为："任何能够将自然人、法人或者其他组织的商品与他人的商品区别开的可视性标志，包括文字、图形、字母、数字、三维标志和颜色组合，以及上述要素的组合，均可以作为商标申请注册。"

五、增加一条，作为第八条："申请注册的商标，应当有显著特征，便于识别，并不得与他人在先取得的合法权利相冲突。

"注册商标的专用权人有权标明'注册商标'或者注册标记。"

六、增加一条，作为第九条："以三维标志申请注册商标的，仅由商品自身的性质产生的形状、为获得技术效果而需有的商品形状或者使商品具有实质性价值的形状，不得注册。"

七、第八条改为第十条，修改为："商标不得使用下列标志：

"（一）同中华人民共和国的国家名称、国旗、国徽、军旗、勋章相同或者近似的，以及同中央国家机关所在地特定地点的名称或者标志性建筑物的名称、图形相同的；

"(二)同外国的国家名称、国旗、国徽、军旗相同或者近似的,但该国政府同意的除外;

"(三)同政府间国际组织的名称、旗帜、徽记相同或者近似的,但经该组织同意或者不易误导公众的除外;

"(四)与表明实施控制、予以保证的官方标志、检验印记相同或者近似的,但经授权的除外;

"(五)同'红十字'、'红新月'的名称、标志相同或者近似的;

"(六)本商品的通用名称、图形;

"(七)直接表示商品的质量、主要原料、功能、用途、重量、数量及其他特点的;

"(八)带有民族歧视性的;

"(九)夸大宣传并带有欺骗性的;

"(十)有害于社会主义道德风尚或者有其他不良影响的。

"县级以上行政区划的地名或者公众知晓的外国地名,不得作为商标。但是,地名具有其他含义或者作为集体商标、证明商标组成部分的除外;已经注册的使用地名的商标继续有效。"

八、增加一条,作为第十一条:"就相同或者类似商品申请注册的商标是复制、摹仿或者翻译他人未在中国注册的驰名商标,容易导致混淆的,不予注册并禁止使用。

"就不相同或者不相类似商品申请注册的商标是复制、摹仿或者翻译他人已经在中国注册的驰名商标,误导公众,致使该驰名商标所有人的利益可能受到损害的,不予注册并禁止使用。"

九、增加一条,作为第十二条:"未经授权,代理人或者代表人以自己的名义将被代理人或者被代表人的商标进行注册,被代理人或者被代表人提出异议的,不予注册并禁止使用。"

十、增加一条,作为第十三条:"商标中有商品的地理标志,而该商品并非来源于该标志所标示的地区,误导公众的,不予注册并禁止使用;但是,已经注册的继续有效。

"前款所称地理标志,是指标示某商品来源于某地区,该商品的特定质量、信誉或者其他特征,主要由该地区的自然因素或者人文因素所决定的标志。"

十一、第十条改为第十五条,修改为:"外国人或者外国企业在中国申请商标注册和办理其他商标事宜的,应当委托国家认可的具有商标代理资格的组织代理。"

十二、第十四条改为第十九条,修改为:"注册商标需要改变其标志的,应当重新提出注册申请。"

十三、增加一条,作为第二十一条:"商标注册申请人自其商标在外国第一次提出商标注册申请之日起六个月内,又在中国就相同商品以同一商标提出商标注册申请的,依照该外国同中国签订的协议或者共同参加的国际条约,或者按照相互承认优先权的原则,可以享有优先权。

"依照前款要求优先权的,应当在提出商标注册申请的时候提出书面声明,并且在三个月内提交第一次提出的商标注册申请文件的副本;未提出书面声明或者逾期未提交商标注册申请文件副本的,视为未要求优先权。"

十四、增加一条,作为第二十二条:"商标在中国政府主办的或者承认的国际展览会展出的商品上首次使用的,自该商品展出之日起六个月内,该商标的注册申请人可以享有优先权。

"依照前款要求优先权的,应当在提出商标注册申请的时候提出书面声明,并且在三个月内提交展出其商品的展览会名称、在展出商品上使用该商标的证据、展出日期等证明文件;未提出书面声明或者逾期未提交证明文件的,视为未要求优先权。"

十五、增加一条,作为第二十三条:"为申请商标注册所申报的事项和所提供的材料应当真实、准确、完整。"

十六、增加一条,作为第二十八条:"申请商标注册不应损害他人现有的在先权利,也不应影响他人在使用的基础上授予权利的可能性。"

十七、第二十一条改为第三十条,修改为:"对驳回申请、不予公告的商标,商标局应当书面通知申请人。申请人不服的,可以自收到通知之日起十五日内向商标评审委员会申请复审,由商标评审委员会做出决定,并书面通知申请人。

"当事人对商标评审委员会的决定不服的,可以自收到通知之日起三十日内向人民法院起诉。"

十八、第二十二条改为第三十一条,修改为:"对初步审定、予以公告的商标提出异议的,商标局应当听取异议人和申请人陈述事实和理由,经调查核实后,做出裁定。当事人不服的,可以自收到通知之日起十五日内向商标评审委员会申请复审,由商标评审委员会做出裁定,并书面通知异议人和申请人。

"当事人对商标评审委员会的裁定不服的,可以自收到通知之日起三十日内向人民法院起诉。人民法院应当通知商标复审程序的对方当事人作为第三人参加诉讼。"

十九、增加一条,作为第三十二条:"对商标注册申请和商标复审申请应当及时进行审查。"

二十、第二十七条改为第三十七条,第一款修改为:"已经注册的商标,违反本法第十条规定的,或者是以欺骗手段或者其他不正当手段取得注册的,由商标局撤销该注册商标;其他单位或者个人可以请求商标评审委员会裁定撤销该注册商标。"增加一款作为第二款:"已经注册的商标,违反本法第十一条、第十二条、第二十八条规定的,自商标注册之日起五年内,商标所有人或者利害关系人可以请求商标评审委员会裁定撤销该注册商标。对恶意注册的,驰名商标所有人不受五年的时间限制。"第二款改为第三款,修改为:"除前两款规定的情形外,对已经注册的商标有争议的,可以自该商标经核准注册之日起三年内,向商标评审委员会申请裁定。"

二十一、第二十九条改为第三十九条,修改为:"商标评审委员会做出维持或者撤销注册商标的裁定后,应当书面通知有关当事人。

"当事人对商标评审委员会的裁定不服的,可以自收到通知之日起三十日内向人民法院起诉。人民法院应当通知商标裁定程序的对方当事人作为第三人参加诉讼。"

二十二、第三十条改为第四十条,第(一)项修改为:"(一)自行改变注册商标的"。

二十三、第三十五条改为第四十五条，修改为："对商标局撤销注册商标的决定，当事人不服的，可以自收到通知之日起十五日内向商标评审委员会申请复审，由商标评审委员会做出决定，并书面通知申请人。

"当事人对商标评审委员会的决定不服的，可以自收到通知之日起三十日内向人民法院起诉。"

二十四、第三十六条改为第四十六条，修改为："对工商行政管理部门根据本法第四十一条、第四十三条、第四十四条的规定做出的罚款决定，当事人不服的，可以自收到通知之日起十五日内，向人民法院起诉；期满不起诉又不履行的，由有关工商行政管理部门申请人民法院强制执行。

二十五、第三十八条改为第四十八条，第（二）项修改为："（二）销售侵犯注册商标专用权的商品的"；增加一款，作为第二款："销售不知道是侵犯注册商标专用权的商品，能证明该商品合法来源的，不承担赔偿责任。"

二十六、第三十九条改为第四十九条，修改为："有本法第四十八条所列侵犯注册商标专用权行为之一，引起纠纷的，由当事人协商解决；不愿协商或者协商不成的，商标专用权人或者利害关系人可以向人民法院起诉，也可以请求工商行政管理部门处理。工商行政管理部门处理时，认定侵权行为成立的，责令立即停止侵权行为，没收、销毁侵权商品和专门用于制造侵权商品、伪造注册商标标识的工具，并可处以罚款。当事人对处理决定不服的，可以自收到处理通知之日起十五日内依照《中华人民共和国行政诉讼法》向人民法院起诉；侵权人期满不起诉又不履行的，工商行政管理部门可以申请人民法院强制执行。进行处理的工商行政管理部门应当事人的请求，可以就侵犯商标专用权的赔偿数额进行调解；调解不成的，当事人可以依照《中华人民共和国民事诉讼法》向人民法院起诉。"

二十七、增加一条，作为第五十条："对侵犯注册商标专用权的行为，工商行政管理部门有权依法查处；涉嫌犯罪的，应当及时移送司法机关依法处理。"

二十八、增加一条，作为第五十一条："侵犯商标专用权的赔偿数额，为侵权人在侵权期间因侵权所获得的利益，或者被侵权人在被侵权期间因被侵权所受到的损失，包括被侵权人为制止侵权行为所支付的合理开支。

"前款所称侵权人因侵权所得利益，或者被侵权人因被侵权所受损失难以确定的，由人民法院根据侵权行为的情节判决给予五十万元以下的赔偿。"

二十九、增加一条，作为第五十二条："商标专用权人或者利害关系人有证据证明他人正在实施或者即将实施侵犯其注册商标专用权的行为，如不及时制止，将会使其合法权益受到难以弥补的损害的，可以在起诉前向人民法院申请采取责令停止有关行为和财产保全的措施。

"人民法院处理前款申请，适用《中华人民共和国民事诉讼法》第九十三条至第九十六条和第九十九条的规定。"

三十、第四十条改为第五十三条，第一款修改为："未经注册商标所有人许可，在同一种商品上使用与其注册商标相同的商标，构成犯罪的，除赔偿被侵权人的损失外，依法追究刑事责任。"

三十一、增加一条,作为第五十四条:"从事商标注册、管理和复审工作的国家机关工作人员玩忽职守、滥用职权、徇私舞弊,构成犯罪的,依法追究刑事责任;尚不构成犯罪的,依法给予行政处分。"

三十二、删去第四十二条。

本修正案自　年　月　日起施行。

《中华人民共和国商标法》根据本修正案作相应的修改并对条款顺序作相应调整,重新公布。

中华人民共和国商标法(修正草案)
(二次审议稿)

目 录

第一章 总 则
第二章 商标注册的申请
第三章 商标注册的审查和核准
第四章 注册商标的续展、转让和使用许可
第五章 注册商标争议的裁定
第六章 商标使用的管理
第七章 注册商标专用权的保护
第八章 附 则

第一章 总 则

第一条 为了加强商标管理,保护商标专用权,促使生产、经营者保证商品和服务质量,维护商标信誉,以保障消费者的权益,促进社会主义市场经济的发展,特制定本法。

第二条 国务院工商行政管理部门商标局主管全国商标注册和管理的工作。

第三条 经商标局核准注册的商标为注册商标,包括商品商标、服务商标和集体商标、证明商标;商标注册人享有商标专用权,受法律保护。

本法所称集体商标,是指以团体、协会或者其他组织名义注册,供该组织成员在商事活动中使用,以表明使用者在该组织中的成员资格的标志。

本法所称证明商标,是指由对某种商品或者服务具有监督能力的组织所控制,而由该组织以外的单位或者个人使用于其商品或者服务,用以证明该商品或者服务的地理特征、原料、制造方法、质量或者其他特定品质的标志。

集体商标、证明商标注册和管理的特殊事项,由国务院工商行政管理部门规定。

第四条 自然人、法人或者其他组织对其生产、制造、加工、拣选或者经销的商品,需要取得商标专用权的,应当向商标局申请商品商标注册。

自然人、法人或者其他组织对其提供的服务项目,需要取得商标专用权的,应当向商标局申请服务商标注册。

本法有关商品商标的规定,适用于服务商标。

第五条 国家规定必须使用注册商标的商品,必须申请商标注册,未经核准注册的,不得在市场销售。

第六条 商标使用人应当对其使用商标的商品质量负责。各级工商行政管理部门应当通过商标管理,监督商品质量,制止欺骗消费者的行为。

第七条 任何能够将自然人、法人或者其他组织的商品与他人的商品区别开的可视性标志,包括文字、图形、字母、数字、三维标志和颜色组合,以及上述要素的组合,均可以作为商标申请注册。

第八条 申请注册的商标,应当有显著特征,便于识别,并不得与他人在先取得的合法权利相冲突。

注册商标的专用权人有权标明"注册商标"或者注册标记。

第九条 以三维标志申请注册商标的,仅由商品自身的性质产生的形状、为获得技术效果而需有的商品形状或者使商品具有实质性价值的形状,不得注册。

第十条 商标不得使用下列标志:

（一）同中华人民共和国的国家名称、国旗、国徽、军旗、勋章相同或者近似的,以及同中央国家机关所在地特定地点的名称或者标志性建筑物的名称、图形相同的;

（二）同外国的国家名称、国旗、国徽、军旗相同或者近似的,但该国政府同意的除外;

（三）同政府间国际组织的名称、旗帜、徽记相同或者近似的,但经该组织同意或者不易误导公众的除外;

（四）与表明实施控制、予以保证的官方标志、检验印记相同或者近似的,但经授权的除外;

（五）同"红十字"、"红新月"的名称、标志相同或者近似的;

（六）本商品的通用名称、图形;

（七）直接表示商品的质量、主要原料、功能、用途、重量、数量及其他特点的;

（八）带有民族歧视性的;

（九）夸大宣传并带有欺骗性的;

（十）有害于社会主义道德风尚或者有其他不良影响的。

县级以上行政区划的地名或者公众知晓的外国地名,不得作为商标。但是,地名具有其他含义或者作为集体商标、证明商标组成部分的除外;已经注册的使用地名的商标继续有效。

第十一条 就相同或者类似商品申请注册的商标是复制、摹仿或者翻译他人未在中国注册的驰名商标,容易导致混淆的,不予注册并禁止使用。

就不相同或者不相类似商品申请注册的商标是复制、摹仿或者翻译他人已经在中国注册的驰名商标,误导公众,致使该驰名商标所有人的利益可能受到损害的,不予注册并禁止使用。

第十二条　未经授权,代理人或者代表人以自己的名义将被代理人或者被代表人的商标进行注册,被代理人或者被代表人提出异议的,不予注册并禁止使用。

第十三条　商标中有商品的地理标志,而该商品并非来源于该标志所标示的地区,误导公众的,不予注册并禁止使用;但是,已经注册的继续有效。

前款所称地理标志,是指标示某商品来源于某地区,该商品的特定质量、信誉或者其他特征,主要由该地区的自然因素或者人文因素所决定的标志。

第十四条　外国人或者外国企业在中国申请商标注册的,应当按其所属国和中华人民共和国签订的协议或者共同参加的国际条约办理,或者按对等原则办理。

第十五条　外国人或者外国企业在中国申请商标注册和办理其他商标事宜的,应当委托国家认可的具有商标代理资格的组织代理。

第二章　商标注册的申请

第十六条　申请商标注册的,应当按规定的商品分类表填报使用商标的商品类别和商品名称。

第十七条　同一申请人在不同类别的商品上使用同一商标的,应当按商品分类表提出注册申请。

第十八条　注册商标需要在同一类的其他商品上使用的,应当另行提出注册申请。

第十九条　注册商标需要改变其标志的,应当重新提出注册申请。

第二十条　注册商标需要变更注册人的名义、地址或者其他注册事项的,应当提出变更申请。

第二十一条　商标注册申请人自其商标在外国第一次提出商标注册申请之日起六个月内,又在中国就相同商品以同一商标提出商标注册申请的,依照该外国同中国签订的协议或者共同参加的国际条约,或者按照相互承认优先权的原则,可以享有优先权。

依照前款要求优先权的,应当在提出商标注册申请的时候提出书面声明,并且在三个月内提交第一次提出的商标注册申请文件的副本;未提出书面声明或者逾期未提交商标注册申请文件副本的,视为未要求优先权。

第二十二条　商标在中国政府主办的或者承认的国际展览会展出的商品上首次使用的,自该商品展出之日起六个月内,该商标的注册申请人可以享有优先权。

依照前款要求优先权的,应当在提出商标注册申请的时候提出书面声明,并且在三个月内提交展出其商品的展览会名称、在展出商品上使用该商标的证据、展出日期等证明文件;未提出书面声明或者逾期未提交证明文件的,视为未要求优先权。

第二十三条　为申请商标注册所申报的事项和所提供的材料应当真实、准确、完整。

第三章 商标注册的审查和核准

第二十四条 申请注册的商标,凡符合本法有关规定的,由商标局初步审定,予以公告。

第二十五条 申请注册的商标,凡不符合本法有关规定或者同他人在同一种商品或者类似商品上已经注册的或者初步审定的商标相同或者近似的,由商标局驳回申请,不予公告。

第二十六条 两个或者两个以上的申请人,在同一种商品或者类似商品上,以相同或者近似的商标申请注册的,初步审定并公告申请在先的商标;同一天申请的,初步审定并公告使用在先的商标,驳回其他人的申请,不予公告。

第二十七条 对初步审定的商标,自公告之日起三个月内,任何人均可以提出异议。无异议或者经裁定异议不能成立的,始予核准注册,发给商标注册证,并予公告;经裁定异议成立的,不予核准注册。

第二十八条 申请商标注册不应损害他人现有的在先权利,也不应影响他人在使用的基础上授予权利的可能性。

第二十九条 国务院工商行政管理部门设立商标评审委员会,负责处理商标争议事宜。

第三十条 对驳回申请、不予公告的商标,商标局应当书面通知申请人。申请人不服的,可以自收到通知之日起十五日内向商标评审委员会申请复审,由商标评审委员会做出决定,并书面通知申请人。

当事人对商标评审委员会的决定不服的,可以自收到通知之日起三十日内向人民法院起诉。

第三十一条 对初步审定、予以公告的商标提出异议的,商标局应当听取异议人和申请人陈述事实和理由,经调查核实后,做出裁定。当事人不服的,可以自收到通知之日起十五日内向商标评审委员会申请复审,由商标评审委员会做出裁定,并书面通知异议人和申请人。

当事人对商标评审委员会的裁定不服的,可以自收到通知之日起三十日内向人民法院起诉。人民法院应当通知商标复审程序的对方当事人作为第三人参加诉讼。

第三十二条 对商标注册申请和商标复审申请应当及时进行审查。

第四章 注册商标的续展、转让和使用许可

第三十三条 注册商标的有效期为十年,自核准注册之日起计算。

第三十四条 注册商标有效期满,需要继续使用的,应当在期满前六个月内申请续展注册;在此期间未能提出申请的,可以给予六个月的宽展期。宽展期满仍未提出申请的,注销其注册商标。

每次续展注册的有效期为十年。

续展注册经核准后,予以公告。

第三十五条 转让注册商标的,转让人和受让人应当共同向商标局提出申请。受让人应当保证使用该注册商标的商品质量。

转让注册商标经核准后,予以公告。

第三十六条 商标注册人可以通过签订商标使用许可合同,许可他人使用其注册商标。许可人应当监督被许可人使用其注册商标的商品质量。被许可人应当保证使用该注册商标的商品质量。

经许可使用他人注册商标的,必须在使用该注册商标的商品上标明被许可人的名称和商品产地。

商标使用许可合同应当报商标局备案。

第五章 注册商标争议的裁定

第三十七条 已经注册的商标,违反本法第十条规定的,或者是以欺骗手段或者其他不正当手段取得注册的,由商标局撤销该注册商标;其他单位或者个人可以请求商标评审委员会裁定撤销该注册商标。

已经注册的商标,违反本法第十一条、第十二条、第二十八条规定的,自商标注册之日起五年内,商标所有人或者利害关系人可以请求商标评审委员会裁定撤销该注册商标。对恶意注册的,驰名商标所有人不受五年的时间限制。

除前两款规定的情形外,对已经注册的商标有争议的,可以自该商标经核准注册之日起三年内,向商标评审委员会申请裁定。

商标评审委员会收到裁定申请后,应当通知有关当事人,并限期提出答辩。

第三十八条 对核准注册前已经提出异议并经裁定的商标,不得再以相同的事实和理由申请裁定。

第三十九条 商标评审委员会做出维持或者撤销注册商标的裁定后,应当书面通知有关当事人。

当事人对商标评审委员会的裁定不服的,可以自收到通知之日起三十日内向人民法院起诉。人民法院应当通知商标裁定程序的对方当事人作为第三人参加诉讼。

第六章 商标使用的管理

第四十条 使用注册商标,有下列行为之一的,由商标局责令限期改正或者撤销其注册商标:

(一)自行改变注册商标的;

(二)自行改变注册商标的注册人名义、地址或者其他注册事项的;

(三)自行转让注册商标的;

(四)连续三年停止使用的。

第四十一条 使用注册商标,其商品粗制滥造,以次充好,欺骗消费者的,由各级工商行政管理部门分别不同情况,责令限期改正,并可以予以通报或者处以罚款,或者由商标局撤销其注册商标。

第四十二条 注册商标被撤销的或者期满不再续展的,自撤销或者注销之日起一年内,商标局对与该商标相同或者近似的商标注册申请,不予核准。

第四十三条 违反本法第五条规定的,由地方工商行政管理部门责令限期申请注册,可以并处罚款。

第四十四条 使用未注册商标,有下列行为之一的,由地方工商行政管理部门予以制止,限期改正,并可以予以通报或者处以罚款:

(一)冒充注册商标的;

(二)违反本法第十条规定的;

(三)粗制滥造,以次充好,欺骗消费者的。

第四十五条 对商标局撤销注册商标的决定,当事人不服的,可以自收到通知之日起十五日内向商标评审委员会申请复审,由商标评审委员会做出决定,并书面通知申请人。

当事人对商标评审委员会的决定不服的,可以自收到通知之日起三十日内向人民法院起诉。

第四十六条 对工商行政管理部门根据本法第四十一条、第四十三条、第四十四条的规定做出的罚款决定,当事人不服的,可以自收到通知之日起十五日内,向人民法院起诉;期满不起诉又不履行的,由有关工商行政管理部门申请人民法院强制执行。

第七章 注册商标专用权的保护

第四十七条 注册商标的专用权,以核准注册的商标和核定使用的商品为限。

第四十八条 有下列行为之一的,均属侵犯注册商标专用权:

(一)未经注册商标所有人的许可,在同一种商品或者类似商品上使用与其注册商标相同或者近似的商标的;

(二)销售侵犯注册商标专用权的商品的;

(三)伪造、擅自制造他人注册商标标识或者销售伪造、擅自制造的注册商标标识的;

(四)给他人的注册商标专用权造成其他损害的。

销售不知道是侵犯注册商标专用权的商品,能证明该商品合法来源的,不承担赔偿责任。

第四十九条 有本法第四十八条所列侵犯注册商标专用权行为之一,引起纠纷的,由当事人协商解决;不愿协商或者协商不成的,商标专用权人或者利害关系人可以向人民法院起诉,也可以请求工商行政管理部门处理。工商行政管理部门处理时,认定侵权行为成立的,责令立即停止侵权行为,没收、销毁侵权商品和专门用于制造侵权商品、伪造注册商标标识的工具,并可处以罚款。当事人对处理决定不服的,可以自收到处理通知之日起十五日内依照《中华人民共和国行政诉讼法》向人民法院起诉;侵权人期满不起诉又不履行的,工商行政管理部门可以申请人民法院强制执行。进行处理的工商行政管理部门应当事人的请求,可以就侵犯商标专用权的赔偿数额进行调解;调解不成的,当事人可以依照《中华人民共和国民事诉讼法》向人民法院起诉。

第五十条　对侵犯注册商标专用权的行为,工商行政管理部门有权依法查处;涉嫌犯罪的,应当及时移送司法机关依法处理。

第五十一条　侵犯商标专用权的赔偿数额,为侵权人在侵权期间因侵权所获得的利益,或者被侵权人在被侵权期间因被侵权所受到的损失,包括被侵权人为制止侵权行为所支付的合理开支。

前款所称侵权人因侵权所得利益,或者被侵权人因被侵权所受损失难以确定的,由人民法院根据侵权行为的情节判决给予五十万元以下的赔偿。

第五十二条　商标专用权人或者利害关系人有证据证明他人正在实施或者即将实施侵犯其注册商标专用权的行为,如不及时制止,将会使其合法权益受到难以弥补的损害的,可以在起诉前向人民法院申请采取责令停止有关行为和财产保全的措施。

人民法院处理前款申请,适用《中华人民共和国民事诉讼法》第九十三条至第九十六条和第九十九条的规定。

第五十三条　未经注册商标所有人许可,在同一种商品上使用与其注册商标相同的商标,构成犯罪的,除赔偿被侵权人的损失外,依法追究刑事责任。

伪造、擅自制造他人注册商标标识或者销售伪造、擅自制造的注册商标标识,构成犯罪的,除赔偿被侵权人的损失外,依法追究刑事责任。

销售明知是假冒注册商标的商品,构成犯罪的,除赔偿被侵权人的损失外,依法追究刑事责任。

第五十四条　从事商标注册、管理和复审工作的国家机关工作人员玩忽职守、滥用职权、徇私舞弊,构成犯罪的,依法追究刑事责任;尚不构成犯罪的,依法给予行政处分。

第八章　附　则

第五十五条　申请商标注册和办理其他商标事宜的,应当缴纳费用,具体收费标准另定。

第五十六条　本法自 1983 年 3 月 1 日起施行。1963 年 4 月 10 日国务院公布的《商标管理条例》同时废止;其他有关商标管理的规定,凡与本法抵触的,同时失效。

本法施行前已经注册的商标继续有效。

全国人大法律委员会关于《中华人民共和国商标法修正案(草案)》修改情况的汇报(二次审议稿说明)

2001年4月18日在第九届全国人民代表大会常务委员会第二十一次会议上

全国人大法律委员会副主任委员 胡光宝

全国人民代表大会常务委员会:

九届全国人大常委会第十九次会议对商标法修正案(草案)进行了初步审议。许多常委委员认为,为了适应我国加入世界贸易组织的进程,进一步加强对商标专用权的保护,对商标法进行适当修改是必要的。同时也提出一些修改意见。会后,法制工作委员会将草案印发各省、自治区、直辖市、中央有关部门和部分企事业单位、高等院校、研究机构征求意见。法律委员会、财政经济委员会、法制工作委员会联合召开中央有关部门和有关专家座谈会,进一步征求意见。法律委员会于4月11日召开会议,根据常委委员的审议意见及其他各有关方面的意见,对草案进行了逐条审议。财政经济委员会和国务院有关部门的负责同志列席了会议。4月18日,法律委员会再次进行了审议。法律委员会认为,为了进一步完善我国商标保护制度,适应我国加入世界贸易组织的进程,促进我国经济发展,对商标法作出修改是必要的。同时提出以下主要修改意见:

一、修正案草案第一条规定:"为了加强商标管理,保护商标专用权,促使生产者保证商品质量和维护商标信誉,以保障消费者的利益,促进社会主义市场经济的发展,特制定本法。"有的常委委员、地方和部门提出,我国商标法既保护商品商标,也保护服务商标,因此,不仅应当促进生产者保证商品质量,维护商标信誉,而且提供服务的经营者也应当保证服务质量,维护商标信誉。因此,法律委员会建议将修正案草案第一条修改为:"为了加强商标管理,保护商标专用权,促使生产、经营者保证商品和服务质量,维护商标信誉,以保障消费者的利益,促进社会主义市场经济的发展,特制定本法。"(修正草案第二次审议稿第一条)

二、有的常委委员、地方和部门提出,将申请商标注册的主体范围规定为公民、法人或者其他组织,包括不了外国自然人,而按照国际通行的做法,在我国是允许外国自然人申请商标注册的。因此,法律委员会建议将修正案草案第三条第一款、第二款中的"公民"修改为"自然人"。(修正草案第二次审议稿第三条第一款、第二款)并相应地将修正案草案第四条第一款中的"公民"修改为"自然人"。(修正草案第二次审议稿第四条)

三、有的常委委员、地方和部门提出,申请注册的商标,应不得与他人在先取得的合法权利相冲突。因此,法律委员会建议将修正案草案第四条第二款修改为:"申请注册的商标,应当有显著特征,便于识别,并不得与他人在先取得的合法权利相冲突。"并与第四条第三款合

并作为另一条。（修正草案第二次审议稿第五条）

四、有的常委委员、部门提出，修正案草案第四条第一款规定三维标志可以作为商标申请注册。对这种商标还应当进行必要的限制，以防止不适当的注册。因此，法律委员会建议增加一条规定："以三维标志申请注册商标的，仅由商品自身的性质产生的形状、为获得技术效果而需有的商品形状或者使商品具有实质性价值的形状，不得注册。"（修正草案第二次审议稿第六条）

五、有的地方、部门提出，对商标注册申请人提供的申报事项和材料应当要求其是真实、准确的，不得有虚假行为。因此，法律委员会建议增加一条规定："为申请商标注册所申报的事项和所提供的材料应当真实、准确、完整。"（修正草案第二次审议稿第十五条）

六、有些常委委员、地方和部门提出，目前抢注他人已在先使用的未注册商标的情况比较多，违反诚实、信用原则，损害在先使用人的权益，应当对这种行为进行限制。因此，法律委员会建议增加一条规定："申请商标注册不应损害他人现有的在先权利，也不应影响他人在使用的基础上授予权利的可能性。"（修正草案第二次审议稿第十六条）

七、有些常委委员、地方和部门提出，商标局、商标评审委员会应当对商标注册申请、复审的请求及时进行审查，提高审查效率，以利于维护当事人的合法权益。因此，法律委员会建议增加一条规定："对商标注册申请和商标复审申请应当及时进行审查。"（修正草案第二次审议稿第十九条）

八、财政经济委员会和有些地方、部门、专家提出，修正草案第二十一条第一款规定，工商行政管理部门在处理商标侵权行为时，有权没收、销毁侵权商品，但对专门用于制造侵权商品、伪造注册商标标识的工具的处理未作规定，不利于有效打击侵犯注册商标专用权的行为。因此，法律委员会建议在修正案草案第二十一条第一款关于工商行政管理部门处理商标侵权行为时，"认定侵权行为成立的，责令立即停止侵权行为，没收、销毁侵权商品"的规定后面增加"和专门用于制造侵权商品、伪造注册商标标识的工具"。（修正草案第二次审议稿第二十六条）

九、财政经济委员会和有些地方、部门、专家提出，为了严厉打击侵犯注册商标专用权的犯罪行为，工商行政管理部门在处理商标侵权行为时，对涉嫌犯罪的，应当及时移送司法机关处理。因此，法律委员会建议将修正案草案第二十一条第二款作为一条，修改为："对侵犯注册商标专用权的行为，工商行政管理部门有权依法查处；涉嫌犯罪的，应当及时移送司法机关依法处理。"（修正草案第二次审议稿第二十七条）

十、一些地方、部门和专家提出，在一些商标侵权案件中，被侵权人所受到的损失或者侵权人所获得的利益难以确定。为了有效保护商标专用权人的合法权益，应当增加法定赔偿额的规定。因此，法律委员会建议在修正案草案第二十二条中增加一款作为第二款，规定："前款所称侵权人因侵权所得利益，或者被侵权人因被侵权所受损失难以确定的，由人民法院根据侵权行为的情节判决给予五十万元以下的赔偿。"（修正草案第二次审议稿第二十八条第二款）

十一、财政经济委员会和有的地方、部门、专家提出，对从事商标注册、管理和复审工作的国家工作人员的渎职行为应当规定法律责任。因此，法律委员会建议增加一条规定："从事商标注册、管理和复审工作的国家机关工作人员玩忽职守、滥用职权、徇私舞弊，构成犯罪的，依法追究刑事责任；尚不构成犯罪的，依法给予行政处分。"（修正草案第二次审议稿第三十一条）

此外,还对修正案草案作了一些文字修改。

修正案草案二次审议稿已按上述意见作了修改,法律委员会建议全国人大常委会再次审议。

修正案草案二次审议稿和以上意见是否妥当,请审议。

全国人大法律委员会
2001年4月18日

关于修改《中华人民共和国商标法》的决定(草案)(三次审议稿)

第九届全国人民代表大会常务委员会第二十四次会议决定对《中华人民共和国商标法》作如下修改:

一、第一条修改为:"为了加强商标管理,保护商标专用权,促使生产、经营者保证商品和服务质量,维护商标信誉,以保障消费者的利益,促进社会主义市场经济的发展,特制定本法。"

二、第二十条改为第二条第二款:"国务院工商行政管理部门设立商标评审委员会,负责处理商标争议事宜。"

三、第三条修改为:"经商标局核准注册的商标为注册商标,包括商品商标、服务商标和集体商标、证明商标;商标注册人享有商标专用权,受法律保护。

"本法所称集体商标,是指以团体、协会或者其他组织名义注册,供该组织成员在商事活动中使用,以表明使用者在该组织中的成员资格的标志。

"本法所称证明商标,是指由对某种商品或者服务具有监督能力的组织所控制,而由该组织以外的单位或者个人使用于其商品或者服务,用以证明该商品或者服务的原产地、原料、制造方法、质量或者其他特定品质的标志。

"集体商标、证明商标注册和管理的特殊事项,由国务院工商行政管理部门规定。"

四、第四条第一款、第二款修改为:"自然人、法人或者其他组织对其生产、制造、加工、拣选或者经销的商品,需要取得商标专用权的,应当向商标局申请商品商标注册。

"自然人、法人或者其他组织对其提供的服务项目,需要取得商标专用权的,应当向商标局申请服务商标注册。"

五、增加一条,作为第五条:"两个以上的自然人、法人或者其他组织可以共同申请注册同一商标。"

六、第六条改为第七条,修改为:"商标使用人应当对其使用商标的商品质量负责。各级工商行政管理部门应当通过商标管理,制止欺骗消费者的行为。"

七、第七条改为第八条,修改为:"任何能够将自然人、法人或者其他组织的商品与他人的商品区别开的可视性标志,包括文字、图形、字母、数字、三维标志和颜色组合,以及上述要素的组合,均可以作为商标申请注册。"

八、增加一条,作为第九条:"申请注册的商标,应当具有显著特征,便于识别,并不得与他人在先取得的合法权利相冲突。

"商标注册人有权标明'注册商标'或者注册标记。"

九、增加一条，作为第十条："以三维标志申请注册商标的，仅由商品自身的性质产生的形状、为获得技术效果而需有的商品形状或者使商品具有实质性价值的形状，不得注册。"

十、第八条改为第十一条，修改为："下列标志不得作为商标使用：

"（一）同中华人民共和国的国家名称、国旗、国徽、军旗、勋章相同或者近似的，以及同中央国家机关所在地特定地点的名称或者标志性建筑物的名称、图形相同的；

"（二）同外国的国家名称、国旗、国徽、军旗相同或者近似的，但该国政府同意的除外；

"（三）同政府间国际组织的名称、旗帜、徽记相同或者近似的，但经该组织同意或者不易误导公众的除外；

"（四）与表明实施控制、予以保证的官方标志、检验印记相同或者近似的，但经授权的除外；

"（五）同'红十字'、'红新月'的名称、标志相同或者近似的；

"（六）带有民族歧视性的；

"（七）夸大宣传并带有欺骗性的；

"（八）有害于社会主义道德风尚或者有其他不良影响的。

"县级以上行政区划的地名或者公众知晓的外国地名，不得作为商标。但是，地名具有其他含义或者作为集体商标、证明商标组成部分的除外；已经注册的使用地名的商标继续有效。"

十一、增加一条，作为第十二条："下列标志不得作为商标注册：

"（一）仅有本商品的通用名称、图形、型号的；

"（二）仅仅直接表示商品的质量、主要原料、功能、用途、重量、数量及其他特点的；

"（三）缺乏显著特征的。

"前款所列标志经过使用取得显著特征，并便于识别的，可以作为商标注册。"

十二、增加一条，作为第十三条："就相同或者类似商品申请注册的商标是复制、摹仿或者翻译他人未在中国注册的驰名商标，容易导致混淆的，不予注册并禁止使用。

"就不相同或者不相类似商品申请注册的商标是复制、摹仿或者翻译他人已经在中国注册的驰名商标，误导公众，致使该驰名商标注册人的利益可能受到损害的，不予注册并禁止使用。"

十三、增加一条，作为第十四条："认定驰名商标应当考虑下列因素：

"（一）相关公众对该商标的知晓程度；

"（二）该商标使用的持续时间；

"（三）该商标的任何宣传工作的持续时间、程度和地理范围；

"（四）该商标作为驰名商标受保护的记录；

"（五）该商标驰名的其他因素。"

十四、增加一条,作为第十五条:"未经授权,代理人或者代表人以自己的名义将被代理人或者被代表人的商标进行注册,被代理人或者被代表人提出异议的,不予注册并禁止使用。"

十五、增加一条,作为第十六条:"商标中有商品的地理标志,而该商品并非来源于该标志所标示的地区,误导公众的,不予注册并禁止使用;但是,已经注册的继续有效。

"前款所称地理标志,是指标示某商品来源于某地区,该商品的特定质量、信誉或者其他特征,主要由该地区的自然因素或者人文因素所决定的标志。"

十六、第十条改为第十八条,修改为:"外国人或者外国企业在中国申请商标注册和办理其他商标事宜的,应当委托国家认可的具有商标代理资格的组织代理。"

十七、第十二条改为第二十条,修改为:"商标注册申请人在不同类别的商品上申请注册同一商标的,应当按商品分类表提出注册申请。"

十八、第十四条改为第二十二条,修改为:"注册商标需要改变其标志的,应当重新提出注册申请。"

十九、增加一条,作为第二十四条:"商标注册申请人自其商标在外国第一次提出商标注册申请之日起六个月内,又在中国就相同商品以同一商标提出商标注册申请的,依照该外国同中国签订的协议或者共同参加的国际条约,或者按照相互承认优先权的原则,可以享有优先权。

"依照前款要求优先权的,应当在提出商标注册申请的时候提出书面声明,并且在三个月内提交第一次提出的商标注册申请文件的副本;未提出书面声明或者逾期未提交商标注册申请文件副本的,视为未要求优先权。"

二十、增加一条,作为第二十五条:"商标在中国政府主办的或者承认的国际展览会展出的商品上首次使用的,自该商品展出之日起六个月内,该商标的注册申请人可以享有优先权。

"依照前款要求优先权的,应当在提出商标注册申请的时候提出书面声明,并且在三个月内提交展出其商品的展览会名称、在展出商品上使用该商标的证据、展出日期等证明文件;未提出书面声明或者逾期未提交证明文件的,视为未要求优先权。"

二十一、增加一条,作为第二十六条:"为申请商标注册所申报的事项和所提供的材料应当真实、准确、完整。"

二十二、第十八条改为第二十九条,修改为:"两个或者两个以上的商标注册申请人,在同一种商品或者类似商品上,以相同或者近似的商标申请注册的,初步审定并公告申请在先的商标;同一天申请的,初步审定并公告使用在先的商标,驳回其他人的申请,不予公告。"

二十三、第十九条改为第三十条,修改为:"对初步审定的商标,自公告之日起三个月内,任何人均可以提出异议。公告期满无异议的,予以核准注册,发给商标注册证,并予公告。"

二十四、增加一条,作为第三十一条:"申请商标注册不应损害他人现有的在先权利,也不应以不正当手段抢先注册他人已经使用并有一定影响的商标。"

二十五、第二十一条改为第三十二条，修改为："对驳回申请、不予公告的商标，商标局应当书面通知商标注册申请人。商标注册申请人不服的，可以自收到通知之日起十五日内向商标评审委员会申请复审，由商标评审委员会做出决定，并书面通知申请人。

"当事人对商标评审委员会的决定不服的，可以自收到通知之日起三十日内向人民法院起诉。"

二十六、第二十二条改为第三十三条，修改为："对初步审定、予以公告的商标提出异议的，商标局应当听取异议人和被异议人陈述事实和理由，经调查核实后，做出裁定。当事人不服的，可以自收到通知之日起十五日内向商标评审委员会申请复审，由商标评审委员会做出裁定，并书面通知异议人和被异议人。

"当事人对商标评审委员会的裁定不服的，可以自收到通知之日起三十日内向人民法院起诉。人民法院应当通知商标复审程序的对方当事人作为第三人参加诉讼。"

二十七、增加一条，作为第三十四条："当事人在法定期限内对商标局做出的裁定不申请复审或者对商标评审委员会做出的裁定不向人民法院起诉的，裁定生效。

"经裁定异议不能成立的，予以核准注册，发给商标注册证，并予公告；经裁定异议成立的，不予核准注册。

"经裁定异议不能成立而核准注册的，商标注册申请人取得商标专用权的时间自初审公告三个月期满之日起计算。"

二十八、增加一条，作为第三十五条："对商标注册申请和商标复审申请应当及时进行审查。"

二十九、增加一条，作为第三十六条："商标注册申请人或者注册人发现商标申请文件或者注册文件有明显错误的，可以申请更正。商标局依法在其职权范围内作出更正，并通知当事人。

"前款所称更正错误不涉及商标申请文件或者注册文件的实质性内容。"

三十、第二十五条改为第三十九条，修改为："转让注册商标的，转让人和受让人应当签订转让协议，并共同向商标局提出申请。受让人应当保证使用该注册商标的商品质量。

"转让注册商标经核准后，予以公告。受让人自公告之日起享有商标专用权。"

三十一、第二十七条改为第四十一条，第一款修改为："已经注册的商标，违反本法第十一条、第十二条规定的，或者是以欺骗手段或者其他不正当手段取得注册的，由商标局撤销该注册商标；其他单位或者个人可以请求商标评审委员会裁定撤销该注册商标。"增加一款作为第二款："已经注册的商标，违反本法第十三条、第十五条、第十六条、第三十一条规定的，自商标注册之日起五年内，商标所有人或者利害关系人可以请求商标评审委员会裁定撤销该注册商标。对恶意注册的，驰名商标所有人不受五年的时间限制。"第二款改为第三款，修改为："除前两款规定的情形外，对已经注册的商标有争议的，可以自该商标经核准注册之日起五年内，向商标评审委员会申请裁定。"

三十二、第二十九条改为第四十三条，修改为："商标评审委员会做出维持或者撤销注册商标的裁定后,应当书面通知有关当事人。

"当事人对商标评审委员会的裁定不服的,可以自收到通知之日起三十日内向人民法院起诉。人民法院应当通知商标裁定程序的对方当事人作为第三人参加诉讼。"

三十三、第三十条改为第四十四条,第(一)项修改为:"(一)自行改变注册商标的"。

三十四、第三十五条改为第四十九条,修改为:"对商标局撤销注册商标的决定,当事人不服的,可以自收到通知之日起十五日内向商标评审委员会申请复审,由商标评审委员会做出决定,并书面通知申请人。

"当事人对商标评审委员会的决定不服的,可以自收到通知之日起三十日内向人民法院起诉。"

三十五、第三十六条改为第五十条,修改为:"对工商行政管理部门根据本法第四十五条、第四十七条、第四十八条的规定做出的罚款决定,当事人不服的,可以自收到通知之日起十五日内,向人民法院起诉;期满不起诉又不履行的,由有关工商行政管理部门申请人民法院强制执行。"

三十六、第三十八条改为第五十二条,第(一)项修改为:"(一)未经商标注册人的许可,在同一种商品或者类似商品上使用与其注册商标相同或者近似的商标的";第(二)项修改为:"(二)销售侵犯注册商标专用权的商品的"。

三十七、第三十九条改为第五十三条,修改为:"有本法第五十二条所列侵犯注册商标专用权行为之一,引起纠纷的,由当事人协商解决;不愿协商或者协商不成的,商标注册人或者利害关系人可以向人民法院起诉,也可以请求工商行政管理部门处理。工商行政管理部门处理时,认定侵权行为成立的,责令立即停止侵权行为,没收、销毁侵权商品和专门用于制造侵权商品、伪造注册商标标识的工具,并可处以罚款。当事人对处理决定不服的,可以自收到处理通知之日起十五日内依照《中华人民共和国行政诉讼法》向人民法院起诉;侵权人期满不起诉又不履行的,工商行政管理部门可以申请人民法院强制执行。进行处理的工商行政管理部门根据当事人的请求,可以就侵犯商标专用权的赔偿数额进行调解;调解不成的,当事人可以依照《中华人民共和国民事诉讼法》向人民法院起诉。"

三十八、增加一条,作为第五十四条:"对侵犯注册商标专用权的行为,工商行政管理部门有权依法查处;涉嫌犯罪的,应当及时移送司法机关依法处理。"

三十九、增加一条,作为第五十五条:"县级以上工商行政管理部门根据已经取得的违法嫌疑证据或者举报,对涉嫌侵犯他人注册商标专用权的行为进行查处时,可以行使下列职权:

"(一)询问有关当事人,调查与侵犯他人注册商标专用权有关的情况;

"(二)查阅、复制当事人与侵权活动有关的合同、发票、账簿以及其他有关资料;

"(三)对当事人涉嫌从事侵犯他人注册商标专用权活动的场所实施现场检查;

"(四)检查与侵权活动有关的物品;对有根据认为是侵犯他人注册商标专用权的物品,可以查封或者扣押。

"工商行政管理部门依法行使前款规定的职权时,当事人应当予以协助、配合,不得拒绝、阻挠。"

四十、增加一条,作为第五十六条:"侵犯商标专用权的赔偿数额,为侵权人在侵权期间因侵权所获得的利益,或者被侵权人在被侵权期间因被侵权所受到的损失,包括被侵权人为制止侵权行为所支付的合理开支。

"前款所称侵权人因侵权所得利益,或者被侵权人因被侵权所受损失难以确定的,由人民法院根据侵权行为的情节判决给予五十万元以下的赔偿。

"销售不知道是侵犯注册商标专用权的商品,能证明该商品是自己合法取得的并说明提供者的,不承担赔偿责任。"

四十一、增加一条,作为第五十七条:"在证据可能灭失或者以后难以取得的情况下,商标注册人或者利害关系人可以在起诉前向人民法院申请保全证据。

"人民法院接受申请后,必须在四十八小时内做出裁定;裁定采取证据保全措施的,应当立即开始执行。

"人民法院可以责令申请人提供担保,申请人不提供担保的,驳回申请。

"申请人在人民法院采取保全措施后十五日内不起诉的,人民法院应当解除证据保全。"

四十二、增加一条,作为第五十八条:"商标注册人或者利害关系人有证据证明他人正在实施或者即将实施侵犯其注册商标专用权的行为,如不及时制止,将会使其合法权益受到难以弥补的损害的,可以在起诉前向人民法院申请采取责令停止有关行为和财产保全的措施。

"人民法院处理前款申请,适用《中华人民共和国民事诉讼法》第九十三条至第九十六条和第九十九条的规定。"

四十三、第四十条改为第五十九条,第一款修改为:"未经商标注册人许可,在同一种商品上使用与其注册商标相同的商标,构成犯罪的,除赔偿被侵权人的损失外,依法追究刑事责任。"

四十四、增加一条,作为第六十条:"从事商标注册、管理和复审工作的国家机关工作人员玩忽职守、滥用职权、徇私舞弊,违法办理商标注册、管理和复审事项,收受当事人财物,牟取不正当利益,构成犯罪的,依法追究刑事责任;尚不构成犯罪的,依法给予行政处分。"

四十五、删去第四十二条。

本决定自公布之日起施行。

《中华人民共和国商标法》根据本决定作相应的修改并对条款顺序作相应调整,重新公布。

中华人民共和国商标法(修正草案)
(三次审议稿)

目 录

第一章 总 则
第二章 商标注册的申请
第三章 商标注册的审查和核准
第四章 注册商标的续展、转让和使用许可
第五章 注册商标争议的裁定
第六章 商标使用的管理
第七章 注册商标专用权的保护
第八章 附 则

第一章 总 则

第一条 为了加强商标管理,保护商标专用权,促使生产、经营者保证商品和服务质量,维护商标信誉,以保障消费者的利益,促进社会主义市场经济的发展,特制定本法。

第二条 国务院工商行政管理部门商标局主管全国商标注册和管理的工作。

国务院工商行政管理部门设立商标评审委员会,负责处理商标争议事宜。

第三条 经商标局核准注册的商标为注册商标,包括商品商标、服务商标和集体商标、证明商标;商标注册人享有商标专用权,受法律保护。

本法所称集体商标,是指以团体、协会或者其他组织名义注册,供该组织成员在商事活动中使用,以表明使用者在该组织中的成员资格的标志。

本法所称证明商标,是指由对某种商品或者服务具有监督能力的组织所控制,而由该组织以外的单位或者个人使用于其商品或者服务,用以证明该商品或者服务的原产地、原料、制造方法、质量或者其他特定品质的标志。

集体商标、证明商标注册和管理的特殊事项,由国务院工商行政管理部门规定。

第四条 自然人、法人或者其他组织对其生产、制造、加工、拣选或者经销的商

品,需要取得商标专用权的,应当向商标局申请商品商标注册。

自然人、法人或者其他组织对其提供的服务项目,需要取得商标专用权的,应当向商标局申请服务商标注册。

本法有关商品商标的规定,适用于服务商标。

第五条 两个以上的自然人、法人或者其他组织可以共同申请注册同一商标。

第六条 国家规定必须使用注册商标的商品,必须申请商标注册,未经核准注册的,不得在市场销售。

第七条 商标使用人应当对其使用商标的商品质量负责。各级工商行政管理部门应当通过商标管理,制止欺骗消费者的行为。

第八条 任何能够将自然人、法人或者其他组织的商品与他人的商品区别开的可视性标志,包括文字、图形、字母、数字、三维标志和颜色组合,以及上述要素的组合,均可以作为商标申请注册。

第九条 申请注册的商标,应当有显著特征,便于识别,并不得与他人在先取得的合法权利相冲突。

商标注册人有权标明"注册商标"或者注册标记。

第十条 以三维标志申请注册商标的,仅由商品自身的性质产生的形状、为获得技术效果而需有的商品形状或者使商品具有实质性价值的形状,不得注册。

第十一条 下列标志不得作为商标使用:

(一)同中华人民共和国的国家名称、国旗、国徽、军旗、勋章相同或者近似的,以及同中央国家机关所在地特定地点的名称或者标志性建筑物的名称、图形相同的;

(二)同外国的国家名称、国旗、国徽、军旗相同或者近似的,但该国政府同意的除外;

(三)同政府间国际组织的名称、旗帜、徽记相同或者近似的,但经该组织同意或者不易误导公众的除外;

(四)与表明实施控制、予以保证的官方标志、检验印记相同或者近似的,但经授权的除外;

(五)同"红十字"、"红新月"的名称、标志相同或者近似的;

(六)带有民族歧视性的;

(七)夸大宣传并带有欺骗性的;

(八)有害于社会主义道德风尚或者有其他不良影响的。

县级以上行政区划的地名或者公众知晓的外国地名,不得作为商标。但是,地名具有其他含义或者作为集体商标、证明商标组成部分的除外;已经注册的使用地名的商标继续有效。

第十二条 下列标志不得作为商标注册:

(一)仅有本商品的通用名称、图形、型号;

(二)仅仅直接表示商品的质量、主要原料、功能、用途、重量、数量及其他特点的;

(三)缺乏显著特征的。

前款所列标志经过使用取得显著特征,并便于识别的,可以作为商标注册。

第十三条 就相同或者类似商品申请注册的商标是复制、摹仿或者翻译他人未在中国注册的驰名商标,容易导致混淆的,不予注册并禁止使用。

就不相同或者不相类似商品申请注册的商标是复制、摹仿或者翻译他人已经在中国注册的驰名商标,误导公众,致使该驰名商标注册人的利益可能受到损害的,不予注册并禁止使用。

第十四条 认定驰名商标应当考虑下列因素:
(一)相关公众对该商标的知晓程度;
(二)该商标使用的持续时间;
(三)该商标的任何宣传工作的持续时间、程度和地理范围;
(四)该商标作为驰名商标受保护的记录;
(五)该商标驰名的其他因素。

第十五条 未经授权,代理人或者代表人以自己的名义将被代理人或者被代表人的商标进行注册,被代理人或者被代表人提出异议的,不予注册并禁止使用。

第十六条 商标中有商品的地理标志,而该商品并非来源于该标志所标示的地区,误导公众的,不予注册并禁止使用;但是,已经注册的继续有效。

前款所称地理标志,是指标示某商品来源于某地区,该商品的特定质量、信誉或者其他特征,主要由该地区的自然因素或者人文因素所决定的标志。

第十七条 外国人或者外国企业在中国申请商标注册的,应当按其所属国和中华人民共和国签订的协议或者共同参加的国际条约办理,或者按对等原则办理。

第十八条 外国人或者外国企业在中国申请商标注册和办理其他商标事宜的,应当委托国家认可的具有商标代理资格的组织代理。

第二章 商标注册的申请

第十九条 申请商标注册的,应当按规定的商品分类表填报使用商标的商品类别和商品名称。

第二十条 商标注册申请人在不同类别的商品上申请注册同一商标的,应当按商品分类表提出注册申请。

第二十一条 注册商标需要在同一类的其他商品上使用的,应当另行提出注册申请。

第二十二条 注册商标需要改变其标志的,应当重新提出注册申请。

第二十三条 注册商标需要变更注册人的名义、地址或者其他注册事项的,应当提出变更申请。

第二十四条 商标注册申请人自其商标在外国第一次提出商标注册申请之日起六个月内,又在中国就相同商品以同一商标提出商标注册申请的,依照该外国同中国签订的协议或者共同参加的国际条约,或者按照相互承认优先权的原则,可以享有优先权。

依照前款要求优先权的,应当在提出商标注册申请的时候提出书面声明,并且在三个月内提交第一次提出的商标注册申请文件的副本;未提出书面声明或者逾期未提交商标注册申请文件副本的,视为未要求优先权。

第二十五条　商标在中国政府主办的或者承认的国际展览会展出的商品上首次使用的,自该商品展出之日起六个月内,该商标的注册申请人可以享有优先权。

依照前款要求优先权的,应当在提出商标注册申请的时候提出书面声明,并且在三个月内提交展出其商品的展览会名称、在展出商品上使用该商标的证据、展出日期等证明文件;未提出书面声明或者逾期未提交证明文件的,视为未要求优先权。

第二十六条　为申请商标注册所申报的事项和所提供的材料应当真实、准确、完整。

第三章　商标注册的审查和核准

第二十七条　申请注册的商标,凡符合本法有关规定的,由商标局初步审定,予以公告。

第二十八条　申请注册的商标,凡不符合本法有关规定或者同他人在同一种商品或者类似商品上已经注册的或者初步审定的商标相同或者近似的,由商标局驳回申请,不予公告。

第二十九条　两个或者两个以上的商标注册申请人,在同一种商品或者类似商品上,以相同或者近似的商标申请注册的,初步审定并公告申请在先的商标;同一天申请的,初步审定并公告使用在先的商标,驳回其他人的申请,不予公告。

第三十条　对初步审定的商标,自公告之日起三个月内,任何人均可以提出异议。公告期满无异议的,予以核准注册,发给商标注册证,并予公告。

第三十一条　申请商标注册不应损害他人现有的在先权利,也不应以不正当手段抢先注册他人已经使用并有一定影响的商标。

第三十二条　对驳回申请、不予公告的商标,商标局应当书面通知商标注册申请人。商标注册申请人不服的,可以自收到通知之日起十五日内向商标评审委员会申请复审,由商标评审委员会做出决定,并书面通知申请人。

当事人对商标评审委员会的决定不服的,可以自收到通知之日起三十日内向人民法院起诉。

第三十三条　对初步审定、予以公告的商标提出异议的,商标局应当听取异议人和被异议人陈述事实和理由,经调查核实后,做出裁定。当事人不服的,可以自收到通知之日起十五日内向商标评审委员会申请复审,由商标评审委员会做出裁定,并书面通知异议人和被异议人。

当事人对商标评审委员会的裁定不服的,可以自收到通知之日起三十日内向人民法院起诉。人民法院应当通知商标复审程序的对方当事人作为第三人参加诉讼。

第三十四条 当事人在法定期限内对商标局做出的裁定不申请复审或者对商标评审委员会作出的裁定不向人民法院起诉的,裁定生效。

经裁定异议不能成立的,予以核准注册,发给商标注册证,并予公告;经裁定异议成立的,不予核准注册。

经裁定异议不能成立而核准注册的,商标注册申请人取得商标专用权的时间自初审公告三个月期满之日起计算。

第三十五条 对商标注册申请和商标复审申请应当及时进行审查。

第三十六条 商标注册申请人或者注册人发现商标申请文件或者注册文件有明显错误的,可以申请更正。商标局依法在其职权范围内作出更正,并通知当事人。

前款所称更正错误不涉及商标申请文件或者注册文件的实质性内容。

第四章 注册商标的续展、转让和使用许可

第三十七条 注册商标的有效期为十年,自核准注册之日起计算。

第三十八条 注册商标有效期满,需要继续使用的,应当在期满前六个月内申请续展注册;在此期间未能提出申请的,可以给予六个月的宽展期。宽展期满仍未提出申请的,注销其注册商标。

每次续展注册的有效期为十年。

续展注册经核准后,予以公告。

第三十九条 转让注册商标的,转让人和受让人应当签订转让协议,并共同向商标局提出申请。受让人应当保证使用该注册商标的商品质量。

转让注册商标经核准后,予以公告。受让人自公告之日起享有商标专用权。

第四十条 商标注册人可以通过签订商标使用许可合同,许可他人使用其注册商标。许可人应当监督被许可人使用其注册商标的商品质量。被许可人应当保证使用该注册商标的商品质量。

经许可使用他人注册商标的,必须在使用该注册商标的商品上标明被许可人的名称和商品产地。

商标使用许可合同应当报商标局备案。

第五章 注册商标争议的裁定

第四十一条 已经注册的商标,违反本法第十一条、第十二条规定的,或者是以欺骗手段或者其他不正当手段取得注册的,由商标局撤销该注册商标;其他单位或者个人可以请求商标评审委员会裁定撤销该注册商标。

已经注册的商标,违反本法第十三条、第十五条、第十六条、第三十一条规定的,自商标注册之日起五年内,商标所有人或者利害关系人可以请求商标评审委员会裁定撤销该注册商标。对恶意注册的,驰名商标所有人不受五年的时间限制。

除前两款规定的情形外,对已经注册的商标有争议的,可以自该商标经核准注册之日起五年内,向商标评审委员会申请裁定。

商标评审委员会收到裁定申请后,应当通知有关当事人,并限期提出答辩。

第四十二条 对核准注册前已经提出异议并经裁定的商标,不得再以相同的事实和理由申请裁定。

第四十三条 商标评审委员会做出维持或者撤销注册商标的裁定后,应当书面通知有关当事人。

当事人对商标评审委员会的裁定不服的,可以自收到通知之日起三十日内向人民法院起诉。人民法院应当通知商标裁定程序的对方当事人作为第三人参加诉讼。

第六章 商标使用的管理

第四十四条 使用注册商标,有下列行为之一的,由商标局责令限期改正或者撤销其注册商标:
（一）自行改变注册商标的；
（二）自行改变注册商标的注册人名义、地址或者其他注册事项的；
（三）自行转让注册商标的；
（四）连续三年停止使用的。

第四十五条 使用注册商标,其商品粗制滥造,以次充好,欺骗消费者的,由各级工商行政管理部门分别不同情况,责令限期改正,并可以予以通报或者处以罚款,或者由商标局撤销其注册商标。

第四十六条 注册商标被撤销的或者期满不再续展的,自撤销或者注销之日起一年内,商标局对与该商标相同或者近似的商标注册申请,不予核准。

第四十七条 违反本法第六条规定的,由地方工商行政管理部门责令限期申请注册,可以并处罚款。

第四十八条 使用未注册商标,有下列行为之一的,由地方工商行政管理部门予以制止,限期改正,并可以予以通报或者处以罚款:
（一）冒充注册商标的；
（二）违反本法第十一条规定的；
（三）粗制滥造,以次充好,欺骗消费者的。

第四十九条 对商标局撤销注册商标的决定,当事人不服的,可以自收到通知之日起十五日内向商标评审委员会申请复审,由商标评审委员会做出决定,并书面通知申请人。

当事人对商标评审委员会的决定不服的,可以自收到通知之日起三十日内向人民法院起诉。

第五十条 对工商行政管理部门根据本法第四十五条、第四十七条、第四十八条的规定做出的罚款决定,当事人不服的,可以自收到通知之日起十五日内,向人民法院起诉;期满不起诉又不履行的,由有关工商行政管理部门申请人民法院强制执行。

第七章 注册商标专用权的保护

第五十一条 注册商标的专用权,以核准注册的商标和核定使用的商品为限。

第五十二条 有下列行为之一的,均属侵犯注册商标专用权:

(一)未经商标注册人的许可,在同一种商品或者类似商品上使用与其注册商标相同或者近似的商标的;

(二)销售侵犯注册商标专用权的商品的;

(三)伪造、擅自制造他人注册商标标识或者销售伪造、擅自制造的注册商标标识的;

(四)给他人的注册商标专用权造成其他损害的。

第五十三条 有本法第五十二条所列侵犯注册商标专用权行为之一,引起纠纷的,由当事人协商解决;不愿协商或者协商不成的,商标注册人或者利害关系人可以向人民法院起诉,也可以请求工商行政管理部门处理。工商行政管理部门处理时,认定侵权行为成立的,责令立即停止侵权行为,没收、销毁侵权商品和专门用于制造侵权商品、伪造注册商标标识的工具,并可处以罚款。当事人对处理决定不服的,可以自收到处理通知之日起十五日内依照《中华人民共和国行政诉讼法》向人民法院起诉;侵权人期满不起诉又不履行的,工商行政管理部门可以申请人民法院强制执行。进行处理的工商行政管理部门根据当事人的请求,可以就侵犯商标专用权的赔偿数额进行调解;调解不成的,当事人可以依照《中华人民共和国民事诉讼法》向人民法院起诉。

第五十四条 对侵犯注册商标专用权的行为,工商行政管理部门有权依法查处;涉嫌犯罪的,应当及时移送司法机关依法处理。

第五十五条 县级以上工商行政管理部门根据已经取得的违法嫌疑证据或者举报,对涉嫌侵犯他人注册商标专用权的行为进行查处时,可以行使下列职权:

(一)询问有关当事人,调查与侵犯他人注册商标专用权有关的情况;

(二)查阅、复制当事人与侵权活动有关的合同、发票、账簿以及其他有关资料;

(三)对当事人涉嫌从事侵犯他人注册商标专用权活动的场所实施现场检查;

(四)检查与侵权活动有关的物品;对有根据认为是侵犯他人注册商标专用权的物品,可以查封或者扣押。

工商行政管理部门依法行使前款规定的职权时,当事人应当予以协助、配合,不得拒绝、阻挠。

第五十六条 侵犯商标专用权的赔偿数额,为侵权人在侵权期间因侵权所获得的利益,或者被侵权人在被侵权期间因被侵权所受到的损失,包括侵权人为制止侵权行为所支付的合理开支。

前款所称侵权人因侵权所得利益,或者被侵权人因被侵权所受损失难以确定的,由人民法院根据侵权行为的情节判决给予五十万元以下的赔偿。

销售不知道是侵犯注册商标专用权的商品,能证明该商品是自己合法取得的并说明提供者的,不承担赔偿责任。

第五十七条 在证据可能灭失或者以后难以取得的情况下,商标注册人或者利害关系人可以在起诉前向人民法院申请保全证据。

人民法院接受申请后,必须在四十八小时内做出裁定;裁定采取证据保全措施的,应当立即开始执行。

人民法院可以责令申请人提供担保,申请人不提供担保的,驳回申请。

申请人在人民法院采取保全措施后十五日内不起诉的,人民法院应当解除证据保全。

第五十八条 商标注册人或者利害关系人有证据证明他人正在实施或者即将实施侵犯其注册商标专用权的行为,如不及时制止,将会使其合法权益受到难以弥补的损害的,可以在起诉前向人民法院申请采取责令停止有关行为和财产保全的措施。

人民法院处理前款申请,适用《中华人民共和国民事诉讼法》第九十三条至第九十六条和第九十九条的规定。

第五十九条 未经商标注册人许可,在同一种商品上使用与其注册商标相同的商标,构成犯罪的,除赔偿被侵权人的损失外,依法追究刑事责任。

伪造、擅自制造他人注册商标标识或者销售伪造、擅自制造的注册商标标识,构成犯罪的,除赔偿被侵权人的损失外,依法追究刑事责任。

销售明知是假冒注册商标的商品,构成犯罪的,除赔偿被侵权人的损失外,依法追究刑事责任。

第六十条 从事商标注册、管理和复审工作的国家机关工作人员玩忽职守、滥用职权、徇私舞弊,违法办理商标注册、管理和复审事项,收受当事人财物,牟取不正当利益,构成犯罪的,依法追究刑事责任;尚不构成犯罪的,依法给予行政处分。

第八章 附 则

第六十一条 申请商标注册和办理其他商标事宜的,应当缴纳费用,具体收费标准另定。

第六十二条 本法自1983年3月1日起施行。1963年4月10日国务院公布的《商标管理条例》同时废止;其他有关商标管理的规定,凡与本法抵触的,同时失效。

本法施行前已经注册的商标继续有效。

> 全国人大法律委员会关于《中华人民共和国商标法修正案（草案）》审议结果的报告（三次审议稿说明）
>
> 2001年10月17日在第九届全国人民代表大会常务委员会第二十四次会议上
>
> 全国人大法律委员会副主任委员　胡光宝

全国人民代表大会常务委员会：

九届全国人大常委会第二十一次会议对商标法修正案（草案二次审议稿）进行了审议。许多委员认为，草案二次审议稿修改得比较好，内容基本可行。同时提出一些修改意见。法制工作委员会的有关负责同志就审议中提出的主要问题，到上海进行调查研究，征求有关部门、专家和企业的意见。法律委员会、法制工作委员会和国务院有关部门的负责同志还就有关问题进行了协商、讨论。法律委员会于10月12日召开会议，根据常委会的审议意见和各有关方面的意见，对草案修改稿进行了审议。财政经济委员会和国务院有关部门的负责同志列席了会议。10月16日法律委员会再次进行了审议。法律委员会认为，商标法修正案（草案）经过常委会两次审议和修改，主要规范是可行的，能适应我国完善商标保护制度和加入世界贸易组织的需要。同时提出以下主要修改意见：

一、有的常委委员、部门、专家提出，在证明商标中可以将商品的原产地列为一项内容，作为知识产权加以保护，对此在草案中应当有明确表述。因此，法律委员会建议将草案二次审议稿第二条第三款修改为："本法所称证明商标，是指由对某种商品或者服务具有监督能力的组织所控制，而由该组织以外的单位或者个人使用于其商品或者服务，用以证明该商品或者服务的原产地、原料、制造方法、质量或者其他特定品质的标志。"（修改决定草案第三条第三款）

二、有的部门、专家提出，在我国现实生活中，有些企业或个人需要共同申请注册同一商标，并共同享有同一商标专用权，草案中应当对此作出规定。因此，法律委员会建议增加一条规定："两个以上的自然人、法人或者其他组织可以共同申请注册同一商标。"（修改决定草案第五条）

三、有的常委委员、财政经济委员会和有的部门提出，商标管理的作用主要在于防止假冒，制止欺骗消费者的行为，通过商标管理来直接监督商品质量比较难以操作。因此，法律委员会建议将现行商标法第六条修改为："商标使用人应当对其使用商标的商品质量负责。各级工商行政管理部门应当通过商标管理，制止欺骗消费者的行为。"（修改决定草案第六条）

四、有的部门、专家提出，我国实行商标自愿注册原则，因而对商标标志使用的管理应当区分注册商标和未注册商标两种情况,分别规定普遍适用的禁止性事项和只对注册商标适用的特定要求,以使有关规定更为准确和利于操作。因此,法律委员会建议将草案二次审议稿第七条第(六)项、第(七)项单列为一条,修改为:"下列标志不得作为商标注册:(一)仅有本商品的通用名称、图形、型号;(二)仅仅直接表示商品的质量、主要原料、功能、用途、重量、数量及其他特点的;(三)缺乏显著特征的。""前款所列标志经过使用取得显著特征,并便于识别的,可以作为商标注册。"(修改决定草案第十一条)

五、一些常委委员、部门、专家提出,保护驰名商标是有必要的,但是应在法律中明确规定认定驰名商标的基本标准。因此,法律委员会建议增加一条规定:"认定驰名商标应当考虑下列因素:(一)相关公众对该商标的知晓程度;(二)该商标使用的持续时间;(三)该商标的任何宣传工作的持续时间,程度和地理范围;(四)该商标作为驰名商标受保护的记录;(五)该商标驰名的其他因素。"(修改决定草案第十三条)

六、有的常委委员、部门、专家提出,在这次修改商标法时,对商标注册中的一些异议事项由商标评审委员会作终局裁定改为可以进行诉讼,有关程序的规定需要作出相应调整并补充一些相关内容。因此,法律委员会建议对有关条款作出如下修改:

(一)将现行商标法第十九条修改为:"对初步审定的商标,自公告之日起三个月内,任何人均可以提出异议。公告期满无异议的,予以核准注册,发给商标注册证,并予公告。"(修改决定草案第二十三条)

(二)增加一条规定:"当事人在法定期限内对商标局做出的裁定不申请复审或者对商标评审委员会做出的裁定不向人民法院起诉的,裁定生效。""经裁定异议不能成立的,予以核准注册,发给商标注册证,并予公告;经裁定异议成立的,不予核准注册。""经裁定异议不能成立而核准注册的,商标注册申请人取得商标专用权的时间自初审公告三个月期满之日起计算。"(修改决定草案第二十七条)

七、有的常委委员、部门、专家提出,对于草案二次审议稿第十六条中有关申请商标注册的规定,应进一步明确为不能以不正当手段抢注他人已经使用并有一定影响的商标,以保护商标使用人的正当权益。因此,法律委员会建议将草案二次审议稿第十六条修改为:"申请商标注册不应损害他人现有的在先权利,也不应以不正当手段抢先注册他人已经使用并有一定影响的商标。"(修改决定草案第二十四条)

八、有的部门提出,商标申请人、注册人发现其申请文件或注册文件中有比较明显的又是非实质性的文字或打印等方面的错误时,应当允许其申请作出更正。因此,法律委员会建议增加一条规定:"商标注册申请人或者注册人发现商标申请文件或者注册文件有明显错误的,可以申请更正。商标局依法在其职权范围内作出更正,并通知当事人。""前款所称更正错误不涉及商标申请文件或者注册文件的实质性内容。"(修改决定草案第二十九条)

九、有的部门、专家提出,转让注册商标的应当由双方当事人签订转让协议,并在转让事项经商标局核准在公告后,进一步明确商标专用权的转让从公告之日起生效。因此,法律委员会建议将现行商标法第二十五条修改为:"转让注册商标的,转让人和受让人应当签订转让协议,并共同向商标局提出申请。受让人应当保证使用该注册商标的商品质量。""转让注册商标经核准后,予以公告。受让人自公告之日起享有商标专用权。"(修改决定草案第三十条)

十、有的常委委员、部门、专家提出,为更好地保护商标注册相关利害人的正当权益,将注册商标专用权归属争议申请裁定的期限规定为五年较为适宜。因此,法律委员会建议将草案二次审议稿第二十条第三款中规定的对注册商标争议申请裁定的期限由"三年"改为"五年"。(修改决定草案第三十一条)

十一、有的常委委员、地方、部门提出,对于侵犯他人商标专用权、假冒商标的行为,应当加大打击力度,强化执法手段。因此,法律委员会建议增加一条规定:"县级以上工商行政管理部门根据已经取得的违法嫌疑证据或者举报,对涉嫌侵犯他人注册商标专用权的行为进行查处时,可以行使下列职权:(一)询问有关当事人,调查与侵犯他人注册商标专用权有关的情况;(二)查阅、复制当事人与侵权活动有关的合同、发票、账簿以及其他有关资料;(三)对当事人涉嫌从事侵犯他人注册商标专用权活动的场所实施现场检查;(四)检查与侵权活动有关的物品;对有根据认为是侵犯他人注册商标专用权的物品,可以查封或者扣押。""工商行政管理部门依法行使前款规定的职权时,当事人应当予以协助、配合,不得拒绝、阻挠。"(修改决定草案第三十九条)

十二、有的常委委员、部门提出,草案二次审议稿第二十五条所规定的销售不知道是侵犯商标专用权商品的行为,销售者如果能证明自己是通过合法途径取得商品的并能够说明提供者的,则不应承担赔偿责任。因此,法律委员会建议在草案二次审议稿第二十八条增加一款规定:"销售不知道是侵犯注册商标专用权的商品,能证明该商品是自己合法取得的并说明提供者的,不承担赔偿责任。"(修改决定草案第四十条第三款)同时删去草案二次审议稿第二十五条中的相关规定。

十三、有的常委委员、部门、专家提出,为有利于打击假冒商标的行为,应赋予商标注册人或利害关系人向人民法院申请诉前证据保全的权利,并对诉前证据保全作出相应的程序规定。因此,法律委员会建议增加一条规定:"在证据可能灭失或者以后难以取得的情况下,商标注册人或者利害关系人可以在起诉前向人民法院申请保全证据。""人民法院接受申请后,必须在四十八小时内做出裁定;裁定采取证据保全措施的,应当立即开始执行。""人民法院可以责令申请人提供担保,申请人不提供担保的,驳回申请。""申请人在人民法院责令停止侵害行为或者采取保全措施后十五日内不起诉的,人民法院应当解除证据保全。"(修改决定草案第四十一条)

十四、有的常委委员提出,对负责商标注册、管理、复审的工作人员违法办理商标注册、管理、复审事项,收受当事人财物,利用职权谋取不正当利益的,应当追究法律责任。因此,法律委员会建议将草案二次审议稿第三十一条修改为:"从事商标注册、管理和复审工作的国家机关工作人员玩忽职守、滥用职权、徇私舞弊,违法办理商标注册、管理和复审事项,收受当事人财物,牟取不正当利益,构成犯罪的,依法追究刑事责任;尚不构成犯罪的,依法给予行政处分。"(修改决定草案第四十四条)

此外,还对修正案草案二次审议稿作了一些文字修改。

法律委员会已按照上述意见提出关于修改商标法的决定(草案),建议经本次常委会会议审议通过。

修改决定草案和以上意见是否妥当,请审议。

全国人大法律委员会
2001年10月17日

全国人大法律委员会关于修改著作权法的决定(草案)、关于修改商标法的决定(草案)、职业病防治法(草案)、海域使用管理法(草案)和修改工会法的决定(草案)修改意见的书面报告(节选)

2001年10月27日在第九届全国人民代表大会常务委员会第二十四次会议上

全国人大法律委员会主任委员　王维澄

全国人民代表大会常务委员会：

本次会议于2001年10月22日下午、23日上午、23日下午、24日上午对关于修改著作权法的决定(草案)、关于修改商标法的决定(草案)、职业病防治法(草案三次审议稿)、海域使用管理法(草案三次审议稿)、关于修改工会法的决定(草案)分组进行了审议。大家认为，上述五个法律草案吸收了常委会组成人员和地方、部门、专家的意见，已经比较成熟，建议本次常委会会议通过。同时，也提出了一些修改意见。法律委员会于10月23日下午、24日上午、24日下午、25日上午、25日下午召开会议，教育科学文化卫生委员会、环境与资源保护委员会、内务司法委员会的负责同志和财政经济委员会的有关同志分别列席了会议，逐条研究了委员们的意见，提出了进一步修改意见。

一、关于修改著作权法的决定(草案)(略)

二、关于修改商标法的决定(草案)

(一)有的常委员提出，加强商标管理不仅为保障消费者的利益，也包括了保障生产经营者的合法权益，在本法立法目的中应体现这一内容。因此，法律委员会建议将草案第一条修改为："为了加强商标管理，保护商标专用权，促使生产、经营者保证商品和服务质量，维护商标信誉，以保障消费者和生产、经营者的利益，促进社会主义市场经济的发展，特制定本法。"

(二)有的常委员提出，对两个以上的申请人共同注册同一商标的，应进一步明确规定由注册人共同享有和行使该商标专用权。因此，法律委员会建议将草案第五条修改为："两个以上的自然人、法人或者其他组织可以共同向商标局申请注册同一商标，共同享有和行使该商标专用权。"

(三)有的常委员提出，商标中有误导公众的地理标志的应当禁止使用，但是对已经善意注册的此类商标,应当承认其继续有效。因此,法律委员会建议将草案第十五条第一款修改为:"商标中有商品的地理标志,而该商品并非来源于该标志所标示的地区,误导公众的,不予注册并禁止使用;但是,已经善意取得注册的继续有效。"

(四)有的常委委员、专家提出,现在有的企业未经商标注册人同意,擅自将他人在商品上使用的注册商标去掉,换上自己的商标后投入市场销售,这种行为妨碍了他人的商品创名牌,应当加以限制。因此,法律委员会建议在草案第三十六条列举的侵犯注册商标专用权的行为中增加一项内容:"未经商标注册人同意,更换其注册商标并将该更换商标的商品又投入市场的。"

(五)有的常委委员提出,草案第三十九条赋予工商行政管理部门查封、扣押权,对行使这项权力的条件应当更为明确地规定是有证据证明的侵权行为。因此,法律委员会建议将草案第三十九条第(四)项修改为:"检查与侵权活动有关的物品;对有证据证明是侵犯他人注册商标专用权的物品,可以查封或者扣押。"

(六)有些常委委员提出,对商标管理部门及其工作人员的执法活动和管理活动应该确立严格的行为规范,并应加强监督。因此,法律委员会建议增加两条规定:

1."从事商标注册、管理和复审工作的国家机关工作人员必须秉公执法,廉洁自律,忠于职守,文明服务。""商标局、商标评审委员会以及从事商标注册、管理和复审工作的国家机关工作人员不得从事商标代理业务和商品生产经营活动。"

2."工商行政管理部门应当建立健全内部监督制度,对负责商标注册、管理和复审工作的国家机关工作人员执行法律、行政法规和遵守纪律的情况,进行监督检查。"

(七)草案第四十一条规定,在证据可能灭失或者以后难以取得的情况下,商标注册人或者利害关系人可以在起诉前向人民法院申请保全证据。最高人民法院提出,本条规定的申请证据保全措施的范围过宽,应当有所限制。因此,法律委员会建议将草案第四十一条第一款修改为:"为制止侵权行为,在证据可能灭失或者以后难以取得的情况下,商标注册人或者利害关系人可以在起诉前向人民法院申请保全证据。"

三、关于职业病防治法(草案三次审议稿)(略)

四、关于海域使用管理法(草案三次审议稿)(略)

五、关于修改工会法的决定(草案)(略)

此外,还对五个法律草案作了一些文字修改。
以上修改意见,请审议。

(二) 2013年修改

中华人民共和国商标法(修订草案征求意见稿)

国务院法制办 2011年9月1日

第一章 总 则

第一条 为了加强商标管理,保护商标专用权,促使生产、经营者保证商品和服务质量,维护商标信誉,以保障消费者和生产、经营者的利益,促进社会主义市场经济的发展,特制定本法。

第二条 国务院工商行政管理部门商标局主管全国商标注册和管理的工作。

国务院工商行政管理部门设立商标评审委员会,负责处理商标争议事宜。

第三条 经商标局核准注册的商标为注册商标,包括商品商标、服务商标和集体商标、证明商标;商标注册人享有商标专用权,受法律保护。

本法所称集体商标,是指以团体、协会或者其他组织名义注册,供该组织成员在商事活动中使用,以表明使用者在该组织中的成员资格的标志。

本法所称证明商标,是指由对某种商品或者服务具有监督能力的组织所控制,而由该组织以外的单位或者个人使用于其商品或者服务,用以证明该商品或者服务的原产地、原料、制造方法、质量或者其他特定品质的标志。

集体商标、证明商标注册和管理的特殊事项,由国务院工商行政管理部门规定。

第四条 自然人、法人或者其他组织对其生产、制造、加工、拣选或者经销的商品,需要取得商标专用权的,应当向商标局申请商品商标注册。

自然人、法人或者其他组织对其提供的服务项目,需要取得商标专用权的,应当向商标局申请服务商标注册。

本法有关商品商标的规定,适用于服务商标。

第五条 两个以上的自然人、法人或者其他组织可以共同向商标局申请注册同一商标,共同享有和行使该商标专用权。

第六条 国家规定必须使用注册商标的商品,必须申请商标注册。未经核准注册的,不得在市场销售。

第七条 商标使用人应当对其使用商标的商品质量负责。各级工商行政管理部门应当通过商标管理，制止欺骗消费者的行为。

第八条 任何能够将自然人、法人或者其他组织的商品与他人的商品区别开的标志，包括文字、图形、字母、数字、三维标志、颜色和声音，以及上述要素的组合，均可以作为商标申请注册。

第九条 申请注册的商标，应当有显著特征，便于识别，并不得与他人在先取得的合法权利相冲突。

商标注册人有权标明"注册商标"或者注册标记。

第十条 下列标志不得作为商标使用：

（一）同中华人民共和国的国家名称、国旗、国徽、军旗、军徽、勋章相同或者近似的，以及同中央国家机关的名称、标志及其所在地特定地点的名称或者标志性建筑物的名称、图形相同的；

（二）同外国的国家名称、国旗、国徽、军旗相同或者近似的，但该国政府同意的除外；

（三）同政府间国际组织的名称、旗帜、徽记相同或者近似的，但经该组织同意或者不易误导公众的除外；

（四）与表明实施控制、予以保证的官方标志、检验印记相同或者近似的，但经授权的除外；

（五）同"红十字"、"红新月"的名称、标志相同或者近似的；

（六）带有民族、种族歧视性的；

（七）带有欺骗性，容易使公众对商品的质量或者产地等特点产生误认的；

（八）有害于社会主义道德风尚或者有其他不良影响的。

县级以上行政区划的地名或者公众知晓的外国地名，不得作为商标。但是，地名具有其他含义或者作为集体商标、证明商标组成部分的除外；已经注册的使用地名的商标继续有效。

第十一条 下列标志不得作为商标注册：

（一）仅有本商品的通用名称、图形、型号的；

（二）仅仅直接表示商品的质量、主要原料、功能、用途、重量、数量及其他特点的；

（三）其他缺乏显著特征的。

前款第（二）项、第（三）项所列标志经过使用取得显著特征，并便于识别的，可以作为商标注册。

第十二条 以三维标志申请注册商标的，仅由商品自身的性质产生的形状、为获得技术效果而需有的商品形状或者使商品具有实质性价值的形状，不得注册。

第十三条 就相同或者类似商品申请注册的商标是复制、摹仿或者翻译他人未在中国注册的驰名商标，容易导致混淆的，不予注册并禁止使用。

就不相同或者不相类似商品申请注册的商标是复制、摹仿或者翻译他人已经在中国注册的驰名商标，误导公众，致使该驰名商标注册人的利益可能受到损害的，不予注册并禁止使用。

第十四条 驰名商标应当在商标注册、评审、管理等行政处理程序和商标民事纠纷诉讼程序中,根据案件当事人的请求进行认定。

认定驰名商标应当考虑下列因素:

(一)相关公众对该商标的知晓程度;

(二)该商标使用的持续时间;

(三)该商标的任何宣传工作的持续时间、程度和地理范围;

(四)该商标作为驰名商标受保护的记录;

(五)该商标驰名的其他因素。

著名商标的认定和保护按照地方性法规、地方政府规章办理。

第十五条 未经授权,代理人或者代表人以自己的名义将代理人或者被代表人的商标进行注册,被代理人或者被代表人提出异议的,不予注册并禁止使用。

第十六条 商标中有商品的地理标志,而该商品并非来源于该标志所标示的地区,误导公众的,不予注册并禁止使用;但是,已经善意取得注册的继续有效。

前款所称地理标志,是指标示某商品来源于某地区,该商品的特定质量、信誉或者其他特征,主要由该地区的自然因素或者人文因素所决定的标志。

地理标志可以作为证明商标或者集体商标申请注册,取得商标专用权。

第十七条 外国人或者外国企业在中国申请商标注册的,应当按其所属国和中华人民共和国签订的协议或者共同参加的国际条约办理,或者按对等原则办理。

第十八条 外国人或者外国企业在中国申请商标注册和办理其他商标事宜的,应当委托国家认可的具有商标代理资格的组织代理。

第十九条 商标国际注册依照中华人民共和国加入的有关国际条约办理。具体申请办法由国务院工商行政管理部门规定。

第二十条 商标代理组织应当遵守法律、行政法规,按照被代理人的委托办理商标注册申请或者其他商标事宜,不得损害被代理人的利益。

工商行政管理部门应当加强对商标代理组织的监督管理。

第二章 商标注册的申请

第二十一条 申请商标注册的,应当按规定的商品分类表填报使用商标的商品类别和商品名称。

商标注册申请等有关文件,可以以纸质书面方式或者电子方式提出。以纸质书面方式提出的,应当打字或者印刷。

第二十二条 商标注册申请人在不同类别的商品上申请注册同一商标的,应当按商品分类表提出注册申请。

通过一份申请就多个类别的商品申请注册同一商标的具体办法由国务院工商行政管理部门规定。

第二十三条 注册商标需要在核准使用范围之外的商品上使用的,应当另行提出注册申请。

第二十四条 注册商标需要改变其标志的,应当重新提出注册申请。

第二十五条 商标注册的申请日期,以商标局收到申请文件的日期为准。

第二十六条 在商标局做出初步审定公告前,申请人可以向商标局申请变更其名义、地址、代理人或者删减指定的商品,也可以申请转让其商标注册申请;变更商标注册人名义或者地址的申请提出后不可撤回。

第二十七条 商标注册申请人自其商标在外国第一次提出商标注册申请之日起六个月内,又在中国就相同商品以同一商标提出商标注册申请的,依照该外国同中国签订的协议或者共同参加的国际条约,或者按照相互承认优先权的原则,可以享有优先权。

依照前款要求优先权的,应当在提出商标注册申请的时候提出书面声明,并且在三个月内提交第一次提出的商标注册申请文件的副本;未提出书面声明或者逾期未提交商标注册申请文件副本的,视为未要求优先权。

第二十八条 商标在中国政府主办的或者承认的国际展览会展出的商品上首次使用的,自该商品展出之日起六个月内,该商标的注册申请人可以享有优先权。

依照前款要求优先权的,应当在提出商标注册申请的时候提出书面声明,并且在三个月内提交展出其商品的展览会名称、在展出商品上使用该商标的证据、展出日期等证明文件;未提出书面声明或者逾期未提交证明文件的,视为未要求优先权。

第二十九条 为申请商标注册所申报的事项和所提供的材料应当真实、准确、完整。

第三章 商标注册的审查和核准

第三十条 申请注册的商标,凡符合本法有关规定的,由商标局初步审定,予以公告。

第三十一条 申请注册的商标,凡不符合本法有关规定或者同他人在同一种商品或者类似商品上已经注册的或者初步审定的商标相同或者近似的,由商标局驳回申请,不予公告。

第三十二条 在审查程序中,商标局认为商标注册申请内容需要说明或者修正的,可以向申请人发送《审查意见书》,要求其自收到之日起三十日内做出说明或者修正。申请人逾期未做出答复的,不影响商标局做出决定。

第三十三条 两个或者两个以上的商标注册申请人,在同一种商品或者类似商品上,以相同或者近似的商标申请注册的,初步审定并公告申请在先的商标;同一天申请的,初步审定并公告使用在先的商标,驳回其他人的申请,不予公告。

第三十四条
(方案一)

申请商标注册不得损害他人现有的其他在先权利,也不得以不正当手段抢先注册他人已经使用并有一定影响的商标。

(方案二)

申请商标注册不得损害他人现有的其他在先权利,也不得以不正当手段抢先注册他人已经使用并有一定影响的商标。

申请商标在相同或者类似商品上与他人在中国在先使用的商标相同或者近似,申请人因与该他人间具有合同、业务往来、地域关系或其他关系而明知该他人商标存在的,不予注册。

申请注册的商标是抄袭他人在不相同或者不相类似商品上有较强显著性且具有一定影响的注册商标,容易导致混淆的,不予注册。

第三十五条 已经初步审定公告的商标,商标局发现有违反本法规定情形的,或者是以欺骗手段或者其他不正当手段申请注册的,可以在该商标获准注册前撤销初步审定公告。

第三十六条 对初步审定的商标,自公告之日起三个月内,在先权利人或者利害关系人认为违反本法第十三条、第十五条、第十六条、第三十一条、第三十三条、第三十四条规定的,可以向商标局提出异议。公告期满无异议的,予以核准注册,发给商标注册证,并予公告。

第三十七条 对驳回申请、不予公告、撤销初步审定公告的商标,商标局应当书面通知商标注册申请人。商标注册申请人不服的,可以自收到通知之日起三十日内向商标评审委员会申请复审,由商标评审委员会做出决定,并书面通知申请人。

当事人对商标评审委员会的决定不服的,可以自收到通知之日起三十日内向人民法院起诉。

第三十八条 对初步审定、予以公告的商标提出异议的,商标局应当听取异议人和被异议人陈述事实和理由,经调查核实后,做出是否准予注册的决定,并书面通知异议人和被异议人。

商标局做出准予注册决定的,发给被异议人商标注册证,并予以公告。异议人不服的,可以依照本法第四十八条的规定向商标评审委员会请求撤销该注册商标。

商标局作出不予注册决定,被异议人不服的,可以自收到通知之日起三十日内向商标评审委员会提出不予注册复审申请。对商标评审委员会的决定不服的,可以自收到决定之日起三十日内向人民法院起诉。人民法院应当通知异议人作为第三人参加诉讼。

第三十九条 当事人在法定期限内对商标局依照本法第三十八条的规定做出的不予注册决定不申请复审或者对商标评审委员会做出的复审决定不向人民法院起诉的,不予注册决定或者复审决定生效。

经审查异议不成立而准予注册的商标,商标注册申请人取得商标专用权的时间自初审公告三个月期满之日起计算。

第四十条 对商标注册申请和商标复审申请应当及时进行审查。

第四十一条 商标注册申请人或者注册人发现商标申请文件或者注册文件有明显错误的,可以申请更正。商标局依法在其职权范围内做出更正,并通知当事人。

前款所称更正错误不涉及商标申请文件或者注册文件的实质性内容。

第四章 注册商标的续展、变更、转让、移转和使用许可

第四十二条 注册商标的有效期为十年,自核准注册之日起计算。

第四十三条 注册商标有效期满,需要继续使用的,应当在期满前六个月内申请续展注册;在此期间未能提出申请的,可以给予六个月的宽展期。宽展期满仍未提出申请的,注销其注册商标。

每次续展注册的有效期为十年。

续展注册经核准后,予以公告。

第四十四条 注册商标需要变更注册人的名义、地址或者其他注册事项的,应当提出变更申请。变更商标注册人名义或者地址的申请提出后不可撤回。

变更商标注册人名义或者地址的,商标注册人应当将其全部注册商标一并变更;未一并变更的,由商标局通知其限期补正;期满不补正的,视为放弃变更申请,商标局应当书面通知申请人。

第四十五条 转让注册商标的,转让人和受让人应当签订转让协议,并共同向商标局提出申请。受让人应当保证使用该注册商标的商品质量。

转让注册商标经核准后,予以公告。受让人自公告之日起享有商标专用权。

转让注册商标的,商标注册人对其在同一种或者类似商品上注册的相同或者近似的商标,应当一并转让;未一并转让的,由商标局通知其限期补正;期满不补正的,视为放弃转让该注册商标的申请,商标局应当书面通知申请人。

转让注册商标可能产生误认、混淆或者其他不良影响的,商标局不予核准,但应当书面通知申请人并说明理由。

第四十六条 注册商标专用权因转让以外的其他事由发生移转,接受该注册商标专用权移转的当事人应当凭有关证明文件或者法律文书到商标局办理注册商标专用权移转手续。经商标局核准后,予以公告,受让人自公告之日起享有商标专用权。

注册商标专用权移转的,注册商标专用权人在同一种或者类似商品上注册的相同或者近似的商标,应当一并移转;未一并移转的,由商标局通知其限期补正;期满不补正的,视为放弃该移转注册商标的申请,商标局应当书面通知申请人。

第四十七条 商标注册人可以通过签订商标使用许可合同,许可他人使用其注册商标。许可人应当监督被许可人使用其注册商标的商品质量。被许可人应当保证使用该注册商标的商品质量。

经许可使用他人注册商标的,必须在使用该注册商标的商品上标明被许可人的名称和商品产地。

许可他人使用其注册商标的,许可人应当将其商标使用许可报商标局备案,由商标局公告。商标使用许可未经备案不得对抗善意第三人。

第五章 注册商标争议的裁定

第四十八条 已经注册的商标,违反本法第十条、第十一条、第十二条规定的,或者是以欺骗手段或者其他不正当手段取得注册的,由商标局撤销该注册商标;其他单位或者个人可以请求商标评审委员会裁定撤销该注册商标。

已经注册的商标,违反本法第十三条、第十五条、第十六条、第三十一条、第三十三条、第三十四条规定的,自商标注册之日起五年内,在先权利人或者利害关系人可以请求商标评审委员会裁定撤销该注册商标。对恶意注册的,驰名商标所有人不受五年的时间限制。

商标评审委员会收到裁定申请后,应当书面通知有关当事人,并限期提出答辩。

第四十九条 依照本法第四十八条的规定撤销的注册商标,其商标专用权视为自始即不存在。有关撤销注册商标的决定或者裁定,对撤销前人民法院做出并已执行的商标侵权案件的判决、裁定和工商行政管理部门做出并已执行的商标侵权案件的处理决定以及已经履行的商标转让或者使用许可合同不具有追溯力;但是,因商标注册人恶意给他人造成的损失,应当给予赔偿。

依照前款规定不返还商标侵权赔偿金、商标使用费、商标转让费明显违反公平原则的,应当全部或者部分返还。

第五十条 商标评审委员会做出维持或者撤销注册商标的裁定后,应当书面通知有关当事人。

当事人对商标评审委员会的裁定不服的,可以自收到通知之日起三十日内向人民法院起诉。人民法院应当通知商标裁定程序的对方当事人作为第三人参加诉讼。

第六章 商标使用的管理

第五十一条 本法所称商标的使用,是指为生产、经营目的将商标用于商品、商品包装或者容器以及商品交易文书上,或者将商标用于广告宣传、展览以及其他商业活动中,足以使相关公众认为其作为商标使用的行为。

第五十二条 使用注册商标,有下列行为之一的,由商标局责令限期改正或者撤销其注册商标:

(一)自行改变注册商标的;

(二)自行改变注册商标的注册人名义、地址或者其他注册事项的;

(三)自行转让注册商标的;

(四)连续三年停止使用的。

第五十三条 使用注册商标,其商品粗制滥造,以次充好,欺骗消费者的,由工商行政管理部门分别不同情况,责令限期改正,并可以予以通报或者处以罚款,或者由商标局撤销其注册商标。

第五十四条　依照本法第五十二条、第五十三条的规定被撤销的注册商标,由商标局予以公告;该注册商标专用权自商标局的撤销决定做出之日起终止。

第五十五条　注册商标被撤销的或者期满不再续展的,自撤销或者注销之日起一年内,商标局对他人与该商标相同或者近似的商标注册申请,不予核准。但该注册商标因连续三年停止使用被撤销的除外。

第五十六条　违反本法第六条规定的,由地方工商行政管理部门责令限期申请注册,可以并处罚款。

第五十七条　使用未注册商标,有下列行为之一的,由地方工商行政管理部门予以制止,限期改正,并可以予以通报或者处以罚款:

(一)冒充注册商标的;

(二)违反本法第十条规定的;

(三)粗制滥造,以次充好,欺骗消费者的。

第五十八条　对商标局撤销注册商标的决定,当事人不服的,可以自收到通知之日起三十日内向商标评审委员会申请复审,由商标评审委员会做出决定,并书面通知申请人。

当事人对商标评审委员会的决定不服的,可以自收到通知之日起三十日内向人民法院起诉。

第五十九条　对工商行政管理部门根据本法第五十二条、第五十三条、第五十六条、第五十七条的规定做出的处罚决定,当事人不服的,可以自收到处罚决定之日起两个月内,向人民法院起诉;期满不起诉又不履行的,由做出处罚决定的工商行政管理部门申请人民法院强制执行。

第七章　注册商标专用权的保护

第六十条　注册商标的专用权,以核准注册的商标和核定使用的商品为限。

第六十一条　有下列行为之一的,均属侵犯注册商标专用权:

(一)未经商标注册人的许可,在同一种商品或者类似商品上使用与其注册商标相同或者近似的商标的;

(二)销售侵犯注册商标专用权的商品的;

(三)伪造、擅自制造他人注册商标标识或者销售伪造、擅自制造的注册商标标识的;

(四)未经商标注册人同意,更换其注册商标并将该更换商标的商品又投入市场的;

(五)在同一种或者类似商品上,将与他人注册商标相同或者近似的标志作为商品名称或者商品装潢使用,误导公众的;

(六)故意为侵犯他人商标专用权行为提供仓储、运输、邮寄、隐匿等便利条件的;

(七)给他人的注册商标专用权造成其他损害的。

第六十二条　将他人驰名商标作为企业名称中的字号使用,可能欺骗公众或者对公众造成误解的,商标所有人可以向人民法院起诉,也可以请求省级以上工商行政管理部门处理,要求责令停止使用该企业名称或者责令办理企业名称变更登记。

第六十三条　注册商标中含有的下列内容,注册商标专用权人无权禁止他人正当使用:

(一)本商品的通用名称、图形、型号;

(二)直接表示商品的质量、主要原料、功能、用途、重量、数量及其他特点的内容;

(三)地名;

(四)商品自身的性质产生的形状;

(五)为获得技术效果而需要的商品形状;

(六)使商品具有实质性价值的形状。

第六十四条　有本法第六十一条所列侵犯注册商标专用权行为之一,引起纠纷的,由当事人协商解决;不愿协商或者协商不成的,商标注册人或者利害关系人可以向人民法院起诉,也可以请求工商行政管理部门处理。工商行政管理部门处理时,认定侵权行为成立的,可以责令立即停止侵权行为,没收、销毁侵权商品和专门用于制造侵权商品、伪造注册商标标识的工具,并可处以罚款。对五年内实施两次以上商标侵权行为的,应当从重处罚。当事人对处理决定不服的,可以自收到处理通知之日起两个月内依照《中华人民共和国行政诉讼法》向人民法院起诉;侵权人期满不起诉又不履行的,工商行政管理部门可以申请人民法院强制执行。进行处理的工商行政管理部门根据当事人的请求,可以就侵犯商标专用权的赔偿数额进行调解;调解不成的,当事人可以依照《中华人民共和国民事诉讼法》向人民法院起诉。

第六十五条　对侵犯注册商标专用权的行为,工商行政管理部门有权依法查处;涉嫌犯罪的,应当及时移送司法机关依法处理。

第六十六条　县级以上工商行政管理部门根据已经取得的违法嫌疑证据或者举报,对涉嫌侵犯他人注册商标专用权的行为进行查处时,可以行使下列职权:

(一)询问有关当事人,调查与侵犯他人注册商标专用权有关的情况;

(二)查阅、复制当事人与侵权活动有关的合同、发票、账簿以及其他有关资料;

(三)对当事人涉嫌从事侵犯他人注册商标专用权活动的场所实施现场检查;

(四)检查与侵权活动有关的物品;对有证据证明是侵犯他人注册商标专用权的物品,可以查封或者扣押。

工商行政管理部门依法行使前款规定的职权时,当事人应当予以协助、配合,不得拒绝、阻挠。

工商行政管理部门可以根据可能影响案件处理结果的具体情况中止案件的查处。

第六十七条　侵犯商标专用权的赔偿数额,按照权利人因被侵权所受到的实际损失确定;实际损失难以确定的,按照侵权人因侵权所获得的利益确定。赔偿数额应当包括权利人为制止侵权行为所支付的合理开支。

前款所称权利人因被侵权所受到的实际损失，或者侵权人因侵权所获得的利益难以确定的，由人民法院根据侵权行为的情节判决给予一百万元以下的赔偿。

销售不知道是侵犯注册商标专用权的商品，能证明该商品是自己合法取得的并说明提供者的，不承担赔偿责任。

注册商标专用权人请求赔偿时，应当提供此前三年内使用该注册商标的证据和其他相关证据。

第六十八条 商标注册人或者利害关系人有证据证明他人正在实施或者即将实施侵犯其注册商标专用权的行为，如不及时制止将会使其合法权益受到难以弥补的损害的，可以在起诉前向人民法院申请采取责令停止有关行为的措施。

申请人提出申请时，应当提供担保；不提供担保的，驳回申请。

人民法院应当自接受申请之时起四十八小时内做出裁定；有特殊情况需要延长的，可以延长四十八小时。裁定责令停止有关行为的，应当立即执行。当事人对裁定不服的，可以申请复议一次；复议期间不停止裁定的执行。

申请人自人民法院采取责令停止有关行为的措施之日起十五日内不起诉的，人民法院应当解除该措施。

申请有错误的，申请人应当赔偿被申请人因停止有关行为所遭受的损失。

第六十九条 为制止侵权行为，在证据可能灭失或者以后难以取得的情况下，商标注册人或者利害关系人可以在起诉前向人民法院申请保全证据。

人民法院接受申请后，必须在四十八小时内做出裁定；裁定采取保全措施的，应当立即开始执行。

人民法院可以责令申请人提供担保，申请人不提供担保的，驳回申请。

申请人在人民法院采取保全措施后十五日内不起诉的，人民法院应当解除保全措施。

第七十条 未经商标注册人许可，在同一种商品上使用与其注册商标相同的商标，构成犯罪的，除赔偿被侵权人的损失外，依法追究刑事责任。

伪造、擅自制造他人注册商标标识或者销售伪造、擅自制造的注册商标标识，构成犯罪的，除赔偿被侵权人的损失外，依法追究刑事责任。

销售明知是假冒注册商标的商品，构成犯罪的，除赔偿被侵权人的损失外，依法追究刑事责任。

第七十一条 从事商标注册、管理和评审工作的国家机关工作人员必须秉公执法，廉洁自律，忠于职守，文明服务。

商标局、商标评审委员会以及从事商标注册、管理和评审工作的国家机关工作人员不得从事商标代理业务和商品生产经营活动。

第七十二条 工商行政管理部门应当建立健全内部监督制度，对负责商标注册、管理和评审工作的国家机关工作人员执行法律、行政法规和遵守纪律的情况，进行监督检查。

第七十三条　从事商标注册、管理和评审工作的国家机关工作人员玩忽职守、滥用职权、徇私舞弊，违法办理商标注册、管理和评审事项，收受当事人财物，牟取不正当利益，构成犯罪的，依法追究刑事责任；尚不构成犯罪的，依法给予处分。

第八章　附　则

第七十四条　申请商标注册和办理其他商标事宜的，应当缴纳费用，具体收费项目和标准由国务院财政部门、价格主管部门会同国家工商行政管理部门规定并公布。

第七十五条　本法自1983年3月1日起施行。1963年4月10日国务院公布的《商标管理条例》同时废止；其他有关商标管理的规定，凡与本法抵触的，同时失效。

本法施行前已经注册的商标继续有效。

中华人民共和国商标法修正案(草案)

2012年12月28日

一、将第二条第二款修改为:"国务院工商行政管理部门商标评审委员会负责处理商标评审事宜,包括商标复审和注册商标无效裁定事宜。"相应将第六十条、第六十一条、第六十二条中的"复审"修改为"评审"。

二、将第八条修改为:"任何能够将自然人、法人或者其他组织的商品与他人的商品区别开的标志,包括文字、图形、字母、数字、三维标志、颜色组合和声音等,以及上述要素的组合,均可以作为商标申请注册。

"在商品、商品包装上使用的单一颜色,通过使用取得显著特征,能够将该商品与其他的商品区别开的,可以作为商标申请注册。"

三、在第九条中增加一款,作为第二款:"申请注册和使用商标,应当遵循诚实信用原则。"

四、将第十条第一款第一项修改为:"同中华人民共和国的国家名称、国旗、国徽、军旗、军徽、勋章相同或者近似的,以及同中央国家机关的名称、标志、所在地特定地点的名称或者标志性建筑物的名称、图形相同的"。

第五项修改为:"同'红十字'、'红新月'、'红水晶'的名称、标志相同或者近似的"。

第六项修改为:"带有民族、种族歧视性的"。

第七项修改为:"带有欺骗性,容易使公众对商品的质量等特点或者产地产生误认的"。

五、将第十一条第一款第三项修改为:"其他缺乏显著特征的"。

六、在第十四条中增加一款,作为第一款:"驰名商标应当根据当事人的请求,作为处理涉及商标案件需要认定的事实进行认定。"

七、在第十五条中增加一款,作为第二款:"就同一种商品或者类似商品申请注册的商标与他人在先使用的商标相同或者近似,申请人与该他人具有前款规定以外的合同、业务往来关系或者其他关系而明知该他人商标存在,该他人提出异议的,不予注册。"

八、在第十八条中增加一款,作为第一款:"申请商标注册或者办理其他商标事宜,可以直接办理,也可以委托国家认可的具有商标代理资格的组织办理。"

九、增加一条,作为第十九条:"从事商标代理业务应当遵循诚实信用原则,遵守法律、行政法规的规定。

"工商行政管理部门应当加强对商标代理活动的监督管理。

"商标代理行业组织应当依据章程规定,严格执行吸纳会员的条件,对违反行业自律规范的会员实行惩戒。商标代理行业组织对其吸纳的会员和对会员的惩戒情况,应当及时向社会公布。"

十、增加一条,作为第二十条:"商标国际注册依照中华人民共和国参加的有关国际条约办理。具体办法由国务院工商行政管理部门规定。"

十一、将第十九条改为第二十一条,增加一款,作为第二款:"商标注册申请等有关文件,可以以纸质书面方式或者电子方式提出。"

十二、将第二十条改为第二十二条,增加一款,作为第二款:"商标注册申请人可以通过一份申请就多个类别的商品申请注册同一商标,具体办法由国务院工商行政管理部门规定。"

十三、将第二十一条改为第二十三条,修改为:"注册商标需要在核准使用范围之外的商品上取得商标专用权的,应当另行提出注册申请。"

十四、增加一条,作为第二十九条:"在审查过程中,商标局认为商标注册申请内容需要说明或者修正的,可以向申请人发送《审查意见书》,要求其自收到《审查意见书》之日起三十日内做出说明或者修正。申请人逾期未做出说明或者修正的,不影响商标局做出审查决定。"

十五、将第三十条改为第三十三条,修改为:"对初步审定的商标,自公告之日起三个月内,在先权利人或者利害关系人认为违反本法第十三条、第十五条、第十六条第一款、第三十条、第三十一条、第三十二条规定的,可以向商标局提出异议。公告期满无异议的,予以核准注册,发给商标注册证,并予公告。"

十六、将第三十二条、第四十九条中的"十五日"修改为"三十日"。将第五十条中的"十五日"修改为"两个月"。

十七、将第三十三条改为第三十五条,修改为:"对初步审定、予以公告的商标提出异议的,商标局应当听取异议人和被异议人陈述事实和理由,经调查核实后,做出是否准予注册的决定,并书面通知异议人和被异议人。

"商标局做出准予注册决定的,发给被异议人商标注册证,并予公告。异议人不服,可以依照本法第四十四条的规定向商标评审委员会请求宣告该注册商标无效。

"商标局做出不予注册决定,被异议人不服的,可以自收到通知之日起三十日内向商标评审委员会提出不予注册复审申请。对商标评审委员会的决定不服的,可以自收到决定之日起三十日内向人民法院起诉。人民法院应当通知异议人作为第三人参加诉讼。"

十八、将第三十四条改为第三十六条,修改为:"法定期限届满,当事人对商标局做出的驳回申请决定、不予注册决定不申请复审或者对商标评审委员会做出的复审决定不向人民法院起诉的,驳回申请决定、不予注册决定或者复审决定生效。

"经审查异议不成立而准予注册的商标,商标注册申请人取得商标专用权的时间自初审公告三个月期满之日起计算。"

十九、将第四章章名"注册商标的续展、转让和使用许可"修改为"注册商标的续展、变更、转让和使用许可"。

二十、将第四十条改为第四十三条,第三款修改为:"许可他人使用其注册商标的,许可人应当将其商标使用许可报商标局备案,由商标局公告。商标使用许可未经备案不得对抗善意第三人。"

二十一、将第五章的章名"注册商标争议的裁定"修改为"注册商标的无效宣告"。

二十二、将第四十一条改为第四十四条,修改为:"已经注册的商标,违反本法第十条、第十一条、第十二条规定的,或者是以欺骗手段或者其他不正当手段取得注册的,由商标局宣告该注册商标无效;其他单位或者个人可以请求商标评审委员会宣告该注册商标无效。

"已经注册的商标,违反本法第十三条、第十五条、第十六条第一款、第三十条、第三十一条、第三十二条规定的,自商标注册之日起五年内,在先权利人或者利害关系人可以请求商标评审委员会宣告该注册商标无效。对恶意注册的,驰名商标所有人不受五年的时间限制。

"商标评审委员会收到宣告注册商标无效的申请后,应当书面通知有关当事人,并限期提出答辩。"

二十三、删除第四十二条。

二十四、将第四十三条改为第四十五条,修改为:"商标局做出宣告注册商标无效的决定,应当书面通知当事人。当事人对商标局的决定不服的,可以自收到通知之日起三十日内向商标评审委员会申请复审,由商标评审委员会做出决定并书面通知当事人。当事人对商标评审委员会决定不服的,可以自收到通知之日起三十日内向人民法院起诉。

"商标评审委员会做出维持注册商标或者宣告注册商标无效的裁定,应当书面通知当事人。当事人对商标评审委员会的裁定不服的,可以自收到通知之日起三十日内向人民法院起诉。人民法院应当通知商标裁定程序的对方当事人作为第三人参加诉讼。

"法定期限届满,当事人对商标局宣告注册商标无效的决定不申请复审或者对商标评审委员会的复审决定、维持注册商标或者宣告注册商标无效的裁定不提起诉讼的,商标局的决定或者商标评审委员会的复审决定、裁定生效。"

二十五、增加一条,作为第四十六条:"依照本法第四十四条的规定宣告无效的注册商标,其商标专用权视为自始即不存在。有关宣告注册商标无效的决定或者裁定,对宣告无效前人民法院做出并已执行的商标侵权案件的判决、裁定和工商行政管理部门做出并已执行的商标侵权案件的处理决定以及已经履行的商标转让或者使用许可合同不具有追溯力。但是,不返还商标侵权赔偿金、商标使用费、商标转让费明显违反公平原则的,应当全部或者部分返还。因商标注册人恶意给他人造成损失的,应当给予赔偿。"

二十六、增加一条，作为第四十七条："本法所称商标的使用，是指将商标用于商品、商品包装或者容器以及商品交易文书上，或者将商标用于广告宣传、展览以及其他商业活动中，用于识别商品来源的行为。"

二十七、将第四十四条改为第四十八条，修改为："商标注册人在使用注册商标的过程中，自行改变注册商标、注册人名义、地址或者其他注册事项的，由商标局责令限期改正；期满不改正的，由商标局撤销其注册商标。

"注册商标成为其指定商品的通用名称或者连续三年停止使用的，任何单位或者个人可以向商标局申请撤销该注册商标。"

二十八、删除第四十六条。

二十九、将第四十七条改为第五十条，将其中的"可以并处罚款"修改为"非法经营额五万元以上的，可以处非法经营额百分之二十以下的罚款，没有非法经营额或者非法经营额五万元以下的，可以处一万元以下的罚款"。

三十、将第四十八条改为第五十一条，将其中的"并可以予以通报或者处以罚款"修改为"并可以予以通报，非法经营额五万元以上的，可以处非法经营额百分之二十以下的罚款，没有非法经营额或者非法经营额五万元以下的，可以处一万元以下的罚款"。

三十一、增加一条，作为第五十三条："法定期限届满，当事人对商标局做出的撤销注册商标的决定不申请复审或者对商标评审委员会做出的复审决定不向人民法院起诉的，撤销注册商标的决定生效。

"被撤销的注册商标，由商标局予以公告，该注册商标专用权自公告之日起终止。"

三十二、将第五十二条改为第五十六条，增加一项，作为第五项："故意为侵犯他人商标专用权行为提供便利条件，帮助他人实施侵犯商标专用权行为的"。

三十三、增加一条，作为第五十七条："将他人驰名商标、注册商标作为企业名称中的字号使用，误导公众，构成不正当竞争行为的，依照《中华人民共和国反不正当竞争法》处理。"

三十四、增加一条，作为第五十八条："注册商标中含有的本商品的通用名称、图形、型号，或者直接表示商品的质量、主要原料、功能、用途、重量、数量及其他特点，或者含有的地名，注册商标专用权人无权禁止他人正当使用。

"三维标志注册商标中含有的商品自身的性质产生的形状、为获得技术效果而需要的商品形状或者使商品具有实质性价值的形状，注册商标专用权人无权禁止他人正当使用。

"商标注册人申请商标注册前，他人已经在同一种商品或者类似商品上使用与注册商标相同或者近似的商标的，注册商标专用权人无权禁止该使用人在原使用范围内继续使用该商标，但可以要求其附加适当区别标识。"

三十五、将第五十三条改为第五十九条，修改为："有本法第五十六条所列侵犯注册商标专用权行为之一，引起纠纷的，由当事人协商解决；不愿协商或者协商不成的，商标注册人或者利害关系人可以向人民法院起诉，也可以请求工商行政管理部门处理。工商行政管理部门处理时，认定侵权行为成立的，责令立即停止侵权行为，没收、销毁侵权商品和专门用于制造侵权商品、伪造注册商标标识的工具，非法经营额五万元以上的，可以处非法经营额五倍以下的罚款，没有非法经营额或者非法经营额五万元以下的，可以处二十五万元以下的罚款。对五年内实施两次以上商标侵权行为或者有其他严重情节的，应当从重处罚。对销售不知道是侵犯注册商标专用权的商品，能证明该商品是自己合法取得并说明提供者的，由工商行政管理部门责令停止销售，免予其他处罚。

"当事人对工商行政管理部门依照前款规定做出的处理决定不服的，可以自收到处理通知之日起两个月内依照《中华人民共和国行政诉讼法》向人民法院起诉；侵权人期满不起诉又不履行的，工商行政管理部门可以申请人民法院强制执行。进行处理的工商行政管理部门根据当事人的请求，可以就侵犯商标专用权的赔偿数额进行调解；调解不成的，当事人可以依照《中华人民共和国民事诉讼法》向人民法院起诉。"

三十六、将第五十五条改为第六十一条，增加一款，作为第三款："在查处商标侵权案件过程中，对商标权属存在争议或者权利人同时向人民法院提起商标侵权诉讼的，工商行政管理部门可以中止案件的查处。中止原因消除后，应当恢复案件查处程序。"

三十七、将第五十六条改为第六十二条，第一款修改为："侵犯商标专用权的赔偿数额，按照权利人因被侵权所受到的实际损失或者侵权人因侵权所获得的利益确定，也可以参照该注册商标使用许可费确定；对恶意侵犯商标专用权、情节严重的，可以在按照上述方法确定数额的一倍以上三倍以下确定赔偿数额。赔偿数额应当包括权利人为制止侵权行为所支付的合理开支。人民法院为确定赔偿数额，在权利人已经尽力举证，而与侵权行为相关的账簿、资料主要由侵权人掌握的情况下，可以责令侵权人提供与侵权行为相关的账簿、资料；侵权人不提供或者提供虚假的账簿、资料的，人民法院可以参考权利人的主张和提供的证据判定赔偿数额。"

第二款修改为："前款所称权利人因被侵权所受到的实际损失、侵权人因侵权所获得的利益、注册商标使用许可费难以确定的，由人民法院根据侵权行为的情节判决给予一百万元以下的赔偿。"

增加一款，作为第四款："注册商标专用权人请求赔偿，被控侵权人以注册商标专用权人未使用注册商标提出抗辩的，人民法院可以要求注册商标专用权人提供此前三年内实际使用该注册商标的证据。注册商标专用权人不能证明此前三年内曾经实际使用过该注册商标，也不能证明因侵权行为受到其他损失的，被控侵权人不承担赔偿责任。"

三十八、将第五十七条改为第六十三条，修改为："商标注册人或者利害关系人有证据证明他人正在实施或者即将实施侵犯其注册商标专用权的行为，如不及时制止将会使其合法权益受到难以弥补的损害的,可以在起诉前向人民法院申请采取责令停止有关行为的措施。

"申请人提出申请时,应当提供担保;不提供担保的,驳回申请。

"人民法院应当自接受申请之时起四十八小时内做出裁定;有特殊情况需要延长的,可以延长四十八小时。裁定责令停止有关行为的,应当立即执行。当事人对裁定不服的,可以申请复议一次;复议期间不停止裁定的执行。

"申请人自人民法院采取责令停止有关行为的措施之日起十五日内不起诉的,人民法院应当解除该措施。

"申请有错误的,申请人应当赔偿被申请人因停止有关行为所遭受的损失。"

三十九、增加一条,作为第六十六条:"有下列行为之一的,由工商行政管理部门责令限期改正,给予警告,对商标代理组织,处一万元以上十万元以下的罚款,对商标代理人,处五千元以上五万元以下的罚款;情节严重的,商标局可以决定停止受理该商标代理组织、商标代理人办理商标代理业务,并将决定予以公告:

"(一)办理商标事宜过程中,伪造、变造或者使用伪造、变造的法律文件、印章、签名的;

"(二)以诋毁其他商标代理组织、商标代理人等手段招徕商标代理业务或者以其他不正当手段扰乱商标代理市场秩序的。

"商标代理组织或者商标代理人违反诚实信用原则,侵害委托人合法利益的,应当依法承担民事责任,并由商标代理行业组织依照章程规定予以惩戒。"

四十、将第六十二条改为第六十九条,并将其中的"行政处分"修改为"处分"。

此外,对条款顺序作了相应调整。

本修正案自201 年 月 日起施行。

《中华人民共和国商标法》根据本修正案作相应的修改,重新公布。

关于《中华人民共和国商标法修正案（草案）》的说明

2012年12月24日在第十一届全国人民代表大会常务委员会第三十次会议上

国家工商行政管理总局局长　周伯华

全国人民代表大会常务委员会：

我受国务院委托，现对《中华人民共和国商标法修正案（草案）》作说明。

现行商标法于1983年3月1日起施行，1993年、2001年曾进行过两次修正。现行商标法实施以来，对保护商标专用权，推动我国经济社会发展发挥了重要作用。截至2012年上半年，我国商标累计申请量、累计注册量分别为1 054万件、717万件，有效注册商标已达609万件，均位居世界第一。但是，随着我国社会主义市场经济的发展，商标在经济生活中的作用越来越大，现行商标法有的内容已难以适应实践需要，主要是商标注册程序比较繁琐，商标确权时间过长，商标异议案件经商标局审理裁定就需约20个月时间；恶意注册商标现象比较常见，商标领域的不正当竞争现象比较严重；商标侵权尚未得到有效遏制，注册商标专用权保护有待加强。为了实施国家知识产权战略，充分发挥商标制度作用，更好地为加快转变经济发展方式服务，有必要对现行商标法进行修改。

工商总局在认真总结现行商标法实施经验的基础上，起草了《中华人民共和国商标法（修订送审稿）》（以下简称送审稿），于2009年11月18日报请国务院审批。收到此件后，法制办两次征求了中央和国家机关有关部门、地方人民政府、人民法院、各类企业、国内外相关协会、专家学者的意见，并向社会公开征求了意见；到广东、福建、黑龙江等地调研；召开了国际研讨会、专家论证会；会同工商总局与全国人大常委会法工委、高法院等反复沟通、商讨，对送审稿进行认真修改形成了草案。草案已经2012年10月31日国务院第223次常务会议讨论通过。现就草案主要内容说明如下：

一、关于修改的总体思路

本次修改商标法，在总体思路上把握了以下三点：一是在与我国参加的国际条约保持一致的前提下，重在立足国内实际需要进行修改。二是加强针对性，围绕实践中存在的主要问题完善有关制度，包括：方便申请人获得商标注册；规范商标申请、使用，维护公平竞争的市场秩序；加强商标专用权保护，切实保障权利人的合法权益。三是采取修正案的形式，保持现行商标法体例结构的稳定性。

二、为方便申请人注册商标进行的修改

（一）完善商标注册异议制度。现行商标法规定，商标注册申请初审公告后三个月内，任何人均可以任何理由提出异议;商标注册异议首先由商标局审查作出裁定,对商标局的裁定不服可以申请商标评审委员会复审,对复审决定不服可以提起诉讼,诉讼还可以经过一审和二审。提出商标异议的主体和理由过于宽泛、程序过于复杂,影响了申请人及时获得商标注册。为此,草案完善了异议制度:一是限定提出异议的主体和理由。草案将可以提出异议的主体,由任何人改为认为这一商标注册申请侵犯了其已存在权利的在先权利人或者利害关系人;同时将据以提出异议的理由,限定为商标法规定的可能损害这一商标注册申请前已经存在的在先权利。(第十五条)其他人可以依照本法规定在商标获得注册后申请宣告该注册商标无效。这样,既减少了商标异议的数量,又保障了对商标不当授权的监督。二是简化程序。草案删除了商标局对商标异议进行审查作出裁定的环节,规定商标局对商标注册异议进行审查后直接作出准予或者不予注册的决定。对商标局认为异议不成立、准予注册的,异议人可以请求宣告该注册商标无效;对商标局认为异议成立、不予注册的,被异议人可以申请复审。(第十七条)对无效宣告决定或者复审决定,当事人不服的,还可以依法提起诉讼。这样,既省略了对商标局异议裁定的复审、诉讼程序,又保障了异议人、被异议人获得救济的权利。

(二)为方便申请人注册商标进行的其他修改。根据实际需要和国际商标领域的发展趋势,草案还对现行商标法作了以下三方面修改:一是增加可以注册的商标要素,规定声音、通过使用取得显著特征的单一颜色等可以作为商标注册。(第二条)二是明确"一标多类"申请方式,规定申请人可以通过一份申请就多个类别的商品申请注册同一商标。(第十二条)三是增加审查意见书制度,规定商标局在审查过程中可以向申请人发送《审查意见书》,要求申请人对其商标申请作出说明或者修正。(第十四条)

三、为维护公平竞争的市场秩序进行的修改

(一)明确对驰名商标实行个案认定、被动保护。驰名商标制度是在发生商标争议时,对为相关公众所熟知的商标提供特殊保护:无论是否已经注册,驰名商标所有人均可以依法在一定范围内禁止他人注册、使用与该驰名商标相同或者近似的商标。驰名商标认定是对事实的确认,应仅对争议的案件有效。为此,草案规定:驰名商标应当根据当事人的请求,作为处理涉及商标案件需要认定的事实进行认定。(第六条)

(二)禁止抢注因业务往来等关系明知他人已经在先使用的商标。为了防止将他人已经在先使用的商标抢先进行注册,草案规定,与他人具有合同、业务往来关系或者其他关系明知他人商标存在,而将他人在先使用的商标申请注册的,不予注册。(第七条)

(三)禁止将他人商标用做企业字号。实践中,有的人"傍名牌",将他人商标用作企业字号。此类行为属于不正当竞争行为,为与反不正当竞争法相衔接,草案规定:将他人驰名商标、注册商标作为企业名称中的字号使用,误导公众,构成不正当竞争行为的,依照《中华人民共和国反不正当竞争法》处理。(第三十三条)

四、为加强商标专用权保护进行的修改

(一)增加应承担法律责任的侵犯注册商标专用权行为种类。根据实践需要,草案增加规定:故意为侵权提供便利条件,帮助他人实施侵犯商标专用权行为的,属于侵犯注册

商标专用权行为。(第三十二条)

(二)增加惩罚性赔偿的规定,提高侵权赔偿额。针对实践中权利人维权成本高、往往得不偿失的现象,草案引入了惩罚性赔偿制度,规定对恶意侵犯商标专用权、情节严重的,可以在权利人因侵权受到的损失、侵权人因侵权获得的利益或者注册商标使用许可费的1到3倍的范围内确定赔偿数额。同时,草案还将在上述三种依据都无法查清的情况下法院可以酌情决定的法定赔偿额上限从50万元提高到100万元。(第三十七条第一款、第二款)

(三)减轻权利人举证负担。针对实践中权利人"举证难"导致损害赔偿数额偏低现象,草案参考国外相关做法,增加规定:人民法院为确定赔偿数额,在权利人已经尽力举证,而与侵权行为相关的账簿、资料主要由侵权人掌握的情况下,可以责令侵权人提供与侵权行为相关的账簿、资料;侵权人不提供或者提供虚假的账簿、资料的,人民法院可以参考权利人的主张和提供的证据判定侵权赔偿数额。(第三十七条第一款)

《中华人民共和国商标法修正案(草案)》和以上说明是否妥当,请审议。

全国人民代表大会法律委员会
关于《中华人民共和国商标法修正案(草案)》修改情况的汇报

2013年6月26日在第十二届全国人民代表大会常务委员会第三次会议上

全国人大法律委员会副主任委员 谢经荣

全国人民代表大会常务委员会：

十一届全国人大常委会第三十次会议对商标法修正案(草案)进行了初次审议。会后，法制工作委员会将草案印发各省、自治区、直辖市和中央有关部门、部分企业、有关院校和研究机构征求意见。中国人大网全文公布草案，征求社会公众意见。法律委员会、财政经济委员会、法制工作委员会联合召开座谈会，听取企业、专家和法院系统对草案的意见。法律委员会、法制工作委员会还到北京、上海、浙江等地进行调研，听取意见；并就草案的有关问题与财政经济委员会、最高人民法院、国务院法制办公室、国家工商总局交换意见，共同研究。法律委员会于5月31日召开会议，根据常委会组成人员的审议意见和各方面意见，对草案进行了逐条审议。财政经济委员会和国务院法制办公室、国家工商总局有关负责同志列席会议。法律委员会认为，修正案草案为适应商标领域的新情况新要求，从简化商标注册异议程序、维护公平竞争的市场秩序、加强对商标专用权的保护等方面，对现行商标法进行修改是必要的。同时，应根据常委会组成人员的审议意见和各方面意见作进一步修改完善。6月17日，法律委员会召开会议，再次进行了审议。现将商标法修正案(草案)主要问题的修改情况汇报如下：

一、草案第二条第二款规定，在商品、商品包装上使用的单一颜色，通过使用取得显著特征，能够将该商品与其他的商品区别开的，可以作为商标申请注册。一些地方、专家和企业提出，单一颜色资源有限，常人可识别的颜色只有100多种，如果允许注册单一颜色商标可能造成商标注册人对颜色的垄断，同时通过单一颜色区别商品来源的难度也较大，实践中容易产生混淆，不赞成这样规定。法律委员会经研究认为，实践中我国企业还没有将单一颜色作为商标注册的需求，且在商标注册、管理等环节也缺少相应实践，可暂不在法律中明确。据此，删除了草案关于单一颜色可以注册商标的规定。(修正案草案第二次审议稿第三条)

二、一些常委委员、地方、部门和企业提出，实践中存在将驰名商标作为一种荣誉称号的误区，盲目追求驰名商标认定，甚至出现弄虚作假的情况和其他弊端，建议进一步明确驰名商标的内涵，按照"个案认定、被动保护"的原则，对驰名商标认定机关、认定环节等作出明确规定，并禁止以驰名商标进行广告宣传，避免误导消费者。法律委员会经研究,建议增加以下规定:一是明确规定较长时间持续使用并为相关公众所熟知的商标,持有人认为其权利受到侵害时,可以依照本法规定请求驰名商标保护。二是明确规定在商标注册审查、商标争议处理、查处商标侵权案件以及商标民事、行政案件审理过程中,当事人主张驰名商标权利的,商标局、商标评审委员会和有关人民法院,可以对商标驰名情况作出认定。三是明确禁止生产、经营者将"驰名商标"字样用于商品、商品包装或者容器上,或者用于广告宣传、展览以及其他商业活动中。(修正案草案第二次审议稿第七条、第八条)

三、一些地方、部门、企业提出,实践中一些商标代理组织违反诚实信用原则,利用其业务上的优势帮助委托人进行恶意商标注册,甚至自己恶意抢注他人商标牟利,建议进一步对商标代理活动予以规范。法律委员会经研究,建议增加以下规定:一是明确委托人申请注册的商标可能存在商标法规定不得注册情形的,商标代理组织应当明确告知委托人。二是规定商标代理组织知道或者应当知道委托人申请注册的商标属于恶意抢注他人商标或者侵犯他人在先权利的,不得接受委托。三是明确商标代理组织不得自行申请注册商标牟利。四是对违反法律规定和诚实信用原则,且情节严重的商标代理组织,商标局、商标评审委员会可以决定停止受理其办理商标代理业务,予以公告。(修正案草案第二次审议稿第十一条、第五十一条)

四、一些地方、部门、企业提出,目前法律、行政法规、部门规章均未对商标注册的审查时限作出规定,实践中审查时间较长,致使一些企业的商标权益长期处于不确定状态,建议明确审查时限。法律委员会经研究,建议增加关于审查时限的规定,即:商标局初步审查时限为九个月、公告异议期为三个月,对异议申请调查核实的时限为九个月,商标评审委员会对商标局驳回申请不予公告决定进行复审的时限为六个月、对商标局认为异议成立而不予注册决定复审的时限为九个月;有特殊情况需要延长的,经国务院工商行政管理部门批准,可以作适当延长。(修正案草案第二次审议稿第十七条、第十九条、第二十条、第二十一条)此外,对商标无效宣告、撤销的审查时限作了相应规定。(修正案草案第二次审议稿第二十八条、第三十三条、第三十九条)

五、为了增强商标法的可操作性,根据有关方面意见,法律委员会经研究,建议作如下修改:一是将商标法实施条例中涉及当事人民事权利的有关规定上升为法律,增加两项规定:第一,经审查异议不成立而准予注册的商标,商标专用权对异议审查期间不具有追溯力。第二,转让注册商标的,注册人对其在同一种或者类似商品上注册的相同或者近似的商标,应当一并转让。对容易产生混淆或者有其他不良影响的转让,商标局不予核准。二是对在民事诉讼法、产品质量法等法律中已有明确规定的,如起诉前申请人民法院责令停止有关行为和申请证据保全的程序,对商品粗制滥造,欺骗消费者行为的规范等,不再重复规定。(修正案草案第二次审议稿第二十二条第二款、第二十五条、第三十四条、第三十七条、第四十九条、第五十条)

六、一些常委委员、地方、部门和企业提出,为加强注册商标专用权的保护,应当提高违法成本,加大对商标侵权行为的打击力度。法律委员会经研究,建议作如下修改:一是将工商行政管理部门查处侵权案件时,可以没收、销毁的对象由"专门"制造侵权商品、伪造注册商标标识的工具,修改为"主要"制造侵权商品、伪造注册商标标识的工具。二是将侵权案件的法定赔偿额由"一百万元以下"提高到"二万元以上二百万元以下"。(修正案草案第二次审议稿第四十五条第二款、第四十七条第三款)

此外,还对修正案草案作了一些文字修改。

修正案草案二次审议稿已按上述意见作了修改,法律委员会建议提请本次常委会会议继续审议。

修正案草案二次审议稿和以上汇报是否妥当,请审议。

全国人民代表大会法律委员会
关于《中华人民共和国商标法修正案(草案)》审议结果的报告

2013年8月26日在第十二届全国人民代表大会常务委员会第四次会议上

全国人大法律委员会副主任委员　谢经荣

全国人民代表大会常务委员会：

常委会第三次会议对商标法修正案(草案二次审议稿)进行了审议。会后，法律委员会、法制工作委员会听取了一些全国人大代表和专家学者的意见，就常委会组成人员的审议意见涉及的问题进行专题研究，并与财政经济委员会、最高人民法院、国务院法制办公室、国家工商行政管理总局就草案的有关问题交换意见，沟通情况。法律委员会于7月30日召开会议，根据常委会组成人员的审议意见和各方面意见，对修正案草案进行了逐条审议。财政经济委员会、国务院法制办公室、国家工商行政管理总局的负责同志列席了会议。8月20日，法律委员会召开会议，再次进行审议。法律委员会认为，为了进一步完善商标注册、审查程序，方便申请人注册商标，加强商标专用权保护，维护公平竞争的市场秩序，在总结实践经验的基础上，对现行商标法进行修改是必要的。修正案草案经过了两次审议修改，已经比较成熟。同时，提出以下主要修改意见：

一、有的常委委员提出，修正案草案二次审议稿第三条增加了"声音"可以作为商标注册的规定，同时也应明确"国歌"、"军歌"不得作为商标注册和使用。法律委员会经研究，建议在禁止作为商标标志使用的规定中，增加同我国的"国歌"、"军歌"相同或者近似的标志。(修改决定草案第五条)

二、修正案草案二次审议稿对商标局、商标评审委员会审查商标争议案件的基本时限，按不同案件分别规定为六个月或九个月；特殊情况经批准，可分别延长六个月或九个月。国家工商行政管理总局提出，商标案件多、审查人员少的矛盾十分突出，近期难以改变。经过近年来的努力，目前商标案件的平均审查时限，只能根据案件的不同类型分别控制在十二个月或十八个月内，其中涉及单方当事人的案件在九个月内审查完毕的占76%，涉及双方当事人的案件在十二个月内审查完毕的占67%，多数案件确实难以在草案二次审议稿规定的六个月或九个月的基本时限内完成。而如果多数案件都要按延长时限办理，会使法律规定的特殊情况变成一般情况，影响法律的严肃性。建议适当延长审查商标案件的基本时限。法律委员会经研究，考虑到既要从严控制商标审查时限，提高审查工作效率，又要使法律的规定切实可行，建议在保持总的审查时限不变的情况下，对商标审查的基本时限作适当调整，即分别由六个月或九个月调整为九个月或十二个月；有特殊情况经批准可延长的时限，相应由六个月或九个月调整为三个月或六个月。(修改决定草案第二十一条、第二十二条、第二

十九条、第三十四条、第四十条)

三、国家工商行政管理总局和有些专家提出,商标评审委员会审查的商标争议案件中,有些是当事人以侵犯其外观设计专利权、著作权等在先权利为由提起的,如果对所涉及的在先权利存在争议,正在人民法院审理或有关行政机关处理过程中,商标评审委员会的审查程序需要中止,待人民法院或有关行政机关对相关在先权利争议案件作出判决或处理决定后,再恢复审查程序。法律委员会经研究,建议增加规定:商标评审委员会在对有关案件的审查过程中,所涉及的在先权利的确定必须以人民法院正在审理或者行政机关正在处理的另一案件的结果为依据的,可以中止审查。中止原因消除后,恢复审查程序。(修改决定草案第二十二条、第二十九条)

四、现行商标法第五十条、第五十三条对当事人不服工商行政管理部门的处理、处罚决定提起行政诉讼的问题作了规定。有些专家提出,对此可以直接依照行政诉讼法的规定执行,本法可不再另作规定。法律委员会经研究,建议删去现行商标法的上述相关规定。(修改决定草案第四十二条、第四十六条)

五、修正案草案二次审议稿第四十七条将现行商标法规定的侵犯注册商标专用权的法定赔偿额的上限,由五十万元提高到二百万元。有些常委委员提出,法定赔偿额还应再适当提高。法律委员会经研究,建议将法定赔偿额的上限,由二百万元提高为三百万元,不设下限。(修改决定草案第四十八条)

六、修正案草案二次审议稿第五十一条规定,对有违法行为的商标代理机构,责令限期改正,给予警告,处以罚款,情节严重的,停止受理其办理商标代理业务,并予以公告。有的常委委员提出,对有违法行为的商标代理机构,应该在给予上述处罚的基础上,增加工商行政管理部门将其违法行为记入信用档案的规定。法律委员会经研究,建议增加规定:商标代理机构有违反本法规定行为的,除依法追究其法律责任外,由工商行政管理部门记入信用档案。(修改决定草案第五十二条)

此外,还对修正案草案二次审议稿作了一些文字修改。

8月2日,法制工作委员会召开会议,邀请全国人大代表、专家学者、企业和商标代理机构等方面的代表,就修正案草案的主要修改内容的可行性、出台时机、实施后的社会效果及实施中可能出现的问题进行了论证评估。总的评价是:草案针对现行商标法实施中的新情况新问题,进一步完善了商标注册、审查和商标专用权保护的规定,厘清了驰名商标保护制度,规范的内容明确、具体,针对性和可操作性强,现在出台是必要的、适时的。有的会议代表还对修正案草案提出了一些具体修改意见,法律委员会进行了认真研究,对有的意见予以采纳。

本次修改商标法,为规范行政行为,提高审查效率,增加了关于商标审查时限的规定。法律委员会建议国务院有关部门进一步加强商标的审查和评审队伍建设与保障,提高审查能力和水平,在法定时限内高质量完成审查工作。

法律委员会已按上述意见提出了全国人民代表大会常务委员会关于修改《中华人民共和国商标法》的决定(草案)。法律委员会建议,修改决定草案经本次常委会会议审议通过。

修改决定草案和以上报告是否妥当,请审议。

全国人民代表大会法律委员会
2013年8月26日

全国人民代表大会法律委员会关于《全国人民代表大会常务委员会关于修改〈中华人民共和国商标法〉的决定(草案)》修改意见的报告

2013年8月29日在第十二届全国人民代表大会常务委员会第四次会议上

全国人民代表大会常务委员会：

本次常委会会议于8月27日上午对关于修改商标法的决定(草案)进行了分组审议，普遍认为，草案已经比较成熟，建议进一步修改后，提请本次会议通过。同时，有些常委会组成人员还提出了一些修改意见。法律委员会于8月27日下午召开会议，逐条研究了常委会组成人员的审议意见，对草案进行了审议。财政经济委员会、国务院法制办公室、国家工商行政管理总局的负责同志列席了会议。法律委员会认为，草案是可行的，同时，提出以下修改意见：

一、修改决定草案第四条在现行商标法第九条中增加了申请注册和使用商标应当遵循诚实信用原则的规定。有些常委会组成人员提出，现行商标法第九条是关于商标注册的规定，而诚实信用是商标注册和使用都应遵循的重要原则，放在这一条中不够恰当。法律委员会经研究，建议将上述规定移至现行商标法第七条，作为该条第一款。(修改决定草案建议表决稿第三条)

二、修改决定草案第八条中规定，在商标注册审查、工商行政管理部门查处侵犯注册商标专用权案件过程中，当事人请求给予驰名商标保护的，商标局可以对该商标驰名情况作出认定。有的常委员提出，根据现行商标法第十三条的规定，对未注册的驰名商标，也在规定范围内给予保护。草案第八条将商标局可以认定驰名商标的情形，限于在商标注册审查和查处侵犯注册商标专用权案件过程中，不够全面。法律委员会经研究，建议将草案上述规定中的"查处侵犯注册商标专用权案件"，修改为"查处商标违法案件"，即在查处涉嫌侵犯未注册的驰名商标持有人权利的案件中，也可以对商标驰名情况进行认定。(修改决定草案建议表决稿第八条)

三、修改决定草案对商标评审委员会审查商标争议案件的时限作了规定。有的常委员建议，对审查时限的起始时间予以明确。法律委员会经研究，建议在相关条文中将审查时限的起始时间明确为"自收到申请之日起"。(修改决定草案建议表决稿第二十一条、第二十二条、第二十九条、第四十条)

四、修改决定草案第三十四条规定，商标注册人自行改变商标注册事项的，由商标局责令限期改正，期满不改正的，由商标局撤销其注册商标。有的常委员提出，为增强法律的可操作性，对自行改变注册商标事项的行为，可由地方工商行政管理部门责令限期改正。目前实际上也是这么做的。法律委员会经研究，建议将上述规定中的"由商标局责令限期改正"，修改为"由地方工商行政管理部门责令限期改正"。（修改决定草案建议表决稿第三十四条）

五、修改决定草案第五十二条对商标代理机构伪造、变造或者使用伪造、变造的法律文件、印章、签名的行为规定了行政处罚。有的常委委员提出，上述行为构成犯罪的，还应追究刑事责任。法律委员会经研究，建议在这一条第一款中增加规定，"构成犯罪的，依法追究刑事责任"。（修改决定草案建议表决稿第五十二条）

此外，根据常委会组成人员的审议意见，还对修改决定草案作了个别文字修改。

修改决定草案建议表决稿已按上述意见作了修改，法律委员会建议本次常委会会议通过。

修改决定草案建议表决稿和以上报告是否妥当，请审议。

全国人民代表大会法律委员会
2013年8月29日

十、涉外民事关系法律适用法

中华人民共和国民法(草案)
第九编 涉外民事关系的法律适用法

2002年12月23日

(略)

关于《中华人民共和国民法(草案)》的说明
(关于涉外民事关系的法律适用法部分)

2002年12月23日

(略)

中华人民共和国涉外民事关系法律适用法（草案）（二次审议稿）

2010 年 8 月 28 日

目 录

第一章　一般规定
第二章　民事主体
第三章　婚姻家庭
第四章　继　承
第五章　物　权
第六章　债　权
第七章　知识产权
第八章　附　则

第一章　一般规定

第一条　为了明确涉外民事关系的法律适用，解决涉外民事争议，维护当事人合法权益，制定本法。

第二条　涉外民事关系适用的法律，依照本法确定。其他法律对涉外民事关系的法律适用另有特别规定的，依照其规定。

第三条　涉外民事关系适用的法律，应当与该涉外民事关系有最密切联系。

本法或者其他法律对涉外民事关系的法律适用没有规定的，适用与该涉外民事关系有最密切联系的法律。

第四条　当事人依照法律规定可以明示选择涉外民事关系适用的法律。

第五条　中华人民共和国法律对涉外民事关系有强制性规定的，应当直接适用。

第六条　适用外国法律将损害中华人民共和国社会公共利益的，应当适用中华人民共和国法律。

第七条　诉讼时效，适用相关涉外民事关系应当适用的法律。

第八条　涉外民事关系的定性，适用法院地法律。

第九条　涉外民事关系适用的外国法律，不包括其法律适用法。

第十条　涉外民事关系适用外国法律，该国不同区域实施不同法律的，适用与该涉外民事关系有最密切联系区域的法律。

第十一条　外国法律的查明，当事人选择适用外国法律的，由当事人提供；没有选择的，人民法院、仲裁机构或者行政机关可以要求当事人提供，也可以依职权查明。

不能查明外国法律的，适用中华人民共和国法律。

第二章　民事主体

第十二条　自然人的民事权利能力，适用经常居所地法律。

第十三条　自然人的民事行为能力，适用经常居所地法律。

自然人依照经常居所地法律为无民事行为能力或者限制民事行为能力，依照行为地法律为完全民事行为能力的，适用行为地法律。

第十四条　宣告失踪或者宣告死亡，适用自然人经常居所地法律。

自然人被宣告失踪或者宣告死亡，其财产在中华人民共和国境内的，与该财产有关的事项适用中华人民共和国法律。

第十五条　法人及其分支机构的权利能力、行为能力、组织机构、股东的权利义务等事项，适用登记地法律。

第十六条　法人的主营业地与登记地不一致的，可以适用主营业地法律。法人的经常居所地，为其主营业地。

第十七条　人格权的内容，适用经常居所地法律。

第十八条　代理适用代理行为地法律，但被代理人与代理人的民事关系，适用代理关系发生地法律。

当事人可以协议选择委托代理适用的法律。

第十九条　当事人可以协议选择信托适用的法律；没有协议选择的，适用信托财产所在地法律或者信托关系发生地法律。

第二十条　自然人具有两个以上国籍的，在某一国籍国有经常居所的，该国法律为本国法律；在所有国籍国均无经常居所的，与其有最密切联系的国籍国法律为本国法律。

第二十一条　自然人无国籍或者国籍不明的，其经常居所地法律为本国法律。

第二十二条　自然人经常居所地不明的，其现在居所地法律为经常居所地法律。

第三章　婚姻家庭

第二十三条　结婚条件，适用当事人共同经常居所地法律；没有共同经常居所地的，适用共同本国法律；没有共同国籍，在一方当事人经常居所地或者国籍国缔结婚姻的，适用婚姻缔结地法律。

第二十四条　结婚手续，符合婚姻缔结地法律、一方当事人经常居所地法律或者本国法律的，均为有效。

第二十五条　夫妻人身关系,适用共同经常居所地法律;没有共同经常居所地的,适用共同本国法律。

第二十六条　夫妻财产关系,当事人可以协议选择适用一方当事人经常居所地法律、本国法律或者财产所在地法律。当事人没有协议选择的,适用共同经常居所地法律;没有共同经常居所地的,适用共同本国法律。

第二十七条　父母子女人身、财产关系,适用共同经常居所地法律;没有共同经常居所地的,适用一方当事人经常居所地法律或者本国法律中有利于保护弱者权益的法律。

第二十八条　协议离婚,当事人可以协议选择适用一方当事人经常居所地法律或者本国法律。当事人没有选择的,适用共同经常居所地法律;没有共同经常居所地的,适用共同本国法律;没有共同国籍的,适用办理离婚手续机构所在地法律。

第二十九条　诉讼离婚,适用法院地法律。

第三十条　收养的条件和手续,同时适用收养人和被收养人本国法律。收养的效力,适用收养时收养人本国法律。收养的解除,适用收养时被收养人本国法律或者法院地法律。

第三十一条　扶养,适用一方当事人经常居所地法律、本国法律或者扶养财产所在地法律中有利于保护被扶养人权益的法律。

第三十二条　监护,适用一方当事人经常居所地法律或者本国法律中有利于保护被监护人权益的法律。

第四章　继　承

第三十三条　法定继承,适用被继承人死亡时经常居所地法律,但不动产法定继承,适用不动产所在地法律。

第三十四条　遗嘱方式,符合立遗嘱人立遗嘱时或者死亡时经常居所地法律、本国法律或者遗嘱行为地法律的,均为成立。

第三十五条　遗嘱效力,适用立遗嘱人立遗嘱时或者死亡时经常居所地法律或者本国法律。

第三十六条　遗产管理等事项,适用遗产所在地法律。

第三十七条　无人继承的遗产,适用被继承人死亡时遗产所在地法律。

第五章　物　权

第三十八条　不动产物权,适用不动产所在地法律。

第三十九条　当事人可以协议选择动产物权适用的法律;没有协议选择的,适用法律事实发生时动产所在地法律。

第四十条　当事人可以协议选择运输中物权发生变更动产适用的法律;没有协

议选择的,适用运输目的地法律。

第四十一条 当事人可以协议选择有价证券适用的法律;没有协议选择的,适用有价证券权利实现地法律或者有价证券发行人主营业地法律。

第四十二条 权利质权,适用权利设立地法律。

第六章 债 权

第四十三条 当事人可以协议选择合同适用的法律;没有协议选择的,适用履行义务最能体现该合同特征的一方当事人经常居所地法律或者合同履行地法律。

第四十四条 消费合同,适用消费者经常居所地法律;消费者选择适用商品提供地法律或者经营者在消费者经常居所地没有从事相关经营活动的,适用商品提供地法律。

第四十五条 劳动合同,适用劳动者工作地法律;难以确定劳动者工作地的,适用用人单位主营业地法律。劳务派遣,可以适用劳务派出地法律。

第四十六条 侵权责任,适用损害发生地法律或者侵权行为实施地法律,但当事人有共同经常居所地的,适用共同经常居所地法律。

第四十七条 侵权行为发生后,当事人可以协议选择适用的法律。

第四十八条 产品责任,适用被侵权人经常居所地法律;被侵权人选择适用侵权人主营业地法律、损害发生地法律的,或者侵权人在被侵权人经常居所地没有从事相关经营活动的,适用侵权人主营业地或者损害发生地法律。

第四十九条 姓名权、肖像权、名誉权、隐私权等人格权的侵权责任,适用被侵权人经常居所地法律。

第五十条 不当得利、无因管理,适用当事人协议选择适用的法律。当事人没有选择的,适用当事人共同经常居所地法律;没有共同经常居所地的,适用不当得利、无因管理发生地法律。

第七章 知识产权

第五十一条 知识产权,适用权利保护地法律,也可以适用权利来源地法律。

第五十二条 当事人可以协议选择知识产权转让和许可使用适用的法律;没有协议选择的,适用本法对合同的有关规定。

第五十三条 知识产权的侵权责任,适用权利保护地法律,当事人也可以协议选择适用法院地法律。

第八章 附 则

第五十四条 本法自　年　月　日起施行。

全国人民代表大会法律委员会关于《中华人民共和国涉外民事关系法律适用法(草案)》主要问题的汇报

2010年8月23日在第十一届全国人民代表大会常务委员会第十六次会议上

全国人大法律委员会主任委员　胡康生

涉外民事关系法律适用法是民法的重要组成部分。一般说来,发生涉外婚姻家庭、继承、物权、债权、知识产权等民事争议后,需要确定具体适用哪个国家的法律。涉外民事关系法律适用法旨在明确涉外民事关系的法律适用,为解决涉外民事争议,维护当事人合法权益提供依据。

涉外民事关系法律适用法作为民法草案的一编,已经2002年12月九届全国人大常委会第三十一次会议初次审议。民法草案共9编、1200多条,由于涉及面广,内容复杂,一并研究修改历时较长,全国人大常委会采取分编审议的方式。物权法草案经十届全国人大常委会六次审议,已由十届全国人大五次会议通过。侵权责任法草案经十一届全国人大常委会三次审议,已由十一届全国人大常委会第十二次会议审议通过。根据十一届全国人大常委会立法规划和今年立法工作计划,法制工作委员会在民法草案涉外民事关系法律适用法编的基础上抓紧工作,认真研究了我国和德国、瑞士、日本等国家有关规定,以及欧盟、海牙国际私法协会等制定的有关条约性法律文件;赴香港、澳门特别行政区就涉港澳民事关系法律适用问题听取意见;并召开了全国人大外事委员会、最高人民法院、国务院法制办、外交部、商务部以及部分国际私法专家参加的座谈会。经认真听取各方面意见,反复研究修改,形成了涉外民事关系法律适用法草案。

起草涉外民事关系法律适用法总的思路,是从我国的实际出发,适应改革发展稳定的要求,着重解决发生涉外民事争议较多,各方面意见又比较一致的法律适用问题。要把我国多年来行之有效的规定和做法吸收到草案中,同时体现国际上通行做法和新的发展成果,进一步完善我国涉外民事关系法律适用制度。要尽可能做到简明扼要,通俗易懂。法律委员会于8月17日召开会议,对草案进行了审议。现就草案主要问题汇报如下:

一、关于最密切联系原则

20世纪70年代以来,确定法律适用的最密切联系原则得到广泛采用,适应了国际上解决涉外民事争议法律适用的实际需要,逐步成为国际上确定跨国民事关系法律适用的重要规则。草案充分体现了最密切联系原则。明确规定:"涉外民事关系适用的法律,应当与该涉外民事关系有最密切联系。""本法或者其他法律对涉外民事关系的法律适用没

有规定的,适用与该涉外民事关系有最密切联系的法律。"(草案二次审议稿第三条)

二、关于当事人选择适用的法律

草案分别在婚姻家庭、继承、物权、债权、知识产权等方面就法律适用问题作出了具体规定。考虑到当事人对民事权利享有处分权,并适应国际上当事人自行选择适用法律的范围不断扩大的趋势,草案明确规定了当事人可以选择适用的法律。同时也对当事人选择适用法律的范围作出了限制,明确规定:"中华人民共和国法律对涉外民事关系有强制性规定的,应当直接适用。"(草案二次审议稿第五条)

三、关于物权的法律适用

物权的法律适用涉及当事人对物权的取得和行使。草案区分不动产和动产对物权的法律适用作了规定。对不动产物权,草案采用多数国家的通行做法,规定不动产物权适用不动产所在地法律。(草案二次审议稿第三十八条)动产的种类繁多,交易条件和方式不一,草案规定允许当事人协议选择动产物权适用的法律;没有协议选择的,适用动产买卖交付时等动产所在地法律。(草案二次审议稿第三十九条)草案还对运输中的动产、有价证券和权利质权的法律适用作了规定。

四、关于合同的法律适用

目前,全国法院每年共受理涉外民商事案件1万余件,其中最多的是涉外合同案件。草案在总结我国司法实践的基础上,并借鉴国外的通行做法,规定:"当事人可以协议选择合同适用的法律;没有协议选择的,适用履行义务最能体现该合同特征的一方当事人经常居所地法律或者合同履行地法律。"这一条规定中的"一方当事人经常居所地法律或者合同履行地法律",还可由最高人民法院根据不同性质的合同、不同的履行情形,通过司法解释作出具体规定。(草案二次审议稿第四十三条)

为了切实保护消费者、劳动者的合法权益,草案规定:"消费合同,适用消费者经常居所地法律;消费者选择适用商品提供地法律或者经营者在消费者经常居所地没有从事相关经营活动的,适用商品提供地法律。"(草案二次审议稿第四十四条)"劳动合同,适用劳动者工作地法律;难以确定劳动者工作地的,适用用人单位主营业地法律。劳务派遣,可以适用劳务派出地法律。"(草案二次审议稿第四十五条)

五、关于知识产权的法律适用

明确知识产权的法律适用有利于知识产权的应用和保护。草案针对实践中发生较多的知识产权确权、转让、侵权等三类纠纷,分别规定:"知识产权,适用权利保护地法律,也可以适用权利来源地法律。"(草案二次审议稿第五十一条)"当事人可以协议选择知识产权转让和许可使用适用的法律;没有协议选择的,适用本法对合同的有关规定。"(草案二次审议稿第五十二条)"知识产权的侵权责任,适用权利保护地法律,当事人也可以协议选择适用法院地法律。"(草案二次审议稿第五十三条)

六、关于本法与其他法律的关系

有些专家和法院的同志建议把海商法、民用航空法、票据法等三部商事法律有关法律适用的规定纳入到本法中来,制定一部"统一"的涉外民事关系法律适用法。考虑到商事领域的法律众多,除这几部法律外,还有公司法、合伙企业法、保险法、证券法、证券投资基金法等,制度内容不同,监管要求也不同,情况十分复杂,什么情况下可以适用外国法律,还是在单行法中作出规定为宜。据了解,国外的法律适用法对商事领域的法律适用问题一般也不作规定。因此,草案没有将海商法、民用航空法、票据法有关具体规定纳入本法,但作出衔接性规定:"其他法律对涉外民事关系的法律适用另有特别规定的,依照其规定。"(草案二次审议稿第二条)

草案还对民事主体、婚姻家庭、继承等问题的法律适用作了规定。

草案二次审议稿已按上述意见作了修改。法律委员会建议本次常委会会议继续审议。

草案二次审议稿和以上汇报是否妥当,请审议。

全国人民代表大会法律委员会关于《中华人民共和国涉外民事关系法律适用法(草案)》审议结果的报告

2010年10月25日在第十一届全国人民代表大会常务委员会第十七次会议上

全国人大法律委员会副主任委员 孙安民

全国人民代表大会常务委员会:

常委会第十六次会议对涉外民事关系法律适用法(草案二次审议稿)进行了审议。会后,法制工作委员会将草案印发各省(区、市)、中央有关部门和部分法学教学研究机构征求意见。中国人大网站全文公布草案,向社会征求意见。法律委员会、法制工作委员会分别听取了法院系统、国务院有关部门和专家的意见。法律委员会于9月28日召开会议,根据常委会组成人员的审议意见和各方面意见,对草案进行了审议。最高人民法院的负责同志列席了会议。10月15日,法律委员会召开会议,再次进行审议。法律委员会认为,为了明确涉外民事关系的法律适用,合理解决涉外民事争议,维护当事人的合法权益,制定本法是必要的,草案经过常委会审议修改,已经比较成熟。同时,提出以下主要修改意见:

一、草案二次审议稿第十一条第一款规定,外国法律的查明,当事人选择适用外国法律的,由当事人提供;没有选择的,人民法院、仲裁机构或者行政机关可以要求当事人提供,也可以依职权查明。有的常委委员提出,外国法律由谁查明,本条规定不够清楚,查明外国法律应当是人民法院的职责,当事人提供外国法律是查明的重要条件,草案应当规定得更明确一些。法律委员会经同最高人民法院和有关专家研究,建议将这一款修改为:"涉外民事关系适用的外国法律,由人民法院、仲裁机构或者行政机关查明。当事人选择适用外国法律的,应当提供该外国法律。"

二、草案二次审议稿第四十三条规定,当事人可以协议选择合同适用的法律;没有协议选择的,适用履行义务最能体现该合同特征的一方当事人经常居所地法律或者合同履行地法律。有的常委委员、最高人民法院、专家和社会公众提出,当事人对合同没有协议选择适用法律的,一般应适用与该合同有最密切联系的法律,草案的规定对此体现不够。法律委员会经同最高人民法院和有关专家研究,建议将这一条修改为:"当事人可以协议选择合同适用的法律;当事人没有选择的,适用履行义务最能体现该合同特征的一方当事人经常居所地法律或者其他与该合同有最密切联系的法律。"

三、草案二次审议稿第四十九条对人格权侵权责任的法律适用作了规定。有的常委委员和专家提出,近年来网络侵权日益增多,在法律适用上如何保护被侵权人的合法权益,草案应当作出相应规定。法律委员会经同最高人民法院和有关专家研究,建议将这一条修改为:"通过网络或者采用其他方式侵害姓名权、肖像权、名誉权、隐私权等人格权的,适用被侵权人经常居所地法律。"

四、草案二次审议稿第五十一条规定,知识产权适用权利保护地法律,也可以适用权利来源地法律。有的常委委员、最高人民法院和专家提出,草案这一条规定中"知识产权"的内涵不够清楚,应当进一步明确,以利于妥善解决知识产权纠纷。法律委员会经同最高人民法院等有关部门和有关专家研究,建议将这一条修改为:"知识产权的归属和内容,适用被请求保护地法律。"

五、有的常委委员、最高人民法院、专家和社会公众提出,草案在民法通则、继承法等法律规定的基础上,根据实践发展对民事主体、婚姻家庭、继承等法律适用问题作了规定,这些规定总体上和民法通则、继承法等法律的规定是一致的,但也有个别条文作了不同规定,规定不一致时怎么适用,应予明确。法律委员会经同最高人民法院研究,建议在附则中增加一条规定:"《中华人民共和国民法通则》第一百四十六条、第一百四十七条,《中华人民共和国继承法》第三十六条,与本法的规定不一致的,适用本法。"

还有一个问题需要说明。有的常委委员和专家建议在本法中规定国际条约的适用问题。法律委员会经同最高人民法院和有关专家研究,国际条约涉及面广,情况复杂,对国际条约的适用问题,各方面有不同意见,实践中也有不同做法。在本法中对国际条约的适用问题不作规定为宜。本法对该问题不作规定,民法通则、民事诉讼法等法律中有关规定仍然适用,以后在其他法律中还可以再作规定。据了解,国外一般也不在法律适用法中规定国际条约的适用问题。

此外,还对草案二次审议稿作了一些文字修改。

草案三次审议稿已按上述意见作了修改,法律委员会建议本次常委会会议审议通过。

草案三次审议稿和以上报告是否妥当,请审议。

全国人民代表大会法律委员会关于《中华人民共和国涉外民事关系法律适用法(草案三次审议稿)》修改意见的报告

2010年10月28日在第十一届全国人民代表大会常务委员会第十七次会议上

全国人民代表大会常务委员会：

本次常委会会议于10月25日下午对涉外民事关系法律适用法进行了分组审议。普遍认为，草案已经比较成熟，建议进一步修改后，提请本次会议表决通过。同时，有的常委委员还提出了一些修改意见。法律委员会于10月26日下午召开会议，逐条研究了常委委员的审议意见，对草案进行了审议。最高人民法院的负责同志列席了会议。法律委员会认为，草案是可行的，同时提出以下主要修改意见：

有的常委委员和部门提出，仲裁协议是当事人达成的解决争议方式的依据，对其法律适用问题应当作出专门规定。法律委员会经同最高人民法院研究，建议增加一条规定："当事人可以协议选择仲裁协议适用的法律。当事人没有选择的，适用仲裁机构所在地法律或者仲裁地法律。"

此外，根据常委委员的审议意见，还对草案三次审议稿作了个别文字修改。

草案建议表决稿已按上述意见作了修改，法律委员会建议本次常委会会议通过。

草案建议表决稿和以上报告是否妥当，请审议。

附录　中华人民共和国民法总则

中华人民共和国第十二届全国人民代表大会第五次会议于2017年3月15日通过，自2017年10月1日起施行

中华人民共和国民法总则

2017年3月15日第十二届全国人民代表大会第五次会议通过

目 录

第一章 基本规定
第二章 自然人
　第一节 民事权利能力和民事行为能力
　第二节 监护
　第三节 宣告失踪和宣告死亡
　第四节 个体工商户和农村承包经营户
第三章 法人
　第一节 一般规定
　第二节 营利法人
　第三节 非营利法人
　第四节 特别法人
第四章 非法人组织
第五章 民事权利
第六章 民事法律行为
　第一节 一般规定
　第二节 意思表示
　第三节 民事法律行为的效力
　第四节 民事法律行为的附条件和附期限
第七章 代理
　第一节 一般规定
　第二节 委托代理
　第三节 代理终止
第八章 民事责任
第九章 诉讼时效
第十章 期间计算
第十一章 附则

第一章　基本规定

第一条　为了保护民事主体的合法权益,调整民事关系,维护社会和经济秩序,适应中国特色社会主义发展要求,弘扬社会主义核心价值观,根据宪法,制定本法。

第二条　民法调整平等主体的自然人、法人和非法人组织之间的人身关系和财产关系。

第三条　民事主体的人身权利、财产权利以及其他合法权益受法律保护,任何组织或者个人不得侵犯。

第四条　民事主体在民事活动中的法律地位一律平等。

第五条　民事主体从事民事活动,应当遵循自愿原则,按照自己的意思设立、变更、终止民事法律关系。

第六条　民事主体从事民事活动,应当遵循公平原则,合理确定各方的权利和义务。

第七条　民事主体从事民事活动,应当遵循诚信原则,秉持诚实,恪守承诺。

第八条　民事主体从事民事活动,不得违反法律,不得违背公序良俗。

第九条　民事主体从事民事活动,应当有利于节约资源、保护生态环境。

第十条　处理民事纠纷,应当依照法律;法律没有规定的,可以适用习惯,但是不得违背公序良俗。

第十一条　其他法律对民事关系有特别规定的,依照其规定。

第十二条　中华人民共和国领域内的民事活动,适用中华人民共和国法律。法律另有规定的,依照其规定。

第二章　自　然　人

第一节　民事权利能力和民事行为能力

第十三条　自然人从出生时起到死亡时止,具有民事权利能力,依法享有民事权利,承担民事义务。

第十四条　自然人的民事权利能力一律平等。

第十五条　自然人的出生时间和死亡时间,以出生证明、死亡证明记载的时间为准;没有出生证明、死亡证明的,以户籍登记或者其他有效身份登记记载的时间为准。有其他证据足以推翻以上记载时间的,以该证据证明的时间为准。

第十六条　涉及遗产继承、接受赠与等胎儿利益保护的,胎儿视为具有民事权利能力。但是胎儿娩出时为死体的,其民事权利能力自始不存在。

第十七条 十八周岁以上的自然人为成年人。不满十八周岁的自然人为未成年人。

第十八条 成年人为完全民事行为能力人,可以独立实施民事法律行为。

十六周岁以上的未成年人,以自己的劳动收入为主要生活来源的,视为完全民事行为能力人。

第十九条 八周岁以上的未成年人为限制民事行为能力人,实施民事法律行为由其法定代理人代理或者经其法定代理人同意、追认,但是可以独立实施纯获利益的民事法律行为或者与其年龄、智力相适应的民事法律行为。

第二十条 不满八周岁的未成年人为无民事行为能力人,由其法定代理人代理实施民事法律行为。

第二十一条 不能辨认自己行为的成年人为无民事行为能力人,由其法定代理人代理实施民事法律行为。

八周岁以上的未成年人不能辨认自己行为的,适用前款规定。

第二十二条 不能完全辨认自己行为的成年人为限制民事行为能力人,实施民事法律行为由其法定代理人代理或者经其法定代理人同意、追认,但是可以独立实施纯获利益的民事法律行为或者与其智力、精神健康状况相适应的民事法律行为。

第二十三条 无民事行为能力人、限制民事行为能力人的监护人是其法定代理人。

第二十四条 不能辨认或者不能完全辨认自己行为的成年人,其利害关系人或者有关组织,可以向人民法院申请认定该成年人为无民事行为能力人或者限制民事行为能力人。

被人民法院认定为无民事行为能力人或者限制民事行为能力人的,经本人、利害关系人或者有关组织申请,人民法院可以根据其智力、精神健康恢复的状况,认定该成年人恢复为限制民事行为能力人或者完全民事行为能力人。

本条规定的有关组织包括:居民委员会、村民委员会、学校、医疗机构、妇女联合会、残疾人联合会、依法设立的老年人组织、民政部门等。

第二十五条 自然人以户籍登记或者其他有效身份登记记载的居所为住所;经常居所与住所不一致的,经常居所视为住所。

第二节 监 护

第二十六条 父母对未成年子女负有抚养、教育和保护的义务。

成年子女对父母负有赡养、扶助和保护的义务。

第二十七条 父母是未成年子女的监护人。

未成年人的父母已经死亡或者没有监护能力的,由下列有监护能力的人按顺序担任监护人:

(一)祖父母、外祖父母;

(二)兄、姐;

(三)其他愿意担任监护人的个人或者组织,但是须经未成年人住所地的居民委员会、村民委员会或者民政部门同意。

第二十八条 无民事行为能力或者限制民事行为能力的成年人,由下列有监护能力的人按顺序担任监护人:

(一)配偶;

(二)父母、子女;

(三)其他近亲属;

(四)其他愿意担任监护人的个人或者组织,但是须经被监护人住所地的居民委员会、村民委员会或者民政部门同意。

第二十九条 被监护人的父母担任监护人的,可以通过遗嘱指定监护人。

第三十条 依法具有监护资格的人之间可以协议确定监护人。协议确定监护人应当尊重被监护人的真实意愿。

第三十一条 对监护人的确定有争议的,由被监护人住所地的居民委员会、村民委员会或者民政部门指定监护人,有关当事人对指定不服的,可以向人民法院申请指定监护人;有关当事人也可以直接向人民法院申请指定监护人。

居民委员会、村民委员会、民政部门或者人民法院应当尊重被监护人的真实意愿,按照最有利于被监护人的原则在依法具有监护资格的人中指定监护人。

依照本条第一款规定指定监护人前,被监护人的人身权利、财产权利以及其他合法权益处于无人保护状态的,由被监护人住所地的居民委员会、村民委员会、法律规定的有关组织或者民政部门担任临时监护人。

监护人被指定后,不得擅自变更;擅自变更的,不免除被指定的监护人的责任。

第三十二条 没有依法具有监护资格的人的,监护人由民政部门担任,也可以由具备履行监护职责条件的被监护人住所地的居民委员会、村民委员会担任。

第三十三条 具有完全民事行为能力的成年人,可以与其近亲属、其他愿意担任监护人的个人或者组织事先协商,以书面形式确定自己的监护人。协商确定的监护人在该成年人丧失或者部分丧失民事行为能力时,履行监护职责。

第三十四条 监护人的职责是代理被监护人实施民事法律行为,保护被监护人的人身权利、财产权利以及其他合法权益等。

监护人依法履行监护职责产生的权利,受法律保护。

监护人不履行监护职责或者侵害被监护人合法权益的,应当承担法律责任。

第三十五条 监护人应当按照最有利于被监护人的原则履行监护职责。监护人除为维护被监护人利益外,不得处分被监护人的财产。

未成年人的监护人履行监护职责,在作出与被监护人利益有关的决定时,应当根据被监护人的年龄和智力状况,尊重被监护人的真实意愿。

成年人的监护人履行监护职责,应当最大程度地尊重被监护人的真实意愿,保障并协助被监护人实施与其智力、精神健康状况相适应的民事法律行为。对被监护人有能力独立处理的事务,监护人不得干涉。

第三十六条 监护人有下列情形之一的,人民法院根据有关个人或者组织的申请,撤销其监护人资格,安排必要的临时监护措施,并按照最有利于被监护人的原则依法指定监护人:

(一)实施严重损害被监护人身心健康行为的;

(二)怠于履行监护职责,或者无法履行监护职责并且拒绝将监护职责部分或者全部委托给他人,导致被监护人处于危困状态的;

(三)实施严重侵害被监护人合法权益的其他行为的。

本条规定的有关个人和组织包括:其他依法具有监护资格的人,居民委员会、村民委员会、学校、医疗机构、妇女联合会、残疾人联合会、未成年人保护组织、依法设立的老年人组织、民政部门等。

前款规定的个人和民政部门以外的组织未及时向人民法院申请撤销监护人资格的,民政部门应当向人民法院申请。

第三十七条 依法负担被监护人抚养费、赡养费、扶养费的父母、子女、配偶等,被人民法院撤销监护人资格后,应当继续履行负担的义务。

第三十八条 被监护人的父母或者子女被人民法院撤销监护人资格后,除对被监护人实施故意犯罪的外,确有悔改表现的,经其申请,人民法院可以在尊重被监护人真实意愿的前提下,视情况恢复其监护人资格,人民法院指定的监护人与被监护人的监护关系同时终止。

第三十九条 有下列情形之一的,监护关系终止:

(一)被监护人取得或者恢复完全民事行为能力;

(二)监护人丧失监护能力;

(三)被监护人或者监护人死亡;

(四)人民法院认定监护关系终止的其他情形。

监护关系终止后,被监护人仍然需要监护的,应当依法另行确定监护人。

第三节 宣告失踪和宣告死亡

第四十条 自然人下落不明满二年的,利害关系人可以向人民法院申请宣告该自然人为失踪人。

第四十一条 自然人下落不明的时间从其失去音讯之日起计算。战争期间下落不明的,下落不明的时间自战争结束之日或者有关机关确定的下落不明之日起计算。

第四十二条 失踪人的财产由其配偶、成年子女、父母或者其他愿意担任财产代管人的人代管。

代管有争议,没有前款规定的人,或者前款规定的人无代管能力的,由人民法院指定的人代管。

第四十三条 财产代管人应当妥善管理失踪人的财产,维护其财产权益。

失踪人所欠税款、债务和应付的其他费用,由财产代管人从失踪人的财产中支付。

财产代管人因故意或者重大过失造成失踪人财产损失的,应当承担赔偿责任。

第四十四条 财产代管人不履行代管职责、侵害失踪人财产权益或者丧失代管能力的,失踪人的利害关系人可以向人民法院申请变更财产代管人。

财产代管人有正当理由的,可以向人民法院申请变更财产代管人。

人民法院变更财产代管人的,变更后的财产代管人有权要求原财产代管人及时移交有关财产并报告财产代管情况。

第四十五条 失踪人重新出现,经本人或者利害关系人申请,人民法院应当撤销失踪宣告。

失踪人重新出现,有权要求财产代管人及时移交有关财产并报告财产代管情况。

第四十六条 自然人有下列情形之一的,利害关系人可以向人民法院申请宣告该自然人死亡:

(一)下落不明满四年;

(二)因意外事件,下落不明满二年。

因意外事件下落不明,经有关机关证明该自然人不可能生存的,申请宣告死亡不受二年时间的限制。

第四十七条 对同一自然人,有的利害关系人申请宣告死亡,有的利害关系人申请宣告失踪,符合本法规定的宣告死亡条件的,人民法院应当宣告死亡。

第四十八条 被宣告死亡的人,人民法院宣告死亡的判决作出之日视为其死亡的日期;因意外事件下落不明宣告死亡的,意外事件发生之日视为其死亡的日期。

第四十九条 自然人被宣告死亡但是并未死亡的,不影响该自然人在被宣告死亡期间实施的民事法律行为的效力。

第五十条 被宣告死亡的人重新出现,经本人或者利害关系人申请,人民法院应当撤销死亡宣告。

第五十一条 被宣告死亡的人的婚姻关系,自死亡宣告之日起消灭。死亡宣告被撤销的,婚姻关系自撤销死亡宣告之日起自行恢复,但是其配偶再婚或者向婚姻登记机关书面声明不愿意恢复的除外。

第五十二条 被宣告死亡的人在被宣告死亡期间,其子女被他人依法收养的,在死亡宣告被撤销后,不得以未经本人同意为由主张收养关系无效。

第五十三条 被撤销死亡宣告的人有权请求依照继承法取得其财产的民事主体返还财产。无法返还的,应当给予适当补偿。

利害关系人隐瞒真实情况,致使他人被宣告死亡取得其财产的,除应当返还财产外,还应当对由此造成的损失承担赔偿责任。

第四节 个体工商户和农村承包经营户

第五十四条 自然人从事工商业经营,经依法登记,为个体工商户。个体工商户可以起字号。

第五十五条 农村集体经济组织的成员,依法取得农村土地承包经营权,从事家庭承包经营的,为农村承包经营户。

第五十六条 个体工商户的债务,个人经营的,以个人财产承担;家庭经营的,以家庭财产承担;无法区分的,以家庭财产承担。

农村承包经营户的债务,以从事农村土地承包经营的农户财产承担;事实上由农户部分成员经营的,以该部分成员的财产承担。

第三章 法 人

第一节 一般规定

第五十七条 法人是具有民事权利能力和民事行为能力,依法独立享有民事权利和承担民事义务的组织。

第五十八条 法人应当依法成立。

法人应当有自己的名称、组织机构、住所、财产或者经费。法人成立的具体条件和程序,依照法律、行政法规的规定。

设立法人，法律、行政法规规定须经有关机关批准的，依照其规定。

第五十九条 法人的民事权利能力和民事行为能力，从法人成立时产生，到法人终止时消灭。

第六十条 法人以其全部财产独立承担民事责任。

第六十一条 依照法律或者法人章程的规定，代表法人从事民事活动的负责人，为法人的法定代表人。

法定代表人以法人名义从事的民事活动，其法律后果由法人承受。

法人章程或者法人权力机构对法定代表人代表权的限制，不得对抗善意相对人。

第六十二条 法定代表人因执行职务造成他人损害的，由法人承担民事责任。

法人承担民事责任后，依照法律或者法人章程的规定，可以向有过错的法定代表人追偿。

第六十三条 法人以其主要办事机构所在地为住所。依法需要办理法人登记的，应当将主要办事机构所在地登记为住所。

第六十四条 法人存续期间登记事项发生变化的，应当依法向登记机关申请变更登记。

第六十五条 法人的实际情况与登记的事项不一致的，不得对抗善意相对人。

第六十六条 登记机关应当依法及时公示法人登记的有关信息。

第六十七条 法人合并的，其权利和义务由合并后的法人享有和承担。

法人分立的，其权利和义务由分立后的法人享有连带债权，承担连带债务，但是债权人和债务人另有约定的除外。

第六十八条 有下列原因之一并依法完成清算、注销登记的，法人终止：

（一）法人解散；

（二）法人被宣告破产；

（三）法律规定的其他原因。

法人终止，法律、行政法规规定须经有关机关批准的，依照其规定。

第六十九条 有下列情形之一的，法人解散：

（一）法人章程规定的存续期间届满或者法人章程规定的其他解散事由出现；

（二）法人的权力机构决议解散；

（三）因法人合并或者分立需要解散；

（四）法人依法被吊销营业执照、登记证书，被责令关闭或者被撤销；

（五）法律规定的其他情形。

第七十条 法人解散的,除合并或者分立的情形外,清算义务人应当及时组成清算组进行清算。

法人的董事、理事等执行机构或者决策机构的成员为清算义务人。法律、行政法规另有规定的,依照其规定。

清算义务人未及时履行清算义务,造成损害的,应当承担民事责任;主管机关或者利害关系人可以申请人民法院指定有关人员组成清算组进行清算。

第七十一条 法人的清算程序和清算组职权,依照有关法律的规定;没有规定的,参照适用公司法的有关规定。

第七十二条 清算期间法人存续,但是不得从事与清算无关的活动。

法人清算后的剩余财产,根据法人章程的规定或者法人权力机构的决议处理。法律另有规定的,依照其规定。

清算结束并完成法人注销登记时,法人终止;依法不需要办理法人登记的,清算结束时,法人终止。

第七十三条 法人被宣告破产的,依法进行破产清算并完成法人注销登记时,法人终止。

第七十四条 法人可以依法设立分支机构。法律、行政法规规定分支机构应当登记的,依照其规定。

分支机构以自己的名义从事民事活动,产生的民事责任由法人承担;也可以先以该分支机构管理的财产承担,不足以承担的,由法人承担。

第七十五条 设立人为设立法人从事的民事活动,其法律后果由法人承受;法人未成立的,其法律后果由设立人承受,设立人为二人以上的,享有连带债权,承担连带债务。

设立人为设立法人以自己的名义从事民事活动产生的民事责任,第三人有权选择请求法人或者设立人承担。

第二节 营利法人

第七十六条 以取得利润并分配给股东等出资人为目的成立的法人,为营利法人。

营利法人包括有限责任公司、股份有限公司和其他企业法人等。

第七十七条 营利法人经依法登记成立。

第七十八条 依法设立的营利法人,由登记机关发给营利法人营业执照。营业执照签发日期为营利法人的成立日期。

第七十九条 设立营利法人应当依法制定法人章程。

第八十条 营利法人应当设权力机构。

权力机构行使修改法人章程，选举或者更换执行机构、监督机构成员，以及法人章程规定的其他职权。

第八十一条 营利法人应当设执行机构。

执行机构行使召集权力机构会议，决定法人的经营计划和投资方案，决定法人内部管理机构的设置，以及法人章程规定的其他职权。

执行机构为董事会或者执行董事的，董事长、执行董事或者经理按照法人章程的规定担任法定代表人；未设董事会或者执行董事的，法人章程规定的主要负责人为其执行机构和法定代表人。

第八十二条 营利法人设监事会或者监事等监督机构的，监督机构依法行使检查法人财务，监督执行机构成员、高级管理人员执行法人职务的行为，以及法人章程规定的其他职权。

第八十三条 营利法人的出资人不得滥用出资人权利损害法人或者其他出资人的利益。滥用出资人权利给法人或者其他出资人造成损失的，应当依法承担民事责任。

营利法人的出资人不得滥用法人独立地位和出资人有限责任损害法人的债权人利益。滥用法人独立地位和出资人有限责任，逃避债务，严重损害法人的债权人利益的，应当对法人债务承担连带责任。

第八十四条 营利法人的控股出资人、实际控制人、董事、监事、高级管理人员不得利用其关联关系损害法人的利益。利用关联关系给法人造成损失的，应当承担赔偿责任。

第八十五条 营利法人的权力机构、执行机构作出决议的会议召集程序、表决方式违反法律、行政法规、法人章程，或者决议内容违反法人章程的，营利法人的出资人可以请求人民法院撤销该决议，但是营利法人依据该决议与善意相对人形成的民事法律关系不受影响。

第八十六条 营利法人从事经营活动，应当遵守商业道德，维护交易安全，接受政府和社会的监督，承担社会责任。

第三节　非营利法人

第八十七条 为公益目的或者其他非营利目的成立，不向出资人、设立人或者会员分配所取得利润的法人，为非营利法人。

非营利法人包括事业单位、社会团体、基金会、社会服务机构等。

第八十八条 具备法人条件，为适应经济社会发展需要，提供公益服务设立的事业单位，经依法登记成立，取得事业单位法人资格；依法不需要办理法人登记的,从成立之日起,具有事业单位法人资格。

第八十九条　事业单位法人设理事会的,除法律另有规定外,理事会为其决策机构。事业单位法人的法定代表人依照法律、行政法规或者法人章程的规定产生。

第九十条　具备法人条件,基于会员共同意愿,为公益目的或者会员共同利益等非营利目的设立的社会团体,经依法登记成立,取得社会团体法人资格;依法不需要办理法人登记的,从成立之日起,具有社会团体法人资格。

第九十一条　设立社会团体法人应当依法制定法人章程。

社会团体法人应当设会员大会或者会员代表大会等权力机构。

社会团体法人应当设理事会等执行机构。理事长或者会长等负责人按照法人章程的规定担任法定代表人。

第九十二条　具备法人条件,为公益目的以捐助财产设立的基金会、社会服务机构等,经依法登记成立,取得捐助法人资格。

依法设立的宗教活动场所,具备法人条件的,可以申请法人登记,取得捐助法人资格。法律、行政法规对宗教活动场所有规定的,依照其规定。

第九十三条　设立捐助法人应当依法制定法人章程。

捐助法人应当设理事会、民主管理组织等决策机构,并设执行机构。理事长等负责人按照法人章程的规定担任法定代表人。

捐助法人应当设监事会等监督机构。

第九十四条　捐助人有权向捐助法人查询捐助财产的使用、管理情况,并提出意见和建议,捐助法人应当及时、如实答复。

捐助法人的决策机构、执行机构或者法定代表人作出决定的程序违反法律、行政法规、法人章程,或者决定内容违反法人章程的,捐助人等利害关系人或者主管机关可以请求人民法院撤销该决定,但是捐助法人依据该决定与善意相对人形成的民事法律关系不受影响。

第九十五条　为公益目的成立的非营利法人终止时,不得向出资人、设立人或者会员分配剩余财产。剩余财产应当按照法人章程的规定或者权力机构的决议用于公益目的;无法按照法人章程的规定或者权力机构的决议处理的,由主管机关主持转给宗旨相同或者相近的法人,并向社会公告。

第四节　特别法人

第九十六条　本节规定的机关法人、农村集体经济组织法人、城镇农村的合作经济组织法人、基层群众性自治组织法人,为特别法人。

第九十七条　有独立经费的机关和承担行政职能的法定机构从成立之日

起,具有机关法人资格,可以从事为履行职能所需要的民事活动。

第九十八条 机关法人被撤销的,法人终止,其民事权利和义务由继任的机关法人享有和承担;没有继任的机关法人的,由作出撤销决定的机关法人享有和承担。

第九十九条 农村集体经济组织依法取得法人资格。

法律、行政法规对农村集体经济组织有规定的,依照其规定。

第一百条 城镇农村的合作经济组织依法取得法人资格。

法律、行政法规对城镇农村的合作经济组织有规定的,依照其规定。

第一百零一条 居民委员会、村民委员会具有基层群众性自治组织法人资格,可以从事为履行职能所需要的民事活动。

未设立村集体经济组织的,村民委员会可以依法代行村集体经济组织的职能。

第四章　非法人组织

第一百零二条 非法人组织是不具有法人资格,但是能够依法以自己的名义从事民事活动的组织。

非法人组织包括个人独资企业、合伙企业、不具有法人资格的专业服务机构等。

第一百零三条 非法人组织应当依照法律的规定登记。

设立非法人组织,法律、行政法规规定须经有关机关批准的,依照其规定。

第一百零四条 非法人组织的财产不足以清偿债务的,其出资人或者设立人承担无限责任。法律另有规定的,依照其规定。

第一百零五条 非法人组织可以确定一人或者数人代表该组织从事民事活动。

第一百零六条 有下列情形之一的,非法人组织解散:

(一)章程规定的存续期间届满或者章程规定的其他解散事由出现;

(二)出资人或者设立人决定解散;

(三)法律规定的其他情形。

第一百零七条 非法人组织解散的,应当依法进行清算。

第一百零八条 非法人组织除适用本章规定外,参照适用本法第三章第一节的有关规定。

第五章　民事权利

第一百零九条 自然人的人身自由、人格尊严受法律保护。

第一百一十条 自然人享有生命权、身体权、健康权、姓名权、肖像权、名誉权、荣誉权、隐私权、婚姻自主权等权利。

法人、非法人组织享有名称权、名誉权、荣誉权等权利。

第一百一十一条 自然人的个人信息受法律保护。任何组织和个人需要获取他人个人信息的,应当依法取得并确保信息安全,不得非法收集、使用、加工、传输他人个人信息,不得非法买卖、提供或者公开他人个人信息。

第一百一十二条 自然人因婚姻、家庭关系等产生的人身权利受法律保护。

第一百一十三条 民事主体的财产权利受法律平等保护。

第一百一十四条 民事主体依法享有物权。

物权是权利人依法对特定的物享有直接支配和排他的权利,包括所有权、用益物权和担保物权。

第一百一十五条 物包括不动产和动产。法律规定权利作为物权客体的,依照其规定。

第一百一十六条 物权的种类和内容,由法律规定。

第一百一十七条 为了公共利益的需要,依照法律规定的权限和程序征收、征用不动产或者动产的,应当给予公平、合理的补偿。

第一百一十八条 民事主体依法享有债权。

债权是因合同、侵权行为、无因管理、不当得利以及法律的其他规定,权利人请求特定义务人为或者不为一定行为的权利。

第一百一十九条 依法成立的合同,对当事人具有法律约束力。

第一百二十条 民事权益受到侵害的,被侵权人有权请求侵权人承担侵权责任。

第一百二十一条 没有法定的或者约定的义务,为避免他人利益受损失而进行管理的人,有权请求受益人偿还由此支出的必要费用。

第一百二十二条 因他人没有法律根据,取得不当利益,受损失的人有权请求其返还不当利益。

第一百二十三条 民事主体依法享有知识产权。

知识产权是权利人依法就下列客体享有的专有的权利:

(一)作品;

(二)发明、实用新型、外观设计;

(三)商标;

(四)地理标志;

(五)商业秘密;

(六)集成电路布图设计;

（七）植物新品种；

（八）法律规定的其他客体。

第一百二十四条　自然人依法享有继承权。

自然人合法的私有财产，可以依法继承。

第一百二十五条　民事主体依法享有股权和其他投资性权利。

第一百二十六条　民事主体享有法律规定的其他民事权利和利益。

第一百二十七条　法律对数据、网络虚拟财产的保护有规定的，依照其规定。

第一百二十八条　法律对未成年人、老年人、残疾人、妇女、消费者等的民事权利保护有特别规定的，依照其规定。

第一百二十九条　民事权利可以依据民事法律行为、事实行为、法律规定的事件或者法律规定的其他方式取得。

第一百三十条　民事主体按照自己的意愿依法行使民事权利，不受干涉。

第一百三十一条　民事主体行使权利时，应当履行法律规定的和当事人约定的义务。

第一百三十二条　民事主体不得滥用民事权利损害国家利益、社会公共利益或者他人合法权益。

第六章　民事法律行为

第一节　一般规定

第一百三十三条　民事法律行为是民事主体通过意思表示设立、变更、终止民事法律关系的行为。

第一百三十四条　民事法律行为可以基于双方或者多方的意思表示一致成立，也可以基于单方的意思表示成立。

法人、非法人组织依照法律或者章程规定的议事方式和表决程序作出决议的，该决议行为成立。

第一百三十五条　民事法律行为可以采用书面形式、口头形式或者其他形式；法律、行政法规规定或者当事人约定采用特定形式的，应当采用特定形式。

第一百三十六条　民事法律行为自成立时生效，但是法律另有规定或者当事人另有约定的除外。

行为人非依法律规定或者未经对方同意，不得擅自变更或者解除民事法律行为。

第二节 意思表示

第一百三十七条 以对话方式作出的意思表示,相对人知道其内容时生效。

以非对话方式作出的意思表示,到达相对人时生效。以非对话方式作出的采用数据电文形式的意思表示,相对人指定特定系统接收数据电文的,该数据电文进入该特定系统时生效;未指定特定系统的,相对人知道或者应当知道该数据电文进入其系统时生效。当事人对采用数据电文形式的意思表示的生效时间另有约定的,按照其约定。

第一百三十八条 无相对人的意思表示,表示完成时生效。法律另有规定的,依照其规定。

第一百三十九条 以公告方式作出的意思表示,公告发布时生效。

第一百四十条 行为人可以明示或者默示作出意思表示。

沉默只有在有法律规定、当事人约定或者符合当事人之间的交易习惯时,才可以视为意思表示。

第一百四十一条 行为人可以撤回意思表示。撤回意思表示的通知应当在意思表示到达相对人前或者与意思表示同时到达相对人。

第一百四十二条 有相对人的意思表示的解释,应当按照所使用的词句,结合相关条款、行为的性质和目的、习惯以及诚信原则,确定意思表示的含义。

无相对人的意思表示的解释,不能完全拘泥于所使用的词句,而应当结合相关条款、行为的性质和目的、习惯以及诚信原则,确定行为人的真实意思。

第三节 民事法律行为的效力

第一百四十三条 具备下列条件的民事法律行为有效:

(一)行为人具有相应的民事行为能力;

(二)意思表示真实;

(三)不违反法律、行政法规的强制性规定,不违背公序良俗。

第一百四十四条 无民事行为能力人实施的民事法律行为无效。

第一百四十五条 限制民事行为能力人实施的纯获利益的民事法律行为或者与其年龄、智力、精神健康状况相适应的民事法律行为有效;实施的其他民事法律行为经法定代理人同意或者追认后有效。

相对人可以催告法定代理人自收到通知之日起一个月内予以追认。法定代理人未作表示的,视为拒绝追认。民事法律行为被追认前,善意相对人有撤销的权利。撤销应当以通知的方式作出。

第一百四十六条 行为人与相对人以虚假的意思表示实施的民事法律行为

无效。

以虚假的意思表示隐藏的民事法律行为的效力,依照有关法律规定处理。

第一百四十七条　基于重大误解实施的民事法律行为,行为人有权请求人民法院或者仲裁机构予以撤销。

第一百四十八条　一方以欺诈手段,使对方在违背真实意思的情况下实施的民事法律行为,受欺诈方有权请求人民法院或者仲裁机构予以撤销。

第一百四十九条　第三人实施欺诈行为,使一方在违背真实意思的情况下实施的民事法律行为,对方知道或者应当知道该欺诈行为的,受欺诈方有权请求人民法院或者仲裁机构予以撤销。

第一百五十条　一方或者第三人以胁迫手段,使对方在违背真实意思的情况下实施的民事法律行为,受胁迫方有权请求人民法院或者仲裁机构予以撤销。

第一百五十一条　一方利用对方处于危困状态、缺乏判断能力等情形,致使民事法律行为成立时显失公平的,受损害方有权请求人民法院或者仲裁机构予以撤销。

第一百五十二条　有下列情形之一的,撤销权消灭:

(一)当事人自知道或者应当知道撤销事由之日起一年内、重大误解的当事人自知道或者应当知道撤销事由之日起三个月内没有行使撤销权;

(二)当事人受胁迫,自胁迫行为终止之日起一年内没有行使撤销权;

(三)当事人知道撤销事由后明确表示或者以自己的行为表明放弃撤销权。

当事人自民事法律行为发生之日起五年内没有行使撤销权的,撤销权消灭。

第一百五十三条　违反法律、行政法规的强制性规定的民事法律行为无效,但是该强制性规定不导致该民事法律行为无效的除外。

违背公序良俗的民事法律行为无效。

第一百五十四条　行为人与相对人恶意串通,损害他人合法权益的民事法律行为无效。

第一百五十五条　无效的或者被撤销的民事法律行为自始没有法律约束力。

第一百五十六条　民事法律行为部分无效,不影响其他部分效力的,其他部分仍然有效。

第一百五十七条　民事法律行为无效、被撤销或者确定不发生效力后,行为人因该行为取得的财产,应当予以返还;不能返还或者没有必要返还的,应当折价补偿。有过错的一方应当赔偿对方由此所受到的损失;各方都有过错的,应当各自承担相应的责任。法律另有规定的,依照其规定。

第四节 民事法律行为的附条件和附期限

第一百五十八条 民事法律行为可以附条件,但是按照其性质不得附条件的除外。附生效条件的民事法律行为,自条件成就时生效。附解除条件的民事法律行为,自条件成就时失效。

第一百五十九条 附条件的民事法律行为,当事人为自己的利益不正当地阻止条件成就的,视为条件已成就;不正当地促成条件成就的,视为条件不成就。

第一百六十条 民事法律行为可以附期限,但是按照其性质不得附期限的除外。附生效期限的民事法律行为,自期限届至时生效。附终止期限的民事法律行为,自期限届满时失效。

第七章 代 理

第一节 一般规定

第一百六十一条 民事主体可以通过代理人实施民事法律行为。

依照法律规定、当事人约定或者民事法律行为的性质,应当由本人亲自实施的民事法律行为,不得代理。

第一百六十二条 代理人在代理权限内,以被代理人名义实施的民事法律行为,对被代理人发生效力。

第一百六十三条 代理包括委托代理和法定代理。

委托代理人按照被代理人的委托行使代理权。法定代理人依照法律的规定行使代理权。

第一百六十四条 代理人不履行或者不完全履行职责,造成被代理人损害的,应当承担民事责任。

代理人和相对人恶意串通,损害被代理人合法权益的,代理人和相对人应当承担连带责任。

第二节 委托代理

第一百六十五条 委托代理授权采用书面形式的,授权委托书应当载明代理人的姓名或者名称、代理事项、权限和期间,并由被代理人签名或者盖章。

第一百六十六条 数人为同一代理事项的代理人的,应当共同行使代理权,但是当事人另有约定的除外。

第一百六十七条 代理人知道或者应当知道代理事项违法仍然实施代理行为,或者被代理人知道或者应当知道代理人的代理行为违法未作反对表示的,被代理人和代理人应当承担连带责任。

第一百六十八条　代理人不得以被代理人的名义与自己实施民事法律行为,但是被代理人同意或者追认的除外。

代理人不得以被代理人的名义与自己同时代理的其他人实施民事法律行为,但是被代理的双方同意或者追认的除外。

第一百六十九条　代理人需要转委托第三人代理的,应当取得被代理人的同意或者追认。

转委托代理经被代理人同意或者追认的,被代理人可以就代理事务直接指示转委托的第三人,代理人仅就第三人的选任以及对第三人的指示承担责任。

转委托代理未经被代理人同意或者追认的,代理人应当对转委托的第三人的行为承担责任,但是在紧急情况下代理人为了维护被代理人的利益需要转委托第三人代理的除外。

第一百七十条　执行法人或者非法人组织工作任务的人员,就其职权范围内的事项,以法人或者非法人组织的名义实施民事法律行为,对法人或者非法人组织发生效力。

法人或者非法人组织对执行其工作任务的人员职权范围的限制,不得对抗善意相对人。

第一百七十一条　行为人没有代理权、超越代理权或者代理权终止后,仍然实施代理行为,未经被代理人追认的,对被代理人不发生效力。

相对人可以催告被代理人自收到通知之日起一个月内予以追认。被代理人未作表示的,视为拒绝追认。行为人实施的行为被追认前,善意相对人有撤销的权利。撤销应当以通知的方式作出。

行为人实施的行为未被追认的,善意相对人有权请求行为人履行债务或者就其受到的损害请求行为人赔偿,但是赔偿的范围不得超过被代理人追认时相对人所能获得的利益。

相对人知道或者应当知道行为人无权代理的,相对人和行为人按照各自的过错承担责任。

第一百七十二条　行为人没有代理权、超越代理权或者代理权终止后,仍然实施代理行为,相对人有理由相信行为人有代理权的,代理行为有效。

第三节　代理终止

第一百七十三条　有下列情形之一的,委托代理终止:

（一）代理期间届满或者代理事务完成;

（二）被代理人取消委托或者代理人辞去委托;

（三）代理人丧失民事行为能力；
（四）代理人或者被代理人死亡；
（五）作为代理人或者被代理人的法人、非法人组织终止。

第一百七十四条 被代理人死亡后，有下列情形之一的，委托代理人实施的代理行为有效：
（一）代理人不知道并且不应当知道被代理人死亡；
（二）被代理人的继承人予以承认；
（三）授权中明确代理权在代理事务完成时终止；
（四）被代理人死亡前已经实施，为了被代理人的继承人的利益继续代理。

作为被代理人的法人、非法人组织终止的，参照适用前款规定。

第一百七十五条 有下列情形之一的，法定代理终止：
（一）被代理人取得或者恢复完全民事行为能力；
（二）代理人丧失民事行为能力；
（三）代理人或者被代理人死亡；
（四）法律规定的其他情形。

第八章　民事责任

第一百七十六条 民事主体依照法律规定和当事人约定，履行民事义务，承担民事责任。

第一百七十七条 二人以上依法承担按份责任，能够确定责任大小的，各自承担相应的责任；难以确定责任大小的，平均承担责任。

第一百七十八条 二人以上依法承担连带责任的，权利人有权请求部分或者全部连带责任人承担责任。

连带责任人的责任份额根据各自责任大小确定；难以确定责任大小的，平均承担责任。实际承担责任超过自己责任份额的连带责任人，有权向其他连带责任人追偿。

连带责任，由法律规定或者当事人约定。

第一百七十九条 承担民事责任的方式主要有：
（一）停止侵害；
（二）排除妨碍；
（三）消除危险；
（四）返还财产；
（五）恢复原状；

（六）修理、重作、更换；

（七）继续履行；

（八）赔偿损失；

（九）支付违约金；

（十）消除影响、恢复名誉；

（十一）赔礼道歉。

法律规定惩罚性赔偿的，依照其规定。

本条规定的承担民事责任的方式，可以单独适用，也可以合并适用。

第一百八十条 因不可抗力不能履行民事义务的，不承担民事责任。法律另有规定的，依照其规定。

不可抗力是指不能预见、不能避免且不能克服的客观情况。

第一百八十一条 因正当防卫造成损害的，不承担民事责任。

正当防卫超过必要的限度，造成不应有的损害的，正当防卫人应当承担适当的民事责任。

第一百八十二条 因紧急避险造成损害的，由引起险情发生的人承担民事责任。

危险由自然原因引起的，紧急避险人不承担民事责任，可以给予适当补偿。

紧急避险采取措施不当或者超过必要的限度，造成不应有的损害的，紧急避险人应当承担适当的民事责任。

第一百八十三条 因保护他人民事权益使自己受到损害的，由侵权人承担民事责任，受益人可以给予适当补偿。没有侵权人、侵权人逃逸或者无力承担民事责任，受害人请求补偿的，受益人应当给予适当补偿。

第一百八十四条 因自愿实施紧急救助行为造成受助人损害的，救助人不承担民事责任。

第一百八十五条 侵害英雄烈士等的姓名、肖像、名誉、荣誉，损害社会公共利益的，应当承担民事责任。

第一百八十六条 因当事人一方的违约行为，损害对方人身权益、财产权益的，受损害方有权选择请求其承担违约责任或者侵权责任。

第一百八十七条 民事主体因同一行为应当承担民事责任、行政责任和刑事责任的，承担行政责任或者刑事责任不影响承担民事责任；民事主体的财产不足以支付的，优先用于承担民事责任。

第九章 诉讼时效

第一百八十八条 向人民法院请求保护民事权利的诉讼时效期间为三年。

法律另有规定的,依照其规定。

诉讼时效期间自权利人知道或者应当知道权利受到损害以及义务人之日起计算。法律另有规定的,依照其规定。但是自权利受到损害之日起超过二十年的,人民法院不予保护;有特殊情况的,人民法院可以根据权利人的申请决定延长。

第一百八十九条 当事人约定同一债务分期履行的,诉讼时效期间自最后一期履行期限届满之日起计算。

第一百九十条 无民事行为能力人或者限制民事行为能力人对其法定代理人的请求权的诉讼时效期间,自该法定代理终止之日起计算。

第一百九十一条 未成年人遭受性侵害的损害赔偿请求权的诉讼时效期间,自受害人年满十八周岁之日起计算。

第一百九十二条 诉讼时效期间届满的,义务人可以提出不履行义务的抗辩。

诉讼时效期间届满后,义务人同意履行的,不得以诉讼时效期间届满为由抗辩;义务人已自愿履行的,不得请求返还。

第一百九十三条 人民法院不得主动适用诉讼时效的规定。

第一百九十四条 在诉讼时效期间的最后六个月内,因下列障碍,不能行使请求权的,诉讼时效中止:

(一)不可抗力;

(二)无民事行为能力人或者限制民事行为能力人没有法定代理人,或者法定代理人死亡、丧失民事行为能力、丧失代理权;

(三)继承开始后未确定继承人或者遗产管理人;

(四)权利人被义务人或者其他人控制;

(五)其他导致权利人不能行使请求权的障碍。

自中止时效的原因消除之日起满六个月,诉讼时效期间届满。

第一百九十五条 有下列情形之一的,诉讼时效中断,从中断、有关程序终结时起,诉讼时效期间重新计算:

(一)权利人向义务人提出履行请求;

(二)义务人同意履行义务;

(三)权利人提起诉讼或者申请仲裁;

(四)与提起诉讼或者申请仲裁具有同等效力的其他情形。

第一百九十六条 下列请求权不适用诉讼时效的规定:

(一)请求停止侵害、排除妨碍、消除危险;

(二)不动产物权和登记的动产物权的权利人请求返还财产;

（三）请求支付抚养费、赡养费或者扶养费；
（四）依法不适用诉讼时效的其他请求权。

第一百九十七条 诉讼时效的期间、计算方法以及中止、中断的事由由法律规定，当事人约定无效。

当事人对诉讼时效利益的预先放弃无效。

第一百九十八条 法律对仲裁时效有规定的，依照其规定；没有规定的，适用诉讼时效的规定。

第一百九十九条 法律规定或者当事人约定的撤销权、解除权等权利的存续期间，除法律另有规定外，自权利人知道或者应当知道权利产生之日起计算，不适用有关诉讼时效中止、中断和延长的规定。存续期间届满，撤销权、解除权等权利消灭。

第十章 期间计算

第二百条 民法所称的期间按照公历年、月、日、小时计算。

第二百零一条 按照年、月、日计算期间的，开始的当日不计入，自下一日开始计算。

按照小时计算期间的，自法律规定或者当事人约定的时间开始计算。

第二百零二条 按照年、月计算期间的，到期月的对应日为期间的最后一日；没有对应日的，月末日为期间的最后一日。

第二百零三条 期间的最后一日是法定休假日的，以法定休假日结束的次日为期间的最后一日。

期间的最后一日的截止时间为二十四时；有业务时间的，停止业务活动的时间为截止时间。

第二百零四条 期间的计算方法依照本法的规定，但是法律另有规定或者当事人另有约定的除外。

第十一章 附 则

第二百零五条 民法所称的"以上""以下""以内""届满"，包括本数；所称的"不满""超过""以外"，不包括本数。

第二百零六条 本法自2017年10月1日起施行。